ORIGENIS HEXAPLORUM

VOLUME I

by

Fridericus Field, AA. M.

IN MEMORIAM

FRANCISCI MARTIN AA.M.

COLLEGII SS. TRIN. APUD CANTAB. VICE-MAGISTRI

VIRI INTEGERRIMI SANCTISSIMI PIISSIMI

INGENII ERUDITIONISQUE DOTIBUS ORNATISSIMI

MIHI CONJUNCTISSIMI

INCEPTORUMQUE MEORUM FAUTORIS STUDIOSISSIMI

QUI OBIIT DIE XX MAII A. D. MDCCCLXVIII

AETATIS SUAE LXVII

IN PACE.

MULTIS ILLE BONIS FLEBILIS OCCIDIT
NULLI FLEBILIOR QVAM MIHI.

NECNON

NECNON

IN HONOREM

ANTONII MARIAE CERIANI

COLLEGII BIBLIOTHECAE AMBROSIANAE DOCTORIS

HEXAPLORUM MEORUM

AB INCUNABULIS USQUE AD CONSUMMATIONEM EORUM

ADJUTORIS INDEFATIGABILIS

QUEM IN STUDIIS SYRIACIS EXCOLENDIS ET PROMOVENDIS

PRIMARIUM LOCUM OBTINUISSE

DOCTI OMNES UNO ORE CONSENTIUNT

CUIQUE IN SPARTA QUAM SORTITUS SIT EXORNANDA

VITAE LONGITUDINEM HONORIS AMPLITUDINEM

PROSPERA OMNIA

AUGUROR ET DEPRECOR.

F. F.

PRAEFATIO.

ORIGENIS HEXAPLORUM deperditorum fragmentis disjectis conquirendis et edendis primus operam navavit PETRUS MORINUS Parisinus in annotationibus ad Biblia Graeca ex auctoritate Sixti V P. M. Romae cusa anno 1587; qui in epistola ad Silvium Antonianum de suis in editione paranda partibus haec scribit: "Mihi uni data est provincia commentariorum in V. T. Vaticanorum, quae Catenae dicuntur, evolvendorum ac perlegendorum, ut ex iis varias lectiones variasque interpretationes Aquilae, Symmachi et Theodotionis, Quintae praeterea ac Sextae editionis, exciperem et in annotationes transferrem, quas itidem scribendas susceperam." Cum vero anno sequenti ex eadem auctoritate FLAMINIUS NOBILIUS Biblia Graeca Sixtina cum Morini annotationibus Latine reddita Romae ediderit, contigit ut communi opinione Nobilio tribueretur quae proprie Morini commendatio sit; qui error adeo inveteravit, ut nobis quoque in opere inscribendo ei non obsistendum esse videretur.[1]

Post Morinum idem opus suscepit JOANNES DRUSIUS in libro post obitum ejus edito, cui titulus: *Veterum Interpretum Graecorum in totum V. T. Fragmenta, collecta, versa et notis illustrata a Johanne Drusio, Linguae Sanctae in illustrium Frisiae Ordinum Academia, dum viveret, Professore*, Arnhem. 1622. Fragmentis praemissae sunt duae Auctoris epistolae, quarum prima de Aquila, Symmacho et Theodotione, altera de Quinta et Sexta editione agit. Lectionibus trium interpretum a Morino collectis Drusius vix hilum addidit; sed eas interpretatione Latina, aliorum locorum collatione, et doctis annotationibus non mediocriter illustravit.

---

[1] Montefalconius in Monito ad Proverbia notat, *multo majorem in Proverbia lectionum silvam a Morino collectam esse quam in ceteros libros, quia videlicet praestantiores codices in hanc Scripturae partem, quam in ceteras, Romae suppetebant.* Nobis vero, evolutis collationibus Cod. 248 (qui est Vat. 346) Bodleianis, perspectum est, Morini lectiones in Proverbia *omnes* ex hoc uno codice (qui etiam in mendo μετανοήσῃς Cap. xxiii. 10 cum Ed. Rom. concinit) derivatas fuisse.

PRAEFATIO.

Vetus Testamentum ex versione LXX interpretum secundum exemplar Vaticanum Romae editum, una cum Scholiis ejusdem editionis, variis MSS. codicum veterumque exemplarium lectionibus, necnon Fragmentis versionum Aquilae, Symmachi et Theodotionis edidit LAM-BERTUS Bos Franequerae, 1709. Praeter Morini collectionem Bosius alia trium interpretum fragmenta ex Notis Patricii Junii in Polyglottis Waltoni, ex editione Francofurti 1597, ex Drusio, et ex Cardinalis Barberini Codice in Prophetas, margini suo allevisse profitetur. Quod vero ad lectiones Francofurtenses attinet, eas non genuinas esse, sed Hieronymi Latinas Graece redditas in Monito ad Jesaiam p. 430 probavimus.

Ne in accessionibus minoris momenti immoremur, aedificio, cujus fundamenta ab editore Romano jacta sunt, fastigium imposuit D. BERNARDUS DE MONTFAUCON, Monachus Bene-dictinus e Congregatione S. Mauri, qui *Origenis Hexaplorum quae supersunt, multis partibus auctiora quam a Flaminio Nobilio et Joanne Drusio edita fuerint* duobis tomis formae maximae edidit Parisiis, 1713. Primo volumini praemissa sunt Praeliminaria in Hexapla Origenis, Opuscula quaedam Origenis et Epiphanii inedita, et Testimonia Auctorum; secun-dum vero ad calcem habet Lexica ad Hexapla Hebraicum et Graecum, quorum posterius ab Abr. Trommio in *Concordantiis Graecis ad V. T.* repetitum est. Codices et omnis generis subsidia, quibus usus est Montefalconius, in Monitis ad singulos S. Scripturae libros recen-suimus. Opus, etsi nequaquam omnibus numeris absolutum, laboriosissimum tamen et utilis-simum, per saeculum et dimidium in hac eruditionis biblicae provincia sine rivali primatum tenuit. Certe famam ejus non obscuravit repetitio ejus a CAROLO FRIDERICO BAHRDT, anno 1769 et sequenti Lipsiae et Lubeciae publici juris facta.

Bahrdtio, ut ipse profitetur, in primis propositum fuit, ut *immortalis Montefalconii operis editionem, quae nullum emptorem pretio suo deterreret,* pararet. Hoc consilio textum Hebraicum, quandocunque solito prolixior esset, decurtavit; verba Hebraica literis Graecis adscripta plurima ejecit; versionem Latinam, cui antecessor ejus dimidium fere cujusque paginae assignaverat, omisit; Montefalconii notas maximam partem neglexit, etiam eas quae unde sumpta sit lectio quaeque describunt; ceteras omnino suas fecit et cum suis permiscuit, *quia ejus rei nihil lectoris intererat.* Vitia prioris editionis typographica innumera correxisse vereor ne nimis temere professus sit; quod vero ad augenda Hexapla attinet, si excipias lectiones Codicis Pentateuchi Lipsiensis a Jo. Frid. Fischero anno 1767 editi, nihil omnino effecit. Lexica nova ad usum operis sui necessaria, *si viris doctis labores suos non displicuisse intellexerit,* paraturum se pollicitus est; quae tamen, viris doctis, ut videtur, non faventibus, lucem non viderunt.

Annis recentibus novam Hexaplorum editionem vehementer exoptaverunt VV. DD., e quibus unius tantum et alterius verba proferemus. Sic igitur J. G. EICHHORNIUS, de Monte-falconii Hexaplis judicium ferens: "Dolendum est quod doctus Benedictinus eruditione

Hebraea, acumine critico, interdum etiam communi diligentia et accuratione adeo destitutus sit, ut ne Drusii quidem fragmenta satis exacte exscripserit. Ad summam, Hexapla ejus pro bono collectaneorum thesauro habenda sunt. Ad haec elaboranda et augenda jampridem a Semlero, Scharfenbergio, Doederleinio, Matthaeio, Schleusnero, Spohnio, singularibus opusculis auspicatum est; quorum vestigiis si ab aliis insistetur, Hexaplorum editio fidelior et Criticis utilior cito sperari potest. Equidem a codicibus LXX interpretum MSS. et versione Syro-hexaplari plurimum adjumenti exspecto."[2] In eandem sententiam breviter sed magno cum pondere CONSTANTINUS TISCHENDORFIUS: "Magnopere optandum est ut, quibus antehac Morinus, Drusius, Montefalconius, Bahrdtius, Schleusnerus aliique de sacris literis promeruere, studia colligendorum omnium eorum, quae ex opere Origenis passim etiamnum supersunt, repetantur promoveanturque."[3]

Nunc quid in nostro opere, L. B., ut votis eruditorum hominum pro virili satisfaciamus, praestiterimus, paucis accipe. E duobus reliquiarum hexaplarium fontibus ab Eichhornio sagaciter detectis, omnia fere nostra hausimus. Lectiones trium interpretum ab Holmesio et Parsonsio ad calcem cujusque libri e codicibus suis excerptas sedulo exscripsimus; primum, scilicet a Jobo (a quo initium fecimus) ad Danielem, ex edito eorum magno opere; mox, cum ad XII Prophetas ventum est, ex ipsis collationibus manuscriptis, quas domi habere per favorem Curatorum Bibliothecae Bodleianae nobis contigit. Finito autem opere, ne pars prior a Jobo ad Danielem eodem beneficio destitueretur, e schedis Bodleianis magnam bonarum lectionum segetem, a duumviris illis immerito praeteritarum, in *Auctarium* ad id factum recondidimus. Porro multas alias lectiones anonymas in apparatu eorum *subtextuali* latentes in lucem protraximus; quarum aliae ad alias versiones pertinent, aliae ad eam recensionem quam probabilibus argumentis Luciano Martyri vindicavimus. Transeamus ad alterum fontem, versionem scilicet Pauli Telensis Syro-hexaplarem, partim ineditam, partim ex apographo parum fideli editam; in qua tractanda magnis difficultatibus pressi fuissemus, ni Vir egregius ANTONIUS MARIA CERIANI, Collegii Bibliothecae Ambrosianae Doctor, viam salutis nobis aperuisset. Praeterea ad libros Levitici[4] et I et II Regum, deperdita versione Syro-hexaplari, ex Bar Hebraei *Horreo Mysteriorum* hactenus inedito, opem nobis ferente Doctore GULIELMO WRIGHT, Linguae Arabicae apud Cantabrigienses Professore, paucas, sed bonae frugis, trium interpretum lectiones lucrati sumus. His summatim expositis, ne eadem bis dicendo molesti simus, Lectorem ad Monita cuique libro praemissa ablegamus. Unum restat, idque jucundissimum, ut nomina eorum, qui nobis in labore nostro decennali exantlando vocati

---

[2] Eichhorn. (J. G.) *Einleitung in das A. T.* T. I, p. 370 ed. 3[tiae]. [3] Tischendorf. *Prolegom. in V. T. juxta LXX Interpretes*, p. lv ed. 4[tae], Lips. 1869. [4] Vid. *Omissa* ad calcem *Auctarii*.

et non vocati officia sua praestiterint, grate commemoremus. Hi autem sunt, praeter duos modo memoratos, ROBERTUS LUBBOCK BENSLY, A.M., Academiae Cantabrigiensis Sub-bibliothecarius; JOSEPHUS COZZA, Monachus Basilianus; PHILIPPUS EDVARDUS PUSEY, A.M., ex Aede Christi Oxonii; et GULIELMUS ALDIS WRIGHT, A.M., e Coll. SS. Trin. Cantabrigiae.

———————

QUOD Germanis literatis moris est, ut ad summos in philosophia honores rite capessendos vitae et studiorum rationes reddant, id mihi semper visum est senescenti quam adolescenti aetati, et absoluto quam vixdum inchoato curriculo magis consentaneum esse. Cum igitur, Deo favente, ad finem ultimi mei laboris literarii tanquam ex longa navigatione in portum pervenerim, peto indulgentiam tuam, L. B., dum quid in vita ultra communem terminum producta peregerim, et quibus studiorum inceptorumque meorum auctoribus et fautoribus, breviter expono.

Natus sum Londini anno MDCCCI mensis Julii die XX in vico cui nomen a Nova Porta, in quo pater meus HENRICUS FIELD, et ante eum pater ejus, et post eum frater meus natu maximus per longam annorum seriem medicam artem exercuerunt. Avus meus JOANNES FIELD uxorem duxit ANNAM filiam THOMAE CROMWELL, negotiatoris Londinensis, viri humili conditione, sed stirpe illustri, quippe qui patrem habuerit HENRICUM CROMWELL, Majorem (qui dicitur) in exercitu Reginae Annae; avum autem HENRICUM CROMWELL, Hiberniae Dominum deputatum, filium natu minorem OLIVERII CROMWELL, Reipublicae Angliae, Scotiae et Hiberniae Protectoris. Sed stemmatum satis. Redeo ad patrem meum, virum strenuissimum, integerrimum, piissimum, cujus memoriam nunquam eo quo par est amore et veneratione prosequi potero. Is, dum sextum annum agebam, cooptatus est in medicum Orphanotrophei Christi a Rege Edvardo VI fundati, quo eventu patuit mihi aditus gratuitus ad scholas dicti Orphanotrophei grammaticas, primum sub disciplina viri optimi et amabilissimi, LANCELOTTI PEPYS STEPHENS, A.M., scholae inferioris magistri; donec, aetate paulo provectior, transii in scholam superiorem ab ARTHURO GULIELMO TROLLOPE, S.T.P., tunc temporis gubernatam, quo praeceptore, nulli coaetaneorum suorum secundo, a pueritia usque ad annum aetatis duodevigesimum literis Latinis, Graecis, Hebraeis sedulo imbutus sum. E schola egressum anno MDCCCXIX excepit me Collegium SS. Trinitatis apud Cantabrigienses, cujus post sex menses Discipulus factus sum. Tutores habui in disciplinis mathematicis JOANNEM BROWN, A.M., et GULIELMUM WHEWELL, A.M.; in eruditione autem classica (quae dicitur) JACOBUM HENRICUM MONK, S.T.B., Graecarum literarum Professorem Regium;

quorum praelectiones diligenter attendens, privato tutore facile carere potui. Elapso triennio. (cujus disciplinae quotidianae jucundissimam memoriam recolo) anni MDCCCXXIII mense Januario in gradum Baccalaurei Artium admissus sum, quo tempore in tripode (quem vocant) mathematico primae classis decimum locum obtinui. Ejusdem anni mense Martio numisma aureum a Cancellario Universitatis pro profectu in studiis classicis quotannis propositum reportavi. Vix bimestri spatio elapso, tertium in arenam descendi, et exhibitione a Roberto Tyrwhitt, A.M., ad eruditionem Hebraeam promovendam instituta dignatus sum. Proximo anno, Octobris die primo, culmine votorum meorum potitus sum, in Sociorum celeberrimi Collegii ordinem post examinationem habitam cooptatus. Collegas honoris habui tres: THOMAM BABINGTON MACAULAY, Poetam, Oratorem, Historicum; HENRICUM MALDEN, in Collegio Universitatis Londini Graecarum literarum Professorem; et GEORGIUM BIDDELL AIRY, Astronomum Regium. Anno MDCCCXXVIII a JOANNE KAYE, S.T.P., Episcopo Lin-colniensi, sacris ordinibus obligatus sum. Ex eo tempore S. Scripturae et Patrum Ecclesiae studio me addixi, nullo tamen publice edito fructu, donec anno MDCCCXXXIX S. Joannis Chrysostomi Homilias in Matthaeum ad fidem codicum MSS. et versionum emendatas et annotationibus illustratas non modico sudore ac sumptu evulgavi. Non multo post almae matri meae valedixi, et curam pastoralem Saxhamiae Magnae in agro Suffolciensi per tres annos administravi. Anno MDCCCXLII beneficium ecclesiasticum Reephamiae cum Ker-distone in agro Norfolciensi, cujus collatio ad Collegium SS. Trinitatis pertinet, jure successionis mihi obtigit. In hoc viculo amoenissimo annos unum et viginti non inutiliter consumpsi, partim in cura animarum non ita multarum mihi commissarum, partim in studiis eis sectandis, quae gloriam Dei illustrare, et Ecclesiae ejus adjumento esse possent. Ne longior fiam, per id tempus Chrysostomi, deliciarum mearum, Homiliarum in Divi Pauli Epistolas novam recensionem, septem voluminibus inclusam, in gratiam Bibliothecae Patrum Ecclesiae a pres-byteris quibusdam Oxoniensibus inceptae edidi. Praeterea, rogatu venerabilis Societatis de Promovenda Doctrina Christiana, Veteris Testamenti juxta LXX interpretes recensionem Grabianam denuo recognovi; cujus operis, quamvis ad aliorum modulum et praescriptum con-formati, merita qualiacunque candide agnovit Tischendorfius in *Prolegomenis ad V. T. juxta LXX interpretes*, Lipsiae, 1869, quartum editis. Vixdum hoc pensum finieram, cum in mentem mihi venit cogitatio operis, quod ad priora illa quasi cumulus accederet, hoc est, ORIGENIS HEXAPLORUM novae et quae nostri saeculi votis satisfaceret editionis; quod tamen ut ad felicem exitum perducerem, quantulum mihi restaret tam vitae quam vigoris in hunc unum laborem impendendum esse sensi. Resignato igitur beneficio meo, e cujus amplis reditibus jam omnibus bonis affluebam, anno MDCCCLXIII Norvicum me contuli, unde anno sequenti, prolusionis gratia, OTIUM meum NORVICENSE, sive *Tentamen de Reliquiis Aquilae, Symmachi et Theodotionis e lingua Syriaca in Graecam convertendis*, emisi. In animo habebam librum per subscriptiones (quas vocant) publicare, sed in hac bonarum literarum despicientia res tam male mihi successit, ut spem omnem operis edendi abjecissem, nisi peropportune Delegati Preli Oxoniensis Academici, interveniente ROBERTO SCOTT, S.T.P., Collegii Balliolensis Magistro, omnem novae editionis impensam in se suscepissent; quibus pro sua in me, exterae Academiae alumnum, benevolentia gratias quam maximas ago.

Quod superest quam brevissime potero conficiam. Fidem catholicam, ab Ecclesia Anglicana reformata expositam, firmiter teneo. Errores ac novitates, qui in tot annorum decursu alter alteri supervenerint, sive Evangelicalium (qui nominantur), sive Rationalistarum, sive (quod novissimum ulcus est) Ritualistarum et Papizantium, praeveniente Dei gratia feliciter evasi. Jus fasque tum in privatis tum in publicis rebus impense amavi; injurias et aggressiones, sive regum delirantium, sive plebeculae tyrannidem affectantis, immitigabili odio ac detestatione prosecutus sum. Vitam umbratilem et otiosam semper sectatus sum, non ut desidiae indulgerem, sed ut iis negotiis, in quibus me aliquid proficere posse senserim, vacarem. Per quadraginta fere annos in bonis literis excolendis, praecipue eis quae ad Verbi Divini illustrationem pertinent, sine patrocinio, sine emolumento, sine honore desudavi. Nunc senio confectus, et rude donatus, nihil antiquius habeo quam ut juniores competentioresque in eodem campo decurrentes, dum vivo et valeo, consiliis, adhortationibus, facultatibus adjuvem.

Scribebam Norvici die XVI Septembris, A.D. MDCCCLXXIV.

PROLEGOMENA IN HEXAPLA ORIGENIS.

CAPUT I.

DE HEXAPLORUM VARIIS NOMINIBUS.

ORIGENIS opus elaboratissimum, quodque ad Sacri Codicis intelligentiam maximum momentum habet, sub generali HEXAPLORUM nomine omnibus, qui vel primis scientiae biblicae elementis imbuti sint, familiariter notum est. Nomen ipsum cum cognatis ejus, *Tetrapla, Octapla* etc., apud Origenem, Eusebium, Epiphanium et Hieronymum (e quorum scriptis ipsius operis descriptio in primis petenda est) plurali forma gaudet, Τὰ ἑξαπλᾶ, Τὰ τετραπλᾶ; apud recentiores autem aeque communis est singularis numerus, Τὸ ἑξαπλοῦν, Τὸ τετραπλοῦν. Cum vero sextuplex vel quadruplex S. Scripturae textus qui in eo comprehendatur, per *paginas* sive *columnas* (σελίδας) parallelas (quae dicuntur) legentium oculis subjiciatur, inde factum est quod aliud nomen, Τὸ ἑξασέλιδον, Τὸ τετρασέλιδον, operi Origeniano inditum sit.[1]

Praeter Hexapla proprie sic dicta, Origenem alia volumina sub *Tetraplorum* appellatione concinnasse inter veteres scriptores convenit. Haec autem quatuor versiones Graecas, Aquilae videlicet, Symmachi, LXX interpretum et Theodotionis, ordine quo nominavimus dispositas, complexa esse certum indubitatumque est. De Hexaplorum vero compositione paulo obscurior est quaestio. Generalior et (ut nostra fert sententia) longe probabilior opinio est, *Hexapla* ita nuncupata esse, quia praeter quatuor dictas versiones, duas alias columellas, quae textum Hebraeum literis Hebraicis et Graecis descriptum continerent, ceteris praepositas exhibebant. Ad hanc conclusionem (quae Salmasii,[2] Petavii,[3] Huetii,[4] Hodii,[5] Montefalconii,[6] aliorum assensionem nacta est) extra omnem dubitationem ponendam sufficere posse videatur Epiphanii

---

[1] Hexaplarium codicum in contradistinctionem, exemplaria quae unicam τῶν Ο´ editionem continebant ἁπλᾶ nominabantur, ut videre est in Hexaplis nostris ad 3 Reg. vii, 13. xii. 22. Hinc quoque versioni Syriacae vulgari nomen *Peschito* (ܦܫܝܛܐ, ἁπλοῦς) πρὸς ἀντιδιαστολὴν versionis Syro-hexaplaris inditum. [2] *De Hellenistica,* p. 159. [3] *Animadv. ad Epiphan.* p. 404. [4] *Origenianorum* Lib. III, Cap. II, § 4. [5] *De Bibliorum Textibus,* p. 595. [6] *Praeliminaria in Hex. Orig.* p. 8.

testimonium evidentissimum, dignum quod hic integrum exscribatur. Ἐντυγχάνοντες γὰρ τοῖς ἑξαπλοῖς ἢ ὀκταπλοῖς· τετραπλᾶ γάρ εἰσι τὰ Ἑλληνικὰ, ὅταν αἱ τοῦ Ἀκύλα καὶ Συμμάχου καὶ τῶν οβ´ καὶ Θεοδοτίωνος ἑρμηνεῖαι συντεταγμέναι ὦσι· τῶν τεσσάρων δὲ τούτων σελίδων ταῖς δυσὶ ταῖς Ἑβραϊκαῖς συναφθεισῶν ἑξαπλᾶ καλεῖται· ἐὰν δὲ καὶ ἡ πέμπτη καὶ ἡ ἕκτη ἑρμηνεία συναφθῶσιν, ἀκολούθως τούτοις ὀκταπλᾶ καλεῖται.[1] Ex Epiphanio, ut conjicere licet, sua hausit Auctor Epistolae versioni Harethi Arabicae praepositae, qui de Origenis Octaplis haec habet : "Horum *primus* ordo continebat scripturam Hebraicam, sermone ac literis Hebraicis : *secundus* autem scripturam Graecam, sermonem vero plane Hebraicum instar praecedentis, ut ita Graece ea legerent, qui scripturam Hebraicam nequaquam callerent : *tertius* versionem Aquilae, cui signum *Alpha* Graecum, primum scilicet nominis ejus literam apposuit : *quartus* versionem Symmachi, quam apposita prima nominis ejus litera Σ notavit : *quintus* versionem LXXII, quam literis *Ain* et *Beth* numerum LXXII exprimentibus notavit : *sextus* versionem Theodotionis, quam litera Θ prima nominis ejus litera notavit : *septimus* interpretationem Hierichunte inventam, cujus auctoris nomen cum lateret, litera *He*, signo numeri quinarii eam notavit : *octavus* versionem Nicopoli inventam, cujus itidem auctor cum nomine notus non esset, Sexti notam ei indidit, quam litera *Vau* ejus numeri indicio signavit."[2] Sed contra assurgit Valesius, qui ex loco Eusebii Hist. Eccles. VI, 16 aperte convinci affirmat, *Hexapla* dicta esse eo quod sex interpretationes Graecae in iis continerentur praeter Hebraicum textum Hebraicis et Graecis literis descriptum. Nam ut *Tetrapla* dicta sunt, quod quatuor versiones Graecas haberent, sic etiam *Hexapla* appellata esse, quod sex versiones, Aquilae videlicet, et Symmachi, et LXXII interpretum, et Theodotionis, Quintam denique et Sextam editionem complecterentur ; Hebraicum autem textum, cum ipsum authenticum esset exemplar, in versiones non esse numerandum. Locus Eusebii sic sonat : Ταύτας δὲ ἁπάσας (versiones Graecas *sex*, in Psalmis autem *septem*) ἐπὶ ταυτὸν συναγαγὼν, διελών τε πρὸς κῶλον (h. e. *per cola*, seu *membra sensum integrum absolventia*), καὶ ἀντιπαραθεὶς ἀλλήλαις μετὰ καὶ αὐτῆς τῆς Ἑβραίων σημειώσεως (*textu*) τὰ τῶν λεγομένων ἑξαπλῶν ἀντίγραφα καταλέλοιπεν. Ubi tamen si sumatur (id quod negari non potest) Hexaplorum nomen improprie de totius operis corpore poni, cujus partes secundum numerum versionum ad quemque librum adhibitarum nunc Hexapla, nunc Octapla, in Psalmis vero, si Eusebio fides habenda est, etiam Enneapla, proprie nominari possint, nihil est in his verbis quod priori nostrae suppositioni repugnet. Majoris certe difficultatis est alter Epiphanii in Panario locus, ubi de Hexaplorum compositione haec habet : Ὅθεν τὸ πρῶτον αὐτοῦ ἐπιμελῶς ἐφιλοτιμήσατο συναγαγεῖν τῶν ἐξ ἑρμηνειῶν, Ἀκύλα, Συμμάχου, τῶν τε οβ´ καὶ Θεοδοτίωνος, πέμπτης τε καὶ ἕκτης ἐκδόσεως, μετὰ παραθέσεως ἑκάστης λέξεως Ἑβραϊκῆς, καὶ αὐτῶν ὁμοῦ τῶν στοιχείων, ἐκ παραλλήλου δὲ ἄντικρυς δευτέρᾳ σελίδι χρώμενος κατὰ σύνθεσιν, Ἑβραϊκῇ μὲν τῇ λέξει, Ἑλληνικῷ δὲ τῷ γράμματι, ἑτέραν πάλιν πεποίηκε σύνθεσιν, ὡς εἶναι μὲν ταῦτα καὶ καλεῖσθαι ἑξαπλᾶ ἐπὶ τὰς Ἑλληνικὰς ἑρμηνείας δύο ὁμοῦ παραθέσεις, Ἑβραϊκῆς φύσει μετὰ στοιχείων, καὶ Ἑβραϊκῆς δι´ Ἑλληνικῶν στοιχείων, ὥστε εἶναι τὴν πᾶσαν παλαιὰν διαθήκην δι´ ἑξαπλῶν καλουμένων, καὶ διὰ τῶν δύο Ἑβραϊκῶν ῥημάτων.[3]

---

[1] Epiphan. De Mens. et Pond. 19 (Opp. T. II, p. 175).   don, Oxford, 1779, pp. 12, 13.   [3] Epiphan. Haeres.
[2] White (Rev. Joseph), *Letter to the Lord Bishop of Lon-*   LXIV, 3 (Opp. T. I, p. 526).

Locus obscurus, et fortasse corruptus, non modo priori ejus et clariori ejusdem rei expositioni repugnare, sed ne inter se quidem cohaerere videtur, siquidem idem Hexaplorum nomen nunc de sex tantum columnis Graecis, nunc de iisdem et duabus Hebraeis conjunctim ponitur. Sed ut manifestior evadat res, varias operis Origeniani formas nunc recensebimus.

1. *Tetraplorum* tum in scholiis tum apud scriptores ecclesiasticos frequens est mentio; qui omnes summo consensu testantur, compositionem fuisse ab Hexaplis prorsus discretam, quatuor versiones Graecas ceteris notiores complectentem. Textus autem LXXviralis Jobi, Danielis et XII Prophetarum, prout in Tetraplorum columna tertia olim exstabat, in versione Syro-hexaplari adhuc exstante repraesentatur.

2. *Pentapla* semel tantum quod sciamus nominantur, videlicet in Codice Marchaliano ad Jesai. iii. 24, ubi scholium habetur : Οἱ γ´ στίχοι οἱ ὑποκείμενοι οὐκ ἔκειντο ἐν τῷ πεντασελίδῳ, οὐδὲ Ὠριγένης ἐξηγούμενος τούτων ἐμνήσθη. Si vera est codicis scriptura, et non potius legendum ἐν τῷ τετρασελίδῳ (ut ad v. 25 Syro-hex. in marg.: Οὐκ ἔκειτο ἐν τῷ τετρασελίδῳ) per *quinque columnas* indicari non potest juxta Valesii hypothesin series Ἀ. Σ. Ο΄. Θ. Ε΄, nam Quintae editionis in Jesaia nec vola nec vestigium; sed potius Ἑβρ. Ἀ. Σ. Ο΄. Θ, ubi prima columna, ut videtur, textum Hebraeum Graecis characteribus descriptum continebat; cujus rei exemplum habemus in Cod. Barb. ad Hos. xi. 1, ubi tamen non πενταπλᾶ, sed ἑξαπλᾶ memorantur.

3. *Hexaplorum* passim mentio fit, non solum in illis Bibliorum libris, in quibus Quintae et Sextae editionis nullum indicium est,[10] verum etiam in illis, in quibus quinque[11] aut sex[12] versiones Graecas ab Origene adhibitas esse exploratum est. In posteriore casu Hexaplorum titulum generaliori sensu usurpari sumendum est.

4. *Heptaplorum* nomen, Montefalconio et antecessoribus ejus inauditum, non reperitur nisi in versione Syro-hexaplari ad 4 Reg. xvi. 2, et in subscriptione in fine ejusdem libri, ubi diserte legitur : ܐܠܠܐ ܕܝܠܗ ܡܢ, h. e. *ex libro Heptaplorum sive Septem columnarum.* Haec autem *septima* columna qualis sit, ex ipsa versione libri 4 Regum Syrohexaplari ostenditur, ubi praeter tres interpretes notiores lectiones Quintae editionis passim in margine allegantur. Quinetiam ad Cap. vi. 5 : Ε΄. οὐαί μοι κύριε, appingitur scholium : Τὸ κύριε τὸ ἐνταῦθα οὕτως φέρεται ἐν τῇ σελίδι τῇ ΕΒΔΟΜΗΙ, καὶ παρὰ τοῖς ἄλλοις ἑρμηνευταῖς· ἐν δὲ τῷ Ἑβραίῳ, ἀδωνί. At enim si Valesio credendum, versio Sexta non *septimam,* sed *quintam* Hexaplorum columnam occupasse manifestum est.

5. Operis quod *Octaplorum* titulo insignitum est, mentio fit in libro Jobi juxta versionem Syro-hexaplarem,[13] necnon in scholiis Graecis ad librum Psalmorum,[14] in quibus notandum est Tetrapla et Octapla tantum poni, Hexaplis ne memoratis quidem (e. g. ad Psal. lxxxvii. 43 : Ἐν τῷ τετρασελίδῳ οὕτως· ἐν δὲ τῷ ὀκτασελίδῳ, θλιβόντων αὐτῶν); nimirum quia in Psalmis Hexapla et Octapla unum idemque opus.

❖ ——————————————————————————————————— ❖

[10] Vid. Hex. ad 2 Reg. xxiv. 9, 25.   [11] Vid. Hex. ad 4 Reg. viii. 15. xi. 6.   [12] Vid. Hex. ad Psal. cxliii. 1. cxlv. 1. Hos. i. 8. vi. 4. Joel. i. 17. Mich. v. 3.   [13] Vid. Hex. ad Job. v. 23. vi. 28.   [14] Vid. Hex. ad Psal. lxxv. 1. lxxxvi. 5. lxxxviii. 43. cxxxi. 4. cxxxvi. 1.

6. Nomen *Enneaplorum* nusquam reperitur, ne in Psalmis quidem, ubi Septimae editionis vestigia rariora nec ea indubitatá, apparent.   Sed de hac quaestione alio loco.

Cum vero compertum sit, Origenem duo tantum opera, Tetrapla videlicet et Hexapla, contexisse, hic non abs re erit quaestionem, quae in hac parte disputationis nostrae moveatur, in examen vocare ; videlicet utrum Tetrapla an Hexapla Auctor prius ediderit.

Eusebius in loco Hist. Eccles. supra laudato post verba, τὰ τῶν λεγομένων ἑξαπλῶν ἡμῖν ἀντίγραφα καταλέλοιπεν, subjungit : *ἰδίως* (*seorsim*) τὴν Ἀκύλου καὶ Συμμάχου καὶ Θεοδοτίωνος ἔκδοσιν ἅμα τῇ τῶν Ο´ ἐν τοῖς τετραπλοῖς ΕΠΙΚΑΤΑΣΚΕΥΑΣΑΣ. E quibus verbis necessaria, ut videtur, conclusio oritur, editionem tetraplarem *post* hexaplarem ab Auctore confectam esse ; hanc enim vim habet vocabulum ἐπικατασκευάζειν, *insuper*, vel *postea concinnare*, cui contrarium est προκατασκευάζειν.   Nemini vero incredibile aut absurdum videbitur, Origenem cum animadvertisset Hexaplorum volumina nimio sumptu ac labore indigere, Tetrapla, quorum usus facilior esset, demptis duabus Hebraeis editionibus, et Graecis minoris momenti versionibus, elaborasse ; qui et hodiernis scriptoribus mos est, lucubrationes suas primum uberiores et completiores emittere, postea vero in compendium redigere. Haec Valesii est sententia, cui aliquatenus favere videntur subscriptiones in fine singulorum librorum a librariis additae ; in quibus significatur, exemplare ex quo descriptus vel translatus est liber ex Hexaplis desumptum esse, e Tetraplis vero *correctum* (διωρθώθη), vel cum iis *collatum* (ἀντεβλήθη).[15] In contrariam partem advocari potest scholium ad Psal. lxxxvi. 5, in quo lectionem deteriorem μήτηρ Σιών in Tetraplis reperiri asseritur, potiorem vero μὴ τῇ Σιών in Octaplis ; unde non absurde colligit Montefalconius, Tetraplorum lectionem mendosam Origenem postea in Hexaplis emendasse.   Sed hujusmodi probationes non tam certae et exploratae sunt, ut ad disertissimam Eusebii declarationem evertendam valere possint.   Proinde Montefalconius aliique qui majore opere minorem tempore priorem fuisse opinantur, in Eusebii loco aut deteriorem scripturam ἐπισκευάσας arripiunt, aut praepositionem in ΕΠΙκατασκευάσας non adeo urgendam esse contendunt.

Montefalconius quidem ceteris audacior Tetrapla prius quam Hexapla edita fuisse exinde evincere studet, quod in illis textum LXXviralem communem *non correctum* posuerit Origenes ; in his autem manum emendatricem primum ei adhibuerit ; ad quam propositionem probandam praeter scholium ad Psal. lxxxvi. 5 modo allatum frequentissima (ut ait) Jobi loca e Tetraplis desumpta, quae vitiosas et praeposteras lectiones non emendatas continerent, appellat.   Scilicet per siglum Δ´. γρ. (h. e. Διπλῇ γραφῇ), quod in libris Graecis saepe occurrit, *Tetrapla* indicari sibi suasit Vir palaeographicus. Etiam Origenis scholium ad Gen. xlvii. 6 a Montefalconio ideo arcessitum, ut ostendat, restitutionem seriei Hebraeae a LXX interpretibus male transpositae *post* edita Tetrapla factam fuisse, si recte intelligatur, contrarium probat, videlicet in Tetraplis pariter ac in Hexaplis Hebraei archetypi ordinem ab Origene revocatum esse.[16]   Sed quid in talibus moramur, cum in libris Jobi, Danielis et XII Pro-

---

[15] Vid. Hex. ad Jos. xxiv. 33, et Monitum ad Ezech. (T. II, p. 765).   [16] Graeca sunt: Ἐπειδὴ ἐν τοῖς τετρα-   πλοῖς πρὸς τὸν εἱρμὸν τὸν ἐν τῷ Ἑβραϊκῷ καὶ ταῖς ἄλλαις ἐκδόσεσι δείκνυται ΚΑΙ ἡ τῶν Ο´ ἐν τισι τόποις μετατεθεῖσα κ. τ. ἑ.   Quae

phetarum ipse textus tetraplaris, *obelis et asteriscis distinctus*, et quantum sciamus, ad hexaplarem prorsus conformatus, in versione Pauli Telensis Syriaca oculis nostris subjiciatur ?

Sed priusquam disputationi de variis Hexaplorum nominibus finem imponamus, ad faciliorem rei intelligentiam, antecessorum nostrorum vestigiis insistentes, Tetraplorum, Hexaplorum, Heptaplorum et Octaplorum (nam cetera nihil moramur) specimina quaedam hic exhibemus.

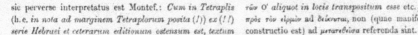

sic perverse interpretatus est Montef.: *Cum in Tetraplis (h.e. in nota ad marginem Tetraplorum posita (!)) ex (!!) serie Hebraei et ceterarum editionum ostensum est, textum* τῶν O' *aliquot in locis transpositum esse* etc.; quasi verba πρὸς τὸν εἱρμὸν ad δεἰκνυται, non (quae manifestissima loci constructio est) ad μετατεθεἰσα referenda sint.

SPECIMINA TETRAPLORUM, HEXAPLORUM,

I. TETRAPLA,

'ΑΚΥΛΑΣ.	ΣΥΜΜΑΧΟΣ.
καὶ μετὰ τὰς ἐπτὰ ἑβδομάδας καὶ ἑξήκοντα δύο	καὶ μετὰ τὰς ἑβδομάδας τὰς ἑπτὰ καὶ ἑξήκοντα δύο
ἐξολοθρευθήσεται ἠλειμμένος	ἐκκοπήσεται χριστὸς
καὶ οὐκ ἔστιν αὐτῷ.	καὶ οὐχ ὑπάρξει αὐτῷ.

II. HEXAPLA,

ΤΟ 'ΕΒΡΑΪΚΟΝ.	ΤΟ 'ΕΒΡΑΪΚΟΝ 'ΕΛΛΗΝΙΚΟΙΣ ΓΡΑΜΜΑΣΙ.	'Α.
חאת שנית תעשו	οιζωθ σηνιθ θεσου	καὶ τοῦτο δεύτερον ἐποιεῖτε
כסות רמעה את־מזבח יהוה	χισσουθ δεμα ιθμασβηη ΠΙΙΙΙ	'ἐκαλύπτετε δακρύῳ τὸ θυσιαστήριον (ΠΙΙΙ)
בכי ואנקה	βεχι ουανακα	κλαυθμῷ καὶ οἰμωγῇ
מאין עוד פנות אל־המנחה	μηηε ωδ φιννωθ ελ αμμανα	ἀπὸ τοῦ μὴ εἶναι ἔτι νεῦσαι πρὸς τὸ δῶρον
ולקחת רצון מידכם	ουλακεθ ρασων μειδηχεμ.	καὶ λαβεῖν εὐδοκίαν ἀπὸ χειρὸς ὑμῶν.

III. HEPTAPLA,

ΤΟ 'ΕΒΡ.	ΤΟ 'ΕΒΡ. 'ΕΛΛΗΝ. ΓΡ.	'Α.	Σ.
בשדמות קדרון	βεσαδημωθ κεδρων.	ἐν ἀρούραις Κέδρων.	ἐν τῇ φάραγγι Κέδρων.

IV. OCTAPLA,

ΤΟ 'ΕΒΡ.	ΤΟ 'ΕΒΡ. 'ΕΛΛΗΝ. ΓΡ.	'Α.	Σ.
מרחם משחר לך טל ילדתיך	μηρεμ μεσσααρ λακταλ ιελεδιθεχ.	ἀπὸ μήτρας ἐξωρθρισμένης σοι δρόσος παιδιότητός σου.	... ὡς κατ' ὄρθρον σοι δρόσος ἡ νεότης σου.

HEPTAPLORUM ET OCTAPLORUM.

Dan. ix. 26.

<table>
<tr><td>ΟΙ Ο'.</td><td>ΘΕΟΔΟΤΙΩΝ.</td></tr>
<tr><td>καὶ μετὰ ἑπτὰ καὶ ἑβδομήκοντα καὶ ἑξήκοντα δύο
ἀποσταθήσεται χρῖσμα
καὶ οὐκ ἔσται.</td><td>καὶ μετὰ τὰς ἑβδομάδας τὰς ἑξήκοντα δύο
ἐξολοθρευθήσεται χρῖσμα
καὶ κρίμα οὐκ ἔστιν ἐν αὐτῷ.</td></tr>
</table>

Mal. ii. 13.

<table>
<tr><td>Σ.</td><td>Ο'.</td><td>Θ.</td></tr>
<tr>
<td>καὶ ταῦτα δεύτερον ἐποιεῖτε
πτοντες ἐν δάκρυσι τὸ θυσιαστήριον (ΠΙΠΙ)
κλαίοντες καὶ οἰμώσσοντες
ὑρ τοῦ μὴ εἶναι ἔτι νεύοντα πρὸς τὸ δῶρον
δέξασθαι τὸ εὐδοκημένον ἀπὸ χειρὸς ὑμῶν.</td>
<td>καὶ ταῦτα ἃ ἐμίσουν ἐποιεῖτε
ἐκαλύπτετε δάκρυσι τὸ θυσιαστήριον κυρίου
καὶ κλαυθμῷ καὶ στεναγμῷ
ἐκ κόπων· ἔτι ἄξιον ἐπιβλέψαι εἰς θυσίαν
ἢ λαβεῖν δεκτὸν ἐκ τῶν χειρῶν ὑμῶν.</td>
<td>καὶ τοῦτο δεύτερον ἐποιήσατε
ἐκαλίπτετε δάκρυσι τὸ θυσιαστήριον (ΠΙΠΙ)
κλαίοντες καὶ στένοντες
ἀπὸ τοῦ μὴ εἶναι ἔτι προσεγγίζοντα τὸ ὁλοκαύτωμα
καὶ λαβεῖν τέλειον ἐκ χειρῶν ὑμῶν.</td>
</tr>
</table>

4 Reg. xxiii. 4.

<table>
<tr><td>Ο'.</td><td>Θ.</td><td>Ε'.</td></tr>
<tr><td>ἐν σαδημὼθ Κέδρων.</td><td>ἐν τῇ φάραγγι Κέδρων.</td><td>ἐν τῷ ἐμπυρισμῷ τοῦ χειμάρρου.</td></tr>
</table>

Psal. cix. 3.

<table>
<tr><td>Ο'.</td><td>Θ.</td><td>Ε'.</td><td>S'.</td></tr>
<tr><td>ἐκ γαστρὸς πρὸ ἑωσφόρου
ἐγέννησά σε.</td><td>ἐκ μήτρας ἀπὸ πρωὶ
(σοι δρόσος) νεότητός σου.</td><td>ἐκ μήτρας ἀπὸ ὄρθρου
σοι δρόσος ἡ νεότης σου.</td><td>ἐκ γαστρὸς ζητήσουσί
σε, δρόσος νεανικότητος σου.</td></tr>
</table>

CAPUT II.

De Aquilae editione.

I. Aquilae historia. II. Quonam tempore Aquila versionem suam ediderit. III. De Aquilae versionis scopo.
IV. De Aquilae interpretis stylo. V. De duplici Aquilae versione.

I. *Aquilae historia.*

Aquila, natione Ponticus, religione gentilis, secundum Epiphanium Sinope oriundus, sub
Aelio Hadriano imperatore (A.D. 117–138) cujus, teste eodem, πενθερίδης, sive *soceri filius*
fuit, vixisse traditur, ab eoque urbi Hierosolymorum sub novo Aeliae nomine reficiendae praefectus est.[1] Idem narrat, Aquilam Hierosolymis commorantem, dum Apostolorum discipulos,
nuper Pella reversos, fide et miraculis ab iis editis florentes animadverteret, animo com-
punctum, Christianam religionem amplexum fuisse, et interjecto quodam tempore novae
professionis sigillum accepisse: mox autem propter astrologiae vanas artes, quas apprime
callebat, post baptismum non relictas, sed studiosius quam ante excultas, a magistris suis
primum objurgatum, deinde ab Ecclesia remotum fuisse; qua ignominia vehementer per-
citum, sine mora ad Judaismum transiisse, et, circumcisione admissa, *proselytum* (ut postea
nuncupabatur[2]) factum esse; indeque qua naturaliter praeditus erat ingenii contentione totum
se Hebraeis literis ediscendis tradidisse.[3]—Haec Epiphanius; quae cum summa haesitatione,
quasi magna ex parte sive Judaeorum sive Christianorum otiosorum commenta, admittenda
esse quivis videt. Et Judaeos quidem ea quae ad majorem Aquilae dignitatem spectant,
quaeque a nativis eorum scriptoribus confirmari mox videbimus, fabulatos esse credibile est;
Christianis vero, quibus magni intererat de fama interpretis sibi, ut putabant, infensissimi
detrahere, narrationem de accessione ejus ad Ecclesiam et subsequenti ex ea expulsione
imputandam esse, non longe a vero abhorrere videtur.

❖ -- ❖

[1] Epiphan. De Mens. et Pond. 14 (Opp. T. II, p. 170):
Διανοεῖται οὖν ὁ Ἀδριανὸς τὴν πόλιν κτίσαι, οὐ μὴν τὸ ἱερόν. καὶ
λαβὼν τὸν Ἀκύλαν τοῦτον τὸν προειρημένον ἑρμηνευτήν, Ἕλληνα
ὄντα καὶ αὐτοῦ πενθερίδην, ἀπὸ Σινώπης δὲ τῆς Πόντου ὁρμώμενον,
καθιστορεῖν αὐτὸν ἐκεῖσε ἐπιστατεῖν τοῖς ἔργοις τῶν τῆς πόλεως
κτισμάτων. In Synopsi S.S. (S. Athanas. Opp. T. II, p. 155)
et Chron. Pasch. p. 255 ed. Paris. non πενθερίδης, sed πενθερὸς imperatoris fuisse dicitur. [2] Iren. adv. Haeres.
III, 24: *Aquilas proselytus.* Hieron. Opp. T. IV, p. 122:
Akilas quem magistrum Aquilae proselyti autumat. Euseb. in Dem. Evang. p. 316: Προσήλυτος δὲ ὁ Ἀκύλας ἦν, οὐ
φύσει Ἰουδαῖος. [3] Epiphan. ibid. p. 171: Ὁ τοίνυν Ἀκύλας
διάγων ἐν τῇ Ἱερουσαλήμ, καὶ ὁρῶν τοὺς μαθητὰς τῶν ἀποστόλων

ἀνθοῦντας τῇ πίστει καὶ σημεῖα μεγάλα ἐργαζομένους ἰάσεων καὶ
ἄλλων θαυμάτων... καταυγεὶς τὴν διάνοιαν τῷ Χριστιανισμῷ ἐπί-
στευσεν· αἰτήσας δὲ μετὰ χρόνον τὴν ἐν Χριστῷ σφραγῖδα ἐκομίσατο. ἀπὸ δὲ τῆς πρώτης αὐτοῦ ἕξεως μὴ μεταθέμενος, τοῦ πιστεύειν
δηλονότι τῇ ματαίᾳ ἀστρονομίᾳ, ἣν ἀκριβῶς ἐπεπαίδευτο... ἐλεγχό-
μενός τε ὑπὸ τῶν διδασκάλων καὶ ἐπιτιμώμενος ἕνεκα τούτου, μὴ
διορθούμενος δὲ, ἀλλὰ καὶ φιλονείκως μᾶλλον ἀντιτιθέμενος...
ἐξεώσθη πάλιν τῆς ἐκκλησίας ὡς ἄχρηστος πρὸς σωτηρίαν. πικραν-
θεὶς δὲ τὴν διάνοιαν ὡς ἠτιμωμένος, εἰς ζῆλον μάταιον αἴρεται· καὶ
τὸν Χριστιανισμὸν ἀρνησάμενος καὶ τὴν αὐτοῦ ζωὴν προσηλυτεύει,
καὶ περιτέμνεται Ἰουδαῖος· καὶ ἐπιπόνως φιλοτιμησάμενος ἐξέδωκεν
ἑαυτὸν μαθεῖν τὴν Ἑβραΐων διάλεκτον καὶ τὰ αὐτῶν στοιχεῖα.

Hic discutienda venit quaestio, num Aquila noster cum Akila quodam (עקילם, aliquando אקילם) a scriptoribus Judaeorum antiquissimis memorato idem sit. De Akila haec potissimum narrata sunt. Non natalibus Judaeus fuit, ut qui *proselytus* (הַגֵּר) nuncupatur. In Ponto servos habuisse traditur. *Legis*, hoc est, ut videtur, totius Codicis Sacri, Graecam versionem concinnavit, cujus specimina nonnulla, literis Hebraicis scripta, feruntur. *Coram* R. Eliesero et R. Josua, hoc est, assistentibus illis et opem ferentibus, vel secundum alios (quibuscum facit Hieronymus, de Aquila nostro scribens) coram R. Akiba vertisse perhibetur. Floruit Hadriano imperante, quocum etiam collocutus fuisse, immo, si serioribus fides habenda est, filius sororis ejus fuisse narratur. Quae omnia, praeter nominis convenientiam, si cum eis quae de interprete nostro traduntur contuleris, *per Akilam et Aquilam unum eundemque intelligendum esse* dubitari non potest. Si vero versionis Akilanae reliquiae a Judaeis scriptoribus conservatae cum Hexaplis Graecis conferantur, conclusio de identitate eorum non evertitur, sed paulo obscurior et incertior fit. Ut breviter dicamus, Akilae lectiones quae supersunt duodecim sunt. Ex his quatuor, Gen. xvii. 1 (in *Auctario*), Esth. i. 6 (in *Auctario*), Ezech. xvi. 10, et Dan. v. 5, bonae frugis sunt, et Aquilae interpreti recte tribuuntur. Alia, Prov. xxv. 11 in *Addendis* ad Prov., vera esse potest, sed non est indubitatae fidei. Duae, Jesai. iii. 20 (coll. *Addendis* ad Jesai.) et Ezech. xxiii. 43, a stylo Aquilae abhorrere videntur. Alia, Psal. xlviii. 15, valde obscura est, et, nisi Aquilae lectio aeque perplexa in margine versionis Syro-hex. exstitisset, plane rejectitia. Duabus, Lev. xix. 20 et Dan. viii. 13, non multum tribuimus. Postremo duae, Lev. xxiii. 40 et Prov. xviii. 21 in *Addendis*, omnino absurdae et ridiculae sunt.[1]

II. *Quonam tempore Aquila versionem suam ediderit.*

Interpres noster ad Judaeorum campum transfuga factus, et linguae eorum accuratam intelligentiam adeptus, quo tandem anno Sacri Codicis versionem suam ediderit, pro certo definiri nequit. Vixisse eum sub Adriano, consentiente veterum auctorum testimonio non est cur dubitemus; sed in temporibus ejus intra arctiores limites circumscribendis in difficultate haud mediocri versamur. Quae autem aliquid momenti habere videantur chronologicae rationes, hae fere sunt.

1. Floruit juxta Epiphanium anno Hadriani XII (A.D. 128 vel 129), annis post LXX interpretes CCCCXXX; fortasse quia eo ipso anno Hadrianum urbem Hierosolymam instaurare coepisse historici tradunt.[2] Epiphanio, ut videtur, praeeunte, Auctor Epistolae versioni Arabicae Harethi praemissae affirmat, Aquilae Sinopensis Pontici versionem interpretatione

---

[1] Conclusio nostra de aestimatione lectionum Akilinarum non est valde dissimilis ei quam promulgavit Rud. Anger in libello cui titulus: *De Onkelo Chaldaico, quem ferunt, Pentateuchi Paraphraste, et quid ei rationis intercedat cum Akila, Graeco V. T. Interprete*, Partic. I, pp. 28–30.

[2] Epiphan. De Mens. et Pond. 13 (Opp. T. II, p. 169): Ἀδριανὸς ἔτη κα΄, οὕτινος τῷ δωδεκάτῳ ἔτει Ἀκύλας ἐγνωρίζετο ... ὡς εἶναι ἀπὸ τοῦ χρόνου τῆς ἑρμηνείας τῶν οδ΄ ἑρμηνευτῶν ἕως Ἀκύλα τοῦ ἑρμηνευτοῦ, ἤγουν ἕως δωδεκάτου ἔτους Ἀδριανοῦ, ἔτη υλ΄ καὶ μῆνας δ΄.

τῶν οβ´ annis CCCCXXX posteriorem fuisse ; illam autem ante adventum Christi plusquam C [fort. CCC] annis concinnatam esse.[6]

2. Alia temporis nota ex Rabbinorum traditione peti potest, eorum scilicet qui Aquilam R. Akibae, qui doctoris officium ab A.D. 95 ad A.D. 135 exercuisse traditur, discipulum fuisse autumant.

3. Aquilam versionem suam edidisse antequam Dialogum cum Tryphone Judaeo scripsisset Justinus Martyr (qui mortuus est circa A.D. 165) Criticorum non paucorum opinio est.[7] Justini verba sunt : Ἐπεὶ δὲ ὑμεῖς καὶ οἱ διδάσκαλοι ὑμῶν τολμᾶτε λέγειν μηδὲ εἰρῆσθαι ἐν τῇ προφητείᾳ τοῦ Ἡσαίου· ἰδοὺ ἡ παρθένος ἐν γαστρὶ ἕξει, καὶ τέξεται υἱόν, ἀλλ᾿, ἰδοὺ ἡ νεᾶνις ἐν γαστρὶ λήψεται, καὶ τέξεται υἱόν. Rursus : (Καὶ ὁ Τρύφων ἀπεκρίνατο·) ἡ γραφὴ οὐκ ἔχει· ἰδοὺ ἡ παρθένος ἐν γαστρὶ λήψεται, καὶ τέξεται υἱόν· ἀλλ᾿, ἰδοὺ ἡ νεᾶνις ἐν γαστρὶ λήψεται, καὶ τέξεται υἱόν, καὶ τὰ ἑξῆς λοιπὰ ὡς ἔφης· ἔστι δὲ ἡ πᾶσα προφητεία λελεγμένη εἰς Ἐζεκίαν. Et mox : Περὶ τῆς λέξεως τῆς, ἰδοὺ ἡ παρθένος ἐν γαστρὶ λήψεται, ἀντεῖπατε, λέγοντες εἰρῆσθαι· ἰδοὺ ἡ νεᾶνις ἐν γαστρὶ λήψεται.[8] Allusio est ad versionem quandam anonymam a Judaeis doctoribus prae LXXvirali commendatam ; quae tamen non nisi in voce νεᾶνις (quam pro παρθένος tres interpretes posuisse exploratum est) cum ea quae Aquilae in Hexaplis tribuitur, ἰδοὺ ἡ νεᾶνις ἐν γαστρὶ συλλαμβάνει, καὶ τίκτει υἱόν, consentit. Quam quidem discrepantiam nonnemo quasi rem conficientem praedicat, exinde certe colligens, citationem ex Aquilae versione fieri non potuisse.[9] Sed Justinum, ut in talibus fit, de sola voce νεᾶνις sollicitum, reliquum Aquilae contextum, quasi ad disputationem suam nihil conferentem, praeteriisse, non est quod miremur. Quid quod Irenaeus, ut mox videbimus, in pari argumento, dum Symmachi et Theodotionis verba citare profitetur, excepta voce νεᾶνις, in qua summa disputationis versabatur, versionem LXXviralem sibi et lectoribus suis unice familiarem ponit ? Sed ut ad Justinum redeamus : eum hoc loco Aquilae versionem respicere potuisse, non quidem negamus, sed illud pro argumento ad aliam rem probandam tuto usurpari posse non concedimus. Immo longe verisimilius nobis videtur, Justinum non Graecam Bibliorum versionem quamlibet in mente habuisse, sed tantummodo doctorum Judaeorum in Christianorum invidiam scitum, videlicet tum hic tum aliis locis LXX interpretes a vero Sacri Codicis sensu aberrasse. Reapse non *interpretes* eorum qualescunque, sed *ipsos et doctores eorum* (ὑμεῖς καὶ οἱ διδάσκαλοι ὑμῶν) Noster in crimen vocat.

4. Ad Aquilae aetatem definiendam plus confert locus S. Irenaei adv. Haeres. III, 24 : Οὐχ ὡς ἔνιοί φασι τῶν νῦν μεθερμηνεύειν τολμώντων τὴν γραφήν· ἰδοὺ ἡ νεᾶνις ἐν γαστρὶ ἕξει, καὶ τέξεται υἱόν, ὡς Θεοδοτίων ἡρμήνευσεν ὁ Ἐφέσιος, καὶ Ἀκύλας ὁ Ποντικός. Hinc concludi potest, non quidem Aquilam et Theodotionem inter aequales Irenaei recensendos esse, quae nonnullorum Criticorum, particulam νῦν nimis urgentium, opinio fuit,[10] sed tantummodo duos interpretes ante libros ejus contra Haereses scriptos, hoc est, ut ipse testatur, ante pontificatum Eleutheri (A.D. 177–192) floruisse.

❖──❖

[6] White (Rev. Joseph) *Letter to the Lord Bishop of London*, p. 11. [7] E. g. Hodius *De Bibliorum Textibus*, p. 576; Montefalconius in *Praeliminaribus*, p. 47; e recentioribus autem De Wette in *Einleitung in d. A. T.* § 40. [8] Justin. M. in Dial. c. Tryphone, pp. 139, 163, 169, ed. Maran. [9] Vid. C. A. Credner in *Beiträge zur Einleitung in d. bibl. Schriften*, T. II, p. 198. [10] Vid. Rud. Anger *De Onkelo* etc. Partic. I, p. 9.

III. *De Aquilae versionis scopo.*

Aquilam, propter illatam sibi ab Ecclesiae praefectis contumeliam, in fidei Christianae invidiam et Judaismi patrocinium versionem suam concinnasse, generalis est scriptorum ecclesiasticorum sententia. Epiphanius affirmat eum ad interpretandum se contulisse, οὐκ ὀρθῷ λογισμῷ χρησάμενος, ἀλλ᾽ ὅπως διαστρέψῃ τινὰ τῶν ῥητῶν, ἐνσκήψας τῇ τῶν οβ᾽ ἑρμηνείᾳ, ἵνα τὰ περὶ Χριστοῦ ἐν ταῖς γραφαῖς μεμαρτυρημένα ἄλλως ἐκδώσει.[11] Ab Hieronymo appellatur *Judaeus*.[12] Eum *Judaicam mentem habuisse* testatur Bar Hebraeus.[13] Theodoretus κακουργίαν ejus in vertendo אֵל גִּבּוֹר per ἰσχυρὸς δυνατὸς reprehendit.[14] Certum est quavis de causa versionem ejus solam ex Graecis, ne LXXvirali quidem excepta, a scriptoribus Talmudicis laudari. Sed fatendum est, probationes quae ad hanc malae fidei accusationem tuendam proferuntur, et per se leviores esse, et contrariis argumentis validissimis impugnari posse. Origenes versionem ejus a Judaeis non Hebraizantibus ceteris praeponi affirmat, non ut partibus eorum faventem, sed ut diligentissime factam, et S. Scripturae sensum accuratissime exponentem.[15] Etiam Hieronymus, qui alicubi Aquilam quasi Christianae religioni infensum carpere videtur, in Epistola XXXII ad Marcellam egregium de sinceritate ejus testimonium dedit. Sic enim ille, quod paucis scripserat, se excusat : " Jampridem cum voluminibus Hebraeorum editionem Aquilae confero, ne quid forsitan propter odium Christi synagoga mutaverit ; et, ut amicae menti fatear, quae ad nostram fidem pertineant roborandam plura reperio."[16] Sed operae pretium erit, loca quae Aquila ob Christianismi odium in alium sensum detorsisse putabatur, singulatim expendere.

1. Gen. ii. 18. Aquilae versio est : ποιήσωμεν αὐτῷ βοηθὸν ὡς κατέναντι αὐτοῦ ; ubi illud κατέναντι αὐτοῦ carpit Anastasius Sinaita, quasi Deus homini mulierem non pro adjutore, sed pro adversario et inimico dedisset. Sed locutio, ὡς κατέναντι αὐτοῦ, non est nisi versio literalis Hebraei כְּנֶגְדּוֹ ; ne dicamus eam ab Anastasio reprehendi, non quasi Christianae doctrinae, sed ipsi quoque Judaismo repugnantem, et meram Ἑλληνόφρονος δυσσεβοῦς blasphemiam.[17]

2. Psal. ii. 2. Pro κατὰ τοῦ χριστοῦ αὐτοῦ Aquila interpretatus est κατὰ τοῦ ἠλειμμένου αὐτοῦ, propterea a Philastrio Brixiensi[18] in crimen vocatus. Sed interpres noster non modo hic et Dan. ix. 26, ubi de Christo sive Messia, sed aliis locis ubi de *unctis* personis in universum sermo est, ἠλειμμένος pro מָשִׁיחַ, ut et ἤλειψε pro מָשַׁח, et ἄλειμμα pro מִשְׁחָה (Lev. xxi. 12) posuit.[19] Cum vero χριστὸς et ἠλειμμένος idem prorsus significent, si quis putet eum a priore epitheto, quasi Christianae nomenclaturae proprio, dedita opera abstinuisse, non valde repugnabimus.[20]

---

[11] Epiphan. De Mens. et Pond. 15 (Opp. T. II, p. 171).
[12] Praef. ad Dan. (Opp. T. V, p. 621). Cf. Hex. nostra ad Habac. iii. 13.   [13] Vid. Hex. ad Psal. xxvi. 6, not. 23.
[14] Theodoret. Opp. T. II, p. 235.   [15] Origen. Opp. T. I, p. 14 : (Ἀκύλας) φιλοτιμότερον πεπιστευμένος παρὰ Ἰουδαίοις ἑρμηνευκέναι τὴν γραφήν· ᾧ μάλιστα εἰώθασιν οἱ ἀγνοοῦντες τὴν Ἑβραίων διάλεκτον χρῆσθαι, ὡς πάντων μᾶλλον ἐπιτετευγμένῳ.

[16] Hieron. Opp. T. I, p. 252.   [17] Vid. Hex. ad Gen. ii. 18.   [18] De Haeresibus XC.   [19] Vid. Hex. ad 1 Reg. ii. 35. Psal. lxxxviii. 52 (ubi Montef. Aquilae parum probabiliter tribuit τοῦ χριστοῦ σου). Singulare exemplum, ut videtur, est Hab. iii. 13, ubi et Eusebius et Hieronymus Aquilae vindicant σὺν χριστῷ σου.   [20] Cf. P. Wesseling. *Observ. Var.* p. 74.

d 2

3. Bar Hebraeus, ut supra, Aquilam et Symmachum carpit, quia pro θυσίαν αἰνέσεως καὶ ἀλαλαγμοῦ, quae lectio est Comp., Ald., et librorum plurimorum, vel θυσίαν αἰνέσεως, ut Syrohex. habet, θυσίας tantum, non addito αἰνέσεως, transtulit. Sed in Hebraeo legitur וְזִבְחֵי תְרוּעָה, h.e. θυσίας ἀλαλαγμοῦ, ut recte interpretatus est Aquila.

4. Psal. xc. 9. Eusebius in Commentario Aquilam et Symmachum hunc locum Ἰουδαϊκώτερον cepisse affirmat ; dum ille ὕψιστον ἔθηκας οἰκητήριόν σου, hic autem ὑψίστην ἔθου τὴν οἴκησίν σου vertit. Scilicet ipse Commentator κύριε in priore clausula de Filio, ὕψιστον autem in posteriore de Deo Summo, quem pro refugio suo habuerit Filius, Arianismo favens prave intelligebat.

5. Jesai. xlix. 5 : וְיִשְׂרָאֵל לֹא יֵאָסֵף. Aquila interpretatus est : *et Israel ei congregabitur.* Hoc *fortissimum contra Judaeorum perfidiam testimonium* Hieronymus non miratur Aquilam in plane contrarium sensum detorsisse, *aut imperitiam simulantem, aut Pharisaeorum perversa expositione deceptum.*[21] Sed pro לֹא in K'ri est לוֹ, quam tritissimam lectionis varietatem Aquilam secutum esse, non est quod imperitiae, nedum malae fidei ejus imputetur.

6. Jesai. ix. 5 : אֵל גִּבּוֹר. Theodoretus ad loc.: Εἶτα τῶν ὀνομάτων τὸ μεῖζον, θεὸς ἰσχυρός· τοῦτο δὲ κακουργήσαντες οἱ περὶ τὸν Ἀκύλαν, ἰσχυρὸς δυνατὸς, ἡρμήνευσαν. Hanc quidem culpam, si culpa est, cum Aquila communem habent Symmachus et Theodotio ; versio autem LXXviralis (non eam dico quam a Luciano interpolatam secutus est Theodoretus) prorsus absona est. Sed revera Aquilae usus tam constans est, ut si hoc loco in translatione Hebraei אֵל θεὸς, non ἰσχυρὸς, posuisset, in suspicionem fraudis potius incidisset.

7. Jesai. vii. 14. Pro עַלְמָה LXX interpretes παρθένος, Aquilam vero ad invidiam Christianae religioni conflandam νεᾶνις posuisse, inde a Justino Martyre et Irenaeo non absurda est nostri interpretis criminatio ; praesertim cum in loco Gen. xxiv. 43 virgo (הָעַלְמָה) Rebecca non ἡ νεᾶνις, sed ἡ ἀπόκρυφος, h. e. *puella quae a viris abscondita est,* ab eo nuncupatur. Inde suspicio oriatur, Aquilam in hoc insigni vaticinio juxta mentem Judaicam transferendo vocem ambiguam νεᾶνις consulto usurpasse : *ambiguam* dico, quia idem interpres in Deut. xxii. 28 νεᾶνις pro בְּתוּלָה posuit.[22]

Conclusio disputationis haec est. Aquilae Judaeo utriusque linguae doctissimo nil propositum fuisse videtur, nisi ut Codicem Sacrum, a prioribus interpretibus minus diligenter, ne dicamus negligentissime et ineptissime versum, summa fide et accuratione, verbum de verbo exprimens, lectoribus traderet ; in quo opere exsequendo κακοζηλίας quidem et pravae sedulitatis culpam non evasit ; κακουργίας vero et perversionis consultae non satis certa adsunt indicia.

❖——❖

[21] Hieron. Opp. T. IV, p. 564.　[22] Etiam in praesentibus συλλαμβάνει et τίκτει pro futuris, necnon in verbo composito ΣΥΛλαμβάνειν, quod notionem quandam naturalis συνουσίας in se continere videatur, interpretationis antichristianae indicia parum probabiliter odoratus est Cred

nerus in *Beiträge* etc. T. II, p. 199. Nam et verba praesentia Hebraeis הָרָה וְיֹלֶדֶת studiose accommodata sunt, et locutio συλλαμβάνειν ἐν γαστρὶ ea ipsa est quam de partu virgineo posuit Lucas Cap. i. v. 31.

IV. *De Aquilae interpretis stylo.*

De stylo, sive proprio vertendi genere, quo usus sit Aquila, ad summam inter omnes convenit; nempe eum in primis *literalem* esse, et sermonem Hebraicum potius quam Graecum referre; utrum vero haec res laudi ejus an vituperationi imputanda sit, disputatur. Inter veteres scriptores ab Origene commendatur, ut *ὁ κυριώτατα ἑρμηνεύειν φιλοτιμούμενος Ἀκύλας*;[23] ab Hieronymo autem, ut *diligens et curiosus interpres; ut eruditissimus linguae Graecae, et verbum de verbo exprimens;* quique *non contentiosius, ut quidam putant, sed studiosius, verbum interpretatur ad verbum.*[24] In contrariam partem ab Origene culpatur, quasi *δουλεύων τῇ Ἑβραϊκῇ λέξει;*[25] Hieronymus autem, ubi de optimo genere interpretandi consulto agit, *Aquilam proselytum et contentiosum interpretem, qui non solum verba, sed etymologias quoque verborum transferre conatus sit, jure projici a nobis* affirmat.[26] Idem vero alio loco cum de interpretando in genere verissime praecipit, *non debere interpretem sic verbum de verbo exprimere, ut dum syllabas sequitur, perdat intelligentiam,*[27] quis non videt hanc insimulationem in Aquilam nostrum in primis cadere, qui dum in singulis vocibus particulisque reddendis totus occupatur, nullam neque orationis sensus, neque linguae Graecae proprietatis, rationem habere videtur? His concessis, quid ad scientiam biblicam promovendam conferat Noster, quid non, facile percipitur. Quod ad rem lexicographicam et etymologicam attinet, testis gravissimus est, et ceteris fere omnibus anteponendus. Praeterea ad quaestionem de Hebraei textus hodierni integritate dirimendam, Aquilae versio quanto in syllabis apicibusque numerandis curiosior sit, tanto majorem auctoritatem habere manifestum est. Quod vero ad rem hermeneuticam spectat, S. Scripturae loca obscuriora et perplexiora indagantibus Noster vix ullam utilitatem praestat. Haec de generali istius versionis indole; quam si quis non ex singulis verbis aut periodis, sed e longiore pericopa aestimare studuerit, eum ad Hexapla nostra in 3 Reg. xiv. 1–20 remittimus. Alia styli ejus specimina, sed breviora, sunt 3 Reg. xxii. 47–50, et Jerem. x. 6–10 in *Auctario.* Nunc ad minutiores ejus proprietates attendamus.

1. Voces Hebraicas ut plurimum iisdem vocibus Graecis, nulla habita seriei ratione, exprimere studet. Cum igitur vox קֶרֶב proprie *corporis partem interiorem,* Graece ἔγκατον, sonet, etiam in locutionibus בְּקֶרֶב, *in medio, intra,* מִקֶּרֶב, *e medio, ex,* eandem vocem Graecam retinet. E. g. Gen. xviii. 12 : *Risit Sarai* בְּקִרְבָּה. Ο'. ἐν ἑαυτῇ. Ἀ. ἐν ἐγκάτῳ αὐτῆς. Deut. iv. 3 : *Jova perdidit eos* מִקִּרְבְּךָ. Ο'. ἐξ ὑμῶν. Ἀ. ἀπὸ ἐγκάτων σου.

2. Idiomata Hebraea, posthabitis Graecis, studiose sectatur. E. g. Gen. v. 5 : *Et vixit Adamus* תְּשַׁע מֵאוֹת שָׁנָה וּשְׁלֹשִׁים שָׁנָה, h. e. juxta LXX, τριάκοντα καὶ ἐννακόσια ἔτη ; pro quibus Aquila soloece posuit, ἐννακόσια ἔτος καὶ τριάκοντα ἔτος, etiam ab Epiphanio[28] hoc nomine merito

❖ ── ❖

[23] Origen. Opp. T. II, p. 23.   [24] Hieron. Opp. T. VI,   Opp. T. I, p. 653.   [28] De Mens. et Pond. 2 (Opp. T. II,
p. 25. T. IV, p. 564. T. I, p. 167.   [26] Origen. Opp. T. I,   p. 159).
p. 14.   [26] Hieron. Opp. T. I, p. 316.   [27] Hieron.

reprehensus. Pro λέγων in narrando Aquila frequentat τῷ λέγειν ad instar Hebraei לֵאמֹר. Constructiones verborum Hebraeas (e.g. φοβηθῆναι ἀπό τινος, ἐπιτιμῆσαι ἔν τινι, ἀπορρίψαι ἐν κακῷ, ἐκλέξασθαι ἐν ἀγαθῷ, etc.) fideliter servat. Etiam syntaxin abnormem הַפְצִירָה פִים (1 Reg. xiii. 21) pro ea quam unice probant grammaticorum filii, פְצִירַת הַפִּים, superstitiose imitatus est interpres noster, vertendo, non ἡ προσβόλωσις τῶν στομάτων, sed ἡ προσβόλωσις στόματα (sic). Huc denique pertinet usus ridiculus praepositionis σὺν cum accusativo[29] pro Hebraeo אֵת, propter quem ab Hieronymo passim exagitatus est; e.g. in Epistola LVII ad Pammachium, 11: "Aut quia Hebraei non solum habent ἄρθρα, sed et πρόαρθρα, ille κακοζήλως et syllabas interpretatur, et literas; dicitque σὺν τὸν οὐρανὸν καὶ σὺν τὴν γῆν, quod Graeca et Latina lingua non recipit."

3. Ad singulas voces Hebraicas curiosius et magis ἐτυμολογικῶς transferendas, formas verborum novas et monstro similes e re nata effingit. Etiam in hoc genere pravam ejus sedulitatem lepide tangit Hieronymus l. c.: "Quis enim pro frumento et vino et oleo possit vel legere vel intelligere χεῦμα, ὀπωρισμὸν, στιλπνότητα; quod nos possumus dicere, fusionem, pomationemque et splendentiam?"[30] Ex innumeris talium formarum exemplis pauca sufficiant. Psal. xxi. 13: Fortes Basan כִּתְּרוּנִי, Graece περιεκύκλωσάν με; juxta Aquilam vero διεδηματίσαντό με, vocabulo Graecitati ignoto e nomine כֶּתֶר, διάδημα, extuso.[31] Ex ὀστέον (עֶצֶם) Aquila excogitavit formas non Graecas ὀστεοῦν (pro עָצַם, ossa arrodere), ὀστεῖνος s. ὀστόϊνος (pro עָצוּם, fortis), ὀστέωσις (pro עָצְמָה, fortitudo). Ex ἐπιστήμων (מַשְׂכִּיל) duplicem barbarismum, ἐπιστημονίζειν et ἐπιστημονοῦν (pro הִשְׂכִּיל) effinxit. Ab ἐκλεκτὸν (quod ei sonat בַּר, frumentum) monstrum vocabuli ἐκλεκτάθητε (pro הִבָּרוּ, purgate vos, Jesai. lii. 11) derivavit. Ejusdem generis sunt τενοντοῦν (pro עָרַף, cervices fregit) a τενὼν (עֹרֶף, cervix); παλαιστοῦν (pro טֶפַח, palmis gestavit) a παλαιστής (טֶפַח, palmus); θυρεοῦν (pro גָּנַן, protexit) a θυρεὸν (צִנָּה, clypeus); χερμαδίζειν (pro רָגַם, lapidavit) a χερμὰς, lapis; ἀφημένον (pro נָגוּעַ, leprosum) ab ἀφή (נֶגַע, lepra); πρασιάζεσθαι et πρασιοῦσθαι (pro עָרוּג) a πρασιά (עֲרוּגָה, areola).

4. Nec voces tantum et idiotismos, verum etiam syllabas et literas in vertendo exprimere sibi proposuit hic interpres. Huc referendus est usus enclitici δε pro ה locali Hebraeorum, cujus specimen unum et alterum olim edidimus;[32] nunc autem copiam exemplorum ex omni versionis Aquilinae parte ad manum habemus. Talia sunt οἰκόνδε (בַּיְתָה) Gen. xii. 9. xliii. 24. Exod. xxviii. 26. Psal. lxvii. 7; νότονδε (הַנֶּגְבָּה) Gen. xii. 9; Ὠφείρδε (אוֹפִירָה) 3 Reg. xxii. 49; Κυρήνηνδε (קִירָה) 4 Reg. xvi. 9; λεωπετριανδε (צִחִיחָה) Psal. lxvii. 7; etiam ἀρχῆθένδε (קֵדְמָה) Ezech. viii. 16. Aquilae curiosae infelicitatis sunt locutiones ἀπὸ ἀρχῆθεν (מִקֶּדֶם) Gen. ii. 8; εἰς ἀπὸ μακρόθεν (לְמֵרָחוֹק) et εἰς ἀπὸ ἡμερῶν (לְמֵימֵי) 4 Reg. xix. 25; etiam ἀπέννοια (מְזִמָּה) Psal. cxxxviii. 20.

5. Hic non praetermittendus est Aquilae usus, quo voces Hebraicas quasi in duas partes

[29] Pro accusativo hic illic sive ex scrupulo interpretis, sive ex errore scribarum, dativus reperitur; e.g. Lev. viii. 10. Jesai. xxxix. 2. xli. 7; sed σὺν σκώληκας (Exod. viii. 25) non concoquimus. Porro huic interpreti tribuenda videtur σὺν ὅτι pro אֲשֶׁר אֶת Jerem. xxxviii. 9.   [30] Cf. Hex. ad Deut. vii. 13. Hos. ii. 22.   [31] Formam verborum barbaram in -μαρίζειν Nostro valde in deliciis fuisse constat. Talia sunt ἀγνομαρίζειν, δημαρίζειν, βρωμαρίζειν, γεννημαρίζειν, διαδημαρίζειν, ὁρμαρίζεσθαι, πτωμαρίζειν, στερεωμαρίζειν.   [32] Vide nos in Otio Norvic. p. 2.

dissecat, et in par vocum Graecarum transfert. Sic Hebraeum מִכְתָּם ei sonat ταπεινὸς τέλειος (Psal. lvi. 1), vel ταπεινόφρων καὶ ἁπλοῦς (Psal. xv. 1). Pro צְלָצַל, stridor (Jesai. xviii. 1) Aquila inscite posuit σκιὰ σκιά; pro יְפֵהפִיָה (Jerem. xlvi. 20) καλὴ καὶ κεκαλλιωμένη; pro בָּאֶרֶזַ (1 Reg. vi. 8) ἐν ὕφει κουρᾶς, quasi ex אֶרֶז et גֵּז; pro אֲשֻׁתֹּ֫ו (Psal. lxxii. 21) πῦρ καπνιζόμενον, h. e. אֵשׁ תֹּוּ; pro לִשְׂחָקָה, in ludibrium (Exod. xxxii. 25) εἰς ὄνομα ῥύπου, h. e. לְשֵׁם צֵאָה; pro פְּתִיגִיל, fascia pectoralis (Jesai. iii. 24) cingulum exsultationis; pro הַתְחְתִּים, terrores (Eccles. xii. 5) τρόμῳ τρομήσουσιν. Ut finem faciamus, vocem vexatissimam עֲזָאזֵל (Lev. xvi. 8) in duas resolverunt et Aquila et Symmachus; quorum ille dupliciter, τράγος (עֵז) ἀπολυόμενος, et κεκραταιωμένος (עַז) καὶ ἀπερχόμενος; hic autem τράγος ἀφιέμενος interpretatus est.

6. Aliud et minus notum est Aquilae artificium, quo voces Hebraeas sub Graeco quodam involucro in versionem suam inducit. Non hic dicimus usum LXX senioribus et reliquis interpretibus familiarem, literas Hebraicas cum Graecis ejusdem soni simpliciter commutandi;[33] sed ita commutandi ut voci peregrinae quasi Graecam faciem induat. Exempla simplicissima sunt λῖς pro לַיִשׁ (Job. iv. 11); αὐλὼν pro אַלֹּון, quercus (Deut. xi. 30); μῶμος pro מוּם, quod tritissimum est. Exquisitioris generis sunt τρισκελὶς pro שָׁלֹשׁ קִלְּשֹׁון (1 Reg. xiii. 21); καρχαρούμενον pro מְכַרְכֵּר (2 Reg. vi. 16); θεραπεία (si Theodoreto fides habenda est) pro תְּרָפִים (1 Reg. xv. 23); ὕδωρ (nisi merum Rabbinorum commentum sit) pro הָדָר (Lev. xxiii. 40); ἐν μαγώζοις pro בִּגְוָנֵי (Ezech. xxvii. 24). Sed κάστυ pro קֶשֶׂת (Ezech. ix. 2), et κικεὼν pro קִיקָיֹון (Jon. iv. 6) forma tantum Graeca sensu destituta fruuntur.

Ne tamen putet aliquis, Aquilam dum barbara et exotica sectatur, a puriore Graecitate omnino abhorrere, non desunt argumenta, quibus eum probae linguae et optimorum scriptorum haud ignarum fuisse ostenditur.

1. Ad elegantias Graeci sermonis pertinet forma nominis in -εὼν, quam in suos usus ingeniose convertit interpres noster; e. g. πρινεὼν Gen. xiv. 3; παπυρεὼν Exod. ii. 3; μυρσινεὼν Zach. i. 8. Sed συχνεὼν (pro סְבַךְ) Gen. xxii. 13 nescio quid peregrini olet.

2. Nemo, ni fallimur, ante nos observavit, Aquilam Homeri imitatorem esse. Praeter usum enclitici δε, quem modo tetigimus, ad poetarum principis imitationem referendae esse videntur voces et formae quas nunc recensebimus: λῖς (non sine respectu ad Hebraeum לַיִשׁ) Job. iv. 11; νῆες (pro ναῦς) Psal. xlvii. 8. 3 Reg. xxii. 49; λειαίνων (pro λεαίνων) Prov. xxix. 5. Jesai. xli. 7; ἐπιστρωφῶν (pro ἐπιστρέφων) Jesai. lviii. 12 (ubi nescio an formam Poel מְשֹׁובֵב exprimere studuerit Noster); αὐτὴ (si recte pinximus scripturam Cod. 88) Jerem. xlviii. 4; γάνωσις, γεγανωμένος Amos vii. 7; χερμὰς s. χερμάδιον Job. xxxviii. 38; θέναρον (Homero θέναρ) Prov.

[33] Hic usus LXX Senioribus et Theodotioni potius quam Aquilae proprius est, sed neque ab hoc omnino alienus. E. g. ἀγούρ Jesai. xxxviii. 14; ἀδαμὰ Ezech. xx. 38; ἀλὼθ Psal. xliv. 9; ἁρμωνεὶμ Ezech. xxxi. 8; ἀσὶρ Jerem. v. 26; βεαρελὶμ Cant. Cant. vii. 5; βωρὶθ Mal. iii. 2; ἠδὼδ Jerem. xxv. 30; ἠφὰ Deut. xxv. 14; θαλαὰρ καὶ θαασσοὺρ Jesai. xli. 19; θαιμὰν Exod. xxxvi. 23; θαῦ Ezech. ix. 4; (οὐν τοὺς) ἰμεὶμ Gen. xxxvi. 24; κίχχαρ (ἄρτου) Jerem. xxxvii. 21;

κωλὶθ (s. κωελὶθ) Eccles. i. 1; λιλὶθ Jesai. xxxiv. 14; μαζοὺρ Job. xxxvii. 9; μαμζὴρ Deut. xxiii. 2; μεινὶ Jesai. lxv. 11; μεσσαὲ 4 Reg. xi. 6; ῥαφαεὶμ Job. xxvi. 5; ῥμεὶμ Jesai. xxxiv. 7; σασαὶμ καὶ σιφὼθ Jesai. xxii. 24; σεμμαθὶχ Jesai. xlvii. 2; σεττὶμ Deut. x. 3; σιεὶμ μετὰ ἰεὶμ Jerem. l. 39; σωὼχ Jerem. xxix. 26; σωρὴκ Jerem. ii. 21; χισιλεὶμ Jesai. xiii. 10.

xxx. 4: forma ἐκκαήσεται (pro vulgari ἐκκαυθήσεται) Jerem. xlvi. 19. Etiam Herodoti, historiae patris, vestigia hic illic apud Nostrum deprehendisse nobis videmur. Hujusmodi sunt περιφλευσμὸς, *febris ardens*, Deut. xxviii. 22 (coll. Herod. V, 77), et καταπηκτὴ (vel, si mavis, καταπακτή), *ostium depactum*, Jerem. xxix. 26 (coll. Herod. V, 161).

3. Ad eruditionem Aquilae philologicam pertinere videtur mos ejus, in vocibus Hebraeis minus usitatis vertendis, ad cognatas dialectos, Chaldaeam nempe et Syriacam, confugiendi. E. g. in Psal. xxi. 17 vocabulum Hebraeum vexatissimum כָּאֲרִי vel כָּאֲרִי in ᾔσχυναν, ad normam Syriaci ܟܠܒ, *pudefecit*, transtulit. In Amos vii. 14 pro בֹּולֵס, *vellicans*, collato Chaldaeo בְּלַשׁ, *scrutatus est*, Aquila ἐρευνῶν posuit. In Hab. i. 10 pro יִתְקַלֶּס, *irridebit*, ex Chaldaico et Syriaco *celebrabitur* habet. Pro בָּחַל, *fastidivit*, Zach. xi. 8 Noster ἐπέρκασεν ex Chaldaico ejusdem vocis usu mutuatus est. Locutio ejus, σπίλωμα ('Ωφεὶρ) Jesai. xiii. 12 pro Hebraeo פָּתֶם revocat N. T. locos Jac. iii. 6. Jud. 23, ubi pro ἐσπίλωσε uterque interpres Syrus ܟܠܒ exhibet. Alia hujus usus exempla dabunt Hexapla nostra ad Exod. xiii. 16. 1 Reg. xxviii. 9. 2 Reg. i. 19. 3 Reg. vi. 17. Prov. vi. 13. Jesai. xix. 15. Jerem. xliv. 10.

4. Postremo Aquilae versionis non exigua laus est, quod Hieronymus in Divina Bibliotheca (quae dicitur) haud infrequens ejus imitator, praesertim in Psalmis, deprehendatur: cujus rei pauculis exemplis hic propositis, lectorem ad Hexaplorum silvam remittemus.

Exod. ii. 3: בְּתוֹךְ הַסּוּף. Aq. ἐν μέσῳ τοῦ παπυρεῶνος. Hieron. et Vulg.: *in papyreone*. Deut. xxxiii. 12: חֹפֵף. Aq. παστώσει. Hieron. et Vulg.: *quasi in thalamo morabitur*. Job. xiv. 12: עַד־בִּלְתִּי. Aq. ἕως ἂν κατατριβῇ ὁ οὐρανός. Hieron. et Vulg.: *donec atteratur caelum*. Psal. i. 1: בְּמוֹשַׁב לֵצִים. Aq. ἐν καθέδρᾳ χλευαστῶν. Hieron.: *in cathedra derisorum*. Psal. xv. 1: מִכְתָּם. Aq. τοῦ ταπεινόφρονος καὶ ἁπλοῦ. Hieron.: *humilis et simplicis*. Psal. xlvii. 3: יְפֵה נוֹף. Aq. καλῷ βλαστήματι. Hieron.: *specioso germine*. Psal. xlviii. 14: יָרוּצוּ סֶלָה. Aq. δραμοῦνται ἀεί. Hieron.: *current*. SEMPER (et sic passim pro סֶלָה). Psal. lxv. 11: Aq. εἰσήγαγες ἡμᾶς ἐν ὀχυρώματι (בַּמְּצוּדָה), ἔθηκας τρισμὸν (מוּעָקָה) ἐν τῷ νώτῳ ἡμῶν. Hieron.: *Induxisti nos in obsidionem; posuisti stridorem in dorso nostro*. Psal. lxvii. 32: יֶאֱתָיוּ חַשְׁמַנִּים. Aq. οἴσουσιν ἐσπευσμένως. Hieron.: *offerant velociter*. Psal. lxviii. 16: וְאַל־תֶּאֱשָׁר. Aq. μηδὲ στεφανωσάτω (תֶּאֱשַׁר). Hieron.: *neque coronet*. Psal. lxxxviii. 48: זְכָר־אֲנִי מֶה־חָלֶד. Aq. μνήσθητί μου ἐκ καταδύσεως. Hieron.: *memento mei de profundo*. Psal. xc. 6: מִקֶּטֶב יָשׁוּד צָהֳרָיִם. Aq. ἀπὸ δηγμοῦ δαιμονίζοντος μεσημβρίας. Hieron.: *a morsu insanientis meridie*. Psal. cxxxviii. 16: יָמִים יֻצָּרוּ וְלֹא אֶחָד בָּהֶם. Aq. ἡμέραι κτίζονται (ܡܐܕܟܘܢ) καὶ οὐ μία ἐν αὐταῖς. Hieron.: *Dies formati sunt, et non est una in eis*. Jerem. xlix. 19: אֶל־נְוֵה אֵיתָן. Aq. πρὸς εὐπρέπειαν στερεάν. Hieron. et Vulg.: *ad pulcritudinem robustam*. Amos ii. 13: Aq. ἐγὼ τριζήσω (מֵעִיק) ὑποκάτω ὑμῶν, καθὰ τρίζει ἡ ἅμαξα. Hieron. et Vulg.: *Ego strideho subter vos, sicut stridet plaustrum*.

V. De duplici Aquilae editione.

Hieronymus aliquoties Aquilae *secundam editionem*, quam Hebraei κατ᾽ ἀκρίβειαν nominant[34] diserte vindicat; cujus plurimas lectiones in Commentariis suis nobis tradidit. Duas

---

[34] Hieron. Opp. T. V, pp. 32, 624.

autem totius S. Scripturae versiones eum edidisse, primam liberiorem, in qua sensum potius quam singulas voces apte reddere studebat; alteram vero quae κατ᾽ ἀκρίβειαν nominabatur, ad quam solam pertinebat culpa servilitatis et nimiae curiositatis quae nomini ejus inusta est; hanc autem posteriorem eam esse quam, spreta priore, Origenes in tertia Hexaplorum columna posuerit; haec, inquam, antecessoris nostri placita[35] adeo incerta et lubrica, ne dicamus incredibilia videntur, ut probabiliorem rationem inire coacti simus. Aquila igitur, ut nostra fert opinio, unam Bibliorum versionem, eam scilicet cujus indolem et proprietates in praecedentibus descripsimus, concinnavit; deinde, quo ei naturaliter insitum est accurationis studio, opus suum denuo retractavit et recognovit, correctionibus quae necessariae viderentur ad marginem exemplaris, vel, si mavis, editionis, prioris appictis. Utrum vero totum Sacrum Codicem, an libros tantum ejus difficiliores secundis curis subjecerit, deficientibus probationibus pro certo definiri nequit. Alterius quidem editionis notitias non pariter in omnibus libris, etiam iis quos commentatus est Hieronymus, obvias esse, exploratum est. "Duarum editionum," inquit Hodius,[36] "nullam mentionem reperi in Commentariis in Jesaiam vel in Prophetas minores; quare suspicor in aliis libris, Prophetis saltem, utramque inter se verbatim convenisse." Ad probabilem hujus quaestionis solutionem operae pretium erit conspectum omnium locorum, in quibus Aquilae *primae* aut *secundae* editionis ab Hieronymo (qui solus hic testis est) mentio facta sit, subjicere.

		Ed. 1ma.	Ed. 2da.
Jerem. v. 24	שְׁבֻעֹת	hebdomadas	Vacat (prob. πλησμονάς).
viii. 17	צִפְעֹנִים	regulos (βασιλίσκους)	speculatores.
xiii. 12	נֵבֶל	laguncula (ὑδρία)	νέβελ.
xx. 3	מָגוֹר	circumspicientem	peregrinum.
xxi. 13	צוּר	στερεά	Τύρος.
xxii. 30	עֲרִירִי	sterilem	ἀναύξητον.
Ezech. iii. 15	מַשְׁמִים	Vacat	ἠρεμάζων.
27	הַשֹּׁמֵעַ יִשְׁמַע	Vacat	Qui audit, audietur;
	וְהֶחָדֵל יֶחְדָּל	Vacat	et qui relinquit, relinquetur.
iv. 9	כֻּסְּמִים	ζέα	Vacat.
16	מַטֵּה־לָחֶם	ῥάβδον ἄρτου	στερέωμα ἄρτου.
v. 7	הֲמָנְכֶם	Vacat	numerati estis.
viii. 16	אוּלָם	προστάς	αἰλάμ.
ix. 2	קֶסֶת	κάστυ	μελανοδοχεῖον.
xvi. 8	דֹּדִים	μαστῶν	συναλλαγῆς.
10	כָּשִׁי	ψηλαφητῷ	ἀνθίμῳ.
11	רָבִיד	Vacat	torquem (κλοιόν).

---

[35] Vid. Montef. in *Praelim.* pp. 47, 48.   [36] *De Bibliorum Textibus*, pp. 577, 578.

		Ed. 1ma.	Ed. 2da.

Ezech. xviii. 10	פָּרִיץ	Vacat	ἁμαρτωλόν.
xx. 6	צְבִי	στάσις	inclytum.
7	שִׁקּוּצֵי	Vacat	ἀποκόμματα.
	בְּגִלּוּלֵי	in inquinamentis	ἐν εἰδώλοις.
xxii. 16	וְנִחַלְתְּ בָּךְ	et contaminabo te	Vacat.
18, 19	סִיג	στέμφυλον et γίγαρτον	κρᾶμα.
xxvii. 11	גַּמָּדִים	πυγμαῖοι	Vacat (prob. τετελεσμένοι).
xl. 43	שְׁפַתַּיִם	ἐπιστάσεις	χείλη.
49	וּבַמַּעֲלוֹת	et gradibus	καὶ ἐπὶ ἕνδεκα (?).
xlii. 1	הַגְּזֵרָה	separati	τοῦ γαζερά.
xliv. 18	בַּיֶּזַע	in sudore	busa.
Dan. i. 3	פַּרְתְּמִים	ἐκλεκτῶν	τυράννων.

Hic satis mirari non possumus, Hieronymum, qui ad Jesaiam et XII Prophetas prolixa commentaria conscripsit, ad Psalmos autem in epistolarum commercio Aquilae tot lectiones excitavit, neque ad hos neque ad illos duarum ejus editionum ullam mentionem fecisse. Ne tamen ex silentio ejus temere colligamus, in ceteris libris Aquilae singularem tantum editionem exstitisse, alias istius interpretis duplices lectiones (non omnes, sed eas tantum quae potioris sunt fidei) quae a diversis testibus, sive duobus Graecis, sive Graeco et Syro-hexaplari, ei assignantur, nunc recensebimus.

Exod. i. 7	וַיִּשְׁרְצוּ	'Α. καὶ ἐχέοντο [χόμενον	'Α. καὶ ἐξεῖρψαν.
Lev. xvi. 8	לַעֲזָאזֵל	'Α. εἰς κεκραταιωμένον καὶ εἰς ἀπερ-	'Α. εἰς τράγον ἀπολυόμενον.
Num. xi. 8	לְשַׁד הַשָּׁמֶן	'Α. τοῦ μαστοῦ ἔλαιον	'Α. τοῦ πεφυραμένου ἐν ἐλαίῳ.
1 Reg. vi. 8	בָּאַרְגַּז	'Α. ἐν λάρνακι	'Α. ἐν ὕφει κουρᾶς.
xxvi. 5	בַּמַּעְגָּל	'Α. ἐν τῇ στρογγυλώσει	'Α. ἐν τῇ καμπῇ.
2 Reg. viii. 7	אֵת שִׁלְטֵי הַזָּהָב	'Α. τοὺς κλοιοὺς τοὺς χρυσοῦς	'Α. τὰς πανοπλίας τὰς χρυσᾶς.
4 Reg. xxiii. 7	הַקְּדֵשִׁים	'Α. τῶν ἐνδιηλλαγμένων	'Α. τῶν πόρνων.
Psal. xxi. 17	כָּאֲרִי	'Α. ᾔσχυναν	'Α. ἔδησαν (s. συνεπόδισαν).
xliv. 13	בַּת־צֹר	'Α. θυγάτηρ Σόρ	'Α. θυγάτηρ ἰσχυροῦ.
xlv. 9	שַׁמּוֹת	'Α. ἀφανισμούς	'Α. demonstrationes.
xlviii. 15	עַל־מוּת	'Α. ἀθανασία	'Α. et super mortem renovabit.
lxxii. 21	אֶשְׁתּוֹנָן	'Α. παρωξύνοντο	'Α. πῦρ καπνιζόμενον.
lxxiv. 4	סֶלָה	'Α. ἀεί	'Α. cantilena.
lxxix. 14	וְזִיז שָׂדַי	'Α. καὶ παντοδαπὸν χώρας	'Α. καὶ ζῶα χώρας.
lxxxix. 10	חִישׁ (אִישׁ)	'Α. ἀνήρ	'Α. festinatio.
cxviii. 120	סָמַר	'Α. ἡλώθη	'Α. ἔφριξεν.

Jesai. xxix. 1	קִרְיַת חָנָה	'A. πολίχνη βιοτεύσεως	'A. πόλις παρεμβλήσεως.
xxxi. 7	יְמָאֵסוּן	'A. ἀπορρίψουσι	'A. ἀρνήσονται.
xxxiii. 20	מוֹעֲדֵנוּ	'A. ἑορτῶν ἡμῶν	'A. τῶν συνταγῶν ἡμῶν.
lii. 5	יְהֵילִילוּ	'A. παρανομοῦσιν	'A. flebunt (Hieron.).
lxii. 8	תִּירוֹשׁ	'A. οἰνίαν	'A. ὀπωρισμόν.
Jerem. iii. 19	צְבִי	'A. ὀνομαστήν	'A. εὐδοξίας.
vi. 1	עַל־בֵּית הַכֶּרֶם	'A. ἐπὶ Βαιθχαρμά	'A. ἐπὶ οἶκον τοῦ ἀμπελῶνος.
xi. 9	קֶשֶׁר	'A. σύνδεσμος	'A. ἀθεσία.
xii. 5	וַיַּלְאוּךָ	'A. καὶ ἐξέλυσάν σε	'A. καὶ ἐμόχθωσάν σε.
	תִּתְחָרֶה	'A. ἐριεῖς	'A. implicaberis.
xxv. 38	הַיּוֹנָה	'A. περιστερᾶς 'A. τεθολωμένης	'A. μοναχῆς.
xxix. 17	הַשֹּׁעָרִים	'A. τὰ πονηρά	'A. τὰ ἄβρωτα.
xxxi. 7	רָנּוּ	'A. ἀγαλλιᾶσθε	'A. αἰνεῖτε.
20	הָמוּ מֵעַי	'A. ἤχησεν ἡ κοιλία μου	'A. ἐσείσθη τὰ ἔντερά μου.
xxxiii. 6	עֲתֶרֶת	'A. εἰσακούειν	'A. ἴασιν.
xxxvi. 15	שֵׁב	'A. ἐπίστρεψον	'A. κάθισον.
xxxvii. 16	אֶל־הַחֲנֻיּוֹת	'A. εἰς τὰ ἐργαστήρια	'A. εἰς τὰς ταβέρνας.
21	כִּכַּר־לֶחֶם	'A. κέχχαρ ἄρτου	'A. περίμετρον ἄρτου.
xxxviii. 26	מַפִּיל־אֲנִי תְחִנָּתִי	'A. ῥίπτω ἐγώ εἰμι τὸν ἐλεῖσμόν μου	'A. βάλλω ἐγὼ τὴν δέησίν μου.
xliii. 10	אֶת־שַׁפְרִיר	'A. τὸ σπείρωμα	'A. τὸ σκάλιστρον.
12	וְעָטָה	'A. καὶ ἀναβαλεῖται	'A. καὶ σκαλεύσει (?).
xlviii. 1	הַמֵּשְׁגָּב	'A. Μασογάβ	'A. ἡ ὑπερεπαίρουσα.
12	וּנְבָלֵיהֶם	'A. καὶ τὰ κέρατα αὐτοῦ	'A. καὶ τὰ νέβελ αὐτοῦ.
37	גְרֻעָה	'A. κατατετμημένος (גְּדֻעָה)	'A. ξύρησις.
xlix. 14	וְיִר בַּגּוֹיִם	'A. καὶ περιοχὴ ἐν τοῖς ἔθνεσιν	'A. καὶ πρεσβευτὴς εἰς τὰ ἔθνη.
19	אֶל־נְוֵה אֵיתָן	'A. ἐπὶ τὸ κατοικητήριον τὸ ἀρχαῖον	'Α. πρὸς εὐπρέπειαν στερεάν.
30	נֻדוּ	'A. κινήθητε	'A. μεταναστεύομενοι.
l. 8	כְּעַתּוּדִים	'A. ὡς ἔριφοι	'A. ὡς κερασταί (s. βασιλίσκοι).
lii. 17	וְאֶת־הַמְּכֹנוֹת	'A. καὶ τοὺς μεχωνώθ	'A. καὶ τὰ ὑποστηρίγματα
Ezech. i. 4	רוּחַ סְעָרָה	'A. πνεῦμα καταιγίς	'A. ἄνεμος πρηστῆρος (?).
Jon. iv. 6	קִיקָיוֹן	'A. κικεῶνα	'A. κισσόν (Hieron.).
Mich. iii. 12	עִיִּין תִּהְיֶה	'A. λιθολογηθήσεται	'A. ὡς σωρὸς (s. λιθολογία) ἔσται.

His positis, quod fit in rebus quae ultra opinationem procedere nequeunt, de *secunda* Aquilae editione relinquenda unicuique libera opinandi facultas.

CAPUT III.

DE SYMMACHI EDITIONE.

I. Symmachi historia. II. Utrum Symmachus an Theodotio versionem suam prius ediderit. III. De Symmachi versionis fide. IV. De Symmachi interpretis stylo. V. De duplici Symmachi editione.

I. *Symmachi historia.*

Inter tres post LXX Bibliorum interpretes notiores Symmacho secundus locus assignatus est, propter causam quam mox videbimus. Historiam ejus sic narrat, vel, si mavis, fabulatur, Epiphanius. Imperante Severo (A.D. 193–211) Symmachus quidam Samarita, ex eorum numero qui apud gentiles ejus sapientes habebantur, cum spe honoris et principatus, quem inter contribules suos appetebat, nescio qua de causa destitutus esset, ira permotus ad Judaeos transfuga factus est, reductoque arte chirurgica praeputio, *secundam* circumcisionem accepit: quo facto mox ad novam Sacri Codicis interpretationem, in perversionem earum quae apud Samaritas tunc temporis ferebantur, conficiendam se applicuit.[1] Eusebius tradit, Symmachum Ebionitam fuisse (quae haeresis fuit eorum qui Christum quasi merum hominem, Josephi et Mariae filium, suspiciebant, et legem Judaicam a Christianis observandam esse contendebant); in cujus rei probationem commentarios ejus adhuc exstantes appellat, in quibus Ebionitarum haeresin argumentis e Matthaei Evangelio petitis adstruere videtur. Hos autem commentarios, teste Eusebio, una cum aliis ejus in S. Scripturam expositionibus, Origenes se a Juliana quadam, ad quam Symmachi chartae successionis jure pervenerant, accepisse affirmabat.[2] Hactenus Eusebius, ad cujus auctoritatem accedit Hieronymus, qui *Judaeum* Aquilam, Symmachum autem et Theodotionem *Judaizantes haereticos,*[3] *vere pauperes et Ebionitas,* et *semichristianos*[4] vocat.

❖   ❖

---

[1] Epiphan. De Mens. et Pond. 16 (Opp. T. II, p. 172): Ἐν τοῖς τοῦ Σευήρου χρόνοις Σύμμαχός τις Σαμαρείτης τῶν παρ' αὐτοῖς σοφῶν, μὴ τιμηθεὶς ὑπὸ τοῦ οἰκείου ἔθνους, νοσήσας φιλαρχίαν, καὶ ἀγανακτήσας κατὰ τῆς ἰδίας φυλῆς, προσέρχεται Ἰουδαίοις καὶ προσηλυτεύει, καὶ περιτέμνεται δευτέραν περιτομήν... Οὗτος τοίνυν ὁ Σύμμαχος πρὸς διαστροφὴν τῶν παρὰ Σαμαρείταις ἑρμηνειῶν ἑρμηνεύσας τὴν τρίτην ἐξέδωκεν ἑρμηνείαν.   [2] Euseb. Hist. Eccles. VI, 17: Τῶν γε μὴν ἑρμηνευτῶν αὐτῶν δὴ τούτων ἰστέον Ἐβιωναίων τὸν Σύμμαχον γεγονέναι ... Καὶ ὑπομνήματα δὲ τοῦ Συμμάχου εἰσέτι νῦν φέρεται, ἐν οἷς δοκεῖ, πρὸς τὸ κατὰ Ματθαῖον ἀποτεινόμενος εὐαγγέλιον, τὴν δεδηλωμένην αἵρεσιν κρατύνειν. Ταῦτα δὲ ὁ Ὠριγένης, μετὰ καὶ ἄλλων εἰς τὰς γραφὰς ἑρμηνειῶν τοῦ Συμμάχου, σημαίνει παρὰ Ἰουλιανῆς τινος εἰληφέναι, ἣν καί φησι παρ' αὐτοῦ Συμμάχου τὰς βίβλους διαδέξασθαι. Eu-

sebium secutus est Hieron. in Catalogo Scriptorum Eccles. Cap. LIV (Opp. T. II, p. 894): "Aquilae scilicet Pontici proselyti, et Theodotionis Ebionaei, et Symmachi ejusdem dogmatis, qui in Evangelium quoque κατὰ Ματθαῖον scripsit commentarios, de quo et suum dogma confirmare conatur."   [2] Hieron. Praef. in Job. (Opp. T. IX, p. 1082 ed. Migne).   [4] Hieron. Opp. T. VI, p. 636. Huc non trahendus est (qui error est Thiemii in libello mox allegando) alius Hieronymi locus in Comment. in Epist. ad Gal. (Opp. T. VII, p. 435): "Haec verba Ebion haeresiarches, semichristianus et semijudaeus, ita interpretatus est: ὅτι ὕβρις θεοῦ ὁ κρεμάμενος." Nam nec Symmachus Ebionita *Ebion* haeresiarches appellari potest, et ejus versio loci Deut. xxi. 23 prorsus alia est.

Haec est summa eorum quae de nostro interprete a veteribus tradita sunt. Nuper quidem D. Abraham Geiger, in commentatione de Symmacho Bibliorum interprete lingua vernacula conscripta,[3] conjecturam quandam in medio proposuit, videlicet Symmachum nostrum Talmudistam fuisse, eundemque cum eo qui in libris Talmudicis sub nomine סומכוס filii Josephi celebratur, quique discipulus fuit Rabbi Meiri, saeculo II exeunte aut III ineunte. Nostrum autem Symmachum scholae Meiri contra scholam Judae fautorem fuisse, argumentatur V. D. e versione ejus loci Eccles. v. 3, ἐὰν εὔξῃ; quasi per particulam dubitativam ἐὰν interpres innuere voluisset, *melius esse omnino non vovere*, quod R. Meiri dogma fuit, repugnante altera schola. Porro ut probabile fiat, Symmachum Talmudistam Graecam linguam probe calluisse, adducitur dictum ejus quoddam philologicum : מטרוגן ארבע טריגון שלש דינין שתים, h. e. τετράγων [immo τετράγωνον] significat *quatuor angulos habens*, τρίγων [τρίγωνον] *tres*, δίγων [!] *duo*. Cum vero in iis quae de Symmacho Talmudista narrantur, de Bibliis Hebraeis ab eo in linguam Graecam conversis altum silentium sit, nolumus in talibus argutiis diutius immorari.

II. *Utrum Symmachus an Theodotio versionem suam prius ediderit.*

Epiphanius, ut vidimus, Symmachum sub Severo imperatore versionem suam emisisse tradit. Deinde pergit: "Post hunc, tantillo elapso tempore (κατὰ πόδας ἐν τῷ ἐξῆς χρόνῳ), hoc est, imperante Commodo secundo, qui post antedictum Commodum Lucium Aurelium XIII annis imperavit, Theodotio quidam Ponticus etc."[6] Sed hic immanis error est. Nam nullum Commodum imperatorem exstitisse praeter L. Aurelium, qui *ante* Severum, interpositis paucorum mensium imperatoribus Pertinace et Didio Juliano, per XIII annos regnavit, omnibus notum est. Quin et ipse Epiphanius non multo post imperatorum seriem repetens, haec habet: "Post Antoninum Pium regnavit M. Aurelius Antoninus, qui et Verus, annis XIX. Post hunc Commodus alius imperat annis XIII, cujus tempore floruisse diximus Theodotionem, qui quartam interpretationem edidit. Commodum hunc excipit Pertinax alius, et imperat menses sex. Huic succedit Severus alius cum Antonino filio, annis XVIII. Mortuo Severo succedit Antoninus [Caracalla];"[7] de Symmacho prorsus silens. Epiphanii de duplici Commodo hallucinationem haud improbabiliter inde repetit Montefalconius, quod ei penitus sederat falsa opinio, Theodotionem, quem sub Commodo floruisse ex veterum, fortasse ipsius Origenis, auctoritate noverat, Symmacho *posteriorem* fuisse. Utut sit, caecum ducem secutus est Auctor Epistolae versioni Harethi praepositae, cujus expositio haec est: "Interpretatio tertia est versio Symmachi, qui e Samaritanorum doctis erat, vixitque inter Judaeos; fuitque hoc tempore Severi regis, post Aquilam annis circiter L. Interpretatio quarta, versio Theodotionis Marcionistae, qui Sinopensis etiam erat, floruitque tempore Commodi secundi regis, idque post Symmachum annis prope X."[8] Errorem correxit (qui tamen ab Epiphanio sua se

---

accepisse testatur) Auctor Chronici Alexandrini sive Paschalis, qui postquam Theodotionis editionem in annum Commodi sextum conjecerat, ordine temporis procedens, Symmachi versionem anno Severi nono concinnatam esse affirmat. Quae cum ita sint, in hac duorum interpretum successione acquiescendum videtur; non ut quo anno aut etiam quo regno versionem suam uterque ediderit ullis certis rationibus definiri possit, sed simpliciter Theodotione Symmachum tempore nescimus quantulo posteriorem fuisse. Hieronymi quidem dicto fortuito in Commentario ad Jesai. lviii. 6, *Symmachum in Theodotionis scita concedentem* torquem *posuisse,* non multum tribuimus. Sed gravissimam esse Irenaei (qui Marci Aurelii et Commodi tempore, ac Severi quoque regni initio floruit) auctoritatem, qui de voce νεᾶνις adversus Judaeos disputans, Theodotionis et Aquilae, qui ita interpretati essent, *non item Symmachi* meminerit, etiam D. Petavius, qui contrariae opinioni favet, scilicet Symmachum ante Theodotionem vixisse, ingenue fatetur.

III. *De Symmachi versionis fide.*

Praeter crimen Judaismi, quod ei una cum duobus sodalibus ejus nimis leviter impingitur, Symmachum ab Epiphanio notatum vidimus, quasi in perversionem (διαστροφὴν) versionum Sacri Codicis a Samaritanis tunc temporis receptarum suam confecisset. Sed haec accusatio, quantum e reliquiis ejus adhuc exstantibus conjici possit, omni praetextu destituta est. E contrario in Gen. v rationes ejus chronologicae cum textu et versione Samaritanorum, quales nos manu terimus, contra supputationem LXXviralem concordant. Praeterea nostro interpreti a nonnemine objicitur, tanti ei fuisse *a LXX discedere,* ut etiam a S. Scripturae consuetudine desciscere non dubitarit, ut illos imperitiae nomine insimularet.[9] Cui respondemus, neminem Hebraei archetypi sensum fideliter exprimere posse, nisi versioni LXX Seniorum, vetustate quantumvis venerabili, innumeris locis valere jubeat; id quod Hieronymi exemplo demonstratur, qui tum in Commentariis suis interpretationem LXXviralem acerrimis criminationibus insectatur, tum in versione Latina a se elaborata, ut mox declarabimus, prae ceteris omnibus interpretibus Symmachum ducem ac magistrum sibi proposuit.

IV. *De Symmachi interpretis stylo.*

Hieronymus in prooemio ad Chronicon Eusebianum trium interpretum, quoad stilum sive vertendi methodum, comparationem instituit his verbis: "Quamobrem Aquila ꝰ Symmachus et Theodotion incitati, diversum paene opus in eodem opere prodiderunt; ꝗ nitente verbum de verbo exprimere, *alio sensum potius sequi,* tertio non multum a veteribus discrepare."[10] Idem passim in scriptis suis Symmachum laudat, quasi ceteris *manifestius* et *apertius* vertentem; talemque interpretem qui *non solet verborum* κακοζηλίαν, *sed intelligentiae ordinem sequi.*[11] E recentioribus Criticis instar omnium est Valckenaerii elogium, qui eum

---

[9] Vid. Agellium ad Psal. lxv. 15.   [10] Hieron. Opp. T. VIII, p. 35 ed. Migne.   [11] Hieron. Opp. T. VI, p. 258.

quasi *Graecorum interpretum Antiqui Foederis castigatissimum* praedicat.[12] Nec longe a scopo aberrat Montefalconius, cujus scrinia hic compilare non gravabimur: "Interpretatio Symmachi clarissima et elegantissima omnium est. Res ille, ut plurimum, apte ac dilucide exprimit, non verba singula scrupulose referre studet... Hebraismos raro sectatur; summopere curasse videtur, ne quidpiam in Graeca serie poneret, quod Graecum lectorem Hebraice ignarum offendere posset."[13]

Haec de Symmachi stylo in universum sufficiant: nunc de singulis ejus characteribus, cum LXX et Aquila comparatione facta, paulo fusius agamus.[14]

1. Constructiones Hebraeas, per copulas membratim concisas, Symmachus ad rotundiorem Graeci sermonis structuram participiorum ope accommodat. Exempla sint: Exod. v. 7: O'. πορευέσθωσαν καὶ συναγαγέτωσαν. Σ. ἀπερχόμενοι καλαμάσθωσαν. 4 Reg. i. 2: O'. δεῦτε καὶ ἐπιζητήσατε. Σ. ἀπελθόντες πύθεσθε. Psal. xxvi. 2: O'. ἠσθένησαν καὶ ἔπεσαν. Σ. σφαλέντες ἔπεσον. Cant. v. 6: 'Α. ἔκλινεν, παρῆλθεν. Σ. ἀπονεύσας παρῆλθεν. Participii *absoluti* (quod dicitur) in tali accommodatione egregius est usus. Sic Job. xxxiv. 29: ✕ Θ. καὶ αὐτὸς ἡσυχίαν παρέξει, καὶ τίς καταδικάσεται; Σ. αὐτοῦ δὲ ἡρεμίαν διδόντος τίς κατακρινεῖ; Psal. xxvii. 1: O'. μήποτε παρασιωπήσῃς ἀπ' ἐμοῦ, καὶ ὁμοιωθήσομαι κ. τ. ἑ. Σ. μὴ ἡσυχάσαντός σου ἀπόθέν μου ὁμοιωθῶ κ. τ. ἑ. Item in constructione Hebraeis familiari per praepositionem בְּ cum infinitivo: ut Psal. ix. 4: O'. ἐν τῷ ἀποστραφῆναι τὸν ἐχθρόν μου. Σ. ἀναστραφέντων τῶν ἐχθρῶν μου. Psal. xxix. 10: O'. ἐν τῷ καταβῆναί με (Σ. κατενεχθέντος μου) εἰς διαφθοράν. 1 Reg. xxii. 8: O'. ἐν τῷ διαθέσθαι τὸν υἱόν μου διαθήκην. Σ. συντιθεμένου τοῦ υἱοῦ μου. Ezech. i. 19: O'. ἐν τῷ ἐξαίρειν τὰ ζῶα. Σ. ἐπαιρομένων τῶν ζώων.

2. Pro duobus verbis Hebraeis constructionem elegantiorem per verbum et adverbium frequentat Noster. E. g. Psal. xxxii. 3: 'Α. ἀγαθύνατε ψάλατε. Σ. ἐπιμελῶς ψάλατε. Gen. iv. 2: O'. καὶ προσέθηκε τεκεῖν. Σ. καὶ πάλιν ἔτεκεν. Psal. xl. 9: 'Α. οὐ προσθήσει τοῦ ἀναστῆναι. Σ. οὐκέτι ἀναστήσεται. Jon. ii. 5: O'. ἆρα (אַךְ) προσθήσω τοῦ ἐπιβλέψαι με; Σ. ἴσως πάλιν προσβλέψω. Psal. lv. 7: Hebr. *commorantur, delitescunt.* Σ. συνήγοντο λάθρα. Vel per verbum et adjectivum; ut 4 Reg. ii. 10: O'. ἐσκλήρυνας τοῦ αἰτήσασθαι. Anon. (qui proculdubio Symmachus est): δύσκολον ᾔτησω. Hieron.: *rem difficilem postulasti.*

3. Pro duobus nominibus in regimine positis, quorum posterius juxta usum Hebraeum prioris qualitatem exprimit, Symmachus Graeco more nomen et adjectivum adhibet. Sic Psal. liv. 24: O'. ἄνδρες αἱμάτων καὶ δολιότητος. Σ. (ἄνδρες) μιαίφονοι καὶ δόλιοι. Psal. cl. 1: O'. ἐν στερεώματι δυνάμεως αὐτοῦ. Σ. ἐν τῷ στερεώματι τῷ ἀκαθαιρέτῳ αὐτοῦ.

4. Notiones ab Hebraeis per complexionem verborum expositas Noster uno vocabulo, quae Graecae linguae felicitas est, sive adjectivo sive adverbio apte et eleganter reddit. E. g. Prov. xv. 15: טוֹב־לֵב. Σ. ὁ εὐθυμῶν. Jesai. ix. 15: נְשׂוּא־פָנִים. Σ. αἰδέσιμος. 1 Reg. xxv. 3: טוֹבַת־שֶׂכֶל. O'. ἀγαθὴ συνέσει. Σ. εὐδιανόητος. Ibid.: רַע־מַעֲלָלִים. O'. πονηρὸς ἐν ἐπιτηδεύμασι. Σ.

[12] Vid. Hex. nostra ad 1 Reg. xxiii. 13. [13] Montef. in *Praeliminaribus,* p. 54. [14] In hac parte lucubrationis nostrae elaboranda plurimum nobis contulit C. A. Thiemii libellus, *Pro Puritate Symmachi Dissertatio,* Lips. 1755.

κακογνώμων. Job. xxxii. 19: וְיֵין לֹא יִפְתַּח. Σ. οἶνος νέος ἀδιάπνευστος. Psal. lxxvii. 53: Ο'. (ὡδήγησεν αὐτοὺς) ἐν ἐλπίδι, καὶ οὐκ ἐδειλίασαν. Σ. ἀφόβους καὶ ἀπτοήτους. Jud. xviii. 7: Ο'. ἐπ' ἐλπίδι. Σ. ἀμερίμνως. Job. xxxiv. 6: בְּלִי־פָשַׁע. ✗ Θ. ἄνευ ἀδικίας. Σ. ἀναιτίως. Ezech. xxii. 29: בְּלֹא מִשְׁפָּט. Σ. ἀκρίτως. Amos vi. 13: לְלֹא דָבָר. Σ. ἀλόγως. Jesai. lii. 8: עַיִן בְּעַיִן. Ο'. ὀφθαλμοὶ πρὸς ὀφθαλμούς. Σ. ὀφθαλμοφανῶς. 2 Reg. xii. 8: כָּהֵנָּה וְכָהֵנָּה. Σ. πολλαπλασίως.

5. Praepositionem בְּ, quae apud Hebraeos latissimum usum habet, Symmachus non uno modo transfert. E. g. Gen. xxvii. 35: 'A. ἐν ἐπιθέσει. Σ. δι' ἐνέδρας. Psal. xvi. 1: Ο'. οὐκ ἐν χείλεσι δολίοις. Σ. οὐ διὰ χειλέων δολίων. Psal. cxviii. 9: Ο'. ἐν τίνι. Σ. (juxta potiorem scripturam) διὰ τίνος. Psal. cxviii. 109: Ο'. ἐν ταῖς χερσί μου. Σ. μετὰ χεῖράς μου.

6. Lingua Graeca nulla in re ceteris magis antecellit quam in particularum ejus varietate ac elegantia ; quam rem in transferendis particulis Hebraeis non ita numerosis Noster in versionis suae exornationem et illustrationem convertere callebat. Exemplum primum sit particula אַךְ, quae Aquilae et Theodotioni nil nisi πλὴν sonat; Symmacho autem ἄρα (1 Reg. xvi. 6), ὄντως (Psal. lxxii. 18), διόλου (Prov. xxii. 16. Cf. Hex. ad Psal. xxii. 5), ἴσως (Psal. cxxxviii. 11), ἴσως οὖν (Psal. lxxii. 13), μόνον (Thren. iii. 3), οὕτως (1 Reg. xxv. 21. Jerem. xvi. 19), ἀλλ' ὅμως (Jerem. xii. 1). Particula גַּם praeter καίγε vertitur ἀλλὰ καίγε (Prov. xiv. 13), ἔτι (Psal. cxxxviii. 10), ἔτι καὶ (Psal. lxxxii. 9), καὶ ἔτι (Prov. xxv. 1), πρὸς, insuper (Eccles. i. 17. vii. 23. ix. 1), μέντοιγε (Job. xviii. 5 ?). וְגַם, ἀλλὰ καὶ (Hex. ad 4 Reg. xvi. 3), ἀλλὰ μὴν καὶ (Eccles. x. 3), καὶ δή (Jerem. xxxvi. 25). אַף, πόσῳ μᾶλλον (Job. iv. 19), ἀλλὰ πρὸς τούτοις (Psal. xliii. 10). אַף כִּי, πόσῳ μᾶλλον (1 Reg. xiv. 30. 2 Reg. iv. 11. xvi. 11. Job. xv. 16. xxv. 6). נָא, ἀξιῶ (1 Reg. xv. 25. xxv. 25). אָנָּה, δέομαι (4 Reg. xx. 3). וְאוּלָם, ἐπείτοιγε (1 Reg. xxv. 34), ἀλλὰ μήν (Mich. iii. 8). אֲבָל, καὶ μάλα (Hex. ad Gen. xlii. 21), ὄντως (Hex. ad 2 Reg. xiv. 5). הֵנָּה, ἀλλ' ὅμως (Jerem. vii. 8). מִבְּלִי, ἑξῆς, s. κατὰ μέρος (Jerem. ix. 25). כְּדֵי, ἀφ' οὗ (Jerem. xx. 8. xlviii. 27). Postremo constructionem per μὲν et δέ, quae ab Aquilae saltem editione prorsus exsulat, Noster non invitus in rem suam convertit; e.g. Exod. xiv. 20: καὶ ἦν ἡ νεφέλη σκότος μὲν ἐκεῖθεν, φαίνουσα δὲ ἐντεῦθεν. Hos. vii. 1: καὶ κλέπτης μὲν εἰσῆλθεν, ἐκδύων δὲ λῃστήριον ἔξω.

7. Idiotismos Hebraeos qua ratione Symmachus Graecis auribus accommodare studuerit, paucula ex innumeris specimina ad declarandum sufficiant. 1 Reg. iii. 4 (et passim): Ο'. ἰδοὺ ἐγώ. Σ. πάρειμι. 2 Reg. xii. 5 : Ο'. υἱὸς θανάτου. Σ. ἄξιος θανάτου. Exod. v. 7 : Ο'. καθάπερ χθὲς καὶ τρίτην ἡμέραν. Σ. καθάπερ καὶ πρότερον. 1 Reg. xix. 7 : Ο'. ὡς ἐχθὲς καὶ τρίτην ἡμέραν. Σ. ὡς πρὸ μιᾶς καὶ πρίν. 2 Reg. v. 2 : Ο'. καὶ ἐχθὲς καὶ τρίτην. Σ. ἀλλὰ καὶ πρίν. 1 Reg. xx. 25 : Ο'. ὡς ἅπαξ καὶ ἅπαξ. Σ. ὥσπερ εἰώθει. 1 Reg. ix. 20 : Ο'. μὴ θῇς τὴν καρδίαν σου αὐταῖς. (Σ.) μὴ μεριμνήσῃς. 1 Reg. xxv. 25 : Ο'. μὴ δὴ θέσθω ὁ κύριός μου καρδίαν αὐτοῦ. Σ. μὴ πρόσχῃς, ἀξιῶ. 1 Reg. xxx. 21 : Ο'. καὶ ἠρώτησαν αὐτὸν τὰ εἰς εἰρήνην. Σ. καὶ ἠσπάσαντο αὐτούς. 2 Reg. ii. 6 : Ο'. ποιήσω μεθ' ὑμῶν τὸ ἀγαθὸν τοῦτο. Σ. ἀμείψομαι ὑμᾶς τὴν χάριν ταύτην. His exemplis non annumerabimus Gen. ii. 17 : Ο'. θανάτῳ ἀποθανεῖσθε. Σ. θνητὸς ἔσῃ ; quia haec versio, dum Hebraismi peregrinitatem vitat, explicatorem potius quam interpretem arguere videtur.

8. Locutiones figuratas vel duriusculas Noster aut plane eximit (ut Psal. xx. 13 : Ο'. θήσεις αὐτοὺς νῶτον. Σ. τάξεις αὐτοὺς ἀποστρόφους. Job. xxxi. 15 : Ο'. γεγόναμεν δὲ ἐν τῇ αὐτῇ κοιλίᾳ (Σ.

ἐν ὁμοίῳ τρόπῳ)), aut per particulas comparationis emollire studet. Hujus generis sunt: 1 Reg. xiii. 1: ✗ υἱὸς ἐνιαυτοῦ (Σ. υἱὸς ὡς ἐνιαύσιος) Σαοὺλ ἐν τῷ βασιλεύειν αὐτόν.   Psal. xiii. 4: 'Α. ἔφαγον ἄρτον (Σ. ὡσεὶ ἄρτον).   Psal. xxx. 22: Ο'. ἐν πόλει περιοχῆς. Σ. ὡς ἐν πόλει περιπεφραγμένῃ. Psal. xxxviii. 6: Ο'. ἰδοὺ παλαιστὰς ἔθου (Σ. ἰδοὺ ὡς σπιθαμὰς ἔδωκας) τὰς ἡμέρας μου.   Psal. xliv. 2: Ο'. ἡ γλῶσσά μου κάλαμος (Σ. ὡς γραφεῖον).   Psal. lxii. 2: Ο'. ἐν γῇ ἐρήμῳ. Σ. ὡς ἐν γῇ διψάδι.   Prov. xv. 15: *Bonus corde est convivium perpetuum.* Σ. ὁ εὐθυμῶν ὡς ἐν πότῳ διαπαντός.   Dan. x. 5 (de angelo): Θ. ἀνήρ. Σ. ὡς ἀνήρ.   Zach. v. 1: *Et vidi, et ecce! volumen volans.* Σ. καὶ εἶδον ὡς εἴλημα πετόμενον.   Gen. xv. 1: מָגֵן לָךְ. Σ. ὑπερμάχομαι καθάπερ ὅπλον. Hic non praetereunda est lex a Symmacho sibi imposita, ut effata Sacri Scriptoris, quae notioni Dei ἀνθρωποπαθοῦς favere, aut majestati divinae ullo modo repugnare videantur, in versione sua variis artificiis mitiget. Sic Psal. xliii. 24: Ο'. ἱνατί ὑπνοῖς, κύριε. Σ. ἱνατί ὡς ὑπνῶν εἶ, δέσποτα.   Exod. xxiv. 10: Σ. καὶ εἶδον ὁράματι τὸν θεὸν Ἰσραήλ; ubi ὁράματι de suo intulit Noster. Jud. ix. 13 (de vino): *Quod exhilarat deos et homines* (אֱלֹהִים וַאֲנָשִׁים). Σ. τὴν εὐφροσύνην τῶν ἀνθρώπων.   Psal. lxxvii. 36: *Et lactaverunt eum* (Deum) *ore eorum.* Sic in Hebraeo; cum vero Deus ab hominibus fraude circumveniri non possit, Symmachus durius dictum pia circumlocutione emollit, vertens: καὶ ὡς παραλογιζόμενοι αὐτὸν ὑπελάμβανον ἐν τῇ καρδίᾳ αὐτῶν. Denique huc pertinere videtur locus insignis Gen. i. 27, de homine ad imaginem Dei creato; ubi dogmaticis suis praejudiciis nimium tribuens, Noster omnes sanae interpretationis leges pro nihilo habuit.[15]

9. Sed etiam ubi nulla intererat dogmatices quaestio, Symmachum in paraphrastae partes aliquando delapsum esse negari non potest. Nihil moramur verba ad sensum loci pleniorem efficiendum de suo assumpta; ut Psal. xxx. 20: Ο'. (ὁ) ἔκρυψας (Σ. ἔκρυψας ἀπόθετον) τοῖς φοβουμένοις σε. Psal. lvi. 5: Ο'. ἐκοιμήθην. Σ. εὐθαρσῶν ἐκοιμήθην. Jesai. xlvi. 1: Ο'. ἐγένετο εἰς θηρία. Σ. ἐγένετο ζώοις ἔκδοτα; et similia. Non carpimus circumlocutiones quae ad elegantiam Graeci sermonis pertinent; ut Psal. liv. 15: 'Α. ἐγλυκάναμεν ἀπόρρητον (סוֹד). Σ. ἐκοινολογούμεθα γλυκεῖαν ὁμιλίαν. Eccles. vii. 30: Ο'. ἐζήτησαν λογισμοὺς πολλούς. Σ. περιειργάσαντο πολυπραγμοσύνην. Sed nullas hujusmodi excusationes admittere videntur loca quae nunc indicabimus: Gen. xviii. 25: *Nonne judex totius terrae faciet justum?* Σ. ὁ πάντα ἄνθρωπον ἀπαιτῶν δικαιοπραγεῖν, ἀκρίτως μὴ ποιήσῃς τοῦτο. 4 Reg. xxi. 16: Ο'. (ἕως οὗ ἔπλησε τὴν Ἱερουσαλὴμ) στόμα εἰς στόμα. Σ. ὥσπερ ἀγγεῖον ἄχρι στόματος. Job. xxi. 13: *Et in momento ad infernum descendunt.* Σ. καὶ ταχέως ἄνοσοι καὶ ἀβασάνιστοι εἰς ᾅδην κατέρχονται. Psal. xli. 4: Ο'. ἐγενήθη τὰ δάκρυά μου ἐμοὶ ἄρτος (Σ. ὡς ἄρτος συντάξεώς μου). Jerem. xli. 5: Ο'. εἰς οἶκον κυρίου. Σ. εἰς οἶκον κυρίου εἰσέτι ὄντα καὶ ἐλπιζόμενον. Ezech. xvi. 31: Ο'. συνάγουσα μισθώματα. Σ. ἐν ἀξιοπιστίᾳ (*honeste*) συνάγουσα μισθώματα. Videndum tamen ne forte in uno et altero horum exemplorum verba scholiastae aut enarratoris versioni interpretis nostri male adhaeserint; id quod in tribus aliis locis (Exod. xv. 11. Thren. iii. 46, 47. Ezech. xvi. 45) accidisse vix dubium esse potest.

10. Vocabula Hebraea Graecis elementis scripta parcissime admittit Noster[16]; immo con-

---

[15] Cf. Geiger *Symmachus* etc. p. 40 sqq.   [16] Exempla ἀρσεὶθ Jerem. xix. 2; βόρατον Psal. ciii. 17. Cant. Cant. i. 17; fere sola sunt: ἀβρὴχ Gen. xli. 43; ἐμὼν Jesai. xxxiii. 3;   γαβδαρηνοί, θαβδαρηνοί etc. Dan. iii. 32; ἠδὰδ Jerem. xlviii. 33;

trariam culpam, modo sit culpa, in eum contulerit aliquis; videlicet quod propria nomina, quae sine translatione relinquenda erant, in Graece efferendo se torserit. Sic pro Αὐα (Gen. iii. 21) Ζωογόνος; pro Ἰεδδεδὶ (2 Reg. xii. 25) Ἀγαπητὸς κυρίου; pro Ἐδὲμ nunc (παράδεισον) ἀνθη-ρὸν (Gen. ii. 8), nunc (παράδεισον) τῆς ἀκτῆς (Gen. ii. 15), nunc παγκαρπία (Psal. xxxv. 9) prava affectatione venditat. Ejusmodi sunt: Num. xxi. 11: בְּעָיֵי. Ο'. ἐν Ἀχαλγαί. Σ. ἐν τοῖς βουνοῖς; Deut. xxxii. 49: הַר הָעֲבָרִים. Ο'. τὸ ὄρος τὸ Ἀβαρίμ. Σ. (τὸ ὄρος) τῶν διαβάσεων; Jesai. xix. 18: עִיר הַהֶרֶס. Ἀ. Θ. πόλις Ἀρές. Σ. πόλις ἡλίου. In regionum nominibus ponendis tres inter-pretes pro Ἀραρὰτ (Gen. viii. 4) Ἀρμενία ediderunt; sed solus Symmachus pro Ἐλλασὰρ, Ἐλὰμ et ἐθνῶν (Gen. xiv. 1) Πόντου, Σκυθῶν et Παμφυλίας vereor ne curiosius quam verius suffecerit. Quinetiam si quando nomen Hebraeum ab eo retineatur, Graecam quandam speciem induere cogitur; ut οἱ Ῥουβηλαῖοι, οἱ Γαδαῖοι, οἱ Μανασσαῖοι (Deut. xxix. 8); οἱ Χερηθαῖοι καὶ οἱ Φελεθαῖοι (2 Reg. viii. 18), et similia.

11. Cum inter omnes constet, Symmachum linguam Graecam tunc temporis florentem optime omnium interpretum nostrorum calluisse, plurimas voces et locutiones ad reconditiorem Graecitatem pertinentes in opere ejus reperiri nemo mirabitur. Harum vel insigniores tantum enumerare cum nimii laboris et taedii foret, fas sit nobis, speciminis gratia, lectorem remittere ad Hexapla nostra in Lev. xxvi. 43. Jos. xviii. 1. 1 Reg. xvi. 23. Neh. vi. 11. Ezech. xxiii. 5.

12. Aquilae in commendationis loco posuimus, Hieronymum in Hebraeis vertendis non raro vestigiis ejus institisse. Sed quid de Symmacho dicamus, quem tam presse secutus est magnus ille interpres Latinus, idemque literis Hebraeis et Graecis non mediocriter eruditus, ut aliquando nobis successerit, ex Hieronymi Latinis Symmachi Graeca vel sine nomine exsis-tentia, vel etiam prorsus deperdita, satis probabiliter extricare?[17] Hujus imitationis exempla in decursu operis nostri occasione data notavimus, e quibus selectum numerum hic uno con-spectu legentium oculis subjicere non gravabimur.

Exod. ix. 17: עֹדְךָ מִסְתּוֹלֵל בְּעַמִּי. Sym. (ἔτι σὺ) κατέχεις (τὸν λαόν μου); Hieron. in Div. Bibl. et Vulg.: *Adhuc retines populum meum?* Num. xxv. 8: אֶל־הַקֻּבָּה. Sym. εἰς τὸ πορνεῖον. H. V. *in lupanar.* Deut. xxxiii. 8: *Thummim tui et Urim tui sint viro pio tuo, quem tentasti ad Massah, conten-disti cum eo super aquas Meribah.* Sym. τελειότης σου καὶ διδαχή σου τῷ ἀνδρὶ τῷ ὁσίῳ, ὃν ἐπείρασας ἐν δοκιμασίᾳ, ἐδοκίμασας (leg. ἐδίκασας) αὐτὸν ἐπὶ τοῦ ὕδατος τῆς ἀντιλογίας. H. V. *Perfectio tua et doc-trina tua viro sancto tuo, quem probasti in tentatione, et judicasti ad aquas contradictionis.* Jos. x. 42: לָכַד פַּעַם אֶחָת. Sym. ᾐχμαλώτευσεν μιᾷ ὁρμῇ. H. V. *uno cepit impetu.* Jud. ix. 6: עִם־אֵלוֹן מֻצָּב אֲשֶׁר בִּשְׁכֶם. Sym. παρὰ τὴν δρῦν τὴν ἑστῶσαν ἐν Σικίμοις. H. V. *juxta quercum quae stabat in Sichem.* Jud. xv. 19: אֶת־הַמַּכְתֵּשׁ. Sym. τὴν μύλην. H. V. *molarem dentem.* 1 Reg. i. 18: *Et vultus ejus non erat ei amplius.* Sym. (καὶ τὸ πρόσωπον αὐτῆς) οὐ διετράπη (ἔτι). H. V. *vultusque illius non sunt*

---

amplius in diversa mutati. 1 Reg. ix. 24: Sym. ὅτι ἐπίτηδες (לְמוֹעֵד) τετήρηταί σοι. H. V. *quia de industria servatum est tibi.* 1 Reg. xxiii. 13: Ο'. καὶ ἐπορεύοντο οὗ ἐὰν (בַּאֲשֶׁר) ἐπορεύοντο. *Eleganter* Sym. καὶ ἐρρέμβοντο ὁπουδήποτε. H. V. *huc atque illuc vagabantur incerti.* 1 Reg. xxv. 18: *Et centum uvas passas* (צִמֻּקִים). Sym. καὶ ἑκατὸν ἐνδέσμους (σταφίδος). H. V. *et centum ligaturas uvae passae.* 2 Reg. x. 6: נִבְאֲשׁוּ בְדָוִד. Sym. ἐκακούργησαν πρὸς Δαυίδ. H. V. *injuriam fecissent David.* 2 Reg. xii. 14: כִּי־נִאֵץ נִאַצְתָּ. Sym. ὅτι βλασφημῆσαι ἐποίησας. H. V. *quoniam blasphemare fecisti.* 3 Reg. x. 11: עֲצֵי אַלְמֻגִּים. Sym. ξύλα θύϊνα. H. V. *ligna thyina.* 3 Reg. xvi. 3: מַבְעִיר אַחֲרֵי בַעְשָׁא. Sym. τρυγήσω τὰ ὀπίσω Βαασά. H. V. *demetam posteriora Baasa.* 4 Reg. ii. 14: Sym. ποῦ κύριος ὁ θεὸς Ἠλιοῦ καὶ νῦν (אַף־הוּא); H. V. *Ubi est Dominus Deus Eliae etiam nunc?* Psal. x. 2: Sym. ὅτι οἱ θεσμοὶ (הַשָּׁתוֹת, *fundamenta*) καθαιρεθήσονται. H. *quia leges dissipatae sunt.* Psal. xxxiv. 16: *Cum profanis sannionibus placentae.* Sym. ἐν ὑποκρίσει φθέγμασι πεπλασμένοις. H. *in simulatione verborum fictorum.* Psal. xxxvi. 7: מְזִמּוֹת. Sym. ἃ ἐνθυμεῖται. H. *quae cogitat.* Psal. lvii. 6: חוֹבֵר חֲבָרִים מְחֻכָּם. Sym. ἑκάστου ἐπῳδὰς σεσοφισμένου. H. *nec incantatoris incantationes callidas.* Psal. lix. 10: *Super Edom projiciam calceum meum.* Sym. ἐπὶ τὴν Ἰδουμαίαν ἐπιβήσομαι τῷ ὑποδήματί μου. H. *Super Idumaeam incedam calceamento meo.* Psal. lxxii. 4: *Quia non sunt vincula* (חַרְצֻבּוֹת) *in morte eorum, et pingue est corpus eorum* (אוּלָם). Sym. ὅτι οὐκ ἐνεθυμοῦντο περὶ θανάτου αὐτῶν στερεὰ γὰρ ἦν τὰ πρόπυλα αὐτῶν. H. *Quia non recogitaverint de morte sua, et firma sunt vestibula eorum.* Psal. lxxvi. 12: Sym. ἀνεμιμνησκόμην τὰς περινοίας κυρίου (מַעַלְלֵי־יָהּ), ἀναπολῶν τὰ ἀρχαῖα τεράστιά σου. H. *Recordabor cogitationum Domini, reminiscens antiqua mirabilia tua.* Psal. lxxxvi. 4: Sym. ἀναμνήσω ὑπερηφανίαν (רַהַב). H. *commemorabo superbiae.* Psal. cxviii. 112: לְעוֹלָם עֵקֶב. Sym. εἰς μισθαποδοσίαν αἰώνιον. H. *propter aeternam retributionem.* Jesai. liv. 8: בְּשֶׁצֶף קֶצֶף. Sym. ἐν ἀτόμῳ ὀργῆς. H. V. *in momento indignationis.* Jesai. lvi. 11: מִקְצֵהוּ. Sym. ἀπ' ἄκρου ἕως ἐσχάτου. H. V. *a summo usque ad novissimum.* Jerem. vi. 2: *O pulcra et delicata, exscindam* (דָּמִיתִי) *filiam Sionis.* Sym. τῇ ὡραίᾳ καὶ τῇ τρυφερᾷ ὡμοίωσα τὴν θυγατέρα Σιών. H. V. *Speciosae et delicatae assimilavi filiam Sion.* Jerem. xxxvi. 18: *Ex ore ejus praelegit* (יִקְרָא) *mihi.* Σ. ἀπὸ στόματος αὐτοῦ ἔλεγεν, ὡς ὁ ἀναγινώσκων πρὸς μέ. H. V. *Ex ore suo loquebatur, quasi legens ad me.* Jerem. xxxviii. 4: Sym. ἐπίτηδες γὰρ (כִּי עַל־כֵּן) αὐτὸς παρίησιν τὰς χεῖρας. H. V. *de industria enim dissolvit manus.* Ezech. v. 3: בִּכְנָפֶיךָ. Sym. ἐν ἄκρῳ τῷ ἱματίῳ σου. H. V. *in summitate pallii.* Ezech. viii. 10: סָבִיב סָבִיב. Sym. κύκλῳ διόλου. H. V. *in circuitu per totum.* Ezech. viii. 11: לִפְנֵיהֶם. Sym. πρὸ τῶν γραφῶν. H. V. *ante picturas.* Ezech. xvii. 3: אֶת־צַמֶּרֶת. Sym. τὸ ἐγκάρδιον. H. V. *medullam.* Hos. iii. 3: תֵּשְׁבִי לִי. Sym. προσδοκήσεις με. H. V. *exspectabis me.* Hos. vii. 14: יִתְגּוֹרָרוּ. Sym. ἐμηρυκῶντο. H. V. *ruminabant.* Amos vi. 7: Sym. καὶ περιαιρεθήσεται ἑταιρεία τρυφητῶν. H. V. *et auferetur factio lascivientium.*

Porro in Hieronymi versione hexaplari libri Jobi, in nonnullis locis rejecta Theodotionis versione, quae textum LXXviralem, ut hodie legitur, invasit, Symmacho praerogativam dedit; ut videre est in Hexaplis nostris ad Cap. xxi. 11. xxxii. 11, 12, 13–17. xxxiv. 23. xxxvii. 10.

V. De duplici Symmachi editione.

Quae de Aquilae duplici editione, vel potius *secundis curis*, disputavimus, ad alteram Symmachi editionem eo magis accommodari possunt, quod vestigia hujus operis longe pauciora et incertiora sunt. Et primum de locis sane paucissimis, in quibus Hieronymus secundam Symmachi editionem diserte appellat, videndum. Sic igitur ille in Commentariis ad Jerem. xxxii. 30: "Symmachi prima editio et Theodotio *solos* (μόνοι) interpretati sunt. Secunda quippe Symmachi vertit διόλου." Item ad Nah. iii. 1: "Symmachus autem ἀποτομίας πλήρης, quod possumus dicere *crudelitate* vel *severitate plena*. In altera ejus editione reperi μελοκοπίας πλήρης; id est, *sectionibus carnium* et *frustis per membra conscissis*." Postremo ad Jerem. xx. 2, 3: "Pro *nervo*, quem nos diximus... Symmachus βασανιστήριον, sive στρεβλωτήριον, quod utrumque *tormenta* significat." Et mox: "Pro *pavore*, quod in Hebraico scriptum MAGUR... Symmachus *ablatum*, sive *congregatum* et *coactum*, interpretatus est." In quibus tamen duobus exemplis utrum de duplici Symmachi editione, an de diversis prophetae locis Hieronymi verba intelligenda sint, pro certo definiri nequit.

Haec sunt sola S. Scripturae loca, ad quae secundae Symmachi editionis mentio fit. Nunc recensenda sunt loca paulo numerosiora, in quibus duae interpretationes, a diversis auctoribus Symmacho attributae, ex hypothesi duplicis editionis inter se conciliari solent. Haec fere sunt:

Exod. xxviii. 14	שַׁרְשְׁרֹת	Ἀ. Σ. ἁλύσεις	Ἀ. Σ. σύσφιγκτα.
xxx. 4	לְבָתִּים	Σ. Θ. εἰς θήκας	Σ. εἴσοδοι.
Num. xi. 8	לְשַׁד	Σ. εἰς λίπος	Σ. πιότητος.
Jud. i. 15	גֻּלֹּת	Σ. κτῆσιν	Σ. ἀρδείαν.
1 Reg. xxv. 35	וָאֶשָּׂא	Σ. καὶ ἐτίμησα	Σ. καὶ ἐνετράπην.
2 Reg. viii. 18	כֹּהֲנִים	Σ. σχολάζοντες	Ἑβρ. Σ. Ἀ. ἱερεῖς.
4 Reg. iii. 4	נֹקֵד	Σ. ἦν τρέφων βοσκήματα	Σ. ἀρχιποιμήν.
Psal. ii. 4	יִלְעַג־לָמוֹ	Σ. καταγελάσει αὐτούς	Σ. καταλαλήσει αὐτῶν.
xliii. 19	וַתֵּט אֲשֻׁרֵנוּ מִנִּי אָרְחֶךָ	Σ. οὐδὲ μετεκλίθη τὰ ὑπορθοῦντα ἡμᾶς ἀπὸ τῆς ὁδοῦ σου	Σ. καὶ ἐξέκλιναν τὰ διαβήματα ἡμῶν ἀπὸ τῶν τρίβων σου.
lxxii. 7	יָצָא מֵחֵלֶב	Σ. προέπιπτον ἀπὸ λιπαρότητος	Σ. ἐξῄεσαν ἀπὸ λίπους.
ciii. 22	יֵאָסֵפוּן	Σ. ὑποχωρήσουσι	Σ. συσταλήσονται.
Cant. Cant. i. 6	שֶׁשֱּׁזָפַתְנִי	Σ. ὅτι παρενέβλεψέ με	Σ. ὅτι καθήψατό μου.
v. 11	כֶּתֶם פָּז	Σ. ὡς λίθος τίμιος Σ. χρυσίον	Σ. ἐπίσημος χρυσολίθοις.
Jesai. v. 30	וְיִנְהֹם עָלָיו	Σ. καὶ ἠχήσει ἐπ' αὐτοῦ	Σ. καὶ καλέσει αὐτούς.
xiii. 3	גַּאֲוָתִי	Σ. ἐν τῷ δοξασμῷ μου	Σ. τῇ ὕβρει μου.
xli. 1	הַחֲרִישׁוּ	Σ. δουλεύσατε	Σ. σιωπήσατε.

Jerem. vi. 11	נִלְאֵיתִי הָכִיל	Σ. *fatigatus sum tolerans* (ἐκοπίασα ἀνεχόμενος)	Σ. *laboravit tolerare.*
xv. 16	וָאֹכְלֵם	Σ. τροφή μοι	Σ. καὶ προσεδεχόμην αὐτούς.
xli. 17	אֲשֶׁר־אֵצֶל	Σ. τοῖς ἐχόμενα	Σ. τῇ κατέναντι.
Thren. i. 8	לְנִידָה	Σ. σίκχος	Σ. ἀνάστατον.
16	שׁוֹמֵמִים	Σ. ἔρημοι	Σ. στυγνοί (s. σκυθρωποί).
iii. 20	תָּשִׁיחַ	Σ. ἑαυτῇ προσλαλήσει	Σ. κατακάμπτεται.
Ezech. i. 4	רוּחַ סְעָרָה	Σ. πνοὴ καταιγιζομένη	Σ. πνοὴ θυέλλης (?).
iii. 13	וְקוֹל	Σ. καὶ σύγκρουσιν	Σ. καὶ ψόφον.
v. 3	בִּכְנָפֶיךָ	Σ. ἐν τοῖς κρασπέδοις σου	Σ. ἐν ἄκρῳ τοῦ ἱματίου σου.
xiii. 18	כְּסָתוֹת	Σ. ὑποστρώματα	Σ. ὑπαγκώνια.
xix. 14	שֵׁבֶט לִמְשׁוֹל	Σ. σκῆπτρον εἰς τὸ ἐξουσιάζειν	Σ. εἰς σκῆπτρον βασιλικόν.
xx. 6	צְבִי	Σ. *religio* (θρησκεία)	Σ. στάσις.
26	לְמַעַן אֲשִׁמֵּם	Σ. *ut deleam eos*	Σ. ἵνα πλημμελήσωσιν.
Hos. vi. 9	אִישׁ גְּדוּדִים	Σ. ἀνδρὸς ὑποκριτοῦ	Σ. ἀνδρὸς ἐνεδρευτοῦ.
vii. 14	כִּי יְיֵלִילוּ עַל־מִשְׁכְּבוֹתָם	ʼΑ. Σ. ἀλλὰ ἀσελγῶς ἐλάλησαν ..	Σ. ἀλλʼ ἢ ἐχρεμέτισαν ἐν κατακλίσεσιν αὐτῶν.
ix. 7	מְשֻׁגָּע	Σ. ἐννεός	Σ. κραιπαλῶν (s. κεκραιπαληκώς).
xii. 11	כְּגַלִּים	Σ. ὡς βάτραχοι	Σ. ὡς σωροὶ λίθων.
xiii. 3	מֵאָרֻבָּה	Σ. ἀπὸ ἀκρίδων	Σ. ἀπὸ ὀπῆς.
14	קָטָבְךָ	Σ. ἀπάντημά σου	Σ. ἀκηδία σου.
Amos i. 11	רַחֲמָיו	Σ. σπλάγχνα ἴδια	Σ. ἔντερα αὐτοῦ.
Habac. ii. 5	לֹא יִנְוֶה	Σ. οὐκ εὐπραγήσει	Σ. οὐκ εὐπορήσει.
Zach. v. 1	מְגִלָּה עָפָה	Σ. κεφαλὶς πετομένη	Σ. ὡς εἴλημα πετόμενον.

Habes segetem lectionum diversarum satis pusillam; e quarum numero si eximas eas quae vel scribarum in nominibus ponendis oscitantiae, vel versioni Syro-hexaplari paulo liberiori imputandae sint, Symmachi *secunda editio* veremur ne pro mera ignorantiae excusatione habenda sit.

CAPUT IV.

DE THEODOTIONIS EDITIONE.

I. Theodotionis historia.   II. De Theodotionis versionis scopo et indole.   III. De Theodotionis interpretis stylo.

I. *Theodotionis historia.*

Auctore Epiphanio, Theodotio patria Ponticus fuit, religione autem Christianus de schola Marcionis haeresiarchae Sinopitae ; qui cum haeresi suae nescimus qua de causa succenseret, ad Judaismum defecit, et circumcisionem accepit : quo facto, ne quid historia ejus ab iis quae de Aquila et Symmacho traduntur declinaret, Hebraeas literas edidicit, et versionem ipse suam aggressus est.[1] Quod ad gentem ejus attinet, dissidet Irenaeus, qui Ephesium eum vocat, de conversione ejus ad Judaismum cum Epiphanio consentiens.[2] E contrario fuisse Theodotionem pariter ac Symmachum de secta Ebionitarum, pluribus in locis, ut vidimus, testatur Hieronymus, quamvis in Prologo in Danielem rem in dubio relinquere videtur, cum ait: " Illud quoque lectorem admoneo, Danielem non juxta LXX interpretes, sed juxta Theodotionem Ecclesias legere, qui utique post adventum Christi incredulus fuit, licet eum quidam dicant Ebionitam, qui altero genere Judaeus est."[3] Ceterum de aetate ejus, dum in quaestione de Symmachi aetate versabamur, probabiliter pronuntiavimus; videlicet eum Symmacho priorem fuisse, et, si quid veteribus tribuendum, imperante Commodo (A. D. 180–192) versionem suam concinnasse.

II. *De Theodotionis versionis scopo et indole.*

Ut Aquilae in vertendo in primis propositum fuit verbum de verbo exprimere, Symmacho autem sensum potius sequi, sic Theodotioni in suo opere ornando illud potissimum in votis fuisse videtur, *non multum a veteribus*, hoc est, a LXX interpretibus, *discrepare;*[4] ita tamen

---

[1] Epiphan. De Mens. et Pond. 17 (Opp. T. II, p. 172): Μετὰ τοῦτον δὲ κατὰ πόδας ἐν τῷ ἑξῆς χρόνῳ ... Θεοδοτίων τις Ποντικὸς ἀπὸ τῆς διαδοχῆς Μαρκίωνος τοῦ αἱρεσιάρχου τοῦ Σινωπίτου, μηνίων καὶ αὐτὸς τῇ αὐτοῦ αἱρέσει, καὶ εἰς Ἰουδαϊσμὸν ἀποκλίνας, καὶ περιτμηθείς, καὶ τὴν τῶν Ἑβραίων φωνὴν καὶ τὰ αὐτῶν στοιχεῖα παιδευθείς, ἰδίως καὶ αὐτὸς ἐξέδωκε.   [2] Iren. adv. Haeres. III, 24 : ὡς Θεοδοτίων ἡρμήνευσεν ὁ Ἐφέσιος καὶ Ἀκύ-

λας ὁ Ποντικός, ἀμφότεροι Ἰουδαῖοι προσήλυτοι.   [3] Hieron. Opp. T. V, p. 620.   [4] Epiphan. De Mens. et Pond. 17 (T. II, p. 173): Διὸ τὰ πλεῖστα τοῖς οβ´ συνᾴδοντως ἐξέδωκε· τριβὰς γὰρ εἶχεν οὗτος τὰς πλείστας ἀπὸ τῆς συνηθείας τῶν οβ´. Hieron. Opp. T. X, p.120 ed. Migne : " Juxta Theodotionis dumtaxat editionem, qui simplicitate sermonis a LXX interpretibus non discordat." Idem Opp. T. IX, p. 1079 ed.

ut quae ab illis vel absurde conversa, vel prorsus praeterita fuissent, ipse ad Hebraei archetypi normam emendaret et suppleret. Prioris generis culpae insigne exemplum est Danielis liber, cujus versio LXXviralis tam putide et praepostere jacet, ut nulla manu medica ad Ecclesiae usus accommodari possit; unde accidit, ut illa seposita et velut antiquata, Theodotionis editio in locum ejus successerit. Quod vero ad *defectus* veteris versionis attinet, testis sit textus Jobi LXXviralis (qui vocatur), ut in exemplari Romano hodie legitur, cujus fere sexta pars, nulla adhibita discriminis nota, Theodotioni debetur; *discriminis notam* dico, quia discrimen ipsum cuivis Graeca cum Hebraeis paulo attentius comparanti haudquaquam obscurum erit. Etiam Jeremiae vaticiniorum haud exigua pars, quae apud LXX defecerat, in libris hexaplaribus de Nostro suppleta est, cujus pericopae prolixiores sunt Cap. xxxiii. (Gr. xl.) 14–26, et Cap. xxxix (Gr. xlvi). 4–13.

E libris canonicis Jeremiae Threnos Aquilam et Theodotionem in versionibus suis praetermisisse, e male intellecto Origenis loco olim credebatur;[5] quam opinionem quod ad Aquilam attinet, aperte falsam, quod vero ad Theodotionem, parum verisimilem esse, in Monito ad Threnos demonstravimus.

Libros V.T. apocryphos tres interpretes non vertisse res nota est; sed ex hac generali propositione excipiendae sunt, praeter Jobi epimetrum in fine Cap. xlii, Danielis pericopae, Susanna, Canticum Trium Puerorum, et Bel et Draco, quas in Theodotionis quoque editione locum suum retinuisse constat. Estherae vero additamenta (quae vocantur) *nec in Hebraeo, nec apud ullum ferri interpretum* diserte testatur Hieronymus.[6]

III. *De Theodotionis interpretis stylo.*

Theodotionis stylus simplex et gravis est, et, ut jam observavimus, inter Aquilam et Symmachum medium locum occupat, quorum interpretationibus, desertis per occasionem Seniorum vestigiis, non raro se adjungit. Interdum vero, relictis ceteris omnibus, novam viam sibi secat; e.g. Gen. i. 28: וּרְדוּ בְרָגַת. O'. καὶ ἄρχετε τῶν ἰχθύων. 'Α. καὶ ἐπικρατεῖτε ἐν ἰχθύϊ. Σ. καὶ χειροῦσθε τοὺς ἰχθύας. Θ. (ex usu Syrorum) καὶ παιδεύετε ἐν τοῖς ἰχθύσι. Rursus Gen. iv. 4 pro Hebraeo וַיִּשַׁע, *et respexit*, quod τοῖς O' ἐπεῖδεν, Aquilae ἐπεκλίθη, Symmacho ἐτέρφθη sonat, Theodotio paulo argutius ἐνεπύρισεν posuit, modum approbationis, per ignem scilicet, juxta traditionem Rabbinorum, innuens. Styli autem proprietas, qua Noster a ceteris interpretibus maxime differt, mos est ejus voces Hebraeas, etiam eas quarum translatio non ita difficilis erat, ἀνερμηνεύτους relinquendi, Graecis tantum characteribus pro Hebraicis positis. Hic usus, ab Aquila et Symmacho, ut supra declaravimus, parcius admissus, a Theodotione adeo frequentatus est, ut propter hanc in primis causam *indocti* interpretis nota a Montefal-

---

Migne: "Quasi non et apud Graecos Aquila, Symmachus et Theodotio, vel verbum e verbo, vel sensum e sensu, vel ex utroque commixtum et medie temperatum genus trans- lationis expresserint." [5] Hodius *De Bibliorum Textibus*, p. 584. [6] Opp. T. IX, p. 1445 ed. Migne.

conio ei inusta sit. Sed prius quam ultra progredimur, operae pretium erit catalogum verborum Hebraeo-Graecorum, quae in Theodotionis reliquiis obvia sunt, ordine alphabetico exhibere, praesertim cum maxima eorum pars in Lexicis ad versiones V. T. Graecas concinnatis desiderentur.

ἀγανώθ Jesai. xxii. 24.

ἀγγαὶ Anon. 2 Paral. xxvi. 9.

ἀγμὸν Jesai. xix. 15.

ἀγουγὶμ Anon. 2 Paral. ix. 10.

ἀγοὺρ Jesai. xxxviii. 14.

ἀδαμὰ Gen. ii. 7. iii. 18. Deut. xxi. 23. 'Α.Θ. Ezech. xx. 38.

ἀδωνὶ Zach. i. 9. iv. 4.

ἀζαζὴλ Anon. Lev. xvi. 10, 26.

ἀζαρὰ Ezech. xliii. 14.

ἀμαδαρὼθ Anon. Jud. v. 22.

ἀναθὼθ (potius ἀδανὼθ) Anon. 1 Reg. xv. 32.

ἀραβὰ Job. xxxix. 6. Jesai. xli. 19. Jerem. xxxix. 4, 5.

ἀρς Jesai. xvii. 9.

ἀρσειθ 'Α.Σ.Θ. Jerem. xix. 2.

ἀσιδὰ Job. xxxix. 13. Ο΄.Θ. Jerem. viii. 7.

ἀφὲκ (ἐν) Ezech. xxvii. 16.

ἀχὶ Job. viii. 11.

βακελλὴθ 4 Reg. iv. 42.

βαραμεὶμ Ezech. xxvii. 24.

βεθὲκ Ezech. xxvii. 27.

βεθθιεὶμ 4 Reg. xxiii. 7.

βελιὰλ (υἱοὶ) Jud. xix. 22.

βραθὺ Jesai. xxxvii. 24. xli. 19.

γαβεὶμ 'Α.Σ.Θ. Jerem. lii. 16.

γαζαρηνοὶ Ο΄.Θ. Dan. ii. 27.

γαζερὰ (τὸ) Ezech. xli. 13.

γαλιμὰ Ezech. xxvii. 24.

γαρεὶμ, γαρὲμ Ο΄.Θ. 4 Reg. ix. 13.

δαὰρ Jesai. xli. 19.

δαβεὶρ Psal. xxvii. 2.

δαρὼρ Anon. Lev. xxv. 10.

δερὰρ Ezech. xlvi. 17.

doc Jesai. xl. 15.

ἐγλαὰθ (s. ἰγλααθ) Anon. 4 Reg. iv. 34.

ἰδδὶν (s. ἰδδὶμ, s. γεδδεὶμ) Jesai. lxiv. 6.

ἐλειλεὶμ Anon. Lev. xix. 4. xxvi. 1.

ἐλμωνὶ 1 Reg. xxi. 2.

ἐλωεὶμ Mich. iii. 7. Habac. iii. 3.

ἐλωαὶχ Mich. vi. 8.

ἐμὶρ 'Α.Σ.Θ. Jesai. xvii. 9.

ἐνθὼφ Anon. Jud. viii. 26.

ἐφαδανῶ Dan. xi. 45.

ζέμμα Lev. xviii. 17. Ezech. xvi. 27.

ἠδὼ Job. xxxvi. 30.

ἠλ Mal. ii. 11.

θαασοὺρ 'Α.Θ. Jesai. xli. 19. lx. 13.

θαβὲλ Lev. xviii. 23. xx. 12.

θαδαὰρ Jesai. xli. 19. lx. 13.

θαρσεὶς, chrysolithus Ezech. x. 9.

θεεβουλαθὼθ (ἐν) Job. xxxvii. 12.

θεννὶν Jesai. xliii. 20.

θεραφὶν 1 Reg. xix. 13.

ἰαμεὶν Ο΄.Θ. Gen. xxxvi. 24.

ἰεζὴ (ἐν) Ezech. xliv. 18.

ἰεὶν, ἰεὶμ 'Α.Σ.Θ. Jesai. xiii. 22. xxxiv. 14.

ἰωβὴλ Exod. xix. 13. Lev. xxv. 10.

καδησὶμ (s. καδημὶμ) Jud. v. 21.

καιδδὰ Ezech. xxvii. 19.

κάστυ 'Α.Θ. Ezech. ix. 2

κεφφὰ Jesai. xix. 15.

μαγὰλ 1 Reg. xxvi. 7.

μαλεεὶν Jerem. xxxviii. 12.

μαμζὴρ 'Α.Σ.Θ. Zach. ix. 6.

μαναὰ Jesai. lxvi. 3.

μασφαὰ (s. μασφααθ) Lev. xiii. 6.

μαχαλὶμ Ezech. xxvii. 24.

μαχβὰρ 4 Reg. viii. 15.

μαωζεὶμ Dan. xi. 38.

μαὼν 1 Reg. ii. 32.

μεινὶ 'Α.Θ. Jesai. lxv. 11.

μεσσὲ Ezech. xvi. 10.

μεχωνὼθ Jerem. xxvii. 19.

μοσφαιθάμ Anon. Jud. v. 16.

ναζὲρ Lev. xxi. 12.

νεγβαὶ Ezech. xx. 46.

νεδδὰ Anon. Lev. xx. 21.

νεζὲρ Ο'. Θ. Ε'. 4 Reg. xi. 12.

νωκεδείμ Amos i. 1.

οὐλὰμ Joel. ii. 17.

ῥαθαμὶν Ἀ. Θ. Job. xxx. 4.

ῥασείμ. Vid. χορρί.

ῥαφαείμ Οἱ λ. Jesai. xiv. 9.

σαβαεὶν (s. σαβὰ) Dan. xi. 16.

σαβαχὼθ Anon. 2 Paral. iv. 12.

σαμθὴχ Jesai. xlvii. 2.

σατανὴζ Lev. xix. 19. Deut. xxii. 11.

σεειρείμ Lev. xvii. 7.

σενναὰρ Dan. i. 2.

σηείμ Jesai. xxiii. 13.

σὴθ Lev. xiii. 10. xiv. 56.

σιείμ Ἀ. Σ. Θ. Jesai. xiii. 21. xxxiv. 14.

σιρώνων (τῶν) Jud. viii. 26.

σὶς Jesai. xxxviii. 14.

σιωνείμ Anon. Jerem. xxxi. 21.

σουαρείμ Jerem. xxix. 17.

σοὺρ Σ. Θ. Jesai. x. 26.

socen Jesai. xxii. 15.

σωρὴκ Ο'. Ἀ. Θ. Jesai. v. 2.

τεκχείμ Anon. 2 Paral. ix. 21.

φαὰθ Lev. xix. 9, 27.

φαρφαρὼθ Jesai. ii. 20.

φεγγὼλ (s. φεγγοὺλ) Lev. vii. 18. Ezech. iv. 14.

φθιγὶλ Jesai. iii. 24.

φορθομμὶν Dan. i. 3.

φουρὰ Jesai. lxiii. 3.

χαναὰν Jesai. xxiii. 8.

χισιλεέμ Ἀ. Θ. Jesai. xiii. 10.

χοβὲρ 1 Reg. xix. 13.

χορρὶ (ὁ) καὶ ὁ ῥασείμ Ο'. Θ. 4 Reg. xi. 4.

χωμαρείμ Zeph. i. 4.

ὠνενὰ Jesai. lvii. 3.

Horum vocabulorum alia sunt nomina *animalium*, ut ἀσιδὰ καὶ νεσσὰ (Ἀ. ἐρωδιοῦ καὶ ἱέρακος), ἱεὶν καὶ στεὶν (Ο'. ὀνοκένταυροι καὶ θηρία), θεννὶν (Ο'. Ἀ. Σ. σειρῆνες), σὶς (Ο'. χελιδών), σεειρείμ (Θ. alio loco ὀρθοτριχοῦντες), τεκχείμ (Heb. *pavones*); alia *arborum* et *plantarum*, ut ἀχὶ (Ο'. βούτομον), ῥαθαμείν (Heb. *genistarum*), βραθὺ καὶ θαδαὰρ καὶ θαασοὺρ (Ο'. confuse: κέδρον, καὶ πύξον, μυρσίνην καὶ κυπάρισσον; altero autem loco: κυπάρισσος, καὶ πεύκη, καὶ κέδρος), κεφφὰ καὶ ἀγμὸν (Heb. *palmam et juncum*), καιδδὰ (Heb. *cassia*), ἀγουγίμ (Heb. *almugim*); alia *vestium* et *pannorum*, ut φθιγὶλ (Heb. *fascia pectoralis*), σατανὴς (Ο'. κίβδηλον), βαδδίμ (Ο'. ποδήρη), μαχβὰρ (Ἀ. στρῶμα), ἐνθὼφ (Ο'. ὁρμίσκοι), μεσσὲ (Heb. *sericum*); alia ad *cultum Dei* vel *idolorum* pertinent, ut δαθεὶρ (Ἀ. Σ. χρηματιστήριον), οὐλὰμ (Ἀ. πρόδομος), ἀζαρὰ (Ἀ. κρηπίδωμα), γαζερὰ (Heb. *area separata*), θεραφὶν (Ο'. κενοτάφια. Ἀ. μορφώματα), χωμαρείμ (Ο'. ἱερεῖς). In hujusmodi autem nominibus e propria lingua in alienam transferendis, interpreti etiam eruditissimo nonnihil difficultatis occurrere solet, quam vel conjectura probabili resolvere, vel ipsam vocem peregrinam ponendo quasi vi perrumpere cogitur. Si posterior via Theodotioni placuisse videatur, non ideo ceteris indoctior vel indiligentior habendus est (nam eum antecessorum suorum versionibus uti nil prohibebat), sed tantum scrupulosior quam operis sui instituto fortasse conveniret. Quando vero vocabuli transferendi significatio non ita obscura erat, qua excusatione ab imperitiae culpa Noster liberandus sit non videmus. Exempli gratia: Lev. vii. 18, ubi pro Hebraeo פִּגּוּל יִהְיֶה LXX satis bene μίασμά ἐστιν, Aq. ἀπόβλητον ἔσται, alii ἀργὸν ἔσται verterant, nil opus erat vocem φεγγοὺλ quasi non satis clarae explicationis retinere.

Rursus Lev. xiii. 6 vox מִסְפַּחַת, *scabies*, a ceteris varie vertitur σημασία, ἐξανάδοσις, ἔκβρασμα, ἔκφυμα, quarum versionum quaelibet a Nostro arripienda erat, potius quam μασφααθ nullo sensu ponendum.   Postremo Lev. xviii. 23 pro תֶּבֶל, *foedum scelus*, ceteri omnes eodem sensu μυσαρὸν, ἀπειρημένον, ἄρρητον verterunt, Theodotio sine causa θαβὶλ conservavit.   In contrariam tamen partem non dissimulandum est, aliquot in locis, praesertim in Regum libris, ubi LXX vocabulum Hebraeum ἀνερμήνευτον reliquerunt, Nostrum Graecum proprium posuisse; e. g. 1 Reg. xxiv. 3: מוּרֵי הַיְעֵלִים.   Ο΄. σαδδαιέμ (sic).   Θ. τῶν πετρῶν τῶν ἐλάφων.   1 Reg. xxx. 8: Ο΄. τοῦ γεδδούρ.   Θ. τοῦ συστρέμματος.   2 Reg. ii. 12: Ο΄. ἐκ Μαναὶμ εἰς Γαβαών.   Θ. ἐκ παρεμβολῶν βουνοῦ.   2 Reg. xvii. 19: Ο΄. ἀραφώθ.   Θ. παλάθας.   4 Reg. xvi. 17: Ο΄. αἱ μεχωνώθ. Θ. τὰ ὑποστηρίγματα.

Duplicis Theodotionis editionis, si excipias lectionem suspectam Ezech. i. 4, et Hieronymi locum aperte vitiosum, quem in Hexaplis ad Jerem. xxix. 17 citavimus, nullum omnino reperitur indicium.

CAPUT V.

DE EDITIONIBUS ANONYMIS.

I. De Quinta, Sexta et Septima.   II. De Quinta editione.   III. De Sexta editione.   IV. De Septima editione.

I. *De Quinta, Sexta et Septima.*

Quo tempore et quibus auctoribus versiones Quinta, Sexta et Septima adornatae fuerint, nihil probabile ne conjectando quidem afferri potest.   De his tribus editionibus Eusebius auctor est, Origenem praeter tritas Aquilae, Symmachi et Theodotionis duas alias antea incognitas e latebris eruisse;[1] in Psalmis vero etiam septimam simili casu inventam adhibuisse. Epiphanius et qui eum secuti sunt (inter quos est Auctor Epistolae versioni Harethi praemissae) Quintam et Sextam tantum memorant, de Septima prorsus silentes.[2]   Eusebio accedit

---

[1] Euseb. Hist. Eccles. VI, 16: Καί τινας ἑτέρας παρὰ τὰς κατημαξευμένας ἑρμηνείας ἐναλλάττουσας, τὴν Ἀκύλου καὶ Συμμάχου καὶ Θεοδοτίωνος, ἐφευρεῖν, ἃς οὐκ οἶδ᾽ ὅθεν ἔκ τινων μυχῶν τὸν πάλαι λανθάνουσας χρόνον εἰς φῶς ἀνιχνεύσας προήγαγεν᾽ ἐφ᾽ ὧν διὰ τὴν ἀδηλότητα τίνος ἄρ᾽ εἶεν οὐκ εἰδὼς, αὐτὸ τοῦτο μόνον ἐπεσημήνατο, ὡς ἄρα τὴν μὲν εὕροι ἐν τῇ πρὸς Ἀκτίῳ Νικοπόλει, τὴν δὲ ἐν ἑτέρῳ τόπῳ τοιῷδε.   [2] Epiphan. De Mens. et Pond. 19 (Opp. T. II, p. 175): Εὑρὼν δὲ (Origenes) τῆς πέμπτης καὶ ἕκτης ἐκδόσεως τὰς βίβλους καθ᾽ ὃν εἴπομεν τρόπον, καὶ μὴ γνοὺς τίνες εἶεν οἱ ἑρμηνεύσαντες αὐτὰς, καθ᾽ οὓς ηὑρέθησαν

Hieronymus in Libro de Viris Illustribus, de Origine tradens: " Praeterea Quintam et Sextam et Septimam editionem, quas etiam nos de ejus bibliotheca habemus, miro labore reperit, et cum ceteris editionibus comparavit;" necnon in Commentariis in Epistolam ad Titum: " Nonnulli vero libri, et maxime hi qui apud Hebraeos versu compositi sunt, tres alias editiones additas habent, quam Quintam et Sextam et Septimam translationem vocant, auctoritatem sine nominibus interpretum consecutas."[3] Haec de editionibus anonymis in universum ; nunc de singulis agamus.

II. De Quinta editione.

1. Quinta editio ubi terrarum ab Origene reperta sit inter auctores ambigitur. Ex Eusebii loco supra citato probabilis collectio est, Origenem Quintam quidem (τὴν μὲν) Nicopoli ad Actium, Sextam autem (τὴν δὲ) alio loco non nominato detexisse. Ita certe Eusebii verba paulo obscuriora intellexisse videtur Hieronymus in Praefatione ad Origenis Homilias in Canticum Canticorum, ubi ait, ipsum Origenem scribere se Quintam editionem in Actio litore invenisse.[4] Epiphanius vero cum imitatoribus ejus Quintam Hierichunte in doliis absconditam, regnante Antonino Caracalla Severi filio, Nicopoli vero Sextam inventam fuisse tradit;[5] qui tamen tum loci tum imperatoris nomen ex alio Eusebii loco, de quo mox videbimus, mutuatus esse videtur. Rem levissimi momenti adhuc in dubio consistere facile patimur.

2. Versiones anonymas non totius V. T. voluminis, sed paucorum tantum quorundam librorum esse, certo certius est. De Quinta Hodius haec habet : " Complexa est haec Quinta editio Prophetas minores, Psalterium, Canticum Canticorum, et, ut videtur, Jobum. In Prophetis minoribus citatur haud raro ab Hieronymo, in majoribus nusquam, nec ab eo, nec ab ullo alio ; in Psalmis a multis passim ; in Proverbiis et Ecclesiaste nusquam. In Cantico citatur ab Origene in Homiliis. In Jobo citatum non invenio; Olympiodorus tamen in Jobi caput ultimum alium quendam interpretem adducit praeter Aquilam, Symmachum et Theodotionem: τὸ δὲ τετράδραχμον τοῦ χρυσίου, ὅπερ ἐστὶ νόμισμα ἕν· οὕτω γὰρ καὶ ἕτερος τῶν ἑρμηνευτῶν ἐξέδωκεν· Ἀκύλας δὲ καὶ Θεοδοτίων, ἐνώτιον χρυσοῦν· ἐπίρρινον δὲ Σύμμαχος."[6] Sic ille, anno 1705 opere Montefalconiano nondum edito. Nunc quid in quoque libro nostrae Hexaplorum editioni contulerit iste interpres recensendum. In Pentateucho igitur nullus commentator Graecus aut Quintam aut Sextam nominavit; sed prioris editionis vestigia, tenuiora quidem sed genuina, videas in Hexaplis nostris ad Gen. vi. 3 (in Addendis ad Genesim). xxxiv. 15. xxxv. 19. Lev. xi. 31. In libro Regum IV, quem Heptaplarem fuisse constat, lectiones τῆς Ε′

χρόνους ταῖς πρὸ αὐτῶν τέσσαρσιν ἀκολούθως τῇ παραθέσει συνυφῆνας, τὴν μίαν πέμπτην ὠνόμασεν, ἐπιγράψας διὰ τοῦ πέμπτου στοιχείου τῆς πέμπτης τὸν ἀριθμόν, καὶ δηλώσας τὸ ὄνομα· ὡσαύτως δὲ καὶ τὴν μετ᾿ αὐτὴν τὸ ἐπίσημον ἐπιγράψας τὸ τῆς ἕκτης ἑρμηνείας ὄνομα ἐδήλωσεν.   [3] Hieron. Opp. T. II, p. 894. T. VII, p. 735.   [4] Hieron. Opp. T. III, pp. 499, 500, ubi vid. Martian.   [5] Epiphan. De Mens. et Pond. 18

(Opp. T. II, p. 174): Τελευτήσαντος δὲ Σευήρου διαδέχεται τὴν ἀρχὴν αὐτοῦ Ἀντωνῖνος ὁ υἱὸς αὐτοῦ, ὁ καὶ Γέτας ἄλλος, ὁ καὶ Καράκαλλος ἐπικληθείς, καὶ ποιεῖ ἔτη ζ΄. Ἐν δὲ τῷ ἑβδόμῳ αὐτοῦ ἔτει ηὑρέθησαν καὶ Βίβλοι τῆς πέμπτης ἐκδόσεως ἐν πίθοις ἐν Ἱεριχῷ κεκρυμμέναι, μετὰ ἄλλων Βιβλίων Ἐβραϊκῶν καὶ Ἑλληνικῶν.   [6] Hodius De Bibliorum Textibus, p. 590.

innumeras prius incognitas e versione Syro-hexaplari in lucem protraximus. Quod ad Jobum attinet, exemplum ab Hodio allatum nihili est;[7] sed *Octapla* Jobi a Syro nostro ad Cap. v. 23 memorantur, et unica Quinti interpretis lectio ab eodem ad Cap. xi. 4 affertur. In Psalmis editiones Quinta et Sexta passim laudantur. In Proverbiis, ubi ante nos Quintus interpres prorsus silebat, versio Syro-hexaplaris copiam lectionum ejus, tum solius (quarum insigniores sunt Cap. xxiii. 24. xxv. 7. xxvi. 17. xxx. 31), tum cum ceteris concordantis, patefecit. In Cant. Cant. Montefalconius e libris Graecis haud paucas lectiones edidit, quas nos e Syro nostro amplificavimus. In Ecclesiaste editio Quinta non citatur. In Prophetis majoribus Hodii affirmatio ab uno suspectae fidei exemplo[8] non labefactatur; in minoribus, praesertim in Hosea, hic interpres non mediocre momentum habet.

3. Quod reliquum est, Quinti interpretis, quisquis fuerit, stylus, ut cuique reliquias versionis Hoseae ab eo elaboratae inspicienti patebit, omnium elegantissimus est, et cum optimis Graecis suae aetatis scriptoribus comparandus. Quod ad vertendi genus attinet, usitate liberam nec literae adstrictam interpretationem sectatur, modo ut sententiam auctoris sui paulo explicatius efferat, modo ut in paraphrastae potius quam interpretis partes desciscat. Prioris generis exempla sunt: Psal. cxl. 7: *Sicut sulcans* (פֹּלֵחַ) *et findens in terra.* Ε΄. ὡς καλλιεργῶν καὶ σκάπτων ἐν τῇ γῇ. Hos. vi. 2: Ο΄. ὑγιάσει ἡμᾶς (יְחַיֵּינוּ). Ε΄. ὑγιεῖς ἀποδείξει ἡμᾶς. Hos. vii. 1: *Et fur ingreditur* (domos), *diffundit se turma* (praedonum) *in agris.* Ε΄. καὶ κλέπτης μὲν ἐστιν ἔνδον, λωποδύτης δὲ ληστεύει τὰ ἔξω. Hos. vii. 4: *Omnes illi moechantur, sicut furnus accensus a pistore.* Ε΄. ἅπαντες εἰς τὸ μοιχεύειν ἐκπυρούμενοι, ὡς ὀπτάνιον ὑπὸ τοῦ πέσσοντος. Hos. vii. 9: Ο΄. οὐκ ἔγνω καὶ πολιαὶ ἐξήνθησαν αὐτῷ. Ε΄. οὐκ ᾔσθετο, καὶ ταῦτα πολιὸς ἤδη τυγχάνων. Ad posteriorem censum pertinent: Psal. lxvii. 28: *Principes Judae et caterva eorum* (רִגְמָתָם). Ε΄. καὶ ἄρχοντες Ἰούδα κρατοῦντες τὰ διαδήματα τῆς βασιλείας. Hos. vi. 8: *Notata vestigiis sanguinis* (עֲקֻבָּה מִדָּם). Ε΄. ὑποσκελίζουσα καὶ δολοφονοῦσα. Hos. vii. 14: *Propter frumentum et mustum congregantur* (יִתְגּוֹרָרוּ), *deficiunt a me.* Ε΄. ὑπὸ τρυφῆς καὶ πλησμονῆς σίτου καὶ οἴνου ἀπέστησάν μου.

III. *De Sexta editione.*

1. Epiphanii traditionem de loco ubi reperta fuerit Sexta editio jam protulimus; nunc quid de eadem re testatus sit Eusebius disquirendum. Sic igitur ille post verba, τὴν δὲ ἐν ἑτέρῳ τόπῳ τοιᾷδε, quae juxta grammaticorum scita ad Sextam referenda esse videntur, prosequitur: Ἐν γε μὴν τοῖς ἐξαπλοῖς τῶν ψαλμῶν, μετὰ τὰς ἐπισήμους τέσσαρας ἐκδόσεις, οὐ μόνον πέμπτην, ἀλλὰ καὶ ἕκτην καὶ ἑβδόμην παραθεὶς ἑρμηνείαν, ἐπὶ μιᾶς αὖθις σεσημείωται, ὡς ἐν Ἱεριχοῖ εὑρημένης ἐν πίθῳ κατὰ τοὺς χρόνους Ἀντωνίνου τοῦ υἱοῦ Σεβήρου. Ubi vim pronominis τοιᾷδε, qualem nunc *dicturus sum*, non animadvertens, Valesius emendationem inopportunam, οὐ μόνον πέμπτην καὶ ἕκτην, ἀλλὰ καὶ ἑβδόμην, quasi prorsus necessariam commendavit. Tacemus alios magni nominis Criticos,[9] qui locutionem ἐπὶ μιᾶς σεσημείωται, quae nihil indicare potest nisi *Origenem super*

---

[7] Vid. Hex. ad Job. xlii. 11.   [8] Vid. Hex. ad quorum sententias recensuit Hodius *De Bibliorum Texti-* Ezech. x. 2.   [9] E. g. Vossium, Petavium, Huetium, *bus,* pp. 592, 593.

unam harum notam apposuisse, variis sive correctionibus sive explicationibus tentaverunt. Zonaras quidem Eusebii verba summatim afferens, ait: ἐν δὲ ταῖς ψαλμοῖς καὶ ἐβδόμης μέμνηται ἑρμηνείας, ὡς ἐν Ἱεριχοῖ εὑρημένης; quod Eusebius aperte non dicit, sed utrum Sexta an Septima fuerit in medio relinquit.

2. A Judaeis auctoribus confectas esse versiones tam Sextam quam Quintam affirmat Hieronymus, dum his verbis Rufinum alloquitur: "Magnis, ut scio, sumptibus redemisti Aquilae et Symmachi et Theodotionis, Quintaeque et Sextae editionis Judaicos translatores;[10] quae tamen quasi rhetorice elocuta non nimis urgenda esse videntur. Sextum vero interpretem Christianum fuisse constat ex ejus interpretatione vaticinii Habac. iii. 13: *Egressus es ad liberandum populum tuum, ad liberandum Unctum tuum;* ad quem locum commentatus est Hieronymus: "Sexta editio, prodens manifestissime sacramentum, ita vertit ex Hebraeo: *Egressus es, ut salvares populum tuum per Jesum Christum tuum;* quod Graece dicitur: Ἐξῆλθες τοῦ σῶσαι τὸν λαόν σου διὰ Ἰησοῦν τὸν Χριστόν σου."[11] Nisi quis interpretem nostrum per Ἰησοῦν Josuam, qui *Unctus* καταχρηστικῶς dici possit, voluisse, non sine quadam veri specie contenderit.

3. Praeter libros Psalmorum et Cantici Canticorum, qui Sextae editionis lectionibus abundant, etiam in aliis in indicia ejus quamvis obscuriora incidimus. Exempla indubitatae fidei sunt Exod. vii. 9. 3 Reg. xiv. 23, utrumque e versione Syro-hexaplari nunc primum editum; Job. v. 7. xxx. 16 in *Auctario;* Amos i. 11 in Syro-hex. Praeterea in Habacuci vaticinio Hieronymus praeter locum supra allatum, ad quem Sextam nominatim laudat, duas alias versiones anonymas in Commentariis ad Cap. i. 5. ii. 11 memorat, notans: "Reperi, exceptis quinque editionibus, id est, Aquilae, Symmachi, Septuaginta, Theodotionis et Quinta, in XII prophetis et duas alias editiones, in quarum una scriptum est: *Quia lapis* etc., et in altera: *Lapis enim* etc."[12] Has vero cum iis quae Sextae et Septimae nominibus designantur easdem esse, haud improbabiliter conjici potest.

4. Sextum interpretem *paraphrasi gaudere,* quae Montefalconii opinio est, quantum ex illius reliquiis conjicere licet, vix constare videtur. Singulares quidem ejus versiones, praeter locum Habac. iii. 13, appellari possunt Psal. x. 2: *Ut jaculentur* (לירוֹת) *in caligine in rectos corde.* S′. εἰς τὸ ἐπιδείξαι τὸ σκότος; et Psal. cxxvi. 4: S′. υἱοὶ ἠκονημένοι (בְּנֵי הַנְּעוּרִים). Singularis quoque, sed optimae notae, est versio a nobis e vitiosa Syri nostri scriptura odorata Cant. Cant. ii. 17: S′. ἐπὶ τὰ ὄρη μαλαβάθρου (בָּתֶר). Sed in loco Psal. xxxvi. 35: *Vidi impium praepotentem, et dilatantem se sicut arbor indigena viridis,* Sextum in mira ejus versione, εἶδον ἀσεβῆ καὶ ἀναιδῆ ἀντιποιούμενον ἐν σκληρότητι, καὶ λέγοντα· εἰμὶ ὡς αὐτόχθων περιπατῶν ἐν δικαιοσύνῃ, omnes etiam paraphrastae sanioris limites transcendisse, antecessori nostro facile concedimus.

Obiter notandum vocabulum Nostro peculiare νεανικότης Psal. ix. 1. cix. 3.

---

[10] Hieron. Opp. T. II, p. 528. [11] Hieron. Opp. T. VI, p. 656. [12] Hieron. Opp. T. VI, p. 618.

IV. *De Septima editione.*

De Septima, quae dicitur, versione fere omnia quae explorata sunt in praecedentibus anticipavimus. Epiphanius et imitatores ejus Septimum interpretem ignorabant. Etiam Enneaplorum nomen prorsus inauditum est. Eusebii testimonium jam a nobis examinatum est, quem Hieronymus, ut videtur, in locis supra allatis auctorem habuit, praeterea notans, Quintam et Sextam et Septimam versionem *maxime eorum librorum, qui apud Hebraeos versu compositi sunt fuisse;*[13] quinam autem hi sint ipse docet in Praefatione in Jobum ex Hebraeo conversum, nempe Jobus maxima ex parte, Psalterium, Threni, et Canticum; ad quos tamen neque ab eo neque ab ullo alio commentatore citatur usquam Septima. Ad locum Habacuci, ut jam vidimus, praeter quinque editiones duarum aliarum lectiones allegat, tacitis tamen Sextae et Septimae titulis. Restat Psalmorum liber, ad quem Montefalconius, non e libris MSS., sed Nobilii, ut ait, auctoritate fretus, Septimi interpretis quatuor lectiones in Hexaplis suis recondidit. Primus locus est Psal. xxi. 30, ubi antecessor noster, quem nos quoque incaute imitati sumus, edidit: Ε΄. S΄. Z΄. ἡ ψυχή μου; sed Nobilius diserte ait: "V editio et VI ut LXX." Ad Psal. xlix. 21 Nobilius ambigue notat: "Th. ut VII. 'Α. ὑπέλαβες," siglo VII, quod non raro ei accidit,[14] pro LXX posito, ut cuique pleniorem ejus annotationem a Waltono denuo editam inspicienti patebit: Montefalconius vero: 'Α. Θ. Z΄. ὑπέλαβες κ. τ. ἑ. Ad Psal. l. 1, ubi Nobilius notat: "Symmachus ut VII [apud Walton. LXX]. Aq. Theod. Βεθσαβίθ," Montefalconius simili errore edidit: 'Α. Σ. Θ. Z΄. Βηθσαβεί (sic). Tandem in quarto loco Psal. xlix. 3, ubi Nobilii annotatio est: "Θ. et VII [Waltonus: Th. et *Septima*] καταγίσθη," Montefalconius pariter edidit: Θ. Z΄. καταγίσθη. Unde notulam suam exscripserit Nobilius, ignoramus; si autem vera est, hic est unicus in libro Psalmorum, et, si Habacucum excipias, in Bibliis Graecis locus, ad quem Septimae lectio genuina superest; eaque non peculiaris, sed mera versionis Theodotionianae repetitio. Quae si recte a nobis disputata sint, non absurda conclusio est, Septimam quae celebratur versionem aut nunquam exstitisse, aut penitus intercidisse.

❖ —— ❖

[13] Hieron. Opp. T. VII, p. 735.   [14] Vid. Hex. nostra ad Psal. xxiv. 17. xxvi. 7, ubi in utroque loco Waltonus LXX, non VII, habet.

CAPUT VI.

DE HEXAPLORUM COMPOSITIONE.

I. De Origenis in Hexaplis adornandis scopo. II. Quo tempore et loco Origenes Hexapla composuerit. III. De
ordine versionum Graecarum in Hexaplis coactarum.

I. *De Origenis in Hexaplis adornandis scopo.*

Cum versio Veteris Testamenti LXXviralis Ecclesiae per orbem terrarum παροικούσῃ
Hebraei archetypi vices sola sustinuerit, conditionem textus ejus, procedente tempore magis
magisque declinantis, Ecclesiae praefectis, saltem doctioribus, gravem sollicitudinem attulisse
non est quod miremur. Inter eos magnus Origenes, quanto eruditione instructior, et Sacrae
Scripturae studiosior fuerit, tanto vehementius de integritate istius versionis, fidei morumque
Christianis Graeca lingua utentibus normae, angebatur. Cur autem LXX Seniorum compositio, prout tunc temporis ferebatur, votis doctorum et piorum hominum parum satisfecerit,
duplex causa exstitisse videtur: primum, quia ipsa versio Alexandrina, opus diversorum
interpretum, diversis, ut credibile est, temporibus pro sua cujusque indole et consilio partes
sibi assignatas peragentium, a vero oraculorum divinorum sensu, tum addendo, tum detra-
hendo, tum prava interpretatione obscurando, quam longissime aberravit; deinde, quia in
quingentorum fere annorum decursu per tot scribarum sive oscitantiam sive audaciam parem
cum omnibus libris fortunam experta fuerat. Quod ad posteriorem depravationis causam
attinet, ipse Origenes instar omnium testis adest. Sic igitur ille in Tomo XV Commentariorum in S. Matthaeum de exemplaribus quatuor Evangeliorum tunc temporis exsisten-
tibus: Νυνὶ δὲ δηλονότι πολλὴ γέγονεν ἡ τῶν ἀντιγράφων διαφορά, εἴτε ἀπὸ ῥᾳθυμίας τινῶν γραφέων,
εἴτε ἀπὸ τόλμης τινῶν μοχθηρᾶς τῆς διορθώσεως τῶν γραφομένων, εἴτε ἀπὸ τῶν τὰ ἑαυτοῖς δοκοῦντα ἐν τῇ
διορθώσει προστιθέντων ἢ ἀφαιρούντων. Eandem autem confusionem ex iisdem causis profectam
etiam in Veteris Testamenti codicibus exstitisse testificans, illico ait: Τὴν μὲν οὖν ἐν τοῖς ἀντιγράφοις τῆς παλαιᾶς διαθήκης διαφωνίαν, θεοῦ διδόντος εὕρομεν ἰάσασθαι;[1] in Hexaplis videlicet, de
quibus nunc agitur. Aliam causam, curnam LXX interpretes in versione sua concinnanda
interdum a proposito defecerint, memorat Hieronymus, scilicet quia Ptolemaeo regi, Platonis
sectatori et unius Dei cultori, mystica quaeque in suorum libris sacris, et maxime ea quae
Christi, Dei filii, adventum pollicerentur, prodere noluerint.[2] Respicit in primis, ut videtur,
locum insignem Jesai. ix. 5, ubi pro nominibus honorificentissimis, *Admirabilis, Consiliarius,*

---

[1] Origen. Opp. T. III, p. 671.   [2] Hieron. Opp. T. III, pp. 303, 304.

Deus, Fortis, Pater futuri saeculi, Princeps pacis, LXX humiliter verterunt: *Magni consilii angelus; adducam enim pacem super principes, et sanitatem ei.* Sed hic praetextus, etiam si probabilis sit, non nisi ad perpaucas Seniorum mutationes et omissiones excusandas valere possit. Restant in hoc uno Propheta loca innumera, in quibus, etiam absentibus rationibus dogmaticis, versionem eorum, quasi plane absonam, et ab Hebraeo toto caelo discrepantem, in Hexaplis nostris siluimus.[3] Quid dicemus de libro Jobi, cujus sextam fere partem, quasi obscuritate inexplicabili laborantem, LXX in vertendo prorsus praeterierunt? Quid de trajectionibus et lacunis, quae Jeremiae vaticiniorum textum LXXviralem deturpant? Quid de integro Danielis libro, quem inde ab antiquissimis temporibus, repudiata venerabili Seniorum editione, juxta Theodotionis versionem Ecclesia legit? His igitur tot et tantis ulceribus Origenes medicam manum admovere in se suscepit, iis tamen conditionibus, ut neque Judaismi propugnatoribus, cum adversariis suis ex hac versione disputare recusantibus, nimium concederet; neque Ecclesiae Christianae, eandem tanta observatione et reverentia prosequentis praejudiciis offenderet. Proinde, ut voti tam laudabilis compos fieret, non modo Judaeorum linguam edidicit, eorumque volumina propria charactere exarata comparavit, verum etiam Graecas recentiorum interpretum translationes undique corrasit, e quibus omnibus inter se collatis de vera Sacri Codicis interpretatione judicium fieret.[4] Praeterea ne rem tanti momenti arbitrio suo permittere videretur, viam excogitavit, qua lectoribus quoque harum rerum studiosioribus incepti sui ratio et methodus quasi in tabula patefieret; eam videlicet, quae sub Hexaplorum titulo nomen ejus sempiternae gloriae commendavit.

II. *Quo tempore et loco Origenes Hexapla composuerit.*

Origenem circa A. D. 185, imperante Commodo, Alexandriae natum esse; Gallo autem imperante (h. e. A. D. 251–254) aetatis annum septuagesimum agentem Tyro mortem obiisse, ex indubitatis Ecclesiae monumentis colligi potest. Vitam ejus literariam, de qua sola nobis quaestio est, duas in partes dividit annus 232, imperatoris Alexandri Severi decimus, in quo Alexandria expulsus ad Caesaream Palaestinae migravit, ubi, exceptis itineribus et ad breve tempus commorationibus, reliquum vitae curriculum exantlavit.[5] Dum Alexandriae degebat, partim κατηχήσεως Christianae muneri, partim philosophiae exotericae institutioni vacabat; donec post brevem in Caesarea peregrinationem Alexandriam reversus, anno circiter 216, commentarios in S. Scripturae libros conscribendi initium fecit; ad quod inceptum tum cohortationibus quotidianis incitando (unde eum in quadam epistola ἐργοδιώκτην suum Origenes

---

[2] Vid. Hex. ad Jesai. lvii. 9. lviii. 13.   [4] Euseb. Hist. Eccles. VI, 16: Τοσαύτη δὲ εἰσήγετο τῷ Ὠριγένει τῶν θείων λόγων ἀπηκριβωμένη ἐξέτασις, ὡς καὶ τὴν Ἑβραΐδα γλῶτταν ἐκμαθεῖν, τάς τε παρὰ τοῖς Ἰουδαίοις ἐμφερομένας πρωτοτύπους αὐτοῖς Ἑβραίων στοιχείοις γραφὰς κτῆμα ἴδιον ποιήσασθαι, ἀνιχνεῦσαί τε τὰς τῶν ἑτέρων παρὰ τοὺς ἑβδομήκοντα τὰς ἱερὰς γραφὰς ἡρμηνευκότων ἐκδόσεις. Hieron. in Libro De Viris Illustribus, Cap. LIV (Opp. T. II, p. 894): "Quis ignorat et quod

tantum in Scripturis divinis habuerit studii, ut etiam Hebraeam linguam contra aetatis gentisque suae naturam ediscerct; et exceptis LXX interpretibus, alias quoque editiones in unum congregaret?"   [5] Euseb. Hist. Eccles. VI, 26: "Ἔτος δ' ἦν τοῦτο δέκατον τῆς δηλουμένης ἡγεμονίας, καθ' ὃ τὴν ἀπ' Ἀλεξανδρείας μετανάστασιν ἐπὶ τὴν Καισάρειαν ὁ Ὠριγένης ποιησάμενος, Ἡρακλᾷ τὸ τῆς κατηχήσεως τῶν αὐτόθι διδασκαλείον καταλείπει.

vocat[6]), tum sumptus necessarios subministrando, plurimum contulit unus e discipulis ejus, vir amplissimarum facultatum, Ambrosius, quem a Valentini haeresiarchae erroribus ad fidem orthodoxam revocaverat.[7] Inter opera ejus ἐξηγητικὰ Alexandriae conscripta Eusebius recenset Commentariorum in Evangelium S. Joannis tomos quinque priores, in Genesim tomos octo priores, in Psalmos i—xxv, necnon in Threnos, praeter libros Περὶ ἀρχῶν, De Resurrectione duos, et eos qui Στρωματεῖς inscribebantur. Posteaquam Caesaream concesserat, praeter Commentarios Alexandriae inchoatos, scripsit librum De Martyrio, Ambrosio et Protocteto, presbytero Ecclesiae Caesariensis, dedicatum, Epistolam ad Africanum, Commentarios in Jesaiam, Ezechielem, et Canticum Canticorum; e quibus duos posteriores partim Athenis, partim Caesareae elaboravit.[8] Haec Eusebius; in quibus tamen nihil est unde colligi possit, utrum Alexandriae an Caesareae tribuenda sit Hexaplorum compositio. Horum quidem jam antea meminerat in Capp. 16, 17, *post* mentionem Heraclae, quem Origenes, ut S. Scripturae interpretationi enixius incumberet, in societatem muneris catechetici cooptaverat, et *ante* narrationem de Ambrosii conversione, quae in Cap. 18 continetur. His non obstantibus, si quis opinetur, hanc Hexaplorum commemorationem per anticipationem et digressionem, non secundum rerum gestarum seriem, factam esse, nos quidem non acriter repugnantes habebit. Hoc autem posito, sive temporis sive loci, ubi tam insigne assiduitatis eruditionisque monumentum elaboratum fuerit, apud Eusebium quidem nullum indicium apparet.

Epiphanii de Nostri vita et scriptis narratio tantummodo ponenda est, ut e vestigio reprobetur; videlicet Origenem a tempore Decii usque ad Galli et Volusiani imperium et ultra floruisse; in persecutione autem Deciana multa passum, neque tamen martyrio consummatum, Caesaream concessisse, inde Hierosolymam, postea Tyrum; ibique tandem XXVIII annorum spatio commoratum Hexapla confecisse.[9] Quae omnia cum rationibus chronologicis prorsus pugnare nemo non videt. Cum enim Decius imperii potitus sit A.D. 249, Origenes, quem circa A.D. 254 obiisse certum est, vix potuit post Decii persecutionem tribus annis superstes fuisse.

Eusebius, ut vidimus,[10] Nostrum Symmachi Commentarios in Matthaeum, una cum aliis ejusdem S. Scripturae interpretationibus, a Juliana herede ejus accepisse tradit, ipsum

[6] Hieron. De Viris Illustribus LXI (Opp. T. II, p. 902).
[7] Euseb. ibid. 23: Ἐξ ἐκείνου δὲ καὶ Ὠριγένει τῶν εἰς τὰς θείας γραφὰς ὑπομνημάτων ἐγίνετο ἀρχή, Ἀμβροσίου ἐς τὰ μάλιστα παρορμῶντος αὐτὸν μυρίαις ὅσαις νῦν προτροπαῖς, οὐ ταῖς διὰ λόγων καὶ παρακλήσεσιν αὐτὰ μόνον, ἀλλὰ καὶ ἀφθονωτάταις τῶν ἐπιτηδείων χορηγίαις. ταχυγράφοι γὰρ αὐτῷ πλείους ἢ ἑπτὰ τὸν ἀριθμὸν παρῆσαν ὑπαγορεύοντι, χρόνοις τεταγμένοις ἀλλήλους ἀμείβοντες· βιβλιογράφοι τε οὐχ ἥττους, ἅμα καὶ κόραις ἐπὶ τὸ καλλιγραφεῖν ἠσκημέναις· ὧν ἁπάντων τὴν δέουσαν τῶν ἐπιτηδείων ἄφθονον περιουσίαν ὁ Ἀμβρόσιος παρεστήσατο. Eusebii descriptionem, quae ad Origenis Commentariorum apparatum tantummodo spectat, Epiphanius Haeres. LXIV (Opp. T. II, p. 588), quem secuti sunt recentiores, ad Hexa-

plorum compositionem transtulisse videtur.   [8] Euseb. ibid. 24, 28, 31, 32.   [9] Epiphan. De Mens. et Pond. 18 (Opp. T. II, p. 174): Ἐν δὲ τοῖς χρόνοις Δεκίου Ὠριγένης ἐγνωρίζετο, ἀπὸ χρόνων Δεκίου ἀκμάσας ἕως Γαλιηνου (sic) καὶ Οὐΐλουσιανοῦ, καὶ ἐπίκεινα. ἐπὶ δὲ τοῦ γεγονότος διωγμοῦ τοῦ Δεκίου .... πολλὰ πεπονθὼς, εἰς τέλος τοῦ μαρτυρίου οὐκ ἔφθασεν. ἐλθὼν δὲ εἰς Καισάρειαν τὴν Στράτωνος, καὶ διατρίψας εἰς Ἱεροσόλυμα χρόνον ὀλίγον, εἶτα ἐλθὼν εἰς Τύρον ἐπὶ ἔτη κη΄, ὡς ὁ λόγος ἔχει, τὴν μὲν πολιτείαν ἱνησκεῖτο, τὰς δὲ γραφὰς ἡρμήνευσεν, ὅτι καὶ τὰ ἑξαπλᾶ, καὶ τὰς δύο τῶν Ἑβραϊκῶν σελίδας ἄντικρυ ἐκ παραλλήλου μιᾶς ἑρμηνείας πρὸς τὴν ἑτέραν συνέθηκεν, ἑξαπλᾶ τὰς βίβλους ὀνομάσας, καθάπερ μοι ἄνω διὰ πλάτους εἴρηται.   [10] Supra p. xxviii.

Origenem testem citans. Hunc Eusebii locum Huetius cum Palladii narratione quadam nectit, scilicet Origenem, cum gentilium vexationem fugeret, Caesareae apud Julianam virginem totum biennium delituisse, et in literis animum habuisse; ex comparatione locorum colligens, Julianam Caesareae Cappadociae (?) commorantem, et opibus abundantem, flagrante Maximini (?) persecutione (A.D. 235–238), non hospitio solum, sed bibliotheca (?) quam instructissimam a Symmacho hereditario jure obtinuerat, Origenem excepisse; ibique eum, maximam nactum librorum supellectilem, opus hexaplare inchoasse.[11] Sed haec Viri ingeniosi hypothesis quam levibus incertisque conjectationibus tota pendeat, non est quod moneamus. Unum constat, Origenem Hexapla sive Tetrapla sua tunc edidisse, cum Epistolam ad Africanum et Commentarios in S. Matthaeum conscribebat; in quorum scriptorum utroque editionis V. T. a se elaboratae, obelis et asteriscis distinctae, disertam mentionem facit.

III. *De ordine versionum Graecarum in Hexaplis coactarum.*

Post duas columnas Hebraicas ceteris praeivisse Aquilae editionem, proxime autem secutam esse Symmachi, deinde LXX interpretum, postremo Theodotionis versionem, consensu veterum auctorum extra omnem controversiam positum est. Epiphanius non solum quatuor editiones hoc ordine nominat, sed philologorum quorundam in causis istius collocationis explicandis errorem corrigit. Hieronymus autem Hexaplorum compositionem sic clare et sine ambage describit: "Unde et nobis curae fuit omnes veteris Legis libros, quos vir doctus Adamantius in Hexapla digesserat, de Caesariensi bibliotheca descriptos, ex ipsis authenticis emendare: in quibus et ipsa Hebraea propriis sunt characteribus verba descripta, et Graecis literis tramite expressa vicino; Aquila etiam et Symmachus, Septuaginta quoque et Theodotio suum ordinem tenent."[12] Accedit Auctor Epistolae versioni Harethi praepositae; necnon Pentaplorum specimen in Codice Barberino ad Hos. xi. 1 reconditum, ubi columnarum series clare exhibetur. Sequestrata Seniorum editione, ordo trium interpretum in scholiis et annotationibus marginalibus usu receptus est 'Α. Σ. Ο., unde Theodotioni ἡ τρίτη ἔκδοσις tribuitur in scholio ad Ezech. xxv. 4 appicto. Nec tamen dissimulandum est, tum in libris Graecis tum in versione Syro-hexaplari Theodotionem Symmacho aliquando praeponi, utrum casu an propter rationes chronologicas incertum.[13] In tali autem qualem descripsimus quatuor versionum syntaxi, non temporis quo quaeque edita fuerit rationem haberi quivis videt; nam editionem τῶν Ο' omnium longe antiquissimam esse manifestum est; Theodotioni autem Symmachum priorem fuisse argumentis refutare conati sumus. Epiphanius quidem censuit, Origenem versioni LXXvirali quasi omnium accuratissimae medium locum assignasse, ut ceteras utrinque positas manifestius erroris convinceret;[14] quod futilissimum est, et Origeniani

---

[11] Huetius in *Origenianis*, III, 2, 3.   [12] Hieron. Opp. T. VII, p. 734.   [13] Ordo 'Α. Θ. Σ. reperitur apud Hieron. Praef. in Daniel. (Opp. T. V, pp. 621, 622), et Suidam s. v. κρίζων (vid. Hex. ad Amos vii. 14). Peculiaris est Philoponi in Hexaemero usus, qui versiones Graecas notiores hoc ordine, Ο'. 'Α. Θ. Σ., allegat.   [14] Epiphan. De Mens. et Pond. 19 (Opp. T. II, p. 175): Τινὲς τοίνυν, ὥς ἔφην, ταύταις ταῖς βίβλοις ἐντυγχάνοντες, καὶ εὑρίσκοντες τὰς δύο

operis scopo quam maxime repugnans; e recentioribus autem alii alias rationes excogitaverunt. Aquilam primum inter tres interpretes locum obtinuisse, tum propter aetatis privilegium, tum quia proxime omnium ad Hebraicam veritatem accedebat, nemini fortasse absurdum videbitur. Porro Theodotionem Senioribus, quos in primis imitandos sibi proposuerat, arctissime adhaerere, pariter cum recta ratione congruit. Sed qua de causa LXX et Theodotionem Aquilae et Symmacho Origenes posthabuerit, ipse viderit. Nobis quidem, si integrum Hexaplorum corpus, non disjecta ejus membra, edendum fuisset, ab Auctoris methodo vel hilum discedere religioni fuisset. In praesenti vero operis conditione, lectorum utilitati magis consulturos nos esse credidimus, si venerabili LXX interpretum versioni praerogativa reservata, ceteras ordine usu sancito ei postponamus; ut illa ad Hebraeum archetypum proxime praecedens prius exacta, erroribus et defectibus ejus e reliquorum interpretum promptuario commodius subveniatur.

CAPUT VII.

DE LXX INTERPRETUM VERSIONE, UT IN HEXAPLIS ERAT.

I. De editione τῶν Ο´ hexaplari in universum. II. De Asteriscorum, Obelorum etc. forma et valore. III. De Lemnisco et Hypolemnisco. IV. De regulis, quas in textu LXXvirali reformando Origenes sibi praescripserit. APPENDIX I. De obeli pictura (⌐) versionis Syro-hexaplaris peculiari. APPENDIX II. Versionis Syro-hexaplaris Notitia generalis.

I. *De editione* τῶν Ο´ *hexaplari in universum.*

Collectis undique quotquot ferebantur versionibus V. T. Graecis, et una cum vulgari LXX interpretum editione per columnas parallelas (quae dicuntur) quo facilius inter se comparentur dispositis, praemissis quoque, in Hexaplis saltem, duabus paginis Hebraicis, ex hoc tam operoso incepto exoriebatur opus, quod ad rectam oraculorum divinorum intelligentiam maximum momentum haberet, et vere Hexaplorum titulo ornaretur. Sed hoc Adamantio nostro non satisfecit. Ut Hieronymi verba nostra faciamus, "Origenes non solum exemplaria composuit quatuor editionum, e regione singula verba describens, ut unus dissentiens statim ceteris inter se consentientibus arguatur; sed, quod majoris audaciae est, *in editione LXX*

Ἑβραϊκὰς πρώτας κειμένας, μετὰ ταύτας δὲ τὴν τοῦ Ἀκύλα τεταγμένην, μεθ᾽ ἣν καὶ τὴν τοῦ Συμμάχου, ἔπειτα τὴν τῶν οβ´, μεθ᾽ ἃς ἡ τοῦ Θεοδοτίωνος συντέτακται, καὶ ἑξῆς ἡ πέμπτη τε καὶ ἕκτη, δοκοῦσι πρώτους ἑρμηνεῦσαι τὸν Ἀκύλαν καὶ τὸν Σύμμαχον τῶν οβ´

κατὰ τὴν τάξιν τῆς θέσεως, ὅπερ οὐκ ἔστιν· ἀλλ᾽ Ὠριγένης, πυθόμενος τὴν τῶν οβ´ ἔκδοσιν ἀκριβῆ εἶναι, μέσην ταύτην συνέθηκεν, ὅπως τὰς ἐντεῦθεν καὶ ἐντεῦθεν ἑρμηνείας διελέγχῃ.

Theodotionis editionem miscuit, asteriscis designans quae minus ante fuerant, et virgulis quae ex superfluo videbantur apposita." [1] Ad hujusmodi autem propositum assequendum duae viae ei se obtulerunt; una, ut Hexaplis quales modo descripsimus confectis, aliud opus aggrederetur, quod quintam tantum columellam, LXXviralem scilicet, e Theodotione ceterisque emendatam, contineret; altera, ut praetermissa vulgari τῶν O′ editione, textum a se refictum, asteriscis obelisque distinctum, in quintam Hexaplorum paginam reponeret. Non desunt quidem qui existiment Origenem priorem viam iniisse; videlicet ut distinctiones praedictas non in editionem hexaplarem introduceret, sed in aliam seorsim adornatam, qualem hodieque exhibent codex Graecus Sarravianus, et versio Pauli Telensis Syro-hexaplaris.[2] Sed ut Hieronymi declarationem taceamus, in scholiis Graecis innumera exstant loca, quae contrarium aperte probent; nempe editionem τῶν O′ hexaplarem non diversam fuisse ab ea quam in exemplaribus modo memoratis hodie manu terimus. Praeterea cum certis locis (e.g. Exod. xxxvi—xxxix, Jerem. xxv—li) ordo capitum et commatum, qualis in LXX reperitur, ab eo qui in Hebraea veritate ceterisque versionibus Graecis exstat mirum quantum dissideat, non videmus qua ratione editio LXXviralis ceteris interponi posset, nisi juxta illarum seriem denuo reformaretur; id quod in editione ejus hexaplari factum esse exploratum est. De hac igitur editione nunc nobis agendum; quod tamen commode fieri vix potest, nisi de valore et usu variorum signorum, quae operi Origeniano incumbentibus in oculos incurrunt, prius disseramus.

II. *De Asteriscorum, Obelorum, etc. forma et valore.*

1. Asteriscorum et obelorum usum Origenem non ipsum invenisse, sed a grammaticis, qui in auctorum profanorum, in primis Homeri, scriptis artem criticam exercebant, mutuum sumpsisse, omnibus notum est. Apud hos obelum (–) universalem ἀθετήσεως sive νοθείας notam esse constat; asterisci vero ceterarumque notarum significatio non omnibus eadem fuisse videtur, sed alia in Homero, alia in lyricis et tragicis, alia in Platone et Demosthene deprehenditur. Quod ad Homeri annotatores attinet, obelus quidem locis sive στίχοις non tam e *criticis* (quae nunc dicuntur) rationibus, quam ex ipsorum censorum sensu ac judicio νενοθευμένοις appingitur. Sic ad Il. A, 29–31:

> — Τὴν δ᾽ ἐγὼ οὐ λύσω, πρίν μιν καὶ γῆρας ἔπεισιν
> — ἡμετέρῳ ἐνὶ οἴκῳ, ἐν Ἄργεϊ, τηλόθι πάτρης,
> — ἱστὸν ἐποιχομένην, καὶ ἐμὸν λέχος ἀντιόωσαν,

Ἀθετοῦνται, inquit Scholiasta, ὅτι ἀναλύουσι τὴν ἐπίτασιν τοῦ νοῦ καὶ τὴν ἀπειλήν ... ἀπρεπὲς δὲ καὶ τὸ Ἀγαμέμνονα τοιαῦτα λέγειν. Asteriscum autem locis poetae insignioribus praemitti solitum esse, ut obelus reprobatis, vulgaris quidem, sed parum accurata est virorum eruditorum sententia.[3] Scilicet ex Eustathii aliorumque praescripto asterisci nullus usus est, nisi in versi-

---

[1] Hieron. Praef. in Paralip. (Opp. T. IX, p. 1325 ed. Migne).   [2] Vid. Hodius *De Bibliorum Textibus*, p. 608.   [2] H. Stephani *Thes. Graec. Ling.* s. v. Ἀστερίσκος: "Solebat addi locis insignibus, quemadmodum contra obelus τοῖς

culis qui *bis totidem verbis* leguntur; quam rem grammaticorum filii aegre ferentes, ex altero
loco in alterum eos male translatos esse statuebant: quo sumpto, locum ubi belle habere
videbantur, asterisco (※) singulis versiculis praeposito illustrabant; eum autem ubi minus
apte legebantur, obelo et asterisco (—※ vel ※—) praenotabant. E. g. ad Il. Λ, 177 pingitur:

—※ Αἰεὶ γάρ τοι ἔρις τε φίλη, πόλεμοί τε μάχαι τε.

E contrario ad Il. E, 891:

※ Αἰεὶ γάρ τοι ἔρις τε φίλη, πόλεμοί τε μάχαι τε,

ad quem posteriorem locum Eustathius notat: Ἐν δὲ τῷ, αἰεὶ γὰρ ἔρις τε φίλη καὶ ἑξῆς, ἀστέρα...
παρατιθέασιν οἱ παλαιοί, ὡς ὧδε κάλλιστα κειμένου τοῦ λόγου ἢ ἐπὶ τοῦ Ἀχιλλέως ἐν τῇ ᾱ ῥαψῳδίᾳ.
Rursus ad Od. Il, 281–298: — ※ Ἄλλο δέ τοι ἐρέω—μητίετα Ζεύς, idem commentatus est:
Ἰστέον δὲ καὶ ὅτι ἡ περὶ τῶν ὅπλων ἐνταῦθα παραγγελία τῇ τῆς τ̄ μάλιστα ῥαψῳδίᾳ ᾠκείωται κατὰ τοὺς
παλαιούς· ὧδε γὰρ ὀβελίζονται, φασί, τὰ τοιαῦτα ἔπη μετὰ καὶ ἀστερίσκων ἐκεῖ δὲ καιριώτατα κεῖνται,
ὅπου καὶ εἶδεν Ὀδυσσεὺς τὰ ὅπλα· νῦν γὰρ, φησὶν, ἐν ἀγροῖς ὢν πῶς οἶδεν ὅτι πρόχειρα κεῖνται ὅπλα ἐν
τῷ οἴκῳ;

2. Notarum criticarum usum, a profanorum scriptorum censoribus inventum, quibus
conditionibus Origenes ad opus suum accommodaverit nunc videndum. Montefalconius rem
sic breviter conficit: videlicet quod textui LXXvirali adjiciendum esset, Origenem asterisco
praenotasse; quod vero expungendum, obelo. Cautius et rectius Auctor Scholiorum in Proverbia a Tischendorfio editorum: Ὅσοις οἱ ὀβελοὶ πρόσκεινται ῥητοῖς, οὗτοι οὐκ ἔκειντο οὔτε παρὰ
τοῖς λοιποῖς ἑρμηνευταῖς, οὔτε ἐν τῷ Ἑβραϊκῷ, ἀλλὰ παρὰ μόνοις τοῖς ο̄· καὶ ὅσοις οἱ ἀστερίσκοι πρόσκεινται ῥητοῖς, οὗτοι ἐν μὲν τῷ Ἑβραϊκῷ καὶ τοῖς λοιποῖς ἑρμηνευταῖς ἐφέροντο, ἐν δὲ τοῖς ο̄ οὐκέτι.[4]
Epiphanius quidem, vir nequaquam limati judicii, quidlibet in versione Seniorum sive adjiciendum sive demendum esse negat, temere affirmans, verba quae ab iis praetermissa sint,
recte, quasi in Hebraeo δισσολογούμενα et superflue posita, praetermissa fuisse (e. g. Gen. v. 5:
καὶ ἔζησεν Ἀδὰμ τριάκοντα καὶ ἐνακόσια ἔτη pro Hebraeis ἐνακόσια ἔτη καὶ τριάκοντα ἔτη); quae
autem ab iis in textum Hebraeum invecta esse videantur, non otiose, sed optimo consilio
addita fuisse, ut sensum obscurum et mancum illustrent ac suppleant.[5] Sed talem defen-
sionem ipsum facti auctorem Origenem probaturum fuisse vix crediderimus. Audiamus eum
de suo instituto clare et ingenue exponentem: Τὴν μὲν οὖν ἐν τοῖς ἀντιγράφοις τῆς παλαιᾶς διαθήκης διαφωνίαν, θεοῦ διδόντος, εὕρομεν ἰάσασθαι, κριτηρίῳ χρησάμενοι ταῖς λοιπαῖς ἐκδόσεσιν ... καὶ
τινὰ μὲν ὠβελίσαμεν ἐν τῷ Ἑβραϊκῷ μὴ κείμενα, οὐ τολμήσαντες αὐτὰ πάντη περιελεῖν· τινὰ δὲ μετ'

ἀθετουμένοις." Smith (Dr. W.) *Dictionary of Greek and
Roman Biography*, Vol. I, p. 291: "He (Aristarchus)
marked those verses which he thought spurious with an
obelos, and those which he considered as particularly
beautiful with an asterisk." [4] Tischendorf. *Notit. Cod.
Sin.* p. 76. Ad οὗτοι utrobique οὐ τόποι subintelligit Tischendorfius, quod ferri nequit. Immo οὗτοι sunt οἱ ὀβελοὶ et
οἱ ἀστερίσκοι, quae voces non modo ipsas notas criticas, sed,
ut mox videbimus, *locos obelis et asteriscis insignitos* deno-

tant. [5] Epiphan. De Mens. et Pond. 2, 3 (Opp. T. II,
pp. 159–161). Idem ibid. 17 τοῖς ο̄ς̄ non solum interpretum, verum etiam ἀπὸ μέρους προφητῶν personam vindicat; ὧν γὰρ οὐκ ἦν χρεία εἰς ἑρμηνείαν παρῆκεν, ἅτινα εἰς
ὕστερον ἐν τοῖς σφῶν αὐτῶν τόποις μετὰ ἀστερίσκων Ὠριγένης
συνέθηκεν· ὡσαύτως δὲ καὶ τὰ προστεθέντα οὐκ ἀφείλατο, εἰδὼς
ὅτι αὐτῶν μᾶλλόν ἐστι χρεία, ἀλλὰ μετὰ ὀβελῶν ἔνθα ἕκαστον τῶν
εἰρημένων ηὗρεν ἔασε, μόνον σημειωσάμενος διὰ τοῦ ὀβελοῦ τὴν
περὶ τῆς τοῦ τόπου ἀναγνώσεως εἴδησιν.

ἀστερίσκων προσεθήκαμεν, ἵνα δῆλον ᾖ ὅτι μὴ κείμενα παρὰ τοῖς Ο' ἐκ τῶν λοιπῶν ἐκδόσεων συμφώνως τῷ Ἑβραϊκῷ προσεθήκαμεν· καὶ ὁ μὲν βουλόμενος πρόσηται αὐτά· ᾧ δὲ προσκόπτει τὸ τοιοῦτον, ὃ βούλεται περὶ τῆς παραδοχῆς αὐτῶν ἢ μὴ ποιήσῃ.[6] Quibus verbis dum Senioribus debitum honorem et reverentiam reservat, non obscure innuit, se non esse e numero eorum quibus emendationes versionis eorum certissimas juxta Hebraeum factas admittendi aut rejiciendi liberum arbitrium permiserit. Certe omissiones et additiones eorum si non damnat, non tamen excusat, multo minus defendit. Teneamus igitur ex Origenis usu obeli notam vim suam ἀθετητικὴν eatenus conservare, ut verba ei subjecta non tam spuria quam superflua esse indicet; asteriscum vero non meram additionem, sed additionem rite et probabiliter, interdum necessario factam denotare.

Quod reliquum est, ab Homeri criticorum usu vix hilum discedit alia Origenis nota, quae ex juxtapositione obeli et asterisci constat. Hujus usus, antecessoribus nostris plane incogniti, prima notitia debetur editioni Codicis Ambrosiani a Middeldorpfio concinnatae, in qua pluribus libri Proverbiorum locis a LXX transpositis appingitur nota (—⁑) vel (⁑—). Exempli gratia; in Cap. xx statim post v. 9 exemplaris Hebraei, interpres Graecus interpolavit pericopam, quae in Hebraeo est vv. 20–22; Origenes autem, *aliter ac in ceteris libris facere solet*, ordinem τῶν Ο' praeposterum servavit, praemissa tantum nota praedicta, hoc modo:

⁑— κακολογοῦντος πατέρα ἢ μητέρα σβεσθήσεται λαμπτήρ,

⁑— αἱ δὲ κόραι τῶν ὀφθαλμῶν αὐτοῦ ὄψονται σκότος.

⁑— μερὶς ἐπισπουδαζομένη ἐν πρώτοις

⁑— ἐν τοῖς τελευταίοις οὐκ εὐλογηθήσεται.

⁑— μὴ εἴπῃς· τίσομαι τὸν ἐχθρὸν,

⁑— ἀλλ' ὑπόμεινον τὸν κύριον ἵνα σοι βοηθήσῃ ◄.

Hucusque Origenis usus cum Homerico accurate concinit; sed post v. 19, ubi juxta posteriorem iidem versiculi quasi in propria sede cum simplici asterisco repetendi erant, Noster hoc non fecit, sed semel positos secunda vice omittere maluit.[7] Versionis Syro-hexaplaris auctoritatem egregie confirmat Auctor Scholiorum in Proverbia e Codice Patmio recenter descriptorum, qui post verba a nobis modo excitata haec habet: τὰ δὲ ἡστερισμένα ἐν ταυτῷ καὶ ὠβελισμένα ῥητὰ, φέρονται μὲν παρὰ τοῖς ō, φέρονται δὲ καὶ ἐν τῷ Ἑβραϊκῷ καὶ παρὰ τοῖς λοιποῖς ἑρμηνευταῖς, τὴν θέσιν δὲ μόνην παραλλάσσουσιν οἱ λοιποὶ καὶ τὸ Ἑβραϊκὸν παρὰ τοὺς ō· ὅθεν ὠβέλισται ἐν ταυτῷ καὶ ἡστέρισται, ὡς παρὰ πᾶσι μὲν φερόμενα, οὐκ ἐν τοῖς αὐτοῖς δὲ τόποις.[8]

---

[6] Origen. Opp. T. III, pp. 671, 672. Versus finem πρόσηται pro πρόηται ex emendatione Grabii (*De Vitiis* etc. p. 50) recepimus. [7] Praeterea in Codice Ambrosiano scriba ad vv. 20, 10 et 23 appinxit notas transpositionis, ǁ⇒,ǀ☓, et ǁǀ☖, scholio ad singulas apposito: Οἱ ō Ἑβραῖος καὶ οἱ λοιποί. Similiter post Cap. xxiv. 22 sequuntur Cap. xxix. 27—xxx. 14 (sub —⁑); Cap. xxiv. 23–34; Cap. xxx. 15—xxxi. 9 (sub —⁑); Cap. xxv. 1—xxix. 27; Cap. xxxi. 10 ad finem; appictis numeris, ǁǀ☖,ǀ☓,

ǁǀǀx, ǁ⇒, et ǁǀǀǀ∞, cum scholio, ut ante. [8] Tischendorf. in *Mon. Sacr. Ined.* T. III, p. xvii: "In iis quae supra ex Cod. Patmio exscripsimus, dicuntur ab Origene nonnulla simul et asterisco et obelo notata esse ... Quod si recte assertum est, quamvis alibi nihil ejusmodi traditum sit [?], quaeritur an eodem sensu accipiendum sit signum ⁑, quod p. 93, 2, 8 [Num. vi. 21: περὶ τῆς ψυχῆς ⁑αὐτοῦ:] edidimus, atque ita explicuimus, ut — prima manu datum, ⁑ altera substitutum diceremus, quamvis

3. Quod ad formam notarum Origenianarum attinet, in asterisco quidem pingendo vix ulla varietas observanda est. Eustathii descriptio haec est : Ἔστι δὲ τὸ σημεῖον τοῦ ἀστερίσκου .. διὰ τοῦ Χ στοιχείου τετραχῆ στιζομένου κατὰ τὴν τῶν γραμμάτων ἐπίζευξιν, οὕτω (✕).[9] Eandem fere figuram exhibet Epiphanii textus editus, in quo tamen extremitates linearum crucis leviter inflexae sunt, ut in altera linea litera x̄ forma cursiva (quae dicitur) exaratae.[10] In versione Syro-hexaplari *asteriscus* (ܐܣܛܪܝܣܩܘܣ) sive *stellula* (ܟܘܟܒܐ) usitatam formam habet, sed semel atque iterum non propensus (✕), sed erectus (✳) reperitur.[11] In libris Graecis utraque pictura aeque usu recepta est. Apud Hieronymum editum semper ✕ pingitur. De obeli autem forma quaestio satis perplexa est. Eustathio auctore, obelus est linea recta, et pingitur sic (—).[12] Epiphanius ait : Ὀβελὸς οὗτός ἐστιν ὁ παρακείμενος (➘), παραπλησίως γράφεται τῇ καλουμένῃ γραμμῇ· ὀβελὸς δὲ κέκληται κατὰ Ἀττικὴν χρῆσιν, ἄλλοις δὲ καλεῖται δόρυ, ὅ ἐστι λόγχη· sed figura in textu edito depicta pugioni similior est, cuspide sursum reclivi, altera autem extremitate orbiculo et capula munita.[13] In versione Syro-hexaplari multiplex est obeli figura, sed ceteris usitatior ÷, deinde ÷, rarius ∽, perraro ÷.[14] Etiam nomen in dicto opere cum figura variat; siquidem ÷ et ÷ diserte *obeli* et *obelisci* (ܐܒܠܘܣ et ܒܠܘܣ) nominantur,[15] posterior autem etiam *lemniscus* (ܠܡܢܝܣܩܘܣ) appellatur,[16] quo titulo ab Epiphanio quoque et aliis, qui usum ei ab obelo diversum assignant, insignita est. In versione Harethi (Arab. 1, 2) pro ÷ et ÷, ut Holmesius pingit, in codicibus ÷ et ÷ exstare non dubitamus.[17] Transeamus ad libros Graecos hexaplares, inter quos eminet Codex Sarravianus, cujus in obelis pingendis usus valde notabilis est. Scilicet ubicunque obelus in media linea occurrerit, pingitur ÷[18] (non ÷, ut Holmesius edidit, quem nos in Genesi incaute imitati sumus); in initio autem lineae virgula recta, cujus extremitates levissimam incurvationem sursum et deorsum habent, ut e sequenti specimine (Gen. xxxiv. 14) clarius apparebit :

$$καὶ\ εἶπαν\ αὐτοῖς ÷ συ$$
$$— μεων\ και\ λευει\ οι\ α$$
$$— δελφοι\ δειναϲ\ ὑιοι$$
$$— λειαϲ : ου\ δυνησομε$$
$$θα.$$

---

lineola non sit extincta." Signum x̄ fortuitum esse nulli dubitamus ; verum utut sit, exempla e Codice Sarraviano allata cum scholio nostro nihil commune habent ; quippe quae neque ullam transpositionem continent, et ad Pentateuchum, non ad Proverbia, *cui libro peculiaris est hic unus*, pertinent. [9] Eustath. ad Od. I, 252 (p. 1627, 60). [10] Epiphan. De Mens. et Pond. 2 (Opp. T. II, p. 159). [11] E.g. Num. xviii. 4 (male pro ÷). Jos. xiii. 8. Jud. xv. 5 (fortasse pro ÷). 3 Reg. xxii. 15. [12] Eustath. ad Il. Λ, 463 (p. 136, 13): Ἀπὸ δὲ τοῦ Ὁμηρικοῦ ὀβελοῦ καὶ τὸ γραφικὸν σημεῖον μετήνεκται ὁ ὀβελός, ὅ ἐστι γραμμή τις εὐθεῖα, προτιθεμένη στίχων ἥτοι ὀρθίων ἔξω. [13] Epiphan. De Mens. et Pond. 3 (Opp. T. II, p. 160). [14] Forma ÷, quam Middeldorpf. pro iis quae in apographo Norbergiano

invenit, videlicet ÷ et ÷, perperam substituit, in codice est merus index, cujus superscriptione lectiones marginales cum textualibus connectuntur. Loca paucissima, in quibus obeli vice fungi videtur, sunt Gen. xxxix. 17. 3 Reg. xxi. 20, 28 (non Jud. vi. 32, ubi index est). Praeterea in Codice Chisiano ad Dan. i. 20. iv. 8, et sub initium Susannae, pro ÷ pingitur ÷, notante, sed differentiae rationem aliis discutiendam relinquente, Bugato in *Annotationibus*, p. 131. [15] Vid. Hex. ad Exod. xxii. 5. 4 Reg. xv. 5. Ezech. xxi. 4. [16] Vid. Hex. ad Jerem. xxvii. 18, ubi formam signi a Norbergio vel typotheta ejus immutatam esse temere suspicatur Skat Rördam in *Praef. ad Libros Judicum et Ruth*, p. iv. [17] Vid. White (Rev. Joseph) *Letter* etc. pp. 26–28. [18] Sic in codice typis descripto

Praeterea in libro Judicum pro ⨪ sufficitur ÷ vel ÷; pro ⌐ autem ÷. Etiam Codicem Mar-
chalianum duas obeli formas in eadem lectione agnoscere, inferimus ex nota marginali ad
Thren. v. 4 :

$$÷ \ ἐξ \ ἡμερῶν$$
$$— \ ἡμῶν.$$

Denique in Hieronymi scriptis, quantum e libris editis colligere licet, obelus sive veru est
linea recta inter duo puncta jacens, hoc modo : ÷ vel ÷.[19]

4. Ex iis quae disputavimus necessario concluditur, Origenem duas tantum notas, pri-
marias saltem, asteriscum et obelum, Hexaplorum suorum in gratiam invenisse; obeli autem,
quotquot sunt, formas, —, ⨪, ÷, ÷, ⨪, ⌐, unam eandemque significationem prae se ferre, videlicet verba quae iis subjecta sint, ut cum Hieronymo loquamur, *in LXX interpretibus plus
haberi*; vel, ut idem alio loco reverentius ait, ab iis addita fuisse, *vel ob decoris gratiam, vel
ob Spiritus Sancti auctoritatem, licet in Hebraeis voluminibus non legantur.*[20] Quaestionem
de significatione lemnisci et hypolemnisci inde ab Epiphanio agitatam, ut et aliam de usu
notae ∽ in exemplari Syro-hexaplari frequentatae, mox tractabimus; nunc conclusionem
nostram, ab antecessorum nostrorum placitis cummaxime descisentem, opinionibus duum-
virorum in re diplomatica peritissimorum, CONSTANTINI TISCHENDORF et ANTONII CERIANI,
confirmabimus. Sic igitur ille in *Monumentorum Sacr. Ined. Collectione Nova*, T. III,
p. xvi : "Ad duo autem signa illa, asteriscum et obelum, accedunt alia duo, lemniscus et
hypolemniscus, qui quamvis jam Epiphanium et Hesychium exercuerint, nec quam formam
habuerint, nec quam significationem, satis constat. Ex iis vero quos vidimus veterum locis,
ipsius potissimum Origenis atque Hieronymi, clarissimum fit, multo plus ponderis asteriscos
et obelos quam reliqua signa habuisse, quum totam Hexaplorum rationem describentes in
illis solis acquieverint." Hic autem in *Praefatione ad Monumenta Sacra et Profana*, T. I,
F. I, p. x non obscure innuit, "ex usu veterum ante Origenem, ex hujus et S. Hieronymi
testimonio, et ex critica in locos notis insignitos inquisitione statuendum esse, Origenem
praeter asteriscum solum obelum usurpasse, cujus formae multiplices in codicibus vetustissimis
S. Epiphanio fraudi fuerunt."

5. Cum loca asteriscis et obelis praenotanda interdum per duos vel plures στίχους se
extenderent, in evidentiorem rei declarationem Hexaplorum sive conditori sive descriptoribus
usu venit, ut notam distinctionis non solum initio pericopae, verum etiam singulis στίχοις
praeponerent ; quem usum innumeris erroribus occasionem dedisse exploratum est. Exempli

Tischendorfius ; sed in *facsimili* (quod dicitur) tum ab eo,
tum a Montefalconio in *Palaeogr. Gr.* p. 188 edito, duo
puncta non sub media linea, sed versus sinistram ejus
extremitatem posita sunt, hoc modo ⨪, vel etiam ⨪.
Porro forma obeli — usurpatur in Cod. 88 per librum
Jesaiae.   [18] Hieron. Praef. in Psalmos (Opp. T. X,
p. 119 ed. Migne) : "Notet sibi unusquisque vel jacentem
lineam, vel signa radiantia ; id est, vel obelos (÷) vel asteriscos (※). Et ubicunque viderit virgulam praecedentem,
ab ea usque ad duo puncta (:), quae impressimus sciat in
LXX translatoribus plus haberi : ubi autem stellae (※) similitudinem perspexerit, de Hebraeis voluminibus additum
noverit, aeque usque ad duo puncta."   [20] Hieron. Opp.
T. X, p. 404 ed. Migne.

gratia: scriba indoctus, qui in archetypo suo, arctioribus columnis descripto, locum Dan. iii. 2 versionis LXXviralis sic forte pictum invenerit:

$$. . . . \kappa a i \ N a \beta o v \chi o -$$
$$\delta \acute{o} \nu o \sigma o \rho \ \beta a \sigma i \lambda \epsilon \grave{v} s \div \beta a \sigma i \lambda \epsilon \acute{v} \omega \nu$$
$$\div \kappa a i \ \kappa v \rho i \epsilon \acute{v} \omega \nu \ \tau \hat{\eta} s \ o i \kappa o v \mu \acute{\epsilon} \nu \eta s$$
$$\div \ \ddot{o} \lambda \eta s \ \blacktriangleleft \ \acute{a} \pi \acute{\epsilon} \sigma \tau \epsilon i \lambda \epsilon \nu \ \acute{\epsilon} \pi i \sigma v \nu a \gamma a -$$
$$\gamma \epsilon \hat{i} \nu \div \pi \acute{a} \nu \tau a \ \tau \grave{a} \ \acute{\epsilon} \theta \nu \eta \ \kappa a i \ \phi v -$$
$$\div \lambda \grave{a} s \ \kappa a i \ \gamma \lambda \acute{\omega} \sigma \sigma a s \ \blacktriangleleft \ \sigma a \tau \rho \acute{a} \pi a s$$
$$\sigma \tau \rho a \tau \eta \gamma o \grave{v} s \ \kappa. \tau. \acute{\epsilon}.$$

eundem cum in latiori pagina describeret, obelorum significationem ignorans, sic fortasse repraesentavit:

$$\kappa a i \ N a \beta o v \chi o \delta \acute{o} \nu o \sigma o \rho \ \beta a \sigma i \lambda \epsilon \grave{v} s$$
$$\div \beta a \sigma i \lambda \epsilon \acute{v} \omega \nu \div \kappa a i \ \kappa v \rho i \epsilon \acute{v} \omega \nu \ \tau \hat{\eta} s \ o i \kappa o v -$$
$$\mu \acute{\epsilon} \nu \eta s \div \ddot{o} \lambda \eta s \ \blacktriangleleft \ \acute{a} \pi \acute{\epsilon} \sigma \tau \epsilon i \lambda \epsilon \nu \ \acute{\epsilon} \pi i \sigma v \nu -$$
$$a \gamma a \gamma \epsilon \hat{i} \nu \div \pi \acute{a} \nu \tau a \ \tau \grave{a} \ \acute{\epsilon} \theta \nu \eta \ \kappa a i \ \phi \acute{v} \div \lambda a s$$
$$\kappa a i \ \gamma \lambda \acute{\omega} \sigma \sigma a s \ \blacktriangleleft \ \sigma a \tau \rho \acute{a} \pi a s \ \sigma \tau \rho a \tau \eta \gamma o \grave{v} s \ \kappa. \tau. \acute{\epsilon}.$$

quam confusionem quantas sequenti transcriptori turbas dedisse opus sit quivis videt.[21] Nemo igitur, ut speramus, temeritatis nos insimulabit, quod in nostra Hexaplorum editione usum inveteratum, sed minus probum, infringere ausi simus, obelo vel asterisco non nisi in initio pericopae posito, ita ut vis sive ditio ejus usque ad sequens metobeli signum pateat. Hic autem *metobelus* (ita dictus sive obelus praecedat, sive asteriscus) in exemplaribus Syriacis et Arabicis cuneoli (◄) formam induit;[22] in Graecis autem et Latinis e duobus punctis, altero alteri superimposito (:), rarius (ut in Chisiano Danielis a De Regibus edito, et semel atque iterum in Sarraviano) e linea sinistrorsum inclinata cum uno vel duobus punctis apposita (/., ·/., ·/.) constat. In hoc quoque usu nos tantulum innovavimus (vel potius ante nos Masius in textu Josuae Graeco-hexaplari edendo), ut cuneoli notam, quasi manifestiorem et confusioni minus obnoxiam, etiam in Graecis nostris adoptaremus.[23]

III. *De Lemnisco et Hypolemnisco.*

In Hexaplis pingendis obeli (–), lemnisci (÷) et hypolemnisci (–) significationem unam

---

[21] Bugati in *Praef. ad Daniel.* pp. v, vi. Cf. Hex. nostra ad Exod. xxxv. 12, xxxviii. 31.   [22] Aliam cuneoli picturam exhibet Auctor Epistolae Harethi versioni praemissae, p. 20: " Porro unam notam communem omnibus, in quibus aliqua fuit discrepantia, sive obelo, id est, simplici linea, sive hypolemnisco, id est, linea puncto supposita, sive lemnisco, id est, linea duobus punctis insignita, notanda, qua clauderetur adscripta differentia sive nominis, sive verbi, sive sententiae, adhibuit, quam *completoriam* nominavit, hujusmodi figura descriptam ⅁."   [23] In

libro Jobi, a quo novam Hexaplorum editionem inchoavimus, metobelum in fine pericopae, tum cum in lectione nostra nil ultra subsequeretur, consulto omisimus; quod nunc factum nollemus. E.g. Cap. i. 16: ✕'Α. ἐκτός (potius ✕'Α. ἐκτός ◄). Cap. ii. 1: Ο'. ✕'Α. Θ. παραστῆσαι ἐναντίον τοῦ κυρίου (κυρίου ◄). Cap. ii. 13: Ο'. ✕ καὶ ἑπτὰ νύκτας (νύκτας ◄). Sic Cap. xv. 26, 27: ✕ Θ. ἐν πάχει—ἐπὶ τῶν μηρίων (potius μηρίων ◄; sed recte ad v. 26: ✕ Θ. ἐν πάχει νώτου ἀσπίδος αὐτοῦ (non αὐτοῦ ◄), quia Theodotionis lectio ulterius procedit.

eandemque fuisse, eam scilicet quae obelo soli vulgo tribuitur, ex usu tum librorum Graecorum
hexaplarium tum versionis Syro-hexaplaris in praecedenti argumentatione demonstravimus.
Sed hic contra assurgit Epiphanius, qui de obeli vi ab Origene, Hieronymo et ceteris non
discedens, lemnisco et hypolemnisco significationem prorsus aliam vindicat, quae, quantum
ex verbis ejus satis perplexis colligi possit, nunc declaranda est. Scilicet hujus rei expositionem ·
Epiphanius inde repetit, quod LXX interpretes, secundum historiam a se comprobatam, non
collatis studiis, sed in paria triginta sex, totidem cellulis inclusa, distributi versionem suam
concinnaverint. Ubicunque igitur (quod rarius accidere affirmat) in opere eorum lectionem
discrepantem (non quidem Hebraeo plus habentem, neque lectionibus sui similibus appositam)
lemnisco vel hypolemnisco praenotatam inveneris, noveris a *duobus* interpretum paribus in
priore casu, in posteriore autem ab *uno* tantum pari, juxta punctorum numerum, lectionem
istam profectam esse.[24] Exempli causa : quando legeris in Psal. lxx. 15 : τὸ στόμα μου ἀναγγελεῖ
τὴν δικαιοσύνην σου, ἀναγγελεῖ τὰς δικαιοσύνας σου ; vel in Psal. lxxi. 14 : καὶ ἔντιμον τὸ ὄνομα αὐτοῦ
ἐνώπιον αὐτοῦ, praemissa lectione idem sonante, καὶ ἔντιμον τὸ ὄνομα αὐτοῦ ἐν ὀφθαλμοῖς αὐτοῦ,
lemnisco vel hypolemnisco alterutri appicto moncaris, versionem istam non nisi in duobus vel
uno parium XXXVI reperiri. Alio loco, de eadem re disserens, Epiphanius iterum affirmat,
versiones de quibus hic agitur non dissimiles esse, sed similes et idem sonantes, ὡς ἂν εἴποι τις
ἀντὶ τοῦ ἐλάλησεν, ἐφθέγξατο, ἢ ἀντὶ τοῦ ἦλθεν, ἐλήλυθε.[25] In eandem sententiam Auctor Epistolae
versioni Harethi praepositae, quem ab Epiphanio sua hausisse vix dubium esse potest, "Quod
si quid," ait, "apud duo interpretum paria reperiatur, in quo a ceteris eorum paribus diversi
abeant, ita ut ceteris aliquid addidisse videantur ipsi, hoc etiam libri textui insertum linea
duobus punctis infra scilicet et supra insignita notavit, ad hanc formam ÷, quod signum
Graeco nomine λημνίσκον appellavit. Atque ubicunque reperitur hujusmodi lemniscus literae
aut verbo aut nomini aut sententiae appositus, hinc voluit indicium sumeres reperiri illud
apud duo interpretum paria, non autem occurrere vel in textu Hebraico, vel in ceteris interpretibus . . . Neque tamen putet aliquis, cum audierit mentionem factam verbi, vel quod ab

---

[24] Epiphan. De Mens. et Pond. 8 (Opp. T. II, p. 165):
Διὸ καὶ τοῦτο τὸ τοῦ σημείου σχῆμα τοῖς θείοις λόγοις παρέθετο
[corrige e Syro παρέθεντο], ἵν' ὅτε σπανίως που εὕροις ἐν τῇ
τῶν οϚ' ἑρμηνείᾳ διαφωνοῦσαν λέξιν, οὐ μὴν παρὰ οὖσαν, οὐδὲ
προστεθειμένην ταῖς ὁμοίαις αὐτῇ λέξεσι, γνοίης ὅτι ὑπὸ μιᾶς ζυγῆς
ἢ δύο αὕτη ἡρμηνεύθη ἡ λέξις, διὰ τὰ παρακείμενα δύο κεντήματα.
In loco obscuro Epiphanii versionem Syram in Museo
Britannico (Addit. MSS. 17,148, fol. 51 r.) exstantem adii-
mus, quae sic habet: [Syriac text] . Pro παρά
(s. παρὰ) οὖσαν, ut in libris manu scriptis pingitur, Petavius
quidem παροῦσαν edidit, quod temere factum esse evincitur
ex iis quae mox leguntur: ὡς εἶναι οὐ παρά, ἀλλὰ συναμφο-

τέρως ἐκφωνοῦνται ; Syrus vero locutionis sensum ex oppo-
sitione alterius clausulae, οὐδὲ προστιθεμένην κ. τ. ἑ., conje-
cisse videtur, libere vertens, *sed non quae diminuta* (s.
detracta) *sit*, consentiente Lagardio (in Epiphanii Opp.
T. IV, P. I, p. vii ed. Dindorf), qui in Graecis participium
aliquod cum οὖσαν conjunctum, oppositumque proximo προστεθειμένην requirit. Sed locutio παρὰ εἶναι, bis in eodem
contextu obvia, explicanda potius quam sollicitanda videtur. Vide igitur num praepositio παρά hic adverbialiter
posita sit (qui usus in praepositione πρὸς notissimus est)
pro eo quod *praeter* Hebraeum sit, juxta dictum Origenis
(Opp. T. I, p. 13): ἐν δὲ τοῖς ἡμετέροις ἀντιγράφοις περισσεύ-
οντα ΠΑΡΑ τὰ ἐν τοῖς Ἑβραίοις ἔστη οὐκ ὀλίγα ; et paulo post:
πλείονα δὲ ἐν τοῖς ἡμετέροις ΠΑΡΑ τὰ Ἑβραϊκά. Hoc concesso,
λέξις παρὰ οὖσα est ea quae apud LXX *plus habetur* (ut
Hieronymus ait), quaeque obelo, non lemnisco, jugulanda
erat.   [25] Idem ibid. 17 (Opp. T. II, p. 173).

uno pari vel duobus interpretum paribus adhibitum, aliquam hic subesse contrarietatem ... quia quod ad sensum et veram intentionem conveniunt eorum sermones, licet acciderit aliquando discrepantia in verbis, et repetitio et contractio."[26]

Nunc quid de hac Epiphanii expositione statuendum sit non difficile est decernere. Primum cum e penitus exploso de origine versionis LXXviralis commento tota pendeat, ob hanc solam causam in gravissimam falsi suspicionem venit. Deinde prorsus incredibile est, vel unum interpretem, ne dicamus duos aut plures, versioni competenti, τὸ στόμα μου ἀναγγελεῖ τὴν δικαιοσύνην σου, aliam idem sonantem subjecisse, ἀναγγελεῖ τὰς δικαιοσύνας σου ; quamvis eos unam harum versionum pro altera sufficere potuisse non infitias ibimus. Praeterea, ut Masius argumentatur, quis credat talium minutiarum memoriam a Seniorum tempore ad Origenem usque mansisse; vel, ut manserit memoria, illud sciri potuisse, uniusne solius interpretum, vel paris unius, an vero plurium ea verba fuerint ?[27] Postremo talis lemnisci et hypolemnisci significatio usui librorum hexaplarium universali repugnat, in quibus utramque figuram ÷ et ⸓, quocunque nomine gaudeat, obeli vicem gerere certo certius est. Cum vero exempla ab Epiphanio citata ejusmodi sint, quae *variarum lectionum* nomine vulgo appellantur, quidni statuamus Epiphanii opinionem inde derivatam esse, quod in quodam Psalmorum exemplari in textu scriptum invenerit: τὸ στόμα μου ἀναγγελεῖ ÷ τὴν δικαιοσύνην σου ; in margine autem: ÷ τὰς δικαιοσύνας σου ; hanc autem notationem, quae in libris existentibus, sive scriptis sive impressis, tralatitia est, ad fabulam de paribus interpretum ex ingenio accommodaverit ?

Cum Epiphanio partim consentit, partim ab eo recedit, Isidorus Hispalensis, cujus mens est, *lemniscum apponi iis locis, quae S. Scripturae interpretes eodem sensu, sed diversis sermonibus transtulerint; hypolemniscum vero* (quem tamen *antigraphum* vocat, et prorsus alia figura ⸓ delineat), *ubi in translationibus diversus sensus habeatur.*[28] Sed haec hypothesis, ut quae neque scriptorum vetustiorum auctoritate, neque librorum hexaplarium usu, neque sua ipsius probabilitate commendatur, secure praeteriri posse videtur.

E recentioribus Criticis Masius Epiphanii sententiam non plane rejicit, sed cum quadam modificatione admittendam esse censet; scilicet ut lemniscus diversam scripturam *plurium*, hypolemniscus vero *pauciorum* codicum testimonio confirmatam significet.[29] Nuperrime vero cel. T. Skat Rördam non modo ex traditionibus veterum indubitate colligit, sub utroque signo variam lectionem, vel versionem variorum codicum, ab Origene insertam, vel in margine saltem positam fuisse, sed ipse in editione libri Judicum Syro-Graeco-hexaplari concinnanda praeter notas Origenianas (※, ⸓ et ⸌) in codice obvias, lemniscum (quem vocat) sub nova forma (÷), nunc obelo, nunc asterisco extruso, introduxit; videlicet in locis ubi aut duplex versio est, aut lectio neque in Hebraeo neque in Graeco (nisi in quibusdam codicibus, quorum unus aut

[26] White (Rev. Joseph), *Letter* etc. pp. 18, 19. [27] Masii *Josuae Imp. Historia*, p. 124. [28] Isidori Orig. I, 20 (apud Hodium *De Bibliorum Textibus*, p. 605). In eandem sententiam Curterius in *Praefatione ad Procopium in Jesaiam*: "Si quid ego sum post longam meditationem assecutus, possum et hoc asserere.... Ubi lemniscum reperias, notari varias aliorum interpretationes, verbis quidem ipsis discrepantes, sed reipsa similes; ubi denique hypolemniscum, et verbis et sensu inter se differentes." [29] Masii *Josuae Hist.* p. 123.

plures Syro nostro ad manum fuerit) comparens. In quo tentamine praeter alias difficultates haec in primis observanda est, quod ad libros Graecos hodie exstantes, non ad eos quibus usus sit Origenes, notatio per lemniscum facta exigatur. Certe ad Psal. lxx. 15. lxxi. 14 lectiones τὰς δικαιοσύνας αὐτοῦ et ἐν ὀφθαλμοῖς αὐτοῦ, ab Epiphanio in specimina usus lemnisci allegatae, ne in uno quidem librorum nostrorum reperiuntur.[30]

Subductis igitur iterum iterumque rationibus, cum lemnisci hypolemniscive in scriptis suis neque Origenes neque Hieronymus ullam mentionem fecerit; cum in libris Graecis hexaplaribus praeter asteriscum et varias obeli picturas nulla ejusdem generis distinctio appareat; cum denique harum notarum probabilem usum nemo adhuc designaverit; restat conclusio inevitabilis, sub his nominibus non nisi usitatas quasdam obeli formas indicari, eas videlicet quae per figuras ÷ et ⨪ sine ullo discrimine in versione Syro-hexaplari repraesentantur.

IV. *De regulis, quas in textu LXXvirali reformando Origenes sibi praescripserit.*

1. In exemplaribus versionis LXXviralis, quae ante Origenem in usu fuerunt, magnam exstitisse scripturae διαφωνίαν, ipsius Hexaplorum conditoris declaratione probari potest.[31] Ex his autem quaedam ceteris correctiora fuisse, tum ad rerum naturam pertinet, tum diserto Adamantii nostri testimonio evincitur. Sic enim ille in Homiliis in librum Regnorum (1 Reg. i. 1): "Non me latet primo loco quod in aliquibus exemplaribus habetur: *Erat vir quidam*; sed in his exemplaribus quae emendatiora probavimus ita habetur: *Erat vir unus.*"[32] In hujusmodi varietatibus proculdubio potiorem lectionem, *e reliquis*, ut ipse ait, *editionibus aestimatione facta*, magnus Criticus sine ulla notatione in Hexapla sua recondidit, cujus generis unum exemplum sufficiat. In loco Jerem. xv. 10: *Non feneravi, neque feneraverunt mihi*, in LXX olim legebatur (ut hodie in libris omnibus tum scriptis tum editis): οὔτε ὠφέλησα, οὔτε ὠφέλησέν με οὐδείς; pro quo Origenes in Commentariis ad locum legit enarratque: οὔτε ὠφέλησα, οὔτε ὠφέλησέν με οὐδείς; lectorem commonefaciens: Εἰ καὶ ἀνέγνωμεν οὕτως, ἀλλὰ καὶ δεῖ εἰδέναι, ὅτι τὰ πλείονα τῶν ἀντιγράφων τῆς ἐκδόσεως τῶν Ο´ οὐκ ἔχει οὕτως· ὕστερον δὲ ἐπισκεψάμενοι καὶ τὰς λοιπὰς ἐκδόσεις, ἔγνωμεν γραφικὸν εἶναι ἁμάρτημα.[33] Etiam in propriis nominibus, quae in textu vulgari graves corruptelas passa sunt, scripturam Hebraeo congruentem Origenem non monito lectore restituisse verisimile est. Exempli causa: vitiosam scripturam Γεδσὼν pro Γηρσὼν (Exod. vi. 16. Num. iii. 17) non modo carpsit Noster in Commentariis in

---

[30] Middeldorpfii in obelis pingendis perversitatem (de qua cf. nos in Monito ad Proverbia, p. 310) merito conquestus est Rördam. Quod vero affirmat (ex auctoritate J. D. Michaelis in *Neue Orient. Bibl.* VI, p. 192) etiam Bugatum in Daniele edendo signa critica negligentius tractasse, id diserte negat A. Ceriani in *Le Edizioni e i Manoscritti delle Versioni Siriache del V. T.* p. 21.
[31] Vid. supra p. xlvii.　[32] Origen. Opp. T. II, p. 483.
[33] Origen. Opp. T. III, p. 225. Etiam Syrus noster ὠφέλησα, non ὠφείλησα, vertit, unde haud improbabiliter conjecerit aliquis, Origenem falsam scripturam in Hexaplis reliquisse, postea vero, fortasse in Tetraplis, correxisse.

Joannem,[34] sed in editione sua hexaplari, contestificantibus Codice Sarraviano et versione Syro-hexaplari, correxit.

2. Ab archetypi sui *ordine* LXX interpretes non raro deflexisse, tum in singulis vocibus sine causa transponendis, tum in integris pericopis cum magno narrationis detrimento de loco suo movendis, res nota est; quibus corruptionibus remedium afferre operis Origeniani institutum omnino postulavit. Quod ad trajectiones verbales attinet, Hebraeorum ordinem tacite revocare nil prohibebat. Sic Num. x. 28: Ο΄. καὶ ἐξῆραν σὺν δυνάμει αὐτῶν; Hexapla autem: σὺν δυνάμει αὐτῶν, καὶ ἐξῆραν. Deut. xxviii. 64: Ο΄. (καὶ δουλεύσεις ἐκεῖ θεοῖς ἑτέροις) ξύλοις καὶ λίθοις, οὓς οὐκ ἠπίστω σὺ καὶ οἱ πατέρες σου; Origenes vero juxta Hebraeum: οὓς οὐκ ἠπίστω σὺ καὶ οἱ πατέρες σου, ξύλοις καὶ λίθοις. Haec levia; majoris momenti est locus Gen. xxxv. 16, 21, 22, ubi LXX confuse ediderunt: (16) ἀπάρας δὲ Ἰακὼβ ἐκ Βαιθὴλ, (21) ἔπηξε τὴν σκηνὴν αὐτοῦ ἐπέκεινα τοῦ πύργου Γαδέρ. (16) ἐγένετο δὲ ἡνίκα ἤγγισεν εἰς Χαβραθὰ τοῦ ἐλθεῖν εἰς τὴν Ἐφραθὰ, ἔτεκε Ῥαχὴλ καὶ ἐδυστόκησεν ἐν τῷ τοκετῷ (deinde vv. 17–20, ut in Hebraeo). (22) ἐγένετο δὲ ἡνίκα κατῴκησεν κ.τ.ἑ.; Hexapla autem, ad Hebraeam veritatem conformata, sic habent: (16) ἀπῆρεν δὲ ἐκ Βαιθὴλ, καὶ ἐγένετο ἡνίκα ἤγγισεν— ἐν τῷ τοκετῷ (deinde vv. 17–20). (21) καὶ ἀπῆρεν Ἰσραὴλ, καὶ ἔπηξε—Γαδέρ. Alio loco Jerem. xxiii. 7, 8, hi duo versus a Senioribus in finem capitis post v. 40 rejiciuntur, in Hexaplis autem propriam sedem, praemisso tantum asterisco, occupant. Quod vero ad prolixiores pericopas attinet (quales sunt Exod. xxxvi— xxxix, 3 Reg. xiv. 1–20, xvi (pericopa a LXX inter vv. 28 et 29 interpolata), xx, xxi (in LXX xxi, xx), Jerem. xxv. 15—li. 64) in his et aliis ejusmodi trajectionibus perquam molestis, Origenes, suadente atque adeo flagitante instituto suo, Hebraeorum ordinem, qui et trium interpretum est, plaudentibus quotquot sint Bibliorum studentibus reposuit. Restat Proverbiorum liber, qui in posteriore ejus parte ordinem valde perturbatum prae se fert, quique manum restauratricem in primis postulare videtur. Hic vero, quod miretur aliquis, Origenes a methodo quam in ceteris Bibliis prosecutus est recessit, et Seniorum vestigiis insistere maluit, notis tantum, quales supra declaravimus,[35] discessionem ab Hebraea veritate indicans. Causa hujus exceptionis nobis non est in promptu, nisi forte in opere ethico, in quo singulis fere versiculis singulae γνῶμαι concludantur, seriem sententiarum curiose servare non tanti momenti esse videretur.

3. In mutationibus quas recensuimus notarum Origenianarum vix ullus locus esse potest. Nunc quibus legibus obelum et asteriscum ad usus editionis suae accommodaverit Noster, breviter exponendum. Itaque voculas in quaque clausula supervacaneas, inque Hebraeo deficientes, obelus reprobat, vel (ut Critici aiunt) *jugulat*. Exempli gratia: Deut. ix. 26 in Hebraeo est tantum בְּיָד חֲזָקָה, quod LXX, genio nimis indulgentes, in hunc modum amplificaverunt: ἐν τῇ ἰσχύῖ σου τῇ μεγάλῃ, καὶ ἐν τῇ χειρί σου τῇ κραταιᾷ, καὶ ἐν τῷ βραχίονί σου τῷ ὑψηλῷ. Haec est obelorum opportunitas, quorum ope locus sic pingitur: ÷ ἐν τῇ ἰσχύῖ σου τῇ μεγάλῃ, καὶ ◂ ἐν χειρὶ ÷ σου τῇ ◂ κραταιᾷ, ÷ καὶ ἐν τῷ βραχίονί σου τῷ ὑψηλῷ ◂; quo artificio sine detrimento versionis ab Ecclesia universa receptae integritas S. Scripturae asseritur. An

vero Origeni in tali recensione omnes vel minimi momenti voculas in Hebraeo non exstantes obelo confodere propositum fuerit, ambigi potest. Hieronymus quidem in versione Psalmorum hexaplari hac lege se obstrinxit; utrum vero proprio instinctu, an ex antecessoris sui prava imitatione ex uno atque altero exemplo clarius apparebit. Itaque Psal. i. 4 vix crediderimus Origenem pinxisse: καὶ ἔσται ὡς ÷ τὸ ◄ ξύλον ÷ τὸ ◄ πεφυτευμένον, etiamsi Hieronymus ediderit: *Et erit sicut lignum* ÷ *quod* : *plantatum* ÷ *est* :; aut Psal. ii. 4 : ÷ ὁ ◄ κατοικῶν ἐν οὐρανοῖς ÷ ἐκ ◄ γελάσεται ÷ αὐτούς, καὶ ÷ ὁ κύριος ἐκμυκτηριεῖ αὐτούς. Ne longiores fiamus, Psal. cxvii. 27 Hieronymus pingit: *Constituite* ÷ *diem* : *solennem*, scilicet quia in Hebraeo est tantummodo חֵנ; sed quid tunc fiet de Graeco συστήσασθε ἑορτήν ? Tale est, in re bona nimius esse.[36] Etiam Masius, ut in Monito ad Josuam observavimus, arbitrio suo potius quam Syri interpretis auctoritate fretus, tot copulis, perspicuitatis causa a Senioribus assumptis, notam reprobationis inussit. Transeamus ad majoris offensionis interpolationes, eas scilicet in quibus interpres male sedulus in annotatoris, est ubi in auctoris principalis partes delapsus est. Non moramur supplementum valde notabile Gen. iv. 8 : καὶ εἶπε Κάιν πρὸς Ἄβελ τὸν ἀδελφὸν αὐτοῦ ÷ διέλθωμεν εἰς τὸ πεδίον ◄; quia, quamvis in Hebraeo et tribus interpretibus desideratur, ad sensum paene necessarium videtur. Sed in loco Jos. vi. 26 post devotionem hominis qui Jerichunta reaedificaturus sit, ἐν τῷ πρωτοτόκῳ αὐτοῦ θεμελιώσει αὐτὴν, καὶ ἐν τῷ ἐλαχίστῳ αὐτοῦ ἐπιστήσει τὰς πύλας αὐτῆς, LXX de suo interseruerunt: ÷ καὶ οὕτως ἐποίησεν Ὀζᾶν ὁ ἐκ Βαιθήλ· ÷ ἐν τῷ Ἀβιρὼν τῷ πρωτοτόκῳ ἐθεμελίωσεν αὐτὴν, καὶ ἐν τῷ ἐλαχίστῳ διασωθέντι ἐπέστησε τὰς πύλας ÷ αὐτῆς ◄. Aeque, immo magis culpandus est insulsus Jobi ii. 9 interpolator, qui pro amaro uxoris ejus dicterio: *Adhuc tu retines integritatem tuam? Exsecrare Deum et morere*, prolixam querimoniam, et Graeculum otiosum magis quam scriptorem θεόπνευστον referentem, ori ejus immiserit: Μέχρι τίνος καρτερήσεις, ÷ λέγων ἰδοὺ ἀναμένω χρόνον ἔτι μικρὸν προσδεχόμενος ÷ τὴν ἐλπίδα τῆς σωτηρίας μου ; ἰδοὺ γὰρ ἠφάνισταί σου τὸ μνημόσυνον ἀπὸ τῆς γῆς, υἱοὶ καὶ θυγατέρες, ÷ ἐμῆς κοιλίας ὠδῖνες καὶ πόνοι, οὓς εἰς τὸ κενὸν ἐκοπίασα μετὰ μόχθων· σύ τε αὐτὸς ἐν σαπρίᾳ σκωλή- ÷ κων κάθησαι διανυκτερεύων αἴθριος, κἀγὼ πλανωμένη καὶ λάτρις τόπον ἐκ τόπου καὶ οἰκίαν ἐξ οἰκίας, ÷ προσδεχομένη τὸν ἥλιον πότε δύσεται, ἵνα ἀναπαύσωμαι τῶν μόχθων μου καὶ τῶν ὀδυνῶν αἵ με νῦν ÷ συνέχουσιν ◄· ἀλλὰ εἶπόν τι ῥῆμα εἰς κύριον, καὶ τελεύτα. Ejusdem farraginis, et fortasse non alius auctoris est pannus de ape, quem post Prov. vi. 6-8 quasi in aemulationem Salomonis, pigrum ad formicam abire jubentis, interpres ejus Graecus oraculis divinis assuere non dubitavit: ÷ ἢ πορεύθητι πρὸς τὴν μέλισσαν, καὶ μάθε ὡς ἐργάτις ἐστὶ, τήν τε ἐργασίαν ὡς σεμνὴν ποιεῖται, ἧς τοὺς ÷ πόνους βασιλεῖς καὶ ἰδιῶται πρὸς ὑγίειαν προσφέρονται· ποθεινὴ δέ ἐστι πᾶσι καὶ ἐπίδοξος, καίπερ οὖσα ÷ τῇ ῥώμῃ ἀσθενής, τὴν σοφίαν τιμήσασα προήχθη ◄.

4. Restat asteriscus, cujus ope praetermissiones τῶν Ο' etiam minutissimas (quales sunt κατὰ γένος ✕ αὐτοῦ ◄, ✕ πᾶσαν ◄ τὴν γῆν, ✕ τὴν ◄ πᾶσαν τὴν γῆν, ✕ σὺν ◄ τὸν λαόν, ✕ υἱὸς ◄

---

[36] E contrario exemplar Psalmorum Syro-hexaplare parcius quam par erat obelizari certissimum est. E.g. obelus desideratur in sequentibus : Psal. i. 4 : οὐχ οὕτως ὁ ἀσεβής, — οὐχ οὕτως ◄. Psal. ii. 11 : ἐξ ὁδοῦ ÷ δικαίας ◄. Psal. xxi. 2 : ÷ πρόσχες μοι ◄, ἱνατί ἐγκατέλιπές με ; Psal. xxviii. 1 :

÷ ἐνέγκατε τῷ κυρίῳ, υἱοὶ θεοῦ ◄, ἐνέγκατε τῷ κυρίῳ υἱοὺς κριῶν. Etiam Psal. xiii. 3 insignis interpolatio e Rom. iii. 13-18, τάφος ἀνεῳγμένος—τῶν ὀφθαλμῶν αὐτῶν, in hoc exemplari sine nota ἀθετήσεως legitur.

ὀγδοήκοντα ἐτῶν, etc.) e reliquis interpretibus (praecipue Aquila, qui in talibus ceteris curiosior est) Origenes reparandas suscepit. Deinde *lacunas* ita dictas, quae passim in hac versione quavis de causa legentes remorari solent, sive paucorum στίχων (ut passim in libro Jobi *unus*, *duo*, *tres*, usque ad *tredecim* στίχους, quasi e Theodotione assumpti asteriscis notantur), sive integrarum pericoparum (e.g. 1 Reg. xvii. 12–31, xvii. 55—xviii. 5, Jerem. x. 6–13, xvii. 1–4, xxix. 14, 16–20, xxxiii. 14–26, xxxix. 4–13, lii. 27–30) non raro ex Aquila (ut 3 Reg. ix. 15–25, xxii. 47–50) sed longe frequentius ex Theodotione, cujus stylus ad LXXviralem proxime accedit, non sine magno lectoris studiosi commodo Hexapla sartas tectas praestiterunt.

5. Sed praeter excessus et defectus, qui promptiorem sanationem admittunt, supersunt pravae interpretationes, quae non minorem, immo fortasse majorem moram et impedimentum legentibus afferunt. Etiam huic incommodo per obeli et asterisci *conjunctum* usum Origenes aliquatenus remedium adhibere conatus est. Simplicissimi generis exempla sunt: Jerem. xxxviii. 6: *Et demittunt eum funibus*, ubi pro *funibus* LXX perperam ediderunt εἰς τὸν λάκκον; Hexapla vero ex Aquila et Symmacho: καὶ ἐχάλασαν αὐτὸν ✕ ἐν σχοινίοις ◄ ÷ εἰς τὸν λάκκον ◄. Exod. xxxiii. 4: *Et luxerunt, et non induerunt unusquisque ornamenta sua sibi.* LXX ad sensum non male, sed paulo concisius: (ὁ λαὸς) κατεπένθησεν ἐν πενθικοῖς; quae sic ex alio interprete in Hexaplis extensa sunt: κατεπένθησεν ÷ ἐν πενθικοῖς ◄, ✕ καὶ οὐκ ἔθηκεν ἀνὴρ κόσμον αὐτοῦ ἐπ' αὐτοῦ ◄. Jos. ii. 19, 20: *si manus fuerit in eum. Et si nuncies* (verbum hoc nostrum). LXX contra sensum: ἐὰν δέ τις ἡμᾶς ἀδικήσῃ, ἢ καὶ ἀποκαλύψῃ (τοὺς λόγους ἡμῶν τούτους); pro quibus in Hexaplis habetur: ✕ ἐὰν χεὶρ ἅψηται αὐτοῦ ◄. ἐὰν δέ ÷ τις ἡμᾶς ἀδικήσῃ, ἢ καὶ ◄ ἀποκαλύψῃ κ. τ. ἑ.; unde extricari potest versio satis fidelis: ἐὰν χεὶρ ἅψηται αὐτοῦ. ἐὰν δὲ ἀποκαλύψῃ κ.τ.ἑ. Alia ejusdem generis exempla sunt Gen. xlvii. 5, 6. Exod. xi. 3. xl. 7, 8. Num. xxx. 9. Jos. v. 4, 5. 3 Reg. xvii. 22, 23. Jerem. xv. 1. Non tamen dissimulandum est, hanc restitutionis methodum tum per se impeditam esse, tum paucis tantum ex innumeris locis ab Auctore adhibitam fuisse. Sic in illustri Jesaiae vaticinio, ubi pro Hebraeis, *Admirabilis, consiliarius* etc. LXX prorsus absona dederunt: μεγάλης βουλῆς ἄγγελος· ἄξω γὰρ εἰρήνην ἐπὶ τοὺς ἄρχοντας, καὶ ὑγίειαν αὐτῷ, Origenes nihil tentasse videtur, nisi ut vocem ἄγγελος, cujus in Hebraeo nec vola nec vestigium, obelo reprobaret. Et sic centies in hoc libro, quo nullus in Bibliis Graecis interpretem minus habilem nactus est.[37] Sed in talibus tricis luculentissime apparet totius operis hexaplaris utilitas, per quod consultum fuit, ut versio Graeca vulgaris tum ad Hebraeam veritatem, tum ad ceterorum interpretum editiones nullo negotio exigeretur. Speciminis loco, hunc ipsum locum, prout in opere Origeniano exstabat, omissa tantum pagina Hebraeo-Graeca, hic subjicimus.

'EBP.	'A.	Σ.	O'.	Θ.
ויקרא שמו	καὶ ἐκάλεσεν ὄνομα αὐτοῦ	καὶ κληθήσεται τὸ ὄνομα αὐτοῦ	καὶ καλεῖται τὸ ὄνομα αὐτοῦ	. . . .
פלא יועץ	θαυμαστὸς σύμβουλος	παραδοξασμὸς βουλευτικὸς	μεγάλης βουλῆς	θαυμαστῶς βουλεύων
אל גבור	ἰσχυρὸς δυνατὸς	ἰσχυρὸς δυνατὸς	÷ ἄγγελος ◄· ἄξω γὰρ	ἰσχυρὸς δυνάστης
אבי עד	πατὴρ ἔτι	πατὴρ αἰῶνος	εἰρήνην ἐπὶ τοὺς ἄρχοντας	πατὴρ
שר שלום	ἄρχων εἰρήνης.	ἄρχων εἰρήνης.	καὶ ὑγίειαν αὐτῷ.	ἄρχων εἰρήνης.

[37] Obiter notandum est, in Hexaplis nostris ad Jesai. ix. 5, verba ✕ θαυμαστὸς—αἰῶνος ◄ ad aliam recensionem, fortasse Luciani, non ad eam quae Hexaplorum est, pertinere.

APPENDIX I AD CAP. VII.

De obeli pictura (ⳅ) *versionis Syro-hexaplaris peculiari.*

Duas obeli sive lemnisci formas, ÷ et ⸓, a Paulo Telensi sine ullo discrimine adhiberi exploratissimum est. Sed in hac versione propius inspicienda, scrupulum movet usus tertiae obeli picturae, in quo nescio quid peculiaris inesse videtur. Est linea paulo fortius inflexa, punctis destituta, sic: ⳅ. In ea operis parte quae ad hunc diem superstes est, septuagies et nonies, si recte computavimus ; in uno autem Proverbiorum libro tricies et quinquies reperitur. Illud cum obelo commune habet, quod lectio, cui praeponatur, ab Hebraeo semper absit. Quae autem de usu ejus peculiari observavimus, haec fere sunt.

1. Praemittitur verbis e versione Syra simplici in hexaplarem assumptis. E. g. Jud. v. 22 : ܣ ܡܢ ܟ ܠܝ ܚ ܢ. Locus est valde intricatus, sed verba ὠβελισμένα de Peschito huc accessisse non est quod dubitemus. Prov. xxvii. 14 : μεγάλῃ τῇ φωνῇ τὸ πρωΐ ⳅ πρὸς χάριν ◄ καταρωμένου. Verba πρὸς χάριν (ܚ ܣ ܘ ܒ ܠ) in nullo libro Graeco inventa sunt, sed a Syro nostro de Syro seniore assumpta sunt. Num. xxvi. 4 : in Hebraeo et LXX tacetur aliquid, quod in Peschito sic suppletur : ܡܘܫܐ ܐܢܘܢ ܘܡܢܐ, *et numeravit eos Moyses ;* quo, ut videtur, auctore, repugnantibus libris Graecis, Syrus noster infert : ⳅ ἀριθμήσατε αὐτούς ◄.

2. Introducit pericopam ex alio S. Scripturae libro derivatum. Sic Hos. xiv. 3 post verba, καὶ ἀνταποδώσομεν καρπὸν χειλέων ἡμῶν, Syrus noster apponit : ⳅ καὶ ἐντρυφήσει ἐν ἀγαθοῖς ἡ καρδία ὑμῶν ◄. Haec, quae ad Jesai. lv. 2 pertinent, non leguntur in Ed. Rom., sed habentur cum quadam varietate in Codd. 49, 62, 86, aliis. Prov. xxvii. 16 : βορέας σκληρὸς ἄνεμος, ὀνόματι δὲ ἐπιδέξιος καλεῖται. ⳅ βορέας ἄνεμος ἐκκαθαίρει νέφη ◄. Posterior clausula non legitur nisi in Codd. 23, 254, et e Cap. xxv. 23 huc migravit. Prov. xvi. 1 : ⳅ ὅσῳ μέγας σὺ, ταπεινοῦ σεαυτόν, καὶ ἔναντι θεοῦ εὑρήσεις χάριν ◄. Locus est Sirac. iii. 18, et legitur in Codd. 23, 103, 106, aliis, non in Ed. Rom. (Diversa est ratio locorum Jos. vi. 26 : ÷ καὶ οὕτως ἐποίησεν κ. τ. ἑ., et Prov. xxvi. 11 : ⸓ ἔστιν αἰσχύνη—χάρις ◄; ubi verba insititia e 3 Reg. xvi. 34 et Sirac. iv. 21 desumptā sunt, sed leguntur in Ed. Rom. et libris omnibus.)

3. Praeponitur alteri ex duabus ejusdem Hebraei versionibus. Sic Prov. ix. 7 in Hebraeo est : *Et qui arguit impium, macula ejus* (maculam sibi parat); in Syro-hex. autem : ἐλέγχων δὲ τὸν ἀσεβῆ μωμήσεται ἑαυτόν. ⳅ οἱ γὰρ ἔλεγχοι τῷ ἀσεβεῖ μώλωπες αὐτῷ ◄. Posterior clausula non est in Ed. Rom., sed exstat in Ald., Codd. 23, 68, aliis, cum scholio : Οὗτος ὁ στίχος οὐ κεῖται οὔτε ἐν τοῖς λοιποῖς οὔτε παρὰ τοῖς Ο´. Prov. xi. 26 (pro Hebraeo : *Qui prohibet frumentum, maledicit ei populus*) : ⳅ ὁ συνάγων σῖτον, ὑπολείποιτο αὐτὸν τοῖς ἔθνεσι ◄. ὁ συνέχων σῖτον δημοκατάρατος. Sic Syro-hex., et sine obelo Codd. 23, 161, 252; in Ed. Rom. prior tantum clausula, ὁ συνέχων (sic)—ἔθνεσι, legitur. Prov. xxx. 15 (pro Hebraeo : *Tria sunt quae non satiantur*) : καὶ αἱ τρεῖς αὗται οὐκ ἀνεπίμπλασαν αὐτήν. ⳅ τρία δέ ἐστιν ἃ οὐ πλησθήσεται ◄. Prior clausula est versio τῶν Ο´; posterior trium interpretum, quam *pro*

priore in textu habet Cod. 23.   Prov. xxxi. 29: πολλαὶ θυγάτερες ἐποίησαν δύναμιν (עָשׂוּ חָיִל), ∽ πολλαὶ
δὲ ἐκτήσαντο πλοῦτον ◄, ubi duplex versio, sed inversa, etiam in Ed. Rom. habetur.   In Jud. i. 20
versio τῶν Ο΄ est: καὶ ἐκληρονόμησεν ἐκεῖθεν τὰς τρεῖς πόλεις τῶν υἱῶν Ἐνάκ (אֶת־שְׁלֹשָׁה בְּנֵי הָעֲנָק),
quam imitatus est Syrus noster, subjungens tamen : ∽ καὶ ἐξῆραν ἐκεῖθεν τοὺς τρεῖς υἱοὺς Ἐνάκ ◄, ut
sine obelo Ald., Codd. III, XI, 15, 16, 18, alii, et Vet. Lat.   In Jud. iii. 24 post lectionem Ed. Rom.,
καὶ αὐτὸς ἐξῆλθε· καὶ οἱ παῖδες αὐτοῦ ἐπῆλθον καὶ εἶδον, καὶ ἰδοὺ αἱ θύραι τοῦ ὑπερῴου ἐσφηνωμέναι, quae
Hebraeum accurate reddit, Syrus noster (ut sine obelo Codd. 54, 59, 75) aliam versionem paraphrasi
similem addit : ∽ καὶ ἀποτιναξάμενος Ἀὼδ ἐξῆλθεν καὶ ἐπορεύετο· καὶ οἱ παῖδες Ἐγλὼμ εἰσπορευθέντες
προσῆλθον, καὶ αἱ θύραι τοῦ οἴκου κεκλεισμέναι ◄.

4. Praeponitur verbis quae neque in Hebraeo neque in Ed. Rom. (h. e. in Codice Vaticano, qui in
textu τῶν Ο΄ primigenio constituendo praerogativam consecutus est) leguntur, sed tantum in paucioribus
libris, plerumque iis qui ejusdem recensionis sive familiae sunt.   Exempli causa : in libro Judicum
novem lectiones obelo inflexo insignitas notavimus, quae omnes a textu recepto (qui dicitur) exulant, et
ad eandem recensionem pertinent, eam videlicet quae continetur in Codd. 44, 54, 59, 75, cet.[1] In posteriore libri parte haec obeli figura otiatur, ut tamen pro ea in locis similibus scriba nescio qua inconstantia
asteriscum pinxerit.[2]   Porro in hoc libro feliciter contigit, ut in septem horum locorum textus Syro-
hexaplaris cum exemplari Sarraviano conferri possit ; in quibus omnibus verba a Syro nostro sive obelo
inflexo sive asteriscō praenotata in libro Graeco vere hexaplari non leguntur.[3] Transeamus ad Proverbia,
in quo libro, ut jam monuimus, octoginta plus minus hujus notationis exemplorum paene dimidia pars
includitur.   Ex his triginta quinque circa viginti in Ed. Rom. non habentur, e quibus quatuor majoris
momenti nunc proferemus.   Prov. xix. 9: ∽ ἐκκαίει δὲ κακίαν πολίτης ◄.   Practer Syrum nostrum
clausula non nisi in Codd. 23, 106 legitur.   Prov. xx. 11 : ∽ καὶ οἱ ποιοῦντες αὐτὰ ἐν αὐτοῖς συμπο-
δισθήσονται ◄. Sic Cod. 23 solus ; in Cod. 106 lacuna est.   Prov. xxiv. 12 : ∽ καὶ αὐτός με οὐ γινώ-
σκει ◄. Sic (cum οὗτος pro αὐτός) idem par librorum.   Postremo in fine Cap. xxxi post verba, καὶ
αἰνείσθω ἐν πύλαις ὁ ἀνὴρ αὐτῆς, haec, mantissae loco, leguntur in Syro-hex., et sine obelo in Codd. 23,
106, 253, 254: ∽ ὅτι ὁδοὶ ἀνδρὸς πρὸ προσώπου αὐτοῦ πορεύσονται, καὶ κατορθώσουσιν αὐτῷ τὸν αἰῶνα
τῶν αἰώνων ◄.

5. Formis obeli — vel ÷, et ∽, non eandem prorsus significationem inesse, constat e loco uno et
altero, ubi alteram harum notarum altera nullo intervallo excipiat. Sic in Gen. xxxix. 17 Syrus legit et
pingit : ÷ καὶ εἶπέ μοι· κοιμηθήσομαι μετὰ σοῦ ◄· ÷ (sic) καὶ ἐβόησα φωνῇ μεγάλῃ ◄. Hic utraque
clausula in Hebraeo vacat, sed prior in Ed. Rom. et libris Graecis omnibus legitur ; posterior non nisi
apud Syrum nostrum et imitatorem ejus Arabicum reperitur, ideoque obelo non vulgari, sed (ut ita
dicamus) truculentiori jugulatur. Alio loco Jud. xvi. 14 idem pingit : — καὶ ἐδιάσατο τοὺς ἑπτὰ βοστρύχους τῆς κεφαλῆς αὐτοῦ μετὰ τῆς ἐκτάσεως, καὶ κατέκρουσεν ἐν τοῖς πασσάλοις εἰς τὸν τοῖχον ◄, καὶ

---

[1] Vid. Hex. ad Jud. i. 20. iii. 24. v. 6. vi. 2, 11. xi. 17,
24. xiv. 1. xvi. 14.   [2] Vid. Hex. ad Jud. xv. 18. xvi. 21.
xviii. 2, 12, 30. xx. 21. xxi. 11. Usus improprius asterisci pro obelo vel lemnisco probari potest e scholio in
Hex. ad 1 Reg. xv. 42 : Ταῦτα μέχρι τοῦ, καὶ κατακληροῦται, ἐν
μόνῃ κεῖται τῇ ἐκδόσει Θεοδοτίωνος, διὸ ἠστέρισται αὐτά, ὡς ἐν

μιᾷ ἢ δευτέρᾳ ζυγῇ τῶν Ο΄ κείμενα, οὐ μὴν ἐν τῷ Ἑβραϊκῷ.
Etiam in lectionibus interpretis Samaritani, quae in Hebraeo non feruntur, margini suo illinendis, Noster inter
asteriscum et formam obeli peculiarem (—◄) fluctuat.
[3] Loca sunt Cap. xv. 18. xvi. 14, 21. xviii. 2, 12. xx. 21.
xxi. 11.

ὕφανε ◀. Haec omnia desiderantur in Hebraeo; sed priora, καὶ ἐδιάσατο—εἰς τὸν τοῖχον, praeter Codd. 54, 59, 75, cet. leguntur etiam in Comp., Codd. III, 15, 18, 19, aliis; posteriora autem, καὶ ὕφανεν, in Codd. 54, 59, 75, cet. solis. Supersunt duo Proverbiorum loca, quae novi aliquid prae se ferunt. Prov. xvii. 21 pro Hebraeo, *et non laetabitur pater stulti*, Syrus noster venditat: οὐκ εὐφραίνεται πατὴρ ἐφ᾽ υἱῷ ἀπαιδεύτῳ· ✷ υἱὸς δὲ φρόνιμος εὐφραίνει μητέρα αὐτοῦ ◀, ut sine notis Ed. Rom. et libri omnes. Hic, si conjecturae locus sit, obelus fortasse innuit, verba ex alio S. Scripturae loco assumpta esse (ut revera similis sententia legitur Prov. x. 1. xv. 21); asteriscus autem, rectius illic quam hic legi. Alter locus est Prov. xxii. 14, qui in codice sic habet: ✷ εἰσὶν ὁδοὶ ὀρθαὶ | ✷ πορεύεσθαι ἀνδρὶ, | ✷ ὁ δὲ ἀσεβὴς ὁδοὺς θανάτου | ∽ (sic) καὶ ἀπωλείας φιλεῖ ◀ | � εἰσὶν ὁδοὶ κακαὶ ἐνώπιον ἀνδρὸς | ⟶ καὶ οὐκ ἀγαπᾷ τοῦ ἀποστρέψαι ἀπ᾽ αὐτῶν, | ⟶ ἀποστρέφειν δὲ δεῖ ἀπὸ ὁδοῦ σκολιᾶς ◀. Utraque clausula abest ab Hebraeo; sed posterior sub ⟶ habetur in Ed. Rom. et libris omnibus; prior autem sub ✷ non nisi in pari codicum 23, 254. Hoc discrimen per diversitatem obelorum indicari vix dubium esse potest; sed quanam de causa scriba notam duplicem ✷ pro simplici ∽ pinxerit, non facile est divinare.

Haec ad quaestionem obscuram vel tantulum illustrandam donec verisimiliora afferantur sufficiant. Res ad liquidum perduci vix potest, partim propter scribarum in signis Origenianis ponendis negligentiam, partim quia usus hujus obeli formae Syro-hexaplaris ex usu librorum Graecorum hexaplarium non nisi in paucis libri Judicum locis, quos supra indicavimus,[4] sive confirmari sive labefactari potest. In his autem omnibus, ut jam monuimus, Codex Sarravianus verba a Syro nostro signo ∽ praenotata non cujusvis formae obelo confodit, sed prorsus omittit. Idem dictum sit de loco Jos. xii. 1, ubi Syrus pingit: ∽ Μωυσῆς καὶ ◀ οἱ υἱοὶ Ἰσραήλ, ut sine obelo legunt Ald., Codd. III, VII, XI, alii, repugnantibus Codd. II, IV, aliis, in quibus juxta Hebraeum verba Μωυσῆς καὶ non habentur. Quae cum ita sint, nescimus an huc pertineat scholium quod in margine exemplaris Syro-hexaplaris passim legitur: "Hic obelus (ܠܘܚܐ ܗ. ܣܘܡܐܕܚ) non positus erat in Hexaplis."[5] Ubi per *obelum* non meram obeli figuram, quasi in Hexaplis eadem verba *sine obelo* posita essent, sed *ipsam lectionem obelo praenotatam* significari quovis pignore contendemus. Probationes sunt: 1. Ad Mich. v. 4: καὶ στήσεται, ⟶ καὶ ὄψεται ◀, καὶ ποιμανεῖ ⟶ τὸ ποίμνιον αὐτοῦ ◀, ubi Syrus monet: "Hi obeli non positi erant in Hexaplis," Cod. Jes. scholium affert: Τὰ ὠβελισμένα εἰς τοὺς δύο τόπους οὐ κεῖνται ἐν τῷ ἑξασελίδῳ. 2. Ad Joel. i. 14: πρὸς κύριον ⟶ ἐκτενῶς ◀, Syro-hex. in marg. notat: Θ. ὁμοίως τὸν ὀβελίσκον εἶπεν ὡς οἱ Ο΄, ubi ὁ ὀβελίσκος nihil significare potest nisi vocem ἐκτενῶς. 3. Ad Jesai. xlvi. 10: ⟶ πρὶν γενέσθαι ◀, Middeldorpfius frustra se torsit in notatione: "Hic obelus non positus est neque apud Hebraeos neque apud LXX," interrogans: "Sed quinam sunt illi *Hebraei*? Nequis nos ableget ad textum Hebraeum et Hebraeo-graecum operis Origeniani; nam quis in iis obelum quaerat? Sagacioribus committo hanc notam, mihi plane obscuram." Immo sole ipso clariorem, modo per obelum *verba obelo confossa* intelligas. 4. Locutio χωρὶς ἀστερίσκων pro *sine versiculis qui asterisco notantur* reperitur in scholio quod est in Cod. 161 ad finem libri Jobi: Ἰώβ, στίχοι ͵αχ (1600) χωρὶς ἀστερίσκων· μετὰ δὲ τῶν ἀστερίσκων ͵βσ (2200). 5. Auctor Scholiorum in Proverbia a Tischendorfio editorum ait: Ὅσοις οἱ ὀβελοὶ πρόσκεινται ῥητοῖς,

[4] Vid. notam praecedentem.   [5] Vid. Hex. ad Joel. ii. 12, 27. iii. 16. Jon. i. 5. iii. 10. Mich. ii. 3. iv. 8, 10. v. 7. vii. 2, 12. Nah. ii. 5. iii. 5. Hab. i. 5. Hag. i. 12. Semel tantum (Amos vi. 10) reperitur altera formula: "Τὰ ὠβελισμένα (ܣܘܐܕܚ ܗܠܝܢ ܐܝܬܝܗܝܢ ܕܠܐ) non posita erant in Hexaplia."

οὗτοι (sc. οἱ ὀβελοί) οὐκ ἔκειντο κ. τ. ἑ. καὶ ὅσοις οἱ ἀστερίσκοι πρόσκεινται ῥητοῖς, οὗτοι (sc. οἱ ἀστερίσκοι) ἐν μὲν τῷ Ἑβραϊκῷ κ. τ. ἑ.;[6] cum quo loco comparari potest Hieron. in Praef. ad Jobum:[7] "Omnia Veteris Instrumenti volumina Origenes obelis asteriscisque distinxit, *quos vel additos* [sc. a LXX, ideoque obelis insignitos] *vel de Theodotione sumptos* translationi antiquae inseruit." Haec, ni fallimur, ad significationem dicti scholii declarandam satis superque suppetunt; quod tamen ne ad praesentem disputationem indubitanter trahamus obstat, quod in locis, ad quae scholium pertinet, obelus vulgaris formae, — vel ÷, non ꙅꙷ, pingi solet.

APPENDIX II AD CAP. VII.

Versionis Syro-hexaplaris Notitia generalis.

Versionis Syro-hexaplaris (quae est versio Syriaca quintae columnae Hexaplorum, qualis in Codice Sarraviano et aliis repraesentatur) prima notitia Masio debetur, cujus codex (qui post obitum ejus casu deplorabili e conspectu hominum penitus evanuit) continebat Josuam, Judices, Regum quatuor libros, Paralipomena, Esdram, Estheram, Judith, Tobiam, et Deuteronomii bonam partem.[1] Ineunte saeculo XVII venit in Bibliothecam Ambrosianam e monasterio S. Mariae Deiparae in deserto Sketi celeberrimus Codex Ambrosianus Syro-hexaplaris (signatus C. 313 Inf.), qui tamen in capsula sua delituisse videtur, donec inde ab anno 1767 a Jo. Bapt. Branca, Collegii Ambrosiani Bibliothecario, Jac. Jon. Bjornstählio, et Jo. Bern. de Rossio tum per descriptionem tum per specimina operis paulatim notior factus, tandem a Matthia Norbergio Sueco maximam partem exscriptus, in perfectiorem eruditorum hominum cognitionem venit; primum per Jeremiae et Ezechielis editionem ab ipso Norbergio emissam Londini Gothorum exeunte anno 1787; deinde per Henrici Middeldorpfii laudabilem diligentiam, qui ceteros libros canonicos in codice inclusos (exceptis Psalmis et Danielis vaticinio) ex apographo Norbergiano edidit Berolini anno 1835. Jampridem vero cel. Cajetanus Bugati, Collegii Ambrosiani Doctor, librum Danielis ex ipso codice ediderat Mediolani anno 1788; Psalmorum quoque editionem impresserat, sed certis de causis apud se servaverat, donec post obitum ejus anno 1820 publici juris facta est. Ut codicis nostri historiam absolvamus, libros apocryphos Baruch et Epistolam Jeremiae, una cum Threnis post Middeldorpfii curas in specimen accuratioris totius operis editionis propositis, edidit A. M. Ceriani, Collegii Ambrosiani Doctor, in *Monumentorum Sac. et Prof.* T. I, Fasc. I, Mediolani anno 1861. Idem

---

[6] Vid. supra p. liii. not. 4.   [7] Opp. T. IX, p. 1079 ed. Migne.

[1] Masii (A.) *Josuae Historia*, Antv. 1574, in *Epist. Dedic.* p. 6. Masii codicem et Mediolanensem ad unum

idemque totius versionis exemplar olim pertinuisse non improbabiliter suspicati sunt VV. DD. de Rossio, Norbergius, Ceriani (in libello, *Le Edizioni* etc. p. 23).

V.D. paucos post annos mutato consilio editionem codicis pretiosissimi arte nova *photolithographica* elaborandam suscepit, quae hoc ipso anno 1874, favente Deo, lucem videbit.[2]

    1. Redeamus ad versionem nostram, cujus aliam particulam, librum Regum quartum complectentem, e Codice Regio Parisiensi 283 (hodie Cod. Syr. V) Middeldorpfius in volumine supra memorato inclusit. Hucusque progressum opus ad aliquod tempus stetit, donec anno 1841 et sequentibus in Museum Britannicum e dicto monasterio Sketensi invecta est codicum Syrorum collectio mirifica, quae versioni nostrae praeter alias minoris momenti particulas contribuit librum Geneseos valde imperfectum, Exodi integrum, Numerorum fere dimidium, Josuae imperfectum, Judicum et Ruth paene integrum, sed notis marginalibus destitutum, Regum III paene integrum. Ex his Judices et Ruth edidit Doctor T. Skat Rördam Havniae, 1861; Genesim autem et Exodum usque ad Cap. xxxiii. 2 A. M. Ceriani in *Mon. Sac. et Prof.* T. II, pp. 1–344; reliqua volumina eundem editorem expectant, exceptis trium interpretum lectionibus, quas in usum nostri operis ex apographo ejus excerpsimus. Plenior cujusque codicis descriptio e Monitis ad singulos libros concinnatis petenda est; interea ut hujus insignis monumenti quantum supersit, quantum adhuc desideretur, uno conspectu appareat, tabulam subjungimus ita constructam, ut numerus singularis (1.000) librum quemque integrum repraesentet.

LIBRI CANONICI.[3]

Genesis	0.313	Regum II	0.000	Proverbia	1.000
Exodus	1.000	Regum III	0.874	Ecclesiastes	1.000
Leviticus	0.000	Regum IV	0.985	Cant. Cant.	1.000
Numeri	0.464	Paralipomena	0.000	Jesaias	1.000
Deuteronomium[4]	0.436	Esdras	0.000	Jeremias	1.000
Josua	0.885	Nehemias	0.000	Threni	1.000
Judices	0.981	Esther	0.000	Ezechiel	1.000
Ruth	1.000	Jobus	1.000	Daniel	1.000
Regum I	0.000	Psalmi	1.000	Prophetae XII	1.000

    2. De auctore et aetate versionis Syro-hexaplaris omnia jam comperta et explorata sunt. Scilicet Gregorius Bar Hebraeus in Procoemio ad *Horreum Mysteriorum* haec habet: "Et ex editione (ܡܚܡܫܐ) Graecorum, id est τῶν LXXII, plura in hujus (Peschito) confirmationem attuli; illis autem Aquilae, et Symmachi, et Theodotionis, et Quinta, et Sexta, etsi non ad confirmationem, ad illustrationem tamen usus sum ... Testamentum autem Vetus LXXvirale Paulus episcopus Telae Mauzlat (ܘܦܘܠܐ ܐܦܣܩܘܦܐ) e Graeco in Syriacum transtulit." Hanc autem Pauli Telensis versionem eandem esse cum nostra Syro-hexaplari evincit (praeter loca ex ea a Bar Hebraeo sub titulo τοῦ Ἕλληνος (ܣܘܪ) allata) subscriptio

❖———❖

[3] Ordo librorum in Codice Ambrosiano est Psalmi, Jobus, Proverbia, Ecclesiastes, Canticum, Sapientia Salomonis, Ecclesiasticus, XII Prophetae, Jeremias, Baruch, Threni, Epistola Jeremiae, Daniel, Susanna, Bel et Draco, Ezechiel, Jesaias.   [2] E libris apocryphis praeter libellos ad Jeremiam et Danielem pertinentes, Codex Ambrosianus continet Sapientiam Salomonis integram, et Ecclesiasticum cum defectu Cap. li; ad quorum utrumque nunc primum in exemplari photolithographico tum Bibliorum tum linguae Syriacae studiosis accessus patet. Praeterea ad hanc versionem, quantum ex titulis eorum et styli charactere conjici possit, accensendi sunt libri in Peschito hodie inclusi, Esdras a LXX *primus* numeratus, et Tobias usque ad Cap. vii. 11, quorum posteriorem in Masii codice deperdito exstitisse probabile est.   [4] Vid. Monitum ad Deuteron. p. 272.

Codicis 4 Regum Parisiensis, quae sic ad verbum sonat: "Vertit hunc librum e lingua Graeca in Syriacam ex editione (ܐܠܟܣܢܕܪܝܐ) τῶν LXXII venerandus pater (ܡܪܝ ܐܒܐ) Mar Paulus episcopus fidelium (h. e. Monophysitarum) in urbe magna Alexandriae jussu et hortatione sancti et beati Mar Athanasii patriarchae fidelium in coenobio Mar Zacchaei Callinicensis, cum degebant Alexandriae diebus φιλοθέου Mar Theodori archimandritae ejusdem coenobii, anno 928 indictione quinta. Quicunque legerit, oret pro φιλοθέῳ Mar Thoma ministro et syncello sancti et beati Mar Athanasii patriarchae, qui laboravit et curam habuit, et pro ceteris eorum qui operam dederunt et laboraverunt cum eo, etc." In aliorum librorum subscriptionibus nomen auctoris siletur, sed eadem urbs Alexandriae, et idem annus Graecorum 928, qui nobis est A.D. 618, memoratur, excepto Masii codice, qui annum praecedentem 927 priori, ut videtur, operis parti assignat.

3. Quod ad Pauli stylum attinet, versionem ejus Graeco archetypo adeo serviliter accommodatam esse, ut sermonis Syriaci proprietas aliquando perierit, negari non potest. E. g. Dan. iii. 15 Graecum idiotismum εἰ ἔχετε ἑτοίμως Noster nimis scrupulose reddidit ܐܢ ܐܝܬ ܠܟܘܢ ܡܛܝܒܐܝܬ, pro eo quod linguae suae usus postulabat, ܐܢ ܡܛܝܒܝܢ ܐܢܬܘܢ.[5] Voces Graecas communiores per easdem Syriacas constanter transfert; e. g. θυμὸς per ܚܡܬܐ, nunquam per ܪܘܓܙܐ, ὀργή per ܪܘܓܙܐ, nunquam per ܚܡܬܐ, λέγει et εἶπε per ܐܡܪ et ܐܡܪ, ἐλάλησε per ܡܠܠ, ἦλθε et παρεγένετο per ܐܬܐ, ἐπορεύθη et ἀπῆλθε per ܐܙܠ, ἦν per ܗܘܐ ܐܝܬܘܗܝ, ἐγένετο per ܗܘܐ, etc. In vocabulis tamen rarioribus vertendis nonnunquam varietati studuisse videtur; e. g. βρόχος ei est ܚܒܠܐ Prov. vii. 21, ܡܨܝܕܬܐ Prov. vi. 5, ܦܚܐ Prov. xxii. 25; κατάδυσις sonat ܡܚܬܐ Psal. xvi. 14, ܡܥܪܒܐ Psal. xxxviii. 6, ܡܥܠܢܐ Psal. xlviii. 2, ܡܥܠܢܐ Psal. lxxxviii. 48; σκύφος redditur per ܟܣܐ Gen. xliv. 2, per ܐܣܩܦܐ Exod. xxv. 32, per ܩܣܐ Jerem. xxxv. 5. E contrario propter majorem Graecae linguae affluentiam fieri non potuit quin una eademque vox Syriaca pluribus Graecis satisfaceret. Itaque ܒܝܫܐ nunc κακὸς nunc πονηρὸς sonat; ܗܦܟ ponitur pro ἀνέστρεψε, ἀπέστρεψε, ἐπέστρεψε, κατέστρεψε, ὑπέστρεψε etc.; ܐܬܐ pro ἦλθε et παρεγένετο; ܐܙܠ pro ἀπῆλθε et ἐπορεύθη; ܐܘܩܕ pro ἐνεπύρισε et ἐνέπρησε; ܒܥܝܬܘܢ ܐܘ pro ζητεῖτε et θέλετε (Mal. iii. 1); ܢܦܩ pro διεξάγεται et ἐξελεύσεται (Hab. i. 4); ut taceamus ܡܢ pro ἐκ et ἀπό, ܥܡ pro σὺν et μετὰ, ܠܘܬ pro πρὸς et παρὰ, etc. "Quod vero," ut Ceriani nostri verba nostra faciamus, "summa interpretis laus est, Paulus, praeter suam, linguam quoque archetypi optime callebat, atque vel in difficillimis locis et rarissimis vocibus summa proprietate, vim vocis quod attinet, reddit;[6] immo ipsas ejusdem vocis Graecae

---

[5] Vid. T. Skat Rördam *Dissertatio de regulis grammaticis, quas secutus est Paulus Tellensis in V. T. ex Graeco Syriace vertendo*, p. 3.   [6] In longo opere exceptiones hujus laudationis rarissimas observavimus, quales sunt: Jerem. xxxix. 10, ubi pro ἀραιὸς, *tenuis*, Noster vertit ܐܪܝܐ, h. e. *ἀραῖος, diris devotus;* sed alio loco (Prov. x. 15) recte ܩܛܝܢܐ. Psal. xx. 13, ubi pro *ἐν τοῖς κάλοις (funibus)* in Syro-hex. est *ἐν τοῖς καλοῖς* (ܒܫܦܝܪܐ). In locis Jerem. xxiii. 32. Zach. ix. 1 etc. interpres noster miscuit ἅρμα, *onus*, et ὄρμα, *currus*, quae confusio frequens est. In Jesai. xiv. 23. Zeph. ii. 14 pro ἐχῖνος (quod tamen aliis locis recte vertit) ἐχίδνα transtulit. Ad Job. iv. 2 Aquilae ἐπαροῦμεν s. ἐπάρωμεν sensu exsecrandi cepit, invita lingua. Job. xvi. 19 pro συνίστωρ, *conscius*, a συνειδέναι, in textu Syro-hex. est ܩܝܘܡܐ, quasi a συνιστάναι. Psal. lxi. 11 vox ἐπιποθεῖτε male vertitur ܬܬܬܟܠܘܢ, quod πεποίθειτε vel πεποιθήσετε potius sonat. Postremo Job. xxxi. 6 pro ἵσταμαι s. ἵσταμαι, *appensus sum* (sc. ἐν ζυγῷ δικαίῳ) Noster imperite vertit *sto* (ܩܐܡ ܐܢܐ). Paulo numerosiores sunt errores, qui non tam interpreti Syro quam codicibus ejus Graecis, unciali charactere sine accentibus et spiritibus, ut videtur, descriptis, imputandi sunt; cujus generis sunt καρπὸς pro κάρφος (Gen. viii. 11), ΕΠΙάρουσιν pro CΠΑΙρουσιν (Job. xxvi. 11), διεδικαιώσατε pro διεδηματίσατο (Psal. xxi. 12), ᾗ συνέθηκας pro ἠσυνθέτηκας (Psal. lxxii. 15), πτώσεως pro ποιήσεως (Psal. xc. 5), ΠΡΟCΔΟΚΑΝ pro ΠΡΟΕΔΩΚΑΝ (Jerem. xii. 6), εἰς σίκλος pro εἰς σίχος (Ezech. vii. 19), πεσὼν pro πίσσων (Hos. vii. 6), etc.

varias licet leves significationes bene distinguit, ut non semel vidi.[7] Si vero aliquid deesse putaret in
vocis Syriacae vi, quominus plene vocem Graecam referret, non raro vocem vel locum ipsum Graece
adscripsit.[8] Nam Graecas voces ipsas rarissime civitate donavit, easque jam ab aliis ante eum omnes,
vel fere usurpatas putarem."[9]

4. De notarum Origenianarum usu Syro-hexaplari in praecedentibus omnia fere occupavimus.
Unum hic restat declarandum, hoc est, obeli in lectiones Symmachi et Theodotionis inductio, quae huic
exemplari, ni fallimur, peculiaris est. Exempla hujus usus prius ponenda sunt. Itaque 4 Reg. ii. 4 in
Hebraeo et LXX est: καὶ κατηράσατο αὐτοῖς ἐν ὀνόματι κυρίου; sed Syro-hex. in marg. addit: καὶ εἶπεν
τέκνα παραβάσεως καὶ ἀργίας, cum scholio " Haec apud Theodotionem solum posita sunt cum obelis."
Sic tamen in textu sine obelo Cod. III, Arm. 1. Mox 4 Reg. ix. 11 LXX et Hebr. habent: καὶ εἶπαν
αὐτῷ εἰρήνη; sine responsione, quam in textu supplet Syro-hex. sic: ⨪ Θ. καὶ εἶπεν εἰρήνη ◀. Rursus
4 Reg. xv. 5 post verba, καὶ ἥψατο κύριος τὸν βασιλέα, Syro-hex. in marg. habet: ⨪ Θ. ὅτι ἤθελεν αὐτὸς
προσενεγκεῖν θυσίαν ἐπὶ τοῦ θυσιαστηρίου καὶ προσφέροντος αὐτοῦ ἐγίνετο σεισμὸς μέγας ἐπὶ τῆς γῆς,
καὶ φωνὴ πρὸς αὐτόν· οὐ σοί, Ὀζία· οὐ σοί, Ὀζία, ἀλλὰ τῷ σπέρματι Ἀαρών; praemisso scholio: " Haec
apud Theodotionem solum posita sunt sic, quum sint iis obeli, uti nunc est hic." Postremo Jerem.
xxi. 11 pro Hebraeis וּלְבֵית מֶלֶךְ יְהוּדָה Syrus noster in marg. affert: Ἀ. Σ. καὶ τῷ οἴκῳ βασιλέως
Ἰούδα ÷ ἐρεῖς ◀, ubi vox ἐρεῖς ad solius Symmachi lectionem pertinere videtur. Praeterea vid. Hex. ad
4 Reg. x. 7. xiii. 6. Ezech. xl. 10. E quibus exemplis conclusio maxime probabilis est, obelos non ab
ipso Origene positos esse, ad cujus inceptum non pertinebat excessus aut defectus aliorum praeter LXX
interpretum indicare, sed a nescio quibus Bibliorum annotatoribus una cum scholiis appictos, indeque in
versionem Syro-hexaplarem assumptos esse. Quod si revera Theodotionis sunt lectiones ei attributae,
ipsum aliquando in annotatoris partes delapsum esse fatendum est. Majoris, ut videtur, difficultatis est
quaestio de usu notarum hexaplarium in libris apocryphis, in primis Baruch; quae post observationes
Ceriani ad versionem dicti libri Syro-hexaplarem pp. 2, 15 adhuc in summa obscuritate versatur.[10]

5. Quod reliquum est, Pauli Telensis versionem, quantum ad Pentateuchum et Salomonis Sapientiam attinet, ex Syriaco in Arabicum transtulit Háreth Ben Senân Ben Sabat, quem exeunte saeculo XV
claruisse affirmat Assemani.[11] Pentateuchi (qui praemissam habet Commentationem qua Origenis in
Hexaplis concinnandis modus et consilium exponitur a Whitio editam) duo exemplaria in Bibliotheca
Bodleiana asservantur, sub titulo et numero Laud. A. 146 et 147, quae ad defectus versionis Syro-hexa-

[7] E. g. Psal. lxxvii. 21 pro ἀνέβαλετο Noster in textu posuit
ܐܠܠܝ, distulit; in marg. autem: ܐܡܝܛܠܝ, amictus est,
utrumque linguae usui convenienter.   [8] Vid. Hex. nostra
ad Gen. viii. 11. Prov. xxx. 31. Eccles. xii. 5. Cant. Cant.
ii. 17. Jerem. xliii. 10. lii. 22, et passim.   [9] Vid. A. M.
Ceriani Prolegom. in Edit. Vers. Syr. etc. p. viii (Mon. Sac.
et Prof. T. I, F. I).   [10] Inter libros V. T. apocryphos a
Theodotione editos (vid. supra p. xxxix) obliti sumus
monere, etiam hunc libellum quasi curas ejus expertum
recensendum esse, ut e versione ejus Syro-hexaplari constat, cujus lectiones hic exscribere non gravabimur. Hae
sunt Baruch i. 1: Ο'. Ἀσαδίου. Θ. Ἀσασίου. Cap. i. 2:
Ο'. ἐν τῷ καιρῷ ᾧ ἔλαβον οἱ Χαλδαῖοι τὴν Ἰερουσαλήμ. Θ. ἐν

τῇ ἑορτῇ (ᾗ) ἔλαβον οἱ Χαλδαῖοι . . . ubi in Hebraeo nescimus
an lectum fuerit בְּמֹעֵד. Cap. i. 8: Ο'. υἱὸς Ἰωσία βασιλεὺς
(Θ. βασιλέως) Ἰούδα. Cap. ii. 29: Ο'. ἡ βόμβησις (ܗܡܓ=
ἦχος) ἡ μεγάλη ἡ πολλὴ αὕτη ἀποστρέψει εἰς μικρὰν (μακρὰν
Codd. III, 26, 33, alii, Syro-hex.) ἐν τοῖς ἔθνεσιν. Θ. (mul-
titudo) magna nimis haec convertetur ut deficiat (ܣܓܝ)
in populis; ubi vocem Hebraeam הָמוֹן utrique interpreti
obversatam esse vix dubium esse potest. Cap. iv. 13: Ο'.
οὐδὲ τρίβους παιδείας (Θ. ἀληθείας).   [11] Vid. eum in Catal.
Bibl. Med. Codd. MSS. Orient. p. 61. Harethum longe
antea floruisse asseverat Ceriani in Mon. Sac. et Prof.
T. I, F. I, p. xii.

plaris in hac parte Bibliorum sarciendos non leve momentum habent, majus fortasse etiam post Grabii et Holmesii curas habitura, si typis imprimi aliquando eis contigerit. Ne tamen nimis auxilii ex hac versione speremus, obstat specimen ejus e Cod. 147 ab Holmesio in Praefatione ad Pentateuchum *omni, qua fieri potest, cura et fide* descriptum. Continet Numerorum Cap. xxiv, in quo textus Arabicus ad Syriacum (Mus. Brit. Addit. MSS. 14,437) exigi potest. Ex hac collatione apparet, Harethum, praeter varietatis in vocabulis Syriacis transferendis studium importunum, in tam brevi specimine plus semel a sensu archetypi sui non leviter aberrasse. Exempli causa: Vers. 6 pro verbis ὡσεὶ νάπαι σκιάζουσαι Syrus noster habet ܐܟ ܡ݂ܟ݂ܚ݂ܐ ܘܦ݂ܟ݂ܚ݂ܡ, Arabs vero عليه وقع قد السنبل مثل, h. e. *instar spicarum* (ܡܬ݂ܠ) *quum cecidit super eas ros* (quasi vox ܦ݂ܟ݂ܚ݂ܡ ad ܠ, *ros*, non ad ܠ, *obumbravit*, referenda esset). V. 8 : ὡς δόξα μονοκέρωτος αὐτῷ, h. e. Syro vertente, ܚܟ݂ܗ ܐܟ݂ܣܐ݂ܕ ܐܟ݂ ܠ݂ܡ݂ܚ݂ܕ݂ܣ݂ܐ݂ܟ ܐܟ, quod Haretho sonat : *ut gloria celsitudinis ejus* (علوٰ). Nihil moramur v. 24 : καὶ ἐξελεύσεται ἐκ χειρῶν Κιτιαίων, ܣ݂ܗ݂ܡ݂ܐ ܡ݂ܡ ܐ݂ܬ݂ܒ݂ܡ݂ܐ ܘܦ݂ܟ݂ܐ݂ܒ݂ܐ, pro quo Holmesius exscripsit الكيش ايدي من من ويتخلص, vertens : *et salvi erunt qui redemerunt Ketiaeos*, quia textus Arabicus facilem medicinam admittit : الكتيين ايدي من. Ut finem faciamus, quinquies in hoc specimine Syriace ponitur ܡ݂ܟ݂ܡ݂ܐ pro Graeco ἀνέλαβε (τὴν παραβολὴν), cujus loco interpres Arabs tentat اخذ (v. 3), ابتدا (vv. 15, 20), انتتح (v. 21), et ارسل (v. 23) ; quam varietatem inani elegantiae ostentationi potius quam criticis usibus inservire quivis videt.

CAPUT VIII.

DE INTERPRETIBUS HEBRAEO, SYRO, SAMARITANO, QUORUM LECTIONES IN HEXAPLIS ALLEGANTUR.

I. Quid significet τὸ Ἑβραϊκὸν sive ὁ Ἑβραῖος.   II. Quis sit ὁ Σύρος.   III. Quid sibi velit τὸ Σαμαρειτικόν.

I. *Quid significet* τὸ Ἑβραϊκὸν, *sive* ὁ Ἑβραῖος.

Sub titulo τοῦ Ἑβραϊκοῦ sive τοῦ Ἑβραίου tres diversi generis sive compositiones sive auctores in Hexaplis et scholiis ad ea pertinentibus innui videntur.

1. Primum, Hexaplorum columella sive pagina secunda τὸ Ἑβραϊκὸν (plenius τὸ Ἑβραϊκὸν Ἑλληνικοῖς γράμμασι) appellatur, cujus lectiones nos sub compendio scripturae Ἑβρ. designavimus. Sic Gen. i. 1 : Ἑβρ. βρησίθ. Gen. ii. 8 : Ἑβρ. γὰρ βεδέμ. Gen. xxviii. 19 : Ἑβρ. οὐαλὰμ λοὺς σὲμ ἀείρ. Psal. viii. 1 : Ἑβρ. λαμανασσὴ ἀλ ἀγεθθίθ. Jesai. xxvi. 2–4 : Ἑβρ. φθόου σααρείμ, οὔιαβὼ γωὶ σαδὶκ, σωμὴρ ἐμμουνείμ. ἰεσρὸ σμοὸχ, θεσὰρ σαλὼμ σαλὼμ, χιβὰχ βατόου. βετοῦ βαδωναὶ

ἀδδὼδ, χιβαῖὰ σὰρ ὠλεμείμ. Ex his et aliis speciminibus per Hexapla dispersis, non difficile est regulas quasdam generales, quas in hac operis sui parte concinnanda secutus sit Origenes, indagare.[1]

Quod ad literas *consonantes* (quas vocant) attinet:

א (ἄλφ) silet, ut nonnisi vocalis hanc literam excipiens exprimatur, ut ἀρβαείμ pro אַרְבָּעִים (1 Reg. iv. 18), ἴς pro אִישׁ (Psal. i. 1), ἰσσὰ pro אִשָּׁה (Gen. ii. 23).

ב (βήθ) omnino respondet Graeco β̃.

ג (γίμλ) exprimitur semper per γ̄ Graecorum, ut γὰν pro גַּן (Gen. ii. 8), ἐγγαὼν pro הִגָּיוֹן (Psal. ix. 17).[2]

ד (δέλθ) legitur per Graecum δ̃ ubique.

ה (ή) silet, vel per spiritum lenem effertur, in initio vocis, ut ἀρ pro הַר (Psal. xlvii. 3), ἠδὰδ pro הֵידָד (Jerem. xlviii. 33); in medio, ut Ἀβραὰμ pro אַבְרָהָם, βεφατείμ pro בְּרֵחֹטִים (Aq. Cant. Cant. vii. 5); etiam in fine, ut σὲλ pro כֶּלָה, ἐμ pro הֵמָּה (Psal. ix. 7).

ו (οὐαῦ) in initio vocis exprimitur per οὐ, ut οὐζὼθ pro וְאֹאת (Mal. ii. 13), οὐίεγὰρ pro וַיִּגְהַר (4 Reg. iv. 35), rarius cum additione vocalis huic literae subjectae, ut οὐαθὲρ pro וַתֵּט (Psal. xliii. 19); in medio per β̃, ut Ἀβὰ pro עָוָּה (LXX 4 Reg. xviii. 34), Καβρωθαβᾶ (potius Καβρωθαθαβᾶ) pro קִבְרוֹת הַתַּאֲוָה (Num. xi. 34); in fine per ῦ consonantem, ut ἐσχαῦ pro יָשְׁכַּב (Gen. xxxiv. 2).

ז (ζαί) per Graecum ζ̃ ubique redditur. Sola exceptio est μασβηῆ pro מִזְבֵּחַ (Mal. ii. 13).

ח (ήθ) duplicis pronuntiationis est, cujus exemplum est vox חַרְסִית (Jerem. xix. 2) quae Senioribus χαρσείθ sonat, Aquilae autem et ceteris ἀρσείθ. Exprimitur per χ̄ in ὠχείμ pro אָחִים (Sym. Jesai. xiii. 21), necnon in propriis nominibus Χὰμ, Χεβρὼν, Χαρρὰν (Josepho Αὐρανίτις), Ἱεριχὼ, Ὀχοζίας pro אֲחַזְיָה (Aquilae Ἀαζία); saepius vero per spiritum tantum, ut ἀγ pro חַג (Psal. cxvii. 27), ὀλδ pro חָלָד (Psal. xlviii. 2), ὀμρ pro חֹמֶר (Hos. iii. 2), ἰδαθεὶ pro חִדָתִי (Psal. xlviii. 5), ἰσσὴν pro חֹשֶׁן (Exod. xxviii. 15); in media autem voce ῾Ραὰβ pro רָחָב, βὲμ pro רֶחֶם (Psal. cix. 3), ἰεβὰλ pro יֵחָבֵל (Psal. vii. 15), οὐμαλαμὰ pro וּמִלְחָמָה (Psal. lxxv. 4), μεσσαὰρ pro מִשְׁחָר (Psal. cix. 3), λακὲθ pro לָקַחַת (Mal. ii. 13), οὐθασρηοὺ pro וַתְּחַסְּרֵהוּ (Psal. viii. 6). Denique in fine vocis in ῆ aut ὲ silet; ut μασβηῆ pro מִזְבֵּחַ (Mal. ii. 13), φασὲ pro פֶּסַח (Aq. Deut. xvi. 1).[3]

ט (τήθ) exprimitur per τ̄, ut τὰλ pro טַל (Ps. cix. 3), σεττίμ pro שִׁטִּים (Aq. Deut. x. 3).

י (ἰώθ) in initio vocis per ῑ redditur, ut ἰησὴβ pro יֵשֵׁב (Psal. ix. 8), ἰσουὼθ pro יְשׁוּעוֹת (Psal. cxv. 4).

כ (χάφ) semper aspiratur, ut χῶς pro כּוֹס (Psal. cxv. 4), βαρῶχ pro בָּרוּךְ (Psal. cxvii. 26).[4]

ל (λάβδ), מ (μήμ), נ (νοῦν), et ס (σάμχ) cum Graecis, λ, μ̃, ν (nisi excipienda sit scriptura βεδὲμ pro בְּגֶדֶן (Gen. ii. 8)), σ̃ regulariter permutantur.

ע (αἶν) in initio vocis exprimitur per spiritum lenem, ut ἀλ pro עַל (Psal. viii. 1), ἀλὴ pro

---

[1] Cf. Montef. *Origenis Hexaplorum quae supersunt*, T. II, pp. 394–399.   [2] Scriptura εἰαὼν pro הָגִיוֹן (Psal. xci. 4 in *Auctario*) vix sana esse videtur.   [3] Singularia sunt φασὲκ (2 Paral. xxx. 1) et Ταβὶκ pro טֹבָה (Gen.

[4] Exceptiones sunt ἐν σαβὲκ pro בַּסְּבַךְ (LXX Gen. xxii. 13), necnon Graeca derivativa κάδος a כַּד, κινύρα a כִּנּוֹר.

עֲלִי (Psal. xlviii. 12), οὐαλέα pro וְעָלֶיהָ (Psal. vii. 8), ἀεὶρ pro הָעִיר (Gen. xxviii. 19), ἐλιὼν pro עֶלְיוֹן (Psal. xc. 9), ἐμὲκ pro עֵמֶק (LXX Jos. vii. 24); rarius per ῎γ, ut βεγαβρὼθ pro בְּעֶבְרוֹת (Psal. vii. 7), et in propriis nominibus Γάζα (Aq. ᾿Αζὰ) pro עַזָּה (LXX Deut. ii. 23), Γαὶ pro עַי (LXX Jos. vii. 2), Γαιβὰλ (Aq. ᾿Ηβὰλ) pro עֵיבָל (LXX Deut. xi. 29), Γανὰ pro עֲנָה (Aq. Jesai. xxxvii. 13), Σόγορα et Σηγὼρ pro צוֹעַר, Γόμορρα pro עֲמֹרָה etc. In medio vocis silet, ut μὰτ pro מְעַט (Psal. viii. 6), νὲρ pro נַעַר (Hos. xi. 1), Βὰλ (LXX Βάαλ) pro בַּעַל (4 Reg. i. 2), σααρεὶμ pro שְׁעָרִים (Jesai. xxvi. 2), σεωρὶμ pro שְׂעֹרִים (Hos. iii. 2), δεμὰ pro דִּמְעָה (Mal. ii. 13), θεσοὺ pro תַּעֲשׂוּ (Mal. ii. 13). In fine vocis redditur per ᾱ aut ῝ε, ut ᾿Ιησουὲ (Aq. ᾿Ιησουὰ) pro יְהוֹשֻׁעַ (LXX 1 Paral. vii. 27), ᾿Ωσηὲ pro הוֹשֵׁעַ, ἰαδαὲ pro יָדַע (Psal. xci. 7), ᾿Ανὲ (LXX ᾿Ανάγ?) pro הֲנַע (Aq. Jesai. xxxvii. 13), θεσαμηωθ pro תְּשַׁע מֵאֹת (Gen. v. 5).

פ (φῆ) per φ̄ semper effertur. Sic Hieron. Comment. in Dan. (Opp. T. V, p. 724): "Notandum autem quod P literam Hebraeus sermo non habeat, sed pro ipsa utatur PHE, cujus vim Graecum φ̄ sonat."

צ (σαδή) per σ̄ exprimitur, ut σαδὶκ pro צַדִּיק (Jesai. xxvi. 2), ἀρς pro אֶרֶץ (Psal. xi. 7, lxxv. 10), et propria nomina Σαβαώθ, Σιών, Σόρ, Σιδών, Σεδεκίας etc.

ק (κώφ), et ר (ρῆς) Graecis κ̄ et ρ̄ accurate respondent.

שׂ et שׁ (σέν) nullo discrimine per σ̄ exprimuntur, ut σωσανὶμ pro שֹׁשַׁנִּים (Psal. xliv. 1), σασὼν pro שָׂשׂוֹן (Psal. xliv. 9).

ת (θαῦ), etiam dagessatum, semper per θ̄, non τ̄, effertur, ut μαχθὰμ pro מִכְתָּם (Psal. xv. 1), οὐαθὲρ pro וַתֵּם (Psal. xliii. 19).

Transeamus ad vocales, quae per puncta literis appicta notantur. Ex his Kamets, Pathach et Chateph Pathach regulariter per ᾱ efferuntur, ut ἀεὶρ pro הָעִיר (Gen. xxviii. 19), καραθὶ pro קָרָאתִי (Hos. xi. 1), γὰν pro גַּן (Gen. ii. 8), βααλιὰ pro בְּעֲלִיַּל (Psal. xi. 7), ἀνακὰ pro אֲנָקָה (Mal. ii. 13); rarius per ῝ε, ut ὠλεμεὶμ pro עוֹלָמִים (Jesai. xxvi. 4), ἰερχθὴ pro יְרַכְתֵי (Psal. xlvii. 3), ἐσρὴ pro אַשְׁרֵי (Psal. i. 1), νὲρ pro נַעַר (Hos. xi. 1).

Tsere cum η commutatur, ut ἰησὴβ pro יֵשֵׁב (Psal. ix. 8), μηὴν pro מֵאַיִן (Mal. ii. 13); aliquando cum ῝ε, ut σὲμ pro שֵׁם (Gen. xxviii. 19), ἐμὲκ pro עֵמֶק (LXX Jos. vii. 24).

Segol per ῝ε efferri solet, ut σὲλ pro סֶלָה, Ζωελὲθ pro וֹחֶלֶת (Hex. ad 3 Reg. i. 9), vel, quiescente e duobus altero, νὲβλ pro נֶבֶל (Psal. xci. 4), ῥὲμ pro רֶחֶם (Psal. cix. 3), λὲθχ pro לֶתֶד (Hos. iii. 2); est ubi per ᾱ et ō, ut θαβὲλ pro תֵּבֵל (Theod. Lev. xviii. 23), κὰρν pro קֶרֶן (Hex. ad Job. xlii. 14), χωθὰρθ pro כֹּתֶרֶת (Hex. ad 4 Reg. xxv. 17), ὀλδ pro חֶלֶד (Psal. xlviii. 2).

Chirik utrumque per ῑ vel ῐ exprimitur, ut –εὶμ vel –ὶμ in pluralibus, ἀσεμινὶθ pro הַשְּׁמִינִית (Psal. xi. 1), διβρὴ ἀϊαμὶμ pro דִּבְרֵי הַיָּמִים, γιββὼρ pro גִּבּוֹר (Jesai. ix. 5); parvum autem (quod vocatur) non raro per ᾱ et ῝ε, ut μαναὰ pro מִנְחָה, μαχθὰμ pro מִכְתָּם (Psal. xv. 1), μαλαμὰ pro מִלְחָמָה (Psal. lxxv. 4), ἀσροὺ pro אִסְרוּ (Psal. cxvii. 27), ἐσσὰ pro אִשָּׁה (Gen. ii. 23), ἀγεθθὶθ pro הַגִּתִּית (Psal. viii. 1), φεγγουδλ pro פִּגּוּל (Theod. Lev. vii. 18).

Cholem per ω̄ effertur, ut χῶς pro כּוֹס (Psal. cxv. 4), δωδὼ pro דֹּרוֹ (Lev. xx. 20); aliquando per οῦ, ut σαφοὺν pro צָפוֹן (Psal. xlvii. 3), μανοὺδ pro מָנוֹד (Psal. xliii. 15); rarius per ō, ut ὀμρ pro חֹמֶר (Hos. iii. 2), χεφὸρ pro כָּפוֹר (Psal. cxlvii. 5).

Schurek cum οῦ commutari solet, ut Λοὺς pro לוּז (Gen. xxviii. 19), θεσοὺ pro תַּעֲשׂוּ (Mal. ii. 13), ἰσουὼθ pro יְשׁוּעוֹת (Psal. cxv. 4); rarius per ω̄, ut σὼρ pro צוּר (Jesai. xxvi. 4).

Postremo Kibbuts per ō effertur, ut ζολλὼθ pro זְלוּת (Psal. xi. 9).

Scheva in initio vocis aliquando silet, ut βρησίθ pro בְּרֵאשִׁית, βχεννὼρ pro בְּכִנּוֹר (Psal. xci. 4), βσαίμ pro בְּשֵׁם (Psal. cxvii. 26), σὴθ pro שְׂאֵת (Hex. ad Lev. xiii. 10, 19); aliquando effertur per ĕ, ut βεγαββρὼθ pro בְּעֶבְרוֹת (Psal. vii. 7); libentius vero pro ĕ vocalem assumit quae in sequenti syllaba habetur, ut φαὰθ pro פְּאָת (Theod. Lev. xix. 27), λαμασὰλ pro לְמָשָׁל (Psal. xlviii. 5), φαλαγαύ pro פְּלָגָיו (Psal. xlv. 5), μωκώρ pro מְקוֹר (Psal. xxxv. 10), ραφαείμ, σαβαώθ, Σολομών, etc.

Praeterea observandum est, in affixis secundae personae singularis masculini generis pro ךָ vel ךְ Origenem sonuisse ὰχ, rarius ὲχ, ut βὰχ pro בָּךְ (Jesai. xxvi. 3), ἐλωάχ pro אֱלֹהָיִךְ (Psal. xliv. 9), ἀρὰχ pro אָרְחֶךָ (Psal. xliii. 19), ἠχαλὰχ pro הֵיכָלֵךְ (Psal. xlvii. 10), ἰελεδεθέχ pro יְלִדְתִךָ (Psal. cix. 3).

Nescimus utrum Origeni an amanuensibus imputandae sint confusiones duorum vocabulorum Hebraeorum, quales sunt θεσαμηὼθ pro תִּשֶׁע מֵאוֹת (Gen. v. 5), βαηλαί pro בָּא אֵלָי (Gen. xliii. 23), ἀληαδαμὼθ pro עֲלֵי אֲדָמָה (Psal. xlviii. 12), ὡσιεννὰ, ἀσλιαννὰ pro הוֹשִׁיעָה נָּא, הַצְלִיחָה נָּא (Psal. cxvii. 25), σαυλασαῦ pro צַו לָצָו, καυλακαῦ pro קַו לָקָו, ζιηρσὰμ pro זְעֵיר שָׁם (Jesai. xxviii. 13), ἀλληλοΐα pro הַלְלוּ יָהּ (LXX Psal. civ. 1).

Obiter notandus usus τοῦ ἀδωναΐ pro יְהוָֹה in columna Hexaplorum secunda ad Psal. cxvii. 25. Prov. viii. 22. Jesai. xxvi. 4.

2. Per appellationem *Hebraei* in Hexaplorum reliquiis etiam Hebraeum archetypum sive primam operis Origeniani columnam aliquando significari non est quod miremur. Extra omnem ambiguitatem sunt locutiones Eusebianae ἡ Ἑβραϊκὴ λέξις, ἡ Ἑβραϊκὴ ἀνάγνωσις, quarum prior legitur ad Psal. lxxv. 3, ubi pro ἐν εἰρήνῃ, quae versio est τῶν Ο΄, ἡ Ἑβραϊκὴ λέξις καὶ οἱ λοιποί, ἐν Σαλήμ, recte prae se ferunt; posterior autem ad Psal. xl. 10, ubi ἀντὶ τοῦ, πτερνισμόν, παρὰ τοῖς Ο΄ εἰρημένον, ἡ Ἑβραϊκὴ ἀνάγνωσις, πτέρναν, περιέχει.[5] Idem in scholiis Graecis sonat τὸ Ἑβραϊκόν, ut Schol. ad Job. vi. 4: Ἀντὶ τοῦ κυρίου, σαδδαὶ κεῖται ἐν τῷ Ἑβραϊκῷ, ὃ ἑρμηνεύεται ἱκανόν; Origen. in Hex. ad Gen. iv. 8: Ἐν τῷ Ἑβραϊκῷ τὸ λεχθὲν ὑπὸ τοῦ Κάϊν πρὸς τὸν Ἄβελ οὐ γέγραπται; Euseb. in Onomastico, p. 126: Βύβλος... ἀνθ᾽ οὗ τὸ Ἑβραϊκὸν ἔχει Γοβέλ (גְּבַל); S. Basil. in Hex. ad Jesai. ii. 21: Ἐν τοῖς ἀντιγράφοις τῆς κοινῆς ἐκδόσεως οὐ κεῖται τοῦτο, ἀλλ᾽ ἐν τῷ Ἑβραϊκῷ κείμενον, ἐκ τῶν λοιπῶν μετεκομίσθη.[6] Etiam τοῦ Ἑβραίου nomen in Hexaplis, etsi ambiguum, aliquando pro textu Hebraeo poni certo certius est. Sic in titulis Psalmorum lxix, lxx, cxliii, cxlv: οὔτε παρὰ τῷ Ἑβραίῳ (s. παρ᾽ Ἑβραίοις), οὔτε παρὰ τοῖς ἄλλοις εὑρίσκεται. Sed ad hunc usum probandum testis instar omnium est S. Chrysost. ad Jerem. xxxi. 2: Ὁ γὰρ θερμὸν ἡρμήνευσεν ὁ Ἕλλην, τοῦτο, χάριν, ἔχει ὁ Ἑβραῖος... τὸ γὰρ ὃμ (חֹם) κατὰ τὴν Ἑβραίων φωνὴν δασυνόμενον, θερμόν ἐστι· τὸ δὲ ἦν (חֵן) κάλλος κεχαριτωμένον; ad quem locum valde notabile est, *Hebraeum interpretem* (qui et ὁ Ἑβραῖος) non χάριν, sed οἰκτιρμόν posuisse. Transeamus ad interpretem Syro-hexaplarem, qui centies in margine textum Hebraeum affert sub siglis ܥܒ. et ܥܒܪ., interdum cum plena scriptura ܥܒܪܝܐ, ܥܒܪܝܐ (Hex. ad Jesai. xlii. 1. lii. 7. Jerem. xi. 5.

[5] Vid. etiam Hex. ad Psal. xxxv. 3. Jesai. v. 1.   [6] Cf. Hex. ad Gen. v. 25. Exod. iv. 25. Jesai. xlii. 4. Jerem. i. 1.

xxxix. 13) rarius in plurali (Hex. ad Gen. iv. 8. Prov. ix. 12. Jesai. xlvi. 10) ; in quibus omnibus
locis manifesto indicatur Hebraeum archetypum, non interpres quidam ὁ 'Εβραῖος dictus, qui
Syro nostro prorsus incognitus fuisse videtur.   Postremo ὁ 'Εβραῖος (ܥܒܪܝܐ) h. e. textus He-
braicus, allegatur et cum versione Syra vulgari comparatur ab Ephraemo Syro in quindecim
locis quos collegit Jos. Perles in *Melet. Peschit.* pp. 51–53, e quibus unum et alterum in
schedas nostras condere non gravabimur. Gen. xxv. 25 (Opp. T. I, p. 173) : " Pro *cincinnis*
(ܣܥܪܐ) *pilorum, stolam* (ܐܣܛܠܐ) *pilorum* dicit Hebraeus ;" ubi revera in Hebraeo est אַדֶּרֶת.
Deut. ix. 15 (Opp. T. I, p. 273) : " Ubi dixit (Peschito) *oravi*, in Hebraeo scriptum est *jeju-
navi*." Scilicet vox Hebraea est וָאֶתְנַפַּל, *et prostravi me*, sed Ephraemo obversabatur locus
Deut. ix. 9, ubi *jejunium* tantum memoratur. 1 Sam. xxiv. 4 (Opp. T. I, p. 380) : " Hebraeus,
ut tegat pedes ejus, quod editio nostra dicit, *et dormivit ibi.*" 2 Sam. xix. 35 (Opp. T. I,
p. 423) : " *Non possum percipere vocem nobilium virorum et nobilium mulierum* (שָׁרִים
וְשָׁרוֹת) ; sed Hebraeus dixit, ܫܪܘ ... ... (שָׁרִים וְשָׁרוֹת)." Semel quidem (Opp. T. I, p. 173)
pro ܐܒܗ vel ܐܒܗ Ephraem usus est locutione ܐܬܝܗܒ (ἐξέδωκεν) ܝܗܒ, quam tamen de textu
Hebraeo (qui S. Cyrillo in Hex. ad Zach. vi. 3. viii. 10. xiv. 8 est ἡ τῶν 'Εβραίων ἔκδοσις, et
S. Severo in Hex. ad 4 Reg. viii. 15 ܗܒܕܡܗܕܟܘ) recte positam esse probavimus in Hex.
ad Jesai. v. 1. Quod vero ad scriptores Latinos attinet, locutiones *in Hebraeo, juxta Hebraeos*,
in S. Hieronymi Commentariis semper de Hebraica veritate intelligendas esse vix est quod
moneamus.

3. Restat interpres quidam cognomine ὁ 'Εβραῖος, de quo quis non sit, confidenter affirmare ; quis vero sit, non nisi hariolando conjicere possumus. Lectiones ejus, ex Eusebio
Emiseno, Diodoro, Acacio, Didymo, Polychronio, Olympiodoro, Chrysostomo, Theodoreto, aliis,
semel ex Origene[7] excerptae, ad certos tantum S. Scripturae libros, videlicet ad Genesim
quatuordecim, ad Exodum duae, ad Jobum undequadraginta, ad Jesaiam una, ad Jeremiam
septem, ad Ezechielem viginti quinque, ad Danielem una, in Hexaplis allegantur. Saepe
copulatur cum alio interprete anonymo, qui et ipse in summa obscuritate versatur, ὁ Σύρος.[8]
Quod ad versionem ejus attinet, cum exemplari Hebraeo hic illic accurate concinit ; e. g. Gen.
viii. 21 : וַיֵּצֶר לֵב הָאָדָם : 'Ο 'Εβραῖος τὸ πλάσμα τῆς καρδίας ἀνθρώπου. Job. ii. 3 : וְעֹדֶנּוּ מַחֲזִיק
בְּתֻמָּתוֹ. 'Ο 'Εβραῖος καὶ ἔτι ἔχεται τῆς ἑαυτοῦ τελειότητος. Job. xl. 22 (Heb. 27) : 'Ο 'Εβραῖος·
ἆρα πληθυνεῖ πρὸς σὲ δεήσεις ; ἆρα λαλήσει πρὸς σὲ μαλακά ; quae Hebraeam veritatem apte et
eleganter exprimunt. Sed longe frequentius ab ea plus minus recedit hic interpres. Sic
Gen. xxii. 13 pro נֶאֱחָז, *detentus*, Syrus et Hebraeus κρεμάμενος vertunt, quod Hebraice sonat
תָּלוּי.[9] Job. ii. 5 : יְבָרֲכֶךָ. 'Ο 'Εβραῖος βλασφημήσει σε. Job. vii. 12 : כִּמִשְׁמָר. Ο'. φυλακήν.
'Ο 'Εβραῖος πόνους. Job. vii. 20 : מָה אֶפְעַל. 'Ο 'Εβραῖος· τί σε ἔβλαψα ; Jesai. vii. 18 :
לַדְּבוֹרָה. Ο'. τῇ μελίσσῃ. 'Ο 'Εβραῖος καὶ ὁ Σύρος· σφηκί (Hebraice אֶרְעָה). Ezech. xvi. 6 :
בְּדָמָיִךְ. Ο'. ἐν τῷ αἵματί σου. 'Ο 'Εβραῖος· ἐν τῇ ὑγρασίᾳ σου. Ezech. xxxii. 23 : בְּיַרְכְּתֵי־בוֹר.

---

[7] Vid. Hex. ad Ezech. xxxii. 23.   [8] Sic ὁ 'Εβραῖος καὶ
ὁ Σύρος Gen. iv. 1. xi. 3. xxiv. 1. Job. iii. 3. Jesai. vii. 18.
Ezech. xliii. 2, 3. xliv. 20 ; ὁ Σύρος καὶ ὁ 'Εβραῖος Gen.

viii. 7. xxii. 13. xxxvii. 2. Exod. i. 12. Jerem. i. 11. xxxi. 2.
[9] Sic 2 Reg. (Sam.) xviii. 10 : תָּלוּי בָּאֵלָה. Ο'. κρεμάμενον ἐν
τῇ δρυΐ.

Ο΄. ἐν μηροῖς λάκκου. Ὁ Ἑβραῖος ἐν μήκει λάκκου. Interdum paraphrastam potius quam interpretem agit Noster. E. g. Job. i. 22: *Nec dedit insulsum Deo*. Σαφέστερον (inquit Olympiodorus) ὁ Ἑβραῖος, οὐκ ἐμέμψατο, φησί, τῷ θεῷ. Job. ix. 9: *Et Pleiadas* (כִּימָה) *et penetralia austri*. Ὁ Ἑβραῖος καὶ πάντα τὰ ἄστρα τὰ κυκλοῦντα νότον. Job. xiii. 11: *Nonne majestas ejus* (שְׂאֵתוֹ) *terrebit vos?* Ὁ Ἑβραῖος ἐὰν ἀποστρέψῃ τὸ πρόσωπον αὐτοῦ, ταραχθήσεσθε. Ezech. xiii. 18: *Vae iis quae consuunt pulvillos ad omnes cubitos manuum, et faciunt culcitas ad caput* (hominum) *cujusvis staturae*. Quae sic enarravit Hebraeus noster: Οὐαὶ ταῖς ποιούσαις φυλακτήρια, καὶ κρεμαζούσαις ἐπὶ τοῖς βραχίοσιν αὐτῶν, καὶ ἐπιτιθεμέναις αὐτὰ ἐπάνω κεφαλῆς ἑκάστης ἡλικίας.

Ex his, e pluribus paucis, exemplis satis superque, ni fallimur, confutatur triplex de Hebraeo interprete hypothesis. *Prima* (quae Drusii quoque esse videtur[10]) eorum est qui opinantur Olympiodorum et ceteros ipsius exemplaris Hebraei versionem Graecam a se confectam sub hoc nomine allegasse, ut reapse ὁ Ἑβραῖος idem sonet ac τὸ Ἑβραϊκόν. Nam si concedamus (id quod vix credibile est) eos Hebraea eruditione competenter imbutos esse, quomodo accidere potuit, ut versio eorum ab Hebraea veritate tantum, quantum a nobis jam declaratum sit, discederet? *Altera* est Criticorum,[11] qui arbitrati sunt τὸν Ἑβραῖον non alium esse quam Aquilam nostrum, cui propter scrupulosam ejus archetypi sui imitationem honorificum hoc cognomen inditum sit. At quid tum fiet de tot Hebraei nostri lectionibus, quae ab Hebraea veritate tum in singulis vocibus tum in tota verborum complexione immane quantum abhorrent? Hoc unum argumentum omnibus quibus primo statim intuitu perspicua sit Aquilae manus, ad rem conficiendam sufficit; ut vix opus sit loca innumera proferre, in quibus post allatam τοῦ Ἑβραίου versionem, statim subjungatur Aquilae lectio ab ea longe diversa.[12] *Tertia* sententia est Eichhornii,[13] qui sibi suasit sub hoc nomine afferri criticas Hebraei exemplaris cum versione LXXvirali comparationes, e Patrum Graecorum et Latinorum, in primis S. Hieronymi, Commentariis excerptas. "Hieronymo," inquit, "qui in Commentariis suis versionem τῶν Ο΄ cum archetypo toties comparavit, multae occasiones fuerunt eam juxta Hebraeum corrigendi; ejusque correctiones semper in Hexapla sub nomine τοῦ Ἑβραίου introductae sunt." Deinde exempli causa affert: Gen. ii. 2, ad quem locum Montef. edidit: "Ἑβρ. [τῇ ἡμέρᾳ τῇ ἑβδόμῃ]. Ο΄. ἐν τῇ ἡμέρᾳ τῇ ἕκτῃ;" ubi Ἑβρ. non est Hebraeus noster, sed textus Hebraeus; et Graeca uncis inclusa sunt Montefalconii versio Latinorum Hieronymi in Quaest. in Gen.: "Pro *die sexto* in Hebraeo habet *diem septimum*." Gen. iv. 12: נָע וָנָד, ubi Montef.: "Ὁ Ἑβραῖος καὶ ὁ Σύρος σαλευόμενος καὶ ἀκαταστατῶν. Ο΄. στένων καὶ τρέμων;" Procopius vero pro Ὁ Ἑβραῖος καὶ ὁ Σύρος, Τὸ Ἑβραϊκὸν καὶ οἱ λοιποί habet. Utut sit, Hieronymi annotatio, unde Graecam lectionem derivatam esse temere affirmat Criticus noster, videlicet: "Quod LXX *Naid* transtulerunt, in Hebraeo נוד dicitur, et interpretatur σαλευόμενος, id est, *instabilis et fluctuans* ac *sedis incertae*," non huc pertinet, sed ad v. 16; lacuna autem, quam apud Hieronymum post σαλευόμενος statuit Eichhornius, quasi excidisset καὶ ἀκαταστατῶν,

[10] Vid. Montefalconii *Hexapla*, T. I, p. 417.   [11] E. g. J. S. Semleri in *Vorbereitung zur theologischen Hermeneutik*, P. I, p. 327.   [12] Vid. Hex. ad Gen. xxxviii. 29. Exod. iv. 26. Job. ii. 5. xiv. 8. xv. 14. xx. 5. Ezech. ix. 4. xvi. 8. xxi. 21. xxii. 28. xxiii. 20.   [13] Eichhorn. (J. G.) *Einleitung in das A. T.* T. I, p. 410 sqq. ed. 3[tiae].

est mera hallucinatio Viri ingeniosi, ne dicamus dolosi, qui ut hypothesi suae fidem adstruat, pro tribus epithetis, quae vocem σαλευόμενος per paraphrasin exprimunt, duo tantum, inverso ordine, *fluctuans et instabilis* (h. e. σαλευόμενος καὶ ἀκαταστατῶν) in allegando posuerit. Ceteras ejus ejusdem farraginis probationes exscribere nolumus: hoc unum affirmamus, et quemlibet talium quaestiuncularum studiosum ad negandum provocamus, e lectionibus plus quam octoginta, quae Hebraeo interpreti in Hexaplis tribuuntur, ne unam quidem in Hieronymi Commentariis inveniri posse.

Restat antecessoris nostri opinatio, ea qua par est haesitatione proposita; scilicet per hoc nomen intelligi posse Hebraeos illos doctores, quibus in S. Scripturis explicandis utebantur Patres Graeci veteres, maximeque Origenes, de quo ait Hieronymus: "Ipse Origenes et Clemens et Eusebius, atque alii complures, quando de Scripturis aliqua disputant, et volunt approbare quod dicunt, sic solent scribere: *Referebat mihi Hebraeus*; et, *Audivi ab Hebraeo*; et, *Hebraeorum ista sententia est*."[14] Tali in Hebraea eruditione magistro ipsum Hieronymum usum esse notissimum est, qui ei *Hebraeus qui me in S. Scripturis erudivit*,[15] semel fortasse simpliciter *Hebraeus* audit.[16] Cum vero in Hexaplis citetur, non indefinite Ἐβραῖός τις vel οἱ Ἐβραῖοι, magistri videlicet qui institutiones suas ore tradebant, sed certus quidam auctor, ὁ Ἐβραῖος, quem opus suum scripto mandasse probabile est, verisimilius est, nostro quidem judicio, hoc titulo insignitum esse Hebraeum quendam, cujus nomen deperditum est, sive Judaeum sive Christianum, utriusque linguae doctum, qui certos Veteris Testamenti libros (in primis Genesim, Jobum et Ezechielem) e sermone nativo in Graecum transtulerit, idque, quod ad stylum attinet, non verbum de verbo Aquilae more exprimens, sed ad Symmachi liberiorem et elegantiorem sermonem magis accedens.

II.   *Quis sit ὁ Σύρος.*

Inter reliquias Hexaplorum inde a Flaminii Nobilii collectione inventae sunt lectiones cujusdam interpretis, qui simpliciter τοῦ Σύρου appellatione distinguitur, quique cum *Hebraeo* modo memorato non raro copulatur. Auctores qui Syri lectiones allegant, sunt Melito (semel tantum ad Gen. xxii. 13), Didymus, Diodorus, Eusebius Emisenus, Polychronius et Apolinarius (ad Danielem), Chrysostomus,[17] Theodoretus (ad Jeremiam et Ezechielem), Procopius, alii; ad Genesim quidem tricies, ad Jeremiam sexies et vicies, ad Ezechielem duodecies, ad Psalmos septies, ad Threnos quinquies, bis terve ad Exodum, Danielem et Hoseam, ad 3 Regum et ad Jesaiam non nisi semel. In ceteris autem libris in nullam τοῦ Σύρου mentionem incidimus.

---

[14] Hieron. Opp. T. II, p. 469.   [15] Vid. Hex. ad Amos iii. 11. Nah. iii. 8.   [16] Vid. Hex. ad Nah. iii. 1.
[17] Chrysostomus tres tantum, ni fallimur, τοῦ Σύρου lectiones memorat, videlicet ad Gen. iv. 4 (ubi ei Symmachi versionem ἱπτύρωσεν per incuriam tribuit); ad Psal. xlviii. 6:

ὁ Σύρος (lapsu graphico, ut videtur, pro ὁ Ἐβραῖος) ρᾶ; postremo (quod serius vidimus) ad Gen. xxii. 12: עַתָּה יְדַעְתִּי. Ο'. νῦν ἔγνων. Ὁ Σύρος' νῦν ἐγνώρισας. Vid. S. Chrysost. Opp. T. X, p. 450 B.

De hoc Syro anonymo inde a Montefalconio maxima est virorum eruditorum dissensio. Interpres Syrus, qui primum in mentem nobis veniat, est auctor venerandae versionis quae Peschito nomine gaudet, quippe qui pariter anonymus sit, et, saltem quod ad versiones V.T. Syriacas attinet, ut hoc titulo κατ᾽ ἐξοχὴν decoraretur meruerit. De Syro versionis vulgaris concinnatore digna sunt quae exscribantur verba Theodori Mopsuesteni in Prophetas minores: Τινὲς δὲ ἔφασαν τὸν Σύρον πάσσαλον λέγειν (videlicet ad Habac. ii. 11, ubi reapse in Peschito est ܟܣܐ, πάσσαλος)· ἀλλ᾽ ἀνόητον εἴη ἂν, ἀφέντας τῆς Ἑβραΐδος τὴν φωνὴν καθ᾽ ἣν ὁ προφήτης ἐφθέγξατο, ἥπερ οὖν ἡμῖν διὰ τῆς οἰκείας ἑρμηνείας σαφῆ κατέστησαν ἄνδρες ἑβδομήκοντα δόκιμοί τε καὶ ἀκριβῶς τῆς γλώττης ἐπιστήμονες ἐκείνης, Σύρῳ προσέχειν μεταβεβληκότι τὴν Ἑβραίων εἰς τὴν Σύρων, εἶτα πολλάκις τὸ πταῖσμα τὸ οἰκεῖον νόμῳ βουληθέντι θεῖναι φωνῆς. Idem ad Zeph. i. 6 ait: Οὓς ἐχρῆν πρὸ πάντων ἐκεῖνο συνιδεῖν, ὅτι κατὰ μὲν τὴν Ἑβραίων γλῶτταν εἴρηται τὰ τῆς θείας γραφῆς, ἡρμήνευται δὲ ταῦτα εἰς τὴν Σύρων παρ᾽ ὅτου δήποτε· οὐδὲ γὰρ ἔγνωσται μέχρι τῆς τήμερον ὅστις ποτὲ οὗτός ἐστιν.[18] E nostri autem Syri lectionibus, quae in Hexaplis asservantur, non paucas cum versione Peschito optime convenire non negamus. Hujusmodi sunt Gen. iv. 4: Et respexit. Ὁ Σύρος· καὶ εὐδόκησεν. Pesch. ܘܨܒܝ. Gen. xxii. 12 (auctore Chrysostomo): Ὁ Σύρος· νῦν ἐγνώρισας. Pesch. ܝܕܥܬ. Gen. xxvii. 40: Ὁ Σύρος· si resipueris. Pesch. ܬܬܘܒ. Gen. xxxviii. 29: Ὁ Σύρος καὶ ὁ Ἑβραῖος· τί διεκόπη ἐπὶ σὲ διακοπή; Pesch. ܡܐ ܐܬܬܚܕܬ. Gen. xxxix. 2: Ὁ Σύρος· καὶ ἦν ἀνὴρ κατευοδούμενος (Pesch. ܡܨܠܚ). Gen. xlix. 4: Exundatio (exundans) sicut aquae, ne excellas. Ὁ Σύρος· ἐπλανήθης ὡς ὕδωρ, μὴ παραμείνῃς. Pesch. ܝܚܒܬ ܐܝܟ ܡܝܐ. Exod. iii. 22: Et spoliabitis. Ὁ Σύρος, ἐκτινάξατε, κενώσατε, φησίν. Pesch. ܬܦܩܘ (= ἐκτινάξατε Exod. xiv. 27. Jud. vii. 19 in Syro-hex.). Jerem. i. 11: Ὁ Σύρος καὶ ὁ Ἑβραῖος ἀμυγδαλίνην. Pesch. ܫܩܕ. Jerem. viii. 6: Unusquisque aversus est in cursibus suis. Ὁ Σύρος· πάντες τῇ γνώμῃ αὐτῶν πορεύονται. Pesch. ܟܠܗܘܢ ܒܨܒܝܢܗܘܢ. Jerem. xlvi. 17: Ὁ Σύρος· ταράττων καὶ καιροὺς παραφέρων. Pesch. ܡܕܠܚ ܐܟܣܐ. Ezech. xliv. 20: Et comam non promittant. Ὁ Ἑβραῖος καὶ ὁ Σύρος· οὐ θρέψουσι. Pesch. ܠܐ ܢܪܒܘܢ. Ezech. xlv. 24: Hin. Ὁ Σύρος· ἡμίναν. Pesch. ܗܡܝܢܐ. Sed in his et aliis locis τὸν Σύρον, quisquis fuerit, ex eodem Hebraeo vertentem in eandem cum altero Syro interpretationem sive casu sive ex proposito incidisse nil adeo mirum, nec tantum ad identitatem duorum interpretum probandam valet, quantum ad eam confutandam dissensio eorum in aliis locis, quae nunc expendenda sunt. Itaque Gen. viii. 7 pro ܘܠܐ οὐκ ἀνέστρεψεν Syrus et Hebraeus ὑπέστρεψεν habent, aliter ac Pesch. quae ܘܠܐ ܗܦܟ prae se fert. Gen. xi. 3: O'. ἄσφαλτος. Ὁ Σύρος καὶ ὁ Ἑβραῖος· ἄσβεστος, calx viva (quick lime). Pesch. ܓܣܐ, calx intrita (slaked lime). Gen. xxii. 13 (quem locum in contrariam partem male appellat Perles): Ὁ Σύρος· κρεμάμενος ἐν σαβέκ· τοῦτο δὲ τὸ ὄνομα τοῦ φυτοῦ εἶναι νομίζω. Pesch. ܬܠܐ ܒܣܘܟ , implicitum ramo. Gen. xxiv. 2: Ὁ Ἕλλην σεμνότερον ἑρμηνεύει (ὑπὸ τὸν μηρόν μου)· ὁ γὰρ Ἑβραῖος καὶ ὁ Σύρος αὐτὸ λέγει τοῦ ἀνδρὸς τὸ τεκνοποιὸν ὄργανον. At in Pesch. habetur ܬܚܝܬ ܚܨܝ, Graece ὑπὸ τὸν νῶτόν μου. Gen. xxvi. 35: Et fuerunt maeror spiritus. O'. καὶ ἦσαν ἐρίζουσαι. Ὁ Σύρος· οὐκ εὐαρεστοῦσαι. Pesch. ܘܗܘ̈ܝ ܡܡܪܡܪܢ, et exacerbabant spiritum. Gen. xlv. 22: Ὁ Σύρος· πέντε ζυγὰς στολῶν, καὶ διακοσίους χρυσίνους.

Pesch. juxta Hebraeum: *trecentos argenti*, καὶ πέντε ζυγὰς ἱματίων (ܠ̈ܒ̈ܫܐ ܕܙܘ̈ܓܐ). Ad Psal. lix. 10 duplex τοῦ Σύρου versio affertur, κάδος τῆς πλύσεώς μου et λεκάνη τῆς καταπατήσεώς μου; ubi in Pesch. est *lotura* (ܡܣܚܘܬܐ) *pedum meorum*. Psal. lxiv. 11: Ὁ Σύρος· τοῖς ὀρόσοις. Pesch. ܒܚ̈ܡܘܗܝ, quod Graece sonat ὄμβροις s. νιφετοῖς.[19] Jesai. vii. 18: Ὁ Ἑβραῖος καὶ ὁ Σύρος· σφηκί. Pesch. ܠܕܒܪܝܬܐ, *apibus*. Jerem. xxxi. 38: Ὁ Σύρος· ἀπὸ πύργου τῆς γωνίας Ἀνανιήλ. Verba τῆς γωνίας absunt ab Hebraeo et Pesch. Jerem. xxxviii. 14: *Ad introitum tertium*. Ὁ Σύρος· ἔσω τριόδων. Pesch. ܚܕܚ̈ܕܝܬܐ ܠܓܘ ܡܥܠ̈ܢܐ, *intra tres introitus*. Jerem. xlviii. 31: *Et propter viros Kirheres gemet*. Ὁ Σύρος οὕτως ἡρμήνευσε· κεφαλαὶ αὐτῶν κεκαρμέναι, καὶ οἱ πώγωνες αὐτῶν ἐξυρημένοι· αἰχμαλώτων δὲ τούτων τὸ σχῆμα; ubi Syri lectio non tam versio ex Hebraeo facta esse videtur, quam explicatio versionis inscitae τῶν Ο′, ἐπ᾽ ἄνδρας κειράδας αὐχμοῦ. Utut sit, in prorsus diversa abit Pesch. vertens: *et adversus homines qui commorantur in domo ejus mala meditabuntur*. Jerem. lii. 18: Τοὺς δὲ ποδιστῆρας ὁ Σύρος νιπτῆρας ποδῶν ἡρμήνευσεν. In Pesch. est tantum ܠܩܒ̈ܐ, *lebetes*. Thren. iii. 29: *In pulvere*. Ὁ Σύρος· ἐν γῇ. Pesch. ܒܚܒܠܐ. Ezech. xlvi. 5: Ὁ Σύρος· μαναά. Pesch. ܕܡܝܢ, *similam*. Ezech. xlvii. 19: Ὁ Σύρος· ἕως ὑδάτων ἀντιλογίας. Pesch. *usque ad aquas Meribath Cades*. Dan. ii. 2: Ὁ Σύρος συντόμως λέγει (ἀντὶ τοῦ, τοὺς ἐπαοιδοὺς καὶ τοὺς μάγους καὶ τοὺς φαρμακοὺς) τοὺς σοφοὺς τῆς Βαβυλῶνος. Pesch. vero juxta Hebraeum: *incantatores et hariolos et magos*. Ex his exemplis, ni fallimur, certissime evincitur, Syrum nostrum anonymum cum versione Peschito (quae dicitur) nihil commune habere. Nec magis, nostro quidem judicio, cum hac tam gravi dissensione concilianda est V. D. Josephi Perles[20] sententia, videlicet τοῦ Σύρου denominatione *eas lectiones quae a Peschito profectae viva voce circumferebantur* indicari. Equidem Syrum cum Peschito multis locis congruere facile concedimus; ubi vero differt, *ex ipsius Peschito corruptione, aut eorum qui auribus percipiebant errore quocumque differentiam illam nasci potuisse*, nobis quidem prorsus incredibile est.

Transeamus ad aliam hujus nodi solutionem, quae a Semlero[21] primum adumbrata, deinde a Döderleinio[22] retractata et novis probationibus confirmata, adeo Criticorum recentiorum[23] suffragiis commendata est, ut paene irrefragabilis videri possit. Ut tamen nostram sententiam libere proferamus, nulla unquam suppositio aut primo aspectu probabilitate magis destituta fuit, aut levioribus, ne dicamus falsioribus argumentis comprobata est. Hypothesis autem haec est. Sophronius quidam nonnullas particulas Hieronymi versionis V. T. de Hebraeo factae Graece transtulit.[24] *Responsio*. Esto; sed in his non includitur Geneseos liber, ad

❖ ── ❖

[19] Syri nostri lectiones ad Psalmos recensuit et a versione Syrorum simplici abjudicavit Dathius in *Praef. ad Psalt. Syr.* pp. xvi—xxi, qui tamen nostra exempla silentio praeteriit. [20] Vid. Perles *Meletemata Peschittoniana*, Vratisl. 1859, p. 51. [21] J. S. Semler *Vorbereitung* etc. P. I, pp. 382-394, laudante sed reclamante Dathio in *Praef. ad Psalt. Syr.* pp. xx, xxi. [22] Döderlein *Quis sit ὁ Σύρος V. T. Graecus interpres*, Altdorf. 1772. Libellum, quem nobis inspicere non contigit, fusius descripsit Eichhorn in

Einleitung in das A. T. pp. 412-415 ed. 3[tiae]. [23] Eichhorn ibid. p. 413: "Ausser allem Zweifel hat sie Döderlein gesetzt." [24] Hieron. de Viris Illustribus CXXXIV (Opp. T. II, p. 951): "Sophronius vir apprime eruditus... de Virginitate quoque ad Eustochium, et vitam Hilarionis monachi, opuscula mea, in Graecum eleganti sermone transtulit; Psalterium quoque et Prophetas, quos nos de Hebraeo in Latinum vertimus."

quem lectiones Syri nostri in primis notantur.—Hujus versionis fragmenta sub nomine τοῦ
Σύρου a Scriptoribus ecclesiasticis Didymo, Diodoro, ceteris allegantur, quos omnes aut Hieronymi aequales fuisse, aut post eum vixisse constat.   *Resp.* Negamus, quod ad Melitonem
attinet, qui saeculo secundo non recentior fuit.—*Syri* nomen huic versioni ideo impositum est,
quia Hieronymus auctor ejus diu in solitudine, quae in Syriae finibus est, vixit; vel quia
versio Bibliorum Hieronymiana apud Syros magna existimatione fruebatur.   *Resp.* At enim-
vero quid est cur auctorem versionis cum plausu acceptae proprio nomine inter omnes celebri
appellare noluerint ? aut cur Syri nominis, ex loco commorationis ejus Hieronymo impositi,
neque apud ipsum neque apud alios scriptores mentio fiat?—Utut sit, negari non potest,
aequalem ejus Theodorum Mopsuestenum in scripto quodam a Photio servato Hieronymum
sub titulo Ἀράμ, hoc est, τοῦ Σύρου, designasse.[25]   *Resp.* In loco Photii non alium haereseos
antesignanum quam Hieronymum, neque aliam Bibliorum versionem quam illius Latinam
intelligi posse, viris eruditis Allixio, Caveo, Hodio[26] (qui tamen in hoc loco nullum τοῦ Σύρου
indicium odorati sunt) libenter concedimus.   Ex his Caveus[27] opinatur ideo Hieronymum
Aram ficto nomine appellari, quia in Syria majorem vitae partem transegit, ibique et libros,
quos impugnat Mopsuestenus, scripsit, et Scripturas ex Hebraeo convertit.   Cui opinioni objici
potest, primum, nomen Ἀράμ non *Syrum* sed *Syriam* denotare; deinde hoc ipsum Syriae
nomen apud recentiores Syros ita inusitatum fuisse, ut adeo de significatione ejus dubitarent;[28]
postremo ecquis putet Theodorum Syrum adversario suo tale cognomen quasi infamiae notam
inusturum esse ? Potius crediderimus eum in hoc nomine etymologicas rationes respexisse,
juxta quas Ἀράμ *Superbus ille* (הָרָם) sonat.   Praeiverat Basilius in expositione allegorica loci
Jesai. vii. 2, de consensu Aram et Ephraim: Ἡγοῦμαι τοίνυν τὸν μὲν ἐπαιρόμενον τῇ σοφίᾳ τοῦ
αἰῶνος τούτου κατὰ τῆς γνώσεως τοῦ θεοῦ λόγον δηλοῦσθαι διὰ τὸν Ἀράμ· ἑρμηνεύεται γὰρ ὁ Ἀράμ,
μετέωρος ... μετέωρος δὲ, καὶ διὰ τὴν οἴησιν καὶ τὸ ἀλαζονικὸν αὐτοῦ ἔπαρμα;[29] quae epitheta ad reliquam Theodori vituperationem apprime quadrant.

Sed prolusionis satis. Veniamus ad illud in quo summa disputationis versatur, num
lectiones τοῦ Σύρου Hieronymi versionem Latinam Graecitate donatam referant, necne. Eichhornius ad hanc conspirationem probandam *octodecim* exempla appellat; e quibus *decem*
nullius vel levissimi momenti sunt; verbi causa, Psal. lxvii. 3: Οἱ ἄλλοι πάντες ἑρμηνευταί, καὶ ὁ
Ἐβραῖος, καὶ ὁ Σύρος· ἀσεβεῖς. Hieron.: *impii.* Psal. cxii. 1: Ἀ. Σ. Θ. καὶ ὁ Σύρος· δοῦλοι.

❖ ─── ❖

[25] Photius in Biblioth. Cod. 177 (227 ed. Hoeschelii):
Διαπεραίνεται μὲν αὐτῷ (Theodoro) ὁ πρὸς αὐτοὺς (τοὺς λέγοντας
φύσει καὶ οὐ γνώμῃ πταίειν τοὺς ἀνθρώπους) ἀγὼν ἐν λόγοις πέντε.
πρὸς δὲ τοὺς ἀπὸ τῆς δύσεως τοῦτο τὸ νόσημα νενοσηκότας γράφει
τὸ βιβλίον. ὧν καὶ τῆς αἱρέσεως ἀρχηγὸν λέγει γενέσθαι, ἐκεῖθεν
μὲν ὁρμώμενον, τοῖς δὲ τῆς ἀνατολῆς ἐπιχωριάζοντα τόποις, καὶ
συντάττοντα λόγους ὑπὲρ τῆς καινοποιηθείσης αὐτῷ αἱρέσεως, δια-
πέμπειν τοῖς τὸ πατρῷον ἔδαφος οἰκοῦσιν, ὑφ' ὧν καὶ πολλοὺς
ἐκεῖσε πρὸς τὸ οἰκεῖον φρόνημα ἕλκυσαι, ὡς καὶ ἐκκλησίας ὅλας τοῦ
ἀτοπήματος πληρωθῆναι. ΑΡΑΜ δὲ τὸν ἀρχηγὸν αὐτῶν· οὐ γὰρ
ἔχω σαφῶς εἰπεῖν, εἴτε ὀνομάζει, εἴτε ἐπωνομάζει· τοῦτον δὲ πέμπτον εὐαγγελίου προσαναπλάσαι λέγει, ἐν ταῖς τοῦ Εὐσεβίου τοῦ
Παλαιστίνου βιβλιοθήκαις ὑποπλαττόμενον εὑρεῖν· καὶ ἀπώσασθαι
μὲν τῆς θείας καὶ παλαιᾶς γραφῆς, ἣν οἱ ἑβδομήκοντα συνεληλυθότες
ἐκδεδώκασι μεταφράσειν, καὶ δὴ καὶ τὴν Συμμάχου καὶ Ἀκύλα καὶ
τῶν ἄλλων· ἰδίαν δέ τινα καὶ καινὴν ἐπαρθῆναι συντάξαι· μήτε τὴν
Ἑβραίων, ὥσπερ ἐκεῖνοι, ἐκ παιδὸς ἀσκηθέντα, μήτε τὸν τῆς θείας
γραφῆς νοῦν ἐκδιδαχθέντα. Ἑβραίων δέ τισι τῶν χαμαιπετῶν
ἑαυτὸν ἐκδεδωκότα, ἐκεῖθεν θαρρῆσαι ἰδίαν ἔκδοσιν ἀναγράφειν.
[26] Hodius *De Bibliorum Textibus,* p. 630.   [27] Vid.
ejus *Hist. Lit. Script. Eccles.* p. 759.   [28] Vid. Gesen.
Thes. Ling. Hebr. p. 152.   [29] S. Basil. M. Opp. T. I,
p. 521 D.

Hieron.: *servi.* Ezech. xliii. 2: Ὁ Ἑβραῖος καὶ ὁ Σύρος· ὡς φωνὴ ὑδάτων πολλῶν. Hieron.: *quasi vox aquarum multarum. Tria* falsa sunt; videlicet Jerem. viii. 6: *Unusquisque aversus est in cursibus suis.* Ὁ Σύρος· πάντες τῇ γνώμῃ αὐτῶν πορεύονται. Hieron.: *Omnes conversi sunt ad cursum suum.* Jerem. xxxi. 2: Ἀ. Σ. Θ. χάριν. Ὁ Σύρος καὶ ὁ Ἑβραῖος· οἰκτιρμόν. Hieron.: *gratiam.* Jerem. lii. 18: Ὁ Σύρος· νιπτῆρας ποδῶν. Hieron.: *lebetes.* Restant bonae frugis quinque, quae sunt: Psal. xviii. 5: Ἀ. τῷ ἡλίῳ ἔθετο σκήνωμα ἐν αὐτοῖς. Ὁ Σύρος· ἐν αὐτοῖς ἔθετο τοῦ ἡλίου τὸ σκήνωμα. Hieron.: *Soli posuit tabernaculum in eis.* Hic Hieronymum Graeca Aquilae vertisse certissimum est; Syrum autem Latina Hieronymi non ita. Idem dictum sit de secundo loco Psal. lix. 10, ubi Ἀ. λέβης λουτροῦ μου. Ὁ Σύρος· κάδος τῆς πλύσεως μου. Hieron.: *olla lavacri mei.* Tertius locus est Jerem. viii. 6: Ὁ Σύρος· ὡς ἵππος ὁρμῶν εἰς πόλεμον. Hieron.: *quasi equus impetu vadens in praelio;* ex imitatione Symmachi, ut videtur, qui vertit: ὡς ἵππος ὁρμῶν ἐν πολέμῳ. Quartum exemplum est Jerem. xii. 12: Ὁ Σύρος· ἐπὶ πᾶσαν ἀτραπόν. Hieron.: *super omnes vias.* Quintum Ezech. xliv. 20: Ὁ Σύρος· (καὶ τὰς κόμας αὐτῶν) οὐ θρέψουσι. Hieron.: *neque comam nutrient* (Hebr. *promittent*). His exemplis nos pro nostra liberalitate astruimus Gen. viii. 7. xxxi. 7. xxxvii. 2. xxxviii. 29. xxxix. 2. Exod. iv. 10. 3 Reg. xii. 10. Jerem. xxx. 20. xlviii. 33. Ezech. xlvii. 9; quorum in uno et altero (e.g. Jerem. xlviii. 33: Ὁ Σύρος· οὐκέτι οἱ ληνοβατοῦντες κελεύσουσι λέγοντες, ἰὰ, ἰά. Hieron.: *Nequaquam calcator uvae solitum celeuma cantabit*) facilius crediderimus Hieronymum τὸν Σύρον, quam hunc illum ante oculos habuisse.

Sed alteram partem audiamus, exempla scilicet, in quibus inter Syrum nostrum et Hieronymum dissensio manifesta deprehendatur. Talia sunt: Gen. xvii. 14: Ὁ Σύρος· πᾶς ὃς οὐ περιτέμνει (τὴν σάρκα τῆς ἀκροβυστίας αὐτοῦ). Hieron.: *cujus praeputii caro circumcisa non fuerit.* Gen. xxii. 13: Ὁ Σύρος· κρεμάμενον ἐν σαβέκ. Hieron.: *inter vepres haerentem.* Gen. xxvii. 40: Ὁ Σύρος· si *resipueris.* Hieron.: *cum excutias.* Gen. xli. 45: Ὁ Σύρος· εἰδὼς τὰ κρυπτά. Hieron.: *Salvatorem mundi.* Gen. xlv. 32: Ὁ Σύρος· πέντε ζυγὰς στολῶν καὶ διακοσίους χρυσίνους. Hieron.: *trecentos argenteos cum quinque stolis optimis.* Gen. xlix. 3: Ὁ Σύρος· ἐπλανήθης ὡς ὕδωρ, μὴ παραμείνῃς. Hieron.: *Effusus es sicut aqua, non crescas.* Jesai. vii. 18: Ὁ Σύρος· σφηκί. Hieron.: *api.* Jerem. i. 11: Ὁ Σύρος· ἀμυγδαλίνην. Hieron.: *vigilantem.* Jerem. xii. 5: Ὁ Σύρος· πῶς περάσεις τὸν Ἰορδάνην πλημμυροῦντα; Hieron.: *Quid facies in superbia Jordanis?* (Etiam h. l. Hieronymus versionis τοῦ Σύρου notitiam habuisse videtur; nam in Commentario enarrat: *Quid actura es, si Jordanem transieris, et gurgites ejus sustinueris?*) Jerem. xvii. 6: Ὁ Σύρος· ἐν φωλεοῖς. Hieron.: *in siccitate.* Jerem. xxiii. 6: Ὁ Σύρος· κύριε, δικαίωσον ἡμᾶς. Hieron.: *Dominus justus noster.* Jerem. xlvi. 17: Ὁ Σύρος· ταράττων καὶ καιροὺς παραφέρων. Hieron.: *tumultum adduxit tempus.* Jerem. xlviii. 31: Ὁ Σύρος· κεφαλαὶ αὐτῶν κεκαρμέναι κ.τ.ἑ. Hieron.: *ad viros muri fictilis.* Thren. i. 12, 22: Ὁ Σύρος· ἔθλιψε... θλίψον αὐτοὺς ὡς ἔθλιψάς με. Hieron.: *vindemiavit... vindemia eos sicut vindemiasti me.* Thren. iii. 16: Ὁ Σύρος· ἐν πέτρᾳ. Hieron.: *ad numerum.* Ezech. xlv. 24: Ὁ Σύρος· ἡμίναν. Hieron.: *hin.* Dan. ii. 2: Ὁ Σύρος· συντόμως λέγει· τοὺς σοφοὺς τῆς Βαβυλῶνος. Hieron.: *harioli, magi et malefici.* Ex his exemplis, selectis tantum (nam universa afferre infinitum foret) judicent lectores, quam temere statuerint VV. DD.,

Syrum nostrum et Hieronymum ut plurimum ad amussim inter se consentire; ubi autem dissentiunt, si non re ipsa ostendi, certe probabiliter conjici potest, in talibus locis genuinum versionis Hieronymianae textum periisse.[30]

Refutatis, nisi nos omnia fallunt, aliorum opinionibus, jam ipsi de quaestione, quis sit ὁ Σύρος, quid sentiamus paucis liceat exponere. Natione Syrus fuit; nomen ejus ignoratur. Quaeritur utrum versionem suam nativo sermone concinnaverit, unde Patres Graeci lectiones sub Syri nomine allegatas pro se quisque Graecas facerent; an ipse (quod Syris patrium fuit) utriusque linguae doctus, novam versionem Graecam, adhibita etiam versione Syriaca simplici, instituerit. Ad posteriorem sententiam (quae et nostra est) defendendam Montefalconius testem citat Ezech. viii. 16, ubi Hebraeum אוּלָם Syrus κιγκλίδα (= κάγκελλον) vertit, quam vocem nonnisi ex versione Graeca sumi potuisse opinatur. Sed quidni ut ܩܢܩܠ pro κάγκελλον, etiam ܩܢܩܠܣ pro κιγκλὶς Syris in usu fuisse crediderimus? Majoris, immo maximi momenti est locus Gen. xxxix. 2, ad quam Diodorus notat: ἦν γὰρ, φησὶν, ἀνὴρ ἐπιτυγχάνων (Syro-hex. ܡܨܠܚ. Cf. Prov. xii. 27 in LXX et Syro-hex.) ἢ κατὰ τὸν Σύρον, κατευοδούμενος (ܡܨܠܚ Psal. xxxvi. 7 in Syro-hex.). Quod si Diodorus lectionem τοῦ Σύρου ex Syriaco fonte hausisset, Graecamque de suo fecisset, quomodo affirmare potuisset, Syrum κατευοδούμενος vertisse, non ἐπιτυγχάνων, cum utraque vox Graeca uno eodemque vocabulo Syriaco exprimatur? Etiam stylus Syri nostri anonymi Graecam potius quam Syriacam originem arguit; e. g. Jerem. xlviii. 33: οὐκέτι οἱ ληνοβατοῦντες ΚΕΛΕΥΣΟΥΣΙ λέγοντες, ἰὰ, ἰά; ubi vox κελεύειν, *celeusma canere,*[31] ad exquisitissimam Graecitatem pertinet.

III.   *Quid sibi velit* τὸ Σαμαρειτικόν.

Samaritanorum Biblia duplicem Hexaplis nostris amplificationem contulerunt: primum ex parte textus Hebraeo-Samaritani, quatenus Hebraeo plenior est; deinde per versionem quandam Samaritanam, cujus lectiones Graecae cum titulo τοῦ Σαμαρειτικοῦ in scholiis hexaplaribus afferuntur. Utriusque autem generis accessiones ad solum Pentateuchum pertinere per se intelligitur.

1. Quod ad textum Hebraeo-Samaritanum attinet, qui Paulo Telensi ܕܡܣܪܝ ܐ, *editio Samaritanorum,* audit, haec habet Auctor Epistolae versioni Harethi praemissae: " Collatus est etiam liber Legis, qui in manibus Judaeorum reperitur, cum eo qui apud Samaritanos habetur. Reperitur autem in codicibus Samaritanis redundantia quaedam et repetitio ultra illud quod recipiunt Judaei; quae vel in unaquaque pagina infra textum, vel ad calcem libri notata, uti lecturus et percepturus es σὺν θεῷ."[32] Ex his repetitionibus, quae libris Exodi, Numerorum et Deuterouomii peculiares sunt, nonnullae prostant in Codd. 85, 130, in margine, sine asteriscis aut obelis;[33] plenior vero et perfectior earum notitia debetur versioni Syro-

---

[30] Verba sunt Eichhornii in *Einleitung in das A. T.* p. 413. Obiter monemus, Hieronymi versionis lectiones Graece redditas hic illic in scholiis reperiri, praemisso indice, Ὁ Λατῖνος. Vid. Hex. ad Gen. xlix. 9. Deut. xxxiv. 7.   [31] Cf. Hex. ad Exod. xxxii. 18.   [32] White (Rev. Joseph) *Letter* etc. p. 24.   [33] Vid. Hex. ad Num. xiv. 45. xxi. 11, 13. xxviii. 1. xxxi. 20.

hexaplari, in qua juxta Harethi relationem *infra textum*, semel tantum (Deut. v. 31) *ad calcem libri* leguntur, cum scholio hujusmodi : " Haec in editione Samaritana tantum posita sunt," praemissa quoque nota Origeniana, quae non ubique eadem est. Scilicet in Exodo asterisco vel asteriscis notantur, cum vel sine metobelo in fine (exceptis locis Cap. xi. 7. xxvi. 38, ubi casu, ut videtur, abest asteriscus) ; in Numeris vero pro asterisco obelus formae peculiaris (⨪) praeponitur, semel tantum (Cap. x. 10) cum metobelo in fine ; in tribus autem locis (Cap. xiv. 40, 45. xxi. 20) obelus casu omittitur. Cum vero neque obelus neque asteriscus cum Origenis instituto conveniat, uterque fortasse excusari potest ; asteriscus, quia verba sic notata non leguntur in LXX ; obelus, quia non exstant in Hebraeo. Syrum autem interpretem has lectiones non e textu Hebraeo-Samaritano, sed e lectionibus Graecis in margine librorum hexaplarium adhuc exstantibus sumpsisse, diserte testatur subscriptio Exodi in versione Syro-hexaplari, ipsa, ut fieri solet, ex Graeco libro desumpta ;[34] ex qua probabiliter conjiciat aliquis, Origenem ipsum lectiones Hebraeo-Samaritanas in usum operis sui Graecas fecisse, eique auctori vindicandum esse scholium in margine Codd. 85, 130 ad Num. xiii. 1 appictum : Καὶ τούτων μνημονεύει ἐν τοῖς πρώτοις τοῦ Δευτερονομίου, ἃ καὶ αὐτὰ ἐκ τοῦ τῶν Σαμαρειτῶν Ἑβραϊκοῦ μετε-βάλομεν καταλλήλως τῇ τῶν Ο΄ ἑρμηνείᾳ τῇ ἐν τῷ Δευτερονομίῳ φερομένῃ.

2. Transeamus ad lectiones quibus praeponitur titulus, Τὸ Σαμαρειτικὸν, quaeque ejusdem generis sunt cum iis quae τὸν Ἑβραῖον et τὸν Σύρον auctores sibi vindicant. Harum summa totalis, si recte eas numeravimus, est quadraginta tres, praeter quatuor anonymas (Lev. iv. 15. vii. 35. Num. v. 18. xxi. 11) quae ad eundem interpretem probabiliter pertinent. Earum recensio, paullo correctior ea quam in *Appendice ad Pentateuchum* (T. I, pp. 329, 330) exhi-buimus, haec est : Gen. iv. 8. v. 25. xliv. 5. xlix. 15, 23, 24. l. 19. Exod. viii. 21. x. 7 (bis). xii. 42. xiii. 13. xiv. 15, 20. xvi. 31. xxiii. 16. xxvi. 5. xxviii. 4. xxxii. 18. xxxvii. 2. Lev. i. 15. viii. 15. xiii. 8, 51. xv. 3. xx. 20. xxv. 5, 25. xxvi. 24, 41, 43. xxvii. 14. Num. iv. 25. vii. 3. xiii. 33. xviii. 7. xxix. 1, 35. xxxi. 16, 18, 26. xxxii. 12. Deut. xxxii. 8. Originem harum lectionum partim in praedicta appendice, partim in annotatione ad singulos locos inda-gavimus, facta earum cum versione Chaldaeo-Samaritana (quae dicitur) a Briano Waltono edita comparatione. Summa investigationis haec est. E quadraginta tribus lectionibus tri-ginta sex cum dicta versione aut accurate consentiunt, aut sine magna difficultate conciliari possunt. Restant septem tantum loca, videlicet Gen. v. 25. xlix. 15. l. 19. Exod. xiii. 13. xvi. 31. Lev. xv. 3. xxv. 5,[35] in quibus lectio τοῦ Σαμαρειτικοῦ a versione Chaldaeo-Samaritana, saltem qualis ad nostra tempora devenerit, plus minus recedit.[36] Hanc autem qualemcunque

[34] Vid. Ceriani *Mon. Sac. et Prof.* T. II, p. 153. his locis fortasse eximendus est Gen. xlix. 15, ubi Sama-ritana פרם לארים aliter verti posse, *ad ministrandum pastor*, observat Edmundus Castellus in *Animadversionibus Samariticis in Pentateuchum*, p. 6 (Waltoni *Bibl. Polygl.* T. VI, Sect. V). [36] A nostra paulum discrepat computatio Castelli l. c. p. 11 : " Atque hic minime praetereundum

[35] Ex puto, quod quum ibi [apud Nobil.] in Genesi quater fiat mentio τοῦ Σαμαρειτικοῦ, bis a nostris discordant exem-plaria ; in Exodo undecies, ubi quinquies diversa sunt ; in Levitico etiam undecies, et discordant quater ; in Numeris novies, et semel tantum dissentiunt ; in Deuteronomio mentio nulla. Per τὸ Σαμαρειτικὸν autem semper intelli-gitur versio Chaldaeo-Samaritana, non textus Hebraeo-

discrepantiam non sufficere ad diluendam conclusionem quae ex generali duarum versionum consensu inferatur, candidus lector, ni fallimur, nobiscum agnoscet.[37]

CAPUT IX.

DE LUCIANI EDITIONE.

I. Quomodo Luciani editio ad Hexapla pertineat. II. Quid de Luciano et ejus editione a veteribus traditum sit. III. Quinam Bibliorum Graecorum codices Luciani editionem prae se ferant. IV. De Luciani editionis scopo et indole. V. De Lucianae recensionis versione Syriaca. VI. De versione Joannis Josephi.

I. *Quomodo Luciani editio ad Hexapla pertineat.*

Quaestio de Luciani versionis LXXviralis editione sive recensione usque adhuc in Prolegomenis ad istam versionem potius quam ad Origenis Hexapla tractari solita est. Itaque antecessor noster in Praeliminaribus suis Luciani nullam omnino mentionem fecit, ne quidem ubi de notis ad Hexapla spectantibus (inter quas est ↄ, Nostri nominis abbreviatio) ex proposito disserit. Primum igitur, qualis sit inter Luciani opus et nostrum institutum affinitas non abs re erit declarare.

Luciani editio ad Hexapla nostra non alio modo pertinet, quam Hebraei, Syri et Samaritani selectae lectiones; quas omnes non in opere Origenis archetypo per sex columnas descripto, sed in margine exemplarium versionis τῶν O' hexaplaris inclusas fuisse credibile est. Hujusmodi sunt exemplaria quae interpreti Syro-hexaplari ad manum fuerunt, de cujus instituto Auctor Epistolae versioni ejus Arabicae praemissae haec inter alia praefatus est: " Contulit insuper inter se exemplaria ista Hebraica summa cura LUCIANUS, et siquid vel deficiens vel redundans deprehenderet, illud in locum suum restituit, particulae quam emendavit initiali

---

Samaritanus."   [37] Eichhornium (*Einleitung in das A. T.* p. 418) εἰς ἀμηχανίαν egit alius interpres anonymus, ὁ Ἑλληνικὸς dictus, bis, ut ait, a Polychronio memoratus, videlicet ad Job. xiv. 8 : ὁ μὲν Ἑλληνικὸς, ἀπὸ τοῦ τέλους, εἴρηκεν· ὁ δὲ Ἑβραῖος, ἀπὸ τοῦ πράγματος ποίησει καρπόν; et ad Ezech. xlvii. 8 : ὁ δὲ Ἑβραῖος, ἐπὶ δυσμὰς, φησίν . . . ἔοικεν δὲ τὸ αὐτό πως καὶ ὁ Ἑλληνικὸς σημαίνειν, προσθεὶς τό, ἤρχετο ἕως ἐπὶ τὴν θάλασσαν. In priore loco verba Poly-

chronii, a Montefalconio et Eichhornio male mulcata, sic legenda et distinguenda sunt: ὁ μὲν Ἑλληνικὸς, ποίησει θερισμὸν, ἀπὸ τοῦ τέλους εἴρηκεν· ὁ δὲ Ἑβραῖος ἀπὸ τοῦ πράγματος, ποιήσει καρπόν; in utroque, ut et in Hex. ad Gen. xlix. 5, 6, ὁ Ἑλληνικὸς est versio Graeca τῶν O', etiam ὁ Ἕλλην (Hex. ad Num. x. 29. Jerem. xxxi. 1) et ἡ Ἑλληνικὴ (Hex. ad Gen. viii. 7) dicta.

nominis praefati litera apposita, scilicet litera *Lam*." Et paulo post: "Quodcunque nota
libros Hebraicos denotante est signatum, scilicet *Ain, Be* et *Ra*, illud scias in textu Hebraico
reperiri; sin vero litera *Elif* in textu vel ad marginem, illud apud Aquilam lectum; si litera
Sin, a Symmacho sumptum; litera Θ, a Theodotione; si E, *He*, e versione Quinta; si litera
ϛ *Vaw*, e Sexta. Quod si adscribantur literae *Elif, Vaw* et *Ra*, ipsa esse Origenis; si demum
litera *Lam*, Λ, Luciani esse."[1] Juxta hunc auctorem una cum ceteris notis, ܠ, *l*, ܗ, ܠ, ܐ, ܘ,
ܘ̇ܐ, quae in margine versionis Syro-hexaplaris occurrunt, etiam in literam ܠ quibusdam
lectionibus praemissam incidere expectaremus. Quod tamen, saltem quod ad Codicem Ambrosianum et Britannicos attinet, secus est; in quibus praeter Aquilae et ceterorum lectiones
aliae anonymae passim obviae sunt, Luciani vero nomine praenotata ne una quidem. Sed
feliciter evenit, ut in libro IV Regum Codex Parisiensis sigli deperditi ܠ certissima indicia
prae se ferret. Loca sunt Cap. ix. 9, 28. x. 24, 25. xi. 1. xxiii. 33, 35, ad quae Critici in
diversas de hac novitate sententias abierunt. Brunsius quidem opinabatur se in describendo
codice errasse, et ܠ pro ܣ, h. e. Ἑβρ., pinxisse. Bugatus in Monito ad Danielem, p. 166, e
codicis sui analogia, altero ne inspecto quidem, temere statuit literam esse *Gomal* (= οἱ τρεῖς)
quae in scriptura Estranghelo ab altera haud ita multum abest. Sed ex testimonio Ceriani
nostri, qui codicem denuo retractavit, litera est evidentissime *Lomad*, eaque initialis non
Graeci vocabuli Λοιποί (quae Hassii conjectura fuit, repugnante Syri nostri usu) sed Syri
nominis ܠܘܩܝܢܘܣ, Λουκιανός, quem per hanc literam designari solitum esse diserte testatur
Arabs noster.

E Graecis auctoribus cum Arabe consentit Theodoretus in Dissertatione MS. *in Prophetas
et Editiones*,[2] quae ad summam non multum distare videtur ab opusculo ejusdem argumenti
in Auctario ad Tom. I Operum Theodoreti,[3] sed notulam habet minime contemnendam, quam
in edito frustra quaesieris: Ἰστέον δὲ ὅτι ὅπου τὸ ō μετὰ ἐγκαρσίου διαστολῆς εὑρεθῇ, τῶν Ο΄ ὑπάρχει
ἔκδοσις· ὅπου δὲ τὸ ᾱ, Ἀκύλα· ἐν ᾧ δὲ τόπῳ τὸ σ̄, Συμμάχου· καὶ ἐν οἷς χωρίοις τὸ θ̄, Θεοδοτίωνος· καὶ
αὖ πάλιν ὅπου τὸ ε̄, πέμπτη· καὶ εἰς ἃ τὸ ἀπόσημον ϛ̄, ἕκτη· ἐν οἷς δὲ τὸ ᴣ, μέσον ἔχον τὸ ō, Λουκιανοῦ·
ὅπου δὲ τὸ ῑ μετὰ τοῦ ω̄, Ἰωάννου Ἰωσήπου· οἱ δὲ ※ ※ ※ τὴν συμφωνίαν τῶν ἐκδοτῶν παρεμφαίνουσι.[4]
De Joanne Josepho alio loco videbimus; quod vero ad siglum ᴣ attinet, quod in marginibus
librorum hexaplarium frequens est, nota ambiguae significationis est, ut utrum *Lucianus* an
Reliqui interpretes (Λοιποί) per eam indicetur incertum sit. Exempli gratia: Hodius affirmat,
ad oram Codicis Barberini juxta Waltoni collationem Luciani editionem per notulam ᴣ *octies*
citari, videlicet Amos iii. 12. Mich. vii. 2. Joel. ii. 3. Jon. i. 6. Zeph. i. 12. Hag. i. 10. Mal. i. 6.
iii. 10; in quibus tamen omnibus locis Montefalconius non Luciano, quem in toto opere suo
ne nominat quidem, sed τοῖς λοιποῖς lectionem hac notula insignitam vindicat.[5] Ambiguitas eo

---

[1] White (Rev. Joseph) *Letter* etc. p. 25.   [2] Apud Jo.
Phelippaeum *Praef. in Oseam*. Libri titulus est: *Oseas
primus inter Prophetas Commentariis illustratus, auctore
Joanne Phelippaeo Societatis Jesu*, Lutet. Paris. 1636;
praefationis autem: *Praefatio de Interpretationibus Bibliorum Graecis, earumque variis correctionibus, occasione*

*Codicis MS. quam optimi et antiquissimi, in quo Pro-
phetae omnes continentur, quem Eminentissimus Cardinalis Rupefucaldius e Bibliotheca sua nobis utendum et
excudendum dedit*.   [3] Theodoret. Opp. T. V, pp. 71–82.
[4] Jo. Phelippaei *Praef. in Oseam*, §. 20.   [5] Etiam nos,
ut in re nondum satis comperta, in majore Hexaplorum

major fit, quia in talibus locis ex compositione operis Lucianei necessario consequitur, ut lectio
ejus et reliquorum interpretum una eademque sit.

II. *Quid de Luciano et ejus editione a veteribus traditum sit.*

Exeunte saeculo III Lucianus, Ecclesiae Antiochenae presbyter, ex aliis Graecis translationibus inter se collatis, et ex ipso textu Hebraico, versionem τῶν Ο′ recognovit et emendavit
in tantum ut pro nova editione habeatur illius recensio. Sic Suidas s. v. Λουκιανὸς ὁ μάρτυς:
Οὗτος τὰς ἱερὰς βίβλους θεασάμενος πολὺ τὸ νόθον εἰσδεξαμένας, τοῦ γε χρόνου λυμηναμένου πολλὰ τῶν
ἐν αὐταῖς, καὶ τῆς συνεχοῦς ἀφ᾽ ἑτέρων εἰς ἕτερα μεταθέσεως, καὶ μέντοι καί τινων ἀνθρώπων πονηροτάτων,
οἱ τοῦ Ἑλληνισμοῦ προειστήκεσαν, παρατρέψαι τὸν ἐν αὐταῖς θελησάντων νοῦν, καὶ πολὺ τὸ κίβδηλον
ἐνσκευασαμένων, αὐτὸς ἁπάσας ἀναλαβὼν ἐκ τῆς Ἑβραΐδος ἐπανενεώσατο γλώττης, ἣν καὶ αὐτὴν ἐς τὰ
μάλιστα ἦν ἠκριβωκώς, πόνον τῇ ἐπανορθώσει πλεῖστον εἰσενεγκάμενος. *Septimam* ejus editionem
appellant Theodoretus[6] et alii, *nescientes nimirum*, ait Hodius,[7] *exstitisse Septimam quandam
in Hexaplis Origenianis*; quae eorum ignoratio (obiter dictum sit) contra existentiam Septimae editionis hexaplaris non leve est argumentum. Iidem tradunt, Luciani opus, ipsius
manu exaratum, post mortem ejus Nicomediae (ubi martyrium passus est postridie festi Epi-
phaniae A.D. 312) imperante Constantino Magno, in pariete turriculae calce circumlito
inventum esse. Utut hoc sit, paulo post initium saeculi IV editionem Lucianeam ab Ecclesiis
Constantinopolita et Antiochena approbatam usuque communi receptam esse, testis locuple-
tissimus est Hieronymus, qui in Apologia adversus Rufinum distincte tradit : " Alexandria et
Aegyptus in Septuaginta suis Hesychium laudat auctorem; Constantinopolis usque ad Antiochiam Luciani Martyris exemplaria probat ; mediae inter has provinciae Palaestinos codices
legunt, quos ab Origene elaboratos Eusebius et Pamphilus vulgaverunt ; totusque orbis hac
inter se trifaria varietate compugnat."[8] Idem in Epistola ad Sunniam et Fretelam : " Sciatis
aliam esse editionem, quam Origenes et Caesariensis Eusebius, omnesque Graeciae tractatores
Κοινήν, id est, *communem* appellant, atque *Vulgatam*, et a plerisque nunc Λουκιανὸς dicitur ;
aliam LXX interpretum, quae in ἑξαπλοῖς codicibus reperitur, et a nobis in Latinum sermonem
fideliter versa est, et Jerosolymae atque in Orientis ecclesiis decantatur."[9] E quibus testi-
moniis indubitate colligi potest, Luciani editionem non novam ex Hebraeo versionem fuisse,
sed venerandae Seniorum versionis recensionem, sive ἐπανόρθωσιν, Hebraeo convenientiorem
factam ; ejusque reliquias inter varias quae feruntur textus LXXviralis recensiones adhuc
investigari posse.

---

nostrorum parte Luciani nomen tacuimus, donec post Prophetas a nobis editos ad 4 Reg. ix. 9 provecti, de vera
significatione notae ⅃ certiores facti sumus.   [6] Opp.
T. V, p. 81. Edito paulo plenius Theodoretus MS. apud
Fhelippaeum in *Praef.* p. xiv: 'Εβδόμη τε ἔκδοσίς ἐστιν ἡ τοῦ
ἁγίου Λουκιανοῦ τοῦ μεγάλου ἀσκητοῦ καὶ μάρτυρος, ὅστις ταῖς

προγεγραμμέναις ἐκδόσεσιν ἐντυχών, ἐγκύψας δὲ καὶ τοῖς Ἑβραϊ-
κοῖς μετὰ ἀκριβείας, τὰ λείποντα ἢ καὶ περιττεύοντα καὶ τοῦ κατα-
λόγου τῆς ἀληθείας πόρρω τυγχάνοντα διορθωσάμενος ἐν τοῖς
οἰκείοις τῆς γραφῆς χωρίοις, ἐξέδωτο τοῖς Χριστιανοῖς ἀδελφοῖς.
[7] *De Bibliorum Textibus*, p. 627.   [8] Hieron. Opp. T. II,
p. 522.   [9] Hieron. Opp. T. I, p. 642.

III. *Quinam Bibliorum Graecorum codices Luciani editionem prae se ferant.*

In hac inquisitione instituenda a IV Regum libro, in quo manifestissima recensionis Lucianeae insunt vestigia, initium faciamus.

Cap. ix. 9 : וְנָתַתִּי. O′. καὶ δώσω. Sic Ed. Rom., sed, teste Syro-hex., haec est Luciani lectio, et genuina τῶν O′ versio est ἐπιδοῦναι, quae in Codd. III, XI, 44, 52, 74, aliis, hodie legitur. Codices qui cum Luciano faciunt, sunt 19, 82, 93, 108, et (quantum ex silentio Parsonsii colligatur) septem alii. Cap. ix. 28 : וַיִּרְכִּבוּ אֹתוֹ. O′. καὶ ἐπεβίβασαν αὐτόν. Λ. καὶ ἀνήνεγκαν αὐτόν (ܘܐܣܩܘܗܝ). Sic Comp. (proculdubio e Cod. 108, quem e Bibliotheca Vaticana mutuum acceperat illustrissimus Cardinalis Ximenes[10]), Codd. 19 (cum ἀνήβασαν), 93, 108. Cap. x. 24 : נָפֶשׁ. O′. ἡ ψυχὴ αὐτοῦ (αὐτῶν Syro-hex.). Λ. αὐτοῦ. Etiam haec lectio est in Codd. 19, 82, 93, 108, sed praeterea in aliis omnibus, excepto Cod. 55. Cap. x. 25 : כְּכַלֹּתוֹ. O′. ὡς συνετέλεσε. Λ. (ὡς) συνετέλεσαν. Sic (cum ποιοῦντες pro ποιῶν) Comp., Codd. 19, 82, 93, 108. Cap. xi. 1 : כִּי מֵת בְּנָהּ. O′. ὅτι ἀπέθανεν ὁ υἱὸς (Syro-hex. ἀπέθανον οἱ υἱοὶ) αὐτῆς. Λ. ὅτι ἀπέθανεν ὁ υἱὸς αὐτῆς. Hic quoque Luciani correctio in Ed. Rom. irrepsit, repugnantibus Ald., Cod. III, et septemdecim aliis, qui cum Syro-hex. faciunt. Cum Luciano autem consentiunt Codd. 19, 82, 93, 108, cum paucis aliis. Cap. xxiii. 33 : וַיַּעַנֶשׁ זָהָב. O′. καὶ ἑκατὸν τάλαντα. Λ. καὶ δέκα τάλαντα. Luciani lectio est in Comp., Codd. 19, 56, 82, 93, 108, 246. Cap. xxiii. 35 : כְּעֶרְכּוֹ. O′. κατὰ τὴν συντίμησιν αὐτοῦ. Λ. κατὰ δύναμιν αὐτοῦ (ܐܝܟ ܚܝܠܗ). Sic Comp., Codd. 19, 82, 93, 108.

Ex hac omnium locorum, in quibus Lucianus nominatim appellatur, recensione certissime concluditur arcta propinquitas, ne dicamus identitas, inter Luciani editionem et Codd. 19, 82, 93, 108. Hi autem quatuor codices cum Complutensi et per occasionem uno et altero alio, necnon lectionibus quibusdam, quae in margine versionis Syro-hexaplaris, tacito Luciani nomine, hic illic afferuntur,[11] per libros Regum, Paralipomenων, Esdrae et Nehemiae (ut cuique Hexapla nostra vel raptim inspicienti patebit[12]) tam mirum in modum in certis lectionibus ab editione vulgata quasi conjuratione facta desciscunt, ut eos ad specialem quandam versionis LXXviralis recensionem pertinere negari non possit. Hanc autem nullam aliam esse quam Lucianeam, praeter probationem ex usu Syro-hexaplari literae *Lomad* ductam, alio firmissimo argumento demonstrari potest, videlicet quod Chrysostomus et Theodoretus, quos Luciani editionem, ab Ecclesia Antiochena usu receptam, legisse consentaneum est, in hac Bibliorum parte citanda, spreto textu vulgari, cum eo qui in quatuor libris nostris continetur, accurate

❖ ――― ❖

[10] Vid. Vercellone *Praefat. in Cod. Vat. a Maio editum*, p. v. [11] Vid. Hex. ad 3 Reg. i. 8. iii. 22. v. 6. 4 Reg. ix. 5. xv. 11. xviii. 20. [12] Vid. Hex. ad 1 Reg. i. 1 (bis), 3, 5, 6, 7, 9, 12, 16, 23, 28. ii. 14, 20, 22, 23, 24, 28, 30, 31, 35, 36 (bis), praeter alia minoris momenti exempla ex apparatu Parsonsiano petenda. In talibus varietatibus afferendis, quasi in re ulterius examinanda, formula gene-

raliori, "Alia exempl." usi sumus (ut de hac ipsa recensione Euseb. in Dem. Evang. p. 336 D: ὡς τῶν τῶν ἀντιγράφων ἔχει; necnon Schol. ad 4 Reg. xii. 10: ἐν τισιν; quibus exemplaribus opponuntur τὰ ἀκριβέστερα τῶν ἀντιγράφων (Schol. ad 2 Reg. xxiv. 25), et τὰ ἀρχαῖα ἀντίγραφα (Schol. ad 3 Reg. xv. 23)), cujus loco hodie praetulerimus, "Alia editio," ut Syrus noster in scholio ad Jesai. ix. 6.

concinere solent. Etiam in divisione librorum Regum cum Diodoro et Theodoreto, qui librum tertium a Cap. ii. 12 incipiunt, faciunt Codd. 19, 82, 93, 108, 245.

Transeamus ad Prophetas, in quibus Luciani recensio, nisi nos omnia fallunt, ea est quae in undecim libris Holmesio-Parsonsianis 22, 36, 48, 51, 62, 90, 93, 144, 147, 233, 308, necnon apud Chrysostomum et Theodoretum, et in lectionibus anonymis in margine Codicis Ambrosiani Syro-hexaplaris charactere medio pictis, consona voce continetur. Hic primum expendenda sunt loca XII Prophetarum, in quibus sub siglo ambiguo ⅄ in margine Codicis Barberini Luciani nomen latere credibile est. In Jesaia et Jeremia vix reperitur haec notatio. In Ezech. iii. 26 Cod. 86 pingit: Οἱ Γ´. καὶ ⅄ (non λοιποί, ut De Reg. exscripsit), ubi ⅄ nil nisi *Lucianus* indicare potest, concinentibus Codd. 22, 36, 48, aliis. In Ezech. v. 2 (in *Auctario*) pro ὀπίσω αὐτῶν solus Cod. 86 in textu: ἐν μέσῳ αὐτῶν; in marg. autem: Ἀ. Σ. ⅄ [Λουκιανὸς] ὀπίσω αὐτῶν. In Ezech. vi. 12 pro Οἱ λοιποὶ in codice, ni fallimur, est ⅄ pro Λουκιανός; certe lectio περιλειφθεὶς est in Codd. 22, 36, 48, aliis. Postremo in Ezech. xxxiv. 15 Cod. 86 (teste Stephanopoli) pingit: Οἱ Γ´. ⅄ [Λουκιανὸς] ποιμανῶ, et sic Codd. 22, 36, 48, alii. Restant loca Ezech. i. 9, 24. x. 5. xxvi. 3. in quibus siglum ⅄ *ceteros interpretes* denotare suadet tum aliorum testium assensus, tum codicum Lucianeorum lectionis, de qua agitur, repudiatio. Ex XII Prophetis in Mich. i. 15 ad Ἰσραὴλ, quod in Hebraeo et textu LXXvirali recepto legitur, Cod. 86 in marg. notat: ⅄. Σιών. *Ceteros interpretes* sic vertisse prorsus incredibile est, itaque in Hexaplis ad loc. de *aliis exemplaribus* cogitavimus; nunc autem cum haec ipsa lectio in Codd. 22, 36, 51, aliis, reperiatur, de Luciano intelligere malimus. Ne longiores fiamus, editioni Lucianeae tribuimus lectiones, quae hoc siglo praenotantur, Joel. i. 12. ii. 3. Amos iii. 12. Obad. 3. Jon. i. 6. Habac. i. 5. Zeph. i. 5. Mal. i. 6; *ceteris* autem *interpretibus* Hos. ii. 5. Amos v. 12. Obad. 1. Mich. vii. 2. Zeph. i. 9, 10. Zach. i. 8. iii. 1. ix. 10. Argumentis quibus probavimus, recensionem quam referunt Codd. 22, 36, cet. vere Lucianeam esse, aliud, idque gravissimum, quasi cumulum addimus. Scilicet apud Ezechielem sexcenties obvia est formula אֲדֹנָי יְהֹוָה, pro qua in Ed. Rom. est κύριος tantum; in Comp., Ald., Codd. III, XII, 26, 42, 49, aliis, κύριος κύριος; in Codd. 22, 36, 48, aliis, ἀδωναΐ κύριος.[13] His autem diebus literas accepimus a Ceriani nostro, in quibus locum aureum de Luciano, e codice quodam Syriaco a se olim exscriptum, nobis transmisit. Hic autem Graece versus (e qua lingua translatus esse videtur) sic fere sonat: Ἐντεῦθεν Λουκιανὸς ὁ φιλόπονος ὁ ἅγιος καὶ μάρτυς, καὶ αὐτὸς σπουδὴν ποιησάμενος περὶ τῶν ἱερῶν γραφῶν, καὶ διορθωσάμενος ἔνθα καὶ ἔνθα, ἢ καὶ ἐναλλάξας ἐνίας τῶν λέξεων ἃς ἔθεντο οἱ πρὸ αὐτοῦ ἑρμηνευταί, ἰδὼν τὸ ὄνομα ΑΔΩΝΑΪ ἔσω κείμενον, καὶ τὸ ὄνομα ΚΥΡΙΟΣ ἔξω κείμενον, ἀμφότερα συνάψας καὶ συνθεὶς αὐτὸς οὕτως ἐξέδωκεν ἐν τῇ διαθήκῃ ἣν κατέλιπεν, ὥστε εὑρεθῆναι ἐν αὐτῇ πολλαχοῦ γεγραμμένον· ΤΑΔΕ ΛΕΓΕΙ ΑΔΩΝΑΪ ΚΥΡΙΟΣ.[14]

Quod ad Octateuchum attinet, quaestio de Luciani recensione paulo obscurior est; nam

---

[13] Vid. Hex. nostra ad Ezech. ii. 4.   [14] Mus. Brit. Add. MSS. 12,159, fol. 302 r.

ܘܡܢ ܡܪܡܪܝܢ܂ ܟܡ ܣܝܪ ܚܡܚܐ ܘܐ ܟܚܪ܂ ܗܘ ܠܝܢ ܐܘܡ ܝܬܢ ܗܘ ܗܟܝ܂ ܗܘ ܟܚܐܝܢܝܗ ܠܟܡܐ ܗܘ ܐܚܣܝ ܠܝ ܗܝ ܟܡܣܝ ܠܝܗ ܘܗܓܚ ܗܘ ܩܚܠܐ܂ ܐܡܚܐ ܘܐܚܚܡ ܗܐ ܘܡܐܢܝܗ ܟܝܗܝ ܠܝܢ܂ ܘܡܓܚ ܟܚ ܟܚܠ܂ ܐܡܚܐ ܘܐܚ܂ ܘܐ ܡܚ܂ ܘܗܡܠܬ ܚܚܡܚܠ ܩܝܠ ܠܝܩܐ܂ ܘܡܚܐ ܐܚܐ ܘܐܝ ܩܚܝܢ܂

ܐܘܡ ܡܘܗ̈ܝܐ܂ ܡܚ ܠܝܗ ܟܚܡܚ ܠܝܢ ܟܚܠ ܠܝܩ ܟܡܐ ܩܚ ܩܝܗܝ ܐܡܚܡ ܗܟܝ܂ ܐܚܡ ܠܝ ܟܚܐ ܟܝܡܚܐ ܡܚܚܡܚ ܗܡܐܢܝܗ

et codices qui eam referunt (qui sunt, ut videtur, 19, 108, 118) non tam evidenter e ceteris emicant quam in libris historicis et propheticis, et loca a Chrysostomo et Theodoreto ex eo excitata pauciora sunt quam ut rem controversam decidere possint. Etiam de Jobo, Psalmis et Salomonis scriptis ad diligentiorem quam nunc instituere vacat investigationem sententiam nostram reservamus; praesertim cum ex iis S. Scripturae libris, qui nullam dubitationem admittunt, quid sibi Lucianus in editione sua concinnanda proposuerit, et quam viam inierit, non difficile est intelligere.

IV. *De Luciani editionis scopo et indole.*

Luciano, ut vidimus, quamvis utriusque linguae scientiam habenti, non propositum fuit novam versionem Graecam de Hebraeo conficere, sed versionem existentem ab Ecclesia universa probatam recognoscere, et archetypo congruentiorem reddere. In quo incepto cum magnus Origenes praecessisset, recensionem ejus cum textu τῶν O' hexaplari aliquatenus ad verbum consentire non est quod miremur. Ne tamen Lucianum Origenis merum exscriptorem fuisse opinemur, obstant innumera loca in quibus lectionem hexaplarem aut prorsus rejicit, aut ad usum operis sui aptiorem facit.[15] In quo exsequendo viam quae nunc exponenda est iniisse videtur.

1. Omissiones versionis LXXviralis ex aliis editionibus non sine quadam variatione sartas tectas facit. E. g. Jesai. xl. 7, 8 : O'. Vacat. Lucianus: ὅτι πνεῦμα κυρίου ἔπνευσεν εἰς αὐτό· ἀληθῶς ὅμοιος χόρτῳ ὁ λαός. ἐξηράνθη ὁ χόρτος, καὶ τὸ ἄνθος ἐξέπεσε; ex Symmacho et Theodotione cum mutationibus ὅμοιος χόρτῳ pro χόρτος et καὶ τὸ ἄ. ἐξ. pro ἐξ. τὸ ἄ. Jerem. xliv. 18 : Hexapla : ✕ καὶ σπένδειν αὐτῇ σπονδάς ◄; ex Aquila, ut videtur. Lucianus: καὶ σπένδοντες αὐτῇ σπονδάς; scilicet quia praecesserat διελίπομεν θυμιῶντες (non θυμιᾶν). Alia specimina sunt Jerem. x. 8–10. xvii. 1–4. Ezech. x. 14. xxxiii. 25, 26.

2. Ut Hebraeae veritatis assertionem cum debita Seniorum veneratione conciliet, Noster ad duplices versiones confugere solet; cujus artificii exempla sunt : 1 Reg. xii. 2 : *Senex et canus factus sum* (וְשַׂבְתִּי). O'. γεγήρακα καὶ καθήσομαι (וְשָׁבְתִּי). Lucianus: γεγήρακα καὶ πεπολίωμαι (fortasse ex Aquila) καὶ καθήσομαι ἐκ τοῦ νῦν (*ex hoc tempore vitam otiosam degam*, ad sensum apte, sed silente Hebraeo). 2 Paral. xiv. 11 : לְאֵין כֹּחַ (*sive per invalidos*). O'. καὶ ἐν ὀλίγοις. Lucianus: ἢ ἐν ὀλίγοις οἷς οὐκ ἔστιν ἰσχύς. Jesai. ix. 6, ubi non sollicitata Seniorum humili versione, μεγάλης βουλῆς ἄγγελος· ἄξω γὰρ εἰρήνην κ. τ. ἑ., Lucianus post ἄγγελος infert lectionem e ceteris interpretibus arcessitam, θαυμαστὸς, σύμβουλος κ. τ. ἑ. Jesai. xxiv. 23 : *Et erubescet luna, et pudore afficietur sol.* O'. καὶ τακήσεται ἡ πλίνθος, καὶ πεσεῖται τὸ τεῖχος; quibus retentis Lucianus e Symmacho addit: καὶ ἐντραπήσεται ἡ σελήνη, καὶ αἰσχυνθήσεται ὁ ἥλιος. Jerem. v. 7 : *Et jurare feci* (וָאַשְׁבִּעַ). O'. καὶ ἐχόρτασα (וָאַשְׂבִּעַ). Lucianus: καὶ ὥρκιζον αὐτούς,

---

[15] In Hex. ad Jerem. xxix. 11, 12 codices ad Lucianeam recensionem pertinentes male a nobis *libri hexaplares* nuncupati sunt.

καὶ ἐχόρτασα αὐτούς.   Ezech. xxxi. 10: *Et elatum est cor ejus in altitudine ejus.*   Ο΄. καὶ εἶδον ἐν
τῷ ὑψωθῆναι αὐτόν.   Lucianus: καὶ ἐπήρθη ἡ καρδία αὐτοῦ ἐπὶ τῷ ὕψει αὐτοῦ, καὶ εἶδον ἐν τῷ ὑψωθῆναι αὐτόν.   Ezech. xxxiv. 4: Ο΄. καὶ τὸ κακῶς ἔχον οὐκ ἐσωματοποιήσατε.   Θ. καὶ τὸ ἄρρωστον
οὐκ ἰάσασθε.   Lucianus: καὶ τὸ ἄρρωστον οὐκ ἰάσασθε, καὶ τὸ κακῶς ἔχον οὐκ ἐσωματοποιήσατε.
Ezech. xlvii. 12: *Non marcescet folium ejus* (עָלֵהוּ).   Ο΄. οὐ μὴ παλαιωθῇ ἐπ' αὐτοῦ.   Lucianus:
ὁ οὐκ ἀπορρυήσεται τὸ φύλλον αὐτοῦ, καὶ οὐ μὴ παλαιωθῇ ἐπ' αὐτοῦ.   Et sic centies.

3. A Luciani stylo non abhorrent aliae interpolationes, quae non nisi ad explicationem
aut connexionem pertinent.   Sic 2 Reg. xii. 1 in Hebraeo et LXX est tantum: καὶ εἶπεν αὐτῷ·
δύο ἦσαν ἄνδρες κ. τ. ἑ.; in Luciani autem recensione: καὶ εἶπεν αὐτῷ· ἀνάγγειλον δή μοι τὴν κρίσιν
ταύτην. δύο ἦσαν ἄνδρες κ. τ. ἑ.   3 Reg. xv. 23: Ο΄. πλὴν ἐν τῷ καιρῷ τοῦ γήρως αὐτοῦ ἐπόνεσε
(Lucianus: ἐποίησεν Ἀσὰ τὸ πονηρόν, καὶ ἐπόνεσε) τοὺς πόδας αὐτοῦ.   Jerem. xxxiv. 11: Ο΄. καὶ
ἀπεστράφησαν μετὰ ταῦτα (Lucianus addit: μετὰ τὸ ἀποστεῖλαι).   Jerem. xliv. 19: Hebr. et Ο΄.
καὶ ὅτι ἡμεῖς ἐθυμιῶμεν κ. τ. ἑ.   Lucianus (propter sequentia, μὴ ἄνευ τῶν ἀνδρῶν ἡμῶν): καὶ αἱ
γυναῖκες εἶπον· καὶ ὅτι ἡμεῖς κ. τ. ἑ.   Jerem. l. 31: Hebr. et Ο΄. ἡ ἡμέρα σου.   Lucianus: ἡ ἡμέρα
τῆς πτώσεώς σου.   Thren. ii. 7: Hebr. et Ο΄. ὡς ἐν ἡμέρᾳ ἑορτῆς.   Lucianus παραφράζει: ὡς
ψαλμὸν Λευιτῶν ἐν τῇ ἡμέρᾳ ἑορτῆς.

4. Quod ad singulas voces attinet, in libris Judicum, Regum, Paralipomένων et Nehemiae
pro iis quae Senioribus arriserant, alias synonymas Noster affectare videtur.   Hujusmodi sunt:
ἐγένετο pro ἦν, γενήθητι pro ἔσῃ, παρεγένετο pro ἦλθεν, διέβη pro παρῆλθεν, ἤγαγε et ἐξήγαγε pro
ἤνεγκε et ἐξήνεγκε, ἐπολέμησε pro παρετάξατο (נִלְחַם), ἐπελάβετό τινος pro ἐκράτησέ τινα, ἐξῆρε pro
περιεῖλε, ἔκρινε pro ἐδίκασε, ἐξείλατο pro ἐρρύσατο, κατευθύνειν pro εὐοδοῦν, ἐνετείλατο pro συνέταξεν,
σπώμενος et ἐσπασμένος pro ἕλκων (ῥομφαίαν), ἀλλόφυλοι pro Φυλιστιείμ, συγγένεια pro δῆμος, παιδάριον pro νεανίσκος et νεανίας, ὑποζύγιον pro ὄνος, φυλὴ pro σκῆπτρον, παντοκράτωρ pro σαβαὼθ,
φρόνησις et φρόνιμος pro σοφία et σοφὸς, δύναμις pro παράταξις (צָבָא), δοῦλοι pro παῖδες, ἀρρωστία
pro μαλακία et νόσος (חֳלִי), σκεύη πολεμικὰ pro σκεύη παρατάξεως (מִלְחָמָה), ἀρεστὸν pro ἀγαθὸν,
ἑκούσιος et ἑκουσιάζεσθαι pro πρόθυμος et προθυμεῖσθαι, ἐθυμώθη ὀργῇ pro ὠργίσθη θυμῷ (יִחַר אַף),
ὑγιαίνει pro εἰ εἰρήνη (הֲשָׁלוֹם), μή μοι γένοιτο pro ἵλεώς μοι (חָלִילָה לִי).   Ex hujusmodi mutationibus paene infinitis, quae in apparatu Parsonsiano reposita sunt, selectas tantum in opus
nostrum condidimus.[16]

5. Sed ut Lucianeae editionis indoles evidentior fiat, comparationem ejus cum textu
LXXvirali ad pericopam paulo longiorem 2 Reg. xxii. 2–12 instituamus.   Haec autem ea ipsa
est, quam Eichhornius[17] e Cod. Coislin. III (Holmesio 82) in specimen versionis cujusdam
Graecae deperditae edidit.

LXX.

(2) Κύριε, πέτρα μου, καὶ ὀχύρωμά μου, καὶ ἐξαιρούμενός με ἐμοί.   (3) ὁ θεός μου φύλαξ μου ἔσται
μοι, πεποιθὼς ἔσομαι ἐπ' αὐτῷ· ὑπερασπιστής μου,
καὶ κέρας σωτηρίας μου, ἀντιλήπτωρ μου, καὶ κατα-

LUCIANUS.

(2) Ἀγαπήσω σε, κύριε, ἰσχύς μου.   κύριος στερεῶν με ἐκ θλίψεώς μου, καὶ διασώζων με.   (3) ὁ
θεός μου πλάστης μου, σκεπασθήσομαι ἐπ' αὐτῷ·
ὅπλον μου, κέρας σωτηρίας μου, μονώτατος ἐμοί,

---

16 Vid. Hex. ad 2 Reg. xiv. 2.   3 Reg. i. 41.   17 *Einleitung in das A. T.* p. 430.

φυγῇ [μου] σωτηρίας μου· ἐξ ἀδίκου σώσεις με.   καταφυγή μου, καὶ σωτήρ μου· ἐξ ἀσεβῶν σώσεις
(4) αἰνετὸν ἐπικαλέσομαι κύριον, καὶ ἐκ τῶν ἐχθρῶν   (s. σώσει) με. (4) αἰνετὸν ἐπικαλέσομαι κύριον,
μου σωθήσομαι. (5) ὅτι περιέσχον με συντριμμοὶ   καὶ ἀπὸ τῶν ἐχθρῶν μου σωθήσομαι. (5) περιέ-
θανάτου, χείμαρροι ἀνομίας ἐθάμβησάν με. (6) ὠδῖνες   σχον με συντριμμοὶ ὑδάτων, χείμαρροι βίαιοι περιέ-
θανάτου ἐκύκλωσάν με, προέφθασάν με σκληρότητες   πνιξάν με. (6) σχοινία ᾅδου ἐκύκλωσάν με, καὶ
θανάτου. (7) ἐν τῷ θλίβεσθαί με ἐπικαλέσομαι τὸν   προέφθασάν με παγίδες θανάτου. (7) ἐν θλίψει
κύριον, καὶ πρὸς τὸν θεόν μου βοήσομαι· καὶ ἐπα-   μου ἐπεκαλεσάμην τὸν κύριον, καὶ πρὸς τὸν θεόν
κούσεται ἐκ ναοῦ αὐτοῦ φωνῆς μου, καὶ ἡ κραυγή μου   μου ἐβόησα· καὶ ἤκουσεν ἐκ ναοῦ ἁγίου αὐτοῦ φω-
ἐν τοῖς ὠσὶν αὐτοῦ. (8) καὶ ἐταράχθη καὶ ἐσείσθη   νῆς μου, καὶ ἡ κραυγή μου ἐν τοῖς ὠσὶν αὐτοῦ.
ἡ γῆ, καὶ τὰ θεμέλια τοῦ οὐρανοῦ συνεταράχθη-   (8) καὶ ἐπέβλεψε, καὶ ἐσείσθη καὶ ἐταράχθη ἡ γῆ,
σαν καὶ ἐσπαράχθησαν, ὅτι ἐθυμώθη κύριος αὐτοῖς.   καὶ τὰ θεμέλια τοῦ οὐρανοῦ συνεταράχθη καὶ ἐφώνη-
(9) ἀνέβη καπνὸς ἐν τῇ ὀργῇ αὐτοῦ, καὶ πῦρ ἐκ στό-   σεν, ὅτι ἐθυμώθη αὐτοῖς κύριος. (9) ἀνέβη καπνὸς ἐν
ματος αὐτοῦ κατέδεται· ἄνθρακες ἐξεκαύθησαν ἀπ᾿   ὀργῇ αὐτοῦ, καὶ πῦρ ἀπὸ προσώπου αὐτοῦ κατέφαγεν
αὐτοῦ. (10) καὶ ἔκλινεν οὐρανούς, καὶ κατέβη, καὶ   γῆν· ἄνθρακες ἀνήφθησαν ἐξ αὐτοῦ. (10) καὶ ἔκλι-
γνόφος ὑποκάτω τῶν ποδῶν αὐτοῦ. (11) καὶ ἐπεκά-   νεν οὐρανούς, καὶ κατέβη, καὶ γνόφος ὑπὸ τοὺς πόδας
θισεν ἐπὶ [τῷ] Χερουβίμ, καὶ ἐπετάσθη, καὶ ὤφθη   αὐτοῦ. (11) καὶ ἐπέβη ἐπὶ χερουβεὶμ, καὶ ἐπετάσθη,
ἐπὶ πτερύγων ἀνέμου. (12) καὶ ἔθετο σκότος ἀπο-   καὶ ὤφθη ἐπὶ πτερύγων ἀνέμων. (12) καὶ ἔθετο σκό-
κρυφὴν αὐτοῦ· κύκλῳ αὐτοῦ ἡ σκηνὴ αὐτοῦ σκότος   τος ἀποκρυφὴν αὐτοῦ· κύκλῳ αὐτοῦ ἡ σκηνὴ αὐτοῦ,
ὑδάτων, ἐπάχυνεν ἐν νεφέλαις ἀέρος.   καὶ ἐφείσατο ὑδάτων αὐτοῦ, νεφέλαι ἀέρος.

6. Quaeritur inde ab Huetio[18] et Hodio,[19] num Lucianus editionem suam in imitationem
Origenis asteriscis et obelis instruxerit. Criticus Francogallus, ut talem notationem probabilem faciat, Hieronymum appellat, qui in Prologo Commentariorum in Danielem, "Sed et
Origenes," inquit, "de Theodotionis opere in editione vulgata asteriscos posuit ... et rursus
quosdam versus obelis praenotavit ... Cumque omnes Christi Ecclesiae, tam Graecorum
quam Latinorum Syrorumque et Aegyptiorum hanc sub asteriscis et obelis editionem legant,
ignoscant invidi labori meo, qui volui habere nostros, quod Graeci in Aquilae et Theodotionis
ac Symmachi editionibus lectitant."[20] Rursus in Epistola CXII ad Augustinum: "Vis
amator esse verus LXX interpretum? Non legas ea quae sub asteriscis sunt, immo rade de
voluminibus, ut veterum te fautorem probes: quod si feceris, omnes Ecclesiarum bibliothecas
damnare cogeris; vix enim unus aut alter invenitur liber, qui ista non habeat."[21] Sed ad
Hieronymi mentem explicandam, praesertim in oratione declamatoria, sufficere videtur, si
ponamus, non ipsos asteriscos, sed lectiones iis praenotatas, in fere omnibus exemplaribus tunc
temporis inventas esse, id quod de Luciani editione dici potuisse nemo jam nescit. Nec tamen
dissimulandum est, in libris quos Lucianeam referre recensionem affirmavimus, in primis
Codd. 22, 36, 48 (quibus accenseri potest Cod. Ambros. signatus D. 96 Sup. et E. 3 Inf.)
asteriscos passim appictos inveniri,[22] pro quibus hic illic obelos formae ⸓, cum eadem tamen

---

[18] Origenianorum Lib. II, Cap. II, Sect. IV, § 10.   Hex. ad Jesai. ix. 6. Jerem. xxviii. 3. xxix. 14. Ezech.
[19] De Bibliorum Textibus, p. 628.   [20] Hieron. Opp.   xxxiv. 14.
T. V, p. 161.   [21] Hieron. Opp. T. I, p. 752.   [22] Vid.

significatione, observavimus.²³ Etiam Lucianeae recensionis versionem Syriacam hac notatione
non prorsus destitutam esse mox videbimus. E contrario nequis huc trahat Eusebii de pericopa Jerem. xvii. 1–4 testimonium: Εἰ καὶ μὴ παρὰ τοῖς Ο′, ἀλλ′ οὖν γε ἐν τῷ Ἑβραϊκῷ ταῦτα
εὑρόντες, καὶ ἐν ταῖς τῶν λοιπῶν ἑρμηνευτῶν ἐκδόσεσιν, ἔτι μὴν μετὰ παραθέσεως ἀστερίσκων καὶ ἐν τοῖς
ἀκριβέσι τῶν παρὰ τοῖς Ο′ ἀντιγράφοις, ἀναγκαίως αὐτὰ παρεθέμεθα,²⁴ meminerit, Eusebii *accurata
exemplaria* ad Palaestinensem sive Origenianam, non ad Lucianeam recensionem juxta trifa-
riam Hieronymi partitionem pertinere. Ad summam, Lucianum pericopas, saltem majoris
momenti, de Hebraeo vel ceteris interpretibus in recensionem suam assumptas, asteriscis vel
alia quadam notatione distinxisse, etsi res ad liquidum perduci nequit, non inviti credi-
derimus.²⁵

V. De Lucianeae recensionis versione Syriaca.

In Codice Ambrosiano Syro-hexaplari ad Jesai. ix. 6 scholium in margine sic habet: " Ex
editione alia, quae versa est Syriace cura sancti Philoxeni episcopi Mabugensis: Καὶ καλεῖται
τὸ ὄνομα αὐτοῦ Μεγάλης βουλῆς ἄγγελος, *admiratio* (ܬܡܝܗ h. e. θαῦμα Job. xvii. 8 in Syro-hex., vel
παραδοξασμὸς Sym. ad h. l.), σύμβουλος, θεὸς ἰσχυρός, ἐξουσιαστής, ἄρχων εἰρήνης, πατὴρ τοῦ μέλλοντος
αἰῶνος· ἔξω γὰρ εἰρήνην ἐπὶ τοὺς ἄρχοντας, εἰρήνην καὶ ὑγίειαν αὐτῷ. μεγάλη ἡ ἐξουσία (ܫܘܠܛܢܗ)
αὐτοῦ, καὶ τῇ εἰρήνῃ αὐτοῦ οὐκ ἔστιν ὅριον."   Graeca nostra cum recensione Lucianea, sicut in
Codd. 22, 36, 48, cet. jacet, in omnibus consentiunt praeter haec tria, *admiratio* pro θαυμαστὸς,
ἐξουσία pro ἀρχὴ, et τῇ εἰρήνῃ pro τῆς εἰρήνης, quae ex imitatione Syri vulgaris mutata esse
videntur. Versio, quae cognomine fautoris ejus Philoxeniana appellari potest, aliunde igno-
rabatur, donec anno 1868 Ceriani in *Mon. Sacr. et Prof.* T. V, pp. 1–40 partem Jesaiae versionis Syriacae, ex Graeca quadam editione concinnatae, e codice Musei Britannici signato
" Addit. MSS. 17,106" in lucem protraxit. Codex continet Cap. xxviii. 3–17 (mutilum), xlii.
17—xlix. 18, lxvi. 11–23 (mutilum). Auctoris nomen periit, ultimo folio, quod subscriptionem
habuisse probabile est, deperdito. Polycarpum autem chorepiscopum hunc fuisse, eundem
scilicet qui in gratiam Philoxeni Novum Testamentum et Psalmos vertisse traditur, probabilibus argumentis evincere conatus est Editor. Cum vero Philoxenus episcopus fuerit Mabugi,
urbis ad patriarchatum Antiochenum pertinentis, eum Lucianeae, sive Antiochenae, Bibliorum
Graecorum recensionis versionem vernaculam faciendam procuravisse non est quod miremur.
Comparationem inter Philoxeni (si recte ei tribuitur) versionis Syriaca et Luciani Graeca post
Ceriani curas instituere nil attinet. In pluribus duo exemplaria amice conspirant; ubi vero
dissentiunt, animadvertendum est primum, Syrum nostrum liberius vertere, et linguae nativae
proprietati magis studere, quam in Pauli Telensis opere tractando assuefacti sumus; deinde
(id quod etiam in Philoxenianae versionis ad Jesai. ix. 6 specimine observavimus) eum tum in
singulis vocibus tum in sententiis transferendis non raro ad versionis Peschito aemulationem

---

²³ Vid. Hex. ad Ezech. xxxii. 25, 27.   ²⁴ Euseb. in Demonst. Evang. p. 484, necnon in Eclog. Prophet. p. 137.
²⁵ In eadem sententia est Ceriani in *Mon. Sacr. et Prof.* T. V, p. 2.

confugere, adeo ut editio ejus mixtae cujusdam et ex pluribus conflatae versionis speciem prae se ferat. His tamen deductionibus factis, plurima, fatemur, restant loca, in quibus scrupulus ex discrepantia duarum editionum tam gravis est, ut paene insuperabilis esse videatur.[26]

In fragmentis hujus versionis quae supersunt, asteriscus quinque locis appingitur, videlicet Cap. xlii. 19 : ※ τίς τυφλὸς ὡς ὁ ἀπεσχηκώς (ubi Syrus ἀπεσχικὼς legisse videtur, vertens : ܘ̣ܐ݂ܝ ܘ̇ܐ); Cap. xlv. 9 : οὐαὶ ὁ κρινόμενος μετὰ τοῦ πλάσαντος αὐτόν ; Cap. xlvii. 1 : ※ κάθισον εἰς τὴν γῆν, οὐκ ἔστι θρόνος ; Cap. xlix. 1 : ※ ἐκ γαστρὸς ἐκάλεσέ με ; Cap. xlix. 8 : ※ καὶ ἔπλασά σε ; in quibus omnibus metobelus non pingitur. Etiam obeli vestigium dubium cernitur ad Cap. xxviii. 13.

VI. *De versione Joannis Josephi.*

Theodoretus in Dissertatione MS. cujus notitia Phelippaeo debetur,[27] post Luciani editionem mentionem facit cujusdam Joannis Josephi, his verbis: ὅπου δὲ τὸ ἲ μετὰ τοῦ ὦ, Ἰωάννου Ἰωσήπου. Excepto Theodoreti testimonio, haec editio et auctor ejus prorsus ignorabantur, donec his diebus contigit nobis, B. Stephanopoli collationes Codd. 86, 88 in Jeremiam evolventibus, incidere in copiam lectionum hoc ipso siglo ΙΩ. praenotatarum, quas omnes, a Parsonsio ne memoratas quidem, in Auctarium nostrum ad Jeremiam condidimus. Praeter notam singulis lectionibus praemissam, *Josephi* nomen semel ponitur, videlicet ad locum insignem Cap. xxxi (Gr. xxxviii). 22: *Nam creavit Jova novum quid in terra: femina circumdabit virum;* ubi ad versionem τοῦ ΙΩ. valde notabilem : ὅτι ἤδη εἰργάσατο κύριος παράδοξον ἐπὶ τῆς γῆς παρθένος κυοφορήσει γὰρ ἄνθρωπον, exscriptor notat: Ὡς ἐπὶ ἀληθείας οὕτως εὗρον αὐτὸ κείμενον ἐν τῇ Ἰωσίππου ἐκδόσει.

De auctore versionis nihil notum, nisi eum, ut vel ex hoc specimine apparet, Christianum fuisse ; unde fortasse aliquantulum probabilitatis accedat Hodii[28] conjecturae, videlicet Joannem Josephum eundem esse cum Josepho veteri Christiano scriptore, cujus Hypomnesticon edidit J. A. Fabricius,[29] nisi hunc libellum, quantum ex stylo ejus et aliis indiciis conjicere liceat, Theodoreto multis saeculis juniorem esse oporteat.[30] De versione ipsa, saltem quod ad Jeremiae vaticinia attinet, e reliquiis ejus nunc primum editis judicium satis accuratum fieri potest. Itaque non est, quod quibusdam Criticis placuit,[31] mera versionis LXXviralis recensio,

---

[26] Exempli causa: Cap. xlvi. 1, 2 juxta recensionem Lucianeam sic habet: Ἔπεσε Βὴλ, συνετρίβη Δαγών, ἐγένετο τὰ γλυπτὰ αὐτῶν εἰς θηρία καὶ κτήνη· αἴρετε αὐτὰ καταδεδεμένα ὡς φορτίον κοπιῶντι καὶ οὐκ ἰσχύοντι, πεινῶντι καὶ ἐκλελυμένῳ ἅμα, οἳ οὐ δυνήσονται σωθῆναι ἀπὸ πολέμου, αὐτοὶ δὲ αἰχμάλωτοι ἤχθησαν. Quae sic habentur apud Syrum nostrum: Ἔπεσε Βὴλ, καὶ (sic Pesch.) συνετρίβη Ναβὰ (sic Pesch.), καὶ πάντα τὰ ὁμοιώματα τῶν γλυπτῶν αὐτῶν θηρίων καὶ κτηνῶν, ἃ αἴρετε αὐτὰ καταδεδεμένα ὡς φορτία· καὶ κοπιῶσι, καὶ οὐκ ἰσχύουσι, καὶ πεινῶσι, καὶ ἐκλελυμένοι εἰσὶν ἅμα, οἳ οὐ δυνήσονται φυγεῖν· οὐδὲ ἀπὸ πολέμου, καὶ (sic Pesch.) αἰχμάλωτοι ἤχθησαν οἱ αἴροντες

αὐτά. [27] Vid. supra p. lxxxv. [28] *De Bibliorum Textibus,* p. 629. [29] In *Codice Pseudepigrapho V. T.* T. II, P. II. [30] Specimen opusculi sit Cap. XLVI, cui titulus: Τίνες προσχήματι χρηστότητος ἢ εὐσεβείας θάνατον κατειργάσαντο : . . . Κᾂν, τὸν ἀδελφὸν φιλοφρόνως ὡς εἰς ἑώρησιν προτρεπόμενος, διελθωμεν εἰς τὸ πεδίον, φάμενος, οὕτως ἀναιρῶν. Ubi ad vocem sequioris Graecitatis ἑώρησις s. ἑώρισις, obambulatio, conferendus est Joannes Malala p. 36: Ἐωριζόμενος γὰρ ἐπὶ τὸ παράλιον μέρος τῆς Τύρου πόλεως, εἶδε ποιμενικὸν κύνα κ. τ. ἑ. [31] Joannem Josephum *editionis novae correctorem* ambigue vocat Hodius l. c. Minus caute Smith

sed versio Graeca ex Hebraeo, ut videtur, de integro confecta, quaeque cum Alexandrina nullam omnino affinitatem habeat. Utrum vero Josephus noster universos V. T. libros, an Jeremiam solum ediderit, nemo facile dixerit. Sermo Graecus non inelegans est; vertendi stylus paulo liberior, quique interdum paraphrastam commentatoremque potius quam interpretem sapit, ut praeter locum Cap. xxxi. 22 supra allatum ad Cap. xvii. 17. xxxix. 5. xlviii. 27. li. 11, 17 conspici potest. Quod reliquum est, in nonnullis locis inter Nostri Graecam versionem et Hieronymi Latinam mirum consensum observavimus (e. g. Cap. xxxvii. 21 Hebraca מֵחוּץ הָאֵֽם Hieron. singulariter vertit *excepto pulmento*, Noster ἐκτὸς ὄψου; Cap. li. 59 denominatio admodum obscura שַׂר־מְנוּחָה Hieronymo sonat *princeps prophetiae*, Nostro προεστὼς τῆς προφητείας); unde haud improbabiliter conjiciat aliquis, Sophronium versionis Prophetarum Hieronymianae interpretem Graecum Joanni Josepho non plane ignotum fuisse.

CAPUT X.

DE SIGLIS ET NOTIS COMPENDIARIIS AD HEXAPLA SPECTANTIBUS.

Montefalconius in hoc capite tractando inter notas *cognitas* et *incognitas* discrimen facit ; quam distinctionem, nec ab ipso curiose observatam, nobis praeterire visum, etsi harum notarum alias extra omnem dubitationem positas esse, alias ambiguitatem δυσδιάκριτον prae se ferre, per se intelligitur.

Itaque, ut a titulis nostri operis initium faciamus, vox Ἐξαπλᾶ sine compendio semper scribitur, nisi forte Ἐξαπλ. (sic) pro τὰ ἐξαπλᾶ, τοῖς ἐξαπλοῖς per omnes casus aliquando ponatur.

Tetrapla per compendium Δ' significari, praesertim in Cod. Colb. ad librum Jobi, temere sibi suasit Montefalconius, cujus errorem mox sub compendio Δ' γρ. convincemus. Etiam per literam Δ Tetrapla aliquando denotari opinatur idem in Hex. ad Ezech. xvi. 4, a nobis ibidem confutatus. Majorem difficultatem habet Scholium ad Psal. xxxvii. 21: Ὠριγένης καὶ Ο'. Θ. Ε'. S'. ἀγαθοσύνην. Εὐσέβιος καὶ Δ. δικαιοσύνην; in quo tamen loco, ut et in praecedenti, Δ nil esse nisi pravam scripturam sigli Λ (Λουκιανὸς) facile crediderimus.

❖ ── ❖

(Dr. W.) *Dictionary of Greek and Roman Biography*, Vol. II, p. 598: "Theodoret (Dissert. MS. in Proph. et Edd., and Quaest. XXIV in Exod. and Quaest. X [et XI] in Jos.) mentions a Joannes Josephus *as having revised* the *LXX*." Sed neque Theodoretus in Dissert. MS. hoc ait, et Theodoreti editi loca ad *Flavium* Josephum, non ad nostrum pertinere recte perspexit Hodius.

Nomina interpretum sive *editionum* per initialem cujusque literam vel literas designari, res nota est. Haec autem sunt:

O'. h. e. Οἱ ἑβδομήκοντα; interdum οβ̅, οἱ ἑβδομήκοντα δύο; Paulo Telensi ܡܚܕܒ, Bar Hebraeo ܐܙ (pro ܠܘܐ, ὁ Ἕλλην), Latine LXX (male pictum VII in Notis Ed. Rom. ad Psalmos; vide supra p. xlvi).

'Α., ἁ, ἀκ., ἀκυ. (non AC, qui Thiemii est error[1]), Ἀκύλας; Syris ܠ, ܐܙܠ.

Σ., ς̄, cυ., Σύμμαχος; Syris ܣܐ, ܐܙܣ, ܦܘܣ.

Θ., θ̄, θε., Θεοδοτίων; Syris ܠ, ܘܠܠ.

Ε', ἑ, πέμπτη ἔκδοσις; Syris ܗ.

S', ς̄, ἕκτη ἔκδοσις; Syris ܘ.

[Ζ', ἑβδόμη ἔκδοσις, vix, et ne vix quidem, reperitur. Vide supra p. xlvi.]

'Εβρ., Ὁ Ἑβραῖος s. Τὸ Ἑβραϊκόν; Syris ܣ, ܣܣ, ܠܣܚܒ.

De compositionibus duorum aut plurium siglorum, 'Α. Σ., Σ. Θ., 'Α. Σ. Θ., etc. observandum est, lectiones ita praenotatas, praesertim longiores, saepenumero ad unum tantummodo interpretum pertinere, quocum ceteri sensu quidem consentiunt, ut tamen stylum orationis quisque sibi peculiarem sectetur. Exempli gratia: ad Psal. lxx. 24 Syro-hex. affert: 'Α. Σ. ὅτι κατῃσχύν-θησαν, ὅτι κατωρύγησαν οἱ ζητοῦντες τὴν κάκωσίν μου. Versio est Symmachi, ut ex Eusebio constat; Aquilae autem, partim ex eodem, partim ex conjectura: ὅτι κατῃσχύνθησαν, ὅτι ἐνετράπησαν οἱ ζητοῦντες κακίαν μου. Ad Job. xxi. 24 Syro-hex. affert: 'Α. Σ. καὶ μυελῷ ὀστᾶ αὐτοῦ ποτίσει (ܠܡܐ). Graeca, ni fallor, Aquilae sunt; certe Cod. 252 (in *Auctario*) affert: 'Α. ποτίσει. Σ. ἀρδόμενος; Cod. 255 autem: Σ. καὶ τῷ μυελῷ τῶν ὀστέων αὐτοῦ ἀρδευόμενος (Nicet. ἀρδόμενος). Ezech. xxiii. 34: 'Α. Σ. Θ. καὶ τὰ ὄστρακα αὐτοῦ κατατρώξεις ὡς ὀστέα (תְּגָרֵמִי, rodes) καὶ τοὺς μαστούς σου κατατιλεῖς. Versio, ut ex stylo conjicere licet, Symmachi est, cui soli eam tribuit Syro-hex. Etiam ad Jesai. viii. 9, 10, ubi Theodoretus: Σαφέστερον δὲ οἱ τρεῖς ἡρμήνευσαν τὸ χωρίον τοῦτο· συναθροίσθητε, λαοί,—μεθ' ἡμῶν γὰρ ὁ θεός, sensum trium interpretum esse, verba autem unius Symmachi, exinde apparet, quod, teste Curterio, Aquila et Theodotio postrema more suo sic verterint: ὅτι μεθ' ἡμῶν ὁ ἰσχυρός.

Οἱ Γ', vel οἱ τρεῖς (Theodoret. passim), vel οἱ λοιποὶ τρεῖς (Cod. 264 ad Psal. xlix. 1), Syriace ܣ, vel ܣܘܐ, vel ܠܠܐܠ ܣܘܐ (Num. xxi. 25), sine ulla dubitatione sunt *tres interpretes*, Aquila, Symmachus et Theodotio. E. g. ad Jesai. i. 10 Curter. affert: Οἱ Γ'. νόμον θεοῦ ἡμῶν; Syro-hex. autem: 'Α. Σ. Θ. νόμον θεοῦ ὑμῶν (male pro ἡμῶν). Ad Jesai. xxxiv. 4 Curter. in marg. ※ Οἱ Γ'. καὶ τακήσονται πᾶσαι αἱ δυνάμεις τῶν οὐρανῶν; Syro-hex. in marg. ※ 'Α. Σ. Θ. καὶ τακή-σονται κ.τ.ἑ. Ad Jud. xv. 9 Cod. X affert: Οἱ Γ'. ἐν σιαγόνι; Euseb. autem in Onomastico, p. 264: 'Α. Σ. ἐν σιαγόνι, ubi Hieronymi Latina sunt: "Aq. et Theod. interpretantur *maxillam*." Et sic centies. Absurdissime igitur Curterius in *Praef. ad Jesaiam* per τοὺς Γ' non Aquilam, Symmachum et Theodotionem, sed *tres nomine carentes interpretationes* intelligendas esse contendit, ut vel e titulo Psalmorum xciii, xciv patet: Ἀνεπίγραφος παρὰ τοῖς Γ' καὶ Ε' καὶ S'; ne dicamus neque ad Judices neque ad Jesaiam vel minimum trium versionum anonymarum

---

[1] In *Dissert. pro Puritate Symmachi*, p. 17. Vid. Eichhorn. *Einleitung in das A. T. T.* I, p. 397.

vestigium reperiri posse. Nec magis audiendus illustrissimus B. Waltonus, qui in lectionibus
quibusdam Codicis Marchaliani a Curterio mendose descriptis haerens, conjecturam periclitatur,
forte per οἱ Γʹ *tres editiones, Origenis vel Eusebii, Luciani, et Hesychii denotari*,[2] vel e textu
Syro-hexaplari, cui lectiones sub ※ Γʹ non raro inseruntur, abunde confutatus.[3]

Οἱ Δʹ. Per hanc notam *quatuor interpretes*, ʼΑ. Σ. Οʹ. Θ., significari *posse*, Montefalconio
facile concedimus, sive Οʹ textum LXXviralem *communem* denotet (ut ad Jud. i. 9 Cod. 85 in
marg.: Οὐδεὶς τῶν τεσσάρων, τὰ παρατείνοντα καὶ τὰ πρὸς ἀπηλιώτην), sive *hexaplarem* (ut Curter.
ad Jesai. ix. 15: Οἱ Δ. αὐτὸς κεφαλή, ubi in Ed. Rom. est αὕτη ἡ ἀρχή). Sed cum ad Jesaiam,
tum hic tum Cap. xxvi. 14, pro Οἱ Δ Parsonsius ex eodem codice edidit Οἱ λοιποί (Οἱ Λ),
absentibus indubitatae fidei exemplis, hanc notam qualemcunque inter hexaplares recensendam
esse non ausimus affirmare.

Οἱ Λ, Οἱ λοιποί; etiam Λ, λ, λοιποί; in versione Syro-hex. ܠܡܐܕ (ܣ. ܠܟܘ̈) ܫܪܟܐ (addito
ܠܐܝ̈ܕܐ Jos. xiii. 12); Hieronymo, *Ceteri interpretes*; sive omnes praeter τοὺς Οʹ, in quo casu
non differt ab Οἱ Γʹ, sive omnes praeter eos qui modo nominati sunt, ut ʼΑ. Οἱ λοιποί. Vid.
Hex. nostra ad Gen. viii. 4. Lev. xiv. 34. Pro Οἱ Λ aliquando perperam pingitur Οἱ Ō, ut in
Hex. ad Num. xxxii. 12. Deut. iv. 11. Jesai. vi. 5. ix. 3.

Λ, λ, Syriace ܠ, h.e. Λουκιανός. Vide supra p. lxxxv.

II. significat Πάντες, Syro-hex. ܟܠܗܘܢ (Hos. xiii. 15), h.e. *Omnes interpretes*. Curterius
de *Pamphilo* cogitabat; sed ubi Cod. Basil. II. habet, teste Montefalconio, Coislin. passim
Πάντες expresse refert. Differt a praecedentibus, Οἱ Γʹ et Οἱ λοιποί, in quantum versionem
τῶν Οʹ non excludit.

Δ*, Δʹ γρ., Δ. γρ. (Hex. ad Job. iii. 6), Δɪ* γρ. (Job. v. 25 in Cod. 138), ΔΠ̄ Γ̄Ρ̄ (Job. xii. 11
in Cod. 252), cum multis aliis scripturis, h.e. *Διπλῆ γραφή*. *Tetraplorum* lectionem per hanc
notam indicari, Montefalconius pro re explorata habuit, tantum de sola litera Δ cum hac
significatione subdubitans. Sed omnem dubitationem eximit locus Job. viii. 21, ubi Montef. e
Colb. excitavit: Δʹ γρ. ἀγαλλιάσεως; Parsons. vero e Cod. 250: *Διπλῆ γραφή· ἀγαλλιάσεως*.
Quod vero ad notam Δ. attinet, ad Job. xlii. 8 pro Δ. ὑπὲρ ὑμῶν, ut in Colb. pingitur, nos in
Codd. 138, 255 reperimus Δ* ΓΡ̄*. ὑπὲρ ὑμῶν.

ΔΫ (potius ΔΫ̄), δ* (Lev. xxv. 6) Δ̣ (Joel. ii. 1. Amos iv. 10), Δʹ (Jon. i. 3. Zach. ix. 5) valet
δύναται, et in scholiis praeponitur propriorum nominum Hebraicorum interpretationibus; verbi
causa: Θαρσείς. Δʹ κατασκοπὴ χαρᾶς. ʼΑκκαρών. Δʹ ἐξαναρρίζωσις αὐτῆς. Vide nos in *Auctario*
ad Joel. ii. 1.

Χ̄ω̄, etiam Χ̣, sequente lectione quae redundat, est proculdubio χωρίς, *sine*; ut Jos. iii. 15.
vi. 13: Πάντες Χ̄ω̄ τῆς διαθήκης. Jos. vii. 25: πά (sic) Χ̣ τῷ ʼΑχάρ. Jos. vi. 25 (pingente Masio):
καὶ ⟶ πάντα ◀ τὸν οἶκον, ad quem locum Cod. X in marg.: Οἱ Οʹ Χ̄ω̄ πάντα. Interdum lectio
superflua siletur, ut tamen e contextu facile divinari possit; e.g. ad Jud. ii. 1: τοῖς πατράσιν

---

[1] *Bibl. Polygl.* T. VI, Sect. XI, p. 123. Cf. Montef. in
Praeliminaribus, pp. 69–73.   [2] Sic Auctor Epistolae
versioni Harethi praepositae (White (Rev. Joseph) *Letter*
etc. p. 21): " Quod si tres illi illud textui insertum eodem

modo interpretati essent, illi literas ʼΑ. Σ. Θ., *Elif, Sin*, et
The, nominum ipsorum initiales adscripsit, cujus rei in
signum literam Γ, ܓ, numeri ternarii notam adhibuit,
unaque asteriscum apposuit."

ὑμῶν — τοῦ δοῦναι ὑμῖν ◄, Cod. 85 in textu: τοῖς πατράσιν ὑμῶν; in marg. autem: τοῦ δοῦναι ὑμῖν.
παν χῶ. Jud. iv. 8 : עֲמִי. Ο΄. Vacat. Cod. 85: μετ᾽ ἐμοῦ, cum nota: Ο΄. χῶ. Θ. ου (οὗτως).
1 Reg. xx. 8 : בֵּין עָדַי. Ο΄. ἀδικία ἐν τῷ δούλῳ σου. Σ. χῶ; ubi Sym., ut videtur, interpretatus
est: ἐν ἐμοὶ ἀδικία, sine ἐν τῷ δούλῳ σου. Sed innumeris locis appingitur notula Πάντες χῶ, ubi
in contextu nihil est quod ullo modo ab uno interprete, nedum ab omnibus, abesse possit.
Hac difficultate pressus, Montefalconius in omni casu ad adverbium χωρίς, separatim, confugere
coactus est, in quo tamen expediendo parum feliciter ei successit. Vocem χωρίς, opinatur,
Scholiastae ideo apposuisse videntur, ut editiones trium interpretum separatim in columnis
suis spectatas distinguerent a lectionibus eorum quae in editione τῶν Ο΄ hexaplari cum asteriscis insertae fuerant; quae lectiones non jam separatim, sed conjunctim cum illa LXX
interpretum editione spectabantur. Sed secundum hanc explicationem formula Πάντες χῶ
absolute posita non differt a simplici Πάντες; cum casu autem, ut Πάντες χῶ τῆς διαθήκης, significat omnes interpretes, unumquemque in columna sua, τῆς διαθήκης habuisse; quod manifesto
falsum est. Quae cum ita sint, donec quid clarius emergat, hujus notae veri usus ignorantia
fatenda est.

De usu compendii ου pro οὗτως in Palaeographia Graeca non ambigitur. Sic in Cod. 85:
Παν ου; Σ. ου; Ο΄.Θ. καὶ οἱ λοιποὶ ου (Hex. ad Jud. ii. 9, 12. iii. 15). Huc pertinet siglum διωρθ
ου vel διωρθ ου, pro διώρθωσα οὗτως, quod lectionibus vel codicibus emendatis a correctore inscribi
solitum est. Plene scriptum reperitur in Cod. Jes. ad Ezech. xlv. 12, teste Montefalconio:
Πεντεκαίδεκα εἰς τοὺς Ι˝ ἐγέγραπτο, καὶ διώρθωσα πέντε καὶ εἴκοσι. In libro Judicum frequens est
notatio παν χῶ διωρθ ου, vel inverse διωρθ ου παν χῶ, quae quid sibi velit propter causas praedictas in summa obscuritate versatur.

Inter notas incognitas Montefalconius collocat siglum μ° ꞃ, quod in libro Jobi ad versi-
culos in textum LXXviralem ex Theodotione assumptos centies appingitur. E. g. ad Cap.
xvii. 3–5: τίς ἐστιν οὗτος; τῇ χειρί μου συνδεθήτω. | ὅτι καρδίαν αὐτῶν ἔκρυψας ἀπὸ φρονήσεως, | διὰ
τοῦτο οὐ μὴ ὑψώσῃς αὐτούς. | τῇ μερίδι ἀναγγέλλει κακίας, Cod. Colb. in marg. notat: ※ Ἐκ Θ. οἱ
δ΄ (στίχοι); deinde subjicitur: μ° ꞃ ά, quod Montefalconio significare videtur, μόνος πρὸς πρῶτον,
id est, primum versiculum ex Theodotione solo desumptum esse. Sed singula ordine inquira-
mus. Itaque μ° μόνος esse non est quod dubitemus. Sic ad Jesai. xvi. 8 Cod. XII notat: Ἀ.
μ° ἀπ᾽ αὐτῆς. Ad Jes. v. 11: מַשְׁכִּימֵי, Ο΄. οἱ ἐγειρόμενοι, Curterius affert: Θ. μόνος ὁμοίως, scil.
ἐγειρόμενοι, cujus loco ceteros ὀρθρίζοντες vertisse credibile est. Deinde compendia scripturae
ꞃ pro πρὸς, ꞃέθηκε pro προσέθηκε, ꞃαγορευόμενον pro προσαγορευόμενον, vel e profanis scriptoribus
cognita sunt, ut nullo modo audiendus sit P. L. B. Drach in Hexaplis ad loc., qui siglum ꞃ
non πρὸς, sed Θεοδοτίων (!) significare affirmat; nec magis Semlerus in Epist. ad J. J. Griesbach,
p. 59, qui annotationem μ° ꞃ κ apud Cod. Colb. ad Job. xxxi. 35 explicat μου γρ. (ꞃ) κυρίου.
Nobis vero collationem Cod. 252 Bodleianam evolventibus, contigit incidere in innumeros locos,
in quibus in eadem nota pro ꞃ pingitur προς κ, rarius προσκ, semel (ad Cap. xx. 25: ※ Θ. ἐπ᾽
αὐτῷ φόβοι ◄) Ṁ πρόσκειται ἐκ τοῦ Ἑβραϊκοῦ; quae scriptura si cum alia, Ṁ ꞃ ἐκ τοῦ Ἑβραϊκοῦ,
quam ad Cap. xxi. 21 venditant Codd. Colb. et 255, conferatur, evidentissime apparebit, sigla
ꞃ, ꞃ κ, προσκ, et πρόσκειται unum idemque significare. Idem codex ad Cap. xii. 21: ※ Θ.

ἐκχέων ἀτιμίαν ἐπ' ἄρχοντας ◄ notat: M̊ προσετέθη, quod tantundem est. Siglo ḿ vel προσκ
aliquando postponitur numerus stichorum e Theodotione assumptorum; e. g. ad Cap. xvi. 21
Cod. 252 notat: μ° προς κ᾿ ά; ad Cap. xxi. 28–33 Codd. Colb., 255: M̊ ḿ τὰ ιγ'; Cod. 252
autem: M̊ προς κ᾿ ἡ (mendose pro ιγ'); ad Cap. xxiv. 14–18 Cod. 252: M̊ προσκ θ. Haec ad
usum harum notarum, quae antecessoribus nostris tantum negotii facesserunt, declarandum
sufficiant.[4]

ψ, 'Ωριγένης. Vid. Hex. ad Jesai. xiv. 11. xxi. 13.[5]

ἀν°, ἀνεπίγραφος, *Anonymus*. Vid. Hex. ad Num. xxxi. 16.

CH, Σῆ, σημ., ση", h. e. σημειῶσαι, *Nota bene*. Vid. Hex. ad Gen. xix. 24. Num. iv. 47.
xiv. 16. Jos. v. 11.

Postremo τὸ ἔσω lectionem *textualem* significare, τὸ ἔξω autem *marginalem* saepius observavimus. Vid. Hex. ad 1 Reg. i. 23 (not. 51). xv. 11. xxv. 1, 31. 2 Reg. i. 25. 3 Reg. vi. 21.
Psal. cxxxvi. 1.

CAPUT XI.

DE FATIS HEXAPLORUM POST ORIGENIS OBITUM.

Anno 232, ut vidimus,[1] Origenes, Alexandria expulsus, Caesaream Palaestinae concessit,
ibique, exceptis ad breve tempus peregrinationibus, usque ad finem vitae ejus commoratus est.
Hexaplorum ejus et Tetraplorum exemplaria autographa, immensae molis opus, ubinam tunc
temporis reposita sint, ignoramus; sed post quinquaginta annos in celebri illa bibliotheca
Caesariensi a Pamphilo Martyre confecta[2] reperta sunt; sive Caesareae inde ab Origenis obitu
delituissent, sive aliunde, fortasse a Tyro, ubi decesserat, arcessita fuissent. In hoc repositorio
Hexapla Origenis primogenia ab Hieronymo visitata sunt, ut ipse in Commentariis in Epist.

---

[4] Montefalconium (quem vid. in *Praelim.* p. 69 et in
Monito ad Threnos) ad ineitas redegit nota supposititia
οἱ ſ. χ̄ν̄ς̄, de qua vid. nos in *Auctario* ad Thren. i. 8.
Aliud siglum apud Curterium passim obvium, OΜΩΣΤΕ O',
cum ipse Montef. recte descripserit, 'Ομοίως τοῖς O', cur
inter notas *incognitas* recensuerit nescimus.   [5] Occasione data, apponimus notam marginalem Codicis Marchaliani ad Jesai. iii. 24, a Cozza nostro rogatu exscriptam,

de cujus scriptura supra p. xi subdubitavimus: ΟΙ ſ· CTIΧ
ΟΙ ὙΠΟ|ΚΕΙΜΕΝΟΙ ΟΫΚ Ε|ΚΕΙΝΤΟ ΕΝ ΤΩ| ΠΕΝΤΑCΕΛΙΔΩ|
ΟΥΔΕ ψ ΕΞΗΓΟΥ|ΜΕΝΟC ΤΟΥΤΩ| ΕΜΝΗCΘΗ.
   [1] Supra p. xlviii.   [2] Hieron. Opp. T. II, p. 833:
"Porro ipsum Hebraicum (S. Matthaei Evangelium) habetur usque hodie in Caesariensi bibliotheca, quam Pamphilus Martyr studiosissime confecit."

ad Titum narrat: " Unde et nobis curae fuit omnes veteris Legis libros, quos vir doctus Adamantius in Hexapla digesserat, de Caesariensi bibliotheca descriptos, ex ipsis authenticis emendare; in quibus et ipsa Hebraea propriis sunt characteribus descripta, et Graecis literis tramite expressa vicino; Aquila etiam et Symmachus, LXX quoque et Theodotio suum ordinem tenent."[3] Porro Caesariensem bibliothecam usque ad VI saeculum incolumem remansisse, constat e subscriptione Cod. Coislin. 202, qui est S. Pauli Epistolarum uncialis saeculo praedicto non recentior: Ἀντεβλήθη δὲ ἡ βίβλος πρὸς τὸ ἐν Καισαρείᾳ ἀντίγραφον τῆς βιβλιοθήκης τοῦ ἁγίου Παμφίλου χειρὶ γεγραμμένον αὐτοῦ.[4] Non diu post, sed quo anno et cujusmodi infortunio incertum est, insigne hoc monumentum, dignumque quod regum reditibus redimeretur, una cum bibliotheca in qua conservatum erat, periisse credibile est.[5]

Quod ad Hexaplorum multiplicationem attinet, aut perpauca, aut ne unum quidem integri operis Origeniani apographum descriptum fuisse, haud absurda est virorum doctorum opinio. " Sane quivis conjicere valet," ut antecessoris nostri verba mutuemur, " quanti laboris fuit Graecis calligraphis, Biblia Sacra primum Hebraica lingua, quam ut plurimum ignorabant, depingere; Hebraica deinde Graecis literis e regione perscribere; postea vero quatuor, ut minimum, aliquando sex vel septem interpretum editiones, uno conspectu et e regione ponere, ea scilicet accuratione, ut una aliam non excederet. Id sane praestare pauci ex calligraphis poterant. Ad haec, cum illo aevo, in libris saltem hujusmodi, nonnisi uncialis character usurparetur, qui longe majus spatium occupabat, ac praeter illas Hebraici textus interpretumque columnas multa in marginibus Origenes apposuerit, monita scilicet, nominum propriorum aliorumque interpretationes, quae latos margines desiderabant; perquam minimam sane textus biblici partem singulis in paginis haberi necesse fuit: quibus perpensis, vix quinquaginta amplae molis voluminibus comprehendi Hexapla omnia potuisse putaverim."[6] In hoc rerum statu, Pamphilo et Eusebio feliciter in mentem venit, columnam τῶν Ο΄ hexaplarem, asteriscis obelisque distinctam, seorsim vulgare; quorum editio tanto favore recepta fuit, ut exemplaris communis usus, saltem intra Palaestinae fines, prorsus antiquaretur.[7] Inde evenit, ut ad tot ecclesiarum necessitates sublevandas, bibliotheca Caesariensis quasi in officinam librariorum

[3] Hieron. Opp. T. VII, p. 734. Vid. supra p. xliii.
[4] Montef. in *Praeliminaribus*, p. 76, coll. Tischendorf. *Nov. Test.* p. clxxxix ed. 1859.   [5] Montefalconius hoc accidisse arbitratur, aut cum Caesarea a Persis sub Chosroe II capta fuerit, aut non diu postea cum in Arabum potestatem post diuturnam obsidionem delapsa, hisce aliisque omnibus ornamentis spoliata fuerit. Sed haec admodum incerta esse videntur. Nam primum Caesarea a Chosroe anno 603 capta, non fuit Palaestinae sed Cappadociae; deinde Caesarea Palaestina anno 638 in Saracenorum potestatem venit, non victa armis, sed a civibus suis dedita, et pretio 200,000 aureorum redempta. Altera historia, eam post septem annorum obsidionem anno 653 ab Arabibus expugnatam fuisse, quae Hofmanno in *Lexico Universali*, 1677, debetur, commentitia

esse videtur.   [6] Montef. in *Praeliminaribus*, p. 73.   [7] Hieron. Opp. T. II, p. 522: " Mediae inter has provinciae Palaestinos codices legunt, quos ab Origene elaboratos Eusebius et Pamphilus vulgaverunt." *Exemplar Eusebianum*, τὸ Εὐσεβίου, τὸ βιβλίον Εὐσεβίου τοῦ Παμφίλου, passim in scholiis memoratur; e. g. ad Job. xxxii. 13–17 Syro-hex. notat: "In Tetraplis quidem legebatur ut in margine; in exemplari vero Eusebii et Pamphili, in textu." Praeterea vid. Hex. ad Psal. xii. 6. lxxv. 1. cxvii. 28. cxxxvi. 1. Joel. ii. 8. Obad. 20. Mich. vii. 19. Ab Eusebiano non distare videtur *Origenes*, sive *exemplar Origenis* in Hex. ad Job. ii. 13. vi. 14. xxxix. 23. Jesai. xxvi. 18. Semel incidimus in mentionem τοῦ Παλαιστιναίου apud Procop. in Cat. Niceph. p. 406: Τὸ Π. οὐκ ἔχει υἱὸς Ἐμμὼρ (Gen. xxxiv. 2), ἀλλ᾽ Ἐμμὼρ μόνον.

o 2

conversa sit, in qua exemplaria novae editionis calligraphorum sive voluntariorum sive mercede conductorum assiduo labore multiplicarentur, praesidentibus et ipsis operam dantibus
Pamphilo et Eusebio; quibus eam operis partem, quae ad collationem et correctionem per-
tineret, reservatam fuisse, non conjectura, sed ipsorum qui in manibus sunt codicum attesta-
tione ediscimus. Exempli causa: subscriptio libri III Regum in versione Syro-hexaplari sic
sonat: "Sumptus est (ܐܬܢܣܒ, μετελήφθη) liber iste, ex quo translatus est hic qui in manibus
est ex Graeco in Syriacum, ex Hexaplis bibliothecae Caesareae Palaestinae, et collatus est
cum (ܦܚܡ ܠܘܬ, ἀντεβλήθη πρὸς) exemplari, cui subscriptum erat sic: Εὐσέβιος διωρθωσάμην ὡς
ἀκριβῶς ἠδυνάμην." E Graecis autem libris Scholia in Proverbia a Tischendorfio edita in fine
habent: Μετελήφθησαν ἀφ' ὧν εὕρομεν ἐξαπλῶν· καὶ πάλιν αὐτὰ χειρί (corrige αὐτοχειρί)· Πάμφιλος
καὶ Εὐσέβιος διωρθώσαντο."[8] Postremo in Cod. Frid. Augustano ad finem libri Esdrae secundi
tertia manus barbare adscripsit: Ἀντεβλήθη πρὸς παλαιότατον λίαν ἀντίγραφον δεδιορθωμένον χειρὶ
τοῦ ἁγίου μάρτυρος Παμφίλου ὅπερ ἀντίγραφον πρὸς τῷ τέλει ὑποσημείωσίς τις ἰδιόχειρος αὐτοῦ ὑπέκειτο
ἔχουσα οὕτως· Μετελήμφθη καὶ διορθώθη πρὸς τὰ ἐξαπλᾶ Ὠριγένους. Ἀντωνῖνος ἀντέβαλεν· Πάμφιλος
διόρθωσα.[9]

Codex editionis Eusebianae omnium antiquissimus est Sarravianus Octateuchi, saeculi IV
exeuntis vel V ineuntis, qui textum quidem asteriscis et obelis insignitum prae se fert, sed
lectionibus marginalibus omnino destitutus est; nec ullam subscriptionem habet, nisi quod ad
finem Numerorum pingitur nota compendiaria, quae in Διωρ, h. e. Διώρθωσα, probabiliter resolvi
potest. Etiam Prophetarum Codex Chisianus vetustissimus (R. VII, 45) de numero eorum
est, qui textum Origenianum sine apparatu marginali exhibent. Sed major pars codicum
Graecorum hexaplarium (e quibus sunt Marchalianus et Barberinus in Prophetas, necnon, qui
omnes aetate anteivit, ille ex quo Paulus Telensis versionem suam· Syriacam concinnavit)
praeter textum notis Origenianis instructum silvam lectionum trium interpretum aliarumque
anonymarum in margine habet, ne commemoremus scholia Origenis aliorumque, quorum alia
ad explanationem nominum propriorum Hebraeorum, alia ad textus enarrationem pertinent;
cujus apparatus magnam partem a Pamphilo et Eusebio ad Hexaplorum damnum compen-
sandum elaboratam fuisse probabiliter conjici potest; immo in subscriptionibus nonnullorum
librorum hoc diserte affirmatur. Sic scriba versionis Jesaiae Syro-hexaplaris: "Sumptus et
lectionibus marginalibus instructus est[10] ex exemplari Eusebii et Pamphili, quod et ipsi cor-
rexerunt ex bibliotheca Origenis." Quod vero ad scholia attinet, testis instar omnium est

---

[8] Tischendorf. *Notit. Cod. Sin.* p. 122. Cum hac subscriptione conferenda est alia versionis libri Proverbiorum
Syro-hexaplaris: Μετελήφθησαν ἀφ' ὧν εὕρομεν ἐξαπλῶν Ὠριγένους (ܟܬܒܐ ܬܪܝܨܐ ܕܡܢ ܗܠܝܢ ܕܐܫܬܟܚ
ܕܝܠܗ). καὶ πάλιν (ܘܬܘܒ). αὐτοχειρί (ܒܐܝܕܐ ܕܝܠܗ)
Πάμφιλος καὶ Εὐσέβιος διωρθώσαντο. [9] Tischendorf. *Pro-
leg. ad V. T. juxta LXX*, p. lxxix ed. 2^{dae}. [10] Sic
intelligimus vocem Syriacam ܐܬܟܬܒ, proculdubio versionem Graecae παρετέθη, quae legitur in subscriptione
Cod. Chisiani Danielis juxta LXX: Ἐγράφη ἐκ τῶν τετραπλῶν, ἐξ ὧν καὶ παρετέθη; necnon in subscriptionibus Josuae

et Threnorum in versione Syro-hex.: Ἐγράφη ἐκ τῶν ἐξαπλῶν, ἐξ ὧν καὶ παρετέθη; ubi in priore est ܐܬܟܬܒ, in
posteriore autem ܐܬܟܬܒ, quod Graecum παρετέθη pariter
sonat, sed cum significatione *commendandi* vel *deponendi*,
quae ab hoc loco aliena est. Sensus praegnans, quem
Graeco verbo vindicavimus, confirmatur a subscriptione
libri IV Regum in eadem versione: "Sumpta est haec
quoque Βασιλειῶν τετάρτη ... e libro Heptaplorum bibliothecae Caesareae Palaestinae, ex quo καὶ αἱ ἐκδόσεις παρετέ-
θησαν (ܐܬܟܬܒ); necnon a subscriptione Ezechielis in
Cod. Marchal.: ὅθεν Εὐσέβιος ἐγὼ τὰ σχόλια παρέθηκα.

exemplar Apolinarii τοῦ κοινοβιάρχου, ex quo sumptus est Codex Marchalianus Ezechielis: Μετελήφθη ἀπὸ τῶν κατὰ τὰς ἐκδόσεις ἐξαπλῶν, καὶ διωρθώθη ἀπὸ τῶν Ὠριγένους αὐτοῦ τετραπλῶν, ἅτινα καὶ αὐτοῦ χειρὶ διώρθωτο καὶ ἐσχολιογράφητο, ὅθεν Εὐσέβιος ἐγὼ τὰ σχόλια παρέθηκα. Πάμφιλος καὶ Εὐσέβιος διωρθώσαντο.[11]

Quod reliquum est, quod selectio lectionum marginibus codicum hexaplarium Graecorum et Syrorum appictarum non in omnibus una eademque sit, ex eo accidisse videtur, quod quisque scribarum eas quae majoris momenti sibi viderentur excerpserit; quas tamen omnes ad communem originem, Pamphili scilicet et Eusebii operam studiumque, referendas esse vix dubium esse potest. His igitur duumviris, praeter cetera eorum egregia in se merita, pro reliquiis Hexaplorum, quas undique corrasas in hanc nostram apothecam condidimus, Ecclesia gratias immortales debet.

❖——❖

[11] Vid. Monitum ad Ezech. p. 765.

PROLEGOMENORUM INDEX.

GENESIS.

IN LIBRUM GENESEOS

MONITUM.

"TAMETSI multam dedimus operam, ut veterum interpretum lectiones in Genesim undequaque colligeremus, eximii tamen Codicis Coisliniani, qui omnibus praeit vetustate, et marginalium notarum praestantia, usum assequi statim non potuimus. Unde accidit ut Genesim, qualem aliorum ope MSS. adornaveramus, illo destituti edere coacti simus. Sub haec autem cum in ejus bibliothecae possessionem venisset illustrissimus Episcopus Metensis, Coislinianae familiae decus, nobisque omnium pro voto MSS. copiam fecisset, Heptateuchi totius lectiones nondum editas, quas ex illo praestantissimo codice mutuati sumus, appendicis more ad calcem primi Tomi locavimus. Quia porro illae bene multae sunt, et non raro sinceriores iis, quas principio posueramus, auctores sumus studioso Lectori, ut cum Heptateuchi interpretationes consulere voluerit, illas in appendice positas nunquam negligat. Primo autem Genesim edidimus, usi codicibus manuscriptis et libris, quorum catalogus sequitur.

"Codex RR. PP. Sancti Basilii Romae [Holmesii 85] pro ultimis tantum Geneseos capitibus [a Cap. xlviii. 5].

"Codex Regius 1825, membranaceus, XI vel XII saeculi, in quo est Heptateuchus et liber Ruth [cum Catena Patrum. Vid. Montef. ad Cap. i. 1, 2].

"Codex Regius 1871, membranaceus, egregiae notae, X saeculi [Holmesii 64. Montef. ad Cap. viii. 11 notat: " Ἀλλ. θάλλον, *ramum.* Haec lectio prodit ex memorato Cod. Reg. 1871, qui Francisci I tempore in Bibliothecam Regiam advectus, et pulcre compactus est. Cum autem pro more extrema foliorum exciderent operae, ut auro linirent, nomen aut notam interpretis absciderunt, quod saepissime factum infra dicemus." Cf. nos ad Cap. vi. 16].

"Codex Regius 1888, bombycinus, XII saeculi.

"Codex Regius alius, cujus numerus excidit.

" Codex Regius 2911, XII circiter saeculi.

" Codex Colbertinus, quem unum in Genesim reperi in illa bibliotheca [fortasse Holmesii 71].

" Schedae clarissimi viri Francisci Combefisii ex Ordine Praedicatorum, quas mutuo accepi a Reverendo et doctissimo Patre Michaele Lequien.

" Schedae et folia aliquot edita, quae misit vir clarissimus Ernestus Grabe.

" Basilius in Hexaëmeron [Opp. Tom. I, pp. 1–88 juxta edit. Bened.].

" Ambrosius in Hexaëmeron.

" Hieronymi Quaestiones in Genesim [Opp. Tom. III, pp. 301–380 juxta edit. Vallarsii. Libellum ad lectiones trium interpretum in Genesim conquirendas perutilem denuo edidit P. A. de Lagarde, Lipsiae, 1868, cui in textu recognoscendo ad manus fuerunt tres codices, Berolinensis, Scaphusanus, et Frisingensis (nunc Monacensis)], et alia quaedam ejus opera.

" Theodoreti Quaestiones in Genesim [Opp. Tom. I, pp. 1–119 juxta edit. J. L. Schulzii].

" Anastasii [Sinaïtae] Quaestiones [Sermones in Hexaëmeron, e quibus duodecimus tantum Graece, undecim priores Latine editi sunt. Cf. ad Cap. ii. 21].

" Joannes Philoponus in Hexaëmeron [In Cap. I Geneseos De Mundi Creatione Libri VII], editus a Balthasare Corderio, Viennae, 1630, in 4to, unde pene totum primum Geneseos caput secundum Aquilae, Symmachi et Theodotionis interpretationes excerpsimus.

" Procopius in Heptateuchum [Latine editus apud Gesneros fratres, anno tacito, Claudio Thrasybulo interprete. Geneseos Capita i—xviii e duobus codd. Vaticanis et uno Albanensi Graece edidit A. Maius in *Classicorum Auctorum* Tomo VI, pp. 1–347. Praeterea in locis dubiis (e.g. Cap. iv. 4. xv. 9) inspeximus codicem Bibliothecae Cantab., olim Roberti Moore, signatum Ff. IV. 2, qui tamen a textu Maiano ne latum unguem discedit. A Capite autem xix ad finem libri, ubi occasio dederit, praeter Catenam Nicephori mox memorandam, opem ferente Ceriani nostro, in subsidium vocavimus Codicem Ambrosianum Q. 96 Sup.].

" Aliquot etiam in locis sequentes auctores nobis subsidio fuerunt.

" Justini Dialogus cum Tryphone.

" Origenes illustrissimi et doctissimi Huetii, et ejusdem Philocalia a Spencero edita [Cantab. 1658].

" Cyprianus libro primo Testimoniorum ad Quirinum [ad Cap. xlix. 12].

" Eusebii Caesariensis Demonstratio Evangelica [Parisiis, 1628].

" Joannis Chrysostomi Homiliae [Opp. Tom. IV, pp. 1–697 juxta edit. Bened.].

" Augustini opera aliquoties [ad Cap. vii. 15, 20].

" Chalcidius in Timaeum Platonis [ad Cap. i. 2, ubi ex edit. Meurs. p. 372 citatur: *Terra porro erat inanis et nihil*].

" Editio Complutensis [quam cum nobis manu versare non licuerit, in collatione Holmesio-Parsonsiana tum Complutensis tum Venetae editionis per totum opus nostrum acquiescere coacti sumus, adhibito tamen in libro Geneseos Lagardii apparatu critico].

" Saepe vero Editionis Romanae et Drusii lectiones."—MONTEF.

Codices quibus nos in lectionibus trium interpretum emendandis et augendis usi sumus, quemadmodum in Catalogo Holmesiano numerantur, nunc recensebimus.

IV. Sarravianus, nunc Lugdunensis Batavorum, saeculi V, editus a Const. Tischendorfio in *Monumentorum Sacr. Ined. Collectione Nova*, Tom. III, pp. 1–262. De hoc codice videndi sunt Montefalconius in *Palaeogr. Graeca*, p. 187; Grabius in *Prolegom. ad Octateuchum*, Cap. III, § 4; et instar omnium Tischendorfius l. c. E libro Geneseos supersunt tantum Cap. xxxi. 54—xxxvi. 18, asteriscis, obelis (⨪, ⨪, ✦) et metobelis (:) signata.

VII. Ambrosianus, signatus A. 147 Inf., saeculi V. Insignis codicis quae ex prima scriptura supersunt, edidit et praefatus est A. M. Ceriani in *Monum. Sacr. et Prof.* Tom. III, pp. i—xxiii, 1–20; quae continent Gen. xxxi. 15–37, xlii. 14–21, xlii. 28—xlvi. 6, xlvii. 16—xlviii. 3, xlviii. 21—l. 14. Curas autem seriores nondum editas, quae inter plura nullius pretii interpretum anonymas lectiones offerunt, nostri operis in gratiam humanissime descripsit Vir officiosissimus.

X. Coislinianus supradictus, saeculi VI aut VII, cujus notitiam cum specimine dedit Montefalconius in *Biblioth. Coislin.* pp. 1–32. Deficit a Gen. xxxiv. 2 ad xxxviii. 24. Praeter lectiones a Montefalconio excerptas usi sumus schedis quibusdam Holmesio-Parsonsianis, quae foliis duodecim, charta et scriptura vetustiore, continent lectiones aliorum interpretum ex hoc codice descriptas; quas ipsissimas schedas, ni plane fallimur, ante nos Montefalconius in appendice sua condenda manu terebat. Majoris momenti sunt Jo. Jac. Griesbachii Excerpta ex eodem codice in Eichhornii *Repertorio* etc. Tom. I, pp. 83–141, et Tom. II, pp. 194–240; qui utinam integrum codicem, non specimina tantum, eadem diligentia et accuratione contulisset! Ad Genesim excerpsit V. D. lectiones ad Cap. i—xxvi, xlix, l.

57. Codex Vaticanus, signatus num. 747. Est membranaceus in folio magno, eleganter et emendate scriptus circa XII saeculum. Continet Octateuchum cum Catena Patrum; et in margine exstant nonnulla scholia, et paucae (in Genesi paucissimae) lectiones Aquilae et Symmachi. Collationes Holmesianas hujus et sequentium codd., per favorem Curatorum Bibliothecae Bodleianae, domi habuimus.

64. Codex Parisiensis Regius 1871, hodie Graecus II, a Montefalconio descriptus. Incipit a Cap. iii. 15. Deficit a Cap. x. 9 ad Cap. xxxiv. 10.

108. Codex Vaticanus, signatus num. 330, bombycinus, saeculi XIV, ut videtur. Perierant Geneseos Capita xxix priora, quae suppleta sunt manu recentiori saeculi XV. Continet pauculas Aquilae et Symmachi lectiones.

127. Codex SS. Synodi Mosquensis, num. xxxiᵃ signatus, membranaceus, saeculi IX, ut videtur, constans foliis 440, quorum tamen quinquaginta (non *triginta*, ut Matthaei notitiam oscitanter exscripsit Holmesius) octo priora chartacea sunt, saeculi XV; quousque etiam, scilicet ad Exod. v. 4, in marginibus notantur lectiones Aquilae, Symmachi, Theodotionis, ac ceterorum. Codicem descripsit C. F. Matthaei in *Accurata Codd. Gr. MSS. Bibl. Mosq. SS. Synodi Notitia*, pp. 45, 46. Idem V. D. lectiones trium interpretum ex hoc codice excerptas in Eichhornii *Repertorio* etc. Tom. IV, pp. 257–278 recondidit; unde suas hausit Holmesius.

130. Codex Caesareus Vindobonensis apud Lambecium num. I, apud Nesselium XXIII, membranaceus, saeculi XI, aut forte X. Incipit a Cap. ii. 21. Post Deut. v. 28 reliqua Pentateuchi alter librarius, sed primo coaevus, descripsit. In Pentateucho conspiciuntur etiam lectiones Aquilae, Symmachi, Theodotionis, a manu prima in margine laterali et inferiori minio exaratae, sed paene evanidae. Hic codex in enumeratione Holmesiana perverse designatur 131, et vice versa, ut e collatione utriusque codicis, a Francisco Carolo Altero in gratiam operis Holmesiani condita, statim primo intuitu didicimus.

131. Codex Caesareus Vindobonensis, num. III apud Lambecium, LVII apud Nesselium signatus, membranaceus, saeculi, Altero judice, X, Lagardio autem, XII, scriptis ad marginem scholiis, sed evanidis jam lectuque difficillimis. Nullas omnino habet trium interpretum lectiones.

135. Codex Basiliensis, signatus B. VI. 18, membranaceus, saeculi, ut videtur, XIII, Genesim et partem Exodi ad Cap. xiii. 4 cum Catena Patrum continens. Contulit P. de Lagarde usque ad Cap. xxiv. 1, cujus curis debemus lectiones trium interpretum non paucas, quibus collatio Holmesiana omnino destituta est.

Arab. 1, 2 sunt duo exemplaria Arabicae Pentateuchi versionis, notis hexaplaribus (✳ et ⳤ) insignita; alterum dictum Laud. A. 146, alterum Laud. A. 147. Prius deficit post Deut. xxxii. 45; posterius post Deut. ix. 11. Nomen interpretis est Al-Háreth Ben Senân, qui versionem LXXviralem, non Graecam, sed Syro-hexaplarem Arabicam fecit. Vid. Holmes. in *Praefatione ad Pentateuchum*, fol. *l sqq.

Arm. 1 est e codicibus recentioribus Bibliothecae Palatinae Vindobonensis, num. 3270, saeculi XVI, quem in usum Holmesii diligenter contulit F. C. Alter. Codex habet signum Origenianum ✳. Subinde finis additamenti notatur duobus punctis ita (:), sed non semper; facile tamen agnosci potest, quousque additamentum extendatur. Hoc signum praefigitur additamentis in textu, et fere semper etiam in margine idem appingitur. Obelus (÷) non nisi semel (Exod. xxix. 29) reperitur.

SS. Patrum operibus a Montefalconio adhibitis hodie annumeranda est Catena Nicephori, Lipsiae, anno 1772, duobus voluminibus formae maximae edita, sub titulo: Σειρὰ ἑνὸς καὶ πεντήκοντα ὑπομνηματιστῶν εἰς τὴν ὀκτάτευχον καὶ τὰ τῶν Βασιλειῶν ἤδη πρῶτον τύποις ἐκδοθεῖσα, ἀξιώσει μὲν τοῦ εὐσεβεστάτου καὶ γαληνοτάτου ἡγεμόνος πάσης Οὐγκροβλακίας κυρίου, κυρίου Γρηγορίου Ἀλεξάνδρου Γκίκα, ἐπιμελείᾳ δὲ Νικηφόρου ἱερομονάχου τοῦ Θεοτόκου. Hunc quantivis pretii thesaurum ante nos excussit, et ad opus Montefalconii locupletandum adhibuit Jo. Gottfr. Scharfenberg in libello, qui inscribitur: *Animadversiones quibus Fragmenta Versionum Graecarum V.T. a Bern. Montefalconio collecta illustrantur, emendantur*. Spec. I, Lips. 1776. Spec. II, Lips. 1781.

Versionis libri Geneseos Syro-hexaplaris quantulum quidem superest, e Codice Musei Britannici signato "Addit. MSS. 14,442," edidit et notis illustravit A. M. Ceriani in *Monumentis Sacris et Profanis* Tom. II, pp. 1–112. Supersunt autem, praeter Capitula sive Synopsin mutilam, Cap. iv. 8—ix. 24, xvi. 2–12, xx. 1–12, xxxi. 53—xxxii. 11, xxxvi. 2—xl. 17, xliii. 1—xlvii. 16, l. 17–24. Quod ad lectiones marginales attinet, viam nobis commodiorem fecit Editor doctissimus, Graecis, si quando ea extrinsecus pro certo colligere liceret; sin minus, Latinis de suo appositis. Nobis autem, per usum duplicis literarum Graecarum formae, incerta, sed probabilia, a certis distinguere satius visum est; quam rationem in progressu operis sui etiam Ceriani nostro probatam esse videmus.

Gregorii Bar Hebraei Commentarii in Genesim specimen edidit F. F. Larsow, Lipsiae, 1850, unde unam atque alteram lectionem ad Cap. i. 2 decerpsimus.

Postremo ex *Nova Versione Graeca Pentateuchi*, e Cod. Veneto a C. F. Ammon Erlangae anno 1790 edita, hic illic pauca delibavimus.

GENESIS.

CAPUT I.

1. בְּרֵאשִׁית בָּרָא אֱלֹהִים אֵת הַשָּׁמַיִם וְאֵת הָאָרֶץ.

In principio creavit Deus caelum et terram.
Ο΄. ἐν ἀρχῇ (Σ. Θ. ἐν ἀρχῇ[1]) ἐποίησεν ὁ θεὸς
τὸν οὐρανὸν καὶ τὴν γῆν. Ἑβρ. βρησίθ . . .[2]
Ἀ. ἐν κεφαλαίῳ ἔκτισεν ὁ θεὸς σὺν τὸν οὐρανὸν
(καὶ) σὺν τὴν γῆν.[3]

2. וְהָאָרֶץ הָיְתָה תֹהוּ וָבֹהוּ. Terra autem erat
vastum et vacuum. Ο΄. ἡ δὲ γῆ ἦν ἀόρατος
καὶ ἀκατασκεύαστος. Ἀ. ἡ δὲ γῆ ἦν κένωμα
καὶ οὐθέν.[4] Σ. ἡ δὲ γῆ ἐγένετο ἀργὸν καὶ

ἀδιάκριτον.[5] Θ. ἡ δὲ γῆ ἦν κενὸν (s. οὐθὲν)
καὶ οὐθέν.[6]

2. וְחֹשֶׁךְ עַל־פְּנֵי תְהוֹם וְרוּחַ אֱלֹהִים מְרַחֶפֶת עַל־
פְּנֵי הַמָּיִם. *Et tenebrae* erant *super faciem*
abyssi; et spiritus Dei incubans erat *super*
faciem aquarum. Ο΄. καὶ σκότος ἐπάνω τῆς
ἀβύσσου· καὶ πνεῦμα θεοῦ ἐπεφέρετο ἐπάνω
τοῦ ὕδατος. Ἀ. καὶ σκότος ἐπὶ πρόσωπον
ἀβύσσου, καὶ πνεῦμα θεοῦ ἐπιφερόμενον ἐπὶ
πρόσωπον ὑδάτων. Σ. . . . καὶ πνεῦμα θεοῦ

CAP. I. [1] Hieron. Quaest. in Gen. (Opp. T. III, p. 305):
" Nam et LXX interpretes, et Sym. et Theod. *in principio*
transtulerunt; et in Hebraeo scriptum est BRESITH, quod
Aq. interpretatur, *in capitulo.*" [2] Origen. Comment. in
Psalmos (Opp. T. II, p. 529): ἡ παρ' ἡμῖν Γένεσις ἐπιγεγραμ-
μένη, παρὰ δὲ Ἑβραίοις, ἀπὸ τῆς ἀρχῆς τῆς βίβλου, Βρησίθ, ὅπερ
ἐστὶν, ἐν ἀρχῇ. Hieron. ibid. p. 306: " Sed et hoc sciendum, quod apud Hebraeos liber hic BRESITH vocatur,
hanc habentes consuetudinem, ut voluminibus ex princi-
piis eorum nomina imponant." In initio Cod. Reg. 1825
sic ad marg. legitur: βαρησήθ. [3] Jo. Philoponus in
Hexaëm. p. 10, qui bis sine copula citat, invito Hieron. in
Epist. LVII ad Pammach. 11: " Aut quia Hebraei non
solum habent ἄρθρα, sed et πρόαρθρα, ille κακοζήλως et syllabas interpretatur, et literas; dicitque σὺν τὸν οὐρανὸν et
σὺν τὴν γῆν, quod Graeca et Latina lingua omnino non
recipit." (Minus probabiliter Corder. in Cat. ad Psalmos,
p. 40: ὁ δὲ Ἀκύλας· ἐν κεφ. ἐποίησεν ὁ θ. σὺν τῷ οὐρανῷ καὶ
τὴν γῆν.) S. Basil. M. Opp. T. I, p. 7 B: ὅπερ ἕτεροι τῶν
ἑρμηνευτῶν, σαφέστερον τὸν νοῦν ἐκδεδόντες, εἰρήκασιν· ἐν κεφαλαίῳ ἐποίησεν ὁ θ., τουτέστιν, ἀθρόως καὶ ἐν ὀλίγῳ. Basilium
compilavit S. Ambros. in Hexaëm. I, 16; " Denique alii

dixerunt ἐν κεφαλαίῳ, quasi *in capite*, quo significatur in
brevi et in exiguo momento summa operationis impleta."
Sed revera huic interpreti fere superstitio erat pro רֵאשִׁית
κεφάλαιον ponere, nulla omnino sensus loci ratione habita.
Cf. Hex. ad Gen. xlix. 3. 1 Reg. xv. 21. Jerem. xlix. 35.
Dan. xi. 42. [4] Philop. ibid. p. 52, concinente Cod. 127.
Bar Hebraeus affert: ‏ܐܦ ܡܢ ܘܣܪܝܩܘܬܐ‎ /. " In
Cod. Reg. 1825 haec leguntur ex Greg. Nyss., quae inter
edita ejusdem opera [T. I, p. 7] habentur: Φανερώτερον δὲ
διὰ τῆς Συμμάχου καὶ Θεοδοτίωνος καὶ Ἀκύλα γραφῆς ἡ τοιαύτη
διάνοια σαφηνίζεται· τοῦ μὲν εἰπόντος, ἡ δὲ γῆ ἦν ἀργὸν καὶ
ἀδιάκριτον· τοῦ δὲ ἑτέρου, κένωμα καὶ οὐθέν· τοῦ δὲ ἄλλου, οὐθὲν
καὶ οὐθέν."—*Montef.* Minus recte Procop. in Gen. p. 19: ὁ
γὰρ Ἀκ. ἀντὶ τοῦ ἀόρατος· εἶπε κενή. Cf. Hex. ad Deut. xxxii.
10. Jesai. xxxiv. 11. Jerem. iv. 23. [5] Philop. ibid.
" In schedis Combefisianis lectio Symmachi sic habet, ἀργὸν
καὶ ἀδιαίρετον· sed praestat lectio Philoponi [Cod. 135] et
aliorum."—*Montef.* Pro ἀδιάκριτον stat Bar Hebraeus, vertens: ‏ܘܠܐ ܡܬܦܪܫܢܐ‎. [6] Philop. ibid., Nobil.
Lectionem, οὐθὲν καὶ οὐθέν, testantur Cod. Reg. supra allegatus, Cod. 135, et Bar Hebr. qui affert: ‏ܣܪܝܩ ܘܠܐ‎ .l.
‏ܣܪܝܩ‎

ἐπιφερόμενον ἐπὶ πρόσωπον ὑδάτων. Θ. καὶ
σκότος ἐπὶ προσώπου ἀβύσσου, καὶ πνεῦμα θεοῦ
ἐπιφερόμενον ἐπὶ προσώπου τοῦ ὕδατος.[7] Ὁ
Σύρος τὸ ἐπεφέρετο, φησίν, ἐξηγοῦνται ἀντὶ
τοῦ συνέθαλπε καὶ ἐζωογόνει τὴν τῶν ὑδάτων
φύσιν, κατὰ τὴν εἰκόνα τῆς ἐπωαζούσης ὄρνιθος,
καὶ ζωτικήν τινα δύναμιν ἐνιείσης τοῖς ὑποθαλ-
πομένοις.[8]

3. יְהִי אוֹר וַיְהִי־אוֹר. *Fiat lux: et facta est lux.*
Ο΄. Θ. γενηθήτω φῶς· καὶ ἐγένετο φῶς. Ἀ.
γενέσθω φῶς· καὶ ἐγένετο φῶς. Σ. ἔστω φῶς·
καὶ ἐγένετο φῶς.[9]

4. אֶת־הָאוֹר. Ο΄. τὸ φῶς. Ἀ. σὺν τὸ φῶς.[10]
וַיַּבְדֵּל אֱלֹהִים בֵּין הָאוֹר וּבֵין הַחֹשֶׁךְ. *Et dis-
crevit Deus inter lucem et tenebras.* Ο΄. καὶ
διεχώρισεν (Σ. διέστειλεν[11]) ὁ θεὸς ἀναμέσον
τοῦ φωτός, καὶ ἀναμέσον τοῦ σκότους. Ἀ. καὶ
διεχώρισεν ὁ θεὸς μεταξὺ τοῦ φωτὸς, καὶ μεταξὺ
τοῦ σκότους.[12]

5. וַיִּקְרָא אֱלֹהִים לָאוֹר יוֹם וְלַחֹשֶׁךְ קָרָא לָיְלָה.
*Et appellavit Deus lucem Diem; tenebras autem
appellavit Noctem.* Ο΄. καὶ ἐκάλεσεν ὁ θεὸς

τὸ φῶς ἡμέραν· καὶ τὸ σκότος ἐκάλεσε νύκτα.
Ἀ. καὶ ἐκάλεσεν ὁ θεὸς τῷ φωτὶ, ἡμέραν· καὶ
τὸ σκότος ἐκάλεσε νύκτα. Σ. καὶ ἐκάλεσεν ὁ
θεὸς τῷ φωτὶ ἡμέραν· καὶ τὴν σκοτίαν ἐκάλεσε
νύκτα. Θ. καὶ ἐκάλεσεν ὁ θεὸς τῷ φωτὶ ἡμέ-
ραν· καὶ τὸ σκότος ἐκάλεσε νύκτα.[13]

6. וַיֹּאמֶר אֱלֹהִים יְהִי רָקִיעַ בְּתוֹךְ הַמַּיִם וִיהִי
מַבְדִּיל בֵּין מַיִם לָמָיִם. *Et dixit Deus: Fiat
expansum solidum in medio aquarum, et dis-
cernat aquas ab aquis.* Ο΄. καὶ εἶπεν ὁ θεός·
γενηθήτω στερέωμα ἐν μέσῳ τοῦ ὕδατος, καὶ
ἔστω διαχωρίζον ἀναμέσον ὕδατος καὶ ὕδατος
— καὶ ἐγένετο οὕτως ◄.[14] Ἀ. καὶ εἶπεν ὁ θεός·
γενηθήτω στερέωμα ἐν μέσῳ τῶν ὑδάτων, καὶ
ἔστω διαχωρίζον μεταξὺ ὑδάτων εἰς ὕδατα.
Σ. καὶ εἶπεν ὁ θεός· γενηθήτω στερέωμα ἐν
μέσῳ ὑδάτων, καὶ ἔστω διαχωρίζον ἐν μέσῳ
ὕδατος καὶ εἰς ὕδωρ. Θ. καὶ εἶπεν ὁ θεός·
γενηθήτω στερέωμα ἐν μέσῳ τοῦ ὕδατος, καὶ
ἔσται διαχωρίζον ἀναμέσον ὕδατος εἰς ὕδατα.[15]

7. וַיְהִי־כֵן. Ο΄. Vacat. ※ καὶ ἐγένετο οὕτως ◄.[16]

8. וַיִּקְרָא אֱלֹהִים לָרָקִיעַ שָׁמָיִם. Ο΄. καὶ ἐκάλεσεν

---

[7] Philop. ibid.   [8] S. Basil. M. ibid. p. 18 C: Πῶς οὖν
ἐπεφέρετο τοῦτο ἐπάνω τοῦ ὕδατος; Ἐρῶ σοι οὐκ ἐμαυτοῦ λόγον,
ἀλλὰ Σύρου ἀνδρὸς σοφίας κοσμικῆς τοσοῦτον ἀφεστηκότος, ὅσον
ἐγγὺς ἦν τῆς τῶν ἀληθινῶν ἐπιστήμης. Ἔλεγε τοίνυν τὴν τῶν
Σύρων φωνὴν ἐμφατικωτέραν τε εἶναι, καὶ διὰ τὴν πρὸς τὴν
Ἑβραΐδα γειτνίασιν, μᾶλλόν πως τῇ ἐννοίᾳ τῶν γραφῶν προσ-
εγγίζειν. Εἶναι οὖν τὴν διάνοιαν τοῦ ῥητοῦ τοιαύτην· Τὸ ἐπι-
φέρετο κ.τ.ἑ. Hieron. ibid. p. 306: "Pro eo quod in
nostris codicibus scriptum est, *ferebatur,* in Hebraeo habet
MEREPETH, quod nos appellare possumus, *incubabat,* sive
confovebat, in similitudinem volucris ova calore animantis."
[9] Montef. affert: Ἀ. καὶ συνεῖδεν
ὁ θεὸς σὺν τὸ φῶς, notans: "Hic et passim in sequentibus
Aquila, καὶ συνεῖδεν ὁ θεός. Ubi Procopius: 'Aquila in
sua translatione adjecit verbo *vidit* praepositionem σύν,
quae in compositione *cum* significat, ac si diceret *contuitus
est, conspexit.*'" In Graecis Procopii p. 27 nihil tale habetur, sed tantum: Καὶ εἶδεν ὁ θεὸς τὸ φῶς ὅτι καλόν. Τὸ καλὸν
ἐπὶ τῆς κτίσεως οὐκ αἰσθητῇ θέᾳ ληπτέον· θεὸς γὰρ ὡς οὕτως
ὁρᾷ· γνῶσις δὲ οἰκεία καθ' ἣν ἕκαστον ἑώρα, οὐ πρὸς θέαν πάντας
καλόν, πρὸς δὲ τὴν χρείαν τὴν ἑαυτοῦ, καὶ τὴν πρὸς τὰ λοιπὰ συμφωνίαν ἀνάλογον, δι' ἣν καὶ Ἀκύλας τὸ σὺν φιλεῖ προστιθέναι.

Ubi innuitur, ni fallor, usus Aquilae notissimus particulam
אֵת in praepositionem σύν vertendi; neque enim credibile
est tam scrupulosum interpretum pro simplici רָאָה, *vidit,*
compositum συνεῖδεν, *intellexit,* posuisse. Praeterea ad
v. 31 diserte testatur Philoponus, Aquilam vertisse: καὶ
εἶδεν ὁ θεὸς σύμπας ὅσα ἐποίησε.   [11] Philop. ibid. p. 73.
[12] Idem ibid.   [13] "Sic tres interpretes, Aq., Sym., et
Theod., nimio scrupulo Hebraico idiomati haerentes...
Aq. habet ἡμέρα· alii ἡμέραν. Sic autem infra v. 8 tres
interpretes, καὶ ἐκάλεσεν ὁ Θ. τῷ στερεώματι οὐρανόν· ubi Aq.
οὐρανὸς vertit."—*Montef.* Lectiones, quarum auctorem
non nominat Montef., suspicione non vacant, praesertim
quoad posteriorem singularum clausulam, quae cum priore
vix consistere potest. Certe Aquilam vertisse, καὶ τὸ σκότος
ἐκ. νύκτα, non autem, καὶ τῷ σκότει ἐκ., νύξ, nemo sanus crediderit. Fortasse Montef. in archetypo suo invenit: Ἀ.
Σ. Θ. τῷ φωτί. Σ. τὴν σκοτίαν· cetera ex ingenio promens.
[14] Sic sub ✳ Arab. 1.   [15] Philop. ibid. p. 98. Idem
p. 141: διὸ Ἀκ. καὶ Σύμ. πληθυντικῶς εἶπον· γενηθήτω στ. ἐν
μέσῳ τῶν ὑδάτων.   [16] Cod. 127 in textu; in marg. autem:
Ἔνθα κεῖται ἀστερίσκος, κεῖται μὲν ἐν τῷ Ἑβραϊκῷ, οὐ φέρεται δὲ
παρὰ τοῖς Ο΄. Sic sine aster. Codd. X, 14, 31, alii.

ὁ θεὸς τὸ στερέωμα οὐρανόν ('Εβρ. σουμήν¹⁷).
'Α. καὶ ἐκάλεσεν ὁ θεὸς τῷ στερεώματι, οὐρανός. Σ. Θ. καὶ ἐκάλεσεν ὁ θεὸς τῷ στερεώματι
οὐρανόν.¹⁸

8. Ο'. ⸓ καὶ εἶδεν ὁ θεὸς ὅτι καλόν ◄.¹⁹

9. יִקָּווּ. Congregentur. Ο'. συναχθήτω. 'Α. Σ.
συστήτω.²⁰

אֶל־מָקוֹם אֶחָד. In locum unum. Ο'. εἰς συναγωγὴν μίαν. Οἱ Γ'. εἰς τόπον ἕνα.²¹

Ο'. ÷ καὶ συνήχθη τὸ ὕδωρ τὸ ὑποκάτω τοῦ οὐρανοῦ εἰς τὰς συναγωγὰς αὐτῶν, καὶ ὤφθη
ἡ ξηρά ◄.²²

10. וַיִּקְרָא אֱלֹהִים לַיַּבָּשָׁה אֶרֶץ וּלְמִקְוֵה הַמַּיִם
קָרָא יַמִּים. Et appellavit Deus aridam Ter-
ram; congregationem autem aquarum appellavit
Mare. Ο'. καὶ ἐκάλεσεν ὁ θεὸς τὴν ξηρὰν
γῆν· καὶ τὰ συστήματα τῶν ὑδάτων ἐκάλεσε
θαλάσσας. 'Α. καὶ ἐκάλεσεν ὁ θεὸς τῇ ξηρᾷ,
γῆ· καὶ τοῖς συστήμασι τῶν ὑδάτων (ἐκάλεσε),
θάλασσαι. Σ. Θ. καὶ ἐκάλεσεν ὁ θεὸς τὴν
ξηρὰν γῆν· τὰ δὲ συστήματα τῶν ὑδάτων
ἐκάλεσε θαλάσσας.²³

11. תַּדְשֵׁא. Germinet. Ο'. 'Α. βλαστησάτω. Σ.
ἐξαγαγέτω. Ο. ἐξενεγκάτω.²⁴

11. דֶּשֶׁא עֵשֶׂב. Gramen tenerum, herbam. Ο'. Θ.
βοτάνην χόρτου. 'Α. βλάστημα χόρτου.²⁵

מַזְרִיעַ זֶרַע. Proferentem semen. Ο'. σπεῖρον
('Α. Σ. σπερματίζοντα²⁶) σπέρμα.

עֹשֶׂה פְּרִי לְמִינוֹ. Fructificantem secundum speciem ejus. Ο'. ποιοῦν καρπὸν ※ εἰς τὸ γένος
αὐτῶν ◄.²⁷

12. מַזְרִיעַ זֶרַע לְמִינֵהוּ. Ο'. σπεῖρον σπέρμα κατὰ
γένος καὶ καθ᾽ ὁμοιότητα. 'Α. Σ. σπερματίζοντα...²⁸ Aliter: 'Α. σπερματίζον εἰς τὸ
γένος αὐτῶν.²⁹

14. יְהִי מְאֹרֹת בִּרְקִיעַ הַשָּׁמַיִם לְהַבְדִּיל בֵּין הַיּוֹם
וּבֵין הַלָּיְלָה. Ο'. γενηθήτωσαν ('Α. γενέ-
σθωσαν³⁰) φωστῆρες ἐν τῷ στερεώματι τοῦ οὐρανοῦ ⸓ εἰς φαῦσιν ἐπὶ τῆς γῆς ◄, τοῦ διαχω-
ρίζειν ἀναμέσον ('Α. μεταξὺ³⁰) τῆς ἡμέρας, καὶ
ἀναμέσον ('Α. μεταξὺ³⁰) τῆς νυκτός.

15. לִמְאוֹרֹת. Ο'. εἰς φαῦσιν. 'Α. εἰς φωστῆρας.³¹

15, 17. לְהָאִיר. Ο'. ὥστε φαίνειν. 'Α. τῷ φαί-
νειν.³²

16. אֶת־הַמָּאוֹר הַגָּדֹל לְמֶמְשֶׁלֶת הַיּוֹם וְאֶת־
הַמָּאוֹר הַקָּטֹן לְמֶמְשֶׁלֶת הַלָּיְלָה. Lumen
majus in dominium diei, et lumen minus in
dominium noctis. Ο'. τὸν φωστῆρα τὸν μέγαν

---

¹⁷ Procop. in Gen. p. 46: ὅθεν καὶ λέγεσθαι σουμὴν Ἑβραίων
φωνῇ, ὕδωρ δηλοῦν πεπηγός. ¹⁸ Philop. ibid. ¹⁹ Sic
sub ÷ Arab. 1. Origen. in Epist. ad Africanum (Opp.
T. I, p. 15): καὶ ἐν τῇ Γενέσει δὲ τὸ, εἶδεν ὁ θεὸς ὅτι καλόν, ἐπὶ
τῷ γενέσθαι στερέωμα, παρ᾽ Ἑβραίοις οὐχ εὑρίσκεται. Hieron.
in Comment. in Aggaeum (Opp. T. VI, p. 737): "Denique
in Genesi cum in primo die dictum sit, et in tertio, et in
quarto, et in quinto, et in sexto, post consummationem
operum singulorum, et vidit Deus quia bonum est, in
secundo juxta Hebraicum, et Aquilam, et Symmachum, et
Theodotionem non habetur." ²⁰ Nobil., Cod. 127.
²¹ Philop. ibid. p. 144: οἱ δὲ ἄλλοι τρεῖς ἀντὶ τοῦ εἰπεῖν, εἰς
συναγωγὴν μίαν, εἰς τόπον ἕνα, φασί. ²² Sic sub obelo
Cod. 127; in marg. autem: Ἔνθα κεῖται ὀβελὸς, οὐ κεῖται ἐν
τῷ Ἑβραϊκῷ, παρὰ μόνοις δὲ φέρεται τοῖς Ο'. S. Basil. M.
Opp. T. I, p. 37 C: Πρόσκειται δὲ ἐν πολλοῖς τῶν ἀντιγράφων,
καὶ συνήχθη—ἡ ξηρά· ἅπερ οὔτε τινὲς τῶν λοιπῶν ἐκδεδώκασιν
ἑρμηνέων, οὔτε ἡ χρῆσις τῶν Ἑβραίων ἔχουσα φαίνεται.... Τὰ
τοίνυν ἀκριβῆ τῶν ἀντιγράφων ἀβελίσται· ὁ δὲ ὀβελὸς ἀθετήσεως
ΤΟΜ. I.

σύμβολον. ²³ Philop. ibid. p. 162. ²⁴ Sic Montef.,
non memorato auctore. ²⁵ Idem. ²⁶ Cod. 127.
Collatis Hex. ad v. 29, crediderim Aquilam vertisse: (χλόην)
σπερματίζουσαν σπέρμα; Symmachum autem: (χόρτον) σπερματίζοντα σπέρμα. Montef. sine auctore affert: 'Α. σπειρό-
μενον σπέρμα, quae lectio nihili esse videtur. ²⁷ Sic
Cod. 127, et sine aster. Cod. 17. Ad σπεῖρον σπέρμα Nobil.
affert: 'Α. σπερματίζον εἰς τὸ γένος αὐτῶν, quod ad v. 12 recte
applicat Montef., qui tamen in v. 11 pro Hebraeis עֹשֶׂה
פְּרִי לְמִינוֹ אֲשֶׁר זַרְעוֹ, Aquilae perperam tribuit: ποιοῦν
καρπὸν σπερματίζον εἰς τὸ γένος αὐτῶν. ²⁸ Cod. 127.
²⁹ Nobil. ut supra. Mox post ποιοῦν καρπὸν Cod. 127 in
textum infert: ※ εἰς τὸ γένος αὐτῶν, reclamante Hebraeo.
³⁰ Sic Montef., tacito auctore; fortasse ex sola collatione
Hexaplorum ad vv. 3, 4. In textu LXXvirali obelus (⸓)
est in Arab. 1. Deinde ad εἰς φαῦσιν Cod. 127 in marg.
pingit: εἰς φωτισμόν, ex interpretatione, ut videtur. ³¹ Sic
Montef., non memorato auctore. ³² Idem.

εἰς ἀρχὰς τῆς ἡμέρας, καὶ τὸν φωστῆρα τὸν
ἐλάσσω εἰς ἀρχὰς τῆς νυκτός. Ἀ. σὺν τὸν
φωστῆρα τὸν μέγαν εἰς ἐξουσίαν τῆς ἡμέρας,
καὶ σὺν τὸν φωστῆρα (τὸν) μικρὸν εἰς ἐξουσίαν
τῆς νυκτός. Θ. τὸν φωστῆρα τὸν μέγαν εἰς
ἐξουσίαν τῆς ἡμέρας, καὶ τὸν φωστῆρα τὸν
μικρὸν εἰς ἐξουσίαν τῆς νυκτός.[33] Σ. τὸν
φωστῆρα τὸν μείζω εἰς τὸ ἡγεῖσθαι τῆς ἡμέρας, τὸν δὲ φωστῆρα τὸν ἐλάσσω εἰς ἡγεμονίαν τῆς νυκτός.[34]

18. וְלִמְשֹׁל. Ο'. καὶ ἄρχειν (Ἀ. ἐξουσιάζειν[35]).

20. וַיֹּאמֶר אֱלֹהִים יִשְׁרְצוּ הַמַּיִם שֶׁרֶץ נֶפֶשׁ חַיָּה
וְעוֹף יְעוֹפֵף עַל־הָאָרֶץ עַל־פְּנֵי רְקִיעַ הַשָּׁמָיִם.
Et dixit Deus: Scateant aquae bestiis aqua-
tilibus, animis vivis; alites autem volent super
terram, super faciem expansi caelorum. Ο'.
καὶ εἶπεν ὁ θεός· ἐξαγαγέτω τὰ ὕδατα ἑρπετὰ
ψυχῶν ζωσῶν, καὶ πετεινὰ πετόμενα ἐπὶ τῆς
γῆς κατὰ τὸ στερέωμα τοῦ οὐρανοῦ. Ἀ. ἐξερψάτω τὰ ὕδατα ἑρπετὸν ψυχῆς ζώσης, καὶ
πετεινὸν ἱπτάμενον ἐπὶ τῆς γῆς, ἐπὶ πρόσωπον
τοῦ στερεώματος τοῦ οὐρανοῦ. Σ. (καὶ) εἶπεν
ὁ θεός· ἐξερψάτω τὰ ὕδατα ἑρπετόν, ψυχὴν
ζώσαν, καὶ πετεινὸν πετόμενον ἐπὶ τῆς γῆς,
κατὰ πρόσωπον στερεώματος οὐρανοῦ. Θ. καὶ
εἶπεν ὁ θεός· ἐξερψάτωσαν τὰ ὕδατα ἑρπετὰ,
ψυχὰς ζώσας, καὶ πετεινὸν πετόμενον ἐπὶ τῆς
γῆς, κατὰ πρόσωπον στερεώματος οὐρανοῦ.[36]

21. אֶת־הַתַּנִּינִם הַגְּדֹלִים. Ο'. τὰ κήτη τὰ μεγάλα.
Οἱ ἄλλοι τοὺς δράκοντας τοὺς μεγάλους.[37]

26. וַיֹּאמֶר אֱלֹהִים נַעֲשֶׂה אָדָם בְּצַלְמֵנוּ כִּדְמוּתֵנוּ.
Ο'. καὶ εἶπεν ὁ θεός· ποιήσωμεν ἄνθρωπον κατ'
εἰκόνα ἡμετέραν, καὶ καθ' ὁμοίωσιν. Ἀ. καὶ
εἶπεν ὁ θεός· ποιήσωμεν ἄνθρωπον ἐν εἰκόνι
ἡμῶν, [καὶ] καθ' ὁμοίωσιν ἡμῶν. Σ. καὶ εἶπεν
ὁ θεός· ποιήσωμεν ἄνθρωπον, ὡς εἰκόνα ἡμῶν,
καθ' ὁμοίωσιν ἡμῶν. Θ. καὶ εἶπεν ὁ θεός·
ποιήσωμεν ἄνθρωπον ἐν εἰκόνι ἡμῶν, ὡς ἐν
ὁμοιώσει ἡμῶν.[38]

וְיִרְדּוּ בִדְגַת הַיָּם וּבְעוֹף הַשָּׁמַיִם וּבַבְּהֵמָה
וּבְכָל־הָאָרֶץ וּבְכָל־הָרֶמֶשׂ הָרֹמֵשׂ עַל־הָאָרֶץ.
Et dominentur piscibus maris, et alitibus caeli,
et bestiis, et universae terrae, et omnibus rep-
tilibus quae reptant super terra. Ο'. καὶ ἀρχέ-
τωσαν τῶν ἰχθύων τῆς θαλάσσης, καὶ τῶν
πετεινῶν τοῦ οὐρανοῦ, καὶ τῶν κτηνῶν, καὶ
πάσης τῆς γῆς, καὶ πάντων τῶν ἑρπετῶν τῶν
ἑρπόντων ἐπὶ τῆς γῆς. Ἀ. καὶ ἐπικρατεί-
τωσαν ἐν ἰχθύϊ τῆς θαλάσσης, καὶ ἐν πετεινῷ
τοῦ οὐρανοῦ, καὶ ἐν κτήνεσι, καὶ ἐν πάσῃ τῇ
γῇ, καὶ (ἐν παντὶ) ζώῳ κινουμένῳ ἐπὶ τῆς
γῆς.[39]

27. וַיִּבְרָא אֱלֹהִים אֶת־הָאָדָם בְּצַלְמוֹ בְּצֶלֶם
אֱלֹהִים בָּרָא אֹתוֹ זָכָר וּנְקֵבָה בָּרָא אֹתָם.
Ο'. καὶ ἐποίησεν ὁ θεὸς τὸν ἄνθρωπον, κατ'
εἰκόνα θεοῦ ἐποίησεν αὐτόν· ἄρσεν καὶ θῆλυ
ἐποίησεν αὐτούς. Ἀ. καὶ ἔκτισεν ὁ θεὸς σὺν
τὸν ἄνθρωπον ἐν εἰκόνι αὐτοῦ, ἐν εἰκόνι θεοῦ
ἔκτισεν αὐτούς…[40] Σ. καὶ ἔκτισεν ὁ θεὸς
τὸν ἄνθρωπον ἐν εἰκόνι διαφόρῳ, ὄρθιον ὁ θεὸς

---

[33] Philop. ibid. p. 175. [34] Idem ibid.: Τούτοις καὶ ὁ
Σύμμαχος συμφωνεῖ· τὸν φωστῆρα—τῆς νυκτός. Τὸ γὰρ, ἡγεῖσθαι, σαφηνίζων εἰς τὸ, ἡγεμονίαν, μετέλαβεν (leg. μετέβαλεν),
ὅπερ ταυτόν ἐστι τῷ ἐξουσίᾳ, καὶ τῷ ἄρχειν. [35] Origen.
Opp. T. II, p. 22: καὶ ὁ Ἀκύλας γὰρ τὸ ἀνάλογον ἐτήρησεν,
ποιήσας ἀντὶ μὲν τοῦ, εἰς ἀρχὰς, εἰς ἐξουσίαν· ἀντὶ δὲ τοῦ, ἄρχειν,
ἐξουσιάζειν. [36] Philop. ibid. p. 198 (cum πετηνὸν ter pro
πετεινὸν). Idem p. 199: Συμφωνοῦσι δὲ τῇ ἐπαναλήψει (sc.
v. 21, καὶ πᾶσαν ψυχὴν ζώων ἑρπετῶν) Θεοδ. καὶ Σύμ. Ὁ μὲν
γὰρ… ἑρπετὰ ψυχὰς ζώσας, κατ' εὐθεῖαν ἀμφότερα, ἵνα ᾖ ὥσπερ
ἐπεξήγησις τοῦ, ἑρπετὰ, τὸ, ψυχὰς ζώσας· Σύμ. δὲ, πετεινὸν ψυχὴν
ζώσαν· τουτέστιν, ὅπερ ἐστὶ ψυχὴ ζῶσα. [37] Severianus
apud S. Chrysost. Opp. T. VI, p. 467 D: οἱ γὰρ ἄλλοι ἑρμηνευταὶ λέγουσιν ἐποίησεν ὁ θεὸς τοὺς δρ. τοὺς μ. [38] Philop.
ibid. p. 209. Idem p. 217 Symmacho tribuit καὶ καθ' ὁμ.
ἡμῶν; Theodotioni autem pro ὡς ἐν ὁμοιώσει, ἐν ὁμοιώμασιν.
[39] Sic Montef. tacito auctore. Equidem nullus dubito,
antecessorem meum totam hanc lectionem ad normam
v. 28 excogitasse, oblitum in Hebraeo ibi legi, non רֶמֶשׂ,
sed חַיָּה. In nostro loco nescio an Aquila verterit: καὶ ἐν
παντὶ κινουμένῳ (cf. Hex. ad Psal. cxlviii. 10) κινουμένῳ ἐπὶ
γῆς. [40] Philop. ibid. p. 244. In textu LXXvirali pro
κατ' εἰκόνα θεοῦ in Arab. 1, 2 legitur, ad imaginem suam;
unde conjecerit aliquis, in LXX antiquitus juxta Hebraeum exstitisse, κατ' εἰκόνα αὐτοῦ, κατ' εἰκόνα θεοῦ. Certe
editionis hexaplaris ratio tantum non postulare videtur:

ἔκτισεν αὐτόν· ἄρσεν καὶ θῆλυ ἔκτισεν αὐτούς.[41] Θ. καὶ ἔκτισεν ὁ θεὸς τὸν ἄνθρωπον
ἐν εἰκόνι αὐτοῦ, ἐν εἰκόνι θεοῦ ἔκτισεν αὐτούς·
ἄρσεν καὶ θῆλυ ἐποίησεν αὐτούς.[42]

28. וַיְבָרֶךְ אֹתָם אֱלֹהִים וַיֹּאמֶר לָהֶם אֱלֹהִים פְּרוּ
וּרְבוּ וּמִלְאוּ אֶת־הָאָרֶץ וְכִבְשֻׁהָ וּרְדוּ בִּדְגַת
הַיָּם וּבְעוֹף הַשָּׁמַיִם וּבְכָל־חַיָּה הָרֹמֶשֶׂת עַל־
הָאָרֶץ. Et benedixit eis Deus, et dixit eis
Deus: Fecundi estote, et multiplicamini, et re-
plete terram, et subigite eam; et dominamini
piscibus maris, et alitibus caeli, et omnibus
animalibus quae reptant super terra. Ο΄. καὶ
εὐλόγησεν αὐτοὺς ὁ θεὸς, λέγων αὐξάνεσθε
καὶ πληθύνεσθε, καὶ πληρώσατε τὴν γῆν, καὶ
κατακυριεύσατε αὐτῆς· καὶ ἄρχετε τῶν ἰχθύων
τῆς θαλάσσης, καὶ τῶν πετεινῶν τοῦ οὐρανοῦ,
καὶ πάντων τῶν κτηνῶν, καὶ πάσης τῆς γῆς,
καὶ πάντων τῶν ἑρπετῶν τῶν ἑρπόντων ἐπὶ τῆς
γῆς. Ἀ. καὶ εὐλόγησεν αὐτοὺς ὁ θεὸς, καὶ
εἶπεν αὐτοῖς ὁ θεὸς αὐξάνεσθε καὶ πληθύνεσθε, καὶ πληρώσατε τὴν γῆν, καὶ ὑποτάξατε
αὐτήν· καὶ ἐπικρατεῖτε ἐν ἰχθύϊ τῆς θαλάσσης,
καὶ ἐν πετεινῷ τοῦ οὐρανοῦ, καὶ ἐν παντὶ ζώῳ
κινουμένῳ ἐπὶ γῆς. Σ. καὶ εὐλόγησεν αὐτοὺς
ὁ θεὸς, εἶπε δὲ αὐτοῖς ὁ θεὸς· αὐξάνεσθε καὶ
πληθύνεσθε, καὶ πληρώσατε τὴν γῆν, καὶ ὑποτάξατε αὐτήν· καὶ χειροῦσθε τοὺς ἰχθύας τῆς

θαλάσσης, καὶ τὰ πετεινὰ τοῦ οὐρανοῦ, καὶ τὰ
ζῶα τὰ ἕρποντα ἐπὶ τῆς γῆς. Θ. καὶ εὐλόγησεν (αὐτοὺς ὁ θεὸς, καὶ εἶπεν αὐτοῖς) ὁ θεός·
αὐξάνεσθε καὶ πληθύνεσθε, καὶ πληρώσατε τὴν
γῆν, καὶ ὑποτάξατε αὐτήν· καὶ παιδεύετε ἐν
τοῖς ἰχθύσι τῆς θαλάσσης, καὶ ἐν τοῖς πετεινοῖς
τοῦ οὐρανοῦ, καὶ ἐν παντὶ ζώῳ ἕρποντι ἐπὶ τῆς
γῆς.[43]

29. וַיֹּאמֶר אֱלֹהִים הִנֵּה נָתַתִּי לָכֶם אֶת־כָּל־עֵשֶׂב
זֹרֵעַ זֶרַע אֲשֶׁר עַל־פְּנֵי כָל־הָאָרֶץ וְאֶת־כָּל־
הָעֵץ אֲשֶׁר־בּוֹ פְרִי־עֵץ זֹרֵעַ זָרַע לָכֶם יִהְיֶה
לְאָכְלָה. Et dixit Deus: Ecce! dedi vobis
omnes herbas proferentes semen, quae sunt
super faciem totius terrae, et omnes arbores
in quibus est fructus arboris proferens semen:
vobis erunt in cibum. Ο΄. καὶ εἶπεν ὁ θεός·
ἰδοὺ δέδωκα ὑμῖν πάντα χόρτον σπόριμον σπεῖρον σπέρμα, ὅ ἐστιν ἐπάνω πάσης τῆς γῆς·
καὶ πᾶν ξύλον, ὃ ἔχει ἐν ἑαυτῷ καρπὸν σπέρματος σπορίμου ὑμῖν ἔσται εἰς βρῶσιν. Ἀ. καὶ
εἶπεν ὁ θεός· ἰδοὺ δέδωκα ὑμῖν σύμπασαν χλόην
σπερμαίνουσαν σπέρμα ἐπὶ πρόσωπον πάσης
τῆς γῆς...[44] Σ. καὶ εἶπεν ὁ θεός· δέδωκα
ὑμῖν πάντα χόρτον τὸν σπερματίζοντα σπέρμα
τὸν ἐπὶ προσώπου πάσης τῆς γῆς· καὶ πᾶν
ξύλον ἐν ᾧ ἐστι καρπὸς ξύλου σπερματίζοντος
σπέρμα, ὑμῖν εἶναι εἰς βρῶσιν.[45] Θ. καὶ εἶπεν

※ ἐν εἰκόνι αὐτοῦ ◄, κατ΄ εἰκόνα θεοῦ.　[41] Idem ibid. Cod. 127
Cod. 135, Arm. 1, 2, Arm. ed.　[41] Idem ibid. Cod. 127
affert: Σ. ἐν εἰκόνι διαφόρῳ ὄρθριον (sic). Philop. ibid. p. 245:
ὁ δὲ Σύμ., ἐν εἰκόνι διαφόρῳ, φησίν, ἤτοι τῷ ἐξαιρέτῳ καὶ κρείτ-
τονι παρὰ τὰ λοιπὰ, ἢ τῷ παρὰ τὰ λοιπὰ πάντα διενηνοχότι καὶ
ἐξηλλαγμένῳ, ὅπερ ἐπεξηγούμενος ἐπήγαγεν ὀρθίων ὁ θεὸς ἔκτισεν
αὐτόν . . . τὰ γὰρ λοιπὰ πάντα κάτω νεύει τε καὶ κέκλιται ἐπὶ γῆν.
Versio plane singularis, et ne versionis quidem nomine
digna. Sed hunc interpretem, nimio perspicuitatis studio,
vel etiam dogmaticis rationibus obsecutum, hic illic in
paraphrastae partes delapsum esse, videbimus in Hex. ad
Gen. xviii. 25. Exod. xv. 11. Job. xxi. 13. Psal. lvi. 5.
Jerem. xli. 5. Cf. D. Abr. Geiger in libello cui titulus:
Symmachus der Uebersetzer der Bibel (Jüdische Zeitschrift
für Wissenschaft und Leben, 1er Jahrgang, pp. 40, 41).
[42] Philop. ibid. pp. 244, 245.　[43] Idem ibid. pp. 258,
259 (cum scriptura πετηνός). Idem p. 264 ad Theodo-

tionis versionem παιδεύετε, qui Syrorum usus est, ait:
εὔλογον δὲ ἡγοῦμαι τὴν πᾶι συλλαβὴν διὰ τοῦ ῑ γράφεσθαι, εἰ καὶ
ἀσυνήθες "Ελλησιν· οὐ παρὰ τὴν παιδείαν, ἀλλὰ τὰς πέδας· ἀντὶ
τοῦ, ὑπὸ πέδας αὐτοὺς ἄγετε καὶ δεσμούς. Absurde! Cf. Hex.
ad Psal. cix. 2. Ezech. xxxiv. 4.　" Philop. ibid. p. 265,
qui Aquilae continuat: ᾧ ἐν αὐτῷ ψυχὴ κ. τ. ἑ. (v. 30).
Reliquam partem v. 29 sic de suo, ut videtur, supplet
Montef.: καὶ σὺν πᾶν ξύλον, ἐν ᾧ καρπὸς ξύλου ἐσπαρμένον
σπέρμα, ὑμῖν εἶναι (potius ἔσται) εἰς βρῶσιν. Idem in Notis
p. 15: "Ἀκ. ἐσπαρμένον σπέρμα. [Ex Drusio.] In editis
Theodoreti Quaest. LI in Gen. σπερμαίνον σπέρμα... Utra
autem vera lectio sit, incertum." Immo ἐσπαρμένον non
est nisi falsa emendatio Pici pro vitiosa Cod. August.
scriptura σπαρμένον, quae, Philopono auctore, in σπερμαίνον
vertenda erat. Porro Aquilae lectio, σπερμαίνον σπέρμα non
est pro σπέρματος σπορίμου, sed pro σπεῖρον σπέρμα. Vid.
Theodoreti Opp. T. I, p. 65.　[45] Philop. ibid. Cod. 127

ὁ θεός· ἰδοὺ δέδωκα ὑμῖν τὸν πάντα χόρτον
σπερμαίνοντα σπέρμα τὸν ἐπὶ προσώπου πάσης
τῆς γῆς· καὶ τὸ πᾶν ξύλον, ὃ ἔχει ἐν αὐτῷ
καρπὸν ξύλου, σπερμάτων (fort. σπερμαῖνον)
σπέρμα· ὑμῖν ἔσται εἰς βρῶσιν.⁴⁶

30. וּלְכָל־חַיַּת הָאָרֶץ וּלְכָל־עוֹף הַשָּׁמַיִם וּלְכֹל
רוֹמֵשׂ עַל־הָאָרֶץ אֲשֶׁר־בּוֹ נֶפֶשׁ חַיָּה אֶת־כָּל־
יֶרֶק עֵשֶׂב לְאָכְלָה. Et omnibus animalibus
terrae, et omnibus alitibus caeli, et omni quod
reptat super terra, in quo est anima viva, (dedi)
omnem virorem herbae in cibum. Ο'. καὶ πᾶσι
τοῖς θηρίοις ('Α. Σ. ζώοις⁴⁷) τῆς γῆς, καὶ πᾶσι
τοῖς πετεινοῖς τοῦ οὐρανοῦ, καὶ παντὶ ἑρπετῷ
ἕρποντι ἐπὶ τῆς γῆς, ὃ ἔχει ἐν ἑαυτῷ ψυχὴν
ζωῆς, καὶ πάντα χόρτον χλωρὸν εἰς βρῶσιν.
'Α... ᾧ ἐν αὐτῷ ψυχὴ ζῶσα, σὺν παντὶ λαχάνῳ
χλόης εἰς βρῶσιν.⁴⁸ Σ. πᾶσί τε τοῖς ζώοις
τῆς γῆς, [καὶ] πᾶσί τε τοῖς πετεινοῖς τοῦ οὐρανοῦ, καὶ παντὶ κινουμένῳ ἐπὶ τῆς γῆς, ἐν ᾧ
ἐστι ψυχὴ ζῶσα, πᾶν χλωρὸν χόρτου εἰς βρῶ-
σιν.⁴⁹ Θ. καὶ πᾶσι τοῖς θηρίοις τῆς γῆς, καὶ
πᾶσι τοῖς πετεινοῖς τοῦ οὐρανοῦ, καὶ παντὶ
ἑρπετῷ ἕρποντι ἐπὶ τῆς γῆς, τῷ ἔχοντι ἐν αὐτῷ
ψυχὴν ζωῆς, τὸν πάντα χλωρὸν χόρτον εἰς
βρῶσιν.⁵⁰

31. וַיַּרְא אֱלֹהִים אֶת־כָּל־אֲשֶׁר עָשָׂה וְהִנֵּה־טוֹב
מְאֹד. Ο'. καὶ εἶδεν ὁ θεὸς τὰ πάντα ὅσα
ἐποίησε, καὶ ἰδοὺ καλὰ λίαν. 'Α. καὶ εἶδεν
ὁ θεὸς σύμπαν ὅσα (fort. ὃ) ἐποίησε, καὶ ἰδοὺ
ἀγαθὸν σφόδρα. Σ. καὶ εἶδεν ὁ θεὸς πάντα
ὅσα ἐποίησε, καὶ ἦν καλὰ σφόδρα.⁵¹

Cap. I. 11. κατὰ γένος ✕ καὶ καθ' ὁμοιότητα ◄.⁵²
20. ÷ καὶ ἐγένετο οὕτως ◄.⁵³

CAP. II.

1. הַשָּׁמַיִם. Ο'. ὁ οὐρανός. 'Α. Σ. οἱ οὐρανοί.¹

2. בַּיּוֹם הַשְּׁבִיעִי. Ο'. ἐν τῇ ἡμέρᾳ τῇ ἕκτῃ (Οἱ
λοιποί· τῇ ἑβδόμῃ²).

וַיִּשְׁבֹּת. Et cessavit. Ο'. καὶ κατέπαυσε ('Α.
διέλιπεν³).

4. אֵלֶּה תוֹלְדוֹת. Hae sunt origenes. Ο'. αὕτη
ἡ βίβλος γενέσεως. 'Α. Σ. αὗται αἱ γενέ-
σεις.⁴

6. וְאֵד יַעֲלֶה מִן־הָאָרֶץ וְהִשְׁקָה אֶת־כָּל־פְּנֵי
הָאֲדָמָה. Sed vapor ascendebat de terra, et
irrigabat universam faciem humi. Ο'. πηγὴ
δὲ ἀνέβαινεν ἐκ τῆς γῆς, καὶ ἐπότιζε πᾶν τὸ
πρόσωπον τῆς γῆς. 'Α. καὶ ἐπιβλυσμὸς ἀνέβη

---

affert : Σ. σπερματίζοντα.   ⁴⁶ Philop. ibid. Pro σπερμάτων,
quod manifeste vitiosum est, Montef. tacite correxit σπερ-
μαίνοντος, spreta leniori medicina, σπερμαίνων, vel etiam
σπερματοῖν.   ⁴⁷ Cod. 127.   ⁴⁸ Philop. ibid. p. 265.
Idem p. 267: τὸ δέ, καὶ πᾶν χλωρὸν χόρτον εἰς βρῶσιν, τοῖς
τρισὶν εἰρημένοις, 'Ακ. σαφέστερον ἡρμήνευσεν, εἰπών· καὶ (σὺν)
παντὶ λαχάνῳ χλόης εἰς βρῶσιν. Montef. vero pro σὺν παντὶ
λαχάνῳ χλόης oscitanter dedit σὺν πᾶν λάχανον (om. χλόης).
⁴⁹ Philop. ibid. p. 265. (Quae autem in fine lectionis
Symmacho adstruit Montef., τὸν πάντα χόρτον σπάρμιον (adde
ex Philopono σπέρμα), ὅ ἐστιν ἐπάνω πάσης τῆς γῆς, ad enarrationem versionis LXXviralis pertinent. Error est Cor-
derii, qui Philoponum edidit.) Procop. in Gen. p. 118:
περιττὸς οὖν ὁ, καὶ, ἐν τῷ, καὶ πάντα χόρτον χλωρὸν εἰς βρῶσιν·
οὕτω γὰρ ἐκδεδώκεται καὶ Σύμμαχος, χωρὶς τοῦ, καὶ.   ⁵⁰ Philop. ibid. (Montef. perperam exscripsit καὶ pro τῷ (ἔχοντι),
omisso in fine χόρτον.)   ⁵¹ Idem ibid. p. 271.   ⁵² Sic
sub ✕ vel ÷ Arab. 1, 2. In Hebraeo etiam κατὰ γένος

abest.   ⁵³ Sic sub ÷ Montef., tacito auctore. Eadem
verba in v. 11 obelo jugulant Arab. 1, 2, reclamante Hebraeo.
    CAP. II. ¹ Codd. X, 127, 135.   ² Iidem. Hieron.:
" Pro die sexto in Hebraeo habet diem septimum. Artaba-
mus igitur Judaeos, qui de otio sabbati gloriantur, quod
jam tunc in principio sabbatum dissolutum sit, dum Deus
operatur in sabbato, complens opera sua in eo, et benedicens
ipsi diei, quia in illo universa compleverit."   ³ Codd. X
(cum διέλειπεν), 127, 135.   ⁴ Codd. 127, 135. Cod. X
affert: 'Α. αὗται αἱ γ. Sic (cum 'Α. Σ.) Catenae MSS. et
schedae Combefis. apud Montef., qui ex iisdem scholium
affert: Τὸ, βίβλος, ἐν τῷ τόπῳ τούτῳ καθόλου οὐ κεῖται παρ'
'Εβραίοις, ἀλλ' ἐπὶ πλάνη (corrige ex Niceph. ἀλλ' ἔστι πλάνη)
'Εβραίου γραφέως, πλανηθέντος ἐν τῇ πλάνη ἐκείνου, ἐν ᾧ κεῖται
Ο'. αὕτη ἡ βίβλος γενέσεως ἀνθρώπων· φήθη γὰρ καὶ ἐν τούτῳ
τῷ τόπῳ βιβλίον παραλελείφθαι, καὶ οὕτως αὐτὸ προσέθηκεν.

ἐκ τῆς γῆς, καὶ ἐπότισε πᾶν τὸ πρόσωπον τῆς χθονός.⁵

7. וַיִּיצֶר יְהוָֹה אֱלֹהִים אֶת־הָאָדָם עָפָר מִן־הָאֲדָמָה וַיִּפַּח בְּאַפָּיו נִשְׁמַת חַיִּים וַיְהִי הָאָדָם לְנֶפֶשׁ חַיָּה. *Et formavit Jova Deus hominem ex pulvere humi, et inflavit in nares ejus spiritum vitae; et factus est homo anima vivens.* Ο΄. καὶ ἔπλασεν ✕ κύριος ◄⁶ ὁ θεὸς τὸν ἄνθρωπον χοῦν (alia exempl. add. λαβὼν⁷) ἀπὸ τῆς γῆς, καὶ ἐνεφύσησεν εἰς τὸ πρόσωπον (Οἱ λοιποί· εἰς τοὺς μυκτῆρας⁸) αὐτοῦ πνοὴν ζωῆς· καὶ ἐγένετο ὁ ἄνθρωπος εἰς ψυχὴν ζῶσαν. Ἀ. καὶ ἔπλασε κύριος ὁ θεὸς σὺν τὸν ἄνθρωπον χοῦν ἀπὸ τῆς χθονός, καὶ ἐνεφύσησεν ἐν μυκτηρσὶν αὐτοῦ ἀναπνοὴν ζωῆς· καὶ ἐγένετο ὁ ἄνθρωπος εἰς ψυχὴν ζῶσαν. Σ. Θ. καὶ

ἔπλασε κύριος ὁ θεὸς τὸν Ἀδὰμ χοῦν ἀπὸ τῆς [γῆς] ἀδαμὰ, καὶ ἔπνευσεν εἰς τοὺς μυκτῆρας αὐτοῦ ἀναπνοὴν ζωῆς· καὶ ἐγένετο Ἀδὰμ [ἄνθρωπος] εἰς ψυχὴν ζῶσαν.⁹

8. וַיִּטַּע יְהוָֹה אֱלֹהִים גַּן־בְּעֵדֶן מִקֶּדֶם. *Et plantavit Jova Deus hortum in Eden ab oriente.* Ο΄. καὶ ἐφύτευσεν ✕ κύριος ◄¹⁰ ὁ θεὸς παράδεισον ἐν Ἐδὲμ (Ἑβρ. γὰν βεδὲμ¹¹) κατὰ ἀνατολάς. Ἀ. καὶ ἐφύτευσε κύριος ὁ θεὸς κῆπον ἐν Ἐδὲμ ἀπὸ ἀρχῆθεν.¹² Σ... παράδεισον ἀνθηρόν..¹³

מִקֶּדֶם. Ἀ. ἀπὸ ἀρχῆθεν. Σ. ἐκ πρώτης. Θ. ἐν πρώτοις.¹⁴

10. וְהָיָה. Ο΄. Vacat. Alia exempl. καὶ γίνεται.¹⁵

11. פִּישׁוֹן. Ο΄. Φισών (s. Φεισών). Ὁ Ἑβραῖος· Φεισών.¹⁶

---

⁵ Theodoret. Quaest. XXII in Gen., unde sumpserunt Nobil., Niceph. Cf. Hex. ad Job. xxx. 12. Prov. i. 26. Jerem. xlvi. 21. (Scriptura ἐπίφλυγμὸς est in Nobil.; ἐπίφλυγμὸς autem in Cod. Aug. Theodoreti.) Euseb. Emisenus in Cat. Niceph. p. 60: Ἑβραῖος δέ τις φησιν, ὅτι οὐ λέγει, πηγὴ δὲ ἀνέβαινεν ἐκ τῆς γῆς, ἀλλά τι εἶδός φησιν ἀχλύος ἢ αἰθέρος συνεστῶτος παχυτάτου, οὗ τὴν ἀνάδοσιν ἀπὸ τῆς γῆς γίνεσθαι ἔφη, καὶ καλύπτειν τὸ πρόσωπον. ⁶ Sic Cod. 127, et sine aster. Codd. 14, 25, 31, alii. ⁷ Sic Comp., Ald., Codd. 15, 16, 18, alii, Philop. ⁸ Cod. 127. Nobil. affert: Ἀ. Σ. μυκτῆρα. ⁹ Philop. ibid. p. 250. Ad duplicem lectionem γῆς ἀδαμὰ cf. ad Cap. iii. 18. ¹⁰ Sic sine aster. Comp., Codd. III, 16, 19, 20, alii, Arab. 1, 2. Grabe *Epist. ad Mill.* p. 68: " Asteriscum iterum praefixi auctoritate Anastasii l. c., τὰ ἐξαπλᾶ στιχθέντα allegantis." Graeca Anastasii in Cod. Cantab. sic jacent: καθ᾽ εἰς τὰ ἀκριβῆ καὶ ἀνόθευτα καὶ ἀρχαῖα τῶν ἀντιγράφων ἐρευνήσαντες μετὰ πολλῆς τῆς ἀκριβείας εὑρήκαμεν, εἰς τὰ ὑπὸ Κλήμεντος, καὶ Εἰρηναίου, καὶ Φίλωνος τοῦ φιλοσόφου, καὶ τοῦ τὰ ἐξαπλῶς (fort. ἐξαπλᾶ) συστησαμένου στιχθέντα. Ubi vocem στιχθέντα, sensu generaliori pro *distincta, descripta,* non pro *asterisco* notata positam, a Grabio male cum τὰ ἐξαπλᾶ compositam esse quivis videt. ¹¹ Sic Montef., tacito auctore. ¹² " Versionem Aquilae habemus ex Basilio [?] et ex schedis Combefis."—*Montef.* Pro ἀπὸ ἀρχῆς ex Hieronymo rescripsimus ἀπὸ ἀρχῆθεν. Scilicet Aquila pro קֶדֶם regulariter ponit ἀρχῆθεν (vid. Hex. ad Deut. xxxiii. 15. 4 Reg. xix. 25. Psal. xliii. 2. lxvii. 34. lxxvii. 2. cxviii. 152); pro מִקֶּדֶם igitur ἀπὸ ἀρχῆθεν ponendum erat. (Exempla

cumulavimus propter Lagardium, qui in *Genes.* p. 24 temere affirmat, in nostro loco Aquilam non מִקֶּדֶם, sed מִקְרֹמָה legisse.) ¹² Hieron.: " Porro EDEN *deliciae* interpretantur, pro quo Sym. transtulit, *paradisum florentem.*" ¹⁴ Idem: " Necnon quod sequitur *contra orientem.* in Hebraeo MECEDEM [Lagarde e Codd. Berol. Scaph. MIMIZRA edidit. Fortasse plenius legendum: MECEDEM, non MIMIZRA] scribitur, quod Aq. posuit ἀπὸ ἀρχῆς [' Antiquior Reginae liber [et Frising.] ΑΠΟ ΑΡΧΗΘΕΝ; alter corrupte ΑΠΟ ΑΡΧΝΗΘΗΝ; denique Palat. ΑΠΟ ΑΡΧΝΕΕΝ.' —*Vallars.*] et non *ab exordio* possumus dicere; Sym. vero, ἐκ πρώτης, et Theod. ἐν πρώτοις, quod et ipsum non *orientem,* sed *principium* significat. Ex quo manifestissime comprobatur, quod priusquam caelum et terram Deus faceret, paradisum ante condiderat, sicut et legitur in Hebraeo: *Plantaverat autem Dominus Deus paradisum in Eden in principio.*" Praeterea Montef. Syri interpretis lectionem e Cod. Reg. 1888 [et Cat. Niceph. p. 66] exscripsit: Ὁ μὲν οὖν Σύρος οὕτως ἔχει γεγραμμένον· καὶ ἐφύτευσεν ὁ θ. παράδεισον ἐν Ἐδέμ· ἐξ ἀρχῆς δέ φησι (φασι Niceph.) μὴ κεῖσθαι ἐν (ἐγκεῖσθαι idem) τῷ Ἑβραϊκῷ. ¹⁵ Sic Codd. 25, 130, teste Lagarde, Cat. Niceph., et Cod. 127 in marg. Lectionem non memorat Holmes. ¹⁶ Acacius in Catenis Reg. MSS. [et Cat. Niceph. p. 72]: Τὰ τῶν τεσσάρων ποταμῶν ὀνόματα κατὰ μὲν Ἑβραίους οὕτω καλεῖται· ὁ μὲν πρῶτος Φεισών, ὁ δὲ δεύτερος Γαιών· ὁ τρίτος, Φοράδ· ὁ τέταρτος Ἐδδεκέλ· παρὰ δὲ Ἕλλησι, Γάγγης, Νεῖλος, Εὐφράτης, Τίγρης. Hieron.: " *Nomen uni Phison.* Hunc esse Indiae fluvium *Gangen* putant." Aliter Severianus in Cat. Niceph. p. 70: Φεισών,

12. הַבְּדֹלַח. *Bdellium.* Ο΄. ὁ ἄνθραξ. Οἱ λοιποί βδέλλιον.[17]

וְאֶבֶן הַשֹּׁהַם. *Et gemma onyx* (s. *sardonyx*). Ο΄. καὶ ὁ λίθος ὁ πράσινος (Οἱ λοιποί· ὄνυξ[18]).

14. קִדְמַת אַשּׁוּר. *Ab oriente Assyriae.* Ο΄. κατέναντι (Ἀ. ἐξ ἀνατολῆς[19]) Ἀσσυρίων.

15. בְּגַן־עֵדֶן. Ο΄. ἐν τῷ παραδείσῳ τῆς τρυφῆς. Σ. ἐν τῷ παραδείσῳ τῆς ἀκτῆς.[20]

17. לֹא תֹאכַל מִמֶּנּוּ כִּי בְּיוֹם אֲכָלְךָ מִמֶּנּוּ מוֹת תָּמוּת. *Non comedes de ea; nam in quo die comederis de ea, moriendo morieris.* Ο΄. οὐ

φάγεσθε ἀπ' αὐτοῦ ᾗ δ' ἂν ἡμέρᾳ φάγητε ἀπ' αὐτοῦ, θανάτῳ ἀποθανεῖσθε. Ἀ... ὅτι ἐν ἡμέρᾳ βρώσεώς σου ...[21] Σ. οὐ μὴ φαγῇ ἀπ' αὐτοῦ· ᾗ δ' ἂν (s. ᾗ γὰρ ἂν) ἡμέρᾳ φαγῇ ἀπὸ τοῦ ξύλου, θνητὸς ἔσῃ.[22]

18. לְבַדּוֹ. *Solum.* Ο΄. μόνον. Σ. μοναχόν.[23]

אֶעֱשֶׂה־לּוֹ עֵזֶר כְּנֶגְדּוֹ. *Faciam ei adjutorem sicut e regione ejus* (sibi similem). Ο΄. ποιήσωμεν αὐτῷ βοηθὸν κατ' αὐτόν (Ἀ. ὡς κατέναντι αὐτοῦ. Σ. ἀντικρὺς αὐτοῦ[24]).

19, 20. חַיַּת (bis). Ο΄. τὰ θηρία ... τοῖς θηρίοις. Ἀ. Σ. (τὰ) ζῶα ... (τοῖς) ζώοις.[25]

ὃν νῦν λέγουσι Δανούβιν. [17] Cod. X, teste Griesb. Cod. 135 in marg.: Ἀ. βδέλλιον, καὶ ἀντὶ πρασίνου ὄνυξ. Cf. Hex. ad Num. xi. 7. [18] Cod. 127. Cf. Hex. ad Exod. xxv. 7. xxxix. 6. Job. xxviii. 16. Hieron.: "Pro carbunculo et lapide prasino, βδέλλιον et ὄνυχα alii transtulerunt." Montef. affert: Ἀ. σαρδόνυξ. Σ. Θ. ὄνυξ, ex alio Hieronymi loco, de quo ad Exod. xxxix. 6 videbimus. [19] Cod. X. Cod. 127: Σὺ. ἐξ ἀνατολῆς. [20] Hieron.: "Pro voluptate in Hebraeo habet EDEN: ipsi igitur nunc LXX EDEN interpretati sunt voluptatem. Sym. vero, qui florentem paulo ante paradisum transtulerat, hic posuit ἐν τῷ π. τῆς ἄκτης, quod et ipsum amoenitatem et delicias sonat." Pro voce Graecis scriptoribus ignota ἄκτης Vallarsius e quatuor MSS. (quibus accedunt Lagardii tres) ἀκτῆς recepit, cum significatione amoeni secessus, maxime ad maris littus seu propter fluvios, pro quo, praeter Graeca exempla (ut ait) innumera, e Latinis appellat Cic. in Verrem VII, 25: *In acta cum muliercula jacebat ebrius;* et Virgil. Aen. V, 613: *At procul in sola secretae Troades acta Amiseum Anchisen flebant.* Drusius pro ἄκτης infeliciter tentat ἀλοσύνης e glossa Hesychii: Ἀλοσύνα· ἡδονή; ubi ΑΛΟΣΥΝΑ est falsa scriptura pro ΑΔΟΣΥΝΑ. Mitto conjecturam Jo. Alberti ad locum Hesychii, ΔΔCΗC nil esse nisi ΑΔCΗC pro ΑΔΟCΥΝΗC, aut, si mavis, ΗΔCΗC pro ΗΔΟCΥΝΗC; nam hujusmodi compendia in libris manu scriptis non reperiuntur. Denique Holmesius: "In re dubia, videndum an veri speciem habeat τῆς ἀκμῆς. Origen. in Lexico ap. Hieron. Opp. T. III, p. 626: Ἐδέμ· τρυφὴ ἢ ἀκμή. Est τρυφῇ forte τῶν Ο΄, et ἀκμῇ Symmachi. Porro Gen. xviii. 12: Ἀ. τρυφερία. Σ. ἀκμή." Equidem, re perpensa, ad Vallarsii sententiam accedo, non tamen ut cum Scharfenbergio in *Animadv.* p. 2 concedam, vocem ἀκτή a bonis scriptoribus de *amoeno secessu* usurpari. Scilicet ad sermonem vulgarem pertinet hic vocabuli usus, in quo *loca conviviis et epulationibus commoda* ἀκταὶ audie-

bant. Hoc nos docuit Schol. Venet. ad Il. B, 395: Ἔστι δὲ ἀκτὴ ὁ παραθαλάσσιος καὶ πετρώδης τόπος... Οἶδε δὲ καὶ ἄλλο τι ἡ συνήθεια (stylus familiaris) καλούμενον ἀκτὴν, ἀπὸ τοῦ συμβαίνοντος, οἶμαι, τοῖς πλοϊζομένοις λαβοῦσα. Ἐκεῖνοί τε γὰρ εἰς τοὺς τοιούτους τῶν τόπων ἀποβάντες ἑστιῶνται, αὐτή τε τοὺς ἐπ' εὐωχίας ἀφωρισμένους τόπους ἀκτὰς καλεῖ, κἂν τύχωσι μὴ παραθαλάσσιοι ὄντες. Eodem pertinent Glossae: Amoenia (sic), αἱ ἀκταί; necnon locutiones, ἀκτάζειν, genio indulgere (Plutarchi Opp. T. II, p. 668: τί δ' οἱ πολλοὶ βούλονται πρὸς θεῶν, ὅταν ἡδέως γενέσθαι παρακαλοῦντες ἀλλήλοις, λέγωσι· σήμερον ἀκτάσωμεν), et ἀκταίνειν (= ἀκολασταίνειν, Suida auctore), propter opportunitates quas praebebant ad helluandum et libidinandum tales secessus. Cum hoc convenit usus Latinae vocis *acta* in malam partem, non quidem Virgilianus, sed Ciceronianus, cujus optimum exemplum est Orat. pro Cael. 15: *Accusatores quidem libidines, amores, adulteria, Bajas, actas, convivia, comissationes ... jactant.* Cf. ad Cap. xiv. 3. [21] Codd. X, 127, 135 (cum ἐὰν pro ἐν). [22] "Versio Symmachi Graeca in omnibus Catenis Regiis habetur."—*Montef.* Theodoret. Quaest. XXXVIII in Gen.: Σ. ᾗ δ' ἂν ἡμέρᾳ φ. ἀπὸ τοῦ ξ. θνητὸς ἔσῃ. Cod. 127 affert: Σ. ᾗ γὰρ ἂν ἡμέρᾳ. Hieron.: "*Morte morieris.* Melius interpretatus est Sym. dicens, *mortalis eris.*" Minus probabiliter Codd. X, 127, 135: Οἱ λοιποί· θνητὸς ἔσῃ; immo in priore statim subjungitur: Θ. θανάτῳ ἀποθανεῖσθε. [23] Cod. 127. Eandem lectionem τοῖς λοιποῖς vindicat Cod. X, Aquilae autem Cod. 135. [24] Codd. X, 127, 135. S. Anastas. in Hexaëm. Lib. IX: Ὁμοίως καὶ Ἀκ. ὁ δυσσεβὴς Ἑλληνόφρων, καθυψᾶσθαι τοῦ θεοῦ βουλόμενος, ἀντὶ τοῦ εἰπεῖν· ποιήσωμεν τῷ ἀνθρώπῳ βοηθὸν κατ' αὐτόν, ποιήσωμεν αὐτῷ β. κατέναντι αὐτοῦ, εἶπε, τουτέστιν, ἀντίδικον καὶ πολέμιον. Ubi particula ὡς male abest. [25] Cod. 127. Cod. 135 affert: Ἀ. τοῖς ζώοις. Montef. e Cod. X exscripsit: Σ. ζῶα. Ἀ. Σ. ζώοις.

20. כְּנֶגְדּוֹ. Ο'. ὅμοιος αὐτῷ. Σ. ἀντικρὺς αὐτοῦ.²⁶

21. תַּרְדֵּמָה. *Soporem gravem.* Ο'. ἔκστασιν. 'Α. καταφοράν. Σ. κάρον.²⁷ Ἕτερος· ὕπνον.²⁸

וַיִּסְגֹּר. *Et clausit.* Ο'. καὶ ἀνεπλήρωσε ('Α. ἀπέκλεισε. Σ. συνέκλεισε²⁹).

23. וַאֹת הַפַּעַם עֶצֶם מֵעֲצָמַי. *Haec tandem aliquando est os de ossibus meis.* Ο'. τοῦτο νῦν ὀστοῦν ἐκ τῶν ὀστέων μου. Σ. Θ. τοῦτο ἅπαξ ὀστοῦν ἐκ τῶν ὀστέων μου.³⁰

לְזֹאת יִקָּרֵא אִשָּׁה כִּי מֵאִישׁ לֻקֳחָה־זֹּאת. *Haec vocabitur vira,*³¹ *quia ex viro sumpta est haec.* Ο'. αὕτη κληθήσεται γυνὴ ('Εβρ. ἐσσὰ³²) ὅτι ἐκ τοῦ ἀνδρὸς αὐτῆς ἐλήφθη (alia

exempl. add. αὕτη³³). Σ. αὕτη κληθήσεται ἀνδρὶς, ὅτι ἀπὸ ἀνδρὸς ἐλήφθη αὕτη.³⁴ Θ. αὕτη κληθήσεται λῆψις, ὅτι ἐκ τοῦ ἀνδρὸς ἐλήφθη (αὕτη).³⁵

Cap. II. 4. ✠ κύριος ◂ ὁ θεός.³⁶ 5. ✠ κύριος ◂ ὁ θεός.³⁷

CAP. III.

2 (Hebr. 1). וְהַנָּחָשׁ הָיָה עָרוּם מִכֹּל חַיַּת הַשָּׂדֶה אֲשֶׁר עָשָׂה יְהוָה אֱלֹהִים. *Serpens autem erat callidior omnibus bestiis agri, quas fecerat Jova Deus.* Ο'. ὁ δὲ ὄφις ἦν φρονιμώτατος ('Α. Θ. πανοῦργος. Σ. πανουργότερος¹)

²⁶ Cod. 127, qui Aquilae lectionem tribuit. ²⁷ Codd. X, 127, 135 (cum καταφορά). Cf. Hex. ad Gen. xv. 12. 1 Reg. xxvi. 12. Prov. xix. 15. Hieron.: "Pro ecstasi, id est, mentis excessu, in Hebraeo habetur THARDEMA, quod Aq. καταφοράν, Sym. κάρον, id est, *gravem et profundum soporem,* interpretati sunt." ²⁸ "Hanc lectionem Viri doctissimi Jo. Ernesti Grabe [quem cf. in *Epist. ad Mill.* p. 79] beneficio habemus. Ipse vero mutuatus est ex Anastasio Lib. IX in Hexaëm., cujus duo MSS. codices habentur; alter in Bibliotheca [Joannis Moore] Episc. Norvic. [nunc in Bibliotheca Academiae Cantab., signatus Ff. IV. 2], alter in [Novo] Collegio Oxoniensi. Alius autem habetur in Bibliotheca Colbertina. Locus sic jacet: Ἀπὸ τῆς ἐκστάσεως ὁ μὲν τῶν ἑρμηνευτῶν καταφορὰν εἶπεν, ἄλλος κάρον, ἕτερος ὕπνον." ²⁹ Codd. 127, 135. Cod. X: 'Α. ἀπέκλεισεν. Σ. συνέκλεισεν. ³⁰ Nobil. (cum ὀστῶν pro ὀστέων), Cod. 135. Procop. in Gen. p. 158: Σύμ. δὲ καὶ Θεοδ. ἀντὶ τοῦ, νῦν, τὸ, ἅπαξ, ἡρμήνευσαν. ³¹ Festus s. v. *Querquetulanus:* "Feminas quas nunc dicimus, antiqui appellabant *viras,* unde adhuc permanent *virgines* et *viragines.*" ³² Origen. Opp. T. I, p. 25: Φασὶ δὲ οἱ 'Εβραῖοι ἐσσὰ μὲν καλεῖσθαι τὴν γυναῖκα· δηλοῦσθαι δὲ ἀπὸ τῆς λέξεως τὸ, ἔλαβον, ὡς δῆλον ἐκ τοῦ, χῶς ἰσονὰθ ἐσσὰ, ὅπερ ἑρμηνεύεται, ποτήριον σωτηρίου λήψομαι· ἰς δὲ τὸν ἄνδρα, ὡς φανερὸν ἐκ τοῦ, ἐσρὴ ἄἰς, ὅπερ ἐστί, μακάριος ἀνήρ. ³³ Sic Comp., Codd. III, X, 14, 15, 16, alii. ³⁴ Nobil. affert: Σ. αὕτη κληθήσεται ἀνδρὶς. Cod. 127 in marg.: Σ. αὕτη κληθήσεται [ἐσσὰ] ἀνδρὶς, ὅτι ἀπὸ ἀνδρὸς ἐλήφθη αὕτη [ἐστὶ γυνή]. Vid. not. seq. Cod. 135 ex Apolinario: καλὲς τις καὶ ἐπὶ τῆς 'Ελλάδος (γλώττης) ὀνοματοποιήσας παρώνυμόν τι πεποίηκεν· αὕτη κλ. ἀνδρὶς, ὅτι ἐκ τοῦ ἀνδρὸς ἐλήφθη αὕτη. Hieron.: "Non videtur in Graeco et in Latino sonare, cur *mulier* appelletur, quia ex *viro* sumpta sit; sed etymologia in Hebraeo sermone

servatur. Vir quippe vocatur IS, et mulier ISSA. Recte igitur ab IS appellata est mulier ISSA. Unde et Sym. pulcre etymologiam etiam in Graeco voluit custodire, dicens: *Haec vocabitur* ἀνδρὶς, ὅτι ἀπὸ ἀνδρὸς ἐλήφθη; quod nos Latine possumus dicere: *Haec vocabitur virago, quia ex viro sumpta est.*" ³⁵ Hieron.: "Porro Theodotio aliam etymologiam suspicatus est, dicens: *Haec vocabitur assumptio, quia ex viro sumpta est.* Potest quippe ISSA secundum varietatem accentus et *assumptio* intelligi." Cod. X in marg.: Ἐσσὰ, Ἐβραϊστὶ, λῆψις, ἢ ἀνδρὶς. Cod. 127 in marg.: Ἐβρ. Θε. εσσα, θλιψις ανδρος. Συ. αυτη κληθησεται εσσα ανδρις, οτι απο ανδρος εληφθη αυτη εστι γυνη. "Haec forsan in marg. codicis sic se habuerunt:

Εβρ.	
εσσα.	Θλιψις ανδρος. Συ. αυτη κληθησεται
εσσα	ανδρις, οτι απο ανδρος εληφθη αυτη.
εστι γυνη.	

Verba ad sinistram erant more Sinico (quod saepe fit in marginibus codicum) deorsum legenda; sed ea librarius transverso sub ordine legit, atque ita cum vicinis, quae erant separatim legenda, commiscuit. Lego igitur: Ἐβρ. ἐσσά. ἐσσά ἐστι γυνή. Θ. λῆψις. Σ. ἀνδρὶς. Σ. αὕτη κλ. ἀνδρὶς, ὅτι ἀπὸ ἀνδρὸς ἐλήφθη αὕτη."—*Holmes.* ³⁶ Sic sub aster. Cod. 127 in marg., Arab. 1. Κύριον om. Codd. X, 14, 15, 16, alii. ³⁷ Sic Codd. X, 127, Arab. 1, et sine aster. Comp., Codd. 19, 25, alii.

CAP. III. ¹ Cod. 127. Hieron.: "Pro *sapiente* in Hebraeo habetur AROM, quod Aq. et Theod. πανοῦργον interpretati sunt; hoc est, *nequam* et *versipellem.* Magis itaque ex hoc verbo calliditas et versutia, quam sapientia demonstratur." S. Anastas. (MS.) in Hexaëm. Lib. X: ὁ δὲ Σύμ. καὶ ὁ Ἀκ. ἀντὶ τοῦ, φρονιμώτερος, πανουργότερος εἰρήκασι.

πάντων τῶν θηρίων ('Α. ζώων[2]) τῶν ἐπὶ τῆς γῆς, ὧν ἐποίησε κύριος ὁ θεός. 'Α. καὶ ὁ ὄφις ἦν πανοῦργος ἀπὸ παντὸς ζώου τῆς χώρας, οὗ ἐποίησε κύριος ὁ θεός.[3]

2 (1). אַף כִּי־אָמַר אֱלֹהִים לֹא תֹאכְלוּ מִכֹּל עֵץ הַגָּן. Siccine dixit Deus: Non comedetis de omni arbore horti? Ο'. τί ὅτι (Σ. πρὸς τί[4]) εἶπεν ὁ θεός· οὐ μὴ φάγητε ἀπὸ παντὸς ξύλου τοῦ παραδείσου (Θ. κήπου[5]); 'Α. μὴ ὅτι εἶπεν ὁ θεός· μὴ φάγητε ἀπὸ παντὸς ξύλου τοῦ κήπου;[6]

6 (5). וְנִפְקְחוּ. Tunc aperientur. Ο'. διανοιχθήσονται. Σ. συνετισθήσονται.[7]

9 (8). לְרוּחַ הַיּוֹם. In aura diei (vespera). Ο'. τὸ δειλινόν. 'Α. ἐν τῷ ἀνέμῳ τῆς ἡμέρας. Σ. διὰ πνεύματος ἡμέρας. Θ. ἐν τῷ πνεύματι πρὸς κατάψυξιν τῆς ἡμέρας.[8]

13 (12). אֲשֶׁר נָתַתָּה עִמָּדִי. Quam dedisti mihi sociam. Ο'. ἣν ἔδωκας μετ' ἐμοῦ. Σ. ἣν συνῴκισάς μοι.[9]

14 (13). הִשִּׁיאַנִי. Seduxit me. Ο'. ἠπάτησέ με. 'Α. ἐπηγάγετό με.[10]

15 (14). חַיָּה. Ο'. τῶν θηρίων. 'Α. Σ. τῶν ζώων.[11]

עַל־גְּחֹנְךָ. Super ventrem tuum. Ο'. ἐπὶ τῷ στήθει σου καὶ τῇ κοιλίᾳ.[12]

עָפָר. Ο'. γῆν. 'Α. χοῦν.[13]

16 (15). יְשׁוּפְךָ. Conteret te. Ο'. τηρήσει. 'Α. προστρίψει. Σ. θλίψει.[14]

17 (16). וְהֵרֹנֵךְ. Et graviditatem tuam. Ο'. καὶ τὸν στεναγμόν σου. 'Α. τὰς συλλήψεις σου. Σ. Θ. τὰς κνήσεις σου.[15]

תְּשׁוּקָתֵךְ. Appetentia (s. conversio) tua. Ο'. ἡ ἀποστροφή ('Α. συνάφεια. Σ. ὁρμή[16]) σου.

18 (17). אֲרוּרָה הָאֲדָמָה בַּעֲבוּרֶךָ. Maledicta est humus tui causa. Ο'. ἐπικατάρατος ἡ γῆ ἐν τοῖς ἔργοις σου. 'Α. ἐπικατάρατος ἡ χθὼν ἕνεκέν σου.[17] Σ. ἐπικατάρατος ἡ γῆ ἐν τῇ ἐργασίᾳ σου.[18] Θ. ἐπικατάρατος ἡ [γῆ] ἀδαμὰ ἐν τῇ παραβάσει σου.[19]

בְּעִצָּבוֹן. In labore gravi. Ο'. ἐν λύπαις. Σ. ἐν κακοπαθείᾳ. Θ. μετὰ μόχθου.[20]

20 (19). עַד שׁוּבְךָ. Donec revertaris. Ο'. ἕως τοῦ ἀποστρέψαι ('Α. ἐπιστρέψαι[21]) σε.

---

[2] Codd. X, 127.   [3] Theodoret. Quaest. XXXI in Gen., et Cod. Reg. 1888.   [4] Codd. X, 135.   [5] Cod. X. [6] Cod. 135.   [7] S. Anastas. (MS.) in Hexaëm. Lib. XI: ὁ Σύμ. εἰς τὸ διανοιχθήσονται, συνετισθήσονται τέθεικεν. Idem ad v. 8: συνετίσθησαν εἴρηκεν (ὁ Σύμ.), τουτέστιν, ἐσοφίσθησαν, καὶ εἰς ἐπίγνωσιν ἦλθον τῆς οἰκείας γυμνότητος τὰ τῆς ψυχῆς αὐτῶν ὄμματα. Minus probabiliter has lectiones Theodotioni, non Symmacho, vindicant Codd. X, 127.   [8] Hieron.: "In plerisque codd. Latinorum, pro eo quod hic posuimus, ad vesperam, post meridiem habet; quia τὸ δειλινὸν Graecum sermonem ad verbum transferre non possumus; pro quo in Hebraeo scriptum est, LARUE AIOM, quod Aq. interpretatus est, ἐν [ὃ deest in tribus codd. apud Lagarde] τῷ ἀνέμῳ τῆς ἡμ., id est, in vento diei; Sym. vero, διὰ πν. ἡμ., id est, per spiritum diei. Porro Theod. manifestius, ἐν τῷ πν. πρὸς κατάψυξιν τῆς ἡμ., ut meridiano calore transacto, refrigerium aurae spirantis ostenderet."   [9] Codd. X, 127, uterque cum scriptura συνῴκησαι. Cod. 135 affert: 'Α. ᾗ συνῴκησάς με.   [10] Codd. 127, 135. Montef., qui post Drusium edidit: "Allos ἐπηγάγετό με, legendum suspicatur ἀπηγάγετό με. Immo optime Graecum est ἐπαγαγέσθαι, allicere (cf. Hemsterh. ad Plut. p. 59), sed for-

tasse Symmachum magis quam Aquilam sapit.   [11] Cod. X, teste Griesb. Cod. 127: 'Α. τῶν ζώων.   [12] Hieron.: "Super pectus tuum et ventrem tuum. Ventrem LXX addiderunt; ceterum in Hebraeo pectus tantum habet."   [13] Codd. X, 127. Hieron.: "Pro terra APHAR scriptum est, quod nos favillam et pulcerem possumus dicere."   [14] Codd. 127, 135. "Coislin. pro voce τηρήσει in marg. habet τρίψει, eraso interpretis nomine."—Montef. Hieron.: "Ipse servabit caput tuum, et tu servabis ejus calcaneum. Melius habet in Hebraeo: Ipse conteret caput tuum, et tu conteres ejus calcaneum."   [15] Cod. X. In Cod. 127 prior lectio anonyma est.   [16] Cod. 127. Cod. X: 'Α. Σ. συνάφεια, ὁρμή. Hieron.: "Pro conversione Aq. societatem [quod Grabio ἑταιρία, Martianaeo συμμαχία sonabat], Sym. appetitum vel impetum transtulerunt." Cf. ad Cap. iv. 7.   [17] Hieron.: "Et Aquila non discordat, dicens; Maledicta humus propter te." Cod. 127 affert: 'Α. ἕνεκέν σου.   [18] Codd. X, 135.   [19] Cod. X. Sic, cum ἡ ἀδὰμ (sic) pro ἡ γῆ ἀδαμὰ Cod. 135. Cf. ad Cap. i. 7. Hieron.: "Et Theodotion: Maledicta adama in transgressione tua.   [20] Codd. X (cum κακοπάθει (sic)), 127 (cum κακοπαθείαις), 135.   [21] Cod. X.

20 (19). תָּשׁוּב. Ο΄. ἀπελεύσῃ. Ἀ. ἐπιστρέψῃ.[22]

21 (20). חַוָּה. Eva. Ο΄. Ζωή. Ἀ. Αὐά. Σ. Ζωογόνος.[23]

23 (22). הֵן הָאָדָם הָיָה כְּאַחַד מִמֶּנּוּ לָדַעַת טוֹב וָרָע וְעַתָּה פֶּן־יִשְׁלַח יָדוֹ. Ecce! homo factus est sicut unus nostrum, ad sciendum bonum et malum. Nunc autem ne extendat manum suam. Ο΄. ἰδοὺ Ἀδὰμ γέγονεν ὡς εἷς ἐξ ἡμῶν, τοῦ γινώσκειν καλὸν καὶ πονηρόν· καὶ νῦν μήποτε ἐκτείνῃ τὴν χεῖρα αὐτοῦ. Σ. ἴδε, ὁ Ἀδὰμ γέγονεν ὁμοῦ ἀφ' ἑαυτοῦ γινώσκειν καλὸν καὶ πονηρόν· νῦν οὖν μηδαμῶς ἐκτείνας τὴν χεῖρα αὐτοῦ.[24]

25 (24). אֶת־הַכְּרֻבִים. Ο΄. τὰ χερουβίμ. Ἀ. καὶ ὁ Ἑβραῖος· χερουβί.[25]

Cap. III. 23. καὶ εἶπεν ※ κύριος ◄ ὁ θεός.[26]

CAP. IV.

1. קָנִיתִי אִישׁ אֶת־יְהוָה. Nacta sum virum, juvante Jova. Ο΄. ἐκτησάμην ἄνθρωπον διὰ τοῦ θεοῦ. Ὁ Ἑβραῖος καὶ ὁ Σύρος· ἐκτησάμην ἄνθρωπον ἐν θεῷ.[1] Σ. ἐκτησάμην ἄνθρωπον σὺν κυρίῳ. Ἕτερος· ἐκτησάμην ἄνθρωπον κύριον.[2]

2. וַתֹּסֶף לָלֶדֶת. Ο΄. καὶ προσέθηκε τεκεῖν. Σ. (καὶ) πάλιν ἔτεκεν.[3]

4. וַיִּשַׁע. Et respexit. Ο΄. καὶ ἐπεῖδεν. Ἀ. καὶ ἐπεκλίθη. Σ. καὶ ἐτέρφθη. Θ. καὶ ἐνεπύρισεν. Ὁ Σύρος· καὶ εὐδόκησεν.[4]

⁂ ———————————————————————— ⁂

[22] Cod. 127. [23] Cod. X. Minus probabiliter Cod. 127 ad πάντων τῶν ζ. in marg. pingit: Ἀκ. ζωογόνος. [24] Montef. e Cod. X edidit: Σ. Ῥες Ἀδὰμ γέγονεν ὁμοῦ ἀφ' (ἡμῶν) ἐν τῷ γινώσκειν καλὸν ἢ π. "Mihi quidem in hunc fere modum legendae videntur literae dubiae ac detritae: γέγονεν ὁμοῦ ἀφ' ἑαυτοῦ γινώσκειν κ. καὶ π.; ut alibi מִמֶּנּוּ vertitur ἀπ' αὐτοῦ."—Griesbach. "Σ. Ἴδε ὁ Ἀδὰμ, cetera ut Griesb. Ita, inspecto codice, et ipsi legimus."—Holmes. Etiam Cod. 127 ad τοῦ γινώσκειν in marg. affert : Σ. ἀφ' ἑαυτοῦ. Accedit Photius in Amphilochiis apud Mai. S. V. N. C., T. IX, p. 25, qui locus integer exscribendus: Καὶ δεύτερον, ἵνα τοῖς τῆς ὑπερορίας κόλποις (fort. κόποις) ἐνταλαιπωρούμενος, ἀπ' αὐτῶν τῶν ἔργων καὶ τῆς τῶν παθῶν πείρας μισθὸ τῆς τε οἰκείας τὸ μέτρον δυνάμεως, καὶ ὡς πολὺ αὐτῷ λυσιτελέστερον ἦν, τῆς ἡμῶν προνοίας ἐξάπτει τὰ τῆς διανοίας καὶ τῆς πολιτείας κινήματα· ὅσον τε καθέστηκεν ἐνδεὴς τοῦ γινώσκειν ἀφ' ἑαυτοῦ τε τὸ (fort. τό τε) καλὸν καὶ τὸ πονηρόν. Ταύτης δὲ τῆς διανοίας οἶμαι καὶ Σύμμαχον ἐγγὺς γεγονότα τὴν περιοχὴν τοῦ ῥητοῦ ἐκδεδωκέναι· ἰδοὺ Ἀδὰμ γέγονεν ὡς εἷς ἐξ ἡμῶν τοῦ γινώσκειν ἀφ' ἑαυτοῦ καλὸν καὶ πονηρόν. [25] Cod. 127. [26] Sic Cod. X in marg., et sine aster. Codd. III, 14, 16, alii, Arab. 1, 2.

CAP. IV. [1] Codex quidam Monspeliensis, teste Combefisio, cum scholio: ὡς ἀνατιθέντος (sic) τὸν πρωτότοκον θεῷ. Sic (cum τῷ θεῷ) Cod. 135. [2] S. Anastas. in Hexaëm. Lib. XII: Ὅθεν οἱ ἄλλοι τῶν ἑρμηνευτῶν οἱ περὶ Σύμμαχον θαυμαστῶς ἐκδεδώκασι τὴν τοιαύτην φωνήν. Ἀντὶ γὰρ τοῦ εἰπεῖν· ἐκτ. ἂν. διὰ τοῦ κυρίου, ὁ μὲν εἰπεῖν· ἐκτ. ἄν. σὺν κυρίῳ, τουτέστιν, ἄνθρωπον ἱψωμένον τῷ κυρίῳ, θεὸν ὄντα ὁμοῦ τε αὐτὸν καὶ ἄνθρωπον. Ὁ δὲ ἕτερος πάλιν τῶν ἑρμηνευτῶν, ἐκτ. ἂν. κύριον, ἔγραψεν, ἵνα εἴπης ἄνθρωπον θεὸν, καθὰ καὶ Θωμᾶς εἶπε πρὸς αὐτόν· ὁ κύριός

μου, καὶ ὁ θεός μου. [3] Codd. X, 127. Sic sine nom. Cod. 130. [4] Nobil. affert: "Theod. ἐνεπύρισεν, Aq. ἀπεκλήθη, vel ἀπεκλίθη. Sym. ἐτέρφθη. Ed. Syra, εἰδόκησεν." Sic post Drusium Montef. in Hexaplis ad loc., notans: "Ἀκ. καὶ ἀπεκλίθη, vel melius ἀπεκλήθη, delinitus est. Interpres Procopii Latine: solationem accepit." Procopii Graeca a Maio edita in Class. Auct. T. VI, p. 218 sic sonant: Ἀλλ' ὁ μὲν προσφέρει τὰ προέχοντα, ὁ δὲ λίαν ἠμελημένα· τοιγαροῦν ὁ θεὸς οὐρανόθεν πῦρ καθεὶς, τὰ τοῦ Ἀβελ μόνα ἀνήλωσεν. Οὕτω γοῦν καὶ Θεοδ. ἐξέδωκεν εἰπών, ἐνεπύρισεν· ὁ δὲ Ἀκ., ἀπεκλίθη (sic)· Σύμ. δέ, ἐτέρφθη· ὁ δὲ Σύρος, εὐδόκησεν. Καὶ ὁ μὲν λέγει τῆς ἀποδοχῆς τὸν τρόπον, ὅτι διὰ πυρός, ὡς ἐπὶ Μωϋσέως καὶ Ἠλιού· ὁ δὲ τῆς ἐπὶ τοῦ Ἀδὰμ ὀργὴν παρακληθεὶς ὁ θεὸς ἰδέξατο· ὁ δὲ, ὅτι ἐτέρφθη ὡς ἐπὶ ζωῆς τῷ δώρῳ· φαίνεται γὰρ ὁ θεὸς καὶ ἐν αὐτῷ τῷ κτίζειν τοῖς κινουμένοις ἡδόμενος, καὶ τὰ ἔμψυχα τινῶν (leg. τιμῶν), ὃ δὴ καὶ μόνα εὐλόγησε· τὸ δὲ, εὐδόκησεν, ἐμφαίνει ὡς προέκρινε τοῦ Ἀβελ τὰ δῶρα. Ὁ δὲ Ἑβραῖος, φασὶ, καὶ ὁ Σύρος ἄμφω δῶρα καλεῖ. Tandem veram Aquilae manum ipse Montef. e Coisliniano (quocum consentit Cod. 127) feliciter eruit: Ἀ. ἐπεκλίθη. Σ. ἐτέρφθη. Θ. ἐπύρισεν. (Cf. nos in Auctario ad Jesai. xli. 10, ubi pro Hebraeo אֶל־תִּשְׁתָּע Aquila interpretatus est μὴ ἐπικλίνου.) Ad Theodotionem autem potior videtur lectio ἐνεπύρισεν, partim ex Hieronymo, qui ait: "Unde scire poterat Cain, quod fratris munera suscepisset Deus, et sua repudiasset ! nisi illa interpretatio vera est, quam Theod. posuit: Et inflammavit Dominus super Abel et super sacrificium ejus; super Cain vero et super sacrificium ejus non inflammavit;" partim ex Chrysostomo, qui tamen lectionem Syro interpreti oscitanter tribuit. Locus est Opp. T. XII, p. 203 D: Λέγεται πῦρ κατελθὸν ἀναλαβεῖν τὰς θυσίας· ἀντὶ γὰρ τοῦ, ἐπὶ

5. שָׁעָה לֹא. Ο'. οὐ προσέσχε. Θ. οὐκ ἐνεπύρισεν.[3]

וַיִּפְּלוּ מִּאֹר לְקַיִן וַיִּחַר. Et exarsit (ira) Caino valde, et cecidit (demissa est) facies ejus. Ο'. καὶ ἐλυπήθη Κάϊν (alia exempl. ἐλύπησε τὸν Κάϊν[6]) λίαν, καὶ συνέπεσε τῷ προσώπῳ αὐτοῦ. Ἀ. καὶ ὀργίλον τῷ Κάϊν σφόδρα, καὶ ἔπεσε τὸ πρόσωπον αὐτοῦ.[7] Σ. καὶ ὠργίσθη . . .[8]

6. וַיֹּאמֶר יְהוָה אֶל־קָיִן לָמָּה חָרָה לָךְ. Ο'. καὶ εἶπε κύριος ὁ θεὸς τῷ Κάϊν ἱνατί περίλυπος ἐγένου; Ἀ. καὶ εἶπε κύριος πρὸς Κάϊν εἰς τί [τὸ] ὀργίλον σοι;[9] Σ. . . . εἰς τί ὠργίσθης;[10]

7. הֲלוֹא אִם־תֵּיטִיב שְׂאֵת וְאִם לֹא תֵיטִיב לַפֶּתַח חַטָּאת רֹבֵץ וְאֵלֶיךָ תְּשׁוּקָתוֹ וְאַתָּה תִּמְשָׁל־בּוֹ. Nonne si recte attuleris, (bene est)? et si non recte, ante fores peccatum recubat. Ad te autem erit appetitus (s. conversio) ejus, et tu dominaberis ei. Ο'. οὐκ ἐὰν ὀρθῶς προσενέγκῃς, ὀρθῶς δὲ μὴ διέλῃς, ἥμαρτες; ἡσύχασον πρὸς σὲ ἡ

ἀποστροφὴ αὐτοῦ, καὶ σὺ ἄρξεις αὐτοῦ. Ἀ. (οὐκ) ἐὰν ἀγαθύνῃς, ἀρέσεις . . .[11] Σ. ἀλλ' ἐὰν ἀγαθύνῃς, ἀφήσω· ἐὰν δὲ μὴ ἀγαθύνῃς, παρὰ θύραν ἁμαρτία ἐγκάθηται· καὶ πρὸς σὲ ἡ ὁρμὴ αὐτῆς, ἀλλ' ἐξουσιάσεις αὐτῆς.[12] Θ. οὐκ ἂν ἀγαθῶς ποιῇς, δεκτόν; καὶ ἂν μὴ ἀγαθῶς, ἐπὶ θύρᾳ ἁμαρτία ἐγκάθηται· καὶ πρὸς σὲ ἡ ἀποστροφὴ αὐτοῦ, καὶ σὺ ἄρξεις αὐτοῦ.[13]

8. וַיֹּאמֶר קַיִן אֶל־הֶבֶל אָחִיו. Ο'. καὶ εἶπε Κάϊν πρὸς Ἄβελ τὸν ἀδελφὸν αὐτοῦ — διέλθωμεν εἰς τὸ πεδίον ◁.[14] Schol. Παρ' οὐδενὶ τῶν λοιπῶν κεῖται τὰ ῥήματα τοῦ Κάϊν τὰ πρὸς Ἄβελ, ἀλλ' οὐδὲ παρ' Ἑβραίοις, ἀλλ' ἐν ἀποκρύφῳ φασίν· παρὰ δὲ τοῖς Ο' κεῖται· ἔχει δὲ αὐτὰ καὶ τὸ Σαμαρειτικόν.[15] Schol. ex Origene: Ἐν τῷ Ἑβραϊκῷ τὸ λεχθὲν ὑπὸ τοῦ Κάϊν πρὸς τὸν Ἄβελ οὐ γέγραπται, καὶ οἱ περὶ Ἀκύλαν ἔδειξαν ὅτι ἐν τῷ ἀποκρύφῳ φασὶν οἱ Ἑβραῖοι κεῖσθαι τοῦτο ἐνταῦθα κατὰ τὴν τῶν Ο' ἐκδοχήν.[16]

Ἄβελ ἐπέβλεψε, καὶ ἐπὶ τὰς θυσίας αὐτοῦ, ὁ Σύρος, καὶ ἐνεπύρισεν, εἶπεν. [3] Hieron., ut supra. Cosmas Indicopleusta apud Montef. Coll. Nov. PP. T. I, p. 136 (indicante Schleusner. in Opusc. Crit. p. 82): μία τῶν ἐκδόσεων λέγουσα· ἐπὶ δὲ Κάϊν καὶ ἐπὶ τὰς θυσίας (sic) αὐτοῦ οὐκ ἐνεπύρισεν. [6] Sic Comp., Ald., Codd. III, X, 15, 16, alii. [7] Theodoret. Cod. 127 affert: Ἀ. καὶ ὀργίλον τῷ. [8] Cod. 127. [9] Theodoret. Cod. 127: Ἀ. εἰς τί ὀργίλον σὺ (sic); [10] Cod. 127. [11] Idem. [12] Idem. Cod. 135: Σ. ἀλλ' ἐὰν—ἐγκάθηται. Montef. ex schedis Combefis. edidit: Σ. ἀλλ' ἐὰν—ἁμαρτία ἔγκειται (sic). Posteriora e Cod. 127 sic exscripsit Matthaei: καὶ πρὸς σὲ ἡ ὁρμὴ αὐτῆς. Σὺ ἀλλ' ἐξουσιάσῃς αὐτῆς, quae leviter corrupta esse videntur. Hieron.: "Multo alius in Hebraeo quam in LXX translatoribus sensus est . . . Nonne si bene egeris, dimittetur tibi; et si non bene egeris, ante fores peccatum tuum sedebit, et ad te societas [cf. ad Cap. iii. 17] ejus; sed tu magis dominare ejus . . . Quod autem in LXX interpretibus fecit errorem, illud est, quia peccatum, id est, חטאת, in Hebraeo generis masculini est, in Graeco feminini; et qui interpretati sunt, masculino illud, ut erat in Hebraeo, genere transtulerunt." [13] Codd. 127 (cum scripturis ποιεῖς et ἄρξῃς), 135 (cum κἂν pro καὶ ἂν, et om. καὶ πρὸς σὲ ἡ ἀ. αὐτοῦ). Montef. ex iisdem schedis eruit: Θ. οὐκ ἂν ἀγ. ποιῇς, δεκτόν; καὶ ἂν μὴ ἀγ. ποιῇς, ἐπὶ θύρας ἁμ. ἐγκάθηται· πρὸς σὲ ἡ ὁρμὴ αὐτοῦ, καὶ ἄρξεις αὐτοῦ. Hieron.: "Nonne si bene feceris, dimittetur tibi omne de-

lictum tuum! sive, ut Theod. ait, acceptabile erit; id est, munus tuum suscipiam, ut suscepi fratris tui." [14] Arab. 1, 2 pingunt: ⸓ (sive ※) καὶ εἶπε κ.τ.έ., absente metobelo. [15] Montef. ex schedis Combefisii, qui ait: "Ex Regiis Codd. et Cod. Mazarini. Sixtina [Nobil.] habet Cyrilli nomine [omissa clausula, ἀλλ' ἐν ἀποκρύφῳ φ.], cum Cyrillus non habeat." Hieron.: "Et dixit Cain ad Abel fratrem suum. Subauditur, ea quae locutus est Dominus. Superfluum ergo est, quod in Samaritanorum et nostro volumine [LXX] reperitur: Transeamus in campum." [16] MSS. Combefis. Vid. Origen. Opp. T. II, p. 30. Ex hoc scholio male intellecto Montef. in Hexaplis posuit: Ἀ. Ο'. διέλθωμεν εἰς τὸ πεδίον. Scilicet verba, καὶ οἱ περὶ Ἀκύλαν ἔδειξαν, perperam vertit: Aquila tamen exhibet; cum potius sonent: id quod etiam docet Aquilae versio. Verum vidit Scharfenb. in Animadv. pp. 4, 5, qui insuper pro ἐκδοχὴν probabiliter conjicit ἔκδοσιν. Quod vero affirmat doctissimus Animadversor, reliqua verba hujus scholii, ὅτι ἐν τῷ ἀποκρύφῳ κ.τ.έ., vix integra esse posse, quia ὅτι non aptum videtur seriei orationis, errorem ejus notavit Villoison. in Praef. ad Nov. Vers. Gr. etc. p. xix, ad usum scholiastarum a solenni voce ὅτι ordiendi provocans, scilicet ut subaudiatur σημείωσαι vel σημειωτέον. Quod reliquum est, Aquilam clausulam superfluam non legisse luculenter demonstrat aliud scholium in marg. Cod. 127: Ταῦτα ἐκ τοῦ ἀποκρύφου δοκεῖ ὑπὸ τῶν Ο' εἰλῆφθαι ἔχειν (sic) δὲ αὐτὰ καὶ

12. לֹא־תֹסֵף תֵּת. Ο'. καὶ οὐ προσθήσει .. δοῦναι. Σ. ἡ δὲ οὐκέτι (δώσει).[17]

נָע וָנָד. *Vagus et profugus.* Ο'. στένων καὶ τρέμων. Σ. ἀνάστατος καὶ ἀκατάστατος.[18] Τὸ Ἑβραϊκὸν καὶ οἱ λοιποί· σαλευόμενος καὶ ἀκαταστατῶν.[19]

13. עֲוֺנִי. *Delictum meum.* Ο'. ἡ αἰτία μου. Ἀ. ἀνόμημά μου.[20]

14. הֵן גֵּרַשְׁתָּ אֹתִי. *Ecce! expulisti me.* Ο'. εἰ ἐκβάλλεις με. Ἀ. ἰδοὺ ἐξέβαλές με.[21]

15. לָכֵן. *Propterea.* Ο'. Σ. Θ. οὐχ οὕτως. Ἀ. διὰ τοῦτο.[22]

שִׁבְעָתַיִם יֻקָּם. *Septuplum punietur.* Ο'. ἑπτὰ

ἐκδικούμενα παραλύσει. Ἀ. ἑπταπλασίως ἐκδικηθήσεται.[23] Σ. ἑβδόμως ἐκδίκησιν δώσει.[24] Θ. δι' ἑβδομάδος ἐκδικήσει.[25]

15. הַבּוֹת. Ο'. ἀνελεῖν. Ἀ. πλῆξαι. Σ. πατάξαι.[26]

16. נוֹד. Ο'. Ναΐδ. Σ. ἀνάστατος. Θ. σαλευόμενος.[27]

18. עִירָד. Ο'. Γαϊδάδ. Ἀ. Ἰράδ.[28]

מְחוּיָאֵל. Ο'. Μαλελεήλ. Alia exempl. Μαϊήλ.[29]

מְתוּשָׁאֵל. Ο'. Μαθουσάλα. Alia exempl. Μαθουσαήλ.[30]

23. וְיֶלֶד. *Et adolescentem.* Ο'. καὶ νεανίσκον. Ἀ. (καὶ) παιδίον.[31]

τὸ Σαμαρειτικόν· ἐν γὰρ τῷ Ἑβραϊκῷ οὐ γέγραπται, οὐδὲ ἐν τοῖς περὶ τὸν Ἀκύλαν. [17] Cod. 127. [18] Idem. [19] Procop. in Gen. p. 224 : τὸ δὲ, στένων καὶ τρ. ἔση ἐπὶ τῆς γῆς, τὸ Ἑβραϊκὸν ἔχει, ὡς καὶ οἱ λοιποὶ ἡρμήνευσαν, σαλ. καὶ ἀκατ., τουτέστι, μὴ μένων ἐν ἑνὶ τόπῳ, ἀλλ' ἀλώμενος. Montef. e Catenis Regiis [et Nobil.] edidit : Ὁ Ἑβρ. καὶ ὁ Σύρος· σαλ. καὶ ἀκαταστατῶν, et sic ex Procopio Cat. Niceph. p. 112. [20] Cod. 127, et praem. articulo Cod. 130. [21] Codd. 127 (cum ἐξέβαλλες), 130, 135 (sine nom.). [22] Hieron. in Epist. XXXVI ad Damasum : " Vaiomer lo adonai lochen chol oreg cain sobathaim joccamo. Aq.: *Et dixit ei Dominus : Propterea* [cf. ad Cap. xxx. 15] *omnis qui occiderit Cain, septempliciter ulciscaretur.* Sym.: *Et dixit ei Dominus : Non sic, sed omnis qui occiderit Cain, hebdomadas* [sic in MSS., non *hebdomas,* ut in editis] *sive septimus, vindicabitur.* LXX et Theod.: *Et dixit ei Dominus : Non sic, sed omnis qui occiderit Cain, septem vindictas exsolvet.*" [23] Procop. in Gen. p. 229 : τοῖς δὲ ἰδιώτερον, ὅτι δεῖ τὸν Κάϊν ἑπταπλασίονα δοῦναι τὴν τιμωρίαν· καὶ Ἀκύλας γὰρ οὕτως ἐξείληφεν· ἑπταπλασίως ἐκδικηθήσεται. Concinit Syro-hex. ▪ Cf. Psal. xi. 7 in LXX et Syro-hex. Hieron. ad loc. : " Pro *septem vindictis* Aq. *septempliciter* interpretatus est ; Sym. *septimum* ; Theod. *per hebdomadem.*" [24] Procop. in continuatione : Σύμμαχος δέ· ἑβδόμως ἐκδίκησιν δώσει· ὅπερ τινὲς ἐξέλαβον, ἐν ἑπτὰ γενεαῖς δίκην δώσει. Syro-hex. affert : ▪ ▪ ; ubi Syrum interpretem ἑβδόμως ante oculos habuisse vix dubium esse potest ; etsi ex versione Hieronymi (qui tamen Symmachi lectionem ambigue tradidit) et explicatione a Procopio memorata, paene crediderim Symmachum non inusitatum ἑβδόμως, sed ἑβδόμος s. ἑβδομαῖος posuisse. Cf. ad v. 24. [25] Syro-hex. ▪ ▪ , arcte appicto scholio : " Ille quem genuit generatio septima (▪) ἐκ-

κησιν δώσει ;" quod ad Symmachi lectionem potius pertinere videtur. Hieron. : " Theod. *per hebdomadem.*" Cf. ad v. 24. [26] Codd. 127, 130, 135. [27] Syro-hex. ▪. ▪ ▪ . Ad στένων καὶ τρέμων (v. 13) Cod. 130 in marg. pingit : ἀνάστατον σάλον, σαλευόμενος. Cod. 127 ad ᾤκησεν (v. 16) : Σ. ἀνάστατος. σάλον ἢ σαλευόμενος. Denique ad Ναΐδ Cod. 135 in marg. : σάλος. " Graecas interpretum lectiones [Σ. ἀνάστατος. Θ. σαλευόμενος] sumpsi ex Appendice Holmesii, in quo tamen quoad textum et nomina interpretum satis confuse exhibentur ; ego vero auctoritate Syri dispescui. Versio quidem Syriaca Symmachi esset ad literam *rebellis,* sed redditum puto serviliter ἀνάστατος, sumpta significatione ex vi radicis, licet non recte."—Ceriani. Ad נֹד Hos. ix. 17 Syro-hex. affert : ▪ ▪ ▪ , quod nos indubitanter ἀνάστατοι Graecum fecimus. Forma autem ▪ regulariter ponitur pro ἀνεστάτωσε ; e. g. Dan. vii. 23 in Syro-hex., et Act. Apost. xvii. 6. xxi. 38 in Philox. Cf. Hex. ad Thren. i. 8. Hieron. : " Quod LXX *Naid* transtulerunt, in Hebraeo נֹד dicitur, et interpretatur σαλευόμενος, id est, *instabilis* et *fluctuans,* ac *sedis incertae.* Non est igitur *terra Naid,* ut vulgus nostrorum putat ; sed expletur sententia Dei, quod huc atque illuc vagus et profugus oberravit." [28] Codd. 127, 130 (cum ἀράδ). [29] Sic Comp., Codd. III, 14, 19, alii. Cod. 127 in textu : Μεήλ ; in marg. autem : Μαουϊαήλ. [30] Sic Codd. 16 (cum —ηλα), 71, 127 (ut 16), alii. Cod. 127 in marg. affert : Ὡριγέν. Παρὰ τοῖς Ο' Μαθουσάλα ἔκειτο, ὅπερ διωρθώσαμεν γραφικὴν εὑρόντες πλάνην (οὖσαν add. Cod. 130). Ὁ γὰρ Μαθουσάλα υἱός ἐστι τοῦ Ἐνώχ, ἐκ τῆς συνεστώσης (adhuc superstitis ?) γενεᾶς τῶν ἀπὸ Ἀδάμ· ὁ δὲ Μαθουσαὴλ, ἀπόγονος ὢν τοῦ Κάϊν, ἐξώρισται ἀπὸ τῶν λοιπῶν τῶν ὄντων ἀπὸ ἐκείνου τῆς προκειμένης γενεᾶς. [31] Cod. 127, qui ad ἄνδρα lectionem perperam refert. Cf. Hex. ad Jesai. ix. 6.

D 2

24. ‏כִּי שִׁבְעָתַיִם יֻקַּם־קָיִן וְלֶמֶךְ שִׁבְעִים וְשִׁבְעָה‎. *Nam septuplum punietur Cainus, et Lamech septuagies et septies.* Ο΄. ὅτι ἑπτάκις ἐκδεδίκηται ἐκ Κάϊν· ἐκ δὲ Λάμεχ ἑβδομηκοντάκις ἑπτά. Ἀ. ὅτι ἑπταπλασίως ἐκδικηθήσεται Κάϊν καὶ Λάμεχ ἑβδομηκοντάκις ἑπτά.[32] Σ. ὅτι ἑβδομαῖος ἐκδίκησιν δώσει…[33] Θ. (ὅτι) δι' ἑβδομάδος ἐξεδίκησε…[34]

25. ‏וַתִּקְרָא אֶת־שְׁמוֹ שֵׁת כִּי שָׁת־לִי אֱלֹהִים זֶרַע אַחֵר‎. *Et appellavit nomen ejus Seth: nam (aiebat) constituit mihi Deus prolem aliam.* Ο΄. καὶ ἐπωνόμασε τὸ ὄνομα αὐτοῦ Σήθ, — λέγουσα ◀· ἐξανέστησε γάρ μοι ὁ θεὸς σπέρμα ἕτερον. Ἀ. καὶ ἐκάλεσε τὸ ὄνομα αὐτοῦ Σήθ, [λέγουσα] ὅτι ἔθηκέ μοι ὁ θεὸς σπέρμα ἕτερον.[35]

26. ‏אָז הוּחַל לִקְרֹא בְּשֵׁם יְהוָה‎. *Tunc caeptum est invocare nomen Jovae.* Ο΄. οὗτος ἤλπισεν ἐπικαλεῖσθαι τὸ ὄνομα κυρίου τοῦ θεοῦ ('Ο Ἑβραῖος ΠΙΗΙ[36]). Ἀ. τότε ἤρχθη τοῦ καλεῖν ἐν ὀνόματι (κυρίου). Σ. τότε ἀρχὴ ἐγένετο…[37] 'Ο Ἑβραῖος οὗτος ἤλπι-

σεν ἐπικαλεῖσθαι τῷ ὀνόματι κυρίου τοῦ θεοῦ.[38]

CAP. V.

1. ‏זֶה סֵפֶר תּוֹלְדֹת אָדָם‎. *Hic est liber generationum* (genealogia) *Adami.* Ο΄. αὕτη ἡ βίβλος γενέσεως ἀνθρώπων. Ἀ. τοῦτο βιβλίον γεννημάτων 'Αδάμ.[1]

‏בִּדְמוּת‎. Ο΄. κατ' εἰκόνα. Ἀ. ἐν ὁμοιώματι. Σ. ἐν ὁμοιώσει.[2]

2. ‏אֶת־שְׁמָם‎. Ο΄. τὸ ὄνομα αὐτοῦ (alia exempl. αὐτῶν[3]).

3. ‏שְׁלֹשִׁים וּמְאַת שָׁנָה‎. *Triginta et centum annos.* Ο΄. τριάκοντα καὶ διακόσια (Οἱ λοιποί· ἑκατὸν καὶ τριάκοντα[4]) ἔτη.

4. ‏שְׁמֹנֶה מֵאֹת שָׁנָה‎. Ο΄. ἔτη ἑπτακόσια (Οἱ λοιποί· ὀκτακόσια[5]).

5. ‏תְּשַׁע מֵאוֹת שָׁנָה וּשְׁלֹשִׁים שָׁנָה‎. Ο΄. τριάκοντα

---

[32] Cod. 130 (cum siglis ὁ καὶ ζ). Sic (cum ὁ καὶ Λ. 138. ἑπτὰ) Cod. 127. [33] Cod. 127, teste Matthaeio, Holmes. e Cod. 127 (per errorem pro 130) affert: Σ. ὅτι ἑβδομαῖος ἐκδίκησιν δώσει. Κάϊν ὁ καὶ Λάμεχ ἑβδομαῖος (sic). Syro-hex. ܐܘ ܠܒܐ ܐܚܪܝܐ ܠܢ ܣܡ; quo auctore etiam in priori clausula ἑβδομαῖος corrigit Ceriani, vereor ne contra linguam. Praeterea Procop. in Gen. p. 140 Symmachi lectionis, si non ipsissima verba, certe sensum afferens, haec habet: ὁ συμφώνει Θεοδοτίων ἑρμηνεύσας, δι' ἑβδομάδος ἐξεδίκησεν· ἡ ἑβδομαῖος ἐὰν ὁ Λάμεχ τῷ Κάϊν ἀπέδωκε τὴν ἐκδίκησιν, κατὰ Σύμμαχον. Scilicet vox ἑβδομαῖος, etsi quoad usum vulgarem cum ἑβδομαῖος permutetur, vi formae est *is qui septimo die aliquid faciat,* quam notionem in nostro loco ad *septimam generationem* transtulerunt interpretes. [34] Procop., ut supra. Minus probabiliter Cod. 130: Θ. ὅτι ἑβδομάδας ἐκδικηθήσεται Κάϊν· Λάμεχ ἑβδομήκοντα (sic). [35] Hieron.: "Denique Aq.: *Et vocavit,* inquit, *nomen ejus Seth, dicens: Quia posuit mihi Deus semen alterum.*" In textu obelus est in Syro-hex. [36] Syro-hex. in marg. ܡܡܡܡܡܡ. [37] Cod. 130, absente siglo Σ, quod e Syro-hex. posuimus. Hic autem affert: ܐ. ܡܡ ܐܬܡܠܟܠ. Montef. ex omnibus Catenis Regiis et schedis Combefis. edidit: 'Α. τότε ἤρχθη τοῦ καλεῖσθαι ἐν ὀν. κ., et sic ex Theodoreto Nobil.

(Locus Theodoreti est Opp. T. I, p. 60, ubi in textu: τοῦ καλεῖσθαι τῷ ὀν.; in marg. autem: τοῦ καλεῖν ἐν ὀνόματι.) [38] Euseb. Emisenus apud Montef., et Cat. Niceph. p. 119: Ἐν τῷ Ἑβραϊκῷ οὐχ οὕτως λέγει, ἀλλ', οὗτος ἤλπισεν ἐπικαλεῖσθαι τῷ ὀν. (Codd. 64, 130: ἐν ὀν.) κ. τοῦ θ., τουτέστιν, υἱὸς θεοῦ λέγεσθαι, καὶ θεός. Οἱ γὰρ ἀπὸ τοῦ Σὴθ δίκαιοι γεγόνασιν· ὅθεν ἡ γραφὴ ἑαυτῇ ἀκολουθοῦσα, μετὰ ταῦτά φησι· καὶ εἶδον οἱ υἱοὶ τοῦ θεοῦ κ.τ.ἑ., τουτέστιν, οἱ δίκαιοι. Οὐ γὰρ ἦν ἐπιμιξία τῶν υἱῶν Σὴθ πρὸς τοὺς ἀπὸ τοῦ Κάϊν.

Cap. V. [1] Cf. Hex. ad Cap. ii. 4. [2] Codd. 130 (cum ὁμοίως. bis), 135 (cum Σ. ὁμοίως). [3] Sic Codd. III (in rasura), X, 15, 38, alii, Hieron., Syro-hex. [4] Syro-hex. ܡܐܐ ܘܬܠܬܝܢ ܐܡܪܝܢ. Euseb. Emis. apud Montef. et Cod. 135 in marg.: Ὅτι (ἰστέον δὲ ὅτι Cod. 135) ὁ Ἑβραῖος καὶ ὁ Σύρος καὶ ὁ (ὁ om. idem) Σύμμαχος παρὰ ῥ' ἔτη ἀεὶ γενεαλογεῖ· καὶ ὑποδείγματος ἕνεκεν, ἐπ' αὐτοῦ τοῦ 'Αδὰμ γέγραπται σλ' γεννᾶν (σλ' ἐτῶν γεννᾷ idem) τὸν Σὴθ· ὁ Ἑβραῖος ρλ' προστίθησι δὲ αὐτὰ εἰς ὑπόλοιπον ζωῆς τοῦ 'Αδάμ. Hieron.: "Sciendum quod usque ad diluvium, ubi in nostris codd. ducentorum et quod excurrit annorum genuisse quis dicitur, in Hebraeo habeat *centum* annos, et reliquos qui sequuntur." [5] Cod. 127: Οἱ λοιποί· ω. Hieron.: "Quia in ducentis erraverat, consequenter hic posuit *septingentos,* cum in Hebraeo hic habeatur *octingentos.*"

καὶ ἐννακόσια ἔτη. Ἀ. ἐννακόσια ἔτος καὶ τριάκοντα ἔτος.[6]

6. חָמֵשׁ שָׁנִים וּמְאַת שָׁנָה. Ο΄. πέντε καὶ διακόσια ἔτη. Οἱ λοιποί· ἑκατὸν καὶ πέντε.[7]

7. שֶׁבַע שָׁנִים וּשְׁמֹנֶה מֵאוֹת שָׁנָה. Ο΄. ἑπτὰ ἔτη καὶ ἑπτακόσια (Οἱ λοιποί· ωζ΄[8]).

9. תִּשְׁעִים שָׁנָה. Ο΄. ἔτη ἑκατὸν ἐννενήκοντα (Οἱ λοιποί· ϟ΄[9]).

10. וּשְׁמֹנֶה מֵאוֹת שָׁנָה. Ο΄. καὶ ἑπτακόσια (Οἱ λοιποί· ω΄[10]).

13. וּשְׁמֹנֶה מֵאוֹת שָׁנָה. Ο΄. καὶ ἑπτακόσια (Οἱ λοιποί· ω΄[11]) ἔτη.

14. וַיִּהְיוּ כָּל־יְמֵי קֵינָן. Ο΄. καὶ ἐγένοντο πᾶσαι αἱ ἡμέραι Καϊνᾶν. Aliud exempl. ἐγένοντο οὖν πάντες οἱ χρόνοι Καϊνᾶν.[12]

15. חָמֵשׁ שָׁנִים וְשִׁשִּׁים שָׁנָה. Ο΄. πέντε καὶ ἑξήκοντα καὶ ἑκατὸν (Οἱ λοιποί· ξε΄[13]) ἔτη.

16. שְׁלֹשִׁים שָׁנָה וּשְׁמֹנֶה מֵאוֹת שָׁנָה. Ο΄. ἔτη τριάκοντα καὶ ἑπτακόσια (Οἱ λοιποί· ωλ΄[14]).

19. שְׁמֹנֶה מֵאוֹת. Ο΄. ὀκτακόσια. (Οἱ λοιποί·) ψπε΄.[15]

20. שְׁתַּיִם וְשִׁשִּׁים שָׁנָה וּתְשַׁע מֵאוֹת שָׁנָה. Ο΄. δύο καὶ ἑξήκοντα καὶ ἐννακόσια (Οἱ λοιποί· ωμζ΄[16]) ἔτη.

22. וַיִּתְהַלֵּךְ חֲנוֹךְ אֶת־הָאֱלֹהִים. *Et ambulabat* (vitam degebat) *Enoch cum Deo.* Ο΄. εὐηρέστησε δὲ Ἐνὼχ τῷ θεῷ. Ἀ. καὶ περιεπάτει Ἐνὼχ σὺν τῷ θεῷ. Σ. (καὶ) ἀνεστρέφετο ...[17]

24. וַיִּתְהַלֵּךְ חֲנוֹךְ אֶת־הָאֱלֹהִים. Ο΄. καὶ εὐηρέστησεν Ἐνὼχ τῷ θεῷ. Ἀ. καὶ περιεπάτει Ἐνὼχ σὺν τῷ θεῷ. Σ. καὶ ἀνεστρέφετο Ἐνώχ ...[18]

25. שֶׁבַע וּשְׁמֹנִים שָׁנָה וּמְאַת שָׁנָה. Ο΄. ἑπτὰ ἔτη καὶ ἑξήκοντα καὶ ἑκατόν. Οἱ λοιποί· ἑπτὰ καὶ ὀγδοήκοντα ἔτη καὶ ἑκατὸν ἔτη.[19] Τὸ Ἑβραϊκὸν καὶ τὸ Σαμαρειτικόν· (καὶ ἔζησε Μαθουσάλα) ἔτη ρπζ΄ (καὶ ἐγέννησε τὸν Λάμεχ).[20]

26. שְׁתַּיִם וּשְׁמוֹנִים שָׁנָה וּשְׁבַע מֵאוֹת שָׁנָה. Ο΄. δύο καὶ ὀκτακόσια ἔτη. Alia exempl. δύο καὶ ὀγδοήκοντα ※ ἔτη ◂ καὶ ἑπτακόσια ἔτη.[21] Οἱ Γ΄ ὁμοίως (δύο καὶ ὀγδοήκοντα κ.τ.ἑ.). Οἱ Ο΄. δύο καὶ ὀκτακόσια ἔτη.[22] Τὸ Ἑβραϊκὸν καὶ τὸ Σαμαρειτικόν· (καὶ ἔζησε Μαθουσάλα μετὰ τὸ γεννῆσαι αὐτὸν τὸν Λάμεχ) δύο καὶ ὀγδοήκοντα καὶ ἑπτακόσια ἔτη.[23]

---

[6] Epiphanius De Mens. et Pond. p. 159 C. Idem p. 159 B: Κεῖται ἐν ἀρχῇ τῆς Γενέσεως· οὐαεεὶ ἀδὰμ σαλωεὶμ σαμηωθσανᾶ, ὃ ἑρμηνεύεται, ᾧ καὶ Ἀκ. ἠκολούθησε, καὶ ἔζησεν Ἀδὰμ τριάκοντα ἔτος καὶ ἐννακόσια ἔτος. Ubi haec, οὐαεεὶ ἀδὰμ σαλωεὶμ (rectius σαλωσεὶμ), e v. 3 male huc translata sunt. Deinde pro σαλωεὶμ σαμηωθσανᾶ in versione Epiphanii Syriaca (Mus. Brit. MSS. Addit. 17,148) emaculatius legitur: σαλωεὶμ σανᾶ αἰθεσαμηὼθ σανᾶ (ܣܠܘܐܝܡ ܫܢܐ. ܘܐܬܒܣܡܢܘܬ ܫܢܐ.). In textu LXXvirali Syro-hex. legit: ἐννακόσια ἔτη καὶ τριάκοντα ἔτη, invitis libris Graecis. [7] Syro-hex. ܗܟܢ ܕܐܚܪ̈ܢܐ ܡܐܐ ܘܚܡܫܐ ܀. Cod. 135: Οἱ λοιποί· ρε΄ (non, ut Cod. 127, ρλε΄). [8] Codd. 127, 135. [9] Cod. 135. Minus probabiliter Cod. 127: Οἱ λοιποί· ϟε΄. [10] Cod. 127. [11] Idem. In v. 12 reliquos interpretes ἑβδομήκοντα pro ἑβδομήκοντα καὶ ἑκατὸν posuisse quivis videt. [12] Syro-hex. in textu: ܘܗܘܘ ܗܟܝܠ ܟܠܗܘܢ ܙܒܢ̈ܘܗܝ ܕܩܝܢܢ., reclamantibus libris Graecis; in marg. autem: ܘܗܘܘ ܟܠܗܘܢ ܝܘܡܬܗ ܕܩܝܢܢ ܀. [13] Cod. 127. [14] Idem. [15] Idem, sine titulo. [16] Idem. [17] Syro-hex. ܐ. ܘܡܗܠܟ ܗܘܐ ܚܢܘܟ ܥܡ ܐܠܗܐ ܀ ܣ. ܡܬܗܦܟ ܗܘܐ ܀. Cod. 38 in textu: περιεπάτει δὲ (Ἐνὼχ) σὺν τῷ θεῷ. Cf. ad v. 24. [18] Codd. 127, 135. Matthaei e Cod. 127 exscripsit: Σ. καὶ ἀνεστρέφετο Ἐνὼχ καταβαίνων; ubi vox καταβαίνων est glossa etymologica nominis Ἰάρεδ, cum lectione Symmachi male confusa. Syro-hex. in marg. eadem habet quae ad v. 22, nisi quod ܡܬܗܦܟ sine puncto diacritico jacet. (Ad Sym. cf. Hex. ad Psal. xxv. 3. xxxviii. 7. Mich. ii. 7.) [19] Syro-hex. ܗܟܢ ܕܐܚܪ̈ܢܐ ܡܐܐ ܘܬܡܢܝܢ ܫ̈ܢܝܐ ܘܫܒܥ ܫ̈ܢܝܐ ܀. Arab. in marg.: "Interpretati sunt reliqui: *centum et septem et octoginta annos.*" Sic in textu (sine priore ἔτη) Codd. I, X, 15, 16, alii. [20] Montef. e schedis Combefisii. [21] Sic Syro-hex., et (sine ※ ἔτη ◂) Ald., Codd. I (voce ὀγδοήκοντα, teste Grabio, recentissima manu, sed sine dubio super antiquas literas scripta), X, 14, 15, alii. [22] Syro-hex. in marg. [23] Montef. e schedis Combefisii. Hieron.: "Famosa quaestio et disputatione omnium ecclesiarum ventilata, quod juxta diligentem supputationem, quatuordecim annos post diluvium Mathusala vixisse referatur.... Restat ergo, ut quomodo in plerisque, ita et in hoc sit error in numero. Siquidem et in Hebraeis et Samaritanorum libris ita scriptum reperi: *Et vixit M. centum octoginta septem annis, et genuit L.*

29. וּמֵעִצְּבוֹן. *Et de labore gravi.* Ο΄. καὶ ἀπὸ τῶν λυπῶν (Σ. κακοπαθείας[24]).

Cap. V. 7. ※ ἔτη ◄ ἑπτὰ καὶ ἑπτακόσια ἔτη. 8. ※ ἔτη ◄ δώδεκα καὶ ἐννακόσια ἔτη. 10. πεντε-καίδεκα ἔτη καὶ ἑπτακόσια ※ ἔτη ◄. 11. ※ ἔτη ◄ πέντε καὶ ἐννακόσια ἔτη. 13. τεσσαράκοντα ἔτη καὶ ἑπτακόσια ※ ἔτη ◄. 15. πέντε ※ ἔτη ◄ καὶ ἑξήκοντα καὶ ἑκατὸν ἔτη. 16. ἔτη τριάκοντα καὶ ἑπτακόσια ※ ἔτη ◄. 17. ἔτη (fort. – ἔτη ◄) πέντε καὶ ἐννενήκοντα ※ ἔτη ◄ καὶ ὀκτακόσια ※ ἔτη ◄. 18. δύο καὶ ἑξήκοντα ἔτη καὶ ἑκατὸν ※ ἔτη ◄. 20. δύο καὶ ἑξήκοντα ἔτη καὶ ἐννακόσια ※ ἔτη ◄. 23. πέντε καὶ ἑξήκοντα ἔτη καὶ τριακόσια ※ ἔτη ◄. 25. ἑπτὰ καὶ ἑξήκοντα ※ ἔτη ◄ καὶ ἑκατὸν ἔτη. 27. ἐννέα καὶ ἑξήκοντα ※ ἔτη ◄ καὶ ἐννακόσια ἔτη. 28. ὀκτὼ καὶ ὀγδοήκοντα ※ ἔτη ◄ καὶ ἑκατὸν ἔτη. 30. πέντε καὶ ἑξήκοντα ἔτη (fort. ※ ἔτη ◄) καὶ πεντακόσια ἔτη. 31. τρία καὶ πεντήκοντα ἔτη καὶ ἑπτακόσια ※ ἔτη ◄.[25]

Cap. VI.

1 (Hebr. v. 32). וַיּוֹלֶד נֹחַ. Ο΄. καὶ ἐγέννησε (alia exempl. add. Νῶε[1]).

3 (vi. 2). וַיִּרְאוּ בְנֵי־הָאֱלֹהִים אֶת־בְּנוֹת הָאָדָם. *Et viderunt filii Dei* (Sethitae) *filias hominum* (Cainitidas). Ο΄. ἰδόντες δὲ (οἱ) υἱοὶ (alia exempl. οἱ ἄγγελοι[2]) τοῦ θεοῦ τὰς θυγατέρας τῶν ἀνθρώπων. ᾽Α. ἰδόντες δὲ οἱ υἱοὶ τῶν θεῶν τὰς θυγατέρας τῶν ἀνθρώπων.[3] Σ. καὶ ἰδόντες οἱ υἱοὶ τῶν δυναστευόντων τὰς θυγατέρας τῶν ἀνθρώπων.[4] Θ. καὶ ἰδόντες υἱοὶ τοῦ θεοῦ...[5]

4 (3). לֹא־יָדוֹן רוּחִי בָאָדָם לְעֹלָם. *Non imperabit* (s. *humiliabitur*) *spiritus meus in homine in perpetuum.* Ο΄. οὐ μὴ καταμείνῃ τὸ πνεῦμά μου ἐν τοῖς ἀνθρώποις – τούτοις[4a] εἰς τὸν αἰῶνα. Σ. οὐ κρινεῖ τὸ πνεῦμά μου τοὺς ἀνθρώπους αἰωνίως.[7]

5 (4). הַנְּפִלִים. *Grassatores* (gigantes). Ο΄. Θ. οἱ δὲ γίγαντες. ᾽Α. οἱ ἐπιπίπτοντες. Σ. οἱ βίαιοι.[8]

❖ ───────────────────────── ❖

Et vixit M., postquam genuit L., septingentos octoginta duos annos, et genuit filios et filias. Et fuerunt omnes dies M. anni nongenti sexaginta novem, et mortuus est. Et vixit L. centum octoginta duobus annis, et genuit Noe. A die ergo nativitatis Mathusalae usque ad diem ortus Noe sunt anni trecenti sexaginta novem: his adde sex-centos annos Noe, quia in sexcentesimo vitae ejus anno factum est diluvium: atque ita fit, ut nongentesimo sexa-gesimo nono vitae suae Mathusala mortuus sit, eo anno quo coepit esse diluvium." Ceterum in v. 28 solus Arab. 2, ut videtur, juxta Hebraeam veritatem *duo* pro octo habet, invito Syro-hex.   [24] Syro-hex. ♦ ܘܐ ... ܀. Cf. Hex. ad Gen. iii. 18. Psal. xv. 4.   [25] Syro-hex.

Cap. VI. [1] Sic Comp., Codd. III, X, 14, 15, 16, alii, et Syro-hex. [2] Sic Codd. III, 37, 72, 75. Syro-hex. in marg. ܚܠܦܘ. S. Cyril. in Cat. Niceph. p. 129: οἴδαμεν οὖν ὅτι τὰν ἀντιγράφων τινὰ περιέχει σαφὼς ἰδόντες δὲ οἱ ἄγγε-λοι τοῦ θεοῦ τὰς θυγατέρας τῶν ἀνθρώπων. Procop. in Gen. p. 249: γράφεται καὶ ἄγγελοι θεοῦ· καὶ φασί τινες τὰς ἀποστα-τικὰς αὐτὸν λέγειν δυνάμεις. [3] Montef. e schedis Combe-fisii et Catenis MSS. Sic Cod. 130, et S. Cyril. ibid. Cod. 127 affert: ᾽Α. οἱ υἱοὶ τῶν θεῶν. Syro-hex. ܚܒܠ ܐ. ♦ ܐܟ̈ܠ. [4] Montef. ex iisdem (cum υἱοὶ pro οἱ υἱοί, et var. lect. δυναστῶν). S. Cyril. ibid.: Σύμ. δὲ αὖ ἀντὶ τοῦ, υἱοὶ τῶν θεῶν, ἐκδέδωκεν, οἱ υἱοὶ τῶν δυναστευόντων. Procop.

in Gen. p. 251: ὁ δὲ Σύμ., οἱ υἱοὶ τῶν δυναστευόντων, ἐξέδωκιν· ἀντὶ τοῦ, τῶν ἁγίων τὸν ὑπὸ θεοῦ πρὸς τοὺς ἀνθεστηκότας δυνα-μουμένων. Etiam Cod. 127: Σ. οἱ υἱοὶ τῶν δυναστευόντων. Denique Syrus noster: ♦ ܘ̈ܣ ܒ̈ܢܝ̈ܐ ... ܀. Hieron.: "Verbum Hebraicum ELOIM communis est numeri; et Deus quippe et dii similiter appellantur: propter quod Aq. plurali numero *filios deorum* ausus est dicere, *deos* intelligens *sanctos* sive *angelos. Deus enim stetit in syna-goga deorum; in medio autem deos discernit* (Psal. lxxxi. 1). Unde et Sym. istiusmodi sensum sequens, ait: *Videntes filii potentium filias hominum,* et reliqua." [5] Montef. Syro-hex. affert: Θ. καὶ (ἰδόντες) υἱοὶ τοῦ θεοῦ (ܒ̈ܢܝ̈ܐ ܕܐܠܗܐ). [6] Obelus est in Syro-hex. [7] Nobil. et Catenae MSS. apud Montef. Sic Codd. X (cum μὴ κρίνῃ), 130, 135 (cum εἰς αἰωνίους pro αἰωνίως). [8] Codd. X, 127, 130 (cum οἱ ἐπ. ἦσαν ἐπὶ τῆς γῆς), 135. Syro-hex. ♦ ܘ̈ܣ ܚ̈ܣ. ᾽Α. ♦ ܐ̈ܣ ܀. ܗ̈ܢܘܢ ܚܣ̈ܝܐ ... ܀. Hieron.: "In Hebraeo ita habet: *Cadentes erant in terra in diebus illis,* id est, ANNAPHILIM ... Pro *cadentibus* sive *gigantibus, violentos* interpretatus est Sym." Idem in Comment. ad Jesai. lxvi. 7: "Geneseos quoque narrat liber, quod postquam coeperunt homines multi fieri, qui numerus semper in vitio est, et filiae eis natae sunt, acceperunt eas, non angeli, sed filii Dei, de quibus orti sunt *gigantes,* sive ut in Hebraeo scriptum est, ἐπιπίπτοντες, id est, *irruentes.*"

5 (4). הַגִּבֹּרִים. *Heroes.* Ο'. οἱ γίγαντες. 'Α. (οἱ) δυνατοί. Σ. (οἱ) βίαιοι.[9]

6 (5). רַק רָע. *Omnino malus.* Ο'. ἐπιμελῶς ἐπὶ τὰ πονηρά. 'Ο δὲ Ἑβραῖος ἀντὶ τοῦ, ἐπιμελῶς, φυσικὸν τοῦ ἀνθρώπου ἐπὶ τὰ πονηρὰ ἐκ νεότητος αὐτοῦ.[10]

כָּל־הַיּוֹם. *Toto die.* Ο'. πάσας τὰς ἡμέρας. 'Ο Ἑβραῖος καθ' ἡμέραν.[11]

7 (6). וַיִּנָּחֶם יְהוָה כִּי־עָשָׂה אֶת־הָאָדָם בָּאָרֶץ וַיִּתְעַצֵּב אֶל־לִבּוֹ. *Et penituit Jovam quod fecisset hominem in terra, et doluit in corde suo.* Ο'. καὶ ἐνεθυμήθη ('Α. μετεμελήθη. Σ. ἀπέστρεψεν[12]) ὁ θεός, ὅτι ἐποίησε τὸν ἄνθρωπον ἐπὶ τῆς γῆς, καὶ διενοήθη ✕ ἐν τῇ καρδίᾳ αὐτοῦ ◄.[13] 'Α. καὶ μετεμελήθη κύριος, ὅτι ἐποίησε τὸν ἄνθρωπον ἐπὶ τῆς γῆς, καὶ διεπονήθη πρὸς καρδίαν αὐτοῦ.[14]

8 (7). כִּי נִחַמְתִּי. Ο'. ὅτι ἐνεθυμήθην (alia exempl. ἐθυμώθην[15]). 'Α. ὅτι μετεμελήθην.[16]

10 (9). אֶת־הָאֱלֹהִים הִתְהַלֶּךְ. Ο'. τῷ θεῷ εὐηρέστησε. 'Α. σὺν τῷ θεῷ περιεπάτει. Σ. τῷ θεῷ ἐπηκολούθησεν.[17]

14 (13). קֵץ. *Finis.* Ο'. καιρός. 'Α. τέλος. Σ. πέρας.[18]

15 (14). עֲצֵי־גֹפֶר. *Arbores piceas.* Ο'. ἐκ ξύλων τετραγώνων ("Αλλος· ἀσήπτων[19]). "Αλλος· ἐκ ξύλων κεδρίνων.[20]

קִנִּים תַּעֲשֶׂה. *Nidulos facies.* Ο'. νοσσιὰς ποιήσεις. Σ. καλιὰς ποιήσεις,[21]

וְכָפַרְתָּ. *Et oblines.* Ο'. καὶ ἀσφαλτώσεις. 'Α. (καὶ) ἀλοιφήσεις.[22]

בַּכֹּפֶר. *Pice.* Ο'. τῇ ἀσφάλτῳ. 'Α. ἀλοιφῇ.[23]

16 (15). אֹתָהּ ... הַתֵּבָה. *Eam...arcae.* Ο'. τὴν κιβωτόν ... τῆς κιβωτοῦ. Σ. (τὸ) ἱλαστήριον ... (τοῦ) ἱλαστηρίου.[24]

17 (16). צֹהַר תַּעֲשֶׂה לַתֵּבָה. *Lumen* (fenestras) *facies arcae.* Ο'. ἐπισυνάγων ποιήσεις τὴν

---

[9] Cod. 135. Syro-hex. ܬܣܝܒ̈ܬܐ ܗ. ܘܚܝܠܬ̈ܢܐ. Minus emendate Cod. 127: 'Α. δυσίατοι. Σ. βίαιοι. Cod. 130 autem ad γίγαντες in priore loco post lectionem Aquilae continuat: 'Αλλοι· δυσίατοι, βίαιοι. Etiam Nobil. ad priorem locum mendose affert: 'Α. οἱ ἐπιπίπτοντες, οἱ βίαιοι. Σ. οἱ δυσίατοι βίαιοι. Pro δυσίατοι Scharfenb. in *Animadv.* p. 5 δυνατοί emendabat, sed minus probabiliter Symmacho vindicabat. Cf. Hex. ad Gen. x. 8. Amos ii. 16.

[10] Procop. in Gen. p. 253. Cf. ad Cap. viii. 21.　　[11] Idem p. 252: ἐπιμελῶς ἐπὶ τὰ πονηρὰ καθ' ἡμέραν. τὸ, πάσας τὰς ἡμέρας, τὸ Ἑβραϊκὸν οὐκ ἔχει.　　[12] Nobil., Codd. 127, 135. Cod. 130: 'Α. καὶ μετεμελήθη κύριος. Σ. καὶ ἀπέστρεψεν. Syro-hex. affert: ܘܐܬܬܘܝ .ܐ. Procop. ibid.: καὶ τὸ ἐνεθυμήθη δὲ τὸ Ἑβραϊκὸν ἔχει διανοήθη ἢ προσέσχεν, ἐνταῦθα μόνον ἀλλαχοῦ δὲ, εἴ που ἔχει, μετεμελήθη δηλοῖ, ἢ παρεκλήθη.　　[13] Sic Codd. 127, 130 (in marg.), et sine aster. Cod. 78, Arab. 1, 2. Syro-hex. pingit: ✕ καὶ διενοήθη ἐν τῇ κ. αὐτοῦ, sine cuneolo.　　[14] Sic Catenae MSS. Regiae (=Cat. Niceph. p. 134) ex Diodoro Tharsensi, quae omnes ὁ θεὸς pro κύριος venditant. Correximus e Cod. 130.　　[15] Sic Codd. I, III, 33, 55, alii, Arab. 1, 2, Syro-hex. (ܘܐܬܚܡܬ). [16] Codd. X, 135. Syro-hex. ܘܐܬܬܘܝܬ .ܐ. "Sic in Ed. Rom. et codd. nostris."—*Montef.* Immo Nobil. notat: "L[iber] V[etus-tus]: ὅτι μετεμελήθην;" et sic in textu Ald., Codd. 31, 68, alii.　　[17] Codd. Reg. 1871, teste Montef. (=Cod. 64

Holmesii, qui ex eo mutile exscripsit: 'Α. σὺν τῷ θεῷ .... τῷ θεῷ ἔπη ...), 130. Paulo aliter Cod. X: 'Α. Σ. σὺν τῷ θεῷ περιεπάτει. Nobil. affert: Schol. σὺν τῷ θ. περιεπάτει. τῷ θεῷ ἐπηκολούθησεν.　　[18] Nobil., Codd. 64, 130. Cod. X affert: 'Α. τέλος. Syro-hex. ܩܨܐ ܣ. ܚܪܬܐ ܐ. Cod. 135 in marg. affert: 'Ο Ἑβραῖος καὶ ὁ Σύρος, πέρας ἢ τέλος ἢ πλήρωμα.　　[19] Cod. X in marg. ἀσίντων, s. ἀσήπτων, teste Holmesio. (Griesbach. ex eodem exscripsit: 'Α. ἀσίντων, s. ἀσήπτων.) Duplicem lectionem, ἐκ ξ. τετρ. ἀσήπτων, habent Codd. 20, 56, alii.　　[20] Sic Cod. 56 in marg. cum Onkelos et Graeco-Venet. Procop. in Gen. p. 256: ποίησον δὲ σεαυτῷ, φησί, κιβωτὸν ἐκ ξύλων ἀσήπτων ἢ κεδρίνων· ὁ Ἑβραῖος τὸ, τετραγώνων, φησὶν ἐπὶ πλακῶν πυξίνων. Unde Montef. eruit: "Αλλος· ἐπὶ πλακῶν πυξίνων. Denique Hieron.: "Pro quadratis lignis, *bituminata* legimus in Hebraeo."　　[21] Nobil. Procop. in Gen. p. 257: νοσίσθω δὲ καθ' ἑκάστην ὀροφὴν ἀπολαμβανόμενα χωρία ὑπὲρ τοῦ χωρίζεσθαι τὰ ἀπομοιογενῆ ζῶα, ἅπερ καλεῖ νοσσιάς, ὁ δὲ Σύμ. καλιάς.　　[22] Nobil., Codd. 64, 127, 130. "In Cod. Regio 1871 optime notae legitur ἀλοιφώσεις ... quae lectio non spernenda."—*Montef.* Sic Cod. 64, teste Holmes.　　[23] Nobil., Codd. X, 64, 127, 130. Syro-hex. ܘܚܝܡܪܐ .ܐ.　　[24] Montef. ad בַּכֹּפֶר (v. 15) affert: Σ. Ἱλαστηρίῳ, cum notula: "Lectionem Symmachi exscripsimus ex eodem Cod. Regio 1871 [= Holmes. 64]. Habuerat autem ille, Ἱλάσεις Ἱλαστηρίῳ .. sed primam

κιβωτόν. Ἀ. μεσημβρινὸν (ποιήσεις) τῇ κιβωτῷ. Σ. διαφανὲς ποιήσεις .. ²⁵

17 (16). וּפֶתַח. Et ostium. Ο΄. τὴν δὲ θύραν. Ἀ. ἄνοιγμα. Σ. Θ. θύραν.²⁶

תַּחְתִּים שְׁנִיִם וּשְׁלִשִׁים תַּעֲשֶׂהָ. Infima, secunda et tertia (cubicula) facies eam. Ο΄. κατάγαια διώροφα καὶ τριώροφα ποιήσεις αὐτήν. Σ. κατὰ δίστεγα καὶ τρίστεγα ποιήσεις αὐτήν.²⁷

19 (18). אֶת־בְּרִיתִי. Ο΄. τὴν διαθήκην (Ἀ. Σ. συνθήκην²⁸) μου.

20 (19). וּמִכָּל־הָחַי. Et ab omni vivente. Ο΄. καὶ ἀπὸ πάντων τῶν κτηνῶν, καὶ ἀπὸ πάντων τῶν ἑρπετῶν, καὶ ἀπὸ πάντων τῶν θηρίων. Alia exempl. καὶ ἀπὸ πάντων τῶν θηρίων, ⸓ καὶ ἀπὸ πάντων τῶν κτηνῶν ◄.²⁹ Ἀ. Σ. (καὶ ἀπὸ πάντων τῶν) ζώων.³⁰

Cap. VI. 18. καὶ ὅσα ἐὰν ⸓ ᾖ ◄ ἐπὶ τῆς γῆς.³¹

CAP. VII.

4. אֵת־כָּל־הַיְקוּם אֲשֶׁר עָשִׂיתִי. Omnem substantiam quam feci. Ο΄. πᾶν τὸ ἀνάστημα ὃ ἐποίησα. Alia exempl. πᾶσαν τὴν ἐξανάστασιν ἣν ἐποίησα.¹

8. Ο΄. ÷ καὶ ἀπὸ τῶν πετεινῶν τῶν καθαρῶν, καὶ ἀπὸ τῶν πετεινῶν τῶν μὴ καθαρῶν (◄).² Alia exempl. (⸓) καὶ ἀπὸ τῶν πετεινῶν (◄).³

וּמִן־הָעוֹף. Ο΄. Vacat. ※ καὶ ἀπὸ τῶν πετεινῶν ◄.⁴

11. בְּשִׁבְעָה־עָשָׂר. Ο΄. ἑβδόμῃ καὶ εἰκάδι. Οἱ λοιποί· ζ καὶ ῑ.⁵

תְּהוֹם רַבָּה. Oceani magni. Ο΄. τῆς ἀβύσσου ※ τῆς πολλῆς ◄.⁶

וַאֲרֻבֹּת. Et cataractae (Anglice, flood-gates). Ο΄. καὶ οἱ καταρράκται (potior scriptura καταράκται). Ἀ. Σ. (καὶ) αἱ θυρίδες.⁷

12. הַגֶּשֶׁם. Ο΄. ὁ ὑετός. Ἀ. ὄμβρος. Σ. χειμών.⁸

---

vocem omisit scriba Regii codicis." Ad τῇ ἀσφάλτῳ Holmes. e Cod. 130 exscripsit: Σ. ἱλαστηρίου (integra lectio est : 'Α. ἀλοιφήσεις ἀλοιφῇ. Σ. ἱλαστηρίου), notans : "Hoc referendum, ut videtur, ad τῆς κιβωτοῦ, infra; et ex adverso lineae, in qua sunt istae voces, Cod. 64 habet Σ. ἱλαστηρ ... [non, ut Montef., ἱλαστηρίῳ]." De Cod. 127 idem testatur Matthaeius : "ἀσφάλτῳ]'Ακ. ἀλοιφῇ. Montef. ad h. l. ex Symmacho laudat ἱλαστηρίῳ. In nostro cod. autem legitur paulo inferius, casu, ut videtur, quarto, ex adverso vocab. κιβωτόν, Σύ. ἱλαστήριον." Postremo Syro-hex. ad τὴν κιβωτόν (v. 16) lectionem refert : Σ. ἱλαστήριον (ܡܚܣܝܢܐ). His non obstantibus, si quis, suadente Hebraeo, Montefalconio calculum adjecerit, a nobis quidem non culpabitur. ²⁵ Nobil. affert : 'Α. μεσημβρινόν. Σ. διαφανὲς ποιήσεις. Cod. X : Σ. διαφανές. 'Α. μεσημβρινὸν τῇ κιβωτῷ. Cod. 130 : 'Α. μεσημβρινὸν ποιῶν κιβωτῷ. Σ. διαφανές. Cod. 135 : Σ. διαφανῆ (sic). 'Α. μεσημβρινόν. Tandem Syro-hex.: 'Α. μεσημβρινόν (ܡܨܥܝܐ). Σ. διαφανές (ܨܡܚܐ). Hieron.: "Pro eo quod est, colligens facies arcam, in Hebraeo habet, meridianum facies arcae, quod manifestius interpretatus est Sym., dicens διαφανές, hoc est, dilucidum facies arcae, volens fenestram intelligi." ²⁶ Procop. in Gen. p. 259 : Μετὰ δὲ τὸν κατακλυσμὸν παρετηρήσαμεν ὅτι οὐκέτι ὡς ἐν τοῖς ἀνωτέρω θύραν ἀνέῳξεν ὁ Νῶε, ἀλλὰ θυρίδα (Cap. viii. 5), ἵνα ἀποστείλῃ τὸν κόρακα. Βίαιον δέ τις τὴν παρατήρησιν ὑπελάμβανεν, εἰ μὴ καὶ αἱ λοιπαὶ ἐκδόσεις δεύτερον μὲν θυρίδα περιεῖχον

ἀνοιγομένην ὑπὸ τοῦ Νῶε, πρότερον δὲ θύραν ἣ ἄνοιγμα ἔλεγον προστεταχέναι τὸν θεὸν τῷ Νῶε ποιῆσαι ἐκ πλαγίων τῆς κιβωτοῦ. Θύραν μὲν γὰρ ὁ Θεὸ. καὶ Σύμ., ἄνοιγμα δὲ ὁ 'Ακ. ἐποίησε. ²⁷ Idem ibid. p. 257 : τοῦτο δὲ καὶ ὁ Σύμ. σαφῶς ἐξέθετο εἰπών· κατὰ τὰ δ. καὶ τρ. ποιήσεις αὐτήν. (Eadem habet Cod. 135 in Commentario, sed om. τά.) Codd. X, 64, 127, 130 (sine nom.), 135 : Σ. δίστεγα καὶ τρίστεγα. ²⁸ Syro-hex. ܩܝܡܝ ܡ̇ܢ ܡܚ̇ܣ̇ܡ̇ܠ ./. Cod. X affert : 'Α. συνθήκην μου μετὰ σοῦ. ²⁹ Sic Syro-hex., et sine obelo Cod. 55, Arab. 1. Praeterea clausula, καὶ ἀπὸ π. τ. ἑρπετῶν, desideratur in Comp., Codd. 15, 18, aliis. ³⁰ Nobil., Codd. X, 130: 'Α. Σ. ζώων. Cod. 135 : Σ. ζῷα. Syro-hex. ex vestigiis in loco male habito : ܡܚܬ. ܡ̇. ³¹ Syro-hex., ubi pro ܟܠ ܐ̇ܡ̇ ܐ̇ܬ̇ ۔۔ ܠ̇ ۔۔ ܠ̇ fortasse pingendum ܟܠ ܐ̇ܡ̇ ܐ̇ܬ̇ -:.

CAP. VII. ¹ Sic Comp., Codd. 14, 15, 16, alii. Codd. 127, 130 in textu : πᾶσαν τὴν ἐξ. ἣν ἐπ. ; in marg. autem : πᾶν τὸ ἀνάστεμα ὃ ἐπ. Montef. edidit : "Ἄλλος· πᾶσαν τὴν ἀνάστασιν ἣν ἐπ., quae lectio est in Codd. I, 55, 71. ² Cod. X, absente metobelo. ³ Sic sine obelo Syro-hex., et super rasuram Cod. III. ⁴ Sic Syro-hex., Arab. 1, et sine aster. Comp., Codd. I, III, 71. ⁵ Cod. 130. Syro-hex. ܡ̇ܠ̇ ܟ ܐ̇ܡܚ̇ܒ̇ ܣ̇ܚ̇ܠ̇ܡ̇. ⁶ Sic Syro-hex., Cod. 127, et sine aster. Arab. 1. ⁷ Nobil. Codd. 127, 130: Οἱ λοιποὶ καὶ Σ. αἱ θυρίδες. Syro-hex. ܡ̇. ܡ̇ܣ̇ܩ̇ܠ̇ ⁸ Codd. 64 (cum mutila scriptura), 127, 135.

14. הַמָּה. Ο'. Vacat. ※ αὐτοί ◄.⁹

וְכָל־הָעוֹף. Ο'. καὶ πᾶν ὄρνεον πετεινόν (alia
exempl. πτερωτόν¹⁰). Alia exempl. καὶ πᾶν
πετεινόν.¹¹

כֹּל צִפּוֹר כָּל־כָּנָף. Omnes ares omnium alarum. Ο'. Vacat. Alia exempl. πᾶν ὄρνεον
※ πᾶν πτερωτόν ◄.¹²

15. אֲשֶׁר־בּוֹ. Ο'. ἐν ᾧ ἐστι. Σ. ἐν ᾗ ἐστι.¹³

20. גָּבְרוּ. Invaluerunt. Ο'. ὑψώθη. Ἀ. ἐνεδυ-
ναμώθη. Σ. ἐπεκράτησεν.¹⁴

הֶהָרִים. Ο'. πάντα τὰ ὄρη τὰ ὑψηλά. Alia
exempl. ÷ πάντα ◄ τὰ ὄρη.¹⁵

22. בְּאַפָּיו. In naribus suis. Ο'. Vacat. Alia
exempl. ἐν ῥώθωσιν αὐτοῦ.¹⁶

מִכֹּל אֲשֶׁר. Ex omni quod erat. Ο'. καὶ πᾶν
ὃ (alia exempl. πᾶς ὅς¹⁷) ἦν.

24. וַיִּגְבְּרוּ. Ο'. καὶ ὑψώθη. Ἀ. (καὶ) ἐδυναμώθησαν. Σ. (καὶ) ἐπεκράτησεν.¹⁸

Cap. VII. 3. ÷ τῶν καθαρῶν ◄. ÷ καὶ ἀπὸ τῶν

(sic) πετεινῶν—θηλύ (◄).¹⁹ 4. ÷ ἐγὼ ◄ ἐπάγω.²⁰
14. κατὰ γένος ※ αὐτῶν ◄. κατὰ γένος ※ αὐτῶν ◄. κατὰ γένος ※ αὐτοῦ ◄. κατὰ γένος ※ αὐτοῦ ◄.²¹ 17. ÷ καὶ τεσσαράκοντα νύκτας ◄.²²

CAP. VIII.

1. וַיַּעֲבֵר. Et transire fecit. Ο'. καὶ ἐπήγαγεν.
Ἀ. Σ. καὶ παρήγαγεν.¹

וַיָּשֹׁכּוּ הַמַּיִם. Et desederunt aquae. Ο'. καὶ
ἐκόπασε τὸ ὕδωρ. Ἀ. (καὶ) ἐστάλησαν (τὰ
ὕδατα). Σ. (καὶ) ἐλώφησαν (τὰ ὕδατα).² Θ.
καὶ ἐκόπασε.³

2. וַיִּסָּכְרוּ. Et clausi sunt. Ο'. καὶ ἐπεκαλύφθη-
σαν (alia exempl. ἀπεκαλύφθησαν⁴). Ἀ. καὶ
ἐνεφράγησαν. Σ. καὶ ἐκλείσθησαν.⁵

3. מֵעַל הָאָרֶץ הָלוֹךְ וָשׁוֹב. De superficie terrae,
magis magisque recedentes. Ο'. πορευόμενον
ἀπὸ τῆς γῆς (alia exempl. add. ἐνεδίδου⁶).

4. בְּשִׁבְעָה־עָשָׂר יוֹם. Ο'. ἑβδόμῃ καὶ εἰκάδι. Οἱ
λοιποί· ἑπτακαιδεκάτῃ ..⁷

⁹ Syro-hex., et sine aster. Cod. 135. ¹⁰ Sic Codd. 15,
37, alii, et Reg. 1871 in marg. ¹¹ Sic Ald., Codd. I,
III, X, 16, 18, 31, alii, et Syro-hex. ¹² Sic Syro-hex.,
et sine aster. Codd. 18 (cum πετεινὸν pro πτερωτόν), 25, 38,
alii. Emendatius pingendum erat: ※ πᾶν ὄρνεον πᾶν πτερωτόν ◄; sed cum Syro consentit Arab. 1. ¹³ S. Augustin. in Locut. 20, a Flaminio Nobilio citatus: "Non
refertur in quo, nisi genus subaudias, id est, in quo genere.
Nam si in carne subaudiremus, in qua fuerat dicendum,
quod solus interpres Sym. dixit." ¹⁴ Nobil. ¹⁵ Sic
Syro-hex., et sine obelo Cod. 58. Praeterea τὰ ὑψηλὰ om.
Comp., Codd. VI, 15, 16, alii, et Arab. 3. ¹⁶ Sic Cod.
135. Syro-hex. ܢܚܝܪ̈ܘܗܝ Cod. 64 in marg.:
※ ܘܪ .., ut videtur, exciso reliquo. ¹⁷ Sic Comp., Ald.,
Codd. III, VI, X, 14, 15, 16, alii, et Syro-hex. ¹⁸ Codd.
127, 130. Cf. Hex. ad Job. xxxvi. 9. Psal. lxiv. 4. Augustin. Quaest. in Gen. Lib. I, Qu. II: "Exaltata est aqua
super terram CL dies. Aquila, obtinuit; Symmachus,
praevaluerunt, id est, aquae;" ubi nomina interpretum
inter se permutata esse videntur. Idem probabiliter accidit Syro nostro, qui affert: Ἀ. καὶ ἐπεκράτησεν (ܘܐܫܢ).
Σ. καὶ ἐδυναμώθησαν (ܘܐܬܚܝܠ). ¹⁹ Syro-hex. In posteriore lectione deest metobelus; obelus autem non praemittitur duabus lineis quae continent τῶν πετεινῶν—θηλύ.
²⁰ Idem, et cum ✗ Arab. 1. ²¹ Idem. In quarto
TOM. I.

loco αὐτοῦ est in Ed. Rom., sed abest a Comp., Ald.,
Codd. I, III, X, aliis. ²² Idem.
Cap. VIII. ¹ Syro-hex. ✦ ܘܐܥܒܪ ܚܢ .ܐ. Cod. 64
affert: Ἀ. Σ. παρήγ... Codd. 127, 130: Ἀ. παρήγαγεν.
² Nobil., Codd. 64 (mutilus), 130 (cum ἐλώφωσαν). Cod.
127 affert: Ἀ. ἐστάλησαν. Σ. (fort. Θ.) ἐκόπασε. Schleusner. in Nov. Thes. s. v.: "Vocab. στέλλεσθαι, de aquis
usurpatum, notat discedere, deserere terram, defluere. Montef. ἐστάλησαν male transtulit, coercitae sunt." Immo recte
habet coercitae sunt, neque aliter cepit Syrus noster, vertens: ܘܐܬܟܠܝܘ .ܐ. ³ Syro-hex., qui in textu pro
ἐκόπασε, ἔκοψε (ܩܦܣ) interpretatus est (cf. nos in Hex.
ad Thren. iii. 45), in marg. affert: ✦ ܘܩܦܣ .ܐ. Cf. Hex.
ad Job. iii. 17. ⁴ Sic Ald., Codd. III, 32, 75, alii,
invitis Hieron. et Syro-hex. ⁵ Codd. X, 64 (mutilus),
127 habent: Ἀ. ἐνεφράγησαν. Syro-hex. ✦ ܘܐܣܬܟܪ .ܐ.
Minus emendate Nobil., Cod. 130: Ἀ. ἐπεφράγησαν. Symmachi lectionem non memorato auctore posuit Montef.
Hieron.: "Pro revelatis fontibus, clausos et obturatos
omnes interpretes transtulerunt." ⁶ Sic Ald., Codd. I,
III (cum ἐνεδίδου τὸ ὕδωρ), X, 16, 18, alii, et (cum ἀπὸ τῆς
γ. πορ.) Cod. 85, Syro-hex. ⁷ Syro-hex. ܡܛܝ ܘܡܟܢܝ
ܚܒܥܣܪܬܐ. Cod. 64 (mutilus): Οἱ λ... Cf. ad Cap.
vii. 10.

B

4. אֲרָרָט. *Armeniae.* Ο'. τὰ Ἀραράτ. Οἱ λοιποί· Ἀρμενίας.[8]

5. הָיוּ הָלוֹךְ וְחָסוֹר. *Erant magis magisque decrescentes.* Ο'. ἠλαττονοῦτο. Alia exempl. πορευόμενον ἠλαττονοῦτο.[9]

6. חַלּוֹן. *Fenestram.* Ο'. τὴν θυρίδα. Alia exempl. τὴν θύραν.[10] Οἱ λοιποί· τὴν θυρίδα.[11]

7. אֶת־הָעֹרֵב. Ο'. τὸν κόρακα, — τοῦ ἰδεῖν εἰ κεκόπακεν τὸ ὕδωρ ◄.[12]

וַיֵּצֵא יָצוֹא וָשׁוֹב. *Et exiit exeundo et redeundo.* Ο'. καὶ ἐξελθὼν, — οὐκ ◄ ἀνέστρεψεν (alia exempl. οὐχ ὑπέστρεψεν[13]). Ὁ Σύρος καὶ ὁ Ἐβραῖος· ὑπέστρεψεν.[14]

8. מֵעַל פְּנֵי הָאֲדָמָה. Ο'. ἀπὸ τῆς γῆς. Alia exempl. ἀπὸ προσώπου τῆς γῆς.[15]

11. עֲלֵה־זַיִת טָרָף. *Folium olivae recens.* Ο'. φύλλον (Σ. θαλλὸν[16]) ἐλαίας κάρφος.

13. אֶת־מִכְסֵה. *Operimentum.* Ο'. τὴν στέγην. Ἀ. Σ. τὸ κάλυμμα.[17]

17. וְשָׁרְצוּ בָאָרֶץ. *Et abunde fetum edite in terra.* Ο'. Vacat. ※ καὶ ἕρπετε ἐπὶ τῆς γῆς ◄.[18]

19. כָּל־הָרֶמֶשׂ. Ο'. καὶ πάντα τὰ κτήνη. Ἄλλος· καὶ πάντα τὰ ἑρπετά.[19]

20. עֹלֹת. *Holocausta.* Ο'. εἰς ὁλοκάρπωσιν. Alia exempl. ὁλοκάρπωσιν; alia, ὁλοκαρπώσεις.[20] Σ. ἀναφοράς.[21]

21. וַיֹּאמֶר יְהוָה אֶל־לִבּוֹ. Ο'. καὶ εἶπε κύριος ὁ θεὸς διανοηθείς. Ἀ. (καὶ) εἶπε κύριος πρὸς καρδίαν αὐτοῦ. Σ. (καὶ) εἶπε κύριος πρὸς ἑαυτόν. Θ. (καὶ) εἶπε κύριος πρὸς τὴν καρδίαν αὐτοῦ.[22]

כִּי יֵצֶר לֵב הָאָדָם רַע מִנְּעֻרָיו. *Quia figmentum* (cogitatio) *cordis hominis malum est a pueritia ejus.* Ο'. ὅτι ἔγκειται ἡ διάνοια τοῦ ἀνθρώπου ἐπιμελῶς ἐπὶ τὰ πονηρὰ ἐκ νεότητος αὐτοῦ. Ὁ Ἐβραῖος· τὸ πλάσμα τῆς καρδίας ἀνθρώπου . . .[23]

22. עֹד כָּל־יְמֵי הָאָרֶץ. *In posterum quamdiu terra durat.* Ο'. (alia exempl. ἔτι. πάσας[24]) πάσας τὰς ἡμέρας τῆς γῆς. Σ. διὰ πάντων τῶν χρόνων τῆς γῆς.[25]

וְיוֹם וָלַיְלָה. Ο'. ἡμέραν καὶ νύκτα. Ἀ. Σ. καὶ ἡμέρα καὶ νύξ.[26]

---

[8] Cod. Reg. 1871. Cf. Hex. ad 4 Reg. xix. 37.   [9] Sic Ald., Codd. I, III, X, 14, 16, alii, Arab. 1, 2. Syro-hex. ܠܐܙܠ ܗܘܐ ܘܚܣܪ.   [10] Sic Codd. 15, 18, alii, et Hieron., qui ait: "Pro *ostio, fenestra* scripta est in Hebraeo."   [11] Procop. in Gen. p. 259. Cf. ad Cap. vi. 17.   [12] Sic Syro-hex., Cod. X (obelis lineis quinque ab ἀπέστειλε ad ἀπέστειλε (v. 8) praemissis), et sine obelo Comp. (sine τοῦ), Ald., Codd. I, III, 14, 15 (sine τοῦ), 18, alii, Arab. 1, 3.   [13] Sic Ald., Codd. I, III, X, 14, 16, alii. Obelus est in Syro-hex.   [14] Didymus in Catenis MSS. et schedis Combefis.: Ὁ Σύρος οὐχ ὁμοίως τῇ Ἑλληνικῇ· λέγει γὰρ ὑπέστρεψεν καὶ ὁ Ἑβραῖος. Procop. in Gen. p. 268: τοιγαροῦν καὶ ὁ εὔραξ ὑπέστρεψεν, ὡς ἔχει τὸ Ἑβραϊκόν.   [15] Sic Comp., Codd. I, X, 15, 16, 18, alii, et Syro-hex.   [16] Cod. 130. Sic, sed ad κάρφος, Codd. X, 135 (sine nom.). Cf. Hex. ad Prov. xi. 28.   [17] Cod. X. Syro-hex. ܬܘܦܝܐ܂܂. Nobil. affert: Ἀ. τὸ κάλυμμα. Syro-hex. in textu: ܬܘܦܝܐ ܓܠܝܐ ܚܠܦ ܀. Arm. 1 pingit: *et reptent super terram,* ※ *crescite et multiplicamini super terram.* Graeca nostra dat Cod. 130 in marg. (cum ἕρπετε).   [18] Sic in textu Syro-hex. Post κτήνη Cod. 135 infert: καὶ π. τὰ κινούμενα ἑρπετὰ ἐπὶ τῆς γῆς.   [19] Prior lectio est in

Comp. (cum ὁλοκαύτωσιν), Codd. III, VI, 14, 15, 19 (ut Comp.), aliis; posterior in Codd. X, 16, 18, aliis, et Syro-hex.   [21] Nobil., Codd. X (cum ἀναφοράν), 64 (ubi ultima litera abscissa est), 130. Cod. 127 in marg. τὰς ἀναφοράς, exscribente Matthaeio.   [22] Sic Cat. Niceph. p. 154, praemisso singulis lectionibus Ἄλλος. Symmachi et Theodotionis versiones testatur Nobil.   [23] Euseb. Emis. in Catenis Regiis et schedis Combefis. (=Procop. in Gen. p. 253): Ὁ δὲ Ἐβραῖος ἀντὶ τοῦ ἐπιμελῶς, φυσικὸν τοῦ ἀνθρώπου ἐπὶ τὰ π. ἐκ ν. αὐτοῦ. Νοεῖται δὲ παρ' αὐτοῖς καὶ οὕτως· τὸ πλάσμα τῆς κ. ἀνθρώπου ἐπὶ τὰ π. ἐκ ν. αὐτοῦ. Ubi pro παρ' αὐτοῖς nescio an legendum παρ' ἄλλοις. In textu LXXvirali ἐπιμελῶς reprobant Ald., Cod. 83, Syro-hex., et Arab. 3.   [24] Sic Syro-hex., et, incerta distinctione, Codd. 15, 55, 64, alii.   [25] Syro-hex. ܡܛܠ ܟܠܗܘܢ ܙܒܢ̈ܐ ܕܐܪܥܐ ܀. "Margo forte, nam fere sunt exesa, πάντα τὸν χρόνον τῆς γῆς Cod. 64."—*Holmes.* Iste codex est Reg. 1871, ex quo Montef. edidit: Ἄλλος· πάντα τὸν χρόνον τῆς γῆς.   [26] Cod. X (sine καὶ priore). Sic in textu Codd. 16, 18, 25, alii, et Cod. 127 in marg. Cod. 64 affert: Ἀ. ἡμέρα καὶ νύξ. Holmes. e Codd. 127, 130 exscripsit: Ἀ. καὶ ἡμέρα καὶ νύξ; sed in priore cod. abesse nomen auctoris diserte affirmat

Cap. VIII. 1. — καὶ πάντων τῶν πετεινῶν, καὶ πάντων τῶν ἑρπετῶν ◄, ὅσα ἦν.²⁷ 17. ὅσα — ἐστί ◄. 21 (bis). — ὁ θεός ◄. — σάρκα ◄.²⁸

CAP. IX.

2. עַל כָּל־חַיַּת הָאָרֶץ . Ο'. ἐπὶ πᾶσι τοῖς θηρίοις τῆς γῆς (alia exempl. add. — καὶ ἐπὶ πᾶσι τοῖς κτήνεσι τῆς γῆς ◄¹). Σ. κατὰ πάντων τῶν θηρίων (τῆς γῆς).²

4. בְּנַפְשׁוֹ דָמוֹ . Cum anima ejus, id est, sanguine ejus. Ο'. ἐν αἵματι ψυχῆς. Ἀ. ἐν ψυχῇ αὐτοῦ αἷμα αὐτοῦ.³ Σ. οὐ σὺν ψυχῇ αἷμα αὐτοῦ.⁴

5. אֶדְרֹשׁ (in priore loco). Repetam. Ο'. Vacat. Alia exempl. ἐκζητήσω.⁵

כָּל־חַיָּה . Ο'. πάντων τῶν θηρίων (Ἀ. Σ. ζώων⁶).

מִיַּד אִישׁ . Ο'. Vacat. ※ ἐκ χειρὸς ἀνδρός ◄.⁷

אָחִיו . Ο'. ἀδελφοῦ ※ αὐτοῦ ◄.⁸

6. בָּאָדָם דָמוֹ יִשָּׁפֵךְ . Per hominem sanguis ejus effundetur. Ο'. ἀντὶ τοῦ αἵματος αὐτοῦ ἐκχυθήσεται.⁹ Aliter : Ο'. ※ ἐν ἀνθρώπῳ ◄ ἀντὶ τοῦ αἵματος αὐτοῦ ἐκχυθήσεται.¹⁰

7. וּרְבוּ־בָהּ . Et multiplicamini in ea. Ο'. καὶ κατακυριεύσατε αὐτῆς. Alia exempl. καὶ πληθύνεσθε ἐπ' αὐτῆς.¹¹

10. אִתְּכֶם . Ο'. ὅσα ἐστὶ μεθ' ὑμῶν. Alia exempl. ※ ὅσα μεθ' ὑμῶν ◄.¹²

לְכֹל חַיַּת הָאָרֶץ . Ο'. Vacat. ※ πᾶσι τοῖς ζώοις τῆς γῆς ◄.¹³

14. בְּעַנְנִי עָנָן עַל־הָאָרֶץ . Cum obduxero nubes super terram. Ο'. ἐν τῷ συννεφεῖν με νεφέλας ἐπὶ τὴν γῆν. Ἄλλος· ἐν τῷ συνάγειν με νεφέλας ὑπεράνω τῆς γῆς.¹⁴

22. אֶת עֶרְוַת . Nuditatem. Ο'. τὴν γύμνωσιν. Ἀ. Σ. τὴν ἀσχημοσύνην.¹⁵

23. אֶת עֶרְוַת (in priore loco). Ο'. τὴν γύμνωσιν. Ἀ. Σ. Ο. τὴν ἀσχημοσύνην.¹⁶

Matthaei. ²⁷ Cod. X, teste Holmesio : — καὶ πάντων τῶν π. — καὶ πάντων τῶν ἑρπετῶν — ὅσα ἦν (sic, sine metobelo). Verba τῶν ἑρπόντων desunt in Ald., Codd. III, X, 14, 15, 16, aliis, et Syro-hex. ²⁸ Syro-hex.

CAP. IX. ¹ Sic Syro-hex., et sine obelo Codd. I, X, 14, 16, alii. ² Reg. 1871 (=Cod. 64, qui mutile habet: Σ. κατὰ πάντων ...). Mox post ὑπὸ χεῖρας ὑμῶν (sic) Syro-hex. in marg. addit πάντα (ܡܟܠ), concinente Cod. 20. ³ Nobil., Cod. 130. Syro-hex. ܐܦ ܐܝܟ ܗܘ ܢܦܫܗ. Cod. X affert : Ἀ. ἐν ψ. αὐτοῦ αἵματι αὐτοῦ. ⁴ Nobil., Codd. 130, 135 (cum ψυχῇ αὐτοῦ pro ψυχῇ). Syro-hex. ܠܐ ܡ. ܥܡ ܢܦܫܗ (spatium capax vocis ܕܡܗ). Cat. Niceph. p. 155: Σύμμαχος φησι τὸ αἷμα τῶν ἀλόγων ζώων ἡ ψυχὴ αὐτοῦ ἐστιν. Cf. Hex. ad Levit. xvii. 14. ⁵ Sic Codd. I, III, 15, 25, alii, et Syro-hex. ⁶ Codd. X, 130. Syro-hex. ܚܝܘܬܐ .ܠ. ⁷ Syro-hex. ※ et ex manu viri Arab. 1, et sine aster. Arab. 2. ⁸ Sic Syro-hex., et sine aster. Comp., Codd. X (in marg.), 15, 16, alii. ⁹ Sic Ed. Rom., a qua ne hilum quidem discedunt libri scripti. Correctorem aperte sapit scriptura Complutensis : ἀντὶ τοῦ αἵματος ἀνθρώπου τὸ αὐτοῦ ἐκχυθήσεται nec minus S. Chrysost. Opp. T. IV, p. 262 D: ἀντὶ τοῦ αἵματος αὐτοῦ τὸ αὐτοῦ ἐκχυθήσεται. Alias SS. Patrum et versionum lectiones, vel potius recensiones, retulit Ceriani ad loc. Hebraeum premens, ut solet, Graeco-Ven.: ἐν τῷ ἀνθρώπῳ τὸ αἷμα αὐτοῦ χεθήσεται. ¹⁰ Syro-hex. ※ ܚܕܢܫܐ| ܣܟܐ ܘܐܦ ܕܡܗ.

ܒܐܠܦܐ. Ex interpunctione ad ܘܐܦ, αἵματος, collata etiam versione Arabica, e Syro-hexaplari confecta, Ceriani probabiliter colligit, post ܘܐܦ (sic, cum interpunctione minima) excidisse alterum ܘܐܦ, quod cum pronomine ܡܟܠܗ componeretur, ut Graeca sonarent: ἀντὶ τοῦ αἵματος ΑΙΜΑ αὐτοῦ ἐκχ. Quod vero ad versionem Harethi attinet, Holmes. ex Arab. 1, et sine aster. Arab. 2, Latine vertit: pro homine sanguis illius loco sanguinis (effundetur); pro quibus Pat. Junius in Bibl. Pol. Waltoni T. VI, ex utroque exemplari Arab. cum asterisco in altero, Graece dedit: (ὁ ἐκχέων αἷμα ἀνθρώπου) καὶ ἐξ ἀνθρώπου. αἷμα αὐτοῦ ἀντὶ τοῦ αἵματος ἐκχυθήσεται, quae ab Holmesianis non discrepant nisi in versione supplementi Origeniani ※ ܚܕܢܫܐ|. Pro hoc autem nos in contextu Arabico reperimus ܐܠܐܢܣܐܢ ※, h. e. ※ ἐν ἀνθρώπῳ, copula in apodosi regulariter redundante. ¹¹ Sic Ald. (cum ἐπὶ τῆς γῆς), Codd. I, III (ut Ald.), X, 31 (ut Ald.), alii, et Syro-hex. ¹² Syro-hex. ܘܟܠ ܕܥܡܟܘܢ ※. Asteriscus est in Cod. X et Arm. 1. Praeterea ἐστι deest in Ald., Codd. I, III, VI, 14, 15, aliis; integra autem clausula in Cod. 71, et Bodleiano a Tischendorfio edito. ¹³ Sic Syro-hex., Arm. 1 (cum ※ καὶ πᾶσι), et sine aster. (cum καὶ πᾶσι ζ.) Cod. 135. Cod. 130 ante ἀπὸ πάντων infert: πᾶσι τοῖς ζ. τῆς γῆς. ¹⁴ Cod. X sine nom., teste Montef. ¹⁵ Nobil., Codd. X (cum Ἀ. pro Ἀ. Σ.), 127, 130, 135. Syro-hex. ܙ. ܡ. ܚܣܘܕܘܬܐ|. ¹⁶ Syro-hex.

23. וּפְנֵיהֶם אֲחֹרַנִּית וְעֶרְוַת אֲבִיהֶם לֹא רָאוּ. *Et facies eorum erat retrorsum, et nuditatem patris eorum non viderunt.* Ο΄. καὶ τὸ πρόσωπον αὐτῶν ὀπισθοφανῶς (alia exempl. ὀπισθοφανὲς[17]), καὶ τὴν γύμνωσιν τοῦ πατρὸς αὐτῶν οὐκ εἶδον. Οἱ Γ΄. καὶ τὰ ἔμπροσθια δὲ αὐτῶν ἀπέστραπται, καὶ τὴν ἀσχημοσύνην τοῦ πατρὸς αὐτῶν οὐκ εἶδον.[18]

24. וַיִּיקֶץ. *Et expergefactus est.* Ο΄. ἐξένηψε δέ. Ἄλλος· καὶ ἐξυπνίσθη.[19]

25. עֶבֶד עֲבָדִים. *Servus servorum.* Ο΄. παῖς οἰκέτης. Ἀ. δοῦλος δούλων.[20]

27. בְּאָהֳלֵי. *In tentoriis.* Ο΄. ἐν τοῖς οἴκοις. Ἄλλος· ἐν τοῖς σκηνώμασι.[21]

Cap. IX. 1. ÷ καὶ κατακυριεύσατε αὐτῆς ◄.[22] 22. ÷ ἐξελθών ◄.[23] 24. ἀπὸ τοῦ οἴνου ※ αὐτοῦ ◄.[24]

CAP. X.

4. כִּתִּים. Ο΄. Κήτιοι (s. Κίτιοι). Σ. Χέτταν.[1]

8. גִּבֹּר. *Potens.* Ο΄. γίγας. Ἀ. Σ. βίαιος.[2]

10. בָּבֶל. Ο΄. Βαβυλών. Ὁ Ἑβραῖος· Βαβέλ.[3]

14. אֲשֶׁר יָצְאוּ מִשָּׁם. Ο΄. ὅθεν ἐξῆλθε (alia exempl. add. ἐκεῖθεν[4]).

21. אֲחִי יֶפֶת הַגָּדֹול. *Fratri Japhet natu majori.* Ο΄. ἀδελφῷ Ἰαφὲθ τοῦ μείζονος (Ἀ. τῷ μεγάλῳ. Σ. τοῦ πρεσβυτέρου, s. πρεσβύτου[5]).

25. פֶּלֶג. Ο΄. Φαλέγ (alia exempl. Φαλέκ[6]).

CAP. XI.

2. בְּנָסְעָם. *Cum migrarent.* Ο΄. ἐν τῷ κινῆσαι (Ἀ. ἆραι. Σ. ἀπᾶραι[1]) αὐτούς.

3. הַחֵמָר. *Bitumen.* Ο΄. ἄσφαλτος. Ὁ Ἑβραῖος καὶ ὁ Σύρος· ἄσβεστος.[3]

6. כֹּל אֲשֶׁר יָזְמוּ. *Quicquid consilium ceperint.* Ο΄. πάντα ὅσα ἂν ἐπιθῶνται. Ἀ. (πᾶν) ὃ ἐννοηθήσονται. Σ. (πᾶν) ὃ ἐὰν λογίσωνται.[3]

7. נָבְלָה. *Confundamus.* Ο΄. συγχέωμεν. Ἀ. ἀναμίξωμεν.[4]

9. בָּבֶל. Ο΄. σύγχυσις. Ἀ. Βαβέλ.[5]

בָּלַל. Ο΄. συνέχεε. Ἀ. συνέμιξε.[6]

---

[17] Sic Codd. I (ante corr.), III, X, 15, 19, alii.　[18] Syrohex. 〈Syriac text〉 [19] Sic legit Theodoret. [Quaest. LV in Gen.=Orig. Opp. T. II, p. 33]: ἐξυπνίσθη [ἀπὸ τοῦ ὕπνου αὐτοῦ]. Videtur autem Symmachi esse, qui semper vocem יקץ ἐξυπνίζειν vertere solet. Sic Psal. xliii. 24. lxxii. 20."—*Montef.* [20] Nobil., Codd. 64, 130 (sine nom.). Lectionem ad v. 26, וַיֹּאמֶר בָּרוּךְ עֶבֶד לָמֹו, Ο΄. καὶ ἔσται Χαναὰν παῖς [οἰκέτης] αὐτοῖς, male retraxit Montef. Cf. Scharfenb. in *Animadv.* p. 8. [21] Sic Ald., Codd. VI (cum σκηνώσεσιν), 15, 20, 25 (cum οἴκοις in marg.), alii. Hieron., et Patres in Cat. Niceph. pp. 165–168. [22] Syrohex. Omnia a καὶ πληρώσατε ad κατακυριεύετε (sic) obelo notantur in Cod. X. [23] Idem, qui male pingit: ܀ 〈Syriac〉 ✕ pro ✕ 〈Syriac〉 ÷ [24] Idem. Sic sine aster. Codd. I, 82, 135, Arab. 1, 2.

CAP. X. [1] Codd. X, 130 (cum Κέτταν). [2] Cod. 127: Ἀκ. ἀκυλᾶς (sic). Συ. βίαιος; ubi pro ἀκυλᾶς nescio an legendum ἰσχυρός. Cf. Hex. ad Jerem. xlvi. 9. Ad Sym. cf. ad Cap. vi. 5. Nobil. ad γίγας κυνηγὸς (v. 9 in posteriore loco) affert: Schol. βίαιος, et sic in marg. Cod. 130. [3] Cod. 73. Cod. 135 in marg.: Ὁ Ἑβρ. βασιλεία πρώτη ἐπὶ Νεβρὼδ ὠνομάσθη Βαβυλῶνος. [4] Sic Comp., Codd. III,

X, 14, 15, 16, alii. Parum probabiliter Symmachi lectionem esse suspicatur Montef. [5] Cod. X, teste Holmesio. Montef. ex eodem affert tantum: Σ. τοῦ πρεσβύτου. [6] Sic Comp., Ald., Codd. III, X, 14, 16, alii. Montef. e Cod. Reg. 1825 exscripsit: Φαλὲκ μερισμὸς ἑρμηνεύεται. Ἄλλος φησίν· ὀδόντων ἐκτιναγμός. Sed recte vidit Scharfenb. in *Animadv.* p. 10, alteram interpretationem non ad Φαλὲκ, sed ad Σενναὰρ (Cap. xi. 2, ubi Cod. 135 adscripsit: ὀδόντων ἐκτιναγμός) pertinere, quasi a שֵׁן, *dens,* et עָר, *excussit.*

CAP. XI. [1] Codd. X, 127, 130. [2] Schol. apud Nobil.: Ὁ Σύρος καὶ ὁ Ἑβραῖος ἄσβεστόν φασιν· καὶ τὴν ἀσφαλτόν τινες τῶν διδασκάλων ἄσβεστον ἔφασαν εἶναι, ἀγνοοῦντες ὡς εἰκὸς τὰς ἐν τῇ Ἀσσυρίᾳ πηγάς. Diodorus in Cat. Niceph. p. 175: Ὁ Ἑβραῖος καὶ ὁ Σύρος ἔχει· καὶ ἄσβεστος ἦν αὐτοῖς ὁ πηλός· καὶ μάλα εἰκότως· ἄσφαλτος γὰρ ἐν τῇ οἰκοδομῇ ἄχρηστος, ἄσβεστος δὲ ἐπιτηδειοτάτη. [3] Cod. X. Minus emendate Cod. 130: ὅθεν νοηθήσονται. Σ. ὃ ἐὰν λογίσωνται (sic). Etiam Nobil. affert: Schol. ὅθεν ἐννοηθήσονται. [4] Codd. X (cum ἀναμείξ.), 130. [5] Iidem. [6] Codd. X, 127. Cod. 130 in marg. sine nom.: ἀνέμιξεν. Montef. e Cod. X exscripsit: Ἀ. ἀνέμιξε· sed scripturam συνέμιξε (sic) testatur Griesb.

12, 13. וַיּוֹלֶד אֶת־שָׁלַח: וַיְחִי אַרְפַּכְשַׁד . Ο'. καὶ ἐγέννησε — τὸν Καϊνᾶν. καὶ ἔζησεν Ἀρφαξὰδ μετὰ τὸ γεννῆσαι αὐτὸν τὸν Καϊνᾶν, ἔτη τετρακόσια, καὶ ἐγέννησεν υἱοὺς καὶ θυγατέρας, καὶ ἀπέθανε. καὶ ἔζησε Καϊνᾶν ἑκατὸν καὶ τριάκοντα ἔτη, καὶ ἐγέννησε ◄⁷ τὸν Σαλά. καὶ ἔζησε Καϊνᾶν (Ἀρφαξάδ).

28. בְּאוּר כַּשְׂדִּים . In Ur Chaldaeorum. Ο'. ἐν τῇ χώρᾳ τῶν Χαλδαίων.⁸ (Οἱ λοιποί) ἐν Οὖρ τῶν Χαλδαίων.⁹

Cap. XI. 11. ◄ καὶ ἀπέθανε ◄.¹⁰ 13, 15, 17, 19, 21, 23, 25. ÷ καὶ ἀπέθανε ◄.¹¹

CAP. XII.

5. וַיָּבֹאוּ אַרְצָה כְּנַעַן . Ο'. Vacat. Alia exempl. καὶ ἦλθον εἰς γῆν Χαναάν.¹

6. עַד אֵלוֹן מוֹרֶה . Usque ad quercum More. Ο'. ἐπὶ τὴν δρῦν τὴν ὑψηλήν. Σ. (ἕως) τῆς δρυὸς Μαμβρῆ.²

8. וַיַּעְתֵּק . Et transtulit (tentorium). Ο'. καὶ ἀπέστη (Ἀ. μετῆρεν. Σ. ἀπῆρεν³).

מִיָּם . Ab occidente. Ο'. κατὰ θάλασσαν. Ἀ. ἀπὸ θαλάσσης. Σ. ἀπὸ δυσμῶν.⁴

וַיִּקְרָא בְּשֵׁם יְהוָה . Et invocavit nomen Jovae. Ο'. καὶ ἐπεκαλέσατο ἐπὶ τῷ ὀνόματι κυρίου. Ὁ Σύρος· ἐκάλεσε τὸ ὄνομα κυρίου.⁵

9. הַנֶּגְבָּה . Meridiem versus. Ο'. ἐν τῇ ἐρήμῳ. Ἀ. νότονδε. Σ. εἰς νότον.⁶

10. כָּבֵד . Gravis erat. Ο'. ἐνίσχυσεν. Ἀ. ἐβαρύνθη.⁷

12. יְחַיּוּ . Vivam servabunt. Ο'. περιποιήσονται. Ἀ. ζωώσουσιν.⁸

17. וַיְנַגַּע יְהוָה אֶת־פַּרְעֹה נְגָעִים . Et percussit Jova Pharaonem plagis. Ο'. καὶ ἤτασεν ὁ θεὸς (alia exempl. κύριος⁹) τὸν Φαραὼ ἐτασμοῖς. Ἀ. (καὶ) ἤπτετο... ἀφαῖς.¹⁰

18. מַה־זֹּאת . Ο'. τί τοῦτο. Ἀ. εἰς τί τοῦτο.¹¹

---

¹ Procop. in Gen. p. 299: Καὶ ἐγέννησε τὸν Καϊνᾶν. Ἐν τῷ Ἑβραϊκῷ ἔχει, Ἀρφαξὰδ τὸν Σαλά γεννᾷ· καὶ τὸ μέσον ῥητὸν ὠβέλισται. (Obelus, sive hypolemniscus, est in Arab. 1, teste Grabio in *Dissertatione* etc. p. 26, qui tamen in textu LXXvirali v. 13 pingit: ◄ καὶ ἀπέθανεν. καὶ ἔζησεν Καϊνᾶν ἑκατὸν τριάκοντα ἔτη, καὶ ἐγέννησε τὸν Σαλά. καὶ ἔζησε Κ. μετὰ τὸ γεννῆσαι αὐτὸν τὸν Σ. ἔτη τριακόσια τριάκοντα, καὶ ἐγέννησε υἱοὺς καὶ θυγατέρας, καὶ ἀπέθανε ◄.) Verba ὠβελισμένα desunt in Cod. 82, Arm. 1, qui in fine pro Καϊνᾶν legunt Ἀρφαξάδ. ⁸ Hieron.: "Pro eo quod legimus, *in regione Chaldaeorum*, in Hebraeo habetur, in UR CHESDIM, id est, *in igne Chaldaeorum*... quod videlicet ignem nolens adorare, igne consumptus est. Loquitur autem postea Dominus ad Abraham (Cap. xv. 7): *Ego sum qui eduxi te de igne Chaldaeorum*." Cf. Gesen. in *Thes. Ling. Hebr.* p. 55. ⁹ Euseb. in *Onomastico*, p. 304: Οὖρ τῶν Χαλδαίων, ἔνθα ἀπέθανεν Ἀρρὰν ὁ ἀδελφὸς Ἀβραάμ, οὗ καὶ ὁ τάφος εἰς ἔτι νῦν δείκνυται, ὡς ἱστορεῖ Ἰώσηππος (Antiq. I, 6, 5, ubi ἐν πόλει Οὔρῃ λεγομένῃ τῶν Χ.). ¹⁰ Arab. 1, 2. ¹¹ Cod. X, ubi ad vv. 13, 15 *lemnisco*, ad reliquos *obelo* haec verba notari testatur Griesb.

CAP. XII. ¹ Sic Ald. (cum εἰσῆλθον εἰς τὴν γ.), Codd. I (cum ἦλθεν), III, X, 15, 16, alii, et (quantum ex Arab. 1 conjicere licet) Syro-hex., qui mox v. 6, testibus Arab. 1, 2, verba εἰς τὸ μῆκος αὐτῆς cum Comp., Codd. I, 15, 19, aliis,

et Hebraeo reprobat. ² Codd. X, 130 (cum Μαμβρῆ). Nobil. quasi scholium affert: τῆς δρ. Μαμβρῆ; et sic in marg. sine nom. Cod. 127. ³ Codd. X, 127 (cum μετῆγεν). Nobil. affert: Ἀ. μετῆρεν. Cf. Hex. ad Prov. xxv. 1. ⁴ Codd. X, 127, 130. Nobil. affert: Schol. ἀπὸ δυσμῶν. ⁵ Procop. in Gen. p. 313: Τὸν Σύρον λέγειν φασίν, ἐκάλεσε τὸ ὄν. κ., τουτέστιν, ἐπεκάλεσε τῷ ὀνόματι κυρίου τὴν γῆν, ὅτι λοιπὸν θεοῦ ἦν κληρονομία. ⁶ Nobil., Codd. X, 127. Mendose Cod. 130: Σ. νότονδε. εἰς νότον. Cf. nos ad Cap. xliii. 24. Hieron.: "Et in praesenti et in plurimis aliis locis, pro *deserto*, *ad austrum* scriptum est in Hebraeo." (Paulo ante ad ἀπῆρεν Cod. 130 in marg. pingit: Ἀ. ἀπῆρεν ἐκίθεν: sed rectius Cod. 127 in marg. sine nom.: ἐκεῖθεν.) ⁷ Codd. X, 127, 130. Nobil. affert: Ἀ. ἐβάρυνεν. Cf. ad Cap. xviii. 20. ⁸ Codd. X, 130. Cf. Hex. ad Ezech. xiii. 19. ⁹ Sic Comp., Codd. 14, 16, 18, alii, et, testantibus Arab. 1, 2, Syro-hex. ¹⁰ Cod. X affert: Ἀ. ἤπτετο ἀφαῖς ἐβασάνισεν, nullo spatio post ἤπτετο relicto. Cod. 127: καὶ ἤπτετο ἀφαῖς, uterque sine nom. Cf. Hex. ad Exod. xi. 1. Psal. xc. 10. Quod ad ἐβασάνισεν attinet, non est Symmachi versio, ut Holmesio videbatur, sed mera glossa vocis ἤτασεν. Hesych.: Ἤτασεν· ἐβασάνισεν. Cf. Scharfenb. in *Animadv.* p. 10. ¹¹ Cod. 127.

CAP. XIII.

1. הַנֶּגְבָּה. Ο΄. εἰς τὴν ἔρημον. Σ. εἰς τὸν νότον.[1]

2. כָּבֵד מְאֹד. Gravis (dives) erat valde. Ο΄. ἦν πλούσιος σφόδρα. Ὁ Ἑβραῖος· βαρὺς σφόδρα.[2]

3. לְמַסָּעָיו מִנֶּגֶב. Secundum stationes suas ab austro. Ο΄. ὅθεν ἦλθεν εἰς τὴν ἔρημον (Σ. εἰς τὸν νότον[3]).

5. וְאֹהָלִים. Et tentoria. Ο΄. καὶ σκηναί. Alia exempl. καὶ κτήνη.[4]

6. וְלֹא יָכְלוּ לָשֶׁבֶת יַחְדָּו. Et non potuerunt habitare una. Ο΄. καὶ οὐκ ἐχώρει αὐτοὺς ἡ γῆ κατοικεῖν ἅμα. Alia exempl. καὶ οὐκ ἠδύναντο (s. ἐδύναντο) κατοικεῖν ἅμα.[5]

12. יָשַׁב (in priore loco). Ο΄. κατῴκησεν. Alia exempl. παρῴκησεν.[6] Ἀ. ἐκάθισεν. Σ. ἔμεινεν.[7]

18. וַיֵּשֶׁב. Ο΄. κατῴκησε. Alia exempl. παρῴκησε.[8]

Cap. XIII. 17. καὶ εἰς τὸ πλάτος ※ αὐτῆς ◄.[9] ÷ καὶ τῷ σπέρματί σου εἰς τὸν αἰῶνα ◄.[10]

CAP. XIV.

1. אֶלָּסָר. Ο΄. Ἑλλασάρ. Σ. Πόντου.[1]

עֵילָם. Ο΄. Ἐλάμ. Σ. Σκυθῶν.[2]

גּוֹיִם. Gojim. Ο΄. ἐθνῶν. Σ. Παμφυλίας.[3]

3. חָבְרוּ. Consociati convenerunt. Ο΄. συνεφώνησαν. Ἀ. συνέβαλον. Σ. συνῆλθον.[4]

אֶל־עֵמֶק הַשִּׂדִּים. In valle Siddim. Ο΄. ἐπὶ τὴν φάραγγα τὴν ἁλυκήν (Ἀ. τῶν πρινεώνων. Θ. τῶν ἀκτῶν[5]).

❖   ❖

Cap. XIII. [1] Cod. X. Minus probabiliter Cod. 127: 'Ακ. εἰς τὸν νότον. Cf. ad Cap. xii. 9. [2] Hieron.: "Quomodo potuerit exiens de Aegypto fuisse *dives valde?* Quod solvitur illa Hebraica veritate, in qua scribitur: *Abram gravis vehementer,* hoc est, βαρὺς σφόδρα; Aegypti enim pondere gravabatur. Et licet videantur esse divitiae pecoris, auri, et argenti, tamen si Aegyptiae sunt, viro sancto graves sunt." Rectius interpres Graeco-Ven. locutionem Hebraeam ex Graeco idiomate claram fecit, vertens: ὁ δ' Ἀβράμης ἔβρισεν ἄγαν ἐν κτήσει κ.τ.ἑ. [3] Cod. X. Hieron.: "Denique, non ut in LXX legimus: *Abiit unde venerat in desertum usque Bethel;* sed sicut in Hebraeo scriptum est: *Abiit itinere suo per austrum usque Bethel.*" [4] Sic Comp., Ald., Codd. III, X (in marg.), 20, 31, alii, et S. Chrysost. Opp. T. IV, p. 333 D. "Dubium an veteris cujusdam interpretis sit haec postrema lectio. In utraque autem interpretatione omittitur אֶת, *ovis* aut *pecus.*"— Montef. Immo צֹאן vertitur πρόβατα, ut cuivis locum inspicienti patebit; et κτήνη non est veteris interpretis, sed vitiosa versionis LXX lectio. Cf. Scharfenb. in *Animadv.* p. 11. [5] Sic Comp., Codd. III, X, 14, 16, alii, et S. Chrysost. l. c. [6] Sic Codd. X, 37, 74, alii. [7] Cod. X. [8] "Hanc lectionem veteris, ut videtur, cujusdam interpretis, ad marg. habent schedae Combefisianae."—Montef. Est mera varietas, quam in textu exhibent Codd. 14, 16, 18, alii. Praeterea Montef. ad παρὰ τὴν δρῦν τὴν Μαμβρῆ affert: Ἀλλ. ἀπὸ ὁράσεως, quae non est nisi interpretatio qualiscunque vocis Hebraeae. Sic Anon. in Cat. Niceph. p. 194: Σόδομα· τύφλωσις ἢ στέρησις [στείρωσι Cod. 135].

Μαμβρῆ ἑρμηνεύεται, ἀπὸ ὁράσεως· κ.τ.ἑ. [9] Arm. 1: *latitudinem ※ illius.* Sic sine aster. Codd. I, 14, 15, 16, alii. [10] "Haec verba obelo notantur, utpote quae in Hebraico non exstent, ut monet quaedam Catena MS."—Montef. Desunt in Codd. I, X, 14, 15, 16, aliis, Arab. 1, 2.

Cap. XIV. [1] Codd. X, 127, 130. Procop. in Gen. pp. 321, 322: Σύμμαχος δὲ ἐξέδωκε τὸ μὲν Ἑλλασὰδ (sic, invitis libris Graecis), Πόντου· τὸ δὲ Ἐλὰμ, Σκυθῶν· τὸ δὲ τῶν ἐθνῶν, Παμφυλίας. Minus bene Nobil. ad Ἑλλασάρ notat: Ἀ. Πόντου. Σ. Σκυθῶν. Cf. ad v. 9. [2] Codd. X, 127, 130. Procop. [3] Procop. Cf. ad v. 9. Haud absurde conjicit Drusius, Symmachum in mente habuisse nomen φυλὴ, *tribus, gens;* ut *Pamphylia* sit regio a variis gentibus habitata, juxta Judaeorum opinionem a Jarchio memoratam: "גּוֹיִם, locus ita dictus, quod eo convenissent plurimae nationes, quae regem constituerunt super se, nomine Tidal." [4] Nobil., Cod. 127 (cum συνέβαλλον). Cod. X, teste Griesb.: Σ. συνέβαλον. Σ. συνῆλθον, quorum prius notatur ad v. συνεφώνησαν; posterius vero ad v. ἁλυκήν. Cod. 130 in marg.: συνέβαλον συνῆλθον. Interpres Graeco-Ven. verbum finxit ξυνεμορίασαν, a συμμορία, *decuria munera obeuntium.* [5] Hieron. ad v. 8: "Sciendum autem, pro eo quod post paululum sequitur: *Et direxerunt contra eos aciem ad bellum in valle salinarum,* in Hebraeo haberi, *in valle* SEDDIM; quod Aq. interpretatur τῶν περιπεδίνων, Theod. τῶν ἁλῶν [quasi legerit הַשָּׂרִים pro הַשָּׂדִים (Gesen.) vel חֲרָשִׁים (Scharfenb.)], *amoena nemora* significantes." Vox barbara περιπεδίνων, *circumcirca campestrium,* Vallarsio suspecta erat, cui e scriptura duorum librorum πρινηώνων

5. אֶת־רְפָאִים. *Rephaitas.* Ο'. τοὺς γίγαντας ('Α. 'Ραφαείμ[6]).

וְאֶת־דַהַזּוּזִים בְּהֶם. *Et Susaeos in Ham.* Ο'. καὶ ἔθνη ἰσχυρὰ ἅμα αὐτοῖς. Σ. (καὶ τοὺς) Ζοιζομμείν . . .[7]

6. עַד אֵיל. *Usque ad quercum.* Ο'. ἕως τῆς τερεβίνθου (Οἱ λοιποί· δρυός[8]).

8. בְּעֵמֶק הַשִּׂדִּים. Ο'. ἐν τῇ κοιλάδι τῇ ἀλυκῇ ('Α. τῶν πρινεώνων. Θ. τῶν ἀκτῶν[9]).

9. עֵילָם. Ο'. Ἐλάμ. Σ. Σκυθῶν.[10]

גּוֹיִם. Ο'. ἐθνῶν. Σ. Παμφυλίας.[11]

אֶלָּסָר. Ο'. Ἐλλασάρ. Σ. Πόντου.[12]

13. הַפָּלִיט. *Fuga elapsi.* Ο'. τῶν ἀνασωθέντων (Σ. διαφευγόντων[13]) τις.

הָעִבְרִי. *Transfluviali.* Ο'. τῷ περάτῃ. 'Α. τῷ περαίτῃ. Σ. τῷ Ἑβραίῳ.[14] Aliter: 'Α. τῷ Ἑβραίῳ.[15]

13. הָאֱמֹרִי. Ο'. Ἀμορραίου. Alia exempl. ὁ Ἀμορίς.[16] 'Α. τοῦ Ἀμωρί. Σ. τοῦ Ἀμορραίου.[17]

17. מֵהַכּוֹת. *A caedendo.* Ο'. ἀπὸ τῆς κοπῆς. 'Α. ἀπὸ τοῦ πλῆξαι. Σ. μετὰ τὸ πατάξαι.[18]

21. הַנֶּפֶשׁ. *Animas.* Ο'. τοὺς ἄνδρας. 'Α. τὴν ψυχήν. Σ. τὰς ψυχάς.[19]

וְהָרְכֻשׁ. *Et opes.* Ο'. τὴν δὲ ἵππον. 'Α. τὴν δὲ περιουσίαν. Σ. τὴν δὲ ὕπαρξιν.[20]

23. מִחוּט. *Ex filo.* Ο'. ἀπὸ σπαρτίου ('Α. ῥάμματος. Σ. νήματος[21]).

שְׂרוֹךְ־נַעַל. *Corrigiam calcei.* Ο'. σφυρωτῆρος (potior scriptura σφαιρωτῆρος[22]). Σ. ἱμάντος . . .[23]

---

reponendum videbatur πρινδίων, vel πρίνων, *ilicum*, quibus fere consita sunt arboribus nemora. Sed mirum non perspexisse V. D., sub πρινηώνων vix, et ne vix quidem latere vocem bene Graecam πρινεώνων, a πρινεών, *locus ilicibus consitus*, ejusdem formae ac ῥοδεών, μυρσινεών, παπυρεών, etc. Aquilae autem ita vertenti menti obversatam esse vocem Syriacam ܒܠܘܛܐ vel ܒܠܛܐ, *ilex*, quam tetigimus ad Jesai. xliv. 14, vix dubium esse potest. In eandem emendationem ante nos inciderat Lagarde, qui pro τῶν περιπεδίνων e libris suis excitavit ⲧⲱⲛⲁ. ⲁⲡⲣⲓⲛⲉⲁⲓⲛⲟⲛ, ⲧⲱⲛⲁⲗⲡⲣⲓⲛⲉⲁⲓⲛⲟⲛ, et ⲧⲱⲛⲡⲣⲓⲛⲉⲱⲏⲱⲛ. Quod vero ad Theodotionem attinet, etsi ἀλσῶν per se non male habet, cum tamen in iisdem tum Vallarsii, tum, si recte colligimus, Lagardii libris ἀκτῶν scriptum sit, cui vocabulo *amoenitatis* notionem inesse in Hex. ad Cap. ii. 15 probavimus, hoc, praeeunte eodem Lagardio, Hieronymo hic quoque vindicavimus. [6] Nobil., Codd. 127, 130 (uterque cum 'Ραφαείν). [7] Ad 'Ομμαίους F.C. Alter e Cod. 130 exscripsit: Σ. Ζοιζομμείν, notans: "Et ita Sym. videtur favere lectioni [Ald. (cum Σομαίους), Codd. X, 72 (ut Ald.), 74, aliorum] τοὺς Σομμαίους." Cod. 127 affert: 'Α. ῥαφαείν. Σ. ζοιζομμεί (sic). Sed lectio Ζοιζομμείν proculdubio pertinet ad דִּים, quam gentem eandem esse cum ea quae, ab Ammonitis זַמְזֻמִּים appellata, inter Rephaitas recensetur Deut. ii. 20, cum hodiernis interpretibus Sym. credidisse videtur. Hieron.: "Zuzim autem et Emim *terribiles* et *horrendi* interpretantur; pro quo LXX, sensum magis quam verbum ex verbo transferentes, *gentes fortissimas* posuerunt. Porro ΒΑΕΜ, pro quo dixerunt ἅμα αὐτοῖς, hoc est, *cum eis*, putaverunt scribi per ΗΕ, ducti elementi

similitudine, cum per ΗΕΤΗ [in paucis tantum exemplaribus] scriptum sit... id est, *in Hom*." [8] Cod. X. Cod. 127: Σ. δρυός. [9] Hieron. Vid. ad v. 3. [10] Codd. X (qui ad ἐθνῶν refert), 127. Cod. 130 ad Αἰλάμ (sic) affert: 'Α. Σ. Σκυθῶν. Cf. ad v. 1. [11] Codd. 127 (qui ad Σεννάαρ refert), 130 (sine nom.). Cf. ad v. 1. Ad ἐθνῶν Nobil. affert: Σ. σκυθῶν. Schol. Παμφυλίας. [12] Codd. 127 (sine nom.), 130. Nobil. ad Σεννάαρ affert: Schol. Πόντου. [13] Nobil., Cod. 130. Ad παραγενόμενος Cod. 127 affert: Σ. διαφυγών. [14] Nobil., Codd. 127, 130. (Nomen περαίτης, ab Aquila, ut videtur, ad formam Hebraeam effictum, gentilitium a πέραν, et sonat *transfluvialis*, vel *transeuphratensis*, non, ut vulgo vertunt, *transitor*, quasi a περάω.) [15] Origen. in Catenis MSS. apud Montef.: Περάτης καλεῖται ὁ Ἀβραάμ, ἐπειδὴ ἀπὸ τῆς Χαλδαίων χώρας διαπεράσας τὴν Μεσοποταμίαν, ἦλθεν εἰς τὰ μέρη τῶν Χαναναίων· ἑρμηνεύεται δὲ τοῖς περὶ Ἀκύλαν, Ἑβραῖος. [16] Sic Codd. I (cum ὁ Ἀμορρίς), III, X, (cum ὁ Ἀμορείς), 14, 15, 16, alii (inter quos 127, 130). [17] Codd. 127 (cum Ἀμορραίου), 130. [18] Codd. 127, 130 (cum ὑπὸ pro ἀπὸ). [19] Nobil., Codd. 127, 130. [20] Codd. 127, 130. [21] Nobil., Codd. 127, 130 (cum ῥάματος), 135 (idem). [22] Sic Comp. (cum σφερ.), Codd. I (ut Comp.), III, X (ut Comp.), 14, 15, 16, alii. Suidas: σφαιρωτήρ· σανδαλίου ζινίχιον, οἷον τὸ λωρίον τοῦ ὑποδήματος. [23] Cod. 127. Cat. Niceph. p. 200: Σύμ. σφαιρωτῆρα τὸν ἱμάντα τοῦ ὑποδήματός φησι. Cod. 130 affert: 'Α. ἱμάντος. Σ. καὶ συνέκρουσεν (non, ut Holmes. exscripsit, συνέρουσων). Posterior lectio ad notam seq. pertinet.

23. וְלֹא תֹאמַר. Ο'. ἵνα μὴ εἴπῃς. Σ. καὶ οὐκ
ἐρεῖς.²⁴

Cap. XIV. 5. τῇ πόλει ※ αὐτῶν ◄.²⁵

CAP. XV.

1. מָגֵן לָךְ. Sum clypeus tibi. Ο'. ὑπερασπίζω
σου. Σ. ὑπερμάχομαι καθάπερ ὅπλον.¹

2. הוֹלֵךְ עֲרִירִי. Discedam sine prole. Ο'. ἀπο-
λύομαι ἄτεκνος. Ἀ. ἀπέρχομαι ἄγονος. Σ.
πορεύομαι ...²

וּבֶן־מֶשֶׁק בֵּיתִי. Et filius possessionis (possessor,
heres) domus meae. Ο'. ὁ δὲ υἱὸς Μασὲκ τῆς
οἰκογενοῦς μου. Ἀ. (καὶ) ὁ υἱὸς τοῦ ποτίζοντος οἰκίαν μου. Σ. ὁ δὲ συγγενὴς τοῦ οἴκου
μου. Θ. καὶ ὁ υἱὸς τοῦ ἐπὶ τῆς οἰκίας μου.³

דַּמֶּשֶׂק. Ex Damasco. Ο'. Δαμασκός. Ὁ
Ἑβραῖος· Δαμασκηνός.⁴

4. לֵאמֹר. Ο'. λέγουσα. Alia exempl. λέγων.⁵
Ἀ. τῷ λέγειν. Ο'. Σ. Θ. λέγων.⁶

9. וְגוֹזָל. Et pullum columbinum. Ο'. καὶ περι-

στεράν. Ἀ. (καὶ) περιστερίδα. Θ. (καὶ) νεοσσὸν περιστερᾶς.⁷

11. עַל־הַפְּגָרִים. Super cadavera. Ο'. ἐπὶ τὰ
σώματα ⳨ ἐπὶ τὰ διχοτομήματα αὐτῶν ◄.⁸
Alia exempl. ἐπὶ τὰ σώματα τὰ διχοτομη-
θέντα.⁹

וַיַּשֵּׁב אֹתָם. Et flando abegit (Graeco-Ven.
ἐφύσησε) eas. Ο'. καὶ συνεκάθισεν αὐτοῖς.
Ἀ. (καὶ) ἀπεσόβησεν (αὐτούς).¹⁰

12. תַּרְדֵּמָה. Sopor gravis. Ο'. ἔκστασις. Ἀ.
κόρος. Σ. κάρος.¹¹

15. תִּקָּבֵר בְּשֵׂיבָה טוֹבָה. Sepelieris in canitie
bona. Ο'. τραφεὶς ἐν γήρᾳ καλῷ. Ἀ.. ἐν
πολιᾷ ἀγαθῇ.¹²

19. וְאֵת הַקַּדְמֹנִי. Et Cadmonaeos. Ο'. καὶ τοὺς
Κεδμωναίους (Σ. ἀνατολικούς¹³).

CAP. XVI.

2. עֲצָרַנִי. Cohibuit me. Ο'. συνέκλεισέ (Ἀ. ἐπέσχεν. Σ. συνέσχεν¹) με.

❖ ——————————————————— ❖

²⁴ Cod. 127.   ²⁵ Sic Arm. 1, et sine aster. Cod. 15.
In Hebraeo est קְרִיתִים.

Cap. XV. ¹ Cat. Niceph. p. 201.   ² Cod. X. Codd.
127, 130: Ἀ. ἄγονος.   ³ Nobil., qui post Aquilae et
Theodotionis lectiones affert: Schol. ὁ δὲ συγ. τοῦ οἴκου μου,
et sic in marg. sine nom. Cod. 130. Codd. X, 127 vero:
Σ. ὁ δὲ συγ. τοῦ οἴκου μου. Hieron.: "Ubi nos habemus,
et filius Masec vernaculae meae, in Hebraeo scriptum est,
UBEN MESECH BETHI, quod Aq. transtulit, ὁ υἱὸς (υἱὸς sine
artic. Lagarde) τοῦ ποτίζοντος οἰκίαν (οἴκαν MS. apud Vallars.; οἴκου Lagarde, ut τοῦ ποτίζοντος nominis vices gerat,
quod durius videtur) μου, id est, filius potum dantis domui
meae; Theod. vero, καὶ ὁ υἱὸς τοῦ ἐπὶ τῆς οἰκίας μου, id est,
et filius ejus qui super domum meam est."   ⁴ Diodorus
in Cat. Niceph. p. 201: τὸ, Δαμασκὸς, ἡ Ἑβραία Δαμασκηνὸς
λέγει.   ⁵ Sic Comp., Codd. I, III, X, 15, 19, alii.
⁶ Cod. 130 (qui λέγων habet in textu, negante Holmesio)
in marg.: Ἀ. τῷ λέγειν. Οἱ δὲ Ο', Σ., καὶ ὁ καὶ Θ. (sic) ὡς
γέγραπται, λέγων.   ⁷ Procop. in Gen. p. 330: Ἐν τῷ
Ἑβραϊκῷ δὲ καθόλου περιστερὰ οὐκ ἔσται· ἔστι μὲν γὰρ τὸ Ἑβραῖ-
κὸν τοῦ περιστερᾶ ἰωνὰ· τὸ δὲ ἐν τῇ Ἑβραϊδι βίβλῳ γεγραμμένον
νῦν ἐστι ῥωβὰλ (sic), ὅπερ σημαίνει ὁμολογουμένως νεοσσόν· ἀλλ'
ἐπεὶ καὶ ἐπ' ἄλλου νεοσσοῦ ὀρνίου δύναται λέγεσθαι, Ἀκ. ὡς εἰκὸς
περιστερίδια (fort. περιστερίδα) ἐκδέδωκεν, εἰ καὶ μὴ φιλαλήθως·

Θεοδ. δὲ νεοσσὸν εἰπὼν περιστερᾶς, τὸ μὲν ἀμφίβολον ἐξέκλινε,
τὸ δὲ μὴ κείμενον ἐν τῷ Ἑβραϊκῷ τίθεικεν.   Montef. e Latinis
Procopii p. 127 edidit: Ἀ. Ο'. περιστεράν. Θ. νεοσσὸν περιστερῶν.   ⁸ Obelus est in Arab. 1, 2. Posterius ἐπὶ
reprobant Codd. I, III, X, 15, 19, alii.   ⁹ Nobil. Sic
Codd. 20, 75 (cum διχοτομημένα), et S. Chrysost. Opp. T. IV,
p. 375 B.   ¹⁰ Nobil., Codd. X, 127, 130, 135 (sine nom.).
¹¹ Codd. 127, 130, 135 (cum κόρσος pro κόρος). Holmes.
e Cod. 73 exscripsit: Ἀ. κάρος. Σ. κάρος.   Denique Cat.
Niceph. p. 208: Ἀ. κάρσος.   E lectionibus quae Aquilae
tribuuntur, eam posuimus, quae et Graeca est, et optime
testata, licet non omnino in ea acquiescamus. Desideratur καταφορά (cf. Hex. ad Gen. ii. 21. Jesai. xxix. 10), quod
Montef. sine idoneo teste edidit. Nam Hieron., quem
appellat, tantummodo ait: "Pro ecstasi in Hebraeo THAR-
DEMA, id est, καταφορά, legitur, quam supra vertimus in
soporem."   ¹² Codd. X, 73, 127, 130. Nobil.: "Schol.
ἐν πολιᾷ ἀγαθῇ. Omnes LL.VV. τραφείς: nusquam ταφείς
[ut Comp., et char. min. Grabe]."   ¹³ Cod. 127. Graeco-
Ven.: καὶ τὸν ἀνατολικόν.

Cap. XVI. ¹ Codd. 127, 130, 135. Cod. X: Ἀ. ἐπέσχεν
(non, ut Montef. ἐπεῖχε). Syro-hex.: ܐ. ܚܒܫ ܀ ܠܢ
ܚܒܫ ܀

2. אוּלַי אִבָּנֶה. *Fortasse aedificabor* (sobole auge-
bor). Ο΄. ἵνα τεκνοποιήσωμαι (alia exempl.
τεκνοποιήσῃς²). Ἀ. εἴ πως οἰκοδομηθήσομαι.
Σ. εἴ πως τεκνωθῶ.³

6. וַתְּעַנֶּהָ. *Et afflixit eam.* Ο΄. καὶ ἐκάκωσεν (Ἀ.
ἐκακούχησεν⁴) αὐτήν.

וַתִּבְרַח. *Et aufugit.* Ο΄. καὶ ἀπέδρα [Ἀ.]
μετὰ φυγῆς ὑπανεχώρησεν.⁵

7. שׁוּר. Ο΄. Σούρ. Schol. τοῖχος ἢ εὐθυσμός.⁶

11. וְיִשְׁמָעֵאל. *Ismael.* [Ἀ. εἰσακοὴ θεοῦ. Σ. Θ.
ἐρήμου ἄνθρωπος.]⁷

12. פֶּרֶא אָדָם. *Onager* (ferus) *hominum.* Ο΄.
ἄγροικος ἄνθρωπος. Ἀ. ἄγριος … Σ. ἔρημος (s. ἐρήμου) ἄνθρωπος. Θ. κεχωρισμένος
ἀνθρώπων.⁸

Cap. XVI. 4. ἡ κυρία ※ αὐτῆς ◄.⁹   8. — αὐτῇ ὁ
ἄγγελος κυρίου ◄.¹⁰

Cap. XVII.

1. תָמִים. *Integer.* Ο΄. ἄμεμπτος. Ἀ. τέλειος.¹

2. בְרִיתִי. Ο΄. τὴν διαθήκην μου. Ἄλλος· τὴν
συνθήκην μου.²

בִּמְאֹד מְאֹד. Ο΄. σφόδρα ※ σφόδρα ◄.³

8. וְנָתַתִּי לְךָ. Ο΄. καὶ δώσω σοι. Σ. καὶ δίδωμί
σοι.⁴

14. אֲשֶׁר לֹא־יִמּוֹל. *Qui non circumcisus fuerit.*
Ο΄. ὃς οὐ περιτμηθήσεται. Ὁ Σύρος οὗτος
ἔχει· πᾶς ὃς οὐ περιτέμνει ἐξολοθρευθήσεται·
καὶ ὁ Ἑβραῖος· πᾶς ὁ μὴ περιτέμνων.⁵

וְנִכְרְתָה. *Et exscindetur.* Ο΄. ἐξολοθρευθήσεται. Ἄλλος· ἀφανισθήσεται.⁶

23. אֶת־בְּשַׂר עָרְלָתָם. *Carnem praeputii eorum.*
Ο΄. τὰς ἀκροβυστίας αὐτῶν. Alia exempl. τὴν
σάρκα τῆς ἀκροβυστίας αὐτῶν.⁷

27. נִמֹּלוּ אִתּוֹ. *Circumcisi sunt cum eo.* Ο΄. Vacat.
Alia exempl. περιέτεμεν αὐτούς.⁸

---

² Nobil.: "τεκνοποιήσωμαι. Ita LL. VV. et S. Hieron.
ΑΛ. LL. [Codd. III (cum -σεις), X, 38, alii] τεκνοποιήσῃς,
quod secutus est S. Ambros., S. Joannes Chrysost., et
Philo." Montef. e Catenis MSS. et schedis Combefis. edidit: Ἄλλος· τεκνοποιήσῃς μοι, quae lectio in nullo cod.
reperitur.   ³ Cod. X. Paulo aliter Cod. 135: Ἀ. εἴ
πως οἰκοδ. Θ. εἴ πως τεκνωθῶ (sic). Hieron.: "Diligenter nota, quod procreatio filiorum in Hebraeo *aedificatio*
scripta est. Legitur enim ibi: *Ingredere ad ancillam
meam, si quo modo aedificer ex ea.*" (Ad δέκα ἔτη (v. 3)
Syro-hex. in marg. habet: εἴκοσι, repugnante Hebraeo.)
⁴ Codd. 127, 130.   ⁵ Cod. X. Scholium esse videtur,
certe nullo modo Aquilam auctorem habet.   ⁶ Nobil.,
Cod. 135 in marg. (cum τεῖχος). Philo Jud. De Profugis
(Opp. T. I, p. 576), indicante Scharfenb. in *Animadv.* p. 15:
τεῖχος δὲ ἢ εὐθυσμὸς ἑρμηνεύεται Σούρ. Montef. male edidit:
Ἄλλος· τεῖχος ἢ εὐθ. Paulo ante ad ἄγγελος κυρίου Cod. X,
teste Griesb., in marg. affert: ἄστιος (ἀστεῖος?) αὐτος, quod
quid significet, nisi forte *bonum* esse angelum, non intelligo.   ⁷ Cod. 135. Anon. in Cat. Niceph. p. 218:
ὁ Σύμ. καὶ Θεοδ. τὸν Ἰσμαὴλ ἡρμήνευσαν, ἔρημος (sic) ἄνθρωπος.
Ἰσμαὴλ· εἰσακοὴ θεοῦ· et sic, nisi εἰς ἀκοὴν male pro εἰσακοὴν,
Catenae MSS. apud Montef. Prior lectio non est nisi
interpretatio etymologica nominis *Ismael*, testante etiam
Hieron., qui ait: "Ismael interpretatur, *Exauditio Dei*;"
certe Aquila non θεοῦ, sed ἰσχυροῦ posuisset. Posterior ad

Hebraea פֶּרֶא אָדָם pertinere videtur.   ⁸ Codd. 127 (cum
Ἀ. Σ. pro Ἀ.), 130, 135, et Cat. Niceph. ibid.: Ἀ. ἄγριος.
Σ. κεχωρισμένος ἀνθρώπων; duo autem posteriores hanc lec-
tionem superiori arcte nectunt. Cod. X vero, exscribente
Griesb.: Ἀ. ἄγριος. Σ. ἔρημος (nisi forte ἐρήμου) ἄνθρωπος.
Ad discordiam testium dirimendam opportune adest Syrus
noster, qui lectionem κεχ. ἀνθρώπων non Symmacho, sed
Theodotioni vindicat. Sic enim ille: ܐ̇. ܒ̇ܪ̈ܝܐ ܐ̇ܢܫܐ ܠ̇.
ܡܢ ܒ̈ܢܝܢܫܐ.   ⁹ Syro-hex., et (cum א post αὐτῆς)
Arm. ed. Sic sine aster. Codd. 14, 15, 16, alii, Arab. 1, 2.
¹⁰ Syro-hex., qui asteriscum pro obelo perperam pingit.
Cap. XVII.   ¹ Cod. 130. Montef. e "MSS." edidit:
Ἄλλος· τέλειος.   ² "Sic MSS. quidam."—*Montef.* Hieron.: "Notandum quod ubicumque in Graeco *testamentum* legimus, ibi in Hebraeo sermone sit *foedus*, sive
pactum, id est BERITH."   ³ Sic Cod. 127, et sine aster.
Codd. 15, 16, 18, alii.   ⁴ Nobil.   ⁵ Diodorus in Cat.
Niceph. p. 226. Eadem ex Euseb. Emis. affert Cod. 135
in Commentario, addens: καὶ εἰκότως· οὐ γὰρ τὸ νήπιον δεῖ
περὶ τούτου κολάζεσθαι, ἀλλ᾽ αὐτοὺς (τοὺς) γονεῖς.   ⁶ Sic
sine nom. Codd. X, 130. Duplex lectio, ἐξολ. καὶ ἀφανισθή-
σεται, est in Comp., Codd. 19, 108.   ⁷ Sic Codd. 15, 55,
59, alii.   ⁸ Sic Ald. (praem. καὶ), Codd. III, X, 14 (ut
Ald.), 15, 16 (ut Ald.), alii, Arm. 1. Ex Arab. 1, 2 pro ἐξ
(s. οἱ ἐξ) ἀλλογενῶν ἐθνῶν Holmes. excitavit: circumcisi
sunt cum eo qui convenerunt ex gentibus, et peregrini in

Cap. XVII. 17. ἐπὶ πρόσωπον ✕ αὐτοῦ ◄.⁹   23.
τοὺς ἀργυρωνήτους ✕ αὐτοῦ ◄.¹⁰

Cap. XVIII.

1. מַמְרֵא. Ο'. τῇ Μαμβρῇ. Alia exempl. τῇ
ὑψηλῇ.¹

4. מְעַט־מַיִם. *Paulum aquae.* Ο'. ὕδωρ. Alia
exempl. μικρὸν ὕδωρ.²

6. מַהֲרִי שְׁלֹשׁ סְאִים קֶמַח סֹלֶת לוּשִׁי. *Cito ar-
cesse tria sata farinae purissimae, et depse.*
Ο'. σπεῦσον, καὶ φύρασον τρία μέτρα ('Α. Σ.
σάτα³) σεμιδάλεως. Alia exempl. σπεῦσον
τρία μέτρα ἀλεύρου σεμιδάλεως, φύρασον.⁴

8. וְהוּא־הָעֵץ וַיֹּאכֵלוּ. Ο'. καὶ ἔφαγον αὐτὸς
δὲ—τὸ δένδρον. Alia exempl. αὐτὸς δὲ—τὸ
δένδρον· καὶ ἔφαγον.⁵

12. בְּקִרְבָּהּ. Ο'. ἐν ἑαυτῇ. 'Α. (ἐν) ἐγκάτῳ αὐ-
τῆς.⁶

אַחֲרֵי בְלֹתִי הָיְתָה־לִּי עֶדְנָה. *Postquam senio
confecta sum, erit mihi voluptas?* Ο'. οὔπω
μέν μοι γέγονεν ἕως τοῦ νῦν. 'Α. μετὰ τὸ
κατατριβῆναί με, ἐγένετό μοι τρυφερία.⁷ Σ.
μετὰ τὸ παλαιωθῆναί με ἐγένετό μοι ἀκμή.⁸

18. וְעָצוּם. *Et fortem.* Ο'. καὶ πολύ. 'Α. (καὶ)
ὀστέϊνον. Σ. (καὶ) ἰσχυρόν.⁹

20. כָּבְדָה. *Gravis facta est.* Ο'. μεγάλαι. 'Α.
ἐβαρύνθη. Σ. βεβάρηται.¹⁰

21. עָשׂוּ כָלָה. *Fecerunt consummationem* (penitus).
Ο'. συντελοῦνται. Σ. ἐπετέλεσαν τὸ ἔργον.¹¹

22. וַיֵּלְכוּ. Ο'. ἦλθον. Ἄλλος· ἐπορεύθησαν.¹²

25. חָלִלָה לְּךָ. *Absit a te.* Ο'. μηδαμῶς σὺ (ποιήσεις). Σ. οὐχὶ σόν.¹³

הֲשֹׁפֵט כָּל־הָאָרֶץ לֹא יַעֲשֶׂה מִשְׁפָּט. *Nonne
judex totius terrae faciet justum?* Ο'. ὁ κρί-
νων πᾶσαν τὴν γῆν, οὐ ποιήσεις κρίσιν; Σ.
ὁ πάντα ἄνθρωπον ἀπαιτῶν δικαιοπραγεῖν, ἀκρίτως μὴ ποιήσῃς τοῦτο.¹⁴

26. אִם־אֶמְצָא בִסְדֹם חֲמִשִּׁים צַדִּיקִם. Ο'. ἐὰν
ὦσιν ἐν Σοδόμοις πεντήκοντα δίκαιοι. Alia
exempl. ἐὰν εὕρω ἐν Σοδόμοις πεντήκοντα
δικαίους.¹⁵

28. חֲמִשָּׁה. Ο'. εἰς τεσσαρακονταπέντε. Alia exempl. πέντε.¹⁶

30. אַל־נָא יִחַר לַאדֹנָי. *Ne, obsecro, exardeat*
(ira) *Domino.* Ο'. μή τι, κύριε. 'Α. μὴ δὴ
ὀργίλον τῷ κυρίῳ.¹⁷

---

assimilatione. Fortasse in Syro-hex. legebatur : ܡܢ ܦܪܨܘܦ.   ⁹ Sic
ܗܢܘܢ ܕܐܙܕܒܢܘ ܒܟܣܦܐ ܕܝܠܗ؟. Arm. 1. Pronomen deest in Codd. III, X, 57, 59, aliis.
¹⁰ Sic Arm. 1, et sine aster. Codd. 14, 15, 16, alii.
Cap. XVIII. ¹ Sic Syro-hex., quantum conjicere licet
ex Arab. 1, 2, qui *excelsne* vertunt. Cf. ad Cap. xii. 6.
² Sic Codd. 15, 72, 82 (cum ὕ. μικρὸν), Arab. 1, 2, Arm. 1.
³ Nobil., Cod. 130. Cod. X, teste Montef.: οἱ Ο'. σάτα.
⁴ Sic Codd. 15, 72 (om. μέτρα), 82, 135. Hieron.: *Festina
tres mensuras farinae similae, commisce.*   ⁵ Sic Codd.
15, 72, 82, Arab. 1, 2.   ⁶ Codd. X, 127, 130. Minus
probabiliter Nobil.: 'Α. ἐγέλασε κατ' αὐτῆς. Cf. Hex. ad
Exod. iii. 20. Psal. liv. 5. lxiii. 7.   ⁷ Nobil., Codd. X,
127 (cum καταςθῆναι), 130, Cat. Niceph. p. 236 (cum κατα-
κρυσθῆναι).   ⁸ Nobil., Codd. 127, 130 (cum παλαιωθ.), Cat.
Niceph. ibid. Hieron.: "Sym. hunc locum ita transtulit: *Postquam vetustate consemsi, facta est mihi adole-
scentia.*   ⁹ Nobil., Codd. X, 127, 130.   ¹⁰ Codd. 127,
130 (cum Σ. βεβάρηται). Ad Sym. cf. Hex. ad Jesai. i. 4.

Minus probabiliter Nobil.: 'Α. Σ. ἐβαρύνθησαν; Cod. X:
'Α. ἐβαρύνθησαν; Cod. 135: 'Α. ἐβαρύνθησαν. Σ. βεβάρηται.
¹¹ Nobil. (cum ἐπετέλεσεν), Codd. X, 127, 130 (sine nom.),
135 (idem).   ¹² Sic in marg. Codd. 127, 130.   ¹³ Nobil., Cod. 130 (cum οὐχισόν). Locutionem Hebraeam aliter
vertit Sym. in Hex. ad 1 Reg. xx. 2. Job. xxxiv. 10.
¹⁴ Cod. X. "Quae sane lectio deflectere videtur ab Hebraico. Verum Sym. non infrequenter παραφραστικῶς interpretatur."—*Montef.* Cf. ad Cap. i. 27.   ¹⁵ Sic Ald.,
Codd. I, III, X, 15, 31, alii, invitis Arab. 1, 2 (h. e. Syro-
hex.). "Hanc versionem, tacito interpretis nomine, afferunt quidam MSS. [in textu, non in marg.]. Suspicor esse
Symmachi [vel trium interpretum]."—*Montef.*   ¹⁶ Sic
Codd. I, III, X, 15 (cum altera lectione in marg. rec. m.),
56, alii, Arab. 1, 2.   ¹⁷ Nobil. (cum "Schol." pro 'Α.),
Codd. X (om. δὴ), 127, 130 (sine nom. cum μὴ δι' ὀργ.).
Cf. ad Cap. iv. 6. (Ad μή τι (v. 30) Cod. X in marg.
notat: λείπει τὸ, ὀργὴν ἐπάγω κατ' ἐμαυτόν; et ad τὸν κύριον
(v. 31), fortasse per errorem pro μὴ τι (v. 32): λείπει τὸ,

30. אִם־אֵמְצָא שָׁם שְׁלֹשִׁים‎. Ο΄. ἕνεκεν τῶν τριάκοντα. Alia exempl. ἐὰν εὑρεθῶσιν (s. εὕρω) ἐκεῖ τριάκοντα.[18]

31. בַּעֲבוּר הָעֶשְׂרִים‎. In gratiam viginti. Ο΄. ἐὰν εὕρω ἐκεῖ εἴκοσι. Alia exempl. ἕνεκεν τῶν εἴκοσι.[19]

Cap. XIX.

8. בְּצֵל‎. In umbra. Ο΄. ὑπὸ τὴν σκέπην (alia exempl. στέγην[1]).

9. וַיֹּאמְרוּ‎ (in posteriore loco). Ο΄. Vacat. Alia exempl. καὶ εἶπαν.[2]

10. וַיָּבִיאוּ‎. Et traxerunt intro. Ο΄. εἰσεσπάσαντο. Ἄλλος· ἐπίασαν.[3]

16. וַיִּתְמַהְמָהּ‎. Et cunctatus est. Ο΄. καὶ ἐταράχθησαν. Ἀ. (καὶ) ἐμέλλησεν.[4] Σ. ὁ δὲ ἐστραγγεύετο (s. ἐστραγγεύσατο).[5]

וַיֹּצִאֻהוּ וַיַּנִּחֻהוּ מִחוּץ לָעִיר‎. Et eduxerunt

eum, et constituerunt eum extra urbem. Ο΄. Vacat. Alia exempl. (※) καὶ ἐξηγάγοσαν αὐτὸν, καὶ ἔθηκαν αὐτὸν ἀπέξω τῆς πόλεως.[6] ※ Σ. καὶ ἐξήγαγε κύριος αὐτὸν, καὶ ἔθηκεν αὐτὸν ἔξω τῆς πόλεως.[7]

19. לְהַחֲיוֹת‎. Ο΄. τοῦ ζῆν. Ἄλλος· τοῦ ζωῶσαι.[8]

21. הִנֵּה נָשָׂאתִי פָנֶיךָ‎. Ecce! gratificabor tibi. Ο΄. ἰδοὺ ἐθαύμασά σου τὸ πρόσωπον. Ἀ. ἰδοὺ ἦρα πρόσωπόν σου.[9] Σ. ὅρα εἰ ἐδυσωπήθην τὸ πρόσωπόν σου.[10]

23. צֹעֲרָה‎. Ο΄. εἰς Σηγώρ. Ὁ Σύρος· Ζααρί.[11]

24. מֵאֵת יְהֹוָה‎. Ο΄. παρὰ κυρίου. Schol. ση". κατὰ Ἰουδαίων.[12]

25. הַכִּכָּר‎. Tractum circumjacentem. Ο΄. τὴν περίχωρον. Alia exempl. τὴν περίοικον.[13]

28. אֶרֶץ הַכִּכָּר‎. Ο΄. τῆς περιχώρου. Alia exempl. τῆς γῆς τῆς περιχώρου.[14]

קִיטֹר‎ (bis). Fumus. Ο΄. φλόξ.. ἀτμίς. Ὁ Ἑβραῖος· ἀναθυμίασις.[15]

ἐπιτρέπεις μοι λαλῆσαι. Arab. 1, 2 utrobique supplent: succensebis mihi.) [18] Sic Codd. III, X, 15, alii, Arab. 1, 2; et (cum εὕρω) Codd. 55, 56, alii. [19] Sic Codd. I, X, 14, 15, 16, alii, Arab. 1, 2.

Cap. XIX. [1] Sic Ald., Codd. I, III, X (cum σκέπην in marg.), 14, 15, alii. [2] Sic Codd. 15, 106 (cum εἶπον), 130, 135, Arab. 1, 2. [3] Sic Justin. M. in Dial. p. 255, qui mox προσέλκεισαν pro ἀπέλκεισαν legit. [4] Nobil., Codd. X, 127. [5] Nobil. affert: Schol. ἐστρατεύσατο. Cod. X: Σ. ὁ δὲ ἐστρατεύετο. Cod. 127: Σ. ὁ δὲ ἐστρατεύσατο. De confusione verborum στρατεύεσθαι et στραγγεύεσθαι, qua nulla inveteratior, legendi sunt Kuster. ad Suid. s. v. Ἦ δεῖ χελώνη κ. τ. ἑ.; Valckenaer. ad Ammon. p. 132; Wesseling. Probabil. p. 290. Ceterum habet quo se tueatur scriptura στραγγεύεσθαι cum simplici γ, quae a στρατεύεσθαι minutissimo apice discernitur. Cf. Hex. ad Prov. xxiv. 10. [6] Sic Codd. 15, 135, et, teste Holmesio, Arab. 1, 2, quos tamen ἐξήγαγον et ἔξω in apographo suo legere potuisse quivis videt. Cod. 82: καὶ ἐξήγαγον αὐτὸν καὶ ἐθήκαν ἔξω τ. π. Arm. 1, vertente Altero: καὶ ἐξήγαγον, καὶ ἔστησαν ἔξω τ. π., cum ※ in marg. [7] Sic Cod. X, si Griesbachium recte capio. Montef. ex eodem affert: Σ. καὶ ἐξήγαγε κ. τ. ἑ.; Holmes. autem: ※ καὶ ἐξήγαγε κ. τ. ἑ. Sic sine aster. Codd. 73, 127 (cum ἔξω ἔξω τ. π.). [8] Sic sine nom. Cod. 130 in marg. Nobil. quasi scholium affert. [9] Cod. 135,

Cat. Niceph. p. 250. Nobil. affert: Ἀ. ἦρα τὸ πρ. σ. [10] Nobil., Cod. 135: ὁράσει ἐδ. τὸ (τὸ om. Cod. 135) πρ. σ. Hieron.: "In Hebraeo habet: Ecce! suscepi faciem tuam, id est, acquiesco precibus tuis; quod Sym. secundum sensum interpretans ait: ὁράσει ἐδυσωπήθην τὸ πρόσωπόν σου." Pro ὁράσει, pro quo Vallars. e vetustiore Reginae cod. infeliciter tentat ὅρα ἤντε (sive εἴτε), vide quemadmodum (!), Drusii conjecturam ὅρα σοι calculo suo approbavit Scharfenb. in Animadv. p. 18. Sed in tribus codd. a Lagardio collatis, ductus literarum scripturam ὅρα εἰ manifeste designant. Ad reliquam lectionem cf. Hex. ad Mal. i. 8. ii. 9. [11] Diodorus in Catenis Reg. MSS.: τὴν Σηγὼρ ... ἀλλαχοῦ ἡ γραφὴ Ζώγορα [cf. Hex. ad Jerem. xlviii. 34] καλεῖ· ὁ δὲ Σύρος Ζααρί [Ζαρή Cod. 25 in Comment. apud Lagarde] καὶ Βαλὰ, τουτέστι, κατασπ̄οῦσα. [12] Cod. X in marg. "Hoc est, innui hic personarum pluralitatem, idque notandum esse [σημειῶσαι] contra Judaeos."—Griesb. [13] Sic Ald., Codd. I, III (sine artic.), X, 20, 31, alii, et Justin. M. ibid. pp. 152, 154. Mox v. 29 περιχώρου pro περιοίκου habent Codd. X, 14, 16, alii. [14] Sic Codd. III, X (praem. πάσης), 15, 31, alii, Arm. 1. Plenior lectio, πάσης τ. γ. ἐκείνης τῆς π., est in Codd. 14, 16, aliis. [15] Hieron.: "Pro quo legimus in Hebraeo: Ecce! ascendebat citor, quasi ἀναπνύασις fornacis; quod nos vaporem, vel fumum, sive favillam possumus dicere." Ubi pro non Graeco

31. כְּדֶרֶךְ כָּל־הָאָרֶץ. *Sicut est mos totius terrae.*
Ο'. ὡς καθήκει πάσῃ τῇ γῇ. 'Α. καθ' ὁδὸν
πάσης τῆς γῆς.[16]

33, 35. בְּשִׁכְבָה. *Cum cubaret illa.* Ο'. ἐν τῷ
κοιμηθῆναι αὐτόν (alia exempl. αὐτήν[17]).

Cap. XX.

2. וַיֹּאמֶר אַבְרָהָם אֶל־שָׂרָה אִשְׁתּוֹ אֲחֹתִי הִוא.
*Dixit autem Abrahamus de Sara uxore sua:
Soror mea est illa.* Ο'. εἶπε δὲ 'Αβραὰμ περὶ
Σάρρας τῆς γυναικὸς αὐτοῦ, ὅτι ἀδελφή μου
ἐστίν. 'Α. καὶ εἶπεν 'Αβραὰμ πρὸς Σάρραν
γυναῖκα αὐτοῦ ἀδελφή μου ἐστίν.[1]

4. הֲגוֹי גַּם־צַדִּיק. *Gentem etiam justam.* Ο'. ἔθνος
– ἀγνοοῦν ◄ καὶ δίκαιον.[2]

5. בְּתָם־לְבָבִי. *In integritate cordis mei.* Ο'. ἐν
καθαρᾷ καρδίᾳ. 'Α. ἐν ἀγαθότητι (s. ἀγαθωσύνῃ) ..
Σ. ἐν ἁπλότητι .[3]

10. מָה רָאִיתָ כִּי עָשִׂיתָ אֶת־הַדָּבָר הַזֶּה. *Quid
vidisti, ut faceres hoc facinus?* Ο'. τί ἐνιδὼν

ἐποίησας ※ τὸ ῥῆμα ◄ τοῦτο;[4] 'Α. τί εἶδες
ὅτι ἐποίησας σὺν τὸ ῥῆμα τοῦτο; Σ. τί ἰδὼν
ἐποίησας τὸ πρᾶγμα τοῦτο; Θ. τί ἑώρακας
ὅτι ἐποίησας τὸν λόγον τοῦτον;[5]

11. רַק. *Certe.* Ο'. ἄρα. Alia exempl. μήποτε.[6]

13. אִמְרִי־לִי אָחִי הוּא. Ο'. εἶπον ἐμὲ, ὅτι ἀδελφός μου ἐστίν. Σ. ἐρεῖς περὶ ἐμοῦ, ὅτι ἀδελφός
μου ἐστίν.[7]

16. אֶלֶף כֶּסֶף. *Mille (siclos) argenti.* Ο'. χίλια
δίδραγμα. 'Α. χιλιάδα ἀργυρίου.[8]

Cap. XX. 2. – ἐφοβήθη γὰρ — δι' αὐτήν ◄.[9] 3.
καὶ εἶπεν ※ αὐτῷ ◄.[10]

Cap. XXI.

2. וַתֵּלֶד שָׂרָה. Ο'. ἔτεκε. Alia exempl. ἔτεκε
Σάρρα.[1]

4. בְּנוֹ. Ο'. Vacat. Alia exempl. υἱὸν αὐτοῦ.[2]

8. מִשְׁתֶּה גָדוֹל. *Convivium magnum.* Ο'. δοχὴν
μεγάλην. 'Αλλοι' πότον μέγαν.[3]

ἀναπνύμασις, quod secure propagavit Montef., Lagarde e
libris correxit ἀναθυμίασις; sed ante cum Vallars. Hesych.:
'Αναθυμιάσεις· ἀτμοί, καπνοί. [16] Procop. in Cat. Niceph.
p. 255. [17] Sic Ald., Codd. I, III, X, 14, alii, Arab.
1, 2.

Cap. XX. [1] Cod. X affert: 'Α. πρὸς Σάρραν γ. αὐτοῦ.
Procop. p. 141: "Congruit illi quod supra dedimus, scilicet expositioni Aquilae: *Et dixit Abraham ad Saram
uxorem suam: Soror mea* etc." Graeca autem Procopii
habentur in marg. Cod. X ad v. 13: τοῦτο συμβάλλεται πρὸς
τὸ ἐπάνω λεχθὲν ἐν τῇ 'Ακύλου ἑρμηνείᾳ· καὶ εἶπεν 'Αβραὰμ κ.τ.ἑ.
[2] Procop. in Cat. Niceph. p. 259: οἰκ ἀγνοητέον δὲ, ὅτι ἀβέ-
λιστοι τὸ ἀγνοοῦν, ὡς παρ' Ἑβραίοις μὴ κείμενον. Eadem (cum
ἀβέλιστο) ex Origene affert Montef. Syro-hex. male pingit: ἔθ. – ἀγνοοῦν καὶ ◄ δ. Scripturam ἔθ. δίκαιον καὶ ἀγνοοῦν
sine obelo ex Arab. 1, 2 excitat Holmes. [3] Syro-hex.
◄ܗܡܚܡܣܚ ܚ ܝܗ ܚ ܚܡܚ./. In libris Graecis summa
est lectionum confusio. Scilicet Cod. X affert: 'Α. ἐν ἀθώό-
τητι (sic). Σ. ἐν ἁπλότητι. Cod. 127: 'Α. Σ. ἐν ἁπλότητι καὶ
ἐν ἀθωότητι. Cod. 73 sine nom.: ἐν ἁπλότητι καὶ ἀθωότητι.
Cat. Niceph. p. 260: 'Ακ. τὸ, ἐν καθ. καρδίᾳ, ἐν ἁπλότητι.
Denique Cod. 135, teste Lagardio: ἀκυ. συναπλοτητ. συν.
συναγαθω (sic). Symmachi versio satis certa est, coll. Hex.

ad Job. ii. 9. xxvii 5. Psal. vii. 9. In alterius interpretis
lectione ponenda Syrum nostrum auctorem habuimus, cui
ܠܐܬܡܚ sonat ἀγαθότης (Sap. Salom. vii. 26. xii. 22) vel
ἀγαθωσύνη (Eccles. v. 10. vi. 3), e quibus posterior vox
Aquilam magis sapit, prior vero e scriptura Cod. 135 aliquantulum subsidii habet. Reliquam lectionem ἐν ἀθωότητι non ad תָּם, sed ad נָקִי pertinere, probabiliter conjicit
Scharfenb. in *Animadv.* p. 20. [4] Sic Syro-hex., et sine
aster. Codd. 15, 72, 82, 135. Cod. 130 in marg.: Ο'. τί
ἐνιδὼν ἐπ. τὸ ῥῆμα τοῦτο; [5] Nobil. (qui ad v. 9, τί τοῦτο
ἐποίησας, male refert), Cod. 130 (cum πρᾶγμα τοῦτο sine
artic.), quorum uterque ad Aquilam σὺ pro σὺν habet.
Correxit Scharfenb. in *Animadv.* p. 21. [6] Sic Ald.,
Codd. 15, 20, alii, et Syro-hex. [7] Cod. 130. Lectio
περὶ ἐμοῦ est in Codd. 14, 16, aliis. [8] Cod. X. [9] Syro-
hex. Haec desunt in Codd. 15 (ante corr.), 82, aliis, et
Arm. 1. [10] Idem. Sic sine aster. Ald., Codd. III, 31,
55, alii. Praeterea ad v. 7 Syro-hex. pingit: – ὅτι –
(ܡܚܣ –) προφήτης ἐστίν· et ad v. 11: θεοσέβεια ※ θεοῦ ◄,
invito Hebraeo.

Cap. XXI. [1] Sic Ald., Codd. III, X, 15, 31, alii.
[2] Sic Codd. I, X, 14 (cum τὸν υἱὸν), 16 (ut 14), alii, Arab.
1, 2. [3] Cod. X in marg. Cf. Hex. ad Cap. xxix. 22.

9. מְצַחֵק. Irridentem. Ο'. παίζοντα (÷) μετὰ Ἰσαὰκ τοῦ υἱοῦ αὐτῆς (◄).⁵

14. וְאֶת־הַיֶּלֶד. Ο'. τὸ παιδίον. Alia exempl. καὶ τὸ παιδίον.⁶

בְּמִדְבַּר בְּאֵר שָׁבַע. Ο'. [κατὰ] τὴν ἔρημον κατὰ τὸ φρέαρ τοῦ ὅρκου (Σ. Βηρσαβεέ⁶).

18. וְהַחֲזִיקִי אֶת־יָדֵךְ בּוֹ. Et firmiter adjunge manum tuam ei. Ο'. καὶ κράτησον τῇ χειρί σου αὐτό. Alia exempl. καὶ κράτησον τῆς χειρὸς αὐτοῦ.⁷

31. בְּאֵר שָׁבַע. Ο'. φρέαρ ὁρκισμοῦ. Σ. Βηρσαβεέ.⁸

32. פְּלִשְׁתִּים. Ο'. τῶν Φυλιστιείμ. Ἄλλος· ἀλλοφύλων.⁹

33. אֶשֶׁל. Tamariscum (s. arboretum). Ο'. ἄρουραν. Ἀ. δενδρῶνα. Σ. φυτείαν.¹⁰

Cap. XXII. 22. ÷ καὶ Ὀχοζὰθ ὁ νυμφαγωγὸς αὐτοῦ ◄.¹¹ 32. ÷ Ὀχοζὰθ ὁ νυμφαγωγὸς αὐτοῦ ◄.¹²

CAP. XXII.

1. נִסָּה. Probavit. Ο'. ἐπείρασε (potior scriptura ἐπείραζε¹). Σ. ἐδόξασεν.²

2. אֶת־יְחִידְךָ. Unicum tuam. Ο'. τὸν ἀγαπητόν. Ἀ. τὸν μονογενῆ (s. μοναχόν).. Σ. τὸν μόνον σου.³

הַמֹּרִיָּה. Moriae. Ο'. τὴν ὑψηλήν. Ἀ. τὴν καταφανῆ. Σ. τῆς ὀπτασίας.⁴

7. וַיֹּאמֶר. Ο'. Vacat. Alia exempl. εἶπας.⁵

12. כִּי עַתָּה יָדַעְתִּי. Ο'. νῦν γὰρ ἔγνων. Ὁ Ἑβραῖος· ὅτι ἐγὼ οἶδα.⁶

אֶת־יְחִידְךָ. Ο'. τοῦ ἀγαπητοῦ (Σ. μονογενοῦς⁷).

13 (alia exempl. אֶחָד) וְהִנֵּה־אַיִל אַחַר. Et ecce! aries a tergo. Ο'. καὶ ἰδοὺ κριὸς εἷς. Σ. καὶ ἐφάνη κριὸς μετὰ τοῦτο.⁸

וַיֵּאָחֶז. Detentus. Ο'. κατεχόμενος. Σ. κρατούμενος.⁹ Ὁ Σύρος καὶ ὁ Ἑβραῖος· κρεμάμενος.¹⁰

Jesai. xxv. 6. ⁴ Hieron.: "Ludentem. Quod sequitur, cum Isaac filio suo, non habetur in Hebraeo." ⁵ Sic Ald., Codd. I, III, 14, 15, 16, alii, Arab. 1, 2, Hieron., qui enarrat: "Posuit ergo Abraham panes et utrem super humerum Agar; et hoc facto, dedit puerum matri, hoc est, in manus ejus tradidit." ⁶ Codd. X, 130 (sine nom.). In textu κατὰ prius om. Ald., Codd. I, III, 14, 15, 16, alii. ⁷ Sic Comp., Codd. 19, 20, 78, 108. Hieron.: "Et tene manum ejus. Ex quo manifestum est, eum qui tenetur, non oneri matri fuisse, sed comitem." ⁸ Codd. X, 130 (sine nom.). ⁹ Cod. 135 in marg. sine nom. ¹⁰ Cod. X. Nobil. affert: Aq. et Sym. δένδρων φυτείαν. Cod. 127: Ἀ. δένδρωμα (sic). Σ. φυτίαν. Cod. 130: Ἀ. δενάρωμα (sic Alterus). Σ. φυτείαν. Cf. Hex. ad 1 Reg. xxii. 6. xxxi. 13. Vocem Hebraeam Hieron. nemus interpretatus est; Graeco-Ven. ἄλσος. ¹¹ Cod. X. Hieron.: "Excepto Abimelech et Phicol, tertium nomen, quod hic legitur, in Hebraeo volumine non habetur." ¹² Cod. X obelis notat omnia ab ὅτι ἐκεῖ (v. 31) ad καὶ (sic) Ὀχ. ὁ ν. αὐτοῦ.

Cap. XXII. ¹ Sic Comp., Codd. I, III, 14, 15, 16, alii. ² Nobil., Codd. X, 127. Scilicet interpres noster vulgarem significationem τοῦ נסה, tentavit, Deo indignam esse ratus, ad verbum similis soni נשא, extulit, decucurrit. Cf. Psal. iv. 7 in Hebraeo et Hexaplis. Frustra igitur L. Bos in Prolegom. ad LXX, Cap. III pro ἐδόξασε legendum censet

ἐδοκίμασε. Cf. Scharfenb. in Animadv. p. 21. ³ Nobil., Codd. X, 130, qui omnes μονογενῆ habent. Cod. 135: Ἀ. τὸν μοναχόν. Σ. τὸν μόνον σου. Cf. Hex. ad Psal. xxi. 21. xxiv. 16. Prov. iv. 3. ⁴ Hieron.: "Ubi nunc dicitur, vade in terram excelsam, in Hebraeo habet MORIA, quod Aq. transtulit τὴν καταφανῆ, hoc est, lucidam; Sym. τῆς ὀπτασίας, hoc est, visionis. Aiunt ergo Hebraei hunc montem esse, in quo postea templum conditum est in area Ornae Jebusaei, sicut et in Paralipomenis [2 Paral. iii. 1] scriptum est ... qui idcirco illuminans interpretatur et lucens, quia ibi est DABIR, hoc est, oraculum Dei, et lex, et Spiritus sanctus, qui docet homines veritatem, et inspirat prophetas." ⁵ Sic Comp., Codd. III, X, 19, 128, Arab. 1, 2. ⁶ Procop. in Cat. Niceph. p. 282. Aliter Cod. 135 in marg.: Ὁ Ἑβραῖος· νῦν ἔδειξας, praecunte Diodoro ibid.: Ἄλλοι δέ φασι τὸ, νῦν ἔγνων, ἐν τῇ Ἑβραΐδι ἐπαμφοτερίζειν· καὶ τοῦτο γὰρ σημαίνειν ἅμα, καὶ ὅτι νῦν ἐγνώρισας, ἀντὶ τοῦ, πᾶσιν ἔδειξας, καὶ ἐποίησας φανερόν. ⁷ Cod. X. ⁸ Hieron.: "Symmachus: Et apparuit aries post hoc retentus in rete cornibus suis." Ad ἐφάνη cf. Hex. ad Gen. xxxiii. 1. Exod. iv. 6. Amos vii. 7. ⁹ Cod. X affert: Σ. κρατούμενον, quod ex Hieron. correximus. ¹⁰ Melito apud Nobil. et Cat. Niceph. p. 283: τὸ, κατεχόμενος τῶν κεράτων, ὁ Σύρος καὶ ὁ Ἑβραῖος, κρεμάμενος, φησίν, ὡς σαφέστερον τυποῦν (Niceph. τυποῦντα) τὸν σταυρόν. Idem scholium ex Euseb. Emis. eruit Combefis. apud Montef.

13. בְּסֻבַךְ בְּקַרְנָיו. *In loco perplexo* (dumeto) *corni-bus suis.* Ο'. Θ. ἐν φυτῷ σαβὲκ τῶν κεράτων. Ἀ. ἐν συχνεῶνι ἐν κέρασιν αὐτοῦ. Σ. ἐν δικτύῳ τοῖς κέρασιν αὐτοῦ.[11] Ὁ Σύρος· ἐν σαβέκ..[12]

Cap. XXIII.

1. שְׁנֵי חַיֵּי שָׂרָה. Ο'. Vacat. Alia exempl. ἔτη ζωῆς Σάρρας.[1]

6. שְׁמָעֵנוּ אֲדֹנִי. Ο'. ἄκουσον δὲ ἡμῶν. Ἀ. ἄκουσον ἡμῶν, κύριε.[2]

9. בְּתוֹכְכֶם. Ο'. ἐν ὑμῖν. Ἀ. ἐν μέσῳ ὑμῶν.[3]

10, 18. שַׁעַר־עִירוֹ. Ο'. εἰς τὴν πόλιν. Alia exempl. εἰς τὴν πύλην τῆς πόλεως αὐτοῦ.[4]

11. לֹא־אֲדֹנִי. *Minime, domine mi.* Ο'. παρ' ἐμοὶ (alia exempl. ἐμοῦ[5]) γενοῦ, κύριε. Schol. τὸ ἀρεστόν μοι ποίησον.[6] Ἀ. οὐχὶ, κύριέ μου.[7]

13. אַךְ אִם־אַתָּה. *Tantummodo si tu* (vis). Ο'.

ἐπειδὴ πρὸς ἐμοῦ εἶ. Schol. ἐπειδὴ τὸ ἀρεστόν μοι ζητεῖς, φησὶ, καὶ τὸ κεχαρισμένον εὑρεῖν σπουδάζεις.[8]

15. שֶׁקֶל. Ο'. διδράχμων. Ἄλλος· στατήρων.[9]

17. וַיָּקָם. *Et ratus factus est.* Ο'. καὶ ἔστη. Ἀ. (καὶ) ἐκυρώθη.[10]

Cap. XXIII. 2. ÷ ἥ ἐστιν ἐν τῷ κοιλώματι ◄.[11]

Cap. XXIV.

2. תַּחַת יְרֵכִי. *Sub femore meo.* Ο'. ὑπὸ (alia exempl. ἐπὶ[1]) τὸν μηρόν μου. Ὁ Ἑβραῖος· ὑπὸ τὴν ὀσφύν μου.[2]

4. וְאֶל־מוֹלַדְתִּי. *Et ad patriam meam.* Ο'. οὗ ἐγεννήθην (s. ἐγενόμην).. καὶ εἰς τὴν φυλήν μου. [Ἀ.] καὶ εἰς τὸν οἶκόν μου.[3]

5. הֶהָשֵׁב אָשִׁיב. *Num reducendo reducam.* Ο'. ἀποστρέψω. Alia exempl. μὴ ἀποστρέφων ἀποστρέψω.[4]

---

[11] Cod. X. Hieron.: "Rursum Aq. συχνεῶνα interpretatus est, quem nos *veprem* possumus dicere, vel *spinetum*, et, ut verbi vim interpretemur, *condensa et inter se im-plexa virgulta.* Unde et Sym., in eandem ductus opinionem, *Et apparuit,* ait, *aries post hoc retentus in rete* [בסבכ] *cornibus suis.* Verum quibusdam, in hoc dumtaxat loco, melius videntur interpretati esse LXX et Theod., qui ipsum nomen *sabech* posuerunt, dicentes: *in virgulto sabech cornibus suis.* Etenim συχνεῶν, sive *rete,* quod Aq. posuit et Sym., per six literam scribi; hic vero samech literam positam: ex quo manifestum esse non interpretationem stirpium condensarum, et in modum retis inter se virgulta contexta verbum sabech, sed nomen sonare virgulti, quod ita Hebraice dicitur. Ego vero diligenter inquirens συχνεῶνα per samech literam scribi crebro reperi." Ante Martianaeum edebatur ἐν συχνῷ vel συχνεῷ, repugnantibus libris. Cod. 135 ad σαβὲκ in marg. adscribit: συχνέω (sic) εἶπεν τὸ σαβέκ. [12] Diodorus in Cat. Niceph. p. 282: τὸ, ἐν φυτῷ, οὐκ ἔχει ὁ Σύρος, μόνον δὲ τὸ σαβὲκ τοῦτο δὲ τὸ ὄνομα τοῦ φυτοῦ εἶναι νομίζω. Vocem Hebraeam, respectu ad etymon habito, Graeco-Ven. non male vertit ἐν ξυνηρεφεῖ; sed optime omnium interpres Anglus, *in a thicket.*

Cap. XXIII. [1] Sic Codd. I, 59. [2] Cod. 130. [3] Cod. X. [4] Sic Codd. 15, 72, 82, 135, Arm. 1. [5] Sic Codd. 16, 18, 25, alii. Montef. ad כמו (v. 13) affert: Ο'.

παρ' ἐμοῦ. Ἄλλος· παρ' ἐμοί; quae nota ad hunc locum pertinere videtur. [6] Cod. X in marg. Alterus e Slavon. Ostrog. Graece exscripsit: πρόσελθε ἐνθάδε, κύριε; ex Arm. 1 autem: πρὸς ἐμὲ στρέψε, κύριε. [7] Cod. X. [8] Anon. in Cat. Niceph. p. 288. [9] Sic in textu Arm. 1. Procop. in Cat. Niceph. p. 289: στατήρ ἐστιν, ὥς φησιν Ὠριγένης, τὸ ἥμισυ τῆς οὐγγίας, ἔχει δὲ δραχμὰς δύο. Cf. Hex. ad Exod. xxxviii. 24. Jerem. xxxii. 9. Ezech. iv. 10. [10] Cod. X. Cf. LXX ad v. 20. [11] "Haec obelo notantur, aut lemnisco [in Cod. X]."—*Griesb.* Hieron.: "Hoc quod hic positum est, *quae est in valle,* in authenticis codd. non habetur."

Cap. XXIV. [1] Sic Codd. 16, 56, alii, Hieron. [2] S. Chrysost. Opp. T. IV, p. 482 E: Τῇ μὲν Ἑλλάδι γλώττῃ οὕτω γέγραπται, ὑπὸ τὸν μηρόν μου· ἐν δὲ τῇ Ἑβραΐδι φασὶν, ὑπὸ τὴν ὀσφύν. In Cod. VI duplex est lectio: τὸν μηρόν μου τὴν ὀσφύν μου. Cod. 135 ex Euseb. Emis. affert: Ὁ Ἕλλην σεμνότερον ἑρμηνεύει· ὁ γὰρ Ἑβραῖος καὶ ὁ Σύρος αὐτὸ λέγει τοῦ ἀνδρὸς τὸ τεκνοποιὸν ὄργανον. Similia habet Diodorus in Cat. Niceph. p. 289, praemisso τινὲς φασιν. [3] Cod. 130. Non est Aquilae versio, sed alia lectio, quam pro superfluis, καὶ εἰς τ. φ. μου (cf. vv. 38, 40) venditant Codd. 106, 107, 128, Arm. 1. [4] Sic Codd. 14, 15 (cum καὶ pro μὴ), 16, alii (inter quos Cod. 135, teste Lagardio), Arm. 1 (sine μή).

11. וַיַּבְרֵךְ. *Et genua flectere fecit.* Ο΄. καὶ ἐκοίμισε. Ἀ. καὶ ἐγονάτισε.[5]

13. לִשְׁאָב מָיִם. *Haurire aquam.* Ο΄. ἀντλῆσαι
(alia exempl. ὑδρεύσασθαι[6]) ὕδωρ.

14. הֹכַחְתָּ. *Destinasti.* Ο΄. ἡτοίμασας. Ἀ. ἤλεγ-
ξας. Σ. ἀπέδειξας.[7]

17. הַגְמִיאִינִי. *Da mihi sorbendum.* Ο΄. πότισόν
με. Ἀ. βρόχθισόν με.[8]

22. בֶּקַע. *Dimidius siclus.* Ο΄. δραχμήν. Alia
exempl. δίδραχμον.[9]

27. אָנֹכִי בַּדֶּרֶךְ נָחָנִי. *Quod ad me attinet, in itinere duxit me.* Ο΄. ἐμέ τ᾽ εὐώδωκε. Alia ex-
empl. καὶ ἐμὲ ἐν ὁδῷ ἤγαγε.[10]

31. בְּרוּךְ יְהוָה. *Benedicte a Jova.* Ο΄. εὐλογητὸς κυρίου (alia exempl. κύριος[11]). Ἀ. εὐλογημένος κύριος. Σ. εὐλογημένος κ.[12] Τὸ
Ἑβραϊκὸν ἔχει· ηὐλογημένος ὑπὸ κυρίου.[13]

32. וַיְפַתַּח. *Et solvit.* Ο΄. καὶ ἀπέσαξε (.. ἀπέ-
στρωσεν[14]).

43. הָעַלְמָה. *Virgo illa.* Ο΄. ἡ παρθένος. Ἀ. ἡ
ἀπόκρυφος.[15]

45. וַתֵּהֶד. Ο΄. εὐθύς. Alia exempl. καὶ ἰδού.[16]

47. עַל־אַפָּה. *Super nasum ejus.* Ο΄. (καὶ περιέ-
θηκα) αὐτῇ. Ἀ. ἐπὶ μυκτῆρας αὐτῆς.[17]

50. לֹא נוּכַל דַּבֵּר אֵלֶיךָ רַע אוֹ־טוֹב. *Non possumus dicere tibi malum aut bonum.* Ο΄. οὐ
δυνησόμεθά σοι ἀντειπεῖν κακὸν ἢ καλόν (alia
exempl. κακὸν καλῷ[18]). Ὁ Σύρος· οὐ δυνη-
σόμεθα εἰπεῖν τὸ, ἢ καλὸν ἢ κακόν.[19]

59. וְאֶת־מֵנִקְתָּהּ. *Et nutricem ejus.* Ο΄. καὶ τὰ
ὑπάρχοντα αὐτῆς. Ἀ. καὶ τὴν τίτθην αὐτῆς.
Σ. καὶ τὴν τροφὸν αὐτῆς.[20] Aliter: Ἀ. τὴν
τιθηνόν.[21]

61. וְנַעֲרֹתֶיהָ. *Et ancillae ejus.* Ο΄. καὶ αἱ ἅβραι
(Ἀ. παιδίσκαι. Σ. κοράσια[22]) αὐτῆς.

63. לָשׂוּחַ בַּשָּׂדֶה. *Meditari in agro.* Ο΄. ἀδολεσχῆσαι εἰς τὸ πεδίον. Ἀ. ὁμιλῆσαι ἐν χώρα.
Σ. λαλῆσαι ἐν τῷ ἀγρῷ.[23]

67. וַיְבִאֶהָ יִצְחָק הָאֹהֱלָה שָׂרָה אִמּוֹ. *Et introduxit eam Isaac in tentorium Sarae matris
suae.* Ο΄. εἰσῆλθε δὲ Ἰσαὰκ εἰς τὸν οἶκον

---

[5] Codd. X, 130. Nobil. quasi scholium affert. Cf. ad
Cap. xli. 43.　[6] Sic Codd. X (in marg.), 59 (cum ὑδρεύ-
εσθαι), 135 (cum ἀντλῆσαι in marg.).　[7] Cod. X. Cod. 135
affert: Σ. ἀπέδειξας; Nobil.: Schol. ἀπέδειξας.　[8] Codd.
X, 130 (non, ut Holmes., βρέχθισον).　[9] Sic Codd. 14,
16 (uterque cum כֵּ̄ם), 18, alii. Hieron.: "*Didrachmum
pondus ejus.* BACE, quod in hoc loco pro *didrachmo*
scribitur, semiuncia est; SECKL vero, qui Latino sermone
siclus corrupte appellatur, unciae pondus habet." Cf.
Hex. ad Exod. xxxviii. 26. Montef. affert: "Ἄλλος· διδρα-
χμὴν (sic); quae lectio deterior est in quatuor libris.
[10] Sic Codd. 32, 106, 107. Ante εὐώδωκε inferunt ἐν ὁδῷ
Codd. 15, 30, alii.　[11] Sic Ald., Codd. I, III, X, 14, 15,
16, alii.　[12] Cod. X ad εὐλογητὸς κύριος (sic) in marg.
notat: τὸ, εὐλογητὸς εἰ κύριε, οὐ πρὸς τὸν παῖδα τοῦ Ἀβραὰμ
εἶπεν ὁ γοῦν Ἀκ. φησίν, εὐλογημένος κύριος· Σύμ. δὲ, εὐλογημένος κ.. (folio abscisso).　[13] Procop. in Cat. Niceph.
p. 299.　[14] Cod. X, ubi interpretis nomen abscissum est.
Hieron. Hebraeum vertit, *destravit*.　[15] Hieron. in Comment. ad Jesai. vii. 14 (Opp. T. IV, p. 108): "Porro ALMA
apud eos verbum ambiguum est; dicitur enim et *adole-
scentula*, et *abscondita*, id est, ἀπόκρυφος... Et in Genesi
legimus, ubi Rebecca dicitur ALMA, Aquilam non *adole-

scentulam, nec *puellam*, sed *absconditam* transtulisse."
[16] Sic Cod. I. Duplex lectio, καὶ ἰδοὺ εὐθύς, est in Comp.,
Codd. 19, 20, 108.　[17] Cod. X. In textu LXXvirali
post ἐνώτια inferunt ἐπὶ μυκτῆρας αὐτῆς Codd. 15, 82, 135.
[18] Sic Ald., Codd. I, III, X, 14, 15, 16, alii.　[19] "Syri
versionem, ut hic refertur, habent omnes Catenae Regiae
et schedae Combefis. Unus codex omittit τό."—Montef.
In Cat. Niceph. p. 302 abest τὸ ἢ.　[20] Nobil., et Cat.
Niceph. p. 303. Cod. 127: Ἀ. τιτθήν. Σ. τροφόν. Cod.
130: Ἀ. τίτθην, τροφόν. Hieron.: "*Et substantiam ejus ...*
In Hebraeo habet ... *et nutricem ejus* ... Decens quippe
erat, ut ad nuptias absque parentibus virgo proficiscens
nutricis solatio foveretur."　[21] Cod. X affert: Ἀ. τὴν
τιθηνόν. Σ. τροφόν.　[22] Nobil., Codd. X, 127. Sic sine
nominibus Cod. 130.　[23] Nobil., et Cat. Niceph. p. 304
(cum προσλαλῆσαι pro λαλῆσαι). Cod. 130 in marg. sine
nom.: λαλῆσαι ἐν τῷ ἀγρῷ. Ad ἀδολεσχῆσαι Cod. X in
marg. annotat: τοῖς οἰκείοις λογισμοῖς ὁμιλῆσαι ἐν τῇ τῆς ἐρη-
μίας ἡσυχίᾳ. Hieron.: "Quod autem ait, *Et egressus est*,
ut exerceretur in campo, quod Graece dicitur ἀδολεσχῆσαι,
in Hebraeo legitur: *Et egressus est Isaac, ut loqueretur in
agro, inclinante jam vespera.*"

✕ Σάρρας ◄²⁴ τῆς μητρὸς αὐτοῦ. 'Α. (καὶ) εἰσήγαγεν αὐτὴν ('Ισαὰκ) εἰς τὴν σκηνὴν Σάρρας τῆς μητρὸς αὐτοῦ.²⁵

67. וַיִּנָּחֵם. Et consolationem admisit. Ο'. καὶ παρεκλήθη. Σ. (καὶ) παρηγορήθη.²⁶

Cap. XXIV. 14. ÷ ἕως ἂν παύσωνται πίνουσαι ◄.²⁷ 15. ÷ ἐν τῇ διανοίᾳ (om. αὐτοῦ) ◄.²⁸ [16. ÷ καταβᾶσα δὲ ἐπὶ τὴν πηγήν ◄.]²⁹ 44. ÷ καὶ ἐν τούτῳ γνώσομαι — 'Αβραάμ ◄.³⁰ 60. 'Ρέβεκκαν ÷ τὴν ἀδελφὴν αὐτῶν ◄.³¹

Cap. XXV.

3. וְאֶת־דְּדָן. Ο'. καὶ τὸν Δεδάν (s. Δαιδάν). Alia exempl. καὶ τὸν Θαιμὰν, καὶ τὸν Δεδάν.¹

אַשּׁוּרִם. Ο'. 'Ασσουριείμ. Alia exempl. ἐγένοντο 'Ραγουὴλ καὶ Ναβδεὴλ καὶ 'Ασσουριείμ.²

6. אֲשֶׁר לְאַבְרָהָם. Ο'. (τῶν παλλακῶν) αὐτοῦ. Alia exempl. ὅσαι τοῦ 'Αβραάμ.³

8. בְּשֵׂיבָה טוֹבָה. In canitie bona. Ο'. ἐν γήρᾳ (s. γήρει) καλῷ. 'Α. Σ. ἐν πολιᾷ ἀγαθῇ.⁴

אֶל־עַמָּיו. Ο'. πρὸς τὸν λαὸν αὐτοῦ. Σ. πρὸς τοὺς πατέρας.⁵

12. הָגָר הַמִּצְרִית. Ο'. Ἄγαρ ✕ ἡ Αἰγυπτία ◄.⁶

20. מִפַּדַּן אֲרָם. Ex regione campestri Syriae (Mesopotamia). Ο'. ἐκ τῆς Μεσοποταμίας ✕ Συρίας ◄.⁷

22. וַיִּתְרֹצֲצוּ הַבָּנִים. Et contundebant se invicem filii. Ο'. ἐσκίρτων δὲ τὰ παιδία. 'Α. (καὶ) συνεθλάσθησαν υἱοί. Σ. (καὶ) διεπάλαιον.⁸

23. יֶאֱמָץ. Fortis erit. Ο'. ὑπερέξει. Σ. ὑπερισχύσει.⁹

25. שֵׂעָר. (Pallium) villosum. Ο'. δασύς. Σ. τετριχωμένος.¹⁰

27. תָּם. Integer. Ο'. ἄπλαστος. 'Α. Θ. ἁπλοῦς. Σ. ἄμωμος.¹¹

29. עָיֵף. Languescens. Ο'. ἐκλείπων. Θ. πεινῶν.¹²

30. מִן־הָאָדֹם. De rubro. Ο'. ἀπὸ τοῦ ἐψέματος (Σ. 'Εδώμ¹³).

31. מִכְרָה. Vende. Ο'. ἀπόδου. 'Α. πώλησον.¹⁴

33. אֶת־בְּכֹרָתוֹ. Ο'. τὰ πρωτοτόκια ✕ αὐτοῦ ◄.¹⁵

34. וַיִּבֶז עֵשָׂו אֶת־הַבְּכֹרָה. Et sprevit Esavus primogenituram. Ο'. καὶ ἐφαύλισεν Ἡσαῦ τὰ πρωτοτόκια. 'Α. (καὶ) ἐξουδένωσεν Ἡσαῦ τὴν πρωτοτοκίαν.¹⁶

---

²⁴ Sic Cod. 127 in marg. sub aster., et in textu sine aster. Codd. 15, 55 (cum Σάρρᾳ), alii, Arm. 1. ²⁵ Nobil., et Procop. in Cat. Niceph. p. 305. ²⁶ Codd. X (cum scholio: ἐθεραπεύθη, τῆς λύπης ἐκτὸς ἐγένετο), 127. Cod. 130 in marg. sine nom.: παρηγόρησεν (sic). ²⁷ Cod. X. ²⁸ Procop. in Cat. Niceph. p. 296: τὸ δέ, ἐν τῇ διανοίᾳ, ὠβέλισται, ὡς μὴ κείμενον ἐν τῷ Ἑβραϊκῷ· ὅμως καὶ διὰ τῶν ἑξῆς (v. 45) τοῦτο παρίσταται. ²⁹ Haec in Cod. X lemnisco notantur, invito Hebraeo. ³⁰ Cod. X obelis notat omnia a τῷ ἑαυτοῦ θεράποντι ad 'Αβραάμ. ³¹ Idem. Sic sine obelo Comp., Codd. I, III, 14, 15, 16, alii. Cap. XXV. ¹ Sic Ald. (cum Θαμὰν), Codd. I, III, X, 14, 16, alii, Arab. 1, 2. ² Sic Ald., Codd. I (cum 'Ραγουὴλ), III, X, 14, 16 (cum Ναυδεὴλ), 18, alii, Arab. 1, 2. ³ Sic Codd. 15, 135, Arm. 1 (cum τῷ 'Αβρ.). ⁴ Nobil., Cod. 130. Cf. ad Cap. xv. 15. ⁵ Cod. 130. Sic in textu Codd. I, 75, necnon Bodleianus a Tischendorfio editus. Mendose Nobil.: Schol. πρὸς τοὺς πέρατας, quod Montefal-

conium male habuit. ⁶ Sic cum aster. Arm. 1. Deest ἡ Αἰγυπτία in Ald., Codd. I, III, X, 31, 56, aliis. ⁷ Idem. Vox abest a Codd. I, III, X, 30, 35, aliis. ⁸ Cod. X. Nobil., Codd. 127, 130: Σ. διεπάλαιον. Hieron.: " Et movebantur filii ejus in ea. Pro motione LXX interpretes posuerunt ἐσκίρτων, id est, ludebant, sive calcitrabant; quod Aq. transtulit, confringebantur filii in utero ejus; Sym. vero διέπλεον, id est, in similitudinem navis in superficie ferebantur." Ubi pro διέπλεον unus codex apud Vallars. διεπάλεον legit, repugnantibus tum ceteris libris, tum ipso Hieronymi contextu. ⁹ Codd. X, 127, 130 (in marg. sine nom.). ¹⁰ Codd. X, 127, 130. ¹¹ Nobil. (cum 'Α. pro 'Α. Θ.), iidem. ¹² Cod. X. Ad ἐκλείπω (v. 30) Cod. 130 in marg. habet: πεινῶ. ¹³ MSS. Regii et schedae Combefis. apud Montef.: ὁ Σύμ. ἀντὶ τοῦ ἐψήματος (sic) 'Εδὼμ τέθεικεν, ὃ ἑρμηνεύεται πυρρός. Nobil. affert: Σ. ἀδάμ. ¹⁴ Cod. X. ¹⁵ Sic Arm. 1, et sine aster. Comp., Codd. 15, 19, alii. ¹⁶ Cod. X.

Cap. XXVI.

5. וְתִֽורֹתָי. Ο'. καὶ τὰ νόμιμά μου. Οἱ λοιποί·
καὶ νόμους μου.[1]

8. מְצַחֵק. Ludebat. Ο'. παίζοντα. Schol. συνου-
σιάζοντα.[2]

10. אָשָׁם. Culpam. Ο'. ἄγνοιαν. Ἀ. Σ. πλημ-
μέλημα.[3]

12. מֵאָה שְׁעָרִים. Centum mensuras. Ο'. ἑκατο-
στεύουσαν κριθήν. Ἀ. ἑκατὸν εἰκασμούς.[4]

13. וַיֵּלֶךְ הָלֹוךְ וְגָדֵל. Et procedebat procedendo,
et crescebat. Ο'. καὶ προβαίνων μείζων ἐγένετο. Alia exempl. καὶ ἐπορεύετο προβαίνων,
καὶ μείζων ἐγένετο.[5]

20. וַיָּרִיבוּ. Et altercati sunt. Ο'. καὶ ἐμαχέσαντο. Ἀ. (καὶ) ἐδικάσαντο.[6]

עֵשֶׂק כִּי הִתְעַשְּׂקוּ עִמֹּו. Esek, quia litigave-
runt cum eo. Ο'. ἀδικία· ἠδίκησαν γὰρ αὐ-

τόν. Ἀ. συκοφαντία· ἐσυκοφάντησαν γὰρ
αὐτόν.[7]

21. שִׂטְנָה. Sitnah. Ο'. ἐχθρία. Ἀ. [ἡ] ἀντικειμένη. Σ. ἐναντίωσις.[8]

26. וַאֲחֻזַּת מֵרֵעֵהוּ. Et Ahuzzath amicus ejus.
Ο'. καὶ Ὀχοζὰθ ὁ νυμφαγωγὸς (Σ. συνέται-
ρος[9]) αὐτοῦ.

28. אָלָה. Jusjurandum. Ο'. ἀρά. Alia exempl.
ὅρκος.[10]

30. מִשְׁתֶּה. Ο'. δοχήν. Ἄλλος· πότον. Ἄλλος·
ἑστίασιν.[11]

31. בְּשָׁלֹום. Ο'. μετὰ σωτηρίας. Οἱ λοιποί· μετ'
εἰρήνης.[12]

32. וַיֹּאמְרוּ לֹו כָּאנוּ. Et dixerunt ei: Invenimus. Ο'. καὶ εἶπαν· οὐχ εὕρομεν (Οἱ λοιποί·
εὕρομεν[13]).

33. שִׁבְעָה. Ο'. ὅρκος. Ἀ. Σ. πλησμονή.[14]

CAP. XXVI. [1] Procop. in Cat. Niceph. p. 319. [2] Sic
in textu Cod. 32. Procop. in Cat. Niceph. p. 320:
Ἑβραῖοι δέ φασιν, εἰσχημόνως εἰρῆσθαι τὸ παίζειν ἀντὶ τοῦ συνου-
σιάζειν. [3] Nobil., Codd. 127, 130. Sic in textu Cod. 38.
Cod. X in marg. sine nom.: πλημμέλειαν, secundum collationem antiquam in schedis Bodleianis. [4] Hieron.:
" Licet in aliena terra seminaverit Isaac, tamen non puto
quod tanta ei fertilitas hordei fuerit. Unde melius puto
illud esse, quod habetur in Hebraeo, et Aq. quoque transtulit: Et invenit in anno illo centuplum aestimatum, id
est, ἑκατὸν εἰκασμούς [sic Cod. Frising. apud Lagarde, faventibus duobus Vallarsianis, qui ΕΚΑΤΟΙΚΑϹΝѠΥϹ et ΕΚΑΤΟΝ-
ΕΙΔΑϹΜΟΤΕ pingunt, pro eo quod edebatur, ἐκ. εἰκασμένον].
Licet enim eisdem literis et aestimatio scribatur et hordeum, tamen aestimationes ϹΑΑΡΙΜ leguntur, hordea vero
ϹΟΡΙΜ." Interpres Graeco-Ven.: ἑκατὸν εἰκασμόν (fort. εἰ-
κασμῶν). Cf. Hex. ad Prov. xxiii. 7. [5] Sic Codd. 72,
82 (cum καὶ πρ. pro πρ.), 135. Hieron.: et ambulabat
vadens, et magnificatus. [6] Codd. X, 127. Sic sine
nom. Nobil., Cod. 130. [7] Cod. 127 (om. αὐτόν). Sic
sine nom. (add. αὐτὸν) Nobil., Cod. 130. Minus probabiliter Cod. X: Ἀ. συκοφαντία. Σ. ἐσυκοφάντησαν. [8] Hieron.: " Pro inimicitiis, quod Aq. et Sym. τὴν ἀντικειμένην
et ἐναντίωσιν transtulerunt, id est, adversum atque contrarium, in Hebraeo habet ϹΑΤΑΝΑ; ex quo intelligimus
Satanam contrarium interpretari." Ad Aquilam (quem
ἀντικειμένη sine articulo scripsisse suspicor) cf. Hex. ad

TOM. I.

Psal. cviii. 6. Zach. iii. 2. Ad rem cf. Joseph. Ant. I,
18, 2: Τῶν δὲ προτέρων τὸ μὲν Ἔσκον καλεῖται· μάχης ἂν τις
αὐτὸ φήσειε· τὸ δὲ ἕτερον Σιτεννά· ἔχθραν ἀποσημαίνει τὸ ὄνομα.
[9] Cod. X (cum συνέτερος). Hieron.: " Pro Ochozath pro-
nubo in Hebraeo habet collegium [potius possessio] amicorum ejus; ut non tam hominem significet, quam amicorum
turbam, quae cum rege venerat, in quibus fuit et Phicol,
princeps exercitus ejus." Consentit Onkelos, qui enarrat:
וְסִיעַת מֵרַחֲמֹוהִי, et coetus amicorum ejus. Utrumque nomen
pro appellativo habuit Graeco-Ven., cujus versio sonat:
κατοχή τε τοῦ φίλου οἱ, καὶ στόμα παντὸς ἄρχαντος τῆς κείνου
στρατιᾶς. [10] Sic Codd. 32, 108 (in marg.), 130 (idem).
[11] Cod. X in marg.: πότον, ἑστίασιν. Cf. ad Cap. xxi. 8.
Sed fortasse merum scholium est. [12] Cod. X. Lectio
ἐν εἰρήνῃ est in Codd. 20, 130 (in marg.). Cf. ad Cap.
xxviii. 21. [13] Cod. X. Vid. not. seq. [14] Hieron.:
" Nescio quomodo in LXX interpretibus habeatur . . .
Et dixerunt ei: Non invenimus aquam; et vocavit nomen
ejus Juramentum. Quae enim etymologia est, propterea
vocari juramentum, quod aquam non invenissent? E contrario in Hebraeo, cui interpretationi Aq. quoque consentit
et Sym., hoc significat, quod invenerint aquam, et propterea appellatus sit puteus ipse Saturitas, et vocata civitas
Bersabee, hoc est, puteus saturitatis. Licet enim supra
[Cap. xxi. 31] ex verbo juramenti, sive ex septenario ovium
numero, quod ϹΑΒΕΕ dicitur, asseruerimus Bersabee appel-
latam, tamen nunc ex eo quod aqua inventa est, Isaac ad

G

33. הָעִיר. Ο'. τῇ πόλει ἐκείνῃ. Ὁ Σύρος οὐκ ἔχει, τῇ πόλει.[15]

בְּאֵר שֶׁבַע. Ο'. φρέαρ ὅρκου ('Α. Σ. πλησμονῆς[16]).

35. מֹרַת רוּחַ. Maeror spiritus. Ο'. ἐρίζουσαι. Ὁ Σύρος· οὐκ εὐαρεστοῦσαι. Ὁ Ἑβραῖος· παροργίζουσαι.[17]

Cap. XXVI. 15. τοῦ πατρὸς αὐτοῦ ※ Ἀβραάμ ◄.[18]

CAP. XXVII.

1. וַתִּכְהֶיןָ. Et debiles facti sunt. Ο'. καὶ ἠμβλύνθησαν (alia exempl. ἠμβλυώπησαν[1]). Ἀ. ἠμαυρώθησαν (s. ἠσθένησαν).[2]

6. הִנֵּה. Ο'. ἴδε. Ἀ. Θ. ἰδού.[3]

12. כִּמְתַעְתֵּעַ. Tanquam subsannans. Ο'. ὡς καταφρονῶν ('Α. καταμωκώμενος. Σ. καταπαίζων[4]).

15. אֶת־בִּגְדֵי. Vestes. Ο'. τὴν στολήν. Ἀ. τὰ ἱμάτια.[5]

16. גְּדָיֵי הָעִזִּים. Haedorum caprarum. Ο'. τῶν ἐρίφων. Alia exempl. τῶν ἐρίφων τῶν αἰγῶν.[6]

וְעַל חֶלְקַת. Et super levitatem. Ο'. καὶ ἐπὶ τὰ γυμνά ('Α. Σ. λεῖα[7]).

20. מִהַרְתָּ לִמְצֹא. Tam cito invenisti. Ο'. ὃ ταχὺ εὗρες. Alia exempl. ὅτι ἐτάχυνας.[8]

27. שָׂדֶה. Agri. Ο'. ἀγροῦ πλήρους. Ἀ. χώρας.[9] Ὁ Σύρος· ἀρούρας.[10]

33. וַיֶּחֱרַד. Et trepidavit. Ο'. ἐξέστη δέ. Ἀ. Σ. (καὶ) ἐξεπλάγη.[11]

34. לְאָבִיו. Ο'. Vacat. Alia exempl. τῷ πατρὶ αὐτοῦ.[12]

35. בְּמִרְמָה. Cum dolo. Ο'. μετὰ δόλου. Ἀ. ἐν ἐπιθέσει. Σ. δι' ἐνέδρας.[13]

37. וּלְכָה אֵפוֹא מָה אֶעֱשֶׂה בְּנִי. Et tibi jam quid faciam, fili mi? Ο'. σοὶ δὲ τί ποιήσω, τέκνον; Σ. (καὶ) σοὶ πρὸς ταῦτα τί ποιήσω, υἱέ μου;[14]

40. וְהָיָה כַּאֲשֶׁר תָּרִיד וּפָרַקְתָּ עֻלּוֹ. Fiet autem, ubi libere vagaberis, abrumpes jugum ejus. Ο'.

---

nomen civitatis, quae ita vocabatur, alludens, declinavit paululum literam, et pro stridulo Hebraeorum SIN, a quo SABEC incipitur, Graecum SIGMA, id est, Hebraeum SAMECH posuit." [15] Procop. in Cat. Niceph. p. 328: Ὁ Σύρος οὐκ ἔχει, τῇ πόλει· ἀλλ' οὐδὲ ἐν τῇ κατασχέσει εὑρίσκεται πόλις αὕτη καλουμένη· τόπου τοίνυν ἦν ὄνομα. [16] Hieron., ut supra. Ad φρέαρ ὅρκου Cod. X in marg. pingit: 'Α. πανσμονῇ (sic). [17] Anon. in Cat. Niceph. p. 330: Ὁ Σύρος οὐκ ἔχει, ἐρίζουσαι, ἀλλ', οὐκ εὐαρεστοῦσαι· ἀντὶ τοῦ, ἔριδι καὶ φιλονεικίᾳ πάντα ποιοῦσαι· ὁ γὰρ Σύρος καὶ ὁ Ἑβραῖος, παροργίζουσαι, ἔφη. " Haec paulum perplexa sunt; videtur enim duas Syro interpretationes tribuere; at Procopius [p. 159] clarius habet: " Syrus habet: Displacebant Rebeccae. Hebraeus vero: Non cessabant irritare et ad iram provocare Rebeccam."—Montef. (Graeca Procopii frustra indagavimus in Cod. Ambros., qui abrumpit p. 147, 14 edit. Gesnerianae ad p. 164, 19, deficiente, ut videtur, archetypo ejus.) Ad ἐρίζουσαι Cod. X in marg. glossam affert: μαχόμεναι, φιλονεικοῦσαι, ἀνθιστάμεναι. [18] Sic Arm. 1, et sine aster. Codd. 15, 82, 106, 135.

CAP. XXVII. [1] Sic Codd. I (cum ἠβλ.), Bodl. (cum ἠσθλ.), 56, 59, 129. Cf. Hex. ad 3 Reg. xiv. 1, 4. [2] Cod. X affert: 'Α. ἀλμυρώθησαν, ἠσθένησαν. Pro ἀλμυρώθησαν Montef. recte corrigit ἠμαυρώθησαν, coll. Hex. ad

[1] Reg. iii. 13. Jesai. xlii. 3. Altera lectio aut alius interpretis est, aut Aquilae secundis curis debetur. Cf. Hex. ad Ezech. xxi. 7. Mox ad φαρέτραν (v. 3) idem in marg. glossam habet: βελοθήκην. Cf. Hex. ad Psal. x. 2. [3] Cod. 130. Sic in textu Codd. 14, 18, alii. [4] Nobil. "In MSS. omnibus [ut in Cod. 25, et Cat. Niceph. p. 331] sic legitur: ὁ Σύμ. τὸ καταφρονῶν ἀντὶ τοῦ καταπαίζων· ὁ δὲ Ἀκ. καταμωκώμενος."—Montef. Graeco-Ven.: ὡς ἀπατεών. [6] Cod. X. [6] Sic Codd. 15, 58, 135. Ad ἐρίφων Cod. X in marg. affert: αἰγῶν. [7] Cod. X. [8] Sic Codd. 59, 75. Est fortasse alius interpretis, ut tamen subjungatur τοῦ εὑρεῖν. [9] Cod. X. [10] "Ita omnes MSS. ex Diodoro: ὁ Σύρος ἀντὶ τοῦ ἀγροῦ, ἀρούρας ἔχει· τὸ δὲ πλήρους, πεπληρωμένου βλαστημάτων εὐωδεστάτων."—Montef. Ubi pro πλήρους πεπληρωμένου Cat. Niceph. p. 336 habet πλήρης (sic Codd. I, 71, 72, alii) πεπληρωμένος (non etiam βοσκημάτων pro βλαστημάτων, qui error est Holmesii), et Theodoreto, non Diodoro, tribuit. [11] Codd. X, 127. Sic in marg. sine nom. Cod. 57. [12] Sic Codd. I, 14, 15, 16, alii, Arab. 1, 2. [13] Nobil. (cum ἐνέδρας sine praepos.), Codd. X, 127, 130 (ut Nobil.), qui omnes nomina interpretum transponunt. Verum vidit Thieme in Dissert. de Puritate Symmachi, p. 25. Cf. Hex. ad Gen. xxix. 25. 1 Reg. xxviii. 12. Jerem. v. 27. [14] Cod. X.

ἔσται δὲ ἡνίκα ἐὰν καθέλῃς, καὶ ἐκλύσῃς τὸν ζυγὸν αὐτοῦ. ('Α.) καὶ ἔσται καθὰ καταβιβάσῃς ... Σ. ἔσται δὲ ὅταν καμφθῇς, ἐκλύσεις τὸν ζυγὸν αὐτοῦ.[15] 'Ο Σύρος ... si resipueris ...[16]

42. מִתְנַחֵם לְךָ. Consolatur se de te. Ο'. ἀπειλεῖ σοι. "Αλλος· διανοεῖται κατὰ σοῦ.[17]

46. קַצְתִּי. Taedet me. Ο'. προσώχθικα (s. προσώχθισα). 'Α. ἐσίκχανα. Σ. ἐνεκάκησα.[18]

מִבְּנוֹת־חֵת כָּאֵלֶּה מִבְּנוֹת הָאָרֶץ. De filiabus Heth, sicut istae de filiabus terrae. Ο'. ἀπὸ τῶν θυγατέρων τῆς γῆς ταύτης. Alia exempl. ἀπὸ τῶν θυγατέρων Χὲτ, τοιαύτας ἀπὸ τῶν θυγατέρων τῆς γῆς ταύτης.[19]

Cap. XXVII. 14. τῇ μητρὶ ※ αὐτοῦ ◄.[20] 31. καὶ προσήνεγκε τῷ πατρὶ ※ αὐτοῦ ◄.[21] 41. ἐν τῇ διανοίᾳ ※ αὐτοῦ ◄.[22]

CAP. XXVIII.

6. וַיְשַׁלַּח. Ο'. καὶ ἀπέστειλεν. Alia exempl. καὶ ἀπῴχετο.[1]

8. וַיַּרְא. Ο'. ἰδὼν δὲ καί. Alia exempl. καὶ εἶδεν.[2] "Αλλος· καὶ γνούς.[3]

11. וַיִּשְׁכַּב. Et discubuit. Ο'. καὶ ἐκοιμήθη. "Αλλος· καὶ ἀφύπνωσεν.[4]

12. וְרֹאשׁוֹ מַגִּיעַ הַשָּׁמַיְמָה. Et summitas ejus pertingebat ad caelum. Ο'. ἧς ἡ κεφαλὴ ἀφικνεῖτο εἰς τὸν οὐρανόν. "Αλλος· (ἧς) ἡ ἀρχὴ ἥπτετο τοῦ οὐρανοῦ.[5]

13. נִצָּב. Stetit. Ο'. ἐπεστήρικτο. "Αλλος· ἐστήλωται.[6]

יְהוָה אֱלֹהֵי. Ο'. ὁ θεός. Alia exempl. κύριος ὁ θεός.[7]

16. אָכֵן. Profecto. Ο'. ὅτι. 'Α. ἄρα. Σ. ὄντως.[8]

19. בֵּית־אֵל. Ο'. οἶκος θεοῦ. 'Α. Βαιθήλ.[9]

וְאוּלָם לוּז שֵׁם־הָעִיר. Verumtamen Luz erat nomen civitatis. Ο'. καὶ Οὐλαμλοὺζ (alia exempl. Οὐλαμμαούς.[10] 'Α. Σ. Λοὺζ[11]) ἦν ὄνομα τῇ πόλει. 'Εβρ. οὐαλὰμ λοὺζ σὲμ ἀείρ.[12] 'Α. (καὶ) πρότερον Λοὺζ ὄνομα τῇ πόλει.[13]

21. בְּשָׁלוֹם. Ο'. μετὰ σωτηρίας. 'Α. Σ. ἐν εἰρήνῃ.[14]

---

[15] Nobil., Cod. 130 in marg. (uterque sine nom.): ἔσται δὲ ἐὰν καμφθῇς. καὶ ἔσται καθὰ καταβιβάσῃς (–σεις Cod. 130). Posterior lectio Aquilam sapit, coll. Hex. ad Psal. lv. 8; priorem, sed pleniorem, cum ὅταν pro ἐὰν, Symmacho vindicat Cod. X. [16] Procop. in Gen. p. 161: "Verum Syrus erit pro resipiscas accipit, dicens: Si resipueris, et vitae tuae bellicosum institutum omiseris, Deique timorem imbiberis, cognosces eum." Syrus vulgaris vertit: Et si penitentiam egeris (ܬܬܘܒ), removebitur jugum ejus a collo tuo. [17] Schol. apud Nobil. Sic sine nom. Cod. 130 in marg. [18] Nobil., Cod. 127, 130 (sine Σ.). Cf. Hex. ad Num. xxi. 5. Jesai. vii. 16. [19] Sic Codd. 15, 72, 82, Arab. 1, 2, et, praemisso ※ ἐκεῖθεν (nisi forte ※ ὧδε), Arm. 1. In textu LXXvirali ὧδε praemitt. Codd. 106, 107. [20] Arm. 1. Sic sine aster. Codd. 14, 15, 18, alii. [21] Idem. Pronomen abest a Cod. 55 solo. [22] Idem. Pronomen abest a Codd. 14, 16, 18, aliis.

CAP. XXVIII. [1] Sic Ald., Codd. I, III, 14, 15, 16, alii, Arab. 1, 2. [2] Sic Comp., Codd. I, III (uterque cum ἰδεν), 14, 15, 16, alii. [3] Sic Cod. 130 in marg. [4] Cod. 59 ex duplici versione: καὶ ἀφήπνωσε (sic) καὶ ἐκοιμήθη. Cf. Hex. ad Jud. v. 27. [5] Cod. 130 in marg. sine nom.:

ἡ ἀρχὴ ὑπὲρ τὸ τοῦ οὐρανοῦ. Pro ὑπὲρ τὸ indubitanter correximus ἥπτετο. [6] Philo Jud. Opp. T. I, p. 620 (qui tamen ἐπεστήρικτο agnoscit p. 644). Lectio Aquilam sapit. [7] Sic Codd. 15, 56 (in marg.), 58, alii, Arab. 1, 2, et Philo Jud. ibid. pp. 644, 646. [8] Codd. X, 127, 130. [9] Nobil., Cod. 130. [10] Sic Ald. (cum –μαίους, Codd. I, III (cum –μαύς), 20 (cum –μαούς), 31, alii. [11] Cod. X affert: 'Α. Σ. Λουζά. Cod. 130: Σ. Λούξ (sic). [12] Sic Montef. Cat. Niceph. p. 352: Ἑβραῖος· οὐλαμλοὺζ σεμῇρ (sic). [13] Nobil., Montef., et (cum ἦν ὅν.) Cat. Niceph. ibid. Duo posteriores ex Anon. citant: Ἰστέον ὅτι οὐαλὰμ (οὐλὰμ Cat.) πρότερον εἶπον οἱ περὶ Ἀκύλαν, καὶ οὐχ ὡς μέρος τοῦ ὀνόματος. Λουζὰ δὲ τὴν πόλιν ῥητῶς μετὰ ταῦτα (μετὰ τ. ῥητῶς Cat.) καλεῖ. Hieron.: "Ridicule quidam verbum Hebraicum ULAM nomen esse urbis putant, cum ULAM interpretur prius ... Antiquae omnes scripturae verbo ULAM sive ELEM plenae sunt, quod nihil aliud signat nisi ante, aut prius, vel vestibulum, sive superliminare, vel postes." Ad Aquilam pro πρότερον Scharfenb. in Animadv. p. 28 infeliciter tentat πρόθυρον. [14] Cod. X, et in marg. sine nom. Cod. 130.

Cap. XXVIII. 2. Μεσοποταμίαν ※ Συρίας ◄.¹⁵
5. Μεσοποταμίαν ※ Συρίας ◄.¹⁶ 9. πρὸς ταῖς γυναιξὶν αὐτοῦ ※ αὐτῷ ◄ γυναῖκα.¹⁷

CAP. XXIX.

17. רַבּוֹת. Debiles. Ο'. ἀσθενεῖς. 'Α. Σ. ἁπαλοί.¹

22. מִשְׁתֶּה. Ο'. γάμον. 'Α. Σ. πότον.²

25. רִמִּיתָנִי. Fefellisti me. Ο'. παρελογίσω με. 'Α. ἐπέθου μοι. Σ. ἐνήδρευσάς με.³

34. יִלָּוֶה אִישִׁי אֵלַי. Adhaerebit mihi vir meus. Ο'. πρὸς ἐμοῦ ἔσται ὁ ἀνήρ μου. 'Α. προσκείσεται (ἀνήρ μου) πρὸς μέ.⁴

Cap. XXIX. 1. τοὺς πόδας ※ αὐτοῦ ◄.⁵ 9. (÷) τὰ πρόβατα τοῦ πατρὸς αὐτῆς ◄.⁶ 12. καὶ ἀπήγγειλεν ※ Ἰακὼβ ◄ τῇ Ῥαχήλ.⁷

CAP. XXX.

8. נַפְתּוּלֵי אֱלֹהִים נִפְתַּלְתִּי. Luctationes Dei (vehementissimas) luctata sum. Ο'. συναντελάβετό μου ὁ θεὸς, καὶ συνανεστράφην. 'Α. συνανέστρεψέν με ὁ θεὸς συναναστροφήν.¹

11. בְּגָד (בָּא גַד ק'). Feliciter! Ο'. ἐν τύχῃ. Alia exempl. εὐτύχηκα.² 'Α. ἦλθεν εὐζωνία. Σ. ἦλθεν Γάδ.³

13. אָשֵׁר. Ο'. Ἀσήρ. Alia exempl. add. ὅ ἐστι πλοῦτος.⁴

15. לָכֵן. Ο'. οὐχ οὕτως. 'Α. διὰ τοῦτο.⁵

18. יִשָּׂשכָר. Ο'. Ἰσσάχαρ, ὅ ἐστι μισθός.⁶

20. יִזְבְּלֵנִי. Cohabitabit mecum. Ο'. αἱρετιεῖ με. 'Α. συνοικήσει μοι.⁷

24. יֹסֵף יְהוָה לִי. Ο'. προσθέτω ὁ θεός μοι. Alia exempl. προσέθετό μοι ὁ θεός.⁸ 'Α. Σ. Ο'. προσθέτω ὁ θεός (μοι).⁹

---

¹⁵ Arm. 1. Sic sine aster. Codd. III, 15, 56, alii, Arab. 1, 2. ¹⁶ Idem. Sic sine aster. Codd. 15, 55, alii, Arab. 1, 2. Augustin. Locut. Lib. I: "Exit in Mesopotamiam Syriae, quasi Mesopotamia dicatur nisi Syriae. Quamvis hoc LXX habere non perhibentur Syriae, sed cum asterisco scriptum est." ¹⁷ Arm. 1 (qui pingit: ※ suis sibi uxorem). Sic sine aster. Codd. 58, 72, alii.

Cap. XXIX. ¹ Cod. X. ² Nobil., Cod. 130. Cf. ad Cap. xxi. 8. ³ Cod. X. Cod. 130 affert: Σ. ἐνήδρευσάς με; Nobil. vero: Schol. ἐνήδρευσάς με. Cf. ad Cap. xxvii. 35. ⁴ Cod. 130 affert: 'Α. πρόσκειτε (sic) πρὸς μέ. Hieron.: "Ubi nos legimus, apud me erit vir meus, Aq. interpretatus est, applicabitur mihi vir meus, quod Hebraice dicitur ILLAVE, et a doctoribus Hebraeorum aliter transfertur, ut dicant, prosequetur me vir meus." Moutef. ex Hieron. soloece dedit: 'Α. συνάψεται (Graeco-Ven. συναφθήσεται) μοι ὁ ἀνήρ μου. ⁵ Arm. 1. Sic sine aster. Codd. 15, 72, 82, 135. ⁶ Clausulae, αὐτὴ γὰρ ἔβοσκε κ. τ. ἑ., praemittuntur quatuor puncta (÷) in textu cum ※ in marg. in Arm. 1, per errorem, ut videtur, pro obelo. ⁷ Sic Arm. 1, et sine aster. Codd. 14, 15, 16, alii, Arab. 1, 2.

Cap. XXX. ¹ Hieron.: "Aq. ait: συναντεστρέψέν με ὁ θεὸς συναναστροφήν, pro quo in Hebraeo scriptum est, NEPHTHULE ELOIM NEPHTHALETHI. Unde a conversione, sive a comparatione, quia utrumque sonat... Nephthalim nomen filio imposuit." Ubi pro συναναστροφήν ante Lagardium edebatur καὶ συνανεστράφην, repugnantibus libris, etiam, quoad copulam, Vallarsianis. Hebraea, ut hodie leguntur, transtulit Graeco-Ven.: ἀντιστροφαῖς θεοῦ ἀντέστραμμαι.

² Sic Comp., Codd. 14, 15, 16, alii. Theodoret.: Τὸ τοίνυν, εὐτύχηκα, οὐ τοῦ Ἰακώβ ἐστι ῥῆμα, ἀλλὰ τῆς Λείας, γυναικός, ὡς ἔφην, ἐν δυσσεβείᾳ τραφείσης, καὶ κατὰ βραχὺ τὰ θεῖα παιδευομένης. Οὕτω καὶ ὁ ταύτης πατὴρ ἔφη τὸ, οἰωνισάμην (v. 27). ³ Cod. X affert: 'Α. ἦλθεν εὐζωία. Σ. ἦλθεν Γάδ πειρατήριον. Pro εἰζωία, εἰζωνία correximus e Cod. 130, qui in marg. sine nominibus interpretum habet: ἦλθεν εὐζωνία. ἦλθεν γάρ (sic). Ad Aquilam cf. Hex. ad Gen. xlix. 19. Hieron.: "Ubi nos posuimus, in fortuna, et Graece dicitur, ἐν τύχῃ, quae potest eventus dici, in Hebraeo habet BAGAD, quod Aq. interpretatur, venit accinctio; nos autem dicere possumus, in procinctu. BA enim potest praepositionem sonare in, et venit." Montef. de suo, ut videtur, edidit: 'Α. ἦλθεν ἡ ζῶσις. ⁴ Sic Codd. 56, 58, 106 (sine ὅ ἐστι), 107 (idem), etiam Bodl. a Tischendorfio editus (idem). Hieron.: "Aser, divitiae. Male additae sunt divitiae, id est, πλοῦτος, cum etymologia nominis Aser Scripturae auctoritate pandatur, dicentis: Beata sum ego, et beatificant me mulieres." ⁵ Cod. X. ⁶ Verba, ὅ ἐστι μ., desunt in Codd. 15, 82, 135. Hieron.: "Etymologiam hujus nominis LXX interpretes ediderunt, est merces. Non utique, ut plerique, addito pronomine, male legunt, aestimandum est ita scriptum esse, quod est merces; sed totum nomen interpretatur, est merces. Is quippe dicitur est, et SACHAR, merces." ⁷ Cod. X. Hieron.: "Ubi nos posuimus, habitabit mecum, et LXX interpretati sunt, diliget me, in Hebraeo habet JEZBULENI." ⁸ Sic Comp., Codd. 19, 20, alii. ⁹ Cod. 130, qui in textu habet: προσθέτω μοι ὁ θεός.

28. נָקְבָה. *Praecise designa.* Ο'. διάστειλον. 'Α. ἐπονόμασον. Σ. ὅρισον.[10]

32. כָּל־שֶׂה נָקֹד וְטָלוּא וְכָל־שֶׂה־חוּם. *Omne pecus punctis notatum et maculosum, et omne pecus fuscum.* Ο'. πᾶν πρόβατον (※) ποικίλον καὶ περκνὸν (s. πέρκον), καὶ πᾶν βόσκημα (◄)[11] φαιόν.

35. הָעֲקֻדִּים. *Virgulatos.* Ο'. τοὺς ῥαντούς. Σ. (τοὺς) λευκόποδας.[12]

36. וַיָּשֶׂם. *Et posuit.* Ο'. καὶ ἀπέστησεν. Ἄλλος· (καὶ) διώρισεν.[13]

37. וְלוּז. *Et amygdali.* Ο'. καὶ καρυΐνην. Σ. (καὶ) ἀμυγδαλίνην.[14]

אֲשֶׁר עַל־הַמַּקְלוֹת. *Quod erat super virgis.* Ο'. (in loco confuso) ἐπὶ ταῖς ῥάβδοις. Ἄλλος· τὸ ἐπὶ τῶν σκυταλῶν.[15]

38. אֲשֶׁר תָּבֹאןָ הַצֹּאן לִנְכַח הַצֹּאן וַיֵּחַמְנָה בְּבֹאָן לִשְׁתּוֹת. *Ubi veniebant pecudes ad bibendum, e regione pecudum, ut incalescerent cum venirent ad bibendum.* Ο'. ἵνα ὡς ἂν ἔλθωσι τὰ πρόβατα πιεῖν, ἐνώπιον τῶν ῥάβδων ἐλθόντων αὐτῶν εἰς τὸ πιεῖν, ἐγκισσήσωσι τὰ πρόβατα εἰς τὰς ῥάβδους. Σ. ὅπως ἐρχομένων

τῶν βοσκημάτων πιεῖν, ἀντικρὺς ὦσιν τῶν βοσκημάτων, καὶ ἐγκισσήσῃ ἐλθόντα πιεῖν.[16]

41. וְהָיָה בְּכָל־יַחֵם הַצֹּאן הַמְקֻשָּׁרוֹת וְשָׂם יַעֲקֹב אֶת־הַמַּקְלוֹת. *Et quotiescunque incalescebant oves robustiores, ponebat Jacobus virgas.* Ο'. ἐγένετο δὲ ἐν τῷ καιρῷ ᾧ ἐνεκίσσων τὰ πρόβατα ἐν γαστρὶ λαμβάνοντα, ἔθηκεν Ἰακὼβ τὰς ῥάβδους. Σ.. πάντοτε ὅταν ἐνεκίσσων τὰ βοσκήματα (τὰ) πρώϊμα ('Α. καταδεδεμένοις[17]), ἐτίθει Ἰακὼβ τὰς ῥάβδους.[18]

42. וּבְהַעֲטִיף הַצֹּאן לֹא יָשִׂים. *Cum vero debiles (fetus) genuerint oves, non ponebat.* Ο'. ἡνίκα δ' ἂν ἔτεκε τὰ πρόβατα, οὐκ ἐτίθει. 'Α. καὶ ἐν δευτερογόνοις ...[19] Σ. ὁπότε δὲ ἦν ὄψιμα τὰ βοσκήματα, οὐκ ἐτίθει.[20]

הָעֲטֻפִים. *Debiles.* Ο'. τὰ μὲν ἄσημα. 'Α. τὰ δευτερόγονα. Σ. (τὰ) ὄψιμα.[21]

CAP. XXXI.

7. הֵתֶל בִּי. *Decepit me.* Ο'. παρεκρούσατό με. 'Α. Σ. παρελογίσατό με.[1]

וְהֶחֱלִף אֶת־מַשְׂכֻּרְתִּי עֲשֶׂרֶת מֹנִים. *Et mutavit*

---

[10] Nobil. Cod. X affert: Σ. ὅρισον. [11] Sic in textu sine aster. Codd. 15 (cum πέρκον), 58, 72 (ut 15), 82 (idem), 135. Ex usu vocis βόσκημα versio videtur esse Aquilae aut Symmachi, coll. Hex. ad Gen. xxx. 38, 41, 42. Exod. xiii. 13. Lev. xxvii. 26. Psal. cxviii. 170. Ad φαιὸν Nobil. affert: Schol. ποικίλον, πέρκον· et sic in marg. sine nom. Cod. 130. Cod. X glossam habet: Ο'. φαιόν, οὐ πάνυ μέλαν. [12] Nobil., Cod. 130. "Unus ex codd. nostris habet λαιόποδας sine interpretis nomine... Suspicor mendum esse."—*Montef.* [13] Sic Cod. X in marg. sine nom. [14] Cod. X. Nobil.: Schol. ἀμυγδαλίνην. Ad στυρακίνην Cod. 56 in marg. mutile affert: λεπτοκαρ.., quod ad καρυΐνην potius referendum videtur. Graeco-Ven.: λεπτοκαρύας τε. [15] In textu LXXvirali post περισύρων τὸ χλωρὸν inferunt τὸ ἐπὶ τῶν σκυταλῶν Codd. 15, 58 (sine τὸ), 59, alii, Arab. 1, 2. Cod. X ad haec, ἐφαίνετο ἐπὶ ταῖς ῥάβδοις, in marg. habet: τότε ἐπὶ τῶν σκυταλῶν (sic). Cf. Hex. ad Zach. xi. 7. [16] Cod. X. [17] Cod. X juxta collationem Bodl. vetustam: 'Α. ἀντὶ τοῦ πρώϊμα (sic), καταδεδεμένοις (non, ut Montef. ex eodem cod. dedit, συνδεδεμένοις); Cod. 130 vero: Σ. ἀντὶ τοῦ

πρώϊμα καταδεδεμένοις. [18] Cod. X. Minus emendate Cod. 130 in marg. sine nom.: πάντοτε ὅταν ἐκίσσων τὰ πρόβατα, ἐτίθει 'I. τὰς β. [19] Cod. 130 in marg., incertum quo referatur. Sed cf. Hex. ad Psal. lxiv. 14. [20] Codd. X, 130. Montef. e Cod. X oscitanter exscripsit οὐκ ἔθηκεν. [21] Nobil. affert: 'Α. ὄψιμα. Σ. δευτερόγονα. Cod. X: 'Α. ὄψιμα. Σ. τὰ δ. Denique Cod. 130: 'Α. ὄψιμα. δευτερόγονα (sic). Sed ὄψιμα ad Symmachum, alterum vero ad Aquilam pertinere, vix dubium esse potest. Hieron.: "*Et fiebant serotina Laban, et temporanea Jacob.* Hoc in LXX interpretibus non habetur; sed pro *serotinis et temporaneis*, aliud nescio quid [ἄσημα et ἐπίσημα], quod ad sensum non pertinet, transtulerunt."

Cap. XXXI. [1] Nobil., Cod. 130. Cod. X cum scholio: 'Α. Σ. παρελογίσατό με· ἠπάτησέ με, καὶ παρὰ τὰς ὑποσχέσεις [non, ut Montef., συνθήκας] ἠδίκησεν. Idem ad καὶ ἤλλαξεν in marg. habet: ἀντὶ τοῦ, τὰ ἀντιλλάγματα ὑπὲρ τοῦ μισθοῦ μου διελύσατό μοι ὑπὲρ τῶν ἀμάδων· τουτέστιν, ὑπὲρ ὧν αὐτῷ ἐδούλευσα ὡς μίσθιος τοσοῦτον χρόνον, δέκα μόνας ἀμνάδας δίδωσί μοι εἰς μισθόν.

mercedem meam decem vicibus. O'. καὶ ἤλλαξε τὸν μισθόν μου τῶν δέκα ἀμνῶν.[2] 'Α. καὶ ἤλλαξε τὴν μίσθωσίν μου δέκα ἀριθμούς. Σ. καὶ ἤλλαξε τὸν μισθόν μου δεκάκις ἀριθμῷ.[3] 'Ο Σύρος· καὶ ἤλλαξε τὸν μισθόν μου δεκάκις.[4]

17. עַל־הַגְּמַלִּים. O'. ἐπὶ τὰς καμήλους. Alia exempl. καὶ ἀνεβίβασεν αὐτὰ ἐπὶ τὰς καμήλους.[5]

18. מִקְנֶה קִנְיָנוֹ אֲשֶׁר רָכָשׁ. *Greges acquisitionis suae, quas sibi comparaverat.* O'. Vacat, sed paulo post καὶ πάντα τὰ αὐτοῦ, quae non sunt in Hebraeo, infert. Alia exempl. κτῆσιν κτήσεως αὐτοῦ ἣν περιουσιάσατο.[6]

19. הָלַךְ. O'. ᾤχετο. "Αλλος· ἐπορεύθη.[7]

אֶת־הַתְּרָפִים. *Teraphim* (deos domesticos). O'. τὰ εἴδωλα. 'Α. (τὰ) μορφώματα. Σ. (τὰ) θεραφείν.[8]

20. וַיִּגְנֹב יַעֲקֹב אֶת־לֵב לָבָן הָאֲרַמִּי. *Et fefellit Jacobus cor Labani Syri.* O'. ἔκρυψε (alia exempl. ἔκλεψε[9]) δὲ Ἰακὼβ Λάβαν τὸν Σύρον (alia exempl. τὴν καρδίαν Λάβαν τοῦ Σύρου[10]).

21. וַיָּקָם. O'. Vacat. ※ καὶ ἀνέστη ◄.[11]

24. רָע. O'. πονηρά. Alia exempl. σκληρά.[12]

26. וַתִּגְנֹב אֶת־לְבָבִי. O'. ἱνατί κρυφῇ ἀπέδρας, καὶ ἐκλοποφόρησάς (alia exempl. ἐκλοποφρόνησάς[13]) με;

27. לָמָּה נַחְבֵּאתָ לִבְרֹחַ וַתִּגְנֹב אֹתִי. *Quare clam aufugisti, et fefellisti me?* O'. Vacat. ('Α.) εἰς τί ἐκρύβης τοῦ ἀποδρᾶναι, καὶ ἔκλεψάς με;[14]

וּבְשִׁרִים. *Et cum canticis.* O'. καὶ μετὰ μουσικῶν. ("Αλλος·) καὶ μετὰ τραγῳδῶν.[15]

30. הָלֹךְ הָלַכְתָּ. *Abeundo abiisti.* O'. πεπόρευσαι. "Αλλος· πορευθεὶς πορεύθητι.[16]

31. כִּי יָרֵאתִי. O'. ※ ὅτι ἐφοβήθην ◄.[17]

33. בְּאֹהֶל־יַעֲקֹב וּבְאֹהֶל לֵאָה. O'. εἰς τὸν οἶκον Λείας … (καὶ ἠρεύνησε) τὸν οἶκον Ἰακώβ. "Αλλος· εἰς τὴν σκηνὴν τοῦ Ἰακὼβ, καὶ εἰς τὴν σκηνὴν (Λείας).[18]

34. וַיְמַשֵּׁשׁ לָבָן אֶת־כָּל־הָאֹהֶל וְלֹא מָצָא. *Et palpavit* (manibus exploravit) *Laban totum tentorium, sed non invenit.* O'. Vacat. ('Α.) καὶ διεψηλάφησε Λάβαν σύμπασαν τὴν σκέπην,

---

[1] Hieron.: "Pro eo quod nos posuimus, *mutavit mercedem meam decem vicibus*, LXX interpretes posuerunt, *decem agnis*, nescio qua opinione ducti, cum verbum Hebraicum מני *numerum* magis quam *agnos* sonet." Speciosa quidem est emendatio Grabii in *Prolegom. ad Octateuchum* Cap. IV, δέκα μνῶν pro δέκα ἀμνῶν; sed v. 41 δέκα μνᾶς pro δέκα ἀμνάσιν non ita. [2] Cod. 25 in Commentario, exscribente Lagardio, unde veram Aquilae manum, τὴν μίσθωσίν μου (non, ut Montef. edidit, τὸν μισθόν μου) eruimus. Cod. X juxta collationem Bodl.: Ἀπὶ τοῦ, δέκα ἀμνῶν, Ἀκ. δέκα ἀριθμοὺς εἴρηκε, Σύμ. δὲ δεκάκις ἀριθμῷ. Ἔλεγεν δὲ ὁ Ἑβραῖος, ὅτι δεκάκις ἠθέτησε τὰς συνθήκας πρὸς Ἰακὼβ ὁ Λάβαν, διὰ τὸ τὰ γεννώμενα ἐπ' ὀνόματος τοῦ Ἰακὼβ πλεῖστα ὅσα ὑπάρχειν, κἀκεῖνον ἐποφθαλμιᾶν αὐτῷ [in cod. αὐτῶν. Montef. ex Origene perperam edidit ἐποφθαλμᾶν (sic) αὐτὸν], ὅπερ ἐδήλωσαν αἱ δύο ἐκδόσεις. [4] Euseb. Emis. in Cat. Niceph. p. 380. [5] Sic Codd. 20 (cum αὐτὰς), 55 (idem), 56, alii, Arm. 1. [6] Sic Codd. X (in marg.), 15, 58, 72, 130 (in marg. cum περιεποίησατο), 135 (cum περιεποιήσατο). Est alius interpretis, fortasse Aquilae. Cf. ad Cap. xiv. 21. Ad ἀποσκευήν Nobil. affert: Schol. κτῆσιν, et sic Cod. 82 in marg. [7] Cod. X in marg. sine nom. [8] Nobil.,

Codd. X, 130 (cum μορφώματα sine nom.). Ad εἴδωλα Cod. VII in marg. sine nom.: θεραφείμ. Hieron.: "Ubi nunc *idola* legimus, in Hebraeo THERAPHIM scriptum est, quae Aq. μορφώματα, id est *figuras* vel *imagines* interpretatur." Cf. Hex. ad Jud. xvii. 5. Hos. iii. 4. [9] Sic Codd. I, 55, Arm. 1. [10] Sic Codd. VII (ex corr.), 15, 72 (cum τῇ καρδίᾳ), 82, 135 (cum τὸν Σύρον). [11] Sic sine aster. Codd. I, 72, 75, 135, Arab. 1, 2. Arm. 1 pingit: ※ καὶ διέβη—Γαλαάδ :, unde asteriscum assumpsimus. [12] Sic Codd. I, X (in marg.), 14, 16, 18, alii, qui omnes, excepto Cottoniano, σκληρά ante λαλήσῃς ponunt. [13] Sic Codd. VI, 82, 130. Posterior ad κρυφῇ in marg. pingit: φοράδην. [14] Sic in textu Codd. 15, 58, 72, 82, 135 (cum ἀποδραν), et, ut videtur, Arab. 1, 2. Aquilae versionem esse tantum non certum est. Eadem e marg. Cod. X ad verba ἱνατί κρυφῇ ε. τ. ἑ. (v. 26) perperam aptavit Montef. [15] Sic Cod. VII ex corr. Num forte ex alia versione? Mox v. 29 ad ἐχθὲς (sic) idem in marg. manu 2da: ὀψέ. [16] Sic Cod. VII ex corr. [17] Sic cum aster. Arm. 1. Haec desunt in Comp., Ald., Codd. I, III, VII (cum ἐφοβήθην in marg.), 19, 31, aliis. [18] Cod. VII in marg. manu 2da. Eadem manus pro τοῦ οἴκου .. τῷ οἴκῳ .. τὸν οἶκον posuit τῆς

καὶ οὐχ εὗρε.[19] ᾿Άλλος· καὶ ἠρεύνησεν Λάβαν
πᾶσαν τὴν σκηνήν, καὶ οὐχ εὗρεν.[20]

39. תְּרָפָה. *Dilaniatum.* Ο'. θηριάλωτον. Alia
exempl. θηριόβρωτον, s. θηρόβρωτον.[21]

41. עֲשֶׂרֶת מֹנִים. Ο'. δέκα ἀμνάσιν. ᾿Α. δεκάκις
ἀριθμόν.[22]

42. אֱלֹהֵי אַבְרָהָם. Ο'. ✕ ὁ θεὸς ◄ ᾿Αβραάμ.[23]

47. וַיִּקְרָא־לוֹ לָבָן יְגַר שָׂהֲדוּתָא וְיַעֲקֹב קָרָא לוֹ
גַּלְעֵד. Ο'. καὶ ἐκάλεσεν αὐτὸν Λάβαν Βου-
νὸς τῆς μαρτυρίας· ᾿Ιακὼβ δὲ ἐκάλεσεν αὐτόν·
βουνὸς μάρτυς. ᾿Άλλος· καὶ ἐκάλεσεν αὐτὸν
Λάβαν· σώρευμα μαρτυρίας· καὶ ᾿Ιακὼβ ἐκάλεσεν αὐτόν· σωρὸς μάρτυς.[24]

50. תְּעַנֶּה. *Opprimes.* Ο'. ταπεινώσεις. ᾿Άλλος·
ἀδικήσεις.[25]

51, 52. הִנֵּה הַגַּל הַזֶּה וְהִנֵּה הַמַּצֵּבָה אֲשֶׁר יָרִיתִי
בֵּינִי וּבֵינֶךָ: עֵד הַגַּל הַזֶּה וְעֵדָה הַמַּצֵּבָה.
*En acervum hunc, et en cippum, quem posui
inter me et te! Testis sit acervus hic, et testis
sit cippus.* Ο'. ἰδοὺ ὁ βουνὸς οὗτος, καὶ μάρτυς

ἡ στήλη αὕτη. (Cf. v. 48 in LXX.) ᾿Άλλος·
ἰδοὺ ὁ σωρὸς οὗτος, καὶ ἰδοὺ ἡ στήλη ἣν ἔστησα
(᾿Α. ἐρροίζησα) μεταξὺ ἐμοῦ καὶ μεταξὺ σοῦ·
μάρτυς ὁ σωρὸς οὗτος, καὶ μάρτυς ἡ στήλη.[26]

52. אֶת־הַגַּל הַזֶּה (in priore loco). Ο'. Vacat.
᾿Α. ✕ σὺν τὸν σωρὸν τοῦτον ◄.[27]

53. אֱלֹהֵי אֲבִיהֶם. Ο'. Vacat. ✕ θεὸς πατρὸς
αὐτῶν ◄.[28]

54. לֶאֱכָל־לָחֶם. Ο'. Vacat. ✕ τοῦ φαγεῖν ἄρτον ◄.[29]

וַיֹּאכְלוּ לָחֶם. Ο'. καὶ ἔφαγον ✕ ἄρτον ◄,[30]
καὶ ἔπιον.

Cap. XXXI. 44. ÷ εἶπεν δὲ αὐτῷ—ἀναμέσον
ἐμοῦ καὶ σοῦ ◄.[31] 48. ÷ εἶπεν δὲ Λάβαν—καὶ
μαρτυρεῖ ἡ στήλη αὕτη ◄.[32]

CAP. XXXII.

7 (Hebr. 8). וַיֵּצֶר לוֹ. *Et angor erat ei.* Ο'. καὶ
ἠπορεῖτο. (᾿Α.) καὶ θλιβῶδες αὐτῷ.[1]

σκηνῆς .. ταῖς σκηναῖς .. τὴν σκηνήν. [19] Sic in textu Codd.
58, 72 (cum τὴν συμπ. σκέπην), et (cum σκηνὴν pro σκέπην)
Codd. 15, 82, 135. Holmes. ex Arab. 1, 2 affert: *Tunc
perquisivit Laban omnem supellectilem, et non invenit.*
Ad σκέπην cf. Hex. ad Job. viii. 22. Psal. xxvi. 5, 6. lx. 5.
Jesai. xxxviii. 12. xl. 22. [20] Sic Cod. VII in marg.
manu 2da. [21] Sic Comp., Codd. 14, 16, 18, alii.
[22] Cod. X. [23] Sic Arm. 1, et sine aster. Codd. 15, 72,
82, 135 (sine ὁ), Arab. 1, 2. [24] Hanc lectionem, Aquilae
fortasse, post ἐπὶ τοῦ βουνοῦ (v. 46) in textum infert Cod. 82.
Montef. e Cod. X cum asteriscis affert: καὶ ἐκάλεσεν αὐτὸν
Λάβαν· σώρευμα βουνὸς μαρτυρίας· ᾿Ιακὼβ δὲ ἐκάλεσεν αὐτόν·
βουνὸς μάρτυς, cum scholio anonymo: ᾿Εβραίου καλὴ παρατή-
ρησις, ὅτι ὁ μὲν Λάβαν Συριστὶ ἐκάλεσεν αὐτόν, ὁ δὲ ᾿Ιακὼβ
᾿Εβραϊστί· διὸ καὶ δισσῶς ἑρμηνεύεται κατά τινα βραχεῖαν ἐναλλα-
γήν. ῾Ο ᾿Εβραῖος ἔλεγεν, ὅτι ὁ μὲν ᾿Ιακὼβ ᾿Εβραϊστὶ βουνὸν
μάρτυρα ἐκάλεσε τὸν βουνόν, ὁ δὲ Λάβαν Συριστί, ὅπερ μὴ ἠδύνατο
᾿Ελληνιστὶ διχῶς εἰρῆσθαι· βιασάμενοι οἱ Ο' πεποιήκασιν, ἐν βρα-
χείᾳ ἐναλλαγῇ τὸ αὐτὸ σημαινόμενον σημαίνοντες· οὐδὲν γὰρ δια-
φέρει βουνὸς μαρτυρίας ἢ βουνὸς μάρτυς. Hieron.: "*Acervum*
Hebraea lingua GAL dicitur; AAD vero *testimonium.* Rursum lingua Syra *acervus* IGAR appellatur; *testimonium*
SEDUTHA. Jacob igitur *acervum testimonii,* hoc est, GA-
LAAD, lingua appellavit Hebraea; Laban vero idipsum, id

est, *acervum testimonii,* IGAR SEDUTHA [ܣܗܕܘܬܐ ܝܓܪ]
gentis suae sermone vocavit. Erat enim Syrus, et antiquam linguam parentum provinciae, in qua habitabat, sermone mutaverat." [25] Cod. X in marg. sine nom. Fortasse est scholium. [26] Sic in textu Codd. 15, 58 (cum
ἐρρύησα (sic) pro ἔστησα, et in fine ου. καὶ μάρτυς ἡ στ.), 72
(cum καὶ (om. ἰδοὺ) ἡ στ. ἣν ἐρρίζησα, et in fine ἡ στ. αὕτη),
82, 135 (cum ἔστησας); et sic fere Arab. 1, 2. (In vitiosa
scriptura ἐρύζησα ["leg. ἐρρίζωσα."—Holmes.] οῖ in ῦ male
transiit, errore satis frequenti. Cf. Schaefer. ad Greg. Cor.
p. 18. Ad ἐρροίζησα vero, quod Aquilae indubitanter vindicavimus, cf. Hex. ad Exod. xix. 13. 4 Reg. xiii. 17. Psal.
lxiii. 8.) [27] Cod. X. Haec in textum post πρὸς σὲ
sine aster. inferunt Codd. 15 (sine σύν), 82, 135 (ut 15).
[28] Cod. IV (qui hic incipit): ✕ αὐτῶν ;. Sic sine aster.
Codd. 15 (cum ὁ θεός), 58, 72 (cum πατέρων), 82, 135,
Arab. 1, 2 (cum πατέρων), Arm. 1 (idem). [29] Sic sine
aster. Codd. I (sine τοῦ), IV, X (in marg. sine τοῦ), 15, 56
(ut I), 58, alii, Syro-hex., Arab. 1, 2, Arm. 1 (cum aster.).
[30] Sic Cod. IV, et sine aster. Codd. 15, 72, 82, 130.
[31] Cod. X, teste Montef. [32] Idem.
CAP. XXXII. [1] Cod. X in marg. sine nom. Syro-hex.
vero: ܘܗܘܐ ܠܗ ܐܥܩ܆ .ܐ, quod ad literam sonat: καὶ
θλῖψις (s. σύντριμμα) ἐγένετο αὐτῷ, sed cum Graeca lectione

9 (10). יְהוָה הָאֹמֵר אֵלַי. Ο'. κύριε [σὺ] ὁ εἰπών μοι. 'Α. Σ. κύριε ὁ εἰπὼν πρός μέ.[3]

10 (11). קָטֹנְתִּי מִכֹּל הַחֲסָדִים וּמִכָּל־הָאֱמֶת. Parvus sum prae (indignus sum) omnibus beneficiis et prae omni fide. Ο'. ἱκανούσθω μοι (alia exempl. ἱκανοῦσαί μοι; alia, ἱκανοῦταί μοι[2]) ἀπὸ πάσης δικαιοσύνης, καὶ ἀπὸ πάσης ἀληθείας. 'Α. μεμίκρυμμαι παρὰ πάντας τοῦ ἐλέους [καὶ ἀπὸ πάσης ἀληθείας].[4]

13 (14). מִן־הַבָּא בְיָדוֹ. Ex eo quod erat in manu ejus. Ο'. ὧν ἔφερεν ※ ἐν χειρὶ αὐτοῦ ◄.[5]

20 (21). אוּלַי יִשָּׂא פָנָי. Fortasse excipiet faciem meam. Ο'. ἴσως γὰρ προσδέξεται τὸ πρόσωπόν μου. (Σ.) ἐάν πως ἐντραπῇ . . .[6]

23 (24). וַיַּעֲבֵר. Ο'. καὶ διέβη. Alia exempl. καὶ διεβίβασεν αὐτούς.[7]

24 (25). וַיֵּאָבֵק אִישׁ עִמּוֹ. Et luctatus est homo cum eo. Ο'. καὶ ἐπάλαιεν ἄνθρωπος μετ' αὐτοῦ. 'Α. Σ. (καὶ) ἐκυλίετο ('Α. ἐκονίετο) ἀνὴρ μετ' αὐτοῦ.[8]

28 (29). כִּי־שָׂרִיתָ עִם־אֱלֹהִים. Nam contendisti (s. principem te gessisti) cum Deo. Ο'. Θ. ὅτι ἐνίσχυσας μετὰ θεοῦ. 'Α. ὅτι ἦρξας μετὰ θεοῦ. Σ. ὅτι ἦρξω πρὸς θεόν.[9]

29 (30). לָמָּה זֶּה. Ο'. ἱνατί τοῦτο. Ἄλλος· διὰ ποίαν αἰτίαν.[10]

לִשְׁמִי. Ο'. τὸ ὄνομά μου. Alia exempl. add. καὶ τοῦτό ἐστι (s. καὶ αὐτό ἐστι, s. ὅ ἐστι) θαυμαστόν.[11] Τὸ, καὶ τοῦτό ἐστι θαυμαστὸν, παρ' οὐδενὶ κεῖται ἐν τῷ Ἑξαπλῷ.[12]

30 (31). פְּנִיאֵל. Ο'. εἶδος θεοῦ. 'Α. πρόσωπον ἰσχυροῦ. Σ. Φανουήλ.[13]

---

conspirare videtur.   [1] Cod. 127.   [2] Prior lectio est in Codd. III, IV, 38, 121, 129, 134 ; posterior in Codd. I, 58, et Bodl. Syro-hex. ܟܣܦܚ, quod utramque pariter reddit.   [4] Procop. in Gen. p. 179: "Pro ea quod scribit: *Sufficit mihi ab omni justitia* etc. Aquilas vertit: *Elongatus sum supra omnes misericordia, et omni veritate;*" unde Graecam Aquilae lectionem sic constituit Montef.: ἐσμικρύνθην (non, ut male legerat Procop., ἐμακρύνθην) ὑπὲρ πάντας ἐλέῳ, καὶ πάσῃ ἀληθείᾳ. Hodie vero Procopii Graeca legi possunt in Cat. Niceph. p. 393, a cujus textu vix hilum distat Cod. Ambros. Q. 96 Sup.: Ἀντὶ τοῦ, ἱκανοῦταί μοι ἀπὸ πάσης δικαιοσύνης, Ἀκύλας ἐξέδωκε· μεμίκρυμμαι (μεμίκρυμαι Niceph.) παρὰ πάντας τοῦ ἐλέους, καὶ ἀπὸ πάσης ἀληθείας : ubi posteriora non Aquilae, sed τῶν Ο' esse recte monet Scharfenb. in *Animadv.* p. 32; priora autem sic legenda esse autumat: μεμίκρυμμαι παρὰ πάντας τοὺς ἐλέους.   [5] Sic Cod. IV, Arm. 1, et sine aster. Ald., Codd. 15, 31, alii.   [6] Nobil. affert: Schol. ἐάν πως ἐντραπῇ. Est, ni fallor, Symmachi, qui Hebraea eodem modo vertit 1 Reg. xxv. 35.   [7] Sic Codd. IV, 15, 82, 135, Arm. 1.   [8] "Lectionem Aquilae et Symmachi sic habent omnes MSS. et Ed. Rom."—*Montef.* Si sana est lectio, certe solius Symmachi est; nam Aquilam etymologice vertisse ἐκονίετο diserte testatur Cod. 127. Etiam Cod. X in marg. sine nom.: ἐκονίετο ἀνήρ.   [9] Hieron.: "*Quia invaluisti cum Deo, et cum hominibus valebis.*" Josephus in primo Antiquitatum libro [20, 2] Israel ideo appellatum putat, quod adversum angelum steterit [σημαίνει δὲ τοῦτο κατὰ τὴν Ἑβραίων γλῶτταν, τὸν ἀντιστάτην ἀγγέλῳ θείῳ]; quod ego diligenter excutiens, in Hebraeo penitus

invenire non potui. Et quid me necesse est opiniones quaerere singulorum, cum etymologiam nominis exponat ipse qui posuit? *Non vocabitur,* inquit, *nomen tuum Jacob, sed Israel erit nomen tuum.* Quare? Interpretatur Aq., ὅτι ἦρξας μετὰ θεοῦ; Sym. vero, ὅτι ἦρξω πρὸς θεόν; LXX et Theod., ὅτι ἐνίσχυσας μετὰ θεοῦ. SARITH enim, quod ab Israel vocabulo derivatur, *principem* sonat. Sensus itaque est: non vocabitur nomen tuum *supplantator,* hoc est, *Jacob;* sed vocabitur nomen tuum *princeps cum Deo,* hoc est, *Israel.* Quomodo enim princeps ego sum, sic et tu, qui mecum luctari potuisti, princeps vocaberis. Si autem mecum, qui Deus sum, sive angelus . . . pugnare potuisti, quanto magis cum hominibus, hoc est, cum Esau, quem formidare non debes !" Symmachi lectio, ὅτι ἦρξω πρὸς θεὸν, *quia incepisti* (non, ut male vertunt, *princeps fuisti*) *ad Deum,* nescio quem sensum fundere possit. Praeterea ante Vallarsium edebatur, ὅτι ἦρξω ἰσχύι πρὸς θεὸν, et in duobus codd. apud Lagardium (tertius enim cum Vallarsio consentit) inter ὦ et πρὸς intercedunt literae IC. In loco parallelo Hos. xii. 4 (5) pro יָשַׂר אֶל־מַלְאָךְ Syrus noster Symmacho vindicat ܐܠܦ ܚܠ ܐܠܓܡ, quod nos vertimus, κατεδυνάστευσε τὸν ἄγγελον.   [10] Cod. X in marg. sine nom.   [11] Prior lectio est in Codd. 32, 55 (in marg.), 58, 72; altera in Codd. VI, 106, 107; tertia in Ald., Codd. 31, 83. Cf. Jud. xiii. 18 in LXX.   [12] Nobil., Anon. in Cat. Niceph. p. 399.   [13] "Sic MSS. nostri [et Cod. 25 in Comment. apud Lagarde] et Ed. Rom."—*Montef.* Pro εἶδος θεοῦ Cod. 38 in textu habet πρόσωπον ἰσχυροῦ; in marg. autem: Φανουήλ.

31 (32). צֹלֵעַ. *Claudicans* erat. Ο'. ἐπέσκαζε. Schol. ἐπεχώλευεν, ἐπέκλινέ τι τῷ ποδί.[14]

Cap. XXXII. 1. ⸓ καὶ ἀναβλέψας—παρεμβεβληκυίαν ⸸. 5. ⸓ Ἠσαῦ ⸸.[15] 7. καὶ τὰ πρόβατα, καὶ τοὺς βόας, ✕ καὶ τὰς καμήλους ⸸.[16] 11. ⸓ καὶ μητέρα (sine metob.). 13. ⸗ καὶ ἐξαπέστειλεν ⸸. 19. ⸔ τῷ πρώτῳ καί ⸸. τοῖς ⸓ προ⸓πορευομένοις. 20. ⸓ παραγίνεται ⸸. 28. ⸓ ἔσται σου τὸ ὄνομα ⸸.[17]

Cap. XXXIII.

1. וַיִּשָּׂא יַעֲקֹב עֵינָיו וַיַּרְא וְהִנֵּה עֵשָׂו בָּא. *Et levavit Jacobus oculos suos, et vidit, et ecce! Esavus venit.* Ο'. ἀναβλέψας δὲ Ἰακὼβ ✕ τοῖς ὀφθαλμοῖς αὐτοῦ ⸸[1] εἶδε, καὶ ἰδοὺ Ἠσαῦ ⸔ ὁ ἀδελφὸς αὐτοῦ ⸸[2] ἐρχόμενος. 'Α. καὶ ἦρεν Ἰακὼβ τοὺς ὀφθαλμοὺς αὐτοῦ... Σ. ἐπάρας δὲ Ἰακὼβ τοὺς ὀφθαλμοὺς αὐτοῦ εἶδε φανέντα Ἠσαῦ ἐρχόμενον.[3]

וַיַּחַץ. *Et divisit.* Ο'. καὶ διεῖλεν (alia exempl. ἐπιδιεῖλεν[4]). 'Α. καὶ ἡμίσευσεν.[5]

4. וַיִּשָּׁקֵהוּ. *Et osculatus est eum.* Ο'. καὶ κατεφίλησεν αὐτόν. Ἑβρ. οὐεσσάκη.[6]

5. אֲשֶׁר־חָנַן אֱלֹהִים אֶת־עַבְדֶּךָ. *Quos gratificatus est Deus servo tuo.* Ο'. οἷς ἠλέησεν ὁ θεὸς τὸν παῖδά σου. 'Α. ἃ ἐχαρίσατο ὁ θεὸς τῷ παιδί σου. Σ. ἃ ἐδωρήσατο...[7]

10. אַל־נָא אִם־נָא מָצָאתִי. *Ne quaeso si modo inveni.* Ο'. ✕ μὴ δὴ ⸸[8] εἰ εὗρον.

12. נִסְעָה וְנֵלֵכָה וְאֵלְכָה לְנֶגְדֶּךָ. *Castra moveamus, et eamus, et ibo ante te.* Ο'. ἀπάραντες πορευσώμεθα (alia exempl. πορευθῶμεν[9]) ✕ καὶ πορεύσομαι ⸸[10] ἐπ' εὐθείαν. Σ. ἀπάρωμεν καὶ πορευθῶμεν, ἵνα συνοδεύσω σοι.[11] ('Α.) ... πορεύσομαι εἰς κατεναντίον σου.[12]

13. עָלוֹת. *Lactantes.* Ο'. λοχεύονται. 'Α. τίκτουσιν. Σ. κύουσιν.[13]

17. סֻכֹּתָה. *Ad Succoth.* Ο'. εἰς Σκηνάς. Σ. εἰς Σοκχώθ.[14]

18. שָׁכֶם. Ο'. Σηκίμων (potior scriptura Σικίμων[15]). 'Α. Συχέμ.[16]

Cap. XXXIII. 1. καὶ ἐπιδιεῖλεν (sic) ⸓ Ἰακώβ ⸸.[17] 3. καὶ περιλαβὼν αὐτὸν ⸗ ἐφίλησεν καὶ ⸸ προσέπεσεν.[18] 17. τοῦ τόπου ⸗ ἐκείνου ⸸.[19]

---

[14] Sic Cod. X in marg., juxta collationem Bodl. Montef. exscripsit ἐπέκλινε, absente enclitica. Ad ἐπέσκαζε Cod. 57 in marg. pingit: ἐνεκλίνετο; Cod. 73 in marg.: ἐπεκλίνετο. Denique Montef. ex Regio uno vix sanam lectionem affert: "Ἄλλος· ἐνεκυλίετο. [15] Syro-hex., et sub ⸗ Cod. IV. [16] Sic Cod. IV (cum καὶ τοὺς καμ.), et sine aster. Codd. 15, 72, 135, Syro-hex., Arab. 1, 2. Ed. Rom.: καὶ τοὺς β. καὶ τὰς κ. καὶ τὰ πρ.; sed καὶ τὰς καμ. om. Comp., Ald., Codd. I, III, VI, 19, 31, alii. [17] Cod. IV, qui pro cuneolo (⸸) duo puncta (:) adhibet. CAP. XXXIII. [1] Sic Cod. IV, et sine aster. Comp., Ald., Codd. III, 19, 30, 31, alii. [2] Obelus est in Cod. IV. [3] Nobil., et "quidam MSS." apud Montef., quorum unus ad Aquilam habet ὀφθαλμὸν αὐτοῦ. [4] Sic Ald., Codd. III, IV, 14, 15, 16, alii. [5] Hieron.: "Denique, ubi nos habemus, *divisit*, Aq. posuit ἡμίσευσεν, id est, *dimidiavit*." [6] "Hic duo MSS. Codd. Regii notam afferunt sine auctoris nomine; sed videtur Origenis esse. Sic autem habet: τὸ, κατεφίλησεν αὐτὸν, ὅπερ ἐστὶν Ἑβραϊστὶ οὐεσσάκη, ἐν παντὶ Ἑβραϊκῷ βιβλίῳ περιέστικται, οὐχ ἵνα μὴ ἀναγνωσθῇ, ἀλλ' ὑπαινιττομένης ὥσπερ διὰ τούτου τῆς βίβλου τὴν πονηρίαν τοῦ Ἠσαῦ· κατὰ δόλον γὰρ κατεφίλησε τὸν

TOM. I.

'Ιακώβ. Hactenus etiam in Masoreticis Bibliis vox וַיִּשָּׁקֵהוּ punctis notatur."—*Montef.* [7] Procop. in Cat. Niceph. p. 402. Minus plene Cod. 127 et Reg. 1825 apud Montef.: 'Α. ἃ ἐχαρίσατο. Σ. ἃ ἐδωρήσατο. [8] Sic Cod. IV, et sine aster. Cod. 15. [9] Sic Comp., Codd. I, III, 19, 108, 129. [10] Sic Cod. IV, et sine aster. Cod. 15. [11] Cod. X, qui parum probabiliter Aquilae nomen praemittit. Nobil. et Cod. 1825: Σ. καὶ πορευθῶμεν, ἵνα συνοδεύσω σοι. [12] Nobil. affert: Schol. πορεύσομαι εἰς κατ. σου. Aquilae esse crediderim. [12] Cod. X. Codd. 57, 127: Σ. κύουσιν. [14] Cod. X. Cod. 127 affert: Σ. σοκχῶ (sic). Mox ad Σκηνὰς Montef. e Cod. Reg. 1888 edidit: Σ. Σοχχώθ (sic); Anon. in Cat. Niceph. p. 404: Σύμμαχος· Σοκχώθ (sic). [15] Sic Ald., Codd. I, III, IV, 15, 16, alii. [16] Cat. Niceph. p. 404, qui ad πατρὸς Συχέμ (v. 19) lectionem refert. Montef. vero ad Συχέμ (Cap. xxxiv. 2) e duobus Regiis edidit: 'Α. Συχέμ. [17] Cod. IV. [18] Idem, qui metobelum ante καὶ pingit. Verba ἐφίλησεν καὶ sine obelo leguntur in Comp., Ald., Codd. III, 14, 15, 16, aliis, qui mox, excepto Ald., om. καὶ κατεφίλησεν αὐτόν. [19] Idem, obelo, ut videtur, a correctore appicto.

CAP. XXXIV.

2. הַחִוִּי. *Hivitae.* Ο'. ὁ Εὐαῖος. Alia exempl. ὁ Χορραῖος.[1] 'Α. Σ. ὁ Εὐαῖος.[2]

וַיִּשְׁכַּב אֹתָהּ. *Et stupravit eam.* Ο'. ἐκοιμήθη μετ' αὐτῆς. Schol. Τὸ Ἑβραϊκόν ἐστιν, οὐ ἐσχαύ, καὶ κατὰ τούτους ἔχει τινὰ ἔμφασιν ἡ λέξις δυσερμήνευτον, δηλοῦσα τὸ μετὰ βίας κατακεκοιμῆσθαι αὐτήν. Τὸ γὰρ αἰσχρὸν τοῦ πάθους ἡ θεία γραφὴ θεῖναι κατὰ τὸ ῥητὸν φανερῶς ἐφυλάξατο.[3]

3. וַיְדַבֵּר עַל־לֵב. *Et blande allocutus est.* Ο'. καὶ ἐλάλησε κατὰ τὴν διάνοιαν ('Α. ἐπὶ καρδίαν. Σ. καταθύμια[4]).

7. וַיִּתְעַצְּבוּ. *Et gravissime dolebant.* Ο'. κατενύγησαν. 'Α. (καὶ) διεπονήθησαν.[5] (Σ.) ὠδυνήθησαν.[6]

וַיִּחַר. *Et exarsit* (ira). Ο'. καὶ λυπηρὸν ἦν. 'Α. Σ. (καὶ) ὀργίλον.[7]

וְכֵן לֹא יֵעָשֶׂה. *Et ita non fieri debebat.* Ο'. καὶ οὐχ οὕτως ἔσται. Σ. ὃ οὐκ ἔδει γενέσθαι.[8]

12. מְאֹד מֹהַר וּמַתָּן. *Valde dotem et donum.* Ο'. (πληθύνατε) τὴν φερνὴν (Σ. τὸ ἕδνον[9]) σφόδρα.

Alia exempl. σφόδρα τὴν φερνὴν ✕ καὶ δόμα ◄.[10]

12. אֶת־הַנַּעַר. Ο'. τὴν παῖδα ταύτην. Σ. τὴν παιδίσκην.[11]

15. נֵאוֹת. *Morem geremus.* Ο'. ὁμοιωθησόμεθα. Ε'. εὐνοήσομιν.[12]

17. תִּשְׁמָעֵי. Ο'. εἰσακούσητε. Ἄλλος· ὑπακούσητε.[13]

19. כִּי חָפֵץ בְּבַת. *Nam deperibat filiam.* Ο'. ἐνέκειτο γὰρ τῇ θυγατρί. Σ. ἐπεθύμει γὰρ τὴν παιδίσκην.[14]

21. שְׁלֵמִים. *Pacis studiosi.* Ο'. εἰρηνικοί. 'Α. ἀπηρτισμένοι.[15]

רַחֲבַת־יָדַיִם. *Lata utrinque.* Ο'. πλατεῖα ✕ ἐν χερσίν ◄.[16]

22. יֵאֹתוּ. *Morem gerent.* Ο'. ὁμοιωθήσονται. Σ. πεισθήσονται.[17]

24. כָּל־יֹצְאֵי שַׁעַר עִירוֹ. Ο'. Vacat. ✕ πάντες ἐξερχόμενοι πύλην πόλεως αὐτοῦ ◄.[18]

25. בֶּטַח. *Fidenter.* Ο'. ἀσφαλῶς. Ἄλλος· πεποιθότως.[19]

30. מִסְפָּר. Ο'. ἐν ἀριθμῷ. Alia exempl. add. βραχεῖ.[20]

CAP. XXXIV. [1] Sic Ald., Codd. I, III, IV, X, 14, 15, 16, alii. [2] Cod. 127, qui in textu ὁ Χορραῖος habet. Cod. X: Ο'. Χορραῖος. 'Α. Εὐαῖος. [3] Cod. 127, unde Matthaeius exscripsit κατεκοιμήθαι. [4] Idem. Ad Symmachum cf. Jesai. xliv. 9 in LXX, necnon Hex. ad Job. xxx. 15. [5] Idem. Cf. ad Cap. vi. 6. [6] Cod. 108 in marg. sine nom.: ὠδυνήθησαν (sic), quod Symmachi esse potest. Cf. Hex. ad 1 Reg. xx. 34. [7] Cod. 127. Cf. Hex. ad Gen. iv. 6. 2 Reg. vi. 8. [8] Idem. Cod. 108 in marg. sine nom.: οὐκ ἔδει γενέσθαι. [9] Cod. Reg. 1871 (= Holmes. 64). Matthaeius e Cod. 127 exscripsit: Σ. τὸ ἕδνον (sic). Cf. Hex. ad 1 Reg. xviii. 25, ubi τὰ ἕδνα in plurali, ut semper, ni fallor, apud bonos scriptores. Schol. ad Hom. Il. Λ, 146: Ἕδνα εἰσὶ τὰ πρὸ τῶν γάμων ὑπὸ τοῦ νυμφίου διδόμενα δῶρα τῇ νύμφῃ. Ceterum dignus est qui cum nostro conferatur locus Antonini Lib. p. 260: Οὗτος ('Αρκτοφῶν) ἰδὼν τὴν θυγατέρα τοῦ Νικοκρέοντος τοῦ Σαλαμινίου Βασιλέως, ἠράσθη· γένος δ' ἦν τοῦ Νικοκρέοντος ἀπὸ Τεύκρου τοῦ ξυνελθόντος Ἰλίου Ἀγαμέμνων, παρ' ὃ καὶ μᾶλλον ὁ Ἀρκτοφῶν ἐφίετο τοῦ γάμου τῆς παιδός· καὶ ὑπέσχετο πλεῖστα παρὰ τοὺς

ἄλλους μνηστήρας ἀποίσειν ἕδνα. [10] Sic Cod. IV, et sine aster. Codd. 15, 72 (cum δόμεν), 82, 135, Arab. 1, 2. [11] Cod. Reg. 1871, teste Montef. Holmesius vero: "Cod. 64 in marg.: τὴν παιδίσκην." Sic in textu Codd. 75, 129. [12] Idem. [13] Idem in marg.: ὑπακούσητε. Mox v. 19 pro ἐχρόνισεν .. τοῦ ποιῆσαι Cod. 20 in textu habet ἡμέλλησεν .. τοῦ πληρῶσαι; sed tales lectiones alius interpretis esse non ausim affirmare. [14] Cod. Reg. 1871. [15] Hieron.: "Ubi nunc LXX interpretes *pacificos* transtulerunt, Aq. interpretatus est ἀπηρτισμένους, id est, *consummatos* atque *perfectos*, pro quo in Hebraeo legitur SALAMIM. Cf. Hex. ad Hos. x. 14. Amos i. 6. [16] Sic Cod. IV, et sine aster. Codd. 15, 72, 82. Cf. Hex. ad Psal. ciii. 25. [17] Cod. Reg. 1871. [18] Sic Cod. IV, Arm. 1, et sine aster. Codd. 15, 64, 72 (cum π. οἱ ἐξ. π. π. αὐτῶν), 82. [19] MSS. Regii apud Montef. Sic in marg. sine nom. Codd. 38, 57. Cf. Hex. ad Deut. xii. 10. Hieron.: "Pro eo quod in Graecis legitur ἀσφαλῶς, id est, *diligenter*, in Hebraeo scriptum est BETE, id est, *audacter* et *confidenter*." [20] Sic Cod. 71, qui idem esse videtur

Cap. XXXIV. 5. ⸗ ὁ υἱὸς Ἐμμώρ ◁.²¹ 8. τῇ
ψυχῇ ✕ αὐτοῦ ◁.²² 14. ⸗ Συμεὼν καὶ Λευὶ οἱ
ἀδελφοὶ Δείνας, υἱοὶ δὲ Λείας ◁.²³ 15. ⸗ καὶ κατοικήσομεν ἐν ὑμῖν ◁.²⁴ ⸗ καὶ ὑμεῖς ◁.²⁵ 16. ⸗ γυναῖκας ◁.²⁶ 23. ⸗ ἐν τούτῳ ◁ μόνον. 24. ⸗ τὴν σάρκα
τῆς ἀκροβυστίας αὐτῶν ◁. 27. ⸗ Δείναν ◁.²⁷ 30.
⸗ πᾶσι ◁.²⁸ ⸗ πᾶσαν ◁ τὴν γῆν.²⁹

CAP. XXXV.

4. תַּחַת הָאֵלָה. Sub terebintho. Ο'. ὑπὸ τὴν
τερέβινθον (Ά. Σ. Θ. τὴν δρῦν¹).

7. אֵל בֵּית־אֵל. Ο'. ✕ ἰσχυρὸς ◁ Βαιθήλ.²

8. דְּבֹרָה. Ο'. Δεβόρρα. [Ἄλλ. μέλισσα. Ἄλλ.
λαλιά. Ἄλλ. λαλουμένη.]³

11. אֵל שַׁדַּי. Deus omnipotens. Ο'. ὁ θεός σου
✕ ἱκανός ◁.⁴

12. נָתַתִּי. Ο'. ἔδωκα. Schol. ὤμοσα.⁵

16. וַיְהִי־עוֹד כִּבְרַת־הָאָרֶץ לָבוֹא אֶפְרָתָה. Et
restabat adhuc certa mensura (Graeco-Ven.

κατὰ σημεῖον, circiter milliarium) terrae (viae)
ut veniret Ephratam. Ο'. ἐγένετο δὲ, ἡνίκα
ἤγγισεν [εἰς] Χαβραθὰ τοῦ ἐλθεῖν εἰς τὴν
Ἐφραθά. Ά. καὶ ἐγένετο (ἔτι) καθ' ὁδὸν τῆς
γῆς, ἐν τῷ ἐλθεῖν (ʙ. εἰσελθεῖν) εἰς Ἐφραθά.⁶

18. וְאָבִיו. Ο'. ὁ δὲ πατὴρ ✕ αὐτοῦ ◁.⁷
בִנְיָמִין. Ο'. Βενιαμίν. Σ. υἱὸς δεξιᾶς.⁸

19. בְּדֶרֶךְ אֶפְרָתָה. Ο'. ἐν τῇ ὁδῷ [τοῦ ἱπποδρό-
μου] Ἐφραθά.⁹
אֶפְרָתָה הִוא בֵּית לָחֶם. Ο'. Ἐφραθά· αὕτη
ἐστὶ Βηθλεέμ. Ε'. Ἐφραθά· αὕτη ἐστι οἶκος
ἄρτου.¹⁰

16, 21, 22. וַיִּסְעוּ מִבֵּית אֵל וַיְהִי.... וַיֵּשֶׁב יִשְׂרָאֵל
וַיֵּט אָהֳלֹה מֵהָלְאָה לְמִגְדַּל־עֵדֶר; וַיְהִי.
Ο'. ἀπάρας δὲ Ἰακὼβ ἐκ Βαιθήλ, ἔπηξε τὴν
σκηνὴν αὐτοῦ ἐπέκεινα τοῦ πύργου Γαδέρ· ἐγένετο δέ .... ἐγένετο δέ. Alia exempl. ἀπῆρεν
δὲ ἐκ Βαιθήλ· καὶ ἐγένετο.... καὶ ἀπῆρεν
Ἰσραήλ, καὶ ἔπηξεν τὴν σκηνὴν αὐτοῦ ἐπέκεινα τοῦ πύργου Γαδείρ.¹¹ (Ά.) .... καὶ

❖ ──────────────────────────── ❖

cum Colbertino Montefalconii. Hic autem edidit: "Ἄλλος·
ἐν βραχεῖ, notans: "Sic duo MSS., qui non iudicant cujus
sit haec interpretatio." ²¹ Cod. IV. ²² Sic Cod. 127,
et sine aster. Codd. 14, 15, 16, alii. ²³ Codd. IV, 127.
Haec, υἱοὶ δὲ Λ., desunt in Ed. Rom., sed leguntur in Ald.
(cum οἱ υ. Λ.), Codd. I (sine δὲ), III, 14 (ut Ald.), 15 (ut I),
aliis. ²⁴ Cod. IV. ²⁵ Codd. IV, 127. ²⁶ Cod. IV,
Vox deest in Comp., Codd. 19, 108. ²⁷ Cod. IV.
²⁸ Sic Cod. IV, sed corrector punctis superimpositis reprobavit. Vox abest ab Ald., Codd. I, III, 14, 16, aliis,
Arab. 1, 2. ²⁹ Sic Cod. IV (sed corrector expunxit
πᾶσαν), et sine obelo Codd. 14, 15, 16, alii.
Cap. XXXV. ¹ Sic Drusius, non memorato auctore.
Cf. Hex. ad Jud. vi. 11, 19. 1 Reg. xvii. 2. xxi. 9. Jesai.
vi. 13. Ezech. vi. 13. ² Sic Cod. IV, et sine aster.
Codd. 15, 64, 72. ³ "Sic schedae Combefisianae. Incertum autem an haec sint scholion, an interpretum variae
lectiones."—Montef. Immo meras esse notationes etymologicas certo certius est. ⁴ Sic Cod. IV, Arm. 1, et sine
aster. Codd. 15, 64, 72, 82 (cum ἱκανούσθω), 135 (cum
ἱκανός). Cf. Hex. ad Exod. vi. 3. Ezech. x. 5. ⁵ Nobil.
Sic in textu Codd. 38, 57 (in marg.), 72 (cum ὤμοσα δέδωκα). ⁶ Hieron.: "Aquila autem hoc ita transtulit:
Et factum est καθ' ὁδὸν τῆς γῆς, id est, in itinere terrae,

introiens in Ephrata. Sed melius est si transferatur, in
electo [a בָּר, electus] terrae tempore, cum introiret Ephratha.
Porro vernum tempus significat, cum in florem cuncta
rumpuntur, et anni tempus electum est." Ad ἡνίκα ἤγγισεν
Cod. 64 in marg. pingit: τῷ τῷ ἐλθεῖν, ex correctore, ut
videtur. ⁷ Sic Cod. IV, et sine aster. Codd. VI, 15, 37,
alii. ⁸ Procop. in Gen. p. 184. ⁹ Verba inclusa
reprobant Comp., Ald., Codd. I, III, IV, VI, 15, 19, alii.
Arab. 1, 2. Hieron.: "Verbum Hebraicum chabratha
in consequentibus [Cap. xlviii. 7] ... nescio quid volentes,
hippodromum LXX interpretes transtulerunt; et statim
ibi, ubi in Hebraco dicitur: Et sepelierunt eam in via
Ephrata, haec est Bethleem, rursum LXX pro Ephrata
posuerunt hippodromum; cum utique si chabratha hippodromus est, Ephrata hippodromus esse non possit."
Idem in Commentario ad Mich. iv. 9: "Quae (Rachel)
quia in via erat, et in hippodromo, id est, equorum cursu,
qui in Aegypto venundantur, filium peperit doloris, quem
postea vocavit pater filium dextrae." ¹⁰ S. Ambros. in
Epist. LXX ad Horentianum, p. 1065: "Quinta autem
traditio: Ephratha, ipsa est domus panis. Hoc praeteritum est in aliorum traditionibus." ¹¹ Sic Cod. IV,
Arab. 1, 2 (uterque cum ἀπ. δὲ Ἰακὼβ ἐκ ʙ.), Arm. 1.

H 2

ἀπῆρεν Ἰσραὴλ, καὶ ἐξέκλινε σκέπην αὐτοῦ
ἐπέκεινα τοῦ πύργου Ἀδέρ.[12]

27. קִרְיַת הָאַרְבַּע. Ο'. εἰς πόλιν τοῦ πεδίου (alia
exempl. τοῦ Εὐαίου[13]).

Cap. XXXV. 3. ⚊ καὶ διέσωζέ (sic) με ◄. 4.
⚊ καὶ ἀπώλεσεν αὐτὰ ἕως τῆς σήμερον ἡμέρας ◄.[14]
5. καὶ ἐξῆρεν ⚊ Ἰσραὴλ ἐκ Σικίμων ◄.[15] 6. ἥ
⚊ ἐστιν ◄. 7. ⚊ Ἠσαῦ ◄.[16] 8. ⚹ καὶ ἐτάφη ◄.[17]
9. ⚊ ἐν Λουζᾶ ◄. ⚊ ὁ θεός ◄.[18] 10. ⚹ καὶ ἐκάλεσε τὸ ὄνομα αὐτοῦ Ἰσραὴλ ◄.[19] 12. ⚊ σοὶ ἔσται ◄.[20]
20. ἕως τῆς σήμερον ⚊ ἡμέρας ◄.[21] 22. ⚊ καὶ πονηρὸν ἐφάνη ἐνώπιον (sic) αὐτοῦ ◄.[23] 27. ⚊ ἐν γῇ
Χαναάν ◄. 28. ⚊ ἅς ἔζησεν ◄.[23] 29. ⚹ Ἰσαάκ ◄.[24]

CAP. XXXVI.

4. עָדָה לֶאֱלִיפָז. Ο'. αὐτῷ Ἀδά. Alia exempl. Ἀδὰ
τῷ Ἠσαῦ.[1]

6. וְאֶת־כָּל־נַפְשׁוֹת בֵּיתוֹ. Et omnes animas (servos)
domus suae. Ο'. καὶ πάντα τὰ σώματα τοῦ
οἴκου αὐτοῦ. Schol. σώματα τοὺς δούλους ἴσως
λέγει.[2]

19. הוּא אֱדוֹם. Ο'. οὗτοί εἰσιν υἱοὶ Ἐδώμ. Hieron.: Ipse est Edom.[3]

24. הוּא עֲנָה אֲשֶׁר מָצָא אֶת־הַיֵּמִם בַּמִּדְבָּר
בִּרְעֹתוֹ אֶת־הַחֲמֹרִים לְצִבְעוֹן אָבִיו. Hic est
Ana, qui invenit aquas calidas in deserto, quum
pasceret asinos Zibeonis patris sui. Ο'. οὗτός
ἐστιν Ἀνὰ (alia exempl. Ὠνὰν[4]), ὃς εὗρε τὸν
Ἰαμεὶν (Ἀ. σὺν τοὺς ἡμῖν. Σ. τοὺς ἡμῖν[5]) ἐν
τῇ ἐρήμῳ, ὅτε ἔνεμε τὰ ὑποζύγια Σεβεγὼν τοῦ
πατρὸς αὐτοῦ. Ἀ. αὐτὸς Αἰνὰς, ὃς εὗρε σὺν
τοὺς ἰμεὶμ ἐν τῇ ἐρήμῳ ἐν τῷ βόσκειν αὐτὸν
τοὺς ὄνους τοῦ Σεβεγών...[6] Θ. οὗτός ἐστιν
ὁ Αἰνὰν, ὃς εὗρε τὸν Ἰαμεὶν ἐν τῇ ἐρήμῳ, ὅτε

---

[12] Haec in textu verbis ἐγένετο δέ (v. 22) praemittit
Cod. 72, qui in v. 16 cum textu Romano, omisso tantum
Ἰακώβ, consentit. Aquilae esse versionem vix dubium esse
potest. Cf. Hex. ad Gen. xxxi. 34. Psal. xvi. 11.   [13] Sic
Codd. 16, 18, alii. Cod. 64 in marg. manu rec.: εὐαῖον (sic).
Praeterea Cod. 71 in textu habet εἰς πόλιν ἀραβά (הָעֲרָבָה),
quae lectio nescio an alius interpretis sit.   [14] Cod. IV.
[15] Idem ex corr.   [16] Idem.   [17] Idem. Deest in
Codd. III, VI, 68, aliis.   [18] Idem.   [19] Cod. IV,
Arm. 1. Haec non leguntur in Comp., Codd. I, III, 16,
18, aliis.   [20] Cod. IV. Deest in Codd. III, 14, 16, aliis,
Arab. 1, 2.   [21] Sic (pro ἕως τῆς ἡμ. ταύτης) Cod. IV, et
sine obelo Ald., Codd. I, 14, 16, alii.   [22] Cod. IV.
"Post verba יִשְׂרָאֵל Masorethae in marg. addunt
orbiculum, et verba, פָּסוּק בְּאֶמְצַע פָּסֵק, lacuna in medio
versu, h. e. deesse aliquid h. l."—Rosenm. Immo nota
marginalis וֹנ פסקא non deesse aliquid lectorem monet,
sed tantummodo praeter exspectationem in medio versu
enuntiationem majorem finitam esse. Vid. Num. xxv. 19
in Hebraeo.   [23] Cod. IV.   [24] Idem. Deest in Ald.,
Codd. I, III, 68, aliis.
CAP. XXXVI. [1] Sic Codd. I, III, IV, 14, 15, 16, alii,
Hieron., Syro-hex.   [2] Syro-hex. in marg. ܡܰܛܳܝ̈ܐ ܕܝܠܶܗ܆
ܕܝܠܶܗ ܐ̱ܢܳܫ̈ܐ܀ Cf. Gen. xii. 5. Ezech. xxvii. 13. 1 Macc.
x. 33.   [3] "AA. LL. [h. e. Alii libri] οὗτοι υἱοὶ Ἠσαῦ.
οὗτός ἐστιν Ἐδὰν (sic). καὶ οὗτοι υἱοὶ Σεἴρ."—Nobil. Hujus
lectionis, quae manifeste mutila est, in libris Graecis et
Syro-hex. nullum est vestigium.   [4] Sic Ald., Codd. I
(in priore loco), III (cum ὁ Ὠνὰς, sed in priore loco Ὠνὰν),

14, 15 (ut III), alii, et Syro-hex. (ܐܘܢ).   [5] Hieron.:
"Multa et varia apud Hebraeos de hoc capitulo dispu-
tantur: apud Graecos quippe et nostros super hoc silentium est. Alii putant IAMIM maria appellata [הַיֵּמִם];
iisdem enim literis scribuntur maria, quibus et nunc hic
sermo descriptus est. Et volunt illum, dum pascit asinos
patris sui in deserto, aquarum congregationes reperisse,
quae juxta idioma linguae Hebraicae maria nuncupantur;
quod scilicet stagnum repererit, cujus rei inventio in eremo
difficilis est. Nonnulli putant aquas calidas [sic ipse
Hieron. in Vulgata] juxta Punicae linguae viciniam, quae
Hebraeae contermina est, hoc vocabulo signari. Sunt qui
arbitrentur onagros ab hoc admissos esse ad asinas; et
ipsum istiusmodi reperisse concubitum, ut velocissimi ex
his asini nascerentur, qui vocantur IAMIM. Plerique [Kim-
chi, Vers. Arab., Graeco-Ven.] putant, quod equarum
greges ab asinis in deserto ipse fecerit primus ascendi, ut
mulorum inde nova contra naturam animalia nascerentur.
Aquila hunc locum ita transtulit: Ipse est Ana, qui invenit σὺν τοὺς ἡμὶν [Martianaeus e codd. edidit ἐμὶμ, nonnullos ἢ pro τ, et τ pro ā legere affirmans. Vallarsius
autem testatur, quosdam MSS. ἰαμὶμ vel ἰαμὶμ praeferre;
unum Reginae ἠμῖν, alterum ἠμὶν, et ad Sym. ἡμῖν vel
ἡμίν. Denique Lagardii tres in ἡμὶν consentiunt]; et Sym.
similiter τοὺς ἡμὶν, quae interpretatio pluralem numerum
significat. LXX vero et Theod. aequaliter transtulerunt,
dicentes τὸν Ἰαμὶν, quod indicat numerum singularem."
[6] Cod. 25 in marg., exscribente Lagardio, et Cat. Niceph.
p. 418 (uterque cum σὺν τουσιμὶμ et Σεβαιγών. Praeterea

ἔνεμε τὰ βουκόλια Σεβεγὼν τοῦ πατρὸς αὐτοῦ.⁷
'Ὁ Σύρος· ὃς εὗρε πηγὴν ἐν τῇ ἐρήμῳ.⁸

27. וַיַּעֲקֹן. Ο'. καὶ Ἰουκάμ. Alia exempl. add.
καὶ Οὐκάμ (s. Οὐκάν).⁹

33. יוֹבָב. Ο'. Ἰωβάβ. Schol. οὗτός ἐστιν Ἰώβ.¹⁰

35. הַמַּכֶּה. Qui percussit (fugavit). Ο'. ὁ ἐκκό-
ψας. 'Α. ὁ πατάξας.¹¹

36. מִמַּשְׂרֵקָה. Ο'. ἐκ Μασσεκκάς. Θ. (ἐκ) Μασ-
σηφᾶς.¹²

40. לְמִקֹּמֹתָם בִּשְׁמֹתָם. Secundum sedes eorum
per nomina eorum. Ο'. κατὰ τόπον αὐτῶν,
ἐν ταῖς χώραις αὐτῶν, καὶ ἐν τοῖς ἔθνεσιν ('Α.
ἐν τοῖς ὀνόμασιν¹³) αὐτῶν. Alia exempl. κατὰ
τόπον αὐτῶν, ἐν ὀνόμασιν αὐτῶν, ἐν ταῖς χώραις αὐτῶν, καὶ ἐν τοῖς ἔθνεσιν ― αὐτῶν ◄.¹⁴

Cap. XXXVI. 15. [÷ υἱοὶ Ἐλιφὰζ πρωτοτόκου

Ἠσαῦ ◄.]¹⁵   18. ⨯ θυγατρὸς Ἀνὰ γυναικὸς Ἠσαῦ ◄.¹⁶
39. ― υἱὸς Βαράδ ◄.¹⁷

CAP. XXXVII.

2. נְשֵׁי. Ο'. τῶν γυναικῶν. Ἄλλος· τῶν παλλα-
κῶν.¹

וַיָּבֵא יוֹסֵף אֶת־דִּבָּתָם רָעָה אֶל־אֲבִיהֶם. Et
detulit Josephus infamiam de illis malam ad
patrem eorum. Ο'. κατήνεγκαν (alia exempl.
κατήνεγκεν²) δὲ Ἰωσὴφ ψόγον πονηρὸν πρὸς
Ἰσραὴλ τὸν πατέρα αὐτῶν. 'Α. καὶ ἤνεγκεν
Ἰωσὴφ ψόγον αὐτῶν πονηρὸν πρὸς πατέρα
αὐτοῦ.³ Σ. καὶ ἔφερεν Ἰωσὴφ διαβολὴν κατ'
αὐτῶν πονηρὰν πρὸς πατέρα αὐτῶν.⁴ Θ. κατήνεγκαν δὲ ψόγον πονηρὸν Ἰωσὴφ πρὸς τὸν
πατέρα αὐτῶν.⁵ Ὁ Σύρος καὶ ὁ Ἑβραῖος·
κατήνεγκεν.⁶

---

in Cat. est Ἀἰνὰν pro Ἀἰνάς). Montef. partim e codd. suis (?)
partim ex Hieron. edidit σὺν τοῖς Ἰαμεὶν, et τὰς ὄνους.
(Ad τὰ ὑποζύγια Syro-hex. in marg. affert: ܠܠ/, τὰς ὄνους;
sed membrana male habita non sinit definire, utrum nota
interpretis praecesserit, an lectio anonyma sit.)   ⁷ Iidem
(cum Σεβαιγών). Montef. scribit τὸν Ἰαμεὶμ et Σεβαιγών.
⁸ Diodorus in Catenis Regiis apud Montef., et Cat. Niceph.
p. 418: Ὁ Σύρος καὶ ὁ Ἑβραῖος τὸν ἰαμεὶν ὕδωρ [Pesch. ܚܡܬܐ]
βούλονται λέγειν, ἀντὶ τοῦ πηγὴν [Syro-hex. ܡܥܝܢܐ, concinentibus Arab. 1, 2, Arm. 1] ἐν τῇ ἐρήμῳ· οἱ δὲ ἑρμηνεύσαντες αὐτὴν πως τὴν λέξιν τὴν Ἑβραϊκὴν τεθείκασι. Idem fere
testatur Photius in Amphilochiis apud Mai. Script. Vet.
Nov. Coll. T. IX, p. 66: Ἡ Σύρα φωνὴ τὸν ἰαμὶν, ἢ ὡς ἔνιοι
τὸν ἰαμεὶν (corr. ἰαμεὶμ), πηγὴν ἐθέλοι καλεῖν. Paulo aliter
Theodoret. Quaest. in Gen. (Opp. T. I, p. 101): Ὁ Σύρος
λέγει πηγὴν αὐτὸν εἰρηκέναι· ἡ γὰρ πηγὴ αἰνὰ (ἀἰνὰν Cat. Niceph.
ibid.) καλεῖται τῇ Σύρων φωνῇ. In contrariam partem Scholiasta anon. apud Montef. et Cat. Niceph. ibid.: Πανταχοῦ
μὲν τὸ ὕδωρ ἀμμαὶμ λέγεται ἐν τῷ Ἑβραϊκῷ, ἡ δὲ πηγὴ μωκάρ·
ἐν γὰρ τῷ λ' ψαλμῷ εἰς τὸ, παρὰ σοὶ πηγὴ ζωῆς, ἐν τῷ Ἑβραϊκῷ
κεῖται, μωκὰρ αἰιώμ (Montef. αἰιώμ). Οὔτε οὖν τὸν ἰαμεὶν κατὰ
Διόδωρον εὗρον ἀντὶ τοῦ ὕδατος, οὔτε ἀντὶ τῆς πηγῆς τὸ (Montef.
τὸν) αἰνάν. Κατὰ Θεοδώριτον (Montef. ‑ρητον) δὲ, οὐ τὸ αἰνὰν
πηγὴν ἔδει λέγεσθαι, ἀλλ' ἢ ἄρα τὸ ἰαμεὶν. Ὁ γὰρ Ἀἰνὰν εὖρε
τὸν ἰαμεὶν, οὐχ ὁ ἰαμεὶν τὸν αἰνάν. In tanto auctorum dis-
sensu lectio τοῦ Σύρου, quisquis fuerit, valde incerta est.
⁹ Sic Ald., Codd. I (cum Οἰκάν), III (idem), 14, 15 (ut I),
16, alii, ex duplici versione. Syro-hex., ut videtur, scri-

bere voluit: καὶ Ἰουκάμ, ― καὶ Οὐκάν ◄; sed in codice, καὶ
Ἰουκάμ casu omisso, tantum restat ― καὶ Οὐκάν ◄.   ¹⁰ Sic
in marg. Codd. 58, 130 (manu 2ᵈᵃ). Syro-hex. in marg.
ܣܗܕ ܕܝܠ. ܐܡܪܝ ܕܗܢܘ ܐܝܘܒ ܦܝܠܘܣܘܦܐ ܘܟܐܢܐ:
◄ ܟܐܢܐ/; h. e. "Jobab istum aiunt Jobum τὸν philo-
sophum et justum esse." Cf. Job. xlii. 18 in LXX.
¹¹ Cod. Reg. 1871 (=Holmes. 64).   ¹² Cod. 64 in textu
Μασσεκκάς; in marg. autem manu recent. ἀσσηφᾶς (sic),
excisa una vel pluribus literis. Lectionem, etsi valde
suspectam, praeeunte Montef., Theodotioni tribuimus.
¹³ Idem.   ¹⁴ Sic Syro-hex., et sine obelo Ald., Codd. 31,
128, Arab. 1, 2.   ¹⁵ Syro-hex., invito Cod. IV, et Hebraeo.   ¹⁶ Syro-hex., Cod. IV (qui tamen post Ἀνὰ
abrumpitur). Haec desunt in Comp., Codd. III, 19, 68,
aliis.   ¹⁷ Syro-hex.
CAP. XXXVII. ¹ Sic in textu Cod. 71. Cod. 64 in
marg.: παλλακῶν.   ² Sic Comp., Codd. VI, 72, 75, alii,
Arab. 1 (cum κατήνεγκαν in marg.), 2, Syro-hex. Cod. 25
in marg., teste Lagardio: Οἱ Ο'. κατήνεγκε δὲ Ἰωσὴφ ψόγον
αὐτῶν πονηρὸν πρὸς πατέρα αὐτόν.   ³ Nobil. (cum τὸν ψόγον
et πρὸς τὸν π.), Cod. 25, et MSS. apud Montef., qui πρὸς
τὸν π. edidit. Cod. 127 affert tantummodo: 'Α. κατήνεγκεν
(sic). Σ. καὶ ἔφερεν.   ⁴ Nobil., Cod. 25 (cum δ. πονηρὰν
κατ' αὐτῶν), et MSS. apud Montef. Syro-hex. ܡܣܒ ܡܣ.
◄ ܩܘܒܠܛܪܝܐ ܒܝܫܐ ܥܠܝܗܘܢ.   ⁵ Codd. 20
(teste Holmesio), 25.   ⁶ Diodorus apud Nobil., et Anon.
in Cat. Niceph. p. 423: Ὁ Σύρος καὶ ὁ Ἑβραῖος ἀντὶ τοῦ,
κατήνεγκαν, κατήνεγκεν ἔχουσι· τουτέστιν, ὁ Ἰωσὴφ διέβαλε τοὺς

3. כְּתֹנֶת פַּסִּים. *Tunicam frustorum* (e pannorum frustis varii coloris consutam). Aliter: *Tunicam manuum et talorum* (manicatam et talarem). Ο'. χιτῶνα ποικίλον. Ἀ. χιτῶνα ἀστραγάλων. Σ. χιτῶνα χειριδωτὸν [ἢ ϲαρπωτόν].[7]

5. וַיּוֹסִפוּ עוֹד שְׂנֹא אֹתוֹ. *Et magis adhuc oderunt eum.* Ο'. Vacat. ※ καὶ προσέθηκαν ἔτι μισεῖν αὐτόν ◄.[8]

7. וְהִנֵּה תְסֻבֶּינָה. *Et ecce! cinxerunt.* Ο'. περιστραφέντα δέ. Ἀ. καὶ ἰδοὺ ἐκύκλωσαν. Σ. καὶ ὡσανεὶ περιεκύκλωσαν.[9]

10. וַיְסַפֵּר אֶל־אָבִיו וְאֶל־אֶחָיו. Ο'. Vacat. ※ καὶ διηγήσατο αὐτὸ τῷ πατρὶ αὐτοῦ καὶ τοῖς ἀδελφοῖς αὐτοῦ ◄.[10]

14. אֶת־שְׁלוֹם אַחֶיךָ וְאֶת־שְׁלוֹם הַצֹּאן. *Quomodo valeant fratres tui, et quomodo valeat grex.* Ο'. εἰ ὑγιαίνουσιν οἱ ἀδελφοί σου, καὶ τὰ πρόβατα. Ἀ. Σ. τὴν εἰρήνην τῶν ἀδελφῶν σου, καὶ τὴν εἰρήνην τῶν βοσκημάτων αὐτῶν.[11]

וַהֲשִׁבֵנִי דָּבָר. Ο'. καὶ ἀνάγγειλόν μοι ※ ῥῆμα ◄.[12]

18. וַיִּתְנַכְּלוּ אֹתוֹ. *Et insidiati sunt ei.* Ο'. καὶ

ἐπονηρεύοντο. Ἀ. Σ. (καὶ) ἐδολιεύσαντο..[13]

22. אֶל־הַבּוֹר הַזֶּה אֲשֶׁר בַּמִּדְבָּר. Ο'. εἰς ἕνα τῶν λάκκων τούτων τῶν ἐν τῇ ἐρήμῳ. Alia exempl. εἰς τὸν λάκκον τοῦτον τὸν ἐν τῇ ἐρήμῳ.[14]

25. נְכֹאת. *Styracem.* Ο'. θυμιαμάτων. Ἀ. στύρακα.[15]

26. מַה־בֶּצַע. *Quid lucri.* Ο'. τί χρήσιμον. Ἀ. τί πλεονέκτημα. Οἱ λοιποί· τί κέρδος.[16]

27. וַיִּשְׁמְעוּ. Ο'. ἤκουσαν δέ. Σ. ἐπείσθησαν.[17]

29. וְהִנֵּה אֵין־יוֹסֵף. *Et ecce! non erat Josephus.* Ο'. καὶ οὐχ ὁρᾷ (alia exempl. εὗρε[18]) τὸν Ἰωσήφ.

31. וַיִּטְבְּלוּ. *Et intinxerunt.* Ο'. καὶ ἐμόλυναν. Ἄλλος· καὶ ἔβαψαν.[19]

35. לְנַחֲמוֹ. *Ad consolandum eum.* Ο'. παρακαλέσαι (Ἄλλος· παρηγορῆσαι[20]) αὐτόν.

36. וְהַמְּדָנִים. Ο'. οἱ δὲ Μαδιηναῖοι. Alia exempl. Ἰσμαηλῖται ἔμποροι.[21]

לְפוֹטִיפַר. Ο'. τῷ Πετεφρῇ (Ἀ. Σ. Φουτιφάρ[22]).

ἀδελφοὺς τῷ πατρί, ὡς οὐκ εὐτάκτους ὄντας· ὅθεν καὶ ἐμισήθη παρ' αὐτῶν. [7] Hieron.: "Pro *varia tunica* Aq. interpretatus est tunicam ἀστραγάλειον, id est, *tunicam talarem*, Sym. *tunicam manicatam;* sive quod ad talos usque descenderet, et manibus artificis mira esset varietate distincta; sive quod haberet manicas: antiqui enim magis colobiis utebantur." Pro ἀστραγάλων (quod nescio an Graecum sit pro ἀστραγάλωτον, *talare*) Lagardius in tribus codd. invenit *astragalon*, unde Hieronymo restituit *tunicam ἀστράγαλον*, quod ferri nequit. Proculdubio *astragalon* Graece sonat ἀστραγάλων (פַּסִּים). Vid. Dan. v. 5, 24 in Chald. et Theod. Graeco-Ven. in nostro loco habet: περιβόλαιον παλαιῶν); idque ipsum sub mendosa scriptura Cod. 127, Ἀ. στραγγάλων, latere quivis videt. Idem codex Symmachi Graeca, sed interpolata, affert. Cf. Hex. ad 2 Reg. xiii. 18, 19. [8] Sic Syro-hex., Arm. 1, et sine aster. Codd. 15, 72, 82, 135. [9] Cod. 127. [10] Sic Syro-hex., et sine aster. Codd. 15, 72, 135. [11] Cod. 127 (cum σαν pro αὐτῶν). Syro-hex. ܘ ܫܠܡܐ ܕܐܚܝܟ ܘ. Nobil. affert: Schol. τὴν εἰρήνην—βοσκημάτων, sine pronomine in fine. "Unus Regius pro hac postrema voce habet προβάτων."—*Montef.* [12] Sic Syro-hex., et sine aster. Codd. 15 (cum ῥῆμά μοι), 72, 82

(ut 15), 135. [13] Nobil. affert: Schol. ἐδολιεύσαντο, et sic in marg. sine nom. Codd. 38, 57. Matthaei e Cod. 127 exscripsit: Ἀ. Σ. ἐδολιεύοντο, repugnante Syro-hex., qui affert: ܘ ܐܬܢܟܠ ܥܠܘܗܝ. Interpres Graeco-Ven.: ἐδολιεύσαντο τ' αὐτῷ. [14] Sic Ald., Codd. I, 14, 15, 16, alii, Arab. 1, 2, Syro-hex. [15] Nobil. (ex Hieron. ad Cap. xliii. 11?) affert: Ἀ. στύρακος, casu, ut videtur, ad lectionem LXXviralem conformato. [16] Nobil., et Cod. 25, teste Lagardio. Cod. 127: Ἀ. πλεονέκτημα. Σ. κέρδος; et sic Regius unus apud Montef. Ad Sym. cf. Hex. ad Psal. xxix. 10. Syro-hex. affert: ܘ ܡܢܐ ܥܘܬܪܢ ܐ., h. e. τί κέρδος, sive τί τὸ κέρδος, quae posterior lectio est in Cod. 32 in textu. [17] Cod. 127. Cat. Niceph. p. 432: ΑΔΗΛΟΥ. ἀντὶ τοῦ ἤκουσαν, ἐπείσθησαν. Montef. ex Regio 1825 edidit: Ἄλλος· ἐπείθησαν (sic). [18] Sic Comp., Cod. 108. Syro-hex. in marg. ܘ ܐܫܟܚ. [19] Sic Cod. 32 in textu (cum ἐν τῷ αἵματι). [20] Sic in textu Cod. 20. Est fortasse Symmachi, coll. Hex. ad Gen. xxiv. 67. Job. vii. 13. xvi. 2. Psal. lxviii. 21. [21] Sic Codd. 75, 106, 107. Syro-hex. in marg. ܘ ܐܣܡܥܠܝܐ ܐ. [22] Origen. in Gen. (Opp. T. II, p. 43): Πετεφρῆς παρὰ Ἀκύλᾳ καὶ Συμμάχῳ Φουτιφὰρ εἴρηται ἐν τούτῳ τῷ τόπῳ· ἐν δὲ ἑτέρῳ (Cap. xli. 50) Φουτιφαρέ. In Cat. Niceph. p. 436 alia scriptura

Cap. XXXVII. 9. — τῷ πατρὶ αὐτοῦ καὶ ◄ τοῖς ἀδελφοῖς αὐτοῦ.²³ 14. —ʹΙσραήλ ◄.²⁴ 23. τὸν χιτῶνα ※ αὐτοῦ ◄ τὸν ποικίλον.²⁵ 35. καὶ ※ πᾶσαι ◄ αἱ θυγατέρες.²⁶

CAP. XXXVIII.

5. וַתֹּסֶף עוֹד. Ο'. καὶ προσθεῖσα (alia exempl. add. ἔτι¹).

וְהָיָה בְכְזִיב בְּלִדְתָּהּ אֹתוֹ. Et erat (Judas) in Chezib quando (uxor ejus) peperit eum. Ο'. αὕτη δὲ ἦν ἐν Χασβί, ἡνίκα ἔτεκεν αὐτούς. ʹΑ. καὶ ἐγένετο ὅτι ἐψεύσατο ἐν τῷ τεκεῖν αὐτόν.²

9. וְשִׁחֵת. Et perdidit. Ο'. ἐξέχεεν. ʹΑ. Σ. (καὶ) διέφθειρεν.³

12. בַּת־שׁוּעַ. Ο'. ※ θυγάτηρ ◄ Σαυά.⁴

14. וַתְּכַס בַּצָּעִיף. Et operuit se velo. Ο'. περιέβαλε τὸ (potior scriptura περιεβάλετο) θέρι-

στρον. ῎Αλλος· σπαθαρίσκον.⁵

17. מִן־הַצֹּאן. Ο'. ἐκ τῶν προβάτων (῎Αλλος· τῶν ποιμνίων⁶) μου.

18. חֹתָמְךָ וּפְתִילֶךָ. Sigillum tuum et funiculum (collare) tuum. Ο'. τὸν δακτύλιόν σου, καὶ τὸν ὁρμίσκον (Σ. τὸ περιτραχήλιον⁷). ʹΑ. τὴν σφραγῖδά σου καὶ τὸν στρεπτόν σου.⁸ ʹΟ Σύρος· ὡράριον.⁹

וּמַטֶּה. Et baculum tuum. Ο'. καὶ τὴν ῥάβδον. Σ. (καὶ τὸ) ἐγχειρίδιον.¹⁰

21. לֵאמֹר. Ο'. Vacat. ※ καὶ εἶπεν αὐτοῖς ◄.¹¹

הַקְּדֵשָׁה. Meretrix. Ο'. ἡ πόρνη. ʹΑ. ἡ ἐνδιηλλαγμένη.¹²

22. לֹא־הָיְתָה בָזֶה קְדֵשָׁה. Ο'. μὴ εἶναι ὧδε πόρνην. ʹΑ. οὐκ ἦν ἐν τούτῳ διηλλαγμένη.¹³

23. פֶּן נִהְיֶה לָבוּז. Ne simus in contemptum. Ο'. ἀλλὰ μήποτε καταγελασθῶμεν. ʹΑ. Σ. μήποτε γενώμεθα εἰς ἐξουδένωσιν.¹⁴

Φουριφὰρ habetur. ²³ Syro-hex., qui male pingit: — τῷ π. αὐτοῦ ◄ καὶ ◄. ²⁴ Idem. ²⁵ Syro-hex., Arm. 1. Sic sine aster. Codd. I, 15, 58, 72, 85, 135. ²⁶ Syro-hex. Sic sine aster. Codd. 15, 72, 82, alii.

CAP. XXXVIII. ¹ Sic Ald., Codd. III, Bodl., 14, 15, 16, alii, Syro-hex. ² Hieron.: "Verbum Hebraeum hic pro loci vocabulo positum est, quod Aquila pro re transtulit, dicens: *Et vocavit nomen ejus Selom. Et factum est ut mentiretur in partu, postquam genuit eum. Postquam enim genuit Selom, stetit partus ejus.* CHAZBI ergo non nomen loci, sed *mendacium* dicitur [quasi a כָּזַב, *mentitus est*]. Unde et in alio loco [Habac. iii. 17] scriptum est: *Mentietur* [כָּחַשׁ] *opus olivae*, id est, fructum oliva non faciet." Hieronymi Latina Graece sonant: καὶ ἐγένετο ὅτι ἐψεύσατο ἐν τοκετῷ, μετὰ τὸ τεκεῖν αὐτόν: quae tamen prae Hebraeis redundare videntur. ³ Syro-hex. ◆ܡܚܒܠ .ܣ. ܡܘ. Cod. 38 in marg. sine nom.: διέφθειρε, et sic Reg. apud Montef. ⁴ Sic Syro-hex., Arm. 1, et sine aster. Cod. 15. ⁵ Nobil. affert: Schol. σπαθαρίσκον. Sic in marg. Cod. 38, et Regii duo apud Montef. (quorum unus σπαθαρίσκῳ habet). Fortasse est Symmachi, coll. Hex. ad Jesai. iii. 23. Cod. 129 in marg. glossam ἀρκαδικὴν praebet; unde emaculari potest Theodoret. Opp. T. I, p. 562: οὐ τὸ βασιλικὸν περιεβέβλητο σχῆμα (David ante arcam saltans), ἀλλ' ἐξωμίδα μόνον, ἣν νῦν καλοῦσιν Ἀρκαδίαν (sic). ⁶ Sic in marg. sine nom. Codd. 38, 135; necnon in textu Cod. 75. ⁷ Syro-hex. ܡܚܒܠ .ܣ.

◆ ܡܒܠ, appicto Graeco: ΠΕΡΙΤΡΑΧΗΛΟΝ (sic). Cf. ad v. 25. Montef. nescio unde edidit: ῎Αλλος· τὸν ἐπιτράχηλον. ⁸ Nobil. (cum καὶ στρεπτὸν), Cod. 127 (cum καὶ τὸν τρεπτὸν), Cat. Niceph. p. 440 (cum καὶ τὸ στρεπτὸν). Suidas: στρεπτός· περιδέρραιος κόσμος. Glossae: *Torques*, στρεπτοί. Cf. Hex. ad Cant. i. 11. ⁹ Diodorus in Cat. Niceph. p. 440: Τὸν ὁρμίσκον, ὃν δίδωκεν ὁ Ἰούδας τῇ Θάμαρ, ὁ Σύρος ὡράριον [pinge ὡράριον, *orarium*; cf. Hex. ad Jesai. iii. 20 in Addendis] λέγεσθαί φησι, καὶ οὐχ ὁρμίσκον. Syrus simplex vertit ܣܘܕܪܐ, Onkelos שׁוֹשִׁיפָּא, quorum utrumque *linteum*, s. *sudarium* sonat; Graeco-Ven. καλύπτρα, h. e. *tegmen capitis muliebre*. ¹⁰ Nobil. affert: Σ. ἐγχειρίδιον. Praeterea Diodorus ad v. ὁρμίσκον in continuatione: Σύμμαχος δὲ στρεπτὸν ἐγχειρίδιον, ubi στρεπτὸν ad Aquilae lectionem, ἐγχειρίδιον autem non ad ὁρμίσκον, sed ad ῥάβδον pertinere videtur. Nisi Scharfenbergio in *Animadv.* p. 38 concedamus, locutionem στρεπτὸν ἐγχειρίδιον junctim explicandam esse, quasi dicas, *torquem manualem*, h. e. *armillam*, quae Hieronymi versio est. Denique ad ὁρμίσκον (ܡܚܒܠ, quae vox in Lexicis desideratur) Syrus noster notat: " Ὁρμίσκον dicunt vocari Graece *monile* (ܡܢܝܟܐ) id est, *torquem* qui ad collum ponitur (ܠܢ... ܘܚܡ), et *fasciolam* (ܗܡܝܠܐ) ejus, et etiam *armillam* (ܡܚܕܐ)." ¹¹ Syro-hex. Sic sine aster. Ald., Codd. I, 15, 58, alii. ¹² Nobil., Cod. 127. Cf. Hex. ad Hos. iv. 14. ¹³ Iidem. ¹⁴ Iidem: ʹΑ. Σ. γενώμεθα (γενόμεθα Cod. 127) εἰς ἐξουδένωσιν. Syro-hex. affert: ܡܚܒܠ .ܣ. ܀.

25. אֶל־חָמִיהָ. *Ad socerum ejus.* Ο'. πρὸς τὸν πενθερὸν ('Α. ἐκυρὸν[15]) αὐτῆς.

וְהַפְּתִילִים. *Et funiculi.* Ο'. καὶ ὁ ὁρμίσκος. Σ. (καὶ τὸ) περιτραχήλιον.[16]

29. מַה־פָּרַצְתָּ עָלֶיךָ פָּרֶץ. *Quid disrumpis* (genitalia matris)? *Super te veniat ruptura!* Aliter: *Quam rupisti contra te rupturam!* Ο'. τί διεκόπη διὰ σὲ φραγμός; 'Α. τί διέκοψας ἐπὶ σὲ διακοπήν;[17] 'Ο Σύρος καὶ ὁ Ἑβραῖος· τί διεκόπη ἐπὶ σὲ διακοπή;[18] "Αλλως· τί διήπλωσας (פְּרַשְׁתָּ) καθ' ἡμῶν ἅπλωμα;[19]

Cap. XXXIX.

2. מַצְלִיחַ. *Prospere agens.* Ο'. ἐπιτυγχάνων. 'Α. κατευθύνων. Σ. εὐοδούμενος (s. κατευοδούμενος).[1] 'Ο Σύρος· καὶ ἦν ἀνὴρ κατευοδούμενος[2] (s. κατευοδῶν[3]).

7. וַתִּשָּׂא. *Et conjecit.* Ο'. καὶ ἐπέβαλεν. 'Α. (καὶ) ἦρεν.[4]

9. וְלֹא־חָשַׂךְ. *Et non prohibuit.* Ο'. οὐδὲ ὑπεξῄ-

ρηται. "Αλλος· καὶ οὐχ ὑπελίπετο. "Αλλος· καὶ οὐκ ἀφαιρεῖ.[5]

9. הָרָעָה הַגְּדֹלָה הַזֹּאת. *Malum magnum hoc.* Ο'. τὸ ῥῆμα τὸ πονηρὸν τοῦτο. Alia exempl. τὸ πονηρὸν τοῦτο τὸ μέγα.[6] 'Α. τὴν κακίαν τὴν μεγάλην ταύτην.[7]

10. וַיְהִי כְּדַבְּרָהּ. Ο'. ἡνίκα δὲ ἐλάλει. Alia exempl. ※ καὶ ἐγένετο ◀ ἡνίκα ἐλάλει.[8]

20. וַיִּתְּנֵהוּ אֶל־בֵּית הַסֹּהַר. *Et conjecit eum in turrem.* Ο'. ἐνέβαλεν αὐτὸν εἰς τὸ ὀχύρωμα. 'Α. καὶ ἔδωκεν αὐτὸν πρὸς οἶκον τοῦ δεσμωτηρίου.[9]

22. הָאֲסִירִם. *Captivos.* Ο'. τοὺς ἀπηγμένους. 'Α. τοὺς ἐγκεκλεισμένους. Σ. τοὺς δεδεμένους.[10]

הוּא הָיָה עֹשֶׂה. Ο'. ※ αὐτὸς ἦν ποιῶν ◀.[11]

Cap. XXXIX. 3. ※ ἐν ταῖς χερσὶν αὐτοῦ ◀.[12] 8. τοῦ κυρίου ※ αὐτοῦ ◀.[13] 12. τὰ ἱμάτια ※ αὐτοῦ ◀.[14] 13. ÷ καὶ ἐγένετο — ἔξω ◀.[15] 17. ÷ καὶ εἶπέ μοι· κοιμηθήσομαι μετὰ σοῦ ◀. ÷ καὶ ἐβόησα φωνῇ μεγάλῃ ◀.[16] 23. — ἐν ταῖς χερσὶν αὐτοῦ ◀.[17]

◆ (ἐξουδενωμένοι I) ܡܬܒܣܪ ܗܘܐ. [15] Nobil. affert: Schol. κύριον. Cod. 127: 'Α. κύρον (sic). Graeco-Ven.: πρὸς τὸν ἑαυτῆς ἐκυρόν. [16] Cod. X. Cod. 127: Σ. τὸ περιτράχηλον (sic). Syro-hex. ܩܕܠܐ ◆ . [17] Nobil. Praeterea Montef. e MSS. (?) edidit: "Αλλος· διαίρεσιν, quod Symmachi esse suspicatur. Hieron.: "Pro *maceria, divisionem* Aq. et Sym. transtulerunt, quod Hebraice dicitur PHARES. Ab eo igitur quod diviserit membranulam secundarum, *divisionis* nomen accepit." [18] Nobil., et Diodorus in Cat. Niceph. p. 443. [19] Schol. apud Nobil., et Cat. Niceph. ibid.

Cap. XXXIX. [1] Nobil., Cod. 127: 'Α. κατευθυνόμενος. Σ. εὐοδούμενος (κατευοδ. Cod. 127). Aquilae lectionem juxta formam Hebraeae vocis e Syro nostro correximus. Hic autem affert: ܀ ܟܫܪ ܗܘܐ܇ ܘ ܟܫܪ ܗܘܐ ./. (Syriacum ܟܫܪ cum Graeco κατορθῶν commutatur Prov. xiv. 11.) [2] Diodorus in Cat. Niceph. p. 447: ἦν γὰρ, φησὶν, ἀνὴρ ἐπιτυγχάνων, ἢ κατὰ τὸν Σύρον, κατευοδούμενος. [3] Procop. ibid.: Τὸ δὲ, ἦν ἀνὴρ ἐπιτυγχάνων, ὁ Σύρος κατευοδῶν ἔχει, ὡς μετ' ὀλίγα φησίν· ἔγνω ὁ κύριος αὐτοῦ, ὅτι ὁ θεὸς εὐοδοῖ ὅσα ἂν ποιῇ. Μᾶλλον [Scharfenb. tentat "Αλλος, non male] δὲ κατευθύνων ἔχει, ὡς καὶ ἐπὶ τοῦ Σαμψὼν (Jud. xiv. 6)· κατεύθυνεν (תִּצְלַח) ἐπ' αὐτὸν πνεῦμα κυρίου· καὶ τοῦτο καὶ ἐνταῦθα οἰκειότερον. [4] Cod. X. (Eleganter Seniores ἐπέβαλε τοὺς ὀφθαλμοὺς,

locutione apud scriptores eroticos usitatissima. Vid. Jac. Elsneri *Observ. Sac.* T. I, p. 26.) [5] Syro-hex. in marg. ◆ ܡܚܣܪ ܠܐ ◆ ܐܚܪܢܐ ܠܐ. Posterior lectio aeque sonat *neque detractum fuit;* quam versionem Ceriani noster calculo suo probavit. [6] Syro-hex. in textu: ܗܘܐ ܪܒ (ܘܪܒ ܣܓܝ); in marg. autem: τὸ ῥῆμα τὸ πονηρόν (ܒܝܫܐ ܗܘ ܦܬܓܡܐ). [7] Cod. X. [8] Sic Syro-hex., et sine aster. Codd. 58, 72, 135. [9] Cod. X. [10] Sic e MSS. suis non nominatis Montef. Nobil. affert: Σ. δεδεμένους. Aquilae lectionem in textu habent Codd. I (cum ἐγκεκλισ.), Bodl., 55 (cum ἐγκεκλησ.), 59, alii; in marg. autem Cod. 127, Syro-hex. (ܟܠܝܐ). [11] Sic cum aster. Syro-hex. Haec desunt in Codd. I, III, 14, 16, 18, aliis. [12] Sic Cod. 127 in marg. Syro-hex. pingit: *prosperans* ※ *erat* (ܗܘܐ) *ἐν ταῖς χ. αὐτοῦ* ◀. Haec desunt in Codd. 30, 58, 127 (in textu). [13] Syro-hex. Pronomen habetur in libris omnibus. [14] Idem. Pronomen deest in Codd. VI, 30, 55, aliis. [15] Cod. 127, Syro-hex. Pro obelo asteriscus ponitur in Arm. 1. "Anne versus ex homoeoteleuto omissus in Hebraeo Origenis, obelo originem dedit?"—*Ceriani.* [16] Syro-hex. Prior clausula in LXX habetur; posterior tantummodo in Syro-hex. (ܘܩܥܝܬ ܒܩܠܐ ܪܒܐ ÷) et Arab. 1, 2. [17] Syro-hex.

Cap. XL.

3. בֵּית שַׂר הַטַּבָּחִים. Ο'. Vacat. Alia exempl. παρὰ τῷ ἀρχιμαγείρῳ;[1] alia, παρὰ τῷ ἀρχιδεσμοφύλακι (s. δεσμοφύλακι).[2]

4. וַיְשָׁרֶת. Et famulatus est. Ο'. καὶ παρέστη. 'Α. (καὶ) ἐλειτούργει.[3]

5. אִישׁ חֲלֹמוֹ. Uterque somnium suum. Ο'. Vacat. Alia exempl. ἑκάτερος ἐνύπνιον.[4]

אִישׁ כְּפִתְרוֹן חֲלֹמוֹ הַמַּשְׁקֶה וְהָאֹפֶה. Uterque secundum interpretationem somnii sui, pincerna et pistor. Ο'. ἡ δὲ ὅρασις τοῦ ἐνυπνίου τοῦ ἀρχιοινοχόου καὶ ἀρχισιτοποιοῦ . . . ἦν αὕτη. Alia exempl. ὅρασις τοῦ ἐνυπνίου αὐτοῦ, ὁ ἀρχιοινοχόος καὶ ὁ ἀρχισιτοποιός[5] ('Α. ὁ ποτιστὴς καὶ ὁ πέσσων[6]).

6. זֹעֲפִים. Tristes. Ο'. τεταραγμένοι. 'Α. ἐμβρασσόμενοι. Σ. σκυθρωποί.[7]

8. וּפֹתֵר. Et interpres (somniorum). Ο'. καὶ ὁ συγκρίνων. 'Α. ἐπιλυόμενος. Σ. διακρίνων.[8]

8. פִּתְרֹנִים. Interpretationes (somniorum). Ο'. ἡ διασάφησις ('Α. ἐπίλυσις. Σ. διάκρισις[9]) αὐτῶν.

10. שָׂרִיגִם. Palmites. Ο'. πυθμένες. 'Α. Σ. κληματίδες.[10]

כְּפֹרַחַת. Quasi pullulans. Ο'. θάλλουσα. 'Α. Σ. βλαστῶσα.[11]

11. אֶל־כּוֹס פַּרְעֹה. Ο'. εἰς τὸ ποτήριον ※ Φαραώ ◄.[12]

16. וְהִנֵּה שְׁלֹשָׁה סַלֵּי חֹרִי. Et ecce! tria canistra panis similaginei (Graeco-Ven. πελάνου). Ο'. καὶ ᾤμην τρία κανᾶ χονδριτῶν αἴρειν. 'Α. (καὶ ἰδοὺ) τρεῖς κόφινοι γύρεως.[13] Σ. . . . τρία κανᾶ βαϊνά.[14]

Cap. XLI.

2. וּבְרִיאֹת בָּשָׂר. Et pingues carnis. Ο'. καὶ ἐκλεκταὶ ταῖς σαρξί. 'Α. (καὶ) στερέμνιοι κρέει. Σ. καὶ παχεῖαι σαρξίν.[1]

Cap. XL. [1] Sic Codd. 15, 72, alii, Arab. 1, 2, Syro-hex. [2] Prior lectio est in Codd. III, Bodl., 30, 55, aliis; posterior in Codd. I, 14, 16, aliis. [3] Col. X. [4] Sic Codd. I, III, Bodl., 14 (cum ἑκάτεροι), 15 (cum ἕκαστος), 16 (ut 14), alii, Arab. 1, 2, Syro-hex. [5] Sic Codd. III, X (teste Montef.), Bodl., 14, 16, alii. Alia lectio, ὅρασις τοῦ ἐν. τοῦ ἀρχιοιν. καὶ τοῦ ἀρχισ. (om. ἦν αὕτη), est in Codd. I, 15, 56, aliis, et Syro-hex., qui ad τοῦ ἀρχιοιν. in marg. affert: τοῦ οἰνοχόου (ܡܿܚܡܪ). [6] Nobil. (ad v. 1), Cod. X. "Cod. 127: 'Α. ὁ ποτιστής σου καὶ ὁ παῖς σου. Haec sunt sine dubio corrupta. Quid si καὶ ὁ πέσσης? Vid. Hex. ad 1 Reg. viii. 13."—Holmes. Immo παῖς fluxit e πεσ, h.e. πεσσών. Cf. Hex. ad Hos. vii. 6. [7] Nobil., Cod. 127. Syro-hex. affert: ܣܘ. ܡܚܒܨܐ (Α. Schultens ad Prov. xix. 3 originem vocis וְעַף quaerit in aestu interno, quo quis crepet; cujus sententiam egregie confirmat interpres etymon ubique premens Aquila.) [8] Cod. X. Syro-hex. in membrana pessime habita: Σ. καὶ ἐπιλυόμενος (ܡܫܪܐ܀), ubi ante ܐ videntur superesse vestigia literae ܪ. [9] Codd. X, 127. Syro-hex. ܣ܀ ܡܚܒܨܐ܀. [10] Nobil., Cod. 127. Cod. X affert: 'Α. κληματίδες. Syro-hex. ܀ ܀. ܣܘ. ܡܚܒܨܐ܀. [11] Codd. X, 127. Syro-hex. ܣ܀ ܀. ܡܚܒܨܐ܀. (Sic in codice, in loco male mulcato, ut nos per literas certiores fecit Ceriani noster, qui prius legerat

ܡܚܒܠ, scilicet ut lectio ad ܡܚܒܨ, ἀνθοχνία, referatur.) [12] Sic Syro-hex., Arm. ed., et sine aster. Ald., Codd. 14, 15, 16, alii, Arab. 1, 2. [13] Nobil. Syro-hex: ܐܒܠ ܀. ܀ (ΓΥΡΕωΣ) ܘܩܦܐ܀ ܡܚܣܠ. (Montef. edidit κοφίνους, notans: "Sic omnes MSS. [Cat. Niceph. p. 254, et Cod. 25, teste Lagardio]. Drusius [e Nobil.] legerat κόφινοι, sed accusativum postulat series;" h. e. series Graeca, non Hebraea, cui nominativus unice aptus.) Ceterum γύρις non sonat panes pollinacei (ἄρτοι γυρῖται), sed ipsum pollen, sive farina tenuissima, ut Hieron. in Quaest. in Gen. p. 366: "Pro tribus canistris chondritorum, tres cophinos farinae in Hebraeo habet;" necnon in Libro De Nom. Hebr. (Opp. T. III, p. 8): "Chorri, sive Chorracus, farina, aut furinatus." [14] Nobil. Κανᾶ βαϊνά sunt canistra e ramis palmarum (βάϊα; vid. Interpp. ad Joan. xii. 13) facta. Sym. autem vocem obscuram חֹרִי ex Aramaismo interpretatus esse videtur, in qua lingua rami palmarum speciali voce ܚܘܿܪ dicuntur, teste Ferrario et Lexicis Syro-Arab., quae dant: سَعَف النَّخْل, السَّعَف مِن النَّخْل. Cap. XLI. [1] Nobil. affert: Schol. στερέμνιοι κρέει καὶ παχεῖαι σαρξίν; et sic codd. apud Montef., quorum unus στερέμνιαι habet. Cod. 127 vero: 'Α. στερέμνιαι κρίατι. Σ. αἱ παχεῖαι σαρξί. Minus emendate Cod. X: 'Α. στερέωμα σαρκί. Σ. παχεῖαι σορκί.

2. בָּאָחוּ. *In ulva.* Ο'. ἐν τῷ ἄχει.² Ἀ. Σ. ἐν τῷ ἕλει.³

4. רָעוֹת הַמַּרְאֶה. *Turpes aspectu.* Ο'. αἱ αἰσχραί. Alia exempl. add. τῇ ὁράσει, s. τῷ εἴδει.⁴

5. וַיִּישָׁן. Ο'. Vacat. Alia exempl. καὶ ὕπνωσεν.⁵

בְּקָנֶה אֶחָד. *In culmo uno.* Ο'. ἐν [τῷ] πυθμένι (Ἀ. Σ. ἐν καλάμῳ⁶) ἑνί.

בְּרִיאוֹת. Ο'. ἐκλεκτοί. Σ. πλήρεις.⁷

6. וּשְׁדוּפֹת קָדִים. *Et adustae euro.* Ο'. καὶ ἀνεμόφθοροι. Ἀ. ἐφθαρμένοι καύσωνι.⁸ Σ. πεφρυγμένοι ἀνέμῳ.⁹

8. וַתִּפָּעֶם. *Et commotus est.* Ο'. καὶ ἐταράχθη. Ἀ. καὶ κατεπτύρη.¹⁰

חַרְטֻמֵּי. *Magos* (proprie ἱερογραμματέας dictos). Ο'. ἐξηγητάς. Ἀ. κρυφιαστάς. Σ. μάγους.¹¹ Ἄλλος· σοφούς.¹²

פּוֹתֵר. Ο'. ὁ ἀπαγγέλλων. Ἀ. ὁ ἐπιλυόμενος.¹³

12. וַיִּפְתָּר־לָנוּ אֶת־חֲלֹמֹתֵינוּ אִישׁ כַּחֲלֹמוֹ פָּתָר. Ο'. καὶ συνέκρινεν ἡμῖν ※ (Ἀ.) τὰ ἐνύπνια ἡμῶν ἀνδρὶ κατὰ τὸ ἐνύπνιον αὐτοῦ ἐπέλυσεν ◄.¹⁴

14. וַיְרִיצֻהוּ. *Et celeriter adduxerunt eum.* Ο'. καὶ ἐξήγαγον (Ἄλλος· δρομῇ ἤγαγον¹⁵) αὐτόν.

16. בִּלְעָדָי אֱלֹהִים יַעֲנֶה אֶת־שְׁלוֹם פַּרְעֹה. *Non ego: Deus respondebit quae pertinent ad salutem Pharaonis.* Ο'. ἄνευ τοῦ θεοῦ (Ἀ. ἄνευ ἐμοῦ θεὸς¹⁶) οὐκ ἀποκριθήσεται τὸ σωτήριον Φαραώ. Σ. οὐκ ἐγώ, ἀλλ' ὁ θεὸς τὴν εἰρήνην ἀποκριθήσεται Φαραώ.¹⁷ Ὁ Σύρος· οὐκ ἀποκριθησόμεθα.¹⁸

22. בְּקָנֶה אֶחָד. Ο'. ἐν πυθμένι (Ἀ. Σ. καλάμῳ¹⁹) ἑνί.

23. צְנֻמוֹת. *Marcidae.* Ο'. Vacat. Alia exempl. κατεφθαρμένοι.²⁰

שְׁדֻפוֹת קָדִים. Ο'. καὶ ἀνεμόφθοροι. Ἀ. ἐφθαρμένοι καύσωνι.²¹ Σ. πεφρυγμένοι ἀνέμῳ.²²

---

² Hieron.: "Bis in Genesi scriptum est *achi*, et neque Graecus sermo est, neque Latinus. Sed et Hebraeus ipse corruptus est; dicitur enim in AHU, hoc est, *in palude*. Sed quia VAU litera apud Hebraeos, et IOD similes sunt, et tantum magnitudine differunt, pro AHU, *achi* LXX interpretes transtulerunt, et secundum consuetudinem suam ad exprimendam duplicem aspirationem, HETH Hebraeae literae CHI Graecam literam copulaverunt. Idem in Comment. ad Jes. xix. 7: "Quum ab eruditis quaererem, quid ἄχει significaret, audivi, ab Aegyptiis hoc nomine lingua eorum omne quod in palude virens nascitur appellari." ³ Codd. X, 127. Cf. Hex. ad Job. viii. 11. Montef. edit: "Ἄλλος· ἐν τῷ ἕλει. "Ἄλλος· ἐν τῇ ὄχθῃ: e quibus prior lectio est in Codd. 14 (in marg.), 30, 38 (in marg.), aliis; posterior autem in Ald., Codd. 31, 83. ⁴ Prior lectio est in Codd. I, 15, 38, 72, 135; posterior in Codd. 75, 76, aliis, Arab. 1, 2. ⁵ Sic Codd. 15, 58, 72, 82. ⁶ Codd. X, 127. Origen. in Gen. (Opp. T. II, p. 45): "Ἄλλος· ἐν καλάμῳ ἑνί: ubi Ruaeus: "Haec lectio non comparet in Hexaplis a Montefalconio nostro editis. Immo comparet, sed in *Appendice* tantum. ⁷ Cod. 127. ⁸ Codd. X, 127, et Cat. Niceph. p. 457. Cf. ad v. 23. ⁹ Cat. Niceph. ibid. Nobil. affert: Schol. ἐφθ. καύσωνι (non τῷ κ., ut Montef.), πεφρ. ἀνέμῳ. Cf. Hex. ad Job. xxxvii. 24. ¹⁰ Cod. 127. Verbum compositum nescio an alibi legatur, sed indubitatae fidei est. Nobil. affert: Schol. κατεπάρη:

quam scripturam contra Drusium, κατηπόρει (coll. Hex. ad Dan. ii. 1, 3) tentantem, vix defendisset L. Bos in Prolegom. ad LXX, Cap. III, si ei innotuisset nostra lectio. ¹¹ Nobil., Codd. 25 (cum Σ. μάγους σοφούς), 127, et Cat. Niceph. ibid. Cf. Hex. ad Exod. vii. 22. viii. 7. Interpres Graeco-Ven. γενεθλιαλόγους et ἀποτελεσταὶ vertit. ¹² Cat. Niceph. ibid. Cf. ad v. 24. ¹³ Cod. 127. ¹⁴ Sic Cod. 64, et sine aster. Codd. 14, 15, 16 (cum ἀπέλυσεν), alii, Arab. 1, 2. "Alii addunt: τὰ ἐνύπνια ἡμῶν."—Montef. Sic Codd. 32, 72, 73, 135; sed pleniorem lectionem ex "aliis libris" jamdudum excitaverat Nobil. ¹⁵ Nobil., qui quasi scholium affert. ¹⁶ Procop. in Cat. Niceph. p. 458: Ἀκύλας οὕτως· ἄνευ ἐμοῦ, οὐκ [Cod. Ambros. ἄνευ ἐμοῦ θεὸς οὐκ] ἀποκριθήσεται τὸ σωτήριον· ὁ δὲ Σύρος, οὐκ ἀποκριθησόμεθα τήνδε τοῦ θεοῦ οἰκονομίαν πρὸς σωτηρίαν Αἰγύπτου, σωτήριον εἰκότως καλεῖ. Quae sic interpungenda videntur: Ἀκ. οὕτως· ἄνευ ἐμοῦ θεός. Οὐκ ἀποκρ. τὸ σωτήριον· ὁ δὲ Σύρος, οὐκ ἀποκριθησόμεθα. Τὴν δὲ τοῦ θεοῦ οἰκονομίαν πρὸς σωτηρίαν Αἰγύπτου, σωτήριον εἰκότως καλεῖ. ¹⁷ Hieron.: "Sine Deo non respondebitur salutare Pharaoni. In Hebraeo aliter habet: Sine me Deus respondebit pacem Pharaoni. Denique Sym. more suo apertius transtulit: Non ego, sed Deus respondebit pacem Pharaoni." Codd. X, 127: Σ. οὐκ ἐγώ, ἀλλ' ὁ θεὸς τὴν εἰρήνην. ¹⁸ Procop., ut supra. ¹⁹ Cod. X. ²⁰ Sic Codd. 15, 72, 135. Arab. 1, 2: *vitiosae.* ²¹ Codd. 14, 25, 127. ²² Codd. 14, 25.

24. **אֶל־הַחַרְטֻמִּים.** Ο΄. τοῖς ἐξηγηταῖς ('Α. κρυ-
φιασταῖς. Σ. μάγοις. Θ. σοφισταῖς[23]).

27. **וְהָרָעֹת.** Ο΄. Vacat. Alia exempl. καὶ αἰσχραί.[24]

31. **כָּבֵד.** *Gravis.* Ο΄. ἰσχυρός. 'Α. Σ. βαρύς.[25]
"Αλλος· σφοδρός.[26]

32. **נָכוֹן הַדָּבָר.** *Firmiter decreta est res.* Ο΄.
ἀληθὲς ἔσται τὸ ῥῆμα. 'Α. ἕτοιμον τὸ ῥῆμα.
Σ. βέβαιος ὁ λόγος.[27]

33. **יֵרֶא פַרְעֹה.** Ο΄. σκέψαι. Alia exempl. σκε-
ψάτω Φαραώ.[28]

34. **פְּקִדִים.** *Praefectos.* Ο΄. τοπάρχας. Σ. ἐπι-
σκόπους.[29]

36. **לְפִקָּדוֹן.** *In depositum.* Ο΄. τὰ πεφυλαγμένα.
'Α. εἰς παραθήκην. Σ. εἰς ἐνθήκην.[30]

וְלֹא־תִכָּרֵת. Ο΄. καὶ οὐκ ἐκτριβήσεται ('Α.
ὀλεθρευθήσεται[31]).

40. **אֶגְדַּל מִמֶּךָּ.** *Major ero te.* Ο΄. ὑπερέξω σου
ἐγώ. Σ. μείζων σου ἔσομαι.[32]

42. **רְבִד.** *Collare.* Ο΄. κλοιόν. 'Α. Σ. [τὸν] μα-
νιάκην.[33]

43. **וַיִּקְרְאוּ לְפָנָיו אַבְרֵךְ.** *Et clamarunt ante eum,*
Abrech. Ο΄. καὶ ἐκήρυξεν ἔμπροσθεν αὐτοῦ
κῆρυξ. 'Α. καὶ ἐβόησεν ἐνώπιον αὐτοῦ γονατίζειν.
Σ. καὶ ἐβόησεν ἔμπροσθεν αὐτοῦ ἀβρήχ.[34]

44. **אִישׁ יָרִים.** Ο΄. ἐξαρεῖ οὐθείς. 'Α. ὑψώσει
οὐθείς.[35]

45. **צָפְנַת פַּעְנֵחַ.** Ο΄. Ψονθομφανήκ (s. Ψομθομφανήχ). 'Α. Σαμφανή (s. Ἀσαμφανή, s. Σαφαμφανή). Σ. Σαφαθφανή.[36] Ὁ Σύρος· ὁ
εἰδὼς τὰ κρυπτά.[37]

וַיֵּצֵא יוֹסֵף עַל־אֶרֶץ מִצְרָיִם. Ο΄. Vacat. Alia
exempl. καὶ ἐξῆλθεν Ἰωσὴφ ἐπὶ γῆν Αἰγύ-
πτου.[38]

49. **עַד כִּי־חָדַל לִסְפֹּר.** *Usque dum cessavit nume-*
rare. Ο΄. ἕως οὐκ ἠδύνατο ἀριθμηθῆναι (alia
exempl. ἀριθμῆσαι[39]). 'Α. Σ. (ἕως οὗ) ἐπαύσατο (ἀριθμῆσαι).[40]

51. **כָּל־עֲמָלִי.** *Omnis molestiae meae.* Ο΄. πάντων τῶν πόνων ("Αλλος· τῶν λυπῶν[41]) μου.

---

[22] Cod. X. Nobil. affert: 'Α. πρὸς τοὺς κρυφιαστάς. Σ. μάγους. [24] Sic Codd. 58, 72. Cod. 135: καὶ κακαί. [25] Codd.
X, 127. [26] "Sic codd. nostri [et 38 in marg.]; cujus autem
sit haec lectio non indicant."—*Montef.* [27] Codd. X, 127
(in quo prior lectio anonyma est). Nobil. affert: Schol.
ἕτοιμον [ἑτοιμάτων unus codex apud Montef., necnon Cod.
38 in marg.] τὸ ῥ. βέβαιος ὁ λ. [28] Sic Codd. 15, 135,
Arab. 1, 2. Tres posteriores mox καταστησάτω habent.
[29] Codd. X, 127. Nobil. quasi scholium affert. [30] Nobil., et Cod. Reg. apud Montef. Ad Sym. cf. Hex. ad
Jesai. xxiii. 18. [31] Cod. X. [32] "Sic tres Codd.
Regii, quorum unus tantum nomen interpretis praefert."
—*Montef.* [33] Codd. X, 127. Sic sine nom. duo Regii
apud Montef. [34] Hieron.: "*Et clamavit ante eum*
praeco. Pro quo Aq. transtulit: *et clamavit in conspectu*
ejus adgeniculationem; Sym. ipsum Hebraicum sermonem
interpretans ait: *et clamavit ante eum, Abrech.* Unde
mihi videtur non tam *praeco,* sive *adgeniculatio,* quae in
salutando vel adorando Joseph accipi potest, intelligenda,
quam illud quod Hebraei [Targ. Jonath. et Hieros.: *Hic*
est pater regis, magnus sapientia et tener (רַךְ) *annis*]
tradunt, dicentes *patrem tenerum ex hoc sermone trans-*
ferri: AB quippe dicitur *pater,* RECH *delicatus,* sive *tenerri-*
mus." Praeiverat Origen. in Cat. Niceph. p. 461: Τὸ

Ἑβραϊκὸν ἔχει ἀβρήχ, ὃ κυρίως σημαίνει πατὴρ ἁπαλός· καὶ εἰκό-
τως· ἐνήπαλος γὰρ ὢν κατὰ τὴν ἡλικίαν, ὡς πατὴρ σωτήριος ἀρχὴν
Αἰγυπτίοις ἐνεδείξατο. Δηλοῖ δὲ οὐδὲν ἡ λέξις, ἢ τὸ γονατίζειν.
Cod. X affert: 'Α. γονατίζει· Cod. 127 vero: 'Α. γονατίζειν,
concinente interprete Graeco-Ven., qui γονυπετεῖν vertit.
[35] Cod. X. Mox post τὴν χεῖρα αὐτοῦ juxta Hebraeum add.
καὶ τὸν πόδα αὐτοῦ Codd. 15, 72, 82, 135. [36] Montef. e
Regiis MSS. Scriptura Ἀσαμφανή est in Cat. Niceph.
p. 462, et Σαφαμφανή in Origen. Opp. T. II, p. 46. Procop. in Cat. Niceph. ibid.: Ψομθομφανὴχ (sic) ἑρμηνεύεται,
κεκρυμμένα ἀνεκάλυψε· παρὰ δὲ τῷ Σύρῳ, ὁ εἰδὼς τὰ κρυπτά.
Paulo aliter Origen. ibid.: Ψομθομφανήχ, ὃ ἑρμηνεύεται, ᾧ
ἀπεκαλύφθη τὸ μέλλον. Hieron.: "Licet Hebraice hoc
nomen *absconditorum repertorem* sonet, tamen quia ab
Aegyptio ponitur, ipsius linguae debet habere rationem.
Interpretatur ergo sermone Aegyptio SAPHANETH PHANEE,
sive ut LXX transferre voluerunt, *Psomthom-Phanech,*
salvator mundi [sic in textu Cod. 75 : ὅ ἐστιν σωτὴρ κόσμου],
eo quod orbem terrae ab imminente famis excidio liberavit." [37] Nobil., Procop., ut supra. [38] Sic Codd. 15,
82, 135, Arab. 1, 2. [39] Sic Comp., Ald., Codd. I, III,
X, 14, 15, 16, alii. [40] Cod. X: 'Α. Σ. οὐκ ἐπαύσατο.
Cod. 127 (cum ἠδύνατο in textu): 'Α. Σ. ἐπαύσαντο. [41] Sic
Cod. X in marg. sine nom. Arab. 1 in marg.: *contristationis.*

I 2

Cap. XLII.

2. שָׁם מָשְׁבְרוּ־לָנוּ. *Et emite nobis inde.* Ο'.
καὶ πρίασθε ("Αλλος· ἀγοράσατε[1]) ἡμῖν (alia
exempl. add. ἐκεῖθεν[2]) μικρὰ βρώματα.

4. אָסוֹן. *Noxa.* Ο'. μαλακία. 'Α. σύμπτωμα.
Σ. κίνδυνος.[3]

7. וַיִּתְנַכֵּר. *Et alienum se gerebat.* Ο'. καὶ ἠλλο-
τριοῦτο. "Αλλος· ἀπεξενοῦτο. Schol. ἀποπροσεποιεῖτο τῷ εἴδει.[4]

9. מְרַגְּלִים. *Exploratores.* Ο'. κατάσκοποι. 'Α.
ἐφοδευταί.[5]

אֶת־עֶרְוַת הָאָרֶץ. *Nuditatem* (loca minus munita) *terrae.* Ο'. τὰ ἴχνη τῆς χώρας (alia
exempl. γῆς[6]). Σ. τὰ κρυπτὰ τῆς χώρας.[7]

11. כֵּנִים. *Probi.* Ο'. εἰρηνικοί. 'Α. ὀρθοί. Σ.
ἁπλοῖ.[8]

12. עֶרְוַת. Ο'. τὰ ἴχνη. 'Α. Σ. τὰ κρυπτά.[9]

13. בְּנֵי אִישׁ־אֶחָד. Ο'. Vacat. Alia exempl. υἱοὶ
ἑνὸς ἀνδρός.[10]

15. תִּבָּחֵנוּ. *Probabimini.* Ο'. φανεῖσθε. 'Α. Σ.
δοκιμασθήσεσθε.[11]

חֵי פַרְעֹה. Ο'. νὴ (alia exempl. μὰ[12]) τὴν
ὑγίειαν Φαραώ. 'Α. ζῇ Φαραώ.[13]

16. הֵאָסְרוּ. *In custodia tenebimini.* Ο'. ἀπά-
χθητε. 'Α. Σ. δεθήσεσθε.[14]

21. אֲבָל אֲשֵׁמִים. *Profecto rei sumus.* Ο'. ναί,
ἐν ἁμαρτίαις (s. ἁμαρτίᾳ) γάρ ἐσμεν. 'Α.
μάλιστα ἐν πλημμελείᾳ. Σ. καὶ μάλα ἢ ὄντως.[15]

25. צֵדָה. *Commeatum.* Ο'. ἐπισιτισμόν. "Αλ-
λος· τροφάς.[16]

27. אֶת־שַׂקּוֹ. *Saccum suum.* Ο'. τὸν μάρσιππον
('Α. θύλακον. Σ. σάκκον[17]) αὐτοῦ.

28. הוּשַׁב. *Redditum est.* Ο'. ἀπεδόθη μοι. "Αλ-
λος· ἀπεστράφη μοι.[18]

בְּאַמְתַּחְתִּי. *In sacco meo.* Ο'. ἐν τῷ μαρσίππῳ μου. (Σ.) ἐν τῷ σάκκῳ μου.[19]

30. וַיִּתֵּן אֹתָנוּ. *Et habuit nos* (pro exploratori-
bus). Ο'. καὶ ἔθετο ἡμᾶς ἐν φυλακῇ. Σ.
(καὶ) ἐλογίσατο (ἡμᾶς).[20]

35. אֶת־צְרֹרוֹת . . . צְרוֹר. *Sacculus . . . sacculos.*
Ο'. ὁ δεσμός . . . τοὺς δεσμούς. "Αλλος· ὁ κόμβος . . . (τοὺς) κόμβους.[21]

36. עָלַי. Ο'. ἐπ' ἐμέ. "Αλλος· κατ' ἐμοῦ.[22]

37. תָּמִית. Ο'. ἀπόκτεινον. "Αλλος· θανατώσεις.[23]

38. אָסוֹן. Ο'. μαλακισθῆναι. Schol. ἀρρωστῆ-
σαι.[24]

Cap. XLII. [1] "Sic quidam MSS., tacito interpretis
nomine."—*Montef.* Sic in textu Comp., Cod. 129; supra-
script. autem Cod. 56.　　[2] Sic Ald., Codd. 15, 31, 68,
alii.　[3] Nobil., Codd. X, 127, et sine nom. Regii duo.
[4] Cod. X in marg.: ἀπεξενοῦτο. ἀποπροσεποιεῖτο τῷ εἴδει. Ad
ἀπεξενοῦτο cf. Hex. ad 3 Reg. xiv. 5. Pro וַיִּתְנַכֵּר Aquila
υἱὸς ἀπεξενωμένος interpretatus est Jesai. lvi. 3. lx. 10.
[5] Nobil., Codd. X, 127, et sine nom. Regii duo.　[6] Sic
Codd. I, X (teste collatione vetusta Bodl.), 14, 16, alii.
[7] Codd. X, 127, et sine nom. Regii duo.　[8] Nobil., et
iidem.　[9] Nobil.　[10] Sic Codd. 15, 82, Arab. 1, 2,
Arm. 1; (praem. ἡμεῖς) Codd. 58 (cum ἀνθρώπου), 72, 135.
[11] Nobil., Cod. 127, et sine nom. Regii duo. Cod. 38 in
marg.(?): δοκιμασθῆσετε (sic).　[12] Sic Comp., Codd. I,
VII (cum νὴ in marg. manu 2da), 14, 16, alii.　[13] Nobil.,
Cod. 127. Cod. VII in marg. manu 2da (hic et v. 16):
ζῇ ª Φαραώ (sic).　[14] Nobil., Cod. 127. Cod. VII in
marg. manu 2da: ἀποκλείσθε, quae glossa est vocis ἀπά-
χθητε.　[15] Codd. X, 127 (cum πλημμελίᾳ). "In lectione

Symmachi diversorum, ne dicam trium (?) interpretum
versiones, ut videtur, coaluerunt."—*Holmes.* Ad καὶ μάλα
cf. 2 Reg. xiv. 5. 3 Reg. i. 43. 4 Reg. iv. 14. Dan. x. 21
in Hebraeo et LXX. Ad ὄντως cf. Hex. ad 2 Reg. xiv. 5.
[16] Sic Cod. X in marg. sine nom. Alia exempl. post ἐπισιτισμὸν in textu add. πλησμονήν, s. εἰς πλησμονήν.　[17] Nobil. Cod. X ad μάρσιππον affert: 'Α. θύλακον. Idem ad
τὰ ἀγγεῖα (v. 25) scholium habet: Ἀγγεῖα καὶ μάρσιπποι καὶ
σάκκοι καὶ πορεία μίαν ἔχουσι τὴν σημασίαν, ὡς ἐν τοῖς ἑπομένοις
εἰρήσεις.　[18] Cod. X in marg. sine nom., teste collatione
vet. Bodl. Montef. vero ex eodem edidit: 'Α. ἀπεστράφη
μοι. Si Aquilae est lectio, delendum pronomen.　[19] Cod.
1871 in marg. sine nom.　[20] Cod. X.　[21] Cod. VII
in marg. manu 2da sine nom. Glossae dant: Κόμβος, nodus.
Κομβῶ, nodo, necto. Notiora sunt derivativa, ἐγκομβοῦσθαι
1 Pet. v. 5; ἐγκόμβωμα Hex. ad Jesai. iii. 20.　[22] Codd.
X, 128, uterque in marg. sine nom. Sic in textu Cod. 32.
[23] Cod. VII in marg. manu 2da.　[24] Cod. X in marg.
sine nom.

CAP. XLIII.

2. אֶת־הַשֶּׁבֶר. *Annonam.* Ο'. τὸν σῖτον. Ἄλλος· τὸν σιταρκισμόν.[1]

5. לֹא נֵרֵד. Ο'. οὐ πορευσόμεθα. Ἄλλος· οὐ καταβησόμεθα.[2]

6. הַעוֹד. *An adhuc.* Ο'. ὅτι (alia exempl. εἰ[3]) ἐστίν.

8. טַפֵּנוּ. *Parvuli nostri.* Ο'. ἡ ἀποσκευὴ ('Α. Σ. τὰ νήπια[4]) ἡμῶν.

9. אֶעֶרְבֶנּוּ. *Spondeo pro eo.* Ο'. ἐκδέχομαι αὐτόν. 'Α. Σ. ἐγγυῶμαι (αὐτόν).[5] Schol. ἀντιφωνοῦμαι.[6]

11. נְכֹאת. *Styracis.* Ο'. θυμίαμα. 'Α. Σ. στύρακα.[7] Ἄλλος· λάδανον.[8]

שְׁקֵדִים. *Amygdala.* Ο'. κάρυα. 'Α. Σ. ἀμύγδαλα.[9]

12. מִשְׁנֶה. *Duplum.* Ο'. δισσόν. Ἄλλος· διπλοῦν.[10]

14. וְאֵל שַׁדַּי. *Et Deus omnipotens.* Ο'. ὁ δὲ θεός μου. Ἄλλος· ἰσχυρὸς ἱκανός.[11]

וְשִׁלַּח לָכֶם. *Et dimittat vobis.* Ο'. καὶ ἀπο-

στείλαι. Σ. καὶ ἀποστείλαι μεθ' ὑμῶν.[12]

14. אַחֵר. Ο'. τὸν ἕνα. Ἄλλος· (τὸν) ἕτερον.[13]

16. וּטְבֹחַ טֶבַח. *Et macta pecudes.* Ο'. καὶ σφάξον θύματα (Ἄλλος· σφάγια[14]).

17. וַיָּבֵא הָאִישׁ. Ο'. καὶ εἰσήγαγεν ※ ὁ ἀνήρ ◄.[15]

18. וַיִּירְאוּ. *Et timebant.* Ο'. ἰδόντες δέ. Ἄλλος· καὶ ἐφοβήθησαν.[16]

לְהִתְגֹּלֵל. *Ut volutet se.* Ο'. τοῦ συκοφαντῆσαι. Ἄλλος· κυκλῶσαι.[17]

20. יָרֹד יָרַדְנוּ. Ο'. κατέβημεν. Ἄλλος· καταβάντες κατέβημεν.[18]

21. אֶת־אַמְתְּחֹתֵינוּ. Ο'. τοὺς μαρσίππους (Ἄλλος· τὰ θυλάκια[19]) ἡμῶν.

בְּפִי אַמְתַּחְתּוֹ. Ο'. ἐν τῷ μαρσίππῳ (Ἄλλος· στόματι μαρσίππου[20]) αὐτοῦ.

22. בְּיָדֵנוּ. Ο'. μεθ' ἑαυτῶν. Ἄλλος· ἐν χειρὶ ἡμῶν.[21]

23. שָׁלוֹם לָכֶם. Ο'. ἵλεως ὑμῖν. 'Α. Σ. εἰρήνη ὑμῖν.[22]

בָּא אֵלַי. *Pervenit ad me.* Ο'. ἀπέχω. Ἑβρ. βαηλαί. Ἄλλος· ἦλθε πρὸς μέ.[23]

CAP. XLIII. [1] Cod. VII in marg. manu 2da. Cf. ad Cap. xlv. 21. [2] Idem. [3] Sic Codd. I, VII, X, 14, 15, 16, alii, et Syro-hex. (cum ὅτι in marg.). [4] Syro-hex. ✦ ܡܕܐ. ܐ. ܠ. Cod. X affert: 'Α. νήπια. Cf. Hex. ad Exod. x. 10. Jerem. xl. 7. [5] Cod. X: 'Α. ἐγγυῶμαι; et sic in textu Codd. 30, 71, 75. Syro-hex. ܚܙܕ ܡ... ✦ ܠܐ. (Ante ܡ in membrana male habita utrum ܣ ('Ο 'Εβραῖος) an ܩ olim exaratum fuerit incertum.) Cf. ad Cap. xlv. 32. [6] Cod. VII in marg. manu 2da. Cum hoc sensu, qui sequioris Graecitatis est, usitatior est forma activa: e.g. Suidas: Ἀντιφωνῶ σοι· ἐγγυῶμαί σοι. [7] Syro-hex. ✦ ܣܠܝܩܐ ܐ. ܠ. Cf. ad Cap. xxxvii. 25. Hieron.: "Idcirco hoc capitulum posuimus, ut sciamus, ubi in nostris codicibus habetur *thymiama,* in Hebraeo esse NECHOTHA, quod Aq. *storacem* transtulit. Ex quo *domus nechotha,* quae in Isaia [xxxix. 2] legitur, manifestissime *cella thymiamatis,* sive *storacis* intelligitur, quod in illa aromata diversa sint condita." [8] Sic prope θυμίαμα in marg. manu 2da Cod. VII, quae manus pro θ. καὶ στακτὴν στακτὴν καὶ θ. legi vult. Lectionem igitur ad Hebraeum לֹט referre nil impedit. [9] Nobil. Cod. VII in marg.

manu 2da: ἀμοίγδαλα (sic). Hieron.: "*Et nuces,* sive ut Aq. et Sym. transtulerunt, *amygdala.*" [10] Cod. X in marg. sine nom. [11] Cod. VII in marg. manu 2da. Cf. ad Cap. xxxv. 11. xlviii. 3. [12] Syro-hex. ܐ. ܡ. ܣ ✦ ܚܡܨܡ. [13] Cod. VII in marg. manu 2da. [14] Idem. [15] Sic Syro-hex., et sine aster. Codd. VII (manu 2da), 15, 29, 72, 135, Arab. 1, 2. [16] Cod. VII in marg. manu 2da. [17] Cod. 128 in marg. sine nom. Ad συκοφαντῆσαι ἡμᾶς Cod. X in marg. notat: κατηγορίαν ψευδῆ συστήσασθαι καθ' ἡμῶν; et ad καὶ ἐπιθέσθαι ἡμῖν κ. τ. ἑ.: καὶ καταιγρανηθῆναι ἡμᾶς καὶ δουλαγωγῆσαι; quae Symmacho, non scholiastae, reddenda esse, J. F. Schleusnero in *Opusc. Crit.* p. 97 vix assenserimus. [18] Sic Cod. VII ex corr. manu 2da. [19] Idem in marg. manu 2da. [20] Idem. [21] Idem ad μεθ' ἑαυτῶν superscripsit: ἐν χειρὶ ἢ ἡμῖν (sic). Huc fortasse pertinet lectio (ἡμῖν) μετὰ χεῖρας, quae post ἐνέβαλεν in Ald., Codd. 31, 83 habetur. [22] Codd. X, 127. Syro-hex. ܐ. ܡ. ܚܡܣܡ ✦ ܚܡܣ. [23] Cod. VII in marg. manu 2da: ἦλθε πρὸς μέ. Cod. X in marg., exciso ab extremo folio: Τὸ 'Εβραϊκόν ἐστι ΒΑΗΛΑΙ, ὅπερ ἐστίν, ἦλθε πρὸς μέ . . . ἐν τῇ αὐτῇ βίβλῳ (Cap. xxvii. 35) ἔχομεν τὸ γὰρ Β. . . ΒΕΡΒΑΜΜΑ ΕΚ Κ. . .

24. וַיָּבֹא הָאִישׁ אֶת־הָאֲנָשִׁים בֵּיתָה יוֹסֵף. Ο'.
Vacat. ✕ ('Α.) καὶ εἰσήγαγεν ὁ ἀνὴρ τοὺς
ἄνδρας οἴκονδε 'Ιωσήφ ◄.²⁴

25. יֹאכְלוּ לָחֶם. Ο'. μέλλει ἀριστᾶν. 'Α. Σ.
φάγονται ἄρτον.²⁵

27. הַעוֹדֶנּוּ חָי. Num adhuc vivit? Ο'. ἔτι ζῇ
(alia exempl. ζῆν²⁶). 'Α. εἰ ἔτι αὐτὸς ζῇ; Σ.
εἰ ἔτι ζῇ;²⁷

29. בֶּן־אִמּוֹ. Ο'. τὸν ὁμομήτριον. "Αλλος· υἱὸν
μητρὸς αὐτοῦ.²⁸

30. וַיְמַהֵר. Et festinavit. Ο'. ἐταράχθη δέ.
"Αλλος· καὶ ἐτάχυνε.²⁹

רַחֲמָיו. Ο'. τὰ ἔγκατα (alia exempl. τὰ ἔντερα³⁰)
αὐτοῦ. 'Α. Σ. (τὰ) σπλάγχνα (αὐτοῦ).³¹

הַחַדְרָה. In conclave interius. Ο'. εἰς τὸ ταμεῖον. "Αλλος· (εἰς τὸν) κοιτῶνα.³²

33. כִּבְכֹרָתוֹ. Ο'. κατὰ τὰ πρεσβεῖα ("Αλλος· κατὰ
τὴν πρωτοτοκίαν³²) αὐτοῦ.

Cap. XLIII. 5. – τὸν ἀδελφὸν ἡμῶν μεθ' ἡμῶν ◄.

– ὁ νεώτερος ◄.³⁴ 16. καὶ τὸν Βενιαμὶν – τὸν ἀδελφὸν αὐτοῦ ◄.³⁵ – ἄρτους ◄.³⁶ 26. ἐπὶ τὴν γῆν
– ἐπὶ πρόσωπον ◄.³⁷ 28. – καὶ εἶπεν ◄· – εὐλογητὸς ὁ ἄνθρωπος ἐκεῖνος τῷ θεῷ ◄.³⁸ προσεκύνησαν
– αὐτῷ ◄.³⁹

CAP. XLIV.

1. מַלֵּא. Ο'. πλήσατε. "Αλλος· πλῆσον.¹

כַּאֲשֶׁר יוּכְלוּן שְׂאֵת. Ο'. ὅσα ἐὰν δύνωνται ἆραι.
"Αλλος· ὅσα ἂν ἄρωσιν.²

2. וְאֶת־גְּבִיעִי. Et scyphum meum. Ο'. καὶ τὸ
κόνδυ ('Α. σκύφος. Σ. φιάλην³) μου.

5. נַחֵשׁ יְנַחֵשׁ. Augurando auguratur. Ο'. οἰωνισμῷ οἰωνίζεται. "Αλλος· μαντείᾳ μαντεύ-
εται.⁴ Τὸ Σαμαρειτικόν· καὶ αὐτὸς πειρασμῷ
πειράζει ἐν αὐτῷ.⁵

11. וַיִּפְתְּחוּ. Ο'. καὶ ἤνοιξαν ("Αλλος· ἔλυσαν⁶).

12. וּבַקָּטֹן כָּלָה. Et in minimo desiit. Ο'. ἕως
ἦλθεν ἐπὶ τὸν νεώτερον ✕ συντελέσας ◄.⁷

ΒΑΡΚΑΘΑΡ ὑπὸ τοῦ 'Ισαὰκ λεγόμενον, σημαίνει· ἦλθεν ὁ ἀδελφὸς
ἐν ἐπιθέσει, καὶ ἔλαβεν εὐλογίας σου· καὶ ... ὀρθῶς τε μετὰ τοῦ
παραδόξου ἐπ... σειν (σειν Montef. Fort. ὁ ἐπὶ) τοῦ οἴκου τοῦ
'Ιωσήφ τὸ ἀργύριον ἐληλυθέναι πρὸς αὐτόν, ἐπείπερ... ὁ δέ......
αὐτὸν ἥνεγκεν sic exscripsit Montef.: ἐπείπερ
... οὐδεὶς ἀνθρώπων αὐτὸ ἥνεγκεν.) ²⁴ Syro-hex. ܐܠ܏ܿ
ܐ. ... ܡ ... ✕. (Ad
οἴκονδε cf. Hex. ad Exod. xxviii. 26. Psal. lxvii. 7. De
hoc Aquilae Homerismo cf. nos in Otio Norvic. p. 2.)
Codd. 29, 72, Arab, 1, 2 sine aster. in textum inferunt:
καὶ εἰσήγαγεν ὁ ἀνὴρ τοὺς ἄνδρας (ἀνθρώπους Cod. 72) εἰς τὸν
οἶκον 'Ιωσήφ. Denique ad ἥνεγκεν (sic) Cod. VII manu
2ᵈᵃ affert: ἥνεγκεν ὁ ἀνὴρ τοὺς ἄνδρας εἰς οἶκον 'Ιωσήφ, καὶ εἰ...
(ἔδωκεν). ²⁵ Syro-hex. ✦ ܟܣܡܠ ܚܣܡܐ ✦. ²⁶ Sic Ald., Codd. VII (ex corr.), X, 14, 16, alii, et Syro-
hex. ²⁷ Cod. 127. ²⁸ Cod. VII in marg. manu 2ᵈᵃ.
²⁹ Idem, indice ante ἔλήσαν (v. 29) male posito. ³⁰ Sic
Comp., Ald., Codd. I, III, VII, X, 15, alii, et Syro-hex.
(ܚܕܪܐ). ³¹ Cod. X. Syro-hex. ✦ ܠܚܣܡܐ ✦. ✦ܘܟܠܐ. Sic in textu Codd. 14, 16, 18, alii. ³² Cod. X in
marg. sine nom. Cod. VII in marg. manu 2ᵈᵃ: κελλάριον,
quae glossa est vocis ταμεῖον. ³³ Cod. VII in marg. manu
2ᵈᵃ. Sic in textu Cod. 57. ³⁴ Syro-hex. ³⁵ Idem, qui
om. τὸν ὁμομήτριον cum Ald., Codd. VI, 15, 29, aliis, Arab. 1, 2.

²⁶ Idem. ²⁷ Idem, pro ἐπὶ πρ. ἐπὶ τὴν γῆν. ²⁸ Idem.
Lectio εὐλογητὸς pro εὐλογημένος est in Comp., Ald., Codd. I,
III, VII, X, 15, aliis. ²⁹ Idem. Pronomen deest in
Codd. VII, 37, 61, aliis. CAP. XLIV. ¹ Cod. VII ex corr., et sic in textu Cod.
20, Arab. 1, 2 (invito Syro-hex.). Idem ad τοὺς μαρσίπ-
πους habet θυλ⁴ (sic) h. e. θυλάκια, s. θυλάκους. Cf. ad Cap.
xliii. 21. ² " Haec lectio, quae habetur in textu LXX
interpretum [sic Codd. 14, 16, 18, alii, et Cat. Niceph.], in
aliquot exemplaribus quasi lectio alterius interpretis affertur."—Montef. ³ Nobil., Cod. X (qui Symmacho tribuit φιάλην ποτήριον). Montef. edidit: 'Α. σκύφος (sic). Σ.
φιάλην, notans: "Sic MSS. nostri et Ed. Rom. [cum σκύ-
φος]." Syro-hex. ✦ ܩܣܟܡ ܡ. ✦ ܡܡܡܣ ✦., appicto, sed
praepostero loco, ΣΚΥΦΟΣ. (Ad Aquilam cf. Hex. ad
Exod. xxv. 31. Jerem. xxxv. 5.) Hieron.: " Pro condy,
id est, poculo, quod etiam in Isaia [li. 17] legimus, Aq.
scyphum, Sym. phialam transtulerunt." (Ad κόνδυ Cod.
VII in marg. manu 2ᵈᵃ glossas habet: ξέστην, καυκίον ἀργυροῦν.) ⁴ Cod. VII in marg. manu 2ᵈᵃ. ⁵ Nobil. et
Montef. ad v. 15. Lectionem huc revocandam esse monuit
Scharfenb. in Animadv. p. 43. ⁶ Cod. X in marg. sine
nom. ⁷ Syro-hex. ܟܚܣܡܠ ✕. Sic sine aster. Codd.
X (cum συντελέσας in marg.), 15, 58, 72, 135. Aliter Ald.,

15. הֲלוֹא יְדַעְתֶּם כִּי־נַחֵשׁ יְנַחֵשׁ אִישׁ אֲשֶׁר כָּמֹנִי. *Nonne novistis, quod augurando auguratur vir qualis ego?* Ο'. οὐκ οἴδατε ὅτι οἰωνισμῷ οἰωνιεῖται ὁ ἄνθρωπος οἷος ἐγώ; Σ. καὶ γὰρ ἔγνωτε ὅτι πειρασμῷ πειράζεται (fort. πειράζει) ὅμοιος ἐμοί.[5]

18. בְּאָזְנֵי אֲדֹנִי. Ο'. ἐναντίον σου. Ἄλλος· ἐν ὠσὶ κυρίου μου.[9]

כִּי כָמוֹךָ כְּפַרְעֹה. *Nam tu es sicut Pharao.* Ο'. ὅτι σὺ εἶ μετὰ Φαραώ. Ἀ. ὅτι ὅμοιος σὺ ὡς Φαραώ.[10]

20. לְאִמּוֹ. Ο'. τῇ μητρὶ (alia exempl. τῷ πατρὶ[11]) αὐτοῦ.

21. וְאָשִׂימָה עֵינִי עָלָיו. *Et prospiciam ei.* Ο'. καὶ ἐπιμελοῦμαι αὐτοῦ. Ἄλλος· καὶ θήσω ὀφθαλμόν (μου) ἐπ' αὐτόν.[12]

23. לֹא תִסְפְּנוּ. Ο'. οὐ προσθήσεσθε. Alia exempl. add. ἔτι.[13]

25. מֵעַט־אֹכֶל. Ο'. μικρὰ (Ἄλλος· ὀλίγα[14]) βρώματα.

28. וָאֹמַר. *Et dixi.* Ο'. καὶ εἴπατε. Ἄλλος· καὶ εἶπα.[15]

עַד־הֵנָּה. *Hucusque.* Ο'. ἄχρι νῦν. Alia exempl. ἔτι; alia, ἔτι ἄχρι νῦν.[16]

29. אָסֹן. *Noxa.* Ο'. μαλακία. Ἄλλος· σύμπτωσις.[17]

30. קְשׁוּרָה. *Alligata est.* Ο'. ἐκκρέμαται. Ἀ. συνδεδεμένη. Σ. ἐνδέδεται.[18]

בְּנַפְשׁוֹ. Ο'. ἐκ τῆς τούτου ψυχῆς (Ἄλλος· ὄψεως[19]).

31. בְּיָגוֹן. Ο'. μετὰ λύπης. Alia exempl. μετ' ὀδύνης.[20] Ἀ. μετὰ λύπης.[21]

32. עָרַב. *Spospondit.* Ο'. ἐκδέδεκται. Σ. ἐνεγυήσατο.[22]

Cap. XLIV. 5. — ἱνατί — τὸ ἀργυροῦν ◄.[23] 10. εὑρεθῇ ÷ τὸ κόνδυ ◄.[24] 22. τὸν πατέρα ✕ αὐτοῦ ◄.[25] 24. τοῦ κυρίου ✕ μου ◄.[26] 27. ἡ γυνή ✕ μου ◄.[27] 30. ἡ δὲ ψυχὴ ✕ αὐτοῦ ◄.[28] 32. — καὶ στήσω αὐτὸν ἐνώπιόν σου ◄.[29] 33. τοῦ κυρίου ✕ μου ◄.[30]

CAP. XLV.

1. לְהִתְאַפֵּק. *Continere se.* Ο'. ἀνέχεσθαι. Ἀ. Σ. ἐγκρατεύεσθαι.[1]

אֵתוֹ בְּהִתְוַדַּע יוֹסֵף. Ο'. τῷ Ἰωσήφ, ἡνίκα ἀνεγνωρίζετο. Alia exempl. ἔτι αὐτῷ, ἡνίκα ἀνεγνωρίζετο Ἰωσήφ.[2]

3. מִפָּנָיו. Ο'. Vacat. ✕ ἀπὸ προσώπου αὐτοῦ ◄.[3]

Cod. 31: καὶ συντελέσας εὗρε. [5] Nobil., Cat. Niceph. p. 480. Ad οἷος Cod. VII in marg. manu 2da: ἄλλος ὅμοιος ἐμοῦ (sic, sed ἐμ dubium). [9] Cod. VII in marg. manu 2da. [10] Syro-hex. ./. ܐܢܬ ܐܝܟ ܐܢܬ ܡܛܠ ◆ ܦܪܥܘ. Cod. VII manu 2da et longe seriori: ὅτι σὺ εἶ ὡς Φαραώ. Eadem manus pro κύριε substituit ὁ κύριός μου. [11] Sic Codd. III, 19, 59, et Syro-hex. in marg. [12] Cod. VII in marg. manu 2da. [13] Sic Ald., Codd. I, III, VII, X, 15, 16, alii, et Syro-hex. in marg. [14] Cod. VII in marg. manu 2da. [15] Cod. VII: εἶπατε; sed manus 2da punctis reprobavit τε. [16] Prior lectio est in Codd. III, VII, X, 14, 16, aliis; posterior in Ald. (cum καὶ νῦν pro νῦν), Codd. 15, 31 (ut Ald.), 58, aliis, et Syro-hex. [17] Cod. VII in marg. manu 2da. Cf. ad Cap. xlii. 4. [18] Nobil., Cod. 127. Syro-hex. ./. ܐܣܝܪܐ ◆ ܡܛܠ ◆. [19] Sic in marg. sine nom. Codd. X, 127. [20] Sic Ald., Codd. I, III, VII, X (juxta collationem vet. Bodl.), 18, 25, alii. [21] Cod. X. [22] Idem. Cod. VII in marg.

manu 2da: ἐγγυήσατο. Cod. 71 in textu: ἐνεγγυήσατο (τὸ παιδίον παρὰ τοῦ πατρὸς λεγ.). Scripturae ἐνεγυήσατο patrocinantur Codd. Vat., Alex., Sin., ad Prov. vi. 3. [23] Syro-hex. [24] Idem, qui male pingit: ÷ εὑρεθῇ ÷ τὸ κ. [25] Idem. Sic sine aster. Codd. 15, 82, 135, Arm. 1. [26] Idem, et sine aster. Codd. 15, 29, 58, 135. In Ed. Rom. habetur τοῦ κ. ἡμῶν, sed ἡμῶν reprobant Ald., Codd. I, III, VI, X, 14, 16, alii. [27] Idem, et sine aster. Codd. I, 15, 29, 82, 135, Arab. 1, 2. [28] Idem. Pronomen est in libris omnibus. [29] Idem. Haec desunt in Comp., Cod. 108. [30] Idem, et sine aster. Comp., Cod. VII (ex corr.), 15, 56, alii.

Cap. XLV. [1] Syro-hex. ◆ ܡܬܚܡܣܢܘ ܡ ./. [2] Sic Codd. 15, 29 (teste Lagardio), 58 (teste Maio), 82 (cum ἐπ' αὐτῷ), Arab. 1, 2, Syro-hex. (qui ad αὐτῷ in marg. habet: ܠܗ ܡܟܝܠ). [3] Syro-hex., qui pingit: ἀπὸ ✕ πρ. αὐτοῦ ◄. Sic sine aster. Codd. 15, 29, 58 (teste Maio), alii, Arm. 1.

5. לְמִחְיָה. *Ad vitae conservationem.* Ο'. εἰς ζωήν
('Α. ζώωσιν. Σ. σωτηρίαν[1]).

6. קָצִיר. *Messis.* Ο'. ἀμητός. 'Α. θερισμός.[5]

7. וּלְהַחֲיוֹת לָכֶם לִפְלֵיטָה גְּדֹלָה. *Et ad rivos
servandos vos, ut fiatis residuum magnum.* Ο'.
καὶ ἐκθρέψαι ὑμῶν κατάλειψιν μεγάλην. 'Α.
καὶ τοῦ ζωῶσαι ὑμῖν εἰς ἀνασωσμὸν μέγαν.[6]

9. רְדָה. Ο'. κατάβηθι οὖν. Alia exempl. add. τὸ
τάχος.[7]

11. תִּוָּרֵשׁ. *Ad egestatem redigaris.* Ο'. ἐκτριβῇς.
'Α. ἀναλωθῇς.[8]

16. נִשְׁמַע. Ο'. διεβοήθη. "Αλλος· ἠκούσθη.[9]

וּבְעֵינֵי עֲבָדָיו. Ο'. καὶ ἡ θεραπεία αὐτοῦ. 'Α.
(καὶ ἐν ὀφθαλμοῖς) δούλων αὐτοῦ.[10]

17. אֶת־בְּעִירְכֶם. *Jumenta vestra.* Ο'. τὰ φορεῖα
(alia exempl. πορεῖα, s. πόρια[11]) ὑμῶν (alia exempl. add. σίτου[12]). 'Α. Σ. τὰ κτήνη ὑμῶν. Θ.
τὰ πορεῖα ὑμῶν.[13] "Αλλος· ὑποζύγια.[14]

18. אֶת־חֵלֶב. *Pinguedinem.* Ο'. τὸν μυελόν. 'Α.

τὸ στέαρ.[15] 'Ο Σύρος· τὰ ἀγαθὰ (τῆς γῆς).[16]

21. צֵדָה. *Commeatum.* Πάντες· ἐπισιτισμόν.[17]

22. לָאִישׁ. Ο'. Vacat. "Αλλος· εἰς ἄνδρα.[18]

שָׁלֹשׁ מֵאוֹת כֶּסֶף וְחָמֵשׁ חֲלִפֹת שְׂמָלֹת. *Trecentos (siclos) argenti, et quinque mutationes
vestium.* Ο'. τριακοσίους χρυσοῦς, καὶ πέντε
ἐξαλλασσούσας στολάς. 'Ο Σύρος· πέντε ζυγὰς στολῶν, καὶ διακοσίους χρυσίνους.[19]

23. אֲתֹנֹת. *Asinas.* Ο'. ἡμιόνους. "Αλλος· ὀνά-
δας.[20]

בַּר וָלֶחֶם וּמָזוֹן. *Frumentum et panem et
cibum.* Ο'. ἄρτους ※ καὶ τροφήν ◄.[21] "Αλ-
λος· σῖτον καὶ ἄρτους καὶ τροφήν.[22]

24. אַל־תִּרְגְּזוּ בַּדָּרֶךְ. *Nolite irasci (s. trepidare)
in via.* Ο'. μὴ ὀργίζεσθε ἐν τῇ ὁδῷ. 'Α. μὴ
κλονεῖσθε ἐν τῇ ὁδῷ. Σ. (μὴ) μάχεσθε..[23]
"Αλλος· (μὴ) θορυβεῖσθε..[24]

26. וַיָּפָג. *Et frigebat (non commovebatur).* Ο'.
καὶ ἐξέστη. 'Α. καὶ ἐξένηψεν.[25] Σ. καὶ ἐλειποψύχησε (s. ἐλειποθύμησε).[26]

<hr/>

[1] Nobil., Cod. 127.   [5] Cod. X. Cod. VII in marg.
manu 2da: θερισμός.   [6] Idem. Syro-hex., absente praepositione: ܘܡܬܕܚܡ ܚܩ ܡܕܚܡܕ ܐܚܠܐ ./, quae
est ipsa versio Syri vulgaris.   [7] Sic Codd. X (in marg.),
56, 58 (post σπεύσαντες οὖν), alii. Cf. Hex. ad Exod.
xxxii. 7.   [8] Cod. X. Idem post οἱ υἱοί σου (vv. 10, 11)
bis in marg. addit: καὶ ὁ οἶκός σου, invito Hebraeo.
[9] Cod. VII in marg. manu 2da.   [10] Cod. X ad θεραπεία
affert: 'Α. δοῦλοι.   [11] Sic Ald., Codd. I, III (cum πόρια),
VII, X (cum πόρια), 14, 15, 16, alii, Hieron., et Syro-hex.
(cum ܚܩܕܚܠ (=φορεία Job. vii. 20. Psal. xxxvii. 5. Jesai.
xlvi. 1), superscripto tamen ΠΟΡΙΑ.   [12] Sic Comp.,
Codd. VII (in marg., sed abrasum), 19, 20, alii, Arab. 1, 2,
et Syro-hex. "S. Ambros. Cap. XIII ita hanc rem narrat:
Et mandat impleri eorum sarcinas [φορεῖα?] *tritico, et
vehicula dari.*"—Nobil.   [13] Hieron.: "Pro *vehiculis,*
quae LXX et Theod. τὰ πορεῖα [edebatur ante Lagardium
φορεῖα, repugnantibus duobus codd. apud Vallarsium, et
duobus aliis apud Lagardium, qui omnes πόρια habent]
interpretati sunt, *jumenta* reliqui transtulerunt." Syro-
hex. affert: ܘܚܡܩ ܚܩܚܡܠ ܡ. ./. (Vox ܚܚܡܠ
sine *Ribui* ponitur pro τὰ κτήνη Job. xxxvii. 28. Jesai.
xlvi. 1.)   [14] Cod. VII in marg. manu 2da.   [15] Cod. X.
Sic sine nom. Cod. VII in marg. manu 2da.   [16] Procop.

in Cat. Niceph. p. 484.   [17] Hieron.: "Verbum SEDA,
quod hic omnes ore consono ἐπισιτισμὸν, id est, *cibaria* vel
sitarcia, interpretati sunt, in Psalterio quoque habetur."
Cf. Hex. ad Psal. cxxxii. 15. Ad ἐπισιτισμὸν Cod. VII in
marg. manu 2da: δαῆ (δαίημν).   [18] Sic Cod. VII in
marg. manu 2da.   [19] Nobil., et Anon. in Cat. Niceph.
p. 485. Procop. ibid.: πέντε ἐξαλλασσούσας [Syro-hex.
ܠܡܚܕܚܡ, *splendidas*] στολὰς, ἀλλασσομένας, διαφόρους· ὁ δὲ
Σύρος πέντε ζυγὰς (Pesch. ܡܚܢ. Cf. Hex. ad 4 Reg. v. 5)
φησιν. In LXX διακοσίους pro τριακοσίους habent Cod. 135,
et Syro-hex. in marg., invito Pesch.   [20] Cod. VII in
marg. manu 2da ad αἵρουσας pingit σῖτον καὶ, et ad ἄρτους,
καὶ τροφήν.   [21] Cf. Hex. ad Jud. v. 10.   [21] Sic Syro-
hex., Arm. ed. (vid. Ceriani ad loc.), et sine aster. Codd.
15, 29, 30, 72 (cum εἰς τρ.), 82, 135.   [22] Cod. VII in
marg. manu 2da ad αἵρουσας pingit σῖτον καὶ, et ad ἄρτους,
καὶ τροφήν.   [23] Syro-hex. ܘܚܠܐܛܘܠ ܚܩܚܠܐ ܠܐ ./.
Cod. X: 'Α. κλονεῖσθε. Σ. μάχεσθε.   [24] Sic in textu
Cod. 32 (cum θορυβ.).   [25] Codd. X, 127. Syro-hex.
ܘܐܡܚܠ, appicto Graeco. Aquilam imitatus est Hieron.:
quasi de gravi somno evigilans. Cf. Thren. ii. 18. iii. 49
in Hebr. et LXX.   [26] Cod. X: Σ. ἐλειποψύχησε.
Cod. 127: Σ. ἐλιποθύμησε (sic; cf. Hex. ad Psal. lxxvi. 4).
Syro-hex. ܘܡ. ܠ ܚܩܚ ܡ. Cf. Hex. ad Psal.
xxxvii. 9.

27. וַתְּחִי. _Et revixit._ Ο'. ἀνεζωπύρησε. Ἄλλος· ἀνέζησεν.[27]

Cap. XLV. 3. οἱ ἀδελφοὶ ※ αὐτοῦ ◄.[28] 10. Γεσὲμ ➤ Ἀραβίᾳ ◄.[29] 21. ➤ τοῦ βασιλέως ◄.[30]

CAP. XLVI.

1. בְּאֵרָה שָּׁבַע. Ο'. ἐπὶ (alia exempl. εἰς) τὸ φρέαρ τοῦ ὅρκου. Σ. (εἰς) Βηρσαβεέ.[1]

זְבָחִים. Ο'. θυσίαν. Ἄλλος· θυσίας.[2]

2. הִנֵּנִי. Ο'. τί ἐστιν; Ἄλλος· ἰδοὺ ἐγώ.[3]

3. הָאֵל. Ο'. ὁ θεός. Ἄλλος· (ὁ) ἰσχυρός.[4]

5. מִבְּאֵר שָׁבַע. Ο'. ἀπὸ τοῦ φρέατος τοῦ ὅρκου. Σ. ἀπὸ Βηρσαβεέ.[5]

בְּנֵי־יִשְׂרָאֵל אֶת־יַעֲקֹב. Ο'. οἱ υἱοὶ Ἰσραήλ. Alia exempl. add. Ἰακώβ.[6]

פַּרְעֹה. Ο'. Ἰωσήφ. Ἄλλος· Φαραώ.[7]

7. וּבְנוֹת בָּנָיו. Ο'. καὶ θυγατέρες τῶν θυγατέρων (alia exempl. τῶν υἱῶν[8]) αὐτοῦ.

8. הַבָּאִים. Ο'. τῶν εἰσελθόντων. Alia exempl. εἰσπορευομένων.[9]

20. Ο'. ÷ ἐγένοντο δὲ υἱοὶ Μανασσῆ—υἱοὶ δὲ Σουταλαάμ, Ἐδόμ (s. Ἐδέμ) ◄.[10]

21. וָאַשְׁבֵּל גֵּרָא. Ο'. καὶ Ἀσβήλ. ÷ ἐγένοντο δὲ υἱοὶ Βαλὰ ◄, Γηρά.[11]

מֻפִּים וְחֻפִּים. Ο'. καὶ Μαμφίμ. Alia exempl. add. καὶ Ὀφιμίμ.[12]

וָאָרְדְּ. Ο'. ➤ Γηρὰ δὲ ἐγέννησε τὸν Ἀράδ ◄.[13]

22. אַרְבָּעָה עָשָׂר. _Quatuordecim._ Ο'. δεκαοκτώ. Schol. Οἱ Ο' ιη' διὰ τοὺς ὀβελισμούς.[14]

27. שְׁנַיִם. Ο'. ἐννέα. Alia exempl. δύο.[15]

28. לְהוֹרֹת לְפָנָיו גֹּשְׁנָה. _Ad monstrandum_ (viam) _ante se in Gosen._ Ο'. συναντῆσαι αὐτῷ καθ' Ἡρώων πόλιν. Ἀ. φωτίζειν εἰς τὸ πρόσωπον αὐτοῦ... Σ. δηλῶσαι αὐτῷ...[16]

❖ ❖

[27] Cod. VII in marg. manu 2ᵈᵃ. [28] Syro-hex. Sic sine aster. Comp., Codd. I, 14, 15, 16, alii. [29] Idem. Scriptura Ἀραβίᾳ pro Ἀραβίας est in Codd. 15, 30, 37, aliis. Hieron. notat: "Hic _Arabiae_ additum est; in Hebraeis enim voluminibus non habetur." [30] Idem. Haec desunt in Codd. I, 15, 31, aliis.

Cap. XLVI. [1] Syro-hex. ❖ ܟܘܣܒ̈ܪ .ܣ. [2] Cod. VII ex corr. manu 2ᵈᵃ. [3] Idem. [4] Idem. [5] Syro-hex. ❖ ܟܘܣܒ̈ܪ ܡܢ .ܣ. [6] Sic Comp., Codd. VII (ex corr. manu 2ᵈᵃ), 15, 134, Arab. 1, 2, Arm. 1, Arm. ed., Syro-hex. [7] Sic in textu Codd. 15, 29, 135, Syro-hex. (cum Ἰωσήφ in marg.). [8] Sic Codd. III, 38, 135, Arab. 1, 2, Syro-hex. (cum τῶν θυγ. in marg.). [9] Sic Codd. X (in marg.), 55, 59, 64 (in marg. manu rec.), alii. [10] Haec obelis notantur in Cod. X, et Syro-hex. (sine metobelo). Hieron.: "Sed et illud, quod supra legimus: _Facti sunt autem filii Manasse, quos genuit ei concubina Syra, Machir; et Machir genuit Galaad; filii autem Ephraim fratris Manasse, Sutalaam et Taam; filii vero Sutalaam, Edem_, additum est; siquidem id, quod postea legimus, quasi per anticipationem factum esse describitur. Neque enim illo tempore, quo ingressus est Jacob Aegyptum, ejus aetatis erant Ephraim et Manasse, ut filios generare potuerint." Cf. Num. xxvi. 33, 39, 40. I Paral. vii. 14. [11] Obelus est in Syro-hex., qui perperam pingit: ÷ καὶ Χοβὼρ (s. Χοβὼρ) καὶ Ἀσβήλ—Βαλά ◄. Cf. Num. xxvi. 44 (Hebr. 40).

I Paral. viii. 3. [12] Sic Comp. (cum Ὀφιμίν), Ald. (Ὀφιμείμ), Codd. I (Ὀφμείν), III (ut Comp.), X (Ὀφιμίμ), 14 (Φιμείμ), 15 (Ὀφιμίμ), 16 (ut 14), alii, Arab. 1, 2 (ut 15), Syro-hex. (ܦܡ̈ܝܡ). [13] Sic sub obelo Syro-hex., pro quo ratio incepti Origeniani postulat: ÷ Γηρὰ δὲ ἐγ. τὸν Ἀράδ ◄. ※ καὶ Ἀράδ ◄. Ad אָרְךְ Montef. affert: Ἀράδ ÷ ὅὲν Ἀράδιος ◄, cum notula: "In Cod. Regio 1888 legitur miniatis literis: Ἀράδ ὅὲν Ἀράδιος, et postea consequenter: οἱ Ο' διὰ τοὺς ὀβελισμούς; i. e. LXX _obelis notant._" Sed, ut recte monuit Scharfenb. in _Animadv._ p. 44, prior lectio non est nisi scholium Procopii, quod legitur (cum Ἀραδος pro Ἀράδιος) in Cat. Niceph. p. 490; posterior autem, a Montefalconio mutile allata et male versa, ad v. 22 pertinet. [14] Anon. in Cat. Niceph. ibid. Per _obelismos_ autem intellige quinque filios et nepotes Ephraimi et Manassis a LXX sub obelis memoratos, quibus inclusis fit numerus δέκα καὶ ἐννέα (ut in Codd. I, 76 diserte legitur), qui ex omisso, ut videtur, in v. 21 filio Benjamini חֻפִּים ad δεκαοκτὼ redigitur. Pro δεκατέσσαρες, ut est in Hebraeo, stant Codd. 15, 29, 82. [15] Sic Codd. 15, 53 (teste Ceriani, quem cf. ad v. 26), Arab. 1, 2, Arm. 1, Syro-hex. (qui in marg. pingit: ἐννέα. ἑπτά. De posteriore cf. Ceriani ad loc.). Hieron.: "Hoc autem quod in LXX legimus: _Filii autem Joseph, qui nati sunt ei in Aegypto, animae novem_, sciamus in Hebraeo pro _novem_ esse _duas._" [16] Cod. X.

28. וַיָּבֹאוּ אַרְצָה גֹּשֶׁן. *Et venerunt in Gosenitidem.* Ο'. εἰς γῆν ᾿Ραμεσσῆ Ⓧ καὶ ἦλθεν ἐν γῇ Γεσέμ ◄.[17]

29. וַיֵּבְךְּ עַל־צַוָּארָיו עוֹד. *Et flevit super collum ejus continenter.* Ο'. καὶ ἔκλαυσε κλαυθμῷ πίονι (alia exempl. πλείονι[18]).

30. אָמוּתָה. Ο'. ἀποθανοῦμαι. ᾿Α. ἀποθάνοιμι.[19]

31. וְאֶל־בֵּית אָבִיו. Ο'. Vacat. Ⓧ καὶ πρὸς τὸν οἶκον τοῦ πατρὸς αὐτοῦ ◄.[20]

Cap. XLVI. 4. τὰς χεῖρας Ⓧ αὐτοῦ ◄.[21] 7. υἱοὶ Ⓧ αὐτοῦ ◄, καὶ υἱοί.[22] θυγατέρες Ⓧ αὐτοῦ ◄, καὶ θυγατέρες.[23]

Cap. XLVII.

3. אֶל־אֶחָיו. Ο'. τοῖς ἀδελφοῖς ᾿Ιωσήφ (alia exempl. αὐτοῦ[1]).

4. עֲבָדֶיךָ. Ο'. Vacat. Alia exempl. οἱ παῖδές σου.[2]

5, 6. וַיֹּאמֶר פַּרְעֹה אֶל־יוֹסֵף לֵאמֹר אָבִיךָ וְאַחֶיךָ בָּאוּ אֵלֶיךָ׃ אֶרֶץ מִצְרַיִם לְפָנֶיךָ הִוא בְּמֵיטַב הָאָרֶץ הוֹשֵׁב אֶת־אָבִיךָ (*in optima parte*) וְאֶת־אַחֶיךָ יֵשְׁבוּ בְּאֶרֶץ גֹּשֶׁן וְאִם־יָדַעְתָּ וְיֶשׁ־

בָּם אַנְשֵׁי־חַיִל (*viri strenui*) וְשַׂמְתָּם שָׂרֵי מִקְנֶה עַל־אֲשֶׁר־לִי (*praefectos rei pecuariae*). Ο'. εἶπε δὲ Φαραὼ τῷ ᾿Ιωσὴφ κατοικείτωσαν ἐν γῇ Γεσέμ· εἰ δὲ ἐπίστῃ ὅτι εἰσὶν ἐν αὐτοῖς ἄνδρες δυνατοὶ, κατάστησον αὐτοὺς ἄρχοντας τῶν ἐμῶν κτηνῶν. ÷ ἦλθον δὲ εἰς Αἴγυπτον πρὸς ᾿Ιωσὴφ ᾿Ιακὼβ, καὶ οἱ υἱοὶ αὐτοῦ· καὶ ἤκουσε Φαραὼ βασιλεὺς Αἰγύπτου ◄.[3] Ⓧ καὶ εἶπε Φαραὼ πρὸς ᾿Ιωσὴφ, λέγων· ὁ πατήρ σου, καὶ οἱ ἀδελφοί σου ἥκασι πρὸς σέ. ἰδοὺ ἡ γῆ Αἰγύπτου ἐναντίον σού ἐστιν· ἐν τῇ βελτίστῃ γῇ κατοίκισον τὸν πατέρα σου, καὶ τοὺς ἀδελφούς σου ◄.[4] Alia exempl. Ⓧ εἶπε δὲ Φαραὼ τῷ ᾿Ιωσὴφ, λέγων· ὁ πατήρ σου, καὶ οἱ ἀδελφοί σου ἥκασι πρὸς σέ. ἰδοὺ ἡ γῆ Αἰγύπτου ἐναντίον σού ἐστιν· ἐν τῇ βελτίστῃ γῇ κατοίκισον τὸν πατέρα σου, καὶ τοὺς ἀδελφούς σου ◄. κατοικείτωσαν ἐν γῇ Γεσέμ· εἰ δὲ ἐπίστῃ ὅτι εἰσὶν ἐν αὐτοῖς ἄνδρες δυνατοὶ, κατάστησον αὐτοὺς ἄρχοντας τῶν ἐμῶν κτηνῶν.[5] ῾Ο ῾Εβραῖος καὶ οἱ λοιποί· ἰδοὺ ἡ γῆ Αἰγύπτου ἐπὶ πρόσωπόν σου ἐστὶν ἐν ἀγαθωτάτῳ τῆς γῆς κάθισον τὸν πατέρα σου, καὶ τοὺς ἀδελφούς σου κατοικείτωσαν ἐν γῇ Γεσέμ· εἰ δὲ ἐπίστῃ, καὶ τὰ ἑξῆς.[6]

---

[17] Sic Syro-hex., et sine aster. Cod. 15, Arm. 1. Post ᾿Ραμεσσῆ add γῆν δὲ Γεσέμ Codd. 58 (cum Γεσσέμ), 72 (cum Χεσδὼμ), 135. Hieron.: "In Hebraeo nec *urbem* habet *Heroum*, nec *terram* Ramesse, sed tantummodo *Gesen*." [18] Sic Comp., Ald., Codd. I, II (manu 2ᵈᵃ), III, X, 15, 16, 18, alii, Syro-hex. [19] Nobil. [20] Sic Syro-hex., et sine aster. Codd. 15 (utroque artic. omisso, teste Ceriani), 58 (sine τὸν), 72, 135, Arab. 1, 2, Arm. 1. [21] Syro-hex. Pronomen deest in Codd. I, III, VII, 14, 16, aliis. [22] Idem, et sine aster. Codd. I, 14, 15, 16, alii. [23] Idem, et sine aster. Ald., Codd. I, 15, 16, alii.

Cap. XLVII. [1] Sic Codd. 15, 72, 135, et Syro-hex. (cum ᾿Ιωσήφ in marg.). [2] Sic Comp., Ald., Codd. I, III, X, 14, 15, 16, alii, Arab. 1, 2, Syro-hex. [3] Haec, ἦλθον δὲ—Αἰγύπτου, obelis signantur in Codd. X (per lineas quatuor), 127. In Cod. 64 haec, υἱοὶ αὐτοῦ—εἰσήγαγε δὲ (v. 7), quatuor lineis absolvuntur, praefixo singulis lineis asterisco ad marginis partem sinistram. [4] Haec, καὶ εἶπε Φαραὼ—τοὺς ἀδελφούς σου, asteriscis notantur in Codd. X (per septem lineas), 127. (In Cod. X pro πρὸς ᾿Ιωσὴφ

habetur τῷ ᾿Ιωσήφ, testante contra Montefalconium Holmesio; pro βελτίστῃ autem, silente Holmesio, Montef. exscripsit κρατίστῃ.) [5] Sic Syro-hex. in textu; in marg. autem, cum indice post τῶν ἐμῶν κτηνῶν posito: ἦλθον δὲ εἰς Αἴγυπτον πρὸς ᾿Ιωσὴφ ᾿Ιακὼβ, καὶ οἱ υἱοὶ αὐτοῦ· καὶ ἤκουσε Φ. βασιλεὺς Αἰγύπτου· καὶ εἶπε Φ. τῷ ᾿Ιωσήφ· ὁ πατήρ σου; subjuncto scholio: "Haec reperta sunt in alio exemplari (ﬗﬡﬡ), in editione (ﬗﬡﬡﬗ) autem τῶν Ο' non ita." Cum textu Syro-hex., omisso asterisco, conspirant Comp., Ald., Codd. 15, 31, 58, alii, Arab. 1, 2 (usque ad ἀδελφούς σου?), Arm. 1; e quibus tamen Comp., Ald., et pars codicum pro εἶπε δὲ Φ. τῷ ᾿Ι. habent καὶ εἶπε Φ. πρὸς ᾿Ι. Deinde ea quae Syro-hex. in marg. condidit, ab ἦλθον δὲ usque ad βασ. Αἰγύπτου inclusive, in textum inferunt Ald., Codd. 15, 31, 58 (non ultra οἱ υἱοὶ αὐτοῦ), alii. [6] Montef. ex schedis Combefis., cum scripturis ἀγαθωτάτῳ et κατοικήτωσαν. (In textu LXXvirali ἰδοὺ deest in Codd. 30, 135, concinente Hebraeo; deinde iidem pro ἐναντίον σου, εἰς (sic) πρόσωπόν σου habent; pro ἐν τῇ βελτίστῃ γῇ, lectio ἐν ἀγαθωτάτῳ τῆς γῆς est in Cod. 30, ἐν ἀγαθῷ τόπῳ (om. τῆς γῆς) in

9. יְמֵי שְׁנֵי מְגוּרַי. *Dies annorum peregrinationis meae.* Ο'. αἱ ἡμέραι τῶν ἐτῶν – τῆς ζωῆς μου ◄, ἃς παροικῶ.[7] 'Α. ἡμέραι ἐτῶν τῆς προσηλυτεύσεώς μου.[8]

12. לֶחֶם לְפִי הַטָּף. *Panem pro ratione familiae.* Ο'. σῖτον κατὰ σῶμα. 'Α... νηπίων.[9] (Σ.) τροφὴν κατὰ λόγον τοῦ ὄχλου.[10]

18. לֹא־נְכַחֵד מֵאֲדֹנִי כִּי אִם־תַּם. *Non celabimus dominum meum, quod absumptum sit.* Ο'. μήποτε ἐκτριβῶμεν ἀπὸ τοῦ κυρίου ἡμῶν; εἰ γὰρ ἐκλέλοιπε. "Αλλος· οὐ μὴ διαψευσθῶμεν τῷ κυρίῳ ἡμῶν. ἰδοὺ τετελείωται.[11]

19. גַּם־אֲנַחְנוּ. Ο'. Vacat. Alia exempl. καίγε ἡμεῖς αὐτοί.[12]

קְנֵה. Ο'. κτῆσαι. "Αλλος· ἀγόρασον.[13]

22. כִּי חֹק לַכֹּהֲנִים מֵאֵת פַּרְעֹה. *Nam demensum* (cibi) *erat sacerdotibus a Pharaone.* Ο'. ἐν δόσει γὰρ ἔδωκε δόμα τοῖς ἱερεῦσι Φαραώ. 'Α. ὅτι ἀκριβασμὸς τοῖς ἱερεῦσιν... Σ. σύν-

ταξις γὰρ ἦν τοῖς ἱερεῦσιν...[14] Schol. καὶ γὰρ μερὶς ἦν τοῖς ἱερεῦσιν ἐκ συγχωρήσεως Φαραώ.[15]

24. וְלֶאֱכֹל לְטַפְּכֶם. *Et ad edendum parvulis vestris.* Ο'. Vacat. Alia exempl. καὶ εἰς βρῶσιν τοῖς νηπίοις ὑμῶν.[16]

26. לְחֹק. *Statutum.* Ο'. εἰς πρόσταγμα. "Αλλος· εἰς τύπον.[17]

27. וַיֵּאָחֲזוּ בָהּ וַיִּפְרוּ. *Et possessores facti sunt in ea, et fecundi fuerunt.* Ο'. καὶ ἐκληρονόμησαν (alia exempl. ἐκληρονομήθησαν[18]) ἐπ' αὐτῆς, καὶ ηὐξήθησαν. 'Α. καὶ κατεσχέθησαν, καὶ ηὐξήθησαν.[19]

31. וַיִּשְׁתַּחוּ יִשְׂרָאֵל עַל־רֹאשׁ הַמִּטָּה. *Et adoravit* (Deum) *Israel super caput lecti.* Ο'. Θ. καὶ προσεκύνησεν Ἰσραὴλ ἐπὶ τὸ ἄκρον τῆς ῥάβδου αὐτοῦ. 'Α. καὶ προσεκύνησεν Ἰσραὴλ ἐπὶ κεφαλὴν τῆς κλίνης. Σ. καὶ προσεκύνησεν Ἰσραὴλ ἐπὶ τὸ ἄκρον τῆς κλίνης.[20] Τὸ

Cod. 135; deuique pro κατοίκισον, κάθισον legunt Codd. 30 (eum κάθησον), 58 (cum κάθισαι), 72, 135.) In iisdem schedis adjicitur haec Origenis nota ex Codice Monspeliensi [et Origen. Opp. T. II, p. 50]: Εἶπε δὲ Φ. τῷ Ἰωσήφ, λέγων· κατοικείτωσαν ἐν γῇ Γεσέμ. Ἐπειδὴ ἐν τοῖς τετραπλοῖς, ἐξ ὧν καὶ τὸ ἀντίγραφον μετελήφθη, πρὸς τὸν εἱρμὸν τὸν ἐν τῷ Ἑβραϊκῷ καὶ ταῖς ἄλλαις ἐκδόσεσι δείκνυται καὶ ἡ τῶν Ο' ἔν τισι τόποις μεταπεθεῖσα, ὡς τὰ πρῶτα ὕστερα, καὶ τὰ ὕστερα πρῶτα γενέσθαι· ὅπερ καὶ ἐνταῦθα εὑρέθη παθοῦσα· τούτου χάριν παρεθήκαμεν ἀκολουθίαν. Ἔστι δὲ αὕτη. Τῷ, κατοικήσομεν οἱ παῖδές σου ἐν γῇ Γεσέμ· συνάπτεται τὸ, εἶπε δὲ Φ. τῷ Ἰωσήφ· κατοικείτωσαν ἐν γῇ Γεσέμ· ὁ δὲ ἐπίσης τὸ εἰσὶν ἐν αὐτοῖς· καὶ τὰ ἑξῆς. [7] Obelus est in Syro-hex. [8] Nobil., et "omnes MSS.," teste Montef. Cf. Hex. ad Jerem. xx. 3. [9] "Hanc lectionem excerpsimus ex MSS. Igitur Aq. pro more suo literae serviens לְפִי הַטָּף verterat κατὰ [potius εἰς, coll. Hex. ad Exod. xvi. 16. Jerem. xxix. 10] στόμα (τῶν) νηπίων."—*Montef.* [10] Montef. e Cod. X exscripsit: 'Α. τροφὴν κατάλογον (f. κατάλληλον) τοῦ ὄχλου. Holmes. vero ex eodem sine nom. affert: τροφὴν κατάλογον τοῦ ὄχλου. Scharfenb. in *Animadv.* p. 46 Symmacho lectionem vindicat, ad טַף, ὄχλος, appellans Hex. ad Exod. x. 10. xii. 37. Etiam τροφὴ pro לֶחֶם Symmachum, non Aquilam, refert. Cf. Hex. ad Psal. c111. 14. Eccles. ix. 11. Idem pergit: "In eo autem, quod Montef. pro κατάλογον, quod sane ad h. l. non quadrat, reponendum esse conjicit κατάλληλον, con-

gruentem, non opus esse videtur emendatione tam longe repetita, si modo, quae culpa librarii coaluerunt, ita disjungas: κατὰ λόγον τοῦ ὄχλου." Sed revera κατάλληλον non est emendatio Montefalconii, sed ipsa codicis scriptura, saltem secundum collationem vetustam Bodleianam, in qua diserte lego: 'Α. τροφὴν κατάλληλον. Ο'. σῖτον κατὰ σῶμα. Novus autem hic testis qua ratione cum modo memoratis conciliandus sit, non habeo dicere. Unum video: neque Symmachum, neque quemlibet interpretem constructionem κατάλληλον τοῦ ὄχλου, pro unice legitima κατ. τῷ ὄχλῳ, admittere potuisse. [11] Cod. VII in marg. manu 2ᵈᵃ. "Duae voces postremae alia manu videntur scriptae."— *Ceriani.* [12] Sic Codd. 15, 29, 58 (sine γε), 72, 135, Arm. 1. [13] Cod. VII in marg. manu 2ᵈᵃ. [14] Cod. X. Nobil. affert: 'Α. ἀκριβασμὸς γὰρ τοῖς ἱερεῦσιν. Σ. ut supra. Procop. in Cat. Niceph. p. 497: Ἐν δόσει γὰρ ἔδωκε δόματα τοῖς ἱερεῦσι, τουτέστι διάρια. Καὶ γὰρ ὁ Σύμ. σύνταξιν ἐξέδωκε. Cf. Hex. ad Psal. xii. 4. Prov. xxx. 8. [15] Nobil., et Anon. in Cat. Niceph. ibid. [16] Sic Codd. X (in marg.), 14, 15, 16, alii, Arm. ed. Arab. 1, 2 supplent: *liberis vestris parvulis,* auctore Holmesio. [17] Cod. VII in marg. manu 2ᵈᵃ. Fortasse est glossatoris; ita enim per totum caput interpretatus est Graeco-Ven. [18] Sic Comp., Ald., Codd. 14, 15, 16, alii. [19] Nobil., Cod. 25 (teste Lagardio), et Cat. Niceph. p. 498. [20] Codd. 25 (sine καὶ priore, et cum ἐπὶ τὴν κεφ.), 127 (qui praeterea notat:

K 2

Ἰουδαϊκόν ἐπὶ προσκεφάλαιον τῆς κλίνης αὐτοῦ.²¹

Cap. XLVII. 11. τὸν πατέρα ✕ αὐτοῦ ◄.²² 14. ⁒ καὶ ἐσιτομέτρει αὐτοῖς ◄.²³

Cap. XLVIII.

1. חָלָה. Aegrotat. Ο'. ἐνοχλεῖται. Ἀ. ἀρρωστεῖ. Σ. νοσεῖ.¹

וַיִּקַּח אֶת־שְׁנֵי בָנָיו עִמּוֹ. Ο'. καὶ ἀναλαβὼν (alia exempl. παραλαβὼν²) τοὺς δύο υἱοὺς αὐτοῦ ✕ μεθ' ἑαυτοῦ ◄.³

3. אֵל שַׁדַּי. Ο'. ὁ θεός μου. Ἄλλος· ἰσχυρὸς ἱκανός.⁴

7. מֵתָה עָלַי. Mortua est juxta me. Ο'. ἀπέθανε (alia exempl. add. ἐπ' ἐμέ⁵).

10. כָבְדוּ. Hebetes erant. Ο'. ἐβαρώπησαν. Alia exempl. ἐβαρύνθησαν.⁶

11. רְאֹה פָנֶיךָ לֹא פִלָּלְתִּי. Aspicere faciem tuam non existimabam. Ο'. ἰδοὺ τοῦ προσώπου σου οὐκ ἐστερήθην. Alia exempl. Ego non putaveram me visurum esse faciem tuam.⁷

14. שִׂכֵּל אֶת־יָדָיו. Intelligentes fecit (Graeco-Ven. ἐφρένωσε) manus suas (sciens volens ita posuit eas). Aliter : Transversim posuit manus suas. Ο'. ἐναλλὰξ (alia exempl. ἐναλλάξας⁸) τὰς χεῖρας. (Ἀ.) ἐπιστημόνως... (Σ.) ἀντιστρέψας...⁹

כִּי מְנַשֶּׁה הַבְּכוֹר. Ο'. Vacat. Alia exempl. ὅτι Μανασσῆ ὁ πρωτότοκος.¹⁰

15. מֵעוֹדִי. Ex quo sum. *Ο'. ἐκ νεότητος. Σ. ἀφ' οὗ εἰμι.¹¹

16. הַגֹּאֵל. Qui redimit. Ο'. ὁ ῥυόμενος. Ἀ. ὁ ἀγχιστεύων.¹²

17. וַיֵּרַע בְּעֵינָיו. Et displicuit ei. Ο'. βαρὺ αὐτῷ κατεφάνη. Ἀ. (καὶ) ἐκακώθη.. Σ. ἀηδὲς αὐτῷ..¹³

21. וְהֵשִׁיב. Ο'. καὶ ἀποστρέψει. Alia exempl. καὶ ἀνάξει.¹⁴

22. שְׁכֶם אַחַד. Dorsum (tractum terrae) unum. Ο'. Σίκιμα ἐξαίρετον. Ἀ. ὦμον ἕνα.¹⁵

Cap. XLVIII. 7. ἐκ Μεσοποταμίας ⁒ τῆς Συρίας ◄.¹⁶ 19. καὶ οὐκ ἠθέλησεν ✕ ὁ πατὴρ αὐτοῦ ◄.¹⁷ 21. ἀποστρέψει ὑμᾶς ⁒ ὁ θεὸς ἐκ τῆς γῆς ταύτης ◄.¹⁸

Θε. ὡς οἱ Ο'), et Cat. Niceph. ibid. (cum ἐπὶ κεφαλῆς). Nobil. affert: Ἀ. προσεκύνησεν Ἰσ. ἐπὶ κεφαλὴν τῆς κλ. Σ. ἐπὶ τὸ ἄ. τῆς κλ. Hieron.: "Et in hoc loco quidam frustra simulant adorasse Jacob summitatem sceptri Joseph, quod videlicet honorans filium, potestatem ejus adoraverit, cum in Hebraeo multo aliter legatur: Et adoravit, inquit, Israel ad caput lectuli; quod scilicet, postquam ei juraverat filius, securus de petitione quam rogaverat, adoraverit Deum contra caput lectuli sui." ²¹ Cod.VII in marg. manu 2ᵈᵃ. ²² Syro-hex. Pronomen abest a Codd. II, III, X, 14, 16, 18, aliis. ²³ Idem.

Cap. XLVIII. ¹ Codd. X, 127. Cod. VII in marg. manu 2ᵈᵃ: ἀρρωστεῖ. ² Sic Codd. X (in marg.), 71. ³ Sic Arm. 1, et sine aster. Comp., Codd. I, III (cum μετ' αὐτοῦ), X (in marg., ut III), 15, 29, alii, Arab. 1, 2. ⁴ Cod. VII in marg. manu 2ᵈᵃ. Cf. ad Cap. xliii. 14. ⁵ Sic Cod. 85 in marg. ⁶ Sic Comp., Codd. 18, 74, 84, alii. ⁷ Sic Arab. 1, 2, teste Holmesio. Cum Graecis libris conspirat versio Vulg.: Non sum fraudatus aspectu tuo, invito Hebraeo. ⁸ Sic Comp., Codd. I, X, 15, 18,

alii. ⁹ Cod. X in marg. sine nom.: ἀντιστρέψας ἢ ἐπιστημόνως. Posteriorem lectionem, quae etiam in marg. Cod. 85 reperitur, Aquilae tribuimus, qui ad Psal. xlvi. 8 pro מַשְׂכִּיל ἐπιστημόνως posuit: prior fortasse Symmachum auctorem habet, coll. Hex. ad Psal. xxxiv. 12, ubi pro שָׂכָל interpres iste שָׂכֹל legisse videtur, ἀντεστραμμένα vertens. ¹⁰ Sic Codd. 15, 29, 72 (cum Μανασσης), 107 (cum μεν ει σν), Arm. 1. ¹¹ Cod. X. ¹² Codd. X, 127. Praeterea Nobil. affert: Schol. ὁ ἀγχιστεύς. ¹³ "Sic MSS. nostri [et Cod. X], et Ed. Rom."—Montef. Ad Sym. supplendum videtur ἐφάπη. ¹⁴ Sic Codd. 59, 75, et in marg. Cod. X, 57, 85, 127. ¹⁵ Cod. X, 127. Hieron.: "Quia igitur Sychem lingua Hebraea transfertur in humerum, pulcre allusit ad nomen, dicens: Et ego dabo tibi humerum unum. Pro praecipuo enim, id est, ἐξαιρέτῳ, AAD, id est, unum, scribitur in Hebraeo." ¹⁶ Cod. 85. Codd. I, 130 om. τῆς Συρίας. ¹⁷ Idem. Sic sine aster. Codd. 15, 29, 30, 72, 135, Arab. 1, 2, Arm. 1. ¹⁸ Idem. Sic sine obelo Ald., Codd. I (sine ὁ θεὸς), III (idem), X, 14, 16, 18, alii.

Cap. XLIX.

2. הִקָּבְצוּ. *Congregamini.* Οʹ. συνάχθητε. Ἄλ-
λος· ἀθροίσθητε.[1]

3. רְאוּבֵן בְּכֹרִי אַתָּה כֹּחִי וְרֵאשִׁית אוֹנִי יֶתֶר שְׂאֵת
וְיֶתֶר עָז. *Reuben, primogenitus meus es tu,
fortitudo mea, et primitiae virium mearum; excellentia dignitatis, et excellentia roboris.* Οʹ.
Ῥουβὴν πρωτότοκός μου, σὺ ἰσχύς μου, καὶ
ἀρχὴ τέκνων μου, σκληρὸς φέρεσθαι, καὶ σκληρὸς αὐθάδης. Ἀ. Ῥουβὴν πρωτότοκός μου,
σὺ ἰσχύς μου, καὶ κεφάλαιον λύπης μου, περισσὸς ἄρσει, καὶ περισσὸς κράτει. Σ. Ῥουβὴν
πρωτότοκός μου ... καὶ ἀρχὴ ὀδύνης, περισσὰ
λαβεῖν, καὶ ἐκ περισσοῦ (κρατῆσαι). Θ. Ῥουβὴν πρωτότοκός μου, σὺ ἰσχύς μου, καὶ ἀρχὴ
τέκνων μου, σκληρὸς φέρεσθαι, σκληρὸς καὶ
αὐθάδης.[2] Ὁ Σύρος ἔχει· Ῥουβὴν πρωτότο-

κός μου, ἡ δύναμίς μου, καὶ ἡ ἀρχὴ τῆς
ἰσχύος ...[3] Ἄλλος· ... ἀνδρίας μου, περισ-
σοτέρα τιμὴ, καὶ περισσότερον κράτος.[4]

4. פַּחַז כַּמַּיִם אַל־תּוֹתַר. *Exundatio* (exundans)
sicut aquae, ne excellas. Οʹ. Θ. ἐξύβρισας ὡς
ὕδωρ, μὴ ἐκζέσῃς (Ἑβρ. ἐλθωθάρ[5]). Ἀ. ἐθάμβευσας ὡς ὕδωρ, μὴ περισσεύσῃς. Σ. ὑπερέζεσας ὡς ὕδωρ, οὐκ ἔσῃ περισσότερος.[6] Ὁ
Σύρος· ἐπλανήθης ὡς ὕδωρ, μὴ παραμείνῃς·
ἀντὶ τοῦ, μὴ ζήσῃς.[7]

5. אַחִים. Οʹ. ἀδελφοί. Schol. ὁμόγνωμοι.[8]
כְּלֵי חָמָס מְכֵרֹתֵיהֶם. *Instrumenta violentiae
sunt gladii eorum* (s. *machinationes eorum*).
Οʹ. συνετέλεσαν ἀδικίαν ἐξαιρέσεως (potior
scriptura ἐξ αἱρέσεως[9]) αὐτῶν. Ἀ. σκεύη
ἀδικίας ἀνασκαφαὶ (αὐτῶν).[10]

6. אַל־תַּחַד כְּבֹדִי. *Ne conjuncta sit gloria* (anima)
mea. Οʹ. μὴ ἐρίσαι (alia exempl. ἐρείσαι[11])

Cap. XLIX. [1] Sic in marg. Codd. X, 64; in textu
autem Comp., Codd. III, VI, VII, 14, 15, 16, alii. Cf.
Hex. ad Jesai. xiii. 14. xxxiv. 15. liv. 7. Ezech. xx. 34.
[2] Cat. Niceph. p. 508 (cum Ῥουβίμ ter pro Ῥουβὴν). Nobil.
affert: Ἀ. σὺ ἰσχύς μου, κ.τ.ἑ. Σ. Ῥουβὴν (sic) πρ. μου, κ.τ.ἑ.
Ad Aquilam Cod. X, teste Griesb., tantummodo habet:
Ἀ. κεφάλαιον λύπης μου. Cf. Hex. ad Psal. lxxvii. 51. Ad
Symmachum Niceph. et Nobil. cum defectu scribunt:
περισσὰ λαβεῖν, καὶ ἐκ περισσοῦ ὑπερέζεσας ὡς ὕδωρ κ.τ.ἑ., quae
ex Procopio (qui perperam Aquilae adscribit) in Cat. Niceph. pp. 507, 508 (in marg. inferiori) sic supplenda sunt:
π. λαβεῖν, καὶ ἐκ π. κρατῆσαι· ὑπερέζεσας (sic) κ.τ.ἑ. Hieron.
in Vulgata Aquilam imitatus est, vertens: *Ruben primogenitus meus, tu fortitudo mea, et principium doloris mei;
prior in donis, major in imperio.* Posteriora idem in
Quaest. in Gen. p. 374 sic transtulit: *et capitulum in
liberis meis; major ad portandum, et major robore.*
[3] Diodorus in Cat. Niceph. ibid. (cum Ῥουβίμ), et Nobil.
(cum ἀρχὴ sine artic.). [4] Cod. VII in marg. manu 2ᵈᵃ.
Fortasse Theodotionis est, cujus versio modo memorata
a LXXvirali (si excipias σκλ. καὶ αὐθ. pro καὶ σκλ. αὐθ.,
quam lectionem etiam in LXX reperisse videntur Origenes
et Ambrosius) ne latum unguem discedit. [5] Epiphan.
in Ancorat. 99: ἐν δὲ τῷ Ἑβραϊκῷ ἐλθωθάρ (sic), ὅπερ ἐστὶν
ἑρμηνευόμενον· μὴ ἀνακάμψῃς, ἢ μὴ προστεθείῃς, ἢ πάλιν, μὴ
περισσεύσῃς. [6] Nobil., Cat. Niceph. (cum μὴ περισσεύ-
σαις), uterque in continuatione. Pro ὑπερζέσας vero ὑπερέ-

ζεσας (פַּחַז, quam lectionem commendant veteres interpretes fere omnes) ex Procopio arripuimus. Ad ἐθάμβευσας
cf. Hex. ad Jud. ix. 4. Zeph. iv. 3. Ad ἐξύβρισας Cod. VII
manu 2ᵈᵃ adscripsit ἐθαμβήθης, necnon ad ἐκζέσης, περισσεύ-
θης (sic). (In LXX Origenes, Hieron. et Ambrosius inter-
pungere jubent: ἐξύβρισας (affecisti me contumelia), ὡς ὕδωρ
μὴ ἐκζέσης. E contrario S. Cyril. in Genes. p. 211: ἐξύβρί-
ζων ὡς ὕδωρ, τουτέστιν, ὑφόρητον ἔχων τὴν καθ᾽ ὧν ἂν ἔλοιτο
καταδρομήν.) [7] Diodorus in continuatione, testibus
iisdem. Concinit Syrus vulgaris: ܠܐ ܡܚܬܠ ܐܢܬ ܠܒܐ.
ܐܢܬ. [8] Cod. VII in marg. manu 2ᵈᵃ: ὁμόγνῳ (sic).
(Ad formam cf. Lobeck. ad Phryn. p. 385.) [9] Sic Ald.,
Codd. I ("spatio quodam interjecto."—*Grabe*), VII ("Ipsa
1ᵐᵃ manus videtur legere ἐξαιρέσεως, licet non satis certum
ex usu codicis inde esset, quod legerit ἐξ αἱρέσεως: hoc
certe legit manus 2ᵈᵃ."—*Ceriani*), alii, Arab. 1, 2, Syrus
apud Bar Hebraeum, et Patres. [10] Cod. X affert: Ἀ.
σκεύη ἀδικίας ἀνασκαφὴ (sic). "Sic Coislin. Vox postrema
prorsus vitiata videtur. Licet enim ἀνασκάπτειν quadret
ad vocem Hebraicam כָּרָה, illud ἀνάσκαφε corruptum nullo
modo potest convenire cum מְכֵרֹת."—*Montef.* Pro ἀνάσκαφε nos levissima mutatione ἀνασκαφαὶ restituimus, h. e.
מְכֵרֹת, *fodinae.* [11] Sic Ald., Codd. 18, 25, 31, alii.
"Hieron. secutus LXX vertit, *non aemuletur jecur meum;*
et Ambrosius, *non contendant viscera mea.* Alii libri μὴ
ἐρίσαι, quam scripturam expressit Tertullianus adv. Judaeos, *non incubuerint viscera mea,* et Origenis interpres,

τὰ ἥπατά μου (כְּבֵדִי). Ἀ. μὴ μονωθήτω δόξα
(μου).[12]

6. עֲקְרוּ־שׁוֹר. Nervos succiderunt bobus. Ο'. ἐνευ-
ροκόπησαν ταῦρον. Ἀ. Σ. ἐξερρίζωσαν τεῖ-
χος.[13]

5, 6. Ὁ Ἑβραῖος οὐ συμφωνεῖ τῷ Ἑλληνικῷ, λέγων
οὕτω· Συμεὼν καὶ Λευὶ ἀδελφοὶ σκεύη ὕβρεως
... ἐν τῇ βουλῇ αὐτῶν μὴ εἰσέλθῃ ἡ ψυχή
μου, καὶ ἐν τῷ λαῷ αὐτῶν μὴ χρονίσῃ (תֵחַר)
ἡ δόξα μου. ὅτι ἐν τῷ θυμῷ αὐτῶν ἀνεῖλον
ἄνδρας, καὶ ἐν τῇ βουλῇ αὐτῶν καθεῖλον
τείχη.[14]

7. עָז. Vehemens. Ο'. αὐθάδης. Ἄλλος· δυνατός.[15]

8. יְהוּדָה אַתָּה יוֹדוּךָ אַחֶיךָ יָדְךָ בְּעֹרֶף אֹיְבֶיךָ.
Juda tu, celebrabunt te fratres tui; manus tua
erit in cervice hostium tuorum. Ο'. Ἰούδα, σὲ
αἰνέσαισαν (Ἀ. σοὶ ἐξομολογήσάσθωσαν[16]) οἱ
ἀδελφοί σου· αἱ χεῖρές σου ἐπὶ νώτου τῶν
ἐχθρῶν σου. Ὁ Ἑβραῖος· Ἰούδα, σοὶ ἐξομολογήσονται οἱ ἀδελφοί σου· αἱ χεῖρές σου ἐπὶ
τὰ μετάφρενα τῶν ἐχθρῶν σου.[17]

9. גוּר אַרְיֵה יְהוּדָה מִטֶּרֶף בְּנִי עָלִיתָ כָּרַע רָבַץ.
Catulus leonis est Judas; a praeda, fili mi,
ascendisti: incurvavit se, cubavit. Ο'. σκύμνος
λέοντος Ἰούδα· ἐκ βλαστοῦ (Ἄλλος· ἀπὸ ἁρ-

πάγματος[18]), υἱέ μου, ἀνέβης· ἀναπεσὼν (Ἄλ-
λος· ἐγονάτισας[19]) ἐκοιμήθης. Ἀ. σκύλαξ
λέοντος Ἰούδα, ἀπὸ ἁλώσεως, υἱέ μου, ἀνέ-
βης· κάμψας κατεκλίθης. Σ. σκύμνος λέοντος
Ἰούδα, ἐκ θηριαλώσεως, υἱέ μου, ἀνέβης· ὀκλά-
σας ἡδράσθης.[20]

9. מִי יְקִימֶנּוּ. Ο'. τίς ἐγερεῖ (Ἀ. ἀναστήσει[21])
αὐτόν;

10. לֹא־יָסוּר שֵׁבֶט מִיהוּדָה. Non recedet sceptrum
a Juda. Ο'. Θ. οὐκ ἐκλείψει ἄρχων ἐξ Ἰούδα.
Ἀ. οὐκ ἀναστήσεται (fort. ἀποστήσεται) σκῆπτρον ἀπὸ Ἰούδα.[22] Σ. οὐ περιαιρεθήσεται
ἐξουσία ἀπὸ Ἰούδα.[23]

וּמְחֹקֵק מִבֵּין רַגְלָיו. Et legislator (dux) a
medio pedum ejus. Ο'. Θ. καὶ ἡγούμενος ἐκ
τῶν μηρῶν αὐτοῦ. Ἀ. καὶ ἀκριβαζόμενος ἀπὸ
μεταξὺ ποδῶν αὐτοῦ.[24]

עַד כִּי־יָבֹא שִׁילֹה. Usque dum venerit Shiloh.
Ο'. Θ. ἕως ἐὰν (potior scriptura ἂν) ἔλθῃ τὰ
ἀποκείμενα αὐτῷ (alia exempl. ᾧ ἀπόκειται[25]).
Ἀ. ἕως ἂν ἔλθῃ ...[26]

וְלוֹ יִקְּהַת עַמִּים. Et ei praestabitur obedientia
populorum. Ο'. Θ. καὶ αὐτὸς προσδοκία ἐθνῶν.
Ἀ. καὶ αὐτῷ σύστημα λαῶν.[27]

11. וְלַשֹּׂרֵקָה. Et viti generosiori. Ο'. καὶ τῇ ἕλικι.
Ἄλλος· καὶ εἰς καλλίκαρπον.[28]

---

non innitantur viscera mea."—Nobil. [12] Cod. X. In
Cod. VII manus 2da superscripsit: μὴ μονωθῇ ἡ δόξα μου.
[13] Codd. X (teste Griesb.), 85 (cum ἐξρίζωσαν), 127. Nobil. affert: Schol. ἐξερρίζωσαν τεῖχος. [14] Procop. in Cat.
Niceph. p. 512. [15] Cod. VII in marg. manu 2da. Mox
ad μῆνις Cod. X in marg. scholium habet: ὀργὴ ἐπίμονος,
quod Holmesio turbas dedit. [16] Cod. X. [17] Cod.
unus Reg. apud Montef., Cod. 25 (teste Lagardio), et
Anon. in Cat. Niceph. p. 514. [18] Cod. VII in marg.
manu 2da. Cod. 56 in marg.: Ὁ Ἑβραῖος, ἀπὸ ἁρπαγῆς· ὁ
δὲ Λατῖνος, πρὸς ἁρπαγήν (Vulg.: ad praedam). [19] Cod.
VII in marg. manu 2da. [20] Euseb. in Dem. Evang.
p. 378, et Procop. in Cat. Niceph. p. 518. [21] Cod. X
(cum ἐξεγερεῖ in textu). [22] Euseb. ibid. p. 370. (Ad
ἀποστήσεται, quae P. Junii conjectura est, cf. Hex. ad Jesai.
lix. 15. Jerem. xxxii. 31.) Nobil. affert: Schol. Ἀκ. σκῆ-
πτρον· σκῆπτρον δὲ ἡ φυλὴ ὀνομάζεται. [23] Euseb. ibid.
p. 372. Idem p. 370 ad versionem LXXviralem, οὐκ

ἐκλείψει—ἐθνῶν, notat: ταῦτα δὲ ὁμοίως τοῖς Ο' καὶ ὁ Θεοδοτίων ἡρμήνευσεν. [24] Idem in continuatione. Cf. Hex. ad
Psal. lix. 9. [25] Sic Codd. X (in marg.), 14 (cum δ), 16
(idem), 25 (idem), 29 (in marg.), 30, 31, 32 (cum δ ἀπ.
αὐτῷ), alii, et Patres, quos recensuit Grabius in Eichhornii
Repertorio etc. T. IV, pp. 20-23. [26] Euseb. in continuatione: ἕως ἂν ἔλθῃ καὶ αὐτῷ σύστημα λαῶν, ubi post
ἔλθῃ Montef., tacito auctore, supplevit ᾧ ἀπόκειται. Idem
Symmacho quoque vindicat: ἕως ἂν ἔλθῃ ᾧ ἀπόκειται, sed
unde prodeat se nescire fatetur. Prodit, ni fallor, ex
Euseb. ibid. p. 372: Ταύτης γοῦν οὔτε τὸ σκῆπτρον, ὡς ὁ Ἀκύλας φησὶ· βασιλικῆς δὲ τοῦτο σύμβολον ἦν ἀρχῆς· οὔτε τὴν ἐξουσίαν, κατὰ τὸν Σύμμαχον, περιαιρεθήσεσθαι θεσπίζει, ἕως ἂν ἔλθῃ,
φησὶν, ᾧ ἀπόκειται, καὶ αὐτῷ ἔσεσθαι τῶν ἐθνῶν προσδοκίαν.
Sed posteriora verba non Symmachi, sed Eusebii esse,
probabiliter censuit Grabe ibid. p. 19. [27] Euseb., ut
supra, et Cod. X, teste Griesb. [28] Cod. VII in marg.
manu 2da (cum καλικ.). Hieron. in Comment. ad Jesai.

12. חַכְלִילִי. *Caligans* (s. *rubicundus*). Ο'. χαρο-
ποιοί. Alia exempl. χαροποί.[29] 'Α. κατάκοροι.[30]

13. לְחוֹף יַמִּים. *Ad litus maris*. Ο'. παράλιος.
'Αλλος· παράλιος θαλασσῶν.[31]

וְיַרְכָתוֹ. *Et latus ejus*. Ο'. καὶ παρατενεῖ.
'Α. (καὶ) μηρὸς αὐτοῦ.[32]

14. חֲמֹר גָּרֶם. *Asinus ossis* (robustus). Ο'. τὸ
καλὸν ἐπεθύμησεν. 'Α. ὄνος ὀστώδης.[33]

בֵּין הַמִּשְׁפְּתָיִם. *Inter caulas*. Ο'. ἀναμέσον
τῶν κλήρων ('Αλλος· τῶν λιβάδων[34]). ['Α.
ἀναμέσον τῶν κλήρων. Σ. ἀναμέσον (τῶν
γειτονιῶν).][35]

15. וַיְהִי לְמַס עֹבֵד. *Et factus est in tributum*
(angariam) *serviens*. Ο'. καὶ ἐγενήθη ἀνὴρ
γεωργός. 'Α... εἰς φόρον δουλεύων.[36] Τὸ
Σαμαρειτικόν· καὶ ἔστι γεωργὸς ὑπηρετεῖν.[37]

17. שְׁפִיפֹן. *Cerastes*. Ο'. ἐγκαθήμενος. 'Αλλος·
συρόμενος.[38]

18. לִישׁוּעָתְךָ קִוִּיתִי יְהוָה. *Salutem tuam exspecto,
Jova*. Ο'. τὴν σωτηρίαν περιμένων κυρίου.
'Αλλος· (τὴν σωτηρίαν σου) ὑπέμεινα, κύριε.[39]

19. גָּד גְּדוּד יְגוּדֶנּוּ. *Turma praedatoria invadet eum*.
Ο'. πειρατήριον πειρατεύσει αὐτόν. 'Α. εὔζω-
νος εὐζωνεῖ (αὐτόν). Σ. λόχος...[40] 'Αλλος·
φοσσάτον φοσσατεύ(σει)..[41]

יָגֻד עָקֵב. *Invadet extremum agmen eorum*.
Ο'. πειρατεύσει αὐτὸν (alia exempl. αὐτῶν)
κατὰ πόδας. ('Α.) εὐζωνισθήσεται πτέρναν.[42]
'Αλλος· φοσσατεύσει ὕστερον.[43]

20. מַעֲדַנֵּי. *Cupedias*. Ο'. τρυφήν (alia exempl.
τροφήν[44]). 'Α. τρυφάς.[45]

21. אַיָּלָה שְׁלֻחָה. *Cerva dimissa* (libere vagans).
Ο'. στέλεχος ἀνειμένον. 'Α. ἔλαφος ἀπε-
σταλμένος.[46]

---

v. 2: "Denique SOREC a quibusdam καλλίκαρπος interpretatur, quod nos in *pulcherrimos fructus* convertere possumus." [29] Sic Codd. 18, 29, 57, 64 (ex corr.), alii,
Justin. M. in Dial. p. 242, et Patres. Ad vocem illustrandam facit locus Aristot. de Gener. Anim. V, 1, 17: Τὰ
δὲ τῶν ἀνθρώπων ὄμματα πολύχροα συμβέβηκεν εἶναι· καὶ γὰρ
γλαυκοὶ, καὶ χαροποὶ (caesii), καὶ μελανόφθαλμοί τινές εἰσιν, οἱ
δ' αἰγωποί. [30] Codd. X, 85 (sine nom.), 127. Cat.
Niceph. p. 526: ΑΔΗΛΟΥ. κατάκοροι, θερμοὶ, διάπυροι, φοβεροί.
Cod. 57 in marg.: Ἄλλος φησί· κατάκοροι (sic), θερμοὶ, κ.τ.ἑ.
"Κατάκαρος potest referri ad κόρος, *stupor* . . . et κατάκορος
ad κόρος, *satietas*, eadem analogiae lege, qua κατάκοπος ad
κόπος."—*Holmes*. Immo κατάκαρος est vox nulla; et κατάκορος est *niger*, παρὰ τὸ κορὸν, τὸ μέλαν (Schol. ad Oppian.
Hal. I, 133), quo sensu vocem adhibet interpres Graeco-
Ven. ad Cant. Cant. i. 6 : μηδαμῶς ὁράτέ με, ὅτι εἰμὶ κατάκορος. Cf. Hex. ad Prov. xxiii. 29. [31] Sic in textu
Codd. 15, 29, 38 (cum θαλασσῶν in marg.), alii. [32] Cod. X.
[33] Idem ; h.e. *inter stillicidia*, s. *latices*. Lectio anonyma
nescio an iis interpretibus faveat, qui voci Hebraeae multum vexatae significationem *canalium* ad quos oves ada-
quantur (Psal. lxvii. 14), vel quibus stillicidia excipiantur
(Ezech. xl. 43), inesse affirmant. [35] "Sic Drusius [qui
descripsit e fragmentis quae olim ipse undecunque colle-
gerat]. *Viciniarum*, h.e. γειτονῶν, ut posuimus inter duos
uncinos."—*Montef*. Lectio pertinet ad Jud. v. 16, et

auctorem habet Eusebium in Onomastico s. v. Μοσφεθαΐμ,
ubi pro Graeco μεταιχμίων Hieron. interpretatus est *viciniarum*. Cf. Hex. ad Jud. l. c., ubi LXX ἀναμέσον τῆς
διγομίας verterunt, ut in nostro loco interpres Graeco-Ven.
ἀνὰ τὰ ἡμιφόρτια. [36] Cod. 25, teste
Lagardio. Minus probabiliter Nobil.: "Schol. ἄνθρωπος
εἰς φόρον δουλεύων. Aq. et Sym.: καὶ ἔστι γεωργὸς ὑπηρετεῖν." [37] Cod. VII in marg. manu 2da. Interpres
anonymus Syriacum ܕܚܫ, *reptavit*, respexisse videtur ;
Seniores autem Hebraeum שׁוּף cum sensu *insidiandi*, quem
ei tribuerunt Gen. iii. 15. [38] Cod. VII in marg. manu
2da. Idem ad σωτηρίαν ex corr. add. σου. Cf. Hex. ad
Psal. xxiv. 3. Jesai. lix. 11. [40] Cod. X (cum εὐζωνής).
Nobil. affert: 'Α. εὔζωνος. Σ. λόχος. Hippolytus in Cat.
Niceph. p. 535: εὔζωνος εὐζωνήσει (sic) αὐτόν· ἀντὶ τοῦ, ἔνοπλος
ἀνὴρ καὶ πολεμικὸς ἐνοπλίσει αὐτόν. [41] Cod. VII, superscript. a manu 2da. Ad φοσσάτον cf. nos ad S. Chrysost.
in Epist. Paul. T. IV, p. 418. Quoad sensum non multum
distat a στρατόπεδον, quod cum נרוד commutatur in Hex.
ad Job. xxix. 25. [42] Cod. X in marg. sine nom. (In
textu lectio αὐτῶν est in Codd. I, II, III, X.) [43] Cod.
VII, ut ante. [44] Sic Codd. I, III, VII, X, 14, 15, 16,
alii, Arab. 1, 2. [45] Cod. X. [46] Idem. Hieron.:
"Porro ubi nos *agrum irriguum*, et LXX στέλεχος ἀνειμένον, id est, *virgultum* [immo *truncum*] *resolutum*, posuerunt, in Hebraeo legitur AJALA SELUA, quod potest et
cervus emissus transferri."

21. הַנֹּתֵן אִמְרֵי־שָׁפֶר . Edens verba pulcra. O'.
ἐπιδιδοὺς ἐν τῷ γεννήματι κάλλος. 'Α. ὁ διδοὺς
καλλονήν.[47]

23, 24. וַיְשְׂטְמֻהוּ בַּעֲלֵי הִצִּים׃ וַתֵּשֶׁב בְּאֵיתָן
קַשְׁתּוֹ. Et odio persecuti sunt eum domini
sagittarum. Sed manet in firmitate arcus ejus.
O'. καὶ ἐνεῖχον αὐτῷ κύριοι τοξευμάτων. καὶ
συνετρίβη μετὰ κράτους τὰ τόξα αὐτῶν. Τὸ
Σαμαρειτικόν· καὶ ἐμίσησαν αὐτὸν κάτοχοι μερίδων. καὶ διέμεινεν ἐν βάθει τὰ ξεύμα αὐτοῦ.[48]

24. מִידֵי אֲבִיר . Per manus potentis. O'. διὰ
χεῖρα δυνάστου. "Αλλος· παρὰ ἰσχυροῦ.[49]

25. וְאֵת שַׁדַּי . O'. ὁ θεὸς ὁ ἐμός. "Αλλος· ὁ
ἱκανός.[50]

תְּהוֹם רֹבֶצֶת תַּחַת . Abyssi cubantis infra.
O'. γῆς ἐχούσης πάντα, εἵνεκεν (εὐλογίας).
"Αλλος· ἀβύσσου . . ὑποκάτω.[51]

26. תַּאֲוַת גִּבְעֹת עוֹלָם . Desiderium collium aeter-
norum. O'. καὶ ἐπ' εὐλογίαις (alia exempl.
ἐπιθυμίας[52]) θινῶν ('Α. βουνῶν[53]) ἀενάων.

27. בַּבֹּקֶר יֹאכַל עַד וְלָעֶרֶב יְחַלֵּק שָׁלָל . Mane
comedet praedam, et vespere dividet spolium.
O'. τὸ πρωϊνὸν ἔδεται ἔτι, καὶ εἰς τὸ ἑσπέρας
δίδωσι (potior scriptura διαδώσει) τροφήν ('Α.
μερίσει λάφυρα. Σ. μεριεῖ σκύλα[54]). Ὁ Σύ-
ρος· ἑσπέρας ἁρπάσεται, καὶ τὸ πρωϊνὸν μεριεῖ
σκύλα.[55]

28. שִׁבְטֵי . O'. υἱοί. "Αλλος· φυλαί.[56]

29. וַיְצַו אוֹתָם . O'. Vacat. "Αλλος· καὶ ἐνετείλατο αὐτοῖς.[57]

אֶל־הַמְּעָרָה . O'. ἐν τῷ σπηλαίῳ – τῷ διπλῷ ◄.[58]

30. אֲשֶׁר בְּשָׂדֵה . O'. Vacat. "Αλλος· ὅ ἐστιν ἐν
ἀγρῷ.[59]

אֶת־הַשָּׂדֶה . Cum agro. O'. τὸ σπήλαιον.
"Αλλος· τὸν ἀγρόν.[60]

33. וַיֶּאֱסֹף . Et contraxit. O'. καὶ ἐξάρας. 'Α.
(καὶ) συνέλεξεν. Σ. (καὶ) συναγαγών.[61]

Cap. L.

1. עַל־פְּנֵי . O'. ἐπὶ πρόσωπον. Alia exempl. ἐπὶ
τὸν τράχηλον.[1]

2. אֶת־הָרֹפְאִים לַחֲנֹט אֶת־אָבִיו וַיַּחַנְטוּ הָרֹפְאִים .
Medicis, ut aromatibus condirent patrem suum;
et condiverunt medici. O'. τοῖς ἐνταφιασταῖς,
ἐνταφιάσαι τὸν πατέρα αὐτοῦ καὶ ἐνεταφίασαν
οἱ ἐνταφιασταί. ('Α.) τοῖς ἰατροῖς τοῦ ἀρωμα-
τίσαι τὸν πατέρα αὐτοῦ· καὶ ἠρωμάτισαν οἱ
ἰατροί.[2]

3. הַחֲנֻטִים . Conditurae. O'. τῆς ταφῆς. 'Α. τῶν
ἀρωματιζομένων.[3]

5. לֵאמֹר הִנֵּה אָנֹכִי מֵת . Dicens: Ecce! ego
morior. O'. λέγων. Alia exempl. πρὸ τοῦ
τελευτῆσαι αὐτόν, λέγων. Alia: λέγων ἰδοὺ
ἐγώ εἰμι ἀποθνήσκω.[4]

---

[47] Cod. X in continuatione. Post διδΟΥΣ fortasse excidit λόγΟΥΣ (καλλονήν). [48] Nobil. [49] Cod. VII in
marg. manu 2da. [50] Idem. [51] Idem. [52] Sic
Codd. 32, 56 (cum ἐπιθυμίαν s. ἐπιθυμίας), 71 (eum ἐπὶ θυσίαις), 75, 85 (cum εὐλογίας in marg.), 127, S. Chrysost.
Opp. T. IV, p. 640 A (cum ἐπιθυμίαις), Theodoret. T. I,
pp. 118, 119. Huc pertinet scholium in marg. Cod. X:
ἐπιθυμίαις ὑψηλῶν καὶ ἐσηρμένων. [53] Theodoret. ibid. Sic
in textu Codd. VII (ex corr.), 15, 38 (in marg.), 135. Cf.
Hex. ad Deut. xii. 2. [54] Codd. X, 85 (cum μερίσει bis),
127 (idem). Nobil. affert: 'Α. διαμερεῖ λ. Σ. μεριεῖ σκ.
Cod. VII (qui τῷ ἔτι superscribit πραῖδαν) ad διαδίδωσιν (sic)
in marg. manu 2da: μερίσει λάφυρον (ut videtur). [55] Nobil. Paulo aliter Cod. 25 (teste Lagardio), et Anon. in
Cat. Niceph. p. 542: Ὁ Σύρος τὸ ἔδεται, ἑσπέρας ἁρπάσει,

φησὶ, καὶ (καὶ om. Cat.) τὸ πρωϊνὸν μεριεῖ σκύλα. [56] Sic
Cod. 72, Arm. ed. Duplex lectio, υἱοὶ Ἰακὼβ φυλαί, est in
Codd. VI, 14, 16, aliis, Arm. 1. [57] Sic Codd. X (in
marg.), 15 (om. καὶ εἶπεν αὐτοῖς), 29, 72, 135, Arab. 1, 2.
[58] Sic (cum א pro –) Cod. 85, et sine obelo Codd. VI, 30,
64 (in marg.), alii. [59] Sic Cod. VII, superscript. vocibus
τῷ διπλῷ manu 2da. [60] Idem, superscript. manu 2da.
[61] Codd. X, 127.
CAP. L. [1] Sic Codd. III, 14 (sine τὸν), 16, 25, alii.
[2] Cod. VII in marg. manu 2da sine nom. (cum ἀρωμάτισαν
pro ἠρωμάτισαν). [3] Codd. X, 127. [4] Prior lectio est in
Comp. (sine αὐτόν), Ald., Codd. III (ut Comp.), 19 (idem),
31, aliis; posterior in Codd. X (cum ἰδοὺ– ἀποθνήσκω in
marg. ad λέγων (v. 4)), 15 (idem), 58 (cum ἀποθνήσκων),
72 (sine εἰμι), 82 (ut X), 135 (ut 72), Arab. 1, 2, Arm. 1.

10. וַיִּסְפְּדוּ־שָׁם. *Et planxerunt ibi.* Ο'. καὶ ἐκόψαντο αὐτὸν (alia exempl. add. ἐκεῖ⁵).

10, 11. הָאָטָד (bis). Ο'. Ἀτάδ. Ἄλλος· (τῆς)
ῥάμνου.⁶

12. כַּאֲשֶׁר צִוָּם. Ο'. Vacat. Alia exempl. καθὼς
ἐνετείλατο αὐτοῖς.⁷ Alia: καθὼς ἐνετείλατο
αὐτοῖς, καὶ ἔθαψαν αὐτὸν ἐκεῖ.⁸

13. וַיִּשְׂאוּ אֹתוֹ. Ο'. καὶ ἀνέλαβον αὐτόν. Ἄλ-
λος· ※ καὶ ἦραν αὐτόν ◄.⁹

שְׂדֵה הַמַּכְפֵּלָה. Ο'. τὸ διπλοῦν. Ἄλλος· τὸν
ἀγρὸν τοῦ διπλοῦ.¹⁰

אֶת־הַשָּׂדֶה. *Cum agro.* Ο'. τὸ σπήλαιον.
Ἄλλος· τὸν ἀγρόν.¹¹

14. אֹתוֹ. Ο'. Vacat. Alia exempl. μετ' αὐτοῦ.¹²

אַחֲרֵי קָבְרוֹ אֶת־אָבִיו. Ο'. Vacat. ※ μετὰ
τὸ θάψαι τὸν πατέρα αὐτοῦ ◄.¹³

16. לֵאמֹר (in posteriore loco). Ο'. λέγων. Σ.
παρακαλῶν.¹⁴

17. שָׂא נָא פֶּשַׁע אַחֶיךָ. *Condona, quaeso, delictum*
fratrum tuorum. Ο'. ἄφες αὐτοῖς (alia exempl.
τοῖς ἀδελφοῖς σου¹⁵) τὴν ἀδικίαν. Ἀ. ἆρον
δὴ ἀθεσίαν ἀδελφῶν σου.¹⁶

כִּי־רָעָה גְמָלוּךָ. *Quia malum intulerunt tibi.*

Ο'. ὅτι πονηρά σοι ἐνεδείξαντο. Ἀ.. κακία
ἡμείψαντό σε.¹⁷

17. שָׂא נָא. Ο'. δέξαι. Ἀ. ἆρον δή.¹⁸

18. וַיֵּלְכוּ גַּם־אֶחָיו וַיִּפְּלוּ לְפָנָיו וַיֹּאמְרוּ. Ο'. καὶ
ἐλθόντες πρὸς αὐτὸν εἶπαν. Alia exempl. καὶ
ἐλθόντες – πρὸς αὐτὸν ◄ ※ καίγε ἀδελφοὶ αὐτοῦ, καὶ ἔπεσαν εἰς πρόσωπον αὐτοῦ ◄, εἶπαν.¹⁹

19. כִּי הֲתַחַת אֱלֹהִים אָנִי. *Num enim loco Dei*
sum ego? Ο'. τοῦ γὰρ θεοῦ εἰμι ἐγώ. Ἀ.
ὅτι μὴ ἀντὶ θεοῦ ἐγώ; Σ. μὴ γὰρ ἀντὶ θεοῦ
εἰμι ἐγώ;²⁰ Τὸ Σαμαρειτικόν· μὴ φοβεῖσθε·
καὶ γὰρ φοβούμενος θεόν εἰμι.²¹

21. אֲכַלְכֵּל. *Sustentabo.* Ο'. διαθρέψω. Ἀ. διοι-
κήσω.²²

25. וְהַעֲלִתֶם. Ο'. καὶ συνανοίσετε. Ἄλλος· καὶ
συναναβιβάσετε.²³

26. וַיַּחַנְטוּ. *Et condiverunt.* Ο'. καὶ ἔθαψαν.
Ἀ. (καὶ) ἠρωμάτισαν.²⁴

בָּאָרוֹן. *In arca.* Ο'. ἐν τῇ σορῷ. Ἀ. (ἐν)
γλωσσοκόμῳ.²⁵

Cap. L. 22. – καὶ οἱ ἀδελφοὶ αὐτοῦ ◄.²⁶ 24.
– τοῖς πατράσιν ἡμῶν ◄.²⁷

---

⁵ Sic Comp., Codd. 56, 78, 85 (in marg.), 127 (idem),
Arab. 1, 2, Arm. 1. ⁶ Sic Cod. VII in marg. manu 2ᵈᵃ.
Ad Ἀτάδ in priore loco Cod. X in marg.: ἡ ῥάμνου. ⁷ Sic
Comp., Ald., Codd. I, III, VII (cum αὐτοῖς manu 2ᵈᵃ), X, 14,
16, alii, Arab. 1, 2. ⁸ Sic Codd. II (sine clausula, καθὼς ἐν.
αὐτοῖς), 15 (add. post αὐτοῖς, καὶ ἦραν αὐτὸν), 30, 72 (ut 15),
74, alii. ⁹ Sic Cod. 127 in marg. Cf. ad v. 12. Ad
ἀνέλαβον, ἦραν in marg. habent Codd. 57, 85. ¹⁰ Cod. VII
in marg. manu 2ᵈᵃ. ¹¹ Idem. ¹² Sic Codd. 15, 58,
72, alii. ¹³ Sic Cod. 85, et sine aster. Codd. X (in
marg.), 15 (cum αὐτῶν), 56, 58, 82 (ut 15), 135, Arab. 1, 2
(uterque ut 15). ¹⁴ Cod. X. ¹⁵ Sic Arab. 1, 2, et
Syro-hex. in marg. ¹⁶ Cod. X. ¹⁷ Idem (cum ἡμί-
ψαντο). ¹⁸ Syro-hex. ✶ ܘܣܒ ܐܪܝܡ ܙ̇. ¹⁹ Syro-
hex. in textu: ܘ ܐܦ ܀ ✕ ܐܬܐ ܠܘܬܗ ܘܣܒ
ܐܦܝ̈. ܘܢܦܠܘ ܥܠ ܐܦܘ̈ܗܝ. Cod. X in
marg., testibus Montef. et Ceriani: ※ καίγε ἀδελφοὶ αὐτοῦ,
καὶ ἔπεσαν εἰς πρόσωπον (sine αὐτοῦ). Codd. 15, 58, 72, 135,
καὶ ἐλθ. πρὸς αὐτὸν (πρὸς αὐτὸν om. Cod. 135) καίγε (καιγε om.
Codd. 58, 72) οἱ ἀδ. αὐτοῦ ἔπεσον (ἔπεσαν Cod. 58) ἐπὶ (εἰς
Codd. 15, 58), πρόσωπον αὐτοῦ, καὶ εἶπαν (εἶπον Cod. 72).
²⁰ Nobil., Codd. X (cum ἐγώ εἰμι pro εἰμι ἐγώ), 127. Syro-
hex.: Ἀ. μὴ ἀντὶ σκδε θεοῦ ܐ ܠܘ; Σ. μὴ
γὰρ ἀντὶ θεοῦ ἐγώ εἰμι ܐ ܠܘ ܐ ܠܝ ܐ.
Praeterea Nobil. affert: "Aliud schol. Ἀκύλας· ὅτι μὴ θεὸς
ἐγώ· Σύμμαχος· μὴ γὰρ ἀντὶ θεοῦ ἐγώ;" et sic (om. μὴ γὰ in
lectione Symmachi) Cod. 25, et Cat. Niceph. p. 549;
minus probabiliter. ²¹ Nobil. (cum εἰμι ἐγώ), Cod. 25
(cum θ. pro τὸ Σαμ.), Cat. Niceph. p. 550. ²² Cod. X.
Cf. Hex. ad Prov. xviii. 14. —*Montef.* Sic Cod. 64 in marg.
rec. manu (non, ut Holmes, συναναβιβάσατε). ²⁴ Cod. X.
²⁵ Idem. ²⁶ Syro-hex. Deest in Comp., Codd. 19, 108.
²⁷ Idem. Deest in Cod. III solo.

ADDENDA.

Cap. iv. 4, not. 4. In loco Procopii Codex Ambrosianus Q. 96 Sup. emendatissime scribit ἐπεκλίθη pro ἀπεκλίθη, et τιμῶν pro τινῶν. Idem liber in verbis, τῆς ἐπὶ τοῦ Ἀδὰμ ὀργῆς παρακληθείς, a nobis non suspectis, ἐπὶ τῷ Ἀδὰμ et παρακλιθεὶς (corr. ex παρακληθεὶς a 1ma manu) emaculatius, ut videtur, exhibet.

Cap. iv. 7. Hebraeam locutionem, אִם־תֵּיטִיב שְׂאֵת, quae Criticos valde exercuit, nos, praeeunte L. de Dieu in Crit. Sacr. p. 6, secundum notissimas formulas, הֵיטִיב לֶכֶת, pulcre incedere (Prov. xxx. 29), נֵגַן הֵיטִיב, fidibus bene canere (Psal. xxxiii. 3. Jesai. xxiii. 16. Ezech. xxxiii. 33) explicuimus, quam constructionem Seniores quoque calculo suo probaverunt, vertentes: ἐὰν ὀρθῶς προσενέγκῃς, qui tamen in sequentibus, ὀρθῶς δὲ μὴ διέλῃς κ. τ. ἑ., nihil viderunt. Etiam de Dieu a scopo aberravit, vertens: Annon, sive bene offeras, sive non bene, ad ostium peccatum cubat? Constructio est, ni fallimur, ἀνανταπόδοτος, ut post שְׂאֵת tacite supplendum sit, bene est; qui usus in enuntiationibus per ἐὰν μέν ... ἐὰν (s. εἰ) δὲ μὴ prolatis, tum in Hebraeo sermone (e. g. Exod. xxxii. 2. Dan. iii. 15) tum in Graeco (vid. Interpp. ad Luc. xiii. 9) satis exploratus est.

Cap. vi. 3 (2), not. 4. Adde S. Cyril. adv. Anthropomorphitas, p. 385: καὶ γοῦν οἱ μετὰ τοὺς Ο' γεγονότες ἑρμηνευταὶ τέσσαρες, τὰ περὶ τούτου τὸν τόπον ἐκδιδόντες, οὐ γεγράφασιν ὅτι οἱ υἱοὶ τοῦ θεοῦ ἰδόντες τὰς θυγατέρας τῶν ἀνθρώπων, ἀλλ' οἱ [MSS. ὁ] μέν, υἱοὶ τῶν δυναστευόντων, οἱ [MS. ὁ] δέ, υἱοὶ τῶν δυναστῶν. Cum vero Auctor quatuor interpretes memoret, fieri potest lectionem τῶν δυναστῶν ad Quintam ed. pertinere.

Cap. vi. 17 (16). Vox Hebraea צֹהַר A. Schultensio in Clavi Dialect. p. 287 tectum sonat, coll. Arab. ظَهْر, dorsum, probantibus Dathio, Rosenmuellero, aliis. Equidem cum tali sensu tectum, non planum, sed cameratum, sive fastigiatum, intelligere malim, quae notio nescio an Senioribus obversata fuerit, vertentibus: ἐπισυνάγων ποιήσεις τὴν κιβωτόν, h. e. non, ut J. F. Schleusner. in Nov. Thes. s. v. ἐπισυνάγω ridicule vertit, congregans inter aedificandum animalia et alia ad vitam sustentandam necessaria, sed fabricam arcae superne contrahens, ita ut in unius cubiti mensuram finiatur. Sic Diod. Sic. XVII, 82: Αὗται δὲ (αἱ κῶμαι) καὶ τῶν οἰκιῶν στέγας ἔχουσιν, ἐκ πλίνθων εἰς ὀξὺ συνηγμένων ἔχουσαι καμάραν. Vim vocabuli perspexit Origen. Opp. T. II, p. 60: Ζητητέον ποταπὸν δεῖ νοῆσαι τὸ σχῆμα τῆς κιβωτοῦ· ὅπερ νομίζω ὅτι πυραμοειδές ἐστιν, ἀρχόμενον μὲν ἀπὸ μήκους τριακοσίων πηχῶν, ἀπὸ δὲ πλάτους πεντήκοντα, καὶ ἐπὶ τοὺς τριάκοντα τοῦ ὕψους πήχεις ἐπισυναγόμενον, ὥστε τὴν κορυφὴν γενέσθαι μήκους καὶ πλάτους πῆχυν. Ad צֹהַר autem participium cum hac notione appellari potest Arab. ظَهَر, conjunxit, in II rem alteri propinquam effecit.

EXODUS.

IN LIBRUM EXODI

MONITUM.

" IN Exodum bene multas veterum interpretum lectiones variis ex MSS. collegimus, quarum maxima pars nondum observata fuerat. Ceterae autem a Drusio allatae, si cum aliis nunc primum editis conferantur, numero paucissimae sunt, ac plerisque in locis ope MSS. vel emendantur, vel pleniores afferuntur. Hi porro codices tum manuscripti, tum editi, nobis ad haec adornanda subsidio fuerunt.

" Codex Regius 1825, XI vel XII saeculi, membranaceus.

" Codex Regius 1871, egregiae notae, X saeculi, membranaceus [Holmesii 64, cujus in gratiam collationem factam nobis manibus terere contigit].

" Codex Regius 1888, bombycinus, XII saeculi.

" Codex Regius 1889, recens. Continet ab initio Exodi ad Cap. xii.

" Codex Regius 1872, recens. Est secunda pars praecedentis, et continet a Cap. xii usque ad finem.

" Codex Basiliensis, X saeculi, membranaceus, eximiae notae, quem supra descripsimus. Is, ut jam dictum est, tota paene Genesi truncatus, reliquos Heptateuchi libros integros exhibet, demptis tantum duobus postremis libri Judicum capitibus [a Cap. xix. 5 ad finem].

" Codex Colbertinus 3084, IV vel V saeculi, ubi aliquot capita Exodi, Levitici et Numerorum, cum obelis et asteriscis; estque unciali charactere descriptus sine accentibus et spiritibus [Holmesii V].

" Codex Colbertinus 1599, recens.

" Schedae Combefisianae in Exodum, ubi V. D. Franciscus Combefisius ex variis Catenis MSS. ad singula Exodi loca variorum Patrum interpretationes collegerat. Earum vero mihi copiam fecit Vir amicissimus P. Michael Lequien.

" Theodoretus editus anno 1642 [Opp. T. I, pp. 120–175 juxta edit. J. L. Schulzii].

" Chronicon Alexandrinum.

" Procopius in Heptateuchum [Latine editus apud Gesneros fratres, sub titulo: *Procopii Gazaei Sophistae in Octateuchum, sive priores octo V. T. libros antiquae lectionis Commentarii*; sed liber octavus, qui Ruth est, prorsus negligitur, additis, mantissae loco, ejusdem Commentariis in libros Regum et Paralipomenωn].

" Editionis Romanae et Drusii lectiones.

" Ex his, qui majorem lectionum copiam suppeditaverunt, sunt Basiliensis, cujus formam descripsimus in Monito ad Genesim, et Regius 1871, paris circiter aetatis. Praeter illas autem veterum interpretum lectiones, haec notatu digna variis in locis exhibemus : nimirum ad Cap. xxviii, ubi magna editionum varietas, ex Basiliensi Codice sex versus afferimus asteriscis notatos, quia in editione τῶν O' desiderabantur antiquitus; cujus autem interpretis sint hi versus a Basiliensi cum asteriscis allati, nondum satis compertum habemus. Ad Cap. xxxvi. 8 ex eodem Codice Basiliensi prolixa annotatio exhibetur, circa praeposterum ordinem, qui ἐν τῇ κοινῇ LXX interpretum editione observatur in postremis Exodi capitibus, qui praeposterus ordo jam Origenis tempore invectus deprehendebatur. A Capite autem xxxvi usque ad finem ex vetustissimo Codice Colbertino num. 3084 editionis LXX interpretum omnia, quae in eodem codice habentur, obelis et asteriscis notata afferimus, Latine versa e regione. Haec monenda duximus : cetera quivis observabit."—MONTEF.

E codicibus quibus in hoc libro recensendo usus est Holmesius, ii qui lectiones trium interpretum continent, nunc enumerandi sunt.

V. Est Codex Colbert. 3084, a Montefalconio exscriptus, cujus collationem novam, in usum operis Holmesiani elaboratam, ad manum habuimus. Constat foliis in Exodo septem, e Cod. IV evulsis, quae continent juxta Hebraeum Cap. xxxvi. 35—xxxvii. 21, xxxviii. 24—xxxix. 21, xxxix. 37–41, xl. 3, 8, 9, 12 ad finem.

VII. Vid. Monitum ad Genesim, p. 5. Continet Exod. i. 11—viii. 19, xii. 31—xxx. 29, xxxi. 18—xxxii. 6, xxxii. 13—xxxvi. 3, xxxvi. 10 ad finem.

X. Vid. Monitum ad Genesim, p. 5. Lectiones trium priorum Capitum excerpsit Jo. Jac. Griesbach.

57. Vid. Monitum ad Genesim, p. 5.

58. Codex Vaticanus, olim Christinae, Reginae Suecorum, num. X, membranaceus, circa saeculum XIII. Continet lectiones marginales anonymas ab eadem manu appictas, quarum nonnullas praetermisit Holmesius.

64. Vid. Monitum ad Genesim, pp. 3, 5.

73. Codex Vaticanus, num. 746, membranaceus, circa saeculum XIII. In margine, sed raro, habet aliorum interpretum lectiones.

78. Codex Vaticanus, num. 383, membranaceus, circa saeculum XIII. Insunt trium interpretum lectiones, sed paucissimae.

85. Codex Vaticanus, num. 2058, a Montefalconio Basiliensis [potius Basilianus] nuncupatus, membranaceus, circa XI saeculum. Fuit olim Monasterii S. Basilii de Urbe. Holmesii amanuensis in fronte collationis libri Exodi notat : " In margine habet Origenianas annotationes, nempe lectiones Aquilae, Symmachi, Theodotionis, et alterius codicis, necnon scholia, ex quibus descripsimus

hic quae non exstant in annotationibus Editionis Romanae 1587." Praeterea, si Montefalconio fides habenda est, Collator noster alias trium interpretum lectiones praeterlapsus est,
quas in Basiliensi suo exstitisse diserte testatus est Montef., adeo ut, quod ad hunc codicem
attinet, hujus testimonio quam illius silentio plus tribuere coacti simus.

108. Vid. Monitum ad Genesim, p. 5.

127. Vid. Monitum ad Genesim, p. 5. Desinit, quoad lectiones marginales, in Exod. v. 4.

130. Vid. Monitum ad Genesim, p. 5. Lectiones marginales, quae post Gen. xxxi desierant, instau-
rantur, sed parum frequentes, ab Exod. xviii ad finem.

Lips. Editio impressa Lipsiae, 1767, a Joh. Frid. Fischero, e Codice membranaceo Bibliothecae
Collegii Paullini Lipsiensis, saeculi XI, bono et accurate scripto. Incipit ab Exodi Cap. xxxii. 7,
et desinit in Deut. i. 13. Praeter textum, qui hexaplaris est, in margine scholiis ornatur,
in quibus etiam trium interpretum fragmenta apparent. Vid. Bahrdt. in *Praef. ad Hexapla
Origenis*, Lips. 1769.

Versio Exodi Syro-hexaplaris integra exstat in Codice Musei Britannici signato " Addit.
MSS. 12,134," eamque usque ad Cap. xxxiii. 2 publici juris fecit Ceriani noster in *Monumentis
Sacris et Profanis*, Tom. II, pp. 113–344, cujus insigni erga nos benevolentiae etiam
particulae operis nondum editae usumfructum debemus.

EXODUS.

Caput I.

5. כָּל־נֶפֶשׁ יֹצְאֵי יֶרֶךְ־יַעֲקֹב. *Omnis anima egredientium e femore Jacobi.* Ο'. πᾶσαι ψυχαὶ ※ ἐξελθόντων ◄ ἐξ Ἰακώβ.[1] Alia exempl. πᾶσαι ψυχαὶ αἱ ἐξελθοῦσαι ἐξ Ἰακώβ.[2] Θ... αἱ ἐκ μηροῦ (Ἰακώβ).[3]

שִׁבְעִים נָפֶשׁ. Ο'. — πέντε καὶ ◄ ἑβδομήκοντα (alia exempl. add. ψυχαί[4]).

7. וַיִּשְׁרְצוּ וַיִּרְבּוּ. *Et abunde fetum ediderunt, et multiplicati sunt.* Ο'. καὶ ἐπληθύνθησαν, καὶ χυδαῖοι ἐγένοντο. Alia exempl. καὶ χυδαῖοι

ἐγένοντο, καὶ ἐπληθύνθησαν.[5] Ἀ. Σ. καὶ ἐξείρψαν .. Θ. καὶ ἐξείρποσαν .[6] Aliter: Ἀ. (καὶ) ἐχέοντο .. Σ. (καὶ) ἐξείρψαν .[7]

7. וַתִּמָּלֵא הָאָרֶץ אֹתָם. *Et repleta est terra eis.* Ο'. ἐπλήθυνε δὲ ἡ γῆ αὐτούς. Ἀ. Σ. Θ. καὶ ἐπληρώθη ἡ γῆ αὐτῶν.[8]

8. חָדָשׁ. Ο'. ἕτερος. Οἱ λοιποί· καινός.[9]

9. אֶל־עַמּוֹ. Ο'. τῷ ἔθνει ("Αλλος· γένει[10]) αὐτοῦ.

עַם. Ο'. τὸ γένος. Alia exempl. τὸ ἔθνος.[11]

CAP. I. [1] Sic Syro-hex., et sine aster. Codd. 15, 58. [2] Sic Comp., Codd. VII, 15(!), 37, 58(?), alii, Arab. 1, 2(!). Cod. 64 in marg.: ※ ἐξελθοῦσαι. [3] Cod. 64 juxta schedas Bodl. Holmes. ex iisdem falso exscripsit: Θ. αἱ ἐκ μηρῶν: Montef. vero ex eodem cod.: Ἀ. Θ. ἐκ μηρῶν Ἰακώβ. [4] Sic Arm. 1, Syro-hex. Obelus est in Syro-hex. Post ἑβδομήκοντα add. Ἰωσὴφ δὲ ἦν ἐν Αἰγύπτῳ, quae in initio versus omiserant. Codd. 15, 58, 72, Arab. 1, 2, Arm. 1 (post ψυχαί), Syro-hex. (idem), concinente Hebraeo. [5] Sic Codd. 15, 72, Syro-hex. (ܘܣܓܝܘ ܘܗܘܘ). [6] Syrohex. ܘ: ܠ. ܣܦܘ ܘ. ܠ. ܙܚܠܘ ܘܘܘ. Paulo aliter Nobil., Codd. 64, 127: Ἀ. Θ. ἐξήρποσαν. Σ. ἐξήρψαν. (Augmentum per ἑ praeter Grammaticos testantur Hex. ad Psal. xliv. 2, et Suidas s. vv. ἐξείρψεις et ἐξείρπισσι. E contrario in Psal. civ. 30 pro ἐξήρψεν stant Codd. Vat., Alex., Sin., invitis Comp., Ald. Praeterea forma ἐξείρποσαν, s. ἐξήρποσαν (nisi vitiosa sit lectio, et cum ἐξείρπισσαν commutanda) est imperfectum Alexandrinum pro ἐξεῖρπον, quod perspexit Fischer. in *Prolus. De Vitiis Lex. N. T.* p. 680, et longe ante eum Syrus noster, qui tamen cur ad diversa unius verbi Graeci tempora repraesentanda duobus verbis Syriacis contra morem usus sit, non facile expedias.)

[7] Procop. in Cat. Niceph. p. 553: Χυδαῖοι ἐγένοντο· τουτέστιν, εἰς πλῆθος ἐχύθησαν. Ὅθεν Ἀκύλας, ἐχέοντο, φησὶν· ὁ δὲ Σύμμαχος, ἐξείρψαν (sic), ὡς ἐπὶ τῶν ἐκ γῆς ἀναδιδομένων. Theodoret. ibid. (Opp. T. I, p. 120): Πῶς νοητέον τὸ, χυδαῖοι ἐγένοντο; Οὐχ, ὥς τινες νενοήκασιν, ὑβριστικῶς (cf. Hex. ad Jesai. xxxiii. 9 in *Addendis*) αὐτὸ τέθεικεν, ἀλλὰ τὸ πλῆθος δεδήλωκεν. Οὕτως γὰρ, φησὶν, ηὐξήθησαν, ὡς κατὰ πάσης ἐκείνης ἐκχυθῆναι τῆς γῆς. Οὕτω καὶ οἱ περὶ τὸν Ἀκύλαν ἡρμήνευσαν. Hisce auctoribus si fides habenda est, lectio ἐχέοντο ad priorem et paulo liberiorem Aquilae versionem pertinere censenda est. [8] Syro-hex. ܐܚܕ ܘܡܠܬ ܘܠܘ: ܠ. ܘܣܦ. Cod. 64 in marg. a bibliopego truncato: Ἀ. Θ. καὶ ἐπλήρ .... αὐτ (sic), pro quibus, non monito lectore, Montef. exscripsit: Ἀ. Θ. καὶ ἐπληρώθη ἡ γῆ αἱ ἐξ αὐτῶν. Nobiscum facit Procopius, cujus Graeca in Cod. Ambros. sic habent: τὸ γὰρ, καὶ ἐπλήθυνεν ἡ γῆ αὐτούς, ἐπληρώθη ἡ γῆ αὐτῶν, Ἀκύλας ἐξέδωκεν. [9] Codd. X, 127 (cum Ἀ. Σ. Θ. pro οἱ λ.). Syro-hex. ܚܕܬ .ܝ. Nobil., Cod. 64: Ἀ. Θ. καινός. [10] Sic Cod. 64 in marg. sine nom. [11] Sic Comp., Ald., Codd. III, X (cum γένος in marg.), 16, 18, alii, Syro-hex. (cum ܥܡܐ in marg.).

9. וְעָצוּם. *Et fortis.* Ο'. καὶ ἰσχύει. Ἀ. (καὶ) ὀστοῦινον.¹²

10. יִרְבֶּה. Ο'. πληθυνθῇ. Alia exempl. πληθυνθῶσι.¹³

גַּם־הוּא. Ο'. καὶ οὗτοι (alia exempl. αὐτοί¹⁴).

11. שָׂרֵי מִסִּים. *Praefecti operarum.* Ο'. ἐπιστάτας ("Αλλος· ἄρχοντας¹⁵) τῶν ἔργων. Σ. ἐργοδιώκτας.¹⁶

בְּסִבְלֹתָם. *In bajulationibus eorum.* Ο'. ἐν τοῖς ἔργοις (Ἀ. Σ. βαστάγμασιν¹⁷).

עָרֵי מִסְכְּנוֹת. *Urbes horreorum.* Ο'. πόλεις ὀχυράς (Ἀ. Σ. σκηνωμάτων¹⁸).

אֶת־פִּתֹם. Ο'. τήν τε Πειθώ (alia exempl. Πειθώμ, s. Πιθώμ¹⁹). Ἀ. Σ. τὴν Phitho. Θ. τὴν Phitho.³⁰

וְאֶת־רַעַמְסֵס. Ο'. ✕ Ἀ. Σ. Θ. καὶ ◄²¹ Ῥα-

μεσσῆ, – καὶ Ὤν, ἥ ἐστιν Ἡλιούπολις ◄.²²

12. וַיָּקֻצוּ מִפְּנֵי. *Et angebantur propter.* Ο'. καὶ ἐβδελύσσοντο – οἱ Αἰγύπτιοι ◄²³ ἀπό ("Αλλος· ἀπὸ προσώπου²⁴). Ἀ. (καὶ) ἐσικχαίνοντο..²⁵ Ὁ Σύρος καὶ ὁ Ἑβραῖος· ἐθλίβοντο.²⁶

13. בְּפָרֶךְ. *Cum duritie.* Ο'. βίᾳ. Σ. ἐντρυφῶντες. Θ. ἐμπαιγμῷ.²⁷ "Αλλος· δυναστείᾳ.²⁸

14. וַיְמָרֲרוּ. *Et acerbam reddebant.* Ο'. καὶ κατωδύνων. "Αλλος· καὶ παρεπίκραναν.²⁹

בַּשָּׂדֶה. Ο'. ἐν τοῖς πεδίοις. "Αλλος· ἐν ταῖς χώραις.³⁰

אֵת כָּל־עֲבֹדָתָם. *Praeter omne servitium eorum.* Ο'. κατὰ πάντα τὰ ἔργα ✕ Ἑβρ. αὐτῶν ◄.³¹

15. הָעִבְרִיֹּת. Ο'. τῶν Ἑβραίων. "Αλλος· ταῖς Ἑβραίαις.³²

16. וּרְאִיתֶן. Ο'. καὶ ὦσι. "Αλλος· καὶ ὄψεσθε..³³

---

¹² Cod. 64: 'Α. ὀστο.., reliquis excisis. Cf. Hex. ad Deut. vii. 1. Formam magis legitimam ὀστεῖνον posuit Aq. ad Gen. xviii. 18. Psal. xxxiv. 18. ¹³ Sic Codd. 19, 58, 72, alii, et Syro-hex. in textu, cum nota marginali: "πληθυνθῇ (ܠ) positum est in Graeco." ¹⁴ Sic Comp., Codd. 15, 19, 108, Syro-hex. (cum οὗτοι in marg.). ¹⁵ Cod. VII in marg. manu 2ᵈᵃ. ¹⁶ Codd. 64 (cum ἐργοδ...), 127. Nobil. affert: Schol. ἐργοδιώκτας. ¹⁷ Cod. 64: 'Α. Σ. βαστάγμ...(sic). Cf. Hex. ad Psal. lxxx. 7. ¹⁸ Idem: 'Α. Σ. σκην...(sic). Procop. in Cat. Niceph. p. 555: ὁ γὰρ Ἀκύλας, σκηνωμάτων, ἐξέδωκεν. ¹⁹ Prior lectio est in Codd. X, 30, 77, 85, 130; posterior in Codd. III, 118 (teste Ceriani). Syro-hex. ܦܝܬܘܡ. ²⁰ Syro-hex. ܐ̇ܦܝܬܘ ܀ .ܣ .ܐ̇. ²¹ Sic Syro-hex. in textu. Copula deest in Cod. 58. ²² Obelus est in Syro-hex., Arab. 1, 2. Clausulam reprobant Codd. 53, 58. Euseb. in Onomastico, p. 376: Ὤν ἐστιν Ἡλιούπολις ἐν Αἰγύπτῳ, ἣν καὶ αὐτὴν ᾠκοδόμησαν οἱ υἱοὶ Ἰσραὴλ κατὰ τοὺς Ο'· τὸ γὰρ Ἑβραϊκὸν οὐκ ἔχει· καὶ εἰκότως· προϋπῆρχε γὰρ τῆς εἰσόδου τῶν υἱῶν Ἰσραήλ. (Ad Πιθὼφ (sic) Cod. 64 in marg.: διασκ...; ad Ῥαμεσσῆ, στομεκ...(fort. σεισμὸς ἐκ σητός); ad Ἡλιούπολις, κῶπος (אֹן).) ²³ Obelus est in Syro-hex., Arab. 1, 2. ²⁴ Sic Cod. VII ex corr. manu 2ᵈᵃ. ²⁵ Nobil., Codd. 64 (sine nom.), 127 (cum ἐσυχαίνοντο). Cod. 85 in textu: ἐσικχαίνοντο τοὺς υἱοὺς Ἰσραήλ. (Glossae: Σικχαίνομαι τοῦτον τὸν ἄνθρωπον. Taedet me hujus hominis.) Cf. Hex. ad Gen. xxvii. 46. Num. xxi. 5. Jesai. vii. 16, in quibus omnibus locis forma activa prostat. ²⁶ Nobil.,

Anon. in Cat. Niceph. p. 555, uterque cum scholio: ὁρῶντες αὐτοὺς πληθυνομένους, καὶ ἐκάκουν αὐτούς. Etiam Procop. MS.: τὸ δέ, ἐβδελύσσοντο οἱ Αἰγύπτιοι ἀπὸ τῶν υἱῶν Ἰσραήλ, ὁ Ἑβραῖος, ἐθλίβοντο, φησί. ²⁷ Codd. X (cum ἐμπαιγμῷ), 127 (cum ἐμπαιγμοῖ). Cod. 64 tantummodo habet: 'Α. (sic) ἐτρυ.... Montef. edidit: 'Α. ἐντρυφήματι. Σ. Θ. ἐμπαίγματι, non memorato auctore. Quod autem affirmat p. 673, vocem פָּרֶךְ Symmachum vertere solere ἐμπαιγμός et ἐμπαιγμα, id falsum esse demonstrant ipsa, quae testes appellat, Lexica sua. Cf. Hex. ad Lev. xxv. 43. ²⁸ Cod. VII in marg. manu 2ᵈᵃ. ²⁹ Cod. VII in marg. manu 2ᵈᵃ: καὶ παρεπικραᵅ (sic). Cod. 64 in marg.: παρεπ.... (non, ut Holmes., 'Α. παρεπ....), unde Montef. eruit: "Αλλος· παρεπίκραινον. ³⁰ Cod. VII in marg. manu 2ᵈᵃ. ³¹ Syro-hex. Sic sub simplici aster. Cod. 64 in marg., et sine aster. in textu Codd. 15, 72. ³² Cod. VII ex corr. manu 2ᵈᵃ, quae ὰς (sic) bis superscripsit τῷ ὦν. Mox ad Σεπφώρα Montef. ex Regio 1871 (= Holmes. 64) affert: "Αλλος· ὀρνίθιον· necnon ad Φουά· "Αλλος· ἐρυθρόν· quas lectiones Symmachi esse autumat, cum sint mera glossemata etymologica, e Philone Jud. petita. Ad Φουά Cod. 64 in marg. notat: ἐρυθρ...; Cod. X autem: ἐρυθρὸν ἢ ἐμφανές. Ad Σεπφώρα Cod. 64, non h. l., sed ad Cap. ii. 21, scholium habet: ὀρνίθιον....λονή (fort. ὀρνίθιον ἢ καλλονή; ut prior vox ad צִפֹּרָה (ii. 21), posterior ad שִׁפְרָה (i. 15) referatur). ³³ Cod. 64 in marg. sine nom., post quod aliquid excisum videtur, fortasse αὐτάς.

17, 18. אֶת־הַיְלָדִים (bis). *Pueros.* Ο΄. τὰ ἄρσενα. Ἀ. Θ. τὰ παιδία (s. παιδάρια).³⁴

19. הַמְיַלְּדֹת. Ο΄. Αἰγύπτου. Alia exempl. Αἰγυπτίαι (s. αἱ Αἰγύπτιαι).³⁵

כִּי־חָיוֹת הֵנָּה בְּטֶרֶם תָּבוֹא אֲלֵהֶן הַמְיַלֶּדֶת וְיָלָדוּ. *Nam vegetae sunt; antequam venerit ad eas obstetrix, etiam pepererunt.* Ο΄. τίκτουσι γὰρ πρὶν ἢ εἰσελθεῖν πρὸς αὐτὰς τὰς μαίας, καὶ ἔτικτον. Ἀ. ὅτι τοκάδες αὖται...³⁶ Σ. μαῖαι γάρ εἰσι, καὶ πρὶν εἰσελθεῖν τὰς μαίας, τίκτουσιν. Θ. ὅτι ζωογονοῦσιν αὖται· διότι πρὶν εἰσελθεῖν πρὸς αὐτὰς, τίκτουσι.³⁷ Ἄλλος· (ὅτι) ὑγιαίνουσιν αὖται...³⁸

20. וַיֵּיטֶב. Ο΄. εὖ δὲ ἐποίει. Θ. (καὶ) ἠγάθυνεν.³⁹

21. וַיַּעַשׂ לָהֶם בָּתִּים. *Et paravit eis domos* (opes). Ο΄. ※ καὶ ◄ ἐποίησαν ἑαυταῖς οἰκίας.⁴⁰ Ἀ. Σ. καὶ ἐποίησεν αὐταῖς οἴκους.⁴¹

22. הַיְאֹרָה. Ο΄. εἰς τὸν ποταμόν. (Ἀ.) εἰς τὸ ῥεῖθρον.⁴²

Cap. I. 1. – τῷ πατρὶ αὐτῶν ◄.⁴³ 10. δεῦτε οὖν – ἡμεῖς ◄ κατασοφισώμεθα.⁴⁴ 22. – τοῖς Ἑβραίοις ◄.⁴⁵

CAP. II.

1. אֶת־בַּת־לֵוִי. Ο΄. τῶν θυγατέρων Λευί (alia exempl. add. καὶ ἔσχεν αὐτήν¹).

2. כִּי־טוֹב הוּא. Ο΄. ἀστεῖον (alia exempl. add. ὄν²). Ἀ. ὅτι ἀγαθός.. Σ. ὅτι καλός.³

וַתִּצְפְּנֵהוּ. *Et abscondit eum.* Ο΄. ἐσκέπασαν αὐτό. Σ. ἐσκέπασεν αὐτόν.⁴ Ἄλλος· ἔκρυψεν.⁵

3. תֵּבַת גֹּמֶא. *Arculam papyraceam.* Ο΄. θῖβιν (s. θήβην) ※ παπύρου ◄.⁶ Ἀ. Σ. κιβωτὸν παπύρου.⁷

בָּהּ אֶת־הַיֶּלֶד. Ο΄. τὸ παιδίον εἰς αὐτήν. Ἄλλος· ἐν αὐτῇ τὸ παιδίον.⁸

---

³⁴ Montef. ad v. 17 e Regio 1871 edidit: Θ. τὰ παιδάρια. In contrariam partem Holmesii amanuensis ad v. 18 ex eodem exscripsit: Ἀ. Θ. παιδία. Etiam Cod. VII in marg. manu 2ᵈᵃ sine nom. ambiguam scripturam habet. ³⁵ Sic Comp., Codd. VII (ex corr. manu 2ᵈˢ), 19, 30, alii, Syro-hex. ³⁶ Syro-hex. ܐ̈ܝܠܝܢ ܕܝܠܕ̈ܢ ܐܢ̈ܝܢ ܗ̈ܠܝܢ. (In 3 Reg. iv. 26 Graeca locutio τοκάδες ἵπποι Nostro sonat ܪ̈ܟܫܐ ܝ̈ܠܕܐ.) ³⁷ Nobil., Cat. Niceph. p. 557. Syro-hex. affert: Σ. μαῖαι γάρ εἰσιν (ܡܝ̈ܠܕܬܐ ܓܝܪ ܐܢ̈ܝܢ). Θ. αὖται (ζωογονοῦσιν (ܡܚ̈ܝܢ ܗ̈ܠܝܢ). Diodorus in Cat. Niceph. p. 557: Ἡ τῶν Ο΄ ἑρμηνεία τὴν ταχύτητα δοκεῖ σημαίνειν τῶν Ἑβραίων γυναικῶν, τὴν κατὰ τὸ τίκτειν φθάνουσαν τὴν παρουσίαν τῶν μαιῶν· ἡ δὲ τοῦ Συμμάχου καὶ Θεοδοτίωνος, ὅτι αἱ γυναῖκες τῶν Ἑβραίων ἴσασι τὴν μαιευτικὴν ἐπιστήμην, καὶ τῆς τῶν μαιῶν παρουσίας οὐ χρήζουσι· διὸ δὴ αὐταῖς προχωρεῖ (non προχωρεῖ, ut Montef.) καὶ τὰ ζωογονεῖν τοὺς ἄρρενας. ³⁸ Cod. VII in marg. manu 2ᵈᵃ: ὑγιαι.... αὖται, ceteris evanidis. ³⁹ Cod. 64 ad εὖ δὲ ἐποίει in marg. affert: ... ἤδυνεν (sic). Cf. Hex. ad 1 Reg. ii. 32. ⁴⁰ Sic Syro-hex., et sine aster. Codd. 15, 58, 72, 130, Arm. 1. ⁴¹ Cat. Niceph. p. 557: ΆΔΗΛΟΥ. Φανερώτερον ἡρμήνευσαν ὁ Σύμ. καὶ Ἀκύλας· οὐ γὰρ αἱ μαῖαι ἐποίησαν ἑαυταῖς οἰκίας, ὅπερ ἂν τοῦ οἰκεῖσθαι κατὰ τοὺς Ο΄· ἀλλ᾽ ὁ θεὸς ἐποίησεν ἑαυταῖς (leg. αὐταῖς) οἴκους, οὐ τοὺς χειροτεύκτους κ.τ.ἑ. Alias, sed non una de causa suspectas, Aquilae et Symmachi lectiones Montef. e Catenis MSS. suis [et Cat. Niceph. ibid.] edidit: Ἀ. ἐπεὶ οὖν ἐφοβοῦντο αἱ μαῖαι τὸν θεὸν, ἐποίησαν ἑαυταῖς οἴκους [Cod. 85: Ἀ. καὶ ἐποίησαν. Cod. 127: Ἀ. καὶ ἐποίησαν ἑαυταῖς οἴκους]. Σ. ἐπειδὴ [sic in textu LXXvirali pro ἐπεὶ δὲ Comp., Ald., Codd. III, VII, X, 15, 18, alii] ἐφοβοῦντο αἱ μαῖαι τὸν θεὸν, ἐποίησαν ἑαυταῖς οἰκίας. Praeterea Montef. ex iisdem affert: Θ. ἐποίησεν αὐταῖς οἴκους· quam lectionem non agnoscit Niceph. ⁴² Cod. VII in marg. manu 2ᵈᵃ, hic et vv. 4, 5. Cf. Hex. ad Exod. vii. 24. Job. xxviii. 10. ⁴³ Syro-hex. ⁴⁴ Arab. 1, 2, teste Pat. Junio in Bibl. Pol. Waltoni T. VI. Holmesius vero ex iisdem – cum nobis allegat. In Syrohex. clausula casu excidisse videtur. ⁴⁵ Syro-hex., Arab. 1, 2.

Cap. II. ¹ Sic Comp., Ald., Codd. III, VII, X, 14, 15, 16, alii, Arab. 1, 2, Syro-hex. ² Sic Codd. 29, 53, alii, Syro-hex. ³ Codd. 85, 127. Nobil. affert: Ἀ. ἀγαθόν. Σ. καλόν. Cod. VII in marg. manu 2ᵈᵃ: ἀγαθόν. Praeterea ad ἰδόντες δὲ Montef. e Reg. 1871 exscripsit: Σ. ἰδὼν δὲ, repugnante Holmesii amanuensi, qui lectiones marginales hic excisas fuisse affirmat. ⁴ Reg. 1871, teste Montef. ⁵ Cod. VII in marg. manu 2ᵈᵃ. Syro-hex. in marg.: ἔκρυψεν αὐτόν (ܛܫܝܗܝ). ⁶ Sic Syro-hex., et sine aster. Ald., Cod. 15 (cum θίβην). Ad θῖβιν (sic) Cod. VII in marg. scholium habet: κιβώτιον ἐκ βίβλου πλεκτόν, ὃς φοινικῶδες (corr. ex Suida s. v. θίβης, κοφινῶδες). ⁷ Codd. 64 (teste Montef.), 85, 127. Cf. Hex. ad Jesai. xviii. 2. ⁸ Sic Cod. VII ex corr. manu 2ᵈᵃ.

3. בַּסּוּף. *In junceto.* Ο'. εἰς τὸ ἕλος. Ἀ. ἐν τῷ παπυρεῶνι.[9]

5. וְנַעֲרֹתֶיהָ. *Et puellae ejus.* Ο'. καὶ αἱ ἅβραι (Ἀ. αἱ παιδίσκαι. Σ. τὰ κοράσια[10]) αὐτῆς.

עַל־יַד הַיְאֹר. *Ad oram fluminis.* Ο'. παρὰ τὸν ποταμόν. Ἄλλος· χεῖλος τοῦ ῥείθρου.[11]

בְּתוֹךְ הַסּוּף. Ο'. ἐν τῷ ἕλει. Ἀ. ἐν μέσῳ τοῦ παπυρεῶνος.[12]

אֶת־אֲמָתָהּ. *Ancillam ejus.* Ο'. τὴν ἅβραν. Ἄλλος· (τὴν) οἰκέτιδα.[13]

6. אֶת־הַיֶּלֶד וְהִנֵּה־נַעַר בֹּכֶה. Ο'. (ὁρᾷ) παιδίον κλαῖον ἐν τῇ θίβει. Alia exempl. (ὁρᾷ) ※ τὸ ◄ παιδίον ※ καὶ ἦν παιδίον ◄ κλαῖον — ἐν τῇ θίβει ◄.[14]

13. נִצִּים. *Inter se rixantes.* Ο'. διαπληκτιζομένους. Ἀ. Σ. διαμαχομένους.[15]

רֵעֶךָ. Ο'. τὸν πλησίον. Ἄλλος· ἑταῖρόν σου.[16]

14. לְאִישׁ שַׂר. Ο'. ※ εἰς ἄνδρα ◄ ἄρχοντα.[17]

הַלְהָרְגֵנִי אַתָּה אֹמֵר כַּאֲשֶׁר הָרַגְתָּ אֶת־הַמִּצְרִי. *Num interficere me tu cogitas, quemadmodum interfecisti Aegyptium?* Ο'. μὴ ἀνελεῖν με σὺ θέλεις, ὃν τρόπον ἀνεῖλες χθὲς τὸν Αἰγύπτιον; Ἀ. μήτι ἀποκτεῖναί με σὺ λέγεις,

καθὰ ἀπέκτεινας σὺν τὸν Αἰγύπτιον; Σ. μήτι ἀποκτεῖναί με σὺ λέγεις, ὃν τρόπον ἀπέκτεινας τὸν Αἰγύπτιον; Θ. ἦ ἀνελεῖν με σὺ λέγεις, ὃν τρόπον ἀνεῖλες τὸν Αἰγύπτιον;[18]

15. Ο'. ἐλθὼν δὲ εἰς γῆν Μαδιάμ. Alia exempl. vacant.[19]

16. שֶׁבַע בָּנוֹת. Ο'. ἦσαν ἑπτὰ θυγατέρες. Alia exempl. ἑπτὰ θυγατέρες ※ Σ. ἦσαν ◄.[20]

אֶת־הָרְהָטִים. *Canales.* Ο'. τὰς δεξαμενάς. Ἄλλος· (τὰς) ποτίστρας.[21]

19. וְגַם־דָּלֹה דָלָה. *Et etiam hauriendo hausit.* Ο'. καὶ ※ ἀντλῶν ◄ ἤντλησεν.[22]

20. לָמָּה זֶּה. Ο'. καὶ ἱνατί (alia exempl. add. οὕτως[23]).

21. וַיּוֹאֶל מֹשֶׁה לָשֶׁבֶת. *Et consensit Moses habitare.* Ο'. κατῳκίσθη δὲ Μωυσῆς. Σ. ὥρκισε δὲ Μωυσῆν ὥστε οἰκεῖν. Θ. καὶ ἤρξατο Μωυσῆς κατοικεῖν.[24]

צִפֹּרָה. Ο'. Σεπφώραν. Schol. ὀρνίθιον, ἢ καλλονή.[25]

22. גֵּר. Ο'. πάροικος. Ἀ. προσήλυτος.[26]

בְּאֶרֶץ נָכְרִיָּה. Ο'. ἐν γῇ ἀλλοτρίᾳ (Ἀ. ξένῃ[27]). Alia exempl. add. τὸ δὲ ὄνομα τοῦ δευτέρου

---

[9] Codd. 64 (cum ... σπυρεῶν), 85, 127 (cum παπυρῶν).
[10] Codd. 85, 127 (uterque sine articulis). Cod. VII in marg. manu 2da; Ἀ. αἱ παιδίσκαι. τὰ κοράσια (sic). [11] Cod. VII, superscript. manu 2da. Vid. Dan. x. 4 in Hebr. et LXX. [12] Sic Montef., tacito auctore, notans: "Lectionem Aquilae sequitur Vulgatus interpres, qui vertit: in papyrione." Cod. VII in marg. manu 2da: ἐν τῷ παπυρεῶνι. [13] Cod. VII in marg. manu 2da. Cf. ad Cap. xxi. 8. [14] Sic Syro-hex. Cod. 15: (ὁρᾷ) καὶ ἦν π. κλαῖον ἐν τῇ θ. Arab. 1, 2, teste Holmesio: ※ ⸓ infantem, et infans flens ⸓ ἐν τῇ θ. Cod. 64 male pingit: ※ ἐν τῇ θίβῃ. Post παιδίον Cod. VII in marg. manu 2da apponit: καὶ ἰδοὺ παιδίον. [15] Cod. 64. [16] Cod. VII in marg. manu 2da. [17] Syro-hex. Cod. 64 in marg.: ※ εἰς ἄνδρ.. [18] Cod. 127. Ad θέλεις Cod. 64 in marg. affert: λέγεις, et sic in textu Syro-hex. [19] Sic Codd. X, 72, Syro-hex. (qui habet in marg.), Arab. 1, 2. Iidem, excepto X, copulam ante ἐλθὼν inferunt. Ad Μαδιὰμ Montef. affert: Ἄλλος· ἐκρίσεως, tacito auctore. Sic (vel potius ἐκ κρίσεως) Cod. 64 in marg., quae glossa est Hebraeae vocis מִדְיָן. [20] Sic

[21] Cod. Syro-hex., et sine nota hexaplari Codd. 58, 72.
64 in marg. sine nom. Sic Cod. VII in marg. manu 2da, subscripto γούρρας (sic). [22] Sic Syro-hex. (qui male pingit: ※ καὶ ἀντλῶν◄), et sine aster. Cod. 58. Minus bene Montef. e Cod. 64 (qui post ποιμένων in marg. habet: ※ ἀντλῶν): Ο'. ἀπὸ τῶν ποιμένων ※ ἀντλῶν ◄ καὶ ἤντλησεν. [23] Sic Comp., Ald., Codd. II (ex corr.), III, VII, 14, 16, alii, Syro-hex. [24] Cod. 64, truncato margine: Σ. ὥρκισ δὲ μ..... ὥστε οἰκ.... Θ. καὶ ἤρξατο μ..... τοικει.. Symmachum, ut solet, imitatus est Hieron., Hebraea vertens: Juravit ergo Moyses, quod habitaret cum eo. Sed verbum transitivum ὥρκισε omnino postulat ut Μωυσῆν, non Μωυσῆς, legamus, concinentibus Judaeorum magistris, qui Jethronem generum suum jurismento obstrinxisse, ut filium primogenitum idolorum cultui devoveret, fabulantur. Cf. D. Abr. Geiger in Symmachus etc. p. 50. [25] Cod. X in marg. Cf. ad Cap. i. 15. Mox v. 22 ad Γηρσὰμ idem in marg. notat: πάροικος ἐπί. [26] Cod. 64. Sic sine nom. Cod. VII in marg. manu 2da. [27] Cod. 64.

ἐκάλεσεν Ἐλιεζέρ· ὁ γὰρ θεὸς τοῦ πατρός μου βοηθός μου, καὶ ἐρρύσατό με ἐκ χειρὸς Φαραώ.²⁸

24. אֶת־נַאֲקָתָם. Gemitum eorum. Ο΄. τὸν στεναγμὸν αὐτῶν. Ἀ. Σ. τῆς οἰμωγῆς αὐτῶν.²⁹

25. וַיֵּרְא. Ο΄. καὶ ἐπεῖδεν. Ἀ. Θ. καὶ εἶδεν.³⁰

Cap. II. 3. ἔτι κρύπτειν ※ αὐτό ◄.³¹ 6. – ἡ θυγάτηρ Φαραώ ◄. 11. – ταῖς πολλαῖς ◄.³² – τοὺς υἱοὺς Ἰσραήλ ◄.³³ – τῶν υἱῶν Ἰσραήλ ◄.³⁴ 14. τὸν Αἰγύπτιον – χθές ◄.³⁵ τὸ ῥῆμα – τοῦτο ◄.³⁶ 16. – ποιμαίνουσαι τὰ πρόβατα τοῦ πατρὸς αὐτῶν ◄.³⁷ 22. – ἡ γυνὴ ◄ ※ ἔτεκεν υἱόν ◄.³⁸

Cap. III.

1. חֹתְנוֹ. Soceri sui. Ο΄. τοῦ γαμβροῦ (alia exempl. πενθεροῦ¹) αὐτοῦ. Ἀ. νυμφευτοῦ .. Σ. πενθεροῦ² ..

1. וַיִּנְהַג. Et egit. Ο΄. καὶ ἤγαγε (s. ἦγεν). Ἀ. ἤλασεν.³

אֶל־הַר הָאֱלֹהִים. Ο΄. εἰς τὸ ὄρος (alia exempl. add. τοῦ θεοῦ⁴).

2. מִתּוֹךְ הַסְּנֶה. E medio rubi. Ο΄. ἐκ ※ μέσου ◄ τοῦ βάτου.⁵

בֹּעֵר. Ardens. Ο΄. καίεται. Ἀ. ἀναπτόμενος.⁶ Σ. ἐφλέγετο.⁷

3. אֶת־הַמַּרְאֶה. Ο΄. τὸ ὅραμα. Σ. τὸ θέαμα.⁸

4. מִתּוֹךְ הַסְּנֶה. Ο΄. ἐκ τοῦ βάτου. Alia exempl. ἐκ μέσου τοῦ βάτου.⁹

הִנֵּנִי. Ο΄. τί ἐστιν; Ἀ. Θ. ἰδοὺ ἐγώ.¹⁰

5. שַׁל. Exue. Ο΄. λῦσαι. Ἀ. ἔκσπασον. Σ. ὑπόλυσαι.¹¹

נְעָלֶיךָ. Calceos tuos. Ο΄. τὸ ὑπόδημά ※ σου ◄.¹²

עָלָיו. Ο΄. Vacat. ※ Ἀ. ἐπ᾿ αὐτοῦ ◄.¹³

---

²⁸ Sic Comp., Codd. VII, X (sub ※, fortasse pro –), 14 (om. ἐκάλεσεν), 16 (idem), 18, alii, Arab. 1, 2, et Syro-hex. in marg. Alia interpolatio, ἔτι δὲ συλλαβοῦσα ἔτεκεν υἱὸν δεύτερον, καὶ ἐκάλεσε τὸ ὄνομα αὐτοῦ Ἐλιεζέρ· ὁ γὰρ θεὸς κ.τ.ἑ., est in Ald. (qui infert λέγων post Ἐλιεζέρ), Codd. 76 (om. δεύτερον, cum ἐπωνόμασε pro ἐκάλεσε, et ἐξείλατο pro ἐρρύσατο), 82 (cum ἐπωνόμασε et ἐξείλατο), 83 (ut Ald.), 85, 108, 129. Cf. Cap. xviii. 4. ²⁹ Codd. X, 127 (cum Ἀ. pro Ἀ. Σ.). Cod. 64 in marg.: ... ἰμωγῆς. ³⁰ Syro-hex. ./. ./. مصو. Mox ad καὶ ἐγνώσθη αὐτοῖς Cod. VII in marg. manu 2ᵈᵃ: καὶ ἠλέησεν αὐτούς, quod scholium esse videtur. ³¹ Syro-hex. Sic (pro αὐτὸ ἔτι φ.) sine aster. Comp., Codd. III, VII, X, 14, 16, alii. Pronomen deest in Codd. 53, 75. ³² Idem. ³³ Idem, qui male pingit: τοὺς υἱοὺς – Ἰσραήλ ◄. ³⁴ Idem. ³⁵ Idem (pro χθὲς τὸν Ἀλγ.), et sic sine obelo Codd. III, 14, 15 (cum ἐχθὲς), 16, alii. ³⁶ Idem. ³⁷ Idem, om. Ἰοδὸρ in fine, quae vox abest a Codd. 29, 37, aliis, Arab. 1, 2. ³⁸ Idem. "Hebraeus pro toto loco, ἐν γαστρὶ δὲ λαβοῦσα ἡ γ. ἔτεκεν υἱόν, habet et peperit filium. Male igitur notae Origenianae in Nostro, vixque ex contextu puto olim defuisse ἔτεκεν υἱὸν in LXX, cum Cod. 78 [qui solus reprobat], junior codex, potuerit ex oscitantia amanuensis omittere."—Ceriani.

Cap. III. ¹ Sic Comp., Ald., Codd. VII (in marg. manu 2ᵈᵃ), 14, 71, 72, alii. Duplex lectio, γαμβροῦ πενθεροῦ, est in Codd. 19, 108, 118. Cod. 64: γαμβροῦ, superscripto πενθεροῦ. Syro-hex. in textu: مصو, soceri sui; in

marg. autem: "Γαμβρὸν (ﺣﻤﻮ) τὸν πενθερὸν (ﺣﻤﻮﻧﺎ) vocat Scriptura, utens more humano, et praesertim linguae Graecorum; saepe autem hoc apud eos dicitur." ² "Haec ex Regio 1871 mutuamur, ubi lectio Aquilae [quam non memorat Holmesii amanuensis], ut et multae aliae, excisa fuit, ita ut postrema tantum syllaba ... τοῦ remaneat. Sed ibi legendum esse νυμφευτοῦ non dubium; quia infra Cap. xvii. 1, ubi de Jethro Moysis socero agitur, Aq. חֹתֵן vertit νυμφευτής, id est, ad literam pronubus, tametsi puto Aquilam intellexisse socerum."—Montef. ³ Codd. X (qui ad ἤλθεν male refert), 127. Cf. Hex. ad 1 Reg. xxx. 2, 22. Psal. lxxvii. 52. ⁴ Sic Comp., Ald., Codd. VII (manu 2ᵈᵃ), X, 18, 19, alii, Arab. 1, 2, Syro-hex., Euseb. in Dem. Evang. p. 239 (juxta Cod. Paris. a Gaisfordio adhibitum). ⁵ Sic Syro-hex., et sine aster. Cod. 58, Arm. 1. Cod. 64 in textu: ἐκ τοῦ βάτου, cum ※ super ἐκ, hie et v. 4. Cod. VII in marg. manu 2ᵈᵃ: μέσον τῆς βάτου. ⁶ Nobil., Cod. 127. ⁷ Codd. X (teste Griesb.), 85, 127. Minus probabiliter Nobil.: Σ. φλεγόμενος. ⁸ Codd. X, 127. Montef. e marg. Cod. 1871 edidit: ... θαῦμα, tacente Holmesii amanuensi. ⁹ Sic Codd. 58, 128, Syro-hex., Euseb. ibid. pp. 239, 246. ¹⁰ Cod. 64. Sic sine nom. Cod. VII in marg. manu 2ᵈᵃ. ¹¹ Nobil. (cum ὑπόλυσον), Codd. 85 (teste Montef.), 127 (sine siglo Ἀ.). ¹² Sic Syro-hex., et sine aster. Cod. 132. ¹³ Syro-hex. Sic sine aster. Cod. 58, Euseb. ibid. p. 246. Cod. VII in marg. manu 2ᵈᵃ: ἐπ᾿ αὐτόν.

6. וַיַּסְתֵּר. Ο΄. ἀπέστρεψε δέ. ᾿Α. (καὶ) ἀπέκρυψεν.[14]

7. מִפְּנֵי. Ο΄. ἀπό. ῎Αλλος· ἀπὸ προσώπου.[15]

אֶת־מַכְאֹבָיו. *Dolores eorum.* Ο΄. τὴν ὀδύνην αὐτῶν. (Σ.) τὰς καταπονήσεις..[16]

9. וְגַם־רָאִיתִי אֶת־הַלַּחַץ אֲשֶׁר מִצְרַיִם לֹחֲצִים אֹתָם. Ο΄. κἀγὼ ἑώρακα τὸν θλιμμὸν, ὃν οἱ Αἰγύπτιοι θλίβουσιν αὐτούς. ᾿Α. καίγε ἑώρακα σὺν τὸν ἀποθλιμμὸν ὃν οἱ Αἰγύπτιοι ἀποθλίβουσιν αὐτούς. Σ. καὶ ἑώρακα τὴν θλῖψιν αὐτῶν, ἣν οἱ Αἰγύπτιοι θλίβουσιν αὐτούς. Θ. ὁμοίως τοῖς Ο΄.[17]

11. מִי אָנֹכִי. Ο΄. τίς εἰμι ἐγώ (✕᾿Α. Θ. ἐγώ ◄ εἰμι[18]).

12. וַיֹּאמֶר. Ο΄. εἶπε δὲ ὁ θεὸς Μωυσῇ, λέγων. Alia exempl. εἶπε δέ.[19]

בְּהוֹצִיאֲךָ. Ο΄. ἐν τῷ ἐξαγαγεῖν σε. Σ. ὅταν ἐξαγάγῃς.[20]

14. אֶהְיֶה אֲשֶׁר אֶהְיֶה. *Sum qui sum.* Ο΄. ἐγώ εἰμι ὁ ὤν. ᾿Α. Θ. ἔσομαι (ὃς) ἔσομαι.[21]

15. זִכְרִי. *Monumentum meum.* Ο΄. μνημόσυνον. Σ. ἀνάμνησίς μου.[22]

16. אֶת־זִקְנֵי. *Seniores.* Ο΄. τὴν γερουσίαν. ᾿Α. τοὺς πρεσβυτέρους.[23]

פָּקֹד פָּקַדְתִּי. Ο΄. ἐπισκοπῇ ἐπέσκεμμαι. Schol. ἐπιβλέψει ἐπέβλεψα.[24]

18. נִקְרָה. *Obviam factus est.* Ο΄. προσκέκληται. ῎Αλλος· ἐπικέκληται.[25]

20. בְּקִרְבּוֹ. Ο΄. ἐν αὐτοῖς. ᾿Α. ἐν ἐγκάτῳ αὐτοῦ.[26]

21. לֹא תֵלְכוּ. Ο΄. οὐκ ἀπελεύσεσθε (῎Αλλος· ἐξελεύσεσθε[27]).

22. וּמִגָּרַת בֵּיתָהּ. *Et ab inquilina domus ejus.* Ο΄. καὶ συσκήνου (Σ. σταθμούχου[28]) αὐτῆς.

וְנִצַּלְתֶּם. *Et spoliabitis.* Ο΄. καὶ σκυλεύσατε (alia exempl. συσκευάσατε, s. συσκευάσετε[29]). ᾿Α. Σ. (καὶ) σκυλεύσετε.[30] Aliter: ᾿Α. συλήσατε.[31] Ὁ Σύρος, ἐκτινάξατε, κενώσατε, φησίν.[32]

Cap. III. 6. καὶ εἶπεν ═ αὐτῷ ◄.[33] ═ καὶ ◄ θεὸς ᾿Ισαάκ ◄. 7. ═ πρὸς Μωυσῆν ◄.[34] ἐργοδιωκτῶν

---

[14] Codd. X, 127 (sine nom.). Cod. 85 in marg. sine nom.: ἐπέκρυψεν. Hic notatur in marg. Cod. X: κατὰ Σαμαρειτῶν; necnon infra ad v. 15: ση. κατὰ Σαμαρειτῶν. [15] Cod. VII in marg. manu 2da. [16] Cod. 64, exciso margine, in quo nomen interpretis erat. Cf. Hex. ad Psal. xxxi. 10. lxviii. 27. Mox v. 8 verba, καὶ εἰσαγαγεῖν αὐτούς, quae desunt in Codd. III, VII, X, 14, 16, 18, aliis, in marg. tantum habet Syro-hex. [17] "Sic lectiones trium interpretum affert Cod. Basiliensis (= Holmes. 85). Ed. Romana solam Aquilae habet, legiturque ibi θλίβουσιν." —*Montef.* Holmesii amanuensis e Cod. 85 non nisi Symmachi et Theodotionis lectiones exscripsit. [18] Syro-hex. In textu LXXvirali ἐγώ abest a Codd. VII (ante corr.), X, 14, 16, 18, aliis. [19] Sic Codd. III, VII (teste Ceriani), 29, 59, alii, Arm. 1, Syro-hex. Hic autem in marg. affert: ὁ θεὸς πρὸς Μωυσῆν, λέγων. [20] Cod. 64. Procop. in Octat. p. 225: "Sym. legit: *Cum eduxeris.*" Mox ad ἐν τῷ ὄρει τούτῳ Cod. 64 in marg.: ἐν Χωρήβ. [21] Cod. 64: ᾿Α. Θ. ἔσομαι ἔσομαι; ubi pronomen excidisse videtur. Graeco-Ven.: ἔσ. ὃς ἔσ. [22] Idem. [23] Codd. X, 64, 127. Nobil. affert: ᾿Α. τοὺς πρεσβύτας. [24] Anon. in Cat. Niceph. p. 588: ἐπισκοπῇ ἐπέσκεμμαι· ἐπιβλέψει ἐπέβλεψα, καὶ ὡς ἄνωθεν ἐφ᾽ ὑμᾶς βάλλων τὴν ὄψιν, οὕτω μεγαλοπρεπῶς ὑμῶν φροντίζω. Eadem habet in marg. Cod. 57. "Quid si

ἐπιβλέψει ἐπέβλεψα fuerit ab alio interprete!"—*Holmes.* Vix crediderim. [25] Cod. 64 in marg. sine nom. Cf. ad Cap. v. 3. [26] Cod. 64, teste Montef.; nam Holmesii amanuensis silet. Cf. Hex. ad Gen. xviii. 14. Psal. liv. 5. [27] Sic in marg. Codd. 57, 64, 85; in textu autem Codd. 30, 71. [28] Cod. 64. Hesych.: Σταθμούχος· ὁ τῆς οἰκίας κύριος καὶ ξενοδόχος. [29] Prior lectio est in Codd. VII (eum συνσκ.), X, 14, 16, 18, aliis; posterior in Ald., Codd. III, 15, 29, 64, et Syro-hex., qui recte vertit ܐܬܚܡܠܘ, *fraudabitis.* (Cum hoc sensu usitatior apud bonos scriptores media forma; e.g. Plut. Opp. T. I, p. 1031 E de Arato: πολέμῳ καὶ ἀγῶνι χρήσασθαι φανερῶς ἀθαρσὴς καὶ δυσελπις· κλέψαι δὲ πράγματα, καὶ συσκευάσασθαι κρύφα πόλεις καὶ τυράννους ἐπιβολώτατος. Ubi Coraës: Ἴσον ἐνθάδε δύναται (τὸ συσκευάσασθαι) τῷ διὰ τέχνης ἢ ἐπιβουλῆς ἀπατῆσαι· ὅθεν καὶ, Συσκευὴ ἐπιβουλή, παρ᾽ Ἡσυχίῳ. [30] Cod. X. Montef. post Drusium ex falsa lectione Theodoreti affert: Σ. καὶ συλεύσετε (sic) τοὺς Αἰγυπτίους. Cf. ad Cap. xii. 36. [31] Procop. in Cat. Niceph. p. 590. [32] Idem ibid. Syrus vulgaris vertit ܢܦܩ (= ἐκτινάξατε Exod. xiv. 27. Jud. vii. 19 in Syro-hex.). [33] Syro-hex. Sic sine obelo Comp., Ald., Codd. III, VII, X, 14, 16, alii, Arab. 1, 2. [34] Idem.

℧ αὐτῶν ◄.³⁵   8. καὶ Εὐαίων — καὶ Γεργεσαίων ◄.³⁶
10, 11 (bis). — βασιλέα Αἰγύπτου ◄. 15. — ἐστὶν
ὄνομα. 16. — τῶν υἱῶν ◄.³⁷ 17. — καὶ Γεργεσαίων ◄.³⁸

Cap. IV.

4. בְּנֹבוֹ. Ο'. τῆς κέρκου. Ἄλλος· οὐρᾶς.¹

5. לְמַעַן. Ο'. ἵνα. Alia exempl. καὶ εἶπε κύριος ἵνα.²

6. וַיּוֹצִאָהּ. Ο'. καὶ ἐξήνεγκε τὴν χεῖρα αὐτοῦ (alia exempl. ἐξήνεγκεν αὐτὴν³) — ἐκ τοῦ κόλπου αὐτοῦ ◄.⁴ Alia exempl. praemitt. καὶ εἶπεν ἐξένεγκε τὴν χεῖρά σου ἐκ τοῦ κόλπου σου.⁵

וְהִנֵּה יָדוֹ מְצֹרַעַת כַּשָּׁלֶג. Ο'. καὶ ἐγενήθη ἡ χεὶρ αὐτοῦ ℧ λεπρῶσα ◄ ὡσεὶ χιών.⁶ Ἀ. καὶ ἰδοὺ χεὶρ αὐτοῦ λεπρῶσα ὡσεὶ χιών. Σ. καὶ ἐφάνη ἡ χεὶρ αὐτοῦ λελεπρωμένη ὡσεὶ χιών. Θ. καὶ ἰδοὺ ἡ χεὶρ αὐτοῦ λεπρῶσα ὡσεὶ χιών.⁷

7. הָשֵׁב. Refer. Ο'. πάλιν εἰσένεγκον. Alia ex-

empl. πάλιν εἰσένεγκον.⁸

7. יָדִי. Ο'. τὴν χεῖρα ℧ Ἑβρ. αὐτοῦ ◄.⁹

שָׁבָה. Restituta est. Ο'. ἀπεκατέστη (s. ἀπε-κατεστάθη). Ἀ. ἀπεστράφη.¹⁰

8. הָאַחֲרוֹן. Posterioris. Ο'. τοῦ δευτέρου. Ἀ. τοῦ ἐσχάτου. Σ. τοῦ ἑπομένου.¹¹

9. הַיְאֹר (bis). Ο'. τοῦ ποταμοῦ. Ἄλλος· τοῦ ῥείθρου.¹²

וְהָיוּ לְדָם. Ο'. ℧ Σ. Θ. καὶ ἔσται ◄ αἷμα.¹³

10. לֹא אִישׁ דְּבָרִים. Non vir facundus. Ο'. οὐχ ἱκανός (alia exempl. εὔλογος; alia, εὔλαλος¹⁴) εἰμι. Ἀ. οὐκ ἀνὴρ ῥημάτων. Σ. οὐκ εὔλα-λος.¹⁵

גַּם מֵאָז דַּבֶּרְךָ אֶל־עַבְדֶּךָ כִּי כְבַד־פֶּה וּכְבַד לָשׁוֹן אָנֹכִי. Etiam ex quo loqueris ad servum tuum; nam gravis (impeditus) ore et gravis lingua sum ego. Ο'. οὐδὲ ἀφ' οὗ ἤρξω λαλεῖν τῷ θεράποντί σου ἰσχνόφωνος ℧ γὰρ ◄¹⁶ καὶ βραδύγλωσσος ἐγώ εἰμι. Ἀ. καίγε ἀπὸ τότε λαλήσαντός σου πρὸς δοῦλόν σου ὅτι βαρὺς στόματι καὶ βαρὺς γλώσσῃ ἐγώ εἰμι.¹⁷

---

³⁵ Syro-hex. Sic sine aster. Codd. 58, 72. ³⁶ Idem. Sic sine obelo Comp., Codd. III, VII, X, 14, 15, 16, alii. Verba obelo notata desunt in Cod. 130, Arab. 1, 2. ³⁷ Idem. ³⁸ Idem, et sub — Arab. 1, 2.
Cap. IV. ¹ Cod. X in marg. sine nom. Glossam sapit. ² Sic Codd. 16, 18, 19, alii, Arab. 1, 2. Syro-hex. in marg.: καὶ εἶπε κύριος. ³ Sic Comp., Ald., Codd. VII, X, 14, 16, alii, Origen. Opp. T. IV, p. 439. ⁴ Obelus est in Syro-hex. ⁵ Sic Codd. 14, 16, 18, alii, Arab. 1, 2, et Syro-hex. in marg. (cum καὶ εἶπε καὶ ἐξ.). ⁶ Sic Syro-hex. (cum ܟܠܓ ℧), et sine aster. Ald., Codd. 53, 56, 71, alii, Arm. 1, Origen. ibid. ⁷ Cod. 127. Cod. 85: Ἀ. Θ. καὶ ἰδοὺ ἡ χεὶρ κ.τ.ἑ. Σ. καὶ ἐφάνη ἡ χ. αὐτοῦ λεπρωμένη (sic) ὡ. χ. In Cod. VII ad ἐγενήθη superscript. manu 2da ἰδού; et ad αὐτοῦ in marg. add. λεπρός (ut in textu Comp., Cod. 83). ⁸ Sic Codd. VII, 18, 59, 74, fortasse alii. Vox πάλιν abest a Cod. 135, Origen. ibid., Arm. 1, et Syro-hex., qui in marg. habet. ⁹ Syro-hex., et sine aster. Ald., Codd. III, 32, 52, alii, Arab. 1, 2, Arm. 1. ¹⁰ Syro-hex. ܢܦܫܗ ./. Lectio anonyma ἀπεστράφη est in marg. Cod. 108. ¹¹ Nobil., Cod. 127. Aquilae lectionem in textu habent Codd. II, III, 15, 53.

alii. ¹² Sic Cod. VII in marg. manu 2da. Cf. ad Cap. i. 22. ¹³ Syro-hex. ¹⁴ Prior lectio est in Codd. VII (cum ἱκανός in marg. manu 2da), X, 14, 16, aliis (inter quos Codd. 85 (cum ἱκανός in marg.), 127 (cum εὔλαλος in marg.), 131 (cum λαλος superscript. manu rec.)); posterior in Comp., Codd. 19, 72, 76, Cat. Niceph. p. 598. Cod. 58 duplicem habet lectionem, εὔλαλος οὐδὲ ἱκανός. Syro-hex. in textu ܡܡܠܠܐ (h. e. εὔλαλος; cf. ad v. 11); in marg. autem: ἱκανός (ܣܦ?). ¹⁵ Nobil., Cod. 127. Cod. X perplexe affert: Σ. εὔλαλος, οὐχ ἱκανός. Ἀ. οὐκ ἀνὴρ ῥημάτων. Ο'. οὐκ εὔλογος. Cat. Niceph. ibid.: Ἀ. μογι-λάλος. οὐκ ἀνὴρ ῥημάτων. Σ. οὐκ εὔλαλος. Denique Montef. ex omnibus, ut ait, Catenis suis: Ἀ. οὐκ ἀνὴρ ῥ. Σ. Θ. μογιλάλος. Ο'. οὐχ ἱκανός. Ἄλλος· οὐκ εὔλογος. Ὁ Σύρος· οὐκ εὔλαλος. Ubi lectio μογιλάλος ad אֵלֶם v. 11 pertinet. Alias lectiones, οὐκ εὔγλωσσος, quae est in Codd. 18, 29, οὐκ ἀνὴρ λόγιός εἰμι, quam praebet Cod. VII in marg. manu 2da, nihil moramur. ¹⁶ Sic Syro-hex., et sine aster. Codd. 58, 128. ¹⁷ Cod. Basil., testante Montef. Holmesii amanuensis e Cod. 85 nil notat. Eandem lectionem, om. σου post λαλήσαντος, loco praepostero affert Cod. 127. Cf. ad v. 26. Syro-hex. ad καὶ βραδύ(γλωσσος) in marg.

11. אִלֵּם. *Mutum.* Ο΄. δύσκωφον. Ἀ. Σ. Θ. μογιλάλον.[18] Schol. βωβόν.[19]

12. וְהוֹרֵיתִיךָ. *Et docebo te.* Ο΄. καὶ συμβιβάσω σε. Ἀ. (καὶ) φωτίσω σε. Σ. (καὶ) ὑποδείξω σοι.[20]

13. בִּי אֲדֹנָי. *Obsecro, Domine.* Ο΄. δέομαι, κύριε. Ἀ. Θ. ἐν ἐμοί, κύριε.[21]

17. וְאֶת־הַמַּטֶּה הַזֶּה. Ο΄. καὶ τὴν ῥάβδον ταύτην τὴν στραφεῖσαν εἰς ὄφιν.[22]

18. חֹתְנוֹ. Ο΄. τὸν γαμβρὸν (alia exempl. πενθερὸν[23]) αὐτοῦ.

לֵךְ לְשָׁלוֹם. Ο΄. βάδιζε ὑγιαίνων. Οἱ λοιποί (πορεύου) εἰς εἰρήνην.[24]

19. בְמִדְיָן. Ο΄. ἐν Μαδιάμ. Οἱ Γ΄. ἐν Μαδιάν.[25]

כָּל־הָאֲנָשִׁים. Ο΄. πάντες ※ οἱ ἄνδρες ◄.[26]

20. וְאֶת־בָּנָיו. Ο΄. καὶ τὰ παιδία ※ Σ. αὐτοῦ ◄.[27]

21. אֲחַזֵּק. *Obfirmabo.* Ο΄. σκληρυνῶ. Ἀ. Θ. ἐνισχύσω. Σ. θρασυνῶ.[28]

22. בְּנִי. Ο΄. υἱός ※ Ἑβρ. μου ◄.[29]

23. אֶת־בְּנִי. Ο΄. τὸν λαόν μου. Οἱ λοιποί· τὸν υἱόν μου.[30]

23. וַתְּמָאֵן. *Quod si renueris.* Ο΄. εἰ μὲν οὖν μὴ βούλει. Alia exempl. σὺ δὲ οὐκ ἐβούλου.[31] Ἀ. καὶ ἀνένευσας. Σ. καὶ ἠπείθησας.[32]

אָנֹכִי. Ο΄. ἐγώ ※ Ἀ. Θ. εἰμι ◄.[33]

בְּכֹרֶךָ. Ο΄. τὸν πρωτότοκόν ※ Ἑβρ. σου ◄.[34]

24. יְהוָה. Ο΄. ἄγγελος κυρίου. Alia exempl. ἄγγελος.[35] Ἀ. θεός. Σ. Θ. κύριος.[36]

25. צֹר. *Lapidem acutum.* Ο΄. ψῆφον.[37] Ἀ. πέτρον. Σ. ψῆφον πετρίνην. Θ. ἀκρότομον.[38]

וַתַּגַּע לְרַגְלָיו וַתֹּאמֶר כִּי חֲתַן־דָּמִים אַתָּה לִי. *Et tangere fecit (praeputium) pedes ejus (s. Et tetigit pedes ejus), et dixit: Sponsus sanguinum tu es mihi.* Ο΄. καὶ προσέπεσε (Ἄλλος· ἤγγισε[39]) πρὸς τοὺς πόδας αὐτοῦ, καὶ εἶπεν ἔστη τὸ αἷμα τῆς περιτομῆς τοῦ παιδίου μου. Σ. καὶ ἀψαμένη τῶν ποδῶν αὐτοῦ, εἶπεν ὅτι νυμφίος αἱμάτων σύ μοι. Θ. καὶ ἥψατο τῶν ποδῶν αὐτοῦ, καὶ εἶπεν ὅτι νυμφίος αἱμάτων σύ μοι.[40] Τὸ Ἑβραϊκόν· νυμφίος αἵματος σύ μοι.[41] Aliter· Ἀ. Θ. καὶ ἥψατο τῶν ποδῶν αὐτοῦ, καὶ εἶπεν ὅτι νυμφίον αἵματος ἔχω.[42]

---

pingit: καὶ βαρύς (ܘܡܣܐ). [18] Nobil., Cod. 127. Syro-hex. ❖ ܚܫܝ ܚܡܟܠܐ .ܐ. ܣܘ. ܐ. (Locutio Syriaca nescio an μογιλάλου sonet; nam μογιλάλοι in loco Marc. vii. 32 versionis Philox. ܦܐܡܟ sonat. Cf. Hex. ad Exod. iv. 10. Psal. lv. 1. Jesai. lvi. 10 (ubi in Cod. 86, quod serius vidimus, μογιλάλοι scriptum).) [19] Cod. VII in marg. manu 2ᵈᵃ, quae versio est interpretis Graeco-Ven. Hesych.: Βωβός· πηρός. Βωβούς· χωλούς. [20] Nobil. (sine pronominibus), Cod. 127, et Cat. Niceph. p. 599 (ut Nobil.). Cod. VII in marg. manu 2ᵈᵃ: φωτίσω σε. Cf. ad Cap. xxiv. 12. Easdem lectiones tum hic, tum ad v. 15 e Chronico Alex. p. 67 profert Montef. [21] Cod. 85. [22] Haec, τὴν στρ. εἰς ὄφιν, desunt in Codd. VII (sed add. antiqua manus), X (idem), 29, 59, aliis, et Syro-hex. (qui margini allevit: ܣܕܐ ܚܣܘܐܝ ܐܘܝܚ). [23] Sic Comp., Ald., Codd. VII (ex corr.), 14, 19, alii. Cf. ad Cap. iii. 1. [24] Cod. X: Οἱ λοιποί εἰς εἰρήνην. Paulo aliter Cod. 85: Οἱ λοιποί ἐν εἰρήνη (non, ut Montef., βάδιζε ἐν εἰρ.). Tandem Cod. VII in marg. manu 2ᵈᵃ: πορεύου εἰς εἰρ. Duplex lectio, ὑγιαίνων εἰς εἰρήνην, est in Codd. 14, 16, 77, 131. [25] Syro-hex. ܚܡܥܕ ܝܦ. [26] Sic Syro-hex., et sine aster. Cod. 58. [27] Sic Syro-hex., et sine aster. Codd. 14, 16, 25, alii, Arab. 1, 2. [28] Nobil. (sine siglo Θ.),

Cod. 127. [29] Sic Syro-hex., et sine aster. Codd. 18, 58, qui tamen post πρωτότεκον om. μου. [30] Codd. X, 85 (teste Montef.), 127. [31] Sic Ald., Codd. VII, X, 14, 16, 18, alii, et Syro-hex. in marg. [32] Nobil., Cod. 127 (cum ἠπίθησας). [33] Sic Syro-hex., et sine aster. Cod. 58. [34] Iidem. [35] Sic Codd. VII (cum κύριος ex corr.), X, 14, 16, alii, Arab. 1, Syro-hex. [36] Nobil., Cod. 127, Syro-hex. Cod. X: Ἀ. ὁ θεός (sic Montef. et collatio vetusta Bodl.; sed Holmesius ex eodem codice affert: Ἀ. οἱ θεοί). Σ. Θ. κύριος. Ο΄. ἄγγελος: cum scholio in imo paginae: θέλων ὁ ἄγγελος ἐζήτει ἀνελεῖν Μωυσῆν. εἴ τις κατὰ μὲν τὸν Ἀ. θεὸς ἦν, κατὰ δὲ Σ. καὶ Θ. κ̅ω̅ (sic). [37] Syro-hex. ܡܘܣܦܐ. cum scholio: ❖(silex)ܠ̈ܐ ܝܡ ܚܟܝܠ. Cod. VII in marg. manu 2ᵈᵃ glossas habet: μάχαιρα (erasum); ξίφος ἰδᾶι (sic). [38] Codd. 85, 127 (cum τρίπην pro πετρίνην). Nobil. affert tantum: Ἀ. πέτρον (sic). [39] Cod. VII ex corr. manu 2ᵈᵃ. [40] Nobil. (cum Ἄλλος (bis) pro Σ. et Θ.), Codd. 85 (teste Montef.), 127. (Holmesii amanuensis e Cod. 85 tantum notat: Ad ἔστη in marg.: ὅτι νυμφίος αἱμάτων σύ μοι. Οἱ λοιποί ὡς πρόκειται. Etiam Cod. X, a Montef. mutile exscriptus, in marg. habet: Λοιποί ὅτι νυμφίος αἱμάτων σύ μοι. Οἱ λοιποί ὡς πρὸ* (sic).) [41] Cod. VII in marg. manu 2ᵈᵃ. [42] Syro-hex. ܚܡܣܐ ܣܘ. ܐ. ܐ.

26. ‏וַיִּרֶף מִמֶּנּוּ אָז אָמְרָה חֲתַן דָּמִים לַמּוּלֹת‎. *Et*
destitit (Jova) *ab eo. Dixerat autem sponsum*
sanguinum cum respectu circumcisionis. Ο'.
καὶ ἀπῆλθεν ἀπ' αὐτοῦ, διότι εἶπεν ἔστη τὸ
αἷμα τῆς περιτομῆς τοῦ παιδίου μου. 'Α. . .
καὶ εἶπεν νυμφίον αἱμάτων ἔχω εἰς περιτομάς.[43] Σ. ἀφῆκε δὲ αὐτὸν, ὅτι εἶπεν νυμφίος
αἱμάτων τῆς περιτομῆς. Θ. καὶ ἀφῆκεν αὐτὸν, ὅτι εἶπεν νυμφίος αἱμάτων εἰς περιτομάς.[44]
Ὁ Ἑβραῖος· ἐσφράγισε (‏הָתַם‎) τὸ αἷμα τῆς
περιτομῆς.[45]

27. ‏וַיִּשַּׁק־לוֹ‎. Ο'. καὶ κατεφίλησαν ἀλλήλους. Alia
exempl. καὶ κατεφίλησεν αὐτόν.[46]

28. ‏הָאֹתֹת‎. Ο'. τὰ ῥήματα. Alia exempl. τὰ
σημεῖα.[47]

Cap. IV. 1. — τί ἐρῶ πρὸς αὐτούς ◀;[48] 10. — ἡμέρας ◀. 14. αὐτός — σοι ◀. 18. — μετὰ δὲ τὰς
ἡμέρας — Αἴγυπτον ◀.[49] 20. τὴν ῥάβδον — τὴν
παρὰ ◀ τοῦ θεοῦ.[50] 25. τοῦ υἱοῦ ※ αὐτῆς ◀.[51] 30.
τὰ ῥήματα — ταῦτα ◀.[52] 31. κύψας δὲ — ὁ
λαός ◀.[53]

CAP. V.

2. ‏מִי יְהוָה‎. Ο'. τίς ἐστιν. Alia exempl. add.
κύριος ; alia, θεός.[1]

3. ‏יִפְגָּעֵנוּ בַּדֶּבֶר אוֹ בֶחָרֶב‎. *Percutiat nos peste*
aut gladio. Ο'. συναντήσῃ ἡμῖν θάνατος ἢ
φόνος ('Α. Σ. λοιμὸς ἢ μάχαιρα[2]). Aliter :
'Α. ἀπαντήσῃ ἡμῖν ἐν θανάτῳ ἢ ἐν μαχαίρᾳ. Σ. ἐπι-
πέσῃ θάνατος ἡμῖν ἢ μάχαιρα. Θ. ἀπαντήσῃ ἡμῖν
θάνατος ἢ ῥομφαία.[3]

4. ‏תַּפְרִיעוּ‎. *Liberum facitis.* Ο'. διαστρέφετε.
'Α. ἀποπετάζετε. Σ. ἀποτρέπετε. Θ. διασκε-
δάζετε.[4]

6. ‏בַּיּוֹם הַהוּא‎. Ο'. Vacat. ※ Ἑβρ. ἐν τῇ ἡμέρᾳ
ἐκείνῃ (◀).[5]

7. ‏כִּתְמוֹל שִׁלְשֹׁם‎. *Sicut heri et nudius tertius.*
Ο'. καθάπερ χθὲς καὶ τρίτην — ἡμέραν ◀.[6]
'Α. καθὰ ἐχθὲς [καὶ] τρίτης (s. τρίτην). Σ.
καθάπερ καὶ πρότερον. Θ. καθάπερ ἐχθὲς καὶ
τῆς τρίτης.[7]

‏הֵם יֵלְכוּ וְקִשְׁשׁוּ לָהֶם תֶּבֶן‎. *Ipsi abeant et*
colligant sibi paleam. Ο'. [ἀλλ'] αὐτοὶ πο-

❖   ❖

‏ܚܬܢܐ ܡܬܢܐ ܘܐܡܪ ܣܗܕܐ ܘܣܒܐ ܘܙܟܐ ܐܡܕ ܐܡܕ‎.
Anon. in Cat. Niceph. p. 613: Ὁ Ἀκύλας ἀντὶ τοῦ, ἔστη τὸ
αἷμα τῆς περιτομῆς, εἶπε νυμφίον αἵματος ἔχω· ὁ δὲ Ἑβραῖος·
ἐσφράγισε τὸ αἷμα τῆς περιτομῆς. Unde satis constat, Syrum
nostrum revera scripsisse ‏ܐ ܐ‎, non Hebraeo convenientius, ‏ܐܝ ܐ‎. Aquilam vero, interpretem literae
tenacissimum, αἵματος pro αἱμάτων, et ἔχω pro σύ μοι dedisse,
prorsus incredibile est. Cf. Ceriani ad loc.   [43] Sic
Montef. (cum αἱμάτων), ex Basiliano, ut videtur, tacente
Holmesii amanuensi. Aquilae stylus postulat: τότε εἶπεν
νυμφίος αἱμάτων εἰς π. Cod. 127 ad v. 25 confuse affert:
'Α. καίγε ἀπὸ τότε λαλήσαντος πρὸς δοῦλόν σου, ὅτι βαρὺς στόματι καὶ βαρὺς γλώσσῃ ἐγώ εἰμι, καὶ εἶπεν αἱμάτων εἰς περιτομάς (sic). Cf. ad v. 10.   [44] Nobil., Codd. 85 (teste
Montef.), 127, omnes in continuatione. Cod. VII in marg.
manu 2ᵈᵃ: νυμφίος αἱμάτων τῆς περιτομῆς.   [45] Nobil., et
Anon. in Cat. Niceph., ut supra.   [46] Sic Ald., Codd.
VII, X (cum σαν in marg.), 14, 16, 18, alii, Arab. 1, 2,
Syro-hex.   [47] Sic Comp., Ald., Codd. III, VII, X, 14,
15, 16, alii, Arab. 1, 2, Syro-hex.   [48] Syro-hex.,
Arab. 1, 2.   [49] Syro-hex.   [50] Idem, qui pingit:
‏ܐܡܕ ܐ܂ ܐ — ܘܐܡ ܂ ܘܣܐ ܐܡܕܐ‎.   [51] Idem, fortasse per

errorem pro πρὸς τοὺς πόδας ※ αὐτοῦ ◀, ubi pronomen deest
in Codd. II, III, 56.   [52] Idem. Pronomen abest a
Comp., Codd. X, 18, 19, 118, Arm. 1.   [53] Idem.
CAP. V. [1] Prior lectio est in Codd. VII (ex corr.), 15,
85, et Theodoret. Opp. T. I, p. 125; posterior in Cod. III,
Arab. 1, 2, invito Syro-hex.   [2] Codd. X, 127. Cod. VII
in marg. manu 1ᵐᵃ: 'Ακ. (posterior manus superscripsit
Σύμ.) λοιμὸν (sic) ἢ μάχαιρα. Montef. e Cod. 85 edidit:
('Άλλος') λοιμὸς ἢ μ. Denique Holmes. e Cod. 108 exscripsit: 'Α. λοιμός. Σ. ἢ μάχαιρα. Θ. ἢ ῥομφαία.   [3] Syro-
hex.: ‏ܐ ܂ ܒܚܪܒܐ ܚ ܣܡܣܐ ܂ ܣܗ ܣܐܡܣܗܕ‎.
‏ܣܗܕܐ ܚ ܐ ܣܣܐܗ܂ ܐ ܣܗܝܥ ܂ ܠ܂ ܣܗܕ ܐ ܣܣܐܗ‎
Pro ‏ܣܗܝ‎ in lectionibus Aquilae et Symmachi ‏ܣܐܒܐ‎,
λοιμὸς, rescribendum censet Ceriani, ne cum Hexaplis editis
pugnet Syrus.   [4] Codd. X, 85, 127. Pro ἀποτρέπετε
Montef. e Chronico Alex. ἀποστρέφετε inutiliter correxit.
Ad Aquilam cf. Hex. ad Exod. xxxii. 25. Deut. xxxii. 42.
[5] Syro-hex. in textu. Sic sine notis Codd. 58, 72, 128,
Arab. 1, 2.   [6] Obelus est in Syro-hex. Post ἡμέραν
add. καὶ τὸ τῆς σήμερον Ald., Codd. III, X, 18, 29, alii.
[7] Nobil., Cod. 85 (ex quo ad Aquilam Montef. mendose exscripsit: κατὰ ἐχθὲς τρίτην, fortasse pro καθὰ ἐχθὲς τρίτην).

ρευέσθωσαν καὶ συναγαγέτωσαν ('Α. Σ. Θ. καλαμάσθωσαν⁸) ἐαυτοῖς ἄχυρα. 'Α. αὐτοὶ πορευέσθωσαν... Σ. αὐτοὶ ἀπερχόμενοι καλαμάσθωσαν ἐαυτοῖς ἄχυρα. Ο. αὐτοὶ πορευθέντες [καὶ] καλαμάσθωσαν ἐαυτοῖς ἄχυρον.⁹

13. וְהַנֹּגְשִׂים. Et exactores operarum. Ο'. οἱ δὲ ἐργοδιῶκται. 'Α. καὶ οἱ εἰσπρᾶκται.¹⁰

16. וּלְבֵנִים. Ο'. καὶ τὴν πλίνθον. Alia exempl. καὶ τὴν σύνταξιν.¹¹ Ἄλλος· πλινθάρια. Ἄλλος· τὴν πλινθουργίαν.¹²

וְהִנֵּה עֲבָדֶיךָ מֻכִּים וְחָטָאת עַמֶּךָ. Et ecce! servi tui verberati sunt, cum tamen peccet populus tuus. Ο'. καὶ ἰδοὺ οἱ παῖδές σου μεμαστίγωνται· ἀδικήσεις οὖν τὸν λαόν σου. 'Α. καὶ ἰδοὺ οἱ δοῦλοί σου πεπληγμένοι, καὶ ἁμαρτία λαῷ σου. Σ. καὶ οἱ δοῦλοί σου μεμαστιγωμένοι, καὶ ἁμαρτίαν ἔχεις (עַמָּה). Θ. καὶ ἰδοὺ οἱ δοῦλοί σου μεμαστίγωνται, καὶ ἡ ἁμαρτία εἰς τὸν λαόν σου.¹³

19. לֹא־תִגְרְעוּ. Non detrahetis. Ο'. οὐκ ἀπολείψετε. 'Α. οὐχ ὑφελεῖτε.¹⁴

20. אֶת־מֹשֶׁה. Ο'. Μωυσῆ. Aliter: Ο'. ※ Σ. Θ. εἰς ◄ Μωυσῆν.¹⁵

21. הִבְאַשְׁתֶּם. Foetidum fecistis. Ο'. ἐβδελύξατε. 'Α. Σ. ἐσαπρίσατε.¹⁶

23. וְהַצֵּל לֹא־הִצַּלְתָּ. Et liberando non liberasti.

Ο'. καὶ ※ 'Α. Θ. ῥυόμενος ◄ οὐκ ἐρρύσω.¹⁷

Cap. V. 3. — αὐτῷ ◄.¹⁸ 4. — ἕκαστος ὑμῶν ◄ πρὸς τὰ ἔργα αὐτοῦ.¹⁹ 6. καὶ τοῖς γραμματεῦσιν ※ αὐτοῦ ◄.²⁰ 7. οὐκ — ἔτι ◄.²¹ 8. διὰ τοῦτο ※ αὐτοὶ ◄ κεκράγασι.²² 9. — τούτων ◄.²³ 12. ἐν ὅλῃ ※ γῇ ◄ Αἰγύπτῳ.²⁴ 13. — αὐτούς ◄.²⁵ 14. — τοῦ γένους ◄.²⁶

CAP. VI.

1. כִּי בְיָד חֲזָקָה יְשַׁלְּחֵם וּבְיָד חֲזָקָה. Ο'. ἐν γὰρ χειρὶ κραταιᾷ ἐξαποστελεῖ αὐτούς, καὶ ἐν βραχίονι ὑψηλῷ. 'Α. (ὅτι) ἐν χειρὶ ἰσχυούσῃ ἐξαποστελεῖ αὐτούς, καὶ ἐν χειρὶ ἰσχυρῷ. Σ. (ὅτι) διὰ χειρὸς κραταιᾶς ἐξαποστελεῖ αὐτούς, καὶ διὰ χειρὸς κραταιᾶς. Θ. (ὅτι) ἐν χειρὶ κραταιᾷ ἐξαποστελεῖ αὐτούς, καὶ ἐν χειρὶ κραταιᾷ.¹

3. וָאֵרָא אֶל־אַבְרָהָם אֶל־יִצְחָק וְאֶל־יַעֲקֹב בְּאֵל שַׁדָּי. Et apparui Abrahamo, Isaaco et Jacobo in nomine Dei omnipotentis. Ο'. καὶ ὤφθην πρὸς Ἀβραὰμ — καὶ ◄ ※ πρὸς ◄ Ἰσαὰκ καὶ ※ πρὸς ◄ Ἰακώβ, θεὸς ὢν αὐτῶν.² 'Α. καὶ ὡράθην πρὸς Ἀβραὰμ καὶ πρὸς Ἰσαὰκ καὶ πρὸς Ἰακὼβ ἐν θεῷ ἱκανῷ.³ Ἄλλος· ἐν ἰσχυρῷ ἱκανῷ.⁴

יְהוָה. Ο'. κύριος. Schol. Διδάσκει πάσης αὐτὸν καὶ τιμῆς καὶ εὐμενείας ἠξίωσεν. Ὁ γὰρ τοῖς

---

⁸ Cod. X. In textu LXXvirali ἀλλ' om. Comp., Codd. II, III, VII, X, ceteri fere omnes, et Syro-hex. Hic autem ad αὐτοὶ superscribit 'Α. Θ., non praemisso ex more asterisco. ⁹ Nobil. Montef. e Cod. 85 ad Sym. ἄχυρα edidit, necnon ad Theod. πορευέσθωσαν καὶ καλ. ¹⁰ Cod. 85. Cf. Hex. ad Job. iii. 18. xxxix. 7. ¹¹ Sic Codd. VII, 59. ¹² Has lectiones in marg. inferiori manu 2ᵈᵃ adscriptas habet Cod. VII. ¹³ Codd. 57, 85 (teste Montef.). Nobil. affert: 'Α. καὶ ἰδοὺ—λαῷ σου. Σ. καὶ οἱ δοῦλοί σου μεμαστίγωνται, καὶ ἡ ἁμ. εἰς τὸν λ. σου; ad quae notat Collator Cod. 85 in schedis Bodl.: " In marg. practer edita haec subdit: καὶ οἱ θ. σου μεμαστιγωμένοι, καὶ ἁμαρτίαν ἔχεις." ¹⁴ Nobil., Codd. X (cum οὐκ ὑφελεῖτα), 85. Mox ad τὸ καθήκω Cod. VII in marg. manu 2ᵈᵃ: τὴν ποσότητα. ¹⁵ Syro-hex. in textu: ܡܘܫܐ ܠ. ܕܠܩܘܒܠܐ ※. ¹⁶ "Ed. Rom. et MSS. Regii, qui [posteriores] nomen interpretum omittunt."—Montef. Mox ad τὴν ὀσμὴν Cod. VII in marg.

manu 2ᵈᵃ: τὴν μυρὰ (sic). ¹⁷ Sic Syro-hex., et sine notis Codd. 58, 128, Arm. 1. ¹⁸ Syro-hex. ¹⁹ Idem, qui pingit: — ἕκαστος—αὐτοῦ ◄. ²⁰ Idem. Sic sine aster. Codd. VII (manu 2ᵈᵃ), 58, 72 (cum αὐτῶν), Arm. 1. ²¹ Idem (cum — οὐκέτι ◄). ²² Idem. Sic sine aster. Codd. 14, 16, 25, alii. ²³ Idem. Vox deest in Cod. 53, Arm. 1. ²⁴ Idem. Vocula deest in Codd. III, VII, 14, 15, aliis. ²⁵ Idem. ²⁶ Idem. Deest in Codd. VII, 53, 59.

CAP. VI. ¹ Syro-hex. ܚܝܠܬܢܐ ... ܣܠ ܒܝܕ ܚܝܠܬܢܐ ܠ. ... ܚܝܠܬܢܐ ܣܒ. ܡܚܣܢ ... ܒܝܕ ܚܝܠܬܢܐ ܣܒ. ² Sic Syro-hex. (qui male pingit: ※ καὶ πρὸς ◄ Ἰακώβ), et sine obelo et asteriscis Cod. 15. ³ Euseb. in Dem. Evang. p. 240. Cf. Hex. ad Ezech. x. 5. ⁴ Cod. VII in marg. manu 2ᵈᵃ. Cf. Hex. ad Gen. xliii. 14.

πατριάρχαις οὐκ ἐδήλωσεν ὄνομα, τοῦτο αὐτῷ δῆλον ἐποίησεν. Ἔφη γὰρ πρὸς αὐτόν· ἐγώ εἰμι ὁ ὤν· τοῦτο δὲ παρ' Ἑβραίοις ἄφραστον ὀνομάζεται· ἀπείρηται γὰρ αὐτοῖς τοῦτο διὰ τῆς γλώττης προφέρειν. Γράφεται δὲ διὰ τῶν τεσσάρων στοιχείων· διὸ καὶ τετράγραμμον αὐτὸ λέγουσι. Τοῦτο δὲ καὶ τῷ πετάλῳ ἐπεγέγραπτο τῷ χρυσῷ, ὃ τῷ μετώπῳ τοῦ ἀρχιερέως ἐπετίθετο, τῇ ταινίᾳ τῆς κεφαλῆς προσδεσμούμενον. Καλοῦσι δὲ αὐτὸ Σαμαρεῖται μὲν Ἰαβὲ, Ἰουδαῖοι δὲ Ἀϊά (s. Ἰά).[5]

6. לָכֵן. Propterea. Ο'. βάδιζε. Ἄλλος· εἰς τὸ βέβαιον.[6]

מִתַּחַת כְּבַלֹת. De bajulationibus. Ο'. ἀπὸ τῆς δυναστείας. Ἄλλος· ἐκ τῆς κακώσεως.[7]

7. לְעָם. Ο'. ※ εἰς ◀ λαόν.[8]

9. מִקֹּצֶר רוּחַ. Prae angustia (angore) spiritus. Ο'. ἀπὸ τῆς ὀλιγοψυχίας. Ἀ. ἀπὸ κολοβότητος πνεύματος.[9]

קָשָׁה. Ο'. τῶν σκληρῶν. ※ καὶ εἶπον πρὸς Μωυσῆν· πάρες (s. ἔασον) ἡμᾶς, καὶ δουλεύσωμεν τοῖς Αἰγυπτίοις· κρείσσον γὰρ ἡμῖν δουλεύειν τοῖς Αἰγυπτίοις, ἢ ἀποθανεῖν ἐν τῇ ἐρήμῳ.[10]

12. עֲרַל שְׂפָתָיִם. Praeputiatus (impeditus) labiis. Ο'. ἄλογός εἰμι. Ἀ. ἀκρόβυστος χείλεσι. Σ.

οὐκ εἰμὶ καθαρὸς τῷ φθέγματι. Θ. ἀπερίτμητος τοῖς χείλεσιν.[11] Ὁ Ἑβραῖος· ἐγὼ δὲ ἀπερίτμητος τοῖς χείλεσίν εἰμι.[12]

13. וַיְצַוֵּם אֶל־בְּנֵי יִשְׂרָאֵל וְאֶל־פַּרְעֹה. Ο'. καὶ συνέταξεν αὐτοῖς ※ Σ. Θ. πρὸς τοὺς υἱοὺς Ἰσραὴλ, καὶ (◀) πρὸς Φαραώ.[13]

לְהוֹצִיא. Ο'. ὥστε ἐξαποστεῖλαι. Alia exempl. ὥστε ἐξαγαγεῖν; alia, ἵνα ἐξαγάγῃ.[14]

15. בֶּן־הַכְּנַעֲנִית. Ο'. ὁ ἐκ τῆς Φοινίσσης (Οἱ Γ'. Χαναναίας[15]).

מִשְׁפָּחֹת. Familiae. Ο'. αἱ πατριαί. Ἄλλος· αἱ συγγένειαι.[16]

16. גֵּרְשׁוֹן. Ο'. Γεδσών. Alia exempl. Γερσών, s. Γηρσών.[17]

שָׁנָה. Ο'. Vacat. ※ ἔτη ◀.[18]

20. דֹּדָתוֹ. Amitam suam. Ο'. θυγατέρα τοῦ ἀδελφοῦ τοῦ πατρὸς αὐτοῦ. Ἄλλος· θείαν αὐτοῦ.[19]

וַתֵּלֶד. Ο'. καὶ ἐγέννησεν. Ἄλλος· καὶ ἔτεκεν.[20]

22. סִתְרִי. Ο'. Σεγρεί. Alia exempl. Σετρεὶ, s. Σετρί; alia, Σεθρεὶ, s. Σεθρί.[21] Οἱ Γ' ὁμοίως· Σεθρεί.[22]

23. עַמִּינָדָב. Ο'. Ἀμειναδάβ. Ἀ. Σ. ὁμοίως· Ἀμειναδάβ. Θ. Anmidadab.[23]

---

[3] Theodoret. Quaest. XV in Exod. (Opp. T. I, p. 133). [4] Cod. VII superscript. manu 2ᵈᵃ. [7] Cod. 85 in marg. sine nom. Pro δυναστείας, κακώσεως est in Codd. X (in marg.), 130. [8] Sic Syro-hex., et sine aster. Comp., Ald., Codd. VII (ex corr.), X, 15, 18, alii. [9] Cod. 85, teste Montef. Nobil. quasi scholium affert. Cf. Hex. ad Job. xxi. 4. Zach. xi. 8. Ad locutionem Graecam VV. DD. apte conferunt Plut. in Demosthene (Opp. T. I, p. 848 E): Ἦν δέ τις, ὥς ἔοικε, καὶ φωνῆς ἀσθένεια, καὶ γλώττης ἀσάφεια, καὶ πνεύματος κολοβότης. [10] Syro-hex. in marg., et sine aster. Arab. 1 (in marg.), 2 (in textu). Ille autem notat: "Haec afferuntur tantum in editione Samaritanorum (مأمرأ). Memorat autem ea populus post egressionem ex Aegypto, dicens ad Moysen: Nonne hoc erat verbum quod locuti sumus ad te in Aegypto, dicentes: Sine nos, et cetera." Cf. Exod. xiv. 12 in Hebr. et LXX. E textu autem Graeco hexaplaribus codicibus apposito Nostrum lectiones suas Hebraeo-Samaritanas vertisse, diserte testatur subscriptio in calce libri Exodi. Vid. Ceriani ad loc. [11] Nobil. In Cod. VII,

deleto ἄλογος, subscripsit manus 2ᵈᵃ: ἀκρόβυστος ἐν χείλεσιν. Cf. ad v. 30. [12] Syro-hex. ܐܢܐ ܕܝܢ ܠܐ ܓܙܝܪ ܣܦܘܬܐ ܐܢܐ. [13] Sic Syro-hex. in textu, et sine aster. Codd. VII (ex corr. sine τοὺς), 15, 72, Arab. 1, 2. [14] Prior lectio est in Ald., Codd. III, VII, X, 15, 18, aliis, et Syro-hex.; posterior in Comp., Codd. 19, 108. [15] Syro-hex. ܒܪ ܟܢܥܢܝܬܐ. Sic in textu Cod. 15. [16] Cod. VII in marg. manu 2ᵈᵃ. [17] Prior scriptura est in Codd. 29, 83, Arab. 1, 2, Syro-hex. (ܓܪܫܘܢ); posterior in Ald., Codd. III, VII, 16, 25, aliis. Sed in v. 17 pro Γεδσών stant Codd. III, VII. [18] Syro-hex. Sic sine aster. Comp., Codd. 29, 74, 75, 134, Arab. 1. [19] Cod. VII in marg. manu 2ᵈᵃ. Graeco-Ven.: τὴν ἑαυτοῦ θείαν. [20] Sic in marg. sine nom. Codd. 57, 85; necnon Cod. 128 in textu. [21] Prior lectio est in Codd. VII, X, 14, 16, 18, aliis; posterior in Codd. III, 15, 55, aliis, Arm. 1, et Syro-hex. (ܣܬܪܝ). [22] Syro-hex. ܣܬܪܝ. ܐ. ܣ. ܗܟܘܬ ܣܬܪܝ. [23] Idem. Ad Theod. non satis distinguere licet, utrum scripserit Syrus noster ܐܢܡܝܕܕܒ an

27. לְהוֹצִיא ... מִמִּצְרָיִם. Ο΄. καὶ ἐξήγαγον ... ἐκ γῆς Αἰγύπτου. Alia exempl. ὥστε ἐξαγαγεῖν ... ἐξ Αἰγύπτου.²⁴

30. עֲרַל שְׂפָתַיִם. Ο΄. ἰσχνόφωνός εἰμι. Σ. οὐκ εἰμὶ καθαρὸς φθέγματι.²⁵

Cap. VI. 15. — τῶν υἱῶν ◄. 20. — καὶ Μαριὰμ τὴν ἀδελφὴν αὐτῶν ◄.²⁶

CAP. VII.

1. רְאֵה נְתַתִּיךָ אֱלֹהִים לְפַרְעֹה. Ο΄. ἰδοὺ δέδωκά σε θεὸν Φαραώ. Ἀ. ἴδε, δέδωκά σε θεὸν τῷ Φαραώ.¹ Σ. ἴδε, κατέστησά σε θεὸν Φαραώ.² Θ... θεὸν Φαραώ.³

2. מֵאַרְצוֹ. Ο΄. ἐκ τῆς γῆς αὐτοῦ (alia exempl. Αἰγύπτου³).

3. וְאֶת־מוֹפְתַי. Ο΄. καὶ τὰ τέρατά ✕ Ἑβρ. μου ◄.⁵

5. בִּנְטֹתִי. Ο΄. ἐκτείνων. Ἄλλος· ἐν τῷ ἐκτεῖναί με.⁶

7. וְאַהֲרֹן בֶּן. Ο΄. Ἀαρὼν δὲ [ὁ ἀδελφὸς αὐτοῦ] ✕ Ἀ. υἱός ◄.⁷

בְּדַבְּרָם. Ο΄. ἡνίκα ἐλάλησεν (alia exempl. ἐλάλησαν⁸).

9. מוֹפֵת. *Prodigium.* Ο΄. σημεῖον ἢ τέρας. Ἀ. Σ΄. τέρας.⁹

לְתַנִּין. *In serpentem.* Ο΄. δράκων. Ἀ. (εἰς) κῆτος.¹⁰

11. גַּם־הֵם חַרְטֻמֵי מִצְרַיִם בְּלַהֲטֵיהֶם כֵּן. *Etiam illi, magi Aegypti, per praestigias suas similiter.* Ο΄. καὶ οἱ ἐπαοιδοὶ τῶν Αἰγυπτίων ταῖς φαρμακίαις αὐτῶν ὡσαύτως. Ἀ. καίγε αὐτοὶ οἱ κρυφιασταὶ Αἰγύπτου ἐν ἠρεμαίοις αὐτῶν οὕτως. Σ. καὶ αὐτοὶ οἱ ἐπαοιδοὶ τῶν Αἰγυπτίων διὰ τῶν ἀποκρύφων αὐτῶν ὡσαύτως. Θ. καίγε αὐτοὶ οἱ ἐπαοιδοὶ τῶν Αἰγυπτίων ἐν ταῖς φαρμακείαις αὐτῶν ὡσαύτως.¹¹

13. וַיֶּחֱזַק. *Et obfirmatum est.* Ο΄. καὶ κατίσχυσεν. Σ. (καὶ) ἀντέστη.¹²

דִּבֶּר. Ο΄. ἐνετείλατο αὐτοῖς. Alia exempl. ἐλάλησεν.¹³

14. מֵאֵן. *Renuit.* Ο΄. τοῦ μή. Ἀ. ἀνένευσεν.¹⁴

15. וְנִצַּבְתָּ. Ο΄. καὶ ἔσῃ. Alia exempl. καὶ στήσῃ.¹⁵

הַיְאֹר. Ο΄. τοῦ ποταμοῦ. Ἄλλος· τοῦ ῥείθρου.¹⁶

18. וּבָאַשׁ. *Et foetebit.* Ο΄. καὶ ἐποζέσει. Ἄλλος· βρωμήσει.¹⁷

ـحمـ... Fortasse legendum: Θ. Ἀμμιθαδάβ. ²⁴ Sic Comp., Ald., Codd. VII, X, 14, 15, 16, alii, Arab. 1, 2, Syro-hex. ²⁵ Cod. X. Nobil. affert: Schol. οὐκ εἰμὶ κ. φθ. Montef. vero e Catenis Regiis et scholiis Combefis. edidit: Ἄλλος· οὐκ εἰμὶ καθαρὸς χείλεσι. Denique Cod. VII in marg. manu 2ᵈᵃ: ἀκρόβυστος ἐν χειˡⁱ (sic). Cf. ad v. 12. ²⁶ Syro-hex.

Cap. VII. ¹ Codd. 57, 85 (teste Montef.). Nobil. affert: Ἀ. ἴδε. ² Nobil. Cod. 57: Σ. ἴδε, κατέστησά σε. ³ Codd. 57, 85. ⁴ Sic Codd. 18, 53 (sine τῆς), 56 (idem), alii, et Syro-hex. in marg. ⁵ Sic Syro-hex. Pronomen est in Comp., Codd. III, VII (ex corr.), 15, 19, aliis, Arab. 1, 2. ⁶ Cod. VII ex corr. manu 2ᵈᵃ. ⁷ Syro-hex. in textu (om. ὁ ἀδελφὸς αὐτοῦ), qui pergit: ὀγδοήκοντα καὶ τριῶν ἦν ἐτῶν. ⁸ Sic Comp., Ald., Codd. III, X, 18, 25, alii, Arab. 1, 2, et Syro-hex. ⁹ Syro-hex. ܬܕܡܘܪܬܐ. (In textu ἢ τέρας om. Syro-hex., Arab. 1, 2, invitis libris Graecis.) ¹⁰ Cod. X. Cf. Hex. ad Psal. lxxiii. 13. ¹¹ "Sic omnes lectiones plenas habet Basiliensis [Cod. 85] cum nominibus interpretum. Codex quidam Colbertinus ad lectionem Symmachi habet ἐν ἀποκρύφῳ: Reg. 1888, ἐν ἀποκρύφοις; sed hi ἀποσπασμάτια tantum afferunt."—Montef. Cod. X affert: Ἀ. τρυφιασταί (sic). Ἀ. ἐν ἠρεμαίοις. Σ. ἀποκρύφοις. Cod. 57 in marg. sine nom.: ἐν ἠρεμίοις (sic) ἀποκρύφοις. Huc tandem pertinet Anon. in Cat. Niceph. p. 882, ab Holmesio excitatus: Ὅτι δὲ λελήθτως ηὔχοντο (οἱ μάγοι), ἐκ τῶν παρελθόντων ἐπισημειώσασθαι δεῖ, ὅπου εἶπον οἱ Ο΄, καὶ ἐποίησαν οἱ ἐπ. τῶν Αἰγ. ταῖς φαρμακείαις· ὁ δὲ Ἀκ., καὶ ἐποίησαν οἱ κρυφιασταί· ὁ δὲ Σύμ., ἐν ἀποκρύφῳ. Cf. Hex. ad Gen. xli. 8. Exod. vii. 22. viii. 7. ¹² Cod. X. ¹³ Sic Comp. (add. αὐτοῖς), Ald. (idem), Codd. III (idem), VII, X, 14, 15, 16, alii, et Syro-hex. ¹⁴ Cod. X, qui ad βεβίρυνται (sic) lectionem refert. Montef. edidit: Σ. ἀνένευσε. Ο΄. βεβάρηται, invito cod. Verum vidit Scharfenb. in Animadv. p. 56. Cf. ad Cap. iv. 23. ¹⁵ Sic Comp., Codd. III, VII, 14, 15, 16, alii, Syro-hex. ¹⁶ Cod. VII superscript. manu 2ᵈᵃ. Sic vv. 17, 18 (ter), 20 (bis), 21 (ter), et passim. Cf. ad Cap. i. 22. ¹⁷ Idem in marg. manu 2ᵈᵃ.

18. כִּין־הַיְאֹר. Ο'. ἀπὸ τοῦ ποταμοῦ. ※ καὶ ἐβά-
δισαν Μωυσῆς καὶ Ἀαρὼν πρὸς Φαραώ, καὶ εἶπαν αὐτῷ·
ΠΙΠΙ ὁ θεὸς τῶν Ἑβραίων ἀπίσταλκεν ἡμᾶς πρὸς σέ,
λέγων· ἐξαπόστειλον τὸν λαόν μου, ἵνα λατρεύσωσί μοι
ἐν τῇ ἐρήμῳ· καὶ ἰδοὺ οὐκ εἰσήκουσας ἕως τούτου. τάδε
λέγει ΠΙΠΙ· ἐν τούτῳ γνώσῃ ὅτι ἐγὼ ΠΙΠΙ· ἰδοὺ ἐγὼ
τύπτω τῇ ῥάβδῳ (τῇ) ἐν τῇ χειρί μου ἐπὶ τὸ ὕδωρ τὸ ἐν
τῷ ποταμῷ· καὶ μεταβαλεῖται εἰς αἷμα. καὶ οἱ ἰχθύες οἱ
ἐν τῷ ποταμῷ τελευτήσουσι, καὶ ἐποζέσει ὁ ποταμός,
καὶ οὐ δυνήσονται οἱ Αἰγύπτιοι πιεῖν ὕδωρ ἀπὸ τοῦ
ποταμοῦ ◄.[18]

19. עַל־מֵימֵי־. Ο'. ἐπὶ τὰ ὕδατα. Ἀ. ἐπὶ τὰ
ῥεῖθρα.[19]

וְעַל־אַגְמֵיהֶם. Et super stagna eorum. Ο'.
καὶ ἐπὶ τὰ ἕλη αὐτῶν. Ἄλλος· ἐπὶ τὰς
λίμνας αὐτῶν.[20]

וְהָיָה. Et erit. Ο'. καὶ ἐγένετο (Θ. ἐγένετο.
Ἀ. Σ. γενήσεται[21]).

22. בְּלָטֵיהֶם. Ο'. ταῖς φαρμακίαις αὐτῶν. Σ. διὰ
τῶν ἀποκρύφων.[22]

וְלֹא־שָׁמַע אֲלֵהֶם. Ο'. καὶ οὐκ εἰσήκουσεν αὐτῶν. Σ. (καὶ οὐ) προσέσχεν (αὐτοῖς).[23]

24. וַיַּחְפְּרוּ כָל־מִצְרַיִם סְבִיבֹת הַיְאֹר מַיִם לִשְׁתּוֹת
כִּי לֹא יָכְלוּ לִשְׁתֹּת מִמֵּימֵי הַיְאֹר. Et effo-

derunt omnes Aegyptii circa flumen aquam ad
bibendum, quia non potuerunt bibere ex aqua
fluminis. Ο'. ὤρυξαν δὲ πάντες οἱ Αἰγύπτιοι
κύκλῳ τοῦ ποταμοῦ, ὥστε πιεῖν ὕδωρ· καὶ οὐκ
ἠδύναντο πιεῖν ὕδωρ ἀπὸ τοῦ ποταμοῦ. Ἀ.
καὶ ὤρυξε πᾶσα ἡ Αἴγυπτος κυκλόθεν τοῦ ῥείθρου ὕδωρ τοῦ πιεῖν, ὅτι οὐκ ἠδύναντο πιεῖν ἐκ
τοῦ ὕδατος τοῦ ῥείθρου.[24] Σ. ὤρυξαν δὲ πάντες
οἱ Αἰγύπτιοι κύκλῳ τοῦ ποταμοῦ εἰς ὕδωρ ὥστε
πιεῖν, ὅτι οὐκ ἠδύναντο πιεῖν ἐκ τοῦ ὕδατος τοῦ
ποταμοῦ.[25] Θ. καὶ ὤρυξαν πάντες οἱ Αἰγύπτιοι [οἱ] κύκλῳ τοῦ ποταμοῦ ὕδωρ εἰς τὸ
πιεῖν, ὅτι οὐκ ἠδύναντο πιεῖν ἐκ τοῦ ὕδατος
τοῦ ποταμοῦ.[26]

Cap. VII. 5. ÷ πάντες ◄.[27] 9. – τῷ ἀδελφῷ
σου ◄. – καὶ ἐναντίον τῶν θεραπόντων αὐτοῦ ◄.[28]
15. (÷) αὐτός ◄.[29] 20. κύριος – αὐτοῖς ◄.[30] τῇ ῥάβδῳ
÷ αὐτοῦ ◄.[31]

Cap. VIII.

3 (Hebr. vii. 28). וּבְמִשְׁאֲרוֹתֶיךָ. Et in mactras
tuas. Ο'. καὶ ἐν τοῖς φυρέμασί (Ἄλλος·
φρέασί[1]) σου.

---

4 (vii. 29). הַצְפַרְדְּעִים. Ο'. οἱ βάτραχοι. ※ καὶ εἰσῆλθε Μωυσῆς καὶ Ἀαρὼν πρὸς Φαραώ, καὶ εἶπον αὐτῷ· τάδε λέγει ΠΙΠΙ· ἐξαπόστειλον τὸν λαόν μου, ἵνα λατρεύσωσί μοι. εἰ δὲ μὴ βούλει ἐξαποστεῖλαι, ἰδοὺ ἐγὼ τύπτω πάντα τὰ ὅριά σου βατράχοις. καὶ ἐξερεύξεται ὁ ποταμὸς βατράχους, καὶ ἀναβάντες εἰσελεύσονται εἰς τοὺς οἴκους σου, καὶ εἰς τὰ ταμιεῖα τῶν κοιτώνων σου, καὶ ἐπὶ τῶν κλινῶν σου, καὶ εἰς τοὺς οἴκους τῶν θεραπόντων σου, καὶ τοῦ λαοῦ σου, καὶ ἐν τοῖς κλιβάνοις σου, καὶ ἐν ταῖς φυράμασί σου. καὶ ἐπὶ σὲ, καὶ ἐπὶ τὸν λαόν σου, καὶ ἐπὶ τοὺς θεράποντάς σου ἀναβήσονται οἱ βάτραχοι ◄.²

5 (viii. 1). אֶל־אַהֲרֹן. Ο'. ※ πρὸς Ἀαρών.³

עַל־הַיְאֹרִים. Ο'. καὶ ἐπὶ τὰς διώρυγας. Ἄλλος· ἐπὶ τὰ ῥεῖθρα.⁴

עַל־אֶרֶץ מִצְרָיִם. Ο'. Vacat. ※ ἐπὶ τὴν γῆν Αἰγύπτου.⁵ ※ καὶ εἶπε Μωυσῆς πρὸς Ἀαρών· ἔκτεινον τῇ χειρί σου τὴν ῥάβδον σου, καὶ ἀνάγαγε τοὺς βατράχους ἐπὶ τὴν γῆν Αἰγύπτου ◄.⁶

6 (2). אֶת־יָדוֹ. Ο'. τὴν χεῖρα ※ Ἑβρ. Σ. Θ. αὐτοῦ ◄.⁷

7 (3). הַחַרְטֻמִּים בְּלָטֵיהֶם. Ο'. καὶ οἱ ἐπαοιδοὶ τῶν Αἰγυπτίων⁸ ταῖς φαρμακίαις αὐτῶν. Ἀ. οἱ κρυφιασταὶ ἐν τοῖς ἠρεμαίοις αὐτῶν. Σ. οἱ ἐπαοιδοὶ διὰ τῶν ἀποκρύφων αὐτῶν. Θ. οἱ ἐπαοιδοὶ ἐν ταῖς φαρμακίαις αὐτῶν.⁹

8 (4). וַיֹּסֶר. Ο'. καὶ περιελέτω (Ἄλλος· ἀφελέτω¹⁰).

אֶת־הָעָם. Ο'. αὐτούς. Alia exempl. τὸν λαόν.¹¹

9 (5). וּמִבָּתֶּיךָ. Et e domibus tuis. Ο'. ÷ καὶ ἀπὸ τοῦ λαοῦ σου ◄, καὶ ἐκ τῶν οἰκιῶν ὑμῶν.¹²

10 (6). כִּי־אֵין כַּיהוָה אֱלֹהֵינוּ. Ο'. ὅτι οὐκ ἔστιν ἄλλος πλὴν κυρίου ※ τοῦ θεοῦ ἡμῶν ◄¹³ (Ἀ. Σ. Θ. ὡς ΠΙΠΙ ὁ θεὸς ἡμῶν¹⁴).

14 (10). וַיִּצְבְּרוּ. Et coacervaverunt. Ο'. καὶ συνήγαγον (Ἀ. συνέχωσαν¹⁵).

חֳמָרִם חֳמָרִם. Acervos acervos. Ο'. θημωνίας θημωνίας. Ἀ. Σ. κόρους κόρους.¹⁶ Aliter: Ἀ. σωροὺς σωρούς.¹⁷ Aliter: Ἀ. Σ.... Θ. ὡς οἱ Ο'.¹⁸

---

² Syro-hex. in marg., cum scholio: "Et ista in editione Samaritanorum tantum feruntur (ܣܡܖ̈ܝܐ)." Locum integrum in marg. habet Arab. 1; Arab. 2 autem in textu tantum: "Et fecit (vitiose pro ingressus est) M. et A. ad Pharaonem." ³ Syro-hex. ⁴ In Cod. VII voci διώρυγας superscribit manus 2ᵈᵃ: ῥεῖθρα; altera autem manus ad διώρυγας in marg. appingit: διανοίξεις γῆς; necnon ad ἕλη: οἱ σύνδενδροι καὶ δίυγροι τόποι [ἢ λίμναι serius additum]. ⁵ Sic Syro-hex., et sine aster. Ald., Codd. VII (in marg. manu 2ᵈᵃ char. unciali), 15, 18, alii. ⁶ Syro-hex. in marg., cum scholio: "Et ista in editione Samaritanorum tantum posita sunt." ⁷ Sic Syro-hex., et sine notis Codd. 15, 58, 72, Arab. 1, 2, Arm. 1. (Syrus pingit: ܐܝܕܗ ❁ ܥ. ܬ. ܘܐ, per errorem, ut videtur, pro ܐ. ܬ. ܥ. ❁ ܐܝܕܗ.) ⁸ Verba τῶν Αἰγυπτίων desunt in Codd. X (sed habentur in marg. manu 1ᵐᵃ), 18, 59, 76, Syro-hex. Montef. e Reg. 1871 (=Holmes. 64) edidit: Ο'. οἱ ἐπαοιδοὶ ÷ τῶν Αἰγ. ἐν ταῖς ἐπαοιδίαις (sic)· καὶ ἐν ταῖς φ. αὐτῶν. Sed Holmesii amanuensis ex eodem exscripsit: καὶ οἱ ἐπαοιδοὶ τοῖς φ. αὐτῶν· in marg. autem post ἐπαοιδοὶ, fortasse cum indice ÷: τῶν Αἰγυπτίων ἐν ταῖς ἐπαοιδίαις (leg. ἐπαοιδαῖς) καὶ ἐν. Deinde ad φαρμακίας (s. φαρμακείαις) Cod. X in marg. pingit: ἐπαοιδαῖς, et sic in textu Ald. (cum ἐν ταῖς ἐπ.), Codd. III (idem), 71, 83. ⁹ Cod. 85, teste Montef. Cf. ad Cap. vii. 11. ¹⁰ Cod. X in marg. sine nom., et sic in textu Cod. 30. ¹¹ Sic Comp., Ald., Codd. III, VII, X, 14, 15, 16, alii, Arab. 1, 2, Arm. 1, Syro-hex. ¹² Obelus est in Syro-hex., qui male pingit: ÷ καὶ ἀπὸ—οἰκιῶν ὑμῶν ◄. Idem in marg. notat: Ὁμοίως καὶ ἡ τῶν Σαμαρειτῶν, ⊗ καὶ ἀπὸ τῶν θεραπόντων σου, καὶ ἀπὸ τοῦ λαοῦ σου (◄), ἀκολούθως (ܣܡܐܝܬ) κεῖται. ¹³ Sic Syro-hex., et sine aster. Cod. 15, Arab. 1, 2, Arm. 1. ¹⁴ Syro-hex. ܐ. ܣ. ܘ. ܐܝܟ ܡܪܝܐ ܐܠܗܢ. (In Syro-hex. vv. 10, 11 inter duos asteriscos concluduntur, cum nota marginali: "A cruce ܚܣܝܐ non, ut alias, ܡܣܡܚܐ 8. ܡܣܡܚܐ ad crucem in Hebraeis (exemplaribus?) obeli superponuntur eis, quia desunt in editione Samaritanorum." De qua notatione satis obscura fuse egit Ceriani ad loc.) ¹⁵ Cod. 85, teste Montef. Holmesii amanuensis sine nom. exscripsit. Cod. 64 in marg.: ܙ ἔχωσαν (sic). Cf. Hex. ad Psal. xxxviii. 8. ¹⁶ "Cod. Basil. [necnon Cod. 108] lectionem κόρους κόρους uni Aquilae tribuit; Chronicon autem Alex. p. 71 Aquilae et Symmacho."—Montef. Holmesii amanuensis e Cod. 85 exscripsit: "θημωνίας θημωνίας. In marg. vero: κόρους κόρους;" e Cod. 64 autem: ... ους κόρους. Praeterea ad συνήγαγον Cod. 57 in marg. habet: συνέχωσαν κόρους. κόρους ἀνάπνευσις, ἄνεσις (sic). Cf. Hex. ad Ezech. xlv. 13. Hos. iii. 2. ¹⁷ Cod. X. Ad θειμωνίας (sic) in priore loco Cod. VII in marg. manu 2ᵈᵃ: σωρούς. ¹⁸ Syro-hex. ܙ. ܩܘܦܣܐ ܩܦܝܣܐ ܣ. ܐܘ ܐܒܘ ܡܚܡܝ. Vocis ܩܦܝܣܐ significatio ignoratur.

15 (11). הָרְוָחָה. *Respiratio.* Ο΄. ἀνάψυξις. Ἀ. ἀνάπνευσις. Σ. ἄνεσις.[19]

וְהַכְבֵּד אֶת־לִבּוֹ. Ο΄. ἐβαρύνθη ἡ καρδία αὐτοῦ. Ἄλλος· ἐβάρυνε τὴν καρδίαν αὐτοῦ.[20]

16 (12). לְכִנָּם. *In pediculos* (s. *culices*). Ο΄. σκνῖφες (s. σκνῖπες). Ἄλλος· φθεῖρες.[21]

17 (13). וַיַּעֲשׂוּ־כֵן. Ο΄. Vacat. ※ καὶ ἐποίησεν οὕτως ◂.[22]

כָּל־עֲפַר הָאָרֶץ הָיָה כִנִּים. *Omnis pulvis terrae factus est pediculi* (s. *culices*). Ο΄. καὶ ἐν παντὶ χώματι τῆς γῆς ἐγένοντο οἱ σκνῖφες. Ἄλλος· πᾶς ὁ χοῦς τῆς γῆς ἐγένετο εἰς σκνῖφας.[23]

21 (17). אֶת־הֶעָרֹב. *Muscam caninam* (s. *omnigenam*). Ο΄. ※ τὴν ◂ κυνόμυιαν.[24] Ἀ. τὴν *mixtionem.* Σ. ὡς οἱ Ο΄. Θ. *mixturam.*[25] Τὸ Σαμαρειτικόν· κόρακα.[26]

22 (18). לְבִלְתִּי הֱיוֹת. Ο΄. ἐφ' ἧς οὐκ ἔσται. Θ. ὥστε μὴ γενέσθαι.[27]

יְהוָה בְּקֶרֶב הָאָרֶץ. Ο΄. κύριος ὁ θεὸς πάσης τῆς γῆς. Ἄλλος· κύριος ἐν μέσῳ τῆς γῆς.[28]

23 (19). הָאֹת הַזֶּה. Ο΄. τοῦτο ἐπὶ τῆς γῆς. Alia exempl. τὸ σημεῖον τοῦτο.[29] ※ καὶ εἰσῆλθε Μωυσῆς καὶ Ἀαρὼν πρὸς Φαραώ, καὶ εἶπον αὐτῷ· τάδε λέγει ΠΙΠΙ· ἐξαπόστειλον τὸν λαόν μου, ἵνα λατρεύσωσί μοι. Ἐὰν δὲ μὴ βούλῃ ἐξαποστεῖλαι τὸν λαόν μου, ἰδοὺ ἐγὼ ἐξαποστέλλω ἐπὶ σέ, καὶ ἐπὶ τοὺς θεράποντάς σου, καὶ ἐπὶ τὸν λαόν σου, καὶ ἐπὶ τοὺς οἴκους σου, τὴν κυνόμυιαν· καὶ πλησθήσονται αἱ οἰκίαι τῶν Αἰγυπτίων τῆς κυνομυίας, καὶ εἰς τὴν γῆν ἐφ' ἧς εἰσιν ἐπ' αὐτῆς. καὶ παραδοξάσω ἐν τῇ ἡμέρᾳ ἐκείνῃ τὴν γῆν Γεσέμ, ἐφ' ἧς ὁ λαός μου ἔπεστιν ἐπ' αὐτῆς, ἐφ' ἧς οὐκ ἔσται ἐκεῖ ἡ κυνόμυια· ἵνα εἰδῇς ὅτι ἐγὼ ΠΙΠΙ ἐν μέσῳ τῆς γῆς. καὶ δώσω διαστολὴν ἀναμέσον τοῦ λαοῦ μου, καὶ ἀναμέσον τοῦ λαοῦ σου· ἐν δὲ τῇ αὔριον ἔσται τὸ σημεῖον τοῦτο ◂.[30]

24 (20). תִּשָּׁחֵת. *Vastata est.* Ο΄. καὶ ἐξωλοθρεύθη. Σ. ἐφθάρη.[31]

26 (22). כִּי תּוֹעֲבַת מִצְרַיִם נִזְבַּח לַיהוָה אֱלֹהֵינוּ הֵן נִזְבַּח אֶת־תּוֹעֲבַת מִצְרַיִם לְעֵינֵיהֶם וְלֹא יִסְקְלֻנוּ. Ο΄. τὰ γὰρ βδελύγματα τῶν Αἰγυπτίων θύσομεν κυρίῳ τῷ θεῷ ἡμῶν· ἐὰν γὰρ θύσωμεν τὰ βδελύγματα τῶν Αἰγυπτίων ἐναντίον αὐτῶν, λιθοβοληθησόμεθα. Ἀ. ὅτι τὸ βδέλυγμα Αἰγύπτου θύσομεν (s. θυσιάσομεν) κυρίῳ τῷ θεῷ ἡμῶν· ἐὰν θύσωμεν τὸ βδέλυγμα Αἰγύπτου εἰς ὀφθαλμοὺς αὐτῶν, καὶ οὐ λιθοβολήσουσιν ἡμᾶς; Σ. τὰ γὰρ βδελύγματα τῶν Αἰγυπτίων θύσομεν κυρίῳ τῷ θεῷ ἡμῶν· ἐὰν δὲ θύσωμεν τὰ βδελύγματα τῶν Αἰγυπτίων ἐνώπιον αὐτῶν, οὐ λιθοβολήσουσιν ἡμᾶς; Θ. ὅτι τὰ βδελύγματα Αἰγύπτου θύσομεν κυρίῳ τῷ θεῷ ἡμῶν· καὶ θύσομεν τὰ βδελύγματα Αἰγύπτου πρὸ ὀφθαλμῶν αὐτῶν, καὶ οὐ λιθοβολήσουσιν ἡμᾶς;[32]

---

[19] Codd. X (cum ἀνάπαυσις pro ἀνάπνευσις), 85. Cod. 64 in marg. mutile affert: ..εσις, ἀνάπνευσις. [20] Sic in textu Codd. VII (ex corr. char. unciali), 74, 75, 84, 106. [21] "Σκνῖφες] Ita VV. LL. et S. Augustinus [*ciniphes*]. AA. LL. [Comp., Ald., Codd. 14, 15, 16, alii] σκνῖπες, quae scriptura reperitur apud Origenem, et Philonem Lib. I Περὶ βίου Μωυσέως [Opp. T. II, p. 97]: σκνιπῶν φορὰ ἐχύθη. Schol. Ἄλλος· φθεῖρες."—*Nobil.* Cod. 57 in marg.: Ἄλλος· φθεῖροι (sic). In Cod. VII ad σκνῖφες (sic ex corr. pro κνῖφες) manus 2ª subscripsit: φθιρες (sic). [22] Syro-hex. in textu, qui pingit: καὶ ἐπ. ※ οὕτως ◂. Sic sine aster. Codd. 15 (cum ἐποίησαν), 58, 72, 128 (ut 15), Arab. 1, 2. [23] Cod. 64 in marg. lectionem truncatam habet: ... χοῦς τῆς γῆς ἐγέ... εἰς σκνῖφας; unde Montef. edidit: Ἄλλος· καὶ ὁ χοῦς κ.τ.ἑ., notans: "Sic Reg. 1871, exciso interpretis nomine, uti saepe diximus." Ad σκνῖφες (ܩܠܡܐ) in priore loco Syro-hex. scholium habet: "Σκνὶψ parvum reptile est, habens quatuor alas, et est viride." Hesych.: "Σκνίψ· ζῶον χλωρόν τε καὶ τετράπτερον. [24] Sic Syro-hex., et sine aster. Cod. 58. [25] Syro-hex. ܐ. ܟܠܚܘܬܐ. ܣ. ܐܝܟ ܫܒܥܝܢ. ܬ. ܚܠܝܛܐ. (Vocum Syriacarum ܟܠܚܘܬܐ et ܚܠܝܛܐ notio generalis satis explorata est, sed quomodo Graece efferri debeant incertum est. In locis parallelis Psal. lxxvii. 45. civ. 31 Hexapla Graeca Aquilae vindicant πάμμικτον, quod Syro nostro sonat ܟܠ ܚܘܬܐ, et ܦܘܪܫܢ ܚܘܬܐ.) Montef., praeeunte Drusio, fictas lectiones edidit: Ἀ. παμμυίαν (sic). Ἄλλος· κοινόμυιαν; de quibus vid. nos in Hex. ad Psal. lxxvii. 45. [26] Nobil. [27] Cod. 64. [28] Sic in textu Cod. 58. [29] Sic Codd. X, 14, 16, 18, alii, Arab. 1, 2, Syro-hex. Sic, sed add. ἐπὶ τῆς γῆς, Comp., Ald., Codd. III, 15, alii. [30] Syro-hex. in marg., cum scholio: "Etiam ista in editione Samaritanorum tantum posita erant." Eadem fere in marg. habet Arab. 1, sed loco alieno, nempe post τῷ θεῷ ἡμῶν (v. 26). [31] Cod. X. [32] Syro-hex. ܐ. ܡܛܠ ܕܛܢܦܘܬܐ ܕܡܨܪܝܐ ܡܕܒܚܝܢܢ ܠܡܪܝܐ ܐܠܗܢ. ܐܢ ܕܒܚܝܢܢ ܚܢܢ ܠܛܢܦܘܬܐ ܕܡܨܪܝܐ ܠܥܝܢܝܗܘܢ: ܘܠܐ

29 (25). הִנֵּה אָנֹכִי. Ο'. ὅδε ἐγώ. Alia exempl. ἰδοὺ ἐγώ.[33]

מִפַּרְעֹה. Ο'. Vacat. Alia exempl. ἀπὸ Φαραώ; alia, ἀπὸ σοῦ.[34]

הָתֵל. Fallere. Ο'. ἐξαπατῆσαι. Ἀ. Σ. παραλογίσασθαι.[35]

Cap. VIII. 5. – τῷ ἀδελφῷ σου ◄. 6. – καὶ ἀνήγαγε τοὺς βατράχους ◄. 16. – τῇ χειρί σου (sic) ◄. – ἔν τε τοῖς ἀνθρώποις καὶ ἐν τοῖς τετράποσι καί ◄. 18. – καὶ οἱ ἐπαοιδοί. 19. – τοῦτο ◄. 20. – αὐτός ◄. 28. – πρὸς κύριον ◄.[36]

CAP. IX.

2. כִּי אִם מָאֵן אַתָּה. Recusaveris. Ο'. μὴ βούλει. Σ. ἀπειθεῖς.[1]

מַחֲזִיק. Retinueris. Ο'. ἐγκρατεῖς. Ἀ. ἐπιλαμβάνῃ. Σ. κατέχεις.[2]

3. דֶּבֶר כָּבֵד. Pestis gravis. Ο'. θάνατος μέγας. Ἀ. Σ. λοιμὸς βαρύς.[3]

4. דָּבָר. Ο'. ῥητόν. Schol. οὐδὲν ὁτιοῦν.[4]

5. בָּאָרֶץ. Ο'. ἐπὶ τῆς γῆς. ※ καὶ εἰσῆλθε Μωυσῆς καὶ Ἀαρὼν πρὸς Φαραώ, καὶ εἶπεν αὐτῷ τάδε λέγει ΠΙΠΙ ὁ θεὸς τῶν Ἑβραίων ἐξαπόστειλον τὸν λαόν μου, ἵνα λατρεύσωσί μοι. εἰ δὲ μὴ βούλει ἐξαποστεῖλαι, καὶ ἔτι ἐγκρατεῖς αὐτῶν, ἰδοὺ χεὶρ ΠΙΠΙ ἔσται ἐν τοῖς

κτήνεσί σου τοῖς ἐν τοῖς πεδίοις, ἐν τοῖς ἵπποις, καὶ ἐν τοῖς ὑποζυγίοις, καὶ ἐν ταῖς καμήλοις, καὶ ἐν τοῖς βουσί, καὶ ἐν τοῖς προβάτοις, θάνατος μέγας σφόδρα. καὶ παραδοξάσει ΠΙΠΙ ἀναμέσον τῶν κτηνῶν τῶν υἱῶν Ἰσραήλ, καὶ ἀναμέσον τῶν κτηνῶν τῶν Αἰγυπτίων, καὶ οὐ τελευτήσει ἀπὸ πάντων τῶν υἱῶν Ἰσραὴλ ἀριθμός. ἐν τῇ αὔριον ποιήσει ΠΙΠΙ τὸ ῥῆμα τοῦτο ἐπὶ τῆς γῆς ◄.[5]

8. קְחוּ לָכֶם. Ο'. λάβετε ὑμεῖς. Ἀ. Σ. Θ. λάβετε ὑμῖν.[6]

מְלֹא חָפְנֵיכֶם. Quantum volae vestrae capiunt. Ο'. πλήρεις τὰς χεῖρας. Ἀ. πλήρωσιν δρακῶν ὑμῶν. Σ. πλήρωσιν χειρῶν ὑμῶν. Θ. πλήρωμα χειρῶν ὑμῶν.[7]

9. פָּרַח. Prorumpens. Ο'. ἀναζέουσαι. Ἀ. πεταζόμεναι. Σ. ἐξανθοῦσαι (s. ἐξανθοῦντα).[8]

10. וַיַּעֲמְדוּ. Ο'. Vacat. ※ Ἑβρ. καὶ ἔστησαν ◄.[9]

14. אֲנִי שֹׁלֵחַ אֶת־כָּל־מַגֵּפֹתַי אֶל־לִבְּךָ. Ego immittam omnes plagas meas in cor tuum. Ο'. ἐγὼ ἐξαποστέλλω πάντα τὰ συναντήματά μου εἰς τὴν καρδίαν σου. Ἀ. ἐγὼ ἀποστέλλων σὺν πάσας τὰς θραύσεις μου πρὸς καρδίαν σου. Σ. ἀποστελῶ πάσας τὰς πληγάς μου ἐπὶ καρδίαν σου.[10]

15. בַּדֶּבֶר. Peste. Ο'. θανατώσω. Alia exempl. θανάτῳ.[11] Ἀ. Σ. ἐν λοιμῷ.[12]

16. הֶעֱמַדְתִּיךָ. Servavi te incolumem. Ο'. διετηρήθης. Alia exempl. διετήρησά σε.[13]

[Syriac text] ³³ Sic Codd. 16, 25, 32, alii (inter quos Cod. 64 in marg.), Syro-hex. Sed cf. nos in Prolegom. ad V.T. juxta LXX Interpp. p. xxv. ³⁴ Prior lectio est in Ald., Codd. X, 14, 15, 16, aliis, Arab. 1, 2, Arm. 1, et Syro-hex.; posterior in Comp., Codd. III, 19, 56, aliis. ³⁵ Nobil., Cod. 85, et Reg. 1888. ³⁶ Syro-hex. In v. 16 haec, ἔν τε—τετράποσι καί, desunt in Comp.

CAP. IX. ¹ Cod. 64. Cf. ad Cap. iv. 23. ² Cod. 64 (cum ... ἀμβάνῃ et ... ατέχεις), 85. ³ Cod. 85. ⁴ Sic Cod. X in marg. Lectionem anonymam alii interpreti minus probabiliter tribuit Montef. Syro-hex. pro ῥητὸν

insolenter posuit [Syriac], appicto scholio, quod Graece sonat: Ἀριθμός, τουτέστι, κἂν ἓν ([Syriac]). ⁵ Syro-hex. in marg., subjuncto scholio: "Etiam ista in editione Samaritanorum tantum posita sunt." ⁶ Syro-hex. [Syriac]. Sic in textu Comp., Codd. III, X, 14, 16, alii. ⁷ Idem [Syriac]. ⁸ Nobil., Cod. X (cum ἐξανθοῦντα), et Cat. Niceph. p. 648. Easdem lectiones in Basil., Reg. 1888, et Colbertino suo exstare testatur Montef. ⁹ Syro-hex. in textu: [Syriac]. Sic sine aster. Codd. 15, 58, 72, Arab. 1, 2. ¹⁰ Cod. 85, teste Montef. Holmesii amanuensis ex eodem exscripsit tantum: Ἀ. θραύσεις. Σ. πληγάς; neque aliter Cod. X. ¹¹ Sic Ald., Codd. III (ante corr.), X, 14, 15, 16, alii, Arm. 1, Syro-hex. ¹² Cod. 85. ¹³ Sic Codd. 85 (in marg.), 135.

16. אֶת־כֹּחִי‎. Ο'. τὴν ἰσχύν μου. Alia exempl.
τὴν δύναμίν μου.[14]

17. מִסְתּוֹלֵל‎. Aggeris instar opponis te. Ο'. ἐμποιῇ. Alia exempl. ἀντιποιῇ.[15] 'Α. ἀντιποιῇ.
Σ. κατέχεις.[16]

18. בָּרָד כָּבֵד‎. Grandinem vehementem. Ο'. χάλαζαν πολλήν ('Α. Σ. βαρεῖαν[17]).

הִוָּסְדָה‎. Fundationis ejus. Ο'. ἔκτισται. 'Α.
Σ. ἐθεμελιώθη.[18]

19. וָמֵתוּ‎. Ο'. τελευτήσει. ※ καὶ εἰσῆλθε Μωυσῆς
καὶ Ἀαρὼν πρὸς Φαραώ, καὶ εἶπον πρὸς αὐτόν· τάδε λέγει
ΠΙΠΙ ὁ θεὸς τῶν Ἑβραίων ἐξαπόστειλον τὸν λαόν μου,
ἵνα λατρεύσωσί μοι. ἐν τῷ γὰρ νῦν καιρῷ ἐγὼ ἐξαποστέλλω πάντα τὰ συναντήματά μου εἰς τὴν καρδίαν σου,
καὶ τῶν θεραπόντων σου, καὶ τοῦ λαοῦ σου, ἵνα εἰδῇς ὅτι
οὐκ ἔστιν ὡς ἐγὼ ἐν πάσῃ τῇ γῇ. νῦν γὰρ ἀποστείλας
τὴν χεῖρά μου, πατάξω σε καὶ τὸν λαόν σου θανάτῳ, καὶ
ἐκτριβήσῃ ἀπὸ τῆς γῆς. πλὴν ἕνεκεν τούτου διετηρήθης,
ἵνα ἐνδείξωμαι ἐν σοὶ τὴν ἰσχύν μου, καὶ ὅπως διαγγελῇ
τὸ ὄνομά μου ἐν πάσῃ τῇ γῇ. ἔτι οὖν σὺ ἐμποιῇ (s.
ἀντιποιῇ) τοῦ λαοῦ μου, τοῦ μὴ ἐξαποστεῖλαι αὐτούς·
ἰδοὺ ὕω ταύτῃ τῇ ὥρᾳ αὔριον χάλαζαν πολλὴν σφόδρα,
ἥτις τοιαύτη οὐ γέγονεν ἐν Αἰγύπτῳ ἀφ' ἧς ἡμέρας ἔκτισται ἕως τῆς ἡμέρας ταύτης. νῦν οὖν κατάσπευσον συναγαγεῖν τὰ κτήνη σου, καὶ ὅσα σοί ἐστιν ἐν τῷ πεδίῳ·
πάντες γὰρ οἱ ἄνθρωποι, καὶ τὰ κτήνη, ὅσα ἐὰν εὑρεθῇ ἐν
τῷ πεδίῳ, καὶ μὴ εἰσέλθῃ εἰς οἰκίαν, πέσῃ δὲ ἐπ' αὐτὰ
ἡ χάλαζα, τελευτήσει ◄.[19]

20. הַיָּרֵא‎. Confugere fecit. Ο'. συνήγαγε. Σ.
διέσωσεν.[20]

20. אֶת־עֲבָדָיו וְאֶת־מִקְנֵהוּ‎. Ο'. (※) τοὺς παῖδας
αὐτοῦ καὶ ◄ τὰ κτήνη αὐτοῦ.[21] 'Α. Σ. Θ. τοὺς
δούλους αὐτοῦ.[22]

21. אֶת־עֲבָדָיו וְאֶת־מִקְנֵהוּ‎. Ο'. ※ τοὺς παῖδας
αὐτοῦ καὶ ◄[23] τὰ κτήνη ※ αὐτοῦ ◄.[24]

22. וְעַל כָּל־עֵשֶׂב הַשָּׂדֶה בְּאֶרֶץ מִצְרַיִם‎. Ο'. καὶ
ἐπὶ πᾶσαν βοτάνην τὴν ※ τοῦ πεδίου ◄ ἐπὶ
τῆς γῆς ※ Αἰγύπτου ◄.[25] 'Α. Σ. τῆς χώρας.
Θ. τοῦ ἀγροῦ.[26]

23. קֹלֹת‎. Tonitrua. Ο'. φωνάς. Ἄλλος· ἀνέμων ἤχους. Ἄλλος· βροντάς.[27]

אָרְצָה‎. In terram. Ο'. ἐπὶ τῆς γῆς. Alia
exempl. ἐν τῇ χαλάζῃ.[28]

24. מִתְלַקַּחַת‎. Continens se. Ο'. φλογίζον. 'Α.
συναναλαμβανόμενον. Σ. ἐνειλούμενον.[29]

בְּכָל־אֶרֶץ מִצְרַיִם‎. Ο'. ἐν Αἰγύπτῳ. Alia exempl. ἐν ※ 'Α. πάσῃ τῇ γῇ ◄ Αἰγύπτου.[30]

25. אֵת כָּל־אֲשֶׁר בַּשָּׂדֶה‎. Ο'. Vacat. ※ πάντα
ὅσα ἦν ἐν τῷ πεδίῳ ◄.[31] 'Α. πάντας τοὺς ἐν τῇ
χώρᾳ. Σ. πάντας τοὺς ἐν τῷ χώρῳ. Θ. πάντας τοὺς
ἐν τῷ ἀγρῷ.[32]

וְעַד־בְּהֵמָה‎. Ο'. ἕως κτήνους. Ἄλλος· ἕως
τετραπόδων.[33]

27. הַפַּעַם‎. Ο'. τὸ νῦν. Ἄλλος· ἐν καιρῷ ἕως τοῦ
νῦν.[34]

30. וְאַתָּה וַעֲבָדֶיךָ יָדַעְתִּי כִּי טֶרֶם תִּירְאוּן מִפְּנֵי

---

[14] Sic Codd. III, X (cum ἰσχὺν in marg.), 14, 16, 18,
alii, et Cod. 85 in marg., unde Montef. oscitanter exscripsit: Ο'. δυναμὶ μου. Ἄλλος· δύναμίν μου. [15] Sic Codd.
18, 19 (cum ἀντιποιεῖ), 58, 72, alii, et, ni fallor, Syro-hex.,
qui ܡܬܚܡܡ vertit. [16] Codd. X (cum ἐγκρατεῖς
in textu; in marg. autem: 'Α. ἀντιποιῇ. Σ. κατέχεις. Ο'. ἐμποιῇ), 85. Symmachum imitatus est Hieron., Hebraea
vertens: Adhuc retines populum meum? [17] Cod. 85.
[18] Idem. [19] Syro-hex. in marg., cum scholio: "Etiam
ista in editione Samaritanorum tantum posita sunt." Sic
Arab. 1 in marg. [20] Cod. X. [21] Sic Syro-hex. (cum
cuneolo tantum), et sine aster. Codd. 14, 15, 16, alii, Arab.
1, 2, Arm. 1. [22] Syro-hex. ܐܣܝ. ܐ. ܗܕܒ̈ܕܘܗ. [23] Sic Syro-hex., Arm. 1, et sine aster. Codd. 15, 58, 72,
Arab. 1, 2. [24] Syro-hex. Pronomen est in libris omni-
bus. [25] Syro-hex. ◄ܐܕܒ̈ܘ ※ ܕܘܪ ܘܠܟ ܠܥܘ‎.

ܘܟܠܗܘܢ ※ ܐܝܟܐ ܒܡܕܪܐ‎. Sic sine asteriscis (cum ἐν τῷ
πεδίῳ pro τοῦ πεδίου) Codd. 15, 58, 72 (sine Αἰγύπτου),
Arab. 1, 2. [26] Syro-hex. ܐܠܡܣ. ܐ. ܐܪܩܕ‎.
[27] Nobil., Cod. Colbert., et Cat. Niceph. p. 652. [28] Sic
Codd. 30, 75, 85 (cum ἐπὶ τῆς γῆς in marg.). Ad τὸ πῦρ
ἐπὶ τῆς γῆς Cod. X in marg.: χαλάζης. [29] "Has lectiones
Aquilae et Symmachi habent Basil. [silente amanuensi
Holmesiano] et Colbert. supra memoratus."—Montef.
[30] Sic Syro-hex. (qui pingit: ※'Α. ἐν πάσῃ), et sine notis
Codd. 15 (om. τῇ), 72, 130, Arab. 1, 2. [31] Sic Syro-
hex., et sine aster. Comp., Codd. II (in marg. a manu
saec. XV), X (in marg.), 19, 55, 58, alii, Arab. 1, 2, Arm. 1.
[32] Syro-hex. ܗܘܠܟ ܪ. ܗܝܡܕܩ ܗܘܠܟ ܘ̈ܗ‎.
ܪܒܕܒ ܢܘܗܠܟ. ܐ. ܐܪܩܕܒ ܢܘܗܠܟ ܘ̈ܗ‎. Ad
Sym. cf. Hex. ad Jerem. xxxi. 40. [33] Idem in marg.
sine nom. ܠܓܕ ܐܡܕܥ. [34] Nobil., Reg. 1825, et

יְהֹוָה אֱלֹהִים. *Tu autem et servi tui, novi quod necdum timeatis Jovam Deum.* Ο΄. καὶ σὺ καὶ οἱ θεράποντές σου, ἐπίσταμαι ὅτι οὐδέπω πεφόβησθε τὸν κύριον (s. κύριον ※ τὸν θεόν ◄³⁵). Σ. σὺ δὲ καὶ οἱ θεράποντές σου, ἐπίσταμαι (s. οἶδα) ὅτι οὐ φοβεῖσθε ἀπὸ προσώπου κυρίου τοῦ θεοῦ.³⁶

32. וְהַכֻּסֶּמֶת. *Et spelta.* Ο΄. καὶ ἡ ὀλύρα ('Α. Σ. ζέα. Θ. ὀλύρα³⁷).

33. וַיִּפְרֹשׂ כַּפָּיו אֶל־יְהֹוָה. Ο΄. καὶ ἐξέτεινε τὰς χεῖρας πρὸς κύριον. 'Α. καὶ ἐξεπέτασε τὰς χεῖρας αὐτοῦ πρὸς κύριον.³⁸

35. אֶת־בְּנֵי. Ο΄. τοὺς υἱούς. Ἄλλος· τὸν λαόν.³⁹

בְּיַד־מֹשֶׁה. *Per Moysen.* Ο΄. τῷ Μωυσῇ. 'Α. Σ. ἐν χειρὶ Μωυσῆ.⁴⁰

Cap. IX. 2. − τὸν λαόν μου ◄.⁴¹　8. − λέγων ◄.⁴² πασάτω ※ αὐτήν ◄.⁴³　− καὶ ἐναντίον τῶν θεραπόντων αὐτοῦ ◄.⁴⁴　9. (−) ἔν τε τοῖς ἀνθρώποις, καὶ ἐν τοῖς τετράποσιν ◄.⁴⁵　23. τὴν χεῖρα ※ αὐτοῦ ◄.⁴⁶ ἐπὶ − πᾶσαν ◄ γῆν.⁴⁷　24. σφόδρα − σφόδρα ◄.⁴⁸ 28. − καὶ πῦρ ◄.　29. − καὶ ὁ ὑετός ◄.⁴⁹

Cap. X.

1. הִכְבַּדְתִּי. Ο΄. ἐσκλήρυνα. Ἄλλος· ἐβάρυνα.¹

וְאֶת־לֵב עֲבָדָיו. Ο΄. καὶ ※ τὴν καρδίαν ◄ τῶν θεραπόντων αὐτοῦ.²

2. יְהֹוָה. Ο΄. κύριος. ※ ὁ θεὸς ὑμῶν. καὶ ἐρεῖς πρὸς Φαραώ· τάδε λέγει ΠΙΠΙ ὁ θεὸς τῶν Ἑβραίων· ἕως τίνος οὐ βούλει ἐντραπῆναί με; ἐξαπόστειλον τὸν λαόν μου, ἵνα λατρεύσωσί μοι. ἐὰν δὲ μὴ θέλῃς ἐξαποστεῖλαι τὸν λαόν μου, ἰδοὺ ἐγὼ ἐπάγω αὔριον ἀκρίδα ἐπὶ τὸ ὁριά σου· καὶ καλύψει τὴν ὄψιν τῆς γῆς, καὶ οὐ δυνήσῃ κατιδεῖν τὴν γῆν· καὶ κατέδεται τὸ περισσὸν (ܠܚܡܐ) τὸ καταλειφθέν, ὃ κατέλιπεν ὑμῖν ἡ χάλαζα, καὶ κατέδεται πάσας τὰς βοτάνας (ܚܡܠܐ) τῆς γῆς, καὶ πάντα τὸν καρπὸν τοῦ ξύλου τοῦ φυομένου ὑμῖν ἀπὸ τῆς χώρας· καὶ πλησθήσονται αἱ οἰκίαι σου, καὶ αἱ οἰκίαι τῶν θεραπόντων σου, καὶ πᾶσα οἰκία τῶν Αἰγυπτίων· ὃ οὐδέποτε ἑωράκασιν οἱ πατέρες σου, οὐδ᾽ οἱ πρόπαπποι σου, ἀφ᾽ ἧς ἡμέρας γεγόνασιν ἐπὶ τῆς γῆς ἕως τῆς ἡμέρας ταύτης ◄.³

3. לַעֲנֹת מִפָּנָי. *Submittere te mihi.* Ο΄. ἐντραπῆναί με. Ἄλλος . . ἦξαί μοι.⁴

5. אֶת־יֶתֶר. Ο΄. πᾶν τὸ περισσὸν τῆς γῆς. Ἄλλος· τὸ λοιπὸν τῆς γῆς.⁵

הַפְּלֵטָה. *Residuum.* Ο΄. τὸ καταλειφθέν. 'Α. (τὸ) λεῖπον.⁶

6. וַיִּפֶן וַיֵּצֵא. *Et vertit se, et exiit.* Ο΄. καὶ ἐκκλίνας Μωυσῆς ἐξῆλθεν. Alia exempl. καὶ ἔκλινεν Μωυσῆς ἐξελθεῖν.⁷

7. לְמוֹקֵשׁ. *In laqueum.* Ο΄. σκῶλον. Σ. πρόσπταισμα.⁸ Τὸ Σαμαρειτικόν· εἰς ἄτας.⁹

אֶת־יְהֹוָה אֱלֹהֵיהֶם. Ο΄. τῷ θεῷ αὐτῶν. Alia exempl. κυρίῳ τῷ θεῷ αὐτῶν.¹⁰

Anon. in Cat. Niceph. p. 653. Nescio an sit scholium, indicans opportunius dici potuisse ἕως τοῦ νῦν quam τὸ νῦν. ³⁵ Syro-hex. ܠ‍ܐܗ ※ (ΠΙΠΙ) ܡܪܝܐ. Sic sine aster. Cod. 58, Arab. 1, 2, Arm. 1. ³⁶ Syro-hex. ܣ. ܪ ܐܢܬ. ³⁷ Idem (qui in textu quoque habet): ܡܣܒܠܬܐ. ܣ. ܕܚܛܬܐ ܠܘ. (Vox Syriaca commutatur cum ζέα Jesai. xxviii. 25; cum ὀλύρα autem 3 Reg. xix. 6. Ezech. iv. 9.) Cf. Hex. ad Ezech. l. c. ³⁸ Cod. 85, teste Montef. Sic in textu Comp. (sine αὐτοῦ), Ald., Codd. III, X, 14, 15, 16, alii (inter quos est 85), Syro-hex. ³⁹ Syro-hex. in textu: ܥܡܐ ܒܪ ܠ. Sic in textu sine nom. Codd. 15, 58, 72. ⁴¹ Syro-hex. Haec desunt in Codd. 72, 75. ⁴² Idem. Deest in Codd. 14, 16, 25, aliis. ⁴³ Idem. Sic sine aster. Codd. 14, 15, 16, alii, Arm. 1. ⁴⁴ Idem. ⁴⁵ Idem. Clausulam reprobant Codd. 72, 106. ⁴⁶ Idem. Sic sine aster. Codd. 14, 15,

16. alii, Arab. 1, 2, Arm. 1. ⁴⁷ Idem. ⁴⁸ Idem. Sic sine obelo Ald., Codd. III, X, 15, 30, 55, alii. ⁴⁹ Idem.

Cap. X. ¹ Sic Comp., Ald., Codd. III, X (cum ἐσκλήρυνα in marg.), 14, 15, 16, alii, Arm. 1. ² "Videtur esse Aquilae et Symmachi, qui כבד semper vertunt βαρύς."— Montef. ² Sic Syro-hex., et sine aster. Comp., Codd. 15, 19, 58, alii, Arm. 1. ³ Syro-hex. in marg., cum scholio: " Etiam ista in editione Samaritanorum tantum posita sunt." ⁴ Cod. 64, teste Holmesii amanuensi, qui tentat: ὑπείξαί μοι. ⁵ Cod. X in marg. sine nom. Sic in textu Cod. 75. ⁶ Cod. 85. ⁷ Sic Codd. 75, 85 (cum ἔκλινεν, et in marg., ut in Ed. Rom.). Montef. vero e Cod. 85 exscripsit: 'Α. Ο΄. καὶ ἐκκλίνας ἐξῆλθεν, repugnante Holmesii amanuensi. Nomen Μωυσῆς reprobant Ald., Codd. III, X, 14, 15, 16, alii, Arab. 1, 2, Arm. 1, Syro-hex. ⁸ Codd. X, 85 (teste Montef.). Cod. 64 in marg. : . . αισμα. "In Cod. Colbert. et in Ed. Rom. Aquilae adscribitur."— Montef. ⁹ Schol. apud Nobil. ¹⁰ Sic Comp., Ald.,

7. הֲטֶרֶם תֵּדַע. *An nondum novisti.* Ο΄. ἢ εἰδέναι βούλει. Ἀ. Σ. ἆρα οὔπω οἶδας.[11] Τὸ Σαμαρειτικόν· πρὶν γνῷς ὅτι ἀπόλλυται Αἴγυπτος.[12]

8. אֶל־פַּרְעֹה. Ο΄. πρὸς Φαραώ. Ἄλλος· εἰς πρόσωπον Φαραώ.[13]

9. וּבִבְקָרֵנוּ. Ο΄. καὶ πρεσβυτέροις ※ Ἀ. Θ. ἡμῶν ◄.[14]
בְּבָנֵינוּ. Ο΄. σὺν τοῖς υἱοῖς ※ Ἀ. Θ. ἡμῶν ◄.[15]
וּבִבְנוֹתֵנוּ. Ο΄. καὶ θυγατράσιν ※ Οἱ Γ΄. ἡμῶν ◄.[16]
בְּצֹאנֵנוּ. Ο΄. καὶ προβάτοις ※ Οἱ Γ΄. ἡμῶν ◄.[17]
נֵלֵךְ. Ο΄. Vacat. ※ πορευσόμεθα ◄.[18]
כִּי חַג־יְהוָה לָנוּ. Ο΄. ἔστι γὰρ ἑορτὴ κυρίου. Alia exempl. add. — τοῦ θεοῦ ◄ ἡμῶν.[19]

10. וְאֶת־טַפְּכֶם. Ο΄. καὶ τὴν ἀποσκευὴν ὑμῶν. Ἀ. τὰ νήπια ὑμῶν. Σ. τὸν ὄχλον ὑμῶν.[20]

11. לְכוּ נָא הַגְּבָרִים וְעִבְדוּ אֶת־יְהוָה. Ο΄. πορευέσθωσαν δὲ οἱ ἄνδρες, καὶ λατρευσάτωσαν τῷ θεῷ. Ἄλλος· πορεύεσθε δή, οἱ ἄνδρες, καὶ λατρεύσατε τῷ κυρίῳ.[21]
מְבַקְשִׁים. Ο΄. ἐκζητεῖτε. Σ. Θ. ἀξιοῦτε.[22]

12. בָּאַרְבֶּה וְיַעַל. *Propter locustam; et ascendat.*

Ο΄. καὶ ἀναβήτω ἀκρίς. Ἀ. Σ. Θ. ἐν ἀκρίδι. Ἀ. Θ. καὶ ἀναβήτω (s. ἀναβήσεται).[23]

12. עַל־אֶרֶץ מִצְרַיִם. Ο΄. ἐπὶ τὴν γῆν ※ Αἰγύπτου ◄.[24]

13. וַיַּם. Ο΄. καὶ ἐπῆρε. Alia exempl. ἐξέτεινε δέ.[25]
קָדִים... קָדִים. Ο΄. νότον... ὁ νότος. Ἀ. Σ. καύσωνα... ὁ καύσων.[26]

14. וַיַּעַל הָאַרְבֶּה. Ο΄. καὶ ἀνήγαγεν αὐτήν. Ἄλλος· καὶ ἐπῆλθεν ἡ ἀκρίς.[27]
וַיָּנַח. *Et consedit.* Ο΄. καὶ κατέπαυσεν (Ἀ. ἀνέπαυσεν[28]).
כֵּן אַרְבֶּה כָּמֹהוּ. *Sic locusta sicut illa.* Ο΄. τοιαύτη ἀκρίς. Alia exempl. ἀκρὶς τοιαύτη.[29] Ἀ. Θ... ὁμοία αὐτῇ.[30]

15. כָּל־הָאָרֶץ. Ο΄. ※ Θ. πάσης ◄ τῆς γῆς.[31]
וַתֶּחְשַׁךְ. *Et obscurata est.* Ο΄. καὶ ἐφθάρη. Ἀ. Σ. καὶ ἐσκοτάσθη.[32]

16. חָטָאתִי. Ο΄. ἡμάρτηκα. Σ. ἐσφάλην.[33]

22. חֹשֶׁךְ־אֲפֵלָה. *Tenebrae caliginis.* Ο΄. σκότος γνόφος (Σ. ζόφος[34]) — θύελλα ◄.[35]

Codd. III, X, 14. 16. 18, alii, Arab. 1, 2, Arm. 1, Syro-hex. Montef. e "quibusdam MSS." affert: Ἄλλος· ὅπως θύσωσι κ. τῷ θ. αὐτῶν· sed θύσωσι pro λατρεύσωσι est lectio singularis Ed. Ald. [11] Nobil., Colbert.: Ἀ. ἆρα οὔπω οἶδας. Cod. X vero: Σ. ἆρα οὔπω οἶδας. Videtur utriusque lectio esse, quam in textu habet Cod. 75. [12] Nobil., Colbert. [13] Sic in marg. Cod. 64, Syro-hex.; in textu autem Codd. 19, 30, alii. [14] Syro-hex. Sic sine notis Codd. 32, 58, 64, 72, Arab. 1, 2, Arm. 1. [15] Idem. Sic sine notis Codd. 15, 58, 72, Arab. 1, 2, Arm. 1. [16] Idem. Sic sine notis Codd. 15, 72, Arab. 1, 2. [17] Idem. Sic sine notis Codd. 15, 72, Arab. 1, 2. [18] Sic Cod. 64 (in marg.), Syro-hex., et sine aster. Codd. 14, 15, 16, alii, Arab. 1, 2, Arm. 1. [19] Sic Syro-hex., et sine obelo Comp., Ald., Codd. II (in marg.), III, X, 15, 16 (cum κυρίῳ τῷ θ. ἡ.), 18, alii, Arab. 1, 2. [20] Cod. 85, teste Montef. Cf. Hex. ad Gen. xlvii. 12. [21] "Ita MSS. quidam, cum Hebraico consonantes."—Montef. Pro πορεύεσθε stant Comp., Codd. 53, 56; pro δή (δὲ om. Ald., Codd. III, 75) solus Syro-hex.; pro λατρεύσατε Comp., Ald., Codd. II (ex corr. manu 2da), III, X, 14, 15, 16, alii, et Syro-hex.; denique pro τῷ κυρίῳ Codd. III, 15, 55, 59, 135. Sed nullus horum cum lectione Montefalconiana omni ex

parte consentit. [22] Syro-hex. ܐܠܢܘ ܡܬܚܫܒܝܢ ܟܢ. [23] Idem (cum καὶ ἀκρὶς ἀναβήτω) ad ἀκρίς: ܬܡܟܝܠ ܟܢ. ܐ. ܟ.; ad ἀναβήτω autem: ܘܢܣܩ. ܟ. ܐ. [24] Sic Syro-hex., et sine aster. Comp., Codd. 15, 19, 30, alii, Arab. 1, 2. [25] Sic Codd. 15, 58, 72, 118, et Syro-hex. (cum ἐπῆρε in marg.). [26] Codd. 64 (in marg. sine nom.), 85. [27] Sic in textu Codd. 75, 85 (cum ἐξῆλθεν); 118; in marg. autem Cod. 64 (cum καὶ ἐπῆλθεν ἡ ...), Syro-hex. (ܡܨܪܝܐ). [28] Cod. 64, teste Montef. Holmesii vero amanuensis ex eodem in marg. sine nom. affert: ἀνέπαυσατο. [29] Sic Codd. 15, 58, 72, qui Syro-hexaplari affines sunt. Hic autem in textu habet: ܐܩܡܠܐ ܡܨܪ ܘܠܐ ܘܡܝܢ ※, quod Graece sonat: ※ τοιαύτη ◄ ἀκρὶς τοιαύτη. [30] Syro-hex. ܘܕܡܝܐ ܠܗ ܟ. ܐ. [31] Sic Syro-hex., et sine notis Cod. 15. [32] Codd. 64 (cum Ἀ. Σ. ἐσκό...), 85 (teste Holmesio). Montef. e posteriore male edidit: Ο΄. καὶ ἐκάλυψε. Ἀ. Σ. καὶ ἐσκοτάσθη. Vid. Scharfenb. in *Animadv.* p. 59. Minus probabiliter Cod. X: Ἀ. Σ. ἐσκότασεν. Ο΄. ἐφθάρη. [33] Cod. 64. [34] Idem in marg. truncato: ζόφος, h. e. ut recte vidit Holmesii amanuensis: Σ. ζόφος. Cf. Hex. ad Job. xxviii. 3. Psal. x. 2. Jesai. lix. 9. Montef. male exscripsit: Σ. γνόφος, de mutila codicis scriptura tacens. [35] Obelus est in Syro-hex., qui interpungit:

23. בְּמוֹשְׁבֹתָם. *In habitationibus suis.* Ο'. ἐν πᾶσιν οἷς κατεγίνοντο. Ἄλλος· (ἐν) ταῖς κατοικίαις (αὐτῶν).³⁶

24. צֹאנְכֶם וּבְקַרְכֶם. Ο'. τῶν προβάτων ※ Οἱ Γ'. ὑμῶν ◄ καὶ τῶν βοῶν ※ Οἱ Γ'. ὑμῶν ◄.³⁷

28. אַל־תֹּסֶף. Ο'. ἔτι προσθεῖναι. Alia exempl. ἔτι μὴ προσθεῖναι.³⁸

29. כֵּן דִּבַּרְתָּ. *Recte dixisti.* Ο'. ※ Ἀ. Θ. οὕτως ◄ εἴρηκας.³⁹ Σ. ὀρθῶς..⁴⁰

Cap. X. 1. — λέγων ◄. — ἑξῆς ◄.⁴¹ 4. — ταύτην τὴν ὥραν ◄.⁴² ἀκρίδα — πολλὴν ◄ ἐπὶ — πάντα τὰ ὁριά σου.⁴³ 5. — πᾶν ◄ τὸ περισσόν.⁴⁴ 6. καὶ — πᾶσαι ◄ αἱ οἰκίαι.⁴⁵ 12. — καὶ πάντα τὸν καρπὸν τῶν ξύλων ◄.⁴⁶ 13. τὴν ῥάβδον ※ Ἑβρ. αὐτοῦ ◄.⁴⁷ 24. τῷ θεῷ — ὑμῶν ◄.⁴⁸ 26 (in loco posteriore). — τῷ θεῷ ἡμῶν ◄.⁴⁹

CAP. XI.

1. נֶגַע. Ο'. πληγήν. Ἀ. Σ. ἀφήν.¹
   כְּמַה (in posteriore loco). Ο'. Vacat. ※ Ἀ. Θ. ἐντεῦθεν ◄.²

2. אִישׁ מֵאֵת רֵעֵהוּ. Ο'. ἕκαστος παρὰ τοῦ πλησίον ※ αὐτοῦ ◄.³

2. וְאִשָּׁה מֵאֵת רְעוּתָהּ. Ο'. Vacat. Alia exempl. καὶ γυνὴ παρὰ τῆς πλησίον ※ αὐτῆς ◄.⁴

3. בְּעֵינֵי עַבְדֵי־פַרְעֹה וּבְעֵינֵי הָעָם. Ο'. καὶ ἐναντίον Φαραώ, καὶ ἐναντίον (πάντων) τῶν θεραπόντων αὐτοῦ. Alia exempl. — καὶ ἐναντίον Φαραώ ◄, καὶ ἐναντίον πάντων τῶν θεραπόντων Φαραώ, ※ Ἀ. Θ. καὶ ἐν ὀφθαλμοῖς τοῦ λαοῦ ◄.⁵

5. עַל־כִּסְאוֹ. Ο'. ἐπὶ τοῦ θρόνου ※ Οἱ Γ'. αὐτοῦ ◄.⁶
   הַשִּׁפְחָה. *Ancillae.* Ο'. τῆς θεραπαίνης. Ἄλλος· αἰχμαλωτίδος.⁷

7. לֹא יֶחֱרַץ־כֶּלֶב לְשֹׁנוֹ. *Non acuet canis linguam suam.* Ο'. οὐ γρύξει κύων τῇ γλώσσῃ αὐτοῦ. Schol. οὐκ ἀποφθέγξεται κύων, ὡς ἀλγῶν ἢ ἐνοχλούμενος.⁸

וּבֵין יִשְׂרָאֵל. Ο'. καὶ (※) Θ. ἀναμέσον ◄ τοῦ Ἰσραήλ.⁹ (※) καὶ ὁ ἄνθρωπος Μωυσῆς μέγας ἐγενήθη σφόδρα ἐν γῇ Αἰγύπτου ἐν ὀφθαλμοῖς τῶν θεραπόντων Φαραώ, καὶ ἐν ὀφθαλμοῖς τοῦ λαοῦ. καὶ εἶπε Μωυσῆς τῷ Φαραώ· τάδε λέγει ΠΙΠΙ· υἱὸς πρωτότοκός μου Ἰσραήλ· καὶ εἶπα πρὸς σέ· ἐξαπόστειλον τὸν υἱόν μου, ἵνα λατρεύσῃ μοι· καὶ ἠβουλήθης ἐξαποστεῖλαι αὐτόν· ἰδοὺ ΠΙΠΙ ἀποκτενεῖ τὸν υἱόν σου τὸν πρωτότοκον. καὶ εἶπε Μωυσῆς· τάδε λέγει ΠΙΠΙ· περὶ μέσας νύκτας ἐγὼ εἰσπορεύομαι εἰς μέσαν γῆς Αἰγύπτου· καὶ τελευτήσει πᾶν πρωτότοκον ἐν γῇ Αἰγύπτου, ἀπὸ πρωτοτόκου Φαραώ, ὃς κάθηται ἐπὶ τοῦ θρόνου αὐτοῦ, καὶ

.⁂——————————————————————⁂

σκότος, γνόφος, ut Comp. Cod. 75: σκότος καὶ γνόφος (om. θύελλα). ³⁶ Cod. 64 in marg.: ... αἷς κατοικίαις. ³⁷ Sic Syro-hex., et sine notis Cod. 15, Arab. 1, 2. Cod. 64 in textu: προβάτων ※ καὶ τῶν βοῶν ※; in marg. autem : ..ῶν(sic). ³⁸ Sic Comp. (cum ἔτι), Cod. 53, Arm. 1, Syro-hex. (cum ⊕ supra lineam char. Estrang. minutiori). ³⁹ Sic Syro-hex., et sine notis Comp., Codd. 108, 128. Ald., Codd. 83, 131 (cum ὡς pro καθὼς): καθὼς εἴρηκας. ⁴⁰ Syro-hex. ܣ. ܐܘܪܝܬ݂ܐ. Cf. Hex. ad 4 Reg. vii. 9. ⁴¹ Syro-hex. Prior vox deest in Codd. 58, 84; posterior in Cod. 72. ⁴² Idem. ⁴³ Idem. Utraque vox deest in Cod. 72. ⁴⁴ Idem. ⁴⁵ Idem, qui pingit: — καὶ πᾶσαι ◄. ⁴⁶ Idem. ⁴⁷ Idem. Sic sine notis Codd. 15, 58, 72. ⁴⁸ Idem. Juxta Hebraeum pingendum erat: — τῷ θεῷ ὑμῶν ◄. ⁴⁹ Idem.

Cap. XI. ¹ Nobil., Reg. unus, et Cod. 85 in marg, sine nom. ² Syro-hex. in textu, et sine notis Codd. 15, 18, 58, Arm. 1. ³ Syro-hex., et sine aster. Codd. 15, 58,

72, 128, Arm. 1. ⁴ Syro-hex., et sine aster. Ald., Codd. 15, 58, 72, 128, Arm. 1. Sic sine αὐτῆς Comp., Codd. III, X, 18, 29, 30, alii (inter quos est 64, cum ※ αὐτῆς in marg.), Arab. 1, 2. Montef. pingit: ※ καὶ αὐτῆς ◄, improbante Ceriani, quo judice omissio clausulae posterioris casui tribuenda est. Sed tunc pro γυνὴ nonne desideremus ἑκάστη ? ⁵ Sic Syro-hex. (cum αὐτοῦ in marg. pro Φαραώ posteriore). Haec, καὶ ἐν Φαραώ, desunt in Cod. 72. Deinde lectio, καὶ ἐν πάντων τῶν θ. Φαραώ, est in Codd. 15 (sine πάντων), 58, 72 (ut 15). Postremo post Φαραώ (s. αὐτοῦ) Cod. 58, 72 add. καὶ ἐν ὀφθ. τοῦ λαοῦ. ⁶ Sic Syro-hex., et sine notis Codd. 15, 32, 72, 128, Arm. 1. ⁷ Schol. apud Nobil. Vid. Cap. xii. 29. ⁸ "Hanc lectionem [praemisso Ἄλλος ?] exhibent quidam codd. et schedae Combefisianae [et sine Ἄλλος, Anon. in Cat. Niceph. p. 665]."—*Montef.* ⁹ Sic Syro-hex., asterisco casu omisso, et sine notis Codd. III, X, 14, 16, 18, alii.

O 2

ἕως πρωτοτόκου τῆς θεραπαίνης τῆς παρὰ τὸν μύλον, καὶ
ἕως παντὸς πρωτοτόκου κτήνους. καὶ ἔσται κραυγὴ μεγάλη
ἐν Αἰγύπτῳ, ἡ τοιαύτη οὐ γέγονε, καὶ τοιαύτη οὐκέτι
προστεθήσεται. καὶ ἐν πᾶσι τοῖς υἱοῖς Ἰσραὴλ οὐ γρύξει
κύων τῇ γλώσσῃ αὐτοῦ ἀπὸ ἀνθρώπου ἕως κτήνους· ὅπως
εἰδῆς ἃ παραδοξάσει ΠΙΙΙ ἀναμέσον τῶν Αἰγυπτίων, καὶ
ἀναμέσον τοῦ Ἰσραήλ (◄).[10]

8. בַּחֲרִי־אָף.　Cum ardore irae.　Ο΄. μετὰ θυμοῦ.
'Αλλος· μετὰ μεγάλου θυμοῦ.[11]

10. מֵאַרְצוֹ.　Ο΄. ἐκ γῆς Αἰγύπτου.　Alia exempl.
ἐκ τῆς γῆς αὐτοῦ.[12]

Cap. XI. 2. — κρυφῇ ◄.[13] σκεύη ἀργυρᾶ, καὶ
(※) σκεύη ◄ χρυσᾶ, — καὶ ἱματισμῶν ◄.[14]　3. τῷ
λαῷ — αὐτοῦ ◄.[15]　(—) καὶ ἔχρησαν αὐτοῖς ◄.[16]　8. ὁ
λαός — σου ◄.[17]　— Μωυσῆς ◄.　9. — μου τὰ σημεῖα
καὶ ◄.[18]

Cap. XII.

1. וְאֶל־אַהֲרֹן.　Ο΄. καὶ ※ Οἱ Γ΄. πρὸς ◄ Ἀαρών.[1]
3. וְיִקְחוּ לָהֶם.　Ο΄. λαβέτωσαν ※ ἑαυτοῖς ◄.[2]

5. תָּמִים זָכָר.　Ο΄. τέλειον, ἄρσεν.　Alia exempl.
τέλειον, ἄρσεν, ἄμωμον.[3]

6. עַד אַרְבָּעָה עָשָׂר יוֹם.　Ο΄. ἕως τῆς τεσσαρεσ-
καιδεκάτης ※ Ἑβρ. ἡμέρας ◄.[4]　'Α. Σ. Θ.
ἡμέρας.[5]

7. וְעַל־הַמַּשְׁקוֹף.　Et super superliminare.　Ο΄. καὶ
ἐπὶ τὴν φλιάν ('Α. τὸ ὑπέρθυρον[6]).
הַבָּתִּים (alia exempl. וְעַל). עַל.　Ο΄. ἐν τοῖς οἴκοις.　'Α. Σ. Θ. καὶ ἐπί..[7]

9. וּבָשֵׁל מְבֻשָּׁל.　Aut coquendo coctum.　Ο΄. οὐδὲ
※ Οἱ Γ΄. ἑφθὸν ◄ ἡψημένον.[8]

10. וְלֹא־תוֹתִירוּ.　Et non relinquetis.　Ο΄. οὐκ
ἀπολείψεται (alia exempl. ἀπολείψετε, s. ὑπο-
λείψετε, s. καταλείψετε[9]).

11. בְּחִפָּזוֹן.　Cum festinatione.　Ο΄. μετὰ σπουδῆς.
'Α. (Θ.) ἐν θάμβῳ.　Σ. ἐν ἐπείξει.[10]
פֶּסַח הוּא.　Pascha est.　Ο΄. πάσχα ἐστί.　'Α.
ὑπέρβασίς ἐστιν.　Σ. φασὲχ ὑπερμάχησίς ἐστιν.
Θ. ὡς οἱ Ο΄.[11]

13. נֶגֶף.　Plaga.　Ο΄. πληγή.　'Α. θραῦσμα.[12]

---

[10] Syro-hex. in marg., absentibus praeter morem asteriscis. Idem notat: " Et ista tantum in editione Samaritanorum feruntur." Eadem habet Arab. 1 iu marg., et
Arab. 2 in textu.　[11] Sie Cod. 128 in textu, fortasse ex
alio interprete.　[12] Sic Codd. III, X, 15, 29, alii,
Arab. 1, 2, Syro-hex. (cum ἐκ γῆς Αἰγ. in marg.), necnon in
marg. Codd. 57, 85.　[13] Syro-hex.　[14] Idem, absente
asterisco.　[15] Idem, Pronomen deest in Comp.,
Codd. 19, 72, 118, Arab. 1, 2.　[16] Idem, obelo casu
omisso.　[17] Idem. Pronomen deest in Cod. 72.
[18] Idem.

Cap. XII.　[1] Syro-hex., qui pingit: ※ Γ΄. καὶ πρὸς ◄ 'Α.
[2] Idem, et sie sine aster. Codd. 15, 58, 72, Arm. ed.
[3] Sie Comp., Ald., Codd. 18, 19, 37, alii, ex duplici versione τοῦ תָּמִים.　[4] Sie Syro-hex., et sine notis Codd. 15,
58, 72, 84.　[5] Syro-hex.　[6] Cod. 85.　[7] Syro-hex.
Sic iu textu Codd. 108, 118.　[8] Sie Syro-hex., et sine
notis Cod. 58. Cod. 15: οὐδὲ ἑφθὸν ἢ ἡψ. Cod. 72: οὐδὲ
ἡψ. ἢ ἑφθόν.　[9] Sie codd. apud Holmes. Duorum
priorum alterutrum in suo habuit Syro-hex., vertens: ܠ
ܐܬܡܚܕ. Cf. ad v. 46.　[10] Nobil. Syro-hex. ܐ ܙ.
ܐܒܠܐܗܐܐ. ܡ ܐܗܒܠܐ. unde Theodotionis nomen
assumpsimus. Cod. X affert: 'Α, ἐν θάμβῳ ὑπέρβασίς ἐστιν.
Σ. ἐν ἐπιδείξει (sic) φασὲχ ὑπερμάχησίς ἐστι. Codd. 57, 85:

ἐν θάμβῳ (βαθμῷ Cod. 85) ὑπέρβασίς ἐστιν. Σ. ἐν ἐπιδείξει
φασὶν (sic) ὑπερμάχησίς ἐστιν. Ad Sym. cf. Hex. ad Ezech.
xxx. 9. Zeph. i. 18.　[11] Vid. not. praeced. Syro-
hex. affert: 'Α. ὑπέρβασις (ܡܚܕܟܐ). Σ. φασὲχ ὑπερμάχησις
(ܐܬܟܚܕ ܠܘܣܦ) ܐ. ὡς οἱ Ο΄. Contra hos
consonos testes parum valet auctoritas Theodoreti ad loc.
(Opp. T. I, p. 139): Τὸ δὲ πάσχα ὁ μὲν Φίλων ἡρμήνευσε δια-
βατήρια· ὁ δὲ Ἰώσηπος, ὑπέρβασιν (corr. ὑπερβασία ex Cat.
Niceph. p. 682, et Photio apud Mai. S. V. N. C., T. IX,
p. 127)· ὁ δὲ Σύμμαχος, ὑπερμάχησιν· ὁ δὲ Θεοδοτίων, φασὲχ,
αὐτὴν τὴν Ἑβραίων (Ἑβραίαν iidem) τεθεικὼς φωνήν. Nec
majoris momenti est scholium misere truncatum in marg.
Cod. 64, quod tamen, ope similis scholii in marg. Cod. 57,
sic legi potest: Ὑπέρβασις (Cod. 57: 'Α. ὑπέρβασις)· ὅπερ
Φίλων διαβατήριον ὀνομάζει· 'Α. καὶ Σ. φασὲκ (φασὶν Cod. 57)·
οἱ μέντοι Ο΄, θείῳ πνεύματι μᾶλλον κινούμενοι, πάσχα κυρίου αὐτὸ
προηρμήνευσαν, διὰ τὸ πάθος τοῦ κυρίου. Quod ad duplicem
Symmachi versionem, φασὲχ ὑπερμάχησις, attinet, crediderim utrumque eum simul posuisse, ut lectoribus suis
tum ipsa vox Hebraea, tum significatio ejus palam fieret.
Aliis quidem locis (Exod. xii. 27. Num. ix. 2) φασὲκ tantum exhibet.　[12] Cod. 85, teste Montef. Holmesii
amanuensis sine nom. affert. Cf. ad Cap. ix. 14. (Paulo
ante ad καὶ ὄψομαι τὸ αἷμα Cod. X in marg. add. εἰς τὴν

14. לְזִכָּרֹן . Ο΄. ※ Οἱ Γ΄. εἰς ◄ μνημόσυνον.[13]

לַיהֹוָה . Ο΄. ※ Οἱ Γ΄. τῷ ◄ κυρίῳ.[14]

חֻקַּת . Ο΄. νόμιμον. Ἀ. ἀκρίβειαν. Σ. πρόσταγμα.[15]

15. תַּשְׁבִּיתוּ . Amovebitis. Ο΄. ἀφανιεῖτε. Ἀ. διαλείψετε. Σ. παύσετε.[16]

19. בַּגֵּר . In peregrino. Ο΄. ἔν τε τοῖς γειώραις. Ἀ. Σ. (ἐν) τῷ προσηλύτῳ.[17]

21. לָכֶם . Ο΄. ὑμῖν αὐτοῖς. Ἀ. Σ. Θ. ἑαυτοῖς.[18]

22. אֶל־הַמַּשְׁקוֹף . Ο΄. τῆς φλιᾶς. Ἀ. πρὸς τὸ ὑπέρθυρον.[19]

23. עַל־הַמַּשְׁקוֹף . Ο΄. ἐπὶ τῆς φλιᾶς. Ἀ. ἐπὶ τοῦ ὑπερθύρου.[20]

26. לָכֶם . Ο΄. Vacat. ※ Ἀ. Σ. ὑμῖν ◄.[21] Ο. ἡμῖν.[22]

27. זֶבַח־פֶּסַח הוּא . Sacrificium paschatis est. Ο΄. θυσία τὸ πάσχα τοῦτο. Ἀ... ὑπερβάσεώς ἐστιν. Σ... φασέκ ἐστιν. Θ. ὡς οἱ Ο΄.[23]

28. צִוָּה . Ο΄. ἐνετείλατο. Ἄλλος· συνέταξεν.[24]

29. בְּבֵית הַבּוֹר . In carcere. Ο΄. ἐν τῷ λάκκῳ.

Ἀ. Θ. ἐν τῷ οἴκῳ τοῦ λάκκου. Σ. ἐν τῷ δεσμωτηρίῳ.[25]

29. וְכֹל בְּכוֹר . Ο΄. καὶ ἕως πρωτοτόκου παντός. Alia exempl. καὶ πᾶν πρωτότοκον.[26]

30. הוּא וְכָל־עֲבָדָיו . Ο΄. ※ Οἱ Γ΄. αὐτὸς ◄[27] καὶ (πάντες) οἱ θεράποντες αὐτοῦ.

32. קְחוּ כַּאֲשֶׁר דִּבַּרְתֶּם וָלֵכוּ . Ο΄. ἀναλαβόντες πορεύεσθε. Alia exempl. add. καθάπερ εἰρήκατε.[28] Ἀ.. καθὰ ἐλαλήσατε.. Σ. Θ.. καθάπερ ἐλαλήσατε..[29]

וּבֵרַכְתֶּם . Ο΄. εὐλογήσατε δή (alia exempl. δέ[30]).

37. סֻכֹּתָה . Ο΄. εἰς Σοκχώθ. Σ. εἰς σκηνάς.[31]

לְבַד מִטָּף . Praeter parvulos. Ο΄. πλὴν τῆς ἀποσκευῆς. Ἀ. χωρὶς ἀπὸ νηπίου. Σ.. τοῦ ὄχλου.[32]

39. וַיֹּאפוּ . Et coxerunt. Ο΄. καὶ ἔπεψαν. Ἄλλος· καὶ ὤπτησαν.[33]

צֵדָה . Commeatum. Ο΄. ἐπισιτισμόν. Ἄλλος· τροφήν.[34]

40. וּמוֹשַׁב . Habitatio autem. Ο΄. ἡ δὲ κατοίκησις (alia exempl. παροίκησις[35]). (Ἀ.) καθέδρα.[36]

βακτηρίαν, quod nescio quid sibi velit.) [13] Syro-hex. Sic sine notis Comp., Codd. 15, 53, 56, alii. [14] Idem, et sine notis Codd. 15, 58, 72. [15] Cod. 85. [16] Idem. [17] Idem, teste Montef. In collatione Holmesiana anonyma est lectio. Pro γειώραις autem Codd. 15, 75 προσηλύτοις habent. Cf. Hex. ad Job. xxxi. 32. Psal. cxviii. 19. [18] Syro-hex. ܠܗܘܢ ܗܢܘܢ. [19] Idem. ܠܬܪܥܐ. Cf. ad v. 7. (In Jesui. vi. 4 τὸ ὑπέρθυρον Noster vertit ܐܣܟܦܬܐ ܡܢ ܠܥܠ; sed in Hex. ad Ezech. xl. 21 eadem ac h. l. periphrasi usus est.) [20] Idem: ܠ. ܣܟܦܬܐ. [21] Syro-hex. in textu. ܐܣܟܦܬܐ ܘܥܠ ܡܢ ܠܥܠ. Sic sine notis Codd. 14, 15, 16, alii, Arab. 1, 2. [22] Idem in marg. [23] Idem: ܦܨܚܐ ܗܘ. ܐ. ܠ. ܡܥܒܪܬܐ ܗܘ. ܣ. ܦܨܚܐ ܗܘ. Cf. ad v. 11. [24] Sic in textu Codd. 30, 85 (cum ἐνετείλατο in marg.). [25] Syro-hex. ܠ. ܐ. ܒܒܝܬ ܚܒܘܫܝܐ. Cod. X affert: Σ. δεσμωτηρίῳ. [26] Sic Comp., Ald., Codd. III, X, 14, 15, 16, alii, Arm. 1, Syro-hex., etiam Cod. 85 in marg., unde Montef. edidit: Ἄλλος· καὶ πᾶν πρωτότοκον. [27] Syro-hex. Sic sine notis Codd. 15, 58. Arm. 1. Mox πάντες assumptum ex Comp., Ald., Codd. III, X, 14, 16, 18, aliis, Arab. 1, 2, Arm. 1, et Syro-hex. [28] Sic Comp., Codd. VII (in marg.), X, 15 (ante, non post, πορεύεσθε), 18, 19, alii, Arm. 1, Arab. 1, 2 (uterque ut 15), et Syro-hex. (idem). [29] Syro-hex. ܐ. ܐܝܟ ܕܡܠܠܬܘܢ. [30] Sic Comp., Ald., Codd. 15, 25, alii (inter quos 85, cum δή in marg.), Syro-hex. [31] Cod. VII. Ad εἰς Ῥαμεσσὼ εἰς Σ. Codd. 64, 85 in marg. notant: ἴασις κρίσεως. σκηναί; unde Montef. notam effecit: Ἄλλος· ἴασις κρίσεως (sic) σκηναί. [32] Codd. X, 85. Minus probabiliter Nobil.: Ἀ. χωρὶς νηπίων. Ad ἀποσκευῆς Cod. VII in marg. manu 2da: τῶν νηπίων καὶ λοιπῶν. Cf. ad Cap. x. 10. [33] Cod. VII in marg. manu 2da. Praeterea ad ἐζυμώθη idem appingit ἀνέβη (ut ἀνωβα° (sic) pro ζύμη Cap. xiii. 3); necnon ad φυράματα (v. 34), προζύμα; quae mera glossemata neograeca esse videntur. [34] Idem. In Cod. 56 superscript. δαπάνην. [35] Sic (et mox παρῴκησαν) Ald., Codd. III, VII, X (cum κατοίκ. in marg.), 14, 16, 18, alii. [36] Cod. VII in marg. manu 2da. Cf. Hex. ad Ezech. vi. 6. xxviii. 2.

40. בְּמִצְרָיִם. Οʹ. ἐν γῇ Αἰγύπτῳ ÷ καὶ ἐν γῇ Χαναάν ↙[37] (alia exempl. add. αὐτοὶ καὶ οἱ πατέρες αὐτῶν[38]).

41. וַיְהִי בְּעֶצֶם הַיּוֹם הַזֶּה. *Et factum est hoc ipso die.* Οʹ. Vacat. ※ καὶ ἐγένετο τῇ ἡμέρᾳ ταύτῃ ↙.[39] Ἄλλος· καὶ ἐγένετο ἐν δυνάμει τῆς ἡμέρας ταύτης.[40]

כָּל־צִבְאוֹת. Οʹ. πᾶσα ἡ δύναμις (Ἀ. στρατιά[41]). Ἀ. Σ. πᾶσαι αἱ στρατιαί. Θ. πᾶσαι αἱ δυνάμεις.[42]

42. לֵיל שִׁמֻּרִים הוּא לַיהוָה. *Nox celebrationis est in honorem Jovae.* Οʹ. νυκτός. προφυλακή (alia exempl. προφυλακῆς[43]) ἐστι τῷ κυρίῳ. Ἀ. νὺξ παρατηρήσεως (s. παρατηρήσεων) ἦν τῷ ΠΙΠΙ. Σ. νὺξ παρατετηρημένη ἐστὶ τῷ ΠΙΠΙ. Θ. ὡς οἱ Οʹ.[44] Τὸ Σαμαρειτικόν· φυλάξεως.[45]

הוּא־הַלַּיְלָה הַזֶּה לַיהוָה שִׁמֻּרִים. Οʹ. ἐκείνη ἡ νὺξ αὕτη προφυλακὴ κυρίῳ. Ἀ. Σ. αὕτη ἡ νὺξ αὕτη τῷ ΠΙΠΙ παρατηρήσεως. Θ. παρατηρήσεως τὴν νύκτα (s. τῇ νυκτὶ) τῷ ΠΙΠΙ φυλακῆς.[46]

43. חֻקַּת. Οʹ. ὁ νόμος. Ἄλλος· ὁ τύπος.[47]

46. יֵאָכֵל. Οʹ. βρωθήσεται. Alia exempl. add. οὐ καταλείψετε ἀπ' αὐτοῦ ἕως πρωΐ.[48] Alia: οὐ καταλείψετε ἀπὸ τῶν κρεῶν εἰς τὸ πρωΐ.[49]

48. לַיהוָה. Οʹ. ※ Ἀ. Θ. τῷ ↙ κυρίῳ.[50]

Cap. XII. 4. τὸν γείτονα ※ Ἑβρ. αὐτοῦ ↙.[51] 9. κεφαλὴν ※ Οἱ Γʹ. αὐτοῦ ↙ σὺν τοῖς ποσὶν ※ Οἱ Γʹ. αὐτοῦ ↙, καὶ τοῖς ἐνδοσθίοις ※ Οἱ Γʹ. αὐτοῦ ↙.[52] 10. ÷ καὶ ὀστοῦν οὐ συντρίψετε ἀπ' αὐτοῦ ↙.[53] 16. ÷ λατρευτὸν ↙. 18. ÷ τοῦ πρώτου ↙. 27. ÷ αὐτοῖς ↙.[54] 29. ἐπὶ τοῦ θρόνου ※ Οἱ Γʹ. αὐτοῦ ↙.[55] 30. ἐν ÷ πάσῃ γῇ ↙ Αἰγύπτου (sic).[56] 31. ÷ Φαραὼ ↙. ÷ αὐτοῖς ↙. ÷ τῷ θεῷ ὑμῶν ↙.[57] 32. τὰ πρόβατα ※ Ἑβρ. ὑμῶν ↙.[58] 34. ὤμων ※ Οἱ Γʹ. αὐτῶν ↙.[59] 35. καὶ (※) σκεύη (↙) χρυσᾶ.[60] 36. τῷ λαῷ ÷ αὐτοῦ ↙. 39. ÷ εἰς τὴν ὁδὸν ↙.[61]

Cap. XIII.

2. קַדֶּשׁ־לִי. Οʹ. ἁγίασόν μοι. Ἄλλος· χώρισόν μοι.[1]

3. וְלֹא יֵאָכֵל חָמֵץ. *Et non comedetur fermentatum.* Οʹ. καὶ οὐ βρωθήσεται ζύμη. Ἄλλος· καὶ οὐ φάγεσθε ζύμην.[2]

---

[37] Obelus est in Syro-hex. [38] Sic Comp. (tum post κατῴκησαν, tum post Χαναάν; ergo *bis* habet), Ald., Codd. III, VII, X, 14, 15 (post κατῴκησαν), 16, alii, Arab. 1, 2, Arm. 1, Syro-hex. [39] Syro-hex. in textu. [40] Cod. VII in marg. manu 2da. Cf. Hex. ad Psal. cxxxviii, 15. [41] Cod. 108. Sic in textu Comp., et superscript. sine nom. Cod. 56. [42] Syro-hex. ad πᾶσα: ܐ. ܣ. ܟܠܗܝܢ.; et ad ἡ δύναμις: ܐ. ܣ. ܦܠܚܘ̈ܬܐ. ܬ. ܚܝ̈ܠܘܬܐ. [43] Sic Comp. (cum νὺξ προφ.), Codd. 15, 19, 30, 108. [44] Syro-hex. ܐ. ܠܠܝܐ ܕܢܛܘܪܬܐ ܐܝܬܘܗܝ ܗܘܐ ܠܡܪܝܐ. ܣ. ܠܠܝܐ ܢܛܝܪܐ ܐܝܬܘܗܝ ܠܡܪܝܐ. ܬ. ܐܝܟ ܫܒܥܝܢ. Nobil., et Cat. Niceph. p. 694: Ἀ. παρατηρήσεως. Σ. παρατετηρημένη; Montef. vero e Cod. 85: Ἀ. παρατηρησέων. [45] Nobil., Cat. Niceph. ibid. (cum φυλ. ἐστι τῷ κ.). Ad προφυλακή (bis) Cod. VII in marg. manu 2da: φυλαγμάτων. [46] Syro-hex. ܐ. ܣ. ܗܢܐ ܠܠܝܐ. ܗܢܐ ܠܡܪܝܐ ܕܢܛܘܪܬܐ. ܬ. ܕܢܛܘܪܬܐ ܗܘ ܠܠܝܐ ܠܡܪܝܐ ܕܡܛܪܬܐ. "Hebraeum melius reddunt LXX, saltem prouti reliqui interpretes prostant in Nostro, in quo tum Aq. et Sym., tum maxime Theod. corrupti apparent."—*Ceriani.* [47] Cod. VII in marg. manu 2da. Cf. Hex. ad Gen. xlvii. 25. Idem ad ἀλλογενής marg. sinistro et dextro pingit: υἱὸς ξένου (quod Aquilae esse potest, coll. Hex. ad Psal. xvii. 45), et ἀκρόβυστος; necnon (v. 44) ad ἀργυρώνητον, χρυσώνητον. [48] Sic Codd. VII (in marg. char. unciali, cum ἀπὸ αὐτοῦ εἰς τὸ πρ.), 55, 58, 75 (cum καταλείψεται), 85 (in textu; in marg. autem: ἀπὸ τῶν κρεῶν ἕως τὸ (sic) πρωΐ). [49] Sic Ald., Codd. III, X (in marg. cum οὐκ ἀπολείψεται), 14 (praem. καί), 16 (idem), 18, alii. Neutrum additamentum agnoscit Syro-hex. [50] Syro-hex., qui pingit: ※ܐ. ܬ. ܠܡܪܝܐ ↙, pro ※ܐ. ܬ. ܠ↙ܡܪܝܐ. Articulus est in Codd. 15, 58. Cf. ad v. 14. Mox ad αὐτόχθων et ἀπερίτμητος Cod. VII in marg. manu 2da: ἐντόπιος et ἀκρόβυστος. [51] Syro-hex. Sic sine notis Codd. 15, 58 (cum ἑαυτοῦ), 72. [52] Idem, et sine notis Codd. 15 (ter), 58 (in primo loco), 72 (in tertio loco). [53] Idem, et sub ÷ Arab. 1, 2. [54] Idem. [55] Idem, et sine notis Codd. 15, 58, 128, Arab. 1, 2. [56] Idem, qui pingit: ÷ ἐν πάσῃ γῇ ↙. [57] Idem. [58] Idem, et sine notis Codd. 58, 74, alii, Arm. 1. [59] Idem, et sine notis Codd. 15, 58, alii, Arab. 1, 2, Arm. 1. [60] Sic sine aster. Codd. 15, 58, Syro-hex. [61] Syro-hex.

Cap. XIII. [1] Cod. VII in marg. manu 2da. Fortasse est Theodotionis, cui קְדֵשָׁה sonat κεχωρισμένη ad Hos. iv. 14. [2] Sic in marg. Codd. X, 85; in textu autem Codd. 29, 74, 82, alii, Arm. 1.

4. **הָאָבִיב.** *Abib* (spicarum). Ο΄. τῶν νέων. Ἄλλος· τῶν νεαρῶν.³

5. **כִּי.** Ο΄. ἡνίκα ἐάν. Ἄλλος· ὡς ἄν.⁴

וְעָבַדְתָּ. Ο΄. καὶ ποιήσεις (Ἄλλος· δουλεύσεις⁵).

6. **שִׁבְעַת.** Ο΄. ἕξ. Ἄλλος· ἑπτά.⁶

9. **וּלְזִכָּרוֹן.** Ο΄. μνημόσυνον. Alia exempl. ἀσάλευτον.⁷

10. **אֶת־הַחֻקָּה הַזֹּאת.** Ο΄. τὸν νόμον (Ἀ. ἀκριβασμόν (s. ἀκριβάσματα). Σ. πρόσταγμα⁸) τούτον.

לְמוֹעֲדָהּ מִיָּמִים יָמִימָה. *In tempore constituto ejus ex anno in annum.* Ο΄. κατὰ καιροὺς ὡρῶν, ἀφ᾽ ἡμερῶν εἰς ἡμέρας. Ἄλλος· εἰς καιρὸν αὐτοῦ, καὶ ἀπὸ χρόνου εἰς χρόνον.⁹

11. **כַּאֲשֶׁר.** Ο΄. ὃν τρόπον. Ἄλλος· καθώς.¹⁰

לְךָ וְלַאֲבֹתֶיךָ. Ο΄. ※ σοὶ καὶ ◄ τοῖς πατράσι σου.¹¹

12. **וְהַעֲבַרְתָּ.** *Et transire facies* (offeres). Ο΄. καὶ ἀφελεῖς (alia exempl. ἀφοριεῖς¹²).

וְכָל. Ο΄. ※ καὶ ◄ πᾶν (διανοῖγον).¹³

13. **תִּפְדֶּה בְשֶׂה וְאִם־לֹא תִפְדֶּה וַעֲרַפְתּוֹ.** *Redimes pecore; quod si nolueris redimere, cervices ei franges.* Ο΄. ἀλλάξεις προβάτῳ· ἐὰν δὲ μὴ ἀλλάξῃς, λυτρώσῃ αὐτό. Ἀ. λυτρώσῃ αὐτὸ ἐν υἱῷ ποιμνίου· ἐὰν μὴ λυτρώσῃ, τενοντώσεις αὐτό. Σ. λυτρώσῃ βοσκήματι· ἐὰν δὲ μὴ λυτρώσῃ αὐτό, ἀποκτενεῖς αὐτό. Θ. λυτρώσῃ ἐκ ποιμνίου· καὶ ἐὰν μὴ λυτρώσῃ αὐτό, νωτοκοπήσεις αὐτό.¹⁴ Τὸ Σαμαρειτικόν· παραδώσεις.¹⁵

16. **וּלְטוֹטָפֹת.** *Et in frontalia* (φυλακτήρια). Ο΄. καὶ ἀσάλευτον (alia exempl. σαλευτόν¹⁶). Ἀ. καὶ εἰς νακτά.¹⁷ Aliter: Ἀ. Σ. Θ. καὶ σαλευόμενον.¹⁸

17. **אֶרֶץ פְּלִשְׁתִּים.** Ο΄. γῆς Φυλιστιείμ. Ἄλλος· γῆς ἀλλοφύλων.¹⁹

---

³ Sic Cod. 85 in marg.　⁴ Sic in marg. Codd. X (teste Holmes.), 85.　⁵ Cod. VII in marg. manu 2ᵈᵃ.　⁶ Sic in textu Syro-hex. (cum nota marginali: οἱ Ο΄. ἕξ), Arab. 1, 2; necnon Cod. VII in marg. manu 2ᵈᵃ.　⁷ Sic Codd. X (in marg.), 29, 30, 85 (cum μνημόσυνον in marg.). Vid. v. 16.　⁸ Nobil. affert: Schol. Ἄλλος· ἀκριβασμόν. Ἄλλος· πρόσταγμα. Cod. X vero: Ἀ. ἀκριβάσματα. Σ. πρόσταγμα. Cf. ad Cap. xii. 14.　⁹ Cod. VII in marg. manu 2ᵈᵃ. Videtur esse interpretis Aquila et ceteris serioris.　¹⁰ Idem.　¹¹ Sic Syro-hex., et sine aster. Codd. VII (manu 2ᵈᵃ superscript.), 15, 58, alii, Arab. 1, 2, Arm. 1.　¹² Sic Comp., Ald., Codd. III, VII, X (cum ἐλ in marg.), 14, 15, 16, alii, Syro-hex. Cod. VII in marg. manu 2ᵈᵃ: ἢ ὁάσεις.　¹³ Syro-hex. (qui male pingit: ※ καὶ πᾶν διανοῖγον ◄). Sic sine aster. Comp., Codd. VII (manu 2ᵈᵃ), 15, 19, 30, 52, 58, Arab. 1, 2, Arm. 1. Mox ad γέννημα Syro-hex. in marg. sine nom.: γεννηθῇ (محـلـمـبـ), invitis libris Graecis.　¹⁴ Syro-hex. ﻝ. ﻝ ﺍﺑﻤﻬﺪﻣﻞ. ﺣﺪ ﻣﻨﺤﻨﻞ. Nobil., Cod. X, et Cat. Niceph. p. 699: Ἀ. τενοντώσεις. Σ. ἀποκτενεῖς. Θ. νωτοκοπήσεις (Nobil. add. αὐτό). Cod. 85: Ἀ. τενοντώσεις (sic). Σ. ἀποκτενεῖς. Cf. Hex. ad Exod. xxxiv. 20. Deut. xxi. 4. Jesai. lxvi. 3.　¹⁵ Colbert. et Regii duo, teste Montef.　¹⁶ Syro-hex. Arab. 1, 2: *et mobile.* Cf. Hex. ad Deut. vi. 8. xi. 18.　¹⁷ Cod. X affert: Ἀ. εἰς νακτά. Ο΄. εἰς ἀσά-

λευτον. Idem ad Deut. vi. 8: Ἀ. ΗΑΚΤΑ (sic). Ο΄. ἀσάλευτα. " Lectio Aquilae varie fertur in libris MSS. Ed. Rom. habet: Ἀ. καὶ εἰς ἐνεκτά, quod sane nihil significat [Schleusner. in *Opusc. Crit.* p. 101: ᾽ Puto esse *gestamina*, ab ἐνεγκεῖν, *ferre, gestare*᾽]. Basil. hic: καὶ εἰσανακτά, unde non majorem notitiam expisceris. Idem Basil. infra Deut. vi. 8 ad vocem טֹטָפֹת habet: Ἀ. ἀνακτά, quod perinde nihil significat. Has omnes lectiones vitiatas puto [etiam Coislinianam, εἰς νακτά, quae serius ei innotuit]; legendumque opinor, καὶ εἰς ἀνανακτά, *in innota*, ut quadret cum aliis interpretibus, καὶ ἀσάλευτον."—Montef. Sincerum puto εἰς νακτά, a νάσσω, *stipo, dense impleo*. Glossae dant: Νακτή, *farsa*. Νακτόν, τὸ πεπιλωμένον, *densum, pressum.* Scilicet hoc nomine appellat interpres thecas, in quas schedulae membranaceae, variis legis sectiunculis inscriptae, *infarciebantur.* Etymon autem Hebraeae vocis, de quo ad hunc diem inter Lexicographos ambigitur, Noster a Talmudico טָפַף, *aequare, complanare*, proprie de mensuris accurate plenis, πεπιεσμένοις καὶ σεσαλευμένοις (Luc. vi. 38), accessere videtur, quod cum Graeco νάσσειν (Hesychio ὁμαλίζειν, θλίβειν) egregie consonat.　¹⁸ Syro-hex. ﻣﺪﻟﺎﺣﺪ.ﻝ. ﻝ. Aquilae nomen vereor ut recte cum ceteris conjunctum sit. Nec magis probabiliter Montef. e Cod. 85 exscripsit: Σ. Ο΄. Θ. ἀσάλευτον.　¹⁹ Cod. VII in marg. manu 2ᵈᵃ (cum τῆς Φ. in textu). Ad Φυλιστιείμ Montef. e Cod. 85 affert: Ἄλλος· πτώσεις δισσῆς, quae mera est glossa etymologica vocis פְּלִשְׁתִּים (פֵּל שָׁתַּיִן). Sic Hieron. in Libro de Nom. Hebr. (Opp. T. III, p. 20): " Felistim, *ceciderunt duo*."

18. וַיַּסֵּב. *Sed circuire jussit.* Ο'. καὶ ἐκύκλωσεν.
'Άλλος· (καὶ) ἐγύρισεν.²⁰

חֲמֻשִׁים. *Agmine instructo.* Ο'. πέμπτῃ γενεᾷ.
'Α. ἐνωπλισμένοι. Σ. ὁπλῖται. Θ. πεμπταΐ-
ζοντες.²¹

20. מִסֻּכֹּת. Ο'. ἐκ Σοκχώθ. ('Άλλοι) συσκιασμοὶ
ἢ σκηναί.²²

בְּאֵתָם בִּקְצֵה הַמִּדְבָּר. *In Etham in extremi-*
tate deserti. Ο'. ἐν Ὀθὼμ παρὰ τὴν ἔρημον.
'Α. Σ. Θ. εἰς Ἡθὰν τὴν ἐρημοτάτην.²³ 'Άλ-
λος· ἐν σημείῳ…²⁴

21. הֹלֵךְ לִפְנֵיהֶם. Ο'. ἡγεῖτο ('Άλλος· προεπο-
ρεύετο²⁵) αὐτῶν.

לְהָאִיר לָהֶם לָלֶכֶת יוֹמָם וָלָיְלָה. Ο'. Vacat.
※ Σ. Θ. τοῦ φαίνειν αὐτοῖς, ὁδεύειν ἡμέρας
καὶ νυκτός ◄.²⁶

Cap. XIII. 2. – πρωτογενές ◄. 5. – ὁ θεός σου ◄.
– καὶ Γεργεσαίων καὶ Φερεζαίων ◄.²⁷ 8. κύριος – ὁ
θεός ◄.²⁸ ἐκ ※ (fort. –) γῆς ◄ Αἰγύπτου.²⁹ 11.
(–) ὁ θεός σου ◄.³⁰ 12. – τὰ ἀρσενικά ◄.³¹ διανοῖγον – μήτραν ἐκ τῶν βουκολίων ἤ ◄ (fort. pro: διανοῖγον – μήτραν ◄ ἐκ τῶν βουκολίων – ἤ ◄).³² 13.
– μήτραν ◄.³³ 19. ὤρκισεν – Ἰωσήφ ◄.³⁴ 22. –
παντὸς ◄ τοῦ λαοῦ.³⁵

CAP. XIV.

2. פִּי הַחִירֹת. Ο'. τῆς ἐπαύλεως. 'Α. Σ. Φιερώθ.
Θ. Φιερώθ.¹ 'Άλλος· ἀκρωτίου τῆς Χερώθ.²

בַּעַל צְפֹן נִכְחוֹ תַחֲנוּ. Ο'. Βεελσεπφῶν ἐνώπιον αὐτῶν στρατοπεδεύσεις. 'Α. Σ. Βεελσε-
φών. 'Α. κατ' εὐθὺ αὐτοῦ στρατοπεδεύσεις. Σ. ἐξ
ἐναντίας αὐτοῦ στρατοπεδεύσετε. Θ. Βεελσεφών(·) ἐνώπιον αὐτοῦ στρατοπεδεύσετε.³

---

²⁰ Cod. VII in marg. manu 2ᵈᵃ.   ²¹ Cod. X. Cat.
Niceph. p. 701: ὁ δὲ Ἀκ. ἐνωπλισμένοι, φησί· Σύμ. ὁπλῖται.
Paulo aliter Nobil. et Cod. 85, teste Montef.: 'Α. Σ. καθωπλισμένοι. Θ. πεμπταΐζοντες. Denique Hieron. in Epist.
XXXVI ad Damasum (Opp. T. I, p. 167): "Aquila nam-
que, qui non contentiosius, ut quidam putant, sed studiosius verbum interpretatur ad verbum, in eo loco ubi
LXX posuerit: *Quinta autem generatione ascenderunt*
filii Israel de terra Aegypti, ita transtulit: καὶ ἐνοπλισάμενοι [Cod. Vat., teste Vallarsio, ἐνοπλισμένοι] ἀνέβησαν οἱ
υἱοὶ Ἰσραὴλ ἀπὸ τῆς γῆς Αἰγύπτου; id est, *Et armati ascen-*
derunt filii Israel de terra Aegypti. Licet pro eo quod
nos *armati* diximus, secundum Graeci sermonis ambiguitatem, *instructi,* sive *muniti,* propter supellectilem qua
Aegyptios spoliaverunt, possit intelligi." Quod vero ad
Theodotionis versionem attinet, πεμπταΐζοντες non significat
quintati, in quinque partes distributi, ut somniaverunt
Montef., Schleusner.; aut *numero quinario,* a πεμπτάς,
qui Drusii est error; sed *quinto die* (vel καταχρηστικῶς,
quinta generatione; cf. Hex. ad Gen. iv. 24) *aliquid fa-*
cientes, a πεμπταῖος, ut apud medicos scriptores τριταῖζω, et
τεταρταΐζω, a τριταῖος et τεταρταῖος.   ²² Cod. VII in marg.
manu 2ᵈᵃ. Prior lectio Aquilae esse videtur, coll. Hex.
ad Psal. xxvi. 5. lix. 8. Amos v. 26.   ²³ Cod. X juxta
collationem Bodl.: 'Α. Σ. Θ. ΕΝΝΘΑΝ τὴν ἐρ. Montef. vero
ex eodem exscripsit: 'Α. Σ. Θ. εἰς Ἡθὰν τὴν ἐρ.   ²⁴ Cod.
VII in marg. manu 2ᵈᵃ.   ²⁵ Idem.   ²⁶ Syro-hex. in
textu: ܠܡܢܗܪܘ ܠܗܘܢ ܕܢܐܙܠܘܢ ※. ⋆ܒܐܝܡܡܐ. Sic sine notis Cod. 15. Arab. 1, 2, Arm. 1,

et (om. ὁδεύειν) Codd. 58 (cum φανεῖν), 131 (superscript.
manu rec.). Brevius additamentum, τοῦ φαίνειν δὲ αὐτοῖς,
habent Ald., Codd. 72, 83. Denique Cod. VII in marg.
manu 2ᵈᵃ: τοῦ φωτίζειν αὐτούς. τοῦ περιπατεῖν ἡμέρας καὶ νύκτωρ.
²⁷ Syro-hex., qui ad v. 5 pingit: – ὁ θεός ◄ σου.   ²⁸ Idem.
Deest ὁ θεός in Codd. 30, 85.   ²⁹ Idem. Sic sine nota
Codd. 15. 75, 85 (cum ἐξ Αἰγ. in marg.), Arab. 1, 2.
³⁰ Idem. Haec desunt in Cod. 29.   ³¹ Idem.   ³² Idem.
Vocula ἢ deest in Comp., Codd. 15, 16, 129.   ³³ Idem.
³⁴ Idem. Sic sine obelo Comp., Ald., Codd. II (ex corr.),
III, VII, X, 14, 15, 16, alii, Arab. 1, 2.   ³⁵ Idem. Sic
sine obelo (pro τοῦ λ. παντὸς) Comp., Ald., Codd. III, VII,
X, 14, 15, 16, alii.

CAP. XIV. ¹ Syro-hex. ܘܐܟܪܘܬܘܢ ܕܚܪܘܬ. ‖.
Cod. X minus emendate scribit: 'Α. Σ. Θ. φιερώθ; et ad v. 9:
'Α. Θ. ἐπὶ φιερώθ. Ad Μαγδώλου Cod. 85 in marg. notat:
Ἐν τοῖς Ἀριθμοῖς (Num. xxxiii. 7) κεῖται, ἀπὸ Βουθὰν ἐπὶ στόμα
Εἰρὼθ, ὅ ἐστιν ἀπέναντι Βεελσεπφὼν ἐχόμενα τοῦ βορρᾶ, παρεμβε-
βληκέναι τοὺς υἱοὺς Ἰσραήλ. Verba sunt Origenis, e quo
exscripsit ea Niceph. in Cat. ad Cap. xiii. 20.   ² Cod.
VII in marg. manu 2ᵈᵃ: ἀκρω⁻ (sic) τῆς χερώθ. Idem ad
Μαγδώλου in marg. manu 2ᵈᵃ: τοῦ πύργου.   ³ Syro-hex.
ܟܠܗ ܕܚܕܟܡܗ. ‖. ܕܒܐܪܝܐ ܟܡܚܕܟܡܗ ܐܡܪ. ‖.
ܟܡܚܕܟܡܗ ܐܡܪ. ‖. ܕܚܕܟܡܗ ܡܚܕܟܡܗ ܐܡܪ. "In
Aquila, *recte ex adverso ejus,* fortasse duae ejusdem ver-
siones coaluerunt."—*Ceriani.* Equidem potius crediderim,
Syriaca meram circumscriptionem continere locutionis κατ'
εὐθύ, quam ipsam pro eodem Hebraeo posuerunt LXX
Ezech. xlvi. 9, ubi pro Graecis κατ' εὐθὺ αὐτῆς Syrus noster

3. וַיֹּאמֶר פַּרְעֹה לִבְנֵי יִשְׂרָאֵל. Ο΄. καὶ ἐρεῖ Φαραὼ τῷ λαῷ αὐτοῦ οἱ υἱοὶ Ἰσραήλ. Alia exempl. καὶ ἐρεῖ Φαραὼ περὶ τῶν υἱῶν Ἰσραήλ.⁴

6. וַיֶּאְסֹר. Et alligavit. Ο΄. ἔζευξεν οὖν. Ἄλλος· ἔστρωσεν. Ἄλλος· ἔδησεν.⁵

7. וְשָׁלִשִׁם. Et duces (s. bellatores essedarios). Ο΄. καὶ τριστάτας. Ἀ. καὶ τρισσούς. Σ. καὶ ἀνὰ τρεῖς. Θ. ὁμοίως τοῖς Ο΄.⁶

8. וַיְחַזֵּק. Ο΄. καὶ ἐσκλήρυνε (Ἄλλος· ἐδυνάμωσε⁷).

9. עַל־פִּי הַחִירֹת. Ο΄. ἀπέναντι τῆς ἐπαύλεως. Ἀ. Θ. ἐπὶ Φιεθρών (fort. Φιερώθ). Σ. ἐπὶ τοῦ στόματος τῆς Ἰαρώθ.⁸

10. הִקְרִיב. Ο΄. προσῆγε. Ἀ. Σ. ἤγγισεν.⁹ וְהִנֵּה מִצְרַיִם. Ο΄. καὶ (alia exempl. add. ἰδού; alia, οἶδε¹⁰) οἱ Αἰγύπτιοι.

15. וְיִסָּעוּ. Et castra moveant. Ο΄. καὶ ἀναζευξάτωσαν. Ἀ. Σ. Θ. καὶ ἀράτωσαν.¹¹ Τὸ Σαμαρειτικόν· ἵνα ἀπάρωσιν.¹²

16. הָרֵם. Ο΄. ἔπαρον. Ἄλλος· ὕψωσον.¹³ וּבְקָעֵהוּ. Ο΄. καὶ ῥῆξον (Ἄλλος· σχίσον¹⁴) αὐτήν.

בַּיַּבָּשָׁה. Ο΄. κατὰ τὸ ξηρόν. [Ἀ. εἰς χέρσον. Σ. εἰς ξηράν.]¹⁵

17. מְחַזֵּק. Ο΄. σκληρυνῶ. Ἄλλος· στερεῶ.¹⁶

20. וַיְהִי הֶעָנָן וְהַחֹשֶׁךְ וַיָּאֶר אֶת־הַלָּיְלָה וְלֹא־קָרַב זֶה אֶל־זֶה. Et fuit nubes et tenebrae (illis), et lucidam reddidit noctem (his); et non appropinquavit alter ad alterum. Ο΄. καὶ ἐγένετο σκότος καὶ γνόφος (alia exempl. γνόφος καὶ σκότος¹⁷)· καὶ διῆλθεν ἡ νύξ· καὶ οὐ συνέμιξαν ἀλλήλοις. Ἀ. καὶ ἐγένετο ἡ νεφέλη καὶ τὸ σκότος, καὶ ἐφώτισε σὺν τὴν νύκτα, καὶ οὐκ ἤγγισεν οὗτος πρὸς τοῦτον. Σ. καὶ ἦν ἡ νεφέλη σκότος μὲν ἐκεῖθεν, φαίνουσα δὲ ἐντεῦθεν ... Τὸ Σαμαρειτικόν· καὶ ἦν τὸ νέφος καὶ τὸ σκότος, καὶ ἔφαινε τῇ νυκτί ...¹⁸

---

interpretatus est حمودحكه ادميل. ⁴ Sic Comp., Ald. (cum τῷ λ. αὐτοῦ περὶ τ. ν. Ἰσρ.), Codd. III (ut Ald. ?), VII, X, 14, 15, 16, alii, Syro-hex. ⁵ Cod. VII in marg. manu 2ᵈᵃ; ἔστρωσεν; et alia manu: ἔδησεν (corr. ex ἔδησαν). Posterior lectio Aquilae esse potest, coll. Hex. ad Jerem. xlvi. 4. Statim ad τὰ ἅρματα idem in marg. manu seriori τὰς καρούχας habet; necnon in v. 7 ad ἅρματα (רֶכֶב), καρούχια, et ad πᾶσαν τὴν ἵππον (כֹל רֶכֶב) τῶν Αἰγυπτίων, πᾶν καρούχιον Αἰγύπτου. ⁶ Syro-hex. ܘܬܘܠܬܐ ܀ ܣ. ܘܬܠܬ ܬܠܬ ܀ ܐ. Cod. X affert: Σ. ἀνὰ τρεῖς, et sic sine nom. Codd. 57, 85. Praeterea Syrus noster ad ثلثحل, τριστάτας, scholium affert: "ܬܘܠܬܐ appellat eos qui stant super curribus. Tres enim stant super uno: duo pugnant, et unus regit currum." Cf. ad Cap. xv. 4. Varias Graecae vocis explanationes recensuit Origen. in Catenis MSS. apud Montef., et in Cat. Niceph. p. 705: Τοὺς πρὸς τρεῖς δυναμένους μάχεσθαι· ἢ τοὺς ἐν τῇ παρατάξει μετὰ τὸν πρωτοστάτην καὶ δευτεροστάτην ἱσταμένους ἐν τῇ τρίτῃ τάξει. Ἄλλοι δέ φασιν, ὡς εἰς τὰς χρείας τῶν πολέμων [hine corrige Origen. Opp. T. II, p. 124: εἰς τὰς χρείας τῶν πολεμίων] ἅρματα ἐποίουν μεγάλα, ὥστε καὶ τρεῖς χωρεῖν, ἵνα ὁ μὲν εἰς ἡνιοχῇ, οἱ δὲ δύο πολεμῶσιν. Ἡ τοὺς ἐπὶ τριῶν ἵππων βεβηκότας· οἱ γὰρ παλαιοὶ ἐν τοῖς πολέμοις ἐπὶ δύο ἢ τριῶν ἵππων ἐποχοῦντο ἐξιόντες ἁρματηλάται. Ἡ τριστάτην λέγει τὸν ἐν τῇ καθεζόμενον τὸν βασιλέα τρίτον ἱστάμενον, ἤτοι τρίτην ἔχοντα καθέδραν· οἷος (Montef. οἷον) ἦν Δαυὶδ παρὰ Σαούλ (Niceph. ὁ Δαβὶδ παρὰ τῷ Σ.), ὡς ἐν τῇ πρώτῃ τῶν Βασιλειῶν εὑρήσεις. ⁷ Cod.

VII superscript. manu 2ᵈᵃ. ⁸ Cod. X, juxta collationem Bodl. Montef. ex eodem exscripsit: Σ. ἐπὶ τοῦ στ. τοῦ Ἱερώθ. Syro-hex. affert: ܦܝܐܬܪܘܢ ܀ ܐ. ܥ. ܚܡܘܕܪܟ ܘܬܠܬ ܀ ܣ. ܘܬܠܬ ܬܠܬ ܀ . Cf. ad v. 2. ⁹ Cod. 57. ¹⁰ Prior lectio est in Comp., Ald., Codd. VII (in marg. manu 2ᵈᵃ), 15, 37, alii, Syro-hex.; posterior in Codd. III, VII (sine nisi seq.), 29. Cf. ad Cap. viii. 29. ¹¹ Syro-hex. ܘܢܫܩܠܘܢ ܀ ܐ. ܣ. ܝ. Versio ἀράτωσαν est, ni fallor, solius Aquilae; pro qua Sym. et Theod. ἀπαράτωσαν posuisse credibile est. Cf. Hex. ad Jerem. iv. 7. xxxi. 24. Cod. VII in marg. manu 2ᵈᵃ, "in breviato maxime ac male habito loco," dedit anonyme συνεπαράτωσαν. ¹² Nobil. ¹³ Cod. VII superscript. manu 2ᵈᵃ. ¹⁴ Idem in marg. manu 2ᵈᵃ. ¹⁵ Cod. 85, teste Montef. Nobil. affert: Schol. εἰς χέρσον. εἰς ξηρόν (sic), fortasse e Cod. 57 (Vat. 747), qui ad κατὰ τὸ ξηρόν in marg. habet: Schol. ἄλην τὴν ἡμέραν εἰς χερσὸν (sic) εἰς ξηρόν. Sed tum hoc scholium, tum Aquilae et Symmachi lectiones, ad v. 21, ubi eas iterum edidit Montef., unice spectare nullus dubito. ¹⁶ Sic Cod. X in marg.; in textu autem Codd. 37 (bis), 75, 85 (eum σκληρυνῶ in marg.), 118. ¹⁷ Sic Comp., Codd. VII, X, 15, 16, 18, alii, Arab. 1, 2, Syro-hex. ¹⁸ Nobil., Codd. X, 85 (teste Montef.), et Cat. Niceph. p. 710. Ad Aquilam Nobil. scribit: καὶ ἐγένετο νεφέλη σκότος, quod e Cod. X emaculavimus; Niceph. autem: καὶ ἐγ. νεφέλη καὶ σκότος. Deinde σὺν assumpsit Montef. e Basil. solo, ut videtur. Ad Samaritanum in Cat. Niceph. et Colbert.

21. קָרִים עַזָּה. Ο'. νότῳ ("Αλλος· ἀπηλιώτῃ[19] βιαίῳ ("Αλλος· δυνατῷ[20]).

לְחָרָבָה. Ο'. ξηράν. 'Α. εἰς χέρσον. Σ. εἰς ξηράν.[21]

24. אֶל־מַחֲנֵה. Ο'. εἰς τὴν παρεμβολήν. Schol. εἰς τὸ στρατόπεδον, εἰς τὴν παράταξιν, εἰς τὸ φοσσάτον.[22]

25. וַיָּסַר. Et removit. Ο'. καὶ συνέδησε. Σ. (καὶ) μετέστησε.[23]

אֵת אֹפַן. Rotas. Ο'. τοὺς ἄξονας. 'Α. τὸν τροχόν.[24]

בִּכְבֵדֻת. Cum difficultate. Ο'. μετὰ βίας. "Αλλος· μετὰ βαρύτητος.[25]

26. וְיָשֻׁבוּ. Ο'. καὶ ἀποκαταστήτω. 'Α. (καὶ) ἐπιστραφήτω.[26]

עַל־מִצְרַיִם. Ο'. καὶ ἐπικαλυψάτω τοὺς Αἰγυπτίους. Aliter: Ο'. ⁒ καὶ ἐπικαλυψάτω ◄ ⁂ ἐπὶ ◄ τοὺς Αἰγυπτίους.[27]

27. הַיָּם. Ο'. τὸ ὕδωρ. "Αλλος· ἡ θάλασσα.[28]

לְאֵיתָנוֹ. Ad perennitatem suam. Ο'. ἐπὶ χώρας. 'Α. εἰς τὸ ἀρχαῖον αὐτοῦ.[29] Σ. εἰς τὸ

ἀρχαῖον αὐτῆς.[30] "Αλλος· ἐπὶ στερέωμα αὐτῆς.[31]

27. וַיְנַעֵר. Et excussit. Ο'. καὶ ἐξετίναξε. 'Α. (καὶ) ἀνέβρασεν.[32]

30. וַיּוֹשַׁע. Ο'. καὶ ἐρρύσατο. "Αλλος· καὶ ἔσωσεν.[33]

Cap. XIV. 4. — πάντες ◄.[34] 6. καὶ — πάντα ◄.[35] 9. οἱ ἱππεῖς ⁂ αὐτοῦ ◄.[36] 10. τοῖς ὀφθαλμοῖς ⁂ αὐτῶν ◄.[37] 11. ἐν — γῇ ◄ Αἰγύπτῳ.[38] ἐξαγαγὼν ⁂ Οἱ Γ'. ἡμᾶς ◄.[39] 12. ἐν τῇ ἐρήμῳ — ταύτῃ ◄.[40] 13. εἰς τὸν αἰῶνα — χρόνον ◄.[41] 17. — Φαραὼ καὶ ◄ τῶν Αἰγυπτίων — πάντων ◄.[42] ἅρμασιν ⁂'Α. Θ. αὐτοῦ.[43] 18. — πάντες ◄ οἱ Αἰγύπτιοι.[44] — εἰμι ◄.[45] ἅρμασιν ⁂ Οἱ Γ'. αὐτοῦ ◄.[46] καὶ ⁂ ἐν τοῖς ◄ ἵπποις αὐτοῦ.[47] 19. — τῶν υἱῶν ◄.[48] ὄπισθεν ⁂ αὐτῶν ◄.[49] 21. τὴν χεῖρα ⁂ αὐτοῦ ◄.[50] 22. ἐκ δεξιῶν ⁂ 'Α. Σ. αὐτῶν ◄.[51] ἐξ εὐωνύμων ⁂ Οἱ Γ'. αὐτῶν ◄.[52] 23. ἅρματα ⁂ αὐτοῦ ◄.[53] 27. τὴν χεῖρα ⁂ αὐτοῦ ◄.[54] 29. τεῖχος ἐκ δεξιῶν ⁂ αὐτῶν ◄, καὶ — τεῖχος ◄ ἐξ εὐωνύμων ⁂ 'Α. Θ. αὐτῶν ◄.[55]

Cap. XV.

1. לֵאמֹר. Ο'. λέγοντες. ('Α.) τῷ λέγειν.[1]

---

apud Montef. pro τῇ νυκτὶ legitur τὴν νύκτα; in uno autem Regio ἔφαινεν ἐν τῇ ν. (Ad διῆλθεν Cod. VII manu 2da superscripsit ἔβρεχ.. (semierasum); et alia manus in marg. appinxit: καὶ ἔβρ... ὅλην τὴν νύκτα. Scilicet voci אוֹר pluviae vim tribuunt interpretes Hebraei ad Job. xxxvi. 32. xxxvii. 11. Jesai. xviii. 4.) [19] Cod. VII in marg. manu 2da: ἀπηλιώ' (sic). Cf. Hex. ad Ezech. xvii. 10. [20] Idem. [21] Cod. 85, teste Holmesii amanuensi; et sic, tacito auctore, Montef. Cf. ad v. 16. [22] Cod. VII in marg. manu 2da. Cf. Hex. ad Psal. xxvi. 3. Ad φοσσάτον cf. Hex. ad Gen. xlix. 19. [23] Nobil. Cod. VII in marg. manu 2da: ἐξέστρεψε (quantum e compendio conjicere licet). [24] Syrohex. ‿‿‿‿ ./. Cod. VII in marg. manu 2da: τοὺς τροχούς. [25] Cod. VII in marg. manu 2da. [26] Cod. 57. [27] Syro-hex. [28] Cod. VII in marg. manu 2da. [29] Nobil. Lectio suspecta, tum propter pronomen masculinum αὐτοῦ, tum quia אֵיתָן Aquilae στερεός, Symmacho autem ἀρχαῖος constanter sonat. [30] Codd. VII (in marg. manu scriori), X, 85 (teste Montef.), et Reg. unus. [31] Cod. VII in marg. manu 2da. [32] Nobil., Cod. 85. Ad καὶ ἐξετίναξε Syro-hex. scholium philologicum habet: ‿‿‿‿‿ et ad terram allisit. [33] Cod. VII in marg. manu 2da. [34] Syro-hex. [35] Idem, qui male pingit: — καὶ πάντα ◄.

[36] Idem, et sine aster. Comp., Codd. 14, 15, 16, alii, Arab. 1, 2. [37] Idem, et sine aster. Codd. 15, 74, alii, Arab. 1, 2. [38] Idem, qui pingit: — ἐν γῇ ◄. Vocem γῇ reprobant Comp., Ald., Codd. III, VII (ex corr.), X, 16, 18, alii. [39] Idem. Sic sine notis Ald., Codd. III, VII, X, 14, 15, 16, alii. [40] Idem. Pronomen deest in Cod. 58. [41] Idem. Vox abest a Codd. 32, 58, 75. [42] Idem. [43] Idem, et sine notis Codd. 72, 108, Arab. 1, 2. [44] Idem, qui pingit: — πάντες οἱ Αἰγ. ◄. [45] Idem. Vox desideratur in Comp., Cod. 58. [46] Idem. [47] Idem, qui male pingit: ⁂ καὶ ◄ ἐν τοῖς ἵπποις. Sic sine aster. (pro καὶ ἵπποις) Comp., Ald., Codd. VII (ex corr.), X (in marg.), 15, 16, 19, alii. [48] Idem. [49] Idem, et sine aster. Codd. 15, 37, 72. [50] Idem, et sine aster. Codd. 15, 58, 72, Arab. 1, 2. [51] Idem, et sine notis Codd. VII (ex corr.), 15, Arab. 1, 2. [52] Idem (pro καὶ τεῖχος ἐξ εὐ.). Sic sine notis (cum τεῖχος) Codd. VII (ex corr.), 15. [53] Idem, et sine aster. Codd. 15, 72, Arab. 1, 2. [54] Idem, et sine aster. Codd. 15, 58, 72, Arab. 1, 2. [55] Idem, qui praepostere pingit: — τεῖχος ἐκ δ. αὐτῶν, καὶ τεῖχος ἐξ — εὐωνύμων ⁂ 'Α. Θ. αὐτῶν ◄. Sic sine notis Cod. 15, Arab. 1, 2.

Cap. XV. [1] Sic in textu sine nom. Ald., Codd. III, 37, 64 (sine τῷ), 74 (idem), 133, 134 (ut 64), Syro-hex. Cod.

1. וְרֹכְבוֹ. *Et equitem ejus.* Ο΄. καὶ ἀναβάτην ※ Ἑβρ. αὐτοῦ ◄.² Ἄλλος· ἅρμα.³

2. וְזִמְרָת יָהּ. *Et carmen est Jah.* Ο΄. καὶ σκεπαστής ※ μου κύριος ◄.⁴

3. אִישׁ מִלְחָמָה. Ο΄. συντρίβων πολέμους. Ἄλλος· ἀνὴρ πολέμου.⁵

4. וּמִבְחַר שָׁלִשָׁיו טֻבְּעוּ. *Et lectissimi duces (s. essedarii) ejus submersi sunt.* Ο΄. ἐπιλέκτους –ἀναβάτας ◄⁶ τριστάτας κατεπόθησαν (alia exempl. τριστάτας κατεπόντισεν⁷).

5. תְּהֹמֹת. *Abyssi.* Ο΄. πόντῳ. Alia exempl. πόντος.⁸ Ἀ. Σ. Θ. ἄβυσσοι.⁹

6. יְמִינְךָ. *(in posteriore loco).* Ο΄. ἡ δεξιά σου (χείρ). Οἱ Γ΄. ὁμοίως.¹⁰

7. קָמֶיךָ. Ο΄. τοὺς ὑπεναντίους. Ἄλλος· ἐχθρούς σου.¹¹

8. נֶעֶרְמוּ. *Coacervatae sunt.* Ο΄. διέστη. Ἀ. Σ. Θ. ἐσωρεύθη.¹² Ἄλλος· ἐθημωνιάσθη.¹³

9. שָׁלָל. Ο΄. σκῦλα. Ἄλλος· λάφυρα.¹⁴

9. תִּמְלָאֵמוֹ. *Explebitur iis.* Ο΄. ἐμπλήσω ※ ἐξ αὐτῶν ◄.¹⁵

11. מִי־כָמֹכָה בָּאֵלִם יְהוָה מִי כָּמֹכָה נֶאְדָּר בַּקֹּדֶשׁ. *Quis tui similis est inter deos, Jova? quis tui similis est? magnificatus in sanctitate.* Ο΄. τίς ὅμοιός σοι ἐν θεοῖς (Ἄλλος· ἰσχυροῖς¹⁶), κύριε; τίς ὅμοιός σοι; δεδοξασμένος ἐν ἁγίοις. Σ. οὔτε ἐν δυναστείαις, οὔτε ἐν ἁγιασμῷ ἐξισωθῆναί τις δυνήσεται, ἢ κατά τι γοῦν ὁμοιωθῆναι.¹⁷

13. בְּחַסְדְּךָ. Ο΄. τῇ δικαιοσύνῃ σου. Ἀ. ἐν τῷ ἐλέει (s. ἐλεημοσύνῃ) σου.¹⁸

נֵהַלְתָּ. *Duxisti.* Ο΄. παρεκάλεσας. Σ. διεβάστασας.¹⁹

14. עַמִּים. Ο΄. ἔθνη. Ἄλλος· λαοί.²⁰

יִרְגָּזוּן. *Contremiscent.* Ο΄. καὶ ὠργίσθησαν (alia exempl. ἐφοβήθησαν²¹). Ἀ. ἐκλονήθησαν. (Σ.) ἐταράχθησαν.²²

חִיל. *Dolor.* Ο΄. ὠδῖνες. Ἄλλος· πόνοι.²³

VII in marg. manu 1ᵐᵃ: Ἀκ. λέγειν. Nobil. (cum indice calamo appicto): "[Καὶ εἶπαν] ΑΑ. LL. καὶ εἶπαν τῷ λέγειν, quod est secutus S. Augustinus;" quam notulam ad Cap. xiv. 25 oscitanter retraxit Montef. ² Syro-hex. Sic sine notis Cod. 15, Arab. 1, 2. ³ Cod. VII in marg. manu 2ᵈᵃ. ⁴ Syro-hex. Sic sine aster. Arm. 1, et (superscript. manu recentiori) Cod. 131; necnon Euseb. in Hist. Eccles. IX, 9. Cf. Hex. ad Psal. cxvii. 4. Ad σκεπαστής Montef. ex "uno cod." affert: Ἄλλος· ὑπερασπιστής, quod in textu habet Psalter. Graec. Lotharing., teste Holmesio. ⁵ Cod. VII in marg. manu 2ᵈᵃ. ⁶ Obelus est in Syro-hex. Cf. ad Cap. xiv. 4. ⁷ Sic Comp., Ald., Codd. III, VII, X, 14, 16, 18, alii, invito Syro-hex. ⁸ Sic Codd. VII (ex corr.) 57 (in marg.), 69 (ut videtur), 81, 85 (in marg.), Arab. 1, 2, Syro-hex. ⁹ Syro-hex. ܬܗܘܡܐ .ܐ. ‌Cod. VII in marg. manu 2ᵈᵃ: ἄβυσσος. ¹⁰ Syro-hex., qui in textu non legit χείρ. ¹¹ Sic Montef., tacito auctore. Ad ὑπεναντίους Holmes. e Psalter. Lotharing. ἐχθρούς exscripsit. ¹² Nobil., Cod. 85 (teste Montef.). ¹³ Cod. VII in marg. manu 2ᵈᵃ. Nescio an Aquilae sit figmentum. ¹⁴ Idem. Cf. ad Gen. xlix. 27. Prov. i. 13. Jesai. xxxiii. 23. ¹⁵ Sic Syro-hex. (ܡܢܗܘܢ ※), et sine aster. Arab. 1, 2, Arm. 1. ¹⁶ Cod. VII in marg. manu 2ᵈᵃ. ¹⁷ "Hunc Symmachi locum plenum mutuamur ex duobus Regiis atque uno Colbertino. Apud

Drusium [Nobil.] mutilus erat [post ἐξισωθῆναι], legebaturque ἐν δυναστείᾳ."—*Montef.* S. Basil. in Cat. Niceph. p. 719: Τὸ, τίς, ἐνταῦθα ἀντὶ τοῦ, οὐδείς. Οὔτε γὰρ ἐν δυναστείαις, ὡς ὁ Σύμ. ἐξέδωκεν, οὔτε ἐν ἁγιασμῷ κ.τ.ἑ. Ubi, si excipias lectionem ἐν δυναστείαις pro βָּאֵלִם (ad quam cf. Hex. ad Gen. vi. 3). et fortasse ἐν ἁγιασμῷ pro בַּקֹּדֶשׁ, reliqua, ni fallor, non Symmachi, sed Basilii sunt, qui post ὁμοιωθῆναι pergit: Οὐδὲ γὰρ συγκρίνεται τὰ ἀσύγκριτα, οὐδὲ τῷ ποιητῇ τὰ ποιήματα, οὐδὲ τῷ ὄντι τὰ μὴ ὄντα, καὶ εἰς γένεσιν παραχθέντα· πάντων γὰρ καὶ ἐν πᾶσιν ὑπερανέστηκεν ἀσυγκρίτως ὑπεροχαῖς. Quod si verum est, eximendus hic locus ex numero eorum, quos in Hex. ad Gen. i. 27 recensuimus. ¹⁸ "Sic unus Regius."—*Montef.* ¹⁹ "Sic codd. omnes, et Drusius [Nobil.]. Hinc Vulgata *portasti.*"—*Montef.* Lectio Aquilam magis sapit, coll. Hex. ad Psal. xxii. 2. Jesai. li. 18. Sic tamen S. Greg. Nyss. in Cat. Niceph. p. 720: παρεκάλεσας, τουτέστι, διεβάστασας· οὕτω γὰρ ὁ Σύμ. διερμηνεύει. ²⁰ Cod. VII in marg. manu 2ᵈᵃ. ²¹ Sic Codd. III, X (cum ὠργ. in marg.), 59, 64 (ut X), 85 (in marg.). ²² Nobil. affert: Ἀ. ἐκλονήθησαν. Schol. ἐταράχθησαν. S. Greg. Nyss. ibid.: ὠργίσθησαν, ἤγουν ἐκλονήθησαν, ἐταράχθησαν. Posteriorem lectionem, praeeunte Montef., Symmacho vindicavimus. Cf. Hex. ad 1 Reg. xxviii. 15. Jesai. xxxii. 11. Minus probabiliter Cod. VII in marg. manu 1ᵐᵃ: Ἀκ. ἐφοβῂ (sic). ²³ Cod. VII in marg. manu

15. נִבְהֲלוּ. *Terrore perculsi sunt.* Ο΄. ἔσπευσαν. Ἀ. ἐκλονήθησαν.[24] Ἄλλοι· ἐθορυβήθησαν.[25]

אֵילֵי. *Fortes.* Ο΄. καὶ ἄρχοντες. Ἄλλος· δυνατοί.[26]

נָמֹגוּ. *Diffluent.* Ο΄. ἐτάκησαν. Ἄλλος· ἐδαφίσθησαν.[27]

16. אֵימָתָה וָפַחַד. *Terror et pavor.* Ο΄. τρόμος καὶ φόβος. Ἀ. θάμβος καὶ φόβος. Θ. ὡς οἱ Ο΄.[28]

יִדְּמוּ כָּאָבֶן. *Obmutescent instar lapidis.* Ο΄. ἀπολιθωθήτωσαν. Ἀ. Θ. σιγήσουσι (s. σιωπήσονται) .. Σ. ἀκίνητοι ἔσονται ..[29]

קָנִיתָ. Ο΄. ὃν ἐκτήσω. Alia exempl. ὃν ἐλυτρώσω.[30] Σ. ἐκτήσω. Ο΄. Θ. ἐλυτρώσω.[31]

17. תְּבִאֵמוֹ. *Induces eos.* Ο΄. εἰσαγαγὼν ※Ἀ. αὐτοὺς ◁.[32]

מָכוֹן לְשִׁבְתְּךָ. In *locum habitationis tuae.* Ο΄. εἰς ἕτοιμον κατοικητήριόν σου. Ἀ. Σ. ἕδρασμα εἰς καθέδραν σου.[33]

כּוֹנְנוּ. *Paraverunt.* Ο΄. ἡτοίμασαν. Ἀ. ἥδρασαν.[34]

18. יְהוָה יִמְלֹךְ. Ο΄. κύριος (alia exempl. κύριε[35]) βασιλεύων. Ἀ. ΠΙΠΙ βασιλεύσει. Σ. ΠΙΠΙ σου βασιλεύσει. Θ. ΠΙΠΙ βασιλεύων.[36]

19. אֶת־מֵי. Ο΄. τὸ ὕδωρ. Ἄλλος· τὰ ὕδατα.[37]

20. וַתִּקַּח. Ο΄. λαβοῦσα δέ. Alia exempl. ἔλαβε δέ.[38]

21. וַתַּעַן לָהֶם. *Et cantando respondebat iis.* Ο΄. ἐξῆρχε δὲ αὐτῶν. Ἀ. καὶ κατέλεγεν αὐταῖς. Σ. κατέλεγε δέ .. Θ. ὡς οἱ Ο΄.[39]

22. וַיֵּצְאוּ. Ο΄. καὶ ἤγαγεν αὐτούς. Ἄλλος· καὶ ἐξῆλθον.[40]

23. מָרָתָה. *Ad Marah.* Ο΄. εἰς Μέρρα (s. Μέρραν). Σ. εἰς Μερράθ. Θ. ὡς οἱ Ο΄, εἰς Μέρρα.[41]

לִשְׁתֹּת מַיִם. Ο΄. πιεῖν. Alia exempl. πιεῖν ὕδωρ.[42]

25. וַיּוֹרֵהוּ. *Et monstravit ei.* Ο΄. καὶ ἔδειξεν αὐτῷ. (Ἀ.) (καὶ) ἐφώτισεν ..[43]

27. וְשִׁבְעִים תְּמָרִים. Ο΄. καὶ ἑβδομήκοντα στελέχη φοινίκων. Τὸ Ἑβραϊκόν· καὶ ο΄ φοίνικες.[44]

Cap. XV. 19. ἅρμασιν ※Ἑβρ. αὐτοῦ ◁.[45] ἀναβάταις ※Ἑβρ. αὐτοῦ ◁.[46] 21. ÷ λέγουσα ◁.[47] ἀναβάτην ※ αὐτοῦ ◁.[48] 22. ÷ ὥστε πιεῖν ◁. 25. ÷ Μωυσῆς ◁. ἐνέβαλεν ÷ αὐτό ◁.[49]

Cap. XVI.

2. בַּמִּדְבָּר. Ο΄. Vacat. ※Σ. Θ. ἐν τῇ ἐρήμῳ ◁.[1]

2da. Nisi forte scholium sit. Idem ad Φυλιστιεὶμ in marg. manu 2da: ἀλλόφυλοι. [24] Procop. in Cat. Niceph. T. II, p. 146: ὅτι ἔσπευσαν ἡγεμόνες Ἐδώμ· ὅπερ Ἀκύλας φησὶν, ἐκλονήθησαν. [25] Nobil., S. Greg. Nyss. in Cat. Niceph. p. 721. [26] Cod. VII in marg. manu 2da. [27] Idem. Nescio an Aquilae sit versio, qui ad Jesai. li. 23 pro מוֹגַיִךְ (ab הוֹגָה, *afflixit*) interpretatus est τῶν ἐδαφιζόντων σε. [28] Syro-hex. ܐ. ܬܗܪܐ. ܘܕܚܠܬܐ. ܠ. ܐܝܟ ܫܒܥܝܢ. [29] Idem: ܐ. ܠ. ܢܫܬܩܘܢ. ܣ. ܠܐ ܡܬܬܙܝܥܢܐ ܢܗܘܘܢ. Ad Symmachum cf. S. Greg. Nyss. in Cat. Niceph. p. 721: Ἐπιπέσοι—ἀπολιθωθήτωσαν· ὅπερ ἐστὶ, τῇ ὑπερβολῇ τῆς σῆς δυνάμεως ἀκίνητοι διαμεινάτωσαν, ὑπὸ τοῦ δέους ἐκνευρισθέντες. [30] Sic Codd. III, 72. [31] "Haec [cum Σ. ἐκτίσω] prodeunt ex altero Coisliniano IX vel X saeculi, num. 90, ubi Psalmi et cantica Scripturae cum scholiis."—*Montef.* [32] Syro-hex., qui obscure pingit: ܡܥܠ ܐܢܬ ※ܐ̄. ܠܗܘܢ ↙. [33] Cod. X, et sine nom. Cod. 85, teste Montef. Nobil. affert: Schol. ἕδρασμα εἰς καθέδραν, quae lectio est Philonis. Cf. Hex. ad Psal. xxxiii. 14. [34] Cod. X. [35] Sic Codd. III, VII (ante corr.), X, 64, 82.

[36] Syro-hex. (qui in textu habet: κύριος (s. κύριε) ὁ βασιλεύων): ܐ. ܦܝܦܝ. ܢܡܠܘܟ. ܣ. ܦܝܦܝ. ܕܝܠܟ ܢܡܠܘܟ. ܠ. ܦܝܦܝ ܕܡܡܠܟ. [37] Cod. VII in marg. manu 2da. [38] Sic Comp., Ald., Codd. III, VII, X, 14, 15, 16, alii, et Syro-hex. (cum λαβοῦσα in marg.). [39] Cod. X: Ἀ. καὶ κατ. αὐταῖς. Nobil.: Schol. καὶ κατ. αὐταῖς. Syro-hex. vero: ܐ. ܡܥܢܝܐ ܗܘܬ܀ ܣ. ܡܥܢܝܐ ܗܘܬ ܕܝܢ܀ ܠ. ܐܝܟ ܫܒܥܝܢ. Cf. ad Cap. xxxii. 18. [40] Cod. VII in marg. manu 2da. [41] Syro-hex. ܣ. ܠܡܪܪܬ. ܠ. ܐܝܟ ܫܒܥܝܢ ܠܡܪܪܐ܀ Idem in textu pro Μέρρα dat ܡܪܪܐ, partim ex Pesch., ubi ܡܪܪܐ scriptum. [42] Sic Comp., Ald., Codd. III, VII, X, 16, 18, alii, Arab. 1, 2, Syro-hex. [43] Cod. 85 in marg. sine nom. Cf. Hex. ad Exod. xxiv. 12. Job. xii. 7. [44] Cod. VII in marg. manu 2da: Τὸ Ἑβραϊκόν· ιβ̄ πηγαὶ ὑδάτων καὶ ο̄ φοίνικες. [45] Syro-hex. Sic sine notis Arab. 1, 2. [46] Idem, et sine notis Codd. III, X, 14, 18, alii, Arab. 1, 2. [47] Idem. [48] Idem, et sine aster. Codd. VII (ex corr.), 15. [49] Idem.

Cap. XVI. [1] Sic Syro-hex. in textu, et sine notis Cod. 15, Arab. 1, 2, Arm. 1.

4. מַמְטִיר．O'. ὕω. Ἄλλος· βρέχω.[2]

דְּבַר־יוֹם．Rem (portionem) diei. O'. ※ Ἀ.
ῥῆμα ◀ τὸ τῆς ἡμέρας.[3]

בְּיוֹמוֹ．O'. εἰς ἡμέραν ※ Ἀ. αὐτῆς ◀.[4]

5. יוֹם יוֹם．O'. τὸ καθ᾽ ἡμέραν εἰς ἡμέραν. Ἀ.
Θ. ἡμέραν ἡμέραν. Σ. κατὰ πᾶσαν ἡμέραν.[5]

10. וַיִּפְנוּ．Et converterunt se. O'. καὶ ἐπεστράφησαν. Ἀ. καὶ ἔνευσαν.[6] Aliter: Ἀ. Θ. καὶ
ἀπεστράφησαν. Σ. καὶ ἔκλιναν (s. ἐκλίθησαν).[7]

וְהִנֵּה．O'. καὶ ※ Ἑβρ. ἰδού ◀.[8]

13. וַיְהִי בָעֶרֶב．O'. ἐγένετο δὲ ἑσπέρα. Alia exempl. καὶ ἐγένετο ※ Οἱ Γʹ. ἐν ◀ ἑσπέρα.[9]

14. וַתַּעַל שִׁכְבַת הַטָּל．Et ascendit depositio roris.
O'. Vacat. Alia exempl. καὶ ἀνέβη ἡ κατάπαυσις
τῆς δρόσου.[10] Ἀ. καὶ ἀνέβη ἡ κοίτη τῆς δρόσου. Σ.
καὶ ἀνέβη ἡ ἐπίθεσις τῆς δρόσου. Θ. καὶ ἀνέβη ἡ
κοίτη . . .[11]

דַּק מְחֻסְפָּס דַּק כַּכְּפֹר．Minutum quiddam,
desquamatum, minutum sicut pruina. O'. λεπτὸν ὡσεὶ κόριον, λευκὸν ὡσεὶ πάγος (Ἄλλος·
πάχνη[12]). Ἀ. Θ. λεπτὸν λελεπισμένον, λεπτὸν ὡσεὶ

πάγος. Σ. λεπτὸν ἀνασυρόμενον, λεπτὸν ὡσεὶ
πάχνη.[13]

15. כֵּן הוּא．Quid est hoc? O'. τί ἐστι τοῦτο;
Σ. τίς . .[14] Ἄλλος· μὰν αὐτό.[15]

16. אִישׁ לְפִי אָכְלוֹ עֹמֶר．Unusquisque pro ratione
comesturae suae, gomerum. O'. ἕκαστος εἰς
τοὺς καθήκοντας ※ παρ᾽ αὐτῷ ◀, γομόρ.[16] Ἀ.
ἀνὴρ εἰς στόμα βρώσεως αὐτοῦ, ἀμόρ. Σ. ἕκαστος κατὰ
λόγον τῆς βρώσεως αὐτοῦ, γομόρ. Θ. ἀνὴρ εἰς
τὴν βρῶσιν αὐτοῦ, γομόρ.[17]

לַאֲשֶׁר בְּאָהֳלוֹ．Pro iis qui in tentorio suo
sunt. O'. σὺν τοῖς συσκηνίοις (s. συσκήνοις)
ὑμῶν. Alia exempl. τοῖς ἐν ταῖς σκηναῖς
ὑμῶν.[18]

17, 18. וַיִּלְקְטוּ הַמַּרְבֶּה וְהַמַּמְעִיט: וַיָּמֹדּוּ בָעֹמֶר
וְלֹא הֶעְדִּיף הַמַּרְבֶּה וְהַמַּמְעִיט לֹא הֶחְסִיר．
Et collegerunt qui multum (collegerat), et qui
paulum. Et mensi sunt ad gomerum; nec
superfluum habuit qui multum, nec qui paulum,
inopia laboravit. O'. καὶ συνέλεξαν ὁ τὸ πολὺ
καὶ ὁ τὸ ἔλαττον καὶ μετρήσαντες (τῷ) γομὸρ

---

[2] Sic in marg. Codd. VII (manu 2ᵈᵃ), X, 58.　[3] Syro-
hex. in textu: ܪܡܐ ◀ ※. Sic sine notis
Codd. 58, 70 (cum ῥῆμα τὸ τ. ἡ. λόγον), 130 (superscript.
ῥῆμα manu recentiore); ad quas lectiones Holmesius inscite
notat: "Ista vero ῥῆμα et λόγος, inducta intus ex margine,
sunt referenda ad ἄρτους, cujus sunt explicatio allegorica.
Fons explicationis est Philo T. I, p. 121. [Immo Philonis
verba spectant v. 16, τοῦτο τὸ ῥῆμα κ.τ.έ.]." Ad ῥῆμα Syrus
noster scholium apponit: "Ῥῆμα, indigentia (ܣܢܝܩܘܬܐ);
ubi Ceriani appellat Matt. vi. 11 in Pesch.: ܣܢܩܢ.
[4] Sic Syro-hex. in textu, et sine notis
Codd. 15, 58.　[5] Syro-hex. ܗ. ܣܘܡܐ ܝܘܡܐ .ܠ. ܣܘܡܐ
ܣܘܡܐ.　[6] Procop. in Octat. p. 266: "Aquila,
et inclinaverunt vel respexerunt;" Graece, καὶ ἔνευσαν, ut
exstat in Cod. Ambros. Q. 96 Sup. Cf. Hex. ad Thren.
iv. 16. Ceterum Procopii Latina ad וַיִּפְנוּ (v. 1) oscitanter
aptavit Montef.　[7] Syro-hex. .ܠ.ܘܒܘ ܘܗܦܟܘ .ܗ.
Scripturam ἀπεστράφησαν in textu venditant Ald., Codd.
55, 72.　[8] Syro-hex., qui pingit: ※ Ἑβρ. καὶ ἰδού ◀. Sic
sine notis Codd. VII (in marg. manu 2ᵈᵃ), 15, 58 (sine καὶ),
72, Arab. 1, 2.　[9] Syro-hex.　[10] Idem: ܘܣܠܩܬ
ܘܢܝܚܬܐ. Cod. VII in marg. manu 2ᵈᵃ: καὶ ἀνέβαινε
τὸ καὶ (κοίμημα?) τῆς δρόσου. Interpres Graeco-Ven.: ἀνῆλθέ

[11] Syro-hex.　τε ἡ κατάβασις τῆς δρ.
.ܠ. ܘܣܠܩܬ ܓܚܡܬܐ .ܐܠ. ܘܣܠܩܬ ܣܘܡܐ
ܕܛܠܐ.　[12] Sic Cod. 85 in marg. sine nom. Nobil. affert: Schol.
πάχνη. (In textu post κόριον, non post λευκόν, interpungunt Codd. 106, 107, 131, fortasse alii, Arm. 1, Syro-hex.)
[13] Syro-hex. .ܠ. ܘܩܠܝܦܐ ܩܛܝܢܐ ܘܩܛܝܢܐ.
ܣܘ. ܘܩܛܝܢܐ ܣܚܝܦܐ ܘܩܛܝܢܐ Symmachi Graeca
sine nom. exhibet Cod. VII in rasura ex refictione posteriori, servatis e prima scriptura in fine ΛΕ . . ΟΝ ΩϹΕΙΛΛ.
[14] Syro-hex. ܡܢܘ ܗܘ.　[15] Cod. VII superscript.
manu 2ᵈᵃ.　[16] Sic Syro-hex., et sine aster. Codd. 15,
72, 128.　[17] Syro-hex. .ܠ. ܓܒܪܐ ܠܦܘܡ ܡܐܟܘܠܬܐ
ܕܝܠܗ. ܐܡܘܪ. ܣ. ܟܠܚܕ ܐܝܟ ܡܠܬܐ ܕܡܐܟܘܠܬܐ
ܕܝܠܗ ܓܘܡܘܪ. ܬ. ܓܒܪܐ ܠܡܐܟܘܠܬܐ ܕܝܠܗ ܓܘܡܘܪ
"Graecum Symmachi dedit Procopius in MS. Bibl. Ambros. Q. 96 Sup.: εἰς λόγον τῆς βρώσεως αὐτοῦ; sed aeque
referri per se potest v. 18, nec locum Procopius definit.
Syrus tamen pro εἰς legisse videtur πρός [vel κατά; cf. Hex.
ad Gen. xlvii. 12]."—Ceriani. Ad εἰς τοὺς καθ. Cod. VII
in marg. manu 2ᵈᵃ: εἰς τὸ ἄρειον αὐτῷ (cf. Cap. xii. 4 in
Hebr. et LXX); ad γομὸρ autem: δεκάλιτρον.　[18] Sic
Codd. 19, 108, Syro-hex., qui in marg. sine nom. affert:
ܚܠܐ ܚܝܣ ܡܚܡܠܝܐ. (fort. ܚܡ) ܚܠܐ.

('A. ἐν ἀμόρ. Σ. Θ. γομόρ[19]), οὐκ ἐπλεόνασεν ὁ τὸ πολὺ, καὶ ὁ τὸ ἔλαττον οὐκ ἠλαττόνησεν. Σ. καὶ συνέλεξαν ὁ μὲν πολὺ, ὁ δὲ ὀλίγον· καὶ ἐμέτρησαν αὐτὸ τῷ γομόρ· καὶ οὐχ εὗρον περισσὸν (s. πλεονάζον) ὁ τὸ πλέον, οὐδὲ ὁ τὸ ὀλίγον ἠλαττόνησε.[20]

20. וַיָּרֻם תּוֹלָעִים. *Et scatebat vermibus.* O'. καὶ ἐξέζεσε ("Αλλος· ἀνέβρασεν[21]) σκώληκας.

וַיִּקְצֹף. *Et graviter iratus est.* O'. καὶ ἐπικράνθη. "Αλλος· καὶ ἐθυμώθη.[22]

21. כְּפִי אָכְלוֹ. O'. τὸ καθῆκον ("Αλλος· τὸ ἀρκοῦν[23]) αὐτῷ. 'A. κατὰ στόμα βρώσεως αὐτοῦ. Σ. κατὰ λόγον τῆς βρώσεως αὐτοῦ. Θ. εἰς τοὺς ἐσθίοντας αὐτό.[24]

22. לֶחֶם מִשְׁנֶה. *Panem duplum.* O'. τὰ δέοντα διπλᾶ. 'A. ἄρτον δεύτερον (s. δισσόν). Σ. ἄρτον διπλοῦν.[25]

25. הַיּוֹם לֹא תִמְצָאֻהוּ בַּשָּׂדֶה. O'. οὐχ εὑρεθήσεται ἐν τῷ πεδίῳ ("Αλλος· ἀγρῷ[26]). Alia exempl. ※ Οἱ Γ'. σήμερον ◂ οὐχ εὑρήσετε ※ Οἱ Γ'. αὐτὸ ◂ ἐν τῷ πεδίῳ.[27]

27. מִן־הָעָם. O'. τινες ἐκ τοῦ λαοῦ. Alia exempl. ἐκ τοῦ λαοῦ.[28]

29. תַּחְתָּיו. *Suo loco.* O'. εἰς τοὺς οἴκους ὑμῶν. Alia exempl. παρ' ἑαυτῷ.[29]

30. וַיִּשְׁבְּתוּ. O'. καὶ ἐσαββάτισεν. "Αλλος· καὶ ἤργησεν.[30]

31. וְהוּא כְּזֶרַע גַּד. *Illud autem* erat *sicut semen coriandri.* O'. ἦν δὲ (alia exempl. αὐτὸ δὲ ἦν[31]) ὡσεὶ σπέρμα κορίου (Τὸ Σαμαρειτικόν· ὡς σπέρμα ὀρύζης[32]).

כְּצַפִּיחִת בִּדְבָשׁ. *Sicut placenta cum melle.* O'. ὡς ἐγκρὶς ἐν μέλιτι. 'A. ὡς ἀμύλιον . .[33] Σ. ὡς ἄμυλος ἐν μέλιτι.[34] Aliter: Σ. ὡς μελικήριον (s. μελικηρίου).[35]

35. אֶל־קְצֵה אֶרֶץ כְּנָעַן. O'. εἰς μέρος τῆς Φοινίκης. Σ. εἰς τὰ ἄκρα τῆς γῆς Χαναάν.[36]

---

[19] Syro-hex. [20] Idem: ܣ. ܘܟܢܫܘ. ܗܘ ܡܢ ܣܓܝ. ܗܘ ܕܝܢ ܩܠܝܠ. ܘܟܝܠܘܗܝ (fort. ܘܟܝܠܘܗܝ) ܒܓܘܡܪܐ. ܘܠܐ ܐܫܟܚܘ ܝܬܝܪܐ ܗܘ ܕܐܣܓܝ. ܘܠܐ ܗܘ ܕܒܨܝܪ ܐܒܨܪ. [21] Nobil., Codd. 14, 85 (uterque in marg. sine nom.). Cod. VII in marg. manu 2da: συνισηψεν. [22] Sic in textu, altero superscripto, Cod. 56. Fortasse est Aquilae, coll. Hex. ad Jerem. xxxvii. 15. [23] Nobil. affert: Schol. ἕκαστος τὸ ἀρκοῦν. Codd. 14, 57 (uterque in marg. sine nom.): ἕκ. τὸ ἀρκοῦν ἢ δυνατόν. "Videtur esse lectio Symmachi, qui magis sensum quam verba respicit."—*Montef.* Sed vid. not. seq. [24] Syro-hex. ܐ. ܐܝܟ ܦܘܡܐ ܕܡܐܟܘܠܬܐ ܕܝܠܗ. ܣ. ܐܝܟ ܡܠܬܐ ܕܡܐܟܘܠܬܐ ܕܝܠܗ. ܬ. ܠܗܢܘܢ ܕܐܟܠܝܢ ܠܗ. [25] Idem: ܐ. ܠܚܡܐ ܬܢܝܢܐ. ܣ. ܠܚܡܐ ܥܦܝܦܐ. Cf. Hex. ad Gen. xliii. 12. (Vox ܬܢܝܢܐ, δεύτερος, commutatur cum δισσὸς Prov. xx. 10, 23. xxxi. 21. Sirac. xlii. 24. Hic autem appingitur scholium philologicum, quod in ambas partes verti possit: ܬܢܝܢܐ ܥܦܝܦܐ.) Cod. VII in marg. manu 2da: ἄρτους (ἄρτον ex corr. alia manus) διπλοῦς. [26] Cod. VII in marg. manu 2da. [27] Sic Syro-hex. Scripturam οὐχ εὑρήσετε testantur Ald., Codd. III, VII, X, 15, 16, alii. Pronomen sine notis est in Codd. 15, 72. [28] Sic Codd. 15, 72, Syro-hex. [29] Sic Codd. X (in marg.), 29, 30, 74, 75, 84, 85 (cum εἰς τοὺς o. ὑ. in marg.), alii, et Syro-hex. (ut 85). Lectioni vulgari praemittunt παρ' ἑαυτῷ Ald., Codd. VII, 128; postponunt autem Comp., Codd. 15 (cum ἑαυτῶν), 19 (cum αὐτῷ), 58, 108. [30] Cod. VII in marg. manu 2da. Cf. ad Cap. xxxiv. 21. [31] Sic Codd. 15, 58, 72, Syro-hex. [32] Nobil., Cat. Niceph. p. 740. Ad κορίου Cod. VII in marg. manu 2da, et Cod. 131 in marg. manu 1ma: κολιόνδρου. Praeterea alia manus in marg. infer. Cod. VII appinxit: Τὸ Ἰουδαϊκόν· κολιανδροκόκκον (sic). [33] Syro-hex. ܐ. ܐܝܟ ܐܡܘܠܝܢ., cum scholio: ܐܡܘܠܝܢ ܡܐܟܘܠܬܐ ܕܗܘܝܐ ܡܢ ܚܛܐ., quocum conferenda Hesychii glossa: Ἄμυλος· βρῶμα τὸ ἐκ πυροῦ. (Ad formam ἀμύλιον cf. Lex. Cyril. MS. Brem.: Ἐγκρίς· γλύκασμα ἐξ ἐλαίου ὑδαρές, ἢ ἀμύλιον.) Nobil. notat: "Aquila: ἄμυλος ἐξ ἐλαίου. Sym. apud Theodoretum [Opp. T. I, p. 145]: ὡς ἄμυλος ἐν μέλιτι. Incertus interpres: μελικηρίου." Montef. vero: "Regius unus: Ἀκ. φησὶν, ἄμυλος ἐξ ἐλαίου μελικηρίου. Reg. 1888: Ἀκ. ἄμυλος ἐν ἐλαίῳ, atque ita legisse videtur Procopius, cujus interpres [p. 266] vertit, *cum oleo.* Veram igitur Aquilae lectionem esse existimo: ἄμυλος ἐν ἐλαίῳ μελικηρίου." Procopii Graeca sunt: Ἀκ. ἄμυλος μετὰ ἐλαίου. Denique Cod. X affert: 'A. ἄμυλος. Σ. ἐξ ἐλαίου. Si quid video, lectio ἐν ἐλαίῳ, s. ἐξ ἐλαίου, s. μετὰ ἐλαίου, glossographis remittenda est, et Aquilae versio sic constituenda: 'A. ὡς ἀμύλιον (s. ἄμυλος) ἐν μέλιτι. Ceterum fallitur Holmesius, qui ad lectionem e Bar Hebraeo excerptam, "Aquila: *ut omelin,*" notat: "Videtur potius ad ὡσεὶ σπέρμα κορίου referendum." [34] Theodoret., ut supra. Nisi forte Aquilae lectionem Symmacho tribuerit. [35] Procopius ibid.: Σύμμαχος· ὡς μελικηρίον (sic). Cod. 64 in marg.: ...κηρίον (sic). [36] Procop. ibid.: "Sym. transtulit: *usque ad fines terrae*

36. הָאֵיפָה. Ο'. τῶν τριῶν μέτρων. Ἄλλος· τοῦ οἰφί.[37]

Cap. XVI. 7. ἐν τῷ εἰσακοῦσαι ✕ Οἱ Γ'. αὐ- τόν ◄.[38] 23. — Μωυσῆς ◄ πρὸς αὐτούς· τοῦτο — τὸ ῥῆμά ◄ ἐστιν.[39] 25. φάγετε ✕ Οἱ Γ'. αὐτὸ ◄ σήμε- ρον.[40] 29. — τὴν ἡμέραν ταύτην ◄ σάββατα (sic).[41] 33. — χρυσοῦν ◄.[42] 34. ἀπέθηκεν ✕ αὐτό ◄.[43]

CAP. XVII.

1. בִּרְפִידִים. Ο'. ἐν 'Ραφιδείν. Alia exempl. ἐν 'Ραφιδείμ.' Καὶ οἱ Γ'. ὁμοίως τοῖς Ο'.[2]

וְאֵין מַיִם לִשְׁתֹּת הָעָם. Ο'. οὐκ ἦν δὲ ὕδωρ τῷ λαῷ πιεῖν. Ἄλλος· καὶ οὐκ ἦν ὕδωρ ὥστε πιεῖν τὸν λαόν.[3]

2. וַיָּרֶב. Ο'. λέγοντες. Alia exempl. καὶ ἔλεγον.[4]

3. וַיִּלֶּן הָעָם עַל־מֹשֶׁה. Ο'. καὶ διεγόγγυζεν ἐκεῖ ὁ λαὸς πρὸς Μωυσῆν. Alia exempl. καὶ ἐγόγ- γυζεν ὁ λαὸς ἐπὶ Μωυσῆν.[5]

5. וּמַטְּךָ. Ο'. καὶ τὴν ῥάβδον ✕ Οἱ Γ'. σου ◄.[6] Ἄλλος· καὶ τὴν βακτηρίαν σου.[7]

6. לְפָנֶיךָ שָׁם. Ο'. ἐκεῖ πρὸ τοῦ σέ. Alia exempl. πρὸ τοῦ σὲ ἐκεῖ.[8] 'Α. εἰς πρόσωπόν σου.. Σ. Θ. ἔμπροσθέν σου..[9]

7. בְּקִרְבֵּנוּ. Ο'. ἐν ἡμῖν. 'Α. ἐντὸς ἡμῶν. Θ. ἐν μέσῳ ἡμῶν.[10]

8. עַם־יִשְׂרָאֵל. Ο'. ✕ Σ. πρὸς ◄ 'Ισραήλ.[11]

9. הַגִּבְעָה. 'Α. Σ. Ο'. Θ. τοῦ βουνοῦ.[12]

12. אֱמוּנָה. Firmitas (firmae). Ο'. ἐστηριγμέναι. 'Α. πίστις.[13] Aliter: 'Α. ἐπεστηριγμέναι.[14]

14. מְחֹה. Abstergendo. Ο'. ἀλοιφῇ. Ἄλλος· ἐξαλείψει.[15]

16. וַיֹּאמֶר כִּי־יָד עַל־כֵּס יָהּ. Et dixit: Manus est super thronum Jah (s. super thronum, legendo כִּסֵּה pro יָהּ (כֵּס יָהּ). Aliter: Et dixit: Manus est super vexillum (נֵס) Jah. Ο'. ✕ Οἱ Γ'. καὶ εἶπεν ◄, ὅτι ἐν χειρὶ κρυφαίᾳ ✕ Οἱ Γ'. κυρίου ◄ (πολεμεῖ κύριος).[16] Ἄλ- λος· ὅτι ἡ δύναμις ἐπὶ θρόνον ἄχραντον. (πόλε- μος τοῦ κυρίου).[17]

Cap. XVII. 3. ἀποκτεῖναι ✕ ἡμᾶς ◄.[18] 7. πειρά- ζειν ✕ αὐτούς ◄.[19] 11 (bis). χεῖρας ✕ Οἱ Γ'. αὐ- τοῦ ◄.[20] 13. — πάντα ◄ τὸν λαὸν αὐτοῦ.[21]

Chanaan." Graeca exstant in Cod. Ambros., ubi γῆς male abest. Montef. ex uno cod. edidit: Σ. ἕως τὰ πέρατα τ. γ. Χ. [37] Nobil.: Schol. τοῦ οἰφί. Cod. X in marg.: τῷ οἰφί. [38] Syro-hex. Sic sine aster. Cod. 72, et Euseb. in Psalmos, p. 472. Pro αὐτόν, κύριον habent Ald., Codd. III, VII (in marg.), X, 18, 19, alii. [39] Idem. [40] Idem. Sic sine notis Comp. (cum φ. σήμ. αὐτὸ), Codd. 15, 19 (ut Comp.), 72, Arab. 1, 2. [41] Idem. [42] Idem. Deest vox in Codd. 14, 16, 73, aliis. [43] Idem, et sine aster. Comp., Codd. 15, 72, 108, Arab. 1, 2, Arm. 1.

Cap. XVII. [1] Sic Codd. 15, 82 (cum -διμ), Syro-hex. [2] Syro-hex. ❖ ܐܘܬܐ ܪܐܝܟ ܡܨܪ̈ܝܐ ܩܕܡܝܐ ܀ ܣܢܐܝܬ. [3] "Sic duo MSS."—Montef. Holmesii codices praeter lectionem Ed. Rom. afferunt tantummodo πιεῖν τῷ λαῷ, et τῷ λαῷ ὥστε πιεῖν. Priorem lectionem testatur Syro-hex. [4] Sic Ald., Codd. III, VII, X, 14, 15, 16, alii, et Syro-hex. (cum λέγοντες in marg.). [5] "Sic unus codex [cum ἐγόγ- γυσεν]. Videtur autem lectio esse Aquilae."—Montef. Immo sic (cum ἐγόγγυζεν) Comp., Ald. (cum διεγ.), Codd. III, VII (cum πρὸς Μ.), X, 16, 18, alii, Syro-hex. [6] Sic Syro-hex., et sine notis Codd. 15, 72. [7] Sic unus codex, tacito interprete. Sic vocem מַטֶּה vertit Aquila 1 Reg. xiv. 27 [Psal. civ. 16]."—Montef. Mox ad τὸν

ποταμὸν Cod. VII in marg. manu 2da.: τὸ ῥεῖθρον. Cf. ad Cap. i. 22. [8] Sic Codd. X, 15, 18, 29, alii, Arab. 1, 2. Syro-hex. [9] Syro-hex. ܐ ܟܠܩܘܒܠ ܐܦ̈ܝܟ ܀ ܐ. ܡܨܥܕ ܀. Cod. 108 affert: Σ. Θ. (non Σ., ut Holmes.) ἔμπροσθέν σου. [10] Syro-hex. ܐ ܟܠܡܨܥ ܠܘܬܢ ܀ ܐ. ❖ ܠܓܘܢ ܡܨܥܬ. Idem sub eodem indice addit: Σ. ὡς οἱ Ο', ἐστι, quae notula ad praecedens הֲיֵשׁ, εἰ ἔστι, pertinere videtur. [11] Idem in textu. Sic sine notis Cod. 15. [12] "Sic unus Regius."—Montef. [12] Cod. 85. [14] Cod. X. Sic in marg. sine nom. Cod. 57. Lectio non videtur Aquilae esse. [15] Cod. VII in marg. manu 2da. [16] Syro-hex. Prius additamentum sine notis testantur Cod. 128, Arab. 1, 2; posterius Codd. 15, 58, 72, Arab. 1, 2. [17] Cod. VII in marg. manu 2da. Nescio an Symmachi sit, qui semel voce ἄχραντος usus est in Hex. ad Thren. iv. 7, sed non pro eodem Hebraeo. Locum perquam obscurum singulariter interpretatus est Graeco-Ven.: καὶ εἶπεν· ὅτι χεὶρ ἐφ' ὑμᾶς (כֵּס עָל), τοῦ ὀντωτοῦ, (πόλεμος τῷ ὀντωτῷ). [18] Syro- hex. Pronomen est in libris omnibus. [19] Idem. Sic sine notis Euseb. in Psalmos, pp. 469, 503, et (cum αὐτὸν) Cod. 58. [20] Idem. In priore loco χεῖρας αὐτοῦ legunt Ald., Codd. 15, 72. [21] Idem, qui male pingit ܒܠܗ ܥܡܗ pro ܟܠܗ ܥܡܗ.

Cap. XVIII.

1. יִתְרוֹ. Ο΄. Ἰοθόρ. Ἀ. Ἰεθρώ. Σ. Θ. ὡς οἱ Ο΄.[1]

מִדְיָן. Ο΄. Μαδιάμ. Alia exempl. κυρίου. Καὶ οἱ Γ΄. Μαδιάν.[2]

חֹתֵן. *Socer.* Ο΄. ὁ γαμβρός. Ἀ. νυμφευτής. Σ. πενθερός. Θ. ὡς οἱ Ο΄.[3]

לְמֹשֶׁה וּלְיִשְׂרָאֵל. Ο΄. ※ Μωυσῇ καὶ ◂ Ἰσραήλ.[4]

2. אַחַר שִׁלּוּחֶיהָ. *Post dimissionem ejus.* Ο΄. μετὰ τὴν ἄφεσιν αὐτῆς. Ἀ. Θ. μετὰ τὰς ἀποστολὰς (s. ἐξαποστολὰς) αὐτῆς. Σ. ὡς οἱ Ο΄.[5] Ἄλλος· μετὰ τὴν προῖκα . .[6]

5. וַיָּבֹא יִתְרוֹ חֹתֵן מֹשֶׁה. Ο΄. καὶ ἐξῆλθεν Ἰοθὸρ ὁ γαμβρὸς Μωυσῆ. Ἀ. καὶ ἦλθεν Ἰεθρὼ νυμφευτὴς Μωυσῆ. Σ. ἦλθεν οὖν Ἰοθὸρ ὁ πενθερὸς Μωυσῆ.[7]

7. וַיִּשְׁאֲלוּ אִישׁ־לְרֵעֵהוּ לְשָׁלוֹם. *Et interrogaverunt se mutuo de salute.* Ο΄. καὶ ἠσπάσαντο ἀλλήλους ※ εἰς εἰρήνην ◂.[8]

10. אֲשֶׁר הִצִּיל אֶת־הָעָם מִתַּחַת יַד־מִצְרָיִם. Ο΄. Vacat. ※ Θ. ὃς ὑπεξείλατο τὸν λαὸν ἐκ χειρὸς τῶν Αἰγυπτίων ◂.[9]

11. כִּי בַדָּבָר אֲשֶׁר זָדוּ עֲלֵיהֶם. *Nam in ea re in qua insolenter egerunt* (Aegyptii) *contra eos* (magnum sese exhibuit). Ο΄. ἕνεκεν τούτου, ὅτι ἐπέθεντο αὐτοῖς. Ἀ. Σ. . . ὅτι ὑπερηφανεύσαντο εἰς αὐτούς.[10]

14. מָה־הַדָּבָר הַזֶּה אֲשֶׁר אַתָּה עֹשֶׂה. Ο΄. τί ※ τὸ ῥῆμα ◂ τοῦτο ὃ σὺ ποιεῖς.[11] Ἀ. τί τὸ ῥῆμα τοῦτο . . Σ. τίς ὁ λόγος οὗτος ὃν σὺ ποιεῖς.[12]

18. גַּם־הָעָם הַזֶּה. Ο΄. καὶ πᾶς ὁ λαὸς οὗτος. Ἀ. Σ. Θ. καὶ ὁ λαὸς οὗτος.[13]

20. וְהִזְהַרְתָּה. *Et doceas.* Ο΄. καὶ διαμαρτύρῃ. Ἀ. (καὶ) διαστελῇ.[14]

21. יִרְאֵי אֱלֹהִים. Ο΄. θεοσεβεῖς. Οἱ λοιποί· φοβουμένους τὸν θεόν.[15]

בֶּצַע. *Lucrum iniquum.* Ο΄. ὑπερηφανίαν. Οἱ λοιποί· πλεονεξίαν.[16]

21, 25. וְשָׂרֵי עֲשָׂרֹת. Ο΄. καὶ δεκαδάρχους. Alia exempl. add. καὶ γραμματοεισαγωγεῖς.[17]

Cap. XVIII. [1] Syro-hex. (cum ܝܬܪܘ in textu juxta Pesch., ut solet): ܐ. ܝܬܪܘ. ܣ. ܬ. ܐܝܟ ܫܒܥܝܢ. [2] Syro-hex. in textu lectionem singularem κυρίου (ܕܡܪܝܐ), etiam ※ appicto, venditat; in marg. autem: ܘܬܠܬܐ ܠܡ ܕܡܕܝܢ. Cf. Ceriani ad loc. [3] Idem: ܐ. ܡܟܠܐ. ܣ. ܚܡܘܗܝ. ܬ. ܐܝܟ ܫܒܥܝܢ. Montef. e Cod. 85 exscripsit: Ἀ. νυμφευτής. Σ. πενθερός. Cf. ad Cap. iii. 1. Ad γαμβρὸς Cod. VII in marg. manu 2da: πενθερὸς, et sic constanter in hoc capite, ut in textu quoque Ald., Codd. 59, 76, alii. [4] Syro-hex. Sic sine aster. Codd. 15 (cum τῷ Μωσῇ), 58, 72, Arab. 1, 2, Arm. 1. [5] Idem: ܐ. ܬ. ܒܬܪ ܫܘܕܪܗ̈ ܕܝܠܗ̇. ܣ. ܐܝܟ ܫܒܥܝܢ. Montef. edidit: Ἄλλος· ἐξ ἀποστολῆς αὐτῆς, notans: "Sic unus codex Regius, atque Drusius [Nobil.: Schol. ἐξ ἀποστολῆς]; alter vero ἐξαποστολὴν perperam." Ad ἐξαποστολὴ cf. Hex. ad Jesai. xxvii. 8. [6] Sic Cod. VII in marg. manu 2da (sed manus altera correxit μετὰ τὰς προῖκας). Cod. 108 in marg.: προῖκα (non, ut Holmes., πρωικα). Versio, sive glossa, pertinet ad eam vocis Hebraeae significationem qua fruitur 1 (3) Reg. ix. 16. [7] Nobil. (cum νυμφευτὴ), Cod. Basil. (in quo, teste Montef., desideratur οὖν), et Regius unus (qui ad Aq. Ἰοθὸρ pro Ἰεθρὼ perperam scribit). Paulo aliter Cod. 130: Ἀ. καὶ ἦλθεν Ἰεθρὸ νυμφευτὴς Μωυσῆ (non Μωυσέως). (Σ.) ἦλθεν οὖν Ἰοθὸρ ὁ π. Μωυσέως. [8] Syro-hex. Sic sine aster. Codd. 15 (cum ἐν εἰρήνῃ), 128, Arab. 1, 2. Cf. Hex. ad Jud. xviii. 15. [9] Syro-hex. in textu: ※ ܬ. ܗܘ ◂ ܕܦܪܩܗ ܠܥܡܐ ܡܢ ܐܝܕܐ ܕܡܨܪܝܐ, ubi cuneolus ad finem lectionis retrahendus. Arab. 1, 2 (om. *qui*): *qui liberavit populum ex manu Aegyptiorum.* [10] Syro-hex. ܐ. ܣ. ܕܐܫܬܥܠܝܘ ܥܠܝܗܘܢ. Cod. 108 affert: Ἀ. Σ. ὑπερηφανεύσαντο εἰς αὐτούς. Codd. 85 (teste Montef.), 130: Οἱ λοιποί· ὑπερηφανεύσαντο. Denique Nobil.: Schol. Ἄλλος· ὑπερηφανεύσαντο. [11] Syro-hex. Sic sine aster. Codd. VII (superscript. manu 2da), 15, 72, 128 (cum τοῦτο pro τὸ), Arm. 1. [12] Montef. edidit: Ἄλλος· τί τὸ ῥ. τοῦτο. Ἄλλος· τίς ὁ λ. οὗτος ὃν, notans: "Sic Basil. [concinente Holmesii amanuensi], nec interpretum nomen affert. Sed prima interpretatio videtur esse Aquilae, secunda Symmachi." Montefalconii conjecturam confirmant Codd. 57, 130; quorum prior affert: Ἀ. τί τὸ ῥ. τοῦτο. Σ. τίς ὁ λ. οὗτος; posterior autem, ut nos edidimus. [13] Syro-hex. ܐ. ܣ. ܬ. ܘܥܡܐ ܗܢܐ. [14] Nobil. Cf. Hex. ad Ezech. iii. 17. Minus probabiliter Cod. X: Ἀ. διαστέλλου; necnon Cod. 85: Ἀ. διαστέλλου. [15] Nobil., Codd. 85, 130. [16] Codd. X, 130. Syro-hex. ܐ. ܣ. ܬ. ܝܥܢܘܬܐ. Nobil. affert: Schol. Ἄλλος· πλεονεξίαν. [17] Sic Comp. (in posteriore tantum loco), Ald., Codd. III, VII, 14, 16, alii, invito Syro-hex.

22. הַגְּדָל. Ο΄. τὸ ὑπέρογκον. Οἱ λοιποί· τὸ μέγα.[18]

וְהָקֵל. Et leva. Ο΄. καὶ κουφιοῦσιν. Schol. ἐλαφρυνοῦσιν.[19]

וְנָשְׂאוּ אִתָּךְ. Et ferent tecum. Ο΄. καὶ συναντιλήψονταί (Σ. Θ. συμβαστάσουσίν[20]) σοι.

23. וְצִוְּךָ. Et praeceperit tibi. Aliter: Tunc stabiliet te. Ο΄. κατισχύσει σε. Ἄλλος· προσέταξέ σε.[21]

24. וַיִּשְׁמַע. Ο΄. ἤκουσε (alia exempl. ὑπήκουσε[22]) δέ.

כֹּל אֲשֶׁר אָמַר. Ο΄. ὅσα εἶπεν αὐτῷ. ※ καὶ εἶπε Μωυσῆς πρὸς τὸν λαόν· οὐ δυνήσομαι ἐγὼ μόνος φέρειν ὑμᾶς. ПΙΙΙ ὁ θεὸς ὑμῶν ἐπλήθυνεν ὑμᾶς, καὶ ἰδοὺ ἐστε σήμερον ὡσεὶ τὰ ἄστρα τοῦ οὐρανοῦ τῷ πλήθει. ПΙΙΙ ὁ θεὸς τῶν πατέρων ὑμῶν προσθείη ὑμῖν ὡς ἐστε χίλιοπλασίως, καὶ εὐλογήσαι ὑμᾶς, καθὼς ἐλάλησεν ὑμῖν. πῶς δυνήσομαι μόνος φέρειν τὴν γνώμην (ܡܚܡܠܐ) ὑμῶν, καὶ τὴν ὑπόστασιν, καὶ τὰς ἀντιλογίας ὑμῶν; δότε ἑαυτοῖς ἄνδρας σοφοὺς καὶ ἐπιστήμονας καὶ συνετοὺς εἰς τὰς φυλὰς ὑμῶν, καὶ καταστήσω αὐτοὺς ἡγεμόνας ὑμῶν. καὶ ἀπεκρίθησαν καὶ εἶπαν καλὸν τὸ ῥῆμα ὃ ἐλάλησας ποιῆσαι. καὶ ἔλαβε τοὺς ἀρχιφύλους αὐτῶν, καὶ ἄνδρας σοφοὺς καὶ ἐπιστήμονας, καὶ κατέστησεν αὐτοὺς εἶναι αὐτοῖς ἡγουμένους, χιλιάρχους, καὶ ἑκατοντάρχους, καὶ πεντηκοντάρχους, καὶ δεκαδάρχους, καὶ γραμματοεισαγωγεῖς τοῖς κριταῖς αὐτῶν. καὶ ἐνετειλατο τοῖς κριταῖς, λέγων· διακούετε ἀναμέσον τῶν ἀδελφῶν ὑμῶν, καὶ κρίνετε δικαίως ἀναμέσον ἀνδρὸς καὶ ἀναμέσον ἀδελφοῦ αὐτοῦ, καὶ ἀναμέσον προσηλύτου αὐτοῦ. οὐκ ἐπιγνώσῃ πρόσωπον ἐν κρίσει, κατὰ τὸν μικρὸν καὶ κατὰ τὸν μέγαν

κρινεῖτε, οὐ μὴ ὑποστείλητε πρόσωπον ἀνδρός· ὅτι ἡ κρίσις τοῦ θεοῦ ἐστι. καὶ τὸ ῥῆμα ὃ ἐὰν σκληρὸν ᾖ ἀφ᾽ ὑμῶν, ἀνοίσετε αὐτὸ ἐπ᾽ ἐμέ, καὶ ἀκούσομαι αὐτό. καὶ ἐνετειλατο αὐτοῖς τοὺς λόγους οὓς ποιήσουσιν ◀[23]

25. וַיִּתֵּן. Ο΄. καὶ ἐποίησεν. Σ. καὶ κατέστησεν.[24]

26. הַקָּשֶׁה. Difficilem. Ο΄. ὑπέρογκον. Ἀ. Σ. σκληρόν. Θ. τὸ δυσχερές.[25] Schol. τὸ μέγα.[26]

Cap. XVIII. 5. οἱ υἱοὶ ※ αὐτοῦ ◀.[27] 7. προσεκύνησεν – αὐτῷ ◀.[28] 8. τῷ γαμβρῷ ※ Οἱ Γ΄. αὐτοῦ ◀.[29] 9. – καὶ ἐκ χειρὸς Φαραώ (◀). 13. – πᾶς ◀.[30] 14. ※ Οἱ Γ΄. ἕως ◀ δείλης).[31] 15. τῷ γαμβρῷ ※ Οἱ Γ΄. αὐτοῦ ◀.[32] 16. – αὐτούς ◀.[33] 18. – ἀνυπομονήτῳ ◀.[34] τὸ ῥῆμα – τοῦτο ◀.[35] 19. τοὺς λόγους – αὐτῶν ◀.[36] 20. – τοῦ θεοῦ ◀, καὶ τὸν νόμον – αὐτοῦ ◀.[37] 21. – σεαυτῷ ◀.[38] 24. τοῦ γαμβροῦ ※ αὐτοῦ ◀.[39] ※ πάντα ◀ ὅσα εἶπεν – αὐτῷ ◀.[40]

Cap. XIX.

2. וַיַּחֲנוּ בַמִּדְבָּר. Ο΄. Vacat. ※ καὶ παρενέβαλον ἐν τῇ ἐρήμῳ[1]

3. אֶל־הָאֱלֹהִים. Ο΄. εἰς τὸ ὄρος τοῦ θεοῦ. Ἄλλος· πρὸς τὸν θεόν.[2]

5. וִהְיִיתֶם לִי סְגֻלָּה מִכָּל־הָעַמִּים. Et eritis mihi peculium ex omnibus populis. Ο΄. ἔσεσθέ μοι – λαὸς ◀ περιούσιος (Σ. ἐξαίρετος[3]) ἀπὸ πάν-

---

[18] Cod. 85, teste Montef. Holmesii amanuensis sine nom. exscripsit. Mox ad τὰ δὲ βραχέα Cod. 58 in marg. affert: τὰ δὲ μικρότερα; Cod. VII manu 2da: τὸ δὲ βραχύ. [19] Cod. 58 in marg. sine nom. [20] Nobil., Cod. 130. [21] Cod. VII in marg. manu 2da. [22] Sic Codd. 29, 74, alii; necnon in marg. Codd. 57, 85, 130. [23] Syro-hex. in marg., cum scholio: "Etiam ista in editione Samaritana Hebraea tantum feruntur." Ad finem v. 24 Arab. 1, 2 annotationem habent, nonnulla esse ad h. l. in textu Samaritano, quae in Hebraico non leguntur. Cf. Deut. i. 9–18, ubi praeter leviores varietates pro τὴν γνώμην habetur ὁ κόπον, ut in nostro quoque loco textus Hebraeo-Samaritanus editus. [24] Syro-hex. ܣ. ܕܐܩܝܡ. Cod. 58 in textu: καὶ κατέστησεν. [25] Nobil., et Cod. 85, teste Montef. Cod. 130: Ἀ. Σ. σκληρόν, δυσχερές (sic). Cod. VII in marg. manu 2da: σκληρόν. Praeterea Holmes. e Cod. X affert: Οἱ λοιποί βαρύ; silentibus Montef., et collatione vetusta Bodl. [26] Nobil. [27] Syro-hex. Sic sine

[2a] Idem. [29] Idem. aster. Codd. VII, 15, 74, alii. Sic sine notis Comp., Ald., Codd. VII (ex corr. manu 2da), 15, 19, alii. [30] Idem. [31] Idem, per errorem, ut videtur. [32] Idem. Sic sine notis Codd. 15, 19, alii, Arab. 1, 2. [33] Idem. Vox deest in Cod. 58. [34] Idem. Deest in Ald., Codd. VII (a 1ma manu), 14, 16, 25, aliis. [35] Idem. [36] Idem. Pronomen deest in Cod. 58. [37] Idem. [38] Idem. Deest in Codd. 15, 58. [39] Idem. Sic sine aster. Comp., Ald., Codd. 15, 19, alii, Arab. 1, 2. [40] Idem. Lectio πάντα ὅσα est in Ald., Codd. 15, 19, aliis, Arab. 1, 2.

Cap. XIX. [1] Syro-hex. Sic sine aster. Arab. 1, 2, Arm. 1. Hieron. in Epist. LXXVIII ad Fabiolam, Mansio XII: Et castrametati sunt in eremo. [2] Cod. VII in marg. manu 2da. [3] Cod. X. Sic in marg. sine nom. Cod. 130. Theodoret: τὸ μέντοι περιούσιος, ἐξαίρετος ὁ Σύμ. ἡρμήνευσεν. Parum probabiliter Nobil.: Theodotio· ἐξαίρετος.

TOM. I. Q

των τῶν ἐθνῶν. Σ. ἔσεσθέ μοι ἐξαίρετον ἐκ πάντων τῶν λαῶν.[4]

6. מַמְלֶכֶת כֹּהֲנִים. *Regnum sacerdotum.* Ο΄. βασίλειον ἱεράτευμα. Ἀ. βασιλεία ἱερέων. Σ. Θ. βασιλεία ἱερεῖς.[5]

7. וַיִּקְרָא לְזִקְנֵי. Ο΄. καὶ ἐκάλεσε τοὺς πρεσβυτέρους. Alia exempl. καὶ ἐλάλησε πρὸς τοὺς πρεσβυτέρους.[6]

יְהוָֹה. Ο΄. ὁ θεός. Οἱ Γ΄. ΠΙΠΙ.[7]

9. בְּעַב. *In densitate.* Ο΄. ἐν στύλῳ. Ἀ. ἐν πάχει.[8]

10. וְקִדַּשְׁתָּם. *Et consecra eos* (lustrationibus). Ο΄. καὶ ἅγνισον (Οἱ λοιποί· ἁγίασον[9]) αὐτούς.

11. סִינָי. Ο΄. τὸ Σινά. Ἀ. Σ. Θ. ὁμοίως· Σιναΐ.[10]

12. וְהִגְבַּלְתָּ אֶת־הָעָם. *Et terminos constitues populo.* Ο΄. καὶ ἀφοριεῖς τὸν λαόν. Σ. Οἱ λοιποί· ὁριοθετήσεις (τῷ λαῷ).[11]

הִשָּׁמְרוּ לָכֶם. *Cavete vobis.* Ο΄. προσέχετε ἑαυτοῖς. Ἀ. φυλάσσετε ἑαυτούς.[12]

13. יָרֹה יִיָּרֶה. *Sagittis transfigendo transfigetur.* Ο΄. βολίδι (Ἀ. ῥοιζήσει. Σ. βέλεσιν. Θ. τοξευόμενος[13]) κατατοξευθήσεται.

13. בִּמְשֹׁךְ הַיֹּבֵל. *Cum protraxerit* (tubicen) *classicum.* Ο΄. ὅταν αἱ φωναί, καὶ αἱ σάλπιγγες, καὶ ἡ νεφέλη ἀπέλθῃ ἀπὸ τοῦ ὄρους. Alia exempl. ὅταν δὲ ÷ αἱ φωναὶ καὶ ◁ αἱ σάλπιγγες ἀπέλθωσιν, ÷ καὶ ἡ νεφέλη ἀπέλθῃ ἀπὸ τοῦ ὄρους ◁.[14] Ἀ. ἐν τῷ ἑλκυσμῷ τοῦ παραφέροντος. Σ. ὅταν παρέλθῃ ὁ ἀλαλαγμός. Θ. ἐν τῇ πορείᾳ τοῦ ἰωβήλ.[15]

18. כְּעָשָׁן. Ο΄. ὡσεὶ καπνός. Alia exempl. ὡσεὶ ἀτμίς.[16]

וַיֶּחֱרַד. *Et contremuit.* Ο΄. καὶ ἐξέστη (Ἄλλος· ἐπτοήθη[17]).

22. פֶּן־יִפְרֹץ בָּהֶם יְהוָֹה. *Ne irruat in eos Jova.* Ο΄. μήποτε ἀπαλλάξῃ (Ἀ. διακόψῃ. Σ. διαφθείρῃ. Θ. *consumat*[18]) ἀπ' αὐτῶν κύριος. Ἀ. μήποτε διακόψῃ ἐν αὐτοῖς κύριος.[19]

23. אֶל־יְהוָֹה. Ο΄. πρὸς τὸν θεόν (Οἱ Γ΄. ΠΙΠΙ[20]).

24. יֶהֶרְסוּ. *Perrumpant.* Ο΄. βιαζέσθωσαν. Alia exempl. βαδιζέτωσαν, s. βαδιζέσθωσαν.[21]

יִפְרָץ־בָּם. Ο΄. ἀπολέσῃ (Ἀ. διακόψῃ. Σ. διαφθείρῃ. Θ. κόψῃ[22]) ἀπ' (alia exempl. ἐξ[23]) αὐτῶν.

[4] "Sic Colbertinus unus, Regius item et Theodoretus."—*Montef.* Cf. Hex. ad Deut. xiv. 2. Psal. cxxxiv. 4. Non male Graeco-Ven. pro סְגֻלָּה σφετέρισμα dedit. [5] Syro-hex. ܐ. ܡܠܟܘܬܐ ܕܟܘܡܪܐ. ܣ. ܬ. ܡܠܟܘܬܐ ܟܘܡܪܐ. [6] "Ita codex unus, tacito interpretis nomine."—*Montef.* Sic in textu Ald., Cod. 83. Cod. II a 1ma manu: καὶ ἐκάλεσε πρὸς τοὺς πρ. [7] Syro-hex. ܠ. ܦܝܦܝ. Codd. VII (manu 2da), 76: κύριος. Cod. 15: κύριος ὁ θεός. [8] Cod. VII in marg. manu 2da: πάχωμα (sic). Nos sine auctore Aquilae tribuimus ἐν πάχει, coll. Hex. ad Job. xxxvi. 29. xxxvii. 11. Jesai. xix. 1. [9] Nobil. Cod. VII in marg. manu 2da: οἱ ō (sic) καὶ ἁγίασον. [10] Syro-hex. ܐ. ܣ. ܬ. ܗܘ ܒܕܡܘܬܐ ܕܣܝܢܝ. [11] Cod. X. Cf. Hex. ad Deut. xix. 14. Zach. ix. 2. Cod. VII in marg. manu 2da: οἱ ō (sic) ὁροθετήσεις. Nobil., Codd. 58, 85 (uterque in marg.): ὁροθετήσεις. Cod. 57 in marg.: ὁρηοθετήσεις (sic). ὁροθετήσεις. [12] Syro-hex. ܐ. ܛܪܘ ܢܦܫܟܘܢ ܠܟܘܢ. Mox ad θιγεῖν Codd. 14, 57 (uterque in marg.): ψαῦσαι ἢ ἅψασθαι; et Cod. 58: ψαύειν, ἐγγίζειν. [13] Nobil., Cod. 85 (cum ῥοιζήσει, teste Montef.). Idem significat Cod. X: Ἀ. ῥυζήσει σὺν (leg. Σύμ.) βέλεσιν. Θ. τοξευόμενος; necnon Cod. 130: Ἀ. ῥοιζίσει βέλεσιν τοξευόμενος. Ad ῥοίζησις a ῥοιζέω cf. Hex. ad Gen. xxxi. 51. [14] Sic Syro-hex., qui minus emendate pingit: ὅταν δὲ ÷ αἱ φ. καὶ αἱ σ. ◁ ἀπέλθωσιν (ܢܐܙܠܘܢ). Post σάλπιγγες Cod. 71 in textum infert παύσονται) κ. τ. ἑ. [15] Syro-hex. ܐ. ܒܢܓܕܐ ܕܗܘ ܕܡܥܒܪ. ܣ. ܐܡܬܝ ܕܢܥܒܪ ܩܠܐ ܕܝܒܒܐ. ܬ. ܒܡܪܕܝܬܐ ܕܝܘܒܠ. Cf. Hex. ad Lev. xxv. 10. Jos. v. 6. Cod. VII in marg. manu 2da: (ὅτ)αν φωνήσῃ ὁ ἰωβήλ. "Lectionem sic magis correcte nunc dedi, quam in notis ad vers. Syriacam hexaplarem, et tuta est praeterquam pro οτ, licet pessime habita."—*Ceriani.* [16] Sic Codd. X (in marg.), 19 (cum ὡς), 30, alii (inter quos 57 (cum καπνὸς in marg.), 85 (idem), 130 (cum καπνὸς superscript. manu 1ma)). [17] Cod. VII in marg. manu 2da. [18] Syro-hex. ܐ. ܢܦܣܘܩ. ܣ. ܢܚܒܠ. ܬ. ܢܫܝܨܐ. Nobil. affert: Ἀ. διακόψῃ. Σ. διαφθείρῃ. Cf. ad v. 24. [19] Cod. 85, teste Montef. [20] Syro-hex. [21] Prior lectio est in Cod. 15, Syro-hex. (ܢܬܥܠܘܢ); posterior in Comp., Codd. 53, 56. Arab. 1, 2: *accedant.* [22] Syro-hex. ܐ. ܢܦܣܘܩ. ܣ. ܢܚܒܠ. ܬ. ܢܦܣܘܩ. (In textu lectio ἀπαλλάξῃ est in Codd. 15, 29, 58 (in textu; in marg. autem ab eadem manu: ἀπολέσῃ, διακόψῃ, διαφθείρῃ), 72.) [23] Sic Codd. X (in marg.), 16, 30, 75, 85 (cum ἀπ' αὐτῶν in marg.), 130.

Cap. XIX. 4. – ὡσεί ◄.²⁴ 8. – καὶ ἀκουσόμεθα ◄.²⁵
10. – καταβάς ◄.²⁶ τὰ ἱμάτια ⊠ αὐτῶν ◄.²⁷ 14.
τὰ ἱμάτια ⊠ αὐτῶν ◄.²⁸ 16. – Σινά ◄.²⁹ 18. ὁ
καπνὸς ⊠ αὐτοῦ ◄.³⁰ 21. – λέγων ◄.³¹ 24. ἀπ'
αὐτῶν – κύριος ◄.³²

CAP. XX.

2. אֲשֶׁר הוֹצֵאתִיךָ. Ο'. ὅστις ἐξήγαγόν σε. Alia
exempl. ὁ ἐξαγαγών σε.¹

4. פֶּסֶל. Simulacrum. Ο'. εἴδωλον. Οἱ λοιποί·
γλυπτόν.²

5. עַל־שִׁלֵּשִׁים וְעַל־רִבֵּעִים. Super pronepotes et
super abnepotes. Ο'. ἕως τρίτης καὶ τετάρτης
γενεᾶς. Alia exempl. ἐπὶ τρίτην καὶ τετάρτην
⊠ Σ. γενεάν ◄.³

7. לַשָּׁוְא. Temere. Ο'. ἐπὶ ματαίῳ. Ἀ. εἰς εἰκῆ.⁵

8. לְקַדְּשׁוֹ. Ο'. ⊠ Ἀ. Σ. τοῦ (◄) ἁγιάζειν αὐτήν.⁵

13-15. לֹא תִרְצָח׃ לֹא תִנְאָף׃ לֹא תִגְנֹב. Ο'.
οὐ μοιχεύσεις. οὐ κλέψεις. οὐ φονεύσεις. Alia
exempl. οὐ φονεύσεις. οὐ μοιχεύσεις. οὐ κλέ-
ψεις.⁶

17. לֹא תַחְמֹד בֵּית רֵעֶךָ לֹא־תַחְמֹד אֵשֶׁת רֵעֶךָ.
Ο'. οὐκ ἐπιθυμήσεις τὴν γυναῖκα τοῦ πλησίον
σου· οὐκ ἐπιθυμήσεις τὴν οἰκίαν τοῦ πλησίον
σου, οὔτε τὸν ἀγρὸν αὐτοῦ. Alia exempl. οὐκ
ἐπιθυμήσεις τὴν οἰκίαν τοῦ πλησίον σου (Ἀ.
οἰκίας ἑταίρου σου. Σ. Ο. ὡς οἱ Ο'⁷) – οὐδὲ τὸν
ἀγρὸν αὐτοῦ ◄· οὐκ ἐπιθυμήσεις τὴν γυναῖκα
τοῦ πλησίον σου.⁸

17. וְכֹל אֲשֶׁר לְרֵעֶךָ. Ο'. οὔτε ὅσα τῷ πλησίον
σού ἐστιν. ⊠ καὶ ἔσται ἐὰν εἰσαγάγῃ σε ΠΙΠΙ ὁ
θεός σου εἰς τὴν γὴν τῶν Χαναναίων, εἰς ἣν σὺ εἰσελίνσῃ
ἐκεῖ κληρονομῆσαι, καὶ στήσεις σεαυτῷ λίθους μεγάλους,
καὶ κονιάσεις αὐτοὺς κονίᾳ· καὶ γράψεις ἐπὶ τῶν λίθων
πάντας τοὺς λόγους τοῦ νόμου τούτου. καὶ ἔσται ὡς ἂν
διαβῆτε τὸν Ἰορδάνην, στήσετε τοὺς λίθους τούτους, οὓς
ἐγὼ ἐντέλλομαι ὑμῖν σήμερον ἐν ὄρει Γαριζείμ. καὶ οἰκοδομήσεις ἐκεῖ θυσιαστήριον ΠΙΠΙ τῷ θεῷ σου, θυσιαστήριον ἐκ λίθων· οὐκ ἐπιβαλεῖς ἐπ' αὐτὸ σίδηρον. λίθους
ὁλοκλήρους οἰκοδομήσεις, θυσιαστήριον ΠΙΠΙ τῷ θεῷ σου,
καὶ ἀνοίσεις ἐπ' αὐτὸ ὁλοκαυτώματα ΠΙΠΙ τῷ θεῷ σου·
καὶ θύσεις θυσίαι εἰρηνικήν (سلم) καὶ φαγῇ ἐκεῖ,
καὶ εὐφρανθήσῃ ἔναντι ΠΙΠΙ τοῦ θεοῦ σου. τὸ ὄρος
ἐκεῖνο πέραν τοῦ Ἰορδάνου ὀπίσω ὁδοὶ δυσμῶν ἡλίου ἐν
γῇ Χαναάν, τὸ κατοικοῦν ἐπὶ δυσμῶν ἐχόμενον τοῦ Γολγώλ,
πλησίον τῆς δρυὸς τῆς ὑψηλῆς, ἐχόμενον τοῦ Συχέμ ◄.⁹

18. אֶת־הַקּוֹלֹת. Ο'. τὴν φωνήν. Ἄλλος· τὰς
φωνάς.¹⁰

וַיָּנֻעוּ וַיַּעַמְדוּ מֵרָחֹק. Et pavore concutieban-
tur, et substiterunt e longinquo. Ο'. ⊠ Ἀ.
καὶ σαλευθεὶς ◄ ἔστησαν μακρόθεν.¹¹

19. וְנִשְׁמָעָה. Ο'. ⊠ καὶ ἀκουσόμεθα ◄.¹² ⊠ ἰδαὶ
ἔδειξεν ἡμῖν ΠΙΠΙ ὁ θεὸς ἡμῶν τὴν δόξαν αὐτοῦ, καὶ τὴν
μεγαλωσύνην αὐτοῦ, καὶ τὴν φωνὴν αὐτοῦ ἠκούσαμεν ἐκ
μέσου τοῦ πυρὸς· ἐν τῇ ἡμέρᾳ ταύτῃ εἴδομεν ὅτι λαλήσει
ὁ θεὸς μετ' ἀνθρώπου, καὶ ζήσεται. καὶ νῦν μὴ ἀποθά-
νωμεν, ὅτι ἐξαναλώσει ἡμᾶς τὸ πῦρ τοῦτο τὸ μέγα, ἐὰν
προσθῶμεν ἡμεῖς ἀκοῦσαι τὴν φωνὴν ΠΙΠΙ τοῦ θεοῦ ἡμῶν
ἔτι, καὶ ἀποθανούμεθα. τίς γὰρ πᾶσα σάρξ, ἥ τις (οἳ
مـه) ἤκουσε φωνὴν θεοῦ ζῶντος, λαλοῦντος ἐκ μέσου
τοῦ πυρός, ὡς ἡμεῖς, καὶ ζήσεται; πρόσελθε σύ, καὶ
ἄκουσον πάντα ὅσα ἂν εἴπῃ ΠΙΠΙ ὁ θεὸς ἡμῶν, καὶ σὺ
λαλήσεις πρὸς ἡμᾶς πάντα ὅσα ἂν λαλήσῃ ΠΙΠΙ ὁ θεὸς
ἡμῶν πρὸς σέ, καὶ ἀκουσόμεθα, καὶ ποιήσομεν ◄.¹³

---

²⁴ Syro-hex. ²⁵ Idem. Haec desunt in Cod. 72.
²⁶ Idem. Deest in Arab. 2. ²⁷ Idem. Sic sine aster.
Comp., Codd. VII (cum ἑαυτῶν), 15, 19, alii. ²⁸ Idem.
Sic sine aster. Comp., Ald., Codd. VII (corr. manu 2ᵈᵃ),
14, 15, 16, alii, Arab. 1, 2. ²⁹ Idem. ³⁰ Idem. Sic
sine aster. Codd. VII (corr. manu 2ᵈᵃ), 15, 72, Arab. 1, 2.
³¹ Idem. Vox deest in Codd. 58, 71, 72. ³² Idem.

Cap. XX. ¹ Sic Ald., Codd. III, VII, X, 14, 15, 16, alii;
in marg. autem Codd. 85, 130, Syro-hex. ² Nobil.,
Cod. 85 (teste Montef.). Minus probabiliter Cod. 130:
Οἱ λοιποί· γλυπτοῦ. ³ Sic Syro-hex. in textu, et sine
notis Comp., Ald., Codd. III, VII, X, 14, 15, 16, alii.
⁴ Nobil., Codd. X (in marg. sine nom.), 85 (teste Montef.),

130 (cum εἰκεί). Cf. Hex. ad Psal. cxxxviii. 20. ⁵ Sic
Syro-hex. in textu, et sine notis Codd. 15 (cum αὐτὰ),
58, 72. ⁶ Sic Comp., Ald., Codd. III, VII, X, 18, 19,
alii, et Syro-hex. ⁷ Syro-hex. ܘ ܐ ܐ /.
ܣܡ. ܐ ܐ܀ ⁸ Sic Syro-hex. (omisso ex oscitantia amanuensis obelo), et sine obelo Cod. 15. ⁹ Syro-
hex. in marg., cum scholio: "Etiam ista in editione
Samaritana Hebraea tantum feruntur." Cf. Deut. xi. 29.
xxvii. 2–7. xi. 30. ¹⁰ Sic Cod. VII ex corr. manu 2ᵈᵃ,
et Syro-hex. ¹¹ Sic Syro-hex., et sine notis Codd. 15,
58. Arab. 1, 2 (eum ✕ praemisso): et terrefecerat eum
res. Arm. 1: et consternebatur. ¹² Sic Syro-hex., et
sine aster. Codd. 15, 72, Arab. 1, 2, Arm. 1. ¹³ Syro-

Q 2

20. לְבִלְתִּי תֶחֱטָאוּ. Ο΄. ἵνα μὴ ἁμαρτάνητε. Οἱ Γ΄ ὁμοίως.[14]

21. אֶל־הָעֲרָפֶל. *Ad caliginem densam.* Ο΄. Ἀ. Θ. εἰς τὸν γνόφον. Σ. εἰς τὴν ὁμίχλην.[15]

אֲשֶׁר־שָׁם הָאֱלֹהִים. Ο΄. οὗ ἦν ὁ θεός. ※ καὶ ἐλάλησε ΠΙΠΙ πρὸς Μωυσῆν, λέγων· ἤκουσα τὴν φωνὴν τῶν λόγων τοῦ λαοῦ τούτου, ὅσα ἐλάλησαν πρός σε· ὀρθῶς πάντα ὅσα ἐλάλησαν. τίς δώσει εἶναι οὕτως τὴν καρδίαν αὐτῶν ταύτην ἐν αὐτοῖς, ὥστε φοβεῖσθαί με, καὶ φυλάσσειν πάσας τὰς ἐντολάς μου πάσας τὰς ἡμέρας, ἵνα εὖ ᾖ αὐτοῖς καὶ τοῖς υἱοῖς αὐτῶν δι' αἰῶνος; προφήτην ἀναστήσω αὐτοῖς ἐκ μέσου τῶν ἀδελφῶν αὐτῶν, ὥσπερ σε· καὶ δώσω τὸ ῥῆμά μου ἐν τῷ στόματι αὐτοῦ, καὶ λαλήσει αὐτοῖς καθότι ἂν ἐντείλωμαι αὐτῷ. καὶ ὁ ἄνθρωπος ὃς ἂν μὴ ἀκούσῃ τὸν λόγον αὐτοῦ, ὅσα ἐὰν λαλήσῃ ἐκεῖνος ὁ προφήτης ἐπὶ τῷ ὀνόματί μου, ἐγὼ ἐκδικήσω ἐξ αὐτοῦ. πλὴν ὁ προφήτης, ὃς ἂν ἀσεβήσῃ λαλῆσαι ῥῆμα ἐπὶ τῷ ὀνόματί μου ὃ οὐ προσέταξα αὐτῷ λαλῆσαι, καὶ ὃς ἐὰν λαλήσῃ ἐπ' ὀνόματι θεῶν ἑτέρων, ἀποθανεῖται ὁ προφήτης ἐκεῖνος. ἐὰν δὲ εἴπῃς ἐν τῇ καρδίᾳ σου· πῶς γνωσόμεθα τὸ ῥῆμα ὃ οὐκ ἐλάλησε ΠΙΠΙ; ὅσα ἐὰν λαλήσῃ ὁ προφήτης ἐπὶ τῷ ὀνόματι ΠΙΠΙ, καὶ μὴ γένηται τὸ ῥῆμα, καὶ μὴ συμβῇ, τοῦτο τὸ ῥῆμα ὃ οὐκ ἐλάλησε ΠΙΠΙ, ἐν ἀσεβείᾳ ἐλάλησεν αὐτὸ ὁ προφήτης· οὐκ ἀφέξεσθε (ܠܐ ܬܕܚܠܘܢ) αὐτοῦ. βάδισον, εἶπον αὐτοῖς· ἀποστράφητε ὑμεῖς εἰς τοὺς οἴκους ὑμῶν. σὺ δὲ αὐτοῦ στῆθι μετ' ἐμοῦ, καὶ λαλήσω πρὸς σὲ πάσας τὰς ἐντολὰς καὶ τὰ δικαιώματα καὶ τὰ κρίματα, ὅσα διδάξεις αὐτούς, καὶ ποιείτωσαν ἐν τῇ γῇ, ἣν ἐγὼ δίδωμι αὐτοῖς ἐν κλήρῳ ◄.[16]

23. אִתִּי. *Apud me.* Ο΄. ὑμῖν αὐτοῖς. Alia exempl. ἑαυτοῖς.[17]

24. אֲדָמָה. *De humo.* Ο΄. ἐκ γῆς. Ἀ. χθονός. Σ. γῇ πυρρᾷ. Θ. ἐκ γῆς πυρρᾶς.[18]

25. כִּי חַרְבְּךָ הֵנַפְתָּ עָלֶיהָ. *Nam ferramentum tuum admoristi ei* (lapidi caeso). Ο΄. τὸ γὰρ ἐγχειρίδιόν ※ σου ◄[19] ἐπιβέβληκας ἐπ' αὐτούς. Ἀ. ὅτι μάχαιράν σου ἐξῆρες ἐπ' αὐτό. Σ. τὴν γὰρ μάχαιράν σου ἐκίνησας ἐπ' αὐτό. Θ. ὅτι τὴν ῥομφαίαν σου ἐπιβέβληκας ἐπ' αὐτό.[20]

וַתְּחַלְלֶהָ. *Et profanasti eum.* Ο΄. καὶ μεμίανται. Ἀ. Σ. Θ. καὶ ἐβεβήλωσας αὐτό.[21]

Cap. XX. 10. ÷ ἐν αὐτῇ ◄. ÷ ὁ βοῦς σου, καὶ τὸ ὑποζύγιόν σου ◄.[22] ὁ προσήλυτός ※ σου ◄.[23] 12. ÷ ἵνα εὖ σοι γένηται, καὶ ◄ ἵνα.[24] 17. ÷ οὔτε (s. οὐδὲ) παντὸς κτήνους αὐτοῦ ◄. 20. ÷ πρὸς ὑμᾶς ◄.[25] 22. ÷ τῷ οἴκῳ Ἰακὼβ, καὶ ἀναγγελεῖς ◄.[26] 24. τὰ ὁλοκαυτώματα ※ ὑμῶν ◄.[27] τὰ πρόβατα ※ ὑμῶν ◄.[28] (÷) ἐκεῖ ◄.[29]

---

hex. in marg., cum scholio: "Etiam ista in editione Samaritana Hebraea tantum feruntur." Arab. 1 in marg. discrepantiam exemplaris Samaritani et Hebraei commemorat. Cf. Deut. v. 24–27. [14] Syro-hex. [15] Montef. edidit: Ἀ. Ο΄. Θ. ἀραφέλ. Σ. ὁμίχλην. Ο΄. ἄλλως· τὸν γνόφον; notans: "Haec Maximus Schol. in Dionysium Lib. De Mystica Theologia Cap. I: οἱ Ο΄ καὶ Ἀκύλας καὶ Θεοδοτίων τὸ ἀραφὲλ ἴδωκαν· Σύμμαχος μέντοι ὁμίχλην... Ubi notes LXX hodie γνόφον habere; sed in hanc editionem infinitae paene mutationes advectae sunt, ut fuse narratur in *Praeliminaribus.*" Hic quidem nulla mutatio est, nisi quae antecessoris nostri oscitantiae tribuenda sit, qui in Dionysio exscribendo unam voculam praeterlapsus est. Integer locus (Dionys. Areop. Opp. Antv. 1634, T. II, p. 17) hic est: Χρὴ δὲ εἰδέναι, ὡς ἐν τῇ Ἐξόδῳ, ἔνθα γέγραπται ὅτι εἰσῆλθε Μωυσῆς εἰς τὸν γνόφον οὗ ἦν ὁ θεὸς, τὸ μὲν Ἑβραϊκὸν ἔχει ἀραφέλ· οἱ δὲ Ο΄ καὶ Ἀκ. καὶ Θεοδ. τὸ ἀραφὲλ ΓΝΟΦΟΝ ἐξέδωκαν· Σύμ. μέντοι ὁμίχλην τὸ ἀραφὲλ ἡρμήνευσεν. Ad Sym. cf. Hex. ad Deut. iv. 11. Psal. xcvi. 2 (in *Auctario*). [16] Syro-hex. in marg., cum scholio: "Etiam ista in editione Samaritana Hebraea tantum feruntur." Cf. Deut. v. 28, 29. xviii. 18–22. v. 30, 31. [17] Sic Comp., Ald., Codd. III, VII, X (cum αὐτοῖς), 16, 18, alii, et Syro-hex. (cum ὑμῖν αὐτοῖς in marg.). [18] Syro-hex. ܐ. ܡܢ ܐܪܥܐ. ܣ. ܒܐܪܥܐ ܣܘܡܩܬܐ. ܬ. ܡܢ ܐܪܥܐ ܣܘܡܩܬܐ. (Ad Aquilam cf. Hex. ad Gen. ii. 7. iii. 18. Psal. xlviii. 12. Ad Sym. et Theod. cf. Hex. nostra ad 4 Reg. v. 17.) Idem ad ἐκ γῆς scholium philologicum habet: "Hoc est, *de terra aggesta* (ܟܘܡܪܐ)." [19] Sic cum aster. Syro-hex. Pronomen deest in Codd. VII, 14, 16, 25, aliis. [20] "Sic Catenae nostrae et Ed. Rom. Unus Regius ad lectionem Theodotionis habet ἐπ' αὐτόν [ut ad Aq. et Theod. Cod. 130]."—*Montef.* Concinit Syro-hex., qui affert: ܐ. ܡܛܠ ܕܣܦܣܪܐ ܕܝܠܟ ܐܪܝܡܬ ܥܠܘܗܝ. ܣ. ܣܦܣܪܐ (ܓܝܪ) ܕܝܠܟ ܐܙܝܥܬ ܥܠܘܗܝ. ܬ. ܡܛܠ ܕܪܘܡܚܐ ܕܝܠܟ ܐܪܡܝܬ ܥܠܘܗܝ. [21] Syro-hex. ܐ. ܣ. ܬ. ܘܣܝܒܬܗ. Cod. 85 in marg. sine nom.: ἐβεβήλωσας αὐτό. [22] Syro-hex. [23] Idem. Sic sine aster. Codd. 15, 72, Arab. 1, 2. [24] Idem, qui pingit: γένηται ◄, καὶ ἵνα. [25] Idem. [26] Idem, et sub ÷ Arab. 1. Haec desunt in Cod. 58. [27] Idem. Pronomen reprobant Comp., Codd. III, VII, X, 14, 16, 18, alii. [28] Idem. Sic sine aster. Codd. 15, 72, Arab. 1, 2. [29] Idem, cum metobelo tantum.

Cap. XXI.

2. יֵצֵא לַחָפְשִׁי. *Dimittetur liber.* Ο΄. ἀπελεύσεται
ἐλεύθερος. Alia exempl. ἐξαποστελεῖς αὐτὸν
ἐλεύθερον.[1]

3. וְיָצְאָה אִשְׁתּוֹ עִמּוֹ. Ο΄. ἐξελεύσεται καὶ ἡ γυνὴ
αὐτοῦ. Alia exempl. καὶ ἡ γυνὴ συνεξελεύ-
σεται μετ᾽ αὐτοῦ.[2]

6. אֶל־הָאֱלֹהִים. *Ad judices* (Dei vicem gerentes).
Ο΄. πρὸς τὸ κριτήριον τοῦ θεοῦ. Ἀ. Σ. πρὸς
τοὺς θεούς.[3]

אוֹ אֶל־הַמְּזוּזָה. Ο΄. ἐπὶ τὸν σταθμόν (Ἄλλος·
παραστάδα.[4]).

אֶת־אָזְנוֹ. Ο΄. τὸ οὖς ※ Ἀ. Θ. αὐτοῦ ◄.[5]

7, 8. וְכִי־יִמְכֹּר אִישׁ אֶת־בִּתּוֹ לְאָמָה לֹא תֵצֵא
כְּצֵאת הָעֲבָדִים: אִם־רָעָה בְּעֵינֵי אֲדֹנֶיהָ
אֲשֶׁר־לֹא (לוֹ ק) יְעָדָהּ. *Et cum vendiderit
vir filiam suam in ancillam, non egredietur (dimittetur) secundum egressionem servorum. Si
displicuerit domino suo, qui sibi despousaverit*

cam. Ο΄. ἐὰν δέ τις ἀποδῶται τὴν ἑαυτοῦ
θυγατέρα οἰκέτιν, οὐκ ἀπελεύσεται, ὥσπερ ἀπο-
τρέχουσιν αἱ δοῦλαι. ἐὰν μὴ εὐαρεστήσῃ (※
Ἑβρ. ἐν ὀφθαλμοῖς[8]) τῷ κυρίῳ αὐτῆς, ἢ αὐτῷ
καθωμολογήσατο (alia exempl. ἣν οὐ καθωμολογήσατο αὐτήν[7]). Ἀ. καὶ ὅταν πωλήσῃ ἀνὴρ
τὴν θυγατέρα αὐτοῦ εἰς οἰκέτιν, οὐκ ἐξελεύσεται
ὡς ἔξοδος τῶν δούλων. ἐὰν κακισθῇ ἐν ὀφθαλμοῖς τοῦ κυρίου αὐτῆς, ὃς οὐ καθωμολογήσατο
αὐτήν.ʺ Σ.. οὐ προελεύσεται προέλευσιν δου-
λικήν. εἰ μὴ ἀρέσκῃ ἐν ὀφθαλμοῖς τῷ κυρίῳ
αὐτῆς ἢ μὴ καθωμολογημένη.ʺ Θ... οὐκ ἐξελεύσεται, ὥσπερ ἐκπορεύονται οἱ δοῦλοι. εἰ
πονηρά ἐστιν ἐν ὀφθαλμοῖς κυρίου αὐτῆς, ἣν
οὐ καθωμολογήσατο αὐτήν.[10]

9. הַבָּנוֹת. Ο΄. τῶν θυγατέρων. Σ. τῶν νεανίδων.[11]

11. שְׁלָשׁ־אֵלֶּה. Ο΄. τὰ τρία ταῦτα. Alia exempl.
πάντα ταῦτα.[12]

13. וַאֲשֶׁר לֹא צָדָה. *Qui autem non consulto egerit.*
Ο΄. ὁ δὲ οὐχ ἑκών. Ἀ. καὶ ὃς οὐ μεθώδευσεν.[13]

Cap. XXI. [1] Sic Ald., Codd. III, VII, 29, 53 (cum
duplici versione), 56 (idem), 57 (in marg.), 59, alii. " Vide-
tur esse versio Symmachi, qui liberiori more interpretatur."
—*Montef.* [2] " Sic duo MSS."—*Montef.* Sic Ald.,
Codd. III (cum ἐξελ.), VII (idem), X (idem), 14, 16, 18 (ut
III), alii. Cod. II (teste Maio): ἐξ. καὶ ἡ γ. αὐτοῦ μετ᾽ αὐτοῦ.
Syro-hex.: ἐξ. καὶ ἡ γ. αὐτοῦ μετ᾽ αὐτοῦ. [3] Nobil., et
" omnes MSS." apud Montef., qui notat : " Unus codex
[Codd. 57, 73 in schedis Bodl.] et schedae Combefis. [= Cat.
Niceph. p. 788] hoc scholion habent [ex Origen. Opp.
T. II, p. 127]: Ἀκύλας καὶ Σύμμαχος εἶπον, πρὸς τοὺς θεούς·
θεοὺς δὲ τοὺς κριτὰς ὀνομάζουσι, καὶ θεοῦ κρατήσιον, τὴν τούτων
ψῆφον." Theodoret. Quaest. VIII in Deut. (Opp. T. I,
p. 267): Θεοὺς τοὺς κριτὰς ὀνομάζει θεοὺς γάρ, φησίν, οὐ κακολογήσεις κ.τ.ἑ. Καὶ ἔνθα δὲ εἶπον οἱ Ο΄, ἄξεις αὐτὸν εἰς τὸ κριτήριον, οἱ περὶ τὸν Ἀκ. καὶ τὸν Σύμ., ἄξεις αὐτὸν πρὸς τοὺς θεούς,
ἡρμήνευσαν, θεοὺς τοὺς κριτὰς ὀνομάσαντες. Unde Montef.,
partim praeeunte Drusio, pleniorem, sed falsam, lectionem
extudit : Ἀ. Σ. καὶ ἄξεις αὐτὸν πρὸς τοὺς θεούς. [4] Cod. VII
(cum ἡ ἐπὶ in textu ex corr. manu 2ᵈᵃ) in marg. manu 2ᵈᵃ,
cum compendio scripturae in fine. Etiam Graeco-Ven.:
ἡ πρὸς τῇ παραστάδι. Pro מְזוּזָה Aquila posuit παραστὰς
Jesai. lvii. 8 (coll. Hex. ad Ezech. xlii. 21). [5] Syro-
hex., et sine notis Codd. 15, 58 (qui in marg. pingit: γρ.
καὶ τὸ ὥτιον. Cf. Hex. ad Jerem. xxxv. 15), 72, alii. (Ad

ὁσητίῳ Cod. VII in marg. manu 2ᵈᵃ: τρυπητηρίῳ.) [6] Syro-
hex., qui legit et pingit: ※ Ἑβρ. ἐν ὀφθαλμοῖς ◄ τοῦ κυρίου
αὐτῆς ◄ (sic). Lectionem ἐν ὀφθ. τῷ κ. αὐτῆς testantur Ald.,
Codd. 15, 58, 83. [7] Sic Ald., Codd. III (cum αὐτὴ corr.
ex αὐτήν, ut videtur), VII, 14, 15, 16, alii. Syro-hex. ܠܐ
ܟܐܡܪ ܠܗ. [8] Cod. 85, teste Montef. Cod. 130
in marg. sine nom.: ὅτε πωλήσῃ ἀ. τὴν θ. εἰς οἰκέτην, οὐκ ἐξ-
ὡς ἐξ. τῶν δ. ἐὰν κακισθῇ ἐν ὀφθ. κυρίου αὐτῆς ὃ (sic) οὐ καθωμολογήσατο αὐτήν. Nobil. affert : Ἀ. καὶ ὅταν πωλήσει—ἐξελεί-
σεται. Syro-hex. (unde αὐτοῦ assumpsimus): ܘܠܐ ܟܕ ܢܙܒܢ܀
ܘܟܕ ܢܟܒܬ ܚܒܬܗ ܐܡܬܐ. ܠܐ ܬܦܘܩ
ܐܝܟ ܡܦܩܢܐ ܕܥܒܕܐ.(.) ܘܐܢ ܒܐܫ (ܐܢ ܕܝܢ) ܒܥܝܢܐ
ܘܩܪܝ. ܘܠܐ ܐܫܬܘܕܝܗ.܀ [9] Nobil. (cum προσε-
λεύσεται προσελ.), Codd. 85 (cum εἰ μὴ pro ἢ μὴ, ut edidit
Montef.), 130 (ut Nobil.). Syro-hex. ܠܐ ܬܩܕܡ ܡܩܕܡܢܘܬܐ.
ܐܡܗܐܝܬ. ܐܢ ܠܐ ܬܫܦܪ ܒܥܝܢܐ ܕܡܪܗ ܐܘ ܠܐ
ܡܫܬܘܕܝܐ: (ܕܡܪܗ) ܘܐܢ (ܐܘ ܠܐ). [10] Nobil. (cum τοῦ κυρίου),
Codd. 85, 130 (cum οὖν ἦν pro ἣν). Syro-hex. ܠܐ ܬܦܘܩ
ܐܝܟ ܢܦܩܝܢ ܥܒܕܐ. ܐܢ ܒܝܫܐ ܐܝܬܝܗ ܒܥܝܢܐ ܘܡܪܗ
ܘܩܪܝ. ܘܠܐ ܐܫܬܘܕܝܗ. [11] Procop. in Cat. Niceph.
p. 791: ὅπερ ὁ Σύμ., τῶν νεανίδων, ἐξέδωκεν κατὰ τὰς εὐγενείας·
γὰρ συνῆκεν αὐτῇ, οὐχ ὡς δοῦλα καταφρονούμενα. [12] Sic
Codd. 30, 85 (cum τὰ τρία in marg.), 130 (idem). Codd.
VII (in marg. manu 2ᵈᵃ), X (in marg.): ταῦτα πάντα.
[13] Nobil., Codd. 85 (teste Montef.), 130 (cum ὡς pro ὃς).

13. אָנָּה. *Obvenire fecit.* Ο'. παρέδωκεν. 'Α. ἀφῆκεν.[14]

17 (Hebr. 16). וּמָכְרוֹ. *Et vendiderit eum.* Ο'. καὶ καταδυναστεύσας αὐτὸν ἀποδῶται. Alia exempl. καὶ ἀποδῶται ※ 'Εβρ. αὐτόν ◄.[15]

18. יְרִיבֻן. *Rixati fuerint.* Ο'. λοιδορῶνται. 'Α. διαμάχωνται.[16]

וְהִכָּה־אִישׁ אֶת־רֵעֵהוּ. Ο'. καὶ πατάξωσι τὸν πλησίον ※ 'Εβρ. αὐτοῦ ◄.[17] 'Α. Σ. Θ. καὶ πατάξῃ τις . . .[18]

בְּאֶגְרֹף. *Pugno.* Ο'. πυγμῇ. ('Α.) (ἐν) γρόνθῳ.[19]

19. יִתֵּן. Ο'. ἀποτίσει. "Αλλος· δώσει.[20]

22. יְלָדֶיהָ. *Progenies ejus.* Ο'. τὸ παιδίον ("Αλλος· ἔμβρυον[21]) αὐτῆς.

25. כְּוִיָּה. *Adustio.* Ο'. κατάκαυμα. "Αλλος· καῖμα.[22]

30. כְּכֹל אֲשֶׁר. Ο'. ※ 'Α. Θ. κατὰ πάντα ◄ ὅσα.[23]

32. שְׁקָלִים. Ο'. δίδραχμα. Σ. στατῆρας.[24]

33. אוֹ כִּי־יִכְרֶה אִישׁ. Ο'. ἢ λατομήσῃ ※ 'Α. Θ. τις ◄.[25]

34. יְשַׁלֵּם. Ο'. ἀποτίσει. "Αλλος· ἀποδώσει.[26]

36. בְּעָלָיו. Ο'. Vacat. ※ ὁ κύριος αὐτοῦ ◄.[27]

Cap. XXI. 2. – ἔτει ◄.[28] 3. – αὐτός ◄.[28] γυνὴ – συνεισέλθῃ.[30] 5. τὰ παιδία ※ 'Εβρ. μου ◄.[31] 6. καὶ – τότε ◄.[32] 9. τῷ υἱῷ ※ αὐτοῦ ◄.[33] 10. τὰ δέοντα ※ αὐτῆς ◄ καὶ τὸν ἱματισμὸν ※ αὐτῆς ◄.[34] 13. – ὁ φονεύσας ◄.[35] 14. τῷ πλησίον ※ 'Εβρ. αὐτοῦ ◄.[36] – καὶ καταφύγῃ ◄.[37] 17. – τῶν υἱῶν Ἰσραήλ ◄.[38] 19. – ὁ ἄνθρωπος ◄.[39] ἐπὶ ῥάβδου ※ 'Εβρ. αὐτοῦ ◄.[40] 22. – δύο ◄.[41] ἐπιβάλῃ ※ αὐτῷ ◄.[42] ※ 'Εβρ. καὶ ◄ δώσει.[43] 26. ἐκτυφλώσῃ ※ 'Εβρ. αὐτόν ◄.[44] 35. τοῦ πλησίον ※ αὐτοῦ ◄.[45] – τὸν ταῦρον ◄.[46] 36. – καὶ διαμεμαρτυρημένοι ὦσι τῷ κυρίῳ αὐτοῦ ◄.[47]

CAP. XXII.

4 (Hebr. 3). מִשּׁוֹר עַד־חֲמוֹר עַד־שֶׂה. *Sive bos sit, sive asinus, aut ovis.* Ο'. ἀπό τε ὄνου ἕως προβάτου. Alia exempl. ἀπὸ ※ Θ. μόσχου καὶ ◄ ὄνου ἕως προβάτου.[1]

5 (4). בִּשְׂדֵה אַחֵר. Ο'. ἀγρὸν ἕτερον, – ἀποτίσει ἐκ τοῦ ἀγροῦ αὐτοῦ κατὰ τὸ γέννημα αὐτοῦ· ἐὰν δὲ πάντα τὸν ἀγρὸν καταβοσκήσῃ ◄.[2] – ἀποτιννύων ἀποτίσει κατὰ τὸν ἀγρὸν καὶ κατὰ τὸν καρπὸν αὐτοῦ σὺν πᾶσι τοῖς τοῦ ἀγροῦ (ܚܡ ܡܚܨ̈ܠ ܠܗ܆ ܘ) ὃς κατεβοσκήθη ◄.[3]

---

[14] Codd. X, 85 (teste Montef.), 130. Nobil. affert: Σ. ἀφῆκεν.   [15] Sic Syro-hex., et sine notis Arab. 1, 2, Arm. 1.   [16] Nobil. Sic in textu Comp., Codd. 19 (cum -χωνται), 85 (teste Holmesii amanuensi), 108 (ut 19); in marg. autem sine nom. Codd. 58, 130 (cum -χωνται).   [17] Syro-hex. Sic sine notis Codd. 15, 72.   [18] Syro-hex. ܐ. ܡܣ. ܐ. ܡܚܠܡܣܘ. Sic in textu Comp., Codd. III, X, 18, 25, alii. Cod. VII in textu: καὶ πατάξῃ ὁ εἷς: in marg. autem manu 1ma: τις, et manu 2da: ἀνήρ.   [19] Cod. VII in marg. manu 2da. Cf. Hex. ad Jesai. lviii. 4.   [20] Sic in textu Cod. 75, Syro-hex. Cod. VII in marg. manu 2da: ἀποδώσει.   [21] Sic in textu Cod. 130. Ad ἐν γαστρὶ Cod. 85 in marg. habet: ἔμβρυον; unde Montef. notam hexaplarem fecit: הָרָה. Ο'. ἐν γαστρὶ ἔχουσαν. "Αλλος· ἔμβρυον ἔχουσαν.   [22] Cod. VII ex corr. manu 2da.   [23] Syro-hex. Sic sine notis Codd. 14, 15, 16, alii.   [24] Cod. X. Cf. Hex. ad Gen. xxiii. 15.   [25] Syro-hex. Sic sine notis Cod. 15.   [26] Sic Cod. 71 in textu, et Cod. VII in marg. manu 2da.   [27] Syro-hex. Sic sine notis Codd. 15, 72.   [28] Idem. Vox deest in Comp., Cod. 108.   [29] Idem. Pronomen deest in Cod. 58.   [30] Idem.

[31] Idem. Sic sine notis Ald., Codd. VII, 14, 15, 16, alii.   [32] Idem, qui pingit: – καὶ τότε ◄.   [33] Idem. Sic sine notis Comp., Ald., Codd. 15, 53, alii.   [34] Idem. Prius αὐτῆς sine aster. habent Codd. 15, 58.   [35] Idem. Haec desunt in Cod. 58.   [36] Idem. Sic sine aster. Cod. 72.   [37] Idem.   [38] Idem, qui pingit: – τῶν υἱῶν ◄ Ἰσρ.   [39] Idem.   [40] Idem. Sic sine notis Codd. 15, 53, 72, Arab. 1, 2.   [41] Idem. Vox deest in Cod. 58.   [42] Idem. Sic sine aster. Cod. 15.   [43] Idem. Sic sine notis Comp., Ald., Codd. III, VII, X, 14, 15, 16, alii.   [44] Idem. Sic sine notis Codd. 15, 72, Arab. 1, 2.   [45] Idem. Sic sine aster. Codd. 14, 15, 16, alii.   [46] Idem.   [47] Idem.

CAP. XXII. [1] Syro-hex. Sic sine notis Codd. 15, 58, 72 (cum μόσχου καὶ in marg.), 128, 136 (cum ἀπό τε μ.), Arab. 1, 2. Ad ὄνου Cod. VII in marg. manu 2da: βοὸς ὄνου.   [2] Obelus est in Syro-hex.   [3] Sic Syro-hex. in marg., cum scholio: " Ista tanquam in additione (ܐܦ ܗܠܝܢ ܐܝܟ ܕܒܬܘܣܦܬܐ) erant in Hebraeo; quae ex ipsis exemplaribus allata sunt, cum essent super ea obelisci (ܒܠܘ̈ܟܘ)." Cf. Ceriani ad loc.

6 (5). עָדִישׁ. *Acervus mergitum.* Ο'. ἅλωνας (s. ἅλωνα). Ἄλλος· θιμωνία.[4]

שַׁלֵּם יְשַׁלֵּם. Ο'. ※ Σ. Θ. ἀποτιννύων ◀ ἀποτίσει.[5]

8 (7). שָׁלַח יָדוֹ. *Intulerit manum suam* (surripiendi causa). Ο'. πεπονηρεῦσθαι. Ἄλλος· μετεσχηκέναι.[6]

9 (8). דְּבַר־פֶּשַׁע. *Causa delicti.* Ο'. ῥητὸν ἀδίκημα. Ἄλλος· ῥῆμα ἀδικήματος.[7]

אֲשֶׁר יַרְשִׁיעֻן אֱלֹהִים. *Is quem damnaverint judices.* Ο'. καὶ ὁ ἁλοὺς διὰ τοῦ θεοῦ. Ἀ. καὶ ὃν κατακρινοῦσι θεοί. Σ. καὶ ὃν ἐὰν κατακρίνωσιν οἱ θεοί. Θ. κατακρινοῦσιν οἱ θεοί.[8]

10 (9). אֵין רֹאֶה. *Nemine ridente.* Ο'. καὶ μηδεὶς γνῷ (alia exempl. ἴδῃ[9]). Ἀ. Σ. Θ. ὁρῶν.[10]

11 (10). יִהְיֶה. Ο'. τοῦ θεοῦ. Ἀ. Σ. Θ. mm.[11]

אִם־לֹא שָׁלַח יָדוֹ. Ο'. ἦ μὴν μὴ αὐτὸν πεπονηρεῦσθαι (alia exempl. μετασχεῖν[12]). Ἀ. εἰ μὴ ἐξαπέστειλε (Σ. Θ. ἐξέτεινε) τὴν χεῖρα αὐτοῦ.[13] Aliter: Σ. μετεσχηκέναι αὐτόν.[14]

12 (11). גָּנֹב יִגָּנֵב. Ο'. ※ Θ. κλοπῇ ◀ κλαπῇ.[15]

13 (12). יְבִאֵהוּ עֵד הַטְּרֵפָה. *Adducat eum testem:*

animal dilaniatum. Ο'. ἄξει αὐτὸν ※ μάρτυρα ◀[16] ἐπὶ τὴν θήραν.

14 (13). Ο'. (–) ἢ αἰχμάλωτον γένηται ◀.[17]

שַׁלֵּם יְשַׁלֵּם. Ο'. ※ Θ. ἀποτιννύων ◀ ἀποτίσει.[18]

16 (15). יְפַתֶּה. *Seduxerit.* Ο'. ἀπατήσῃ. Ἀ. θέλξῃ.[19]

17 (16). יִשְׁקֹל. *Appendet.* Ο'. ἀποτίσει. Ἄλλος· σταθμίσει.[20]

18 (17). תְחַיֶּה. Ο'. περιποιήσετε. Alia exempl. περιβιώσετε.[21] Ἄλλος· ζωογονήσετε.[22]

20 (19). זֹבֵחַ לָאֱלֹהִים. Ο'. ὁ θυσιάζων θεοῖς. Ἀ. Σ. Θ. ὁμοίως· θυσιάζων θεοῖς.[23]

יָחֳרָם. *Devovebitur* (exscindetur). Ο'. [θανάτῳ] ἐξολοθρευθήσεται. Οἱ λοιποί· ἀναθεματισθήσεται.[24]

21 (20). וְגֵר לֹא־תוֹנֶה וְלֹא תִלְחָצֶנּוּ כִּי־גֵרִים הֱיִיתֶם בְּאֶרֶץ מִצְרָיִם. *Et peregrinum non affliges, neque vexabis eum; nam peregrini fuistis in terra Aegypti.* Ο'. καὶ προσήλυτον οὐ κακώσετε, οὐδὲ μὴ θλίψητε αὐτόν· ἦτε γὰρ προσήλυτοι ἐν γῇ Αἰγύπτῳ. Ἄλλος· προσήλυτον οὐ ταπεινώσεις, καὶ οὐ κακώσεις αὐτὸν ὅτι προσήλυτοι ἦτε ἐν γῇ Αἰγύπτου.[25]

---

[4] Cod. VII in marg. manu 2da: θιμωνία (sic). Cf. Hex. ad Job. xxi. 32. [5] Syro-hex. Sic sine notis Codd. 15, 72. Cod. VII in marg. manu 2da: ἀπάτισιν ἀποτίσει. [6] Cod. X in marg. sine nom. Cf. ad v. 11. [7] Cod. 55 in textu, ex alia, ut videtur, versione. Pro ῥητὸν Syro-hex. dedit ܡܐܡܪܐ, h. e. φανερόν. [8] Syro-hex. ܘܐܝܢܐ ܕ ܘܐܝܢܐ ܡܛܠ ܗܢܐ ܗܘܝ܆ ܥܐܠ ܐܝܠܝܢ ܕ ... ; cum scholio: ὅτι θεοὺς τοὺς κριτὰς ὀνομάζουσιν. [9] Sic Codd. 15, 75, 85 (cum γνῷ in marg.), 118, 130 (cum ἴδῃ), Arab. 1, 2, Syro-hex. (ut 85). [10] Syro-hex. ܗ. [11] Idem. [12] Sic Ald. (cum duplici versione, πεπ. μετασχεῖν), Cod. 58 (in marg.). Syro-hex. in textu: ܐܪܡܝ; in marg. autem: ܘܐܫܠܚ. [13] Syro-hex. ܘܐܫܠܚ. Idem ad ܐܪܡܝ allevit: ܘܐܫܠܚ. Cod. 130 (cum αὐτό). Cod. 85 in marg. sine nom.: μετεσχηκέναι αὐτόν. Cf. ad v. 8. [15] Syro-hex. ܓܢܒܐ ◀ ܢܬܓܢܒ. Sic sine notis Codd. 15, 58, 72. [16] Sic Syro-hex., et sine aster. Codd. 15, 72 (cum μάρτυρα), 128 (cum μάρτυρον), 130 (superscript. manu recentiore). Arab. 1, 2: januam (θύραν, quam scripturam venditant Comp., Codd. 72, 106, 128, Syro-hex.) testimonii. [17] Clausula abest a Codd. VII (in textu), 14, 16, 58, 59, 77, 131, Syro-hex. (cum οἱ ܓܡܝܪܐ in marg.). [18] Syro-hex. (qui male pingit: ἀποτιννύων ※Θ. ἀποτίσει◀). Sic sine notis Codd. 15, 53, 72, 128, 129. [19] Cod. 130. Sic Cod. X in marg. sine nom., teste Holmesio. Cf. Hex. ad Job. xxxi. 27. Jerem. xx. 7. Hos. ii. 14. Mox ad φρηνῇ Cod. VII in marg. manu 2da: προσεί. [20] Cod. VII in marg. manu 2da. Cf. Hex. ad Job. xxxi. 6. Jesai. xxxiii. 18. lv. 2. Zach. xi. 12. [21] Sic Comp., Ald., Codd. III, VII, X (cum —σεται), 15 (idem), 18, 19, alii. Ambigue Syro-hex. ܐܣܐ. (In Jud. xxi. 11 pro περιποιήσεσθε Noster ܐܣܐ exhibet, fortasse pro ܐܚܐ.) [22] Cod. VII in marg. manu 2da. [23] Syro-hex. ܗ. ܗ. ܗ. ܕܒܚܐ ܠܐܠܗܐ. [24] Cod. X. Nobil. affert: Schol. ἀναθεματισθήσεται αὐτός. Montef. ex "aliis codd." pleniorem lectionem edidit: Ἀ. ὁ θυσιάζων θεοῖς ἀναθεματισθήσεται αὐτός. (Idem ad v. 19 ex Basiliano exscripsit: Θ. πᾶν κοιμώμενον μετὰ κτήνους ἀναθεματισθήσεται (Hebr. מוֹת יוּמָת), invito Holmesii amanuensi, qui ad θανάτῳ ἀποκτενεῖτε tantum notat: " in marg. ἀναθεματισθήσεται." Cf. Scharfenb. in Animadv. p. 67.) [25] Sic codex

22 (21). לֹא תְעַנּוּן. *Non opprimetis.* Ο'. οὐ κακώσετε. 'Α. οὐ κακουχήσετε.[20]

24 (23). וּבְנֵיכֶם. Ο'. καὶ τὰ παιδία (alia exempl. τέκνα[27]) ὑμῶν.

25 (24). אֶת־עַמִּי. Ο'. τῷ ἀδελφῷ. Alia exempl. τῷ λαῷ.[28]

26 (25). תְּשִׁיבֶנּוּ. Ο'. ἀποδώσεις ※ Θ. αὐτό ◄.[29]

27 (26). וְשָׁמַעְתִּי. Ο'. ※ 'Α. Ο. καὶ ◄ εἰσακούσομαι αὐτοῦ.[30]

28 (27). לֹא תְקַלֵּל. *Non maledices.* Ο'. οὐ κακολογήσεις. 'Α. οὐ καταράσῃ. Σ. οὐκ ἀτιμάσεις. Θ. ὡς οἱ Ο'.[31] Aliter; 'Α. Σ. Ο. οὐκ ἀτιμάσεις.[32]

וְנָשִׂיא. *Et principem.* Ο'. καὶ ἄρχοντα (alia exempl. ἄρχοντας[33]). 'Α.. ἐπηρμένον. Σ. Ο.. ἄρχοντα.[34]

29 (28). לֹא תְאַחֵר. *Non retardabis.* Ο'. οὐ καθυστερήσεις. "Αλλος· οὐ βραδυνεῖς δοῦναι.[35]

31 (30). וּבָשָׂר בַּשָּׂדֶה. Ο'. καὶ κρέας ※ Σ. Θ. ἐν τῷ ἀγρῷ ◄.[36]

Cap. XXII. 3. τοῦ κλέμματος ※ 'Εβρ. αὐτοῦ ◄.[37] 7, 8, 9, 11, 14. τῷ (s. τοῦ) πλησίον ※ 'Εβρ. αὐ-

τοῦ ◄.[38] 8. — καὶ ὀμεῖται ◄. 11. — καθόλου ◄. — οὕτως ◄.[39] 12. τῷ κυρίῳ ※ 'Εβρ. αὐτοῦ ◄.[40] 14. ὁ δὲ κύριος ※ Σ. Θ. αὐτοῦ ◄.[41] 15. ὁ κύριος ※ Θ. αὐτοῦ ◄.[42] — αὐτοῦ ◄.[43] 17. — γυναῖκα ◄.[44] 27. τὸ ἱμάτιον ※ 'Εβρ. αὐτοῦ ◄.[45] 30. — καὶ τὸ ὑποζύγιόν σου ◄.[46] τὴν μητέρα ※ 'Εβρ. αὐτοῦ ◄.[47]

CAP. XXIII.

2. לִנְטֹת. *Flectere* (jus). Ο'. ὥστε ἐκκλεῖσαι (alia exempl. ἐκκλῖναι[1]) κρίσιν.

3. לֹא תֶהְדַּר בְּרִיבוֹ. *Non honorabis in causa ejus.* Ο'. οὐκ ἐλεήσεις ἐν κρίσει. Σ. οὐ τιμήσεις ἐν δίκῃ αὐτοῦ.[2]

4. הָשֵׁב תְּשִׁיבֶנּוּ. Ο'. ἀποστρέψας ἀποδώσεις (alia exempl. add. αὐτό[3]). "Αλλος· ἀποστροφῇ ἀποστρέψεις.[4]

5. תַּעֲזֹב. *Relaxabis* (vincula ejus). Ο'. συναρεῖς. Alia exempl. συνεγερεῖς.[5]

8. פִּקְחִים. *Videntes.* Ο'. ὀφθαλμοὺς βλεπόντων ('Α. σοφῶν[6]).

9. אֶת־נֶפֶשׁ. Ο'. τὴν ψυχήν. 'Α. (τὴν) θλῖψιν.[7]

11. חַיַּת הַשָּׂדֶה. Ο'. τὰ ἄγρια θηρία. 'Α. τὰ ζῷα τῆς χώρας.[8]

---

unus."—*Montef.* [26] Cod. X (cum —σεται (sic)). Lectionem ad לֹא־תְעַנּוּן (v. 20) oscitanter retraxit Montef. Cf. Hex. ad Gen. xvi. 6. Job. xxxvii. 23. Jesai. lvi. 3. 5. 10. [27] Sic Comp., Codd. 15. 58, 71, 72, 136, Syro-hex. (cum καὶ τὰ παιδία (ܠܝܚ̈ܕܐ) in marg.). [28] Sic Codd. VII (cum τῷ ἀδελφῷ ex corr. manu 2da), 18, 29, 55, alii. [29] Syro-hex. Sic sine notis Comp., Codd. 15, 53, alii. [30] Sic Syro-hex., et sine notis Codd. 15, 58. [31] Syro-hex. ܐ̇ܠܟ ܐܢ̱ܬ ܗ̇ܘ ܐ̇ܠܗܐ ܠܐ ܬܨܚܐ. [32] Codd. 57, 73, 85. Cod. 130 autem: ἀ. σ. θ. λε. οὐ καταμάσεις (sic); ubi pro λε Holmes. tentat λα i. e. Λουκιανός. [33] Sic Codd. II, 15, 85, Arab. 1, 2, Syro-hex. [34] Syro-hex. ܐ ܪܝܡ ܀ ܣ ܪܝܫܢܐ. Ad Aquilam cf. Hex. ad Ezech. xii. 10. xxxii. 29. [35] Cod. VII in marg. manu 2da (cum βραδύνεις). Nisi forte scholium sit. [36] Sic Syro-hex., et sine notis Comp. (sine artic.), Codd. 15, 53 (ut Comp.), 58, 129 (ut Comp.). Statim ad θηριάλωτον Cod. VII in marg. manu 2da: θηριάβρωτον. [37] Syro-hex. Sic sine notis Comp., Codd. VII (ex corr.), 15, 53, alii. [38] Idem. Sic sine notis Codd. 15 (quinquies), 72 (quater), alii. [39] Idem. [40] Idem. Sic sine notis

Comp., Codd. VII (ex corr.), 14, 15, 16, alii, Arab. 1, 2. [41] Idem. Sic sine notis Comp., Codd. 15, 53, alii. [42] Idem. Sic sine notis Comp., Ald., Codd. 15, 25, alii, Arab. 1, 2. [43] Idem. Deest in Cod. 58. [44] Idem. [45] Idem. Sic sine notis Codd. 15, 72. [46] Idem. [47] Idem. Sic sine notis Codd. III, 15, 72, 76, Arab. 1, 2. Cap. XXIII. [1] Sic Comp., Ald., Codd. III, VII, X, 14, 15, 16, alii, Syro-hex. [2] Nobil., et Regii duo apud Montef. Mendose Cod. 130: Σ. οὐ τιμήσει ἔνδικον αὐτοῦ. [3] Syro-hex. ܀ ܘܐܗܦܟ ܬܗܦܟܝܘܗܝ. Cod. 15: παραδώσεις αὐτά (sic). [4] Cod. Basil., teste Montef. Holmesii amanuensis ex eodem ἀποστροφῇ pro ἀποστρέψας tantum exscripsit. [5] Sic Comp., Ald., Codd. II (manu 2da), VII, X, 14, 15, 16, alii, Syro-hex. [6] Nobil., Codd. VII (a 1ma manu), 85 (in marg. sine nom.), 130. Sic in textu Cod. 71. Judice Scharfenb. in *Animadv.* p. 69, lectio σοφῶν (vel potius σοφούς) non est Aquilae, sed glossa huc translata ex Deut. xvi. 19, ubi tam Hebraea quam Graeca sonant: ἀποτυφλοῖ ὀφθαλμοὺς σοφῶν. [7] Cod. VII a 1ma manu. Lectionem suspectam manus 2da instauravit praeter notam ἀκ. [8] Cod. 130. Nobil. affert: 'Α. ζῷα τῆς χ.

13. אָמַרְתִּי. Ο΄. εἴρηκα. Alia exempl. λελάληκα.[9]

וְשֵׁם. Ο΄. καὶ ὄνομα. Οἱ Γ΄ ὁμοίως.[10]

15. הָאָבִיב. Ο΄. τῶν νέων. Ἄλλος· τῶν πρωίμων.[11]

רֵיקָם. Ο΄. κενός. Ἄλλος· κοῦφος.[12]

16. הָאָסִף. Collectionis frugum. Ο΄. συντελείας. Ἀ. συλλογῆς. Σ. συγκομιδῆς.[13] Τὸ Σαμαρειτικὸν συνεισφορᾶς.[14]

18. Ο΄. ὅταν γὰρ ἐκβάλω—τὰ ὅριά σου. Alia exempl. vacant.[15]

זִבְחִי. Ο΄. θυμιάματός (alia exempl. θυσιάσματος; alia, ἀγιάσματος; alia, θυμιάσματος[16]) μου.

19. לֹא־תְבַשֵּׁל גְּדִי בַּחֲלֵב אִמּוֹ. Ο΄. οὐχ ἑψήσεις ἄρνα ἐν γάλακτι μητρὸς αὐτοῦ. Σ. οὐ σκευάσεις ἔριφον διὰ γάλακτος μητρὸς αὐτοῦ.[17]

20. לְפָנֶיךָ. Ο΄. πρὸ προσώπου σου. Σ. προάγοντά σε.[18]

21. הִשָּׁמֶר מִפָּנָיו. Cave tibi ab eo. Ο΄. πρόσεχε σεαυτῷ (alia exempl. αὐτῷ[19]).

21. אַל־תַּמֵּר בּוֹ. Ne contumax sis in eum. Ο΄. [καὶ] μὴ ἀπείθει (Ἀ. μὴ προσερίσῃς. Σ. μὴ παραπίκραινε[20]) αὐτῷ (Ἀ.Θ. ὁμοίως· ἐν αὐτῷ[21]).

לֹא יִשָּׂא לְפִשְׁעֲכֶם. Non ignoscet delictis vestris. Ο΄. οὐ γὰρ μὴ ὑποστείληταί σε. Σ. οὐκ ἀφήσει παράπτωμα ὑμῶν.[22]

22. וְאָיַבְתִּי. Et inimicus ero. Ο΄. καὶ φυλάξητε τὴν διαθήκην μου, ※ ἔσεσθέ μοι λαὸς περιούσιος—καὶ ἔθνος ἅγιον ◄. ταῦτα τὰ ῥήματα—ὅσα ἂν εἴπω – σοι ◄· ἐχθρεύσω.[23]

וְצַרְתִּי אֶת־צֹרְרֶיךָ. Et adversabor adversariis tuis. Ο΄. καὶ ἀντικείσομαι τοῖς ἀντικειμένοις σοι. Ἀ. καὶ ἐνδήσω τοὺς ἐνδεσμοῦντάς σε.[24]

23. לְפָנֶיךָ. Ο΄. ἡγούμενός σου. Ἄλλος· πρὸ προσώπου σου.[25] Ἄλλος· ἐνώπιόν (σου).[26]

26. מְשַׁכֵּלָה. Abortiens. Ο΄. ἄγονος. Ἄλλος· ἄτεκνος.[27]

יָמֶיךָ. Ο΄. τῶν ἡμερῶν (Ἄλλος· ἐτῶν[28]) σου.

❖ ❖

Ad τὰ θηρία τὰ ἄγρια (sic) Cod. 58 in marg.: γρ. καὶ τὰ ζῶα. [9] Sie Ald., Codd. III, VII, X, 15, 18, alii, et Syro-hex. in marg. [10] Syro-hex. [11] Cod. VII in marg. manu 2da. Nisi forte glossa sit. [12] "Sie omnes MSS. Regii et Colbertinus sine interpretis nomine."—Montef. Cat. Niceph. p. 813: Ἄλλος φησὶ, κοῦφος. [13] Nobil., Codd. X, 85 (teste Montef.), et Cat. Niceph. p. 814. [14] Nobil., Cat. Niceph. ibid. [15] Sie Codd. VII, 55, 71, 72, 75, 128, Arm. 1, Syro-hex. Post τὰ ὅριά σου Ald., Codd. 29, 83 insuper addunt: οὐκ ἐπιθυμήσει οἰθεὶς τῆς γῆς σου. Cf. Exod. xxxiv. 24. [16] Nobil. (Montef. edidit: Ἄλλος· θυσιάσματος. Ἄλλ. ἀγιάσματος. Ἄλλ. θυμιάσματος.) Prior lectio est in Ald., Codd. III, VII, X, 15, 18, aliis, et Syro-hex. Pro ἀγιάσματος stat solus Cod. 128; pro θυμιάσματος, quae forma non alias legitur, solus Cod. 72. Cf. ad Cap. xxxiv. 25. [17] Nobil., et S. Cyril. in Cat. Niceph. p. 818. Opinatur D. Abr. Geiger in Symmachus etc. p. 51, Symmachum vocem generaliorem σκευάζειν posuisse, ut sententiam magistrorum Judaeorum strueret, qui praeceptum hoc sensu latiori de quavis mixtura carnis et lactis intelligendum esse statuerunt. Nobis quidem Symmachi versio a LXXvirali hoc uno differre videtur, quod proprietati Graecae linguae magis studuerit; in qua σκευάζειν et σκευασία de confectione ciborum eleganter dicuntur. (In textu post μητρὸς αὐτοῦ Cod. 58 infert: ὅτι ὁ ποιῶν τοιαύτην θυσίαν, μίσος καὶ παράβασίς ἐστιν τῷ Ἰακώβ. Cf. Hex. ad Deut. xiv. 20.) [18] Codd. 58 (in marg. sine nom.), 85. Vulg.: TOM. I.

qui praecedat te. [19] Sie Cod. 75 (a 1ma manu), Syro-hex., et Patres. [20] Cod. X affert: Ἀ. μὴ προσερίσῃς. Σ. μὴ παραπικραίνου. Montef. edidit: Ἀ. μὴ προσερίσῃς. Σ. μὴ παραπικραίνῃς [soloece], notans: "Sie Basil., qui ad Aquilam habet μὴ προσειρήσεις." Sed Holmesii amanuensis e Cod. 85 diserte exscripsit: Ἀ. μὴ προσερίσῃς. Σ. μὴ παραπίκραινε; et sic ad literam in marg. sine nom. Codd. 58, 130. [21] Syro-hex. Sie in textu Codd. 58, 72, et probabiliter Syro-hex. [22] Procop. in Cat. Niceph. p. 818. Ad ὑποστείληται Cod. VII in marg. manu 2da: συγχωρήσει. [23] Sie Syro-hex. in textu; in marg. autem e regione sine indice: "Ista quibus superimpositi asterisci, non reperta fuerunt hic [scilicet qua male translata sunt e Cap. xix. 5, 6] in editione ista τῶν Ο΄." Haec, καὶ φυλάξητε—ὅσα ἂν εἴπω σοι, quae in Hebraeo non habentur, desunt in Comp., Ald., Codd. VII (a 1ma manu), 29, 59, 71, 83; unde constat, asteriscis (seu potius obelis) notari debuisse omnia a καὶ φυλάξητε ad ὅσα ἂν εἴπω σοι inclusive, non ea tantum quae sub asterisco Syrus habet. Cf. Ceriani ad loc. [24] Codd. 85 (cum ἐνδίσω, teste Holmesii amanuensi), 130. Cf. Hex. ad Psal. vi. 8. vii. 6, 7. xxii. 4. [25] Cod. 71 in textu: πρὸ πρ. σου ἡγούμενός σου, ex duplici versione. [26] Cod. VII in marg. manu 2da, hic et v. 27. [27] Codd. X, 85, uterque in marg. sine nom. "Haec versio videtur Aquilae, qui alibi שָׁכֹל vertit ἀτέκνωσιν Psal. xxxiv. 12."—Montef. Duplex versio, ἄτεκνος οὐδὲ ἄγονος, est in Comp., Codd. 19, 108. [28] Sie in textu Codd. X, 85.

R

27. אֶת־אֵימָתִי.   *Terrorem meum.*   Ο'. τὸν φόβον
     ※ Ἑβρ. μου ◄.²⁸   Ἀ. Σ. τὴν κατάπληξίν
     μου.³⁰

     וְהַמֹּתִי.   *Et conturbabo.*   Ο'. καὶ ἐκστήσω.
     Ἄλλος· καὶ πατάξω.³¹

28. וְגֵרַשְׁתָּה.   *Et ejiciet* (crabro).   Ο'. καὶ ἐκβαλεῖς
     (alia exempl. ἐκβαλεῖ, alia ἐκβαλῶ³²).

29. מִפָּנֶיךָ.   Ο'. Vacat.   ※ Ἑβρ. ἀπὸ προσώπου
     σου ◄.³³

31. פְּלִשְׁתִּים.   Ο'. τῆς Φυλιστιείμ.   Ἀ. Θ. ὁμοίως
     τοῖς Ο'.   Σ. τῶν Φυλιστιαίων (s. Φυλισταίων).³⁴

     מִפָּנֶיךָ.   Ο'. ἀπὸ σοῦ.   Ἄλλος· ἐναντίον σου.³⁵

Cap. XXIII. 6. πένητος ※ Ἑβρ. σου ◄.³⁶   7.
- παντὸς ◄.³⁷   ※ Οἱ Γ'. καὶ ◄ ἀθῷον.³⁸   10. ※
καὶ ◄ ἐξ.³⁹   11. ὑπολειπόμενα ※ Ἀ. Σ. αὐτῶν ◄.⁴⁰
16. - ποιήσεις ◄.   20. - σοι ◄.⁴¹   22. ἐὰν ※ ἀκοῇ
ἀκούσητε.⁴²   23. - ὁ ◄ ἄγγελος.⁴³   24. καθελεῖς ※
αὐτούς ◄.⁴⁴   28. - καὶ ◄ τοὺς Εὐαίους.⁴⁵   31. ἕως
τοῦ - μεγάλου ◄ ποταμοῦ - Εὐφράτου ◄.⁴⁶

CAP. XXIV.

6. וַיָּשֶׂם בָּאַגָּנֹת.   *Et infudit in pelves.*   Ο'. ἐνέ-

χεεν (Σ. Θ. ὁμοίως τοῖς Ο'¹) εἰς κρατῆρας.
     Ἀ. ἔθηκεν ἐν προθύμασιν.²

9. מִזִּקְנֵי.   Ο'. τῆς γερουσίας.   Alia exempl. τῶν
     πρεσβυτέρων.³

10. וַיִּרְאוּ אֵת אֱלֹהֵי יִשְׂרָאֵל.   Ο'. καὶ εἶδον τὸν
     τόπον, οὗ εἱστήκει ὁ θεὸς τοῦ Ἰσραήλ.   Ἀ. καὶ
     εἶδον τὸν θεὸν Ἰσραήλ.   Σ. καὶ εἶδον ὁράματι
     τὸν θεὸν Ἰσραήλ.⁴

     כְּמַעֲשֵׂה לִבְנַת.   *Sicut opus pellucidum* (s. tes-
     sellatum).   Ο'. ὡσεὶ ἔργον πλίνθου (Ἄλλος·
     λευκοῦ⁵).

     הַשָּׁמַיִם.   Ο'. τοῦ οὐρανοῦ.   Σ. Θ. κατὰ τὸν οὐ-
     ρανόν.⁶

12. אֶת־לֻחֹת.   Ο'. τὰ πυξία.   Ἀ. Σ. Θ. τὰς
     πλάκας.⁷

     לְהוֹרֹתָם.   *Ad docendum eos.*   Ο'. νομοθετῆσαι
     (Ἀ. φωτίσαι.   Σ. ὑποδεῖξαι⁸) αὐτοῖς.

13. מְשָׁרְתוֹ.   *Minister ejus.*   Ο'. ὁ παρεστηκὼς
     αὐτῷ.   Ἀ. Σ. Θ. ὁ λειτουργὸς αὐτοῦ.⁹

14. שְׁבוּ־לָנוּ.   *Exspectate nos.*   Ο'. ἡσυχάζετε.   Ἀ.
     καθίσατε..   Σ. περιμείνατε (s. προσμείνατε)..¹⁰

     יַגַּשׁ.   *Accedat.*   Ο'. προσπορευέσθωσαν.   Ἄλ-
     λος· προσεγγισάτω (s. –σάτωσαν).¹¹

---

²⁹ Syro-hex. Sic sine notis Comp., Codd. VII (manu
2ᵈᵃ), 14, 15, 16, alii.   ³⁰ Codd. X, 130 (cum Ἀ. pro Ἀ. Σ.).
Sic sine nom. Nobil., Cod. 85 in marg.   ³¹ Cod. VII in
marg. manu 2ᵈᵃ.   ³² Prior lectio est in Codd. VII, X,
14, 16, 18, aliis, et Syro-hex. (in plurali); posterior in
Comp., Ald., Codd. III, 19, 75, aliis.   ³³ Syro-hex. in
textu. Sic sine notis Comp., Codd. 14, 15, 16, alii, Arm. 1.
³⁴ Syro-hex., qui in textu ܦܠܫܬܝܐ, in lectione autem
Symmachi ܦܠܫܬܝܐ habet. Cf. Hex. ad Psal. lv. 1.
Jerem. xlvii. 4. Amos i. 8. Cod. VII in marg. manu 2ᵈᵃ:
τῶν ἀλλοφύλων.   ³⁵ Sic in textu Cod. 32.   ³⁶ Syro-
hex. Sic sine notis Cod. 72.   ³⁷ Idem.   ³⁸ Idem.
Sic sine notis Codd. 15, 53, 58, 72, Arm. 1.   ³⁹ Idem.
Sic sine aster. Codd. 15, 72.   ⁴⁰ Idem. Sic sine notis
Comp., Codd. 15, 53, 72, Arm. 1.   ⁴¹ Idem.   ⁴² Idem
(qui pingit: ※ ἐὰν ἀκοῇ ◄). Vox ἀκοῇ deest in Ald., Codd.
VII (a 1ᵐᵃ manu), 29, 53, aliis.   ⁴³ Idem.   ⁴⁴ Idem.
Sic sine aster. Comp., Codd. 14, 16, 25, alii, Arm. 1.
⁴⁵ Idem.   ⁴⁶ Idem (qui pingit: ἕως τοῦ – μ. π. Εὐφρά-
του ◄). Vox μεγάλου deest in Codd. 53, 58.
CAP. XXIV. ¹ Syro-hex.   ² Cod. 85, teste Montef.;

nam in collatione Holmesiana lectio anonyma est. Cod.
130 in textu: ἔθυεν (sic) ἐν προθύμασιν. (Montef. vertit,
in pateris, sensu ita postulante; sed apud bonos scriptores
προθύματα sunt τὰ προκατάργματα, ἢ τὰ πρὸ τῆς θυσίας γενόμενα θυμιάματα, ἢ πλακούντια, teste Schol. ad Aristoph. Plut.
660.) Ad εἰς κρατῆρα (sic) Cod. VII in marg. manu 2ᵈᵃ:
εἰς τὰς λεκάνας; Cod. 56 autem in marg.: εἰς χέρνιβα (χέρνιβα).   ³ Sic Comp., Ald., Codd. III, VII, X, 14, 15, 16,
alii (inter quos 131, cum γερουσίας superscript. manu recentiore), Arm. 1, et Syro-hex.   ⁴ Cod. 85, teste Montef.
⁵ Cod. VII in marg. manu 2ᵈᵃ.   ⁶ Syro-hex. ܠ ܡܫ.
ܚܡܫܐ, ܐܚܪ̈ܝܐ, indice in textu ante ܚܡܫܐ apposito.
Sed locutio Syriaca aptanda est, ni fallor, Hebraeis כְּעֶצֶם
הַשָּׁמַיִם, pro quibus LXX verbose posuerunt, ὥσπερ εἶδος
στερεώματος τοῦ οὐρανοῦ. Cf. Hex. ad Ezech. xxiv. 2.
⁷ Codd. 85, 130 (cum Ἀ. Σ.).   ⁸ Codd. 85, 130. Cf. ad
Cap. iv. 12.   ⁹ Nobil. (cum Ἀ. Σ.), Codd. 85 (teste Montef.), 130. Cod. VII in marg. manu 2ᵈᵃ: Ἀ. Σ. Θ. ὁ λειτουργὸς
αὐτῷ (sic).   ¹⁰ Codd. X, 85 (cum προσμ.). Cod. VII in
marg. manu 2ᵈᵃ: καθίσατε.   ¹¹ Cod. VII in marg. manu
2ᵈᵃ, cum compendio scripturae in fine. Cf. Hex. ad Job.

15. וַיְכַס. O'. καὶ ἐκάλυψεν. Ἄλλος· καὶ ἐσκίασεν.[12]

16. וַיִּשְׁכֹּן. O'. καὶ κατέβη ('Α. ἐσκήνωσεν. Σ. ἐπανεπαύσατο[13]).

18. וַיְהִי מֹשֶׁה. O'. καὶ ἦν ἐκεῖ. Alia exempl. καὶ ἦν Μωυσῆς.[14]

Cap. XXIV. 3. καὶ ※ πάντα ◄ τὰ δικαιώματα.[15] – ἀκουσόμεθα καὶ ◄ ποιήσομεν.[16] 9. – καὶ ◄ Ναδάβ.[17] 12. ※ καὶ ◄ τὸν νόμον.[18] 16. – κύριος ◄.[19]

CAP. XXV.

2. וְיִקְחוּ. O'. καὶ λάβετε. 'Α. Ο. καὶ λαβέτωσαν.[1]

תְּרוּמָה. Oblationem. O'. ἀπαρχάς. 'Α. ἀφαίρεμα. Σ. Θ. ἀπαρχήν.[2]

אֲשֶׁר יִדְּבֶנּוּ לִבּוֹ. Quem impellet cor ejus. O'. οἷς ἂν δόξῃ τῇ καρδίᾳ. 'Α. ὁ θέλων.. Σ. ὁ ἐκ θελήσεως (s. προαιρέσεως) αὐτοῦ.[3]

4. תּוֹלַעַת שָׁנִי. Vermem cocci (pannos coccineos).

O'. κόκκινον διπλοῦν. 'Α. σκώληκος διάφορον. Οἱ λοιποί· διβαφές.[4]

5. מְאָדָּמִים. Rubro colore infectas. O'. ἠρυθροδανωμένα. Οἱ λοιποί· πεπυρρωμένα.[5]

תְּחָשִׁים. Melium (s. phocarum). O'. ὑακίνθινα. Οἱ λοιποί· ἰάνθινα.[6]

5 (Hebr. 6). שֶׁמֶן לַמָּאֹר בְּשָׂמִים לְשֶׁמֶן הַמִּשְׁחָה וְלִקְטֹרֶת הַסַּמִּים. Oleum in usum candelabri, aromata in usum olei unctionis et suffimenti odorati. O'. Vacat. Alia exempl. – καὶ ※ ἔλαιον εἰς τὴν φαῦσιν, [καὶ] θυμιάματα ('Α. Σ. Ο. ἀρώματα[7]) εἰς τὸ ἔλαιον τῆς χρίσεως, καὶ εἰς τὴν σύνθεσιν τοῦ θυμιάματος ◄.[8]

6 (7). שֹׁהַם. Onychis. O'. σαρδίου. Οἱ λοιποί· ὄνυχος.[9]

מִלֻּאִים. Inclusionis (gemmae in fundas inclusae). O'. – εἰς ※ τὴν γλυφήν.[10] Οἱ λοιποί· πληρώσεως.[11]

---

xli. 8. [12] Idem. [13] Cod. 85. [14] Sic Cod. 15, Syro-hex. (qui in marg. habet: ἐκεῖ). Holmes. ad ἀνέβη εἰς τὸ ὄρος ex Arab. 1, 2 affert: sedebat Moses in monte; quae nescio an huc pertinent. [15] Syro-hex. (qui pingit: ※ καὶ πάντα ◄). Sic sine aster. Cod. 15, Arab. 2, Arm. 1. [16] Idem (qui male pingit: ἀκουσόμεθα – καὶ ◄ π.). Arab. 1, 2: audiemus et faciemus. [17] Idem. [18] Idem. Sic sine aster. Codd. 15, 58, Arab. 1, 2. [19] Idem.

CAP. XXV. [1] Syro-hex. ܡܣܒ̈ܝܢ .l. ‏. Sic in textu Comp., Codd. VII (ex corr. manu 2da), X (in marg.), 129. Praeterea Cod. VII in marg. manu 1ma: σὺ τῶσαν, h. e. Σ. λαβέτωσαν. [2] Syro-hex. ܦܘܪܫܢܐ .m. ‏. E Graecis libris Cod. 85, 130 afferunt: 'Α. ἀφαίρεμα; Cod. X: 'Α. ἀφαιρέματα (quod fortasse ad תְּרוּמֹתֵי pertinet); Cod. VII in marg. manu 2da: ἀφαιρέματα, δόματα. [3] Idem: ܨܒܐ ܡܢ ܨܒܝܢ .m. ‏. Symmachi Syriaca ad literam Graeca fecimus; quae tamen nescimus an potius vertenda sint, ὁ αὐθαίρετος (τῇ διανοίᾳ), quam integram locutionem idem interpres posuit pro Hebraea נְדִיב לֵב Cap. xxxv. 5, 22; praesertim cum Cod. 108 ad δόξῃ margini alleverit: αὐθαιρέτου. (Hebraea serviliter transtulit interpres Graeco-Ven.: ὃν ἂν προθυμοποιοίη ἡ καρδία οἷς· elegantius Apostolus 2 Cor. ix. 7: ἕκαστος καθὼς προαιρεῖται τῇ καρδίᾳ.) [4] Cod. X. Codd. 58, 130 in marg. sine nom.: σκώλικος (s. σκόληκος) διάφορον. Cf. ad Cap. xxviii.

5, 8, 29. xxxviii. 23, 53. Graeco-Ven.: σκώληξ ἐρυθρός. [5] Codd. X, 85 (cum simplici ρ̄), 130 (idem), et Cat. Niceph. p. 833 (idem). Cod. VII in marg. manu 2da glossas habet: πεφοινιγμένα, βεβαμμένα, ῥούσια. [6] Codd. X, 85 (teste Montef.). Cf. Hex. ad Ezech. xvi. 10. Syro-hex. in marg. scholium affert: "Hyacinthus, id est τοῦ estilthon (ܐܣܛܠܬܘܢ);" necnon ad Cap. xxxv. 7: "Pelles hyacinthinae sunt τοῦ estilbon (ܐܣܛܠܒܘܢ)." Vocem Syriacam, quae in Lexicis desideratur, putat Ceriani omnino esse Graecum στιλβόν, ut nomen sumptum. [7] Syro-hex. ܗܪ̈ܘܡܐ .l. ܗܪ̈ܘܡܐ .s. .l. (fort. ܒܣ̈ܡܐ). Ad θυμιάματα Cod. 108 in marg.: ἀρώματα. Cf. ad Cap. xxx. 23. [8] Syro-hex. (qui perverse pingit: – καὶ ἔλαιον – ※ καὶ εἰς τὴν σ. τοῦ θυμιάματος ◄). Sic sine notis, absente [καὶ], Codd. 128, 129, 131 (in marg.), Cat. Niceph. p. 834, Arab. 1, 2, Arm. 1. Cod. VII in marg. manu 2da: ἔλαιον εἰς καῦσιν (superscript. λυ²), ἡδύσματα εἰς ἔλαιον τῆς ἀλοιφῆς, καὶ θυμίαμα τῶν ἡδυσμάτων. Haec autem, ἔλαιον (non praemisso καὶ) εἰς τὴν φαῦσιν – τοῦ θυμιάματος, post λίθους σαρδίου (v. 7) leguntur in Comp., Ald., Codd. 19, 56, 83, 108. [9] Codd. 85, 130. [10] Ad σαρδίου (sic) Cod. VII in marg. manu 2da: ὀνυχίους. Cf. Hex. ad Gen. ii. 12. [10] Obelus est in Syro-hex. [11] Codd. X, 85, qui hanc lectionem post sequentem εἰς τὸ λόγιον collocant. Etiam Cod. 130 affert: Οἱ λοιποί· τολογεῖς (τὸ λογεῖον) πληρώσεως.

6 (7). לָאֵפֹד. *In usum humeralis.* Ο'. εἰς τὴν ἐπωμίδα ('Α. Σ. Θ. ἐπένδυμα[12]).

וְלַחֹשֶׁן. *Et pectoralis.* Ο'. καὶ τὸν ποδήρη. 'Α. Θ. (καὶ) εἰς τὸ λόγιον.[13]

7 (8). וְשָׁכַנְתִּי. Ο'. καὶ ὀφθήσομαι. Οἱ λοιποί· (καὶ) σκηνώσω.[14]

9 (10). אָרֹן. Ο'. κιβωτὸν (-) μαρτυρίου ◄.[15] 'Α. γλωσσόκομον.[16]

רָחְבּוֹ. Ο'. τὸ πλάτος. "Αλλος· (τὸ) εὖρος.[17]

קֹמָתוֹ. Ο'. τὸ ὕψος. "Αλλος· τὸ ἀνάστημα.[18]

10 (11). זֵר. *Marginem.* Ο'. κυμάτια. Σ. στεφάνην.[19]

11 (12). פַּעֲמֹתָיו. *Pedes ejus.* Ο'. κλίτη ※ Σ. Θ. αὐτῆς ◄.[20] Σ. πλευράς .. Θ. μέρη ..[21] Aliter : 'Α. Σ. μέρη ..[22]

14 (15). הָאָרֹן. Ο'. τῆς κιβωτοῦ. Alia exempl. τῆς διαθήκης.[23]

14 (15). לֹא יָסֻרוּ מִמֶּנּוּ. *Non recedent ab ea.* Ο'. ἀκίνητοι ※ Σ. Θ. ἐξ αὐτῆς ◄.[24]

16 (17). כַּפֹּרֶת. *Propitiatorium* (s. operculum). Ο'. ἱλαστήριον — ἐπίθεμα ◄.[25]

Ο'. ※ καὶ πῆχυς καὶ ἥμισυς τὸ ὕψος αὐτοῦ ◄.[26]

17 (18). זָהָב מִקְשָׁה. *Ex auro, opus tornatile.* Ο'. χρυσοτορευτά. Alia exempl. χρυσᾶ τορευτά.[27] 'Α.. κεκομμένον. Σ. Θ.. ἐκτετορνευμένα.[28]

קְצוֹת. Ο'. τῶν κλιτῶν. Σ. τῶν ἄκρων.[29]

19 (20). פֹּרְשֵׂי. *Expandentes.* Ο'. ἐκτείνοντες. 'Α. ἐκπετάζοντες.[30]

סֹכְכִים. *Tegentes.* Ο'. συσκιάζοντες. 'Α. σκεπάζοντες.[31]

21 (22). וְנוֹעַדְתִּי. *Et conveniam.* Ο'. καὶ γνωσθήσομαι. Οἱ λοιποί· συντάξομαι.[32]

22 (23). שֻׁלְחָן עֲצֵי שִׁטִּים. *Mensam ex ligno acaciae.* Ο'. τράπεζαν [χρυσῆν] χρυσίου καθαροῦ. Alia exempl. τράπεζαν ※ Θ. ἐκ ξύλων

---

[12] Cod. 85, teste Montef. Cf. ad Cap. xxviii. 26. Cod. VII in marg. manu 2ᵈᵃ: εἰς τὸ ἐφοὺδ καὶ εἰς τὸ λόγιον. Hieron. in Epist. LXIV ad Fabiolam, 15 (Opp. T. I, p. 363): "Sextum est vestimentum, quod Hebraica lingua dicitur ephod. LXX ἐπωμίδα, id est, *superhumerale* appellant; Aq. ἐπένδυμα, nos *ephod* suo ponimus nomine." [13] Cod. X. Cod. 85 (teste Holmesii amanuensi): Οἱ λοιποί· τὸ λόγιον. Paulo aliter Montef. ex eodem affert : 'Α. Σ. λόγιον. Ο'. Θ. ποδήρη. Cf. ad Cap. xxviii. 4. [14] Codd. X, 85, 130. Sic Cod. VII in marg. manu 2ᵈᵃ sine nom. (Idem manu 2ᵈᵃ pro ποιήσεις et ἐν ὑμῖν juxta Hebraeum corrigit ποιήσουσι et ἐν μέσῳ αὐτῶν.) [15] Sic Syro-hex., cum cuneolo tantum. Vox deest in Cod. VII solo. [16] Cod. X. Sic in marg. sine nom. Codd. VII (manu 2ᵈᵃ), 130. Montef. e Cod. 85 edidit: 'Α. Σ. Θ. γλωσσόκομον, in-vito Holmesii amanuensi, qui ad κιβωτὸν exscripsit: Οἱ λοιποί· τὸ λόγιον. Ad Aquilam cf. Hex. ad Gen. l. 26. 1 Reg. v. 1. [17] Sic Codd. X, 130, uterque in marg. [18] Cod. VII in marg. manu 2ᵈᵃ. Cf. Hex. ad 3 Reg. vi. 10, 20. 4 Reg. xix. 23. Jesai. xxxvii. 24. Ezech. xl. 5. [19] Cod. X. [20] Syro-hex. Sic sine notis Ald., Codd. 15, 83, Arab. 1, 2, Arm. 1. [21] Cod. X. Cod. 85 in marg. sine nom.: μέρη. [22] Cod. 130. Pro 'Α. C. fortasse pingendum 'Α. Θ. [23] Sic Ald., Codd. III, VII (cum τῆς κ. in marg. char. unciali), X, 19, 29, alii, Syro-hex. Duplex versio, τῆς κ. τῆς δ., est in Comp., Codd. 15, 16, 18, aliis, Arm. 1. [24] Sic Syro-hex., et sine notis Cod. 15.

Arab. 1, 2, Arm. 1. [25] Syro-hex. Vox posterior deest in Cod. 58; in Codd. 19, 30, aliis, ante ἱλαστήριον legitur. Ad ἱλαστήριον Cod. VII in marg. manu 2ᵈᵃ: σκέπασμα. (Ad χρυσίου καθαροῦ Montef. lectionem hexaplarem dedit: "Αλλος· χυτοῦ. Scilicet pro καθαροῦ in Ald., Cod. 58 habe-tur: καθαροῦ χυτοῦ.) [26] Sic in textu (post τὸ πλάτος ※ αὐτοῦ ◄) Syro-hex. Ne asteriscum in obelum mutemus, vetat scholium margini allitum: "Non invenimus in duo-bus exemplaribus editionis hujus τῶν Ο', et propter hoc apposuimus ei asteriscum (ܡܣܚܕ)." Eadem in textu habent Arab. 1 (cum simili scholio), 2. [27] Sic Comp., Ald., Codd. II (manu 2ᵈᵃ), III, VII, 16, 18, alii, et Syro-hex. (ܣܘܣܕܟ ܢܝܡܣ ܐܚܕܢ??. Cf. vv. 30, 35 in LXX et Syro-hex.). [28] Syro-hex. ܗܣܘܣܟ .ܠ .ܣܘ ◆ ܐܚܣܦ ./. ܡܐܛܠܘܣ.. Ad Aquilam pro ܐܚܣܦ? Ceriani corrigit ܐܚܣܦ, juxta lectionem ejusdem interpretis ad v. 30, ver-tens, *decorticatum,* s. *contusum,* cujus verbi forma Peal occurrit in scholio ad Prov. xxiii. 31 versionis Syro-hex.: "Ὑπερον (ܗܣܚܕ) vocat illud quo quis tundit (ܕܘܐ) pti-sanam, aut quid simile." [29] Cod. X. [30] Cod. X affert : 'Α. ἐκπετάζοντες. Σ. σκεπάζοντες. Ο'. ἐκτείνοντες· ubi Symmachi lectio ad sequentem notam hexaplarem mani-festo pertinet. Ad ἐκτείνοντες Nobil., et Cod. 130 in marg. sine nom.: ἐκπετάζοντες. [31] Nobil., Cod. 130. Cod. X, ut supra: Σ. σκεπάζοντες. Cf. Hex. ad Ezech. xxviii. 16. [32] Nobil., Codd. X, 130 (cum συντάξωμαι). "Codex Reg. unus habet: οἶον [fort. οἱ ᾗ] συντάξομαι."—*Montef.*

ἀσήπτων ◄.³³ 'Α. . ξύλου σετείμ. Σ. . ἐκ ξύλων ἀκανθίνων.³⁴

23 (24). וְצִפִּיתָ אֹתוֹ זָהָב טָהוֹר. Ο'. Vacat. ※ καὶ καταχρυσώσεις αὐτὴν χρυσίῳ καθαρῷ ◄.³⁵

זֵר זָהָב. *Marginem aureum.* Ο'. στρεπτὰ κυμάτια χρυσᾶ. Alia exempl. ⸓ στρεπτὸν ◄ κυμάτιον χρυσοῦν.³⁶

24 (25). זֵר זָהָב. Ο'. ⸓ στρεπτὸν ◄ κυμάτιον ※ Σ. Θ. χρυσοῦν ◄.³⁷

25 (26). עַל אַרְבַּע הַפֵּאֹת אֲשֶׁר לְאַרְבַּע רַגְלָיו. Ο'. ἐπὶ τὰ τέσσαρα μέρη τῶν ποδῶν αὐτῆς. Alia exempl. ἐπὶ τὰ τέσσαρα μέρη ※ Θ. ἅ ἐστι τῶν τεσσάρων ◄ ποδῶν αὐτῆς.³⁸

26 (27). לְעֻמַּת הַמִּסְגֶּרֶת. *Juxta taeniam.* Ο'. ὑπὸ τὴν στεφάνην. Ἄλλος· κατέναντι τῆς στεφάνης.³⁹

28 (29). וּקְשׂוֹתָיו. *Et phialas.* Ο'. καὶ τὰ σπονδεῖα. Σ. Θ. καὶ τὰς φιάλας.⁴⁰

29 (30). לֶחֶם פָּנִים. *Panem faciei* (coram Deo propositam). Ο'. ἄρτους ἐνωπίους. 'Α. ἄρτους προσώπου. Σ. (ἄρτους) προθέσεως.⁴¹

30 (31). מִקְשָׁה. Ο'. τορευτήν. 'Α. κεκομμένη. Σ. Θ. ὡς οἱ Ο'.⁴²

יְרֵכָהּ. *Scapus ejus.* Ο'. ὁ καυλὸς αὐτῆς. Οἱ λοιποί· ὁ μηρὸς (αὐτῆς).⁴³

גְּבִיעֶיהָ. *Calices ejus.* Ο'. καὶ οἱ κρατῆρες ('Α. σκύφοι⁴⁴).

וּפְרָחֶיהָ. *Et flores ejus.* Ο'. καὶ τὰ κρίνα ('Α. βλαστοί. Σ. ἄνθη⁴⁵).

32 (33). גְּבִעִים מְשֻׁקָּדִים. *Calices ad formam floris amygdalae facti.* Ο'. κρατῆρες ἐκτετυπωμένοι καρυΐσκους. 'Α. σκύφοι ἐξημυγδαλισμένοι. Σ. κρατῆρες ἐντετορνευμένοι (s. ἐκτετυπωμένοι) ἀμύγδαλα. Θ. κρατῆρες ἐξημυγδαλισμένοι.⁴⁶

וּשְׁלֹשָׁה גְבִעִים מְשֻׁקָּדִים בַּקָּנֶה הָאֶחָד כַּפְתֹּר וָפֶרַח. Ο'. Vacat. ※ καὶ τρεῖς κρατῆρες ἐκτετυπωμένοι καρυΐσκους ἐν καλαμίσκῳ τῷ ἑνί, σφαιρωτὴρ καὶ κρίνον ('Α. βλαστός. Σ. ἄνθος. Θ. ὡς οἱ Ο'⁴⁷) ◄.⁴⁸

34 (35). וְכַפְתֹּר תַּחַת שְׁנֵי הַקָּנִים מִמֶּנָּה. Ο'. Vacat. Alia exempl. ※ καὶ σφαιρωτὴρ ὑπὸ τοὺς δύο καλαμίσκους ἐξ αὐτῆς ◄.⁴⁹

---

³³ Sic Syro-hex. (qui in marg. habet: χρυσίου καθαροῦ), et sine notis Comp., Codd. 15, 72, 108, Arab. 1, 2, Arm. 1. Duplex lectio, τρ. χρυσίου καθαροῦ ἐκ ξ. ἀσήπτων, est in Codd. 19, 131 (cum ἐκ ξ. ἀσήπτων superscript. manu 2ᵈᵃ). ³⁴ Syro-hex. ܘܠܐ ܐܣ. ܡܚܣܡ܀ Cf. ad v. 17. Cod. 108 in marg. sine nom.: ἀκανθίνων (sic). Cf. ad Cap. xxvi. 37. xxxv. 7. ³⁵ Sic Syro-hex. (qui male pingit: καὶ κατ. αὐτῇ χρυσίῳ ※ καθαρῷ ◄), et sine aster. Comp., Ald., Codd. 15, 58, 72, 83, 108, Arab. 1, 2, Arm. 1. ³⁶ Sic Syro-hex., et sine obelo Codd. III, VII, X, 14, 16, 18, alii. ³⁷ Syro-hex. Prior vox deest in Cod. 54, Arab. 1, 2; posteriorem sine notis agnoscunt Codd. III, 15, 106, Arab. 1, 2. ³⁸ Sic Syro-hex., et sine notis Codd. 15, 72. ³⁹ Cod. VII superscript. manu 2ᵈᵃ. Cf. Hex. ad Ezech. xlv. 6. xlviii. 8. Graeco-Ven.: ἀντικρὺ τοῦ περικλείσματος. ⁴⁰ Syro-hex. ܘܠܦܝ̈ܠܐ܀ ܣ. Duplex versio, καὶ τὰς φ. καὶ τὰ σπ. est in Codd. X, 18, 74, aliis. ⁴¹ Nobil. (cum προσώπων), Codd. VII (in marg. manu 2ᵈᵃ), 85 (teste Montef.), 130 (cum 'Α. προσώπου προθέσεως), Cat. Niceph. p. 843. Minus probabiliter Cod. X: 'Α. Σ. προσώπου. Θ. προθέσεως, repugnante etiam Syro-hex., qui affert: Σ. προθέσεως (ܦܪܡܣܐ). Ad ἐνωπίους Cod. 56 in marg. notat: διπροσώπους (פָּנִים). ⁴² Syro-hex. ܬܘܪܥܬܐ܀ 'Α.

⁴² Codd. X, 85 (ex quo Montef. exscripsit: 'Α. Σ. Θ. ὁ μηρὸς αὐτῆς; Holmesii autem amanuensis: ὁ μηρὸς, sine nom.), 130. Cat. Niceph. p. 844: 'Ο καυλὸς. Ἄλλος· ὁ μηρὸς. ⁴⁴ Cod. 85. Cod. VII in marg. manu 2ᵈᵃ: οἱ σκύφοι (sic). Ad ὁ καυλὸς Cod. 130 vitiose scribit: ᾱ, ὃ κῦφος· οἱ λ, ὅμηρος (sic). Cf. ad v. 32. ⁴⁵ Codd. 85, 130. Nobil., Cat. Niceph. ibid.: Σ. ἄνθη. ⁴⁶ Syro-hex. ܚܨܕܘܠ ܘܐܠܦ ܡܚܣܡ ܘܚܕܐ܀ ܗ. ܠܡܢ ܡܚܩܡܐ (ܡܘܩܡܐ) ܚܕܐܠ܀ ܠ. ܠܦܢܐ ܠ. ܠܡܢ ܡܚܣܡ ܘܚܕܐܠ ܘܚܕܐܠ܀ (Ad σκύφοι, cf. Hex. ad Gen. xliv. 2. Jerem. xxxv. 5.) E testibus Graecis Nobil. affert: 'Α. ἐξημυγδαλωμένην [sc. λυχνίαν]. Σ. ἐντετορευμένη ἀμύγδαλον. Codd. 85 (teste Montef.), 130: 'Α. ἐξημυγδαλισμένοι. Σ. ἐντετορνευμένοι. Cat. Niceph. ibid.: 'Α. ἐξημυγδαλωμένην, ἐκτετορευμένη ἀμύγδαλα. Tandem Cod. X: 'Α. ἐξημυγδαλισμένοι. Σ. ἐντετορευμένοι ἀμύγδαλα, n quo proxime abest Syrus, si sumas eum vocem ἐντετορνευμένοι paulo liberius quam de more reddidisse. ⁴⁷ Syro-hex. ⁴⁸ Sic Syro-hex., et sine aster. Comp. (cum ἐν τῷ ἑνὶ καλ.), Arab. 1, 2. ⁴⁹ Syro-hex. (qui pingit: καὶ σφαιρωτὴρ ※ ἐξ αὐτῆς ◄). Sic sine aster. Cod. VII in marg. manu 2ᵈᵃ.

35 (36). מִקְשָׁה. Ο'. τορευτή. ['Α. ἐξημυγδαλωμένη.] Σ. ἐκτετορνευμένη.[50]

37 (38). וּמַלְקָחֶיהָ. Et forcipem (emunctorium) ejus. Ο'. καὶ τὸν ἐπαρυστῆρα αὐτῆς. Οἱ λοιποί λαβίδας.[51]

וּמַחְתֹּתֶיהָ. Et receptacula ejus (ubi quae emuncta sunt, deponantur). Ο'. καὶ τὰ ὑποθέματα (Οἱ λοιποί πυρεία[52]) αὐτῆς. 'Α. Σ. Et vasa emunctoria ejus.[53]

Cap. XXV. 3, 4. ※'Εβρ. καὶ ◁ χαλκὸν, ※ Οἱ Γ'. καὶ ◁ ὑάκινθον, ※ Οἱ Γ'. καὶ ◁ πορφύραν.[54] 4. – κεκλωσμένην ◁. 8. – ἐν τῷ ὄρει ◁.[55] 9. τὸ μῆκος ※ Θ. αὐτῆς ◁.[56] τὸ πλάτος ※ Θ. αὐτῆς ◁. τὸ ὕψος ※ Θ. αὐτῆς ◁.[57] 10. – στρεπτά ◁.[58] 11. τὸ κλίτος ※ Σ. Θ. αὐτῆς ◁.[59] τὸ κλίτος ※ αὐτῆς ◁.[60] 16. τὸ μῆκος ※ Θ. αὐτοῦ ◁.[61] τὸ πλάτος ※ αὐτοῦ ◁.[62] 18. – δύο ◁.[63] κλίτη ※ Σ. Θ. αὐτοῦ ◁.[64] 19. τὰς πτέρυγας ※ Σ. Θ. αὐτῶν ◁.[65] 22. τὸ μῆκος ※'Α. Θ. αὐτῆς ◁.[66] τὸ εὖρος ※'Α. Θ. αὐτῆς ◁.[67] τὸ ὕψος ※'Α.Θ. αὐτῆς ◁.[68] 24. τῇ

στεφάνῃ ※'Α. Σ. αὐτῆς ◁.[69] 25. ποιήσεις ※'Εβρ. αὐτῇ ◁.[70] 27. – καθαρῷ ◁.[71] 28. τὰ τρυβλία ※ Οἱ Γ'. αὐτῆς ◁.[72] τὰς θυΐσκας ※'Εβρ. αὐτῆς ◁, καὶ τὰ σπονδεῖα ※'Εβρ. αὐτῆς ◁, καὶ τοὺς κυάθους ※'Εβρ. αὐτῆς ◁.[73] 30. οἱ καλαμίσκοι ※'Εβρ. αὐτῆς ◁, καὶ οἱ κρατῆρες ※ Οἱ Γ'. αὐτῆς ◁, καὶ οἱ σφαιρωτῆρες ※ Οἱ Γ'. αὐτῆς ◁, καὶ τὰ κρίνα ※ Οἱ Γ'. αὐτῆς ◁.[74] 31. πλαγίων ※'Εβρ. αὐτῆς ◁. τοῦ κλίτους ※ Οἱ Γ'. αὐτῆς ◁ τοῦ δευτέρου.[75] 32. – καὶ τρεῖς.[76] 33. σφαιρωτῆρες ※ αὐτῆς ◁.[77] 34. – οὕτω ◁.[78] 35. οἱ σφαιρωτῆρες ※'Α. Θ. αὐτῶν ◁, καὶ οἱ καλαμίσκοι ※'Α. Θ. αὐτῶν ◁.[79] 36. προσώπου ※ Οἱ Γ'. αὐτῆς ◁.[80]

Cap. XXVI.

1. יְרִיעֹת. Aulaea. Ο'. αὐλαίας. 'Α. δέρρεις.[1]

חֹשֵׁב. Ingeniosi (textoris). Ο'. ὑφάντου. "Αλλος· ποικιλτοῦ.[2]

5. מַקְבִּילֹת הַלֻּלָאֹת אִשָּׁה אֶל־אֲחֹתָהּ. Oppositi

---

[50] Sic Montef. e schedis Combefis. Cf. ad v. 17. Aquilae lectionem prorsus alienam esse ab hoc loco quivis videt. [51] Cod. X. Cf. Hex. ad Jesai. vi. 6. Syro-hex. ad καὶ τὸν ἐπαρυστῆρα (ܡܚܡܬܐ) affert: 'Α. Σ. καὶ vasa emunctoria (ܡܚܬܚܬܐ) αὐτῆς. Θ. καὶ λαβίδας (ܩܕܡܚܠ) αὐτῆς. Sed priorem lectionem ad καὶ τὰ ὑποθέματα (ܚܡܚܕܡܚܠ) potius pertinere probabiliter opinatus est Ceriani ad loc. [52] Cod. X affert: Ο'. ὑποθέματα. Οἱ λοιπ. πυρωτὰ καλούμενα τρυβλία, ubi pro πυρωτὰ Ceriani corrigit πυρία (s. πυρεία) τὰ, h. e. patellae quae πυρεία vocantur. Cf. Exod. xxvii. 3. Num. xvi. 6 in Hebr. et LXX. [53] Syro-hex. (ut supra): ܡܚܬܚܬܐ ܘܡܟܚܐ ܀ ܀ ܀ ܐ. "Noster per ܡܚܡܚܬܐ reddit statim in textu ὑπόθεμα, bis ἐνθέμιον (seu ut alii legunt, ἀνθέμιον) Exod. xxxvii. 17 (xxxviii. 16); ubi quidem Syrus omnino videtur ex usu vocis Syrae legisse ἐνθέμιον, non ἀνθέμιον, quod Eccles. xii. 6 vertit ܐܢܬ̈ܡܝܢ."— Ceriani. [54] Syro-hex. (Post asteriscos duos posteriores pro ◁ fortasse pingendum ┐, quae literae in charactere Estrangh. vix, et ne vix quidem, distingui possunt.) Copula prior deest in Comp., Ald., Codd. III, VII, X, 16, 18, aliis; posteriores in Codd. VII, X, 16, 18, aliis. [55] Idem. [56] Idem. Sic sine notis Codd. 15, 72, Arab. 1, 2. [57] Idem. Pronomen est in Codd. 14, 15, 16, aliis. [58] Idem. Vox deest in Cod. 58. [59] Idem. Sic sine notis Ald., Codd. 15, 83, Arab. 1, 2. [60] Idem.

[61] Idem. Sic sine notis Cod. 15, Arab. 1, 2. [62] Idem. Sic sine aster. Codd. 15, 25, alii, Arab. 1, 2. [63] Idem. [64] Idem. Pronomen est in Codd. 14, 15, 16, aliis. [65] Idem. Sic sine notis Codd. 15, 72. [66] Idem. Pronomen est in Codd. 15, 72. [67] Idem. Pronomen est in Cod. 15. [68] Idem. Pronomen est in Codd. 14, 15, 16, aliis. [69] Idem. Sic sine notis Cod. 15, Arab. 1, 2. [70] Idem. Sic sine notis Comp., Codd. 14, 15, 16, alii, Arab. 1, 2. [71] Idem. Vox abest a Codd. 71, 76. [72] Idem. Pronomen legitur in libris omnibus. [73] Idem. Praeter Arab. 1, 2 pronomen prius est in Codd. 15, 72, alterum in Cod. 15, posterius in Codd. 15, 58. [74] Idem. Pronomina sunt in Codd. 15, 72 (excepto 3tio), Arab. 1, 2. [75] Idem. Sic sine notis Codd. 15, 72, Arab. 1, 2. [76] Idem. Copula deest in Cod. 58. [77] Idem. Sic sine aster. Codd. 15, 72, Arab. 1, 2. [78] Idem. [79] Idem. Pronomina sunt in Codd. 15, 72, Arab. 1, 2. [80] Idem. Sic sine notis Comp., Codd. 15, 19, 58, 72, 108.

Cap. XXVI. [1] Cod. X. Syro-hex. in marg.: 'Α. ΑΕΡPIC (sic). Vocem Graecam in apographo suo male exaratam non interpretatus est Syrus noster, fortasse quia non intellexit; quod ei accidisse videtur ad Cant. Cant. ii. 17. Ad δέρρεις (ܐܪܝܥܬܐ) cf. Hex. ad Jesai. liv. 2. Jerem. xlix. 29. [2] Cod. X in marg. sine nom.

sint *laqueoli alter alteri*. Ο΄. ἀντιπρόσωποι ἀντιπίπτουσαι (Σ. Θ. συνωτῶσαι[3]) ※ αἱ ἀγκύλαι[4] ἀλλήλαις εἰς ἑκάστην (alia exempl. εἰς ἀλλήλας ἑκάστη[5]). Τὸ Σαμαρειτικόν· διαδεχόμεναι συμβολαὶ μία πρὸς μίαν ἀντιπροσώπως, κατὰ τὸ προσέχειν ἀλλήλαις.[6]

6. קַרְסֵי. *Uncinos.* Ο΄. κρίκους. "Αλλος· δακτυλίους.[7]

וְהָיָה הַמִּשְׁכָּן אֶחָד. Ο΄. καὶ ἔσται ἡ σκηνὴ μία. Ἀ. καὶ ἔσται ἡ σκηνὴ † ἐν τῇ σκηνῇ.[8]

7. יְרִיעֹת עִזִּים. *Aulaea e pilis caprinis.* Ο΄. δέρρεις τριχίνας ("Αλλος· αἰγείας[9]). Ἀ. Σ. καλυπτῆρας τριχίνους.[10]

13. בָּעֹדֵף בְּאֹרֶךְ יְרִיעֹת. *In eo quod redundat in longitudine aulaeorum.* Ο΄. ἐκ τοῦ ὑπερέχοντος τῶν δέρρεων, ἐκ τοῦ μήκους τῶν δέρρεων. Alia exempl. ἐκ τοῦ ὑπερέχοντος ※ τοῦ μήκους[4] τῶν δέρρεων.[11]

15. אֶת־הַקְּרָשִׁים. *Asseres.* Ο΄. στύλους. Ἀ. Σ. Θ. σανίδας.[12]

עֹמְדִים. *Erectos.* Ο΄. Vacat. ※ Ἀ. Θ. ἑστῶτας[4].[13]

16. אֹרֶךְ הַקֶּרֶשׁ. *Longitudo asseris.* Ο΄. ποιήσεις τὸν στύλον τὸν ἕνα. Alia exempl. ※ μῆκος[4] – ποιήσεις[4] τὸν στύλον – τὸν ἕνα[4].[14]

17. יָדוֹת. *Impages.* Ο΄. ἀγκωνίσκους. Ἀ. χεῖρας. Σ. κατοχεῖς.[15]

18. אֶת־הַקְּרָשִׁים. Ο΄. στύλους (s. τοὺς στύλους). Ἀ. Σ. Θ. τὰς σανίδας.[16]

20. וּלְצֶלַע הַמִּשְׁכָּן הַשֵּׁנִית. *Et lateri tabernaculi secundo.* Ο΄. καὶ τὸ κλίτος τὸ δεύτερον. Alia exempl. κατὰ δὲ τὸ κλίτος ※ τῆς σκηνῆς[4] τὸ δεύτερον.[17]

21. אַדְנֵיהֶם. Ο΄. βάσεις αὐτῶν (alia exempl. αὐτοῖς[19]).

תַּחַת הַקֶּרֶשׁ. Ο΄. τῷ στύλῳ. "Αλλος· ὑποκάτω.[19]

24. תֹאֲמִם מִלְּמַטָּה. *Geminae ab inferiore parte.* Ο΄. ἐξ ἴσου κάτωθεν. Ἀ. Σ. Θ. διδυμεύοντες κάτωθεν.[20]

עַל־רֹאשׁוֹ. Ο΄. ἐκ τῶν κεφαλῶν (alia exempl. κεφαλίδων[21]) ※ αὐτῶν[4].[22]

❖   ❖

---

[3] Syro-hex. ܀ܩܒܠ ܠ. ܣ. In textu idem est Syriacum pro ἀντιπίπτουσαι.   [4] Idem. Sic sine aster. Codd. 15, 72, 128 (sine artic.).   [5] Sic Comp., Ald., Codd. III, VII, X, 14, 15, 16, alii, et Syro-hex.   [6] Nobil., Reg. unus, et Cat. Niceph. p. 848 (cum μία τὴν μίαν ἀντὶ προσώπου).   [7] Sic Cod. 75 in textu. Cod. X in marg. sine nom.: δακτύλους (sic).   [8] Cod. X. Lectio corrupta, cujus loco Aquila, ni fallor, scripsit: καὶ ἔσται ἡ σκηνὴ ἕν.   [9] Cod. VII in marg. manu 2ᵈᵃ.   [10] Cod. X. Nobil. affert: Schol. τρίχινοι καλυπτῆρες; et sic Cod. 85 in marg. sine nom. Et reapse lectio scholiastam magis quam interpretem sapit, saltem Aquilam, cui potius vindicarem δέρρεις αἰγείας. Cf. ad Cap. xxvi. 1. xxxv. 24.   [11] Sic Syro-hex., et sine aster. Arab. 1, 2 (cum ἐκ τοῦ μήκους?), Arm. ed. In lectione vulgari haec, ἐκ τοῦ μ. τῶν δ., desunt in Codd. III, VII (a 1ᵐᵃ manu), 58, 59, 72, 118; quae fortasse in Origenis quoque exemplaribus perierant.   [12] "Sic Colbertinus codex."—Montef. Syro-hex. ܀ܠ. ܩܦܠ. ܠ. Theodoret. Quaest. LX in Exod. (Opp. T. I, p. 164): Εἰκόσι γὰρ σανίδας εἶχε τὸ νότιον μέρος, καὶ τοσαύτας τὸ βόρειον· σανίδας γὰρ τοὺς στύλους ὠνόμασαν οἱ ἄλλοι ἑρμηνευταί.   [13] Syro-hex. in textu: ܘܩܝܡܝܢ ܀ ܠ. ܀ ܠ. ܀※. Sic sine notis Codd. 15, 56 (cum ἑστηκότας), 72.   [14] Lectionem paululum mutatam puto, ut in genere concordaret cum στύλους."—Ceriani. Cod. VII in marg. manu 2ᵈᵃ: (καὶ ποιήσεις) τὰς σανίδας τῆς σκηνῆς ἐκ ξ. ὁ. ἱσταμένης.   [14] Sic Syro-hex., et sine aster. et obelis Codd. 15 (cum μῆκος post ποιήσεις), 72, Arab. 1, 2. Deest ποιήσεις in Codd. VII, X, 14, 16, aliis, et vice versa in Cod. 58.   [15] Cod. X. Nobil., Cod. 85 (teste Montef.): Σ. κατοχεῖς. Vox κατοχεῖς, repagulum, nescio an occurrat nisi apud Callimachum in Hymn. ad Apoll. 6: Αὐτοὶ (sponte) νῦν κατοχῆες ἀνακλίνεσθε θυράων, ubi Spanhem. ad nostrum locum provocat. Cod. VII in marg. manu 2ᵈᵃ: στρόφιγγας.   [16] Syro-hex. ܠ.   [17] Sic Syro-hex., et sine notis Codd. 15, 58, 72 (omnes om. τὸ δεύτερον, ait Holmesius; sed hoc de Cod. 58 falsum esse testari possumus), Arab. 1, 2. (Ad βορρᾶν (v. 18) in Cod. VII superscripsit manus 2ᵈᵃ: νότον; ad νότον autem (v. 20) eadem manus superscripsit: βορρᾶν; et sic Montef. ex Catenis suis.)   [18] Sic Ald., Codd. III, VII, X, 14, 15, 16, alii, et Syro-hex. (cum αὐτῶν in marg.).   [19] Cod. VII in marg. manu 2ᵈᵃ.   [20] Syro-hex. ܠ. ܣ. ܠ. ܡܥܦܦܝܢ Cod. VII in marg. manu 2ᵈᵃ: διπλαῖ (sc. σανίδες).   [21] Sic Ald., Codd. III, VII, 14, 15, 16, alii, et Syro-hex. (ܡܢ ܬܚܦܝܬܐ). Cod. 85 in marg.: φιλάδων, credo ex scriptura cujusdam codicis, κεφαλῶν; unde Montef. edidit: "Αλλος· φιλάδων.   [22] Sic Syro-hex., et

24. אֶל־הַטַּבַּעַת הָאֶחָת. *Ad annulum alterum.* Ο'. εἰς σύμβλησιν (alia exempl. συμβολὴν[23]) μίαν. Ἄλλος· εἰς τὸ δακτύλιον τὸ ἕν.[24]

32. עַמּוּדָי. Ο'. στύλων. Ἀ. Σ. Θ. ὁμοίως· στύλων.[25]

33. תַּחַת הַקְּרָסִים. Ο'. ἐπὶ τῶν στύλων (s. τοὺς στύλους). Ἄλλος· ὑποκάτωθεν τῶν κρίκων.[26]

34. וְנָתַתָּ אֶת־הַכַּפֹּרֶת עַל אֲרוֹן. *Et pones propitiatorium super arcam.* Ο'. καὶ κατακαλύψεις τῷ καταπετάσματι (הַפָּרֹכֶת) τὴν κιβωτόν. Σ. καὶ θήσεις (s. ἐπιθήσεις) τὸ ἱλαστήριον ἐπὶ τὴν κιβωτόν.[27]

35. צָפוֹן. Ο'. τὸ πρὸς βορρᾶν. (❇) καὶ ποιήσεις θυσιαστήριον θυμιατήριον θυμιάματος ἐκ ξύλων ἀσήπτων. καὶ ποιήσεις αὐτὸ πηχέως τὸ μῆκος, καὶ πηχέως τὸ εὖρος, τετράγωνον . . . .[28]

36. מָסָךְ לְפֶתַח הָאֹהֶל. *Operimentum (velum) ad introitum tabernaculi.* Ο'. ἐπίσπαστρον (Ἀ.

παρατανυσμὸν[29]) ❇ Ἑβρ. τῇ θύρᾳ τῆς σκηνῆς ◄.[30] Ἄλλος· κατασκέπασμα εἰς ἄνοιγμα τῆς σκέπης.[31]

37. עַמּוּדֵי שִׁטִּים. Ο'. στύλους ❇ Θ. ἀσήπτους ◄.[32] Ἀ. . σετείμ. Σ. . ἀκανθίνους.[33]

Cap. XXVI. 2. τῆς αὐλαίας τῆς μιᾶς (sic) ÷ ἔσται ◄.[34] τὸ αὐτὸ ÷ ἔσται ◄.[35] 4. καὶ ποιήσεις ÷ αὐτῇ (sic) ◄.[36] 8. ÷ ἔσται ◄ τριάκοντα.[37] μέτρον τὸ αὐτὸ (sic) ÷ ἔσται ◄.[38] 10 (in posteriore loco). ÷ ποιήσεις ◄.[39] 12. ÷ ὑποκαλύψεις εἰς τὸ πλεονάζον τῶν δέρρεων τῆς σκηνῆς ◄.[40] 13. ❇ Θ. καὶ ◄ ἔσται.[41] καλύπτῃ ❇ αὐτήν ◄.[42] 16. ἡμίσους ❇ πηχέως ◄.[43] 21. ÷ εἰς ἀμφότερα τὰ μέρη αὐτοῦ ◄, καὶ δύο βάσεις τῷ στύλῳ τῷ ἑνὶ ÷ εἰς ἀμφότερα τὰ μέρη αὐτοῦ ◄.[44] 25. δεκαὲξ ❇ βάσεις ◄.[45] ÷ εἰς ἀμφότερα τὰ μέρη αὐτοῦ ◄.[46] 26. ÷ ἑνὶ ◄.[47] 28. ÷ ἑνὸς ◄. ÷ ἕτερον ◄.[48] 29. τοὺς δακτυλίους ❇ Θ. αὐτῶν ◄.[49] 35. ÷ τῆς σκηνῆς ◄ τὸ πρὸς βορρᾶν.[50]

---

sine aster. Cod. 15.　　[23] Sic Codd. III, 71.　　[24] Cod. VII in marg. manu 2ᵈᵃ. Cf. v. 29 in LXX. Graeco-Ven.: πρὸς τὸν κρίκον τὸν ἕνα.　　[25] Syro-hex.: " Ἀ. Σ. Θ. similiter στύλων dixerunt hic." Respicit lectionem trium interpretum ad v. 15 scriptor, ignarus, ut videtur, Hebraei archetypi.　　[26] Cod. VII in marg. manu 2ᵈᵃ. Fortasse est Aquilae, coll. Hex. ad Cap. xxxvi. 11; cujus quoque est lectio γλωσσόκομον, quam at κιβωτόν in marg. apponit idem codex.　　[27] Syro-hex. ᠁᠁᠁᠁᠁. Cf. Cap. xxv. 21 in LXX et Syro-hex.　　[28] Syro-hex. in marg.: " (Exemplar) Hebraeum Samaritanorum. Post haec est in eo exinde a: καὶ ποιήσεις— τετράγωνον. Quae etiam hic [nempe in textu LXXvirali] post ista reperies, post: καὶ γνώσονται ὅτι ἐγώ εἰμι κύριος ὁ θεὸς αὐτῶν, ὁ ἐξαγαγὼν αὐτοὺς ἐκ γῆς Αἰγύπτου, ἐπικληθῆναι αὐτοῖς, καὶ εἶναι αὐτῶν θεός (Cap. xxix. 46)." Revera locus allatus, καὶ ποιήσεις — τετράγωνον, initium est pericopae decem versuum textus Hebraeo-Samaritani post v. 35 insertae, quos Hebraeus habet Cap. xxx. 1–10.　　[29] Cod. X. Cod. 108 affert: Ἀ. Σ. πτάνυσμα (sic). Cf. Hex. ad Exod. xxvii. 16. Num. iv. 5, 26.　　[30] Syro-hex. (De nota ✕ aliquid dubii ne sit ▴.) Haec desunt in Comp., Ald. (qui τῇ θύρᾳ tantum habet), Codd. II (in textu), III, VII, X, 14, 16, aliis fere omnibus. Habent sine aster. Codd. 15, 72, 130 (in marg.), Arab. 1, 2.　　[31] Cod. VII in marg. manu 2ᵈᵃ. Aquilae esse crediderim, coll. Hex. ad Num. iv. 26, nisi vox κατασκέπασμα paululum obstiterit. Prae-

terea Montef. e Regio 1825 edidit: Ἄλλος· παρακάλυμμα τῆς θύρας τῆς σκηνῆς; quae glossa esse videtur vocis ἐπίσπαστρον, qualis in marg. Cod. 128 legitur: ἐπίσπαστρον ὀνομάζει τῆς θύρας τὸ καταπέτασμα. Ceterum humani aliquid passus est Procopius in Cat. Niceph. p. 858, qui ad v. 37 notat: διὸ ὁ μὲν Ἀκύλας φησὶ· καὶ ποιήσεις τῷ ἐπισπάστρῳ· οἱ δὲ Ο'. καὶ ποιήσεις τῷ καταπετάσματι εʹ στύλους.　　[32] Sic Syro-hex., et sine notis Ald., Codd. 15, 72, 83, 128, Arab. 1, 2, Arm. 1.　　[33] Syro-hex. ᠁᠁᠁᠁. Cf. ad Cap. xxv. 22.　　[34] Syro-hex. In lectione vulgari, ἡ αὐλαία ἡ μία ἔσται, ἔσται deest in Codd. 58, 72.　　[35] Idem.　　[36] Idem. Pronomen αὐταῖς (sic) deest in Codd. 19, 108, Arab. 1, 2.　　[37] Idem. Sic sine obelo Ald., Codd. III, VII, 14, 15, 16, alii.　　[38] Idem. Vox deest in Cod. 58.　　[39] Idem.　　[40] Idem, in quo sequentia, ὑποκαλύψεις ὀπίσω τῆς σκηνῆς, ex homoeoteleuto exciderunt. In Cod. 58 haec, ὑποκ. εἰς τὸ πλεονάζων, desiderantur.　　[41] Idem. Sic sine notis Comp., Ald., Codd. 15, 19, alii, Arab. 1, 2.　　[42] Idem. Sic sine aster. Codd. 15, 72, 128, Arab. 1, 2.　　[43] Idem.　　[44] Idem, qui male pingit: ÷ εἰς ἀμφότερα—αὐτοῦ (posterius). Posterius εἰς ἀμφ. τὰ μ. αὐτοῦ deest in Codd. 58, 71, 106.　　[45] Idem. Sic sine notis Cod. VII manu 2ᵈᵃ.　　[46] Idem.　　[47] Idem.　　[48] Idem, qui perperam pingit: ÷ ἀπὸ τοῦ ἑνὸς ◄ κλίτους εἰς τὸ ἕτερον κλίτος ◄.　　[49] Idem. Sic sine notis Codd. 15, 72,　　[50] Idem. In Cod. 58 abest τῆς σκηνῆς.

Cap. XXVII.

4. מִכְבַּר מַעֲשֵׂה רֶשֶׁת. *Craticulam operis reticulati.*
Ο'. ἐσχάραν ἔργῳ δικτυωτῷ. Οἱ λοιποί· κοσκί-
νωμα δικτυωτόν.[1]

5. תַּחַת כַּרְכֹּב. *Sub ambitum.* Ο'. ὑπὸ τὴν ἐσχάραν ("Αλλος· σύνθεσιν[2]).

הָרֶשֶׁת. *Opus reticulatum.* Ο'. ἡ ἐσχάρα. 'Α.
Σ. Θ. τὸ δίκτυον.[3]

6. בַּדִּים לַמִּזְבֵּחַ בַּדֵּי. Ο'. τῷ θυσιαστηρίῳ ἀναφορεῖς. Alia exempl. ἀναφορεῖς τῷ θυσιαστηρίῳ,
ἀναφορεῖς.[4] 'Α. Σ. Θ. ἀρτῆρας.[5]

7. בִּשְׂאֵת אֹתוֹ. *Quando portatur.* Ο'. ἐν τῷ αἴρειν
αὐτό. Alia exempl. ὥστε αἴρειν αὐτό.[6]

9. לִפְאַת נֶגֶב־תֵּימָנָה. *Ad latus meridiei ad austrum.* Ο'. εἰς τὸ κλίτος τὸ πρὸς λίβα (alia
exempl. νότον[7]).

10. וַחֲשֻׁקֵיהֶם. *Et juncturae earum.* Ο'. καὶ αἱ
ψαλίδες. 'Α. (καὶ τὰ) προσκολλήματα (s. συγκολλήματα).[8]

11. צָפוֹן. Ο'. τῷ πρὸς ἀπηλιώτην (alia exempl.
βορρᾶν[9]).

11. קְלָעִים. *Aulaea.* Ο'. ἱστία. "Αλλος· πλεκτόν.[10]

13. לִפְאַת קֵדְמָה מִזְרָחָה. *Ad latus orientale ad
orientem.* Ο'. (τῆς αὐλῆς) τῆς (alia exempl.
τὸ[11]) πρὸς νότον (alia exempl. ἀνατολάς[12]).
Alia exempl. ⨯ τὸ πρῶτον ◄ τὸ πρὸς ἀνατολάς.[13] 'Α. Θ. εἰς τὸ κλίτος ... Σ. κατὰ πρόσωπον ...[14]

14. לְכָתֵף. *Lateri.* Ο'. τῷ κλίτει τῷ ἑνί. 'Α. Σ.
τῇ ὠμίᾳ.[15]

15. וְלַכָּתֵף הַשֵּׁנִית. Ο'. καὶ τὸ κλίτος τὸ δεύτερον.
'Α. Σ. Θ. καὶ τῇ ὠμίᾳ τῇ δευτέρᾳ.[16]

16. מָסָךְ. *Operimentum.* Ο'. κάλυμμα. 'Α. Σ.
παρατάνυσμα.[17]

מָשְׁזָר. *Contorta* (e pluribus filis). Ο'. κεκλωσμένης. Alia exempl. νενησμένης, s. διανενηησμένου.[18]

מַעֲשֵׂה רֹקֵם. *Opus plumarii.* Ο'. τῇ ποικιλίᾳ
τοῦ ῥαφιδευτοῦ. "Αλλος· ἔργον ποικιλτοῦ.[19]

20. שֶׁמֶן זַיִת. *Oleum olivae.* Ο'. ἔλαιον ἐξ ἐλαιῶν.
Schol. (οὐκ) ἐκ σπερμάτων.[20]

Cap. XXVII. [1] Cod. X. Cod. 108: Σ. Θ. κοσκήνωμα (sic).
Syro-hex. affert: ܘ ܗ. ܐ. ܐܘ ܘܚܕܚܠܠ, h. e. ὡς κοσκίνου,
vel, si ܐܘ ܚܕܚܠܠ legas, ὡς κόσκινον; innuens, ut videtur,
per κοσκίνωμα intelligendum esse non tam *cribrum*, quam
quid simile cribro. (Ad ἐσχάραν Montef. affert scholium
e Catenis MSS.: εἶδος καυκίου [cf. Hex. ad Gen. xliv. 2], ἐν
αἷς [Niceph. ᾧ] ἀνίματτον σὺν τῷ ἐλαίῳ τὴν σεμίδαλιν, κ.τ.ἑ.;
quod ad τὸν καλυπτῆρα αὐτοῦ (v. 3) diserte refert Anon. in
Cat, Niceph. p. 860.) [2] Cod. X in marg. sine nom.
[3] Syro-hex. (cum indice ad ἀναφορεῖς posterius (v. 6) male
appicto): ܀ ܣ. ܐ. ܚܕ̈ܝܒܐ ܀. [4] Sic Cod. 15, Arab. 1, 2,
Arm. 1, Syro-hex. [5] Syro-hex. ܐ. ܡ. ܐ. ܚܕܩܠܐ. Cf.
Neh. iv. 17 in LXX. Ad ἀναφορεῖς Cod. VII in marg.
manu 2ᵈᵃ: ἀναβαστάζοντας. [6] Sic Codd. 30, 129, 131
(qui ad ἐν τῷ in marg. pingit: ὥστε). Duplex, ut videtur,
versio est in Codd. 14, 16, 25, aliis. Cod. 25 ad ἐν τῷ in
marg. habet: ἕως, unde Montef. lectionem vix Graecam
eruit: "Αλλος· ἕως αἴρειν αὐτό. [7] Sic Ald., Codd. VII, X,
14, 15, 16, alii, Syro-hex. Mox v. 10 ad עַמֻּדָיו, Ο'. οἱ
στῦλοι αὐτῶν, Montef. post Drusium e Theodoreto excitat:
Οἱ λοιποί· σανίδες. Sed locum Theodoreti non huc, sed ad
Cap. xxvi. 15 pertinere, egregie perspexit Scharfenb. in
Animadv. p. 72. [8] Syro-hex. ܀ (ܘܚܡܠ) ܘܚܡܠ ܀.
TOM. I.

Cod. VII in marg. manu 2ᵈᵃ: προσκολλήματα. Cf. ad
Cap. xxxviii. 10, 17. (Ad αἱ ψαλίδες (ܚܡܠܚܡ) (ܩܘܚܕܚܠ) Syro-
hex. scholium affert: "Αἱ ψαλίδες sunt forcipes (ܚܕ̈ܚܠ)
aeris aut ferri aut argenti etc., quae incidunt et retinent
aliquid in alio.") [9] Sic Comp., Ald., Codd. III, VII, X
(cum ἀπηλ. in marg.), 14, 15, 16, alii, Arm. 1, Syro-hex.
[10] Cod. X in marg. sine nom., teste Montef. Holmes. vero
ex eodem πλεκτὰ exscripsit. [11] Sic Codd. II, III, VII,
16, 19, alii. [12] Sic Comp., Ald., Codd. III, VII, 14, 15,
16, alii, Arab. 1, 2, Syro-hex. [13] Sic Syro-hex., et sine
aster. Cod. 15. [14] Syro-hex. ܀ ܐ. ܚܡܠ̈ܚܕ ܀ ܐ. ܀.
ܚܡܠܚܕܚܠ ܚܕ̈ܘܦܗܠ. Ad Sym. cf. Hex. ad Jerem.
xlviii. 45. Ezech. xlviii. 16. [15] Cod. X, 85. Cod. 130:
'Α. τῇ ὠμίᾳ. Syro-hex. corrupte affert: 'Α. Σ. Θ. *humeri
unius* (ܚܕ̈ܘܦܗ). (Ad τῷ ἑνὶ κλίτει (v. 9) Nobil. scholium affert: "Αλλος· τῇ ὠμίᾳ, ubi ὠμίᾳ calamo factum est
ex γωνίᾳ.) [16] Syro-hex. ܀ ܐ. ܡ. ܐ. ܚܡܠ̈ܚܕܘܦܗ ܀.
[17] Codd. 85, 130. Cf. ad Cap. xxvi. 36. [18] Prior lectio
est in Ald., Codd. 32, 128; posterior in Codd. 85 (in
marg. cum –νησμένου), 106. Paulo ante pro κεκλωσμένου,
νενηησμένου legunt Codd. 14, 16, 71, 131; et διανενηησμένου
Codd. X (cum κεκλωσμένου in marg.), 18, 29, alii. [19] Cod.
VII in marg. manu 2ᵈᵃ. [20] Nobil. affert: Schol. ἐκ

s

20. זַךְ. Ο΄. (–) ἄτρυγον (◄) καθαρόν.²¹

Cap. XXVII. 2. τὰ κέρατα ※ Ἑβρ. αὐτοῦ ◄.²²
4. κλίτη ※ Οἱ Γ΄. αὐτοῦ ◄.²³ 7. τοὺς ἀναφορεῖς
※ αὐτοῦ ◄.²⁴ 11. – καὶ αἱ βάσεις ◄ περιηργυρω-
μέναι.²⁵ 13. – ἱστία ◄.²⁶ – στῦλοι αὐτῶν δέκα, καὶ
βάσεις αὐτῶν δέκα ◄.²⁷ 15. – τὸ ὕψος ◄. 16. – τὸ
ὕψος ◄.²⁸

Cap. XXVIII.

1. לְהַכֲהֲנוֹ־לִי. Ο΄. ἱερατεύειν ※ Ἑβρ. αὐτόν ◄ μοι.¹
'Α. εἰς ἱερατεύειν αὐτόν μοι. Σ. ἱερατεῦσαι
αὐτόν μοι. Θ. τοῦ ἱερατεύειν αὐτὸν ἐμοί.²

3. הָכְמָה. Ο΄. σοφίας καὶ αἰσθήσεως. Alia exempl. αἰσθήσεως.³

4. חֹשֶׁן. Pectorale. Ο΄. τὸ περιστήθιον. 'Α. Σ.
Θ. λόγιον.⁴

וּכְתֹנֶת תַּשְׁבֵּץ. Et tunica scutulata (Graeco-Ven.
φολιδωτόν). Ο΄. καὶ χιτῶνα κοσυμβωτόν ('Α.
Σ. σύσφιγκτον⁵).

מִצְנֶפֶת. Tiaram. Ο΄. καὶ κίδαριν. Τὸ, κίδαριν, κατὰ τὸ Σαμαρειτικὸν, πηλίον (fort. πιλίον),
ἤτοι καθ' ἑτέραν γραφήν, μίτραν.⁶

5. אֶת־תּוֹלַעַת הַשָּׁנִי. Ο΄. τὸ κόκκινον ※ κεκλωσμένον ◄.⁷ ('Α.) σὺν σκώληκος τὸ διάφορον.
(Σ.) τὸ κόκκινον τὸ δίβαφον. (Θ.) τὸ κόκκινον
τὸ διάφορον.⁸

6. זָהָב תְּכֵלֶת וְאַרְגָּמָן תּוֹלַעַת שָׁנִי וְשֵׁשׁ. Ο΄. ἐκ
βύσσου. Alia exempl. ἐκ χρυσίου καὶ ὑακίν-
θου καὶ πορφύρας καὶ κοκκίνου νενησμένου καὶ
βύσσου.⁹ 'Α... καὶ πορφύραν καὶ σκώληκα διάφο-

σπερμάτων, et sic in marg. Codd. 14, 57 (γρ. ἐκ σπερμάτων),
73 (γρ. καὶ ἐκ σπ.); unde Montef. notam hexaplarem fecit:
Ἄλλος· ἔλαιον ἐκ σπερμάτων. Cod. VII in marg. manu 2ᵈᵃ,
quantum ex vestigiis conjici potest: ἔλαιον καθαρὸν τρυγίαν
μὴ ἔχον, ἐξ ἐλαίων δέ· (ἐστι ?) γὰρ καὶ ἐκ σπερμάτων. In scholio
autem nostro particulam negantem supplendam esse, col-
ligo ex loco S. Cyril. De Adoratione p. 343: Καθαρὸν οὖν
τὸ ἔλαιον (Lev. xxiv. 2), καὶ μὴν καὶ ἐλάϊνον, τουτέστιν, ἐξ
ἐλαίων, οὐκ ἐξ ἑτεροειδῶν σπερμάτων καὶ γεωδεστέρων, ἐξ ὧν
ἔλαιον μὲν ἐθλίβετο [Codd. ἐκθλίβεται], νόθον δὲ ὥσπερ καὶ
οἰονεὶ [Codd. καὶ οἰονεὶ ὥσπερ] κεκαπηλευμένον. Adde Procop. in Octat. p. 300, cujus Graeca in Cod. Ambros. sic
leguntur: Λύχνος ἀσφαλὴς ἐξ ἐλαίου τρεφόμενος ἀληθοῦς τε καὶ
καθαροῦ, ἡ τῶν ὀρθῶν ἱερέων διδασκαλία... τεχνητῶν καὶ νόθων οὐ
φέρουσα τοὔλαιον, ὥσπερ τὸ ἀπό τινων σπερμάτων τοῖς ἀνθρώποις
μηχανευθέν. ²¹ Obelum de nostro appinximus, cum vox
ἄτρυγον, teste Holmesio, desit in Arab. 1, 2, 3, et Slav.
Ostrog. In Syro-hex. pro ἄτρυγον καθαρὸν habetur tantum
ܢܩܐ, purum, limpidum, quod pro καθαρόν (ὕδωρ) ponitur
in Evangelio Thomae (Wright's Syriae Apocrypha) p. ܠ.
²² Syro-hex. Sic sine notis Codd. 15, 72, Arab. 1, 2.
²³ Idem. Sic sine notis Codd. 15, 72. ²⁴ Idem. Sic
sine aster. Cod. 15, 72. ²⁵ Idem, omisso αὐτῶν, quod
deest in Ald., Codd. III, VII, X, 14, 15, 16, aliis. Cod.
VII in marg. manu 2ᵈᵃ refinxit totum locum juxta Hebraeum: καὶ οἱ κρίκοι τῶν στύλων, καὶ αἱ ψαλίδες αὐτῶν ἀργυραῖ.
²⁶ Idem. Deest in Cod. VII. ²⁷ Idem. Haec supplentur in marg. Cod. II. ²⁸ Idem.
Cap. XXVIII. ¹ Syro-hex. Cod. 85 in marg.: Ο΄. ἱερατεύειν αὐτὸν μοι. ² Cod. 85, teste Holmesii amanuensi.

Nescio an haec veriora sint iis quae ex eodem cod. exscripsit Montef.: 'Α. τοῦ ἱερατεύειν αὐτὸν ἐμοί. Σ. ἱερατεῦσαι
αὐτὸν ἐμοί. Θ. εἰς τὸ ἱερατεύειν αὐτὸν μοι. Certe ad idem
Hebraeum v. 3 Cod. 130 affert: Θ. εἰς ἱερατεύειν αὐτόν μοι.
Σ. ἱερατεῦσαι αὐτόν μοι. 'Α. τοῦ ἱερατεύειν αὐτὸν ἐμοί. ³ Sic
Codd. II, III, VII, X, 14, 15, 16, alii (inter quos 130, cum
σοφίας in marg.), Arab. 1, 2, Arm. 1, Syro-hex. (cum σοφίας
in marg.). ⁴ Cod. X affert: 'Α. λόγιον.— Syro-hex.: Σ.
Θ. τὸ λόγιον (ܠܐܡ), cum scholio: "Τὸ λόγιον est instru-
mentum apparatum (ܡܠܐ ܡܛܝܒܐ = σκεῦος σκευαστὸν
Jesai. liv. 17) manifestationis (ܚܘܝܢܐ), quod ponitur
super pectus principis sacerdotum." Cf. ad Cap. xxi. 6.
⁵ Cod. X. Cod. VII in marg. manu 2ᵈᵃ: σφιγκτόν.— Syro-
hex. in marg. sine nom. ♦ ܐܣܪ, quod utrumque, σύσφιγ-
κτον et σφιγκτόν, aeque reddit. Anon. in Cat. Niceph.
p. 867: Κοσυμβωτόν, συσφιγκτόν (sic)· εἰκὸς γὰρ αὐτὸν δι'
ἀλύσεων καὶ κρίκων συσφίγγεσθαι ἐκ μέρους ὅλον δι' ὅλου διὰ τὸ
εὔσταλον. ⁶ Nobil., Cat. Niceph. ibid. Cf. ad v. 33.
⁷ Sic Syro-hex., et sine aster. Codd. 58, 72, Arab. 1, 2.
⁸ Codd. 85, 130, uterque in marg. sine nom.: καὶ τὸ κόκκινον κεκλωσμένον. κόκκινον τὸ διάφορον. σὺν σκώληκος (σκώληκος 130) τὸ διάφορον. τὸ κόκκινον τὸ διάβαφον ((sic) 85;
διάφορον 130). Syro-hex.: 'Α. Θ. τὸ διάφορον (ܡܫܚܠܦܐ).
Σ. δίβαφον (ܬܪܝܢ ܨܒܥܝܢ). Denique Hieron. in Epist.
LXIV ad Fabiolam, 19: "Coccus.. qui Hebraice sani
appellatur, quod Aq. διάφορος, Sym. δίβαφος interpretatus
est." Cf. ad Cap. xxv. 4. xxxv. 23, 35. ⁹ Sic Codd. 58,
72 (ut videtur), 128, Arab. 1, 2, Arm. 1 (cum ἐκ χρυσίου
καθαροῦ). Syro-hex. pingit: ※ Σ. ἐκ ◄ χρυσίου—καὶ βύσσου,
fortasse pro: ※ Σ. ἐκ ◄ ※ χρυσίου—καὶ ◄ βύσσου. Nobil.

ρον .. Σ ... καὶ πορφύρας καὶ κοκκίνου διβάφου ..
Θ .. διαφόρον . .¹⁰

7. Ο΄. ἑτέρα τὴν ἑτέραν. Alia exempl. vacant.¹¹

9. שֹׁהַם. Onychis. Ο΄. σμαράγδου. Οἱ λοιποί·
ὄνυχος. Τὸ Σαμαρειτικόν· σαρδίου.¹²

11. מֻסַבֹּת מִשְׁבְּצֹת זָהָב תַּעֲשֶׂה אֹתָם. Inclusas
fundis aureis facies eas. Ο΄. Vacat. Alia exempl. περικεκυκλωμένους καὶ συνεσφιγμένους
χρυσίῳ ποιήσεις ※ αὐτούς◄.¹³ Ἀ. μετεστραμμένους ἐσφιγμένους ..¹⁴ Σ. κατεσκευασμένους ..¹⁵
Θ .. καὶ συνεσφιγμένους ..¹⁶

13. מִשְׁבְּצֹת. Fundas. Ο΄. ἀσπιδίσκας. Ἀ. Σ.
σφιγκτῆρας.¹⁷

14. שַׁרְשְׁרֹת. Catenulas. Ο΄. κροσσωτά. Ἀ. Σ.
ἁλύσεις. Θ. χαλαστά.¹⁸ Ἐν ἄλλῳ βιβλίῳ
εὗρον Ἀ. Σ. σύσφιγκτα.¹⁹

מִגְבָּלֹת תַּעֲשֶׂה מַיְעֲשֵׂה עֲבֹת. Tortiles
eas facies opere plexili. Ο΄. καταμεμιγμένα
ἐν ἄνθεσιν, ἔργον πλοκῆς (Ἀ. Σ. βροχωτόν²⁰).

Θ. συμπεπλεγμένα ποιήσει αὐτὰ, ἔργον ἁλύσεων.²¹

15. חֹשֶׁן. Pectorale. Ο΄. λογεῖον. Ὁ Ἑβραῖος·
ἐσσήν.²²

חֹשֵׁב. Ingeniosi. Ο΄. ποικιλτοῦ. Ἀ. Σ. τεχνα-
ζομένου. Θ. ὁμοίως τοῖς Ο΄.²³

כְּמַעֲשֵׂה. Ο΄. κατὰ τὸν ῥυθμόν. Ἀ. κατὰ τὸ
ποίημα.²⁴

17. וּמִלֵּאתָ בוֹ מִלֻּאַת אֶבֶן אַרְבָּעָה טוּרִים. Et
inseres in illud insertionem gemmarum in quatuor ordinibus. Ο΄. καὶ καθυφανεῖς ἐν αὐτῷ
ὕφασμα κατάλιθον τετράστιχον. Οἱ λοιποί·
(καὶ) πληρώσεις ἐν αὐτῷ πληρώματα λίθων
τεσσάρων ταγμάτων.²⁵

בָּרֶקֶת. Smaragdus. Ο΄. σμάραγδος. Σ. κε-
ραύνιος.²⁶

20. תַּרְשִׁישׁ. Chrysolithus. Ο΄. χρυσόλιθος. Σ.
ὑάκινθος.²⁷

21. עַל־שְׁמֹתָם. Ο΄. κατὰ τὰ ὀνόματα αὐτῶν. Alia
exempl. κατὰ τὰς γενέσεις αὐτῶν.²⁸

---

scholium affert: Ἄλλος· καὶ ποιήσουσι τὴν ἐπωμίδα ἐκ χρυσίου
—καὶ βύσσου κεκλωσμένης; unde Montef. edidit: Θ. καὶ ποιήσουσι κ. τ. ἑ., falso, ut ex versione Theodotionis mox affe-
renda evincitur. ¹⁰ Syro-hex. ܐ.ﻣܣܘܠܗܝ ﻣﺤܫܚܕ. ﻣﺤܣﺤܕﺍ. ﺳ. ﻗ.ܡﺤܕﺍ ﻣﺣܕﺍ ܘܡﺣܕܐ
◆ﻣﺤܣﺤܕܐ. ﺍ. ¹¹ Sic Cod. 72, Arab. 1, 2, Syro-hex.
(qui in marg. habet: συνεχόμεναι ἑτέρα ἐκ τῆς ἑτέρας (ﺍ.ﻣﺳﻮﻫܝ
ﺍ.ﻣﺳܘ ﻣﺣܕ). ¹² Cod. X. Cod. 85: Οἱ λοιποί·
ὄνυχος (sic!). Hieron. ibid. 15: "In utroque humero
habet singulos lapides clausos et astrictos auro, qui Hebraice dicuntur soom; ab Aquila et Symmacho et Theodotione onychini, a LXX smaragdi transferuntur: Josephus
sardonychas vocat, cum Hebraeo Aquilaque consentiens." ¹³ Syro-hex. in textu: ﺍܣܘﻫܝ ﻣﺳﺘﻤﻊ ﻣܣﺘﻤﻊ ﺍ.
◆ﺍﺗܡ ﺍ.ܘﻟ ﺍﻟﺤܕ ﻣ.ﻣܪﺣ (περικεκυκλωμένους καὶ συνεσφιγμένους).
Sic sine aster. Nobil. (cum συνεσφραγισμένους), Codd. 72
(cum περικεκλωσμένους καὶ συνεσφιγμένους), 85 (in marg.
cum περικεκλωσμένους), 128 (cum περικεκλωσμένους), 130 (cum
περικυκλωμένους). Non male Graeco-Ven.: κεκυκλωμένα φολι-
δώμασι χρυσοῦ ποιήσεις αὐτά. ¹⁴ Cod. 130 (non, ut
Holmes., συνεσφ.). Montef. e Cod. Basil. edidit: μεσσβθ
Ἀ. μετεστραμμένους. Θ. καὶ συνεσφιγμένους; sed posterior
lectio ad Hebraeum מִשְׁבְּצֹת pertinet. Syro-hex. vero ad
συνεσφιγμένους affert: Ἀ. ἐσφιγμένους (ﻣﺤﺩﺍﻗܝ). ¹⁵ Syro-
hex. (ﻣﺤܕܐﺟﻝ) ﻣﺤܕﺍﺟﻝ. ﺳ. ¹⁶ Cod. 85, ut supra.
Vitiose, ut videtur, Cod. 130: Θ. καὶ συνεσφραγισμένους.

¹⁷ Cod. X. Codd. 85, 130: Ἀ. σφιγκτῆρα. ¹⁸ Cod. X.
Syro-hex. ﻣﺤܕﺍ. ﺍ. ﻣﺤܕﺍ. ﺳ. ﻗ. (Ad ﺣﺣܕﺍ cf.
Hex. ad Ezech. xxiii. 15.) ¹⁹ Cod. X. Ad κροσσωτά
Holmesii amanuensis e Cod. 85 exscripsit: Ἀ. σύσφιγμα;
Montef. vero ex eodem: Σ. σύσφιγμα. ²⁰ Cod. X. In
Cod. Basil. et "aliis omnibus" lectio male retrahitur ad
ἔργον ποικιλτοῦ (v. 15). Cf. ad v. 22. ²¹ Syro-hex. ﻗ.
ﻣﺤﺩﺍ (ﻣﺣܬ) ﺍ.ﻣ ﺍﺣܣܝ ﻟﺤﺣ ﺍﻧﻝ ﺣﺣﻝ ﻣﺣﺣﻝ. ²² Cat. Niceph. p. 871. Joseph. Antiq. III, 7, 5: Ἐσσήνης
μὲν καλεῖται, σημαίνει δὲ τοῦτο κατὰ τὴν Ἑλλήνων γλῶτταν, λόγιον.
Hinc corrige eum Scharfenb. in Animadv. p. 73. quod
Montef. e Colbertino protulit: Ὁ Ἑβραῖος· ἐσσήβ, quasi
pro Hebraeo חֹשֵׁב in eodem versu. ²³ Syro-hex. ﻗ.
ﻣﺤܕﺍﺟﺣﻝ. ﺍ. ﺳ. ﻣﺤﺩﺍﺟﺣﻝ ﺣﻧﻝ ﺣﺣﻝ (gestabilis, Ceriani levissima mutatione ﻣﺤﺣܬﺟﺣﻝ, arti-
ficiosi, legit, quod per τεχναζοῦ Graecum fecit. Cum vero
pro hoc expeditius esset ﻣﺤﺣﻝ, nos ad Jesai. xlvi. 5, ubi
ﺣﺣﺩﺍﻟ cum τεχνάσασθε commutatur, Graeca nostra
accommodavimus. ²⁴ Cod. X. Ad τὸν ῥυθμὸν Cod. VII
in marg. manu 2ᵈᵃ: τὸ ποίημα. ²⁵ Cod. X. Montef. e
duobus Regiis edidit: Ἀ. Σ. Θ. καὶ πληρώσεις—λίθων. Codd.
85 (sine nom.), 130: Οἱ λ. πληρώσεις. ²⁶ Hieron. in
Epist. LXIV ad Fabiolam, 16: "Symmachus dissentit in
smaragdo, ceraunium pro eo transferens." ²⁷ Sic Montef., qui ad Ed. Rom. falso appellat. Auctor est Hieron.,
quem vide in Hex. ad Ezech. i. 16. x. 9. ²⁸ Sic Codd.

22. שַׁרְשֹׁת. O'. κρωσσούς. Ἀ. Σ. ἁλύσεις. Θ.
χαλαστά.[29] Aliter: Οἱ λοιποί· ἁλύσεις.[30]

מַעֲשֵׂה עֲבֹת. O'. ἔργον ἁλυσιδωτόν (Σ. βρο-
χωτόν[31]).

23. וְעָשִׂיתָ עַל־הַחֹשֶׁן שְׁתֵּי טַבְּעוֹת זָהָב וְנָתַתָּ
אֶת־שְׁתֵּי הַטַּבָּעוֹת עַל־שְׁנֵי קְצוֹת הַחֹשֶׁן.
O'. Vacat. ※ Θ. καὶ ποιήσεις ἐπὶ τοῦ λογίου
δύο δακτυλίους χρυσοῦς καὶ δώσεις τοὺς δύο
δακτυλίους ἐπὶ τῶν δύο ἄκρων τοῦ λογίου.[32]

24. וְנָתַתָּה אֶת־שְׁתֵּי עֲבֹתֹת הַזָּהָב עַל־שְׁתֵּי
הַטַּבָּעוֹת אֶל־קְצוֹת הַחֹשֶׁן. O'. Vacat. ※ Θ.
καὶ δώσεις τὰ δύο ἁλυσιδωτὰ τὰ χρυσᾶ ἐπὶ
τοῖς δυσὶ δακτυλίοις πρὸς τὰ ἄκρα (alia exempl. ἐπὶ τὸ ἄκρον[33]) τοῦ λογίου.[34]

25. וְאֵת שְׁתֵּי קְצוֹת שְׁתֵּי הָעֲבֹתֹת תִּתֵּן עַל־שְׁתֵּי
הַמִּשְׁבְּצוֹת וְנָתַתָּה עַל־כִּתְפוֹת הָאֵפֹד אֶל־
מוּל פָּנָיו. O'. Vacat. ※ Θ. καὶ τὰ δύο
ἄκρα τῶν δύο ἁλύσεων δώσεις ἐπὶ τῶν δύο
συσφίγκτων (Ἀ. σφιγκτήρων. Σ. συσφιγκτήρων[35]),
καὶ δώσεις ἐπὶ τοὺς ὤμους τῆς ἐπωμίδος ἐπὶ

τὸ μέτωπον τοῦ προσώπου αὐτῆς (alia exempl.
αὐτοῦ[36]).[37]

26. וְעָשִׂיתָ שְׁתֵּי טַבְּעוֹת זָהָב וְשַׂמְתָּ אֹתָם עַל־שְׁנֵי
קְצוֹת הַחֹשֶׁן עַל־שְׂפָתוֹ אֲשֶׁר אֶל־עֵבֶר הָאֵפוֹד
בָּיְתָה. O'. Vacat. ※ Θ. καὶ ποιήσεις δύο
δακτυλίους χρυσοῦς, καὶ δώσεις (alia exempl.
θήσεις[38]) αὐτοὺς ἐπὶ τὰ δύο ἄκρα τοῦ λογίου
ἐπὶ τοῦ χείλους αὐτοῦ, ὅ ἐστιν εἰς τὸ ἀντικρυς
(O'. ὅ ἐστιν ἐπὶ (s. εἰς) τὸ μέρος. Ἀ. ὃ πρὸς
πέραν. Σ. Θ. ὅ ἐστιν εἰς τὸ ἀντικρυς[39]) τῆς
ἐπωμίδος (Ἀ. Σ. τοῦ ἐπενδύματος[40]) ἔσωθεν
(Ἀ. οἰκόνδε[41]).[42]

27. וְעָשִׂיתָ שְׁתֵּי טַבְּעוֹת זָהָב וְנָתַתָּה אֹתָם עַל־
שְׁתֵּי כִתְפוֹת הָאֵפוֹד מִלְמַטָּה מִמּוּל פָּנָיו
לְעֻמַּת מַחְבַּרְתּוֹ (ex anteriore parte ejus)
מִמַּעַל לְחֵשֶׁב הָאֵפוֹד (juxta juncturam ejus).
O'. Vacat. ※ Θ. καὶ ποιήσεις δύο[43] δακτυλίους χρυσοῦς, καὶ δώσεις αὐτοὺς ἐπὶ τοὺς δύο
ὤμους τῆς ἐπωμίδος κάτωθεν ἐκ τοῦ κατὰ
πρόσωπον [συμφώνως][44] κατὰ τὴν συμβολὴν

29, 53, 82. Duplex lectio, κατὰ τὰς γ. αὐτῶν κατὰ τὰ ὅ.
αὐτῶν, est in Cod. III. Cod. X ad κατὰ τὸ ὄνομα in marg.
affert: τὰς γενέσεις.   [29] Syro-hex. ܀ܐ. ܣܠܩܠܘ ܀ܡ. ܀.
ܣܠܩܠ. Cf. ad v. 14.   [30] Codd. X, 85, 130.   [31] Nobil. Sic sine nom. Cod. VII in marg. manu 2ᵈᵃ.   [32] Sic
Syro-hex., et sine notis Codd. X, 14, 16, 18, alii, Arab. 1,
2, Arm. 1. Hacc et seqq., vv. 23–28, Montef. e Cod.
Basiliano exscripsit, in quo asteriscis ea notari diserte
testatur, silente de hac re Holmesii amanuensi. Idem
v. 23 ἐπὶ τῶν ἄκρων (sine δύο) negligenter edidit. Porro in
collatione Codicis Coisliniani Bodleiana, de qua in Monito
ad Genesim p. 5 affirmavimus, eam Montefalconio in appendice sua condenda ad manum fuisse, ad hunc Exodi locum
notulam invenimus: "Hic consonat textus cum versibus
asteriscis notatis in edit. nostra;" unde concluserit aliquis,
schedulas istas a Montefalconio sua manu e codice descriptas esse. Postremo praeter lectiones Basilianas Montefalconius singulis versibus textum Complutensem subjecit,
quem, ut e loco parallelo Cap. xxxvi. 24–29 (Hebr. xxxix.
16–21) confictum, nos consulto negleximus.   [33] Lectio
πρὸς τὰ ἄκρα est in Codd. X, 18, 72, 75, 84, 134, Syro-hex.;
in ceteris ἐπὶ τὸ ἄκρον (non, quae Holmesii est hallucinatio,
ἐπὶ τῶν ἄκρων) habetur.   [34] Sic Syro-hex., et sine notis
iidem, qui omnes τὰ δύο ἁλ. habent, non, ut Holmesius

falso affirmat, τὰ ἁλ. tantum.   [35] Syro-hex. ܐ. ܀ܠܩ̈ܝ.
ܣܠܩܠ ܀ܣ. (ܣܠܩܠ) ܣܠܩܠ ܀ܡ. Cf. ad Sym. cf.
Hex. ad Psal. xliv. 14.   [36] Lectio αὐτῆς est in Codd. 58,
72, Syro-hex.; in ceteris αὐτοῦ, excepto Cod. 18, qui αὐτῶν
habet.   [37] Sic Syro-hex., et sine notis iidem.   [38] Sic
Codd. X, 16, 18, alii. Pro δώσεις stant Cod. 72, Arm. 1,
Syro-hex. Codd. 85, 130 in textu: θήσεις; in marg. autem:
Ο'. δώσεις.   [39] Lectio, ὅ ἐστιν ἐπὶ τὸ μέρος, est in Codd.
X, 14, 16 (cum εἰς), 18, alii, Arm. 1. Cod. 85 in textu:
εἰς τὸ μέρος τῆς ἐπωμίδος ἔσωθεν; in marg. autem ad μέρος:
Θ. ἀντικρυς. Σ. ἄντικρυς τοῦ ἐπενδύματος. Ἀ. ὃ πρὸς πέραν τοῦ
ἐπενδύματος, οἶκον δέ. Etiam Cod. 130 in marg. ad εἰς τὸ
μέρος: Ο'. Θ. ἄντικρυς τῆς ἐπωμίδος ἔσωθεν. Ex his duobus
libris conjiciat aliquis, Symmachum et Theodotionem pro
אֶל־עֵבֶר posuisse ἄντικρυς, non εἰς τὸ ἄντ., ut e priore edidit
Moutef. Sed pro εἰς τὸ ἄντ. stant Cod. VII in marg. manu
2ᵈˢ: ὅ ἐστιν εἰς τὸ ἄντ. τῆς ἐπωμίδος, necnon vitiosa scriptura Cod. 130 in marg.: ὅ ἐστιν ἐκτὸς ἄντικρυς τοῦ ἐπενάγμα-
τος(sic). Ambigue Syro-hex. ܣܠܩܡܚܗܕܟܗ ܣܠ.   [40] Codd.
85 (ut supra), 130. Cf. Hex. ad Gen. xliii. 24.
[41] Sic Syro-hex., et sine notis iidem.   [42] Sic Syro-hex.
Vocula deest in libris Graecis, excepto, ut videtur, Cod. 75.
[44] Sic Codd. 58, 72, 85 (in marg.), Syro-hex. (ܣܠܩܠܘ).
In ceteris deest συμφώνως, quod in Theodotionis versionem

αὐτοῦ (alia exempl. αὐτῶν⁴⁵) ἐπάνω τοῦ μηχανώματος ('Α. διαζώσματος. Σ. κατασκευάσμα-
τος⁴⁶) τῆς ἐπωμίδος.⁴⁷

28. אֶת־הַחֹשֶׁן מִטַּבְּעֹתָיו אֶל־ (alligabunt)
טַבְּעֹת הָאֵפוֹד בִּפְתִיל (funiculo) תְּכֵלֶת
לִהְיוֹת עַל־חֵשֶׁב הָאֵפוֹד וְלֹא־יִזַּח
הַחֹשֶׁן מֵעַל הָאֵפוֹד. Ο'. Vacat. ✕ Θ. καὶ
συσφίγξουσι τὸ λόγιον ἐκ τοῦ δακτυλίου αὐτοῦ
εἰς τὸν δακτύλιον τῆς ἐπωμίδος ἐν κλώσματι
ὑακινθίνῳ, ἵνα ᾖ ἐπὶ τοῦ μηχανώματος τῆς
ἐπωμίδος, καὶ οὐ μὴ ἀποσπασθῇ (alia exempl.
καὶ οὐ μὴ ἀποσπάσῃς.⁴⁸ 'Α. καὶ οὐ σαλευθήσεται. Σ. καὶ μὴ ἀποκλίνηται (s. ἀποκλιθῇ⁴⁹)
τὸ λόγιον ἀπὸ τῆς ἐπωμίδος.⁵⁰

29. עַל־לִבּוֹ בְּבֹאוֹ. Ο'. ἐπὶ τοῦ στήθους ✕ Ἑβρ.
αὐτοῦ ◀, εἰσιόντι.⁵¹ 'Α. ἐπὶ καρδίας αὐτοῦ ἐν
τῷ εἰσέρχεσθαι αὐτόν.⁵²

תָּמִיד. Ο'. Vacat. Alia exempl. διαπαντός.⁵³

Ο'. ⸓ καὶ θήσεις ἐπὶ τὸ λογεῖον — κατὰ πρόσωπον κάτωθεν ◀ ✕ Σ. Θ. διαπαντός ◀.⁵⁴

30. אֶת־הָאוּרִים וְאֶת־הַתֻּמִּים. Revelationem et

veritatem. Ο'. τὴν δήλωσιν καὶ τὴν ἀλήθειαν.
Οἱ λοιποί· τοὺς φωτισμοὺς καὶ τὰς τελειότη-
τας.⁵⁵

30. עַל־לִבּוֹ. Ο'. ἐπὶ τοῦ στήθους ('Α. τῆς καρ-
δίας⁵⁶) ✕ 'Α. Σ. αὐτοῦ ◀.⁵⁷

31. אֶת־מְעִיל הָאֵפוֹד. Tunicam humeralis. Ο'.
ὑποδύτην ποδήρη. 'Α. (τὸ) ἔνδυμα τοῦ ἐπεν-
δύματος.⁵⁸

32. פִּי־רֹאשׁוֹ בְּתוֹכוֹ. Foramen capitis ejus in medio
ejus. Ο'. τὸ περιστόμιον ἐξ αὐτοῦ μέσον. Alia
exempl. τὸ περιστόμιον ✕ τῆς ἀρχῆς αὐτοῦ ◀
μέσον ✕ Ἑβρ. αὐτοῦ ◀.⁵⁹ 'Α. . τῆς κεφαλῆς
αὐτοῦ ἐν μέσῳ αὐτοῦ.⁶⁰

כְּפִי תַחְרָא. Sicut foramen loricae. Ο'. τὴν
συμβολὴν συννυφασμένην. 'Α. . προσπλοκήν.
Σ. Θ. . σειρωτόν.⁶¹

33. עַל־שׁוּלָיו. Ad lacinias ejus. Ο'. ὑπὸ (potior
scriptura ἐπὶ⁶²) τὸ λῶμα τοῦ ὑποδύτου. 'Α.
(ἐπὶ τὸ) ἀπόληγμα (αὐτοῦ). Σ. Θ. (ἐπὶ τὰ)
πρὸς ποδῶν (αὐτοῦ).⁶³

שָׁנִי. Ο'. διανενησμένου. 'Α. διαφόρου. Σ. διβάφου. Θ. ἀλλοιουμένου.⁶⁴

---

ex Aquila irrepsisse crediderim, coll. Hex. ad Ezech. iii. 8.
xi. 22, ubi pro לְעָמַת interpres iste συμφώνως posuit. Et
revera in nostro loco ad κατὰ τὴν συμβολὴν Cod. 130 in
marg. habet: 'Α. σύμφωνος (sic). ⁴⁵ Sic Codd. X, 14, 16,
18, alii. Pro αὐτοῦ stant Codd. 58, 84, 134, Arm. 1, Syro-
hex. ⁴⁶ Cod. 130. Syro-hex. ܘܐܣܐܠ. ܡ. ܘܚܡܣܐܠ. ./.
Cod. X affert: 'Α. διαζώσματος. Cod. 85 in marg.: διαζώσματος. κατασκευάσματος. Ad Aq. cf. Hex. ad Levit.
viii. 7. ⁴⁷ Sic Syro-hex. (cum καὶ τὴν σ. vitiose pro κατὰ
τὴν σ.), et sine notis iidem. ⁴⁸ Sic Codd. X, 14, 16,
ceteri omnes, exceptis Cod. 58 et Syro-hex., qui ἀποσπασθῇ
habent. ⁴⁹ Cod. 85 in marg.: οὐ μὴ ἀποσπασθῇ. καὶ οὐ
σαλευθήσεται. καὶ μὴ ἀποκλίνητε (sic). Cod. 130: Θ. οὐ μὴ
ἀποσπασθῇ. 'Α. Ο'. καὶ οὐ σαλευθήσεται. Σ. καὶ μὴ ἀπο-
κλίθῃ (sic). ⁵⁰ Sic Syro-hex., et sine notis iidem.
⁵¹ Sic Syro-hex., et sine notis Cod. 72, Arm. 1. ⁵² Cod.
130 (cum αὐτὰ in fine). Cod. 85 in marg. sine nom. (teste
Montef.): ἐπὶ τῆς καρδίας αὐτοῦ. ⁵³ Sic Codd. 14, 16, 25,
alii, Arab. 1, 2, Syro-hex. ⁵⁴ Syro-hex. Haec, καὶ
θήσεις—κατὰ πρόσωπον, leguntur in Ed. Rom., a cujus textu
non discrepat Syrus noster, nisi quod τοὺς ἀλυσιδωτοὺς pro
τὰ ἀλυσιδωτὰ, concinente Cod. 58, legit. In fine κάτωθεν

reprobant omnes praeter Arm. 1, Syro-hex. ⁵⁵ Codd.
85 (in marg. sine nom.), 130, Cat. Niceph. p. 875, et
"omnes MSS." apud Montef. Syro-hex. in singulari: ./.
♦ܚܡܣܚܐܠܐ. ܡ. ܕܗܘܐܬ. ܚܕܐܘܘܪܐ. Cf. Hex. ad Lev. viii. 8.
Num. xxvii. 21. Deut. xxxiii. 8. ⁵⁶ Cod. 130. ⁵⁷ Syro-
hex. Sic sine notis Arab. 1, 2, Arm. 1. ⁵⁸ Cod. 130.
Cf. Hex. ad Lev. viii. 7. ⁵⁹ Sic Syro-hex. Codd. 85
(sine Ο'.), 130, uterque in marg.: Ο'. τὸ π. τῆς ἀρχῆς αὐτοῦ
μέσον αὐτοῦ. Cod. 72 in textu: τὸ π. τῆς ἀρχῆς αὐτοῦ μέσον.
In lectione vulgari post περιστόμιον add. τῆς ἀρχῆς Codd. 14,
16, 25, alii. ⁶⁰ Codd. 85 (in marg. sine nom.), 130.
⁶¹ Codd. 85, 130 (cum 'Α. προσπλοῖς ?), lectionibus ad συμβολὴν relatis, et fortasse quoad casum accommodatis.
Paulo aliter Cod. X: 'Α. Θ. προσπλοκήν. Σ. σειρωτήν (sic).
⁶² Sic Codd. II (manu 2ᵃ), III, VII, X, 14, 16, alii, Arm. 1,
Syro-hex. ⁶³ Codd. 85, 130. Syro-hex. ܡ. ./. ܟܚܕ
♦ܠܓܝ, unde Theodotionis nomen assumpsimus. Minus
probabiliter Cod. X: 'Α. ἀπόλεγμα. Σ. πρὸς ποδῶν. Ad
Sym. cf. Hex. ad Jesai. vi. 1. Jerem. xiii. 22. ⁶⁴ Syro-
hex. ./. ܚܡܚܣܚܐܠ (ܚܡܣܚܐܠ) ♦ ܡ. ܚܡ ܪܘܚܕܐ ♦
♦ܐܚܡܚܣܚܐܠ. ./. Ad Theod. cf. ad Cap. xxxv. 23, 35.
Symmachi Syriaca Graece sonant διὰ βαφῆς, corruptum ex

35. עַל־אַהֲרֹן. Ο'. ※ Γ'. ἐπὶ ◄ Ἀαρών.⁶⁵ Ο'. Θ. ἐπὶ Ἀαρών. Ἀ. Σ. ἐπὶ τοῦ Ἀαρών.⁶⁶

36. צִיץ. Laminam. Ο'. πέταλον. Ἀ. Σ. ἀφόρισμα.⁶⁷

37. עַל־הַמִּצְנָפֶת. Ο'. ἐπὶ τῆς μίτρας. Ἀ. Θ. ἐπὶ τῆς κιδάρεως.⁶⁸

39. וְשִׁבַּצְתָּ הַכְּתֹנֶת שֵׁשׁ. Et opere scutulato texes tunicam byssi. Ο'. καὶ οἱ κοσυμβωτοὶ (alia exempl. κόσυμβοι⁶⁹) τῶν χιτώνων ἐκ βύσσου. Ἀ. καὶ συσφίγξεις τὸν χιτῶνα τὸν βύσσινον. Σ.. τοὺς χιτῶνας..⁷⁰ Οἱ λοιποί· καὶ συσφίγξεις...⁷¹

מִצְנֶפֶת. Ο'. κίδαριν. Ἀ. μίτραν. Θ. ὕψωμα.⁷²

40. וְעָשִׂיתָ לָהֶם אַבְנֵטִים. Ο'. καὶ ζώνας. Alia exempl. καὶ ποιήσεις αὐτοῖς ζώνας.⁷³

41. וּמִלֵּאתָ. Ο'. καὶ ἐμπλήσεις. Ἀ. Θ. καὶ πληρώσεις. Σ. καὶ τελειώσεις.⁷⁴

43. עֹלָם. Ο'. αἰώνιον. Alia exempl. εἰς τὸν αἰῶνα.⁷⁵ Ἀ. αἰώνιον.⁷⁶

Cap. XXVIII. 1. τοὺς υἱοὺς αὐτοῦ ※ Θ. μετ' αὐτοῦ ◄.⁷⁷ – καὶ ◄ Ναδάβ. – καὶ ◄ Ἐλεάζαρ.⁷⁸ 3. – τὴν ἁγίαν ◄.⁷⁹ ※ Ἑβρ. αὐτός ◄ μοι. 4. ※

Ἑβρ. αὐτόν ◄ μοι.⁸⁰ 6. – ὑφαντόν ◄.⁸¹ 7. μέρεσιν ※ Οἱ Γ'. αὐτοῦ ◄. 10. ὀνόματα ※ Ἑβρ. αὐτῶν ◄.⁸² κατὰ (καὶ τὰ) ὀνόματα ※ τὰ ◄ λοιπὰ ἕξ (sic). 12. – περὶ αὐτῶν ◄. 13. – καθαροῦ ◄. 14. – κατὰ τὰς παρωμίδας αὐτῶν ἐκ τῶν ἐμπροσθίων ◄.⁸³ 16. τὸ μῆκος ※ Ἀ. Θ. αὐτοῦ ◄.⁸⁴ τὸ εὖρος ※ Ἀ. Θ. αὐτοῦ ◄.⁸⁵ 20. – συνδεδεμένα ἐν χρυσίῳ ◄.⁸⁶ 21. κατὰ τὸ ὄνομα ※ Ἑβρ. αὐτῶν ◄.⁸⁷ 32. τοῦ περιστομίου ※ Οἱ Γ'. αὐτοῦ ◄.⁸⁸ 33. – ὡσεὶ ἐξανθούσης ῥόας ◄.⁸⁹ – καὶ βύσσου κεκλωσμένης ◄.⁹⁰ 34. – καὶ ἄνθινον ◄.⁹¹ 35. εἰσιόντι ※ αὐτῷ ◄. ἐξιόντι ※ αὐτῷ ◄.⁹² 42. χρωτὸς – αὐτῶν ◄.⁹³ ※ Ἀ. Σ. καὶ ἕως.⁹⁴ 43. καὶ ἕξει – αὐτὰ ◄ Ἀαρών (sic).⁹⁵ ἐπάξονται – ἐφ' ἑαυτούς ◄.⁹⁶

Cap. XXIX.

1. לְקַדֵּשׁ. Ο'. ἁγιάσεις. Ἀ. Θ. ἁγιάσαι. Σ. εἰς τὸ ἁγιάσαι.¹

2. וְלֶחֶם מַצּוֹת וְחַלֹּת מַצֹּת. Et panem non fermentatum, et placentas non fermentatas. Ο'. καὶ ἄρτους ἀζύμους, ※ Οἱ Γ'. καὶ κολλύρας ἀζύμους ◄.²

διαβάφον, quod cum διαβάφον confusum videns supra ad v. 5. ⁶⁵ Sic Syro-hex. et sine notis Arab 1, 2, Arm. 1. ⁶⁶ Nobil. (cum Θ. pro Ο'. Θ.), Codd. 85, 130 (cum Σ. pro Ἀ. Σ.). ⁶⁷ Cod. X. Cf. ad Cap. xxix. 6. Mox (ἁγίασμα) κυρίῳ pro κυρίων habent Codd. 19, 58. 72, 75, 85, 130, Syro-hex. ⁶⁸ Nobil., et sine notis Cod. 130. ⁶⁹ Sic Ald., Codd. III, VII, X, 14 (cum κόσσυμβοι), 15, 16, alii, Syro-hex. ⁷⁰ Syro-hex. ‏ܘܥܕܗ ‏, ‏ܘܬܩܛܪ ܚܠܝܨܐܝܬ ܠܟܘܬܝܢܐ‎. ⁷¹ Cod. VII ex corr. manu 2ᵈᵃ: καὶ συσφίγξεις τὸν χιτῶνα. Cf. ad v. 4. ⁷¹ Nobil., Cod. 85: Οἱ λοιποί· καὶ συσφίγξεις (sic). Cod. 130: Οἱ λ. ·ἐνσφίγξεις (sic). Errorem sagaciter detexit Scharfenb. in Animadv. p. 73. Vulg.: stringesque tunicam bysso. ⁷² Cod. X scholium affert: Τὴν κίδαριν Ἀ. μίτραν καλεῖ, Θ. ὕψωμα, δεικνὺς ὅτι τὰς κιδάρεις ἀνατεινομένας εἶχον ἐπὶ τῆς κεφαλῆς. Πῖλος δὲ ἦν βύσσινος, εἰς ὀξὺ λήγων, κ.τ.έ. Montef. ex Regio uno ediderat: Ἀ. Σ. Ο'. κίδαρις. Θ. ὕψωμα, notans: "Quis credat Theodotionem qui supra v. 39 κίδαριν vertat, hic vertisse ὕψωμα?" Quidni autem haec lectio non ad מִצְנֶפֶת, sed ad מִצְנֶפֶת (v. 40), quod Senioribus pariter sonat κίδαρις, pertineat? ⁷³ Sic Codd. 58, 72, Syro-hex. ⁷⁴ Syro-hex. ‏ܘܬܫܡܠܐ ܀‎

‏܀ܘܬܓܡܘܪ ‏. l. ‏ ܀‎ Ad Sym. cf. Cap. xxix. 9 in LXX et Syro-hex. ⁷⁵ Sic Codd. 75, 85 (cum αἰώνιον in marg.), 130. ⁷⁶ Cod. 130 in textu: εἰς τὸν αἰῶνα αὐτῶν (sic); in marg. autem: Ἀ. αἰώνιον αὐτοῦ (sic). ⁷⁷ Syro-hex. Sic sine notis Cod. 72, Arm. 1. ⁷⁸ Idem. ⁷⁹ Idem. ⁸⁰ Idem. Sic sine notis Cod. 72. ⁸¹ Idem. ⁸² Idem. Sic sine notis Cod. 72, Arab. 1, 2. ⁸³ Idem. ⁸⁴ Idem. Pronomen abest a Comp., Ald., Codd. III, VII, X, 14, 15, 16, aliis, Arm. 1. ⁸⁵ Idem. ⁸⁶ Idem, qui pingit: σιν – δεδεμένα ◄ ἐν χρ. Haec desunt in Codd. 14, 15, 16, aliis. ⁸⁷ Idem. Sic sine notis Codd. 72, 75. ⁸⁸ Idem. ⁸⁹ Idem. Deest clausula in Cod. 58. ⁹⁰ Idem. Deest in Codd. 30, 58. ⁹¹ Idem. ⁹² Idem. Sic sine aster. Cod. 72. ⁹³ Idem. ⁹⁴ Idem. ⁹⁵ Idem. Sic sine obelo Codd. 30, 58, 72 (cum ἄξει). ⁹⁶ Idem. Sic sine obelo Ald., Codd. III (cum ἐφ' ἑαυτοῖς), VII, X, 14, 15, 16, alii.

Cap. XXIX. ¹ Syro-hex. ‏܀ ‏ ܠ. ‏ ܀ܩܕܘܫܘ ‎ .‏ ܡ ܠܡܩܕܫܘ‎ . ‏ܘ ‎ Lectionem ἁγιάσαι in textu habent Comp., Ald., Codd. III, VII, X, 15, 16, alii. Cod. 108 in textu: ἁγιάσαι; in marg. autem: εἰς τὸ ἁγιάσαι. ² Sic Syro-

2. בְּלוּלֹת. *Perfusas.* Ο΄. πεφυραμένους. Ἀ. ἀναμεμιγμένας. Θ. ἀναπεποιημένας.³

5. וְהִלְבַּשְׁתָּ אֶת־אַהֲרֹן. Ο΄. ἐνδύσεις ※ Σ. αὐτὰ ◄ Ἀαρών.⁴

אֶת־הַכֻּתֹּנֶת וְאֵת מְעִיל הָאֵפֹד. Ο΄. καὶ τὸν χιτῶνα τὸν ποδήρη. Alia exempl. καὶ τὸν χιτῶνα καὶ τὸν ποδήρη ※ τοῦ ἐπενδύματος ◄.⁵ Ἀ. τὸν χιτῶνα καὶ τὸ ἔνδυμα τοῦ ἐπενδύματος. Σ. τὸν χιτῶνα καὶ τὸ ἐπένδυμα τοῦ ἐπενδύματος. Θ. τὸν χιτῶνα καὶ τὸν ἐπενδύτην τῆς ἐπωμίδος.⁶

6. אֶת־נֵזֶר הַקֹּדֶשׁ. *Diadema sanctum.* Ο΄. τὸ πέταλον τὸ ἁγίασμα. Ο΄. Ἀ. τὸ πέταλον τὸ ἅγιον.⁷ Σ. (τὸ) ἀφόρισμα.⁸

9. אַבְנֵט אַהֲרֹן וּבָנָיו. *Balteo Aaronem et filios ejus.* Ο΄. ταῖς ζώναις ※ Ἀαρὼν καὶ τοὺς υἱοὺς αὐτοῦ ◄.⁹ Ἀ. διαζώνῃ (s. ζώνῃ) Ἀαρών..¹⁰ Σ. ζώνας Ἀαρών..¹¹ Θ. ζώνῃ Ἀαρών..¹²

12. יְסוֹד. *Fundamentum.* Ο΄. τὴν βάσιν. Ἄλλος· θεμέλιον.¹³

13. וְאֵת הַיֹּתֶרֶת. *Et lobum majorem* (s. *reticulum*). Ο΄. καὶ τὸν λοβόν. Ἀ. Θ. (καὶ) τὸ περιττόν.¹⁴

וְהִקְטַרְתָּ. Ο΄. καὶ ἐπιθήσεις. Ἄλλος· καὶ θυμιάσεις.¹⁵

14. חַטָּאת הוּא. *Sacrificium pro peccato est.* Ο΄. ἁμαρτίας (alia exempl. ἁμαρτία¹⁶) γάρ ἐστι. Ἀ. Θ. περὶ ἁμαρτίας ἐστίν.¹⁷

17. תְּנַתֵּחַ. *In frusta concides.* Ο΄. διχοτομήσεις. Ἄλλος· μελίσεις.¹⁸

לִנְתָחָיו. *In frusta ejus.* Ο΄. κατὰ μέλη. Ἄλλος· μεληδόν.¹⁹

קִרְבּוֹ. Ο΄. τὰ ἐνδόσθια. Ἄλλος· τὴν κοιλίαν αὐτοῦ.²⁰

18. רֵיחַ נִיחוֹחַ אִשֶּׁה לַיהוָה הוּא. *Odor suavitatis, sacrificium cremandum Jovae est.* Ο΄. εἰς ὀσμὴν εὐωδίας· θυμίαμα (alia exempl. θυσίασμα²¹) κυρίῳ ἐστί. Ἀ. Θ. ὀσμὴ εὐαρεστήσεως πυρὸν (s. πύρον) κυρίῳ αὐτό. Σ. ὀσμὴ εὐαρεστήσεως...²²

---

hex., et sine notis (cum ἄρτον ἄζυμον) Cod. 72, Arab. 1, 2. Codd. 85, 130, uterque in marg.: Ο΄. κολύρας (sic) ἀζύμους. Nobil. ad clausulam sequentem, καὶ λάγανα ἄζυμα, affert: Schol. κολλύρας ἀζύμους ἀναμεμιγμένας: unde Montef. notam hexaplarem imperite fecit: Ο΄. λάγανα ἄζυμα κεχρισμένα ἐν ἐλαίῳ. Ἀ. κολλύρας ἀζύμους ἀναμεμιγμένας ἐν ἐλαίῳ. Θ. ἀναπεποιημένους (sic). ³ Codd. 85, 130: Θ. ἀναπεποιημένους. Ἀ. ἀναμεμιγμένους, lectione, ut videtur, ad masculinum πεφυραμίνους accommodata. ⁴ Sic Syro-hex., et sine notis Cod. III. Scilicet pro אֶת־הַבְּגָדִים Symmachum non τὰς στολὰς, sed τὰ ἱμάτια posuisse credibile est. ⁵ Sic Syro-hex., et sine aster. Codd. 85, 130, uterque in marg., praemisso Ο΄. Supplementum τοῦ ἐπενδύματος est in Codd. 14, 16, 25, aliis. ⁶ Syro-hex. ܠ ܟܘܬܝܢܐ ܘܦܪܝܣܐ ܘܦܪܝܣܐ ܕܦܪܝܣܐ. ܐ. ܠ ܟܘܬܝܢܐ ܘܦܪܝܣܐ ܠ ܦܪܝܣܐ ܕܦܪܝܣܐ. ܠ ܟܘܬܝܢܐ ܘܦܪܝܣܐ ܕܦܪܝܣܐ ܘܡܥܦܪܐ. Symmachi et Theodotionis Graeca exstant in Nobil., Codd. 85 (teste Montef.), 130 (qui τὸν (sic) ἐπένδυμα pro τὸν ἐπενδύτην male scribit). Ad Aq. cf. ad Cap. xxviii. 31. Ad Theod. cf. Hex. ad Job. i. 20. Jesai. lix. 17. Ezech. xxvi. 16. ⁷ Codd. 85, 130 (cum Ο΄. pro Ο΄. Ἀ.). Sic in textu Codd. 58, 72, 128. ⁸ Nobil., Cod. 130 (cum ἀφορισμός). Lectionem Aquilam potius quam Symmachum refert, coll. Hex. ad Levit. xxi. 12. 2 Reg. i. 10. 4 Reg. xi. 12. Psal. cxxxi. 18. ⁹ Sic Syro-hex., et sine aster. Cod. 72, Arab. 1, 2 (cum τῶν υἱῶν),

Arm. 1 (idem). Codd. 85 (sine ταῖς), 130, uterque in marg.: Ο΄. ταῖς ζώναις Ἀαρών. ¹⁰ Nobil. affert: Ἀ. διὰ ζώνῃ Ἀαρών; pro quo Montef. ex Regio uno et Basil. edidit: Ἀ. διαζώνῃ (sic) Ἀαρών, invita, ni fallor, lingua. Rectius fortasse Cod. 130: Ἀ. ζώνῃ Ἀαρών. ¹¹ Codd. 85, 130, et "duo Regii." ¹² Nobil., Codd. 85, 130. ¹³ Cod. VII in marg. manu 2da. Cf. Hex. ad Prov. x. 25. ¹⁴ Cod. X, concinente interprete Graeco-Ven. Cf. Hex. ad Levit. viii. 25. ix. 10. Cod. VII in marg. manu 2da: τὸ κατώτερον μέρος τοῦ ἥπατος. ¹⁵ Cod. VII superscript. manu 2da. Ante καὶ ἐπιθήσεις in textum inferunt θυμιάσεις Codd. 14, 16, 25, alii. ¹⁶ Sic Comp., Codd. 58, 71, 85, 128, 129. Codd. 85, 130, uterque in marg.: Ο΄. ἁμαρτίας (γάρ ἐστι). ¹⁷ Codd. 85 (sine ἐστὶν), 130 (cum Ἀ. pro Ἀ. Θ.). ¹⁸ Cod. VII in marg. manu 2da. ¹⁹ Cod. 32 in textu. Lectio exquisitior nescio an Symmacho imputanda sit. ²⁰ Cod. VII in marg. manu 2da. Cf. Hex. ad Levit. iv. 8. ²¹ Sic Comp., Ald., Codd. II (manu 2da), III, VII, 14, 15, 16, alii, Syro-hex. ²² "Ex uno Regio, et ex Ed. Romana [ubi tantummodo habetur: Schol. οἱ ἄλλοι· εὐαρεστήσεως, ex Theodoreto, ut videtur, in Quaest. LXII ad Exod. xxix. 25]. Aquila et Theodotio אִשֶּׁה solent vertere πύρρον [sic], ut passim videas in Levitico."—Montef. De scriptura vocis πυρὸν vid. nos in Hex. ad Levit. ii. 9.

20. אֹזֶן אַהֲרֹן וְעַל־תְּנוּךְ אֹזֶן (auriculam) עַל־תְּנוּךְ
בָּנָיו הַיְמָנִית וְעַל־בֹּהֶן (pollicem) יָדָם הַיְמָנִית
וְעַל־בֹּהֶן רַגְלָם הַיְמָנִית. O'. ἐπὶ τὸν λοβὸν
τοῦ ὠτὸς Ἀαρὼν τοῦ δεξιοῦ, καὶ ἐπὶ τὸ ἄκρον
('A. τὸν ἀντιδάκτυλον[23]) τῆς δεξιᾶς χειρός, καὶ
ἐπὶ τὸ ἄκρον τοῦ ποδὸς τοῦ δεξιοῦ, καὶ ἐπὶ τοὺς
λοβοὺς τῶν ὤτων τῶν υἱῶν αὐτοῦ τῶν δεξιῶν,
καὶ ἐπὶ τὰ ἄκρα τῶν χειρῶν αὐτῶν τῶν δεξιῶν,
καὶ ἐπὶ τὰ ἄκρα τῶν ποδῶν αὐτῶν τῶν δεξιῶν.
Alia exempl. ἐπὶ τὸν λοβὸν τοῦ ὠτὸς Ἀαρὼν,
✕ Θ. καὶ ἐπὶ τὸν λοβὸν τοῦ ὠτὸς τῶν υἱῶν
αὐτοῦ ◄ τοῦ δεξιοῦ, καὶ ἐπὶ τὸ ἄκρον τῆς χειρὸς
✕ Ἑβρ. αὐτῶν ◄ τῆς δεξιᾶς, καὶ ἐπὶ τὸ ἄκρον
τοῦ ποδὸς ✕ αὐτῶν ◄ τοῦ δεξιοῦ, – καὶ ἐπὶ
τοὺς λοβοὺς τῶν ὤτων τῶν υἱῶν αὐτοῦ τῶν
δεξιῶν, καὶ ἐπὶ τὰ ἄκρα τῶν χειρῶν αὐτῶν τῶν
δεξιῶν, καὶ ἐπὶ τὰ ἄκρα τῶν ποδῶν αὐτῶν τῶν
δεξιῶν ◄.[24]

וְזָרַקְתָּ אֶת־הַדָּם עַל־הַמִּזְבֵּחַ סָבִיב. O'. Vacat.
✕ Θ. καὶ προσχεεῖς τὸ αἷμα ἐπὶ τὸ θυσιαστή-
ριον κύκλῳ ◄.[25]

21. O'. – τὸ δὲ (alia exempl. καὶ τὸ[26]) αἷμα τοῦ
κριοῦ προσχεεῖς πρὸς τὸ θυσιαστήριον κύκλῳ ◄.[27]

22. הַחֵלֶב וְהָאַלְיָה. Adipem et caudam. O'. τὸ
στέαρ αὐτοῦ. Alia exempl. τὸ στέαρ ✕ Ἑβρ.

καὶ τὴν κέρκον ◄ – αὐτοῦ ◄.[28]

22. וְאֵת שׁוֹק. Et crus. O'. καὶ τὸν βραχίονα.
Οἱ λοιποί· τὴν κνήμην.[29]

23. וְחַלַּת לֶחֶם שֶׁמֶן אַחַת. Et placentam panis
olei unam. O'. ἐξ ἐλαίου. Alia exempl. ✕ Οἱ
Γ΄. καὶ κολλύραν ἄρτου ◄ ἐξ ἐλαίου ✕ Ἑβρ.
μίαν ◄.[30]

25. אֹתָם. O'. αὐτά. 'A. αὐτούς. Σ. Θ. αὐτά.[31]

26. הַמִּלֻּאִים. Inaugurationis. O'. τῆς τελειώσεως. 'A. τῆς πληρώσεως. Σ. Θ. τῶν τελειώσεων.[32]

28. שַׁלְמֵיהֶם תְּרוּמָתָם לַיהוָה. (E sacrificiis)
pacificis eorum, oblatio eorum Jorae. O'. τῶν
σωτηρίων τῶν υἱῶν Ἰσραὴλ, ἀφαίρεμα κυρίῳ.
Alia exempl. τῶν σωτηρίων ✕ 'A. Θ. αὐτῶν ◄,
ἀφαίρεμα ✕ Ἑβρ. αὐτῶν τῷ ◄ κυρίῳ.[33]

29. וּלְמַלֵּא־בָם. O'. καὶ τελειῶσαι ('A. πληρῶσαι.
Σ. τελειωθῆναι[34]) ✕ ἐν αὐτοῖς ◄.[35]

36. לַיּוֹם עַל־הַכִּפֻּרִים. Quotidie pro expiationibus.
O'. τῇ ἡμέρᾳ τοῦ καθαρισμοῦ ('A. Σ. Θ. ἐξιλασμοῦ[36]).

וְחִטֵּאתָ. Et mundabis. O'. καὶ καθαριεῖς.
Οἱ λοιποί· περιαμαρτιεῖς.[37]

37. תְּכַפֵּר. Expiabis. O'. καθαριεῖς. Οἱ λοιποί·
ἐξιλάσῃ.[38]

---

[23] Codd. 85 (teste Montef.), 130. Nobil. affert: Schol.
τὸν ἀντιδάκτυλον. Paulo ante ad λοβὸν Cod. VII in marg.
manu 2ᵈᵃ: τὸ ἄκρον, ἤγουν τὸ ἀπαλόν. Cf. Kimchi apud
Gesen. Thes. Ling. Hebr. p. 1511. [24] Sie Syro-hex., et
sine notis hexaplaribus, omissis quoque quae sub obelo
jacent, Cod. 72, praeterquam quod pro τῶν υἱῶν αὐτοῦ in
priore loco τῶν υἱῶν αὐτῶν male exhibet. [25] Sie Syro-
hex., et sine notis Codd. 58, 72 (cum ἐπιχεεῖς), 85 (in
marg.), 128, Arab. 1, 2 (uterque sine κύκλῳ), Arm. 1.
[26] Sie Cod. 72, Syro-hex. [27] Obelus est in Syro-hex.
Clausulam reprobat Cod. 58. [28] Sie Syro-hex. (qui
confuse pingit: ✕ Ἑβρ. καὶ τὴν ◄ κέρκον αὐτοῦ ✕ (sic), et
sine notis Codd. 72, 85 (cum καὶ τὴν κ. in marg.), 128, 130
(ut 85), 131 (superscript. καὶ τὴν κ.), Arab. 1, 2. [29] Nobil., Codd. 85 (teste Montef.), 130. Regius unus apud
Montef.: οἴον (fort. οἱ λ.) τὴν κνήμην. [30] Sie Syro-hex.,
et sine notis Codd. 58 (cum κολλύραν in textu, et κολλου-
ρίδα in marg. eadem manu), 72, 131 (superscript. καὶ κολ-

λύραν ἄρτου), Arab. 1, 2. [31] Syro-hex. ܐ. ܡܘܢ ܐܢܘܢ. ܐ.
✕ ܠܗܘܢ. In textu αὐτοὺς habent Ald., Codd. III, VII (corr.
ex αὐτοῖς), X, 14, 15, 16, alii (inter quos 85 in marg.).
[32] Idem: ܠܫܘܡܠܝܐ. ܡ. ܐ. ܘܡܫܡܠܝܢܘܬܐ. ܐ. [33] Sie
Syro-hex., et sine notis Cod. 72, Arab. 1, 2. In textu τῶν
υἱῶν Ἰσρ. om. Comp., Ald., Codd. VII, X, 14, 15, 16, alii;
pro quibus αὐτῶν habent Codd. X (in marg.), 74, 75, alii.
[34] Syro-hex. ✕ܘܠܡܫܡܠܝܘ. ܡ. ܠܡܫܡܠܝܘ. [35] Sie
Syro-hex., et sine aster. Cod. 72. Arm. 1: καὶ τελειῶσαι
+ἐν αὐτοῖς. [36] Nobil., Cod. X. Cod. 58 in marg. sine
nom.: ἐξιλασμοῦ. Minus probabiliter Cod. 130 in marg.
sine nom.: ἐξιλασμα. Plena lectio trium interpretum fortasse erat: τῇ ἡμέρᾳ ἐπὶ (s. περὶ) τοῦ ἐξιλασμοῦ. Cf. ad Cap.
xxx. 10. [37] Cod. X. Cf. Hex. ad Lev. ix. 15. Ezech.
xliii. 20. Mendose Codd. 57 (cum οἱ ἔλοι), 85, 130: οἱ
λοιποί· περὶ ἁμαρτίας. Etiam Regius unus apud Montef.:
'A. Σ. Θ. ἐξιλασμοῦ περὶ ἁμαρτίας. [38] Nobil., Codd. 85
(teste Montef.), 130.

37. קָדָשִׁים קֹדֶשׁ . Ο'. ἅγιον τοῦ ἁγίου (alia exempl. τῶν ἁγίων[20]).

40. בָּלִיל . Perfusae. Ο'. πεφυραμένης. Ἄλλος·
ἀναπεποιημένης.[40]

הָרָזִין . Ο'. εἰν. Ἄλλος· αἴν.[41]

41. וּכְנִסְכָּה תַּעֲשֶׂה־לָּהּ . Ο'. καὶ κατὰ τὴν σπονδὴν αὐτοῦ (Θ. αὐτῆς. Ἀ. Σ. ὡς οἱ Ο'[42]) ποιήσεις ※ Ἀ. Σ. αὐτῷ ◄.[43]

42. עֹלָת . Ο'. θυσίαν. Alia exempl. ὁλοκαύτωμα.[44]
Ἀ. εἰς ὁλοκαύρωσιν (s. ὁλοκαύτωμα). Σ. ἀναφοράν.[45]

43. וְנֹעַדְתִּי . Et conveniam. Ο'. καὶ τάξομαι.
Ἄλλος· καὶ συντάξομαι.[46]

45. וְשָׁכַנְתִּי . Et habitabo. Ο'. καὶ ἐπικληθήσομαι.
Ἄλλος· καὶ σκηνώσω.[47]

Cap. XXIX. 1. μοι — αὐτούς ◄.[54] 5. – τὸν ἀδελφόν σου ◄.[49] 9. ἱερατεία – μοι ◄.[50] 12. – λοιπόν ◄.[51]
14. τὸ δέρμα ※ Ἐβρ. (s. Οἱ Γ'.) αὐτοῦ ◄, καὶ τὴν
κόπρον ※ Οἱ Γ'. αὐτοῦ ◄.[52] ※ Ἀ. Θ. ἐν ※ πυρί.[53]

16. τὸ αἷμα ※ Ἐβρ. αὐτοῦ ◄.[54] 17. μέλη ※ Ἐβρ.
αὐτοῦ ◄.[55] τὰ ἐνδόσθια ※ Ἐβρ. αὐτοῦ ◄.[56] τοὺς
πόδας ※ αὐτοῦ ◄.[57] τὰ διχοτομήματα ※ Ἐβρ. αὐτοῦ ◄.[58] τῇ κεφαλῇ ※ αὐτοῦ ◄.[59] 23. τῶν – προ-
τεθειμένων ◄.[60] 28. – γάρ ◄.[61] 31. τὰ κρέα ※
Ἐβρ. αὐτοῦ ◄.[62] 38. – ἐστιν ◄.[63] – ἀμώμους ◄.[64]
– ἐπὶ τὸ θυσιαστήριον ◄.[65] – κάρπωμα ἐνδελεχισμοῦ ◄.[66] 42. λαλήσαί σοι ※ Ἐβρ. ἐκεῖ ◄.[67] 46.
– εἰμι ◄.[68] καὶ εἶναι ※ κύριος ◄ ὁ θεὸς αὐτῶν.[68]

CAP. XXX.

1. קְטֹרֶת מִקְטַר . Locum suffitionis suffimenti. Ο'.
※ Σ. Θ. θυμιατήριον ◄ θυμιάματος.[1] Ἀ. .
θυμιάσεως.[2]

4. לְבַדִּים בָתִּים . In receptacula vectium. Ο'.
ψαλίδες ταῖς σκυτάλαις. Ἀ. . τοῖς ἀναφορεῦσι. Σ. Θ. εἰς θήκας τοῖς ἀναφορεῦσι.[3]
Aliter: [Ἀ.] Σ. εἴσοδοι . .[4]

---

[20] Sic Comp. (sine τῶν), Ald., Codd. X (in marg.), 19 (ut
Comp.), 59, 85 (in marg.), 108 (ut Comp.), 128, Syro-hex.
[40] Cod. 58 in textu: ἀναπεφυραμένης; in marg. autem: ἀνα-
πυημένης (sic; non, ut Holmes., ἀναπημένης). Cf. ad v. 2.
[41] "Sic quidam MSS. et schedae Combefisianae, cum hac
nota [Theodoret. Opp. T. I, p. 169]: Ἀὶν μέτρον Ἐβραϊκὸν
οἴνου καὶ ἐλαίου· δέχεται δὲ, ὡς φησιν Ἰώσηπος, δύο χόας Ἀττι-
κούς· κ.τ.έ."—Montef. Scriptura suspecta. In loco Theodoreti aeque ac in Bibliis Graecis libri inter εἰν et ἲν (s. ἲν)
dispertiuntur. [42] Syro-hex. Theodotionem ad μαναὰ
(מִנְחָה) feminini generis, ceteros autem ad δῶρον respexisse
probabiliter opinatur Ceriani. Cf. Hex. ad Jesai. lxvi. 3.
Dan. ii. 46. [43] Sic Syro-hex., et sine notis Arab. 1, 2
(cum αὐτό?), Arm. 1. Post ποιήσεις in initio versus Holmes.
e Cod. 72 exscripsit αὐτὰ, quod huc pertinere videtur.
[44] Syro-hex. in textu: ܡܚܕܐ ܡܚܕ; in marg. autem:
ܕܚܡܐ. [45] Idem: ܡܚܕܐ ܡܚܕ.
Cf. Hex. ad Gen. viii. 20. Job. xlii. 8. Psal. l. 21.
[46] Cod. VII in marg. manu 2da. Cf. ad Cap. xxv. 22.
[47] Cod. VII superscript. manu 2da. [48] Syro-hex. Pronomen deest in Comp., Codd. 16, 32, 108, 118. [49] Idem.
[50] Idem. [51] Idem. Deest in Cod. 58. [52] Idem.
Sic sine notis Codd. 14, 16, 25, alii. [53] Idem. Sic
sine notis Comp., Cod. 108. [54] Idem. Sic sine notis
Codd. 14, 16, 25, alii, Arab. 1, 2. [55] Idem. [56] Idem.
Sic sine notis Codd. 14, 16, 25, alii, Arab. 1, 2. [57] Idem.

Sic sine aster. Codd. 52, 72, Arab. 1, 2. [58] Idem. Sic
sine notis Codd. 15, 72, Arab. 1, 2. [59] Idem. Sic sine
aster. Codd. 14, 15, 16, alii, Arab. 1, 2. [60] Idem, qui
pingit: – τῶν πρ. ◄. [61] Idem. [62] Idem. Sic sine
notis Cod. 72, Arab. 1, 2, Arm. 1 (sub ※). [63] Idem.
[64] Idem. Vocem reprobant Codd. 15. 58. [65] Idem.
Deest in Comp., Ald., Codd. VII, X, 14, 16, aliis. [66] Idem.
[67] Idem. Sic sine notis Cod. VII (manu 2da), Arm. 1.
[68] Idem. Vocula deest in Codd. 14, 16, 25, aliis. [69] Idem.
Sic (pro καὶ εἶναι αὐτῶν θ.) sine aster. Cod. 58, Arab. 1, 2.
CAP. XXX. [1] Sic Syro-hex., Cod. 85 (sine Σ. Θ.), et in
marg. sine notis Codd. X, 75. [2] Syro-hex. ܚܡܫܐ ܠ.
Vox Syriaca ponitur pro θυμίαμα (in textu ܚܡܫܐ) in
Hex. ad Cant. Cant. ii. 17; pro ἀναθυμίασις ibid. iii. 6.
[3] Syro-hex. ad ψαλίδες: Σ. εἰς θήκας (ܚܕܬܡܐ); et ad voces
σκυτάλαις: Ἀ. Σ. Θ. τοῖς ἀναφορεῦσι (ܚܡܩܦܐ). E libris
Graecis Cod. 108 affert: Ἀ. Σ. Θ. τοῖς ἀν.; Cod. X. Σ. Θ.
εἰς θήκας τοῖς ἀν., quam lectionem soli Theodotioni vindicat
Cod. 85. [4] Cod. 85 (ad ψαλίδες): Σ. εἴσοδοι. Cod. X
(ante dictam lectionem Symmachi et Theodotionis): Ἀ. Σ.
εἴσοδοι, cum scholio: Σκυτάλας μὲν ἐνταῦθα τοὺς ἀναφορεῖς ἤτοι
διωστῆρας καλεῖ, ψαλίδες δὲ τοὺς κρίκους, οἷς καὶ εἰσόδους ἐκάλεσεν ὁ Σύμμαχος. Idem scholium e duabus Regiis protulit
Montef., qui tamen pro σκυτάλας μὲν exscripsit Ἀκύλας μᾶλλον [μᾶλλον pro μὲν habent Cod. 64, qui Regius est, et Cat.
Niceph. p. 897], male vertens: Aquila hic vectes vocat

6. לִפְנֵי הַפָּרֹכֶת. *Ante aulaeum.* Ο'. ἀπέναντι τοῦ καταπετάσματος ('Άλλος· βλήματος[5]).

לִפְנֵי הַכַּפֹּרֶת אֲשֶׁר עַל־הָעֵדֻת. Ο'. Vacat. ✳ κατὰ πρόσωπον τοῦ ἱλαστηρίου, ὅ ἐστιν ἐπὶ τῶν μαρτυρίων ◄.[6]

7. קְטֹרֶת סַמִּים. *Suffimentum aromatum.* Ο'. θυμίαμα σύνθετον λεπτόν. 'Α. Σ. θυμίαμα ἡδυσμάτων. Θ. θυμίαμα ἀρωμάτων.[7]

8. תָּמִיד. Ο'. ἐνδελεχισμοῦ διαπαντός. Alia exempl. ἐνδελεχισμοῦ.[8]

10. מִדַּם חַטַּאת הַכִּפֻּרִים אַחַת בַּשָּׁנָה יְכַפֵּר עָלָיו. Ο'. ἀπὸ τοῦ αἵματος (alia exempl. add. τοῦ περὶ τῆς ἁμαρτίας[9]) τοῦ καθαρισμοῦ ('Α. τοῦ ἐξιλασμοῦ[10]) καθαριεῖ αὐτό. Alia exempl. ἀπὸ τοῦ αἵματος τῶν ἁμαρτιῶν – τοῦ καθαρισμοῦ ◄ τοῦ ἐξιλασμοῦ ἅπαξ τοῦ ἐνιαυτοῦ καθαριεῖ αὐτό.[11]

12. כֹּפֶר. Ο'. λύτρα. Οἱ λοιποί· ἐξίλασμα.[12]

בְּפָקֹד אֹתָם. Ο'. Vacat. ✳ Σ. Θ. ἐν τῇ ἐπισκοπῇ αὐτῶν ◄.[13]

13. זֶה יִתְּנוּ כָּל־הָעֹבֵר עַל־הַפְּקֻדִים. Ο'. καὶ τοῦτό – ἐστιν ◄[14] ὃ δώσουσιν ὅσοι ἂν παραπορεύωνται τὴν ἐπίσκεψιν. Σ. τοῦτο δώσουσιν πᾶς ὁ παρερχόμενος ἐπὶ τὰς ἐπισκέψεις. Θ. τοῦτο δώσουσιν πᾶς ὁ παραπορευόμενος ἐπὶ τὰς ἐπισκοπάς.[15] 'Άλλος· πᾶς παρὼν ἐπὶ τὸν ἀρι-

θμόν.[16] 'Άλλος· πᾶς ὁ παραπορευόμενος ἐν τοῖς ἀριθμοῖς.[17]

13. הַשֶּׁקֶל. Ο'. τοῦ διδράχμου. 'Α. Σ. (τοῦ) στατῆρος.[18]

16. עַל־עֲבֹדַת. *In usum ministerii.* Ο'. εἰς τὸ κάτεργον. 'Α. Θ. ἐπὶ τὴν δουλείαν. Σ. εἰς τὰ ἔργα.[19]

18. וְעָשִׂיתָ. Ο'. ποίησον. 'Α. Σ. Θ. καὶ ποιήσεις.[20]

20. אִשֶּׁה. Ο'. τὰ ὁλοκαυτώματα (alia exempl. ὁλοκαρπώματα[21]). 'Α. Ο. πυρόν.[22]

23. קַח־לְךָ. Ο'. λάβε ✳ Σ. σεαυτῷ ◄.[23]

בְּשָׂמִים. Ο'. ἡδύσματα. 'Α. ἀρώματα.[24]

24. וְקִדָּה. *Et casiam.* Ο'. καὶ ἴρεως. 'Άλλος· καὶ κασσίας.[25]

27. וְאֶת־הַשֻּׁלְחָן. Ο'. Vacat. ✳ 'Εβρ. καὶ τὴν τράπεζαν ◄.[26]

28. וְאֶת־הַכִּיֹּר וְאֶת־כַּנּוֹ. *Et labrum, et basin ejus.* Ο'. καὶ τὴν τράπεζαν, καὶ πάντα τὰ σκεύη αὐτῆς, καὶ τὸν λουτῆρα. Alia exempl. καὶ τὸν λουτῆρα καὶ τὴν βάσιν αὐτοῦ.[27]

31. מִשְׁחַת־קֹדֶשׁ. Ο'. ἄλειμμα χρίσεως ἅγιον. Alia exempl. ἄλειμμα ἅγιον.[28]

32. וּבְמַתְכֻּנְתּוֹ. *Et secundum mensuram (composi-*

διωστῆρας, *annulos vero circulos* etc. Ex hoc autem errore orta est lectio plane commentitia: 'Α. εἰς κρίκους τὰς διωστῆμσι.   [5] Codd. 85, 130, uterque in marg. sine nom.   [6] Sic Syro-hex., et sine aster. Codd. 18, 55, 72 (cum ἐπὶ τοῦ μαρτυρίου), alii, Arab. 1, 2.   [7] Codd. 85, 130 (cum Σ. pro 'Α. Σ.).   [8] Sic Codd. VII, 19, 59, alii, et Syro-hex. (cum διαπαντὸς in marg.).   [9] Sic Arm. 1 in textu; in marg. autem Codd. X, 85, 130.   [10] Sic Syro-hex., et sine obelo Codd. 30 (cum καθαρισμοὶ), 72, 75 (ut 30), 85 (cum καθαμιεῖς), 130, Arab. 1, 2. Sic, sed om. τοῦ καθαρισμοῦ, Comp., Ald., Codd. VII, X, 14, 15, 16, alii.   [11] Codd. 85 (teste Montef.), 130. Sic sine nom. Nobil., Cod. 58 in marg.   [12] Sic Syro-hex. in textu, et sine notis Cod. 72, Arab. 1, 2, Arm. 1 (sub ✳).   [13] Obelus est in Syro-hex.   [14] Sic Codd. 85, 130.   [15] Cod. X in marg. sine nom. Cf. Hex. ad Num. ii. 32.   [16] Cat. Niceph. p. 899. Nobil. affert: Schol. πᾶς ὁ πορευόμενος

ἐν τοῖς ἀ.   [17] Cod. X. Cf. Hex. ad Gen. xxiii. 15.   [18] Syro-hex. ܐ̈ܣܬܛܪܐ. ܡ. ♦ ܕܝܕܪܟܡܐ .ܐ .ܣ. Cod. 108: Θ. ἐπὶ (non εἰς, qui Holmesii est error) τὸ ἔ. Σ. εἰς τὰ ἔργα.   [20] Syro-hex., et sic in textu sine notis Cod. 72.   [21] Sic Codd. VII, 54, 59, alii (inter quos 85, 130, uterque cum ὅλοκ. in marg.), et Syro-hex.   [22] Montef. affert: 'Α. Θ. πύρρον (sic), non memorato auctore. Cf. ad Cap. xxix. 18.   [23] Sic Syro-hex., et sine notis Codd. 55, 72, 128, 130, Arab. 1, 2, Arm. 1.   [24] Nobil. Sic Cod. VII in marg. manu 2da sine nom.   [25] Sic in textu Cod. 75. Cod. VII in marg. manu 2da: ὀξὺ λ (ξυλαλόης). Interpres Graeco-Ven. κόστον, quod manus 2da superscripsit in Cod. 131.   [26] Sic in textu Syro-hex., et sine notis Codd. VII (in marg. manu 2da), 72, 75, 85, Arab. 1, 2, Arm. 1 (sub ✳).   [27] Sic Codd. 58, 75, Arm. 1, Syro-hex. In textu LXXvirali post λουτῆρα add. καὶ τὴν β. αὐτοῦ Comp., Ald., Codd. III, VII, X, 14, 16, 18, alii.   [28] Sic Codd. 30, 75 (cum

tionem) *ejus.* Ο'. καὶ κατὰ τὴν σύνθεσιν
('Α. συμμετρίαν²⁹) ταύτην.

33. מֵאֲמָיו. Ο'. ἐκ τοῦ λαοῦ αὐτοῦ. Οἱ Γ' ὁμοίως·
τῶν λαῶν αὐτοῦ.³⁰

35. מֵעֲשֵׂה רֹקֵחַ מְקֻלָּח. *Opus unguentarii, sale
conditum.* Ο'. ἔργον μυρεψοῦ μεμιγμένον.
Alia exempl. ἔργον μυρεψοῦ συνθέσεως.³¹

36. וְנָתַתָּה מִמֶּנָּה. Ο'. καὶ θήσεις ※'Εβρ. ἐξ
αὐτοῦ ◄.³²

36, 37. תִּהְיֶה לָכֶם: וְהַקְּטֹרֶת אֲשֶׁר תַּעֲשֶׂה. Ο'.
ἔσται ὑμῖν θυμίαμα. Alia exempl. ἔσται ὑμῖν.
※'Α. Θ. καὶ τὸ ◄ θυμίαμα ※'Α. Σ. Θ. ὃ
ποιήσεις ◄.³³

37. לֹא תַעֲשׂוּ. Ο'. οὐ ποιήσετε. Οἱ λοιποί· οὐ
ποιηθήσεται.³⁴

38. אִישׁ אֲשֶׁר. Ο'. ※'Α. Θ. ἀνὴρ ◄ ὅς.³⁵

Cap. XXX. 2. τὸ μῆκος ※'Α. Θ. αὐτοῦ ◄. τὸ
εὖρος ※'Α. Θ. αὐτοῦ ◄.³⁶ 3. – στρεπτήν ◄. 4.
– καθαρούς ◄.³⁷ – στρεπτήν ◄.³⁸ κλίτη ※αὐτοῦ ◄.³⁹
πλευροῖς ※αὐτοῦ ◄.⁴⁰ 6. τοῦ – ὄντος ◄.⁴¹ 19.
τοὺς πόδας ※'Εβρ. αὐτῶν ◄.⁴² 21. τὰς χεῖρας
※'Α. Σ. αὐτῶν ◄.⁴³ τοὺς πόδας ※Οἱ Γ'. αὐ-

τῶν ◄.⁴⁴ 23. (–) σίκλους ◄.⁴⁵ 34. ※καὶ ◄ ὄνυχα.⁴⁶
35. – ἔργον ◄ ἅγιον.⁴⁷

CAP. XXXI.

2. בֶּן־חוּר. Ο'. τὸν Ὥρ. Alia exempl. υἱὸν Ὥρ.¹

4. Ο'. – καὶ τὴν ὑάκινθον, καὶ τὴν πορφύραν, καὶ
τὸ κόκκινον τὸ νηστὸν, καὶ τὴν βύσσον τὴν
κεκλωσμένην ◄.²

5. וּבַחֲרֹשֶׁת אֶבֶן לְמַלֹּאת וּבַחֲרֹשֶׁת עֵץ. *Et in
fabricatione gemmarum ad inserendum eas, et
in fabricatione lignorum.* Ο'. καὶ τὰ λιθουργικὰ, καὶ εἰς τὰ ἔργα τὰ τεκτονικὰ τῶν ξύλων.
Alia exempl. καὶ τὰ λιθουργικὰ ※Θ. πληρώσεως ◄³ – εἰς τὰ ἔργα ◄, καὶ τὰ τεκτονικά.⁴

6. וַאֲנִי הִנֵּה. Ο'. καὶ ἐγὼ ※'Α. Θ. ἰδοὺ ◄.⁵

7. וְאֵת כָּל־כֵּלָי. Ο'. καὶ ※σύμπασαν ◄ τὴν δια-
σκευήν.⁶

8, 9. וְאֵת מִזְבַּח הַקְּטֹרֶת: וְאֶת־מִזְבַּח הָעֹלָה
וְאֶת־כָּל־כֵּלָיו. Ο'. Vacat. 'Α. Σ. Θ. καὶ τὸ
θυσιαστήριον τοῦ θυμιάματος, καὶ τὸ θυσιαστήριον τῆς ὁλοκαυτώσεως, καὶ πάντα τὰ σκεύη
αὐτοῦ.⁷

ἅγιον ἅγιον), Syro-hex. (cum χρίσεως in marg.). ²⁹ Cod.
X, et in marg. sine nom. Cod. 85. Alia versio, κατὰ τὰ
εἶδος τοῦτο, est in Codd. 58 (in marg.), 75. ³⁰ Syro-hex.
(cum ܟܡ ܚܡ ܚܦ ܟܡܬܐ in textu): (.) ܟܡܣ ܚܡ ܟܡܬܐ·
ܟܡܬܐ ܟܠܡ ◄. ³¹ Sic Ald. (cum μυρεψικοῦ), Codd.
19, 29, alii, Arab. 1, 2, Syro-hex. Duplex versio, ἔργον
μυρεψοῦ μεμιγμένον συνθέσεως, est in Cod. III. ³² Sic
Syro-hex., et sine notis Cod. 128, Arm. 1. ³³ Sic Syro-
hex., et sine notis Cod. 72, Arab. 1, 2, Arm, 1 (cum ποιήσετε). ³⁴ Nobil. Vix est ceterorum interpretum, sed
alia lectio, quae in Codd. 15, 32, 52, 75, 129, et Cat.
Niceph. p. 904 habetur. Mox ad σύνθεσιν Cod. X in
marg.: συμμετρίαν. Cf. ad v. 32. ³⁵ Sic Syro-hex.
Ad ὅς Cod. 85 in marg.: ἀνήρ. Eandem vocem post ὡσαύτως in textum inferunt Codd. 14, 16, 25, alii. ³⁶ Syro-
hex. Sic sine notis Cod. 72. Mox τὸ ὕψος αὐτοῦ sine
notis Codd. 58, 72, Arm. 1, Syro-hex. ³⁷ Idem.
³⁸ Idem. Vox deest in Codd. 55, 58. ³⁹ Idem. Sic
sine aster. Cod. 76, Arab. 1, 2. ⁴⁰ Idem. Sic sine
aster. Codd. 58, 72. ⁴¹ Idem, qui pingit: – τοῦ ὄντος ◄.
Posterior vox deest in Cod. 58. ⁴² Idem. Sic sine
notis Comp., Codd. 14, 16, 19, alii, Arab. 1, 2. ⁴³ Idem.

Sic sine notis Codd. 14, 16, 25, alii. ⁴⁴ Idem. Sic sine
notis Comp., Codd. 14, 16, 19, alii, Arm. 1. ⁴⁵ Idem
(cum solo metobelo). ⁴⁶ Idem. Sic sine aster. Ald.,
Codd. X, 14, 16, 18, alii, Arab. 1, 2. ⁴⁷ Idem. Vox
deest in Cod. 58.

CAP. XXXI. ¹ Sic Comp., Ald., Codd. III, X, 14, 16,
18, alii, Arab. 1, 2, et, ut videtur, Syro-hex. Montef. ad
τὸν τοῦ Οὐρείου affert: Οἱ λοιποί· υἱὸν Οὐρί, notans: "Sic
quidam MSS." ² Sic Syro-hex., et sine obelo Comp.,
Ald., Codd. III, X, 14, 16, 18, alii. Haec, καὶ τὴν βύσσον
τὴν κ., non leguntur in Ed. Rom. ³ Syro-hex. in textu:
ܟܡܬܐ ܒ. ※. Post λιθουργικὰ Cod. 72 in textum infert
πληρῶσαι. ⁴ Sic (pro καὶ εἰς τὰ ἔργα τὰ τ.) Syro-hex., et
sine obelo Ald., Codd. III, X, 14, 16, 18, alii. ⁵ Sic
Syro-hex., et sine notis Cod. 72 (cum καὶ ἰδοὺ ἐγώ), Arm. 1
(cum ※ ἰδού). Cod. 130 in marg.: 'Α. Σ. ἰδού. ⁶ Cod.
Syro-hex., et sine aster. Codd. 72, 128, Arm. 1. ⁷ Cod.
130, et in marg. sine nom. Cod. 85, uterque cum αὐτῆς in
fine. Eadem in textu (cum αὐτοῦ) habent Cod. 72, Arab.
1, 2 (cum vasa haec), et (sub ※ Θ.) Syro-hex. (qui ܟܡܦ,
ܟܡܬܐ in plurali minus probabiliter pingit).

10. וְאֶת־בִּגְדֵי הַקֹּדֶשׁ. O'. Vacat. ※ Θ. καὶ τὰ ἱμάτια τοῦ ἁγίου ◄.⁸

לְאַהֲרֹן הַכֹּהֵן. O'. Ἀαρὼν ※ Ἑβρ. τῷ ἱερεῖ ◄.⁹

13. דַּבֵּר. O'. σύνταξον. Ἄλλος· λάλησον.¹⁰

וּבֵינֵיכֶם. O'. καὶ ἐν ὑμῖν. Σ. Θ. (καὶ) ὑμῖν.¹¹

14. כִּי קֹדֶשׁ הִוא לָכֶם. O'. ὅτι ἅγιον τοῦτό ἐστι κυρίῳ ὑμῖν. Alia exempl. ὅτι ἅγιόν ἐστιν ὑμῖν.¹²

15. מוֹת יוּמָת. O'. ※ θανάτῳ ◄ θανατωθήσεται.¹³

17. בֵּינִי וּבֵין בְּנֵי יִשְׂרָאֵל. O'. ἐν ἐμοὶ καὶ τοῖς υἱοῖς Ἰσραήλ. Ἀ. μεταξὺ ἐμοῦ καὶ μεταξὺ τῶν υἱῶν Ἰσραήλ. Σ. μεταξὺ ἐμοῦ καὶ τῶν υἱῶν Ἰσραήλ. Θ. ἀναμέσον ἐμοῦ καὶ ἀναμέσον τῶν υἱῶν Ἰσραήλ.¹⁴

שָׁבַת וַיִּנָּפַשׁ. Cessavit et recreatus est. O'. κατέπαυσε καὶ ἐπαύσατο. Alia exempl. ἐπαύσατο καὶ κατέπαυσεν.¹⁵ Ἀ. διέλιπεν καὶ ἀνέψυξεν.¹⁶

18. כְּכַלֹּתוֹ. O'. ἡνίκα κατέπαυσεν ※ Θ. αὐτός ◄.¹⁷

Cap. XXXI. 3. ※ Οἱ Γ΄. καὶ ◄ ἐν παντί.¹⁸ 8. – καὶ τὰ θυσιαστήρια ◄.¹⁹ 17. ὅτι – ἐν ◄ ἐξ ἡμέραις.²⁰

CAP. XXXII.

1. וַיִּקָּהֵל. O'. συνέστη. Ἀ. Θ. καὶ ἐκκλησιάσθη.¹ Σ. ὡς οἱ Ο'.² Schol. συνηθροίσθη ἡ ἐπανέστη.³

כִּי־זֶה מֹשֶׁה הָאִישׁ. O'. ὁ γὰρ Μωυσῆς οὗτος ὁ ἄνθρωπος. Οἱ λοιποί· (ὅτι) οὗτος ὁ Μωυσῆς (ὁ) ἀνήρ.⁴

2. בְּאָזְנֵיכֶם. O'. Vacat. ※ Θ. καὶ υἱῶν ὑμῶν ◄.⁵

4. בַּחֶרֶט. Scalpro. O'. ἐν τῇ γραφίδι. Ἄλλος· ἐν τέχνῃ.⁶

וַיֹּאמְרוּ. O'. καὶ εἶπεν (alia exempl. εἶπαν⁷). Ἀ. Θ. καὶ εἶπαν. Σ. αὐτοὶ δὲ εἶπαν.⁸

6. וַיַּשְׁכִּימוּ. O'. καὶ ὀρθρίσας. Ἀ. Θ. καὶ ὤρθρισε. Σ. ὀρθρίσαντες δέ.⁹

וַיַּעֲלוּ. O'. ἀνεβίβασεν. Ἀ. Σ. ἀνήνεγκαν. Θ. καὶ ἤνεγκαν.¹⁰

7. לֶךְ־רֵד. O'. βάδιζε τὸ τάχος, κατάβηθι ἐντεῦθεν. Alia exempl. βάδιζε, κατάβηθι – τὸ τάχος ἐντεῦθεν ◄.¹¹

8. עֵגֶל מַסֵּכָה. O'. μόσχον ※ Ἑβρ. χωνευτόν ◄.¹²

---

⁸ Sic in textu Syro-hex., et sine notis Codd. 58 (om. τοῦ ἁγίου), 72, 131 (in marg. manu 2ᵈᵃ), Arab. 1, 2. ⁹ Sic Syro-hex. Post Ἀαρὼν add. τοῦ ἱερέως Cod. 72, Arab. 1, 2, Arm. 1 (sub ※). ¹⁰ Sic in textu Comp., Codd. X (in marg.), 14, 16, 19, alii (inter quos 130 cum σύνταξον in marg.), Arm. 1, Syro-hex. ¹¹ Cod. 130. Sic in textu Cod. 75. ¹² Sic Comp., Codd. III (cum ἔσται), 19, 58, alii, Syro-hex. ¹³ Sic Arm. 1 (cum ※ θανάτῳ ※), et sine aster. Ald., Codd. III, 14, 16, 18, alii, et Syro-hex. ¹⁴ Syro-hex. ܠܐ. ܘܚܒܪ ܠܗ ܘܡܨܥܬ ܕܡܪܝܐ܀ ܘܐܣܪܐܝܠ ܘܡܨܥܬ ܕܡܪܝܐ. ܘ ܕܚܒܪ ܠܗ ܘܡܨܥܬ ܕܐܣܪܐܝܠ. ܚܒܠ ܘܐܣܪܐܝܠ܀ ¹⁵ Sic Comp., Ald., Codd. III, X, 14, 16, 18, alii, invito Syro-hex. ¹⁶ Codd. X (cum καὶ διέλιπεν καὶ ἀν.), 85, 130. Montef. ad כְּכַלֹּתוֹ (v. 18) lectionem refert, repugnante Basiliano suo. ¹⁷ Sic Syro-hex., et sine notis Arm. ¹⁸ Syro-hex. Sic sine notis Codd. 14, 16, 52, alii. ¹⁹ Idem. ²⁰ Idem. Sic sine obelo Comp., Ald., Codd. II (cum ἐν supra lineam), III, X, 14, 15, 16, alii.

Cap. XXXII. ¹ Cod. 108, silente Holmesio. Syro-hex. ܠܐܡܚܝܕ ܠ. ܀. Cf. Jud. xx. 1 in LXX et Syro-hex. (Formam emendatiorem ἐξεκλησιάσθη posuit Graeco-Ven.)

² Syro-hex., qui τοῖς O' vindicat: καὶ συνέστη. ³ Nobil., Cat. Niceph. p. 907 (praem. Ἄλλος φησί·), et tres Regii apud Montef., cui "duae interpretationes" esse videbantur. ⁴ "Sic unus codex."—Montef. Cod. VII in marg. manu 2ᵈᵃ: ὁ ἀνήρ, unde articulum assumpsimus. Etiam Ald. ἀνήρ pro ὁ ἄνθρωπος edidit. ⁵ Sic Syro-hex., et sine notis Codd. 58 (om. ὑμῶν), 72, 131 (superscript. manu 1ᵐᵃ), Arab. 1, 2, Arm. 1 (sub ※). ⁶ Nobil., Regii duo, et schedae Combefis. (=Cat. Niceph. p. 909). Locus Nicephori est: Ἄλλος ἐν τέχνῃ φησὶν αὐτὸ τὸ χρυσίον ἐχώνευσε, διαπλάσας τὸν μόσχον, καὶ τορεύσας αὐτὸν, ἐπείπερ οἱ Αἰγύπτιοι τοῦτον ἔσεβον, κ.τ.ἑ. Ubi verba, ἐν τέχνῃ, ad contextum scholiastae pertinere probabiliter opinatur Scharfenb. in Animadv. p. 75. ⁷ Sic Comp., Ald., Codd. III, X, 15, 16, 18, alii, Arab. 1, 2, Syro-hex. ⁸ Syro-hex. ܠ. ܠ. ﻋ.ﺳﻮ.ﺳﻮ ﺍﻣﺪﻩ ܡܝ ﻣﺪﻩ. ⁹ Idem: ܠ. ܠ. ܡܫܘ܆.ﻣﻪ.ﻣﻪ.ﻣﻮﺳﻤﻪ ﺷﻢ .ﻣﻪ .ﻣﻪ. ¹⁰ Idem: ܡܝ. Pro ἀνεβίβασεν Codd. 25, 58 (in marg.) ἀνήνεγκεν habent. ¹¹ Sic Syro-hex., et sine obelo Codd. III, X, 18, 19, 25, alii. Cf. Hex. ad Gen. xlv. 9. ¹² Sic Syro-hex., et sine notis Codd. 72, 131 (superscript. manu 1ᵐᵃ), Arab. 1, 2, Arm. 1 (sub ※).

9. וַיֹּאמֶר יְהוָה אֶל־מֹשֶׁה רָאִיתִי אֶת־הָעָם הַזֶּה וְהִנֵּה עַם־קְשֵׁה־עֹרֶף הוּא. Ο΄. Vacat. Σ. Θ. καὶ εἶπεν κύριος πρὸς Μωυσῆν· ἑώρακα τὸν λαὸν τοῦτον, καὶ ἰδοὺ λαὸς σκληροτράχηλός ἐστιν.[13]

11. יֶחֱרֶה אַפְּךָ. Ο΄. θυμοῖ ὀργῇ. Alia exempl. θυμωθήσεται ὀργή ※ Ἑβρ. σου ◂.[14]

13. אֶתֵּן לְזַרְעֲכֶם. Ο΄. δοῦναι αὐτοῖς (alia exempl. τῷ σπέρματι αὐτῶν[15]). Ἀ. δώσω τῷ σπέρματι ὑμῶν.[16]

14. עַל־הָרָעָה אֲשֶׁר דִּבֶּר לַעֲשׂוֹת לְעַמּוֹ. Ο΄. περιποιῆσαι τὸν λαὸν αὐτοῦ. Alia exempl. περὶ τῆς κακίας ἧς εἶπε ποιῆσαι τὸν λαὸν (s. τῷ λαῷ) αὐτοῦ.[17]

18. אֵין קוֹל עֲנוֹת גְּבוּרָה וְאֵין קוֹל עֲנוֹת חֲלוּשָׁה קוֹל עַנּוֹת אָנֹכִי שֹׁמֵעַ. *Non est sonus clamoris victoriae, neque sonus clamoris prostrationis* (eorum qui cladem acceperunt); *sonum invicem canendi ego audio.* Ο΄. οὐκ ἔστι φωνὴ ἐξαρχόντων κατ' ἰσχὺν, οὐδὲ φωνὴ ἐξαρχόντων τροπῆς, ἀλλὰ φωνὴν ἐξαρχόντων ÷ οἴνου ◂ ἐγὼ ἀκούω.[18] Ἀ. οὐκ ἔστι φωνὴ καταλεγόντων κατ' ἰσχὺν, οὐδέ ἐστι φωνὴ καταλεγόντων ἀπὸ τροπῆς· ἀλλὰ φωνὴν καταλεγόντων ἐγὼ ἀκούω. Σ. οὐκ ἔστι βοὴ κελευόντων ἀνδρείαν, οὐδὲ βοὴ κελευόντων τροπήν· ἀλλὰ φωνὴν κακώσεως ἐγὼ ἀκούω. Θ. οὐκ ἔστι φωνὴ πολέμου ἐξαρχόντων κατ' ἰσχὺν, οὐδέ ἐστι φωνὴ ἐξαρχουσῶν τροπῆς· φωνὴν ἐξαρχουσῶν ἐγώ εἰμι ἀκούων.[19] Τὸ Σαμαρειτικόν· οὐκ ἔστι (s. οὐκέτι) φωνὴ ἀποκρίσεως ἀνδρείας, καὶ οὐκ ἔστι (s. οὐκέτι) φωνὴ ἀποκρίσεως ἥττης, ἀλλὰ φωνὴν ἁμαρτιῶν ἐγὼ ἀκούω.[20]

22. אַל־יִחַר אַף. Ο΄. μὴ ὀργίζου ※ θυμῷ ◂.[21]

24. וָאַשְׁלִכֵהוּ. Ο΄. καὶ ἔρριψα ※ αὐτά ◂.[22] Ἀ. Σ. Θ. αὐτά (s. αὐτούς) ◂.[23]

25. וַיַּרְא מֹשֶׁה אֶת־הָעָם כִּי פָרֻעַ הוּא כִּי־פְרָעֹה אַהֲרֹן לְשִׁמְצָה בְּקָמֵיהֶם. *Quum autem videret Moses populum effrenatum esse (nam frena ei dederat Aaron, ut ludibrio esset hostibus suis).* Ο΄. καὶ ἰδὼν Μωυσῆς τὸν λαὸν ὅτι διεσκέδασται· διεσκέδασε γὰρ αὐτοὺς Ἀαρὼν ἐπίχαρμα τοῖς ὑπεναντίοις αὐτῶν. Ἀ. εἶδεν δὲ Μωυσῆς τὸν λαὸν, ὅτι ἀποπετασμένος αὐτός· ὅτι ἀπεπέτασεν αὐτὸν Ἀαρὼν εἰς ὄνομα ῥύπου ἐν ἀνθεστηκόσιν αὐτῶν.[24] Σ. εἶδεν δὲ Μωυσῆς τὸν λαὸν ὅτι γεγύμνωται· προέδωκεν γὰρ αὐτὸν Ἀαρὼν εἰς κακωνυμίαν τοῖς ἀνθεστηκόσιν

---

[13] Codd. 85, 130 (cum ἑόρακα, et om. ἐστιν in fine). Syro-hex. in textu: ※ καὶ εἶπε κύριος (in marg.: Σ. Θ. IIIII) —ἐστιν ◂; et sic sine aster. Codd. 29 (cum ὁ θεὸς pro κύριος), 72 (cum Μωσεῖ λέγων pro πρὸς Μ., et om. λαός), 128 (cum πρὸς Μ. λέγων), Arab. 1, 2 (idem), Arm. 1 (sub ※). [14] Sic Syro-hex., et sine notis Cod. 58. Pronomen etiam est in Cod. 72. [15] Sic Comp., Ald., Codd. III, VII, X, 14, 15, 16, alii, Arab. 1, 2, Arm. 1, Syro-hex. [16] "Ita codex unus."—*Montef.* Mox ad καὶ καθέξουσιν Cod. VII in marg. manu 2[da]: καὶ κληρονομήσουσιν (וְנָחֲלוּ). [17] Sic Comp., Ald., Codd. III, VII, X (cum τῷ λ.), 14, 15 (ut X), 16, alii, Arab. 1, 2, Arm. 1, Syro-hex. [18] Obelus est in Syro-hex. [19] Syro-hex. ܐ. ܠܐ ܐܝܬܘܗܝ ܩܠܐ ܕܡܙܡܪܝܢ ܘܡܚܝܢ ܚܝܠܐ (ܚܣܠܐ). ܘܠܐ ܐܝܬܘܗܝ ܩܠܐ ܕܗܦܟܐ ܕܡܙܡܪܝܢ ܡܢ ܙܟܘܬܐ. ܐܠܐ ܩܠܐ ܕܡܙܡܪܝܢ ܐܢܐ ܫܡܥ ܐܢܐ. ܣ. ܠܐ ܐܝܬܘܗܝ ܩܥܬܐ ܕܦܩܕܝܢ ܓܢܒܪܘܬܐ. ܘܠܐ ܩܥܬܐ ܕܦܩܕܝܢ ܗܦܟܐ ܕܗܪܒܐ. ܐܠܐ ܩܠܐ ܕܡܬܚܫܒܢܘܬܐ ܫܡܥ ܐܢܐ. ܬ. ܠܐ ܐܝܬܘܗܝ ܩܠܐ ܕܩܪܒܐ ܕܡܙܡܪܝܢ ܚܝܠܐ (ܚܣܠܐ). ܘܠܐ ܐܝܬܘܗܝ ܩܠܐ ܕܡܙܡܪܢܝܬܐ ܕܗܦܟܐ. ܐܠܐ ܩܠܐ ܕܡܙܡܪܢܝܬܐ ܐܢܐ ܐܝܬܝ ܫܡܥ ܐܢܐ. (Error amanuensis ܚܣܠܐ pro ܚܝܠܐ est etiam in textu LXXvirali.) In Graecis constituendis, quorum ne vestigium quidem superest, Ceriani ducem habuimus, nisi quod ad Sym. pro ἐντελλομένων, κελευόντων tentavimus, quae vox, etsi rarius quam derivativa ejus, κέλευσμα et κελευστής, de *clamore quo solent excitari homines ad hoc vel illud peragendum* usurpatur. Cf. Hex. ad Jerem. xlviii. 33. [20] Nobil. (cum οὐκέτι bis), Cat. Niceph. p. 913 (cum ἀπὸ κρίσεως bis pro ἀποκρίσεως); necnon Colbert. et duo Regii (omnes cum οὐκ ἔστι). Ceterum in loco obscuro non praetereundus est tersus interpres Graeco-Ven.: οὐ φωνὴν τοῦ ἀντᾴδειν ἰσχύος, οὔτε φωνὴν τοῦ ἀντᾴδειν ἀσθενείας· φωνὴν τοῦ ἀντᾴδειν ἐγὼ πυνθάνομαι. [21] Sic Syro-hex., et sine aster. Codd. 72, 128, 131 (superscript. manu 2[da]), Arm. 1. [22] Sic Syro-hex., et sine aster. Ald., Cod. 72, Arab. 1, 2 (uterque cum *hoc*), Arm. 1 (※ *illud*). [23] Syro-hex. ܐ. ܣ. ܬ. ܐܢܘܢ. [24] Cod. 85 (cum ἀπεπετασμένος). Parum emendate Cod. 130: Ἀ. εἶδεν δὲ Μ. τὸν λαὸν τὸ ἀποπετασμένον τὸ ἀπεπέτασεν αὐτὸν Ἀ. εἰς ὄ. ῥυπὸν ἀνθεστηκὸς αὐτ. (sic). Ad ἀποπετάζειν cf. Hex. ad Ex. v. 4. Deut. xxxii. 42. Deinde ὄνομα ῥύπου est versio Hebraei שִׁמְצָה in duas voces שֵׁם צֹאָה resoluti, qui usus ab indole Aquilae non abhorret. Similiter Hieron.: *propter ignominiam*

αὐτοῖς.²⁵ Θ. καὶ εἶδεν Μωυσῆς τὸν λαὸν, ὅτι διεσκεδασμένος ἐστίν· ὅτι διεσκέδασεν αὐτὸν Ἀαρὼν ἐπίχαρμα τοῖς ἀνθεστηκόσιν αὐτῶν.²⁶

25. פָּרֻעַ. Ο΄. διεσκέδασται. Ἄλλος· ἐξεκαλύφθη.²⁷

26. בְּשַׁעַר הַמַּחֲנֶה. Ο΄. ἐπὶ τῆς πύλης τῆς παρεμβολῆς. Ἄλλος· ἐν τῇ ἀρχῇ τῆς ἐνορίας τοῦ πλήθους.²⁸

29. עֲלֵיכֶם הַיּוֹם. Ο΄. ἐφ᾽ ὑμᾶς ※ Οἱ Γ΄. σήμερον ◄.²⁹

31. וַיָּשָׁב. Ο΄. ὑπέστρεψε (s. ἐπέστρεψε) δέ. Ἄλλος· καὶ ἀπεστράφη.³⁰

Cap. XXXII. 2. θυγατέρων ※ Ἑβρ. ὑμῶν ◄.³¹ 6. – θυσίας (sic) ◄ σωτηρίου.³² 7. – λέγων.³³ 10. ὀργῇ ※ Α. Σ. μου ◄.³⁴ 12. ἀποκτεῖναι ※ αὐτούς ◄.³⁵ 13. – λέγων, πολυπληθυνῶ.³⁶ – τῷ πλήθει ◄.³⁷ 15. πλάκες – λίθιναι ◄.³⁸ 19. τὰς – δύο ◄ πλάκας.³⁹ 20. κατήλεσεν – αὐτὸν ◄.⁴⁰ ἐπότισεν – αὐτό ◄.⁴¹ 22. – πρὸς Μωυσῆν ◄.⁴² κύριέ ※ μου ◄.⁴³ 27. μηρὸν ※ Σ. αὐτοῦ ◄.⁴⁴ 29. – αὐτοῖς ◄.⁴⁵ ἐν τῷ υἱῷ ※ Α. Θ. αὐτοῦ ◄.⁴⁶ ※ Α. Θ. καὶ ◄ ἐν τῷ ἀδελφῷ ※ Ἑβρ. αὐτοῦ ◄.⁴⁷ 31. ∽ κύριε ◄.⁴⁸ 32.

τὴν ἁμαρτίαν ※ αὐτῶν ◄.⁴⁹ 34. τὸν λαὸν – τοῦτον ◄.⁵⁰

Cap. XXXIII.

2. לְפָנֶיךָ מַלְאָךְ. Ο΄. τὸν ἄγγελόν – μου ◄¹ πρὸ προσώπου σου (alia exempl. πρότερόν σου²).

אֶת־הַכְּנַעֲנִי הָאֱמֹרִי וְהַחִתִּי וְהַפְּרִזִּי הַחִוִּי וְהַיְבוּסִי. Ο΄. τὸν Ἀμορραῖον, καὶ Χετταῖον, καὶ Φερεζαῖον, καὶ Γεργεσαῖον, καὶ Εὐαῖον, καὶ Ἰεβουσαῖον, καὶ Χαναναῖον. Alia exempl. τὸν Χαναναῖον ⟨⟩ καὶ ◄ τὸν Ἀμορραῖον, καὶ τὸν Χετταῖον, καὶ τὸν Φερεζαῖον, – καὶ τὸν Γεργεσαῖον ◄, καὶ τὸν Εὐαῖον, καὶ τὸν Ἰεβουσαῖον.³

3. Ο΄. – καὶ εἰσάξω σε ◄.⁴ Alia exempl. καὶ εἰσάξει σε.⁵

4. וַיִּתְאַבָּלוּ וְלֹא־שָׁתוּ אִישׁ עֶדְיוֹ עָלָיו. Et luxerunt, et non induerunt unusquisque ornamenta sua sibi. Ο΄. κατεπένθησαν – ἐν πενθικοῖς ◄,⁶ ※ καὶ οὐκ ἔθηκεν ἀνὴρ κόσμον αὐτοῦ ἐπ᾽ αὐτοῦ ◄.⁷

---

wordis. ²⁵ Codd. 85, 130 (cum κακουνμίαν). Syro-hex. affert: ✦ ܐܘܢ ... ܘܠܐ ... ܚܕܐ ܟܕܐܐ ܘܚܘܠܐ ܀ ²⁶ Codd. 85, 130 (cum τὸν διεσκεδασμένον pro ὅτι δ. ἐστίν, et in fine αὐτὸν pro αὐτῶν). ²⁷ Cod. 56 in marg. ²⁸ Cat. Niceph. p. 915. Lectio scholiastam magis quam interpretem sapit. ²⁹ Sic Syro-hex., et sine notis Cod. 72, Arab. 1, 2, Arm. 1 (sub ※). ³⁰ Sic in textu Codd. 14, 16, alii (inter quos 85, 130, uterque cum ἐπίστρεψε δὲ in marg.). ³¹ Syro-hex. Sic sine notis Cod. 131 (superscript. manu 1ᵐᵃ), Arm. 1. ³² Idem. Sic (pro θυσίαι) sine obelo Arab. 1, 2, Arm. 1. ³³ Idem. ³⁴ Idem. Sic sine notis Codd. 72, 131 (superscript. manu 1ᵐᵃ), Arm. 1 (sub ※). ³⁵ Idem. Sic sine aster. Codd. 14, 16, 56, alii, Arab. 1, 2, Arm. 1 (sub ※). ³⁶ Idem. Cod. 72: λέγων, πληθύναι. ³⁷ Idem, et sub ✦ Arm. 1. Deest in Cod. 58. ³⁸ Idem. In Cod. 58 deest πλάκες λίθιναι. ³⁹ Idem. Vocula deest in Codd. 72, 131 (sed superscript. manu 1ᵐᵃ). ⁴⁰ Idem. Pronomen deest in Codd. III, 64. ⁴¹ Idem. ⁴² Idem. Deest in Cod. 58. ⁴³ Idem. Sic sine aster. Codd. 72, 128, Arm. 1. ⁴⁴ Idem. Sic sine notis Codd. 18, 32, 72, Arm. 1. ⁴⁵ Idem. Deest in Codd. 58, 73, 78. Arm. 1: ※ illis. ⁴⁶ Idem. Sic sine notis Ald., Codd. 72, 128, Arab. 1, 2, Arm. 1.

⁴⁷ Idem. Lectio καὶ ἐν pro ἢ ἐν est in Comp., Ald., Codd. III, VII, X, Lips., 14, 16, 18, aliis, Arm. 1. In fine pronomen deest in Comp., Codd. III, VII, X, Lips., 14, 15, 16, aliis. ⁴⁸ Idem. Deest in Codd. 15, 55, 85, 130. ⁴⁹ Idem, Arm. 1. Pronomen abest ab Ald., Codd. III, VII, 19, 52, aliis. ⁵⁰ Idem. Pronomen deest in Cod. 58.
Cap. XXXIII. ¹ Obelus est in Syro-hex., qui juxta ordinem Hebraeum legit: πρὸ πρ. σου τὸν ἄγγ. – μου ◄. Sic sine obelo Ald., Codd. 15, 55, alii. ² Sic Codd. III, VII (in textu), X, Lips., 14, 16, 18, alii. Duplex versio est in Codd. 74, 84, 106, 134. ³ Sic Syro-hex., et sine obelis Codd. III (cum καὶ Φ. καὶ Γ. καὶ Εὐ. καὶ Ἰεβ.), VII (cum καὶ Γ. καὶ Εὐ. καὶ Ἰεβ.), X (cum καὶ Χετ. καὶ Φ. καὶ Γ. καὶ Εὐ. καὶ Ἰεβ.), Lips. (ut VII), alii. ⁴ Obelus est in Syro-hex. ⁵ Sic Codd. III, X, Lips., 18, 19, alii. ⁶ Sic sub obelo Syro-hex. Verba ἐν πενθικοῖς desunt in Cod. 58, silente Holmesio. ⁷ Sic Cod. X (in marg. cum ἐπέθηκεν), Syro-hex. (sine αὐτοῦ), Arm. 1; et sine aster. Codd. VII (in marg. char. unciali), Lips. (in marg.), 18 (cum ἀπ᾽ αὐτοῦ), 58 (idem), 72 (cum ἐπ᾽ αὐτὸν pro αὐτοῦ ἐπ᾽ αὐτοῦ), alii, Arab. 1, 2 (ex versione Holmesii: nec quisquam induit arma sua).

5. וַיֹּאמֶר יְהוָה אֶל־מֹשֶׁה אֱמֹר. Οʹ. καὶ εἶπε κύριος ※ πρὸς Μωυσῆν εἰπόν ◂.[8]

וְכִלִּיתִךָ. Οʹ. καὶ ἐξαναλώσω (Ἄλλος· ἐξολεθρεύσω[9]) ὑμᾶς.

עֶדְיְךָ מֵעָלֶיךָ. Οʹ. ÷ τὰς στολὰς τῶν δοξῶν ὑμῶν, καὶ ◂ τὸν κόσμον ※ Ἑβρ. σου ἀπὸ σοῦ ◂.[10]

מָה אֶעֱשֶׂה־לָּךְ. Οʹ. ἃ ποιήσω σοι. Ἀ. τί ποιήσω σοι. Θ. ὅτι (ὅ τι) ποιήσω σοι. Σ. ὡς οἱ Οʹ.[11]

7. וְקָרָא לוֹ. Οʹ. καὶ ἐκλήθη ※ Ἑβρ. αὕτη ◂.[12]

אֹהֶל מוֹעֵד. Οʹ. εἰς τὴν σκηνὴν ※ Σ. Θ. τοῦ μαρτυρίου ◂.[13]

8. וְהָיָה כְּצֵאת. Οʹ. ἡνίκα δ' ἂν εἰσεπορεύετο (Ἄλλος· ἐξεπορεύετο[14]).

11. פָּנִים אֶל־פָּנִים. Οʹ. ἐνώπιος ἐνωπίῳ. Ἄλλος· πρόσωπον πρὸς πρόσωπον.[15]

וּמְשָׁרְתוֹ. Οʹ. ὁ δὲ θεράπων (Ἄλλος· ὑπουργὸς[16]) ※ Ἑβρ. αὐτοῦ ◂.[17]

12. בְשֵׁם. Οʹ. παρὰ πάντας. Ἀ. Θ. ὀνόματι. Σ. ὀνομαστί.[18]

13. בְּעֵינֶיךָ. Οʹ. ἐναντίον σου. Σ. παρὰ σοί.[19]

15. אִם־אֵין פָּנֶיךָ הֹלְכִים. Οʹ. εἰ μὴ αὐτὸς σὺ συμπορεύῃ (alia exempl. add. μεθ' ἡμῶν[20]). Ἀ. εἰ πρόσωπά σου μὴ πορεύονται. Σ. Θ. εἰ τὸ πρόσωπόν σου μὴ πορεύεται.[21]

18. הַרְאֵנִי נָא אֶת־כְּבֹדֶךָ. Οʹ. ἐμφάνισόν μοι σεαυτόν. Ἄλλος· δεῖξόν μοι τὴν σεαυτοῦ δόξαν (Ἀ. ὄψιν[22]).[23]

19. אֲנִי אַעֲבִיר כָּל־טוּבִי עַל־פָּנֶיךָ. *Ego praeterire faciam omnem bonitatem meam coram te.* Οʹ. ἐγὼ παρελεύσομαι πρότερός σου (alia exempl. ἐγὼ προπορεύσομαι πρὸ προσώπου σου[24]) τῇ δόξῃ μου.

וְקָרָאתִי בְשֵׁם יְהוָה. *Et clamabo nomen Jovae.* Οʹ. καὶ καλέσω τῷ ὀνόματί μου, κύριος (alia exempl. τῷ ὀνόματι κυρίου[25]).

22. בְּנִקְרַת. *In fissura.* Οʹ. εἰς ὀπήν. Ἀ. Σ. Θ. εἰς τρώγλην (s. κατάδυσιν).[26]

Cap. XXXIII. 6. ÷ καὶ τὴν περιστολήν ◂.[27]

---

[8] Sic Syro-hex. (qui pingit: ※ πρὸς Μ. ◂ εἰπὸν), et sine aster. Ald. (cum λάλησον pro εἰπὸν), Codd. VII (in marg. manu 2da, ut Ald.), 18, 58, 74, alii, Arab. 1, 2, Arm. 1. [9] Sic Cod. X in marg. (cum ἐξολοθ.), teste Montef. Codd. 85, 130 (uterque in marg.): ἐλευθερώσω. Lips. in marg.: ὀλέθρου. Denique Cod. X in marg., teste Holmesio: ὀλεθρευ (sic). Quae omnia, ni fallor, ex scriptura ἐξαναλωσω (sic) (ὀλεθρευ superscr.) fluxerunt. [10] Sic Syro-hex. (qui pingit ÷ τὰς στολὰς ◂ τῶν δ. ὑ. καὶ τὸν κ., repugnante Hebraeo), et sine notis Codd. 58 (cum ἀπ' αὐτοῦ pro ἀπὸ σοῦ), 72, 131 (cum σου ἀπὸ σοῦ superscript. manu 2da), Arm. 1 (cum ※ σου ἀπὸ σοί). [11] Syro-hex. ܐ. ܡܢܐ ܐܥܒܕ ܠܟ. ܬ. ܡܕܡ ܕܐܥܒܕ ܠܟ. ܣ. ܐܝܟ ܫܒܥܝܢ. [12] Sic Syro-hex., et sine notis Cod. 72. Arab. 1, 2: *et vocavit illud.* [13] Sic Syro-hex. (qui pingit: ※ Σ. Θ. τοῦ μ. ※ τὴν ◂ ἔξω), et sine notis Codd. 72, 74, alii, Arm. 1. Voculam τὴν reprobant Comp., Ald., Codd. III, VII, X, Lips., 14, 16, alii. [14] Sic in textu Syro-hex. (cum εἰσεπ. in marg.), Cod. 58, Arab. 1, 2. [15] Sic in marg. Codd. VII (manu 2da), 56. [16] Cod. VII in marg. manu 2da. [17] Sic Syro-hex., et sine notis Codd. 72, 131 (superscript. manu 2da), Arab. 1, 2, Arm. 1 (sub ※). [18] Syro-hex. ܐ. ܬ. ܒܫܡܐ. ܣ. ܡܫܡܗܐܝܬ. [19] Cod. VII in marg. manu 1ma. Sic in marg. sine nom. Codd. X, 85. Statim ad Hebraea הוֹדִעֵנִי נָא אֶת־דְּרָכֶךָ, οʹ. ἐμφάνισόν μοι σεαυτόν, Nobil. affert: "ΑΛ. ΛL. δεῖξόν μοι τὴν σεαυτοῦ δόξαν," quae lectio ad v. 18 pertinet. [20] Sic Comp., Ald., Codd. III, VII, X, Lips., 14, 16, alii, Arab. 1, 2, Arm. 1, Syro-hex. [21] Syro-hex. ܐ. ܐܢ ܦܪ̈ܨܘܦܝܟ ܠܐ ܐܙܠܝܢ. ܣ. ܬ. ܐܢ ܦܪܨܘܦܟ ܠܐ ܐܙܠ. [22] Cod. VII in marg. manu 1ma. Lectio suspecta. [23] Sic in textu Comp., Ald., Codd. III, VII, X, Lips., 14, 16, alii, Arab. 1, 2, Arm. 1, Syro-hex. [24] Sic Codd. 85, 130 (cum παρελεύσομαι πρότερόν σου in marg. manu 1ma). Ad παρελεύσομαι Cod. X in marg.: προπορεύσομαι, et sic in textu Cod. 57. [25] Sic Ald., Codd. III, VII, X, Lips., 14, 16, alii. Cod. 72: ἐν ὀνόματι κύριος. Cod. 58 in marg.: ἐν ὀνόματι κυρίου. Syro-hex. in textu: ἐν ὀνόματι κυρίου (corrigendo ܒܫܡܗ ܕܡܪܝܐ pro ܒܫܡܗ ܡܪܝܐ); in marg. autem: τῷ ὀνόματι (ܒܫܡܐ). [26] "Syro-hex. ܐ. ܣ. ܬ. ܠܡܥܠܢܐ. Sed codices Bar Hebraei Mus. Brit. Addit. MSS. 7186, 21,580 afferunt ex Aquila ܡܥܠܢܐ... In Estranghelo facillime confundi potuit ܡܥܠܢܐ cum ܡܥܠܢܐ, praesertim quod in rasa membrana, ut est hic, atramentum facilius dilatatur. Jam vero vox ܡܥܠܢܐ pro κατάδυσις est 3 Reg. xv. 13, pro τρώγλη Job. xxx. 6; item occurrit in Aq. Psal. lxxxviii. 48, sed deest Graecum. Vox codicis nostri ܡܥܠܢܐ mihi plane ignota."—*Ceriani.* Ad ὀπὴν Cod. VII in marg. manu 2da: σχίσμα. [27] Syro-hex.: ÷ καὶ τὰς περιστολὰς (s. στολὰς) αὐτῶν ◂, invitis testibus Graecis.

7. τὴν σκηνὴν - αὐτοῦ ◄.²⁸ 9. ※ Σ. τῷ ◄ Μωυσῇ.²⁹
12. - μοι ◄ εἶπας.³⁰ 17. καὶ τὸν λόγον - σοι ◄
τοῦτον.³¹ 23. τὴν χεῖρα ※ Οἱ Γ΄. μου ◄.³² ὀφθή-
σεταί - σοι ◄.³³

CAP. XXXIV.

4. וַיִּקַּח בְּיָדוֹ. Ο΄. καὶ ἔλαβε Μωυσῆς (alia exempl. add. μεθ᾽ ἑαυτοῦ¹).

6. יְהוָֹה יְהוָֹה. Ο΄. κύριος. Alia exempl. κύριος, κύριος.²

7. נֹצֵר חֶסֶד. Servans gratiam. Ο΄. καὶ δικαιοσύνην διατηρῶν καὶ (alia exempl. add. ποιῶν³) ἔλεος.

וְנַקֵּה לֹא יְנַקֶּה. Sed non semper impunes sinet (scelestos). Ο΄. καὶ οὐ καθαριεῖ τὸν ἔνοχον. Alia exempl. καὶ τὸν ἔνοχον οὐ καθαριεῖ.⁴ Ἄλλος· καὶ καθαρισμῷ οὐ καθαριεῖ [τὸν ἔνοχον].⁵

9. בְּעֵינֶיךָ אֲדֹנָי. Ο΄. ἐνώπιόν σου, ※ κύριε ◄.⁶

בְּקִרְבֵּנוּ. Ο΄. μεθ᾽ ἡμῶν. Ἀ. ἐντὸς ἡμῶν. Σ. Θ. ἐν μέσῳ ἡμῶν.⁷

9. וּנְחַלְתָּנוּ. Et accipe nos in possessionem. Ο΄. καὶ ἐσόμεθα σοί. Ἄλλος· καὶ κληροδοτήσεις ἡμᾶς.⁸

10. אֲשֶׁר-אַתָּה בְּקִרְבּוֹ. Ο΄. ἐν οἷς εἰ σὺ ※ ἐν μέσῳ αὐτοῦ ◄.⁹

11. וְהַכְּנַעֲנִי וְהַחִתִּי וְהַפְּרִזִּי וְהַחִוִּי וְהַיְבוּסִי. Ο΄. καὶ Χαναναῖον, καὶ Φερεζαῖον, καὶ Χετταῖον, καὶ Εὐαῖον, καὶ Γεργεσαῖον, καὶ Ἰεβουσαῖον. Alia exempl. καὶ τὸν Χαναναῖον, καὶ τὸν Χετταῖον, καὶ τὸν Φερεζαῖον, καὶ τὸν Εὐαῖον, - καὶ τὸν Γεργεσαῖον ◄, καὶ τὸν Ἰεβουσαῖον.¹⁰

12. לְמוֹקֵשׁ. Ο΄. πρόσκομμα. Ἄλλος· ἔγκομμα.¹¹

15. לְיוֹשֵׁב. Ο΄. τοῖς ἐγκαθημένοις. Alia exempl. add. πρὸς ἀλλοφύλους.¹²

מִזִּבְחוֹ. De sacrificio ejus. Ο΄. τῶν θυμάτων (alia exempl. θυσιῶν¹³) αὐτῶν.

16. וְהִזְנוּ אֶת-בָּנֶיךָ. Et scortari faciant filios tuos. Ο΄. καὶ ἐκπορνεύσωσιν οἱ υἱοί (alia exempl. τοὺς υἱούς¹⁴) σου.

18. הָאָבִיב. Ο΄. τῶν νέων. Ἄλλος· (τῶν) πρωίμων.¹⁵

---

²⁸ Syro-hex. Pronomen reprobat Comp. ²⁹ Idem. Sic sine notis Cod. 128. ³⁰ Idem. Deest μοι in Codd. 58, 59. ³¹ Idem. Sic sine obelo (pro καὶ τοῦτόν σοι τὸν λ.) Codd. 58 (cum σου), 72. ³² Idem. Sic sine notis Comp., Ald., Codd. X, Lips., 16, 18, alii, Arab. 1, 2. ³³ Idem. Pronomen deest in Arm. 1.

CAP. XXXIV. ¹ Sic Codd. III, VII (cum μεθ᾽ αυτου), Lips., 57, (non 58), 73, 77 (cum μετ᾽ αὐτοῦ), 78, (non 84), 85, 108, 128, 129, 130. 131 (ut 77), Arm. codd. et edd., Georg., Slav. Ostrog. (Cum Holmesius de hac lectione prorsus sileat, tantummodo notans: + cum κε Copt., enumeravi omnes libros quorum collationes ipse vidi, de ceteris nihil definiens.) ² Sic Comp., Ald., Codd. III, VII, X, Lips., 16, 18, alii, et Syro-hex. (cum ܚܣܝ ܚܣܝ in marg.). ³ Sic Comp., Ald., Codd. III, VII, X, Lips., 14, 16, alii, invito Syro-hex., qui praeterea pingit: - καὶ δικαιοσύνην ◄ διατηρῶν καὶ (potius: - καὶ ◄) ἔλεος. ⁴ Sic Comp., Ald., Codd. III, VII, X, Lips., 14, 16, alii, Syro-hex. ⁵ Sic Codd. X (in marg.), Lips. (in marg.), 58, 75. Alius ordo, καὶ καθαρισμῷ τὸν ἔ. οὐ κ., est in Codd. 74, 76, 84, 106, 134. Denique Cod. 18: καὶ τὸν ἔ. καθαρισμῷ οὐ κ. ⁶ Sic Syro-hex., et sine aster. Codd. VII, 131 (uterque superscript. manu 2ᵈᵃ), Arab. 1, 2, Arm. 1. ⁷ Syro-hex. ܟܣܝ ./

ܣܘ .܏. ܚܣܟܚܚ. ⁸ Cod. VII superscript. manu 2ᵈᵃ. Cf. Hex. ad Jos. xix. 49. ⁹ Sic Syro-hex., et sine aster. Cod. 72 (cum εἰσὶν pro εἰ σύ). Arm. 1: ※ ἐν οἷς εἰ σὺ ※ ἐν μέσῳ αὐτῶν. ¹⁰ Sic Syro-hex., et sine obelo Comp., Ald., Codd. III, VII, X, Lips., 14, 16, 18, 25, alii; nisi quod articulos tres posteriores habent tantum Codd. III, Lips., 59, 128 (cum καὶ Εὐαῖον), 130 (cum τὸν Ἰεβ. καὶ τὸν Γεργ.), 131 (idem). Praeterea τὸν Ἰεβ. καὶ τὸν Γεργ. hoc ordine exhibent Codd. 14, 16, 25, alii. ¹¹ Sic in textu Codd. 75, 85 (cum πρόσκ. in marg.), 130 (idem). Hesych.: "Ἔγκομμα· πρόσκομμα. Ad πρόσκομμα Cod. 72 in marg.: εἰς. ¹² Sic Codd. II, III (ex corr. manu 2ᵈᵃ), 15. Codd. X, Lips. ad τοῖς ἐγκ. (v. 12) in marg.: πρὸς ἀλλοφύλους. Scholium esse videtur. ¹³ Sic Comp., Ald., Codd. III, VII, X, Lips., 14, 16, alii. In Ed. Rom. vox θυμάτων casu excidit, sed legitur in Cod. Vat. juxta ed. Maianam et collationem qua usus est Holmesius, qui tamen eidem oscitanter tribuit θυσιῶν. Syro-hex. ܡܢ ܚܣܐ (ܐܣܚ) ܕܟܚܣܘ̈, h. e. τῶν θυμάτων αὐτῶν, ut Codd. 58, 72, qui Syro nostro affines sunt. ¹⁴ Sic Comp., Ald., Codd. VII, X, 14 (cum τοῖς υἱοῖς), 15, 16 (ut 14), alii, Arm. 1. Ambigue Syro-hex. ܣܘܣܚ ܚܣܠ ܣܘܣ. ¹⁵ Cod. VII in marg. manu 2ᵈᵃ. Cf. ad Cap. xxiii. 15.

19. וְכָל־מִקְנְךָ תִּזָּכָר . *Et omne pecus tuum*, quod *natum est masculum.* Ο΄. ✕ Θ. καὶ πάντων τῶν κτηνῶν σου ◄ τὰ ἀρσενικά.[16]

20. וַעֲרַפְתּוֹ . *Cervices ei franges.* Ο΄. τιμὴν δώσεις (alia exempl. add. αὐτοῦ[17]). Ἀ. τενοντο-κοπήσεις αὐτό. Σ. τραχηλοκοπήσεις αὐτό.[18] Θ. νωτοκοπήσεις αὐτό.[19]

21. תִּשְׁבֹּת . Ο΄. καταπαύσεις. Ἀ. Σ. ἀργήσεις.[20]

22. בִּכּוּרֵי קְצִיר . *Primitias messis.* Ο΄. ἀρχὴν θερισμοῦ. Οἱ λοιποί· ἀρχὴ τῶν πρωτογεννη-μάτων.[21]

וְחַג . Ο΄. καὶ ἑορτήν (alia exempl. ἀρχήν[22]). Ἀ. Θ. καὶ ἑορτήν. Σ. καὶ πανήγυριν.[23]

תְּקוּפַת הַשָּׁנָה . *Ad decursum anni.* Ο΄. με-σοῦντος τοῦ ἐνιαυτοῦ. Ἄλλος· πλήρωμα . .[24]

24. שָׁלֹשׁ פְּעָמִים . Ο΄. τρεῖς καιρούς (Ἀ. καθό-δους[25]).

25. זִבְחִי . Ο΄. θυμιαμάτων (alia exempl. θυσιασμά-των; alia, θυμάτων[26]) μου.

29. וּשְׁנֵי לֻחֹת . Ο΄. καὶ αἱ δύο (alia exempl. καὶ ἰδοὺ αἱ[27]) πλάκες. Ο΄. Σ. Οἱ λοιποί (καὶ) αἱ δύο . .[28]

הָעֵדֻת . *Testimonii* (legis). Ο΄. Vacat. ✕ τῆς διαθήκης ◄.[29] Ἀ. Σ. τῆς μαρτυρίας. Θ. τοῦ μαρ-τυρίου.[30]

וּמֹשֶׁה לֹא־יָדַע כִּי קָרַן עוֹר פָּנָיו . *Et Moses nesciebat quod radios emitteret cutis faciei ejus.* Ο΄. Μωυσῆς οὐκ ᾔδει ὅτι δεδόξασται (Ἀ. cor-nuta erat[31]) ἡ ὄψις τοῦ χρώματος (alia exempl. χρωτὸς[32]) τοῦ προσώπου αὐτοῦ.

30. וְכָל־בְּנֵי . Ο΄. καὶ πάντες οἱ πρεσβύτεροι (alia exempl. υἱοί[33]).

35. עוֹר פְּנֵי מֹשֶׁה . Ο΄. Vacat. Alia exempl. ἡ ὄψις τοῦ προσώπου αὐτοῦ.[34] Alia: ✕ Θ. ἡ ὄψις ◄ τοῦ χρωτὸς τοῦ προσώπου αὐτοῦ.[35]

אֶת־הַמַּסְוֶה . *Tegumentum.* Ο΄. ✕ Σ. Θ. τὸ ◄ κάλυμμα.[36]

עַד־בֹּאוֹ . Ο΄. ἕως ἂν εἰσέλθῃ ✕ Ἀ. Θ. αὐτός ◄.[37]

---

[16] Sic Syro-hex., et sine aster. Codd. 58 (sine καὶ et σου), 72 (sine σου). Post τὰ ἀρσ. Codd. 128, 131 (in marg. manu 2da) add. καὶ πάντων τῶν κτ. σου. [17] Sic Comp., Ald., Codd. III, VII, X, 16, 18, alii, Syro-hex. [18] Codd. X, Lips., 85 (cum τεναντ.), 130 (cum τεναντ. et αὐτόν (bis)). Syro-hex. ܡܠܐ ܣ. ܐܩܩܡܕ ܣ. ܟ݁ܪܐܘ݁ ܀ ܐܩܩܡܕ ܀܀ . [19] Syro-hex. ܣ. ܣܪܐ ܘܡܠܐ ܀܀ . ad Cap. xiii. 13. [20] Idem: ܀. ܒܟ݁ܠܐܒܝ . ܀. Cf. ad Cap. xvi. 30. (Vox Syriaca commutatur cum ἀργεῖν Eccles. xii. 3. 1 Esdr. ii. 25. Sirac. xxx. 27 (xxxiii. 32) in Syro-hex.) [21] Nobil. (cum ΑΛ. LL. pro Οἱ λοιποί), Cat. Ni-ceph. p. 933. Montef. e tribus Regiis et Basil. edidit: Οἱ λοιποί· ἀρχὴ πρωτογεννημάτων, sine artic. Ad ἀρχὴν Cod. Lips. in marg.: Οἱ Λ. πρωτογεννημάτων (sic); et Cod. 130 in marg. manu 1ma: πρωτογεννημίτων. Proculdubio aut vox ἀρχὴ e versione Seniorum irrepsit, ut τῶν πρωτογεννημάτων cum Hebraeo בכורי solo componatur; aut, quod magis placet, integra lectio pertinet ad רֵאשִׁית בִּכּוּרֵי (v. 26). Verum ante nos vidit Scharfenb. in *Animadv.* p. 76. [22] Sic Codd. II, 15, 129, Syro-hex. [23] Syro-hex. ܀. ܀. ܘܟܙܘܪܝ ܣ. ܡ. ܟ݁ܘܕܐܙ . Ad Sym. cf. Hex. ad Lev. xxiii. 41. 1 Reg. xxx. 16. Psal. cxvii. 27. [24] Cod. VII in marg. manu 2da. Graeco-Ven.: τῆς τροπῆς τοῦ ἔτους. [25] Codd. 85, 130 (in marg. sine nom.). Cf. Hex. ad 1 Reg. iii. 10. 3 Reg. xxii. 6. Jesai. xli. 7. [26] Nobil. Prior lectio est in Ald., Codd. III, VII, X, Lips., 18, 29, aliis; posterior

in Codd. 15, 58, 129. Praeterea θυσιάσματος testantur Comp., Codd. 14, 16, alii, et Syro-hex. (ܕܕܒܚܐ). Mox ad καὶ οὐ κοιμηθήσεται Cod. VII in marg. manu 2da: καὶ οὐ μείνῃ. [27] Sic Ald., Codd. III, VII, Lips., 14, 16, alii (inter quos 130). [28] Cod. 130 in marg. manu 1ma: ὁ καὶ ὁ λ. αἱ δύο. [29] Sic in textu Syro-hex., Arm. 1, et sine aster. Cod. 72. [30] Syro-hex. ܀. ܡ. ܠܣܗܕܘܬܐ . ܀ ܠܣܗܕܘܬܐ . Ad Aq. et Sym. cf. Hex. ad 4 Reg. xi. 12. Psal. lix. 1. lxxix. 1. Cod. VII in marg. manu 2da: τῶν μαρτυρίων. [31] Hieron. in Comment. ad Amos vi. 13 (Opp. T. VI, p. 321): "Unde et in Exodo juxta He-braicum et Aquilae editionem legimus: *Et Moyses nescie-bat quia cornuta erat species vultus ejus*; qui vere dicere poterat: *In te inimicos meos cornu ventilo.*" Aquilae Graeca vox ignoratur; certe quod quasi istius interpretis lectionem excitavit Gesen. in *Thes. Ling. Hebr.* p. 1238, κερα-τώθη ἦν, est merum ex Hieronymo figmentum. [32] Sic Comp., Ald., Codd. III, VII, X, Lips., 14, 15, 16, alii, et Syro-hex. [33] Sic Comp., Ald., Codd. III, VII, X, Lips. (cum et πρ. in marg.), 14, 16, alii, Arab. 1, 2, Arm. 1, Syro-hex. [34] Sic Codd. 14, 16, 25, alii. [35] Sic Syro-hex. Cod. 72: ἡ ὄψις τοῦ χρώματος αὐτοῦ. Arm. 1, et sine aster. Arab. 1, 2: *visus* ✕ *coloris faciei ejus.* Unde apud Syrum nostrum fortasse pingendum: ἡ ὄψις ✕ Θ. τοῦ χρω-τὸς ◄ τοῦ πρ. αὐτοῦ. [36] Sic Syro-hex., et sine notis Codd. III, VII, X, Lips., 14, 16, alii. [37] Syro-hex.

Cap. XXXIV. 7. καὶ ※ Ἀ. Θ. ἐπὶ ◄ τετάρτην
᛫ γενεάν ◄.³⁸ 8. προσεκύνησε ᛫ κυρίῳ ◄.³⁹ 9. συμ-
πορευθήτω ※ δή ◄.⁴⁰ 10. ᛫ κύριος πρὸς Μωυσῆν ◄.⁴¹
τίθημί ᛫ σοι ◄.⁴² 11. ᛫ πάντα ◄.⁴³ σοι ※ Οἱ Γ΄.
σήμερον ◄.⁴⁴ 12. ※ Ἀ. Θ. σὺ ◄ εἰσπορεύῃ.⁴⁵ μή
※ Ἑβρ. ποτε ◄.⁴⁶ 14. ᛫ ὁ θεός ◄.⁴⁷ ὄνομα ※ Ἑβρ.
αὐτοῦ ◄.⁴⁸ 16. ᛫ καὶ τῶν θυγατέρων σου δῷς τοῖς
υἱοῖς αὐτοῦ ◄.⁴⁹ 20. ※ καὶ ◄ οὐκ ὀφθήσῃ.⁵⁰ 24.
※ Οἱ Γ΄. καὶ ◄ οὐκ ἐπιθυμήσει.⁵¹ 28. ᛫ Μωυσῆς ◄.⁵² 32. ᛫ πρὸς αὐτόν ◄.⁵³ 34. ᛫ πᾶσι ◄.⁵⁴
᛫ κύριος ◄.⁵⁵

CAP. XXXV.

3. הַשַּׁבָּת. Ο'. τῶν σαββάτων· ἐγὼ κύριος.¹ Ἀ.
Σ. τοῦ σαββάτου. Θ. τῶν σαββάτων.²

5. נְדִיב. Spontaneus. Ο'. ὁ καταδεχόμενος. Ἀ.
ἑκουσιαζόμενος. Σ. αὐθαίρετος.³

7, 8. עֲצֵי שִׁטִּים: וְשֶׁמֶן לַמָּאוֹר וּבְשָׂמִים לְשֶׁמֶן
הַמִּשְׁחָה וְלִקְטֹרֶת הַסַּמִּים. Ο'. καὶ ξύλα
ἄσηπτα, ※ Θ. καὶ ἔλαιον εἰς τὸ φῶς, καὶ ἀρώ-

ματα εἰς τὸ ἔλαιον τῆς χρίσεως, καὶ εἰς τὸ
θυμίαμα τῆς συνθέσεως ◄.⁴ Σ. καὶ ξύλα ἀκάν-
θινα, καὶ ἔλαιον εἰς φαῦσιν, καὶ ἀρώματα εἰς
τὸ ἔλαιον τῆς χρίσεως, καὶ εἰς τὸ θυμίαμα τῶν
ἡδυσμάτων.⁵

9. וְאַבְנֵי־שֹׁהַם. Ο'. καὶ λίθους σαρδίου (Οἱ λοιποί·
ὄνυχος⁶).

וְאַבְנֵי מִלֻּאִים. Ο'. καὶ λίθους εἰς τὴν γλυφήν
(Οἱ λοιποί· πληρώσεως⁷).

וְלַחֹשֶׁן. Ο'. καὶ (εἰς) τὸν ποδήρη (Ἀ. Θ. τὸ λό-
γιον⁸).

11. אֶת־אָהֳלוֹ. Tentorium ejus. Ο'. καὶ τὰ παραρύματα ※ Ἑβρ. αὐτῆς ◄.⁹ Οἱ λοιποί· καὶ
τὴν σκέπην αὐτῆς.¹⁰

אֶת־קְרָסָיו. Uncinos ejus. Ο'. καὶ τὰ διατόνια
※ Ἑβρ. αὐτῆς ◄.¹¹ Ἀ. κρίκους. Σ. Θ. περό-
νας.¹²

וְאֶת־קְרָשָׁיו. Et asseres ejus. Ο'. ※ Σ. Θ.
καὶ τὰς σανίδας αὐτῆς ◄.¹³

וְאֶת־אֲדָנָיו. Ο'. Vacat. ※ καὶ τὰς βάσεις
αὐτῆς ◄.¹⁴

---

³⁸ Syro-hex., qui pingit: ※ Ἀ. Θ. καὶ ἐπί ◄. ³⁹ Idem.
Sic sine obelo Codd. 58, 72, 131 (superscript. manu 2ᵈᵃ);
et (cum τῷ κ.) Comp., Codd. 37, 53, 56, 132, Arab. 1, 2.
⁴⁰ Idem. ⁴¹ Idem. Verba πρὸς Μ. desunt in Codd. 58, 71.
⁴² Idem. Pronomen reprobat Cod. III. ⁴³ Idem.
Arm. 1: ※ omnia. ⁴⁴ Idem. Sic sine notis Cod. 72,
Arab. 1f 2, Arm. 1. ⁴⁵ Idem. Sic sine notis Comp.,
Codd. 19. 72, 108. ⁴⁶ Idem (pro μή σοι), qui pingit:
※ Ἑβρ. μήποτε ◄. Sic (pro μή σοι) sine notis Comp., Ald.,
Codd. III, VII, X, Lips., 14, 16, 18, alii. ⁴⁷ Idem.
Deest in Cod. 58. ⁴⁸ Idem. Sic sine notis Cod. 72.
⁴⁹ Idem. Sic sub ※ Arm. 1. ⁵⁰ Idem. Sic sine aster.
Cod. 72, Arab. 1, 2, Arm. 1. ⁵¹ Idem. ⁵² Idem.
⁵³ Idem. ⁵⁴ Idem. Deest in Codd. 53, 58. ⁵⁵ Idem.
Cap. XXXV. ¹ Haec, ἐγὼ κύριος, desunt in Codd. 53,
72, Arab. 1, 2, et Syro-hex. (cum ܡܪ ܐܢܐ܂ ܕ܂ܠ in marg.).
² Syro-hex.: ܐܢܐ ܡܪ ܕ܂ ܠ .ܡ .ܠ ◄ ܐܢܐ ܡܪ. ³ Codd.
Lips., 85, 130. Ad Sym. cf. ad Cap. xxv. 2. ⁴ Sic in
textu Syro-hex. (cum ἄρωμα pro ἀρώματα), et sine notis
Codd. 72, 128. Codd. 85, 130 in textu: καὶ ξ. ἄσηπτα, καὶ
ἔλαιον τῆς χρ., καὶ τὸ θ. τῆς συνθέσεως; in marg. autem: Θ.
καὶ ξ. ἄσηπτα—συνθέσεως. ⁵ Codd. 85, 130. Cf. ad
Cap. xxx. 7. ⁶ Codd. X, Lips., 85 (in marg. sine nom.),
130. Cf. ad Cap. xxv. 7. xxviii. 9. ⁷ Codd. X, Lips.

(uterque ad ποδήρη), 85 (in marg. sine nom.), 130. Cf. ad
Cap. xxv. 7. ⁸ Codd. X, Lips. (uterque ad γλυφήν),
85 (ad ἐπωμίδα). Comp.: καὶ εἰς τὸ λογεῖον. Cf. ad Cap.
xxviii. 4, 23, 24. ⁹ Sic Syro-hex., et sine notis Codd.
58, 72, Arab. 1, 2, Arm. 1. (Vox παραρύματα Syro nostro
est ܓܝܐ, ܡܪ܂, texturae ornamenti. Cf. Hesych. s. v.)
¹⁰ Codd. X, Lips., 85 (in marg. sine nom.), 130. Syro-
hex. ܀ ܡܪ ܘܡܥܠ ܘܟܬܣ ܝܢ܂ ܠ .ܡ .ܠ. Nobil. ad καὶ τὰ
κατακαλύμματα affert: Schol. Οἱ λοιποί· τὴν σκέπην αὐτῶν.
¹¹ Sic Syro-hex., et sine notis Cod. 72, Arab. 1, 2, Arm. 1
(sub ※). ¹² Codd. X, Lips., 85 (teste Montef., cum
περόνας), 130 (vid. not. seq.), qui omnes Σ. pro Σ. Θ.
habent. Syro-hex. affert: Ἀ. Σ. Θ. καὶ τοὺς κρίκους αὐτῆς
(ܡܢܣ ܝ ܡܟܣ ܘܟܠ), tribus interpretibus tribuens, quod
unius Aquilae est: deinde ad μοχλοὺς perperam appingit:
Σ. Θ. περόνας (ܟܟܣ). Cf. ad Cap. xxxix. 33. ¹³ Sic
Syro-hex. (qui minus probabiliter pingit: καὶ τὰς σανίδας
※ Σ. Θ. αὐτῆς ◄), et sine notis Codd. VII (in marg. manu
2ᵈᵃ), 72. Ad μοχλοὺς Cod. 85 in marg.: τὰς σανίδας (sic)
αὐτῆς. Ad καὶ τοὺς ἀναφορεῖς αὐτῆς (v. 12) Cod. 130 in
marg. lectiones ineptas consarcinavit: Ἀ. κρίκους. Σ. περόνας. Θ. καὶ τὰς σανίδας αὐτῆς. ¹⁴ Sic Syro-hex. (qui
male pingit: καὶ τὰς βάσεις ※ αὐτῆς ◄), et sine aster. Codd. 58
(sine αὐτῆς), 72, Arab. 1, 2.

12-19. אֶת־הָאָרֹן—וְאֶת־בִּגְדֵי בָנָיו לְכַהֵן. O'.
καὶ τὴν κιβωτὸν τοῦ μαρτυρίου, καὶ τοὺς ἀναφορεῖς αὐτῆς, καὶ τὸ ἱλαστήριον αὐτῆς, καὶ τὸ
καταπέτασμα· καὶ τὰ ἱστία τῆς αὐλῆς, καὶ
τοὺς στύλους αὐτῆς· καὶ τοὺς λίθους [τοὺς]
τῆς σμαράγδου· καὶ τὸ θυμίαμα, καὶ τὸ ἔλαιον
τοῦ χρίσματος· καὶ τὴν τράπεζαν, καὶ πάντα
τὰ σκεύη αὐτῆς· καὶ τὴν λυχνίαν τοῦ φωτός,
καὶ πάντα τὰ σκεύη αὐτῆς· καὶ τὸ θυσιαστήριον, καὶ πάντα τὰ σκεύη αὐτοῦ· καὶ τὰς στολὰς τὰς ἁγίας Ἀαρὼν τοῦ ἱερέως, καὶ τὰς στολὰς
ἐν αἷς λειτουργήσουσιν ἐν αὐταῖς· καὶ τοὺς χιτῶνας τοῖς υἱοῖς Ἀαρὼν τῆς ἱερατείας· καὶ τὸ
ἔλαιον τοῦ χρίσματος, καὶ τὸ θυμίαμα τῆς συνθέσεως. Alia exempl. (12) καὶ τὴν κιβωτὸν
— τοῦ μαρτυρίου ◄,[15] καὶ τοὺς ἀναφορεῖς αὐτῆς,
— καὶ ◄ τὸ ἱλαστήριον — αὐτῆς ◄, καὶ τὸ καταπέτασμα (וְאֵת פָּרֹכֶת)· — καὶ τοὺς λίθους τῆς
σμαράγδου· καὶ τὰ θυμιάματα· καὶ τὴν τράπεζαν, καὶ πάντα τὰ σκεύη αὐτῆς ◄· τὸ συσκιάζον
(הַסָּךְ), (13) τὴν τράπεζαν· אֶת־הַשֻּׁלְחָן), ✖ καὶ
τοὺς ἀναφορεῖς αὐτῆς, καὶ πάντα τὰ σκεύη αὐτῆς, καὶ τοὺς ἄρτους τοῦ προσώπου ◄.[16] (14) καὶ
τὴν λυχνίαν τοῦ φωτὸς, καὶ — πάντα ◄[17] τὰ
σκεύη αὐτῆς, ✖ Θ. καὶ τοὺς λύχνους αὐτῆς,

καὶ τὸ ἔλαιον τοῦ φωτός· (15) καὶ τὸ θυσιαστήριον τοῦ θυμιάματος, καὶ τοὺς ἀναφορεῖς αὐτοῦ ◄,[18] καὶ τὸ ἔλαιον τοῦ χρίσματος, καὶ τὸ
θυμίαμα τῆς συνθέσεως, καὶ τὸ ἐπίσπαστρον
(מָסָךְ) τῆς θύρας τῆς σκηνῆς· (16) καὶ τὸ
θυσιαστήριον ✖ Σ. Θ. τῆς ὁλοκαυτώσεως, καὶ
τὸ κοσκίνωμα τὸ χαλκοῦν τὸ αὐτοῦ (אֲשֶׁר־לוֹ),
τοὺς ἀναφορεῖς αὐτοῦ ◄,[19] καὶ πάντα τὰ σκεύη
αὐτοῦ· ✖ Σ. καὶ τὸν λουτῆρα, καὶ τὴν βάσιν
αὐτοῦ·[20] (17) ✖ καὶ τὰ ἱστία τῆς αὐλῆς, καὶ
τοὺς στύλους αὐτῆς, καὶ τὰς βάσεις αὐτῆς, καὶ
τὸ ἐπίσπαστρον[21] (מָסָךְ) τῆς πύλης τῆς αὐλῆς·
(18) καὶ τοὺς πασσάλους τῆς σκηνῆς, καὶ τοὺς
πασσάλους τῆς αὐλῆς, καὶ τὰ περισσὰ αὐτῶν·[22]
καὶ τὰς στολὰς ἐν αἷς λειτουργοῦσιν ἐν αὐταῖς
ἐν τῷ ἁγίῳ, καὶ τὰς στολὰς τὰς ἁγίας Ἀαρὼν
τοῦ ἱερέως, καὶ τοὺς χιτῶνας τοῖς υἱοῖς Ἀαρὼν
τῆς ἱερατείας.[23]

18. וְאֶת־מֵיתְרֵיהֶם. Et funiculos eorum. ✖ καὶ
τὰ περισσὰ αὐτῶν ◄. 'Α. Σ. καὶ τοὺς κάλους..[24]

19. אֶת־בִּגְדֵי הַשְּׂרָד לְשָׁרֵת בַּקֹּדֶשׁ. Vestes texturae (s. operis ocellati) ad ministrandum in
sancto. O'. καὶ τὰς στολὰς ἐν αἷς λειτουργήσουσιν (s. λειτουργοῦσιν[25]) ἐν αὐταῖς (alia

❖

---

[15] Haec, a Syro-hex. obelo notata, desunt in Cod. 58.
Statim Syro-hex. male pingit: —καὶ τοὺς ἀναφορεῖς αὐτῆς,
καὶ τὸ Ἱλ. αὐτῆς, καὶ τὸ κατ., καὶ πάντα τὰ σκεύη
αὐτῆς ◄, quae nos, obelis juxta Hebraeam veritatem positis,
reformavimus. Post ἱλαστήριον pronomen deest in Comp.,
Cod. 55.   [16] Sic sub asterisco (qui ante τὸ συσκιάζον
rectius poneretur) Syro-hex., et sine aster. Cod. 72 (omissa
clausula, καὶ τοὺς ἄρτους τοῦ πρ.), Arab. 1, 2 (uterque cum
et panem propositionis (προθέσεων)).   [17] Obelus est in
Syro-hex., qui pingit: — καὶ πάντα ◄.   [18] Sic Syro-hex.,
et sine aster. Cod. 72, Arab. 1, 2.   [19] Sic Syro-hex.
(cum τὸ χαλκοῦν αὐτοῦ), et sine notis Codd. 72 (cum τὸ χ.
τοῦ αὐτοῦ, καὶ τοὺς), 85 (in marg. cum τὸ χ. τὸ (non τοῦ, ut
Holmes.) αὐτοῦ, καὶ τοὺς), Arab. 1, 2.   [20] Sic Syro-hex.,
et sine notis Codd. 72 (qui post λουτῆρα male infert καὶ τὰ
σκεύη αὐτοῦ), 85 (in marg.), Arab. 1, 2. Cum metobelus
desit (nam quae sequuntur, ✖ καὶ τὰ ἱστία—καὶ τὰ περισσὰ
αὐτῶν ◄, non sunt Symmachi, sed Theodotionis), pingendum
videtur, aut: ✖ Σ. καὶ ◄ ✖ τὸν λ., καὶ τὴν β. αὐτοῦ· καὶ τὰ
ἱστία κ.τ.έ.; aut: ✖ Σ. καὶ τὸν λ. καὶ τὴν β. αὐτοῦ ◄ ✖ καὶ τὰ

ἱστία κ.τ.έ.   [21] Sic Codd. 72, 85 (in marg.). Syro-hex.
in textu: ‏ܟ̈ܒܐ‎, quod τὸ ἐπίσπαστρον sonat Cap. xxvi. 36.
xxxv. (15); in marg. autem: TO ΠΑΡΑΤΑΝΥϹΜΑ, quod
non Theodotionis, sed Aquilae et Symmachi est, coll. Hex.
ad Exod. xxvi. 36. xxvii. 16. Num. iv. 26. Suspicatur
tamen Ceriani, ἐπίσπαστρον Nostrum in textu et legisse et
vertisse; alteram autem lectionem esse aliorum interpretum, cujus Syra versio aut exciderit, aut ne exstiterit
quidem.   [22] ✖ καὶ τὰ περισσὰ—περισσὰ αὐτῶν ◄. Sic Syro-
hex. Cod. 72: καὶ τὰ ἱμάτια (sic) τῆς αὐλῆς, καὶ τοὺς στ.
αὐτῆς, καὶ τοὺς πασσάλους τῆς αὐλῆς, καὶ τὰς β. αὐτῆς, καὶ τὸ ἐπ.
τῆς π. τῆς αὐλῆς, καὶ τὰ περισσὰ αὐτῶν. Cod. 85 in marg.:
καὶ τὰ ἱστία τῆς αὐλῆς, καὶ τοὺς στ. αὐτῆς, καὶ τὸ ἐπ. τῆς αὐλῆς
(Montef. πύλης), καὶ τοὺς πασσάλους τῆς σκηνῆς, καὶ τὰ π.   [23] καὶ τὰς στολὰς—τῆς ἱερατείας. Sic Codd. 58,
72, Arab. 1, 2, Syro-hex.   [24] Syro-hex. ‏.ܐ ܣ܏ ܠܚܒ̈ܠܐ‎
Cf. Hex. ad Psal. xx. 13. Jesai. liv. 2. Jerem. x. 20.
Comp., Cod. VII (in marg. manu 2da): καὶ τὰ σχοινία αὐτῶν,
quod vocem Syriacam aeque reddit.   [25] Sic Codd. III,
VII, X, Lips. 16, 18, alii, Arab. 1, 2, Syro-hex.

exempl. add. ἐν τῷ ἁγίῳ²⁶). Ἄλλος· τὰ ἱμάτια
τῆς ὑπουργίας τοῦ ὑπουργεῖν εἰς τὸ ἅγιον.²⁷

21. וְכֹל אֲשֶׁר נָדְבָה רוּחוֹ אֹתוֹ. Et quemcunque
impulerit spiritus ejus. Ο΄. καὶ ὅσοις ἔδοξε τῇ
ψυχῇ αὐτῶν [ἀφαίρεμα]. Ἀ . . . οὗ ἂν ἑκου-
σιάσατο πνεῦμα αὐτοῦ.²⁸

22. כָּל נְדִיב לֵב. Ο΄. πᾶς ᾧ ἔδοξε τῇ διανοίᾳ.
Ἀ. (πᾶς) ἑκούσιος καρδίᾳ.²⁹ Σ. (πᾶς) ὁ αὐθαίρετος τῇ διανοίᾳ.³⁰

וְכוּמָז. Et globulos aureos (quos in carpo manus
colloque gestabant). Ο΄. – καὶ ἐμπλόκια ◄,³¹
καὶ περιδέξια (Ἄλλος· περιδέρραια³²).

וְכָל־אִישׁ. Ο΄. καὶ πάντες ※ Ἀ. Θ. ἄνδρες ◄.³³

23. וְכָל־אִישׁ אֲשֶׁר נִמְצָא אִתּוֹ תְּכֵלֶת וְאַרְגָּמָן
וְתוֹלַעַת שָׁנִי וְשֵׁשׁ וְעִזִּים וְעֹרֹת אֵילִם
מְאָדָּמִים וְעֹרֹת תְּחָשִׁים הֵבִיאוּ. Ο΄. καὶ
παρ᾽ ᾧ εὑρέθη βύσσος, καὶ δέρματα ὑακίνθινα,
καὶ δέρματα κριῶν ἠρυθροδανωμένα ἤνεγκαν.
Alia exempl. καὶ πᾶς ※ Ἀ. Θ. ἀνὴρ ◄ ᾧ
εὑρέθη παρ᾽ αὐτῷ ※ Σ. ὑάκινθος ◄, καὶ πορφύρα, καὶ κόκκινον ἀλλοιούμενον, καὶ βύσσος,

※ Σ. καὶ τρίχες ◄ αἴγειαι, καὶ δέρματα κριῶν
ἠρυθροδανωμένα, καὶ δέρματα ὑακίνθινα ἤνεγ-
καν.³⁴ Ἀ. καὶ πᾶς ἀνὴρ ᾧ εὑρέθη σὺν αὐτῷ
ὑάκινθος, καὶ πορφύρα, καὶ σκώληκος διάφορον,
καὶ βύσσος, καὶ αἴγεια, καὶ δέρματα . . . Σ.
καὶ πᾶς ἀνὴρ παρ᾽ ᾧ εὑρέθη παρ᾽ αὐτῷ ὑάκινθος, καὶ πορφύρα, καὶ κόκκινον δίβαφον, καὶ
βύσσος, καὶ τρίχες, καὶ δέρματα κριῶν . . .
Θ. καὶ πᾶς ἀνὴρ ᾧ εὑρέθη παρ᾽ αὐτῷ ὑάκινθος,
καὶ πορφύρα, καὶ κόκκινον ἀλλοιούμενον, καὶ
βύσσος, καὶ αἴγεια, καὶ δέρματα κριῶν . . .³⁵

24. הַתְּרוּמָה. Ο΄. ἀφαίρεμα. Σ. Θ. ἀπαρχήν. Ἀ.
ὁμοίως τοῖς Ο΄.³⁶

וְכֹל אֲשֶׁר נִמְצָא. Ο΄. καὶ παρ᾽ οἷς εὑρέθη.
Alia exempl. καὶ παντὶ ὅσοις εὑρέθη.³⁷

25. אֶת־תּוֹלַעַת הַשָּׁנִי. Ο΄. καὶ τὸ κόκκινον (alia
exempl. add. τὸ ἀλλοιούμενον³⁸). Ἀ. . διάφορον.
Σ. . δίβαφον.³⁹

26. לִבָּן. Ο΄. τῇ διανοίᾳ (alia exempl. καρδίᾳ⁴⁰)
αὐτῶν.

28. וְאֶת־הַשֶּׁמֶן לַמָּאוֹר. Ο΄. Vacat. ※ Θ. καὶ τὸ
ἔλαιον εἰς τὸ φῶς ◄.⁴¹

---

²⁶ Sic Comp., Ald., Codd. III, VII, X, Lips., 14, 16, alii,
Syro-hex.   ²⁷ Cod. VII in marg. manu 2ᵈᵃ. Vocis
Hebraeae שְׁרָד significatio prorsus incerta est. Senioribus
ipsis בִּגְדֵי הַשְּׂרָד sunt στολαὶ λειτουργικαὶ Cap. xxxi. 10.
xxxix. 1.   ²⁸ Codd. X, Lips. Corrupte Cod. 85 in
marg. sine nom.: ἐν ἑκουσίᾳ τὸ πν. αὐτῶν; necnon Cod. 130:
ὃν ἑκουσα τὸ πν. αὐτοῦ.   ²⁹ Codd. Lips., 85, 130 (in marg.
sine nom.). Montef. e Cod. 85 exscripsit: Ἀ. ὁ ἐκ. καρδίᾳ.
Nobil. vero ad καὶ ὅσοις ἔδοξε (v. 21) affert: Schol. Ἄλλος·
ἑκούσιον καρδίᾳ.   ³⁰ Cod. 130.   ³¹ Haec, a Syro-hex.
obelo jugulata, desunt in Cod. 58. In loco Num. xxxi. 50
pro וְכוּמָז עָגִיל LXX interpretati sunt περιδέξιον καὶ ἐμπλό-
κιον, quem ordinem etiam h. l. exhibent Codd. 19, 30, 75,
108, 118. (Ad ἐμπλόκια Cod. 56 in marg.: τραχηλικά; ad
περιδέξια autem: βραχιάλια (βραχιάλια? Cf. Hex. ad 2 Reg.
i. 10. Jesai. iii. 20). Pro כוּמָז hic et Num. l. e. Graeco-
Ven. interpretatus est νυμφόδεσμον et μητροπόρπην, proculdubio ex traditione Talmudicorum, qui docent: זה כומז
של בית הרחם (figura). דפוס. Vid. Buxtorf. in Lex. Chald.
et Talmud. p. 1050.)   ³² Cod. 58 in marg.: γρ. καὶ
περιδέρραια.   ³³ Syro-hex. in textu: ◄ ܓܒܪ̈ܐ .Ἀ ※.
³⁴ Sic Syro-hex. Pro παρ᾽ ᾧ εὑρ. Cod. 58: καὶ πᾶς ἀνὴρ ᾧ
εὑρ. παρ᾽ αὐτῷ. Deinde haec, ὑάκινθος—βύσσος, sic leguntur
in Cod. 72, et (om. ἀλλοιούμενον) in Comp., Codd. III, 19,
58, 82, 108, 118, Arab. 1, 2. Post βύσσος autem Cod. 58
infert: καὶ τρίχες αἴγειας(sic); Cod. 72: καὶ αἴγες; Arab. 1, 2:
et coria haedorum; Arm. 1 (sub ※): et coria caprarum.
Postremo haec, καὶ δέρματα κριῶν—ἤνεγκαν, sic habent Comp.,
Codd. 29, 58, 71, 72 (sine ἤνεγκαν), alii, Arab. 1, 2, Arm. 1.
³⁵ Codd. 85, 130 (cum ἄλλοι οὐ μέν pro ἀλλοιούμενον). Ad
Aq. Montef. e Cod. 85 male exscripsit: καὶ πᾶς ἀνὴρ παρ᾽
ᾧ εὑρέθη. Syro-hex. ad κόκκινον affert: Ἀ. καὶ σκώληκος
(ܘܬܘܠܥܬܐ); et ad ἀλλοιούμενον: Σ. δίβαφον (ܙܒܥ̈ܐ ܬܪ̈ܝܢ).
Θ. βαπτόν (ܨܒܝܥܐ). Sed posteriorem lectionem pro
glossa vocis ἀλλοιούμενον probabiliter habuit Ceriani. Cf.
ad Cap. xxviii. 29. xxxv. 35.   ³⁶ Syro-hex. ܐ. ܀ܐ.
ܐܟܘܬ ܠܫܒ̈ܝܢܐ. ܐ܀.   ³⁷ Codd. 85,
130 (uterque in marg.): Ο΄. καὶ παντὶ ὅσοις εὑρ. Sic in
textu Codd. 58, 72. Syro-hex. ad πᾶσι (s. παντὶ) ὅσοις
εὑρ. παρ᾽ αὐτοῖς.   ³⁸ Sic Cod. 72 (cum ἀλλοιούμενον), Syro-
hex. Cod. 131 in marg. manu 2ᵈᵉ: τὸ ἄλλοι σύμενον (sic).
³⁹ Syro-hex. ܨܒܥ̈ܐ ܬܪ̈ܝܢ .ܣ ✶ ܙܒܥ̈ܐ ܬܪ̈ܝܢ .ܐ. Cf.
ad v. 23.   ⁴⁰ Sic Codd. 58, 72, Syro-hex.   ⁴¹ Sic in
textu Syro-hex., et sine notis Cod. 128, Arab. 1, 2, Arm. 1.

29. לְהָבִיא לְכָל־הַמְּלָאכָה. Ο'. εἰσελθόντας ποιεῖν πάντα τὰ ἔργα. 'Α. τοῦ ἐνεγκεῖν εἰς πᾶν τὸ ἔργον.[42]

נְדָבָה. Donum spontaneum. Ο'. ἀφαίρεμα. 'Α. Θ. ἑκούσιον. Σ. ἑκούσιον.[43]

30. בֶּן־חוּר. Ο'. τὸν (alia exempl. υἱοῦ, s. υἱὸν[44]) Ὤρ.

31, 32. וּבְדַעַת וּבְכָל־מְלָאכָה: וְלַחְשֹׁב מַחֲשָׁבֹת. Et in scientia, et in omnibus operibus, et ad excogitandum opera ingeniosa. Ο'. καὶ ἐπιστήμης πάντων, ἀρχιτεκτονεῖν κατὰ πάντα τὰ ἔργα τῆς ἀρχιτεκτονίας. Alia exempl. ἐπιστήμης — πάντων ◄ κατὰ πάντα τὰ ἔργα, ἀρχιτεκτονεῖν τῆς ἀρχιτεκτονίας.[45]

34. וּלְהוֹרֹת. Et ad instituendum (alios). Ο'. καὶ προβιβάσαι (Σ. ὑποδεῖξαι[46]).

35. בַּתְּכֵלֶת וּבָאַרְגָּמָן בְּתוֹלַעַת הַשָּׁנִי וּבַשֵּׁשׁ וְאָרֶג. (et textoris). Ο'. ὑφάναι τῷ κοκκίνῳ καὶ τῇ βύσσῳ. Alia exempl. ※ Θ. ἐν τῇ ὑακίνθῳ, καὶ ἐν τῇ πορφύρᾳ, καὶ ἐν ◄ τῷ κοκκίνῳ ※ τῷ ἀλλοιουμένῳ ◄, καὶ τῇ βύσσῳ ὑφᾶναι.[47] 'Α. ἐν ὑακίνθῳ καὶ πορφύρα, ἐν σκώληκος τῷ διαφόρῳ, καὶ ἐν βύσσῳ .. Σ. διὰ τῆς ὑακίνθου, καὶ τῆς πορφύρας, καὶ τοῦ κοκκίνου τοῦ διβάφου, καὶ τῆς βύσσου .. Θ. (καὶ

ποικιλτὰ) ἐν τῇ ὑακίνθῳ, καὶ ἐν τῇ πορφύρᾳ, καὶ ἐν τῷ κοκκίνῳ τῷ ἀλλοιουμένῳ, καὶ τῇ βύσσῳ ..[48]

Cap. XXXV. 5. ὑμῶν — αὐτῶν ◄.[49] τῇ καρδίᾳ ※ Ἑβρ. αὐτοῦ ◄.[50] 6. ※ Ἑβρ. καὶ ◄ ὑάκινθον, ※ Ἑβρ. καὶ ◄ πορφύραν.[51] — κεκλωσμένην ◄.[52] 11. τὰ κατακαλύμματα ※ Ἑβρ. αὐτῆς ◄.[53] τοὺς μοχλοὺς ※ Ἑβρ. αὐτῆς ◄.[54] 21. εἰς — πάντα ◄ τὰ ἔργα.[55] καὶ εἰς — πάσας ◄.[56] 22. ※ Ἑβρ. τῷ ◄ κυρίῳ.[57] 25. ταῖς χερσὶν ※ αὐτῆς ◄.[54] 29. ἔφερεν ※ αὐτούς ◄.[59] 34. τῇ διανοίᾳ ※ Ἑβρ. αὐτοῦ ◄.[60] 35. διανοίας — συνιέναι ◄ ποιῆσαι πάντα.[61]

Cap. XXXVI (Gr. xxxvi. 1–8. xxxvii. 1, 2, 3–6).

1. לָדַעַת לַעֲשֹׂת. Ο'. συνιέναι ※ ὥστε ◄ ποιεῖν.[1] 'Α. Σ. Θ. εἰδέναι ποιεῖν.[2]

עֲבֹדַת הַקֹּדֶשׁ. Ministerii sanctuarii. Ο'. (τὰ) κατὰ τὰ ἅγια καθήκοντα. Ἄλλος· δουλείας τοῦ ἁγίου.[3]

2. כָּל־אִישׁ חֲכַם־לֵב. Ο'. πάντας τοὺς ἔχοντας τὴν σοφίαν (alia exempl. σύνεσιν[4]) ※ Α. Θ. ἐν τῇ καρδίᾳ ◄.[5]

3. לִמְלֶאכֶת עֲבֹדַת הַקֹּדֶשׁ. Ο'. εἰς — πάντα ◄ τὰ ἔργα ※ Θ. τῆς δουλείας ◄ τοῦ ἁγίου.[6] Σ... τῆς λατρείας .[7]

---

[42] Cod. 130. [43] Syro-hex. ܀ܚܘܣ̈ܝܐ ܐ. ܣ. ܐ. ܙܩܘܣ̈ܝܐ. Cf. Hex. ad Ezech. xlvi. 12. [44] Prior lectio est in Comp., Ald., Codd. III, X, Lips., 18, 29, aliis; posterior in Codd. VII, 53, 56, aliis. Syro-hex. ܗܢܘ ܒܪܘ. [45] Sic Syro-hex., et, om. πάντων, Cod. 58. [46] Codd. X, Lips, 130. Sic in marg. sine nom. Codd. 73 (praem. Ἄλλος φησὶν), 85. Mox ad Ἀχισαμὰχ Cod. 57 in marg. glossam etymologicam affert: ἀδελφὸς τοῦ στηρίζοντος. [47] Sic Syro-hex. (qui male pingit: πορφύρᾳ ※ καὶ ἐν ◄), et sine notis Cod. 72. [48] Codd. 85, 130. Posterior ad Aq. ἐκ σκώληκος, necnon ad Sym. καὶ κοκκίνου τοῦ διαβάφου, mendose scribit. [49] Syro-hex. Vox deest in Cod. 58. [50] Idem. Sic sine notis Codd. 58, 72, Arab. 1, 2, Arm. 1. [51] Idem. Sic sine notis Arab. 1, 2. [52] Idem. Arm. 1: ※ κεκλωσμένην ◄. [53] Idem. Sic sine notis Cod. 58, Arab. 1, 2, Arm. 1 (sub ※). [54] Idem. Sic sine notis Cod. 72, Arab. 1, 2, Arm. 1 (sub ※). [55] Idem, qui pingit: — εἰς πάντα ◄. [56] Idem, qui pingit: — καὶ εἰς πάσας ◄. Vox πάσας deest in Cod. 58. [57] Idem. Sic

sine notis Codd. 71, 134. [58] Idem. Sic sine aster. Cod. 72, Arab. 1, 2, Arm. 1. [59] Idem. Pronomen ante εἰσελθόντας infert Cod. 128. [60] Idem. Sic sine notis Cod. 72. [61] Idem. Sic sine obelo Comp., Codd. III, VII, Lips., 16, 19, alii.

Cap. XXXVI. [1] Sic Syro-hex., et sine aster. Ald. (cum τοῦ συν.), Codd. 19 (om. συνιέναι), 72, 108 (ut 19), 128 (ut Ald.). [2] Syro-hex. ܚܟܡ̈ܐ ܐ. ܣ. ܐ. ܙܥܕܥ. [3] In Cod. VII manus 2da reprobat τὰ κατὰ et καθήκοντα. Deinde pro τὰ ἅγια alia manus scribit: δουλείας τοῦ ἁγίου, fortasse ex Aquilae aut Theodotionis versione. Cf. Hex. ad Exod. xxx. 16. xxxvi. 3. Jesai. xxii. 17. [4] Sic Codd. X (in marg.), Lips. (cum duplici lectione, τὴν σύν. καὶ τὴν σοφ.), 14, 16, 25, alii. [5] Sic Syro-hex., et sine notis Cod. 72 (qui legit τὴν σοφίαν ἐν τῇ καρδίᾳ (lacuna), καὶ πάντας), Arm. 1 (sub ※). [6] Sic Syro-hex. (qui obscure pingit: ܀ܚܕܟ ܣܘܗ ܀ܚܕ), et sine notis Cod. 72. Cf. ad v. 1. [7] Syro-hex. ܀ܦܘܠܚܢܐ. Cf. Hex. ad Jesai. xxxii. 17.

4. וַיָּבֹאוּ. O'. καὶ παρεγίνοντο. 'Α. Σ. Θ. καὶ ἦλθον.⁸

5. וַיֹּאמְרוּ אֶל־מֹשֶׁה לֵּאמֹר. O'. καὶ εἶπεν (alia exempl. εἶπαν⁹) πρὸς Μαυσῆν, ※ Σ. Θ. λέγοντες ◄.¹⁰

מִדֵּי הָעֲבֹדָה לַמְּלָאכָה. Plus quam sufficit ministerii ad opus. O'. κατὰ (s. παρὰ¹¹) τὰ ἔργα. Alia exempl. ※ ὑπὲρ τὸ ἱκανὸν τῆς δουλείας ◄ παρὰ τὰ ἔργα.¹²

7. לְכָל־הַמְּלָאכָה. O'. εἰς (※) πᾶσαν (◄) τὴν κατασκευήν.¹³ 'Α. Σ. Θ. εἰς πᾶν τὸ ἔργον (s. παντὶ τῷ ἔργῳ).¹⁴

21. הַקֶּרֶשׁ. O'. Vacat. Alia exempl. τοῦ στύλου. 'Α. Θ. τῆς σανίδος.¹⁵

22. לַקֶּרֶשׁ. O'. Vacat. Alia exempl. τῷ στύλῳ. O'. τῇ σανίδι.¹⁶

23. לִפְאַת נֶגֶב. O'. Vacat. Alia exempl. ἐκ τοῦ κλίτους τοῦ πρὸς βορρᾶν. 'Α. Θ. . . τοῦ νότου. Σ. . . . τοῦ πρὸς νότον.¹⁷

23. תֵּימָנָה. O'. Vacat. Alia exempl. κατὰ νότον ('Α. θαιμάν¹⁸).

25. לִפְאַת צָפוֹן. O'. Vacat. Alia exempl. τὸ πρὸς νότον ('Α. Σ. Θ. βορρᾶν¹⁹).

35 (xxxvii. 3). אֶת־הַפָּרֹכֶת. O'. τὸ καταπέτασμα. 'Α. (τὸ) παραπέτασμα.²⁰

37 (5). מָסָךְ. O'. τὸ καταπέτασμα. 'Α. παρατάνυσμα.²¹

38 (6). וְאַדְנֵיהֶם חֲמִשָּׁה נְחֹשֶׁת. O'. καὶ αἱ βάσεις αὐτῶν πέντε χαλκαῖ. Alia exempl. καὶ τὰς βάσεις αὐτῶν πέντε χαλκᾶς.²² 'Α. Θ. καὶ βάσεις αὐτῶν πέντε χαλκαῖ. Σ. καὶ τὰς βάσεις αὐτῶν πέντε χαλκᾶς.²³

Cap. XXXVI. 1. πᾶς ※ ἀνήρ ◄.²⁴ ἐδόθη ※ παρὰ κυρίου ◄.²⁵ 2. τῇ καρδίᾳ ※ 'Α. Θ. αὐτῶν ◄.²⁶ 4. ※ Σ. Θ. πάντα ◄ τὰ ἔργα.²⁷ 5. ποιῆσαι ※ αὐτά ◄²⁸ 6. – ἔτι ◄ προσφέρειν.²⁹ 7. ποιῆσαι ※ αὐτά ◄³⁰ 8. καὶ ἐποίησε πᾶς σοφὸς ※ Θ. τῇ καρδίᾳ ◄³¹ ἐν

---

⁸ Syro-hex. (cum παρεγίνοντο (ܘܠܘ) in textu): ܐ. ܡܐ. ܐ. ܘܠܘ. ⁹ Sic Comp., Ald., Codd. III, X, Lips., 14, 16, alii, Arab. 1, 2, Arm. 1, Syro-hex. ¹⁰ Sic Syro-hex., et sine notis Cod. III, Arm. 1 (sub ※). ¹¹ Sic Comp., Ald., Codd. III, X, Lips., 14, 15, 16, alii, Arab. 1, 2, Syro-hex. ¹² Sic Syro-hex. (qui pingit: ὑπὲρ τὸ ἱκ. ※ τῆς δ. ◄), et sine notis Cod. 72. ¹³ Sic Syro-hex. (ubi asteriscus casu abesse videtur), et sine aster. Codd. 58, 72. Arm. 1: ※ in omni apparatu operis. ¹⁴ Syro-hex. ܐ. ܡܐ. ܐ. ¹⁵ Idem: ܟܣܐ ܟܚܪܐ. ¹⁶ Idem: ܟܦܐ. ܐ. ܟܦܐ. ¹⁷ Idem: ܐ. ܐ. ◄ ¹⁸ Idem: ¹⁹ Idem: ²⁰ Cod. Lips. Cod. 85, teste Holmesii amanuensi: 'Α. παραπέτασμα καλύμμα (sic). Denique Cod. 130: 'Α. κατάνησμα (sic) κάλυμμα. ²¹ Codd. X, Lips., quorum uterque in textu τὸ κατακάλυμμα habet; hic autem in marg. καταπέτασμα. ²² Sic Ald., Codd. III, X, Lips., 14, 16, alii (inter quos 85), Arm. ²³ Codd. 85, 130 (qui Symmachi lectionem non habet). Montef. e priore exscripsit: 'Α. Θ. καὶ αἱ βάσεις κ. τ. έ. ²⁴ Syro-hex. Sic sine aster. Cod. 72, Arm. 1. ²⁵ Idem. Sic sine aster. Codd. 58, 72, Arab. 1, 2 (uterque cum a Deo), Arm. 1. ²⁶ Idem (cum αὐτοῦ in marg.). Sic sine notis Cod. 72, Arm. 1 (sub ※), Arab. 1, 2 (uterque eum ejus). ²⁷ Idem. Sic sine notis Comp., Codd. 19, 58. ²⁸ Idem. Sic sine aster. Codd. 38, 58, 72, 131 (manu 2ᵈᵃ). ²⁹ Idem.

²⁰ Idem. Sic sine aster. Codd. 19, 58, 72, alii, Arm. 1. ²¹ Idem. Sic sine notis Codd. 72, 128, Arm. 1. Pro τῇ καρδίᾳ, τῇ διανοίᾳ inferunt Comp., Codd. III, 29, Arab. 1, 2. Deinde a v. 8 usque ad finem Cap. xxxix, cum versio LXXviralis inde ab Origenis tempore (quem vide in Epist. ad Africanum, Opp. T. I, p. 16) ab Hebraeo archetypo tam ordine quam verbis adeo discedat, ut cum eo vix, et ne vix quidem conferri possit, nos, praeeunte Ceriani, textum ab Origene restitutum, prout in versione Syrohexaplari, Graecis libris hexaplaribus V (inde a Cap. xxxvi. 35), 58, 72, et versione Armena servatur (Complutensis enim textus, etsi ad Hebraeum ordinem accommodatus, non est vere hexaplaris) ad calcem singulorum capitum adjecimus. In fronte autem restitutionis non abs re erit insignem annotationem a Montefalconio e margine Codicis Basiliani exscriptam apponere. Sic igitur ille, a nobis ad schedas Bodleianas leviter castigatus: Ἐνταῦθά σοι γενομένῳ πάρεστιν ὁρᾶν πολλὴν τὴν διαφωνίαν τῆς τε προκειμένης γραφῆς, καὶ τῆς ἐν τοῖς Ἑξαπλοῖς ἀναφερομένης εἰς τοὺς Ο'. Καὶ οὐ τοῦτό φημι, ὡς τοῖς κατηστερισμένοις ταύτης ἐκείνη διαφέρει· πολλαχοῦ γὰρ ταύτης τούτοις παραλλάσσει· ἀλλ' ὅτι καὶ ἐν τούτοις μᾶλλον ἢ κατὰ τὸ ἄλλο τῆς γραφῆς ἔδαφος ἐνταῦθα πλεονάζει· καὶ ἃ μὴ οἱ ἀστερίσκοι δηλοῦσι παριδεῖν τοὺς Ο', κἂν τούτοις οὐδὲν ἔλαττον τὸ τῆς παραλλαγῆς εἶδος οἰκειοῦται. Καὶ γὰρ ἐνταῦθα ἔκδοσις μὲν ἡ παροῦσα τὴν διήγησιν ποιεῖται τῶν ἁγίων στολῶν· ἐκείνη δέ, τῆς προκειμένης συνεχείας παρεξιοῦσα,

τοῖς ἐργαζομένοις (xxxvii. 1) ※ τὸ ἔργον τῆς σκηνῆς[32]
δέκα αὐλαίας ἐκ βύσσου κεκλωσμένης, καὶ ὑακίνθου,
καὶ πορφύρας, καὶ κοκκίνου κεκλωσμένου· χερουβὶμ
ἐργασίᾳ[33] ὑφάντου ἐποίησεν αὐτάς. 9 (2). μῆκος τῆς
αὐλαίας τῆς μιᾶς ὀκτὼ καὶ εἴκοσι πήχεων, καὶ εὖρος
τεσσάρων πήχεων τῆς αὐλαίας τῆς μιᾶς·[34] μέτρον τὸ
αὐτὸ πάσαις ταῖς αὐλαίαις. 10. καὶ συνεχομένας
τὰς πέντε αὐλαίας ἑτέραν ἐκ τῆς ἑτέρας, καὶ τὰς πέντε
αὐλαίας συνεχομένας ἑτέραν ἐκ τῆς ἑτέρας.[35] 11. καὶ ἐποίησεν ἀγκύλας ὑακινθίνας ἐπὶ τοῦ χείλους τῆς αὐλαίας
τῆς μιᾶς ἐκ τοῦ μέρους εἰς τὴν συμβολήν· καὶ οὕτως
ἐποίησεν ἐπὶ τοῦ χείλους τῆς αὐλαίας τῆς ἐξωτέρας
πρὸς τῇ συμβολῇ τῇ δευτέρᾳ. 12. πεντήκοντα δὲ
ἀγκύλας ἐποίησε τῇ αὐλαίᾳ τῇ μιᾷ, καὶ πεντήκοντα
ἀγκύλας ἐποίησεν ἐκ τοῦ μέρους τῆς αὐλαίας κατὰ
τὴν συμβολὴν τῆς δευτέρας, ἀντιπίπτουσαι αἱ ἀγκύλαι ἀλλήλαις εἰς ἑκάστην. 13. καὶ ἐποίησε πεντήκοντα κρίκους χρυσοῦς, καὶ συνῆψε τὰς αὐλαίας
ἑτέραν τῇ ἑτέρᾳ τοῖς κρίκοις· καὶ ἐγένετο ἡ σκηνὴ
μία. 14. καὶ ἐποίησε δέρρεις τριχίνας σκέπην[36] ἐπὶ
τῆς σκηνῆς, ἕνδεκα δέρρεις ἐποίησεν αὐτάς. 15. τὸ

μῆκος τῆς δέρρεως τῆς μιᾶς τριάκοντα πήχεων, καὶ
τεσσάρων πήχεων τὸ εὖρος τῆς δέρρεως τῆς μιᾶς·
μέτρον τὸ αὐτὸ ταῖς ἕνδεκα δέρρεσι. 16. καὶ συνῆψε
τὰς πέντε δέρρεις ἐπὶ τὸ αὐτό, καὶ τὰς ἓξ δέρρεις ἐπὶ
τὸ αὐτό. 17. καὶ ἐποίησεν ἀγκύλας πεντήκοντα ἐπὶ
τοῦ χείλους τῆς δέρρεως τῆς ἀναμέσον κατὰ συμ-
βολήν, καὶ πεντήκοντα ἀγκύλας ἐποίησεν ἐπὶ τοῦ
χείλους τῆς δέρρεως τῆς συναπτούσης τῆς δευτέρας.
18. καὶ ἐποίησε κρίκους χαλκοῦς πεντήκοντα, καὶ
συνῆψε τὴν σκηνὴν τοῦ εἶναι μίαν. 19. καὶ ἐποίησε
κατακάλυμμα τῇ σκηνῇ δέρματα κριῶν ἠρυθροδανωμένα, καὶ ἐπικαλύμματα δέρματα ὑακίνθινα ἐπάνωθεν. 20. καὶ ἐποίησε στύλους τῇ σκηνῇ[37] ἐκ ξύλων
ἀσήπτων ἑστῶτας. 21. δέκα πήχεων τὸ μῆκος τοῦ
στύλου τοῦ ἑνός,[38] καὶ πήχεως καὶ ἡμίσους πήχεως τὸ
πλάτος τοῦ στύλου τοῦ ἑνός. 22. δύο ἀγκωνίσκους
τῷ στύλῳ τῷ ἑνί, ἀντιπίπτοντας ἕτερον τῷ ἑτέρῳ·
οὕτως ἐποίησε πᾶσι τοῖς στύλοις τῆς σκηνῆς. 23.
καὶ ἐποίησε στύλους τῇ σκηνῇ, εἴκοσι στύλους ἐκ
τοῦ κλίτους τοῦ πρὸς βορρᾶν.[39] 24. καὶ τεσσαράκοντα βάσεις ἀργυρᾶς ἐποίησε τοῖς εἴκοσι στύλοις·

περὶ τῆς σκηνῆς διαλαμβάνει, καὶ περὶ τῶν αὐλαιῶν αὐτῆς, περὶ τε
τῶν δέρρεων, καὶ περὶ τῶν ἐπὶ τοῦ χείλους τῆς δέρρεως ἀγκυλῶν,
καὶ περὶ τῶν συναπτόντων κρίκων τὰς αὐλαίας εἰς ἀπαρτισμὸν τῆς
σκηνῆς, καὶ περὶ τῶν δερματίνων αὐτῆς κατακαλυμμάτων, περί τε
τῶν ἐξ ἀσήπτων ξύλων στύλων αὐτῆς, καὶ τῶν ἀγκωνίσκων, καὶ
τῶν βάσεων, καὶ τῶν μοχλῶν· ὡς οὐδὲν ἔστιν ὁρᾶν ἐνταῦθα. Εἶτα
ταῦτα ἔξωθεν ἐπεισαγαγοῦσα, ἐφεξῆς περὶ τοῦ καταπετάσματος
ἀπαγγέλλει. Καὶ πρόεισι μὲν συμφώνως τῇ προκειμένῃ ἐκδόσει,
ἀλλ᾿ οὐκ ἐπὶ πολύ. Μέχρι γὰρ τοῦ, καὶ τὰς κεφαλίδας καὶ τὰς
ψαλίδας αὐτῶν κατεχρύσωσε χρυσίῳ, καὶ αἱ βάσεις αὐτῶν πέντε
χαλκαῖ, συμπροῖσῦσα (Cod. χαλκαὶ συμπροῖσῦσαι), πάλιν ὑπερ-
βαίνει, καὶ διηγεῖται ὡς Βεσελεὴλ κατεσκεύασε τὴν κιβωτόν, καὶ τὰ
περὶ αὐτήν, καὶ τὸ ἱλαστήριον τὸ ἐκ χρυσίου, καὶ τὰ ἐπ᾿ αὐτῷ χερουβίμ, καὶ τὴν τράπεζαν, καὶ τὰ σκεύη αὐτῆς, καὶ τὴν λυχνίαν, καὶ τὸ
ἔλαιον τοῦ χρίσματος τοῦ ἁγίου, καὶ τὴν σύνθεσιν τοῦ θυμιάματος,
καὶ τὸ θυσιαστήριον τὸ χαλκοῦν, καὶ τὰς φιάλας, καὶ τὰς κρεάγρας,
καὶ τὸ πυρεῖον, καὶ τὸν λουτῆρα τὸν χαλκοῦν, καὶ τὰς βάσεις αὐτοῦ.
Ταῦτα πάντα, τὰ μὲν ὑστερόπρωτα, τὰ δὲ τῇ φράσει παρηλλαγμένα,
ὅμως τρόπῳ τινὶ συνδιέξεισιν. Ἐκ δὲ τῆς περικοπῆς ταύτης συνάπτεται πάλιν τῇ προκειμένῃ ἐκδόσει, πλὴν ἐπ᾿ ὀλίγον κἀνταῦθα
παραλλάττουσα, συνδιέξεισιν ὅμως μέχρι τοῦ, καὶ αἱ κεφαλίδες
αὐτῶν περιηργυρωμέναι. Ἐντεῦθεν λοιπὸν καθεξῆς τὸ ἀπαράλ-
λακτον φυλάσσει μέχρι τοῦ, ὃς ἀρχιτεκτόνησε τὰ ὑφαντά, καὶ τὰ
ῥαφιδευτικὰ (sic) καὶ ποικιλτικά, ἐν τῇ ὑακίνθῳ, καὶ ἐν τῇ πορφύρᾳ,
καὶ τῷ κοκκίνῳ, καὶ τῇ βύσσῳ. Μετὰ ταῦτα ἀνακάμπτει πάλιν

πρὸς τὰ ἐνταῦθα, τὰς τῶν ἁγίων ὑφηγουμένη στολάς, καὶ ἐφ᾿ ἱκανὸν
συμπροελθοῦσα μέχρι τοῦ, καὶ εἰσήνεγκαν ἐπ᾿ αὐτὸ λῶμα ὑακίνθινον, ὥστε ἐπικεῖσθαι (fort. ἐπί. Neutrum agnoscit Montef.) τὴν μίτραν ἄνωθεν, ὃν τρόπον συνέταξε κύριος τῷ Μωυσῇ.
Ἐκεῖθεν δὲ μικροῦ φάναι μέχρι τέλους, καὶ πολλαῖς πολλάκις
ῥημάτων προσθήκαις, καὶ μὲν οὖν (Cod. καὶ μηνῶν) καὶ τῇ τούτων
ἀλλοιώσει τῆς τάξεως, τὸ παρηλλαγμένον ἔχουσα περιφανῶς ἐπι-
δείκνυται.   [32] Haec ※ τὸ ἔργον τῆς σκηνῆς — καὶ κατεχρίσωσε
τοὺς μοχλοὺς χρυσίῳ ◂ (v. 34), sic leguntur in Syro-hex.
(qui male pingit : ἐν τοῖς ※ ἐργαζομένοις τὸ ἔργον τῆς σκ.), et
sine aster. in Codd. 58, 72, Arab. 1, 2, Arm. 1.   [33] Sic
Comp., Arm. 1. Nominativum ἐργασία exprimunt Codd.
58, 72, Syro-hex.   [34] Sic Syro-hex., Arab. 1, 2, Arm. 1.
Comp., Cod. 58 : ἡ αὐλαία ἡ μία. Haec desunt in Cod. 72.
[35] Verba, καὶ τὰς πέντε — ἑτέρας, quae in Codd. 58, 72 casu
exciderunt, e Syro-hex. assumpsimus.   [36] Sic, pro
Hebr. לְאֹהֶל, Codd. 58, 72. Arm. 1 : σκέπας. Cf. Hex. ad
Exod. xxxv. 11. 1 Paral. xvii. 5. Minus probabiliter Syro-
hex. σκέπειν (ܡܛܠܠܐ), tum hic tum in loco parallelo
Cap. xxvi. 7.   [37] Sic Codd. 58, 72. Syro-hex.: τῆς σκηνῆς.
[38] Sic Syro-hex. Codd. 58, 72 : τῷ στύλῳ (om. τῷ ἑνί). Mox
πήχεως deest in iisdem, repugnante Syro-hex.   [39] Sic
Codd. 58, 72. Syro-hex.: τοῦ πρὸς νότον κατὰ νότον (ܡܢ
ܠܘܬ ܬܝܡܢܐ ܠܬܝܡܢܐ), quae Symmachi fortasse versio
est. Idem in marg.: τοῦ βορρᾶ (ܓܪܒܝܐ).

δύο βάσεις τῷ στύλῳ τῷ ἑνὶ εἰς ἀμφότερα τὰ μέρη αὐτοῦ, καὶ δύο βάσεις τῷ στύλῳ τῷ ἑνὶ εἰς ἀμφότερα τὰ μέρη αὐτοῦ. 25. κατὰ δὲ τὸ κλίτος τῆς σκηνῆς τὸ δεύτερον τὸ πρὸς νότον ἐποίησεν εἴκοσι στύλους. 26. καὶ τεσσαράκοντα βάσεις αὐτοῖς ἀργυρᾶς· δύο βάσεις τῷ στύλῳ τῷ ἑνί, καὶ δύο βάσεις τῷ στύλῳ τῷ ἑνί. 27. καὶ ἐκ τῶν ὀπίσω τῆς σκηνῆς κατὰ θάλασσαν ἓξ στύλους ἐποίησε. 28. καὶ δύο στύλους⁴⁰ ἐποίησεν ἐπὶ τῶν γωνιῶν τῆς σκηνῆς ἐκ τῶν ὀπισθίων. 29. καὶ ἦσαν ἐξ ἴσου κάτωθεν, καὶ κατὰ τὸ αὐτὸ ἦσαν ἴσοι⁴¹ ἐκ τῶν κεφαλίδων αὐτῶν εἰς σύγκλεισιν⁴² μίαν· οὕτως ἐποίησε ταῖς δυσὶν ἀμφοτέραις ταῖς γωνίαις. 30. καὶ ἦσαν ὀκτὼ στύλοι, καὶ αἱ βάσεις αὐτῶν ἀργυραῖ, δεκαὲξ βάσεις·⁴³ δύο βάσεις τῷ στύλῳ τῷ ἑνί, καὶ δύο βάσεις τῷ στύλῳ τῷ ἑνί. 31. καὶ ἐποίησε μοχλοὺς ἐκ ξύλων ἀσήπτων, πέντε τῷ στύλῳ ἐκ τοῦ μέρους τῆς σκηνῆς τοῦ ἑνός, 32. καὶ πέντε μοχλοὺς τῷ στύλῳ τοῦ κλίτους⁴⁴ τῆς σκηνῆς τοῦ δευτέρου, καὶ πέντε μοχλοὺς τῷ στύλῳ τῆς σκηνῆς τῷ ὀπισθίῳ τῷ⁴⁵ πρὸς θάλασσαν. 33. καὶ ἐποίησε τὸν μοχλὸν τὸν μέσον διικνούμενον ἀναμέσον τῶν στύλων ἀπὸ τοῦ κλίτους εἰς τὸ κλίτος. 34. καὶ τοὺς στύλους κατεχρύσωσε χρυσίῳ, καὶ τοὺς δακτυλίους αὐτῶν ἐποίησε χρυσοῦς, εἰς οὓς εἰσῆξε τοὺς μοχλούς· καὶ κατεχρύσωσε τοὺς μοχλοὺς χρυσίῳ ◄. 35 (xxxvii. 3). καὶ ἐποίησε τὸ καταπέτασμα ἐξ ὑακίνθου, καὶ πορφύρας, καὶ κοκκίνου νενησμένου, καὶ βύσσου κεκλωσμένης· ἔργον ὑφάντου ✕ ἐποίησεν αὐτὸ ◄⁴⁶ χερουβείμ. 36 (4). καὶ ἐπέθηκαν αὐτὸ ἐπὶ τέσσαρας στύλους ἀσήπτους κατακεχρυσωμένους χρυσίῳ, καὶ αἱ κεφα-

λίδες αὐτῶν χρυσαῖ, καὶ αἱ τέσσαρες βάσεις αὐτῶν ἀργυραῖ. 37 (5). καὶ ἐποίησε τὸ καταπέτασμα τῆς θύρας τῆς σκηνῆς — τοῦ μαρτυρίου ◄⁴⁷ ἐξ ὑακίνθου, καὶ πορφύρας, καὶ κοκκίνου νενησμένου, καὶ βύσσου κεκλωσμένης, ἔργον ὑφάντου — χερουβείμ ◄.⁴⁸ 38 (6). καὶ τοὺς στύλους αὐτοῦ πέντε, καὶ τοὺς κρίκους αὐτῶν· καὶ κατεχρύσωσαν τὰς κεφαλίδας αὐτῶν καὶ τὰς ψαλίδας αὐτῶν χρυσίῳ· καὶ αἱ βάσεις αὐτῶν πέντε χαλκαῖ.

Cap. XXXVII (Gr. xxxviii. 1–17, 25).

1 (xxxviii. 1). אֶת־הָאָרֹן. Ο'. τὴν κιβωτόν. Ἀ. (τὸ) γλωσσόκομον.¹

2 (2). זֵר. Ο'. Vacat. Alia exempl. κυμάτιον. Ἀ. χείλωμα. Σ. στεφάνην.² Τὸ Σαμαρειτικόν· στέφανον.³

3 (3). עַל־צַלְעוֹ. Ο'. ἐπὶ τὸ κλίτος (Ἀ. μέρος⁴) αὐτῆς.

6 (5). כַּפֹּרֶת. Ο'. ἱλαστήριον. Ἄλλος· θυσιαστήριον.⁵

8 (7). קְצוֹתָיו. Ο'. τῶν μερῶν (Ἄλλος· ἄκρων⁶) αὐτοῦ.

17. מִקְשָׁה. Opus tornatile. Ο'. Vacat. ✕ τορευτήν. Ἀ. ἐλατήν.⁷

יְרֵכָהּ. Ο'. Vacat. ✕ τὸν καυλὸν αὐτῆς. Ἀ. Σ. Θ. τὸν μηρὸν αὐτῆς.⁸

18. מִצִּדָּהּ. Ο'. Vacat. ✕ ἐκ τοῦ κλίτους αὐτῆς. Ἀ. ἐκ τοῦ μέρους αὐτῆς.⁹

---

⁴⁰ Sic Syro-hex. In Codd. 58, 72 lacuna est ex homoeoteleuto orta. Mox Cod. 58: ἐπὶ τῶν ὀπισθίων. Cod. 72: τῶν ὀπισθίων sine praepositione, quam e Syro-hex. assumpsimus. ⁴¹ Vox ἴσοι deest in Codd. 58, 72. ⁴² Codd. 58, 72 (cum σύγκλησιν). Syro-hex. ܡܚܒܟ, quod pro σύμβλησιν ponitur in loco parallelo Cap. xxvi. 24. ⁴³ Sic Syro-hex. Vox deest in Codd. 58, 72. Mox haec, καὶ δύο—τῷ ἑνί, desunt in iisdem, invito Syro-hex. ⁴⁴ Sic Syro-hex. Codd. 58, 72: τῷ κλίτει, sed Cod. 72 deinde legit τοῦ δευτέρου. ⁴⁵ Articulus deest in Codd. 58, 72, invito Syro-hex. ⁴⁶ Sic Cod. V, et sine aster. Comp., Codd. 58,72, Arab. 1, 2, Arm. 1. Etiam in Syro-hex. asteriscus male abest. Cf. Cap. xxxvii. 3 in LXX. ⁴⁷ Obelus est in Cod. V, Syro-hex. ⁴⁸ Obelus est in Syro-hex.

Cap. XXXVII. ¹ Nobil., Cat. Niceph. p. 943. Cf. ad Cap. xxv. 10. ² Cod. 14 (cum στέφανον). Cf. ad Cap. xxv. 10. Cod. 25: Ἄλλος· χείλωμα, στεφάνη. Cod. 18 in marg. sine nom.: χείλωμα (sic) ἢ στεφάνωμα. Montef. e Colbertino [1599] et tribus Regiis edidit: Ἄλλος· χείλωμα. ³ Montef. ex iisdem, et Cat. Niceph. ibid. ⁴ Cat. Niceph. ibid. ⁵ " Sic Colbertinus et tres Regii."—Montef. ⁶ Cod. V in marg. sine nom., teste Montef. Syro-hex. in marg. ܐܪ. Hinc castigandus Holmesius, qui e marg. Cod. V exscripsit: "ἄκρω, forsan mendose pro ἄκρω, i.e. ἀστερίσκῳ, quo nempe haec erant notanda." ⁷ Syro-hex. ܡܚܒܠܕ ./. Supplementum Cod. VII in marg. sine nom.: ἐλατήν. Cf. Hex. ad Jerem. x. 5. ⁸ Idem: ./. ܚܕܟܗܚ ܐ. ܣܘ. Cf. ad Cap. xxv. 31. ⁹ Sic

25. אַמָּה (bis). O'. Vacat. ※ πέντε πήχεων.
'Α. Σ. Θ. πήχεος.[10]

וְאַמָּתַיִם. O'. Vacat. ※ καὶ τριῶν πήχεων.
'Α. πηχύι. Σ. Θ. δύο (πήχεων).[11]

26. אֶת־גַּגּוֹ. Superficiem ejus. O'. Vacat. ※ τὸ
δῶμα αὐτοῦ. 'Α. Σ. Θ. ὁμοίως· τὸ δῶμα αὐτοῦ.[12]

זֵר. O'. Vacat. ※ τὸ κυμάτιον. 'Α. coro-
nam.[13]

27. לָשֵׂאת. O'. Vacat. ※ εἰς τὸ αἴρειν. 'Α.
τοῦ ἐπαίρειν.[14]

Cap. XXXVII. 1 (xxxviii. 1). καὶ ἐποίησε Βεσελεὴλ τὴν κιβωτὸν ※ Θ. ἐκ ξύλων ἀσήπτων, δύο
πήχεων καὶ ἡμίσους τὸ μῆκος αὐτῆς, καὶ πήχεος καὶ
ἡμίσους τὸ πλάτος αὐτῆς, καὶ πήχεος καὶ ἡμίσους
τὸ ὕψος αὐτῆς ◄.[15] 2 (2). καὶ κατεχρύσωσεν αὐτὴν
χρυσίῳ καθαρῷ ἔσωθεν καὶ ἔξωθεν καὶ ἐποίησεν
αὐτῇ κυμάτιον χρυσοῦν κύκλῳ. 3 (3). καὶ ἐχώνευσεν
αὐτῇ τέσσαρας δακτυλίους χρυσοῦς ἐπὶ τὰ τέσσαρα
μέρη αὐτῆς· δύο δακτυλίους ἐπὶ τὸ κλίτος αὐτῆς τὸ
ἕν, καὶ δύο δακτυλίους ἐπὶ τὸ κλίτος αὐτῆς τὸ δεύτερον, (4) — εὐρεῖς τοῖς ζωστῆρσιν ◄.[16] 4. ※ Θ. καὶ
ἐποίησεν ἀναφορεῖς ἐκ ξύλων ἀσήπτων, καὶ κατεχρύσωσεν αὐτοὺς χρυσίῳ. 5. καὶ εἰσήνεγκε τοὺς
ἀναφορεῖς εἰς τοὺς δακτυλίους ἐπὶ τοῖς πλευροῖς τῆς

κιβωτοῦ ◄,[17] ὥστε αἴρειν αὐτὴν — ἐν αὐτοῖς ◄.[18]
6 (5). καὶ ἐποίησεν ἱλαστήριον — ἄνωθεν τῆς κιβωτοῦ ◄[19] ἐκ χρυσίου καθαροῦ, ※ δύο πήχεων καὶ ἡμίσους μῆκος αὐτοῦ, καὶ πήχεος καὶ ἡμίσους τὸ πλάτος
αὐτοῦ ◄.[20] 7 (6). καὶ ἐποίησε δύο χερουβεὶμ χρυσᾶ,
※ τορευτὰ ἐποίησεν αὐτὰ ἐξ ἀμφοτέρων τῶν μερῶν
τοῦ ἱλαστηρίου ◄.[21] 8 (7). χεροὺβ ἕνα ἐπὶ τὸ ἄκρον
τοῦ ἱλαστηρίου τὸ ἕν, καὶ χεροὺβ ἕνα ἐπὶ τὸ ἄκρον
τοῦ ἱλαστηρίου τὸ δεύτερον ※ ἐκ τοῦ ἱλαστηρίου
ἐποίησε τοὺς χερουβείμ, ἐξ ἀμφοτέρων τῶν μερῶν
αὐτοῦ. 9 (8). καὶ ἐγένοντο οἱ χερουβεὶμ ἐκτείνοντες
τὰς πτέρυγας ἐπάνωθεν ◄,[22] συσκιάζοντες ταῖς πτέρυξιν αὐτῶν ἐπὶ τὸ ἱλαστήριον ※ κατὰ πρόσωπον
αὐτῶν, ἀνὴρ πρὸς τὸν ἀδελφὸν αὐτοῦ ἐπὶ τὸ ἱλαστήριον ἦσαν τὰ πρόσωπα τῶν χερουβείμ ◄.[23] 10 (9).
καὶ ἐποίησε τὴν τράπεζαν — τὴν προκειμένην ἐκ
χρυσίου καθαροῦ, καὶ ἐχώνευσεν αὐτῇ τέσσαρας
δακτυλίους χρυσοῦς, δύο ἐπὶ τοῦ κλίτους τοῦ ἑνὸς,
καὶ δύο ἐπὶ τοῦ κλίτους τοῦ δευτέρου, εὐρεῖς ὥστε
αἴρειν τοῖς ζωστῆρσιν ἐν αὐτοῖς.[24] (11) καὶ τοὺς δια-
στῆρας τῆς κιβωτοῦ καὶ τῆς τραπέζης ἐποίησε, καὶ
κατεχρύσωσεν αὐτοὺς χρυσίῳ ◄.[25] ※ Θ. ἐκ ξύλων
ἀσήπτων· δύο πήχεων τὸ μῆκος αὐτῆς, καὶ πήχεος
τὸ εὖρος αὐτῆς, καὶ πήχεος καὶ ἡμίσους τὸ ὕψος
αὐτῆς. 11. καὶ κατεχρύσωσεν αὐτὴν χρυσίῳ καθαρῷ, καὶ ἐποίησεν αὐτῇ κυμάτιον χρυσοῦν κύκλῳ.

Montef. (qui αὐτοῦ bis scripsit) e Colbertino et Regio uno.
Lectionem ad v. 3 pertinere suspicor. [10] Syro-hex.
ܐܠܐ ... ܐ ... ܙ. Cod. VII in Supplem.: πήχεος.
[11] Idem: ܠ ܐܠܐ ... ܐ ... ܐ ... ܙ. Cod. VII in Supplem.:
καὶ δύο πήχεων. Aquilae lectio corrupta est. [12] Idem:
(ܘܐ.) ܐ ... ܐ ... ܙ. Cf. Hex. ad
Prov. xxi. 9. [13] Idem: ܠ ... ܙ. " Quod literaliter
obstaculum, repagulum significaret, sed fortasse corrigendum ܠ, corona."—Ceriani. Cf. ad v. 2. [14] Idem:
ܟ ... ܙ. Cf. Hex. ad Psal. xxvii. 9. [15] Sic
Syro-hex., Cod. V (sub ※), et sine notis Codd. III, 58, 72,
Arab. 1, 2 (omnes eum scripturae varietatibus aut erroribus, qui ex apparatu Holmesii petantur). [16] Sic Syro-
hex., Cod. V, et sine obelo Cod. 72. Haec desunt in
Cod. 58. In Ed. Rom. pro his, εὐρεῖς—ἐν αὐτοῖς, habetur
tantum: εὐρεῖς τοῖς διωστῆρσιν, ὥστε αἴρειν ἐν αὐτοῖς. [17] Sic
Syro-hex., Cod. V (sub ※), et sine notis Codd. 58, 72,
Arab. 1, 2, Arm. 1. [18] Obelus est in Syro-hex., Cod. V.
[19] Idem. [20] Sic Syro-hex., Cod. V, et sine aster. Codd.

III, 58 (eum δύο π. τὸ μῆκος, καὶ), 72 (eum πλάτος pro μῆκος,
et vice versa). Articulum ante μῆκος reprobant Codd.
III, V. [21] Sic Syro-hex., Cod. V (qui minus probabiliter pingit: ※ χρυσᾶ, τορευτὰ), et sine aster. Codd. 58
(eum τορ. ἐποίησεν αὐτὰ, ceteris omissis), 72, Arab. 1, 2,
Arm. 1. [22] Sic Syro-hex., Cod. V (non, ut Montef.,
cum metobelo (:) post μερῶν αὐτοῦ; neque, ut Holmes.,
cum ταῖς πτέρυξιν pro τὰς πτέρυγας), et sine aster. Codd. 58
(om. ἐκ τοῦ ἱλ.), 72 (om. ἐκ τοῦ ἱλ. —μερῶν αὐτοῦ, et eum
ἐκτείνοντα pro ἐκτείνοντες), Arab. 1, 2, Arm. 1. [23] Sic
Syro-hex. (qui pingit: κατὰ πρ. αὐτῶν, ἀνὴρ πρὸς τὸν ἀδ.
※ αὐτοῦ), et sine aster. Cod. V, Arab. 1, 2. Cod. 58 tantum
habet: κατὰ πρόσωπον αὐτῶν. [24] Cod. V: τοῖς ζ. ἑαυτοῖς.
Syro-hex.: ὥστε αἴρειν αὐτὴν ἐν αὐτοῖς — τοῖς ζωστῆρσιν ◄.
Cod. 72, quantum e silentio Holmesii colligi potest: ὥστε
αἴρειν τοῖς διωστῆρσιν ἐν αὐτοῖς. Mox pro διωστῆρας Cod. V
ζωστῆρας habet, invitis ceteris. [25] Haec omnia a τὴν
προκειμένην ad χρυσίῳ recte obelis jugulat Cod. V. Syro-
hex. pingit: τὴν προκειμένην — ἐκ χρυσίου—χρυσίῳ ◄.

12. καὶ ἐποίησεν αὐτῇ στεφάνην παλαιστοῦ κύκλῳ, καὶ ἐποίησε κυμάτιον χρυσοῦν τῇ στεφάνῃ αὐτῆς κύκλῳ. 13. καὶ ἐποίησεν αὐτῇ τέσσαρας δακτυλίους χρυσοῦς, καὶ ἐπέθηκε τοὺς δακτυλίους ἐπὶ τὰ τέσσαρα μέρη, ἅ ἐστι τῶν τεσσάρων ποδῶν αὐτῆς 14. ὑπὸ τὴν στεφάνην. καὶ ἐγένοντο οἱ δακτύλιοι εἰς θήκας τοῖς ἀναφορεῦσιν, ὥστε αἴρειν τὴν τράπεζαν. 15. καὶ ἐποίησε τοὺς ἀναφορεῖς ἐκ ξύλων ἀσήπτων, καὶ κατεχρύσωσεν αὐτοὺς χρυσίῳ, ὥστε αἴρειν τὴν τράπεζαν ◄.²⁶ 16 (12). καὶ ἐποίησε τὰ σκεύη τῆς τραπέζης, τὰ τρύβλια αὐτῆς, καὶ τὰς θυΐσκας αὐτῆς, καὶ τοὺς κυάθους αὐτῆς, καὶ τὰ σπονδεῖα αὐτῆς, ἐν οἷς σπείσει ἐν αὐτοῖς, χρυσίου καθαροῦ. 17 (13). καὶ ἐποίησε τὴν λυχνίαν, — ἡ φωτίζει, χρυσῆν, (14) στερεάν, τὸν καυλὸν καὶ τοὺς καλαμίσκους ἐξ ἀμφοτέρων τῶν μερῶν αὐτῆς (15) ἐκ τῶν καλαμίσκων αὐτῆς οἱ βλαστοὶ ἐξέχοντες, τρεῖς ἐκ τούτου, καὶ τρεῖς ἐκ τούτου, ἐξισούμενοι ἀλλήλοις· (16) καὶ τὰ λαμπάδια αὐτῶν ἅ ἐστιν ἐπὶ τῶν ἄκρων, καρυωτὰ ἐξ αὐτῶν· καὶ τὰ ἐνθέμια (s. ἀνθέμια²⁷) ἐν αὐτοῖς, ἵνα ὦσιν ἐπ' αὐτῶν οἱ λύχνοι· καὶ τὸ ἐνθέμιον (s. ἀνθέμιον²⁷) τὸ ἕβδομον, τὸ ἐπ' ἄκρου τοῦ λαμπαδίου ἐπὶ τῆς κορυφῆς ἄνωθεν, στερεὸν, ὅλον χρυσοῦν· (17) καὶ ἑπτὰ λύχνους αὐτῆς ἐπ' αὐτῆς χρυσοῦς, καὶ τὰς λαβίδας αὐτῆς χρυσᾶς, καὶ τὰς ἐπαρυστρίδας

αὐτῆς χρυσᾶς ◄.²⁸ ⚹ ἐκ χρυσίου καθαροῦ, τορευτὴν ἐποίησε τὴν λυχνίαν, τὸν καυλὸν αὐτῆς, καὶ τοὺς καλαμίσκους αὐτῆς, καὶ τοὺς κρατῆρας αὐτῆς, καὶ τοὺς σφαιρωτῆρας αὐτῆς, καὶ τὰ κρίνα αὐτῆς· ἐξ αὐτῆς ἦσαν. 18. ἐξ δὲ καλαμίσκοι ἐκπορευόμενοι ἐκ πλαγίων αὐτῆς· τρεῖς καλαμίσκοι τῆς λυχνίας ἐκ τοῦ κλίτους αὐτῆς τοῦ ἑνός, καὶ τρεῖς καλαμίσκοι τῆς λυχνίας ἐκ τοῦ κλίτους αὐτῆς τοῦ δευτέρου. 19. τρεῖς κρατῆρες ἐκτετυπωμένοι καρυίσκους ἐν καλαμίσκῳ τῷ ἑνί, σφαιρωτὴρ καὶ κρίνον· καὶ τρεῖς κρατῆρες ἐκτετυπωμένοι καρυίσκους ἐν τῷ καλαμίσκῳ τῷ ἑνί, σφαιρωτὴρ καὶ κρίνον. οὕτως τοῖς ἐξ καλαμίσκοις τοῖς ἐκπορευομένοις ἐκ τῆς λυχνίας. 20. καὶ ἐν τῇ λυχνίᾳ τέσσαρες κρατῆρες ἐκτετυπωμένοι καρυίσκους, οἱ σφαιρωτῆρες αὐτῆς, καὶ τὰ κρίνα αὐτῆς· 21. ὁ σφαιρωτὴρ ὑπὸ τοὺς δύο καλαμίσκους ἐξ αὐτῆς·²⁹ τοῖς ἐξ³⁰ καλαμίσκοις τοῖς ἐκπορευομένοις ἐξ αὐτῆς. 22. οἱ³¹ σφαιρωτῆρες αὐτῶν, καὶ οἱ καλαμίσκοι αὐτῶν ἐξ αὐτῆς ἦσαν, ὅλη τορευτὴ, ἐξ ἑνὸς χρυσίου καθαροῦ. 23. καὶ ἐποίησε τοὺς λύχνους αὐτῆς ἑπτὰ, καὶ τὰς λαβίδας αὐτῆς, καὶ τὰς ἐπαρυστρίδας αὐτῆς χρυσίου καθαροῦ³², τάλαντον· 24. χρυσίου καθαροῦ ἐποίησεν αὐτὴν, καὶ πάντα τὰ σκεύη αὐτῆς ◄.³³ 25. οὗτος ἐποίησε τὸ θυσιαστήριον τὸ χρυσοῦν ⚹ ἐκ ξύλων ἀσήπτων, πέντε πήχεων μῆκος

---

²⁶ ⚹ Θ. ἐκ ξύλων ἀσήπτων — τὴν τράπεζαν ◄. Sic Syro-hex., et Cod. V, teste Montef., qui tamen metobelum (:) post ὑπὸ τὴν στεφάνην ponit, pergens: καὶ ἐγένοντο οἱ δακτύλιοι ⚹ εἰς θήκας κ. τ. ἑ., siue metobelo. Ad ἐποίησε (v. 11) Holmesii amanuensis notat: " Ab ἑ.. in ἐποίησε desunt cetera in Cod. V usque ad Cap. xxxvi, ad finem commatis octavi [=xxxix. 1 in Hebraeo]." Pro octavi voluit, ni fallor, V.D. duodecimi, qui versus clausulam eandem, καθὰ συνέταξε κύριος τῷ Μ., cum v. 8 habet; nam primae lectiones ab eo exscriptae sunt: " συμπεπορηημένους, convenit. καὶ ἐκκεκολαμμένους, desunt." Ergo magna pars codicis, qualis a Grabio in Praefatione ultimis Exodi capitibus praemissa descriptus, et a Montefalconio in Hexaplis (a p. 98, col. 1, lin. 11 usque ad p. 100, col. 1, lin. 13 a fine) exscriptus est, aut interiit, quod plane incredibile est, aut nescio quo casu a collatore Holmesiano praetermissa est. ²⁷ Sic Ald., Codd. V, X (in marg.), 14, 16, 25, alii (inter quos 58), Arab. 1, 2 (teste Holmesio), Arm. 1 (teste Altero). Syro-hex. ܡܚܕܡ, vasa emunctoria, quae vox cum ὑπόθεμα a Nostro commutatur Exod. xx. 37. " Ex sensu vocum Syrum ἐνθέμια, ἐνθέμιον legisse probabile mihi videtur, quae firmantur etiam auctoritate codicum vetustiorum II, III, VII, et fortasse etiam V, qui aliter quidem legit in Hexaplis et Grabe, sed silet Holmesius, ex quo videtur legere ut Ed. Rom., quae cum illis codicibus facit."— Ceriani. Verumtamen ex silentio Holmesii propter antedictam causam nihil omnino de lectione Cod. V colligi potest. ²⁸ — ἡ φωτίζει — χρυσᾶς ◄. Sic Syro-hex., Cod. V, (qui in fine male pingit: χρυσᾶς ἐκ χρυσίου καθαροῦ : ⚹ τορευτήν.) ²⁹ Clausula, ὁ σφαιρωτὴρ — ἐξ αὐτῆς, in Hebraeo ter legitur, in Arm. 1 bis, in Syro-hex., Cod. 58, Arab. 1, 2, semel tantum. Cod. V in apographo Montefalconii post ὁ σφ. ὑπὸ τοὺς abrumpitur. ³⁰ Sic Syro-hex., Arab. 1, 2, Arm. 1. In Cod. 58 ἐξ deest. ³¹ Articulus abest a Cod. 58. ³² Sic Syro-hex., Arab. 1, 2, Arm. 1. Haec desunt in Cod. 58. ³³ ⚹ ἐκ χρυσίου καθαροῦ (v. 17) — τὰ σκεύη αὐτῆς ◄. Sic Syro-hex., Cod. V (usque ad ὑπὸ τοὺς (v. 21) inclusive), et siue aster. Cod. 58 (cum καὶ τρίκρινον (sic) pro καὶ τρεῖς κρατῆρες — κρίνον (v. 19)), Arab. 1, 2, Arm. 1. In Cod. 72 lacuna est post χρυσίου

αὐτοῦ, καὶ πέντε πήχεων εὖρος αὐτοῦ, τετράγωνον, καὶ τριῶν πήχεων ὕψος αὐτοῦ ἐποίησε[34] τὰ κέρατα αὐτοῦ. 26. καὶ κατεχρύσωσεν αὐτὰ χρυσίῳ καθαρῷ, τὸ δῶμα[35] αὐτοῦ, καὶ τοὺς τοίχους αὐτοῦ κύκλῳ, καὶ τὰ κέρατα αὐτοῦ· καὶ ἐποίησεν αὐτῷ τὸ κυμάτιον χρυσοῦν κύκλῳ. 27. καὶ δύο δακτυλίους χρυσοῦς ἐποίησεν αὐτῷ ὑπὸ τὸ κυμάτιον αὐτοῦ ἐπὶ τῶν δύο πλευρῶν αὐτοῦ ὑπὸ ἀμφότερα τὰ κλίτη αὐτοῦ, εἰς[36] θήκας τοῖς ἀναφορεῦσιν, εἰς τὸ αἴρειν αὐτὸ ἐν αὐτοῖς. 28. καὶ ἐποίησε τοὺς ἀναφορεῖς ξύλα ἄσηπτα, καὶ κατεχρύσωσεν αὐτὰ χρυσίῳ ⁌.[37] 29 (xxxviii. 25). οὗτος ἐποίησε τὸ ἔλαιον τοῦ χρίσματος τὸ ἅγιον, καὶ τὴν σύνθεσιν τοῦ θυμιάματος, καθαρὸν ἔργον μυρεψοῦ.

Cap. XXXVIII (Gr. xxxviii. 22–24, 26. xxxvii. 7–21. xxxix. 1–9).

3 (23). וְאֶת־הַיָּעִים. Et palas. Ο΄. καὶ τὸ πυρεῖον αὐτοῦ. Alia exempl. καὶ τὸ γείσιον.[1] ᾿Α. (καὶ τὰ) ἄγκιστρα. Σ. (καὶ τὰς) λαβίδας. Ο. καὶ τοῖς ἀναληπτήρας.[2]

4 (24). מִכְבָּר. Opus reticulatum. Ο΄. παράθεμα. ῎Αλλος· κόσκινον (s. κοσκίνωμα).[3]

תַּחַת כַּרְכֻּבּוֹ. Sub ambitu ejus. Ο΄. κάτωθεν τοῦ πυρείου. Alia exempl. ὑπ᾽ αὐτοῦ τοῦ πυρείου.[5] ᾿Α. Σ. Θ. ὑπὸ τῆς ἐσχάρας αὐτοῦ.[5]

5 (24). וַיִּצֹק. Et fudit. Ο΄. καὶ ἐπέθηκεν – αὐτῷ ⁌.

᾿Αλλος· καὶ ἐχώνευσε.[6]

7 (24). נָבוּב. Cavum. Ο΄. ⚹ κοιλόν. ᾿Α. εενόν.[7]

8 (26). בְּמַרְאֹת הַצֹּבְאֹת אֲשֶׁר צָבְאוּ פֶּתַח אֹהֶל מוֹעֵד. E speculis mulierum cultui sacro vacantium, quae ministrabant ad ostium tentorii conventus. Ο΄. ἐκ τῶν κατόπτρων τῶν νηστευσασῶν (᾿Α. Σ. στρατευσαμένων[8]), αἳ ἐνήστευσαν παρὰ τὰς θύρας τῆς σκηνῆς τοῦ μαρτυρίου. Τὸ Σαμαρειτικόν· τῷ ὁράματι τῶν δυνάμεων τῶν ἰσχυσάντων ἐν θύρᾳ τῆς σκηνῆς τοῦ μαρτυρίου.[9]

10 (xxxvii. 8). וָוֵי הָעַמֻּדִים וַחֲשֻׁקֵיהֶם. Clavi columnarum, et juncturae earum. Ο΄. ⚹ Θ. καὶ οἱ κόσμοι τῶν στύλων, καὶ αἱ ψαλίδες αὐτῶν. ᾿Α. καὶ αἱ κεφαλίδες τῶν στύλων, καὶ τὰ συγκολλήματα αὐτῶν.[10]

12 (10). קְלָעִים. Aulaea. Ο΄. αὐλαῖαι. ᾿Α. Σ. Θ. ἱστία.[11]

17 (15). וַחֲשׁוּקֵיהֶם. Ο΄. καὶ αἱ ἀγκύλαι αὐτῶν. ᾿Α. Σ. Θ. καὶ τὰ συγκολλήματα αὐτῶν.[12]

23 (21). וְאִתּוֹ. Ο΄. καί. ᾿Α. Σ. καὶ μετ᾽ αὐτοῦ.[13]

24 (xxxix. 1). שֶׁקֶל. Ο΄. σίκλοι. Σ. στατῆρες.[14]

בְּשֶׁקֶל. Ο΄. κατὰ τὸν σίκλον (᾿Α. στατῆρα[15]).

26 (3). בֶּקַע. Dimidius siclus. Ο΄. δραχμὴ μία. ᾿Α. δίδραχμον.[16]

28 (6). וָוִים. Ο΄. εἰς τὰς ἀγκύλας. ᾿Α. Σ. κεφαλίδας. Ο. κόσμους.[17]

(v. 10) usque ad Cap. xxxviii. 18.   [34] Sic Syro-hex. Cod. 58, Arab. 1, 2: καὶ ἐποίησε. Cod. VII in Supplem. juxta Hebraeum: ἐξ αὐτοῦ ἐγένοντο.   [35] Cod. 58: τὸ δῶμα. Syro-hex.: τὰ δώματα (|ᵒᵒᵒᵎ); sed pluralis oscitantiae amanuensis tribuendus est. Cf. Hex. ad loc.   [36] Praepositio abest a Syro-hex., invitis Cod. 58, et Hebraeo.   [37] ⚹ ἐκ ξύλων ἀσήπτων (v. 25)—χρυσίῳ ⁌. Sic Syro-hex., et sine aster. Cod. 58, Arab. 1, 2.

Cap. XXXVIII.   [1] Vid. not. 22. Codd. X, Lips. ad πυρείον in marg. habent: γείσιον.   [2] Syro-hex. ⏑ܪܐܡܦ ./.   ܡܩܠܐܡ ./. ܩܚܕܡܒܠ .ܣ. Cod. VII in marg. manu 2ᵈᵃ: ἄγκιστρα, sine indice certo cui referatur. Ad Sym. cf. ad Cap. xxv. 37. Ad Aq. et Theod. cf. Hex. ad 4 Reg. xxv. 14. Jerem. lii. 18.   [3] Syro-hex. in marg. ܚܪܕܠ ./. Cf. ad Cap. xxvii. 4. xxxix. 39.   [4] Sic Cod. 58 (cum

ὑπ᾽ αὐτὸ), Syro-hex.   [5] Syro-hex. ܐܚܕܣܐ .ܣ .ܐ ./. ♦ ܡܚܠ ܀.   [6] Cod. VII in Supplem. super ἐποίησε, manu fortasse seriori: ἐχώνευσε.   [7] Syro-hex. ܡܩܚܡܠ ./.   [8] Cod. X. Cod. 85 affert: ᾿Α. στρατευσαμένων. Montef. ad Hebraea אֲשֶׁר צָבְאוּ lectionem refert, invitis testibus.   [9] Cod. Lips.   [10] Syro-hex. |ܚܩܚܕܡܠ ./. ♦ ܟܚܡܐ܀ ܀ܚܩܚܡܠ. Cod. VII in Supplem. dat.: καὶ οἱ κρίκοι (marg. διατόνια) αὐτῶν, καὶ αἱ ψαλίδες (marg. στήλωσις μαρα) αὐτῶν.   [11] Idem: ♦ ܐܬܣܐ .ܣ. ./. Graeca vox est in Cod. VII in Supplem. Cf. Hex. ad Num. iv. 26.   [12] Idem: ♦ ܚܡܐܡ ܀ܚܩܚܡܠ .ܣ. ./.   [13] Idem: ./. ♦ ܚܡܐܡ. Sic in textu sine notis Cod. 58, Arab. 1, 2.   [14] Idem: |ܪܡܐ܂ ./.   [15] Codd. Lips. (sine nom.), 85, 130.   [16] Codd. X, Lips. Sic Codd. 85, 130, uterque in marg. sine nom.   [17] Syro-hex. ♦ ܙܐܚܕ .ܐ. ♦ ܚܡܐܡ܂ .ܣ. ./.

x 2

31 (9). אֶת־אַדְנֵי. Οʹ. τὰς βάσεις. Σ. Θ. (τὰς) βάσεις.[18]

Cap. XXXVIII. 1 (22). οὗτος ἐποίησε[19] τὸ θυσιαστήριον τὸ χαλκοῦν ÷ ἐκ τῶν πυρείων τῶν χαλκῶν, ἃ ἦσαν ἐν τοῖς ἀνδράσι τοῖς καταστασιάσασι μετὰ τῆς Κορὲ συναγωγῆς ◄.[20] ※ Θ. ἐκ ξύλων ἀσήπτων πέντε πήχεων τὸ μῆκος αὐτοῦ, καὶ πέντε πήχεων τὸ εὖρος αὐτοῦ, τετράγωνον, καὶ τριῶν πήχεων τὸ ὕψος αὐτοῦ. 2. (καὶ) ἐποίησε τὰ κέρατα αὐτοῦ ἐπὶ τῶν τεσσάρων γωνιῶν αὐτοῦ· ἐξ αὐτοῦ ἦσαν τὰ κέρατα αὐτοῦ· καὶ ἐκάλυψεν αὐτὸ χαλκῷ ◄.[21] 3 (23). οὗτος ἐποίησε πάντα τὰ σκεύη τοῦ θυσιαστηρίου, τὴν βάσιν, καὶ τὸ γεῖσιον,[22] καὶ τὰς φιάλας, καὶ τὰς κρεάγρας, καὶ τὰ πυρεῖα·[23] ※ Θ. πάντα τὰ σκεύη αὐτοῦ ἐποίησε χαλκᾶ ◄.[24] 4 (24). οὗτος ἐποίησε τῷ θυσιαστηρίῳ παράθεμα, ἔργον δικτυωτὸν χαλκοῦν, ὑπʼ αὐτοῦ τοῦ πυρείου κάτωθεν ἕως τοῦ ἡμίσους αὐτοῦ. 5. καὶ ἐπέθηκεν ÷ αὐτῷ ◄[25] τέσσαρας δακτυλίους ἐκ τῶν τεσσάρων μερῶν τοῦ παραθέματος ÷ τοῦ θυσιαστηρίου ◄[26] τοῦ χαλκοῦ, εὐρεῖς τοῖς μοχλοῖς. 6. ※ Θ. καὶ ἐποίησεν ἀναφορεῖς ξύλα ἄσηπτα, καὶ ἐκάλυψεν αὐτοὺς χαλκῷ ◄. 7. καὶ εἰσήνεγκε τοὺς ἀναφορεῖς εἰς τοὺς δακτυλίους ἐπὶ τὰ πλευρὰ τοῦ θυσιαστηρίου,[27] ὥστε αἴρειν τὸ θυσιαστήριον ἐν αὐτοῖς· (※) κοιλὸν, σανιδωτὸν ἐποίησεν αὐτό ◄.[28] 8 (26). καὶ ἐποίησε τὸν λουτῆρα τὸν χαλκοῦν, καὶ τὴν βάσιν αὐτοῦ ÷ τὴν ◄[29] χαλκῆν, ἐκ τῶν κατόπτρων τῶν νηστευουσῶν, αἳ ἐνήστευσαν παρὰ τὰς θύρας τῆς σκηνῆς τοῦ μαρτυρίου, ἐν ᾗ ἡμέρᾳ ἔπηξεν αὐτήν. 9 (xxxvii. 7). καὶ ἐποίησε τὴν αὐλὴν τὴν πρὸς νότον, ἱστία τῆς αὐλῆς

ἐκ βύσσου κεκλωσμένης, ἑκατὸν ἐφʼ ἑκατόν. 10 (8). καὶ οἱ στῦλοι αὐτῶν εἴκοσι, καὶ αἱ βάσεις αὐτῶν εἴκοσι χαλκαῖ· ※ Θ. καὶ οἱ κόσμοι τῶν στύλων, καὶ αἱ ψαλίδες αὐτῶν ἀργυραῖ ◄.[30] 11 (9). καὶ τὸ κλίτος τὸ πρὸς βορρᾶν, ἑκατὸν ἐφʼ ἑκατόν· καὶ οἱ στῦλοι αὐτῶν εἴκοσι, καὶ αἱ βάσεις αὐτῶν εἴκοσι χαλκαῖ· ※ Θ. καὶ οἱ κόσμοι τῶν στύλων, καὶ τὰ συγκολλήματα αὐτῶν ἀργυρᾶ ◄.[31] 12 (10). καὶ τὸ κλίτος τὸ κατὰ θάλασσαν αὐλαῖαι πεντήκοντα πήχεων· στῦλοι αὐτῶν δέκα, καὶ αἱ βάσεις αὐτῶν δέκα ※ Θ. καὶ οἱ κόσμοι τῶν στύλων, καὶ τὰ συγκολλήματα αὐτῶν ἀργυρᾶ ◄.[32] 13 (11). καὶ τὸ κλίτος ※ τὸ πρῶτον ◄[33] πρὸς ἀνατολὰς πεντήκοντα πήχεων. 14 (12). ἱστία πεντεκαίδεκα πήχεων τῷ[34] κατὰ νώτου· καὶ οἱ στῦλοι αὐτῶν τρεῖς, καὶ αἱ βάσεις αὐτῶν τρεῖς. 15 (13). καὶ ἐπὶ τοῦ νώτου τοῦ δευτέρου ἔνθεν καὶ ἔνθεν κατὰ τὴν πύλην τῆς αὐλῆς, αὐλαῖαι πεντεκαίδεκα πήχεων· καὶ οἱ στῦλοι αὐτῶν τρεῖς, καὶ αἱ βάσεις αὐτῶν τρεῖς· 16 (14). πᾶσαι αἱ αὐλαῖαι τῆς σκηνῆς ※ κύκλῳ ◄[35] ἐκ βύσσου κεκλωσμένης. 17 (15). καὶ αἱ βάσεις τῶν στύλων χαλκαῖ, ※ καὶ αἱ ψαλίδες τῶν στύλων ◄,[36] καὶ αἱ ἀγκύλαι αὐτῶν ἀργυραῖ, καὶ αἱ κεφαλίδες αὐτῶν περιηργυρωμέναι ἀργυρίῳ, καὶ οἱ στῦλοι περιηργυρωμένοι ἀργυρίῳ, πάντες οἱ στῦλοι τῆς αὐλῆς. 18 (16). καὶ τὸ κατακάλυμμα τῆς πύλης τῆς αὐλῆς, ἔργον ποικιλτοῦ, ἐξ ὑακίνθου, καὶ πορφύρας, καὶ κοκκίνου νενησμένου, καὶ βύσσου κεκλωσμένης, εἴκοσι πήχεων τὸ μῆκος, καὶ τὸ ὕψος καὶ τὸ εὖρος πέντε πήχεων,

---

Cf. ad v. 10.   [18] Idem: ܐ ܟ̈ܣ ܐ. ܣ. Vox Syriaca eadem est ac in textu, nec in Graeca varietas exstitisse videtur.   [19] Sic Syro-hex. Cod. 58, Arm. 1: καὶ ἐποίησε, ut in Hebraeo.   [20] Obelus est in Syro-hex., qui minus bene pingit: ÷ οὗτος ἐποίησε—συναγωγῆς ◄. Pro ἐν (τοῖς ἀνδράσι) stant Codd. 58, 74, alii, et Syro-hex.   [21] Sic Syro-hex. Graeca non leguntur nisi in Comp., qui paululum variat.   [22] Syro-hex. ܓܝ̈ܣܐ (= γεῖσος Jerem. lii. 22. Ezech. xl. 43). Codd. 58, 108: καὶ τὸ γήσιον. Cf. Hex. ad loc. Pro τὴν βάσιν Syro-hex. hic et v. 8 τὰς βάσεις (ܐܟ̈ܣ ܐ) habet, repugnantibus omnibus.   [23] Syro-hex. ܘܦ̈ܝܪܐ. Cod. 58, Arm. 1: καὶ τὸ πυρεῖον. Arab. 1, 2: et focos.   [24] Sic Syro-hex., et sine notis Comp. (praem. καὶ), Cod. VII (in Supplem.), Arab. 1, 2, Arm. 1.   [25] Sic Syro-hex. Arm. 1: ※ εἰ. Vox deest in Cod. 58.   [26] Sic Syro-hex. (qui pingit: ÷ τοῦ θ. τοῦ χαλκοῦ ◄), et sine

obelo Cod. 58.   [27] ※ Θ. καὶ ἐποίησεν—τοῦ θυσιαστηρίου. Sic Syro-hex., et sine notis Arab. 1, 2, Arm. 1.   Cod. 58 tantum habet: καὶ εἰσήνεγκε—τοῦ θυσιαστηρίου.   [28] Sic Syro-hex. (cum cuneolo tantum), et sine notis Comp., Cod. VII (in Supplem.), Arab. 1, 2, Arm. 1.   [29] Sic Syro-hex. (qui pingit: ܐܟ̈ܣ ܐ ÷), et sine obelo Codd. VII, 58.   [30] χαλκαῖ—ἀργυραῖ ◄. Sic Syro-hex., et sine notis Cod. 58, Arab. 1, 2 (cum circuli columnarum et arcus earum).   [31] Sic Syro-hex., et sine notis Arab. 1, 2 (ut ante).   [32] Iidem.   [33] Syro-hex. ܩܕܡܝܐ ※. In Hebraeo est קֵדְמָה, orientem versus, quod non expresserunt testes Graeci.   [34] Syro-hex. ܣܛܪ ܕܡܢ ܓܒܐ. In libris Graecis est τὸ κατὰ νώτου (s. νότου).   [35] Idem: ܟܪܝܟ ܐ ※. Arab. 1, 2: ad omnem ambitum et circuitum. In Hebraeo est סָבִיב.   [36] Sic Syro-hex. solus.

ἐξισούμενον τοῖς ἱστίοις τῆς αὐλῆς. 19 (17). καὶ οἱ
στῦλοι αὐτῶν τέσσαρες, καὶ αἱ βάσεις αὐτῶν τέσσαρες χαλκαῖ, καὶ αἱ ἀγκύλαι αὐτῶν ἀργυραῖ, καὶ αἱ
κεφαλίδες αὐτῶν καὶ αὐταὶ[37] περιηργυρωμέναι ἀργυρίῳ. 20 (18). καὶ πάντες οἱ πάσσαλοι τῆς σκηνῆς
καὶ τῆς αὐλῆς κύκλῳ χαλκοῖ. 21 (19). καὶ αὕτη ἡ
σύνταξις τῆς σκηνῆς τοῦ μαρτυρίου, καθὰ συνέταξε
Μωυσῇ,[38] τὴν λειτουργίαν εἶναι[39] τῶν Λευιτῶν, διὰ
Ἰθαμὰρ τοῦ υἱοῦ Ἀαρὼν τοῦ ἱερέως. 22 (20). καὶ
Βεσελεὴλ ὁ τοῦ Οὐρὶ υἱοῦ Ὢρ, ἐκ τῆς φυλῆς Ἰούδα,
ἐποίησε καθὰ συνέταξε κύριος τῷ Μωυσῇ. 23 (21).
καὶ ✕ Θ. μετὰ ταῦτα ◄[40] Ἐλιὰβ ὁ τοῦ Ἀχισαμὰχ,
ἐκ φυλῆς Δὰν, ὃς ἠρχιτεκτόνησε τὰ ὑφαντὰ, ─ καὶ
τὰ ῥαφιδευτικὰ ◄,[41] καὶ τὰ ποικιλτικὰ, ✕ Ἀ. Θ. ἐν
τῇ ὑακίνθῳ ◄, καὶ ἐν τῇ πορφύρᾳ, καὶ κοκκίνῳ νενη-
σμένῳ, καὶ τῇ βύσσῳ.[42] 24 (xxxix. 1). πᾶν τὸ χρυσίον ὃ κατειργάσθη εἰς τὰ ἔργα κατὰ πᾶσαν τὴν
ἐργασίαν τῶν ἁγίων ἐγένετο χρυσίου τοῦ τῆς ἀπαρ-
χῆς ἐννέα καὶ εἴκοσι τάλαντα, καὶ ἑπτακόσιοι καὶ
τριάκοντα σίκλοι κατὰ τὸν σίκλον τὸν ἅγιον. 25 (2).
καὶ ἀργυρίου ─ ἀφαίρεμα ◄[43] παρὰ τῶν ἐπεσκεμμένων
─ ἀνδρῶν ◄[44] τῆς συναγωγῆς ἑκατὸν τάλαντα, καὶ
χίλιοι καὶ ἑπτακόσιοι καὶ ἑβδομήκοντα καὶ πέντε
σίκλοι ✕ Θ. ἐν τῷ σίκλῳ τῷ ἁγίῳ ◄.[45] 26. δραχμὴ
μία τῇ κεφαλῇ, τὸ ἥμισυ τοῦ σίκλου κατὰ τὸν σίκλον
τὸν ἅγιον. (3) πᾶς ὁ παραπορευόμενος τὴν ἐπίσκεψιν, ἀπὸ εἰκοσαετοῦς καὶ ἐπάνω, εἰς τὰς ἑξήκοντα[46]

μυριάδας, καὶ τρισχιλίους καὶ πεντακοσίους καὶ πεντήκοντα. 27 (4). καὶ ἐγενήθη τὰ ἑκατὸν τάλαντα
τοῦ ἀργυρίου εἰς τὴν χώνευσιν τῶν κεφαλίδων τῆς
σκηνῆς, καὶ εἰς τὰς κεφαλίδας τοῦ καταπετάσματος
(5) ἑκατὸν κεφαλίδες εἰς τὰ ἑκατὸν τάλαντα, τάλαντον τῇ κεφαλίδι. 28 (6). καὶ τοὺς χιλίους καὶ ἑπτακοσίους καὶ ἑβδομήκοντα καὶ πέντε σίκλους ἐποίησεν
εἰς τὰς ἀγκύλας τῶν στύλων, καὶ κατεχρύσωσε τὰς
κεφαλίδας αὐτῶν, καὶ κατεκόσμησεν αὐτούς. 29 (7).
καὶ ὁ χαλκὸς τοῦ ἀφαιρέματος ἑβδομήκοντα τάλαντα,
καὶ δισχίλιοι καὶ τετρακόσιοι σίκλοι. 30 (8). καὶ
ἐποίησαν ἐξ αὐτοῦ τὰς βάσεις τῆς θύρας τῆς σκηνῆς
τοῦ μαρτυρίου, ✕ Οἱ Γ´. καὶ τὸ θυσιαστήριον τὸ
χαλκοῦν ◄,[47] (10) καὶ τὸ παράθεμα τὸ χαλκοῦν τοῦ
θυσιαστηρίου, καὶ πάντα τὰ σκεύη τοῦ θυσιαστηρίου, 31 (9). καὶ τὰς βάσεις τῆς αὐλῆς κύκλῳ, καὶ
τὰς βάσεις τῆς πύλης τῆς αὐλῆς, ✕ Σ. Θ. καὶ πάντας τοὺς πασσάλους τῆς σκηνῆς, καὶ πάντας τοὺς
πασσάλους τῆς αὐλῆς κύκλῳ.[48]

Cap. XXXIX (Gr. xxxix. 13. xxxvi. 8-40.
xxxix. 10-12, 14-23).

2 (xxxvi. 9). אֶת־הָאֵפֹד. Ο΄. τὴν ἐπωμίδα. Ἀ. Σ.
τὸ ἐπένδυμα. Θ. ἐφώδ.[1]

6 (13). הַשֹּׁהַם. Ο΄. τῆς σμαράγδου. Ἀ. Σ. Θ.
τοῦ ὄνυχος.[2]

---

[37] Sic Cod. 58 (cum αὐταί). Mendose Syro-hex. ◌◌◌.
[38] Sic Syro-hex. Cod. 58: Μωυσῆς. Cod. 72: Μωυσῆς.
[39] Sic Codd. 58, 72, etiam Syro-hex., si pro ܠܘܐܠ ܐܡܠܟ
legatur ܠܘܐܠ ܐܡܠܟ. [40] Sic Syro-hex. (qui pingit:
✕. Θ. καὶ μετὰ ταῦτα ◄), et sine notis Cod. 72. Arm. 1:
✕ et deinde. Cf. Hex. ad loc. [41] Sic Syro-hex., et sine
obelo Codd. 19, 58, 72. [42] ✕ Ἀ. Θ. ἐν τῇ ἱ. ◄ ─βύσσῳ.
Sic Syro-hex., et sine notis Codd. 58, 72. Arm. 1, vertente Altero: ἐξ ὑακίνθου, καὶ ἐκ πορφύρας, καὶ ἐκ κοκκίνου
κεκλωσμένου, καὶ ἐκ βύσσου. [43] Sic sub obelo Syro-hex.,
Cod. V. [44] Idem. Ad ἐπεσκεμμένων (ܩ~ܥ̈ܝܕ) Syro-
hex. scholion affert: ἠριθμημένων (ܐ~ܝ̈ܢܡ). [45] Sic
Syro-hex., Cod. V (sub ✕), et sine notis Cod. 72, Arab. 1, 2,
Arm. 1 (sub ✕). [46] Syro-hex. ἑξακοσίους (ܐ~ܡܫ̈ܚ),
errore manifesto. [47] Sic Syro-hex., Cod. V (sub ✕), et
sine notis Codd. 58 (om. τὸ χαλκοῦν), 72 (idem), Arab. 1, 2,
Arm. 1 (sub ✕). [48] Sic Syro-hex., qui pingit: ✕ Σ. Θ.
καὶ πάντας—ἐν τῷ ἁγίῳ (xxxix. 1) ◄. Cod. V, teste Montef.:

✕ καὶ πάντας τοὺς πασσάλους τῆς σκηνῆς; καὶ πάντας τοὺς π. τῆς
αὐλῆς κύκλῳ. ✕ καὶ τὴν καταλειφθεῖσαν—ἐν τῷ ἁγίῳ :. Denique
Ceriani noster, qui hanc particulam codicis ipse descripsit,
locum sic exhibet: αὐλῆς ✕ καὶ πάντας ✕ τοὺς π. τῆς σκηνῆς,
καὶ πάντας : τοὺς π. τῆς αὐλῆς κύκλῳ. ✕ καὶ τὴν καταλειφθεῖσαν
—ἐν τῷ ἁγίῳ :. Cum vero haec, καὶ πάντας—κύκλῳ, exstent
in LXX Cap. xxxix. 9, praeter duplex πάντας (quod agnoscunt tantum Codd. V, 58, 72, Arab. 1, 2), fortasse cum
Grabio pingendum: καὶ ✕ Σ. Θ. πάντας ◄ τοὺς π. τῆς σκηνῆς,
καὶ ✕ πάντας ◄ τοὺς π. τῆς αὐλῆς κύκλῳ.

Cap. XXXIX. [1] "Sic MSS. nostri, ubi Aq. et Sym.
אֵפֹד semper ἐπένδυμα vertunt."—Montef. Cf. ad Cap.
xxv. 7. xxviii. 26. [2] "Ita Ἀ. Σ. Θ., ut saepe vidimus
supra."—Montef. Cf. Hex. ad Gen. ii. 12. Exod. xxv. 7.
xxviii. 9. Hieron. in Epist. LXIV ad Fabiolam, 15:
"In utroque humero habet singulos lapides clausos et
astrictos auro, qui Hebraice dicuntur soom; ab Aquila et
Symmacho et Theodotione onychini, a LXX smaragdi

6 (13). מִסְבֹּת. *Inclusos.* Ο'. συμπεπορπημένους. Ἀ. συμπεπλεγμένους. Σ. Θ. περικεκλωσμένους.[2]

מְשֻׁבְּצֹת. *Fundis.* Ο'. καὶ περισεσιαλωμένους. Οἱ λοιποί· συνεσφιγμένους.[3]

15 (22). מַעֲשֵׂה עֲבֹת. *Opere plexili.* Ο'. ἔργον ἐμπλοκίου (Ἀ. Σ. πεπλεγμένον. Θ. ἁλύσεως, s. ἁλυσιδωτόν[3]).

16 (23). מִשְׁבְּצֹת. Ο'. ἀσπιδίσκας. Ἀ. σφιγκτῆρας. Σ. συσφιγκτῆρας Θ. συσφίγξεις.[6]

22 (30). אֶת־מְעִיל הָאֵפֹד. Ο'. τὸν ὑποδύτην. Ἀ. (τὸ) ἔνδυμα τοῦ ἐπενδύματος. Σ. (τὸ) ἐπένδυμα τοῦ ἐπενδύματος. Θ. (τὸν) ἐπενδύτην τῆς ἐπωμίδος.[7]

28 (36). הַבַּד. *Lintei.* Ο'. ※ Θ. βάδ◄. Ἀ. Σ. τοῦ ἐξαιρέτου.[8]

35 (xxxix. 15). וְאֶת־בַּדָּיו. Ο'. καὶ τοὺς διωστῆρας (Οἱ λοιποί· ἀναφορεῖς[9]) αὐτῆς.

36 (18). וְאֵת לֶחֶם הַפָּנִים. Ο'. καὶ τοὺς ἄρτους τοὺς προκειμένους (Ἄλλος· τῆς προθέσεως[10]).

38 (16). וְאֵת מָסָךְ. Ο'. ※ καὶ τὸ ἐπίσπαστρον. Ἀ. Σ. καὶ τὸ παρατάννσμα.[11]

39 (10). וְאֵת־מִכְבַּר. Ο'. ※ καὶ τὸ παράθεμα. Ἀ. Σ. Θ. καὶ τὸ κοσκίνωμα.[12]

Cap. XXXIX. 1 (13). (※ Σ. Θ.) καὶ τὴν καταλειφθεῖσαν ὑάκινθον, καὶ πορφύραν, καὶ τὸ κόκκινον τὸ νενησμένον, ἐποίησαν στολὰς λειτουργικὰς ὥστε λειτουργεῖν ἐν τῷ ἁγίῳ ◄.[13] (xxxvi. 8) καὶ ἐποίησε τὰς στολὰς τῶν ἁγίων, αἵ εἰσιν Ἀαρὼν — τῷ ἱερεῖ ◄,[14] καθάπερ συνέταξε κύριος τῷ Μωυσῇ. 2 (9). καὶ ἐποίησαν τὴν ἐπωμίδα ἐκ χρυσίου, καὶ ὑακίνθου, καὶ πορφύρας, καὶ κοκκίνου νενησμένου,[15] καὶ βύσσου κεκλωσμένης. 3 (10). καὶ ἐτμήθη τὰ πέταλα τοῦ χρυσίου τρίχες, ὥστε συνυφᾶναι σὺν τῇ ὑακίνθῳ, καὶ τῇ πορφύρᾳ, καὶ σὺν τῷ κοκκίνῳ τῷ διανενησμένῳ, καὶ σὺν τῇ βύσσῳ ÷ τῇ κεκλωσμένῃ ◄,[16] ἔργον ὑφαντόν. 4 (11). ἐπωμίδας ἐποίησαν αὐτὸ, συνεχούσας ἐξ ἀμφοτέρων τῶν μερῶν αὐτοῦ, συμπεπλεγμένα, 5. ἔργον ὑφαντὸν — εἰς ἄλληλα ◄.[17] (12) καθ' ἑαυτὸ ἐξ αὐτοῦ ἐποίησαν κατὰ τὴν ποίησιν αὐτοῦ, ἐκ χρυσίου, καὶ ὑακίνθου, καὶ πορφύρας, καὶ κοκκίνου διανενησμένου, καὶ βύσσου κεκλωσμένης, καθὰ συνέταξε κύριος τῷ Μωυσῇ. 6 (13). καὶ ἐποίησαν — ἀμφοτέρους ◄[18] τοὺς λίθους τῆς σμαράγδου συμπεπορπημένους καὶ περισεσιαλωμένους χρυσίῳ, γεγλυμμένους ἐκκόλαμμα σφραγῖδος ἐκ τῶν ὀνομάτων τῶν υἱῶν Ἰσραήλ. 7 (14). καὶ ἐπέθηκεν αὐτοὺς ἐπὶ τοὺς ὤμους τῆς ἐπωμίδος, λίθους ·μνημοσύνου τῶν υἱῶν Ἰσραήλ,

---

transferuntur. Josephus *sardonychas* vocat, cum Hebraeo Aquilaque consentiens." In posterioribus altera Aquilae editio innui videtur. [3] Syro-hex. ܡܣܒ ܐ܂ ܒܐܣܦܝܢܬܐ܂ ܘܡܚܙܩܝ̈ ܐܣܦܝܢܬܐ ◆ Supplem. Cod. VII in marg. sine nom.: συμπεπλεγμένους. Ad Sym. et Theod. cf. ad Cap. xxviii. 11. (Voces Syriacae cum Graecis, quas posuimus, commutantur vv. 13, 15 in Syro-hex.) [4] Codd. X, Lips., 130. In Cod. 85 lectio ad συμπεπορπημένους male refertur, quae res Montefalconio et Bahrdtio fraudi fuit. [5] Syro-hex. ܚܙܩܐ܀ ܐ܂ ܡܚܙܩܢ̈ܐ܂ ܣ. Cf. ad Cap. xxviii. 14, 24. [6] Idem: ܚܙܩܝ̈ ܐ. ܣ. ܡܚܙܩܢ̈ܐ. ܣܘܢܐ. ܀ ܣ. Minus distincte Codd. X, Lips.: Ἀ. Σ. σφιγκτῆρας. "Vox συσφίγξεις non occurrit certa in V. T., saltem apud Schleusner.; sed collato supra Cap. xxviii. 25, et habita ratione formae, reddidi Theodotionis Syrum."— *Ceriani.* [7] Syro-hex. ܐ܂ ܟܣܝܐ ܀ ܟܣܝܐ. ܣ. ܟܣܝܐ ܀ ܟܣܝܐ ܟܣܝܐ. ܣܘܢܐ܀ Cf. ad Cap. xxix. 5, ubi formae Syriacae paululum variant. [8] Idem: ܒܕ ܐ. Sic in textu Codd. 58, 72. Cf. Hex. ad Ezech. ix. 2, 11. x. 2, 6. Dan. x. 5. "Aquila sane in locis allatis per ἐξαίρετον

vertit, sed Sym. per λινοῦν, λινᾶ. Irrepsitne nota ܡ hic in Syro ?"—*Ceriani.* [9] Codd. X, Lips., 85, 130. Cf. ad Cap. xxx. 4. [10] Sic in textu Comp., Codd. III, VII, X, Lips. (cum τοὺς προκ. in marg.), 18, 53, alii; in marg. autem Codd. 85, 130 (cum τῆς πρ. Ἀαρών). [11] Syro-hex. ܘܦܪܣܐ. "In Syro quidem eadem lectio est in textu et margine, uno puncto diacritico excepto, quod in textu deest; sed sic reddunt isti interpretes Hebraeum in Hex. ad Cap. xxvii. 16."—*Ceriani.* [12] Idem: ܐ܂ ܣ. ܩܠܦܕܐ ܀ ܠܩ. Cf. ad Cap. xxvii. 4. xxxv. 17, ubi tamen Syrus aliter vertit. [13] Vid. not. 48 ad Cap. xxxviii. 31. Sic Cod. V (sub ※), et sine notis Codd. 58 (qui post νενησμένον add. καὶ τὴν βύσσον τὴν κεκλωσμένην), 72, Arm. 1. Cf. Ceriani ad loc. [14] Obelus est in Syro-hex., Cod. V. [15] Pro καὶ κοκ. νενησμένου Montef. e Cod. V exscripsit: καὶ κοκ., καὶ χρυσίου νενησμένου, invitis Codd. 58, 72, Syro-hex. In collatione istius codicis Holmesiana lacuna est usque ad λίθους σμαράγδου (v. 6). Vid. not. 26 ad Cap. xxxvii. 15. [16] Obelus est in Cod. V, non in Syro-hex. [17] Obelus est in Syro-hex., invito Cod. V. [18] Idem.

καθὰ συνέταξε κύριος τῷ Μωυσῇ.　8 (15). καὶ ἐποίησαν[19] ※ τὸ ◄[20] λογεῖον, ἔργον ὑφαντὸν ποικιλίᾳ
κατὰ τὸ ἔργον τῆς ἐπωμίδος, ἐκ χρυσίου, καὶ ὑακίνθου, καὶ πορφύρας, καὶ κοκκίνου διανενησμένου, καὶ
βύσσου κεκλωσμένης.　9 (16). τετράγωνον ※ Ἀ. Θ.
ἦν ◄,[21] διπλοῦν ἐποίησαν τὸ λογεῖον· σπιθαμῆς τὸ
μῆκος αὐτοῦ, καὶ σπιθαμῆς τὸ εὖρος αὐτοῦ, διπλοῦν.
10 (17). καὶ συνυφάνθη ἐν αὐτῷ ‒ ὕφασμα κατάλιθον ◄[22] τετράστιχον. στίχος λίθων, σάρδιον καὶ τοπά-
ζιον καὶ σμάραγδος, ὁ στίχος ὁ εἷς.　11 (18). καὶ ὁ
στίχος ὁ δεύτερος, ἄνθραξ καὶ σάπφειρος καὶ ἴασπις.
12 (19). καὶ ὁ στίχος ὁ τρίτος, λιγύριον καὶ ἀχάτης
καὶ ἀμέθυστος.　13 (20). καὶ ὁ στίχος ὁ τέταρτος,
χρυσόλιθος καὶ ὀνύχιον καὶ βηρύλλιον·[23] περικε-
κλωσμένα καὶ συνδεδεμένα χρυσίῳ ἐν τῷ χρυσίῳ
αὐτῶν.　14 (21). καὶ οἱ λίθοι ἐκ τῶν ὀνομάτων τῶν
υἱῶν Ἰσραὴλ ἦσαν, δώδεκα ἐκ τῶν ὀνομάτων αὐτῶν,
ἐγγεγλυμμένοι σφραγῖδας, ἕκαστος ἐκ τοῦ ὀνόματος
αὐτοῦ εἰς τὰς δώδεκα φυλάς.　15 (22). καὶ ἐποίησαν
ἐπὶ τὸ λογεῖον κροσσοὺς συμπεπλεγμένους, ἔργον
ἐμπλοκίου, ἐκ χρυσίου καθαροῦ.　16 (23). καὶ ἐποίησαν δύο ἀσπιδίσκας χρυσᾶς, καὶ δύο δακτυλίους
χρυσοῦς[24] καὶ ἐπέθηκαν τοὺς δύο δακτυλίους
‒ τοὺς χρυσοῦς ◄[24] ἐπ' ἀμφοτέρας τὰς ἀρχὰς τοῦ
λογείου.　17 (25). καὶ ἐπέθηκαν τὰ ἐμπλόκια ἐκ
χρυσίου ἐπὶ τοὺς δύο δακτυλίους ἐπ' ἀμφοτέρων τῶν
μερῶν τοῦ λογείου·　18. καὶ εἰς τὰς δύο συμβολὰς
τὰ δύο ἐμπλόκια, (26) καὶ ἐπέθηκαν ἐπὶ τὰς δύο ἀσπι-
δίσκας· καὶ ἐπέθηκαν αὐτὰς ἐπὶ τοὺς ὤμους τῆς ἐπωμίδος ἐξεναντίας κατὰ πρόσωπον αὐτοῦ.　19 (27). καὶ

ἐποίησαν δύο δακτυλίους χρυσοῦς, καὶ ἐπέθηκαν ἐπὶ
τὰ δύο πτερύγια ‒ ἐπ' ἄκρου ◄[25] τοῦ λογείου, ἐπὶ τὸ
ἄκρον τοῦ ὀπισθίου τῆς ἐπωμίδος ἔσωθεν.　20 (28).
καὶ ἐποίησαν δύο δακτυλίους χρυσοῦς, καὶ ἐπέθηκαν
αὐτοὺς ἐπ' ἀμφοτέρους τοὺς ὤμους τῆς ἐπωμίδος κάτωθεν[26] κατὰ πρόσωπον αὐτοῦ, κατὰ τὴν συμβολὴν
αὐτοῦ, ἄνωθεν τῆς συνυφῆς τῆς ἐπωμίδος.　21 (29).
καὶ συνέσφιγξε τὸ λογεῖον ἀπὸ τῶν δακτυλίων τῶν
ἐπ' αὐτοῦ εἰς τοὺς δακτυλίους τῆς ἐπωμίδος, συνεχομένους ἐκ τῆς ὑακίνθου, συμπεπλεγμένους εἰς τὸ
ὕφασμα τῆς ἐπωμίδος, ἵνα μὴ χαλᾶται τὸ λογεῖον
ἀπὸ τῆς ἐπωμίδος, καθὰ συνέταξε κύριος τῷ Μωυσῇ.
22 (30). καὶ ἐποίησαν τὸν ὑποδύτην ἐπὶ τὴν ἐπωμίδα,
ἔργον ὑφαντὸν, ὅλον ὑακίνθινον.　23 (31). τὸ δὲ περιστόμιον τοῦ ὑποδύτου ἐν τῷ μέσῳ αὐτοῦ διαφασμένον
συμπλεκτὸν, ὤαν ἔχον[27] τὸ περιστόμιον αὐτοῦ κύκλῳ,
ἀδιάλυτον.　24 (32). καὶ ἐποίησαν ἐπὶ τοῦ λώματος
τοῦ ὑποδύτου κάτωθεν ὡς ἐξανθούσης[28] ῥόας ῥοΐσκους
ἐξ ὑακίνθου, καὶ πορφύρας, καὶ κοκκίνου νενησμένου,
καὶ βύσσου κεκλωσμένης.　25 (33). καὶ ἐποίησαν
κώδωνας χρυσίου καθαροῦ, καὶ ἐπέθηκαν τοὺς κώδωνας ※ Οἱ Ι΄. ἀναμέσον τῶν ῥοΐσκων ◄[29] ἐπὶ τὰ
λώματα τοῦ ὑποδύτου κύκλῳ ἀναμέσον τῶν ῥοΐσκων.
26 (34). κώδων ‒ χρυσοῦς ◄[30] καὶ ῥοΐσκος, ※ κώδων
καὶ ῥοΐσκος ◄,[31] ἐπὶ τοῦ λώματος τοῦ ὑποδύτου κύκλῳ,
εἰς τὸ λειτουργεῖν, καθὰ συνέταξε κύριος τῷ Μωυσῇ.
27 (35). καὶ ἐποίησαν[32] ※ Σ. τοῖς ◄[33] χιτῶνας βυσ-
σίνους, ἔργον ὑφαντὸν, Ἀαρὼν καὶ τοῖς υἱοῖς αὐτοῦ·
28 (36). καὶ τὰς κιδάρεις ἐκ βύσσου, καὶ τὴν μίτραν
ἐκ βύσσου, καὶ τὰ περισκελῆ ※ Θ. βὰδ ◄[34] ἐκ βύσσου

---

[19] Sic Syro-hex., cum Ed. Rom. Altera lectio ἐποίησεν
est in libris hexaplaribus V, 58, 72, Arm. 1, aliis.　[20] Sic
Cod. V (sine metobelo), et sine aster. Codd. III (cum λόγιον), 25, 53, 71, 118.　[21] Sic Syro-hex., Cod. V (sub ※),
et sine aster. Arab. 1, 2.　[22] Obelus est in Syro-hex.,
Cod. V.　[23] Sic (pro καὶ βηρύλ. καὶ ὀνύχ.) Codd. V, 58,
72, Syro-hex.　[24] Sic sub obelo Syro-hex., Cod. V.
[25] Obelus est in Cod. V, invito Syro-hex.　[26] Ad κάτωθεν
Syro-hex. in marg.: ἔσωθεν (ܠܓܘ). [27] Syro-
hex. solus: ἔχει (ܐܝܬ ܠܗ). [28] Idem: ὡς ἄνθη ῥοῶν
(ܐܝܟ ܡܐ ܕܡܦܪܥ ...), libere, ut videtur, pro ὡς ἐξανθούσης
ῥόας.　[29] Syro-hex. in textu legit et pingit: ※ ἀναμέσον ◄
τοῦ ῥοΐσκου, male pro: ※ ἀν. τῶν ῥοΐσκων ◄, ut sine notis
Cod. 72, Arab. 1, 2 (uterque om. ἀναμέσον τῶν ῥ. in fine

versus), Arm. 1.　Idem in marg. ܟܘܕܘܢ̈ܐ ܒܝܢܬ
(In Cod. V lacuna est a v. 22 (καὶ ἐποίησαν) ad v. 36 (καὶ
πάντα τὰ) inclusive.　Mox Syrus noster distinguit: κύκλῳ,
ἀναμέσον τῶν ῥοΐσκων κώδων, invito Cod. 72.　[30] Obelus
est in Syro-hex.　Arm. 1: ※ χρυσοῦς (sic).　[31] Sic Syro-
hex., et sine aster. Arab. 1, 2 (cum ῥοΐσκος αὐτοῦ bis).
Codd. 59, 128 ingeminant: κώδων (καὶ κώδων 128) χρυσοῦς
καὶ ῥ.　[32] Syro-hex. ἐποίησε, repugnantibus Codd. 58, 72,
et (ex silentio Holmesii) Arab. 1, 2, Arm. 1.　[33] Sic
Syro-hex. (pro Hebraeo אֶת־הַכֻּתֳנֹת), invitis libris Graecis.
[34] Syro-hex. in textu: ܘܒܕ .l ※. Cf. Hex. ad 1 Reg.
ii. 18.　Pro βὰδ Codd. 58, 72 inferunt τοῦ ἐξαιρέτου.　Vid.
Hex. ad loc.

κεκλωσμένης· 29 (37). καὶ τὰς ζώνας — αὐτῶν ◄³⁵
ἐκ βύσσου ※ Ἑβρ. κεκλωσμένης ◄,³⁶ καὶ ὑακίνθου,
καὶ πορφύρας, καὶ κοκκίνου νενησμένου, ἔργον ποικιλτοῦ, ὃν τρόπον συνέταξε κύριος τῷ Μωυσῇ. 30
(38). καὶ ἐποίησαν τὸ πέταλον τὸ χρυσοῦν, ἀφόρισμα
τοῦ ἁγίου, ἐκ χρυσίου καθαροῦ, (39) καὶ ἔγραψαν
ἐπ᾽ αὐτῷ γράμματα ἐκτετυπωμένα σφραγῖδος·³⁷ ἁγίασμα κυρίῳ. 31 (40). καὶ ἐπέθηκαν ἐπ᾽ αὐτῷ λῶμα
ὑακίνθινον, ὥστε ἐπικεῖσθαι ἐπὶ τὴν μίτραν ἄνωθεν,
ὃν τρόπον συνέταξε κύριος τῷ Μωυσῇ. 32 (xxxiv. 10).
καὶ συνετελέσθη πάντα τὰ ἐργαλεῖα τῆς σκηνῆς
※ Ἀ. Σ. τῆς σκέπης ◄³⁸ τοῦ μαρτυρίου (11) καὶ
ἐποίησαν οἱ υἱοὶ Ἰσραὴλ κατὰ πάντα ὅσα συνέταξε
κύριος τῷ Μωυσῇ, οὕτως ἐποίησαν. (12) — τὸ δὲ
λοιπὸν χρυσίον τοῦ ἀφαιρέματος ἐποίησαν σκεύη εἰς
τὸ λειτουργεῖν ἐν αὐτοῖς ἔναντι κυρίου ◄.³⁹ 33 (14).
καὶ ἤνεγκαν — τὰς στολὰς ◄⁴⁰ τὴν σκηνὴν πρὸς
Μωυσῆν, ※ Θ. καὶ τὴν σκέπην ◄,⁴¹ καὶ πάντα τὰ
σκεύη αὐτῆς, ※ Θ. περόνας αὐτῆς, καὶ σανίδας αὐτῆς ◄,⁴² καὶ τοὺς μοχλοὺς αὐτῆς, καὶ τοὺς στύλους
αὐτῆς, καὶ τὰς βάσεις αὐτῆς, 34 (21). καὶ τὰς διφθέ-
ρας, δέρματα κριῶν ἠρυθροδανωμένα, καὶ τὰ καλύμ-
ματα, δέρματα ὑακίνθινα, ※ Θ. καὶ τὸ καταπέτασμα

τὸ συσκιάζον ◄⁴³ 35 (15). τὴν κιβωτὸν τῆς διαθήκης, καὶ τοὺς διωστῆρας αὐτῆς, καὶ τὸ ἱλαστήριον,
36 (18). καὶ τὴν τράπεζαν — τῆς προθέσεως ◄,⁴⁴ καὶ
πάντα τὰ σκεύη αὐτῆς, καὶ τοὺς ἄρτους τοὺς προκειμένους, 37 (16). καὶ τὴν λυχνίαν τὴν καθαράν, (17)
καὶ τοὺς λύχνους αὐτῆς, λύχνους τῆς καύσεως, ※ Σ.
Θ. καὶ πάντα τὰ σκεύη αὐτῆς ◄,⁴⁵ καὶ τὸ ἔλαιον τοῦ
φωτός, 38. ※ Οἱ Γʹ. καὶ τὸ θυσιαστήριον τὸ χρυσοῦν ◄,⁴⁶ (16) καὶ τὸ ἔλαιον τῆς χρίσεως, καὶ τὸ
θυμίαμα τῆς συνθέσεως, ※ καὶ τὸ ἐπίσπαστρον τῆς
θύρας τῆς σκηνῆς, 39 (10). καὶ τὸ θυσιαστήριον τὸ
χαλκοῦν, καὶ τὸ παράθεμα τὸ χαλκοῦν τὸ αὐτῷ,⁴⁷
τοὺς ἀναφορεῖς αὐτοῦ ◄,⁴⁸ καὶ πάντα τὰ σκεύη αὐτοῦ,
※ Σ. Θ. τὸν λουτῆρα, καὶ τὴν βάσιν αὐτοῦ ◄,⁴⁹
40 (20). καὶ τὰ ἱστία τῆς αὐλῆς, καὶ τοὺς στύλους
αὐτῆς, καὶ τὰς βάσεις αὐτῆς, καὶ τὸ καταπέτασμα
— τῆς θύρας τῆς σκηνῆς, καὶ ◄⁵⁰ τῆς πύλης τῆς
αὐλῆς, τοὺς κάλους αὐτῆς, (21) καὶ τοὺς πασσάλους
αὐτῆς, καὶ πάντα τὰ ἐργαλεῖα τὰ εἰς τὰ ἔργα τῆς
σκηνῆς ※ τῆς σκέπης ◄⁵¹ τοῦ μαρτυρίου, 41 (19).
※ καὶ τὰς στολὰς τὰς λειτουργικὰς λειτουργεῖν ἐν
τῷ ἁγίῳ ◄,⁵² καὶ τὰς στολὰς τοῦ ἁγίου, αἴ εἰσιν
Ἀαρὼν τοῦ ἱερέως, καὶ τὰς στολὰς τῶν υἱῶν αὐτοῦ

---

³⁵ Obelus est in Syro-hex. In Codd. 58, 72 pronomen
abest. ³⁶ Sic Syro-hex., et sine notis Cod. 72, Arab. 1,
2, Arm. 1. ³⁷ Sic Syro-hex., invitis libris Graecis, qui
σφραγίδος tuentur. Cf. v. 14. ³⁸ Syro-hex. in textu:
‌ . Cod. 72: τῆς σκηνῆς καὶ τῆς σκέπης.
³⁹ Obelus est in Syro-hex., qui male pingit: τὸ δὲ λοιπὸν
— χρυσίον. Arm. 1: ÷ τὸ δὲ λοιπὸν χρυσίον ※ ἐν αὐτοῖς
ἔναντι κυρίου. Posteriora, ἐν αὐτοῖς ἕ. κ., desunt in Cod. 58.
⁴⁰ Sic Syro-hex. Codd. 58, 72: τὰς στολὰς καὶ τὴν σκηνήν.
⁴¹ Sic Syro-hex., et sine notis Codd. 58, 72. Arm. 1: et
domum. ⁴² Sic Syro-hex., et sine notis Cod. 72, Arm. 1.
⁴³ Sic Syro-hex., et sine notis Codd. 58, 72, Arab. 1, 2,
Arm. 1. ⁴⁴ Obelus est in Syro-hex., Arm. 1. ⁴⁵ Sic
Syro-hex., et sine notis Comp., Codd. V (qui de novo
incipit a σκεύη αὐτῆς), 58, 72, Arab. 1, 2, Arm. 1 (sub ※).
⁴⁶ Sic Syro-hex., Cod. V (sub ※), et sine notis Comp.,
Codd. 58, 72, Arab. 1, 2, Arm. 1 (sub ※). ⁴⁷ Sic (pro
Hebraeo לוֹ־אֲשֶׁר) Grabius, e Cod. V, ut videtur. Montef.
vero ex eodem exscripsit: τὸ χαλκοῦν τὸ ἐπὶ τοὺς ἀναφορεῖς
(om. αὐτοῦ). (De hac parte Codicis Colbert., de qua prorsus silet Holmesii amanuensis, notat Grabius: "Iterum
deficientibus [post Cap. xxxix. 21, καθὰ συνέταξε κύριος τῷ

M.] aliquot versibus, novum folium valde lacerum sive
mutilatum adversa facie exhibet pericopen a v. 37 ejusdem capitis, σκεύη αὐτῆς, usque ad Ἀαρὼν v. 41, paucis
solum vocibus syllabisve exesis aut abscissis.") E reliquis
testibus Syro-hex. affert: τὸ χαλκοῦν αὐτῶν (ﻦﻮﻬﻟﺪ?), τοὺς
ἀν. αὐτοῦ: Cod. 58: τὸ χαλκοῦν σὺν αὐτῷ (omissis sequentibus usque ad τὸν λουτῆρα κ. τ. ἑ.); Cod. 72: τὸ χαλκοῦν, τοὺς
ἀν. αὐτοῦ (nulla Hebraei לוֹ־אֲשֶׁר ratione habita). Denique
post τὸ χαλκοῦν subjungunt illi Arab. 1, 2. ⁴⁸ Sic καὶ τὸ ἐπίσπαστρον—τοὺς ἀν. αὐτοῦ ◄. Ita pingit Syro-hex. Cod. V,
teste Montef., sub asterisco ponit solum τῆς σκηνῆς. ⁴⁹ Sic
Syro-hex., et sine notis Codd. V (qui pingit: τὸν λ. ※ καὶ
τὴν β. αὐτοῦ:), 58, 72 (cum αὐτῶν), Arab. 1, 2, Arm. 1.
⁵⁰ Obelus est in Syro-hex., qui male pingit: — καὶ τὸ κ. τῆς
θ. τὴν σκηνῆς ◄. ⁵¹ Sic sine aster. Cod. 72, Syro-hex.
Alterus ex Arm. MSS. Graece exscripsit: καὶ πάντα τὰ
σκεύη τῆς σκηνῆς τῆς οἰκίας τοῦ μαρτυρί ※ου (sic, asterisco male
posito). Paulo ante pro τὰ (rà om. Cod. 72) εἰς τὰ ἔργα
Syro-hex. expressit τῶν ἔργων. ⁵² Sic Syro-hex., et sine
notis Comp. (cum εἰς τὸ λειτουργεῖν ἐν αὐτοῖς ἐν τῷ ἁ.),
Arab. 1, 2, Arm. 1 (cum λειτουργεῖν ※ ἐν τῷ ἁ.). Cod. 72:
καὶ τὰς στ. τὰς λ., ceteris omissis. In Cod. 58 lacuna est.

εἰς τὴν ἱερατείαν. 42 (22). κατὰ πάντα ὅσα⁵³ συνέταξε κύριος τῷ Μωυσῇ, οὕτως ἐποίησαν οἱ υἱοὶ Ἰσραὴλ πᾶσαν τὴν παρασκευήν. 43 (23). καὶ εἶδε
Μωυσῆς πάντα τὰ ἔργα, καὶ ἦσαν πεποιηκότες αὐτά,
ὃν τρόπον συνέταξε κύριος — τῷ Μωυσῇ ◄,⁵⁴ οὕτως
ἐποίησαν· καὶ εὐλόγησεν αὐτοὺς Μωυσῆς.

CAP. XL.

2. בְּיוֹם־הַחֹדֶשׁ. Ο΄. ἐν ἡμέρᾳ μιᾷ τοῦ μηνός. Alia
exempl. ἐν ἡμέρᾳ ※ Α. Θ. τοῦ μηνός ◄.¹

אֶת־מִשְׁכַּן אֹהֶל. Ο΄. τὴν σκηνὴν ※ Α. Σ. Θ.
τῆς σκέπης ◄.²

3. וְשַׂמְתָּ שָׁם. Ο΄. καὶ θήσεις. Οἱ λοιποί· καὶ
θήσεις ἐκεῖ.³

5. לִקְטֹרֶת. In suffimentum. Ο΄. εἰς τὸ θυμιᾶν.
Ἄλλος· εἰς τὸ θυμίαμα.⁴

אֶת־מָסַךְ. Ο΄. κάλυμμα καταπετάσματος. Alia
exempl. τὸ κάλυμμα τοῦ παραπετάσματος.⁵

הַפֶּתַח. Ο΄. ἐπὶ (alia exempl. εἰς⁶) τὴν θύραν.
Θ. ἐπί (s. παρά).⁷

6. מִשְׁכַּן אֹהֶל. Ο΄. τῆς σκηνῆς ※ Α. Σ. Θ. τῆς
σκέπης ◄.⁸

7, 8 (Gr. 6). וְנָתַתָּ אֶת־הַכִּיֹּר בֵּין־אֹהֶל מוֹעֵד וּבֵין
הַמִּזְבֵּחַ וְנָתַתָּ שָׁם מָיִם: וְשַׂמְתָּ אֶת־הֶחָצֵר
סָבִיב וְנָתַתָּ אֶת־מָסַךְ שַׁעַר הֶחָצֵר. Ο΄. καὶ
περιθήσεις τὴν σκηνήν, καὶ πάντα τὰ αὐτῆς
ἁγιάσεις κύκλῳ. Alia exempl. — καὶ περιθήσεις τὴν σκηνήν, καὶ πάντα τὰ ἐν αὐτῇ ἁγιάσεις κυρίῳ κύκλῳ ◄.⁹ ※ καὶ θήσεις τὸν λουτῆρα ἀναμέσον τῆς σκηνῆς τοῦ μαρτυρίου, καὶ
ἀναμέσον τοῦ θυσιαστηρίου, καὶ δώσεις ἐκεῖ
ὕδωρ. καὶ θήσεις τὴν αὐλὴν κύκλῳ, καὶ δώσεις
τὸ ἐπίσπαστρον (Α Σ. τὸ παρατάνυσμα¹⁰) τῆς
πύλης τῆς αὐλῆς ◄.¹¹

10, 11 (9). וּמְשַׁחְתָּ הַמִּזְבֵּחַ קֹדֶשׁ קָדָשִׁים:
אֶת־הַכִּיֹּר וְאֶת־כַּנּוֹ וְקִדַּשְׁתָּ אֹתוֹ. Ο΄. καὶ
ἔσται τὸ θυσιαστήριον ἅγιον τῶν ἁγίων. Alia
exempl. ※ Α. Σ. Θ. καὶ ἔσται τὸ θυσιαστήριον ◄ ※ ἅγιον τῶν ἁγίων. ※ Ἑβρ. καὶ χρίσεις τὸν λουτῆρα, καὶ τὴν βάσιν αὐτοῦ, καὶ
ἁγιάσεις αὐτόν ◄.¹²

15 (13). מְשָׁחְתָּם. Ο΄. χρῖσμα. Alia exempl.
χρῖσμα αὐτῶν.¹³

16 (14). כְּכֹל. Ο΄. πάντα. Alia exempl. κατὰ
πάντα.¹⁴

צִוָּה. Ο΄. ἐνετείλατο. Alia exempl. συνέταξεν.¹⁵

---

⁵³ Sic (pro Hebraeo כְּכֹל אֲשֶׁר) Comp., Arab. 1, 2, Arm. 1,
Syro-hex. Cod. 72 facili errore: καὶ πάντα ὅσα. ⁵⁴ Obe-
lus est in Syro-hex. CAP. XL. ¹ Sic Syro-hex., et sine notis Codd. III, 72.
² Syro-hex. in textu: ◄ܠܟܘܡܪܐ ܀ ♦. Cf. ؟ ※ ܠܡܫܟܢܐ.
Cod. 72: τὴν σκηνὴν σκέπη. Arm. 1 (vertente Altero): τὴν
σκηνὴν ※ τὴν οἰκίαν. Cf. ad Cap. xxxix. 32. ³ Codd. 85
(teste Montef.), 130. Sic in textu Comp., Arab. 1, 2,
Arm. 1, Syro-hex. ⁴ Sic Codd. 85, 130, uterque in
marg.; in textu autem Codd. 15, 55. ⁵ Sic Cod. 72, et
fortasse Syro-hex. (ܘܦܪܣܐ ܕܬܪܥܐ). Cod. 130: τὸ
κατακάλυμμα τοῦ καταπετάσματος, cum παρα (sic) in marg.
⁶ Sic Codd. 16, 25, alii (inter quos 85). ⁷ Cod. 85 in
marg. ἐ. ἐπὶ. παρά (sic). ⁸ Syro-hex., ceteri, ut ad
v. 2, nisi quod hic Arm. 1: τῆς σκηνῆς τῆς οἰκίας ※ τοῦ μαρτυρίου (asterisco male posito). ⁹ Sic sub obelo Syro-hex.
De Cod. V Grabius, in continuatione eorum quae ad Cap.
xxxix. 39 exscripsimus: "Aversa autem parte, in priori
columna, Capitis xl, v. 3 (dempto principio, καὶ θήσεις) et
duae syllabae v. 4, τὴν τρά.., leguntur; in posteriori v. 7
TOM. I.

cum asteriscis (praecedentibus duabus vocibus κυρίῳ κύκλῳ
obelo notatis), item vv. 8, 9 cum principio decimi habetur;
post quae sequentibus foliis reliqua Capitis xl pars a v. 12
usque ad finem continetur." Montef., de obelo silens,
exscripsit: ... κυρίῳ κύκλῳ. 7. ※ καὶ θήσεις τὸν λουτῆρα—
τῆς αὐλῆς, absente cuneolo. Postremo Holmesii amanuensis post συνέταξεν (sic) κύριος ad M. (Cap. xxxix. 21)
notat: "Tum progreditur codex ad Exod. xl. 12: ※ τὸν:
καὶ προσάξεις ※ τὸν Ἀαρών (sic)." ¹⁰ Syro-hex. ܀ ♦.
ܚܙܘܪܐ (fort. ܚܙܪܐ). Idem in textu pro ἐπίσπαστρον dedit
ܚܙܘܪܐ. Cf. ad Cap. xxxix. 38. ¹¹ Sic Syro-hex., Cod. V
(sine metobelo), et sine aster. Cod. 72, Arab. 1, 2. ¹² Sic
Syro-hex., et sine notis Cod. 72, Arab. 1, 2, Arm. 1 (cum
καὶ ἔσται). In Cod. V legitur tantum: ※ τὸν: (sic), quae
est ultima syllaba vocis αὐτόν. (In Syro-hex. delendus
videtur asteriscus ante ἅγιον. Etiam praecedentia, καὶ ἔσται
τὸ θ., leguntur in libris omnibus, excepto Cod. 76; sed
potuerunt defuisse ex homoeoteleuto in libris Origenis.)
¹³ Sic Cod. V, Arab. 1, 2, Arm. 1, Syro-hex. In Cod. 72
lacuna est. ¹⁴ Sic Cod. V, Syro-hex. ¹⁵ Sic Codd. III,

Y

18 (16). וַיִּתֵּן אֶת־אֲדָנָיו. *Et fixit bases ejus.* Ο'. Vacat. ※ καὶ ἔθηκε τὰς βάσεις αὐτῆς ◄.[16]

20 (18). אֶת־הַבַּדִּים. Ο'. τοὺς διωστῆρας. Ἀ. Σ. Θ. τοὺς ἀρτῆρας.[17]

וַיִּתֵּן אֶת־הַכַּפֹּרֶת עַל־הָאָרֹן מִלְמָעְלָה. Ο'. Vacat. ※ καὶ ἔθηκεν τὸ ἱλαστήριον ἐπὶ τῆς κιβωτοῦ ἐπάνωθεν ◄.[18] Ἀ. Θ. καὶ ἔδωκεν... Σ. καὶ ἐπέθηκεν...[19]

22 (20). צָפֹנָה. Ο'. τὸ πρὸς βορρᾶν. Alia exempl. ἀπὸ βορρᾶ.[20]

24 (22). נֹכַח הַשֻּׁלְחָן. Ο'. Vacat. ※ Σ. Θ. ἀπέναντι τῆς τραπέζης ◄.[21]

26 (24). בָּאֹהֶל. Ο'. ἐν τῇ σκηνῇ. Alia exempl. εἰς τὴν σκηνήν.[22] Ἀ. ἐν σκέπῃ. Σ. Ο'. Θ. ἐν τῇ σκηνῇ.[23]

28. וַיָּשֶׂם אֶת־מָסַךְ הַפֶּתַח לַמִּשְׁכָּן. Ο'. Vacat. ※ Θ. καὶ ἔθηκεν τὸ ἐπίσπαστρον τῆς θύρας τῆς σκηνῆς ◄.[24]

29–32 (26). פֶּתַח מִשְׁכַּן אֹהֶל־מוֹעֵד—כַּאֲשֶׁר צִוָּה יְהוָה אֶת־מֹשֶׁה. Ο'. παρὰ τὰς θύρας τῆς

σκηνῆς. Alia exempl. παρὰ τὴν θύραν ※ Θ. τῆς σκέπης ◄ τοῦ μαρτυρίου. ※ καὶ ἀνήνεγκεν ἐπ' αὐτοῦ τὴν ὁλοκαύτωσιν καὶ τὴν θυσίαν ◄, καθὰ ἐνετείλατο κύριος τῷ Μωυσῇ. 30. καὶ ἐποίησε τὸν λουτῆρα ※ Θ. ἀναμέσον τῆς σκηνῆς τοῦ μαρτυρίου, καὶ ἀναμέσον τοῦ θυσιαστηρίου, καὶ ἔδωκεν ἐκεῖ ὕδωρ ◄, ἵνα νίπτωνται 31. ἐξ αὐτοῦ Μωυσῆς καὶ Ἀαρὼν καὶ οἱ υἱοὶ αὐτοῦ τὰς χεῖρας αὐτῶν καὶ τοὺς πόδας, 32. εἰσπορευομένων αὐτῶν εἰς τὴν σκηνὴν τοῦ μαρτυρίου, ἢ ὅταν προσπορεύονται (sic) πρὸς τὸ θυσιαστήριον – λειτουργεῖν ◄, ἐνίπτοντο – ἐξ αὐτοῦ ◄, καθάπερ συνέταξε κύριος τῷ Μωυσῇ.[25]

30. וַיָּשֶׂם. Ο'. καὶ ἐποίησε. Ἀ. Σ. Θ. καὶ ἔθηκε.[26]

33 (27). וַיִּתֵּן אֶת־מָסַךְ שַׁעַר הֶחָצֵר. Ο'. Vacat. ※ καὶ ἔθηκεν τὸ ἐπίσπαστρον τῆς πύλης τῆς αὐλῆς ◄.[27] Ἀ. Θ. καὶ ἔδωκεν...[28]

37 (31). הֵעָלֹתוֹ. Ο'. ἧς ἀνέβη ἡ νεφέλη. Alia exempl. ἧς ἀνέβη.[29]

38 (32). כִּי עֲנַן יְהוָה. Ο'. νεφέλη γάρ. Alia exempl. νεφέλη γὰρ κυρίου.[30]

VII, X, Lips., 14, 16, alii (inter quos 85, 130, uterque cum ἐνετείλατο in marg.). Montef. e Cod. 85 exscripsit: Ἀ. Σ. Ο'. Θ. ἐνετείλατο. Ἄλλος· συνέταξεν. [16] Sic Cod. V, Syrohex., et sine aster. Arab. 1, 2. [17] Syro-hex. ﺍ ﻣ ﻞ. Cf. ad Cap. xxvii. 6. [18] Sic Cod. V, Syro-hex., Arm. 1, et sine aster. Arab. 1, 2. Cod. 58: καὶ ἐπέθηκεν τὸ ἱλ. ἐπάνω τῆς κ. ἄνωθεν. [19] Syro-hex. ﻣ ﻌ ﻣ ﺣ. [20] Sic Codd. 16, 25, alii (inter quos 85, 130, uterque cum τὸ πρὸς β. in marg.). [21] Sic Syro-hex., Cod.V (sub ※) et sine notis Cod. 58. Mox ad v. 25 Montef. e Cod. Basil. notam hexaplarem eruit: וַיַּעַל Ο'. ἐπέθηκεν. Ἄλλος· ἔθηκεν, ἐνετείλατο : ubi lectio posterior ad συνέταξε pertinet. Ad ἐπέθηκεν Cod. VII superscript. manu 2da: ἧψε. Cf. Cap. xxx. 8 in LXX. [22] Sic Codd. 16, 25, alii (inter quos 85, cum ἐν τῇ σκηνῇ in marg.). [23] Cod. Basil., teste Montef. Holmesii amanuensis ex eodem exscripsit tantum : " ἐν τῇ σκηνῇ] εἰς τὴν σκηνήν. In marg. ut in edit." [24] Sic Syro-hex., Cod. V (sub ※), et sine notis Comp., Arab. 1, 2, Arm. 1. [25] Syro-hex. Praeter τοῦ μαρτυρίου (v. 29), quod habetur in Codd. III, VII, X, 16, 18, aliis, cetera non leguntur nisi in Codd. V (cum ※ τῆς σκηνῆς:... τὴν θυσίαν : (sic, cum metobelo, crasis, ut videtur, asteriscis ad καὶ ἀνήνεγκεν—θυσίαν)... ※ ἀναμέσον τῆς

σκηνῆς (sine metobelo post ὕδωρ) ... – λειτουργεῖν : ἐνίπτοντο ἐξ αὐτοῦ...), 58 (sine notis, et omissis his quae sequuntur: καθὰ—Μωυσῇ... ἀναμέσον τῆς σκηνῆς—ὕδωρ... λειτουργεῖν), Arab. 1, 2, Arm. 1 (sine notis, praeter ※ ἀναμέσον τῆς σκηνῆς, et ※ sic λειτουργεῖν). " Mirum ergo quod non omnia [a καὶ ἀνήνεγκεν (v. 29) ad τῷ Μωυσῇ (v. 32)] sub asterisco inscrantur, immo ulla etiam sub obelo sint, quae ideo in LXX Origenis adesse debebant. Cum vero et vetustissimus Cod. V... cum Nostro conveniat in notis hexaplaribus, nisi quod omittat obelum ultimum, et Arm. 1 sua imperfecta earum ratione utrumque fulciat, videtur mihi Origenes pleniores LXX codices habuisse prae ceteris, qui nunc nobis suppetunt."—Ceriani. [26] Syro-hex. ﻣ ﻞ. ﻣﺳ ﻞ. Sic sine nom. Cod. VII ex corr. manu 2da. [27] Sic Cod. V, Syro-hex., et sine aster. Arab. 1, 2, Arm. 1. Syro-hex. ad τὸ ἐπίσπαστρον (ﻟ ﺣ ﻣ) scholium, ut videtur, duplex appingit: ﻟ ﺣ ﺍ ﻞ; quod fortasse significat: κατασέτασμα (vid. vv. 21, 24 in LXX et Syro-hex.). διπλοῖς (vid. 1 Reg. xxiv. 12. Job. xxix. 14. Psal. cviii. 29 in iisdem). Etiam Cod. VII ex corr. manu 2da: τὸ καταπέτασμα. [28] Syro-hex. ﻣﺳ ﻞ. ﺍ. [29] Sic Codd. V, 58, Arm. 1, Syro-hex. [30] Sic Codd. V, 58 (cum ἡ νεφ.), 72, Arab. 1, 2, Arm. 1, Syro-hex.

Cap. XL. 5. ⸓ τοῦ μαρτυρίου ◄.³¹   9 (7). ⸓ καὶ πάντα τὰ ἐν αὐτῇ, καὶ ἁγιάσεις αὐτήν ◄.³²   12 (10), 13 (11). ✕ Οἱ Ι´. τὸν ◄ Ἀαρών.³³   17 (15). ⸓ ἐκ-πορευομένων αὐτῶν 'ἐξ Αἰγύπτου ◄.³⁴   22 (20). τοῦ μαρτυρίου, ἐπὶ τὸ κλίτος τῆς σκηνῆς ⸓ τοῦ μαρτυρίου ◄.³⁵   ⸓ τῆς σκηνῆς ◄.³⁶   25 (23). τοὺς λύχνους ⸓ αὐτῆς ◄.³⁷   33 (27). ⸓ πάντα ◄ τὰ ἔργα.³⁸

---

³¹ Syro-hex. Arm. 1: ✕ τοῦ μαρτυρίου.   ³² Idem Arm. 1 pingit: ✕ καὶ ἁγιάσεις. Sed cum haec habeat ipse Hebraeus, et sine obelo Cod. V, peccasse videtur Syrus noster.   ³³ Idem. Cod. V: ✕ τὸν: Ἀαρών.   ³⁴ Idem.

Sic sub ⸓ Cod. V.   ³⁵ Syro-hex., Cod. V. Haec, ἐπὶ τὸ κλίτος—μαρτυρίου, casu exciderunt in Ed. Rom.   ³⁶ Syro-hex., invito Cod. V.   ³⁷ Syro-hex., Cod. V.   ³⁸ Iidem. Arm. 1: ✕ omne opus.

ADDENDA.

Cap. viii. 14, not. 18. Ceriani in *Addendis* ad Exodum, p. 406: "Dedi lectionem ◦ܠ̣ܩ ܩ̇ܠ̣ܡ . ܡ . ܐ̣, ut est reapse in codice, et in nota vocis significationem me ignorare dicebam. Sed vox corrupta est, et legendum . ܡ . ܐ̣. ◦ܠ̣ܩ ܩ̣ܠ̣ܡ. Codex enim Musei Britannici, Addit. MSS. 7,183, fol. 127 v. b. *Ex Exodo:* ܩ̣ܠ̣ܡ ܨܡ̣ܡ. Sunt vero ibi in illo codice explicationes vocum Pescito, quae saepe saltem apposita lectione Syro-hexaplari constant. Codex autem ejusdem Musei, Addit. MSS. 17,162, qui etiam liber est, *Lectiones et nomina* etc., in nostro loco vocibus Pescito ܩܡ̣ܨ ܨܡ̣ܨ manu seriori adscribitur: ܚܡ̣ܬܠ ܚܬ̣ܡ ܡܡ̣ܚܡ ܠܡ̣ܗܡ ܠܡ̣ܒ (ܡܚ̣ܡ̣ܚ) ܒܡ̣ܚ. Ubi quidem mixtae sunt lectiones LXX et interpretum, et male etiam ista allata, cum prima vox non consistat cum nostro textu, et mutanda sit, nisi ipse male descripsi, in ܡ̣ܨ, ut puto, saltem pro lingua, et secunda sic sine punctis Ribui sit in codice, sed omnino probat legendum in nostro ܠܡ̣ܩ." Cf. Hex. nostra ad Psal. cxix. 4.

Cap. xxi. 9. Procop. in Octat. p. 280: "Symmachus in sua versione posuit pro, *secundum jus filiarum, secundum jus nobilium:* nam illam filio conjunxit, non ut ignobilem et servam, sed ut nobilem." Unde Montef. edidit: Σ. κατὰ τὸ δικαίωμα τῶν εὐγενῶν; nos autem, praeeunte Scharfenb. in *Animadv.* p. 66, e Catena Nicephori eruimus: Σ. τῶν νεανίδων, pro quo hodie sufficiendum censemus: Σ. τῶν εὐγενίδων. Nam Graeca Procopii, prout in Cod. Ambros. Q. 96 Sup. leguntur, sic habent: Ὅπερ ὁ Σύμμαχος, τῶν εὐγενίδων, ἐξέδωκε· κατὰ τὰς εὐγενίδας γὰρ συνῆκεν αὐτῷ, οὐχ ὡς δούλη καταφρονουμένη.

Cap. xxviii. 8. וְחֵשֶׁב אֲפֻדָּתוֹ אֲשֶׁר עָלָיו. Ο'. καὶ τὸ ὕφασμα τῶν ἐπωμίδων, ὅ ἐστιν ἐπ' αὐτῷ. Procopius in Octat. p. 301: "Aquila vertit: *Et textura vestimenti ejus, quod est super ipso.*" Cod. Ambros. Graeca sic exhibet: Ἀκύλας ἐξέδωκε καὶ τὸ ὕφασμα τοῦ ἐπενδύματος αὐτοῦ τοῦ ἐπ' αὐτῷ. Ubi ὕφασμα ad lectionem LXXviralem pertinere videtur; nam Aquilae proprium est διάζωσμα. Vid. ad Cap. xxviii. 27.

LEVITICUS.

IN LIBRUM LEVITICI

MONITUM.

"LECTIONES Levitici multis partibus auctiores proferimus, quam a Drusio allatae fuerant. His porro codicibus et libris editis usi sumus.

"Cod. Regio 1825, XI vel XII saeculi, membranaceo.

"Cod. Regio 1871, eximiae notae, X saeculi, membranaceo [Holmesii 64, qui tamen ad Leviticum ne unam quidem trium interpretum lectionem, vel anonymam exhibet].

"Cod. Regio 1888, bombycino, XII saeculi.

"Cod. Basiliensi, X saeculi, egregiae notae [Holmesii 85].

"Cod. Colbertino 3084, IV vel V saeculi, unde multa capita cum obelis et asteriscis decerpsimus [Holmesii V].

"Theodoreto edito anno 1642 [Opp. T. I, pp. 176-216 juxta edit. J. L. Schulzii].

"Hesychio in Leviticum [edito Basil. 1527, sub titulo: *Isychii Presbyteri Hierosolymitani in Leviticum Libri VII*; denuo autem a J. P. Migne in *Patrologiae Graecae* Tomo XCIII, pp. 781-1180. In locis autem dubiis codicem MS. Bibliothecae Coll. SS. Trin. Cantab., signatum B. 2. 9, inspiciendum curavimus].

"Procopio in Heptateuchum. [Vid. Monitum ad Exodum, p. 78.]

"[Eusebii Demonstratione Evangelica, Parisiis, 1628. Vid. ad Cap. xxi. 12.]

"Editionis Romanae et Drusii lectionibus.

"Ex his autem magis subsidio fuerunt Cod. Basiliensis, unde ingentem lectionum copiam, nondum observatam, mutuati sumus; Hesychius in Leviticum; Cod. Colbertinus 3084, qui multas Levitici partes, asteriscis et obelis notatas, nobis suppeditavit."—MONTEF.

Nos in apparatu hexaplari ad Leviticum emendando et amplificando his subsidiis, partim e libris editis, partim e schedis Bodleianis, usi sumus.

IV. Sarravianus, olim a Grabio collatus, deinde ab Holmesio, cujus schedas manu terere nobis contigit, in examen revocatus, postremo a Tischendorfio in *Monumentorum Sacr. Ined. Collectione Nova*,

Tom. III, pp. 19–66 editus. Vid. Monitum ad Genesim, p. 5. Continet Cap. iv. 27—xiii. 17, xxiv. 9—xxvii. 16.

V. Cod. Colbert. 3084, a Montefalconio exscriptus, necnon Holmesii in usum denuo collatus. Constat foliis in Levitico tredecim, quae continent Cap. i. 1—iv. 26, xiii. 49—xiv. 6, xiv. 33-49, xvi. 29 —xvii. 10, xviii. 28—xix. 36.

VII. Vid. Monitum ad Genesim, p. 5. Deficit, uno folio deperdito, a Cap. ix. 19 ad Cap. x. 14.

X. Vid. Monitum ad Genesim, p. 5, et nos in Hex. ad Exod. xxviii. 23.

57. Vid. Monitum ad Genesim, p. 5.

58. Vid. Monitum ad Exodum, p. 78.

85. Vid. Monitum ad Exodum, pp. 78, 79.

108. Vid. Monitum ad Genesim, p. 5.

128. Codex Vaticanus, signatus num. 1657, membranaceus, saeculi XII, ut videtur, Octateuchum continens. Ad Leviticum pauculas lectiones marginales habet, maxime ad Cap. xix.

130. Vid. Monitum ad Genesim, p. 5. Lectiones ad Leviticum satis frequentes sunt, et cum iis quas exhibet Cod. 85, exceptis scripturae mendis, maximam partem concordantes.

Lips. Vid. Monitum ad Exodum, p. 79.

Vet. Lat. *Librorum Levitici et Numerorum Versio antiqua Itala, e codice perantiquo in Bibliotheca Ashburnhamiensi conservato nunc primum typis edita.* Londini, 1868. In Levitico perierunt codicis folia octo, a Cap. xviii. 30 ad Cap. xxv. 16. Hujus quantivis pretii voluminis exemplar munificentiae illustrissimi Comitis de Ashburnham debemus.

Versio libri Levitici Syro-hexaplaris, quantum quidem sciamus, non sine ingenti operis nostri dispendio prorsus periit.

LEVITICUS.

Caput I.

1. וַיִּקְרָא. Ο'. καὶ ἀνεκάλεσε (alia exempl. ἐκάλεσε[1]). Ἑβρ. οὐϊκρά.[2]

2. קָרְבָּן. Ο'. δῶρα. Ἀ. Σ. Οἱ λοιποί· προσφοράν.[3]

3. לִרְצֹנוֹ. Ad favorem sibi conciliandum. Ο'. δεκτὸν ⚹ αὐτῷ ◄.[4] Alia exempl. δεκτὸν αὐτῷ ἐξιλάσασθαι.[5]

4. הָעֹלָה. Ο'. τοῦ καρπώματος. Ἄλλος· τοῦ ὁλοκαυτώματος.[6]
   וְנִרְצָה לוֹ. Et benevole excipietur. Ο'. δεκτὸν αὐτῷ. Ἄλλος· καὶ προσδεχθήσεται αὐτῷ.[7]

5. אֶת־בֶּן הַבָּקָר. Ο'. τὸν μόσχον. Ἄλλος· (τὸν) υἱὸν τοῦ βουκολίου.[8]
   וְזָרְקוּ. Et aspergent. Ο'. καὶ προσχεοῦσι. Ἄλλος· καὶ ἀκοντιοῦσι.[9]

6. וְהִפְשִׁיט. Et excoriabit. Ο'. καὶ ἐκδείραντες (alia exempl. δείραντες[10]). Ἄλλος· ἐκδύσει.[11]

8. וְעָרְכוּ. Et ordine disponent. Ο'. καὶ ἐπιστοιβάσουσιν (alia exempl. ἐπιθήσουσιν[12]).
   אֵת הַנְּתָחִים. Frusta. Ο'. τὰ διχοτομήματα (Ἄλλος· μέλη[13]).
   וְאֶת־הַפָּדֶר. Ο'. καὶ τὸ στέαρ (Ἄλλος· σῶμα[14]).

9. וְקִרְבּוֹ. Ο'. τὰ δὲ ἐγκοίλια. Alia exempl. τὰ δὲ ἐν τῇ κοιλίᾳ..[15] Ἄλλος· τὰς κοιλίας..[16]
   עֹלָה. Ο'. κάρπωμα. Alia exempl. ὁλοκαύτωμα.[17] Ἀ. Σ. δῶρον.[18]
   נִיחוֹחַ. Acquiescentiae. Ο'. εὐωδίας. Ἀ. Σ. ἀναπαύσεως. Θ. εὐαρεστήσεως.[19]

CAP. I. [1] Sic Ald., Codd. 16, 19, 72, alii, Arm. 1, Vet. Lat., repugnante Hesychio. [2] Origen. in Psalmos, Opp. T. II, p. 529. [3] Codd. X, Lips. Cod. 85: Οἱ λοιποί, Ἀ. Σ. προσφοράν. Cod. 130: Οἱ λοιποί, Ἀ. Σ. προσφοράς. [4] Sic Cod. V, et sine aster. Cod. II, Arab. 1, 2. [5] Sic Codd. 54, 55 (sine αὐτῷ), 75, alii. [6] Sic in marg. Codd. X, Lips.; in textu autem Codd. 19, 108. [7] Sic Cod. 118 in textu, ex alia versione, ut videtur. [8] Codd. Lips. (cum υἱοί), 85, 130. Cf. Hex. ad Ezech. xlvi. 6. [9] Sic in marg. Codd. X, Lips. (cum ἀκοντίζουσι). [10] Sic Ald., Codd. III, V, X, 53, 56, alii. [11] Codd. 85, 130, in marg.: δείραντες ἐκδύσει. Cf. Hex. ad Mich. ii. 8. [12] Sic Comp., Codd. V, 16, 29, alii (inter quos 85, et in textu 130, cum ἐπιστοιβ. in marg.). Vet. Lat.: et imponent. [13] Sic in marg. Codd. X, Lips. [14] Iidem.

[15] Sic Comp., Codd. II (om. τῇ), 19, 71 (ut II), 108. Ambigue Hesych.: et quae sunt in ventre. [16] Cod. 85, teste Montef. Cf. ad Cap. iv. 8. vii. 3. Praeterea Codd. X, Lips. in marg.: ἔγκατα; et Cod. 56 in marg.: ἔντερα, quae Aquilam et Symmachum referunt. Vet. Lat.: interanea autem. [17] Sic Codd. 16, 30, alii (inter quos 85, 130, uterque cum κάρπωμα in marg.). [18] Cod. X. Lectio suspecta, quam Cod. Lips. ad אִשֶּׁה, Ο'. θυσία, pari improbabilitate refert. [19] Codd. X, Lips. Cod. 130 affert tantum: Ἀ. ἀναπαύσεως. Cod. 85 in textu: ἀναπαύσεως. Scharfenb. in Animadv. p. 78 notam hexaplarem sic refinxit: Ἀ. ἀναπαύσεως. Σ. Θ. εὐαρεστήσεως. Cf. Hex. ad Exod. xxix. 18. Ezech. xx. 41. Procopius autem in Cat. Niceph. p. 960, rem magis quam verba singulorum interpretum spectans: ἀντὶ εὐωδίας εὐδοκίας ἡρμήνευσαν οἱ λοιποί.

TOM. I.

Z

10. מִן־הַצֹּאן. Ο΄. ἀπὸ τῶν προβάτων. Ἄλλος· (ἀπὸ) τοῦ ποιμνίου.[20]

11. עַל יֶרֶךְ. Ad latus. Ο΄. ἐκ πλαγίων. Ἀ. ἐπὶ μηρόν.[21]

12. וְנִתַּח. Et dissecuit. Ο΄. καὶ διελοῦσιν. Ἄλλος· (καὶ) μελιοῦσιν.[22]

עַל־הָעֵצִים. Ο΄. ἐπὶ τοῦ θυσιαστηρίου. Alia exempl. ἐπὶ τὸ θυσιαστήριον.[23] Ἀ. Σ. Θ. ἐπὶ τοῦ θυσιαστηρίου.[24]

13. וְהַכְּרָעַיִם. Et utrumque crus. Ο΄. καὶ τοὺς πόδας. Ἄλλος· (καὶ) τὰ σκέλη.[25]

14. מִן־בְּנֵי הַיּוֹנָה. E pullis columbinis. Ο΄. ἀπὸ τῶν περιστερῶν (alia exempl. περιστεριδέων[26]). Ἄλλος· (ἀπὸ τῶν) υἱῶν τῶν περιστερῶν. Σ. (ἀπὸ) τῶν νεοσσῶν τῶν περιστερῶν.[27]

15. וּמָלַק. Et vellicabit. Ο΄. καὶ ἀποκνίσει. Ἄλλος· ἀνακλάσει.[28] Τὸ Σαμαρειτικόν· καὶ ἀνακλάσει.[29]

עַל קִיר. Ο΄. πρὸς τὴν βάσιν. Ἄλλος· παρὰ τὸν τοῖχον.[30]

16. אֶת־מֻרְאָתוֹ בְּנֹצָתָהּ. Ingluviem ejus cum faecibus ejus. Ο΄. τὸν πρόλοβον σὺν τοῖς πτεροῖς. Ἀ. τὴν σιτίζουσαν…[31] Σ. Θ. τὴν φύσαν αὐτοῦ σὺν τοῖς πτίλοις.[32] Ἄλλος· ἅμα τῷ σωρῷ αὐτοῦ.[33]

וְהִשְׁלִיךְ. Ο΄. καὶ ἐκβαλεῖ (Ἄλλος· ἐμβαλεῖ[34]).

17. וְשִׁסַּע. Et scindet. Ο΄. καὶ ἐκκλάσει. (Ἀ.) καὶ διχάσει.[35]

Cap. I. 4. τὴν χεῖρα ※ αὐτοῦ ◄.[36] 6. μέλη ※ αὐτοῦ ◄.[37] 9. ἐγκοίλια ※ αὐτοῦ ◄.[38] πόδας ※ αὐτοῦ ◄.[39] 10. – τῷ κυρίῳ ◄.[40] 11. – καὶ ἐπιθήσει τὴν χεῖρα ἐπὶ τὴν κεφαλὴν αὐτοῦ ◄.[41] 12. μέλη ※ αὐτοῦ ◄.[42] κεφαλὴν ※ αὐτοῦ ◄.[43]

CAP. II.

1. קָרְבָּנוֹ. Ο΄. τὸ δῶρον (Ἄλλος· ἡ προσφορὰ[1]) αὐτοῦ.

Ο΄. θυσία (alia exempl. κάρπωσις[2]) ἐστί.

2. מְלֹא קֻמְצוֹ. Plenitudinem pugilli ejus. Ο΄. πλήρη (alia exempl. πλήσει; alia, πλήρης[3]) τὴν δράκα.

---

[20] Sic in marg. Codd. X, Lips., 85, 130. Minus probabiliter Montef.: "Alius addit, τοῦ ποιμνίου." [21] Codd. X, Lips., 130. Sic in marg. sine nom. Cod. 85. [22] Sic in marg. Codd. X, Lips., 85, 130; in textu autem Cod. 118. Valcken. ad Adoniaz. p. 226 (quem compilavit Schleusner. in Opusc. Crit. p. 105): "In Lev. i. 12 διελοῦσιν exhibent Edd.; vera lectio videtur μελιοῦσιν, quod velut alterius interpretis annotatur in Hexaplis quae dicuntur. Verbum Hebraicum נִתַּח nusquam διεῖλε, sed redditur ab Alexandrinis per ἐδιχοτόμησεν, et ἐμέλισε κατὰ μέλος. Pro μελίσαι tamen, vel μελίσαι, κατὰ μέλη διελεῖν dicitur ab Herodoto p. 59, v. 99 [I, 119]." Cf. ad Cap. viii. 20. [23] Sic Comp., Codd. VII, 16, 32, alii (inter quos 130). [24] Cod. 130. [25] Sic in marg. Codd. X, Lips. [26] Sic Ald. (cum περιστεριδέων), Codd. V, 64. Vet. Lat.: ex pullis columbinis. [27] Codd. X, Lips., in marg.: υἱῶν τῶν περιστερῶν (τῆς περιστερᾶς Lips.), cum nota: ἔδει (ὁ δεῖ Lips.) λέγειν, περιστεριδέων, δηλοῖ Σύμμαχος τῶν περιστερῶν τοὺς νεοττούς. Cod. 85 (ad περιστερῶν) in marg.: νεοσσῶν. Cod. 130 (ad τρυγόνων): τῶν νεοσσῶν. [28] Sic in marg. Codd. X (cum ἀνακλάσσει, teste Holmes.), Lips. Anon. in Niceph. Cat. p. 963: ἀποκνίσει, καὶ ἀνακλάσει, μαδίσει, λεπίσει, ubi lectio ἀνακλάσει cum glossis vocis ἀποκνίσει mixta esse videtur. Denique Hesych.: "Quod significatur abrupto vulneris loco, vel sicut LXX edunt, refractione capitis." [29] Nobil. [30] Sic in marg. Codd. 85, 130. Codd. X, Lips., uterque in marg.: τὸν τοῖχον. [31] Nobil., Cod. 85 (sine artic.), Procop. in Cat. Niceph. p. 963. Codd. X, Lips.: Ἀ. Σ. τὴν σιτίζουσαν. Minus probabiliter Hesych.: "Nam Theod. similiter vesicam edidit; Aq. σπίον [MS. sitarion], id est, cibarium." [32] Cod. 85, teste Montef. Holmes. ex eodem affert: Σ. τὴν φύσαν (sic) κ. τ. ἑ. E contrario Nobil. et Cat. Niceph. ibid.: Θ. τὴν φύσαν κ. τ. ἑ., concinente Theodoreto in Quaest. I in Levit. (Opp. T. I, p. 180): πρόλοβον δὲ ὁ Θεοδ. τὴν φύσαν ἐκάλεσε. Vitiose, ut videtur, Codd. X, Lips.: Θ. τὴν ὀσφὺν ἣν ἡμεῖς καλοῦμεν φύσαν. [33] Sic in marg. Codd. X, Lips. Nescio an scholium sit. [34] Sic Cod. 85 in marg. [35] Sic in marg. Codd. X, Lips. Cf. Hex. ad Deut. xiv. 6. [36] Cod. V, teste Montef. (Holmes. ex eodem exscripsit: ※ ἐπιθήσει τὴν χ. αὐτοῦ.) Sic sine aster. Codd. 15, 58, 118, Arm. 1. [37] Idem. Sic sine aster. Codd. 15, 58, Arab. 1, 2. [38] Iidem. [39] Iidem, excepto Cod. 58. [40] Idem. Haec desunt in Codd. 58, 73. [41] Idem. Desunt in Codd. 16, 52, aliis. [42] Idem. Sic sine aster. Codd. 15, 58, Arab. 1, 2. [43] Idem. Sic sine aster. Comp., Codd. 15, 59, 129, Arab. 1, 2, Arm. 1.

Cap. II. [1] Sic in marg. Codd. X, Lips. Cf. ad Cap. i. 2. [2] Iidem. Haec, θυσία ἐστί, desunt in Codd. V, 15, 18, invito Vet. Lat. [3] Prior lectio est in Comp., Codd. 16, 30, aliis, Vet. Lat. (implebit pugnum); posterior in Codd.

3. תְּבוּאֹתָה. Ο'. καὶ τὸ λοιπόν. Ἄλλος· καὶ τὸ περισσεῦον.⁴

מֵאִשֵּׁי יְהוָה. De sacrificiis Jovae. Ο'. ἀπὸ τῶν θυσιῶν κυρίου. Ἀ. ἀπὸ πυρῶν κυρίου.⁵ Σ. ἀπὸ τῶν καρπωμάτων κυρίου. Θ. ἀπὸ τῶν τοῦ πυρὸς κυρίου.⁶

4. חַלּוֹת. Placentas. Ο'. ἄρτους. Οἱ λοιποί· κολλυρίδας (s. κολλύρας).⁷

רְקִיקֵי. Placentas tenues. Ο'. λάγανα. Ἄλλος· ἀπαλά.⁸

6. פִּתִּים. Frusta. Ο'. κλάσματα. Οἱ λοιποί· ψωμούς.⁹

9. אִשֶּׁה. Ο'. κάρπωμα. Ἀ. Θ. πυρόν.¹⁰

13. אֱלֹהֶיךָ. Ο'. κυρίου. Alia exempl. θεοῦ.¹¹ Ἄλλος· θεοῦ σου.¹²

14. אָבִיב. Spicas teneras. Ο'. νέα. [Ἀ. Σ. ἀπαλόν. Θ. πίον.]¹³

קָלוּי בָּאֵשׁ. Torrefactas igne. Ο'. πεφρυγμένα. Ἀ. Σ. πεφρυγμένα πυρί (Ἀ. ἐν πυρί).¹⁴

גֶּרֶשׂ כַּרְמֶל. Contusum (polentam) frugis novae. Ο'. χίδρα ἐρικτά. Ἀ. Σ.. ἀπαλά (s. ἀπαλόν). Θ. πίονα ἄλφιτα.¹⁵

II. 8⁵ (in marg.). Montef. e Cod. 8⁵ affert: Οἱ λοιποί· πλήρης τὴν δράκα. Ἄλλος πλήσει. Ἄλλος· πληρώσει; invito Holmesii amanuensi, qui ad πλήμη exscripsit tantum: "πλήσει. in marg. πλήρης." Cod. 130 in marg.: πληρώσει πλήρης τὴν δράκα. ⁴ "Sic in textu Cod. 108."—Holmes. Error est in numero; nam lectio dicti codicis est τὸ δὲ λοιπόν. ⁵ Codd. X, Lips. Ubi πυρῶν non ortum est a πῦρ, sed a πυρον, vocabulo ab ipso interprete, ut videtur, invento, cujus loco Graeco-Ven. ad v. 9 linguae convenientius ἔμπυρον (=τὸ καιόμενον ἱερεῖον) posuit. Cf. Hex. ad Exod. xxix. 18. Hic quidem uterque codex πυρῶν exhibet; aliis vero locis in Coisliniano πύρον, in Lipsiensi πυρὸν pingitur. Restat scriptura πυρρὸν, quam Montef. e Basiliano, mutato tamen accentu, arripuit; quae in Aquila quidem, interprete in minutissimis prave sedulo, non plane damnanda est, scilicet ut per duplicem literam פּ Hebraeam שׁ dagessatam quodammodo exprimat. Sed pro πυρὸν praeter alios testes stant loca Hesychii, quae ad Cap. iii. 16. x. 12 allaturi sumus. ⁶ Cod. Lips. Montef. e Cod. X exscripsit: Σ. Ε (sic). ἀπὸ τῶν κ. κ. Θ. ἀπὸ τῶν τοῦ π. κ. Sed Holmes. ex eodem diserte affert: Σ. Ε (sic). ἀπὸ τῶν κ. κ. ἀπὸ τῶν τοῦ πυρὸς κυρίου; ad posteriorem lectionem, quae Theodotionis est, male corrigens πυρου (sic) pro πυρὸς. Cf. ad Cap. xxiv. 9. ⁷ Codd. X, Lips. (sine nom.), 8⁵ (cum κολλύρας), 130 (idem). Cf. ad Cap. vii. 12. Montef. e Cod. 8⁵ ad ἄρτους ὀζύμους πεφυρμένους (sic) exscripsit: Ἀ. Σ. Θ. κολλύρας ἀναπεφυρμένας (sic); sed Holmesii amanuensis ad πεφυραμένους tantum notat: "in marg. ἀναπεφυραμένους (sic)." Cf. Schleusner. in Opusc. Crit. p. 105. ⁸ Sic Cod. X in marg. Cf. ad Cap. viii. 26. Cod. Lips. ad ἄρτους in marg. habet: κολλυρίδας ἀπαλὰς (sic), confusis duabus lectionibus. ⁹ Codd. Lips., 8⁵, 130. Cf. ad Cap. vi. 21. ¹⁰ Codd. X (cum πύρον), Lips., 8⁵. Cod. 130: Ἀ. Σ. πυρόν. Mox v. 10 (ad καρπωμάτων?) Cod. 130 in marg.: τοῦ πυρός; necnon v. 11 (ad καρπῶσαι?): πυρόν. ¹¹ Sic Codd. V, 15, 16, alii (inter quos 8⁵, cum κυοίον in marg.). ¹² Sic Codd. 8⁵ (cum σου in marg.), 118, Arab. 1, 2. ¹³ Codd. X (cum ἀπαλὰ), Lips. Ad νέα Cod. 108 affert: ἀπαλόν, πίον (sic). His testibus non obstantibus, lectiones non ad אָבִיב, sed ad כַּרְמֶל pertinere persuasi sumus. Vid. not. 15. ¹⁴ Cod. 8⁵ (in marg. ad χίδρα), Cat. Niceph. p. 968: Ἀ. ἐν πυρί. Codd. X, Lips.: Ἀ. Σ. πεφρυγμένα πυρί; et sic in marg. sine nom. Cod. 108. Denique Cod. 118 in textu: πεφρ. ἐν πυρί. Eadem lectio latere videtur in Cod. 130, qui ad χίδρα ἐρικτὰ in marg. habet: Ἀ. ἐντυρίζων ἐρικτόν. ¹⁶ Ad χίδρα Cod. VII in marg. manu 1ᵐᵃ: Ακ. ἀπαλόν. Θε. νηπίον (sic). Cod. 8⁵ ad χίδρα: Ἀ. ἐν πυρί. Θ. πίον (sic); ad ἐρικτά autem: Ἀ. Σ. ἀπαλόν. Corrupte, ut solet, scriba Cod. 130 in marg. sine indice: Ἀ. ἀπαλόν. Θ. Θ. ὅπον πίον (sic). Nunc ad Nobilio videamus, qui ad νέα πεφρ. χίδρα πυρί, concinentibus tribus Regiis suis exscripsit Montef. et Cat. Niceph. ibid., affert: Ἀ. [Ἀ. Σ. Niceph.] ἀπαλὰ λάχανα ὀσπριώδη. Θ. πίονα ἄλφιτα; ubi Theodotionis ἄλφιτα ad גֶּרֶשׂ pertinere crediderim, propter lectionem anonymam ad χίδρων (v. 16) mox afferendam; πίονα autem ad כַּרְמֶל, in quo feracitatis notionem inesse constat. Deinde subjungitur scholium Eusebii, quod e Regiis suis plenius exscripsit Montef. Χίδρα ἐστίν, ὅταν ἀπὸ τῶν ἀκμασάντων ἀσταχύων λαβὼν διαθρύψῃ τις χερσίν, οἱονεὶ ἀλέσας· τοῦτο γάρ ἐστιν, ἐρικτά προσοίσει τῷ θεῷ. Ἐρικτά δὲ τὰ ἐν μύλῳ πτισθέντα, καὶ τὸν φλοιὸν ἀποβαλόντα, ὀσπριώδη λάχανα. Ex hoc autem scholio, nisi me omnia fallunt, derivatum est ineptum illud λάχανα ὀσπριώδη, quod lectioni Aquilae ἀπαλὰ fortuito adhaesit. Tandem ad Hesychium devenimus, qui cum Graeca, νέα πεφρυγμένα χίδρα ἐρικτὰ, recentia fricta [MS. frixa] matura fracta, interpretatus esset, mox enarrat: "Quia enim fricta [MS. frixa] matura, secundum LXX, fracta sunt, ea [MS. et] quae igne fricta [MS. frixa] sunt, reliqui interpretes Hebraeorum explanant [deest explanant in MS.] pro eo, frixa matura facta [MS. fracta], frixa in igne [MS. add. ac] mollia, ediderunt." E loco valde impedito, et, ut

16. וְהִקְטִיר. *Et adolebit.* Ο΄. καὶ ἀνοίσει. Alia exempl. ἐπιθήσει.[16]

מִגִּרְשָׂהּ. *E polenta ejus.* Ο΄. ἀπὸ τῶν χίδρων ("Αλλος· ἀλφίτων[17]). "Αλλος· (ἀπὸ) τοῦ ἐρίγματος αὐτῆς.[18]

אִשֶּׁה. Ο΄. κάρπωμα. 'Α. Θ. πυρόν.[19]

Cap. II. 2. καὶ οἴσει ✕ αὐτά ◄.[20] δράκα ✕ αὐτοῦ ◄.[21] σεμιδάλεως ✕ αὐτῆς ◄.[22] ἐλαίῳ ✕ αὐτῆς ◄.[23] 6. ἐστὶ ÷ κυρίῳ ◄.[24] 7. προσοίσει ✕ αὐτὸ ◄ πρός.[25] 12. εὐωδίας ÷ κυρίῳ ◄.[26]

CAP. III.

1. שְׁלָמִים. *Sacrificiorum pacificorum.* Ο΄. σωτηρίου. Οἱ λοιποί· εἰρηνικῶν.[1]

3. הַשְּׁלָמִים. Ο΄. τοῦ σωτηρίου. "Αλλος· τῆς τελειότητος.[2]

אִשֶּׁה. Ο΄. κάρπωμα. "Αλλος· πυρόν.[3]

4. עַל־הַכְּסָלִים. *Super lumbis.* Ο΄. ἐπὶ τῶν μηρίων ("Αλλος· λαγόνων[4]).

6. לְזֶבַח שְׁלָמִים. Ο΄. θυσία (s. θυσίαν[5]) σωτηρίου. Οἱ λοιποί· εἰς θυσίαν εἰρηνικῶν.[6]

7. כֶּשֶׂב. *Agnum.* Ο΄. ἄρνα. 'Α. ἀμνόν. Σ. πρόβατον.[7]

8. לִפְנֵי. Ο΄. παρὰ τὰς θύρας. "Αλλος· κατὰ πρόσωπον.[8]

9. מִזֶּבַח הַשְּׁלָמִים אִשֶּׁה. Ο΄. ἀπὸ τῆς θυσίας τοῦ σωτηρίου κάρπωμα. Οἱ λοιποί· ἀπὸ τῆς θυσίας τῶν εἰρηνικῶν πυρόν.[9]

הָאַלְיָה. *Caudam ovillam adiposam.* Ο΄. καὶ τὴν ὀσφύν. Οἱ λοιποί· καὶ τὴν κέρκον.[10] "Αλλος· καὶ τὸ κέρκιον.[11]

תְּמִימָה. *Integram.* Ο΄. ἄμωμον. 'Α. τελείαν. Σ. ὁλόκληρον.[12]

לְעֻמַּת הֶעָצֶה. *Prope spinam dorsi.* Ο΄. σὺν ταῖς ψόαις (s. ψύαις). "Αλλος· ἐν ἰσότητι τῶν ψυῶν.[13]

10. וְאֵת שְׁתֵּי. Ο΄. καὶ ἀμφοτέρους. "Αλλος· καὶ τοὺς δύο.[14]

עַל־הַכְּסָלִים. Ο΄. ἐπὶ τῶν μηρίων ("Αλλος· ὀσφύων[15]).

11. לֶחֶם אִשֶּׁה. *Pabulum sacrificii.* Ο΄. ὀσμὴ εὐωδίας κάρπωμα. "Αλλος· ἀρτὸν πυρόν.[16]

---

videtur, corrupto, apparet tamen, vocem אָבִיב non ad אָבִיב, sed aut ad גֶּרֶשׂ, aut ad כַּרְמֶל referendam esse; ad utrum vero horum fortasse clarius elucebit in Hex. ad Cap. xxiii. 14. [16] Sic in textu Codd. 29, 85; in marg. autem Codd. X (teste Holmesio), Lips., 130. [17] Sic in marg. Codd. X, Lips. Cf. ad v. 14. [18] Sic in marg. Codd. X, 85 (cum ἐρίγμ.), 130 (cum ἐρέσμ.). Duplex versio, ἀπὸ τῶν χ. τοῦ ἐρ. αὐτῆς, est in Codd. 54 (cum ἐρείγμα.), 75 (sine τοῦ). [19] Cod. 85 (cum scriptura πυρρόν). Cf. ad v. 9. [20] Cod. V (testibus Grabio et Holmesio; non, ut Montef., ✕ αὐτά ◄). Codd. 58, 74, alii: οἴσει αὐτό. Comp., Ald., Codd. 19, 54, alii: οἴσει αὐτήν. In Hebraeo est וְהֵבִיא. [21] Idem. Sic sine aster. Cod. 15, Arab. 1, 2, Arm. 1. [22] Idem (cum scriptura σμιδάλεως; et sic semper). Cod. 15, Arab. 1, 2 : σεμ. αὐτοῦ. [23] Idem. Arab. 1, 2 : oleo ejus. [24] Idem, qui male pingit: ÷ ἐστιν· κυρίῳ. [25] Idem (cum ✕ προσοίσει αὐτό; teste Holmesio). Sic sine aster. Cod. 58, Arab. 1, 2. [26] Idem, testibus Grabio et Holmesio.

Cap. III. [1] Codd. Lips., 85, 130. [2] Sic in marg. Codd. X (sine artic.), Lips. Cf. ad Cap. iv. 10, 26. Cod. 118 in textu: τῶν εἰρηνικῶν. [3] Sic in marg. Codd. X

(πύρον), Lips., 85 (πυρρὸν), 130 (πύρρον). Mox ad κάρπωμα (v. 5) Cod. 130 in marg.: πύρον. Cf. ad Cap. ii. 9. [4] Sic in marg. Codd. X, Lips., 108. Cf. Hex. ad Psal. xxxvii. 8. [5] Sic Comp., Ald., Codd. II, III, V, X, Lips., 15, 18, alii. [6] Codd. Lips. (cum εἰρηνικὴν), 85, 130 (ut Lips.). [7] Codd. X, Lips. [8] Sic in marg. Codd. X, Lips., 130. Codd. 54, 75: κατὰ πρόσωπον παρὰ (ἐπὶ 75) τὰς θ., ex duplici versione. [9] Cod. 85 (cum πύρρον), teste Montef. Holmesii amanuensis sine nom. exscripsit: ἀπὸ τῆς θ. τῶν εἰρ. πυρρόν. Cod. 130 in marg. sine nom.: ἀπὸ τῆς θ. τῶν εἰρ. Ad τοῦ σωτηρίου Codd. X, Lips., in marg.: τῆς τελειότητος. τῶν εἰρηνικῶν. Cf. ad v. 1. [10] Theodoret. Quaest. I in Levit. (Opp. T. I, p. 182): ἡ ὀσφὺς, ἡ κατὰ τοὺς ἄλλους ἑρμηνευτὰς, ἡ κέρκος. Mendose Cod. 130: Οἱ λοιποί· καὶ τὸν κέρκον (sic). [11] Cod. 85 in marg. Cf. ad Cap. vii. 3. viii. 25. [12] Hesych.: "Sine macula, integrum sic intellige; quod explanans Sym. pro immaculato, integrum proposuit, Aq. autem perfectum." E Graecis nostris τελείαν in marg. habet Cod. 56; ὁλόκληρον autem Cod. Lips. in marg., et Cod. 118 in textu. [13] Sic in marg. Codd. X, Lips. [14] Sic in marg. Codd. 85, 130. [15] Sic in marg. Codd. X, Lips. [16] Cod. 85 in marg.

14. וְהִקְרִיב. Ο'. καὶ ἀνοίσει. Ἄλλος· καὶ προσάξει.[17]

קָרְבָּנוֹ אִשֶּׁה. Ο'. ※ δῶρον αὐτοῦ ◄ κάρπωμα.[18]

16. לֶחֶם אִשֶּׁה. Ο'. ※ ἄρτον ◄ κάρπωμα.[19] Ἄλ-
λος· ἄρτον πυρόν. Ἄλλος· ἄρτον προσφοράν.[20]

Cap. III. 1. ﹖ τῷ κυρίῳ ◄.[21] 2. δώρου ※ αὐτοῦ ◄.[22] σφάξει ※ αὐτό ◄.[23] ﹖ τῶν ὁλοκαυτωμάτων ◄.[24] 8. τὴν χεῖρα (sic) ※ αὐτοῦ ◄.[25] ﹖ οἱ
ἱερεῖς ◄.[26] αἷμα ※ αὐτοῦ ◄.[27] 12. προσάξει ※
αὐτό ◄.[28] 13. ﹖ οἱ ἱερεῖς ◄.[29] αἷμα ※ αὐτοῦ ◄.[30]

Cap. IV.

2. בִּשְׁגָגָה. Per imprudentiam. Ο'. ἀκουσίως. Ἀ.
Σ. ἐν ἀγνοίᾳ.[1]

מִכֹּל מִצְוֹת. Ο'. ἀπὸ πάντων τῶν προσταγμά-
των. Ἄλλος· (ἀπὸ πασῶν τῶν) ἐντολῶν.[2]

3. הַמָּשִׁיחַ. Ο'. ὁ κεχρισμένος. Ἄλλος· ὁ ἀλειφθείς.[3]

לְאַשְׁמַת הָעָם. Ita ut culpam contrahat populus.
Ο'. τοῦ τὸν λαὸν ἁμαρτεῖν. Ἀ. εἰς πλημμέ-

λησιν τοῦ λαοῦ.[4] Ἄλλος· ἐν ἁμαρτίᾳ τοῦ
λαοῦ.[5]

3. פַּר בֶּן־בָּקָר. Ο'. μόσχον ἐκ βοῶν. Ἄλλος·
μοσχόταυρον.[6]

לְחַטָּאת. Ο'. περὶ τῆς ἁμαρτίας. Ἄλλος· εἰς
τὴν ἁμαρτίαν.[7]

4. וְהֵבִיא. Ο'. καὶ προσάξει (Ἄλλος· προσοίσει[8]).

6. אֶת־פְּנֵי פָרֹכֶת. Ante velum. Ο'. κατὰ τὸ καταπέτασμα. Ἄλλος· σὺν τῷ προσώπῳ τοῦ καταπετάσματος.[9]

7. הַסַּמִּים. Aromatum. Ο'. τῆς συνθέσεως. Ἄλ-
λος· τῶν ἀρωμάτων.[10]

אֶל־יְסוֹד. Ο'. παρὰ τὴν βάσιν. Ἄλλος· ἐπὶ
τὸν θεμέλιον.[11]

הָעֹלָה. Ο'. τῶν ὁλοκαυτωμάτων. Alia exempl.
τῆς καρπώσεως· alia, τῆς ὁλοκαυτώσεως.[12]

8. הַחַטָּאת. Sacrificii pro peccato. Ο'. τοῦ τῆς
ἁμαρτίας. Ἄλλος· τοῦ ἱλασμοῦ.[13]

יָרִים. Ο'. περιελεῖ. Ἄλλος· ὑψώσει.[14]

הַקֶּרֶב. Ο'. τὰ ἐνδόσθια. Ἄλλος· τὴν κοιλίαν.[15]

(cum πυρρόν). Corrupte Cod. 130: ἄρτον πυρικόν. Θ (sic).
[17] Sic in marg. Codd. X, Lips., 85, 130. [18] Sic Cod. V,
et sine aster. Cod. 58, Arab. 1, 2. Ad κάρπωμα Cod. 85 in
marg.: πυρρόν; Cod. 130 in marg.: πυρόν. [19] Cod. V.
[20] Codd. X, Lips., in marg.: ἄρτον πύρον. ἄρτον προσφοράν.
Codd. 85, 130, in marg.: ἄρτον πυρρόν (s. πυρόν). Pro κάρπωμα Cod. 118 in textu: λεγων μυρον (sic). Hesych.: "Cum
LXX edidissent: Offeret illud sacerdos ad altare, exta
odorem suavitatis, ceteri interpretes in sacrificio quidem
holocautomatum pro extis, holocautomata, alii autem oblationem ediderunt: in hoc autem pacificorum sacrificio, hic
quidem panem, alii autem frumentum." Scilicet bonus
Presbyter lectionem ἄρτον πυρόν pro duplici versione vocabuli unius, quod Senioribus κάρπωμα sonabat, inscite habebat. Cf. ad Cap. x. 12. [21] Cod. V. Haec desunt in
Cod. 58. [22] Idem. Sic sine aster. Codd. 15, 118.
[23] Idem. Pronomen est in libris omnibus, excepto Cod. 75.
[24] Idem. Deest in Cod. 53, Arab. 1, 2. "Alii libri [Ald.]
non habent τῶν ὁλ. εὐλῳ."—Nobil. [25] Idem. Sic sine
aster. Codd. 32 (cum τὰς χεῖρας), 75, Arab. 1, 2, Arm. 1.
[26] Idem. Deest in Codd. 53, 82, Arab. 1, 2. [27] Idem.
Sic sine aster. Cod. 118, Arab. 1, 2. [28] Idem. Sic sine

aster. Comp., Codd. 15, 19, 108, Arab. 1, 2. [29] Idem.
Deest in Cod. 106, Arab. 1, 2. [30] Idem. Sic sine aster.
Cod. 15, Arab. 1, 2.

Cap. IV. [1] Cod. Lips. "Sic duae Catenae Regiae [et
Cat. Niceph. p. 973]. Ed. Rom. soli Aquilae tribuit."—
Montef. Sic in marg. sine nom. Codd. 85, 108, 130.
[2] Sic in marg. Codd. X, Lips. [3] Sic in marg. (cum
scriptura ἀλιφθείς) Codd. X (teste Holmes.), Lips. Cf. ad
Cap. vi. 22. [4] Euseb. in Psalmos, p. 386. Sic in
marg. sine nom. Codd. 85, 130. Duplex versio, εἰς πλ. τοῦ
λ. τοῦ τὸν λ. ἁμαρτεῖν, occupavit Codd. 54, 75. [5] Sic in
marg. Codd. X (teste Holmes.), Lips. [6] Sic in marg.
Codd. X, Lips. [7] Sic in marg. Codd. X (teste Holmes.),
Lips., 85, 130. [8] Sic in marg. Codd. 85, 130.
[9] Iidem. Aquilam sapit. [10] Sic in marg. Codd. X
(manu recentiore, teste Holmes.), Lips., 85. Cf. Hex. ad
Exod. xxx. 7. [11] Sic in marg. Codd. X, Lips.
[12] Prior lectio est in Codd. 15, 19, 29, 85 (in marg.), 108;
posterior in Comp., Ald., Codd. V, VII, X, Lips., aliis.
[13] Sic in marg. Codd. X, Lips. Cf. ad Cap. vi. 25. [14] Sic
in marg. Codd. 85, 130. [15] Iidem. Mox pro τῶν ἐνδοσθίων Cod. 85 in marg.: τῆς κοιλίας.

9. עַל־הַכְּסָלִים. Ο'. ἐπὶ τῶν μηρίων ("Αλλος· λαγόνων[16]).

10. יוּרָם. Ο'. ἀφαιρεῖται [αὐτό]. "Αλλος· ὑψοῦται.[17]

הַשְּׁלָמִים. Ο'. τοῦ σωτηρίου. "Αλλος· τῶν εἰρηνικῶν.[18] "Αλλος· τελειότητος.[19]

11. וְעַל־כְּרָעָיו. Et cum cruribus ejus. Ο'. καὶ τοῖς ἀκρωτηρίοις. "Αλλος· (καὶ τοῖς) ποσὶν αὐτοῦ.[20]

13. יִשְׁגּוּ. Per imprudentiam deliquerit. Ο'. ἀγνοήσῃ [ἀκουσίως].[21]

וְנֶעְלַם דָּבָר. Ο'. καὶ λάθῃ ῥῆμα. "Αλλος· καὶ παροραθῇ λόγος.[22]

14. הַקָּהָל. Ο'. ἡ συναγωγή. "Αλλος· ἡ ἐκκλησία.[23]

לְחַטָּאת. Ο'. περὶ τῆς ἁμαρτίας. "Αλλος· (εἰς) ἐξιλασμόν.[24]

15. זִקְנֵי. Ο'. οἱ πρεσβύτεροι. "Αλλος· οἱ σοφοί.[25]

17. אֶת־פְּנֵי. Ο'. κατενώπιον. "Αλλος· κατὰ πρόσωπον.[26]

18. אֶל־יְסוֹד. Ο'. πρὸς τὴν βάσιν. "Αλλος· εἰς τὸ θεμέλιον.[27]

20. הַחַטָּאת. Ο'. τὸν τῆς ἁμαρτίας. "Αλλος· τοῦ ἐξιλασμοῦ.[28]

21. חַטַּאת הַקָּהָל. Ο'. ἁμαρτία (s. ἁμαρτίας) συναγωγῆς. "Αλλος· ἐξιλασμὸς ἐκκλησίας.[29]

22. בִּשְׁגָגָה. Ο'. ἀκουσίως. 'Α. Σ. ἐν ἀγνοίᾳ.[30]

23. תָּמִים. Ο'. ἄμωμον. Alia exempl. ἄμωμον περὶ ἁμαρτίας.[31]

24. חַטָּאת הוּא. Ο'. ἁμαρτία ἐστίν. "Αλλος· ἱλασμός ἐστιν.[32]

25. וְלָקַח... וְנָתַן. Ο'. καὶ ἐπιθήσει. Alia exempl. καὶ λήψεται καὶ ἐπιθήσει.[33] Alia: καὶ ἐπιθήσει... ※ καὶ δώσει ◄.[34]

26. הַשְּׁלָמִים. Ο'. σωτηρίου. "Αλλος· τελειότητος.[35]

27. וְאִם־נֶפֶשׁ אַחַת תֶּחֱטָא בִשְׁגָגָה. Ο'. ἐὰν δὲ ψυχὴ μία ἁμάρτῃ ἀκουσίως. "Αλλος· ψυχὴ ἐὰν παραβῇ παράβασιν, καὶ ἁμάρτῃ ἐν ἀγνοίᾳ.[36]

28. וְהֵבִיא קָרְבָּנוֹ. Ο'. καὶ οἴσει. Alia exempl. add. δῶρον (s. τὸ δῶρον) αὐτοῦ.[37]

29. הַחַטָּאת. Ο'. τοῦ ἁμαρτήματος αὐτοῦ. "Αλλος· τοῦ τῆς ἁμαρτίας.[38]

31. הַשְּׁלָמִים. Ο'. σωτηρίου. "Αλλος· τῶν εἰρηνικῶν.[39]

32. כֶּבֶשׂ. Ο'. πρόβατον. "Αλλος· ἀμνόν. "Αλλος· ἀμνάδα.[40]

---

[16] Sic in marg. Codd. X, Lips. Cf. ad Cap. iii. 4. [17] Iidem. [18] Sic in marg. Codd. X, Lips., 85, 130. [19] Sic in marg. Codd. X, Lips. Cf. ad Cap. iii. 3, 6. [20] Sic in marg. Codd. 85, 130. Cod. 18 in marg.: σὺν τοῖς ποσὶν αὐτῶν (sic). [21] "Vox ἀκουσίως in aliquibus aliis libris [Ald., Codd. V, VII, X, Lips., 15, 16, aliis, Arab. 1, 2, Vet. Lat.] non est, neque eam agnoscit Origenes [Opp. T. II, p. 188]."—Nobil. In paucis exemplaribus est, καὶ ἁμάρτῃ ἀκουσίως. [22] Schol. apud Nobil. Sic in marg. Codd. X (teste Holmes.), Lips. Cf. 3 Reg. x. 3 in LXX. [23] Sic in marg. Codd. X (teste Holmes.), Lips., 85. [24] Sic in marg. Codd. X, Lips. [25] Iidem. Scholium esse videtur. [26] Sic in textu Codd. 16, 19, alii (inter quos 85, 130, cum κατενώπιον in marg.). Cf. Hex. ad Exod. xxx. 6. [27] Sic in marg. Codd. 85, 130. Cat. Niceph. p. 976: "Αλλος· εἰς τὸν (sic) θεμέλιον. Cf. ad v. 7. [28] Sic in marg. Codd. X, Lips. [29] Iidem, et Cat. Niceph. p. 977. [30] Codd. X, Lips. Cf. ad v. 1. [31] Sic Ald., Codd. VII (in marg. manu 2da), X, Lips., 18,

29, alii (inter quos 85, 130, in marg.), Vet. Lat. [32] Sic in marg. Codd. X, Lips. [33] Sic Codd. 55, 74, 75, alii, Arm. 1. Cod. 118: καὶ λήψεται... καὶ ἐπιθήσει. [34] Sic Cod. V (qui pingit: τῷ δακτύλῳ ⸓ αὐτοῦ καὶ ⸓ δώσει :, teste Holmesii amanuensi), et sine aster. Cod. 58, Arab. 1, 2. [35] Sic in marg. Codd. X, Lips. [36] Iidem. "Aquilae sunt, et forte non huc, sed ad Cap. v. 15 referenda. Posita in intercolumnari margine codicis, habuerunt forsan tam hunc, quam illum locum a latere, et librarius huc per errorem retulit."—Holmes. [37] Prior lectio est in Codd. IV (non ※ δῶρον αὐτοῦ, ut falso exscripsit Holmesii amanuensis), 15, 58; posterior in Comp. (sine αὐτοῦ), Ald., Codd. VII (in marg. manu 2da), X, Lips., 16, 18, 19 (ut Comp.), aliis, Arab. 1, 2 (cum αὐτῆς), Arm. 1. [38] Sic in marg. Codd. X, Lips.; in textu autem Codd. VII (ex corr. manu 2da), 54, 75, 85 (cum τοῦ ἁμαρτήματος in marg.), 130 (idem). [39] Sic in marg. Codd. X, Lips., 85, 130. [40] Codd. 85, 130, in marg.: ἀμνόν. Codd. X, Lips., in marg.: ἀμνὸν ἀμνάδα. Cf. ad Cap. iii. 7.

33. לְחַטָּאת. Ο'. Vacat. Alia exempl. περὶ ἁμαρ-
τίας.⁴¹ Ἄλλος· εἰς ἱλασμόν.⁴²

אֶת־הָעֹלָה. Ο'. τὰ ὁλοκαυτώματα. Alia exempl. add. ἐν τόπῳ ἁγίῳ.⁴³

35. הַשְּׁלָמִים. Ο'. τοῦ σωτηρίου. Ἄλλος· τῶν
τελειώσεων.⁴⁴

Cap. IV. 2. – ἔναντι κυρίου ◄.⁴⁵　4. τοῦ μόσχου
– ἔναντι κυρίου ◄.⁴⁶　5. – ὁ τετελειωμένος τὰς χεῖρας ◄.⁴⁷　6. δάκτυλον ✕ αὐτοῦ ◄.⁴⁸　7. – τοῦ μόσχου ◄.⁴⁹　11. κεφαλῇ ✕ αὐτοῦ ◄.⁵⁰　14. – ἄμωμον ◄.⁵¹　17. – τοῦ μόσχου ◄.⁵²　– τοῦ ἁγίου ◄.⁵³
18. – ὁ ἱερεύς.⁵⁴　– τῶν θυμιαμάτων τῆς συνθέσεως ◄.⁵⁵　20. ποιηθήσεται ✕ αὐτῷ ◄.⁵⁶　– ἡ ἁμαρτία ◄.⁵⁷　21. – ὅλον ◄.⁵⁸　25. δακτύλῳ ✕ αὐτοῦ,
καὶ δώσει ◄.⁵⁹　27. ἐν τῷ ποιῆσαι ✕ αὐτήν ◄.⁶⁰
29. τὴν – χίμαιραν ◄ περὶ (sic) τῆς ἁμαρτίας.⁶¹
34. – τῆς ὁλοκαυτώσεως ◄.⁶²　35. ἁμαρτίας ✕ αὐτοῦ ◄.⁶³

CAP. V.

1. אָלָה. Adjurationis. Ο'. ὁρκισμοῦ. Ἄλλος·
συνθήκης.¹

עֲוֹנוֹ. Ο'. τὴν ἁμαρτίαν ✕ αὐτοῦ ◄.² Ἄλλος·
τὸ ἀνόμημα.³

2. אוֹ נֶפֶשׁ אֲשֶׁר תִּגַּע בְּכָל־דָּבָר טָמֵא. Vel quicunque contrectaverit omnem rem impuram.
Ο'. ἡ ψυχὴ ἐκείνη ἥτις (s. ἡ ψυχὴ ἥτις) ἐὰν
ἅψηται παντὸς πράγματος ἀκαθάρτου. Ἀ. .
qui conspurcaverit se verbo aliquo inquinato.
Θ. et quicunque inquinaverit se verbo impuro.⁴

אוֹ בְנִבְלַת חַיָּה טְמֵאָה אוֹ בְנִבְלַת שֶׁרֶץ טָמֵא.
Sive cadaver pecoris immundi, sive cadaver
reptilium immundorum. Ο'. ἡ τῶν θνησιμαίων
βδελυγμάτων τῶν ἀκαθάρτων, ἢ τῶν θνησιμαίων κτηνῶν τῶν ἀκαθάρτων. Ἄλλος· ἢ
θνησιμαίου κτήνους ἀκαθάρτου, ἢ θνησιμαίου
ἑρπετοῦ ἀκαθάρτου.⁵

שֶׁרֶץ. Ἀ. Σ. ἑρπετῶν.⁶

<hr/>

⁴¹ Sic Ald., Codd. IV, VII, X (cum τὸ π. ά.), Lips., 15,
16, alii, Arab. 1, 2.　⁴² Sic in marg. Codd. X, Lips.
⁴³ Sic in textu Ald., Cod. 29, Vet. Lat.; in marg. autem
Codd. 85, 130.　⁴⁴ Sic in marg. Codd. X, Lips. Cf. ad
Cap. vi. 12. vii. 29.　⁴⁵ Cod. V. Haec desunt in Comp.,
Codd. 16, 30, aliis, Arab. 1, 2.　⁴⁶ Idem. Desunt in
Comp., Codd. 16, 30, aliis.　⁴⁷ Idem. Desunt in Cod. 58
(cum praecedenti χριστὸς), Arab. 1, 2. Hesych.: "Hunc
sacerdotem LXX non solum unctum, sed et consummatum
manibus appellaverunt." (Ad ὁ τετελειωμένος Codd. X
(teste Holmes.), Lips., in marg.: οὐ τετελείωται ὁ τόπος,
quod scholium esse videtur, fortasse sic legendum: οὐ τετ.
ὁ τύπος.)　⁴⁸ Sic Grabius (cum αὐτοῦ in char. minore),
et sine aster. Codd. V, 15, 18, 118, Arab. 1, 2, Arm. 1.
⁴⁹ Cod. V. Deest in Arab. 1, 2.　⁵⁰ Idem (teste
Holmes.). Sic sine aster. Ald., Codd. X (in marg.), Lips.,
58, Arab. 1, 2.　⁵¹ Idem. Deest in Cod. 58.　⁵² Idem,
teste Holmesii amanuensi, qui pingit: τοῦ – μόσχου :.
⁵³ Idem. Deest in Cod. 58.　⁵⁴ Idem. Deest in
Cod. 72, Arab. 1, 2.　⁵⁵ Idem (qui pingit: τῶν θ. – τῆς
συνθέσεως :). Haec desiderantur in Codd. 58, 128, Arab.
1, 2. (Ad τῶν θ. Cod. 85 in marg.: τοῦ θυμιάματος. τῶν
ἀρωμάτων; Cod. 130 in marg.: τῶν ἀρωμάτων. Cat. Niceph.
p. 976: "Ἄλλος· τῶν ἀρωμάτων. Cf. ad v. 7.)　⁵⁶ Idem.
Sic sine aster. Codd. VII (ex corr. manu 2ᵈᵃ), 15, 58 (cum
αὐτὸ), 75, Arab. 1, 2.　⁵⁷ Idem. Deest in Codd. 53, 56,

Arab. 1, 2.　⁵⁸ Idem. Deest in Codd. III, 53, 82,
Arab. 1, 2.　⁵⁹ Idem (qui pingit ut supra not. 34), et
sine aster. Cod. 58, Arab. 1, 2.　⁶⁰ Idem (qui pingit:
ποιῆσαι αὐτήν :, non, ut Holmesii amanuensis: ποιῆσαι ✕ αὐτήν :), et sine aster. Codd. 58, 118. In Hebraeo est
בַּעֲשׂתָהּ.　⁶¹ Idem (qui pingit – χίμαιραν).　⁶² Idem.
Deest in Codd. 58, 128, Arab. 1, 2.　⁶³ Idem. Sic
sine aster. Codd. VII (ex corr. manu 2ᵈᵃ), 15, 18, 118,
Arab. 1, 2.

CAP. V. ¹ Sic in marg. Codd. X, Lips.　² Cod. IV.
Sic sine aster. Comp., Ald., Codd. VII (ex corr. manu 2ᵈᵃ),
15, 118, 129, Arab. 1, 2.　³ Cod. 85 in marg. Cf. Hex.
ad Gen. iv. 13.　⁴ Procop. in Octat. p. 335, qui locus
Montefalconium fugit.　⁵ Sic in textu Cod. 118. In
textu LXXvirali post posterius ἀκαθάρτου add. ἢ ἅψηται, ἢ
θνησιμαίου ἑρπετοῦ ἀκαθάρτου, καὶ λάθῃ κ.τ.ἑ. Codd. VII (in
marg. manu 2ᵈᵃ, om. ἢ ἅψηται), 54, 73, 74, alii (inter quos
85, qui pingit: ἢ ἅψηται ✕ ἢ θνησιμαίου), et (om. ἢ ἅψηται)
Cat. Niceph. p. 980. Sic, sed om. ἢ ἅψηται, et cum ἢ
θνησιμαίου ἑρπετῶν ἀκαθάρτων, Codd. 16, 52, 83, Arm. 1.
⁶ Hesych.: "Abominationes autem immundae, veluti canes,
et simiae, et quaecunque talia sunt, de animalibus appellantur, quae etiam ab infidelibus colebantur; vel quodcunque reptile, id est, quod super ventrem suum trahitur,
quae nihilominus Sym. et Aq. reptilia ediderunt, LXX
autem abominationes." Qui locus favet transpositioni

2. וְנֶעְלַם מִמֶּנּוּ וְהוּא טָמֵא וְאָשֵׁם. Ο'. Vacat. ✕ καὶ λάθῃ ἀπ' αὐτοῦ, καὶ αὐτὸς μεμίανται, καὶ πλημμελήσῃ ◄.[7]

4. יְבַטֵּא. Effutierit. Ο'. διαστείλῃ. Ἄλλος· παραβῇ.[8]

וְאָשֵׁם. Ο'. καὶ ἁμάρτῃ (Ἄλλος· πλημμελήσῃ[9]).

5. וְהָיָה כִי־יֶאְשַׁם לְאַחַת מֵאֵלֶּה. Ο'. Vacat. ✕ καὶ ἔσται ὅτι πλημμελήσῃ εἰς ἓν ἀπὸ τούτων ◄.[10]

וְהִתְוַדָּה אֲשֶׁר חָטָא עָלֶיהָ. Tunc confitebitur peccatum in quo peccaverit. Ο'. καὶ ἐξαγορεύσει τὴν ἁμαρτίαν περὶ ὧν ἡμάρτηκε κατ' αὐτῆς. Ἄλλος· μετανοήσει ἐφ' ᾧ ἥμαρτεν.[11]

7. דֵי שֶׂה. Sufficientiam agni. Ο'. τὸ ἱκανὸν εἰς τὸ πρόβατον. (Ἄλλος· βοσκημάτων. Ἄλλος· ἐκ ποιμνίου.[12])

8. וּמָלַק. Ο'. καὶ ἀποκνίσει. Ἄλλος· καὶ ἀνακλάσει.[13]

מִמּוּל עָרְפּוֹ. E regione cervicis ejus. Ο'. ἀπὸ τοῦ σφονδύλου (Ἄλλος· τένοντος[14]).

9. הַחַטָּאת...הַחַטָּאת. Ο'. τοῦ περὶ τῆς ἁμαρτίας...ἁμαρτία. Ἄλλος (τοῦ) ἱλασμοῦ...ἱλασμός.[15]

10. כַּמִּשְׁפָּט. Secundum legem. Ο'. ὡς καθήκει. Ἄλλος· κατὰ τὴν κρίσιν.[16]

11. וְאִם־לֹא תַשִּׂיג. Quod si non attigerit. Ο'. ἐὰν δὲ μὴ εὑρίσκῃ (Ἄλλος· ἰσχύῃ, καταλάβῃ[17]).

הָאֵפָה. Ο'. τοῦ οἰφί (Ἄλλος· σάτου[18]).

12. וֶהֱבִיאָהּ. Ο'. καὶ οἴσει αὐτό (Ἀ. Σ. Θ. αὐτήν[19]).

עַל אִשֵּׁי. Ο'. (ἐπὶ) τῶν ὁλοκαυτωμάτων (Ἄλλος· προσφορῶν[20]).

13. מֵאַחַת. Ο'. ἀφ' ἑνός. Ἄλλος· ἐφ' ἑνί.[21]

כַּמִּנְחָה. Quasi fertum. Ο'. ὡς (ἡ) θυσία τῆς σεμιδάλεως (Ἄλλος· αἰνέσεως[22]). Ἄλλος· (ὡς) κάρπωμα.[23]

15. נֶפֶשׁ כִּי־תִמְעֹל מַעַל וְחָטְאָה בִּשְׁגָגָה. Si quis praevaricatus fuerit praevaricationem, et peccaverit per imprudentiam. Ο'. ψυχὴ ἣ ἂν λάθῃ αὐτὸν λήθῃ (Ἄλλος· ἀδικήσῃ ἀδικίαν[24]), καὶ ἁμάρτῃ ἀκουσίως. Ἀ. ψυχὴ ὅταν παραβῇ παράβασιν, καὶ ἁμάρτῃ ἐν ἀγνοίᾳ.[25]

שְׁקָלִים בְּשֶׁקֶל־הַקֹּדֶשׁ. Ο'. σίκλων τῷ σίκλῳ τῶν ἁγίων (s. τῷ ἁγίῳ). Ἄλλος· σταθμῶν ἐν σταθμῷ ἁγίῳ.[26]

---

quam prae se fert Cod. IV, legendo: ἢ τῶν θν. τῶν (sic) κτηνῶν τῶν ἀκ., ἢ τῶν θν. βδελυγμάτων τῶν ἀκ. Cf. Scharfenb. in Animadv. pp. 79, 80.　[7] Sic Codd. IV, 85, et sine aster. Codd. 16, 30 (cum πλημμελήσει), 52 (cum λήθῃ), 54 (ut 30), alii, Arm. 1, Cat. Niceph. ibid. In Ald., Codd. X, Lips., 18, 29, habetur tantum: καὶ λάθῃ ἀπ' αὐτοῦ, καὶ μεμίανται.　[8] Codd. X, Lips., ad διαστείλῃ in marg. habent: καὶ παραβῇ, ex duplici, ut videtur, versione. Mox ad πρὸ ὀφθαλμῶν (quod deest in Comp., Ald., Codd. IV, VII, X, Lips., 18, 29, aliis, Arab. 1, 2, Vet. Lat.) iidem in marg.: ἐξ ὀφθαλμῶν.　[9] Sic in marg. Codd. 85, 130.　[10] Sic Cod. IV, et sine aster. (cum πλημμελήσει ἐν) Codd. 54, 75.　[11] Sic in marg. Codd. X, Lips. Fortasse est scholium, ut mox v. 6 iidem ad (ὁ ἱερεὺς) περὶ τῆς ἁμαρτίας in marg. pingunt: λύτρον.　[12] Hesych.: "Unde et alii interpretum in hoc loco pro ove, hi quidem pascualia, alii autem ex grege, volentes per hoc et capras significare, ediderunt." Cf. Hex. ad Gen. xxx. 32, Exod. xiii. 13. Lev. xxvii. 26. Jesai. lxvi. 3.　[13] Sic in marg. Codd. X, Lips. Cf. ad Cap. i. 15.　[14] Iidem. Cf. Hex. ad Deut.

ix. 6. Job. xvi. 12.　[15] Sic in marg. Codd. X, Lips.　[16] Sic in marg. Codd. X (teste Holmes.), Lips., 85, 130.　[17] Sic in marg. Codd. X (teste Holmes), Lips. (uterque cum ἰσχύῖ κατ.). Codd. 85, 130, in marg.: καταλάβῃ. Cf. Hex. ad Job. xli. 18.　[18] Sic in marg. Codd. X, Lips., qui mox ad περὶ ἁμαρτίας pingunt: ἱλασμός.　[19] Codd. 85, 130. Sic in textu Comp., Ald., Codd. X, Lips., 16, 18, alii.　[20] Sic in marg. Codd. X, Lips.　[21] Iidem.　[22] Sic in marg. Codd. 85, 130. Vet. Lat.: quasi sacrificium misericordiae. Scholium esse videtur.　[23] Sic in marg. Codd. X, Lips. Cf. ad Cap. vi. 20.　[24] Sic in marg. Codd. X, Lips. (cum ἀδικήσει), 85, 130 (cum ἀδικίας). Cf. Hex. ad Prov. xvi. 10.　[25] Codd. X (cum ὅταν παραβάσῃ καὶ), Lips. (cum ὅταν παράβασιν καὶ). Lectionem sartam tectam fecimus ex alia quam exhibent iidem codd. in marg. sine nom.: παραβῇ παράβασιν. Etiam Nobil.: Schol. Ἄλλος· ἀδικήσει ἀδικίαν, ἢ, ἐὰν παραβῇ παράβασιν. Cf. ad Cap. iv. 27.　[26] Nobil. affert: Schol. σταθμὸν ἐν σταθμῷ ἁγίων. "Drusius legendum putat, σταθμῶν ἐν σταθμῷ, sed nullum exemplar sic habet."—Montef.

17. עֲוֹנוֹ. Ο΄. τὴν ἁμαρτίαν ("Αλλος· ἀνομίαν²⁷).

18. לְאָשָׁם. In sacrificium pro delicto. Ο΄. εἰς πλημμέλειαν. "Αλλος· εἰς λύτρωσιν.²⁶

19. אָשָׁם הוּא אָשֹׁם אָשַׁם לַיהוָה. Sacrificium pro delicto est; delinquendo deliquit in Jovam. Ο΄. ἐπλημμέλησε γὰρ πλημμελείᾳ (alia exempl. add. πλημμελήσειν²⁹) ἔναντι κυρίου.

Cap. V. 6. κυρίῳ περὶ τῆς ἁμαρτίας ※ αὐτοῦ ◄.³⁰
8. — ὁ ἱερεύς ◄.³¹   ⸓ ὁ ἱερεύς ◄.³²

Cap. VI.

2 (Hebr. v. 21). וּמָעֲלָה מַעַל בַּיהוָה. Et praevaricatus fuerit praevaricationem in Jovam. Ο΄. καὶ παριδὼν παρίδῃ τὰς ἐντολὰς κυρίου. "Αλλος· (καὶ) ἀδικήσῃ ἀδικίαν ἐν κυρίῳ.¹

וְכִחֵשׁ. Et negaverit. Ο΄. καὶ ψεύσηται. Ἀ. (καὶ) ἀρνήσηται.²

בִּתְשׂוּמֶת יָד. In depositione manus. Ο΄. περὶ κοινωνίας. "Αλλος· ἐν θέματι χειρός.³ "Αλλος· ἐν πιστώσει χειρός.⁴

בְּגָזֵל. In re rapina parta. Ο΄. περὶ ἁρπαγῆς. "Αλλος· ἐν ἀναγκασμῷ.⁵

עָשָׁק. Fraudaverit. Ο΄. ἠδίκησέ τι. Ἀ. Σ. Ο. ἐσυκοφάντησε.⁶

4 (v. 23). אֶת־הָעֹשֶׁק. Rem fraude partam. Ο΄. τὸ ἀδίκημα. Ἀκ. καὶ οἱ λοιποί· τὴν συκοφαντίαν.⁷

5 (v. 24). בְּיוֹם אַשְׁמָתוֹ. In die sacrificii ejus pro delicto. Ο΄. ᾗ ἡμέρᾳ ἐλεγχθῇ ("Αλλος· ὀφληθῇ⁸).

6 (v. 25). לְאָשָׁם. Ο΄. εἰς ὃ ἐπλημμέλησε. "Αλλος· εἰς λύτρωσιν.⁹

אֶל־הַכֹּהֵן. Ο΄. Vacat. ※ πρὸς τὸν ἱερέα ◄.¹⁰

10 (vi. 3). מִדּוֹ בַר. Vestem ejus lineam. Ο΄. χιτῶνα λινοῦν ("Αλλος· διπλοῦν¹¹). "Αλλος· ἐπενδύτην λευκόν.¹²

וּמִכְנְסֵי בַר. Et feminalia linea. Ο΄. καὶ περισκελὲς λινοῦν. "Αλλος· (καὶ) σκέπας λευκάς.¹³

עַל־בְּשָׂרוֹ. Ο΄. περὶ τὸ σῶμα αὐτοῦ. "Αλλος· ἐπὶ τὰς σάρκας ..¹⁴

אֶת־הַדֶּשֶׁן. Cinerem. Ο΄. τὴν κατακάρπωσιν. "Αλλος· τὴν σποδόν.¹⁵

אֵצֶל. Ο΄. ἐχόμενον (s. ἐχόμενα). "Αλλος· ἐκ πλαγίου.¹⁶

11 (4). אֶת־בְּגָדָיו. Ο΄. τὴν στολὴν ("Αλλος· τὰ φάρεα¹⁷) αὐτοῦ.

בְּגָדִים אֲחֵרִים. Ο΄. στολὴν ἄλλην. "Αλλος· φάρεα ἕτερα.¹⁸

Immo sic in marg. (cum ἁγίῳ) Codd. X, Lips.   ²⁷ Sic in marg. Codd. 85, 130.   ²⁸ Nobil.: Schol. εἰς λύτρωσιν. Sic in marg. Codd. X, Lips. Cf. ad Cap. vi. 6, 17.   ²⁹ Sic Comp. (cum πλημμελείαν pro πλημμελείᾳ), Ald., Codd. III (om. πλημμελείᾳ), IV, VII, X, Lips., 16, 18, alii.   ⁰ AA.LL.: ἐπλημμέλησε γὰρ πλημμελείᾳ πλημμέλησιν, quam lectionem agnoscit S. Augustinus in Quaest. VII: Deliquit enim delicto delictum ante Dominum."—Nobil.   ³⁰ Cod. IV. Sic sine aster. Codd. 15, 54, alii, Arab. 1, 2. Cod. 85 pingit: ※περὶ τῆς ἁμ. ἧς ἡμάρτηκε, quae clausula desideratur in Cod. 72.   ³¹ Idem. ' Deest in Cod. 58, Arab. 1, 2.   ³² Idem. Deest in Arab. 1, 2.

Cap. VI. ¹ Sic in marg. Codd. X, Lips. (cum ἀδικήσει). Codd. 85, 130, in marg.: ἀδικήσῃ ἀδίκημα. Cf. ad Cap. v. 15.   ² Codd. X, Lips. Cod. 85 in marg.: ἀρνήσεται. Cod. VII in textu: ψεύσηται (sic).   ³ Sic in marg. Codd. 85, 130.   ⁴ Schol. apud Nobil., et Cat. Niceph. p. 986. Sic in marg. Codd. X (teste Holmes.),

Lips. Horum testium nonnulli lectionem ad ἐν παραθήκῃ male referunt.   ⁵ Iidem omnes.   ⁶ Nobil.: Schol. ἐσυκοφάντησε. Cat. Niceph. ibid.: "Αλλος· ἐσυκοφάντησε. Cod. VII in marg. manu 2ᵈᵃ: ἢ ἐσυκοφάντησε. Hesych.: " Nam et ceteri interpretes, Aq. et Theod. et Sym., ubi dixerunt LXX, si nocuit aliquid proximum suum, isti, si calumniatus est aliquid."   ⁷ Nobil., Cat. Niceph. p. 987, Codd. Lips., 85, 130.   ⁸ Sic in marg. (cum ὀφληθῇ) Codd. X, Lips.   ⁹ Sic in marg. Codd. X, Lips.   ¹⁰ Sic Cod. IV, et sine aster. Cod. 75, Arab. 1, 2.   ¹¹ Sic bis in marg. Codd. X, Lips., 85, 130. Cf. ad Cap. xvi. 4, 32.   ¹² Sic in marg. Codd. X, Lips.   ¹³ Iidem. Tum hanc tum praecedentem lectionem scholiastis potius quam interpretibus deberi credibile est.   ¹⁴ Sic in marg. Codd. 85, 130. Ad τὸ σῶμα Cod. X in marg.: τὴν σάρκα.   ¹⁵ Sic in marg. Codd. X, Lips. Cod. 53 in marg.: σποδιάν. Arab. 1, 2: cinerem sacrificii.   ¹⁶ Sic in marg. Codd. X, Lips.   ¹⁷ Iidem.   ¹⁸ Iidem.

11 (4). אֶת־הַדָּשֶׁן. Ο΄. τὴν κατακάρπωσιν. Ἄλλος· τὴν πιότητα. Ἄλλος· τὴν σπόδον.[19]

12 (5). הַשְּׁלָמִים. Ο΄. τοῦ σωτηρίου. Ἄλλος· τῶν εἰρηνικῶν. Ἄλλος· τῶν τελειώσεων.[20]

15 (8). הַמִּנְחָה. Ο΄. τῆς θυσίας. Ἄλλος· (τῆς) καρπώσεως.[21]

16 (9). יֵאָכֵל. Ο΄. ἔδεται. Ἄλλος· βρώσεται.[22]

17 (10). מֵאִשַּׁי. Ο΄. ἀπὸ τῶν καρπωμάτων κυρίου. Ἄλλος· (ἀπὸ τῶν) τοῦ πυρός μου.[23]

כַּחַטָּאת וְכָאָשָׁם. Ο΄. ὥσπερ τὸ τῆς ἁμαρτίας, καὶ ὥσπερ τὸ τῆς πλημμελείας. Ἄλλος· ὡς ἱλασμὸς καὶ ὡς λύτρωσις.[24]

18 (11). מֵאִשַּׁי. Ο΄. ἀπὸ τῶν καρπωμάτων (Ἄλλος· προσφορῶν[25]).

יְקְדָּשׁ. Ο΄. ἁγιασθήσεται. Schol. μολυνθήσεται.[26]

20 (13). הָאָפֶה. Ο΄. τοῦ οἰφί (Ἄλλος· σάτου[27]).

מִנְחָה תָּמִיד. Ο΄. εἰς θυσίαν διαπαντός. Ἄλλος· καρπώματος διηνεκοῦς.[28]

21 (14). מַרְבֶּכֶת. Frixum. Ο΄. πεφυραμένην.

(Ἀ.) ζεστήν. Σ. πεπλατυμμένην (s. πεπλατυσμένην).[29]

21 (14). תֻּפִינֵי. Coctiones (Graeco-Ven. κλιβανώματα). Aliter: Frusta. Ο΄. ἑλικτά. Alia exempl. ἐρικτά.[30]

מִנְחַת פִּתִּים. Fertum frustulorum. Ο΄. θυσίαν ἐκ κλασμάτων. Ἀ. δῶρον ψωμῶν. Θ. δῶρον κλασμάτων.[31]

22 (15). הַמָּשִׁיחַ. Ο΄. ὁ χριστός. Ἄλλος· (ὁ) ἀλειφθείς.[32]

כָּלִיל תָּקְטָר. Totum comburetur. Ο΄. ἅπαν ἐπιτελεσθήσεται (alia exempl. ἐπιτεθήσεται[33]). Ἄλλος· ἀνάθεμα ἐπιτεθήσεται.[34]

23 (16). וְכָל־מִנְחַת. Ο΄. καὶ πᾶσα θυσία. Ἄλλος· (καὶ) πᾶν μαναά.[35]

כָּלִיל תִּהְיֶה. Holocaustum erit. Ο΄. ὁλόκαυτος ἔσται. Ἀ. ὁλοτελὲς ἔσται.[36]

25 (18). הַחַטָּאת (in priore loco). Ο΄. Σ. Θ. τῆς ἁμαρτίας.[37] Ἄλλος· τοῦ ἱλασμοῦ.[38]

---

[19] Codd. X, Lips., in marg.: τὴν πιότητα. τὴν σπόδον. Codd. 85, 130, in marg.: πιότητα. Ad priorem lectionem cf. Hex. ad Psal. lxiv. 12. Jesai. lv. 2. Jerem. xxxi. 14. [20] Sic in marg. Codd. X, Lips. (cum τελειώσεων). Codd. 85, 118, 130, in marg.: τῶν εἰρηνικῶν. Hesych.: "Adipem pacificorum, quem LXX salutare ediderunt." [21] Sic in marg. Codd. X, Lips. Cf. ad Cap. vii. 9, ix. 4. [22] Iidem. [23] Sic in marg. Codd. 85, 130. "Videtur omnino Aquilae esse."—Montef. Immo Theodotionis. Cf. ad Cap. ii. 3, xxiv. 9. [24] Sic in marg. Codd. X, Lips. [25] Iidem. [26] Montef. edidit: Ἄλλος· μολυνθήσεται, cum nota: "Hanc lectionem mutuamur ex loco Origenis in Catenis MSS. Regiis [et Cat. Niceph. p. 989], ubi sic legitur: Τινὲς τὸ ἁγιασθήσεται, μολυνθήσεται, φασίν· οὐ διὰ τὴν θυσίαν, οὖμαι, ἀλλὰ διὰ τὸ τολμηρὸν τοῦ ἀπτομένου. Ἀγγαῖος γάρ φησιν· ὃς ἂν ἅψηται μιανθήσεται." Ubi τινὰς non interpretes veteres, sed scriptores ecclesiasticos esse, recte monet Scharfenb. in Animadv. p. 81. [27] Sic in marg. Codd. X, Lips. Cf. ad Cap. v. 11. [28] Iidem. [29] Codd. 85 (teste Holmes.), 130, in marg. sine nom.: ζεστὴν πεπλατυμμένην. Paulo aliter Codd. X (sine Σ.), Lips., in marg.: Σ. πεπλατυσμένη ζεστοτέραν. Priorem lectionem e Cod. Basil. (?) Aquilae vindicat Montef., tum hic tum Cap. vii. 12; posteriorem Symmachi esse diserte testatur Hesych., qui sic habet: "Quae in sartagine oleo conspersa frigetur . . .

Addidit autem et conspersam, quod LXX sic ediderunt: Conspersam [πεφυραμένην] offeret eam buccellas [ἐρικτά]? Tum Auctor praeteriit verba, θυσίαν ἐκ κλασμάτων] sacrificium boni odoris Domino; odorem conspersam eandem dicentes buccellas. Et buccellas quidem dixisse intelliguntur, utpote multipliciter procedentem propter passiones per partes provenientes; conspersam autem, utpote in unum collectam, unde pro buccellis [immo pro conspersam] Sym. dilatatam edidit." Pro מַרְבֶּכֶת interpres Graeco-Ven. ἰζεσμένην dedit. [30] Sic Codd. 15, 16, 32, alii. Origen. Opp. T. II, p. 204: teneram. Hesych. in continuatione: "Quaedam autem ἀντίγραφα electa habent, id est, complexa, quia invicem sibi cohaerent passiones Domini." [31] Codd. X, Lips., qui ad Aquilam ψωμῶν male scribunt. Cf. ad Cap. ii. 6. [32] Sic in marg. Codd. X, Lips. (cum ἀλιφθείς). Cf. ad Cap. iv. 3. [33] Sic Codd. 54, 58, alii. Vet. Lat.: omne ponetur. [34] Sic in marg. Codd. X, Lips. Mox v. 23 ad ὁλόκαυτος iidem in marg.: ἀνάθεμα. [35] Sic in marg. Codd. X, Lips., 85 (cum μάννα), 130 (idem). Cf. Hex. ad Jesai. lxvi. 3. Jerem. xvii. 26. Dan. ii. 46. [36] Hesych.: "LXX dixerunt, holocaustum fiet; Aquila edidit, integrum erit." Montef. tentat: Ἀ. ὁλόκληρος ἔσται. Sed vide nos in Hex. ad Psal. l. 21. [37] Idem: "Ista est lex hostiae pro peccato, vel peccati. Sic quidem Theod. et Sym. ediderunt." [38] Sic

26 (19). הַמַּקְרִיב אֹתָהּ. *Qui offert sacrificium expiatorium illud.* Ο΄. ὁ ἀναφέρων αὐτήν. ('Α.) ὁ περιαμαρτίζων αὐτήν.³⁹ Θ. ὁ ἱλάζων.⁴⁰

28 (21). וּמֹרַק וְשֻׁטַּף. *Et tergetur, et abluetur.* Ο΄. ἐκτρίψει ('Άλλος· σμήξει, s. ἐκσμήξει⁴¹) αὐτό, καὶ ἐκκλύσει. "Άλλος· σμηχθήσεται καὶ βαπτισθήσεται.⁴²

30 (23). בְּקֹדֶשׁ. Ο΄. ἐν τῷ ἁγίῳ. "Άλλος· ἐν τόπῳ ἁγίῳ.⁴³

Cap. VI. 2. πλησίον ※ αὐτοῦ ◄. πλησίον ※ αὐτοῦ ◄.⁴⁴ 5. ⊢ πράγματος ◄.⁴⁵ κεφάλαιον ※ αὐτοῦ ◄.⁴⁶ 9. ⊢ οὐ σβεσθήσεται ◄.⁴⁷ 13. — καὶ πῦρ.⁴⁸ 15. δρακὶ ※ αὐτοῦ ◄.⁴⁹ ※ παντὶ ⊢ τῷ λιβάνῳ.⁵⁰ 29. — κυρίῳ ◄.⁵¹

Cap. VII.

1. הָאָשָׁם. *Sacrificii pro delicto.* Ο΄. — τοῦ κριοῦ τοῦ περὶ ◄ τῆς πλημμελείας.¹ "Άλλος· (τῆς) λυτρώσεως.²

3. אֶת־הָאַלְיָה. Ο΄. καὶ τὴν ὀσφύν. Οἱ λοιποί· τὸ κέρκιον.³

אֶת־הַקֶּרֶב. Ο΄. τὰ ἐνδόσθια. "Άλλος· τὴν κοιλίαν.⁴

4. עַל־הַכְּסָלִים. Ο΄. ἐπὶ τῶν μηρίων ('Άλλος· λαγόνων⁵).

6. וְיֹאכֵל. Ο΄. ἔδονται αὐτά. "Άλλος· βρωθήσεται.⁶

7. הַכֹּהֵן אֲשֶׁר יְכַפֶּר־בּוֹ לוֹ יִהְיֶה. Ο΄. ὁ ἱερεὺς ὅστις ἐξιλάσεται ἐν αὐτῷ, αὐτῷ ἔσται. "Άλλος· τοῦ ἱερέως τοῦ ἱλάζοντος αὐτό, αὐτοῦ ἔσται.⁷

8. אִישׁ. Ο΄. ἀνθρώπου. "Άλλος· ἀνδρός.⁸

9, 10. מִנְחָה (bis). Ο΄. θύσια. "Άλλος· κάρπωσις.⁹

9. תֵּאָפֶה. *Coquetur.* Ο΄. ποιηθήσεται. "Άλλος· πεφθήσεται.¹⁰

בְּמַרְחֶשֶׁת. *In aheno.* Ο΄. ἐπ' ἐσχάρας. Θ. καυστή. "Άλλος· ἐν ζέοντι.¹¹

10. וַחֲרֵבָה. *Et arida.* Ο΄. καὶ μὴ ἀναπεποιημένη. "Άλλος· (καὶ) ξηρά.¹²

אִישׁ כְּאָחִיו. Ο΄. ἑκάστῳ τὸ ἴσον. "Άλλος· ἀνὴρ ὡς ἀδελφὸς αὐτοῦ.¹³

11, 20, 38. הַשְּׁלָמִים. Ο΄. σωτηρίου (s. τοῦ σωτηρίου). "Άλλος· τῶν εἰρηνικῶν.¹⁴

12. עַל־תּוֹדָה. Ο΄. περὶ αἰνέσεως. 'Α. ἐπὶ εὐχαριστίας.¹⁵

---

in marg. Codd. X, Lips. Cf. ad Cap. iv. 8. ³⁹ Sic Cod. 130 in marg. sine nom. Cf. Hex. ad Exod. xxix. 36. ⁴⁰ Sic in marg. sine nom. Codd. X, Lips. Cf. ad Cap. ix. 15. Hesych.: " Quamobrem et Theod. pro eo quod est *offerens*, *expians* edidit." ⁴¹ Cod. 130 in marg.: σμήξει, sed super τρίψει est signum variantis. ⁴² Sic in marg. Codd. X (cum σμηχθ.), Lips. (cum σμηχθ.). ⁴³ Sic in marg. Cod. X; in textu autem Codd. III, Lips., 19, 53, 82. ⁴⁴ Cod. IV. Sic sine aster. Codd. 15, 58, 72 (in posteriore loco), Arab. 1, 2, Arm. 1. ⁴⁵ Idem. Vox deest in Codd. 53, 56, 64, Arab. 1, 2. ⁴⁶ Idem. Sic sine aster. Cod. 58. ⁴⁷ Idem. Deest in Codd. 16, 30, 52, aliis (inter quos 130, cum καὶ οὐ σβ. in marg.). ⁴⁸ Idem. ⁴⁹ Idem. Sic sine aster. Cod. 15, Arab. 1, 2, Arm. 1. ⁵⁰ Idem. Vox πωτὶ habetur in Ed. Rom., sed deest in Codd. II, III, 19, 54, aliis, Arm. 1. ⁵¹ Idem (non, ut Holmes., — τῷ κυρίῳ ◄).

Cap. VII. ¹ Sic Cod. IV. Verba obelo notata desunt in Arab. 1, 2. Hesych.: " *Pro delicto.* In quo LXX arietem specialiter, ut supra dictum est, expresserunt, dicentes: Haec

est lex arietis pro penitentia." ² Sic in marg. Codd. X, Lips. Iidem mox v. 4 ad περὶ πλημ.: λύτρωσις. Cf. ad Cap. v. 18. ³ Coßd. 85, 130: Οἱ λοιποί· κέρκιον. Codd. X, Lips.: Οἱ λοιποί· τὸ κέρκιον, τὴν οὐράν. Cf. ad Cap. iii. 9. viii. 25. ⁴ Sic in marg. Codd. 85, 130. Cf. ad Cap. iv. 8. ⁵ Sic in marg. Codd. X, Lips. Cf. ad Cap. iii. 4. ⁶ Sic in marg. Codd. 85, 130 (qui ad ἔδεται refert); in textu autem Comp., Codd. IV (cum ἔδεται αὐτὰ in marg.), X, Lips., 18, 29, alii. ⁷ Sic in marg. Codd. X, Lips. ⁸ Sic in marg. Codd. X, Lips., 85, 130 (cum τὸ ἀνδρός). ⁹ Sic in marg. Codd. X, Lips. Cf. ad Cap. vi. 15. ¹⁰ Sic in marg. Codd. X, Lips. (qui duo ad posterius ποιηθήσεται lectionem male referunt), 85, 130 (cum πεφθ.); in textu autem Codd. IV, 58. Mox ad ἐν τῷ κλιβάνῳ Cod. 58 in marg.: ἐν φούρνῳ. ¹¹ Codd. X, Lips.: Θ. καυστή, ἐν ζέοντι (quasi a רָחַשׁ, *ebullivit*). Priorem lectionem anonymam in marg. habent Codd. 85, 130. ¹² Sic in marg. Codd. X, Lips. ¹³ Idem. Codd. 85, 130, in marg.: ἀνὴρ ὡς ἀδελφὸς αὐτοῦ. ¹⁴ Sic in marg. Codd. 85, 130. ¹⁵ Codd. X, Lips. (qui mox ad αἰνέσεως in marg. sine nom.:

12. חַלּוֹת מַצּוֹת. *Placentas infermentatas.* Ο΄. ἄρτους (alia exempl. add. ἀζύμους[16]) ἐκ σεμιδάλεως. Ἄλλος· κολλυρίδας (s. κολλύρας) .. [17]

וְרִקִיקֵי מַצּוֹת מְשֻׁחִים בַּשָּׁמֶן. *Et similaginem frixam, placentas.* Ο΄. καὶ σεμίδαλιν πεφυραμένην (Ἄλλος· ζεστὴν κολλύραν[18]).

13. עַל־חַלֹּת לֶחֶם חָמֵץ. *Cum placentis panis fermentati.* Ο΄. ἐπ᾽ ἄρτοις ζυμίταις. Ἄλλος· ἐπὶ κολλυρῶν ἄρτων ἀζυμίτων.[19]

קָרְבָּנוֹ. Ο΄. τὰ δῶρα αὐτοῦ. Οἱ λοιποί· εἰρηνικὸν αὐτοῦ.[20]

14. תְּרוּמָה. Ο΄. ἀφαίρεμα. Schol. Ταυτόν ἐστιν ἀφαίρεμα, καὶ ἀφόρισμα, καὶ ἐπίθεμα, καὶ καρπώματα, ἀπὸ τῶν θυσιῶν ἀφοριζόμενα θεῷ, ἅπερ γίνεται μέρη τοῦ ἱερέως.[21]

15. בְּיוֹם קָרְבָּנוֹ. Ο΄. ἐν ᾗ ἡμέρᾳ δωρεῖται (Ἄλλος· προσφέρει[22]).

16. וְאִם־נֶדֶר. Ο΄. καὶ ἐὰν εὐχὴ ᾖ (alia exempl. εὐχήν). Ἄλλος· ἐπὶ ὅρκῳ.[23]

וּמִמָּחֳרָת וְהַנּוֹתָר מִמֶּנּוּ יֵאָכֵל. Ο΄. καὶ τῇ

αὔριον ※ καὶ τὸ καταλειφθὲν ἀπ᾽ αὐτοῦ βρωθήσεται ◄.[24]

18. הֵאָכֹל יֵאָכֵל. Ο΄. φαγὼν φάγῃ. Ἄλλος· βρώσει βρωθῇ.[25]

מִבְּשַׂר־זֶבַח שְׁלָמָיו. Ο΄. ἀπὸ τῶν κρεῶν ※ τῆς θυσίας τῶν εἰρηνικῶν αὐτοῦ ◄.[26]

לֹא יֵרָצֶה. *Non benevole accipietur.* Ο΄. οὐ δεχθήσεται. Ἄλλος· οὐκ εὐδοκήσει.[27]

פִּגּוּל יִהְיֶה. *Foeditas erit.* Ο΄. μίασμά ἐστιν. Ἀ. ἀπόβλητον .. Θ. φεγγούλ (ἔσται). Οἱ λοιποί· ἀργόν .. [28]

19. וְהַבָּשָׂר. (in posteriore loco). Ο΄. Vacat. ※ καὶ τὰ κρέα ◄.[29]

20. וְנִכְרְתָה. Ο΄. ἀπολεῖται. Ἄλλος· ἐξολεθρευθήσεται.[30]

24. טְרֵפָה. *Pecudum dilaniatarum (a feris).* Ο΄. θηριαλώτων. Ἄλλος· ἀπερριμμένων.[31]

25. אִשֶּׁה לַיהוָה. Ο΄. κάρπωμα κυρίῳ. Ἄλλος· πυρὸν τῷ κυρίῳ.[32]

εὐχαριστίας). Sic in marg. sine nom. Codd. 85, 130. Minus probabiliter Nobil.: Schol. περὶ τῶν. Cf. Hex. ad Psal. xli. 5. lxviii. 31. cxlvi. 7. [16] Sic Comp., Codd. 16, 18, 19, alii (inter quos 85, 130). [17] Sic in marg. Codd. X, Lips., 85 (cum κολλύρας), 130 (idem). Schol. apud Nobil.: Ἄλλος φησί, κολλυρίδας. Cf. ad Cap. ii. 4. [18] Post σεμίδαλιν Codd. 54, 75 in textum inferunt: ζεστὴν κολλύραν. Ad πεφυραμένην autem Codd. X, Lips., 85, 130, in marg. sine nom.: ζεστήν. Nobil.: Ἄλλος· ζεστὴν ζεστήν. Cf. ad Cap. vi. 21. (Lectionem κολλύραν non huc, sed ad initium v. 13 pertinere sine causa opinatus est Holmesius.) [19] Sic in marg. Codd. X, Lips.; in textu autem Codd. 16 (cum κολλυρίων), 30 (idem), 32 (idem), 52, 54, alii (inter quos 85 cum ἐπ᾽ ἄρτοις ζ. in marg.), 130 (cum ἐπ᾽ ἄρτοις ἀζ. in marg.), 131 (cum ἐκζυμίτων corr. ex ἀζ.)), Cat. Niceph. p. 993. Hesych.: "Quod LXX ita edunt: *Et similam conspersam oleo, in collyridis panis azymorum.*" [20] Codd. X, Lips. Iidem mox ad σωτηρίου in marg. sine nom.: εἰρηνικῶν. In priore loco rescribendum videtur εἰρηνικὸν αὐτοῦ, ut ad שְׁלָמָיו referatur utraque lectio. [21] Nobil., Cat. Niceph. p. 995. [22] Sic in marg. Codd. X, Lips. [23] Iidem. [24] Sic Cod. IV (qui pingit: καὶ τὸ κατ. ※ ἀπ᾽ αὐτοῦ βρ. καὶ τὸ καταλειφθὲν ◄,

quod tantundem est), et sine aster. Cod. 15, Arab. 1, 2, Arm. 1. [25] Sic in textu Codd. 54, 75. [26] Sic Cod. IV (cum εἰρηνικῶν), et sine aster. Codd. 15, 58. Sic (cum τοῦ σωτηρίου pro τῶν εἰρ.) Codd. 54, 55, alii, Arm., Arab. 1, 2 (cum *sacrificii laudationis*). Vet. Lat.: *de carne hostiarum pacificarum ejus.* [27] Sic in marg. Codd. X, Lips. Ante οὐ δεχθήσεται in Codd. 53, 56, 129 irrepsit ἄθυτόν ἐστιν, scilicet e loco parallelo Cap. xix. 7. [28] Cod. X. Idem in marg. notat: Ἐν ἄλλοις βιβλίοις ἀπόβλητον εὗρον· ὁ μέντοι Θε. φησί, φεγγούλ ἔσται, ὁ δὲ Ἀκ. ἀπόβλητον. Idem scholium (cum φέγγουσα pro φεγγούλ) venditat Cod. Lips., in fine addens: οἱ Λ. ἀργόν. (Duplex lectio ἀπόβολον μίασμα est in Codd. 19, 74, 106, aliis; pro qua ἀπόβλητον μ. habent Codd. 54, 75. Arm. 1: *rejectio et pollutio.*) Paulo aliter Cod. 85: Ἀ. Σ. ἀπόβλητον. Θ. φεγγούλ (sic); Cod. 130: Ἀ. Σ. ἀπόβλητον; Cod. 108: Οἱ λοιποί ἀργόν ἀπόβλητον. Denique Nobil. corrupte affert: Θ. φέγγους δέεται. Ad scripturam φεγγούλ cf. Hex. ad Lev. xix. 7. Ezech. iv. 14. [29] Sic Cod. IV, et sine aster. Codd. 15, 58, Arab. 1, 2. [30] Sic in textu Comp. (cum ἐξολοθ.), Codd. 19, 108, 118. [31] Sic in marg. Codd. X, Lips. [32] Sic Cod. 85 in marg. (cum πυρρόν). Cod. 130 in marg.: πυρόν. Montef. e Cod. 85 exscripsit: Ἀ. Θ. πυρρόν (sic).

25. הַנֶּפֶשׁ הָאֹכֶלֶת. Ο΄. ἡ ψυχὴ ἐκείνη (alia exempl. add. ἡ ἐσθίουσα[33]).

29. שְׁלָמָיו (in priore loco). Ο΄. σωτηρίου. Ἄλλος· τελειώσεως.[34]

30. אֵת אִשֵּׁי. Ο΄. τὰ καρπώματα. Ἄλλος· (τὰς) προσφοράς.[35] Ἄλλος· (τὰ) πυρά.[36]

לְהָנִיף אֹתוֹ תְּנוּפָה. *Ad huc illuc agitandum illud agitatione.* Ο΄. ὥστε ἐπιτιθέναι (s. ἐπιθεῖναι) δόμα. Ἄλλος· εἰς τὸ ἀφορίσαι αὐτὰ ἀφαίρεμα.[37]

32. אֵת שׁוֹק. Ο΄. τὸν βραχίονα. Ἄλλος· τὴν κνήμην.[38]

34. הַתְּנוּפָה. Ο΄. τοῦ ἐπιθέματος. Ἄλλος· (τοῦ) ἀφορίσματος.[39]

34, 36. חֻקַּת . . . לְחָק. Ο΄. νόμιμον . . . νόμιμον. Ἄλλος· εἰς μερίδα . . . μερίδα.[40]

35. מִשְׁחַת. *Portio demensa.* Ο΄. ἡ χρῖσις. Ἄλλος· ἡ μεγαλειότης.[41]

מֵאִשֵּׁי יְהוָה. Ο΄. ἀπὸ τῶν καρπωμάτων κυρίου. Ἄλλος· (ἀπὸ τῶν) πυρὸς θεοῦ.[42]

36. מָשְׁחוֹ. Ο΄. ἔχρισεν αὐτούς. Ἄλλος· ἤλειψεν . .[43]

37. לָעֹלָה. Ο΄. τῶν ὁλοκαυτωμάτων (Ἄλλος· καρπώσεων[44]).

וְלַחַטָּאת. Ο΄. καὶ περὶ ἁμαρτίας (Ἄλλος· ἱλασμοῦ[45]).

37. וְלָאָשָׁם. Ο΄. καὶ τῆς πλημμελείας (Ἄλλος· λυτρώσεως[46]).

וְלַמִּלּוּאִים. *Et inaugurationis.* Ο΄. καὶ τῆς τελειώσεως (Ἄλλος· πληρώσεως[47]).

Cap. VII. 2. ÷ τὸν κριόν ◄.[48] ÷ ἔναντι κυρίου ◄.[49] 3. ÷ καὶ πᾶν τὸ στέαρ τὸ ἐπὶ τῶν ἐνδοσθίων ◄.[50] 27. (※) πᾶν (◄) αἷμα.[51]

Cap. VIII.

2. וְאֶת־בָּנָיו אִתּוֹ. Ο΄. καὶ τοὺς υἱοὺς αὐτοῦ ※ μετ' αὐτοῦ ◄.[1]

3. הַקְהֵל. Ο΄. ἐκκλησίασον. Ἄλλος· συνάθροισον.[2]

7. אֶת־הַמְּעִיל . . . אֶת־הָאֵפֹד. Ο΄. τὸν ὑποδύτην . . . τὴν ἐπωμίδα. Ἀ. τὸ ἔνδυμα . . . τὸ ἐπένδυμα.[3] Ἄλλος· τὸν ἐπενδύτην . . .[4]

בְּחֵשֶׁב הָאֵפֹד. *Cingulo humeralis.* Ο΄. κατὰ τὴν ποίησιν τῆς ἐπωμίδος. Ἀ. ἐν τῷ διαζώσματι τοῦ ἐπενδύματος. Σ. Θ. τῷ μηχανώματι τῆς ἐπωμίδος.[5] Ἄλλος· τῇ ὑφῇ . .[6] Ἄλλος· τῷ τεχνήματι . .[7]

8. אֶת־הַחֹשֶׁן. Ο΄. τὸ λογεῖον (s. λόγιον). Σ. (τὸ) δοχεῖον.[8]

אֶת־הָאוּרִים וְאֶת־הַתֻּמִּים. Ο΄. τὴν δήλωσιν καὶ τὴν ἀλήθειαν. Ἀ. Θ. τοὺς φωτισμοὺς καὶ τὰς τελειώσεις.[9]

---

[33] Sic Cod. 55, et in fine v. Codd. 54, 74, 75, 76, 106. Vet. Lat.: *anima illa quae manducabit.* [34] Sic in marg. Codd. X, Lips. Cf. ad Cap. iv. 35. [35] Iidem. [36] Sic in marg. Codd. 85 (cum πυρρά), 130. [37] Sic in marg. Codd. X, Lips. [38] Sic in marg. Codd. X, Lips., 85, 130. Cf. Hex. ad Exod. xxix. 22. 1 Reg. ix. 24. Mox v. 33 iidem (praeter Cod. 85) in marg. ad ὁ βραχίων: ἡ κνήμη. [39] Sic in marg. Codd. X, Lips. [40] Iidem. Cf. ad Cap. x. 14. [41] Iidem. Versio Samaritana: *excellentia* (רבות). [42] Sic in marg. Codd. 85, 130. Montef. e priore exscripsit: τοῦ πυρὸς θ. [43] Sic in marg. Codd. X, Lips. Cf. Hex. ad Jesai. lxi. 1. [44] Iidem. Cf. ad Cap. iv. 7. [45] Iidem, qui ad וְלַמִּנְחָה, Ο΄. καὶ θυσίας, male referunt. [46] Iidem. [47] Iidem. Cf. Hex. ad Exod. xxix. 26. [48] Cod. IV. [49] Idem. Deest in Arab. 1, 2. [50] Idem. Haec non leguntur in Cod. 58, Arab. 1, 2. [51] Sic sine aster. Codd. IV, 15.

Cap. VIII. [1] Sic Cod. IV, et sine aster. Cod. 15, Arab. 1, 2. Mox ad στολὰς Codd. X, Lips., in marg.: φάρεα. Cf. ad Cap. vi. 11. [2] Sic in marg. Codd. X, Lips. [3] Cod. Reg. apud Montef. Cf. Hex. ad Exod. xxviii. 31. [4] Sic in marg. Cod. 58; in textu autem Codd. III (sine artic.), 59. Versio est Theodotionis, coll. Hex. ad Exod. xxix. 5. [5] Codd. X, Lips. Cf. Hex. ad Exod. xxviii. 27, 28. [6] Sic in marg. Codd. X (teste Holmes.), Lips. [7] Sic Cod. 130 in marg. [8] Codd. X (cum δόχιον), Lips. (cum δοχίον). Lectio non aliunde nota est, sed non videtur sollicitanda, quicquid contradixerit Scharfenb. in *Animadv.* p. 83. [9] "Ita duo Regii [Cat. Niceph. p. 999: Ἀ. Θ. τοὺς φ. καὶ τελειώσεις] et Ed. Rom. [idem]."—*Montef.*

9. עַל־הַמִּצְנֶפֶת׃. Ο'. ἐπὶ τὴν μίτραν (s. τῆς μίτρας). Οἱ λοιποί· (ἐπὶ τῆς) κιδάρεως.[10]

אֶת־צִיץ. Laminam. Ο'. τὸ πέταλον. Ἄλλος· (τὸν) στέφανον.[11]

נֵזֶר הַקֹּדֶשׁ. Diadema sanctum. Ο'. τὸ καθηγιασμένον (Σ. τὸ ἄθικτον[12]) ἅγιον.

10. וַיִּמְשַׁח אֶת־הַמִּשְׁכָּן וְאֶת־כָּל־אֲשֶׁר־בּוֹ וַיְקַדֵּשׁ אֹתָם. Ο'. Vacat. Alia exempl. καὶ ἔχρισε τὴν σκηνήν, καὶ πάντα τὰ ἐν αὐτῇ, καὶ ἡγίασεν αὐτήν.[13] Ἀ. καὶ ἤλειψεν σὺν τῇ σκηνῇ, καὶ σύμπαντα τὰ ἐν αὐτῇ, καὶ ἡγίασεν αὐτά. Ο'. Θ. καὶ ἔχρισεν τὴν σκηνήν, καὶ πάντα τὰ ἐν αὐτῇ . . .[14]

11. וַיַּז מִמֶּנּוּ עַל־הַמִּזְבֵּחַ. Ο'. καὶ ἔρρανεν ἀπ' αὐτοῦ ἐπὶ τὸ θυσιαστήριον. Ἀ. καὶ ἐρράντισεν ἐξ αὐτοῦ εἰς τὸ θυσιαστήριον. Ο'. Θ. καὶ ἔρρανεν . . .[15]

13. כֻּתֳּנֹת. Ο'. χιτῶνας. Ἀ. Σ. Θ. ὑποδύτας.[16]

מִגְבָּעוֹת. Mitras. Ο'. κιδάρεις. Τὸ Σαμαρειτικόν πηλία.[17]

15. וַיְחַטֵּא. Ο'. καὶ ἐκαθάρισε. Οἱ λοιποί· (καὶ) περιημάρτισεν.[18] Τὸ Σαμαρειτικὸν καὶ ἱλάτευσεν.[19]

16. עַל־הַקֶּרֶב. Ο'. ἐπὶ τῶν ἐνδοσθίων. Ἄλλος· (ἐπὶ) τῆς κοιλίας.[20]

17. וְאֶת־עֹרוֹ. Ο'. καὶ τὴν βύρσαν (Ἄλλος· τὸ δέρμα[21]) αὐτοῦ.

שָׂרַף. Ο'. κατέκαυσεν. Ἀ. Σ. Ο'. ἐνέπρησεν.[22]

18. הָעֹלָה. Ο'. τὸν εἰς ὁλοκαύτωμα. Ἄλλος· τοῦ ὁλοκαυτώματος (s. ὁλοκαρπώματος).[23]

20. נִתַּח לִנְתָחָיו. Dissecuit in frusta ejus. Ο'. ἐκρεανόμησε (Οἱ λοιποί· ἐμέλισε[24]) κατὰ μέλη. Ἄλλος· διεῖλε κατὰ μέλη αὐτοῦ.[25]

21. וַיַּקְטֵר. Ο'. καὶ ἀνήνεγκε. Οἱ λοιποί· (καὶ) ἐθυμίασεν.[26]

אִשֶּׁה. Ο'. κάρπωμα. Ἄλλος· πυρόν.[27]

23. עַל־תְּנוּךְ. Super auriculam. Ο'. ἐπὶ τὸν λοβόν (Schol. ὕψος. Σ. ἕλικα[28]).

25. וְאֶת־הָאַלְיָה. Ο'. καὶ τὴν ὀσφύν (Ἀ. τὴν κέρκον. Σ. Θ. τὸ κέρκιον[29]).

Cf. Hex. ad Exod. xxviii. 30. Codd. 85, 130, in marg. sine nom.: τοὺς φωτισμοὺς καὶ τοὺς τελείους, quae lectio irrepsit in textum Cod. 54 ante τὴν δ. καὶ τὴν ἀλ. Cf. Esdr. ii. 63 in LXX. ¹⁰ Codd. X, Lips. Sic in marg. sine nom. Codd. 85, 130. Cf. Hex. ad Exod. xxviii. 37. ¹¹ Sic in marg. Codd. X, Lips. Lectio suspecta, nisi forte ad sequens נזר pertineat. ¹² Cod. Lips. Cf. ad Cap. xxi. 12. Cod. X ad τὸ καθηγ. affert: Σ. τὸ ἄθικτον: ἱερέων (sic). Deinde uterque codex scholium satis obscurum appingit: νέρ (ανερ Cod. X) ὕψος ἁγιάσματος. ¹³ Sic Codd. IV, 15, 58, Arab. 1, 2. Eadem leguntur in Ed. Rom. (cum τὰ σκεύη αὐτῆς pro τὰ ἐν αὐτῇ) in fine v. 11. ¹⁴ Cod. 85, teste Holmesii amanuensi. Montef. ex eodem exscripsit: Ἀ. καὶ ἤλ. σὺν τὴν σκηνήν, καὶ σύμπαντα κ. τ. ἑ. Σ. Θ. καὶ ἔχρισεν κ. τ. ἑ. Sed nostram scripturam ad literam tuetur, nominibus tantum omissis, Cod. 130 in marg. ¹⁵ Sic in continuatione Codd. 85, 130 (cum ἐρράντωσεν). Pro ἔρρανεν Cod. 55 in textu: ἐράντησεν (sic). Cf. Hex. ad Jesai. lii. 15. ¹⁶ " Ita omnes MSS. nostri, quorum aliquot [et Cat. Niceph. p. 1000] trium nomina plena exprimunt. In Ed. Rom. Symmachus omittitur."—Montef. ¹⁷ Anon. in Cat. Niceph. ibid.: Τὸ Σαμαρειτικὸν, ἐπὶ τῆς κιδάρεως, πηλία. Ἐν δὲ τῷ λέ ἀριθμῷ (Lev. xvi. 4) λινᾶς λέγει τὰς κιδάρεις. Ubi verba ἐπὶ τῆς κιδάρεως ad lectionem

reliquorum interpretum v. 9 pertinere opinatur Scharfenb. in Animadv. p. 83. Ad κιδάρεις Codd. X, Lips., in marg.: πλία (sic). Cf. Hex. ad Exod. xxviii. 4. ¹⁸ Codd. 85, 130, uterque cum περιημάρτησεν. Sed vid. Hex. ad Exod. xxix. 36. Lev. vi. 26. xiv. 49. Ezech. xliii. 20. Codd. X, Lips., in marg.: περιημάρτισεν (περὶ ἡμάρτισεν Lips.). ¹⁹ " MSS. Regii," et Cat. Niceph. p. 1001: Τὸ Σαμαρειτικὸν ἔχει, καὶ ἱλάτευσεν· ἄλλη δὲ ἔκδοσις, περιημάρτησεν, ἤτοι ἡγίασεν αὐτὸ διὰ τῆς χρίσεως τοῦ αἵματος κ. τ. ἑ. ²⁰ Sic in marg. Codd. X (cum ἐντοσθ. in textu), Lips. (idem), 85, 130. Cf. ad Cap. iv. 8. ²¹ Sic in marg. Codd. X, Lips.; in textu autem Codd. 54, 75. Cf. Hex. ad Job. xix. 20. xl. 26. ²² Codd. 85, 130 (cum ἐνέπρισαν). Cf. Hex. ad Deut. viii. 15. Psal. lxxiii. 8. ²³ Sic in textu Codd. 19 (cum ὁλοκαρπ.), 108, 118. ²⁴ Cod. 130. Sic in marg. sine nom. Cod. 128. Cf. ad Cap. i. 12. ²⁵ Sic in marg. Codd. X, Lips. ²⁶ Iidem. ²⁷ Sic in marg. Codd. 85, 130. Montef. e priore edidit: Ἄλλος· πύρρον (sic). ²⁸ Codd. X, Lips., in marg.: ὕψος. Σύ. ἕλικα. Jul. Pollux II, 86: ἡ δὲ πᾶσα περιαγωγὴ τοῦ ὠτὸς ὑπὸ τὸ πτερύγιον, ἕλιξ. Mox ad τοὺς λοβοὺς (v. 24) iidem in marg.: τὰ ὑψηλά. ²⁹ Codd. X, Lips. (cum κέρκεον). Cf. ad Cap. iii. 9.

25. וְאֵת יֹתֶרֶת הַכָּבֵד. Ο'. καὶ τὸν λοβὸν τοῦ ἥπατος (alia exempl. τὸν ἐπὶ τοῦ ἥπατος[30]). Ἀ. (καὶ) τὴν περισσείαν τοῦ ἥπατος.[31]

וְאֵת שׁוֹק הַיָּמִין. Ο'. καὶ τὸν βραχίονα ("Αλλος· τὴν κνήμην[32]) τὸν δεξιόν. Οἱ λοιποί· καὶ τὴν κνημίδα τὴν δεξιάν.[33]

26. הַמִּצְוֹת. Ο'. τῆς τελειώσεως. Οἱ λοιποί· τῶν ἀζύμων.[34]

חַלַּת מַצָּה אַחַת. Ο'. ἄρτον (Οἱ λοιποί· κολλύραν[35]) ἕνα ἄζυμον.

לֶחֶם שֶׁמֶן. Ο'. ἄρτον ἐξ ἐλαίου. "Αλλος· ψωμὸν ἠλιμμένον.[36]

רָקִיק. Ο'. λάγανον. "Αλλος· ἁπαλόν.[37]

27. וַיֶּנֶף. Ο'. καὶ ἀνήνεγκεν ("Αλλος· ἀφώρισεν[38]).

28. אִשֶּׁה. Ο'. κάρπωμα. "Αλλος· προσφορά.[39]

29. תְּנוּפָה. Ο'. ἐπίθεμα. Alia exempl. ἀφαίρεμα.[40] "Αλλος· ἀφόρισμα.[41]

31. פֶּתַח. Ο'. ἐν τῇ αὐλῇ. "Αλλος· παρὰ τὴν θύραν.[42]

33. עַד יוֹם מְלֹאת יְמֵי מִלֻּאֲיכֶם. Usque ad diem completionis dierum consecrationis vestrae. Ο'. ἕως ἡμέρα πληρωθῇ, ἡμέρα τελειώσεως ὑμῶν.

"Αλλος· ἕως ἡμέρας πληρώσεως ἡμερῶν τελειώσεως ὑμῶν.[43]

Cap. VIII. 11. ⸓ καὶ ἡγίασεν αὐτό ◄.[44] 12. ⸓ Μωσῆς (sic) ◄.[45] 14. ⸓ Μωσῆς ◄.[46] 15. καὶ ἔσφαξεν ⸓ αὐτόν ◄.[47] 16. ⸓ Μωσῆς ◄.[48] 18. ⸓ Μωσῆς ◄.[49] 19. ⸍ Μωσῆς τὸν κριόν ◄.[50] 22. ⸓ Μωσῆς ◄.[51] 23. ἔσφαξεν ⸓ αὐτόν ◄.[52] 24 (in priore loco). ⸓ Μωσῆς ◄.[53] 28. ἀνήνεγκεν αὐτὰ ⸍ Μωσῆς ◄.[54] 31. ⸓ ἐν τόπῳ ἁγίῳ ◄.[55] 33. ⸓ ἐν ◄ τελειώσει.[56] 35. μοι (⸓) κύριος ◄.[57]

CAP. IX.

1. וּלְזִקְנֵי. Ο'. καὶ τὴν γερουσίαν. Schol. τοὺς σοφούς.[1]

2. עֵגֶל. Ο'. μοσχάριον. "Αλλος· δάμαλιν.[2]

3. וְעֵגֶל. Ο'. καὶ μοσχάριον. Alia exempl. καὶ κριὸν καὶ μοσχάριον.[3]

תְּמִימִם. Ο'. ἄμωμα. "Αλλος· τέλεια.[4]

4. וּמִנְחָה. Ο'. καὶ σεμίδαλιν ("Αλλος· κάρπωσιν[5]). בְּלוּלָה. Ο'. πεφυραμένην. Alia exempl. ἀναπεφυραμένην· alia, ἀναπεποιημένην.[6]

---

[30] Sic Codd. IV, 19, 72, 108, 118. [31] Codd. X, Lips. Cf. ad Cap. ix. 10. [32] Sic in marg. Codd. 85, 130. Cf. ad Cap. vii. 32. [33] Codd. X, Lips. [34] Cod. X. Sic in marg. sine nom. Lips. [35] Codd. X, Lips. In textu Comp., Codd. 19, 108, 118: κολλύραν ἄζυμον μίαν. Cod. 54: ἕνα ἄρτον κολλύραν ἄζυμον. Ad ἄρτον in posteriore loco Codd. 85, 130, in marg.: κολλύραν; Nobil. autem: Schol. "Αλλος· κολλύραν. [36] Sic Cod. X in marg. sine nom. Cod. Lips. hanc lectionem cum praecedenti jungit, sic: Οἱ λοιποί· κολλύραν ψ. ἠλιμμένον. Equidem scholium esse crediderim. [37] Sic in marg. Codd. X, Lips. Cf. ad Cap. ii. 4. [38] Iidem. Cf. ad Cap. vii. 30. [39] Iidem. Cf. ad Cap. iii. 16. v. 12. [40] Sic Codd. 16, 30, 52, alii (inter quos 85, 130, uterque cum ἐπίθεμα in marg.). [41] Sic in marg. Codd. X, Lips.; in textu autem Codd. 19, 108, 118. [42] Sic in textu Comp., Codd. 19, 108, 118. [43] Sic in marg. Cod. Lips.; in textu autem Comp., Codd. 16, 19, 30, alii (inter quos 85, 130, qui alteram lectionem, cum αὐτοῦ pro ὑμῶν, in marg. habent). Montef. ex Basiliano male exscripsit: ἕως ἡμέρα πληρωθῇ ἡμερῶν τελ. ὑμῶν. Mox ad καὶ ἐπὶ τὴν θύραν κ. τ. ἑ. (v. 35)

Codd. X, Lips. scholium habent: Μήποτε οὐ δύναται ταῦτα κατὰ τὸ ῥητὸν ποιῆσαι. [44] Cod. IV. [45] Idem. Deest in Arab. 1, 2. [46] Idem. Deest in Comp., Codd. IV (ante corr.), VII (idem), 19, 59, 72, 82, 108, 118, Arab. 1, 2. [47] Idem. [48] Idem. Deest in Arab. 1, 2, Arm. 1. [49] Idem. Deest in Cod. 106, Arab. 1, 2. [50] Idem. Deest Μωσῆς in Arab. 1, 2, qui illum pro τὸν κριὸν habent. [51] Idem. Deest in Arab. 1, 2. [52] Idem. [53] Idem. [54] Idem. Deest in Comp., Ald., Codd. X, Lips., 16, 18, aliis, Arab. 1, 2, Arm. 1. [55] Idem. Deest in Cod. 58, Arab. 1, 2. Hesych.: "Et, sicut adiunt LXX, in loco sancto." [56] Idem. Praepositio deest in omnibus. Vet. Lat.: perficient (sic). Hesych.: consummavit (sic). Arm. 1: implebit. [57] Idem pingit: μοι κύριος :, omisso per incuriam obelo.

Cap. IX. [1] Sic in marg. Codd. X, Lips. Cf. ad Cap. iv. 15. [2] Sic in marg. Codd. X, Lips., 85, 130; in textu autem Codd. 19, 108, 118. [3] Sic Ald., Codd. VII, X, Lips., 16, 18, alii, Arm. 1, Vet. Lat. [4] "Sic unus codex."—Montef. [5] Sic Cod. X in marg. indice ad θυσίαν male appicto. Cf. ad Cap. vi. 15. vii. 9, 10. [6] Prior lectio est in Comp.,

5. לִפְנֵי יְהוָֹה. Ο΄. ἔναντι κυρίου. Ἀ. εἰς πρόσωπον κυρίου.[7]

7. אֶת־חַטָּאתֶךָ. Ο΄. τὸ περὶ τῆς ἁμαρτίας σου. Ἄλλος· τὸν ἱλασμόν (σου).[8]

8. אֲשֶׁר־לוֹ. Ο΄. αὐτοῦ. Alia exempl. τὸ αὐτοῦ.[9] Ἄλλος· ὅ ἐστιν αὐτῷ.[10]

10. וְאֶת־הַיֹּתֶרֶת מִן־הַכָּבֵד. Ο΄. καὶ τὸν λοβὸν τοῦ ἥπατος (alia exempl. τὸν ἐπὶ τοῦ ἥπατος[11]). Ἄλλος· καὶ τὸ περισσὸν ἀπὸ τοῦ ἥπατος. Ἄλλος· καὶ τὸ περισσὸν τοῦ ἥπατος.[12]

14. אֶת־הַקֶּרֶב. Ο΄. τὴν κοιλίαν. Ἄλλος· τὰ ἐνδόσθια.[13]

15. וַיְחַטְּאֵהוּ. Ο΄. καὶ ἐκαθάρισεν (Ἀ. περιημάρτισεν. Ἄλλος· ἵλασεν[14]) αὐτόν.

17. הַבֹּקֶר. Ο΄. τοῦ πρωϊνοῦ. Ἄλλος· τοῦ πρώτου.[15]

18. הַשְּׁלָמִים. Ο΄. τοῦ σωτηρίου. Ἄλλος· τῶν εἰρηνικῶν.[16]

וַיַּמְצִאוּ. Et pervenire fecerunt. Ο΄. καὶ προσήνεγκαν (Ἄλλος· ἐπέδωκαν[17]).

21. אֶת שׁוֹק. Ο΄. τὸν βραχίονα. Ἄλλος· τὴν κνήμην.[18]

צִוָּה מֹשֶׁה. Ο΄. συνέταξε κύριος τῷ Μωυσῇ. Alia exempl. συνέταξε Μωυσῆς.[19]

24. וַתֹּאכַל. Ο΄. καὶ κατέφαγε. Σ. καὶ κατηνάλωσε.[20] וַיָּרֹנּוּ. Et laetum clamorem ederunt. Ο΄. καὶ ἐξέστη. Ἄλλος· (καὶ) ἠλάλαξαν.[21]

Cap. IX. 2. — Μωσῆς ◄.[22] — αὐτά ◄.[23] 14. — ὕδατι ◄.[24] 19. καὶ — τὸ στέαρ ◄ τὸ κατακαλύπτον ◄ τὴν κοιλίαν ◄.[25] — καὶ τὸ στέαρ τὸ ἐπ᾽ αὐτῶν ◄.[26]

CAP. X.

1. מַחְתָּתוֹ. Ο΄. τὸ πυρεῖον (Ἄλλος· θυμιατήριον[1]) αὐτοῦ.

3. וְעַל־פְּנֵי כָל־הָעָם. Ο΄. καὶ ἐν πάσῃ τῇ συναγωγῇ. Ἄλλος· καὶ ἐνώπιον (παντὸς τοῦ λαοῦ).[2]

וַיִּדֹּם. Et conticuit. Ο΄. καὶ κατενύχθη (Ἄλλος· ἐσιώπησεν.[3] Schol. παρεμυθήθη[4]).

Ald., Codd. Lips., 16, 18, aliis; posterior in Cod. VII, cum πεφυρα (sic) in marg. manu 1ᵐᵃ. [7] Hesych.: "Sic enim et Aq. ante faciem interpretatus est hoc quod dictum est secundum LXX, ante Dominum." [8] Sic in marg. Codd. X, Lips. Cf. ad Cap. iv. 8. v. 9. vi. 25. [9] Sic Codd. VII, X, Lips., 16, 18, alii. In Codd. II, III, 71, et Vet. Lat., absente αὐτοῦ, Hebraea non vertuntur. [10] Sic in marg. Codd. X, Lips. [11] Sic Ald., Codd. II (manu 2ᵈᵃ), IV, VII, Lips., 16, 18, alii, Vet. Lat. [12] Prior lectio est in marg. Codd. 85, 130; posterior in marg. Codd. X, Lips., et in Cat. Niceph. p. 1006. Cf. ad Cap. viii. 25. [13] Sic in marg. Codd. X, Lips. Cf. ad Cap. vii. 3. viii. 16. [14] Codd. X, Lips.: Ἀ. περιημάρτησεν (sic). ἵλασεν. Cod. 85 in marg.: περιημάρτησεν αὐτόν. Cod. 130 in marg.: περὶ ἁμαρτίαν αὐτόν. Postremo Cod. 54 in textu: καὶ περιημάρτησεν ἐκαθάρισεν, ex duplici versione. Cf. ad Cap. vi. 26. [15] Sic in marg. Codd. 85, 130; in textu autem Cod. 30. [16] Sic in marg. Codd. X, Lips. Montef. ad τῆς θυσίας τοῦ σωτηρίου e Basiliano edidit: Ἀ. Σ. Θ. τῆς θυσίας τῶν εἰρηνικῶν, silente Holmesii amanuensi. Cf. ad Cap. iii. 1. [17] Sic in marg. Codd. X, Lips. [18] Sic in marg. Codd. X, Lips., 85, 130. Cf. ad Cap. vii. 32. viii. 25. [19] Sic Comp., Ald., Codd. IV (cum Μωσῆς), VII (in Supplemento), X, Lips., 15, 16, alii, Arab. 1, 2,

invito Vet. Lat. [20] Hesych.: "Et tunc nutrimenta intelligibilis ignis, id est, spiritus, fiunt, de quo dictum est: Dominus Deus noster ignis consumens [πῦρ καταναλίσκον] est. Unde et nunc pro devorare Sym. consumere edidit." Cf. Hex. ad Psal. lxviii. 10. Hos. xi. 6. Obad. 18. [21] Sic in marg. Codd. 85, 130 (cum ἠλάλαξαν). Fortasse est Theodotionis, coll. Hex. ad Jesai. xxvi. 19. [22] Cod. IV. Deest in Codd. 15, 128, Arab. 1, 2. [23] Idem. [24] Idem. [25] Idem. Sic sine notis (pro τὸ στ. τὸ κατακ. ἐπὶ τῆς κοιλίας) Codd. 15 (cum καλύπτον), 32 (idem), 58, 108 (ut 15), 118 (idem). [26] Idem. Deest in Arab. 1, 2.
Cap. X. [1] Sic in marg. Codd. X, Lips. [2] Sic in textu (cum πάσης τῆς σ.) Codd. 54, 74 (cum τῆς σ. πάσης), 75 (cum πάσης τῆς γῆς), 106, 134, Arm. 1. Statim pro δοξασθήσομαι Cod. 85 in marg.: ἐνδοξασθήσομαι. [3] Sic in marg. Codd. 85, 118, 130 (cum ἐσιώπησεν). Est Aquilae aut Theodotionis, ut videtur, coll. Hex. ad Psal. iv. 5. xxix. 13. [4] Codd. X, Lips., in marg.: παρεμυθήθη. ἐσιώπησεν. Prior lectio non est alius interpretis, sed pertinet ad scholium Anonymi in Niceph. Cat. p. 1009: Εἰκὸς ἀκούσαντα τὸν πατέρα, ὅτι διελύσατο αὐτοῖς ὁ θεὸς τὰ ἁμαρτήματα ἐν τῇ πληγῇ, καὶ ἐν τοῖς ἁγίοις τελοῦσιν ὑπὲρ τῶν ἐνταῦθα δεδώκασι δίκην, παρεμυθεῖτο· ubi Niceph. in marg.: παρεμυθήθη, ὁ Ἀλεξ. κῶδ., παραμυθηθῆναι δὲ ὀρθότερον.

4. מִישָׁאֵל. Ο'. Μισαδαὴ (s. Μισαδαήλ[5]). Ἄλλος· Μισαήλ.[6]

דֹּד. Patrui. Ο'. (‑) υἱοὺς (◄) τοῦ ἀδελφοῦ τοῦ πατρός. Ἄλλος· πατραδέλφου.[7]

6. תִּפְרָעוּ. Nudabitis. Ο'. ἀποκιδαρώσετε. Ἄλλος· (ἀπο)καλύψετε.[8]

תִּפְרֹמוּ. Discindetis. Ο'. διαρρήξετε. Ἄλλος· παραλύσετε.[9]

אֲשֶׁר שָׂרַף יְהוָֹה. Ο'. ὃν ἐνεπυρίσθησαν ὑπὸ κυρίου. Ἄλλος· ὃν ἐνεπύρισεν κύριος.[10]

9. שֵׁכָר. Temetum. Ο'. σίκερα. Ἄλλος· μέθυσμα.[11]

11. וּלְהוֹרֹת. Et docere. Ο'. καὶ συμβιβάζειν (Ἄλλος· φωτίζειν.[12] Ἄλλος· διηγήσασθαι[13]).

הַחֻקִּים. Ο'. τὰ νόμιμα (Ἄλλος· ἠκριβασμένα[14]).

12. אֶת־הַמִּנְחָה הַנּוֹתֶרֶת מֵאִשֵּׁי יְהוָֹה. Ο'. τὴν θυσίαν τὴν καταλειφθεῖσαν ἀπὸ τῶν καρπωμάτων κυρίου. Ἀ. τὸ δῶρον τὸ καταλειφθὲν ἀπὸ τοῦ πυρὸς κυρίου.[15]

14. בְּמָקוֹם טָהוֹר. Ο'. ἐν τόπῳ ἁγίῳ (Ἄλλος· καθαρῷ[16]).

14. וּבְנֹתֶיהָ. Ο'. καὶ ὁ οἶκός σου. Ἄλλος· (καὶ) αἱ θυγατέρες σου.[17]

כִּי־חָקְךָ. Ο'. νόμιμον γάρ σοι. Ἄλλος· μερὶς γάρ σου ἐστίν.[18]

שַׁלְמֵי. Ο'. τοῦ σωτηρίου (s. τῶν σωτηρίων). Ἄλλος· τῶν εἰρηνικῶν.[19]

16. וְהִנֵּה. Ο'. καὶ ὁ δέ. Ἀ. Θ. καὶ ἰδού.[20]

שֹׂרָף. Combustus est. Ο'. ἐνεπεπύριστο. Ἄλλος· ἐκέκαυτο.[21]

17. לָשֵׂאת. Ο'. ἵνα ἀφέλητε. Ἄλλος· ἀναδέξασθαι.[22]

19. הַיּוֹשֵׁב. Ο'. μὴ (Ἄλλος· εἰ[23]) ἀρεστὸν ἔσται.

Cap. X. 6. ‑ τοὺς καταλελειμμένους ◄.[24] 9. ‑ ἢ προσπορευομένων ὑμῶν πρὸς τὸ θυσιαστήριον ◄.[25] 15. ‑ καὶ ταῖς θυγατράσι σου ◄.[26] 16. ‑ Μωσῆς ◄.[27] 17. ‑ φαγεῖν ◄.[28]

CAP. XI.

1. לֵאמֹר אֲלֵהֶם. Ο'. λέγων ※ πρὸς αὐτούς ◄.[1]

2. הַחַיָּה. Ο'. τὰ κτήνη. Ἄλλος· (τὰ) ζῶα.[2]

---

[5] Sic Codd. 54 (cum ‑ιὰ), 74, 76, 106, 128, 134. [6] Sic in marg. Codd. X, Lips., 85; in textu autem Comp., Ald., Codd. IV, VII (in Supplemento), 15, 19 (cum Μεσαὴλ), alii. Hesych.: "Mizael et Elisaphan, sive Misaddai et Elisaphan, quorum unus attrectatio Dei, id est, Misaddai [Cod. Lips. in marg.: Μισαδαὶ, ψηλαφομένη (sic) κρίσις]; Elisaphan autem Dei mei specula ['Ελισαφαν, θεοῦ σκοπιὰν] interpretatur." [7] Sic in marg. Codd. 128, 130 (cum πατραδέλφους). In textu υἱοὺς reprobant Comp., Codd. 75, 108, Arab. 1, 2. [8] Codd. X, Lips., in marg.: καλύψετε.
Lectio orta, ut videtur, e scriptura: ἀποκιδαρώσετε (sic). Cf. ad Cap. xxi. 10. [9] Sic in marg. Codd. X, Lips. (qui ad ἀποκιδαρώσετε male refert). Cf. ad Cap. xxi. 10. Mox ad θυμὸς Cod. X in marg., teste Holmes.: λύπη. [10] Sic in marg. Codd. 85, 130.; in textu autem Comp., Codd. 19, 108, 118. [11] Cod. X in marg. Cf. Hex. ad Jesai. v. 11. xxviii. 7. lvi. 13. Procop. in Cat. Niceph. p. 1011: ἐπεὶ καὶ σίκερα πᾶν ἑρμηνεύεται μέθυσμα, κἂν ἐξ ἀμπέλου μὴ ᾖ. [12] Nobil., Cat. Niceph. p. 1012: Ἄλλος φησὶ, φωτίζειν. Cod. 54 in textu: συμφωτίζειν, confusis duabus lectionibus. Cf. Hex. ad Exod. iv. 12. Job. xii. 7. Psal. xxvi. 11. Mich. iii. 11. [13] Sic Cod. X in marg., teste Holmes.

[14] Sic Cod. X in marg. Cf. ad Cap. xviii. 26. [15] Hesych.: "Sacrificium enim quod remansit de oblatione, sive ab holocaustis, Domini, hoc dixit, quod superest de simila. Aperte ergo Aquila edidit, dicens: Donum [δῶρον. Cf. ad Cap. vi. 21] quod reliquum est de frumento." Cf. ad Cap. ii. 9. Ad καρπωμάτων (v. 13) Codd. X (teste Holmes.), Lips., in marg.: προσφορῶν. [16] Sic in marg. Codd. X (teste Holmes., qui ad v. 13 male refert), 85, 130. [17] Sic Cod. X in marg., teste Holmes. In Lips. est duplex lectio: καὶ ὁ οἶκός σου αἱ θ. σου. [18] Sic Cod. X in marg. (cum νόμιμόν σοι in textu). Cf. ad Cap. vii. 34. [19] Sic in marg. Codd. 85, 130. [20] Codd. 85, 130. [21] Sic in marg. Codd. X, Lips. (non, ut Holmes., ἐνέκαυτο). [22] Iidem. [23] Iidem. [24] Cod. IV. Haec desunt in Codd. 16, 30, 32, aliis, Arab. 1, 2, Arm. 1. [25] Idem. Desunt in Cod. 58. Procop. in Cat. Niceph. p. 1011: Ὡδὶ λιστικὰ δὲ τὸ, ἢ προσπορευομένων ὑμῶν πρὸς τὸ θυσιαστήριον, συννοούμενον τῷ προσπορευομένῳ πρὸς τὴν σκηνὴν τοῦ μαρτυρίου· ἤγουν ὡς τοῦ θυσιαστηρίου βατοῦ ὄντος καὶ μὴ ἱερεῦσι. [26] Idem. Desunt in Arab. 1, 2. [27] Idem. [28] Idem.
Cap. XI. [1] Sic Cod. IV, et sine aster. Cod. 15, Arab. 1, 2. [2] Sic in marg. Codd. X (teste Holmes.), Lips.

5 (Gr. 6). וְאֶת־הַשָּׁפָן. *Et hyracem Syriacum.* Ο'. καὶ τὸν χοιρογρύλλιον.⁵

6 (5). וְאֶת־הָאַרְנֶבֶת. *Et leporem.* Ο'. καὶ τὸν δασύποδα ('Α. λαγωόν⁴).

7. וְאֶת־הַחֲזִיר. Ο'. καὶ τὸν ὗν ("Αλλος· χοῖρον⁵).

8. וּבְנִבְלָתָם לֹא תִגָּעוּ. Ο'. καὶ τῶν θνησιμαίων αὐτῶν οὐχ ἅψεσθε. "Αλλος· τὰ θνησιμαῖα αὐτῶν βδελύξασθε.⁶

9. קַשְׂקֶשֶׂת. *Squama.* Ο'. λεπίδες. "Αλλος· φολίς.⁷

14. לְמִינָהּ. *Secundum speciem ejus.* Ο'. καὶ τὰ ὅμοια αὐτῷ. "Αλλος· εἰς τὸ γένος αὐτοῦ.⁸

16 (Gr. 15). וְאֵת בַּת הַיַּעֲנָה. *Et struthionem.* Ο'. καὶ στρουθόν ("Αλλος· στρουθοκάμηλον⁹).

17. וְאֶת־הַכּוֹס. *Et onocrotalum.* Ο'. καὶ νυκτικόρακα.¹⁰

וְאֶת־הַשָּׁלָךְ. *Et mergum.* Ο'. καὶ καταράκτην. "Αλλος· (καὶ) τὸν τηρέα.¹¹

18. וְאֶת־הָרָחָם. *Et vulturem minorem.* Ο'. καὶ κύκνον. "Αλλος· (καὶ) τὸν ταών.¹²

19. וְאֶת־הַדּוּכִיפַת. *Et upupam.* Ο'. καὶ ἔποπα ("Αλλος· ἀγροτέκτονα¹³).

19. וְאֶת־הָעֲטַלֵּף. *Et vespertilionem.* Ο'. καὶ νυκτερίδα. "Αλλος· τὴν χελιδόνα καὶ τὸν ἀφάρπαγα.¹⁴

21. מִכֹּל שֶׁרֶץ. Ο'. ἀπὸ (✕) πάντων (◄) τῶν ἑρπετῶν.¹⁵

22. אֶת־הָאַרְבֶּה. *Locustam.* Ο'. τὸν βροῦχον ("Αλλος· γόβα¹⁶). Σ. Θ. πολύν.¹⁷

וְאֶת־הַחַרְגֹּל. *Et locustam alatam.* Ο'. καὶ ὀφιομάχην ("Αλλος· ἀττακίδα¹⁸).

26. אֲשֶׁר אֵינֶנָּה מַעֲלָה. Ο'. οὐ μηρυκᾶται. "Αλλος· οὐκ ἀνάγει.¹⁹

28. אֶת־נִבְלָתָם. Ο'. τῶν θνησιμαίων ("Αλλος· τὰ θνησιμαῖα²⁰) αὐτῶν.

29. לְמִינֵהוּ. Ο'. Vacat. Alia exempl. καὶ τὰ ὅμοια αὐτῷ.²¹

30. וְהַתִּנְשָׁמֶת. *Et chamaeleon.* Ο'. καὶ ἀσπάλαξ (s. σπάλαξ, s. ἀσφάλαξ²²).

31. כָּל־הַנֹּגֵעַ בָּהֶם בְּמֹתָם. Ο'. πᾶς ὁ ἁπτόμενος αὐτῶν τεθνηκότων (alia exempl. τῶν θνησιμαίων αὐτῶν.²³ Ο'. Θ. Ε'. αὐτῶν τεθνηκότων²⁴).

32. אֲשֶׁר־יִעֲשֶׂה מְלָאכָה בָּהֶם. Ο'. ὃ (s. ᾧ) ἂν

---

⁵ Ad הַשָּׁפָן vulgo aptant τὸν δασύποδα, repugnante usu Seniorum, quibus hoc animal χοιρογρύλλιον constanter sonat. Cf. Deut. xiv. 7. Psal. ciii. 18 (ubi vide Hex.). Prov. xxx. 26. Scilicet in textu Ed. Rom. transpositi sunt vv. 5, 6, qui in Comp., Codd. IV, 108, 128, Arab. 1, 2, juxta Hebraeum ordinem leguntur. ⁴ Codd. VII (in marg. manu 1ᵐᵃ), X, Lips. Sic in textu Codd. 54 (cum δασύπ. λαγωόν), 85. ⁵ Sic superscript. in Cod. 71. ⁶ Sic in marg. Codd. X (cum βδελύξασθαι), Lips., 85. Non est alia versio, sed interpolatio e v. 11. ⁷ Cod. 85 in marg. Aquilae versio est, coll. Hex. ad Deut. xiv. 12. 1 Reg. xvii. 5. ⁸ Sic in marg. Codd. X, Lips., 85 (ad v. 15), 130. ⁹ Sic in marg. Codd. X, Lips. Cf. Hex. ad Deut. xiv. 15. Jesai. xiii. 21. xxxiv. 13. xliii. 20. ¹⁰ Montef. ex Drusio exscripsit: 'Α. Ο'. Θ. Ε'. νυκτικόραξ. Σ. (ἔποψ). 8'. γλαύξ; quae ex Hex. ad Psal. ci. 7 accersita sunt. ¹¹ Sic in marg. Codd. X (cum τηρέα), Lips. Nisi forte ad Symmachi ἔποψ pertineat, in quam avem Terea transformatum esse μυθολογεῖται. ¹² Sic in marg. Codd. X, Lips. (uterque cum ταών). ¹³ Sic in marg. Cod. X. ¹⁴ Sic in marg. Codd. X, Lips. ¹⁵ Sic sine aster. Codd. 15, 58,

59, 85 (cum πάντων in marg.), 130 (idem), Arab. 1, 2. Ald., Codd. IV, 29 : ἀπὸ τῶν ἑρ. πάντων. ¹⁶ Sic in marg. Codd. X, Lips. Parum probabiliter Schleusner. in *Nov. Thes.* s. v.: "Pertinere potius haec vox mihi videtur ad seq. הַחָגָב, quod literis Graecis exprimere voluit interpres ille incertus, ac γόγβα scribendum est." Proculdubio γόβα non est nisi Chaldaicum גוֹבָא, quod cum אַרְבֶּה commutatur ad Exod. x. 4. ¹⁷ Cod. 85. Cod. 54 in textu: τὸν πολύν (sic) βροῦχον. "Margo Cod. 130 ad hoc comma habet: Σ. Θ. πολύν, quod quo pertineat, equidem non video."— *F. C. Alter.* Ab his frustra recedit Cod. X, qui ad ἀττάκην in marg. pingit: 'Α. Θ. πολύν. ¹⁸ Sic in marg. Codd. X, Lips. ¹⁹ Sic in marg. Codd. X (cum οὐ κατάγει), Lips. Ad μηρυκᾶται Cod. 58 in marg. glossam habet: ἀναμασᾶται. ²⁰ Cod. 85 in marg. ²¹ Sic Comp., Codd. IV, 15, 19, 58 (cum αὐτῶν), 108, 118, Arab. 1, 2. ²² Prior scriptura est in Ald., Codd. III, IV, VII, X, Lips. (cum ἀσφ. in marg.), 15, 18, aliis; posterior in Codd. 85 (cum ἀσπ. in marg.), 130, 131. ²³ Sic Comp., Ald., Codd. VII, Lips., 18, 29, alii (inter quos 85). Cod. X: τῶν θν. αὐτῶν αὐτῶν τεθν. ²⁴ Cod. 85 in marg.

ποιηθῇ ἔργον ἐν αὐτῷ. Ἄλλος· ἐν ᾧ γίνεται ἔργον ..²⁵

33. כְּלִי־חֶרֶשׂ. Ο'. σκεῦος (Ἄλλος· ἄγγος²⁶) ὀστράκινον.

35. יִתָּץ. Diruetur. Ο'. καθαιρεθήσονται. Ἄλλος· ἐξαρθήσονται.²⁷

40. וְהָאֹכֵל. Ο'. καὶ ὁ ἐσθίων (Ἄλλος· ἐκβυρσεύων²⁸).

42. עַל־גָּחוֹן. Super ventrem. Ο'. ἐπὶ κοιλίας ('Α. στῆθος²⁹).

44. הָרֹמֵשׂ. Ο'. τοῖς κινουμένοις (Ἄλλος· ἕρπουσιν³⁰).

46. וּלְכֹל נֶפֶשׁ הַחַיָּה. Ο'. καὶ πάσης ψυχῆς ※ ζώσης ◄.³¹

47. לְהַבְדִּיל. Ο'. διαστεῖλαι. Ἄλλος· ἀφορίσαι.³²
וּבֵין הַטָּהֹר. Ο'. καὶ ἀναμέσον τῶν καθαρῶν. Alia exempl. add. καὶ συμβιβάζειν τοὺς υἱοὺς Ἰσραήλ.³³

הַחַיָּה הַנֶּאֱכֶלֶת. Ο'. τῶν ζωογονούντων τὰ ἐσθιόμενα. Ἄλλος· τῶν ζώων τῶν βιβρωσκομένων.³⁴

Cap. XI. 3. ⸓ κτῆνος ◄.³⁵ 4. ⸓ καὶ ὀνυχιζόντων ὀνυχιστῆρας ◄.³⁶ 5. καὶ τὸν χοιρ. ὅτι ἀνάγει (sic) μ. ⸏ τοῦτο ◄.³⁷ 9. ⸓ καὶ ◄ ἐν ταῖς θαλάσσαις.³⁸ 10. ἐν τῷ ὕδατι ◄.³⁹ 15. καὶ λαρὸν, ⸓ καὶ τὰ ὅμοια αὐτῷ ◄.⁴⁰ 31. ⸓ τῶν ἐπὶ τῆς γῆς ◄.⁴¹ 39. ὅ ἐστιν ⸏ τοῦτο ◄ ὑμῖν φαγεῖν.⁴² 42. ⸓ ὑμῖν ◄ ἐστιν.⁴³ 43. ⸓ ἐπὶ τῆς γῆς ◄.⁴⁴ 44. ὅτι ἅγιός ⸏ εἰμι ἐγὼ ⸓ κύριος ὁ θεὸς ὑμῶν ◄.⁴⁵ 45. ὅτι ἅγιός ⸏ εἰμι ◄ ἐγώ (om. κύριος).⁴⁶

CAP. XII.

2. תַזְרִיעַ. Semen conceperit. Ο'. σπερματισθῇ. Ἄλλος· σπερματίσῃ.¹

בִּימֵי נִדַּת דְּוֹתָהּ. Secundum dies impuritatis languoris (menstruationis) ejus. Ο'. κατὰ τὰς ἡμέρας τοῦ χωρισμοῦ τῆς ἀφέδρου ('Α. ταλαιπωρίας. Σ. θλίψεως. Θ. ὀδύνης²) αὐτῆς.

4. בִּדְמֵי טָהֳרָה. In sanguine purificationis. Ο'. ἐν αἵματι ἀκαθάρτῳ (alia exempl. καθαρῷ³) αὐτῆς. Aliter: Ο'. ἐν αἵματι καθαρῷ ('Α. καθαρίσεως (s. καθάρσεως). Σ. Θ. καθαρισμοῦ⁴) αὐτῆς.

---

²⁵ Sic in marg. Codd. X, Lips. ²⁵ Sic in marg. Codd. X, Lips.; in textu autem Ald., Codd. 82, 83. ²⁷ Sic in marg. Codd. X, Lips. (Pro χυτρόποδες Codd. VII, 85 (in marg.) formam Ionicam κυθρόποδες venditant.) ²⁸ Iidem. Lectio quid sibi velit nescimus. ²⁹ Iidem. Cf. Hex. ad Gen. iii. 15. ³⁰ Iidem. ³¹ Sic Cod. IV, et sine aster. Comp., Codd. 15, 19, 58, 118. ³² Sic in marg. Codd. X, Lips. ³³ Sic Ald., Codd. VII, X, Lips., 16, 18, alii, Arm. 1, invito Vet. Lat. Cf. Cap. x. 11 in LXX. ³⁴ Sic in marg. Codd. X, Lips. In Codd. 74, 76, 106, 134 locus sic habetur: ἀναμέσον τῶν ζώων τῶν ἐσθιομένων, καὶ ἀν. τῶν ζώων τῶν μὴ ἐσθ. ³⁵ Cod. IV. Deest in Cod. 58. ³⁶ Idem. Desunt in Arab. 1, 2. ³⁷ Idem, repugnante Hebraeo. Deest tamen in libris nonnullis, inter quos numerantur Cod. IV in v. 6, et Cod. 72 in utroque v. ³⁸ Idem. ³⁹ Idem. Deest in Cod. 118. ⁴⁰ Idem. ⁴¹ Idem. Deest in Arab. 1, 2. ⁴² Idem. Sic (pro ὅ ἐστιν ὑμῖν φ. τοῦτο) sine obelo Codd. VII, X, Lips., 30, 54, alii. ⁴³ Idem. ⁴⁴ Idem. ⁴⁵ Idem. ⁴⁶ Idem.
CAP. XII. ¹ Sic in textu Cod. 55, fortasse ex alio interprete, quocum consentit Graeco-Ven. ² Hesych.: " Secundum dies separationis menstruae, vel sicut LXX:

Secundum dies purgationis menstruae immunda erit. Quid autem hoc sit, alii interpretes planius ediderunt: Sym. quidem dicens, secundum dies separationis afflictionis; Aq. separationis miseriae; Theod. separationis doloris ejus." Ad Aquilam cf. Hex. ad Deut. xxviii. 60. Ad ἀφέδρου Codd. X, 85, in marg. sine nom.: ὀδύνης. Cf. ad Cap. xv. 33. ³ Sic Ald., Codd. IV, 15, 16, 29, alii (inter quos 85, 130), Cat. Niceph., Arm. 1. " In aliis est καθαρῷ, quam lectionem agnoscit S. Augustinus, verum admonet legi in aliquibus libris, immundo."—Nobil. Vet. Lat.: in sanguine mundo ejus. Hesych.: " Sexaginta autem et sex diebus in sanguine mundo, id est in purificatione, sedebit." ⁴ Cod. 85: 'Α. Σ. Θ. καθαρίσεως. καθαρισμοῦ. ἀκαθάρτῳ. Minus emendate Cod. 130: 'Α. Σ. Θ. καθαρίσεται καθαρισμῷ ἀκαθάρτων. Ab his leviter discrepant Codd. X, Lips., qui sic habent: 'Α. Σ. Θ. καθάρσεως καθαρισμῷ (καθαρισμὸν Lips.). Denique Montef., qui lectionem trium interpretum, καθαρίσεως καθαρισμοῦ, ad Hebraea, חֹשֶׁב בִּדְמֵי טָהֳרָה perperam aptat, insuper notat: "Tres vero Regiae Catenae MSS. [et Cat. Niceph. p. 1028] sic habent: Άκ. Σύμ. Θεοδ. καθιεῖς (unus καθιείς) ἕως καθαρισμοῦ. Forte melius legatur, καθίσσεα ἕως καθαρισμοῦ; nam de femina

Bb2

5. בְּנִדָּתָהּ. Ο΄. κατὰ τὴν ἄφεδρον (᾿Αλλος· ὀδύνην[5]) αὐτῆς.

עַל־דְּמֵי טָהֳרָה. Ο΄. ἐν αἵματι ἀκαθάρτῳ (alia exempl. καθαρῷ[6]) αὐτῆς. ᾿Α.. καθαρίσεως. Σ. Θ.. καθαρισμοῦ.[7]

6. וּבֶן־יוֹנָה. Ο΄. καὶ νοσσὸν (᾿Αλλος· υἱὸν[8]) περιστεράς.

לְחַטָּאת. Ο΄. περὶ ἁμαρτίας. ῎Αλλος· εἰς ἱλασμόν.[9]

7. וְטָהֲרָה. Et mundabitur. Ο΄. καὶ καθαριεῖ αὐτήν. ῎Αλλος· καὶ καθαρισθήσεται.[10]

Cap. XII. 2. — πρὸς αὐτούς ◄.[11] 6. — ἄμωμον ◄.[12]
7. — ὁ ἱερεύς ◄.[13]

CAP. XIII.

2. שְׂאֵת אוֹ בַהֶרֶת. Scabies, aut papula lucens. Ο΄. (οὐλὴ) σημασίας τηλαυγής (alia exempl. ἡ τηλαυγής; alia, ἡ τηλαυγὴς ἢ αὔγασμα[1]). ῎Αλλος· λεπὶς ἢ αὔγασμα.[2]

לְנֶגַע. Ο΄. ἀφή. ῎Αλλος· εἰς ἀφήν.[3]

2. וְהוּבָא. Ο΄. (καὶ) ἀχθήσεται. Alia exempl. καὶ ἐλεύσεται.[4]

3. הַבָּשָׂר. Ο΄. τοῦ χρωτός. ῎Αλλος· τῆς σαρκός.[5]

עָמֹק. Profunda. Ο΄. ταπεινή. ᾿Α. Θ. κοίλη. Σ. βαθύτερον.[6]

4. בַהֶרֶת לְבָנָה. Papula lucens alba. Ο΄. τηλαυγὴς (alia exempl. αὔγασμα[7]) λευκή. ᾿Α. τηλαυγὲς λευκόν (Σ. ἔκλαμπρον).[8] Aliter: ᾿Α. καὶ οἱ λοιποί· αὔγασμα λευκόν.[9]

וְהִסְגִּיר. Et concludet. Ο΄. καὶ ἀφοριεῖ (῎Αλλος· συγκλείσει[10]).

5. פָּשָׂה. Diffudit se. Ο΄. μετέπεσεν. ῎Αλλος· διακέχυται.[11]

וְהִסְגִּירוֹ. Ο΄. καὶ ἀφοριεῖ (Θ. συγκλείσει[12]) αὐτόν.

6. פָּשָׂה. Ο΄. μετέπεσεν. ῎Αλλος· μετέβαλεν. Θ. διακέχυται.[13]

מִסְפַּחַת. Scabies. Ο΄. σημασία. ᾿Α. ἐξανάδοσις. Σ. ἔκβρασμα. Θ. μασφάλ.[14]

---

agitur." Immo καθεὶς ἕως non est nisi prava scriptura lectionis καθαρίσεως, quam uni Aquilae vindicavimus, ulteram καθαρισμοῦ Symmacho et Theodotioni propriam tribuentes. [5] Sic in marg. Codd. 85, 130. Cf. ad v. 2. [6] Sic Ald., Codd. IV, 15, 16, 29, alii (inter quos 85, 130), Cat. Niceph., Arm. 1, Vet. Lat. [7] Cod. 85: ᾿Α. Σ. Θ. καθαρίσεως. καθαρισμοῦ. Cod. 130: ᾿Α. Σ. Θ. καθαρίσεται καθαρισμοῦ ἀκαθάρτῳ. Cf. ad v. 4. [8] Sic in marg. Codd. X, Lips. [9] Iidem. Cf. ad Cap. iv. 33. [10] Sic in textu Codd. 53, 75. [11] Cod. IV, sed utramque notam supplevit corrector. [12] Idem. Vox deest in Comp., Codd. 16, 52, aliis, Arab. 1, 2, Arm. 1. [13] Idem.

CAP. XIII. [1] Prior lectio est in Comp., Ald., Codd. IV, X, Lips., 15, 18, 29, aliis; posterior in Codd. 16, 30, 52 (sine priore ἡ), aliis, Cat. Niceph., Arm. 1, et Hesychio, qui e textu Seniorum affert: cicatrix significationis τηλαυγής aut αὔγασμα. Idem in enarrando inter τηλαυγής et αὔγασμα, quasi duas leprae species, ita distinguit, ut haec nimis obscura sit, illa autem de longe conspiciatur. Frustra; nam αὔγασμα est alius interpretis, ut statim videbimus. [2] Sic in marg. Codd. X, Lips., qui ad οὐλή (שְׂאֵת, elatio cutis) lectionem aptant. Sed λεπὶς ad שְׂאֵת pertinere testis est Syrus vulgaris, cui vox Hebraea ܡܣܚܦܐ, impetigo, sonat, cujus origo est ܡܚܦ, squama, λεπίς. Cf.

ad v. 7. [3] Sic in textu Codd. 54, 74, 75, 76, 134. Hesych.: ad maculam. [4] Sic Ald., Codd. VII, X (cum ἀχθήσεται in marg.), Lips., 16, 18, 29, alii, Hesych., Vet. Lat. Cod. 85 in textu: ἐλεύσεται; in marg. autem: ἀχθη (sic); unde Montef. eruit: ῎Αλλος· ἀχθῇ. ῎Αλλος· ἐλεύσεται. [5] Sic in marg. Codd. 85, 130. Mox ad μεταβάλῃ iidem in marg. μετέβαλε (κατέβαλε 130). [6] Codd. Lips., 85. Vitiose Cod. 130: ᾿Α. Θ. κύληβαθύτερον (sic). Paulo aliter Nobil.: ᾿Ακ. καὶ Σύμ. κοίλη, βαθυτέρα; et sic sine nom. Cod. 58 in marg. Sed pro מִרְאֶה credibile est Symmachum τὸ θέαμα posuisse, ut ad Exod. iii. 3. [7] Sic Cod. 75. Hesych. e textu LXXvirali affert: Si autem αὔγασμα album fuerit. [8] Codd. 85, 130 (qui pro Σ. habet Σ. οἱ λοιποί). Cf. ad v. 13. [9] Sic in marg. Codd. X, Lips. [10] Sic in marg. Codd. 85, 130 (cum συγκλείσκει). Cf. ad v. 5. [11] Sic in marg. Codd. 85 (non, ut Montef., ἐχ.), 130. Cf. ad vv. 6, 8. [12] Codd. X, Lips. (cum συγκλίσει). [13] Iidem (cum μετέβαλεν in marg. sine nom.). Anon. in Cat. Niceph. p. 1033: τὸ δέ, οὐ μετέπεσεν ἐν τῷ δέρματι, Θεοδοτίων, οὐ διακέχυται, φησί. [14] Codd. X (cum μασφαλὴ), Lips. (idem), 85, 130. Montef. e Cod. 85 exscripsit μασφαὰ, invito Holmesii amanuensi. Idem pro ΜΑϹΦΑΛΕ non absurde corrigit ΜΑϹΦΑΛΘ. Nobil. affert tantum: ᾿Α. ἐξανάδοσις. Σ. ἔκβρασμα.

7. פָּשֹׂה תִפְשֶׂה הַמִּסְפַּחַת. Ο΄. μεταβαλοῦσα μεταπέσῃ ἡ σημασία (Σ. τὸ ἔκφυμα¹⁵). Ἀ. ἐπιδόσει ἐπιδῷ.. Ἄλλος· πλατύνουσα πλατυνθῇ ἡ λεπίς.¹⁶

8. פָּשְׂתָה. Ο΄. μετέπεσεν. Ἀ. ἐπέδωκεν. Σ. ὑπερέβη. Θ. διακέχυται.¹⁷ Τὸ Σαμαρειτικόν ἐπλατύνθη.¹⁸

10. שְׂאֵת. Ο΄. οὐλή. Ἄλλος· σήθ.¹⁹
וּמִחְיַת בָּשָׂר חַי. Et signum carnis crudae. Ο΄. καὶ ἀπὸ τοῦ ὑγιοῦς τῆς σαρκὸς τῆς ζώσης. Ἄλλος· ὡς ὁμοίωμα σαρκὸς ζώσης.²⁰

11. לֹא יַסְגִּרֶנּוּ. Ο΄. καὶ ἀφοριεῖ. Alia exempl. καὶ οὐκ ἀφοριεῖ.²¹ Ἀ. οὐκ ἀποκλείσει. Σ. οὐχ ὑπερθήσεται.²²

13. הָפַךְ. Ο΄. μετέβαλε. Ἀ. ἔστρεψεν. Σ. μετεχρώσθη.²³
לָבָן. Ο΄. λευκόν. Σ. ἔκλαμπρον.²⁴

15. אֶת־הַבָּשָׂר הַחַי. Ο΄. τὸν χρῶτα τὸν ὑγιῆ. Ἄλλος· τὴν σάρκα τὴν ζῶσαν.²⁵

18. שְׁחִין. Ulcus. Ο΄. ἕλκος. Ἀ. ἐξανάδοσις. Σ. ἔκβρασμα.²⁶

19. שְׂאֵת. Ο΄. οὐλή. Ἄλλος· σήθ.²⁷

20. שָׁפָל. Ο΄. ταπεινοτέρα. Ἄλλος· κοιλοτέρα.²⁸

21. וְהִסְגִּירוֹ. Ο΄. καὶ ἀφοριεῖ (Ἄλλος· χωρίσει²⁹) αὐτόν.

22. פָּשֹׂה תִפְשֶׂה. Ο΄. διαχύσει διαχέηται. Ἄλλος· πλατύνουσα πλατυνθῇ.³⁰

23. תַּחְתֶּיהָ. Ο΄. κατὰ χώραν (αὐτοῦ). Ἄλλος· ἐν τόπῳ (αὐτοῦ).³¹

24. אוֹ בָשָׂר כִּי־יִהְיֶה בְעֹרוֹ. Ο΄. καὶ σὰρξ ἐὰν γένηται ἐν τῷ δέρματι αὐτοῦ. Ἄλλος· καὶ ἐν δέρματι σαρκὸς ἐὰν γένηται.³²

26. בַּבַּהֶרֶת. Ο΄. ἐν τῷ αὐγάζοντι. Σ. (ἐν) τῇ ἐκλάμψει.³³
וְהִסְגִּירוֹ. Ο΄. καὶ ἀφοριεῖ (Σ. τηρήσει. Θ. συγκλείσει³⁴) αὐτόν.

28. תַּחְתֶּיהָ. Ο΄. κατὰ χώραν. Ἄλλος· ἐν τόπῳ αὐτοῦ.³⁵
הַבֶּהָרֶת. Ο΄. τὸ αὐγάζον. Σ. τὸ τηλαύγημα.³⁶

29. וְאִישׁ אוֹ אִשָּׁה. Ο΄. καὶ ἀνδρὶ ἢ γυναικί. Ἄλλος· (καὶ) ἀνὴρ ἢ γυνή.³⁷

30. עָמֹק. Ο΄. ἐγκοιλοτέρα (s. κοιλοτέρα). Ἄλλος· βαθυτέρα.³⁸
דָּק. Tenuis. Ο΄. λεπτή. Ἄλλος· λευκή.³⁹

❖　　　　　　　　　　　　　　　　　　　　　❖

¹⁵ Codd. Lips., 85, 130 (in marg. sine nom.). Cod. 54 in textu: ἡ σημ. τὸ ἔκφυμα. ¹⁶ Cod. Lips. Cod. X in marg. sine nom.: ἐπιδόσει ἐπιδῷ. πλατύνουσα πλατυνθῇ. Nobil. confuse affert: "Ἀ. et S.: ἐπιδόσει (non, ut Montef. ἐπιδώσῃ) ἐπιδῷ τὸ ἐμφύσημα." Corrupte Codd. 85, 130: Ἀ. ἐπιδόσει (—σῃ 85) ἐπίδομα; unde tamen veram Aquilae lectionem eruisse sibi visus est Montef.: Ἀ. ἐπιδόσῃ ἐπίδομα. Lectio autem anonyma, πλατύνουσα πλ. ἡ λεπίς, proculdubio est versionis Samaritanae, quae charactere Hebraeo sic habet: ‫אם פתה תפתה קלפחה‬, h. e. si dilatando dilataverit se squama (scaliei). Cf. ad v. 8. ¹⁷ Nobil., Codd. X, Lips., 85. Cod. 130 in marg.: ἐπέδωκεν, ὑπερέβη. Θ. διακέχυται. Cod. 54 in textu: μετέπεσεν ἐπέδωκε. ¹⁸ Schol. apud Nobil. Cf. ad v. 7. ¹⁹ Sic in marg. Codd. X, Lips. Est Theodotionis, ut videtur. Cf. ad Cap. xiv. 56. ²⁰ Sic in marg. Codd. X, Lips. Interpres, quisquis fuerit, accedit ad Syrum et Chaldaeum, qui ‫רושם‬ ‫רשם‬, signum, interpretati sunt. ²¹ Sic Comp., Codd. 53, 56, 57, alii, invitis Hesych. et Vet. Lat. ²² Cod. 85. Cod. 130: Ἀ. οὐκ ἀποκλείσει. οὐχ ὑπερθήσεται. Minus emendate Codd. X, Lips.: Ἀ. οὐκ ἀποκλίσει. Σ. οὐχ

ὑπερτεθήσεται. ²³ Codd. X, Lips., 85. Cod. 130 in marg.: ἔστρεψεν. Σ. μετεχρώσθη. ²⁴ Codd. X, Lips., qui ad ἐκάλυψεν lectionem male aptant. Cf. ad v. 4. ²⁵ Schol. apud Nobil. Cod. 54 in textu: τὸν χρ. τὸν ὑγ. τὴν σ. τὴν ζῶσαν. ²⁶ Codd. X, Lips. ²⁷ Cod. 85 in marg. Cf. ad v. 10. ²⁸ Sic in marg. Codd. X, Lips.; in textu autem (hic et v. 21) Codd. 54, 75. Cf. ad v. 3. ²⁹ Sic in marg. Codd. X, Lips., 85, 130. ³⁰ Sic in marg. Codd. X, Lips., 85, 130. (In textu διαχύσει abest a Codd. II, III, 15, 19, aliis, Arm. 1.) ³¹ Iidem. ³² Iidem, teste Holmesio. In collatione Cod. X a Montefalconio descripta pro σαρκὸς invenimus σάρκες. ³³ Codd. X, Lips. Sic in marg. sine nom. Codd. 85, 130 (cum τῇ ἐκλομψεν). ³⁴ Codd. X (cum στηρήσει), Lips. (cum στηρίσει et συγκλίσει). Minus probabiliter Codd. 85, 130: Ἀ. τηρήσει. Σ. συγκλείσει. Cf. ad vv. 4, 5, 11. ³⁵ Sic in marg. Codd. X, Lips. ³⁶ Codd. 85, 130. Cod. Lips. affert: ΘΕ. τηλαύγημα. ³⁷ Sic in marg. Codd. X, Lips.; in textu autem Codd. 54, 75. ³⁸ Sic in marg. Codd. X, Lips. Cf. ad v. 3. ³⁹ Iidem. Sic in textu Codd. 16, 52, 57, alii.

30. נֶתֶק. *Porrigo.* Ο'. θραῦσμα. 'Α. ἀπόσπασμα.⁴⁰

33. וְאֶת־הַנֶּתֶק. Ο'. τὸ δὲ θραῦσμα. "Αλλος· τὸ πέριξ.⁴¹

36. לֹא־יְבַקֵּר. *Non attendet.* Ο'. οὐκ ἐπισκέψε-ται. 'Α. οὐ ζητήσει.⁴²

לְשֵׂעָר הַצָּהֹב. *Ad pilos flavos.* Ο'. περὶ τῆς τριχὸς τῆς ξανθῆς (alia exempl. ξανθιζούσης⁴³). 'Α. εἰς τρίχωμα τὸ ξανθόν. Σ... τῆς στιλβῆς. Θ... τῆς ξανθῆς.⁴⁴

38. בְּשָׂרָם. Ο'. τῆς σαρκὸς ("Αλλος· τοῦ χρωτὸς⁴⁵) αὐτοῦ.

39. בֹּהַק. *Vitiligo alba.* Ο'. ἀλφός. Schol. 'Αλφὸς καλεῖται ἡ ἐπίλυσις ἡ καλουμένη μελανία, ἡ περὶ τὰς παρειὰς γινομένη ἐκ τοῦ ἡλιακοῦ καύσωνος.⁴⁶

42. צָרַעַת פֹּרַחַת הִוא. Ο'. λέπρα (alia exempl. add. ἐξανθοῦσα, s. ἐξανθίζουσα⁴⁷) ἐστίν.

44. טָמֵא הוּא. Ο'. Vacat. Alia exempl. ἀκά-θαρτός ἐστιν.⁴⁸

45. וְטָמֵא טָמֵא. Ο'. καὶ ἀκάθαρτος (alia exempl.

add. ἀκάθαρτος⁴⁹).

46. בָּדָד יֵשֵׁב. *Seorsim habitabit.* Ο'. κεχωρισμέ-νος καθήσεται. "Αλλος· καταμόνας οἰκήσει.⁵⁰

47. פִּשְׁתִּים. Ο'. στυππυΐνῳ. "Αλλος· λινῷ.⁵¹

48. לַפִּשְׁתִּים וְלַצָּמֶר. *In pannis lineis et laneis.* Ο'. ἢ ἐν τοῖς λινοῖς, ἢ ἐν τοῖς ἐρεοῖς. "Αλλος· εἰς τὸ στίππυον, καὶ εἰς τὸ ἔριον.⁵²

51. הַנֶּגַע (in priore loco). Ο'. ἡ ἁφή. "Αλλος· ἡ πληγή.⁵³

מַמְאֶרֶת. *Irritans* (Graeco-Ven. ἀλγεινή). Ο'. ἔμμονος. "Αλλος· σπανίζουσα.⁵⁴ Τὸ Σαμα-ρειτικόν· φιλόνεικος.⁵⁵

57. אֶת־אֲשֶׁר־בּוֹ. Ο'. ἐν ᾧ ἐστιν. "Αλλος· ἐν ᾧ ἐστιν ἐν αὐτῷ.⁵⁶

Cap. XIII. 3. χρωτὸς ⸓ αὐτοῦ ◄.⁵⁷　4. ⸖ αὐτὴ δέ ἐστιν ἀμαυρά ◄.⁵⁸　8. ⸖ οὐ ◄ μετέπεσεν.⁵⁹　13. ⸓ αὐτὸν ὁ ἱερεύς ◄.⁶⁰　22. (⸓) ἐν τῷ ἕλκει ἐξήν-θησεν (◄).⁶¹　24. (⸓) αὐγάζον (◄) τηλαυγές.⁶²　27. (⸓) ἐν τῷ ἕλκει ἐξήνθησεν (◄).⁶³　34. (⸓) μετὰ τὸ ξυρηθῆναι αὐτόν (◄).⁶⁴　39 (in posteriore loco).

---

⁴⁰ Codd. X, Lips., 85, 130.　⁴¹ Sic in marg. Codd. X, Lips. Scholium esse videtur, quod ad τὸ δέρμα rectius referatur.　⁴² Codd. X, Lips. In Cod. 54 duplex versio est: οὐκ ἐπισκέψεται οὐκ ἐπιζητήσει.　⁴³ Sic Comp., Ald., Codd. X (cum ἐξανθ.), Lips. (idem), 16, 18, alii (inter quos 85, 130).　⁴⁴ Codd. 85, 130.　⁴⁵ Sic in marg. Codd. X, Lips., 85, 130.　⁴⁶ Anon. in Catenis Regiis apud Mon-tef., et Cat. Niceph. p. 1040.　⁴⁷ Prior lectio est in Ald., Codd. VII, 15, 16, 19, aliis, Arab. 1, 2, Arm. 1; pos-terior in Comp., Codd. X, Lips., 18, 29, aliis.　⁴⁸ Sic Comp., Codd. 15, 19, 54, alii, Arab. 1, 2, Arm. 1.　⁴⁹ Sic Codd. VII, X, Lips., 18, 59.　⁵⁰ Cod. X in marg., teste Montef. Idem in textu, teste Holmes.: κεχ. οἰκήσει; in marg. autem: καταμόνας. Cod. Lips. in textu: καταμόνας οἰκήσει κεχ. καθήσεται (sic).　⁵¹ Sic in marg. Codd. X, Lips.　⁵² Sic in marg. Codd. 85 (praem. ἢ), 130. Cod. 54 post στήμον in textum infert: ἢ εἰς τὸ στύπ-πιον (sic) καὶ εἰς τὸ ἔριον.　⁵³ Sic in marg. Codd. X, Lips.; in textu autem Codd. 54, 75.　⁵⁴ Sic in marg. Codd. X, 85 (bis), 130. Cod. Lips. in textu: σπανίζουσα ἔμμονος. "Vocabulum σπανίζουσα, quod in his modo Capp. xiii et xiv, quod scio, legitur, mutandum est in σπαθίζουσα a σπαθίζειν, scalpere, radere [immo σπαθίζειν nil sonare potest, nisi spatula agitare, sive illinere]; tunc cum מַמְאֶרֶת et

cum פֶּתַח [Ο'. ἐστήρικται (v. 55), ad quem locum Nobil. affert: Schol. "Αλλος· σπανίζουσαν, invitis libris nostris] satis convenit, et Aquilam fere prodit."—*Bahrdt.* Sin-cerissimum est σπανίζουσα, et Aquilae proculdubio tribuen-dum, qui pro Hebraeo מְאֵרָה, *maledictio,* σπάνιν interpre-tatus est Deut. xxviii. 20. Mal. ii. 2.　⁵⁵ Nobil., et Anon. in Cat. Niceph. p. 1042: Τὸ Σαμαρειτικόν, φιλόνεικος· ὀπίσω δὲ παλαιουμένην αὐτὴν εἶπεν, ἀντὶ τοῦ, συγγηρῶσαν τῷ σώματι, καὶ ἀνίατον. Pro מַמְאֶרֶת interpres Samaritanus in textu quidem מַמְאֶרֶת habet; in versione autem, tum hic tum Cap. xiv. 44, ממריאה; quod, respectu ad Chaldaicum אֲמַרָה, *irritare, exacerbare,* habito, mallemus cum Graeco nostro φιλόνεικος, quam cum Castello *permanens* vertere. Quod ad alteram versionem παλαιουμένη attinet, adhuc in tenebris versamur.　⁵⁶ Sic (cum ἐν αὐτῷ in marg.) Cod. 85.　⁵⁷ Cod. IV.　⁵⁸ Idem.　⁵⁹ Idem. Sic sine obelo Codd. 15, 55.　⁶⁰ Idem. Haec desunt in Comp., Codd. 16, 30, 52, aliis, Arab. 1, 2.　⁶¹ Haec, quae desunt in Hebraeo et Arab. 1, 2, deficiente post μετέβαλε (v. 14) Cod. IV, de nostro obelo jugulavimus. (Pro ἕλκει, δέρματι habent Codd. X (in marg.), Lips. (idem), 54, 74, alii.)　⁶² Vox αὐγάζον deest in Cod. 58, Arab. 1, 2.　⁶³ Haec desunt in Cod. 71, Arab. 1, 2.　⁶⁴ Deest in Arab. 1, 2.

(־ָ) τῆς σαρκὸς αὐτοῦ (◁).⁶⁵ 49. ־ָ ἐργασίμῳ ◁.⁶⁶
50. ἀφοριεῖ ־ַ ὁ ἱερεύς ◁.⁶⁷ 51. ὄψεται ־ָ ὁ ἱερεύς ◁.⁶⁸ 54. ἀφοριεῖ (־ָ) ὁ ἱερεύς ◁.⁶⁹ 57. ־ַ λέπρα ◁.⁷⁰

Cap. XIV.

3. נִרְפָּא. Ο'. ἰᾶται. "Αλλος· ἦρται.¹

4. צִפֳּרִים. Ο'. ὀρνίθια. "Αλλος· στρουθία.²

אֶרֶז. Ο'. κέδρινον. "Αλλος· κυπάρισσος.³

וְשָׁנִי. Ο'. κεκλωσμένον. "Αλλος· διάφορον.⁴

5. כְּלִי. Ο'. ἀγγεῖον. "Αλλος· ὄργανον.⁵

7. עַל־פְּנֵי הַשָּׂדֶה. Ο'. εἰς τὸ πεδίον. "Αλλος· ἐπὶ
προσώπον (s. προσώπου) τοῦ ἀγροῦ.⁶

10. מִנְחָה. Ο'. εἰς θυσίαν. "Αλλος· κατάπαυσιν.⁷

לֹג. Ο'. κοτύλην. "Αλλος· λόγγην.⁸ "Αλλος·
ξέστην.⁹

12. לְאָשָׁם. Ο'. τῆς πλημμελείας. "Αλλος· περὶ τῆς
πλημμελείας.¹⁰ "Αλλος· περὶ λυτρώσεως.¹¹

13. הוּא. Ο'. ἐστί. "Αλλος· καὶ ἔσται.¹²

14. הָאָשָׁם. Ο'. τοῦ τῆς πλημμελείας. "Αλλος·
τοῦ μιάσματος.¹³

עַל־תְּנוּךְ. Ο'. ἐπὶ τὸν λοβόν ("Αλλος· ὕψος¹⁴).

16. וְהִזָּה מִן־הַשֶּׁמֶן. Ο'. καὶ ῥανεῖ (alia exempl.
add. ἀπὸ τοῦ ἐλαίου¹³).

17. עַל־כַּפּוֹ. Ο'. ἐν τῇ χειρί. "Αλλος ἐπὶ τῆς
χειρός.¹⁶

עַל דַּם. Ο'. ἐπὶ τὸν τόπον τοῦ αἵματος. Alia
exempl. ἐπὶ τὸ αἷμα.¹⁷

21. לִתְנוּפָה. Ο'. εἰς ἀφαίρεμα ("Αλλος· ἀφό-
ρισμα¹⁸).

22. אֲשֶׁר תַּשִּׂיג יָדוֹ. Pro facultatibus suis. Ο'.
ὅσα εὗρεν ("Αλλος· ὡς ἂν δυνηθῇ¹⁹) ἡ χεὶρ
αὐτοῦ.

24. וְהֵנִיף. Ο'. ἐπιθήσει. "Αλλος· ἀφοριεῖ.²⁰

תְּנוּפָה. Ο'. ἐπίθεμα. "Αλλος· ἀφόρισμα.²¹

29. מִן־הַשֶּׁמֶן. Ο'. ἀπὸ τοῦ ἐλαίου. Aliter: Ο'.
Σ. τοῦ ἐλαίου.²²

32. אֲשֶׁר לֹא־תַשִּׂיג יָדוֹ. Ο'. καὶ τοῦ μὴ εὑρίσκον-
τος τῇ χειρὶ (αὐτοῦ). "Αλλος· ἐὰν ἀδυνατεῖ ἡ
χεὶρ αὐτοῦ.²³

33. אֶל־מֹשֶׁה וְאֶל־אַהֲרֹן. Ο'. πρὸς Μωυσῆν καὶ
Ααρών. Alia exempl. πρὸς Μωυσῆν.²⁴ Οἱ
λοιποὶ καὶ οἱ Ο'. καὶ πρὸς Ααρών.²⁵

34. לַאֲחֻזָּה. Ο'. ἐν κτήσει. Alia exempl. ἐν
κλήρῳ.²⁶ Οἱ λοιποί· εἰς κατάσχεσιν.²⁷

---

⁶³ Deest in Comp., Cod. 58, Arm. 1. ⁶⁶ Cod. V (qui
incipit: ἱματίῳ, ἢ ἐν τῷ δέρματι). Vox deest in Cod. 82.
⁶⁷ Idem. ⁶⁸ Idem. ⁶⁹ Idem. "Periit signum ini-
tiale."—Holmes. ⁷⁰ Idem. Deest in Cod. 58.
Cap. XIV. ¹ Sic in marg. Codd. 85, 130. ² Sic in
marg. Codd. X, Lips. ³ Sic in marg. Codd. X, Lips.
(cum κυπάρισσος). ⁴ Sic in marg. Codd. 85, 130. Cf.
Hex. ad Exod. xxv. 4. xxviii. 5. ⁵ Sic in marg. (ad
ὑσσωπον) Codd. X (eum τὸ ὄργ.), Lips. Mox v. 6 ad τὸ ζῶν
Cod. 85 in marg.: ἔξω, quod ad v. 7, τὸ ζῶν εἰς τὸ πεδίον,
pertinere videtur. Cf. Scharfenb. in Animadv. p. 87.
⁶ Sic in marg. Codd. X, Lips. (cum προσώπου). ⁷ Sic in
marg. Codd. 85, 130. Nisi error scribae sit pro κάρπωσιν.
Cf. ad Cap. vi. 15. ⁸ Sic in marg. Codd. 85, 130 (cum
λόγχην). ⁹ Sic in marg. Codd. X, Lips. ¹⁰ Sic (cum
περὶ in marg.) Codd. 85, 130; in textu autem Codd. 19
(sine τῆς), 32, 54, alii, Arm. 1. ¹¹ Sic in marg. Codd. X,
Lips. Cf. ad Cap. v. 18. vi. 17. vii. 1. ¹² Sic in marg.
Codd. 85, 130, Arm. 1; in textu autem Codd. 54, 74, 75,
alii. ¹³ Sic Cod. X in marg. ¹⁴ Idem. ¹⁵ Sic
Comp. (cum ἐπτάκις ἀπὸ, mox om. ἐπτάκις), Ald., Codd. VII
(ut Comp.), X, Lips., 15, 16, 18, alii, Arab. 1, 2. ¹⁶ Sic
in marg. Codd. 85, 130. ¹⁷ Sic Codd. 15, 54, 75,
Arab. 1, 2. ¹⁸ Sic in marg. Codd. X, Lips.; in textu
autem Cod. 74, 75. ¹⁹ Sic Cod. X in marg. Cf. ad
Cap. v. 11. Cod. Lips. in textu: ὅσα ἂν δυνηθῇ εὑρεῖν ἡ χ.
αὐτοῦ, permixtis, ut videtur, duabus versionibus. ²⁰ Sic
in marg. Codd. X (cum ἀφορίσει), Lips., 85, 130. ²¹ Iidem. ²² Cod. 130 (non, ut Holmes., 'Α. Σ.). Sic in
textu Codd. XI, Lips., 18, 19, alii. ²³ Cod. X in marg.
(cum δυνατεῖ). Concinnior foret lectio: ᾧ ἐὰν ἀδυνατήσῃ ἡ
χ. αὐτοῦ. ²⁴ Sic Codd. 16, 18, 30, alii (inter quos 85),
et Cat. Niceph. p. 1051. ²⁵ Cod. 85. Sic in textu
Codd. V, 130, Arm. 1. ²⁶ Sic Comp., Codd. X (in
marg.), Lips. (cum duplici lectione ἐν κλήρῳ κτήσει), 16, 29,
alii (inter quos 85, 130). ²⁷ Cod. 130 in marg.: Ο'.
κτήσει. Οἱ λ. εἰς κατάσχεσιν. Cod. 85 in marg.: εἰς κατάσχεσιν. κτήσει.

36. וְצִוָּה הַכֹּהֵן וּפִנּוּ אֶת־הַבַּיִת. *Et praecipiet
sacerdos, ut efferant omnia e domo.* Ο΄. καὶ
προστάξει ὁ ἱερεὺς ἀποσκευάσαι τὴν οἰκίαν.
Ἄλλος· καὶ ἐντελεῖται ὁ ἱερεύς, καὶ ἐκφορή-
σουσι τὰ ἐν τῇ οἰκίᾳ.[28]

וְלֹא יִטְמָא. Ο΄. καὶ οὐ μὴ ἀκάθαρτα γένηται
(Ἄλλος· ἀκαθαρτισθῇ[29]). Ἄλλος· καὶ οὐ μιανθήσεται.[30]

כָּל־אֲשֶׁר. Ο΄. ὅσα. Ἄλλος· πάντα ὅσα.[31]

37. וּמַרְאֵיהֶן שָׁפָל. Ο΄. καὶ ἡ ὄψις αὐτῶν ταπεινοτέρα. Ἄλλος· καὶ ἡ εἰδέα αὐτῶν κοιλοτέρα.[32]
Ἄλλος· δυσειδής.[33]

38. וְהִסְגִּיר. Ο΄. καὶ ἀφοριεῖ (Ἄλλος· ἀποκλείσει[34]).

41. אֲשֶׁר הִקְצוּ. *Quem abraserunt.* Ο΄. τὸν ἀπεξυσμένον. Alia exempl. ※ ὃν ἀπέξυσαν ◄.[35]

42. וְטָח. *Et oblinet.* Ο΄. καὶ ἐξαλείψουσι (Ἄλ-
λος· χρίσουσι[36]).

44. מַמְאֶרֶת. Ο΄. ἔμμονος. Ἄλλος· σπανίζουσα.[37]
Ἄλλος· φιλόνεικος.[38]

45. אֶת־אֲבָנָיו וְאֶת־עֵצָיו. Ο΄. καὶ τὰ ξύλα αὐτῆς,
καὶ τοὺς λίθους αὐτῆς. Alia exempl. καὶ τοὺς

λίθους αὐτῆς, καὶ τὰ ξύλα αὐτῆς.[39]

49. לְחַטֵּא. Ο΄. ἀφαγνίσαι. Οἱ λοιποί· περιαμαρ-
τίσαι.[40]

שָׁנִי. Ο΄. κεκλωσμένον. Ἄλλος· ἀλλοιούμενον.[41]

56. וְלַשְׂאֵת וְלַסַּפַּחַת. Ο΄. καὶ οὐλῆς, καὶ σημασίας. Ἄλλος· καὶ τοῦ σὴθ, καὶ τοῦ ἐνδεδω-
κότος.[42]

57. לְהוֹרֹת. Ο΄. τοῦ ἐξηγήσασθαι (Ἄλλος· φω-
τίσαι[43]).

Cap. XIV. 9. πώγωνα (✕) αὐτοῦ (◄).[44]   38. ἀφοριεῖ (÷) ὁ ἱερεύς ◄.[45]   39. ÷ τὴν οἰκίαν ◄.[46]   42.
÷ ἀπεξυσμένους ◄.[47]   47. ÷ καὶ ἀκάθαρτος ἔσται
ἕως ἑσπέρας ◄.[48]   ✕ καὶ ἀκάθαρτος ἔσται ἕως ἑσπέρας ◄.[49]   49. (÷) ζῶντα καθαρά (◄).[50]   51. (÷) ἐν
αὐτοῖς ◄.[51]

CAP. XV.

1. וַיְדַבֵּר. Ο΄. καὶ ἐλάλησεν (Ἄλλος· εἶπεν[1]).

2. דַּבְּרוּ אֶל־בְּנֵי יִשְׂרָאֵל וַאֲמַרְתֶּם אֲלֵהֶם. Ο΄.
λάλησον τοῖς υἱοῖς Ἰσραὴλ, καὶ ἐρεῖς αὐτοῖς
(alia exempl. πρὸς αὐτούς[2]). Οἱ λοιποὶ καὶ

---

[28] Sic in marg. Codd. X, Lips. Auctor, ni fallor, est
Symmachus, quem, ut solet, imitatus est Hieron.: *At ille
praecipiet, ut efferant universa de domo.*   [29] Sic in
marg. Codd. 85, 130. Lectio Aquilam prodit.   [30] Sic
in marg. Codd. X, Lips.; in textu autem Codd. 54, 75.
[31] Sic in marg. Codd. 85, 130.   [32] Sic in marg. Codd. X
(cum εἰδέα), Lips. Fortasse est Symmachi, coll. Hex. ad
Job. xli. 1. Ezech. i. 13.   [33] Iidem.   [34] Iidem. Cf.
ad Cap. xiii. 4, 5.   [35] Sic Cod. V. Lectionem Ed.
Rom. τὸν ἀπεξυσμένον reprobant Codd. II, III, XI, invito
Vet. Lat.   [36] Sic in marg. Codd. X, Lips. Mox v. 33
pro ἐξαλειφθῆναι Cod. X in marg.: χρισθῆναι; Cod. Lips.:
ἀποχρισθῆναι. Cf. Hex. ad Ezech. xiii. 10, 12.   [37] Sic in
marg. Codd. X (ad διακέχυται), Lips. (idem), 85. Cf. ad
Cap. xiii. 51. Cod. 130 in marg. ad καθελοῦσι (v. 45):
σπανίζουσιν (sic).   [38] Sic in marg. Codd. X, Lips. Cf.
ad Cap. xiii. 51.   [39] Sic Codd. V, 72, 108, Arab. 1, 2.
[40] Codd. X, Lips. (cum οἷα pro οἱ λ). Cod. 85 in marg.:
περὶ ἁμαρτίας. Cod. 130 in marg.: Οἱ λοιποί· περὶ ἁμαρτίας.
Cf. ad Cap. vi. 26. vii. 7. ix. 15.   [41] Sic in marg. Codd. X,
Lips., 85, 130. Cf. Hex. ad Exod. xxxv. 23, 25, 35, ubi

Theodotioni tribuitur. Mox ad κεκλωσμένῳ (v. 52) Codd.
85, 130, in marg.: ἀλλοιουμένῳ.   [42] Sic in marg. Codd. 85,
130. Codd. X (teste Holmesio), Lips. lectionem τοῦ ἐνδε-
δωκότος ad τοῦ αὐγάζοντος referunt. Ad σὴθ cf. ad Cap.
xiii. 10, 19. Altera autem versio, τὸ ἐνδεδωκός (q. d. *id
quod cedit, laxum, χαῦνον*), nescio an de *tumore* intelligenda sit, et ad primariam notionem vocis Hebraeae סָפַח,
effudit, expandit, referenda.   [43] Sic in marg. Codd. X,
Lips. Cf. ad Cap. x. 11.   [44] Sic sine aster. Cod. 15,
Arab. 1, 2.   [45] Cod. V, teste Holmesio: ἀφοριεῖ ὁ ἱερεύς : (sic). Deest ὁ ἱερεύς in Codd. 58, 72.   [46] Idem.
[47] Idem. Deest in Cod. 55, Arab. 1, 2.   [48] Idem.
Desunt in Codd. 30, 52, aliis, Arab. 1, 2.   [49] Idem.
Desunt in Comp., Codd. 16, 30, 52, aliis, Arab. 1, 2.
[50] Haec desunt in Codd. 16, 30, 52, aliis, Arab. 1, 2. Deficiente Cod. V, hanc et sequentem lectionem obelo de
nostro jugulavimus.   [51] Deest in Cod. 58.
Cap. XV. [1] Sic in marg. Cod. X; in textu autem
Codd. Lips., 16, 30, 52, alii (inter quos 130, cum ἐλάλησεν
in marg.).   [2] Sic Comp., Ald., Codd. VII, X, Lips., 16,
18, alii (inter quos 85, 130).

οἱ Ο'· λαλήσατε τοῖς υἱοῖς Ἰσραὴλ, καὶ ἐρεῖτε αὐτοῖς.³

2. צֶב. *Fluens* (semine). Ο'. ῥύσις. Ἄλλος· ῥέων.⁴

3. הֶחְתִּים. *Obstruxerit.* Ο'. συνέστηκε. Ἀ. ἐσφραγίσθη. Σ. περιπήγνυται. Θ. ἐσφράγικεν.⁵ Τὸ Σαμαρειτικόν· ἐσπίλωσεν.⁶

4, 6. הַזָּב. Ο'. ὁ γονορρυής. Οἱ λοιποί· ὁ ῥέων.⁷

7. בִּבְשַׂר. Ο'. τοῦ χρωτός. Ἄλλος· τῆς σαρκός.⁸

8. יָרֹק. *Spuerit.* Ο'. προσσιελίσῃ. Ἀ. ἐπιπτύσῃ.⁹ Τὸ Σαμαρειτικόν· πτύσῃ.¹⁰

9. הַמֶּרְכָּב. *Currus.* Ο'. ἐπίσαγμα ὄνου. Ἄλλος· κάθισμα.¹¹

9, 10. וְכָל־הַנֹּגֵעַ בְּכֹל אֲשֶׁר יִהְיֶה תַחְתָּיו : יִטְמָא. Ο'. ἀκάθαρτον ἔσται ἕως ἑσπέρας. καὶ πᾶς ὁ ἁπτόμενος ὅσα ἂν ᾖ ὑποκάτω αὐτοῦ. Ἄλλος· μιανθήσεται. καὶ πᾶς ὁ ἁπτόμενος ἀπὸ πάντων τῶν ὄντων ἐπ' (fort. ὑπ') αὐτόν.¹²

12. יִשָּׁטֵף. Ο'. νιφήσεται (s. νιφθήσεται). Ἄλλος· πλυθήσεται.¹³

13. בְּשָׂרוֹ בְּמַיִם חַיִּים. Ο'. τὸ σῶμα ὕδατι. Alia exempl. τὸ σῶμα αὐτοῦ ὕδατι ζῶντι.¹⁴

17. יִהְיֶה. Ο'. ᾖ. Ἄλλος· γένηται.¹⁵

19. בְּנִדָּתָהּ. *In impuritate ejus.* Ο'. ἐν τῇ ἀφέδρῳ αὐτῆς. Ἄλλος· ἐν τῇ μετακινήσει αὐτῆς.¹⁶

20. תִּשְׁכַּב. Ο'. κοιτάζηται. Ἄλλος· καθευδήσει.¹⁷

בְּנִדָּתָהּ. Ο'. ἐν τῇ ἀφέδρῳ (Ἄλλος· τοῦ χωρισμοῦ¹⁸) αὐτῆς.

24. נִדָּתָהּ. Ο'. ἡ ἀκαθαρσία (Ἄλλος· ὁ χωρισμὸς¹⁹) αὐτῆς.

27. בָּם. Ο'. αὐτῆς. Ἄλλος· αὐτῶν.²⁰

28. לָהּ. Ο'. αὐτῇ (s. ἑαυτῇ). Ἄλλος· ἐξ αὐτῆς.²¹

33. וְהַדָּוָה. *Et menstruantis.* Ο'. καὶ τῇ αἱμορροούσῃ (Ἄλλος· ὀδυνηρᾷ²²).

Cap. XV. 3. (÷) ἐν αὐτῷ (◄).²³ (÷) πᾶσαι αἱ ἡμέραι—ἀκαθαρσία αὐτοῦ ἐστι (◄).²⁴ 4 (in posteriore loco). (÷) ὁ γονορρυής (◄).²⁵

Cap. XVI.

2. בְּכָל־עֵת. Ο'. πᾶσαν ὥραν. Ἄλλος· παντὶ καιρῷ.¹

4. כְּתֹנֶת־בַּד. Ο'. χιτῶνα λινοῦν (Ἄλλος· διπλοῦν.² Ἄλλος· διπλοῦν λευκόν³).

---

³ Codd. 85, 130 (om. καὶ οἱ Ο'). In textu Codd. 53, 58: λαλήσατε … ἐρεῖτε: Cod. 15, Arab. 1, 2: λαλήσατε (non ἐρεῖτε): Cod. 85 in marg. Cf. ad v. 4. ⁴ Sic Cod. X (cum περιπήγνυται), Lips. (idem), 85 (cum Θ. ἐσφράγισται). Cod. 130 affert: Θ. ἐσφράγικεν. Ἀ. ἐσφραγίσθη. Symmachi versionem secutus est Hieron., vertens: *concreverit.* ⁶ Codd. X, Lips. (cum ἐσπήλωσεν). ⁷ Codd. Lips. (bis), 85 (cum ῥέων sine nom. in priore loco), 130 (in posteriore loco). ⁸ Sic in marg. Codd. X, 85, 130; in textu autem Codd. Lips., 15. ⁹ Hesych.: "Propter quod Aquila: *si superexspuerit.*" ¹⁰ Cod. Lips. Minus probabiliter Cod. X in marg.: τὸ σῶμα πτύσῃ. ¹¹ Sic in marg. Codd. X, Lips. In textu ὄνου reprobant Ald., Codd. VII, X, Lips., 16, 29, alii, invitis Hesychio et Vet. Lat. ¹² Sic Cod. Lips. in marg. ¹³ Sic in marg. Cod. 58; in textu autem Comp., Codd. 52, 74, alii. ¹⁴ Sic Comp., Ald., Codd. X, XI, Lips., 15, 16, 18, alii, Arab. 1, 2, Arm. 1. ¹⁵ Sic in marg. Cod. X; in textu autem Codd. Lips., 54, 74, alii. ¹⁶ Sic in marg. Codd. X, Lips., 85, 130. Cod. 54 in textu: ἐν τῇ μετακινήσει αὐτῆς ἀφέδρῳ. Cf. Hex. ad Zach. xiii. 1. Hesych.: "*Septem dies separabitur.*"

TOM. I.

Quod alii: *erit in purgatione* [ἀφέδρῳ] *sua;* alii vero interpretes: *in separatione iniquitatis* [ἀδικίας] *suae;* alii autem *miseriae* [ταλαιπωρίας] ediderunt." Lectiones pertinent ad Cap. xii. 2, ad quem locum ex eodem Hesychio plenius allatae sunt, excepta secunda, de qua nihil compertum habemus. ¹⁷ Sic in marg. Codd. X, Lips. ¹⁸ Sic in marg. Codd. 85, 130, scilicet ut integra lectio sit: ἐν τῇ ἀφ. τοῦ χ. αὐτῆς. ¹⁹ Sic in marg. Codd. X, Lips., 85. Mox v. 25 ad τῆς ἀφέδρου in priore loco Cod. 85 in marg.: τοῦ χωρισμοῦ. ²⁰ Sic Cod. 85 in marg. ²¹ Sic Cod. X in marg. Cod. Lips. in textu: ἐξ αὐτῇ ἑαυτῇ. ²² Sic Cod. 85 in marg. Proculdubio est Theodotionis, coll. Hex. ad Lev. xii. 2. Jesai. xxx. 22. ²³ Deest in Cod. 58. ²⁴ Desunt in Comp., Arab. 1, 2. ²⁵ Deest in Codd. 58, 84, 106, 134, Arm. 1.

CAP. XVI. ¹ Sic in marg. Codd. X, Lips. Cod. 85 in marg. (non, ut Holmes., in textu): κατὰ πᾶσαν ὥραν εἰς τὰ ἅγια. ² Sic in marg. Codd. 85, 130. ³ Sic in marg. Codd. X, Lips., ex duplici versione. Cf. ad Cap. vi. 10. Mox ad περισκελῆ λινοῦν Codd. X, Lips., 85, 130, in marg.: διπλοῦν.

c c

4. בֵּד וּבְאַבְנֵט. Ο'. καὶ ζώνῃ λινῇ ("Αλλος· διπλῇ.⁴
'Άλλος· διπλῇ λευκῇ⁵).

וּבְמִצְנֶפֶת. Ο'. καὶ κίδαριν ("Αλλος· μίτρᾳ⁶).

5, 7. שְׂעִירִים. Ο'. χιμάρους. "Άλλος· τράγους.⁷

6. הַחַטָּאת אֲשֶׁר־לוֹ. Ο'. τὸν περὶ τῆς ἁμαρτίας
αὐτοῦ (alia exempl. τὸν ἑαυτοῦ⁸).

8. גּוֹרָל אֶחָד לַיהוָה וְגוֹרָל אֶחָד לַעֲזָאזֵל. Ο'.
κλῆρον ἕνα τῷ κυρίῳ, καὶ κλῆρον ἕνα τῷ ἀποπομπαίῳ. Σ. κλῆρον ἕνα εἰς κύριον, καὶ κλῆρον ἕνα εἰς τράγον ἀπερχόμενον.⁹

לַעֲזָאזֵל. Azazeli (daemoni maligno). Ο'. τῷ
ἀποπομπαίῳ. 'Α. εἰς κεκραταιωμένον. Σ. εἰς
ἀπερχόμενον.¹⁰ Aliter: 'Α. εἰς τράγον ἀπο-

λυόμενον (s. ἀπολελυμένον).¹¹

9. וְעָשָׂהוּ. Ο'. καὶ προσοίσει ("Αλλος· ποιήσει¹²).

10. לַעֲזָאזֵל (in posteriore loco). Ο'. εἰς τὴν ἀποπομπήν. Σ. εἰς τράγον ἀφιέμενον.¹³

לַעֲזָאזֵל הַמִּדְבָּרָה. Ο'. εἰς τὴν ἀποπομπήν, καὶ
ἀφήσει αὐτὸν ◄ εἰς τὴν ἔρημον.¹⁴ "Αλλος·
(εἰς) 'Αζαζὴλ εἰς τὴν ἔρημον.¹⁵

הַמִּדְבָּרָה. Ο'. εἰς τὴν ἔρημον. Alia exempl.
εἰς τὴν ἔρημον. καὶ λήψεται ὁ τράγος ἐφ'
ἑαυτῷ τὰς ἀνομίας αὐτῶν εἰς γῆν ἄβατον.¹⁶

13. עָנָן. Ο'. ἡ ἀτμίς. "Αλλος· νεφέλη.¹⁷

15. אֶת־שְׂעִיר. Ο'. τὸν χίμαρον. "Αλλος· τὸν
τράγον.¹⁸

---

⁴ Sic in marg. Cod. 85.   ⁵ Sic in marg. Codd. X (cum
διπλῇ λευκῇ), Lips. (cum διπλῇ λευκῇ), 108 (ut X).   ⁶ Sic
in marg. Codd. X, Lips. (cum μήτρα). Cf. ad Cap. viii. 9.
⁷ Sic in marg. Codd. X, Lips.; in textu autem Ald.,
Codd. 16, 29, alii (inter quos 85, 130, uterque cum χιμάρους in marg.).   ⁸ Sic Comp., Ald., Codd. X (cum αὐτοῦ),
XI, Lips. (ut X), 16, 30, alii. Sic fere iidem ad v. 11 (bis).
⁹ Codd. X (cum στρατηγὸν pro τράγον), Lips. Procop. in
Octat. p. 357: "Sym. sic praesentem locum transtulit:
Sortem unam ad hircum abeuntem [quasi ab עֵז, capra, et
אָזַל, abiens]."   ¹⁰ Codd. X (cum κακρατεωμένον), Lips.
(cum κεκραταιωμένον), 85. Hesych.: "Caper ergo emissa-
rius, utpote qui emissus est, et non immolatur, dicitur.
Cujus autem rei gratia non immolatur, qui ad confirmatum deputatus est, sicut Aquila edidit?" Ceterum haud
mediocriter nobis arridet conjectura antecessoris nostri
C. F. Bahrdt, qui propter facilem confusionem voculae καὶ
compendiose scriptae, et sigli C vel S, integram hanc lectionem Aquilae soli vindicandam esse affirmat, legendo:
'Α. εἰς κεκραταιωμένον καὶ εἰς ἀπερχόμενον; scilicet ut vox
Hebraea divisim scribatur, vel saltem reddatur: עֵז, fortis
(quod eidem interpreti κεκραταιωμένος sonat Jesai. xix. 4),
et אָזַל, abiens. Quod vero contra Bahrdtii emendationem
objicit Scharfenb. in Animadv. p. 88, Aquilam tam diligenter numerare verba Hebraica, ut ne unam quidem
literam vel addat vel detrahat, id non nimis urgendum
esse apparet ex versione istius interpretis, τοῦ ταπεινόφρονος
ΚΑΙ ἁπλοῦ, pro Hebraeo מִכָּם (Psal. xv. 1); ne dicamus,
nostrum locum facilem correctionem admittere: 'Α. εἰς κεκραταιωμένος ἀπερχόμενος. Nec praetereunda est alia lectio,
quam e Nobil. et Catenis Regiis (non e Basiliano, qui
error est Bahrdtii) exscripsit Montef.: 'Α. [Cat. Niceph.
p. 1065: 'Ακ. καὶ Θεοδ.] κλῆρος εἰς κεκρατημένος καὶ εἰς ἀπερχό-

μενος; quae, etsi depravata, emendationi propositae aliquatenus favet.   ¹¹ Theodoret. Quaest. XXII in Levit.
p. 199: Καὶ ὁ Σύμ. δὲ τὸν ἀποπομπαῖον οὕτως ἡρμήνευσεν, εἰς
τράγον ἀπερχόμενον, ὥστε ἀποστεῖλαι αὐτὸν εἰς τὴν ἀποπομπήν·
ὁ δὲ Ἀκ., εἰς τράγον ἀπολυόμενον [Niceph. p. 1066: ἀπολελυ-
μένον] εἰς τὴν ἔρημον. Apolinarius in Cat. Niceph. p. 1068:
Τὸν χίμαρον τὸν ἀποπομπαῖον ὁ Σύμ., τράγον ἀπερχόμενον Ἀκ.,
τράγον ἀπολελυμένον. Lectio ad alteram Aquilae editionem
pertinere videtur.   ¹² Sic in textu Comp., Codd. 19,
64 (cum π. αὐτόν), 108, 118.   ¹³ Codd. X, Lips. Ad
prius לַעֲזָאזֵל, Ο'. τοῦ ἀποπομπαίου, Cod. 85 in marg. sine
nom.: εἰς τρ. ἀφιέμενον, quod Theodotionis esse frustra
suspicatur Montef. Ceterum ad h. l. Procopius in Octat.
p. 356: "Verum necessitas postulavit, ut ostenderetur
Deum imperasse, ut sibi etiam offerretur hircus, qui de-
portabatur. Id quidem facile probatum est. Nam inquit:
Accipies hircum vivum coram Domino, ut expiatio per
eum fiat, et relegetur in desertum. Quod quidem interpretatus est Aquilas in hunc modum, ut referantur praedicta in hircum, qui in solitudinem emittebatur." Unde
tamen de versione Aquilae nihil certi colligi potest.
¹⁴ Obelus est in Cod. V, testibus Grabio et Montef. Praeterea copula deest in Codd. II, III, V, 15, 19, aliis. Haec,
καὶ ἀφ. αὐτήν, absunt ab Arab. 1, 2, et Theodoreto.   ¹⁵ Sic
Cod. Lips. in marg. Cod. X in textu: εἰς ἀζαζὴλ εἰς τὴν
ἔρημον τὴν ἀποπομπήν. Praeterea ad καὶ ἀφήσει εἰς τὴν ἔρ.
Codd. X, Lips., in marg.: ἀφῆναι (sic) εἰς τὴν ἔρ.   ¹⁶ Sic
Ald., Codd. X (sub ※, cum ὁ χίμαρος), XI, Lips. (ut X,
sine ※), 16 (cum τοῦ λαοῦ pro αὐτῶν), 18 (ut Lips., cum
γῆν ἄβατον), 29, 30 (cum γῆν ἀβάτων), alii, Arm. 1.   ¹⁷ Sic
in marg. Cod. 130; in textu autem Cod. 85.   ¹⁸ Sic in
textu Ald., Codd. 16, 29, 30, alii (inter quos 85, 130,
uterque cum χίμαρον in marg.). In vv. 18, 20, 27, similis

16. עַל־הַקֹּדֶשׁ. Ο'. τὸ ἅγιον. Ἄλλος· περὶ τῶν ἁγίων.[19]

הַשֹּׁכֵן אִתָּם בְּתוֹךְ טֻמְאֹתָם. Ο'. τῇ ἐκτισμένῃ (Ἄλλος· τῇ κατασκηνούσῃ[20]) ἐν αὐτοῖς ἐν μέσῳ τῆς ἀκαθαρσίας αὐτῶν. Ἄλλος· (τῇ) συνοικησάσῃ αὐτοῖς ἐν τοῖς μιάσμασιν αὐτῶν.[21]

17. וּבְעַד כָּל־קְהַל יִשְׂרָאֵל. Ο'. καὶ περὶ πάσης συναγωγῆς (Ἄλλος· ἐκκλησίας[22]) υἱῶν (Ἄλλος· τῶν υἱῶν[23]) Ἰσραήλ.

21. וְהִתְוַדָּה עָלָיו אֶת־כָּל־עֲוֹנֹת. Et confitebitur super eum omnes iniquitates. Ο'. καὶ ἐξαγορεύσει ἐπ' αὐτοῦ πάσας τὰς ἀνομίας. Ἄλλος· καὶ ἐπενεχθήσονται αὐτῷ πᾶσαι (αἱ ἀνομίαι).[24]

פִּשְׁעֵיהֶם. Ο'. τὰς ἀδικίας (Ἄλλος· ἀτοπίας[25]) αὐτῶν.

עִתִּי. Opportune obvii. Ο'. ἑτοίμου. Ἄλλος· καιρίμου. Ἄλλος· πλανητεύοντος.[26]

22. אֶל־אֶרֶץ גְּזֵרָה. In terram seclusam. Ο'. εἰς γῆν ἄβατον (Ἄλλος· γάζαρα.[27] Ἄλλος· συγκεκριμένην[28]).

23. אֶת־בִּגְדֵי הַבָּד. Ο'. τὴν στολὴν τὴν λινῆν. Ἄλλος· τὰ φάρεα τὰ λευκά.[29]

26. וְהַמְשַׁלֵּחַ אֶת־הַשָּׂעִיר לַעֲזָאזֵל. Ο'. καὶ ὁ ἐξαποστέλλων τὸν χίμαρον τὸν διεσταλμένον εἰς ἄφεσιν (Ἄλλος· εἰς τὴν ἀποπομπήν[30]).

Ἄλλος· καὶ ὁ ἐξαποστελλόμενος ἅμα τῷ χιμάρῳ εἰς Ἀζαζήλ.[31]

29. תְּעַנּוּ. Affligetis. Ο'. ταπεινώσετε. Ἄλλος· κακώσετε.[32]

31. שַׁבַּת שַׁבָּתוֹן. Ο'. σάββατα σαββάτων ἀνάπαυσις αὕτη. Alia exempl. σάββατα σαββάτων.[33]

וְעִנִּיתֶם. Ο'. καὶ ταπεινώσετε (Ἄλλος· κακώσετε[34]).

32. וַאֲשֶׁר יְמַלֵּא אֶת־יָדוֹ לְכַהֵן. Quemque consecraverit ad sacerdotem agendum. Ο'. καὶ ὃν ἂν τελειώσωσι τὰς χεῖρας αὐτοῦ ἱερατεύειν. Ἄλλος· καὶ οὗ ἐπληρώθη ὁ τόπος ἱερατεύειν.[35]

תַּחַת אָבִיו. Ο'. μετὰ τὸν πατέρα αὐτοῦ. Ἄλλος· ἀντὶ τοῦ πατρὸς αὐτοῦ.[36]

הַבָּד. Ο'. τὴν λινῆν. Ἄλλος· (τὴν) διπλῆν.[37]

33. אֶת־מִקְדַּשׁ הַקֹּדֶשׁ. Sacrarium sanctum. Ο'. τὸ ἅγιον τοῦ ἁγίου. Ἄλλος· ἁγίασμα τὸ ἅγιον.[38]

Cap. XVI. 1. ⟶ πῦρ ἀλλότριον ◄.[39] 2. ⟶ τοῦ μαρτυρίου ◄.[40] 15. ⟶ ἔναντι κυρίου ◄.[41] 20. ⟶ καὶ περὶ τῶν ἱερέων καθαριεῖ ◄.[42] 21 (in posteriore loco). ⟶ τοῦ ζῶντος ◄.[43] 22. (※) πάσας (◄) τὰς ἀδικίας.[44] 29. ⟶ τοῦτο ◄.[45]

---

est lectio. [19] Sic in marg. Codd. X, Lips., 85; in textu autem Codd. 54. 75. [20] Sic in marg. Cod. 130. [21] Sic in marg. Cod. X, teste Holmes. Symmachi esse videtur. [22] Sic in marg. Codd. 85, 130. [23] Iidem. [24] Sic in marg. Codd. X, Lips. [25] Iidem. [26] Ad ἑτοίμου Cod. X in marg.: καιρίμου πλανητεύοντος; sed alter codex ad ἑτοίμου, καιρίμου, ad ἐπὶ τὸ ἔρημον vero, πλανητεύοντος refert. Posterior autem lectio, cum nihil cum Hebraeo commune habeat, pro glossa habenda esse videtur. [27] Sic in marg. Codd. X, Lips. [28] Cod. 85 in marg. Videtur esse Theodotionis, qui σύγκριμα pro גְּזֵרָה posuit Dan. iv. 14, 21. [29] Sic in marg. Codd. X, Lips. Cf. ad Cap. vi. 10, 11. [30] Iidem. [31] Iidem (cum χιμάρῳ). Cf. ad v. 10. [32] Sic in marg. Codd. 85, 130 (cum κακώσεται); in textu autem Codd. 54, 75. Cod. X in marg., teste Holmes.: κακώσετε, ἐκλιπτεύσατε (fort. ἐκποιήσατε. Cf. ad Cap. xxiii. 27). Ad κακώσετε cf. Hex. ad Psal. cxv. 1. Jesai. lviii. 5. [33] Sic Comp., Codd. V, VII, X,

Lips., 15, 16, alii (inter quos 85, 130, uterque cum ἀνάπαυσις αὕτη in marg.). [34] Sic in marg. Codd. 85, 130; in textu autem Cod. 74, Theodoret, qui notat: κάκωσιν δὲ τὴν νηστείαν ἐνόμασεν. [35] Sic in marg. Codd. X, Lips. [36] Sic in marg. Codd. 85, 130. [37] Sic Cod. 85 in marg. Cf. ad v. 4. [38] Sic in marg. Codd. 85, 130. [39] Sic e Cod. V, ut videtur, Grabius, repugnante Montef., qui post ἀφαγνίσαι Cap. xiv. 49 rursus incipit a κοιμηθῇ ἐπ' αὐτῆς Cap. xv. 24. Holmesii autem amanuensis ad Cap. xiv. 49 notat: "Desunt sequentia usque ad Cap. xvi. 29." Cf. quae observavimus ad Exod. xxxvii. 15, not. 26. [40] Cod. V, testantibus Grabio et Montef. [41] Idem. Deest in Cod. 58. [42] Idem. Deest in Cod. 58, Arab. 1, 2. [43] Idem. Deest in Cod. 58. [44] Sic sine aster. Codd. V, 15, 58, Arab. 1, 2. [45] Sic Grabius e Cod. V, qui tamen, teste Montef., pingit: ⟶ καὶ ἔσται τοῦτο ὑμῖν νόμιμον αἰώνιον :.

Cap. XVII.

3. O'. ἡ τῶν προσηλύτων τῶν προσκειμένων ἐν ὑμῖν.[1]

5. וּבְחִים. O'. σφάξουσιν (s. σφάξωσιν). Ἄλλος· θυσιάζωσιν.[2]

7. לַשְּׂעִירִם. Daemonibus silvestribus. O'. τοῖς ματαίοις. Ἀ. τοῖς τριχιῶσιν. Θ. τοῖς σεειρείμ.[3]

9. הָאִישׁ הַהוּא מֵעַמָּיו. O'. ὁ ἄνθρωπος ἐκεῖνος ἐκ τοῦ λαοῦ αὐτοῦ. Alia exempl. ἡ ψυχὴ ἐκείνη ἐκ τοῦ λαοῦ αὐτῆς.[4]

10. וְנָתַתִּי פָנַי. O'. καὶ ἐπιστήσω (Ἄλλος· δώσω[5]) τὸ πρόσωπόν μου. Ἄλλος· καὶ στήσω τὴν ψυχήν μου.[6]

מִקֶּרֶב עַמָּהּ. O'. ἐκ (Ἄλλος· ἐκ μέσου[7]) τοῦ λαοῦ αὐτῆς.

11. כִּי נֶפֶשׁ הַבָּשָׂר בַּדָּם הוּא. O'. ἡ γὰρ ψυχὴ πάσης σαρκὸς αἷμα αὐτοῦ ἐστι. Ἄλλος· ὅτι ἡ ψυχὴ πάσης σαρκὸς ἐν τῷ αἵματί ἐστιν.[8]

כִּי־הַדָּם הוּא. O'. τὸ γὰρ αἷμα αὐτοῦ (Ἄλλος· αὐτό[9]).

13. חַיָּה. O'. θηρίον. Ἀ. ζῷον.[10]

בֶּעָפָר. O'. τῇ γῇ. Ἀ. Σ. χοΐ. Θ. χώματι.[11]

14. דָּמוֹ בְנַפְשׁוֹ הוּא. Sanguis ejus cum anima

ejus conjunctus est. O'. αἷμα αὐτοῦ (alia exempl. add. ἐν ψυχῇ αὐτοῦ[12]) ἐστι. Σ. (ἡ γὰρ ψυχὴ πάσης σαρκὸς) τῷ αἵματι αὐτῆς ἥνωται.[13]

Cap. XVII. 4. μὴ ἐνέγκῃ αὐτὸ (sic), ⸓ ὥστε ποιῆσαι αὐτὸ εἰς ὁλοκαύτωμα ἢ εἰς (sic) σωτήριον— ἐνέγκῃ αὐτό ◄.[14] 6. ⸓ κύκλῳ ἀπέναντι ◄ κυρίου.[15]

Cap. XVIII.

3. כְּמַעֲשֵׂה. O'. κατὰ τὰ ἐπιτηδεύματα (Ἄλλος· ἔργα[1]).

וּבְחֻקֹּתֵיהֶם. O'. καὶ τοῖς νομίμοις (Ἄλλος· ἠκριβασμένοις, s. ἠκριβωμένοις[2]) αὐτῶν.

4. וְאֶת־חֻקֹּתַי. O'. καὶ τὰ προστάγματά (Ἄλλος· ἠκριβωμένα[3]) μου.

5. וְאֶת־מִשְׁפָּטַי. O'. καὶ πάντα τὰ κρίματά (Ἄλλος· δικαιώματα[4]) μου.

6. אִישׁ אִישׁ אֶל־כָּל־שְׁאֵר בְּשָׂרוֹ. Omnis homo ad omne consanguineum (Graeco-Ven. πρὸς ὁτιοῦν συγγενὲς) carnis suae. O'. ἄνθρωπος ἄνθρωπος πρὸς πάντα οἰκεῖα σαρκὸς αὐτοῦ. Ἄλλος· ἀνὴρ ἀνὴρ πρὸς πᾶν λίμμα [σύνεγγυς γένους αὐτοῦ].[5]

Cap. XVII. [1] Nobil.: "ΑΑ. LL. non habent verba, ἡ—ἐν ὑμῖν." Sic Comp., Codd. V, XI, 16, 19, alii (inter quos 85, 130, qui in marg. tantum habent), Arab. 1, 2, Arm. 1. Huc pertinere videtur annotatio in marg. Codd. 85, 130 ad Cap. xvi. 29 (καὶ ὁ προσήλυτος ὁ προσκ. ἐν ὑμῖν): Ἔνια δὲ τῶν ἀντιγράφων, ἡ τῶν προσηλύτων τῶν προσκ. ἐν ὑμῖν. [2] Sic in marg. Codd. X, Lips. (cum -ζουσιν), 85, 130. Mox ad σωτηρίου Codd. 85, 130, in marg.: εἰρηνικῶν. Cf. ad Cap. iii. 1. [3] Codd. X (cum Ἀ. Σ. pro Ἀ.), Lips., cum scholio: τριχιῶσι δαίμοσιν εἶπεν Ἀκ., ἐπεὶ καὶ τοιαύτης εἰσὶ τινες φύσεως αὐτῶν. Codd. 85, 130: Ἀ. τοῖς τριχιοῦσιν, scriptura deteriore. Cf. Hex. ad Jesai. xiii. 21. xxxiv. 14. [4] Sic Ald., Codd. V, 16, 30, alii (inter quos 85 (cum altera lectione in marg.), 130), Arab. 1, 2. Codd. X (teste Holmes.), Lips., in marg.: ἡ ψυχὴ ἐκείνη. [5] Sic in marg. Codd. X, Lips. [6] Sic in marg. Codd. 85, 130; in textu autem Codd. XI, 15 (cum ἐπιστήσω), 71 (cum mixta lectione: καὶ ἐπὶ (sic) πρ. μου στήσω τὴν ψυχὴν μου). [7] Sic in textu Cod. 58, Arab. 1, 2. [8] Sic in marg. Codd. 85, 130. [9] Sic in marg. Cod. 130; in textu

autem char. min. Grabe. [10] Codd. X, Lips., qui ad θήρευμα lectionem referunt. Sed cf. Hex. ad Gen. i. 28, 30. Jesai. xxxv. 9. Jerem. xxvii. 6. [11] Codd. X (ut videtur), Lips., 85, 130. Cf. Hex. ad Job. xiv. 8. [12] Sic Cod. 58 (non, ut Holmes., ἐν ψυχῇ tantum). [13] Cod. 85 in marg. sine nom., exscribente Montef.: τῷ αἵματι αὐτῆς (αὐτοῦ Holmes.) ἥνωται. Cod. Lips. vero: Σ. τὸ αἷμα αὐτῆς ἥνωται. [14] Cod. V. Haec desunt in Comp., Arab. 1, 2. [15] Idem, testibus Grabio et Montef. Holmesii amanuensis pingit: ⸓ κύκλῳ ἀπέναντι κυρίου :, invito Hebraeo. Haec, κύκλῳ ἀπέναντι, desunt in Cod. XI, Arab. 1, 2. Vocem priorem reprobant Comp., Codd. 16, 19, 29, alii, Arm. 1.

Cap. XVIII. [1] Sic in marg. Codd. X (teste Holmes.), Lips. [2] Sic in marg. Codd. X, Lips., 85 (cum ἠκριβωμ.), 130 (idem). Cf. ad Cap. x. 11. xx. 22. [3] Sic in marg. Cod. 85. [4] Codd. 85, 130, in marg.: ἅγια. δικαιώματα. ἀκριβάσματα; quorum posterius ad חֻקַּת retrahendum esse quivis videt; ἅγια autem quo pertineat obscurum est. [5] Sic in marg. Codd. X, Lips. (De scriptura λίμμα, quam ad Rom. xi. 5 tuentur Codd. Α, ℵ, B[1] (λῆμμα B[2]), C, D[1],

7. עֶרְוַת. *Nuditatem.* Ο΄. ἀσχημοσύνην. Ἄλλος· αἰδῶ.[6]

9. מוֹלֶדֶת בַּיִת אוֹ מוֹלֶדֶת חוּץ. Ο΄. ἐνδογενοῦς ἢ γεγεννημένης ἔξω. Ἄλλος· γέννημα οἴκου ἢ γέννημα ἔξω.[7]

11. מוֹלֶדֶת אָבִיךָ. Ο΄. ὁμοπατρία. Ἄλλος· ὁμομητρία.[8]

12. שְׁאֵר אָבִיךָ. Ο΄. οἰκεία γὰρ πατρός σου. Ἄλλος· αἷμα (fort. λίμμα) γὰρ πατρός σου.[9]

14. דֹּדָתְךָ הִוא. *Amita tua est.* Ο΄. συγγενὴς γάρ σου ἐστίν. Ἄλλος· ὡς ἀδελφὴ πατρός σου ἐστίν.[10]

17. שַׁאֲרָה. *Consanguinitas.* Ο΄. οἰκεῖαι γάρ σου. Ἄλλος· λίμμα αὐτῆς.[11]

זִמָּה הִוא. *Scelus est.* Ο΄. ἀσέβημά (Σ. μῦσος. Θ. ζίμμα[12]) ἐστιν.

19. בְּנִדַּת. Ο΄. ἐν χωρισμῷ. Ἄλλος· ἐν μιάσματι.[13]

21. לְהַעֲבִיר לַמֹּלֶךְ. *Ad traducendum* (per ignem) *Molocho.* Ο΄. λατρεύειν ἄρχοντι. Ἀ. Σ. Θ. παραβιβάσαι τῷ Μολόχ.[14]

23. בְּכָל־בְּהֵמָה. Ο΄. πρὸς πᾶν τετράπουν. Ἄλλος· ἐν παντὶ κτήνει.[15]

לִפְנֵי בְהֵמָה. Ο΄. πρὸς πᾶν τετράπουν. Ἄλλος· ἐνώπιον κτήνους.[16]

לְרִבְעָהּ. *Ad coeundum cum ea.* Ο΄. βιβασθῆναι (alia exempl. add. ὑπ᾽ αὐτοῦ[17]). Σ. *succumbere.*[18]

תֶּבֶל. *Faedum scelus.* Ο΄. μυσαρόν. Ἀ. ἀπειρημένον. Σ. ἄρρητον. Θ. θαβέλ.[19]

25. וָאֶפְקֹד. Ο΄. καὶ ἀνταπέδωκα. Ἄλλος· (καὶ) ἐπεσκεψάμην.[20]

⁂ ——————— ⁂

F, cf. Hex. ad Jerem. xxvii. 19.) Cod. 85 in marg. habet tantum: ἀνὴρ ἀνὴρ πρὸς πᾶν λίμμα; Cod. 130 in marg.: πρὸς πᾶν λίμμα. "Aquilae esse conjicio, non solum quia, ut Montef. monet, Cod. Basil. ad v. 17 diserte appellat Aquilam [sed vide ad v. 17], sed etiam ob modum vertendi huic interpreti proprium... Sed quae his addunt Codd. Coislin. et Lips., σύνεγγυς γένους αὐτοῦ, *prope genus suum*, ut explicationis causa ab auctore quodam incerto adjecta, neque tam ad versionem Aquilae quam LXX interpretum, πρὸς πάντα οἰκεῖα σαρκὸς αὐτοῦ, referenda esse credam, admoneor scholio S. Cyrilli inedito ad Cap. xx. 20 in Cat. Niceph. p. 1098: σάρκα λέγων τὴν ἐγγὺς κατὰ γένος." —*Scharfenb.* Pro σύνεγγυς nescio an legendum τὸν ἐγγὺς, secundum lectionem Complutensem, πρὸς πάντα οἰκεῖον σ. α. [6] Cod. Lips. in marg. [7] Sic in marg. Codd. 85 (teste Montef.), 130. Holmesii amanuensis e priore exscripsit: γ. οἴκου καὶ ἡ (sic) γ. ἔξω. [8] Sic in marg. Codd. X, Lips.; in textu autem Codd. 54, 64, 75. Utramque lectionem ad sequens אֲחוֹתְךָ male refert Bahrdt. [9] Sic in marg. Codd. 85 (cum nota: γρ. οἰκεῖον σαρκὸς αὐτοῦ), 130. Pro αἷμα legendum esse λίμμα probabiliter conjicit Scharfenb. in *Animadv.* p. 90. [10] Sic in marg. Codd. X, Lips. [11] Sic in marg. ad ἀντίζηλον (v. 18) Codd. X, Lips. Cf. ad v. 6. Cod. 85 ad ἀσέβημά ἐστι confuse affert: Ἀ. μύσος (sic) λίμμα αὐτῆς ἐστιν. Σ. ζίμμα ἐστίν; et sic sine nominibus (cum ζέμα) Cod. 130. [12] Codd. X, Lips. Cf. Hex. ad Ezech. xvi. 27. xxii. 9. Minus probabiliter Cod. 85 (ut supra): Ἀ. μύσος ἐστίν. Σ. ζίμμα ἐστίν. [13] Sic in marg. (ad ἀκαθαρσίας) Codd. X, Lips. Cf. ad Cap. xx. 21.

[14] Codd. Lips., 85 (cum τὸ M.). Cod. 130 in marg. sine nom.: παραβιβάσαι τὸν M. Cod. VII in marg. manu 1ᵐᵃ: Ἀ. Σ. Θ. τῷ Μολόχ. Theodoret. Quaest. XXV in Levit. (Opp. T. I, p. 205): Τὸ Ἑβραϊκὸν τὸ Μολὸχ ἔχει, καὶ οἱ λοιποὶ δὲ ἑρμηνευταὶ τοῦτο τεθείκασιν· εἴδωλον δὲ τοῦτο ἦν. Hesych.: "*De semine tuo non dabis, ut consecretur idolo Moloch,* vel secundum LXX, *praesto esse principi* ... Cui autem principi, nostra translatio et reliqui interpretes ostenderunt: ipsi enim Moloch pro eo quod est *principi* consone ediderunt." [15] Sic in marg. Codd. X, Lips. (qui ad posterius πρὸς πᾶν τ. male refert). [16] Sic in marg. Codd. 85, 128, 130. [17] Sic Cod. VII, Arm. 1. [18] Hesych.: "Propter quod scelestum est hanc, quae talis est, libidini substerni. *Coire ergo succumbere* [fort. ὑποπεσεῖν. S.Cyril. in Cat. Niceph. p. 1088: Ποιμένος δὴ οὖν ἀρετὴ, τὸ μὴ ἐπαφιέναι προβάτοις ἑτεροειδές τι ζῶον, ὡς ταῖς ὀθνείου τυχὸν ὀχείας ὑποπεσεῖν. Cf. ad Cap. xix. 19] edidit Symmachus." Lectionem ad לֹא־תֵעָמֵד, Ο΄. οὐ στήσεται, accommodat Montef., praeeunte Hieronymo, qui Hebraea vertit: *Mulier non succumbet jumento, nec miscebitur ei.* Nobiscum facit Scharfenb. in *Animadv.* p. 91. [19] Cod. X: Θ. θαβὲλ. Σ. ἄρρητος. Ἀ. ἀπειρημένον. Cod. Lips.: Θ. θαβέλ. Σ. ἀρρητον, ἀπειρημένον. Minus emendate Cod. 85: Θ. θαβέλ. Σ. ἄρρητον. Denique Hesych.: "Sed et reliqui interpretes pro *abominabilis*, Sym. *ineffabile*, Aq. *infectum* [h. e. *quod fieri non debet, interdictum,* ἀπειρημένον] ediderunt; hoc quidem actione, illud autem verbo vel oratione, non esse portabile nec legitimum dicentes." [20] Sic in marg. Codd. X, Lips., 85, 130; in textu autem Codd. 54, 75.

25. עֲוֹנָה. Ο'. ἀδικίαν αὐτοῖς (alia exempl. αὐτῆς²¹).

וַתָּקִא הָאָרֶץ אֶת־יֹשְׁבֶיהָ. Et evomuit terra incolas ejus. Ο'. καὶ προσώχθισεν ("Αλλος· ἐξώρισεν²²) ἡ γῆ τοῖς ἐγκαθημένοις ἐπ' αὐτῆς. "Αλλος· καὶ ἀπέβαλεν ἡ γῆ τοὺς ἐνοικοῦντας..²³

26. אֶת־חֻקֹּתַי. Ο'. τὰ νόμιμά μου. "Αλλος· τὰ ἠκριβασμένα (μου).²⁴

הָאֶזְרָח. Indigena. Ο'. ὁ ἐγχώριος. "Αλλος· ὁ αὐτόχθων.²⁵

28. וְלֹא־תָקִיא. Ο'. καὶ ἵνα μὴ προσοχθίσῃ ("Αλλος· ἐξορίσῃ²⁶). "Αλλος· καὶ οὐ μὴ ἀποβάλῃ.²⁷

קָאָה. Ο'. προσώχθισε.. 'Α. ἐξήρασεν. Σ. ἐξήμεσεν. Θ. ἀπέβαλεν.²⁸

30. וּשְׁמַרְתֶּם אֶת־מִשְׁמַרְתִּי. Ο'. καὶ φυλάξετε (s. φυλάξεσθε) τὰ προστάγματα ("Αλλος· φυλάγματα²⁹) μου.

מֵחֻקּוֹת. Ο'. ἀπὸ πάντων τῶν νομίμων ("Αλλος· ἠκριβασμένων³⁰).

Cap. XIX.

3. אִישׁ. Ο'. ἕκαστος. "Αλλος· ἀνήρ.¹

4. אֶל־הָאֱלִילִם. Ad vana (idola). Ο'. εἰδώλοις. "Αλλος· τοῖς ἐλειλείμ.²

5. שְׁלָמִים. Ο'. σωτηρίου. "Αλλος· εἰρηνικῶν.³

7. פִּגּוּל הוּא לֹא יֵרָצֶה. Ο'. ἄθυτόν ἐστιν, οὐ δεχθήσεται. 'Α. ἀπόβλητον... Σ. ἀργόν ἐστιν, οὐκ εὐδοκηθήσεται. Θ. φεγγούλ...⁴

9. פְּאַת שָׂדֶה. Extremitatem agri tui. Ο'. τὸν θερισμὸν ὑμῶν τοῦ ἀγροῦ σου. "Αλλος· τὸ φαὰθ τοῦ ἀγροῦ σου.⁵

10. לֹא תְעוֹלֵל. Ο'. οὐκ ἐπανατρυγήσεις ("Αλλος· ἐπιφυλλιεῖς⁶).

13. לֹא־תַעֲשֹׁק. Ne fraudes. Ο'. οὐκ ἀδικήσεις ("Αλλος· συκοφαντήσεις⁷).

וְלֹא תִגְזֹל. Neve spolies. Ο'. καὶ οὐχ ἁρπᾷ ("Αλλος· ἀποστερήσεις⁸).

14. לֹא־תְקַלֵּל. Ne maledicas. Ο'. οὐ κακῶς ἐρεῖς. "Αλλοι· οὐ καταράσῃ, οὐ λοιδορήσεις.⁹

מִכְשֹׁל. Ο'. σκάνδαλον. "Αλλος· κατάβασιν.¹⁰

15. וְלֹא תֶהְדַּר פְּנֵי גָדוֹל. Ο'. οὐδὲ μὴ θαυμάσῃς πρόσωπον δυνάστου. "Αλλος· οὐ δοξάσεις πρόσωπον μεγάλου.¹¹

16. רָכִיל. Detractor. Ο'. δόλῳ. "Αλλος· ὑπούλως.¹²

---

²¹ Sic Codd. 15, 54, 59. Vet. Lat.: injustitias ejus. Hesych.: injustitiam ejus.   ²² Sic Cod. X in marg. (cum ἐξόρισεν).   ²³ Sic in marg. Codd. X, Lips., 85 (cum ἀνέβαλεν), 130. Cf. ad v. 28.   ²⁴ Sic in marg. iidem.   ²⁵ Sic in marg. Codd. X, Lips. Cf. Hex. ad Psal. xxxvi. 35.   ²⁶ Cod. X in marg.   ²⁷ Sic in marg. Codd. X (cum καὶ ἵνα οὐ μή), 85, 130.   ²⁸ Cod. 85 in marg.: Θ. ἀπέβαλεν (non ἀνέβαλεν). 'Α. ἐξήρασεν. Σ. ἐξήμεσεν. Cod. 130 in marg.: ἀπέβαλεν. ἐξήρεν. ἐξήμεσεν. Nobil.: Θ. ἀπέβαλεν. 'Α. ἐξήρεν. Σ. ἐξήμεσεν (sic). Postremo Cat. Niceph. p. 1084: Θ. ἀπέβαλεν ἡ γῆ τοὺς ἐνοικοῦντας. Σ. ἐξήμεσεν. 'Α. ἐξήρεν ἡ γῆ τοὺς ἐν. Ex his manifesto apparet, Aquilae vindicandum esse rarius, sed probum vocabulum, ἐξήρασεν (ab ἐξεράν, evomere, unde ἐξέραμα, vomitus, 2 Pet. ii. 22); Theodotioni autem, minus presse ad Hebraeum vertenti, ἀπέβαλεν (Hesych.: "Non quia poterat expellere a se, vel evomere, vel sicut Theod. edidit, respuere, eos"); non, ut Codd. X, Lips., inter se mutatis interpretum nominibus, afferunt: 'Α. ἀπέβαλεν. Σ. ἐξήρασεν. Θ. ἐξήμεσεν. Cf. ad Cap. xx. 22.   ²⁹ Sic in marg. Cod. 130; in textu autem Comp., Codd. 19,

54, 85, 108, 118, Arm. 1. Cf. Hex. ad Prov. iv. 23.   ³⁰ Sic in marg. Codd. 85, 130.

Cap. XIX.   ¹ Sic in marg. Codd. 85, 130.   ² Sic in marg. Codd. X, 85, 130 (cum ἐλειλείς). Cf. ad Cap. xxvi. 1.   ³ Sic Cod. 130 in marg. Cf. ad Cap. iii. 1.   ⁴ Codd. X, Lips. (cum Θ. φεργούλ). Nobil., Cat. Niceph. p. 1085: 'Α. ἀπόβλητον. Minus probabiliter Cod. 130: 'Α. φεγγούλ. Σ. ἀπόβλητον. Cf. ad Cap. vii. 18.   ⁵ Sic in marg. Codd. Lips., 85 (cum τὸ ἀφαάθ), 130 (cum τοῦ φ.). Cf. ad v. 27.   ⁶ Sic in marg. Codd. X, Lips., 130 (cum –λίσεις). Cf. Hex. ad Deut. xxiv. 21. Jerem. vi. 9.   ⁷ Sic in marg. Codd. X, Lips., 85.   ⁸ Sic in marg. Codd. X, Lips., uterque cum ἁρπάσεις in textu.   ⁹ Sic in marg. Codd. X, Lips. Cod. 85 in marg.: καταράσῃ. Ad λοιδορήσεις, quod Symmachum sapit, cf. Hex. ad Lev. xxiv. 11, 15. 1 Reg. xvii. 43. Eccles. vii. 22. x. 20.   ¹⁰ Sic in marg. Cod. 130.   ¹¹ Schol. apud Nobil. et Cat. Niceph. p. 1087: "Αλλος φησίν· οὐ δοξάσεις πρ. μ. Sic in marg. (sine οὐ) Codd. Lips., 85 (cum δοξάσῃς), 130.   ¹² Sic in marg. Codd. X, Lips.

16. לֹא תַעֲמֹד. *Ne surgas.* Ο'. οὐκ ἐπιστήσῃ (alia exempl. ἐπισυστήσῃ[13]).

17. בִּלְבָבְךָ. Ο'. τῇ διανοίᾳ σου. ᾿Άλλος· ἐν τῇ καρδίᾳ σου.[14]

18. לֹא־תִקֹּם וְלֹא־תִטֹּר. *Ne ulciscaris, neve serves* (iram). Ο'. καὶ οὐκ ἐκδικᾶταί σου ἡ χείρ, καὶ οὐ μηνιεῖς (᾿Άλλος· τηρήσεις[15]). ᾿Άλλος· οὐ στήσῃ, οὐδὲ παρατηρήσῃ.[16]

19. אֶת־חֻקֹּתַי. Ο'. τὸν νόμον μου. ᾿Άλλος· τὰ ἠκριβασμένα .[17]

לֹא־תַרְבִּיעַ כִּלְאַיִם. *Ne coire facias diversa pecoris genera.* Ο'. οὐ κατοχεύσεις ἑτεροζύγῳ (᾿Άλλος· κώλυμα[18]). Σ. οὐχ ὑποβαλεῖς ἀνομοιοφύλῳ.[19]

כִּלְאַיִם. *Diversi generis semine.* Ο'. διάφορον. ᾿Άλλος· ἀνομοιογενές.[20]

כִּלְאַיִם שַׁעַטְנֵז. *E diversis filorum generibus Saatnes* (Graeco-Ven. ἐριόλινον). Ο'. ἐκ δύο ὑφασμένον ⸔ κίβδηλον ⸔.[21] Θ. κώλυμα σατανή.[22] ᾿Άλλος· συνημμένον. ᾿Άλλος· ἀνόμοιον.[23]

20. שִׁפְחָה. Ο'. οἰκέτις. ᾿Άλλος· δούλη.[24]

20. נֶחֱרֶפֶת לְאִישׁ. *Projecta* (desponsata) *viro.* Ο'. διαπεφυλαγμένη (᾿Άλλος· καταδουλωμένη[25]) ἀνθρώπῳ. ᾿Άλλος· ἐπηγγελμένη ἀνδρί.[26]

בִּקֹּרֶת תִּהְיֶה. *Castigatio fiat.* Ο'. ἐπισκοπὴ (᾿Άλλος· ἐπίσκεψις[27]) ἔσται ⸓ αὐτοῖς ⸔. ᾿Άλλος· ὄνειδος ἔσται αὐτῷ.[28]

23. וַעֲרַלְתֶּם עָרְלָתוֹ. Ο'. καὶ περικαθαριεῖτε τὴν ἀκαθαρσίαν αὐτοῦ. Οἱ λοιποί· ἀκροβυστιεῖτε τὴν ἀκροβυστίαν αὐτῶν.[29]

עֲרֵלִים. *Immundum.* Ο'. ἀπερικάθαρτος. ᾿Άλλος· ἀκρόβυστον.[30]

25. לְהוֹסִיף לָכֶם תְּבוּאָתוֹ. *Ad largius reddendum vobis proventum suum.* Ο'. πρόσθεμα ὑμῖν τὰ γεννήματα αὐτοῦ. Σ. ἀνάγοντες τὸ γένημα αὐτοῦ.[31] ᾿Άλλος· καὶ συνάξετε ὑμῖν τὴν πρόσοδον αὐτοῦ.[32]

26. (נ׳ א׳ הָרִים) לֹא תֹאכְלוּ עַל־הַדָּם. *Ne comedatis cum sanguine* (s. *super montes*). Ο'. μὴ ἔσθετε ἐπὶ τῶν ὀρέων. ᾿Άλλος· οὐ φάγεσθε ἐπὶ τοῦ αἵματος.[33] ᾿Άλλος· οὐ φάγεσθε ἐπὶ τοῦ δώματος.[34]

לֹא תְנַחֲשׁוּ. *Ne auguria captetis.* Ο'. καὶ οὐκ οἰωνιεῖσθε. Ἀ. οὐ κληδονισθήσεσθε.[35]

---

[13] Sic Comp., Codd. V, VII, X, Lips., 15, 16, 18, alii. Lucif. Calarit.: *consenties.* [14] Sic in marg. Codd. 85, 130. [15] Sic in marg. Codd. Lips., 85, 130. [16] Sic in marg. Codd. X, Lips. [17] Sic in marg. Codd. 85, 130. [18] Sic in marg. Cod. 85. Cod. 130 in marg. ad οὐκ ἐπιβαλεῖς σεαυτῷ cumulate affert: κώλυμα οὐχ ὑποβαλεῖς ἀνόμως φύλῳ (sic). ἀνομογενές (sic), συνημμένον. Θ. ἀνόμοιον. [19] Cod. 128. Sic sine nom. (cum ἀνόμως φίλῳ) Cod. 130. [20] Sic in marg. Codd. 128, 130. Cf. Hex. ad Deut. xxii. 9. Ad διάφορον (sic) in marg. Codd. X, Lips. (cum ἀσσανή): κώλυμα σατανή, quod ad lectionem sequentem pertinet. [21] Obelum exhibet Cod. V, frustra. Nam κίβδηλον pro Hebraeo שַׁעַטְנֵז, vocabulo obscurae originis et incertae significationis, positum esse, demonstrat locus parallelus Deut. xxii. 11. [22] Sic in marg. sine nom. Codd. X, Lips., ut supra. Ad εἴβδηλον Anon. in Cat. Niceph. p. 1088: ᾿Άλλος φησί· κώλυμα Σατάν. Hesych.: "Unde [MS. unde et] pro *reprobo* et *abominabili* Theodotion *Satanae* [MS. *Sathane*] edidit, sic utique inveniens in Hebraeo, et conservans sicut invenit, ut nomine Satanae [MS. Sathane] planior legislatoris efficitur [MS. efficeretur] intentio." [23] Ad ὑφασμένον Cod. 128 in marg.: συνημμένον, ἀνόμοιον. Posteriorem lectionem Theodotioni vindicat Cod. 130, ut supra. [24] Sic in marg. Codd. X, Lips., 85, 130. [25] Cod. 56 in marg. [26] Sic in marg. Codd. X (cum ἐπηγ.), Lips. (cum ἐπιηγ.). [27] Sic in marg. Codd. 85, 130 (cum ἐπισκέψεται). Mox obelus est in Cod. V. [28] Sic in marg. Codd. X, Lips. [29] "Sic Catenae Regiae [Cat. Niceph. p. 1090] et Drusius [Nobil.: Schol. Οἱ λοιποί φασι· ἀκροβυστιεῖτε]."—*Montef.* Pro intransitivo ἀκροβυστεῖτε, nos ἀκροβυστιεῖτε (ab ἀκροβυστίζω) e Cod. Lips. (qui αὐτοῦ habet) arripuimus. Neutra forma, quod sciamus, aliunde nota est. [30] Sic in marg. Codd. X, Lips. [31] Cod. 128. Sic sine nom. (cum γένημα) Cod. 130. [32] Sic in marg. Codd. X (unde Holmesii amanuensis προσδοκίας pro πρόσοδον exscripsit, invito Montef.), Lips. Duplex versio, καὶ συνάξετε ὑμῖν τὴν πρ. αὐτοῦ πρόσθεμα ὑμῖν τὰ γ. αὐτοῦ, est in Cod. 18. [33] Sic Cod. 85 in marg. In textu pro τῶν ὀρέων, τοῦ αἵματος habet Cod. 15. Ad ἐπὶ Cod. VII in marg. manu 2da: τῶν αἱμάτων. [34] Nobil., Cat. Niceph. p. 1091. [35] Cod. Lips. (cum -σθαι). Sic in marg. sine nom. Cod. 130; in textu (Ι) autem

27. לֹא תַקִּפוּ פְּאַת רֹאשְׁכֶם. *Ne in orbem ducatis extremitatem capitis vestri.* Ο΄. οὐ ποιήσετε σισόην ἐκ τῆς κόμης τῆς κεφαλῆς ὑμῶν. Ἀ. οὐ περικυκλώσεις τὸ κλίμα τῆς κεφαλῆς σου.[36] Σ. οὐ περιξυρήσετε κύκλῳ τὴν πρόσοψιν τῆς κεφαλῆς ὑμῶν.[37] Θ. οὐ κυκλώσετε τὸ φααθ τῆς κεφαλῆς .[38]

אֵת פְּאַת זְקָנֶֽךָ. *Extremitatem barbae tuae.* Ο΄. τὴν ὄψιν τοῦ πώγονος ὑμῶν. (Θ.) τὸ φαλὲ (fort. φααθ) τοῦ πώγονός σου.[39]

28. וּקְרָט. *Et incisuram.* Ο΄. καὶ ἐντομίδας ("Ἄλλος· σπάραγμα[40]).

29. זִמָּה. Ο΄. ἀνομίας. "Ἄλλος· ζέμμα ἐστίν.[41]

30. מִקְדָּשִׁי. *Sacrarium meum.* Ο΄. ἀπὸ τῶν ἁγίων μου. "Ἄλλος· τὸ ἀκρίβασμά μου.[42]

31. אַל־תִּפְנוּ אֶל־הָאֹבֹת וְאֶל־הַיִּדְּעֹנִים. *Ne convertatis vos ad veneficos (evocantes mortuorum manes), et ad hariolos.* Ο΄. οὐκ ἐπακολουθήσετε ἐγγαστριμύθοις ("Ἄλλος· μάντεις[43]), καὶ τοῖς ἐπαοιδοῖς. "Ἄλλος· μὴ ἐκκλίνητε πρὸς τοὺς θελητὰς, καὶ πρὸς τοὺς γνώστας.[44]

32. שֵׂיבָה. *Canitiei.* Ο΄. πολιοῦ. "Ἄλλος· πρεσβυτέρου.[45]

33. לֹא תוֹנוּ. Ο΄. οὐ θλίψετε. "Ἄλλος· οὐ κακώσετε.[46]

34. הַגֵּר. Ο΄. ὁ προσπορευόμενος. "Ἄλλος· ὁ προσηλυτεύων.[47]

גֵּרִים. Ο΄. προσήλυτοι. "Ἄλλοι· γείωραι, πάροικοι.[48]

36. אַבְנֵי־צֶדֶק אֵיפַת צֶדֶק. Ο΄. καὶ στάθμια δίκαια, ※ καὶ οἰφὶ δίκαιον ◄.[49] "Ἄλλος· λίθους δικαίους, καὶ οἰφὶ δίκαιον.[50]

37. מִשְׁפָּטַי. Ο΄. τὰ προστάγματά ("Ἄλλος· δικαιώματα[51]) μου.

Cap. XIX. 12. ד; εἰμί ◄.[52] 14. ד; ὁ θεὸς ὑμῶν ◄.[53] 16. ד; ὁ θεὸς ὑμῶν ◄.[54] 23. ד; ἣν κύριος ὁ θεὸς ὑμῶν δίδωσιν ὑμῖ ◄.[55]

Cap. XX.

2. וּמִן־הַגֵּר הַגָּר. Ο΄. ἢ ἀπὸ τῶν γεγενημένων (alia exempl. προσγεγενημένων[1]) προσηλύτων. "Ἄλλος· ἢ τῶν προσηλύτων τῶν προσκειμένων.[2]

2, 3. לַמֹּלֶךְ. Ο΄. ἄρχοντι. Ἀ. τῷ Μολόχ.[3]

Cod. 85. Ad φθερεῖτε (v. 27) Cod. 128 in marg.: Λοιποί· οἰκανδονισθήσεσθε (sic). Ad οἶκ οἰωνίσθε (sic) Cod. VII in marg. inf. manu 2ᵈᵃ: οὐ μαντεύσασθε (sic) διὰ τῶν σαρκοφάγων ὀρνέων, οἶον διὰ τῶν γυπῶν, οὐδὲ διὰ τῶν ἑτέρων ὀρνίθων σκοπεύσησθε (sic). [36] Nobil., Cat. Niceph. p. 1092 (cum περικυκλώσῃ). Ad κλίμα (non κλῆμα, ut Regii codd. apud Montef.) cf. Hex. ad Num. xxiv. 17. Jerem. xlviii. 45. [37] Codd. X, Lips., 85 (cum ὄψιν), 128 (sine nom., cum κύκλῳ in fine), 130 (sine nom., cum ὄψιν), Cat. Niceph. ibid. Hesych.: "Insuper nec comam in rotundum tondere, id est, non radere in rotundum aspectum capitis, sicut et Sym. edidit, quemadmodum etiam hi facere consueverunt, qui barbaricas student comas; propter quod hoc LXX σισόην, forsitan propter magnitudinem concursorum capillorum, appellaverunt." [38] Nobil., Codd. X, Lips., 130 (sine nom.), Cat. Niceph. ibid. Minus probabiliter Cod. 85: Θ. οὐ ποιήσετε τὸ φ. τῆς κ. [39] Sic in marg. sine nom. Cod. 130. Cod. 85 Symmacho continuat: τὸ φαλὲ τοῦ π. σου. Cf. Scharfenb. in *Animadv.* p. 94. [40] Cod. 128 in marg. [41] Sic in marg. Codd. X, Lips. Cod. 130 in marg. ζέμμα. Cf. ad Cap. xviii. 17. [42] Sic in marg. Codd. X, 85, 130. Lectio aliorsum, ut videtur,

spectat. [43] Sic in marg. Codd. X, Lips. (Ad ἐγγαστριμύθοις Cod. VII in marg. manu 2ᵈᵃ: μάγοις; ad ἐπαοιδοῖς autem, ut videtur: ἀπαγνωριστοῖς.) [44] Nobil. (sine πρὸς posteriore), Cat. Niceph. p. 1093. Sic in marg. sine nom. Codd. 85, 130. Cf. ad Cap. xx. 6. [45] Sic in marg. Codd. X, Lips. Mox ad πρεσβυτέρου iidem appingunt: σοφοῦ. Cf. ad Cap. ix. 1. [46] Cod. 85 in marg. Vitiose Cod. 130: οὐκ ἀπώσετε. Cf. ad Cap. xvi. 29. [47] Sic in marg. Codd. X, Lips. [48] Sic in marg. Codd. X (cum γείωραι), Lips. [49] Sic Cod. V (cum ※ καὶ οἰ .., deficientibus ceteris usque ad Num. xxv. 3), et sine aster. Codd. VII (cum καὶ στ. δ. καὶ υφι (sic) δίκαιον in marg. manu 1ᵐᵃ), 128. [50] Sic in marg. Codd. X, Lips. Codd. 85, 130 in marg. ad ζυγὰ δίκαια: λίθους δικαίους: et ad χοῦς δίκαιος: οἰφὶ δίκαιον. [51] Cod. 130 in marg. [52] Cod. V. Deest in Comp., Ald., Codd. III, 15, 32, aliis. [53] Idem. [54] Idem, qui male pingit: ὁ θεὸς ‑ ὑμῶν:. [55] Idem. Clausulam reprobant Cod. 58, Arab. 1, 2.

Cap. XX. [1] Sic Comp., Ald., Codd. III, VII, X, XI, Lips., 16, 18, alii. [2] Sic in textu Codd. 19, 108, 118. [3] Cod. VII in marg. manu 1ᵐᵃ (bis). Sic in marg. sine nom. Codd. X (in priore loco), Lips. (idem), 85 (bis, cum

2. עַם הָאָרֶץ. Ο'. τὸ ἔθνος τὸ ἐπὶ τῆς γῆς. Ἄλλος· ὁ λαὸς τῆς γῆς.[4]

4. וְאִם הַעְלֵם יַעְלִימוּ עַם הָאָרֶץ. Si autem aversione averterit populus terrae. Ο'. ἐὰν δὲ ὑπερόψει ὑπερίδωσιν οἱ αὐτόχθονες τῆς γῆς. Ἄλλος· καὶ ἐὰν κρύψει κρύψωσιν ὁ λαὸς τῆς γῆς.[5]

לְמֹלֶךְ. Ο'. ἄρχοντι. Α. τῷ Μολόχ.[6]

5. הַזֹּנִים אַחֲרָיו. Qui scortantur ad exemplum ejus. Ο'. τοὺς ὁμονοοῦντας αὐτῷ. Ἄλλος· (τοὺς) πορνεύοντας ὀπίσω (αὐτοῦ).[7]

אַחֲרֵי הַמֹּלֶךְ. Ο'. εἰς τοὺς ἄρχοντας. Ἄλλος· ὀπίσω τοῦ Μολόχ.[8]

6. תִּפְנֶה אֶל־הָאֹבֹת וְאֶל־הַיִּדְּעֹנִים. Ο'. ἐπακολουθήσῃ ἐγγαστριμύθοις ἢ ἐπαοιδοῖς. Ἄλλος· ἐκκλίνῃ πρὸς τοὺς θελητὰς, καὶ πρὸς τοὺς γνώστας.[9]

7. וְהִתְקַדִּשְׁתֶּם. Ο'. Vacat. Alia exempl. καὶ ἁγιασθήσεσθε.[10]

8. אֶת־חֻקֹּתַי. Ο'. τὰ προστάγματά (Ἄλλος· ἠκριβασμένα) μου.[11]

9. יְקַלֵּל. Ο'. κακῶς εἴπῃ. Ἄλλος· καταράσηται.[12]

Ἄλλος· καθιβρίσῃ.[13]

9. דָּמָיו בּוֹ. Ο'. ἔνοχος ἔσται. Ἄλλος· αἷμα αὐτοῦ ἐν αὐτῷ.[14]

11. וְאִישׁ אֲשֶׁר יִשְׁכַּב. Ο'. καὶ ἐάν τις (Ἄλλος· καὶ ἄνθρωπος ὃς ἂν[15]) κοιμηθῇ.

אֶת־אֵשֶׁת אָבִיו. Ο'. μετὰ γυναικὸς τοῦ πατρὸς αὐτοῦ. [Τὸ Σαμαρειτικόν· μετὰ γυναικὸς ἀδελφοῦ τοῦ πατρὸς αὐτοῦ.][16]

עֶרְוַת. Ο'. ἀσχημοσύνην. Ἄλλος· αἰδῶ.[17]

דְּמֵיהֶם בָּם. Ο'. ἔνοχοί εἰσι. Ἄλλος· αἵματα αὐτῶν ἐν αὐτοῖς.[18]

12. תֶּבֶל עָשׂוּ. Ο'. ἠσεβήκασι γάρ. (Α.) ἀπειρημένον (ἐποίησαν). (Θ.) θαβὲλ ἐποίησαν.[19]

14. זִמָּה. Ο'. ἀνόμημα. Ἄλλος· ζέμμα.[20]

16. לְרִבְעָה. Ο'. βιβασθῆναι. Ἄλλος· συγγενέσθαι.[21]

17. חֶסֶד. Probrum. Ο'. ὄνειδος. Ἄλλος· †φεισες, s. φεισεις.[22]

עֲוֹנוֹ יִשָּׂא. Ο'. ἁμαρτίαν κομιοῦνται. Ἄλλος· ἁμαρτίαν αὐτοῦ λήψεται.[23]

18. אֶת־מְקֹרָהּ. Ο'. τὴν πηγὴν (Ἄλλος· ῥύσιν[24]) αὐτῆς.

τοῦ Μολόχ), 130 (bis, cum τοῦ Μολόχ). In posteriore loco Cod. 58 in textu: τῷ Μολόχ, ὅ ἐστι τῷ εἰδώλῳ. [4] Sic in marg. Codd. X, 85. [5] Cat. Niceph. p. 1096. Codd. 85, 130, in marg. sine nom.: ἐκρύψει κρύψωσιν ὁ λ. τῆς γῆς. [6] Cod. VII, ut ante. Sic in marg. sine nom. Codd. 128, 130 (cum τοῦ Μολόχ). [7] Cod. X in marg. [8] Sic in marg. Codd. 85, 130 (uterque cum εἰς τὸν ἄρχοντα in textu). [9] Sic in marg. Codd. X (teste Holmes.), 85 (cum ἐκκλίνει), 130. Montef. e Cod. 85 eruit: Α. ἐκκλίνει κ.τ.ἑ., invito Holmesii amanuensi. Cf. ad Cap. xix. 31. [10] Sic Comp., Codd. VII (in marg. char. unciali, cum –σθαι), 19, 54, alii, Arab. 1, 2, Arm. 1. [11] Sic in marg. Codd. 85, 130 (uterque cum ἠκριβασμένα, non, ut Holmes, ἀκριβάσματα). Cf. ad Cap. xviii. 26. [12] Cat. Niceph. p. 1096. Sic in marg. Codd. 85, 130. Cf. ad Cap. xix. 14. [13] Cod. X in marg., teste Montef. Holmesius ex eodem exscripsit: κατηράσατο. καθυβρίσῃ; et paulo post ad κακῶς εἴπῃ: κατηράσατο. [14] Sic in marg. Codd. X, 85, 130 (cum ἐπ' αὐτῷ). [15] Sic in textu Codd. 54, 75, Arm. 1. [16] "Samaritani lectionem mutuamur ex tribus Regiis, quorum unus alteram lectionem affert, nempe, [μετὰ] τῆς μητρὸς αὐτοῦ."—Montef.

Versio Samaritana, quae nunc fertur, ab Hebraeo non discedit. Sed revera lectio pertinet ad v. 20, ubi vide. [17] Sic in marg. Codd. X, Lips. Cf. ad Cap. xviii. 7. [18] Sic in marg. Codd. X, Lips., 85, et (ad v. 16) 130. [19] Codd. X, Lips., in marg.: ἀπειρημένον θαβὲλ ἐποίησαν. Codd. 85, 130, in marg.: βαβὲλ ἐποίησαν. Cf. ad Cap. xviii. 23. [20] Sic in marg. Codd. X (cum ζ. πορνεία), Lips. (idem), 85, 130. Cf. ad Cap. xviii. 17. [21] Sic in marg. Codd. X, Lips. Cf. ad Cap. xviii. 23. Cod. VII in marg. manu 2da: κατασθῆναι. [22] Sic in marg. Cod. X. Prior scriptura est in schedis Montefalconii, altera apud Holmesium. Montef. tamen in Appendice edidit φασες, mire notans: "Sic videtur esse חֶסֶד Graecis literis expressum pro χησεδ." Scriptura φασες nescio an innuere possit vocabulum vix Graecum φαῖσις, quod cum חֶסֶד, misericordia, consonat: altera autem φασες a φάσις, delatio, malus rumor, proxime abest. Sed vereor ne hoc sit hariolari. [23] Sic in textu Comp., Codd. VII, X, Lips. (cum κομιοῦνται in marg.), 15, 16, 18, alii (inter quos 85, 130, uterque cum αὐτῶν κομιοῦνται in marg.). [24] Sic in marg. Codd. X, Lips. Ad ἀποκαθημένης Cod. VII in

19. כִּי אֶת־שְׁאֵרוֹ הֶעֱרָה עֲוֹנָם יִשָּׂאוּ. Ο'. τὴν γὰρ οἰκειότητα ἀπεκάλυψεν, ἁμαρτίαν ἀποίσονται. Ἄλλος· ὅτι τὴν σάρκα αὐτῶν ἠσχημόνησεν, ἀνομίαν αὐτῶν ἀροῦσιν.²⁵ Ἄλλος· ὅτι τὸ λίμμα αὐτοῦ...²⁶

20. וְאִישׁ אֲשֶׁר. Ο'. ὃς ἄν. Alia exempl. καὶ ἀνὴρ (s. ἄνθρωπος) ὃς ἄν.²⁷

אֶת־דֹּדָתוֹ. Cum amita (uxore patrui) ejus. Ο'. μετὰ τῆς συγγενοῦς αὐτοῦ. Ἄλλος· δωδαθώ.²⁸ Ἄλλος· (μετὰ) γυναικὸς θείου αὐτοῦ.²⁹ Τὸ Σαμαρειτικόν· μετὰ γυναικὸς ἀδελφοῦ πατρὸς (s. τῆς μητρὸς) αὐτοῦ.³⁰

דֹּדוֹ. Ο'. τῆς συγγενείας αὐτοῦ. Ἄλλος· δωδώ.³¹ Ἄλλος· τοῦ θείου αὐτοῦ.³²

21. נִדָּה. Ο'. ἀκαθαρσία. Ἄλλος· νεδδά. Ἄλλος· μίασμα.³³

עֲרִירִים יִהְיוּ. Ο'. ἄτεκνοι ἀποθανοῦνται (Σ. Θ. ἔσονται³⁴).

22. הֻקֹּתַי. Ο'. τὰ προστάγματά (Ἄλλος· ἠκριβωμένα³⁵) μου.

וְלֹא־תָקִיא אֶתְכֶם. Ο'. καὶ οὐ μὴ προσοχθίσῃ ὑμῖν (Σ. ἐξεμέσῃ ὑμᾶς. Θ. ἀποβάλῃ ὑμᾶς³⁶).

23. בְּחֻקֹּת הַגּוֹי. Ο'. τοῖς νομίμοις τῶν ἐθνῶν. Ἄλλος· ἐν τοῖς ἠκριβασμένοις τοῦ ἔθνους.³⁷

אֲשֶׁר־אֲנִי מְשַׁלֵּחַ מִפְּנֵיכֶם. Ο'. οὓς ἐξαποστέλλω ἀφ' ὑμῶν. Οἱ λοιποί· ἃ ἐκβάλλω ἐγὼ ἀπὸ προσώπου ὑμῶν.³⁸

וָאָקֻץ. Ο'. καὶ ἐβδελυξάμην (Ἄλλος· ὠργίσθην³⁹).

25. וּבְכֹל אֲשֶׁר תִּרְמֹשׂ הָאֲדָמָה. Et in omnibus quibus reptat terra. Ο'. καὶ ἐν πᾶσι τοῖς ἑρπετοῖς τῆς γῆς. Ἄλλος· (καὶ ἐν πᾶσιν) οἷς ἐξέρπει ἡ ἀδαμά.⁴⁰

27. בָהֶם. Ο'. αὐτῶν. Ἄλλος· ἐν αὐτῷ.⁴¹

אוֹב אוֹ יִדְּעֹנִי. Ο'. ἐγγαστρίμυθος ἢ ἐπαοιδός. Ἄλλος· θελητὴς ἢ γνώστης.⁴²

CAP. XXI.

5. וּפְאַת. Ο'. καὶ τὴν ὄψιν (Ἄλλος· τὸ φαάθ¹).

6. כִּי אֶת־אִשֵּׁי יְהוָה לֶחֶם אֱלֹהֵיהֶם. Ο'. τὰς γὰρ θυσίας κυρίου δῶρα τοῦ θεοῦ αὐτῶν. Ἄλλος· ὅτι τὰ πυρὰ κυρίου ἄρτους θεοῦ αὐτῶν.²

---

marg. manu 2ᵈᵃ· κεκοινωμένης ἀπὸ τῆς συνηθείας. ²⁵ Sic in marg. Codd. X (qui Aquilae immerito tribuit), Lips. (sine nom.). Cf. Scharfenb. in Animadv. p. 96. ²⁶ Cod. X in marg. Cf. ad Cap. xviii. 6. Ad τὴν γὰρ οἰκειότητα Cod. 130 in marg.: ὅτι τὸ αἷμα (sic) αὐτοῦ. Cf. ad Cap. xviii. 12. ²⁷ Prior lectio est in Codd. VII (ex corr. char. unciali), 58; posterior in Codd. 54, 74, 76, Arab. 1, 2, Arm. ²⁸ Sic in marg. Codd. 85, 130. ²⁹ Sic in marg. Codd. X, Lips.; in textu autem Codd. 54, 74, alii. ³⁰ Codd. 57, 73, Cat. Niceph. p. 1098 (cum τῆς μητρός). In versione Samaritana habetur, עם עביבתה, cum amita ejus. Cf. ad v. 11. ³¹ Cod. 130 in marg. ³² Sic in textu Codd. X, 54, 74, alii. Cod. Lips. in marg.: ἀσχημοσύνην τοῦ θείου αὐτοῦ ἀπεκάλυψεν. ³³ Codd. 85, 130, in marg.: νεδδά. Codd. X, Lips., in marg.: νεδδά ἐστι μίασμα (μίσμα Lips.). Cf. ad Cap. xviii. 19. ³⁴ Sic in marg. sine nom. Codd. 85, 130. Hesych.: "Hoc autem ostendit etiam Sym. edens planius, sed et Theod., qui pro eo quod dictum est, sine filiis morientur, sine filiis erunt, uterque ediderunt." Lectionem duorum interpretum etiam ad v. 20, ubi in Hebraeo est יָמֻתוּ, perperam applicat Montef. ³⁵ Sic in marg. Cod. 85, qui ad κρίματα male refert.

³⁶ Codd. X, Lips., in marg. sine nom.: ἀποβάλῃ ἐξολοθρεύσει, ubi vox posterior glossam sapit. Cod. 85 in marg.: ἐπιβάλῃ ὑμᾶς. Cod. 130 in marg.: ἐπιβάλῃ ὑμᾶς. Hesych.: "Hoc est enim evomere, quod et Symmachus, similiter et Theodotion abjicere edidit." Unde Montef. eruit: Σ. Θ. ἀποβάλῃ ὑμᾶς. Sed Hesychii locus sic distinguendus est: "Quod et Symmachus similiter [h. e. evomere], et Theod. abjicere edidit." Cf. ad Cap. xviii. 28. Glossae in marg. Cod. VII: οὐ μὴ ἀπαρεσθῇ. οὐ μὴ βδελύξηται. ³⁷ Sic in marg. Codd. X, Lips., 85, 130. ³⁸ Hesych.: "Quas ego expulsurus sum, ait, ante vos: quod ceteri interpretum ediderunt: quas ejicio ego a facie vestra, LXX autem, a vobis; id est, daemonia." ³⁹ Sic in marg. Codd. X, Lips. ⁴⁰ Sic in marg. Codd. X, Lips., 85, 130, qui omnes ἐξέρπειν ἀδαμά scribunt. Cf. Hex. ad Gen. ii. 7. iii. 18. ⁴¹ Sic in marg. Codd. 85, 130; in textu autem Codd. 54, 129. ⁴² Sic Cod. X in marg. Codd. 85, 130, in marg.: θελητής. Cf. ad v. 6.

CAP. XXI. ¹ Sic Cod. 130 in marg. Cf. ad Cap. xix. 27. ² Sic in marg. Codd. 85, 130. Pro πυρὰ (cf. ad Cap. ii. 9) Montef. e Cod. 85 edidit πύρρα (sic); Holmesii autem amanuensis παρὰ (sic).

7. וְנָה. Ο'. πόρνην. Ἄλλος· ἐνδιηλλαγμένην.³

חללה. Ο'. καὶ βεβηλωμένην. Schol. [Ἄλλος·] ἀκάθαρτον, λεπρῶσαν, ἢ ἐν αἱμορροίᾳ, ἢ ἐθνικήν.⁴

8. כִּי אֶת־לֶחֶם אֱלֹהֶיךָ הוּא מַקְרִיב. Ο'. τὰ δῶρα κυρίου τοῦ θεοῦ ὑμῶν οὗτος προσφέρει. Οἱ λοιποί· ὅτι τοὺς ἄρτους τοῦ θεοῦ σου αὐτὸς προσφέρει.⁵

10. אֲשֶׁר־יוּצַק. Ο'. τοῦ ἐπικεχυμένου. Ἄλλος· ᾧ ἐπεχύθη.⁶

שֶׁמֶן הַמִּשְׁחָה. Ο'. τοῦ ἐλαίου τοῦ χριστοῦ. Ἄλλος· τὸ ἔλαιον τῆς χρίσεως.⁷

וּמִלֵּא אֶת־יָדוֹ. Et qui impleverit manum suam (consecratus fuerit). Ο'. καὶ τετελειωμένου (alia exempl. add. τὰς χεῖρας αὐτοῦ⁸).

אֶת־הַבְּגָדִים. Ο'. τὰ ἱμάτια. Alia exempl. τὰ ἅγια.⁹ Οἱ λοιποί· τὰ ἱμάτια.¹⁰

לֹא יִפְרָע. Non nudabit. Ο'. οὐκ ἀποκιδαρώσει. Ἄλλος φησίν· οὐκ ἀπομιτρώσει.¹¹ Ἄλλος· οὐκ ἀποκαλύψει.¹²

בְגָדִים. Disrumpet. Ο'. διαρρήξει. Ἄλλος· παραλύσει.¹³

11. וְעַל כָּל־נַפְשֹׁת מֵת. Ο'. καὶ ἐπὶ πάσῃ ψυχῇ

τετελευτηκυίᾳ (Ἄλλος· πάσαις ψυχαῖς νεκραῖς¹⁴).

12. וּמִן־הַמִּקְדָּשׁ. Ο'. καὶ ἐκ τῶν ἁγίων (Ἄλλος· τοῦ ἁγιάσματος¹⁵).

כִּי נֵזֶר שֶׁמֶן מִשְׁחַת אֱלֹהָיו עָלָיו. Nam consecratio olei unctionis Dei sui est super eo. Ο'. ὅτι τὸ ἅγιον ἔλαιον τὸ χριστὸν τοῦ θεοῦ ἐπ' αὐτῷ. Ἀ. ὅτι ἀφόρισμα ἔλαιον ἀλείμματος θεοῦ αὐτοῦ ἐπ' αὐτῷ. Σ. ὅτι ἄθικτον ἔλαιον τοῦ χρίσματος τοῦ θεοῦ αὐτοῦ ἐπ' αὐτῷ. Θ. ὅτι τὸ ναζὲρ ἔλαιον τὸ χριστὸν παρὰ θεοῦ αὐτοῦ ἐπ' αὐτῷ.¹⁶

14. בְּעַמָּיו. Ο'. ἐκ τοῦ λαοῦ (alia exempl. γένους¹⁷) αὐτοῦ.

17. לֵאמֹר. Ο'. Vacat. Alia exempl. λέγων.¹⁸

אֲשֶׁר. Ο'. τινί. Ἄλλος· ἐν ᾧ.¹⁹

לֶחֶם. Ο'. τὰ δῶρα. Οἱ λοιποί· τοὺς ἄρτους.²⁰

18. פִּסֵּחַ. Claudus. Ο'. χωλός. Ἄλλος· βλαισός.²¹

20. דַּק. Pusillus. Ο'. ἔφηλος (lentiginosus). Ἄλλος· νᾶνος.²²

תְּבַלֻּל בְּעֵינוֹ. Maculatus (Graeco-Ven. λελευκωμένος) oculo suo. Ο'. πτίλλος (s. πτιλὸς²³) τοὺς

---

³ Sic in marg. Codd. X, Lips. (cum ἐνδιηλλαγμένην). Vox est Aquilae peculiaris, sed pro Hebraeo קְדֵשָׁה, quod idem sonat. Cf. Hex. ad Hos. iv. 14. ⁴ Cat. Niceph. p. 1101. Idem scholium Montef. e Cod. Regio protulit ad Cap. xx. 18, cum quo loco nihil commune habet, et ex eo notam hexaplarem commentus est: Ο'. ἀποκαθημένη. Ἄλλος· ἐν αἱμορροίᾳ. Cf. Scharfenb. in Animadv. p. 98. ⁵ Hesych.: "Etenim quod LXX dixerunt: Dona Domini Dei vestri ipse [αὐτὸς Codd. 74, 75] offeret, ceteri interpretum ediderunt: Quia panes Dei tui ipse offeret." Cod. 130 in marg.: ὅτι τοὺς ἄρτους. ⁶ Cod. 130 in marg. (non, ut Holmes, ᾧ ἐπιχύθῃ). Arm. 1 in textu: cujus in caput infusum est. ⁷ Sic in textu Codd. 54, 75, Arm. 1. In Codd. X, Lips., 18, duplex est lectio: τοῦ ἐλαίου τῆς χρίσεως τοῦ ἐλαίου τοῦ χριστοῦ. ⁸ Sic Comp., Codd. VII (in marg. manu 2ᵈᵃ), X, 15 (sine αὐτοῦ), 18, alii, Arm. 1. ⁹ Sic Comp., Codd. X, Lips., 15, 16, 18, alii (inter quos Cod. 130 in marg.). ¹⁰ Codd. X, Lips. ¹¹ Cat. Niceph. p. 1102. Sic in textu Codd. 54, 55, 71, 75; in marg. autem Codd. 85, 130, uterque cum μιτρώσει. ¹² Sic

in marg. Codd. X, Lips. Cod. VII in marg. manu 2ᵈᵃᵉ οὐκ ἀποσκεπάσει. ¹³ Sic in marg. Codd. 85, 130. Cf. Cap. xiii. 45 in LXX. ¹⁴ Sic in marg. Codd. X, Lips., 85,130 (cum π. ταῖς ψ.). ¹⁵ Sic in marg. Codd. 85,130. ¹⁶ Euseb. in Dem. Evang. p. 349, qui praeterea notat: Ὥστε εἶναι τὸ ναζὲρ κατὰ μὲν τοὺς Ο', ἅγιον· κατὰ δὲ τὸν Ἀκύλαν, ἀφόρισμα· κατὰ δὲ τὸν Σύμμαχον, ἄθικτον· ὥστε ἐκ τούτου τὸ ναζιραῖον ὄνομα σημαίνειν ἤτοι τὸ ἅγιον, ἢ τὸν ἀφωρισμένον, ἢ τὸν ἄθικτον. Ad Aquilam cf. Hex. ad 2 Reg. i. 10. 4 Reg. xi. 12. Psal. cxxxi. 18. Ad Sym. cf. ad Cap. viii. 9. ¹⁷ Sic Comp., Codd. X, XI, Lips., 15, 16, alii, Arm. 1. Hesych.: "Secundum LXX autem, virginem de genere suo accipiet." ¹⁸ Sic Comp., Ald., Codd. X, Lips., 15, 18, alii. ¹⁹ Cod. X in marg. ²⁰ Codd. X, 130. Cod. 54 in textu: τὰ δῶρα τοὺς ἄρτους. ²¹ Cod. X in marg.: βλέσος (sic). ²² Sic in marg. Codd. X (ad πτίλλος), Lips. (ad ἔφηλος), uterque cum νάνος. Nobiscum facit interpres Samaritanus, qui pro דַּק dedit גננס. Ad ἔφηλος Cod. VII in marg. manu 2ᵈᵃ: φακωτός (a φακός, quod Hesych. exponit: μέλασμά τι ἐν τῇ ὄψει). ²³ Cod. VII in

ὀφθαλμούς. 'Α. ὑπόχυμα...²⁴ Aliter: 'Α. Σ.
Θ. λεύκωμα (ἐν τοῖς ὀφθαλμοῖς).²⁵ Ἄλλος·
στρεβλός...²⁶

20. מְרוֹחַ אָשֶׁךְ. Contritus testiculis. Ο'. μονόρχις.
Ἄλλος· ὑστερῶν πνεῦμα.²⁷

21. אֶת־אִשֵּׁי. Ο'. τὰς θυσίας. Ἄλλος· (τὰ) πυρά.²⁸
לֶחֶם. Ο'. τὰ δῶρα. Ἄλλος· τοὺς ἄρτους.²⁹

23. לֹא יִגַּשׁ. Ο'. οὐκ ἐγγιεῖ. Ἄλλος· οὐ προσε-
λεύσεται.³⁰

Cap. XXI. 13. — ἐκ τοῦ γένους αὐτοῦ ◄.³¹

CAP. XXII.

2. וְיִנָּזְרוּ. Et separent se. Ο'. καὶ προσεχέτωσαν
(Ἄλλος· φυλασσέσθωσαν¹).

3. מִלְּפָנַי. Ο'. ἀπ' ἐμοῦ. Ἄλλος· ἀπὸ προσώπου
μου.²

4. אִישׁ אִישׁ מִזֶּרַע. Ο'. καὶ ἄνθρωπος ἐκ τοῦ σπέρματος. Ἄλλος· ἀνὴρ ἀπὸ σπέρματος.³

4. צָרוּעַ אוֹ זָב. Ο'. λεπρᾷ ἢ γονορρυεῖ. Alia exempl. λεπρὸς ἢ γονορρυής.⁴ Ἄλλος· λεπρὸς
ἢ ῥέων.⁵

6. וְלֹא יֹאכַל. Ο'. οὐκ ἔδεται. Alia exempl. οὐ
φάγεται.⁶

7. לַחְמוֹ. Ο'. ἄρτος ((Σ.) τροφὴ⁷) αὐτοῦ.

8. טְרֵפָה. Ο'. θηριάλωτον. Ἄλλος· ἀπερριμμένον.⁸

10. זָר. Ο'. ἀλλογενής. Ἄλλος· ἀλλότριος.⁹

11. בּוֹ. Ο'. ἐκ τῶν ἄρτων αὐτοῦ. Ἄλλος· ἀπ'
αὐτῶν.¹⁰

בְּלַחְמוֹ. Ο'. τῶν ἄρτων αὐτοῦ. Aliter: Ο'.
τῶν ἁγίων. ['Α.] Σ. τῆς τροφῆς αὐτοῦ. Θ.
(φάγονται) ἐν τοῖς ἄρτοις αὐτοῦ.¹¹

13. מִלֶּחֶם. Ο'. ἀπὸ τῶν ἄρτων (Ἄλλος· ἁγίων¹²).

14. אֶת־הַקֹּדֶשׁ. Ο'. τὸ ἅγιον. Ἄλλος· ἀργύ-
ριον.¹³

15. אֶת־קָדְשֵׁי בְּנֵי יִשְׂרָאֵל. Ο'. τὰ ἅγια τῶν υἱῶν
(alia exempl. τῶν ἁγίων¹⁴) Ἰσραήλ.

---

marg. manu 2ᵈᵃ : πτιλός (sic) ἐστι κατὰ τὸ σῶμα. ὁ τὰ βλέ-
φαρα τῶν ὀφθαλμῶν βεβλαμμένα ἔχων, τῶν τριχῶν ἀποπεσόντων.
²⁴ Hesych.: "Lippus, et albuginem habens in oculo...
Suffusio autem, quod Aq. edidit, quia non omnibus patet,
sed solis doctis medicis, in tumore recte accipitur; neque
enim ab omnibus passio haec, sed a solis illis, qui sciunt
discernere quae ad animum pertinerent, cognoscitur." Pro
suffusione Montef. tentat ὑπόχυσις, sed quod edidimus offert
Cod. 58 in marg. (?) pro ἔφηλος. ²⁵ Cod. VII in marg.
manu 1ᵐᵃ (ad ἔφηλος): 'Α. Σ. Θ. λεύκωμα. Codd. X, Lips.,
in marg. (ad πτίλλος): Οἱ λοιποί· λεύκωμα. Cod. 130 in
marg. (ad ἢ πτίλλος τ. ὁ.): 'Α. λεύκωμα; et sic sine nom.
Codd. 54, 58, 85 (ad ἔφηλος). Praeterea ad ἔφηλος Cod. 56
in marg.: ἔχων λεύκωμα; et Cod. 128 in marg.: λεύκωμα ἐν
τοῖς ὀφθαλμοῖς. Nescio an Symmachus verterit: ἡ λεύκωμα
ἔχων ἐν τοῖς ὀφθαλμοῖς, eumque, ut solet, imitatus fuerit
Hieron., vertens: et albuginem habens in oculo. ²⁶ Sic
in marg. (ad πτίλλος, ut videtur) Codd. X, Lips. ²⁷ Iidem.
Fortasse ad מְרוֹחַ tantum pertinet lectio. ²⁸ Cod. 130
in marg. (cum πύρα). Cf. ad Cap. ii. 3. ²⁹ Cod. Lips.
in marg. Sic ad v. 22 Cod. 130 in marg.; in textu autem
Codd. X, 85. ³⁰ Sic in marg. Codd. 85, 130. ³¹ Sic
Grabius, nescio quo auctore.
CAP. XXII. ¹ Sic in marg. Codd. X, Lips. Cod. 54
in textu: φυλασσέσθ. καὶ προσεχ. ² Sic in textu Codd. 54,

74. alii, Arm. 1. ¹ Sic in marg. Codd. 85, 130. ⁴ Sic
Comp., Codd. III, 19, 58, alii. ⁵ Sic in marg. Codd. X
(cum ἢ λ. ἢ ῥ.), Lips. (idem), 85, 130. ⁶ Sic Codd. 16,
30, alii (inter quos 85, 130, uterque cum οὐχ ἄψηται in
marg., unde Montef. dubitanter edidit: Ἄλλος· οὐχ ἄψεται).
⁷ Sic in marg. sine nom. Codd. X, Lips. Cf. nos in Hex.
ad Gen. xlvii. 12. ⁸ Sic Cod. Lips. in marg. (cum
ἀπερμ.). Holmes. ad praecedens θνησιμαῖον affert: " ἀπερριμμένον margo X, Lips.," quod de Lipsiensi plane falsum
est. De lectione Cod. X dubitatio subest; nam Montef. ex
eo exscripsit: "Ο'. ἀπερριμμένον. marg. θνησιμαῖον." Certe
Graecum ἀπερριμμένον aptius cum נְבֵלָה quam cum טְרֵפָה
componitur. Cf. 2 Reg. xxii. 46 in Hebr. et LXX.
⁹ Sic in marg. Codd. X, Lips., 85, 130. ¹⁰ Sic in textu
Cod. 55. ¹¹ Cod. 130 in marg.: Ο'. τῶν ἁγίων. 'Α. Σ.
αὐτοῦ (sic) τῆς τροφῆς αὐτοῦ. Θ. φάγονται κ.τ.έ. Ubi pro
αὐτοῦ in priore loco fortasse scribendum ἀπό. Ad τῶν ἄρτων
Codd. VII (ex corr. manu 2ᵈᵃ), 85 (in marg.): τῶν ἁγίων.
Cf. ad v. 13. ¹² Sic in marg. Codd. X, Lips., 85, 130.
¹³ Iidem. Scholium esse videtur. ¹⁴ Sic Codd. 54, 75.
Lectionem posuimus propter Hesychium, qui testatur:
"Ubique districtione usus est, et Dominicum ministerium
significans, secundum LXX duntaxat translationem, sanctorum sancta illud appellavit, quia sacrificium Sancti sanctorum est. Israel autem addens, etc."

15. יָרִימוּ. *Offerunt.* Ο'. ἀφαιροῦσι. Alia exempl.
ἀφαιροῦσι; alia, ἀναφέρουσι.[15]

18. וְאֶל־כָּל־בְּנֵי יִשְׂרָאֵל. Ο'. καὶ πάσῃ συναγωγῇ
(※) υἱῶν (◄) Ἰσραήλ.[16]

לְכָל־נִדְרֵיהֶם. *Pro omnibus votis suis.* Ο'.
κατὰ πᾶσαν ὁμολογίαν (※) εὐχῶν (◄) αὐτῶν.[17]
Ἄλλος· ἐξωμοσίαν.[18]

וּלְכָל־נִדְבוֹתָם. Ο'. ἢ κατὰ πᾶσαν αἵρεσιν
(Ἄλλος· θέλησιν[19]) αὐτῶν.

21. וְאִישׁ כִּי־יַקְרִיב. Ο'. καὶ ἄνθρωπος ὃς ἂν προσ-
ενέγκῃ ※ τὰ δῶρα αὐτοῦ κατὰ πᾶσαν ὁμολο-
γίαν αὐτῶν, ἢ κατὰ πᾶσαν αἵρεσιν αὐτῶν ◄.[20]

לְפַלֵּא־נֶדֶר. *Ad separandum* (consecrandum)
votum. Ο'. διαστείλας εὐχήν. Ἄλλος· τοῦ
θαυμαστῶσαι ὅρκον.[21]

אוֹ לִנְדָבָה. Ο'. ἢ κατὰ αἵρεσιν. Ἄλλος· ἢ
εἰς ἑκούσιον.[22]

22. שָׁבוּר. *Fractum membris.* Ο'. συντετριμμένον.
Ἄλλος· ἄχρηστον.[23]

23. קָלוּט. *Pumilum.* Ο'. κολοβόκερκον. Ἄλλος·
κονδοκέρατον.[24]

נְדָבָה. Ο'. σφάγια. Ἄλλος· ἑκούσιον.[25]

24. וְכָתוּת. *Compressum* (testiculis). Ο'. θλαδίαν.
Ἄλλος· σπάδοντα.[26]

כָּתוּת. *Contusum.* Ο'. ἐκτεθλιμμένον. Ἀ.
συγκεκολαμμένον (s. ἐκκεκολαμμένον).[27]

נָתוּק. *Evulsum.* (Potius: כָּרוּת. *Excisum.*)
Ο'. ἐκτομίαν.[28] Ἀ. κεκομμένον.[29]

25. בֶּן־נֵכָר. Ο'. ἀλλογενοῦς. Ἄλλος· υἱοῦ ἀλλοτρίου.[30]

אֶת־לֶחֶם. Ο'. τὰ δῶρα. Ἄλλος· τοὺς ἄρτους.[31]

יֵרָצוּ. Ο'. δεχθήσεται. Ἄλλος· ἑκουσιασθή-
σεται.[32]

27. אִשֶּׁה. Ο'. κάρπωμα. Ἄλλος· πυρόν.[33]

29. זֶבַח־תּוֹדָה. Ο'. θυσίαν (alia exempl. add. αἰνέσεως[34]) εὐχήν (Ἄλλος· εὐχαριστίαν[35]) χαρμο-
σύνης (Ἄλλος· αἰνέσεως.[36] Ἄλλος· ἐξομολο-
γήσεως[37]).

---

[15] Prior lectio est in Codd. 15, 54, 64, 75; posterior in
Comp., Codd. 16, 32, aliis (inter quos 85, cum προσφέρουσι
in marg.). [16] Sic sine aster. Comp., Codd. VII, XI, 108,
118. In aliis συν. τῶν υἱῶν, vel τῇ συν. τῶν υἱῶν, legitur.
[17] Codd. 85, 130, in marg.: εὐχῶν, quod propter casum
secundum ex alio interprete sub asterisco insertum esse
crediderim. [18] Sic in marg. (ad ὁμολογίαν) Codd. X,
Lips. Cf. ad Cap. xxiii. 38. [19] Sic in marg. Codd. X,
Lips. In priore subjungitur alia lectio, εὐχὴν αὐτῶν, quae
ad γראיהם commodius aptetur. [20] Sic Codd. X (teste
Montef., qui δέχηι pro αἵρεσιν αὐτῶν exscripsit), 85 (qui
pingit: ※ καὶ ἄνθρωπος), et sine aster. Codd. Lips. (om. in
fine αὐτῶν), 16 (cum δῶρα sine artic., et αὐτοῦ (bis) pro
αὐτῶν), 18 (cum καὶ κατὰ pro κατὰ priore, et om. in fine
αὐτῶν), 30, 54, alii, Arm. 1. Statim ad σωτηρίου Cod. 130
in marg.: τῶν εἰρηνικῶν. [21] Sic in marg. Codd. X, Lips.
Vox θαυμαστῶσαι Aquilam sapit (cf. Hex. ad Lev. xxvii. 2.
Jesai. xxviii. 29), non ita ὅρκον pro εὐχήν. [22] Sic in
marg. Codd. X (sine ἢ, et ad εἰς δεκτόν; cf. ad Cap. xxii. 25.
xxiii. 11), Lips. (idem), 85, 130. [23] Sic in marg. Codd.
X, Lips. [24] Iidem. Vox sequioris Graecitatis, ejusdem
farraginis ac κόνδουρος, a κονδός, brevis. Pro שָׁרוּעַ קָלוּט
Graeco-Ven. interpretatus est: ἐπιτεταμένον ἢ βεβραχυμένον.
[25] Sic in marg. Codd. X, Lips, 85, 130. [26] Sic in marg.

Codd. X (ad ἐκτεθλιμμένον, teste Montef.), Lips. (ad θλαδίαν).
[27] Codd. Lips. (cum ἐκκ.), 85, 130. Huc fortasse pertinet
lectio Cod. X (ad ἐκτομίαν): Ἀ. ἐκκεκομμένον. [28] Pro
Hebraeo כָּרוּת וְנָתוּק, et evulsum, et excisum, LXX transtulerunt: καὶ ἐκτομίαν, καὶ ἀπεσπασμένον, negligenter, ut
videtur, pro: καὶ ἀπεσπασμένον (vid. Jos. viii. 6. Jud. xvi. 9
in Hebraeo et LXX), καὶ ἐκτομίαν. Sic Graeco-Ven.: ἀπεσπασμένον τε καὶ τετμημένον. Hieron. vero, a Senioribus in
errorem inductus: vel sectis ablatisque testiculis. [29] Sic
(ad ἐκτομίαν) Cod. 85. Cod. X (ad ἀπεσπασμένον), Lips.
(ad ἐκτομίαν): Ἀ. κεκρυμμένον, vitiose, ut videtur, pro κεκομμένον. Hanc autem lectionem non ad נתק, sed ad כָּרוּת
pertinere, ex usu Aquilae vel in locutione notissima כָּרוּת
בְּרִית, κόπτειν συνθήκην, colligi potest. Denique Cod. VII
in marg. manu 2da (ad ἐκτομίαν, ut videtur): κεκομμένον.
[30] Sic in marg. Codd. X, Lips., 85, 130. [31] Sic in marg.
Codd. 85, 130. Ad τὰ δῶρα Codd. X, Lips., in marg.: τὰ
ἄγια. [32] Sic in marg. Codd. X, Lips. Cf. ad v. 21.
[33] Sic (non πυρρόν) Cod. 85 in marg. [34] Sic in marg.
Codd. 85, 130. Cod. 75 in textu (pro θ. εὐχὴν χαρμ.):
θυσίαν αἰνέσεως. [35] Cod. X in marg. [36] Sic in marg.
Codd. X, Lips.; in textu autem Cod. 54. [37] Sic Cod. VII
in marg. manu 2da. Cf. Hex. ad Psal. xxv. 7. xli. 5.
Jerem. xxxiii. 11.

29. לִרְצֹנְכֶם. Ο'. εἰς δεκτὸν ὑμῖν. Ἄλλος· τῇ βουλήσει ὑμῶν.[38]

Cap. XXII. 20. (–) κυρίῳ (◄).[39]   21. (–) ἢ ἐν ταῖς ἑορταῖς ὑμῶν (◄).[40]

Cap. XXIII.

3. שַׁבַּת שַׁבָּתוֹן. Ο'. σάββατα ἀνάπαυσις. Ἄλλος· σαββάτων ἑτοιμασία.[1]

5. פֶּסַח. Ο'. πάσχα. Ἄλλος· ἐπίβασις.[2]

6. תֹּאכֵלוּ. Ο'. ἔδεσθε. Ἄλλος· φάγεσθε.[3]

7. מְלֶאכֶת עֲבֹדָה. Opus cum labore conjunctum. Ο'. ἔργον λατρευτόν (Ἄλλος· δουλευτόν.[4] Ἄλλος· ἐργάσιμον[5]).

8. אִשֶּׁה. Ο'. ὁλοκαυτώματα. Ἄλλος· πυρά.[6]

11. וְהֵנִיף. Et huc illuc agitabit. Ο'. καὶ ἀνοίσει (Ἄλλος· ἀφοριεῖ[7]).

אֶת־הָעֹמֶר. Ο'. τὸ δράγμα (Ἄλλος· γόμερ[8]).

11. לִרְצֹנְכֶם. Ο'. δεκτὸν (Ἄλλος· ἑκούσιον[9]) ὑμῖν.

מִמָּחֳרַת הַשַּׁבָּת. Ο'. τῇ ἐπαύριον τῆς πρώτης (Ἄλλος· τοῦ σαββάτου[10]). Ἄλλος· τῇ μετὰ τὸ σάββατον.[11]

12. כֶּבֶשׂ. Ο'. πρόβατον. Ἄλλος· ἀμνόν.[12]

13. אִשֶּׁה. Ο'. θυσία. Ἄλλος· πυρόν.[13]

14. וְקָלִי וְכַרְמֶל. Et (spicas) torrefactas, et (polentam) frugis novae. Ο'. καὶ πεφρυγμένα χίδρα νέα (Οἱ λοιποί· (καὶ) ἀπαλά. Ἄλλος· καὶ λεπιστά[11]).

15. מִמָּחֳרַת הַשַּׁבָּת. Ο'. ἀπὸ τῆς ἐπαύριον τῶν σαββάτων. Ἄλλος· (ἀπὸ) τῆς πρώτης τοῦ σαββάτου.[15]

הַתְּנוּפָה. Ο'. τοῦ ἐπιθέματος. Ἄλλος· τοῦ ἀφορίσματος.[16]

שַׁבָּתוֹת תְּמִימֹת. Ο'. ἑβδομάδας ὁλοκλήρους. Ἄλλος· σάββατα ἄμωμα.[17]

---

[38] Sic in marg. Codd. X, Lips. Cod. VII in marg. manu 2da: εἰς ἐθέλημα.   [39] Deest in Codd. 58, 118.   [40] Haec desunt in Codd. 30, 58, 128, Arab. 1, 2.

Cap. XXIII.   [1] Sic in marg. Codd. X, Lips. "Margo Cod. 130 habet a prima manu σαββάτων, ut legendum sit σάββατα σαββάτων ἀνάπαυσις."—F. C. Alter.   [2] Sic in marg. Codd. X, Lips. Versionem non esse unius e tribus interpretibus, probant Hex. ad Exod. xii, 11.   [3] Sic in marg. Codd. 58, 85, 130; in textu autem Codd. X, XI, 15, 18, alii.   [4] Cat. Niceph. p. 1125. Sic in marg. ad v. 7, Codd. 58, 130; ad v. 8, Codd. 85, 130; ad v. 21, Codd. X, Lips., 85, 130; ad v. 25, Cod. 130; ad v. 36, Codd. 85, 130.   [5] Sic in marg. Codd. X (teste Holmes.), Lips.   [6] Sic in marg. Codd. 85 (non πυρρά), 130.   [7] Sic in marg. Codd. X, Lips. Mox pro φέρητε (v. 12) ἀφορίζητε testantur Codd. 54, 74, alii. Cf. ad Cap. vii. 30.   [8] Cod. VII in marg. manu 2da.   [9] Sic in marg. Codd. X, Lips.   [10] Cod. 85 in marg. Post πρώτης add. τῶν σαββάτων Ald., Codd. 29, 83.   [11] Sic in marg. Codd. X (teste Holmes.), Lips.   [12] Sic in marg. Codd. X, Lips., 85, 130.   [13] Cod. 85 in marg. Eadem lectio latet in Cod. 130, qui ad ἐλαίῳ in marg. pingit: πυρόψω (πυρὸν τῷ). Mox ad θυσία (v. 18) Cod. 85, 130, in marg.: πυρόν. (Ad εἰν (sic) in fine v. 13 Cod. VII in marg. manu 2da: ξέστον, quod falsum est; siquidem τὸ הִין continet duodecim לֹגִים, sive ξέσται. Cf. ad Cap. xiv. 10.)   [14] Cod. 130 (ad πεφρυγμένα): Οἱ λοιποί· ἄναλα (sic). Cod. 85 in marg. (ad χίδρα) sine nom.: ἄναλα, pro quo Montef. tentat non Graecum ἄναλα, arefacta, ut ad קָלִי referatur. Proculdubio rescribendum ἀπαλά, quod in marg. (ad χίδρα) sine nom. habet Cod. 58. Cf. ad Cap. ii. 14, ubi lectionem Aquilae et Symmachi ἀπαλὰ al כַּרְמֶל, non ad גֶּרֶשׂ, aptandam esse, e praesenti loco evidenter apparet. Porro Codd. X, Lips. ad πεφρ. χίδρα afferunt: Οἱ λοιποί· ἀπαλὰ καὶ λεπιστά, quae duplex versio est, ni fallor, ejusdem vocabuli כַּרְמֶל. (Reapse interpres Samaritanus in utroque loco pro כַּרְמֶל posuit קְלִיף, decorticatum, λεπιστόν.) Tandem audiendus est Hesychius: "Et polentam et pultes non comedetis ex segete . . . sive secundum LXX: Et fricta cedrinea non manducabitis . . . Oblatio enim praesentium donorum, quam esse mysterium Unigeniti ostendimus, reconciliavit nos Deo, et cibum nobis novae polentae et pultium, sive ut LXX, cytrorum [MS. citrorum] praestitit. Non enim nova solum, sed et cytra Christi praecepta sunt: sive ut mollia; sic enim cytra alii interpretes ediderunt; . . . sive ut manibus contrita et mundata; cytra enim et hoc interpretantur." Ubi ad postremam interpretationem praeter Samaritanum appellari possunt Syrus et Chaldaeus, qui כַּרְמֶל in ܦ݁ܰܪܟ݁ܶܐ et פִּירוּכִין vertunt.   [15] Sic in marg. Codd. 85, 130. Cf. ad v. 11.   [16] Sic in marg. Codd. Lips., 85, 130; in textu autem Codd. 54, 74, 75, alii. Minus probabiliter Nobil.: Ἄλλος φησὶ, ἀφορίσματα.   [17] Sic in marg. Codd. X, Lips., 85, 130.

16. הַשַּׁבָּת הַשְּׁבִיעִת‎. Ο'. τῆς ἐσχάτης ἑβδομάδος. Ἄλλος· τοῦ σαββάτου (τοῦ) ἑβδόμου.[18]

17. תְּנוּפָה‎. Ο'. ἐπίθεμα. Ἄλλος· ἀφαίρεμα.[19]
תֵּאָפֶינָה‎. Ο'. πεφθήσονται. Ἄλλος· ὀπτηθήσονται.[20]

18. תְּמִימִם‎. Ο'. ἀμώμους. Ἄλλος· τελείους.[21]
וּמִנְחָתָם‎. Ο'. καὶ αἱ θυσίαι (Ἄλλος· καρπώσεις. Ἄλλος· προσφοραὶ[22]) αὐτῶν.
נִיחֹחַ‎. Ο'. εὐωδίας. Ἄλλος· ἀναπαύσεως.[23]

19. שְׁלָמִים‎. Ο'. σωτηρίου. Ἄλλος· εἰρηνικῶν.[24]

20. תְּנוּפָה . . . וְהֵנִיף הַכֹּהֵן אֹתָם‎. Ο'. καὶ ἐπιθήσει αὐτὰ ὁ ἱερεὺς . . . ἐπίθεμα. Alia exempl. καὶ ἀφοριεῖ αὐτὰ ὁ ἱερεὺς ἀφόρισμα . . .[25]

21. בְּעֶצֶם‎. Ο'. Vacat. Ἄλλος· ἐν ἐγκρατείᾳ.[26]

22. פְּאַת‎. Ο'. τὸ λοιπόν. Ἄλλος· τὸ φααθ.[27]
וְלֶקֶט‎. Et spicilegium. Ο'. καὶ τὰ ἀποπίπτοντα (Ἄλλος· συλλέγματα[28]).
תַּעֲזֹב אֹתָם‎. Ο'. ὑπολείψεις αὐτά. Ἄλλος· ἀφήσεις αὐτά.[29]

24. בְּאֶחָד‎. Ο'. μιᾷ. Ἄλλος· πρώτῃ.[30]
שַׁבָּתוֹן‎. Celebratio sabbati. Ο'. ἀνάπαυσις. Ἄλλος· σαββάτων (s. σάββατον).[31]

24. תְּרוּעָה‎. Clangor (tubae). Ο'. σαλπίγγων. Ἄλλος· σαλπισμός.[32]

27. אַךְ‎. Ο'. καί. Ἄλλος· πλήν.[33]
וְעִנִּיתֶם‎. Ο'. καὶ ταπεινώσετε (Ἄλλος· κακώσετε.[34] Schol. νηστεύσατε[35]).

28. בְּעֶצֶם הַיּוֹם הַזֶּה‎. Hoc ipso die. Ο'. ἐν αὐτῇ τῇ ἡμέρᾳ ταύτῃ. Ἄλλος· ἐν ἐγκρατείᾳ τῆς ἡμέρας ταύτης.[36]

29. תְעֻנֶּה בְעֶצֶם‎. Ο'. ταπεινωθήσεται ἐν αὐτῇ (τῇ ἡμέρᾳ). Ἄλλος· νηστεύσῃ ἐγκρατῶς.[37]

36. עֲצֶרֶת‎. Concio populi (s. Clausula festi). Ο'. ἐξόδιον. Ἄλλος· ἐπίσχεσις (s. ἐπισύσχεσις).[38]

38. מִלְּבַד‎. Ο'. πλήν. Ἄλλος· παρεκτός.[39]
נִדְרֵיכֶם‎. Ο'. τῶν εὐχῶν (Ἄλλος· ἐξωμοσιῶν[40]) ὑμῶν.

39. בְּאָסְפְּכֶם‎. Ο'. ὅταν συντελέσητε (Ἄλλος· συναγάγητε[41]).
תָּחֹגּוּ אֶת־חַג־יְהֹוָה‎. Ο'. ἑορτάσατε (✕) τὴν ἑορτὴν (◄) τῷ κυρίῳ.[42]
שַׁבָּתוֹן‎. Ο'. ἀνάπαυσις. Ἄλλος· σάββατον.[43]

40. פְּרִי עֵץ הָדָר‎. Fructus arborum decoris (secundum Hebraeos mala citrea; secundum

---

[18] Sic in marg. Codd. 85, 130.   [19] Iidem.   [20] Cod. VII in marg. manu 2da. Cf. Hex. ad Exod. xii. 39.   [21] Idem. Cf. ad Cap. ix. 3.   [22] Ad θυσίαι Cod. Lips. in marg.: καρπώσεις. προσφοραί; Cod. X autem ad θυσίαι: καρπώσεις; ad σπονδαί: προσφοραί; parum probabiliter uterque. Pro προσφοραί fortasse scribendum προσφορά, ut ad אִשֵּׁה referatur. Cf. ad Cap. iii. 16.   [23] Sic in marg. Codd. X, Lips., 85. Cf. ad Cap. i. 9.   [24] Sic in marg. Codd. X, Lips.; in textu autem Codd. 54, 74, 75, alii.   [25] Sic Codd. 54, 75. Hesych.: Et separabit ea sacerdos separatione . . .   [26] Sic in marg. (ad ἐλητήν) Codd. X, Lips. (qui pro ἐλητήν ἁγία ἔσται legunt ἐλητήν ἐλητὴ ἁγία ἔσται). Mire Holmesius: "Referendum est forsan ad ταπεινώσετε (v. 27). Vid. Hex. ad loc." Immo vid. Hex. ad vv. 28, 29.   [27] Sic in marg. Codd. Lips., 85, 130. Cf. ad Cap. xix. 9, 27.   [28] Sic in marg. Codd. X, Lips., 85.   [29] Sic in marg. Codd. X, Lips.   [30] Iidem.   [31] Sic in marg. Codd. X, Lips., 85 (cum σάββατον); 130 (idem). Cf. ad Cap. xvi. 31.   [32] Sic in marg. Codd. X (cum σαλπισμὸς εἰς ἀκοάς), Lips. (idem), 85. Lectio brevior Theodotionis est, coll. Hex.

ad Num. xxiii. 21; longior quid significet nescio. Ad σαλπίγγων Nobil. et duo Regii: Schol. ἡ τῆς σκηνοπηγίας. quod ad v. 34, חַג הַסֻּכּוֹת, Ο'. ἑορτὴ σκηνῶν, pertinere monuit Scharfenb. in Animadv. p. 99.   [33] Cod. 130 in marg. Cf. Hex. ad 1 Reg. xxv. 21. Job. xiii. 15. Jerem. xxxii. 30.   [34] Cod. 130 in marg. Sic ad v. 32 in marg. Codd. X, 85, 130; in textu autem Codd. 19, 108, 118.   [35] Sic in marg. Codd. X, Lips. Theodoret. Quaest. XXXII ad Levit. (Opp. T. I, p. 210): Τῇ δεκάτῃ δὲ τοῦ μηνὸς τοῦ ἑβδόμου νηστεῦσαι κελεύει . . . ταπεινώσετε γὰρ, φησὶ, τὰς ψυχὰς ὑμῶν. Cf. ad Cap. xvi. 29.   [36] Sic in marg. Codd. X, Lips. Cf. ad v. 21.   [37] Sic in marg. Codd. X, Lips., 85 (cum ἐπισύχεσις), 130 (cum ἐπισύχει). Cf. Hex. ad Num. xxix. 35. Deut. xvi. 8 (ubi Aquilae tribuitur).   [38] Sic in marg. Codd. X, Lips.   [39] Iidem. Cf. ad Cap. xxii. 18.   [40] Sic in marg. Codd. X (cum ἀγάγετε), 85, 130.   [41] Sic sine aster. Cod. 58. Codd. 19, 108, 118; ἑορτάσατε ἑορτὴν κυρίῳ.   [42] Sic in marg. Codd. 85, 130.

Josephum (Ant. III, 10, 4: τοῦ μήλου τοῦ τῆς
περσέας προσόντος) *mala Persica*). Ο΄. καρπὸν ξύλου ὡραῖον ("Αλλος· ἔνδοξον⁴⁴). 'Α.
(καρπὸν ξύλου) ὕδωρ.⁴⁵ "Αλλος· (καρπὸν) δένδρου
κίτριν.⁴⁶

40. כַּפֹּת תְּמָרִים. *Ramos palmarum.* Ο΄. καὶ κάλ-
λυνθρα ("Αλλος· βάϊα.⁴⁷ "Αλλος· κάφφω⁴⁸)
φοινίκων.

וַעֲנַף עֵץ־עָבֹת. *Et frondes arborum implexa-
rum.* Ο΄. καὶ κλάδους ξύλου δασεῖς ("Αλλος·
οὐλοκόμους⁴⁹).

40, 41. וְעַרְבֵי־נָחַל (*salices torrentis*)
וּשְׂמַחְתֶּם לִפְנֵי
יְהוָה אֱלֹהֵיכֶם שִׁבְעַת יָמִים: וְחַגֹּתֶם אֹתוֹ
חַג לַיהוָה שִׁבְעַת יָמִים בַּשָּׁנָה חֻקַּת עוֹלָם
לְדֹרֹתֵיכֶם. Ο΄. καὶ ἰτέας, καὶ ἄγνου κλάδους
ἐκ χειμάρρου, εὐφρανθῆναι ἔναντι κυρίου τοῦ
θεοῦ ὑμῶν ἑπτὰ ἡμέρας τοῦ ἐνιαυτοῦ, νόμιμον
αἰώνιον εἰς τὰς γενεὰς ὑμῶν. 'Α. καὶ ἰτέας
χειμάρρου, καὶ εὐφρανθήσεσθε εἰς πρόσωπον
κυρίου θεοῦ ὑμῶν ἑπτὰ ἡμέρας· καὶ ἑορτάσετε αὐτὴν ἑορτὴν τῷ κυρίῳ ἑπτὰ ἡμέρας (ἐν

ἐνιαυτῷ, ἀκρίβεια αἰώνιος ταῖς γενεαῖς ὑμῶν.⁵⁰
Σ. καὶ ἰτέαν χειμάρρου, καὶ εὐφρανθήσεσθε
ἔμπροσθεν κυρίου τοῦ θεοῦ ὑμῶν ἑπτὰ ἡμέρας·
καὶ πανηγυρίσετε αὐτὴν πανήγυριν τῷ κυρίῳ
ἑπτὰ ἡμέρας τοῦ ἐνιαυτοῦ, πρόσταγμα αἰώνιον
εἰς τὰς γενεὰς ὑμῶν.⁵¹ Ο΄. Θ. καὶ ἰτέας ἐκ
χειμάρρου, καὶ εὐφρανθήσεσθε ἔναντι κυρίου
τοῦ θεοῦ ὑμῶν ἑπτὰ ἡμέρας· καὶ ἑορτάσετε
αὐτὴν ἑορτὴν τῷ κυρίῳ ἑπτὰ ἡμέρας τοῦ ἐνιαυτοῦ, νόμιμον αἰώνιον . . .⁵²

Cap. XXIII. 3. ἁγία (–) τῷ κυρίῳ (◄).⁵³ 13.
εὐωδίας (–) κυρίῳ (◄).⁵⁴ 19. (–) μετὰ τῶν ἄρτων
τοῦ πρωτογεννήματος (◄).⁵⁵ 32. τοῦ μηνὸς (✕) ἑσπέρας (◄).⁵⁶ 38. (✕) πάντων (◄) τῶν ἑκουσίων ὑμῶν.⁵⁷

CAP. XXIV.

2. אֵלֶיךָ. Ο΄. σοι. "Αλλος· πρὸς σέ.¹

שֶׁמֶן זַיִת. Ο΄. ἔλαιον ἐλάϊνον ("Αλλος· ἐξ
ἐλαιῶν²).

זָךְ. Ο΄. καθαρόν. "Αλλος· διαφανές.³

---

⁴⁴ Sic in marg. Codd. X, Lips., 85, 130. Nobil., Cat.
Niceph. p. 1129: "Αλλος· ἔνδοξον. ⁴⁵ Buxtorf. in *Lex.
Chald. et Talmud.* p. 600: "הִידּוּר, ὕδωρ, aqua. In Sueca
fol. 35. 1 ad loc. Lev. xxiii. 40 scribunt: אל תקרי הדר אלא
הידור, *ne legas* HADAR (*decoris*), *sed* HYDOR (*aquae*); arbo-
rem scil. quae juxta omnes aquas crescit, hoc est, citrum.
In Talm. Hieros. Sueca Cap. 3 scribitur, Aquilam vocem
הדר hic transtulisse הידור, ὕδωρ." Similia habet Lightfoot
in Append. ad *Hor. Hebr. in Epist. I ad Corinth.* p. 280,
qui tamen de interpretatione vocis הידור per ὕδωρ subdubi-
tare videtur. Revera pro vocabulo pervulgato הָדָר Aquilam hic non, ut centies, διαπρέπεια (vid. Hex. ad Psal.
xxviii. 4. xliv. 4. Jesai. xxxv. 2. liii. 2), vel simile quid,
sed vocem peregrinam ὕδωρ posuisse, quis sanus crediderit?
Cf. Anger. in libello *De Onkelo* etc. Partic. I, p. 15.
⁴⁶ Sic in marg. Codd. X, Lips. Ad καρπὸν Cod. VII in
marg. manu 2ᵈᵃ: κίτρ (sic). Pro κίτριν fortasse legendum
κιτρίον, vel κιτρίον, ut tamen scholiastae magis quam interpreti lectio tribuatur. Oukelos παραφράζει: פֵּירֵי אִילָנָא
אֶתְרוּגִין, *fructum arboris citrei.* ⁴⁷ Nobil. Cat. Niceph.
p. 1129: Οἱ ἄλλοι, βάϊα λευκά. Cod. 56 in marg.: βάϊα
λέγει ἐκ φοινίκων καὶ μυρσίνης. ⁴⁸ Sic in marg. Codd. 85,
130. Cod. VII in marg. manu 2ᵈᵃ: παλάμας. ⁴⁹ Sic in

marg. Codd. X (cum ὁλοκόμους), Lips. (idem), 85 (cum
οὐλόκομον), 130 (idem). Ad ξύλου Cod. VII in marg.
manu 2ᵈᵃ: μυρσίνης. ⁵⁰ Cod. 85, teste Holmesii amanuensi. Pro ἑορτάσατε Montef. ex eodem exscripsit ἑορδά-
ζετε, repugnante Cod. 130, ubi lectio anonyma est (cum
scripturis κυρίου κυρίου. θεοῦ, ἐνιαυτοῦ, et ἀκριβείας ἔνος).
⁵¹ Cod. 85, et sine nom. Cod. 130 (cum αὐτοῖς pro αὐτήν).
⁵² Codd. 85 (teste Montef.), 130 (cum καὶ ἰτέας εἰς χειμάρρους). E priore Holmesii amanuensis minus probabiliter
exscripsit καὶ τὰς ἰτέας et ἑορτάσατε. (In textu τῶν Ο΄ pro
εὐφρανθῆναι, καὶ εὐφρανθήσεσθε habent Comp., Ald., Codd.
VII, X, Lips., 15, 16, 18, alii, Arab. 1, 2. Deinde post
ἑπτὰ ἡμέρας inferunt καὶ ἑορτάσατε αὐτὴν ἑορτὴν τῷ κυρίῳ ἑπτὰ
ἡμέρας Comp. (cum ἑορτάσετε αὐτὴν τὴν ἑορτήν), Codd. 15, 54,
alii, Arab. 1, 2, Arm. 1. ⁵³ Deest τῷ κυρίῳ in Arab. 1, 2.
⁵⁴ Vox deest in Cod. 75, Arab. 1, 2. ⁵⁵ Haec desunt in
Arab. 1, 2. ⁵⁶ Post μηνὸς Arab. 1, 2 inferunt *in vespere,*
ubi in Hebraeo בָּעֶרֶב. ⁵⁷ Sic sine aster. Comp., Codd.
85 (cum πάντων in marg.), 19, 118.
CAP. XXIV. ¹ Cod. 130 in marg. ² Cod. X in marg.
S. Cyril. in Cat. Niceph. p. 1129: (ἐλάϊνον) τουτέστιν, οὐκ ἐξ
ἑτεροειδῶν σπερμάτων, ἀλλ᾽ ἐξ αὐτῶν ἐλαιῶν. Cf. Hex. ad
Exod. xxvii. 20. ³ Cod. X in marg. Cod. 130 in

2. לְמָאוֹר. Ο'. εἰς φῶς (Ἄλλος· φαῦσιν⁴).

3. לְפָרֹכֶת הָעֵדֻת. Ο'. τοῦ καταπετάσματος (✕) τοῦ μαρτυρίου (◄).⁵

יַעֲרֹךְ. Instruet. Ο'. καὶ καύσουσιν. Ἄλλος· στοιβάσουσιν.⁶

תָּמִיד. Ο'. ἐνδελεχῶς. Ἄλλος· διαπαντός.⁷

4. יַעֲרֹךְ. Ο'. καύσετε. Ἄλλος· συνθήσει.⁸

5. הַחַלּוֹת. Ο'. ἄρτους. Ἄλλος· κολλύρας (s. κολλυρίδας).⁹

6. מַעֲרָכוֹת. Strues. Ο'. θέματα. Ἄλλος· στοιβάσεις.¹⁰

7. עַל־הַמַּעֲרָכֶת. Ο'. ἐπὶ τὸ θέμα. Ἄλλος· ἐπὶ τὴν σύνθεσιν.¹¹

לְבֹנָה זַכָּה. Ο'. λίβανον καθαρόν (Ἄλλος· διαφανῆ¹²).

8. יַעַרְכֶנּוּ. Ο'. προσθήσεται. Alia exempl. προθήσετε αὐτό.¹³ Ἄλλος· στοιβάσεις.¹⁴

בְּרִית. Ο'. διαθήκην. Σ. συνθήκην.¹⁵

9. בְּמָקוֹם קָדֹשׁ כִּי קֹדֶשׁ קָדָשִׁים הוּא לוֹ מֵאִשֵּׁי יְהוָה חָק־עוֹלָם. Ο'. ἐν τόπῳ ἁγίῳ ἔστι γὰρ ἅγια τῶν ἁγίων τοῦτο αὐτῶν (alia exempl. αὐτῷ¹⁶) ἀπὸ τῶν θυσιαζομένων τῷ κυρίῳ, νόμι-

μον αἰώνιον. Ἀ. ἐν τόπῳ ἡγιασμένῳ, ὅτι ἡγιασμένον ἡγιασμένων ἐστὶν αὐτῷ ἀπὸ πυρῶν κυρίῳ, ἀκρίβασμα αἰώνος.¹⁷ Σ. ἐν τόπῳ ἁγίῳ, ὅτι ἅγιον ἁγίων ἐστὶν αὐτῷ ἀπὸ τῶν καρπωμάτων κυρίου, σύνταξις αἰῶνος.¹⁸ Θ. ἐν τόπῳ ἁγίῳ ἅγια ἁγίων ἐστὶν αὐτῷ ἀπὸ τῶν τοῦ πυρὸς κυρίου, νόμιμον αἰώνιον.¹⁹ Ο'. ἐν τόπῳ ἁγίῳ ἅγια γάρ ἐστιν τῶν ἁγίων αὐτῷ ἀπὸ τῶν θυσιαζομένων ...²⁰

11. וַיִּקֹּב. Et maledixit. Ο'. καὶ ἐπονομάσας. Ἄλλος· (καὶ) κατηράσατο.²¹

וַיְקַלֵּל. Et exsecratus est. Ο'. κατηράσατο. Ἄλλος· ἐλοιδόρησεν. Ἄλλος· ἐβλασφήμησεν.²² Ἄλλος· καὶ ἐνύβρισεν.²³

12. לִפְרֹשׁ לָהֶם עַל־פִּי יְהוָה. Ad definiendum eis ex ore Jovae. Ο'. διακρῖναι αὐτὸν διὰ προστάγματος κυρίου. Ἄλλος· διαστεῖλαι αὐτοῖς ἐπὶ στόματος κυρίου.²⁴ Ἄλλος· ἐπικρῖναι αὐτοῖς ἐπίκρισιν κυρίου.²⁵

14, 23. אֶת־הַמְקַלֵּל. Ο'. τὸν καταρασάμενον (Ἄλλος· καθυβρίσαντα²⁶).

15. לֵאמֹר. Ο'. — καὶ ἐρεῖς πρὸς αὐτούς ◄.²⁷ Alia exempl. λέγων πρὸς αὐτούς.²⁸

---

marg.: ἄτρυγον διαφανής. Cf. ad v. 7. ⁴ Sic in marg. Codd. X, Lips., 130. Cf. Hex. ad Exod. xxv. 5. ⁵ Sic sine aster. Cod. 58. ⁶ Sic in marg. Codd. X (cum στυβ.), 130 (idem). Cf. ad Cap. i. 7. ⁷ Sic in marg. Codd. X, Lips., 130. ⁸ Cod. X in marg. Cf. ad v. 7. ⁹ Sic in marg. Codd. X (cum κολλυρίδας), Lips. (idem), 130. Mox ad ὁ ἄρτος Codd. X, Lips., in marg.: ἡ κολλύρα. Cf. ad Cap. ii. 4. ¹⁰ Cod. 85 in marg., quasi a στοίβασις, structio, quae vox non aliunde nota est. Scharfenbergio igitur in Animadv. p. 100 (quem secutus est Schleusner. in Opusc. Crit. p. 154) στοιβάσεις verbum est, ad praecedens ἐπιθήσετε referendum, ubi tamen vox Hebraea non est וְעָרֶכָה, sed וְשַׂמְתָּ. Cod. 130 quidem ad ἐπιθήσετε in v. 7 in marg. pingit: στοιβάσεις; sed ibi quoque in Hebraeo est verbum minus congruens וְנָתַתָּ. ¹¹ Sic in marg. Codd. X, Lips. ¹² Sic in marg. Codd. 85, 130. Cf. Exod. xxx. 34 in LXX. ¹³ Sic Codd. XI, 58, 108, 118. ¹⁴ Sic in marg. Codd. 85, 130. ¹⁵ Cod. X in marg.: Σ. θήκην. Correxit Montef. ¹⁶ Sic Comp., Ald., Codd. III, XI, 29, 30, 32, alii, Arab. 1, 2. Hesych.: "Nam non simpliciter dixit, quia sanctum sanctorum est,

TOM. I.

sed addidit secundum LXX, ipsi." ¹⁷ Codd. 85 (cum ἀκρίβασμον αἰῶνος), 130 (sine nom., om. ὅτι, cum πυρὸς pro πυρῶν). Montef. e priore exscripsit πύρρων κυρίῳ. καὶ ἐξῆλθεν (om. ἀκρ. αἰῶνος). ¹⁸ Codd. 85, 130 (om. ὅτι). Holmesii amanuensis e Cod. 85 exscripsit ἅγια ἁγίων, et σύνταξις αἰῶνος, repugnantibus tum Montef. tum altero codice. ¹⁹ Codd. 85, 130. ²⁰ Iidem. Praeterea ad τῶν θυσ. τῷ κυρίῳ Cod. 85 in marg. sine nom.: τοῦ πυροῦ (fort. πυρός) τοῦ κυρίου; Cod. X autem in marg.: τοῦ πυρὸς κυρίου; ex Theodotione, ut videtur. ²¹ Sic in marg. Codd. X, Lips. ²² Cod. 58 in marg.: ἐλοιδόρησεν (sic). ἐβλασφήμησεν. Codd. 85, 130, in marg.: ἐβλασφήμησεν. Cf. ad v. 15. ²³ Sic in marg. Codd. X (cum ἐξύβρισεν), Lips. ²⁴ Sic in marg. Codd. 85, 130 (cum αὐτόν), Lips. Paulo aliter Codd. X (praem. Οἱ λοιποί), Lips.: διαστεῖλαι αὐτὸν διὰ στ. κ. ²⁵ Sic in marg. Codd. X, Lips. Nescio quid sibi volens Schleusner. in Nov. Thes. s. v. ἐπικρίνω ἐπίκρισιν: "Est lectio aperte vitiosa, ac reponendum συγκρῖναι et σύγκρισιν." ²⁶ Sic in marg. Codd. X (bis), Lips. (ad v. 23). Cf. ad Cap. xx. 9. ²⁷ Obelus est in Cod. IV. ²⁸ Sic Codd. X, Lips., 16, 18, 19, alii (inter quos 85, cum καὶ ἐρεῖς in marg.).

E e

15, 16. אִישׁ אִישׁ כִּי־יְקַלֵּל אֱלֹהָיו וְנָשָׂא חֶטְאוֹ׃
וְנֹקֵב שֵׁם־יְהוָה מוֹת יוּמַת . O'. ἄνθρωπος ὃς
ἐὰν καταράσηται ("Αλλος· καθυβρίσῃ.²⁹ "Αλ-
λος· λοιδορήσῃ³⁰) θεὸν, ἁμαρτίαν ⚹ αὐτοῦ ◄³¹
λήψεται ("Αλλος· ἐκδέξεται³²). ὀνομάζων δὲ
("Αλλος· καὶ ὃς ἂν λοιδορήσῃ³³) τὸ ὄνομα κυρίου θανάτῳ θανατούσθω. Ἀ. ἀνὴρ ἀνὴρ ὅταν
βλασφημήσῃ θεὸν αὐτοῦ, καὶ λήψεται ἀνομίαν αὐτῷ, καὶ
ἐπονομάζων ὄνομα κυρίου, θανάτῳ θανατούσθω.³⁴ Σ.
ἄνθρωπος ὃς ἂν λοιδορήσῃ (s. διασύρῃ) τὸν θεὸν
αὐτοῦ . . .³⁵

16. רָגוֹם . Lapidando. O'. λίθοις. "Αλλος· λιθο-
βολία.³⁶

18. וּמַכֵּה . O'. καὶ ὃς ἂν πατάξῃ ("Αλλος· καὶ ὁ
τύπτων³⁷).

יְשַׁלְּמֶנָּה . O'. ἀποτισάτω ⚹ αὐτό ◄.³⁸

20. שֶׁבֶר . O'. σύντριμμα. "Αλλος· κατέαγμα.³⁹

יִנָּתֶן . O'. δῷ. "Αλλος· ποιήσει.⁴⁰

21. וּמַכֵּה בְהֵמָה יְשַׁלְּמֶנָּה . O'. Vacat. ⚹ καὶ ὁ
τύπτων κτήνος, ἀποτισάτω αὐτό ◄.⁴¹

22. מִשְׁפַּט . O'. δικαίωσις. Οἱ λοιποί· κρίσις.⁴²

23. אֶבֶן . O'. ἐν λίθοις. Alia exempl. λίθοις πᾶσα
ἡ συναγωγή.⁴³

23. צִוָּה . O'. καθάπερ συνέταξε. "Αλλος· καθότι
ἐνετείλατο.⁴⁴

Cap. XXIV. 16. ἐν τῷ ὀνομάσαι αὐτὸν τὸ ὄνομα
⸔ κυρίου ◄.⁴⁵ 17. ⸓ καὶ ἀποθάνῃ ◄.⁴⁶ 21. ⸓ καὶ
ἀποθάνῃ ◄.⁴⁷

CAP. XXV.

2. וְשָׁבְתָה הָאָרֶץ שַׁבָּת לַיהוָה . O'. καὶ ἀναπαύσεται ἡ γῆ, ⸓ ἣν ἐγὼ δίδωμι ὑμῖν ◄,¹ σάββατα
τῷ κυρίῳ. Ἀ. (καὶ) σαββατιεῖ ἡ γῆ σάββατον
τῷ κυρίῳ.²

3. אֶת־תְּבוּאָתָהּ . Proventum ejus. O'. τὸν καρπὸν ("Αλλοι· τὰ γενήματα, τὴν πρόσοδον³)
αὐτῆς.

4. וְכַרְמְךָ . O'. καὶ τὴν ἄμπελόν σου. "Αλλος·
τὸν ἀμπελῶνά σου.⁴

לֹא תִזְמֹר . Non putabis. O'. οὐ τεμεῖς ("Αλ-
λος· κληματιεῖς⁵).

5. קְצִירְךָ . O'. τοῦ ἀγροῦ σου. "Αλλος· τοῦ ἀμη-
τοῦ σου.⁶

נְזִירֶךָ . Vitis tuae non putatae. O'. τοῦ ἀγιά-
σματός σου. "Αλλος· τῆς ναζιραίας (s.

---

²⁹ Sie in marg. Codd. X, Lips. ³⁰ Cod. 58 in marg.:
λοιδωρήσῃ (sic). ³¹ Pronomen accessit e Cod. IV, qui
legit: λήψεται ἁμαρτίαν ⚹ αὐτοῦ :. ³² Sic in marg.
Codd. X (cum ἐκδ., teste Montef.), Lips. (cum εἰσδ.).
³³ Sic in marg. Codd. X (cum λυδορήσῃ), Lips. (cum καὶ
ὅσα ἂν λυδορήσῃ). ³⁴ Hesych.: "Sed in hac sanctione
hoc quod videtur dubium, Aquila planius edidit; ait enim:
Vir [Cod. VII in textu: ἄνθρωπος ἄνθρωπος: in marg. autem
manu 2ᵈᵃ: ἀνὴρ ἀνὴρ] *quando blasphemaverit Deum suum,
et acceperit iniquitatem sibi, et denominans nomen Domini,
morte moriatur.* Non dixit, *nominans,* sed *denominans,*
ut hunc, de quo nunc sermo est, simul blasphemare et
nominare ostenderet." Ad ἐπονομάζων cf. Hex. ad Gen.
xxx. 28. Ceterum pro his, καὶ λήψεται ἀνομίαν αὐτῷ, quae
cum Latinis Hesychii consonant, Aquilae usus tantum non
postulat: καὶ ἀρεῖ (s. ἄρῃ) ἀμαρτίαν αὐτοῦ. ³⁵ Idem:
"Unde nec *blasphemare* eum Sym., sicut filium mulieris
Israelitidis, scripsit, sed *detrahere.* Dixit enim: *Homo
qui detraxerit Deo suo.*" Ad λοιδορήσῃ cf. ad Cap. xix. 4.
³⁶ Sic in marg. Cod. 85; in textu autem Codd. 54, 75, 76,
84, 134. ³⁷ Sic in marg. Codd. 58, 85 (sine artic.).

³⁸ Sic Cod. IV, et sine aster. Cod. 54 (cum αὐτὸν in textu,
et αὐτό (non, ut Holmes, αὐτὴν) in marg.). ³⁹ Sic in
marg. Codd. X, Lips. ⁴⁰ Cod. 130 in marg. ad δῷ μῶμον:
ποιήσει κῖνος (sic). Mox ad δοθήσεται (יִנָּתֵן) Codd. 85, 130,
in marg.: ποιηθήσεται, et sic in textu Codd. 19, 108.
⁴¹ Sic Cod. IV (cum αὐτῷ), et sine aster. Arab. 1, 2 (sine
καί). Codd. 54, 75, in textu: καὶ ὁ τύπτων κτῆνος, ἐπὰν
ἀνέλῃ, ἀποτισάτω αὐτὸ (αὐτῷ 75)· ἐγὼ κύριος. ⁴² Codd. X
(cum κρίσιν δίκη), Lips. (idem), 130. Cod. 85 in textu, ut
videtur: κρίσιν. ⁴³ Sic Ald., Codd. VII, X, Lips., 16,
18, 29, alii, Arm. 1. Praeterea Codd. 85, 130 (hic autem
sine πᾶσα ἡ σ.), in marg.: καὶ ἀπέθανεν. ⁴⁴ Sic in marg.
Codd. 85, 130; in textu autem Codd. 54, 64, 75, 128.
⁴⁵ Cod. IV. ⁴⁶ Idem. Deest in Cod. 58. ⁴⁷ Idem.
CAP. XXV. ¹ Obelus est in Cod. IV. Haec desunt in
Codd. 55, 71, 106. ² Cod. 85. Sic in marg. sine nom.
Codd. X, Lips., 130. ³ Sic in marg. Codd. X, Lips.
Cod. 130 in marg.: τὰ γενήματα. Cf. Hex. ad Prov. x. 16.
xviii. 20. Jerem. xii. 13. ⁴ Sic in marg. Codd. 85, 130.
⁵ Cod. 130 in marg. ⁶ Sic in marg. Codd. X, Lips.
Mox ad σταφυλὴν Cod. 130 in marg.: ἄμητον, quod huc

ναζαραίας) .⁷   Τὸ Σαμαρειτικὸν ἀπὸ τῶν χέρσων σου.⁸

6. שַׁבָּת. Ο'. τὰ σάββατα. Ἄλλος· διάλειψις. Schol. ἀνάπαυσις.⁹

לְאָכְלָה. Ο'. βρώματα. Alia exempl. βρωτά.¹⁰ Ἄλλος· εἰς βρῶσιν.¹¹

הַגָּרִים. Ο'. τῷ προσκειμένῳ. Ἄλλος· τῷ προσηλυτεύοντι.¹²

7. וְלַחַיָּה. Ο'. καὶ τοῖς θηρίοις (Ἄλλος· ζώοις¹³).

8. שַׁבְּתֹת. Ο'. ἀναπαύσεις. Οἱ λοιποί· σάββατα.¹⁴

וְהָיוּ לְךָ יְמֵי. Ο'. καὶ ἔσονταί σοι ⸓ ἡμέραι ◄.¹⁵

9. וְהַעֲבַרְתָּ שׁוֹפַר תְּרוּעָה. Et transire (personare) facies tubam clangoris. Ο'. (καὶ) διαγγελεῖτε σάλπιγγος φωνῇ. Ἄλλος· (καὶ) παραβιβάσεις κερατίνῃ..¹⁶

10. וּקְרָאתֶם דְּרוֹר. Et annuntiabitis manumissionem. Ο'. καὶ διαβοήσετε ἄφεσιν. Ἄλλος· καὶ καλέσετε δαρώρ.¹⁷

יוֹבֵל. Jubilum. Ο'. ἐνιαυτὸς ἀφέσεως σημασία.

Ἀ. παραφέρων. Θ. ἰωβήλ.¹⁸

10. אֶל־אֲחֻזָּתוֹ. Ο'. εἰς τὴν κτῆσιν (Ἄλλος· κατάσχεσιν¹⁹) αὐτοῦ.

אֶל־מִשְׁפַּחְתּוֹ. Ο'. εἰς τὴν πατριὰν (Ἄλλος· γενεὰν²⁰) αὐτοῦ.

11. יוֹבֵל הִוא. Ο'. ἀφέσεως σημασία αὕτη. Ἄλλος· ἰωβήλ ἐστιν.²¹

אֵת־נְזִרֶיהָ. Ο'. τὰ ἡγιασμένα (Ἄλλος· ναζιραῖα²²) αὐτῆς.

12. מִן־הַשָּׂדֶה. Ο'. ἀπὸ τῶν πεδίων (Ἄλλος· πεδινῶν²³).

13. הַיּוֹבֵל הַזֹּאת. Ο'. τῆς ἀφέσεως σημασίας αὐτῆς. Ἄλλος· τοῦ ἰωβήλ τούτου.²⁴

14. תִּמְכְּרוּ. Ο'. ἀποδῷ. Ἄλλος· πωλήσῃς.²⁵

אַל־תּוֹנוּ אִישׁ. Ο'. μὴ θλιβέτω ἄνθρωπος. Ἄλλος· μὴ κακούτω ἀνήρ.²⁶

15. אַחַר הַיּוֹבֵל. Ο'. μετὰ τὴν σημασίαν (Ἄλλος· τὴν ἄφεσιν.²⁷ Ἄλλος· τὸν ἰωβήλ²⁸).

יִמְכָּר־לָךְ. Vendet tibi. Ο'. ἀποδώσεταί σοι. Schol. ὁ ἀποδιδόμενος.²⁹

---

revocandum est.   ⁷ Prior scriptura est in Nobil., et Cod. 85 in marg.; posterior in Codd. X, Lips., in marg. Cat. Niceph. p. 1136: Ἄλλος· τῆς Ναζηραίας. Vitiose Cod. 130 in marg.: τῆς ἀζυραίας. Cf. Hex. ad Thren. iv. 7. Amos ii. 12. ⁸ Nobil., Cat. Niceph. ibid. Eodem redit Graeco-Ven.: τοῦ ἀγεωργήτου σου. In versione quae fertur Samaritana habetur כליליך, coronae tuae, quasi a נֵזֶר, diadema. Mox pro ἀναπαύσεως Cod. 85 in marg.: σαββάτων. Cf. ad Cap. xxiii. 29. ⁹ Cod. X in marg.: σάββατα διάλειψις ΔΥ ἀνάπαυσις; ubi compendium scripturae recte, ut videtur, pro δύναται sumpsit Montef.; male autem Holmesius pro αὕτη. Eadem in marg. habet Lips., ubi in exemplari edito est δ'. Ceterum versio διάλειψις Aquilam fortasse auctorem habet, qui ad Gen. ii. 2 pro שָׁבַת interpretatus est διέλιπε. ¹⁰ Sic in textu Codd. IV, XI, 128; in marg. autem Codd. 85, 130. ¹¹ Sic in marg. Codd. X, Lips., 85, 130. ¹² Sic in marg. Codd. X, Lips. ¹³ Sic in marg. Codd. X, Lips. Cf. ad Cap. xvii. 13. ¹⁴ Sic in marg. sine nom. Codd. X, Lips., 85. Hesych.: "LXX: Septem ergo numerabis tibi requies annorum. Sabbata autem pro requie reliqui interpretes ediderunt." ¹⁵ Sic Cod. IV, et sine aster. Codd. VII (in marg. manu 2ᵈᵃ), 58. ¹⁶ Sic in marg. Codd. X, Lips., 85, 130 (bis, cum παραβιβάσετε). ¹⁷ Sic in marg. Codd. X (cum δαρρώρ), Lips., 85 (cum δαδώρ), 130. Versio

est Theodotionis, coll. Hex. ad Ezech. xlvi. 17. Praeterea ad ἄφεσιν Cod. VII in marg. manu 2ᵈᵃ: ἱλεῦ (ἐλευθερίαν), quod Aquilae esse potest, coll. Hex. ad Jerem. xxxiv. 15. ¹⁸ Codd. X (cum παραφόρων), Lips. Codd. 85, 130 (cum σωβήλ), in marg. sine nom.: ιωβήλ. Ad παραφέρων cf. Hex. ad Exod. xix. 13. ¹⁹ Sic in marg. Codd. 85, 130. ²⁰ Sic in marg. Codd. X, Lips. In textu autem πατρίδα habent Ald., Codd. II, III, VII (cum αν in marg. manu 1ᵐᵃ), 16, 29, alii. Hesych.: "Vel sicut LXX, ad patriam suam." ²¹ Sic in marg. Codd. 85, 130. ²² Cod. 85 in marg.: ναζιραία (sic) ἐλευθερια. Posterior lectio (quam in Cod. 130, per errorem pro Codd. X, Lips., exstare affirmat Holmesius) ad יוֹבֵל (v. 12) pertinere videtur. Cf. ad Cap. xxv. 28. xxvii. 24. ²³ Cod. 85 in marg.: πετεινῶν, quod in πεδινῶν (πεδινῶν) vertendum esse perspexit Scharfenb. in Animadv. p. 101. ²⁴ Cod. 85 in marg. ²⁵ Sic in marg. Codd. X (cum πωλήσεις), Lips. ²⁶ Sic in marg. Codd. X, Lips. ²⁷ Sic in marg. Codd. 85, 130. ²⁸ Sic in marg. Codd. 85, 130. ²⁹ Codd. 85, 130, in marg.: ὁ ἀποδιδόμενος (sic). Videtur esse nominativus verbi ἀποδώσει; sed tunc pingendum ὁ ἀποδιδόμενος, quod supplet Cod. X in marg. ad finem v. 16, et Lips. ad καθότι posterius in eodem v. Cod. 15 ad v. 16 ante πληθύνεῖ infert ὁ ἀποδιδόμενος (sic).

19. פְּרִיָהּ. Ο'. τὰ ἐκφόρια ("Αλλος· τὸν καρπὸν[30]) αὐτῆς.

23. לִצְמִתֻת. Ad interitum (in perpetuum). Ο'. εἰς βεβαίωσιν (alia exempl. βεβήλωσιν[31]). 'Α. (εἰς) παγκτησίαν. Σ. (εἰς) ἀλύτρωτον.[32]

25. כִּי־יָמוּךְ. Si tenuis (pauper) factus fuerit. Ο'. ἐὰν δὲ πένηται ('Α. ἐκπέσῃ. Σ. ταπεινωθῇ[33]).

גֹּאֲלוֹ. Ο'. ὁ ἀγχιστεύων. Τὸ Σαμαρειτικόν λυτρωτής.[34] "Αλλοι· λυτρωτής, συγγενής.[35]

26. גְּאֻלָּתוֹ. Ο'. λύτρα ("Αλλος· τῇ λυτρώσει[36]) αὐτοῦ.

27. וְחִשַּׁב. Ο'. καὶ συλλογιεῖται. "Αλλος· ψηφίσει.[37]

אֶת־הָעֹדֵף. Quod redundat. Ο'. ὁ ὑπερέχει. "Αλλος· τὸ περισσόν.[38]

לַאֲחֻזָּתוֹ. Ο'. εἰς τὴν κατάσχεσιν ("Αλλος· κτῆσιν[39]) αὐτοῦ.

28. דַּי. Ο'. τὸ ἱκανόν. "Αλλος· κατὰ τὸ ἴσον.[40]

הַיֹּבֵל. Ο'. τῆς ἀφέσεως. "Αλλος· τοῦ ἰωβήλ.[41]

28, 30, etc. בַּיֹּבֵל. Ο'. ἐν τῇ ἀφέσει. "Αλλος· ἐν τῷ ἰωβήλ.[42]

29. שְׁנַת מִמְכָּרוֹ יָמִים תִּהְיֶה גְאֻלָּתוֹ. Annus post

venditionem; per anni spatium erit jus redemptionis. Ο'. ἐνιαυτὸς ἡμερῶν ἔσται ἡ λύτρωσις αὐτῆς. "Αλλος· ἐνιαυτὸς ἡμερῶν (※) τῇ πράσει αὐτῆς ἡμερόλεγδον (◄) ἔσται ἡ λύτρωσις αὐτῆς.[43]

30. תְּמִימָה. Ο'. ὅλος. "Αλλος· ἄμωμος.[44]

31. הַחֲצֵרִים. Ο'. αἱ ἐν ἐπαύλεσιν ("Αλλος· ἐποικίοις[45]).

33. וַאֲשֶׁר יִגְאַל מִן־הַלְוִיִּם. Ο'. καὶ ὃς ἂν λυτρώσηται (alia exempl. λυτρωσάμενος[46]) παρὰ τῶν Λευιτῶν. 'Α. Σ. καὶ ὅστις ἐγγίζων ἐστὶν ἐκ τῶν Λευιτῶν.[47]

הוא אֲחֻזָּתָם. Ο'. ※ αὕτη ἡ ◄ κατάσχεσις αὐτῶν.[48]

35. וְכִי־יָמוּךְ אָחִיךָ וּמָטָה יָדוֹ עִמָּךְ. Si autem tenuis factus fuerit frater tuus, et nutaverit manus ejus apud te. Ο'. ἐὰν δὲ πένηται ὁ ἀδελφός σου [ὁ μετὰ σοῦ], καὶ ἀδυνατήσῃ ταῖς χερσὶ παρὰ σοί. 'Α. καὶ ἐὰν ἐκπέσῃ ἀδελφός σου, καὶ culpaverit χεὶρ αὐτοῦ μετὰ σοῦ.[49] (Σ.) ἐὰν δὲ ταπεινωθῇ …[50]

---

[30] Sic in marg. Codd. X, Lips., 85, 130.　[31] Sic in textu Ald., Codd. XI, 19, 29, alii; in marg. autem Codd. X (cum βήλωσιν), Lips., 130. Vet. Lat.: in confirmationem. [32] Cod. 130.　[33] Codd. X, Lips.: 'Α. ἐκπέσῃ. ταπεινωθῇ. Cod. 85 in marg.: ἐκπέσῃ. Hesych.: "Propter quod LXX, si pauper factus fuerit; Aq., si exciderit; Sym., si humiliatus fuerit, ediderunt."　[34] Nobil.　[35] Sic in marg. Codd. X, Lips.　[36] Iidem.　[37] Iidem.　[38] Iidem. [39] Iidem.　[40] Iidem. Lectio aptius referatur ad v. 26, ubi in Hebraeo est כְּדֵי.　[41] Sic in marg. Codd. Lips., 85 (sine artic.), 130 (idem).　[42] Iidem. Ad v. 31 Cod. X in marg.: τῷ ἰωβήλ ἐλευθερία: et sic ad v. 33 Cod. Lips. Cf. ad v. 11.　[43] Codd. X, Lips., in marg.: ἐνιαυτὸς ἡμερῶν τῇ πρ. αὐτῆς, ἡμερόδεκτον ἔσται ἡ λ. αὐτῆς. Sic in textu (cum ἡμερόδεκτος) Codd. 54, 75; necnon (cum ἡμερόλεκτος) Codd. 74, 76, 84, 106, 134. Curta, et fortasse mutila, lectio, ἐνιαυτὸς ἡμερόδεκτον ἔσται ἡ λ. αὐτῆς, est in Cod. 58, consentiente, si excipias ἡμερόδεκτον pro ἡμερόδεκτον, Cod. IV. Equidem haec, τῇ πρ. αὐτῆς ἡμερόδεκτον (s. -δεκτος, s. -λεκτος, s. -λεγδον), deficiente Seniorum editione, ab Origene ex alio interprete, fortasse Symmacho, sub asterisco assumpta esse crediderim. E variis autem extremae vocis scripturis potior videbatur ἡμερόλεγδον, sin-

gulos dies numerando, quae et una ex omnibus Graeca est, et auctoritati vetustissimi et accuratissimi Codicis Sarraviani innixa est.　[44] Sic in marg. Codd. X, Lips., 85, 130.　[45] Sic in marg. Codd. X, Lips.　[46] Sic in textu Codd. II, III, IV, VII, XI, 55, 58, alii, Hesych., Vet. Lat.; in marg. autem Codd. 85, 130.　[47] Hesych.: "Et propterea secundum LXX ait: Et quicunque rediment [fort. redimens] a Levitis, id est, ab illis accipiens modum liberandi. Non enim a Levitis liberantur, quasi ipsis possidentibus; et propterea Sym. et Aq., quicunque affinis est de Levitis, dicunt." Codd. 85, 130, in marg. sine nom.: ἐγγίζων ἐστίν.　[48] Sic Cod. IV, et sine aster. Comp., Codd. 15, 58, 108, 118. Ad κατάσχεσιν in Cod. VII ἡ superscript. manu 1ma.　[49] Hesych.: "Hic si in operatione virtutum infirmatus fuerit (hoc est enim infirmari manu; propter quod Aquila, Si exciderit, inquit, frater tuus, et culpaverit [sic MS.] manus ejus tecum), auxiliari ci, secundum LXX interpretum sensum, nos tanquam proselyto et inquilino vult." Ad ἐκπέσῃ cf. ad v. 25. Quod ad culpaverit attinet, aqua nobis haeret: certe usus Aquilae pro מָטָה verbum intransitivum (e.g. σφαλῇ) postulare videtur. Cf. Hex. ad Psal. xx. 8. xxix. 7. xlv. 3, 7.　[50] Sic in marg. sine nom. Codd. X, Lips., 85, 130. Cf.

36. וְתַרְבִּית. *Et usuram.* Ο'. οὐδὲ ἐπὶ πλήθει
("Ἄλλοι· διπλασίασμα, πλεονασμόν[51]).

39. יָמוּךְ. Ο'. ταπεινωθῇ. "Ἄλλος· ἐνδεὴς ᾖ.[52]

לֹא־תַעֲבֹד בּוֹ עֲבֹדַת עָבֶד. *Ne imponas ei opus
servile.* Ο'. οὐ δουλεύσει σοι δουλείαν οἰκέτου.
"Ἄλλος· οὐ κατεργάσεις αὐτὸν ἐργασίαν δου-
λικήν.[53]

41. וְיָצָא מֵעִמָּךְ. Ο'. καὶ ἐξελεύσεται — τῇ ἀφέσει ◄ (alia exempl. add. ἀπὸ σοῦ[54]).

42. עֲבָדַי. Ο'. οἰκέται ("Ἄλλος· δοῦλοι[55]) μου.

43, 46. לֹא־תִרְדֶּה בוֹ בְּפָרֶךְ. *Ne domineris ei cum
duritie.* Ο'. οὐ κατατενεῖς αὐτὸν ἐν τῷ μόχθῳ
(s. τοῖς μόχθοις). "Ἄλλος· οὐ παιδεύσεις ἐν
αὐτῷ ἐν ἐμπαιγμῷ.[56]

44. תִּקְנוּ. Ο'. κτήσεσθε. "Ἄλλος· πρίασθε.[57]

45. מִבְּנֵי הַתּוֹשָׁבִים הַגָּרִים עִמָּכֶם. *De filiis inquilinorum qui peregrinantur vobiscum.* Ο'. ἀπὸ
τῶν υἱῶν τῶν παροίκων τῶν ὄντων ἐν ὑμῖν (Σ.
Θ. τῶν ἐνοικούντων (s. παροικούντων) ἐν ὑμῖν[58]).

אֲשֶׁר עִמָּכֶם. Ο'. Vacat. Alia exempl. τῶν
μεθ' ὑμῶν; alia, τῶν ἐν ὑμῖν.[59]

46. בָּהֶם תַּעֲבֹדוּ. Ο'. Vacat. Alia exempl. αὐτοὺς καταδουλώσεσθε.[60]

47. וְכִי תַשִּׂיג יַד. Ο'. ἐὰν δὲ εὕρῃ ἡ χείρ. "Ἄλ-
λος· ἐὰν δὲ ᾖ πλούσιος.[61]

אוֹ לְעֵקֶר מִשְׁפַּחַת גֵּר. *Sive propagini familiae
peregrini.* Ο'. ἢ ἐκ γενετῆς προσηλύτῳ. ('Α.)
ἢ ῥίζῃ συγγενείας προσηλύτου. "Ἄλλος· (ἢ) ἐν
γένει φυλῆς..[62]

50. וְחִשַּׁב עִם־קֹנֵהוּ. Ο'. καὶ συλλογιεῖται πρὸς
τὸν κεκτημένον αὐτόν. 'Α. καὶ λογιεῖται σὺν τῷ
κεκτημένῳ αὐτόν. Θ. καὶ πράξει πρὸς τὸν κτησάμενον
αὐτόν.[63]

הִמָּכְרוֹ. Ο'. οὗ ἀπέδοτο ἑαυτόν ("Ἄλλος·
ἐπράθη[64]).

הַיֹּבֵל. Ο'. τῆς ἀφέσεως. "Ἄλλος· τοῦ ἰωβήλ.[65]

בְּמִסְפַּר שָׁנִים כִּימֵי שָׂכִיר. *Pro numero annorum, secundum dies mercenarii.* Ο'. ὡς (alia
exempl. add. ἡμέρα[66]) μισθίου, ἔτος ἐξ ἔτους.
"Ἄλλος ... κατὰ τὰς ἡμέρας τοῦ μισθίου (s.
μισθοῦ) αὐτοῦ.[67]

51. מִקְנָתוֹ. *Emptionis ejus.* Ο'. τῆς πράσεως
αὐτοῦ. "Ἄλλος· κτήσεως αὐτοῦ.[68]

53. לֹא־יִרְדֶּנּוּ. Ο'. οὐ κατατενεῖς ("Ἄλλοι· παιδεύσεις, κατεργάσεις[69]) αὐτόν.

Cap. XXV. 9. ⊷ ἐν πάσῃ τῇ γῇ ὑμῶν ◄.[70]　11.

---

ad v. 25. 　[51] Cod. Lips. in marg. Codd. 85, 130, in
marg.: καὶ πλεονασμόν. Cat. Niceph. p. 1142: Οἱ λοιποί·
οὐδὲ ἐπὶ πλεονασμῷ. Postremo Montef. e Catenis Regiis
edidit: Οἱ λοιποί· οὐδὲ διπλασίασμα. 　[52] Cod. X in marg.:
ἐν δεήσει. Cod. Lips. in marg.: ἐνδέησῃ. 　[53] Sic in
marg. Codd. X, Lips. Cf. ad v. 53. 　[54] Sic Comp.,
Codd. 19, 108, 118. Verba τῇ ἀφέσει reprobat Cod. 58, et
obelo jugulat Cod. IV. 　[55] Sic in marg. Codd. X, Lips.,
130. Mox δοῦλου pro οἰκέτου Cod. 85 in marg. 　[56] Sic
in marg. Codd. X (in priore loco), Lips. (idem), 85 (cum
ἐμπεγμῷ), 130 (idem). Ad v. 46 Nobil. et Cat. Niceph.
p. 1143: "Ἄλλος φησίν· οὐ παιδεύσει (sic) ἐν αὐτῷ ἐμπαιγμῷ.
Lectio Theodotionis esse videtur, coll. Hex. ad Exod. i. 13.
Ezech. xxxiv. 4. 　[57] Sic in marg. Codd. X, Lips.
　[58] Hesych.: "Propter quod non simpliciter *inquilinos*
LXX ediderunt, sed *filios inquilinorum, qui sunt in vobis*;
quod a Theodotione et Symmacho planius scriptum est:
A filiis inquilinorum, qui habitant in vobis." 　[59] Prior
lectio est in Comp., Codd. 19 (sine τῶν), 108, 118; posterior in Codd. 16, 30, 77, 85, 130. Vet. Lat.: qui sunt

inter vos. 　[60] Sic Comp., Codd. IV, 19, 108, 118.
　[61] Sic in marg. Codd. X, Lips. (sine δέ). 　[62] Codd. X,
Lips., in marg.: ἢ ῥίζῃ συγγενείας πρὸς αὐτούς. ἐν γένει φυλῆς.
Pro πρὸς αὐτοὺς emendavimus προσηλύτου, et priorem lectionem Aquilae tribuimus. Cf. Hex. ad Psal. xxi. 28.
Jerem. ii. 4. Ezech. xx. 32. 　[63] Hesych.: "Sic enim et
Theodotion: *Tractabit eum eo qui acquisivit eum;* Aquila
autem: *Supputabit cum eo qui possedit eum.*" 　[64] Sic in
marg. Codd. X, Lips. 　[65] Sic in marg. Codd. 85, 130.
　[66] Sic Comp., Ald., Codd. VII (sine ὡς), X, Lips., 16, 29,
alii. Cod. IV: ἔτος ἐξ ἔτους ὡς ἡ ἡμέρα μισθίου. Hesych.:
anno [fort. *anno ex anno*] *sicut dies mercenarii.* Ad ὡς
ἡμέρα μισθίου Cat. Niceph. p. 1144: "Ἄλλος φησί· καθάπερ ἡ
μισθὸς τοῦ μισθωτοῦ. 　[67] Sic in marg. Codd. X (teste
Holmes.), Lips. (cum μισθοῦ). 　[68] Sic in marg. Codd. X,
Lips.; in textu autem Codd. 54, 75. 　[69] Sic in marg.
Codd. X, Lips. Codd. 85, 130, in marg.: οὐ παιδεύσεις
αὐτὸν ἐν μόχθῳ. Cf. ad vv. 39, 43. 　[70] Cod. IV (non, ut
Holmes., ἐν πά⊷ ση).

— ἀναβαίνοντα ◄.⁷¹ 18. — πάντα ◄ τὰ δικαιώματά μου, καὶ τὰς κρίσεις μου — πάσας ◄.⁷² 25. — ὁ μετὰ σοῦ ◄.⁷³ 31. — διαπαντός ◄.⁷⁴ 35. ζήσεται — ὁ ἀδελφός σου ◄.⁷⁵ 42. — οὗτοι ◄.⁷⁶ 47. ὁ ἀδελφός σου ✕ μετ᾿ αὐτοῦ ◄.⁷⁷. 48. — αὐτῷ ◄.⁷⁸ 49. — ἑαυτόν ◄.⁷⁹ 55. — οὗτοι ◄.⁸⁰

CAP. XXVI.

1. אֱלִילִם. Ο΄. χειροποίητα. Ἄλλος· ἐλειλείμ. Ἄλλος· ἀπάτας.¹

4. גִּשְׁמֵיכֶם. Ο΄. τὸν ὑετὸν ὑμῖν. Ἄλλος· τοὺς χειμῶνας (ὑμῶν).²

וְעֵץ. Ο΄. καὶ τὰ ξύλα (Ἄλλος· δένδρα³).

6. וְהִשְׁבַּתִּי. Et cessare faciam. Ο΄. καὶ ἀπολῶ (Ἄλλος· καταπαύσω⁴).

וְחֶרֶב. Ο΄. καὶ πόλεμος (Ἄλλος· ῥομφαία⁵).

7. לֶחָרֶב. Ο΄. φόνῳ. Ἄλλος· εἰς ῥομφαίαν.⁶

9. וּפָנִיתִי אֲלֵיכֶם. Et respiciam vos. Ο΄. καὶ ἐπιβλέψω ἐφ᾿ ὑμᾶς. Ἄλλος· (καὶ) εὐιλατεύσω ὑμῖν.⁷

וְהִפְרֵיתִי אֶתְכֶם. Et fecundos reddam vos. Ο΄. καὶ αὐξανῶ (Ἄλλος· γονοποιήσω⁸) ὑμᾶς.

אֶת־בְּרִיתִי. Ο΄. τὴν διαθήκην (Ἄλλος· †στρῆξιν⁹) μου.

11. וְלֹא־תִגְעַל. Et non fastidiet. Ο΄. καὶ οὐ βδελύξεται (Ἄλλος· ἀπομηκυνιεῖ¹⁰).

13. מִהְיֹת לָהֶם עֲבָדִים. Ne essetis iis servi. Ο΄. ὄντων ὑμῶν δούλων. Ἄλλος· τοῦ μὴ εἶναι αὐτοῖς δούλους.¹¹

מֹטֹת עֻלְּכֶם. Vectes jugi vestri. Ο΄. τὸν δεσμὸν (Ἄλλος· κλοιόν.¹² Ἄλλος· ῥάβδους¹³) τοῦ ζυγοῦ ὑμῶν.

קוֹמְמִיּוּת. Erecto corpore. Ο΄. μετὰ παρρησίας. Ἄλλος· ἀνισταμένους.¹⁴

15. וְאִם־בְּחֻקֹּתַי תִּמְאָסוּ. Ο΄. ἀλλὰ ἀπειθήσητε αὐτοῖς. Ἀ. Θ. καὶ ἐὰν τὰς ἀκριβείας μου ἀρνήσησθε (s. ἀπαρνήσησθε). Σ. ἐὰν δὲ τὰ προστάγματά μου ἀποδοκιμάσητε.¹⁵

לְהַפְרְכֶם. Ο΄. ὥστε διασκεδάσαι (Ἄλλος· καταργῆσαι¹⁶).

16. אַף. Ο΄. καί. Ἄλλος· ὀργιζόμενος.¹⁷

וְהִפְקַדְתִּי עֲלֵיכֶם בֶּהָלָה אֶת־הַשַּׁחֶפֶת וְאֶת־הַקַּדַּחַת מְכַלּוֹת עֵינַיִם. Et immittam vobis terrorem, tabem, et febrem ardentem, quae contabescere facient oculos. Ο΄. καὶ ἐπιστήσω ἐφ᾿ ὑμᾶς τὴν ἀπορίαν, τήν τε ψώραν, καὶ τὸν ἴκτερα (potior scriptura ἴκτερον¹⁸) σφακελίζοντα (Ἄλλος φησί· συντελοῦντα, ἐντυφλοῦντα¹⁹) τοὺς

---

⁷¹ Cod. IV. ⁷² Idem. ⁷³ Idem. Deest in Cod. 58. Hesych.: " Neque enim simpliciter secundum LXX dixit, *frater tuus*, sed addidit, *et qui tecum est*." ⁷⁴ Idem. ⁷⁵ Idem. Deest in Comp. ⁷⁶ Idem. Deest in Codd. 16, 30, 52, aliis, Arm. 1. ⁷⁷ Idem. Sic sine aster. Codd. VII (in marg. char. unciali), 58 (cum μετὰ σοῦ). ⁷⁸ Idem. Deest in Cod. 58. ⁷⁹ Idem. ⁸⁰ Idem. Deest in Cod. 58.

CAP. XXVI. ¹ Codd. X, Lips., in marg.: ἀπάτας ἐλελείμ (sic). Cf. ad Cap. xix. 4. Montef. e Basil. exscripsit: Ἄλλος· ἐλειλείμ; Holmesius vero e marg. Codd. 85, 130: ἐλσιασίμ et ἐλσιασείμ. ² Sic in marg. Codd. X, Lips., 85, 130. Videtur esse Symmachi, coll. Hex. ad Job. xxxvii. 6. Ezech. xxii. 24. ³ Sic in marg. Codd. X, Lips. ⁴ Sic in marg. Codd. X, Lips., 85 (cum κατακαύσω), 130 (idem). ⁵ Iidem. ⁶ Iidem. ⁷ Sic in marg. Codd. X, Lips. (cum ἐπιλ.). ⁸ Iidem. ⁹ Iidem: στρήξιν (sic). Pro vocabulo non Graeco Bahrdtius tentat πρῆξιν (sic) vel πρίξιν, quae nihili sunt. Minus infeliciter

Scharfenb. in *Animadv.* p. 102 στηρίξω reponendum censet, ut ad praecedens וַהֲקִימֹתִי, Ο΄. καὶ στήσω, lectio referatur. ¹⁰ Cod. X in marg. Vox obscurae significationis, et Lexicographis prorsus ignota, etiam Schleusnero, credo quia Bahrdtius, in Montefalconii scriniis compilandis, lectionem sane notabilem silentio praeteriit. ¹¹ Sic in marg. Codd. X (teste Holmes.), 85, 130 (cum ὑμᾶς pro αὐτοῖς). ¹² Sic in marg. Codd. 85, 130. Cf. Hex. ad Ezech. xxxiv. 27. ¹³ Cod. X in marg., qui ad ζυγοῦ minus probabiliter lectionem refert. Cf. Nah. i. 13 in LXX. ¹⁴ Idem. ¹⁵ Hesych.: " Planius ergo Aq. et Theod. et Sym. edidisse inveniuntur. Nam ille quidem ait: *Si constituta mea reprobaveritis*; illi autem: *Si subtilitates meas*, id est, *agri viam, renueritis*." Unde Montef. probabiliter eruit: Ἀ. Θ. ἐὰν τὰς ἀκριβείας μου .. Σ. ἐὰν τὰ προστάγματά μου ἀποδοκιμάσητε. Ad ἀρνήσησθε cf. Hex. ad Jesai. xxxi. 7. ¹⁶ Cod. X in marg. ¹⁷ Idem. ¹⁸ Sic Comp., Ald., Codd. III, IV, VII, XI, Lips., 15, 16, 18, alii. ¹⁹ Nobil., Cat. Niceph. p. 1147. Cod. X in

ὀφθαλμοὺς ὑμῶν. Aliter : Ο΄. καὶ ἐπισυστήσω ἐφ' ὑμᾶς ✕ σπουδῇ ◄ τὴν ἀπορίαν, → τήν τε ψώραν ◄, καὶ τὸν ἴκτερον σφακελίζοντας τοὺς ὀφθαλμοὺς → ὑμῶν ◄.²⁰ Ἄλλος· καὶ ἐπισκέψομαι ἐφ' ὑμᾶς σπουδῇ τὴν ἀνεμοφθορίαν καὶ τὸν συμφρυγμόν, συντελοῦντα ὀφθαλμούς.²¹

17. וְנִגַּפְתֶּם. Et caedemini. Ο΄. καὶ πεσεῖσθε (Σ. προσπταίσετε²²).

וְרָדוּ בָכֶם. Et dominabuntur in vos. Ο΄. καὶ διώξονται (Ἄλλος· παιδεύσουσιν, ἐπικρατήσουσιν²³) ὑμᾶς. Σ. καὶ καταδοιλώσονται ὑμᾶς. Θ. καὶ παιδεύσουσιν ἐν ὑμῖν.²⁴

18. שֶׁבַע. Ο΄. ἑπτάκις. Alia exempl. πληγαῖς ἑπτάκις.²⁵ Ἄλλος· ἑπταπλασίως.²⁶

19. אֶת־גְּאוֹן עֻזְּכֶם. Superbiam roboris vestri. Ο΄. τὴν ὕβριν τῆς ὑπερηφανίας ὑμῶν. Ἄλλος· τοὺς ὑπερφερεῖς τῆς ἰσχύος (ὑμῶν).²⁷

20. אֶת־יְבוּלָהּ. Proventum ejus. Ο΄. τὸν σπόρον (Ἄλλος· τὰς προσόδους²⁸) αὐτῆς.

וְעֵץ. Ο΄. καὶ τὸ ξύλον (Ἄλλος· δένδρον²⁹).

21. עִמִּי קֶרִי. Mecum in occursum (hostiliter). Ο΄. πλάγιοι. Alia exempl. πρὸς μὲ πλάγιοι.³⁰

Ἄλλος· ἐναντίοι.³¹ Ἄλλος· πρὸς μὲ ἐμφιλονείκως.³²

22. וְשִׁכְּלָה אֶתְכֶם. Et orbos reddent vos. Ο΄. καὶ κατέδεται ὑμᾶς. Ἄλλος· (καὶ) πενθοποιήσω ὑμᾶς.³³

24. בְּקֶרִי. Ο΄. θυμῷ πλαγίῳ. Alia exempl. πλαγίως.³⁴ Ἄλλος· ἐναντιώσει. Τὸ Σαμαρειτικόν· ἐμφιλονείκως.³⁵

26. בְּשִׁבְרִי לָכֶם מַטֵּה־לָחֶם. Cum fregerim vobis baculum panis. Ο΄. ἐν τῷ θλῖψαι ὑμᾶς σιτοδείᾳ ἄρτων. Ἄλλος· ἐν τῷ συντρῖψαί με ὑμῖν στήριγμα ἄρτου.³⁶ Ἄλλος· ... ῥάβδον ἄρτου.

30. וְהִשְׁמַדְתִּי. Et perdam. Ο΄. καὶ ἐρημώσω (Ἄλλος· ἀπαρτήσω³⁸).

אֶת־בָּמֹתֵיכֶם. Ο΄. τὰς στήλας ὑμῶν. Ἄλλος· τὰ ὑψώματα ὑμῶν.³⁹

אֶת־חַמָּנֵיכֶם. Solis simulacra vestra. Ο΄. τὰ ξύλινα χειροποίητα (Ἄλλος· προηγουμένους⁴⁰) ὑμῶν.

אֶת־פִּגְרֵיכֶם. Ο΄. τὰ κῶλα (Ἄλλος· σώματα⁴¹) ὑμῶν.

גִּלּוּלֵיכֶם. Ο΄. τῶν εἰδώλων (Ἄλλος· μυσερῶν⁴²) ὑμῶν.

---

marg.: ἐκτυφλοῦντα. ²⁰ Cod. IV (cum ἀφορίαν). (Pro τὴν ἀπ. → τήν τε ψώραν ◄ fortasse pingendum erat : → τὴν ἀπορίαν ◄, τήν τε ψώραν. Cf. Grabe in *Prolegom. ad Octateuchum*, Cap. II, fol. e 4 verso.) Post ἐφ' ὑμᾶς add. σπουδῇ Comp. (cum σπουδὴν), Codd. VII (in marg. char. unciali), 19 (idem), 54, 58, alii, Arab. 1, 2 (post ἐπιστήσω). ²¹ Sic in marg. Codd. 85, 130. Montef. e priore male exscripsit : καὶ ἐπισκέψομαι ὑμᾶς κ. τ. ἐ. ²² Hesych.: "Unde Symmachus pro *caeditis, offendetis*, ait, *ante inimicos vestros*." Cf. Hex. ad Psal. xc. 12. ²³ Cod. X in marg. (cum παιδεύσωσιν). Cod. 130 in marg.: παιδεύσουσιν. Alteram lectionem, ἐπικρατήσουσιν (ἐν ὑμῖν), Aquilae non dubitanter tribuimus, coll. Hex. ad Gen. i. 26, 28. Psal. xlviii. 15 (ubi Aq. probabiliter scripsit: καὶ ἐπικρατήσουσιν ἐν αὐτοῖς). Jerem. v. 31 (ubi pro ἐπεκρότουν hodie praetulerimus ἐπεκράτουν). ²⁴ Hesych.: "Unde *persequentur vos, in servitutem redigent vos* Symmachus; *erudivit a vobis* (fort. *erudient in vobis*) Theodotion edidit." Ad Theod. cf. Hex. ad Gen. i. 28, ubi eadem est constructio. ²⁵ Sic Comp., Codd. VII, X, Lips. 16, 18, alii (inter quos 85, 130). In aliis πληγαῖς ἑπτὰ, vel πληγαῖς ἑπτὰ ἑτέραις legitur ; in Cod.

IV ἑπτὰ tantum. ²⁶ Cod. X in marg. ²⁷ Idem. Pro τοὺς ὑπερφερεῖς libenter legerimus τὸ ἐπιφερές, quod Aquilam sapit. Cf. Hex. ad Psal. xlvi. 5. ²⁸ Sic in marg. Codd. X, Lips. ²⁹ Cod. X in marg. ³⁰ Sic Codd. 19, 108, 118. ³¹ Sic in marg. Codd. X, 85 (hic et v. 23), 128, 130 (ut 85). ³² Cod. X in marg. Cf. ad v. 24. ³³ Cod. X in marg., teste Montef. Holmesius ad Graeca, καὶ ὀλιγοστοὺς ποιήσω (וְהִמְעַטְתִּי) ὑμᾶς, lectionem refert. Utut sit, vox scholiastam magis quam interpretem sapit. ³⁴ Sic (sine θυμῷ) Codd. IV, 53. Arab. 1, 2 : πλάγιοι. ³⁵ Nobil., Cat. Niceph. p. 1148. Cod. 85 in marg.: ἐναντιώσει. Mox ad πλαγίῳ (v. 28) Codd. X, Lips., 85, 130 : ἐναντιώσει. (In versione Samaritana pro בְּקֶרִי reperitur במרי, h. e. cum *pertinacia*, s. *contentione de victoria*.) ³⁶ Sic in marg. Codd. X, 85 (cum στήριγμα), 130. Cf. Psal. civ. 16. Ezech. iv. 16. v. 16 in LXX. ³⁷ Cod. 58 in marg. confuse affert: συντρίψω ὑμῖν ῥάβδῳ ἄρτου στήριγμα ἄρτου. ³⁸ Sic in marg. Codd. X, Lips. Fortasse praeferat aliquis ἀπαρτίσω, *consummabo*, quae tamen versio LXXvirali deterior est. ³⁹ Iidem. ⁴⁰ Iidem. ⁴¹ Sic in marg. Cod. X. ⁴² Sic in marg. Codd. X, Lips. Bardtius sine causa μυσαρῶ

31. יְהֹחֲכֶם. Ο'. τῶν θυσιῶν ("Αλλος· εὐωδίας[43])
ὑμῶν.

33. אֱזָרֶה. Ο'. διασπερῶ. "Αλλος· λικμήσω.[44]

36. מֹרֶךְ. Pavorem. Ο'. δουλείαν (potior scriptura δειλίαν[45]). "Αλλος· ἀπαλότητα.[46]

עָלֶה נִדָּף. Folii dispulsi. Ο'. φύλλου φερομένου ("Αλλος· ἐξωθουμένου[47]).

37. וְכָשְׁלוּ אִישׁ־בְּאָחִיו. Ο'. καὶ ὑπερόψεται ὁ
ἀδελφὸς τὸν ἀδελφὸν (αὐτοῦ). "Αλλος· καὶ
προσκόψουσιν ἕκαστος πρὸς τὸν ἀδελφὸν αὐτοῦ.[48]

וְרֹדֵף אַיִן. Ο'. οὐθενὸς κατατρέχοντος. "Αλλος· καὶ ὁ διώκων οὐκ ἔστιν.[49]

38. וְאָכְלָה. Ο'. καὶ κατέδεται ("Αλλος· καταναλώσει[50]).

39. וְהַנִּשְׁאָרִים בָּכֶם יִמַּקּוּ בַּעֲוֹנָם בְּאַרְצֹת אֹיְבֵיכֶם וְאַף בַּעֲוֹנֹת אֲבֹתָם אִתָּם יִמָּקּוּ. Ο'. καὶ οἱ
καταλειφθέντες ἀφ' ὑμῶν καταφθαρήσονται διὰ
τὰς ἁμαρτίας αὐτῶν, καὶ διὰ τὰς ἁμαρτίας τῶν
πατέρων αὐτῶν ἐν τῇ γῇ τῶν ἐχθρῶν αὐτῶν
τακήσονται. Ἀ. καὶ περιλειπόμενοι ἐν ὑμῖν
τακήσονται ἐν ἀνομίᾳ αὐτῶν ἐν γαίαις τῶν
ἐχθρῶν ὑμῶν, καίπερ ἐν ἀνομίαις πατέρων αὐτῶν αὐτοὶ τακήσονται. Σ. οἱ δὲ περιλειφθέντες
ὑμῶν τακήσονται διὰ τὰς ἁμαρτίας ὑμῶν ἐν
ταῖς γαίαις τῶν ἐχθρῶν αὐτῶν, καὶ διὰ τὰς
ἁμαρτίας πατέρων αὐτῶν σὺν ταῖς ἑαυτῶν τακή-

σονται. Θ. καὶ οἱ καταλειφθέντες ὑμῖν τακήσονται διὰ τὰς ἁμαρτίας αὐτῶν ἐν ταῖς γαῖς (sic)
τῶν ἐχθρῶν αὐτῶν, καὶ ἐν ταῖς ἁμαρτίαις πατέρων αὐτῶν μετ' αὐτῶν τακήσονται.[51]

40. וְהִתְוַדּוּ אֶת־עֲוֹנָם. Et confitebuntur iniquitatem suam. Ο'. καὶ ἐξαγορεύσουσι τὰς ἁμαρτίας αὐτῶν. "Αλλος· καὶ μετανοήσουσιν ἐπὶ
ταῖς ἁμαρτίαις (αὐτῶν).[52]

41. הֶעָרֵל. Ο'. ἡ ἀπερίτμητος. Τὸ Σαμαρειτικόν·
ἡ ἀκρόβυστος.[53] "Αλλος· ἡ ἀκάθαρτος.[54]

יִרְצוּ אֶת־עֲוֹנָם. Persolvent iniquitatem suam.
Ο'. εὐδοκήσουσι ("Αλλος· ἱλάσονται[55]) τὰς
ἁμαρτίας αὐτῶν. "Αλλος· ἐξιλάσονται περὶ
τῶν ἀσεβειῶν αὐτῶν.[56]

43. יִרְצוּ. Ο'. προσδέξονται. "Αλλος· ἱλατεύσωσι.[57]
Τὸ Σαμαρειτικόν· ἱλάσονται.[58]

יַעַן וּבְיַעַן. Propterea quod. Ο'. ἀνθ' ὧν.
"Αλλος· προφανῶς γάρ.[59]

גָּעֲלָה נַפְשָׁם. Ο'. προσώχθισαν τῇ ψυχῇ αὐτῶν. "Αλλος· ἀφοσιώσατο ἡ ψυχὴ (αὐτῶν).[60]

44. לְהָפֵר. Ο'. τοῦ διασκεδάσαι ("Αλλος· καταργῆσαι[61]).

46. הַחֻקִּים. Ο'. τὰ κρίματά (alia exempl. δικαιώματα[62]) μου.

וְהַתּוֹרֹת. Ο'. καὶ ὁ νόμος. Οἱ λοιποί· καὶ οἱ
νόμοι.[63]

Cap. XXVI. 6. ⸔ ὑμᾶς ⸔ ὁ ἐκφοβῶν.[64] γῆς

---

praetulit. [42] Iidem. [43] Sic in marg. Codd. X, Lips.,
85, 130. [44] Sic Comp., Codd. III, IV, VII, X, XI,
Lips., 15, 16, alii, Arab. 1, 2, Vet. Lat. [45] Sic in marg.
Codd. X, Lips. Aquilae probabiliter tribuit Scharfenb. in
Animadv. p. 104, conferens Hex. ad Deut. xxviii. 56.
[47] Sic in marg. Codd. X, Lips., 85, 130. [48] Sic in marg.
Codd. X, Lips. Praeterea ad καὶ ὑπερόψεται Montef. e tribus Regiis edidit: "Αλλος· καὶ εὐφρανθήσεται, quae lectio
plane absona est. [49] Iidem. [50] Cod. 128 in marg.
Cf. ad Cap. ix. 24. [51] Cod. 85. Ad Aquilam pro ἀνομίᾳ
Montef. falso exscripsit ἀγνοίᾳ. Symmachi lectionem sine
nom. mutilam affert Cod. 130 in marg.: οἱ δὲ περιλ. ὑμῶν
τακήσονται διὰ τὰς ἁμ. τῶν ἐχθρῶν αὐτῶν, καὶ διὰ τὰς ἁμ., κ. τ. ἑ.
Demum a Theodotionis versione proxime abest textus
hexaplaris Cod. IV: καὶ οἱ καταλ. ἀφ' ὑμῶν καταφθαρήσονται

διὰ τὰς ἁμ. αὐτῶν ἐν τῇ γῇ τῶν ἐχθρῶν αὐτῶν, καὶ ἐν ταῖς ἁμ. π.
αὐτῶν μετ' αὐτῶν τακήσονται. [52] Sic in marg. Codd. X, Lips.
(cum μετανοήσουσι tantum). Cf. ad Cap. v. 5. [53] Nobil.,
Cat. Niceph. p. 1151. Codd. X, Lips., in marg.: ἀκρόβυστος. [54] Cod. 128 in marg. Cf. Hex. ad Jerem. vi. 10.
Ezech. xliv. 9. [55] Sic in marg. Codd. X (cum ἱλάσονται),
Lips. [56] Cod. 128 in marg. [57] Cod. X in marg.
[58] Nobil., Cat. Niceph. p. 1152, qui scholium subjungit : ἀντὶ
τοῦ, καταδεξάμενοι ὁμολογοῦσι τὰ ἑαυτῶν πταίσματα. [59] Cod.
X in marg. [60] Idem. Vox ἀφοσιώσασθαι, abominari,
velut infaustum detestari, exquisitioris Graecitatis est, nec
a Symmachi stylo abhorrere videtur. [61] Cod. X in
marg. Cf. ad v. 15. [62] Sic Codd. X, XI, Lips., 15,
18, 128. [63] Hesych.: "Propter quod et reliqui interpretes, exceptis LXX, leges ediderunt." [64] Cod. IV,

‑ ὑμῶν ◁.⁶⁵ 10. ‑ παλαιὰ καί ◁.⁶⁶ 16. ψυχὴν
‑ ὑμῶν ◁.⁶⁷ 20. ἀγροῦ ‑ ὑμῶν ◁.⁶⁸ 32. γῆν ‑
ὑμῶν ◁.⁶⁹ 34. ‑ ἔσεσθε ◁.⁷⁰ 41. ‑ θυμῷ ◁ πλα-
γίῳ.⁷¹ 43. ‑ ἀπ᾽ αὐτῶν ◁.⁷² 45. ‑ ἐξ οἴκου δουλείας ◁.⁷³

Cap. XXVII.

2. כִּי יַפְלִא נֶדֶר. Si separaverit votum. Ο΄. ὃς
ἂν εὔξηται (᾽Α. Θ. ἐὰν θαυμαστώσῃ. Σ. ἐὰν
ὑπερβάλῃ¹) εὐχήν.

בְּעֶרְכְּךָ נְפָשֹׁת לַיהוָה. Secundum aestimationem
tuam personae erunt Jovae. Ο΄. ὥστε τιμὴν
τῆς ψυχῆς αὐτοῦ τῷ κυρίῳ. ᾽Άλλος· τάξασθαι ἐν διατιμήσει σου ψυχῶν .²

3. שֶׁקֶל. Ο΄. δίδραχμα. ᾽Άλλος· σίκλοι, στάθμια.³

6. עֶרְכְּךָ (in posteriore loco). Ο΄. Vacat. Alia exempl. ἡ τιμή.⁴

8. וְאִם־מָךְ הוּא מֵעֶרְכֶּךָ. Si autem pauper fuerit
prae aestimatione tua. Ο΄. ἐὰν δὲ ταπεινὸς ᾖ
(᾽Α. καὶ ἐὰν ἐκπέσῃ⁵) τῇ τιμῇ. ᾽Άλλος· (ἐὰν δὲ)
ἐλάσσων ᾖ τῆς διατιμήσεώς (σου⁶).

10. וְלֹא־יָמִיר אֹתוֹ. Nec commutabit illud. Ο΄.
Vacat. ✕ καὶ οὐκ ἀντερεῖ αὐτῷ ◁.⁷

10. בְּרַע. Ο΄. πονηρῷ. Σ. χείρον.⁸
וְאִם־הָמֵר יָמִיר. Ο΄. ἐὰν δὲ ἀλλάσσων ἀλλάξῃ
(᾽Άλλος· ἐπιλέξηται⁹) αὐτό.

13. עַל־עֶרְכֶּךָ. Ο΄. πρὸς τὴν τιμὴν αὐτοῦ. ᾽Άλ-
λος· ἐπὶ τῇ διατιμήσει (σου).¹⁰

14. וְהֶעֱרִיכוֹ הַכֹּהֵן בֵּין טוֹב וּבֵין רָע. Ο΄. καὶ τιμή-
σεται αὐτὴν ὁ ἱερεὺς ἀναμέσον καλῆς καὶ ἀνα-
μέσον πονηρᾶς. Τὸ Σαμαρειτικόν· καὶ διατιμήσεται αὐτὴν ὁ ἱερεύς, εἴτε καλὴ, εἴτε σαπρά.¹¹

15. וְאִם־הַמַּקְדִּישׁ יִגְאַל. Ο΄. ἐὰν δὲ ὁ ἁγιάσας
‑ αὐτὴν ◁ λυτρῶται. ᾽Α. καὶ ἐὰν ὁ ἁγιάζων ἀγχι-
στεύσῃ.¹²

16. מִשְּׂדֵה. Ο΄. ἀπὸ τοῦ ἀγροῦ (᾽Άλλος· χώρας¹³).
לְפִי זַרְעוֹ. Ο΄. κατὰ τὸν σπόρον (᾽Άλλος·
πρόσοδον¹⁴) αὐτοῦ.

חֹמֶר שְׂעֹרִים בַּחֲמִשִּׁים שֶׁקֶל. Ο΄. κόρου κριθῶν πεντήκοντα δίδραχμα. ᾽Άλλος· γόμορ
κριθῆς πεντήκοντα σίκλων.¹⁵

17. הַיֹּבֵל. Ο΄. τῆς ἀφέσεως. ᾽Άλλος· τοῦ ἰωβήλ.¹⁶

18. עַל־פִּי הַשָּׁנִים הַנּוֹתָרֹת. Ο΄. ἐπὶ τὰ ἔτη τὰ
ἐπίλοιπα. ᾽Άλλος· κατὰ ἀναλογίαν τῶν ἐτῶν
τῶν ὑπολειφθέντων.¹⁷

---

qui pingit: ‑ ὑμᾶς ὁ ἐκφοβῶν:. ⁶⁵ Idem. ⁶⁶ Idem,
qui pingit: ‑ παλαιὰ· καί. Haec desunt in Codd. 19, 53,
58, aliis, Hesych. In Vet. Lat. lacuna est. ⁶⁷ Idem.
⁶⁸ Idem. Pronomen deest in Comp., Cod. 108, Arm. 1.
⁶⁹ Idem. ⁷⁰ Idem. Deest in Cod. 58. ⁷¹ Idem (pro ἐν
θυμῷ π., cujus loco πλαγίως exstat in Codd. 54, 75). ⁷² Idem.
Mox Grabius pingit: ‑ ἡ γῆ ◁, invito Cod. IV. ⁷³ Idem.
Cap. XXVII. ¹ Hesych.: "Propter quod Aq. et Theod.
pro eo quod dictum est, votum fecerit, [adde ex MS.: si
admirabile fecerit,] Sym. autem, si superaverit, ediderunt." Codd. X, Lips., 85 (cum ‑σει), 130, in marg.:
θαυμαστώσῃ. Cf. ad Cap. xxii. 21. "Symmachi lectionem
vitiatam suspicor, ac forte melius legatur separaverit pro
superaverit."—Montef. Emendatio est facillima, sed nullo
modo admittenda. Vid. Hex. ad Psal. cxxxi. 1. cxxxviii. 6.
² Sic in marg. Codd. X, Lips. Vox τάξασθαι ad aliam
versionem, ἐν τῷ τάξασθαί σε, pertinere videtur, fortasse
Aquilae. Cf. Hex. ad Job. xiii. 18. Psal. v. 4. Jesai. xl. 18.
³ Cod. X in marg. ⁴ Sic Codd. IV, 58, 75. ⁵ Hesych.: "Nunc dicit de eo qui multum peccavit, et propterea Aq. pro paupere, si excessit, edidit." Cf. ad Cap.
xxv. 35, ubi lectionem Graecam ἐκπέσῃ Hesych. transtulit
in exciderit, ut hic quoque eum scripsisse opinatur Montef.
TOM. I.

Sed in nostro loco ad contextum ejus excessit vel excesserit
(excess'it) magis quadrare videtur. Equidem crediderim
eum vocem ἐκπέσῃ ante oculos habuisse, eique significationem apud recentiores satis frequentem, modum et fines
excedendi, tribuisse. Sic S. Chrysost. Opp. T. I, p. 160 C:
εἰς μείζονα κακίαν ἐξέπιπτε. T. VIII, p. 487 C: εἰς θηριώδιαν
ἐκπίπτων. T. IX, p. 721 C: τουτέστιν, ἵνα μὴ ἐκπίνωμεν.
T. X. p. 57 A: ποῦ οὐκ ἂν ἐξέπιπτε; ⁶ Sic in marg.
Codd. X, Lips. ⁷ Cod. IV. Eadem post πονηρῷ infert
Cod. 54, et sine aster. Codd. VII (in marg. manu 2ᵈᵃ, cum
αὐτὸ), 75. Cf. Hex. ad Psal. cxxxviii. 20. ⁸ Hesych.:
"Sed malum hic dicit, quod est deterius; sic enim manifeste et Sym. tradidit." ⁹ Cod. Lips. in marg. Sic
Cod. X in marg. ad superius ἀλλάξει. ¹⁰ Sic in marg.
Codd. X, Lips. ¹¹ Nobil., Cat. Niceph. p. 1156.
¹² Hesych.: "Propter quod Aquila pro eo quod dictum
est, qui eam sanctificavit redimet, si sanctificans ad finem
[affinem] fecerit, edidit." Cf. Hex. ad Psal. cxviii. 154.
Jesai. liv. 6. Pro ἀγχιστεύσῃ Montef. dedit ἐγγίσῃ, conferens Hex. ad Cap. xxv. 33. (In textu obelus est in
Cod. IV.) ¹³ Sic in marg. Codd. X, Lips. ¹⁴ Iidem.
¹⁵ Iidem. Codd. 85, 130, in marg.: γόμορ. σίκλων. ¹⁶ Sic
in marg. Codd. 85, 130. ¹⁷ Sic in marg. Codd. X

Ff

19. גָּאֹל יִגְאָל. Ο΄. λυτρῶται. Alia exempl. λυτρούμενος λυτρῶται.[18]

21. קֹדֶשׁ. Ο΄. ἅγιος. Alia exempl. ἅγιος αἰνετός.[19]

כִּשְׂדֵה הַחֵרֶם. Ο΄. ὥσπερ ἡ γῆ ἡ ἀφωρισμένη. Ἄλλος· (ὡς) ὁ ἀγρὸς τοῦ ἀναθέματος.[20]

22. מִקְנָתוֹ. Ο΄. οὗ κέκτηται. Schol. ὃν ἠγόρασε παρά τινος.[21]

23. וְחִשַּׁב. Ο΄. λογιεῖται. Ἄλλος· ψηφίσει.[22]

אֵת מִכְסַת. Pretium (redemptionis). Ο΄. τὸ τέλος. Ἄλλος· τὸ πλῆρες.[23]

24. הַיּוֹבֵל. Ο΄. τῆς ἀφέσεως (Ἄλλος· ἐλευθερίας[24]).

יָשׁוּב. Ο΄. ἀποδοθήσεται. Ἄλλος· λυτρωθήσεται.[25]

25. גֵּרָה. Ο΄. ὀβολοί. Ἄλλος· γῆρα.[26]

הַשֶּׁקֶל. Ο΄. τὸ δίδραχμον (Ἄλλος· στάθμιον[27]).

26. אַךְ־בְּכוֹר אֲשֶׁר יְבֻכַּר לַיהוָה בִּבְהֵמָה לֹא־יַקְדִּישׁ אִישׁ אֹתוֹ אִם־שׁוֹר אִם־שֶׂה לַיהוָה הוּא. Ο΄. καὶ πᾶν πρωτότοκον ὃ ἐὰν γένηται ἐν τοῖς κτήνεσί σου, ἔσται τῷ κυρίῳ, καὶ οὐ καθαγιάσει (alia exempl. καὶ οὐκ ἀλλάξει[28]) αὐτὸ οὐδείς· ἐάν τε μόσχον, ἐάν τε πρόβατον, τῷ κυρίῳ ἐστίν. Ἀ. πλὴν πρωτότοκον πρωτοτοκευθήσεται τῷ κυρίῳ ἐν κτήνει, οὐχ ἁγιάσει ἀνὴρ αὐτὸ ἐάν τε βοῦς, ἐάν τε βόσκημα, τῷ κυρίῳ ἐστίν.[29] Σ. πλὴν πρωτότοκον ὃ ἐὰν πρω-

τότοκον γένηται τῷ κυρίῳ ἐν τοῖς κτήνεσιν, οὐχ ἁγιάσει οὐδείς· ἐάν τε βοῦς, ἐάν τε βόσκημα, τῷ κυρίῳ ἐστίν.[30] Ο΄. καὶ πᾶν πρωτότοκον ὃ ἂν πρωτότοκον γένηται τῷ κυρίῳ ἐν τοῖς κτήνεσιν, οὐχ ἁγιάσει οὐδεὶς αὐτό· ἐάν τε μόσχος, ἐάν τε πρόβατον, τῷ κυρίῳ ἐστίν.[31] Θ. πλὴν πρωτότοκον ὃ ἂν πρωτότοκον γένηται τῷ κυρίῳ ἐν τοῖς κτήνεσιν, οὐχ ἁγιάσει ὁ ἀνὴρ αὐτὸ, ἐὰν μόσχος, ἐὰν ἐκ ποιμνίου, (τῷ κυρίῳ) ἐστίν.[32]

27. וּפָדָה. Ο΄. ἀλλάξῃ. Ἄλλος· λυτρώσεται.[33]

28. יַחֲרִם. Ο΄. ἀναθῇ. Ἄλλος· ἀναθεματίσῃ.[34]

29. כָּל־חֵרֶם. Ο΄. καὶ πᾶν (alia exempl. add. ἀνάθεμα[35]).

30. הָעֵץ. Ο΄. τοῦ ξυλίνου. Ἄλλος· (τοῦ) δένδρου.[36]

31. גָּאֹל יִגְאָל. Ο΄. λυτρῶται λύτρῳ. Alia exempl. λυτρούμενος λυτρῶται.[37]

33. לֹא יְבַקֵּר בֵּין־טוֹב לָרַע וְלֹא יְמִירֶנּוּ. Non disquiret inter bonum et malum, neque permutabit illud. Ο΄. οὐκ ἀλλάξεις καλὸν πονηρῷ, οὐδὲ πονηρὸν καλῷ. Ἄλλος· οὐκ ἐπισκέψεται ἀναμέσον καλοῦ καὶ πονηροῦ, καὶ οὐκ ἀλλάξεις αὐτό.[38] Ἄλλος· (οὐ) παραιτήσεις ἀναμέσον καλοῦ ἢ σαπροῦ, οὐδὲ ἐκλέξηται αὐτό.[39]

לֹא יִגָּאֵל. Ο΄. οὐ λυτρωθήσεται. Ἀ. οὐκ ἀγχιστευθήσεται (s. ἐγγισθήσεται).[40]

Cap. XXVII. 7. ÷ ἀργυρίου ◀.[41]

(teste Holmes.), Lips. (non, ut Holmes, τῶν ἐτῶν ὑπολ.). [18] Sic Codd. VII, 19 (cum λυτροῦται), 58 (idem), alii, invito Vet. Lat. [19] Sic Ald., Codd. VII, X, Lips., 15, 16, 18, alii, Vet. Lat. Cf. Cap. xix. 24 in LXX. [20] Sic in marg. Codd. 85, 130. Codd. X, Lips., in marg.: ἀγρὸς ἀναθέματος. [21] Cod. 56 in marg. [22] Sic in marg. Codd. X (cum ψηφήσει), Lips. (cum ψιφήσει). Cf. ad Cap. xxv. 27. [23] Sic in marg. Codd. X (cum τὸ πλήρης), Lips. [24] Iidem. Cf. ad Cap. xxv. 11. [25] Cod. 85 in marg., teste Montef. Holmesii amanuensis ex eodem exscripsit: λυτρώσεται. [26] Sic (ad τιμὴ) Cod. 130 in marg. [27] Sic in marg. Codd. X, Lips. [28] Sic Codd. VII, Lips., 15, 16, 18, alii (inter quos 85, 130, cum οὐ καθαγιάσει in marg.). Vet. Lat.: et non mutabit. [29] Codd. 85, 130 (cum πρωτοκευθήσεται ... κτήνεσιν ... ἐὰν βοῦς, ἐὰν βόσκημα). [30] Codd. 85, 130 (cum ἐὰν βόσκημα, et

sine ἐστίν). [31] Codd. 85 (cum ἐάν τε μόσχον), 130 (cum γένηται (om. τῷ κ.) ἐν τοῖς κτ., οὐ καθαγιάσει αὐτό· ἐάν τε μόσχος, ἐάν πρ., τῷ κ. ἐστίν). [32] Codd. 85 (non, ut Montef., πλὴν πρ. καὶ ὃ ἂν πρ.), 130. (Ad ἐκ ποιμνίου cf. Hex. ad Exod. xiii. 13.) [33] Sic in marg. (cum ἀλλάξει in textu) Codd. X, Lips., 85, 130; in textu autem Codd. 54, 74, alii. [34] Sic in marg. Codd. X, Lips. (cum -σει). [35] Sic Codd. VII, X, Lips., 15, 16 (cum ἀνάθημα), 18, alii. [36] Sic in marg. Codd. X, Lips. [37] Sic Comp., Ald., Codd. VII, X, Lips., 15, 16, 18, alii. [38] Sic in textu (pro οὐκ ἀλλάξεις) Codd. X, Lips., 18, 54, alii. [39] Sic in marg. Codd. X (cum καλοῦ καὶ σ., teste Montef.), Lips. [40] Hesych.: "Si autem et affinitatem oportet intelligere redemptionem, quemadmodum Aq. edidit, recte affinis non efficietur." Ad ἐγγισθήσεται, quae Montefalconii est versio, cf. ad Cap. xxv. 33. [41] Cod. IV.

ADDENDUM.

Cap. xix. 20. Rudolphus Anger *De Onkelo* etc. Partic. I, pp. 22, 23: "Ad verba נֶחֱרָפֶת לְאִישׁ Gem. Hieros. Kidduschin I, 1, fol. 59 a: תירגם עקילס הנר לפני רבי עקיבה—בבתרושה לפני אישׁ, h. e. *Interpretatus est Akilas proselytus coram R. Akiba—de ea quae coram viro contusa est.* Itaque verbum חָרַף Akilas cognatum habuisse videtur cum voce רוף, *contudit, concussit;* aut miscuit cum vicina, etsi insueta, radice הָרַף, a qua vox neohebraica הֶרֶף, *ictus oculi, nutus,* proficiscitur. Videtur autem vocibus כת' ל' א denotari, quae a viro aliquo (h. l. a domino) compressa est. Jam si Akilas ad verbum vertit, probabiliter adhibita voce κόπτειν (qua כתשׁ etiam Prov. xxvii. 22 ab Aquila et Theodotione transfertur), κεκομμένην ἀνδρί scripsit; obscurissime quidem, neque tamen sine exemplo aliarum, in quibus verba premuntur, interpretationum: sin vero sententiam potius reddidit, quam tandem rationem inerit, definiri prorsus non posse, per se intelligitur." Lectio enarratorem potius quam interpretem, praesertim Aquilam nostrum, sapit; et reapse in alio Gemarae loco Eleazaro Simeonis filio, cum פירשׁ pro תירגם, tribuitur.

NUMERI.

IN LIBRUM NUMERORUM

MONITUM.

"LECTIONES libri Numerorum ex sequentibus MSS. librisque editis mutuati sumus.

" Ex Cod. Regio 1825.

" Ex Cod. Regio 1872.

" Ex Cod. Regio 1888.

" Ex Cod. Basiliensi, X saeculi, egregiae notae [Holmesii 85].

" Ex Cod. Colbertino 3084, unde fragmenta aliquot cum obelis et asteriscis decerpsimus.

" Ex Hieronymi Libro de Locis Hebraicis [cui titulus: *Liber de Situ et Nominibus Locorum Hebraicorum*. Vid. S. Hieron. Opp. Tom. III, pp. 121-290 juxta edit. Vallarsii; et P. de Lagarde *Onomastica Sacra*, Tom. I, pp. 82-159].

" [Ex Eusebii Onomastico, ed. F. Larsow et G. Parthey, Berolini, 1862; et P. de Lagarde *Onomastica Sacra*, Tom. I, pp. 207-304.]

" Ex Theodoreto edito anno 1642 [Opp. Tom. I, pp. 217-255 juxta edit. J. L. Schulzii].

" Ex Procopio in Heptateuchum [Vid. Monitum ad Exodum, p. 78].

" [Ex Eusebii Demonstratione Evangelica, Parisiis, 1628. Vid. ad Cap. xiv. 14. xxiv. 17.]

" Ex Editione Romana et Drusio.

" Qui plura suppeditavit est Codex Basiliensis de more."—MONTEF.

Praeterea nos adhibuimus subsidia quae nunc recensenda sunt.

IV. Sarravianus, a Tischendorfio editus. Continet Cap. i. 1—vii. 85, xi. 18—xviii. 2, xviii. 30—xx. 22, xxix. 34—xxxvi. 13.

V. Cod. Colbert. 3084, post Montefalconium Holmesii, cujus schedas nos denuo perlustravimus, in usum collatus. Continet Cap. xxv. 2—xxvi. 2, xxix. 12-33.

VII. Vid. Monitum ad Genesim, p. 5. Continet librum integrum.

X. Vid. Monitum ad Genesim, p. 5.

54. Codex Regius, num. v, olim Colbertinus, chartaceus, circa XIV saeculum, unde pauculas trium interpretum lectiones excerpsit Holmesius in Appendice ad Numeros.

57. Vid. Monitum ad Genesim, p. 5.   Hujus et sequentium librorum lectiones ab Holmesio editas
   ad schedas Bodleianas castigavimus.

58. Vid. Monitum ad Exodum, p. 78.

85. Vid. Monitum ad Exodum, pp. 78, 79.

108. Vid. Monitum ad Genesim, p. 5.

128. Vid. Monitum ad Leviticum, p. 168.

130. Vid. Monitum ad Genesim, p. 5, necnon ad Leviticum, p. 168.

Lips. Vid. Monitum ad Exodum, p. 79.

Vet. Lat. Vid. Monitum ad Leviticum, p. 168.

Versionis libri Numerorum Syro-hexaplaris haud exigua pars superest in Codice Musei
Britannici, " Addit. MSS. 14,437," foll. 1–46, saeculi VIII.   Incipit a Cap. i. 31, et continet
Cap. i. 31—ii. 1, ii. 15—iii. 9, iii. 22–47, vii. 19–36 (sed nonnulla perierunt), x. 6 (sed perierunt partes vv. 6, 7, 12, 13, et totus v. 11)—xv. 29, xvi. 2–29, xvi. 41—xxvi. 18 (sed perierunt
Cap. xxii. 38—xxiii. 2, xxiii. 5–9, abscissa membrana), xxvi. 36–43.   Cf. Wright *Catalogue of*
Syriac MSS. in the British Museum, Part I, p. 31.   Codex eleganter, sed negligenter paulum
exaratus, continet notas Origenianas, et lectiones marginales satis frequentes.   Librum
exscripsit, sed nondum publici juris fecit, Ceriani noster; qui apographum suum, ne actum
agendo tempus teramus, nobis humanissime commodavit.

NUMERI.

Caput I.

2. עֲדַת בְּנֵי־יִשְׂרָאֵל. Ο΄. συναγωγῆς (alia exempl. add. υἱῶν[1]) Ἰσραήλ.

כָּל־זָכָר לְגֻלְגְּלֹתָם. Omnes masculos secundum capita eorum. Ο΄. κατὰ κεφαλὴν αὐτῶν. πᾶς ἄρσην. Alia exempl. πᾶς ἄρσην κατὰ κεφαλὴν αὐτῶν.[2]

18. הִקְהִילוּ. Ο΄. συνήγαγον. Ἄλλος· ἐξεκκλησίασαν.[3]

וַיִּתְיַלְדוּ. Et natales suos professi sunt. Ο΄. καὶ ἐπηξονοῦσαν. Alia exempl. ἐπεσκέπησαν.[4]

19. כַּאֲשֶׁר צִוָּה. Ο΄. ὃν τρόπον συνέταξε. Ἄλλος· καθὰ ἐνετείλατο.[5]

20, 21. וַיִּהְיוּ כֹל יֹצֵא צָבָא : פְּקֻדֵיהֶם לְמַטֵּה רְאוּבֵן. Ο΄. καὶ ἐπάνω, πᾶς ὁ ἐκπορευόμενος ἐν τῇ δυνάμει, ἡ ἐπίσκεψις (alia exempl. ἐπισκοπὴ[6]) αὐτῶν ἐκ τῆς φυλῆς Ῥουβήν. Ἀ. καὶ ἐπάνω, παντὸς ἐκπορευομένου στρατιὰν, ἐπεσκεμμένοι αὐτῶν τῆς ῥάβδου Ῥουβήν.[7] Σ. καὶ ἐπάνω, πᾶς ὁ ἐξερχόμενος εἰς στρατιὰν, οἱ ἐπεσκεμμένοι αὐτῶν τῆς φυλῆς Ῥουβήν.[8] Θ... πᾶς ὁ ἐκπορευόμενος δυνάμει, αἱ ἐπισκέψεις αὐτῶν τῆς φυλῆς Ῥουβήν.[9]

22. פְּקֻדָיו בְּמִסְפַּר. Ο΄. ※ καὶ ἐπίσκεψις αὐτῶν ◄ κατὰ ἀριθμόν.[10]

24, 25 (Gr. 36, 37). Τὰ ἑξαπλᾶ τὴν συγγένειαν τοῦ Γὰδ εὐθὺς μετὰ τὴν συγγένειαν τοῦ Συμεὼν ὑποτάττει· εἶθ' οὕτως τὴν τοῦ Ἰούδα ὑποβάλλει.[11]

44. אִישׁ־אֶחָד לְבֵית־אֲבֹתָיו הָיוּ. Ο΄. ἀνὴρ εἷς κατὰ φυλὴν μίαν, κατὰ φυλὴν οἴκων πατριᾶς ἦσαν. Aliter: Ο΄. ἀνὴρ εἷς ← κατὰ φυλὴν μίαν, κατὰ φυλὴν ◄ εἰς οἶκον πατριᾶς αὐτῶν ἦσαν.[12]

45. וַיִּהְיוּ כָל־פְּקוּדֵי בְנֵי־יִשְׂרָאֵל לְבֵית אֲבֹתָם. Ο΄. καὶ ἐγένετο πᾶσα ἡ ἐπίσκεψις (Οἱ λοιποὶ

Cap. I. [1] Sic Comp., Ald., Codd. III, VII, XI, Lips., 15, 16, 18, alii, Arab. 1, 2, Arm. 1, invito Vet. Lat. Montef. ex " uno codice" affert: Ἀ. Ο΄. Θ. συναγωγῆς. [2] Sic Comp., Codd. IV, 56, 129, Arab. 1, 2. [3] Sic in textu Codd. III, X (cum συνήγαγον in marg.), Lips. (cum ἐκκλ., et συνήγαγον in marg.), 15, 16, alii. [4] Sic Ald., Codd. III, IV, VII, X, XI, Lips., 15, 16, alii, Arm. 1. "Ἄξονες dicebantur olim tabulae publicae, atque inde ἐπαξονοῦν [vel, ut Schleusner. in Nov. Thes. s. v., ἐπαξονεῖν], quod videtur esse in tabulas referre. Ἐπηξονοῦσαν autem dictum est eodem modo quo Gen. vi. 4 ἐγέννωσαν [ἐδολίωσαν Psal. v. 11]."—Nobil.   [5] Sic in marg. Codd. 85, 130. Cf. Hex. ad Exod. xl. 16.   [6] Sic Codd. II, IV, 18, 54, 58, 71, 75. Codd. 85 (cum Ἀ. pro Ο΄.), 130, in marg.: Ο΄. ἐν τῇ δ. ἡ ἐπισκοπὴ αὐτῶν ἐκ τῆς φ. Ῥουβήν.   [7] Codd. 85 (cum Ο΄. pro Ἀ.), 130. Montef. e Cod. 85 oscitanter exscripsit: Ο΄. καὶ ἐπάνω πᾶς ὁ ἐξερχόμενος εἰς στρατιὰν κ.τ.ἑ.   [8] Codd. 85, 130 (cum πᾶς ἐξερχ. et Ῥουβὶν).   [9] Iidem.   [10] Sic Cod. IV, et sine aster. (cum αἱ ἐπισκέψεις tantum) Cod. 58.   [11] Scholium in marg. Codd. 85 (cum τοῦ Ἰούδα in clausula posteriori, non, ut Montef. falso exscripsit, τοῦ Γὰδ), 130. Cum Hexaplis faciunt Comp., Cod. IV, Syro-hex.   [12] Sic

πάντες οἱ ἐπεσκεμμένοι[13]) υἱῶν Ἰσραὴλ σὺν
δυνάμει αὐτῶν. Ἀ. Θ. καὶ ἐγένοντο πάντες
οἱ ἐπεσκεμμένοι υἱοὶ Ἰσραὴλ εἰς οἶκον πατέρων
αὐτῶν. Σ. ἦσαν δὲ πάντες οἱ ἐπεσκεμμένοι
υἱοὶ Ἰσραὴλ κατ' οἶκον πατέρων αὐτῶν.[14]

46. וַיִּהְיוּ כָּל־הַפְּקֻדִים. Ο'. Vacat. ※ καὶ ἐγένοντο πάντες οἱ ἐπεσκεμμένοι ◄.[15]

47. וְהַלְוִיִּם לְמַטֵּה אֲבֹתָם לֹא הָתְפָּקְדוּ בְּתוֹכָם.
Ο'. οἱ δὲ Λευῖται ἐκ τῆς φυλῆς πατριᾶς αὐτῶν
οὐκ ἐπεσκέπησαν ἐν τοῖς υἱοῖς Ἰσραήλ. Ἀ.
οἱ δὲ Λευῖται εἰς ῥάβδον πατέρων αὐτῶν οὐκ
ἐπεσκέπησαν.. Σ. οἱ δὲ Λευῖται κατὰ τὴν
φυλὴν τῶν πατέρων αὐτῶν οὐκ ἐπεσκέπησαν
ἐν αὐτοῖς. Θ. καὶ οἱ Λευῖται εἰς φυλὴν πατέρων
αὐτῶν οὐκ ἐπεσκέπησαν ἐν μέσῳ αὐτῶν.[16]

48. יְהֹוָה. Ο'. κύριος. Ἄλλος· ΠΙΠΙ.[17]

51. וְיָקִימוּ אֹתוֹ הַלְוִיִּם. Ο'. ἀναστήσουσιν ※ αὐτὴν οἱ Λευῖται ◄.[18]

הַקָּרֵב. Ο'. ὁ προσπορευόμενος. Ἄλλος· ὁ
ἁπτόμενος.[19]

53. קֶצֶף. Ο'. ἁμάρτημα. Σ. ὀργή. Θ. θυμός.[20]

עַל־עֲדַת בְּנֵי יִשְׂרָאֵל. Ο'. ※ ἐπὶ τὴν συναγωγὴν ◄ ἐν υἱοῖς Ἰσραήλ.[21]

Cap. I. 1. — τῇ ◄ Σινᾷ.[22] 2. ὀνόματος — αὐτῶν ◄.[23] 3. — ἐπισκέψασθε αὐτούς ◄.[24] 18. ὀνομάτων — αὐτῶν ◄.[25] — ἀρσενικόν ◄.[26] 20. ὀνομάτων
— αὐτῶν ◄.[27] 22. ὀνομάτων — αὐτῶν ◄.[28] 24 (36),
26 (24), 28 (26), 30 (28), 32 (30), 34 (32), 36 (34), 38,
40, 42. — αὐτῶν, κατὰ κεφαλὴν αὐτῶν, πάντα ἀρσενικά ◄.[29] 50. ἐστὶν — ἐν ◄ αὐτῇ.[30] 53. — ἐναν-
τίοι ◄.[31] — αὐτοί ◄.[32] 54. — καὶ Ἀαρών ◄.[33]

Cap. II.

2. בְּאֹתֹת. Ο'. κατὰ σημαίας (alia exempl. σημασίας[1]).

3. קֵדְמָה מִזְרָחָה. Orientem versus ad ortum solis.
Ο'. πρῶτοι κατὰ ἀνατολάς. Alia exempl. πρῶτοι — κατὰ νότον ◄ κατὰ ἀνατολάς.[2]

4, 6. וּפְקֻדֵיהֶם. Ο'. οἱ ἐπεσκεμμένοι (Ἄλλος· ἠρι-
θμημένοι[3]).

5. וְהַחֹנִים עָלָיו מַטֵּה. Ο'. καὶ οἱ παρεμβάλλοντες
ἐχόμενοι φυλῆς (alia exempl. ἐχόμενοι αὐτοῦ
φυλή[4]).

7. מַטֵּה. Ο'. καὶ οἱ παρεμβάλλοντες ἐχόμενοι φυλῆς. Alia exempl. — καὶ οἱ παρεμβάλλοντες
ἐχόμενοι ◄, φυλή.[5]

Cod. IV, Syro-hex. (sub —). [13] Syro-hex. ܟܠܗܘܢ
‎ܕܐܬܡܢܝܘ ‎ܗܘܘ. Idem ad ‎ܡܢܝܢܐ
(v. 44) scholium habet: "Visitationem numerum (ܚܘܫܒܢܐ)
vocat, ut videtur (ܐܝܟ ܕܡܣܒܪܐ)." [14] Codd. 85, 130 (qui
ad Aq. et Theod. υἱῶν pro υἱοὶ habet). [15] Sic Cod. IV,
Syro-hex., et sine aster. Codd. 54, 74, 75, alii. [16] Codd.
85, 130 (cum ἐκ ῥάβδον mendose pro εἰς ῥάβδον, et sine
siglo Θ.). [17] Syro-hex. in marg. ܦܝܦܝ. Sic Cap.
x. 33, 34. xi. 1 etc. [18] Sic Cod. IV, Syro-hex., et sine
aster. Codd. 54, 55, 74, alii, Arab. 1, 2, Arm. 1. [19] Cod.
VII in marg. manu 2da. [20] Syro-hex. ܐ. ܪܘܓܙܐ ܣܘܡ
ܚܡܬܐ. [21] Sic Cod. IV, et sine aster. Codd. 15, 58.
Syro-hex. in textu: ἐπὶ τὴν συναγωγὴν τῶν υἱῶν Ἰσραήλ, concinentibus Arab. 1, 2. [22] Cod. IV. Articulus deest in
Codd. VII (cum τῇ in marg. manu 1ma), XI, 72. [23] Idem.
Pronomen deest in Codd. II, 18, 71, aliis, Arm. 1. [24] Idem.
Verba desunt in Comp. [25] Idem. [26] Idem, pro edito
πᾶν ἀρσενικόν. [27] Idem. Pronomen reprobant Comp.,
Codd. 108, 118. [28] Idem. Pronomen abest a Comp.
[29] Idem. Ad v. 34 (32) Syro-hex. pingit: αὐτῶν, — κατὰ
κεφαλὰς (sic passim) αὐτῶν, π. ά. ◄; ad v. 36 (34): αὐτῶν,
κατὰ κ. αὐτῶν, π. — ἀρσενικά ◄; ad v. 38: αὐτῶν, κατὰ κ.
αὐτῶν, π. ά. (sine obelo); ad v. 40: — αὐτῶν ◄, κατὰ κ.
— αὐτῶν, π. ά. (sine metobelo); denique ad v. 42: — αὐτῶν ◄, κατὰ κ. αὐτῶν ◄, π. — ἀρσενικά (sine metobelo).
[30] Idem. Syro-hex. ܣܘܡ. [31] Idem. [32] Idem.
Deest in Cod. 58, Arm. 1. [33] Cod. IV, Syro-hex.
(sub —).

Cap. II. [1] Sic in textu Comp., Codd. XI, 16, 18, 19,
alii; in marg. autem Codd. 85, 130. [2] Sic Cod. IV
(cum κατ' ἀνατ.), et sine obelo Codd. II (om. πρῶτοι), 71.
Cf. Cap. xxxiv. 15 in Hebr. et LXX. [3] Sic in marg.
Cod. X; in textu autem Cod. III. [4] Post ἐχόμενοι add.
αὐτοῦ Codd. IV (cum αὐτῶν), 15, 58. Arm. 1: pone illos.
Deinde φυλή pro φυλῆς Codd. IV, 58, 82, Arm. 1 (cum ἡ
φυλή). [5] Sic Cod. IV (ex corr. pro καὶ οἱ παρ. — ἐχόμενοι :), et sine obelo Codd. Lips., 15, 16, 64, 82, 85 (cum
φυλῆς in marg.).

9. כָּל־הַפְּקֻדִים. Ο'. πάντες οἱ ἐπεσκεμμένοι (Ἄλλος· ἠριθμημένοι⁶).

לְמַחֲנֶה. Ο'. ἐκ τῆς παρεμβολῆς (alia exempl. φυλῆς⁷). Ἀ. παρεμβολῆς.⁸

9, 16. יִסְעוּ. Ο'. ἐξαροῦσι. Ἄλλος· ἀναζεύξουσι.⁹

10. תֵּימָנָה. Ο'. πρὸς λίβα. Ἄλλος· πρὸς νότον.¹⁰

16. מֵאַת אֶלֶף וְאֶחָד וַחֲמִשִּׁים אֶלֶף. Ο'. ἑκατὸν πεντήκοντα μία χιλιάδες. Alia exempl. ἑκατὸν καὶ μία καὶ πεντήκοντα χιλιάδες.¹¹

17. יִסְעוּ אִישׁ עַל־יָדוֹ לְדִגְלֵיהֶם. Proficiscentur, quisque loco suo ad vexilla sua. Ο'. ἐξαροῦσιν ἕκαστος ἐχόμενος καθ' ἡγεμονίας (alia exempl. καθ' ἡγεμονίαν αὐτῶν;¹² alia, κατὰ τάγμα (s. τάγματα) αὐτῶν¹³). Ἀ. ἀπαροῦσιν ἀνὴρ ἐπὶ χεῖρα αὐτοῦ εἰς τάγμα αὐτῶν.¹⁴ Σ. ἀπαροῦσιν ἕκαστος ἀνὰ χεῖρα τοῦ ἰδίου κατὰ τάγμα αὐτῶν.¹⁵ Ο. ἐξαροῦσιν ἀνὴρ ἐπὶ χεῖρα αὐτῶν εἰς τάγμα αὐτῶν.¹⁶

18. לְצִבְאֹתָם יָמָּה. Ο'. παρὰ (alia exempl. κατὰ¹⁷) θάλασσαν σὺν δυνάμει αὐτῶν. . Alia exempl. σὺν δυνάμει αὐτῶν κατὰ θάλασσαν.¹⁸

24. יִסְעוּ. Ο'. ἐξαροῦσιν. Ἄλλος· ἀναζεύξουσιν.¹⁹

31. מֵאַת אֶלֶף וְשִׁבְעָה וַחֲמִשִּׁים אֶלֶף. Ο'. ἑκατὸν καὶ πεντήκοντα ἑπτὰ χιλιάδες. Alia exempl.

ἑκατὸν χιλιάδες καὶ ἑπτὰ καὶ πεντήκοντα χιλιάδες.²⁰

32. אֵלֶּה פְּקוּדֵי. Ο'. αὕτη ἡ ἐπίσκεψις. Ἄλλος· οὗτος ὁ ἀριθμός.²¹

33. הִתְפָּקְדוּ. Ο'. συνεπεσκέπησαν. Ἄλλος· ἠριθμήθησαν.²²

34. וְכֹל אֲשֶׁר־צִוָּה. Ο'. πάντα (alia exempl. κατὰ πάντα²³) ὅσα συνέταξε. Ἄλλος· καθὰ ἐνετείλατο.²⁴

נָסְעוּ. Ο'. ἐξῆρον. Ἄλλος· ἀνεζεύγνυσαν.²⁵

לְמִשְׁפְּחֹתָיו עַל־בֵּית אֲבֹתָיו. Ο'. κατὰ δήμους αὐτῶν, κατ' οἴκους πατριῶν αὐτῶν. Ἄλλος· κατὰ συγγενείας αὐτῶν, κατ' οἶκον πατρικὸν αὐτῶν.²⁶

Cap. II. 2 (in fine). — οἱ υἱοὶ Ἰσραήλ ◄.²⁷ 9. ἑκατὸν ※ χιλιάδες καὶ — ὀγδοήκοντα χιλιάδες.²⁸ 14. — οἱ παρεμβάλλοντες ἐχόμενοι αὐτῶν (sic) ◄.²⁹ 20. καὶ — οἱ παρεμβάλλοντες ◄ ἐχόμενοι αὐτῶν (sic).³⁰ 22. καὶ — οἱ παρεμβάλλοντες ἐχόμενοι αὐτῶν ◄.³¹ 29. καὶ — οἱ παρεμβάλλοντες ἐχόμενοι αὐτοῦ (sic)◄.³² 34. — ἐχόμενοι ◄.³³

Cap. III.

7. וְאֶת־מִשְׁמֶרֶת כָּל־הָעֵדָה לִפְנֵי אֹהֶל מוֹעֵד לַעֲבֹד.

---

⁶ Sic in marg. Codd. X, Lips., 64; in textu autem Codd. 15, 16, 18, alii (inter quos 85, 130, cum ἐπεσκ. in marg.). ⁷ Sic Codd. III, VII, 55. ⁸ Cod. VII in marg. manu 1ᵐᵃ. ⁹ Sic in marg. Codd. X, Lips., 85, 130 (cum ἀναζεύγουσι); in textu autem Codd. III, 19, 108, 118. ¹⁰ Sic in textu Ald., Codd. VII (eum λίβα in marg. manu 2ᵈᵃ), X (cum λίβα in marg.), Lips. (idem), 15, 16, alii (inter quos 85 cum λίβα τινὲς in marg.), 130 (idem). ¹¹ Sic Codd. IV, XI, Syro-hex. ¹² Sic Comp., Codd. IV, VII, X (in marg.), Lips. (idem), alii, Syro-hex. ¹³ Sic Ald., Codd. III, X, Lips., 15, 18, alii (inter quos 85, 130, uterque cum τάγματα). Vet. Lat.: secundum ordinationem suam. ¹⁴ Codd. 85 (cum αὐτῶν bis), 130 (cum αὐτοῦ bis). ¹⁵ Codd. 85 (teste Montef.), 130 (cum τοῦ ἰδίου καταττάγματος (sic) αὐτοῦ). ¹⁶ Codd. 85, 130. ¹⁷ Sic Codd. III, X (cum παρὰ in marg.), Lips. (idem), 16, 32, alii. ¹⁸ Sic Cod. IV, Syro-hex. ¹⁹ Sic in marg. Codd. X, Lips., 85, 130 (cum ἀναζεύγουσιν); in textu autem Codd. III, 19, 118. ²⁰ Sic Cod. IV, Syro-

hex. ²¹ Sic in marg. Codd. X, Lips.; in textu autem Codd. 19, 108, 118. Mox ad πᾶσα ἡ ἐπ. Codd. 85, 130, in marg.: πᾶς ὁ ἀριθμός. ²² Cod. 85 in marg. ²³ Sic Comp., Ald., Codd. IV, X (in marg.), Lips., 18, 56, alii, Syro-hex. ²⁴ Sic in textu Codd. III, 15, 16, 29, alii (inter quos 85, 130, cum κατὰ π. ὅσα συνέταξε in marg.). ²⁵ Sic in marg. Codd. X (cum ἀναζεύγνυσαν), Lips. (idem), 85, 130 (ut X); in textu autem Codd. XI, 108, 118. ²⁶ Sic in marg. Codd. 85 (cum συγγένειαν), 130. Cf. Hex. ad Psal. xxi. 28. Jerem. i. 15. Ezech. xx. 32. ²⁷ Col. IV. Deest in Cod. 75. ²⁸ Idem. Sic sine aster. Cod. 58. Copula est in Comp., Ald., Codd. III, VII, X. Lips., 16, 18, aliis. ²⁹ Idem. ³⁰ Idem. Syro-hex. pingit: — καὶ οἱ παρ. ἐχόμενοι αὐτοῦ (sine metobelo), et sic sine obelo Comp., Codd. 56, 58 (cum αὐτῶν),129. ³¹ Idem (sine metobelo). Syro-hex. pingit: καὶ οἱ π. — ἐχόμενοι αὐτοῦ (sic) ◄. ³² Idem. Sic sine obelo Syro-hex. ³³ Idem. Syro-hex. ◄ ܟܡܚ ܚܢ ·ܒ· ܝ.

אֶת־עֲבֹדַת הַמִּשְׁכָּן .‏ Ο'. καὶ τὰς φυλακὰς (alia
exempl. add. πάντων[1]) τῶν υἱῶν Ἰσραὴλ ἔναντι
τῆς σκηνῆς τοῦ μαρτυρίου, ἐργάζεσθαι τὰ ἔργα
τῆς σκηνῆς. Ἀ. καὶ τὴν φυλακὴν πάσης τῆς
συναγωγῆς εἰς πρόσωπον σκέπης συνταγῆς, τοῦ
δουλεύειν τὴν δουλείαν τῆς σκηνῆς.[2] Σ. καὶ
τὴν φυλακὴν πάσης τῆς συναγωγῆς κατὰ πρόσωπον τῆς σκηνῆς τῆς συναγωγῆς (s. συνταγῆς),
λατρεύειν τὴν λατρείαν τῆς σκηνῆς.[3] Θ. καὶ
τὴν φυλακὴν πάσης τῆς συναγωγῆς κατὰ πρόσωπον τῆς σκηνῆς τοῦ μαρτυρίου, δουλεύειν τὴν
δουλείαν τῆς σκηνῆς.[4]

10. וְהַזָּר הַקָּרֵב יוּמָת. Et profanus (non Levita)
qui accesserit morietur. Ο'. καὶ ὁ ἀλλογενὴς
ὁ ἀπτόμενος ἀποθανεῖται. Ἄλλος· ὁ δὲ ἀλλότριος ὃς ἐὰν προσέλθῃ, ἀποθανέτω.[5]

15. פְּקֹד. Ο'. ἐπίσκεψαι. Ἄλλος· ἀρίθμησον.[6]

לְמִשְׁפְּחֹתָם. Ο'. κατὰ δήμους αὐτῶν. Alia
exempl. κατὰ δήμους αὐτῶν ÷ κατὰ συγγενείας
αὐτῶν ◄.[7]

16. עַל־פִּי יְהוָה כַּאֲשֶׁר צֻוָּה. Ο'. διὰ φωνῆς κυρίου, ὃν τρόπον συνέταξεν ÷ αὐτοῖς κύριος ◄.[8]
Ἄλλος· κατὰ τὸ ῥῆμα κυρίου, καθὰ ἐνετείλατο

κύριος τῷ Μωυσῇ.[9]

17. גֵּרְשׁוֹן. Ο'. Γεδσών. Alia exempl. Γηρσών.[10]
Ἀ. Σ. Θ. Γηρσών.[11]

22. פְּקֻדֵיהֶם. Ο'. ἡ ἐπίσκεψις (Ἄλλος· ὁ ἀριθμὸς[12]) αὐτῶν.

23. מִשְׁפַּחַת הַגֵּרְשֻׁנִּי. Ο'. καὶ οἱ υἱοὶ Γεδσών.
Aliter: Ο'. ÷ καὶ οὗτοι ◄ οἱ δῆμοι Γηρσών.[13]

יָמָּה. Ο'. παρὰ (Ἄλλος· κατὰ[14]) θάλασσαν.

25. הַמִּשְׁכָּן וְהָאֹהֶל. Ο'. ἡ σκηνὴ ⁘ καὶ ἡ σκέπη ◄.[15]

26. וְעַל־הַמִּזְבֵּחַ סָבִיב. Ο'. Vacat. ⁘ καὶ ἐπὶ
τοῦ θυσιαστηρίου κύκλῳ ◄.[16]

29. תֵּימָנָה. Ο'. κατὰ λίβα. Ἄλλος· κατὰ νότον.[17]

34. וּמָאתָיִם. Ο'. καὶ πεντήκοντα. Alia exempl.
καὶ διακόσιοι.[18]

36. וּפְקֻדַּת מִשְׁמֶרֶת. Et munus custodiae. Ο'. ἡ
ἐπίσκεψις τῆς φυλακῆς (alia exempl. ἡ φυ-
λακή[19]). Σ. ἡ ἐπισκοπή (s. ἐπίσκεψις) τῆς φυλακῆς.[20]

קְרָשָׁיו. Asseres. Ο'. τὰς κεφαλίδας. Οἱ λοι-
ποί· σανίδες.[21]

38. לִפְנֵי הַמִּשְׁכָּן קֵדְמָה לִפְנֵי אֹהֶל־מוֹעֵד מִזְרָחָה.
Ο'. κατὰ πρόσωπον τῆς σκηνῆς ⁘ ἀπὸ ἀνα-

Cap. III. [1] Sic Codd. IV, 18, 128, Arab. 1, 2, Syro-
hex. Codd. 85, 130, in marg.: Ο'. καὶ τὰς φυλακὰς πάντων
τῶν υἱῶν. [2] Codd. 85, 130 (cum κατὰ πρόσωπον). [3] Codd.
85, 130 (cum συνταγῆς). De hac confusione cf. Hex. ad
Num. iv. 25. Psal. lxxiii. 8. lxxiv. 3. [4] Codd. 85, 130
(cum τῆς σκ. μαρτυρίου τοῦ δουλεύειν). [5] Sic in marg.
Codd. 85, 130 (cum ὃς ἄν). Ad ὁ ἀλλογενὴς Codd. X, Lips.,
in marg.: ὁ ἀλλότριος. [6] Sic in marg. Codd. X, 130; in
textu autem Codd. 19, 54, 108, 118. [7] Sic Cod. IV
(cum συγγενείας), et sine obelo Ald., Codd. VII, X, XI,
Lips., 15, 16, 18, alii, Vet. Lat. [8] Obelus est in Cod. IV.
[9] Sic in marg. Codd. 85, 130 (cum Μωυσεῖ); in textu
autem Cod. 54 (cum Μωσῇ). Cod. Lips. in marg.: κατὰ
τὸ ῥῆμα κυρίου. [10] Sic semper Cod. IV, Syro-hex.
Cod. 58 in marg.: ὄνομα Γηρσὼν εἱρέθη ἐν παντί. Vet. Lat.
inter Gesson, Geson, et Getson fluctuat. [11] Origen.
Opp. T. IV, p. 141: Τὸ δὲ ὅμοιον περὶ τὰ ὀνόματα σφάλμα
πολλαχοῦ τοῦ νόμου καὶ τῶν προφητῶν ἔστιν ἰδεῖν, ὡς ἠκριβώ-
σαμεν ἀπὸ Ἑβραίων μαθόντες, καὶ τοῖς ἀντιγράφοις αὐτῶν τὰ
ἡμέτερα συγκρίναντες, μαρτυρηθείσιν ὑπὸ τῶν μηδέπω διαστρα-
φεισῶν ἐκδόσεων Ἀκύλου καὶ Θεοδοτίωνος καὶ Συμμάχου. Ὀλίγα
τοίνυν παραθησόμεθα ὑπὲρ τοῦ τοὺς φιλομαθεῖς ἐπιστρεφεστέρους
γενέσθαι περὶ ταῦτα. Εἰς τῶν υἱῶν Λευὶ ὁ πρῶτος Γεσὼν [Γεδ-
σὼν ?] ἐν τοῖς πλείστοις τῶν ἀντιγράφων ὠνόμασται, ἀντὶ τοῦ
Γηρσών, ὁμώνυμος τυγχάνων τῷ πρωτοτόκῳ Μωυσέως. [12] Sic
in textu Codd. 18, 28, alii (inter quos 85, 130, quorum
posterior in marg. habet: ἡ ἐπίσκεψις). [12] Sic Cod. IV
(metobelo a correctore appicto), Syro-hex. (sub ÷), et
sine obelo Codd. XI (cum Γεδσών, ut videtur), 54, alii.
Codd. 85, 130, in marg.: καὶ οὗται οἱ δῆμοι Γηρσών. [14] Sic
in marg. Codd. X, Lips.; in textu autem Ald., Codd. III,
XI, 15, 16, 18, alii, invito Syro-hex. (ܟܚܠ). [15] Sic
Cod. IV, Syro-hex., et sine aster. Cod. 58. [16] Sic
Cod. IV, et sine aster. Cod. 58, Arab. 1, 2, Syro-hex.
[17] Sic in textu Ald., Codd. III (manu 1ma), VII (cum λίβα
in marg.), X (idem), Lips. (idem), 15, 16, alii. [18] Sic
Comp., Codd. 19, 54, 58, alii, Arm. 1, Vet. Lat. Cod. IV:
καὶ διακόσιοι ÷ καὶ πεντήκοντα :. Syro-hex. tantum: ÷ καὶ
πεντήκοντα ◄. [19] Sic Codd. II, IV, 54, 71, alii, Syro-
hex. (ܟܠܚܘ ܟܢܘܡܚܕ). [20] Syro-hex. ܟܢܘܡܚܕ ܟܘ.
ܟܚܚܠܐ. [21] Idem: ܐܦܠ ܚܘܐ ܘ ܘܚ. Cf. Hex. ad
Exod. xxvi. 15. xxxv. 11.

τολῶν κατέναντι τῆς σκηνῆς ◄ τοῦ μαρτυρίου
ἀπὸ ἀνατολῆς.²²

38. וְהַזָּר הַקָּרֵב יוּמָת. Ο'. καὶ ὁ ἀλλογενὴς ὁ
ἁπτόμενος (alia exempl. ὁ προσπορευόμενος²³)
ἀποθανεῖται. Ἄλλος· καὶ ὁ ἀλλότριος ὁ προσ-
ερχόμενος θανατωθήσεται.²⁴

39. כָּל־פְּקוּדֵי. Ο'. πᾶσα ἡ ἐπίσκεψις. Ἄλλος·
πᾶς ὁ ἀριθμός.²⁵

47. וְלָקַחְתָּ חֲמֵשֶׁת חֲמֵשֶׁת שְׁקָלִים. Ο'. καὶ λήψῃ
πέντε ※ πέντε ◄²⁶ σίκλους ('Α. Σ. στατῆρας²⁷).

47, 48. תִּקָּח עֶשְׂרִים גֵּרָה הַשֶּׁקֶל: וְנָתַתָּה. Ca-
pies: viginti geras habet siclus. Et dabis.
Ο'. λήψῃ, εἴκοσι ὀβολοὺς τοῦ σίκλου. καὶ δώσεις. 'Α. λήψῃ, εἴκοσι ὀβολῶν τὸν στατῆρα.
καὶ δώσεις. Σ. λήψῃ εἴκοσι νομισμάτων ὁ
στατήρ. καὶ δώσεις. Θ. λήψῃ· εἴκοσι ὀβολοὶ
ὁ σίκλος. καὶ δώσεις.²⁸

51. אֶת־כֶּסֶף הַפְּדֻיִם. Pecuniam pretii redemptionis.
Ο'. τὰ λύτρα. Alia exempl. τὸ ἀργύριον τὰ
λύτρα.²⁹

צִוָּה. Ο'. συνέταξε. Ἄλλος· ἐνετείλατο.³⁰

Cap. III. 9. ─ τοῖς ἱερεῦσι ◄.³¹　─ μοι ◄.³²　10.

─ ἐπὶ τῆς σκηνῆς τοῦ μαρτυρίου ◄.³³　─ καὶ πάντα
τὰ κατὰ τὸν βωμὸν, καὶ ἔσω τοῦ καταπετάσματος ◄.³⁴
12. ─ λύτρα αὐτῶν ἔσονται ◄.³⁵　16. ─ καὶ Ἀαρών ◄.³⁶
24. τοῦ Γηρσὼν ─ τοῦ δήμου ◄.³⁷　26. τῆς ─ οὔσης ◄.³⁸　40. ─ λέγων ◄.³⁹　49. τῶν πλεοναζόντων
─ ἐν αὐτοῖς ◄.⁴⁰　50. ─ σίκλους ◄.⁴¹　51. ─ τῶν
πλεοναζόντων ◄.⁴²

CAP. IV.

4. בְּאֹהֶל מוֹעֵד. Ο'. ἐν τῇ σκηνῇ τοῦ μαρτυρίου,
─ ἐκ μέσου υἱῶν Λευὶ, κατὰ δήμους αὐτῶν,
κατ' οἴκους πατριῶν αὐτῶν ◄.¹

5. אֶת פָּרֹכֶת הַמָּסָךְ. Velum operimenti. Ο'. τὸ
καταπέτασμα τὸ συσκιάζον (Ἄλλος· τοῦ παρα-
τανυσμοῦ²).

7. וְנָתְנוּ עָלָיו. Ο'. καὶ ※ δώσουσιν ἐπ' αὐτῆς ◄.³

8. תּוֹלַעַת שָׁנִי. Ο'. κόκκινον ※ διάφορον ◄.⁴

אֶת־בַּדָּיו. Ο'. δι' αὐτῆς τοὺς ἀναφορεῖς. Alia
exempl. τοὺς ἀναφορεῖς αὐτῆς.⁵

9. יְשָׁרְתוּ־לָהּ. Ο'. λειτουργοῦσιν. Alia exempl.
λειτουργοῦσιν αὐτῇ.⁶

13. וְדִשְּׁנוּ אֶת־הַמִּזְבֵּחַ. Et a cineribus purgabunt

---

²² Sic in textu Cod. IV (cum κατ' ἀνατολὰς pro ἀπὸ ἀνατολῆς). Syro-hex. in textu: κατὰ πρ. τῆς σκ. τοῦ μαρτ. ἀπὸ
ἀνατολῆς; in marg. autem sine indice: ※ κατέναντι ｜ ※ τῆς
σκηνῆς ｜ ※ κατ' ｜ ※ ἀνατολὰς (ܡܢ ܡܕܢܚܐ ※ ܕܡܫܟܢܐ ܩܒܠ ܕܟܠ).
²³ Sic Ald., Codd. III, X (cum ὁ ἀπτ. in marg.), Lips.
(idem), 15, 16, 19, alii (inter quos 85, 130, uterque ut X).
Cf. ad Cap. i. 51.　²⁴ Sic in marg. Codd. 85, 130.
²⁵ Sic in marg. Codd. X, Lips. (sine πᾶς), 85, 130; in
textu autem Codd. 19, 108, 118. Mox ad καὶ ἐπεσκέψατο
(v. 42) Syro-hex. in marg. ܘܡܢܝ ܐܦ ܐܢܘܢ ܡܢܐ.
²⁶ Sic Cod. IV, invito Syro-hex.　²⁷ Syro-hex. ܐ/.
/ܡܢܝ. Cod. 130 in marg.: "Αλλ. στατῆρες (sic). Cf.
Hex. ad Exod. xxx. 13.　²⁸ Codd. 85, 130. Theodotionis lectionem in textu venditant Ald., Codd. III, VII,
X, Lips., 16, 18, alii. (Ad ὀβολοὶ Cod. VII in marg.
dextro manu 2ᵈᵃ: ξυλόκοκκα; in marg. sinistro autem:
Ἑβραϊστὶ ὁ σίκλος ἐξάγιον.)　²⁹ Sic Comp., Ald., Codd.
IV, VII, 18, 19, alii. Vet. Lat.: pecuniam redemptionis.
Codd. 85, 130. in marg.: τὸ ἀργύριον. (Ad καὶ τὰ λύτρα
(v. 46) Cod. VII in marg. manu 2ᵈᵃ: καὶ τὰ ἀλλάγματα.)

³⁰ Sic in marg. Codd. X, Lips., 85; in textu autem Comp.,
Ald., Codd. IV, VII, XI, 18, 53, alii.　³¹ Cod. IV, Syro-
hex. (sub ─).　³² Cod. IV.　³³ Idem.　³⁴ Idem.
Haec desunt in Comp. (Ad βωμὸν Cod. Lips. in marg.
scholium habet: Ῥητῶς βωμὸν λέγει ὧδε τὸ θυσιαστήριον τοῦ
θεοῦ.)　³⁵ Idem.　³⁶ Idem.　³⁷ Sic (pro τοῦ δήμου
τοῦ Γεδσὼν) Cod. IV, Syro-hex. (sub ─).　³⁸ Iidem.
Deest in Comp., Codd. 15, 19, aliis, Arm. 1.　³⁹ Iidem.
Deest in Codd. 16, 32, aliis.　⁴⁰ Cod. IV (cum παρὰ τῶν
πλ.). Sic sine obelo Cod. 58, Arab. 1, 2, Arm. 1 (in marg.).
⁴¹ Idem. Deest in Cod. III.　⁴² Idem.

CAP. IV. ¹ Sic Cod. IV, et sine obelo Ald. (cum Λευί),
Codd. III, VII, X, XI (sine αὐτῶν in fine), Lips., 15, 16
(ut Ald.), alii, Arab. 1, 2, Arm. 1, invito Vet. Lat.　² Sic
in marg. Codd. 85, 130 (cum τοῦ παρατανυσμοῦ). Cf. ad
v. 26.　³ Sic Cod. IV, et sine aster. Cod. 58, Arab. 1, 2.
⁴ Sic Cod. IV, et sine aster. (cum διάφορον) Cod. XI. Arab.
1, 2: coccineum coloratum. Cf. Hex. ad Exod. xxv. 4.
⁵ Sic Comp., Ald., Codd. III, IV, VII, X, Lips., 15, 16,
alii.　⁶ Sic Codd. IV, 58, 129.

altare. Ο΄. καὶ τὸν καλυπτῆρα ἐπιθήσει ἐπὶ τὸ θυσιαστήριον. "Αλλος· καὶ ἐκσποδιάσουσιν τὸ θυσιαστήριον.[7]

18. אֶת־שֵׁבֶט מִשְׁפְּחֹת. Tribum familiarum. Ο΄. τῆς φυλῆς τὸν δῆμον. "Αλλος· τὴν φυλὴν τοῦ δήμου.[8]

19. אִישׁ אִישׁ עַל־עֲבֹדָתוֹ. Ο΄. ἕκαστον (alia exempl. ἕνα ἕκαστον[9]) ✕ ἐπὶ τὴν δουλείαν αὐτοῦ ◄.[10] "Αλλος· ἐπὶ τὸ ἔργον αὐτοῦ.[11]

וְאֶל־מַשָּׂאוֹ. Ο΄. κατὰ τὴν ἀναφορὰν αὐτοῦ. "Αλλος· καὶ ἐπὶ τὴν βασταγὴν αὐτοῦ.[12]

22. אֶת־רֹאשׁ. Ο΄. τὴν ἀρχήν. "Αλλος· τὸ κεφάλαιον.[13]

23. לִצְבֹא צָבָא. Ο΄. λειτουργεῖν ✕ λειτουργίαν ◄.[14] "Αλλος· εἰς δύναμιν δυναμικήν.[15]

לַעֲבֹד עֲבֹדָה. Ο΄. ποιεῖν τὰ ἔργα αὐτοῦ. "Αλλος· εἰς τὸ ὑπηρετῆσαι ὑπηρεσίαν.[16]

25, 26. וְאֶת־מָסַךְ פֶּתַח אֹהֶל מוֹעֵד וְאֶת קַלְעֵי הֶחָצֵר וְאֶת־מָסַךְ פֶּתַח שַׁעַר הֶחָצֵר אֲשֶׁר עַל־הַמִּשְׁכָּן. Ο΄. καὶ τὸ κάλυμμα (Τὸ Σαμαρειτικὸν ἐπίσπαστρον[17]) τῆς θύρας τῆς σκηνῆς τοῦ μαρτυρίου, καὶ τὰ ἱστία τῆς αὐλῆς. ✕ καὶ τὸ ἐπίσπαστρον τῆς θύρας τῆς πύλης τῆς

αὐλῆς ◄,[18] ὅσα ἐπὶ τῆς σκηνῆς ═ τοῦ μαρτυρίου ◄.[19] Ἀ. καὶ τὸ παρατάνυσμα ἀνοίγματος σκέπης συνταγῆς, καὶ τοὺς ἱστοὺς τῆς αὐλῆς, καὶ τὸ παρατάνυσμα ἀνοίγματος πύλης τῆς αὐλῆς... Σ. καὶ τὸ καταπέτασμα τῆς θύρας τῆς σκηνῆς τῆς συνταγῆς, καὶ τὰ ἱστία τῆς σκηνῆς, καὶ τὸ παραπέτασμα τῆς θύρας τῆς αὐλῆς τὸ ἐπὶ τῆς σκηνῆς.[20]

26. וְעַל־הַמִּזְבֵּחַ סָבִיב. Ο΄. Vacat. ✕ καὶ ἐπὶ τοῦ θυσιαστηρίου κύκλῳ ◄.[21]

27. לְכָל־מַשָּׂאָם וּלְכֹל עֲבֹדָתָם. In omni portatione eorum, et in omni ministerio eorum. Ο΄. κατὰ πάσας τὰς λειτουργίας αὐτῶν, καὶ κατὰ πάντα τὰ ἔργα αὐτῶν (alia exempl. τὰ ἀρτὰ δι' αὐτῶν[22]).

28. מִשְׁפַּחַת בְּנֵי. Ο΄. τῶν υἱῶν. Alia exempl. τοῦ δήμου τῶν υἱῶν.[23]

30. לַצָּבָא. Ad ministerium sacrum. Ο΄. Vacat. ✕ εἰς τὴν δύναμιν ◄.[24]

37, 41. אֵלֶּה פְקוּדֵי. Ο΄. αὕτη ἡ ἐπίσκεψις. "Αλλος· οὗτος ὁ ἀριθμός.[25]

44. פְּקֻדֵיהֶם לְמִשְׁפְּחֹתָם. Ο΄. ἡ ἐπίσκεψις αὐτῶν κατὰ δήμους αὐτῶν. Alia exempl. ἡ ἐπίσκεψις τῆς συγγενείας αὐτῶν.[26]

---

[7] Lectionem, quae Aquilam omnino sapit, LXXvirali praemittit Cod. 15 in textu. Cf. Exod. xxvii. 3 in LXX. [8] Sic in textu Cod. 30; in marg. autem (cum τῇ φυλῇ) Codd. 85, 130. Statim solus Cod. 85 in marg.: τοῦ Καάθ. [9] Sic Codd. IV. 58. [10] Sic Cod. IV, et sine aster. Cod. 58. [11] Cod. 130 in marg. [12] Idem in continuatione. Hesych.: Βασταγή· βάρος. [13] Idem. [14] Sic Cod. IV, et sine aster. Arab. 1, 2, Arm. 1. [15] Cod. 130 in marg. Cf. ad v. 30. [16] Idem in continuatione. Aliter tres interpretes ad Cap. iii. 7. [17] Nobil., Cat. Niceph. p. 1183. [18] Sic Cod. IV (qui male pingit: καὶ τὰ ἐπ. ✕ τῆς θ. τῆς ⫶ ✕ π. τῆς αὐλῆς, ὅσα ⫶ ✕ ἐπὶ τῆς σκ. ═ τοῦ ⫶ μαρτυρίου:); et sine aster. Ald., Cod. XI, Arab. 1, 2; necnon (sine τῆς πύλης) Codd. 29, 58, alii. [19] Cod. IV. Verba τοῦ μ. desunt in Comp., Codd. 19, 108, 118. Ad καὶ τὸ κάλυμμα Codd. 85, 130, in marg.: Ο΄. καὶ τὸ κάλυμμα (κατακάλυμμα Cod. 130) τῆς θ. τῆς σκ. τοῦ μ., καὶ τὰ ἱστία τῆς αὐλῆς, καὶ τὸ ἐπίσπαστρον (Cod. 130 add. τῆς θ. τῆς αὐλῆς). [20] Codd. 85, 130 (qui ad Aquilam τῆς πύλης pro πύλης habet). Ad Sym. pro συνταγῆς reponendum esse συναγωγῆς

opinatur Scharfenb. in Animadv. p. 105. Sed cf. ad Cap. iii. 7. [21] Sic Cod. IV, et sine aster. Comp. (sine κύκλῳ), Ald., Codd. 29, 58, 83, Arab. 1, 2. [22] Sic Codd. III, 16 (cum τὰ ἀρτὰ δισσὰ αὐτῶν), 28, 30 (cum τὰ ἀρτὰ αὐτῶν), 52 (ut 16), 55 (cum τὰ ἀρταδία αὐτῶν), 57 (ut 16), 73 (idem), 77 (idem), 85, 130 (ut 55), 131 (ut 16). Praeterea pro τὰ ἔργα αὐτῶν, τὰ ἔργα δι' αὐτῶν scribunt Codd. II, X, Lips., 19, 28 (in marg.), 64, 85 (in marg.), 118, unde fluxisse videtur lectio, τὰ ἀρὰ λεία αὐτῶν, quae in nonnullis libris habetur. Ceterum utramque versionem, τὰς λειτουργίας αὐτῶν et τὰ ἔργα αὐτῶν, ad עֲבֹדָתָם, solam autem τὰ ἀρτὰ δι' αὐτῶν ad מַשָּׂאָם pertinere quivis videt. [23] Sic Ald., Codd. IV, 29, 58, 59, Arab. 1, 2. [24] Sic Cod. IV, et sine aster. Codd. XI, 58, Arab. 1, 2. Aliter Comp., Codd. 56, 71, 129 ad צָבָא non male aptant λειτουργίαν; deinde, ut Hebraeum לַעֲבֹד exprimant, ante τὰ ἔργα de suo inferunt ποιεῖν. [25] Sic in marg. Codd. 85, 130; in textu autem Codd. 19, 108, 118. Mox v. 40 ad ἡ ἐπίσκεψις Codd. X, Lips., in marg.: ὁ ἀριθμός. [26] Sic Codd. III, 28, 55. Codd. 85, 130: ἡ ἐπ. αὐτῶν τῆς σ. αὐτῶν, uterque cum κατὰ δ. αὐτῶν in marg.

47. לַעֲבֹד עֲבֹדַת עֲבֹדָה. *Ad peragendum negotium*
ministerii. Ο'. πρὸς τὸ ἔργον τῶν ἔργων (alia
exempl. τῶν ἁγίων[27]). Schol. Σῆ. ὅτι ἔργον
ἔργων ἐκάλεσεν τὸ τῶν υἱῶν Καάθ, τὸ τῶν
ἁγίων ἅγιον· τὰ δὲ λοιπὰ τὰ ἐν τῇ σκηνῇ
ἔργα μόνον, ἅπερ ἦν τῶν υἱῶν Γεδσὼν καὶ τῶν
υἱῶν Μεραρί.[28]

Cap. IV. 3. ἕως ※ υἱοῦ ◄ πεντήκοντα.[29] — πάντα ◄.[30] 6. — ἐπ' αὐτήν ◄.[31] 7. — ἐπ' αὐτήν ◄.[32]
10. ἐπιθήσουσιν — αὐτήν ◄.[33] 14. — καὶ λήψονται
— ἐπ' (sic) ἀναφορεῖς ◄.[34] 16. ἔργοις ※ αὐτοῦ ◄.[35]
23. καὶ ἐπάνω ※ ἐκεῖ ◄.[36] 27. ἔσται ※ πᾶσα ◄
ἡ λειτουργία.[37] 30. ἕως ※ υἱοῦ ◄ πεντηκονταετοῦς.[38]
31. — καὶ τὸ κατακάλυμμα, καὶ αἱ βάσεις — τῆς
σκηνῆς ◄.[38] 32. — καὶ τοὺς στύλους τοῦ καταπετάσματος — βάσεις αὐτῶν ◄.[40] 33. ※ τοῦ ◄ δήμου.[41]
35. ἕως ※ υἱοῦ ◄ πεντηκονταετοῦς.[42] 39. ※ καὶ ◄
ἕως.[43] 41. — ἐν χειρὶ Μωσῆ ◄.[44] 44. — κατ' οἴκους πατριῶν αὐτῶν ◄.[45] 47. ※ καὶ ◄ ἕως.[46]

Cap. V.

2. כָּל־צָרוּעַ. Ο'. Σ. πάντα λέπρον.[1]
וְכָל־זָב. Ο'. καὶ πάντα γονορρυῆ. Οἱ λοιποί·
καὶ πάντα ῥέοντα.[2]

2. טָמֵא לָנָפֶשׁ. *Pollutum mortuo.* Ο'. ἀκάθαρτον
ἐπὶ ψυχῇ. Ἄλλος· μεμιαμμένον ψυχῇ.[3]

3. אֶל־מִחוּץ לַמַּחֲנֶה תְּשַׁלְּחוּם. Ο'. ἔξω τῆς
παρεμβολῆς ※ ἐξαποστείλατε αὐτούς ◄.[4]

6. לִמְעֹל מַעַל בַּיהוָה. Ο'. καὶ παριδὼν παρίδῃ.
Alia exempl. ※ καὶ παριδὼν ◄ παρίδῃ ἐν
κυρίῳ.[5]

7. עָשׂוּ. Ο'. ἐποίησε. Ἄλλος· ἥμαρτεν.[6]
אֶת־אֲשָׁמוֹ בְּרֹאשׁוֹ. Ο'. τὴν πλημμέλειαν ※ αὐτοῦ ◄, τὸ κεφάλαιον ※ αὐτοῦ ◄.[7] Alia exempl. τῆς πλημμελείας τὸ κεφάλαιον.[8]

10. לוֹ יִהְיֶה. Ο'. ※ αὐτῷ ◄ ἔσται.[9]

12. וּמָעֲלָה בוֹ מַעַל. *Et peccaverit in eum pec-*
catum. Ο'. καὶ ὑπεριδοῦσα παρίδῃ αὐτόν.
Alia exempl. καὶ παρίδῃ αὐτὸν ὑπεριδοῦσα.[10]
Ἄλλος· (καὶ) πανούργησεν αὐτὸν πανούργημα.[11]

15. קָרְבָּנָהּ. Ο'. τὸ δῶρον. Ἄλλος· προσφοράν.[12]

18. מֵי הַמָּרִים הַמְאָרֲרִים. *Aquae amaritudinum*
exsecrationem inferentes. Ο'. τὸ ὕδωρ τοῦ
ἐλεγμοῦ τοῦ ἐπικαταρωμένου τούτου (alia exempl. τὸ ἐπικαταρώμενον — τοῦτο ◄[13]). Ἄλ-
λος· (τὸ ὕδωρ τοῦ) ἐμφανισμοῦ τὸ ἐμφανίζον.[14]

❖   ❖

In lectione LXXvirali post ἡ ἐπ' αὐτῶν add. τῆς σ. αὐτῶν
Codd. 57, 59, alii. [27] Sie in marg. Codd. 85, 130; in
textu autem Codd. 29, 54, 58, alii, Arm. 1. [28] Sie in
marg. Codd. 85, 130. Cod. Lips. in marg.: ἔργα. τὸ ἔργον
τῶν ἔργων. [29] Cod. IV (qui perperam pingit: ἕως
— υἱοῦ ◄). Sie sine aster. Codd. 18, 128. [30] Idem.
[31] Idem. Deest in Cod. 58. [32] Idem. Deest in Arm. 1.
[33] Idem. Deest in Codd. 32, 58, 59. [34] Idem. Haec
desunt in Comp., Cod. 58. [35] Idem. Sie sine aster.
Cod. 58, Arab. 1, 2. [36] Idem. Sie sine aster. Cod. 58,
invito Hebraeo. [37] Idem (cum ※ ex corr. pro —).
Sie sine aster. Ald., Codd. 29, 58, Arab. 1, 2. [38] Idem,
siglis a correctore appictis. Sie sine aster. Cod. 58.
[39] Idem. Haec desunt in Comp., Cod. 58. [40] Idem.
[41] Idem. Sie sine aster. Codd. 19, 58. [42] Idem.
Cod. 58: καὶ ἕως υἱοῦ π. [43] Idem (qui pingit: ※ καὶ
ἕως:). Sie sine aster. Codd. 108, 118, 128. Cod. 58: καὶ
ἕως υἱοῦ. [44] Idem. [45] Idem. Haec reprobat Cod. 52.
[46] Idem. Sie sine aster. Cod. 58.
    Cap. V. [1] "Sie unus codex."—*Montef.* [2] Idem.

" Margo Cod. 130 habet a 1ᵐᵃ manu ῥέοντα, ut sit legendum [non Graecum] γονορρέοντα."—*F. C. Alter.* Fallitur.
Cf. Hex. ad Lev. xv. 4, 6. [3] Cod. 130 in marg. (cum
μεμιαμμένον). [4] Sie Cod. IV, et sine aster. Cod. 58,
Arab. 1, 2. [5] Sie Cod. IV (nisi forte pingendum: καὶ
π. π. ※ ἐν κυρίῳ ◄), et sine aster. Ald., Cod. 58, Arab. 1, 2.
[6] Sie in marg. Codd. X, Lips.; in textu autem Codd. III,
15, 16, alii (inter quos 85, 130, uterque cum ἐποίησε in
marg.). [7] Sie Cod. IV (qui pingit: τὴν πλ. ※ αὐτοῦ ◄
※ τὸ κεφ. αὐτοῦ ◄); et sine asteriscis Cod. 58. [8] Sie in
marg. Codd. 85, 130; in textu autem Codd. 54, 74, alii,
Arm. 1. [9] Sie Cod. IV, et sine aster. Cod. XI. [10] Sie
Comp., Codd. II, IV, VII, X, XI, Lips., 15, 16, alii.
[11] Cod. 130 in marg.: πανούργησεν αὐτὸν (sic) πανούργημα.
[12] Cod. VII in marg. manu 2ᵈᵃ. Cf. Hex. ad Lev. i. 2.
[13] Sie Cod. IV, et sine obelo Comp., Ald., Codd. III, VII,
X, XI, Lips., 15, 16, alii. [14] Cod. 130 in marg., tacente
Holmesio. Lectio est, ni fallor, interpretis Samaritani,
qui Hebraea ter vertit: מי בורה דמבארים, h. e. *aquae pro-*
bationis (declarationis!) declaratrices. (Idem ad vv. 24,

21. צָבָה. *Intumescentem.* Ο΄. πεπρησμένην. Ἄλ-
λος· πεφυσημένην.[15]

22. אָבֵן אָמֵן. Ο΄. γένοιτο, γένοιτο. Ἀ. πεπιστωμένως, πεπιστωμένως. Σ. ἀμὴν, ἀμήν.[16]

23. הַמָּרִים. Ο΄. τοῦ ἐλεγμοῦ ÷ τοῦ ἐπικαταρωμένου ◄. Οἱ λοιποί· τοῦ πικροῦ.[17]

27. וְהִשְׁקָה אֶת־הַמַּיִם. Ο΄. Vacat. ※ καὶ ποτιεῖ
αὐτὴν τὸ ὕδωρ ◄.[18]

28. וְנִקְּתָה. Ο΄. καὶ ἀθῷα ἔσται. Ἄλλος· (καὶ)
ἀθῳωθήσεται.[19]

29. הַקְּנָאֹת. *Zelotypiae.* Ο΄. τῆς ζηλοτυπίας (Ἄλ-
λος· ζηλοτυπουμένης[20]).

Cap. V. 6. ÷ λέγων ◄.[21] 7. τὴν ἁμαρτίαν ※ αὐτῶν ◄.[22] 8. ∽ αὐτῷ ◄.[23] ∽ ἔσται ◄.[24] 9. ÷ κυ-
ρίῳ ◄.[25] 10. ※ καὶ ἀνὴρ ὃς ἂν | ※ δῷ τῷ ἱερεῖ,
αὐτῷ ἔσται ◄.[26] 15. τὸ δῶρον ※ αὐτῆς ◄ τὸ (sic)
περὶ αὐτῆς.[27] 17. ÷ ζῶν ◄.[28] ÷ τοῦ μαρτυρίου ◄.[29]
19. ※ καὶ ◄ εἰ μὴ παραβέβηκας.[30] 21. ∽ ταύτης ◄.[31] 22. μηρόν ÷ σου ◄.[32] 27. κοιλίαν ※ αὐτῆς ◄.[33] 30. ∽αὐτοῦ ◄ ἔναντι.[34] 31. γυνὴ ∽ αὐτὴ ◄
λήψεται.[35]

Cap. VI.

3. נָזִיר. *Abstinebit.* Ο΄. ἁγνισθήσεται. Alia exempl. ἁγνισθήσεται ÷ ἀπὸ οἴνου ◄.[1]

3. וְכָל־מִשְׁרַת עֲנָבִים. *Et omnem macerationem
uvarum.* Ο΄. καὶ ὅσα κατεργάζεται ἐκ σταφυλῆς. Ἀ. Σ. (καὶ) πᾶσαν ἀπόβρεξιν σταφυλῆς.[2]

5. נֶדֶר נִזְרוֹ. Ο΄. τοῦ ἁγνισμοῦ. Alia exempl. τῆς
εὐχῆς τοῦ ἁγνισμοῦ ※ αὐτοῦ ◄.[3] Ἄλλος· τῆς
ἐγκρατείας.[4]

תַּעַר. *Novacula.* Ο΄. ξυρόν. Ἄλλος· κουρά.[5]

גַּדֵּל. *Alens.* Ο΄. τρέφων. Ἀ. μεγεθύνων. Σ.
αὔξων.[6]

6. מֵת. Ο΄. τετελευτηκυίᾳ. Ἄλλος· τεθνηκυίᾳ.[7]

9. יָמוּת מֵת. Ο΄. ἀποθάνῃ. Alia exempl. θανάτῳ
ἀποθάνῃ.[8]

בְּפֶתַע. *Subito.* Ο΄. ἐξάπινα. Ἄλλος· ἀγνο-
οῦντος.[9]

11. וְכִפֶּר. Ο΄. καὶ ἐξιλάσεται. Ἄλλος· (καὶ) σκεπάσει.[10]

12. וְהִזִּיר לַיהֹוָה. *Et consecrabit Jorae.* Ο΄. ᾗ
ἡγιάσθη κυρίῳ. Alia exempl. ※ καὶ διαφυ-
λάξει τῷ ◄ κυρίῳ.[11]

יִפְּלוּ. *Non computabuntur.* Ο΄. ἄλογοι ἔσονται. Ἄλλος· οὐ λογισθήσονται.[12]

13. יָבִיא אֹתוֹ. Ο΄. προσοίσει αὐτός (alia exempl.
αὐτόν[13]).

---

27 pro לְמִרִים dedit לְמִבְּאַר, *ad declarandum.*) [15] Cod.
130 in marg. [16] Codd. Lips., 85, 130 (cum ī pro Σ.):
Σ. ἀμὴν ἀμήν. Ἀ. πεπ. πεπ. Minus probabiliter Cat. Niceph. p. 1192: Ἀ. ἀμὴν ἀμήν. Σ. πεπ. πεπ. Cf. Hex. ad
Psal. xl. 14. lxxi. 19. lxxxviii. 53. [17] Codd. Lips., 85.
In textu obelus ante Cod. IV. [18] Sic Cod. IV, et sine
aster. Arab. 1, 2. [19] Cod. 85 in marg. [20] Sic in
marg. Cod. 85; in textu autem (cum ζηλοτυπουμένης) Cod.
XI. [21] Cod. IV. Cod. VII in marg. manu 1ma: λέγων.
[22] Idem, teste Tischendorfio. Holmesii amanuensis ex
eodem exscripsit τὴν ἁμ. ※αὐτοῦ, concinente Grabio, et
sine aster. Cod. 58, Arab. 1, 2. Cod. 15, 19, 108, 118:
τὴν ἁμ. αὐτῆς. [23] Idem. Deest in Cod. 58. [24] Idem.
[25] Idem. Deest in Cod. 58. [26] Idem (ubi prior asteriscus supra lineam a correctore positus est). Haec leguntur in Ed. Rom., et Vet. Lat., sed desunt in Codd. VII
(sed appinxit in marg. manus 2da char. unciali), 18, 19,
53, 59, 128, 131. [27] Idem. Sic sine aster. Cod. 58.
[28] Idem. [29] Idem. [30] Idem. Sic sine aster. Codd.

18, 58, 128, Arab. 1, 2. [31] Idem. Deest in Codd. 32,
58. [32] Idem (qui male pingit ※ σου :, testibus Holmesii
amanuensi et Tischendorfio). [33] Idem. Sic sine aster.
Cod. 58, Arm. 1. [34] Idem, obelo a correctore appicto.
Pronomen deest in Cod. 58, Arm. 1. [35] Idem. Ceteri
omnes: γυνὴ ἐκείνη λ.

Cap. VI. [1] Sic Cod. IV, et sine obelo Codd. II, VII,
X, XI, Lips., 15, 16, alii. [2] Codd. X, Lips., 85 (sine
nom.). Corrupte Cod. 130 in marg.: πᾶς ἂν ἀποβρέξας
σταφυλῆς. [3] Sic Cod. IV, et sine aster. Comp., Ald.
(cum προσευχῆς), Codd. III, VII, X, XI, Lips., 15, 18, alii,
Arab. 1, 2. [4] Cod. 130 in marg. [5] Idem. [6] Codd.
85, 130. [7] Iidem in marg. [8] Sic Comp., Ald.,
Codd. III, IV, VII, XI, Lips., 15, 16, alii, Vet. Lat.
[9] Cod. 130 in marg. [10] Idem, qui ad sequens ἁγιάσει
lectionem refert. [11] Sic Cod. IV, metobelo a correctore
posito. Arab. 1, 2: *Et servet.* [12] Cod. 130 in marg.
[13] Sic Codd. IV, 58, Arab. 1, 2.

15. חַלַּת. Ο΄. ἄρτους. Ἄλλος· κολλύρας (s. κολλυρίδας).[14]

18. הַנָּזִיר. Ο΄. ὁ ηὐγμένος (s. εὐγμένος). Ἀ. (ὁ)
ἀφωρισμένος. Σ. (ὁ) Ναζηραῖος.[15] Ἄλλος·
ὁ ἐγκρατής.[16] Ἄλλος· ἀφιερωμένος.[17]

וְלָקַח אֶת־שְׂעַר רֹאשׁ נִזְרוֹ וְנָתַן עַל־הָאֵשׁ. Ο΄.
καὶ ἐπιθήσει τὰς τρίχας ※ τῆς κεφαλῆς εὐχῆς
αὐτοῦ, καὶ θήσει ◄ ἐπὶ τὸ πῦρ.[18]

19. עַל־כַּפֵּי הַנָּזִיר. Ο΄. ἐπὶ τὰς χεῖρας τοῦ ηὐγμέ-
νου (s. εὐγμένου). Ἀ. ἐπὶ τοὺς ταρσοὺς τοῦ
ἀφωρισμένου. Σ. ἐπὶ τὰς παλάμας τοῦ Να-
ζηραίου.[19]

אַחַר הִתְגַּלְּחוֹ. Ο΄. μετὰ τὸ ξυρήσασθαι (Ἄλ-
λος· ξυρηθῆναι[20]) αὐτόν.

אֶת־נִזְרוֹ. Ο΄. τὴν εὐχὴν (alia exempl. τὴν
κεφαλὴν[21]) αὐτοῦ.

20. תְּנוּפָה. Ο΄. ἐπίθεμα. Ἄλλος· ἀφαίρεμα.[22]

21. כֵּן יַעֲשֶׂה. Ο΄. Vacat. ※ οὕτως ποιήσει ◄.[23]

26. יִשָּׂא. Ο΄. ἐπάραι. Ἄλλος· ὑψῶσαι.[24]

Cap. VI. 6. εὐχῆς ※ αὐτοῦ τῷ ◄ κυρίῳ.[25] -̣
πάσῃ ◄.[26] 7. ἐπὶ πατρὶ ※ αὐτοῦ ◄, καὶ ἐπὶ (sic)
μητρὶ ※ αὐτοῦ ◄, καὶ ἐπ᾽ ἀδελφῷ ※ αὐτοῦ ◄, καὶ
ἐπ᾽ ἀδελφῇ ※ αὐτοῦ ◄.[27] -̣ ἐπ᾽ αὐτῷ ◄.[28] 9. ξυρη-
θήσεται ※ αὐτήν ◄.[29] 11. -̣ ὁ ἱερεύς ◄.[30] 12. τὰς
ἡμέρας τῆς εὐχῆς ※ αὐτοῦ ◄.[31] 21. περὶ τῆς εὐχῆς
※ αὐτοῦ ◄.[32] ἁγνείας ※ αὐτοῦ ◄.[33]

CAP. VII.

2. עַל־הַפְּקֻדִים. Super eos qui in censum veniebant.
Ο΄. ἐπὶ τῆς ἐπισκοπῆς (Ἄλλος· ἀριθμήσεως
τοῦ λαοῦ[1]).

3. שֵׁשׁ־עֶגְלֹת צָב. Sex plaustra lecticae (tecta).
Ο΄. ἓξ ἁμάξας λαμπηνικάς (Ἀ. κατασκεπα-
στάς (s. σκεπαστάς). Σ. ὑπουργίας. Τὸ Σα-
μαρειτικόν· δυνάμεως.[2] Ἄλλος· κατασκευαστάς[3]).

10. אֶת חֲנֻכַּת. Ο΄. εἰς τὸν ἐγκαινισμόν. Ἄλλος·
εἰς τὴν ἐγκαίνισιν.[4]

13. מִשְׁקָלָהּ. Ο΄. ὁλκή (Ἄλλος· σταθμὸς[5]) αὐτοῦ.

---

[14] Sic Cod. VII in marg. manu 2ᵈᵃ, quantum e scriptura
valde evanida conjicere licet. Cf. Hex. ad Lev. ii. 4.
[15] Codd. X (cum Ναζιραῖος), Lips., 85, 130. Cod. 28 in
marg. sine nom.: ἀφωρισμένος. [16] Cod. 130 in marg.
Cf. ad v. 5. [17] Cod. VII in marg. manu 2ᵈᵃ. Porro
Cod. 72 in textu (bis): ὁ ηγνισμένος. Utraque lectio scholiastam sapit. [18] Sic Cod. IV, et sine aster. Cod. 58.
[19] "Sic duo MSS."—Montef. Ad εὐξαμίνου (sic) Cod. VII
in marg. manu 2ᵈᵃ: ναζιραίου. (Paulo ante ad ἐφθὼν Codd.
VII (in marg. manu 2ᵈᵃ), 75 (superscript. manu 1ᵐᵃ):
ὀπτόν.) [20] Sic in marg. Codd. 85, 130; in textu autem
Cod. XI. [21] Sic Comp., Ald., Codd. III, IV, VII, XI,
Lips., 15, 16, 18, alii (inter quos 85, cum εὐχὴν in marg.),
invito Vet. Lat. [22] Sic Cod. IV in marg. manu 2ᵈᵃ.
Cf. Hex. ad Lev. xxiii. 17. [23] Sic Cod. IV, et sine
aster. Codd. XI, 58. Arab. 1, 2: et faciet. Post ἁγνείας
αὐτοῦ (sic) add. τῷ κυρίῳ οὕτως ποιήσει Codd. 74, 76, alii.
[24] Cod. 130 in marg. (cum ὑψῶσαι). Cf. Hex. ad Jesai.
xl. 4. [25] Cod. IV, metobelo a correctore posito. Sic
sine aster. Codd. X, 54, 74, 75, alii (inter quos 85, 130,
uterque cum αὐτοῦ τῷ in marg.). [26] Idem. Deest in
Codd. 58, 75. [27] Idem. [28] Idem. Deest in Codd.
16, 52, 57, 58, 73, 77, Arm. 1. [29] Idem. [30] Idem.
Deest in Codd. 18, 58, 128. [31] Idem. Sic sine aster.
Codd. 16, 28, 30, alii, Arm. 1. [32] Idem. Sic sine

aster. Comp., Codd. 16, 19, 28, alii, Arab. 1, 2. [33] Idem.
Sic sine aster. Comp., Codd. XI, 15, 58, 64.

CAP. VII. [1] Nobil., Cat. Niceph. p. 1203, et "duo
Regii." Codd. X, Lips., in marg.: ἀριθμήσεως. Cod. 130
in marg.: ἐπὶ τὸν ἀριθμόν. [2] Codd. Lips., 85: Ἀ. κατα-
σκεπαστάς. Σ. ὑπουργίας. Confuse, ut solet, Cod. 130: Ἀ.
κατασκεπαστὰς ὑπουργίας δυναμένης (sic). Nobil. affert: Schol.
Ἄλλος· κατασκευαστὰς (sic). Ἀκύλας σκεπαστὰς ἑρμηνεύει [Cf.
Hex. ad Jesai. lxvi. 20.] Τὸ δὲ Σαμαρειτικόν, δυνάμεως [Versio
Sam. חֵיל] ἔχει. Idem ex Euseb. Emis.: Ἁμάξας λαμπηνικὰς
τὰς διατρόχους [διτρόχους tentat Schleusner. in Opusc. Crit.
p. 108] λέγει, ὡς τινες ζηράτια [βηράτια MSS. apud Montef.
et Cat. Niceph. p. 1203, unde Βιρώτια s. Βιρότια emendat
Schleusner.] καλοῦσιν [Niceph. addit: ὅτι ἡμίονοι ἕλκουσιν].
Denique Procop. in Octat. p. 390: "Plaustra vero ruti-
lantia [λαμπηνικὰς] vocat juxta quorumdam traditionem
currus quos muli trahunt: at Aquilas protectores [σκεπα-
στὰς] interpretatur." [3] Nobil., ut supra. Ne pro
prava scriptura vocis κατασκεπαστὰς lectionem habeamus,
suadet versio Syri vulguris, ܡܟ̇ܦ̇ܝ ܗ̇ܘ, quae Graece
accurate sonat κατασκευασμένα (e. g. Ep. Jerem. 45 in Syro-
hex.), s. κατασκευαστάς (ut ܡܟܦ̇ܝ ܗ̇ܝ, ἀκατασκεύαστος, apud
Bar Hebraeum ad Gen. i. 2). [4] Cod. 130 in marg. (cum
ἐγκαίνισιν). [5] Idem.

29. וּלְזֶבַח הַשְּׁלָמִים. Ο'. καὶ εἰς θυσίαν σωτηρίου (Οἱ λοιποί· εἰρηνικήν⁶).

72. בְּיוֹם עַשְׁתֵּי עָשָׂר יוֹם. Ο'. τῇ ἡμέρᾳ τῇ ἑνδεκάτῃ ⸰⸉⸊ ἡμέρᾳ ◄.⁷

85. הַקְּעָרָה הָאַחַת כֶּסֶף. Ο'. τὸ τρυβλίον τὸ ἓν ⸰⸉⸊ ἀργυρίου ◄.⁸

בְּשֶׁקֶל. Ο'. ἐν τῷ σίκλῳ ("Αλλος· διδράχμῳ⁹).

86. עֲשָׂרָה עֲשָׂרָה הַכַּף בְּשֶׁקֶל הַקֹּדֶשׁ. Denorum (siclorum) singulae acerrae secundum siclum sacrum. Ο'. Vacat. ⸰⸉⸊ δέκα δέκα ἡ θυΐσκη ἐν τῷ σίκλῳ τῷ ἁγίῳ ◄.¹⁰ Alia exempl. δέκα χρυσῶν ἡ θυΐσκη ἐν τῷ σίκλῳ τῷ ἁγίῳ.¹¹

88. אֹתוֹ. Ο'. αὐτόν. Οἱ λοιποί· αὐτό.¹²

Cap. VII. 2. ÷ δώδεκα ◄.¹³ 3. προσήγαγον ⸰⸉⸊ αὐτά ◄.¹⁴ 12. ÷ ἄρχων ◄.¹⁵ 13. ÷ προσήνεγκε ◄.¹⁶ 18. ÷ τῆς φυλῆς ◄.¹⁷ 84. ∽ τῶν υἱῶν ◄.¹⁸ 85. ἑκατὸν ÷ σίκλων ◄.¹⁹ 87. (÷) καὶ αἱ σπονδαὶ αὐτῶν (◄).²⁰ 88. (÷) ἄμωμοι (◄).²¹ ∽ μετὰ τὸ πληρῶσαι τὰς χεῖρας αὐτοῦ, καὶ ◄.²² 89. ÷ κυρίου ◄.²³

Cap. VIII.

13. תְּנוּפָה לַיהוָה. Ο'. ἀπόδομα ἔναντι κυρίου. Alia exempl. ἀπόδομα κυρίῳ.¹

---

14. וְהָיוּ לִי הַלְוִיִּם. Ο'. καὶ ἔσονταί μοι (⸰⸉⸊) οἱ Λευῖται (◄).²

15. תְּנוּפָה. Ο'. ἔναντι κυρίου. Alia exempl. ἀπόδομα ἔναντι κυρίου.³

19. נֶגֶף בְּגֶשֶׁת. Plaga in accedendo. Ο'. ⸰⸉⸊ θραῦσις ◄ προσεγγίζων. "Αλλος· θραῦσις ἐν θραύσει.⁴

בְּגֶשֶׁת בְּנֵי־יִשְׂרָאֵל אֶל־הַקֹּדֶשׁ. Ο'. προσεγγίζων πρὸς τὰ ἅγια. Alia exempl. προσεγγιζόντων τῶν υἱῶν Ἰσραὴλ πρὸς τὰ ἅγια.⁵

24. לִצְבֹא צָבָא בַּעֲבֹדַת אֹהֶל. Ad militandum militiam (vacandum cultui sacro) in ministerio tentorii. Ο'. ἐνεργεῖν ἐν τῇ σκηνῇ. Alia exempl. λειτουργεῖν λειτουργίαν ἐν ἔργοις ἐν τῇ σκηνῇ.⁶ Ἀ. τοῦ στρατεύεσθαι στρατείαν δουλείας.. Σ. παρίστασθαι παράστασιν εἰς λατρείαν..⁷

25. מִצְּבָא הָעֲבֹדָה. Ο'. ἀπὸ τῆς λειτουργίας. "Αλλος· ἀπὸ τῆς δυνάμεως τῆς λειτουργίας.⁸

26. אֶת־אֶחָיו. Ο'. ὁ ἀδελφὸς (Ἀ. σὺν ἀδελφοῖς. Σ. τοῖς ἀδελφοῖς. Θ. μετὰ τῶν ἀδελφῶν⁹) αὐτοῦ.

---

⁶ Syro-hex. ✝ ܡܫܝܢܘܬܐ ܘܐܝܬ ܡܫܝܢܐ. Cf. Hex. ad Lev. iii. 6. ⁷ Sic in textu Cod. IV, invitis ceteris. ⁸ Sic Cod. IV (qui male pingit: ⸰⸉⸊ ἀργυρίου καὶ ō:), et sine aster. Cod. 15. Cod. 58, Arab. 1, 2: ἀργυρίου τὸ τρ. τὸ ἕν. Praeterea ad ἐν Codd. 85, 130, in marg.: ἀργυροῦν. ⁹ Cod. 85 in marg. Ad praecedens σίκλῳ Cod. 130 in marg.: διδραχμον. Cf. Cap. iii. 47 in LXX. ¹⁰ Sic Cod. 85, et sine aster. Codd. 18, 28, 30 (cum ἐν τῷ ἁγίῳ σίκλῳ), 130. ¹¹ Sic Codd. X, XI (cum ἡ θ. ἡ μία ἐν), Lips., 15, 55 (ut XI), 64, 83. ¹² Procop. in Cat. Niceph. p. 1211: Καὶ μετὰ τὸ χρῖσαι αὐτόν, δηλονότι τὸν Ἀαρὼν περὶ αὐτοῦ γὰρ μέλλει διαλέγεσθαι τῷ Μωυσῇ ὁ θεός· κατὰ δὲ τοὺς ἄλλους ἑρμηνευτὰς αὐτὸ ἐκδόντας, τὸ θυσιαστήριόν φησι. ¹³ Cod. IV. Deest in Comp., Cod. 58. ¹⁴ Idem. ¹⁵ Idem. ¹⁶ Idem. ¹⁷ Idem. ¹⁸ Idem ex corr. pro eo quod prius erat: ∽ τῶν υἱῶν ιηλ :. ¹⁹ Idem, notis a correctore additis. ²⁰ Haec desunt in Hebraeo et Cod. 58. (Post σκηνῶν v. 85 deficit Cod. IV.) ²¹ Deest in Cod. 58. ²² Desunt in Comp., Cod. 58. Procop. in Cat. Niceph. ibid.: Προειπὼν γὰρ, αὕτη ἡ ἐγκαίνησις (sic) τοῦ θυσιαστηρίου, ἐπήγαγε, μετὰ τὸ χρῖσαι αὐτό· ἀθελί-

σται γὰρ τὰ ἐν μέσῳ. ²³ Sic Arab. 1 (cum ⸐), 2 (cum ÷).

Cap. VIII. ¹ Sic in textu Codd. III, 15, 16, 28, alii (inter quos 85, 130, uterque cum ἔναντι κ. in marg.). ² Sic sine aster. Codd. 18, 58, 128, Arab. 1, 2. ³ Sic Codd. 44, 74, alii (inter quos 130, cum ἀπόδομα in marg.). ⁴ Ante προσεγγίζων Cod. 15 infert θραῦσις ἐν θραύσει, Cod. 58 autem ἐν θραύσει; quae posterior versio ad Hebraeum בְּגֶשֶׁת pertinere videtur. Grabius post Complutensem edidit ⸰⸉⸊ πληγὴ ◄ προσεγγ., asterisco ex Arab. 1 assumpto. Interpres Graeco-Ven. vertit: θραῦσις ἐν τῷ ἐγγίζειν. ⁵ Sic Cod. 18, Arab. 1, 2, et (cum προσεγγίζων) Codd. III, VII, X, Lips., 15, 16 (cum εἰς τὰ ἅ.), alii. ⁶ Sic Comp. (cum λειτουργίας), Ald., Codd. III, VII, X, Lips., 15, 16, alii. Arab. 1, 2: ministrare ministerium operum tabernaculi. ⁷ Codd. Lips., 85, 130 (sine τοῦ). E Cod. 85 Holmesii amanuensis exscripsit: Σ. παρίστασθαι παρὰ πᾶσιν εἰς λειτουργίαν, repugnante Montef. Cf. Hex. ad Exod. xxxvi. 3. 1 Reg. ii. 24. ⁸ Sic in textu Cod. 58. "Exprimunt ἀπὸ τῆς σπουδῆς τῆς λ. Arab. 1, 2."—Holmes. ⁹ Codd. Lips. (cum Ἀ. συναδελφοῖς), 85, 130 (ut Lips.).

Cap. VIII. 8. μόσχον ⳤ ἕνα ◁.[10] 19. (⳨) ἀπόδομα ◁ δεδομένους.[11]

CAP. IX.

1. לְצֵאתָם. Ο'. ἐξελθόντων ("Αλλος· ἐκπορευομένων[1]) αὐτῶν.

2. אֶת־הַפָּסַח. Ο'. τὸ πάσχα. Σ. τὸ φασέκ.[2]

3. תַּעֲשׂוּ (in priore loco). Ο'. ποιήσεις. "Αλλος·
ποιήσετε.[3]

5. וַיַּעֲשׂוּ אֶת־הַפֶּסַח. Ο'. Vacat. ※ καὶ ἐποίησαν
τὸ πάσχα ◁.[4]

בֵּין הָעַרְבַּיִם. Ο'. Vacat. ※ πρὸς ἑσπέραν ◁.[5]
"Αλλος· ἀναμέσον τῶν ἑσπερινῶν.[6]

כְּכֹל אֲשֶׁר. Ο'. καθά. "Αλλος· κατὰ πάντα ὡς.[7]

6. אֲנָשִׁים. Ο'. οἱ ἄνδρες. "Αλλος· ἄνθρωποι."
לְנֶפֶשׁ אָדָם. Ο'. ἐπὶ ψυχῇ ("Αλλος· νεκρῷ[9])
ἀνθρώπου.

וְלִפְנֵי אַהֲרֹן. Ο'. καὶ ※ ἐναντίον ◁ 'Ααρών.[10]

14. וְכִי־יָגוּר אִתְּכֶם גֵּר. Ο'. 'Α. ἐὰν δὲ προσέλθῃ
πρὸς ὑμᾶς προσήλυτος.[11]

19. וּבְהַאֲרִיךְ. Et cum diutius commoratus fuerit.

Ο'. καὶ ὅταν ἐφέλκηται. "Αλλος· καὶ ὁπότε
ἐχρόνιζεν.[12]

20. יִסְעוּ. Ο'. ἀπαροῦσι. "Αλλος· ἐξαροῦσι.[13]

21. וְנַעֲלָה הֶעָנָן וְנָסָעוּ. Ο'. Vacat. Alia exempl.
καὶ (s. καὶ ἐὰν) ἀναβῇ ἡ νεφέλη, ἀπαροῦσιν.[14]

22. אוֹ־יֹמַיִם אוֹ־חֹדֶשׁ אוֹ־יָמִים. Si per biduum,
aut mensem, aut annum. Ο'. μηνὸς ἡμέρας.
Alia exempl. ἡμέρας ἢ μηνὸς ἡμέρας; unum,
ἢ ἡμέρας, ἢ μηνὸς, ἢ ἡμέρας.[15]

עַל־הַמִּשְׁכָּן. Ο'. Vacat. ※ ἐπὶ τῆς σκηνῆς ◁.[16]

וּבְהֵעָלֹתוֹ יִסָּעוּ. Ο'. Vacat. ※ καὶ ἐν τῷ
ἀναχθῆναι αὐτὴν ἐξῆραν ◁.[17]

23. יַחֲנוּ וְעַל־פִּי יְהוָה. Ο'. Vacat. Alia exempl.
παρεμβαλοῦσι, καὶ διὰ προστάγματος κυρίου.[18]

Cap. IX. 8. στῆτε ⳤ αὐτοῦ ◁.[19] 10. ψυχῇ ⳤ
ἀνθρώπου ◁.[20] 12. κατὰ ※ πάντα ◁ τὸν νόμον.[21]
18. ⳨ οἱ υἱοὶ Ἰσραήλ ◁.[22]

CAP. X.

3. וְנוֹעֲדוּ אֵלֶיךָ. Ο'. καὶ συναχθήσεται ※ πρὸς
σέ ◁.[1]

---

[10] Arab. 1, 2 (cum ⳨). [11] Vox ἀπόδομα deest in
Cod. 58. "Arab. 1 signum terminale subjungit, sed nullum
hexaplare signum praemittit."—*Holmes.* Minus probabiliter Grabius: ἀπόδομα ⳤ δεδομένους.
CAP. IX. [1] Sic in marg. Codd. 85, 130; in textu autem
Codd. 19, 54, 75, 108, 118. [2] Anon. in Cat. Niceph.
p. 1217, et "tres Regii:" Ὁ Σύμμαχος τὸ πάσχα φασὲκ ἐκδέδωκεν ὁ δὲ Φίλων, διαβατήριον. Cf. Hex. ad Exod. xii. 11.
[3] Sic in marg. Codd. X, 130; in textu autem Comp.,
Codd. III, VII, Lips., 16, 28, alii, Arab. 1, 2. [4] Sic
Arab. 1, 2, et sine aster. Codd. XI, 58, 106 (in marg.
manu 2da). [5] Sic sub ※ Arab. 1 (in marg.), 2. [6] Sic
in textu Cod. 58. Cf. Lev. xxiii. 5 in LXX. [7] Idem.
Arab. 1, 2: *juxta omnia quae.* [8] Sic in marg. Codd.
85, 130; in textu autem (cum articulo !) Codd. 19, 108, 118.
[9] Cod. 130 in marg., fortasse ex glossemate. Anon. in
Cat. Niceph. p. 1217: ἀκάθαρτοι ἐπὶ ψυχῇ, ἀντὶ τοῦ, οἱ μεμι-
ασμένοι ἐπὶ νεκρῷ. [10] Sic Arab. 1 (cum ※ in marg.), 2.
[11] "Sic unus codex. Ita solet Aq. vertere גֵּר, προσήλυτος."
—*Montef.* Ad προσήλυτος cf. Hex. ad Exod. ii. 22. Job.
xxxi. 32. Psal. cxviii. 19. Reliquae lectioni non multum
tribuimus. [12] Cod. 108 in marg. Symmachi esse lec-

tionem suspicamur, qui praepositionem בְּ cum infinitivo
per ὅποτε reddidit in Hex. ad Psal. xxx. 14. Ezech. xxiii. 21.
(Ad ἐφέλκηται Cod. Lips. in marg. notat: Τουτέστιν, παρα-
τείνηται ἱσταμένη, ὅπερ φησὶν παρακατιὼν (v. 22), πλεονάζοντος
τῆς νεφέλης ἐπὶ τῆς σκηνῆς.) [13] Sic in textu Ald., Codd.
III, X, Lips., 15, 16, alii (inter quos 85, 130, uterque cum
ἀπαροῦσι in marg.). [14] Sic Ald. (cum καὶ ἐὰν), Codd. III,
VII, X, Lips., 29, 55, alii. Arab. 1, 2: *et quando ascenderit nubes.* Vet. Lat.: *et ascenderit nubs (sic) promove-
bunt.* [15] Prior lectio est in Ald., Codd. III, VII, Lips.,
15, 16, aliis; posterior in Cod. 58. Vet. Lat.: *die vel
mensis die.* [16] Sic Arab. 1, 2, et sine aster. Cod. 58.
[17] Sic Arab. 1, 2 (cum ἀναχθῆναι ?), et sine aster. Ald. (sine
καὶ), 15 (idem), 64 (idem), 58, 83 (ut Ald.). [18] Sic
Ald., Codd. 15, 58, 64, 83. Omissio, ut videtur, ex homo-
moeoteleuto orta. [19] Arab. 1, 2. Vox deest in Codd.
15, 58. [20] Iidem. [21] Arab. 1 (cum ※ κατὰ πάντα).
Sic sine aster. Cod. 58, Arab. 2. [22] Arab. 1, 2 (obelo
post ἀπαροῦσι male applicto).
CAP. X. [1] Sic Arab. 1, 2, et sine aster. Ald., Codd. XI,
18, 58, 128.

4. רָאשֵׁי אַלְפֵי יִשְׂרָאֵל. Ο΄. ἀρχηγοὶ (alia exempl. χιλίαρχοι²) Ἰσραήλ. Ἄλλος· ἀρχηγοὶ (※) χιλιάδων (◄) Ἰσραήλ.³

6. תְּרוּעָה. Ο΄. σημασίαν. Ἀ. ἀλαλαγμόν.⁴

תֵּימָנָה. Ο΄. λίβα. Ἄλλος· νότον.⁵

9. וַהֲרֵעֹתֶם. Ο΄. καὶ σημανεῖτε (alia exempl. σαλπιεῖτε⁶).

10. וּתְקַעְתֶּם. Ο΄. σαλπιεῖτε. Ἄλλος· σημανεῖτε.⁷

אֲנִי יְהוָה אֱלֹהֵיכֶם. Ο΄. ἐγὼ κύριος ὁ θεὸς ὑμῶν. (※) καὶ ἐλάλησε κύριος πρὸς Μωυσῆν, λέγων· ἱκανούσθω ὑμῖν κατοικεῖν ἐν τῷ ὄρει τούτῳ. ἐπιστράφητε καὶ ἀπάρατε ὑμεῖς, καὶ εἰσπορεύεσθε εἰς ὄρος Ἀμορραίων, καὶ πρὸς πάντας τοὺς κατοικοῦντας αὐτοῦ (ܒܦܩܥܬܐ) τοῖς ἐν τῷ πεδίῳ, εἰς ὄρος καὶ πεδίον, πρὸς λίβα, καὶ παραλίαν γῆν Χαναναίων, καὶ Ἀντιλίβανον, ἕως τοῦ ποταμοῦ τοῦ μεγάλου, ποταμοῦ Εὐφράτου. εἰσπορεύεσθε, παραδέδωκα ἐνώπιον ὑμῶν τὴν γῆν· εἰσπορευθέντες κληρονομήσατε τὴν γῆν, ἣν ὤμοσα τοῖς πατράσιν ὑμῶν, τῷ Ἀβραάμ, τῷ Ἰσαάκ, τῷ Ἰακώβ, δοῦναι αὐτὴν τῷ σπέρματι ὑμῶν μεθ᾽ ὑμᾶς ◄.⁸

20. בֶּן־דְּעוּאֵל. Ο΄. ὁ τοῦ Ῥαγουήλ. Ἄλλος· υἱὸς Ῥαγουήλ.⁹

21. הַמִּקְדָּשׁ. Ο΄. τὰ ἅγια. Οἱ λοιποί· τὸ ἅγιον.¹⁰

עַד־בֹּאָם. Ο΄. ἕως παραγένωνται (alia exempl. add. αὐτοί¹¹).

22. בְּנֵי־אֶפְרַיִם. Ο΄. Ἐφραίμ. Ἄλλος· υἱῶν Ἐφραίμ.¹²

24. בֶּן־גִּדְעֹנִי. Ο΄. ὁ τοῦ Γαδεωνί. Ἄλλος· υἱὸς Γαδεωνί.¹³

25. בֶּן־עַמִּישַׁדָּי. Ο΄. ὁ τοῦ Ἀμισαδαί. Ἄλλος· υἱὸς Ἀμισαδαί (s. Μισαδαί).¹⁴

28. לְצִבְאֹתָם וַיִּסָּעוּ. Ο΄. καὶ ἐξῆραν σὺν δυνάμει αὐτῶν. Ἄλλος· σὺν δυνάμει αὐτῶν, καὶ ἐξῆραν.¹⁵

29. חֹתֵן. Ο΄. τῷ γαμβρῷ. Schol. Ὁ Ἕλλην καὶ τὸν πενθερὸν γαμβρὸν ὀνομάζει.¹⁶

30. וְאֶל־מוֹלַדְתִּי אֵלֵךְ. Ο΄. καὶ εἰς τὴν γενεάν μου ※ πορεύσομαι ◄.¹⁷

31. יָדַעְתָּ חֲנֹתֵנוּ. Nosti castrametationem nostram. Ο΄. ἦσθα ※ ἐν τῇ παρεμβολῇ ◄ — μεθ᾽ ἡμῶν ◄.¹⁸

34 (Gr. 36). וַעֲנַן יְהוָה עֲלֵיהֶם. Ο΄. καὶ ἡ νεφέλη (alia exempl. add. κυρίου¹⁹) — ἐγένετο σκιάζουσα ◄ ἐπ᾽ αὐτοῖς.²⁰

35 (34). וַיָּנֻסוּ מְשַׂנְאָיו מִפָּנֶיךָ. Ο΄. φυγέτωσαν — πάντες ◄²¹ οἱ μισοῦντές σε ※ ἀπὸ προσώπου σου ◄.²²

36 (35). רִבְבוֹת אַלְפֵי. Ad myriadas millium. Ο΄. χιλιάδας μυριάδας. Alia exempl. εἰς χιλιάδας

---

² Sic Codd. X (in marg.), XI, Lips. (in marg.), 15, 16, 28, alii (inter quos 85, 130 (cum ἀρχηγοὶ in marg.)). ³ Sic in textu sine aster. Cod. 58. ⁴ Codd. X, Lips. Cod. 85 in marg. sine nom.: ἀλαλαγμόν. Cf. ad Cap. xxiii. 21. ⁵ Sic in textu Ald., Codd. III, VII, X (cum λίβα in marg.), Lips. (idem), 15, 18, 19, alii. ⁶ Sic Ald. (cum καὶ σαλπ. καὶ σημ.), Codd. III, X (cum σαλπ. in marg.), XI, Lips., 15, 16, 18 (ut Ald.), alii (inter quos 130 cum σαλπ. in marg.). ⁷ Sic Cod. 85 in marg. ⁸ Syro-hex. in marg., praemisso singulis versiculis siglo ※, cum scholio: "Haec ex exemplari (ܣܡ) Samaritanorum posita sunt; meminit autem eorum Moses in Deuteronomio (Cap. i. 7, 8), quasi a Domino dictorum." Post τοὺς ἐν τῷ πεδίῳ Syrus legit et pingit: εἰς ὄρος, καὶ εἰς πεδίον πρὸς λ., vel ἐν τῷ ὄρει, καὶ ἐν τῷ πεδίῳ πρὸς λ. Deinde pro posteriore εἰσπορεύεσθε (ܒ...), tum hic, tum in loco Deuteronomii, in exemplari Samaritano est ἴδετε. ⁹ Sic in marg. Codd. 85, 130; in textu autem Codd. XI, 19, 64, 108, 118, Arm. 1. ¹⁰ Syro-hex. ܩܘܕܫܐ ܘܒܓܠܝܢ ܩܘܕܫܐ.

¹¹ Sic Cod. 58, Syro-hex. ¹² Sic in textu Codd. 18, 52, 58, 128, Syro-hex. ¹³ Sic in marg. Cod. 130; in textu autem Ald., Codd. III, 15, 16 (cum Γεδεωνί), alii. ¹⁴ Sic in marg. Codd. 85, 130 (uterque cum Μισ.); in textu autem Codd. 44, 52, alii, Arm. 1. ¹⁵ Sic in textu Syro-hex., invitis libris Graecis. Alterus e Slav. Ostrog. Graece affert: σὺν δ. αὐτῶν, καὶ οὕτως ἐξῆραν. ¹⁶ Syro-hex. in textu ܓܒܪܐ; in marg. autem: ܚܡܘܗܝ ܓܒܪܐ ܩܪܐ ܠܗ. Cf. Hex. ad Exod. iii. 1. ¹⁷ Sic Syro-hex., et sine aster. Comp., Codd. 54, 56, 58, 75 (cum πορεύσομαι bis), 129, Arm. 1. ¹⁸ Sic Syro-hex., Arab. 1, 2. In versione LXXvirali, ἦσθα μεθ᾽ ἡμῶν, post ἡμῶν Cod. 58 add. καὶ ἐν τῇ παρεμβολῇ. ¹⁹ Sic Comp., Codd. 18, 58, 128, Syro-hex. ²⁰ Obelus est in Syro-hex. Idem commati 34b praemittit hoc comma, accedentibus Codd. 58, 128, quorum lectiones ipsi inspeximus, fortasse aliis. ²¹ Obelus est in Syro-hex. ²² Sic Syro-hex., Arab. 1, 2, et sine aster. Arm. 1. Cod. 58 in textu: φυγέτωσαν ἀπὸ προσώπου (sic) οἱ μισοῦντές σε.

καὶ μυριάδας.²³ Ἄλλος· μυριάδας καὶ χιλιά-
δας.²⁴

Cap. X. 4. (–) πάντες ◄.²⁵ 6. (–) καὶ σαλπιεῖτε
σημασίαν τρίτην—πρὸς βορρᾶν ◄· σημασίᾳ σαλπιοῦσιν ἐν τῇ ἐξάρσει αὐτῶν.²⁶ 9. κυρίου ✕ θεοῦ
ὑμῶν ◄.²⁷

Cap. XI.

1. כְּמִתְאֹנְנִים. Quasi quiritantes. Ο'. ✕ ὡς (s.
ὡσεὶ) ◄ γογγύζων.¹

בִּקְצֵה. Extremitatem. Ο'. μέρος τι. Ἄλλος·
ἐν τοῖς ἄκροις.²

3. בָּם אֵשׁ יְהוָה. Ο'. ἐν αὐτοῖς πῦρ παρὰ κυρίου.³

4. גַם. Ο'. καί. 'Α. Θ. καίγε.⁴

7. גַד. Coriandri. Ο'. κορίου. Ἄλλος· κολιάν-
δρου.⁵

כְּעֵין הַבְּדֹלַח. Ο'. ✕ ὡς ◄⁶ εἶδος κρυστάλλου
(Οἱ λοιποί· βδελλίου⁷).

8. וְהָיָה טַעְמוֹ כְּטַעַם לְשַׁד הַשָּׁמֶן. Et erat sapor
ejus sicut sapor placentae olei. Ο'. καὶ ἦν ἡ
ἡδονὴ αὐτοῦ ὡσεὶ γεῦμα ἐγκρὶς⁸ ἐξ ἐλαίου ('Α.
τοῦ μαστοῦ ἐλαίου. Σ. εἰς λίπος . .⁹). Aliter:
'Α. καὶ ἦν τὸ γεῦμα αὐτοῦ ὡς γεῦμα τοῦ πεφυραμένου
ἐν ἐλαίῳ. Σ. ἐν δὲ τὸ γεῦμα (s. ἡ γεῦσις) τῆς σκευ-
ασίας (s. κατασκευῆς) αὐτοῦ ὡς γεῦμα πιότητος . .¹⁰

---

²³ Sic Codd. 16, 32, 44, alii (inter quos 85 in marg.).
²⁴ Sic in textu Syro-hex., Arab. 1, 2. ²⁵ Vox deest in
Cod. 58, Arm. 1. ²⁶ Syro-hex., abscissa membrana,
exhibet tantum: |–τετάρτην . . . |–αἱ παρεμβάλλουσαι πρὸς . . .
|σημασίαν (sic) σαλπιοῦσιν . . . | αὐτῶν. ²⁷ Syro-hex.,
Arab. 1, 2. Sic sine aster. Cod. 58.

Cap. XI. ¹ Syro-hex. اوساً ✕. Grabius
ex Arab. 1, 2 edidit: ✕ ὡσεὶ ◄ γ. ² Cod. 58 in marg.
(Mox v. 2 pro ἐκόπασε Syro-hex. interpretatus est حمصه,
ἔκοψε. Cf. Hex. ad Thren. iii. 45.) ³ Sic (non, ut
Holmes., πῦρ ἐν αὐτοῖς π. κ.) Comp., Codd. II, III, VII, X,
Lips., 15, 16, 18, alii, Syro-hex., Arab. 1, 2, Arm. 1, Vet.
Lat. In Ed. Rom. casu, ut videtur, abest πῦρ. ⁴ Syro-
hex. صمل .ا .ا. ⁵ Cod. 58 in marg. (non, ut
Holmes., κολιάνδον). Cf. Hex. ad Exod. xvi. 31. ⁶ Sic
Syro-hex., et sine aster. Ald., Codd. III, VII, XI, 15, 16,
19, alii, Arm. 1, Vet. Lat. ⁷ "Ex Basil. [ubi anonyma
est lectio] et uno Regio. In priori autem respondet voci
κρυστάλλου, recte; secus quam in Ed. Rom. [Cod. 130, et
Cat. Niceph. p. 1231], ubi perperam applicatur voci κορίου."—Montef. Cf. Hex. ad Gen. ii. 12. ⁸ Pro ἐγκρὶς
solus Syro-hex. ἐγκρίδος (ا سجر) habet, cum scholio: لها
حصرا مارلح ابمعح حجه. الجمعح اما مم هم
اوام وحجمصلح. ومحلا وما وحجملا وحصرا ◄ quod
Graece sonare videtur: Ἐγκρίδα· Ἑλληνιστὶ ἐγκρὶς
ὀνομάζει· ἔστι δὲ ἓν τῶν εἰδῶν τῶν πλακουνταρίων· οὕτως καὶ τὸ
πεφυραμένον ἐν ἐλαίῳ. Hinc emaculari potest nuper editus
Thes. Syr. p. 281 s. v. اعامحا. ⁹ Nobil., Cat. Niceph.
p. 1232: Ἄλλος· ἐκ μέλιτος. Ἀκύλας καὶ Σύμμαχος, μαστοῦ
ἔλαιον, μαστοῦ εἰς λίπος. Paulo aliter Codd. Lips., 85, 130:
'Α. τοῦ μαστοῦ ἔλαιον (sic; non, ut Montef. e Cod. 85 exscripsit, ἐλαίου). Σ. μαστοῦ (μαστοῦν Codd. 85, 130) εἰς (ἐκ
Cod. 130) λίπος (λείπους Codd. 85, 130) ἐκ μέλιτος. Ad

ἐγκρὶς autem Cod. 58 in marg. sine nom.: εἰς λίπος. Vocem
δὶς λεγομένην לְשַׁד Aquila quasi compositam e nomine שַׁד,
mamma, et particula לְ, indice genitivi (ut passim in titulis
Psalmorum לְדָוִד, τοῦ Δαυὶδ) hic τοῦ μαστοῦ interpretatus
est; in altero autem loco Psal. xxxi. 4 εἰς προνομήν (?).
Deinde lectionem ἐκ μέλιτος glossema esse, e loco parallelo Exod. xvi. 31 huc translatum, probabiliter censuit
Scharfenb. in Animadv. p. 107. Quod vero ad Symmachum attinet, spreto vocabulo μαστοῦ, quasi e versione
Aquilae male assumpto, restat εἰς λίπος, ad Hebraeum לְשַׁד
eodem jure aptandum, quo apud Latinos uber pro ubertate
ponitur. ¹⁰ Syro-hex. اعامحا اوسا وحجصلا واما وجصحا اماوا
اما وحجصلا وها وحصرا ◄ ها. امحلوا وما وجصحا ◄
وحجصلا واهصلا (واهصلا Cod.) وحلو اما وحجصلا وحصسصح
واصحسا؟ (Ad τοῦ πεφ. ἐν ἐλαίῳ cf. Exod. xxix. 2: (ἄρτους) πεφυραμένους ἐν ἐλαίῳ (حجصلا وهحصح); Num. vii. 19: (σεμιδάλεως)
ἀναπεποιημένης ἐν ἐλαίῳ (وهحصح وحصرا). Ad σκευασία cf.
Hex. ad Ezech. xxiv. 10. Pro πιότητος autem (= اهصلا)
Job. xxxvi. 16. Psal. lxiv. 12 etc.) nescio an Sym. scripserit
λίπους; certe verbum اوز pro ἐλίπανεν et ἐπίανεν promiscue
usurpatur.) Habes lectiones per se satis probabiles, sed
cum prioribus vix, et ne vix quidem conciliandas; ad
alteram igitur, ut videtur, utriusque interpretis editionem
referendas. Olim quidem putabam, Syrum interpretem
vocem μαστοῦ pro verbali a μάσσειν (= φυρᾶν) habuisse,
ideoque per وهحصح non male transtulisse. Nunc autem
video Aquilae lectionem, τοῦ πεφυραμένου ἐν ἐλαίῳ, cum versionibus Syri vulgaris et Chaldaei prorsus conspirare;
quorum ille وحجصلا, hic autem דְּלִישׁ בְּמִשְׁחָא interpretatus est. A Symmachi autem versione proxime abest
interpres Graeco-Ven.: ὑπάρξει δ' ἡ γεῦσις αὐτοῦ ὡς γεῦσις
λίπους τοῦ ἐλαίου.

11. אֶת־מַשָּׂא. *Onus.* Ο΄. τὴν ὁρμήν (alia exempl. ὀργήν[11]). Ἀ. τὸ ἄρμα. Σ. τὸ βάρος. Θ. τὴν ὁρμήν.[12]

12. יְלִדְתִּהוּ. Ο΄. ἔτεκον ("Αλλος· ἐγέννησα[13]) αὐτούς.

הָאֹמֵן. *Nutricius.* Ο΄. τιθηνός. "Αλλος· τροφός.[14]

15. חֵן. Ο΄. ἔλεος. Alia exempl. χάριν.[15] Ἀ. ἔλεος.[16]

16. אֶל־אֹהֶל. Ο΄. πρὸς (alia exempl. εἰς[17]) τὴν σκηνήν.

20. לְזָרָא. *In fastidium.* Ο΄. εἰς χολέραν. Σ. εἰς ἀπεψίαν.[18] Aliter : Ἀ. [Σ.] εἰς ἀλλοτρίωσιν.[19]

25. וַיָּאצֶל. *Et subtraxit.* Ο΄. καὶ παρείλατο (Ἀ. ἀπεσπάσατο. Σ. περιείλεν. Θ. ἐπεσκίασεν[20]).

31. וַיָּגָן. *Et transvexit.* Ο΄. καὶ ἐξεπέρασεν. Alia exempl. καὶ ἐξεπέτασεν.[21]

33. וְאַף יְהוָה חָרָה. *Et ira Jovae exarsit.* Ο΄. καὶ κύριος ἐθυμώθη. Alia exempl. καὶ ἐθυμώθη κύριος ✕ ὀργῇ ◀.[22]

33. בָּעָם. Ο΄. τὸν λαόν. "Αλλος· ἐν τῷ λαῷ.[23]

34. קִבְרוֹת הַתַּאֲוָה. Ο΄. μνήματα τῆς ἐπιθυμίας. Ἐβραϊστί· καββρωθαβᾶ.[24]

Cap. XI. 1. ὀργὴ (sic) ✕ αὐτοῦ ◀.[25] — παρὰ ◀ κυρίου.[26] 8. ἤλθον — αὐτό ◀.[27] ἤψουν — αὐτό ◀.[28] 10. θύρας ✕ τῆς σκηνῆς (◀) αὐτοῦ.[29] 11. ✕ παντὸς ◀ τοῦ λαοῦ.[30] 14. ✕ πάντα ◀ τὸν λαόν.[31] — ἐστί ◀ μοι.[32] 16. αὐτὸς — σύ ◀.[33] 17. οἴσεις — αὐτούς ◀.[34] 18. — φαγεῖν ◀ κρέα.[35] 19. δύο ✕ ἡμέρας ◀.[36] 20. — φάγεσθε ◀.[37] 27. — λέγων ◀.[38] 32 (in priore loco). τὴν ἡμέραν ✕ ἐκείνην ◀.[39]

Cap. XII.

2. הֲרַק אַךְ־בְּמֹשֶׁה. *Num tantummodo per Mosen.* Ο΄. μὴ Μωυσῇ — μόνῳ ◀.[1]

3. עָנָו מְאֹד. Οἱ λοιποὶ καὶ Ο΄. πραΰς σφόδρα.[2]

7. לֹא־כֵן עַבְדִּי. Ο΄. οὐχ οὕτως (alia exempl. οὕτως ὡς[3]) ὁ θεράπων μου.

11. אֲדֹנִי. Ο΄. κύριε. "Αλλος· κύριέ μου.[4]

---

[11] Sic Comp., Ald., Codd. III, VII, X, Lips., 15, 16, 18, alii, Syro-hex.; sed Vet. Lat. *impetum.*   [12] Codd. X (cum Σ. τὸ θαι (sic)), Lips. (idem), 130. Cf. Hex. ad Deut. i. 12.   [13] Cod. 58 in marg.   [14] Idem.   [15] Sic Comp., Codd. VII, 58, 76. Duplex versio χάριν καὶ ἔλεος (s. ἔλεον) est in Codd. X (in marg.), Lips., Codd. 54, 55, 56, 75, Arm. 1.   [16] Cod. VII in marg. manu 1ma.   [17] Sic Comp., Ald., Codd. III, VII, X, XI, Lips., 16, 18, alii (inter quos 130 cum πρὸς in marg.), Arm. 1, Syro-hex.   [18] Theodoret. Quaest. XIX in Num. p. 233: καὶ ἔσται ὑμῖν εἰς χολέραν, ἢ ὡς ὁ Σύμμαχος, εἰς ἀπεψίαν.   [19] Syro-hex. ‏ܐܠܢܝܘܬܐ‎. Procop. in Octat. p. 396: "Hinc est quod dicit: *Et erit vobis in alienationem,* quod *cruditatem* [ἀπεψίαν] reddiderunt alii."   [20] Codd. 54, 85 (teste Holmes.): Ἀ. περιείλεν. Σ. (Σ. deest in 85) ἀπεσπάσατο. Θ. ἐπεσκίασεν. Cod. 130: περιείλεν. Ἀ. ἀπεσπάσατο. Θ. ἀπεσκίασεν. Postremo Montef. e Cod. 85 exscripsit: Ἀ. περιείλεν. Σ. ἀπεσπᾶτο. Θ. ἐπεσκίασεν. Ad litem inter duos priores interpretes dirimendam apprime facit locus Jesai. xli. 9, ubi pro אָצִיל, *latus,* Hexapla Aquilae vindicant ἀπεσπασμένον.   [21] Sic Codd. IV, 18, 58, 128, invito Syro-hex. (‏ܘܦܪܣ‎).   [22] Sic Cod. IV, Syro-hex. (qui male pingit: ✕ καὶ ἐθυμώθη ◀ κύριος ὀργῇ). Comp., Codd. 56, 58:

καὶ κύριος ἐθυμώθη ὀργῇ, et sic (cum ✕ ὀργῇ) Arab. 1, 2.   [23] Sic in textu Ald., Codd. III, XI, Lips., 15, 16, alii (inter quos 85, 130, uterque cum τὸν λαόν in marg.), invito Syro-hex.   [24] Codd. 85, 130.   [25] Syro-hex. Sic sine aster. Cod. 58.   [26] Idem. Arab. 1, 2 : ⟨÷⟩ παρὰ κ.   [27] Idem.   [28] Idem. Pronomen deest in Codd. 19, 108, 118.   [29] Syro-hex. (sine metob.), Arab. 1, 2. Sic sine aster. Codd. 44, 54, 58, alii, Arm. 1.   [30] Iidem. Sic sine aster. Codd. 18, 128.   [31] Syro-hex. (pro μοι ἐστί).   [32] Syro-hex., Arab. 1, 2.   [33] Syro-hex. Pronomen abest a Cod. 58.   [34] Syro-hex., Cod. IV (sub ÷). Vox deest in Comp. In fine v. κρέα reprobant Comp., Cod. IV, Syro-hex., et, ut videtur, Arab. 1, 2.   [35] Syro-hex., Cod. IV. Sic sine aster. Cod. 58.   [36] Syro-hex., Cod. IV (cum — φάγεσθαι :, signis a correctore appictis).   [37] Syro-hex.   [38] Syro-hex., Cod. IV. Sic sine aster. Comp., Codd. 18, 44, 54, alii.

CAP. XII. [1] Cod. IV: μὴ Μωσῇ — μόνῳ ◀, repugnante Hebraeo. Etiam magis perverse Syro-hex. : — μὴ Μωσῇ ◀ (sic) — μόνῳ ◀.   [2] "Ita codex unus."—*Montef.*   [3] Sic Ald., Codd. III, VII, Lips, 15, 16, 18, alii, Arm. 1, Vet. Lat., invito Syro-hex.   [4] Sic in textu Comp., Codd. 56, 58, Syro-hex.

12. אֶל־נָא תְהִי. Ο'. μὴ (Ἄλλος· μὴ καὶˢ) γένηται. כְּמֵת אֲשֶׁר בְּצֵאתוֹ. Instar mortui, qui cum egreditur. Ο'. ὡσεὶ ἴσον θανάτῳ, — ὡσεὶ ἔκτρωμα ◄ᵉ ἐκπορευόμενον. Ἄλλος· ὡσεὶ νεκρὸς ἐξελθών.⁷

מֵרֶחֶם אִמּוֹ. Ο'. ἐκ μήτρας μητρὸς ✕ αὐτοῦ◄.ᵉ Θ. ἐκ μήτρας μητρὸς αὐτοῦ.⁹

14. תֵּאָסֵף. Recipietur. Ο'. εἰσελεύσεται. Ἄλλος· συναχθήσεται.¹⁰

Cap. XII. 4. — εἰς τὴν σκηνὴν τοῦ μαρτυρίου ◄.¹¹ — τοῦ μαρτυρίου ◄.¹² 6. — πρὸς αὐτούς ◄.¹³ ἀκούσατε ✕ δή ◄.¹⁴

CAP. XIII.

1 (Hebr. xii. 16). פָּארָן. Ο'. τοῦ Φαράν. καὶ εἶπεν Μωυσῆς τοῖς υἱοῖς Ἰσραήλ· ἤλθετε ἕως ὄρους τοῦ Ἀμορραίου, ὅπερ κύριος ὁ θεὸς ἡμῶν δίδωσιν ἡμῖν. ἴδετε ὅτι ἔδωκεν κύριος ὁ θεὸς σου ἔμπροσθέν σου τὴν γῆν· ἀναβὰς κληρονόμησον, καθὰ ἐλάλησεν κύριος ὁ θεὸς τῶν πατέρων σου· σὺ μὴ φοβοῦ, μηδὲ ὀκνήσῃς. καὶ προσῆλθον πρὸς Μωυσῆν, καὶ εἶπαν ἀποστείλωμεν ἄνδρας ἔμπροσθεν ἡμῶν, καὶ κατασκοπήσωμεν τὴν γῆν, καὶ ὑποστρέψωσιν ἡμῖν λόγον περὶ τῆς ὁδοῦ δι᾽ ἧς ἀνελευσόμεθα, καὶ τὰς πόλεις εἰς ἃς

εἰσελευσόμεθα. καὶ ἤρεσεν ὁ λόγος ἐν ὀφθαλμοῖς Μωυσῆ.¹ Aliter: (✕) καὶ εἶπε Μωυσῆς τοῖς υἱοῖς Ἰσραήλ· ἤλθατε ἕως τοῦ ὄρους τῶν Ἀμορραίων, ὁ κύριος ὁ θεὸς ἡμῶν δίδωσιν ἡμῖν. ἴδετε, παραδέδωκεν κύριος ὁ θεὸς ἡμῶν πρὸ προσώπου ὑμῶν τὴν γῆν· ἀναβάντες κληρονομήσατε, ὃν τρόπον εἶπε κύριος ὁ θεὸς (fort. excidit τῶν πατέρων) ὑμῶν ὑμῖν· μὴ φοβεῖσθε, μηδὲ δειλιάσητε (ܢܘܠܚܕܬ). καὶ προσῆλθαν πρὸς Μωυσῆν, καὶ εἶπαν· ἀποστείλωμεν ἄνδρας πρὸ προσώπου (κ. ἔμπροσθεν) ἡμῶν, καὶ ἐφοδευσάτωσαν (ܢܘܕܕܚܢ) ἡμῖν τὴν γῆν, καὶ ἀπαγγειλάτωσαν ἡμῖν ἀπόκρισιν (ܠܡܬܚ), τὴν ὁδὸν ἐν ᾗ ἀναβησόμεθα, καὶ τὰς πόλεις εἰς ἃς εἰσπορευσόμεθα. καὶ ἤρεσεν τὸ ῥῆμα ἐναντίον Μωυσῆ (◄).³

6 (5). חוֹרִי. Ο'. Σουρί. Alia exempl. Οὐρί.³

8 (7). יִגְאָל. Ο'. Ἰλαάλ. Alia exempl. Ἰγάλ.⁴

11 (10). סוֹדִי. Ο'. Σουδί. Alia exempl. Σουρί.⁵

15 (14). נָפְסִי. Ο'. Σαβί. Alia exempl. Οὐαφσί.⁶

16 (15). גְּאוּאֵל. Ο'. Γουδιήλ. Alia exempl. Γουιήλ.⁷

19 (18). הַיֹּשֵׁב. Ο'. τὸν ἐγκαθήμενον (Ἄλλος· ἐνοικοῦντα).

21 (20). רָוֶה. Macra. Ο'. παρειμένη. Ἄλλος· ἀσθενής.⁹

בִּכּוּרֵי עֲנָבִים. Uvarum primum maturescentium. Ο'. πρόδρομοι σταφυλῆς. Ἄλλος· πρωίμων σταφυλῶν.¹⁰

---

⁵ Sic in textu Codd. IV, 56, 58, Syro-hex. ⁶ Sic (sub —) Cod. IV (eum metobelo ex corr.). Syro-hex. pingit: ὡσεὶ — ἔκτρωμα ◄. Haec, ὡσεὶ ἔκτρωμα, omissa in Cod. VII, supplevit in marg. manus 1ᵐᵃ. ⁷ Sic in textu pro ὡσεὶ ἔκτρ. ἔκπορ. Cod. 128. Cod. 130 in marg.: ὡσεὶ νεκρὰ ἐξελ. (sic). ⁸ Sic Cod. IV, Syro-hex., et sine aster. Comp., Codd. 58, 128. Mox ad αὐτῆς Syro-hex. in marg.: ܐܡܗ. ⁹ Cod. 130. ¹⁰ Idem in marg. ¹¹ Cod. IV, Arab. 1 (cum metobelo tantum), invito Syro-hex. Haec desunt in Cod. 58. ¹² Syro-hex. ¹³ Cod. IV. Deest in Cod. 58. ¹⁴ Cod. IV, Syro-hex., Arab. 1, 2. Sic sine aster. Codd. 56, 58.

CAP. XIII. ¹ Sic in marg. Codd. 85 (cum εἴδετε pro ἴδετε, et προσῆλθον Μωυσῆν (sic), pro quo Montef. dedit προσῆλθον Μωυσῆ), 130 (eum εἴδε, et προσῆλθον πρὸς Μ.), praemisso scholio: Καὶ τούτων μνημονεύει ἐν τοῖς πρώτοις τοῦ Δευτερονομίου (Cap. i. 20–23), ἃ καὶ αὐτὰ ἐκ τοῦ τῶν Σαμαρειτῶν (Σαμαρειτανῶν (?) Cod. 85, teste Holmesii amanuensi)

Ἑβραϊκοῦ μετεβάλομεν καταλλήλως τῇ τῶν Ο' ἑρμηνείᾳ τῇ ἐν τῷ Δευτερονομίῳ φερομένῃ (γενομένῃ Cod. 130). ² Syro-hex. in marg., praemisso singulis versiculis siglo —◄, cum scholio: " Etiam haec tantummodo in Hebraeo Samaritanorum feruntur (ܐܝܢܬܝܪܡܫܕ); meminit autem etiam eorum Moses in Deuteronomio, quasi jam ab initio dicto-rum (ܢܫܚܐ ܣܘܡ ܡܟ ܡܟ ܗܒܕ ܐܗ ܐܕܡܐ)." ³ Sic Codd. 16, 52, 56, alii, et Syro-hex. (cum Σουρί in marg.). ⁴ Sic Comp., Codd. III, VII, X, Lips., 15, 16, alii. Syro-hex. ܠܐܓܝ. Pesch. ܠܐܓܝ. ⁵ Sic Codd. 16, 28, 30, alii, Syro-hex., Pesch. ⁶ Syro-hex. in textu ܝܣܦܘܐܘ; in marg. autem: ܝܣܦܘ. Ad scripturam textualem e libris Graecis proxime accedit Cod. 58, qui habet Οὐαβί; ad marginalem vero ‛Ιαβί, quam testantur Codd. III, X, Lips., 54, 56, alii. In Peschito est ܠܐܦܘܢ. ⁷ Sic Cod. 54. Syro-hex. in textu, et Pesch. ܠܐܘܓ. Syro-hex. in marg. ܠܐܝܘܓ. ⁸ Cod. 128 in marg. ⁹ Sic in marg. Codd. 128, 130. ¹⁰ Cod. 130 in marg.

23 (22). לִפְנֵי צֹעַן מִצְרָיִם. Ο΄. πρὸ τοῦ Τάνιν
Αἰγύπτου. Ἄλλος· πρὸ Τάνεως τῆς Αἰγύ-
πτου.[11]

33 (32). דִּבַּת הָאָרֶץ. Calumniam de terra. Ο΄.
ἔκστασιν (Ἀ. Σ. ψόγον[12]) τῆς γῆς. Τὸ Σα-
μαρειτικόν· ὄνειδος κατὰ τῆς γῆς.[13]

אַנְשֵׁי מִדּוֹת. Homines procerae staturae. Ο΄.
ἄνδρες ὑπερμήκεις (Ἄλλος· ἔμμετροι[14]).

34 (33). אֶת־הַנְּפִילִים בְּנֵי עֲנָק מִן־הַנְּפִלִים. Ο΄.
τοὺς γίγαντας ※ υἱοὺς Ἐνὰκ ἐκ τῶν γιγάν-
των ◄.[15] Σ. (τοὺς) τεραστίους . . .[16]

וַנְּהִי. Ο΄. καὶ ἦμεν (Ἄλλος· ἐγενήθημεν[17]).

בְּעֵינֵיהֶם. Ο΄. ἐνώπιον (Ἄλλος· ἐναντίον[18])
αὐτῶν.

Cap. XIII. 3. — εἰς κατάσχεσιν ◄.[19] ἄνδρα ἕνα
※ ἄνδρα ἕνα ◄.[20] ἀποστελεῖς — αὐτούς ◄.[21] 21. ἡμέραι — ἔαρος ◄.[22] 24. — καὶ κατεσκέψαντο αὐτήν ◄.[23]
— ἀπ᾽ αὐτοῦ ◄.[24] ἐν ἀναφορεῦσιν ※ δυσίν ◄.[25] 27.
ἔδειξαν ※ αὐτοῖς ◄.[26] 29. — τετειχισμέναι ◄.[27] 30.
— καὶ ὁ Εὐαῖος ◄.[28] 31. — αὐτῷ, οὐχὶ ἀλλά ◄.[29]
32. — οὐκ ἀναβαίνομεν, ὅτι ◄.[30] — μᾶλλον ◄.[31] 33.
κατασκέψασθαι ※ αὐτήν ◄.[32]

Cap. XIV.

1. וַיִּתְּנוּ. Ο΄. ἐνέδωκεν. Alia exempl. ἔδωκεν; alia,
ἔδωκαν.[1]

אֶת־קוֹלָם. Ο΄. ※ τὴν ◄ φωνὴν ※ αὐτῶν ◄.[2]

2. כֹּל בְּנֵי יִשְׂרָאֵל. Ο΄. πάντες οἱ υἱοὶ Ἰσραήλ.
(※) καὶ διεγόγγυσαν οἱ υἱοὶ Ἰσραὴλ ἐν ταῖς σκηναῖς
αὐτῶν, καὶ εἶπαν· διὰ τὸ μισεῖν ἡμᾶς ΠΙΠΙ ἐξήγαγεν
ἡμᾶς ἐκ γῆς Αἰγύπτου, παραδοῦναι ἡμᾶς εἰς χεῖρας
Ἀμορραίων, ἐξολοθρεῦσαι ἡμᾶς (.) ποῦ ἡμεῖς ἀναβαίνο-
μεν· οἱ ἀδελφοὶ ἡμῶν ἀπέστησαν (ܣܘ) τὴν καρδίαν
ἡμῶν, λέγοντες· ἔθνος μέγα καὶ δυνατώτερον ἡμῶν, καὶ
πόλεις μεγάλαι καὶ τετειχισμέναι (ܚܣܡ))
ἕως τοῦ οὐρανοῦ· ἀλλὰ καὶ υἱοὺς γιγάντων (ܐܝ̈)
ἑωράκαμεν ἐκεῖ. καὶ εἶπε Μωυσῆς τοῖς υἱοῖς Ἰσραήλ·
μὴ πτήξητε (ܬܘܠܚܣܢ), μηδὲ φοβηθῆτε ἀπ᾽ αὐτῶν. ΠΙΠΙ
ὁ θεὸς ἡμῶν ὁ προπορευόμενος πρὸ προσώπου ὑμῶν,
αὐτὸς συνεκπολεμήσει αὐτοὺς (ܣܘ ܚܡܚܕܠܚ)
μεθ᾽ ἡμῶν, κατὰ πάντα ὅσα ἐποίησεν ὑμῖν ἐν Αἰγύπτῳ
κατ᾽ ὀφθαλμοὺς ὑμῶν, καὶ ἐν τῇ ἐρήμῳ ἣν εἴδετε· ὡς
ἐτροφοφόρησέ σε (ܚܝܠܠ) ΠΙΠΙ ὁ θεός σου, ὡσεὶ τροφοφορήσαι ἄνθρωπος τὸν υἱὸν αὐτοῦ, κατὰ πᾶσαν τὴν
ὁδὸν ἣν ἐπορεύθητε ἕως ἤλθετε εἰς τὸν τόπον τοῦτον.
ἐν τῷ λόγῳ τούτῳ οὐκ ἐνεπιστεύσατε ΠΙΠΙ τῷ θεῷ
ὑμῶν, ὃς προπορεύεται πρότερος ὑμῶν ἐν τῇ ὁδῷ, ἐκλέγεσθαι ὑμῖν τόπον, ὁδηγῶν ὑμᾶς ἐν πυρὶ νυκτός, δει-
κνύων ὑμῖν τὴν ὁδὸν καθ᾽ ἣν πορεύεσθε ἐν αὐτῇ, καὶ ἐν
νεφέλῃ (◄).[3]

---

[11] Sic in marg. Codd. 128, 130 (cum Τάνεος). [12] Cod.
130 (cum ψόγου). Syro-hex. ܚܒܚܠ ܡ. ܐ. Cf. Hex.
ad Gen. xxxvii. 2. Prov. x. 18. [13] Nobil. "Duo MSS.
Regii," et Cat. Niceph. p. 1250: Τὸ Σαμ. ὄνειδος κατὰ τῆς
γῆς [Vers.-Sam. ארעה נוח, vituperium terrae], κατάκρισιν.
Ad τῆς γῆς Codd. 85, 130, in marg.: κατὰ τῆς γῆς. [14] Cod.
130 in marg. Holmesius frustra tentat ἄμετροι. [15] Sic
Cod. IV, et sine aster. Cod. 18 (cum Αβὰκ), Syro-hex. (cum
scholio: ܐܝ̈ ܐܠܢܚ ܬܠܚܒ ܝܕ̈ܠܚܐ). Cod. 128:
τοὺς γ. υἱοὺς γιγάντων. Arab. 1, 2: gigantes filios Enak,
qui sunt gigantes. [16] Codd. Lips., 85, 130. "Videtur
Sym. vocem נְפִלִים τεραστίους vertere quasi ex פְּלָא [נָפְלָא,
mirabilis fuit]."—Montef. Cf. Hex. ad Psal. xxxix. 6.
[17] Sic in marg. Codd. 85, 130. [18] Sic in marg. Codd.
85, 130 (cum ἔναντι). [19] Cod. IV (sub ─), Syro-hex.,
Arab. 1, 2. [20] Cod. IV. [21] Cod. IV (sub ─), Syro-
hex., Arab. 1, 2. [22] Cod. IV. Syro-hex. male pingit:
─ ἡμέρα ◄ ἔαρος. [23] Cod. IV (sub ─), Syro-hex., Arab.
1, 2. Haec desunt in Comp. [24] Sic (pro ἐπ᾽ αὐτοῦ)
Cod. IV (sub ─), Syro-hex., et sine obelo Codd. 54, 73,
alii. [25] Sic (pro ἐπ᾽ ἀναφ.) Cod. IV, Syro-hex., et

sine aster. (cum ἐπ᾽ ἀναφ.) Codd. XI, 58. [26] Cod. IV,
Syro-hex. Sic sine aster. Ald., Codd. XI, 29, 44, 58, alii,
Arab. 1, 2. [27] Cod. IV, invito Syro-hex., qui ὀχυραὶ τετ.
vertit ܐܪ̈ܡܚ ܐܬ̈ܣܚܡܚܠ. [28] Syro-hex. Cod. IV: — καὶ
ὁ Ευος (sic):. [29] Cod. IV. Syro-hex. pingit: — αὐτῷ ◄,
οὐχὶ ἀλλά, concinentibus Arab. 1, 2. [30] Cod IV (sub ─),
Syro-hex. [31] Iidem. In Syro-hex. deest cuneolus.
[32] Cod. IV, Syro-hex. (qui pingit: ◄ ܚܡܚܨܚ). Sic
sine aster. Codd. 54, 64, 75, 85 (in marg.), Arm. 1.

Cap. XIV. [1] Prior lectio est in Comp., Ald., Codd. III,
VII, 15, 16, 18, aliis (inter quos 130 cum ἐν in marg.);
posterior in Codd. IV, X, Lips., 19, 108, 118, Syro-hex.
[2] Sic Cod. IV, Syro-hex. (qui pingit: ◄ ܢܘܠ̈ܚ ※ ܠܡܚ ※).
Codd. 19, 58, 108, 118: φωνὴν αὐτῶν. Arab. 1, 2: ※ voce
sua. [3] Syro-hex. in marg., praemisso singulis versiculis
siglo ─※, cum scholio: "Etiam haec tantummodo in exemplari Samaritanorum (ܐܬ̈ܡܚܥܚ ܘܗ̈) feruntur; meminit
autem etiam eorum Moses in principio (ܐܠ̈ܥܚܡܚܚ) Deuteronomii (Cap. i. 27–33)." Haec in textu Hebraeo-Samaritano ad finem Cap. xiii apposita sunt.

2. לִרְמָתֵנוּ. O'. εἰ ἀπεθάνομεν. 'A. καὶ οἱ λοιποὶ ὄφελον ἀπεθάνομεν.[4]

4. רֹאשׁ. O'. ἀρχηγόν. Schol. πρόοδον, ὁδηγόν.[5]

5. כָּל־קְהַל עֲדַת. O'. πάσης ※ ἐκκλησίας ◄ συναγωγῆς.[6]

6. בֶּן־יְפֻנֶּה. O'. ὁ τοῦ Ἰεφοννή. "Αλλος· υἱὸς τοῦ Ἰεφοννή.[7]

   מִן־הַתָּרִים. O'. τῶν κατασκεψαμένων. 'A. Σ. ἐκ τῶν κατασκόπων.[8]

7. אֲשֶׁר עָבַרְנוּ בָהּ לָתוּר אֹתָהּ. O'. ἣν ※ παρήλθομεν ἐν αὐτῇ, καὶ ◄ κατεσκεψάμεθα αὐτήν.[9] Alia exempl. ἣν παρήλθομεν ὥστε κατασκέψασθαι αὐτήν.[10]

8. אִם־חָפֵץ. O'. εἰ αἱρετίζει ("Αλλος· βουληθῇ[11]).

9. אַךְ בַּיהוָֹה אַל־תִּמְרֹדוּ. O'. ἀλλὰ ἀπὸ τοῦ κυρίου μὴ ἀποστάται — γίνεσθε ◄.[12] "Αλλος· πλὴν κατὰ κυρίου θεοῦ μὴ ἀπάρητε.[13]

   צִלָּם. Umbra (tutela) eorum. O'. ὁ καιρὸς ※ αὐτῶν ◄.[14] 'A. Θ. ἡ σκιὰ αὐτῶν. Σ. ἡ σκέπη αὐτῶν.[15]

14. כִּי־אַתָּה יְהוָֹה בְּקֶרֶב הָעָם הַזֶּה אֲשֶׁר־עַיִן בְּעַיִן נִרְאָה אַתָּה יְהוָֹה. O'. ὅτι σὺ εἶ κύριος ἐν τῷ λαῷ τούτῳ, ὅστις ὀφθαλμοῖς κατ' ὀφθαλμοὺς ὀπτάζῃ, κύριε. 'A. ὅτι σὺ εἶ, κύριε, ἐν ἐγκάτῳ τοῦ λαοῦ τούτου, ὃς ὀφθαλμὸν ἐν ὀφθαλμοῖς ὁρᾷ σύ, κύριε. Σ. ὅτι σὺ εἶ, κύριε ...[16]

16. אֶת־הָעָם הַזֶּה. O'. τὸν λαὸν τοῦτον. Alia exempl. αὐτούς.[17]

   וַיִּשְׁחָטֵם. O'. κατέστρωσεν (alia exempl. καὶ κατέστρωσεν[18]) αὐτούς.

19. סְלַח־נָא לַעֲוֹן הָעָם הַזֶּה. O'. ἄφες τὴν ἁμαρτίαν τῷ λαῷ τούτῳ. "Αλλος· ἱλάσθητι δὴ τῇ ἀνομίᾳ τοῦ λαοῦ τούτου.[19]

21. וְיִמָּלֵא כְבוֹד־יְהוָֹה אֶת־כָּל־הָאָרֶץ. Et implebitur gloria Jovae universa terra. O'. καὶ ἐμπλήσει ἡ δόξα κυρίου πᾶσαν τὴν γῆν. Σ. καὶ ἐμπλησθήσεται τῆς δόξης IIIIII πᾶσα ἡ γῆ.[20]

25. וּסְעוּ לָכֶם. O'. καὶ ἀπάρατε ὑμεῖς ※ αὐτοί ◄.[21]

30. כִּי אִם. O'. ἀλλ' ἤ. "Αλλος· πλήν.[22]

31. אֲשֶׁר. O'. ἣν. "Αλλος· ἀφ' ἧς.[23]

33. וְנָשְׂאוּ. O'. καὶ ἀνοίσουσι ('A. Θ. ἀροῦσι. Σ. βαστάξουσι[24]).

   עַד־תֹּם פִּגְרֵיכֶם. O'. ἕως ἂν ἀναλωθῇ τὰ κῶλα

[4] Codd. Lips. (cum ἀποθ.), 85, 130.   [5] Cod. 58 in marg.   [6] Sic Cod. IV, Arab. 1, 2, et sine aster. Syro-hex. Cod. 58: πάσης τῆς συναγωγῆς ἐκκλησίας.   [7] Sic in textu Codd. XI, 108, 118. Cod. 130 in marg.: υἱός.   [8] Sic Montef., tacito auctore.   [9] Sic Cod. IV, et sine aster. Cod. 58. Syro-hex. male pingit: ἣν παρ. ἐν αὐτῇ, ※ καὶ κατ. αὐτήν (sine metobelo).   [10] Sic Codd. XI, 85 (in marg.), 130 (idem), et (om. ὥστε) Codd. 44, 74, alii. Cod. X in marg.: παρήλθομεν.   [11] Cod. 130 in marg.   [12] Sic Cod. IV (cum — γινεσθαι:), Syro-hex.   [13] Cod. 130 in marg.: πλὴν κατὰ κῦ θῦ μὴ ἀπορετ (sic).   [14] Quid sibi ultimum vocabulum velit, ignoro. Forte librarius ἄτακτος [vel ἀτακτεῖν] scribere voluit."—F. C. Alter. Quod nos tentavimus, et egregie Graecum est, et cum Hebraeo apte congruens, quamvis e Bibliis Graecis indubitanter comprobari non potest.   [15] Sic Cod. IV, et sine aster. Codd. 18, 128, Syro-hex., Arab. 1, 2.   [16] Cod. 108. Syro-hex. affert: ♦ ܟܠܐ ܀ܟܚܘ̈ ♦ ܡܚܚܠ ܀ܟܚܘ̈ ♦ .. l. Euseb. in Dem. Evang. p. 244. Ad Aquilam pro κύριε in priore loco Gaisfordius e Cod. Parisiensi edidit κύριος.   [17] Sic Codd. III, X, XI, 16, 28, alii (inter quos 85, 130,
TOM. I.

uterque cum τὸν λ. τ. in marg.).   [18] Sic Codd. IV, 59, Syro-hex. (qui per periphrasin vertit: ܀ܟܚܘ̈ ܐܘܢ̈). Ad κατέστρωσεν Cod. Lips. in marg. scholium habet: CH. τὴν λέξιν ἅπαξ ἐνταῦθα εἰρημένην, ἣν ἀνήνεγκεν ὁ ἀπόστολος ἐν τῇ πρὸς Κορινθίους ᾱ ἐπιστολῇ (1 Cor. x. 5).   [19] Procop. in Cat. Niceph. p. 1253: καὶ πάλιν εἰς τὸν ἔλεον τό, ἱλάσθητι δὴ τῇ ἀνομίᾳ τοῦ λαοῦ τούτου, καθάπερ ἴλεως αὐτοῖς ἐγένου. Videtur esse alius interpretis, fortasse Aquilae. Cf. ad Cap. xviii. 1.   [20] Syro-hex. ܣ̇. ܐܚܚܣ̈ ܟܚ ܐ̣ܚܚ̈ܣܟܐ. ܪ̇ܦܚ̣ ܣܟܚ̇ ܐܚܚ̈. Drusius, non memorato auctore, lectionem affert: 'A. Σ. Θ. ὅτι ἐμπλήσει πᾶσαν τὴν γῆν ἡ δόξα κυρίου, quam spuriam esse paene affirmarim.   [21] Sic Cod. IV, et sine aster. Codd. 18, 58, 128. Syro-hex. autem: καὶ ἀπάρατε ※ αὐτοὶ ὑμεῖς, absente cuneolo.   [22] Sic in marg. Codd. 85, 130.   [23] Iidem. Cod. Lips. in textu: ἣν ἀφῆς (sic). Fortasse exstitit versio alius interpretis: ἣν ἐξουδενώσατε αὐτήν.   [24] Cod. 130 vitiose scribit: 'A. Θ. ἀρον (sic). Σ. βαστάζουσι. Nobil. affert: Schol. "Αλλος· βαστάζοντες. Procop. in Cat. Niceph. p. 1259: βαστάζειν τὴν παρείαν εἰπών, ἀλλ' οὐκ ἀπολείσθαι, ἔδειξε καὶ τὸ ἐκ κοινωνίας τοῦ γένους, καὶ τὸ ἐκ διαφορᾶς τῶν προαιρέσεων.

i i

('Α. Θ. πτώματα. Σ. σώματα[25]) ὑμῶν. 'Α.
(ἕως ἂν) τελειωθῶσιν πτώματα ὑμῶν.[26]

36. דַּבָּה. Ο΄. ῥήματα πονηρά (Schol. φοβερά[27]).

עַל־הָאָרֶץ. Ο΄. περὶ τῆς γῆς. "Αλλος· κατὰ
τῆς γῆς.[28]

37. מוֹצִאֵי דִבַּת. Ο΄. οἱ κατείπαντες πονηρά. 'Α.
οἱ ἐξενέγκαντες διαβολήν.[29]

40. כִּי חָטָאנוּ. Ο΄. ὅτι ἡμάρτομεν. (※) καὶ εἶπε
κύριος πρὸς Μωυσῆν· εἶπον αὐτοῖς· οὐκ ἀναβήσεσθε,
οὐδὲ μὴ πολεμήσητε· οὐ γάρ εἰμι μεθ' ὑμῶν· καὶ οὐ μὴ
συντριβῆτε ἐνώπιον τῶν ἐχθρῶν ὑμῶν (◄).[30]

43. עִמָּכֶם. Ο΄. ἐν ὑμῖν. "Αλλος· μεθ' ὑμῶν.[31]

45. בָּהָר הַהוּא. Ο΄. ἐν τῷ ὄρει ἐκείνῳ (※) εἰς
συνάντησιν αὐτῶν, καὶ κατεδίωξαν αὐτοὺς, ὡσεὶ
ποιήσαισαν αἱ μέλισσαι (◄).[32]

וַיַּכְּתוּם. Et fugaverunt eos. Ο΄. καὶ ἐτρέψαντο
("Αλλος· ἀπώσαντο[33]) αὐτούς.

Cap. XIV. 1. – ὅλην ◄.[34] 5. πρόσωπον ※ αὐτῶν ◄.[35] 10. ὤφθη – ἐν νεφέλη ◄.[36] 12. – καὶ

τὸν οἶκον τοῦ πατρός σου ◄.[37] 18. – καὶ ἀληθι-
νός ◄.[38] – καὶ ἀμαρτίας ◄.[39] – τὸν ἔνοχον ◄.[40]
20. – πρὸς Μωυσῆν ◄.[41] – αὐτοῖς εἰμι ◄.[42] 21.
– καὶ ζῶν τὸ ὄνομά μου ◄.[43] 22. τὰ σημεῖά ※
μου ◄.[44] τῇ ἐρήμῳ – ταύτῃ ◄.[45] 23. – ἀλλ' ἢ τὰ
τέκνα αὐτῶν – τούτοις δώσω τὴν γῆν ◄.[46] 27. ἣν
※ αὐτοὶ ◄ ἐγόγγυσαν.[47] 29. καὶ ※ πάντες ◄ οἱ
κατηριθμημένοι.[48] 31. παιδία ※ ὑμῶν ◄.[49] – εἰς
τὴν γῆν ◄.[50] – ὑμεῖς ◄.[51] – ἀπ' αὐτῆς ◄.[52] 34.
ἡμέραν τοῦ ἐνιαυτοῦ ※ ἡμέραν τοῦ ἐνιαυτοῦ ◄.[53]
– τῆς ὀργῆς μου ◄.[54] 35. ※ πάσῃ ◄ τῇ συναγωγῇ.[55] 36. πρὸς ※ πᾶσαν ◄ τὴν συναγωγήν.[56]
39. ※ πάντα ◄ τὰ ῥήματα.[57] 41. ἱνατί ※ τοῦτο ◄.[58] ἔσται – ὑμῖν ◄.[59] 45. – καὶ ἀπεστράφησαν
εἰς τὴν παρεμβολήν ◄.[60]

CAP. XV.

3. אִשֶּׁה לַיהֹוָה עֹלָה. Ο΄. ὁλοκαυτώματα κυρίῳ,
ὁλοκάρπωμα. Alia exempl. – ὁλο◄κάρπωμα
κυρίῳ, ὁλοκαύτωμα.[1]

---

[25] Cod. 130. [26] Codd. 85 (sine nom.), 130. [27] Cod.
X in marg. sine nom. [28] Sic in marg. Codd. 85, 130.
[29] Codd. X, Lips. [30] Syro-hex. in marg., cum scholio:
" Etiam haec in exemplari quidem Samaritanorum feruntur: meminit autem eorum Moses in Deuteronomio (Cap.
i. 42)." [31] Sic in marg. Codd. 85, 130; in textu autem
Codd. 29, 72, Syro-hex. [32] Sic in marg. sine aster. Codd.
85 (praemisso ō), 130. Syro-hex. in marg.: ܩܘܬܕܡܐ [Syriac],
cum scholio: " Tan-
tummodo in exemplari Samaritanorum (:) meminit etiam
illorum Moses in Deuteronomio (Cap. i. 44)." [33] Sic in
marg. Codd. X, Lips. (Syro-hex. pro ἐτρέψαντο ◄ habet,
quod usitatius pro ἐτροπώσατο ponitur, idque ipsum hic
venditat Cod. X. Cf. Ceriani ad Exod. xvii. 13.) [34] Cod.
IV, invito Syro-hex., qui solus legit: καὶ ἔκλαιεν ὅλην τὴν
νύκτα ὁ λαὸς ἐκεῖνος. [35] Cod. IV, Syro-hex. (sine cuneolo).
Sic sine aster. Cod. 58, Arab. 1, 2, Arm. 1. [36] Cod. IV
(sub –), Arab. 1, 2. Syro-hex. male pingit: – ὤφθη ◄ ἐν
νεφέλη. Haec, ἐν νεφέλη, desunt in Cod. 58. [37] Cod. IV
(sub –), Arab. 1, 2. Syro-hex. pingit: – καὶ τὸν οἶκον –
τοῦ π. σ. [38] Cod. IV (sub –), Syro-hex., Arab. 1, 2.
[39] Cod. IV (sub –), Syro-hex., Arab. 1, 2. [40] Iidem.
[41] Iidem, e quibus Syro-hex. male pingit: – πρὸς ◄ Μωυσῆν.
Deest in Comp. [42] Cod. IV, teste Tischendorfio. Grabius et Holmesius ex eodem pingunt: – αὐτοῖς · εἰμι.
[43] Cod. IV, Arab. 1, 2. Deest in Comp. [44] Cod. IV,

Syro-hex. (cum cuneolo tantum). Sic sine aster. Codd. 58,
74, alii, Arab. 1, 2. [45] Cod. IV (sub –), Syro-hex.,
Arab. 1, 2. Sic sine obelo Comp., Ald., Codd. III, VII, X,
XI, Lips., 15, 16, 18, alii. [46] Cod. IV (sub – et ◄),
Syro-hex., Arab. 1, 2. (Ad ἔδε Codd. 85, 130, in marg.
add. σήμερον, et sic Comp. in textu.) [47] Cod. IV, Syro-
hex. (qui pingit: ۛܘܐ, nullo cuneolo). Sic sine
aster. Comp., Codd. XI, 18, 44, alii. [48] Cod. IV. Sic
sine aster. Codd. 58, 128. Syro-hex. pingit: καὶ πᾶσα ἡ
ἐπισκοπὴ – ὑμῶν ◄, καὶ πάντες οἱ κατ., invito Hebraeo.
[49] Cod. IV. Sic sine aster. Codd. 18, 58, 128. Syro-hex.,
Arab. 1, 2. [50] Cod. IV. Deest in Cod. 58. Syro-hex.
male pingit: – εἰσέξω αὐτοὺς εἰς τὴν γῆν, absente metobelo.
[51] Cod. IV. Deest in Cod. 58. [52] Syro-hex., Arab. 1, 2,
invito Hebraeo. [53] Cod. IV, et sine metobelo Syro-hex.
[54] Cod. IV (sub –), Syro-hex. [55] Cod. IV (sub –),
Syro-hex., Arab. 1, 2. Sic sine aster. Codd. 18, 58, 128.
[56] Cod. IV, Syro-hex. (qui pingit: ※ πρὸς πᾶσαν ◄ τ. σ.).
Sic sine aster. Cod. 58. [57] Cod. IV, Syro-hex., repugnante Hebraeo. Sic sine aster. Codd. 19, 58, 108, 118.
[58] Cod. IV, Syro-hex. (qui pingit: ◄ ۛܗ ※ ܡܛܠ)
Sic sine aster. Cod. 58. [59] Cod. IV (ex corr. pro – ἡμεῖς).
Syro-hex. pingit: ἔσται ※ ὑμῖν ◄. Pronomen deest in
Cod. 58. [60] Cod. IV. Haec desunt in Comp.
CAP. XV. [1] Sic Cod. IV (cum ◄ ὁλο:κάρπωμα). Syro-
hex. pro ◄ ܡܚܕܐ ◄ ܕܐܙ ܩܕܕ male pingit: ◄ ܩܕܕ –.

3. לְפַלֵּא־נֶדֶר‎. Ο'. μεγαλῦναι εὐχήν. Ἄλλος· θαυμαστῶσαι ὅρκον.[2]

נִיחֹחַ‎. Ο'. εὐωδίας. Ἄλλος· ἀναπαύσεως.[3]

4. עִשָּׂרוֹן בָּלוּל‎. Ο'. δέκατον τοῦ οἰφὶ ἀναπεποιημένης. Alia exempl. δέκατον ÷ τοῦ οἰφὶ ἀναπεφυραμένης.[4]

5, 6. לַכֶּבֶשׂ הָאֶחָד: אוֹ לָאַיִל תַּעֲשֶׂה מִנְחָה‎. Ο'. τῷ ἀμνῷ τῷ ἑνὶ ÷ ποιήσεις τοῦτο (Ed. Rom. τοσοῦτο), κάρπωμα ὀσμὴν εὐωδίας τῷ κυρίῳ. καὶ τῷ κριῷ, ὅταν ποιῆτε αὐτὸν ἢ (ἢ deest in Ed. Rom.) εἰς ὁλοκαύτωμα ἢ εἰς θυσίαν ◄, ※ ἢ τῷ κριῷ ◄ ποιήσεις θυσίαν.[5]

6, 9. בְּלוּלָה... בָּלוּל‎. Ο'. (bis). ἀναπεποιημένης. Alia exempl. ἀναπεφυραμένης.[6]

10. וַיַּיִן תַּקְרִיב לַנֶּסֶךְ‎. Ο'. καὶ οἶνον ※ προσοίσει ◄ εἰς σπονδήν.[7]

11. אוֹ לָאַיִל אוֹ־לַשֶּׂה בַּכְּבָשִׂים‎. Ο'. ἢ τῷ κριῷ τῷ ἑνὶ, ἢ τῷ ἀμνῷ τῷ ἑνὶ ἐκ τῶν προβάτων. Alia exempl. ἢ τῷ ἀμνῷ τῷ ἑνὶ ἐκ τῶν προβάτων ※ ἐκ τῶν ἀμνῶν ◄.[8]

13. כָּל־הָאֶזְרָח‎. Ο'. πᾶς ὁ αὐτόχθων (Ἄλλος· ἐγχώριος[9]).

15. לָכֶם‎. Ο'. ἔσται ὑμῖν. Alia exempl. ὑμῖν.[10]

19. תָּרִימוּ תְרוּמָה לַיהוָה‎. Ο'. ἀφελεῖτε ἀφαίρεμα ἀφόρισμα κυρίῳ. Alia exempl. ἀφελεῖτε ἀφαίρεμα τῷ κυρίῳ ÷ ἀφόρισμα ◄.[11]

23. אֵת כָּל־אֲשֶׁר‎. Ο'. καθά. Alia exempl. κατὰ ※ πάντα ◄ ἅ.[12]

28. וְנִסְלַח לוֹ‎. Ο'. Vacat. ※ καὶ ἀφεθήσεται αὐτῷ ◄.[13]

29. הָאֶזְרָח‎. Ο'. τῷ ἐγχωρίῳ (Ἄλλος· αὐτόχθονι[14]).

30. מִקֶּרֶב עַמָּהּ‎. Ο'. ἐκ ※ μέσου ◄ τοῦ λαοῦ αὐτῆς.[15]

33. וַיַּקְרִיבוּ אֹתוֹ אֶל כָּל־הָעֵדָה‎. Ο'. καὶ πρὸς πᾶσαν (Ἄλλος· πᾶσαν τὴν[16]) συναγωγήν.

36. וַיָּמֹת‎. Ο'. Vacat. ※ καὶ ἀπέθανεν ◄.[17]

Cap. XV. 14. ÷ ἐν τῇ γῇ ὑμῶν ◄, ἢ ὃς ἂν ÷ γένηται ◄.[18] — ὑμεῖς ◄,[19] ἢ συναγωγὴ — κυρίῳ ◄.[20] 15. ÷ ἐν ὑμῖν ◄.[21] 18. εἰς ἢν ÷ ἐγώ ◄.[22] 20. — αὐτό ◄[23] 23. — πρὸς ὑμᾶς ◄ καὶ ἐπέκεινα.[24] 24. — ἄμωμον ◄.[25] 27. αἶγα — μίαν ◄.[26] 33. — υἱῶν Ἰσραήλ ◄.[27] 35. — λέγων ◄.[28]

⁂ ━━━━━━━━━━━━━━━ ⁂

[1] فَازَ ܡܚܝܠ‎. In lectione textuali pro ὁλοκαυτώματα, κάρπωμα est in Ald., Codd. III, VII, 16, 18, aliis, Arab. 1, 2. Deinde pro ὁλοκάρπωμα, ὁλοκαίτωμα testantur Comp., Ald., Codd. III (cum ὁλοκαυτώματα), IV, VII, X, Lips., 15, 16, alii, Arab. 1, 2, Vet. Lat.　[2] Cod. 130 in marg. (cum ὅρκος). Cf. Hex. ad Lev. xxii. 21. xxvii. 2.　[3] "Sic unus codex."—Montef. Cf. Hex. ad Lev. i. 9. xxiii. 18.　[4] Sic Cod. IV, et sine obelo (cum πεφυραμένης) Ald., Codd. III, VII (cum πεφυραμένη), X, XI (cum ἀναπεφυραμένην), Lips., 15, 16, 18 (ut XI), alii (inter quos 108, 128, uterque cum ἀναπεφυραμένης). Syro-hex. ܡܦܬܟܬܐ‎.　[5] Sic Cod. IV (cum εἰς θυσίαν· ※ ἢ τῷ κριῷ :, utroque metobelo a correctore suppleto), Syro-hex. (qui pingit: ποιήσεις τοῦτο, — κάρπωμα—ἢ εἰς θυσίαν ※ ἢ τῷ κριῷ ◄). Holmesius ex Arab. 1, 2 exscripsit: — et facies hoc agno uni.... ※ aut arietem.　[6] Sic Ald., Codd. III, IV, VII, Lips., 15, alii. Syro-hex. ܡܦܬܟܬܐ‎. Cf. Hex. ad Lev. ii. 4.　[7] Sic Cod. IV (cum ※ προϲοιϲει ειϲπονδην (sic)), Syro-hex. (qui male pingit: προσοίσει ※ εἰς σπονδήν), Arab. 1, 2 (cum ※ et afferat), et sine aster. Codd. 15, 58.　[8] Sic Cod. IV, Arab. 1, 2 (cum ※ aut de grege), et sine aster. (cum ἢ ἐκ τῶν ἀμνῶν) Syro-hex.　[9] Sic in marg. Codd. X, Lips., 85, 130.　[10] Sic Ald., Codd. IV, VII, X, Lips., 15, 18, alii (inter quos 85, 130, uterque cum ἔσται in marg.).

Syro-hex.　[11] Sic Cod. IV. Syro-hex., ut videtur: ἀφελεῖτε ἀφαιρέματι (ܬܦܪܫܘܢ ܐܦܘܦܐ) ἀφόρισμα (ܦܪܫܬܐ) τῷ κυρίῳ, — ἀφαίρεμα (◄). Sic Cod. IV (cum notis a correctore appictis), Arab. 1, 2, et sine aster. Cod. 58 (cum κατὰ πάντα ἃ), Syro-hex.　[12] Sic Cod. IV, Syro-hex., Arab. 1, 2, et sine aster. Comp., Ald., Codd. III, X, Lips., 15, 16, 18, alii.　[14] Cod. 130 in marg.　[14] Sic Cod. IV, Arab. 1, 2. In Syro-hex. lacuna est ad Cap. xvi. 2.　[15] Cod. 85 in marg.　[17] Sic Cod. IV, et sine aster. Arab. 1, 2.　[18] Sic Cod. IV. Syro-hex. pingit: ÷ ἐν ὑμῖν προσγένηται ἐν τῇ γῇ ὑμῶν ◄, — ἢ ὃς ἂν γένηται—ὀσμὴ (sic) εὐωδίας κυρίῳ ◄, repugnante Hebraeo. Arab. 1, 2: ÷ ἐν τῇ γῇ ὑμῶν ... ◄ ἐν ταῖς γενεαῖς ὑμῶν.　[19] Cod. IV (sub ÷). Syro-hex., Arab. 1, 2.　[20] Cod. IV (sub ÷). Syro-hex., Arab. 1, 2.　[21] Cod. IV, Arab. 1, 2 (sub ÷). Perverse Syro-hex.: ÷ καὶ τοῖς προσηλύτοις τοῖς προσκ. ἐν ὑμῖν ◄.　[22] Cod. IV, Arab. 1, 2. Sic sine aster. omnes praeter Cod. 58.　[23] Cod. IV (sub ÷). Syro-hex. Arab. 1, 2: ÷ illi. Deest in Cod. 76.　[24] Cod. IV (sub ÷), Syro-hex., Arab. 1, 2.　[25] Cod. IV (cum — ἄμωμον), Syro-hex., Arab. 1, 2.　[26] Cod. IV (sub ÷). Syro-hex. pingit: — αἶγα μίαν, nullo cuneolo.　[27] Cod. IV, Arab. 1, 2. Deest in Cod. 106.　[28] Iidem.

Cap. XVI.

1. וַיִּקַּח. *Et sumpsit.* Ο'. καὶ ἐλάλησε. Ὁ Ἑβραῖος· ὑπερηφανεύθη.[1]

2. קְרִאֵי מוֹעֵד. *Vocati ad conventum.* Ο'. σύγκλητοι βουλῆς. Ἄλλος· καλούμενοι εἰς καιρόν.[2]

3. וַיִּקָּהֲלוּ. Ο'. συνέστησαν. Alia exempl. συνεπέστησαν; alia, ἐπισυνέστησαν.[3] Ἄλλος· (καὶ) ἐξεκλησιάσθησαν.[4]

וַיֹּאמְרוּ. Ο'. καὶ εἶπαν (Ἄλλος· λέγουσιν[5]).

רַב־לָכֶם. *Sufficit vobis* (desistite). Ο'. ἐχέτω ὑμῖν. Α.Θ. πολὺ ὑμῖν. Σ. ἀρκείτω.[6] Aliter: Α.Θ. ἱκανὸν ὑμῖν.[7]

כִּי כָל־הָעֵדָה כֻּלָּם קְדֹשִׁים. Ο'. ὅτι πᾶσα ἡ συναγωγὴ πάντες ἅγιοι. Ἄλλος· πᾶσα γὰρ ἡ συναγωγὴ πάντες οἱ ἅγιοι.[8]

5. יְהוָה. Ο'. ὁ θεός. Ὁ Ἑβραῖος καὶ οἱ λοιποί· ΠΙΙΗΙ.[9]

וְאֵת אֲשֶׁר יִבְחַר־בּוֹ יַקְרִיב אֵלָיו. Ο'. καὶ οὓς ἐξελέξατο ἑαυτῷ, προσηγάγετο πρὸς ἑαυτόν. Alia exempl. καὶ οὓς οὐκ ἐξελέξατο ἑαυτῷ, οὐ προσηγάγετο πρὸς ἑαυτόν.[10]

6. זֹאת. Ο'. τοῦτο. Ἄλλος· οὕτως.[11]

7. רַב־לָכֶם. Ο'. ἱκανούσθω ὑμῖν. Ἄλλος· ἀρκείτω.[12]

9. לַעֲבֹד. Ο'. ※ εἰς τὸ ◄ λειτουργεῖν.[13]

10. גַּם־כְּהֻנָּה. Ο'. ※ καίγε ◄ ἱερατεύειν.[14]

11. מַה־הוּא. Ο'. τίς (alia exempl. τί[15]) ἐστιν.

13. מֵאֶרֶץ זָבַת. Ο'. εἰς γῆν ῥέουσαν. Alia exempl. ἐκ γῆς ῥεούσης.[16] Α.Σ.Θ. ἀπὸ γῆς.[17]

13, 14. כִּי־תִשְׂתָּרֵר עָלֵינוּ גַּם־הִשְׂתָּרֵר: אַף לֹא אֶל־אֶרֶץ זָבַת חָלָב וּדְבַשׁ הֲבִיאֹתָנוּ וַתִּתֶּן־לָנוּ נַחֲלַת שָׂדֶה וָכָרֶם הַעֵינֵי הָאֲנָשִׁים הָהֵם תְּנַקֵּר לֹא נַעֲלֶה. *Nisi principem te facias super nos etiam principem te faciendo? Profecto non in terram fluentem lacte et melle duxisti nos, nec dedisti nobis possessionem agrorum et vinearum: num oculos horum hominum effodies? Non ascendemus.* Ο'. ὅτι κατάρχεις ἡμῶν; ἄρχων εἶ· καὶ σὺ (alia exempl. ὅτι κατάρχεις ἡμῶν ἄρχων εἶ καὶ σύ[18]) εἰς γῆν ῥέουσαν γάλα καὶ μέλι εἰσήγαγες ἡμᾶς, καὶ ἔδωκας ἡμῖν κλῆρον ἀγροῦ καὶ ἀμπελῶνας, τοὺς ὀφθαλμοὺς τῶν ἀνθρώπων ἐκείνων ἂν ἐξέκοψας· οὐκ ἀναβαί-

---

Cap. XVI. [1] " Schol. marginale: Ebraice, ὑπερηφανεύθη, Cod. 56."—*Holmes.* Interpretes Hebraei, quantum scio, talem vocis enarrationem ignorant. Syrus vulgaris, quocum facit Chaldaeus, ܐܬܚܬܪ, *et divisit se,* ad sensum bene, si non ad linguam. [2] " Regius unus," et (ad ὀνομαστοὶ) Cat. Niceph. p. 1270. [3] Prior lectio est in Comp., Cod. 29; posterior in Codd. 44, 54, 74, aliis. [4] Sic in marg. Codd. 128 (cum ἐξεκκλ.), 130. Cf. Hex. ad Exod. xxxii. 1. [5] Sic in marg. Codd. 85, 130. [6] Codd. Lips., 85 (teste Montef.). E posteriore Holmesii amanuensis exscripsit: Α.Θ. πολὺ ὑμῖν ἀρκείτω; et sic ad ἱκανούσθω (v. 7) Cat. Niceph. p. 1271. Cod. 130 in marg. uno tenore exhibet: Α.Θ. πολὺ ὑμῖν ἀρκετὸν ἱκανὸν ὑμῖν πᾶσα γὰρ ἡ σ. πάντες οἱ ἅγιοι. Postremo Nobil. affert: Α.Θ. πολὺ ὑμῖν· et ad ἱκανούσθω (v. 7): Schol. ἀρκείτω. [7] Syro-hex. ܟܣ ܐ .ܐ .ܠ. Cod. 128 in marg. sine nom.: ἱκανὸν ὑμῖν· πᾶσα γὰρ ἡ σ. π. οἱ ἅγιοι. [8] Codd. 128, 130, ut supra. [9] Syro-hex. Cod. 75 in textu: κύριος, et sic locum citat Apostolus in 2 Tim. ii. 19. [10] Sic Comp., Ald., Codd. III, VII, X, Lips., 15, 18, alii, Vet. Lat. Syro-hex. in marg.: ܘܗܢܘܢ ܕܠܐ ܓܒܐ ܠܗ (om. ܠܐ).

◄ܠܗܘܢ. Pauci (inter quos 85, 130): καὶ οὓς ἐξελ. ἑαυτῷ, οὐ προσηγ. πρὸς ἑαυτόν. [11] Sic in marg. Codd. 85, 130. Cod. Lips. in textu: τοῦτο οὕτως ποιεῖτε. [12] Nobil. Cf. ad v. 3. [13] Sic Cod. IV, Syro-hex., quorum uterque pingit: ※ εἰς τὸ λειτουργεῖν ◄. Cod. 58: εἰς (sic) λειτουργεῖν. [14] Sic Cod. IV, Syro-hex. (cum ܘܐܦ ※), et sine aster. Codd. 18, 128. In Ed. Rom. est καὶ ἱερατεύειν; sed copula deest in Comp., Ald., Codd. III, VII, X, Lips., 15, 16, aliis, Arm. 1. [15] Sic Comp., Codd. III, 28, 118, et Syro-hex. in marg. [16] Sic in marg. Codd. 85, 130; in textu autem Comp., Codd. XI, 15, 16, alii. Apolinarius in Cat. Niceph. p. 1272: Δυσφημία κατὰ τοῦ θεοῦ, ὃς γῆν ἐπηγγείλατο ῥέουσαν γάλα καὶ μέλι· οἱ δὲ τοὐναντίον φασίν, ὡς ἐκ τοιαύτης ἀνήχθησαν γῆς εἰς ἔρημον τόπον. [17] Syro-hex. .ܠ. ◄ܚܕ .ܐ .ܣ. Cod. 130: Α.Σ. ἀπὸ γῆς. [18] Sic interpungunt Codd. III, VII, Lips. (cum ἄρχων εἶ), 64, 82, fortasse alii. Syro-hex. ܣܐܡ ܠܢ ܚܠܦ ܠܢܐ ܕܓܕܡ ܚܚܒ ܚܓܡ, h. e. ὅτι κατάρχεις ἡμῶν εἶ καὶ σὺ, omissa, ut videtur, tanquam superflua voce ἄρχων, quod de Arab. 1, 2 quoque affirmat Holmesius. Denique Vet. Lat.: *qui praees nobis princeps et si* (om. σύ).

νομεν. 'Α. ὅτι ἄρχεις ἡμῶν καίγε ἄρχων καὶ σύ, πρὸς γῆν ῥέουσαν γάλα καὶ μέλι ἤγαγες ἡμᾶς, καὶ ἔδωκας ἡμῖν κληροδοσίαν χώρας καὶ ἀμπελώνων· μὴ καὶ τοὺς ὀφθαλμοὺς τῶν ἀνθρώπων τούτων ἐξέκοψας (s. ἐξώρυξας) ἄν; οὐκ ἀναβαίνομεν.[19] Σ. κατατυραννεῖς γὰρ ἡμῶν βιαίως, μετ᾽ ἐκείνου ὅτι οὐδὲ εἰς γῆν ῥέουσαν γάλα καὶ μέλι εἰσήγαγες ἡμᾶς, οὐδὲ ἔδωκας ἡμῖν κλήρους χώρας καὶ ἀμπελώνων· μὴ καὶ τοὺς ὀφθαλμοὺς τῶν ἀνθρώπων τούτων ἐκκόψεις· οὐκ ἀναβαίνομεν.[20] "Αλλος· ἀλλὰ καὶ ἐμεγαλύνθης καθ᾽ ἡμῶν, καὶ μεγαλύνῃ ...[21]

15. וַיִּחַר. Ο'. καὶ ἐβαρυθύμησε ("Αλλος· ὠργίσθη[22]).

אַל־תֵּפֶן אֶל־מִנְחָתָם. Ne rationem habeas oblationis eorum. Ο'. μὴ πρόσχῃς εἰς τὴν θυσίαν ('Α. Σ. δῶρον[23]) αὐτῶν. "Αλλος· μὴ προσδέξῃ τὰς προσφορὰς αὐτῶν.[24]

חֲמוֹר. Ο' ἐπιθύμημα. 'Α. Θ. ὄνον.[25]

18. וַיִּקְחוּ אִישׁ מַחְתָּתוֹ וַיִּתְּנוּ עֲלֵיהֶם אֵשׁ. Ο'. καὶ ἔλαβεν ἕκαστος τὸ πυρεῖον αὐτοῦ, καὶ ἐπέθηκαν ἐπ᾽ αὐτὰ πῦρ. "Αλλος· λαβόντες δὲ ἕκαστος πυρεῖον ἴδιον, καὶ ἐπιθέντες εἰς αὐτὰ πῦρ.[26]

22. אֵל אֱלֹהֵי. Ο'. θεὸς, θεός. Alia exempl. θεὲ, θεέ.[27] 'Α. Σ. ἰσχυρὲ θεέ. Θ. ὁ ἰσχυρὸς θεός.[28]

26. סוּרוּ נָא. Ο'. ἀποσχίσθητε (alia exempl. ἀπέλθατε[29]) ※ δὴ ◄.[30]

הָרְשָׁעִים. Ο'. τῶν σκληρῶν. Alia exempl. τῶν πονηρῶν.[31]

30. בְּרִיאָה. Rem creatam (inauditam). Ο'. ἐν φάσματι. Alia exempl. ἐν χάσματι.[32]

אֶת־יְהֹוָה. Ο'. τὸν κύριον. Alia exempl. τὸν θεόν.[33]

31. אֲשֶׁר תַּחְתֵּיהֶם. Ο'. ὑποκάτω αὐτῶν (alia exempl. τῶν ποδῶν αὐτῶν[34]).

37 (Hebr. xvii. 2). זְרֵה־הָלְאָה. Sparge illuc. Ο'. ‐ τὸ ἀλλότριον τοῦτο ◄ σπεῖρον ἐκεῖ.[35]

38 (3). צִפּוּי. Obductionem. Ο'. περίθεμα. "Αλλος· περιθεῖναι.[36]

39 (4). הַשְּׂרֻפִים. Ο'. οἱ κατακεκαυμένοι (alia exempl. κατακαυθέντες[37]).

41 (6). כָּל־עֲדַת בְּנֵי־יִשְׂרָאֵל. Ο'. ※ πᾶσα ἡ συναγωγὴ ◄[38] οἱ υἱοὶ (Οἱ Γ'. τῶν υἱῶν[39]) Ἰσραήλ.

42 (7). בְּהִקָּהֵל. Ο'. ἐν τῷ ἐπισυστρέφεσθαι ("Αλλος· συναθροίζεσθαι[40]).

---

[19] Syro-hex. ܠܝ. ܘܐܢ̇ܬ ܬܘܒ ܡܬܚܫܒ ܐܢ̇ܬ ܠܡ ܕܬܫܬܠܛ ܥܠܝܢ. ܒܐܪܥܐ ܕܡܪܕܝܐ ܚܠܒܐ ܘܕܒܫܐ ܐܝܬܝܬ ܠܢ: ܘܝܗܒܬ ܠܢ ܝܪܬܘܬܐ ܕܐܪܥܐ ܘܕܟܪ̈ܡܐ: ܕܠܡܐ ܠܥܝܢ̈ܐ ܕܓܒܪ̈ܐ ܗܠܝܢ ܚܨܐ ܐܢ̇ܬ. ܠܐ ܣܠܩܝܢܢ ✥

[20] Idem: ܘܐܦܠܐ ܠܚܕ ܡܢܗܘܢ ܡܥܠܬ. ܚܡ̇ܪܐ ܕܚܕ ܡܢܗܘܢ ܫܩܠܬ: ܡܛܠ ܕܒܩܛܝܪܐ ܡܫܬܠܛ ܐܢ̇ܬ ܥܠܝܢ ܒܥܫܝܢܘܬܐ: ܘܐܦܠܐ ܐܥܠܬ ܠܢ ܠܐܪܥܐ ܕܡܪܕܝܐ ܚܠܒܐ ܘܕܒܫܐ: ܘܐܦܠܐ ܝܗܒܬ ܠܢ ܝܪܬܘܬܐ. ܘܐܪܥܐ ܘܟܪ̈ܡܐ ✥ E Graecis testibus Cod. X, Lips.: Σ. κατατυραννεῖς γὰρ ἡμῶν βιαίως, et sic in marg. sine nom. Codd. 58 (sine γάρ), 85, 130, necnon Cat. Niceph. p. 1272. [21] Cod. 130 in marg. uno tenore: κατατυρ. γὰρ ἡμῶν βιαίως ἀλλὰ καὶ ἐμεγαλύνθης κ. τ. ἰ. Fortasse est Theodotionis. [22] Cod. 130 in marg. [23] Codd. X, Lips., 85, 130, qui omnes ad ἐπιθύμημα referunt, male. In eundem tamen errorem delapsus est Bar Hebraeus (Mus. Brit. Addit. MSS. 21,580, fol. 52 b): ܚܡܪܐ ܘܠܐ ܣܟܠܬ ܪܓܬ ܡܕܡ ܘܟܡܐ Cod. Lips. in marg.: 'Α. Σ. δῶρον. οὗτος εἶπεν καὶ ὁ Σαμουήλ. Vid. 1 Reg. xii. 3. [24] Cod. 130 in marg. (cum vitiosa scriptura προσδείη). [25] Idem ad θυσίαν· 'Α. Θ. ὄνον (sic). Cf. Hex. ad Gen. xlix. 14. Procop. in Cat. Niceph. p. 1272: μὴ πρόσχῃς, φησίν, εἰς τὴν θυσίαν αὐτῶν· οὐκ ὄνον ἑνὸς αὐτῶν ἔλαβον, οὐδὲ ἐκάκωσα οὐδένα αὐτῶν.

[26] Sic in marg. Codd. 85, 130 (sine δέ). [27] Sic Ald., Codd. IV (cum θε̄ bis), VII, 44, 74, alii. [28] Syro-hex. ܗ̄. ܣܟܝܠܐ ܐܠܗܐ ܀ ܐ̄. ܣܟܝܠܐ ܐܠܗܐ ✥ Ad Aq. et Sym. cf. Hex. ad Psal. xxx. 6. lxii. 2. Cod. 58 in textu: ὁ ἰσχυρὸς θεὸς θεός. [29] Sic Codd. IV, 19 (cum ‐θετε), 58 (in marg.), 108 (ut 19), 118 (idem). [30] Sic Cod. IV, et sine aster. Codd. 18, 128. Syro-hex. male pingit: ※ ἀποσχίσθητε ◄ δή. [31] Sic Cod. IV, Syro-hex. [32] Sic Ald., Codd. IV, 18, 32. S. August. Quaest. XXVIII in Num. (Opp. T. III, P. I, p. 539): "Quidam interpretati sunt, in hiatu ostendet Dominus, credo, putantes dictum χάσματι, quod Graece positum est φάσματι, quod pro eo dictum est ac si diceretur, in manifestatione, quod aperte oculis apparebit." [33] Sic Codd. 16, 19, 28, alii (inter quos 85 (cum τὸν κ. in marg.), 130 (in marg.)). [34] Sic Comp., Ald., Codd. III, VII, X, XI, Lips., 15, 16, alii, Arab. 1, 2. [35] Obelus est in Cod. IV. In Cod. 58 τὸ ἀλλότριον deest. [36] Sic in marg. Codd. 85, 130. [37] Sic in textu Codd. IV, 19, 108, 118; in marg. autem (cum κανθέντες) Codd. 85, 130. [38] Sic Cod. IV, Syrohex., et sine aster. Codd. 18, 58, 128, Arab. 1. [39] Syro-hex. ✥ ܕܒܢ̈ܝܐ ܀. Arab. 1: filiorum. [40] Sic

45 (10). כְּרֶגַע. Ο'. εἰσάπαξ. Schol. ἐν θήξει.[41]

46 (11). אֶל־הָעֵדָה. Ο'. εἰς τὴν παρεμβολήν ("Αλλος· συναγωγήν[42]).

47 (12). אֶל־תּוֹךְ הַקָּהָל. Ο'. εἰς ※ μέσην ◄ τὴν συναγωγήν.[43]

Cap. XVI. 4. ἐπὶ πρόσωπον (※) αὐτοῦ (◄).[44] 6. ÷ ὑμῖν ◄ ἑαυτοῖς (sic).[45] 9. ÷ ἐστιν τοῦτο ◄.[46] 13. ÷ τοῦτο ◄.[47] 16. ÷ ἕτοιμοι ◄.[48] 19. τὴν πᾶσαν αὐτοῦ ◄ συναγωγήν.[49] 24. Κορὲ ※ Δαθὰν καὶ Ἀβειρώμ ◄.[50] 25. ÷ πάντες ◄.[51] 26. μὴ ※ ποτε ◄.[52] 27. Κορὲ ※ καὶ Δαθὰν καὶ Ἀβειρώμ ◄.[53] 30. ÷ καὶ τοὺς οἴκους αὐτῶν, καὶ τὰς σκηνὰς αὐτῶν ◄.[54] 37. ÷ τὰ χαλκᾶ ◄.[55] 39. ÷ υἱὸς Ἀαρὼν ◄ ὁ ἱερεύς (sic).[56] 44. ÷ καὶ Ἀαρὼν ◄, λέγων.[57] 46. ἐπίβαλε ÷ ἐπ' αὐτό ◄.[58] ÷ τὸν λαόν ◄.[59] 47. ÷ αὐτῷ ◄ Μωυσῆς.[60] 48. καὶ ※ ἀναμέσον ◄ τῶν ζώντων.[61]

CAP. XVII.

4 (Hebr. 19). אִוָּעֵד לָכֶם. Conveniam vobiscum.

Ο'. γνωσθήσομαί σοι. Ἄλλος· συναντήσω σοι.[1]

5 (20). מֵעָלָי. Ο'. ἀπ' ἐμοῦ. Alia exempl. ἀπὸ σοῦ.[2]

8 (23). שְׁקֵדִים. Amygdala. Ο'. κάρυα. Οἱ λοιποί· ἀμύγδαλα.[3]

11 (26). יְהוָה אֹתוֹ. Ο'. κύριος τῷ Μωυσῇ. Alia exempl. κύριος αὐτῷ.[4]

12 (27). אָבַדְנוּ כֻּלָּנוּ. Ο'. ἀπολώλαμεν ※ πάντες ἡμεῖς ◄.[5]

Cap. XVII. 3. ÷ δώσουσιν ◄.[6] 6. κατ' ἄρχοντα ※ ἕνα ◄.[7] 8. ÷ καὶ Ἀαρὼν ◄.[8]

CAP. XVIII.

1. אָבִיךָ אִתָּךְ. Ο'. τοῦ πατρός σου (alia exempl. πατριᾶς σου[1]) ※ μετὰ σοῦ ◄.[2]

תִּשְׂאוּ אֶת־עֲוֺן הַמִּקְדָּשׁ. Ο'. λήψεσθε τὰς ἁμαρ-

---

in marg. Codd. 128, 130 (cum -ζεσθε). [41] Cod. 130 in marg.: ἐνθήξει, pro quo Holmes. male tentat ἐν θίξει. Glossae dant: Θήξει, momento. Hesych.: Θῆξις στιγμή, ῥοπή, τάχος. [42] Sic in marg. Codd. X, 85; in textu autem Comp., Codd. Lips., 19, 108, 118. [43] Sic Cod. IV, Arab. 1, et sine aster. Codd. 56, 58, Syro-hex., Arab. 2. [44] Sic sine aster. Codd. IV, 18, 58, 128, Arab. 1, 2, Syro-hex. [45] Cod. IV, Arab. 1, 2. Prior vox deest in Cod. 58. Ambigue Syro-hex. ܐܝܟ ܠܗܘܢ/. [46] Cod. IV, Arab. 1, 2. Syro-hex. pingit: ÷ ἐστι ◄ τοῦτο. [47] Cod. IV (sub ÷). Syro-hex. (sine cuncolo), Arab. 1, 2. Deest in Cod. 58. [48] Cod. IV (sub ÷), Syro-hex., Arab. 1, 2. [49] Cod. IV (sub ÷). Syro-hex. pingit: τὴν π. ÷ συναγωγὴν αὐτοῦ ◄. Pronomen abest a Cod. 15. [50] Cod. IV. Syro-hex. legit et pingit: ※ Κορὲ καὶ Δ. καὶ Ἀβειρώμ ◄; et sic sine aster. (cum Ἀβειρὼν) Comp., Ald., Codd. X, Lips., 15, 16, alii. Arab. 1: Κ. καὶ Δ. ※ καὶ Ἀβειρών. Arab. 2: Κ. ※ καὶ Δ. καὶ Ἀβ. [52] Cod. IV, Syro-hex. (qui legit et pingit: μὴ ※ ποτε συναπόλησθε αὐτοῖς ◄ ἐν πάσῃ κ. τ. ἑ., ubi αὐτοῖς fortasse ex liberalitate ipsius interpretis accessit. [53] Cod. IV (cum ※ Δ. καὶ Ἀβειρών), Syro-hex., Arab. 1, 2 (cum Ἀβειρών). Sic sine aster. (cum Ἀβειρὼν) Comp., Ald., Codd. III, 15, 16, 18, alii. Statim pro κύκλῳ, quod deest in Cod. 19, in Syro-hex. scriptum ܒܝܫܐ. [54] Cod. IV. Lacuna est in Syro-hex. [55] Cod. IV, Arab. 1, 2. Deest in Cod. 58.

[56] Iidem. Haec, υἱὸς Ἀ. τοῦ ἱερέως, desunt in Cod. 44. [57] Cod. IV (qui pingit: ÷ καὶ Ἀαρών, λέγων :), Arab. 1. [58] Cod. IV (sub ÷), Syro-hex., Arab. 1, 2. [59] Cod. IV (sub ÷ ex corr.), Syro-hex., Arab. 1, 2. [60] Cod. IV (sub ÷), Syro-hex. (qui male pingit: αὐτῷ ÷ Μωυσῆς ◄), Arab. 1, 2. [61] Cod. IV, Arab. 1, 2. Sic sine aster. Codd. 15, 56, 58. Syro-hex. perperam pingit: ἀν. τῶν ※ τεθνηκότων ◄ (ܘܟܡܐ ܕ ※ ܟܡܐ) καὶ ἀν. τῶν ζ.

CAP. XVII. [1] Cod. 128 in marg. "Cod. 130 in marg. συν'στησω οι (sic), unde conjici potest esse hanc lectionem Aquilae, et συναντήσω σοι esse legendum."—Holmes. Sed cf. Hex. ad Exod. xxv. 21. Psal. xlvii. 5. Amos iii. 3. [2] Sic Comp., Ald., Codd. III, IV (cum ἐκ σοῦ a 1ma manu), VII, X, XI, Lips., 15, 16, alii, Syro-hex., invito Vet. Lat. [3] Nobil., Codd. Lips., 85 (sine nom.), 130, Cat. Niceph. p. 1280. Syro-hex. ܐܘܟܡܐ. Cf. Hex. ad Gen. xliii. 11. [4] Sic Syro-hex. Cod. IV: αὐτῷ κύριος, silente Holmesio. [5] Sic Cod. IV, Syro-hex. (qui pingit: ※ πάντες ◄ ἡμεῖς), Arab. 1, 2 (cum ※ omnes), et sine aster. Comp., Codd. XI, 56, 58. [6] Cod. IV (sub ÷), Syro-hex. Arab. 1, 2: ÷ et dabis. [7] Cod. IV, Syro-hex. (qui vertit: ܚܕ ※ ܪܫܐ ܠܟܠ). [8] Cod. IV, Arab. 1, 2. Deest in Comp., Cod. 58.

CAP. XVIII. [1] Sic Codd. II, IV, XI, 44, 71, alii, Arm. 1, Syro-hex. [2] Sic Syro-hex., Arab. 1, 2, et sine aster. Comp., Ald., Codd. VII, X, Lips., 15, 16, 18, alii,

τίας (alia exempl. τὰς ἀπαρχὰς²) τῶν ἁγίων
(Οἱ Γ΄. τὴν ἀνομίαν τοῦ ἁγιάσματος⁴). (Σ.) συμβαστάσετε τὴν παρανομίαν τοῦ ἁγιάσματος.⁵

1. וּבָנֶיךָ אִתָּךְ. O'. καὶ οἱ υἱοί σου ※ μετὰ σοῦ ◀.⁶

2. וְשֵׁרְתוּ. O'. καὶ λειτουργείτωσάν ('Άλλος·
ὑπουργείτωσαν⁷) σοι.

5. וְלֹא־יִהְיֶה עוֹד. O'. καὶ οὐκ ἔσται (alia exempl.
ἔσται ἔτι⁸).

עַל־בְּנֵי. O'. ἐν τοῖς υἱοῖς. 'Άλλος· ἐπὶ τοὺς
υἱούς.⁹

6. וַאֲנִי הִנֵּה. O'. καὶ ἐγώ. Alia exempl. καὶ ἐγὼ
ἰδού.¹⁰

לָכֶם מַתָּנָה נְתֻנִים. O'. ※ ὑμῖν ◀¹¹ δόμα δεδο-
μένον (alia exempl. δεδομένοι¹²).

7. עֲבֹדַת מַתָּנָה. Ministerium largitionis. O'. τὰς
λειτουργίας δόμα. 'Άλλος· λειτουργίαν δόμα-
τος.¹³

מַתָּנָה אֶתֵּן אֶת־כְּהֻנַּתְכֶם. O'. δόμα ※ δώσω ◀¹⁴
τῆς ἱερατείας ὑμῶν. Τὸ Σαμαρειτικόν· καὶ

δόματι δώσω τὰς ἱερατείας ὑμῶν.¹⁵

8. לְמָשְׁחָה. In portionem. O'. εἰς γέρας. 'Άλ-
λος· εἰς τιμήν.¹⁶

9. מִקֹּדֶשׁ הַקֳּדָשִׁים. De sanctissimis (oblationibus).
O'. ἀπὸ (alia exempl. add. πάντων¹⁷) τῶν ἡγια-
σμένων ἁγίων. Σ. ἀπὸ ἡγιασμένου τῶν ἁγίων.¹⁸
'Άλλος· ἀπὸ τοῦ ἁγίου τῶν ἁγίων.¹⁹

14. כָּל־חֵרֶם. Omnis res devota. O'. πᾶν ἀνατε-
θεματισμένον ('Άλλος· ἀνατεθειμένον²⁰).

16. מִבֶּן־חֹדֶשׁ תִּפְדֶּה. O'. ἀπὸ μηνιαίου ※ λυ-
τρώσῃ.²¹

כֶּסֶף. O'. Vacat. ※ ἀργυρίου ◀.²²

Cap. XVIII. 1. – λέγων ◀.²³　8. – μοι ◀.²⁴　– μετὰ
σέ ◀.²⁵　9. ἁμαρτιῶν ※ αὐτῶν ◀.²⁶　11. – ἔσται ◀.²⁷
17. στέαρ ※ αὐτῶν ◀.²⁸　18. κρέα ※ αὐτῶν (◀.)²⁹
26. κλήρῳ ※ αὐτῶν ◀.³⁰　– ὑμεῖς ◀.³¹　29. ἀφελεῖτε
※ πᾶν ◀ ἀφαίρεμα.³²　ἀπαρχῶν ※ αὐτοῦ ◀.³³　ἡγιασμένον ※ αὐτοῦ ◀ ἀπ' αὐτοῦ.³⁴　30. ἀπαρχὴν ※
αὐτοῦ ◀ ἀπ' αὐτοῦ.³⁵　32. ἀπαρχὴν ※ αὐτοῦ ◀.³⁶

Arm. 1, Vet. Lat. Cod. IV male pingit: πατριὸς ※ σου·
μετὰ σοῦ. ³ Sic Codd. II, X (cum τὰς ἁμ. in marg.),
Lips., 44, 64, alii. Praeterea Codd. X, Lips., in marg.
notant: τουτέστιν, πάντα τὰ ἄρρενα τὰ ἐκ τῶν ἱερέων
καταγόμενα, ὡς τὸ ἴα κεφάλαιον τοῦ Λευϊτικοῦ. Vid. Lev. vi. 18.
(Montef. e Cod. X exscripsit: τουτέστι, τὰ ΑΡΕΝΑΤΑ ἐκ τῶν
ἱερέων κ.τ.ἑ., notans: "Quid sibi velint ἄρϊνατα prorsus
ignoro.") ⁴ Syro-hex. ܐܘܠܡܩܗ̈ܟ.
܀ܘܪܗܡܠܟ. ⁵ Procop. in Cat. Niceph. p. 1282 locum
S. S. sic allegat: σὺ καὶ οἱ υἱοί σου καὶ ὁ οἶκος τοῦ πατρός σου
συμβαστάσετε τὴν παρανομίαν τοῦ ἁγιάσματος. "Quaerendum
num fuerint posteriora ab alio interpreta."—Holmes. Sunt
Symmachi, ni fallor, cui ad Ezech. xviii. 19 e Syro-hex.
vindicavimus: διὰ τί οὐ συνεβάστασεν ὁ υἱὸς τὴν ἀνομίαν τοῦ
πατρὸς αὐτοῦ; ⁶ Sic Cod. IV, Syro-hex., Arab. 1, et sine
aster. Comp., Cod. 56, Arab. 2. ⁷ Sic in marg. Codd.
28, 85. ⁸ Sic Comp., Ald., Codd. III (IV hiat), VII,
XI, Lips., 15, 16, 18, alii, Syro-hex., Arab. 1, 2. ⁹ Sic
in marg. Codd. 85, 130; in textu autem (cum τοῖς υἱοῖς)
Codd. 19, 108, 118. ¹⁰ Sic Codd. XI, 18, 32, 56, 58, 128,
Syro-hex. ¹¹ Sic Syro-hex., et sine aster. Cod. 75.
¹² Sic Cat. Niceph. p. 1283, et Syro-hex. (ܐܘܒܗܝ̈).
¹³ Cod. 85 in marg., teste Montef. Holmes. ex eodem
affert: τὴν λ. δ. ¹⁴ Sic Syro-hex., qui male pingit:
※ δόμα δώσω, absente cuneolo. ¹⁵ Nobil., et "tres

Regii" apud Montef., qui δόματα pro δόματι edidit. Anon.
in Cat. Niceph. p. 1283: Τὸ Σαμ. οὕτως ἔχει καὶ δόματι δώσω
τὰς ἱ. ὑμῶν, ἀντὶ τοῦ, ὀφείλετε φυλάσσειν τὰς λειτουργίας ὑμῶν,
ἐπειδὴ καὶ κατὰ δωρεὰν καὶ κατ' ἐξαίρετον ἐδόθη ὑμῖν ἡ ἱερατεία.
¹⁶ Sic in marg. Codd. X, Lips., fortasse ex glossemate.
Hesych.: Γέρας· τιμή, σέβας, κ.τ.ἑ. Syro-hex. ܐܪܩܝܐ (=γέρας
Sap. Salom. ii. 22, vertente eodem). ¹⁷ Sic Codd. 16,
52 (sine τῶν), 73, 77, 85, alii. ¹⁸ Cod. 85. ¹⁹ Idem
in marg. sine nom. ²⁰ Sic in marg. Codd. X, Lips.,
uterque sine ἀνατεθειμένον. ²¹ Sic Syro-hex., Arab. 1
(cum ※ tunc redimetur), et sine aster. Cod. 58. ²² Sic
Arab. 1, et sine aster. Codd. XI, 58, Syro-hex. ²³ Cod.
IV (sub ÷), Syro-hex., Arab. 1, 2. Deest in Comp.
²⁴ Arab. 1, 2. Deest in Comp., Cod. 58. Syro-hex. pingit: μοι ÷ (sic) τῶν υἱῶν Ἰσρ. ²⁵ Syro-hex. (qui pingit:
– σου μετὰ σέ ◀), Arab. 1, 2 Deest in Comp., Cod. 58.
²⁶ Syro-hex. Pronomen abest a Codd. II, III, X, Lips.,
16, 19, aliis. ²⁷ Idem. ²⁸ Idem. Sic sine aster.
Cod. 15. ²⁹ Idem. Sic sine aster. Arab. 1. ³⁰ Idem.
Sic sine aster. Arab. 1. ³¹ Syro-hex., Arab. 1. ³² Iidem. Sic sine aster. Codd. 18, 128. ³³ Syro-hex. Sic
sine aster. Cod. 58. ³⁴ Idem (qui pingit: ※ αὐτοῦ ἀπ'
αὐτοῦ ◀), Arab. 1, 2 (cum ※ αἰτῷ). ³⁵ Cod. IV (ex corr.
pro ἀπαρχὴν ἀπ' αὐτοῦ), Syro-hex. Sic sine aster. Cod. 58.
³⁶ Cod. IV, Syro-hex. Sic sine aster. Comp., Cod. 58.

Cap. XIX.

4. בְּמִדָמָה בְּאֶצְבָּעוֹ. Ο΄. ἀπὸ τοῦ αἵματος αὐτῆς ※ τῷ δακτύλῳ αὐτοῦ ◄.[1]

6. עֵץ אֶרֶז וְאֵזוֹב. Ο΄. ξύλον κέδρινον καὶ ὕσσωπον. Ἄλλος· (ξύλον) κυπαρίσσινον καὶ ὀρίγανον.[2]

אֶל־תּוֹךְ שְׂרֵפַת. Ο΄. εἰς μέσον τοῦ κατακαύματος. Ἄλλος· εἰς τὴν πυράν.[3]

7. וְטָמֵא. Ο΄. καὶ ἀκάθαρτος ἔσται. Ἄλλος· καὶ μιανθήσεται.[4]

10. וְלַגֵּר הַגָּר בְּתוֹכָם. Ο΄. καὶ τοῖς προσηλύτοις προσκειμένοις. Ἄλλος· καὶ τοῖς προσηλύτοις τοῖς προσκειμένοις ἐν μέσῳ αὐτῶν.[5]

12. לֹא יִטְהָר. Ο΄. οὐ καθαρὸς ἔσται. Ἄλλος· οὐ καθαρισθήσεται.[6]

14. וְכָל־אֲשֶׁר יָטָמֵא בָּאֹהֶל שִׁבְעַת יָמִים. Ο΄. καὶ ※ πάντα ◄[7] ὅσα ἐστὶν ἐν τῇ οἰκίᾳ, ἀκάθαρτα ἔσται ἑπτὰ ἡμέρας. Σ. καὶ ὁ ἐν τῇ σκέπῃ ἀκάθαρτος ἔσται ἑπτὰ ἡμέρας.[8]

15. אֲשֶׁר אֵין־צָמִיד פָּתִיל עָלָיו. Super quo non est operculum et filum. Ο΄. ὅσα οὐχὶ δεσμὸν καταδέδεται ἐπ᾽ αὐτῷ. Ἀ. ὃ οὐκ ἔχει (s. ᾧ οὐκ ἔστι) πῶμα στρεπτὸν ἐπ᾽ αὐτῷ. Σ. ὃ οὐκ ἔχει πῶμα συνημμένον πρὸς αὐτό. Θ. ὃ (οὐκ) ἔχει πῶμα συνημμένον ἐπ᾽ αὐτῷ.[9]

16. בַּחֲלַל־חֶרֶב. Ο΄. τραυματίου ※ ῥομφαίᾳ ◄.[10]

Cap. XIX. 3. – εἰς τόπον καθαρόν ◄.[11] 4. Ἐλεάζαρ ※ ὁ ἱερεύς ◄.[12] 5. δέρμα ※ αὐτῆς ◄.[13] 8 (bis). αὐτοῦ ※ ἐν ὕδατι ◄.[14] ἕως ※ τῆς ◄ ἑσπέρας.[15] 12. ἁγνισθήσεται ※ ἐν αὐτῷ ◄.[16] 13, 14. – ἐστι. καὶ ◄.[17] 18. ἐπὶ ※ πάντα ◄ τὰ σκεύη.[18] τοῦ ὀστέου – τοῦ ἀνθρωπίνου ◄.[19] 20. – ὅτι ◄ ὕδωρ.[20]

Cap. XX.

1. צִן. Ο΄. Σίν. Alia exempl. Σινᾶ, s. Σιναί.[1]

3. וַיֹּאמְרוּ לֵאמֹר. Ο΄. ※ καὶ εἶπαν ◄, λέγοντες.[2]

וְלוּ גָוַעְנוּ. Ο΄. ὄφελον ἀπεθάνομεν (alia exempl. ἀπωλόμεθα[3]).

4. וְלָמָה. Ο΄. καὶ ἱνατί (Ἄλλος· διὰ τί[4]).

לָמוּת שָׁם. Ο΄. ἀποκτεῖναι ※ ἐκεῖ ◄.[5]

וּבְעִירֵנוּ. Ο΄. καὶ τὰ κτήνη (Ἄλλος· τέκνα[6]) ἡμῶν.

5. לִשְׁתּוֹת. Ο΄. πιεῖν. Ἄλλος· εἰς (τὸ) πιεῖν.[7]

6. וַיָּבֹא. Ο΄. καὶ ἦλθε (Ἄλλος· εἰσῆλθε[8]).

Cap. XIX. [1] Sic Cod. IV, Syro-hex., Arab. 1, 2, et sine aster. Codd. XI, 15 (post Ἐλεάζαρ), 18, 58, 128. [2] Sic in marg. Codd. 128, 130. Ad ὀρίγανον cf. Gesen. in Thes. Ling. Hebr. p. 57. [3] Cod. 130 in marg. [4] Idem. [5] Sic in textu Codd. IV, 58, 131, Syro-hex., et (cum ἐν μ. ὑμῶν) Ald., Codd. III, VII, X, Lips., 16, 18, alii (inter quos 85). Vet. Lat.: et prosylitis qui adpositi sunt in illis. [6] Sic in marg. Codd. 85, 130; in textu autem Codd. 29, 56. [7] Sic Cod. IV, et sine aster. Cod. 58. [8] Syro-hex. ܘܟܠ ܕܐܝܬ ܒܒܝܬܐ ܢܗܘܐ ܛܡܐ. [Syriac] ◦ [Syriac] Idem: [Syriac] ◦ [Syriac] ◦ [Syriac] ◦ [Syriac]. [10] Sic Cod. IV, Syro-hex. (cum ῥομφαίας). Cod. 58: τραυματίου ῥομφαίας. [11] Cod. IV (sub –, sed notis a correctore appictis), Syro-hex. Deest in Comp. [12] Cod. IV, Syro-hex., Arab. 1. Sic sine aster. Cod. 58, Arab. 2. [13] Cod. IV, Syro-hex. Sic sine aster. Comp., Ald., Codd. III, VII, X, XI, Lips., 15, 16, alii, Arab. 1, 2, Arm. 1. [14] Cod. IV, Syro-hex. (qui male pingit: ※ ἐν ὕδατι – ὕδατι ◄),

Arab. 1, 2. In posteriore loco ὕδατι sine aster. est in Comp., Ald., Codd. III, X, XI, Lips., 15, 16, aliis, Arm. 1, Vet. Lat. [15] Cod. IV, Arab. 1. [16] Cod. IV. Sic sine aster. Codd. 15, 58, Syro-hex. (cum ἐν αὐτοῖς). [17] Cod. IV: – ἐστιν· καὶ, sed ex corr.: – ἐστιν καί:. Syro-hex. male pingit: ἐστιν. – καὶ οὗτος ◄. [18] Cod. IV, Syro-hex. (nullo metobelo), Arab. 1, 2. Sic sine aster. Cod. 58. [19] Cod. IV (cum – τοῦ ανθρωπου (sic)), Syro-hex. (qui male pingit: – τοῦ ὀστέου ◄ τοῦ ἀνθρωπίνου), Arab. 1, 2. [20] Cod. IV, Syro-hex.

Cap. XX. [1] Prior scriptura est in Codd. 15, 82, 83; posterior in Codd. X (in marg.), Lips. (idem), 54, 75. [2] Sic Cod. IV, Syro-hex., Arab. 1, 2. [3] Sic Ald., Codd. III, VII, X (in marg.), Lips. (idem), 15, 16, alii. [4] Sic in marg. Codd. 85, 130; in textu autem Codd. 16, 28, alii. [5] Sic Cod. IV, Syro-hex. (absente cuneolo), Arab. 1, 2, et sine aster. Cod. 58. [6] Sic in marg. Codd. 85, 130; in textu autem Cod. 85. [7] Cod. 130 in marg.: εἰς. [8] Sic in marg. Cod. 85; in textu autem Codd. XI, 16, 32, alii. Vet. Lat.: et introibit (sic).

10. אֶת־הַקָּהָל. Ο'. τὴν συναγωγήν (alia exempl. add. ἔναντι κυρίου⁹).

הַמֹּרִים. Contumaces. Ο'. οἱ ἀπειθεῖς. Ἄλλος· οἱ φιλόνεικοι.¹⁰

12. לֹא־הֶאֱמַנְתֶּם בִּי. Ο'. οὐκ ἐπιστεύσατε ※ ἐν ἐμοί ◄.¹¹

13. מֵי מְרִיבָה. Aqua contentionis. Ο'. τὸ ὕδωρ ἀντιλογίας (Ἄλλος· λοιδορίας¹²).

וַיִּקָּדֵשׁ בָּם. Ο'. καὶ ἡγιάσθη ἐν αὐτοῖς. (※) καὶ εἶπε Μωυσῆς· κύριε ΠΙΠΙ, σὺ ἤρξω δεῖξαι τῷ θεράποντί σου ἰσχύν σου, καὶ τὴν χεῖρά σου τὴν κραταιάν· τίς γὰρ θεὸς ἐν τῷ οὐρανῷ ἢ ἐπὶ τῆς γῆς, ὅστις ποιήσει καθὰ ἐποίησας σύ, καὶ κατὰ τὴν ἰσχύν σου; διαβὰς οὖν ὄψομαι τὴν γῆν τὴν ἀγαθὴν τὴν οὖσαν πέραν τοῦ Ἰορδάνου, τὸ ὄρος τὸ ἀγαθὸν τοῦτο, καὶ τὸν Ἀντιλίβανον. καὶ εἶπε ΠΙΠΙ πρὸς Μωυσῆν· ἱκανούσθω σοι, μὴ προσθῇς λαλῆσαι πρὸς μέ ἔτι τὸν λόγον τοῦτον. ἀνάβηθι ἐπὶ τὴν κορυφὴν τοῦ λελαξευμένου (ﮐﺴﺩﺍ), καὶ ἀναβλέψας τοῖς ὀφθαλμοῖς σου κατὰ θάλασσαν, καὶ βορρᾶν, καὶ λίβα, καὶ ἀνατολάς, ἴδε τοῖς ὀφθαλμοῖς σου, ὅτι οὐ διαβήσῃ τὸν Ἰορδάνην τοῦτον. καὶ ἔντειλαι Ἰησοῖ υἱῷ Ναυή, καὶ κατίσχυσον αὐτόν, καὶ παρακάλεσον αὐτόν· ὅτι αὐτὸς διαβήσεται πρὸ προσώπου τοῦ λαοῦ τούτου, καὶ οὗτος κατακληρονομήσει αὐτοὺς τὴν γῆν ἣν ἑώρακας. καὶ ἐλάλησε κύριος πρὸς Μωυσῆν, λέγων· ἱκανούσθω ὑμῖν κυκλοῦν τὸ ὄρος τοῦτο· ἐπιστράφητε οὖν εἰς βορρᾶν. καὶ τῷ λαῷ ἔντειλαι, λέγων· ὑμεῖς παραπορεύεσθε διὰ τῶν ὁρίων τῶν ἀδελφῶν ὑμῶν υἱῶν Ἡσαῦ, οἱ κατοικοῦσιν ἐν Σηείρ· καὶ φοβηθήσονται ὑμᾶς, καὶ εὐλαβηθήσονται σφό-

δρα. μὴ συνάψητε πρὸς αὐτούς· οὐ γὰρ μὴ δῶ ὑμῖν ἀπὸ τῆς γῆς αὐτῶν εἰς κληρονομίαν (ﺍﻠﻟﻮﺕﺍ) οὐδὲ βῆμα ἴχνους (ﺍﻠﺮﺟﻞ) ποδός, ὅτι ἐν κλήρῳ τοῖς υἱοῖς Ἡσαῦ δέδωκα τὸ ὄρος Σηείρ. βρώματα ἀγοράσατε παρ' αὐτῶν ἀργυρίου, καὶ φάγεσθε· καὶ ὕδωρ λήψεσθε παρ' αὐτῶν ἀργυρίου, καὶ πίεσθε (◄).¹³

21. וַיְמָאֵן. Ο'. καὶ οὐκ ἠθέλησεν (Ἄλλος· οὐκ ἐβουλήθη¹⁴).

24. לִבְנֵי יִשְׂרָאֵל. Ο'. τοῖς υἱοῖς Ἰσραήλ (alia exempl. add. ἐν κατασχέσει¹⁵).

לְמֵי. Ο'. ἐπὶ τοῦ ὕδατος. Ἄλλος· ἐν τῷ ὕδατι.¹⁶

מְרִיבָה. Ο'. λοιδορίας. Alia exempl. ἀντιλογίας.¹⁷

29. כִּי גָוַע. Quod animam efflavit. Ο'. ὅτι ἀπελύθη. Ἀ. ὅτι ἐξανηλώθη. Σ. ὅτι ἐξέλιπεν.¹⁸

Cap. XX. 5. ἱνατί — τοῦτο ◄.¹⁹ ※ ἡμᾶς ◄ εἰς τὸν τόπον ◄.²⁰ 6. πρόσωπον ※ αὐτῶν ◄.²¹ 9. — κύριος ◄.²² 11. τῇ ῥάβδῳ ※ αὐτοῦ ◄.²³ 12. — ὑμεῖς τὴν συναγωγήν.²⁴ 16. τῆς φωνῆς ἡμῶν — κύριος ◄.²⁵ 17. ἐκ λάκκων (sic) — σου ◄.²⁶ 20. — δι' ἐμοῦ ◄.²⁷ 23. καὶ ※ πρὸς Ἀαρών.²⁸ 25. — ἔναντι πάσης τῆς συναγωγῆς ◄.²⁹ 26. καὶ ἔνδυσον ※ αὐτὴν ◄.³⁰ 28. καὶ ἐξέδυσε ※ Μωυσῆς ◄ τὸν Ἀαρών.³¹ ἀπέθανεν Ἀαρὼν ※ ἐκεῖ ◄.³²

---

⁹ Sic in marg. Codd. 85, 130; in textu autem Codd. X, Lips., 16, 30, alii. ¹⁰ Cod. 128 in marg. Cf. Hex. ad Ezech. xliv. 6. ¹¹ Sic Cod. IV, Syro-hex. (qui pingit: ﺑﻰ ※), et sine aster. Cod. 58. Lectio οὐκ ἐπιστεύσατέ μοι est in Comp., Codd. X, XI, Lips., 19, 44, aliis, Vet. Lat. ¹² Sic in marg. Cod. X (cum —ρίας), Lips. (cum λοιδορίας), 130; in textu autem Codd. 54, 75, 82. Vet. Lat.: maledictionis. ¹³ Syro-hex., praemisso singulis versiculis siglo ―◄, cum scholio: "Ista tantum in exemplari Samaritanorum feruntur. Meminit autem eorum Moses in Deuteronomio (Cap. iii. 24–28. ii. 2–6)." ¹⁴ Sic in marg. Codd. 85, 130; in textu autem Cod. XI. ¹⁵ Sic Ald., Codd. III, VII, X, XI, Lips., 15, 16, alii. ¹⁶ Sic in marg. Codd. 85, 130; in textu autem Codd. 19, 108, 118. ¹⁷ Sic Comp., Ald., Codd. 19, 32, alii, repugnante S. August. in Quaest. XXXIX in Num. (Opp. T. III, p. 546): "Non enim ait ἀντιλογίας, sed λοιδορίας." Vet. Lat.: maledictionis. ¹⁸ Syro-hex. ﺣﺎﺩﻣﺪ ﺩ ﺩﻗﺪ ﻭﺍ ?. ¹⁹ Cod. IV

TOM. I.

(sub ―). Pronomen deest in Codd. 29, 71, Arab. 1, 2, Arm. 1. ²⁰ Cod. IV, Syro-hex. (qui male pingit: ἡμᾶς ※ εἰς τὸν τόπον ◄). Sic sine aster. Cod. 58. ²¹ Iidem. Sic sine aster. Comp., Cod. 58, Arab. 1, 2, Arm. 1. ²² Syro-hex. ²³ Cod. IV, Syro-hex. (qui male pingit: ※ τῇ ῥάβδῳ ◄ αὐτοῦ). Sic sine aster. Codd. XI, 58. ²⁴ Cod. IV (sub ―), Syro-hex. (qui perverse pingit: ὑμεῖς — τὴν συναγωγήν ◄). Pronomen deest in Cod. 58. ²⁵ Sic (pro κύριος τῆς φ. ἡμῶν) Cod. IV, Syro-hex. (sine obelo), Arab. 1, 2. Vox κύριος deest in Codd. 44, 53, 58, 106. ²⁶ Syro-hex. ²⁷ Cod. IV (sub ―), Syro-hex., Arab. 1, 2. ²⁸ Syro-hex. (qui pingit: ※ καὶ πρὸς Ἀ.). ²⁹ Syro-hex., Arab. 1, 2. (In Cod. IV lacuna est usque ad Cap. xxix. 34.) Desunt in Comp. ³⁰ Syro-hex. Sic sine aster. Cod. 58. ³¹ Syro-hex., Arab. 1, 2. Sic sine aster. Comp., Codd. XI, 58 (cum Μωσῆς), 82. ³² Iidem. Sic sine aster. Ald., Codd. X, XI, Lips., 15, 16, alii.

к k

Cap. XXI.

1. הַכְּנַעֲנִי. Ο'. ὁ Χανανείς. Οἱ λοιποί· ὁ Χαναναῖος.[1]

יֹשֵׁב הַנֶּגֶב. Habitans in regione australi. Ο'. ὁ κατοικῶν κατὰ τὴν ἔρημον. Ἄλλος· ὁ καθήμενος εἰς τὸν νότον.[2]

דֶּרֶךְ הָאֲתָרִים. In via quae ad Atharim ducit. Ο'. ὁδὸν Ἀθαρείν (s. Ἀθαρείμ). Ἀ. Σ. ὁδὸν τῶν κατασκόπων.[3]

2. אִם־נָתֹן תִּתֵּן...בְּיָדִי. Ο'. ἐάν μοι παραδῷς... ὑποχείριον. Ἄλλος· ἐὰν παραδιδοὺς παραδῷς ... ὑπὸ χεῖρά μου.[4]

3. וַיִּקְרָא. Ο'. καὶ ἐπεκάλεσαν (Ἄλλος· ἐπεκάλεσεν[5]).

5. קָצָה. Fastidit. Ο'. προσώχθισεν. Ἀ. σικχαίνει (s. ἐσίκχανεν). Σ. ἐνεκάκησεν.[6]

הַקְּלֹקֵל. Levem. Ο'. τῷ διακένῳ – τούτῳ ◄.[7] Οἱ λοιποί· κούφῳ.[8] Schol. ματαίῳ, ξηρῷ.[9]

8. עַל־נֵס. Super perticam. Ο'. ἐπὶ σημείου. Σ. ἐπὶ ὕψους.[10]

---

11. בְּעִיֵּי. Ο'. ἐν Ἀχαλγαί (s. Ἀχελγαί). Ἄλλος· ἐν Ἀχελσεείν.[11] Σ. ἐν τοῖς βουνοῖς.[12]

בְּעִיֵּי הָעֲבָרִים. In Ije-Abarim. Schol. Ο'. ἐν Ἀχαλγαί ἐκ τοῦ πέραν, ὅ ἐστιν, ἐν ἐποικίαις Ἑβραίων.[13]

מִמִּזְרַח הַשֶּׁמֶשׁ. Ο'. κατ' ἀνατολὰς ἡλίου. (※) καὶ εἶπεν κύριος πρὸς Μωυσῆν μὴ ἐχθραίνετε (ܘܗܘ ܠܐ) τοῖς Μωαβίταις, καὶ μὴ συνάψητε πρὸς αὐτούς· οὐ γὰρ μὴ δῶ ὑμῖν ἀπὸ τῆς γῆς αὐτῶν ἐν κλήρῳ· τοῖς γὰρ υἱοῖς Λὼτ δέδωκα τὸ ὄρος ἐν κλήρῳ (◄).[14]

13. מִשָּׁם נָסְעוּ וַיַּחֲנוּ. Ο'. καὶ ἐκεῖθεν ἀπάραντες παρενέβαλον. (※) καὶ εἶπεν κύριος πρὸς Μωυσῆν, λέγων· σὺ παραπορεύῃ σήμερον τὰ ὅρια Μωὰβ τὴν Ἀροήρ, καὶ προσάξετε ἐγγὺς υἱῶν Ἀμμάν· μὴ ἐχθραίνετε αὐτοῖς, καὶ μὴ συνάψητε πρὸς αὐτούς· οὐ γὰρ μὴ δῶ ἀπὸ τῆς γῆς υἱῶν Ἀμμάν σοὶ ἐν κλήρῳ, ὅτι τοῖς υἱοῖς Λὼτ δέδωκα αὐτὴν ἐν κλήρῳ. καὶ ἀπῆραν ἐκ τῆς φάραγγος Ζαρὲθ, καὶ παρενέβαλον (◄).[15]

אֲשֶׁר בַּמִּדְבָּר. Ο'. ※ ὅ ἐστιν ◄ ἐν τῇ ἐρήμῳ.[16]

14, 15. עַל־כֵּן יֵאָמַר בְּסֵפֶר מִלְחֲמֹת יְהֹוָה אֶת־

Cap. XXI. [1] Syro-hex. (cum ܡܒܪ in textu): ܐܝܟ ܣܘܪܝܝܐ ܐܚܪܢܐ. [2] Euseb., ut infra. Proculdubio est alius interpretis, fortasse Aquilae. [3] Euseb. in Onomastico, p. 30: Ἀκθαρείμ (Ἀηθαρίμ). Ἀκ. Σύμ. ὁδὸς τῶν κατασκόπων, ἔνθα ὁ Χαναναῖος, ὁ καθήμενος εἰς τὸν νότον, ἐπελθὼν τῷ Ἰσραὴλ ἐν τῇ ἐρήμῳ πολεμεῖ. Syro-hex. in marg. ܘܐܘܪܚܐ (τῶν κατασκόπων) ܕܓܫܘܫܐ. [4] Sic in textu Cod. 58 (cum μοι), Syro-hex. [5] Sic in marg. Cod. 85; in textu autem Codd. III, 16. [6] Montef. edidit: Ἀ. σικχαίνει. Σ. ἐνεκάκησεν, notans: "Sic omnes MSS. [et Nobil.], atque ita vertunt ambo Gen. xxvii. 46." E nostris libris Cod. 85 affert: Ἀ. ἐχαίνει. Σ. ἐνεκάκησεν; Cod. 130: Ἀ. ἐχχένει. ἐνεκάκησεν (sic) Cod. 54: Ἀ. ἐσίεχανε. Tandem Syro-hex. ܘ̇ܡ. ܐܝܟ. Cf. Hex. ad Jesai. vii. 17. [7] Obelus est in Syro-hex. [8] Codd. X, Lips. 85, 130. Cod. 58 in marg. sine nom.: τῷ κούφῳ. τῶν οἰθαμένων (sic). [9] Sic in marg. Codd. X, Lips. [10] Cod. Lips. Montef. e Cod. X exscripsit: Σ. τοῦ ὕψους. Ad σημείου Syro-hex. in marg. ܢܝܫܐ ܘܡ. Codd. 75 (in textu), 85 (in marg.), 130 (cum ὕψους in marg.): ἐπὶ σημείου ὕψους. [11] Sic in marg. Codd. X, Lips. [12] Euseb. in Onomastico, p. 22: Αἱὴ ἢ καὶ Ἀχελγαί. (Σ.) ἐν τοῖς βουνοῖς.

Αὕτη λέγεται εἶναι κατὰ πρόσωπον Μωὰβ τῆς Ἀρεοπόλεως κατὰ ἀνατολάς. Ubi Symmachi nomen ex Hieron. assumptum. [13] Sic in marg. Codd. 85, 130. Versio est, ut videtur, interpretis Samaritani (בבארני עברא, h. e. in viculis Hebraeorum. [14] Sic in marg. sine aster. Codd. 85, 130 (cum πρὸς αὐτοῖς, et om. ἀπὸ), Syro-hex. (praem. ÷◄, cum ܕܐܪܒܥܐ pro κύριος). In Cod. 130 subjungitur scholium: Καὶ τούτῳ μέμνηται Μωσῆς ἐν Δευτερονομίῳ (Cap. ii. 9) ἃ ἃν (fort. μόνον) ἐν (τῷ) τῶν Σαμαρειτῶν εὕρομεν; in Syro-hex. autem: ܘܗܢܐ ܐܬܕܟܪ ܡܘܫܐ ܒܬܢܝܢ ܢܡܘܣܐ ܗܠܝܢ ܕܐܝܬ ܒܠܚܘܕ ܒܣܡܪܝܐ ܐܫܟܚܢܢ. [15] Sic in marg. sine aster. Codd. 85 (cum ὑμῶν pro υἱῶν), 130 (cum ὑμῶν... ἐχθρ. αὐτὸν ... ἐκ τῆς γῆς ... τὸ (pro ὅτι) τοῖς υἱοῖς ... Ζαρὲθ), Syro-hex. (praemisso ÷◄, cum ܕܐܪܒܥܐ pro πρὸς Μ., et ܐܪܥܪ pro Ἀροήρ). Codd. 85, 130 subjiciunt: Καὶ τούτῳ μεμνῆται Μωσῆς ἐν Δευτερονομίῳ (Cap. ii. 18, 19), ἃ (ἃ om. 130) ἐν μόνοις τῶν Σαμαρειτῶν εὕρομεν. Syro-hex. autem, ut ante, in fine addens: ܘܗܢܐ ܐܬܕܟܪ ܡܘܫܐ ܒܬܢܝܢ ܢܡܘܣܐ ܗܠܝܢ ܕܐܝܬ ܒܠܚܘܕ, quae nescio an ad lectionem, quae statim subjicitur, διὰ τοῦτο εἴρηται κ. τ. ἑ., potius pertineant. [16] Sic Syro-hex., et sine aster. Codd. 15, 18, 58, 128.

וָהֵב בְּסוּפָה וְאֶת־הַנְּחָלִים אַרְנוֹן: וַאֲשֶׁד
הַנְּחָלִים אֲשֶׁר נָטָה לְשֶׁבֶת עָר וְנִשְׁעַן לִגְבוּל
מוֹאָב. *Propterea dicitur in libro bellorum
Jovae: Vaheb in Supha (s. turbine), et tor-
rentes Arnon; et defluxus torrentium, qui de-
clinat ad habitationem Ar, et innititur termino
Moab.* Ο΄. διὰ τοῦτο λέγεται ἐν βιβλίῳ πόλεμος τοῦ κυρίου τὴν Ζωὸβ ἐφλόγισε, καὶ τοὺς
χειμάρρους Ἀρνῶν· καὶ τοὺς χειμάρρους κατέστησε κατοικίσαι Ἢρ, καὶ πρόσκειται τοῖς
ὁρίοις Μωάβ. Ἄλλος· διὰ τοῦτο εἴρηται ἐν κατα-
λόγῳ τῶν πολεμούντων· ΠΙΠΙ πρὸς μὲν Αἰζὰβ ἐν λαί-
λαπι, τὸν δὲ φάραγγον πρὸς Ἀρνῶν· ἡ γὰρ ἔκχυσις τῶν
φαράγγων ἔκλινεν μέχρι τῆς κατοικίας Ἄρ, καὶ
ἐπίκειται τοῖς ὁρίοις Μωάβ.[17]

17. עָנוּ־לָהּ. *Carmine celebrate eum.* Ο΄. ἐξάρ-
χετε (Ἀ. Σ. καταλέξατε[18]) αὐτῷ.

18. בְּמִשְׁעֲנֹתָם. *Scipionibus suis.* Ο΄. ἐν τῷ κυριεῦσαι αὐτῶν. Ἀ. ἐν τῇ βακτηρίᾳ (αὐτῶν).
Ο. ἐν τοῖς ῥάβδοις αὐτῶν.[19]

19. נַחֲלִיאֵל. Ο΄. εἰς Νααλιήλ. Ἀ. εἰς χειμάρρους
ἰσχυρῶν (fort. ἰσχυροῦ). Σ. εἰς φάραγγα.[20]

בָּמוֹת. Ο΄. εἰς Βαμώθ. Ἀ. εἰς ὕψη. Σ. εἰς
βουνούς.[21]

20. הַגַּיְא. *In vallem.* Ο΄. εἰς Ἰανήν (s. Ἰαννά[22]).
Alia exempl. εἰς νάπην.[23]

הַפִּסְגָּה. Ο΄. τοῦ λελαξευμένου. Ἀ. τῆς λαξευτῆς.[24]

עַל־פְּנֵי הַיְשִׁימֹן. Ο΄. κατὰ πρόσωπον τῆς ἐρήμου. (Χ) καὶ εἶπε ΠΙΠΙ πρὸς Μωυσῆν· ἀνάστητε καὶ
ἀπάρατε, καὶ παρέλθετε τὴν φάραγγα Ἀρνῶν· ἰδοὺ παραδέδωκα εἰς τὰς χεῖράς σου τὸν Σηὼν βασιλέα Ἑσεβὼν
τῶν Ἀμορραίων, καὶ τὴν γῆν αὐτοῦ· ἐνάρχου κληρονομεῖν·
σύναπτε πρὸς αὐτὸν πόλεμον· ἐν τῇ ἡμέρᾳ ταύτῃ ἐνάρχου
δοῦναι τὸν τρόμον σου καὶ τὸν φόβον σου ἐπὶ προσώπου
πάντων τῶν ἐθνῶν τῶν ὑποκάτω τοῦ οὐρανοῦ παντὸς
(ܡܢ ܡܕܡ), οἵτινες ἀκούσονται τὸ ὄνομά σου, ταρα-
χθήσονται, καὶ ὠδῖνας ἕξουσιν ἀπὸ προσώπου σου (◄).[25]

21. יִשְׂרָאֵל. Ο΄. Μωυσῆς. Ἄλλος· Ἰσραήλ.[26]

22. אֶעְבְּרָה בְאַרְצֶךָ. Ο΄. παρελευσόμεθα διὰ τῆς
γῆς σου. (Χ) ἐν τῇ ὁδῷ τῇ βασιλικῇ πορευσόμεθα,
οὐκ ἐπιστρέψωμεν εἰς δεξιὰν οὐδὲ εἰς ἀριστερά· οὐκ
ἐκκλινοῦμεν (◄).[27]

וּבְכֶרֶם. Ο΄. οὔτε εἰς ἀμπελῶνα. (Χ) βρώματα
ἀργυρίου ἀποδώσῃ μοι, καὶ φάγομαι· καὶ ὕδωρ ἀργυρίου
ἀποδώσῃ μοι, καὶ πίομαι· πλὴν παρελεύσομαι τοῖς ποσὶ
μου, καθὼς ἐποίησάν μοι οἱ υἱοὶ Ἡσαῦ οἱ κατοικοῦντες ἐν
Σηεὶρ, καὶ οἱ Μωαβῖται οἱ κατοικοῦντες ἐν Ἀρόηρ (◄).[28]

23. בִּגְבֻלוֹ. Ο΄. διὰ τῶν ὁρίων αὐτοῦ. (Χ) καὶ εἶπε
κύριος πρὸς Μωυσῆν· ἰδοὺ ἤργμαι παραδοῦναι πρὸ προσώ-

---

[17] Syro-hex. (qui in textu ἐν βιβλίῳ πολέμου et κατέστησαν
habet) in marg. sine nom.: ܩܥܝ̈ܟ̇ܝܟܐ؟ ܐܚܕܐ ܚܡܣܒܠܐ
ܙܘܢ̇ܝ، ܘܩܡܚܪ̈ܚܡ (.) ܩܝܩܬ ܟܡܐ ܦܡ ܐܘܬ ܚܟܟܚܟܐ
ܘܣܬܠ ܐܡ ܟܡܐ ܐܬ̇ܚ، ܐܡܝ̇ܪ̈ܚܠ ܐܢܣܘܠ ܚܐܘܒܚܐ ܟܪܡܚܐ
ܟܚܡܚܬ ܡܚܪܡܚܢܐ؟ ܘܐܙ. ܡܡܚܚܪܠ ܚܠܐ ܐܣܐܥܚܡܐ ܡܪܡܐ؟ (In
codice post ܘܩܡܚܪ̈ܚܡ exstant vestigia puncti dubia.)
Cod. 58 in textu pro κατέστησε, κατοικίσαι opportune offert
ἔκλινεν μέχρι τῆς κατοικίας, quae cum Syriacis manifeste concinunt; cetera utcunque Graeca fecimus. [18] Codd. X.
Lips. Sic in marg. sine nom. Codd. 85, 130. Cf. Hex.
ad Exod. xv. 21. xxxii. 18, Psal. cxlvi. 7. [19] Procop.
in Cat. Niceph. p. 1314, qui lectiones ad praecedens ἐν τῇ
βασιλείᾳ αὐτῶν (בְּמַלְכוּת) minus probabiliter refert. Cf.
Scharfenb. in *Animadv.* p. 112. Ad ἐν τῷ κυρ. αὐτῶν
Cod. 108 in marg. sine nom.: ἐν τῇ βακτηρί (sic) αὐτῶν.
Paulo aliter Syro-hex.: Ἀ. ἐν ταῖς βακτηρίαις (ܚܩܕ̈ܚܩܠ)
αὐτῶν. Θ. ἐν τοῖς ῥάβδοις (ܚܡܚܟ̇ܚܠ) αὐτῶν. [20] Syro-hex.
(cum indice ad εἰς Βαμώθ male appicto): ܚܡܚܚܟܐ ./.
ܟܟܚܐ ◆ ܟܡܠ ܣܘ. ܚܣ̈ܟܐܚ ◆ [21] Idem (cum indice ad
εἰς Ἰαννά): ܟܡܚܚܐ ܣ. ◆ ܟܬܚܣܠ ./. Ad Sym. cf. Hex.

ad Psal. lxiv. 11. Jerem. xxvi. 18. [22] Sic Codd. 15, 64.
Euseb., Syro-hex. Duplex lectio, Ἰαννά νάπης, vel νάπην
Ἰαννά, est in Codd. VII, 54, 58, 59, 75. [23] Sic Comp.,
Ald., Codd. III, X, XI, Lips., 16, 18, alii, Vet. Lat. Origen. Hom. XII in Num. (Opp. T. II, p. 315): " *Et ex
Bamoth,* inquit, *in nemus . . .* sive, ut in aliis habetur
exemplaribus, *in Janam,* quod interpretatur *ascensus,* sive
vertex montis." [24] Euseb. in Onomastico, p. 358: Φασγά·
πόλις τῶν Ἀμορραίων· ἔστι δὲ καὶ ὄρος πρὸς ἀνατολὰς Φασγά.
Ἀ. ἡ λαξευτή, καὶ οἱ Ο΄ ἀλλαχοῦ, τοῦ λαξευτοῦ. Cf. Deut. iv. 49
in LXX. [25] Sic in marg., nullo praemisso siglo, Syro-
hex., cum scholio: " Etiam ista tantum in exemplari Samaritanorum (ܚܡܚܚܣ̈ܠ) posita." Cf. Deut. ii. 24, 25 in LXX.
[26] Sic in marg. Codd. X, 130; in textu autem Comp.,
Codd. VII, 53, 56, 59, Syro-hex. Arab. 1, 2: *filii Israelis.* [27] Sic in marg., praemisso siglo ◄, Syro-hex.,
cum scholio: " Tantum in exemplari Samaritanorum posita
sunt." [28] Sic in marg., praemisso ◄, Syro-hex., cum
scholio: " Etiam ista tantum in exemplari Samaritanorum."

σου σου τὸν Σηὼν, καὶ τὴν γῆν αὐτοῦ· ἔναρξαι κληρονομῆσαι κληρονομίαν (ܟܠܗܘܢ ܚܩܠܬܐ) τὴν γῆν αὐτοῦ (◄).[29]

25. וּבְכָל־בְּנֹתֶיהָ. Et in omnibus filiabus ejus (vicis
ad ditionem ejus pertinentibus). Ο΄. καὶ ἐν
πάσαις ταῖς συγκυρούσαις αὐτῇ (Οἱ Γ΄. θυγατράσιν αὐτῆς[30]).

26. מִיָּדוֹ עַד־אַרְנֹן. Ο΄. ἀπὸ Ἀροὴρ ἕως Ἀρνῶν.
Οἱ Γ΄. ἐκ χειρὸς αὐτοῦ ἕως Ἀρνῶν.[31]

27. עַל־כֵּן יֹאמְרוּ הַמֹּשְׁלִים. Ο΄. διὰ τοῦτο ἐροῦσιν
οἱ αἰνιγματισταί. Ἄλλος· διὰ τοῦτο ἔλεγον
οἱ παροιμιαζόμενοι.[32]

Cap. XXI. 2. — αὐτὸν, καὶ ◄ τὰς πόλεις αὐτοῦ.[33]
— ὑποχείριον αὐτῷ (sic) ◄.[34]　5. — λέγοντες ◄.[35]　7.
Μωυσῆς — πρὸς κύριον ◄.[36]　8. ὄφιν ܗ χαλκοῦν ◄.[37]
— ἐὰν δάκῃ ὄφις ἄνθρωπον ◄.[38]　13. — καὶ ◄ ἐκεῖθεν.[39]　16. — πιεῖν ◄.[40]　18. βασιλεία — αὐτῶν ◄.[41]
20. — λόγοις εἰρηνικοῖς ◄.[42]　21. — τῇ ὁδῷ πορευσόμεθα ◄.[43]　22. φρέατός — σου ◄.[44]　24. — ἐστι ◄.[45]
32. κατελάβοντο — αὐτὴν, καὶ ◄ τὰς κώμας αὐτῆς.[46]

Cap. XXII.

3. וַיָּגָז. Ο΄. καὶ προσώχθισε (Ἄλλος· ἠθύμησεν[1]).

3. מוֹאָב. Ο΄. Μωάβ. Ἄλλος· Βαλάκ.[2]

5. פְּתוֹרָה. Ad Pethor. Ο΄. ※ εἰς ◄ Φαθουρά.[3]
מִמֻּלִי. E regione mei. Ο΄. ἐχόμενός (Ἄλλος·
ἀπέναντι[4]) μου.

6. כִּי־עָצוּם הוּא מִמֶּנִּי. Ο΄. ὅτι ἰσχύει οὗτος ἢ
ἡμεῖς. Ἄλλος· ὅτι ἰσχυρότερός μου ἐστίν.[5]

7. וַיֵּלְכוּ זִקְנֵי. Ο΄. καὶ ἐπορεύθη ἡ γερουσία. Ἄλ-
λος· καὶ ἐπορεύθησαν (οἱ γέροντες).[6]

8. דָּבָר. Ο΄. πράγματα. Ἄλλος· ῥήματα.[7]

11. לְהִלָּחֶם בּוֹ. Ο΄. πατάξαι (Ἄλλος· ἐκπολεμῆσαι[8]) αὐτόν.

13. יְהוָה. Ο΄. ὁ θεός. Ἄλλος· κύριος.[9]

16. בֶּן־בְּעוֹר. Ο΄. ὁ τοῦ (Ἄλλος· υἱὸς[10]) Σεπφώρ.

17. כִּי־כַבֵּד אֲכַבֶּדְךָ מְאֹד. Ο΄. ἐντίμως γὰρ τιμήσω
σε ※ σφόδρα ◄.[11]

18. אֱלֹהַי. Ο΄. τοῦ θεοῦ. Ἄλλος· τοῦ θεοῦ μου.[12]

20. אֱלֹהִים. Ο΄. ὁ θεός. Ἄλλος· ὁ ἄγγελος.[13]

22, 24. מַלְאַךְ יְהוָה. Ο΄. ὁ ἄγγελος τοῦ θεοῦ (Οἱ
λοιποὶ καὶ ὁ Ἑβραῖος· IIIIII[14]).

22. בַּדֶּרֶךְ. Ο΄. Vacat. ※ ἐν τῇ ὁδῷ ◄.[15]

---

[29] Sic in marg. sub —‹ Syro-hex., cum scholio: "Tantum
in exemplari Samaritanorum." Cf. Deut. ii. 31 in LXX.
[30] Cod. 108. Syro-hex. ܝܘ̈ܢܝܐ, ܥܩܠܐ ܘܒܢ̈ܬܗ. Ad
συγκυρούσαις (Syro-hex. ܩܪ̈ܝܒܐ) Cod. VII in marg.
manu 2ᵈᵃ: ἐγγιζούσαις. [31] Syro-hex. ܟܢ ܢ ܡܢ
ܐܝܕܗ ܥܕܡܐ ܠܐܪܢܘܢ. Cod. 108: Οἱ Γ΄. ἐκ χειρὸς
αὐτοῦ. Cod. 58 in textu: ἐκ χ. αὐτοῦ ἀπὸ Ἀ. ἕως Ἀ. [32] Sic
Procop. in Cat. Niceph. p. 1316, utrum de suo, an ex
alio interprete, incertum. Cf. Hex. ad Ezech. xxiv. 3.
[33] Syro-hex. (qui pingit: αὐτὸν, — καὶ τὰς πόλεις ◄ αὐτοῦ).
[34] Syro-hex., Arab. 1, 2. [35] Iidem. [36] Syro-hex.
Deest in Comp. [37] Idem. Sic sine obelo Comp.,
Codd. X, Lips., 19, 44, alii, Arab. 1, 2. [38] Arab. 1, 2.
Syro-hex. legit et pingit: ἐὰν δάκῃ ὄφις — χαλκοῦς ◄, om.
ἄνθρωπον. [39] Copula deest in Comp., Codd. II, 53, 54,
aliis, Arm. 1. Syro-hex. pingit: — καὶ ἐκεῖθεν ἀπαράντες
— παρενέβαλον ◄. Etiam in Arab. 1, 2 pictum: ✗ παρενέβαλον, invito Hebraeo. [40] Syro-hex. (qui pingit: — ὕδωρ
πιεῖν ◄), Arab. 1, 2. Deest in Comp. [41] Syro-hex.
[42] Syro-hex. (qui pingit: λόγοις — εἰρηνικοῖς, nullo metobelo), Arab. 1, 2. Deest in Comp., Cod. 58. [43] Iidem.
Deest in iisdem. [44] Syro-hex. [45] Syro-hex., Arab. 1, 2.

[46] Sic Grabius. Syro-hex. pingit: κατ. αὐτὴν — καὶ τὰς
κ. α. Arab. 1, 2: κατ. αὐτὴν — καὶ τὰς κ. α. Cod. 58 reprobat αὐτήν.
Cap. XXII. [1] Cod. 130 in marg. [2] Sic in marg.
Codd. X, Lips., 85, 130; in textu autem Codd. 16, 30,
alii. [3] Syro-hex. in textu: ܠܦܬܘܪܐ ※. Ad Φαθουρά
Cod. 130 in marg.: τὸν ὑφηγητήν. [4] Cod. 130 in marg.
[5] Sic in textu Comp., Ald., Codd. III, X (cum ἰσχύει οὗτος
ἢ ἡμεῖς in marg.), Lips. (idem), 15, 16, alii (inter quos 85,
130, uterque ut X). [6] Sic in marg. Codd. 85, 130.
[7] Sic in marg. Codd. X, Lips., 130; in textu autem (cum
τὰ ῥ.) Comp., Codd. 53, 56. [8] Sic in marg. Codd. X,
Lips., 85, 130. Vet. Lat.: expugnare eum. [9] Sic in
marg. Codd. 85, 130; in textu autem Comp., Codd. 19
(cum ὁ κ.), 108, 118. [10] Sic in textu Codd. 15, 16, alii
(inter quos 85, 130, uterque cum ὁ τοῦ in marg.). [11] Sic
Syro-hex., et sine aster. Comp., Codd. 18, 128. "Ἐντίμως
cum ✗ signant, et post σε ponunt Arab. 1, 2."—Holmes.
[12] Sic in textu Cod. 58, Syro-hex. [13] Sic in marg.
Cod. 130; in textu autem Cod. 128. Samar. in textu et
versione: מלאך אלהים. Cf. ad Cap. xxiii. 4. [14] Syro-
hex. (sine indice in marg.). [15] Sic Syro-hex., Arab. 1, 2

22. לִשְׂטָן לוֹ‪.‬ *Ut ei resisteret.* Ο'. διαβαλεῖν (alia exempl. ἐνδιαβάλλειν[16]) αὐτόν. Ἑβρ.'Α. (εἰς) σατάν.. Θ. ἀντικεῖσθαι..[17]

23. וַיַּךְ בִּלְעָם‪.‬ Ο'. καὶ ἐπάταξε ('Άλλος· ἔπαισεν[19]) ※ Βαλαάμ ◄.[19]

אֶת־הָאָתוֹן לְהַטֹּתָהּ הַדֶּרֶךְ‪.‬ Ο'. τὴν ὄνον—ἐν τῇ ῥάβδῳ ◄[20] αὐτοῦ, τοῦ εὐθῦναι ('Άλλος· ἐκκλῖναι[21]) αὐτὴν ἐν τῇ ὁδῷ. 'Α. τὴν ὀνάδα τοῦ ἐκκλῖναι αὐτὴν τὴν ὁδόν.[22]

27. וַיִּחַר־אַף‪.‬ Ο'. καὶ ἐθυμώθη ※ ὀργῇ ◄.[23]

29. הִתְעַלַּלְתְּ בִּי‪.‬ *Illusisti me.* Ο'. ἐμπέπαιχάς μοι. 'Άλλος· ἐδολιεύσω με.[24]

הֲרַגְתִּיךְ‪.‬ Ο'. ἂν ἐξεκέντησά σε. 'Άλλος· ἐφόνευσά σε.[25]

30. הַהַסְכֵּן הִסְכַּנְתִּי לַעֲשׂוֹת לְךָ כֹּה‪.‬ *Num consuescendo consuevi facere tibi sic?* Ο'. μὴ ὑπεροράσει ὑπεριδοῦσα ἐποίησά σοι οὕτως; 'Άλλος (μὴ) παραπτώματι παρέπεσον ποιῆσαί σοι οὕτως;[26]

31. אֶת־מַלְאַךְ יְהוָה‪.‬ Ο'. τὸν ἄγγελον κυρίου (alia exempl. τοῦ θεοῦ[27]).

31. וְחַרְבּוֹ‪.‬ Ο'. καὶ τὴν μάχαιραν ('Άλλος· ῥομφαίαν[28]).

32. לְשָׂטָן‪.‬ Ο'. εἰς διαβολήν σου. Σ. ἐναντιοῦσθαι. Θ. ἀντικεῖσθαι.[29]

יָרַט‪.‬ *Praeceps est.* Ο'. οὐκ ἀστεία. 'Άλλος· πονηρά.[30] Schol. οὐκ εὐθεῖα, οὐκ ἀγαθή.[31]

34. אִם־רַע בְּעֵינֶיךָ‪.‬ Ο'. εἰ μή σοι ἀρκέσει (potior scriptura ἀρέσκει[32]). 'Άλλος· εἰ μή σοι δοκεῖ.[33]

35. אֹתוֹ תְדַבֵּר‪.‬ Ο'. τοῦτο φυλάξῃ λαλῆσαι. 'Άλλος· αὐτὸ ποιήσεις.[34]

37. הֲלֹא שָׁלֹחַ שָׁלַחְתִּי‪.‬ Ο'. οὐχὶ ※ ἀποστείλας (s. ἀποστέλλων) ◄ ἀπέστειλα.[35]

38. אֲדַבֵּר‪.‬ Ο'. λαλήσω. 'Άλλος· φυλάξω λαλῆσαι.[36]

41. בָּמוֹת בַּעַל‪.‬ *Ad Bamoth (excelsa) Baal.* Ο'. ἐπὶ τὴν στήλην ('Άλλος· ἐπὶ τὰ ὑψηλὰ[37]) τοῦ Βάαλ.

Cap. XXII. 4. ⊢ αὕτη ◄.[38] 6. εὐλογήσῃς – σύ ◄.[39] καταράσῃ – σύ ◄.[40] 9. – αὐτῷ ◄.[41] 10. ⊢ αὐ-

---

(qui omnes obelum pro asterisco male pingunt), et sine aster. Codd. 54, 58, 75, 77 (post διαβαλεῖν αὐτὸν), Vet. Lat. Lectio ἐπὶ τὴν ὁδοῦ est in Comp., Codd. 19, 108, 118, necnon (post διαϑ. αὐτὸν) in Ald., Codd. X, XI, Lips., 15, 16, aliis. [16] Sic Comp., Ald., Codd. II (cum –αλεῖν), III, VII, X, Lips., 15, 16, 18 (ut II) alii. Vet. Lat.: *ut non transmitteret eum.* [17] Procop. in Cat. Niceph. p. 1324: τὸ δὲ διαβαλεῖν, τὸ μὲν Ἑβραϊκὸν καὶ Ἀκ. σατὰν ἔχει· ὁ δὲ Θ. ἀντικεῖσθαι· cujus interpres in Octat. p. 418 male vertit: "Hebraismus quidem *impedire*, Aq. vero satan habet, Theod. *obstare.*" Ad διαβαλεῖν Cod. 130 in marg.: καταγνωστὸν αὐτὸν ποιήσαι. [18] Sic in marg. Codd. X, Lips. (cum ἔπεσεν); in textu autem Codd. VII, 18, 19, alii. [19] Sic Syro-hex., et sine aster. Codd. X, XI, Lips. (in marg.), 44, 58 (cum Βολάμ), alii, Vet. Lat. [20] Sic Syro-hex., Arab. 1, 2. Statim αὐτοῦ deest in Codd. X, XI, Lips., 16, 18, aliis, Syro-hex., Arab. 1, 2, Vet. Lat. [21] Codd. 85, 130, in marg.: Ο'. ἐν τῇ ῥάβδῳ τοῦ ἐκκλῖναι αὐτὴν, καὶ ἔστη. Porro haec, τοῦ εὐθῦναι αὐτὴν ἐν τῇ ὁδῷ, desunt in Codd. 16, 28, aliis (inter quos 85, 130). [22] Codd. 85, 130, uterque cum αὐτοῦ pro τοῦ. Correxit Scharfenb. in *Animadv.* p. 114. [23] Sic Syro-hex., Arab. 1, 2, et sine aster. Codd. 18, 58, 128. [24] Cod. 130 in marg. (non, ut Holmes, ἐδουλιεύσω). Cf. Hex. ad Gen.

xxxvii. 17. [25] Idem. [26] Idem. [27] Sic Codd. III, VII, X, XI, Lips., 16, 28, alii (inter quos 85, 130, uterque cum κυρίου, s. τοῦ κυρίου, in marg.). [28] Sic in marg. Codd. X, Lips. [29] Codd. X, Lips., 85. Cod. 130: Σ. ἐναντιοῦσθαι. ἀντικεῖσθι (sic). Cod. 58 in marg. sine nom.: ἐναντιοῦσθαί σοι. Cf. ad v. 22. [30] Cod. 130 in marg. Versio Sam.: בישא. [31] Cod. 58 in marg. [32] Sic Comp., Ald., Codd. II, III, VII, X, Lips., 15 (cum ἀρέσῃ), 16, alii, Syro-hex. [33] Sic in marg. Codd. X, Lips., 85; in textu autem Codd. 19, 108, 118. Vet. Lat.: (*si*) *tibi non ita videtur.* [34] Sic in marg. Codd. 85, 130. Ad φυλάξῃ Codd. X, Lips., in marg.: ποιήσεις. [35] Sic Syro-hex. (cum ⊢ ܘ܏ ܐ), Arab. 1, 2, et sine aster. Comp., Codd. 18 (cum ἀποστέλλων), 19, 44, alii. [36] Sic in marg. Codd. X (cum ἀπολάξομαι), Lips. (idem), 85, 130; in textu autem Comp., Codd. III, 19, 53, alii. [37] Cod. 130 in marg. Cf. Hex. ad Lev. xxvi. 30. Apolinarius in Cat. Niceph. p. 1332: Καὶ ἀπὸ βουνῶν προσνόησω αὐτόν· ἐκ γὰρ τῶν ὑψηλῶν τοῦ Βάαλ ἐθεώρει τὰ ἄκρα τοῦ λαοῦ. [38] Arab. 1, 2, invito Syro-hex. Deest in Cod. 58. [39] Syro-hex. (cum ܐ (sic) ܐ – pro ⊢ ܐ – ܐ). Pronomen deest in Ald., Codd. 16, 18, aliis, Vet. Lat. [40] Idem. Pronomen deest in Arm. 1, Vet. Lat. [41] Idem.

τούς ◁.⁴² 11. ⸗ καὶ οὗτος ἐγκάθηται ἐχόμενός μου ◁.⁴³
⸗ ἀπὸ τῆς γῆς ◁.⁴⁴ 16. ⸗ ἀξιῶ σε ◁.⁴⁵ 17. ποιήσω
⸗ σοι ◁.⁴⁶ 18. ⸗ ἐν τῇ διανοίᾳ μου ◁.⁴⁷ 19. καὶ
νῦν ὑπομείνατε ※ δή ◁.⁴⁸ ⸗ ταύτην ◁.⁴⁹ 20. ⸗ οὗτοι ◁.⁵⁰ 23. ῥομφαίαν ※ αὐτοῦ ◁.⁵¹ 25. Βαλαὰμ
⸗ πρὸς τὸν τοῖχον ◁.⁵² 41. ⸗ αὐτῷ ◁.⁵³

CAP. XXIII.

2. וַיַּעַל בָּלָק וּבִלְעָם. Ο'. καὶ ἀνήνεγκε (※) Βαλὰκ καὶ Βαλαάμ (◁).¹

3. וַיֵּלֶךְ שֶׁפִי. Et abiit in clivum planum. Ο'. καὶ
ἐπορεύθη εὐθεῖαν (Ἄλλος· σύρομενος²).

4, 5. אֱלֹהִים...יְהֹוָה. Ο' (bis). ὁ θεός. Ἄλλος·
ἄγγελος θεοῦ.³

8. אֶזְעֹם. Exsecrabor. Ο'. καταράσωμαι. Ἄλ-
λος· ἐμβριμήσομαι.⁴

9. אֲשׁוּרֶנּוּ. Contemplabor eum. Ο'. προσνοήσω
(Ἄλλος· τηρήσω⁵) αὐτόν.

10. מָנָה. Numeret. Ο'. ἐξηκριβάσατο. Alia exempl. ἐξιχνιάσεται, s. ἐξιχνιάσατο.⁶ Οἱ Γ'.
ἠρίθμησε.⁷

וּמִסְפָּר אֶת־רֹבַע יִשְׂרָאֵל. Et numerum quartae
partis Israelis? Ο'. καὶ τίς ἐξαριθμήσεται
δῆμους Ἰσραήλ; Ἀ. καὶ τὸν ψῆφον τοῦ τετάρτου
Ἰσραήλ. Ω. καὶ τὸν ἀριθμὸν τοῦ τετάρτου Ἰσραήλ;⁸

אַחֲרִיתִי כָמֹהוּ. Exitus meus sicut ipse. Ο'.
τὸ σπέρμα μου ὡς τὸ σπέρμα τούτων. Ἄλ-
λος· τὰ ἔσχατά μου ὅμοια αὐτῶν.⁹

12. אֹתוֹ. Ο'. τοῦτο. Ἄλλος· ταῦτα.¹⁰

13. אֲשֶׁר. Ο'. ἐξ οὗ. Alia exempl. ἐξ ὧν.¹¹

14. הַפִּסְגָּה. Ο'. λελαξευμένον. Ἄλλος· Βισγᾶ.¹²

15. הִתְיַצֵּב כֹּה. Ο'. παραστῆθι ※ αὐτοῦ ◁.¹³

19. וִיכַזֵּב. Ut mentiatur. Ο'. διαρτηθῆναι.¹⁴ Ἀ.

---

⁴² Syro-hex. Deest in Cod. 58. ⁴³ Sic Grabius. Syro-
hex. pingit: καὶ οὗτος ἐγκ. ἐχ. ⸗ μου ◁; Arab. 1, 2 autem:
καὶ οὗτος ἐγκ. ἐχ. μου ◁. ⁴⁴ Syro-hex. ⁴⁵ Syro-hex.,
Arab. 1, 2. ⁴⁶ Iidem. ⁴⁷ Syro-hex. (qui perperam
pingit: ἐν τῇ δ. ⸗ μου ◁). ⁴⁸ Idem (qui pingit: καὶ νῦν
※ ἐπ. δή ◁). Sic sine aster. (cum δὲ) Cod. 58. Arab. 1, 2 :
καὶ ※ νῦν ⸝ ὑπομείνατε, teste Holmesio. ⁴⁹ Syro-hex.,
Arab. 1, 2. Deest in Cod. 58. ⁵⁰ Iidem. Deest in
Cod. 58. ⁵¹ Syro-hex. Sic sine aster. Arab. 1, 2.
⁵² Idem (qui male pingit: ※ (sic) Βαλαὰμ πρὸς τὸν τοῖχον ◁).
Verba πρὸς τὸν τοῖχον desunt in Comp., Codd. VII, X, XI,
Lips., 19, 29, Arm. 1, Vet. Lat. ⁵³ Idem in initio versiculi, abscissa membrana: ◢ (sic).

Cap. XXIII. ¹ Sic sub ※ char. min. Grabius, et sine
aster. Syro-hex., invitis libris Graecis. ² Cod. VII in
marg. manu 2ᵈᵃ. Gesen. in Thes. Ling. Hebr. p. 1462:
"Alii, teste Saadia, בקושי ובשופי, coactus et submissus."
³ Cod. 130 in marg. Cf. ad Cap. xxii. 20. Pro ἐφάνη (v. 4)
Cod. 64 in textu: ὤφθη, cum ἐφάνη in marg. ⁴ Cod. VII
in marg. manu 2ᵈᵃ. Cf. Hex. ad Psal. vii. 12. ⁵ Cod.
VII in marg. manu 2ᵈᵃ. ⁶ Prior lectio est in Codd. 16,
32, 52, aliis; posterior in Codd. 28, 30, 85 (cum ἐξηκρ. in
marg.), 130 (cum κριβάσει (sic) in marg.). Praeterea ἐξ-
χνιάσεται e "Syr." exscripsit Holmes.; sed Syrus noster
exhibet ܚܐܫܒ ܡܕܡ (ܗܘܐ), h. e. ἐξηκριβάσατο, s. ἐξηκρίβα-
σατο. Vid. Dan. vii. 19 in Syro-hex. ⁷ Syro-hex.
ܡܢܝ ܐܢܘܢ. Cod. 128 in marg.: ἠρίθμησε. Cod.

VII in marg. manu 2ᵈᵃ: ἐμέτρησεν. ⁸ Idem ܠ.ܡܚܫܒܘ.
ܪܣܒ ܘܐܚܕ ܘܐܣܕܐܠ ܐ. ܘܡܚܫܒܐ ܡܢܘ ܡܢ ܘܐܘܚܕ
ܘܐܡܚܫܐ. Ad Aquilam cf. Hex. ad Deut. xxxii. 8.
Hos. i. 10. ⁹ Cat. Niceph. p. 1332. Symmachi esse
crediderim, quem, ut solet, imitatus est Hieron., vertens:
et fiant novissima mea horum similia. ¹⁰ Sic in marg.
Codd. 85, 130; in textu autem Codd. 15, 18, 44, alii,
Syro-hex. ¹¹ Sic Codd. II, XI, Syro-hex. (cum scholio:
"In certo exemplari ܡܢ ܗܠܝܢ ܡܢ est").
¹² Cod. VII in marg. manu 2ᵈᵃ. ¹³ Sic Syro-hex. (cum
ܐܦܕܗ ※), et sine aster. Cod. XI, Arab. 1, 2. ¹⁴ "Schol.
διαρτηθῆναι, τουτέστι, σαλευθῆναι· τὰ γὰρ κρεμάμενα σαλεύονται.
S. Cyprianus Lib. II adv. Jud. hunc locum hoc modo
citat: Non sicut homo Deus suspenditur. Origenis interpres [Opp. T. II, p. 329] usus est frustrandi vocabulo
[Vet. Lat.: Non sicut homo Deus frustratur]. Philo Περὶ
βίου Μωσέως Λόγος αʹ [I, 51]: οὐχ ὡς ἄνθρωπος διαψευσθῆναι
δύναται, οὐδʹ ὡς υἱὸς ἀνθρώπου μετανοεῖ. Judith viii. 16 haec
leguntur: οὐδʹ ὡς υἱὸς ἀνθρώπου διαρτηθῆναι [potior lectio
διαρτηθῆναι]."—Nobil. Praeterea Anon. in Cat. Niceph.
p. 1334: διαρτηθῆναι, τουτέστιν, ὑπερετεθῆναι καὶ παροφθῆναι,
a quo sensu non abhorret Syrus noster, vertens: ܕܢܬܒܣܪ,
ut contemnatur. Sed vim vocabuli optime omnium, ni
fallor, declaravit L. Bos in Prolegg. ad LXX Interpp.
Cap. III, appellans Suidae glossas: Διαρτῆσαι· τὸ ἐξαπα-
τῆσαι· οὕτω Μένανδρος; et Διαρτώμενος· ἐξαπατώμενος. Ὁ δὲ
Ἡρακλῆς τοῖς μὲν ἴχνεσι διαρτώμενος, οὐδὲν δὲ ἧττον οἰόμενος

Θ. καὶ διαψεύσεται.¹⁵   Σ. ἵνα διαψεύσηται (s. ψεύσηται).¹⁶

19. וַיִּתְנֶחָם.   Ut eum peniteat.   Ο΄. ἀπειληθῆναι. Ἄλλος· ἵνα μετανοήσῃ.¹⁷

21. וּתְרוּעַת מֶלֶךְ בּוֹ.   Et acclamatio regis est in eo.   Ο΄. τὰ ἔνδοξα ἀρχόντων ἐν αὐτῷ. Ἀ. καὶ ἀλαλαγμὸς βασιλέως ἐν αὐτῷ. Σ. καὶ σημασία βασιλέως ἐν αὐτῷ. Θ. καὶ σαλπισμὸς βασιλέως ἐν αὐτῷ.¹⁸

22. מוֹצִיאָם.   Ο΄. ὁ ἐξαγαγὼν αὐτὸν (alia exempl. αὐτούς¹⁹).

כְּתוֹעֲפֹת.   Sicut elationes.   Ο΄. ὡς δόξα. Ἄλλος· ὡς πέτασμα (s. πετασμός).²⁰

24. יָקוּם.   Ο΄. ἀναστήσεται. Ἄλλος· ἐγερθήσεται.²¹

Cap. XXIII. 2. — αὐτῷ ◁.²²   3, 4. — καὶ παρέστη — τὸν θεόν ◁.²³   6. — καὶ ἐγενήθη πνεῦμα θεοῦ ἐπ'

αὐτῷ ◁.²⁴   7. — λέγων ◁.²⁵   ἐπικατάρασαί — μοι ◁.²⁶   14. (—) ἐκεῖ.²⁷   17. καὶ — πάντες ◁ οἱ ἄρχοντες Μωὰβ μετ' αὐτοῦ.²⁸   20. ἀποστρέψω ※ αὐτήν ◁.²⁹   23. ῥηθήσεται ※ τῷ ◁ Ἰακώβ.³⁰   30. — αὐτῷ ◁.³¹

CAP. XXIV.

1. פָּנָיו.   Ο΄. τὸ πρόσωπον (Ἄλλος· τὴν ὄψιν¹) αὐτοῦ.

4. נְאֻם שֹׁמֵעַ אִמְרֵי־אֵל.   Ο΄. ※ φησὶν ἀκούων λόγια ἰσχυροῦ ◁.²

וּגְלוּי עֵינָיִם.   Et apertis oculis.   Ο΄. ἀποκεκαλυμμένοι (Οἱ λοιποί· ἐμπεφραγμένοι) οἱ ὀφθαλμοὶ αὐτοῦ. Σ. μεμυκότες οἱ ὀφθαλμοὶ αὐτοῦ.³

7. יִזַּל־מַיִם מִדָּלְיָו וְזַרְעוֹ בְּמַיִם רַבִּים וְיָרֹם מֵאֲגַג מַלְכּוֹ.   Defluet aqua de situlis ejus, et semen

---

εἶναι διερευνήσασθαι τὸν χῶρον [Dionys. Hal. Opp. T. I, p. 99]. Καὶ αὖθις· Πολλαχόθεν ἀκροβολισμοῖς χρώμενοι, ἵνα διαρτώμενοι τῇ δοκήσει τῶν κατὰ πρόσωπον ἐπιόντων, μηδεμίαν αἴσθησιν λάβωσι τῶν ὑπὲρ κεφαλῆς. Adde Dionys. Hal. Opp. T. I, p. 225: Ὁ δὲ ἀγανακτεῖ τε καὶ δεινὰ ποιεῖται, ὡς διηρπημένος ὑπ' αὐτοῦ. Vertas igitur: ut decipi possit.   ¹⁵ Codd. 54, 130. Codd. X, Lips.: Ἀ. διαψεύσεται. Cod. 85 in marg. sine nom.: καὶ διαψεύσεται. ἵνα ψεύσηται.   ¹⁶ Codd. X, Lips.: Σ. ἵνα διαψεύσηται. Cod. 54 : Σ. ἵνα ψεύσηται (sic). Procop. in Cat. Niceph. ibid.: Οἱ λοιποὶ ἐξέδωκαν, ἵνα ψεύσηται.   ¹⁷ Sic in marg. Codd. 85, 130 (cum —σαι). Cat. Niceph. ibid.: Ἀκ. διαψεύσεται. Θεοδ. ψεύσεται ἵνα μετανοήσῃ. Cod. VII in marg. manu 2ᵈᵃ: καὶ μετανοεῖ.   ¹⁸ Syro-hex. ./. [Syriac] Procop. in Cat. Niceph. p. 1335: Ἀκ. ἀλαλαγμὸς βασ. ἐν αὐτῷ. Σύμ. σημασία. Θεοδ. σαλπισμός. E Latinis Procopii Montef. affert tantum: Σ. signum (σημεῖον). Θ. tuba (σάλπιγξ); neglecta Aquilae versione. Ad τὰ ἔνδοξα Cod. 130 in marg.: ὑψηλότατον, quod nescio an ad δόξα (v. 22) potius pertineat. Cf. Psal. xcv (xciv). 4 in Hebr. et LXX.   ¹⁹ Sic Codd. II, XI, 19, 44, alii (inter quos 130 in marg.), Syro-hex., Vet. Lat.   ²⁰ Cod. VII in marg. manu 2ᵈᵃ: πέτασ" (sic). In eodem ad μονο(κέρωτος) superscripsit manus 2ᵈᵃ: ῥινο.   ²¹ Cod. 58 in marg.   ²² Arab. 1, 2 (sub —). Deest in Cod. 58.   ²³ Syro-hex., Arab. 1, 2 (sine metobelo). Desunt in Comp.   ²⁴ Origen. Opp. T. IV, p. 390: Τὸ δὲ, ἐγενήθη πνεῦμα θεοῦ ἐπ' αὐτὰ, ὠβελίσαμεν, μήτε αὐτὸ, μήτε παραπλήσιόν τι αὐτῷ εὑρόντες ἐν ταῖς λοιπαῖς ἐκδόσεσι. In Syro-

hex. lacuna est, abscissa membrana; Arab. 1, 2 autem male pingunt: ※ καὶ πάντες οἱ ἄρχοντες. Praeterea praecedens μετ' αὐτοῦ, quod deest in Hebraeo et Cod. 58, sub eodem obelo conclusit Grabius, fortasse recte.   ²⁵ Syro-hex. (ubi superest tantum ▸ ◂), Arab. 1, 2.   ²⁶ Arab. 1.   Arab. 2 male pingit: μοι — τὸν Ἰσρ.   ²⁷ Arab. 1: ἐκεῖ ◁ (sic), invito Syro-hex. Vox deest in Cod. 58.   ²⁸ Arab. 1, 2. Vox deest in Comp., Cod. 58. Syro-hex. perperam pingit: καὶ π. οἱ ἄρχοντες — Μωὰβ μετ' αὐτοῦ ◁.   ²⁹ Syro-hex. (qui pingit: ▸ [Syriac] ※). Sic sine aster. Cod. 58.   ³⁰ Syro-hex. [Syriac] ※. Sic sine aster. Codd. 44, 54, alii.   ³¹ Arab. 1, 2 : ※ αὐτῷ (sic). Obelum non agnoscit Syro-hex.

CAP. XXIV.   ¹ Sic in marg. Codd. 85, 130.   ² Sic Syro-hex., Arab. 1, 2. Haec leguntur in Ed. Rom., sed desunt in Codd. VII, 19, 29, 54, 56, 58, 75, 108, Vet. Lat. Pro ἰσχυροῦ, θεοῦ habent Comp., Codd. II, III (cum θεοῦ ἰσχυροῦ), XI, 53, 71, alii.   ³ Procop. in Cat. Niceph. p. 1341: Ἀποκεκαλυμμένοι οἱ ὀφθαλμοὶ αὐτοῦ. Οἱ λοιποὶ ἐξέδωκαν, ἐμπεφραγμένοι, ὡς ἐν ὕπνῳ δηλονότι ἐκκλεισμένοι ὅπερ οὐκ αἰσθητήν, προφητικῶν δὲ σημαίνει τὴν ὅρασιν. Lectionem τῶν λοιπῶν non ad עֵינָיִם, sed ad שְׁתֻם (v. 3) pertinere non temere conjecit Scharfenb. in Animadv. p. 117. Sed praeter disertum Procopii testimonium, Holmes. e Bar Hebraeo lectionem exscripsit: "Sym. clausi;" quam ne ad alterum locum referamus, vetat ipsius Bar Hebraei contextus, qui sic habet (Mus. Brit. Addit. MSS. 21,580, fol. 53 b): [Syriac]. In Syro-hex. ad ἀποκεκαλυμμένοι

ejus in multas aquas (se diffundet); *et poten-*
tior erit Agago rex ejus. Ο'. ἐξελεύσεται
ἄνθρωπος ἐκ τοῦ σπέρματος αὐτοῦ, καὶ κυριεύ-
σει ἐθνῶν πολλῶν· καὶ ὑψωθήσεται ἡ (potior
scriptura ἤ[4]) Γὼγ ('Α. Σ. ὑπὲρ Γὼγ[5]) βασιλεία (alia exempl. add. αὐτοῦ[6]). 'Α. *ἀπορρεύσει*
ὕδατα ἐκ τῶν λεβήτων (s. κάδων) αὐτοῦ, καὶ σπέρμα
αὐτοῦ ἐν ὕδασι πολλοῖς· καὶ ὑψωθήσεται ὑπὲρ Γὼγ
βασιλεὺς αὐτοῦ.[7] Σ. ἐποχετεύσει ταῖς παραφυάσιν
ἑκάστης, τῷ δὲ σπέρματι ἑκάστης ἐντὸς ὑδάτων πολλῶν·
καὶ ὑψωθήσεται ὑπὲρ Γὼγ (s. Ἀγὰγ) βασιλεὺς
αὐτοῦ.[8] Θ. ἐξαντλnθήσεται ὕδωρ ἐκ τῶν λεβήτων (s.
κάδων) αὐτοῦ, καὶ τοῦ σπέρματος αὐτοῦ ἐν ὕδασι πολλοῖς·
καὶ ὑψωθήσεται ὑπὲρ Γὼγ βασιλεὺς αὐτοῦ.[9]

10. וַיִּחַר־אַף. Ο'. καὶ ἐθυμώθη ※ ὀργῇ ◄.[10]

11. אָמַרְתִּי כַּבֵּד אֲכַבֶּדְךָ. Ο'. εἶπα, ※ τιμῶν ◄
τιμήσω σε.[11]

13. טוֹבָה אוֹ רָעָה. Ο'. καλὸν ἢ πονηρόν. Ἄλ-
λος· μικρὸν ἢ μέγα.[12]

16. נְאֻם שֹׁמֵעַ. Ο'. ※ φησὶν ◄ ἀκούων.[13]

17. אֶרְאֶנּוּ וְלֹא עַתָּה אֲשׁוּרֶנּוּ וְלֹא קָרוֹב. *Video*
eum, sed non nunc; intueor eum, sed non pro-
pinquum. Ο'. δείξω αὐτῷ, καὶ οὐχὶ νῦν μακα-

ρίζω, καὶ οὐκ ἐγγίζει. 'Α. ὄψομαι αὐτόν, καὶ
οὐ νῦν· προσκοπῶ αὐτόν, ἀλλ' οὐκ ἐγγύς. Σ...
ὁρῶ αὐτόν, ἀλλ' οὐκ ἐγγύς.[14]

17. וְקָם שֵׁבֶט. Ο'. (καὶ) ἀναστήσεται ἄνθρωπος.
Σ. (καὶ) ἀναστήσεται σκῆπτρον.[15]

וּמָחַץ פַּאֲתֵי מוֹאָב. *Et percutiet utrumque latus*
Moab. Ο'. καὶ θραύσει τοὺς ἀρχηγοὺς Μωάβ.
Σ. καὶ παίσει κλίματα Μωάβ.[16]

וְקַרְקַר. *Et exscindet.* Ο'. καὶ προνομεύσει.
Σ. καὶ ἐξερευνήσει.[17]

22. כִּי אִם־יִהְיֶה לְבָעֵר קָיִן עַד־מָה אַשּׁוּר תִּשְׁבֶּךָּ.
Sed tamen erit ad exterminandum Kain (Keni-
tae) *quousque? Asshur captivum te abducet.*
Ο'. καὶ ἐὰν γένηται τῷ Βεὼρ νοσσιὰ πανουρ-
γίας, 'Ασσύριοι αἰχμαλωτεύσουσί σε. 'Α. ὅτι
ἐὰν γένηται εἰς τὸ ἐπιλέξαι Καὶν ἕως τινός, Ἀσσοὺρ
αἰχμαλωτεύσει σε. Σ. καὶ εἰ ἔσται καταβοσκόμενος ὁ
Κιναῖος (,) ἕως Ἀσσοὺρ (s. Ἀσσυρίας) ἢ αἰχμαλωσία
σου. (Θ.) ὅτι ἐὰν γένηται εἰς ἁρπαγὴν (s. ἅρπαγμα)
ἕως τινὸς (.) Ἀσσοὺρ αἰχμαλωτεύσει σε.[18]

23. אֵל. Ο'. ὁ θεός. Alia exempl. ὁ θεὸς ἐπὶ τῆς
γῆς.[19]

(ﺳﻤﺨﻢ) appictus est index lectionis marginalis, sed ipsa
lectio periit. [4] Syro-hex. ﻟﻤﻮ of. [5] Codd. X, Lips.,
85, 130. [6] Sic Comp., Ald., Codd. III, VII, X, XI, Lips.,
15, 16, alii, Syro-hex., Arab. 1, 2, Arm. 1. [7] Syro-
hex. ﻟ. ﺑﻮﺟﺤﻮ، ﻗﺴﻼ ﻣﻦ ﻣﺮﺟﻼ (ﻣﺮﺟﻞﺍ) ﺟﻤﻠﻪ. ﻣﺰﺩﺑﻞ ﻣﺴﻠﻪ.
ﺟﻘﻤﻼ ﻣﻘﻴﻼ. ﻣﻼﺟﺪﻣﻢ ﺟﻼﺱ ﻣﻦ ﺳﻌﻲ ﻣﺤﻜﻼ ﻣﺴﻠﻪ ﻣ
[8] Idem: ﻣﺪ. ﻣﺤﺪﻓﻪ ﺣﻼ ﻧﺠﻼ ﺟﺠﺤﺴﺮﺍ. ﻛﻨﻮﺟﺪﻻ ﻣﻢ ﻟﺠﻲ
ﻣﺰﺟﻜﺴﺮﺍ ﺟﻴﻪ ﺟﻴﻪ ﻣﻦ ﻗﺴﻼ ﻣﻘﻴﻼ، ﻣﻼﺟﺪﻣﻢ ﺣﻼ ﻣﻦ ﻟﺠﻲ
ﻣ ﻓﺤﻜﻼ ﻣﺴﻠﻪ ﻣ Nobil., e Diodoro [Theodoret. Opp. T. I,
p. 252] affert: Σ. καὶ ὑψωθήσεται ὑπὲρ Γὼγ βασιλεὺς αὐτοῦ·
cetera nos pro virili parte Graeca fecimus. (Ad ἐποχετεύσει.
cf. Hex. ad Jerem. xviii. 14, ubi pro נוֹזְלִים Noster Symmacho vindicat ἰαβλ, ὀχετοί.) Ceterum nihil moramur
Procop. in Octat. p. 420: "Ejus vero loco quod dicitur,
et prodibit homo, posuit Sym. *aquas rigantes et incrementum*
adjuvantes;" quae non tam ipsa Symmachi verba quam
sensum ejus repraesentare persuasum habemus. [9] Idem:
ﻟ. ﺑﻼﺟﻤﻪ، ﻗﺴﻼ ﻣﻦ ﻣﺮﺟﻼ ﻣﺴﻠﻪ. ﻣﺰﺟﻼﺟﺪﻝ ﻣﺴﻠﻪ ﺣﻘﻤﻼ
ﻣ ﻣﺴﻼ. ﻣﻼﺟﺪﻣﻢ ﻣﺴﻠﻪ ﻣﻦ ﻗﺴﻼ ﻣﺤﻜﻼ ﻣﺴﻠﻪ ﻣ
[10] Sic Syro-hex., Arab. 1, 2. [11] Syro-hex. solus:
ﻣﺰﺟﻤﺴﺮﺯﺍ ◄ ﻟﻀﺴﻮﺟ. ※. [12] Sic in marg. Codd. X, Lips.
Duplex lectio, μικρὸν ἢ μέγα καλὸν ἢ π., est in Codd. 44, 58,

aliis. [12] Sic Syro-hex., Arab. 1, 2 (cum ※ dic), et sine
aster. Cod. 15. [14] Euseb. in Dem. Evang. p. 421:
Ἀσαφῶς δὲ κείμενον παρὰ τοῖς Ο' τὸ, δείξω—καὶ οὐκ ἐγγίζει,
σαφέστερον ὁ μὲν Ἀκ. ἐξέδωκεν, ὄψομαι—ἀλλ' οὐκ ἐγγύς· ὁ δὲ
Σύμ. λευκότερον, φήσας, ὁρῶ αὐτόν, ἀλλ' οὐκ ἐγγύς. Paulo
aliter Procop. in Cat. Niceph. p. 1345: τὸ, δείξω αὐτῷ, καὶ
οὐχὶ νῦν, ὁ μὲν Ἀκ. ὄψομαι, φησίν· ὁ δὲ Σύμ. ὁρῶ. Syro-hex.
ad δείξω affert: ﻟ. ﻣﺴﻼ ﻣ ﻟﻮﺍ of.; ad μακα-
ρίσω (sic) autem: ﻟﻼ ﻟﻼ (προσκόψω αὐτὸν) ﻣﻮﺟﺴﺮﺍ. ﻟ. ﻟﻼﻣﺤﺴﺪﻩ
ﻣﻮﺟﺴﺮﺍ ﻟﻮﺍ, cum scholio philologico: ﻟﻼﻣﺤﺴﺪﻩ
(προσκόμματι) ﺣﻼﺟﻤﺤﻜﻼ. [15] Nobil., Cod. 73, et MSS.
Regii apud Montef. [16] "Sic omnes MSS. Regii [et
Cod. 73, cum πέσει]. Drusius [Nobil.] legerat τὸ κλίμα."—
Montef. [17] "Sic omnes MSS. Drusius [Nobil.]: ἐρευ-
νήσει."—Idem. Cod. 73: Σ. ἐξερευνήσει. [18] Syro-hex.
ﻟ. ﻣﺤﻼ ﺯﻻ ﺑﻮﺍ ﻟﺤﺴﺤﻼ ﻣﻦ ﺟﻤﺤﻼ ﻟﻴﻪ. ﻟﺠﻼ
ﻟﻀﺴﻮﺟ ﻣ ﻣﺪ. ﻣﻞ ﺑﻮﺍ ﻣﻔﺤﺪﺟﻼ (ﻣﺤﺪﺟﺤﻼ) ﻣﺴﻼ
ﺣﻤﺤﻼ ﻻﻣﻪ ﻣﺤﻤﻼ ﻣﺴﻠﻪ ﻣ ﻣﻘﺠﻼ ◄ (ﻝ) ﻣﻘﺠﻼ ﻣ ﻣﻦ ﺑﻮﺍ ﻟﺠﺴﺤﻔﻤﻼ
ﻟﻀﺴﻮﺟ ﺍﻟﻴﻪ ﻣ ﻟﻀﺴﻮﺟ ◄ Ad Aquilam cf. Hex. ad
Deut. xxvi. 13. Ad Sym. cf. Hex. ad Jesai. vi. 13. In
lectione anonyma excidisse videtur Καὶν. [19] Sic in
marg. Cod. X, et fortasse Syro-hex. (cum indice ad ὁ θεός,

24. כִּתִּים. Ο΄. Κιτιαίων. ᾿Αλλος· ※ Χετεείν.[30]

עֵבֶר. Ο΄. ῾Εβραίους. ᾿Αλλος· ῎Εβερ.[31]

Cap. XXIV. 1. — ἐστιν ◄.[23]　2. κατὰ φυλὰς ※ αὐτοῦ ◄.[23]　8. ※ ἐκ τῶν (◄) ἐχθρῶν αὐτοῦ.[24] κατατοξεύσει — τοὺς ἐχθροὺς αὐτοῦ (◄).[25]　13. ποιῆσαι — αὐτό ◄.[26]

CAP. XXV.

2. אֱלֹהֵיהֶן. Ο΄. τῶν εἰδώλων (᾿Αλλος· τῶν θεῶν[1]) αὐτῶν.

3. וַיִּצָּמֶד. Et copulatus est. Ο΄. καὶ ἐτελέσθη (alia exempl. ἐτελέσθησαν[2]). ᾿Α. Θ. ἐξευγίσθη (s. ἐξευγίσθησαν).[3]

4. וְהוֹקַע. Et suspende (in palo). Ο΄. καὶ παραδειγμάτισον (᾿Α. ἀνάπηξον. Σ. κρέμασον[4]).

5. אֶל־שֹׁפְטֵי. Ο΄. ταῖς φυλαῖς. ᾿Αλλος· τοῖς κριταῖς.[5]

5. הַנִּצְמָדִים. Ο΄. τὸν τετελεσμένον. Σ. τοὺς μυηθέντας.[6]

6. וַיַּקְרֵב אֶל־אֶחָיו אֶת־הַמִּדְיָנִית. Ο΄. προσήγαγε τὸν ἀδελφὸν αὐτοῦ πρὸς τὴν Μαδιανῖτιν. ᾿Αλλος· (καὶ) προσήγγισεν πρὸς τοὺς ἀδελφοὺς αὐτοῦ σὺν τῇ Μαδιανίτιδι.[7]

7. רֹמַח. Lanceam. Ο΄. σειρομάστην. ᾿Α. κοντόν. Σ. δόρυ.[8]

8. אֶל־הַקֻּבָּה. In interiorem tentorii cameram. Ο΄. εἰς τὴν κάμινον (᾿Α. τὸ τέγος. Σ. τὸ πορνεῖον[9]).

אֶל־קֳבָתָהּ. Per vulvam ejus. Ο΄. διὰ τῆς μήτρας (᾿Αλλος· κοιλίας[10]) αὐτῆς.

12. אֶת־בְּרִיתִי שָׁלוֹם. Ο΄. διαθήκην εἰρήνης. Alia exempl. ※ τὴν ◄ διαθήκην μου εἰρήνης;[11] alia, τὴν διαθήκην μου διαθήκην εἰρήνης.[12]

Cap. XXV. 2. — τῶν θυσιῶν αὐτῶν ◄.[13]　4. ※

❖ — — — — — — — — — — — — — — ❖

sed absente lectione marginali); in textu autem Codd. Lips., 44, 75, alii.　[20] Cod. X in marg. Cod. Lips. in textu: Χετείν. Cf. Hex. ad Jesai. xxiii. 1. Ad Κιτιαίων Cod. VII in marg. manu 2ᵈᵃ: ευ῾ᵖ (sic).　[21] Cod. VII in marg. manu 2ᵈᵃ.　[22] Syro-hex.　[23] Idem. Sic sine aster. Cod. 58, Arab. 1, 2.　[24] Sic sine aster. Cod. 16, 57, 77, 130, 131. Syro-hex. pingit: ܟ ܡܢ ܚܕ̈ܠܦܚܕ (sic) ܘܝܗܒܠ.　[25] Syro-hex. (sic) ܚܕܠܟ ܠܚܕܕ̈ܫ. Grabius edidit: κατατοξεύσει → ἐχθροὺς ◄, fortasse ex Arab. 1, 2.　[26] Syro-hex. (qui pingit: ܘ̣ ܠܚܕ̣ ܐ ܠܚܕ̈ܟ݂ܘ ◄ܠܚܕܐ). Pronomen reprobant Arab. 1, 2.

CAP. XXV.　[1] Cod. 75 in textu.　[2] Sic Codd. III, X, Lips., 64.　[3] Codd. X, Lips., 130: ᾿Α. Θ. ἐξευγίσθησαν. Cod. 54: ᾿Α. Θ. ἐξευγίσθη. Cod. 85 in marg. sine nom.: ἐξευγίσθη. Denique Cod. VII in marg. sine nom.: ἐξείχθη.　[4] Nobil., Codd. Lips., 58 (sine nom.), 85, 130, Cat. Niceph. p. 1349 (cum ἀνάπτυξον). Theodoret. Opp. T. I, p. 251: τοῦ μέντοι λαοῦ ἡμαρτηκότος, οἱ ἄρχοντες ἐκρεμάσθησαν, ὡς ὁ Σύμμαχος ἔφη, ὡς μὴ ἐξάραντες τὸ πονηρὸν ἐξ αὐτῶν. Cod. VII in marg. manu 2ᵈᵃ: φούρκισον.　[5] Cod. 130 in marg.　[6] Cod. X. Cod. Lips.: Συ. τοὺς μυηθέντας. Codd. 85 (sine nom.), 130: Σ. τοὺς ἀμυηθέντας. Montef. edidit: ᾿Α. μυηθέντας, notans: "Basil. habet ἀμυηθέντας [ἀμυνθ.] mendose, ut liquet, pro ᾿Α. μυηθέντας." Immo Aquila, ut sibi constaret, proculdubio posuisset τοὺς ζευγισθέντας.　[7] Cod. VII ex corr. manu 2ᵈᵃ (cum Μαδιανίτῃ). Si Aquilae versio est, fortasse reponendum σὺν τὴν

TOM. I.

Μαδιανῖτιν.　[8] Nobil., Codd. 57 (cum κόντον), 73 (idem), 85 (idem), 130 (idem). Codd. X (cum κόντον), Lips.: ᾿Α. κοντόν δόρυ ρομφαίαν. Cod. 75 in textu: σειροκοντοδορρμάστην (sic).　[9] Nobil. (cum πυρίνον), Codd. X, Lips., 57 (ut Nobil.), 73 (idem), 85 (cum τέγος sine attic.), 130 (idem). Cod. 58 in marg. sine nom.: τὸ πόρνιον. Cod. 108: Σ. εἰς τὸ πορνεῖον. Procop. in Octat. p. 423: "Κάμινον (sic) enim Aq. quidem tectum, Sym. vero prostibulum [rectius lupanar, ut Hieron.] exposuit." Scripturam πορνίον, quae Schleusnero in Nov. Thes. s. v. sonat lupanar, q. d. igniarium, ubi igne libidinis aestuant homines, inerum scribarum σφάλμα esse crediderim. Quod autem in "aliquot codd." haberi affirmat Montef. πυρίον, in nullo nostrorum reperitur. (Ad κάμινον Cod. 54 ex corr. habet πυρίον.)　[10] Cod. VII in marg. manu 2ᵈᵃ. Idem in marg. dextro lectione abrasa: διὰ τ... αἰδοίου. Graeco-Ven.: πρὸν τῇ κύστει ταύτης. Ceterum nescio quid humani accidit Gesenio τῷ πάνυ in Thes. Ling. Hebr. p. 909, qui affirmat Aquilam, Symmachum, et Onkelosum קבה h. l. ita interpretari, ut idem sit quod קבה, thalamus.　[11] Sic Syro-hex. Cod. V, teste Sabaterio: ※ τὴν· διαθ. εἰρήνης μου. (Montef. ex eodem exscripsit: ※ διαθ. εἰρ. μου; Holmesii autem amanuensis: ► τὴν· διαθ. εἰρ. μου.)　[12] Sic Comp., Codd. III, X, Lips., 15, 16, alii.　[13] Cod. V pingit: τῶν θυσιῶν αὐτῶν ::; Syro-hex. ܟܘܘ ܠܟܕ̈ܟ ܘ ܚܕܘ ܠܚܘ ; minus probabiliter uterque. Tria verba desunt in Cod. 58.

L l

τῷ ◄ κυρίῳ.[14] 7. χειρὶ ✕ αὐτοῦ ◄.[15] 11. ἐν τῷ
ζηλῶσαι ✕ αὐτόν ◄.[16] 15. – Ὀμμώθ ◄.[17] 17. –
λάλησον τοῖς υἱοῖς Ἰσραὴλ, λέγων ◄.[18] 18. δολιό-
τητι ✕ αὐτῶν ◄.[19]

CAP. XXVI.

1. בֶּן־אַהֲרֹן. Ο΄. Vacat. Alia exempl. υἱὸν Ἀαρών.[1]

2. אֶת־רֹאשׁ. Ο΄. τὴν ἀρχήν. Ἄλλος· τὸν ἀριθμόν.[2]

3. אֹתָם. Ο΄. Vacat. Alia exempl. αὐτοῖς; alia,
μετ᾽ αὐτῶν.[3]

בְּעַרְבֹת. In locis campestribus. Ο΄. ἐν ἀραβώθ.
Ἀ. ἐν τῇ ὁμαλότητι. Σ. ἐν τῇ πεδιάδι (s. τῷ πεδίῳ).[4]

4. מִבֶּן עֶשְׂרִים שָׁנָה. Ο΄. ∽ ἀριθμήσατε αὐτοὺς ◄ ἀπὸ
εἰκοσαετοῦς.[5]

הַיֹּצְאִים. Ο΄. οἱ ἐξελθόντες (Ἄλλος· ἐκπορευόμενοι[6]).

9. וֹאֲבִירָם וּדָתָן. Ο΄. οὗτοι ✕ Δαθὰν καὶ
Ἀβειρών ◄.[7]

בְּהַצֹּתָם עַל־יְהוָה. Ο΄. ἐν τῇ ἐπισυστάσει κυρίου. Alia exempl. ἐν τῇ ἐπισυστάσει αὐτῶν
κατὰ κυρίου.[8]

10. וַיְמָתְיַם אִישׁ. Ο΄. καὶ διακοσίους ✕ ἄνδρας ◄.[9]

19 (Gr. 15). וְאוֹנָן. Ο΄. καὶ Αὐνάν. Alia exempl.
add. καὶ Σηλώμ, καὶ Φαρὲς, καὶ Ζαρά.[10]

22 (18). לִפְקֻדֵיהֶם. Ο΄. κατὰ τὴν ἐπίσκεψιν (Ἄλ-
λος· ἐπισκοπὴν[11]) αὐτῶν.

35 (39). לְמִשְׁפְּחֹתָם. Ο΄. Vacat. ✕ κατὰ δήμους
αὐτῶν ◄.[12]

לְבֶכֶר מִשְׁפַּחַת הַבַּכְרִי. Ο΄. Vacat. ✕ τῷ
Βεχὲρ (s. Βαχὰρ), δῆμος ὁ Βεχὲρ (s. Βα-
χάρ) ◄.[13]

37 (41). מִשְׁפַּחַת בְּנֵי־אֶפְרַיִם. Ο΄. δῆμοι (alia exempl. add. υἱῶν[14]) Ἐφραίμ.

אֵלֶּה בְּנֵי־יוֹסֵף. Ο΄. οὗτοι δῆμοι υἱῶν Ἰωσήφ.
Alia exempl. οὗτοι υἱοὶ Ἰωσήφ.[15]

39 (43). לַחוּפָם מִשְׁפַּחַת הַחוּפָמִי. Ο΄. Vacat.
✕ τῷ Οὐφάμ, δῆμος ὁ Οὐφαμί ◄.[16]

40 (44). מִשְׁפַּחַת הָאַרְדִּי. Ο΄. ✕ τῷ Ἀδάρ, δῆμος
ὁ Ἀδαρί ◄.[17]

45 (29). לִבְנֵי בְרִיעָה. Ο΄. Vacat. ✕ καὶ υἱοὶ
Βαριά ◄.[18]

47 (31). וַחֲמִשִּׁים. Ο΄. καὶ τεσσαράκοντα. Ἄλ-
λος· καὶ πεντήκοντα.[19]

---

[14] Cod. V. Sic sine aster. Ald., Codd. III, VII, X, Lips.,
15, 16, alii. Mox v. 5 Holmes. e Cod. V exscripsit: ‿ τῷ
Βεελφεγώλ, silente Montef. [15] Cod. V. Sic sine aster.
Codd. 16, 32, 52, alii, Arab. 1, 2, Arm. 1, Syro-hex.
[16] Cod. V (qui male pingit ‿ αὐτόν). Sic sine aster.
Cod. XI. Syro-hex. ܝܗ ܡܦ. [17] Syro-hex. (cum
܀ ‿), Cod. V (cum – Ζομμὸς (Ζομμος?) teste Hol
mesii amanuensi, pro quo Montef. exscripsit Ἰσομμὸθ sine
obelo), Arab. 1, 2. [18] Cod. V (teste Montef.), Arab. 1, 2.
Syro-hex. absurde pingit ܗ ܐܡܪ ܠܡܘܣܐ ܠܚܡܫܐ.
‿ ‿ܐܚܠ. ‌ [19] Cod. V, Syro-hex. Sic sine aster.
Codd. 15, 58, Arab. 1, 2.

CAP. XXVI. [1] Sic Codd. V, 58, Arab. 1, 2, Syro-hex.
[2] Cod. 130 in marg. [3] Prior lectio est in Codd. X,
Lips., 15, 16, 18, aliis, Vet. Lat.; posterior in Comp., Ald.,
Codd. III, VII, X (in marg.), XI, Lips., 29, 53, aliis, Syro-
hex. [4] Syro-hex. ‌ ܀ ܐ. ܐܡܦ ܠܚܡ. ♦ ܐܡܦܠܐ.
Cod. 130 in marg. sine nom.: πεδίῳ. [5] Sic Syro-hex.
(qui pingit: ‿ ܡܢܘ ܐܢܘܢ ‿), et sine obelo Arab. 1, 2,
invitis libris Graecis. [6] Sic in marg. Codd. 85, 130.
[7] Sic sine aster. Syro-hex. Grabius ex Arab. 1 edidit:

את כל Δ. καὶ Ἀβ. ◄ οὗτοι (cum καὶ Δ. καὶ Ἀβ. in char. min.).
[8] Sic Codd. 15, 18, 58, 128, Syro-hex. [9] Sic Syro-hex.
(qui male pingit: – καὶ διακοσίους ◄ ἄνδρας), et sine aster.
Codd. VII, XI, 15, 58. [10] Sic Ald., Codd. III (cum
Σηλὰν), VII (sine καὶ 1ᵐᵒ), X, XI (ut VII), Lips., 15 (ut
III), 18, alii, Arab. 1, 2 (cum Selan), Arm. 1, Syro-hex.
(sine καὶ 2ᵈᵒ). [11] Sic in marg. Codd. 85, 130; in textu
autem Comp., Codd. II, VII, 29, 53, alii. [12] Sic
Syro-hex., Arab. 1, 2, et sine aster. Comp., Codd. 15, 58.
[13] Sic Syro-hex. (qui pingit: ✕ τῷ Β. δῆμος ◄ ὁ Β.), Arab. 1,
2, et sine aster. Comp. (cum ὁ Βεχὲρ), 18 (cum Βαχὰρ et
Βαχαρί), 57 (cum Βαχὰρ et Βαχαραεί), alii. [14] Sic Cod. 58,
Syro-hex. [15] Sic Syro-hex., Arab. 1, 2. [16] Sic
Arab. 1 (cum Ὀφὰμ bis), et sine aster. Comp. (cum Ὀφὰμ
et Ὀφαμί), Cod. 58, Arab. 2 (cum Ὀφὰμ bis), et Syro-hex.
(cum ܣܘܦܡ bis). [17] Sic cum aster. Arab. 1, 2. Haec
leguntur in Ed. Rom., sed desunt in Codd. III, 54, 57,
aliis, Arm. 1. Codd. X, Lips. om. τῷ Ἀδάρ. [18] Sic
Arab. 1, 2. [19] Sic in textu Comp., Codd. 58, 128,
Arab. 1, 2.

50. לְמִשְׁפְּחֹתָם. Ο'. Vacat. Alia exempl. κατὰ δήμους αὐτῶν.[20]

וְאַרְבַּע מֵאוֹת. Ο'. καὶ τριακόσιοι. Ἄλλος· καὶ τετρακόσιοι.[21]

57. וְאֵלֶּה פְּקוּדֵי הַלֵּוִי. Ο'. καὶ υἱοὶ Λευί. Alia exempl. καὶ οἱ ※ ἐπεσκεμμένοι ◄ υἱοὶ Λευί.[22]

58. מִשְׁפַּחַת הַמַּחְלִי. Ο'. Vacat. ※ δῆμος ὁ Μοολί ◄.[23]

60. וַיִּוָּלֵד. Ο'. καὶ ἐγενήθησαν (alia exempl. ἐτέχθησαν[24]).

62. בְּתוֹךְ בְּנֵי (in priore loco). Ο'. ἐν μέσῳ υἱῶν. Alia exempl. ἐν τοῖς υἱοῖς.[25]

Cap. XXVI. 4. ◄ σὺ ◄ καὶ οἱ υἱοὶ Ἰσραὴλ οἱ ἐξελθόντες ἐξ Αἰγύπτου.[26] 9. οὗτοί ◄ εἰσιν ◄.[27] 10. συναγωγῆς ◄ αὐτοῦ ◄.[28] 14. ◄ ἐκ τῆς ἐπισκέψεως αὐτῶν ◄.[29] 54. πλεονάσεις τὴν κληρονομίαν (※) αὐτῶν (◄).[30] 61. ◄ ἐν τῇ ἐρήμῳ Σινᾶ ◄.[31] 64. Ἀαρὼν ※ τοῦ ἱερέως ◄.[32]

Cap. XXVII.

1. בֶּן־מְנַשֶּׁה. Ο'. Vacat. ※ υἱοῦ Μανασσῆ ◄.[1]

3. כִּי־בְחֶטְאוֹ מֵת. Ο'. ὅτι (alia exempl. ὅτι οὐ[2]) δι' ἁμαρτίαν αὐτοῦ ἀπέθανε.

8. וּבֵן אֵין לוֹ. Ο'. καὶ υἱὸς μὴ ᾖ αὐτῷ. Ἄλλος· καὶ υἱοὺς μὴ ἔχῃ.[3]

אֶת־נַחֲלָתוֹ. Ο'. τὴν κληρονομίαν (Ἄλλος· τὸν κλῆρον[4]) αὐτοῦ.

12. אֶל־הַר הָעֲבָרִים הַזֶּה. In montem Abarim istum. Ο'. εἰς τὸ ὄρος τὸ ἐν τῷ πέραν [τοῦ Ἰορδάνου], τοῦτο [τὸ] ◄ ὄρος Ναβαῦ ◄.[5] Ἄλλος· (εἰς τὸ ὄρος) τῶν Ἑβραίων τοῦτο.[6]

14. בִּמְרִיבַת. Ο'. ἐν τῷ ἀντιπίπτειν (Ἄλλος· ἀντειπεῖν[7]).

18. אֲשֶׁר־רוּחַ בּוֹ. Ο'. ὃς ἔχει πνεῦμα (alia exempl. add. θεοῦ[8]) ἐν ἑαυτῷ.

19. וְצִוִּיתָה אֹתוֹ. Ο'. καὶ ἐντελῇ (alia exempl. ἔντειλαι[9]) ◄ περὶ (◄) αὐτοῦ.[10]

21. בְּמִשְׁפַּט הָאוּרִים. Ο'. τὴν κρίσιν τῶν δήλων (Οἱ λοιποί· τῶν φωτισμῶν[11]).

Cap. XXVII. 12. ◄ ἐν κατασχέσει ◄.[12] 13. ◄ ἐν Ὢρ τῷ ὄρει ◄.[13] 14. ◄ οὐχ ἡγιάσατέ με (◄).[14] 15. πρὸς κύριον ※ λέγων ◄.[15] 16. ◄ ταύτης ◄.[16] 18. ◄ λέγων ◄.[17] 21. καὶ ※ πάντες ◄ οἱ υἱοί.[18]

---

[20] Sic Cod. 58, Arab. 1, 2. [21] Sic in marg. Cod. 130; in textu autem Comp., Ald., Cod. 59, Arab. 1, 2. [22] Sic sine aster. Cod. 58. Arab. 1, 2, teste Holmesio: καὶ υἱοὶ Λευὶ ※ ἐπεσκεμμένοι ◄. Codd. 18, 128: καὶ οὗτοι ἐπεσκεμμένοι υἱοὶ Λευί. Denique Codd. 85 (praem. ※), 130, in marg.: ἐπεσκεμμένων. [23] Sic sine aster. Comp. (cum καὶ δ. ὁ Μολὶ), 15 (cum ὁ ὁμολὶ), 18 (cum καὶ δ. ὁ ὁμολεὶ), 58 (cum Μοολὺ), 128 (ut 15). Arab. 1, 2: ※ populus Mooli. [24] Sic Ald., Codd. III, VII, X, Lips., 15, 16, alii (inter quos 130, cum ἐγενήθησαν in marg.), Arm. 1. [25] Sic Ald., Codd. III, X, Lips., 15, 16, alii (inter quos 85, 130, uterque cum ἐν μέσῳ τῶν υἱῶν in marg.). [26] Arab. 1, 2, Arm. 1. Sic sine obelo Codd. II, 58, 71, 75. Syro-hex. praepostere pingit: σὺ καὶ οἱ υἱοὶ ◄ Ἰσραὴλ — Αἰγύπτου ◄. [27] Syro-hex. Juxta Hebraeum pingendum videtur: — οὗτοί εἰσιν ◄. [28] Idem. [29] Arab. 1, 2: — et efficit numerus eorum ◄. In Syro-hex. locus pessime habitus est. [30] Sic sine aster. Arab. 1, 2. [31] Arab. 1, 2. [32] Arab. 1. Sic sine aster. Arab. 2.

Cap. XXVII. [1] Sic Arab. 1, 2. [2] Sic Codd. XI, 19, 44, alii. Codd. X, Lips., in marg.: Τινὲς νομίζοντες ἐναντίωσιν ἐνεῖναι τῷ σκοπῷ τοῦ ῥητοῦ, προστιθέασι τὴν ἄρνησιν, ὅτι οὐ δι' ἁμαρτίαν αὐτοῦ ἀπέθανεν, νοθεύοντες τὴν ἀληθῆ γραφὴν κ.τ.έ. [3] Sic in marg. Codd. 85, 130; in textu autem Codd. 18 (cum υἱὸν), 53, 56, 128 (ut 18). [4] Sic in marg. Codd. 85, 130; in textu autem Ald., Codd. VII, 18, 29, 53, 83, 128. [5] Obelus est in Arab. 1, 2. (Verba τοῦ Ἰορδάνου desunt in Ald., Codd. II, III, VII, X, XI, Lips., 15, 16, 18, aliis, Vet. Lat. Deinde articulum reprobant Comp., Codd. II (teste Holmes.), III, X, Lips., 16, 18, alii.) [6] Cod. 130 in marg. (ad Ναβαῦ): τῷ Ἑβραίῳ τοῦτο. Versio Sam.: למר עבראי הרן. Cf. ad Cap. xxi. 11. [7] Sic in marg. Codd. 85, 130; in textu autem Codd. 29, 54, 74, alii. [8] Sic Codd. VII (in marg. char. unciali), X, XI, Lips., 44, 54, alii, Arab. 1, 2, Vet. Lat., Origen. Hom. XXII in Num. (Opp. T. II, p. 356). [9] Sic Ald., Codd. III, X, 15, 16, alii (inter quos 85, 130, uterque cum ἐντελῇ in marg.). [10] Sic (sine metobelo) Arab. 1, 2. [11] Schol. apud Nobil. et Cat. Niceph. p. 1366: τὸ τῶν δήλων οἱ ἄλλοι ἑρμηνευταὶ φωτισμοὺς (φωτισμὸν Niceph.) ἐκδεδώκασιν. Cf. Hex. ad Exod. xxviii. 30. [12] Arab. 1, 2. Deest in Cod. 58. [13] Iidem. [14] Iidem, nullo metobelo. [16] Iidem. [16] Iidem. [17] Iidem. Deest in Cod. 58. [18] Iidem. Sic sine aster. Comp., Codd. 19, 44, 54, alii.

Cap. XXVIII.

1. וַיְדַבֵּר. Ο'. (※) καὶ εἶπεν πρὸς αὐτόν οἱ ὀφθαλμοί σου ἴδοσαν ὅσα ἐποίησεν τοῖς δυσὶ βασι-
λεῦσιν· οὕτως ποιήσει κύριος πάσαις ταῖς βασιλείαις, εἰς ἃς σὺ παρελεύσῃ ἐκεῖ· οὐ φοβηθήσῃ·
κύριος ὁ θεός σου αὐτὸς πολεμήσει αὐτοὺς μεθ'
ὑμῶν (◄).[1] καὶ ἐλάλησε.

2. בְּמוֹעֲדוֹ. In tempore constituto ejus. Ο'. ἐν
ταῖς ἑορταῖς ("Αλλος· τοῖς καιροῖς[2]) μου.

5. בְּשֶׁמֶן כָּתִית רְבִיעִת הַהִין. Ο'. ἐν ἐλαίῳ (※)
κεκομμένῳ (◄)[3] ἐν τετάρτῳ τοῦ ἵν.

6. לְרֵיחַ נִיחֹחַ אִשֶּׁה. Ο'. εἰς ὀσμὴν εὐωδίας ※ κάρπωμα ◄.[4]

7. הַהִין. Ο'. τοῦ ἵν (s. εἴν). Alia exempl. add.
οἴνου.[5]

8. כְּמִנְחַת הַבֹּקֶר. Ο'. κατὰ τὴν θυσίαν αὐτοῦ
(※) τὴν πρωϊνὴν (◄).[6]

תֵּעָשֶׂה אִשֵּׁה. Ο'. ποιήσετε (※) κάρπωμα (◄).[7]

12. סֹלֶת מִנְחָה. Ο'. σεμιδάλεως (※) θυσίαν ◄.[8]

סֹלֶת מִנְחָה. Ο'. σεμιδάλεως (※) θυσίαν (◄).[9]

13. סֹלֶת מִנְחָה. Ο'. σεμιδάλεως (※) θυσίαν (◄).[10]

עֹלָה. Ο'. θυσίαν. Alia exempl. ※ ὁλοκαύ-

τωμα ◄ θυσίαν.[11]

16. פֶּסַח לַיהוָה. Ο'. πάσχα κυρίῳ. "Αλλος·
κλητὴ κυρίῳ.[12]

23. הַתָּמִיד תֵּעָשׂוּ אֶת־אֵלֶּה. Ο'. ἐνδελεχισμοῦ.
ταῦτα. Alia exempl. ἐνδελεχισμοῦ ※ ποιήσετε ◄ ταῦτα.[13]

26. מִנְחָה חֲדָשָׁה לַיהוָה. Ο'. θυσίαν νέαν ※ κυρίῳ ◄.[14]

28. וּמִנְחָתָם. Ο'. ἡ θυσία ("Αλλος· εἰς θυσίαν[15])
αὐτῶν.

31. מִלְּבַד עֹלַת הַתָּמִיד. Ο'. πλὴν τοῦ ὁλοκαυτώματος τοῦ διαπαντός. Alia exempl. πλὴν τοῦ
ὁλοκαυτώματος τῆς νουμηνίας, καὶ ἡ θυσία
αὐτῶν, καὶ τὸ ὁλοκαύτωμα τὸ διαπαντός.[16]

Cap. XXVIII. 2. ↞ λέγων ◄.[17] 5. καὶ ↞ ποιήσεις ◄.[18] 9. ↞ προσάξετε ◄.[19] καὶ σπονδὴν (※) αὐτοῦ (◄).[20] 10. ἐν τοῖς σαββάτοις (※) αὐτοῦ (◄).[21]
14. τὸ ἥμισυ τοῦ ἵν ↞ οἴνου ◄.[22] τῷ μόσχῳ ↞ τῷ
ἑνί ◄.[23] τῷ κριῷ (↞) τῷ ἑνί (◄).[24] τῷ ἀμνῷ ↞ τῷ
ἑνί ◄.[25] 18. ἔσται ↞ ὑμῖν ◄.[26] 20. τῷ μόσχῳ ↞ τῷ
ἑνί ◄.[27] τῷ κριῷ (↞) τῷ ἑνί (◄).[28] 22. ↞ ἐξ αἰγῶν ◄.[29] 25. ↞ ἐν αὐτῇ ◄.[30] 27. (↞) ἀμώμους (◄).[31]
30. ↞ περὶ ἁμαρτίας ◄.[32] 31. ↞ μοι ◄.[33]

Cap. XXVIII. [1] Sic in marg. sine aster. Codd. 85 (cum
ὅτι κύριος pro κύριος, si amanuensi Holmesii fides habenda
est, repugnantibus Montef. et altero cod.), 130 (cum vitiis
scripturae καὶ εἶπον, et παρελεύσῃ· οὐ φοβηθήσητε), cum
scholio: καὶ ταῦτα κεῖται ἐν τῷ Δευτερονομίῳ (Cap. iii. 21, 22).
Haec leguntur in textu Hebraeo-Samaritano in fine Cap.
praecedentis, quae res Montefalconio fraudi fuit. [2] Cod.
X in marg. Cod. Lips. in textu: ἐν τοῖς κ. μου ταῖς ἑ. μου.
[3] Deficientibus Cod. IV et Syro-hex., vocem κεκομμένῳ sub
asterisco assumpsimus ex loco parallelo Exod. xxix. 40.
[4] Sic Arab. 1, 2, et sine aster. Cod. 58. [5] Sic Codd. X
(cum οἴνου in marg.), 44, 74, 76, 85 (ut X), alii, Arab. 1, 2.
[6] Sic in char. min. sub aster. conjecturali Grabius. [7] Sic
sine aster. Cod. 58. [8] Arab. 1, 2: similaginis ✶sacri-
ficium ◄. [9] Iidem. Codd. X, Lips., 58; σεμ. εἰς θυσίαν.
[10] Sic sine aster. (cum θυσίαν σεμ.) Arab. 1, 2. Comp.,
Codd. 19, 58, 108, 118; σεμ. εἰς θυσίαν. [11] Pro θυσίαν,
ut videtur, Holmes. ex Arab. 1, 2 allegat ✶holocaustum.
Cod. 58: εἰς ὁλοκαύτωμα θυσίαν. [12] Cod. 130 in marg.

Lectio κλητὴ pertinet, ni fallor, ad ἐπίκλητος (v. 18). Cf.
ad Cap. xxix. 12. [13] Sic sine aster. Ald., Codd. 18, 58,
128. Arab. 1, 2: ✶et facietis haec. [14] Sic Arab. 1, 2.
Vox κυρίῳ deest in Cod. 58. [15] Sic in marg. Codd. 85,
130. [16] Sic Ald, Codd. X, Lips., 15, 18, 55, 58 (cum
νεομηνίας, et in fine καὶ τοῦ ὁλ. τοῦ δ.), 64, 83, 128, invito
Vet. Lat. [17] Arab. 1, 2. [18] Iidem (cum καὶ ↞ ποιήσετε). [19] Arab. 1, 2: ↞ et afferetis. [20] Sic sine
aster. Comp., Codd. 58, 85 (in marg.). [21] Sic sine aster.
Codd. 58, 130 (in marg.), Arab. 1, 2. [22] Arab. 1, 2.
Vox οἴνου deest in Hebraeo et libris Graecis, sed habetur
in textu Hebraeo-Sam. [23] Arab. 1, 2. [24] Obelus
est in textu Grabiano, invitis, ut videtur, Arab. 1, 2.
[25] Arab. 1, 2. [26] Pronomen deest in Cod. 58. Arab.
1, 2, teste Holmesio: vobis ↞ dies. [27] Arab. 1, 2.
[28] Obelum e textu Grabiano assumpsimus. [29] Arab. 1, 2.
[30] Iidem. [31] Vox deest in Hebraeo et Cod. 58.
[32] Arab. 1, 2. Deest in Cod. 58. [33] Iidem.

Cap. XXIX.

1. יוֹם תְּרוּעָה. *Dies clangoris.* Ο΄. ἡμέρα σημασίας. Τὸ Σαμαρειτικόν· ἡμέρα ἀκουστή.[1]

6. כְּמִשְׁפָּטָם. Ο΄. κατὰ τὴν σύγκρισιν ("Αλλος·
κρίσιν[2]) αὐτῶν.

אִשֶּׁה לַיהֹוָה. Ο΄. (✕) κάρπωμα (◄) κυρίῳ.[3]

8. וְהִקְרַבְתֶּם. Ο΄. καὶ προσοίσετε ("Αλλος· προσάξετε[4]).

עֹלָה. Ο΄. ὁλοκαυτώματα (s. ὁλοκαύτωμα). Ἄλ-
λος· ὁλοκάρπωμα.[5]

12. מִקְרָא. Ο΄. ἐπίκλητος. Ἄλλος· κλητή.[6]

17. פָּרִים בְּנֵי־בָקָר. Ο΄. μόσχους ✕ ἐκ βοῶν ◄.[7]

35. עֲצֶרֶת. *Concio populi* (s. *Clausula festi*). Ο΄.
ἐξόδιον. Τὸ Σαμαρειτικόν· τελείωσις ἐπισχέ-
σεως.[8]

39. לְבַד מִנִּדְרֵיכֶם. Ο΄. ✕ πλὴν τῶν εὐχῶν ὑμῶν ◄.[9]
Ἄλλος· ταγμάτων.[10]

Cap. XXIX. 3. ✕ τῷ ἑνὶ ◄.[11] ✕ τῷ ἑνὶ ◄.[12]
6. ✕ καὶ αἱ σπονδαὶ αὐτῶν ◄.[13] 9. τῷ μόσχῳ ✕ τῷ
ἑνὶ ◄.[14] 11. ✕ ἐξιλάσασθαι περὶ ὑμῶν ◄.[15] ✕ κατὰ
τὴν σύγκρισιν — κυρίῳ ◄.[16] 12. τοῦ ἑβδόμου ✕ τούτου ◄.[17] ἑορτάσετε ✕ αὐτήν ◄.[18] 13. ✕ τῷ ◄ κυρίῳ.[19] ✕ τῇ ἡμέρᾳ τῇ πρώτῃ ◄.[20] 18, 21, 24, 27,
30, 33, 37. σύγκρισιν ✕ αὐτῶν ◄.[21] 21. ✕ καὶ ◄

τοῖς κριοῖς.[22] 22, 28, 31. ✕ ἐξ αἰγῶν ◄.[23] 34, 38.
✕ ἐξ αἰγῶν ◄.[24] 35. ✕ ἐν αὐτῇ ◄.[25]

Cap. XXX.

3. כִּי־יִדֹּר נֶדֶר. Ο΄. ὃς ἂν εὔξηται εὐχήν ("Αλλοι·
τάξηται τάγμα, συντάξηται ἄσκησιν[1]).

לֹא יַחֵל. *Non irritum faciet.* Ο΄. οὐ βεβηλώ-
σει. Ἄλλος· οὐ διαλύσει.[2]

6. אָבִיהָ אֹתָהּ (bis). Ο΄. ὁ πατὴρ αὐτῆς ✕ αὐτῇ ◄.[3]

9. וְאִם־בְּיוֹם שְׁמֹעַ אִישָׁהּ יָנִיא אוֹתָהּ וְהֵפֵר אֶת־
נִדְרָהּ אֲשֶׁר עָלֶיהָ וְאֵת מִבְטָא שְׂפָתֶיהָ אֲשֶׁר
אָסְרָה עַל־נַפְשָׁהּ וַיהֹוָה יִסְלַח־לָהּ. Ο΄. ἐὰν
δὲ ἀνανεύων ἀνανεύσῃ ὁ ἀνὴρ αὐτῆς ᾗ ἐὰν
ἡμέρᾳ ἀκούσῃ, πᾶσαι αἱ εὐχαὶ αὐτῆς, καὶ οἱ
ὁρισμοὶ αὐτῆς, οὓς ὡρίσατο κατὰ τῆς ψυχῆς
αὐτῆς, οὐ μενοῦσιν, ὅτι ὁ ἀνὴρ ἀνένευσεν ἀπ᾽
αὐτῆς (alia exempl. ἐπ᾽ αὐτῆς[4]), καὶ κύριος
καθαριεῖ αὐτήν. Alia exempl. ἐὰν δὲ ✕ ἀνανεύων ἀνανεύσῃ ◄ ᾗ ἂν ἡμέρᾳ ἀκούσῃ ὁ ἀνὴρ
αὐτῆς, ἀνανεύσῃ αὐτῇ, ✕ πᾶσαι αἱ εὐχαὶ αὐτῆς,
καὶ οἱ ὁρισμοὶ αὐτῆς (◄), ✕ καὶ διασκεδάσῃ
τὴν εὐχὴν αὐτῆς τὴν ἐπ᾽ αὐτῆς, ἢ τὴν διαστολὴν τῶν χειλέων αὐτῆς ◄, ὅσα ὡρίσατο κατὰ
τῆς ψυχῆς αὐτῆς. ✕ οὐ μενοῦσιν, ὅτι ἀνὴρ ἀνένευσεν ἐπ᾽ αὐτῆς ◄, καὶ κύριος καθαριεῖ αὐτήν.[5]

Cap. XXIX. [1] Apolinarius in Cat. Niceph. p. 1371.
Sic (cum ἡμέραν ἀκουστήν) Nobil. et "omnes MSS. Regii."
In versione Sam. legitur יומה אשמעה. [2] Cod. 130 in
marg. [3] Sic sine aster. Codd. 15, 58. [4] Sic in marg.
Codd. 58, 130; in textu autem Ald., Codd. VII, 18, 19
(cum προσάξετε), 29, alii. [5] Sic in marg. Codd. 85, 130.
[6] Cod. 130 in marg. [7] Sic Cod. V, Arab. 1, 2 (sub ✕),
et sine aster. Comp., Codd. 15, 19, 32, 58, 108, 118.
[8] S. Cyril. in "Regiis MSS.," Nobil., Cat. Niceph. p. 1375,
et in marg. sine nom. Cod. 130. Versio Sam. tantummodo habet עצמאה, *detentio.* Huc alludere videtur Procop. in Cat. Niceph. p. 1373: Καὶ οὕτως ὑφειμένως μόσχον
ἕνα περὶ [Cod. Aug. μέχρι] τῆς ὀγδόης, ἣν ἐπίσχεσιν ὀνομάζει,
μὴ ἔχουσαν ἐξόδιον, ἀλλὰ παντελῆ, σημεῖον τῆς τελείας καὶ μονίμου
μελλούσης ἱδρύσεως παρὰ θεῷ. Cf. Hex. ad Lev. xxiii. 36.
Deut. xvi. 8. [9] Sic Cod. IV. Haec leguntur in Ed.
Rom., sed desunt in Codd. VII (qui habet in marg. manu
2ᵈᵃ), 29, 53, Arm. 1. [10] Sic (ad εὐχῶν) Cod. 130 in
marg. Cf. ad Cap. xxx. 3. [11] Arab. 1, 2. [12] Arab. 1.
[13] Arab. 1, 2. [14] Iidem. [15] Iidem. Desunt in Codd.
28, 85 (qui habet in marg.). [16] Iidem. [17] Iidem.
Pronomen deest in Cod. 32. [18] Cod. V, teste Holmesio.
Pronomen deest in Codd. III, XI, 58, 106. [19] Iidem,
teste Montef. (non, ut Holmes., ✕ τῷ κυρίῳ:). Sic sine
aster. Cod. 58. [20] Cod. V, Arab. 1, 2 (sub ✕). [21] Cod.
V. In v. 33 obelus casu abest. [22] Idem. [23] Idem,
et (ad v. 31) Arab. 1, 2. In v. 28 obelum ex Grabio
assumpsimus. [24] Cod. IV, Arab. 1, 2. Ad v. 34 obelus
a correctore Cod. IV appictus est. [25] Iidem.

Cap. XXX. [1] Cod. 130 in marg. Glossae esse videntur,
quarum posterior nescio an ad verba, ὁρίσηται ὁρισμῷ περὶ
τῆς ψυχῆς αὐτοῦ, pertineat. [2] Idem. Cf. Hex. ad
Jesai. li. 9. [3] Sic Cod. IV (bis), et in priore loco sine
aster. Cod. XI. [4] Sic Comp., Ald., Codd. III, VII,
Lips., 15, 18, alii, invito Vet. Lat. [5] Sic Cod. IV,
quocum conferri potest Cod. 58, cujus integra lectio, ab

10. כָּל אֲשֶׁר. Ο'. Ϫ πάντα ◀ ὅσα.⁸

11. אוֹ־אָסְרָה אִסָּר. *Vel ligaverit obligationem.* Ο'. ἢ ὁ ὁρισμός. Alia exempl. ἢ Ϫ ὃν ὡρίσατο ◀ ὁρισμόν.⁷

13. וְאִם־הָפֵר יָפֵר אֹתָם אִישָׁהּ. *Si autem improbando improbaverit ea (vota) vir ejus.* Ο'. ἐὰν δὲ περιελὼν (alia exempl. περιαιρῶν⁸) περιέλῃ Ϫ αὐτὰ ◀⁹ ὁ ἀνὴρ αὐτῆς. Ἀ. (καὶ) ἐὰν ἀκυρῶν ἀκυρώσῃ αὐτὰς ἀνὴρ αὐτῆς.¹⁰

14. יְקִימֶנּוּ. Ο'. στήσει αὐτῇ (alia exempl. αὐτήν¹¹).

15. לָהּ אִישָׁהּ. Ο'. αὐτῇ Ϫ ὁ ἀνὴρ αὐτῆς ◀.¹²

Cap. XXX. 3. ἄνθρωπος — ἄνθρωπος ◀.¹³ 5. παρασιωπήσῃ Ϫ αὐτῆς ◀.¹⁴ 6. — ἀνανεύων ◀.¹⁵ 8. — καὶ οὕτως ◀.¹⁶ 12. ὁρισμοὶ — αὐτῆς ◀.¹⁷ — κατ' αὐτῆς ◀.¹⁸ 13. οὐ μενεῖ — αὐτῇ ◀.¹⁹ περιεῖλεν Ϫ αὐτά ◀.²⁰ 15. καὶ στήσει — αὐτῇ ◀.²¹ καὶ Ϫ πάντας ◀ τοὺς ὁρισμούς.²² 17. θυγατρὸς Ϫ αὐτοῦ ◀.²³ νεότητι Ϫ αὐτῆς ◀.²⁴

CAP. XXXI.

2. אַחַר. Ο'. καὶ ἔσχατον ("Αλλος· ὕστερον¹).

3. לַצָּבָא וְיִהְיוּ עַל־מִדְיָן. *In militiam, et sint contra Midianitas.* Ο'. καὶ παρατάξασθε (alia exempl. παρατάξασθαι²) ἔναντι κυρίου ἐπὶ Μαδιάν. Ἀ. Θ. ἵνα δύνωνται, καὶ ἔσονται ἐπὶ Μαδιάν.³

6. הַכֹּהֵן לַצָּבָא. Ο'. τοῦ ἱερέως Ϫ εἰς παράταξιν ◀.⁴

8. בְּחָרֶב. Ο'. ἐν ῥομφαίᾳ. Σ. στόματι..⁵

9. וַיִּשְׁבּוּ בְנֵי־יִשְׂרָאֵל. Ο'. καὶ ἐπρονόμευσαν Ϫ οἱ υἱοὶ Ἰσραήλ ◀.⁶

בַּזּוּ. Ο'. ἐπρονόμευσαν. "Αλλος· διήρπασαν.⁷

12. וְאֶת־הַשָּׁלָל. Ο'. καὶ τὴν προνομήν. Ἀ. Σ. Θ. (καὶ τὰ) λάφυρα.⁸

אֶל־עַרְבֹת מוֹאָב. Ο'. εἰς ἀραβὼθ Μωάβ. Ἀ. πρὸς ὁμαλὰ Μωάβ. Σ. εἰς τὴν πεδιάδα τῆς Μωάβ.⁹

16. עַל־דְּבַר־פְּעוֹר. *Propter Peor.* Ο'. ἕνεκεν Φογώρ. Τὸ Σαμαρειτικόν· διὰ λόγου Φογώρ.¹⁰

17. בַּטַּף. *In parvulis.* Ο'. ἐν — πάσῃ ◀ τῇ ἀπαρτίᾳ.¹¹ Ἀ. Σ. ἐν τοῖς νηπίοις. Θ. ἐν τῷ ὄχλῳ.¹²

אִישׁ לְמִשְׁכַּב. Ο'. (Ϫ) ἄνδρα εἰς (◀) κοίτην.¹³

Holmesio male descripta, haec est: ἐὰν δὲ ἀνανεύσῃ ὁ ἀνὴρ αὐτῆς, ᾗ ἂν ἡμέρᾳ ἀκούσῃ, καὶ διασκεδάσει (sic) τὴν εὐχὴν αὐτῆς τὴν ἐπ' αὐτῆς, ὅσα ὡρίσατο κατὰ τῆς ψυχῆς αὐτῆς, καὶ κύριος καθ. αὐτήν. ⁶ Sic Cod. IV, Arab. 1, 2, et sine aster. Cod. 58. ⁷ Sic Cod. IV (qui pingit: Ϫ ἢ ὃν ὡρ. ὁρισμὸν·), et sine aster. Cod. 58, Arm. 1. ⁸ Sic Ald., Codd. VII, 18, 56, 59, 64, 128, 130 (in marg.). ⁹ Sic Cod. IV, Arab. 1, 2, et sine aster. Ald., Codd. 15, 64. ¹⁰ Codd 85, 130, qui minus probabiliter ad v. 9, ἐὰν δὲ ἀπανεύσῃ (יָנִיא) κ. τ. ἑ., lectionem referunt. Cf. Hex. ad Psal. xxxii. 10. ¹¹ Sic Codd. 16, 19, alii (inter quos 130 in marg.). ¹² Sic Cod. IV, Arab. 1, 2, et sine aster. Codd. 15, 44, alii. ¹³ Cod. IV. Alterutrum reprobant Codd. 44, 83, 106, 136. ¹⁴ Idem (qui deinde om. ὁ πατήρ, s. ὁ πατὴρ αὐτῆς). Pronomen deest in Cod. 58. ¹⁵ Idem. Deest in Cod. 74, Arab. 1, 2, Arm. 1. ¹⁶ Cod. IV, Arab. 1, 2. ¹⁷ Cod. IV. Pronomen deest in Ald., Codd. III, VII, Lips., 16, 18, aliis. ¹⁸ Cod. IV, Arab. 1, 2. Deest in Codd. 55, 58. ¹⁹ Cod. IV, qui male pingit: — οὐ μενεῖ αὐτῇ·. ²⁰ Idem, notis a correctore additis. Sic sine aster. Arab. 1, 2. ²¹ Idem (cum — αὐτῇ corr. ex Ϫ αὐτῇ). ²² Idem. Sic sine aster. Cod. 15, Arab. 1, 2. ²³ Idem. Sic sine aster. Codd. 15, 54, 75, Arab. 1, 2. ²⁴ Idem. Sic sine aster. Codd. 58, 82, Arab. 1, 2.

CAP. XXXI. ¹ Sic in textu Codd. XI, 44, 74, alii. ² Sic (sine καὶ) Codd. II, IV, 19, 71, 82, 118, Arm. 1. Vet. Lat.: *committere pugnam.* ³ Cod. 108 in marg. (cum ἔσωνται, pro quo Holmesius infeliciter tentat δύσσωνται). Ad ἔναντι κυρίου Cod. 130 in marg. sine nom.: ἔσονται ἐπὶ Μαδιάμ· et ad ἀποδοῦναι—τῇ Μαδιάμ: ἵνα δύνωνται ἐπὶ Μαδιάμ. ⁴ Sic Cod. IV, Arab. 1, 2, et sine aster. Codd. XI, 58. ⁵ Cod. 130 (nou, ut Holmes., 108) in marg. ⁶ Sic Cod. IV, Arab. 1, 2, et sine aster. Cod. 58. ⁷ Cod. 130 in marg., cum indice ad prius ἐπρονόμευσαν minus probabiliter appicto. ⁸ Idem. Cf. Hex. ad Gen. xlix. 27. Jesai. xxxiii. 23. liii. 12. Cod. 108 ad τὰ σκῦλα affert: Ἀ. Σ. τὰ λάφυρα. ⁹ Euseb. in Onomastico, p. 46. Ad ἀραβὼθ Cod. 130 in marg.: παιδίον (πεδίον). ¹⁰ Ἀνεπίγραφος (non, ut Nobil, *Anexperus*) in Cat. Niceph. p. 1383: Τὸ δὲ Σαμ. σαφέστερόν φησι, λέγων διὰ λόγου Φογώρ. ¹¹ Sic Cod. IV, Arab. 1, 2 (cum — ἐν πάσῃ). Vox deest in Cod. 58. ¹² Cod. 108. Cod. 128 in marg. sine nom.: ἐν τῷ ὄχλῳ. ¹³ Sic sine aster. Codd. IV, 53, 56. Arab. 2 male pingit: Ϫ concubitum.

18. וְכָל הַטָּף. Ο'. καὶ πᾶσαν τὴν ἀπαρτίαν. Τὸ Σαμαρειτικόν· πᾶν νήπιον. ('Α.) νήπια. Σ. Θ. ὄχλον.[14]

לֹא־יָדְעוּ. Ο'. οὐκ οἶδε (alia exempl. ἔγνω[15]).

19. כֹּל הֹרֵג נֶפֶשׁ. Ο'. πᾶς ὁ ἀνελὼν ※ ψυχήν ◄.[16]

20. בֶּגֶד. Ο'. περίβλημα. "Αλλος· ἱμάτιον.[17]

תִּתְחַטָּאוּ. Ο'. ἀφαγνιεῖτε. (※) καὶ εἶπεν Μωυσῆς πρὸς Ἐλεάζαρ τὸν ἱερέα· εἶπον πρὸς τοὺς ἄνδρας τῆς δυνάμεως τοὺς ἐρχομένους ἐκ τοῦ πολέμου· τοῦτο τὸ δικαίωμα τοῦ νόμου, ὃ συνέταξεν κύριος· πλὴν τοῦ χρυσίου, καὶ τοῦ ἀργυρίου, καὶ τοῦ χαλκοῦ, καὶ σιδήρου, καὶ κασσιτέρου, καὶ μολίβου, πᾶν πρᾶγμα ὃ διελεύσεται ἐν πυρί, διάξετε ἐν πυρί, καὶ καθαρισθήσεται· ἀλλ' ἢ τῷ ὕδατι τοῦ ἁγνισμοῦ ἁγνισθήσεται· καὶ πάντα ὅσα ἂν μὴ διαπορεύηται διὰ πυρὸς διελεύσεται δι' ὕδατος, καὶ πλυνεῖτε τὰ ἱμάτια ὑμῶν τῇ ἡμέρᾳ τῇ ἑβδόμῃ, καὶ καθαρισθήσεσθε, καὶ μετὰ ταῦτα εἰσελεύσεσθε εἰς τὴν παρεμβολήν (◄).[18]

23. תַּעֲבִירוּ בָאֵשׁ. Ο'. Vacat. ※ διάξετε ἐν πυρί ◄.[19] "Αλλος· παρενέγκατε ἐν πυρί.[20]

26. אֵת רֹאשׁ מַלְקוֹחַ. Summam capturae. Ο'. τὸ κεφάλαιον τῶν σκύλων. Τὸ Σαμαρειτικόν· τὸ τέλος τῆς ἄρσεως.[21]

27. לַצָּבָא. Ο'. εἰς τὴν παράταξιν ("Αλλος· δύναμιν[22]).

28. מֵאֵת אַנְשֵׁי הַמִּלְחָמָה. Ο'. παρὰ τῶν ἀνθρώπων τῶν πολεμιστῶν ("Αλλος· τοῦ πολέμου[23]).

וּמִן־הַבָּקָר וּמִן־הַחֲמֹרִים וּמִן־הַצֹּאן. Ο'. καὶ ἀπὸ τῶν κτηνῶν, καὶ ἀπὸ τῶν βοῶν, καὶ ἀπὸ τῶν προβάτων, καὶ ἀπὸ τῶν ὄνων. Alia exempl. καὶ ἀπὸ τῶν βοῶν, καὶ ἀπὸ τῶν κτηνῶν, καὶ ἀπὸ τῶν προβάτων.[24]

30. אֶחָד אָחֻז. Unum exemptum. Ο'. ἕνα ※ τὸ κρατούμενον ◄.[25]

מִן־הַבָּקָר מִן־הַחֲמֹרִים וּמִן־הַצֹּאן. Ο'. καὶ ἀπὸ τῶν βοῶν, καὶ ἀπὸ τῶν προβάτων, καὶ ἀπὸ τῶν ὄνων. Alia exempl. ἀπὸ τῶν βοῶν, καὶ ἀπὸ τῶν ὄνων, καὶ ἀπὸ τῶν προβάτων.[26]

32. הַמַּלְקוֹחַ. Praeda. Ο'. Vacat. ※ τὰ σκῦλα ◄.[27]

וְשִׁבְעִים אָלֶף. Ο'. καὶ ἑβδομήκοντα ※ χιλιάδες ◄.[28]

35. מִשְׁכַּב זָכָר. Ο'. κοίτην ἀνδρός ("Αλλος· ἄρσενος[29]).

36. שְׁלֹשׁ־מֵאוֹת אָלֶף. Ο'. τριακόσιαι ※ χιλιάδες ◄.[30]

41. אֶת־מֶכֶס. Ο'. τὸ τέλος κυρίῳ. Alia exempl. τὸ τέλος.[31]

43. מֶחֱצַת הָעֵדָה. Ο'. τὸ ἡμίσευμα ἀπὸ (alia exempl. τὸ[32]) τῆς συναγωγῆς.

47. אֶת־הָאָחֻז אֶחָד. Ο'. τὸ ※ κρατούμενον ◄ ἕν.[33]

---

[14] Cod. 128: ΣΑΜ. πᾶν νήπιον. νήπια (sic). Σ. Θ. ὄχλον. [15] Sic Comp., Codd. III, VII, 15, 29, alii. Cod. 85 in marg.: ἔγνωσε (sic). [16] Sic Arab. 1, et sine aster. Comp., Ald., Codd. IV, X, XI, Lips. 15, 32, alii, Arab. 2, Vet. Lat. [17] Cod. 128 in marg. (ad δερμάτινον). [18] Sic in marg. sine aster. Codd. 85 (cum καθαρισθήσεται et εἰσελεύσεται), 130 (cum μολίβδου, et διαπορεύεται), accommodate ad textum Hebraeo-Samaritanum. [19] Sic sine aster. Comp. (cum διάξεται), Cod. 56. Vitiose Cod. 53: οὐ διαδέξεται ἐν πυρί. Etiam Cod. IV pro his, ※ διάξετε ἐν πυρί ◄, καὶ καθαρισθήσεται, male legit et pingit: ※ καὶ πυρὶ διέξεται καθαρισθήσεται, nullo metobelo. Tandem Arab. 1, 2: ※ perducetis illud in igne. [20] Cod. 15 in textu. [21] Nobil. "duo MSS. Regii," et Cat. Niceph. p. 1386: Τὸ Σαμ., λάβε τὸ τέλος, ἔχει. Praeterea Cod. 130 in marg. sine nom.: τὸ

τέλος τῆς ἄρσεως, quod cum versione Samaritana, ית סכם מנסכה, accurate concinit. [22] Cod. 130 in marg. Cf. ad Cap. iv. 23. [23] Cod. 106 in marg. [24] Sic Cod. IV. Ad καὶ ἀπὸ τῶν ὄνων Holmes. ex codem exscripsit: "καὶ ἀπὸ τοῦ (sic, nisi sit error conferentis)." Haec, καὶ ἀπὸ τοῦ, pertinent ad initium v. seq. [25] Sic Cod. IV (cum ἐν), Arab. 1, 2. [26] Sic Cod. IV. [27] Sic Cod. IV (cum asterisco ex corr.), Arab. 1, 2, et sine aster. Comp., Codd. 53 (sine artic.), 56. [28] Sic Cod. IV (cum χιλ.), et sine aster. Comp., Ald., Codd. III, X, Lips. 15, 16, 18, alii. [29] Sic in textu Comp., Codd. 53, 56, 58. [30] Sic Cod. IV (cum notis ex corr.), Arab. 1, 2, et sine aster. Comp., Ald., Codd. VII, X, Lips. 18, 29, alii. [31] Sic Codd. IV, 58, Arab. 1, 2. [32] Sic Ald., Codd. III, X, Lips. 15, 18, alii (inter quos 85, cum ἀπὸ in marg.). [33] Sic Cod. IV (cum

49. וְלֹא־נֶעְדָּר. *Et non desideratus est.* Ο'. καὶ οὐ διαπεφώνηκεν ("Αλλος· οὐκ ἐλείφθη[31]).

50. עַל־נַפְשֹׁתֵינוּ. Ο'. περὶ ✕ ψυχῶν ◄ ἡμῶν.[35]

53. בָּזֲזוּ. Ο'. ἐπρονόμευσαν. "Αλλος· διήρπασαν.[36]

Cap. XXXI. 3. ‾παρὰ (◄) τοῦ κυρίου.[37] 6. ‾χιλίους ἐκ φυλῆς ◄.[38] ‾υἱοῦ ᾽Ααρὼν ◄.[39] 8. ‾σὺν τοῖς τραυματίαις αὐτῶν ◄.[40] 9. ✕ πᾶσαν (◄) τὴν δύναμιν.[41] 10. ✕ πάσας ◄ τὰς ἐπαύλεις.[42] 11. σκῦλα ‾αὐτῶν ◄.[43] 19. (✕) πᾶς (◄) ὁ ἁπτόμενος.[44] 21. ‾τῆς παρατάξεως ◄.[45] 24. ἱμάτια ✕ ὑμῶν ◄.[46] 38. τέλος ✕ αὐτῶν ◄.[47] 39. τέλος (✕) αὐτῶν (◄).[48] 48. ‾πάντες ◄.[40]

Cap. XXXII.

9. עֵדֶר־נַחַל. Ο'. φάραγγα. "Αλλος· ἕως (φάραγγος).[1]

וַיָּנִיאוּ. *Et averterunt.* Ο'. καὶ ἀπέστησαν ("Αλλος· ὠκνήρευσαν[2]).

12. הַקְּנִזִּי. Ο'. ὁ διακεχωρισμένος. Οἱ λοιποὶ ὁ Κενεζαῖος.[3] Σ. Ο. (ὁ) Ναζιραῖος.[4] Τὸ Σαμαρειτικόν ὁ Κενεζαῖος.[5]

13. וַיְנִעֵם. *Et vagari fecit eos.* Ο'. καὶ κατερόμ-

βευσεν (potior scriptura κατερρέμβευσεν) αὐτούς. ᾽Α. ἐσάλευσεν.[6] "Αλλος· ἐπέσχεν.[7]

15. תְּשׁוּבוּן. Ο'. ἀποστραφήσεσθε. "Αλλος· ἀποστήσεσθε.[8]

17. נֵחָלֵץ חֻשִׁים. *Accingemus nos festinantes.* Ο'. ἐνοπλισάμενοι (alia exempl. add. παρελευσόμεθα[9]) προφυλακήν (potior scriptura προφυλακή[10]).

26. מִקְנֵנוּ וְכָל־בְּהֶמְתֵּנוּ. Ο'. ✕ καὶ αἱ κτήσεις ἡμῶν ◄, καὶ πάντα τὰ κτήνη ἡμῶν.[11]

יִהְיוּ־שָׁם. Ο'. ἔσονται ✕ ἐκεῖ.[12]

27. אֲדֹנִי. Ο'. ὁ κύριος. "Αλλος· ὁ κύριός μου.[13]

28. וַיְצַו לָהֶם מֹשֶׁה אֵת אֶלְעָזָר הַכֹּהֵן וְאֵת יְהוֹשֻׁעַ בִּן־נוּן וְאֶת־רָאשֵׁי. Ο'. καὶ συνέστησεν αὐτοῖς Μωυσῆς ᾽Ελεάζαρ τὸν ἱερέα, καὶ ᾽Ιησοῦν υἱὸν Ναυὴ, καὶ τοὺς ἄρχοντας. Alia exempl. καὶ συνέστησεν αὐτοὺς Μωυσῆς ᾽Ελεάζαρ τῷ ἱερεῖ, καὶ ᾽Ιησοῦ υἱῷ Ναυὴ, καὶ τοῖς ἄρχουσιν.[14]

31. אֶל־עֲבָדֶיךָ. Ο'. τοῖς θεράπουσιν (αὐτοῦ). "Αλλος· τοῖς θεράπουσίν σου.[15]

32. אֲחֻזַּת נַחֲלָתֵנוּ. Ο'. τὴν κατάσχεσιν ✕ τῆς κληρονομίας ◄ ἡμῖν.[16]

---

aster. ex corr.), Arab. 1, 2, et sine aster. (cum τὸ ἐν) Codd. 58, 59. Mox ad ὃν τρόπον Cod. 85 in marg.: καὶ ἐποίησε Μωυσῆς καὶ ᾽Ελεάζαρ ὁ ἱερεὺς ὃν τρόπον. [34] Sic in textu Codd. 53, 56 (cum ἐλήφθη), fortasse ex glossemate. [35] Sic Cod. IV (cum aster. ex corr.), Arab. 1, 2, et sine aster. Codd. 15, 128. [36] Cod. 130 in marg.: προνόμευσαν, διήρπασαν. Nobil. affert: Schol. ἀντὶ τοῦ ἐκτήσατο, οὐκ ἐκωνοποίησεν. [37] Cod. IV, nullo metobelo. Praepositio deest in Cod. 52. [38] Idem. Deest in Codd. 32, 54, aliis, Arm. 1. [39] Idem, cum notis ex corr. [40] Idem. Deest in Codd. 44, 58. [41] Cod. IV, cum asterisco ex corr., et nullo metobelo. Sic sine aster. Cod. 58, Arab. 1, 2. [42] Idem. Sic sine aster. Cod. 58, Arab. 1, 2. [43] Idem. Pronomen deest in Codd. 18, 58. [44] Sic sine aster. Comp., Codd. IV, 53, 56, Arab. 1, 2. [45] Cod. IV, Arab. 1, 2. Deest in Cod. 58. [46] Cod. IV. Sic sine aster. Comp., Codd. 32, 53, 56, Arab. 1, 2, Vet. Lat. [47] Cod. IV, cum metobelo ex corr. Sic sine aster. Comp., Codd. 15, 53, 56, Arab. 1, 2. [48] Sic sine aster. Comp., Codd. 15, 108, 118, Arab. 1, 2. [49] Cod. IV, Arab. 1, 2.

Cap. XXXII. [1] Sic in textu (cum φάραγγα) Ald., Codd. 15, 64. [2] Cod. 130 in marg. Vox nescio an alibi reperiatur. [3] Codd. X (cum Οἱ ο̄ (?)), Lips. [4] Cod. 128. Cod. 130 in marg.: Κενεζαῖος. Σ. Θ. (superscripto λ): Καζιραῖος (sic). [5] Nobil., "Regii omnes," et Cat. Niceph. p. 1394: Τὸ Σαμ. ὁ Κενεζαῖος ἤτοι ὁ ἀποχωρίσας ἑαυτὸν ἀπὸ τῆς βουλῆς τοῦ ᾽Ισραὴλ λεγόντων· οὐ πορευσόμεθα εἰς τὴν γῆν τῆς ἐπαγγελίας. Cod. 128: Σαμ. Κενεζαῖος. [6] Cod. 130 (non, ut Holmes., ἐσάλευσεν). [7] Idem in marg. sine nom. [8] Sic in marg. Cod. 85; in textu autem Codd. 54, 75. [9] Sic Ald., Codd. X, Lips., 15, 18, 64, 83, 128. Vox assumpta est, ut videtur, constructionis ergo, e v. 27. [10] Sic Comp. (cum ‾η), Ald. (idem), Codd. III, IV, X, 15, 28, alii. Vet. Lat.: armati primo agmine. [11] Sic Cod. IV, Arab. 1, 2, et sine aster. Comp., Codd. XI, 15, 53, 56, 58. [12] Sic Arab. 1, 2, et sine aster. Comp., Codd. IV, 53, 58. [13] Sic in textu Codd. IV, 128, Codd. 53, 56, 58, Arab. 1, 2: ὁ κύριος ἡμῶν. [14] Sic Codd. 44, 54, 74, alii (inter quos 130 in marg.). [15] Sic in textu Cod. IV. [16] Idem (cum ὑμῖν).

33. וְלַחֲצִי שֵׁבֶט מְנַשֶּׁה. Ο΄. καὶ τῷ ἡμίσει φυλῆς
Μανασσῆ. Schol. Νῦν ἐμνήσθη τοῦ ἡμίσεως
τῆς φυλῆς Μανασσῆ, ἐν τοῖς προειρημένοις οὐ
μνημονεύσας· ἐν δὲ τῷ Σαμαρειτικῷ [vv. 2, 6,
25, 29, 31] μνημονεύεται.[17]

35. וְאֶת־עַטְרֹת שׁוֹפָן. Ο΄. καὶ τὴν ※ Ἀταρὼθ ◄
Σοφάρ.[18]

וְיָגְבֳּהָה. Et Jogbeah. Ο΄. καὶ ὕψωσαν αὐτάς.
Ἄλλος· καὶ τὴν Ἰογβεάλ.[19] Τὸ Σαμαρειτι-
κόν· et excelsa ejus.[20]

36. וְאֶת־בֵּית נִמְרָה. Ο΄. καὶ τὴν Ναμράν. Ἄλ-
λος· καὶ τὴν Βηθναμράμ.[21]

38. וְאֶת־נְבוֹ. Ο΄. Vacat. Alia exempl. καὶ τὴν
Ναβώ.[22]

מוּסַבֹּת שֵׁם. Mutatis nominibus. Ο΄. περικε-
κυκλωμένας (alia exempl. περικεκαλυμμένας[23])
※ ὀνόματι ◄.[24] Σ. περιτετειχισμένας.[25]

39. גִּלְעָדָה. Ο΄. ※ εἰς ◄ Γαλαάδ.[26]

Cap. XXXII. 4. — ὑπάρχει ◄.[27] 11. οἱ ἄνθρωποι — ἐκεῖνοι ◄.[28] — οἱ ἐπιστάμενοι τὸ ἀγαθὸν καὶ
τὸ κακόν ◄.[29] 23. — τὰ κακά ◄.[30] 24. — ὑμῖν ◄.
ἑαυτοῖς.[31] 30. — εἰς τὸν πόλεμον—εἰς γῆν Χαναάν ◄.[32] 37. καὶ ※ τὴν ◄ Ἐλεαλή (sic).[33] καὶ
※ τὴν ◄ Καριαθάμ,[34] 39. — κατοικοῦντα ◄.[35]

Cap. XXXIII.

1. אֵלֶּה מַסְעֵי בְנֵי־יִשְׂרָאֵל אֲשֶׁר יָצְאוּ מֵאֶרֶץ
מִצְרָיִם. Ο΄. καὶ οὗτοι οἱ σταθμοὶ τῶν υἱῶν
Ἰσραήλ, ὡς ἐξῆλθον ἐκ γῆς Αἰγύπτου. Ἄλ-
λος· οὗτοί εἰσιν οἱ σταθμοὶ τῶν Ἰσραηλιτῶν,
οὓς ἐποίησαν ἐξερχόμενοι ἐξ Αἰγύπτου.[1]

2. אֶת־מוֹצָאֵיהֶם. Ο΄. τὰς ἀπάρσεις (Ἀ. Σ. Θ. τὰς
ἐξόδους[2]) αὐτῶν.

מַסְעֵיהֶם לְמוֹצָאֵיהֶם. Ο΄. σταθμοὶ ※ αὐτῶν ◄
καὶ ◄ τῆς πορείας αὐτῶν.[3]

7, 8. וַיַּחֲנוּ לִפְנֵי מִגְדֹּל: וַיִּסְעוּ מִפְּנֵי הַחִירֹת. Ο΄.
καὶ παρενέβαλον ἀπέναντι Μαγδώλου, καὶ
ἀπῆραν ἀπέναντι Εἰρώθ. Schol. Τινὰ τῶν
ἀντιγράφων οὕτως ἔχει· καὶ ἀπῆραν ἀπὸ στόματος ἐπὶ Εἰρώθ, καὶ παρενέβαλον ἀπέναντι
Μαγδώλου, καὶ ἀπῆραν ἐκ Μαγδώλου (καὶ
διέβησαν μέσον τῆς θαλάσσης).[4]

9. תְּמָרִים. Ο΄. στελέχη φοινίκων. Ἄλλος· φοίνικες.[5]

23. בְּהַר־שֶׁפֶר. Ο΄. εἰς ※ ὄρος ◄ Σαφάρ.[6] Alia
exempl. ἐν (s. εἰς) Ἀρσαφάρ.[7] Οἱ λοιποί· (εἰς)
ὄρος Σαφάρ.[8]

24. מֵהַר־שָׁפֶר. Ο΄. ἐξ ※ ὄρους ◄ Σαφάρ.[9]

29, 30. הַשְׁמֹנָה (bis). Ο΄. Σελμωνᾶ (s. Ἀσελμωνᾶ).
Ἄλλος· Ἀσιμωνά.[10]

---

[17] Nobil., Anon. in Cat. Niceph. p. 1396. In v. 29 post
γὰδ Cod. 15 infert: καὶ τὸ ἥμισυ φυλῆς Μανασσῆ. [18] Cod.
IV (cum ※ Ἀθαρὼθ: Σωφάρ). Arab. 1, 2: ※ et τὴν Asta-
roth ◄ Sophar. [19] Sic in textu Arm. ed. [20] Versio
Sam.: ורומסואה. Sic in textu (cum Βηθναμρὰμ)
Cod. 58. Arab. 1, 2: Baithnamra. [22] Sic Codd.
(cum Ναβὰθ), Ald., Codd. III (cum Βαμὰθ), VII, X, XI
(cum Ναβαῦ), Lips., 16, 18 (ut XI), alii, Arab. 1, 2.
[23] Sic Codd. III, VII, 15, 18, alii (inter quos 85, 130).
[24] Sic Cod. IV, Arab. 1, 2 (cum ※ nominibus eorum), et
sine aster. Cod. 58. [25] Codd. X, Lips. Sic in marg.
sine nom. Codd. 85, 130. Bar Hebraeus (Mus. Brit. Addit. MSS. 21,580, fol. 54 b): ܡܣܡܗ. Pro
שֵׁם Symmacho obversatum fuisse שׁוּר non inepte conjicit
Scharfenb. in Animadv. p. 120. [26] Sic Cod. IV, et sine
aster. Comp., Ald., Codd. III, VII, X, Lips., 16, 18, alii,
Arm. 1. [27] Cod. IV. [28] Idem (pro οἱ ἅ. οὗτοι). Sic
sine aster. Cod. 58. Arab. 1, 2: homines — hi. [29] Idem.

[30] Idem. [31] Idem (cum αὐτοῖς, nullo metobelo), Arab. 1.
[32] Cod. IV. Arab. 1, 2 pingunt: εἰς τὸν πόλεμον—εἰς γῆν
— Χαναάν ◄. [33] Cod. IV. Sic sine aster. Comp., Codd. ·
75 (cum -λὴν), 108. [34] Idem. Sic sine aster. (cum
-θαὶμ) Comp., Cod. 18. [35] Idem.
Cap. XXXIII. [1] Cod. VII in marg. manu 2ᵈᵃ (cum
αὐτοί). Videtur esse alius interpretis, fortasse Symmachi.
[2] Cod. 130. [3] Sic Cod. IV, et sine aster. (om. καὶ)
Cod. 82. [4] Nobil. (cum ἀπὸ στόμ. Εἰρὼθ), Anon. in Cat.
Niceph. p. 1399 (cum Μάγδωλ bis). Sic in textu Codd. 44
(cum Ἡρὼθ), 54, 58, alii, Arab. 1, 2. [5] Sic in textu
Cod. 82. Cf. Hex. ad Exod. xv. 27. [6] Sic Cod. IV,
Arab. 1, 2, et sine aster. Cod. 58. [7] Sic Comp., Ald.
(cum -φὰθ), Codd. III, VII (ut Ald.), X (cum εἰς), Lips.
(idem), 15, 18, alii. [8] Codd. 85, 130 (cum Ἀφάρ).
[9] Sic (pro ἐκ Σ.) Cod. IV, Arab. 1, et sine aster. Codd. 58,
83, Arab. 2. [10] Sic in textu Codd. IV, 53 (cum ασειμωνα).

31. בְּנֵי יַעֲקָן. Ο'. εἰς Βαναία (alia exempl. Βανιακάν[11]). Ἄλλος· ἐν υἱοῖς Ἰακάν.[12]

38. אֶל־הֹר הָהָר. Ο'. Vacat. ✕ εἰς Ὢρ τὸ ὄρος ◄.[13]

40. בַּנֶּגֶב. Ο'. Vacat. ✕ ἐν τῷ νότῳ ◄.[14]

44. בְּעִיֵּי הָעֲבָרִים. In Ije(ruderis)-abarim. Ο'. ἐν Γαὶ ἐν τῷ πέραν. Σ. ἐν τοῖς ὑψηλοῖς.[15]

49. מִבֵּית הַיְשִׁמֹת. A Beth-jeshimoth. Ο'. ἀναμέσον Αἰσιμώθ (Ἄλλος· τῆς ἀοικήτου[16]).

אָבֵל הַשִּׁטִּים. Ο'. Βελσᾶ τό. Alia exempl. Βελσαττείμ, s. Ἀβελσαττείμ.[17]

54. בְּגוֹרָל. Ο'. ἐν κλήρῳ. Alia exempl. κληρωτί.[18]

שָׁמָּה הַגּוֹרָל לוֹ יִהְיֶה. Ο'. ἐκεῖ αὐτοῦ ἔσται (✕) ὁ κλῆρος (◄).[19]

Cap. XXXIII. 4. ⸓ τοὺς τεθνηκότας πάντας ◄.[20] 9. ⸓ παρὰ τὸ ὕδωρ ◄.[21] 36. ⸓ καὶ ἀπῆραν ἐκ τῆς ἐρήμου Σίν, καὶ παρενέβαλον εἰς τὴν ἔρημον Φαράν ◄.[22] 51. ✕ ὅτι ὑμεῖς.[23] 52. ✕ πάσας ◄ τὰς σκοπιάς.[24] ⸓ αὐτά ◄.[25] 53. καὶ ἀπολεῖτε ⸓ τοὺς κατοικοῦντας ◄ τὴν γῆν.[26] τὴν γῆν (⸓) αὐτῶν (◄).[27] 54. τὴν γῆν ⸰ αὐτῶν ◄.[28] 56. ✕ τοῦ ◄ ποιῆσαι.[29]

Cap. XXXIV.

2. זֹאת הָאָרֶץ אֲשֶׁר תִּפֹּל. Ο'. αὕτη ✕ ἡ γῆ ◄ ἔσται.[1] Alia exempl. αὕτη ἡ γῆ ἥτις ἔσται.[2]

3. פְּאַת־נֶגֶב. Ο'. τὸ κλίτος τὸ πρὸς λίβα (Οἱ λοιποί· νότον[3]).

11. וּמָחָה עַל־כָּתֵף. Et pertinget ad latus. Ο'. Βηλὰ ἐπὶ νώτου. Alia exempl. ⸰ Βηλὰ (◄), ✕ καὶ συγκρούσει ◄ ἐπὶ νώτου.[4]

14. לְבֵית אֲבֹתָם (in priore loco). Ο'. Vacat. ✕ κατ' οἴκους πατριῶν αὐτῶν ◄.[5] Ἄλλος· κατὰ κλήρους πατριῶν αὐτῶν.[6]

לְבֵית אֲבֹתָם (in posteriore loco). Ο'. ✕ κατ' οἴκους πατριῶν αὐτῶν ◄.[7]

18. וְנָשִׂיא אֶחָד נָשִׂיא אֶחָד. Ο'. καὶ ἄρχοντα ἕνα ✕ ἄρχοντα ἕνα ◄.[8]

19. בֶּן־יְפֻנֶּה. Ο'. υἱὸς (Ἄλλος· ὁ τοῦ[9]) Ἰεφοννή.

56, 58 (in priore loco). [11] Sic Comp. (cum Mav.), Ald. (cum Βαναικάν), Codd. III (cum Βανικάν), IV (cum Βαναικάν), VII, X (ut Ald.), 15 (idem), 16 (ut Comp.), alii (inter quos 85, 130). [12] Sic in marg. Codd. X, 85, 130. [13] Sic Cod. IV, Arab. 1, 2 (cum ad ✕ montem Hor). Ald., Codd. 29, 44, alii: ἐπὶ τὸ ὄρος. Cod. 84: εἰς τὸ ὄρος. [14] Sic Cod. IV, Arab. 1, 2, et sine aster. Cod. 15. [15] Codd. X, 85 (sine nom.), 130. Montef. e Cod. 85 edidit: Ἄλλος· ἐν τοῖς ὑψηλοῖς; ex Eusebio autem (cf. ad Cap. xxi. 11): Σ. ἐν τοῖς Βουνοῖς. [16] Sic in marg. Codd. 85, 130. Symmachus pro יְשִׁמוֹת posuit ἡ ἀοίκητος 1 Reg. xxiii. 24. Psal. lxvii. 8. cv. 14; sed pro יְשִׁמוֹת nomen proprium Ἰσιμοὺθ Ezech. xxv. 9. [17] Prior scriptura est in Ald., Codd. III (cum –τίμ), VII (cum –τείν), 15 (cum –σατείμ), 16, 18 (cum –σατίμ), aliis, Vet. Lat. (cum Belsattun); posterior in Comp. (cum –τίμ), 44 (cum –σατίμ), 53 (cum –σασαττείμ), 56 (cum –σατείμ), aliis. Hieron.: Abel-sittim. [18] Sic Ald., Codd. III, VII, 16, 18, 19, alii. Cf. Hex. ad Jos. xxi. 4. [19] Sic sine aster. Codd. X (cum ὁ κλ. in marg.), Lips. (idem), 44 (sine artic.), 75 (cum ἔσται αὐτοῦ), 85 (ut X), 130 (idem), Arab. 1, 2. Cod. 54: ἐκεῖ ἔσται αὐτοῦ ἡ κληρονομία. [20] Cod. IV (cum metobelo ex corr.), Arab. 1, 2. Iidem verba οὓς ἐπάταξε κύριος post ἔθαντον transp. juxta ordinem Hebraeum. [21] Iidem. [22] Cod. IV. [23] Idem. Sic sine aster. (om.

ὑμεῖς) Cod. 58. [24] Cod. IV, Arab. 1, 2. Sic sine aster. Codd. 15, 58. [25] Cod. IV (cum notis ex corr.). Vox deest in Codd. 55, 106, Arm. 1. [26] Cod. IV (om. πάντας ante τοὺς κ., cum Comp.; Ald., Codd. III, VII, 15, 16, aliis, Arm. 1), obelo a correctore appieto. Arab. 1, 2: ⸓ τοὺς κατ. τὴν γῆν ◄. [27] Sic cum obelo Grabius. Pronomen deest in Codd. IV (qui pergit ἐν κλήρῳ αὐτῶν), 82, Arm. 1 (in textu). [28] Cod. IV (cum notis ex corr.). Pronomen abest a Comp., Codd. III, VII, 28, 29, aliis. [29] Cod. IV.

Cap. XXXIV. [1] Sic Cod. IV, Arab. 1, 2, et sine aster. Codd. Lips. (cum ἐστιν), 58. [2] Sic Codd. 30, 44, alii (inter quos 85, 130), Vet. Lat. [3] Codd. 85, 130. [4] Sic Cod. IV (qui pingit: ⸰ Βηλὰ ✕ καὶ συγκρούσει :), Arab. 1, 2 (cum ✕ et dividetis), et sine notis Comp. (cum Βηλ), Ald., 53, 56 (ut Comp.), 58 (om. Βηλὰ), 108, 118. In textu vulgari Βηλὰ om. Cod. 82, Vet. Lat. [5] Sic Cod. IV (cum notis ex corr.), et sine aster. Comp., Codd. 19 (sine αὐτῶν), 44, 54, alii, Arab. 1, 2. Vet. Lat. (bis): per domos pagorum suorum. [6] Sic in marg. Codd. 85, 130. [7] Sic Cod. IV (cum metobelo tantum), Arab. 1, 2. Haec leguntur in Ed. Rom., sed desunt in Codd. 44, 58. [8] Sic Cod. IV (cum ✕ αρχον (sic) ἕνα :), et sine aster. (cum ἄρχ. ἕνα in marg.) Cod. 130. [9] Sic in marg. Cod. 130; in textu autem Cod. VII.

20. בְּנֵי שִׁמְעוֹן. Ο΄. (Ϗ) υἱῶν (◄) Συμεών.[10]

שְׁמוּאֵל. Ο΄. Σαλαμιήλ. Ἀ. Σ. Σαμουήλ.[11]

22. בְנֵי־דָן. Ο΄. (Ϗ) υἱῶν (◄) Δάν.[12]

25. בְנֵי־זְבוּלֻן. Ο΄. (Ϗ) υἱῶν (◄) Ζαβουλών.[13]

28. בְּנֵי־נַפְתָּלִי. Ο΄. (Ϗ) υἱῶν (◄) Νεφθαλί.[14]

29. אֵלֶּה אֲשֶׁר. Ο΄. τούτοις. Alia exempl. οὗτοι οἷς (s. οὕς).[15]

לִנְחֹל. Ο΄. καταμερίσαι. Alia exempl. καταμετρῆσαι; alia, κατακληρονομῆσαι.[16]

Cap. XXXIV. 2. ־ λέγων (◄) Ϗ ὅτι ὑμεῖς.[17]
8. καταμετρήσετε ־ αὐτοῖς ◄.[14] 12. διέξοδος (Ϗ) αὐτοῦ(◄).[19] 13. δοῦναι ־ αὐτήν ◄.[20] ־ Μανασσῆ ◄.[21]

Cap. XXXV.

2. מִגְרְשֵׁי. Ο΄. ἀπὸ τῶν κλήρων. Schol. μερίδων, κτήσεων.[1]

וּמִגְרָשׁ. Et pascua suburbana. Ο΄. καὶ τὰ προάστεια (Ἄλλος· πλάτη[2]).

3. וּמִגְרְשֵׁיהֶם. Ο΄. καὶ τὰ ἀφορίσματα (Θ. ἀποβλήματα. Ἄλλος· εὐρύχωρα[3]) αὐτῶν.

וְלִרְכֻשָׁם וּלְכֹל חַיָּתָם. Et opibus (gregibus) eorum, et omnibus animalibus eorum. Ο΄. Ϗ

καὶ τῇ ὑπάρξει αὐτῶν ◄, καὶ πᾶσι τοῖς τετράποσιν αὐτῶν.[4]

4. אֶלֶף. Ο΄. δισχιλίους. Ἄλλος· χιλίους.[5]

5. וּמַדֹּתֶם. Ο΄. καὶ μετρήσεις (Ἄλλος· καταμετρήσεις[6]).

אַלְפַּיִם בָּאַמָּה (in primo loco). Ο΄. Ϗ ἐπὶ δισχιλίους πήχεις.[7]

נֶגֶב. Ο΄. τὸ πρὸς λίβα. Ἄλλος· κατὰ νότον.[8]

6. וַעֲלֵיהֶם תִּתְּנוּ. Ο΄. καὶ πρὸς ταύταις Ϗ δώσετε ◄.[9]

7. וְאֶת־מִגְרְשֵׁיהֶן. Ο΄. καὶ τὰ προαστεῖα (alia exempl. ὁμοροῦντα[10]) αὐτῶν.

11. וְהִקְרִיתֶם. Et praeparabitis. Ο΄. καὶ διαστελεῖτε (Ἄλλος· ἀφορίσατε[11]).

עָרֵי מִקְלָט. Urbes asyli. Ο΄. Ϗ πόλεις ◄ φυγαδευτήρια.[12]

14. עָרֵי מִקְלָט. Ο΄. Ϗ πόλεις ◄ φυγαδεῖον.[13]

23. רָעָתוֹ. Malum ejus. Ο΄. κακοποιῆσαι (Ἄλλος· κακῶσαι[14]) αὐτόν.

26. עִיר מִקְלָטוֹ. Ο΄. τῆς πόλεως Ϗ τοῦ φυγαδευτηρίου αὐτοῦ ◄.[15]

30. כָּל־מַכֵּה. Ο΄. πᾶς πατάξας. Ἄλλος· πάντα πατάξαντα.[16]

לְפִי עֵדִים יִרְצַח אֶת־הָרֹצֵחַ. Ο΄. διὰ Ϗ στόματος ◄[17] μαρτύρων φονεύσεις (alia exempl.

---

[10] Sic sine aster. Cod. IV, Arab. 1, 2.   [11] Cod. 108. Sic in textu Comp.   [12] Sic sine aster. Codd. 44, 54, alii, Arab. 1, 2.   [13] Sic sine aster. Codd. IV, 58.   [14] Sic sine aster. Codd. IV, 16, 28, 30, alii (inter quos 58, 85, 130).   [15] Sic Comp., Ald., Codd. III, IV, VIII, X, XI, Lips., 15, 16 (cum οὕς), 18 (idem), alii. Vet. Lat.: hi sunt quibus.   [16] Prior lectio est in Ald., Codd. III, VII, 29, 53, 130 (in marg.); posterior in Codd. X (in marg.), 15, 16, 28, aliis (inter quos 85, 130).   [17] Cod. IV (cum notis ex corr.). Arab. 1, 2: ־ et tu (eris) dicens ◄. Vox λέγων non reperitur in libris Graecis, excepto Cod. IV.   [18] Idem (cum αὐτάς). Arab. 1, 2: καταμ. ־ ὑμῖν ◄.   [19] Sic sine aster. Codd. IV, 58, Arab. 1, 2.   [20] Cod. IV (qui pingit: ־ δοῦναι αὐτήν :). Pronomen deest in Codd. 57, 129.   [21] Cod. IV (cum metobelo tantum), Arab. 1, 2. Deest in Cod. 82.

CAP. XXXV.   [1] Cod. 130 in marg.   [2] Idem.   [3] Cod. 130 in marg.: εὐρύχωρα. Θ. ἀποβλήματα. Cod. 108: Θ. καὶ

τὰ ἀποβλ. αὐτῶν.   [4] Sic Cod. IV (qui pingit: Ϗ καὶ τῇ—τετράποσιν αὐτῶν :), et sine aster. Cod. 58. Arab. 1, 2: Ϗ et bestiis illorum.   [5] Sic in textu (cum χειλ.) Cod. IV.   [6] Sic in marg. Cod. 85; in textu autem Cod. 30.   [7] Cod. IV, Arab. 1, 2.   [8] Cod. 130 in marg. Ad λίβα Cod. 85 in marg.: νότον. Cf. ad Cap. xxxiv. 3.   [9] Sic Cod. IV, Arab. 1, 2, et sine aster. Codd. 58, 59.   [10] Sic Codd. X (in marg.), Lips. Sic pro ὅμορα (v. 5) Codd. 19 (cum ὁμμοροῦντα), 108 (idem), 118.   [11] Cod. 130 in marg.   [12] Sic Cod. IV, Arab. 1, 2.   [13] Sic Cod. IV (cum πόλις).   [14] Sic in textu Codd. 16, 28, alii (inter quos 85, 130, uterque cum κακοποιῆσαι in marg.).   [15] Sic Cod. IV, Arab. 1, et sine aster. Cod. 15, Arab. 2.   [16] Sic in marg. Codd. 85, 130; in textu autem Codd. 44, 54, alii.   [17] Sic Cod. IV (cum Ϗ ψυχην δια (sic) super Ϗ στοματος a corr. superscripto), et sine aster. Codd. 15, 130 (cum διὰ στόματος in marg.).

M m 2

φονεύσει[18]) τὸν φονεύσαντα. Ἄλλος· ἐπὶ ῥήματι μαρτύρων φονευθήσεται ὁ φονεύσας.[19]

32. לָנֻוס. Ο΄. τοῦ φυγεῖν. Alia exempl. τοῦ μὴ
φυγεῖν.[20]

33. כִּי־אָם בְּדַם. Ο΄. ἀλλ᾽ ἐπὶ τοῦ αἵματος. Ἄλ-
λος· πλὴν ἐν τῷ αἵματι.[21]

Cap. XXXV. 6. καὶ τὰς πόλεις ※ ἃς ◄ δώσετε.[22] 8. πόλεων ※ αὐτοῦ ◄.[23] 10. ※ ὅτι ◄
ὑμεῖς.[24] 11. — πᾶς ◄.[25] 12. — τὸ αἷμα ◄.[26] 15. αἱ
(※) ἐξ (◄) πόλεις.[27] 21. χειρὶ ※ αὐτοῦ ◄.[28] — θανάτῳ θανατούσθω ὁ φονεύων ◄.[29] 25. ἀπὸ ※ χειρὸς ◄ τοῦ ἀγχιστεύοντος.[30] οὗ κατέφυγεν ※ ἐκεῖ ◄.[31]
32. ※ καὶ ◄ οὐ λήψεσθε.[32] — ὁ μέγας ◄.[33] 33. τοῦ
ἐκχέοντος (※) αὐτό (◄).[34] 34. ἐφ᾽ ἧς (※) ὑμεῖς (◄)
κατοικεῖτε.[35]

Cap. XXXVI.

2. וַאֲדֹנִי. Ο΄. καὶ τῷ κυρίῳ (※) μου (◄).[1]

3. מִבְּנֵי שִׁבְטֵי. Ο΄. ※ τῶν υἱῶν ◄ τῶν φυλῶν.[2]

3. נַחֲלָתָן. Ο΄. ὁ κλῆρος (Ἄλλος· ἡ μερὶς[3]) αὐτῶν.

5. כֵּן. Ο΄. οὕτως. Ἄλλος· ὀρθῶς.[4]

6. לְמִשְׁפַּחַת מַטֵּה. Ο΄. ἐκ τοῦ δήμου ※ τῆς φυλῆς ◄.[5]

8. מִמִּשְׁפַּחַת מַטֵּה. Ο΄. τῶν ἐκ τοῦ δήμου ※ τῆς
φυλῆς ◄.[6]

9. יִדְבְּקוּ מַטּוֹת. Ο΄. προσκολληθήσονται ※ αἱ φυλαί ◄.[7] Alia exempl. προσκολληθήσονται τῇ
ἑαυτοῦ φυλῇ.[8]

10. כַּאֲשֶׁר. Ο΄. ὃν τρόπον. Ἄλλος· καθά.[9]

11. לְנָשִׁים. Ο΄. Vacat. ※ εἰς γυναῖκας ◄.[10]

12. מִמִּשְׁפְּחֹת בְּנֵי־מְנַשֶּׁה בֶן־יוֹסֵף. Ο΄. ἐκ τοῦ δήμου τοῦ Μανασσῆ υἱῶν Ἰωσήφ. Alia exempl.
ἐκ τοῦ δήμου υἱῶν τοῦ Μανασσῆ υἱοῦ Ἰωσήφ.[11]

13. אֶל־בְּנֵי יִשְׂרָאֵל. Ο΄. Vacat. ※ πρὸς τοὺς
υἱοὺς Ἰσραήλ ◄.[12]

Cap. XXXVI. 1. — καὶ ἔναντι Ἐλεάζαρ τοῦ ἱερέως ◄.[13] 13. — καὶ τὰ δικαιώματα ◄.[14]

---

[18] Sic Comp., Ald., Codd. III, IV, XI, Lips., 15, 16, alii,
Vet. Lat.   [19] Cod. 130 in marg.   [20] Sic Codd. X (in
marg.), Lips. (idem), 44, 54, alii. Procop. in Cat. Niceph.
p. 1412: Γράφεται τῶν ἀντιγράφων ἐν ἐνίοις, μὴ φυγεῖν. Severus in Cat. Niceph. ibid.: Τινὰ τῶν ἀντιγράφων οὐκ ἔχει τὸ μή.
[21] Cod. 130 in marg. Cf. ad Cap. xiv. 30.   [22] Cod. IV
(qui male pingit: ※ καὶ τὰς (corrector add. :) πόλεις ※ ἃς :
δώσεται). Sic sine aster. Ald., Codd. III, VII, 15, 16, 18,
alii, Arm. 1.   [23] Cod. IV (cum notis ex corr.).
[24] Idem. Sic sine aster. Comp., Codd. 19, 32, 44, alii.
[25] Cod. IV, Arab. 1, 2.   [26] Cod. IV, Arab. 1 (cum cuneolo
tantum).   [27] Sic sine aster. Codd. IV, 58 (om. πόλεις),
128, Arab. 1, 2.   [28] Cod. IV, teste Holmesii amanuensi.
[29] Idem. Haec desunt in Comp., Codd. 44, 53, 58, aliis.
[30] Idem. Arab. 1, 2: ※ ex manu.   [31] Idem.   [32] Idem
(cum ※ καὶ οὐ: manu 1ma). Sic sine aster. Comp., Codd.
19, 58, 75, 108, 118, Arab. 1, 2, Arm. 1.   [33] Cod. IV,
Arab. 1, 2. Deest in Cod. 58.   [34] Sic sine aster.
Codd. IV (cum ἐκχίαντος), 58, Arab. 1, 2.   [35] Sic sine
aster. Codd. IV, 58.

Cap. XXXVI. [1] Sic sine aster. Codd. IV, 58, 59, 128.
In aliis libris est τῷ κ. ἡμῶν.   [2] Sic Cod. IV.   [3] Cod. 130
in marg. Cf. ad Cap. xxxv. 2.   [4] Sic in textu Cod. XI,
Arab. 1, 2. Crediderim esse Symmachi, coll. Hex. ad
Exod. x. 29. 4 Reg. vii. 9. Hieron. recte.   [5] Sic Cod.
IV, Arab. 1, et sine aster. Codd. 58, 128, Arab. 2.   [6] Sic
Cod. IV, Arab. 1 (uterque cum metobelo post τοῦ πατρὸς
αὐτῆς), et sine aster. Arab. 2.   [7] Sic Cod. IV (qui male
pingit: — αἱ φυλαί :), et sine aster. Codd. 16, 30, 52, alii
(inter quos 85, cum αἱ φ. τῶν υἱῶν Ἰσρ. in marg.). Post
ἕκαστος Arab. 1, 2 inferunt: ※ ex tribubus filiorum Israel,
om. in fine οἱ υἱοὶ Ἰσρ.   [8] Sic Codd. 44, 54, alii. Vet.
Lat.: adhaerebit et tribui filiorum Istrahel.   [9] Cod. 58
in textu. Est Aquilae usus, coll. Hex. ad Exod. ii. 14.
Psal. xxxii. 22. Amos ii. 13.   [10] Sic Arab. 1, 2, et sine
aster. Codd. IV, XI, 58, 85, Arm. 1.   [11] Sic Cod. IV,
Arab. 1, 2. In fine v. post τοῦ πατρὸς αὐτῶν Cod. 85 in
textum infert: εἰς γυναῖκας ἐκ τοῦ δ. υἱῶν M. υἱοῦ Ἰωσήφ.
[12] Sic Cod. IV, et sine aster. Cod. 58.   [13] Cod. IV (cum
ἐναντίον), Arab. 1, 2.   [14] Iidem. Haec desunt in Cod. 58.

DEUTERONOMIUM.

IN LIBRUM DEUTERONOMII

MONITUM.

"DEUTERONOMII paucissimas lectiones dederat Drusius, quas hic multis partibus auctiores proferimus, usi maxime Cod. Basiliensi, qui longe plura quam alii [excepto Coisliniano, in hac parte operis bonarum lectionum feracissimo] suppeditavit; etsi in Pentateucho, ubi scilicet eadem plerumque repetuntur, ac saepe longa series nominum propriorum, tribuum, et familiarum contexitur, multo pauciores interpretationes observent MSS. nostri, quam in aliis Scripturae libris. Praeter Basiliensem, adhibuimus item codices et libros editos qui sequuntur.

"Codicem Regium 1825.

"Cod. Reg. 1872.

"Cod. Reg. 1888.

"[Cod. Reg. 2240. Vid. ad Cap. xxxiv. 7.]

"Eusebium et Hieronymum de Locis Hebraicis [Vid. Monitum ad Numeros, p. 223].

"[Eusebium in Demonstratione Evangelica, Parisiis, 1628. Vid. ad Cap. xxxii. 43.]

"[Hieronymum in Commentariis in Epist. ad Galatas, Opp. Tom. VII, p. 435. Vid. ad Cap. xxi. 22, 23.]

"Theodoretum editum anno 1642 [Opp. Tom. I, pp. 256-298 juxta edit. J. L. Schulzii].

"Procopium in Heptateuchum [Vid. Monitum ad Exodum, p. 78].

"Agellium in Canticum Deuteronomii.

"Editionis Romanae et Drusii lectiones."—MONTEF.

E subsidiis quae nos in hoc libro ornando vel primum, vel denuo et diligentius tractavimus, praecipua sunt:

IV. Sarravianus, a Tischendorfio editus. Continet Cap. iv. 11–26, vii. 13—xvii. 14, xviii. 8—xix. 4, xxviii. 12—xxxi. 11.

VII. Vid. Monitum ad Genesim, p. 5. Continet Cap. i. 1—xxviii. 63, xxix. 14 ad finem.

X. Vid. Monitum ad Genesim, p. 5.

54. Vid. Monitum ad Numeros, p. 223.

57. Vid. Monitum ad Genesim, p. 5.

58. Vid. Monitum ad Exodum, p. 78.

85. Vid. Monitum ad Exodum, pp. 78, 79.

128. Vid. Monitum ad Leviticum, p. 168.

130. Vid. Monitum ad Genesim, p. 5. Post Cap. v. 16 lectiones trium interpretum non amplius memorantur.

Lips. Vid. Monitum ad Exodum, p. 79. Continet tantum Cap. i. 1–12.

Veron. Psalterium cum Canticis Graeco-Latinum Veronense a Josepho Blanchino editum.

His diebus Bar Hebraei Scholia in Deuteronomii Capp. xxxii—xxxiv edidit et commentatus est Doctor R. Schroeter in *Zeitschrift der Deutschen-morgenl. Gesellschaft*, Tom. XXIV, pp. 505, 546. Praeterea pauculas trium interpretum in hunc et praecedentem librum lectiones, ab Holmesio e dictis Scholiis Latine tantum excerptas, nos ad Bar Hebraei codices in Museo Britannico et Bibliotheca Bodleiana asservatos exigendas curavimus.

Versio Deuteronomii Syro-hexaplaris hodie aut penitus intercidit, aut certe ex hominum conspectu evanuit. Sed feliciter evenit, ut Deuteronomii partem fere dimidiam, quae in deperdito Codice Masiano contineretur, ipse libri possessor ANDREAS MASIUS, in *Criticorum Sacrorum* Tomi I Parte II, accuratissima analysi et perpetuo commentario tam clare exposuerit et illustraverit, ut tantum non versionem integram publici juris fecisse appareat. Codex continebat Cap. xvii. 1 (μόσχον ἢ πρόβατον)—xxvi. 9 (καὶ ἔδωκεν ἡμῖν τὴν γῆν), xxviii. 29 (ἔσται ꟷ σοι ◄ ὁ βοηθῶν)—xxxiv. 12. Lectiones, tam textuales quam marginales, plerumque ipsas Syriacas charactere Hebraeo sine punctis imitatas, est ubi Latine tantum versas, excerpsit Masius, facta praeterea asteriscorum et obelorum, quotquot in codice reperti sint, mentione, licet in nominibus harum notarum Origenianarum ponendis nescio an scriba codicis an editor ejus paulo negligentius versatus fuisse videatur. Quod reliquum est, ex his desideratissimi codicis reliquiis amplissimum tum trium interpretum tum ipsius versionis Syro-hexaplaris lectionum spicilegium, quod nunc primum Hexaplorum amplificationi et perfectioni inserviat, lucrati sumus.

DEUTERONOMIUM.

CAPUT I.

1. בָּעֲרָבָה מוֹל סוּף . *In regione campestri e regione Suph.* Ο΄. πρὸς δυσμαῖς πλησίον τῆς ἐρυθρᾶς [θαλάσσης].[1] Ἀ. [Σ.] ἐν τῇ ὁμαλῇ [τῆς ἐρυθρᾶς θαλάσσης].[2]

וּבֵין־תֹּפֶל . Ο΄. ※ καὶ ἀναμίσον ◄ Τοφόλ.[3]

וַחֲצֵרֹת . Ο΄. καὶ Αὐλών (potius αὐλῶν[4]). Ἀ. Σ. Ἀσηρώθ.[5]

וְדִי זָהָב . Ο΄. καὶ καταχρύσεα. Ἀ. (καὶ) ἱκανόν .[6]

3. בְּאֶחָד . Ο΄. μιᾷ. Ἄλλος· πρώτῃ.[7]

אֶל־בְּנֵי יִשְׂרָאֵל . Ο΄. πρὸς ⚓ πάντας ◄[8] υἱοὺς (Ο΄. Ἀ. Σ. Θ. τοὺς υἱοὺς[9]) Ἰσραήλ.

6. רַב־לָכֶם . Ο΄. ἱκανούσθω ὑμῖν. Ἄλλος· πολὺ ὑμῖν.[10]

7. הַר הָאֱמֹרִי . Ο΄. εἰς ὄρος (Ἄλλος· εἰς γῆν[11]) Ἀμορραίων.

שְׁכֵנָיו . *Accolas ejus.* Ο΄. τοὺς περιοίκους (Ἄλλος· οἰκοῦντας[12]). Ἀ. γείτονας .[13]

בָּעֲרָבָה . Ο΄. ἀραβά. Ἀ. ἐν ὁμαλῇ. Σ. ἐν τῇ πεδιάδι. Θ. ἐν δυσμαῖς. Σ. πάλιν ἐν τῇ ἀοικήτῳ.[14]

וּבַנֶּגֶב . Ο΄. καὶ πρὸς λίβα (Ἄλλος· νότον[15]).

וּבְחוֹף הַיָּם . *Et in litore maris.* Ο΄. καὶ παραλίαν ※ θαλάσσης ◄.[16]

8. בֹּאוּ . Ο΄. εἰσπορευθέντες (alia exempl. εἰσελθόντες[17]). Ἄλλος· πορευθέντες.[18]

9. שְׂאֵת . Ο΄. φέρειν. Ἀ. αἴρειν.[19]

CAP. I. [1] Vox θαλάσσης abest a Codd. II, III, VII, X (sed habet in marg.), XI, Lips., 16, 18, aliis. [2] Nobil., et Cat. Niceph. p. 1422: Ἀκ. καὶ Σύμ. ἐν τῇ ὁμαλῇ τῆς ἐ. θ. οὕτως [οὕτω γὰρ Niceph.] καλεῖται τὸ μεταξὺ πεδία τῶν τῆς Ἀραβίας καὶ Ἰουδαίας ὀρέων. Cod. X affert: Ἀ. ἐν ὁμαλει (sic); Lips.: Ἀκ. ἐνομαλεῖ (sic): hic autem ad τῆς ἐρυθρᾶς in marg. notat: τῆς ἐρυθρᾶς θαλάσσης· οὕτως καλεῖται κ. τ. ἑ. [3] Sic Arab. 1, 2 (uterque cum ※ καὶ Τοφόλ), et sine aster. Codd. 18, 44, 58, alii. [4] Cod. VII pingit αὐλῶν; de ceteris nihil compertum habemus. [5] Cod. 108. [6] Codd. X, Lips. [7] Sic in marg. Codd. X, Lips., 130. [8] Sic cum obelo Arab. 1, 2. Vox deest in Codd. 32, 44, aliis, Arm. 1. [9] Cod. 85 (non, ut Montef. exscripsit, Ο΄. Ἀ. Σ. Θ. πρὸς πάντας υἱούς). Articulus est in Codd. VII, 32, 44, aliis, Arm. 1. In fine v. Grabius ex Arab. 1, 2 edidit:

TOM. I.

※ πρὸς αὐτούς, quae verba in nullo libro Graeco desiderantur. [10] Sic in marg. Codd. X, Lips. Cf. Hex. ad Num. xvi. 3. [11] Sic in marg. Codd. 85 (cum εἰς τὸ ὄρος in textu, et εἰς τὴν γῆν in marg.), 130. [12] Sic in marg. Codd. 85, 130. [13] Codd. X, Lips. (cum γείτωνος). [14] Euseb. in Onomastico, p. 46. Hieronymi versio est: "*Araba.* Hanc, ut supra Aq. transtulit *planam;* Sym. interdum *campestrem,* interdum *inhabitabilem;* Theod. *occidentalem.*" Cf. ad Cap. iv. 48. Ad h. l. Cod. 108 affert: Ἀ. ἐν ὁμαλῇ. Θ. ἐν δυσμαῖς. [15] Cod. 130 in marg. [16] Sic Arab. 1, 2, et sine aster. Codd. 44, 58 (cum θαλάσσαν), 74, 76, 106, 134. [17] Sic Ald., Codd. III, VII, X, XI, Lips., 15, 16, alii (inter quos 85, 130). [18] Sic in marg. Codd. X, Lips., 85, 130; in textu autem Codd. 54, 75. [19] Codd. X, Lips. Sic Cod. 108 ad v. 12, ubi

N D

10. כְּכוֹכְבֵי. Ο'. ὡσεὶ ('Άλλος· καθὼς[20]) τὰ ἄστρα.
לָרֹב. Ο'. τῷ πλήθει. "Αλλος· εἰς πλῆθος.[21]

12. וּמַשַּׂאֲכֶם. Ο'. καὶ τὴν ὑπόστασιν ('Λ. τὸ ἅρμα. Σ. τὸ βάρος[22]) ὑμῶν. "Αλλος· τὰς ἄρσεις.[23]
וְרִיבְכֶם. Ο'. καὶ τὰς ἀντιλογίας ('Α. δικασίαν[24]) ὑμῶν.

14. דִּבַּרְתָּ. Ο'. ἐλάλησας. "Αλλος· εἶπας.[25]

15. וָאֶקַּח אֶת־רָאשֵׁי שִׁבְטֵיכֶם. Ο'. καὶ ἔλαβον (alia exempl. add. τοὺς ἀρχιφύλους[26]) ἐξ ὑμῶν.
לְשִׁבְטֵיכֶם. Ο'. τοῖς κριταῖς ὑμῶν. "Αλλος· εἰς τὰς φυλὰς ὑμῶν.[27]

17. מִכֶּם. Ο'. ἀφ' ὑμῶν. Σ. ὑπὲρ ὑμᾶς.[28]

21. עֲלֵה. Ο'. ἀναβάντες. "Αλλος· διαναβάντες.[29]

22. נָבֹא. Ο'. εἰσπορευσόμεθα. "Αλλος· εἰσελευσόμεθα.[30]

23. בְּעֵינַי. Ο'. ἐναντίον ("Αλλος· ἐνώπιον[31]) μου.

24. עַד־נַחַל. Ο'. ἕως φάραγγος ('Α. χειμάρρου[32]).

25. וַיָּשִׁבוּ אֹתָנוּ דָבָר. Ο'. Vacat. ※ καὶ ἐπέστρεψαν ἡμῖν ῥῆμα ◄.[33]

26. וַתַּמְרוּ אֶת־פִּי יְהוָה. Ο'. ἀλλ' (Aliter: Ο'. καί.[34] Σ. Λοιποί· ἀλλ' ἤ[35]) ἠπειθήσατε τῷ ῥήματι κυρίου. 'Α. (καὶ) προσηρίσατε... Θ. (ἀλλ' ἤ) παρεπικράνατε τὸ στόμα κυρίου.[36]

28. וָרָם. Et procerum. Ο'. ϗ καὶ πολὺ ◄[37] (alia exempl. add. καὶ ἰσχυρὸν[38]) καὶ δυνατώτερον.

30. לְעֵינֵיכֶם. Ο'. Vacat. ※ κατ' ὀφθαλμοὺς ὑμῶν ◄.[39]

31. וְנָשָׂא. Gestavit te. Ο'. τροφοφορήσει (potior scriptura ἐτροφοφόρησε[40]) σε. Alia exempl. ἐτροποφόρησέ σε.[41] 'Α. ἦρέν (σε).[42] Σ. ἐβάστασέν (σε).[43]
כַּאֲשֶׁר יִשָּׂא־אִישׁ אֶת־בְּנוֹ. Ο'. ὡς εἴ τις (alia exempl. ὡσεὶ[44]) τροφοφορήσαι ἄνθρωπος τὸν υἱὸν αὐτοῦ. 'Α. ὡσεὶ ἄραι... Σ.. βαστάσαι...[45]

32. וּבַדָּבָר הַזֶּה. Ο'. καὶ ἐν τῷ λόγῳ ("Αλλος· ῥήματι[46]) τούτῳ.

33. לָתוּר. Ad exquirendum. Ο'. ἐκλέγεσθαι. 'Α. κατασκοπῆσαι.[47]

---

tamen pro אֶשָּׂא, Ο'. δυνήσομαι φέρειν, Aquila proculdubio edidit ἀρῶ. [20] Cod. 85 in marg. [21] Sic in textu Cod. 71. Post προσθείη ὑμῖν (v. 11) Cod. 129 add. εἰς πλῆθος. [22] Codd. VII (sine articulis), X, Lips., 58 (sine nom.), 85 (qui duo posteriores ad τὸν κόπον ὑμῶν (מַרְחֲכֶם) male referunt. Cf. Hex. ad Jesai. i. 14). [22] Cod. 58 in marg. (ad τὸν κόπον). [24] Codd. X, Lips. (uterque cum δικασία). Cf. Hex. ad Jud. xii. 2. Psal. xvii. 44. xxx. 21. Jesai. xli. 21. lviii. 4. [25] Cod. 85 in marg. [26] Sic Codd. 44, 74, 76, 106, 134. Cf. Hex. ad Exod. xviii. 24. [27] Cod. 71 in textu: τοῖς κρ. ὑμῶν εἰς τὰς φ. ὑμῶν. Haec, εἰς τὰς φ. ὑμῶν, post συνετοὺς inferunt Comp., Codd. 19, 56, 108, 118. [28] Cod. X. Cod. 85 in marg. sine nom.: ὑπὲρ ὑμᾶς σκληρόν. [29] Sic in marg. Cod. 85 (non, ut Montef., διαβάντες); in textu autem Cod. 130. [30] Sic in marg. Codd. X (cum ἐλευσόμεθα), 85. [31] Sic in textu Codd. III, VII, X (cum ἔναντι in marg.), XI, 15, 16, alii (inter quos 85 cum ἐνωπίον in marg.), 130). [32] Cod. X. [33] Sic Arab. 1, 2, et sine aster. Codd. 15, 44 (sine ἡμῖν), 74, 76, 106, 134. Cod. 130 in marg.: ου (sic), quod fortasse notat Symmachi et Aquilae lectionem non appositam. [34] Sic Comp., Codd. II, XI, 16, 19, alii (inter quos 85 cum ἀλλ' in marg.), 130). [35] Cod. 130. [36] Codd X (cum 'Α. προσηρίσατε tantum), 85, 130 (cum Σ. pro Θ.). Duo

posteriores ad v. 27, καὶ διεγογγύσατε (sic), lectiones referunt. Ad Aquilam cf. Hex. ad Exod. xxiii. 21. Psal. v. 11. lxxvii. 17. Ezech. v. 6. [37] Arab. 1, 2, vertente Holmes.: et multa ϗ numero et multitudine. Haec, καὶ πολύ, desunt in Codd. XI, 58. [38] Sic Codd. 19 (om. καὶ ante δυνατώτερον), 44, 54, alii. [39] Sic Arab. 1, 2, et sine aster. Codd. III (manu 2da, cum αὐτῶν pro ὑμῶν), 15, 44 (cum ἡμῶν), 58, 74, 76, 106, 134. [40] Sic Ald., Codd. II, III, VII, X, XI, 15, 16, alii, Arab. 1, 2. Lectio vulgaris auctoritate prorsus destituta est, nisi forte in Codd. 46, 56, 83, quantum ex silentio Holmesii colligi potest, legatur. [41] Sic Comp., Codd. 19, 29, 32, alii, et Origen. in Cat. Niceph. p. 1427. [42] Cod. X. [43] Cat. Niceph. ibid. Procop. in Octat. p. 435: "Sym. portavit ait." [44] Sic Codd. III, VII, X, 15, 16, alii, Arab. 1, 2. [45] Cat. Niceph. ibid.: 'Ωσεὶ τροφοφορήσαι, Ἀκ. ὡσεὶ ἄραι, Σ. ἐβάστασεν [scil. pro praecedenti ἐτροφοφόρησε] ἡρμήνευσεν. 'Ωριγένης δὲ ἐν ταῖς εἰς τὸν Ἰερεμίαν ὁμιλίαις κ. τ. ἑ. Plenius, sed minus probabiliter, Nobil.: 'Α. ὡσεὶ ἄραι τροφὸς τὸν υἱόν. Σ. βαστάσαι. Tam addendo quam omittendo peccat Gallandi Bibl. Patrum, in Appendice ad T. XIV, p. 8: Ἀκύ. ὡσεὶ ἄραι (sic) τροφὸν τὸν υἱὸν ἐβάστασεν ἡρμήνευσεν. 'Ωριγένης δὲ κ. τ. ἑ. [46] Sic in marg. Codd. X, 130. [47] Cod. X.

35. הֲדוֹר הָרָע הַזֶּה. O'. Vacat. ※ ἡ γενεὰ ἡ πονηρὰ αὕτη ◄.⁴⁸

נִשְׁבַּעְתִּי לָתֵת. O'. ὤμοσα ※ τοῦ δοῦναι ◄.⁴⁹

36. זוּלָתִי. O'. πλήν. 'A. παρεκτός.⁵⁰

יַעַן אֲשֶׁר מִלֵּא. O'. διὰ τὸ προσκεῖσθαι ('A. πληρῶσαι⁵¹) αὐτόν.

38. יְהוֹשֻׁעַ. O'. Ἰησοῦς. 'A. Ἰησουά.⁵²

יַנְחִלֶנָּה. Possidendam distribuet eam. O'. κατακληρονομήσει (alia exempl. κατακληροδοτήσει⁵³) αὐτήν.

39. וְטַפְּכֶם אֲשֶׁר אֲמַרְתֶּם לָבַז יִהְיֶה. O'. Vacat. ※ 'A. καὶ τὰ παιδία ὑμῶν ἃ εἴπατε ἐν διαρπαγῇ ἔσεσθαι.⁵⁴ "Ἄλλος· καὶ ὁ ὄχλος ὑμῶν ὃν ὑμεῖς εἴπατε, εἰς διαρπαγὴν ἔσται.⁵⁵

40. וְאַתֶּם פְּנוּ לָכֶם וּסְעוּ הַמִּדְבָּרָה. O'. καὶ ὑμεῖς ἐπιστραφέντες ἐστρατοπεδεύσατε ("Ἄλλος· ἀνέβητε,⁵⁶ Οἱ λοιποί· ἀπήρατε⁵⁷) εἰς τὴν ἔρημον. 'A. καὶ ὑμεῖς νεύσατε αὐτοῖς, καὶ ἀπάρατε τὴν ἔρημον. Σ... ἀναστρέψαντες ἀπάρατε εἰς τὴν ἔρημον.⁵⁸

41. וַתַּחְגְּרוּ. Et cinxistis vos. O'. καὶ ἀναλα-

βόντες. 'A. καὶ ἐζώσασθε.⁵⁹ Σ. Θ. καὶ περιζωσάμενοι.⁶⁰

41. וַתָּהִינוּ לַעֲלֹת. Et leviter egistis ascendendo. O'. καὶ συναθροισθέντες ἀνεβαίνετε ("Ἄλλος· ἀνέβητε⁶¹). 'A. (καὶ) ὁμονοήσαντες..⁶²

43. וַתַּזִדוּ. Et insolenter egistis. O'. καὶ παραβιασάμενοι. "Ἄλλος· καὶ ὑπερηφανήσατε.⁶³

45. הָאֱוֹן. O'. προσέσχεν. "Ἄλλος· ἐνωτίσατο.⁶⁴

46. וַתֵּשְׁבוּ. O'. ἐνεκάθησθε. "Ἄλλος· ἐμείνατε.⁶⁵

Cap. I. 19. (※) κύριος ◄.⁶⁶   30. ⨀ αὐτούς ◄.⁶⁷
31. ἐν τῇ ἐρήμῳ ⨀ ταύτῃ ◄.⁶⁸   35. (⨀) ταύτην (◄).⁶⁹
41. ⨀ τοῦ θεοῦ ἡμῶν ◄.⁷⁰   ⨀ ἡμῖν ◄.⁷¹   46. ⨀ ποτέ ◄.⁷²

CAP. II.

4. שֵׂעִיר. O'. Σηείρ. Schol. τριχωτός.¹

5. אַל־תִּתְגָּרוּ בָם. Ne bellum ineatis cum iis. O'. μὴ συνάψητε πρὸς αὐτούς (⨀ πόλεμον ◄. "Ἄλλος· μὴ ἐρίσητε ἐν αὐτοῖς. "Ἄλλος· μὴ παροξυνθῆτε πρὸς αὐτούς.²

עַד מִדְרַךְ כַּף־רָגֶל. Ne locum quidem qui calce-

---

⁴⁸ Sic sine aster. Codd. X (sine αὕτη), 44, 74, 76, 106, 134. Arab. 1, 2: ※ generationis hujus.   ⁴⁹ Arab. 1, 2: ※ dare. Sic sine aster. Arm. 1.   ⁵⁰ Cod. X.   ⁵¹ Idem.   ⁵² Idem.   ⁵³ Sic Ald., Codd. III, VII, X (cum —νομήσει in marg.), XI, 15, 16, alii (inter quos 85, 130, uterque ut X).   ⁵⁴ Cod. X (cum λείπετε pro ἃ εἴπατε). Sic sine notis Ald., Codd. III (cum ἔσεσθε), 16 (cum εἰς ἁρπαγὴν), 18 (idem), 19, alii (inter quos 85, 130), Arab. 1, 2.   ⁵⁵ Sic in textu Cod. 58. Ad ὄχλος cf. Hex. ad Gen. xlvii. 12.   ⁵⁶ Sic in marg., teste Montef., Codd. X, 85, dissentiente Holmesio, qui exscripsit: "ἀνέβητε 55. αναβητε (sic) margo X, 85."   ⁵⁷ Cod. 108 (non, ut Holmes., οἱ ὅ).   ⁵⁸ Codd. 85, 130 (in quo prior lectio anonyma est), uterque cum ἀπάρατε, quod e Cod. 108 emendavimus. Praeterea Aquilae usus (de quo cf. Hex. ad Gen. xii. 9. xliii. 24) postulare videtur ἐρημόνδε.   ⁵⁹ Cod. X.   ⁶⁰ Codd. 108, 130 (qui confuse affert: Σ. Θ. περιζωσάμενοι ἀνέβητε).   ⁶¹ Sic in marg. Codd. 85, 130; in textu autem Codd. 54, 55, 75 (cum ἀνέβηται).   ⁶² Cod. X.   ⁶³ Hanc lectionem alteri praemittant Comp., Codd. 53, 56. Cf. Hex. ad Exod. xviii. 11. Deut. xvii. 13. xviii. 20. Jerem. l. 29. (Forma insolentior ὑπερηφανῶν legitur Neh. ix. 10

in LXX.)   ⁶⁴ Cod. X in marg.   ⁶⁵ Cod. 130 in marg. Cf. Hex. ad Gen. xiii. 12. Jerem. xxxvii. 21. xxxviii. 2.   ⁶⁶ Vox deest in Cod. 71. " Subjungit signum hexaplare finale sine initiali Arab. 1."—Holmes.   ⁶⁷ Deest in Cod. 58. Arab. 1, 2: ⨀ hostes vestros.   ⁶⁸ Arab. 1, qui male pingit: ⨀ ἐν τῇ ἐρήμῳ ταύτῃ ◄.   ⁶⁹ Deest in Codd. 16, 28, 30, aliis, Arm. 1. Obelo jugulavit Grabius.   ⁷⁰ Arab. 1, 2.   ⁷¹ Arab. 2. Deest in Codd. 52, 56.   ⁷² Arab. 1, 2.

CAP. II. ¹ Cod. X in marg., teste Holmes., qui notat: " Huc refert, sed ad Ἡσαῦ erat forte referendum." Immo, τριχωτὸς ἑρμηνεύεται Σηείρ, teste Euseb. in Onomastico, p. 336, unde emaculari potest notula Montefalconii in Appeal. ad h. l.: " Coislin. ad marg. τριχιῶτος a τριχιούς [sic enim imprimendum erat, non 'Α. τριχιούς]." Mox ad καὶ εἰλάχθήσονται (וְנִשְׁמַרְתֶּם) Cod. VII in marg. manu 2ᵈᵃ: καὶ παροφυλαχθήσεσθε, quod Symmachum sapit. Cf. Hex. ad Jon. ii. 8.   ² Cod. 130 in marg. (cum scriptura ἐρρησητε (sic), non, ut Holmes. oscitanter descripsit, ερρωσθητε). Ad priorem lectionem, quae Aquilae esse videtur, cf. Hex. ad Jerem. l. 24; ad posteriorem, Symmachi fortasse, cf. Hex. ad Prov. xxviii. 25. (In textu metobelus est in Arab. 1.)

N n 2

tur planta pedis. Ο'. οὐδὲ βῆμα ※ ἴχνους ◄ ποδός.[3] Ἄλλος· πάτημα ταρσοῦ ποδός.[4]

6. אֹכֶל תִּשְׁבְּרוּ מֵאִתָּם בַּכֶּסֶף. Ο'. ἀργυρίου βρώματα ἀγοράσατε παρ' αὐτῶν. Alia exempl. βρώματα ἀγοράσατε παρ' αὐτῶν.[5] Ἀ. ἀργυρίου.[6]

7. יָדַע. Animum advertit. Ο'. διάγνωθι. Σ. ἐννοήθητι.[7]

הַגָּדֹל. Ο'. τὴν μεγάλην (Ἄλλος· πολλήν[8]).

הַזֶּה. Ο'. ἐκείνην. Ἄλλος· ταύτην.[9]

8. דֶּרֶךְ מִדְבָּר. Ο'. ὁδὸν ἔρημον (Ἄλλος· ὄρους[10]).

9. אֶת־עָר. Ο'. τὴν Ἀροήρ (Ἄλλος· Ἀσήρ[11]).

12. יִירָשׁוּם. Expulerunt eos. Ο'. ἀπώλεσαν (Ἄλλος· ἐκληρονόμησαν[12]) αὐτούς.

13. אֶת־נַחַל. Ο'. τὴν φάραγγα. Ἄλλος· (τὸν) χείμαρρον.[13]

וַתַּעַבְרוּ אֶת־נַחַל זֶרֶד. Ο'. Vacat. ※ καὶ παρήλθομεν τὴν φάραγγα Ζαρέδ ◄.[14]

14. עָד־תֹּם. Ο'. ἕως οὗ διέπεσε (Ἀ. ἐτελειώθη[15]).

מִקֶּרֶב הַמַּחֲנֶה. Ο'. ἐκ ※ μέσου ◄ τῆς παρεμβολῆς.[16]

15. מִקֶּרֶב הַמַּחֲנֶה. Ο'. ἐκ ※ μέσου ◄ τῆς παρεμβολῆς.[17]

16. מִקֶּרֶב הָעָם. Ο'. ἐκ μέσου (Ἀ. ἀπὸ ἐγκάτου[18]) τοῦ λαοῦ.

18. אֶת־עָר. Ο'. τὴν Ἀροήρ. Ἄλλος· τὴν γῆν Ἀσήρ (s. Σηείρ).[19]

19. וְקָרַבְתָּ מוּל בְּנֵי עַמּוֹן. Ο'. καὶ προσάξετε ἐγγὺς ((Ἀ.) ἐγγίσεις ἐναντίον[20]) υἱῶν Ἀμμάν.

20. וְזַמְזֻמִּים. Ο'. Ζοχομμίν. Alia exempl. Ζομζομμείμ (–μὶμ, –μεὶν, –μίν).[21]

21. עַם גָּדוֹל וְרַב וָרָם. Ο'. ἔθνος μέγα καὶ πολὺ καὶ δυνατώτερον ὑμῶν (alia exempl. καὶ δυνατόν[22]). Ἀ. λαὸς μέγας καὶ πολὺς καὶ ὑψηλός.[23]

23. עַד־עַזָּה כַּפְתֹּרִים. Usque ad Gazam, Chaphtoraei. Ο'. ἕως Γάζης, καὶ οἱ Καππάδοκες. Ἀ. (ἕως) Ἀζαχαφθωρείμ.[24]

מִכַּפְתֹּר. Ο'. ἐκ Καππαδοκίας (Ἀ. Χαφθώρ[25]).

24. הָחֵל. Ο'. ἐνάρχου. Ἀ. ἄρξαι.[26]

25. אָחֵל תֵּת. Ο'. ἐνάρχου δοῦναι. Ἄλλος· ἄρξομαι δοῦναι.[27]

וְחָלוּ. Et commovebuntur. Ο'. καὶ ὠδῖνας ἕξουσιν (Ἄλλος· φρίξουσιν[28]).

26. קְדֵמוֹת. Ο'. Κεδαμώθ (s. Κεδμώθ). Ἀ. Σ. Θ. Καδημώθ.[29]

27. אֵלֵךְ. Ο'. πορεύσομαι. Ἄλλος· παρελεύσομαι.[30]

30. בּוֹ. Ο'. δι' αὐτοῦ. Ἄλλος· διὰ τῶν ὁρίων αὐτοῦ.[31]

---

[3] Ad βῆμα Cod. 108 in marg.: ἴχνους. Arab. 1: οὐδὲ βῆμα ※ gressus ◄ ποδός; et sic sine aster. Arab. 2. Cf. Hex. ad Num. xx. 13. [4] Cod. VII in marg. manu 2ᵈᵃ. [5] Sic Codd. X, 44, 54, 55, 58, alii, Arm. 1. [6] Cod. X. [7] Cod. 108 (cum ἐννοήθ.). [8] Sic in marg. Codd. X, 85, 130 (cum πολλῶν); in textu autem Codd. 54, 75, 82. [9] Sic in marg. Codd. 85, 130; in textu autem Ald., Codd. III, VII (cum ἐκείνην in marg. manu 1ᵐᵃ), 15, 18, alii. [10] Sic in marg. Cod. X; in textu autem Cod. 85. [11] Sic in marg. Codd. 85, 130. [12] Cod. 108 in marg. [13] Cod. X in marg. [14] Sic Arab. 1, 2, et sine aster. Comp., Codd. II (cum Ζαρὲτ), III (cum Ζαρὶ), X (om. παρήλθομεν), 16 (cum Ζαδὲδ), 28 (cum Ζαρὲδ), alii. Cod. 106 in marg. manu recenti: καὶ διεπεράσαμεν τὴν φ. Ζαρέδ. [15] Cod. X. [16] Sic Arab. 1, 2, et sine aster. Codd. 44, 58, alii. [17] Sic Arab. 1, 2. Vox μέσου est in Ed. Rom., sed deest in Ald., Codd. III, VII, X, XI, 15, 16, aliis. [18] Cod. X. [19] Sic in marg. Codd. 85, 130 (cum Σηείρ). Posteriorem lectionem in textu habent Codd. 44 (cum Σηὴρ Ἀροήρ), 54 (cum Σειὴρ), alii. [20] Cod. X in marg. sine nom. Cf. ad Cap. iv. 6. [21] Sic Codd. III, X, 15, 28, 29, alii, Arab. 1, 2. Cf. Hex. ad Gen. xiv. 5. Ad Ζομζομπεὶ (sic) Cod. 130 in marg.: δυνατόν. [22] Sic Codd. X (in marg.), 15, 18, 44, alii, Arm. 1. [23] Cod. 130 (cum καὶ μέγας pro μέγας καὶ). [24] Cod. X. [25] Idem. [26] Idem. Minus probabiliter Montef. ad אָחֵל (v. 25) lectionem refert. [27] Cod. 130 in marg. Arab. 1, 2: incipio dare. [28] Idem. [29] Idem. Scripturam Κεδμώθ tuentur Ald., Codd. III, VII, X, XI, 15, 16 (ut videtur), 18, alii. [30] Sic in marg. Codd. 85, 130; in textu autem Codd. VII, XI, 19, 29, alii. [31] Sic in marg. Codd. X, 85, 130; in textu autem Cod. 30.

31. הָחֵל רָשׁ לָרֶשֶׁת. *Incipe occupa* (occupare), *ut possideas.* Ο΄. [καὶ] ἔναρξαι ✳ κλήρῳ ◄ κληρονομῆσαι.[32]

33. לְפָנֵינוּ. Ο΄. πρὸ προσώπου ἡμῶν. Ἄλλος· εἰς τὰς χεῖρας ἡμῶν.[33]

34. וַנִּלְכֹּד. Ο΄. καὶ ἐκρατήσαμεν ('Α. κατελαβόμεθα. Σ. ἐπορθήσαμεν[34]).

וַנַּחֲרֵם. Ο΄. καὶ ἐξωλοθρεύσαμεν ('Α. ἀνεθεματίσαμεν[35]).

שָׂרִיד. Ο΄. ζωγρίαν. 'Α. λεῖμμα.[36]

35. בָּזַזְנוּ לָנוּ. Ο΄. ἐπρονομεύσαμεν (alia exempl. add. ἑαυτοῖς[37]).

וּשְׁלַל. Ο΄. καὶ τὰ σκῦλα (Ἄλλος· λάφυρα[38]).

הֶעָרִים אֲשֶׁר לָכָדְנוּ. Ο΄. τῶν πολέων ἐλάβομεν (alia exempl. ὧν ἐλάβομεν[39]).

36. שָׂגְבָה מִמֶּנּוּ. *Altior fuerit quam nos.* Ο΄. διέφυγεν ἡμᾶς. Σ. ὑπερίσχυσεν (ἡμῶν).[40]

37. כָּל־יַד נַחַל. *Omnem oram torrentis.* Ο΄. πάντα τὰ συγκυροῦντα (Schol. συνεγγίζοντα[41]) χειμάρρου.

Cap. II. 6. ⸓ μέτρῳ ◄.[42] 7. (÷) καὶ τὴν φοβερὰν (◄).[43] 13. (÷) καὶ ἀπάρατε ◄.[44] 19. ⸓ εἰς

πόλεμον ◄.[45] 25. ὑποκάτω ✳ παντὸς ◄ τοῦ οὐρανοῦ.[46] 31. ⸓ βασιλέα Ἐσεβὼν τὸν Ἀμορραῖον ◄.[47] 36. ἦ ⸓ ἐστι ◄ . . . τὴν ⸓ οὖσαν ◄.[48]

CAP. III.

3. וַנַּכֵּהוּ. Ο΄. καὶ ἐπατάξαμεν ('Α. ἀνεθεματίσαμεν[1]) αὐτόν.

שָׂרִיד. Ο΄. σπέρμα. 'Α. λεῖμμα.[2]

4. כָּל־חֶבֶל אַרְגֹּב. *Omnem tractum Argob.* Ο΄. πάντα τὰ περίχωρα ('Α. Θ. πᾶν σχοίνισμα.[3] Σ. (πᾶν) περίμετρον[4]) Ἀργόβ.

מַמְלֶכֶת. Ο΄. βασιλέως. Ἄλλος· βασιλείας.[5]

5. בְּצֻרֹת. Ο΄. ὀχυραί. 'Α. διῃρμέναι.[6]

הַפְּרָזִי. *Paganorum.* Ο΄. τῶν Φερεζαίων. Οἱ λοιποί· (τῶν) ἀτειχίστων.[7]

6. וַנַּחֲרֵם. Ο΄. ἐξωλοθρεύσαμεν (αὐτούς). 'Α. ἀνεθεματίσαμεν.[8]

7. בַּזּוֹנוּ. Ο΄. ἐπρονομεύσαμεν. 'Α. διηρπάσαμεν.[9]

8. עַד־הַר חֶרְמוֹן. Ο΄. καὶ ἕως (alia exempl. add. ὄρους[10]) Ἀερμών.

9. צִידֹנִים יִקְרְאוּ. Ο΄. οἱ Φοίνικες ('Α. Σιδόνιοι[11])

---

[32] Sic Arab. 1, 2, et sine aster. Codd. 54, 71, Arm. 1.
[33] Sic in textu Codd. 71, 129, Arm. 1. Duplex lectio πρὸ πρ. ἡμῶν εἰς τὰς χ. ἡμῶν est in Comp., Codd. X, 15, 18, aliis.
[34] Cod. 108 (cum καταλαβ.). Ad Sym. cf. Hex. ad Jerem. xxxiv. 22. xxxvii. 8. [35] Cod. X. [36] Idem. Cf. ad Cap. iii. 3. [37] Sic Comp., Ald. (cum αὑτοῖς), Codd. III (ut Ald.), VII (cum ἐν αὑτοῖς (sic) manu 1ᵐᵃ), 15, 18, alii. [38] Cod. X in marg. [39] Sic Cod. 128, Arab. 1, 2. [40] Cod. 108. [41] Cod. 108 in marg. Photius Λέξ. Συναγ. p. 547: Συγκυροῦντα· διαφέροντα, συνεγγίζοντα. [42] Arab. 1, 2. [43] Haec desunt in Cod. 58. [44] "Subjiciunt signum hexaplare finale, sed sine signo initiali, Arab. 1, 2."— *Holmes.* Deest in Codd. III, 58. [45] Arab. 1, 2. [46] Iidem. Sic sine aster. Codd. 44, 74, alii, Arm. 1. [47] Haec desunt in Cod. 58. Arab. 1, 2 pingunt: ⸓βασ. Ἐσεβὼν τὸν Ἀμ. [48] Arab. 1, 2, qui pingunt: ⸓ ἦ ἐστι ◄οὖσαν ◄. Cf. ad Cap. iii. 8.

CAP. III. [1] Nobil., Cod. 57 (cum ἀναθ.), et Cat. Niceph. p. 1433, invitis Regiis tribus apud Montef., qui lectionem ad v. 6 recte retrahunt. [2] Cod. X. Codd. 44, 74, alii,

in textu: κατάλειμμα. [3] Cod. 108. Ad περίχωρα Cod. X affert: 'Α. σχοινίσματα. [4] Euseb. in Onomastico, p. 56: Ἀργόβ, χώρα βασιλείας Ὢγ ὑπὲρ τὸν Ἰορδάνην, ἣν ἔλαβον οἱ ἀπὸ φυλῆς Μανασσῆ . . . ἑρμηνεύει δὲ αὐτὴν ὁ Σύμμαχος περίμετρον. Hinc Montef. notam hexaplarem condidit: Σ. περίμετρον. Ο΄. Ἀργόβ; quem certatim erroris convincunt Thieme in *Diss. de Puritate Symmachi,* p. 10; Fischerus *De Verss. GG.V.T.* p. 31; et Schleusner. in *Opusc. Crit.* p. 111. Cf. Hex. ad Zeph. ii. 6. [5] Sic in marg. Codd. 85, 130; in textu autem Codd. 19, 54, 76, alii. [6] Cod. X juxta Montefalconii collationem MS.: 'Α. ΔΙΗΡΜΕΣ (sic). Cf. Hex. ad Jesai. xxxvi. 1 (in *Auctario*). Jerem. vi. 27. [7] Cod. 108. Cod. X affert: 'Α. ἀτειχίστων. Codd. 54, 75, in textu: τῶν ἀτειχίστων τῶν Φερ. Cf. Hex. ad Jud. v. 11. 1 Reg. vi. 18. Zach. ii. 4. in quibus omnibus locis Symmachi est versio. [8] Cf. ad v. 3. [9] Cod. X. [10] Sic Comp. (cum Ἑρμών), Ald., Codd. VII, X (in marg.), 15, 29, alii. Ad χειμάρρου Codd. 85, 130, in marg. pingunt: ὄρους, quae res Montefalconio fraudi fuit. Cf. Scharfenb. in *Animadv.* p. 123. [11] Cod. X. Cod. 108: Οἱ λοιποί·

ἐπονομάζουσι (alia exempl. ἐπωνόμασαν¹²). Σ.
Σιδόνιοι ὀνομάζουσι. Θ. Σιδόνιοι ἐκάλουν.¹³

10. **הַמִּישֹׁר**. Regionis planae. Ο'. Μισώρ. 'Α. τῆς
εὐθείας. Σ. τοῦ ὁμαλοῦ. Θ. τῆς ὑπτίας.¹⁴

11. **כִּי רַק**. Ο'. ὅτι πλὴν ("Αλλος· μόνος¹⁵).

מִיֶּתֶר הָרְפָאִים. E residuo Rephaim. Ο'. ἀπὸ
✕ λείμματος ◄¹⁶ τῶν 'Ραφαῖν ("Αλλος· γιγάν-
των¹⁷).

13. **הַהוּא יִקָּרֵא אֶרֶץ רְפָאִים**. Ο'. ἐκείνην, γῆ
'Ραφαῖν λογισθήσεται ('Α. κληθήσεται¹⁸).
"Αλλος· ἐκείνη κληθήσεται γῆ γιγάντων.¹⁹

14. **אֶת־כָּל־חֶבֶל**. Ο'. πᾶσαν τὴν περίχωρον. (Σ.)
πᾶν τὸ περίμετρον.²⁰

וְהַמַּעֲכָתִי. Ο'. καὶ Μαχαθί. Alia exempl. καὶ
ὁ 'Ιαεὶρ (ἐπωνόμασεν).²¹ Οἱ λοιποί· καὶ τοῦ
Μαχαθί.²²

חַוֹּת. Vicos. Ο'. Θαναώθ (s. Αὐώθ²³). 'Α.
ἐπαύλεις.²⁴

17. **מִכִּנֶּרֶת**. A Chinnereth. Ο'. Μαχαναρέθ. Alia
exempl. ἀπὸ Μαχ.²⁵ "Αλλος· ἀπὸ Χενερέθ.²⁶

וְעַד יָם הָעֲרָבָה. Ο'. καὶ ἕως θαλάσσης ἀραβά
("Αλλος· τῆς πεδιάδος²⁷).

אַשְׁדֹּת. Ο'. Ἀσηδώθ. 'Α. κατάχυσις.²⁸

17. **הַפִּסְגָּה**. Ο'. τὴν Φασγά (alia exempl. φά-
ραγγα²⁹).

18. **חֲלוּצִים**. Armati. Ο'. ἐνοπλισάμενοι. 'Α.
ἐξηρημένοι.³⁰

24. **אֲשֶׁר מִי־אֵל**. Ο'. τίς γάρ ἐστι θεός ('Α. Σ.
ἰσχυρός³¹).

כְמַעֲשֶׂיךָ. Ο'. καθὰ ἐποίησας σύ. "Αλλος·
κατὰ τὰ ἔργα σου.³²

26. **וַיִּתְעַבֵּר**. Et iratus est. Ο'. καὶ ὑπερεῖδε.
'Α. Θ. ὑπερέθετο.³³

רַב־לָךְ. Ο'. ἱκανούσθω σοι. 'Α. πολύ (σοι).³⁴

דַּבֵּר אֵלַי. Ο'. λαλῆσαι. "Αλλος· λαλῆσαι
πρὸς μέ.³⁵

27. **הַפִּסְגָּה**. Ο'. τοῦ λελαξευμένου. 'Α. Φασγά.
Σ. τῆς σκοπῆς.³⁶

וְתֵימָנָה. Ο'. καὶ λίβα (Οἱ λοιποί· νότον³⁷).

28. **וְאַמְּצֵהוּ**. Et firma eum. Ο'. καὶ παρακάλεσον ('Α. κραταίωσον³⁸) αὐτόν.

יַעֲבֹר. Ο'. διαβήσεται. "Αλλος· προπορεύ-
σεται.³⁹

29. **וַנֵּשֶׁב**. Ο'. καὶ ἐνεκαθήμεθα ("Αλλος· ᾠκήσα-
μεν⁴⁰).

Σιδόνιοι (sic). ¹² Sic Codd. II (corr. ex ἐπ' ὀνόματος),
28, 30, alii (inter quos 85, cum ἐπονομάζουσιν in marg.).
¹³ Codd. 85, 130: Σ. Θ. Σιδόνιοι ὀνομάζουσι. Σιδόνιοι ἐκάλουν. ¹⁴ Cod. 108 affert: 'Α. τῆς εὐθείας. Σ. τοῦ ὁμαλοῦ·
τῆς ὑπτίας (sic). Cod. X: 'Α. τῆς εὐθείας. Cod. 130: Σ.
τοῦ ὁμαλ (sic). Ad Sym. cf. Hex. ad Psal. xxv. 12.
¹⁶ Cod. 130 in textu: πλὴν μόνος (om. ὅτι). Cf. Hex. ad
Jesai. xxviii. 19. ¹⁶ Sic sine aster. (cum λήμματος)
Cod. 58. Cf. Hex. ad Jos. xiii. 12. Jerem. lii. 15. Arab.
1, 2: ἀπὸ ✕ omnibus ◄ τῶν 'Ρ. ¹⁷ Cod. 130 in marg.
¹⁸ Cod. X. ¹⁹ Cod. 130 (cum γηγάντων pro γῆ γ.).
²⁰ Idem in marg. sine nom. Cf. ad v. 4. ²¹ Sic Codd.
III, VII, X, XI, 16 (cum 'Ιαὴρ), 19, alii (inter quos 85
(cum 'Ιαὴρ), 130). ²² Cod. X. Ad Ἀργὸβ Cod. 85 in
marg.: ἀργὸβ μαγεί. Οἱ λοιποί· καὶ τοῦ μαχαεί (sic); cujus
lectionis vestigia tantum exstant in Cod. 130: μαχ οἱ
λο (sic). ²³ Sic Comp. (cum Αβὼθ), Ald. (idem), Codd.
II (manu 1ᵐᵃ), III, VII (cum αὐὼθ), X, XI (cum Αὐὼθ),
15, alii, Arab. 1, 2. ²⁴ Cod. X. Hieron. De Locis
Hebr. (Opp. T. III, p. 142): "Avoth Jair, quod interpretatur ἐπαύλεις 'Ιαείρ." ²⁵ Sic Ald., Codd. III, VII, X, 15,
28, alii, Arab. 1, 2. ²⁶ Sic in textu Comp., Codd. XI,
16, 19, alii, Arm. 1. ²⁷ Cod. 130 in marg. (ad καὶ ἡ
Ἀραβία (sic) in initio v.): τῆς πεδιάδος τὰ οἰκητά (sic). Cf.
ad Cap. i. 7. ²⁸ Cod. X. Nisi forte legendum κατάχυ-
σεις. ²⁹ Sic Comp., Codd. VII, X (in marg.), 19, 29,
alii. Cod. X (cum ἐνοπλισμένοι in textu). Cf. ad
Cap. xxv. 10. ³¹ Cod. 130 in marg. (cum ἰσχυρά).
³² Duplex versio, καθὰ ἐπ. σὺ κατὰ τὰ ἔργα σου, est in Comp.,
Codd. X (om. σὺ), 19 (idem), 44 (idem), aliis. ³³ Codd.
X, 130. Cod. 85: Θ. ὑπερίθετο. Cod. 108: Θ. Σ. ὑπερέθετο. ³⁴ Cod. X. ³⁵ Sic in textu Comp., Codd. 56, 58.
³⁶ Cod. 130: 'Α. Σ. φάσγα (sic) τῆς σκοπῆς (non, ut oscitanter
descripsit Holmes., τῆς σκοπιῆς). Codd. X, 85: 'Α. φάσγα.
Ad Sym. fortasse praetulerit aliquis τῆς κοπῆς, vocis Chal-
daene פְּסַק, segmentum, ratione habita. ³⁷ Cod. 108.
Sic in textu Codd. III, VII, X (cum λίβα in marg.), 16,
28, alii (inter quos 85, 130, uterque ut X). ³⁸ Cod. X.
³⁹ Sic in marg. Codd. 85, 130. ⁴⁰ Sic in marg.
Codd. 128, 130.

29. בַּגָּיְא. Ο'. ἐν νάπῃ ('Α. Σ. φάραγγι[41]).

Cap. III. 2. ⸓πᾶσαν ◄ τὴν γῆν.[42] 8. οἱ ⸓ ἦσαν ◄.[43] 13. ⁜ καὶ τὸ κατάλοιπον τοῦ Γαλαάδ ◄.[44] 20 (in priore loco). ⸓ ὁ θεὸς ὑμῶν ◄.[45] 24. ⸓ καὶ τὴν δύναμίν σου (◄). ⸓ καὶ τὸν βραχίονα τὸν ὑψηλόν (◄).[46]

Cap. IV.

2. וְלֹא תִגְרְעוּ. Et non detrahes. Ο'. καὶ οὐκ ἀφελεῖτε ("Αλλος· ἀπολείψετε[1]).

3. בְּבַעַל פְּעוֹר. Ο'. τῷ (Οἱ λοιποί· ἐπὶ τοῦ[2]) Βεελφεγώρ.

מִקִּרְבֶּךָ. Ο'. ἐξ ὑμῶν. Aliter: Ο'. Θ. ἐκ μέσου ὑμῶν. 'Α. ἀπὸ ἐγκάτων σου. Σ. ἐκ μέσου σου.[3]

4. הַדְּבֵקִים. Ο'. οἱ προσκείμενοι ('Α. κολλώμενοι[4]).

5. חֻקִּים. Ο'. δικαιώματα. Σ. προστάγματα.[5]

בְּקֶרֶב הָאָרֶץ. Ο'. ἐν τῇ γῇ. 'Α. (ἐν) ἐγκάτῳ τῆς γῆς.[6]

6. וְנָבוֹן. Ο'. καὶ ἐπιστήμων ('Α. συνετός[7]).

7. אֲשֶׁר־לוֹ אֱלֹהִים קְרֹבִים אֵלָיו. Ο'. ᾧ ἐστιν αὐτῷ θεὸς ἐγγίζων αὐτοῖς. "Αλλος· ὥστε ἔχειν θεὸν προσεγγίζοντα (αὐτῷ).[8]

8. חֻקִּים. Ο'. δικαιώματα. ('Α.) ἠκριβασμένα. "Αλλος· ἐντολαί.[9]

9. יְסוּרוּ. Ο'. ἀποστήτωσαν. "Αλλος· ἐκλειπέτωσαν.[10]

וְהוֹדַעְתָּם. Ο'. καὶ συμβιβάσεις (alia exempl. add. αὐτά[11]). "Αλλος· γνωρίσεις.[12]

10. הַקְהֶל־לִי. Ο'. ἐκκλησίασον ("Αλλος· συνάγαγε[13]) πρός μέ. "Αλλος· συνάθροισόν μοι.[14]

11. עַד־לֵב הַשָּׁמַיִם. Ο'. ἕως ⁜ καρδίας ◄ τοῦ οὐρανοῦ.[15]

עָנָן. Ο'. γνόφος. Οἱ λοιποί· νεφέλη.[16]

וַעֲרָפֶל. Ο'. θύελλα. 'Α. (καὶ) ὁμίχλη.[17]

12. וּתְמוּנָה. Sed speciem. Ο'. καὶ ὁμοίωμα (Σ. μορφήν[18]).

14. חֻקִּים. Ο'. δικαιώματα. ('Α.) ἀκριβασμούς.[19]

16. פֶּן־תַּשְׁחִתוּן. Ne perdite agatis. Ο'. μὴ (alia exempl. μήποτε[20]) ἀνομήσητε ("Αλλος· διαφθείρητε[21]).

תְּמוּנַת כָּל־סָמֶל. Speciem omnis simulacri. Ο'. ὁμοίωμα, πᾶσαν εἰκόνα. 'Α. . (παντὸς) εἰδώλου.[22]

17. תַּבְנִית (bis). Imaginem. Ο'. ὁμοίωμα. 'Α. ὑπόδειγμα.[23]

19. וּפֶן. Ο'. καὶ μή ⁜ ποτε ◄.[24]

כֹּל צְבָא. Ο'. πάντα τὸν κόσμον. 'Α. (πᾶσαν) στρατιάν.[25]

---

[41] Codd. 128, 130.   [42] Arab. 1, 2, qui mendose pingunt: ⸓ omnem ⁜ terram (sic).   [43] Iidem (cum ⸓ οἱ ἦσαν ◄).   [44] Arab. 1, 2. Haec habentur in Ed. Rom., sed desunt in Codd. 58, 128.   [45] Arab. 1. Desunt in Cod. 58.   [46] Arab. 1, 2, utrobique sine metobelo.

Cap. IV. [1] Sic in marg. Codd. 85, 130. Mox ad ἐντέλλομαι in posteriore loco Cod. 58 in marg.: παραγγέλλω. διδάσκω.   [2] Codd. X (cum ἐπὶ τῷ), 130. Sic in marg. sine nom. Cod. 85.   [3] Codd. 85 (non, ut Montef. 'Α. ἀπὸ τῶν ἐγκ. σου), 130.   [4] Codd. X, 108, 130 (eum προσκολ.).   [5] Cod. 130.   [6] Cod. X.   [7] Idem (qui ad σοφὸς minus probabiliter refert).   [8] Cod. 108 in marg.   [9] Cod. 130 in marg.: ἐντολαί. ἀκριβασμένα (sic) ἐντολαί. Codd. X, 85, in marg.: ἐντολαί.   [10] Cod. 58 in marg.   [11] Sic in marg. Codd. 85, 130.   [12] Cod. X in marg.   [13] Cod. 58 in marg.   [14] Cod. 130 in marg.   [15] Sic Cod. IV (cum ⁜ δίας in initio folii), Arab. 1.   [16] Ad γνόφος Codd. 85, 130: 'Α ('Α. om. 130). ὁμίχλη. Οἱ λοιποί· νεφέλη. Ad θύελλα Cod. X, teste Holmes.: Οἱ α' [λ]. νεφέλη. Denique ad σκότος Cod. 58 in marg.: ὁμίχλη (sic). νεφέλη.   [17] Vid. not. praeced. Praeterea ad γνόφος Cod. X in marg., teste Holmes.: ὀμιχλη. Vox ponitur pro עֲרָפֶל in Hex. ad Psal. xcvi. 2 (in Auctario), ubi Symmacho tribuitur. Cf. etiam Hex. ad Psal. lxiv. 12, 13.   [18] Cod. X, teste Holmes. in Appendice. Sic in marg. sine nom. Codd. 58, 85, 130; in textu autem Cod. 75.   [19] Cod. 130 in marg. sine nom.   [20] Sic Comp., Codd. 44, 53, 56, 58, alii. Cf. ad v. 19.   [21] Sic in marg. Codd. X, 130 (cum διαφθαρῆτε). Cf. Hex. ad Ezech. xvi. 47.   [22] Cod. X.   [23] Codd. X (in posteriore loco), 108 (cum -ματα).   [24] Sic Cod. IV, Arab. 1, 2, et sine aster. Comp., Ald., Codd. 15, 18, 44, alii.   [25] Cod. X. Cod. 108 in marg.: πᾶσαν στρατειάν (sic).

19. וְנִדַּחְתָּ. Et seductus fueris. Ο΄. πλανηθείς. Ἀ. (καὶ) ἐξωσθῇς.²⁶

וַעֲבַדְתָּם. Ο΄. καὶ λατρεύσῃς ("Αλλος· δουλεύσῃς²⁷) αὐτοῖς.

אֲשֶׁר חָלַק יְהוָה אֱלֹהֶיךָ אֹתָם לְכֹל הָעַמִּים תַּחַת כָּל־הַשָּׁמָיִם. Ο΄. ἃ ἀπένειμε (Ἀ. ἐμέρισεν.²⁸ "Αλλος· ἀπεκλήρωσεν²⁹) κύριος ὁ θεός σου αὐτὰ πᾶσι τοῖς ἔθνεσι ⟶ τοῖς ◁³⁰ ὑποκάτω ※ παντὸς ◁³¹ τοῦ οὐρανοῦ. Ἀ.Θ... πᾶσι τοῖς λαοῖς ὑποκάτω παντὸς τοῦ οὐρανοῦ.³² Σ. ἅτινα διεκόσμησεν κύριος ὁ θεός σου εἰς τοὺς λαοὺς ὑπὸ ὅλον τὸν οὐρανόν.³³

20. לְעַם נַחֲלָה. Ο΄. λαὸν ἔγκληρον (Ἀ. κληροδοσίας³⁴).

21. אֶל־הָאָרֶץ הַטּוֹבָה. Ο΄. εἰς τὴν γῆν ※ τὴν ἀγαθήν ◁.³⁵

23. הִשָּׁמְרוּ. Ο΄. προσέχετε. Ἀ. φυλάξασθε.³⁶

אֶת־בְּרִית. Ο΄. τὴν διαθήκην. "Αλλος· (τῆς) συνθήκης.³⁷

לָכֶם. Ο΄. ὑμῖν ἑαυτοῖς. Alia exempl. ὑμῖν ※ αὐτοῖς ◁.³⁸

24. אֵשׁ אֹכְלָה. Ο΄. πῦρ καταναλίσκον (Ἀ. κατεσθίον³⁹).

25. וְנוֹשַׁנְתֶּם. Et inveterati fueritis. Ο΄. καὶ χρονίσητε (Ἀ. Σ. Θ. παλαιωθῆτε⁴⁰).

26. תֹּאבֵדוּן מַהֵר. Ο΄. ἀπολεῖσθε ※ ταχύ ◁.⁴¹

27. וְהֵפִיץ. Ο΄. καὶ διασπερεῖ (Ἀ. σκορπίσει⁴²).

28. וְלֹא יִשְׁמְעוּן. Ο΄. οὔτε (potior scriptura οὐδὲ) μὴ ἀκούσωσιν. Alia exempl. οὐδὲ μὴ λαλήσωσιν, οὐδὲ μὴ ἀκούσωσιν.⁴³

32. כָּמֹהוּ. Ο΄. τοιοῦτο. Οἱ λοιποί· ὅμοιον αὐτῷ.⁴⁴

34. מִקֶּרֶב. Ο΄. ἐκ μέσου. Ἀ. (ἐξ) ἐγκάτου.⁴⁵

נְטוּיָה. Ο΄. ὑψηλῷ. Ἀ. ἐκτεταμένῳ.⁴⁶

וּבְמוֹרָאִים. Et terriculis. Ο΄. καὶ ἐν ὁράμασι (Ἀ. φοβήμασι⁴⁷).

36. הִשְׁמִיעֲךָ אֶת־קֹלוֹ. Ο΄. ἀκουστὴ ἐγένετο ἡ φωνὴ αὐτοῦ. Alia exempl. ἀκουστήν σοι ἐποίησε τὴν φωνὴν αὐτοῦ.⁴⁸

39. וְיָדַעְתָּ. Ο΄. καὶ γνώσῃ ("Αλλος· γνώσεσθε⁴⁹).

וַהֲשֵׁבֹתָ. Et revoca. Ο΄. καὶ ἐπιστραφήσῃ ("Αλλος· ἐπιστραφήσεσθε⁵⁰).

43. בְּאֶרֶץ הַמִּישֹׁר. Ο΄. ἐν τῇ γῇ τῇ πεδινῇ (Ἀ. εὐθείᾳ⁵¹).

45. דִּבֶּר. Ο΄. ἐλάλησε. "Αλλος· ἐνετείλατο.⁵²

46. מוּל. Ο΄. ἐγγύς. Ἀ. ἐναντίον.⁵³

---

²⁶ Cod. X.   ²⁷ Idem in marg.   ²⁸ Sic in marg. sine nom. Cod. 73; in textu autem Cod. 57. Aquilae autem tribuimus, auctore Cod. 108, qui corrupte affert: Ἀ. ἐμέτρισε. Cf. ad Cap. xxix. 26. "Unus e Regiis, ὁ διαμέρισεν, sine interpretis nomine."—Montef. ²⁸ Cod. 106 in marg. manu 2ᵈᵃ. ³⁰ Sic Cod. IV. Articulus deest in Cod. 58. ³¹ Sic Cod. IV, Arab. 1, 2, et sine aster. Codd. 44, 74, 76, 106. ³² Codd. X, 85 (cum κάτω pro ὑποκάτω), 130 (non, ut Montef. e Cod. 85 male exscripsit: Ἀ. Θ. ἅτινα διεκόσμησε κ. ὁ θ. σου πᾶσι κ. τ. ἑ.). Cod. 73 et Cat. Niceph. p. 1440: Ἀ. πᾶσι τοῖς λαοῖς κ. τ. ἑ. Cod. 57: Ἀ. τοῖς λαοῖς. ³³ Codd. 85, 130. Minus probabiliter Cod. VII in marg. manu 1ᵐᵃ: Ἀε. ἅτινα διεκόσμησε (sic); necnon Cod. 108 ad καμίνου (v. 20): Θ. ἅτινα διεκόσμησε κύριος κ. τ. ἑ. Theodoretus autem in Quaest. I ad Deuteron. (Opp. T. I, p. 260): οὕτω γὰρ καὶ οἱ λοιποὶ ἡρμήνευσαν· ἅτινα διεκόσμησεν ὁ θεός σου εἰς τοὺς λ, ὑφ᾽ ὅλον τὸν οὐρανόν. Cf. Scharfenb. in Animadv. p. 123. ³⁴ Sic Cod. X. Cf. Hex. ad Num. xvi. 13. Psal. lxvii. 10. ³⁵ Sic Cod. IV (cum aster. ex corr.), Arab. 2, et sine aster. Comp., Codd. 15, 44, alii. ³⁶ Cod. X. Sic in marg.

sine nom. Codd. 108 (cum –ξεσθε), 130. ³⁷ Cod. 130 in marg. ³⁸ Sic Cod. IV, et sine aster. Comp., Ald., Codd. III, VII, X, 15, 18, alii. Vox deest in Cod. 58, Arab. 1 (qui insuper pingit ※ ὑμῖν ◁), 2, Arm. 1. ³⁹ Cod. X (cum κατεσθίων). ⁴⁰ Cod. 130. ⁴¹ Sic Cod IV (cum ⟶ ante corr.), Arab. 1, et sine aster. Comp., Codd. 55, 56, 58, 108 (in marg.), Arab. 2. ⁴² Cod. X. ⁴³ Sic Codd. 18, 130 (cum οὐδὲ μὴ λαλήσουσιν in marg.). Ad ἀκούσωσιν Cod. X in marg.: λαλήσωσιν. Ad φάγωσιν Cod. 85 in marg.: λαλήσωσιν. ⁴⁴ Cod. 108, qui ad κατὰ τὸ ῥῆμα lectionem refert. Sed cf. Hex. ad Jud. viii. 18. Jerem. xlix. 19. ⁴⁵ Cod. X. ⁴⁶ Idem. Cf. ad Cap. vii. 19. ⁴⁷ Codd. X, 108. ⁴⁸ Sic Comp., Ald., Codd. III, VII, X, XI, 15, 16, 18, alii (inter quos Codd. 58, 85, 130, omnes cum altera lectione in marg.). ⁴⁹ Sic in marg. Cod. 130; in textu autem Cod. X. ⁵⁰ Sic in marg. Codd. 85, 130; in textu autem Cod. X. ⁵¹ Cod. 108. Cf. ad Cap. iii. 10. ⁵² Sic in marg. Cod. X; in textu autem Comp., Codd. VII, 16, 28, alii (inter quos 85, 130, uterque cum ἐλάλησε in marg.). ⁵³ Cod. 108. Cf. ad Cap. ii. 19.

47. בְּעֵבֶר. Ο'. πέραν. Ἄλλος· ἐν τῷ πέραν.⁵⁴

48. וְעַד־הָר. Ο'. καὶ ἐπὶ ('Άλλος ἕως⁵⁵) τοῦ ὄρους.

49. וְכָל־הָעֲרָבָה. Ο'. πᾶσαν τὴν ἀραβά (Σ. τὴν πεδιάδα⁵⁶).

וְעַד יָם הָעֲרָבָה. Ο'. Vacat. ⸰⁂ καὶ ἕως τῆς θαλάσσης τῆς ἀραβά ◄.⁵⁷ Ἄλλος· καὶ ἕως θαλάσσης τῶν δυσμῶν ἡλίου.⁵⁸ Σ. (καὶ ἕως τῆς θαλάσσης) τῆς ἀοικήτου.⁵⁹

Cap. IV. 1. (⸰✢) σήμερον (◄).⁶⁰ 2. ✽ σήμερον ◄.⁶¹ 3 (in priore loco). (⸰✢) ὁ θεὸς ἡμῶν (◄).⁶² 6. ✽ πάντων ◄.⁶³ 9. ✽ πάντας (◄).⁶⁴ 10. ✽ τῇ ἡμέρᾳ τῆς ἐκκλησίας ◄.⁶⁵ 15. ⸰⁂ πᾶν ◄ ὁμοίωμα.⁶⁶ ✽ ἐν τῷ ὄρει ◄.⁶⁷ 18. ÷ ὁ ἕρπει ◄.⁶⁸ ὅσα ÷ ἐστίν ◄.⁶⁹ 19. ÷ καὶ ◄ πάντα.⁷⁰ 20. κύριος ÷ ὁ θεός ◄.⁷¹ 21. ἦν κύριος ὁ θεὸς ⸰⁂ σου ◄.⁷² 22. ÷ τοῦτον ◄.⁷³ 25. υἱῶν ✽ σου ◄.⁷⁴ 27 (in priore loco). (⸰✢) πᾶσι ◄.⁷⁵ 33. ✽ ζῶντος ◄.⁷⁶ 35. (⸰✢) ὁ θεός σου (◄).⁷⁷ 37. (⸰✢) ὑμᾶς ◄.⁷⁸ 39. ÷ ὁ θεός σου ◄.⁷⁹ ✽ πλὴν αὐτοῦ ◄.⁸⁰ 45. τοῖς υἱοῖς Ἰσραὴλ ✽ ἐν τῇ ἐρήμῳ ◄.⁸¹ 49. (⸰✢) ἡλίου ◄.⁸²

CAP. V.

5. וּבֵינֵיכֶם. Ο'. καὶ ⸰⁂ ἀναμέσον ◄ ὑμῶν.¹

6. אֲשֶׁר הוֹצֵאתִיךָ. Ο'. ὁ ἐξαγαγών σε. Alia exempl. ὅστις ἐξήγαγόν (s. ἐξήγαγέ) σε.²

7. עַל־פָּנָי. Praeter me. Ο'. πρὸ προσώπου μου. Alia exempl. πλὴν ἐμοῦ.³

8. פֶּסֶל. Ο'. εἴδωλον. Ἄλλος· γλυπτόν.⁴

9. וְלֹא תָעָבְדֵם. Ο'. οὐδὲ μὴ λατρεύσῃς ('Α. (καὶ οὐ) δουλεύσεις⁵) αὐτοῖς.

פֹּקֵד. Ο'. ἀποδιδούς. 'Α. Θ. ἐπισκεπτόμενος.⁶

11. לַשָּׁוְא. Ο'. ἐπὶ ματαίῳ. 'Α. εἰς εἰκῇ.⁷

יְנַקֶּה. Ο'. καθαρίσῃ. 'Α. ἀθῳώσῃ.⁸

12. שָׁמוֹר. Ο'. φύλαξαι. Ἄλλος· μνήσθητι.⁹

13. תַּעֲבֹד. Ο'. ἐργᾷ. 'Α. δουλεύσεις.¹⁰

14. וַחֲמֹרְךָ. Ο'. καὶ τὸ ὑποζύγιον ('Α. ὄνος¹¹) σου.

אֲשֶׁר בִּשְׁעָרֶיךָ. Ο'. ὁ παροικῶν ἐν σοί. Ἄλλος· ὁ ἐν ταῖς πύλαις σου.¹² Ἄλλος· ὁ ἐντὸς τῶν πυλῶν σου.¹³

---

⁵⁴ Sic in textu Cod. X.   ⁵⁵ Sic in textu Codd. 44, 74, alii, Arm. 1.   ⁵⁶ Cod. 108 in marg. (ad ἐπὶ τὸ ὄρος (sic) v. 48): Σ. τὴν πεδιάδα τῆς ἀοικήτου. Cod. 130 in marg. (ad πᾶσαν τὴν ἀραβά): πεδιάδα τῆς ἀοικήτου.   ⁵⁷ Sic Arab. 1 (om. καὶ), et sine aster. Codd. 28, 58 (om. καὶ), 85, Arab. 2 (om. καὶ), Arm. 1 (idem).   ⁵⁸ Sic in textu Codd. 44, 74, 76, 106, 134. Est Theodotionis, ut videtur.   ⁵⁹ Vid. not. 56.   ⁶⁰ Vox deest in Cod. 58.   ⁶¹ Arab. 1, 2. Deest in Cod. 58, Arm. 1.   ⁶² Deest in Cod. 58, Arm. 1.   ⁶³ Arab. 1.   ⁶⁴ Idem, absente metobelo. Deest in Cod. 58.   ⁶⁵ Idem. Desunt in Cod. 58.   ⁶⁶ Cod. IV, Arab. 1. Sic sine aster. Comp., Ald., Codd. 18, 19, 44, alii.   ⁶⁷ Cod. IV. Deest in Cod. 58.   ⁶⁸ Cod. IV, Arab. 1, 2. Deest in Cod. 58 (cum τοῦ ἐπί).   ⁶⁹ Cod. IV (notis a correctore suppletis), Arab. 1, 2. Haec, ὅσα ἐστίν, desunt in Cod. 58.   ⁷⁰ Cod. IV.   ⁷¹ Idem (cum notis ex corr.). Sic sine obelo Comp., Ald., Codd. III, VII, X, XI, 15, 18, alii, Arab. 1, 2.   ⁷² Idem (cum notis ex corr.). Pronomen legitur in Ed. Rom., sed abest a Comp., Ald., Codd. III, XI, 16, 18, aliis.   ⁷³ Cod. IV (cum obelo ex corr.), Arab. 1, 2. Deest in Comp., Codd. II (in textu), 19, 44, aliis, Arm. 1.   ⁷⁴ Cod. IV.   ⁷⁵ Arab. 1 (cum metobelo tantum). Lacuna est in Cod. IV.   ⁷⁶ Arab. 1, 2.   ⁷⁷ Deest in Cod. 58, Arm. 1.   ⁷⁸ Arab. 1:

⁂ videlicet vox. Deest in Cod. 58.   ⁷⁹ Arab. 1. Deest in Cod. 58.   ⁸⁰ Arab. 1, 2.   ⁸¹ Arab. 1 (cum metobelo tantum), 2. Verba ἐν τῇ ἐρήμῳ desunt in Ed. Rom., sed habentur in Comp., Ald., Codd. III, VII, X, XI, 15, 18, aliis.   ⁸² Deest in Codd. 28, 58, 85, Arm. 1.

Cap. V. ¹ Sic Arab. 1 (cum ⁂ ἀναμέσον bis?), et sine aster. Comp., Ald., Codd. VII, X (cum ἀναμέσον in marg.), 15, 16, 18, alii.   ² Prior lectio est in Codd. III, VII, X, 15, 44, aliis; posterior in Codd. XI, 16, 28, aliis (inter quos 85, 130, uterque cum ὁ ἐξαγαγών ὑμᾶς in marg.). Cf. Hex. ad Exod. xx. 2.   ³ Sic Comp., Codd. III, VII, X (in marg.), 16, 18, 19, alii.   ⁴ Sic in textu Comp., Ald., Codd. III, VII, X, XI, 15, 16, alii (inter quos 85, 130, uterque cum εἴδωλον in marg.), Arm. 1. Cf. Hex. ad Exod. xx. 4.   ⁵ Cod. 108: 'Α. δουλεύσεις. Pro οὐδὲ μὴ Codd. 85, 130, in marg.: καὶ οὐ; et sic in textu Codd. III, X (cum οὐδὲ μὴ in marg.), 71, 82, 129.   ⁶ Cod. 108.   ⁷ Codd. X, 85 (in marg. sine nom.), 130. Cod. VII in marg. manu 1ᵐᵃ: 'Ακ. εἰκῇ.   ⁸ Cod. X. Cf. Hex. ad Exod. xx. 7.   ⁹ Sic in marg. Codd. 85, 130; in textu autem Codd. X (cum μνήσθητι φύλαξαι), 82.   ¹⁰ Cod. X.   ¹¹ Idem.   ¹² Sic in textu Codd. 15, 44, 55, alii.   ¹³ Sic in marg. Codd. 64, 85, 130; in textu autem Ald., Codd. X (cum ὁ παρ. ἐν σοί in marg.), XI, 58, 83, 129.

TOM. I.   O O

16. כַּבֵּד. Ο΄. τίμα. Ἀ. δόξασον.[14]

לְמַעַן יַאֲרִכֻן יָמֶיךָ. Ο΄. ἵνα μακροχρόνιος γένῃ ("Αλλος· μακροχρόνιοι ἦτε[15]).

21 (Hebr. 18). וְכֹל אֲשֶׁר לְרֵעֶךָ. Ο΄. οὔτε πάντα ὅσα τῷ πλησίον σού ἐστι. (Ж) καὶ ἔσται ἐὰν εἰσαγάγῃ σε κύριος ὁ θεός σου εἰς τὴν γῆν τῶν Χαναναίων, ἣν σὺ εἰσελεύσῃ ἐκεῖ κληρονομῆσαι αὐτήν, καὶ στήσεις σεαυτῷ λίθους μεγάλους, καὶ κονιάσεις αὐτοὺς κονίᾳ· καὶ γράψεις ἐπὶ τῶν λίθων πάντας τοὺς λόγους τοῦ νόμου τούτου. καὶ ἔσται ὡς ἂν διαβῆτε τὸν Ἰορδάνην, στήσετε τοὺς λίθους τούτους, οὓς ἐγὼ ἐντέλλομαί σοι σήμερον, ἐν ὄρει Γαριζίμ. καὶ οἰκοδομήσεις ἐκεῖ θυσιαστήριον κυρίῳ τῷ θεῷ σου, θυσιαστήριον ἐκ λίθων· οὐκ ἐπιβαλεῖς ἐπ᾽ αὐτοὺς σίδηρον. λίθους ὁλοκλήρους (ﺣﻤﺤﺒﺴﺪﺍ) οἰκοδομήσεις, θυσιαστήριον κυρίῳ τῷ θεῷ σου· καὶ ἀνοίσεις ἐπ᾽ αὐτὸ ὁλοκαυτώματα (ﻣﻌﺮﺍ male pro ﺣﻤﺤﺪﺍ (ﺳﻘﺮﺍ) κυρίῳ τῷ θεῷ σου, καὶ θύσεις θυσίαν εἰρηνικήν (ﺣﻤﻤﺪﺍ)· καὶ φαγῇ ἐκεῖ, καὶ εὐφρανθήσῃ ἔναντι κυρίου τοῦ θεοῦ σου. τὸ ὄρος ἐκεῖνο πέραν τοῦ Ἰορδάνου ὀπίσω ὁδοῦ δυσμῶν ἡλίου ἐν γῇ Χαναάν, τὸ κατοικοῦν ἐπὶ δυσμῶν ἐχόμενον τοῦ Γολγόλ, πλησίον τῆς δρυὸς τῆς ὑψηλῆς, ἐχόμενον τοῦ Συχέμ (◄).[16]

23 (20). כָּל־רָאשֵׁי. Ο΄. πάντες οἱ ἡγούμενοι (Ἀ. κεφαλαί[17]).

וְזִקְנֵיכֶם. Ο΄. καὶ ἡ γερουσία (Ἀ. οἱ πρεσβύτεροι[18]) ὑμῶν.

24 (21). וְאֶת־גָּדְלוֹ. Ο΄. Vacat. Ж καὶ τὴν μεγαλωσύνην αὐτοῦ ◄.[19]

26 (23). כָּל־בָּשָׂר. Ο΄. Ж πᾶσα ◄ σάρξ.[20] Ἀ. (πᾶν) κρέας.[21]

28 (25). הֵיטִיבוּ. Ο΄. ὀρθῶς. Ἀ.Θ. ἠγάθυναν.[22]

29 (26). אֶת־כָּל־מִצְוֹתַי. Ο΄. Ж πάσας ◄ τὰς ἐντολάς μου.[23]

30 (27). לְאָהֳלֵיכֶם. Ο΄. εἰς τοὺς οἴκους (Σ. (τὰς) σκηνὰς[24]) ὑμῶν.

31 (28). פֹּה. Ο΄. αὐτοῦ. Ἀ. ἐνταῦθα.[25]

אֶת כָּל־הַמִּצְוָה. Ο΄. Ж πάσας ◄ τὰς ἐντολάς.[26]

32 (29). לֹא תָסֻרוּ. Ο΄. οὐκ ἐκκλινεῖτε (alia empl. ἐκκλινεῖς[27]). Ἀ. (οὐκ ἀπο)στήσεσθε.[28]

33 (30). לְמַעַן תִּחְיוּן וְטוֹב לָכֶם. Ο΄. ὅπως καταπαύσῃ σε, καὶ εὖ σοι ᾖ. Οἱ λοιποί· ἵνα ζῆτε, καὶ ἀγαθὸν ὑμῖν.[29]

וְהַאֲרַכְתֶּם יָמִים. Ο΄. καὶ μακροημερεύσητε. Ἄλλος· καὶ μακρόημεροι ἔσεσθε.[30]

Cap. V. 6. — εἰμι ◄.[31] 14. (—) ἐν αὐτῇ (◄).[32] 15. (—) καὶ ἁγιάζειν αὐτήν (◄).[33] 21. — οὔτε παντὸς κτήνους αὐτοῦ ◄.[34] 22. — θύελλα ◄.[35]

Cap. VI.

5. בְּכָל־לְבָבְךָ. Ο΄. ἐξ ὅλης τῆς διανοίας ("Αλλος· καρδίας[1]) σου.

⁘ —————————————————————————————— ⁘

[14] Cod. X (cum δόξασε). Cf. Sirac. iii. 6. vii. 27. [15] Sic in marg. Cod. 130; in textu autem Codd. II, 54, 75 (cum -νοιται). [16] In Codice Syro-hexaplari Masiano ad calcem Deuteronomii leguntur Syriaca quaedam iis simillima, quae Ceriani edidit ad Exod. xx. 17; quaeque ad hunc locum pertinere testantur tum ipse textus Hebraeo-Sam. ad Deut. v. 21, tum annotatio iis subjecta, qua significat scriba ea in exemplari Samaritano haberi velut supplementum decem verborum (h. e. Decalogi) Deuteronomii. Pauculas autem duorum supplementorum varietates (si excipias ﺣﻤﺪﺍﻭﻟﻴﻪ pro ﺣﻤﺪﺍﻭ propo initium) diligenter notavit Ceriani ad locum Exodi, ubi pro ἐπιβαλεῖς ἐπ᾽ αὐτούς, ut utrobique Syrum exemplar, a nobis ἐπιβαλεῖς ἐπ᾽ αὐτὸ incaute editum. [17] Cod. X. [18] Idem. [19] Sic Arab. 1, et sine aster. Codd. 28, 58, 85 (in marg.), 106, 108 (in marg.), 134, Arab. 2, Arm. 1. Cf. Hex. ad Exod. xx. 19. [20] Sic Arab. 1, et sine aster. Codd. 58,

108 (cum πᾶσα in marg.), Arab. 2. [21] Cod. X. [22] Cod. 108. [23] Sic Arab. 1, et sine aster. Codd. 58, 74, 76, 82, 106, 134, Arab. 2. [24] Cod. 108. [25] Cod. X. [26] Sic Arab. 1, et sine aster. Comp., Codd. 44, 74, 76, 106, 134, Arab. 2. Ald., Cod. 83: τὰς ἐντολὰς πάσας. [27] Sic Comp., Ald., Codd. III, VII, X, 15, 16, 18, alii. [28] Cod. X, exscribente Holmes.: Ἀ. στήσεσθαι (sic); mutile, ut videtur, pro ἀποστήσεσθε (cf. ad Cap. ix. 12) vel ἐκστήσεσθε. [29] Cod. 108. [30] Sic in marg. Codd. X (cum μακροήμεροι ἦτε in textu), 85; in textu autem Codd. 19, 54, 75, 108, 118, Arm. 1. [31] Arab. 1, 2 (uterque cum Ж pro —). Deest in Codd. II (manu 1ma), 58. [32] Deest in Cod. 58. [33] Idem. [34] Arab. 1, 2 (qui pingunt: οὔτε παντὸς ◄ κτήνους αὐτοῦ, οὔτε ◄). Haec, οὔτε π. κτ. αὐτοῦ, desunt in Cod. 58. [35] Arab. 1, 2: — et procella ◄.

Cap. VI. [1] Sic in textu Comp., Ald., Codd. III, VII, X (cum διανοίας in marg.), XI, 15, 16, 19, alii (inter quos

5. וּבְכָל־מְאֹדֶךָ. Ο΄. καὶ ἐξ ὅλης τῆς δυνάμεώς ('Ἄλλος· ἰσχύος²) σου.

7. וְשִׁנַּנְתָּם. Et acues (infiges) ea. Ο΄. καὶ προβιβάσεις ('Α. δευτερώσεις²) αὐτά.

בְּשִׁבְתְּךָ בְּבֵיתֶךָ וּבְלֶכְתְּךָ בַדֶּרֶךְ וּבְשָׁכְבְּךָ וּבְקוּמֶךָ. Ο΄. καθήμενος ἐν οἴκῳ, καὶ πορευόμενος ἐν ὁδῷ, καὶ κοιταζόμενος, καὶ διανιστάμενος. 'Ἄλλος· ἐν τῷ καθῆσθαί σε ἐν οἰκίᾳ σου, καὶ ἐν τῷ πορεύεσθαί σε ἐν ὁδῷ, καὶ ἐν τῷ καθεύδειν σε, καὶ ἐν τῷ ἀνίστασθαί σε.⁴

8. וּקְשַׁרְתָּם. Ο΄. καὶ ἀφάψεις ('Α. συνδήσεις⁵) αὐτά.

לְטֹטָפֹת. In frontalia. Ο΄. ἀσάλευτον. Alia exempl. ἀσάλευτα.⁶ 'Α. (εἰς) νακτά. Σ. διεσταλμένα.⁷ 'Ἄλλος· σαλευτόν.⁸

12. הִשָּׁמֶר לְךָ. Ο΄. πρόσεχε ('Α. φύλαξαι⁹) σεαυτῷ.

פֶּן־תִּשְׁכַּח. Ο΄. μὴ ἐπιλάθῃ. Alia exempl. μὴ πλατυνθῇ ἡ καρδία σου, καὶ ἐπιλάθῃ.¹⁰

15. אֵל. Ο΄. ὁ θεός (potior scriptura θεός). Οἱ λοιποί· ἰσχυρός.¹¹

פֶּן. Ο΄. μὴ ※ ποτε ◄.¹²

---

17. וְחֻקֹּתָיו. Ο΄. καὶ τὰ δικαιώματα ('Α. ἀκριβάσματα. Σ. προστάγματα¹³).

18. הַיָּשָׁר וְהַטּוֹב. Ο΄. τὸ ἀρεστὸν καὶ τὸ καλόν. 'Ἄλλος· τὸ εὐθὲς (καὶ) τὸ ἀγαθόν.¹⁴

22. וּבְכָל־בֵּיתוֹ. Ο΄. καὶ ἐν (※) ὅλῳ (◄) τῷ οἴκῳ αὐτοῦ.¹⁵

24. אֶת־כָּל־הַחֻקִּים הָאֵלֶּה. Ο΄. πάντα τὰ δικαιώματα ταῦτα. Alia exempl. πάσας τὰς ἐντολὰς καὶ τὰ κρίματα.¹⁶

לְטוֹב לָנוּ. Ο΄. ἵνα εὖ ᾖ ἡμῖν. 'Ἄλλος· ἵνα πολυήμεροι ὦμεν.¹⁷

Cap. VI. 1. ⨪ οὕτως ◄.¹⁸ 2. ⨪ σήμερον ◄.¹⁹ 3. ⨪ δοῦναι (◄).²⁰ ⨪ καὶ ταῦτα — ἐκ γῆς Αἰγύπτου (◄).²¹ 4. ⨪ ἔστι ◄.²² 6. ⨪ καὶ ἐν τῇ ψυχῇ σου ◄.²³ 12. ⨪ τοῦ θεοῦ σου ◄.²⁴ 13. ⨪ καὶ πρὸς αὐτὸν κολληθήσῃ ◄.²⁵ 18. ⨪ τοῦ θεοῦ σου ◄.²⁶ 19. ※ κύριος ◄.²⁷ 21. ⨪ καὶ ἐν βραχίονι ὑψηλῷ ◄.²⁸ 23. (⨪) ταύτην (◄).²⁹ ⨪ δοῦναι ◄.³⁰

CAP. VII.

1. כִּי יְבִיאֲךָ יְהוָה אֱלֹהֶיךָ. Ο΄. ἐὰν δὲ εἰσάγῃ

85, 108, uterque ut X), Arab. 1, 2. ² Sic in marg. Cod. X; in textu autem Codd. 55, 75. ³ Cod. X. Sic in marg. sine nom. Cod. 85; in textu autem Cod. 54. ⁴ Sic in marg. Codd. X (qui asteriscis notat), 85. "Videtur esse Aquilae, qui Hebraica κατὰ πόδα sequitur."—Montef. ⁵ Codd. X, 108. Cf. ad Prov. iii. 3. ⁶ Sic Comp., Ald., Codd. VII, X, XI, 15, 18, alii. ⁷ Cod. 85. Cod. X affert: 'Α. ΗΑΚΤΑ. Cod. 108: Σ. διεσταλμένα. Ad νακτά (non ἄνακτα, ut e Cod. 85 oscitanter exscripsit Montef.) cf. nos in Hex. ad Exod. xiii. 16. Symmachi autem διεσταλμένα, sive distincta, sive diducta, sive injuncta, qua ratione de frontalibus Judaeorum commode dici possit non habemus dicere. ⁸ Cod. 85: Σ. διεσταλμένα καὶ ἔσται σαλευτὸν πρὸ ὀφθαλμῶν καὶ γράψεις. Posteriora ad aliam sive lectionem sive versionem pertinere videntur (coll. Hex. ad Exod. l. c., nott. 16 et 18), quae Philoni quoque (Opp. T. II, p. 358) familiaris fuisse videtur, locum nostrum sic alludenti: Τὰ δίκαια, φησὶν ὁ νόμος, ἐντιθέναι δεῖ τῇ καρδίᾳ, καὶ ἐξάπτειν εἰς σημεῖον ἐπὶ τῆς χειρός, καὶ εἶναι σειόμενα πρὸ ὀφθαλμῶν ... Σάλον δὲ ἐγένετο ταῦτα κινούμενον (fort. κινούμενα), φησὶν ... ἵνα τῇ κινήσει τὴν ὄψιν ἐκκαλῇ πρὸς ἀρίδηλον θέαν. ⁹ Cod. X. ¹⁰ Sic Ald., Codd. III, VII,

X, XI, 15, 18, alii (inter quos 85, testante Montef., sed repugnante Holmesii amanuensi). ¹¹ Cod. 108, qui ad ζηλωτὴς male refert. ¹² Sic Arab. 1, 2, et sine aster. Codd. 58, 59, 74, alii. ¹³ Cod. X. Nobil. affert: 'Α. ἀκριβάσματα, et sic in marg. sine nom. Cod. 85. Mox ad μαρτύρια (v. 20) Cod. 85 in marg.: ἀκριβάσματα προστάγματα (sic). ¹⁴ Cod. 108 in marg.: τὸ εὐθὲς. τὸ ἀγαθόν (sic). ¹⁵ Sic sine aster. Codd. 58, 76, 106, 134, Arab. 1, 2. ¹⁶ Sic (sine ταῦτα in fine) Codd. III, VII, X, 16, 28, alii (inter quos 85, cum πάντα τὰ δ. ταῦτα in marg.). ¹⁷ Sic in marg. Cod. X; in textu autem Codd. III, 55, 58, 82, 129. ¹⁸ Arab. 1. ¹⁹ Arab. 1, 2. Deest in Cod. 58. ²⁰ Iidem (sine metobelo). ²¹ Iidem (cum ⨪ καὶ ταῦτα κ. τ. ἑ. Haec omnia desunt in Codd. 44, 58. ²² Arab. 1. ²³ Arab. 1, 2. Desunt in Comp., Codd. 19, 58, 108, 118. ²⁴ Iidem. Desunt in Cod. 58. ²⁵ Iidem, reprobante eodem. ²⁶ Iidem. ²⁷ Iidem. Vox habetur in Ed. Rom., sed deest in Codd. III, VII, X, 18 (ante corr.), 53, 56, 82, 129, Arm. 1. ²⁸ Iidem. ²⁹ Deest in Cod. 58. ³⁰ Arab. 1, 2. Deest in Comp., Ald., Codd. III, 15, 16 (ante corr.), aliis.

(alia exempl. καὶ ἔσται ὅταν εἰσαγάγῃ¹) σε κύριος ὁ θεός σου. Alia exempl. καὶ ἔσται ἐν τῷ εἰσαγαγεῖν σε κύριον τὸν θεόν σου.²

1. רַבִּים. Ο'. μεγάλα. Alia exempl. πολλά; alia, μεγάλα καὶ πολλά.³

רַבִּים (in posteriore loco). Ο'. πολλά. Alia exempl. μεγάλα; alia, μεγάλα καὶ πολλά.⁴

וַעֲצוּמִים מִמֶּךָּ. Ο'. καὶ ἰσχυρότερα ὑμῶν. 'Α. (καὶ) ὀστόϊνα (ἀπὸ) σου.⁵

2. לְפָנֶיךָ. Ο'. εἰς τὰς χεῖράς σου. "Αλλος· ἐν χερσίν σου.⁶

הַחֲרֵם תַּחֲרִים. Ο'. ἀφανισμῷ ἀφανιεῖς (Οἱ λοιποί· ἀναθεματίσεις⁷).

וְלֹא תְחָנֵּם. Ο'. οὐδὲ μὴ ἐλεήσητε (alia exempl. ἐλεήσῃς⁸) αὐτούς. 'Α. · δωρήσῃ (αὐτοῖς).⁹

5. מִזְבְּחֹתֵיהֶם. Ο'. τοὺς βωμοὺς ('Α. τὰ θυσιαστήρια¹⁰) αὐτῶν.

7. חָשַׁק..בָּכֶם. Adhaesit vobis. Ο'. προείλετο.. ὑμᾶς. 'Α. προσεκολλήθη.. (ὑμῖν, s. ἐν ὑμῖν).¹¹

8. בְּיָד חֲזָקָה. Ο'. ἐν χειρὶ κραταιᾷ ⸔ καὶ ἐν βραχίονι ὑψηλῷ ◄.¹²

9. וְיָדַעְתָּ. Ο'. καὶ γνώσῃ ("Αλλος· γνώσεσθε¹³).

הָאֵל הַנֶּאֱמָן. Ο'. θεὸς πιστός (potior scriptura ὁ θεὸς ὁ πιστός). 'Α. Θ. (ὁ) ἰσχυρός..¹⁴

12. אֲשֶׁר נִשְׁבַּע. Ο'. ὃ (alia exempl. καθὰ, s. καθὼς¹⁵) ὤμοσε.

13. פְּרִי־בִטְנְךָ. Ο'. τὰ ἔγγονα (alia exempl. ἔκγονα¹⁶) τῆς κοιλίας σου. 'Α. καρπὸν γαστρός σου.¹⁷

דְּגָנְךָ וְתִירֹשְׁךָ וְיִצְהָרֶךָ. Ο'. τὸν σῖτόν ('Α. χεῦμα¹⁸) σου, καὶ τὸν οἶνόν ('Α. ὀπωρισμὸν¹⁸) σου, καὶ τὸ ἔλαιόν ('Α. στιλπνότητα¹⁸) σου.

14. עָקָר. Ο'. ἄγονος. 'Α. στεῖρος.¹⁹

15. וְכָל־מַדְוֵי מִצְרַיִם. Et omnes languores Aegypti. Ο'. καὶ πάσας νόσους (('Α.) ταλαιπωρίαν²⁰) Αἰγύπτου.

הָרָעִים אֲשֶׁר יָדַעְתָּ לֹא יְשִׂימָם בָּךְ. Ο'. τὰς πονηρὰς,²¹ ἃς ἑώρακας, καὶ ὅσα ἔγνως, οὐκ ἐπιθήσει (alia exempl. ἐπάξει²²) ἐπὶ σέ. Aliter: Ο'. τὰ πονηρὰ ⸔ ἃ ἑώρακας καὶ ◄ ὅσα ἔγνως, οὐκ ἐπάξει ⨯ αὐτὰ ◄ ἐπὶ σέ.²³ 'Α. τὰ πονηρὰ ὅσα ἔγνως, οὐ θήσει αὐτὰ ἐν σοί. Σ. τὰς πονηρὰς ἃς οἶδας, οὐ ποιήσει ἐν σοί.²⁴

Cap. VII. ¹ Sic Codd. 44, 55, 74, alii.　² Sic Ald., Codd. III, VII, X, XI, 15, 16, 18, alii (inter quos 85, cum ἐὰν δὲ εἰσαγάγῃ κ. τ. έ. in marg.).　³ Prior lectio est in Cod. 58; posterior in Comp., Ald., Codd. III, VII, X, XI, 15, 16, aliis (inter quos 85, cum ἰσχυρά in marg.), Arab. 1, 2.　⁴ Prior lectio est in Codd. XI, 16, 28, aliis; posterior in Comp., Ald., Codd. III, VII, X, 15, 18, aliis.　⁵ Cod. X affert: 'Α. ὀστόϊνα σου (sic). Cf. Hex. ad Cap. ix. 1. Ad formam ὀστόϊνος cf. Hex. ad Exod. i. 9.　⁶ Sic in marg. Codd. X, 85. Pro καὶ ἰσχ. ὑμῶν (v. 1) Codd. 19, 108 (cum καὶ ἰσχ. ὑμῶν in marg.), 118, in textu habent πρὸ προσώπου ὑμῶν, quae lectio fortasse huc pertinet.　⁷ Cod. X (qui ad πατάξεις male refert). Ad ἀφανιεῖς Cod. 85 in marg. sine nom.: ἀναθεματίεις.　⁸ Sic Comp., Ald., Codd. II (ex corr.), III, VII, X, 16 (cum –σεις), alii, Arab. 1, 2, Arm. 1.　⁹ Cod. X. Cf. Hex. ad Psal. vi. 3. ix. 14 etc. Statim v. 3 lectio plane absona unius Cod. 18 ἀγγαρεύσητε pro γαμβρεύσητε pro mero scribae lapsu habenda est.　¹⁰ Cod. X.　¹¹ Idem. Hieron.: vobis junctus est.　¹² Sic Arab. 1, et sine obelo Codd. II (in textu, et habet eadem in marg. quoque, teste Holmesio; Maius autem in textu ἐν χ. κραταιᾷ tantum

habet, vacante margine), III, VII, X, XI, 15, 16, 18, alii, Arab. 2, Arm. 1.　¹³ Sic in marg. Codd. X, 85; in textu autem (cum γνώσεσθε σήμερον) Cod. II.　¹⁴ Cod. 108 (ad πιστός).　¹⁵ Prior lectio est in Comp., Codd. III, VII (cum καθά), X, 15, 19, aliis; posterior in Ald., Codd. 16, 18, aliis, Arm. 1.　¹⁶ Sic Comp., Codd. II, III, VII (ex corr. manu 1ᵐᵃ), X, XI, 15, 16, 18, alii.　¹⁷ Cod. X.　¹⁸ Idem. Hieron. in Epist. LVII ad Pammachium, 11: "Aquila autem proselytus et contentiosus interpres, qui non solum verba, sed etymologias quoque verborum transferre conatus est, jure projicitur a nobis. Quis enim pro frumento et vino et oleo, possit vel legere, vel intelligere, χεῦμα, ὀπωρισμὸν, στιλπνότητα, quod nos possumus dicere fusionem, pomationemque, et splendentiam?" Cf. Hex. ad Hos. ii. 22.　¹⁹ Idem.　²⁰ Idem in marg. sine nom. Cf. ad Cap. xxviii. 60.　²¹ Ad τὰς πονηρὰς Cod. X in marg.: καὶ τὰς κακάς.　²² Sic Codd. X (in marg.), 19, 44, alii.　²³ Sic Cod. IV, et sine obelo (cum οὐκ ἐπάξει ἐπὶ σέ) Cod. 85 in marg. Verba, ἃ ἑώρ. καὶ, obelo jugulat Arab. 1. Mox αὐτὰ sine aster. testantur Codd. 30, 74, 76, 106, 134, Arab. 1 (sub ⸔), 2, Arm. 1.　²⁴ Cod. 85. Ad Sym. pro scriptura codicis, οὐ ποιήσεις ἐν σοί, Scharfenb.

16. לֹא־תָחוֹס. Ο΄. οὐ φείσεται. Ἄλλος· οὐκ ἀφέξεται.²⁵

מוֹקֵשׁ. Ο΄. σκῶλον. Ἄλλος· σκάνδαλον.²⁶

19. רָאוּ. Ο΄. ἴδοσαν (s. εἶδον). Ἄλλος· ἑωράκασιν.²⁷

הַנְּטוּיָה. Ο΄. τὸν ὑψηλόν. Ἀ. Σ. (τὸν) ἐκτεταμένον.²⁸

לְכָל־הָעַמִּים. Ο΄. πᾶσι τοῖς ἔθνεσιν (Οἱ λοιποί· λαοῖς²⁹).

20. מִפְּנֵיכֶ. Ο΄. ἀπὸ σοῦ. Θ. ἀπὸ προσώπου σου.³⁰

21. לֹא תַעֲרֹץ. Ne contremiscas. Ο΄. οὐ τρωθήσῃ (Ἄλλος· δειλιάσεις³¹).

אֵל גָּדוֹל וְנוֹרָא. Ο΄. θεὸς (Ἀ. Θ. ἰσχυρὸς³²) μέγας καὶ κραταιός (Ἀ. Θ. φοβερός³²).

22. חַיַּת הַשָּׂדֶה. Ο΄. τὰ θηρία τὰ ἄγρια (Ἄλλος· τῆς γῆς³³).

23. וְהָמָם מְהוּמָה גְדֹלָה. Et perturbabit eos perturbatione magna. Ο΄. καὶ ἀπολεῖς (alia exempl. ἀπολέσει, s. ἀπολεῖ³⁴) αὐτοὺς ἀπωλείᾳ μεγάλῃ. Ἀ. καὶ φαγεδαινώσει αὐτοὺς φαγεδαίνῃ μεγάλῃ. Σ. καὶ ταράξει αὐτοὺς ταραχὴν μεγάλην. Θ. καὶ ἐκστήσει αὐτοὺς ἔκστασιν μεγάλην.³⁵

23. עַד הִשָּׁמְדָם. Ο΄. ἕως ἂν ἐξολοθρεύσῃς (alia exempl. ἐξολοθρεύσῃ³⁶) αὐτούς. Θ. ἕως ἐκτρίψει αὐτούς.³⁷

24. מִתַּחַת הַשָּׁמָיִם. Ο΄. ἐκ τοῦ τόπου ἐκείνου. Σ. Θ. ὑποκάτω τοῦ οὐρανοῦ.³⁸

25. וְהֵהָב עֲלֵיהֶם וְלָקַחְתָּ לָךְ פֶּן תִּוָּקֵשׁ בּוֹ. Ο΄. οὐδὲ χρυσίον ἀπ᾽ αὐτῶν (aliud exempl. παρ᾽ αὐτῶν³⁹) οὐ λήψῃ (alia exempl. ἀπ᾽ αὐτῶν λαβεῖν⁴⁰) σεαυτῷ, μή ✕ ποτε ◄⁴¹ πταίσῃς δι᾽ αὐτό. Ἄλλος· οὐδὲ χρυσίον ἐπ᾽ αὐτοῖς, καὶ οὐ λήψεται αὐτό, μήποτε σκωλωθῇς ἐν αὐτῷ.⁴²

26. חֵרֶם. Ο΄. ἀνάθεμα. Ἄλλος· ἀπόβλητος.⁴³

Cap. VII. 12. ⸓ πάντα ◄ τὰ δικαιώματα.⁴⁴ 13. (⸓) κύριος ◄.⁴⁵ 16. τὰ ⸓ σκῦλα ◄.⁴⁶ 17. ⸓ ὅτι ◄.⁴⁷ 19. ⸓ τὰ μεγάλα ἐκεῖνα ◄.⁴⁸ 22. ⸓ γένηται ἡ γῆ ἔρημος καί ◄.⁴⁹ 26. προσοχθιεῖς ✕ αὐτό ◄.⁵⁰ βδελύξῃ ✕ αὐτό ◄.⁵¹

Cap. VIII.

2. הוֹלִיכְךָ. Ο΄. ἤγαγέ (Ἄλλος· διώδευσε¹) σε.

זֶה אַרְבָּעִים שָׁנָה. Ο΄. Vacat. ✕ τοῦτο τεσσαρακοστὸν ἔτος ◄.²

---

in *Animadv.* p. 127 emendat οὐκ ἐποίσει σοι; nos autem leniorem medicinam, ποιήσει pro ποιήσεις, adhibuimus. Cf. Hex. ad Psal. civ. 27. Jesai. xliv. 7. ²⁵ Cod. X in marg. ²⁶ Sic in marg. Codd. 85, 108. ²⁷ Sic in marg. Cod. 85; in textu autem Cod. II. ²⁸ Cod. 108. ²⁹ Idem. ³⁰ Idem. Sic in textu Codd. IV, 74, 76, 104, 134. ³¹ Cod. 106 (superscript. recenti manu), necnon versio Graeco-Ven. Cf. Deut. xxxi. 6. Jos. i. 9 in LXX. ³² Sic intelligo lectionem Cod. 108: "μέγας] in marg. Ἀ. Θ. add. φοβερός. ἰσχυρός." ³³ Sic in textu Codd. 19, 108 (cum τὰ ἄγρια in marg.), 118. ³⁴ Prior scriptura est in Ald., Codd. III, X, 15 (cum –σῃ), 58, 64, aliis; posterior in Comp., Codd. IV, 74, 76, aliis. ³⁵ Cod. 85. Ad Aquilam cf. Hex. ad Psal. xvii. 15. Jerem. li. 34. ³⁶ Sic Codd. II, III, IV, VII, X, XI, 15, 29, 58, alii (fere omnes cum ἐξολοθρ.), Arm. 1. ³⁷ Cod. 85 in continuatione. ³⁸ Cod. 108. Sic in textu Comp., et (cum ὑποκάτωθεν) Codd. 44, 74, 76, 106, 134. ³⁹ Cod. IV, qui pergit: οὐδὲ λήμψῃ. ⁴⁰ Sic Comp., Ald., Codd. III, VII, X, 15, 16, alii (inter quos 85, cum καὶ οὐ λήψῃ σαυτῷ in marg.). ⁴¹ Sic Cod. IV, et

sine aster. Ald., Codd. 18, 44, 74, alii. ⁴² Cod. 85 in marg. (cum χρυσίων et σκωλωθείς). Lectio Aquilam sapit (cf. Hex. ad Psal. ix. 17. Hos. ix. 8), si excipias καὶ οὐ λήψεται αὐτὸ pro καὶ λήψῃ σεαυτῷ. ⁴² Cod. X, teste Holmesio. Montef. ex eodem in collatione MS. ad λαβεῖν σεαυτῷ (v. 25) exscripsit: marg. ἀπόβλητος. ⁴⁴ Arab. 1. Sic sine obelo Comp., Ald., Codd. III, VII, X, 15, 18, alii, Arab. 2, Arm. 1. ⁴⁵ Cod. IV, cum metobelo tantum. Deest in Codd. 16, 73, 77, Arm. 1. ⁴⁶ Idem. Arab. 1 pingit ⸓ τὰ σκῦλα ◄. ⁴⁷ Idem. Deest in Cod. 55. ⁴⁸ Cod. IV, Arab. 1. Haec desunt in Codd. II (manu 1ᵐᵃ), 44. In Codd. 29, 54, 58, 75 deest τὰ μεγάλα tantum. ⁴⁹ Idem. ⁵⁰ Cod. IV (cum προσοχθίσεις). Sic sine aster. Codd. 44, 55 (cum αὐτῷ), 74, alii. ⁵¹ Idem. Sic sine aster. Codd. 44, 58, 74, alii.

Cap. VIII. ¹ Cod. 106 in marg. alia manu. ² Sic Cod. IV (cum ✕ τοῦτο ρ̄ ἔτος :), Arab. 1, et sine aster. Comp., Codd. 53, 74 (cum τοῦτο τὸ τ. ἔ.), 82, 85 (in marg.), alii, et Origen. Opp. T. II, p. 118.

3. מַאֲכִלְךָ. O'. καὶ ἐψώμισέ ('Α. ἐβρωμάτισε[3]) σε.

אֶת־הַמָּן. O'. τὸ μάννα. Alia exempl. τὸ μάννα
ἐν τῇ ἐρήμῳ.[4]

אֲשֶׁר לֹא־יָדַעְתָּ וְלֹא יָדְעוּן. O'. ὃ ※ οὐκ ᾔδεις,
καὶ ◄ οὐκ ᾔδεισαν.[5]

9. תֹּאכַל־בָּהּ. O'. φάγῃ ※ ἐν αὐτῇ ◄.[6]

תַּחְצֹב. Excides. O'. μεταλλεύσεις. 'Α. λατο-
μήσεις.[7]

10. עַל־הָאָרֶץ. O'. ἐπὶ τῆς γῆς. "Αλλος· ὑπὲρ
τῆς γῆς.[8]

14. וְרָם לְבָבֶךָ. Et efferat se cor tuum. O'. ὑψωθῇς (alia exempl. ὑψωθείς; alia, ὑψωθήσῃ[9]) τῇ
καρδίᾳ (σου). 'Α. καὶ ὑψωθῇς τῇ καρδίᾳ σου.
O. καὶ ὑψωθῇ ἡ καρδία σου.[10]

15. נָחָשׁ שָׂרָף. O'. οὐ ὄφις δάκνων ('Α. ἐμπρηστής. "Αλλος· φυσήματος. "Αλλος· καίων[11]).

מֵחַלָּמִישׁ הַצּוּר. E petra silicis. O'. ἐκ πέτρας ('Α. στερεοῦ[12]) ἀκροτόμου.

17. וְאָמַרְתָּ. O'. μὴ εἴπῃς. "Αλλος· καὶ οὐκ ἐρεῖς.[13]

18. חַיִל. O'. δύναμιν. 'Α. εὐπορίαν.[14]

20. מִפְּנֵיכֶם. O'. πρὸ ('Αλλος· ἀπὸ[15]) προσώπου
ὑμῶν.

Cap. VIII. 3. ⊢ ῥήματι ◄.[16]　5. ⊢ οὕτως ◄.[17]　7.
⊢ καὶ πολλήν ◄.[18]　9. ⊢ τὸν ⊢ ἄρτον ⊢ σου ◄.[19]
11. μή ※ ποτε ◄ ἐπιλάθῃ.[20]　κρίματα ※ αὐτοῦ ◄.[21]
12. μή ※ ποτε ◄.[22]　⊣ ἐν αὐταῖς ◄.[23]　13. πληθυνθέντων (sic) ⁓ σοι ◄.[24]　πληθυνθέντων ⁓ σοι ◄.[25]
15. ⊢ ἐκείνης ◄.[26]　17. ⊢ τὴν μεγάλην ◄.[27]　19. (⊤)
τόν τε οὐρανὸν καὶ τὴν γῆν (◄).[28]　20. ⊢ λοιπά ◄.[29]

CAP. IX.

1. וַעֲצֻמִים כִּמֹּהוּ. O'. καὶ ἰσχυρότερα μᾶλλον ἢ
ὑμεῖς (alia exempl. ἰσχυρότερά σου[1]). ('Α.)
καὶ ὀστᾶ ὑπὲρ σέ.[2]

3. וְהוֹרַשְׁתָּם וְהַאֲבַדְתָּם. Et expelles eos, et perdes
eos. O'. καὶ ἀπολεῖ αὐτούς. Alia exempl. καὶ
ἐξολοθρεύσει αὐτούς, καὶ ἀπολεῖ αὐτούς.[3]

4. וּבְרִשְׁעַת הַגּוֹיִם הָאֵלֶּה יְהוָה מוֹרִישָׁם מִפָּנֶיךָ.
O'. Vacat. Alia exempl. ἀλλὰ διὰ τὴν ἀσέ-
βειαν τῶν ἐθνῶν τούτων κύριος ἐξολοθρεύσει
αὐτοὺς πρὸ προσώπου σου.[4]

5. וּבְיֹשֶׁר. O'. οὐδὲ διὰ τὴν ὁσιότητα ('Α. εὐθύ-
τητα[5]).

כִּי בְּרִשְׁעַת הַגּוֹיִם הָאֵלֶּה. O'. ἀλλὰ διὰ τὴν

---

[3] Cod. 108.　[4] Sic Comp., Codd. II (cum ἐν τῇ
ρήνῃ (sic) in marg., teste Holmesio, sed silente Maio), X
(cum ἐν τῇ ἐρήμῳ in marg.), 16, 28, 44, alii (inter quos 85,
cum nota in marg.: χωρὶς τοῦ, ἐν τῇ ἐρήμῳ).　[5] Sic
Cod. IV (qui pingit: ※ ὃ οὐκ ᾔδεις· καὶ οὐκ ᾖ., cum metobelo ex corr.), et sine aster. Cod. 82, Arab. 1, Arm. 1,
Origen. ibid.　[6] Sic Cod. IV, et sine aster. Codd. 15
(cum ἐν αὐτῇ φ.), 108.　[7] Cod. X.　[8] Cod. 108 in
marg.　[9] Prior lectio est in Codd. 59, 75, 85 (in marg.),
106; posterior in Comp., Codd. 16, 19, 52, 85, aliis.
[10] Cod. 85 (cum ὑψωθεὶς in lectione Aquilae).　[11] Cod. X:
'Α. ἐμπρηστής. Cod. 128 in marg.: 'Α. ἐμπριστής φυσίματος
κοίων (sic), teste Holmesii amanuensi (non, ut Holmes.
oscitanter edidit, 'Α. χεμπρηστης κ. τ. λ.). Cf. Hex. ad Jesai.
xxx. 6.　[12] Cod. X. Cf. Hex. ad Deut. xxxii. 31. Psal.
xxvi. 25. xxvii. 1 etc. Minus probabiliter ad חַלָּמִישׁ lectionem refert Montef.　[13] Sic in marg. Codd. X, 85.
[14] Cod. X.　[15] Sic in marg. Cod. X; in textu autem
Ald., Codd. 15, 18, 19, alii, Arm. 1.　[16] Arab. 1. E Cod.
IV Holmesii amanuensis exscripsit: παντὶ ῥήματι: (sic),

silente Tischendorfio.　[17] Cod. IV, Arab. 1. Statim
Cod. IV: ⁓ κύριος (sine metobelo), invito Hebraeo.　[18] Iidem.　[19] Cod. IV.　[20] Idem. Sic sine aster. Codd. 44,
58, 74, alii.　[21] Idem. Sic sine aster. Comp., Codd. XI,
44, 74, alii.　[22] Cod. IV, Arab. 1. Sic sine aster. Ald.,
Codd. 15, 32, 44, alii, Arab. 2.　[23] Cod. IV.　[24] Idem.
Pronomen deest in Cod. 58, Arm. 1.　[25] Idem. Deest
in Codd. II, XI, 108, 118.　[26] Idem. Deest in Codd.
XI, 58, Arm. 1.　[27] Idem. Deest in Cod. 58.　[28] Haec
desunt in Codd. II (in textu), IV, Arab. 1, 2.　[29] Cod.
IV (notis a correctore appictis), Arab. 1, 2. Deest in
Cod. 58, Arm. 1.

CAP. IX. [1] Sic Codd. 16, 28, 30, alii (inter quos 85,
130), Arm. 1.　[2] Cod. 85 in marg. sine nom. Cf. ad
Cap. vii. 1.　[3] Sic Comp., Ald., Codd. III (cum ἐξολεθ.),
IV (idem), VII (idem), X, 18, 29 (ut III), alii, Arab. 1, 2,
Arm. 1.　[4] Sic Comp., Ald., Codd. III (cum ἐξολεθ.),
IV (cum ἐξολεθρεύσει), VII (ut III), X (cum ἀπὸ προσώπου in
marg.), XI, 15 (cum ἀπὸ προσώπου), 16, 18, alii, Arab. 1, 2,
Arm. 1 (praem. ὅτι οὐ διὰ τὴν δικαιοσύνην σου).　[5] Cod. X.

ἀσέβειαν (alia exempl. ἀνομίαν⁶) τῶν ἐθνῶν
τούτων. Alia exempl. ἀλλὰ διὰ τὴν ἀνομίαν
αὐτῶν.⁷

6. קְשֵׁה־עֹרֶף. Ο'. σκληροτράχηλος. 'Α.. τένων.⁸

7. מַמְרִים. Contendentes. Ο'. ἀπειθοῦντες. 'Α.
Σ. προσερίζοντες.⁹

9. וָאֵשֵׁב. Ο'. καὶ κατεγενόμην (potior scriptura
κατεγινόμην¹⁰). Σ. παρέμεινα.¹¹

10. מִתּוֹךְ הָאֵשׁ. Ο'. Vacat. ※ ἐκ μέσου τοῦ
πυρός ◄.¹²

12. שִׁחֵת. Perdite egit. Ο'. ἠνόμησεν. 'Α. διέ-
φθειρεν.¹³

סָרוּ. Ο'. παρέβησαν. 'Α. ἀπέστησαν.¹⁴

15. הַבְּרִית. Ο'. τῶν μαρτυρίων. Alia exempl.
※ τῆς διαθήκης ◄.¹⁵ 'Α. τῆς συνθήκης.¹⁶

16. סַרְתֶּם מַהֵר. Ο'. καὶ παρέβητε ※ ταχύ ◄.¹⁷

17. וָאֲשַׁבְּרֵם. Ο'. καὶ συνέτριψα ('Α. κατέαξα¹⁸)
(αὐτάς).

18. וָאֶתְנַפַּל לִפְנֵי יְהוָה. Ο'. καὶ ἐδεήθην ἐναντίον
κυρίου. 'Άλλος· (καὶ) προσέπιπτον (τῷ κυ-
ρίῳ).¹⁹

19. בַּפַּעַם הַהוּא. Ο'. ἐν τῷ καιρῷ ('Α. καθόδῳ²⁰)
τούτῳ ('Άλλος· ἐκείνῳ²¹).

---

21. טָחוֹן הֵיטֵב. Comminuendo diligenter. Ο'. κα-
ταλέσας σφόδρα (Σ. ἐπιμελῶς²²).

22. אֶת־יְהוָה. Ο'. κύριον — τὸν θεὸν ὑμῶν ◄.²³

23. אֲשֶׁר נָתַתִּי. Ο'. ἣν δίδωμι (Οἱ λοιποί· ἔδωκα²⁴).

וַתַּמְרוּ אֶת־פִּי יְהוָה. Et restitistis ori (man-
dato) Jovae. Ο'. καὶ ἠπειθήσατε τῷ ῥήματι
κυρίου. Σ. Θ. (καὶ) παρεπικράνατε τὸ στόμα
κυρίου.²⁵

24. יְדַעְתִּי אֶתְכֶם. Nori vos. Ο'. ἐγνώσθη ὑμῖν.
Σ. Θ. ἔγνω (fort. ἔγνων) ὑμᾶς.²⁶

25. וָאֶתְנַפַּל. Ο'. καὶ ἐδεήθην ('Α. συνέπιπτον²⁷).

26. אֲדֹנָי יְהוִה. Ο'. κύριε (alia exempl. κύριε
κύριε²⁸) — βασιλεῦ τῶν θεῶν ◄²⁹ (alia exempl.
ἐθνῶν³⁰).

וְנַחֲלָתְךָ. Ο'. καὶ τὴν μερίδα (alia exempl.
κληρονομίαν³¹) σου.

אֲשֶׁר פָּדִיתָ בְּגָדְלְךָ. Ο'. ἣν ἐλυτρώσω. Alia
exempl. ἣν ἐλυτρώσω ἐν τῇ ἰσχύϊ σου — τῇ
μεγάλῃ ◄.³²

בְּיָד חֲזָקָה. Ο'. — ἐν τῇ ἰσχύϊ σου τῇ μεγάλῃ,
καὶ ◄ ἐν [τῇ] χειρί — σου τῇ ◄ κραταιᾷ, ▬ καὶ
ἐν τῷ βραχίονί σου τῷ ὑψηλῷ ◄.³³

27. וְאַל־חַטָּאתוֹ. Ο'. ※ καὶ ἐπὶ τὰ ἁμαρτήματα
αὐτῶν ◄.³⁴

---

⁶ Sic Codd. III, IV (cum ἀνομίαν (sic)), VII, X, XI, 15,
alii, Arm. 1. Duplex versio, ἀσ. καὶ ἀν., est in Ald., Codd.
18, 128. ⁷ Sic Codd. 16, 28, 30, alii (inter quos 85,
cum altera lectione in marg.). ⁸ Cod. X. Cf. Hex. ad
Lev. v. 8. Job. xvi. 12. ⁹ Cod. 108 (cum προσερίζοντες).
Cf. Hex. ad Exod. xxiii. 21. Psal. v. 11. lxxvii. 8, 17.
¹⁰ Sic Codd. II (cum κατεγενν.), III (idem), IV (idem), VII,
X,15,16,18, alii. Cf. Exod. x. 23 in LXX. ¹¹ Cod. 108.
¹² Sic Codd. IV (qui pingit: ※ ἐκ μ. τοῦ π. ἐν ἡμέρᾳ ἐκκλησίας:, metobelo a corr. suppleto), X, 85, Arab. 1, et sine
aster. Comp., Codd. XI (cum ἐκ μ. π.), 18, 28, 30, alii,
Arab. 2. ¹³ Cod. X. ¹⁴ Idem. ¹⁵ Sic Cod. IV, et
sine aster. Comp., Codd. 44, 74, 76, 106, 108 (in marg.),
134. Cod. 15; τῆς δ. τῶν μ. ¹⁶ Cod. X. ¹⁷ Sic
Cod. IV (cum ※ ex corr. pro —), et sine aster. Ald.,
Codd. III, VII, X, 15, 18, 19, alii, Arab. 1. ¹⁸ Cod. X.
¹⁹ Cod. 108 in marg. Cf. Hex. ad Jerem. xxxviii. 26.
²⁰ Cod. X. ²¹ Sic in marg. Codd. 85, 130; in textu
autem Comp., Ald., Codd. III, IV, 15, 18, alii. ²² Cod.

108. Cf. Hex. ad 4 Reg. xi. 18. Psal. xxxii. 3. ²³ Sic
Cod. IV, Arab. 1 (sine artic.), et sine obelo Comp., Ald.,
Codd. III, VII, XI, 15, 16 (cum ἡμῶν), 18, alii, Arm. 1.
²⁴ Cod. 108 (cum ἣν κύριος ὁ θεὸς ὑμῶν δίδωσι in textu).
²⁵ Idem. ²⁶ Idem. ²⁷ Cod. X. ²⁸ Sic Comp.,
Ald., Codd. III, IV, VII, X, XI, 15, 16, 18, alii, Arab. 1,
Arm. 1. ²⁹ Obelus est in Cod. IV, Arab. 1. Haec, β.
τῶν θεῶν, desunt in Comp. ³⁰ Sic in marg. Codd. 85,
130; in textu autem Codd. 71, 74, 76. ³¹ Sic Comp.,
Ald., Codd. III, IV, VII, X (cum μερίδα in marg.), 15, 16,
18, alii (inter quos 85, 130, uterque ut X). Duplex lectio
est in Codd. 19, 108, 118. ³² Sic Cod. IV, Arab. 1, et
sine obelo Comp., Ald., Codd. III, VII, X, XI, 15, 18, alii,
Arm. 1. ³³ Sic Cod. IV (qui ἐν in tertio loco punctis
reprobat). Articulum ante χειρί damnant Codd. III, IV,
75, 82. Deinde σου τῇ deest in Cod. 82. ³⁴ Sic Cod.
IV (qui pingit: καὶ ※ ἐπί). Haec leguntur in Ed. Rom.,
sed desiderantur in Codd. 44, 58, 130.

28. פֶּן־יֹאמְרוּ הָאָרֶץ. Ο′. μὴ (s. μήποτε[35]) εἴπωσιν ÷ οἱ κατοικοῦντες τὴν γῆν ◂.[36]

לַהֲמִתָם בַּמִּדְבָּר. Ο′. ἐν τῇ ἐρήμῳ ἀποκτεῖναι αὐτούς. Alia exempl. ἀποκτεῖναι ※ αὐτοὺς ◂ ἐν τῇ ἐρήμῳ.[37]

Cap. IX. 2. ÷ καὶ πολύν ◂.[38] 3. ÷ ἐστίν ◂.[39] 4. ÷ τὴν ἀγαθήν ◂.[40] 6. ÷ σήμερον ◂.[41] 10. ÷ ἐγέγραπτο ◂.[42] 12. ἐκ ÷ γῆς ◂.[43] 13. [λέγων][44] ÷ λελάληκα πρὸς σὲ ἅπαξ καὶ δὶς ◂, λέγων.[45] 16. ÷ ὑμῖν ◂ ἑαυτοῖς.[46] 18. ÷ δεύτερον ◂.[47] ÷ τοῦ θεοῦ ◂ ὑμῶν (sic).[48] 21. ἔλαβον ÷ αὐτόν ◂.[49] ÷ καὶ ἐγενήθη (sic) ◂.[50] κονιορτὸν ※ αὐτοῦ ◂.[51] 23. ὑμᾶς (※) κύριος ◂.[52] 25. (※) τὰς (◂) μ̄ ἡμέρας, καὶ (※) τὰς ◂ μ̄ νύκτας.[53] 27. (÷) οἷς ὤμοσας κατὰ σεαυτοῦ (◂).[54] 28. ÷ λέγοντες ◂.[55] 29. ÷ ἐκ γῆς Αἰγύπτου ◂.[56]

Cap. X.

2. וְאֶכְתֹּב. Ο′. καὶ γράψεις. Alia exempl. καὶ γράψω.[1]

עַל־הַלֻּחֹת. Ο′. ἐπὶ τὰς πλάκας. Alia exempl. ἐπὶ τὰς δύο πλάκας.[2]

3. עֲצֵי שִׁטִּים. Ο′. ἐκ ξύλων ἀσήπτων (Ἀ. σεττίμ[3]).

4. כַּמִּכְתָּב. *Juxta scripturam.* Ο′. κατὰ τὴν γραφήν (Ἀ. τὸ γραφεῖον[4]).

בְּיוֹם הַקָּהָל. Ο′. Vacat. ※ ἐν τῇ ἡμέρᾳ τῆς ἐκκλησίας ◂.[5]

8. הִבְדִּיל. Ο′. διέστειλε. Ἀ. ἐχώρισεν.[6]

לְשָׁרְתוֹ. Ο′. λειτουργεῖν ※ αὐτῷ ◂.[7]

וּלְבָרֵךְ. Ο′. καὶ ἐπεύχεσθαι (Ἀ. εὐλογεῖν[8]).

9. דִּבֶּר יְהוָה אֱלֹהֶיךָ לוֹ. Ο′. εἶπεν ※ κύριος ὁ θεός σου ◂ αὐτῷ.[9]

10. כַּיָּמִים הָרִאשֹׁנִים. Ο′. Vacat. ※ ὡς ἡμέραι αἱ πρῶται ◂.[10]

הַשְׁחִיתֶךָ. Ο′. ἐξολοθρεῦσαι (Ἄλλος· ἐξαναλῶσαι[11]) ὑμᾶς. Οἱ λοιποί· διαφθεῖραί σε.[12]

11. קוּם לֵךְ לְמַסַּע לִפְנֵי הָעָם. Ο′. βάδιζε (alia exempl. βάδισον[13]), ἄπαρον ἐναντίον τοῦ λαοῦ ÷ τούτου ◂.[14] Ἀ. ἀνάστηθι σαυτῷ (לְךָ) εἰς ἄπαρσιν ἔναντι τοῦ λαοῦ. Σ. πορεύου εἰς τὸ ἀπαίρειν ἔμπροσθεν τοῦ λαοῦ τούτου. Θ. ἀναστὰς πορεύου εἰς ἄπαρσιν ἐναντίον τοῦ λαοῦ.[15]

---

35 Sic Comp., Ald., Codd. III, IV, VII, X, XI, 15, 18, alii. 36 Obelus est in Cod. IV. Haec, οἱ κατοικοῦντες—λέγοντες, desunt in Cod. 58. 37 Sic Cod. IV, et sine aster. Cod. 82, Arm. 1, necnon, absente pronomine, Comp., Ald., Codd. III, VII, X, XI, 16, 18, alii. 38 Cod. IV, Arab. 1, 2. 39 Cod. IV. Deest in Cod. 58. 40 Idem. Deest in Cod. 58. 41 Cod. IV, Arab. 1, 2. Deest in Codd. III, 44. 42 Cod. IV, Arab. 1. Deest in Comp., Cod. 58. 43 Cod. IV (cum notis ex corr.). In Ald., Codd. 15, 64 legitur ἐξ Αἰγύπτου. 44 Deest λέγων in Ald., Codd. III, IV, VII, X, XI, 15, 18, aliis, Arm. 1. 45 Cod. IV. Haec desunt in Cod. 58. 46 Idem. Prior vox deest in Cod. 106. Scriptura ἑαυτοῖς pro αὐτοῖς habetur in Comp., Codd. II, IV, VII, 16, 28, aliis. 47 Cod. IV, Arab. 1. 48 Cod. IV (cum notis ex corr.). 49 Idem. Pronomen deest in Comp., Codd. 77, 108, 118, Arm. 1. 50 Cod. IV, Arab. 1. 51 Cod. IV. Sic sine aster. Codd. 44, 58, 74, alii. 52 "Post κύριος subjungit signum hexaplare finale, sed sine initiali Arab. 1."—*Holmes.* Posterius vocab. deest in Codd. 30, 44, 85, 130; utrumque in Codd. XI, 16, 32, 52, aliis. 53 Sic sine asteriscis Cod. 58. 54 Haec desunt in Codd. IV, 58, Arab. 1. 55 Cod. IV, Arab. 1. 56 Cod. IV (cum τῆς pro γῆς), Arab. 1.

Cap. X. 1 "AA. LL. [Comp., Ald., Codd. III, IV, VII (manu 1ma), X, XI, 15, 18, alii, Arab. 1, Arm. 1] habent, καὶ γράψω, et S. Augustinus in Quaest. [Opp. T. III, P. I, p. 562] ita refert: *Et scribam in tabulis.*"—*Nobil.* 2 Sic in marg. Codd. X, 85; in textu autem Codd. 53, 56, 130. 3 Cod. X. Cf. Hex. ad Exod. xxv. 22. 4 Cod. X (cum γράφιον). 5 Sic Cod. IV, Arab. 1 (qui male pingit: ÷ *ex medio ignis in die congregationis*), et sine aster. Codd. X, 54, 74, alii. Ex ingenio, ut videtur, Comp.: ἐν ἡμέρᾳ τῆς συναγωγῆς, unde extudit Montef.: Ἄλλος· ἐν τῇ ἡ. τῆς σ. 6 Cod. X. 7 Sic Cod. IV, et sine aster. Codd. 44, 58, 74, alii, Arab. 1. 8 Cod. X. Sic in marg. sine nom. Cod. 85; in textu autem Ald., Codd. 18, 83, 128. 9 Sic Cod. IV, et sine aster. Codd. 44, 74, alii, Arab. 1. 10 Sic Cod. IV, et sine aster. Codd. 44 (cum ὡς αἱ ἡμ.), 58 (idem), 74 (idem), 76 (idem), 85 (in marg.), 106 (ut 44), 134 (idem), Arab. 1. 11 Sic in marg. Cod. 85; in textu autem Cod. 30. 12 Cod. 108 (cum διαφθείρεσαι). 13 Sic Codd. 16, 28, 30, alii (inter quos 85, cum ō. βάδιζε in marg.). 14 Obelus est in Cod. IV, Arab. 1. 15 Cod. 85, teste Montef. Pro σαυτῷ Holmesii amanuensis exscripsit αὐτῷ.

12. שָׁאַל‎. Ο΄. αἰτεῖται (s. αἰτεῖ). Ἄλλος· ζητεῖ.[16]

16. אֶת־עָרְלַת לְבַבְכֶם‎. Ο΄. τὴν σκληροκαρδίαν ὑμῶν. Ἀ. (τὴν) ἀκροβυστίαν καρδίας (ὑμῶν).[17]

17. וְיִשָּׂא פָנִים‎. Ο΄. θαυμάζει (Ἀ. ἀρεῖ[18]) πρόσωπον. שֹׁחַד‎. Munus. Ο΄. δῶρον. Ἀ. δωροκοπίαν.[19]

21. תְּהִלָּתֶךָ‎. Ο΄. καύχημά σου. Ἀ. ὕμνησίς σου.[20] וְאֶת־הַנּוֹרָאֹת‎. Ο΄. καὶ ✕ τὰ ◄[21] ἔνδοξα (Ἀ. ἐπίφοβα[22]).

22. בְּשִׁבְעִים‎. Ο΄. ἐν ἑβδομήκοντα. Alia exempl. ἐν ἑβδομήκοντα πέντε.[23] Ἀ. καὶ τὸ Σαμαρειτικόν· ἐν ἑβδομήκοντα.[24]

Cap. X. 13. ⸓ τοῦ θεοῦ σου ◄.[25] 18. ⸓ προσηλύτῳ καὶ ◄.[26]

Cap. XI.

1. וּמִשְׁפָּטָיו וּמִצְוֹתָיו‎. Ο΄. καὶ τὰς ἐντολὰς αὐτοῦ, καὶ τὰς κρίσεις αὐτοῦ. Alia exempl. καὶ τὰς κρίσεις αὐτοῦ, καὶ τὰς ἐντολὰς αὐτοῦ.[1]

2. אֲשֶׁר לֹא־יָדְעוּ וַאֲשֶׁר לֹא־רָאוּ‎. Ο΄. ὅσοι οὐκ οἴδασιν οὐδὲ ἴδοσαν (s. εἶδον). Ἄλλος· (οἳ) οὐκ ἐπίστανται οὐδὲ τεθέανται.[2]

2. אֶת־מוּסַר‎. Castigationem. Ο΄. τὴν παιδείαν (Ἄλλος· φωνήν[3]).

3. וְאֶת־מַעֲשָׂיו‎. Ο΄. καὶ τὰ τέρατα (Ἄλλος· ἔργα[4]) αὐτοῦ.

4. הֵצִיף‎. Redundare fecit. Ο΄. ἐπέκλυσε. Alia exempl. ἐπεκάλυψε.[5]

יַם־סוּף‎. Ο΄. τῆς θαλάσσης τῆς ἐρυθρᾶς. Alia exempl. τῆς θαλάσσης.[6] Ο΄. Σ. (τῆς) ἐρυθρᾶς.[7]

6. וְאֵת כָּל־הַיְקוּם‎. Et omnem substantiam. Ο΄. καὶ πᾶσαν ⸓ αὐτῶν ◄[8] τὴν ὑπόστασιν. Ἄλλος· καὶ πᾶσαν τὴν συναγωγὴν αὐτῶν.[9]

8. לְמַעַן תֶּחֶזְקוּ‎. Ο΄. ἵνα ζῆτε (Ἀ. Σ. ἰσχύσητε[10]) ⸓ καὶ πολυπλασιασθῆτε ◄.[11]

11. וְהָאָרֶץ אֲשֶׁר אַתֶּם עֹבְרִים שָׁמָּה לְרִשְׁתָּהּ‎. Ο΄. ἡ δὲ γῆ εἰς ἣν εἰσπορεύῃ (alia exempl. ✕ ὑμεῖς ◄ εἰσπορεύεσθε[12]) ἐκεῖ κληρονομῆσαι αὐτήν. Ἀ. καὶ ἡ γῆ ἣν ὑμεῖς διέρχεσθε ἐκεῖσε... Σ. ἡ δὲ γῆ ἣν διαβαίνεις κληρονομῆσαι αὐτήν.[13]

12. דֹּרֵשׁ אֹתָהּ‎. Curam gerit ejus. Ο΄. ἐπισκοπεῖται (Ἀ. Θ. ἐκζητεῖ[14]) αὐτήν.

❖   ❖

[16] Sic in textu Codd. 16, 28, 30, alii (inter quos 85, 130 (eum αἰτεῖται in marg.)), Arm. 1.   [17] Codd. X, 108. Sic in textu (eum τῆς καρδίας) Codd. 44, 74, 76, 106, 134.   [18] Cod. X.   [19] Idem. Cf. Hex. ad Prov. vi. 35.   [20] Codd. X, 108 (eum ὑμνήσεις). Cf. Hex. ad Psal. xxxii. 1. Jesai. lxi. 3.   [21] Sic Cod. IV. Articulus est in Ed. Rom., sed desideratur in Codd. 16 (manu 1ᵐᵃ), 18 (idem), 37, 44, 71, 131, Arm. 1.   [22] Cod. X. Cf. Hex. ad 2 Reg. vii. 23. Jesai. lxiv. 3.   [23] Sic Ald., Codd. III, VII, XI, 18, 28, 29, alii. In contrariam partem Philo Jud. Opp. T. I, p. 467: Λέγεται γὰρ ὅτι ἦσαν αἱ πᾶσαι ψυχαὶ ἐξ Ἰακὼβ πέντε καὶ ἑβδομήκοντα.. ὅταν δὲ τὸν θεὸν ὁρᾶν ἱκανὸς εἶναι δόξας Ἰσραὴλ μετονομασθῇ, μόνῳ χρήσεται τῷ ἑβδομηκοστῷ λόγῳ, τὴν πεντάδα τῶν αἰσθήσεων ἐκτεμών· λέγεται γὰρ ὅτι ἐν ἑβδομήκοντα ψυχαῖς κατέβησαν οἱ πατέρες σου εἰς Αἴγυπτον. Hieron. Quaest. in Gen. (Opp. T. III, p. 370): "Hanc rem, ne cui videamur adversum scripturae auctoritatem loqui, etiam LXX interpretes in Deuteronomio transtulerunt, quod in LXX animabus ingressus sit Israel in Aegyptum."   [24] S. Cyril. (vel potius Anon.) in Cat. Niceph. p. 1474: Καὶ Ἀκύλας καὶ τὸ Σαμαρειτικὸν ἑβδομήκοντα μόνους λέγει· οὐδὲ γὰρ ἀριθμεῖ τοὺς υἱοὺς Ἰωσήφ, Μανασσῆ καὶ

TOM. I.

Ἐφραίμ, ὡς μὴ κατελθόντας εἰς Αἴγυπτον, ὡς ἔστιν εὑρεῖν ἀπὸ τῆς ἐν Γενέσει γενεαλογίας· οἱ δὲ Ο΄ ἑρμηνευταὶ κἀκείνους ἠρίθμησαν.   [25] Cod. IV, Arab. 1. Deest in Cod. 58.   [26] Iidem. Haec προσηλύτῳ κ. τ. ἑ. ad finem v. 19 desunt in Cod. 58.

Cap. XI. [1] Sic Codd. IV, 82.   [2] Cod. 58 in marg.   [3] Sic in marg. Codd. X, 130; in textu autem Cod. 55, satis inepte.   [4] Sic in marg. Cod. 130; in textu autem Codd. IV, 82, Arab. 1.   [5] Sic Codd. IV, 29, 30, 55, 58, 59, 130 (eum ἐπέκλυσε in marg.). Cod. 85 in marg.: ἐκάλυψε.   [6] Sic Codd. 16, 28, 52, 77, 85, 130, 131.   [7] Cod. 85 in marg.   [8] Sic Cod. IV. Pronomen deest in Comp., Codd. 44, 54, 56, aliis.   [9] Cod. 108 in marg. (num quasi a radice קוה‎!). Etiam Cod. 58 post οἴκων αὐτῶν add. καὶ πᾶσαν συναγωγὴν αὐτῶν, fortasse e Num. xvi. 6.   [10] Cod. 108. Cf. Hex. ad Exod. vi. 1.   [11] Sic Cod. IV. Grabius nescio quo auctore pingit: ἵνα ⸓ ζῆτε καὶ ◄ πολ.   [12] Sic Cod. IV, Arab. 1, et sine aster. Codd. 74, 76, alii, Arm. 1. Verbum plurale sine ὑμεῖς est in Codd. 54, 75.   [13] Cod. 85.   [14] Cod. 108. Cod. X affert: Ἀ. ἐκζητεῖ. Cat. Niceph. p. 1476: ἐπισκοπεῖται... ἤγουν ἐκζητεῖ αὐτήν, κατὰ τοὺς ἄλλους ἑρμηνευτάς.

P p

12. תָּמִיד. Ο΄. διαπαντός. Ἀ. ἐνδελεχῶς.[15]

14. בְּעִתּוֹ. Ο΄. καθ᾽ ὥραν. Ἀ. ἐν καιρῷ (αὐτοῦ). Οἱ λοιποί· κατὰ καιρόν.[16]

וְאָסַפְתָּ. Ο΄. καὶ εἰσοίσεις (Ἄλλος· συνάξεις[17]).

15. עֵשֶׂב. Ο΄. χορτάσματα. Ἀ. χλόην.[18]

16. פֶּן־יִפְתֶּה. Ne pelliceatur. Ο΄. μὴ πλατυνθῇ (Ο. θελχθῇ. Σ. ἀπατηθῇ[19]).

17. אֶת־יְבוּלָהּ. Proventum ejus. Ο΄. τὸν καρπὸν (Ἄλλος· τὰ ἐκφόρια[20]) αὐτῆς.

18. וְשַׂמְתֶּם. Ο΄. καὶ ἐμβαλεῖτε (Ἄλλος· θήσετε[21]).

וּקְשַׁרְתֶּם. Ο΄. καὶ ἀφάψετε (Ἀ. συνδήσετε[22]).

לְטוֹטָפֹת. Ο΄. ἀσάλευτον. Ἄλλος· σαλευτόν.[23]

19. לְדַבֵּר בָּם. Ο΄. λαλεῖν ἐν αὐτοῖς. Alia exempl. λέγειν αὐτά.[24]

בְּשִׁבְתְּךָ בְּבֵיתֶךָ וּבְלֶכְתְּךָ בַדֶּרֶךְ וּבְשָׁכְבְּךָ וּבְקוּמֶךָ. Ο΄. καθημένου σου (alia exempl. καθημένους[25]) ἐν οἴκῳ, καὶ πορευομένου σου (πορευομένους[25]) ἐν ὁδῷ, καὶ καθεύδοντός σου (κοιταζομένους[25]), καὶ διανισταμένου σου (διανισταμένους[25]). Ο΄. Ἀ. Σ. Θ. καθημένου ἐν οἴκῳ σου, καὶ πορευομένου ἐν ὁδῷ, καὶ κοιταζομένου, καὶ διανισταμένου.[26]

20. עַל־מְזוּזוֹת. Ο΄. ἐπὶ τὰς φλιάς (Ἀ. σταθμούς[27]).

20. וּבִשְׁעָרֶיךָ. Ο΄. καὶ τῶν πυλῶν ὑμῶν. Ἄλλος· καὶ ἐν ταῖς πύλαις σου.[28]

21. לְמַעַן יִרְבּוּ יְמֵיכֶם. Ut multiplicentur dies vestri. Ο΄. ἵνα μακροημερεύσητε (alia exempl. πολυημερεύσητε[29]). Ἄλλος· ἵνα πληθυνθῶσιν αἱ ἡμέραι ὑμῶν.[30]

וִימֵי בְנֵיכֶם. Ο΄. καὶ αἱ ἡμέραι τῶν υἱῶν (Ἄλλος· τέκνων[31]) ὑμῶν.

22. שָׁמֹר תִּשְׁמְרוּן. Ο΄. ἀκοῇ ἀκούσητε. Ἀ. Θ. φυλάσσοντες φυλάξησθε.[32]

לְעָשׂוֹתָהּ לְאַהֲבָה. Ο΄. ποιεῖν ※ αὐτὰς, τοῦ ◄ ἀγαπᾶν.[33]

24. אֲשֶׁר תִּדְרֹךְ בּוֹ... Ο΄. οὗ ἐὰν πατήσῃ... ※ ἐν αὐτῷ ◄.[34]

וְעַד הַיָּם הָאַחֲרוֹן. Ο΄. καὶ ἕως τῆς θαλάσσης τῆς ἐπὶ δυσμῶν (Οἱ λοιποί· ἐσχάτης[35]).

29. עֵיבָל. Ο΄. Γαιβάλ. Ἀ. Ἡβάλ.[36]

30. מְבוֹא הַשֶּׁמֶשׁ. Ο΄. δυσμῶν (Ἀ. εἰσόδου[37]) ἡλίου.

אֵצֶל אֵלוֹנֵי מֹרֶה. Juxta quercus More. Ο΄. πλησίον τῆς δρυὸς τῆς ὑψηλῆς (Οἱ λοιποί· αὐλῶνος καταφανοῦς[38]).

31. וִירִשְׁתֶּם אֹתָהּ. Ο΄. ἐν κλήρῳ πάσας τὰς

---

[15] Cod. X. [16] Idem. Duplex lectio, καθ᾽ ὥραν ἐν τῷ κ. αὐτοῦ, est in Codd. 16, 30, 32, aliis, Arm. 1. Pro καθ᾽ ὥραν, κατὰ καιρόν exhibent Codd. 18, 19, 44, alii. [17] Sic in marg. Codd. 58, 85; in textu autem Ald., Codd. IV, 18, 19, alii, Arm. 1. Cf. ad Cap. xxviii. 38. [18] Cod. X. [19] Cod. 108. Priorem lectionem aut Aquilae uni, aut saltem Aquilae et Theodotioni vindicandam esse suadent Hex. ad Exod. xxii. 16. Job. xxxi. 27. Jerem. xx. 7. [20] Sic in textu Codd. 54, 75. Cf. Hex. ad Jud. vi. 4. [21] Sic in textu Codd. 44, 74, 76, 106, 134, Arm. 1. [22] Cod. 108. Cf. ad Cap. vi. 8. [23] Sic in textu Cod. IV, Arab. 1 (movens se). Cf. ad Cap. vi. 8, not. 8. [24] Sic Codd. IV, 19, 44, 54, alii. [25] Sic Comp., Ald. Codd. III, VII, X, XI, 15, 16, 18 (cum ἀνισταμένους), 19 (idem), alii (inter quos 85). Cod. IV legit et pingit: καθημένου ※ σου ◄ ἐν οἴκῳ σου [sic Arab. 1], καὶ πορευομένου ※ σου ◄ ἐν ὁδῷ, καὶ κοιταζομένου [sic pro καθεύδοντος Codd. 58, 71, 82] ※ σου ◄, καὶ διανισταμένου ※ σου ◄; ubi ō in char. min. quater superscripsit corrector, qui Tischendorfio est B.

[26] Cod. 85 in marg. Sed interpretes istos, certe Aquilam, pronomina personae secundae verbis Hebraicis affixa, repugnante etiam Graecae linguae proprietate, neglexisse, non facile crediderim. [27] Cod. X. [28] Sic in marg. Cod. 85 (qui lectionem continuat: ἵνα πληθυνθῶσιν αἱ ἡ. ὑ., καὶ αἱ ἡ. τῶν τέκνων ὑμῶν); in textu autem Codd. 19, 108, 118. [29] Sic Codd. III, IV, VII, X, XI, 15, 16, alii. [30] Sic in marg. Cod. 85 (ut supra); in textu autem Comp., Ald., Codd. 18, 19, 83, 108, 118. Praeterea duplex versio, ἵνα πολυημ. καὶ πληθυνθῶσιν αἱ ἡ. ὑ., est in Codd. X, 54, 55, aliis. [31] Cod. 85 in marg. (ut supra). [32] Cod. 108. [33] Sic Cod. IV, et sine aster. Codd. 15, 44, 74, alii. [34] Sic Cod. IV, et sine aster. Cod. 82. [35] Codd. X, 108. Sic in marg. sine nom. Cod. 85. [36] Cod. 108. [37] Cod. X (qui ad ἐχόμενον male refert). Cf. Hex. ad Psal. xlix. 1. ciii. 19. cxii. 3. [38] Cod. X, teste Montef. (non αἰλῶνας, ut Holmes.), cum indice ad Γολγὸλ referente. Cf. Hex. ad Gen. xxii. 2. Interpres Sam. vertit: איצר מיצר חובה, h. e. juxta vallem visionis.

ἡμέρας. Aliter: Ο'. — ἐν κλήρῳ πάσας τὰς ἡμέρας ◄, καὶ κληρονομήσετε αὐτήν.³⁹

Cap. XI. 2. χεῖρα ✕ αὐτοῦ ◄ ... βραχίονα ✕ αὐτοῦ ◄.⁴⁰ 7. ἐποίησεν — ὑμῖν σήμερον ◄.⁴¹ 8. ἐντολὰς — αὐτοῦ ◄.⁴² — τὸν Ἰορδάνην ◄.⁴³ 9. — μετ' αὐτούς ◄.⁴⁴ 10. σπόρον ✕ σου ◄.⁴⁵ ποσίν ✕ σου ◄.⁴⁶ 13. — τῆς ◄ καρδίας ... — τῆς ◄ ψυχῆς.⁴⁷ 18. ῥήματά ✕ μου ◄.⁴⁸ 19. διδάξετε ✕ αὐτά ◄.⁴⁹ 22. — σήμερον ◄.⁵⁰ 25. ἐλάλησε ✕ κύριος ◄.⁵¹ 28. — ὅσας (sic) ἐγὼ ἐντέλλομαι ὑμῖν ◄.⁵² 32. τὰ προστάγματα — ταῦτα ◄, καὶ τὰς κρίσεις — ταύτας ◄.⁵³

CAP. XII.

2. שָׁם הַגּוֹיִם. Ο'. ἐκεῖ. Alia exempl. ἐκεῖ τὰ ἔθνη.¹

וְעַל־הַגְּבָעוֹת. Ο'. καὶ ἐπὶ τῶν θινῶν ('Α. Σ. Θ. βουνῶν²).

וְתַחַת כָּל־עֵץ רַעֲנָן. Ο'. καὶ ὑποκάτω ✕ παντὸς ◄³ δένδρου δασέως ('Α. εὐθαλοῦς⁴).

3. אֶת־מִזְבְּחֹתָם. Ο'. τοὺς βωμοὺς αὐτῶν. 'Α. Θ. (τὰ) θυσιαστήρια (αὐτῶν).⁵

3. תִּשְׂרְפוּן בָּאֵשׁ. Comburetis igne. Ο'. ἐκκόψετε ✕ πυρί ◄.⁶

5. מִכָּל־שִׁבְטֵיכֶם. Ο'. ἐν μιᾷ τῶν πόλεων (alia exempl. φυλῶν⁷) ὑμῶν. "Αλλος· ἐκ πασῶν τῶν φυλῶν ὑμῶν.⁸

לְשִׁכְנוֹ. Ad habitaculum ejus (s. Ut habitaret). Ο'. [καὶ] ἐπικληθῆναι. "Αλλος· εἰς τὴν κατασκήνωσιν αὐτοῦ.⁹

6. וְאֵת מַעְשְׂרֹתֵיכֶם וְאֵת תְּרוּמַת יֶדְכֶם. Ο'. ✕ καὶ τὰς δεκάτας ὑμῶν ◄, καὶ τὰς ἀπαρχὰς ✕ τῶν χειρῶν ◄ ὑμῶν.¹⁰

7. בְּכֹל מִשְׁלַח יֶדְכֶם. In omni re in quam immittatis manum vestram. Ο'. ἐπὶ πᾶσιν οὗ ἐὰν ἐπιβάλητε τὴν χεῖρα (alia exempl. τὰς χεῖρας ✕ ὑμῶν ◄¹¹). 'Α. (ἐν) πάσῃ ἀποστολῇ χειρὸς (ὑμῶν).¹²

8. כְּכֹל. Ο'. πάντα. "Αλλος· κατὰ πάντα.¹³

10. בֶּטַח. Ο'. μετὰ ἀσφαλείας. 'Α. πεποιθότως.¹⁴

11. בּוֹ ... אֲשֶׁר־יִבְחַר. Ο'. ὃν ἂν ἐκλέξηται ... ✕ ἐν αὐτῷ ◄.¹⁵

וּתְרוּמַת יֶדְכֶם. Ο'. καὶ τὰς ἀπαρχὰς τῶν χειρῶν ὑμῶν, — καὶ τὰ δόματα ὑμῶν ◄.¹⁶

---

³⁹ Sic Cod. IV, Arab. 1, et sine obelo Comp., Ald., Codd. III, IV, VII, X, XI (cum -σοτε). 18, 19 (cum κατακληρ.), alii, Arm. 1. Haec, πάσας τὰς ἡμ., desunt in Codd. 16, 44. ⁴⁰ Cod. IV. Sic sine aster. Codd. 15, 44, 58 (in posteriore loco), 74, alii, Arab. 1. ⁴¹ Cod. IV (cum notis ex corr.), Arab. 1 (cum metobelo tantum). ⁴² Cod. IV. ⁴³ Idem. Deest in Cod. 58. ⁴⁴ Idem. Deest in Cod. 58. ⁴⁵ Idem. ⁴⁶ Idem. In Ed. Rom. est ποσίν αὐτῶν, sed αὐτῶν deest in Comp., Ald., Codd. III, VII, X, XI, 15, 16 (manu 1ᵐᵃ), 18 (idem), 19, aliis, Arm. 1. ⁴⁷ Cod. IV, qui manu 1ᵐᵃ pingit: τῆς καρδίας σου — καὶ ἐξ ὅλης — τῆς ψυχῆς. Prior articulus deest in Cod. 82, posterior in Codd. 75, 82. ⁴⁸ Idem. Sic sine aster. Cod. 82, Arab. 1. ⁴⁹ Idem. Pronomen habetur in Ed. Rom., sed abest a Codd. 54, 58, 75, Arm. 1. ⁵⁰ Cod. IV, Arab. 1. ⁵¹ Cod. IV (cum notis ex corr.), Arab. 1. Sic sine obelo Comp., Ald., Codd. III, VII, X, XI, 15, 16, alii, Arm. 1. ⁵² Cod. IV (om. σήμερον post ὑμῖν). Haec, ὅσας—ὑμῖν, desunt in Codd. 58, 106. ⁵³ Cod. IV. Prius pronomen deest in Codd. 58, 82, Arab. 1; posterius in Comp., Cod. 58. In Ed. Rom. legitur: τὰ πρ. αὐτοῦ, καὶ τὰς κρ. ταύτας; sed pro ταύτας, αὐτοῦ habent Ald., Codd. III,

VII, X, XI, 15, 16, alii (inter quos 85, cum ταύτας in marg.).

CAP. XII. ¹ Sic Comp., Ald., Codd. IV, VII, X, XI, 15, 16, alii, Arab. 1. Statim τοῖς θεοῖς αὐτῶν post κατακληρονομεῖτε (sic) αὐτοὺς transp. Cod. IV, Arab. 1. ² Codd. 85, 108 (cum Οἱ λοιποί). Cf. Hex. ad Gen. xlix. 26. ³ Sic Cod. IV, et sine aster. Comp., Codd. VII (in marg. manu 1ᵐᵃ), 15, 18, alii. ⁴ Cod. X. ⁵ Cod. 108. ⁶ Sic Cod. IV, Arab. 1 (cum ✕ comburendo). ⁷ Sic Comp., Ald., Codd. III, IV, VII, X, XI, 18, 19, alii, Arab. 1, Arm. 1. Cf. ad v. 14. ⁸ Sic in textu Comp., Codd. 19 (om. ὑμῶν), 108, 118. ⁹ Sic in marg. (ad ἐλεύσεσθε) Cod. 108. ¹⁰ Sic Cod. IV, Arab. 1, et sine asteriscis Codd. 28, 58, 82, 85. Mox clausulam superfluam, καὶ τὰς ὁμολογίας ὑμῶν, quae e v. 17 irrepsit, damnant Codd. III, IV, VII, X, XI, 15, 29, alii, Arab. 1. ¹¹ Sic Cod. IV, Arab. 1, et sine aster. Comp., Ald., Codd. VII, X, XI, 15, 16, alii, Arm. 1. ¹² Cod. X. ¹³ Sic in marg. Cod. 85; in textu autem Comp., Codd. 18, 44, alii. ¹⁴ Cod. X. Cf. Hex. ad Gen. xxxiv. 25. ¹⁵ Sic Cod. IV, Arab. 1, et sine aster. Codd. 15, 44, 74, alii. ¹⁶ Sic Cod. IV, Arab. 1, et sine obelo Codd. III, VII, X, XI, 15, 16 (cum αὐτῶν), alii. Parum probabiliter

12. אֲשֶׁר בִּשְׁעָרֶיךָ. Ο'. ὁ ἐπὶ τῶν πυλῶν ὑμῶν. Schol. ἔξω τῆς πόλεως πλησίον οἰκῶν.[17]

14. בְּאַחַד שְׁבָטֶיךָ. Ο'. ἐν μιᾷ τῶν φυλῶν (alia exempl. πόλεων[18]) σου.

15. בְּכָל־אַוַּת נַפְשְׁךָ. Ο'. ἐν πάσῃ ἐπιθυμίᾳ ※ ψυχῆς ◄ σου.[19]

16. עַל־הָאָרֶץ. Ο'. ἐπὶ τὴν γῆν. Alia exempl. ἀλλ' ἐπὶ τὴν γῆν.[20]

18. וְהַלֵּוִי. Ο'. καὶ ὁ προσήλυτος. Alia exempl. καὶ ὁ Λευίτης.[21]

אֲשֶׁר בִּשְׁעָרֶיךָ. Ο'. ὁ ἐν ταῖς πόλεσιν ('Α. πύλαις[22]) ὑμῶν.

20. וְאָמַרְתָּ. Ο'. καὶ ἐρεῖς. Ἄλλος· καὶ εἴπῃς.[23]

21. כִּי־יִרְחַק. Ο'. ἐὰν δὲ μακρὰν (s. μακρότερον) ἀπέχῃ (alia exempl. μακρότερον ἀπόσχῃ[24]). כָּמְךָ. Ο'. σου. Οἱ λοιποί· ἀπὸ σου.[25] בְּכָל אַוַּת. Ο'. κατὰ ※ πᾶσαν ◄ τὴν ἐπιθυμίαν.[26]

22. יֹאכְלֶנּוּ. Ο'. ἔδεται ※ αὐτό ◄.[27]

23. רַק חֲזַק. Tantummodo in eo persiste. Ο'. πρόσεχε ἰσχυρῶς. Σ. . ἀσφαλίζου.[28]

23. כִּי הַדָּם. Ο'. ὅτι αἷμα. Alia exempl. ὅτι τὸ αἷμα; alia, τὸ γὰρ αἷμα.[29]

24. לֹא תֹאכְלֶנּוּ. Ο'. οὐ φάγεσθε ※ αὐτό ◄.[30]

26. קָדָשֶׁיךָ. Ο'. τὰ ἅγιά ('Α. ἡγιασμένα[31]) σου.

27. וְהַדָּם. Ο'. Vacat. Alia exempl. καὶ τὸ αἷμα.[32]

28. הַדְּבָרִים הָאֵלֶּה. Ο'. τοὺς λόγους ※ τούτους ◄.[33] וּלְבָנֶיךָ אַחֲרֶיךָ. Ο'. καὶ τοῖς υἱοῖς σου ※ μετὰ σέ ◄.[34] הַטּוֹב וְהַיָּשָׁר. Ο'. τὸ ἀρεστὸν καὶ τὸ καλόν. Alia exempl. τὸ καλὸν καὶ τὸ ἀρεστόν[35] ('Α. εὐθές[36]).

29. אֲשֶׁר שָׁמָּה.... Ο'. εἰς οὓς (alia exempl. οὗ[37]) ... ἐκεῖ.

30. וּפֶן־תִּדְרֹשׁ לֵאלֹהֵיהֶם. Ο'. Vacat. Alia exempl. μή ※ ποτε ◄ ἐκζητήσῃς τοὺς θεοὺς αὐτῶν.[38] וְאֶעֱשֶׂה־כֵּן. Ο'. ποιήσω ※ οὕτως ◄.[39]

Cap. XII. 11. — σήμερον ◄.[40] 13. μή ※ ποτε ◄.[41] 14. ὁ θεός σου αὐτόν ◄.[42] — σήμερον ◄.[43] 15. πόλει ※ σου ◄.[44] — ἐν σοί ◄.[45] — ἐπὶ τὸ αὐτό ◄.[46] 17. εὐχάς ※ σου ◄.[47] 19. μή ※ ποτε ◄.[48] 22.

Theodoret. Quaest. IX in Deut. p. 268: καὶ τὰς ἀπαρχὰς τῶν χ. ὑμῶν, καὶ τὰ δόματα ὑμῶν, καὶ τὰ ἑξῆς· τὰ δὲ δόματα οἱ λοιποὶ τὰ ἑκούσια ἡρμήνευσαν. Cf. Scharfenb. in Animadv. p. 128.
[17] Cod. X in marg., teste Holmesio, qui duas lectiones coaluisse conjicit. [18] Sic Comp., Ald., Codd. III, IV, VII, X, XI, 15, 16, 18, alii, Arab. 1, Arm. 1. Cf. ad v. 5. [19] Sic Cod. IV, Arab. 1, et sine aster. Codd. 55 (cum τῆς ψ.), 82, Procop. in Cat. Niceph. p. 1483. [20] Sic Codd. IV (cum ἀλλὰ ἐπί), 58, 82, 129, Arab. 1, Arm. 1. [21] Sic Codd. 44, 74, 76, 106, 134. Duplex lectio, καὶ ὁ Λ. καὶ ὁ πρ., est in Comp., Ald. (cum ὁ Λ. σου), Codd. III, VII, X, XI, 19, 29, aliis. [22] Cod. X. [23] Sic in marg. Cod. 85; in textu autem Ald., Codd. III, IV, X (cum ἐρεῖς in marg.), 18, 44, alii. [24] Sic Codd. IV (cum μ. σου ἀπόσχῃ pro μ. ἀπέχῃ σου), 82, 85 (cum ἀπόσχῃ in marg.). [25] Cod. 85. Sic in textu Codd. 44, 74, alii. [26] Sic Cod. IV, et sine aster. Codd. 44, 74, alii, Arab. 1. [27] Sic Cod. IV, et sine aster. Codd. 15, 16, 18, alii. [28] Cod. X. Sic in marg. sine nom. Cod. 85. [29] Prior lectio est in Ald., Codd. IV, 18, 44, 54, aliis; posterior in Comp., Codd. III, VII, X, XI, 15, 16, aliis (inter quos 85, cum ὅτι τὸ αἷμα in marg.). [30] Sic Cod. IV, et sine aster.

Codd. 18, 44, 74, alii, Arab. 1. [31] Cod. X (cum ἡγιασμένα). [32] Sic Cod. 15, et in marg. manu 2da Cod. 106. [33] Sic Cod. IV, et sine aster. Codd. 44, 58, 74, alii. [34] Sic Cod. IV, Arab. 1, et sine aster. Codd. 44, 74, alii. [35] Sic Comp. (cum εὐάρεστον), Codd. II, III, IV, VII, X, XI, 15, 16, alii, Arm. 1. [36] Cod. X. [37] Sic (pro εἰς οὓς) Codd. IV, 57. "Armen. MSS.: εἰς οὗ."—F. C. Alter. [38] Sic Cod. IV, et sine aster. (cum ἐκζητήσεις) Codd. 44, 74, 82, 134, Arab. 1 (cum καὶ μήποτε). Sic (cum μὴ ἐκζ.) Codd. 16, 19, 28, alii (inter quos 85, 130); et (cum οὐ μὴ ἐκζ.) Comp., Ald., Codd. III, VII, X, XI, 15, 18, 29, alii. Denique Cod. 58: μήποτε οὐ μὴ ἐκζ. τοὺς θ. αὐτῶν, ex duplici lectione. [39] Sic Cod. IV, Arab. 1, et sine aster. Codd. 44, 58, 74, alii. [40] Cod. IV, Arab. 1. [41] Iidem. Sic sine aster. Codd. 44, 58, 74, alii. [42] Cod. IV. Arab. 1 pingit: — ὁ θεός σου ◄ αὐτόν, favente Cod. 58, in quo ὁ θεός σου deest. [43] Cod. IV, Arab. 1. Deest in Cod. 58. [44] Cod. IV. Sic sine aster. Codd. 44, 74, alii, Arab. 1. [45] Idem. Deest in Cod. 58. [46] Idem. [47] Idem. Sic sine aster. Codd. 16, 28, 30, alii, Arab. 1 (cum vestrum). [48] Cod. IV, Arab. 1. Sic sine aster. Codd. 44, 74, alii.

⸓ ἐν σοί ⸔.⁴⁹ 25. ⸓ τὸ καλὸν καί ⸔.⁵⁰ ⸓ τοῦ θεοῦ σου ⸔.⁵¹ 26. ⸓ ὁ θεός σου ἑαυτῷ (sic) ἐπικληθῆναι τὸ ὄνομα αὐτοῦ ἐκεῖ ⸔.⁵² 28. ⸓ καὶ ποιήσεις ⸔.⁵³ 30. μή ⸻ ποτε ⸔.⁵⁴ 32. ⸓ σήμερον ⸔.⁵⁵

Cap. XIII.

2 (Hebr. 3). נֵלְכָה אַחֲרֵי אֱלֹהִים אֲחֵרִים ... וְנָעָבְדֵם. Ο'. πορευθῶμεν καὶ λατρεύσωμεν θεοῖς ἑτέροις. Alia exempl. πορευθῶμεν ⸻ ἀκολουθήσωμεν ⸔ θεοῖς ἑτέροις ... καὶ λατρεύσωμεν αὐτοῖς.¹ Alia: πορευθῶμεν ὀπίσω θεῶν ἑτέρων ... καὶ λατρεύσωμεν αὐτοῖς.²

3 (4). הֲיִשְׁכֶם אֹהֲבִים. Ο'. εἰ ⸻ ὑμεῖς ⸔ ἀγαπᾶτε.³

4 (5). וְאֹתוֹ תַעֲבֹדוּ. Ο'. Vacat. Alia exempl. ⸻ καὶ αὐτῷ λατρεύσετε ⸔.⁴ Alia: καὶ αὐτῷ δουλεύσετε.⁵

5 (6). מִבֵּית עֲבָדִים. Ο'. ἐκ τῆς δουλείας. Ἄλλος· ἐξ οἴκου δουλείας.⁶

6 (7). כִּי יְסִיתְךָ. Si pelliceat te. Ο'. ἐὰν δὲ παρακαλέσῃ ('Α. Σ. ἀναπείσῃ⁷) σε.

נֵלְכָה. Ο'. βαδίσωμεν. Ἄλλος· πορευθῶμεν.⁸

8 (9). וְלֹא־תַחְמֹל. Et non parces. Ο'. οὐκ ἐπιποθήσεις (Σ. ἐπισπλαγχνίσθῃ⁹) ἐπ' αὐτῷ.

9 (10). לַהֲמִיתוֹ. Ο'. ἀποκτεῖναι (Ἄλλος· θανατῶσαι¹⁰) αὐτόν.

13 (14). עִירָם. Ο'. τὴν γῆν (alia exempl. πόλιν¹¹) αὐτῶν.

14 (15). וְדָרַשְׁתָּ. Ο'. καὶ ἐτάσεις (s. ἐξετάσεις). Ἄλλος· καὶ ἐκζητήσεις.¹²

וְחָקַרְתָּ וְשָׁאַלְתָּ. Et investigabis, et interrogabis. Ο'. καὶ ἐρωτήσεις, καὶ ἐρευνήσεις. Alia exempl. καὶ ἐρευνήσεις (s. ἐξερευνήσεις), καὶ ἐρωτήσεις (s. ἐπερωτήσεις).¹³

15 (16). הָעִיר. Ο'. ἐν τῇ γῇ (alia exempl. πόλει¹⁴).

וְאֶת־בְּהֶמְתָּהּ לְפִי־חָרֶב. Ο'. Vacat. ⸻ καὶ τὰ κτήνη αὐτῆς ἐν στόματι μαχαίρας ⸔.¹⁵

16 (17). כָּלִיל. Totum. Ο'. πανδημεί. 'Α. ὁλοτελῶς.¹⁶

תֵּל. Acervus ruderum. Ο'. ἀοίκητος. 'Α. χῶμα.¹⁷

17 (18). כַּאֲשֶׁר נִשְׁבַּע. Ο'. ὃν τρόπον ὤμοσε. Alia exempl. ὃν τρόπον ὤμοσεν ⸺ κύριος ⸔.¹⁸ Alia: καθὼς ἐλάλησε κύριος.¹⁹ Alia: καθὼς ἐλάλησέ σοι, ὃν τρόπον ὤμοσε κύριος.²⁰

Cap. XIII. 3. ὁ θεὸς ⸻ ὑμῶν ⸔.²¹ 6. ⸓ ἐκ πατρός

---

⁴⁹ Cod. IV. Deest in Cod. 58. ⁵⁰ Cod. IV, Arab. 1 (sine metobelo). Deest in Cod. 58. ⁵¹ Cod. IV (cum notis ex corr.), Arab. 1. ⁵² Cod. IV. ⁵³ Cod. IV, Arab. 1. ⁵⁴ Cod. IV. Sic sine aster. Codd. 44, 74, alii, Arab. 1. ⁵⁵ Idem. Deest in Cod. 58.

Cap. XIII. ¹ Sic Cod. IV (qui post ἀκολουθήσωμεν inepte infert καὶ θέσωμεν), et sine aster. Cod. 82 (cum πορ. καὶ ἀκολ.), Origen. Opp. T. I, p. 427 (idem). Arab. 1: πορευθῶμεν ⸻ et sequamur. ² Sic Codd. 44 (om. πορευθῶμεν !), 74, 76, 106, 134. ³ Sic Cod. IV, et sine aster. Cod. 82. ⁴ Sic Cod. IV, et sine aster. Codd. 15, 44, 74, alii. Arab. 1: ⸻ et illi servite. ⁵ Sic Ald., Codd. III, VII, XI, 16, 18, 19, alii. ⁶ Sic in textu Codd. 74, 76, 85 (teste Montef.), 134. ⁷ Cod. 85 (teste Holmesii amanuensi). Cod. X: 'Α. ἀναπείσῃ. Cod. 58 in marg. sine nom.: ἀναπείσει. Cf. Hex. ad Jerem. xxxviii. 22. ⁸ Sic in textu Comp., Ald., Codd. III, IV, VII, X (cum βαδίσωμεν in marg.), XI, 15, 16, 18, alii (inter quos 85, cum βαδ. in marg.). ⁹ Codd. X, 58 (in marg. sine nom.), 85 (teste Holmesii

amanuensi; non, ut Montef. exscripsit: Ἄλλος· ἐκσπλ.). ¹⁰ Sic in marg. Cod. 85; in textu autem Cod. 128. Cf. Hex. ad Prov. xix. 18. Jerem. xli. 8. ¹¹ Sic Comp., Ald., Codd. III, IV, VII, X, XI, 15, 16, alii, Arab. 1. ¹² Sic in marg. Cod. X; in textu autem Codd. 74 (cum —σῃς), 75, 76, 106, 134 (ut 74). Cf. ad Cap. xi. 12. ¹³ Sic Codd. IV, 16, 76, 77, 82, 106, 131, 134. ¹⁴ Sic Comp., Ald., Codd. III, IV, VII, X, XI, 15, 16, alii. ¹⁵ Sic Cod. IV (cum duplici versione ἐν φόνῳ στόματι μ.), Arab. 1 (cum ⸻ et perdetis pecudes ejus gladio), et sine aster. (cum ἐν φόνῳ μ.) Codd. 44, 74, 82 (cum ἐν στ. μ.), 106, 134, Arm. 1 (cum in ore gladii). ¹⁶ Cod. X. Cf. Hex. ad Psal. l. 21. ¹⁷ Idem. Cf. Hex. ad Jerem. xxx. 18. xlix. 2. ¹⁸ Sic Cod. IV, et sine obelo Comp., Codd. 44, 54, 71, 74, alii, Arab. 1. ¹⁹ Sic Codd. 16, 46, 52, alii (inter quos 85, cum ὃν τρόπον εἶπε in marg.). ²⁰ Sic Ald., Codd. III, VII, X, 18, 29 (om. κύριος), 53, 59 (ut 29), alii. ²¹ Sic (pro ὁ θ. σου) Cod. IV, et sine aster. Comp., Ald., Codd. III, VII, X, XI, 16, 28, alii, Arab. 1.

σου ή ◁.²² 9. σκεπάσης ※ ἐπ' ◁ αὐτόν.²³ 12. πόλεών ※ σου.²⁴ 13. ⸚ πάντας ◁.²⁵ 15. ⸚ πάντας ◁.²⁶ ⸓ ἀναθέματι ◁.²⁷ 18. ⸓ τὸ καλὸν καί ◁.²⁸

CAP. XIV.

1. לֹא תִתְגֹּדְדוּ. Non incidetis vos. Ο'. Vacat. Alia exempl. οὐ φοιβήσετε.¹ 'Α. Σ. Θ. οὐ κατατεμεῖσθε.²

2. בָּחַר. Ο'. ἐξελέξατο. "Αλλος· προείλατο.³

לִהְיוֹת. Ο'. γενέσθαι σε. "Αλλος· εἶναι.⁴

סְגֻלָּה. Ο'. περιούσιον. Σ. ἐξαίρετον.⁵

5. וַיַחְמוּר וְאַקּוֹ. Ο'. Vacat. Alia exempl. καὶ βούβαλον, καὶ τραγέλαφον.⁶

וְדִישֹׁן. Ο'. καὶ πύγαργον. "Αλλος· αἴγαγρον.⁷

6. וְשֹׁסַעַת שֶׁסַע שְׁתֵּי פְרָסוֹת. Et scindens scissuram duarum ungularum. Ο'. καὶ ὀνυχιστῆ-

ρας ὀνυχίζον ('Α. δεδιχασμένον διχασμῷ⁸) δύο χηλῶν ('Α. ὁπλῶν⁹).

7. הַפְרָסָה. Ο'. τὰς ὁπλάς. "Αλλος (τὰς) δύο χηλάς.¹⁰

וְאֶת־הָאַרְנֶבֶת. Et leporem. Ο'. καὶ δασύποδα. 'Α. (καὶ τὸν) λαγωόν.¹¹

8. וְלֹא גֵרָה. Et non est ruminatio. Ο'. καὶ ⸓ ὀνυχίζει ὀνυχιστῆρας (s. ὄνυχας) ὁπλῆς, καὶ τοῦτο μηρυκισμὸν (◁) οὐ μαρυκᾶται.¹²

וּבְנִבְלָתָם. Ο'. (καὶ) τῶν θνησιμαίων ('Α. νεκριμαίων¹³) αὐτῶν.

9. וְקַשְׂקֶשֶׂת. Ο'. καὶ λεπίδες ('Α. φολίδες¹⁴).

13. וְהָרָאָה. Ο'. Vacat. Alia exempl. ※ καὶ τὸν ἴξον ◁.¹⁵ 'Α. (καὶ τὸν) ἴξον.¹⁶

14. וְאֵת כָּל־עֹרֵב לְמִינוֹ. Ο'. Vacat. Alia exempl. καὶ πάντα κόρακα, καὶ τὰ ὁμοια αὐτῷ.¹⁷ 'Α. καὶ σὺν πάντα κόρακα..¹⁸

---

²² Cod. IV. In Cod. 58 haec, ἐκ πατρός σου ἢ ἐκ μητρός σου, desunt. ²³ Cod. IV. Sic sine aster. Cod. 58. ²⁴ Idem. Pronomen deest in Ald., Codd. VII, X, XI, 15, 16 (manu 1ᵐᵃ), aliis, Arm. 1. ²⁵ Cod. IV (cum notis ex corr.), Arab. 1. ²⁶ Cod. IV (idem), Arab. 1. Deest in Codd. 54, 58, 75. ²⁷ Cod. IV, Arab. 1. Deest in Codd. 44, 58. ²⁸ Cod. IV. Arab. 1 : ⸓ placens aut pulcrum (sine metobelo).

Cap. XIV. ¹ Sic Codd. II (in marg., teste Nobilio), III, IV (qui pergit: καὶ οὐκ ἐπιθήσετε), VII, X, 15 (cum −σητε), 28, 29 (cum −σεται), 30, alii. Bar Hebraeus (Mus. Brit. Addit. MSS. fol. 55 b): ܠܐ ܡܩܨܡ ܐܢܬ, h. e. non divinabitis (μαντεύσεσθε). Theodoret. Quaest. XIII in Deut. p. 271: Τῶν δυσσεβῶν ἐθνῶν ἀπαγορεύει τὰ ἔθη· καὶ διὰ μὲν τοῦ, οὐ φοιβήσετε, τὰς μαντείας ἐξέβαλε· Φοῖβον γὰρ τὸν ψευδόμαντιν ἐκάλουν τὸν Πύθιον· διὰ δὲ τοῦ, οὐ ποιήσετε κ. τ. ἑ., τὴν τοῦ πένθους ἀπηγόρευσεν ἀμετρίαν. Porro huc spectat Hesych. T. II, p. 823 ed. Alberti: Οὐ φοιβήσεται (sic). Φοιβᾶν ἐστι τὸ ἐπὶ νεκρῷ ἢ δαιμονικῷ μαντεύεσθαι. (In aliis libris varie, sed vitiose, exaratur, οὐ φοβήσετε, οὐ φοιβηθήσετε (sic Cod. II in marg., teste Holmesio; Maius autem margini nihil allevit), οὐ φοβηθήσεσθε; Complutensibus vero suum οὐ κοφήσεσθε sibi habere jubemus.) ² Cod. X, teste Holmesio: 'Α. κατατεμεῖσθε (non, ut Montef. ex eodem affert: 'Α. περιτεμεῖσθε). Bar Hebraeus autem ibid. ܩܨܡ ܠܐ ܬܬܦܠܓܘܢ. Cf. Hex. ad Jerem. xvi. 6. xli. 5. xlviii. 37. ³ Sic in marg. Cod. 85; in textu autem Codd. 18 (cum −λετο), 128. Cf. Hex. ad

¹ Reg. xx. 30. Job. xxix. 25. ⁴ Sic in marg. Cod. 85; in textu autem Codd. 18, 55. ⁵ Cod. X. Sic in textu Codd. 54, 85. Cf. Hex. ad Exod. xix. 5. ⁶ Sic Comp., Ald., Codd. III, IV, VII, X, XI, 15, 16 (cum βούβαλον). 18, alii, Arab. 1. ⁷ Cod. X in marg., teste Montef. Holmes. ex eodem αἴγαγρον exscripsit. ⁸ Cod. X. Cf. Hex. ad Lev. i. 17. ⁹ Idem. ¹⁰ Sic in marg. Codd. X, 85. ¹¹ Codd. X, 108. Cf. Hex. ad Lev. xi. 6. ¹² Sic Cod. IV (cum ὄνυχας), Arab. 1 (sine cuneolo). Etiam in priore deest metobelus, quem Tischendorfius post τοῦτο ponendum fuisse opinatur. Sed haec omnia, ὀνυχίζει—μηρυκισμὸν, desunt in Cod. 58, concinente Hebraeo. ¹³ Cod. X. ¹⁴ Idem. Cf. Hex. ad Lev. xi. 9. ¹⁵ Sic Cod. IV (teste Holmesii amanuensi, a quo tamen dissentit Tischendorfius, scribendo ἴξω), et sine aster. Codd. 15, 54 (cum ἴεξον), 58 (cum ἴξονα) 75 (ut 54). Etiam Vulg. habet ixion, cujus nominis nullam avem se reperire nec in Graecis nec in Romanis scriptoribus scribit Bochart. in Hieroz. P. II, L. VI, C. III, et proinde legendum putat oxyn, invitis testibus nostris. ¹⁶ Ad γρύπα (v. 12) Cod. X in marg.: 'Α. ἴξον, exscribente Montef. in Appendice, cum nota: "Sed Basil. id ad vocem הָרָאָה versu seq. videtur referre, praemisso asterisco siue interpretis nomine; et eo referendum suadet etiam Vulgata." Immo lectionem ※ καὶ τὸν ἴξον non e Basil., sed ex editione Grabii se hausisse fatetur ipse Montef. in Hexaplis ad loc. ¹⁷ Sic Comp. (cum πάντα τὰ κ.), Codd. III, IV, VII, X, XI, 18, 28, alii. ¹⁸ Cod. X (cum σύμπαντα). Cf. ad Cap. xxvii. 1.

14 (Hebr. 15). וְאֵת בַּת הַיַּעֲנָה. Ο'. καὶ στρουθόν
('Α. στρουθοκάμηλον¹⁹).

20 (21). לַגֵּר. Ο'. τῷ παροίκῳ ('Α. προσηλύτῳ³⁰).
לְנָכְרִי. Ο'. τῷ ἀλλοτρίῳ ('Α. ξένῳ²¹).
גְּדִי. Ο'. ἄρνα. 'Α. ἔριφον.²²
אִמּוֹ. Ο'. μητρὸς αὐτοῦ. Alia exempl. add.
ὃς γὰρ ποιεῖ τοῦτο, ὡσεὶ ἀσπάλακα θύσει· ὅτι
μίασμά (s. μήνιμα) ἐστι τῷ θεῷ Ἰακώβ.²³

23 (24). וְכִי־יִרְבֶּה. Quod si longior fuerit. Ο'.
ἐὰν δὲ μακρὰν γένηται (alia exempl. μακρὰν
ἀπέχῃ²⁴).

25 (26). וּבַשֵּׁכָר. Ο'. ἡ ἐπὶ σίκερα. 'Α. (καὶ ἐν)
μεθύσματι.²⁵

26 (27). לֹא תַעֲזְבֶנּוּ. Ο'. Vacat. Alia exempl.
✕ οὐκ ἐγκαταλείψεις αὐτόν ◄.²⁶

28 (29). וְשָׂבֵעוּ. Ο'. καὶ ἐμπλησθήσονται ("Αλλος·
εὐφρανθήσονται²⁷).
בְּכָל־מַעֲשֵׂה יָדְךָ. Ο'. ἐν πᾶσι τοῖς ἔργοις ✕ τῶν
χειρῶν σου ◄.²⁸

Cap. XIV. 2. — ὁ θεός σου ◄.²⁹ 4. (—) ἐκ βοῶν ◄.³⁰
7. — καὶ ὀνυχιζόντων ὀνυχιστῆρας ◄.³¹ 18. ἀκάθαρτα — ταῦτά ◄ ἐστιν.³² — ἀπ' αὐτῶν ◄.³³ 20.
καὶ φάγεται ✕ αὐτό ◄.³⁴ 21. ἀγροῦ — σου ◄.³⁵
22. — αὐτό ◄.³⁶ — κύριος ὁ θεός σου ◄.³⁷ — οἴσετε ◄.³⁸
24. — αὐτά ◄.³⁹ 27. — αὐτό ◄.⁴⁰

CAP. XV.

1. שְׁמִטָּה. Remissionem (debiti). Ο'. ἄφεσιν. 'Α.
ὑποσπασμόν.¹

2. אֲשֶׁר יַשֶּׁה בְרֵעֵהוּ לֹא־יִגֹּשׂ אֶת־רֵעֵהוּ וְאֶת־
אָחִיו. (Remittet) id quod mutuum dederit
proximo suo, non exiget a proximo suo et fratre
suo. Ο'. ὃ ὀφείλει σοι ὁ πλησίον, καὶ τὸν
ἀδελφόν σου οὐκ ἀπαιτήσεις. Alia exempl.
ὃ ὀφείλει σοι [—] ὁ πλησίον ✕ σου ◄, οὐκ
ἀπαιτήσεις ✕ τὸν πλησίον σου ◄ καὶ τὸν
ἀδελφόν σου.²

3. אֶת־הַנָּכְרִי. Ο'. τὸν ἀλλότριον ("Αλλος· ἀλλο-
γενῆ³).
אֶת־אָחִיךָ. Apud fratrem tuum. Ο'. παρ' αὐτῷ,
τῷ δὲ ἀδελφῷ σου. Alia exempl. — παρ' αὐτῷ ◄
τοῦ ἀδελφοῦ σου.⁴

4. אֶפֶס כִּי. Nisi forte. Ο'. ὅτι. "Αλλος· πλήν.⁵
כִּי־בָרֵךְ. Ο'. ὅτι εὐλογῶν. Alia exempl. ὅτι
διὰ τὸ ῥῆμα τοῦτο εὐλογῶν.⁶

7. מֵאַחַד אַחֶיךָ. Ο'. ✕ ἐκ ◄ τῶν ἀδελφῶν σου.⁷
לֹא תְאַמֵּץ אֶת־לְבָבְךָ. Non obfirmabis cor tuum.
Ο'. οὐκ ἀποστέρξεις (alia exempl. ἀποστρέ-
ψεις⁸) τὴν καρδίαν σου. Θ. (οὐ) στέρξεις . . .⁹

8. כִּי־פָתֹחַ. Ο'. ✕ ὅτι ◄ ἀνοίγων.¹⁰

¹⁹ Cod. X. Cf. Hex. ad Lev. xi. 16. ²⁰ Idem.
²¹ Idem, teste Holmesio. Montef. exscripsit: 'Α. ξένῳ.
²² Idem, teste eodem. ²³ Sic Codd. VII (in marg.
manu 1ᵐᵃ, cum ὡσεὶ θύσει ἀσφάλακα μήνιμα κ. τ. ἑ.), 16 (cum
κυρίῳ τῷ θεῷ), 28, 32, alii (inter quos 54, 75, uterque ut
VII, cum ἀσπ.), 85 (cum μήνιμα in marg.), Cat. Niceph.
p. 1496. ²⁴ Sic in marg. Codd. X, 85 (qui pergit ἀπό
σοῦ ἡ ὁδός); in textu autem Ald., Codd. XI, 18, 44, alii.
²⁵ Cod. X. ²⁶ Sic Cod. IV (cum –λίψεις), et sine aster.
Comp. (cum οὐ καταλ.), Codd. 44, 58, 74, alii, Arm. 1.
²⁷ Sic in marg. Codd. X (cum ευφρανθη (sic)), 85; in textu
autem Cod. IV. ²⁸ Sic Cod. IV, Arab. 1, et sine aster.
Comp., Codd. 19, 44, 58, 74, alii. ²⁹ Cod. IV, Arab. 1.
Deest in Cod. 75. ³⁰ Arab. 1 (cum metobelo tantum).
Deest in Cod. IV. ³¹ Cod. IV. ³² Idem. Sic
sine obelo Comp., Ald., Codd. X, XI, 15, 30, 44, alii.
³³ Idem. ³⁴ Idem. Sic sine aster. Codd. 44, 58, 74,
alii, Arab. 1. ³⁵ Idem. Pronomen deest in Cod. 55.
³⁶ Idem (cum notis ex corr.). ³⁷ Cod. IV, Arab. 1 (cum

κ. — ὁ θεός σου ◄). Haec desunt in Codd. 58, 71. ³⁸ Iidem.
³⁹ Cod. IV. ⁴⁰ Idem. Deest in Cod. 58.
CAP. XV. ¹ Cod. X. Cf. Hex. ad Psal. cxl. 6. ² Sic
Cod. IV (cum obelo ex corr.), et sine notis Cod. 82, necnon (cum καὶ οὐκ ἀπ.) Codd. 44 (cum αὐτὸν pro τὸν πλ. σου),
74, 106, 134, Arm. 1. ³ Cod. 85 in textu. ⁴ Sic
Cod. IV, et sine obelo Codd. II, 19, 44, 75, 82, 106, 108.
⁵ Cod. 106 superscript. alia manu. ⁶ Sic Ald. (om. ὅτι),
Codd. VII (in marg. manu 1ᵐᵃ), 16, 18, 19, alii (inter quos
85, 130). ⁷ Sic Cod. IV. Praepositio est in Ed. Rom.,
sed deest in Codd. II, 54, 75. ⁸ Sic Comp., Ald.,
Codd. III, IV, VII, X, XI, 15, 16, 18, alii (inter quos 85,
cum ἀποστέρξεις in marg.), Arm. 1, et Patres, improbante
Grabio in Diss. de Vitiis etc. p. 36. Sed ut recte dicatur
ἀποστέργειν τινά, desinere amare aliquem (cf. nos in Annot.
ad S. Chrysost. Opp. T. XI, p. 704 C), vereor ut defendi
possit locutio ἀποστέρξαι τὴν καρδίαν, cor amore exuere.
⁹ Cod. X, teste Holmesio. Sed errorem suspicor. ¹⁰ Sic
Cod. IV, Arab. 1, et sine aster. Codd. 44, 58, 74, alii.

8. דֵּי מַחְסֹרוֹ. *Quantum sufficiat inopiae ejus.* Ο'.
   ✕ ἱκανὸν ◄ ὅσον ἐπιδέεται (s. ὅσον ἂν ἐπι-
   δέηται).[11]

   אֲשֶׁר יֶחְסַר לוֹ. Ο'. καθότι ἐνδεεῖται. Alia exempl. καθόσον (s. καὶ καθόσον) ὑστερεῖται.[12]

9. בְלִיַּעַל לֵאמֹר. Ο'. ἀνόμημα λέγων. 'Α. ἀποστασίας τῷ λέγειν.[13]

12. וּבַשָּׁנָה הַשְּׁבִיעִת. Ο'. καὶ ✕ τῷ ἔτει ◄ τῷ
   ἑβδόμῳ.[14]

14. וּמִיִּקְבֶךָ. Ο'. καὶ ἀπὸ τοῦ οἴνου (alia exempl.
   τῆς ληνοῦ[15]) σου.

15. אֶת־הַדָּבָר הַזֶּה הַיּוֹם. Ο'. τὸ ῥῆμα τοῦτο
   ✕ σήμερον ◄.[16]

17. וּבַדֶּלֶת. Ο'. πρὸς τὴν θύραν. Alia exempl.
   add. ἐπὶ τὸν σταθμόν (s. τῶν σταθμῶν).[17]

18. מִשְׁנֶה שְׂכַר. *Duplum mercedem.* Ο'. ἐπέτειον
   ('Α. δευτερούμενον[18]) μισθόν.

20. תֹּאכְלֶנּוּ. Ο'. φαγῇ αὐτό. "Αλλος· βρωθήσεται.[19]

21. כֹּל מוּם רָע. Ο'. μῶμον πονηρόν. Alia exempl. ἢ καὶ πᾶς μῶμος πονηρός.[20]

22. בִּשְׁעָרֶיךָ. Ο'. ἐν ταῖς πόλεσί ('Α. πύλαις[21]) σου.

22. יַחְדָּו. Ο'. ὡσαύτως ἔδεται. Alia exempl. ὡσαύτως ᵗ φάγεται ◄.[22] 'Α. ὁμοῦ.[23]

Cap. XV. 2. ᵗ τῷ θεῷ σου ◄.[24] 4. ᵗ ὁ θεός
σου ◄.[25] 6. ἄρξεις ᵗ σύ ◄.[26] 9. μή ✕ ποτε ◄.[27]
ᵗ κρυπτόν ◄.[28] ᵗ μεγάλη ◄.[29] 10. ᵗ καὶ δάνειον
δανειεῖς αὐτῷ ὅσον ἐπιδέεται ◄.[30] 11. ᵗ ποιεῖν τὸ
ῥῆμα τοῦτο ◄.[31] τῷ πένητί ✕ σου ◄, καὶ τῷ ἐπι-
δεομένῳ ✕ σου ᵗ τῷ ἐπὶ τῆς γῆς σου.[32] 15. ᵗ ἐκεῖθεν ◄.[33] ἐντέλλομαί σοι (sic) ᵗ ποιεῖν ◄.[34] 20. ᵗ ὁ
θεός σου ◄.[35] 22. ᵗ ἐν σοί ◄.[36]

Cap. XVI.

1. פֶּסַח. Ο'. τὸ πάσχα. 'Α. φεσέ.[1]

   הוֹצִיאֲךָ יְהוָֹה אֱלֹהֶיךָ. Ο'. ἐξῆλθες. "Αλλος·
   ἐξήγαγέ σε κύριος ὁ θεός σου.[2]

3. חָמֵץ. Ο'. ζύμην. 'Α. ζυμωτόν.[3]

   לֶחֶם עֹנִי. Ο'. ἄρτον κακώσεως ('Α. κακουχίας[4]).

   בְחִפָּזוֹן. *Cum trepidatione.* Ο'. ἐν σπουδῇ. 'Α.
   ἐν θαμβήσει.[5]

8. וּבַיּוֹם הַשְּׁבִיעִי עֲצֶרֶת. Ο'. καὶ τῇ ἡμέρᾳ τῇ
   ἑβδόμῃ ("Αλλος· καὶ ἡ ἡμέρα ἡ ἑβδόμη[6]) ἐξόδιον ἑορτή ('Α. ἐπίσχεσις[7]).

---

[11] Sic Cod. IV (cum ὅσον ἐπιδεῖται), Arab. 1, et sine aster.
Codd. 44 (cum τὸ ἱκανὸν), 58, 74, alii. [12] Sic Comp.
(cum ὑστερήτῃ), Ald., Codd. III, IV, VII, X, 15, 16, 18,
alii. [13] Cod. X. Cf. Hex. ad Psal. xvii. 5. xl. 9.
[14] Sic Cod. IV (qui pingit: καὶ ✕ τῷ: ἔτει τῷ ἐ.), et sine
aster. Codd. 54, 58, 74, alii, Arab. 1, Arm. 1. [15] Sic
Comp., Ald., Codd. III, IV, VII, X, 15, 16, 18, alii, Arm. 1.
[16] Sic Cod. IV, Arab. 1, et sine aster. Codd. 15, 44, 58, 74,
alii. [17] Prior scriptura est in Codd. III (manu 2ᵈᵃ), VII
(in marg. manu 1ᵐᵃ), 19, 44, aliis; posterior in Ald., Codd.
16, 18, aliis, Arm. 1. [18] Cod. X, teste Montef. Holmes.
vero ex eodem: 'Α. δευτερόμενον. Cod. VII in marg. manu 2ᵈᵃ:
διπλοῦν, ἡμέρας καὶ νυκτός. (In textu pro ἐπέτειον in Codd. II,
III, VII habetur ἐφέτιον, in Comp. ἐπέτιον, in Cod. IV ἐπαί-
τιον; de quibus omnibus Holmesius οὐδὲ γρύ.) [19] Cod.
85 in marg. [20] Sic Comp., Codd. III, VII, X, XI, 15
(om. καὶ), 16, 18, alii. Solus Cod. IV: καὶ πᾶν (sic) μῶμον
πονηρόν. [21] Cod. X. [22] Sic Cod. IV, et sine obelo
Comp., Ald., Codd. VII, X, XI, 15, 16, 18, alii, Arm. 1.
[23] Cod. X. [24] Cod. IV, Arab. 1. [25] Cod. IV. Deest

in Cod. 58. [26] Cod. IV (cum notis ex corr.), Arab. 1.
Sic sine obelo Comp., Ald., Codd. III (cum σὺ ἄρξῃ), VII,
X, XI, 15, 16, 28, alii. [27] Cod. IV. Sic sine aster.
Comp., Codd. 19, 44, 58, 74, alii, Arab. 1. [28] Idem.
Deest in Cod. 58, Arab. 1. [29] Cod. IV (cum notis ex
corr.), Arab. 1. Deest in Cod. 58. [30] Cod. IV (cum
scripturis δανιον δανιείς et ἐπιδείεται), Arab. 1. Deinde verba
καθότι ἐνδεείται desunt in Comp., Ald., Codd. III, IV, VII,
X, XI, 15, 16, 18, aliis. [31] Idem. Haec desunt in
Cod. 44. [32] Cod. IV legit et pingit: τῷ πένητι ᵗ (sic)
σου: τῷ ἐπὶ τῆς γῆς σου; deinde in marg. inferiori char.
minusculo: καὶ τῷ ἐνδεομένῳ (sic) ✕ σου:. [33] Cod. IV,
Arab. 1. Deest in Cod. 58. [34] Cod. IV, Arab. 1
(sine asc). Vox ποιεῖν deest in Codd. 18, 29, 58, 128.
[35] Cod. IV. [36] Idem. Deest in Cod. 16.
Cap. XVI. [1] Cod. X. Cf. Hex. ad Exod. xii. 11.
[2] Sic in textu Comp., Codd. 44, 74, 76, 106, 134,
[3] Cod. X. [4] Idem. [5] Idem. Cf. Hex. ad Exod.
xii. 12. Jesai. lii. 12. [6] Sic in textu Codd. IV (cum
καὶ ἡμέρα), 82. [7] Cod. X. Cf. Hex. ad Lev. xxiii. 36.

10. מִסַּת נִדְבַת יָדְךָ. *Pro ratione doni spontanei manus tuae.* Ο΄. καθὼς ἡ χείρ σου ἰσχύει. Ἀ. ἔπαρσιν ἑκούσιον (χειρός σου).⁸

אֲשֶׁר תִּתֵּן כַּאֲשֶׁר יְבָרֶכְךָ יְהוָֹה. Ο΄. ὅσα ἂν δῷ κύριος. Alia exempl. ὅσα ἂν δῷ σοι, καθότι εὐλόγησέ (s. ηὐλόγησε) σε κύριος.⁹

11. אֲשֶׁר בִּשְׁעָרֶיךָ. Ο΄. Vacat. Alia exempl. ὁ ἐν ταῖς πόλεσί σου.¹⁰

15. וְהָיִיתָ אַךְ שָׂמֵחַ. Ο΄. καὶ ἔσῃ ※ πλὴν ◄ εὐφραινόμενος.¹¹

16. שָׁלוֹשׁ פְּעָמִים. Ο΄. τρεῖς καιρούς (Ἀ. καθόδους¹²).

17. כְּבִרְכָתֶךָ. Ο΄. κατὰ δύναμιν (Ἀ. δόσιν¹³).

18. וְשֹׁטְרִים. *Et scribas* (magistratus). Ο΄. καὶ γραμματοεισαγωγεῖς (Ἀ. ἐκβιβαστάς. Σ. παιδευτάς¹⁴).

תִּתֶּן. Ο΄. ποιήσεις. Alia exempl. καταστήσεις.¹⁵

Cap. XVI. 2. — ὁ θεός σου αὐτῷ ◄.¹⁶　7. — καὶ ὀπτήσεις ◄.¹⁷　8. — ἐν αὐτῇ πᾶν ◄.¹⁸　— πλὴν ὅσα ποιηθήσεται ψυχῇ ◄.¹⁹　9. ἑβδομάδας — ὁλοκλήρους ◄ ἐξαριθμήσεις.²⁰　11. ὁ θεός σου — αὐτῷ ◄.²¹　12. ἐν — γῇ ◄.²²　14. — οὖσα ◄.²³　15. — ὁ θεός

σου αὐτῷ ◄.²⁴　16. — κύριος ◄.²⁵　— τοῦ θεοῦ σου ◄.²⁶　18. κατὰ φυλάς (※) σου (◄).²⁷　20. — εἰσελθόντες ◄.²⁸

CAP. XVII.

1. לֹא־תִזְבַּח. Ο΄. οὐ θύσεις (Ἄλλος· προσοίσεις¹).

כֹּל דָּבָר רָע כִּי תוֹעֲבַת. Ο΄. πᾶν ῥῆμα πονηρὸν, ὅτι βδέλυγμα. Alia exempl. πᾶν ῥῆμα πονηρὸν βδέλυγμα.²

2. בְּקִרְבְּךָ. Ο΄. Vacat. Alia exempl. ἐν σοί.³

בְּעֵינֵי. Ο΄. ἐναντίον (s. ἔναντι). Ἄλλος· ἐνώπιον.⁴

3. לְכָל־צְבָא. Ο΄. παντὶ τῶν (s. τῷ) ἐκ τοῦ κόσμου. Ἀ. (πᾶσαν) στρατιάν.⁵

4. וְשָׁמַעְתָּ. Ο΄. ※ καὶ ἀκούσῃς ◄.⁶

נֶכוֹנָה. Ο΄. γεγένηται. Ἄλλος· ἐγενήθη τοῦτο.⁷

5. אֶת־הָאִישׁ. Ο΄. τὸν ἄνθρωπον (Ἄλλος· ἄνδρα). אֲשֶׁר עָשׂוּ אֶת־הַדָּבָר הָרָע הַזֶּה אֶל־שְׁעָרֶיךָ אֶת־הָאִישׁ אוֹ אֶת־הָאִשָּׁה. Ο΄. Vacat. Alia exempl. ※ οἳ ἐποίησαν τὸ ῥῆμα τὸ πονηρὸν τοῦτο πρὸς πύλας σου, τὸν ἄνδρα ἢ τὴν γυναῖκα ◄.⁹ Alia : ※ οἵτινες ἐποίησαν τὸ πρᾶγμα τὸ πονηρὸν τοῦτο ἐπὶ τὴν πύλην (◄).¹⁰

---

⁸ Cod. X. Montef. edidit ἑκουσίων, sed in schedis ipse exaravit ἑκούσιων (sic). Ad ἔπαρσιν (מִשְׂאַת) cf. Psal. cxli (cxl). 2 in Hebraeo et LXX.　⁹ Sic Comp., Ald., Codd. III, IV, VII, X, XI, 15, 16, 28, alii, Arab. 1, Arm. 1. ¹⁰ Sic Comp., Ald., Codd. III, IV, VII, X, XI, 15, 16, 18, Arab. 1, Arm. 1.　¹¹ Sic Cod. IV. Cf. Hex. ad Lev. xxiii. 27.　¹² Cod. X.　¹³ Idem.　¹⁴ Cod. 85 (non, ut Montef. oscitanter exscripsit: Ἀ. ἀκριβαστάς). Cod. X affert: Ἀ. ἐκβιβασταί.　¹⁵ Sic Comp., Ald., Codd. III, IV, VII, X (cum καὶ στήσεις), XI, 15, 16, 18, alii, Arm. 1. ¹⁶ Cod. IV (qui pingit: — ὁ θεός σου | — αὐτόν :, obelo priore a correctore posito). Vox αὐτὸν deest in Comp., Codd. 58, 75, 108, 118, Arm. 1.　¹⁷ Idem. Deest in Cod. 58.　¹⁸ Cod. IV, Arab. 1 (om. πᾶν).　¹⁹ Iidem. ²⁰ Cod. IV. Sic sine obelo Comp., Ald., Codd. III, VII, X, 15, 16, alii, Arab. 1. Cf. Lev. xxiii. 15.　²¹ Idem (cum αὐτῷ pro αὐτόν). Pronomen abest a Codd. II, 58, 75, 82, Arm. 1.　²² Idem. Arab. 1 pingit : — ἐν γῇ ◄. ²³ Idem. Deest in Codd. 53, 74, aliis.　²⁴ Idem. ²⁵ Cod. IV, Arab. 1. Praecedens αὐτὸν deest in Comp.,

Codd. III, IV, X (in textu), 18, 64, aliis, Arm. 1.　²⁶ Iidem. Deest in Cod. 58.　²⁷ Sic sine aster. Codd. IV, 58, 82.　²⁸ Cod. IV (silente Holmes), Arab. 1.

CAP. XVII. ¹ Sic Ald., Codd. III, VII, X (cum θύσεις in marg.), 15, 16, 18, alii (inter quos 85, ut X).　² Sic Codd. IV, 19, 82, 108, 118, 128, Syro-hex. (cum notula in marg., teste Masio).　³ Sic Comp., Ald., Codd. III, IV, VII, X, 15, 16, 18, alii, Arab. 1, Arm. 1 (in medio tui). ⁴ Sic in marg. Codd. X, 85.　⁵ Cod. X.　⁶ Sic Cod. IV, Syro-hex. (cum "obelisco"), Arab. 1, et sine aster. Comp. (cum —σεις), Codd. 15, 58, 74, alii.　⁷ Sic Cod. 85 in marg. Statim idem in textu: τὸ βδέλυγμα αὐτοῦ (pro τοῦτο).　⁸ Sic in marg. Codd. X, 85.　⁹ Sic Cod. IV (cum τὴν γυναῖκα· sic), Arab. 1, et sine aster. Codd. 44 (om. τὸν ἄνδρα ἢ τὴν γ.), 74, 76 (om. τὸ ῥῆμα), 82, 106, 134. Masius e Syro-hex. tantummodo excitat: virum aut feminam ("transfossa obelo").　¹⁰ Sic Cod. 85, et sine aster. Comp. (cum τὸ πρόσταγμα), Ald., Codd. III, VII, XI (cum πύλην αὐτοῦ), 15, 16, 18, alii, Arm. 1 (om. ἐπὶ τὴν πύλην). Ad ἐπὶ τὴν πύλην Cod. VII in marg.: ἐπὶ τὸ κριτήριον.

6. עַל־פִּי שְׁנַיִם עֵדִים. Ο'. ἐπὶ δυσὶ μάρτυσιν. 'Α. ἐπὶ στόματος δύο μαρτύρων.[11]

8. כִּי יִפָּלֵא. Si nimis ardua sit (res). Ο'. ἐὰν δὲ ἀδυνατήσῃ ('Α. θαυμαστωθῇ[12]).

יְהוָה אֱלֹהֶיךָ בּוֹ. Ο'. κύριος ὁ θεός σου ἐκεῖ. Alia exempl. κύριος ὁ θεός σου ✕ ἐν αὐτῷ ◄ - ἐπικληθῆναι τὸ ὄνομα αὐτοῦ ἐκεῖ ◄.[13]

9. אֵת דְּבַר הַמִּשְׁפָּט. Ο'. τὴν κρίσιν. "Αλλος· τὸ ῥῆμα τῆς κρίσεως.[14]

10. עַל־פִּי הַדָּבָר. Ο'. κατὰ τὸ πρᾶγμα ("Αλλος· ῥῆμα[15]).

11. עַל־פִּי הַתּוֹרָה אֲשֶׁר יוֹרוּךָ. Ο'. κατὰ τὸν νόμον ✕ ὃν ἂν φωτίσω ('Α. φωτίσωσι[16]) σοι ◄.[17] Alia exempl. κατὰ τὸν νόμον ὃν φωτιοῦσί σοι.[18]

13. וְלֹא יְזִידוּן. Et non insolenter agent. Ο'. καὶ οὐκ ἀσεβήσει ('Α. ὑπερηφανεύσονται[19]).

14. מֶלֶךְ. Ο'. ἄρχοντα. Οἱ λοιποί· βασιλέα.[20]

16. רַק. Ο'. διότι. Alia exempl. πλήν.[21]

לְמַעַן הַרְבּוֹת סוּס. Multiplicandorum equorum gratia. Ο'. ὅπως μὴ πληθύνῃ (-) ἑαυτῷ (◄) ἵππον.[22]

17. וְלֹא יָסוּר לְבָבוֹ. Ο'. ἵνα μὴ μεταστῇ (alia exempl. οὐδὲ μεταστήσεται[23]) αὐτοῦ ἡ καρδία.

18. עַל כִּסֵּא מַמְלַכְתּוֹ. Ο'. ἐπὶ τῆς ἀρχῆς αὐτοῦ. Alia exempl. ἐπὶ τοῦ θρόνου (s. δίφρου) τῆς ἀρχῆς αὐτοῦ.[24]

19. אֶת־כָּל־דִּבְרֵי הַתּוֹרָה הַזֹּאת. Ο'. πάσας τὰς ἐντολὰς ταύτας. "Αλλος· πάντα τὰ ῥήματα (s. πάντας τοὺς λόγους) τοῦ νόμου τούτου.[25]

20. עַל־מַמְלַכְתּוֹ. Ο'. ἐπὶ τῆς ἀρχῆς ('Α. βασιλείας[26]) αὐτοῦ.

וּבָנָיו. Ο'. καὶ οἱ υἱοὶ αὐτοῦ (alia exempl. add. μετ' αὐτοῦ[27]).

Cap. XVII. 8. - καὶ ἀναμέσον ἀντιλογία ἀντιλογίας ◄.[28] 10. ἐκ τοῦ τόπου (✕) ἐκείνου (◄).[29] - ὁ θεός σου ἐπικληθῆναι τὸ ὄνομα αὐτοῦ ἐκεῖ ◄,[30] καὶ φυλάξῃ - σφόδρα ◄.[31] 12. - ὃς ἐὰν (sic) ᾖ ἐν ταῖς ἡμέραις ἐκείναις ◄.[32] 14. δίδωσί σοι - ἐν κλήρῳ ◄.[33]

CAP. XVIII.

1. אִשֵּׁי יְהוָה וְנַחֲלָתוֹ יֹאכֵלוּן. Ο'. καρπώματα ('Α. πυρὰ[1]) κυρίου ὁ κλῆρος αὐτῶν, φάγονται

---

[11] Cod. X.　[12] Idem, teste Montef. in schedis, qui per incuriam edidit : 'Α. θαυμαστωθῆ. Cf. Hex. ad Jerem. xxxii. 17.　[13] Sic Cod. IV, et sine obelo Codd. 44, 74, 76, 106, 134. Syro-hex.: κύριος ὁ θεός σου - ἐπικληθῆναι τὸ ὄν. αὐτοῦ ἐκεῖ ◄; et sic sine obelo Comp., Ald., Codd. III, VII, X, XI, 15, 16, 18, alii, Arab. 1 (cum ✎ illic) Arm. 1.　[14] Cod. 106 in marg. alia manu.　[15] Sic in textu Comp., Ald., Codd. III, IV, X (cum πρᾶγμα in marg.), 15, 16, 18, alii (inter quos 85, ut X), Arm. 1.　[16] Cod. X. Cf. Hex. ad Exod. iv. 12. Job. xii. 7.　[17] Sic Cod. IV, Arab. 1 (qui pingit: quam scire faciam te ✕ ego), Syro-hex. Posterioris lectionem, sed, ut ceteras omnes, Hebraeo charactere, exscripsit Masius: ܘ ✕ ܡܚܘܝܢ ܠܟ ܐܢ ܥ ܟ ܠ. [18] Sic Codd. 44, 74, 76, 82 (cum φωτίσωσίν σε), 106, 128 (cum φωτίσωσί σοι), 134.　[19] Cod. X. Cf. ad Cap. xviii. 20.　[20] Syro-hex. ܐܡܪ ܗܢ ܡ .　[21] Sic Comp., Ald., Codd. III (IV hiat), VII, X, 15, 16, 18, alii (inter quos 85, cum διότι in marg.).　[22] Sic sine obelo (cum ἑαυτῷ pro αὐτῷ) Comp., Codd. III, VII, X, XI, 15, 16, 18, alii. Pronomen deest in Cod. 58. In Comp. negativa particula abest, repugnantibus libris omnibus cum Arab. 1 et Syro-hex., qui vertit: ܠܐ ܢܣܓܐ.

[23] Sic Codd. II, 19 (cum οὐδὲ μὴ μ.), 44, 54, 58 (cum duplici lectione, οὐδὲ μὴ μ. ἵνα μὴ μ.), alii (inter quos Cod. 85 in marg.). Syro-hex. in textu: ܠܐ ܢܣܛܐ ; in marg. autem: ܐܦ ܠܐ ܢܣܛܐ ܡܢ ; ܠܒܗ (ἐκκλίνῃ?) ܠܒܗ.　[24] Sic Codd. 44, 74, 76, 134; necnon (cum δίφρου) Comp., Ald., Codd. III, VII, X, 15, 16, 18, alii.　[25] Syro-hex. in marg. sine nom.: ܟܠܗܘܢ ܦܬܓܡ̈ܐ ܕܢܡܘܣܐ ܗܢ.　[26] Cod. X.　[27] Sic Ald., Codd. III (manu 2da), X, XI, 15, 18, alii, et Syro-hex. in marg.　Cod. IV (cum ἀντιλογίας ἀντιλογία, ut et κρίσεως κρίσις, et ἀφῆς ἀφή). "Haec in Hebraeo non sunt; Syrum tamen etiam ea habet, sed per asteriscos."— Masius. Desunt in Cod. 44.　[29] Sic sine aster. Codd. IV, 44, 58, 74, alii.　[30] Cod. IV, Arab. 1 (qui pingit: Deus tuus invocare nomen ejus ✎ illic ◄). Sic sine obelo Ald., Codd. III, VII, X, XI, 15, 16, 18, alii.　[31] Iidem. Sic sine obelo Comp., Ald., Codd. VII, X, 15, 16, 18, alii, Arm. 1.　[32] Iidem.　[33] Cod. IV, Arab. 1 (cum ✕ sortem). Sic sine obelo Comp., Ald., Codd. III, VII, X, XI, 15, 16, 18, alii.

CAP. XVIII. [1] Cod. X (cum πύρα). Cf. Hex. ad Lev. ii. 3.

÷ αὐτά ◄.[2] "Αλλος· πυρὰ κυρίου, καὶ κλῆρον αὐτοῦ φάγονται.[3]

3. וְזֶה יִהְיֶה. Οʹ. καὶ αὕτη ※ ἔσται ◄.[4]

הַזֶּבַח. Οʹ. τὰ θύματα. "Αλλος· τὰς θυσίας.[5]

וְנָתַן. Οʹ. καὶ δώσεις (alia exempl. δώσει[6]).

5. לַעֲמֹד לְשָׁרֵת בְּשֵׁם־יְהוָה הוּא וּבָנָיו כָּל־הַיָּמִים. Οʹ. παρεστάναι ÷ ἔναντι κυρίου τοῦ θεοῦ ◄,[7] λειτουργεῖν ÷ καὶ εὐλογεῖν ◄[8] ἐπὶ τῷ ὀνόματι αὐτοῦ, αὐτὸς καὶ οἱ υἱοὶ αὐτοῦ ἐν τοῖς υἱοῖς Ἰσραήλ (alia exempl. ἐπὶ τῷ ὀνόματι κυρίου, αὐτὸς καὶ οἱ υἱοὶ αὐτοῦ πάσας τὰς ἡμέρας ÷ κυρίῳ ◄[9]).

6. גָּר שָׁם. Οʹ. παροικεῖ (※) ἐκεῖ (◄).[10]

וּבָא בְּכָל־אַוַּת. Οʹ. ※ καὶ ἐλεύσεται ◄ καθότι ἐπιθυμεῖ.[11]

7. בְּשֵׁם. Οʹ. (※) ἐπὶ (◄) τῷ ὀνόματι.[12]

8. חֵלֶק כְּחֵלֶק יֹאכֵלוּ. *Portionem sicut portionem* (aequales portiones) *edent*. Οʹ. μερίδα μεμερισμένην φάγεται. Θ. μερίδα κατὰ μερίδα φάγεται.[13]

8. לְבַד מִמְכָּרָיו עַל־הָאָבוֹת. *Praeter venditiones ejus ex bonis paternis.* Οʹ. πλὴν τῆς πράσεως (alia exempl. add. αὐτοῦ[14]) τῆς κατὰ πατριάν. Ἀ. χωρὶς τῶν πράσεων αὐτοῦ ἐπὶ τοὺς πατέρας. Σ. . τῆς κτήσεως ἕκαστος τῆς κατὰ πατριάς.[15]

10. מַעֲבִיר. *Qui traducit.* Οʹ. περικαθαίρων. Οἱ λοιποί· διάγων.[16]

מְעוֹנֵן. *Hariolus.* Οʹ. κληδονιζόμενος. Σ. σημειοσκοπούμενος.[17]

11. וְשֹׁאֵל אוֹב. *Et qui interrogat pythonem.* Οʹ. ἐγγαστρίμυθος. Ἀ. (καὶ) ἐπερωτῶν μάγον.[18] Θ. . θελητήν.[19]

וְיִדְּעֹנִי. *Et fatidicus.* Οʹ. καὶ τερατοσκόπος ("Αλλος· γνωριστής. Οἱ λοιποί· γνώστης[20]).

וְדֹרֵשׁ אֶל־הַמֵּתִים. *Et qui consulit mortuos.* Οʹ. (καὶ) ἐπερωτῶν τοὺς νεκρούς. Ἀ. καὶ ζητῶν πρὸς τοὺς νεκρούς.[21]

---

[2] Obelus est in Arab. 1. [3] Syro-hex. in textu: ܗܘܢ ܦܐܪܐ ܕܡܪܝܐ ܘܡܢܬܐ ܕܝܠܗܘܢ ܢܐܟܠܘܢ ܐܢܘܢ; in marg. autem sine nom. ܢܘܪܐ ܦܐܪܐ ܕܡܪܝܐ ܘܡܢܬܐ (fort. ܘܦܐܪܐ) ܕܝܠܗ ܢܐܟܠܘܢ ܐܢܘܢ. Lectionem Aquilae esse crediderim, cujus πυρὰ Syrus per insolentem locutionem נורא פארא (sic) expressisse videtur. [4] Arab. 1 (sine metobelo), Syro-hex. [5] Sic Comp., Ald., Codd. III, VII, X, XI, 15, 16, 28, alii (inter quos 85, cum τὰ θύματα in marg.). [6] Sic Comp., Codd. II, III, VII, X, XI, 15, 16, 18, alii, Syro-hex. (cum δώσεις in marg.). [7] Arab. 1: ÷ *coram* ※ *Domino Deo tuo* (sic, sine metobelo). Ad παρεστάναι κ. τ. ἑ. notat Masius: "Ita et Syrum; jugulantur tamen obelisco quae in Hebraeo non sunt." [8] Verba, καὶ εὐλογεῖν, desunt in Comp., Codd. 28, 85. [9] Sic (sine κυρίῳ in fine) Comp., Ald., Codd. III, VII, 15, 16, 18, alii, Arm. 1. "In fine periodi post πάσας τὰς ἡμέρας addit Syrum למריא . . . quod nec in Graeco nec in Hebraeo est; transfoditur tamen etiam veru."—*Masius*. Sic sine obelo Codd. 19, 108, 118, Arab. 1. [10] Sic sine aster. Codd. 15, 74, 76, 82, 106, 134, Arab. 1. [11] Syro-hex. ※ ܘܢܐܬܐ ◄ ܐܝܟ ܡܐ ܕܪܓܐ. Sic sine aster. Cod. 82, Arm. 1. [12] Sic sine aster. Codd. 44, 54, 74, alii. [13] Syro-hex. .ܠ. ܦܠܓܘܬܐ ܐܝܟ ܦܠܓܘܬܐ ܢܐܟܠܘܢ. [14] Sic Comp., Codd. XI, 44, 53, 56, 74, alii. Syro-hex. ܣܛܪ ܡܢ ܙܒܢܐ ܕܝܠܗ ܗܘ ܕܐܝܟ ܒܝܬ ܐܒܗܬܐ. [15] Cod. 85 affert: Ἀ. τῶν πράσεων κ.τ.ἑ. Σ. τῆς κτήσεως κ.τ.ἑ. Cod. X autem: Ἀ. χωρίς. [16] Syro-hex. ܗܢܘܢ ܕܡܥܒܪܝܢ.

Cod. X affert: Ἀ. διάγων. Sic in textu Cod. 58. [17] Ad κληδονιζόμενος Cod. X in marg.: Σ. σημειοσκοπούμενος. Θ. θελητής; Cod. 85 autem: Σ. σημειοσκοπούμενος. Ἀ. ἐπερωτῶν μάγον; e quibus sola Symmachi lectio huc pertinet. Cf. Hex. ad Mich. v. 12. Syro-hex. in textu: ܕܩܐܡ ܒܩܠܐ ܘܐܬ; in marg. autem: ܣ. ܕܚܙܐ ܡܩܘܝܢܐ, ubi pro ܕܚܙܐ Masius perperam scripsit ראם. (Statim pro οἰωνιζόμενος Syrus noster apte dedit ܕܚܙܐ ܒܦܪܚܬܐ, quae locutio legitur in *Reliq. Jur. Eccl.* p. ܝ, 12, pro eo, ni fallor, quod in Graeco exemplari p. 11, l. 13 sonat οἰωνιστής, etsi aliter sentiunt Lagarde et post eum Payne Smith in *Thes. Syr.* p. 409, qui discrimen inter *serpentum incantatorem* (ܐܫܘܦܐ, ἐπαοιδός) et *auspicem* (οἰωνιστής), qui auguria per aves captabat, non satis attendisse videntur.) [18] Codd. X (qui ad ἐποείδων ἐπαοιδὴν male refert), 85 (ut supra). Syro-hex. ad ἐγγαστρίμυθος (ܡܫܐܠ ܡܢ ܟܪܣܐ) in marg. notat: Ἀ. μάγον (ܡܓܘܫܐ), καὶ γνώστης, καὶ ζητῶν πρὸς τοὺς νεκρούς. Ad μάγος cf. Hex. ad 1 Reg. xxviii. 7. 4 Reg. xxi. 6. xxiii. 24. Jesai. xxix. 4. [19] Cod. X (ut supra). Cf. Hex. ad Lev. xix. 31. xx. 6. Ad τερατοσκόπος Cod. 85 affert: Θ. θεετής (sic). Ἀ. γνωριστής. Σ. γνώστης. [20] Cod. X (cum γνωριστής in marg. sine nom.). Syro-hex. (ut supra): (Ἀ.) καὶ γνώστης (ܘܡܝܕܥܢܐ). Cf. Hex. ad Lev. xix. 31. xx. 6. [21] Syro-hex. (ut supra): ܘܒܥܐ ܠܘܬ ܡܝܬܐ.

15. מִקִּרְבְּךָ מֵאַחֶיךָ. Ο'. ⊗ ἐκ μέσου σου ◄ ἐκ τῶν ἀδελφῶν σου.[22]

17. הֵיטִיבוּ אֲשֶׁר דִּבֵּרוּ. Recte fecerunt quaecunque locuti sunt. Ο'. ὀρθῶς ⸓ πάντα ◄ ὅσα ἐλάλησαν πρὸς σέ. 'Α. Θ. ἠγάθυναν ὅσα ἐλάλησαν.[23]

18. כָּמוֹךָ. Ο'. ὥσπερ σέ. 'Α. ὅμοιόν σοι.[24]

19. אֶל־דְּבָרַי אֲשֶׁר יְדַבֵּר. Ο'. ὅσα (alia exempl. τῶν λόγων αὐτοῦ ὅσα[25]) ἂν λαλήσῃ ὁ προφήτης ἐκεῖνος. Alia exempl. πάντα ὅσα ἐὰν λαλήσῃ ⸓ ὁ προφήτης ◄.[26]

20. אֲשֶׁר יָזִיד לְדַבֵּר. Qui proterve agat dicendo. Ο'. ὃς ἂν ἀσεβήσῃ λαλῆσαι. 'Α. ὃς ἂν ὑπερηφανεύσηται τοῦ λαλῆσαι.[27]

22. בְּזָדוֹן. Ο'. ἐν ἀσεβείᾳ. Οἱ λοιποί· ἐν ὑπερηφανίᾳ.[28]

לֹא תָגוּר מִמֶּנּוּ. Non timebis eum. Ο'. οὐκ ἀφέξεσθε αὐτοῦ (s. ἀπ' αὐτοῦ[29]). "Αλλος· οὐ σχολάσετε αὐτῷ.[30]

Cap. XVIII. 12. ⸓ τῷ θεῷ σου ◄.[31] 14. ⸓ ὁ οὗτοι ◄.[32] 16. ⊗ τοῦ ◄ ἀκοῦσαι.[33] 17. ⸓ πάντα ◄.[34] 22. ἐν ἀσεβείᾳ ἐλάλησεν (⊗) αὐτό (◄).[35]

CAP. XIX.

1. בְּי־יַכְרִית. Ο'. ἐὰν δὲ ἀφανίσῃ ('Α. Θ. ἐξολοθρεύσῃ[1]).

2. תַּבְדִּיל. Ο'. διαστελεῖς. 'Α. χωρίσεις.[2]

נָתַן לְךָ לְרִשְׁתָּהּ. Ο'. δίδωσί σοι ⊗ τοῦ κληρονομῆσαι αὐτήν ◄.[3]

3. תָּכִין לְךָ. Parabis tibi. Ο'. στόχασαί ('Α. ἑτοιμάσεις[4]) σοι (alia exempl. σεαυτῷ[5]).

4. וְזֶה דְּבַר. Ο'. τοῦτο δὲ ⸔ ἔσται ◄ τὸ πρόσταγμα ("Αλλος· πρᾶγμα[6]).

בִּבְלִי־דַעַת. Ο'. οὐκ εἰδώς. Alia exempl. ἀκουσίως.[7]

5. לַחְטֹב. Ο'. συναγαγεῖν. 'Α. ἐκκόψαι.[8]

וְנָדְחָה יָדוֹ. Et immissa fuerit manus ejus. Ο'. καὶ ἐκκρουσθῇ ('Α. ἐξωσθῇ[9]) ἡ χεὶρ αὐτοῦ.

בַּגַּרְזֶן לִכְרֹת. Cum securi ad caedendum. Ο'. τῇ ἀξίνῃ κόπτοντος. 'Α. ἐν τῷ πελύκι τοῦ κόψαι.[10]

וּמָצָא אֶת־רֵעֵהוּ. Ο'. τύχῃ τοῦ πλησίον (alia exempl. add. αὐτοῦ[11]).

9. אֶת־כָּל־הַמִּצְוָה הַזֹּאת לַעֲשֹׂתָהּ. Ο'. ποιεῖν ⸔ αὐτὰς ◄ πάσας τὰς ἐντολὰς ταύτας.[12]

10. דָּם נָקִי. Ο'. αἷμα ἀναίτιον ('Α. ἀθῷον[13]).

דָּמִים. Ο'. αἵματι ἔνοχος. Οἱ λοιποί· αἵματα.[14]

13. וּבִעַרְתָּ. Et tolles. Ο'. καὶ καθαριεῖς. Θ. καὶ ἐξαρεῖς.[15]

---

[22] Sic Cod. IV, Arab. 1, et sine aster. Cod. 82. Cod. 15: ἐκ μέσου τῶν ἀδ. σου. "In Graeco desideratur quod et in Hebraeo est מקרבך, et in Syro מצעתך, quod tamen obelo in Syro notatur."—Masius. [23] Syro-hex. ܐܠܐ܂ ܐ܂ ܙ. ܂ܐܡܟܝ ܘܦܚܠܟܐ ◦ ◦ܐܚܟܡ. [24] Idem: ◦ܐܚܐ ܚܝ̇ ܂ܙ. Cf. ad Cap. iv. 32. [25] Sic Comp., Ald., Codd. III, VII, X, XI, 16, 18, alii. [26] Sic Cod. IV, Arab. 1, et sine obelo Cod. 82, Syro-hex. Praeterea desideratur ἐκεῖνος in Comp., Ald., Codd. III, VII, X, XI, 15, 16, aliis. [27] Syro-hex. ܟܣܐܡ̈ܐ ܚܣܠܐ܂ ܂ܙ. Cod. X affert: 'Α. ὑπερηφανεύσηται. Cf. Hex. ad Exod. xviii. 11. Deut. xvii. 13. Jerem. l. 29. [28] Idem: ◦ܕܡܚܡܚܕܐܡܟ ܘܥܕܡ ܂ܣܐ ◦ܣܐ. Cf. Hex. ad Prov. xiii. 10. Jerem. l. 32. Ezech. vii. 10. [29] Sic Comp., Ald., Codd. III, IV, VII, X, 15, 16, alii. Syro-hex. ܡܚܣܡ ◦ܡܚܣܣܡܐܠ ܂. Cf. Hex. ad Exod. xx. 21. [30] Syro-hex. in marg. ܟܣܐ ◦ܐܚܣܣ ◦ܐ. "Nondum satis scio, quid sibi id velit."—Masius. Lectionem anonymam utcunque Graecam fecimus. Cf. Hex. ad Job. vi. 28. Vide tamen an legendum sit ܡܚܣܡ ◦ܐܚܣܣ ◦ܐ, οὐκ ὁμιλή-

σετε αὐτῷ. [21] Cod. IV. [22] Cod. IV, Arab. 1. [33] Iidem. [34] Cod. IV. Deest in Cod. 58. [35] Sic sine aster. Codd. IV, 74, 76, 82, 134. CAP. XIX. [1] Syro-hex. ܣܚܚܠ ܂ܐ ܂ܙ. Cod. XI in textu: ἐξολοθρεύσῃ (sic). [2] Cod. X. [3] Sic Cod. IV, Syro-hex., Arab. 1, et sine aster. Codd. 44, 58, 74, alii. [4] Cod. X. [5] Sic Codd. IV, XI, 18, 19, alii (inter quos 85 in marg.). [6] Sic in textu Codd. XI, 54, 58, 75, 136. Obelus est in Cod. IV, Arab. 1 (cum ⊗ ἔσται). [7] Sic Comp., Ald., Codd. III, VII, X, XI, 15, 16, 18, alii, Arm. 1. [8] Codd. X, 108. Syro-hex. ◦ܚܣܣܡ ܂ܙ. Sic in textu Codd. 44, 74, 76, 106, 134, Arm. 1. [9] Cod. X. [10] Idem, teste Montef. (cum πελύκι). Holmes. ex eodem exscripsit tantum: 'Α. ἐν τῷ πελίκι. [11] Sic Codd. 44, 74, 76, alii, Syro-hex. [12] Sic Arab. 1, et sine obelo Cod. 82. [13] Cod. X. [14] "Syrum in contextu habet sanguinis, in singulari numero: tamen in margine notatur, quod reliquae versiones habent pluralem numerum, ut et Hebraeum habet."—Masius. [15] Syro-hex. ◦ܣܐܚܡܠܣ ܐ܂ܙ.

14. לֹא תַסִּיג גְּבוּל רֵעֲךָ. Ο'. οὐ μετακινήσεις ὅρια τοῦ πλησίον (σου). Ἀ. οὐ προσλήψῃ ὅρια ἑταίρου σου.[16] Σ. οὐκ ἐπελεύσῃ ἐπὶ τὰ ὅρια..[17]

גְּבֻלוּ. Determinaverunt. Ο'. ἔστησαν. Ἀ. ὁριοθέτησαν.[18]

רִאשֹׁנִים. Majores. Ο'. οἱ πατέρες σου. Alia exempl. οἱ πρότεροί σου.[19]

לְרִשְׁתָּהּ. Ο'. ἐν κλήρῳ. Ἄλλος· κληρονομῆσαι αὐτήν.[20]

15. לֹא־יָקוּם. Ο'. οὐκ ἐμμενεῖ (Ἀ. ἀναστήσεται[21]).

18. עֵד־שֶׁקֶר הָעֵד שֶׁקֶר עָנָה בְאָחִיו. Testis falsus est ille testis, falsum respondit in fratrem suum. Ο'. μάρτυς ἄδικος ἐμαρτύρησεν ἄδικα, ἀντέστη κατὰ τοῦ ἀδελφοῦ αὐτοῦ. Ἀ. μάρτυς ψευδὴς (ὁ μάρτυς), ψεῦδος ἀπεκρίθη εἰς τὸν ἀδελφὸν αὐτοῦ.[22]

19. זָמַם. Molitus est. Ο'. ἐπονηρεύσατο. Ἀ. ἐνενοήθη.[23]

21. רֶגֶל בְּרָגֶל. Ο'. πόδα ἀντὶ ποδός. Alia exempl. add. καθότι ἂν δῷ μῶμον τῷ πλησίον, οὕτως δώσετε αὐτῷ.[24]

Cap. XIX. 4. — ἔσται ◄.[25] 7. (—) τὸ ῥῆμα τοῦτο (◄).[26] 8. — κύριος ◄.[27] 9. — πάσαις ◄.[28]

15. — μαρτυρῆσαι ◄.[29] — πᾶν ◄ ῥῆμα.[30] 17. — καὶ ◄ ἔναντι τῶν ἱερέων,[31] καὶ — ἔναντι ◄ τῶν κριτῶν.[32] 21. — ἐπ' αὐτῷ ◄.[33]

Cap. XX.

1. סוּס וָרֶכֶב. Equos et currus. Ο'. ἵππον καὶ ἀναβάτην (Οἱ λοιποί· ἅρμα[1]).

2. כְּקָרָבְכֶם אֶל־הַמִּלְחָמָה. Ο'. ὅταν ἐγγίσῃς τῷ πολέμῳ. Ἄλλος· ἐν τῷ ἐγγίζειν σε πρὸς πόλεμον.[2]

3. קְרֵבִים. Accedentes. Ο'. πορεύεσθε. Alia exempl. προπορεύεσθε.[3]

וְאַל־תַּחְפְּזוּ. Neve contremiscatis. Ο'. μηδὲ θραύεσθε. Ἀ. Σ. (καὶ) μὴ θαμβεῖσθε.[4]

4. הַהֹלֵךְ עִמָּכֶם. Ο'. ὁ προπορευόμενος μεθ' ὑμῶν. Alia exempl. ὁ προπορευόμενος ὑμῶν.[5]

6. וְלֹא חִלְּלוֹ. Et non profanaverit (in suum usum converterit) eam. Ο'. καὶ οὐκ εὐφράνθη ἐξ αὐτοῦ. Οἱ λοιποί· (καὶ) οὐκ ἐλαΐκωσεν αὐτόν.[6]

---

[16] Syro-hex. ܠ ܘܡܣܒ ܚܟܡܗ ܐܣܐܟܠ ܘܣܚܕ ܀. ܘܠܟ܀. Cf. Hex. ad Job. xxiv. 2, ubi Aquilae versio (ὅρια) προσελάβοντο pro Hebraeo e nostro loco egregie confirmatur. [17] Idem: ܀ ܐܣܐܟܠ ܚܠܐ ܐܡܨܠ ܀. Cod. 108 affert: Σ. ἐπελεύσει. [18] Cod. X. Cf. Hex. ad Zach. ix. 2. [19] Sic Comp. (cum πρότερον), Codd. III, X, XI, 58 (cum οἱ πρότεροί σου πατέρες), 108 (ut Comp.), 118 (idem), 129, et Syro-hex. (cum πατέρες in marg.). [20] Sic in textu Ald. (cum ἐν κλήρῳ νόμησα), Codd. III (cum ἐν κλήρῳ κληρον. αὐτήν), X (cum κληρον. αὐτὴν ἐν κλ.), 15, 16 (ut III), 18 (idem), 19 (om. αὐτήν), alii. [21] Cod. X. [22] Syro-hex. ܘܣܒܟ ܀. ܣܚܕܐ ܕܓܠܐ ܀. "At sic praetermittitur verbum [vel nomen] Hebraeum הָעֵד, testatus est."—Masius. [23] Cod. X. [24] Sic Comp. (cum οὕτω), Ald. (cum ἂν τις δῷ), Codd. II (in marg. manu 2da, cum δοθήσεται pro δώσετε), III (cum δοθήσεται), X (cum ἐὰν pro ἂν), 15, 16, 18 (cum οὕτω), 19 (cum ἐὰν), alii, invitis Arab. 1, Arm. 1. "Syrum quoque nec in contextu, nec in margine ullam ejus mentionem facit, quod tamen alioqui verissimus testis genuinae apud LXX lectionis est."—Masius. [25] Cod. IV. Arab. 1: Χ ἔσται ◄. [26] Deest in Cod. 58. [27] Arab. 1. Deest in Codd. 54, 75.

[28] Idem. Deest in Codd. 44, 58. [29] Syro-hex. Deest in Cod. 58. [30] Syro-hex., Arab. 1. Vocula deest in Cod. 58. [31] Syro-hex. [1] Idem. Vox deest in Codd. 44, 58, 106. Arab. 1 pingit: ✕ καὶ ἔναντι τῶν κρ. ◄. [33] Arab. 1, invito, ut videtur, Syro-hex.

Cap. XX. [1] "In margine Syri notatur in aliorum tralatione pro ܪܟܒܐ [rectius pro ܪܟܫܐ] esse ܪܟܘܒܐ, hoc est, currus pro equo."—Masius. [2] Cod. 85 in marg. [3] Sic Comp. (cum προσπ.), Codd. III (idem), VII (idem), X, XI (ut Comp.), 19, 54 (ut Comp.), 56 (idem), 57, 58, alii, Arm. 1, Syro-hex. (ܩܪܒܝܢ ܐܠܟܘܢ). [4] Syro-hex. ܘܬܬܚܡܨܘܢ ܀. ܣ. ܠ. Ad Aquilam cf. Hex. ad 1 Reg. xxiii. 26. Psal. xxx. 29. cxv. 2. Quod ad vocem Syriacam attinet, non male haberet μὴ ἑστῆτε, s. μὴ ἐκπλαγῆτε. [5] Sic Codd. 16, 28, 32, alii (inter quos 85, cum μεθ' ὑμῶν in marg.), Arm. 1. [6] Cod. X. Cod. 85 in marg. sive nom.: ἐλαΐκωσεν αὐτός. Aliis locis (Deut. xxviii. 30, Ezech. vii. 22) Aquilae soli tribuitur haec lectio, ut hic quoque Syro-hex. affert: ܘܠܐ ܐܚܠ ܀. Restat locus nostro simillimus Jerem. xxxi. 5, ubi pro eo quod nos edidimus, βεβηλώσετε (ܬܚܠ), si quis Aquilae vindicet λαϊκώσατε, non refragabimur.

6. יְחַלְּלֶנּוּ. Ο΄. εὐφρανθήσεται ἐξ αὐτοῦ. Οἱ λοιποί· λαϊκώσει αὐτόν.[7]

8. כִּלְבָבוֹ. Ο΄. ὥσπερ ἡ ※ καρδία ◂ αὐτοῦ.[8]

11. וַעֲבָדוּךָ. Ο΄. καὶ ὑπήκοοί σου. Ἀ. Σ. Θ. καὶ δουλεύσουσί σοι.[9]

12. וְאִם־לֹא תַשְׁלִים עִמָּךְ. *Si autem non pacem fecerit tecum.* Ο΄. ἐὰν δὲ μὴ ὑπακούσωσί σοι. Ἀ. καὶ ἐὰν μὴ εἰρηνεύσωσί σοι.[10]

וְצַרְתָּ עָלֶיהָ. *Tunc obsidebis eam.* Ο΄. περικαθιεῖς αὐτήν. Ἀ. (καὶ) περιέξεις αὐτήν.[11]

14. וְהַטַּף. Ο΄. καὶ τῆς ἀποσκευῆς. Ἀ. (καὶ τῶν) νηπίων.[12]

כָּל־שְׁלָלָהּ. Ο΄. καὶ πᾶσαν τὴν ἀπαρτίαν ※ αὐτῆς ◂.[13] Σ. Θ. πάντα τὰ σκῦλα (Ἀ. λάφυρα[14]) αὐτῆς.[15]

תָּבֹז. Ο΄. προνομεύσεις. Ἀ. διαρπάσεις.[16]

15. לְכָל־הֶעָרִים הָרְחֹקֹת מִמְּךָ. Ο΄. πάσας τὰς πόλεις τὰς μακρὰν ÷ οὔσας ◂ σου.[17] Ἄλλος· εἰς ὅλας τὰς πόλεις τὰς πόρρωθεν ἀπὸ σοῦ.[18]

אֲשֶׁר לֹא־מֵעָרֵי הַגּוֹיִם־הָאֵלֶּה הֵנָּה. Ο΄. οὐχὶ ἐκ τῶν πόλεων τῶν ἐθνῶν τούτων. Alia exempl. αἱ οὐχὶ ἀπὸ τῶν πόλεων τῶν ἐθνῶν τούτων ※ εἰσίν ◂.[19]

15, 16. הֵנָּה: רַק מֵעָרֵי הָעַמִּים הָאֵלֶּה. Ο΄. Vacat. Alia exempl. ἰδοὺ δὲ ἀπὸ τῶν πόλεων ※ τῶν ἐθνῶν ◂ τούτων.[20]

19. לֹא־תַשְׁחִית. Ο΄. οὐκ ἐξολοθρεύσεις. Ἀ. Σ. οὐ διαφθερεῖς.[21]

גַּרְזֶן. Ο΄. σίδηρον. Ἀ. ἐν πελέκει.[22]

עֵץ הַשָּׂדֶה. Ο΄. τὸ ξύλον τὸ ἐν τῷ ἀγρῷ (alia exempl. δρυμῷ[23]).

בַּמָּצוֹר. *In obsidionem.* Ο΄. εἰς τὸν χάρακα. Ἀ. ἐν τῇ περιοχῇ.[24] Aliter: Ἀ. εἰς τὴν περιοχήν. Σ. ἔσω τῆς πολιορκίας. Θ. εἰς τὸν συγκλεισμόν.[25]

20. מָצוֹר. *Aggerem.* Ο΄. χαράκωσιν. Ἀ. περιοχήν.[26] Σ. περίφραγμα.[27]

Cap. XX. 6, 7. μή (※) ποτε (◂).[28] 14. ÷ πάντα ◂ τὰ κτήνη.[29] ÷ πᾶσαν ◂ τὴν προνομήν.[30] 16. ÷ τὴν γῆν αὐτῶν ◂.[31] οὐ ζωγρήσετε ÷ ἀπ' αὐτῶν ◂.[32] 17. ÷ καὶ Γεργεσαῖον ◂.[33]

Cap. XXI.

1. חָלָל. *Occisus.* Ο΄. τραυματίας. Ἀ. Σ. ἀνῃρημένος.[1]

---

[7] Cod. X affert: Οἱ λ. λαίκωσιν (sic). Cod. 85 in marg. sine nom.: λαϊκώσει αὐτόν. [8] Sic Arab. 1, Syro-hex. (ܐ. ܐܝܟ ܗܘ ܠܒܐ ܕܝܠܗ. "At τὸ ܠܒܐ obelisco pungitur."—*Masius*), et sine aster. Ald., Codd. X (cum καρδία in marg.), 15, 30, 58, alii (inter quos 85, ut X). [9] Syro-hex., teste Masio. Cod. X affert: Ἀ. δουλεύσουσι. [10] Syro-hex. ܐ. ܘܐܢ ܠܐ ܢܫܠܡܘܢ ܠܟ. [11] Idem: ܐ. ܘܬܚܕܪܝܗ ܒܚܒܘܫܝܐ. "Hoc est, *circumdabis eam coercione* [περιοχῇ Ezech. iv. 2. xii. 13]."—*Masius*. Cod. X affert: Ἀ. ἕξεις, quam lectionem ex scriptura περικαθιεῖς (sic) natam esse crediderim, coll. Hex. ad Ezech. iv. 3, ubi pro וְצָרְתָּ Aquila edidit καὶ περιέξεις. [12] Cod. X. Syro-hex. ܐ. ܘܕܛܠܝܐ. [13] Sic sine aster. Codd. 44, 74, alii. "Pronomen .. in Syro additur, sed veru confossum."—*Masius*. [14] Cod. X. [15] Syro-hex. ܣ. ܬ. ܟܠܗܘܢ ܡܐܢܐ ܕܝܠܗ. [16] Cod. X (cum διαυπάσεις (sic)). [17] Obelus est in Syro-hex. [18] Cod. 106 in marg. (cum vitiosissima scriptura: ης ολες της πολεις της πορρωθεν απο σου). [19] Sic Syro-hex., et sine aster. Codd. 58 (cum ἀπὸ τῶν ἐθνῶν τῶν πόλεων), 82; necnon (sine εἰσίν) Comp. (cum καὶ οὐχί), Ald., Codd. III, VII (ut 58), X, 16 (ut 58), 18, alii. [20] Sic Arab. 1, Syro-hex. (cum αἱ δὲ pro ἰδοὺ δέ), et sine aster. Comp., Codd. 16, 28, 30, alii, Arm. 1 (cum *sed* pro ἰδοὺ δέ); necnon (sine τῶν ἐθνῶν) Codd. III, VII, X, 18 (cum ἰδοὺ δή), 29, 82 (ut 18), 128 (idem). [21] Syro-hex. ܐ. ܣ. ܠܐ ܬܚܒܠ. [22] Cod. X (cum πελεκυ). [23] Sic Comp., Ald., Codd. III, VII, X, XI, 15, 16, 18, alii (inter quos 85, cum ἀγρῷ in marg.), invito Syro-hex. [24] Cod. X. [25] Syro-hex. ܐ. ܠܚܒܘܫܝܐ ܘܡܕܝܢܬܐ. ܣ. ܠܓܘ ܡܢ ܚܒܘܫܐ ܕܡܕܝܢܬܐ. ܬ. ܠܚܒܘܫܝܐ. Ad Graeca nostra, quae aliquantulum lubrica sunt, cf. Hex. ad Mich. vii. 11, 12. [26] Cod. X. [27] Syro-hex. ܣ. ܣܝܓܐ. Cf. Hex. ad Mich. vii. 12. [28] Sic sine aster. Codd. 58 (bis), 76 (in v. 7), 82 (bis), 134 (in v. 7). [29] Arab. 1 (cum metobelo tantum). Vox πάντα deest in Codd. 44, 58. [30] Syro-hex. Vox deest in Arab. 1. [31] Syro-hex. Arab. 1 pingit: ÷ κληρονομεῖν τὴν γ. αὐτῶν ◂. [32] Idem. Sic sine obelo Ald., Codd. III, VII, X, XI, 15, 16, 18, alii, Arab. 1, Arm. 1. [33] Syro-hex., Arab. 1. Deest in Cod. 58.

Cap. XXI. [1] Syro-hex. ܐ. ܣ. ܕܡܩܛܠ. Mox ad τραυ-

2. וּזְקֵנֶיהָ. Ο'. ἡ γερουσία σου. Ἄλλος· οἱ πρῶτιστοί σου.²

3. בָּהּ. Ο'. Vacat. Alia exempl. ἐν αὐτῇ.³

4. אֶל־נַחַל אֵיתָן. *Ad rivum perennem.* Ο'. εἰς φάραγγα τραχεῖαν. ('Α.) πρὸς χείμαρρον στερεάν.⁴

וְעָרְפוּ־שָׁם. *Et cervices frangent illic.* Ο'. καὶ νευροκοπήσουσι. 'Α. (καὶ) τενοντώσουσιν (ἐκεῖ).⁵

5. בָּחַר. Ο'. ἐπέλεξε. Alia exempl. ἐπελέξατο, s. ἐξελέξατο.⁶

לְשָׁרְתוֹ. Ο'. παρεστηκέναι ('Α. λειτουργεῖν⁷) αὐτῷ.

בְּשֵׁם יְהוָה. Ο'. ἐπὶ τῷ ὀνόματι αὐτοῦ. 'Α. Σ. Θ. ἐν τῷ ὀνόματι κυρίου.⁸

6. הָעֲרוּפָה. Ο'. τῆς νενευροκοπημένης. 'Α. τῆς τετενοντωμένης.⁹

8. וְאַל־תִּתֵּן דָּם נָקִי. Ο'. ἵνα μὴ γένηται αἷμα ἀναίτιον. 'Α. Θ. καὶ μὴ δῷς αἷμα ἀθῷον.¹⁰

9. כִּי־תַעֲשֶׂה. Ο'. ἐὰν ποιήσῃς. Alia exempl. καὶ εὖ σοι ἔσται ἐὰν ποιήσῃς (s. ποιήσητε).¹¹

הַיָּשָׁר. Ο'. τὸ καλὸν — καὶ τὸ ἀρεστόν ◄.¹²

10. וְשָׁבִיתָ שִׁבְיוֹ. *Et abduxeris captivos ejus.* Ο'. καὶ προνομεύσῃς τὴν προνομὴν αὐτῶν. Οἱ λοιποί· καὶ αἰχμαλωτεύσῃς αἰχμαλωσίαν αὐτοῦ.¹³

11. וְחָשַׁקְתָּ בָהּ. *Et affixus fueris ei.* Ο'. καὶ ἐνθυμηθῇς (alia exempl. ἐπιθυμηθῇς¹⁴) αὐτῆς.

14. עִנִּיתָהּ. *Subegisti eam.* Ο'. ἐταπείνωσας ('Α. ἐκακούχησας¹⁵) αὐτήν.

15. וְיָלְדוּ־לוֹ בָנִים. Ο'. καὶ τέκωσιν αὐτῷ ※ υἱούς ◄.¹⁶

16. עַל־פְּנֵי בֶּן־הַשְּׂנוּאָה. *Prae filio invisae.* Ο'. ὑπεριδὼν τὸν υἱὸν τῆς μισουμένης. ('Α.) ἐπὶ προσώπου τοῦ υἱοῦ τῆς μισουμένης.¹⁷

17. כִּי־הוּא רֵאשִׁית אֹנוֹ. *Quia ille est primitiae virium ejus.* Ο'. ὅτι οὗτός ἐστιν ἀρχὴ τέκνων αὐτοῦ. 'Α. ὅτι αὐτὸς κεφάλαιον λύπης αὐτοῦ.¹⁸ Σ. ὅτι οὗτος ἡ ἀρχὴ τῆς ἰσχύος αὐτοῦ.¹⁹

לוֹ מִשְׁפַּט הַבְּכֹרָה. *Ei est jus primogeniturae.* Ο'. καὶ τούτῳ καθήκει τὰ πρωτοτόκια. ('Α. Σ. Θ.) .. κρίσις τῆς πρωτοτοκίας.²⁰

19. עִירוֹ. Ο'. τῆς πόλεως αὐτοῦ (alia exempl. αὐτῶν²¹).

מְקֹמוֹ. Ο'. τοῦ τόπου. Alia exempl. τοῦ τόπου αὐτοῦ (s. αὐτῶν).²²

20. אֶל־זִקְנֵי עִירוֹ. Ο'. τοῖς ἀνδράσι τῆς πόλεως αὐτῶν (alia exempl. αὐτοῦ²³). 'Α. πρὸς τοὺς πρεσβυτέρους (s. πρεσβύτας) τῆς πόλεως αὐτοῦ.²⁴

סוֹרֵר וּמֹרֶה. *Refractarius et contumax est.*

ματίον (v. 2) Cod. 108 affert: 'Α. Σ. ἀγρημμένοι; necnon ad τραυματία (v. 3) Cod. X: 'Α. ἀγρημμένα. ² Sic "al." apud L. Bos. Holmes, pro σου καὶ e Cod. 44 exscripsit σου οἱ πρωτιστακα (sic). ³ Sic Codd. 44, 74, 76, alii. ⁴ Syro-hex. in marg. sine nom. ✠ ܚܠܐ ܕܬܩܝܦ ܢܚܠܐ. Cf. Hex. ad Psal. lxxiii. 15. Jerem. xlix. 19. ⁵ Cod. X (cum τενοντάσωσιν). In textu post ἐν τῇ φάραγγι infert ἐκεῖ Arm. 1, invitis libris Graecis et Syro-hex. ⁶ Prior lectio est in Codd. VII, X, XI, 15, 18, aliis (inter quos 85); posterior in Comp., Ald., Codd. III, 16, 19, aliis. ⁷ Cod. X. ⁸ Syro-hex. ⁹ Idem: ✠ ܡܥܩܒ ܡܪܚܩ. Cf. Hex. ad Exod. xiii. 13. ¹⁰ Idem: ܠܐ ܠܐ ܠܐ. ¹¹ Sic Codd. X (cum καὶ εὖ σοι ἔσται in marg.), XI, 16, 30, 44, alii, invito Syro-hex. ¹² Sic Syro-hex. Arab. 1 pingit: ━ τὸ καλὸν καὶ ━ τὸ ἀρεστόν. Cf. ad Cap. xii. 25. ¹³ Syro-hex. ✠ ܘܫܒܗ. ¹⁴ Sic Comp., Codd. 19, 77, 108, 118, et Syro-hex., teste Masio. ¹⁵ Cod. X. ¹⁶ Sic cum

"obelisco" Syro-hex., et sine aster. Codd. 15, 44, 58, alii, Arm. 1. ¹⁷ Cod. 108 in marg. sine nom. "Syrum suo more non differt a LXXII, nec Aquilas ab Hebraeo."—Masius. ¹⁸ Syro-hex. ✠ ܘܚܠܗ. Cf. Hex. ad Gen. xlix. 3. ¹⁹ Idem: ✠ ܘܣܠܐ. Cod. X affert: Σ. τῆς ἰσχύος. ²⁰ Cod. X in marg. sine nom. "Ei jus primogeniturae, scilicet debetur. Et ita ad verbum Aquilas, Symmachus, et Theodotion."—Masius. Parum probabiliter Holmesius: "Esse videtur titulus marginalis tantum." ²¹ Sic Codd. 18, 19, 44, alii, Arab. 1, Arm. 1, et Syro-hex. in marg. ²² Pronomen singulare est in Comp., Ald., Codd. III (cum τῆς πόλεως αὐτοῦ), X, XI, 15, 16, aliis, et Syro-hex.; plurale in Codd. VII, X (in marg.), 18, 19, 44, aliis, Arab. 1, Arm. 1, et Syro-hex. in marg. ²³ Sic Ald., Codd. III, X (in marg.), XI, 15, 16 (cum τοῦ τόπου αὐτοῦ), alii, et Syro-hex. (cum αὐτῶν in marg.). ²⁴ Syro-hex. ✠ ܘܣܒܗ.

Ο'. ἀπειθεῖ καὶ ἐρεθίζει.   Ἀ. ἀφίσταται (καὶ) προσερίζει.[25]

20. וְזוֹלֵל וְסֹבֵא.   Prodigus et potator.   Ο'. συμβολοκοπῶν οἰνοφλυγεῖ.   Ἀ. (συμβολοκοπεῖ καὶ) συμποσιάζει.[26]

21. וּרְגָמֻהוּ.   Ο'. καὶ λιθοβολήσουσιν (Ἀ. χερμαδιούσιν[27]) αὐτόν.

כָּל־אַנְשֵׁי.   Ο'. ✕ πάντες ◄ οἱ ἄνδρες.[28]

וְכָל־יִשְׂרָאֵל יִשְׁמְעוּ וְיִרָאוּ.   Ο'. καὶ οἱ ἐπίλοιποι ἀκούσαντες φοβηθήσονται.   Ἀ. καὶ πᾶς Ἰσραὴλ ἀκούσονται καὶ φοβηθήσονται.[29]

22, 23. וְכִי־יִהְיֶה בְאִישׁ חֵטְא מִשְׁפַּט־מָוֶת וְהוּמָת וְתָלִיתָ אֹתוֹ עַל־עֵץ: לֹא־תָלִין נִבְלָתוֹ עַל־הָעֵץ כִּי־קָבוֹר תִּקְבְּרֶנּוּ בַּיּוֹם הַהוּא כִּי־קִלְלַת אֱלֹהִים תָּלוּי וְלֹא תְטַמֵּא אֶת־אַדְמָתְךָ אֲשֶׁר יְהוָה אֱלֹהֶיךָ נֹתֵן לְךָ נַחֲלָה.   Ο'. ἐὰν δὲ γένηται ἔν τινι ἁμαρτία κρίμα θανάτου, καὶ ἀποθάνῃ, καὶ κρεμάσητε αὐτὸν ἐπὶ ξύλου, οὐ

κοιμηθήσεται (alia exempl. οὐκ ἐπικοιμηθήσεται[30]) τὸ σῶμα αὐτοῦ ἐπὶ τοῦ ξύλου, ἀλλὰ ταφῇ θάψετε αὐτὸ ἐν τῇ ἡμέρᾳ ἐκείνῃ, ὅτι κεκατηραμένος ὑπὸ θεοῦ – πᾶς ◄ κρεμάμενος – ἐπὶ ξύλου ◄.[31] καὶ οὐ μὴ μιανεῖτε τὴν γῆν (alia exempl. add. ὑμῶν[32]), ἣν κύριος ὁ θεός σου δίδωσί σοι ἐν κλήρῳ.   Ἀ. καὶ ὅταν γένηται ἐν ἀνδρὶ ἁμαρτία [εἰς] κρίμα θανάτου, καὶ θανατωθῇ, καὶ κρεμάσῃς αὐτὸν ἐπὶ ξύλου, οὐκ αὐλισθήσεται νεκριμαῖον αὐτοῦ ἐπὶ τοῦ ξύλου, ἀλλὰ θάπτων θάψεις αὐτὸν ἐν τῇ ἡμέρᾳ ἐκείνῃ, ὅτι κατάρα θεοῦ κρεμάμενος· καὶ οὐ μιανεῖς χθόνα σου, ἣν κύριος ὁ θεός σου δίδωσί σοι κληρονομίαν.[33]   Σ. ἐὰν δὲ γένηται ἀνθρώπῳ ἁμαρτία εἰς κρίμα θανάτου, καὶ θανατωθῇ, καὶ κρεμάσῃς αὐτὸν ἐπὶ ξύλου, οὐ νυκτερεύσει τὸ πτῶμα αὐτοῦ ἐπὶ τοῦ ξύλου, ἀλλὰ ταφῇ θάψεις αὐτὸ ἐν αὐτῇ τῇ ἡμέρᾳ, ὅτι διὰ τὴν βλασφημίαν τοῦ θεοῦ ἐκρεμάσθη· καὶ οὐ μὴ μιάνῃς τὴν γῆν σου, ἣν κύριος ὁ θεός σου δίδωσί σοι εἰς κληρονομίαν.[34]   Θ. καὶ ὅτι ἔσται ἐν ἀνδρὶ ἁμαρτία εἰς κρίμα θανάτου, καὶ ἀποθανεῖται, καὶ κρεμάσεις αὐτὸν ἐν ξύλῳ, οὐ κοιμηθήσεται θνησιμαῖον αὐτοῦ ἐπὶ τοῦ ξύλου, ὅτι ταφῇ θάψεις αὐτὸν ἐν αὐτῇ τῇ ἡμέρᾳ, ὅτι κατάρα θεοῦ

---

[25] Cod. X.   [26] Idem. Ad συμβολοκοπεῖ cf. Hex. ad Prov. xxviii. 7.   [27] Cod. 108. Cf. Hex. ad Job. xxxviii. 38.   [28] Sic Syro-hex., et sine aster. Codd. 15, 44, 58, alii, Arab. 1, Arm. 1.   [29] Sic Syro-hex., teste Masio. Montef. e marg. Cod. 85 edidit: Ἄλλος· καὶ πᾶς Ἰσρ. ἀκούσας φοβηθήσεται; et sic in textu Codd. 19, 54, 75, 108, 118.   [30] Sic Comp., Ald., Codd. III, VII, 16, 18, 19, alii. "Syrum quoque et Aquilas verterunt ܠܐ ܢܒܘܬ, quod cum Hebraeo plane idem est."—Masius. Vox Syriaca, quae usitatius αὐλισθήσεται sonat, commutatur cum κοιμηθήσεται Exod. xxxiv. 25 in LXX, et Dan. vi. 18 in versione Theod.   [31] "Τὸ omnis et τὸ super lignum notantur asterisco, quia scil. in Hebraeo non habentur."—Masius. Arab. 1 pingit: ← πᾶς κρ. ἐπὶ ξύλου ◄.   [32] Sic Codd. 58 (cum ἡμῶν), 82, Arab. 1, Syro-hex.   [33] Hieron. in Comment. in Epist. ad Gal. (Opp. T. VII, p. 435): "Antequam de sensu et verbis Apostoli disputemus, justum videtur Deuteronomii testimonium, de quo et Apostolus haec sumpsit, paucis replicare, et componere illud ceteris editionibus. LXX ergo interpretes ita hunc locum transtulere: Si autem fuerit in aliquo peccatum et judicium mortis, et mortuus fuerit, (et) suspenderitis eum in ligno, non dormiet corpus illius super lignum, sed sepelientes sepelietis eum in die illa, quia maledictus a Deo omnis qui pendet in ligno; et non contaminabis terram tuam, quam Dominus Deus dabit tibi in hereditatem. Aquila:

Et cum fuerit in viro peccatum in [al. et] judicium mortis, et occisus fuerit, et suspenderis eum super lignum, non commorabitur [Cod. 108: Ἀ. αὐλισθήσεται] morticinium [νεκριμαῖον. Cf. ad Cap. xiv. 8] ejus super lignum, sed sepeliens sepelies eum in die illa, quia maledictio Dei est, qui suspensus est; et non contaminabis humum [χθόνα. Cf. Hex. ad Gen. ii. 6. iii. 17. Jesai. vii. 16] tuam, quam Dominus Deus tuus dabit tibi hereditatem." Idem paulo post: "In eo autem loco ubi Aq. et Theod. similiter transtulerunt, dicentes: quia maledictio Dei est suspensus, in Hebraeo ita ponitur, CHI CALALATH ELOIM THALUI." Procop. in Cat. Niceph. p. 1543: 'Ἀκ. καὶ Θεοδ. ἐξέδωκαν, κατάρα θεοῦ κρεμάμενος. Ἀκ. καὶ κεκατηραμένος κ. τ. λ.: "Aquilas vertit ut est in Hebraeo."   [34] Hieron. in continuatione: "Symmachus: Si autem fuerit homini peccatum ad judicium mortis, et occisus fuerit, et suspenderis eum super lignum, non pernoctabit [fort. νυκτερεύσει, s. διανυκτερεύσει, coll. Hex. ad Psal. xc. 1] cadaver [cf. Hex. ad Jerem. xxvi. 23. xxxvi. 30] ejus super lignum, sed sepultura sepelies eum [al. illud] in die ipsa, quia propter blasphemiam Dei suspensus est; et non contaminabis terram tuam, quam Dominus Deus tuus dabit tibi ad hereditatem." Ad Symmachi enarrationem, quia propter blasphemiam Dei suspensus est, accedit Chaldaeus: quia propter quod peccavit coram Domino suspensus est (אֲרֵי עַל־דְּאַרְגֵּיז קֳדָם יְיָ אִצְטְלִיב).

κρεμάμενος· καὶ οὐ μὴ μιάνῃς ἀδαμά σου, ἣν κύριος
ὁ θεός σου δώσει σοι κληρονομίας.³⁵

Cap. XXI. 1. κληρονομῆσαι (※) αὐτήν (◄).³⁶ πατάξαντα ※ αὐτόν ◄.³⁷ 6. χεῖρας ※ αὐτῶν ◄.³⁸ ἐπὶ
┬ τὴν κεφαλὴν ◄ τῆς δαμάλεως.³⁹ 8. κύριε, ┬ ἐκ
γῆς Αἰγύπτου ◄.⁴⁰ 9. ┬ τοῦ θεοῦ σου ◄.⁴¹ 13.
πατέρα ※ αὐτῆς ◄.⁴² μητέρα ※ αὐτῆς ◄.⁴³ 15. μία
┬ αὐτῶν ◄.⁴⁴ καὶ μία ┬ αὐτῶν ◄.⁴⁵

Cap. XXII.

1. נִדָּחִים. Dispulsos (errantes). Ο΄. πλανώμενα.
'Άλλος· παρεπταικότα.¹

3. לְהִתְעַלֵּם. Avertere te. Ο΄. ὑπεριδεῖν (alia exempl. add. αὐτά²).

4. לֹא־תִרְאֶה. Ο΄. οὐκ ὄψῃ. Alia exempl. οὐχ
ὑπερόψει.³

נֹפְלִים. Ο΄. πεπτωκότας (s. πεπτωκότα). Aliter:
Ο΄. πλανώμενον. Σ. Θ. πεπτωκότα (s. ἐκπεπτωκότα).⁴

5. שִׂמְלַת. Ο΄. στολήν. 'Α. ἱματισμόν.⁵

7. וְהַאֲרַכְתָּ יָמִים. Ο΄. καὶ πολυήμερος (alia exempl. μακροχρόνιος⁶) γένῃ (potior scriptura
ἔσῃ⁷).

9. כִּלְאָיִם. Diversi generis semine. Ο΄. διάφορον
(alia exempl. δίφορον⁸). 'Α. εἰργμόν. Σ. ἀνομοιογενές. Θ. κώλυμα.⁹

הַמְלֵאָה הַזֶּרַע. Abundantia sementis. Ο΄. τὸ
γέννημα καὶ τὸ σπέρμα. 'Α. Θ. τὸ πλῆρες
σπέρμα.¹⁰

10. יַחְדָּו. Ο΄. ἐπὶ τὸ αὐτό. 'Α. ὁμοῦ.¹¹

11. שַׁעַטְנֵז. Ο΄. κίβδηλον. 'Α. ἀντιδιακείμενον (s.
ἀντικείμενον).¹² Σ. ἑτερογενές.¹³ Θ. σατανῆς.¹⁴

14. עֲלִילֹת דְּבָרִים. Facta verborum (rumorum
malorum). Ο΄. προφασιστικοὺς λόγους. 'Α.
ἐναλλακτικὰ ῥήματα.¹⁵

15. אֶל־זִקְנֵי הָעִיר. Ο΄. πρὸς τὴν γερουσίαν ※ τῆς
πόλεως ◄.¹⁶

---

³⁵ Hieron. in continuatione: "Theodotio: *Et quia erit
in viro peccatum in* [al. tacet in] *judicium mortis, et morietur, et suspendes eum in ligno, non dormiet morticinium
ejus super lignum, quia sepultura sepelies eum in die ipsa,
quia maledictio Dei est suspensus; et non contaminabis
adama* [cf. Hex. ad Gen. ii. 7. iii. 18. Ezech. xx. 38]
tuam, quam Dominus Deus tuus dederit tibi hereditatem."
³⁶ Sic sine aster. Codd. 44, 74, alii, et Syro-hex. ³⁷ Syro-
hex. (cum "obelisco"). Sic sine aster. Codd. 44, 53, 56,
74, alii. ³⁸ Idem. Sic sine aster. Codd. 44, 58, 74,
alii, Arm. 1. ³⁹ "Syrum congruit cum LXXII, non
sine asterisco jugulante vocem *caput.*"—Masius. Cod. 58:
ἐπὶ τῆς δαμάλεως. ⁴⁰ Syro-hex. Sic sine obelo Comp.,
Codd. III, VII, X, XI, 15, 16, 18, alii, Arab. 1. ⁴¹ Idem.
Deest in Cod. 58. ⁴² Idem (cum "obelisco"). Sic
sine aster. Codd. III, XI, 15, 44, alii, Arab. 1. ⁴³ Idem.
Sic sine aster. Codd. XI, 44, 54, alii, Arm. 1. ⁴⁴ Idem.
Pronomen deest in Codd. 44, 58. ⁴⁵ Idem. Deest in
Cod. 58, Arm. 1.
Cap. XXII. ¹ Cod. 108 in marg.: παρεπτωκότα (sic). In
fine v. haec, καὶ ἀποδώσεις αὐτὰ, s. καὶ ἀποδώσεις αὐτὰ τῷ
ἀδελφῷ σου, desunt in Ald., Codd. 15, 16, 18, aliis, Arab. 1,
et, ut videtur, Syro-hex. ² Sic Ald., Codd. III, VII, X,
XI, 15, 16, 18, alii, Arab. 1 (cum *illud*), et Syro-hex. in
marg. ³ Sic Ald., Codd. III (cum οὐκ ὑπερόψῃ) 16 (cum
–ψεις), 18, alii (inter quos Codd. 85, 108, uterque in
TOM. I.

marg.). ⁴ Syro-hex. in textu: ܠܟ; in marg. autem:
ܘܪ .ܠ .ܐ. ⁵ Cod. X. ⁶ Sic Codd. 72, 75 (cum
εἰ pro γένῃ). ⁷ Sic Comp., Ald., Codd. III, VII, X, XI,
15, 16, 18, alii. ⁸ Sic Codd. II, VII (eraso ā), XI, 29,
53, alii (inter quos 85 in marg.), invito Syro-hex., qui
ܡܬܚܒܠ vertit. ⁹ Cod. 85, ubi tamen nomina interpretum duorum priorum male inter se permutata sunt.
Rectius Cod. X: Σ. ἀνομοιογενές; necnon Syro-hex. ܠ .ܐ.
ܘܪ ܠܐ ܡܚܒܠܐ, nisi forte Syriaca ἀνομογενές potius quam
ἀνομοιογενές sonent. Cf. Hex. ad Psal. liv. 15. Etiam
Cod. 54 Aquilae vindicat εἰργμόν, sed vitiose scriptura
εἰργμένον. Ad Aq. cf. Hex. ad Psal. cxviii. 101. Ad
Theod. cf. Hex. ad Lev. xix. 19. ¹⁰ Syro-hex. ܠ .ܐ .ܬ
ܡܚܒܠܐ. ¹¹ Cod. X. ¹² Codd. X (ad στρωτά (v. 12)),
85: 'Α. ἀντιδιακείμενον. Syro-hex. ܣܝܒ ܡܚܒܠܐ .ܐ,
quod ἀντικείμενον potius sonat, consentiente Procopio in
Cat. Niceph. p. 1550: 'Ακ. τὸ κίβδηλον παρέδωκεν, ἀντικείμενον·
ὁ δὲ Σύμ. ἑτερογενές. ¹³ Codd. X, 85, 108, Procop.
Syro-hex. ܘܪ ܣܪܝ ܐ .ܣ. ¹⁴ Syro-hex. ܘܪ ܣܛܢܐ .ܐ.
¹⁵ Cod. 108 in marg. sine nom. Codd. X affert: 'Α. ΕΝΑ-
ΛΛΚΑ ΡΙΤΙΜΑ (sic), unde Montef. effecit: 'Α. ἐναλλακτὰ ῥήματα. Tandem Syro-hex. ܘܪ ܡܬܚܒܠܢ ܠܐ .ܐ. Ad usum
Aquilae cf. nos in Hex. ad Jerem. xxxviii. 19. ¹⁶ Sic
Syro-hex. (cum "obelo"), et sine aster. Codd. 28, 44 (cum
τῆς π. ἐκείνης), 58, alii, Arab. 1.

17. **וְהִנֵּה־הוּא**. Ο'. νῦν οὗτος. Alia exempl. νῦν αὐτός; alia, αὐτὸς νῦν.[17]

19. **מֵאָה כָסֶף**. Ο'. ἑκατὸν σίκλους. Οἱ Γ'. ἑκατὸν ἀργυρίου.[18]

21. **אֶל־פֶּתַח בֵּית**. Ο'. ἐπὶ τὰς θύρας τοῦ οἴκου. ('Α.) πρὸς ἄνοιγμα οἴκου.[19]

נְבָלָה. Scelus nefandum. Ο'. ἀφροσύνην. 'Α. ἀπόρρευσιν.[20]

24. **אֶת־הַנַּעַר**. Ο'. τὴν νεᾶνιν. 'Α. τὴν παῖδα.[21]

עַל־דְּבַר אֲשֶׁר (bis). Ο'. ὅτι. Alia exempl. διότι.[22] Ἄλλος· ἐπὶ λόγου ὅτι.[23]

25. **וְהֶחֱזִיק־בָּהּ הָאִישׁ וְשָׁכַב עִמָּהּ**. Ο'. καὶ βιασάμενος ※ αὐτὴν ὁ ἄνθρωπος ◄ κοιμηθῇ μετ' αὐτῆς.[24]

26. **וְלַנַּעַר לֹא־תַעֲשֶׂה דָבָר**. Ο'. Vacat. Alia exempl. τῇ δὲ νεάνιδι οὐ ποιήσετε οὐδέν.[25]

הַדָּבָר. Ο'. τὸ πρᾶγμα. Ἄλλος· τὸ ῥῆμα.[26]

28. **נַעַר בְּתוּלָה**. Ο'. τὴν παῖδα τὴν παρθένον ('Α. νεᾶνιν[27]).

29. **עִנָּהּ**. Ο'. ἐταπείνωσεν ('Α. ἐκακούχησεν[28]) αὐτήν.

30 (Hebr. xxiii. 1). **כָּנָף**. Ο'. συγκάλυμμα. 'Α. πτερύγιον.[29]

Cap. XXII. 1. – ἐν τῇ ὁδῷ ◄.[30] 8. ἐὰν – δὲ ◄ οἰκοδομήσῃς.[31] 16. – ταύτην ◄.[32] 17. – αὐτῇ ◄.[33] 21. ἐν – υἱοῖς ◄ 'Ισραήλ.[34] 29. – δίδραχμα ◄.[35]

CAP. XXIII.

1 (Hebr. 2). **פְּצוּעַ־דַּכָּה**. Vulneratus contritione (testiculorum). Ο'. θλαδίας. 'Α. τραυματίας ἐπιτριμμοῦ.[1]

2 (3). **מַמְזֵר**. Spurius (ex adulterio vel incestu prognatus). Ο'. ἐκ πόρνης. 'Α. Σ. μαμζήρ.[2]

גַּם דּוֹר עֲשִׂירִי לֹא־יָבֹא לוֹ בִּקְהַל יְהוָה. Ο'. Vacat. ※ καὶ εἰς δεκάτην γενεὰν οὐκ εἰσελεύσεται εἰς ἐκκλησίαν κυρίου ◄.[3]

4 (5). **מִפְּתוֹר אֲרַם נַהֲרַיִם**. Ο'. ἐκ τῆς Μεσοποταμίας. 'Α. ἀπὸ Φαθὼρ Συρίας ποταμῶν.[4]

5 (6). **אֱלֹהֶיךָ לָהּ**. Ο'. ὁ θεός σου ※ σοι ◄.[5]

6 (7). **לֹא־תִדְרֹשׁ שְׁלֹמָם וְטֹבָתָם**. Ο'. οὐ προσαγορεύσεις εἰρηνικὰ αὐτοῖς, καὶ συμφέροντα αὐτοῖς.

---

[17] Prior lectio est in Codd. XI, 16, 18, aliis, et Syrohex.; posterior in Comp., Codd. III, VII, X, 15, 30, aliis. [18] Cod. 108. Syro-hex. ܡܣ̇ܡܐ ܠ.ܐ ܡܚܠ ܘܡܣܐ. Cod. X in marg. sine nom.: ἀργυρίου. [19] Cod. 108 in marg. sine nom. Cf. Hex. ad Gen. vi. 17. Num. iv. 23. [20] Cod. X. Cf. Hex. ad 1 Reg. xxv. 25. Jerem. xxix. 23. [21] Cod. X. [22] Sic (bis) Codd. 44, 74, alii. [23] Sic in textu (bis) Codd. 15, 82, et Syro-hex. (ܠ ܡܚܠܕ). Origen. c. Celsum (Opp. T. I, p. 353): ἐπὶ λόγου διότι (bis). [24] Sic sine aster. Codd. 15, 58, 82, Origen. ibid. Masius e Syrohex. exscripsit: ܡܢ ܘܕܒ ܟܗ ܚܣܡܠ ܗ̇ ܒܚܣܐ ܒܡܢ, notans: "Tamen voces illae quae nunc in Graeco non habentur, scilicet αὐτὴν et ὁ ἄνθρωπος, notantur obelisco." [25] Sic Comp., Ald., Codd. III (cum ποιήσεται), VII, X, XI (cum ποιήσητε), 15, 16, alii; necnon (cum καὶ τῇ ν. pro τῇ ν. δὲ) Codd. II (in marg., teste Holmesio), 18 (om. οὐ), 19 (cum καὶ τὴν νεάνιδα), 82, 108 (ut 19), Origen. ibid., Arm. 1, Syro-hex. [26] Sic in textu Codd. 16, 28, 30, alii (inter quos 85, 130). [27] Anon. in Cat. Niceph. p. 1556 (ait ἐβόησεν ἡ νεᾶνις (v. 27)): καὶ ἀντὶ τοῦ παρθένου νεᾶνίς φησι, καθὼς καὶ Ἀκ. ἐκδέδωκε· δῆλον γὰρ ὡς ἡ εἶκα ἐβόα, οὐκ ἦν φθαρεῖσα. [28] Cod. 108. Cf. ad Cap. xxi. 14. [29] Cod. X. Cf. Hex. ad Job. xxxix. 13. Ezech. v. 3.

[30] Syro-hex. (cum "asterisco"), Arab. 1. [31] Syro-hex. Sic sine obelo Comp., Ald., Codd. III, VII, 15, 16, 18, alii, Arab. 1, Arm. 1. [32] Syro-hex., Arab. 1 (cum metobelo tantum). Deest in Cod. 58. [33] Syro-hex. Deest in Arm. 1. [34] Idem. Arab. 1 pingit: ⨪ ἐν υἱοῖς ◄ 'Ισρ. [35] Idem, qui, teste Masio, vocem Graecam retinet. Num ܐܚܡܣܕ؟

CAP. XXIII. [1] Cod. X. Cod. 108 in marg. sine nom.: τραυματίας ἐπὶ τρίμμον. (Montef. e Cod. X edidit ἐπιτρίμμῳ (sic). Scilicet in fine vocis ἐπιτριμμ est compendium scripturae, quod nobis quidem ὅς vel ατος potius interpretatus est: τομίας, θλαδίας.) [2] Cod. X affert: 'Α. μαμζήρ. Bar Hebraeus autem (Mus. Brit. Addit. MSS. 21,580, fol. 56 a): ܡܚܡܙܝܠ. ܡܡ̈. Cf. Hex. ad Zach. ix. 6. [3] Syro-hex. in textu: ܟ ܐܣܕ ܟܕܡܠ ܠ ܒܚܡܠ ܚܣܡܠ ܘܣ ܗ̇ ܡܕܟܙܘ. ◄ܘ. ܟܡܠܐ. Arab. 1 legit et pingit: ※ Domini, et usque ad decimam generationem etc. Postremo Cod. 82 sine aster.: καὶ γενεὰ δεκάτη κ. τ. ἑ. [4] Cod. X. Syro-hex. affert: ./. ܘܡܣܐܘ ܗܣܟܕ ܟܚܡ Cod. 85 in marg. sine nom.: ἀπὸ βαθοὺρ (sic) Συρίας ποταμῶν. [5] Sic Syro-hex. (cum "obelisco"), et sine aster. Codd. 82, 128.

'Α. οὐκ ἐκζητήσεις εἰρήνην αὐτῶν καὶ ἀγαθοσύνην αὐτῶν.[6]

8 (9). בָּנִים אֲשֶׁר־יִוָּלְדוּ לָהֶם. Ο'. υἱοὶ ἐὰν γεννηθῶσιν αὐτοῖς. Σ. οἱ υἱοὶ οἱ γεννώμενοι (s. οἳ ἂν γεννηθῶσιν) αὐτοῖς.[7]

9 (10). כִּי־תֵצֵא מַחֲנֶה. *Si egressus fuerit exercitus.* Ο'. ἐὰν δὲ ἐξέλθῃς παρεμβαλεῖν (alia exempl. εἰς πόλεμον παρεμβαλεῖν; alia, παρεμβαλεῖν εἰς πόλεμον[8]).

10 (11). מִקְּרֵה־לָיְלָה. *Propter casum nocturnum.* Ο'. ἐκ ῥύσεως αὐτοῦ ('Α. ἐκ συναντίσματος[9]) νυκτός.

13 (14). אֶת־צֵאָתֶךָ. Ο'. τὴν ἀσχημοσύνην σου ÷ ἐν αὐτῷ ◄.[10] 'Α. τὸ ἐξελθόν σου.[11] Σ. Θ. τὸν ῥύπον σου.[12]

14 (15). וְלָתֵת אֹיְבֶיךָ לְפָנֶיךָ וְהָיָה. Ο'. καὶ παραδοῦναι τὸν ἐχθρόν σου πρὸ προσώπου σου (alia exempl. εἰς τὰς χεῖράς σου[13])· καὶ ἔσται. 'Α. (καὶ) τοῦ δοῦναι ἐχθρούς σου εἰς πρόσωπόν σου καὶ ἔσται. Σ. καὶ δοῦναι τὸν ἐχθρόν σου [καὶ] ἔμπροσθέν σου ἔσται οὖν. Θ. καὶ τοῦ δοῦναι ἐχθρούς σου κατὰ πρόσωπόν σου . . .[14]

15 (16). לֹא־תַסְגִּיר. *Non trades.* Ο'. οὐ παραδώσεις. 'Α. Θ. οὐ συγκλείσεις.[15]

16 (17). בַּמָּקוֹם אֲשֶׁר־יִבְחַר בְּאַחַד שְׁעָרֶיךָ בַּטּוֹב לוֹ. Ο'. οὗ (alia exempl. ἐν παντὶ τόπῳ οὗ[16]) ἂν ἀρέσῃ αὐτῷ. Alia exempl. ἐν ÷ παντὶ ◄ τόπῳ ※ οὗ ἐὰν ἐκλέξηται ἐν μιᾷ τῶν φυλῶν (s. πυλῶν) σου ◄, οὗ ἐὰν ἀρέσῃ αὐτῷ.[17] Οἱ λοιποί· ἐν μιᾷ τῶν πυλῶν σου.[18]

17 (18). קְדֵשָׁה. Ο'. πόρνη. 'Α. ἐνδιηλλαγμένη.[19] Ο'. οὐκ ἔσται τελεσφόρος ἀπὸ θυγατέρων 'Ισραήλ, καὶ οὐκ ἔσται τελισκόμενος (alia exempl. add. πρὸς πᾶσαν εὐχὴν[20]) ἀπὸ υἱῶν 'Ισραήλ.

22 (23). וְכִי תֶחְדַּל לִנְדֹּר. Ο'. ἐὰν δὲ μὴ θέλῃς εὔξασθαι. Σ. ἐὰν δὲ ἀπόσχῃ τοῦ εὔχεσθαι.[21]

23 (24). נְדָבָה. Ο'. δόμα. Οἱ λοιποί· ἑκούσιον.[22]

Cap. XXIII. 11. ÷ τὸ σῶμα αὐτοῦ ◄.[23] 16. ἐν ὑμῖν ÷ κατοικήσει ◄.[24] 18. ÷ ἐστί ◄.[25] 19. ἐκδα-

[6] "Syrum sequitur LXXII, Aquilas vero Hebraeum." —*Masius.* Cod. 108: 'Α. οὐκ ἐκζητήσεις. [7] Syro-hex. ܣ. ܒܢܝܐ ܗܢܘܢ ܕܡܬܝܠܕܝܢ ܠܗܘܢ. [8] Prior lectio est in Codd. 16, 18, 30, aliis (inter quos 85), Arm. 1; posterior in Codd. III (manu 2da), 44, 54, aliis: neutra, ut videtur, in Syro-hex. Mox Syro-hex. pro καὶ φυλάξῃ sine copula imperativum ܛܪ habet, invitis libris Graecis. [9] Cod. X, teste Holmesio. Montef. ex eodem exscripsit συναντήματος. Sed cf. Hex. ad Mich. ii. 8. [10] Sic Syro-hex., et sine obelo Comp., Ald., Codd. III, VII, X, XI, 16, 18, alii. [11] Cod. X. Cod. 108 in marg. sine nom.: τὸ ἐξεαθόν (sic) σου. "Aquilas, curiose volens reddere Hebraeam vocem, interpretatur, *id quod exit ab te.*"—*Masius.* [12] Cod. 108: Σ. Θ. τὴν ῥυπτόν (sic) σου. "Sym. et Theod. ܡܪܕܟܝܬܐ ܕܝܠܟ, quae vox quid significet nondum reperi."—*Masius.* Etiam Bar Hebraeus (Mus. Brit. Addit. MSS. 21,580, fol. 56 a): ܣܐ. ܡܬܠܐܝ. ܣܘ̈. ܡܪܕܟܝܬܐ. Lectio Graeca non adeo certa est, tum quia ῥύπος Syro nostro constanter sonat ܙܐܐ, tum quia vox ista de *excremento* posita nescio quid καινῶς ῥηθὲν habere videtur. Cf. tamen Hex. ad Prov. xxx. 12. [13] Sic Ald. (cum duplici versione, εἰς τ. χ. σου πρὸ πρ. σου), Codd. III, VII, X, XI, 15, 16, alii (inter quos 85, cum πρὸ πρ. σου in marg.), invito Syro-hex. [14] Cod. 85, teste Holmesii amanuensi. Pro καὶ ἔμπροσθέν σου Montef. ex eodem minus probabiliter exscripsit εἰς πρόσωπόν σου. [15] Syro-hex. ܐ. ܬ. ܠܐ ܬܣܟܘܪ. Cf. Hex. ad Deut. xxxii. 30. Thren. ii. 7. [16] Sic Comp., Ald., Codd. III, VII, X, XI, 15, 18, alii. [17] Sic sine notis Codd. 16 (cum οὗ ἐκλέξεται et πυλῶν), 44, 52 (ut 16), 57 (idem), 73 (idem), 74, 76, 85 (ut 16), 106 (cum ἂν pro ἐάν), 134. Syro-hex. legit et pingit: ÷ܒܟܠ ◄ ܕܘܟܬܐ ܐܝܟܐ ܕ ※ ܢܓܒܐ (fort. ܕܢܓܒܐ) ◄ ܒܚܕܐ ܡܢ ܫܒܛܐ (in marg. ܬܪ̈ܥܐ) ܕܝܠܟ ܐܝܟܐ ܕܢܫܦܪ ܠܗ. Arab. 1 autem: *in omni loco ubi forte* ※ *eligat* ◄ *in una* ※ *tribuum tuarum ubi* etc. (sine metobelo). [18] Procop. in Cat. Niceph. p. 1564. [19] Cod. X. Cf. Hex. ad Gen. xxxviii. 21. Hos. iv. 14. [20] Sic Ald., Codd. III, X, 16, 18, 19, alii, invito Syro-hex. Versionem duplicem, ut videtur, prioris periodi, οὐκ ἔσται τελεσφόρος κ. τ. ἑ., obelo transfodit Grabius, repugnantibus Arab. 1 et Syro-hex., qui posterior pro τελεσφόρος et τελισκόμενος ܡܫܡܠܝܐ ܡܫܡܠܝܐ et ܡܫܡܠܝܢܘܬܐ ܕܡܫܡܠܝܐ posuit. [21] Syro-hex. ܣ. ܐܢ ܕܝܢ ܬܬܟܠܐ ܡܢ ܡܢܕܪ. [22] Cod. 85, teste Montef., pro quo Holmesii amanuensis exscripsit ἀκούσιον. Syro-hex. ܗܢܘܢ ܕܫܪܟܐ ܨܒܝܢܝܬܐ. [23] Syro-hex., Arab. 1. Deest in Cod. 58. [24] Iidem. Vox κατοικήσει deest in Comp. [25] Syro-hex. Deest in Codd. 54, 75.

νείσῃς — τῷ ἀδελφῷ σου ◄.²⁶   20. εἰς ἣν (✕) σὺ (◄)
εἰσπορεύῃ.²⁷   21. ἐκζητήσει (✕) αὐτήν (◄).²⁸

CAP. XXIV.

1 (Hebr. xxiii. 26). וְקָטַפְתָּ מְלִילֹת בְּיָדֶךָ. *De-*
cerpas spicas manu tua. Ο΄. καὶ συλλέξῃς ἐν
ταῖς χερσί σου στάχυς. Σ. καὶ περικλάσεις (s.
συντρίψεις) τὰ θρύμματα (s. διαθρύμματα) τῇ χειρί σου.¹

2 (25). וְאֶל־כָּלֶה. Ο΄. εἰς δὲ ἄγγος (Ἀ. σκεύη
(σου)²).

3 (xxiv. 1). סֵפֶר כְּרִיתֻת. *Libellum divortii.* Ο΄.
βιβλίον ἀποστασίου. Ἀ. βιβλίον κοπῆς (s.
ἀποκοπῆς). Σ. βιβλίον διακοπῆς. Θ. βιβλίον
ἐξολοθρεύσεως.³

4 (2). וְיָצְאָה מִבֵּיתוֹ. Ο΄. Vacat. ✕ καὶ ἐξέλθῃ
ἐκ τῆς οἰκίας αὐτοῦ ◄.⁴

6 (4). לִהְיוֹת לוֹ. Ο΄. ✕ τοῦ εἶναι ◄ ἑαυτῷ.⁵

7 (5). אִשָּׁה חֲדָשָׁה. Ο΄. γυναῖκα προσφάτως (Ἀ.
καινήν⁶).

וְשִׂמַּח אֶת־אִשְׁתּוֹ. *Et laetitia afficiet uxorem*
suam. Ο΄. εὐφρανεῖ τὴν γυναῖκα αὐτοῦ. Ἀ.
Σ. (καὶ) εὐφρανθήσεται σὺν γυναικὶ αὐτοῦ.⁷

9 (7). וּבִעַרְתָּ הָרָע מִקִּרְבֶּךָ. Ο΄. καὶ ἐξαρεῖς (alia

exempl. ἐξαρεῖτε⁸) τὸν πονηρὸν ἐξ ὑμῶν αὐτῶν.
Ἀ. καὶ ἐπιλέξεις τὸν πονηρὸν ἐξ ἐγκάτου σου.⁹ Σ.
Θ. (καὶ) ἐπιλέξεις . . .¹⁰

12 (10). כִּי־תַשֶּׁה בְרֵעֲךָ מַשַּׁאת מְאוּמָה. *Si mutuo*
dederis amico tuo mutuo datum quodcunque.
Ο΄. ἐὰν ὀφείλημα ᾖ ἐν τῷ πλησίον σου, ὀφείλημα ὁτιοῦν. Σ. ἐὰν ἀπαιτήσῃς τὸν πλησίον σου
ἀπαίτησιν ἡντιναοῦν.¹¹

13 (11). אֶת־הָעֲבוֹט. *Pignus.* Ο΄. τὸ ἐνέχυρον.
Ἀ. τὴν χρεοδοσίαν.¹²

14 (12). בַּעֲבֹטוֹ. Ο΄. ἐν τῷ ἐνεχύρῳ (alia exempl.
ἱματίῳ¹³) αὐτοῦ.

15 (13). אֶת־הָעֲבוֹט. Ο΄. τὸ ἐνέχυρον (alia exempl.
ἱμάτιον¹⁴) αὐτοῦ.

צְדָקָה. Ο΄. ἐλεημοσύνη. Ἀ. δίκαιον.¹⁵

16 (14). לֹא־תַעֲשֹׁק שָׂכִיר. *Non defraudabis mer-*
cenarium. Ο΄. οὐκ ἀπαδικήσεις (alia exempl.
ἀδικήσεις; alia, ἀποστερήσεις¹⁶) μισθόν. Ἀ.
Σ. Θ. οὐ συκοφαντήσεις (μισθωτόν).¹⁷

בְּאַרְצְךָ בִּשְׁעָרֶיךָ. Ο΄. ✕ ἐν τῇ γῇ σου ◄ τῶν
ἐν ταῖς πόλεσί σου.¹⁸

17 (15). בְּיוֹמוֹ. Ο΄. αὐθημερόν. Ἀ. ἐν ἡμέρᾳ
αὐτοῦ.¹⁹

---

²⁰ Syro-hex. Sic sine obelo Codd. X, 44, 54, 74, alii,
Arab. 1.   ²⁷ Sic sine aster. Codd. 44, 58, 74, alii.   ²⁸ Sic
sine aster. Codd. 44, 74, alii.

Cap. XXIV. ¹ Syro-hex. ܚܙܝܢ ܐܝܕܟ.
ܘܬܦܪܟ. Ad θρύμματα cf. Hex. ad Psal. lvii. 8. lxxxix. 6.
cxvii. 10.   ² Cod. X.   ³ Cod. 85 (cum κοπῆς). Cod. X
affert: Ἀ. ἀποκοπῆς. Syro-hex. ܘܐܣܦܪܐ ܕܦܣܩܐ.
⁴ Sic Syro-hex. (cum "obelisco"), Arab. 1, et sine aster.
Codd. 74, 76, 82, 134.   ⁵ Sic Arab. 1, et sine aster.
Codd. 74, 76, 82, 106, 134, Origen. Opp. T. III, p. 644.
⁶ Cod. X.   ⁷ Syro-hex. ܚܕܬܐ ܡܦܢܚ ܠܗ.
⁸ Sic Ald., Codd. III, VII, X, XI, 15, 16, 18,
alii (inter quos 85, qui in marg. notat: Ο. ἐξαρεῖς), Arm. 1.
⁹ Syro-hex. ܘܬܓܒܐ. (Masius
charactere Hebraeo scripsit מבנא דילך, per errorem, ut
videtur, pro נא דילך מן.) Cf. Hex. ad Num. xxiv. 22.
Deut. xxvi. 13, 14.   ¹⁰ Cod. 85 in textu: ἐξαρεῖτε; in
marg. autem: Ο. ἐξαρεῖς. Σ. Θ. ἐπιλέξεις. Mox v. 10 ad
ἀφῇ Cod. VII in marg. manu 2ᵈᵃ: χρόα (sic).   ¹¹ Syro-

hex. ܘܐܢ ܬܬܒܥ ܒܚܒܪܟ ܘܚܝܒܘܬܐ ܐܢܐ ܡܢ.
Cf. Hex. ad Jesai. xxiv. 2.   ¹² Cod. X.   ¹³ Sic
Codd. VII, X (in marg.), XI, 16, 18, alii (inter quos 85,
cum ἐνεχύρῳ in marg.).   ¹⁴ Sic Comp., Ald., Codd. III,
VII, X, XI (cum duplici lectione τὸ ἱμ. αὐτοῦ τὸ ἐνέχ.), 15,
16, 18, alii, et Syro-hex. (sine αὐτοῦ). Mox pro ἱματίῳ
Cod. 85 (in textu, teste Holmesio) habet χρεοδοσίᾳ (sic),
unde Montef. notam hexaplarem fecit: בְּשִׂלְמָתוֹ. Ο΄. ἐν τῷ
ἱματίῳ αὐτοῦ. Ἄλλος· ἐν χρεοδοσίᾳ (sic) αὐτοῦ.   ¹⁵ Cod. X.
¹⁶ Prior lectio est in Codd. 44, 74, aliis; posterior in
Comp., Ald., Codd. III, VII, X, XI (cum —σῃς), 15, 16, 18,
alii, Arm. 1, Syro-hex. (ܡܛܠܡ אܠ). Ex harum lectionum
confusione orta esse videtur vox non Graeca ἀπαδικήσεις,
quae non nisi in pari codicum II, 75 legitur.   ¹⁷ Syro-
hex. ܠܐ ܬܛܠܘܡ. Cod. X affert: Ἀ. συκοφαντήσεις.   ¹⁸ Sic Arab. 1, et sine aster. Cod. 82. "Syrum
legit [sine aster., ut videtur]: τῶν ἐν τῇ γῇ σου ἐν ταῖς πόλεσί
σου."—Masius.   ¹⁹ Cod. X.

21 (19). כִּי תִקְצֹר קְצִירְךָ. Ο'. ἐὰν δὲ ἀμήσῃς ἀμητόν ('Α. θερίσῃς θερισμόν²⁰).

וְשָׁכַחְתָּ עֹמֶר בַּשָּׂדֶה. Ο'. καὶ ἐπιλάθῃ δράγμα ('Α. οὖλον²¹) ἐν τῷ ἀγρῷ σου. Ἄλλος· καὶ ἀφήσεις ἐκεῖ δράγμα.²²

בְּכֹל מַעֲשֵׂה. Ο'. ἐν πᾶσι τοῖς ἔργοις. ('Α.) ἐν παντὶ ποιήματι.²³

22 (20). כִּי תַחְבֹּט זֵיתְךָ. Ο'. ἐὰν δὲ ἐλαιολογῇς. 'Α. (ἐὰν) ῥαβδίσῃς (ἐλαίαν σου).²⁴

לֹא תְפָאֵר אַחֲרֶיךָ. Ο'.. οὐκ ἐπαναστρέψεις καλαμήσασθαι. Ἄλλος· ἐλαίαν σου, οὐ στεφανώσεις. Ἄλλος· τὴν ἐλαίαν σου, οὐ τρυγήσεις.²⁵

Ο'. καὶ μνησθήσῃ—τὸ ῥῆμα τοῦτο.²⁶

23 (21). לֹא תְעוֹלֵל. Non racemabis. Ο'. οὐκ ἐπανατρυγήσῃς (potior scriptura –σεις) αὐτόν. 'Α. οὐκ ἐπιφυλλίσεις.²⁷

Cap. XXIV. 6. — τοῦ θεοῦ σου ◄.²⁸ 9. ἀποδῶται ※ αὐτῷ ◄.²⁹ 12. ἐνέχυρον ※ αὐτοῦ ◄.³⁰ 17. ἐλπίδα ※ αὐτοῦ ◄.³¹ 19. — καὶ χήρας ◄.³² 20. ἐν — γῇ ◄ Αἰγύπτῳ.³³ 21. — τῷ πτωχῷ καὶ ◄ τῷ προσηλύτῳ.³⁴

CAP. XXV.

1. וּשְׁפָטוּם. Ο'. καὶ κρίνωσιν ※ αὐτούς ◄.¹

2. וְהִפִּילוֹ. Et prosternet eum. Ο'. (καὶ) καθιεῖς αὐτόν. 'Α. (καὶ) πτωματίσει (αὐτόν).²

כְּדֵי רִשְׁעָתוֹ. Ο'. κατὰ τὴν ἀσέβειαν αὐτοῦ. 'Α. πρὸς ἀρκετόν...³

3. עַל־אֵלֶּה מַכָּה רַבָּה. Ο'. ὑπὲρ ταύτας τὰς πληγὰς πλείους. Alia exempl. ὑπὲρ ταύτας πληγὰς πλείους. Alia: ὑπὲρ ταύτας τὰς πληγὰς πληγὰς πλείους.⁴

5. וּבֵן אֵין־לוֹ. Ο'. σπέρμα δὲ μὴ ᾖ αὐτῷ (alia exempl. μὴ ἀφῇ αὐτῷ⁵).

לְאִישׁ זָר. Ο'. ἀνδρὶ μὴ ἐγγίζοντι. Ἄλλος· (ἀνδρὶ) ἀλλοτρίῳ.⁶

יְבָמָהּ. Levir ejus. Ο'. ὁ ἀδελφὸς τοῦ ἀνδρὸς αὐτῆς. 'Α. ὁ ἐπιγαμβρευτὴς (αὐτῆς).⁷

וְיִבְּמָהּ. Et leviratum praestabit ei. Ο'. καὶ συνοικήσει αὐτῇ. 'Α. (καὶ) ἐπιγαμβρεύσει (αὐτήν).⁸

6. הַבְּכוֹר אֲשֶׁר תֵּלֵד. Ο'. τὸ παιδίον ὃ ἐὰν τέκῃ (alia exempl. τεχθῇ⁹). 'Α. τὸ πρωτότοκον ὃ τέξεται.¹⁰

אָחִיו הַמֵּת. Ο'. ※ τοῦ ἀδελφοῦ αὐτοῦ ◄ τοῦ τετελευτηκότος.¹¹

7. יְבִמְתּוֹ. Ο'. ἡ γυνὴ ※ τοῦ ἀδελφοῦ αὐτοῦ ◄.¹²

---

²⁰ Cod. X. ²¹ Idem. ²² Cod. 106 in marg. sine nom.: καὶ σφήσης ἐκῆ δραγμα. Symmachi esse videtur. ²³ Idem: ἐν παντη πηγματη (sic). Cf. Hex. ad Psal. xxvii. 4. xxxii. 4. Jesai. lvii. 12. Ezech. vi. 6. xxvii. 16. ²⁴ Cod. X. ²⁵ "Basiliensis [silente Holmesii amanuensi]; nec monet cujus sint hae versiones, quae sane ad alios interpretes pertinent."—Montef. Prior interpres Aquila esse videtur, cui nomen פאר sonat στέφανος Jesai. lxi. 3, 10. ²⁶ Haec desiderantur in Comp., Codd. 19, 53, 108, 118. Syro-hex. in marg. tantum habet. ²⁷ Nobil., Cat. Niceph. p. 1574, et sine nom. Cod. 85. Cf. Hex. ad Lev. xix. 10. ²⁸ Arab. 1. ²⁹ Syro-hex. (cum "obelisco"). Sic sine aster. (pro αὐτὸν ἀποδ.) Codd. 44, 74, alii. ³⁰ Idem (cum "obelisco"). Pronomen abest a Comp., Ald., Codd. III, VII, X, 15, 16 (manu 1ᵐᵃ), 18 (idem), 19, aliis, Arm. 1. ³¹ Idem (cum "veru"). Sic sine aster. Codd. 15, 58, 82. ³² Syro-hex., Arab. 1. ³³ Syro-hex. Vocula deest in Cod. 18 (manu 1ᵐᵃ). ³⁴ Idem. Sic sine obelo Comp., Ald., Codd. III, VII, X, XI (sine καὶ), 15, 16, 18, alii (inter quos 85, cum + τῷ πτωχῷ), Arm. 1. In eadem locutione vv. 22, 23 Syro-hex. in marg. affert: τῷ πτωχῷ.

CAP. XXV. ¹ Sic Syro-hex. (cum "obelo"), et sine aster. Codd. 15, 44, 58, alii, Arab. 1. ² Cod. X (cum πτωματίσεις). Cf. Hex. ad Psal. cxxxix. 11. ³ Idem. ⁴ Prior lectio in Codd. III, VII, X, 71, 108, 118, Syro-hex.; posterior in Comp., Codd. 53, 56, 129. ⁵ Sic Codd. 58, 82. "Syrus legit: σπέρμα δὲ οὐ λείψεται [immo μὴ ἀφῇ] αὐτῷ."—Masius. ⁶ Cod. 85 in marg. ⁷ Syro-hex. ✱. Cf. ad v. 7. ⁸ Cod. X. ⁹ Sic Comp., Ald., Codd. III, VII, XI, 15, 16, 18, alii (inter quos 85), Arm. 1, Syro-hex. ¹⁰ "Hebraicam veritatem Aquilas ad verbum, ut solet, expressit."—Masius. In Codd. 44, 74, aliis, duplex versio est, τὸ παιδίον τὸ πρωτότοκον. Cod. VII in marg. manu 2ᵈᵃ: τὸ πρῶτον. Deinde Cod. 85 in marg.: τέξεται. ¹¹ Sic Arab. 1, et sine aster. Codd. 74, 76, alii, et Syro-hex. ¹² Sic Arab. 1, Syro-

7. יִבְמִי. Ο'. ὁ ἀδελφὸς τοῦ ἀνδρός μου. Ἀ. (ὁ) ἐπιγαμβρευτής μου.13

לְאָחִיו שֵׁם. Ο'. τὸ ὄνομα τοῦ ἀδελφοῦ αὐτοῦ. Alia exempl. τῷ ἀδελφῷ αὐτοῦ ὄνομα.14

יַבְּמִי. *Leviratum praestare mihi.* Ο'. ὁ ἀδελφὸς τοῦ ἀνδρός μου. Ἀ. ἐπιγαμβρεύσαί με.15

10. חֲלוּץ הַנָּעַל. *Exuti calceo.* Ο'. τοῦ ὑπολυθέντος (Ἀ. ἐξαιρεθέντος16) τὸ ὑπόδημα.

11. אֲנָשִׁים. Ο'. ἄνθρωποι. Ἄλλος· ἄνδρες.17

בִּמְבֻשָׁיו. *Pudenda ejus.* Ο'. τῶν διδύμων (Ἄλλος· τῆς ἀσχημοσύνης18) αὐτοῦ. Ἀ. ἐν αἰσχύναις (αὐτοῦ).19

13. אֶבֶן. Ο'. στάθμιον. Ἀ. λίθος.20

14. אֵיפָה וְאֵיפָה. Ο'. μέτρον καὶ μέτρον. Ἀ. ἠφὰ καὶ ἠφά.21

15. שְׁלֵמָה. Ο'. ἀληθινόν. Ἀ. ἀπηρτισμένον.22

לְמַעַן יַאֲרִיכוּ יָמֶיךָ. Ο'. ἵνα πολυήμερος γένῃ (alia exempl. add. καὶ εὖ σοι ἔσται23).

17. בְּצֵאתְכֶם. Ο'. ἐκπορευομένου σου. Ἄλλος· ἐκπορευομένων ὑμῶν.24

18. וַיְזַנֵּב בְּךָ כָּל־הַנֶּחֱשָׁלִים. *Et abscidit extremum agmen in te omnes debilitatos.* Ο'. καὶ ἔκοψέ σου τὴν οὐραγίαν ※ πάντας ◄ τοὺς κοπιῶντας.25 Ἀ... τοὺς ἀπορρέοντας.26

18. עָיֵף. *Languescens.* Ο'. ἐπείνας. Σ. παρειμένος ἐγένου.27

Cap. XXV. 9. — τὸ ἕν ◄.28 11. ἑνὸς — αὐτῶν ◄.29 12. — ἐπ' αὐτῇ ◄.30 15. — ἐν κλήρῳ ◄.31

CAP. XXVI.

1. נַחֲלָה וִירִשְׁתָּה. Ο'. κληρονομῆσαι, καὶ κατακληρονομήσῃς αὐτήν. Alia exempl. ἐν κλήρῳ κατακληρονομῆσαι αὐτήν.1

2. כָּל־פְּרִי הָאֲדָמָה. Ο'. ※ πάντων ◄ τῶν καρπῶν τῆς γῆς σου.2

אֲשֶׁר תָּבִיא מֵאַרְצֶךָ. Ο'. Vacat. Alia exempl. ὅσα ἂν ἐνέγκῃς ἀπὸ τῆς γῆς σου.3 Ἀ. ὅσα οἴσεις ἀπὸ γῆς σου. Σ. οὗ ἐὰν εἰσενέγκῃς ἀπὸ τῆς γῆς σου. Θ. (τῆς γῆς σου) ὅσα ἂν ἐνέγκῃς...4

בַּטֶּנֶא. *In corbem.* Ο'. εἰς κάρταλλον (Ἀ. ἀγγεῖον5).

5. אֲרַמִּי אֹבֵד. *Aramaeus oberrans* (s. *periens*). Ο'. Συρίαν ἀπέβαλεν (alia exempl. ἀπέλιπεν6).

עָצוּם. Ο'. καὶ πλῆθος. Ἄλλος· καὶ ἰσχυρόν.7

6. עֲבֹדָה קָשָׁה. *Servitium durum.* Ο'. ἔργα σκληρά. Ἀ. Σ. Θ. δουλείαν σκληράν.8

7. אֶת־עָנְיֵנוּ. Ο'. τὴν ταπείνωσιν (Ἀ. πενίαν9) ἡμῶν.

---

hex. (cum "obelo"), et sine aster. Codd. 58, 74, 76, alii. Mox ad ἐπὶ τὴν πύλην Cod. VII in marg. manu 2da: ἐπὶ τὸ κριτήριον. 13 Cod. X. 14 Sic Cod. 82, Syro-hex. 15 Syro-hex. ◆ ܠܟܢܫܒ ܟܢܫܠܐܟ .ܐ. 16 Cod. X. 17 Cod. 85 in marg. Montef. ex codem edidit: "Ἄλλος· ἄνθρωποι δύο. "Ἄλλος· ἄνδρες δύο, invito Holmesii amanuensi. 18 Sic in marg. Cod. 58; in textu autem Cod. 54. Ad διδύμων Masius notat: "Syrum add. ܕܘܢ [ܟܕܠ, *testiculorum*]." 19 Cod. X, teste Holmesio. Montef. exscripsit: 'Ἀ. ἐν αἰσχύνῃ. 20 Idem. Cod. 108 affert: 'Ἀ. λίθου, Θ. καὶ λίθοις (sic). Statim Syro-hex. in textu μέγα ἢ μικρὸν habet, ut in Ed. Rom. 21 Idem. Cod. VII in marg. manu 2da: μόδιος. 22 Idem. 23 Sic Codd. 44, 54, 74, alii, et Syro-hex. in marg. 24 Sic in marg. Cod. 85; in textu autem Codd. 19, 30, 54, 74, alii. 25 Sic Arab. 1, Syro-hex. (cum "obelisco") et sine aster. Codd. 44, 74, 76, alii. 26 Masius in *Syr. Pecul.* p. 12: "ܕܒ, *dolere* [potius, *lique-*

fieri] Psal. lxxxviii. [10] Pesch. pro Heb. רָאֵב... Hinc ܐܒ, *labore, dolore, molestia affectus,* Aq. Deut. xxv. 18." 27 Syro-hex. ◆ ܘܩܥ ܚܣܒ .ܣ. 28 Syro-hex., Arab. 1. 29 Syro-hex. 30 Syro-hex., Arab. 1. Deest in Cod. 58. 31 Iidem. CAP. XXVI. 1 Sic Comp., Ald., Codd. III, VII, X, XI (sine αὐτήν), 15 (idem), 16 (idem), 19 (idem), alii, Syro-hex. 2 Sic Syro-hex. (cum "obelisco"), et sine aster. Cod. 82. In fine σου deest in Syro-hex. 3 Sic Codd. 44, 58 (cum ὅσα ἐὰν ἐνέγκῃς ἀπὸ γῆς σου), 74, 82, 134, Syro-hex. 4 Cod. 85. Ad Aquilam Bahrdtius male edidit ἀπὸ τῆς γῆς σου. 5 Cod. VII. Cod. VII in marg. manu 2da: κανίσκου, κόφινον. 6 Sic Comp., Codd. XI, 16, 19, alii (inter quos 85, cum ἀπέλιπεν in textu, et ἀπέβαλεν in marg.), Arm. 1, Syro-hex. (cum *reliquit*). 7 Sic in textu Codd. 44, 74, 76, 106, 134. 8 "Ἀ. Σ. Θ. *servitutem duram.*"—Masius. 9 Cod. X.

11. אַתָּה וְהַלֵּוִי. Ο'. (※) σὺ (◄) καὶ ὁ Λευίτης.[10]

12. וְשָׂבֵעוּ. Ο'. καὶ εὐφρανθήσονται ("Αλλος· ἐμπλησθήσονται[11]).

13. בִּעַרְתִּי. Sustuli. Ο'. ἐξεκάθαρα. "Αλλος· ἐπέλεξα.[12]

14. בְּאֹנִי. In dolore meo. Ο'. ἐν ὀδύνῃ μου. 'Α. ἐν λύπῃ (μου). Σ. ἐν πένθει (μου).[13]

וְלֹא־בִעַרְתִּי. Ο'. οὐκ ἐκάρπωσα ('Α. ἐπέλεξα[14]).

בְּטָמֵא. In rem immundam. Ο'. εἰς ἀκάθαρτον. 'Α. ἐν μιασμῷ.[15]

כְּכֹל אֲשֶׁר. Ο'. ※ πάντα ◄ καθά.[16]

17. הֶאֱמַרְתָּ. Dicere (spondere) fecisti. Aliter: Extulisti (Graeco-Ven. ἐπῆρας). Ο'. εἶλου. 'Α. ἀντηλλάξω.[17]

חֻקָּיו וּמִצְוֹתָיו. Ο'. τὰ δικαιώματα (※) αὐτοῦ (◄),[18] ※ καὶ τὰς ἐντολὰς αὐτοῦ ◄.[19]

Cap. XXVI. 5. πολὺ — καὶ μέγα ◄.[20] 8. — ἐν ἰσχύϊ μεγάλῃ ◄.[21] βραχίονι — αὐτοῦ ◄.[22] 10. — γῆν ῥέουσαν γάλα καὶ μέλι ◄.[23] 12. γεννημάτων — τῆς γῆς ◄ σου.[24] 15. — δοῦναι ἡμῖν ◄.[25] 16. — πάντα ◄.[26] 18. γενέσθαι — σε ◄ αὐτῷ.[27]

Cap. XXVII.

1. אֶת־הָעָם. Ο'. Vacat. ※ τῷ λαῷ ◄.[1]

1. שָׁמֹר אֶת־כָּל־הַמִּצְוָה. Ο'. φυλάσσεσθε πάσας τὰς ἐντολάς. 'Α. φύλασσε σὺν πᾶσαν τὴν ἐντολήν. Σ. φύλασσε πᾶσαν τὴν ἐντολήν. Θ. φυλάσσου τὴν πᾶσαν ἐντολήν.[2]

2. נָתַן לָךְ. Ο'. δίδωσί σοι (alia exempl. add. ἐν κλήρῳ[3]).

6. אֲבָנִים שְׁלֵמוֹת. Ο'. λίθους ὁλοκλήρους ('Α. ἀπηρτισμένους[4]).

7. וְאָכַלְתָּ שָׁם. Ο'. καὶ φαγῇ. Alia exempl. καὶ φαγῇ ἐκεῖ.[5]

9. הַסְכֵּת. Attende. Ο'. σιώπα. 'Α. πρόσχες.[6]

14. אֶל־כָּל־אִישׁ. Ο'. παντὶ (※) ἀνδρί (◄).[7]

15. אָמֵן. Ο'. γένοιτο. 'Α. πεπιστωμένως. Σ. Θ. ἀμήν.[8]

20. כָּנָף. Laciniam. Ο'. συγκάλυμμα. Alia exempl. ἀσχημοσύνην.[9]

23. עִם־חֹתַנְתּוֹ. Ο'. μετὰ νύμφης (alia exempl. πενθερᾶς[10]) αὐτοῦ.

24. בַּסֵּתֶר. Ο'. δόλῳ. 'Α. ἐν ἀποκρύφῳ.[11]

26. אָרוּר אֲשֶׁר לֹא־יָקִים אֶת־דִּבְרֵי הַתּוֹרָה־הַזֹּאת לַעֲשׂוֹת אוֹתָם וְאָמַר כָּל־הָעָם אָמֵן. Ο'. ἐπικατάρατος πᾶς ἄνθρωπος ὃς οὐκ ἐμμένει ἐν πᾶσι τοῖς λόγοις τοῦ νόμου τούτου ποιῆσαι αὐτούς. καὶ ἐροῦσι πᾶς ὁ λαός· γένοιτο.[12] 'Α.

---

[10] Sic sine aster. Codd. 58 (cum καὶ τῇ οἰκίᾳ σου), 82 (cum iisdem, et σοὶ pro σύ), Arab. 1, Arm. 1 (ut 58). [11] Sic in marg. Cod. 85; in textu autem Comp., Ald., Codd. III, VII, X, 15, 18, 19, alii, Arab. 1, Arm. 1. [12] Sic in marg. sine nom. Codd. 58, 85 (non, ut Montef., ἐξέλεξα); necnon in textu Cod. 54. Cf. ad v. 14. [13] Cod. X. Cod. 85 in marg.: λύπῃ. πένθει. [14] Idem. Cf. ad Cap. xxiv. 9. [15] Idem. [16] Sic Arab. 1, et sine aster. Codd. 44, 58, 74, 106, 134. [17] Cod. X (cum -ξου). [18] Sic sine aster. Codd. XI, 53, 54, alii, Arab. 1. [19] Sic sine aster. Codd. 54, 58, 74, alii. Eadem sub aster. post καὶ τὰ κρίματα αὐτοῦ infert Arab. 1, et sine aster. Codd. 16, 28, 32, alii. [20] Arab. 1. Sic sine obelo Ald., Codd. III, VII, X, XI, 15, 18, alii. [21] Syro-hex. Sic sine obelo (pro ἐν ἰ. αὐτοῦ τῇ μ.) Comp., Ald., Codd. III, VII, X, XI, 15, 16, alii, Arab. 1, Arm. 1. [22] Syro-hex. Sic sine obelo Ald., Codd. III, VII, 15, 18, alii. [23] Arab. 1. Desunt in Comp., Codd. 19, 44, aliis. [24] Idem. Sic sine obelo Comp., Ald., Codd. III, VII, X, XI, 15, 16,

alii. [25] Idem. Haec, δοῦναι—μέλι, desunt in Cod. 58. [26] Idem. Deest in Cod. 75. [27] Idem, qui pingit: ✕ γενέσθαι σε αὐτῷ ◄. Vocula deest in Codd. 15 (cum ἑαυτῷ), 54, 58, 71 (ut 15), 73.

Cap. XXVII. [1] Sic Arab. 1, et sine aster. Codd. 44, 58, 74, 82, 106, 134. [2] Cod. 85 (cum σύμπασαν pro σὺν πᾶσαν), teste Holmesii amanuensi. Montef. ex eodem Symmacho tribuit φυλάσσετε. In textu πάσας reprobant Codd. 16, 28, 30, alii (inter quos 85). [3] Sic Ald. Codd. 15, 19, 83, 108. Parum probabiliter Cod. X in marg.: 'Α. ἐν κλήρῳ. [4] Cod. X. Cf. ad Cap. xxv. 15. [5] Sic Comp., Codd. III, VII, X, 15, 29, alii. Post ἐμπλησθήσῃ add. ἐκεῖ Ald., Codd. 16, 18, 19, alii, Arm. 1. [6] Cod. 108. [7] Sic sine aster. Codd. 58, 82. [8] Cod. 85 (cum πεπιστομ.). Cf. Hex. ad Psal. xl. 13. [9] Sic Codd. 32, 75. Glossam esse, e Lev. xviii. 8 petitam, recte vidit Scharfenb. in Animadv. p. 135. [10] Sic Comp., Ald., Codd. III, VII, X, XI, 15, 16, 18, alii, Arab. 1, Arm. 1. [11] Cod. X. [12] Procop. in Cat. Niceph. p. 1590:

ἐπικατάρατος ὃς οὐ στήσει τὰ ῥήματα τοῦ νόμου τούτου τοῦ ποιεῖν αὐτά. καὶ ἐρεῖ πᾶς ὁ λαός· πεπιστωμένως. Σ. ἐπικατάρατος ὃς οὐ κυρώσει τοὺς λόγους τοῦ νόμου τούτου τοῦ ποιεῖν αὐτούς. καὶ ἐρεῖ πᾶς ὁ λαός· ἀμήν. Θ. ἐπικατάρατος ὃς οὐκ ἀναστήσει τοὺς λόγους τοῦ νόμου τούτου τοῦ ποιεῖν αὐτούς. καὶ ἐρεῖ πᾶς ὁ λαός· ἀμήν.¹³

Cap. XXVII. 7. σωτηρίου ⚊ κυρίῳ τῷ θεῷ σου ◂.¹⁴ ⚊ καὶ ἐμπλησθήσῃ ◂.¹⁵ 24. πλησίον (✕) αὐτοῦ (◂).¹⁶

Cap. XXVIII.

1. וְהָיָה. Ο'. καὶ ἔσται. Alia exempl. καὶ ἔσται ὡς ἂν διαβῆτε τὸν Ἰορδάνην εἰς τὴν γῆν ἣν κύριος ὁ θεὸς ὑμῶν δίδωσιν ὑμῖν.¹

4. פְּרִי. Ο'. τὰ ἔκγονα. Ἀ. καρπός.²

וּפְרִי בְהֶמְתְּךָ. Ο'. Vacat. ✕ (Ἀ.) καὶ καρπὸς κτηνῶν σου ◂.³

6. בָּרוּךְ (bis). Ο'. εὐλογημένος. Ἄλλος· εὐλογητός.⁴

8. וּבֵרַכְךָ בָּאָרֶץ. Ο'. ✕ καὶ εὐλογήσαι σε ◂ ἐπὶ τῆς γῆς.⁵

9. נִשְׁבַּע־לָךְ. Ο'. ὤμοσε τοῖς πατράσι σου. Ἄλλος· ὤμοσέ σοι.⁶

כִּי תִשְׁמֹר אֶת־מִצְוֹת. Ο'. ἐὰν ἀκούσῃς τῆς φωνῆς. Ἄλλος· (ἐὰν φυλάξῃς) τὰς ἐντολάς.⁷

15. וְהִשִּׂיגוּךָ. Ο'. Vacat. ✕ (Ἀ.) καὶ τὰ ἠκριβασμένα αὐτοῦ ◂.⁸

עָלֶיךָ. Ο'. ἐπὶ σέ. Alia exempl. πρὸς σέ.⁹

וְהִשִּׂיגוּךָ. Ο'. καὶ καταλήψονταί (alia exempl. εὑρήσουσι) σε.¹⁰

20. אֶת־הַמְּאֵרָה אֶת־הַמְּהוּמָה. Maledictionem, perturbationem. Ο'. τὴν ἔνδειαν καὶ τὴν ἐκλιμίαν (Ἄλλος· ἔκθλιψιν¹¹). Ἀ. σπάνιν καὶ φαγέδαιναν.¹² Σ.. τὴν ἀχορτασίαν.¹³

וְאֶת־הַמִּגְעֶרֶת. Et increpationem. Ο'. καὶ τὴν ἀνάλωσιν (Ἀ. ἐπιτίμησιν¹⁴).

21. אֶת־הַדֶּבֶר. Ο'. τὸν θάνατον (Ἀ. λοιμόν¹⁵).

22. וּבַחַרְחֻר. Et febre ardente. Ο'. καὶ ἐρεθισμῷ (Ἀ. περιφλευσμῷ. Σ. Θ. περιφλογισμῷ¹⁶).

וּבַיֵּרָקוֹן. Et flavedine. Ο'. καὶ τῇ ὤχρᾳ (s. ὠχρίᾳ¹⁷). Ἀ. ἰκτέρῳ.¹⁸

Τὸ, ἐν πᾶσι, κείμενον παρὰ τοῖς Ο' κυροῦται ἀπὸ τοῦ Σαμαρειτικοῦ ἀντιγράφου, ἐν ᾧ τὸ χὸλ, ὅπερ ἐστὶ πᾶσιν ἢ πάντα, φερόμενον εὕρομεν. In textu Hebraeo-Samaritano hodie legitur את כל דברי. ¹² Hieron. in Comment. in Epist. ad Gal. (Opp. T. VII, p. 436): "Inveni itaque in Deuteronomio hoc ipsum apud LXX interpretes ita positum: Maledictus omnis homo qui non permanserit in omnibus sermonibus legis hujus, ut faciat illos. Et dicet omnis populus, Fiat. Apud Aquilam vero sic: Maledictus qui non statuerit verba legis hujus, ut faciat ea. Et dicet omnis populus, Vere. Symmachus: Maledictus qui non firmaverit sermones legis istius, ut faciat eos. Et dicet omnis populus, Amen. Porro Theodotio sic transtulit: Maledictus qui non suscitaverit sermones legis hujus, facere eos. Et dicet omnis populus, Amen." Ad Sym. cf. Hex. ad Ezech. xiii. 6. ¹⁴ Arab. 1. Sic sine obelo Codd. III (cum θυσιαστήριον pro θυσίαν σωτηρίου), 16, 19, alii, Arm. 1. ¹⁵ Idem. Deest in Cod. 58. ¹⁶ Sic sine aster. Codd. II, XI, 54, 58, alii, Arm. 1.

Cap. XXVIII. ¹ Sic Ald., Codd. III, VII, X, XI, 15, 16, alii, Arab. 1 (om. ὑμῶν δίδωσιν ὑμῖν). ² Cod. X. ³ Cod. 82 in textu post τῆς κοιλίας: καὶ καρπὸς κτηνῶν σου. Hieron.: et fructus jumentorum tuorum. Aliter Adimant. ap. August.: et generationes jumentorum tuorum, unde Grabius char. min. edidit: ✕ καὶ ἔκγονα [potius τὰ γεννήματα]

τῶν κτηνῶν σου, asterisco ex Arab. 1 assumpto. ⁴ Sic in marg. Cod. 85; in textu autem Codd. III, X (in posteriore loco, cum εὐλογημένος in marg.), 55. ⁵ Sic Arab. 1, et sine aster. Comp. (cum εὐλογήσει), Codd. 44, 58, 74, alii. ⁶ Sic in textu Cod. 58. Post ὤμοσε Arab. 1 add. σοι. ⁷ Sic in textu (cum ἀκούσῃς) Codd. 44, 74, 76, 106, 134. ⁸ Sic Cod. IV (cum ἠκριθ.), Arab. 1, et sine aster. Codd. 15 (om. αὐτοῦ), 82. ⁹ Sic Codd. 16, 30, alii (inter quos 85, cum ἐπὶ σὲ in marg.). ¹⁰ Sic Codd. IV, 19, 44, alii. Cf. v. 2. ¹¹ Cod. X in marg. ¹² Codd. X, 85 (cum σπάνην καὶ φαγέδαινα). Etiam Cod. 58 in marg. sine nom.: σπάνην καὶ φαγέδαινα (sic). Ad σπάνιν cf. Hex. ad Lev. xiii. 51. Ad φαγέδαιναν cf. ad Cap. vii. 23. ¹³ Codd. X, 54, 85. Procop. in Cat. Niceph. p. 1595: ἀντὶ δὲ τοῦ, ἐκλιμίαν, ὁ Σύμ. ἀχορτασίαν ἐξέδωκε. ¹⁴ Cod. X. Cod. 58 in marg. sine nom. ad ἐκλιμίαν, ἐπιτίμιαν; ad ἀνάλωσιν autem ἀχορτασίαν appingit. ¹⁵ Codd. X, 85 (in marg. sine nom.). ¹⁶ Cod. 85, et sine nominibus Cod. 58. (Aquilae lectio confirmat locutionem Herodoti (V, 77) a VV. DD. temere sollicitatam: αἵπερ ἔτι καὶ ἐς ἐμὲ ἦσαν περιεοῦσαι, κρεμάμεναι ἐκ τειχέων περιπεφλευσμένων πυρὶ ὑπὸ τοῦ Μήδου.) Paulo ante ad ἀπορίᾳ Cod. VII in marg. manu 2ᵈᵃ: ἀρρωδία. ¹⁷ Sic Ald., Codd. 18, 44, 74, alii. ¹⁸ Cod. X. Cf. Hex. ad Amos iv. 9.

25. נֶגֶּף. Caesum. Ο΄. ἐπὶ κοπήν. 'Α. θρανόμενον. Σ. Θ. τροπούμενον.[19] "Αλλος· προσκόπτοντα.[20]

26. כַּדֲרִיד. Ο΄. ὁ ἐκφοβῶν. Alia exempl. ὁ ἀποσοβῶν.[21]

27. וּבַעְפָלִים. Et tumoribus ani. Ο΄. εἰς τὴν ἕδραν. Alia exempl. εἰς τὰς ἕδρας; alia, ἐν ταῖς ἕδραις.[22] Σ. εἰς τὰς ἕδρας, εἰς τὰ κρυπτά.[23]

וּבֶחָרָס. Et scabie. Ο΄. καὶ κνήφῃ (Σ. ἐλεφαντιάσει[24]).

28. וּבְעִוָּרוֹן. Et caecitate. Ο΄. καὶ ἀορασίᾳ. 'Α. (καὶ) ἐν πηρώσει.[25]

וּבְתִמְהוֹן. Et stupore. Ο΄. καὶ ἐκστάσει ("Αλλος· θάμβῳ[26]).

30. תְאָרֵשׂ. Desponsabis. Ο΄. λήψῃ. 'Α. Σ. Θ. μνηστεύσῃ.[27]

יִשְׁגָּלֶנָּה. Comprimet eam. Ο΄. ἕξει αὐτήν. 'Α. συγκοιτασθήσεται (αὐτῇ).[28]

תְּחַלְּלֶנּוּ. Profanabis eam. Ο΄. τρυγήσεις ('Α. λαϊκώσεις[29]) αὐτήν.

32. וְכָלוֹת. Et contabescentes. Ο΄. σφακελίζοντες. 'Α. (καὶ) τελούμενοι. Σ. Θ. (καὶ) ἐκλείποντες.[30]

32. אֲלֵיהֶם כָּל־הַיּוֹם. Ο΄. εἰς αὐτὰ ⸕ ὅλην τὴν ἡμέραν ⸔.[31]

33. פְּרִי. Ο΄. τὰ ἐκφόρια. 'Α. καρπόν.[32]

וְהָיִיתָ רַק. Ο΄. καὶ ἔσῃ ⸕ τότε ⸔.[33]

34. מְשֻׁגָּע. Vesanus. Ο΄. παράπληκτος. Σ. παράφορος.[34]

35. לְהֵרָפֵא. Sanari. Ο΄. ἰαθῆναί σε. 'Α. ὑγιᾶναι.[35]

36. וְאֶת־מַלְכְּךָ. Ο΄. καὶ τοὺς ἄρχοντάς σου. 'Α. Σ. Θ. καὶ τὸν βασιλέα σου.[36]

37. לְשַׁמָּה. In stuporem. Ο΄. ἐν αἰνίγματι. 'Α. εἰς ἀφανισμόν.[37] Σ. εἰς ἀπορίαν.[38]

וְלִשְׁנִינָה. Et in dicterium. Ο΄. καὶ διηγήματι. 'Α. (καὶ εἰς) δευτέρωσιν.[39]

38. תֶּאֱסֹף. Ο΄. εἰσοίσεις. "Αλλος· συνάξεις.[40]

39. וְלֹא תֶאֱגֹר. Nec colliges. Ο΄. οὐδὲ εὐφρανθήσῃ — ἐξ αὐτοῦ ⸔. Σ. οὐδὲ συνάξεις.[41]

42. כָּל־עֵצְךָ. Ο΄. πάντα τὰ ξύλινά (Σ. δένδρα[42]) σου.

45. וְחֻקֹּתָיו. Ο΄. καὶ τὰ δικαιώματα (αὐτοῦ). 'Α. καὶ τὰ ἀκριβάσματα αὐτοῦ.[43]

47. וּבְטוֹב לֵבָב. Ο΄. καὶ ἀγαθῇ διανοίᾳ. "Αλλος· καὶ ἀγαθοσύνῃ καρδίας.[44]

---

[19] Codd. X, 85 (cum Σ. pro Σ. Θ.). Cod. 58 in textu: θρανόμενον. Ad Aq. cf. Hex. ad Exod. ix. 14. 1 Reg. iv. 3; ad Sym. cf. Hex. ad 2 Reg. ii. 17. [20] Procop. in Cat. Niceph. p. 1596: ἐπικοπήν (sic) ... τουτέστι, θρανόμενον καὶ προσκόπτοντα [ὡς ἐξέδωκαν οἱ λοιποί]. [21] Sic Comp., Ald., Codd. III, IV, VII, X, XI, 15, 16, 18, alii. [22] Prior lectio est in Ald., Codd. 18, 30, 83, 128; posterior in Comp., Codd. III, IV, VII, X, XI, 15, 16, 28, aliis. [23] Cod. 85. In 1 Reg. v. 6, 9, 12 Hexapla utramque lectionem Symmacho tribuunt. [24] Cod. X, et sine nom. Codd. 58 (cum −ση), 85. Sic in textu Cod. 54. [25] Cod. X affert: 'Α. ἐν πωρώσει (sic). Σύ., tacita Symmachi versione. Cod. 85 in marg. sine nom.: ἐν πειρώσει (sic). [26] Sic Cod. 85 in textu. [27] "Noster Latinus sequitur LXXII [uxorem accipias]; Aq. vero, Sym. et Theod. consentiunt cum Hebraeo."—Masius. Cf. Hex. ad 2 Reg. iii. 14. [28] Cod. X. Cf. Hex. ad Psal. xliv. 10. [29] Cod. X (cum vitiosa scriptura λαικμήσεις). Cf. ad Cap. xx. 6. [30] Cod. X. Cod. 58 in marg. sine nom.: ἐκλείποντες. Montef. e Cod. 85 edidit: "Αλλος· ἐκλείποντες ἔσονται, silente

TOM. I.

Holmesii amanuensi. Ad σφακελίζοντες Cod. VII in marg. manu 2da: πηθῶντες. [31] Sic Cod. IV, Arab. 1, Syro-hex. (cum "obelo"), et sine aster. Codd. 74, 76, 82 (cum ὅ. τ. ἡμέραν εἰς αὐτά), 106, 134. [32] Cod. X. [33] Sic Cod. IV, Arab. 1 (cum ⸕ apud hanc), et sine aster. Codd. 44, 58, 74, alii, et Syro-hex. [34] Cod. X. Sic in marg. sine nom. Cod. 85. [35] Cod. X affert: 'Α. ὑγιάσαι. Correximus e Codd. 19, 108, 118, qui pro ἰαθῆναι in textu habent ὑγιᾶναι. [36] Syro-hex., teste Masio. [37] Cod. X. [38] Syro-hex. ܘܠܚܘܪܒܐ. Masius vertit in plausum sive explosionem. Sed vide nos in Otio Norvic. p. 59. [39] Cod. X affert: 'Α. δευτερώσει, casu ad διηγήματι accommodato. Cf. Hex. ad Jerem. xxiv. 9. [40] Sic in textu Codd. 44, 54, 74, alii. Cf. ad Cap. xi. 14. [41] "In Hebraeo est, et non colliges, sicut et Sym. vertit."—Masius. Cf. Hex. ad Prov. vi. 8. x. 5. In textu obelus est in Cod. IV, Arab. 1. [42] "Sym. vertit, arbores tuas."—Masius. [43] Syro-hex. ܘܒܩܘܫܬܐ. [44] Sic in textu Codd. 19 ("forte"), 108, 118 (cum −σύνῃ).

48. וְעָבַדְתָּ אֶת־אֹיְבֶיךָ. Ο'. καὶ λατρεύσεις (alia exempl. add. ἐκεῖ[45]) τοῖς ἐχθροῖς σου. Ἀ. Σ. καὶ δουλεύσεις τῷ ἐχθρῷ σου. Θ. καὶ λατρεύσεις τῷ ἐχθρῷ σου.[46]

עַל. Ο'. κλοιόν. Ἀ. ζυγόν.[47]

49. לְשׁוֹנ. Ο'. τῆς φωνῆς (Ἀ. γλώσσης[48]) αὐτοῦ.

50. וְנַעַר לֹא יָחֹן. Ο'. καὶ νέον οὐκ ἐλεήσει. Ἀ. (καὶ) παιδὶ οὐ δωρήσεται.[49]

51. עַר הִשָּׁמְדָךְ. Ο'. Vacat. ⚹ ἕως ἐκτρίψῃ σε ◄.[50]

52. וְהֵצַר לְךָ. Et obsidebit te. Ο'. καὶ ἐκτρίψῃ σε. Ἀ. Σ. συγκλείσαι (s. πολιορκήσαι) σε.[51]

בְּכָל־אַרְצֶךָ. Ο'. Vacat. ⚹ ἐν πάσῃ γῇ σου ◄.[52]

53. בְּצִיּוֹר וּבְמָצוֹק. Ο'. ἐν τῇ στενοχωρίᾳ (Ἀ. περιοχῇ[53]) – σου ◄, καὶ ἐν τῇ θλίψει – σου ◄.

יָצִיק. Coarctabit. Ο'. θλίψει. Ἀ. ἐπιχύσῃ.[54]

54. הָאִישׁ הָרָךְ. Ο'. ⚹ ὁ ἀνὴρ ◄ ὁ ἁπαλός.[55]

וְהֶעָנֹג. Et delicatulus. Ο'. καὶ ὁ τρυφερός (Ἀ. τρυφητής. Σ. ὁ σπαταλός[56]).

54, 56. תֵּרַע. Malignus erit. Ο'. βασκανεῖ. Ἀ. πονηρεύσεται.[57]

56. אֲשֶׁר לֹא־נִסְּתָה כַף־רַגְלָהּ הַצֵּג עַל־הָאָרֶץ מֵהִתְעַנֵּג וּמֵרֹךְ. Quae non tentabat plantam pedis ejus ponere super terram prae deliciis et

mollitie. Ο'. ἧς οὐχὶ πεῖραν ἔλαβεν ὁ ποὺς αὐτῆς βαίνειν ἐπὶ τῆς γῆς διὰ τὴν τρυφερότητα καὶ διὰ τὴν ἀπαλότητα. Ἀ. (ἧς) οὐκ ἐπείρασεν ταρσὸς ποδὸς αὐτῆς ὑφίστασθαι ἐπὶ τῆς γῆς ἀπὸ τῆς τρυφῆς καὶ ἀπαλότητος.[58]

57. וּבְשִׁלְיָתָהּ. Idque ob secundinas suas. Ο'. καὶ τὸ χόριον (potior scriptura χόριον[59]) αὐτῆς. Ἀ. . δευτέριον (αὐτῆς).[60]

59. וְהִפְלָא. Et singulares faciet. Ο'. καὶ παραδοξάσει (Ἀ. θαυμαστώσει[61]).

וְנֶאֱמָנוֹת. Et diuturnas. Ο'. καὶ πιστάς (Σ. ἐπιμόνους[62]).

60. אֵת כָּל־מַדְוֵה. Ο'. πᾶσαν τὴν ὀδύνην (Ἀ. ταλαιπωρίαν[63]).

61. כָּל־חֳלִי. Ο'. πᾶσαν μαλακίαν (Ἀ. ἀρρωστίαν[64]).

62. לָרֹב. Ο'. τῷ πλήθει. Alia exempl. εἰς πλῆθος.[65]

63. וְלִהַשְׁמִיד אֶתְכֶם. Ο'. Vacat. ⚹ καὶ τοῦ ἐκτρίψαι ὑμᾶς ◄.[66]

64. וֶהֱפִיצְךָ. Ο'. καὶ διασπερεῖ (Ἀ. σκορπίσει[67]) σε.

65. לֹא תַרְגִּיעַ. Non quietem ages. Ο'. οὐκ ἀναπαύσει σε – κύριος ◄.[68]

---

[45] Sic Comp., Codd. 16, 19, 28, alii (inter quos 85 in marg.). [46] Cod. 85. Montef. vero ex eodem edidit: Ἀ. Σ. Θ. καὶ δουλεύσεις τῷ ἐ. σ. [47] Cod. X. [48] Idem. [49] Idem. Cf. ad Cap. vii. 2. [50] Sic Cod. IV, Arab. 1, Syro-hex. (cum "obelisco"), et sine aster. (cum ἕως ἂν) Codd. 58 (cum ἐκτρίψαι), 74, 76, 106, 134. [51] Syro-hex. ♦ ܠܡܚܒܫܘܬܟ. [52] Sic Cod. IV (cum ἦ pro αἶς), et sine aster. Cod. 82 (idem). Codd. 58 (cum πάσῃ ἦ, 74, 76, 106, 134: ἐν πάσῃ τῇ γῇ σου ἦ. [53] Cod. X. Pronomina (quorum posterius deest in Ald., Codd. 58, 64) jugulant Cod. IV, Syro-hex. [54] Cod. X. Cf. Hex. ad Prov. i. 27. [55] Sic Cod. IV, Arab. 1, Syro-hex. (cum "obelisco"), et sine aster. Codd. 58 (cum ἀνὴρ ὁ ἀπ.), 82. [56] Cod. 85, qui ad ἀπαλὸς lectiones refert. Verum vidit Scharfenb. in Animadv. p. 138, qui provocat ad Hex. ad Deut. xxviii. 56, Eccles. ii. 8. Ad τρυφερὸς Syro-hex. affert: ♦ ܡܦܢܩܐ, quae vox tam τρυφερὸς quam ἀπαλὸς transfert. [57] Cod. X. Cf. Cap. xv. 9 in LXX. [58] Idem. [59] Sic Comp., Codd. II, III, IV, VII, X, 15 (cum χόρειον), 16 (cum χόριον), 18 (idem), alii. [60] Cod. X. Syro-hex. ♦ ܬܪܝܢܝܬܐ ./. [61] Idem. Syro-hex. ♦ ܡܬܡܗ ܀ܡ. Etiam Bar Hebraeus (Mus. Brit. Addit. MSS. fol. 56 b): ܡܬܡܗܠܢ ܗܘ. Denique Codd. 58, 85, in marg.: ἐπιμόνους. Mendose igitur Cod. VII in marg. manu 1ma: Σν. ἐπιμόνους. [63] Idem. Cf. ad Cap. vii. 15. [64] Idem. Mox verba superflua, καὶ πᾶσαν τὴν γεγραμμένην, desunt in Codd. II (in textu), IV, X (manu 1ma), 15, 16, 18, aliis, Arab. 1, Syro-hex. [65] Sic Comp., Ald., Codd. VII, X, 16, 29, alii (inter quos 85, cum τῷ πλ. in marg.). [66] Sic Syro-hex. (cum "obelisco"), et sine aster. Codd. 15, 44 (om. τοῦ), 58, 74 (ut 44), alii. Cod. IV et Arab. 1 male pingunt: ⚹ τοῦ ἐξολοθρεῦσαι ὑμᾶς καὶ τοῦ ἐκτρίψαι ὑμᾶς ◄. [67] Cod. X, teste Holmesio. Montef. ex eodem edidit: Σ. σκορπίσει. Mox ξίλοις καὶ λίθοις post οἱ πατέρες σου juxta Hebraeum transp. Codd. IV, 82, Arab. 1, Syro-hex. [68] Sic Syro-hex., et sine obelo Arab. 1 (teste Holmesio, qui vertit: non migrabit Dominus inter vos), invitis libris Graecis.

65. לֵב רַגָּז. *Cor trepidans.* Ο΄. καρδίαν ἑτέραν
ἀπειθοῦσαν. Alia exempl. καρδίαν ἀθυμοῦ-
σαν.[69] Ά. (καρδίαν) κλονουμένην.[70] Ἄλλος·
(καρδίαν) τρέμουσαν.[71]

וְכִלְיוֹן עֵינַיִם. *Et tabem oculorum.* Ο΄. καὶ
ἐκλείποντας (Ά. τελουμένους[72]) ὀφθαλμούς.

וְדַאֲבוֹן נָפֶשׁ. *Et defectionem animi.* Ο΄. καὶ
τηκομένην (Ά. ἐκλιμώσσουσαν[73]) ψυχήν.

66. לְךָ מִנֶּגֶד. Ο΄. ἀπέναντι τῶν ὀφθαλμῶν σου.
Alia exempl. σοὶ ἀπέναντι; alia, ἀπέναντί
σου.[74]

בְּחַיֶּיךָ. Ο΄. τῇ ζωῇ σου. Σ. περὶ τῆς ζωῆς
σου.[75]

67. מִי־יִתֵּן עֶרֶב. Ο΄. πῶς ἂν γένοιτο ἑσπέρα;
Ά. Σ. τίς δώσει ἑσπέραν;[76]

68. אֲשֶׁר אָמַרְתִּי לְךָ. Ο΄. ᾗ εἶπα. Alia exempl.
ᾗ εἶπά σοι.[77]

Cap. XXVIII. 2. (÷) ἀκοῇ (◄).[78] 11. ─ ὁ θεός
σου ◄.[79] 12. ─ καὶ ἄρξεις—ἄρξουσι ◄.[80] 13. ─ ὁ
θεός σου ◄.[81] 19. εἰσπορεύεσθαί ※ σε ◄ . . . ἐκπορεύεσθαί ※ σε ◄.[82] 24. ─ καὶ ἕως ἂν ἀπολέσῃ σε
(om. ἐν τάχει) ◄.[83] 26. τοῖς ※ πᾶσιν ◄ πετεινοῖς.[84]
27. ─ ἀγρίᾳ ◄.[85] 29. ─ σοι ◄ ὁ βοηθῶν.[86] 37. ─

ἐκεῖ ◄.[87] 45. ─ καὶ ἕως ἂν ἀπολέσῃ σε ◄.[88] 48.
※ αὐτοὺς ◄ κύριος.[89] 50. ─ ὅστις ◄.[90] 55. θλίψει
─ σου ◄.[91] 56. ἄνδρα ─ αὑτῆς ◄.[92] 60. ─ τὴν
πονηράν ◄.[93] 64. ─ ὁ θεός σου ◄.[94]

Cap. XXIX.

2 (Hebr. 1). לְעֵינֵיכֶם. Ο΄. ἐνώπιον (Ά. εἰς ὀφθαλμοὺς[1]) ὑμῶν.

3 (2). רָאוּ. Ο΄. ἑωράκασιν. Alia exempl. εἶδον.[2]

הַגְּדֹלִים הָהֵם. Ο΄. τὰ μεγάλα ἐκεῖνα. Alia
exempl. add. τὴν χεῖρα τὴν κραταιάν, καὶ τὸν
βραχίονα τὸν ὑψηλόν.[3]

5 (4). מֵעֲלֵיכֶם. Ο΄. Vacat. ※ ἐπάνωθεν ὑμῶν ◄.[4]

6 (5). וְשֵׁכָר. Ο΄. καὶ σίκερα (Ά. μέθυσμα[5]).

כִּי אֲנִי יְהוָה אֱלֹהֵיכֶם. Ο΄. ὅτι κύριος ὁ θεὸς
ὑμῶν ἐγώ. Alia exempl. ὅτι οὗτος κύριος ὁ
θεὸς ὑμῶν.[6]

7 (6). סִיחֹן. Ο΄. Σηών. Alia exempl. Σιών.[7] Ά.
Σ. Σηών.[8]

8 (7). לָרֽאוּבֵנִי וְלַגָּדִי וְלַחֲצִי שֵׁבֶט הַמְנַשִּׁי. Ο΄. τῷ
'Ρουβήν, καὶ τῷ Γαδδί, καὶ τῷ ἡμίσει (alia
exempl. τοῖς ἡμίσεσι[9]) φυλῆς Μανασσῆ. Σ.

─────────────

[69] Sic Comp., Ald., Codd. III, IV, VII, X, 15, 18, alii,
Syro-hex. (ܡܚܕܐ). [70] Cod. X. Syro-hex. ♦ ܡܬܬܙܝܥ ./.
[71] Cod. 106, superscript. alia manu. [72] Cod. X. Cf. ad
v. 32. [73] Idem. Cf. Hex. ad Job. xli. 14. [74] Prior
lectio est in Cod. IV (sed alia manus, expuncto σοι, in
marg. appinxit: τῶν ὀφθ. σου), et Origen. Opp. T. III,
p. 553; posterior in Arab. 1, Syro-hex. Mox νυκτὸς καὶ
ἡμέρας juxta ordinem Hebraeum Codd. IV, 82, Syro-hex.
[75] Cod. X. [76] Syro-hex., teste Masio. [77] Sic Codd.
IV, VII, 58, 82 (cum σὺ), 128 (cum εἶπας σὺ), Arab. 1,
Syro-hex. [78] Vox deest in Codd. 54, 58, 75, Origen. Opp.
T. II, p. 567. [79] Arab. 1. Deest in Cod. 58. [80] Cod.
IV. Haec supplentur in marg. Cod. II, et desunt in
Cod. 58. [81] Cod. IV, Arab. 1 (cum metobelo tantum).
[82] Cod. IV. Pronomina desiderantur in Cod. III solo.
[83] Idem. Deest in Cod. 58. [84] Cod. IV, Arab. 1. Sic
sine aster. Cod. 82, et (cum πᾶσι τοῖς π.) Codd. 44, 74,
alii. [85] Iidem. Deest in Cod. 58. [86] Cod. IV,
Syro-hex. Sic sine obelo Comp., Ald., Codd. III, VII, X,
15, 16, 18, alii, Arab. 1, Arm. 1. [87] Cod. IV, Arab. 1,

Syro-hex. Deest in Arm. 1. [88] Cod. IV, Syro-hex.
[89] Cod. IV (qui pingit ※ αὐτοὺς κύριος :). Sic sine aster.
Codd. 74, 82, 106, 134. [90] Idem. Deest in Cod. 58,
invito Hebraeo. [91] Cod. IV, Syro-hex. [92] Cod. IV.
Deest in Cod. 58, Arm. 1. [93] Cod. IV, Syro-hex.
[94] Cod. IV, Arab. 1.

Cap. XXIX. [1] Cod. X. [2] Sic Comp., Codd. III,
IV (VII deficit), X, 15, 16, alii (inter quos 85, cum ἑωρ.
in marg.). [3] Sic Comp., Ald., Codd. II (in marg.), III,
X, 16, 18, alii, Arm. 1, invito Syro-hex. [4] Sic Cod. IV,
Arab. 1, Syro-hex. (cum "obelisco"), et sine aster. Codd. 15,
44, 58, alii. Statim ad οὗ κατετρίβη Montef. e Cod. Basil.
excitavit: Ἄλλος· οὐκ ἐπαλαιώθη, silente Holmesii amanuensi. [5] Cod. X. Syro-hex. ♦ ܪܘܝܐ ./. Cf. Hex. ad
Psal. lxviii. 13. [6] Sic Comp., Ald., Codd. III, IV, X,
15, 18, alii, Syro-hex. [7] Sic Codd. 44, 75, 106, 134.
[8] Syro-hex. in textu ܣܝܚܘܢ; in marg. autem: ܣܝܚ ./.
[9] Sic Codd. 18, 19, 85 (in marg.), 108,
118, 128.

τοῖς 'Ρουβηλαίοις, καὶ τοῖς Γαδαίοις, καὶ τῷ ἡμίσει τῆς φυλῆς τῶν Μανασσαίων.¹⁰

9 (8). וּשְׁמַרְתֶּם ... וַעֲשִׂיתֶם אֹתָם. Ο΄. καὶ φυλάξεσθε ποιεῖν. Alia exempl. καὶ φυλάξεσθε... ποιεῖν αὐτούς.¹¹

10 (9). רָאשֵׁיכֶם. Ο΄. οἱ ἀρχίφυλοι ὑμῶν. Ἀ. ἡ κεφαλὴ (ὑμῶν).¹² Ἄλλος· οἱ ἄρχοντες ὑμῶν.¹³

שִׁבְטֵיכֶם זִקְנֵיכֶם. Ο΄. καὶ ἡ γερουσία ὑμῶν, καὶ οἱ κριταὶ ὑμῶν (שֹׁפְטֵיכֶם). Alia exempl. οἱ κριταὶ ὑμῶν, καὶ ἡ γερουσία ὑμῶν.¹⁴

11 (10). נְשֵׁיכֶם טַפְּכֶם. Ο΄. αἱ γυναῖκες ὑμῶν, καὶ τὰ ἔκγονα (alia exempl. τὰ τέκνα¹⁵) ὑμῶν. Alia exempl. τὰ τέκνα (Ἀ. Σ. νήπια¹⁶) ὑμῶν, καὶ αἱ γυναῖκες ὑμῶν.¹⁷

מֵחֹטֵב עֵצֶיךָ עַד שֹׁאֵב מֵימֶיךָ. Ο΄. ἀπὸ ξυλοκόπου (Ἄλλος· ξυλοφόρου¹⁸) ὑμῶν καὶ ἕως ὑδροφόρου ὑμῶν. Ἀ. ἀπὸ ἐκκόπτοντος ξύλα σου ἕως ἀντλοῦντος ὕδατά σου.¹⁹

13 (12). לְמַעַן הָקִים־אֹתְךָ הַיּוֹם. Ο΄. ἵνα στήσῃ σε ※ σήμερον ◄.²⁰

15 (14). כִּי אֶת־אֲשֶׁר יֶשְׁנוֹ פֹּה עִמָּנוּ עֹמֵד הַיּוֹם. Ο΄. ἀλλὰ καὶ τοῖς ὧδε οὖσι (alia exempl. τοῖς οὖσιν ὧδε²¹) μεθ' ὑμῶν ※ ἑστῶσι ◄ σήμερον.²²

17 (16). אֶת־שִׁקּוּצֵיהֶם. Ο΄. τὰ βδελύγματα (Ἀ.

προσοχθίσματα²³) αὐτῶν.

17 (16). וְאֵת גִּלֻּלֵיהֶם. Ο΄. καὶ τὰ εἴδωλα (Ἀ. καθάρματα²⁴) αὐτῶν.

18 (17). מִשְׁפָּחָה. Ο΄. πατριά. Ἀ. συγγένεια.²⁵

פֹּנֶה הַיּוֹם. Ο΄. ἐξέκλινεν ※ σήμερον ◄.²⁶

פֹּרֶה רֹאשׁ. Ferens venenum. Ο΄. – ἄνω ◄ φύουσα ἐν χολῇ.²⁷ Ἀ. αὐξάνουσα κεφαλήν.²⁸

19 (18). שָׁלוֹם. Ο΄. ὅσια (potior scriptura ὁσία, fas). Ἀ. εἰρήνη.²⁹

לְמַעַן סְפוֹת. Ut absumatur. Ο΄. ἵνα μὴ συναπολέσῃ. Ἀ. Σ. Θ. ut perdat.³⁰

הָרָוָה אֶת־הַצְּמֵאָה. Satiata cum sitiente. Ο΄. ὁ ἁμαρτωλὸς τὸν ἀναμάρτητον. Οἱ λοιποί· ἡ μεθύουσα τὴν διψῶσαν.³¹

23 (22). כָּל־עֵשֶׂב. Ο΄. πᾶν χλωρόν. Σ. (πᾶς) χόρτος.³²

26 (25). וַיִּשְׁתַּחֲווּ לָהֶם אֱלֹהִים אֲשֶׁר. Ο΄. οὕς. Alia exempl. καὶ προσεκύνησαν αὐτοῖς, ※ θεοῖς ◄ οἷς.³³

וְלֹא חָלַק לָהֶם. Neque impertivit eis. Ο΄. οὐδὲ διένειμεν (Ἀ. ἐμέρισεν³⁴) αὐτοῖς. Σ. οὐδὲ προσῆκον αὐτοῖς.³⁵

Cap. XXIX. 1. ※ τῷ ◄ Μωσῇ.³⁶ 4. – ὁ θεός ◄.³⁷

---

¹⁰ Syro-hex. (cum 'Ρουβὴλ in textu): [Syriac]. ¹¹ Sic Comp., Codd. IV, 82 (cum φυλάξασθαι), Syro-hex. Sic, sed retento ποιεῖν post φυλάξεσθε, Ald., Codd. III, X, 15, 18, alii. ¹² Cod. X. ¹³ Cod. 82 in textu. ¹⁴ Sic Codd. IV, 82, Arab. 1, Syro-hex. ¹⁵ Sic Comp., Ald., Codd. III, X, 15, 16, alii (inter quos 85, cum τὰ ἔκγονα in marg.) ¹⁶ Syro-hex. ♦ [Syriac] .ܐ. ¹⁷ Sic Codd. IV, 82, Arab. 1, Syro-hex. ¹⁸ Cod. 85 in marg. ¹⁹ "Aquilas sic haec vertit: *a colligente* [*caedente*? Cf. ad Cap. xix. 5] *ligna tua usque ad haurientem aquas tuas.*"—*Masius.* ²⁰ Sic Cod. IV (metobelo post λαὸν male posito), Arab. 1, Syro-hex. (cum "obelisco"), et sine aster. Codd. 74, 76, 106, 134. ²¹ Sic Codd. IV, 44, 74, 106, 134, Arm. 1, Syro-hex. ²² Sic Cod. IV (qui pingit ※ ἑστῶσι σήμερον ◄), Arab. 1 (cum ※ *et stent hodie* ◄), et sine aster. Cod. 58 (cum μεθ' ὑμῶν καὶ ἑστῶσι σ.), Syro-hex. ²³ Cod. X. ²⁴ Idem. Syro-hex. ♦ [Syriac] .ܐ. Cf. Hex. ad Ezech. vi. 4. ²⁵ Idem. ²⁶ Sic Cod. IV, Arab. 1, Syro-hex. (cum "obelo"), et sine aster. Codd. 58, 74, 76, alii. ²⁷ Sic cum obelo Cod. IV, Syro-hex. Vox ἄνω deest in Cod. 58. ²⁸ Cod. X. ²⁹ Idem. (Paulo ante pro ἐπιφημίσηται Cod. VII ex corr. manu 2ᵈᵃ: ἐνθυμήσηται, male.) ³⁰ "Quod quidam sic interpretantur, ut verbum סְפוֹת significet hoc loco *perdere*...in qua sententia videntur fuisse LXXII interpretes, Aquilas item, Symmachus et Theodotion."—*Masius.* Quoad Aquilam non male haberet ἵνα συσσύρῃ, coll. Hex. ad 1 Reg. xii. 25. Psal. xxxix. 15. ³¹ Cod. 85. ³² Bar Hebraeus (Mus. Brit. Addit. MSS. fol. 56 b): [Syriac]. ³³ Sic Cod. IV, Arab. 1, Syro-hex. (cum "obelisco"), et sine aster. Codd. 58, 82 (cum θεοὺς οὕς). Haec, καὶ προσεκύνησαν αὐτοῖς (οἷς) leguntur in Comp., Ald., Codd. III, VII, X, 15, 18, aliis. ³⁴ Cod. X. ³⁵ Nobil., "tres Regii," et Anon. in Cat. Niceph. p. 1608. Minus probabiliter Masius e Syro-hex.: "Aquilas vertit: *et non conveniebat ipsis.*" ³⁶ Cod. IV. Sic sine aster. Comp., Ald., Codd. VII, X, 15, 18, alii. ³⁷ Cod. IV, Syro-hex. (sub –). Deest in Codd. 54, 75.

9. — πάντας ◄.³⁸　11. προσήλυτος ※ ὑμῶν ◄.³⁹　18.
διάνοια ※ αὐτοῦ ◄.⁴⁰　20. — τῆς διαθήκης ταύτης ◄.⁴¹　τῷ βιβλίῳ — τοῦ νόμου ◄ τούτῳ.⁴²　27. τῷ
βιβλίῳ — τοῦ νόμου ◄ τούτῳ.⁴³　28. — σφόδρα ◄.⁴⁴

Cap. XXX.

2. אַתָּה וּבָנֶיךָ. O'. Vacat. ※ σὺ καὶ οἱ υἱοί
σου ◄.¹

3. וְשָׁב יְהֹוָה אֱלֹהֶיךָ אֶת־שְׁבוּתְךָ. Et reducet
Jova Deus tuus captivitatem tuam. O'. καὶ
ἰάσεται κύριος (alia exempl. add. ὁ θεός σου²)
τὰς ἁμαρτίας σου. 'A. καὶ ἐπιστρέψει κύριος ὁ
θεός σου τὴν ἐπιστροφήν σου. Σ. καὶ ἐπιστρέψει σοι
κύριος ὁ θεός σου τὴν αἰχμαλωσίαν σου. Θ. καὶ ἐπιστρέψει κύριος ὁ θεός σου τὴν αἰχμαλωσίαν σου.³

6. וּמָל יְהֹוָה אֱלֹהֶיךָ. O'. καὶ περικαθαριεῖ ('A.
περιτεμεῖται⁴) κύριος (alia exempl. add. ὁ θεός
σου⁵).

9. וְהוֹתִירְךָ. Et abundare te faciet. O'. καὶ εὐλογήσει (alia exempl. πολυωρήσει⁶) σε. 'A. O.
(καὶ) περισσεύσει (σε). Σ. (καὶ) αὐξήσει (σε).⁷

9. אֲדָמָתְךָ לְטֹבָה. O'. τῆς γῆς σου ※ εἰς ἀγαθόν ◄.⁸

10. לִשְׁמֹר מִצְוֺתָיו. O'. φυλάσσεσθαι τὰς ἐντολὰς
αὐτοῦ. Alia exempl. φυλάσσεσθαι — καὶ ποιεῖν
πάσας ◄ τὰς ἐντολὰς αὐτοῦ.⁹

וְחֻקֹּתָיו. O'. καὶ τὰ δικαιώματα αὐτοῦ, — καὶ
τὰς κρίσεις αὐτοῦ ◄.¹⁰

11. לֹא־נִפְלֵאת הִוא מִמְּךָ וְלֹא־רְחֹקָה הִוא. O'.
οὐχ ὑπέρογκός ('A. οὐ τεθαυμαστωμένη¹¹) ἐστιν,
οὐδὲ μακρὰν ἀπὸ σοῦ ἐστιν. Alia exempl. οὐχ
ὑπέρογκός ἐστιν ἀπὸ σοῦ, οὐδὲ μακράν ἐστιν.¹²

12. לֵאמֹר. O'. λέγων. "Αλλος· ἵνα εἴπῃς.¹³

וְיַשְׁמִעֵנוּ אֹתָהּ. O'. καὶ ἀκούσαντες αὐτήν.
'A. καὶ ἀκουστὴν ἡμῖν αὐτὴν ποιήσει.¹⁴

15. אֶת־הַטּוֹב וְאֶת־הַמָּוֶת. O'. καὶ τὸν θάνατον,
τὸ ἀγαθόν. Alia exempl. καὶ τὸ ἀγαθόν, καὶ
τὸν θάνατον.¹⁵

16. מִצְוֺתָיו וְחֻקֹּתָיו. O'. ※ τὰς ἐντολὰς αὐτοῦ,
καὶ ◄ τὰ δικαιώματα αὐτοῦ.¹⁶

18. לָבוֹא שָׁמָּה. O'. ※ εἰσελθεῖν ◄ ἐκεῖ.¹⁷

---

³⁸ Cod. IV, Syro-hex. (sub —), Arab. 1 (sine metobelo).
³⁹ Cod. IV, Syro-hex. (cum "obelisco"). Sic sine aster.
Cod. 82.　⁴⁰ Cod. IV. Sic sine aster. Codd. 44, 74, 76,
alii, Arm. 1.　⁴¹ Cod. IV, Syro-hex. (sub —). Deest
in Cod. 58.　⁴² Iidem. In Ed. Rom. est tantum τῷ β.
τούτῳ; sed τῷ β. τοῦ νόμου τούτου habent Comp., Ald., Codd.
III, VII, X, 15, 16, 19, alii, Arab. 1, Arm. 1.　⁴³ Iidem.
Arab. 1: τῷ β. τοῦ ν. τούτου; et sic sine obelo Ed.
Rom.　⁴⁴ Cod. IV, Syro-hex. (sub —), Arab. 1. Deest
in Codd. 55, 58.

Cap. XXX. ¹ Sic Cod. IV, Arab. 1, Syro-hex. (cum
"obelisco"), et sine aster. Codd. 44, 74, 76, alii.　² Sic
Codd. IV, X, 15, 44, alii, Arab. 1, Syro-hex.　³ "Aquilas sic vertit: Et convertet Dominus Deus tuus conver-
sionem tuam, et miserebitur tui, (et reducet) et congregabit
te ex omnibus populis etc. Theodotion sic: Et convertet
Dominus Deus tuus captivitatem tuam etc. Symmachus:
Et convertet tibi Dominus Deus tuus captivitatem tuam
etc."—Masius.　⁴ Cod. X.　⁵ Sic Codd. IV, 58 (sine
σου), 82, Arab. 1, Syro-hex.　⁶ Sic Comp., Ald., Codd.
III, IV, VII, X, 16, 18, alii, Arab 1 (cum custodiet), Syro-
hex. (idem).　⁷ Cod. 85 (cum 'A. pro 'A. Θ.). Cod. 58
in marg. sine nom.: περισσεύσει. αὐξήσει. Syro-hex. affert:

⁂ ܒ̈ܠܝ ܐ . ̇ ̇ ̇ .　⁸ Sic Cod. IV, Syro-hex. (sub —).
et sine aster. Codd. 44, 58, 74, alii.　⁹ Sic Syro-hex.,
Cod. IV (sine metobelo), et sine obelo Ald., Codd. III,
VII, X, 15, 16, 18, alii, Arab. 1, Arm. 1.　¹⁰ Sic Syro-
hex., rectius quam Cod. IV, Arab. 1, qui pingunt: — καὶ
τὰ δ. αὐτοῦ ◄, καὶ τὰς κρ. αὐτοῦ. Cf. ad v. 16. Clausula
posterior abest in Comp.　¹¹ Cod. X. Bar Hebraeus
(Mus. Brit. Addit. MSS. fol. 56 b): ܐܡܕ ̇ ܠ ̣ܒܣ ܬܐ
ܐܚܕܐ.　¹² Sic Codd. IV, 82, Syro-hex.　¹³ Sic
citat Auctor Synopseos S.S. (S. Chrysost. Opp. T. VI,
p. 338 B). "Syrum legit ὥστε λέγειν [fort. ܐܚܕ ܘܠܚ̈ܒܐ,
ut dicas]."—Masius.　¹⁴ Cod. X, teste Montef. in schedis,
qui tamen edidit αὐτὴν ἡμῖν pro ἡμῖν αὐτήν. "Hebraeum
habet, et faciet nos audire eam; et ita Aquilas quoque
vertit."—Masius. Mox ad מִצְעָר (v. 13) Drusius ex Eusebii Onomastico affert: 'A. ἀντίπεραν [immo ἀπὸ πέραν].
Σ. ἐξεναντίας; quae lectio pertinet ad 3 Reg. iv. 12.　¹⁵ Sic
Cod. IV, Arab. 1, Syro-hex.　¹⁶ Cod. IV: ※ τὰς ἐντολὰς ◄
αὐτοῦ· καὶ τὰ δ. αὐτοῦ. "Prima manus posuerat — ante
τὰς, et ※ ante αὐτοῦ; quorum loco B bis ※ reposuit."—
Tischendorf. Arab. 1: ※ et mandata ejus... Cod. 82:
τὰς ἐντολὰς αὐτοῦ, τὰ δ. αὐτοῦ.　¹⁷ Sic Cod. IV, Syro-hex.
(cum ܠܡܚܬ ◄, ut conjicere licet, pro quo Masius dedit

19. וּבָחַרְתָּ בַּחַיִּים. Ο'. (καὶ) ἔκλεξαι τὴν ζωήν (alia exempl. τὴν εὐλογίαν[18]).

20. וּלְדָבְקָה־בוֹ. Et adhaerere ei. Ο'. καὶ ἔχεσθαι αὐτοῦ. Ἀ. καὶ κολλᾶσθαι ἐν αὐτῷ.[19]

Cap. XXX. 6. ἵνα ζῇς σὺ ⸓ καὶ τὸ σπέρμα σου ⸔.[20] 7. ※ πάσας ⸔ τὰς ἀράς.[21] 8. ※ πάσας ⸔ τὰς ἐντολάς.[22] 9 (in posteriore loco). ⸓ ὁ θεός σου ⸔.[23] 12. ποιήσομεν ※ αὐτήν ⸔.[24] 13. ποιήσομεν ※ αὐτήν ⸔.[25] 14. ⸓ ἐστιν ⸔.[26] ⸓ καὶ ἐν ταῖς χερσίν σου ⸔.[27] 16. ⸓ ἐὰν δὲ εἰσακούσῃ (sic) τὰς ἐντολὰς κυρίου τοῦ θεοῦ σου ⸔.[28] ⸓ πάσαις ⸔.[29] ⸓ πάσῃ ⸔.[30] 18. ἐπὶ τῆς γῆς, ⸓ ἧς κύριος ὁ θεός σου δίδωσί σοι ⸔.[31]

Cap. XXXI.

1. וַיֵּלֶךְ מֹשֶׁה וַיְדַבֵּר אֶת־הַדְּבָרִים הָאֵלֶּה. Ο'. καὶ συνετέλεσε Μωυσῆς λαλῶν πάντας τοὺς λόγους τούτους. Ἀ. Θ. καὶ ἐπορεύθη Μωυσῆς, καὶ ἐλάλησε τὰ ῥήματα ταῦτα. Σ. καὶ πορευθεὶς Μωυσῆς ἐλάλησε τοὺς λόγους τούτους.[1]

2. בֶּן־מֵאָה. Ο'. ※ υἱὸς ⸔ ἑκατόν.[2]

5. לִפְנֵיכֶם. Ο'. ὑμῖν. Alia exempl. ἐνώπιον ὑμῶν;

alia, εἰς τὰς χεῖρας ὑμῶν.[3]

5. כְּכָל־הַמִּצְוָה אֲשֶׁר צִוִּיתִי אֶתְכֶם. Ο'. καθότι (s. καθὰ) ἐνετειλάμην ὑμῖν. Alia exempl. ⸓ καθότι ※ κατὰ πᾶσαν τὴν ἐντολὴν ἣν ⸔ ἐνετειλάμην ὑμῖν.[4]

6. וְאַל־תַּעַרְצוּ. Neve contremiscatis. Ο'. μηδὲ δειλιάσῃς (potior scriptura δειλία) ⸓ μηδὲ πτοηθῇς ⸔.[5]

עִמָּךְ. Ο'. μεθ' ὑμῶν ἐν ὑμῖν. Alia exempl. μεθ' ὑμῶν.[6]

לֹא יַרְפֶּךָ. Non missum faciet te. Ο'. οὔτε (potior scriptura οὐ) μή σε ἀνῇ (Ἀ. παρήσει[7]).

8. הוּא הַהֹלֵךְ לְפָנֶיךָ. Ο'. ※ αὐτὸς ⸔ ὁ συμπορευόμενος (alia exempl. add. σοι[9]).

הוּא יִהְיֶה עִמָּךְ. Ο'. ※ αὐτὸς ἔσται ⸔ μετὰ σοῦ.[10]

10. הַסֻּכּוֹת. Ο'. σκηνοπηγίας. Ἄλλος· σκηνοποιίας.[11]

11. תִּקְרָא. Ο'. ἀναγνώσεσθε. Alia exempl. ἀναγνώσῃ.[12]

14. בְּאֹהֶל מוֹעֵד. Ο'. παρὰ τὰς θύρας τῆς σκηνῆς τοῦ μαρτυρίου. Ἀ. ἐν σκέπῃ ἐπαγγελίας.[13]

⸓ πορεύεσθαι ⸔), et sine aster. Codd. 15, 44, 58, alii, Arab. 1. [18] Sic Codd. III, X (in marg. cum οἶον εὐλογίαν), 15, 16, 18, alii (inter quos 85 in marg.). [19] Cod. X. [20] Syrohex. Sic sine obelo Codd. III, 16, 28, alii, Arm. 1. [21] Cod. IV (qui pingit: ※ πάσας τὰς ἀρὰς ταύτας ⸔), Syrohex. (cum ⸓ πάσας ⸔), Arab. 1 (sine metobelo). [22] Cod. IV, Arab. 1, Syro-hex. (cum ⸓ πάσας ⸔). Sic sine aster. Codd. 44, 74, alii. [23] Cod. IV. Deest in Cod. 58. [24] Cod. IV (cum ※ ex corr. pro ⸓), Syro-hex. (cum " obelisco"). Sic sine aster. Codd. 44, 74, alii. [25] Cod. IV. Sic sine aster. Codd. 44, 74, alii, Arab. 1. [26] Idem. Deest in Codd. 53, 58, 75. [27] Cod. IV, Arab. 1, Syrohex. (sub ⸓). Deest in Codd. 19, 58. [28] Cod. IV (cum metobelo ex corr.). [29] Cod. IV, Syro-hex. (sub ⸓). Deest in Cod. 71. [30] Cod. IV, Syro-hex. (sub ⸓), Arab. 1. Deest in Cod. 58. [31] Cod. IV, Syro-hex. (sub ⸓), Arab. 1 (cum quam ⸓ dat tibi etc.). Sic sine obelo Ald., Codd. III, VII, X, XI (sine σου), 15, 16, 18, alii.

Cap. XXXI. [1] "Aq. et Theod. ad verbum verterunt quod in Hebraeo est. Sym. vero sic: Et cum abiisset Moses, locutus est etc."—Masius. [2] Cod. X (cum ※ υἱὸς

in marg.). Mox ἐκπορεύεσθαι καὶ εἰσπ. juxta ordinem Hebraeum Syro-hex., invitis libris Graecis. [3] Prior lectio est in Comp., Ald., Codd. III, VII, X, 15, 16, 18, aliis, et, ut videtur, Syro-hex.; posterior in Codd. IV, XI, 44, 58, 74, aliis, Arab. 1. [4] Sic Cod. IV. Codd. 44, 58, 74, alii: κατὰ πᾶσαν τὴν ἐντολὴν ἣν ἐν. ὑμῖν. [5] Sic Cod. IV (sub ⸓), Syro-hex., Arab. 1. [6] Sic Comp., Ald., Codd. III, IV, VII, X (cum ἐν ὑμῖν in marg.), XI, 15, 18, alii (inter quos 85, ut X), Arab. 1. [7] Cod. X (cum παρείσει). [8] Sic Cod. IV, et sine aster. Codd. 58, 82, Arab. 1. [9] Sic Codd. III, IV, VII, X, XI, 16, 18, alii. [10] Sic Cod. IV, Arab. 1 (uterque sine metobelo), et sine aster. Codd. 44, 58 (om. αὐτὸς), 76, alii. [11] Sic in marg. Cod. 85; in textu autem Codd. 16, 52. [12] Sic Codd. IV, 82, Syro-hex. [13] "Aquilas: ad latus, vel in latere aut extremitate, promissionis."—Masius. In Num. iv. 25 pro eodem Hebraeo Aquila edidit σκέπη συναγῆς, Syriace ܐܣܟܦ̈ܬܐ, quae a dictis Latinis plane abhorrent. Hic autem Masium in codice suo legisse crediderimus ܐܣܟܦ̈ܬܐ ܕܡܘܠܟܢܐ pro Graecis quae supra posuimus. Scilicet מוֹעֵד cum ἐπαγγελία commutavit idem interpres in Hex. ad Psal. ci. 14. Jerem. xlvi. 17. Masius vero locutiones

15. וַיֵּרָא יְהֹוָה בָּאֹהֶל בְּעַמּוּד עָנָן. *Et visus est Jova in tentorio in columna nubis.* Ο'. καὶ κατέβη κύριος ⨯ ἐν τῇ σκηνῇ ◂[14] ἐν νεφέλῃ (alia exempl. ἐν στύλῳ νεφέλης[15]), — καὶ ἔστη παρὰ (eadem exempl. ἐπὶ) τὰς θύρας τῆς σκηνῆς τοῦ μαρτυρίου ◂.[16]

17. הֲלֹא עַל כִּי־אֵין. *Nonne ideo quia non est.* Ο'. διότι οὐκ ἔστι. Σ. *Vere propterea quod non est.*[17]

18. הַסְתֵּר אַסְתִּיר. Ο'. ἀποστροφῇ ἀποστρέψω. Ἀ. ἀποκρύβων ἀποκρύψω.[18]

19. כִּתְבוּ לָכֶם. Ο'. γράψατε ⨯ ἑαυτοῖς ◂.[19]

לְעֵד. Ο'. μαρτυροῦσα. Ἄλλος· εἰς μαρτύριον.[20]

20. וְדָשֵׁן. *Et pinguis fiet.* Ο'. κορήσουσι (s. κορέσουσι). Ἀ. (καὶ) πιανθήσονται.[21]

וְנִאֲצוּנִי. *Et spernent me.* Ο'. καὶ παροξυνοῦσί (Ἀ. διασυροῦσι[22]) με.

וְהֵפֵר. *Et violabit.* Ο'. καὶ διασκεδάσουσι (Ἀ. ἀκυρώσουσι[23]).

21. וְהָיָה כִּי־תִמְצֶאןָ אֹתוֹ רָעוֹת רַבּוֹת וְצָרוֹת. Ο'. Vacat. ⨯ καὶ ἔσται ὅταν εὕρωσιν αὐτὸν κακὰ πολλὰ καὶ θλίψεις ◂.[24]

21. וְעָנְתָה. *Et testabitur.* Ο'. καὶ ἀντικαταστήσεται. Ἄλλος· ἀποκριθήσεται.[25]

לְעֵד. Ο'. μαρτυροῦσα. Ἀ. εἰς μαρτύριον.[26]

אֶת־יִצְרוֹ. *Cogitationem ejus.* Ο'. τὴν πονηρίαν αὐτῶν. Ἀ. Σ. τὸ πλάσμα αὐτῶν. Θ. τὸ σπέρμα αὐτῶν.[27]

24. עַד תֻּמָּם. *Usque ad absolutionem eorum.* Ο'. ἕως εἰς τέλος. Ἀ. (ἕως) τελειώσεως αὐτῶν.[28]

27. מַמְרִים. *Contendentes.* Ο'. παραπικραίνοντες. Ἀ. Σ. προσερίζοντες.[29]

עִם־יְהֹוָה. Ο'. τὰ πρὸς τὸν θεόν. Ἀ. μετά.[30]

28. אֶת־כָּל־זִקְנֵי שִׁבְטֵיכֶם. Ο'. τοὺς φυλάρχους ὑμῶν, — καὶ τοὺς πρεσβυτέρους ὑμῶν ◂, καὶ τοὺς κριτὰς ὑμῶν.[31]

29. אַחֲרֵי מוֹתִי. Ο'. ἔσχατον τῆς τελευτῆς μου. Ἀ. μετὰ τὸν θάνατόν μου.[32]

הַשְׁחֵת תַּשְׁחִתוּן וְסַרְתֶּם. Ο'. ἀνομίᾳ ἀνομήσετε, καὶ ἐκκλινεῖτε (alia exempl. add. ταχύ[33]). Ἀ. διαφθορᾷ διαφθερεῖτε, καὶ ἀποστήσεσθε.[34]

וְקָרָאת. Ο'. καὶ συναντήσεται (Ἄλλος· ἀπαντήσει[35]).

Cap. XXXI. 4. — δυσὶ ◂.[36] — οἳ ἦσαν πέραν τοῦ Ἰορδάνου ◂.[37] 9. — εἰς βιβλίον ◂.[38] ἔδωκεν ⨯ αὐ-

Syriacas |◌◌◌◌◌ (ἐν σκήνῃ Psal. xc. 1) et ◌◌◌◌ ◌◌ (ἐκ πλαγίων Ruth ii. 14) confudisse videtur.　[14] Sic Arab. 1 (sub ◂), Syro-hex. (sub —), et sine aster. Codd. 44, 58, 74, alii.　[15] Sic Comp., Ald., Codd. III, VII, X, XI, 15, 16, 18, alii, Arab. 1, Arm. 1.　[16] Obelus est in Syrohex., Arab. 1 (sine metobelo).　[17] Syro-hex., teste Masio.　[18] Cod. X. De forma κρίβων cf. Lobeck. ad Phryn. p. 317, cujus exemplis praeter hunc locum adde κρύβεται 1 Reg. xxiii. 23 in Cod. Alex.　[19] Sic sine aster. Codd. 44, 58, 74, alii. Masius e Syro-hex. affert: γράψατε —ἑμῖν ◂.　[20] Sic in textu Comp., Ald., Codd. III, VII, X, XI, 15, 16, 18, alii (qui omnes praecedens κατὰ πρόσωπον reprobant), Arm. 1, et, ut videtur, Syro-hex. Cf. ad v. 21.　[21] Cod. X. Idem in marg., teste Holmesio: ἀναμαρτήσουσι, quod quid sibi velit nescimus.　[22] Idem. Cf. Hex. ad 1 Reg. ii. 17. Jesai. xxxii. 5.　[23] Idem. Cf. Hex. ad Num. xxx. 13.　[24] Sic Cod. X (in marg.), Arab. 1, Syro-hex. (cum "obelisco"), et sine aster. Comp., Ald., Codd. III, VII, 16, 18 (cum πολλὰ κακὰ), 19, alii.

Praeterea Cod. X in marg. notat: Ἀ. ταῦτα, innuens, ut videtur, ea quae ibidem sub asterisco habentur.　[25] Cod. X in marg.　[26] Idem.　[27] Ἀq. et Sym. verterunt נְבֻלָתָא, quod est ac si dicas τὸ πλάσμα... Theod. vero vertit, *semen eorum.*—*Masius.* Neque aliter Bar Hebraeus (Mus. Brit. Addit. MSS. fol. 56 b): ◌◌◌◌◌◌ ◌◌. ◌◌◌◌◌◌, ◌◌◌◌◌◌◌◌◌◌ ◌◌. Tandem Cod. X: Ἀ. τὸ πλάσμα.　[28] Cod. X.　[29] Idem (cum Ἀ. pro Ἀ. Σ.). Cf. ad Cap. ix. 7. Syro-hex. autem: ◌◌◌ ◌.　[30] Cod. X, teste Holmesio; nisi forte pertineat ad μετὰ (אַחֲרֵי) τὸν θάνατον. Cf. ad v. 29.　[31] Sic cum obelo Arab. 1. Deinde haec, καὶ τοὺς κρ. ὑμῶν, desunt in Comp., Cod. 130, Arab. 1, Syro-hex.　[32] Cod. X.　[33] Sic Cod. 58, Arab. 1, Syro-hex. Vulg.: *declinabitis cito.*　[34] Cod. X. Cod. 85 in marg.　[35] Cod. IV, Syro-hex. (sub —), Arab. 1 (qui pingit: — δυσὶ Βαα. καὶ Ἀμ. ◂).　[37] Syro-hex. Deest in Cod. 58.　[38] Cod. IV, Arab. 1 (cum metobelo tantum). Deest in Codd. 18, 58.

τόν ◁.³⁹　10. – ἐν τῇ ἡμέρᾳ ἐκείνῃ ◁.⁴⁰　11. – κύριος ◁.⁴¹　14. – εἰς τὴν σκηνὴν τοῦ μαρτυρίου ◁.⁴²
18. – ἀπ' αὐτῶν ◁.⁴³　20. – τὴν ἀγαθήν ◁.⁴⁴　21.
– ὧδε ◁.⁴⁵　– τὴν ἀγαθήν ◁.⁴⁶　(–) τοῖς πατράσιν
αὐτῶν (◁).⁴⁷　23. Ἰησοῖ ✕ υἱῷ Ναυή ◁.⁴⁸ καὶ εἶπεν
– αὐτῷ ◁.⁴⁹　24. – πάντας ◁.⁵⁰　25. ἐνετείλατο ✕
Μωυσῆς ◁.⁵¹　28. – πάντας ◁.⁵²

CAP. XXXII.

2. יַעֲרֹף. Stillet. Ο'. προσδοκάσθω. 'Α. γνοφωθή-
σεται.¹

כִּשְׂעִירִם. Sicut imbres. Ο'. ὡσεὶ ὄμβρος ('Α.
τριχιῶντα²).

וְכִרְבִיבִים. Et sicut pluviae. Ο'. καὶ ὡσεὶ νιφε-
τός ('Α. ψεκάδες³).

4. הַצּוּר. Rupes. Ο'. θεός. 'Α. ὁ στερεός. Θ. ὁ
πλάστης.⁴

וְאֵין עָוֶל. Ο'. καὶ οὐκ ἔστιν ἀδικία (alia exempl.
add. ἐν αὐτῷ⁵).

5. שִׁחֵת לוֹ לֹא בָּנָיו מוּמָם. Perdite egerunt in
eum, non filiorum ejus est macula eorum. Aliter: Corrupit illi filios non suos labes (pravitas)
eorum. Ο'. ἡμάρτοσαν οὐκ αὐτῷ τέκνα μω-
μητά.⁶ 'Α. διέφθειραν αὐτῷ οὐχ υἱοὶ αὐτοῦ..
Σ. διέφθειραν πρὸς αὐτὸν οὐχ υἱοὶ αὐτοῦ τὸ
σύνολον.⁷

6. וַיְכֹנְנֶךָ. Et creavit te. Ο'. καὶ ἔπλασέ (alia exempl. ἔκτισε⁸) σε. 'Α. (καὶ) ἡτοίμασέν (σε).⁹

8. בְּהַנְחֵל. Cum possessiones assignaret. Ο'. ὅτε
διεμέριζεν ('Α. ἐκληροδότει¹⁰).

בְּהַפְרִידוֹ בְּנֵי אָדָם. Cum dispergeret filios hominis. Ο'. ὡς διέσπειρεν υἱοὺς Ἀδάμ. 'Α. ἐν
τῷ διορίζειν αὐτὸν υἱοὺς ἀνθρώπου.¹¹

לְמִסְפַּר בְּנֵי יִשְׂרָאֵל. Juxta numerum filiorum
Israelis. Ο'. κατὰ ἀριθμὸν ἀγγέλων θεοῦ.
'Α. εἰς ψῆφον υἱῶν Ἰσραήλ. Σ. Θ. καὶ τὸ
Σαμαρειτικὸν κατὰ ἀριθμὸν υἱῶν Ἰσραήλ.¹²

10. יְמְצָאֵהוּ. Ο'. αὐτάρκησεν αὐτόν. 'Α. Θ. ηὗρεν
αὐτόν.¹³

---

³² Cod. IV, Syro-hex. (cum – αὐτὸν ◁). Sic sine aster.
(cum αὐτὸ) Comp., Codd. VII, XI, 16, 29, alii, Arm. 1.
⁴⁰ Cod. IV, Syro-hex. (sub –), Arab. 1. Deest in Cod. 58.
⁴¹ Iidem.　⁴² Syro-hex., Arab. 1. Deest in Codd. 58,
75, 108.　⁴³ Syro-hex.　⁴⁴ Syro-hex., Arab. 1. Deest
in Cod. 58. (In fine v. haec, ἣν διεθέμην αὐτοῖς, non habentur in Syro-hex.; ut neque haec, ἀπὸ στόματος αὐτῶν καὶ, in
v. 21.)　⁴⁵ Arab. 1.　⁴⁶ Idem, nullo metobelo. Deest
in Cod. 58.　⁴⁷ Obelo jugulat Grabius.　⁴⁸ Arab. 1.
Sic sine aster. Comp., Ald., Codd. III, VII, X, 15, 16,
alii, Arm. 1.　⁴⁹ Idem. Sic sine obelo Comp., Ald.,
Codd. III, VII, X, 15, 16, alii.　⁵⁰ Syro-hex. (ut videtur), Arab. 1 (sine metobelo). Deest in Cod. 58, 71.
⁵¹ Arab. 1. Sic sine aster. Codd. 44, 74, alii, Syro-hex.
⁵² Idem. Deest in Cod. 58.
Cap. XXXII. ¹ Syro-hex. ✦ ܘ. Cf. Hex. ad
Psal. lxiv. 13.　² Cod. X. Praetulerim τριχιῶντες, coll.
Hex. ad Lev. xvii. 7. Jesai. xiii. 21. Mox ad ἐπ' ἄγρωστιν
Cod. VII in marg. manu 2ᵈᵃ: ἐπὶ πόαν.　³ Idem (cum
ψεκάδης). Cf. Hex. ad Mich. v. 7.　⁴ Syro-hex. ܀.
✦ ܠ ܐܛܝܡܐ. Ad Aq. cf. ad vv. 15, 31 (ubi pro
στερεὸς in Syro est forma longe usitatior ܠܐܥܫܝܢܐ). Ad
Theod. cf. Hex. ad 2 Reg. xxiii. 3.　⁵ Sic Cod. 85 in
marg.; in textu autem Comp., Ald., Codd. VII (in marg.

manu 1ᵐᵃ), X, 15, 16, 18, alii, Veron., et, ut videtur, Syro-
hex.　⁶ Textus Hebraeo-Sam., quem secuti sunt LXX
et Syrus vulgaris, sic habet: שחתו לא לו בני מום, h. e. Perdite egerunt, non sunt ejus, filii maculae.　⁷ Procop. in
Cat. Niceph. p. 1624. Minus emendate Nobil.: 'Α. δ. αὐτῷ
οὐχ οἱ υἱοὶ αὐτοῦ. Σ. δ. πρὸς αὐτὸν οὐχ υἱοὶ τὸ σ. Bar Hebraeus, edente Schroetero: ܐܡܪ ܒܚܕܐ ܚܡ ܠܐ ܠܗܘܢ ܚܒܠܘ
ܝܒܠܗ ܂ ܗܘܐ ܒܢܘܗܝ ܐܝܟܢܐ ܚܒܠܘ ܡܢ ܠܗܘܢ ܚܒܠܘ ܝܒܠܗ ܐܡܪ
ܚܒܠܗ. (Pro מומם Symmachum legisse crediderim, non
כֻּלָּם, quae Scharfenbergii est sententia, sed מומה s. מאומה,
vel minimum.)　⁸ Sic Codd. III, VII, X, XI, 15, 28,
alii, Veron.　⁹ Cod. X.　¹⁰ Idem.　¹¹ Idem, teste
Montef. Minus probabiliter Holmes. ex eodem exscripsit:
'Α. ἐν τῷ δ. υἱοὺς ἀνθρώπου. Ad Ἀδὰμ Cod. VII in marg.
manu 2ᵈᵃ: ἀνθρώπου.　¹² Hic multum variant testes.
Cod. X: 'Α. εἰς ψῆφον υἱῶν Ἰσραήλ. Σ. υἱοὺς Ἰσραήλ. Cod.
85: 'Α. εἰς ψῆφον υἱῶν θεοῦ (sic). υἱοὺς Ἰσραήλ. Cod. 58 in
marg. sine nom.: εἰς ψῆφον (sic) υἱοὺς Ἰσραήλ. Nobil.:
'Α. Σ. κατὰ ἀριθμὸν υἱῶν Ἰσραήλ. Schol. οὕτω οἱ λοιποὶ
ἐκδεδώκασιν ἑρμηνευταί· κατὰ ἀριθμὸν υἱῶν Ἰσραήλ." Anon. in
Cat. Niceph. p. 1627: ἀντὶ τοῦ εἰπεῖν ἀγγέλους, 'Α. καὶ τὸ
Σαμ. υἱοὺς Ἰσραήλ ἐξέδωκαν. Denique Masius ex Syro-hex.:
" Aquilas et Theodotion verterunt ut in Hebraeo est."
¹³ Nobil. Cod. X affert: 'Α. ηὗρεν. Procop. in Cat.

10. וּבְתֹהוּ יְלֵל יְשִׁמֹן. *Et in deserto ululatus et vastitatis.* Ο΄. ἐν δίψει καύματος ἐν [γῇ] ἀνύδρῳ. Ἀ. καὶ ἐν κενώματι ὀλολυγμοῦ ἠφανισμένης. Σ. καὶ ἐν ἀτάκτῳ ἀοικήτῳ ἠφανισμένῃ.[14]

11. יְרַחֵף. *Incubat.* Ο΄. ἐπεπόθησε. Ἄλλος· ἐπιφερόμενος.[15]

יִפְרֹשׂ. *Expandit.* Ο΄. διείς. Ἀ. ἐκπετάσας.[16] Ἄλλος· ἁπλώσας.[17]

12. בָּדָד. *Solus.* Ο΄. μόνος. Ἀ. ἐξαιρέτως.[18]

13. עַל־בָּמֳותֵי אָרֶץ. *Super excelsa terrae.* Ο΄. ἐπὶ τὴν ἰσχὺν τῆς γῆς. Ἀ. ἐπὶ τὸ ὕψωμα (s. τὰ ὑψώματα) τῆς γῆς.[19]

וַיֵּנִקֵהוּ. *Et lactavit eos.* Ο΄. ἐθήλασαν. Ἄλλος· ἐθήλασεν αὐτούς.[20]

14. בְּנֵי־בָשָׁן. *Filiorum Basan.* Ο΄. υἱῶν ταύρων (Ἀ. Βασάν[21]).

וְעַתּוּדִים. *Et hircorum.* Ο΄. καὶ τράγων. Ἀ. † ῥίμων.[22]

חֵמֶר. *Vinum merum.* Ο΄. οἶνον. Ἀ. αὐστηρόν. Σ. ἀκράτου.[23]

15. כָּשִׂיתָ. *Tectus es* (pinguedine). Ο΄. ἐπλατύνθη. Ἀ. ἐλιπάνθη.[24]

וַיְנַבֵּל צוּר. *Et vilipendit rupem.* Ο΄. καὶ ἀπέστη ἀπὸ θεοῦ (Ἀ. στερεόν. Θ. πλάστην[25]).

16. יַקְנִאֻהוּ. *Ad zelum provocarunt eum.* Ο΄. παρώξυνάν με. Ἀ. ἐζήλωσαν (αὐτόν).[26]

יַכְעִיסֻהוּ. *Irritaverunt eum.* Ο΄. παρεπίκρανάν (alia exempl. ἐξεπίκραναν[27]) με. Ἀ. παρώργισαν (αὐτόν).[28]

17. לֹא שְׂעָרוּם. *Non horruerunt eos.* Ο΄. οὓς οὐκ ᾔδεισαν. Ἀ. οὐκ ἐτρίχιων αὐτούς.[29]

אֲבֹתֵיכֶם. Ο΄. οἱ πατέρες αὐτῶν (Ἄλλος· ὑμῶν[30]).

18. צוּר יְלָדְךָ. Ο΄. θεὸν τὸν γεννήσαντά (Ἄλλος· ποιήσαντα[31]) σε.

אֵל. Ο΄. θεοῦ. Ἀ. ἰσχυροῦ.[32]

מְחֹלְלֶךָ. *Creatoris tui.* Ο΄. τοῦ τρέφοντός σε. Ἀ. ὠδίνοντός σε.[33]

21. בְּלֹא־אֵל. Ο΄. ἐπ᾽ οὐ θεῷ. Ἄλλος· ἐν οὐκ ἰσχυρῷ.[34]

Niceph. p. 1630: Ἀκ. καὶ Θεοδ. εὗρεν αὐτὸν, ἐκδεδώκασι, κατὰ τὸ, ὡς σταφυλὴν ἐν ἐρήμῳ εὗρον τὸν Ἰσραὴλ (Hos. ix. 10). Ita quoque "Regius unus decimi saeculi" apud Montef., qui exinde ad nostrum locum lectionem prorsus absonam expiscatus est: Ἀ. Θ. εὗρεν αὐτὸν ὡς σταφυλὴν ἐν ἐρήμῳ. [14] Montef. in *Appendice* edidit: Ἀ. ἐν κενώματι ὀλολυγμοῦ ἠφανισμένης, notans: "Sic Coisl. melius quam Ed. Rom. Ἀ. ἐν ἀτάκτῳ, ἀοικήτῳ, quae versio vel est alterius interpretis, vel ex aliis translationibus consarcinata, ut quidem existimo." Revera est Symmachi, teste Syro nostro, qui utramque versionem incolumem nobis servavit: ܟܕܡܫܠ̈ܡܢ ܘܕܒܕܘܟܬܐ ܕܠܝܬ ܒܗ ܕܝ̈ܘܪܐ. Ad κένωμα cf. Hex. ad Gen. i. 2. Jerem. iv. 23. Ad ἠφανισμένης (non, ut Syrus legit, ἠφανισμένῃ) cf. Hex. ad 1 Reg. xxiii. 19, 24. [15] Cod. X in marg. Cf. Hex. ad Gen. i. 2. [16] Idem (cum δυστὰς in textu). [17] Sic in marg. Codd. VII (manu 2da), 128. Mox ad μεταφρύνων Cod. VII in marg. manu 2da: πλάτων (sic), h. e. alarum. [18] Cod. X. Syro-hex. ܙ. [19] Nobil., Anon. in Cat. Niceph. p. 1631. Cod. X affert: Ἀ. ὑψώματα. Masius: Aq. *altitudinem*. [20] Sic in textu Codd. VII (ex corr. manu 2da), 54. Syro-

hex., Arm. ed. Scripturam ἐθήλασεν tuentur Comp., Codd. X, 16, 19, alii, Arab. 1. [21] Cod. X. [22] "Coislin. habet: Ἀ. ῥιμων, mendose pro κεριῶν, ut solet Aquila vertere."—Montef. Cf. nos in Hex. ad Psal. lxv. 15. Jerem. l. 8. Ad litem inter καίριοι (s. καίριμος) et κεριῶς dirimendam nescio an proficere possit lectio Syri nostri a Masio excitata: ܬܝ̈ܫܐ, h. e. *tonsos.* [23] Cod. X affert: Ἀ. αὐστηράν. Syro-hex. ܡܪܝܪܐ. Cf. Hex. ad Psal. lxxiv. 9. [24] Syro-hex. ܐܬܦܛܡ. Lectio non huc, sed ad יְשֻׁרוּן, Ο΄. καὶ ἔφαγε, pertinere videtur. [25] Idem: ܓܒܘܠܐ. Cf. ad v. 4. [26] Cod. X. [27] Sic Comp., Ald., Codd. III, VII, X, XI, 15, 16, 18, alii (inter quos 85, cum ἐξεπείρασαν in marg.), Veron. [28] Idem. [29] Sic in textu Arab. 1, Syro-hex. [30] Sic in textu Codd. 28, 46, 52, alii (inter quos 85, cum γεννήσαντα in marg.). Ad θεὸν Cod. VII in marg. manu 2da: στερεόν. [31] Syro-hex. ܕܝܠܕܟ. Cod. VII in marg. manu 2da: ἰσχυροῦ. [33] Cod. X. Montef. lectionem cum praecedenti יְלָדְךָ male composuit. [34] Cod. VII in marg. manu 2da.

21. פְּעֵסוּנִי. Ο΄. παρώξυνάν (alia exempl. παρώργισαν³⁵) με.

בְּלֹא־עָם. Ο΄. ἐπ᾽ οὐκ ἔθνει. Ἄλλος· ἐν οὐ λαῷ.³⁶

בְּגוֹי נָבָל. Ο΄. ἐπὶ ἔθνει ἀσυνέτῳ (Ἀ. ἀπορρέοντι³⁷).

22. עַד־שְׁאוֹל תַּחְתִּית. Ο΄. ἕως ᾅδου κάτω (Ἄλλος· κατωτάτου³⁸).

23. אַכְלֶה. Consumam. Ο΄. συμπολεμήσω. Alia exempl. συντελέσω.³⁹

24. מְזֵי רָעָב וּלְחֻמֵי רֶשֶׁף וְקֶטֶב מְרִירִי. Exhausti fame, et absumpti febre ardente et lue amara. Ο΄. τηκόμενοι λιμῷ καὶ βρώσει ὀρνέων, καὶ ὀπισθότονος ἀνίατος. Ἀ. Destructi fame et comesti ab are (Βεβρωμένοι πτηνῷ) et a morsibus amaritudinis (καὶ δηγμοῖς πικρίας).⁴⁰

וְזֹחֲלֵי עָפָר. Repentium in pulvere. Ο΄. συρόντων ἐπὶ γῆν (Ἀ. χοῦ⁴¹).

25. עִם־אִישׁ שֵׂיבָה. Ο΄. μετὰ καθεστηκότος πρεσβύτου. Ἀ. (μετὰ) ἀνδρὸς πολιᾶς.⁴²

26. אַפְאֵיהֶם. Difflabo eos. Ο΄. διασπερῶ αὐτούς. Ἀ. καὶ ποῦ εἰσιν;⁴³

27. לוּלֵי כַּעַס אוֹיֵב אָגוּר. Nisi iram inimici timerem. Ο΄. εἰ μὴ δι᾽ ὀργὴν ἐχθρῶν, ἵνα μὴ μακροχρονίσωσιν. Ἀ. εἰ μὴ παροργισμός ...⁴⁴ Aliter:

Ἀ. Nisi in iracundia hostis qui irritatus est.
Σ. Nisi propter iracundiam hostis differrem.
Θ. Nisi propter iracundiam hostis cessarem (s. cohiberem).⁴⁵

27. פֶּן־יְנַכְּרוּ צָרֵימוֹ. Ne forte abnegent hostes eorum. Ο΄. ἵνα μὴ συνεπιθῶνται οἱ ὑπεναντίοι. Ἀ. μήποτε ἀποξενώσωσι θλίβοντες αὐτούς.⁴⁶

28, 29. וְאֵין בָּהֶם תְּבוּנָה: לוּ חָכְמוּ יַשְׂכִּילוּ זֹאת. יָבִינוּ לְאַחֲרִיתָם. Ο΄. καὶ οὐκ ἔστιν ἐν αὐτοῖς ἐπιστήμη. οὐκ ἐφρόνησαν συνιέναι ταῦτα καταδεξάσθωσαν εἰς τὸν ἐπιόντα χρόνον. Ἀ. (καὶ) οὐκ ἔστιν ἐν αὐτοῖς φρόνησις. ὄφελον ἐσοφίσθησαν ἐπίστασθαι αὐτήν συνετισθήτωσαν εἰς ἐσχάτην αὐτῶν.⁴⁷

30. יָנִיסוּ. Ο΄. μετακινήσουσι. Ἀ. φυγαδεύσουσιν.⁴⁸

הִסְגִּירָם. Tradiderit eos. Ο΄. παρέδωκεν (Ἀ. Θ. συνέκλεισεν⁴⁹) αὐτούς.

31. כִּי לֹא כְצוּרֵנוּ צוּרָם. Ο΄. ὅτι οὐκ εἰσὶν ὡς ὁ θεὸς ἡμῶν οἱ θεοὶ αὐτῶν. Alia exempl. ὅτι οὐκ ἔστιν ὁ θεὸς ἡμῶν ὡς οἱ θεοὶ αὐτῶν.⁵⁰ Ἀ. (ὅτι) οὐχ ὡς στερεὸς ἡμῶν στερεὸς αὐτῶν. Σ. οὐ γὰρ ὡς ὁ φύλαξ ἡμῶν ὁ φύλαξ αὐτῶν. Θ. ὅτι οὐχ ὡς φύλαξ ἡμῶν φύλακες αὐτῶν.⁵¹

פְּלִילִים. Judices. Ο΄. ἀνόητοι. Σ. βιαῖοι.⁵²

33. תַּנִּינִם. Ο΄. δρακόντων. Ἀ. κητῶν.⁵³

---

³⁵ Sic Comp., Ald., Codd. III, X. XI, 15, 16, 18, alii (inter quos 85), Veron. ³⁶ Cod. VII in marg. manu 2ᵈᵃ. ³⁷ Cod. X (cum ἀπορέοντι). Syro-hex. ⁊⁊ ./. Cf. Hex. ad Psal. xxxviii. 9. Jerem. xvii. 11. ³⁸ Sic in marg. Cod. X; in textu autem Comp., Ald., Codd. VII, 15, 16, 18, alii, et Veron. ³⁹ Sic Comp., Ald., Codd. III, VII, X, XI, 15, 16, 18, alii, Arm. 1, Veron. et, ut videtur, Syro-hex. ⁴⁰ Syro-hex., teste Masio, qui Latina tantum exhibet. Ad πτηνῷ cf. Hex. ad Job. v. 7. Psal. lxxvii. 48. Hab. iii. 5. Ad δηγμὸς cf. Hex. ad Psal. xc. 6. Hos. xiii. 14. ⁴¹ Cod. X. ⁴² Idem. ⁴³ "Aquilas [et Vulg.] hanc dictionem Hebraicam vertit, et ubi sunt? ac si sic scriberetur, אַף אֵיהֶם, etiam ubi ipsi?"—Masius. ⁴⁴ Bar Hebraeus: ... . Cf. Hex. ad Psal. iii. 10. ⁴⁵ Syro-hex., teste Masio. De Graecis, praesertim Aquilae, nihil probabile, nedum exploratum habemus. Hieron., ut solet, Symmachum expressit: Sed propter iram inimicorum distuli. ⁴⁶ Syro-hex., teste Masio: Aq. Ne forte alienos reddant eos qui tribulant ipsos. Ad ἀποξενοῦν cf. Hex. ad Jesai. lvi. 3. lx. 10. Ad θλίβοντες cf. Hex. ad Psal. lxxxviii. 43. ⁴⁷ Nobil. (cum συνετίσθησαν), Procop. in Cat. Niceph. p. 1640. Syro-hex., teste Masio: Aq. Utinam sapuissent ad cognoscendum id, intelligant finem suum. Ad ἐπιστήμη Cod. X affert: Ἀ. φρόνησις· necnon ad οὐκ ἐφρόνησαν· Ἀ. οὐκ ἐνόησαν, ὄφελον ἐσοφίσθησαν· ubi οὐκ ἐνόησαν glossatori tribuendum, certe non Aquilae. ⁴⁸ Cod. X. ⁴⁹ Syro-hex. ... . Cf. ad Cap. xxiii. 15. ⁵⁰ Sic Codd. X, 15, 18, 19, alii (inter quos 85 in marg.), Veron., invito Syro-hex. ⁵¹ Cod. 85, teste Montef. Cf. Hex. ad Psal. xxvii. 1. Ad Aquilam Holmesii amanuensis minus probabiliter exscripsit: οὐχ ὁ στερεὸς κ. τ. λ. ⁵² Syro-hex. ... . ⁵³ "Aq. vertit caete [וְקָאלִ]. Cf. Hex. ad Jesai. lxxiii. 13]."—Masius.

33. וְרֹאשׁ פְּתָנִים אַכְזָר‎. *Et venenum aspidum crudele.* Ο'. καὶ θυμὸς ἀσπίδων ἀνίατος. 'Α. καὶ κεφαλὴ βασιλίσκων ἀσπλάγχνος.[54]

34. הֲלֹא הוּא כָּמֻס עִמָּדִי‎. *Nonne illud reconditum est apud me?* Ο'. οὐκ ἰδοὺ ταῦτα συνῆκται παρ' ἐμοί; Σ. μὴ οὐχὶ τοῦτο (s. ταῦτα) ἀπόκειται παρ' ἐμοί;[55]

35. לְעֵת תָּמוּט‎. *Tempore quo vacillabit.* Ο'. ὅταν σφαλῇ. Alia exempl. ἐν καιρῷ ὅταν σφαλῇ.[56]

עֲתִדֹת‎. *Quae iis imminent.* Ο'. ἕτοιμα. 'Α. καιρίως.[57]

36. יִתְנֶחָם‎. *Miserebitur.* Ο'. παρακληθήσεται. "Αλλος· μεταμεληθήσεται.[58]

כִּי יִרְאֶה כִּי־אָזְלַת יָד וְאֶפֶס עָצוּר וְעָזוּב‎. *Cum viderit quod defecisset robur eorum, et non superesset clausus et relictus.* Ο'. εἶδε γὰρ παραλελυμένους αὐτοὺς καὶ ἐκλελοιπότας ἐν ἐπαγωγῇ (alia exempl. ἀπαγωγῇ[59]) καὶ παρειμένους. Σ. εἶδε γὰρ ὅτι ἐταπεινώθη χείρ, καὶ ἐξέλιπεν ὁ συνεχόμενος καὶ ἐγκαταλελειμμένος.[60]

37. צוּר‎. Ο'. Vacat. 'Α. στερεός. Θ. φύλαξ.[61]

41. שַׁנּוֹתִי‎. *Acuero.* Ο'. παροξυνῶ. "Αλλος· ἀκονήσω.[62]

41. וְתֹאחֵז‎. *Et prehenderit.* Ο'. καὶ ἀνθέξεται ('Αλλος· ἐπιλήψεται. "Αλλος· κρατήσει[63]).

42. מֵרֹאשׁ פַּרְעוֹת אוֹיֵב‎. *De capite principum (s. capillorum) hostium.* Ο'. ἀπὸ κεφαλῆς ἀρχόντων ('Α. ἀποπετασμένων[64]) ἐχθρῶν (alia exempl. ἐθνῶν[65]). Σ. ἀπὸ κεφαλῆς ἀνακεκαλυμμένης ἐχθροῦ.[66]

43. הַרְנִינוּ—אַדְמָתוֹ עַמּוֹ‎. Ο'. εὐφράνθητε—τὴν γῆν τοῦ λαοῦ αὐτοῦ. 'Ο 'Εβραῖος· αἰνέσατε, ἔθνη, λαὸν αὐτοῦ, ὅτι αἷμα δούλων αὐτοῦ ἐκδικήσει, καὶ ἐκδικίαν ἀνταποδώσει τοῖς θλίβουσιν αὐτόν, καὶ ἐκκαθαριεῖ τὴν γῆν αὐτοῦ ὁ λαὸς αὐτοῦ.[67]

הַרְנִינוּ גוֹיִם עַמּוֹ‎. *Celebrate gentes, populum ejus.* Ο'. εὐφράνθητε, οὐρανοί, ἅμα αὐτῷ, καὶ προσκυνησάτωσαν αὐτῷ πάντες ἄγγελοι (alia exempl. υἱοί[68]) θεοῦ· εὐφράνθητε, ἔθνη, μετὰ τοῦ λαοῦ αὐτοῦ, καὶ ἐνισχυσάτωσαν αὐτῷ (alia exempl. αὐτοὺς[69]) πάντες υἱοὶ θεοῦ. 'Α. αἰνοποιήσατε, ἔθνη, λαὸς αὐτοῦ. Θ. ἀγαλλιᾶσθε, ἔθνη, λαὸς αὐτοῦ.[70]

יָקוֹם‎. *Ulciscetur.* Ο'. ἐκδικᾶται. Alia exempl. ἐκδικεῖται; alia, ἐκζητεῖται.[71]

וְכִפֶּר אַדְמָתוֹ עַמּוֹ‎. *Et expiabit terram ejus, populum ejus.* Ο'. καὶ ἐκκαθαριεῖ ('Α. ἐξι-

---

[54] Cod. X. Sic in marg. sine nom. Cod. 85. Ad ἀνίατος Cod. VII in marg. manu 2da· ἀσπλάγχνος. [55] Nobil., Anon. in Cat. Niceph. p. 1641. Sic (cum ταῦτα) "omnes Regii" apud Montef. [56] Sic Comp., Ald., Codd. III, VII, XI, 15, 16, 18, alii, Arm. 1, Veron., et, ut videtur, Syro-hex. [57] Cod. VII in marg. manu 2da. [58] Cod. X. Cf. Hex. ad Psal. lxv. 15. [59] Sic Codd. 54, 82, 85 (in marg.), alii, Veron., Syro-hex. (ut videtur). [60] Syro-hex., teste Masio: Sym.: *Vidit enim quod humiliata esset manus, et defecisset angustia affectus et destitutus.* Cf. 3 Reg. xx (Hebr. xxi). 21. 4 Reg. ix. 8 in LXX. [61] "Aq. hic rursus, ut ante, traducit, *firmus;* Theod. *custos.*"—Masius. [62] Cod. X in marg. sine nom. [63] Cod. 58 in marg.: ἐπιλήψεται. κρατήσει. Cf. Hex. ad Job. xxiii. 11. [64] Sic (ad ἀρχόντων ἐχθρῶν) Cod. X, teste Montef. Minus probabiliter Holmesius (ad κεφαλὴν) ex eodem exscripsit: 'Α. πετασμένων. Cf. Hex. ad Exod. v. 4. [65] Sic Ald., Codd. III, XI, 15, 16, 18, alii (inter quos 85, 130, uterque

cum ἐχθρῶν in marg.), Arm. 1, Syro-hex. in marg. [66] Syro-hex., teste Masio: *De nudo* (s. *aperto*) *capite hostis.* Cf. Hex. nostra ad Jud. v. 2. Interpres Graeco-Ven.: ἀπὸ τοῦ κεφαλὴν ἀποκαλύπτειν ἐχθροῦ. [67] Cod. VII in marg. manu 2da. [68] Sic Codd. II, III, X (teste Montef., cum ἄγγελοι in marg.), 18, 54, 58, alii, Veron., Arab. 1, Arm. 1, Euseb., Syro-hex. (cum ἄγγελοι in marg.). Mox pro υἱοὶ iidem fere ἄγγελοι habent. [69] Sic Codd. III, VII, 54, 56, 64. 75, Euseb., Syro-hex. Grabius pingit: ✕ καὶ ἐνισχυσάτωσαν, sine metobelo, invito Syro-hex. Ad υἱοὶ θεοῦ in fine v. Holmes. notat: "Hanc clausulam cum ✕ signat Arab. 1." [70] Euseb. in Dem. Evang. p. 46 (cum scriptura ἐνοποιήσατε). Nobil. affert: 'Α. αἰνοποιήσατε. Cf. Hex. ad Psal. xxxi. 11. Minus probabiliter Procop. in Cat. Niceph. p. 1646: 'Ακ. δὲ ἀντὶ τοῦ, εὐφράνθητε, φησὶν ἐνοποιήσατε ἔθνη λαοῦς αὐτοῦ. [71] Prior lectio est in Comp., Ald., Codd. III, X, XI, 15, 16, 18, alii; posterior in Codd. VII, 29, 56, 58, 72, 85 (cum ἐκδικεῖται in marg.).

λέεται[72]) κύριος τὴν γῆν τοῦ λαοῦ αὐτοῦ. Ἀ.
καὶ ἐξιλέεται γῆν αὐτοῦ λαὸς αὐτοῦ.[73]

45. אֶת־כָּל־הַדְּבָרִים הָאֵלֶּה. Ο΄. Vacat. Alia exempl. ✕ πάντας ◄ τοὺς λόγους τούτους.[74]

49. הָעֲבָרִים. Abarim. Ο΄. τὸ Ἀβαρίμ. Ἀ. τῶν
πέραν. Σ. τῶν διαβάσεων.[75]

50. וְהֵאָסֵף. Ο΄. καὶ προστέθητι (Ἀ. συλλέγητι[76]).

51. מְעַלְתֶּם בִּי. Peccastis in me. Ο΄. ἠπειθήσατε
τῷ ῥήματί μου. Ἀ. παρέβητε (ἐν ἐμοί).[77]

52. אֶל־הָאָרֶץ אֲשֶׁר־אֲנִי נֹתֵן לִבְנֵי יִשְׂרָאֵל. Ο΄.
Vacat. ✕ εἰς τὴν γῆν ἣν ἐγὼ δίδωμι τοῖς
υἱοῖς Ἰσραήλ ◄.[78]

Cap. XXXII. 10. ὀφθαλμοῦ ✕ αὐτοῦ ◄.[79] 19.
— καὶ ἐζήλωσε ◄.[80] 37. — κύριος ◄.[81] 40. — καὶ
ὁμοῦμαι τὴν δεξιάν μου ◄,[82] 41. ἐχθροῖς (✕) μου (◄).[83]
43. — δίκην ◄,[84] — καὶ τοῖς μισοῦσιν ἀνταποδώσει ◄.[85]
44. — καὶ ἔγραψε—τοὺς υἱοὺς Ἰσραήλ ◄.[86]

Cap. XXXIII.

2. הוֹפִיעַ. Splenduit. Ο΄. καὶ κατέσπευσεν. Ἀ.
ἀνεφάνη. Σ. ἐπεφάνη.[1]

2. וְאָתָה מֵרִבְבֹת קֹדֶשׁ מִימִינוֹ. Et venit ex myriadibus sanctitatis (sanctorum angelorum); a
dextera ejus. Ο΄. σὺν μυριάσι Κάδης (Ἀ.
ἁγιασμοῦ. Σ. ἁγίαις[2]) ἐκ δεξιῶν αὐτοῦ. Ἀ.
ἀπὸ μυριάδων ἁγιασμοῦ, ἀπὸ δεξιᾶς αὐτοῦ.[3]

אֵשׁ דָּת לָמוֹ. Ignis lex iis. Ο΄. ἄγγελοι (אשׁדרות
fortes?) μετ' αὐτοῦ. Ἀ. πῦρ δόγμα αὐτοῖς.
Σ. πυρινὸς νόμος . .[4]

3. אַף חֹבֵב עַמִּים. Etiam diligit populos. Ο΄. καὶ
ἐφείσατο τοῦ λαοῦ αὐτοῦ. Ἀ. Etiam super
populos.[5]

כָּל־קְדֹשָׁיו בְּיָדֶךָ וְהֵם תֻּכּוּ לְרַגְלֶךָ יִשָּׂא מִדַּבְּרֹתֶיךָ.
Omnes sancti ejus sunt in manu tua, et ipsi
procubuerunt ad pedem tuum; accipiet (unusquisque) de eloquiis tuis. Ο΄. καὶ πάντες οἱ
ἡγιασμένοι (alia exempl. add. αὐτοῦ[6]) ὑπὸ τὰς
χεῖράς σου καὶ οὗτοι ὑπὸ σέ εἰσιν καὶ ἐδέξατο
ἀπὸ τῶν λόγων αὐτοῦ (νόμον, ὃν ἐνετείλατο).
Ἀ. πάντες ἡγιασμένοι αὐτοῦ ἐν χειρί σου, καὶ αὐτοὶ
ἐπλήγησαν τοῖς ποσί σου, αἴρουσιν ἀπὸ ῥημάτων σου.
(νόμον ἐνετείλατο).[7]

5. וַיְהִי בִישֻׁרוּן מֶלֶךְ. Et factus est in Jeshurun
rex. Ο΄. καὶ ἔσται ἐν τῷ ἠγαπημένῳ ἄρχων.
Σ. Θ. καὶ ἦν ἐν τῷ εὐθεῖ βασιλεύς.[8]

---

[72] Cod. X. Forma vix aliunde nota. Statim κύριος reprobant Codd. VII, 28, 30, 64, 85, Syro-hex. [73] Syro-
hex., teste Masio: Aq. et propitius erit terrae suae populus
ejus. [74] Sic Arab. 1 (sine cunculo), et sine aster. (cum
τοὺς λ. τούτους π.) Ald., Codd. 15, 64, 83, 134 (cum π. τοὺς
λ. τ.). Sic (sine πάντας) Comp., Codd. III, VII, X, XI, 18,
29, alii, et ut videtur, Syro-hex. [75] Cod. X, teste
Holmes: Ἀ. τῶν πέραν. Cod. 85: Ἀ. τῶν πέρος (sic). Σ.
τῶν διαβάσεων. [76] Sic Cod. X, teste Montef. in schedis;
non, ut ipse edidit, συλλέγηθ. Cf. Hex. ad Psal. xxxiv. 15.
[77] Cod. X. [78] "Notantur in Syro asterisco et obelisco
[metobelo ?]."—Masius. Sic sine aster. Comp., Codd. X,
44 (cum αὐτοῖς pro τοῖς υἱοῖς Ἰσρ.), 74, 76, alii. [79] Syro-
hex. (cum "obelisco"). [80] Syro-hex., Arab. 1 (cum
cunculo tantum). [81] Arab. 1. [82] Idem (cum cunculo
tantum). [83] Sic sine aster. Codd. 54, 59, Veron.,
Arab. 1, Arm. 1, Syro-hex. [84] Arab. 1. [85] Arab. 1:
↗ inimicis rependet (sine metobelo). [86] Sic Grabius.
Holmes. ex Arab. 1 exscripsit tantum: ↗ ἐν τῇ ἡμέρᾳ
ἐκείνῃ ◄.

Cap. XXXIII. [1] Codd. 58 (in marg. sine nom.), 85.
"Latinus simpliciter vertit apparere, sicut et Aquilas."—
Masius. Procop. in Cat. Niceph. p. 1652: ὁ δὲ Ἀκ. ἐξί-
δωκεν, ἀνεφάνη. [2] Cod. 58 in marg. sine nom.: ἁγιασμοῦ:
ἁγίαις. Cod. 85: Ἀ. ἁγιασμοῦ. Σ. ἁγίας (sic). [3] Nobil.,
Victor Presb. in Cat. Niceph. p. 1653. Masius e Syro-
hex. affert: Aq. Ex myriadibus sanctorum ad dexteram
ejus. [4] Cod. 108 affert: Σ. πυρινὸς νόμος. Ἀ. (sic) πῦρ
δόγμα αὐτοῖς. Posterior versio Aquilae est, teste Masio,
qui ait: "Aquilas hoc vertit pertinaciter, ut solet, inhae-
rens vocibus Hebraicis: ignis doctrinae [potius doctrina]
eis." Symmachum imitatus est Hieron., vertens: In dextera ejus ignea lex. [5] Syro-hex., teste Masio. Errorem
suspicor. Num Syriacum erant: (ingressus est) ܐܦ ܘ ܗ
ܚܒܒܚܡ ? [6] Sic Codd. 19, 44, 58, alii, Arm. 1, Syro-
hex. [7] "Aquilas totum periodum huc usque sic traducit: Omnes sancti ejus in manu tua, et ipsi percussi in
(vel cum) pedibus tuis, extollunt ex verbis tuis. Legem
praecepit etc."—Masius. [8] "In Hebraeo est ... et fuit
in recto rex; et sic quoque verterunt Sym. et Theod."—

6. וִיהִי מְתָיו מִסְפָּר. *Et* (non) *sint viri ejus nume-*
rus (pauci). Ο'. καὶ (alia exempl. add. Συ-
μεὼν[9]) ἔστω πολὺς ('Α. ἀνδράσιν[10]) ἐν ἀριθμῷ.
'Α. καὶ ἔστω ἀνδράσιν αὐτοῦ ἀριθμός. Σ. καὶ ἔστωσαν ὀλιγοστοὶ αὐτοῦ ἀριθμός.[11]

7. וְזֹאת לִיהוּדָה וַיֹּאמַר. *Et haec est* (benedictio)
Judae; et dixit. Ο'. καὶ αὕτη Ἰούδα (alia
exempl. add. καὶ εἶπεν[12]).

וְאֶל־עַמּוֹ תְּבִיאֶנּוּ. *Et ad populum ejus introduc*
eum. Ο'. καὶ εἰς τὸν λαὸν αὐτοῦ ἔλθοις ἄν
(alia exempl. εἰσέλθοισαν[13]). Σ. καὶ ἐπὶ τὸν
λαὸν αὐτοῦ εἰσάξεις αὐτόν.[14]

יָדָיו רָב לוֹ. *Manibus suis contendat pro se.*
Ο'. αἱ χεῖρες αὐτοῦ διακρινοῦσιν ('Α. δικά-
σονται. Σ. ὑπερμαχήσουσιν[15]) αὐτῷ. Σ. αἱ
χεῖρες αὐτοῦ ὑπερμαχήσουσιν αὐτοῦ.[16]

8. תֻּמֶּיךָ וְאוּרֶיךָ לְאִישׁ חֲסִידֶךָ אֲשֶׁר נִסִּיתוֹ בְּמַסָּה
תְּרִיבֵהוּ עַל־מֵי מְרִיבָה. *Thummim* (veritas)
tui et Urim (revelatio) *tui sint viro pio tuo,*
quem tentasti ad Massah (tentationem), *con-*
tendisti cum eo super aquas Meribah (contentionis). Ο'. δότε Λευὶ δήλους αὐτοῦ, καὶ ἀλήθειαν αὐτοῦ τῷ ἀνδρὶ τῷ ὁσίῳ, ὃν ἐπείρασαν

αὐτὸν ἐν πείρᾳ, ἐλοιδόρησαν αὐτὸν ἐφ' ὕδατος
ἀντιλογίας. Σ. τελειότης σου καὶ διδαχή σου
τῷ ἀνδρὶ τῷ ὁσίῳ, ὃν ἐπείρασας ἐν δοκιμασίᾳ·
ἐδοκίμασας (fort. ἐδίκασας) αὐτὸν ἐπὶ τοῦ ὕδατος τῆς ἀντιλογίας.[17]

10. יוֹרוּ. *Docebunt.* Ο'. δηλώσουσι. 'Α. φωτί-
σουσι.[18]

מִשְׁפָּטֶיךָ. Ο'. τὰ δικαιώματά σου. 'Α. κρίματά (σου).[19]

וְכָלִיל. *Et holocaustum.* Ο'. διαπαντός. 'Α.
(καὶ) τέλειον. Σ. (καὶ) ὁλοκαυτώματα.[20]

11. תִּרְצֶה. *Benigne accipias.* Ο'. δέξαι. 'Α.
εὐδοκήσῃς.[21]

מָתְנַיִם. *Lumbos.* Ο'. ὀσφύν. 'Α. νῶτον.
Ἄλλος· ἰσχύν.[22]

12. חֹפֵף. *Protegens.* Ο'. σκιάζει (s. σκιάσει).
'Α. παστώσει. Ο. σκεπάσει.[23]

13. מִמֶּגֶד. *E praestantissimis fructibus.* Ο'. ἀπὸ
ὡρῶν. ('Α.) ἀπὸ τραγημάτων. (Σ.) ἀπὸ
ὀπωρῶν.[24]

14. וּמִמֶּגֶד. Ο'. καὶ καθ' ὥραν. 'Α. (καὶ ἀπὸ)
τραγημάτων.[25]

Idem. Cod. 108 in marg. sine nom.: ἐν τῷ εὐθεῖ βασιλεύς.
Cf. Hex. ad Jesai. xliv. 2.   [9] Sic Comp., Ald., Codd.
III, X, XI (om. καὶ), 19. 53. 56. 82, 108, 118, invito Syro-
hex. Anon. in Cat. Niceph. p. 1655: Τινὰ τῶν ἀντιγράφων
οὕτως ἔχει (ἤτω 'Ρ. καὶ μὴ ἀποθανέτω· Συμεὼν πολὺς ἔστω ἐν
ἀριθμῷ)· τὰ δὲ ἀκριβῆ ἀντίγραφα οὐκ ἔχει μνήμην τοῦ Συμεών.
[10] Cod. X.   [11] "Aquilas, superstitiosissimus interpres,
vertit, *et sit virorum ejus numerus.* Symmachus, *et sint*
parvuli [ܠܚܕ̈ܐ] *ejus numerus.*"—*Masius.*   [12] Sic Codd.
44, 54, alii, Syro-hex.   [13] Sic Comp., Ald., Codd. III,
VII, XI, 15, 16, 18, alii, Syro-hex.   [14] Procop. in Cat.
Niceph. p. 1658: Ὅμοιον δὲ τῷ, Ἰούδα, σὲ αἰνέσαισαν οἱ ἀδελφοί σου, τὸ, ἐπὶ τὸν λαὸν αὐτοῦ ἐξάξεις (sic) αὐτόν· καὶ τῷ, αἱ
χεῖρές σου ἐπὶ νώτου τῶν ἐχθρῶν σου, τὸ, αἱ χεῖρες αὐτοῦ ὑπερμαχήσουσιν αὐτοῦ. Lectionem Symmachi indubitatam erua-
culavimus e Cod. 85, qui ad εἰσέλθοι ἂν in marg. habet :
εἰσάξει αὐτό (sic). Praeterea Montef. e tribus Regiis [et
Cat. Niceph. p. 1657] affert: 'Α. εἰς τὸν λαὸν Ἰούδα εἰσέλθοισαν, errore manifesto, quem indicavit Scharfenb. in Animadv. p. 142.   [15] Cod. 85. Cod. 58 in marg.: δικάσεται
αὐτό· ὑπερμαχήσουσιν αὐτῷ (sic).   [16] Procop., ut supra.

Hieron.: *Manus ejus pugnabunt pro eo.*   [17] Procop. in
Cat. Niceph. p. 1660. Pro ἐδοκίμασας Scharfenb. in *Ani-*
madv. p. 143 non male tentat ἐδίκασας. Symmachum, ut
solet, expressit Hieron.: *Perfectio tua et doctrina tua viro*
sancto tuo, quem probasti in tentatione, et judicasti ad
aquas contradictionis.   [18] Cod. X.   [19] Idem.
[20] "Aquilas pro כָּלִיל vertit *perfectum, absolutum*; Symmachus *holocausta,* sive *incensa perfecta.*"—*Masius.* Ad
Aq. cf. Hex. ad Thren. ii. 15.   [21] Cod. X.   [22] Idem:
'Α. νῶτον ἢ ἰσχύν. Posterior lectio est in Codd. 58, 85
(cum νῶτον in marg.). Ad Aq. cf. Hex. ad Prov. xxx. 31.
Ezech. i. 27.   [23] Cod. 85. Cod. 54 affert: Ο. σκεπάσει.
Aquilam ante oculos habuit Hieron., vertens: *quasi in*
thalamo morabitur.   [24] Cod. 58 in marg. sine nom.
"Aquilas vocem Hebraeam traduxit *fructum* [ܡܓܕ], ἀπώ-
ρας)."—*Masius.* Cf. Hex. ad Cant. Cant. v. 1.   [25] "Τρα-
γημάτων] 'Α. τραγημάτων. ἐκβολῆς. Χ. Sic habet, et huc
refert. Quaerendum forsan est ad vocem postremam, num
sit legendum ἐκβολῆς, et ad συνωδὴν [Hebr. רֶשֶׁ, *proventus,*
proprie *quod protruditur*] referendum."—*Holmes.* Lectionem non exscripsit Montef.

14. יְרָחִים. *Mensium.* Ο'. μηνῶν. Οἱ λοιποί· σελήνης.[26]

15. הַרְרֵי־קֶדֶם. *Montium antiquorum.* Ο'. ὀρέων ἀρχῆς ('Α. ἀρχῆθεν. Σ. ἀρχαίων[27]).

וּמִמֶּגֶד. Ο'. καὶ ἀπὸ κορυφῆς ('Α. τραγημάτων. Σ. ὀπώρας[28]).

16. וּלְקָדְקֹד נְזִיר אֶחָיו. *Et in verticem principis fratrum ejus.* Ο'. καὶ ἐπὶ κορυφῆς δοξασθεὶς ("Αλλος· δοξασθέντος[29]) ἐπ' ἀδελφοῖς. 'Α... ἀφωρισμένου ἀδελφῶν (αὐτοῦ). Σ... φυλάξαντος τοὺς ἀδελφοὺς αὐτοῦ.[30]

18. בְּצֵאתֶךָ. Ο'. ἐν ἐξοδίᾳ σου. (Σ.) ἐν τῇ προελεύσει σου.[31]

19. שֶׁפַע. *Affluentiam.* Ο'. πλοῦτος. 'Α. πλήμμυραν.[31]

וּשְׂפֻנֵי טְמוּנֵי חוֹל. *Et thesauros reconditos arenae.* Ο'. καὶ ἐμπόρια παράλιον κατοικούντων. 'Α. (καὶ) ἀποθέτους κεκρυμμένους ἄμμου.[33] Σ. (καὶ) ἀποθήκας κεκρυμμένας ἄμμῳ.[34]

20. וְטָרַף זְרוֹעַ אַף־קָדְקֹד. *Et dilaniat brachium etiam verticem.* Ο'. συντρίψας βραχίονα καὶ ἄρχοντα. "Αλλος· καὶ θηρεύσει βραχίονα καὶ κορυφήν.[35]

22. יְזַנֵּק. *Prosilit.* Ο'. καὶ ἐκπηδήσεται. "Αλλος· ἐξορμήσει.[36]

23. שְׂבַע רָצוֹן. *Abundans gratia.* Ο'. πλησμονὴ δεκτῶν ('Α. Σ. εὐδοκίας[37]).

יָם וְדָרוֹם. *Mare* (occidentem) *et meridiem.* Ο'. θάλασσαν καὶ λίβα. "Αλλος· δύσιν καὶ νότον.[38]

25. דָּבְאֶךָ. *Robur tuum.* Aliter: *Quies tua.* Ο'. ἡ ἰσχύς σου. 'Α. ἕξις σου.[39]

26, 27. וּבְגַאֲוָתוֹ שְׁחָקִים: מְעֹנָה אֱלֹהֵי קֶדֶם וּמִתַּחַת זְרֹעֹת עוֹלָם. *Et in majestate sua* (vehitur) *nubibus. Latibulum est Deus aeternus, et subtus sunt brachia sempiterna.* Ο'. καὶ ὁ μεγαλοπρεπὴς τοῦ στερεώματος. καὶ σκεπάσει σε θεοῦ ἀρχὴ (alia exempl. σκέπασις θεοῦ ἀρχῆς[40]), καὶ ὑπὸ ἰσχὺν βραχιόνων ἀενάων. Σ. καὶ ἐν εὐπρεπείᾳ αὐτοῦ. ἐν νεφέλαις (s. αἰθέρι) οἴκησις θεοῦ ἀπ' ἀρχῆς, καὶ ὑποκάτωθεν βραχίονες αἰώνιοι.[41]

28. וַיִּשְׁכֹּן יִשְׂרָאֵל בֶּטַח בָּדָד. *Et habitabit Israel secure solus.* Ο'. καὶ κατασκηνώσει Ἰσραὴλ πεποιθὼς μόνος. "Αλλος· καὶ κατασκηνώσει Ἰσραὴλ ἀφόβως καταμόνας.[42]

---

[26] Cod. X. Sic in marg. sine nom. Codd. VII (manu 1ma), 85. [27] Cod. 85. [28] Idem. [29] Idem in marg. sine nom. Syro-hex. legit et pingit: καὶ ἐπὶ κορυφῆς, δοξασθεὶς ἐν ἀδελφοῖς αὐτοῦ πρωτότοκος. ταύρου τὸ κάλλος. [30] Cod. 85. Cod. 58 in marg.: ἀφωρισμένου ἀδελφοῦ (sic) αὐτοῦ· φυλ. τοὺς ἀδ. οὑτοῦ. [31] Procop. in Cat. Niceph. p. 1666 tacito interpretis nomine laudat: εὐφράνθητι, Ζαβουλών, ἐν τῇ προελεύσει σου . . . μέχρι γὰρ ταύτης προῆλθε παρ' αἰγιαλοὺς θαλάσσης, ὡς Ἰακὼβ προεφήτευσεν. Cf. Hex. ad Exod. xxi. 8. Psal. cxx. 8. [32] Cod. X (cum πλήμμυρα). [33] Idem. [34] Cod. 54 in textu lectioni LXXvirali praemittit: καὶ ἀποθήκας κεκρυμμένας ἄμμῳ, "Aquilae lectionem," ait Holmesius, "intus receptam e margine." Immo Symmachi versio est, cujus Latina tantum exscripsit Masius: capsas quae in arena occultantur; Syriaca autem nobis tradidit Bar Hebraeus a Schroetero editus: ܟܣܐ ܟܣܝܐ. [35] Cod. 54 in textu post ἄρχοντα: καὶ θήσει (sic) βρ. καὶ κορυφήν (sic). "Aquilas vertit, ut Latinus: cepit brachium etiam verticem."—Masius. [36] Idem in textu: καὶ ἐκπηδήσεται ἐξορμήσει, ex duplici versione. [37] Nobil. affert: Σ. εὐδοκίας. Cod. X:

'Α. εὐδοκίας. [38] Cod. 54 in textu: θάλ. καὶ λίβα δύσιν καὶ νότον. [39] "Aquilas transtulit corporis habitudinem."—Masius. [40] Anon. in Cat. Niceph. p. 1668: "Αλλα δὲ ἀντίγραφα οὕτως ἔχει· καὶ σκέπασις θεοῦ ἀρχῆς. Sic Codd. VII, 44, 54, 75. [41] "Sym. sic vertit, non habito respectu distinctionis quae in Hebraeo est: "Et in praecellentia pulcritudinis suae [fort. ܗܪܕܪܘ ܗܪܩܝܪܘ]. In nubibus habitaculum Dei ab initio, et ab imo brachiorum mundi."—Masius. Ad ἀρχὴ Cod. 85 in marg.: ἀπ' ἀρχῆς. Deinde haec, et ab imo brachiorum mundi, male versa sunt, ni fallor, e Syriacis ܘܡܢܬܚܬ ܘܪܥܐ ܚܝܠܬܢܐ, h. e. καὶ ὑποκάτωθεν βραχίονες αἰώνιοι, quam versionem, tacito auctore, laudat et enarrat Procop. in Cat. Niceph. p. 1669. Postremo ad Symmachi reliquias pertinere videntur ea quae apud eundem Procopium paulo ante habentur: οὐ καὶ οἴκησιν τὴν αἰθέρα [sic passim pro שְׁחָקִים Sym. in Hexaplis] λέγει διὰ τὴν καθαρότητα, ὑπεράνω δυνάμεων ἁπασῶν, ὃν λέγει βραχίονας αἰωνίους ὑποκειμένας θεῷ. Tum vero pro חָבְאֶךָ Masius nimis generaliter transtulit in nubibus. [42] Anon. in Cat. Niceph. p. 1669. Proculdubio est Symmachi, cui לָבֶטַח ἄφοβον sonat Psal. lxxvii. 53. Ezech. xxiv. 27.

28. אֶל־אֶרֶץ דָּגָן וְתִירוֹשׁ. Ο΄. ἐπὶ σίτῳ καὶ οἴνῳ. Alia exempl. ἐπὶ γῆς σίτου καὶ οἴνου.⁴³

אַף־שָׁמָיו יַעַרְפוּ־טָל. Etiam caelum ejus stillat rorem. Ο΄. καὶ ὁ οὐρανός σοι (alia exempl. αὐτῷ⁴⁴) συννεφὴς δρόσῳ. Σ. καὶ ὁ οὐρανὸς αὐτῷ ὁμιχλωθήσεται (s. γνοφωθήσεται) δρόσῳ.⁴⁵

29. וַאֲשֶׁר־חֶרֶב גַּאֲוָתֶךָ. Et is qui est gladius majestatis tuae. Ο΄. καὶ ἡ μάχαιρα καύχημά σου. Ἀ. καὶ ὡς μάχαιρα καύχησίς σου.⁴⁶

וַיִּכָּחֲשׁוּ. Et simulatores agent. Ο΄. καὶ ψεύσονται ("Αλλος· ἀρνήσονται⁴⁷).

Cap. XXXIII. 9. (✕) ὅτι (◄) ἐφύλαξε.⁴⁸ 16. πληρώσεως ✕ αὐτῆς ◄.⁴⁹

CAP. XXXIV.

1. מֵעַרְבֹת מוֹאָב. Ο΄. ἀπὸ ἀραβὼθ Μωάβ. Ἀ. ἀπὸ ὁμαλῶν Μωάβ.¹

עַל־פְּנֵי. Ο΄. ἐπὶ προσώπου. Alia exempl. κατὰ πρόσωπον.²

1-3. וַיַּרְאֵהוּ יְהוָה—עַד־צֹעַר. Ο΄. καὶ ἔδειξεν αὐτῷ κύριος—ἕως Σηγώρ. Τὸ Σαμαρειτικὸν

καὶ ἔδειξεν αὐτῷ κύριος πᾶσαν τὴν γῆν ἀπὸ τοῦ ποταμοῦ Αἰγύπτου ἕως τοῦ ποταμοῦ τοῦ μεγάλου ποταμοῦ Εὐφράτου, ἕως τῆς θαλάσσης τῆς ἐσχάτης.³

3. וְאֶת־הַנֶּגֶב. Et plagam australem. Ο΄. καὶ τὴν ἔρημον ("Αλλος· τὸν νότον⁴).

וְאֶת־הַכִּכָּר בִּקְעַת יְרֵחוֹ. Et planitiem vallis Jericho. Ο΄. καὶ τὰ περίχωρα (alia exempl. add. πεδίον⁵) Ἱεριχώ.

5. עֶבֶד־יְהוָה. Ο΄. ὁ οἰκέτης ("Αλλος· παῖς⁶) κυρίου.

6. בְּאֶרֶץ מוֹאָב. In valle in terra Moab. Ο΄. ἐν Γαί. Alia exempl. ἐν Γαί ἐν γῇ Μωάβ.⁷

אֶת־קְבֻרָתוֹ. Sepulcrum ejus. Ο΄. τὴν ταφὴν (alia exempl. τελευτὴν⁸) αὐτοῦ.

7. וְלֹא־נָס לֵחֹה. Et non fugerat viror (Graeco-Ven. τὸ ὑγρὸν) ejus. Ο΄. οὐδὲ ἐφθάρησαν τὰ χελώνια (potior scriptura χελύνια⁹) αὐτοῦ (Οἱ λοιποί· σιαγὼν αὐτοῦ.¹⁰ Ὁ Ἑβραῖος· τὰ χλωρὰ αὐτοῦ¹¹). "Αλλος· οὐδὲ ἐφθάρη τὸ πρόσωπον αὐτοῦ.¹² Schol. Ὁ Λατῖνος· οὔτε οἱ ὀδόντες αὐτοῦ ἐταράχθησαν.¹³

---

⁴³ Sic Codd. 44, 54, 74, alii, Syro-hex. ⁴⁴ Sic Comp., Ald., Codd. III (cum συννεφὴς αὐτῷ), VII, X, XI, 15, 18, alii, Arm. 1, et, ut videtur, Syro-hex. ⁴⁵ " Συννεφὴς δρόσῳ, h. e. caelum sit ipsi nubilum rore. Sic enim Latinus [caelique ejus caligabunt rore] et Symmachus verterunt."—Masius. Cf. Hex. ad Deut. xxxii. 2, Psal. lxiv. 13. ⁴⁶ "Aquilas vertit: et tanquam gladius jactantia tua."—Masius. ⁴⁷ Cod. 58 in marg. Lectio Aquilam refert, coll. Hex. ad Psal. lxv. 3. Jesai. xxx. 9. Hos. iv. 2. ⁴⁸ Sic sine aster. Codd. 58, 128. ⁴⁹ Syro-hex. (cum "obelisco"). Sic sine aster. Codd. 44, 58, 59, 74, alii.

CAP. XXXIV. ¹ Procop. in Cat. Niceph. p. 1671: Ἀκύλας τὸ ἀραβὼθ ἀπὸ ὁμαλῶν ἐξέδωκεν, ὅ ἐστιν ἀπὸ τῆς πεδιάδος. "Aquilas: ex planitie Moab."—Masius. ² Sic Codd. 16, 18, 28, alii (inter quos 85, cum ἐπὶ προσώπου in marg.). ³ " Καὶ ἔδειξεν αὐτῷ κύριος πᾶσαν τὴν γῆν. Syrum exemplar notat in margine, quod illa verba quae sequuntur usque dum dicitur, καὶ εἶπε κύριος πρὸς Μωυσῆν, sint in Hexaplo Origenis notata obelisco, eo quod in Hebraico exemplari quod apud Samaritanos exstabat, pro illis fuerant scripta haec: καὶ ἔδειξεν αὐτῷ κύριος πᾶσαν τὴν γῆν κ. τ. ἱ."—Masius. In lectione Samaritana haec, ἀπὸ τοῦ ποταμοῦ—Εὐφράτου,

in textum LXXviralem post ἕως Δὰν infert Cod. 15. In textu Hebraeo-Sam. hodie legitur καὶ ἕως τῆς θαλάσσης, invito, ut videtur, Syro-hex. ⁴ Cod. 58 in marg. Cf. Hex. ad Num. xxi. 1. ⁵ Sic Codd. 44, 58, 74, alii. ⁶ Sic in marg. Cod. X; in textu autem Codd. 55, 58 (cum παῖς οἰκέτης). ⁷ Sic Codd. III, VII, X, 15, 28, alii (inter quos 85, cum γῇ Μωὰβ in marg.), Syro-hex. ⁸ Sic Codd. III, VII (in marg. manu 1ᵐᵃ), X (in marg.), 15, 18, alii, Syro-hex. (ܡܘܬܗ). Severus in Cat. Niceph. p. 1673: καὶ οὐκ εἶδεν οὐδεὶς τὴν τελευτὴν ἢ τὴν ταφὴν αὐτοῦ. ⁹ Sic Comp., Codd. III (cum ἐφθάρη), VII (corr. ex χελύνια), X, XI, 16, 18, alii. In Vaticano verba τὰ χ. αὐτοῦ desunt, testibus Masio et Maio. Exprimunt maxillae ejus (ܟܟܐ܀) Syro-hex., teste Masio, et Arm. 1. Denique Cod. VII in marg. manu 2ᵈᵃ: τὰ μάγουλα, h. e. genae. ¹⁰ Cod. 85. ¹¹ Cod. Reg. 2240, teste Montef. Cf. Gen. xxx. 37. Ezech. xvii. 24 in Hebr. et LXX. ¹² Sic in textu Codd. 54 (om. αὐτοῦ), 59 (idem), 75. Cod. X in marg.: ἐφθάρη τὸ πρόσωπον. ¹³ Cod. 56 in marg. Vulg.: nec dentes illius moti sunt. Aliud scholium e marg. Cod. 64 excitavit Holmes.: οὐδὲ ἐδεήθη ἱλασμοῦ, quae versio est Hebraeorum putide scriptorum, וְלֹא נִסְלְחָה.

8. Ο΄. ἐπὶ (alia exempl. ἐν τῷ πέραν[14]) τοῦ Ἰορδάνου κατὰ Ἱεριχώ.[15]

9. רוּחַ חָכְמָה.   Ο΄. πνεύματος συνέσεως (Ἄλλος· σοφίας[16]).

12. וּלְכֹל הַיָּד הַחֲזָקָה וּלְכֹל הַמּוֹרָא הַגָּדוֹל.   Ο΄.

(καὶ) τὰ θαυμάσια τὰ μεγάλα, καὶ (πᾶσαν) τὴν χεῖρα τὴν κραταιάν.   Aliter: Ο΄. καὶ πᾶσαν τὴν χεῖρα τὴν κραταιάν, καὶ τὰ θαυμάσια τὰ μεγάλα.[17]

12. לְעֵינֵי.   Ο΄. ἔναντι.   Ἄλλος· ἐνώπιον.[18]

---

[14] Sic Codd. 44, 59, 74, alii.   [15] "Hoc in Hebraeo non habetur, nec Syrus interpres agnoscit; tamen per asteriscum in Syro exemplari ad marginem adscribitur."— *Masius.*   [16] Sic in marg. Cod. X; in textu autem Codd. 58, 82. Duplex lectio, σοφίας καὶ συνέσεως, est in Codd. 44, 74, aliis.   [17] Sic Syro-hex., teste Masio.   [18] Sic in marg. Cod. 85; in textu autem Cod. 30.

APPENDIX AD PENTATEUCHUM,

in qua lectiones quaedam τοῦ Σαμαρειτικοῦ cum versione Samaritana a Briano Waltono edita conferuntur.

Gen. iii. 23 (22). Pro כְּאַחַד כִּמֶּנּוּ Versio Samaritana est כסקף מנה, h. e. *tanquam elatus* (cf. G. B. Winer in libello: *De Versionis Pentateuchi Samaritanae Indole*, Lips. 1817, p. 60) sive *sufficiens* (per metathesin pro ספוק) *a se ipso;* quae cum Symmachi versione conferri potest.

Gen. v. 25, 26. In utraque lectione delendum videtur τὸ Σαμαρειτικόν. Nimirum in priore V. S. habet שתה; ושתין ושבע in posteriore autem תלת חמישין שתה ותת מואן שתה, concinente textu Hebraeo-Sam. Cf. S. Kohn *De Pentateucho Samaritano*, Lips. 1865, p. 66; cujus tamen alterum exemplum Lev. xx. 11 falsum esse probavimus in Hexaplis nostris ad los.

Gen. xliv. 5. Τὸ Σαμ. καὶ αὐτὸς πειρασμῷ πειράζει ἐν αὐτῷ. V. S. והוא נסי ינסי בה, h. e. *Et ipse tentatione tentat in eo.*

Gen. xlix. 15. Τὸ Σαμ. καὶ ἔστι γεωργὸς ὑπηρετεῖν. V. S. והיה לאריס פרנס, h. e. *Et factus est in tributum* (cf. Deut. xx. 11 in V. S.) *pastor* (s. γεωργός?). Sed de auctore Graecae lectionis e librorum dissensione dubitatio oriri potest.

Gen. xlix. 23, 24. Τὸ Σαμ. καὶ ἐμίσησαν αὐτὸν κάτοχοι μερίδων. καὶ διέμεινεν ἐν βάθει τόξευμα αὐτοῦ. V. S. וטלמואה מסחני פלגים ודרת בעמקה קשתה, h. e. *Et oppresserunt eum domini divisionum. Et habitavit in fortitudine arcus ejus.* Ubi בעמקה cepit interpres Graecus eo sensu quo Hebraeis dicitur עֵמֶק, עָמַק. Cf. Winer l. c. p. 9.

TOM. I.

Gen. l. 19. Τὸ Σαμ. μὴ φοβεῖσθε καὶ γὰρ φοβούμενος θεόν εἰμι. V. S. לתדחלון ההליפת אלהים אנה, h. e. *Ne metuatis: num loco Dei ego sum?* quae cum Hebraeis accurate concinunt. Lectio hexaplaris e Gen. xlii. 18 concinnata esse videtur.

Exod. viii. 21. Τὸ Σαμ. (τὸν) κόρακα. V. S. ית ערבה, h. e. *corvum.* Vid. Gen. viii. 7. Lev. xi. 15. Deut. xiv. 14 in V. S.

Exod. x. 7. Τὸ Σαμ. εἰς ἄτας. V. S. למנבי, h. e. *in scandalum.*

Ibid. Τὸ Σαμ. πρὶν γνῷς ὅτι ἀπόλλυται Αἴγυπτος. V. S. האדלה תחכם הלא מבדה מצראי, h. e. *Antequam scias quia perdita est Aegyptus.*

Exod. xii. 42. Τὸ Σαμ. φυλάξεως. V. S. נטירים, h. e. *custodiarum.*

Exod. xiii. 13. Τὸ Σαμ. παραδώσεις. Sed V. S. ותקדלנה, h. e. *et decollabis id,* juxta Hebraeum.

Exod. xiv. 15. Τὸ Σαμ. ἵνα ἀπάρωσιν. V. S. ויטלון, h. e. *et proficiscantur.*

Exod. xiv. 20. Τὸ Σαμ. καὶ ἦν τὸ νέφος καὶ τὸ σκότος, καὶ ἔφαινε τῇ νυκτί (s. τὴν νύκτα, s. ἐν τῇ νυκτί). V. S. והוה ענגה מחשך ומניר עם ליליה, quae sonare videntur: *Et fuit nubes obtenebrans et illuminans cum nocte.*

Exod. xvi. 31. Τὸ Σαμ. ὡς σπέρμα ὀρύζης. V. S. כארו קליף, h. e. *ut oryza decorticata.* In loco parallelo Num. xi. 7 pro eodem Hebraeo V. S. habet: כזרע קליף, h. e. *sicut semen decorticati.* Winer l. c. p. 27: "Permutata existimo [in priore loco] sive ab interprete, sive a librario (turbato, ut fit, literarum ordine) vocabula זרע et ארז; in librarium vero hujus erroris culpam propterea transferre malim, tum quod Num. xi. 7 recte legitur כזרע, tum quod Graeco-Samar. exhibet ὡς σπέρμα ὀρύζης. Oryzae autem notionem inesse hic [Graecus] credidit voci קליף, eadem fortasse ratione ductus, qua et recentiorum nonnulli Hebr. גּד de hoc frumenti genere interpretati sunt."

Exod. xxvi. 5. Τὸ Σαμ. διαδεχόμεναι συμβολαὶ μία πρὸς μίαν [ἀντιπροσώπως κατὰ τὸ προσέχειν ἀλλήλαις]. Prior pars tantummodo, quae Hebraeae quoque veritati satisfacit, in V. S. continetur, videlicet: מקבלן אנביה חרה לאחרה, h. e. excipientes fibulae ejus una ad alteram.

Exod. xxxii. 18. Τὸ Σαμ. οὐκ ἔστι φωνὴ ἀποκρίσεως ἀνδρείας, καὶ οὐκ ἔστι φωνὴ ἀποκρίσεως ἥττης, ἀλλὰ φωνὴν ἁμαρτιῶν ἐγὼ ἀκούω. V. S. לית קל סיעה נצעה ולית קל סיעה בתנצעה קל עביס אנה שמע, h. e. Non est vox coetus victoriae, et non est vox coetus cladis; vocem peccatorum (ἁμαρτιῶν) ego audio.

Exod. xxxviii. 8. Τὸ Σαμ. τῷ ὁράματι τῶν δυνάμεων τῶν ἰσχυσάντων ἐν θύρᾳ τῆς σκηνῆς τοῦ μαρτυρίου. V. S. בהוביה חיליה דאתהילו תרה אהל מעד, h. e. In visionibus potestatum quae invaluerunt [Waltonus vertit: turmalium turmatim convenientium] ad ostium tentorii conventus.

Lev. iv. 15. ix. 1. Pro Hebraeo זְקָן Anon. affert: οἱ σοφοὶ, et sic fere ubivis V. S. דכימי.

Lev. vii. 35. מֶשְׁחַת. Portio dimensa. Ο΄. ἡ χρῖσις. Anon. ἡ μεγαλειότης. V. S. רבות, h. e. excellentia. Sed Winerus l. c. p. 36 רבות hic unctionem notare affirmat, apte conferens רבא, ungere, Exod. xxix. 29 in V. S.

Lev. viii. 15. Τὸ Σαμ. καὶ ἱλάτευσεν. V. S. וסלה, h. e. et expiavit.

Lev. xv. 3. Τὸ Σαμ. καὶ ἐσπίλωσεν. Sed V. S. חתים, h. e. clausus.

Lev. xxv. 25. Τὸ Σαμ. λυτρωτὴς (αὐτοῦ). V. S. פרוקה, h. e. redemptor ejus.

Lev. xxvi. 43. Τὸ Σαμ. ἱλάσονται. V. S. ירחון, h. e. acquiescent.

Lev. xxvii. 14. Τὸ Σαμ. καὶ διατιμήσεται αὐτὴν ὁ ἱερεὺς, εἴτε καλὴ, εἴτε σαπρά. V. S. וישומנה כהנה בין טב ובין ביש, h. e. Et aestimabit illud (animal) sacerdos inter bonum et inter malum: quae a versione LXXvirali propius absunt.

Num. iv. 26. Τὸ Σαμ. ἐπίσπαστρον. In V. S. est פקם.

Num. xviii. 7. Τὸ Σαμ. καὶ δόματι δώσω τὰς ἱερατείας ὑμῶν. V. S. וכתנה אתן ית כהנתכן, h. e. Et donum dabo sacerdotium vestrum.

Deut. iii. 27. Lectio Symmachi τῆς σκοπῆς, a nobis leviter suspecta, defendi potest ex V. S. סכיתה, specula.

Praeterea ad loca Lev. xiii. 7, 31. xx. 20. xxv. 5. xxvi. 24. Num. v. 18. vii. 3. xiii. 33. xxi. 11. xxix. 1, 35. xxxi. 26. xxxiii. 20 lectiones τοῦ Σαμαρειτικοῦ ad versionem Samaritanam in notis exegimus.

JOSUA.

IN LIBRUM JOSUAE

MONITUM.

"LECTIONES libri Josuae magno numero nobis suppeditavit Codex Basiliensis ille, de quo frequenter supra : illius item ope plerumque ediscitur, ex quo vel ex quibus interpretibus prodirent ea quae in editione LXX interpretum hexaplari asteriscis notabantur. Nam etsi ea ut plurimum ex Theodotione desumerentur, aliquando tamen ex aliis quoque, Aquila scilicet, vel Symmacho, vel ex omnibus simul excepta adhibebantur. Praeter Basiliensem subsidio etiam fuerunt libri manuscripti, ac etiam editi.

" Codex Regius 1825.

" Cod. Reg. 1872.

" Cod. Reg. 1888.

" Eusebius et Hieronymus de Locis Hebraicis [Vid. Monitum ad Numeros, p. 223].

" Theodoretus editus anno 1642 [Opp. Tom. I, pp. 299–320 juxta edit. J. L. Schulzii].

" Procopius in Heptateuchum [Vid. Monitum ad Exodum, p. 78].

" Andreas Masius in Josuam [Antverpiae editus, anno 1574, sub titulo : *Josuae Imperatoris Historia illustrata atque explicata ab Andrea Masio*].

" Jo. Ernesti Grabe editio [Tom. I, continens Octateuchum, Oxonii, 1707].

" Notae editionis Romanae et Drusii.

" Porro non modicum discriminis observabit plerumque eruditus Lector inter ea quae Masius et Grabe asteriscis notant, et ea quae in Basiliensi feruntur. Quae vero sit varietatis hujusmodi causa in *Praeliminaribus* indagatum."—MONTEF.

Praeterea e Catalogo Holmesio-Parsonsiano nos adhibuimus subsidia quae sequuntur.

IV. Sarravianus, a Tischendorfio editus. Incipit ab initio Cap. x; desinit ad Cap. xix. 23.

VII. Vid. Monitum ad Genesim, p. 5. Continet Cap. i. 1—ii. 9, ii. 15—iv. 5, iv. 10—v. 1, v. 7—vi. 23, vii. 1—ix. 27, x. 37—xii. 12.

X. Vid. Monitum ad Genesim, p. 5. Continet Cap. i. 1—x. 6, xxii. 34—xxiv. 33 ; sed in posteriore particula nullae omnino notae marginales comparent. Praeter schedas Montefalconianas et lectiones a Parsonsio editas usi sumus collatione libri Josuae a Jo. Jac. Griesbachio confecta, quae exstat in Eichhornii *Repertorio* etc. Tom. I, pp. 117–136.

54. Vid. Monitum ad Numeros, p. 223.

57. Vid. Monitum ad Genesim, p. 5.

58. Vid. Monitum ad Exodum, p. 78.

85. Vid. Monitum ad Exodum, pp. 78, 79.

108. Vid. Monitum ad Genesim, p. 5.

Versionis libri Josuae Syro-hexaplaris duplex reddenda est ratio ; primum illius exemplaris quod olim ad bibliothecam Andreae Masii pertinebat, cujus post obitum mira infelicitate ex hominum conspectu prorsus evanuit : deinde Codicis Nitriensis, qui hodie in Museo Britannico asservatur.

I. Sic igitur de suo codice Masius in Epistola Dedicatoria p. 6: " In ea autem correctione emendationeque cum aliorum vetustissimorum codicum, et praesertim ejus qui in Vaticana bibliotheca habetur, fidem sum secutus, tum interpretem Syrum ubique auctorem certissimum habui, qui ea Graeca ad verbum expressit ante annos nongentos, quae in Adamantii Hexaplis ab Eusebio in nobili illa Caesariensi bibliotheca fuere collocata . . . . Habeo enim ab illo interprete Syro etiam Judicum historias et Regum ; praeterea Paralipomena, Ezdram, Esther, Judith ; denique Tobiae, et Deuteronomii bonam partem." Idem Vir eruditissimus in *Syrorum Peculio* voces Syriacas excitat e libris Exodi (Cap. xxxii), Deuteronomii, Josuae, Judicum, Regum quatuor, Esther, Judith, et Tobit. Quod vero ad Josuam attinet, si excipias particulam pagellae in qua primi sex versus Capitis iii scripti erant, codex integerrimus fuisse videtur, et insigni illi Ambrosiano, cujus fortasse segmentum erat, fere aequiparandus. Ex hoc igitur monumento Masius editionem *mixtam*, ut ipse vocat, hoc est, textum LXXviralem vere hexaplarem, obeliscis et asteriscis distinctam, qualis denique ab ipsius Origenis manu prodierat, concinnandam suscepit, et (praesertim in defectu librorum Graecorum hexaplarium, quorum usus nobis conceditur) a proposito suo non longe aberravit ; quamvis dubitatio subire potest de tot copulis, perspicuitatis causa a Senioribus assumptis, obelis immisericorditer jugulatis (e.g. — καὶ ◄ οὐκ ἐγκαταλείψει (i. 5) ; φυλάσσεσθε — καὶ ◄ ποιεῖν (i. 7) ; — καὶ ◄ οὐκ ἀποστήσεται (i. 8) ; αἱ γυναῖκες ὑμῶν — καὶ ◄ τὰ παιδία ὑμῶν (i. 14) ; ἀνάβητε — καὶ ◄ ἴδετε (ii. 1) ; in quibus omnibus locis notam reprobationis ignorat noster codex). Quod vero ad lectiones trium interpretum, margini codicis illitas, attinet, eas non paucas in Annotationibus et Commentario suo Auctor excerpsit, non tamen Syriace (quod dolendum est), sed Graece aut Latine appositas ; quas omnes, post minus perfectas Drusii et (qui eum serviliter imitatus est) Montefalconii curas, collegit et in examen revocavit Jo. Gottfr. Scharfenberg in *Animadversionum Specimine II,* Lips. 1781.

II. Alter codex (nobis "Syro-hex.") est Musei Britannici, signatus "Addit. MSS. 12,133," foll. 109–169, saeculi VIII. Continet librum Josuae integrum, exceptis Cap. i. 11—ii. 1, ii. 11—iii. 16, vi. 16–25, vii. 6–15, x. 2–11. Cf. Wright *Catalogue of Syriac MSS. in the British Museum,* Part I, pp. 31, 32. Scriba suas partes eleganter, sed paulo negligentius, praesertim in obelis, asteriscis et cuneolis ponendis, egit. Apographum suum nostri operis in gratiam denuo exscripsit Ceriani noster, qui codicis lacunas e Lectionario ejusdem bibliothecae, signato "Addit. MSS. 14,485," notis Origenianis et lectionibus marginalibus destituto, partim explevit.

JOSUA.

CAPUT I.

1. וַיְהִ֗י אַחֲרֵ֛י מֹ֥ות מֹשֶׁ֖ה עֶ֣בֶד יְהוָ֑ה. Ο'. καὶ ἐγένετο μετὰ τὴν τελευτὴν Μωυσῆ ※ δούλου κυρίου ◄.[1] Σ. μετὰ δὲ τὴν τελευτὴν Μωυσῆ . . .[2]

אֶל־יְהֹושֻׁ֥עַ בִּן־נ֖וּן. Ο'. τῷ Ἰησοῖ υἱῷ Ναυῆ. Α. Σ. πρὸς Ἰησοῦν υἱὸν Ναυῆ.[3]

מְשָׁרֵ֥ת. Famulo. Ο'. τῷ ὑπουργῷ (alia exempl. λειτουργῷ[4]).

2. אֶת־הַיַּרְדֵּ֣ן הַזֶּ֔ה. Ο'. τὸν Ἰορδάνην ※ τοῦτον ◄.[5] Οἱ λοιποί· τὸν Ἰορδάνην τοῦτον.[6]

לָהֶ֖ם לִבְנֵ֥י יִשְׂרָאֵֽל. Ο'. αὐτοῖς ※ τοῖς υἱοῖς Ἰσραήλ ◄.[7]

3. רַגְלְכֶ֖ם בֹּ֑ו. Ο'. τῶν ποδῶν ὑμῶν ※ ἐπ' αὐτόν ◄.[8] Θ. ἐπ' αὐτόν.[9]

4. וְהַלְּבָנֹ֣ון הַזֶּ֔ה. Ο'. καὶ τὸν Ἀντιλίβανον ※ τοῦτον ◄.[10] Οἱ λοιποί· τοῦτον.[11]

כֹּ֣ל אֶ֤רֶץ הַֽחִתִּים֙. Ο'. Vacat. ※ πᾶσαν τὴν γῆν τῶν Χετταίων ◄.[12] Οἱ λοιποί· πᾶσαν τὴν γῆν τοῦ Χετταίου.[13]

וְעַד־הַיָּ֥ם הַגָּדֹ֖ול. Ο'. καὶ ἕως τῆς θαλάσσης τῆς ἐσχάτης (alia exempl. μεγάλης[14]).

5. אִ֗ישׁ לְפָנֶ֔יךָ. Ο'. ἄνθρωπος κατενώπιον ὑμῶν. Ἄλλος· οὐθεὶς κατὰ πρόσωπόν σου.[15]

6. תַּנְחִ֖יל. Possidendam distribues. Ο'. ἀποδιελεῖς. Alia exempl. διελεῖς; alia, ἀποδιαστελεῖς.[16] Ἄλλος· διαμεριεῖς.[17]

לַאֲבֹותָ֖ם. Ο'. τοῖς πατράσιν ὑμῶν (Ἀ. Σ. αὐτῶν[18]).

CAP. I. [1] Masius in Annot. p. 125: "Illud, δούλου κυρίου, debet asterisco apposito notari; nimirum a LXXII praeteritum, atque ex Theodotionis interpretatione huc additum est." Sic Syro-hex. (nullo cuneolo), et sine aster. Comp., Ald., Codd. VII, 15, 18, 19, alii (inter quos 85 in marg.). [2] Syro-hex. ܣ. ܚܠܦ ܕܝܢ ܡܘܬܗ ܕܡܘܫܐ. [3] Cod. 108, Syro-hex. [4] Sic Ald., Codd. III (cum λιτ.), X (idem), XI, 15 (sine τῷ), 16, 18 (ut 15), alii (inter quos 85, cum ὑπουργῷ in marg.). Syro-hex. ܡܫܡܫܢܐ. Cod. X in marg., teste Griesbachio: Οἱ ō χω̄ (fort. χω̄ τω̄, i.e. χωρὶς τῷ). λοιπὸν οὖν τοῦ ἀληθινοῦ Ἰησοῦ χρίζῃ (χρήζει) τὰ πράγματα, ὡς λέγει· προφήτην ὑμῖν ἀναστήσει κ. τ. ἑ. [5] Sic Syro-hex., et sine aster. Codd. VII, 44, 58, alii, Arm. 1. [6] Codd. X (teste Griesb.), 85. [7] Sic Syro-hex., et sine aster. Codd. 44, 58, alii, Arm. 1 (sine αὐτοῖς). [8] Sic Syro-hex., et sine aster. Codd. 44 (cum ἐπ' αὐτὴν), 74, alii. [9] Cod. X. [10] Sic Syro-hex., et sine aster. Codd. VII, XI, 44, 74, alii. [11] Cod. X. [12] Syro-hex. in textu: ※ ܟܠܗ ܐܪܥܐ ܕܚܬܝܐ. Masius vertit: ※ πᾶσαν γῆν Ἐταίων ◄, Graecis e Comp. mutuo sumptis. [13] Cod. X. Sic in textu Codd. VII (praem. καὶ), XI (idem), 16, 18, alii (inter quos 85, ut VII). [14] Sic Comp., Codd. 19, 108, 118, et Syro-hex. in marg. [15] Sic in textu Codd. 30, 85 (cum οὐθεὶς in marg.). Praeterea οὐθεὶς pro ἄνθρωπός est in Codd. 16, 18, aliis. [16] Prior lectio est in Cod. II (cum ἀποδιελεῖς manu 2da); posterior in Ald., Codd. III, VII, XI, 15, 16, 18, aliis (inter quos 85, cum ἀποδιελεῖς in marg.), et Syro-hex. (ܬܦܠܓ, non ܬܦܠܓ). [17] Cod. 58 in marg. [18] Syro-hex.

7. וַאֱמַץ מְאֹד. Ο'. καὶ ἀνδρίζου ※ σφόδρα ◄.[19] Οἱ λοιποί· σφόδρα.[20]

כְּכָל־הַתּוֹרָה אֲשֶׁר. Ο'. ※ κατὰ πάντα τὸν νόμον ◄ καθότι.[21] Οἱ λοιποί· κατὰ πάντα τὸν νόμον.[22]

וּשְׂמֹאול. Ο'. οὐδὲ (alia exempl. ἢ[23]) εἰς ἀριστερά. Θ. οὐδέ.[24]

אֲשֶׁר תֵּלֵךְ. Ο'. οἷς ἐὰν πράσσῃς (Θ. πορεύῃ[25]).

8. לְמַעַן תִּשְׁמֹר לַעֲשׂוֹת. Ο'. ἵνα εἰδῇς (alia exempl. συνῇς[26]) ποιεῖν. Οἱ λοιποί· ἵνα φυλάσσῃς (ποιεῖν).[27]

הַכָּתוּב בּוֹ כִּי. Ο'. τὰ γεγραμμένα ※ ἐν αὐτῷ ◄.[28] Οἱ λοιποί· ἐν αὐτῷ ὅτι.[29]

אָז תַּצְלִיחַ. Tunc prosperabis. Ο'. τότε εὐοδωθήσῃ, καὶ εὐοδώσεις (alia exempl. εὐοδώσω[30]).

9. וְאַל־תֵּחָת. Ο'. μηδὲ φοβηθῇς (Ἄλλος· πτοηθῇς[31]).

בְּכֹל. Ο'. εἰς πάντα (alia exempl. add. τόπον.[32] Οἱ λοιποί· χῶρον[33]).

10. אֶת־שֹׁטְרֵי. Scribas. Ο'. τοῖς γραμματεῦσι. Ἀ. τοῖς ἐκβιβασταῖς. Σ. τοῖς ἐπιστάταις.[34]

11. הָכִינוּ לָכֶם. Ο'. ἑτοιμάζεσθε ※ ἑαυτοῖς ◄.[35] Οἱ λοιποί· ἑαυτοῖς.[36]

עֹבְרִים. Ο'. διαβαίνετε. Aliter: Ο'. διαβήσεσθε.[37] Οἱ λοιποί· διαβαίνετε.[38]

לְרִשְׁתָּהּ. Ο'. Vacat. ※ κληρονομῆσαι ◄.[39]

12. לֵאמֹר. Ο'. Vacat. ※ λέγων ◄.[40] Οἱ λοιποί· λέγων.[41]

14. טַפְּכֶם. Ο'. τὰ παιδία (Σ. φορτίον[42]) ὑμῶν.

אֲשֶׁר נָתַן לָכֶם מֹשֶׁה בְּעֵבֶר הַיַּרְדֵּן. Ο'. ἢ ἔδωκεν ὑμῖν ※ Μωυσῆς πέραν τοῦ Ἰορδάνου ◄.[43] Οἱ λοιποί· Μωσῆς πέραν τοῦ Ἰορδάνου ◄.[44]

חֲמֻשִׁים. Agmine instructo. Ο'. εὔζωνοι. Ἀ. ἐνωπλισμένοι.[45]

כֹּל גִּבּוֹרֵי הַחַיִל. Ο'. πᾶς ὁ ἰσχύων ※ ἰσχύϊ ◄.[46]

15. וִירִשְׁתֶּם אוֹתָהּ. Ο'. Vacat. ※ καὶ κληρονομήσετε αὐτήν ◄.[47]

---

[19] Sic Syro-hex. (cum σὺ ※ σφόδρα ◄), et sine aster. Ald., Codd. 15, 44, 54, alii, Arm. 1.　[20] Codd. X, 85.　[21] Sic Syro-hex., et sine aster. Codd. VII, 44, 55, alii, Arm. 1.　[22] Codd. X, 85.　[23] Sic Comp., Ald., Codd. III, VII, X, 15, 18, alii, Arm. 1, Syro-hex.　[24] Cod. X.　[25] Codd. X (teste Griesb.), 85 (in marg. sine nom.).　[26] Sic Comp., Ald., Codd. III, VII, X (cum εἰδῇς in marg.), XI, 15, 16, 18, alii, Arm. 1, Syro-hex. Codd. 16, 18, 28, 30, alii: ἵνα συνῇς ἐν πᾶσιν οἷς ἐὰν ποιῇς, ὅπως φυλάσσῃς ποιεῖν, lectione e vv. 7, 8 conflata.　[27] Syro-hex. ܡܛܠ ܕܬܛܪ. Sic in textu Codd. 44, 52 (cum ὅπως pro ἵνα), 54 (cum φυλάσσῃ), 74, alii. Lucif. Calar.: ut custodias facere.　[28] Sic Syro-hex., et sine aster. Comp., Codd. VII, 16, 18, 30, alii, Arm. 1 (cum ἐν αὐτῇ).　[29] Cod. X (cum ἑαυτῷ pro αὐτῷ). Cod. 85 in marg.: ἐν αὐτῷ ὅτι. Particula habetur in Codd. VII, 18, 64, Syro-hex.　[30] Sic Codd. 44, 74, 76, alii. Brevior lectio, τότε εὐοδώσω, est in Codd. 19, 54, 75, aliis, Syro-hex., et Lucif. Calar.　[31] Sic in marg. Cod. 85; in textu autem Codd. VII, 54.　[32] Sic Comp., Codd. VII, 16, 18, 19, alii.　[33] Cod. X in marg.: Οἱ Ὄ. τόπον. Οἱ λοιποί· χῶρον.　[34] Procop. in Cat. Niceph. T. II, p. 7: Ταῦτα διὰ τῶν γραμματέων Ἰησοῦς δεδήλωκε τῷ λαῷ· οὓς ὁ μὲν Ἀκ. ἐκβιβαστάς φησιν, ὁ δὲ Σύμ. ἐπιστάτας· ἐοίκασι δὲ κατὰ τοὺς παρὰ Ῥωμαίοις ἐκκόπτορας [" Exceptores, h. e. notarii, qui acta judiciorum describunt, judicis sen-

tentiam excipiunt. Cf. Cangii Glossar. Med. et Inf. Latinitatis, T. III, p. 310."—Scharfenb.] εἶναι, δι' ὧν δηλοῦσι τοῖς δήμοις οἱ ἄρχοντες τὸ δοκοῦν. Cf. Hex. ad Deut. xvi. 18. Syro-hex. affert: ܟܬܘܒ̈ܐ .ܐ.　[35] Sic Syro-hex. (ut videtur), et sine aster. Codd. VII (cum ἑτοιμάσατε), 44, 54, 58, alii (inter quos 85, cum ἑαυτοῖς in marg.), Arm. 1. Minus probabiliter Masius: "Post ἑτοιμάζεσθε est in mixta edit. pronomen ※ ὑμῖν ◄."　[36] Cod. X.　[37] Sic Ald., Codd. III, X, XI, 15, 16, 18, alii (inter quos 85, cum διαβαίνετε in marg.).　[38] Cod. X. Mox ad κατασχεῖν Cod. 58 in marg.: δεσπόσαι, κρατῆσαι.　[39] Sic Syro-hex. (ut videtur), et sine aster. Codd. 44, 58, alii (inter quos 85 in marg.). "Post δίδωσιν ὑμῖν additum est in mixta: ※ κληρονομεῖν αὐτήν ◄.—Masius.　[40] Sic Masius, et sine aster. Codd. VII, 18, 44, 54, alii.　[41] Cod. X.　[42] Syro-hex., teste Masio in Comment. p. 31.　[43] Sic Masius, Arm. 1, et sine aster. Comp., Codd. VII, XI, 16, 30, 44, alii (inter quos 85 in marg.).　[44] Masius in Comment. p. 31 Aquilae tribuit ἐνωπλισμένοι, e Syro suo an ex Hieron. (quem videas in Hex. ad Exod. xiii. 18) incertum. Sed praeter Exodi locum cf. ad Cap. iv. 12. Cod. 56 in marg. pingit: ἔνοπλοι.　[46] Masius e Syro, ut videtur, edidit: πᾶς ὁ ἰσχύων ※ τῇ δυνάμει ◄, invitis libris Graecis. Quod nos suffecimus, sine aster. habet Cod. 58, et fortasse Arm. 1.　[47] Sic Masius, et sine aster. Codd. VII, 44, 54,

15. מֹשֶׁה עֶבֶד יְהֹוָה. Ο'. Μωυσῆς ※ δοῦλος κυρίου ◄.⁴⁸ Οἱ λοιποί· δοῦλος κυρίου.⁴⁹

17. כֵּן נִשְׁמָע. Ο'. ※ οὕτως ◄ ἀκουσόμεθα.⁵⁰ Οἱ λοιποί· οὕτως.⁵¹

Cap. I. 5. — καὶ ◄ ὥσπερ.⁵² — οὕτως ◄.⁵³ — καὶ ◄ μετὰ σοῦ.⁵⁴ 11. — καὶ ◄ ὑμεῖς.⁵⁵ — τῶν πατέρων ◄.⁵⁶ 13. τὸ ῥῆμα — κυρίου ◄.⁵⁷ 14. — καὶ ◄ τὰ παιδία.⁵⁸ 15 (in priore loco). — ὁ θεὸς ἡμῶν ◄.⁵⁹ — ἕκαστος ◄.⁶⁰ 16. — τόπον ◄.⁶¹

Cap. II.

1. אֲנָשִׁים. Ο'. νεανίσκους. Ἄλλος· ἄνδρας.¹

מְרַגְּלִים חֶרֶשׁ. Exploratores occulte. Ο'. κατασκοπεῦσαι ※ κρυφῇ ◄.² Ἀ. Θ. κρυβῇ.³

וַיִּשְׁכְּבוּ. Et discubuerunt. Ο'. καὶ κατέλυσαν (alia exempl. κατέπαυσαν⁴).

2. לֵאמֹר. Ο'. λέγοντες. Οἱ λοιποί· λέγοντες.⁵

הִנֵּה. Ο'. Vacat. ※ ἰδού ◄.⁶

2. אֲנָשִׁים בָּאוּ הֵנָּה. Ο'. εἰσπεπόρευνται ὧδε ἄνδρες. Οἱ λοιποί· (ἰδοὺ) ἄνδρες εἰσπεπόρευνται ὧδε (τὴν νύκτα).⁷

הַלַּיְלָה מִבְּנֵי. Ο'. Vacat. ※ τὴν νύκτα ◄ τῶν υἱῶν.⁸

3. הַבָּאִים אֵלַיִךְ אֲשֶׁר־בָּאוּ. Ο'. τοὺς εἰσπεπορευμένους ※ πρὸς σέ, οἳ εἰσῆλθον ◄.⁹ Οἱ λοιποί· πρὸς σὲ οἳ εἰσῆλθον.¹⁰

אֶת־כָּל־הָאָרֶץ. Ο'. Ἀ. Θ. πᾶσαν ◄ τὴν γῆν.¹¹

4. אֶת־שְׁנֵי הָאֲנָשִׁים. Ο'. τοὺς ※ δύο ◄ ἄνδρας.¹² Οἱ λοιποί· δύο.¹³

כֵּן. Ita est. Ο'. λέγουσα. Ἄλλος· ἀληθῶς.¹⁴

וְלֹא יָדַעְתִּי מֵאַיִן הֵמָּה. Ο'. Vacat. ※ καὶ οὐκ ἔγνων πόθεν εἰσίν ◄.¹⁵ Θ. καὶ οὐκ ἔγνων πόθεν εἰσίν.¹⁶

5. הָלְכוּ הָאֲנָשִׁים. Ο'. πεπόρευνται ※ οἱ ἄνδρες ◄.¹⁷

רִדְפוּ מַהֵר. Ο'. καταδιώξατε ※ ταχέως ◄.¹⁸ Οἱ λοιποί· ταχέως.¹⁹

---

alii (inter quos 85 in marg.). ⁴⁸ Sic sine aster. Codd. VII, 85 (in marg.), 236, necnon (cum ἃ ◄) Codd. 16, 18, 30, alii. Masius edidit: M. ※ ὁ παῖς κυρίου ◄, invitis libris Graecis. Cf. ad v. 1. ⁴⁹ Cod. X. ⁵⁰ Sic Masius, Arm. 1, et sine aster. Codd. 44, 54, 58, alii (inter quos 85 in marg.). ⁵¹ Cod. X. ⁵² Syro-hex. (sine cuneolo). ⁵³ Idem. ⁵⁴ Idem. Statim Masius pingit: — καὶ ◄ οὐκ, et vv. 7, 8 — καὶ ◄ ποιεῖν . . . — καὶ ◄ ἐκκλινεῖς . . . — καὶ ◄ οὐκ ἀποστήσεται, invito Syro nostro. ⁵⁵ Masius. Copula deest in Ald., Codd. III, 15, 29, 55, aliis. ⁵⁶ Idem. Deest in Cod. 58. ⁵⁷ Idem. Sic sine obelo Comp., Ald., Codd. III, VII, XI, 15, 18, 29, alii, Arm. 1. ⁵⁸ Idem. Copula deest in Cod. 44. ⁵⁹ Idem. Deest in Cod. 58. ⁶⁰ Idem. Deest in Cod. 58. ⁶¹ Idem.

Cap. II. ¹ Sic in textu Comp., Codd. VII (cum ἄνδρας νεανίσκους), X (in marg.), XI, 16, 19, 30, alii (inter quos 85, cum νεανίσκους in marg.). Mox pro νεανίσκοι, ἄνδρες habent Codd. VII, 85 (in marg.), 131, 144. ² Sic Masius, et sine aster. Codd. VII (cum κρυβῇ), XI, 44, 58, 74, alii, Arm. 1. Post κατασκοπεῦσαι add. τὴν γῆν Codd. 16, 52, alii (inter quos 85), Arm. 1. ³ Cod. X. Cod. 85 affert: Ο. κρυβῇ. ⁴ Sic Ald., Codd. 15, 54, 64, 71, 75, 85 (in marg.), invito Syro-hex. ⁵ Cod. X. Scilicet vox deest in Ald., Codd. III, X, 15, 19, aliis; pro ea autem λεγόντων venditant Codd. 44, 55, 74, alii. Denique

Arm. 1: ※ καὶ λέγουσι. ⁶ Sic Syro-hex. (sine metobelo), et sine aster. Comp., Ald., Codd. III, VII, XI, 15, 18, 19, alii. ⁷ Cod. 85. Idem ordo, ἄνδρες εἰσι. ὧδε, est in Comp., Ald., Codd. III, 15, 18, 19 (cum εἰσπορεύονται), aliis, Arm. 1, Syro-hex. ⁸ Sic Syro-hex. (cum ◄ܚܬ ܚܐ), et sine aster. Codd. VII, XI, 44 (cum τῇ νυκτὶ), 58, 74, alii, Arm. 1 (cum heri). Deinde ἐκ τῶν υἱῶν habent Arm. 1, Syro-hex., uterque, ut videtur, ex libera versione. ⁹ Sic Syro-hex., et sine aster. Codd. VII, XI, 15, 44 (cum εἰσπορευμένους), 54, 58 (ut 44), alii (inter quos 85, cum πρὸς σὲ in textu, et πρὸς σὲ οἱ εἰσῆλθον in marg.), Arm. 1. ¹⁰ Cod. X. ¹¹ Idem. Sic sub simplici aster. Syro-hex. (sine metobelo), Arm. 1, et sine aster. Codd. XI, 58, 85 (in marg.). ¹² Sic Masius, invito Syro nostro. Vocula deest in Ald., Codd. III, X, 15, 16, 18, aliis (inter quos 85, cum δύο in marg.). ¹³ Cod. X. ¹⁴ Cod. XI in textu: λέγουσα ἀληθῶς. ¹⁵ Sic Syro-hex., et sine aster. Comp. (cum οἶδα pro ἔγνων), Codd. VII, X (in marg. cum ἔγνω), XI (om. οὐκ), 44, 54 (cum ἔγνωσα), 55, 58, alii, Arm. 1. ¹⁶ Cod. 85. ¹⁷ Sic Syro-hex. (cum notis ad praecedens οἱ ἄνδρες male appictis), et sine aster. Codd. XI, 55, 74, alii. ¹⁸ Sic Syro-hex., et sine aster. Codd. VII, XI (cum ταχύ), 53, 54, 58 (ut XI), 85 (in marg.). ¹⁹ Cod. X.

5. כִּי תַשִּׂיגוּם. O'. εἰ καταλήψεσθε αὐτούς. Οἱ λοιποί· ὅτι καταλήψεσθε αὐτούς.[20]

6. בְּפִשְׁתֵּי הָעֵץ הָעֲרֻכוֹת. In linis ligni (culmis lini) dispositis. O'. ἐν τῇ λινοκαλάμῃ (Θ. τοῖς ξύλοις[21]) τῇ ἐστοιβασμένῃ. Alia exempl. ἐν τοῖς ξύλοις τῆς λινοκαλάμης τῆς ἐστοιβασμένης.[22]

7. וְהַשַּׁעַר סָגָרוּ אַחֲרֵי כַּאֲשֶׁר יָצְאוּ הָרֹדְפִים אַחֲרֵיהֶם. Clauserant autem portam, postea-quam egressi fuissent qui illos insequebantur. O'. καὶ ἡ πύλη ἐκλείσθη. καὶ ἐγένετο ὡς ἐξῆλ-θοσαν οἱ διώκοντες ὀπίσω αὐτῶν. Ἀ. καὶ τὴν πύλην ἔκλεισαν ὀπίσω αὐτῶν, ὡς ἐξῆλθον οἱ διώκοντες (ὀπίσω αὐτῶν).[23]

9. וְכִי נָמֹגוּ כָּל־יֹשְׁבֵי הָאָרֶץ מִפְּנֵיכֶם. O'. Vacat. ※ καὶ ὅτι τετήκασι πάντες οἱ κατοικοῦντες τὴν γῆν ἀπὸ προσώπου ὑμῶν ◄.[24] Οἱ λοιποί· καὶ ὅτι τετήκασι—ὑμῶν.[25]

10. עֲשִׂיתֶם. O'. ἐποίησε. Alia exempl. ἐποιή-σατε.[26]

11. וַיִּמַּס לְבָבֵנוּ. Et liquefactum est cor nostrum. O'. ἐξέστημεν (Ἄλλος· ἐξετάκημεν[27]) τῇ καρ-δίᾳ ἡμῶν.

הוּא אֱלֹהִים. O'. ※ αὐτὸς ◄ θεός.[28] Οἱ λοι-ποί· αὐτός.[29]

12. עִמָּכֶם. O'. ὑμῖν. Ἄλλος· μεθ' ὑμῶν.[30]

עִם־בֵּית. O'. ἐν τῷ οἴκῳ. Ἀ. Θ. μετὰ τοῦ οἴκου.[31]

וּנְתַתֶּם לִי אוֹת אֱמֶת. O'. Vacat. ※ καὶ δώσετέ μοι σημεῖον ἀληθινόν ◄.[32] Οἱ λοιποί· καὶ δώσετέ μοι σημεῖον ἀληθινόν.[33] Θ. καὶ δότε μοι σημεῖον ἀληθινόν.[34]

13. וְאֵת כָּל־אֲשֶׁר לָהֶם. O'. καὶ πάντα τὸν οἶκόν μου, καὶ πάντα ὅσα ἐστὶν αὐτοῖς. Alia ex-empl. καὶ πάντα ὅσα ἐστὶν αὐτοῖς.[35]

נַפְשֹׁתֵינוּ. O'. τὴν ψυχήν μου. Οἱ λοιποί· τὰς ψυχὰς ἡμῶν.[36]

14. אִם לֹא תַגִּידוּ אֶת־דְּבָרֵנוּ זֶה וְהָיָה בְּתֵת יְהֹוָה לָנוּ אֶת־הָאָרֶץ וְעָשִׂינוּ עִמְּךָ. O'. καὶ αὐτὴ εἶπεν ὡς ἂν παραδῷ κύριος ὑμῖν τὴν πόλιν, ποιήσετε εἰς ἐμέ. Aliter: O'. καὶ αὐτὴ εἶ-πεν ◄ ※ ἐὰν μὴ ἀναγγείλητε τὸν λόγον ἡμῶν τοῦτον, καὶ ἔσται ◄ ὡς ἂν παραδῷ κύριος ἡμῖν τὴν πόλιν, ποιήσομεν μετὰ σοῦ.[37] Οἱ λοιποί· ἐὰν μὴ ἀναγγείλῃς τὸ ῥῆμα τοῦτο, καὶ ἔσται ὡς ἂν παραδῷ κύριος ἡμῖν τὴν πόλιν, ποιή-σομεν μετὰ σοῦ.[38]

15. וַתּוֹרִדֵם בַּחֶבֶל. O'. καὶ κατεχάλασεν αὐτούς ※ ἐν σχοινίῳ ◄.[39] Θ. ἐν σχοινίσματι.[40]

כִּי בֵיתָהּ בְּקִיר הַחוֹמָה וּבַחוֹמָה הִיא יוֹשָׁבֶת.

---

[20] Syro-hex. ܗܠܝܢ ܕܝܢ ܕܬܐܚܕܘܢ ܐܢܘܢ ܗܢܘܢ. [21] Cod. X. [22] Sic Codd. VII (cum τῇ λ. τῇ ἐστ.), XI, 16, 19, 30, alii (inter quos 85, cum τοῖς ἐστοι-βασμένοις). Syro-hex. in textu: ܩܝܣܐ ܕܟܬܢܐ ܟܢܝܫܐ. ܘܗܘ ܩܕܡ. [22] Syro-hex. ܡܛܠ ܡܕܡ. [24] Idem: ※ ܘܡܛܠ ܕܦܫܘ ܟܠܗܘܢ ܕܥܡܪܝܢ ܐܪܥܐ ܡܢ ܩܕܡܝܟܘܢ ◄. Sic sine aster. Codd. XI, 44 (om. ὅτι), 58, 74 (ut 44), 84 (idem), 106 (idem), 134 (idem). Syriaca Masius per-peram vertit: ※ καὶ ὅτι κατέπτησσον πάντες οἱ κατοικοῦντες ἐν τῇ γῇ ἀπὸ πρ. ὑμῶν ◄, ubi κατέπτησσον lectioni Complutensi, καὶ κατεπτήσσον πάντες οἱ κ. τὴν γῆν ἀφ' ὑμῶν, debetur. [25] Codd. X, 85 (cum καὶ ἐκτετήκασι). [26] Sic Comp., Codd. 58, 74, 84, alii, Arm. 1, Syro-hex. [27] Cod. XI in textu: ἐξετάκημεν καὶ ἐξέστημεν. [28] Sic Syro-hex. (ut videtur), et sine aster. Codd. XI, 44, 58, 74, alii. Masius edidit: ※ αὐτός ἐστι ◄ θεός, fortasse ex Syriaco ܗܘ ܗܘ. [29] Cod. X. [30] Sic in textu Cod. XI. [31] Codd. X, 85

(in marg. sine nom.). [32] Sic Syro-hex. (ut videtur, edente Masio: ※ καὶ δότε ἐμοὶ σ. ἀ. ◄), et sine aster. Comp., Codd. XI, 44, 55, 58, alii (inter quos 85 in marg.). Arm. 1: καὶ δώσετε ※ σ. ἀ. [33] Cod. X. [34] Cod. 85, teste Montef. [35] Sic Ald., Codd. 18, 29, 59, alii, Arm. 1, Syro-hex. (teste Masio, cum καὶ π. τὸν οἶκόν μου in marg.). [36] Cod. 85, teste Parsonsio. [37] Sic Syro-hex. (ut vide-tur), et sine notis Cod. 58 (cum ἀναγγελεῖτε), uterque tamen cum κύριος ὑμῖν—εἰς ἐμέ, ut in Ed. Rom. Porro Cod. XI in textum post ἀληθειαν duplicem versionem infert: καὶ εἶπαν οἱ ἄνδρες· ἐὰν μὴ ἀναγγείλητε—κύριος ἡμῖν τὴν πόλιν, ποιήσομεν μετὰ σοῦ ἔλεος καὶ ἀλήθειαν. Pro ὡς, καὶ ἔσται ὡς est in Ald., Codd. 15, 18, 58. Denique ad ποιη Syro-hex. in marg. notat: γῆν, ut in textu legit Cod. 71. [38] Codd. X (cum ποιηθεῖ (sic), 85 (in marg. sine nom.). [39] Sic Arm. 1 (cum ※ αὐτοὺς ἐν σχ.), Syro-hex. (ut videtur), et sine aster. Codd. XI (sine ἐν), 44, 55, 58, alii. [40] Cod. 85.

O´. Vacat. ※ ὅτι ὁ οἶκος αὐτῆς ἐν τῷ τείχει, καὶ ἐν τῷ τείχει αὐτὴ ἐκάθητο ◄.⁴¹ Οἱ λοιποί· ἐν σχοινίῳ, ὅτι ὁ οἶκος αὐτῆς ἐν τῷ τείχει, καὶ ἐν τῷ τείχει αὐτὴ ἐκάθητο.⁴²

17. אֲנָחְנוּ. O´. ἐσμεν ※ ἡμεῖς ◄.⁴³

הַזֶּה אֲשֶׁר הִשְׁבַּעְתָּנוּ. O´. τούτῳ ※ ᾧ ὥρκισας ἡμᾶς ◄.⁴⁴ Οἱ λοιποί· ᾧ ὥρκισας ἡμᾶς.⁴⁵

19. בֵּיתֵךְ. O´. τὴν θύραν τῆς οἰκίας σου. Alia exempl. τὴν οἰκίαν σου.⁴⁶ Οἱ λοιποί· τὴν θύραν τῆς οἰκίας σου.⁴⁷

19, 20. אִם־יָד תִּהְיֶה־בּוֹ׃ וְאִם־תַּגִּידִי. O´. ἐὰν δέ τις ἡμᾶς ἀδικήσῃ, ἢ καὶ ἀποκαλύψῃ. Aliter: O´. ※ ἐὰν χεὶρ ἅψηται αὐτοῦ ◄.⁴⁹ ἐὰν δέ – τις ἡμᾶς ἀδικήσῃ, ἢ καὶ ◄⁴⁹ ἀποκαλύψῃ.

אֲשֶׁר הִשְׁבַּעְתָּנוּ. O´. Vacat. ※ ᾧ ὥρκισας ἡμᾶς ◄.⁵⁰

21. וַתִּקְשֹׁר אֶת־תִּקְוַת הַשָּׁנִי בַּחַלּוֹן. O´. Vacat. Alia exempl. καὶ ἔδησεν τὸ σημεῖον (Ἀ. Σ. signum⁵¹) τὸ κόκκινον ἐν τῇ θυρίδι.⁵²

22. וַיֵּלְכוּ. O´. Vacat. Alia exempl. καὶ ἐπορεύθησαν.⁵³

22. עַד־שָׁבוּ הָרֹדְפִים. O´. Vacat. ※ ἕως ἐπέστρεψαν οἱ διώκοντες ◄.⁵⁴ Οἱ λοιποί· ἕως ἐπέστρεψαν.⁵⁵

23. שְׁנֵי הָאֲנָשִׁים. O´. οἱ δύο νεανίσκοι (Ἄλλος· ἄνδρες⁵⁶).

וַיַּעַבְרוּ וַיָּבֹאוּ. O´. καὶ διέβησαν, ※ καὶ ἦλθον ◄.⁵⁷ Alia exempl. καὶ διέβησαν τὸν Ἰορδάνην, καὶ ἦλθον.⁵⁸

24. יְהֹוָה. O´. κύριος. Alia exempl. κύριος ὁ θεὸς ἡμῶν.⁵⁹

Cap. II. 1. – καὶ ◄ ἴδετε.⁶⁰ – οἱ δύο νεανίσκοι ἦλθον (sic) εἰς Ἱεριχώ· καὶ (◄).⁶¹ 3. – καὶ εἶπε (◄).⁶² – τὴν νύκτα ◄.⁶³ 4. – αὐτοῖς (◄).⁶⁴ 10. – ὁ θεὸς ◄.⁶⁵ 12. – τὸν θεόν ◄.⁶⁶ 13. – τὸν οἶκον ◄ τοῦ πατρός μου.⁶⁷ 16. – ὀπίσω ὑμῶν ◄.⁶⁸ 19. – τῷ ὅρκῳ σου τούτῳ ◄.⁶⁹ 20. – τούτῳ ◄.⁷⁰ 24. – ἐκείνην ◄.⁷¹

CAP. III.

1. הוּא וְכָל־בְּנֵי יִשְׂרָאֵל. O´. Vacat. ※ αὐτὸς καὶ πάντες οἱ υἱοὶ Ἰσραήλ ◄.¹

---

⁴¹ Sic Syro-hex. (ut videtur), et sine aster. Codd. XI, 44 (cum καὶ αὐτὴ ἐν τῷ τ.), 58, 74 (ut 44), alii (idem), Arm. 1. ⁴³ Codd. X (cum καὶ pro ὅτι), 85 (in marg. sine nom.). Montef. vero e posteriore edidit: Θ. ὅτι οἶκος αὐτῆς κ.τ.ἑ. ⁴² Sic Syro-hex. (ut videtur), et sine aster. Codd. 44, 54, 74, alii. ⁴⁴ Sic Syro-hex. (ut videtur), et sine aster. Codd. VII, XI, 44, 53, 58, alii, Arm. 1. Masius pingit: ※ τούτῳ – ἡμᾶς ◄; sed prior vox habetur in libris omnibus. ⁴⁵ Codd. X (sine ᾧ), 85. ⁴⁶ Sic Codd. III, X, 55, 71, 82, 121, Arm. 1. ⁴⁷ Cod. X. ⁴⁸ Sic Syro-hex. (ut videtur), Arm. 1, et sine aster. Comp., Codd. 19, 58 (cum γὰρ pro χεὶρ), 108, Arm. 1; necnon (cum αὐτῶν) Cod. VII (in marg. manu 2ᵈᵃ), 44, 74, alii. ⁴⁹ Obelus est in Syro-hex., ut videtur. Haec, ἀδικήσῃ ἢ καὶ, desunt in Cod. 58, qui ad ἀποκαλύψῃ in marg. habet: φανερὰ ποιήσῃ. ⁵⁰ Sic Syro-hex. (ut videtur), et sine aster. Comp. (cum ὁ), Ald. (idem), Codd. VII, X (in marg.), 15, 19, 44, alii. ⁵¹ Ad אֶת־תִּקְוַת (v. 18) Masius in Comment. p. 50 notat: "Vocabulum תִּקְוָה ... LXXII, et eos secutus Latinus, atque etiam Aq. et Sym. signum sunt interpretati." ⁵² Sic Comp., Ald., Codd. VII (cum σημιον), XI, 18 (cum ἔδησαν), 19, 44, alii (inter quos 85 in marg. cum ἔδησαν), Arm. 1. ⁵³ Sic Codd. VII, XI, 19, 44, alii (inter quos 85 in marg.).

⁵⁴ Sic Syro-hex. (ut videtur), et sine aster. Comp., Codd. VII (cum καταδιώκοντες), XI, 18 (cum ἐπανέστρεψαν), 19, 54, 58, alii (inter quos 85 in marg., cum καταδ.), Arm. 1. ⁵⁵ Cod. X. ⁵⁶ Cod. XI in textu: οἱ δύο ἄνδρες τέλος τριῶν ἡμερῶν. Haec, τέλος τρ. ἡμ., in marg. habet Cod. 85, invito Hebraeo. Cf. ad Cap. iii. 2. ⁵⁷ Sic Syro-hex. (ut videtur), et sine aster. Comp. (cum ἦλθοσαν), Codd. 19 (cum διῆλθον), 44, 58, alii, Arm. 1. ⁵⁸ Sic Codd. VII, XI (cum τὸν Ἰ. ἔμπροσθεν καὶ), 56 (cum ἦλθοσαν), 118, 128. Ad διέβησαν Cod. 85 in marg.: τὸν Ἰορδάνην. Cod. X in marg.: Οἱ λ. τὸν Ἰορδάνην, καὶ ἦλθοσαν. ⁵⁹ Sic Ald. (cum ὑμῶν), Codd. VII, XI, 16, 30, 44, alii. Cod. X in marg.: Οἱ λοιποί· ὁ θεὸς ἡμῶν. ⁶⁰ Masius. Deest in Arm. 1. ⁶¹ Syro-hex., nullo metobelo. ⁶² Idem. Deest in Codd. 18, 58, 128. ⁶³ Idem. ⁶⁴ Idem. Deest in Cod. 58. ⁶⁵ Masius, invito Syro nostro. Deest in Codd. 131, 237, Arm. 1. ⁶⁶ Idem, deficiente Syro nostro. ⁶⁷ Idem. ⁶⁸ Idem. Deest in Cod. 58. ⁶⁹ Idem. ⁷⁰ Idem. Deest in Codd. 54, 75. ⁷¹ Idem. Deest in Arm. 1.

CAP. III. ¹ Sic Masius (ex conjectura, abscissa membrana), et sine aster. Comp., Ald., Codd. VII (cum πάντες αὐτὸς καὶ οἱ υ. Ἰ.), XI, 18, 19 (sine οἱ), 58, 64, 108, 128, Arm. 1. Cod. 85 in marg.: Οἱ λοιποί· αὐτὸς καὶ οἱ υἱοὶ

2. מִקְצֵה שְׁלֹשֶׁת יָמִים. Ο΄. μετὰ τρεῖς ἡμέρας. Ἄλλος· μετὰ τὸ τέλος τῶν τριῶν ἡμερῶν.[2]

בְּקֶרֶב הַמַּחֲנֶה. Ο΄. διὰ ✕ μέσης ◄ τῆς παρεμβολῆς.[3]

3. וַיְצַוּוּ. Ο΄. καὶ ἐνετείλαντο (Ἄλλος· παρήγγειλε[4]).

וְאַתֶּם תִּקְעוּ. Ο΄. ✕ καὶ ὑμεῖς ◄ ἀπαρεῖτε.[5]

4. בְּמִדָּה. Ο΄. στήσεσθε. Ἄλλος· ἐν μέτρῳ.[6]

6. לֵאמֹר שְׂאוּ. Ο΄. ✕ λέγων ◄ ἄρατε[7] (Ἄλλος· βαστάσατε[8]).

וְעִבְרוּ לִפְנֵי הָעָם. Ο΄. καὶ προπορεύεσθε (alia exempl. add. ἔμπροσθεν[9]) τοῦ λαοῦ.

וַיֵּלְכוּ לִפְנֵי הָעָם. Ο΄. καὶ ἐπορεύοντο ἔμπροσθεν τοῦ λαοῦ. Ἄλλος· καὶ ἀπῆλθον πρὸ τοῦ λαοῦ.[10]

7. הַיּוֹם הַזֶּה. Ο΄. ἐν τῇ ἡμέρᾳ ταύτῃ. Schol. ἄπαρτι, ἀπὸ τοῦ νῦν.[11]

כָּל־יִשְׂרָאֵל. Ο΄. πάντων – υἱῶν ◄ (s. – τῶν υἱῶν ◄) Ἰσραήλ.[12] Ἄλλος· παντὸς Ἰσραήλ.[13]

8. עַד־קְצֵה. Ο΄. ἐπὶ μέρους. Alia exempl. εἰς μέρος.[14]

10. וַיֹּאמֶר יְהוֹשֻׁעַ. Ο΄. Vacat. ✕ καὶ εἶπεν Ἰη-

σοῦς ◄.[15] Οἱ λοιποί· καὶ εἶπεν Ἰησοῦς.[16]

10. בֹּאות. Ο΄. ἐν τούτῳ. Alia exempl. ἐν τούτῳ νῦν; alia, ἐν τῷ νῦν.[17]

11. אֲדוֹן. Ο΄. κυρίου. Ἀ. κυριεύοντος. Σ. δεσπότου.[18]

עֹבֵר לִפְנֵיכֶם. Ο΄. διαβαίνει ✕ ἔμπροσθεν ὑμῶν ◄.[19] Οἱ λοιποί· ἔμπροσθεν ὑμῶν.[20]

12. וְעַתָּה. Ο΄. Vacat. ✕ καὶ νῦν ◄.[21]

יִשְׂרָאֵל אִישׁ־אֶחָד אִישׁ־אֶחָד לַשָּׁבֶט. Ο΄. Ἰσραήλ, ✕ ἄνδρα ◄ ἕνα ἀφ᾽ ἑκάστης φυλῆς.[22] Ἀ. Ἰσραήλ, ἄνδρα ἕνα τοῦ σκήπτρου.[23] Οἱ λοιποί· ἄνδρα.[24]

13. כָּל־הָאָרֶץ. Ο΄. ✕ πάσης ◄ τῆς γῆς.[25]

הַיֹּרְדִים מִלְמַעְלָה. Ο΄. τὸ καταβαῖνον ✕ ἄνωθεν ◄.[26] Οἱ λοιποί· ἄνωθεν.[27]

נֵד אֶחָד. Ο΄. Vacat. ✕ σωρὸς εἷς ◄.[28] Ἀ. Θ. σωρὸς εἷς. Σ. ἄσκωμα ἕν.[29]

14. וַיְהִי בִּנְסֹעַ. Ο΄. καὶ ✕ ἐγένετο ὡς ◄ ἀπῆρεν.[30] Ἀ. Θ. ἐγένετο.[31]

15. עַד־הַיַּרְדֵּן. Ο΄. ἐπὶ (Ἀ. Θ. εἰς[32]) τὸν Ἰορδάνην.

עַל־כָּל־גְּדוֹתָיו. Super omnes ripas suas. Ο΄. καθ᾽ ὅλην τὴν κρηπῖδα (Ἀ. aggeres[33]) αὐτοῦ.

πάντες Ἰσραήλ. [2] Sic Cod. XI in textu. Cf. ad Cap. ii. 23. [3] Sic Masius (ut ante), et sine aster. Comp., Codd. VII, XI (cum μέσου), 19 (idem), 54, 58, alii. [4] Cod. 58 in marg. [5] Sic Masius (ut ante), Arm. 1, et sine aster. Codd. VII (cum ἀπάρατε), XI, 19, 55, 75 (cum ἀπάρεται), 84 (cum ἀπάρετε), 108. [6] Cod. XI in textu: ἐν μέτρῳ στήσεσθε. [7] Sic Masius (ut ante), et sine aster. Comp., Codd. XI, 19, 58, alii, Arm. 1. [8] Cod. 58 in marg. [9] Sic Comp., Codd. VII, XI, 18, 19, alii (inter quos 85 in marg.). [10] Cod. 85 in marg. [11] Idem (cum ἀπάρτη). [12] "Veru jugulandum est nomen υἱῶν." —Masius. [13] Sic in textu Cod. XI. [14] Sic in textu Codd. 84, 85, 106, 134. [15] Sic Masius, et sine aster. Comp., Codd. VII, X (in marg.), XI, 19, 44 (sine Ἰησοῦς) 54 (cum ὁ Ἰησοῦς), alii, Arm. 1. [16] Cod. 85. [17] Prior lectio est in Codd. 16, 30, 52, aliis; posterior in Codd. 85, 144. Mox καὶ τὸν Εὐαῖον, καὶ τὸν Φιρ., καὶ τὸν Γεργ., καὶ τὸν Ἀμορ., ordine ad Hebraeum conformato, Comp., Codd. III, VII (cum καὶ τὸν Ἀμορ. καὶ τὸν Γεργ.), 15, 18, 29, alii, Arm. 1, et, ut videtur, Syro-hex. [18] Masius in Comment. p. 63. [19] Sic Masius, Arm. 1, et sine aster. Comp.,

Codd. XI (sine ὑμῶν), 19 (cum ἡμῶν), 44 (idem), 58 (idem), 71, alii (inter quos 85 in marg.). [20] Cod. X. [21] Sic Masius, et sine aster. Comp., Codd. VII (cum νῦν οὖν pro καὶ νῦν), 19, 44, 54, alii (inter quos 85 in marg.). [22] Sic Masius, et sine aster. Comp., Codd. VII, XI, 19, 44, alii, Arm. 1. [23] Cod. 85 (cum σκήπτου), teste Montef. Minus probabiliter Parsons. ex eodem exscripsit: Ἀ. Ἰσραὴλ ἄνδρα ἀπὸ τοῦ σκήπτρου. Aquilam vero ἄνδρα ἕνα ἄνδρα ἕνα juxta Hebraeum exarasse certum est. [24] Cod. X. [25] Sic Masius. Vox πάσης deest tantummodo in Cod. 29. [26] Sic Masius, et sine aster. Codd. VII, XI, 19, 44, 54, alii, Arm. 1. [27] Cod. X. [28] Sic Masius, et sine aster. Codd. VII, 44, 58, 74, alii, Arm. 1. [29] Cod. X. Minus recte Cod. 54: Ἀ. Σ. σωρὸς εἷς. Θ. ἄσκωμα (sic) ἕν. Cod. 85 vero: Ἀ. σωρὸς (sic). Σ. ἄσκωμα. [30] Sic Masius (cum ἀπῆραν), et sine aster. Comp., Ald., Codd. VII, XI, 15, 18, 19, alii, Arm. 1. [31] Cod. X. [32] Idem (qui ad κιβωτὸν (v. 14) lectionem refert). Sic in textu Codd. 16, 53, 54, alii. [33] Aquilam vocem Heb. גְּדוֹתָיו Jos. iii. 15 vertisse ܐ..., aggeres [ὄχθας?] ejus, testatur Masius in Syr. Pecul. p. 5. Cf. Payne Smith Thes. Syr. p. 230.

16. בַּד־אֶחָד. Ο'. πῆγμα (Σ. ἄσκωμα[34]) ἕν.

הַרְחֵק מְאֹד. Procul valde. Ο'. ἀφεστηκὸς μακρὰν σφόδρα σφοδρῶς (alia exempl. μακρὰν σφόδρα[35]).

בָּאָדָם (מֵאָדָם ק) הָעִיר אֲשֶׁר מִצַּד צָרְתָן. Ad (s. Ab) Adam urbe quae est a latere Zarthan. Ο'. ἕως μέρους Καριαθιαρίμ (alia exempl. Σαρθάν[36]). Alia exempl. ἀπὸ Ἀδαμεὶ ※ τῆς πόλεως ἥ ἐστιν ◄ ἕως μέρους Καριαθιαρίμ.[37] Σ. ἀπὸ Ἀδάμ.[38]

עַל יָם הָעֲרָבָה. Ο'. εἰς τὴν θάλασσαν ἀραβά (Σ. τῆς ἀοικήτου[39]).

יָם־הַמֶּלַח. Ο'. θάλασσαν ἁλός (alia exempl. τῶν ἁλῶν[40]).

17. הָכֵן. Pede firmo. Ο'. Vacat. ※ ἑτοίμως ◄.[41] Οἱ λοιποί· ἑτοίμως.[42] Aliter: Ἀ. Σ. ἕτοιμοι.[43]

Cap. III. 2. ※ καὶ ◄ διῆλθον.[44] 3. ἡμῶν — καὶ ◄

τοὺς Λευίτας.[45] 4. — ἡμέρας ◄.[46] 5. (—) εἰς αὔριον (◄).[47] 6. — κυρίου ◄.[48] — οἱ ἱερεῖς ◄.[49] — κυρίου ◄.[50] 7. — οὕτως ἔσομαι — καὶ ◄.[51] 8. — καὶ ◄ ἐν τῷ Ἰορδάνῃ.[52] 13. — τῆς διαθήκης ◄.[53] 15. — οἱ ἱερεῖς ◄.[54] — τῆς διαθήκης ◄ ἐπὶ τὸν Ἰορδάνην.[55] — τοῦ Ἰορδάνου ◄.[56] — πυρῶν ◄.[57] 16. — κατέβη ◄.[58]

CAP. IV.

2. מִן־הָעָם שְׁנֵים עָשָׂר אֲנָשִׁים. Ο'. ἄνδρας ἀπὸ τοῦ λαοῦ. Alia exempl. ἀπὸ τοῦ λαοῦ δώδεκα ἄνδρας.[1]

אִישׁ־אֶחָד. Ο'. ※ ἄνδρα ◄ ἕνα.[2]

3. שְׂאוּ־לָכֶם מִזֶּה. Ο'. καὶ ἀνέλεσθε. Alia exempl. ἀνέλεσθε ἐντεῦθεν.[3] Aliter: Ο'. ἀνέλεσθε ※ ἑαυτοῖς ◄ ἐντεῦθεν.[4] Οἱ λοιποί· ἑαυτοῖς.[5]

מִמַּצַּב רַגְלֵי הַכֹּהֲנִים. E loco quo steterunt pedes

---

[34] Cod. 108. Theodoret. Quaest. II in Jos. p. 305: Τὸ μέντοι πῆγμα, ἤσκωμα ὁ Σύμ. ἡρμήνευσεν ἐπεχομένη γὰρ τῶν ὑδάτων ἡ ῥύμη οἷον ἠσκοῦτο καὶ ἐκορυφοῦτο. [35] Sic Codd. III, 16, 30, 52, alii. Masius e Syro suo allegat: - ἀφεστηκότα [ἀφεστηκὸς] ◄ ὅρος μακρὸν — σφόδρα ◄, ubi ὅρος e priore syllaba vocis הָרְחֵק male repetita ortum esse videtur. (Syrus noster post defectum a πόλεως ἥ ἐστιν ◄ (sic) rursus incipit.) Arm. 1 legit et pingit: μακρὸν σφόδρα ※ σφόδρα, et sic sine aster. Ald., Codd. 29, 55, 74, 75. [36] Sic Cod. 58, Syro-hex. (cum ܣܪܬܢ). [37] Sic Masius (cum - τῆς πόλεως), et sine aster. Codd. 19 (cum Ἀδαμὴ), 108 (cum ὅ ἐστιν). Praeterea pars supplementi, ἀπὸ Ἀδαμεὶ (cum varia scriptura) est in Ald., Codd. XI, 29, 55, 56, 58, 121 (in marg.); alia pars, ἀπὸ Ἀδαμεὶ (ut ante) τῆς πόλεως, in Comp., Codd. 44, 57, 74, 76, 85 (in marg. cum Ἀδαμεὶν), aliis. [38] Bar Hebr. (Mus. Brit. MSS. Addit. 21,580 fol. 58 b): ܦܪܗ ܣܡ ܣܡܕܝܢ. [39] Syro-hex. (ad ἕως μέρους): ܣܘ. ܘܠ ܡܚܡܕܣܟܠ .ܣ. Cod. X (ad Καριαθ.): Σ. τῆς ἀοικήτου. Cod. 85 in marg.: τῆς ἀοικήτου. [40] Sic Comp., Ald., Codd. III, VII (cum θ. τῆς ἀοικήτου τῶν ἁλῶν), XI, 15, 16, 18, alii (inter quos 85 in marg.). [41] Sic Masius (invito Syro nostro), et sine aster. Comp., Codd. VII (cum ἑτοίμῃ (sic) manu 1ma), 19, 44, 54, alii (inter quos 85 in marg.). [42] Cod. X. [43] Syro-hex. ܣܘ ./. ܣܡܕܝܢܠ. Sic in textu Cod. 57. [44] Masius. Sic sine aster. Comp., Codd. VII, XI, 56. [45] Idem (abolito ἡμῶν). Haec, ἡμῶν καὶ, desunt in Codd. 54, 118. [46] Grabius.

"Nomen ἡμέρας debet habere appositam stellulam."—Masius. [47] Deest in Cod. 58. [48] Masius. Deest in Comp., Codd. 19, 108. [49] Idem. [50] Idem. Deest in Cod. 58. [51] Idem. [52] Idem. Deest in Arm. 1. [53] Idem. [54] Idem. Deest in Cod. 58. [55] Idem: "Ulterius cum scribitur in libris vulgatis [Ald., Codd. X, 16, 18, aliis] τῆς διαθήκης κυρίου, debet nomen κυρίου prorsus auferri; reliquum vero obelo confodi. Rursus eadem illa verba, τῆς δ. κυρίου, scripta in vulgatis libris ante verbum ἐβάφησαν, sunt expungenda [cum Comp., Codd. III, VII, XI, 15, 18, aliis]."—Masius. Ad τῶν αἱρόντων τὴν κιβωτὸν Cod. X in marg.: Πάντες ※ τῆς διαθήκης. [56] Masius. Deest in Codd. 58, 106. [57] Idem. Deest in Comp., Cod. 58. [58] Idem. Syrus noster: (►) ܣܟ ←. Deest in Cod. 58. Mox Masius pingi jubet: — ἕως ◄ εἰς τὸ τέλος, et (v. 17) πάντες — οἱ υἱοὶ — Ἰσραήλ, invito Syro nostro.

CAP. IV. [1] Sic Codd. III, XI, 18, 29, 44, alii, Syro-hex., et Procop. in Cat. Niceph. T. II, p. 21. [2] Sic Syro-hex., et sine aster. Comp., Ald., Codd. VII, 44, 58, 74, alii, Arm. 1. [3] Sic Codd. III, XI, 15, 16, 18, alii. [4] Sic Syro-hex., et sine aster. Comp. (cum αὑτοῖς), Codd. VII (cum ἀνέλεσθαι), 19 (ut Comp.), 44 (cum ἐντ. ἑαυτοῖς), 58, 74 (ut 44), alii, Arm. 1. [5] Cod. X. Cod. 85 in textu: ἀν. αὑτοῖς (cum ἑαυτοῖς in marg.). (In initio v. ad וַיֹּאמֶר, Ο'. σύνταξον, Cod. X in marg.: Οἱ λοιποί· κανὴν (sic Montef. in schedis).)

sacerdotum. Ο'. Vacat. ※ ἀπὸ στάσεως ποδῶν τῶν ἱερέων ◄.⁶ Οἱ λοιποί· ἀπὸ στάσεως
ποδῶν ἱερέων.⁷

4. אֶל־שְׁנֵים הֶעָשָׂר .   Ο'. ※ τοὺς ◄ δώδεκα.⁸

אֲשֶׁר הֵכִין מִבְּנֵי יִשְׂרָאֵל .   Ο'. τῶν ἐνδόξων ἀπὸ
τῶν υἱῶν 'Ισραήλ. 'Α. οὓς ἡτοίμασαν ἀπὸ τῶν
υἱῶν 'Ισραήλ.⁹

אִישׁ־אֶחָד .   ※ ἄνδρα ◄ ἕνα.¹⁰

5. לִפְנֵי אֲרוֹן יְהוָה אֱלֹהֵיכֶם .   Ο'. ἔμπροσθέν μου
πρὸ προσώπου κυρίου ※ τοῦ θεοῦ ὑμῶν ◄.¹¹
'Α. Σ. Θ. εἰς πρόσωπον κιβωτοῦ...¹² Aliter:
'Α. Σ. πρὸ προσώπου...   Σ. . κιβωτοῦ κυρίου.¹³

6. לְמַעַן תִּהְיֶה זֹאת אוֹת בְּקִרְבְּכֶם .   Ο'. ἵνα ὑπάρχωσιν ὑμῖν οὗτοι εἰς σημεῖον κείμενον διαπαν-
τός. Aliter: Ο'. ἵνα ὑπάρχωσιν οὗτοι – κείμενοι ◄ ὑμῖν εἰς σημεῖον – διαπαντός ◄.¹⁴

7. נִכְרְתוּ .   Ο'. ἐξέλιπεν.   'Α. Σ. ἀπεκόπη.¹⁵

אֲרוֹן .   Ο'. κιβωτοῦ.   Schol. Ο'. χωρὶς τῆς.¹⁶

בְּעָבְרוֹ בַּיַּרְדֵּן נִכְרְתוּ מֵי הַיַּרְדֵּן .   Ο'. ὡς διέβαι-
νεν αὐτὸν ※ τὸν 'Ιορδάνην, καὶ ἐξέλιπεν τὸ
ὕδωρ τοῦ 'Ιορδάνου ◄.¹⁷

7. לִבְנֵי יִשְׂרָאֵל .   Ο'. τοῖς (alia exempl. ἐν τοῖς¹⁸)
υἱοῖς 'Ισραήλ (Οἱ λοιποί· τοῦ 'Ισραήλ¹⁹).

8. יְהוֹשֻׁעַ .   Ο'. κύριος (alia exempl. add. ὁ θεὸς²⁰)
τῷ 'Ιησοῖ.   Schol. Πάντες χωρὶς ὁ θεός.²¹

9. וּשְׁתֵּים עֶשְׂרֵה אֲבָנִים הֵקִים יְהוֹשֻׁעַ .   Ο'. ἔστησε
δὲ 'Ιησοῦς καὶ ἄλλους δώδεκα λίθους. Alia
exempl. καὶ ἄλλους δώδεκα λίθους ἔστησεν
'Ιησοῦς.²²

10. וְהַכֹּהֲנִים... עֹמְדִים .   Ο'. εἱστήκεισαν δὲ οἱ ἱερεῖς... Alia exempl. οἱ δὲ ἱερεῖς... εἱστή-
κεισαν.²³

בְּתוֹךְ הַיַּרְדֵּן .   Ο'. ἐν ※ μέσῳ ◄ τῷ 'Ιορδάνῃ.²⁴
'Α. Θ. ἐν μέσῳ . .²⁵

עַד־תֹּם כָּל־הַדָּבָר אֲשֶׁר־צִוָּה יְהוָה אֶת־יְהוֹשֻׁעַ .
Ο'. ἕως οὗ συνετέλεσεν 'Ιησοῦς πάντα ἃ (s. ὅσα,
s. τὰ ῥήματα ἃ²⁶) ἐνετείλατο κύριος (alia exempl. add. τῷ 'Ιησοῦ²⁷).

כְּכֹל אֲשֶׁר־צִוָּה מֹשֶׁה אֶת־יְהוֹשֻׁעַ .   Ο'. Vacat.
※ κατὰ πάντα ὅσα ἐνετείλατο Μωυσῆς τῷ
'Ιησοῦ ◄.²⁸ Οἱ λοιποί· κατὰ πάντα ὅσα ἐνετείλατο Μωυσῆς τῷ 'Ιησοῦ.²⁹

---

⁶ Sic Syro-hex. (sine metobelo), et sine aster. Comp.,
Codd. VII. 19, 44 (cum τῶν ποδῶν), 54, 55 (ut 44), 58,
alii (inter quos 85 in marg.), Arm. 1. Mox Syro-hex.:
καὶ διακομίσαντες ἑαυτοῖς τούτους ἅμα ὑμῖν, et sic, ut videtur, Cod. 108.   ⁷ Cod. X.   ⁸ Sic Syro-hex. (cum
ܬܪܥܣܪ ※), et sine aster. Codd. 58, 108.   ⁹ Syro-
hex. ܘ̈ܢ ܕܐܬܛܝܒ ܡܢ ܒ̈ܢܝ ܐܝ̣ܣܪܝܠ ./ .   ¹⁰ Sic
Syro-hex. (sine metobelo), et sine aster. Comp., Codd. 19,
44, 58, alii.   ¹¹ Sic Syro-hex., et sine aster. Comp.,
Codd. X (in marg. cum ἡμῶν), 16, 30, 44 (cum ἡμῶν), alii
(inter quos 85 in marg. cum ἡμῶν).   ¹² Cod. 108.
¹³ Syro-hex. ܩܘܒܠܗ ܡ . ܩܘܕܡ ܘ . ./ .   ܩܘܒܠܗ ܕܡܪܝܐ ܩܘ ./ .
¹⁴ Sic Masius (cum ἐν ὑμῖν male pro ὑμῖν (ܒܟܘܢ)). Syrus
noster deterius pingit: ἵνα ὑπάρχωσιν (ܢܗܘܘܢ ܫ̈ܟܝܚܝܢ)
οὗτοι κείμενοι ◄ – εἰς σημεῖον διαπαντός ◄. Pro ὑμῖν οὗτοι,
οὗτοι ὑμῖν habent Codd. X, 18, 128, Arm. 1. Deinde κείμενοι pro κείμενα est in Comp., Codd. 15, 18, 44, aliis.
Postremo in Codd. 54, 75, 118, locus sic habet: ἵνα ὑπ. ὑμῖν
εἰς σ. κείμενοι οὗτοι διαπαντός.   ¹⁵ Syro-hex. ܐܬܦܣܩ ./ .
Cod. 108 in marg. ad 'Ιορδ. ποταμός: Σ. ἀποσκοπη (sic).
¹⁶ Cod. X in marg.: Ō, χω. τῆς. Lectio τῆς κ. τῆς διαθήκης
est in Comp., Codd. 16, 30, 44, aliis.   ¹⁷ Sic Syro-hex.

(om. αὐτὸν), et sine aster. Comp., Ald. (om. τὸν 'Ιορδάνην),
Codd. 15 (ut Ald.), 18 (idem), 19, 64 (ut Ald.), 108, 128
(ut Ald.), Arm. 1 (cum ὡς ὃ. τὸν 'Ιορδ. καὶ ἐξ. τὸ ὕδωρ ※ τοῦ
'Ιορδ.   ¹⁸ Sic Ald., Codd. 15, 64, 108, Syro-hex. (qui
pingit: ܚܒܡ̣ܠ –).   ¹⁹ Cod. X.   ²⁰ Sic Codd. 74, 76,
84, alii.   ²¹ Cod. X in marg.: πάντες χω. ὁ θεός.   ²² Sic
Codd. 15, 19 (cum ὁ 'Ιης.), 64, 108, Syro-hex. Masius
pingit: καὶ – ἄλλους ◄.   ²³ Sic Codd. 15, 64, Syro-hex.
²⁴ Sic Syro-hex. (sine metobelo), Arm. 1 (cum τοῦ 'Ιορδάνου ᾗ), et sine aster. Cod. 85 in marg. Sic (cum τοῦ 'I.)
Codd. 18, 19, 128.   ²⁵ Cod. X (cum ἐμμέσῳ).   ²⁶ Prior
lectio est in Ald., Codd. III, 16, 18, 30, aliis; posterior in
Comp., Codd. 19, 108. Syro-hex. in textu: ὅσα (sine πάντα);
in marg. autem (teste Masio): πάντα τὰ ῥ. ἃ. Paulo ante
'Ιησοῦς reprobant Comp., Codd. 15, 19, 64, Syro-hex.
²⁷ Sic Comp., Ald., Codd. III (cum 'Ιησοῖ), VII, XI, 15,
54, alii (inter quos 64, 108), Syro-hex.   ²⁸ Sic Syro-
hex., et sine aster. Comp., Codd. 85 (in marg.), 108, Arm. 1.
Aliter supplent Codd. 56 (in marg.), 63, 74, alii: καὶ ἐποίησαν οἱ υἱοὶ 'Ισραὴλ κατὰ πάντα ὅσα (s. ἃ) ἐλάλησε κύριος τῷ
'Ιησοῦ. Solus Cod. VII: κατὰ πάντα ὅσα ἐνετείλατο κύριος
αὐτῷ.   ²⁹ Cod. X.

11. וַיַּעֲבֹר. Ο'. καὶ διέβη (Θ. διέβησαν[30]).

וְהַכֹּהֲנִים לִפְנֵי הָעָם. Ο'. καὶ οἱ λίθοι ἔμπροσθεν αὐτῶν. Οἱ λοιποί· καὶ οἱ ἱερεῖς πρότεροι.[31]

12. חֲמֻשִׁים. Ο'. διεσκευασμένοι. 'Α. ἐνωπλισμένοι.[32]

13. כְּאַרְבָּעִים אֶלֶף. Ο'. τετρακισμύριοι. Ἄλλος· τετρακισχίλιοι.[33]

אֶל עַרְבוֹת יְרִיחוֹ. Ο'. πρὸς τὴν Ἱεριχὼ πόλιν. 'Λ. πρὸς ἀραβὼθ Ἱεριχώ. Σ. κατὰ τὴν ἀοίκητον Ἱεριχώ.[34]

14. כַּאֲשֶׁר יָרְאוּ. Ο'. ὥσπερ (s. ὃν τρόπον) ※ ἐφοβοῦντο ◄.[35]

15. אֶל־יְהוֹשֻׁעַ. Ο'. τῷ Ἰησοῖ. Alia exempl. ※ πρὸς ◄ Ἰησοῦν.[36]

18. מִתּוֹךְ הַיַּרְדֵּן. Ο'. ἐκ τοῦ Ἰορδάνου. Alia exempl. ἐκ μέσου τοῦ Ἰορδάνου.[37]

רַגְלֵי הַכֹּהֲנִים. Ο'. τοὺς πόδας ※ οἱ ἱερεῖς ◄.[38]

אֶל הֶחָרָבָה. Ο'. ἐπὶ τῆς γῆς. Alia exempl.

ἐπὶ τῆς ξηρᾶς.[39]

21. וַיֹּאמֶר אֶל־בְּנֵי יִשְׂרָאֵל. Ο'. Vacat. ※ καὶ εἶπεν πρὸς τοὺς υἱοὺς Ἰσραήλ ◄.[40] Οἱ λοιποί· καὶ εἶπεν πρὸς τοὺς υἱοὺς Ἰσραήλ.[41]

בְּנֵיכֶם מָחָר. Ο'. οἱ υἱοὶ ὑμῶν ※ αὔριον ◄.[42]

אֶת־אֲבוֹתָם. Ο'. ὑμᾶς. 'Α. τοὺς πατέρας ὑμῶν.[43]

22. אֶת־הַיַּרְדֵּן הַזֶּה. Ο'. τὸν Ἰορδάνην ※ τοῦτον ◄.[44] Οἱ λοιποί· τοῦτον.[45]

24. כָּל־הָעַמִּים. Ο'. ἐν παντὶ ἔργῳ. Οἱ λοιποί πάντες· ἐν παντὶ χρόνῳ.[46]

Cap. IV. 3. στρατοπεδείᾳ — ὑμῶν ◄.[47] 6. — εἰσιν ◄.[48] 7. — καὶ σύ ◄.[49] — λέγων ◄.[50] — πάσης τῆς γῆς ◄.[51] — ὑμῖν ◄ οἱ λίθοι οὗτοι.[52] 9. — ἐν τῷ γενομένῳ τόπῳ ◄.[53] — κυρίου ◄.[54] 10. — τῆς διαθήκης ◄.[55] 11. — τῆς διαθήκης ◄ κυρίου.[56] 14. ἐναντίον παντὸς — τοῦ γένους ◄ Ἰσραήλ.[57] 16. — τῆς διαθήκης ◄.[58] 18. — καὶ ◄ ἔθηκαν. ※ καὶ ◄ ὥρμησε.[59] κρηπῖδος ※ αὐτοῦ ◄.[60] 19. — οἱ υἱοὶ Ἰσραήλ ◄.[61] 21. — εἰσιν ◄.[62] 23 (in posteriore loco). — κύριος ὁ θεὸς ἡμῶν ◄.[63] 24. — ὑμεῖς ◄.[64]

---

[30] Cod. X, teste Griesb. [31] Idem. Syro-hex. ܟܗܢܐ. Procop. in Cat. Niceph. T. II, p. 24: ἱερεῖς οἱ λοιποὶ τῶν ἑρμηνευσάντων ἐξέδωκαν. Cod. 85 affert: Θ. καὶ οἱ ἱερεῖς πρότεροι. Denique Cod. VII duplicem lectionem habet: καὶ οἱ ἱερεῖς πρότεροι, καὶ οἱ λίθοι ἔμπροσθεν αὐτῶν. [32] Cod. X. Sic in textu Codd. 54 (cum ἐνοπλ. διεσκ.), 85 (cum ἐνωπλησ.). Cf. ad Cap. i. 14. [33] Sic in marg. Cod. 85; in textu autem Codd. 19, 236. Codd. 54, 75, 118: ὄντες (Syro-hex. ܐܠܦܐ) εἰς τεσσαράκοντα χιλιάδας. [34] Syro-hex. ܐܪܒܘܬ. ܠܩܒܠ ܚܪܒܬܐ ... ?. Syro-hex., et sine aster. Comp., Ald., Codd. VII (cum ὃν τρ.), XI, 15, 16 (ut VII), 18, alii, Arm. 1. [35] Sic Syro-hex., et sine aster. Codd. 53, 54, 75, 85 (in marg.), 118, Arm. 1. [36] Sic Comp., Ald., Codd. III, VII, XI, 15, 18, 19, alii, Arm. 1, Syro-hex.; necnon Cod. 85 in marg. ad v. 17, invito Hebraeo. [37] Sic Syro-hex. (cum π. αὐτῶν), et sine aster. Comp., Codd. 58, 74, alii. [38] Sic Comp., Ald., Codd. III, VII, XI, 15, 18, 29, alii (inter quos 85 in marg.), Arm. 1, Syro-hex. [39] Sic Syro-hex., et sine aster. Comp., Codd. VII (ante ἐν Γαλγάλοις), 19, 44, 58, alii, Arm. 1. [40] Cod. X. [41] Sic Syro-hex. (transp. ὑμᾶς post αὔριον), et sine aster. Comp. (idem), Codd. 44, 74, alii, Arm. 1. [42] Syro-hex. ܐܒܗܝ̈ܟܘܢ ܠܟܘܢ ◄.

[43] Sic Syro-hex. Pronomen deest in Ald., Codd. III, XI, 15, 29, aliis, Arm. 1. [44] Cod. X. [45] Sic in textu Comp., Ald., Codd. III, VII, X (cum οἱ λοιποί πάντες in marg.), 15, 16, 18, alii (inter quos 85, cum ἔργῳ in marg.), Arm. 1, Syro-hex. [46] Syro-hex. Pronomen deest in Codd. 54, 58, 75. [47] Masius, invito Syro nostro (sed cf. ad v. 21). Deest in Cod. 58. [48] Syro-hex. Deest in Arm. 1. Masius pingit: καὶ — σύ ◄, favente Hebraeo. [49] Idem. Deest in Codd. 54, 75. [50] Idem (sine cuneolo). Deest in Cod. 58. [51] Idem (pro οἱ λ. οὗτοι ὑμῖν). Sic sine obelo Ald., Codd. 58, 74, 75, alii. [52] Idem, silente Masio. Haec desunt in Cod. 58. [53] Idem (cum metobelo tantum). Deest in Cod. 58. [54] Idem. Deest in Comp. [55] Idem. Haec, τῆς δ. κυρίου, desunt in Cod. 58. [56] Idem. Sic sine obelo Comp. (om. τοῦ γένους), Ald., Codd. III, VII, XI, 15, 16, alii. [57] Idem. Deest in Cod. VII (sed habet in marg. manu 1ma), 58. [58] Masius. Sic sine notis Comp., Ald., Codd. III, VII, XI, 15, 16, alii, Syro-hex. [59] Syro-hex. Sic sine aster. Comp., Codd. 44, 58, 74, alii, Arm. 1. [60] Masius, invito Syro nostro. Deest in Cod. 58. [61] Syro-hex. (sine metobelo). [62] Masius, invito Syro nostro. Haec desunt in Codd. 44, 71. [63] Idem. Deest in Cod. 58. Syrus noster male pingit: καὶ ἵνα ἐμεῖς — σέβησθε, nullo cuneolo.

Cap. V.

1. יָמָּה. *Versus mare.* Ο΄. Vacat. ※ παρὰ τὴν θάλασσαν ↙.[1] Οἱ λοιποί· παρὰ τὴν θάλασσαν.[2]

הַכְּנַעֲנִי. Ο΄. τῆς Φοινίκης. Οἱ λοιποί· τῶν Χαναναίων.[3]

וַיִּמַּס. Ο΄. καὶ ἐτάκησαν (alia exempl. κατετάκησαν[4]). Schol. κατεδαπανίσθησαν, κατελύθησαν.[5]

2. חַרְבוֹת צֻרִים. *Cultros silicum.* Ο΄. μαχαίρας [πετρίνας] ἐκ πέτρας ἀκροτόμου.[6]

וְשׁוּב מֹל. Ο΄. καὶ καθίσας περίτεμε. Ἀ. καὶ ἐπιστρέψας περίτεμε.[7]

4, 5. וְזֶה הַדָּבָר אֲשֶׁר־מָל יְהוֹשֻׁעַ כָּל־הָעָם הַיֹּצֵא מִמִּצְרַיִם הַזְּכָרִים כֹּל אַנְשֵׁי הַמִּלְחָמָה מֵתוּ בַמִּדְבָּר בַּדֶּרֶךְ בְּצֵאתָם מִמִּצְרָיִם׃ כִּי־מֻלִים הָיוּ כָּל־הָעָם הַיֹּצְאִים וְכָל־הָעָם הַיִּלֹּדִים בַּמִּדְבָּר בַּדֶּרֶךְ בְּצֵאתָם מִמִּצְרַיִם לֹא־מָלוּ. Ο΄. ÷ ὃν δὲ τρόπον περιεκάθαρεν Ἰησοῦς τοὺς υἱοὺς Ἰσραήλ, ὅσοι ποτὲ ἐγένοντο ἐν τῇ ὁδῷ,[8] καὶ ὅσοι ποτὲ ἀπερίτμητοι ἦσαν τῶν ἐξεληλυθότων ἐξ Αἰγύπτου, πάντας τούτους περιέτεμεν Ἰησοῦς ↙. ※ καὶ οὗτος ὁ λόγος ὃν περιέτεμεν Ἰησοῦς· πᾶς ὁ λαὸς οἱ ἐκπορευόμενοι ἐξ Αἰγύπτου τὸ ἀρσενικόν, πάντες ἄνδρες πολέμου, οἱ ἀπέθανον ἐν τῇ ἐρήμῳ ἐν τῇ ὁδῷ, ἐξελθόντων αὐτῶν ἐκ γῆς Αἰγύπτου· ὅτι περιτετμημένοι ἦσαν πᾶς ὁ λαὸς ὁ ἐξελθών, καὶ πᾶς ὁ λαὸς οἱ γεννηθέντες ἐν τῇ ἐρήμῳ ἐν τῇ ὁδῷ, ἐξελθόντων αὐτῶν ἐκ γῆς Αἰγύπτου, οὐ περιετμήθησαν ↙.[9]

6. הָלְכוּ. Ο΄. ἀνέστραπται. Ἄλλος· ἐνδιέτριψεν.[10]

בַּמִּדְבָּר. Ο΄. ἐν τῇ ἐρήμῳ ÷ τῇ Μαβδαρίτιδι ↙ (alia exempl. Μαδβαρίτιδι; alia, Μαγδαρίτιδι; alia, Μανδαρίτιδι[11]).

עַד־תֹּם כָּל־הַגּוֹי אַנְשֵׁי הַמִּלְחָמָה הַיֹּצְאִים מִמִּצְרַיִם. Ο΄. διὸ ἀπερίτμητοι ἦσαν οἱ πλεῖστοι αὐτῶν τῶν μαχίμων τῶν ἐξεληλυθότων ἐκ γῆς Αἰγύπτου. Ἀ. ἕως ἐξέλιπεν πᾶν τὸ ἔθνος ἀνδρῶν πολέμου τῶν ἐξελθόντων ἐξ Αἰγύπτου. Σ. ἕως ἀναλώθη πᾶς ὁ λαὸς ἄνδρες πολεμισταὶ οἱ ἐξελθόντες ἐξ Αἰγύπτου.[12]

בְּקוֹל יְהוָה. Ο΄. τῶν ἐντολῶν τοῦ θεοῦ (alia exempl. κυρίου τοῦ θεοῦ[13]).

אֲשֶׁר נִשְׁבַּע יְהוָה לָהֶם. Ο΄. οἷς καὶ διώρισε (Οἱ λοιποί· ὤμοσε[14]). Alia exempl. add. κύριος αὐτοῖς.[15]

7. וְאֶת־בְּנֵיהֶם הֵקִים תַּחְתָּם. Ο΄. ἀντὶ δὲ τούτων ἀντικατέστησε τοὺς υἱοὺς αὐτῶν. Alia ex-

---

Cap. V. [1] Sic Syro-hex. (cum ※ܠܘܬ ܝܡܐ↙), et sine aster. Comp., Codd. VII, 19, 58, 85 (in marg.), 108, Arm. 1. [2] Cod. X. [3] Syro-hex. [4] Sic Comp., Ald. (cum κατέβησαν), Codd. III (VII deficit), XI, 15, 18, 19, alii. Syro-hex. legit et pingit: ÷ καὶ ἐβαρύνθησαν (ܘܝܩܪܘ) ↙. [5] Cod. 58 in marg. [6] Vox πετρίνας abest a Codd. III, 19, 29, 82, 108, 121, Arm. 1, Syro-hex. (qui male pingit: ÷ ἐκ π. ἀκροτόμου ↙). Mox v. 3 ad πετρίνας ἀκροτόμους (Syro-hex. tantum: ÷ πετρίνας ↙) Cod. 106 in marg.: ἐξακονησμένας (sic). [7] Cod. 108. Syro-hex. in marg. sine nom. ܘܗܦܘܟ ܓܙܘܪ܀. [8] Ad ἐν τῇ ὁδῷ Syro-hex. in marg.: ἐν τῇ ἐρήμῳ, ut integra lectio sit, ἐν τῇ ἐρήμῳ ἐν τῇ ὁδῷ. Idem obelis jugulat omnia ab ὃν δὲ τρόπον ad περιέτεμεν Ἰησοῦς, non, ut Grabius, a τοὺς υἱοὺς Ἰσραήλ ad Ἰησοῦς. Anon. in Cat. Niceph. T. II, p. 30: Ἐν ἄλλῃ ἐκδόσει ἀπὸ τοῦ ἀστερίσκου [※ ὃν δὲ τρόπον] ἕως τοῦ, τεσσαράκοντα γὰρ καὶ δύο ἔτη, οὐχ οὕτω περιέχει, ἀλλὰ μᾶλλον οὕτω τὸ κείμενον· καὶ οὗτος ὁ λόγος κ. τ. ἑ. [9] Sic Syro-hex. (cum οἱ ἐκπορευόμενοι (ܗܢܘܢ ܕܢܦܩܘ) et οἱ γενν. ἐν τῇ γῇ ἐν τῇ ἐρήμῳ), et sine aster. Comp. (cum ὁ Ἰησ.), Cod. X (cum ὁ ἐκπορευόμενος, et om. πᾶς ὁ λαὸς ὁ ἐξελθών), 19 (om. καὶ οὗτος—Ἰησοῦς, cum πᾶς λαὸς οἱ γενν.), 58 (cum ὁ ἐκπ.), 85 (in marg., cum λαὸς mendose pro λόγος, et ὁ Ἰησοῦς), 108 (cum περιέμενεν pro περιέτεμεν). Masius delet οἱ ante ἀπέθανον, invito Syro nostro. [10] Cod. X. [11] Prior scriptura est in Codd. II (manu 1ma), 56, 59, Syro-hex.; altera in Ald., Codd. X, 15, 44, 64, 106; posterior in Codd. 52, 53, aliis. Obelus est in Syro-hex. [12] Syro-hex. ܐ. ܥܕܡܐ ܕܫܠܡ ܟܠܗ ܥܡܐ ܕܓܒܪܐ ܩܪܒܬܢܐ ܕܢܦܩܘ ܡܢ ܡܨܪܝܢ܀ ܣ. ܥܕܡܐ ܕܐܬܚܪܒ ܟܠܗ ܥܡܐ ܓܒܪܐ ܡܩܛܠܢܐ ܗܢܘܢ ܕܢܦܩܘ ܡܢ ܡܨܪܝܢ܀. [13] Sic Comp., Ald., Codd. 15, 18, 44, alii. Syro-hex. κυρίου tantum habet. Ad οἱ ἀπειθήσαντες κ. τ. ἑ. Cod. X in marg. notat: Ἐν ἄλλοις ἀντιγράφοις ὡς τῶν λοιπῶν ἑρμηνευτῶν ἐκδιδωκότων φέρεται ταῦτα. [14] Syro-hex. ܗܢܘܢ ܕܐܝܡܝ ܠܗܘܢ܀. [15] Sic Comp., Ald., Codd. III, XI, 15, 16, alii, Syro-hex.

empl. τοὺς υἱοὺς αὐτῶν ἀντικατέστησεν ἀντὶ
τούτων.¹⁶

7. כִּי־עֲרֵלִים הָיוּ. Ο΄. Vacat. ※ ὅτι ἀκρόβυστοι
ἦσαν ◄.¹⁷

כִּי לֹא־מָלוּ אוֹתָם בַּדָּרֶךְ. Ο΄. διὰ τὸ αὐτοὺς
γεγεννῆσθαι κατὰ τὴν ὁδὸν ἀπεριτμήτους. Alia
exempl. διὰ τὸ ἀπεριτμήτους γενέσθαι κατὰ
τὴν ὁδόν.¹⁸

8. וַיְהִי כַּאֲשֶׁר־תַּמּוּ כָל־הַגּוֹי לְהִמּוֹל וַיֵּשְׁבוּ תַחְתָּם
Ο΄. περιτμηθέντες δὲ ἡσυχίαν εἶχον ※ πᾶν τὸ
ἔθνος ◄ αὐτόθι καθήμενοι.¹⁹ 'Α. καὶ ἐγένετο ὡς
συνετέλεσε πᾶν τὸ ἔθνος περιτμηθῆναι, καὶ ἐκάθισαν καθ'
ἑαυτούς.²⁰

9. עַד הַיּוֹם הַזֶּה. Ο΄. Vacat. ※ ἕως τῆς ἡμέρας.
ταύτης ◄.²¹

10. וַיַּחֲנוּ בְנֵי־יִשְׂרָאֵל בַּגִּלְגָּל. Ο΄. Vacat. ※ καὶ
παρενέβαλον οἱ υἱοὶ Ἰσραὴλ ἐν Γαλγάλοις ◄.²²

אֶת־הַפֶּסַח. Ο΄. τὸ πάσχα ('Α. Σ. φασέκ²³).

11. מִמָּחֳרַת הַפֶּסַח. Ο΄. ※ τῇ ἐπαύριον τοῦ πάσχα ◄.²⁴ Οἱ λοιποί· τῇ ἐπαύριον τοῦ πάσχα.²⁵

וְקָלוּי. Et spicas tostas. Ο΄. καὶ νέα. 'Α. Σ.
καὶ φρυκτόν.²⁶

12. וַיִּשְׁבֹּת. Ο΄. ἐξέλιπε. "Αλλος· ἐπαύσατο.²⁷

מִמָּחֳרַת. Ο΄. ※ τῇ ἐπαύριον ◄.²⁸ Οἱ λοιποί·
τῇ ἐπαύριον.²⁹

וַיֹּאכְלוּ מִתְּבוּאַת אֶרֶץ כְּנַעַן. Ο΄. ἐκαρπίσαντο
δὲ τὴν χώραν τῶν Φοινίκων. 'Α. Σ. καὶ ἔφαγον ἀπὸ γεννήματος τῆς (fort. γῆς) Χαναάν.
Θ. καὶ ἔφαγον ἀπὸ τῶν καρπῶν τῆς γῆς Χα-
ναάν.³⁰

13. וַיַּרְא וְהִנֵּה. Ο΄. εἶδεν. (Σ.) εἶδε φανέντα.³¹

וְחַרְבּוֹ. Ο΄. καὶ ἡ ῥομφαία ※ αὐτοῦ ◄.³² Οἱ
λοιποί· αὐτοῦ.³³

14 (Gr. 15). וַיִּשְׁתָּחוּ. Ο΄. ※ καὶ προσεκύνησεν ◄.³⁴
Οἱ λοιποί· καὶ προσεκύνησεν.³⁵

כֹּה אֲדֹנִי. Ο΄. δέσποτα, τί. Aliter: Ο΄. ※ τί ◄
δέσποτά ※ μου ◄ τί.³⁶

15 (16). וַיַּעַשׂ יְהוֹשֻׁעַ כֵּן. Ο΄. Vacat. ※ καὶ ἐποίησεν Ἰησοῦς οὕτως ◄.³⁷ Οἱ λοιποί· καὶ ἐποίησεν
Ἰησοῦς οὕτως.³⁸

Cap. V. 1. ἤκουσαν ※ πάντες ◄ οἱ βασιλεῖς.³⁹
καὶ ※ πάντες ◄ οἱ βασιλεῖς.⁴⁰ — ὁ θεός ◄.⁴¹ — καὶ
κατεπλάγησαν ◄.⁴² 3. ἐπὶ — τοῦ καλουμένου ◄

---

¹⁶ Sic Comp., Codd. 15, 64, 118, Syro-hex.   ¹⁷ Sic
Syro-hex. (teste Masio), et sine aster. Comp., Ald., Codd.
VII, 15, 18, 19, alii (inter quos 85 in marg.), Arm. 1.
¹⁸ Sic Codd. 15, 18, alii, Syro-hex.   ¹⁹ Sic Syro-hex.
(teste Masio), et sine aster. Comp., Codd. 19, 58, 108.
²⁰ Syro-hex. ܘܗܘܐ ܟܕ ܫܠܡ ܟܠܗ ܥܡܐ ܠܡܓܙܪ. ܘܝܬܒܘ
ܬܚܘܬܝܗܘܢ.   ²¹ Sic Syro-hex. (teste
Masio), et sine aster. Comp., Ald., Codd. VII, X (in marg.),
15, 16, 18, alii, Arm. 1. Cod. 85 in marg.: Ταῦτα φέρεται
ἐν τοῖς Ο̄. ἕως τῆς ἡμέρας ταύτης. καὶ παρενέβαλον οἱ υἱοὶ Ἰσραὴλ
ἐν Γαλγάλοις.   ²² Sic Syro-hex. (qui pingit: καὶ παρ. οἱ υ.
Ἰ. ※ ἐν Γαλγάλοις ◄), et sine aster. Comp., Ald., Codd. VII,
15, 16, 18, alii (inter quos 85, 121, uterque in marg.).
²³ Cod. 108.   ²⁴ Sic Syro-hex., et sine aster. Comp.,
Codd. VII (in marg. manu 2ᵈᵃ), 19, 44, 74, alii (inter quos
85 in marg.).   ²⁵ Cod. X. Ad καὶ ἔφαγον (sic) idem in
marg. affert: Σύμ. ὅτι ὡς ἔφαγον τῆς ἁγίας γῆς τὸν ἄρτον, τότε
ὁ πρῶτος ἄρτος ἐξέλιπεν τὸ μάννα: ubi pro σύμ. manifesto
legendum σημ.   ²⁶ Cod. 108 (cum φρικτόν). Cod. 85 in
marg. sine nom.: φρυκτόν. Cf. Hex. ad Lev. ii. 14. 2 Reg.
xvii. 28.   ²⁷ Sic Cod. 85 in marg.; in textu autem

²⁸ Sic Syro-hex., et sine aster. Comp.,
Cod. 19, 108.   ²⁹ Cod. X.   ³⁰ Codd. X (teste Parsonsio), 85 (cum καρπωμάτων pro καρπῶν). Montef. e Cod. X
exscripsit tantum: Θ. ἀπὸ τῶν καρπῶν (sic). Cod. 54 in
marg. sine nom.: καὶ ἔφαγον ἐπὶ γεννήματος τῆς γῆς Χαναναίου.
³¹ Sic in textu Comp., Codd. 19, 58. Cf. Hex. ad Gen.
xxxiii. 1. Exod. iv. 6.   ³² Sic Masius, et sine aster.
Comp., Ald., Codd. VII, 19, 44, alii (inter quos 85 in
marg.), Syro-hex.   ³³ Cod. X.   ³⁴ Sic Syro-hex. (cum
προσεῖεν pro ἔπεσεν, et ※ προσεκύνησεν), et sine aster. Comp.,
Ald. (cum καὶ πρ. αὐτῷ), Codd. VII, 19 (ut Syro-hex.), 44,
54, alii.   ³⁵ Codd. X, 85. Montef. e Cod. 85 exscripsit:
Οἱ λοιποί· καὶ πρ. αὐτῷ.   ³⁶ Syro-hex. Comp., Cod. 108;
δέσποτά μου, τί.   ³⁷ Sic Syro-hex., et sine aster. Comp.,
Ald., Codd. VII, 44 (om. Ἰησοῦς), 54, alii (inter quos 85
in marg.).   ³⁸ Cod. X.   ³⁹ Syro-hex. (qui male pingit:
※ ἤκουσαν ◄ πάντες). Sic sine aster. Comp., Codd. VII, 19,
44, alii (inter quos 85, cum πάντες in marg.), Arm. 1.
Cod. X in marg.: Οἱ λοιποί· πάντες.   ⁴⁰ Syro-hex. Sic
sine aster. Comp., Codd. 19, 44, 58, alii.   ⁴¹ Masius.
Deest in Codd. 54, 75.   ⁴² Syro-hex.

τόπου.⁴³ 5. — καὶ δύο ◄.⁴⁴ 9. ἐν τῇ — σήμερον ◄ ἡμέρα.⁴⁵ 10. — οἱ υἱοὶ Ἰσραήλ ◄.⁴⁶ — ἐν τῷ πεδίῳ◄.⁴⁷ 13. Ἰησοῦς ✕ αὐτῷ ◄.⁴⁸ ὑπεναντίων ✕ ἡμῶν ◄.⁴⁹ 14. πρόσωπον ✕ αὐτοῦ ◄.⁵⁰ 15. ὑπόδημά ✕ σου◄.⁵¹

Cap. VI.

1. מִפְּנֵי בְּנֵי יִשְׂרָאֵל. Ο'. Vacat. ✕ ἀπὸ προσώπου τῶν υἱῶν Ἰσραήλ ◄.¹ Οἱ λοιποί· ἀπὸ προσώπου υἱῶν Ἰσραήλ.²

2. נָתַתִּי בְיָדְךָ. Ο'. παραδίδωμι ὑποχείριόν σοι. Aliter: Ο'. παραδίδωμι ✕ σοι ◄ ὑποχείριον.³

גִּבּוֹרֵי הֶחָיִל. Ο'. δυνατοὺς ὄντας ἐν ἰσχύϊ. Alia exempl. δυνατοὺς ἐν ἰσχύϊ.⁴ Θ. ὄντας.⁵

3. וְסַבֹּתֶם אֶת־הָעִיר כֹּל אַנְשֵׁי הַמִּלְחָמָה הַקֵּיף אֶת־הָעִיר פַּעַם אֶחָת כֹּה תַעֲשֶׂה שֵׁשֶׁת יָמִים. Ο'. — σὺ δὲ ◄ περίστησον αὐτῇ (πάντας) τοὺς μαχίμους (s. μαχητὰς) κύκλῳ.⁶ ✕ καὶ κυκλώσατε (Ἀ. καὶ περικυκλοῦντες⁷) τὴν πόλιν, πάντες

ἄνδρες πολέμου, κύκλῳ τῆς πόλεως ἅπαξ (Ἀ. μιᾷ ὁδῷ. Σ. μιᾷ περιόδῳ⁸)· οὕτω ποιήσετε ἓξ ἡμέρας.⁹

4. וְשִׁבְעָה כֹהֲנִים יִשְׂאוּ שִׁבְעָה שׁוֹפְרוֹת הַיּוֹבְלִים לִפְנֵי הָאָרוֹן וּבַיּוֹם הַשְּׁבִיעִי תָּסֹבּוּ אֶת־הָעִיר שֶׁבַע פְּעָמִים וְהַכֹּהֲנִים יִתְקְעוּ בַּשּׁוֹפָרוֹת. Ο'. Vacat. ✕ καὶ ἑπτὰ ἱερεῖς λήψονται ἑπτὰ κερατίνας τοῦ ἰωβὴλ (Ἀ. σάλπιγγας τῆς ἀφέσεως. Σ. buccinas arietinas¹⁰) ἐνώπιον τῆς κιβωτοῦ καὶ τῇ ἡμέρᾳ τῇ ἑβδόμῃ κυκλώσατε τὴν πόλιν ἑπτάκις, καὶ οἱ ἱερεῖς σαλπιοῦσιν ἐν ταῖς κερατίναις ◄.¹¹

5. וְהָיָה בִּמְשֹׁךְ בְּקֶרֶן הַיּוֹבֵל. Et fiet cum protraxerit (tubicen) cum cornu classici. Ο'. καὶ ἔσται ὡς ἂν σαλπίσητε τῇ σάλπιγγι ✕ τοῦ ἰωβήλ.¹² (Ἀ.) καὶ ἔσται ἐν σεισμῷ ἐν κερατίνῃ τοῦ ἰωβήλ. Σ. ὅταν δὲ ἑλκύσῃ (s. μηκύνῃ) τῷ κέρατι τοῦ κριοῦ.¹³

בְּשָׁמְעֲכֶם אֶת־קוֹל הַשּׁוֹפָר. Ο'. Vacat. ✕ ἐν τῷ ἀκοῦσαι ὑμᾶς τὴν φωνὴν τῆς κερατίνης ◄.¹⁴

---

⁴² Masius: "Illud, τοῦ καλουμένου, debet jugulari veru, et nomen τόπον prorsus expungi." Pro his, ἐπὶ τοῦ κ. τόπου, βουνὸς τῶν ἀκρ., Syro-hex. legit: ἐπὶ βουνοῦ τοῦ κ. τῶν ἀκρ.; et sic, ut videtur, Cod. 55. ⁴⁴ Masius. Deest in Comp., Cod. 58. ⁴⁵ Syro-hex. ܘܡܚܪ ܕܝܢ, nullo cuneolo. ⁴⁶ Masius. Deest in Comp., Codd. 19, 44, aliis. ⁴⁷ Syro-hex. ⁴⁸ Idem. Sic sine aster. Cod. 108. ⁴⁹ Idem. Sic sine aster. Comp., Codd. 19 (cum ὑπεναντίων). 53, 56, 58, 85 (in marg.), 108. ⁵⁰ Idem. Sic sine aster. Comp., Codd. VII, 16, 18, alii, Arm. 1. ⁵¹ Idem (qui pingit: ✕ ὑπόδημά σου ◄). Sic sine aster. Comp., Codd. VII, 53, 74, alii. Cod. X in marg.: Ἀ. σου.

Cap. VI. ¹ Sic Syro-hex. (cum πρὸ προσώπου τῶν υἱῶν ✕ Ἰσραήλ ◄), et sine aster. Comp. (sine τῶν), Codd. 19, 44, 53, 54, 58 (ut Comp.), alii (inter quos 85 in marg.). ² Cod. X, teste Griesb. Montef. ex eodem exscripsit τῶν υἱῶν. ³ Sic Syro-hex., et sine aster. Ald., Codd. 15, 18, 64, alii. ⁴ Sic Comp. (cum καὶ τοὺς ὄ.), Ald., Codd. III, X, XI, 15, 18, alii, Arm. 1, Syro-hex. ⁵ Cod. X. ⁶ Obelus est in Syro-hex. Aut duplex versio prioris clausulae Hebraeorum admittenda, aut pingendum: — σὺ δὲ — κύκλῳ ◄. Deinde πάντας assumptum ex Ald., Codd. III, VII (qui post κύκλῳ habet), XI, 15, 16, 18, aliis, Arm. 1, Syro-hex. ⁷ Syro-hex. (sine indice). ܘܐܬ ܣܚܪ ܦ. ⁸ Masius in Comment. p. 103, silente Syro nostro: "Porro quod Hebraice est פַּעַם אֶחָת, nosque convertimus semel, id

Aquilas reddidit μιᾷ ὁδῷ, una via; Symmachus μιᾷ περιόδῳ, una circuitione." Notula sic fortasse refingenda: Ἀ. ὁδὸν μίαν. Σ. περίοδον μίαν. Cf. ad v. 11. ⁹ Sic Syro-hex., et sine aster. Codd. VII (cum γὰρ pro πόλιν), 19, 54 (cum πολέμου καὶ κύκλῳ), 55, 58, 85 (in marg.), 108. ¹⁰ Masius in Comment. pp. 103, 104: "Aquilas interpretatur tubas remissionis... Chaldaeus [שׁוֹפָרַיָּא דְּקֶרֶן דִּבְרַיָּא] et Symmachus reddiderunt buccinas arietinas." Hinc Montef.: Ἀ. σάλπιγγας ἀφέσεως. Σ. σάλπιγγας κερατίνας. Utramque lectionem suspicioni obnoxiam esse monuit Scharfenb. in Animadv. T. II, p. 7. Cf. ad v. 5. Ad ἰωβὴλ Cod. 58 in marg.: τοῦ ἁγίου, τῆς ἀφέσεως. ¹¹ Sic Syro-hex., et sine aster. Comp. (cum ταῖς pro ἐν ταῖς), Codd. VII (cum καὶ τῇ ἑβδόμῃ οἱ ἱερεῖς λήμψονται κ. τ. ἑ.), 19 (ut Comp.), 54 (ut VII, nisi λήψονται et σαλπίσουσιν), 55 (cum λήψονται ἑπτὰ σάλπιγγας ἱεράς, καὶ σαλπιοῦσιν ἐνώπιον τῆς κιβωτοῦ ἐπὶ ἓξ ἡμέρας, καὶ τῇ ἡμέρᾳ τῇ ἑβδόμῃ—σαλπιοῦσι ταῖς σάλπιγξιν), 58 (ut Comp.), 85 (in marg. cum κερατίνας σάλπιγγας τῷ ἰωβὴλ, et om. καὶ οἱ ἱερεῖς—κερατίναις), 108 (ut Comp.). ¹² Sic Syro-hex. (qui pingit: ✕ τῇ σάλ. τοῦ ἰωβὴλ, ἐν τῷ ἀκοῦσαι ὑμᾶς τῆς φωνῆς (s. τὴν φωνὴν) τῆς κερατίνης, nullo metobelo), et sine aster. Comp., Codd. VII, X (in marg.), 19, 54, 58, 108. ¹³ Syro-hex. ܐܟܡܐ ܕܝܢ ܢܓܕ (ἤ.) ܩܪܢܐ ܕܐܡܪܐ ܒܐܝܕ ܐܡܪ ܣ. ܡܬܝ ܕܝܢ ܢܓܕ ܒܐܝܕ ܩܪܢܐ ܕܐܡܪܐ ܐܡܪ ܣ. Cf. Hex. ad Exod. xix. 13. ¹⁴ Sic Syro-hex. (ut supra, cum ܘܐܡܪ), et sine aster. Comp., Codd. VII (om. τὴν φ.),

5. יָרִיעוּ כָל־הָעָם תְּרוּעָה גְדוֹלָה. Ο'. ἀνακραγέτω (s. ἀνακραγέτωσαν[15]) πᾶς ὁ λαὸς ἅμα, καὶ ἀνακραγόντων αὐτῶν. Ἀ. ἀλαλάξει... Σ.. πᾶς ὁ λαὸς ἀλαλαγμὸν μέγαν.[16]

וְנָפְלָה חוֹמַת הָעִיר תַּחְתֶּיהָ. Ο'. πεσεῖται – αὐτόματα[17] τὰ τείχη τῆς πόλεως ※ ὑποκάτω αὐτῶν ◄.[18] Οἱ λοιποί ὑποκάτω αὐτῶν.[19] Ἀ. καθ᾿ ἑαυτό.[20]

6. בֶּן־נוּן. Ο'. ὁ τοῦ (alia exempl. υἱὸς[21]) Ναυῆ.

וַיֹּאמֶר אֲלֵהֶם שְׂאוּ אֶת־אֲרוֹן הַבְּרִית וְשִׁבְעָה כֹהֲנִים יִשְׂאוּ שִׁבְעָה שׁוֹפְרוֹת יוֹבְלִים לִפְנֵי יְהוָה. Ο'. Vacat. ※ καὶ εἶπεν πρὸς αὐτούς· λάβετε τὴν κιβωτὸν τῆς διαθήκης· καὶ ἑπτὰ ἱερεῖς λήψονται ἑπτὰ κερατίνας τοῦ ἰωβὴλ κατὰ πρόσωπον κιβωτοῦ κυρίου ◄.[22]

7. וַיֹּאמֶר אֶל־הָעָם עִבְרוּ וְסֹבּוּ אֶת־הָעִיר וְהֶחָלוּץ. Ο'. καὶ εἶπεν – αὐτοῖς, λέγων παραγγείλατε[23] τῷ λαῷ περιελθεῖν, καὶ κυκλῶσαι τὴν πόλιν· καὶ οἱ μάχιμοι παραπορευέσθωσαν ἐνωπλισμένοι[24] ἐναντίον (s. ἔναντι) ※ κιβωτοῦ ◄ κυρίου.[25]

8. וַיְהִי כֶּאֱמֹר יְהוֹשֻׁעַ אֶל־הָעָם. Ο'. Vacat. ※ καὶ ἐγένετο ὡς εἶπεν Ἰησοῦς πρὸς τὸν λαὸν ◄.[26]

לִפְנֵי יְהוָה עָבְרוּ. Ο'. παρελθέτωσαν ὡσαύτως

ἐναντίον τοῦ κυρίου. Aliter: Ο'. – παρελθέτωσαν ὡσαύτως ◄ ἐναντίον τοῦ κυρίου παραπορευέσθωσαν.[27]

8. הָלַךְ אַחֲרֵיהֶם. Ο'. ἐπακολουθείτω ※ αὐτοῖς ◄.[28] Οἱ λοιποί αὐτοῖς.[29]

9. לִפְנֵי הַכֹּהֲנִים תָּקְעוּ (תֹּקְעֵי ק') הַשּׁוֹפָרוֹת. Ο'. ἔμπροσθεν, – καὶ ◄ οἱ ἱερεῖς ※ σαλπίζοντες ταῖς κερατίναις ◄.[30]

וְהַמְאַסֵּף. Ο'. οἱ (alia exempl. καὶ οἱ[31]) οὐραγοῦντες.

הָלוֹךְ וְתָקוֹעַ בַּשּׁוֹפָרוֹת. Ο'. σαλπίζοντες. Alia exempl. πορευόμενοι καὶ σαλπίζοντες ταῖς κερατίναις.[32] Οἱ λοιποί ταῖς κερατίναις.[33]

10. וְלֹא־יֵצֵא מִפִּיכֶם דָּבָר. Ο'. Vacat. ※ καὶ οὐ διελεύσεται ἐκ τοῦ στόματος ὑμῶν λόγος ◄.[34] Οἱ λοιποί· οὐ διελεύσεται ἐκ τοῦ στόματος ὑμῶν λόγος.[35]

עַד יוֹם אָמְרִי אֲלֵיכֶם. Ο'. ἕως ἂν ἡμέραν διαγγείλῃ αὐτός. Alia exempl. ἕως τῆς ἡμέρας ἐν ᾗ ἀναγγείλω ὑμῖν ἀναβοῆσαι.[36]

11. אֶת־הָעִיר הַקֵּף. Ο'. Vacat. Alia exempl. τὴν πόλιν ※ κύκλῳ ◄.[37]

פַּעַם אֶחָת וַיָּבֹאוּ הַמַּחֲנֶה וַיָּלִינוּ בַּמַּחֲנֶה. Ο'. εὐθέως ἀπῆλθεν εἰς τὴν παρεμβολήν, καὶ ἐκοι-

---

X (in marg.), 19, 54 (cum τῆς φ.), 58 (idem), 108.　[15] Sic Comp., Ald., Codd. VII, XI, 15, 16, 18, alii, Syro-hex. Mox ἅμα om. Comp., Ald., Codd. III, VII, XI, 15, 64, alii, Syro-hex.　[16] Syro-hex. ܠ. ܣܓܝܐܐ ܇ ܩܠܐ ✗ [17] Idem: ◄ ܘܢܦܠ ܇ ܫܘܪܐ ܕܩܪܝܬܐ ◄. Vox deest in Cod. 58.　[18] Sic Syro-hex., et sine aster. Comp., Codd. VII, 19, 54, 85 (in marg.), 108, Arm. 1.　[19] Cod. X.　[20] Masius in Comment. p. 105: "LXXII pro subter se dixerunt αὐτόματα... cui interpretationi subscribit Aquilas." Cf. ad Cap. v. 8.　[21] Sic Comp., Ald., Codd. III, VII, X (cum ὁ τοῦ in marg.), XI, 15, 18, alii, Syro-hex.　[22] Sic Syro-hex., et sine aster. Comp. (cum πρόσωπον τῆς κ.), Codd. VII (cum τῆς δ. κυρίου καὶ), X (in marg., praem. Οἱ λοιπ.), 19, 54 (ut VII), 58, 75 (cum τῆς δ. κυρίου, et πρ. τῆς κ.), 85 (in marg, cum τῆς δ. κυρίου ἑπτὰ), 108.　[23] Sic Masius. Syro-hex. pingit: αὐτοῖς, –λέγων ◄ παραγγ.　[24] Sic Masius, et sine metobelo Syro-hex. Vox deest in Cod. 58.　[25] Sic Masius (non, ut Syro-hex., ✗ ἔναντ. κιβ. κυρίου), et sine aster. Comp.

TOM. I.

(cum τῆς κιβωτοῦ τοῦ κ.), 19 (idem), 58, 108.　[26] Sic Syro-hex., et sine aster. Comp., Codd. VII, 19, 58, 108　[27] Sic Syro-hex. (qui pingit: παρελθ. – ὡσαύτως ◄), et sine obelo Comp., Ald., Codd. 19, 108.　[28] Sic Syro-hex. (cum ✗ ἐπακ. αὐτοῖς), et sine aster. Comp., Codd. VII, 54, 75, 108.　[29] Cod. X.　[30] Sic Masius (cum ✗ οἱ σαλπ.), et sine notis Comp., Ald., Codd. VII, 19 (om. ταῖς), 58, 85 (in marg.), 108, Arm. 1, Syro-hex.　[31] Sic Ald., Codd. 58, 108. Syro-hex. ܐܣܕܘ ܘܐܝܠܝܢ ܇ ܕܗܘܘ. Cod. VII in marg. manu 2da: οἱ ἀκολουθοῦντες.　[32] Sic Comp., Codd. VII, 19, 58, 85 (cum ταῖς κ. in marg.), 108, Syro-hex.　[33] Cod. X.　[34] Sic Syro-hex., et sine aster. Comp. (cum ἐκ στόμ.), Codd. 18 (sine καὶ), 19 (idem), 108 (idem), 128 (idem), Arm. 1.　[35] Codd. X (teste Parsons.), 85. Griesb. e Cod. X exscripsit ἐκ στόματος.　[36] Sic Codd. 44 (om. ὑμῖν), 74, alii, et Syro-hex. (cum ᾗ ἀναγγειλω (ܘܐܢ܀ܕ)).　[37] Sic Syro-hex. (sine metobelo), et sine aster. Comp., Ald., Codd. X (cum κύκλῳ in marg.), 18, 19, alii.

Z Z

μήθη (alia exempl. ηὐλίσθη³⁸) ἐκεῖ. Σ. περίοδον
μίαν, καὶ ἐπιστρέψει εἰς τὴν παρεμβολὴν, καὶ αὐλισθήσεται ἐν τῇ παρεμβολῇ.³⁹

13. נֹשְׂאִים. Ο΄. οἱ φέροντες. Alia exempl. οἱ αἴ-
ροντες.⁴⁰ Οἱ λοιποί· οἱ ἔχοντες.⁴¹

שִׁבְעָה שׁוֹפְרוֹת הַיּוֹבְלִים. Ο΄. τὰς σάλπιγγας
τὰς ἑπτά. Alia exempl. τὰς ἑπτὰ σάλπιγγας
※ τὰς ἱεράς ◄.⁴²

לִפְנֵי אֲרוֹן יְהֹוָה הֹלְכִים הָלוֹךְ. Ο΄. προε-
πορεύοντο ἐναντίον κυρίου. Alia exempl. ἐναντίον ※ κιβωτοῦ ◄ κυρίου προεπορεύοντο.⁴³

וְתָקְעוּ בַּשּׁוֹפָרוֹת. Ο΄. Vacat. Alia exempl. καὶ
– οἱ ἱερεῖς ◄ ἐσάλπισαν ταῖς σάλπιγξι.⁴⁴

וְהֶחָלוּץ הֹלֵךְ לִפְנֵיהֶם. Ο΄. καὶ μετὰ ταῦτα
εἰσεπορεύοντο οἱ μάχιμοι. Alia exempl. [καὶ
ὁ λοιπὸς ὄχλος ἅπας] καὶ οἱ μάχιμοι εἰσεπορεύοντο μετὰ ταῦτα.⁴⁵ "Αλλος· Turba autem
mixta . . .⁴⁶

הָלוֹךְ וְתָקוֹעַ בַּשּׁוֹפָרוֹת. Ο΄. καὶ οἱ ἱερεῖς ἐσάλπισαν ταῖς σάλπιγξι. Alia exempl. ※ πορευόμενοι καὶ σαλπίζοντες ταῖς κερατίναις.⁴⁷

14. וַיָּסֹבּוּ אֶת־הָעִיר בַּיּוֹם הַשֵּׁנִי פַּעַם אַחַת וַיָּשֻׁבוּ.
Ο΄. καὶ ὁ λοιπὸς ὄχλος ἅπας περιεκύκλωσε
τὴν πόλιν ἑξάκις ἐγγύθεν, καὶ ἀπῆλθεν πάλιν.

Alia exempl. ※ καὶ περιεκύκλωσαν τὴν πόλιν
ἐν τῇ ἡμέρᾳ τῇ δευτέρᾳ ἅπαξ ἐγγύθεν ◄, καὶ
ἀπῆλθον.⁴⁸ Σ. . . . μιᾷ ὁδῷ, καὶ ὑπέστρεψεν.⁴⁹

15. בַּעֲלוֹת הַשַּׁחַר. Ο΄. ὄρθρου. Alia exempl.
※ ἐν τῇ ἀναβάσει ◄ τοῦ ὄρθρου.⁵⁰

כַּמִּשְׁפָּט הַזֶּה שֶׁבַע פְּעָמִים. Ο΄. [ἐν τῇ ἡμέρᾳ
ἐκείνῃ] ἑπτάκις. Alia exempl. ※ κατὰ τὸ
κρίμα τοῦτο ◄ ἑπτάκις.⁵¹

רַק בַּיּוֹם הַהוּא סָבְבוּ אֶת־הָעִיר שֶׁבַע פְּעָמִים.
Ο΄. Vacat. ※ πλὴν ἐν τῇ ἡμέρᾳ ἐκείνῃ ἐκύκλωσαν τὴν πόλιν ἑπτάκις ◄.⁵²

16. בַּשּׁוֹפָרוֹת. Ο΄. Vacat. Alia exempl. ταῖς σάλ-
πιγξιν.⁵³

אֶל־הָעָם. Ο΄. τοῖς υἱοῖς Ἰσραήλ. Alia exempl. πρὸς τὸν λαόν.⁵⁴

17. לַיהֹוָה. Ο΄. κυρίῳ σαβαώθ. Alia exempl. τῷ
κυρίῳ – τῶν δυνάμεων ◄.⁵⁵

כִּי הֶחְבְּאַתָה אֶת־הַמַּלְאָכִים אֲשֶׁר שָׁלָחְנוּ.
Ο΄. Vacat. ※ ὅτι ἔκρυψε τοὺς ἀγγέλους οὓς
ἀπεστείλαμεν ◄.⁵⁶

18. וְרַק. Ο΄. ἀλλά. Alia exempl. πλήν.⁵⁷

פֶּן־תַּחֲרִימוּ. Ne devoveatis. Ο΄. μήποτε ἐνθυ-
μηθέντες. Schol. ἐν ἐπιθυμίᾳ γενόμενοι.⁵⁸

---

³⁸ Sic Ald., Codd. 18, 128, Syro-hex. (cum ἐκοιμήθη in marg., teste Masio).   ³⁹ Syro-hex. ܟ. ܐܦ ܙܒܢܬܐ ܕ̈ܚܕܐ ܗ̈ܦܟ. ܟ ܡܐܠܐ ܠܐ ܚ̈ܐܫܠܐ ◄.   ⁴⁰ Sic Codd. III (sine οἱ), XI, 16, 29, alii (inter quos 85, cum ἔλόντες in marg.).   ⁴¹ Cod. X.   ⁴² Sic Syro-hex. (qui pingit: ※ οἱ φ. τὰς ἑπτὰ σ. τὰς ἱεράς, nullo metobelo), et sine aster. Comp., Codd. 19, 108.   ⁴³ Sic Syro-hex., et sine aster. Comp. (cum τοῦ κυρίου), Codd. 19 (cum τῆς καθ. et ἐπορ.), 108.   ⁴⁴ Sic Syro-hex. (cum – καὶ οἱ ἱερεῖς ◄), et sine obelo Ald. (cum ἐσάλπιγξαν), Codd. III, 15, 19, 64, 108.   ⁴⁵ Sic Codd. 15, 19, 64, 108, Syro-hex. "Illud, καὶ ὁ λοιπὸς ὄχλος ἅπας, est quidem a Syro lectum [qui vertit: ܘܥܡܐ ܐܚܪܢܐ]; verum tamen expungendum proculdubio est, utpote ex margine mendose admissum in sacrum textum, tanquam interpretatio altera Hebraici vocabuli חלוץ."—Masius.   ⁴⁶ Syro-hex. in marg. sine nom.: ܘܥܡܐ ܡܒܠܠܐ ܀. Cf. Hex. ad Exod. viii. 21.   ⁴⁷ Sic Syro-hex., et sine aster. Comp., Ald. (cum ταῖς κ. σάλπιγξι), Codd. 19, 108.   ⁴⁸ Sic Syro-hex. (in continuatione), et sine aster. Comp., Codd. 19, 108, Arm. 1.   ⁴⁹ Syro-hex.

⁵⁰ Sic Syro-hex. (cum ܟ ܚ̈ܐܫܠܐ), et sine aster. Comp., Codd. VII, X (in marg.), 19, 54, 55 (sine τοῦ), 58, 75, 108.   ⁵¹ Sic Syro-hex., et sine aster. Comp., Codd. 19 (cum ῥῆμα pro κρίμα), 108. In textu verba inclusa desunt in Codd. II, III, VII, X, XI, 15, 16, aliis.   ⁵² Sic Syro-hex., et sine aster. Comp., Codd. 19, 108.   ⁵³ Sic Comp., Ald., Codd. VII, X (in marg.), 16, 18 (cum ἐν σ.), 44, alii (inter quos 85), Syro-hex. Montef. e Cod. 85 exscripsit: ταῖς σάλπιγξι ταῖς κερατίναις, repugnante Parsonsii amanuensi.   ⁵⁴ Sic Codd. VII, 54, 75, 85 (in marg.), invito Syro-hex.   ⁵⁵ Sic Masius, et sine obelo Codd. III, VII, X (cum σαβαώθ in marg.), XI, 15 (sine τῷ ?), 19 (idem), alii (inter quos 85, cum τῶν δ. in marg.), Syro-hex. (Mus. Brit. Addit. MSS. 14,485). Duplex lectio, τῷ κ. τῶν δ. κυρίῳ σαβαώθ, est in Codd. 44, 54, 74, aliis.   ⁵⁶ Sic Cod. X, Masius, et sine aster. Comp., Ald., Codd. VII, 16 (cum κατασκόπους pro ἀγγέλους), 18, 19, 30 (ut 16), alii (inter quos 85 in marg.), Arm. 1, Syro-hex. (ibid.).   ⁵⁷ Sic Codd. 16, 30, 52, alii (inter quos 85, cum ἀλλὰ in marg.).   ⁵⁸ Cod. X in marg.

19. וּכְלֵי נְחֹשֶׁת. Ο'. ἡ χαλκός. Alia exempl. καὶ πᾶς χαλκός.[59]

20. וַיָּרַע הָעָם. Ο'. Vacat. ※ καὶ ἠλάλαξεν ὁ λαός ◄.[60]

אֶת־קוֹל הַשּׁוֹפָר. Ο'. τῶν σαλπίγγων. Alia exempl. τὴν φωνὴν τῶν σαλπίγγων.[61]

אִישׁ נֶגְדּוֹ וַיִּלְכְּדוּ אֶת־הָעִיר. Ο'. Vacat. ※ ἕκαστος ἐξεναντίας αὐτοῦ, καὶ κατελάβοντο τὴν πόλιν ◄.[62]

21. וְעַד שׁוֹר וָשֶׂה. Ο'. καὶ ἕως μόσχου ※ καὶ προβάτου ◄.[63]

22. הַמְרַגְּלִים אֶת־הָאָרֶץ. Ο'. τοῖς κατασκοπεύ-σασι ※ τὴν γῆν ◄.[64]

כַּאֲשֶׁר נִשְׁבַּעְתֶּם לָהּ. Ο'. Vacat. ※ ὡς (s. καθὼς) ὠμόσατε αὐτῇ ◄.[65]

23. יִשְׂרָאֵל. Ο'. Ἰσραήλ. Alia exempl. τῶν υἱῶν Ἰσραήλ.[66] Πάντες χωρὶς τῶν υἱῶν.[67]

24. בָּאֵשׁ. Ο'. ἐν πυρισμῷ (potior scriptura ἐμπυ-ρισμῷ[68]). Alia exempl. ἐν πυρί.[69]

24. וּכְלֵי הַנְּחֹשֶׁת. Ο'. καὶ χαλκοῦ. Alia exempl. καὶ παντὸς χαλκοῦ.[70]

25. וְאֶת־כָּל־אֲשֶׁר־לָהּ. Ο'. Vacat. ※ καὶ πάντα τὰ αὐτῆς ◄.[71]

26. וַיַּשְׁבַּע. Ο'. καὶ ὥρκισεν ("Αλλος· κατηρά-σατο[72]).

אֲשֶׁר יָקוּם וּבָנָה. Ο'. ὃς ※ ἀναστήσει καὶ ◄ οἰκοδομήσει.[73]

27. שָׁמְעוֹ. Fama ejus. Ο'. τὸ ὄνομα αὐτοῦ. Ἀ. Σ. ἀκοὴ αὐτοῦ.[74]

Cap. VI. 1. — ἐξ αὐτῆς ◄.[75]　2. — τὸν ἐν αὐτῇ.[76] 3. — σὺ δέ ◄.[77]　5. — πᾶς (◄).[78]　— ὁρμήσας ◄[78] — εἰς τὴν πόλιν ◄.[80]　9. — τῆς διαθήκης κυρίου ◄.[81] 10. καὶ ἀναβοήσετε — τότε ◄.[82]　11. — τῆς διαθή-κης ◄.[83]　12. καὶ — τῇ ἡμέρᾳ τῇ δευτέρᾳ ◄.[84]　13. — τῆς διαθήκης ◄.[85]　15. καὶ ※ ἐγένετο (◄) τῇ ἡμέρᾳ.[86]　16. καὶ ※ ἐγένετο (◄).[87]　18. — σφό-δρα ◄.[88]　— ὑμεῖς ◄.[89]　— τῶν υἱῶν ◄.[90]　20. — οἱ ἱερεῖς ◄.[91]　— πᾶς ◄ ὁ λαός.[92]　— καὶ ἰσχυρῷ ◄.[93]

Syro-hex. (ibid.): ܀ܒ. ܐܝܟ ܐܝܠܝܢ.　[59] Sic Comp., Ald., Codd. III, VII, XI, 15, 18, alii, Syro-hex, (ibid.). Cf. ad v. 24.　[60] Sic Masius, et sine aster. Comp., Codd. X (in marg.), 18, 19, 58 (qui in marg. pingit : ἐκραύ-γασαν, ἀνεβόησαν), 108, 128 (cum ἠλάλαξαν), Syro-hex. (ibid.). Ad ἐσάλπισαν Cod. 85 in marg.: ἠλάλαξεν.　[61] Sic Comp., Ald., Codd. III, VII, XI, 15, 16, alii, Arm. 1, Syro-hex. (ibid.).　[62] Sic Masius, et sine aster. Comp., Ald. (cum ἔξω ἔξεν. pro ἔξεν.), Codd. VII (cum κατελάβετο), 16 (cum ἐναντίον ἔξεν. pro ἔξεν.), 19, 53 (ut 16), 54, alii, Arm. 1, Lucif. Calar.　[63] Sic Masius, et sine aster. Comp., Codd. 54, 75, 108, 134. Supplementum, καὶ ἕως προβάτου, tuentur Ald., Codd. III, VII, XI, 15, 18, alii.　[64] Sic Masius, et sine aster. Comp., Ald., Codd. 44, 55, alii, Arm. 1.　[65] Sic Masius, et sine aster. Comp., Codd. X (in marg.), 58, 85 (in marg.), 108, et (cum καθὼς) Cod. VII (in marg. manu 2da), 44, 54, alii, Arm. 1.　[66] Sic Codd. 16, 18, 30, alii.　[67] Cod. X.　[68] Sic Codd. II (cum ἐπυρ.), 53, 54, alii.　[69] Sic Comp., Ald., Codd. III, VII, XI, 15, 18, alii, Syro-hex. (teste Masio).　[70] Sic Comp., Ald., Codd. 15, 18, alii, Syro-hex. (teste Masio). Mox Masius e Syro edidit: ※ ἔδωκαν ◄ εἰς θησαυρὸν εἰσενεχθῆναι κυρίου, invitis libris Graecis.　[71] Sic Masius, et sine aster. Comp., Codd. 58, 108, Arm. 1.　[72] Sic

Cod. 85 in marg.; in textu autem Codd. 16, 30, 52, alii. Mox ἐναντίον κυρίου post ἄνθρωπος transp. Comp. (cum ἔναντι), Ald., Codd. 15, 64, 108, Arm. 1, Syro-hex. Ad ἐν τῇ ἡμ. ἐκείνῃ Cod. X in marg.: Πάντες ※ ἐναντίον κυρίου.　[73] Sic Syro-hex. (cum ἡ pro καὶ), et sine aster. Comp., Ald., Codd. III (cum αν στησει), XI, 15, 16, 30, alii.　[74] Cod. 108 : 'Α. Σ. ἀκοὴ αὐτοῦ κατεφρόνησεν; ubi vox posterior ad Cap. vii. 1 pertinet. Syro-hex. ܀ ܫܡܥܗ ܀ ./.　[75] Masius, invito Syro-hex. Deest in Cod. 58.　[76] Idem.　[77] Syro-hex.　[78] Idem.　[79] Masius, invito Syro-hex.　[80] Idem.　[81] Idem. Deest in Cod. 75.　[82] Idem. Sic sine obelo Comp., Codd. 15, 64, 108, Syro-hex.　[83] Syro-hex. Cod. X in marg.: Πάντες ※ τῆς διαθήκης.　[84] Idem (cum — καὶ τῇ).　[85] Masius, invito Syro-hex.　[86] Syro-hex. (cum ◄※). Sic sine aster. Comp., Ald. (cum ἐν τῇ), Codd. VII, X (in marg.), 18 (ut Ald.), 19, 85 (in marg.), 108, Arm. 1.　[87] Idem (cum ◄※). Vox habetur in Ed. Rom., sed deest in Codd. II, III, VII, X, XI, 15, 16, aliis.　[88] Masius, deficiente Syro-hex. Deest in Comp., Ald., Codd. III, VII, XI, 15, 18, aliis, etiam Syro-hex. (Mus. Brit. Addit. MSS. 14,485).　[89] Idem (pro ὑμεῖς αὐτοί). Neque ὑμεῖς neque αὐτοί agnoscit Syro-hex. (ibid.).　[90] Idem.　[91] Idem.　[92] Idem (om. ἅμα). Vox deest in Codd. 18, 128.　[93] Idem.

21. ἀνεθεμάτισαν (sic) — αὐτήν, καὶ ◄ ὅσα.⁹⁴　22. τῆς γυναικὸς ✕ τῆς πόρνης ◄.⁹⁵　23. — τὴν πόλιν, εἰς τὴν οἰκίαν τῆς γυναικός ◄.⁹⁶ — τὴν πόρνην ◄.⁹⁷ 25. καὶ — πάντα ◄ τὸν οἶκον.⁹⁸　26. ἐκείνην ✕ τὴν Ἱεριχώ ◄.⁹⁹ — καὶ ἐποίησεν οὕτως (sic) — τὰς πύλας αὐτῆς (◄).¹⁰⁰

Cap. VII.

1. וַיִּמְעֲלוּ. Ο΄. καὶ ἐπλημμέλησαν (Σ. κατεφρόνησαν¹).

2. מִירִיחוֹ הָעָי. Ο΄. εἰς Γαί. Alia exempl. ἀπὸ Ἱεριχὼ εἰς Γαί.²

בֵּית אָוֶן. Ο΄. Βαιθήλ (alia exempl. Βηθαῦν³). Ἀ. Σ. οἶκον ἀνωφελοῦς. Θ. οἶκον τῆς ἀδικίας.⁴

מִקֶּדֶם לְבֵית־אֵל. Ο΄. Vacat. Alia exempl. ✕ κατὰ ἀνατολὰς Βαιθήλ.⁵

וַיֹּאמֶר אֲלֵיהֶם לֵאמֹר. Ο΄. ✕ καὶ εἶπε πρὸς αὐτοὺς ◄, λέγων.⁶

עֲלוּ וְרַגְּלוּ. Ο΄. κατασκέψασθε. Alia exempl. ἀναβάντες κατασκέψασθε.⁷

אֶת־הָאָרֶץ. Ο΄. τὴν Γαί. Alia exempl. τὴν γῆν.⁸ (Ἀ.) σὺν τὴν γῆν.⁹

3. אַל־תִּיגַע. Ne defatiges. Ο΄. μὴ ἀναγάγῃς (Οἱ λοιποί· κοπώσῃς¹⁰).

4. מִן־הָעָם שָׁמָּה. Ο΄. Vacat. ✕ ἀπὸ τοῦ λαοῦ ἐκεῖ ◄.¹¹

5. עַד־הַשְּׁבָרִים וַיַּכּוּם בַּמּוֹרָד. Usque ad Sebarim, et percusserunt eos in declivitate. Ο΄. καὶ (alia exempl. ἕως¹²) συνέτριψαν αὐτοὺς ἀπὸ (alia exempl. ἐπὶ¹³) τοῦ καταφεροῦς. Aliter: Ο΄. ἕως συνέτριψαν αὐτοὺς (עַד־הַשְּׁבָרִים) ✕ καὶ ἔπληξαν αὐτοὺς ◄ ἐπὶ τοῦ καταφεροῦς.¹⁴ Ἄλλος· ἕως Σεβαρεὶμ, καὶ συνέτριψαν αὐτοὺς (ἐπὶ τοῦ καταφεροῦς).¹⁵

6. עַל־פָּנָיו אַרְצָה. Ο΄. ἐπὶ τὴν γῆν ἐπὶ πρόσωπον. Alia exempl. ἐπὶ πρόσωπον αὐτοῦ ἐπὶ τὴν γῆν.¹⁶

לִפְנֵי אֲרוֹן יְהֹוָה. Ο΄. ἐναντίον κυρίου. Aliter: Ο΄. ἔναντι ✕ κιβωτοῦ ◄ κυρίου.¹⁷

7. אֲהָהּ. Ο΄. δέομαι. Ἀ. ἃ ἃ ᾶ.¹⁸

הַעֲבַרְתָּ הַעֲבִיר. Ο΄. ✕ διαβιβάζων ◄ διεβίβασεν — ὁ παῖς σου ◄.¹⁹

וַנֵּשֶׁב. Ο΄. καὶ κατῳκίσθημεν (alia exempl. παρῳκήσαμεν²⁰).

8. בִּי אֲדֹנָי. Ο΄. Vacat. Alia exempl. ἐν ἐμοί, κύριε; alia, δέομαι, κύριε.²¹

---

⁹⁴ Masius (om. Ἰησοῦς). ⁹⁵ Idem. Sic sine aster. Comp., Ald., Codd. X (in marg.), 18, 19, alii (inter quos 85 in marg.), Arm. 1. ⁹⁶ Idem. Haec desunt in Cod. 58. ⁹⁷ Idem. Deest in Cod. 58. ⁹⁸ Idem. Vox deest in Codd. VII, X, XI, 58, 59, 82, 121, Arm. 1. ⁹⁹ Syro-hex. Sic sine aster. Comp., Ald., Codd. 44, 84, 106 (cum Ἱερυχώ), 134, Arm. 1. ¹⁰⁰ Syro-hex. Deest in Comp.

Cap. VII. ¹ Codd. X, 85. Cod. 75 in textu: κατεφρώνησαν (sic) καὶ ἐπλημμέ. Syro-hex. ܚܣܰܕ ܚܣܶܦ. ܀ܘ. ² Sic Comp., Ald., Codd. 15, 16, 18, alii (inter quos 85 in marg.), Arm. 1, Syro-hex. ³ Sic Comp. (cum Βηθαυεν), Ald., Codd. III, X (cum Βηθην), XI, 15, 19 (ut X), alii, Syro-hex. ⁴ "Ex Martianaeo. Et vere Aquila solet אוֹן vertere ἀνωφελές."—Montef. ⁵ Sic Syro-hex., et sine aster. Comp., Ald., Codd. 19, 58, 85 (in marg.), 108. ⁶ Sic Syro-hex. (in continuatione), et sine aster. Comp. (cum εἶπεν αὐτοῖς), Ald. (idem), Codd. 18, 19, 44, alii. ⁷ Sic Comp., Ald., Codd. VII, 16, 18, 19, alii,

Syro-hex. ⁸ Sic Comp., Ald., Codd. III, VII (cum τὴν Γαὶ in marg. manu 2ᵈᵃ), XI, 15, 19, alii, Syro-hex. ⁹ Cod. 108 in textu. ¹⁰ Cod. 108. Syro-hex. ܘܠܐ ܬܠܐܐ. ¹¹ Sic Masius, et sine aster. Comp., Ald., Codd. 19, 58, 108, Syro-hex., et (cum ἐκεῖ ἀπὸ τοῦ λ.) Codd. 44, 54, alii. Cod. X in textu: ἀνέβησαν ἐκεῖ; in marg. autem: ἀπὸ τοῦ λαοῦ. ¹² Sic Comp., Ald., Codd. III, VII, XI, 15, 18, alii. ¹³ Iidem. ¹⁴ Sic Syro-hex., et sine aster. Comp., Codd. 19, 44, 58, alii (inter quos 85 in marg.). ¹⁵ Syro-hex. in marg., teste Masio. ¹⁶ Sic Comp., Codd. X (cum αὐτοῦ in marg.), 15, 18, 19, alii, Syro-hex. ¹⁷ Sic Masius, et sine aster. Comp., Codd. X (cum κιβωτοῦ in marg.), 58, 71, 108. Cod. 85 in marg.: τῆς κιβωτοῦ. ¹⁸ Syro-hex., teste Masio. ¹⁹ Sic Masius, et sine notis Comp., Codd. VII, X (cum διαβιβάζων in marg.), 19, 85 (ut X), 108, Syro-hex. (Mus. Brit. Addit. MSS. 14,485). ²⁰ Sic Codd. X (in marg.), 52, 53, alii (inter quos 85, teste Montef.). Syro-hex. (ibid.): ܥܡܪܢܢ. ²¹ Prior lectio est in Comp., Codd. 19, 54, 55, 58, 85 (in

11. וְגַם לָקְחוּ מִן־הַחֵרֶם. Ο'. Vacat. ※ καίγε ἔλαβον ἀπὸ τοῦ ἀναθέματος ◄.[22]

וְגַם גָּנְבוּ וְגַם כִּחֲשׁוּ וְגַם שָׂמוּ. Ο'. κλέψαντες (alia exempl. καὶ κλέψαντες[23]) — ἀπὸ τοῦ ἀναθέματος ◄ ἐνέβαλον. Aliter : Ο'. καὶ κλέψαντες ※ ἐψεύσαντο καὶ ◄ ἐνέβαλον.[24]

12. עֹרֶף יִפְנוּ. Ο'. αὐχένα ὑποστρέψουσιν (potior scriptura ἐπιστρέψουσιν). Schol. ἡττηθήσονται.[25]

לִפְנֵי. Ο'. ἐναντίον. "Αλλος· ἐνώπιον.[26]

13. קַדֵּשׁ...הִתְקַדְּשׁוּ. Ο'. ἁγίασον ... ἁγιασθῆναι. Alia exempl. ἅγνισον ... ἁγνισθῆναι.[27]

בְּקִרְבְּךָ יִשְׂרָאֵל. Ο'. ἐν ὑμῖν, ※ Ἰσραήλ ◄.[28]

מִקִּרְבְּכֶם. Ο'. ἐξ ὑμῶν. Alia exempl. ἐξ ὑμῶν αὐτῶν.[29] Πάντες χωρὶς αὐτῶν.[30]

15. וְהָיָה הַנִּלְכָּד בַּחֵרֶם. Ο'. καὶ ὃς ἂν ἐνδειχθῇ (alia exempl. add. διὰ κυρίου[31]) ※ ἐν τῷ ἀναθέματι ◄.[32]

נְבָלָה. Scelus nefandum. Ο'. ἀνόμημα. Θ. ἀφροσύνην.[33]

16. בַּבֹּקֶר. Ο'. Vacat. ※ τὸ πρωί ◄.[34]

17. אֶת־מִשְׁפַּחַת יְהוּדָה. Ο'. κατὰ δήμους ※ Ἰούδα ◄.[35]

וַיִּקְרֵב אֶת־מִשְׁפַּחַת הַזַּרְחִי לַגְּבָרִים וַיִּלָּכֵד זַבְדִּי. Ο'. καὶ προσήχθη κατ' ἄνδρα. Alia exempl. καὶ προσήχθη δῆμος ὁ Ζαραὶ κατ' ἄνδρα, ※ καὶ ἐνεδείχθη Ζαββί ◄.[36]

18. וַיַּקְרֵב אֶת־בֵּיתוֹ לַגְּבָרִים. Ο'. Vacat. ※ καὶ προσήχθη ὁ οἶκος αὐτοῦ κατ' ἄνδρα ◄.[37]

בֶּן־כַּרְמִי בֶן־זַבְדִּי. Ο'. υἱὸς Ζαμβρί. Alia exempl. υἱὸς Χαρμὶ (s. Χαρμεί) υἱοῦ Ζαβδί (s. Ζαβδεί).[38]

לְמַטֵּה יְהוּדָה. Ο'. Vacat. ※ τῆς φυλῆς Ἰούδα ◄.[39]

19. בְּנִי שִׂים־נָא כָבוֹד. Ο'. δὸς δόξαν σήμερον. Aliter : Ο'. ※ υἱέ μου ◄, — σήμερον ◄ δὸς ※ δὴ ◄ δόξαν.[41]

21. בַּשָּׁלָל. Ο'. ἐν τῇ προνομῇ. "Αλλος· ἐν τοῖς λαφύροις.[42]

אַדֶּרֶת שִׁנְעָר אַחַת טוֹבָה. Pallium Babylonicum unum pulcrum. Ο'. ψιλὴν ποικίλην (alia exempl. add. καλήν[43]). Aliter : Ο'. ψιλὴν ποικίλην ※ μίαν ◄ καλήν.[44] Ἀ. στολὴν

---

marg.), 108, Arm. 1; posterior in Syro-hex. (ibid.). [22] Sic Masius, et sine aster. Comp., Codd. 19 (cum καὶ γὰρ pro καίγε), 58 (om. γε), 108. Cod. 85 in marg.: καίγε ἔλαβον, et sic in textu (cum καὶ ἔκλεψαν pro κλέψαντες) Codd. 54, 75. [23] Sic Ald., Codd. III, VII, XI (cum καὶ ἐκλέψαντες), 15, 16, 18, alii. Sequentia, ἀπὸ τοῦ ἀν., obelo jugulat Masius. [24] Sic Masius, et sine aster. Comp. (cum ἔβαλον), Codd. 19 (idem), 58, 108 (cum ἔλαβον). [25] Cod. X. [26] Sic Cod. 85 in marg.; in textu autem Comp., Ald., Codd. X, XI, 15, 18, alii, Arm. 1, Syro-hex. (teste Masio). [27] Sic Comp., Ald., Codd. 15, 18, 19, 58, 64, 128, Syro-hex. (teste Masio). Cod. 85 in marg.: ἅγνισον. Statim ὅτι τάδε Comp., Ald., Codd. 15, 18, alii (inter quos 85, cum ὅτι in marg.), Syro-hex. (teste Masio). [28] Sic Masius, et sine aster. Comp., Codd. 108, Arm. 1. [29] Cod. X. [30] Sic Codd. VII, 16, 18, alii. Cod. X in marg.: Παν. χω. δια ευ ἐν τῷ ἀναθέματι αὐτῶν. [32] Sic Syro-hex., et sine aster. Comp., Codd. X (in marg., ut supra), 19, 54, alii (inter quos 85 in marg., cum ἐν τῷ ἀν. αὐτοῦ), Arm. 1. [33] Syro-hex., teste Masio. [34] Sic Syro-hex., et sine aster. Comp., Codd. VII, 16, 19, alii,

Arm. 1. [35] Sic Syro-hex., et sine aster. Codd. VII, 58, 74, alii (inter quos 85 in marg.). [36] Sic Masius, et sine aster. Comp., Codd. (cum ἀνεδείχθη), Arm. 1 (cum Ζαμρί). Pro his Codd. 15, 18, 64, habent: καὶ προσήχθη δῆμος Ζαραὶ κατ' οἴκους (לְבָתִּים, quae lectio est paucorum librorum), καὶ ἐνεδείχθη οἶκος ὁ Ζαμβρί; alii aliter. [37] Sic Syro-hex. (qui pingit: καὶ πρ. ※ ὁ οἶκος αὐτοῦ ◄), et sine aster. Comp., Codd. 19, 108, Arm. 1. [38] Sic Comp., Ald. (cum Χαμμὴ et Ζαμβί), Codd. VII (cum Ζαμβρὶ), 15, 18 (cum Ζαμβρὶ), 19, alii, Syro-hex. [39] Sic Syro-hex. (cum ܕܝܗܘܕܐ), et sine aster. Comp., Codd. VII, 19, 58, alii (inter quos 85 in marg.), Arm. 1 (cum ἐκ φυλῆς). [40] Sic Masius, et sine aster. Comp., Codd. 19, 108, Arm. 1, Syro-hex. [41] Sic Masius, et sine notis Comp., Cod. 108. Cod. 58 (om. σήμερον): δὸς δὴ δόξαν. [42] Sic Cod. X in marg.: ἐν τοῖς λαφύροις ἱμάτιον. Cf. Hex. ad Num. xxxi. 12. [43] Sic Ald., Codd. VII, XI, 29, 30, alii, Arm. 1. [44] Sic Syro-hex. (cum ܫܦܝܪ pro ψιλὴν), et sine aster. Comp., Codd. VII (cum μίαν in marg. manu 2da), 19, 44, 55, alii. Ad ψιλὴν Codd. VII (manu 2da), X, 85, in marg.: ἱμάτιον; Cod. 58 vero: στολὴν, ὕφασμα, ἱμάτιον, ἢ ὥσπερ μάνδυον Φουνδάτου.

Βαβυλωνίαν μίαν καλήν. Σ. ἱμάτιον Σεννάαρ ἐν καλόν.[45]

21. וּמָאתַיִם שְׁקָלִים. Ο'. καὶ διακόσια δίδραχμα. Ἀ. καὶ διακοσίους σίκλους.[46]

חֲמִשִּׁים שְׁקָלִים. Ο'. πεντήκοντα διδράχμων (Ἀ. στατῆρες. Σ. στατήρων[47]).

מִשְׁקָלוֹ. Ο'. Vacat. ※ ὁλκὴ αὐτῆς ◄.[48]

וָאֶחְמְדֵם. Ο'. καὶ ἐνθυμηθεὶς (Ἀ. Θ. ἐπεθύμησα[49]) αὐτῶν. Schol. ἐρασθείς.[50]

24. וְאֶת־הַכֶּסֶף וְאֶת־הָאַדֶּרֶת וְאֶת־לְשׁוֹן הַזָּהָב. Ο'. Vacat. Alia exempl. καὶ τὸ ἀργύριον, καὶ τὴν στολὴν, καὶ τὴν γλῶσσαν τὴν χρυσῆν.[51]

עֵמֶק עָכוֹר. Ο'. εἰς Ἐμεκαχώρ (Σ. Θ. κοιλάδα Ἀχώρ[52]).

25. וַיֹּאמֶר יְהוֹשֻׁעַ. Ο'. καὶ εἶπεν Ἰησοῦς τῷ Ἄχαρ. Πάντες χωρὶς τῷ Ἄχαρ.[53]

מֶה עֲכַרְתָּנוּ. Quid conturbasti nos? Ο'. τί

ὠλόθρευσας ἡμᾶς; Οἱ λοιποὶ ἑρμηνευταί τί ἐτάραξας ἡμᾶς.[54]

25. וַיִּשְׂרְפוּ אֹתָם בָּאֵשׁ וַיִּסְקְלוּ אֹתָם בָּאֲבָנִים. Ο'. Vacat. ※ καὶ κατέκαυσαν αὐτὰ ἐν πυρὶ, καὶ ἐλιθοβόλησαν αὐτὰ ἐν λίθοις ◄.[55]

26. עַד הַיּוֹם הַזֶּה. Ο'. Vacat. ※ ἕως τῆς ἡμέρας ταύτης ◄.[56]

עֵמֶק עָכוֹר. Ο'. Ἐμεκαχώρ. Ἀ. Σ. κοιλὰς Ἀχώρ.[57]

Cap. VII. 1. — καὶ ἐνοσφίσαντο ἀπὸ ◄ τοῦ ἀναθέματος.[58] 3. — ἀλλ' ◄ ὡσεὶ[59] δισχίλιοι ※ ἄνδρες ◄.[60] 6. ἔπεσεν — Ἰησοῦς ◄.[61] 14. — πάντες ◄.[62] 15. ※ αὐτὸς (◄) καὶ πάντα.[63] καὶ ※ ὅτι ◄ ἐποίησεν.[64] 16. φυλὰς ※ αὐτοῦ ◄.[65] 19. καὶ δὸς ※ αὐτῷ ◄.[66] 20. ※ ἐγὼ ◄ ἥμαρτον ◄.[67] 21. ἔλαβον ※ αὐτά ◄.[68] ἰδοὺ — αὐτά ◄.[69] — κέκρυπται ◄.[70] 22. κεκρυμμένα εἰς τὴν σκηνὴν (s. ἐν τῇ σκηνῇ) ※ αὐτοῦ ◄.[71] 23. ἤνεγκαν ※ αὐτά (◄).[72] καὶ πρὸς (sic) ※ πάντας ◄ τοὺς πρεσβυτέρους.[73]

[45] Syro-hex. ܒ̈ܒܠܝܐ ܚܕܐ ܫܦܝܪܬܐ ܣ. [hucusque Bar Hebr. (Mus. Brit. Addit. MSS. 21,580, fol. 59 a) cum ܚܕܐ ܨܒܝ [ܣܪ ܫܦܝܪܐ ܣ. Theodoret. Quaest. X in Jos. p. 310: τὴν δὲ ψιλὴν ὁ Ἀκύλας στολὴν ἡρμήνευσεν. Montef. post Masium Aquilae tribuit στολὴν Βαβυλωνικήν; sed Cod. 85 in marg. affert: Ἀ. στολὴν Βαβυλωνίαν; et ἐπίβλημα τῶν ποικίλων Βαβυλώνιον memorat Plutarch. Opp. T. I, p. 338 E. [46] Syro-hex., ut supra. Bar Hebr. ibid.: ܚܕܐ ܚܦܝܣܘ ܘܡܐܐ ܣ ܐܒܐܘܐܗ. [47] Idem in continuatione: ܚܝܠ ܣܪ ܘܘܐܠ ܘܐܠܝܐ ܣܦܝܣ ܣ ܐܢ ܐܠܝܣܘ. Syro-hex. ܣ. ܚܕܐܡܟܬ (ܐܗ ܐܢܝܣܘ. (ܐܚܕܐܘ). Cf. Hex. ad Exod. xxxviii. 24. Num. iii. 47. [48] Sic Syro-hex., et sine aster. Comp., Codd. 19, 44 (cum ἡ ὁλκή), 54, alii (inter quos 85 in marg.), Arm. 1. [49] Cod. 108. Syro-hex. ܐܢܘ ܣ. [50] Cod. X. Cod. 58 in marg.: λιμβισθείς. Vid. Alberti ad Hesych. s. v. λίμβον. [51] Sic Comp. (cum ψιλὴν pro στολὴν), Ald., Codd. X (in marg.), 15, 18, 54 (cum χρυσίνην), 58, 64, 75, 85 (in marg.), Syro-hex. [52] Codd. X, 85 (cum κοιλάδα in marg. siue nom.), Procop. in Cat. Niceph. T. II, p. 47. Cod. VII in marg. manu 2da: κοιλάδα ταραχῆς. [53] Cod. X in marg.: πα ※ τῷ Ἄχαρ. Syro-hex. Cod. 108 affert: Σ. τί ἐτάραξας ἡμᾶς. [54] Sic Syro-hex. (cum metobelo post prius αὐτὰ), et sine aster. Comp. (cum αὐτοὺς pro posteriore αὐτὰ), Codd. X (in marg., cum αὐτὸν bis, et om. ἐν πυρὶ), 19 (ut Comp.), 108 (idem), 85 (in marg.). [55] Sic Syro-hex., et sine aster. Comp., Codd. 19, 58, 85 (in marg.), 108. Pro (σωρὸν λίθων) μέγαν in Cod. 118 et Syro-hex. est μεγάλων. [56] Anon. in Cat. Niceph. ibid. Cod. X affert: Σ. κοιλὰς Ἀχώρ. Euseb. in Onomastico, p. 118: Ἐμεκίκ [nusquam legitur in LXX]. Ἀ. Σ. ἐν τῇ κοιλάδι. [57] Syro-hex. [58] Masius (cum — ἀλλ' ✓ ◄). Syro-hex. ﬞ, sine obelo. [59] Syro-hex. [60] Masius. Deest in Comp., Codd. 44, 53, 71, aliis, Arm. 1. [61] Idem, deficiente Syro-hex. Deest in Cod. 58. [62] Syro-hex. Sic sine aster. Comp., Codd. VII, 54, 58, 74, alii. [63] Idem (cum ※ καὶ ὅτι ◄). Sic sine aster. Comp., Codd. 58, 108. [64] Idem. Sic sine aster. Comp., Codd. 54, 55, 58, alii (inter quos 85 in marg.). [65] Idem. Sic sine aster. Comp., Codd. VII, 108. [66] Masius. Sic sine aster. Comp., Codd. 44, 58, alii (inter quos 85 in marg.), Arm. 1. [67] Syro-hex. Sic sine aster. Comp. Cod. 58. [68] Masius. Pronomen deest in Codd. 44, 74, 76, aliis. [69] Syro-hex. Deest in Cod. 55. [70] Idem. Pronomen est in Ed. Rom., sed deest in Codd. II, III, VII, X, XI, 30, 44, aliis. [71] Idem. Sic sine aster. Comp., Codd. X (in marg.), 16, 52, 54, alii. [72] Idem. Sic sine aster. Comp. (om. τοὺς), Codd. VII, X (ut Comp., cum πάντας in marg.), 19 (ut Comp.), 44, 74, alii (inter quos 85 in marg.).

24. — καὶ ἀνήγαγεν αὐτὸν εἰς φάραγγα Ἀχώρ ◄.[74]
26. ὀργῆς ※ αὐτοῦ ◄.[75]

CAP. VIII.

1. וְאֶת־עַמּוֹ וְאֶת־עִירוֹ. Ο'. Vacat. ※ καὶ τὸν
λαὸν αὐτοῦ, καὶ τὴν πόλιν αὐτοῦ ◄.[1]

2. לָעַי וּלְמַלְכָּהּ. Ο'. τὴν Γαί. Aliter: Ο'. τῇ
Γαί ※ καὶ τῷ βασιλεῖ αὐτῆς ◄.[2]

רַק־שְׁלָלָהּ וּבְהֶמְתָּהּ תָּבֹזּוּ לָכֶם.
Ο'. καὶ τὴν
προνομὴν τῶν κτηνῶν προνομεύσεις σεαυτῷ.
Aliter: Ο'. καὶ τὴν προνομὴν ※ αὐτῆς, καὶ [3]
τῶν κτηνῶν ※ αὐτῆς ◄[4] προνομεύσεις σεαυτῷ.
Ἄλλος· πλὴν τὴν προνομὴν (s. τὰ σκῦλα) αὐτῆς, καὶ
τὰ κτήνη αὐτῆς προνομεύσατε ἑαυτοῖς.[5]

4. רְאוּ אַתֶּם אֹרְבִים לָעִיר. Ο'. ὑμεῖς ἐνεδρεύσατε.
Aliter: Ο'. ἴδετε — ὅτι ◄ ※ ὑμεῖς ◄ ἐνεδρεύετε
※ τὴν πόλιν ◄.[6]

מִן־הָעִיר מְאֹד. Ο'. ※ ἀπὸ ◄[7] τῆς πόλεως
※ σφόδρα ◄.[8]

6. הִתִּיקֻנוּ. Intercluserimus. Ο'. ἀποσπάσομεν.
Schol. ἀποσχοινίσομεν, ἀπομακρύνομεν.[9]

וְנַסְנוּ לִפְנֵיהֶם. Ο'. Vacat. ※ καὶ φευξόμεθα
ἀπὸ προσώπου αὐτῶν ◄.[10]

7, 8. וְהוֹרַשְׁתֶּם אֶת־הָעִיר וּנְתָנָהּ יְהוָה אֱלֹהֵיכֶם

בְּיֶדְכֶם: וְהָיָה כְּתָפְשְׂכֶם אֶת־הָעִיר תַּצִּיתוּ
אֶת־הָעִיר בָּאֵשׁ. Ο'. καὶ πορεύσεσθε εἰς τὴν
πόλιν. Aliter: Ο'. — καὶ πορεύσεσθε εἰς τὴν
πόλιν ◄.[11] ※ καὶ ἐκτρίψατε τὴν πόλιν, καὶ
δώσει αὐτὴν κύριος ὁ θεὸς ὑμῶν ἐν χερσὶν ὑμῶν.
καὶ ἔσται ὡς ἂν συλλάβητε τὴν πόλιν, ἐμπρή-
σατε αὐτὴν ἐν πυρί ◄.[12]

9. וַיֵּלֶן יְהוֹשֻׁעַ בַּלַּיְלָה הַהוּא בְּתוֹךְ הָעָם. Ο'.
Vacat. ※ καὶ ηὐλίσθη Ἰησοῦς τὴν νύκτα
ἐκείνην ἐν μέσῳ τοῦ λαοῦ ◄.[13]

11. אֲשֶׁר אִתּוֹ. Ο'. ※ ὁ ◄ μετ' αὐτοῦ.[14]

11–13. וַיַּחֲנוּ מִצְּפוֹן לָעַי — בְּתוֹךְ הָעֵמֶק. Ο'. ἀπὸ
ἀνατολῶν, καὶ τὰ ἔνεδρα τῆς πόλεως ἀπὸ θα-
λάσσης. Aliter: Ο'. — ἀπὸ ἀνατολῶν, καὶ τὰ
ἔνεδρα τῆς πόλεως ἀπὸ θαλάσσης ◄.[15] ※ καὶ
παρενέβαλον ἀπὸ βορρᾶ τῆς Γαί, καὶ ἡ κοιλὰς
ἀναμέσον αὐτοῦ καὶ τῆς Γαί. (12) καὶ ἔλαβεν
ὡς πέντε χιλιάδας ἀνδρῶν, καὶ ἔθετο αὐτοὺς
ἔνεδρον ἀναμέσον τῆς Βαιθαῦν (בֵּית־אֵל) καὶ
τῆς Γαί, θάλασσαν τῆς Γαί (לָעַי ק). (13) καὶ
ἔθηκεν ὁ λαὸς πᾶσαν τὴν παρεμβολὴν ἣ ἦν
ἀπὸ βορρᾶ τῇ πόλει, καὶ τὰ ἔσχατα αὐτοῦ
θάλασσαν τῆς πόλεως (Σ. ἀπὸ δυσμῶν τῇ πόλει[16])·
καὶ ἐπορεύθη Ἰησοῦς τὴν νύκτα ἐκείνην ἐν
μέσῳ τῆς κοιλάδος ◄.[17]

[74] Masius. Haec desunt in Comp. [75] Syro-hex. Sic
sine aster. Comp., Codd. VII, X (in marg.), 53, 56, alii,
Arm. 1.

CAP. VIII. [1] Sic Cod. X (post γῆν αὐτοῦ), Syro-hex.
(sine metobelo), et sine aster. Comp., Ald. (post γῆν αὐτοῦ),
Codd. VII, 15 (ut Ald.), 18 (idem), 19, alii (inter quos 85
in marg.), Arm. 1. [2] Sic Cod. X, Syro-hex., et sine
aster. Comp. (om. τῇ), Ald., Codd. VII, 15, 18, 19, alii
(inter quos 85 in marg.), Arm. 1. [3] Sic Masius, et
sine aster. Comp., Codd. 58, 108, Arm. 1. Cod. X in
marg. ad σεαυτῷ: ※ αὐτῆς. Syro-hex. legit et pingit: καὶ
τὴν προνομὴν αὐτοῦ (sic) τῶν κτηνῶν ※ αὐτοῦ ◄ καὶ (ﻭ) προνομεύσεις σεαυτῷ. [4] Sic Masius, et sine aster. Comp.,
Codd. 54, 56, 58, 75, 108, Arm. 1. [5] Syro-hex. in
marg. sine nom.: حصﻮ (sic) ◌حﻼﺣ (sic) مﺣصﺑﻪ◌.
ﺣصﻪ ,ﻪﺣ ◌مﻼﺳﺣ. [6] Sic Masius, et sine notis Comp.,
Codd. X (ut Ed. Rom., cum οἴδατε ὅτι et τὴν πόλιν in marg.),
19, 44 (om. τὴν πόλιν), 54, alii, Syro-hex. [7] Sic Syro-
hex. Vocula abest ab Ald., Codd. III, XI, 15, 18 (manu

1[ma]), 29, aliis. [8] Sic Syro-hex., et sine aster. Comp.,
Codd. 19, 58 (om. ἀπὸ), 85 (cum σφόδρα in marg.), 108.
[9] Cod. 58 in marg. [10] Sic Cod. X (in marg.), Syro-hex.
(sine metobelo), et sine aster. Comp. (cum ἀπ' αὐτῶν), Codd.
54, 85 (in marg.), 108 (ut Comp.), Arm. 1. [11] Obelus
est in Syro-hex., qui pingit: καὶ πορ. — εἰς τὴν πόλιν ◄.
[12] Sic Cod. X (in marg.), Syro-hex., et sine aster. Comp.,
Codd. 19, 58, 85 (in marg.), 108, Arm. 1, cum variantibus
quae sequuntur: ἐκτρίψατε] ἐκτρίψεται X. ὑμῶν bis] ὑμῶν 108.
ἐν χερσὶν] ἐν χειρὶ X. ἐμπρήσατε] καὶ ἐμπυρίσατε X, 85, Syro-
hex. ἐμπρήσετε 58. ἐν πυρί] πυρὶ 58, 85. Sic, sed sine
clausula, καὶ ἐκτρ. τὴν πόλιν Codd. 44, 54 (om. τὴν πόλιν),
55, 56, alii. [13] Sic Cod. X (in marg.), Syro-hex. (qui
pingit: ※ καὶ ηὐλίσθη 'L τὴν ν. ※ ἐκείνην—λαοῦ ◄), et sine
aster. Comp., Codd. 15, 18, 19, alii, Arm. 1. [14] Sic
Masius, et sine aster. Comp., Codd. X (cum ὁ in marg.),
58 (cum ὁ μετ' αὐτοῦ ὁ πολεμ.), 108, invito Syro-hex.
[15] Haec obelo confodit Syro-hex. [16] Syro-hex. ﻪ.
مﻪ محﺟﺣﻪ حﺣمﺳﻼﻪ ♦ [17] Sic Cod. X in marg.

14. וַיַּשְׁכִּימוּ. Ο'. Vacat. ※ καὶ ὤρθρισε ◄.[18]

וַיֵּצְאוּ אַנְשֵׁי־הָעִיר לִקְרַאת־יִשְׂרָאֵל. Ο'. καὶ ἐξῆλθεν (alia exempl. ἐξῆλθον οἱ ἄνδρες τῆς πόλεως[19]) εἰς συνάντησιν αὐτοῖς. Οἱ λοιποί· ἐξῆλθον.[20]

לַמּוֹעֵד לִפְנֵי הָעֲרָבָה. Ο'. Vacat. ※ εἰς τὸν καιρὸν κατὰ πρόσωπον τῆς ἀραβά ◄.[21]

15, 16. אֲשֶׁר. וַיָּנֻסוּ דֶּרֶךְ הַמִּדְבָּר: וַיִּזָּעֲקוּ כָל־הָעָם אֲשֶׁר־בָּעִיר לִרְדֹּף אַחֲרֵיהֶם. Ο'. Vacat. ※ καὶ ἔφυγον ὁδὸν τῆς ἐρήμου. καὶ ἐνίσχυσε πᾶς ὁ λαὸς τῆς γῆς τοῦ διῶξαι ὀπίσω αὐτῶν ◄.[22]

16. אַחֲרֵי יְהוֹשֻׁעַ. Ο'. ὀπίσω τῶν υἱῶν Ἰσραήλ. Alia exempl. ὀπίσω Ἰησοῦ.[23]

17. בָּעַי וּבֵית אֵל. Ο'. ἐν τῇ Γαὶ ※ καὶ ἐν Βαιθήλ ◄.[24]

18. בַּכִּידוֹן. Cum jaculo. Ο'. ἐν τῷ γαισῷ. Ἀ. σὺν τῷ γαισῷ.[25] Σ. σὺν τῇ ἀσπίδι.[26] Ἄλλος· θώρακι.[27]

בַּכִּידוֹן אֲשֶׁר־בְּיָדְךָ אֶל־הָעַי. Ο'. ἐν τῷ γαισῷ

τῷ ἐν τῇ χειρί σου ἐπὶ τὴν πόλιν. Σ. σὺν τῇ ἀσπίδι σου ἐπὶ τὴν Γαί.[28]

18. אֲשֶׁר־בְּיָדוֹ. Ο'. τὴν χεῖρα αὐτοῦ τὸν γαισόν. Alia exempl. τὸν γαισὸν καὶ τὴν χεῖρα αὐτοῦ; alia, ἐν τῷ γαισῷ τὴν χεῖρα αὐτοῦ.[29]

19. מִמְּקוֹמוֹ. Ο'. ὅτε (alia exempl. ὅτι[30]) ἐξέτεινε.

20. וַיַּעַל עֲשַׁן הָעִיר. Ο'. καπνὸν ἀναβαίνοντα ἐκ τῆς πόλεως. Alia exempl. ἀναβαίνοντα τὸν καπνὸν τῆς πόλεως.[31]

וְהָעָם הַנָּס הַמִּדְבָּר נֶהְפַּךְ אֶל־הָרוֹדֵף. Ο'. Vacat. ※ καὶ ὁ λαὸς ὁ φεύγων εἰς τὴν ἔρημον ἐστράφησαν ἐπὶ τοὺς διώκοντας ◄.[32]

24. בֹּאוּ וַיִּפְּלוּ כֻלָּם לְפִי־חֶרֶב. Ο'. ἀπ' (alia exempl. ἐπ'[33]) αὐτῆς, ※ καὶ ἔπεσον πάντες ἐν στόματι ῥομφαίας ◄.[34]

26. וִיהוֹשֻׁעַ לֹא־הֵשִׁיב יָדוֹ אֲשֶׁר נָטָה בַּכִּידוֹן עַד אֲשֶׁר הֶחֱרִים אֵת כָּל־יֹשְׁבֵי הָעָי. Ο'. Vacat. ※ καὶ Ἰησοῦς οὐκ ἐπέστρεψε χεῖρα αὐτοῦ, ἣν

(cum ἔνεδρα ἀπ. τῆς Βαιθήλ), Syro-hex. (cum παρενέβαλεν, ἔλαβον, et καὶ ἔθηκεν τὸν λαόν), et sine aster. Comp. (cum Βηθαὶλ, et ἔταξεν pro ἔθηκεν), Codd. 19 (fere ut Comp., sed om. καὶ ἐπορεύθη—κοιλάδος), 53 (cum Γλαβον et Βαιθαίμ), 85 (in marg., cum Βαιθαῦν, θάλασσα τῆς π., et κατὰ τὴν νύκτα), 108 (fere ut Comp.), Arm. 1. Minus plene Ald., Cod. 75: καὶ παρενέβαλεν ἀπὸ β. τῆς Γ., καὶ Γλαβεν ἐκ β. χ. δ., καὶ τὸ αὐτοῖς ἔνεδρον (ἔνεδρα 75) ἀπ. τῆς Βαιθὰν (Βεθὰ 75) καὶ τῆς Γ. καὶ ἔθηκεν ὁ λαὸς (ὁ λαὸς om. 75) πᾶσαν τ. π. ἀπὸ βορρᾶ κ. τ. ἑ. [18] Sic Syro-hex. (sine καὶ), et sine aster. Comp., Ald., Cod. 108, Arm. 1. [19] Sic Comp., Ald., Cod. 108, Syro-hex. in marg. [20] Syro-hex. [21] Sic Syro-hex. (qui pingit: εἰς τὸν κ. κατὰ ※ πρ. τῆς ἀρ. ◄), et sine aster. Comp., Ald. (cum ἔνεδρας pro ἀραβά), Codd. 58, 85 (cum ραβά), 108, Arm. 1. [22] Sic Syro-hex. (cum τῆς Γαί), et sine aster. Comp. (cum ἔφυγεν, τῆς Γαί, et κατεδίωξαι), Ald. (cum ἔφυγεν, et om. τῆς γῆς τοῦ), Codd. X (in marg. cum ἔφυγεν), 53, 58 (cum τῆς Γαί), 85 (in marg. ut X), 108 (ut Comp., om. αὐτῶν), Arm. 1. [23] Sic Syro-hex., cum τῶν υἱῶν τοῦ Ἰσρ. in marg. Cod. 58: ὀπίσω Ἰησοῦ καὶ τῶν υἱῶν Ἰσρ. [24] Sic Syro-hex., et sine aster. Comp., Ald., Codd. X (in marg.), 15, 58, 85 (in marg.), 108, 128, Arm. 1. [25] Cod. 57. "Sic tres Regii [cum γεσῷ]."—Montef. Anon. in Cat. Niceph. T. II, p. 50: Ἀκύλας· σὺν τῷ γεσῷ. Lectio suspecta, tum propter praepositum σὺν loco ἐν, tum quia

בְּיָד clypeum interpretatus est Aquila in Hex. ad Job. xli. 21. Jerem. vi. 23. l. 42. Fortasse huc pertinet lectio anonyma Cod. 58 in marg.: ἐν τῇ ἀσπίδι. [26] Codd. X, 57, 85, Procop. ibid. Theodoret. Quaest. XI in Jos. p. 310: τὸν μέντοι γαισόν, ᾧ τοὺς λοχῶντας διήγειρεν Ἰησοῦς, ἀσπίδα ἡρμήνευσεν ὁ Ἰώσηπος (!), ὡσαύτως δὲ καὶ ὁ Σύμμαχος. [27] Cod. 57 in marg. [28] Syro-hex. ‎ܣܡ܁ ܚܡ ܡܝܣܐ ܙܠܒ ܟܠܐܝ ‎ . Idem in textu legit: ἐν τῷ γ. τῷ ἐν τῇ χειρί σου ※ καὶ τὴν χεῖρα σου ◄ ἐπὶ τὴν πόλιν, silente Masio, et repugnantibus libris Graecis. [29] Prior lectio est in Comp., Codd. III, VII (cum τὸ γαισὸν), 15, 16 (cum γησὸν), 18, aliis, Arm. 1, Syro-hex.; posterior in Ald. (cum τὴν χ. αὐτοῦ ἐν τῷ γ.), Cod. XI (ut Ald.), 44, 54 (ut Ald.), 58 (ut Ald., cum ἐν τῷ καισῷ (in marg. ἐν τῇ ἀσπίδι)), aliis. [30] Sic Codd. 64, 74, alii, Syro-hex. [31] Sic Codd. III, VII, X, XI, 56, 58, alii, Arm. 1, Syro-hex. [32] Sic Syro-hex., et sine aster. Comp., Ald., Codd. X (in marg.), 19, 54, 58, 75, 85 (in marg.), 108. [33] Sic Codd. VII, X (in marg.), 16, 30, 44, alii, invito Syro-hex. [34] Sic (ante ἀπ' αὐτῆς) Masius, et sine aster. Comp., Ald., Codd. 19, 58, 108, Arm. 1, Syro-hex.; necnon (post ἐπ' αὐτῆς) Codd. X (in marg. cum ἐπὶ ἔπεσον pro καὶ ἔπεσον), 44 (cum τῷ στ. pro ἐν στ.), 74 (idem), alii; postremo (post εἰς τέλος) Codd. 54. 75, 85 (in marg.).

ἐξέτεινεν ἐν τῷ γαισῷ (Σ. ἐν τῇ ζιβύνῃ³⁵), ἕως
ἀνεθεμάτισε σὺν πάντας τοὺς κατοικοῦντας
Γαί ◄.³⁶

28. וַיִּשְׂרְפָה תֵל־עוֹלָם שְׁמָמָה. Ο΄. χῶμα ἀοίκητον
εἰς τὸν αἰῶνα ἔθηκεν αὐτήν. Alia exempl. καὶ
ἔθηκεν αὐτὴν χῶμα εἰς τὸν αἰῶνα ἀοίκητον.³⁷

29. עַד־עֵת הָעֶרֶב. Ο΄. ἕως ※ καιροῦ τῆς ◄ ἑσπέ-
ρας.³⁸

אֶל־פֶּתַח שַׁעַר הָעִיר. Ο΄. εἰς τὸν βόθρον
※ πρὸς τὴν πύλην τῆς πόλεως ◄.³⁹

עַל־אֲבָנִים גָּדוֹל. Ο΄. σωρὸν λίθων ※ μέγαν ◄.⁴⁰

31. (Gr. ix. 4). עֲלֵיהֶן. Ο΄. ※ ἐπ' αὐτούς ◄.⁴¹ Οἱ
Ο΄. χωρὶς ἐπ' αὐτούς.⁴²

וַיִּזְבְּחוּ שְׁלָמִים. Ο΄. καὶ θυσίαν (s. θυσίας)
σωτηρίου (alia exempl. add. εἰρηνικάς⁴³). Aliter: Ο΄. καὶ ἐθυσίασαν ※ εἰρηνικὰ ◄ σωτη-
ρίου.⁴⁴

32. (5). תּוֹרַת מֹשֶׁה אֲשֶׁר כָּתַב. Ο΄. νόμον Μωυσῆ
(alia exempl. add. ὃν ἔγραψεν⁴⁵).

33. (6). נֶגֶד הַכֹּהֲנִים הַלְוִיִּם נֹשְׂאֵי אֲרוֹן בְּרִית־יְהוָה.

Ο΄. καὶ οἱ ἱερεῖς καὶ οἱ Λευῖται (alia exempl.
οἱ ἱερεῖς οἱ Λευῖται⁴⁶) ἦραν (Ἄλλος· ἐβάστα-
σαν⁴⁷) τὴν κιβωτὸν τῆς διαθήκης κυρίου. Σ.
ἀπέναντι τῶν ἱερέων τῶν Λευιτῶν τῶν αἱρόντων τὴν
κιβωτὸν τῆς διαθήκης κυρίου.⁴⁸

33. (6). בֵּגֵּר כָּאֶזְרָח. Ο΄. καὶ ὁ προσήλυτος καὶ ὁ αὐτόχθων. Ἄλλος· ὡς ὁ προσήλυτος ὡς ὁ αὐτόχθων.⁴⁹

אֶל־מוּל (bis). Ο΄. ※ ἐπὶ ◄ πλησίον.⁵⁰

34. (7). בְּסֵפֶר הַתּוֹרָה. Ο΄. ἐν τῷ νόμῳ – Μωυσῆ ◄.
Ἄλλος· ἐν τῷ βιβλίῳ τοῦ νόμου.⁵¹

Cap. VIII. 1. ※ πάντας ◄ τοὺς ἄνδρας.⁵²　5.
– οἱ κατοικοῦντες Γαί.⁵³ ※ καθάπερ καὶ πρώην ◄.⁵⁴
6. – οὗτοι ◄.⁵⁵　9. ※ ἀπὸ θαλάσσης τῆς Γαί ◄.⁵⁶
14. – ἐπ' εὐθείας ◄.⁵⁷　15. – καὶ εἶδε ◄.⁵⁸　16. καὶ
– αὐτοί ◄.⁵⁹　18. – τὴν χεῖρά σου ◄.⁶⁰　– καὶ τὰ
ἔνεδρα – τόπου αὐτῶν ◄.⁶¹　21. πᾶς Ἰσραὴλ ※ μετ'
αὐτοῦ ◄.⁶²　– εἰς τὸν οὐρανόν ◄.⁶³　22. συνάντησιν
※ αὐτῶν ◄.⁶⁴　24. – καὶ τοὺς ◄ ἐν τοῖς πεδίοις,
– καὶ ◄ ἐν τῷ ὄρει.⁶⁵　25. ※ πάντες ◄ οἱ πεσόν-
τες.⁶⁶　27. τῶν ἐν τῇ πόλει ※ ἐκείνῃ ◄.⁶⁷　※ ἑαυτοῖς ◄.⁶⁸　– κύριος ◄.⁶⁹　28. – ἐν πυρί ◄.⁷⁰　29. ἐπὶ

---

³⁵ Syro-hex. ܘܰܟ݂ܕ݂ܳܒܽܘ. ܀܏. ³⁶ Sic Masius (cum τὴν
χεῖρα, et ἀνεθεμάτισαν πάντας), et sine aster. Comp. (cum
σύμπαντος), Codd. X (in marg. cum πάντας), 19 (cum τὴν
χεῖρα et ἕως ἂν ἀπέθ.), 58 (cum καισῷ et σύμπαντας), 85 (in
marg. cum πάντας pro σὺν π.), 108 (cum ἕως ἂν ἀπέθ. σύμπαντας), Arm. 1, Syro-hex. (ut Masius). ³⁷ Sic Comp.,
Codd. 15, 18, 64, alii, Syro-hex. ³⁸ Sic Syro-hex. (qui
pingit: ܗܰܘ, ܟ݂ܠܗܘܢ ܀ ܘܟ݂ܠܗܘܢ), et sine aster. Comp.,
Codd. X (in marg.), 19, 54 (sine τῆς), 85 (in marg.), 108.
³⁹ Sic Syro-hex., et sine aster. Comp., Ald., Codd. 19, 56,
58, alii (inter quos 85 in marg.), Arm. 1. ⁴⁰ Sic Syro-
hex. (sine metobelo), et sine aster. Comp., Ald., Codd. X
(in marg.), 15, 18, 19, alii (inter quos 85 in marg.).
⁴¹ Sic Syro-hex., et sine aster. Comp., Ald., Codd. VII, 15,
18, 19, alii (inter quos 85 in marg.). ⁴² Cod. X in
marg. Cod. 54 in textu (post σίδηρος): πᾶν χ. ἐπ' αὐτου (sic).
⁴³ Sic Codd. 44 (cum θυσίας), 54, 55, alii. ⁴⁴ Syro-hex.
ܘܕܰܒܰܚܘ ܀ ܫܠܡܐ ܀ ܘܕܒܚܐ. Col. 58 in marg.: ἐθυσίασαν εἰρηνικά. ⁴⁵ Sic Comp., Ald., Codd. III, VII, X,
XI, 15, 16, 18, alii, Arm. 1, Syro-hex. ⁴⁶ Sic Comp.,
Codd. III, X, 16, 18, 44, alii, Arm. 1, Syro-hex. ⁴⁷ Cod.
58 in marg.: γρ. καὶ ἦρσαν. ἐβάστασαν. Cf. Hex. ad Num.
xiv. 33. Deut. i. 31. ⁴⁸ Syro-hex. ܡܛܠ ܟܗܢܐ ܀܏.
ܩܕܡ ܟܗܢܐ ܕܠܘܝܐ ܕܫܩܠܝܢ ܀ ⁴⁹ Syro-

hex. in marg. sine nom.: ܐܝܟ ܐ̄܏ ܐܝܟ. Codd.
44, 74, alii: ὡς ὁ πρ. καὶ ὁ αὐτ. ⁵⁰ Sic Syro-hex. (cum
ܠܘܩܒܠ ※), et sine aster. Comp. (cum ἐκπλ.), Codd.
58, 108. ⁵¹ Cod. 85 in marg. Obelus Masio debetur.
⁵² Syro-hex. Sic sine aster. Ed. Rom., sed πάντας deest in
Codd. VII (qui habet in marg. manu 1ma), 118. ⁵³ Idem.
⁵⁴ Idem (sine metobelo). Haec leguntur in omnibus libris
Graecis. ⁵⁵ Masius. Deest in Arm. ed. ⁵⁶ Syro-
hex. (nullo metobelo). Haec desunt in Codd. 30, 53, 75.
⁵⁷ Idem. Deest in Codd. 44, 58, 236. ⁵⁸ Masius, et
(sub ※) Syro-hex. ⁵⁹ Syro-hex. (qui pingit: – καὶ
αὐτοί ◄). Pronomen deest in Codd. 58, 75. ⁶⁰ Idem
(sine metobelo). ⁶¹ Idem. ⁶² Idem (pro πᾶς Ἰσραήλ),
tacente Masio, et repugnante Hebraeo. ⁶³ Masius.
⁶⁴ Syro-hex. (nullo metobelo). Sic sine aster. Comp., Ald.,
Codd. VII, X (in marg.), 15, 18, alii (inter quos 85 in
marg.), Arm. 1. ⁶⁵ Masius, fortasse ex ingenio. Sed
καὶ τοὺς deest in Codd. 54, 75, 118. ⁶⁶ Idem. Sic sine
aster. Comp., Ald., Codd. VII, 15, 18, 44, alii, Syro-hex.
⁶⁷ Syro-hex. (cum τῆς πόλεως ※ ἐκείνῃ ◄, ut videtur). Sic
sine aster. Comp., Ald., Codd. 54, 58, 63, 75. ⁶⁸ Idem.
Habetur in Ed. Rom., sed deest in Codd. X, 29, 59, 75,
82, 121, Arm. 1. ⁶⁹ Masius. Deest in Codd. 54, 75.
⁷⁰ Syro-hex. (nullo metobelo). Deest in Codd. 58, 121.

ξύλου ÷ διδύμου, καὶ ἦν ἐπὶ τοῦ ξύλου ↙.[71] 32. ÷ Ἰησοῦς ↙.[72] 33. ÷ ἦσαν ↙ ἥμισυ αὐτῶν ... καὶ ἥμισυ αὐτῶν.[73] 34. ÷ τούτου ↙.[74] 35. ÷ τῷ Ἰησοῖ ↙.[75] ÷ τοῖς ἀνδράσι ↙.[76]

Cap. IX.

3 (9). יְהוֹשֻׁעַ. Ο΄. κύριος. Ἄλλος· Ἰησοῦς.[1]

4 (10). וַיִּצְטַיָּרוּ. *Et legatos se simularunt.* (Potior scriptura וַיִּצְטַיָּדוּ, *et commeatu se instruxerunt.*) Ο΄. ἐπεσιτίσαντο ÷ καὶ ἡτοιμάσαντο ↙.[2]

לַחֲמוֹרֵיהֶם. Ο΄. ἐπὶ τῶν ὤμων (alia exempl. ὄνων[3]) αὐτῶν.

5 (11). וּמְטֻלָּאוֹת. *Et resartos.* Ο΄. καὶ καταπεπελματωμένα (Σ. ἐπιβλήματα ἔχοντα[4]).

וְכֹל לֶחֶם צֵידָם יָבֵשׁ הָיָה נִקֻּדִים. *Et omnis panis commeatus eorum aridus erat et mucore maculosus (s. in micas comminutus).* Ο΄. καὶ ὁ ἄρτος αὐτῶν τοῦ ἐπισιτισμοῦ (alia exempl. καὶ οἱ ἄρτοι τοῦ ἐπισιτισμοῦ αὐτῶν[5]) ξηρὸς καὶ εὐρωτιῶν καὶ βεβρωμένος (alia exempl. ξηροὶ ※ ἐγένοντο ↙ ÷ καὶ ↙ βεβρωμένοι[6]). Ἀ. καὶ πᾶς ὁ ἄρτος ὁ ἐπισιτισμὸς αὐτῶν ξηρὸς ἐγενήθη καὶ ἐψαθυρωμένος. Σ. καὶ πᾶς ὁ ἄρτος τοῦ ἐπισιτισμοῦ αὐτῶν ξηρὸς ἐγένετο καπυρός. Θ. καὶ οἱ ἄρτοι τοῦ ἐπισιτισμοῦ αὐτῶν ξηροὶ καὶ βεβρωμένοι.[7]

7 (13). אֶל־הַחִוִּי. Ο΄. πρὸς τὸν Χορραῖον (Ἄλλος· Εὐαῖον[8]).

8 (14). מִי אַתֶּם. Ο΄. πόθεν ἐστέ; Ἀ. τίς ὑμεῖς; Σ. τίνες ἐστέ;[9]

9 (15). שָׁמְעוֹ. Ο΄. τὸ ὄνομα (Ἀ. Σ. Θ. τὴν ἀκοὴν[10]) αὐτοῦ.

12 (18). מִבָּתֵּינוּ. Ο΄. Vacat. ※ ἀπὸ οἴκων ἡμῶν ↙.[11]

14 (20). וְאֶת־פִּי יְהוָה. Ο΄. καὶ κύριον. Alia exempl. καὶ τὸ στόμα κυρίου.[12]

16 (22). מִקְצֵה שְׁלֹשֶׁת יָמִים. Ο΄. μετὰ τρεῖς ἡμέρας. Ἀ. ἐν τέλει τριῶν ἡμερῶν.[13]

וּבְקִרְבּוֹ. Ο΄. καὶ ὅτι ἐν αὐτοῖς (Ἀ. ἐν μέσῳ αὐτῶν[14]).

17 (23). בַּיּוֹם הַשְּׁלִישִׁי. Ο΄. Vacat. ※ τῇ ἡμέρᾳ τῇ τρίτῃ ↙.[15]

וְקִרְיַת יְעָרִים. Ο΄. καὶ πόλεις Ἰαρίν. Ἀ. Σ. (καὶ) Καριαθιαρίν.[16]

18 (24). וְלֹא הִכּוּם. Ο΄. καὶ οὐκ ἐμαχέσαντο αὐτοῖς. Ἄλλος· καὶ οὐκ ἐπάταξαν αὐτούς.[17]

---

71 Masius, consentiente Hebraeo. Vox διδύμου deest in Cod. 58, Arm. 1. Syro-hex. pingit: ܥܠ ܩܝܣܐ ÷ܬܐܘܡܐ ܘܐܝܬܘܗܝ ܗܘܐ ܥܠ ܩܝܣܐ ↙. 72 Masius. 73 Idem, pro edito: οἱ ἦσαν ἥμισυ ... καὶ οἱ ἦσαν ἥμισυ. Syrus noster facere videtur cum Comp. et libris Graecis, qui legunt: ἦσαν οἱ ἡμίσεις αὐτῶν (ܦܠܓܗܘܢ) ... καὶ οἱ ἡμίσεις αὐτῶν. 74 Syro-hex. Deest in Codd. 30, 75. 75 Idem. Deest in Cod. 71. 76 Idem.

Cap. IX. 1 Sic in marg. Cod. 85; in textu autem Comp., Codd. III, X (cum κύριος in marg.), XI, 29, 58, alii, Arm. 1, Syro-hex. 2 Sic Masius. Ad ἐπεσιτίσαντο Cod. 58 in marg.: τροφὰς μεθ' ἑαυτῶν ἔλαβον. 3 Sic Ald., Codd. III, X (cum ὤμων in marg.), XI, 15, 18, alii (inter quos 85), invito Syro-hex. 4 Codd. X, 54, 85 (in marg. sine nom. ad παλαιά). Syro-hex. ܣ. ܕܐܝܬ ܠܗܘܢ ܡܛܠܝܬܐ. Cod. 58 in marg.: ἐπιβλήματα ἔχοντα. ἐμπαλώματα. 5 Sic Comp., Ald., Codd. III, VII, 15, 44, alii, Syro-hex. 6 Sic Syro-hex. (sine obelo, qui Masio debetur), et sine notis Comp., Codd. 19, 108. Copula deest in Cod. X. Cod. 58 legit: ξηροὶ ἐγενήθησαν καὶ β.; Ald., Cod. VII: ἐγενήθησαν ξ. καὶ β. 7 Cod. 85 (cum ἐψαθυρωμενος). Ad Aquilam cf. Hex. ad Psal. ci. 4. Ad ἄρτοι Syro-hex. affert: Ἀ. Σ. ἄρτος; ad βεβρωμένοι autem: Ἀ. Σ. *desiccatus igne* (ܕܝܒܝܫܝܢ ܒܢܘܪܐ). 8 Sic in textu Comp., Codd. 44, 74, 76, alii, Syro-hex. (cum Χορραῖον in marg.). 9 Syro-hex. affert: ܐ. ܣ. ܡܢܘ ܐܢܬܘܢ ܀; Cod. 108 autem: Σ. Ἀ. τίνες ἐστέ; uterque ad sensum recte. Mox ad παραγεγόνατε Cod. X in marg.: ἥκατε. 10 Syro-hex. ܐ. ܣ. ܬ. ܫܡܥܬܗ ܀. Cod. 108 affert: Θ. Σ. τὴν ἀκοήν. 11 Sic Syro-hex. (qui pingit: ܡܢ ܒ̈ܬܐ ※ ܕܝܠܢ), et sine aster. Comp., Codd. X (in marg. cum οἰκιῶν), 54, 56, 58, alii. Cod. 85 in marg.: ἀπὸ οἴκου ἡμῶν. 12 Sic Comp., Codd. 19, 108. Syro-hex. in marg.: ܠܦܘܡܗ ܕܡܪܝܐ ܀. 13 Syro-hex. ܐ. ܒܫܘܠܡܐ ܕܬܠܬܐ ܝܘ̈ܡܬܐ ܀. 14 Idem: ܐ. ܒܡܨܥܬܗܘܢ ܀. 15 Sic Syro-hex. (cum cuneolo tantum), et sine aster. Comp., Ald., Codd. X (in marg.), 19, 44, alii (inter quos 85 in marg.), Arm. 1. 16 Syro-hex. in textu: ܘܩܘܪܝܬ (πόλεις) ܢܥܪܝܢ; in marg. autem: ܐ. ܣ. ܩܘܪܝܬ ܢܥܪܝܢ (sic) ܀. 17 Idem in marg. sine nom.: ܘܠܐ ܡܚܘ ܐܢܘܢ ܀.

18 (24). בְּיֶדְכֶ֫ם אֱלֹהֵי . Ο΄. κύριον τὸν θεόν (s. τὸν κύριον θεόν). Alia exempl. ἐν κυρίῳ θεῷ.[18]

21 (27). וַיֹּאמְרוּ אֲלֵיהֶם הַנְּשִׂיאִ֑ים . Ο΄. Vacat. ※ καὶ εἶπαν αὐτοῖς οἱ ἄρχοντες ◄.[19]

וַיִּהְיוּ . Et facti sunt. Ο΄. καὶ ἔσονται. Alia exempl. καὶ ἔσονται ξυλοκόποι καὶ ὑδροφόροι πάσῃ τῇ συναγωγῇ· καὶ ἐγένοντο.[20]

כַּאֲשֶׁר . Ο΄. καθάπερ. Alia exempl. καὶ ἐποίησαν πᾶσα ἡ συναγωγὴ καθάπερ.[21]

22 (28). רִמִּיתֶ֫ם . Decepistis. Ο΄. παρελογίσασθε. Ἄλλος· ἐδολιεύσασθε.[22]

23 (29). וְשֹׁאֲבֵי־מָֽיִם . Ο΄. ※ οὐδὲ ὑδροφόρος ◄.[23]

24 (30). כִּי הֻגַּד הֻגַּד . Ο΄. ἀνηγγέλη. Aliter: Ο΄. ὅτι ※ ἀγγελίᾳ ◄ ἀνηγγέλη.[24]

וַנַּעֲשֶׂה . Ο΄. καὶ ἐποιήσαμεν. Alia exempl. ※ ὡς οὐχ ὑπελείφθη ἐν ἡμῖν πνεῦμα ◄· καὶ ἐποιήσαμεν.[25]

25 (31). וְכַיָּשָׁר בְּעֵינֶ֫יךָ לַעֲשׂוֹת לָנוּ עֲשֵׂה . Ο΄. καὶ ὡς δοκεῖ ὑμῖν, ποιήσατε ἡμῖν. Aliter: Ο΄. καὶ ὡς δοκεῖ ὑμῖν ※ ποιῆσαι ἡμῖν ◄, ποιήσατε.[26]

Cap. IX. 1. – τῶν Ἀμορραίων ◄.[27] 3. – πάντα ◄.[28]

5. – καὶ τὰ κοῖλα τῶν ὑποδημάτων αὐτῶν ◄, καὶ τὰ σανδάλια – αὐτῶν ◄.[29] ἱμάτια – αὐτῶν ◄.[30] 6. παρεμβολὴν – Ἰσραήλ (◄).[31] 7. – σὺ κατοικεῖς.[32] 9. καὶ ※ πάντα ◄ ὅσα.[33] 10. ※ πάντα ◄ ὅσα.[34] – κατῴκει ◄.[35] – καὶ ἐν Ἐδραεὶν ◄.[36] 12. ἄρτοι ※ ἡμῶν ◄.[37] νῦν δὲ ※ ἰδού ◄.[38] 13. καὶ ※ ταῦτα ◄ τὰ ἱμάτια.[39] 18. – πάντες ◄.[40] 20. ποιήσομεν ※ αὐτοῖς ◄.[41] 22. εἶπεν αὐτοῖς, ※ λέγων (◄).[42] 24. ὑμῖν ※ πᾶσαν ◄ τὴν γῆν – ταύτην.[43] – ἡμᾶς καὶ ◄.[44] 26. – Ἰησοῦς ἐν τῇ ἡμέρᾳ ἐκείνῃ ◄.[45] 27. – πάσῃ ◄.[46] ⁖ διὰ τοῦτο – τῷ θυσιαστηρίῳ (sic) τοῦ θεοῦ, καὶ πάσῃ τῇ συναγωγῇ ◄.[47] – καὶ ◄ εἰς τὸν τόπον.[48] – κύριος ◄.[49]

Cap. X.

1. אֲדֹנִי־צֶ֫דֶק . Ο΄. Ἀδωνιβεζέκ. Ἀ. Σ. Θ. Ο. Ο΄. Ἀδωνιζεδέκ.[1]

וַיִּהְיוּ בְּקִרְבָּ֑ם . Ο΄. Vacat. ※ καὶ ἐγένοντο ἐν μέσῳ αὐτῶν ◄.[2]

2. וַיִּֽירְא֣וּ . Ο΄. καὶ ἐφοβήθησαν ἀπ᾿ αὐτῶν (alia exempl. ἐν αὐτοῖς, s. ἐν ἑαυτοῖς[3]).

---

[18] Sic Codd. 16, 30, alii (inter quos 85, cum τὸν κ. θ. in marg.), et fortasse Syro-hex. [19] Sic Syro-hex., et sine aster. Comp., Ald., Codd. 18, 64, 108, 128 (om. αὐτοῖς), Arm. 1 (idem). [20] Sic Syro-hex. In textu LXXvirali Arm. 1 post συναγωγῇ infert: καὶ ἦσαν ξυλ. καὶ ὑδρ. [21] Sic Ald., Codd. VII, X, 15, 16, 18, alii. Cod. 55: καὶ ἤρισεν αὐτοῖς, καὶ ἐποίησαν καθάπερ. Denique Cod. 75 in fine v. supplet: οὕτως ἐποίησαν. [22] Cod. 108 in marg. [23] Sic Syro-hex. (sine metobelo). Haec desunt in Codd. II, III, 29, 53, 55, 59, 71, 118. [24] Sic Syro-hex., et sine aster. Comp., Codd. VII, X (cum ὅτι ἀνηγ. ἀγγ.), 19, alii, Arm. 1 (sine ὅτι). [25] Syro-hex. ܐܝܟ ܕܠܐ ܐܫܬܚܪܬ ܒܢ ܪܘܚܐ ※. Sic sine aster. Codd. 44 (cum καὶ οὐχ et ὑμῖν), 55 (cum καὶ οὐχ), 58 (cum ὑμῖν), 74 (ut 55), 84 (idem), 134 (idem). [26] Sic Syro-hex., et sine aster. Codd. 56, 58, 108 (cum ὑμῖν bis). [27] Syro-hex. Mox Masius legit et pingit: – καὶ οἱ ◄ κατὰ τῷ ἀντλ., – καὶ ◄ οἱ Χετ., καὶ οἱ Ἀμ., – καὶ ◄ οἱ Χαν., – καὶ ◄ οἱ Φερ., – καὶ ◄ οἱ Εὐ., καὶ οἱ Ἰεβ.; et sic sine obelis Syro-hex. [28] Masius. Deest in Cod. 52, Arm. 1. [29] Idem. [30] Idem. [31] Syro-hex. [32] Idem. Sic sine aster. Comp. (cum κατοικῇς), Codd. 53, 58, 74, alii. [33] Idem

(cum ※ καὶ πάντα ◄). Sic sine aster. Comp., Ald. (cum ἅπαντα), Codd. VII, 44, 58, 74, alii. Cod. X in marg. (bis): οἱ Ο΄. χω πάντα. [34] Masius. Sic sine aster. Comp., Ald., Codd. VII, 54, Syro-hex. [35] Idem. [36] Syro-hex. (cum ►ܥܕܪܥܝܢ –). [37] Idem. Sic sine aster. Comp., Ald., Codd. VII, X (in marg.), 18, 30, 44, alii. [38] Idem. Sic sine aster. Comp., Codd. 58, 108. [39] Idem (cum ※ καὶ ταῦτα). Sic sine aster. Comp., Ald., Codd. 54, 58, alii. [40] Idem. Deest in Cod. 58. [41] Idem. Sic sine aster. Comp., Codd. 44, 58, 74. alii. [42] Idem. Sic sine aster. Comp., Ald., Codd. 56, 74, alii. [43] Masius (pro ὑμῖν τὴν γῆν ταύτην), invitis libris Graecis et Syro-hex. [44] Idem. Deest in Arm. 1. [45] Syro-hex. (cum metobelo tantum). [46] Masius. [47] Syro-hex. Posteriora, καὶ π. τῇ συναγωγῇ, desunt in Ed. Rom., sed habentur in Codd. 54, 74, 76, aliis. [48] Masius. Copula deest in Cod. 59. [49] Syro-hex. Deest in Comp., Cod. 108.

Cap. X. [1] Cod. 85. Sic in textu Comp., Cod. 58. [2] Sic Cod. IV, Syro-hex., et sine aster. Comp., Codd. X (in marg. cum ἐγένετο), 16, 19 (cum ἐγένετο), 30, alii (inter quos 85 in marg.), Arm. 1. [3] Prior lectio est in Comp., Codd. IV, XI, 16, 19, aliis, Syro-hex.; posterior in Codd.

2. עָרֵי הַמַּמְלָכָה וְכִי הִיא גְדוֹלָה מִן־הָעָי‎. O'. τῶν μητροπόλεων (Οἱ λοιποί· πόλεων⁴) ✕ τῶν βασιλέων, ὅτι αὐτὴ μεγάλη ὑπὲρ τὴν Γαί◄.⁵

3. הוֹהָם‎. O'. Ἐλάμ (potior scriptura Αἰλάμ). Alia exempl. Αἰάν.⁶

פִּרְאָם‎. O'. Φιδών. Alia exempl. Φεράμ, s. Φεραάμ.⁷

יָפִיעַ‎. O'. Ἰεφθά. Alia exempl. Ἰαφιέ.⁸

דְּבִיר‎. O'. Δαβίν. Alia exempl. Δαβείρ.⁹

5. וַיַּאַסְפוּ‎. O'. Vacat. ✕ καὶ συνήχθησαν ◄.¹⁰

הָאֱמֹרִי‎. O'. τῶν Ἰεβουσαίων. Ἀ. Σ. Θ. τῶν Ἀμορραίων.¹¹

עֶגְלוֹן‎. O'. Ὀδολλάμ. Ἀ. Σ. Θ. Ἐγλώμ.¹²

8. לֹא־יַעֲמֹד‎. O'. οὐχ ὑπολειφθήσεται (alia exempl. ὑποστήσεται¹³).

9. כָּל־הַלַּיְלָה עָלָה מִן־הַגִּלְגָּל‎. O'. ὅλην τὴν νύκτα εἰσεπορεύθη ἐκ Γαλγάλων. Σ. ὅλην τὴν νύκτα ἀναβὰς ἐκ Γαλγάλων.¹⁴

10. בֵּית־חוֹרֹן‎. O'. Ὠρωνίν. Alia exempl. Βαιθωρὼν, s. Βηθωράν.¹⁵

11. אֲבָנִים גְּדֹלוֹת‎. O'. λίθους χαλάζης. Ἀ. λίθους μεγάλους.¹⁶

וַיָּמֻתוּ רַבִּים‎. O'. καὶ ἐγένοντο πλείους. Aliter: O'. ✕ καὶ ἀπέθανον ◄ - καὶ ἐγένοντο ◄ πλείους.¹⁷

12. וַיֹּאמֶר לְעֵינֵי יִשְׂרָאֵל שֶׁמֶשׁ בְּגִבְעוֹן דּוֹם‎. O'. καὶ εἶπεν Ἰησοῦς (alia exempl. add. κατ' ὀφθαλμοὺς παντὸς Ἰσραήλ¹⁸)· στήτω ὁ ἥλιος κατὰ Γαβαών (alia exempl. ὁ ἥλιος κατὰ Γαβαὼν στήτω¹⁹). Ἀ. καὶ εἶπον πρὸς υἱοὺς Ἰσραήλ· ἥλιε, ἐν Γαβαὼν σιώπα. Σ... ὁ ἥλιος ἐν Γαβαὼν [μὴ] ἡσυχασάτω.²⁰

13. עַד־יִקֹּם גּוֹי אֹיְבָיו‎. Donec ulcisceretur gens (Israel) hostes suos. O'. ἕως ἠμύνατο ὁ θεὸς τοὺς ἐχθροὺς αὐτῶν. Ἀ. ἕως ἠμύνατο ἔθνος ἐχθρῶν αὐτοῦ. Σ. ἕως ἠμύνατο τὸ ἔθνος τῶν ἐχθρῶν αὐτοῦ.²¹

הֲלֹא־הִיא כְתוּבָה עַל־סֵפֶר הַיָּשָׁר‎. O'. Vacat. ✕ οὐχὶ τοῦτο γεγραμμένον ἐπὶ βιβλίου τοῦ εὐθοῦς ◄;²²

וְלֹא־אָץ לָבוֹא כְּיוֹם תָּמִים‎. O'. οὐ προεπορεύετο εἰς δυσμὰς εἰς τέλος ἡμέρας μιᾶς. Ἀ. καὶ οὐκ ἔσπευσε πρὸς δυσμὰς ἕως ἡμέρας τελείας.²³

VII (in supplemento manu saec. fere XIII), 15, 18, aliis (inter quos 85, cum ἀπ' αὐτῶν in marg.). Masius pingit: - ἐν αὐτοῖς ◄; Cod. IV: - καὶ ἐφοβ. ἐν αὐτοῖς :. ⁴ Syro-hex. (cum ܦܥܪܒܐ?). ⁵ Sic Cod. IV (cum Γαὶν), Syro-hex. (cum καὶ ὅτι), et sine aster. Comp., Codd. X (in marg. cum τῆς Γαί), 16, 52, 57, alii, Arm. 1 (cum τῶν β. ✕ ὅτι). ⁶ Sic Cod. 58. Deficiente Syro-hex., Masius edidit Ὀχάμ. ⁷ Sic Comp., Codd. III, IV, X (cum Φιδῶν in marg.), XI, 15, 56, 58, alii. Masius: Φαράν. ⁸ Sic Codd. III, IV, (cum Ἰεφαιε), XI, 58, 71, 108, Masius. ⁹ Sic Codd. III, IV, VII (ut ante), XI, 15, 56, 58, alii (inter quos 85 in marg.), Masius. Mox pro Ὀδολλάμ s. Ὀδολάμ solus Cod. 58 Αἰγλὼμ habet. ¹⁰ Sic Cod. IV, Masius, et sine aster. Comp., Codd. X (in marg.), 16, 18, 19, alii (inter quos 85 in marg.), Arm. 1. ¹¹ Masius. Sic in textu Comp., Codd. 58, 82. Cod. IV: τοῦ Ἀμορραίων. ¹² Cod. 85. Cod. 58 in marg. sine nom.: Αἰγλώμ. Euseb. in Onomastico, p. 176: Ἐγλὼν, ἡ καὶ Ὀδολλάμ, ἧς τὸν βασιλέα Δαβεὶρ ἐπάταξεν Ἰησοῦς. ¹³ Sic Comp., Ald., Codd. III, VII (ut ante), XI, 44, 56, 58, alii (inter quos 85 in marg., teste Parsonsio), Syro-hex. ¹⁴ Masius in Comment. p. 182. ¹⁵ Prior lectio est in Codd. VII (ut ante), XI, 18, 44, aliis

(inter quos 85 in marg.); posterior in Comp., Ald., Codd. III, IV, 15, 19, aliis, Syro-hex. ¹⁶ Masius in Annot. p. 137. ¹⁷ Sic Masius, et sine notis Codd. 16 (cum ἀπεθάνοσαν), 18, 30, alii. Syro-hex. post lacunam incipit: καὶ ἐγένοντο πλείους, sine obelo. ¹⁸ Sic Codd. VII (ut ante), 44, 54, alii. ¹⁹ Sic Comp., Codd. IV, 108, Syro-hex. ²⁰ Syro-hex. ‍ܠ. ܘܐܡܪܘ ܠܟܐ ܚܠܒ ܘܐܣܝܐ ܡܥܠܐ ܕܝܬܒܝܢ ܕ. ܡܥܡܐ ܕܝܬܒܝܢ ܠܐ ܐܫܬܘܩ. Masius in Comment. p. 186: "Porro verbum דֹּם, etsi tacere interdum significat, hancque notionem secuti sunt illi quos nuper dicebam Doct. Heb. in commentario Tanhuma, atque etiam Aquilas Ponticus; tamen verior mihi visa est Chaldaei et LXXII interpretum, Symmachique et Latini sententia, qui omnes pro insistere, morari, interquiescere accipiunt." Unde Montef. post Drusium edidit: Ἀ. σιώπα. Σ. παῦσον. Ad Sym. cf. Hex. ad Psal. iv. 5. xxxvi. 7. Jesai. lxii. 6. ²¹ Syro-hex. ‍܀. ܚܝܡܐ ‍ܐ. ܝܩܒܐ ܘܚܟܒܚܝܒܐ (sic) ܘܟܠܚ. ܡ. ܚܪܒܐ ܝܚܩܒ‍ ‍ (sic) ‍ܘܚܟܒ‍ܚܝܗܗܡ‍. Codd. 44, 54, 74, alii, in textu: ἕως ἡμ. τὸ ἔθνος τῶν ἐχθρῶν αὐτοῦ. ²² Sic Cod. IV, et sine aster. Comp., Ald., Codd. 16, 19 (cum εὐθέους), 52, alii (inter quos 85 in marg.), Arm. 1, Syro-hex. ²³ Syro-

15. וַיָּשָׁב יְהוֹשֻׁעַ וְכָל־יִשְׂרָאֵל עִמּוֹ אֶל־הַמַּחֲנֶה הַגִּלְגָּלָה. Ο'. Vacat. ※ καὶ ἐπέστρεψεν Ἰησοῦς καὶ πᾶς Ἰσραὴλ μετ' αὐτοῦ εἰς τὴν παρεμβολὴν εἰς Γάλγαλα ◄.[24]

19. וְאַתֶּם אַל־תַּעֲמֹדוּ רִדְפוּ אַחֲרֵי. Ο'. ὑμεῖς δὲ μὴ ἑστήκατε καταδιώκοντες ὀπίσω. Ἀ. Θ. καὶ ὑμεῖς μὴ στήκετε, διώξατε ὀπίσω. Σ. ὑμεῖς δὲ μὴ ἀποστῆτε, διώξατε κατόπιν.[25]

20. וְהַשְּׂרִידִים שָׂרְדוּ מֵהֶם וַיָּבֹאוּ. Ο'. καὶ οἱ διασωζόμενοι (Ἄλλος· κατάλοιποι[26]) διεσώθησαν ※ ἀπ' αὐτῶν, καὶ εἰσῆλθον ◄.[27]

21. כָּל־הָעָם אֶל־הַמַּחֲנֶה. Ο'. πᾶς ὁ λαὸς ※ εἰς τὴν παρεμβολὴν ◄.[28]

23. וַיַּעֲשׂוּ כֵן. Ο'. Vacat. ※ καὶ ἐποίησαν οὕτως ◄.[29]

עֶגְלוֹן. Ο'. Ὀδολλάμ. Ἀ. Σ. Ἐγλώμ.[30]

24. אֶל־כָּל־אִישׁ יִשְׂרָאֵל. Ο'. πάντα ※ ἄνδρα ◄ Ἰσραήλ.[31]

26. אַחֲרֵי־כֵן וַיְמִיתֵם וַיִּתְלֵם. Ο'. ※ μετὰ τοῦτο, καὶ ἐθανάτωσεν αὐτοὺς ◄, καὶ ἐκρέμασεν αὐτούς.[32]

28. לָכַד יְהוֹשֻׁעַ. Ο'. ἐλάβοσαν. Aliter : Ο'. ἔλαβεν ※ Ἰησοῦς ◄.[33]

וְאֶת־מַלְכָּהּ הֶחֱרִם אוֹתָם וְאֶת־כָּל־הַנֶּפֶשׁ. Ο'. καὶ ἐξωλόθρευσαν πᾶν ἐμπνέον. Aliter : Ο'. ※ καὶ τὸν βασιλέα αὐτῆς ◄,[34] καὶ ἐξωλόθρευσαν ※ αὐτοὺς καὶ ◄ πᾶν ἐμπνέον.[35]

לֹא הִשְׁאִיר שָׂרִיד. Ο'. καὶ οὐ κατελείφθη οὐδεὶς ἐν αὐτῇ (alia exempl. ÷ ἐν αὐτῇ οὐδεὶς ◄[36]) διασεσωσμένος ÷ καὶ διαπεφευγώς ◄.[37]

33. אָז עָלָה הֹרָם מֶלֶךְ גֶּזֶר לַעְזֹר אֶת־לָכִישׁ. Ο'. τότε ἀνέβη (alia exempl. ἦλθεν[38]) Ἐλὰμ βασιλεὺς Γαζὲρ βοηθήσων (alia exempl. βοηθῆσαι[39]) τῇ Λαχίς. Ο'. Σ. Ἀ. τότε ἀνέβη Ὁρὰμ βασιλεὺς Γαζὲρ βοηθήσων τῇ Λαχείς. Θ. ἀγαζεὶρ βασιλεὺς Λαχείς.[40]

34. עֶגְלֹנָה. Ο'. εἰς Ὀδολλάμ (Ο'. Ἀ. Αἰγλώμ[41]). Σ. εἰς Ἐγλών.[42]

37. וַיִּלְכְּדוּהָ. Ο'. Vacat. ※ καὶ κατελάβοντο αὐτὴν ◄.[43]

וְאֶת־מַלְכָּהּ וְאֶת־כָּל־עָרֶיהָ. Ο'. Vacat. ※ καὶ

---

hex. ⁣ܠ܂ ܐܣܟܘܬ܂ ܟܡܐ ܡܚܪܒ ܟܡܕܐ ܗܡܥܡܠ ܗܡܥܡܠܐ ◆. ²⁴ Sic Cod. IV (cum Γαλγαλα), Syro-hex. (cum rasura inter Ἰσραὴλ et εἰς), et sine aster. Comp., Ald., Codd. II (in marg. manu 2ᵈᵃ), 18, 54, 56, alii (inter quos 85 in marg. cum ἐπ' αὐτοῦ, teste Parsons.), Arm. I. ²⁵ Cod. 85 (cum κατόπην). Ad Sym. cf. Hex. ad 2 Reg. v. 23. ²⁶ Duplex versio, κατάλοιποι οἱ διασωζόμενοι est in Cod. 55, et (cum οἱ διασωθέντες ἐξ αὐτῶν pro οἱ διασωζόμενοι) in Codd. 44, 54, 74, aliis. ²⁷ Sic Cod. IV, Masius, et sine aster. Comp., Ald. (cum εἰσῆλθοσαν), Codd. 19, 56, 58, 63, 82, 85 (in marg.), 108, Syro-hex. ²⁸ Sic Cod. IV (post εἰς Μακηδὰ), Syro-hex., et sine aster. Comp. (ut IV), Ald., Codd. 54, 63, 75, 82 (ut IV), 85 (in marg.), 108 (ut IV), Arm. I. ²⁹ Sic Cod. IV, Syro-hex. (sine metobelo), et sine aster. Comp., Codd. 19, 55, 74, alii, Arm. I. ³⁰ Syro-hex. (cum ܐܓܠܘܡ܂܂ in textu): ◆ ܐܓܠܘܡ܂ ܣ. ܐ. ⁣ܠ. ³¹ Sic Cod. IV, Masius, et sine aster. Comp., Cod. 108. Minus probabiliter Syrus noster: ܐܢܫ ܟܠ܂ ܐܣܪܐܝܠ܂ Statim Comp., Cod. IV, Syro-hex.: λέγων αὐτοῖς καὶ τοὺς ἐνάρχ. (non, ut Masius, — αὐτοῖς καὶ ◄ τοὺς ἐνάρχ.). Mox λέγων αὐτοῖς deest in Cod. IV, Syro-hex. ³² Sic Cod. IV, et sine aster. Comp., Codd. 82, 108. Alia lectio, καὶ μετὰ τὸ θανατῶσαι (θανατωθῆναι 54, 75) αὐτοὺς ἐκρέμασεν αὐτούς, est

in Codd. 54, 58, 75, 85 (in marg.), consentiente Syro nostro, qui legit et pingit: ܠܣ (sic) ܘܐܟܚܕܐ܂ ܟܚܕ ܘܐܚܕܘܗܝ ܐܢܫ ܠܐ ܠܗܘܢ ܐܠ ܐ|܂—, h.e. καὶ μετὰ τὸ θανατῶσαι αὐτοὺς, — καὶ ἐκρ. αὐτοὺς (non, ut Masius, — καὶ ◄ ἐπειδὴ ἐθανάτωσεν αὐτοὺς, καὶ ἐκρ. αὐτούς). ³³ Sic Cod. IV, et sine aster. Comp., Codd. 58, 108, et (teste Masio) Syro-hex. in marg. ³⁴ Sic Cod. IV, Syro-hex., et sine aster. Comp., Codd. 44, 55, 56, alii (inter quos 85 in marg.), Arm. I (cum αὐτὴν). ³⁵ Sic Cod. IV, Syro-hex. (qui pingit: καὶ πᾶν ◄), et sine aster. Comp., Ald. (cum αὐτὴν), Codd. III, XI, 15 (ut Ald.), 18 (idem), 29, alii (inter quos 85, ut Ald.), Arm. I (ut Ald.). ³⁶ Sic Masius, Cod. IV (qui pingit: ἐν αὐτῇ — οὐδεὶς:), et sine obelo Comp., Codd. II, 15, 18, 55, alii. Syro-hex. male pingit: καὶ οὐ — κατελείφθη ◄ ※ ἐν αὐτῇ οὐδεὶς ◄. ³⁷ Sic Syro-hex. Haec, καὶ διαπεφευγὼς, desunt in Comp., Codd. IV, 108. ³⁸ Sic Cod. 75. Syro-hex. in marg. ܐܬܐ (sic). ³⁹ Sic Comp., Codd. IV, 15, 44, 54, alii. Syro-hex. ܡܥܕܪܘ. ⁴⁰ Cod. 85. Theodotionis lectio nihili esse videtur. ⁴¹ Cod. 85. ⁴² Syro-hex. ܐܓܠܘܢ ܚܣܟܠܡ ◆. ⁴³ Sic Cod. IV, Syro-hex. (cum ܐܣܬ̈ܘܡܗ x), et sine aster. Comp., Codd. 58, 108; necnon (cum ἔλαβον) Ald., Codd. 15, 18, alii.

τὸν βασιλέα αὐτῆς, καὶ τὰς πάσας κώμας αὐτῆς ◄.[34]

37. שָׂרִיד הִשְׁאִיר־לֹא. Ο'. οὐκ ἦν διασεσωσμένος. Ἄλλος· οὐ κατέλιπε σεσωσμένον.[45]

לְעֶגְלוֹן. Ο'. τὴν Ὀδολλάμ. Σ. τὴν Ἐγλώμ.[46]

בָּהּ־אֲשֶׁר הַנֶּפֶשׁ־כָּל־וְאֵת. Ο'. καὶ ※ πᾶν ἐμπνέον ◄ ὅσα ἦν ἐν αὐτῇ.[47]

40. וְהַנֶּגֶב. Ο'. καὶ τὴν ναγέβ (alia exempl. ναβαί[48]). Ἀ. Σ. καὶ τὸν νότον.[49]

מַלְכֵיהֶם. Ο'. τοὺς βασιλεῖς αὐτῆς (Ἀ. Σ. αὐτῶν[50]).

הֶהָרִים הַנְּשָׁמָה־כָּל־וְאֵת. Ο'. καὶ πᾶν ἐμπνέον — ζωῆς ◄ ἐξωλόθρευσεν.[51]

42. אֶחָת פַּעַם יְהוֹשֻׁעַ לָכַד. Ο'. ἐπάταξεν (alia exempl. ἔλαβεν[52]) Ἰησοῦς εἰσάπαξ. Σ. ἠχμαλώτευσεν Ἰησοῦς μιᾷ ὁρμῇ.[53]

43. הַגִּלְגָּלָה אֶל־הַמַּחֲנֶה עִמּוֹ וְכָל־יִשְׂרָאֵל יְהוֹשֻׁעַ וַיָּשָׁב. Ο'. Vacat. ※ καὶ ἀνέστρεψεν Ἰησοῦς καὶ πᾶς Ἰσραὴλ μετ' αὐτοῦ εἰς τὴν παρεμβολὴν εἰς Γάλγαλα ◄.[54]

Cap. X. 1. — πρὸς Ἰησοῦν καί ◄.[55] 2. — ᾔδει γάρ ◄.[56] 4. — δεῦτε ◄.[57] ※ τὴν — Γαβαών.[58] 6. — Ἰσραήλ ◄.[59] 9. — ἐπεί ◄.[60] 10. συνέτριψεν αὐτοὺς — κύριος ◄.[61] 11. προσώπου — υἱῶν ◄ Ἰσραήλ.[62] — ἐν τῷ πολέμῳ ◄.[63] 12. ὑποχείριον ※ υἱῶν — Ἰσραήλ,◄[64] — ἡνίκα συνέτριψεν—ἀπὸ προσώπου Ἰσραήλ ◄.[65] 14. θεὸν ※ φωνῆς ◄ ἀνθρώπου.[66] 18. λίθους ※ μεγάλους ◄.[67] 19. καὶ μὴ ἀφῆτε ※ αὐτούς ◄.[68] 22. ἐξαγάγετε ※ πρὸς μέ ◄.[69] 23. ἐξήγαγον (sic) ※ πρὸς αὐτόν ◄.[70] 25. μὴ φοβηθῆτε — αὐτούς ◄.[71] 27. λίθους ※ μεγάλους ◄.[72] 29. ἐπολιόρκει ※ ἐπὶ ◄ Λεβνά.[73] 30. κύριος ※ καὶ ◄ αὐτήν.[74] — καὶ ἔλαβον αὐτήν ◄.[75] ἐμπνέον ※ ὃ ◄ ἐν αὐτῇ.[76] ἐν αὐτῇ ※ οὐδὲ εἷς ◄.[77] — καὶ διαπεφευ-

---

[44] Sic Cod. IV, Syro-hex., et sine aster. Comp., Codd. 58 (cum καὶ πάσας τὰς), 108 (idem). [45] Sic in textu Codd. 16, 30 (cum κατέλιπεν), 52, alii (inter quos 85, cum κατέλειπον). [46] Syro-hex. ⲁⲙⲁ⳿ⲗ. ... .[47] Cod. IV (manu 1ma): καὶ ※ πᾶν ἐμπνέον ὅσα ἐν αὐτῇ. Idem (ex corr.): καὶ πᾶν ※ἐμπνέον· ὅσα ἐν αὐτῇ. Syro-hex.: καὶ πᾶν ἐμπνέον ◄ ὅσα ἦν ἐν αὐτῇ, absente asterisco. [48] Sic Codd. II, 16, 52, alii (inter quos 85, cum ναγέβ in marg.). [49] Syro-hex. ⳿ⲙⲁⲗⲙⲁⳁⲁ ./. Post τὴν πεδινὴν add. καὶ τὸν νότον Codd. 44 (sine τὸν), 54, alii (inter quos 85 in marg.). [50] Syro-hex. Sic in textu Codd. 44, 54, alii. [51] Sic Cod. IV, Masius (uterque cum ἐξωλόθρευσαν). Syro-hex. pingit: καὶ πᾶν ἐμπνέον ※ ζωῆς — ἐξωλόθρευσαν ◄, quasi in Hebraeo הַחַיִּים pro הָהָרִים legatur. In Codd. 44, 54, 74, aliis, duplex versio, ἐξωλόθρευσεν καὶ ἀνεθεμάτισεν, reperitur. [52] Sic Comp., Ald., Codd. III, IV, VII, XI, 15, 18, alii (inter quos 58 cum ἔλαβεν), Arm. 1, Syro-hex. (cum ἔλαβον). [53] Syro-hex. ⳿ⲙⲁ⳿ⲗ⳿ⲥ⳿. ... ⲁⲙⲁ⳿ ⲁⲙⲁ⳿ ⲁⲙⲁ⳿. Hieron.: uno cepit impetu. [54] Sic Cod. IV (cum duplici versione, εἰς πόλεμον εἰς τὴν π.), Syro-hex., et sine aster. Arm. 1 (om. μετ' αὐτοῦ). Concisius Comp., Codd. 19, 108: καὶ ἀνέστρεψεν Ἰησοῦς εἰς Γ. [55] Cod. IV, Masius (sub —, ut semper). [56] Cod. IV (cum εἰδῇ), Syro-hex. (sine metobelo). [57] Cod. IV, Masius. Deest in Codd. 15, 18, 64, 128. [58] Cod. IV. Sic sine aster. Comp., Ald., Codd. 18, 44, 54, alii, et Masius. [59] Cod. IV, Masius. Deest in Codd. 16, 52, 57, aliis. [60] Cod. IV, Masius (sub ※). Deest in Codd. XI, 44 (qui mox

ὅλην γάρ), 54 (idem), 74 (idem), aliis, Arm. 1. [61] Masius. Vox κύριος deest in Codd. 44, 74, 76, aliis, Arm. 1. [62] Cod. IV (cum notis ex corr.). [63] Syro-hex. Deest in Cod. 58. Cod. IV pingit: ※ ἐν τῷ — πολέμῳ ◄. [64] Cod. IV, Syro-hex. Sic sine aster. Comp., Codd. 82, 108, Arm. 1. [65] Cod. IV, Masius. Syro-hex. pingit: ἡνίκα — συνέτριψεν αὐτοὺς ἐν Γαβαών ◄, καὶ συνετρίβησαν ἀπὸ προσώπου ※Ἰσραήλ ◄. [66] Cod. IV, Syro-hex. (sine metobelo). Sic sine aster. Comp., Ald., Codd. 16, 18, 30, alii. [67] Iidem. Sic sine aster. Comp., Ald., Codd. 19, 53, 54, alii (inter quos 85 in marg.), Arm. 1. [68] Iidem. Sic sine aster. Comp., Ald., Codd. III, 44, 54, alii. Praeterea Masius pingit: — καὶ — μὴ, invitis Cod. IV, Syro-hex. [69] Iidem. Sic sine aster. Comp., Codd. 44, 56, alii (inter quos 85 in marg.). [70] Cod. IV, Masius. Sic sine aster. Codd. 44, 74, 76, alii. Syro-hex. pingit: ※ καὶ ἐξήγαγον αὐτοὺς ※ πρὸς αὐτόν. Mox Masius ter pingit: — καὶ ◄ τὸν βασιλέα, invitis Cod. IV, Syro-hex. Vide nos in Monito. [71] Cod. IV, Masius. [72] Cod. IV, Syro-hex. Sic sine aster. Comp., Ald., Codd. 15, 18, 44, alii (inter quos 85 in marg.), Arm. 1. [73] Iidem. Sic sine aster. Comp., Cod. 108. [74] Iidem (pro αὐτὴν κύριος). Sic sine aster. Comp., Ald., Codd. 64, 108. [75] Cod. IV (ex corr. pro: καὶ ἔλαβον αὐτὴν ※), Syro-hex. (sine cuneolo). [76] Cod. IV. Sic sine aster. (cum ὃ ἦν ἐν) Comp., Codd. 74, 76, alii, invito Syro-hex. (e quo Masius male edidit τὸ ἐν αὐτῇ). [77] Syro-hex. Sic sine aster. Comp., Ald., Codd. IV, 16, 18 (cum οὐδείς), 54, alii, Arm. 1.

γώς ↙.[78] 33. ÷ ἐν στόματι ξίφους ↙.[79] ÷ καὶ διαπεφευγότα ↙.[80] 35. ÷ καὶ παρέδωκεν αὐτὴν κύριος ἐν χειρὶ Ἰσραήλ ↙.[81] ἐν αὐτῇ ※ ἐν τῇ ἡμέρᾳ ἐκείνῃ ↙.[82] 36. ※ ἀπὸ Ἐγλὼμ ↙ εἰς Χεβρών.[83] 39. ἐξωλόθρευσαν ÷ αὐτὴν καὶ ↙ πᾶν.[84] ÷ οὐδένα ↙.[85] 40. ※ τὴν ↙ πᾶσαν τὴν γῆν.[86] τοὺς ※ πάντας ↙ βασιλεῖς.[87] οὐ κατέλιπον ÷ ἐν αὐτῇ ↙ σεσωσμένον.[88] 41. ※ καὶ τὴν ↙ πᾶσαν γῆν Γοσόμ.[89]

Cap. XI.

1. יוֹבָב. Ο΄. Ἀ. Σ. Θ. Ἰωβάβ.[1] Alia exempl. Ἰωάβ.[2]

שִׁמְרוֹן. Ο΄. Συμοών. Alia exempl. Σομερὼν, s. Σομορὼν, s. Συμερών.[3]

2. אֲשֶׁר מִצְּפוֹן. Ο΄. τοὺς κατὰ Σιδῶνα τὴν μεγάλην (Ἀ. Σ. κατὰ βορρᾶν[4]).

וּבָעֲרָבָה. Ο΄. καὶ εἰς (τὴν) ἀραβά. Ἀ. καὶ ἐν τῇ ὁμαλῇ. Σ. καὶ εἰς τὴν πεδινήν.[5]

2. וּבְנָפוֹת דּוֹר מִיָּם. *Et in Naphoth (clivis) Dor ab occidente.* Ο΄. καὶ εἰς Φενεεδδὼρ (alia exempl. Ναφεθδὼρ, s. Ναφεδὼρ[6]), καὶ εἰς τοὺς παραλίους. Σ. καὶ εἰς τὴν παραλίαν Δὼρ ἀπὸ δυσμῶν.[7]

3. הַכְּנַעֲנִי מִמִּזְרָח וּמִיָּם וְהָאֱמֹרִי. Ο΄. (καὶ εἰς τοὺς παραλίους) Χαναναίους ἀπὸ ἀνατολῶν, καὶ εἰς τοὺς παραλίους Ἀμορραίους. Σ. πρὸς τὸν Χαναναῖον τὸν ἀπὸ ἀνατολῶν, καὶ ἀπὸ δυσμῶν τὸν Ἀμορραῖον.[8]

תַּחַת חֶרְמוֹן בְּאֶרֶץ הַמִּצְפָּה. Ο΄. τοὺς ὑπὸ τὴν Ἀερμὼν (alia exempl. ἔρημον[9]) εἰς γῆν Μασσύμα (alia exempl. εἰς τὴν Μασσηφά[10]).

4. עַמָּם עַם־רָב. Ο΄. μετ᾽ αὐτῶν ※ λαὸς πολύς ↙.[11]

5. וַיִּוָּעֲדוּ. *Et convenerunt ex condicto.* Ο΄. καὶ συνῆλθον (alia exempl. συνέβαλον[12]). Ἀ. Σ. καὶ ὡμολόγησαν.[13]

6. אֶת־כֻּלָּם חֲלָלִים. Ο΄. τετροπωμένους (alia exempl. τετρωμένους[14]) αὐτούς. Aliter: Ο΄. ※

---

[78] Cod. IV, Syro-hex. Deest in Cod. 58. [79] Cod. IV (cum notis ex corr.), Syro-hex. [80] Cod. IV (idem), Syro-hex. [81] Cod. IV, Syro-hex. (qui male pingit: ※ καὶ ἐξεπολιόρκησεν αὐτήν, ÷ καὶ παρέδωκεν κ. τ. ἑ.). [82] Cod. IV, Syro-hex. (cum ※ ἐν αὐτῇ—ἐκείνῃ ↙). Masius edidit: ※ τὸ ἐν αὐτῇ—ἐκείνῃ ↙, invito Syro-hex. [83] Iidem. Sic sine aster. Comp. (cum Ἐγλὼν), Codd. 19 (idem), 58 (cum ἀπὸ Αἰγλὼμ Ὀδολλὰμ), 108. [84] Iidem. [85] Syro-hex. Deest in Cod. 121. [86] Cod. IV. Sic sine aster. Cod. 108. [87] Cod. IV (cum aster. ex corr.), Syro-hex. (sine metobelo). Sic sine aster. Comp., Codd. 58 (cum πάντας τοὺς β.), 108, Arm. 1. [88] Cod. IV (cum ἐν ÷ αὐτῇ :), Syro-hex., et sine obelo Comp., Ald. (cum διασεσ.), Codd. III (ut Ald.), VII (idem), 15 (idem), 18 (idem), alii. [89] Cod. IV, Syro-hex. (cum ܘܠܟܠܗܿ ※). Sic sine aster. (cum καὶ πᾶσαν τ. γ. Γ.) Comp., Codd. 44, 54, 74, alii.

Cap. XI. [1] Cod. 85. [2] Sic Codd. 16, 30, 52, alii (inter quos 85). [3] Prior scriptura est in Comp., Codd. III, IV, VII, 15, 19, aliis; altera in Codd. XI, 44, 54, aliis; tertia in Codd. 85 (in marg., cum Ὑμέρων in textu), 144. Syrus uterque: ܫܡܥܘܢ. Origen. Opp. T. II, p. 430: "Mittit autem ad regem Symeon, qui interpretatur *exauditio*." [4] Syro-hex. ܐ. ܣ. ܠܘܬ ܓܪܒܝܐ. Post ἀραβὰ Codd. 44, 54, alii, inferunt: καὶ πρὸς τοὺς ἀπὸ βορρᾶ. [5] "Verbum עֲרָבָה, quod LXX ut nomen loci conservarunt hic, post [v. 16] interpretabuntur *occidentem*. Aquilas vero pro eo reddidit hoc loco τὴν ὁμαλὴν, Sym. vero τὴν πεδινήν."—*Masius*. Syro-hex. affert tantum: ܣ. ܘܠܦܩܥܬܐ. [6] Prior scriptura est in Comp., Codd. III (manu 2da), IV (ex corr. manu 1ma), VII (cum Ναφεθδὼρ), 56, 64, 85 (in marg.), 108, 118; posterior in Ald. (cum Ναφεδδὼρ), Codd. III (ante corr.), IV (idem), 15 (ut Ald.), 55 (idem), aliis. Masius e Syro-hex. edidit Ναφεθδὼρ, sed in nostro apographo ܘܠܢܦܬܕܘܪ scriptum. [7] Syro-hex. ܣ. ܘܠܣܦܪ ܝܡܐ ܕܕܘܪ ܡܢ ܡܥܪܒܐ. Masius Syriaca vertit, τὴν ἀκτὴν τῆς θαλάσσης τῆς Δώρ, repugnantibus tum Syri nostri usu (quem cf. ad Jesai. ix. 1, Ezech. xxv. 16), tum Eusebio in Onomastico, p. 298: Ναφεθδώρ. Σ. ἐν τῇ παραλίᾳ Δώρ. Cf. ad Cap. xii. 23. [8] Idem Symmacho continuat: ܠܘܬ ܟܢܥܢܝܐ ܕܡܢ ܡܕܢܚܐ. ܘܡܢ ܡܥܪܒܐ ܠܐܡܘܪܝܐ. [9] Sic Codd. II, 16, 52, alii (inter quos 85, cum Ἀερμὼν in marg.), Origen. (Opp. T. II, p. 429). [10] Sic Codd. III (cum Μασσηφάθ), IV, VII, XI, 44 (ut III), 58, alii. Syro-hex. ܠܡܨܦܐ. [11] Sic Cod. IV, Syro-hex., et sine aster. Comp., Codd. 19, 58, 108, Arm. 1. [12] Sic Comp., Ald. (cum συνέβαλλον), Codd. IV, 15, 18, 19, alii, Syro-hex. [13] Masius. [14] Sic Comp. (cum πάντας αὐτοὺς τετρ.), Ald., Codd. VII (cum αὐτοὺς τετρ.), 16 (idem), 82, Origen. (cum *sauciatos*). Syro-hex. in textu: ܡܢ ܢܨܚܝܢ; in marg. autem: ܡܢ ܡܚܝܢ (=τραυματίας Deut. xxi. 1. Jud. ix. 40).

πάντας αὐτοὺς ◄ τετροπωμένους.¹⁵ Σ... τετρω-
μένους.¹⁶

6. לִפְנֵי יִשְׂרָאֵל. Ο'. ἐναντίον ※ (fort. ﬩) υἱῶν ◄
Ἰσραήλ.¹⁷

8. וְעַד מִשְׂרְפוֹת מַיִם. Ο'. καὶ ἕως Μασερών (alia
exempl. Μασρεφωθμαίμ¹⁸). Ἀ. καὶ ἕως Μα-
στριφώθ ὕδατος (s. ὑδάτων). Σ. (καὶ ἕως) Μα-
στριφώθ τῆς ἀπὸ θαλάσσης.¹⁹

מִצְפֶּה. Ο'. Μασσώχ. Alia exempl. Μασ-
σηφά.²⁰

9. כַּאֲשֶׁר. Ο'. ὃν τρόπον. Alia exempl. καθότι.²¹

10. וְאֶת מַלְכָּהּ הִכָּה בֶחָרֶב. Ο'. καὶ τὸν βασιλέα
αὐτῆς ※ ἀπέκτεινεν ἐν ῥομφαίᾳ ◄.²²

13. הָעֹמְדוֹת עַל תִּלָּם. Stantes super tumulo suo.
Ο'. τὰς κεχωματισμένας. Ἀ. ἑστηκυίας ἐπὶ
χώματος. Σ. ἱδρυμένας ἑκάστην ἐπὶ ὕψους.²³
Θ. τὰς ὑφισταμένας (s. ὑπομένουσας).²⁴ Ἄλλος·

ἑστῶσας ἐπὶ τῶν θινῶν αὐτῶν.²⁵

14. וְהַבְּהֵמָה. Ο'. Vacat. ※ καὶ τὰ κτήνη ◄.²⁶
בְּנֵי יִשְׂרָאֵל. Ο'. οἱ υἱοὶ Ἰσραήλ, ※ κατὰ τὸ
ῥῆμα κυρίου ὃ ἐνετείλατο τῷ Ἰησοῦ ◄.²⁷

15. יְהוָה אֶת מֹשֶׁה. Ο'. αὐτῷ Μωυσῆς. Alia exempl. κύριος τῷ Μωυσῇ.²⁸

16. וְאֶת כָּל הָאָרֶץ הַנֶּגֶב. Ο'. καὶ πᾶσαν τὴν γῆν Ναγέβ.
Ἀ. Σ. καὶ πᾶσαν τὴν νότον.²⁹

וּשְׁפֵלָתֹה. Et regionem humilem ejus. Ο'. καὶ
τὰ ταπεινά (alia exempl. πεδινά³⁰). Ἄλλος·
καὶ τὴν κοιλάδα αὐτοῦ.³¹

17. מִן הָהָר הֶחָלָק. A monte glabro. Ο'. τὰ πρὸς
τῷ ὄρει [ἀπὸ ὄρους³²] Χελχά (alia exempl. Ἀα-
λάκ³³). Ἀ. (τοῦ) μερίζοντος. Σ. . (τοῦ) λείου.³⁴
וַיִּכֵּם וַיְמִיתֵם. Ο'. καὶ ἀνεῖλεν (alia exempl.
add. αὐτοὺς³⁵), καὶ ἀπέκτεινεν ※ αὐτούς ◄.³⁶
Ἀ. Σ. καὶ ἐπάταξεν αὐτούς, καὶ ἐθανάτωσεν αὐτούς.³⁷

---

¹⁵ Sie Cod. IV, Syro-hex. (cum αὐτοὺς ※ πάντας ◄ τετρ.), et sine aster. Comp. (cum τετρωμ.), Codd. 58, 108, Arm. 1. ¹⁶ "Mihi cum Chaldaeo et Symmacho hic occisos dicere placuit."—Masius. Itaque in codice suo scriptum reperisse videtur V. D. ܡ ܡܩܛ̈ܠܐ ܡ., quod vel τετρωμένους, vel, ut Scharfenbergio placebat, ἀνῃρημένους (cf. Hex. ad Deut. xxi. 1. 2 Reg. i. 22) significare potest. ¹⁷ Sie Cod. IV (pro ἐναντίον τοῦ Ἰσρ.), et sine aster. Comp., Codd. VII (cum τῶν υἱῶν), XI, 15, 18, alii (inter quos 85 in marg., cum ἐνώπιον τῶν υ.), Arm. 1. ¹⁸ Sie Comp. (cum μαὶν), Ald. (cum μαεὶμ), Codd. III (ut Ald.), IV, VII (cum μαιθ, eraso θ'), XI, 15 (ut Ald.), 18 (ut Comp.), 29, alii (inter quos 85, ut Ald.), Syro-hex. (cum ܡܐܝܡ ܡܣܪܦܘܬ). ¹⁹ Euseb. in Onomastico, p. 282: Μασριφαθμαίμ. Ἀκύλας· Μαστριφωθ ὕδατος. Σύμμαχος· Μαστριφωθ θαλάσσης. Syro-hex. affert: ܡܣܪܦܘܬ ܕܡܝ̈ܐ. In lectione Symmachi praepositionem defendit lectio Codd. 44, 54, 74; aliorum: Μασεριμωθ ἀπὸ θαλάσσης. ²⁰ Sie Comp. (cum Μασιφὰ), Ald., Codd. III, IV (cum Μασηφὼθ), XI, 15, 18, alii (inter quos 85 in marg.). Syro-hex. ܡܨܦܐ. ²¹ Sie Comp., Codd. III, IV, XI, 15, 16, 18, alii (inter quos 85, cum ὃν τρόπον in marg.), Syro-hex. ²² Sie Cod. IV, Syro-hex. (qui pingit: ἀπέκτ. ※ ἐν ῥ. ◄), et sine aster. Comp., Codd. 19, 58, 108. ²³ Cod. 85, teste Montef. Cod. 54: Ἀ. ἑστηκυίας ἐκ χ. Σ. ἱδρυμένας ἑκάστην ἐπὶ ὕψους, καὶ ἑστῶσας ἐπὶ τῶν θηρῶν (sic) αὐτῶν. Syro-hex. affert tantum: Ἀ. ἑστηκυίας ἐπὶ χωράτων (ܕܐܒܠ). Σ. ἱδρυμένας (ܡܣܡܟܬܐ).

²¹ Syro-hex. ܠ. ܟܣܘܣܡܣܡܝ. Masius minus bene interpretatus est: Θ. ὀχυράς. ²⁵ Cod. 54, ut supra. Post κεχωματισμένας Codd. VII (in marg. manu 2da, char. unciali, cum ἑστῶσαν et θεινῶν), 44, 74, alii, inferunt: καὶ ἑστῶσαι ἐπὶ τῶν θ. αὐτῶν. ²⁶ Sie Cod. IV, Syro-hex., et sine aster. Comp., Ald., Codd. 15, 18, 19, alii (inter quos 85 in marg.). ²⁷ Sie Cod. IV, Syro-hex., et sine aster. Codd. 19 (cum Ἰησοῦς pro τῷ Ἰ.), 58 (cum τοῦ κυρίου), 108 (sine τῷ). ²⁸ Sie Ald. (cum Μωυσεῖ), Codd. III, IV (cum Μωσῆς), XI, 15, 18, alii (inter quos 85 in marg.), Syro-hex. ²⁹ Syro-hex. (cum indice super καὶ τὴν πεδινήν): ܠ. ܡܚܕܗ ܡ. ܠ. ³⁰ Sie Ald., Codd. III, XI, 15, 16 (cum πεδινά), 18, alii, invito Syro-hex. (ܡܚܣܡܚܬ). ³¹ Sie in textu (post τῷ ὄρει) Codd. 54, 74, 75, alii. Lectio Symmachum sapit, coll. Hex. ad Jerem. xvii. 26. xxxii. 4. Obad. 19. Praeterea cf. nos in Hex. ad Jesai. xxxii. 19. ³² Verba inclusa desunt in Ald., Codd. III, XI, 15, 18, aliis, Syro-hex. ³³ Sie Comp., Ald. (cum Ἀλὰκ), Codd. III (idem), IV, VII, XI, 15, 18, alii. Syro-hex. ܚܠܟ. ³⁴ Hieron. De Situ etc. p. 90 ed. Lagarde: "Ahalac mons, quem Aquila interpretatur dividentem montem, et Symmachus laevem montem, id est, limpidum sive lubricum." Minus emendate Euseb. in Onomastico, p. 217 ed. Lagarde: Ἀλαῆ, ὄρος. Ἀκύλας μερίζοντος τοῦ ὄρους λέγει αὐτούς. ὄρος ἐπὶ Πανάδα. Cf. ad Cap. xii. 7. ³⁵ Sie Comp., Ald., Codd. III, IV, VII, XI, 15, 18, alii, Syro-hex. ³⁶ Sie Cod. IV, Syro-hex., et sine aster. Comp., Cod. 108. ³⁷ Syro-hex. ܠ. ܡܣܡ ܐܢܘܢ ܘܐܡܝܬ ܐܢܘܢ.

19. לֹא־הָיְתָה עִיר אֲשֶׁר הִשְׁלִימָה אֶל־בְּנֵי יִשְׂרָאֵל.
Non erat urbs quae pace facta se dederit filiis
Israelis. Ο'. καὶ οὐκ ἦν πόλις, ἣν οὐκ ἔλαβεν
Ἰσραήλ. Alia exempl. καὶ οὐκ ἦν πόλις, ἥτις
οὐ παρέδωκεν τοῖς υἱοῖς Ἰσραήλ.[38] Ἄλλος·
οὐκ ἐγένετο πόλις, ἥτις εἰρήνευσε τῷ Ἰσραήλ
(πλὴν ὁ Εὐαῖος ὁ κατοικῶν ἐν Γαβαών).[39]

בִּלְתִּי הַחִוִּי יֹשְׁבֵי גִבְעוֹן. Ο'. Vacat. ※ πλὴν
ὁ Εὐαῖος ὁ κατοικῶν ἐν Γαβαών ◄.[40]

Cap. XI. 7. ※ μετ' αὐτοῦ ◄ ἐπ' αὐτούς.[41] — ἐν
τῇ ὀρεινῇ ◄.[42]　10. ※ τὴν ◄ Ἀσώρ.[43]　11. ※ ὁ ◄
ἐν αὐτῇ.[44]　— πάντας ◄.[45]　12. τῶν βασιλείων ※
τούτων ◄,[46] καὶ ※ πάντας ◄ τοὺς βασιλεῖς.[47]　13.
κεχωματισμένας ※ αὐτῶν ◄,[48] ※ τὴν ◄ Ἀσώρ[49]
μόνην ※ αὐτὴν ◄.[50]　14. οὐ κατέλιπον — αὐτῶν ◄.[51]
16. ※ τὴν ◄ πᾶσαν τὴν γῆν ※ ταύτην ◄ τὴν ὀρει-
νήν, καὶ ※ τὴν ◄ πᾶσαν.[52]　17. ※ καὶ ◄ πάντας.[53]
18. πρὸς ※ πάντας ◄ τοὺς βασιλεῖς.[54]　23. ※ τὴν ◄
πᾶσαν τὴν γῆν.[55] ἐν μερισμῷ ※ αὐτῶν ◄.[56]

Cap. XII.

1. בְּנֵי־יִשְׂרָאֵל. Ο'. ⊙ Μωυσῆς καὶ ◄ οἱ υἱοὶ Ἰσραήλ.[1]

מִנַּחַל. Ο'. ἀπὸ φάραγγος (Σ. χειμάρρου[2]).

2. מֵעֲרֹעֵר. Ο'. ἀπὸ Ἀρνῶν (alia exempl. Ἀροήρ[3]).

עַל־שְׂפַת־נַחַל אַרְנוֹן. Ο'. ※ ἐπὶ τοῦ χείλους ◄[4]
ἐν τῇ φάραγγι ※ Ἀρνῶν ◄.[5]

יַבֹּק הַנָּחַל. Ο'. Ἰαβὸκ ※ τοῦ χειμάρρου ◄.[6]

3. וּמִתֵּימָן תַּחַת אַשְׁדּוֹת הַפִּסְגָּה. *Et ab austro*
sub radicibus Pisgae. Ο'. ἀπὸ Θαιμὰν τὴν
ὑπὸ Ἀσηδὼθ Φασγά. Σ. καὶ ἀπὸ νότου ὑποκάτω
Ἀσηδὼθ Φασγά.[7]

4. וּגְבוּל עוֹג מֶלֶךְ. Ο'. καὶ ※ ὅρια ◄[8] Ὢγ βασιλεύς (Οἱ Γ'. βασιλέως[9]).

הָרְפָאִים. Ο'. τῶν γιγάντων. Σ. τῶν Ῥαφαείμ.[10]

5. וּמֹשֵׁל. Ο'. ἄρχων. Ἄλλος· (καὶ) ἐξουσιάζων.[11]

הַגְּשׁוּרִי. Ο'. Γεργεσί. Alia exempl. Γεσουρί.[12]

---

[38] Sic Ald., Codd. III, IV, VII, 15, 19, alii (inter quos
85 in marg.), Syro-hex.　[39] Haec in textu LXXvirali
praemittunt verbis, καὶ οὐκ ἦν πόλις, Codd. 44, 54 (cum
τοῖς υἱοῖς Ἰσρ.), 74 (cum εἰρήνευε), alii.　[40] Sic Cod. IV,
Syro-hex. (qui pingit: πλὴν ὁ Εὐ. ※ ὁ κατοικῶν ἐν Γαβαών),
et sine aster. Comp., Codd. 19, 55, 58 (praem. ἐν εἰρήνῃ),
108, Arm. 1.　[41] Syro-hex. Sic sine aster. Comp.,
Codd. IV, 58, 108, Arm. 1.　[42] Cod. IV, Masius. Deest
in Cod. 58.　[43] Cod. IV (cum notis ex corr.), Syro-hex.
Sic sine aster. Comp., Ald., Codd. VII, 15, 18, 44, alii.
[44] Cod. IV. Sic sine aster. Arm. 1.　[45] Cod. IV (cum
—), Syro-hex.　[46] Cod. IV, Syro-hex. (cum βασιλέων).
Sic sine aster. Comp., Codd. 19, 44, 54 (cum βασιλέων),
58 (idem), alii.　[47] Cod. IV, Syro-hex. Sic sine aster.
Comp., Codd. 44, 58, alii.　[48] Cod. IV (cum notis ex
corr.). Sic sine aster. Comp., Cod. 108.　[49] Cod. IV
(cum notis ex corr.), Syro-hex. (cum ◄ ܐܨܘܪ ※). Sic
sine aster. Comp., Codd. 44, 58, 108.　[50] Cod. IV (cum
— αὐτήν·), Syro-hex. (cum ◄ ◙ ※, nullo metobelo). Sic
sine aster. Ald., Codd. VII, XI, 15, 16, 18, alii. In Hebraeo est לְבַדָּהּ.　[51] Cod. IV, Syro-hex. (cum ◄ ܡܢܗܘܢ —).
Sic sine obelo (pro ἐξ αὐτῶν) Comp., Codd. VII, XI, 15, 18,
alii.　[52] Cod. IV, Syro-hex. (sine aster. tertio). Sic
sine asteriscis Comp., Cod. 108.　[53] Masius. Syro-hex.
◄ ܡܬܟܠܝܢ ※, absente euncolo. Copula habetur in libris
omnibus.　[54] Cod. IV, Masius. Sic sine aster. Comp.,
Cod. 108, Arm. 1, Syro-hex.　[55] Cod. IV.　[56] Cod.

TOM. I.

IV, Syro-hex. Sic sine aster. Comp., Ald., Codd. 15, 18,
19, alii.

Cap. XII. [1] Sic Syro-hex., et sine obelo (cum ἀνείλεν)
Ald., Codd. III (sine οἱ), VII, XI, 15, 16, 18, alii, Arm. 1.
[2] Masius.　[3] Sic Comp. (cum Ἀροήρ), Ald., Codd. III,
IV, VII, 15, 18, 19, alii (inter quos 85 in marg. cum
Ἀροήρ), Arm. 1, Syro-hex.　[4] Sic Masius (cum ※ ἐπὶ χείλους ◄), Syro-hex. (cum ※ τοῦ χείλους ◄), et sine aster.
Comp., Codd. IV, 19, 58, 108.　[5] Sic Cod. IV (cum ※
ex corr.), Syro-hex., et sine aster. Comp., Ald., Codd. 15,
18, 19, alii.　[6] Sic Cod. IV (cum χιμ.), Syro-hex., et
sine aster. Comp., Codd. 19, 108, Arm. 1.　[7] Syro-hex.
ܣ. ܗܟܢܐ ܐܣܗܕܘܬ ܡܢ ܐܢܘܪ܆ ܘܦܣܓܐ. Cf.
Hex. ad Deut. iii. 27.　[8] Sic Cod. IV, et sine aster.
Comp., Codd. 19, 44 (cum ὅριον), 54 (idem), 58, 108, alii
(cum ὅριον), Arm. 1. Syro-hex. in textu: καὶ Ὢγ in
marg. autem (sine indice): ὅριον.　[9] Syro-hex. Sic in
textu Comp., Codd. IV, 44, 54, alii, Arm. 1. Mox δὲ
ἐπελείφθη Comp., Codd. IV, 108, Arm. 1, Syro-hex., et
(cum κατελείφθη) Codd. 44, 54, 74, alii.　[10] Syro-hex.
ܣ. ܕܪܦܐܝܡ. Post Ἐδραὶν addit ἐκ τῶν Ῥαφαεὶμ (s. Ῥαφαεὶν,
s. Ῥαφαὶν) Codd. 16, 18, 30, alii (inter quos 85 in marg.
cum ἐξουσιάζων Ἐδραεὶν ἐκ τοῦ Ῥαφαείν), et 128 (in textu
post γιγάντων)).　[11] Cod. 85 in marg., ut supra. Cf.
Scharfenb. in *Animadv.* T. II, p. 24.　[12] Sic Comp.
(cum Γεσουρί), Ald., Codd. IV (cum Γεσουρί), VII, XI,
15, 18, 19 (ut Comp.), alii (inter quos 85 in marg.),

3 D

7. הָאָרֶץ. Ο'. τῶν Ἀμορραίων. Ἄλλος· τῆς γῆς.[13]

מִבַּעַל גָּד. Ο'. Βαλαγάδ. Alia exempl. Βααλγάδ, s. ἀπὸ Βααλγάδ.[14]

הֶחָלָק. Ο'. τοῦ Χελχά. Alia exempl. τοῦ Ἀλόκ.[15] (Ἀ.) τοῦ μερίζοντος.[16]

כְּמַחְלְקֹתָם. Secundum classes eorum. Ο'. κατὰ κλῆρον αὐτῶν. Σ. κατὰ διαμερισμοὺς αὐτῶν.[17]

8. וּבַנֶּגֶב. Ο'. καὶ (ἐν) ναγέβ. Ἀ. Σ. (καὶ) ἐν τῷ νότῳ.[18]

9. מֶלֶךְ יְרִיחוֹ אֶחָד. Ο'. τὸν βασιλέα Ἱεριχὼ ※ ἕνα ◄.[19]

12. עֶגְלוֹן. Ο'. Αἰλάμ. Alia exempl. Ἐγλών (s. Ἐγλώμ).[20]

16–22. מֶלֶךְ מַקֵּדָה אֶחָד—מֶלֶךְ קֶדֶשׁ אֶחָד. Ο'. βασιλέα Ηλαθ—βασιλέα Μαρεδώθ. Aliter: Ο'. (16) βασιλέα Μακηδὰ ※ ἕνα ◄, βασιλέα Βηθὴλ ※ ἕνα ◄, (17) βασιλέα Θαφφοῦ ※ ἕνα ◄, βασιλέα Ἐφὲρ ※ ἕνα ◄, (18) βασιλέα Ἀφὲκ ※ ἕνα ◄, βασιλέα Λεσαρὼν ※ ἕνα ◄, (19) βασιλέα Μαρὼν ※ ἕνα ◄, βασιλέα Ἀσὼρ ※ ἕνα ◄, (20) βασιλέα Σομερὼν Μαρὼν ※ ἕνα ◄, βασιλέα Ἀχσάφ ※ ἕνα ◄, (21) βασιλέα Θανὰχ ※ ἕνα ◄,

βασιλέα Μαγεδδὼ ※ ἕνα ◄, (22) βασιλέα Κέδες ※ ἕνα ◄.[21]

23. דּוֹר לְנָפַת דּוֹר. Dor ad clivum Dor. Ο'. Ὀδολλὰμ τοῦ Φεννεαλδώρ. Alia exempl. Δὼρ τοῦ Ναφεθδώρ.[22] Σ. (Δὼρ) τῆς παραλίας.[23]

גּוֹיִם לְגִלְגָּל. Gojim ad Gilgal. Ο'. Γεὶ τῆς Γαλιλαίας. Alia exempl. Γωεὶμ τῆς Γελγέλ.[24] Ἀ. Σ. ἐθνῶν τῆς Γελγέλ.[25]

Cap. XII. 5. ※ ἕως ◄ ὁρίων Σηών.[26] 6. ἔδωκεν αὐτὴν Μωυσῆς ※ ὁ παῖς κυρίου ◄.[27]

CAP. XIII.

1. אַתָּה זָקַנְתָּה. Ο'. σὺ ※ γεγήρακας ◄.[1]

2. כָּל־גְּלִילוֹת הַפְּלִשְׁתִּים וְכָל־הַגְּשׁוּרִי. Ο'. ※ πάντα ◄ ὅρια Φυλιστιείμ, ※ καὶ πᾶς ◄ ὁ Γεσιρὶ (alia exempl. Γεσουρί[2]), — καὶ ὁ Χαναναῖος ◄.[3] Ἀ. πᾶσα Γαλιλαία τῶν Φυλιστιαίων.[4]

3. שְׂמֹאלָה. Ο'. ἐξ εὐωνύμων. Ἄλλος· ἀπὸ βορρᾶ.[5]

4. מִתֵּימָן כָּל־אֶרֶץ. Ο'. ἐκ Θαιμὰν καὶ πάσῃ γῇ. Σ. καὶ εἰς τὸν νότον πᾶσα ἡ γῆ.[6]

Arm. 1 (cum Γεσουρ), Syro-hex. (cum ...). [13] Sic in textu Syro-hex., invitis libris Graecis. [14] Prior lectio est in Comp., Codd. 29, 56, 58, aliis; posterior in Codd. 44, 54, 74, aliis. Syro-hex. ... [15] Sic Comp., Ald., Codd. III, IV, VII (cum Ἀλὰκ), 19, 29, 56 (ut VII), 58 (cum Ἀλὼχ), 108, 121. Syro-hex. ... [16] Cod. 58 in marg. sine nom. Cf. ad Cap. xi. 17. [17] Syro-hex. ... [18] Idem: ... Post ναγέβ Codd. 44, 54, 74, alii, add. καὶ ἐν τῷ πεδίῳ· et sic sub aster. Syro-hex., invito Hebraeo. [19] Sic Cod. IV, Syro-hex., Arm. 1, et sine aster. Comp., Codd. 19, 108. Et sic deinceps post nonnulla locorum vv. 9–24. [20] Sic Comp. (cum Ἐγλὰμ), Ald. (idem), Codd. III (idem), IV (idem), VII, XI, 108, 121 (ut Comp.), Syro-hex. Praeterea scriptura Αἰγλὰμ est in Codd. 15, 19, 44, aliis (inter quos 85 in marg.). [21] Sic Cod. IV, Syro-hex., cum varietatibus quae sequuntur. Pro Λεσαρὼν (Hebr. לְשָׂרוֹן) in Syro-hex. est ... Statim Μαρὼν (Hebr. מָדוֹן) e Syro-hex. assumpsimus pro falsa scriptura Cod. IV, Λαμορών. Deinde pro Hebraeo שִׁמְרוֹן מְראֹן, in Cod. IV est Μαρὼν tantum, in Syro-hex. autem ... (cum ... ex corr. 1ma manu, pro

... , ut videtur). [22] Sic Cod. IV (cum Δὼρ τοῦ Ἀφαθδώρ), Syro-hex. Codices inter Δὼρ τοῦ Ναφεθδώρ (56), Δὼρ τοῦ Ναφεθδώρ (XI, 29), Ἀδδὼρ τοῦ Ναφεθδώρ (15, 64), Ἀδδὼρ τοῦ Ναφεθδώρ (III, 52, 57, 77, 128, 236), et alias scripturas fluctuant. [23] Syro-hex. ... Cf. ad Cap. xi. 2. [24] Sic Comp., Ald., Codd. III (cum τῆς Γελγεα), IV, XI (cum τῆς Γεα), 15 (cum Ἀγωείμ), 16 (cum Γοὶν), 18 (cum Ἀγωμ), alii (inter quos 85, ut 16, cum Γαλγὰλ in marg.), Syro-hex. (cum ...). [25] Euseb. in Onomastico, p. 162: Γωεὶν τῆς Γελγέλ. Ἀκ. Σύ. ἐθνῶν τῆς Γελγέλ. Syro-hex. affert: ... [26] Cod. IV, Syro-hex. (sine metobelo). Sic sine aster. Comp., Codd. 59, 108. [27] Syro-hex. Sic sine aster. Comp., Ald., Codd. IV (cum Μωσῆς), 15, 64, 108, 128.

CAP. XIII. [1] Sic Cod. IV (cum ※ σὺ γ. ◄), Syro-hex., et sine aster. Comp., Cod. 108 (cum γεγήρηκα). [2] Sic Comp., Ald., Codd. III, IV, XI, 15, 29, alii, Arm. 1 (cum Γεσουρ), Syro-hex. (idem). [3] Sic Cod. IV, Syro-hex., et sine notis Comp., Codd. 19 (cum πάντα τὰ ὅρια), 58, 108 (cum πᾶς pro καὶ πᾶς). [4] Syro-hex. (cum ...). [5] Cod. 58 in textu: ἀπὸ β. ἐξ εὐωνύμων, ex duplici versione. [6] Syro-hex. ...

4. וּמְעָרָה אֲשֶׁר לַצִּידֹנִים. *Et a spelunca quae ad Sidonios pertinet.* Ο΄. ἐναντίον (alia exempl. ἀπὸ[7]) Γάζης καὶ οἱ Σιδώνιοι. Ἀ. καὶ σπήλαιον ὅ ἐστι τῶν Σιδωνίων.[8]

5. הַגִּבְלִי. Ο΄. Γαλιάθ. Alia exempl. Γαβλί.[9]
וְכָל־הַלְּבָנוֹן. Ο΄. καὶ (alia exempl. κατὰ[10]) πάντα τὸν Λίβανον. Ἀ. Σ. καὶ πάντα τὸν Λίβανον.[11]

כִּבְעַל גָּד. Ο΄. ἀπὸ Γαλγάλ (alia exempl. Βαελγάδ[12]). Aliter: Ο΄. Θ. Σ. Βααλγά. Ἀ. Βαεγγά.[13]

6. עַד־מִשְׂרְפֹת מַיִם. Ο΄. ἕως τῆς Μασερὲθ Μεμφωμαΐμ (alia exempl. Μασερεφωθμαΐμ[14]). Σ... ὑδάτων.[15]

8. עִמּוֹ הָרֹאוּבֵנִי. Ο΄. ἀπὸ τοῦ Ἰορδάνου—ταῖς δυσὶ φυλαῖς—Μανασσῆ τῷ Ῥουβήν. Aliter: — ἀπὸ τοῦ Ἰορδάνου—ταῖς δὲ δυσὶν φυλαῖς—Μανασσῆ ◂, τοῖς μετ' αὐτοῦ, τῷ Ῥουβήν.[16]

לָקְחוּ נַחֲלָתָם אֲשֶׁר נָתַן לָהֶם מֹשֶׁה. Ο΄. ἔδωκεν Μωυσῆς. Aliter: Ο΄. ※ ἐλάβοσαν κληρονομίαν αὐτῶν ◂, ἣν ἔδωκεν αὐτοῖς Μωυσῆς.[17]

9. בְּתוֹךְ־הַנַּחַל. Ο΄. ἐν μέσῳ τῆς φάραγγος (Ἀ.

τοῦ χειμάρρου[18]).

9. וְכָל־הַמִּישֹׁר. *Et omnis planities.* Ο΄. καὶ πᾶσαν τὴν Μισώρ (Ἀ. Σ. τὴν ὁμαλήν[19]).

מֵידְבָא עַד־דִּיבוֹן. *Medebae usque ad Dibonem.* Ο΄. ἀπὸ Μαιδαβὰν ※ ἕως Δειβῶν ◂.[20]

11. הַגְּשׁוּרִי. Ο΄. Γεσιρί. Alia exempl. Γεσουρί.[21] Ἄλλος· Γεσουρίτου.[22]
וְהַמַּעֲכָתִי. Ο΄. καὶ τοὺς Μαχατί (alia exempl. τοῦ Μαχαθί[23]).

12. מִיֶּתֶר הָרְפָאִים. Ο΄. ἀπὸ ※ τοῦ λίμματος ◂ τῶν γιγάντων.[24] Οἱ λοιποὶ ἑρμηνευταί· τῶν Ῥαφαείμ.[25]

13. בְּקֶרֶב יִשְׂרָאֵל. Ο΄. ἐν τοῖς υἱοῖς Ἰσραήλ. Ἀ. ἐν μέσῳ Ἰσραήλ.[26]

14. נַחֲלָה אִשֵּׁי יְהוָה. *Hereditatem; sacrificia Jovae.* Ο΄. κληρονομία ※ πυρά ◂ κύριος.[27]

16. אֲשֶׁר בְּתוֹךְ־הַנַּחַל. Ο΄. ※ ἡ ◂ ἐν τῇ φάραγγι ᾗ Ἀρνῶν ◂.[28] Ἄλλος· ἡ ἀναμέσον τῆς φάραγγος.[29]
וְכָל־הַמִּישֹׁר עַל־מֵידְבָא. Ο΄. καὶ πᾶσαν τὴν Μισώρ, ※ καὶ Μαιδεβά ◂.[30]

17. וּבֵית בַּעַל מְעוֹן. Ο΄. καὶ οἴκου Μεελβώθ. Alia exempl. καὶ οἴκους Βεελμών.[31]

◦ حكمة اخذا. Hieron.: *Ad meridiem vero sunt Hevaei, omnis terra (Chanaan).* [7] Sie Comp., Codd. IV, 19, 54, 75, 108, Syro-hex. [8] Syro-hex. حمداا ﻛﻮ ﻭاﻟﺴﻤﺎ ◦. ◦ مبسرا (sic). [9] Sie Codd. III, IV, XI, 15, 64, alii (inter quos 85 in marg., teste Montef.). Syro-hex. حمكة. [10] Sie Comp., Codd. IV, 19, 108, Syro-hex. (cum حمكة. [11] Syro-hex. ◦ حمكة ◦ ﻛﺒﺔ. ◦. [12] Sie Comp., Codd. IV (corr. manu 1ma a Γαελγάδ), 19, 44 (cum Βααλγάδ), 58 (in marg.), 74 (ut 44), alii, Syro-hex. [13] Cod. 85. [14] Sie Comp. (cum Μασερεφώθ μαΐμ), Ald., Codd. III (ut Comp.), IV, 15, 16 (cum Μασερεφώθ), 18 (cum μαείμ), alii, Syro-hex. [15] Cod. 108. Cf. ad Cap. xi. 8. [16] Sie Cod. IV, Syro-hex. (qui legit et pingit: — ἀπὸ Ἰορδάνου— δώσειν αὐτήν ÷; αὐτοῖς ◂— ἡ θάλασσα—Μανασσῆ ◂; τοῖς μετ' αὐτοῦ τῷ Ῥ. Scriptura, ταῖς δὲ δυσὶν (s. δύο) φ., est in Ald., Codd. III, XI, 18, 44, 56, aliis. In fine autem haec, τοῖς μετ' αὐτοῦ, inferunt Ald., Codd. III, XI, 15, 16, 18, alii (inter quos 85, cum μετ' αὐτοῦ). [17] Sie Cod. IV, et sine aster. Comp., Codd. 58 (cum ἣν ἐδώθη M.), 108. Syro-hex. legit et pingit: ※ ἣν ἐλάβοσαν κληρονομίαν [※] αὐτῶν ◂ ἔδωκεν αὐτοῖς M., concinente Maslo. [18] Syro-hex. ◦ حمدا ◦. [19] Euseb. in Onomastico, p. 288. [20] Sie

Cod. IV (cum ※ ﻛﻮ Δ. καί :), Syro-hex., et sine aster. Comp. (cum Δειβῶν), Codd. 19 (cum Δηβῶν), 58, 108 (ut Comp.), Arm. 1. [21] Sie Comp., Codd. III, IV (cum Γεσσούρη), 15, 16, 29, alii, Arm. 1 (cum Γεσούρ), Syro-hex. (idem). [22] Cod. 85 in marg. [23] Sie Comp. (cum Μαχατί), Codd. II (cum Μαχατεί), IV (cum Μαχαθεί), XI, 15, 16, alii. Syro-hex. in textu: حمدا حمذا؛ in marg. autem sine nom.: حمدامبو. [24] Sie Cod. IV, Syro-hex., et sine aster. Comp. (cum λείμματος), Codd. 19, 58 (cum αἵματος), 85 (in marg., ut Comp.), 108 (ut Comp.). Ad scripturam cf. Hex. ad Lev. xviii. 6. [25] Syro-hex. حمكة ﻭﺍﻓﺎﻣﺒﻮ ﺣﻤﺪﻣﺎ ﺍﻣﺬﺍ ﺣﻤﺴﻮ Cod. 54 in textu: τῶν Ῥαφαείν. Cf. Hex. ad Gen. xiv. 5. 2 Reg. v. 18, 22. [26] Idem: ◦ حمدا حمذا ◦. ◦. [27] Sie Cod IV (cum ※ πυρα:). Cod. 58: κληρονομία πυροῦ· ὅτι κύριος. Cf. Hex. ad Lev. ii. 3. [28] Sie Cod. IV (cum notis ex corr.). Articulus deest in Ald., Codd. 58, 121, 128. Deinde Ἀρνῶν damnat Comp. [29] Syro-hex. in marg. sine nom. ◦ حمدا ﻭﺍﻟﺴﻤﺎ. [30] Sie Cod. IV, Syro-hex. (cum حمكة ﻭﺍﻟﺴﻤﺎ, et sine aster. Comp. (cum Μεδ.), Codd. 19 (cum Μιδ.), 58 (cum Μηδ.), 108 (ut Comp.), Arm. 1. [31] Sie Comp., Ald. (cum Βελμών), Codd. III (cum Βελαμών), IV

18. וַיִּהְיֶה. O'. καὶ Βασάν. Alia exempl. καὶ Ἰασσά.[32]

19. בְּהַר הָעֵמֶק. In monte vallis. O'. ἐν τῷ ὄρει Ἐνάβ (alia exempl. Ἐμάκ[33]). Οἱ λοιποί· τῆς κοιλάδος.[34]

20. הַפִּסְגָּה. O'. Φασγά. 'Α. (τὴν) λαξευτήν.[35] וּבֵית הַיְשִׁמוֹת. O'. καὶ Βαιτθασεινώθ (alia exempl. Βηθσιμούθ[36]).

21. הַמִּישֹׁר. O'. τοῦ Μισώρ. 'Α. τῆς ὁμαλῆς.[37] אֲשֶׁר מָלַךְ בְּחֶשְׁבּוֹן. O'. Vacat. ※ ὃς ἐβασίλευσεν ἐν Ἐσεβὼν ◄.[38] וְאֶת־רֶקֶם. O'. καὶ τὸν Ῥοβόκ (alia exempl. Ῥοκόμ[39]). נְשִׂיכֵי סִיחוֹן. Unctos (principes) Sihon. O'. ἄρχοντα ἔναρα Σιών. Alia exempl. ἄρχοντας Σηών.[40] Alia: ἄρχοντας παρὰ Σιών.[41]

22. הָרְגוּ בְנֵי־יִשְׂרָאֵל בֶּחָרֶב. O'. ἀπέκτειναν ※ οἱ υἱοὶ Ἰσραὴλ ἐν ῥομφαίᾳ ◄.[42] אֶל־חַלְלֵיהֶם. Praeter occisos eorum. O'. ἐν

τῇ ῥοπῇ (alia exempl. τροπῇ; alia, προνομῇ[43]). Ἄλλος· ἐν τοῖς τραυματίαις αὐτῶν.[44]

23. וְחַצְרֵיהֶן. Et vici earum. O'. καὶ αἱ ἐπαύλεις (Σ. οἱ ἀγροί[45]) αὐτῶν.

25. עֲרֹעֵר. O'. ἕως ἀραβά. Alia exempl. ἕως Ἀροήρ.[46] רַבָּה. O'. Ἀράδ. Alia exempl. Ῥαββά.[47]

26. עַד־רָמַת הַמִּצְפֶּה. O'. ἕως ἀραβὼθ (alia exempl. Ῥαμὼθ[48]) κατὰ τὴν Μασσηφά (s. Μασφά). 'Α. Σ. (ἕως Ῥαμὼθ) Μασφά.[49] וּמִמַּחֲנַיִם. Et a Mahanaim. O'. καὶ Μαάν (alia exempl. Μααναίμ[50]). לִדְבִר. O'. Δαιβών. Alia exempl. Δεβείρ.[51]

27. וּבָעֵמֶק בֵּית הָרָם. Et in valle, Beth-haram. O'. καὶ Ἐναδὼμ καὶ Ὀθαργαῖ. Alia exempl. καὶ Ἐνεμὲκ ('Α. Σ. ἐν τῇ κοιλάδι[52]) Βηθαράμ.[53] וּבֵית נִמְרָה. O'. καὶ Βαινθαναβρά (alia exempl. Βηθναμρά[54]).

(cum Βεελμὼθ). XI, 29, 44 (cum Βεελμεὼν), 58, alii, Arm. 1 (cum Βοὺελμὼθ), Syro-hex.　[32] Sic Comp. (cum Ἰεσσὰν), Ald., Codd. III, IV (cum Ἰεσσά), XI, 15 (ut IV), 16, 18 (ut IV), alii, Arm. 1 (cum Ἀσαί), Syro-hex. (cum ܝ݂ܣܝ̄).　[33] Sic Comp. (cum Αἰμάκ), Codd. IV, 19 (ut Comp.), 58, 108 (ut Comp.), Syro-hex. (cum ܐܡܟ݂).　[34] Cod. 85. Cod. 58 in marg.: τῆς παλλάδος (sic).　[35] Syro-hex. (cum indice ad ܠܐܝܣܝܐ): ‏ܠܩܣܝܣܐ‏ ‏.‏. Cf. Hex. ad Num. xxi. 20.　[36] Sic Comp., Ald., Codd. IV, XI, 30, 53, 58, alii, Arm. 1, Syro-hex. (cum ‏ܒܝܬ ܣܝܡܘܬ‏).　[37] Syro-hex. ‏ܡܫܪܝܐ‏ ‏.‏. Cf. ad v. 9.　[38] Sic Cod. IV, Syro-hex., et sine aster. Comp., Codd. 19, 55, 108, Arm. 1. Sic (cum κατῴκει pro ἐβασίλευσεν) Codd. 44, 74, 76, alii.　[39] Sic Comp., Ald., Codd. III, IV, XI, 15, 18, alii, Arm. 1, Syro-hex.　[40] Sic Comp., Ald., Codd III (cum ἄρχοντα Σηώρ), IV (cum ἄρχοντα sic a 1ma manu) Σειὼν), XI (cum ἄρχοντα Σιών), 15 (cum Σιών), 19, alii, Arm. 1, Syro-hex. (cum ‏ܣܝܚܘܢ‏).　[41] Sic Codd. 16, 30, 52, 54, alii. Ex παρά perperam factum esse importunum ἔναρα (potius ex ΑΡΧΟΝΤΑΣΠΑΡΑ, ΑΡΧΟΝΤΑΕΝΑΡΑ) conjicit Schleusner. in Nov. Thes. s. v. ἔναρα.　[42] Sic Cod. IV (cum metobelo ex corr.), Syro-hex. (qui pingit: ※ οἱ υἱοὶ Ἰσρ. ἐν ῥομφαίᾳ), et sine aster. Comp., Codd. 19, 58, 108, Arm. 1.　[43] Prior lectio est in Comp., Ald., Codd. 15, 19, 55 (ex corr.), 64, 108, 209, et, ut videtur, Syro-hex. (qui vertit ‏ܚܘܒܠܐ‏);

posterior in Codd. 16, 18, 52, 55 (ante corr.), aliis (inter quos 85 in marg.).　[44] Cod. 58 in marg. Cf. Num. xxxi. 8 in Hebr. et LXX.　[45] Masius in Comment. p. 236: ‏חצרים‏, pro suo vicos dixi, convertit Sym. agros; cum vellet, ut opinor, suburbana praedia significare." Cf. ad v. 28.　[46] Sic Comp., Ald., Codd. III, IV, XI (cum Ἀροὰρ), 15, 18, 29, alii (inter quos 85 in marg.), Arm. 1, Syro-hex.　[47] Sic Comp., Ald., Codd. III, IV, XI, 15, 18 (cum Ῥαμβά?), 29, alii (inter quos 85 in marg.), Arm. 1 (cum Ῥαβαί), Syro-hex.　[48] Sic Comp. (cum Ῥαμὶθ), Ald., Codd. III, IV (ut Comp.), 15, 16, 18, alii, Arm. 1, Syro-hex.　[49] Syro-hex. ‏ܘܡܣܦܐ‏ ‏.ܐ. ܣ.‏ ‏.‏.　[50] Sic Comp., Ald. (cum Μαναὶμ), Codd. III (idem), IV, XI (ut Ald.), 18 (idem), 56, 59, alii, Arm. 1 (cum Μαναὲμ), Syro-hex.　[51] Sic Comp. (cum Δεβὶρ), Ald. (cum Δαβεὶρ), Codd. III (idem), IV, XI (ut Ald.), 15, 18, alii (inter quos 85 in marg.), Arm. 1 (cum Δαβὶρ), Syro-hex.　[52] Euseb. in Onomastico, p. 168: Ἐνεμέκ. Ἀκ. Σύμ. ἐν τῇ κοιλάδι. Syro-hex. ‏ܒܥܘܡܩܐ‏ ‏.ܣ.‏ ‏.‏.　[53] Sic Comp. (cum Ἐνεμὲκ), Ald. (cum Ἐνεμὲκ), Codd. III (cum νεμὲκ), IV (cum ἐνεμ°), XI (cum Βοθαρὰμ), 15 (ut Ald.), 56 (cum ἐνενὲκ), 58 (cum Βηθαρὰν), alii. Syro-hex. ‏ܒܝܬܪܡܐ‏.　[54] Sic Comp. (cum Βηθανναρά), Ald., Codd. IV, XI, 15, 18, 29, 58 (cum Βηθνεμρὰ), 64, 82, 85 (in marg.), Arm. 1, Syro-hex.

28. הֶעָרִים וְחַצְרֵיהֶם. Ο΄. καὶ κατὰ πόλεις αὐτῶν ... καὶ αἱ ἐπαύλεις αὐτῶν. Σ. αἱ πόλεις καὶ οἱ ἀγροὶ αὐτῶν.⁵⁵

29. וַיְהִי לַחֲצִי מַטֵּה בְנֵי־מְנַשֶּׁה. Ο΄. Vacat. ※ καὶ ἐγενήθη τοῖς ἡμίσεσιν φυλῆς υἱῶν Μανασσῆ ◀.⁵⁶

33. וְלִשֵׁבֶט הַלֵּוִי לֹא־נָתַן מֹשֶׁה נַחֲלָה יְהֹוָה אֱלֹהֵי יִשְׂרָאֵל הוּא נַחֲלָתָם כַּאֲשֶׁר דִּבֶּר לָהֶם. Ο΄. Vacat. ※ καὶ τῇ φυλῇ Λευὶ οὐκ ἔδωκεν Μωυσῆς κληρονομίαν· κύριος ὁ θεὸς Ἰσραὴλ αὐτὸς κληρονομία αὐτῶν, ὃν τρόπον ἐλάλησεν αὐτοῖς ◀.⁵⁷

Cap. XIII. 1. πολλὴ ※ σφόδρα ◀.⁵⁸ 5. — πᾶσαν ◀.⁵⁹ — Φυλιστιείμ ◀.⁶⁰ 6. ※ υἱῶν ◀ Ἰσραήλ.⁶¹ 12. καὶ ἐπάταξεν αὐτὸν Μωυσῆς, καὶ ἐξωλόθρευσεν ※ αὐτόν ◀.⁶² 13. — καὶ τὸν Χαναναῖον ◀.⁶³ — βασιλεύς ◀.⁶⁴ 14. — κύριος· καὶ οὗτος—κατὰ Ἰεριχώ ◀.⁶⁵ 15. ※ υἱῶν ◀ Ῥουβήν.⁶⁶ 17. πόλεις ※ αὐτῶν ◀.⁶⁷ 23. ὅρια ※ υἱῶν ◀ Ῥουβήν.⁶⁸ 31. Βασανίτιδι, — καὶ ἐδόθησαν ◀ τοῖς υἱοῖς.⁶⁹ καὶ τοῖς ἡμίσεσιν υἱῶν (sic) Μαχεὶρ — υἱοῦ Μανασσῆ ◀.⁷⁰ 32. — πέραν τοῦ Ἰορδάνου ◀.⁷¹

CAP. XIV.

2. בְּיַד־מֹשֶׁה. Ο΄. ἐν χειρὶ Ἰησοῦ (Ἀ. Σ. Μωυσῆ¹).

3. כִּי־נָתַן מֹשֶׁה נַחֲלַת שְׁנֵי הַמַּטּוֹת וַחֲצִי הַמַּטֶּה מֵעֵבֶר לַיַּרְדֵּן. Ο΄. ※ ἔδωκεν γὰρ Μωυσῆς κληρονομίαν ταῖς δυσὶ φυλαῖς καὶ τῷ ἡμίσει τῆς φυλῆς ◀ ἀπὸ τοῦ πέραν τοῦ Ἰορδάνου.³

4. וּמִגְרְשֵׁיהֶם. Et pascua suburbana earum. Ο΄. καὶ τὰ ἀφωρισμένα αὐτῶν. Σ. καὶ τὰ προάστεια αὐτῶν.³

6. בַּגִּלְגָּל. Ο΄. ἐν Γαλγάλ (alia exempl. Γαλγάλοις⁴).

7. בֶּן־אַרְבָּעִים שָׁנָה. Ο΄. τεσσαράκοντα γὰρ ἐτῶν. Ἀ. (υἱὸς) τεσσαράκοντα καὶ πέντε ἐτῶν.⁵

וָאָשֵׁב. Ο΄. καὶ ἀπεκρίθην. Aliter: Ο΄. καὶ ἀπεκρίθησαν.⁶ Ἀ. Θ. καὶ ἀπεκρίθην.⁷

8. אֶת־לֵב. Ο΄. τὴν καρδίαν (alia exempl. διάνοιαν⁸).

13. וַיְבָרֲכֵהוּ יְהוֹשֻׁעַ. Ο΄. καὶ εὐλόγησεν αὐτὸν Ἰησοῦς (alia exempl. add. καὶ εἶπεν πρὸς αὐτὸν καλῶς⁹).

---

⁵⁵ Syro-hex. [Syriac] ⁵⁶ Sic Cod. IV, Syro-hex. (qui pingit: ※ Μανασσῆ, καὶ ἐγένετο ※ τοῖς ἡμίσεσιν (s. τῷ ἡμίσει)—Μανασσῆ ◀), et sine aster. Comp., Codd. 19, 108. ⁵⁷ Sic Cod. IV (cum Λευεὶ et Μωσῆς), Syro-hex., et sine aster. Comp., Codd. 54 (cum καθὼς pro ὃν τρόπον), 58 (om. Λευί), 63 (ut 54, om. καί), 75 (ut 54), Arm. 1, necnon (confuse) Codd. 19, 108. ⁵⁸ Cod. IV, Syro-hex. Sic sine aster. Comp., Codd. 58, 108. ⁵⁹ Iidem. ⁶⁰ Cod. IV (cum -ιὲν), Syro-hex. (cum [Syriac]). ⁶¹ Iidem. Sic sine aster. Comp., Codd. 44, 58, 74, alii. ⁶² Cod. IV (cum ※ ex corr.). Sic sine aster. Comp., Cod. 108. Syro-hex. pingit: καὶ ἐπάταξεν ※ αὐτὸν ◀ ([Syriac]) M. καὶ ἐξ. αὐτόν, consentiente Masio. ⁶³ Cod. IV, Syro-hex. Deest in Comp., Cod. 58. ⁶⁴ Iidem. ⁶⁵ Cod. IV. Syro-hex. pingit: κύριος — καὶ οὗτος κ.τ.ἑ. Haec, καὶ οὗτος—Ἰεριχώ, desunt in Comp. ⁶⁶ Cod. IV, Syro-hex. (sine metobelo). ⁶⁷ Cod. IV (cum metobelo ex corr.). Sic sine aster. Comp., Cod. 108, Arm. 1. ⁶⁸ Cod. IV (cum notis ex corr.), Syro-hex. Sic sine aster. Comp., Codd. 18, 19, 54, 58, 85 (in marg.), 108. ⁶⁹ " Verbum ἐδόθησαν cum praecedenti copula hic a Complutensibus omittitur, neque etiam habetur in Vatl-cano; a Syro tamen lectum est obelisco jugulatum."— Masius. Sic sine obelo Ald., Codd. III, XI, 15, 16, 18, alii, Arm. 1, Syro-hex. ⁷⁰ Cod. IV (cum ἡμίσεσιν). Sic sine obelo Comp., Cod. 108. ⁷¹ Cod. IV (qui statim transit ad κατὰ Ἰεριχώ). Deest in Comp., Cod. 58.

CAP. XIV. ¹ Cod. 108. In Syro-hex. super Ἰησοῦ est index, sed desideratur lectio marginalis. ² Sic Cod. IV (cum Μωσῆς, et ταῖς B φυλαῖς), Syro-hex. (qui pingit: ἔδωκεν—※ καὶ τῷ ἡμ. τῆς φυλῆς ◀), et sine aster. Comp. (cum ταῖς δύο φ. καὶ τῇ ἡμ. φ.), Codd. 19 (cum ταῖς φυλαῖς καὶ τὸ ἥμισυ φ.), 108 (ut Comp.), Arm. 1. ³ Syro-hex. [Syriac] Cod. 108 in marg.: προάστεια. Cf. ad Cap. xxi. 2, 15. ⁴ Sic Comp., Ald., Codd. III, IV, XI, 15, 18, alii (inter quos 85 in marg.), Syro-hex. ⁵ Syro-hex. [Syriac] Ἀ. Cod. 18 in textu: τεσσ. καὶ πέντε ἐτῶν τὰ γὰρ ἐτῶν (verbis, τὰ γὰρ ἐτῶν, a manu recentissima expunctis). ⁶ Sic Comp., Ald., Codd. III, IV, XI, 15, 18, alii, Syro-hex. ⁷ Syro-hex. [Syriac] Ἀ. ⁸ Sic Comp., Ald., Codd. III, IV, XI, 15, 16, 18, alii (inter quos 85, cum καρδίαν in marg.), Syro-hex. ⁹ Sic Codd. 15, 18, 53, alii (inter quos 85 in marg.).

15. קִרְיַת אַרְבַּע‎.　O'. πόλις Ἀργόβ (alia exempl.
　'Αρβαί; alia, Ἀρβόκ[10]).

הָאָדָם הַגָּדוֹל בָּעֲנָקִים הוּא‎.　Homo ille maxi-
mus inter Anakim erat.　O'. μητρόπολις τῶν
Ἐνακὶμ αὕτη.　'Α. ὁ ἄνθρωπος ὁ μέγας ἐν τοῖς
Ἐνακὶμ αὐτός.[11]

Cap. XIV. 4. κτήνεσιν ※ αὐτῶν ◄.[12]　9. λέγων
※ ὅτι ◄.[13]　ἐπέβης ※ ἐν αὐτῇ ◄.[14]　10. καὶ νῦν
※ ἰδού ◄.[15]　※ υἱὸς ὀγδοήκοντα.[16]　12. — τὸ ῥῆμα
τοῦτο ◄.[17]　εἶπε κύριός — μοι ◄.[18]　13. υἱῷ Ἰεφοννὴ
— υἱοῦ Κενέζ ◄.[19]

CAP. XV.

1. נֶגְבָּה מִקְצֵה תֵימָן‎.　Meridiem versus ab extremitate austri.　O'. ἕως Κάδης πρὸς λίβα.　Alia
exempl. πρὸς νότον ἕως Κάδης.[1]

2. מִקְצֵה יָם הַמֶּלַח מִן־הַלָּשֹׁן הַפֹּנֶה נֶגְבָּה‎.　Ab
extremitate maris salis, a sinu qui spectat meridiem versus.　O'. ἕως μέρους θαλάσσης τῆς

ἁλυκῆς, ἀπὸ τῆς λοφιᾶς τῆς φερούσης ἐπὶ λίβα.
Σ. ἀπ᾽ ἄκρου τῆς θαλάσσης τῆς ἁλυκῆς, ἀπὸ τῆς γλώσσης τῆς βλεπούσης πρὸς νότον.[2]

3. וְנָסַב הַקַּרְקָעָה‎.　Et vertit se versus Karkaam.
O'. καὶ ἐκπορεύεται τὴν κατὰ δυσμὰς Κάδης.
Alia exempl. καὶ περιπορεύεται τὴν Γαλααδί-
τιν.[3]　Alia: καὶ ἐκπεριπορεύεται Ἀκκαρκά.[4]
Σ. . τὸ ἔδαφος.[5]

4. נַחַל מִצְרַיִם‎.　O'. ἕως φάραγγος Αἰγύπτου.　'Α.
εἰς χείμαρρον Αἰγύπτου.[6]

5. צַד־קֵדְמָה הַיַּרְדֵּן‎.　O'. ἕως ※ μέρους ◄ τοῦ Ἰορδάνου.[7]　Σ. (ἕως) ἄκρου . .[8]

6. לְבֵית הָעֲרָבָה‎.　O'. ἐπὶ Βαιθάραβα.　Σ. (ἐν
τοῖς) περὶ τὴν ἀοίκητον.[9]　Aliter: Σ. εἰς οἶκον
πεδινόν.[10]

בֹּהַן‎.　O'. Βαιών.　'Α. Θ. Βοέν.[11]

7. דְּבִרָה‎.　O'. Versus Debir.　O'. ἐπὶ τὸ τέταρτον.
Ἄλλος· Δεβειρά.[12]

וְצָפוֹנָה פֹּנֶה‎.　O'. καὶ ※ κατὰ βορρᾶν ◄ κατα-
βαίνει.[13]

---

[10] Prior lectio est in Comp., Codd. IV (cum Ἀρβὶ), 19,
108, Syro-hex. (cum וְٱرﺏۅ); posterior in Codd. 15 (cum
Ἀρβὼκ), 16 (idem), 18, 30, aliis (inter quos 85, cum ὁ ἄνθρωπος μέγας in marg.). Arm. 1.　[11] Syro-hex. ܐܢܫܐ ./.
ܗܘ ܕܝܠܗ ܪܒܐ ܕܐܝܬ ܒܗܘܢ.　[12] Cod. IV,
Syro-hex.　Sic sine aster. Comp., Ald., Codd. 15, 76, alii.
[13] Iidem.　Sic sine aster. Comp., Cold. 58 (om. λέγων), 108.
[14] Iidem.　Sic sine aster. Comp., Codd. 19, 58 (cum ἐπ᾽
αὐτῇ), 108.　[15] Cod. IV (cum metobelo ex corr.), Masius.
Sic sine aster. Comp., Codd. 19, 58, 108.　[16] Cod. IV
(cum ※ υἱὸς· ὁ καὶ ῆ), Masius.　Sic sine aster. Comp.,
Cod. 108, Syro-hex.　[17] Cod. IV (cum notis ex corr.),
Syro-hex. (cum τὸ ῥ. — τοῦτο ◄).　[18] Cod. IV, Masius (cum εἶπέ — μοι ◄ κύριος)　Sic sine obelo Syro-hex.
[19] Cod. IV, Syro-hex. (cum υἱοῦ — Κενέζ ◄).　Sic sine
obelo Codd. 15, 18, 64, 108, 128.
CAP. XV. [1] Sic Cod. IV, Syro-hex.　[2] Syro-hex.
ܐܢܐ ܐܠܘ ܡܢ ܪܝܫܐ ܕܝܡܐ ܕܡܠܚܐ ܡܢ
ܠܫܢܐ. Cf. ad v. 21.　[3] Sic Codd. 16, 30 (cum
Γαλααδῖτιν), 52, 53, alii (inter quos 85, cum τὴν Γαλαδίτιν,
et in marg. τὴν κ. δ. Κάδης).　[4] Syro-hex. ܐܟܪܩܐ
ܠܟܪܩܐ. Cf. Cod. 108, qui ad φάραγγος (v. 4) male

refert. Ad ܐܟܪܩܐ Syro-hex. in marg. الافح ܀. ܪܫ, h. e.
τὸ ἔδαφος, non, ut Masius, τὴν γῆν.　Consentit Euseb. in
Onomastico, p. 28: Ἀκαρκά [Hieron. Accarca].　Σύμμαχος· τὸ
ἔδαφος.　[5] Syro-hex. ܐܠܘ ܀ ܪܫܝܡ ./. Cod. 108:
'Α. χειμάρρου, et sic in textu Comp., Cod. 18 (cum χειμάρου).
Cod. 57 in marg.: Οὗτός ἐστιν ὁ ποταμὸς Ῥινοκορούρων (sic).
[7] Sic Cod. IV (cum aster. ex corr.), Syro-hex., et sine
aster. Comp., Codd. 19 (cum μέρος), 58, 108 (ut 19);
necnon (cum ἕως ἐπὶ μέρους) Codd. 44, 54, alii (inter quos
85 in marg.).　[8] Syro-hex. ܀ ܪܫ. Cf. ad v. 21.
[9] Euseb. in Onomastico, p. 110.　Hieron. vertit: "Beth-
abara, pro qua Sym. transtulit: in locis quae juxta inhabitabilem sunt, significans eremum;" unde Montef. eruit: Σ.
ἐν τόποις κατὰ ἀοίκητον.　Sed cf. ad v. 60.　[10] Masius in
Comment. p. 253: "Chaldaeus et Symmachus campestrem
domum interpretari maluerunt."　In Syro-hex. index est
super Βηθάραβα, sed nota marginalis desideratur.　Cf. ad
Cap. xviii. 18.　[11] Cod. 85, testibus Montef. et Cozza.
Parsonsius lectionem quasi anonymam affert.　[12] Sic
in textu Ald. (cum Δαιβηρὰ), Codd. 15 (cum Δαιβειρὰ), 18,
64 (ut Ald.), 128 (ut 15).　[13] Sic Cod. IV (qui pingit:
※ Ἀχὼρ ※ καὶ κ. β :), Syro-hex. (cum ※ καὶ κ. β ◄.), et sine
aster. Comp., Codd. 58 (cum βορρᾶ), 108.

7. לְנָחַל. Οʹ. τῇ φάραγγι. ʼΑ. τοῦ χειμάρρου.[14]

וְעָבַר הַגְּבוּל. Οʹ. καὶ διεκβάλλει ※ τὸ ὅριον ◂.[15]

עֵין־שֶׁמֶשׁ. Οʹ. [τῆς] πηγῆς [τοῦ] ἡλίου. ʼΑ. πηγῆς ἡλίου. Σ. (πηγῆς) Σάμες.[16]

9. וְיָצָא אֶל־עָרֵי הַר־עֶפְרוֹן. Οʹ. καὶ διεκβάλλει εἰς τὸ ὄρος (alia exempl. ※ ἐπὶ κώμας ◂ ὄρους[17]) Ἐφρών. Aliter: Οʹ. ʼΑ. καὶ διεκβάλλει ἐπὶ κώμας ὄρους (Ἐφρών). Σ. καὶ ἐξῆλθεν εἰς πόλεις ὄρους (Ἐφρών). Θ. καὶ διεκβάλλει εἰς Γαὶ ὄρος Ἐφρών.[18]

10. אֶל־הַר שֵׂעִיר וְעָבַר. Οʹ. καὶ παρελεύσεται εἰς ὄρος Ἀσσάρ (potior scriptura Σηείρ). Alia exempl. εἰς ὄρος Σηείρ, καὶ παρελεύσεται.[19] Alia: ※ καὶ παρελεύσεται ◂ εἰς ὄρος Σηείρ, καὶ παρελεύσεται.[20]

אֶל־כֶּתֶף הַר־יְעָרִים. Οʹ. ἐπὶ νώτου πόλιν Ἰαρίν (s. Ἰαρίμ). ʼΑ. πρὸς ὦμον ὄρους Ἰαρίμ.[21]

בֵּית־שֶׁמֶשׁ. Οʹ. ἐπὶ πόλιν ἡλίου (Σ. οἴκου Σάμες[22]).

11. וְיָצָא הַגְּבוּל אֶל־כֶּתֶף עֶקְרוֹן צָפוֹנָה וְתָאַר הַגְּבוּל שִׁכְּרוֹנָה (circuit). Οʹ. καὶ διεκβάλλει τὸ ὅριον κατὰ νώτου Ἀκκαρὼν ἐπὶ βορρᾶν, καὶ διεκβαλεῖ (potior scriptura διεκβάλλει) (Οʹ. ʼΑ. διεκβάλλει[23]) τὰ ὅρια εἰς Σοκχώθ (alia exempl. Σαχαρῶνα[24]). Ἄλλος· καὶ ἐφαίνετο τὸ ὅρος ἐπὶ τὸν ὦμον Ἀκκαρὼν εἰς βορρᾶν, καὶ ἔβλεπε τὸ ὅρος εἰς Σαχαρῶνα.[25]

11. הַר־הַבַּעֲלָה. Οʹ. ὅρια ἐπὶ λίβα. Alia exempl. ὅρος τῆς Βααλά.[26]

12. וּגְבוּל יָם. Οʹ. καὶ τὰ ὅρια αὐτῶν ἀπὸ θαλάσσης. Alia exempl. καὶ τὰ ὅρια τῶν ἀπὸ θαλάσσης.[27]

13. אַרְבַּע. Οʹ. Ἀρβόκ. Alia exempl. Ἀρβέ.[28]

אֲבִי הָעֲנָק. Οʹ. μητρόπολιν (alia exempl. πατρὸς[29]) Ἐνάκ.

14. אֶת־שֵׁשַׁי וְאֶת־אֲחִימַן וְאֶת־תַּלְמַי יְלִידֵי הָעֲנָק. Οʹ. τὸν Σουσί, καὶ Θολαμί, καὶ τὸν Ἀχιμᾶ. Aliter: Οʹ. τὸν Σουσί, καὶ τὸν Ἀχειμὰ, καὶ τὸν Θαλμαί, ※ γεννήματα τοῦ Ἐνάκ ◂.[30]

15. קִרְיַת־סֵפֶר. Οʹ. πόλις γραμμάτων. Σ. Ὁ Ἑβραῖος· Καριαθσεφέρ.[31]

16. אֲשֶׁר־יַכֶּה. Οʹ. ὃς ἂν λάβῃ [καὶ ἐκκόψῃ]. Ἄλλος· ὃς ἂν πατάξῃ.[32]

וּלְכָדָהּ. Οʹ. καὶ κυριεύσῃ αὐτῆς. Ἄλλος· καὶ προκαταλάβηται αὐτήν.[33]

18. וַתְּסִיתֵהוּ לִשְׁאוֹל. *Et incitavit eum ut posceret.* Οʹ. καὶ συνεβουλεύσατο αὐτῷ, ÷ λέγουσα ◂ αἰτήσομαι.[34] Ἄλλος· καὶ ἔπεισεν αὐτὴν τοῦ αἰτῆσαι.[35]

---

[14] Syro-hex. ܕܢܚܠܐ ܐ̣. ܀ [15] Sic Cod. IV, Syro-hex., et sine aster. Comp., Codd. 19, 58, 108, Arm. 1. [16] Euseb. in Onomastico, p. 324: Σάμες· πηγὴ Σάμες φυλῆς Βενιαμίν. Ἀκύλας· πηγὴ ἡλίου. Syro-hex. affert: ܣ. ܕܫܡܫ ܀ Cf. ad Cap. xviii. 17. [17] Sic Cod. IV, Syro-hex. (cum ※ܥܠ ܩܘܪܝܐ ܀), et sine aster. Comp., Codd. 58, 108. [18] Cod. 85. Theodotionis versionem in textu venditant Codd. 44, 54, 74, alii. [19] Sic Codd. III, XI, 16 (cum περιελ.), 29, alii. (Ad Σηείρ fortasse pertinet lectio anonyma τριχιῶτα (potius τριχιῶντα), quae in Cod. 85 ad Σουσί (v. 14) appingitur. Vid. Scharfenb. in *Animadv.* T. II, p. 28.) [20] Sic Cod. IV (sine metobelo), Syro-hex., et sine aster. Comp., Ald., Codd. 15, 18, 19, alii. [21] Syro-hex. ܐ̣. ܠܘܬ ܟܬܦܐ ܕܛܘܪܐ ܕܝܥܪܝܡ ܀ [22] Idem: ܣ. ܕܒܝܬ ܫܡܫ ܀ [23] Masius in Comment. p. 235: "Verbum תָּאַר interpretantur Judaei plerique omnes, *agi in obliquum, gyrare, circuire;* LXXII plerumque *excurrere*, atque etiam Aquilas." [24] Sic Comp., Ald. (cum Σακχ.), Codd. IV, 19, 57, alii, Syro-hex. [25] Syro-hex. in marg. sine nom. ܘܡܬܚܙܐ ܗܘܐ ܬܚܘܡܐ ܥܠ ܟܬܦܐ ܕܥܩܪܘܢ ܠܓܪܒܝܐ ܘܚܐܪ ܗܘܐ ܬܚܘܡܐ ܠܣܟܪܘܢ ܀ [26] Sic Codd. III (cum Βαλά), 77 (cum Βάαλ), Syro-hex. (cum ܛܘܪܐ ܕܒܥܠܐ); necnon (cum γῆς pro τῆς), Ald., Codd. IV (cum Βαλαάν), XI (cum Βάλ), 15, 16 (cum Βάαλ), 18, alii. [27] Sic Codd. IV, 44, 54, alii, Syro-hex. [28] Sic Comp. (cum Ἀρβαί), Ald., Codd. IV, 18, 29, alii (inter quos 85 in marg.). Syro-hex. in textu: ܕܐܪܒܥ; in marg. autem: ܕܐܪܒܘܩ. [29] Sic Ald., Codd. 15, 64, Syro-hex. (cum μητρόπολιν in marg.). [30] Sic Cod. IV (cum aster. ex corr.), Syro-hex. (cum ܫܘܫܝ, ܐܚܝܡܢ et ܬܠܡܝ), et sine aster. Comp. (cum Ἀχειμάν, et Θαλβαί), Cod. 108, Arm. 1. [31] Syro-hex. ܣ. ܥ. ܩܪܝܬ ܣܦܪ ܀ [32] Sic in textu Codd. 54, 75 (cum πατάξει). Cf. Jud. i. 12 in LXX. In textu LXXvirali verba inclusa desunt in Comp., Ald., Codd. III, IV, XI, 15, 16, 18, aliis, Arm. 1, Syro-hex. [33] Sic in textu Codd. 54, 75. [34] Obelus est in Cod. IV, Syro-hex. [35] Syro-hex. in marg. sine nom. ܘܐܦܝܣܬܗ ܠܡܫܐܠ ܀ Sic in loco parallelo Jud. i. 14 juxta Comp.,

19. אֶרֶץ הַנֶּגֶב. *Terram australem.* Ο΄. εἰς γῆν ναγέβ (alia exempl. νότου³⁶).

גֻּלֹּת מָיִם. *Scaturigines aquarum.* Ο΄. τὴν Βοθθανίς. Alia exempl. τὴν Γωλαθμαίμ.³⁷

אֵת גֻּלֹּת עִלִּיּוֹת וְאֵת גֻּלֹּת תַּחְתִּיּוֹת. *Scaturigines superiores, et scaturigines inferiores.* Ο΄. τὴν Γοναιθλὰν (alia exempl. τὴν Γωλαθμαίμ³⁸) τὴν ἄνω, καὶ τὴν Γοναιθλὰν (eadem exempl. τὴν Γωλὰθ³⁹) τὴν κάτω. Ἄλλος· κτῆσιν μετεώρων, καὶ κτῆσιν ταπεινῶν.³⁹

20. לְמִשְׁפְּחֹתָם. Ο΄. Vacat. ※ κατὰ δήμους αὐτῶν ◄.⁴⁰

21. וַיִּהְיוּ הֶעָרִים מִקְצֵה לְמַטֵּה. Ο΄. ἐγενήθησαν δὲ πόλεις αὐτῶν — πόλεις ◄ πρὸς τῇ φυλῇ.⁴¹ Ἀ.. αἱ πόλεις ἀπὸ τελευταίου τῆς φυλῆς. Σ.. αἱ πόλεις ἀπ' ἄκρου τῆς φυλῆς. Θ.. πόλεις αὐτῶν ἀπὸ τέλους φυλῆς.⁴²

מִנֶּגְבָּה. *In meridie.* Ο΄. ἐπὶ τῆς ἐρήμου. Ἄλλος· ἀπὸ νότου.⁴³

21‒32. קַבְצְאֵל—וַחֲצֵרֵיהֶן. Ο΄. καὶ Βαισελεὴλ—καὶ αἱ κῶμαι αὐτῶν. Potior scriptura :⁴⁴ Ο΄. Καβσεὴλ,⁴⁵ καὶ Ἐδὶρ,⁴⁶ καὶ Ἰαγοὺρ, (22) καὶ Κεινὰ, καὶ Δειμωνὰ, καὶ Ἀδαδὰ,⁴⁷ (23) καὶ Κέδες, καὶ Ἀσὼρ,⁴⁸ καὶ Ἰαθνὰν,⁴⁹ (24) Ζεὶφ, καὶ Τελὲμ,⁵⁰ καὶ Βααλὼθ,⁵¹ (25) καὶ Ἀσὼρ τὴν καινὴν, καὶ αἱ πόλεις Ἐσρώμ·⁵² αὕτη ※ ἐστὶν ◄⁵³ Ἀσώρ (26) Ἀμὰμ, καὶ Σαμὰ, καὶ Μωλαδὰ, (27) — καὶ Ἀσαρσουλὰ ◄,⁵⁴ καὶ Ἀσεργαδδὰ, καὶ Ἀσεμὼν, καὶ Βηθφελὲτ,⁵⁵ (28) καὶ Ἀσαρσουλὰ,⁵⁶ καὶ Βηρσαβεὲ, καὶ Βεζιουθιὰ,⁵⁷ [αἱ κῶμαι αὐτῶν, καὶ αἱ ἐπαύλεις αὐτῶν],⁵⁸ (29) Βααλα,⁵⁹ καὶ Αὐεὶμ,⁶⁰ καὶ Ἀσεμ,⁶¹ (30) καὶ Ἐλθωλαδὰ,⁶² ※ καὶ Χσεὶλ ◄,⁶³ καὶ Ἑρμὰ, (31) καὶ Σικελὶγ,⁶⁴ καὶ Μεδεμηνὰ,⁶⁵ καὶ Σανσαννὰ,⁶⁶ (32) καὶ Λαβὼθ,⁶⁷ καὶ Σελεεὶμ,⁶⁸ καὶ Αἰν,⁶⁹ καὶ Ῥεμμὼν·⁷⁰ πᾶσαι αἱ πόλεις εἴκοσι καὶ ἐννέα,⁷¹ καὶ αἱ κῶμαι αὐτῶν.

33‒44. בַּשְּׁפֵלָה—וַחֲצֵרֵיהֶן. Ο΄. ἐν τῇ πεδινῇ—καὶ αἱ κῶμαι αὐτῶν. Aliter: Ο΄. (33) ἐν τῇ πεδινῇ⁷² (Ἄλλος· ἐν τῇ ὑπωρείᾳ⁷³) Ἀσθαὼλ,⁷⁴

Codd. X, 15 (in marg.), 53, 128.　³⁶ Sic Codd. 15, 18, 54, alii (inter quos 85 in marg.), Syro-hex.　³⁷ Sic Comp., Ald. (cum Γολαθμ. sine artic.), Codd. III (sine artic.), IV, 15, 16 (ut III), 18 (cum μαείμ), alii (inter quos 85 in marg.), Syro-hex.　³⁸ Sic Comp., Ald., Codd. III (om. τὴν Γωλαθμ. τὴν ἄνω καὶ), IV, 15 (cum Γολαθμ. et Γωλάθ), 58 (cum Γολαθαίμ), 108 (cum Γωλάθ), 128, Syro-hex.　³⁹ Syro-hex. in marg. sine nom. ܡܬܪ̈ܘܡܐ ܘܩܢܝܢ ܡܬܪ̈ܘܡܐ. Cf. Hex. ad Jud. i. 15.　⁴⁰ Sic Cod. IV, Syro-hex., et sine aster. Comp., Codd. 58, 108, Arm. 1.　⁴¹ Obelus est in Cod. IV.　⁴² Cod. 85, edente Montef. (Parsonsii amanuensis accuratius exscripsit ad Sym. τῇ φυγῇ pro τῆς φυλῆς; ad Theod. autem φυγῆς pro φυλῆς.) Syro-hex. affert: Σ. ἀπ' ἄκρου (ܡܢ ܣܘܦܐ) τῆς φυλῆς υἱῶν Ἰούδα.　⁴³ Sic in textu Syro-hex. Cod. 58 in textu: ἡ (fort. ᾗ) ἀπὸ νότου ἐπὶ τῆς ἐρήμου.　⁴⁴ In reliqua hujus capitis parte, cum nomina propria in Ed. Rom. ab Hebraeis mire discedant, nos textum hexaplarem Cod. IV a Tischendorfio editum, ad versionem Syro-hexaplarem diligenter exactum et hic illic reformatum, apposuimus.　⁴⁵ Syro-hex. ܩܒܣܐܝܠ. Cod. IV: Καβσεήλ.　⁴⁶ Syro-hex. ܐܕܝܪ. Cod. IV: καὶ Ἐδὶλ.　⁴⁷ Syro-hex. ܘܐܣܘܪ. ⁴⁸ Idem: ܝܐܬܢܢ. Cod. IV: καὶ Ἀσῶρ.　⁴⁹ Syro-hex. ܝܐܬܢܢ.　⁵⁰ Idem: ܘܛܠܡ.　⁵¹ Idem: ܘܒܥܠܘܬ. Cod. IV: καὶ Βαλὼθ.　⁵¹ Idem: ܘܐܣܘܪ ܚܕܬܐ, h. e. καὶ Καριαθεσρών. Sic (cum -ρὼθ) Cod. 58.　⁵³ Sic

Cod. IV, Syro-hex., et sine aster. Comp., Cod. 108, Arm. 1.　⁵⁴ Sic sine obelo Cod. IV. Syro-hex. ‒ ܘܐܣܘܪ.　⁵⁵ Syro-hex. in textu: ܘܒܝܬ ܦܠܛ; in marg. autem: ܘܒܝܬ ܦܠܚܬ. Cod. IV: καὶ Βηθφελέθ.　⁵⁶ Syro-hex. ܘܐܣܘܪܣܘܠܐ. Cod. IV, ut Ed. Rom.: καὶ Χολασεωλὰ. Scriptura Ἀσαρσουλὰ est in Ald., Codd. III, 15, 18, aliis.　⁵⁷ Idem: ܘܒܙܝܘܬܝܐ (ܘܒܙܝܘܬܝܐ). Cod. IV: καὶ Ἐζεζιουθιαι.　⁵⁸ Haec desunt in Comp., Codd. 19, 108, Syro-hex.　⁵⁹ Syro-hex. ܒܥܠܐ. Idem: ܥܠܟܣ.　⁶⁰ Idem: ܥܘܝܡ. Cod. IV: καὶ Αὐεὶμ. Nostra scriptura est in Comp., Ald., Codd. III, 15, 16, 18, aliis.　⁶¹ Idem: ܘܐܣܡ.　⁶² Syro-hex. in textu: ܘܐܠܬܘܠܕ ◄; in marg. autem: ◄ ܘܐܠܬܘܠܕ. Cod. IV: καὶ Ἐλ. Nostram scripturam habet Cod. 58.　⁶³ Syro-hex. ܘܟܣܝܠ. Cod. IV: καὶ Σεγελέθ.　⁶⁴ Syro-hex. in textu: ܘܣܩܠܓ; in marg. autem: ܘܣܩܠܓ. Cod. IV: καὶ Μαχαρίμ.　⁶⁶ Sic Comp., Codd. III, XI (cum Σανσανὰ), 16, 29, alii. Syro-hex. ܠܒܐܘܬ. Cod. IV: καὶ Σεννὰκ.　⁶⁷ Syro-hex. ܘܠܒܐܘܬ. Cod. IV: καὶ Λαβώθ.　⁶⁸ Syro-hex. ܘܣܠܝܡ. Idem: ܘܥܝܢ. Cod. IV: θ καὶ ζ.　⁷⁰ Idem: ܘܪܡܘܢ.　⁷¹ Sic Syro-hex. Cod. IV: θ καὶ ζ.　⁷² Cod. IV pingit: ‒ ἐν τῇ πεδινῇ : (cum metobelo ex corr.), male.　⁷³ Sic Codd. 54 (cum ὑπωρίᾳ), 75 (cum ὑπαρίᾳ), 85 (in marg., cum ὑπεροραίᾳ). Est Aquilae, ut videtur, coll. Hex. ad Jerem. xvii. 26.　⁷⁴ Syro-hex. ܐܣܬܐܘܠ.

καὶ Σαραὰ, καὶ Ἀσνὰ,[75] (34) καὶ Ζανὼ,[76] καὶ
Ἡγοννείμ Θαφφουὰ,[77] καὶ τὴν Ἠναείμ,[78]
(35) καὶ Ἱερμοὺθ, καὶ Ἀδαλὰμ, καὶ Σωχὼ, καὶ
Ἀζηκὰ, (36) καὶ Σαγαρείμ,[79] καὶ Ἀδιαθαείμ,[80]
καὶ Γαδηρὰ,[81] καὶ αἱ ἐπαύλεις αὐτῆς·[82] πόλεις
δεκατέσσαρες,[83] καὶ αἱ κῶμαι αὐτῶν. (37) Σε-
νὰμ,[84] καὶ Ἀδασὰ,[85] καὶ Μαγδαλγὰδ, (38) καὶ
Δαλαὰν,[86] καὶ Μασσηφὰ,[87] καὶ Ἰεκθαήλ, (39) καὶ
Λαχεὶς, καὶ Βαζκὰθ,[88] καὶ Ἀγλῶν, (40) καὶ
Χαββὼν,[89] καὶ Λαμὰς,[90] καὶ Χαθαλεὶς,[91] (41)
καὶ Γαδηρὼθ, καὶ Βηθδαγὼν, καὶ Νωμὰ,[92] καὶ
Μακηδά· πόλεις ἑξ καὶ δέκα, καὶ αἱ κῶμαι
αὐτῶν. (42) Λεβνὰ, καὶ Ἀθὲρ, καὶ Ἀσὰν,
(43) καὶ Ἰεφθὰ,[93] καὶ Ἀσεννὰ, καὶ Νεσεὶβ,
(44) καὶ Κεῖλὰ, καὶ Ἀχζεὶβ, καὶ Μαρησά·[94]
πόλεις ἐννέα, καὶ αἱ κῶμαι αὐτῶν.

45. וּבְנֹתֶיהָ. Ο'. καὶ αἱ κῶμαι (Ἄλλος· θυγατέρες[95]) αὐτῆς.

46. וָיָמָּה. Et mare versus. Ο'. Γεμνά. Alia exempl. Ἰεμναί.[96] Ἄλλος· καὶ εἰς θάλασσαν.[97]
אַשְׁדוֹד. Ο'. Ἀσηδώθ. Alia exempl. Ἐσδώδ.[98]
Θ. Ἀζωτοῦ.[99]

47. עַזָּה בְּנוֹתֶיהָ. Ο'. Γάζα, καὶ αἱ κῶμαι (Ἄλ-
λος· θυγατέρες[100]) αὐτῆς.

48-60. וּבָהָר—וְחֲצֵרֵיהֶן. Ο'. καὶ ἐν τῇ ὀρεινῇ—
καὶ αἱ ἐπαύλεις αὐτῶν. Aliter: Ο'. (48) καὶ
ἐν τῇ ὀρεινῇ Σαμεὶρ,[101] καὶ Ἰεθὲρ, καὶ Σωχὼ,
(49) καὶ Ῥεννὰ, καὶ πόλις[102] γραμμάτων (Σ.
Καριαθσεννά[103])· αὕτη ἐστὶν Δαβείρ· (50) καὶ
Ἀναβ, καὶ Ἀσθεμὼ, καὶ Ἀνείμ,[104] (51) καὶ
Γοσὸμ,[105] καὶ Χιλουὼν,[106] καὶ Γηλών·[107] πόλεις
ἕνδεκα, καὶ αἱ κῶμαι αὐτῶν· (52) Ἐρὲβ,[108] καὶ
Ῥουμὰ, καὶ Ἐσὰν,[109] (53) καὶ Ἰανοὺμ,[110] καὶ
Βηθθαφφουὲ, καὶ Ἀφακὰ, (54) καὶ Ἀμματὰ,
καὶ πόλις Ἀρβέ·[111] αὕτη ἐστὶν Χεβρὼν· καὶ
Σειὼρ·[112] πόλεις ἐννέα, καὶ αἱ ἐπαύλεις αὐτῶν·
(55) Μαὼν, καὶ Χερμὲλ, καὶ Ζεὶφ, καὶ Ἰεττὰ,[113]
(56) καὶ Ἰζρεὶλ,[114] καὶ Ἰεκδαὰμ,[115] καὶ Ζανουὰ,
(57) Ἐκὲν,[116] —καὶ ◄ Γαβαὰ,[117] καὶ Θαμνά·
πόλεις δέκα, καὶ αἱ κῶμαι (Ἀ. Σ. καὶ αἱ ἐπαύλεις[119]) αὐτῶν· (58) Ἀλούλ, καὶ Βεθσοὺρ, καὶ
Γεδὼρ, (59) καὶ Μααρὼθ, καὶ Βηθανὼθ (alia
exempl. Βηθαλὼθ[119]), καὶ Ἐλθεκὲν· πόλεις ἑξ,
καὶ αἱ κῶμαι αὐτῶν· —Θεκὼ,[120] καὶ Ἐφραθά·

---

[75] Syro-hex. ܘܣܪܥܐ. [76] Idem: ܘܙܢܘ. [77] Idem:
ܘܗܓܘܢܝܡ ܛܦܘܥܐ. [78] Sic Comp. (cum Ἠναίμ), Ald.
(sine artic.), Codd. III (idem), 18 (ut Comp.), 64, 108,
alii. Cod. IV: καὶ τὴν Ἀναείμ. Syro-hex. ܘܐܢܥܝܡ. [79] Syro-hex. ܘܣܓܪܝܡ. [80] Sic (pro Ἰλουθὼθ (v. 34)
Codd. XI, 16 (cum —θαίμ), 29 (idem), alii. Syro-hex.
ܘܐܕܝܬܝܡ. Cod. IV: καὶ Ἀγεθθαίμ. [81] Cod. IV: καὶ
Γαδηράμ. Syro-hex. ܘܓܕܪܐ. [82] Cod. IV: καὶ ἐπ. αὐτῆς.
Syro-hex. καὶ αἱ ἐπαύλεις αὐτῶν. In Hebraeo est nomen
urbis גְּדֵרֹתַיִם. [83] Cod. IV: δ καὶ ἰ. [84] Syro-hex. ܨܢ.
[85] Cod. IV: καὶ Ἀδασαί. Syro-hex. ܘܐܕܣܐ. [86] Sic
Ald., Codd. III, 16, 18, 29, alii. Cod. IV: καὶ Δαλλάμ.
Syro-hex. ܘܕܠܟ. [87] Syro-hex. ܘܡܨܦܐ. [88] Sic
Ald. (cum Βασκὰθ), Codd. XI, 16, 18 (ut Ald.), 30, alii.
Cod. IV: καὶ Βασεκάθ. Syro-hex. ܘܒܙܩܬ (ܘܒܙܩܬ). [89] Syro-hex. ܘܚܒܘܢ. [90] Idem: ܘܠܡܣ. [91] Sic
Ald., Codd. 15, 18, 64, 128. Cod. IV: καὶ Καθαλείς. Syro-
hex. ܘܚܬܠܝܣ. [92] Syro-hex. Idem: ܘܢܘܡܐ. [93] Sic Comp., Ald., Codd. III, XI, 15, 16, alii.
Cod. IV: καὶ Βαρησά. Syro-hex. ܘܡܪܫܐ. [95] Sic in
textu Codd. 15, 64, Syro-hex. (cum καὶ αἱ κῶμαι in marg.).
[96] Sic Codd. III, IV (cum Ἰεμναείν), XI, 15, 16 (cum Ἰεμναεί),
18, alii, et Syro-hex. in marg. (cum ܝܡܢܐ). [97] Sic in
textu Syro-hex. In Comp., Codd. 19, 58 (cum ἡ Ἐμναί).

[108] duplex versio est: καὶ εἰς θ. Ἰεμνάθ. [98] Sic Comp.,
Ald., Codd. IV, 15, 18, 19, 128, Syro-hex. (cum ܐܣܕܘܕ).
[99] Syro-hex. ܐܙܘܛܘ؟ ܠ. Cod. 85 in textu: Ἀσδὼν Ἀπη-
δὼθ; in marg. autem: Ἀζωτοῦ. [100] Sic in textu Codd.
64, 128, Syro-hex. (cum καὶ αἱ κῶμαι in marg.). [101] Syro-
hex. ܣܡܝܪ. Cod. IV: Σαφείρ. [102] Cod. IV: πόλις.
[103] Syro-hex. ܩܪܝܬ ܣܦܪܐ. [104] Sic Comp. (cum
Ἀνίμ), Codd. III, XI, 16, 29, alii. Cod. IV: καὶ Ἀνίβ.
Syro-hex. ܘܥܢܝܡ. [105] Syro-hex. ܘܓܣܡ. [106] Sic
Ald., Codd. III, XI, 16, 29, alii. Cod. IV: καὶ Εἰλού.
Syro-hex. ܘܚܠܘܢ. [107] Sic Ald., Codd. III, XI, 15,
16, 18, alii. Cod. IV: καὶ Λανού. Syro-hex. ܘܓܝܠܘܢ.
[108] Syro-hex. ܘܐܪܒ؟. [109] Syro-hex. inverse: ܘܐܫܢ
ܘܪܘܡܐ. [110] Idem: ܝܢܘܡ. [111] Cod. IV: καὶ πόλις
Ἀρβί. Syro-hex. in textu: ܡܕܝܢܬ ܐܪܒܥ؟; in marg.
autem: Καριαθαρβί (ܩܪܝܬ ܐܪܒܥ), quod Symmachum
sapit. [112] Cod. IV: καὶ Σιών. Syro-hex. ܘܨܥܘܪ. Mox
Cod. IV: καὶ ἐπαύλεις. Syro-hex. ܘܐܦܝܠܘ. [114] Idem:
ܘܐܙܪܝܠ. [115] Idem: ܘܝܩܕܥܡ. [116] Sic Comp.,
Cod. 108 (cum Ζανοανείν). Cod. IV: καὶ Ζανοα Ἐκελεί.
Syro-hex. ܘܙܢܘܥ ܘܥܩܢ. [117] Cod. IV: —καὶ ◄ Γαββά.
Syro-hex. ܘܓܒܥܐ. [118] Syro-hex. ܘܐܦܝܠܘ ܐܕ ... ܐܕ.
[119] Sic Cod. IV. Syro-hex. in textu: ܒܝܬ ܥܢܬ؛ in
marg. autem: ܒܝܬ ܐܠܘܬ. [120] Syro-hex. ܘܬܩܘܥ.

αὕτη ἐστὶν Βαιθλεέμ· καὶ Φαγώρ, καὶ Αἰτὰν,[121] καὶ Κουλὸμ,[122] καὶ Τατάμ, καὶ Σωρὴς, καὶ Καρὲμ, καὶ Γαλεὶμ, καὶ Θεθὴρ, καὶ Μανοχώ·[123] πόλεις ἔνδεκα, καὶ αἱ κῶμαι αὐτῶν ◄ (60) Καριαθβαὰλ· αὕτη πόλις Ἰαρείμ[124] (Οἱ λοιποί· Καριαθιαρείμ[125])· καὶ Ἀρεββά· πόλεις δύο, καὶ αἱ ἐπαύλεις αὐτῶν.

61. בַּמִּדְבָּר. *In deserto.* Ο΄. καὶ Βαδδαργείς. Alia exempl. Βαδδαργείς.[126] Ἄλλος· ἐν τῇ ἐρήμῳ.[127] Ἄλλος· ἐν τοῖς περὶ τὴν ἀοίκητον.[128]

61, 62. בֵּית הָעֲרָבָה—וַחֲצִירֹתֶן. Ο΄. καὶ Θαραβαάμ—καὶ αἱ κῶμαι αὐτῶν. Aliter: Ο΄. ⸓ καὶ ◄ Βηθαραβὰ,[129] Μαδδεὶν,[130] καὶ Σαχαχά,[131] καὶ Νεββὰν,[132] καὶ πόλις τῶν ἁλῶν,[133] καὶ Ἠγαδδί[134] πόλεις ἓξ, καὶ αἱ κῶμαι αὐτῶν.

63. אֶת־בְּנֵי יְהוּדָה. Ο΄. Vacat. ※ μετὰ τῶν υἱῶν Ἰούδα ◄.[135]

Cap. XV. 1. ※ υἱῶν ◄ Ἰούδα.[130] 4. καὶ ἔσται ἡ διέξοδος τῶν ὁρίων ⸓ αὐτοῦ ◄.[137] 5. ⸓ πᾶσα ◄.[138] ⸓ καὶ ◄ ἀπὸ τῆς λοφιᾶς.[139] 8. ※ υἱοῦ ◄ Ἐννόμ.[140] 14. ⸓ υἱὸς Ἰεφοννή ◄.[141] 15. ⸓ Χα-

λέβ ◄.[142] 19. καὶ εἶπεν ⸓ αὐτῷ ◄.[143] καὶ ἔδωκεν αὐτῇ ⸓ Χαλέβ ◄.[144]

CAP. XVI.

1. וַיֵּצֵא הַגּוֹרָל. Ο΄. καὶ ἐγένετο τὰ ὅρια. Οἱ λοιποί· καὶ ἐξῆλθεν ὁ κλῆρος.[1]

מִיַּרְדֵּן יְרִיחוֹ לְמֵי יְרִיחוֹ. *A Jordane* (e regione) *Jerichuntis ad aquas Jerichuntis.* Ο΄. ἀπὸ τοῦ Ἰορδάνου τοῦ κατὰ Ἱεριχὼ ※ ἀπὸ ὕδατος τοῦ κατὰ Ἱεριχὼ ◄.[2]

1, 2. הַמִּדְבָּר עֹלֶה מִירִיחוֹ בָּהָר בֵּית־אֵל: וְיָצָא מִבֵּית־אֵל לוּזָה וְעָבַר. *Ad desertum quod ascendit a Jerichunte in monte qui est Bethel. Et egreditur e Bethele ad Luz, et transiit.* Ο΄. ἀναβήσεται ἀπὸ Ἱεριχὼ εἰς τὴν ὀρεινὴν τὴν ἔρημον (alia exempl. τὴν ἔρημον, καὶ ἀναβήσεται ἀπὸ Ἱεριχὼ εἰς τὴν ὀρεινὴν[3]) εἰς Βαιθὴλ [Λουζά]. καὶ ἐξελεύσεται εἰς Βαιθὴλ (alia exempl. ἀπὸ Βαιθὴλ ⸓ εἰς ◄ Λουζά[4]), καὶ παρελεύσεται. Ἄλλος· τὴν ἔρημον τὴν ἀναβαίνουσαν ἀπὸ Ἱεριχὼ ἐπὶ τὸ ὄρος Βαιθήλ. καὶ ἐξῆλθεν (s. ἐξελεύσεται) ἀπὸ Βαιθὴλ εἰς Λουζὰ, καὶ παρῆλθεν (s. παρελεύσεται).[5]

(Θεκανέ?). Haec obelis jugulantur in Cod. IV, Syro-hex. (qui male pingit: ⸓ καὶ αἱ κῶμαι — πόλεις ἔνδεκα ◄). [121] Syrohex. ܖܝܠܘ. [122] Idem: ܟܘܠܡ (Κωλόμ?). [123] Idem: ܡܢܘܚܘ (Μανόχ?). [124] Cod. IV: αὕτη πόλεις Ἰαρείμ. [125] Syro-hex. ܩܘܪܝܬ ܝܥܪܝܡ ܕܝܢ ܚܘܫܒ. Mox Cod. IV: καὶ ἐπαύλεις. [126] Sic Ald., Codd. IV, XI, 56, 58, alii. Syro-hex. in marg. ܕܐܪܓܝܣ. [127] Syro-hex. in textu: ܒܡܕܒܪܐ. Codd. 18, 64, 128: (καὶ αἱ ἐπαύλεις αὐτῶν) ἐν τῇ ἐρήμῳ Βήθ. Comp.: (καὶ αἱ ἐπαύλεις αὐτῶν.) ἐν τῇ ἐρήμῳ (Βηθαραβὰ). [128] Syro-hex. in marg.: ܒܗܢܘܢ ܕܚܕܪܝ ܠܐ ܡܬܥܡܪܢܝܬܐ. Symmachi, ni fallor, est lectio, et ad sequens בֵּית הָעֲרָבָה pertinet. Cf. ad v. 6. [129] Sic Cod. IV (cum ⸓ καὶ : Βηθαραβὰ), Syrohex. (cum ⸓ καὶ Βηθαραβὰ). Copula deest in Codd. 54, 71, 74, aliis, Arm. 1. [130] Syro-hex. ܡܕܝܢ. [131] Idem: ܣܟܟܐ. Cod. IV: καὶ Σχαχά. [132] Syro-hex. ܢܒܣܢ. [133] Cod. IV: καὶ αἱ πόλεις τῶν ἁλῶν (sic). Syro-hex. ܘܡܕܝܢܬܐ ܕܡܠܚܐ. [134] Sic Ald., Codd. III, XI (cum Ηγγαδδὶ), 16, 30, alii. Cod. IV: καὶ Ἀγγαδδὶ. Syro-hex. ܘܥܝܢܓܕܝ. [135] Sic Cod. IV, Syro-hex., et sine aster. Comp., Codd. 19, 108, Arm. 1, Origen. Opp. T. II, p. 447. [136] Cod. IV

(cum notis ex corr.), Syro-hex. (sine cuneolo). Sic sine aster. Comp., Codd. 19, 44, 53, alii. [137] Syro-hex. (pro: καὶ ἔσται αὐτοῦ ἡ δ. τῶν ὁρ.). Comp., Cod. 108: καὶ ἔσται ἡ δ. αὐτοῦ τῶν ὁρ. [138] Cod. IV (cum metobelo ex corr.), Syro-hex. (nullo metobelo). [139] Cod. IV, Syro-hex. Copula deest in Codd. 44, 54, 56, aliis. [140] Cod. IV (cum notis ex corr.), Syro-hex. Sic sine aster. Comp., Codd. 58, 85 (in marg.), 108. [141] Cod. IV (cum notis ex corr.). Deest in Cod. 71. [142] Cod. IV, Masius. Deest in Codd. 54, 75, 85, 144. [143] Cod. IV, Syro-hex. [144] Cod. IV. Sic sine obelo Comp., Ald., Codd. III, 16, 19, 52, alii, Syro-hex.

CAP. XVI. [1] Syro-hex. ܘܢܦܩ ܦܨܬܐ ܐܦ ܗܢܘܢ. [2] Sic Cod. IV (cum Ἱεριχὼ), Syro-hex. (cum ἀπὸ ※ ὕδατος, sine metobelo), et sine aster. (cum ἀπὸ τοῦ ὕδατος tantum) Codd. 44, 54, 74, alii. [3] Sic Comp., Cod. IV, 19, 75, alii, Syro-hex. [4] Sic Cod. IV, Syro-hex., et sine obelo Comp., Ald., Codd. 15, 18, 19, alii. [5] Syro-hex. in marg. ܚܘܪܒܐ ܗܘ ܕܣܠܩ ܡܢ ܐܝܪܝܚܘ ܥܠ ܛܘܪܐ ܕܒܝܬ ܐܝܠ ܘܐܙܠ. ܘ[...]. ܘܢܦܩ ܡܢ ܒܝܬ (ܐܝܠ) ܠܠܘܙܐ ܘܥܒܪ. Ubi, absentibus punctis diacriticis, tempora verborum ambigua

2. הָאָרֶץ עֲטָרוֹת. O'. τοῦ 'Αχαταρωθί. Alia exempl. τοῦ 'Αρχιαταρώθ.[6]

3. וְיָרַד יָמָּה אֶל־גְּבוּל הַיַּפְלֵטִי. O'. καὶ διελεύσεται ἐπὶ τὴν θάλασσαν ἐπὶ τὰ ὅρια 'Απταλίμ (alia exempl. τοῦ 'Ιεφλητί[7]). Σ. καὶ καταβήσεται εἰς δυσμὰς ἐπὶ τὸ ὅριον . .[8]

וְעַד־גָּזֶר. O'. Vacat. ※ καὶ ἕως Γαζέρ ◄.[9]

5. עֲטָרוֹת אַדָּר. O'. 'Αταρὼθ καὶ 'Ερώκ. Alia exempl. 'Αταρὼθ 'Αδάρ.[10]

6. הַמִּכְמְתָת מִצָּפוֹן. O'. εἰς 'Ικασμὼν (alia exempl. Μαχθώθ[11]) ἀπὸ βορρᾶ.

וְנָסַב הַגְּבוּל. O'. Θερμᾶ· περιελεύσεται. Aliter: O'. καὶ περιελεύσεται ※ τὸ ὅριον ◄.[12]

תַּאֲנַת שִׁלֹה. O'. εἰς Θηνασὰ καὶ Σέλλης. Alia exempl. εἰς Θηναθσηλώ.[13]

7. וְיָרַד מִיָּנוֹחָה עֲטָרוֹת וְנַעֲרָתָה. O'. καὶ εἰς Μαχὼ, καὶ 'Αταρὼθ, καὶ αἱ κῶμαι αὐτῶν. Aliter: O'. ※ καὶ καταβήσεται ἀπὸ 'Ιανωχὰ ◄ εἰς 'Αταρὼθ, ◄ καὶ αἱ κῶμαι αὐτῶν ◄, καὶ ÷ εἰς ◄ Ναραθά.[14]

וּפָגַע בִּירִיחוֹ. Et incidit in Jerichuntem. O'. καὶ ἐλεύσεται ἐπὶ 'Ιεριχώ. 'Α. καὶ κατήντησεν εἰς 'Ιεριχώ.[15]

8. נַחַל קָנָה. O'. ἐπὶ Χελκανά. Alia exempl. ἐπὶ χειμάρρουν Κανά.[16]

10. וַיְהִי לְמַס־עֹבֵד. Et fiebat serviens in tributum. O'. ÷ ἕως ἀνέβη Φαραὼ βασιλεὺς Αἰγύπτου, καὶ ἔλαβεν τὴν πόλιν, καὶ ἐνέπρησεν αὐτὴν ἐν πυρί· καὶ τοὺς Χαναναίους, καὶ τοὺς Φερεζαίους, καὶ τοὺς κατοικοῦντας ἐν Γαζὲρ ἐξεκέντησεν· καὶ ἔδωκεν αὐτὴν Φαραὼ ἐν φερνῇ τῇ θυγατρὶ αὐτοῦ ◄[17] ※ καὶ ἐγένοντο ὑπόφοροι δοῦλοι ◄.[18]

Cap. XVI. 5. ÷ καὶ Γαζαρά (◄).[19] 10. ἀπώλεσεν ÷ 'Εφραίμ ◄.[20]

CAP. XVII.

1. מְנַשֶּׁה. O'. υἱῶν Μανασσῆ. Alia exempl. Μανασσῆ.[1]

כִּי הוּא הָיָה אִישׁ מִלְחָמָה. O'. ἀνὴρ γὰρ πολεμιστὴς ἦν. Alia exempl. ἦν γὰρ ※ αὐτὸς ◄ ἀνὴρ πολεμιστής.[2]

2. אֲבִיעֶזֶר . . חֵלֶק . . אַשְׂרִיאֵל . . שֶׁכֶם . . חֵפֶר . . שְׁמִידָע. O'. 'Ιεζὶ . . Κελὲζ . . 'Ιεζιὴλ . . Συχὲμ . . Συμαρὶμ . . 'Οφέρ. Alia exempl. 'Αβιεζὲρ . . 'Ελὲκ . . 'Εσριὴλ . . Σεχὲμ . . 'Εφὲρ . . Σεμιδά.[3]

---

sunt. [6] Sic Comp., Ald., Codd. III, IV, 18, 29, alii, Syro-hex. (cum ܐܪܟܝܐܬܪܘܬ܀). [7] Sic Comp., Ald. (cum 'Ιεφλαιτί), Codd. III (cum 'Ιεφαλθί), IV (cum 'Ιεφλητί), XI (cum 'Ιεφθαλθί), 15 (cum 'Ιεφλετεί), 19, alii, Syro-hex. Cod. 85 in marg.: 'Ιεφαλθὶ ἡ Νεφθαλείμ. [8] Syro-hex. ܐܪܟܝܐ ܚܕ ܐܬܪܝܐ ܘܢܚܬ ܀. [9] Sic Cod. IV, Syro-hex., et sine aster. Comp., Codd. 19, 58, 71, 76, 108, Arm. 1. Mox v. 4 ordo nominum Hebraeus, Μανασσῆ καὶ 'Εφραὶμ, est in Comp., Codd. IV, 108, Syro-hex. [10] Sic Comp., Codd. IV, 108, Syro-hex., et (cum καὶ 'Αδάρ) Ald., Codd. III, XI, 29, 30, alii, Arm. 1. [11] Sic Comp., Ald., Codd. III, IV (corr. ex Μαχθώθ), XI, 15, 16 (cum Μαχθώθ), 18 (idem), 29, alii (inter quos 85 in marg.). Syro-hex. in textu: ܡܟܡܬܬ. in marg. autem: ܐܡܟܡܬܬ .ܠ. pro quo nescio an pingendum: ܐܡܟܡܬܬ .ܠ. [12] Sic Cod. IV (cum παρελ.), Syro-hex., et sine aster. Comp. (cum παρελ.), Codd. 19 (cum διελ.), 58, 108, Arm. 1. [13] Sic Comp. (cum Θηναθσα.), Ald., Codd. III (cum Τηρ.), IV, XI (cum Θηνασα.), 29, 56, alii, Syro-hex. (cum ܬܐܢܬܫܝܠܐ). [14] Sic Cod. IV (cum

'Ιανωχὰ, metobelo post αὐτῶν a correctore appicto), Syro-hex. (qui male pingit: ※ καὶ κατ. ἀπὸ 'Ιανὼχ (ܡܢ ܝܐܢܘܟ) εἰς 'Ατ. καὶ αἱ κ. — αὐτῶν ◄, καὶ εἰς Ναραθά (ܘܠܢܪܬܐ)), et sine notis Comp. (cum 'Αναραθά), Codd. 19 (cum 'Ιαναχὰ, et 'Αναμαθά), 108 (cum 'Αταρὼθ κῶμαι αὐτῶν καὶ εἰς 'Αναραθά). [15] Syro-hex. ܘܡܛܐ ܠܐܝܪܝܚܘ .ܐ. (Syriacum ܘܡܛܐ commutatur cum κατήντησεν in Hex. ad Job. xxix. 13.) Cf. ad Cap. xix. 26. [16] Sic Comp., Ald., Codd. III, IV, XI, 16, 18, 19 (cum χειμάρρου), alii, Syro-hex. [17] Cod. IV pingit: ÷ ἕως ἀνέβη — δοῦλα, nullo metobelo, nec interposito asterisco. Syro-hex. autem: ÷ ἕως τῆς ἡμέρας ταύτης, ἕως |÷ἀνέβη— |÷ τῇ θυγατρὶ αὐτοῦ καὶ ἐγένοντο ὑπόφοροι δοῦλοι ◄. Idem τοὺς Φ. τοὺς κατοικοῦντας scribit, invitis libris Graecis. [18] Sic Masius, et sine aster. Codd. 58, 108, Arm. ed. [19] Syro-hex. Deest in Comp. [20] Masius, invitis Cod. IV, et Syro-hex.

CAP. XVII. [1] Sic Comp., Codd. IV, 19, 53, alii (inter quos 85, cum υἱῶν in marg.), Syro-hex. [2] Sic Cod. IV (cum ἦν ※ αὐτὸς ◄ γάρ), Syro-hex., et sine aster. Cod. 58 (qui pergit: καὶ ἦν οὗ τῇ Γ.). [3] Sic Cod. IV (cum

2. אֵ֫לֶּה בְּנֵי מְנַשֶּׁה בֶּן־יוֹסֵף הַזְּכָרִים. O'. οὗτοι ※ υἱοὶ Μανασσῆ υἱοῦ Ἰωσὴφ οἱ ◄ ἄρσενες.[4]

3. וּבְנֵי־גִלְעָד בֶּן־מָכִיר בֶּן־מְנַשֶּׁה. O'. Vacat. ※ υἱοῦ Γαλαάδ, υἱοῦ Μαχείρ, υἱοῦ Μανασσῆ ◄.[5]

4. יְהֹוָה. O'. ὁ θεός. Ἄλλος· IIIIII.[6]

לָהֶם...נַחֲלָה. O'. αὐταῖς ※ κληρονομία ◄ ... κλῆρος.[7]

5. וַיִּפְּלוּ חַבְלֵי־מְנַשֶּׁה עֲשָׂרָה לְבַד מֵאֶרֶץ הַגִּלְעָד וְהַבָּשָׁן. Funiculi (portiones) Manassis decem praeter terram Gilead et Basan. O'. ὁ σχοινισμὸς αὐτῶν ἀπὸ Ἀνάσσα, καὶ πεδίον Λαβὲκ ἐκ τῆς γῆς Γαλαάδ. Alia exempl. ὁ σχοινισμὸς Μανασσῆ πεδίον (הַשָּׂדֶה?) Λαβάδ ἐκ τῆς γῆς Γαλαάδ καὶ τῆς Βασάν.[8]

7. מֵאָשֵׁר הַמִּכְמְתָת. O'. Δηλανάθ. Alia exempl. ἀπὸ Ἀσὴρ τῆς Μαχθώθ.[9] Alia: ἀπὸ Ἀσὴρ τῆς Μαχθὼθ Ἠδανάθ.[10]

שְׁכֶם. O'. υἱῶν Ἀνάθ. Alia exempl. Συχέμ.[11]

אֶל־הַיָּמִין. Ad dextrum. O'. ἐπὶ Ἰαμίν. Ἀ. Σ. (εἰς) δεξιά.[12]

אֶל־יֹשְׁבֵי. Ad incolas. O'. καὶ Ἰασσίβ. Alia exempl. καὶ εἰς Ἰασσήβ (s. Ἰασήβ).[13] Ἀ. Σ. (εἰς) τοὺς κατοικοῦντας.[14]

7. עֵין תַּפּוּחַ. O'. ἐπὶ πηγὴν Θαφθώθ (alia exempl. Θαφφού[15]).

8. אֶרֶץ תַּפּוּחַ וְתַפּוּחַ. O'. ※ ἡ γῆ Θαφθώθ ◄[16] καὶ Θαφέθ (alia exempl. Θαφθώθ; alia, Θαφφού[17]).

8, 9. לִבְנֵי אֶפְרָיִם: וְיָרַד הַגְּבוּל. O'. ※ τοῖς υἱοῖς Ἐφραίμ. καὶ καταβήσεται τὰ ὅρια ◄.[18]

9. עָרִים הָאֵלֶּה לְאֶפְרַיִם בְּתוֹךְ עָרֵי מְנַשֶּׁה. Urbes illae sunt Ephraimitis in medio urbium Manassis. O'. (κατὰ φάραγγα) Ἰαριὴλ τερέμινθος (potior lectio Ἰαεὶρ ἡ τερέμινθος[19]) τῷ Ἐφραὶμ ἀναμέσον πόλεως Μανασσῆ. Ἀ. αἱ πόλεις αὗται τοῦ Ἐφραὶμ ἐν μέσῳ πόλεων Μανασσῆ.[20]

11. וְיִבְלְעָם וּבְנוֹתֶיהָ. O'. Vacat. ※ καὶ Ἰεβλαάμ, καὶ θυγατέρες αὐτῆς ◄.[21]

וְיֹשְׁבֵי עֵין־דֹּר וּבְנוֹתֶיהָ וְיֹשְׁבֵי תַעְנַךְ וּבְנוֹתֶיהָ. O'. Vacat. ※ καὶ τοὺς κατοικοῦντας Ἐνδώρ, καὶ τὰς κώμας αὐτῆς, καὶ τοὺς κατοικοῦντας Θαανάχ, καὶ τὰς κώμας αὐτῆς ◄.[22]

שְׁלֹשֶׁת הַנָּפֶת. Tres regiones. O'. καὶ τὸ τρίτον τῆς Μαφετὰ (alia exempl. Ναφεθά[23]), — καὶ τὰς κώμας αὐτῆς ◄.[24] Σ. καὶ αἱ τρεῖς παράλιαι.[25]

---

(1) Ἀβιαζίρ, et (5) Σεφὶρ), Syro-hex. (cum (3) ܐܒܝܥܙܝܪ, ut Pesch.), Comp. (cum (4) Συχέμ, et (5) Σεμιδαέ), alii. ⁴ Sic Cod. IV, Syro-hex. (qui pingit: οὗτοι υἱοὶ ※ M. υἱοῦ Ἰωσὴφ οἱ ἄρσενες), et sine aster. Comp., Codd. 19, 108, Arm. 1. ⁵ Sic Cod. IV (cum notis ex corr.), Syro-hex., et sine aster. Comp., Codd. 19, 85 (in marg.), 108, Arm. 1. ⁶ Syro-hex. in marg. ܐܠܗܐ. ⁷ Sic Cod. IV, et sine aster. Comp., Ald., Codd. 15, 18, 108, 128, invito Syro-hex. ⁸ Sic Comp. (cum Λαβὶδ), Ald., Codd. III (cum Λαβὶκ ἐκ γῆς), IV (cum παιδίον Λαβὶκ), XI (om. γῆς), 15, 19 (ut IV), 64, alii, Arm. 1 (cum Λαβὶκ), Syro-hex. (cum Λαβὶκ in marg., teste Masio). ⁹ Sic Comp. (sine artic.), Codd. III (idem), XI (cum ἀπὸ Ἀσηρμαχθώθ), 15, 19, 56 (ut Comp.), alii (inter quos 85 in marg., ut Comp.), Syro-hex. (cum ܠܘܟܬ ܐܡܪ). ¹⁰ Sic Ald., Codd. IV, 18, 58, 64, 128. ¹¹ Sic Comp. (cum Συχέμ), Ald., Codd. III, XI, 15, 18, 29, alii (inter quos 85 in marg.), Arm. 1, Syro-hex. (cum ܫܟܡ). ¹² Euseb. in Onomastico, p. 226: Ἰαμίν. Ἀκ. Σύμ. δεξιά. ¹³ Sic Comp., Codd. III (cum Ἰασήφ), IV, 15, 18, alii. Syro-hex. ܝܣܝܒ. ¹⁴ Euseb. in Onomastico, p. 228: Ἰασὴν (Hieron. Jaseb). Ἀκ. Σύμ.

τοὺς κατοικοῦντας. ¹⁵ Syro-hex. in textu: ܬܦܘ̇; in marg. autem: ܬܦܘ̇. ¹⁶ Sic Cod. IV (om. καὶ Θαφέθ), Syro-hex. (cum ܬܦܘ̇), et sine aster. Arm. ed. ¹⁷ Prior scriptura est in Codd. III, 29, 82; posterior in Ald., Codd. 15, 18, 64, 128. Syro-hex. in textu: ܬܦܘ̇; in marg. autem sine nom.: ܡܚܡܠ ܬܦܘ̇. ¹⁸ Sic Cod. IV, Syro-hex. Haec habentur in Ed. Rom., sed desunt in Codd. III, 15, 64, 82. ¹⁹ Sic Comp. (cum Ἰαὶρ et τερέβ.), Ald. (cum τερέβ.), Codd. III (idem), IV, XI (ut Ald.), 15 (idem), 16, alii, Syro-hex. Statim τὴν Ἐφρ. est in Comp., Codd. IV, 108; τοῦ Ἐφρ. in Syro-hex. (cum τῷ Ἐφρ. in marg., teste Masio). ²⁰ Syro-hex. ܐ. ܡܕܝܢܬܐ ܗܠܝܢ ܕܐܦܪܝܡ ܒܓܘ ܡܕܝܢܬܐ ܕܡܢܫܐ. ²¹ Sic Cod. IV (cum notis ex corr.), Syro-hex. (sine metobelo), et sine aster. (cum Ἰαδλααμ) Comp., Codd. 58, 108, Arm. 1. ²² Sic Cod. IV (cum Δὼρ pro Ἐνδώρ), Syro-hex. (cum ܕܘܪ pro Ἐνδώρ), et sine aster. Comp. (cum ἐπὶ τοὺς pro τοὺς (bis), et Θανάχ pro Θαανάχ). ²³ Sic Ald., Codd. III, XI, 15, 16, 18, alii, Syro-hex. (cum ܢܦܬܐ). Cod. IV: Νόφθ. Comp., Cod. 108: Νοφὶθ. ²⁴ Sic Cod. IV, Syro-hex. (cum metobelo tantum). ²⁵ Syro-

13. וַיִּתְּנוּ אֶת־הַכְּנַעֲנִי לָמַס. Ο΄. καὶ ἐποίησαν τοὺς Χαναναίους ὑπηκόους. Σ. καὶ ὑπέταξαν τὸν Χαναναῖον ὑπὸ φόρον.[26]

14. נָתַתָּה לִּי נַחֲלָה. Ο΄. ἐκληρονόμησας ἡμᾶς ※ κληρονομίαν ◂.[27]

15. וּבֵרֵאתָ (succide) לְךָ שָׁם בְּאֶרֶץ הַפְּרִזִּי וְהָרְפָאִים. Ο΄. καὶ ἐκκάθαρον σεαυτῷ ※ ἐκεῖ ἐν τῇ γῇ τοὺς Φερεζαίους καὶ τοὺς Ῥαφαείν ◂.[28]

16. לֹא־יִמָּצֵא לָנוּ. Non invenietur (obtineri potest) nobis. Aliter: Non sufficiet nobis. Ο΄. οὐκ ἀρέσκει (alia exempl. ἀρκεῖ; alia, ἀρκέσει[29]).

וְרֶכֶב בַּרְזֶל. Et currus ferrei. Ο΄. καὶ ἵππος ἐπίλεκτος καὶ σίδηρος. Οἱ λοιποί· καὶ ἅρματα σιδηρᾶ.[30]

בְּכָל־הַכְּנַעֲנִי הַיֹּשֵׁב בְּאֶרֶץ־הָעֵמֶק. Ο΄. τῷ Χαναναίῳ τῷ κατοικοῦντι ἐν αὐτῷ. Aliter: Ο΄. ※ παντὶ ◂[31] τῷ Χαναναίῳ τῷ κατοικοῦντι ※ ἐν τῇ γῇ ἐν ἐμοί ◂.[32]

וְלַאֲשֶׁר בְּעֵמֶק. Et iis qui sunt in convalle. Ο΄. ※ καὶ ◂ ἐν τῇ κοιλάδι.[33] Ἀ. Σ.. τῆς κοιλάδος.[34]

17. לְאֶפְרַיִם וְלִמְנַשֶּׁה לֵאמֹר. Ο΄. Vacat. ※ τῷ Ἐφραῒμ καὶ τῷ Μανασσῇ, λέγων ◂.[35]

18. כִּי הַר. Ο΄. ὁ γὰρ δρυμός. Σ. ἀλλὰ τὸ ὄρος.[36]

וְהָיָה לְךָ תֹּצְאֹתָיו. Ο΄. καὶ ἔσται σοι ※ ἡ ἐξοδία αὐτοῦ ◂.[37]

רֶכֶב בַּרְזֶל. Ο΄. ἵππος ἐπίλεκτος. Οἱ λοιποί· ἅρματα σιδηρᾶ.[38]

כִּי חָזָק הוּא. Quia validus est. Ο΄. σὺ γὰρ ὑπερισχύεις αὐτοῦ. Aliter: Ο΄. ※ ὅτι ἰσχυρός ἐστιν ◂· ÷ σὺ γὰρ ὑπερισχύεις αὐτόν ◂.[39]

Cap. XVII. 6. ÷ υἱῶν ◂ Μανασσῆ.[40] 7. ÷ υἱῶν ◂ Μανασσῆ.[41] 13. ἐξολοθρεύσει ※ δὲ ◂ οὐκ ἐξωλόθρευσαν αὐτούς.[42] 16. ÷ τὸ Ἐφραῒμ ◂.[43]

Cap. XVIII.

1. נִכְבְּשָׁה לִפְנֵיהֶם. Subacta erat coram eis. Ο΄. ἐκρατήθη (Οἱ λοιποί· ὑπετάγη[1]) ὑπ᾽ (Ἄλλος· εἰς πρόσωπον[2]) αὐτῶν. Ἄλλος· κατειργάσθη.[3]

2. אֲשֶׁר לֹא־חָלְקוּ אֶת־נַחֲלָתָם. Ο΄. οἳ οὐκ ἐκληρονόμησαν ※ τὴν κληρονομίαν αὐτῶν ◂.[4] Σ. οἱ οὐ διεμερίσαντο (s. διενεμήσαντο) τὴν κληρονομίαν αὐτῶν.[5]

3. אַתֶּם מִתְרַפִּים לָבוֹא. Ο΄. ※ ὑμεῖς ◂[6] ἐκλυθήσεσθε ※ εἰσελθεῖν ◂.[7]

---

hex. ܘܥܒܕܘ ܠܟܢܥܢܝܐ ܡܫܥܒܕܐ. Cf. ad Cap. xi. 2. [26] Idem: ܣܡ. ܘܫܥܒܕܘ ܠܟܢܥܢܝܐ ܬܚܝܬ ܡܕܐܬܐ. [27] Sic Cod. IV, Syro-hex. (cum cuneolo tantum). [28] Sic Cod. IV, Syro-hex. (cum Ῥαφαείμ), et sine aster. Comp. (cum τοῦ Φερεζαίου καὶ τοῦ Ῥαφαεὶμ), Codd. 19, 58 (cum ἐκκαθάρισον), 85 (in marg., cum τοὺς Ῥαφαείμ), 108. [29] Prior lectio est in Codd. III, XI, 16, 29, aliis; posterior in Comp., Codd. II (manu 2da), IV, 18, 55, aliis. Syro-hex. ܠܐ ܣܦܩ. [30] Syro-hex. (cum καὶ σιδηροῦς in textu): ܫܪܟܐ ܘܡܪܟܒܬܐ ܕܦܪܙܠܐ. [31] Sic Cod. IV (cum notis ex corr.), Syro-hex. (absente cuneolo), et sine aster. Comp., Cod. 108, Arm. 1. [32] Sic Cod. IV (cum notis ex corr.), Syro-hex. (sine cuneolo), et sine aster. Codd. 58, 108, Arm. 1 (cum μετ᾽ ἐμοῦ). Comp.: ἐν τῇ γῇ Ἐμέκ. [33] Sic Cod. IV (cum metobelo ex corr.), et sine aster. Comp., Codd. 15, 108, Arm. 1, Syro-hex. [34] Syro-hex. ܐ. ܣܡ. ܕܥܘܡܩܐ. [35] Sic Cod. IV (cum notis ex corr.), Syro-hex. (sine cuneolo), et sine aster. Comp., Codd. 74, 76, alii, Arm. 1. [36] Syro-hex. ܣܡ. ܐܠܐ ܛܘܪܐ. [37] Sic Cod. IV (cum metobelo ex corr.), Syro-hex., et sine aster. Comp., Codd. 19, 58, 108 (cum διεξοδία), Arm. 1. [38] Syro-hex. ܫܪܟܐ ܡܪܟܒܬܐ ܕܦܪܙܠܐ. [39] Sic Cod. IV (ex corr. pro: ὅτι ἰσχ. ἐστιν ※ σὺ γὰρ ὑ. αὐτὸν :), Syro-hex. (qui pingit: ※ ὅτι ἰσχ. ἐστιν ◂· σὺ γὰρ ὑ. αὐτόν), et sine notis Comp., Codd. 58, 108. [40] Cod. IV (cum notis ex corr.). [41] Cod. IV, Syro-hex. Vox deest in Comp., Codd. 19, 108, 131. [42] Masius. Syro-hex. pingit: ἐξολοθρεύσει ⌐ δὲ ◂ οὐκ ἐξ. αὐτούς; nescio quo jure uterque. [43] Cod. IV (cum notis ex corr.), Syro-hex. Deest in Codd. XI, 15, 16, 18, aliis.

Cap. XVIII. [1] Cod. 108 (cum ὑποτάγη, et in textu ἐκρατύνθη). Syro-hex. ܫܪܟܐ ܐܫܬܥܒܕ ܠܗܘܢ. [2] Cod. 85 in marg.: κατειργάσθη. ὑπετάγη εἰς πρόσωπον. [3] Idem, ut supra. Fortasse est Symmachi; nam exquisitior est vox quam ut scholiastae tribuatur. Sic Herod. I, 201: Ὡς δὲ τῷ Κύρῳ καὶ τοῦτο τὸ ἔθνος κατείργαστο, ἐπεθύμησε Μασσαγέτας ὑπ᾽ ἑωυτῷ ποιήσασθαι. [4] Sic Cod. IV (cum αὐτοῦ), Syro-hex., et sine aster. Comp., Codd. 19, 58, 108. [5] Syro-hex. ܣܡ. ܗܢܘܢ ܕܠܐ ܦܠܓܘ ܝܘܪܬܢܗܘܢ. Ad διανέμεσθαι cf. Hex. ad Psal. xxi. 19 (in Addendis), lix. 8. [6] Sic Cod. IV (sine metobelo), et sine aster. Comp., Ald., Codd. 15, 18, 58, 64, 108, 128, Syro-hex. [7] Sic Cod. IV

4. ואשלחם. Ο΄. Vacat. ※ *καὶ ἀποστελῶ αὐτούς* ↙.[8]

4, 5. לפי נחלתם ויבאו אלי: והתחלקו אתה לשבעה חלקים. *Secundum hereditatem eorum, et redeant ad me. Et partiantur sibi illam in septem partes.* Ο΄. *καθὰ δεήσει διελεῖν* (alia exempl. *διελθεῖν*[9]) *αὐτήν. καὶ διήλθοσαν* (alia exempl. *ἦλθον*[10]) *πρὸς αὐτὸν, καὶ διεῖλεν αὐτοῖς ἑπτὰ μερίδας.* Ἀ. *κατὰ στόμα κληροδοσίας αὐτῶν(,) καὶ ἥξουσι πρὸς μέ(.) καὶ ἐμερίσαντο αὐτὴν εἰς ἑπτὰ μερίδας.*[11]

5. מנגב. Ο΄. *ἀπὸ λιβός* (alia exempl. *νότου*[12]).

יעמדו על־גבולם. Ο΄. *στήσονται αὐτοῖς.* Aliter: Ο΄. *στήσονται* ※ *ἐπὶ τὸ ὅριον* ↙ *αὐτῶν.*[13]

6. גורל פה. Ο΄. *κλῆρον* ※ *ὧδε* ↙.[14]

8. לכתב. *Describere.* Ο΄. *χωροβατῆσαι.* Οἱ λοιποί· *διαγράψαι.*[15] Ἄλλος· *χωρογραφῆσαι.*[16]

לכו והתהלכו בארץ וכתבו אותה ושובו אלי. Ο΄. *πορεύεσθε καὶ χωροβατήσατε τὴν γῆν* (alia exempl. ※ *διέλθετε καὶ* ↙ *πορεύθητε τὴν γῆν, καὶ χωροβατήσατε αὐτὴν*[17]), *καὶ παραγενήθητε πρὸς μέ.* Ἄλλος· *πορεύθητε, διέλθετε* (s. *χωροβατήσατε*) *τὴν γῆν, καὶ διαγράφοντες* (fort. *διαγράψαντες*) *αὐτὴν ἐπιστράφητε πρὸς μέ.*[18]

9. וילכו האנשים ויעברו בארץ ויכתבוה. Ο΄. *καὶ ἐπορεύθησαν, καὶ ἐχωροβάτησαν τὴν γῆν· καὶ εἴδοσαν αὐτήν, καὶ ἔγραψαν αὐτήν.* Aliter: Ο΄. *καὶ ἐπορεύθησαν* ※ *οἱ ἄνδρες, καὶ διῆλθον εἰς τὴν γῆν* ↙,[19] *καὶ ἐχωροβάτησαν αὐτὴν,* ÷ *καὶ εἴδοσαν αὐτὴν, καὶ ἔγραψαν αὐτήν* ↙.[20]

אל־המחנה שלה. Ο΄. Vacat. Alia exempl. ※ *εἰς τὴν παρεμβολὴν* ↙ *ἐν* (s. *εἰς*) *Σηλώ.*[21]

10. ויחלק־שם יהושע את־הארץ לבני ישראל כמחלקתם. Ο΄. Vacat. ※ *καὶ ἐμέρισεν ἐκεῖ Ἰησοῦς τὴν γῆν τοῖς υἱοῖς Ἰσραὴλ κατὰ μερισμοὺς αὐτῶν* ↙.[22]

12. אל־כתף יריחו מצפון. Ο΄. *κατὰ νώτου Ἱεριχὼ ἀπὸ* (alia exempl. *ἐπὶ*[23]) *βορρᾶ.* Ἀ. *πρὸς ὦμον Ἱεριχὼ ἀπὸ βορρᾶ.*[24]

13. הגבול לוזה אל־כתף לוזה נגבה. Ο΄. *τὰ ὅρια Λουζὰ ἐπὶ νώτου Λουζὰ ἀπὸ λιβὸς αὐτῆς* (alia exempl. *ἀπὸ νότου*[25]). Ἀ. *ἐπὶ τὸ ὅριον Λουζὰ πρὸς ὦμον Λουζὰ πρὸς νότον.* Σ. *τὸ ὅριον εἰς Λουζὰ πρὸς τὸν ὦμον Λουζὰ εἰς νότον.*[26]

עטרות אדר. Ο΄. Μααταρὼβ (alia exempl.

(ut ante), Syro-hex., et sine aster. Comp., Codd. 19, 58, 108, Arm. 1. [8] Sic Cod. IV (cum notis ex corr.), Syro-hex. (sine cuneolo), et sine aster. Comp., Codd. 19, 58, 108, Arm. 1. [9] Sic Ald., Codd. II (manu 1ma), III, 54, 56, alii, Syro-hex. [10] Sic Comp., Ald., Codd. III, IV, 15, 18, 19, alii, Syro-hex. [11] Syro-hex. ܐ. ܠܘܬ ܦܘܠܓܝ ܦܘܡܐ ܦ̈ܣܐ ܕܝܠܗܘܢ ܘܢܐܬܘܢ ܠܘܬܝ. ܘܦܠܓܘܗ̇ ܠܫܒܥܐ ܡܢܘ̈ܬܐ. Ubi priora, ni fallor, vitiose exarata sunt pro his: ܠܘܬ ܦܘܡܐ ܕܦܘܠܓ ܦ̈ܣܐ ܕܝܠܗܘܢ. Ad ܦܘܠܓ ܦ̈ܣܐ, κληροδοσία, cf. Eccles. vii. 12. Dan. xi. 21, 34 in Syro-hex. [12] Sic Codd. IV, 85 (in marg.), et fortasse Syro-hex. [13] Sic Cod. IV (cum notis ex corr.), et sine aster. Comp., Codd. 19, 58, Syro-hex. [14] Sic Cod. IV, Syro-hex., et sine aster. Comp., Codd. 58, 108, Arm. 1. [15] Cod. 85. Cod. 108: Ἀ. Σ. διαγράψαι. [16] Cod. 85 in marg. sine nom. [17] Sic Cod. IV (cum metobelo ex corr.), Masius, et sine aster. (cum διέλθατε) Comp., Codd. 19, 108. Cod. 58: διέλθατε, πορεύθητε, καὶ χωρ. τὴν γῆν. Syro-hex. autem: ܙܠܘ (※) ܘܥܒܪܘ ↙ ܒܐܪܥܐ ܘܗܠܟܘ ܒܗ̇, quae potius sonare videntur: πορεύθητε (※) καὶ διέλθετε ↙ τὴν γῆν, καὶ χωροβατήσατε αὐτήν. [18] Syro-hex. in marg. sine nom.: ܙܠܘ ܥܒܪܘ ܒܐܪܥܐ ܘܟܕ ܪܫܡܬܘܢ ܐܢܝ̈ܢ ܗܦܘܟܘ ܠܘܬܝ. [19] Sic Cod. IV (absente metobelo), Syro-hex. (qui legit et pingit: ܘܐܙܠܘ ※ ܓܒܪ̈ܐ ܘܐܬܘ (ἦλθον) ܠܐܪܥܐ ↙), et sine aster. (cum ἐν τῇ γῇ) Comp., Codd. 19 (om. οἱ), 58 (cum ἦλθον), 108. [20] Sic Cod. IV (cum εἴδοσαν τὴν γῆν, notis a correctore appictis), Syro-hex. (cum metobelo tantum). [21] Sic Cod. IV (cum ※ εἰς τὴν π. ἐν Σ. :, notis a correctore appictis), Syro-hex. (cum εἰς Σ.), et sine aster. Comp. (cum Συλώ), Codd. 19, 58 (cum εἰς Σ.), 108, Arm. 1. Verba, ἐν (s. εἰς) Σηλώ, leguntur in Ald., Codd. III, XI (cum εἰς Σηχώ), 15, 16, 18, ceteris fere omnibus. [22] Sic Cod. IV (cum Ἰησοῦς ἐκεῖ), Syro-hex., et sine aster. Comp., Codd. 19, 58, 85 (in marg.), 108 (om. υἱοῖς?), Arm. 1 (om. Ἰησοῦς). [23] Sic Comp. (cum βορρᾶν), Ald., Codd. III, IV, XI, 15, 18, 56, alii. Syro-hex. ܠܓܪܒܝܐ. [24] Syro-hex. ܐ. ܠܘܬ ܟܬܦܐ ܕܐܝܪܝܚܘ ܡܢ ܓܪܒܝܐ. [25] Sic Ald. (cum ἀπὸ τοῦ ν.), Codd. IV, 15, 64, et fortasse Syro-hex. Pronomen abest a Comp., Codd. III, 16, 18, 29, aliis. [26] Syro-hex. ܐ. ܠܘܬ ܬܚܘܡܐ ܕܠܘܙܐ ܠܘܬ ܟܬܦܐ ܕܠܘܙܐ ܠܬܝܡܢܐ. ܣ. ܬܚܘܡܐ ܠܠܘܙܐ ܠܘܬ ܟܬܦܐ ܕܠܘܙܐ ܠܬܝܡܢܐ.

Ἀταρὼθ, s. ἀπὸ Ἀταρὼθ[27]) Ὀρέχ (alia exempl. Ἐδδὰρ, s. Ἀδδάρ[28]).

14. וְתָאַר הַגְּבוּל וְנָסַב לִפְאַת־יָם. *Et circuit limes, et vertit se ad plagam maris.* Ο΄. καὶ διελεύσεται τὰ ὅρια, καὶ παρελεύσεται (alia exempl. περιελεύσεται[29]) ἐπὶ τὸ μέρος ÷ τὸ βλέπον ↙[30] παρὰ θάλασσαν. Ἀ. καὶ ἐξελεύσεται τὸ ὅριον, καὶ περιελεύσεται πρὸς κλίμα θαλάσσης.[31]

15. וּפְאַת־נֶגְבָּה מִקְצֵה קִרְיַת יְעָרִים. Ο΄. καὶ μέρος τὸ πρὸς λίβα ἀπὸ μέρους Καριαθβαάλ. Σ. τὸ δὲ πρόσωπον τοῦ νότου ἀπ᾽ ἄκρου Καριαθιαρείμ.[32]

וְיָצָא הַגְּבוּל יָמָּה. Ο΄. καὶ διελεύσεται ὅρια εἰς Γασίν (alia exempl. τὰ ὅρια θαλάσσης[33]). Σ. . . . εἰς θάλασσαν.[34]

וְיָצָא אֶל־מַעְיַן. Ο΄. ※ καὶ ἐξελεύσεται ↙ ἐπὶ πηγήν.[35]

16. גֵּי בֶן־הִנֹּם. *Vallis filii Hinnom.* Ο΄. νάπης (Οἱ λοιποί· φάραγγος[36]) Σοννάμ (alia exempl. υἱοῦ Ἐννόμ[37]).

גֵּי הִנֹּם. Ο΄. Γαίεννα. Alia exempl. ἐπὶ Γαιεννόμ.[38]

17. וְתָאַר מִצָּפוֹן. Ο΄. Vacat. ※ καὶ διεκβαλεῖ ἐπὶ βορρᾶν ↙.[39]

עֵין שֶׁמֶשׁ. Ο΄. ἐπὶ πηγὴν Βαιθσαμύς (alia exempl. Σαμὲ, s. Σαμές[40]). Ἀ. πηγὴ ἡλίου.[41]

אֶל־גְּלִילוֹת. Ο΄. ἐπὶ Γαλιλώθ. Σ. ἐπὶ τὰ μεθόρια.[42]

אֲדֻמִּים. Ο΄. Αἰθαμίν. Alia exempl. Ναθαμείθ; alia, Ἐδωμείμ.[43] Οἱ λοιποί· Ἐδωμείν.[44]

18, 19. מוּל־הָעֲרָבָה צָפוֹנָה וְיָרַד הָעֲרָבָתָה׃ וְעָבַר הַגְּבוּל אֶל־כֶּתֶף בֵּית־חָגְלָה צָפוֹנָה. Ο΄. Βαιθάραβα ἀπὸ βορρᾶ, καὶ καταβήσεται ἐπὶ ※ ἀραβὰ, καὶ παρελεύσεται ἐπὶ ↙[45] τὰ ὅρια ἐπὶ νῶτον θάλασσαν (alia exempl. Βαιθαγλὰ[46]) ἀπὸ βορρᾶ. Σ. εἰς τὴν πεδιάδα πρὸς βορρᾶν, καὶ καταβήσεται ἐπὶ τὴν πεδιάδα(.) καὶ καταβήσεται τὸ ὅριον ἐπὶ τὸν ὦμον Βαιθαγλὰ εἰς βορρᾶν.[47]

20. לִגְבוּלֹתֶיהָ. Ο΄. τὰ ὅρια αὐτῆς. Ἀ. εἰς τὸ ὅριον αὐτῆς.[48]

21. וְעֵמֶק קְצִיץ. Ο΄. καὶ Ἀμεκασίς (alia exempl. Ἀμεκκασείς[49]). Σ. καὶ κοιλὰς Κασείς.[50]

22. וּצְמָרָיִם. Ο΄. καὶ Σαρά (alia exempl. Σαμρείμ, s. Σεμρεὶμ, s. Σαμαρείμ[51]).

---

[27] Prior lectio est in Comp., Codd. IV, 15, 19, aliis, Syro-hex.; posterior in Ald., Codd. III, XI, 18, 29, aliis. [28] Prior lectio est in Comp., Ald., Codd. IV, 15, 19, aliis; posterior in Codd. III, XI, 29, 56, aliis. Syro-hex. ܐܕܪ. [29] Sic Comp., Ald., Codd. IV, 15, 18, 19, alii, Syro-hex. [30] Sic Cod. IV (cum notis ex corr.), Syro-hex. (qui pingit: ÷ τὸ βλ. πρὸς θ. ↙). [31] Syro-hex. ܐ. ܘܢܦܘܩ ܬܚܘܡܐ. ܘܡܬܟܪܟ ܠܘܬ ܦܢܝܬܐ ܕܝܡܐ. Mox e regione lineae, ἀπὸ λιβὸς (ܠܬܝܡܢܐ) ἀπὸ τοῦ ὄρους, Syro-hex. in marg. notat: ܠܬܝܡܢܐ ܕܐܝܟ ܡܢ ܛܘܪܐ ܠܬܝܡܢܐ. [32] Idem (cum Καριαθιαρεὶμ in textu): ܣ. ܦܪܨܘܦܐ ܕܝܢ ܕܬܝܡܢܐ ܡܢ ܪܝܫܐ ܕܩܘܪܝܬ ܝܥܪܝܡ. [33] Sic Syro-hex. Duplex lectio, τὰ ὅρια θαλάσσης εἰς Γασείν, est in Ald. (cum Γαίν), Codd. 15, 18 (cum Γασὶν), 64. [34] Syro-hex., teste Masio. In nostro exemplari index est super ܕܝܡܐ, sed lectio marginalis intercidit. [35] Sic Cod. IV (cum notis ex corr.), Syro-hex., et sine aster. Comp., Codd. 19 (om. καὶ), 108, Arm. 1. [36] Syro-hex. ܫܪܟܐ. ܕܢܚܠܐ ܣܠܐ. [37] Sic Comp. (cum Ἐνόμ), Ald. (cum Ἐννώμ), Codd. III, IV, XI, 15, 18, alii, Syro-hex. (cum ܕܗܢܘܡ). Mox pro Ἐμὲκ Ῥαφαῒν Syrus noster habet κοιλάδος (ܕܥܘܡܩܐ) Ῥαφαείμ, invitis libris Graecis. [38] Sic Comp. (cum Γαιεννώμ), Ald., Codd. III (cum Γαιοννώμ), IV, XI (ut III), 15, 18, alii, Syro-hex. (cum ܥܠ ܓܐ ܕܗܢܘܡ). [39] Sic Cod. IV (cum ἀπὸ βορρᾶν), Syro-hex. (absente cuneolo), et sine aster. Comp., Codd. 19, 58, 108, Arm. 1. [40] Prior scriptura est in Ald., Codd. III, XI, 15, 18, 56, aliis; posterior in Comp., Codd. IV, 108. Syro-hex. ܕܥܝܢ ܫܡܫ. [41] Euseb. in Onomastico, p. 324: Σαμές. Πηγὴ Σαμὲς φυλῆς Βενιαμίν. Ἀκύλας· πηγὴ ἡλίου. [42] Syro-hex. ܣ. ܥܠ ܬܚܘܡܐ (ܐܬܚܘܡܐ). Cf. Hex. ad Ezech. xlvii. 8. [43] Prior scriptura est in Codd. 16, 30, aliis (inter quos 85, teste Montef.); posterior in Comp. (cum -μίμ), Codd. III (cum -μίν), IV, XI (cum Ἐδωμμείν), 19, 29 (cum -μείν), aliis, Syro-hex. [44] Cod. 85. [45] Sic Cod. IV, et sine aster. Comp., Codd. 19 (cum ἀραμὰ), 58 (cum διελεύσεται), 108, Syro-hex. (cum διελεύσεται (ܡܬܟܪܟܝܢ), ut videtur). [46] Sic Comp. (cum Βηθαγλᾶ), Ald. (idem), Codd. III (cum Βαιθαλαγὰ), IV (ut Ald.), 16, 30, alii, Syro-hex. (cum ܒܝܬ ܚܓܠܐ). [47] Syro-hex. ܣ. ܠܦܩܥܬܐ ܠܘܬ ܓܪܒܝܐ. ܘܢܚܘܬ ܥܠ ܦܩܥܬܐ ܘܢܚܘܬ ܬܚܘܡܐ ܥܠ ܟܬܦܐ ܕܒܝܬ ܚܓܠܐ ܠܓܪܒܝܐ. Huc pertinere videtur Euseb. in Onomastico, p. 110: . . . Σύμμαχος· εἰς τὴν πεδιάδα; vel, ut Hieron. transtulit: "Bethalon, in tribu Benjamin; pro qua Sym. interpretatur, *in campestribus*." Cf. ad Cap. xv. 6. [48] Syro-hex. ܐ. ܠܬܚܘܡܐ ܕܝܠܗ (ܕܝܠܗ̇). [49] Sic Codd. III, IV, 18, 56, alii. Syro-hex. ܘܥܡܩ ܩܨܝܨ. [50] Syro-hex. ܣ. ܘܥܘܡܩܐ ܩܨܝܨ. [51] Prior scriptura est in

22. וּבֵית־אֵל‎. Ο΄. καὶ Βησανά (alia exempl. Βηθήλ[52]).

23. וְהָעַוִּים‎. Ο΄. καὶ Αἰείν (alia exempl. Αὐείμ[53]).

24. וּכְפַר הָעַמֹּנִי וְהָעָפְנִי‎. Ο΄. καὶ Καραφὰ, καὶ Κεφιρὰ, καὶ Μονί. Alia exempl. καὶ Καραφὰ Ἀμμωνὰ, καὶ τὴν Ἀφνεί.[54] Ἄλλος· καὶ ἐποίκιον Ἀμμωνὰ, καὶ τὴν Ἀφνεί.[55]

26. וְהַמִּצְפֶּה וְהַכְּפִירָה וְהַמֹּצָה‎. Ο΄. καὶ Μασσημὰ (alia exempl. Μασσηφὰ, s. Μασφὰ[56]), καὶ Μιρὼν (alia exempl. Χεφειρὰ[57]), καὶ Ἀμωκή (alia exempl. Μασσὰ, s. Ἀμωσά[58]).

27. וְרֶקֶם וְיִרְפְּאֵל וְתַרְאֲלָה‎. Ο΄. καὶ Φιρὰ (exempl. Ρεκὲμ[59]), καὶ Καφὰν (alia exempl. Ἰερφήλ, s. Ἰερφαὴλ[60]), καὶ Νακάν (alia exempl. Θεραλὰ, s. Θαραλά[61]).

28. וְצֵלַע הָאָלֶף‎. Ο΄. καὶ Σεληκὰν, καὶ Θαρεηλά. Alia exempl. καὶ Σελαελὰφ (s. Σελαλάφ, s. Σηλαλέφ).[62]

גִּבְעַת קִרְיַת עָרִים‎. Ο΄. καὶ Γαβαὼθ (alia ex-empl. Γαβαὰθ[63]), Ἰαρίμ (alia exempl. καὶ πόλις Ἰαρείμ[64]). Ἀ. Θ... κωμόπολις.[65]

Cap. XVIII. 4. — ἐναντίον ἐμοῦ (sic) ◄.[66]　8. — τοῖς ἀνδράσι ◄.[67]　11. — πρῶτος ◄.[68]

CAP. XIX.

1. לְשִׁמְעוֹן לְמַטֵּה בְנֵי־שִׁמְעוֹן לְמִשְׁפְּחֹתָם‎. Ο΄. τῶν υἱῶν Συμεών. Aliter: Ο΄. τῷ Συμεών. ※ τῇ φυλῇ ◄ υἱῶν Συμεὼν ※ κατὰ δήμους αὐτῶν ◄.[1]

2. וַיְהִי לָהֶם בְּנַחֲלָתָם‎. Ο΄. καὶ ἐγενήθη ※ αὐτοῖς ◄ ὁ κλῆρος αὐτῶν.[2]

וְשֶׁבַע וּמוֹלָדָה‎. Ο΄. καὶ Σαμαὰ (alia exempl. Σαβεί[3]), καὶ Καλαδάμ (alia exempl. Μωλαδά[4]).

3. וַחֲצַר שׁוּעָל‎. Ο΄. καὶ Ἀρσωλά (alia exempl. Ἀσερσουλὰ, s. Ἀσερσουάλ[5]).

Codd. 56, 58; altera in Ald. (cum Σεμρίμ), Codd. III (idem), XI, 15, 18 (ut Ald.), 29, aliis; posterior in Comp. (cum -ρίμ), Codd. IV (cum -ρείν), 19, 108. Syro-hex. ‏‎ٍٍ‎. [52] Sic Comp., Ald., Codd. III, IV, XI, 15, 18, 56, 58 (cum Βαθήλ), alii, Arm. 1, Syro-hex. [53] Sic Comp. (cum Αὔίμ), Codd. III, IV, XI, 15, 29, alii. Syro-hex. Statim Cod. IV: καὶ Ἀφρὰ, καὶ Ἀφραθά; Syro-hex. ‏‎ٍ‎. [54] Sic Comp. (cum Καφὰρ, et Ἀφή), Codd. IV, 108 (cum Ἀφὴ), Syro-hex. (cum ‏‎). [55] Sic in textu (praemisso καὶ Καρὲν (Λίκαρὲν Ald.), καὶ Καθειραμμεὶν (Καθηραμμεὶμ Ald.)) Ald., Codd. 15, 18, 64, 128. [56] Prior scriptura est in Comp., Codd. IV, 16, 30, aliis; posterior in Ald., Codd. III, XI, 15, 18, aliis, et Syro-hex. (cum ‏‎). [57] Sic Comp. (cum Κεφιρὰ), Ald. (cum Χεφθ.), Codd. III, IV (cum Κεφ.), XI (idem), 15, 18, alii, Syro-hex. (cum ‏‎). [58] Prior scriptura est in Comp., Codd. IV, 108; posterior in Codd. III, XI, 29, 58, aliis, Syro-hex. (cum ‏‎). [59] Sic Comp. (cum Ρεκὲν), Ald., Codd. III, IV, XI, 15, 18, 29, alii, Syro-hex. [60] Prior scriptura est in Comp., Codd. IV, 15, 18, aliis; posterior in Ald., Codd. III, XI, 56, 58, aliis. Syro-hex. ‏‎. [61] Prior scriptura est in Comp., Ald., Codd. IV, 15, 18, 58, aliis; posterior in Codd. III, XI, 29, 56, aliis, Arm. 1. Syro-hex. ‏‎. [62] Prior scriptura est in Comp., Codd. IV (cum Σελαεαλφ),

58, 108; altera in Codd. 15, 18, 64, 128; posterior in Ald., Codd. III, 56, 71, aliis. Syro-hex. ‏‎ٍ‎. Euseb. in Onomastico quasi duas urbes memorat, videlicet p. 330: Σελὰ, φυλῆς Βενιαμίν; et p. 34: Ἄλφ, κλήρου Βενιαμίν. [63] Sic Ald., Codd. III, IV, XI, 18, 56, 58, alii, Syro-hex. [64] Sic Comp., Ald., Codd. III, IV (cum πόλεις Ἐιαρεία), Codd. III, IV (cum πόλεις), XI (cum πόλεις Ἀρὲμ), 15 (ut IV), 16 (cum καὶ αἱ πόλεις), 18 (ut IV), alii, Syro-hex. (cum ‏‎). Etiam in Cod. II legitur καὶ πόλεις, sed ante καὶ Γαβαὼθ. [65] Syro-hex. ‏‎. Cf. Mar. i. 38 in versione Philox. [66] Cod. IV, invito Syro-hex. Masius edidit: — ἐναντίον μου ◄. [67] Syro-hex. Deest in Cod. 58. Cod. IV pingit: τοῖς — ἀνδράσι: (cum notis ex corr.). [68] Cod. IV, Syro-hex. (nullo cuncolo). Deest in Arm. 1.

CAP. XIX. [1] Sic Cod. IV (cum notis ex corr.), et sine notis Comp., Codd. 19 (cum τῶν υἱῶν), 108, Syro-hex. Masius notat: "Post nomen Συμεών est in mixta editione cum asterisco ※ τῇ φυλῇ ◄; et deinceps adjungenda sunt absque asterisco insuper haec verba, υἱῶν Συμεὼν κατὰ δήμους αὐτῶν." [2] Sic Cod. IV (cum notis ex corr.), Syro-hex. (qui pingit ※ αὐτοῖς ὁ κλῆρος ◄), et sine aster. (om. αὐτῶν) Comp., Codd. 19, 108. [3] Sic Comp. (cum Σαβεί), Ald., Codd. III, IV (ut Comp.), XI, 15, 19 (ut Comp.), 29, alii, Syro-hex. [4] Sic Comp. (cum Μολαδὰ), Ald., Codd. III, IV (cum -δὰν), XI, 15, 18, alii, Syro-hex. [5] Prior

4. וְאֶלְתּוֹלַד וּבְתוּל. Ο'. καὶ Ἐρθουλὰ (alia exempl. Ἐλθουλὰδ⁶) καὶ Βουλά (alia exempl. Βαθούλ⁷).

6. וּבֵית לְבָאוֹת. Ο'. καὶ Βαιθαρώθ (alia exempl. Βηθλεβαώθ, s. Βαιθλαβάθ³).

וְחַצְרֵיהֶן. Ο'. καὶ αἱ κῶμαι ('Α. Σ. ἔπαυλεις⁹) αὐτῶν.

7. עַיִן רִמּוֹן. Ο'. Ἐρεμμὼν, καὶ Θαλχά. Alia exempl. Αἰν καὶ Ῥεμμών.¹⁰

8. וְכָל־הַחֲצֵרִים אֲשֶׁר סְבִיבוֹת. Ο'. κύκλῳ (alia exempl. αἱ περικύκλῳ¹¹). Aliter: Ο'. ※ καὶ πᾶσαι αἱ ἔπαυλεις ◄ αἱ περικύκλῳ.¹²

עַד־בַּעֲלַת בְּאֵר רָמַת. Ο'. ἕως Βαλὲκ πορευομένων Βαμέθ. Aliter: Ο'. ἕως Βααλὲθ Βηραμώθ¹³ — πορευομένων Ἰαμέθ ◄.¹⁴

10. וַיְהִי גְּבוּל נַחֲלָתָם. Ο'. ἔσται τὰ ὅρια τῆς κληρονομίας αὐτῶν. 'Α. καὶ ἦν ὅριον κληρονομίας αὐτῶν.¹⁵

10, 11. עַד־שָׂרִיד: וְעָלָה גְבוּלָם. Ο'. Ἐσεδεκγωλά (alia exempl. εἰς Ὀδογολλὰ¹⁶) ὅρια αὐτῶν.

Aliter: Ο'. ἕως Σαρεὶδ, ※ καὶ προσαναβαίνει τὰ ὅρια αὐτῶν ◄.¹⁷

11. לַיָּמָּה. Ο'. ἡ θάλασσα. Alia exempl. εἰς θάλασσαν.¹⁸ 'Α. πρὸς θάλασσαν.¹⁹

וּמַרְעֲלָה וּפָגַע בְּדַבָּשֶׁת. Ο'. καὶ Μαγελδὰ (alia exempl. Μαραλὰ²⁰), καὶ συνάψει (alia exempl. συνάξει²¹) ἐπὶ Βαιθαραβά (alia exempl. Δαβασθέ²²).

וּפָגַע אֶל־הַנַּחַל. Ο'. ※ καὶ ἀπαντήσει ◄ εἰς τὴν φάραγγα.²³

12. מִזְרַח הַשֶּׁמֶשׁ. Ad ortum solis. Ο'. ἀπὸ ἀνατολῶν Βαιθσαμύς (alia exempl. Σαμέ²⁴). Οἱ λοιποί· ἡλίου.²⁵

כִּסְלֹת תָּבֹר. Ο'. Χασελωθαίθ. Alia exempl. Χασαλὼθ Θαβώρ.²⁶

יָפִיעַ. Ο'. ἐπὶ Φαγγαί (alia exempl. Ἰαφειέ²⁷).

13. גִּתָּה חֵפֶר עִתָּה קָצִין. Ad Gath-hepher ad Eth-kazin. Ο'. ἐπὶ Γεβερὲ ἐπὶ πόλιν Κατασέμ. Alia exempl. ἐπὶ Γεθθαεφὶρ Κασείν.²⁸

רִמּוֹן הַמְּתֹאָר הַנֵּעָה. Ad Rimmonem, qui (ter-

---

scriptura est in Codd. III (cum Σερσουλὰ), XI, 121, 209, Syro-hex. (cum حــمـــ); posterior in Comp. (cum Ἀροσα.), Ald., Codd. 15 (cum Ἀσαρ.), 29, 58 (cum —σωλὰ), 64 (ut 15), aliis. ⁶ Sic Comp., Ald. (cum Ἐλθουλὰδ), Codd. III (cum Ἐλθουλὰδ), XI (idem), 15 (cum Ἐλθουλὰδ), 18 (idem), 19, alii. Syro-hex. (cum Pesch.): ܠܘܬܠܕ. ⁷ Sic Comp., Codd. IV, 15, 18, alii, Syro-hex. ⁸ Prior scriptura est in Comp., Codd. IV, 108; posterior in Codd. III (cum Βαιθαλβὰθ), XI, 15 (cum Βηθ.), 29, 56, aliis. Syro-hex. vice unius urbis duas posuit, ܒܝܬ ܠܒܐܘܬ ܘܚܨܪ, silente Masio. ⁹ Syro-hex. ܐ. ܘܡ ܣܦܪ ܀. ¹⁰ Sic Comp., Ald., Codd. III (cum Ῥεμμὼθ), IV, 18 (cum Ναὶν), 29, alii, Syro-hex. ¹¹ Sic Ald., Codd. III, XI, 15, 16, 18, alii. ¹² Sic Cod. IV (cum notis ex corr.), Syro-hex. (qui pingit: ܘܟܠ ܩܘܪܝܐ※), et sine aster. Comp., Codd. 19 (cum καὶ περ.), 58, 108 (ut 19), Arm. 1. ¹⁵ Sic Comp. (cum Βααλὰθ Βηρραθμὼθ), Ald. (cum Βαλὲθ Βηραμμὼθ), Codd. III (cum Βααλὰθβηρηραμμὼθ), IV (cum Βααλὲθ B.), alii (inter quos 58, cum B. Βηραμὼθ), Syro-hex. (cum ܒܐܟܬ ܒܐܟܠ ܟܬ). ¹⁴ Sic Cod. IV (cum notis ex corr.), Syro-hex. (cum —ܦ ܐܘܪܫܠܡ), et sine obelo Ald., Codd. III, XI, 16, 18, 19, alii. ¹⁵ Syro-hex. ܗܣܕܐ ܗܘܐ ܘ ܗܘܐ ܐ. ¹⁶ Sic Codd. 16, 30 (cum Εἰσωδογολλὰ), 52, alii (inter quos 85, cum ἕως Σαρδεὶθ in marg.). TOM. I.

¹⁷ Sic Cod. IV, Syro-hex. (uterque sine metobelo), et sine aster. Comp. (cum Σαρὶδ), Codd. 19, 58 (cum Σαρθὴδ), 108 (om. ἕως ἡ). ¹⁸ Sic Comp., Cod. 108, Syro-hex. ¹⁹ Syro-hex. ܀ ܠܘܬ ܝܡܐ ܀. ²⁰ Sic Comp., Ald. (cum Μαρλλὰ), Codd. III (cum Μαρλὰ), IV, XI, 15, 18, alii, Arm. 1, Syro-hex. (cum ܡܪܥܠܐ). ²¹ Sic Comp., Codd. IV, 19, 108, Arm. 1. ²² Sic Comp., Ald. (cum —θαὶ), Codd. III (idem), IV, 15 (cum Λαβ.), 18 (idem), alii (inter quos 85 in marg., ut Ald.), Syro-hex. (cum ܕܒܫܬ). ²³ Sic Cod. IV (cum aster. ex corr.), Syro-hex., et sine aster. Comp., Codd. 19 (cum ἀπαντήσει), 58, 108 (cum ἀναντήσει), Arm. 1. ²⁴ Sic Comp. (cum Σαμές), Codd. III, IV (cum CAMC), 29, 58 (cum Σαμαί), alii. Syro-hex. ܚܕ ܣܐܡܫ. ²⁵ Cod. 85. Syro-hex. ܀ ܕܫܡܫܐ ܕܫܪܟܐ ܀. Euseb. in Onomastico, p. 322: Σάμ [Hieron.: Sams]. Σ. Θ. ἡλίου. ²⁶ Sic Comp. (cum Χασελλαθθαβώρ), Ald. (cum Ἀχασαλώθ), Codd. III (cum Βαθώρ), IV (cum Χασελὰθ), XI (cum Χασαλωθαβώρ), 56, 58, alii, Syro-hex. (cum ܟܣܠܬ ܬܒܘܪ). ²⁷ Sic Comp. (cum Ἰαφφιέ), Ald. (cum Ἀφιέ), Codd. IV, 15 (cum Ἰαφιέ), 64 (idem), Syro-hex. (cum ܝܦܝܥ). ²⁸ Sic Comp. (cum Γεθθαεφὶρ καὶ Σὶν), Codd. IV, 19 (cum καὶ σὶν), 108 (idem), Syro-hex. (cum ܓܬ ܚܦܪ ܥܬ ܩܨܝܢ). Idem ad ܩܨܝܢ in marg. pingit: ܀ ܩܐܨܝܢ, nescio an pro Graeco ΝΥΚΑCΕΙC, h.e. νὺν (עַתָּה) Κασείς.

minus) *porrigitur ad Neam.* Ο'. ἐπὶ 'Ρεμ-
μωναὰ Μαθαραοζά. Alia exempl. ἐπὶ 'Ρεμ-
μὼν 'Αμαθαρεινουά.[29] Σ. εἰς 'Ρεμμὸν τὴν ἐπι-
φανῆ..[30]

14. חַנָּתֹן. Ο'. ἐπὶ 'Αμώθ (alia exempl. 'Ανναθὼν,
s. 'Εννᾱθώθ[31]).

גֵּי יִפְתַּח־אֵל. *Ad vallem Jiphtah-el.* Ο'. ἐπὶ
Γαιφαήλ. Alia exempl. ἐπὶ Γαὶ 'Ιεφθαήλ.[32]
Σ. εἰς φάραγγα.[33]

15. וְקַטָּת וְנַהֲלָל וְשִׁמְרוֹן וְיִדְאֲלָה וּבֵית לָחֶם.
עָרִים שְׁתֵּים־עֶשְׂרֵה וְחַצְרֵיהֶן. Ο'. καὶ Κατα-
νὰθ, καὶ Ναβαὰλ, καὶ Συμοὼν, καὶ 'Ιεριχὼ,
καὶ Βαιθμάν. Alia exempl. καὶ Καττὰθ (s.
Κοττὰθ[34]), καὶ Νααλὼλ (s. Νααλὼθ[35]), καὶ Σεμ-
ρὼν, καὶ 'Ιαδηλὰ (s. 'Ιεδαλὰ[36]), καὶ Βηθλεέμ
※ πόλεις δώδεκα, καὶ αἱ κῶμαι αὐτῶν ◄.[37]

17. לִבְנֵי יִשָּׂשכָר לְמִשְׁפְּחוֹתָם. Ο'. Vacat. ※ τοῖς
υἱοῖς 'Ισσάχαρ κατὰ συγγενείας αὐτῶν ◄.[38]

18–21. וְיִזְרְעֶאלָה—וּבֵית פַּצֵּץ. Ο'. 'Ιαζὴλ—καὶ
Βηρσαφής. Potior scriptura:[39] 'Ιεζραὲλ, καὶ
'Αχασελὼθ, καὶ Σουνὴμ, (19) καὶ 'Αφεραείμ,[40]

καὶ Σιών,[41] καὶ 'Ανέρθ,[42] (20) καὶ 'Ραββώθ, καὶ
Κεσιών, καὶ 'Αεμέ,[43] (21) καὶ 'Ραμὰθ, καὶ 'Ην-
γαννείμ,[44] καὶ 'Ηναδδὰ, καὶ Βηθφασής.[45]

22. וּפָגַע הַגְּבוּל בְּתָבוֹר. Ο'. καὶ συνάψει τὰ ὅρια
ἐπὶ Γαιθβώρ (alia exempl. Θαβώρ[46]). 'Α. καὶ
ἀπαντήσει τὸ ὅριον εἰς Θαβώρ.[47]

וְשַׁחֲצִי.מָה. Ο'. καὶ ἐπὶ Σαλὶμ (alia exempl.
Σασειμὰ[48]) κατὰ θάλασσαν.

עָרִים שֵׁשׁ־עֶשְׂרֵה וְחַצְרֵיהֶן. Ο'. Vacat. ※ πόλεις ἑκκαίδεκα, καὶ αἱ κῶμαι αὐτῶν ◄.[49]

23. וְחַצְרֵיהֶן. Ο'. καὶ αἱ κῶμαι (alia exempl. ἐπαύλεις[50]) αὐτῶν.

24. לְמַטֵּה בְנֵי־אָשֵׁר. Ο'. ※ τῇ φυλῇ υἱῶν ◄
'Ασήρ.[51]

25, 26. חֶלְקַת—וּמִשְׁאָל. Ο'. 'Εξελεκὲθ—καὶ
Μαασά. Potior scriptura: Χελκὰθ, καὶ 'Οο-
λεί,[52] καὶ Βατνὲ,[53] καὶ 'Αχσάφ,[54] (26) καὶ 'Αλι-
μελέχ, καὶ 'Αμὰδ,[55] καὶ Μασάλ.[56]

וּפָגַע בְּכַרְמֶל. Ο'. καὶ συνάψει τῷ Καρμήλῳ.
Σ. καὶ κατήντησεν ἐπὶ Κάρμηλον.[57]

---

[29] Sic Codd. IV (cum 'Ρεμμωνά), 16 (cum 'Αμαθαρινουά),
52, alii. Syro-hex. ܠܐܢ ܐܚܙܕ̈ܐ ܐܦܡ ܠܚܠ. [30] Syro-
hex. ܠܡܚܐ ܗ. ܩܚܕܡ ܠܡ. Scharfenb. in *Animadv.*
T. II, p. 32: "Symmachus forte legit הַפֹּאר, participium conj. Pyh. verbi פאר, *ornavit, illustravit;* nam
quod hinc ductum est vocab. תְּפָאָרָה idem interpres passim
vertit δόξα." Nisi forte vocem Hebraeam ad אוֹר, *lucere,*
retulerit interpres iste, qui pro נָאוֹר ἐπιφανὴς posuit in
Hex. ad Psal. lxxv. 5. Certe vox Syriaca non ἔνδοξος
(ܠ̣ܡܚܚ̈ܡܚ, ܡܚܚ̈ܡܚ), sed ἐπιφανὴς, s. ἐπίσημος sonat.
[31] Prior scriptura est in Comp. (cum 'Αναθὼν), Codd. IV
(idem), 15, 18, 58, alii, et Syro-hex. (cum ܐܚܢ̣ܕ); posterior in Ald. (cum 'Ενναθὼθ), Codd. III, XI, 29, 121 (ut
Ald.). [32] Sic Comp., Ald., Codd. III, IV, XI (cum ἀπὸ),
15, 18, 58 (cum γήν), alii. Syro-hex. ܠܐܚܦܐ ܕܚ ܠܚܠ.
[33] Syro-hex. ܠܡܚܚ ܗ. Euseb. in Onomastico, p. 158:
Γεφθαήλ. Φάραγξ 'Εφθαήλ, κλήρου Ζαβουλών. [34] Sic
Comp., Codd. IV, 108. Syro-hex. ܟܡܒ̣ܚ. [35] Sic
Codd. IV, 29, 58. Syro-hex. ܠܡܚܚ̈ܚ. [36] Sic Comp.,
Codd. IV, 108. Syro-hex. ܡܒܚܠ. [37] Sic Cod. IV (qui
pingit ※πόλεις ᵗβ:, cum notis ex corr.), et sine aster.
Comp., Codd. 19, 108, Arm. 1, et Syro-hex. in marg.
[38] Sic Cod. IV (cum συγγενείας), Syro-hex. (cum συγγένειαι),
et sine aster. Comp. (cum συγγένειαι), Ald., 15, 19 (ut
Comp.), 64, 108 (ut Comp.). [39] Cf. ad Cap. xv. 21,
not. 44. [40] Cod. IV: 'Αφφαραίμ. Syro-hex. ܣܦܚܡ.
[41] Cod. IV: Σηών. Syro-hex. ܗܠܠ. [42] Cod. IV:
Δανέρθ. Syro-hex. ܬܒܠ/. [43] Cod. IV: ΛΕΜΣ. Syro-
hex. ܠܚܚ̈ܚ. [44] Cod. IV: 'Ιαγαννείμ. Syro-hex. ܠܚ̈ܚ̈ܚ.
[45] Cod. IV: ΒΗΘΦΑΣΗC (sic). Syro-hex. ܣܚܚ̈ܚ.
[46] Sic Comp. (cum Ταβὼρ), Ald., Codd. IV, 15, 18, 19, alii,
Syro-hex. [47] Syro-hex. ܘܣܚܚ̈ ܠܚܚ̈ܚ ܠܚ̈ܚ̈ܚ/.
Ad Θαβὼρ Syro-hex. in marg.: Βηθὼρ (ܗ0ܠ ܚܚ). [48] Sic
Comp. (cum Σασιμὰ), Ald., Codd. III (cum Σασειμὰθ), IV,
XI (ut Comp.), 15, 18 (ut Comp.), 19, alii, Syro-hex. (cum
ܣܡܚ̈ܚ). Statim Cod. IV: Βηθσαμς. [49] Sic Cod. IV
(cum metobelo ex corr.), Syro-hex., et sine aster. Comp.,
Codd. 19, 58 (cum ἐξ καὶ δέκα), Arm. 1. Mox post κληρονομία (v. 23) deficit Cod. IV. [50] Sic Comp., Codd. III,
19, 56, 58, alii, Syro-hex. Duplex lectio, καὶ αἱ κ. αὐτῶν,
καὶ αἱ ἐπ. αὐτῶν, est in Ald., Codd. 85 (cum καὶ αἱ ἐπ. αὐτῶν
in marg.), 128 (cum ἐπαύλεις sine artic.). [51] Sic Syro-
hex., et sine aster. Comp., Codd. 19 (cum τῶν υἱῶν), 58,
108, Arm. 1. [52] Syro-hex. ܥܚܠ. [53] Idem: ܚܒܠ.
[54] Idem: ܐܚܚܡ/. [55] Idem: ܚܚܠ. [56] Idem: ܠܚܚܠ.
[57] Idem: ܘ ܟ̣ܚܠ ܐܠܚܚ ܗ. Cf. ad Cap. xvi. 7.

26. וּבְשִׁיחוֹר. Οʹ. καὶ τῷ Σιὼν (alia exempl. Σειώρ[58]).

27. בֵּית דָּגֹן. Οʹ. καὶ Βαιθεγενὲθ (alia exempl. Βαιθδαγὼν, s. Βηθδαγών[59]).

וּבְגֵי יִפְתַּח־אֵל צָפוֹנָה בֵּית הָעֵמֶק וּנְעִיאֵל. Οʹ. καὶ Ἐκγαΐ, καὶ Φθαιὴλ (alia exempl. καὶ ἐν Γαὶ Ἰεφθαὴλ[60]) κατὰ βορρᾶν, καὶ εἰσελεύσεται ὅρια Σαφθαιβαιθμὲ, καὶ Ἰναὴλ (alia exempl. κατὰ βορρᾶν Βηθαεμὲκ, καὶ πορεύσεται τὰ μεθόρια καὶ εἰς Ἀνιήλ[61]). Σ. καὶ ἐν τῇ φάραγγι . . . εἰς βορρᾶν εἰς τὴν κοιλάδα.[62]

אֶל־כָּבוּל מִשְּׂמֹאל. *Ad Cabul a sinistra.* Οʹ. εἰς Χωβαμασομέλ. Alia exempl. εἰς Χαβὼλ ἀπὸ ἀριστερῶν.[63]

28. וְעֶבְדֹן (במס׳ וְעֶבְרֹן). Οʹ. καὶ Ἐλβὼν (alia exempl. Ἀχράν; alia, Ἐβρών.[64] Σ. Ἐβδών[65]).

29. וְעַד־עִיר מִבְצַר־צֹר. *Usque ad urbem (quae vocatur) Munimentum Tyri.* Οʹ. καὶ ἕως πηγῆς Μασφασσὰτ, καὶ τῶν Τυρίων. Alia exempl. καὶ ἕως πόλεως ὀχυρώματος τῶν Τυρίων.[66] Σ. καὶ ἕως πόλεως ὀχυρᾶς (s. τετειχισμένης) Τύρου. Σ. (fort. Ἀ.) . . ὀχυρώματος Τύρου.[67]

29. חֹסָה. Οʹ. ἐπὶ Ἰασίφ (alia exempl. Ὠσὰ, s. Σωσά[68]).

מֵחֶבֶל אַכְזִיבָה. *E regione quae Achzib spectat.* Οʹ. καὶ Ἀπολὲβ (potius ἀπὸ Λὲβ), καὶ Ἐχοζόβ. Alia exempl. καὶ ἀπὸ τοῦ σχοινίσματος Ἀχζείφ.[69]

30. וְעֻמָה וַאֲפֵק וּרְחֹב עָרִים עֶשְׂרִים וּשְׁתַּיִם וְחַצְרֵיהֶן. Οʹ. καὶ Ἀρχὸβ (alia exempl. Ἀμμὰ[70]), καὶ Ἀφὲκ, καὶ Ῥααῦ (alia exempl. Ῥαὼβ[71]). ※ πόλεις εἴκοσι δύο, καὶ αἱ κῶμαι αὐτῶν ◄.[72]

32. לִבְנֵי נַפְתָּלִי לְמִשְׁפְּחֹתָם. Οʹ. Vacat. ※ τοῖς υἱοῖς Νεφθαλεὶ κατὰ δήμους αὐτῶν ◄.[73]

33. מֵחֵלֶף. *Ab Heleph.* Οʹ. Μοολάμ. Alia exempl. Μεελέφ.[74]

מֵאֵלוֹן בְּצַעֲנַנִּים. *A quercu in Zaanannim.* Οʹ. καὶ Μωλὰ, καὶ Βεσεμιΐν. Alia exempl. καὶ ἀπὸ δρυὸς Ἐνναvείμ.[75]

הַיַּרְדֵּן. Οʹ. Ἰορδάνης. Ἄλλος· πρὸς Ἰορδάνην.[76]

---

[58] Sic Codd. III, XI, 15, 16, 18, alii, et Syro-hex. (ܣܝܥܘܪ). [59] Sic Comp., Ald. (om. καί), Codd. III (idem), XI (idem), 29 (idem), 58 (idem), alii, et Syro-hex. [60] Sic Comp. (cum ἐν Γαιεφθαήλ), Ald., Codd. III, XI (cum Γαὶ καὶ Ἰ.), 15, 18 (ex corr.), alii, Syro-hex. (cum ܘܒܓܝ ܕܝܦܬܐܝܠ). [61] Syro-hex. in textu: ܠܒܝܬ ܥܡܩ ܓܪܒܝܐ ܕܒܝܬ ܥܡܩ. ܘܢܐܙܠ ܬܚܘܡܐ ܠܐܢܝܐܝܠ. Haec, καὶ πορεύσεται (s. πορεύεται) τὰ μεθόρια (s. τὸ μεθόριον) Ἀνιήλ, in textu pro καὶ Ἰναήλ habent Ald., Codd. III, XI, 16 (cum Ἀνήλ), 29, 30 (idem), alii. [62] Syro-hex. (ad καὶ ἐν Γαί): ܣ. ܘܒܢܚܠܐ . . . ܓܪܒܝܐ ܠܥܘܡܩܐ; ubi post ܘܒܢܚܠܐ aliquid excidisse videtur. Perperam Masius in Comment. p. 293 ܘܒܢܚܠܐ ad וּנְעִיאֵל aptat, notans: "Symmachus illud *ad aquilonem Beth-emec* in hanc explanat sententiam, ut dicat funiculum incidisse in vallis Jephthael partem aquilonarem, *atque in Nehiel*." Euseb. in Onomastico, p. 108: Βὴθ Ἐμέκ. Σύμμαχος· εἰς τὴν κοιλάδα, κλήρου Ἀσήρ. [63] Sic Comp. (cum Χοβὼλ), Ald., Codd. III, XI, 15, 18, 19 (ut Comp.), alii, Arm. 1, Syro-hex. (cum ܠܟܒܘܠ). [64] Prior scriptura est in Comp., Ald. (cum Ἀσχράν), Codd. III, XI, 15, 18, 19, aliis, Arm. 1, Syro-hex. (cum ܥܟܪܘܢ); posterior in Codd. 16, 30 (cum Ἐβρὸν), 44, aliis. Statim potior scriptura, καὶ Ῥοὼβ (ܘܪܘܚܒ), καὶ Ἀμὼν (Ald. Ἀμμών), καὶ Κανὰ (s. Καναί), est in Comp., Ald., Codd. III, XI, aliis, et Syro-hex. [65] Syro-hex. ܣ. ܥܒܕܘܢ. [66] Sic Comp., Ald., Codd. III, XI, 15, 18, 29, alii, Arm. 1, Syro-hex. [67] Syro-hex. ܣ. ܘܥܕܡܐ ܠܡܕܝܢܬܐ ܚܣܝܢܬܐ ܕܨܘܪ. ܣ. . . ܚܣܝܢܐ ܕܨܘܪ. Cod. 54 in textu: καὶ ἕως πόλεως τετειχισμένης (ܚܣܝܢܬܐ Ezech. xvii. 4) τῶν Τυρίων. [68] Prior scriptura est in Comp., Codd. 56, 108, Syro-hex. (cum ܣܘܣ); posterior in Ald., Codd. XI, 15, 18, 29, aliis. [69] Sic Comp. (cum ἔσται ἀπὸ τ. σχ. Ἀχαζίβ), Ald., Codd. III (cum Ἀζεὶφ a manu 1ma), XI (cum Ἀχζίφ), 15 (cum καὶ ἀπὸ σχ. Ἀχζείβ), 16 (cum καὶ ἀπὸ τοῦ σχ. Λὲβ καὶ Ἐχζώβ), alii, Syro-hex. (cum ܘܡܢ ܚܒܠܐ ܕܐܟܙܝܦ). [70] Sic Comp., Ald., Codd. III, XI, 15, 18, alii, Arm. 1, Syro-hex. (cum ܐܡܡܐ). [71] Sic Comp. (cum Ῥαὸβ), Ald. (cum Ῥοὼβ), Codd. III, XI, 15, 18, alii, Arm. 1 (cum Ῥουὼβ), Syro-hex. (cum ܪܘܥܒ). [72] Sic Syro-hex. (sine cuneolo, cum εἴκοσι καὶ δύο), et sine aster. Comp., Codd. 19, 108, Arm. 1. [73] Sic Syro-hex., et sine aster. Comp. (cum Νεφθαλί), Codd. 19 (cum Νεφθαλείμ), 108, Arm. 1. [74] Sic Comp., Ald., Codd. III (cum Μελέφ), XI (cum Μεολέφ), 15 (cum Μεελεφί), 18, alii. Syro-hex. (ut Pesch.): ܡܢ ܡܚܠܦ. [75] Sic Codd. 15, 18 (cum -νίμ), 64, 128 (ut 18). Syro-hex. ܘܡܢ ܒܠܘܛܐ ܕܙܥܢܢܝܡ. Statim Syro-hex. scribit: καὶ Ἀδεμὶ (ܐܕܡܝ), καὶ Ναχὲβ (pro ܕܩܒ corrigendum videtur ܢܩܒ), καὶ Ἰαβνήλ (ܝܒܢܐܝܠ) ἕως Λακούμ. [76] Syro-hex. in

34. אַזְנוֹת תָּבוֹר. Ο'. ἐν Ἀθθαβώρ. Alia exempl. Ἀζανὼθ Θαβώρ.[77]

חֻקֹּקָה. Ο'. Ἰακανά. Alia exempl. εἰς Ἰκώκ.[78]

מִיָּם וּבִיהוּדָה הַיַּרְדֵּן. Ab occidente, et in Judam Jordanis. Ο'. κατὰ θάλασσαν, καὶ ※ τῷ Ἰούδα ◄ ὁ Ἰορδάνης.[79] Σ. ἀπὸ δυσμῶν τῷ Ἰούδα..[80]

35. וְעָרֵי מִבְצָר הַצִּדִּים. Et urbes munitionis: Ziddim. Ο'. καὶ [αἱ] πόλεις τειχήρεις (Σ. ὀχυρωμάτων[81]) τῶν Τυρίων (alia exempl. Ἀσηδδείμ[82]).

וְחַמַּת רַקַּת. Ο'. καὶ Ὡμαθαδακέθ. Alia exempl. καὶ Ἀμμὰθ, καὶ Ῥακκάθ.[83]

36. וַאֲדָמָה וְהָרָמָה. Ο'. καὶ Ἀρμαὶθ, καὶ Ἀραήλ. Alia exempl. καὶ Ἀδαμὶ, καὶ Ῥαμά.[84]

37. וְאֶדְרֶעִי. Ο'. καὶ Ἀσσαρί. Alia exempl. καὶ Ἐδραεί.[85]

38. וְיִרְאוֹן וּמִגְדַּל־אֵל חֳרֵם וּבֵית־עֲנָת וּבֵית שָׁמֶשׁ עָרִים תְּשַׁע־עֶשְׂרֵה וְחַצְרֵיהֶן. Ο'. καὶ Κερωὲ, καὶ Μεγαλααρίμ, καὶ Βαιθθαμὲ, καὶ Θεσσαμύς. Alia exempl. καὶ Ἰαριὼν, καὶ Μαγδαλιὴλ Ὡράμ, καὶ Βαιθανὰθ, καὶ Βαιθσαμές.[86]

※ πόλεις δεκαεννέα, καὶ αἱ ἐπαύλεις αὐτῶν ◄.[87]

39. לְמִשְׁפְּחֹתָם הֶעָרִים וְחַצְרֵיהֶן. Ο'. Vacat. Alia exempl. ※ κατὰ συγγένειαν αὐτῶν ◄, αἱ πόλεις, καὶ αἱ ἐπαύλεις αὐτῶν.[88]

40. לְמַטֵּה בְנֵי־דָן לְמִשְׁפְּחֹתָם. Ο'. καὶ τῷ Δάν. Alia exempl. καὶ τῇ φυλῇ υἱῶν Δὰν κατὰ δήμους αὐτῶν.[89]

41. גְּבוּל נַחֲלָתָם. Ο'. τὰ ὅρια ※ κληρονομίας ◄ αὐτῶν.[90]

צָרְעָה וְאֶשְׁתָּאוֹל. Ο'. Σαράθ, καὶ Ἀσά. Alia exempl. Σαραὰ, καὶ Ἐσθαόλ.[91]

וְעִיר שָׁמֶשׁ. Ο'. [καὶ][92] πόλεις Σαμμαύς (alia exempl. Σαμές[93]).

42–45. וְשַׁעֲלַבִּין—וְגַת־רִמּוֹן. Ο'. καὶ Σαλαμὶν—καὶ Γεθρεμμών. Potior scriptura: καὶ Σααλαβεὶν,[94] καὶ Ἰααλὼν,[95] καὶ Ἰεθλὰ, (43) καὶ Αἰλὼν,[96] καὶ Θαμνὰ,[97] καὶ Ἀκκαρὼν, (44) καὶ Ἐλθεκὼ,[98] καὶ Γαβαθὼν, καὶ Βααλὼθ, (45) καὶ Ἰούθ,[99] καὶ Βανηβαρὰκ,[100] καὶ Γεθρεμμών.

46. וּמֵי הַיַּרְקוֹן וְהָרַקּוֹן. Ο'. καὶ ἀπὸ θαλάσσης (Ἄλλος· καὶ ὕδατα[101]) Ἰεράκων, ※ καὶ Ἡρεκκών ◄.[102]

---

marg. ♦ ܡܥܝܢ ܟܬܐ. [77] Sic Comp. (cum Ἀζανὼθ), Ald., Codd. III, XI (cum Ζανὼθ), 15, 16 (cum Ἀθθαβώρ), 18, alii, et Syro-hex. (cum ܐܪܝܟܐ ܐܚܕ). [78] Sic Comp., Ald., Codd. III, XI, 56, 82, alii. Syro-hex. (ut Pesch.): ܟܣܡܣ. [79] Masius in Annot. p. 148: "Cum porro deinceps est in libris vulgatis καὶ ὁ Ἰορδάνης etc., suppletur locus ex Theodotione in mixta sic: καὶ ※ τῷ Ἰούδα ◄ ὁ Ἰορδάνης etc." Syro-hex. sine aster.: ܡܥܝܢ ܣܘܕ ܡܚܡ. E libris Graecis Comp., Codd. 19, 58, 108: κατὰ θ. καὶ Ἰούδα ὁ Ἰορδ. [80] Syro-hex. ܡܚܡ ܣܘܕ ܡܚܕܚܕ ܡܣ. [81] Idem: ♦ ܡܣܢܬܐܠ ܣܘ. [82] Sic Ald. (cum Ἀσηδείμ), Codd. 15, 18 (cum Ἀσηδδὶμ), 64, 128 (ut 18), Syro-hex. (cum ܥܒܝ. [83] Sic Comp. (cum Ῥεκκὰθ), Codd. III (cum Ἀμὰθ et Ῥεκκάθ), XI (idem), 15 (cum Ἀμὰθ et Ῥεκκάθ), 18, alii, Arm. 1 (ut XI), Syro-hex. (cum ܠܐܦܗܝܣ ܟܣܡܣ). [84] Sic Comp., Ald., Codd. III, XI, 15 (cum Ἀδαμὶ), 18 (idem), 29, alii, Arm. 1, Syro-hex. (cum ܐܘܪܡܠ ܚܕܐ). [85] Sic Comp., Ald., Codd. III, XI, 15, 18 (cum Ἐδραΐ), alii. Syro-hex. ܚܕܪܥܝ. [86] Sic Comp. (cum Ἰερὼν, Βηθανὰθ, et Βηθσαμὶς), Ald. (cum Ἐρὼν, Ὠρὰν, Βηθανὰθ, et Θασμούς), Codd. III (cum Μαγδαλνὴ,

Βαιναθὰθ, et Θασμούς), XI (cum Θασμούς), 29 (ut XI), alii, Syro-hex. (cum ܡܣܡܗܠܠܠ ܟܣܡܣ ܣ.ܣ..ܣܝ.ܣ ܘܣܡ.ܣܣ.). [87] Sic Syro-hex., et sine aster. Comp. (cum δέκα καὶ ἐννέα), Codd. 19 (idem), 58 (add. in fine κατὰ συγγενείας αὐτῶν), 108 (ut Comp.). [88] Sic Syro-hex. (qui pingit: ◄ ܡܣ.ܣ ܡܟܚܣ ※ (sic) ܠܬܐܣܛܘܗ (ܐܝ. ܐܣܛܘܗ, et sine aster. Comp. (cum αἱ αἱ πόλεις), Codd. 19, 108 (cum καὶ ἐπαύλεις). [89] Sic Comp., Codd. 19, 108, Arm. 1. Syro-hex. in textu: καὶ τῷ Δ. κατὰ δ. αὐτῶν; in marg. autem: ♦ ܡܚܚܠܠ ܘܟܐܣܠ. [90] Sic Masius (cum τῆς κλ.), et sine aster. Comp., Codd. 19, 108, Arm. 1, Syro-hex. [91] Sic Comp., Ald., Codd. III, XI (cum Ἐσθαὼλ), 15, 18, 29, alii, Syro-hex. (cum ܐܣ.ܣܐܗܠܠܐ). [92] Copula deest in Comp. (cum πόλεις), Codd. II, 15, 16, 18, aliis, et Syro-hex. [93] Sic Comp., Ald., Codd. III, XI, 15, 29, alii, Syro-hex. [94] Sic Comp. (cum -βὶν), Cod. 108 (cum -μεὶν), Syro-hex. (cum ܡܟܚܚܣ). [95] Syro-hex. ܣܠܐܟܘ. [96] Idem: ܣܠܟܘ. [97] Idem: ܣܟܚܚܠܘ. Ed. Rom. Θαμναβά. [98] Idem: ܣܠܐܟܠܘ. [99] Idem: ܣܬܥܣܘ. [100] Idem: ܣܟܚܚܣܠܘ. [101] Syro-hex. in textu: ܣܩܣܠ; in marg. autem: ܣܟܚܣ. [102] Sic Syro-hex. (cum ◄ ܣܣܡܣܣ ※),

47–49. וַיֵּצֵא גְבוּל בְּנֵי־דָן מֵהֶם—לִגְבוּלֹתֵיהֶם.
Ο΄. αὕτη ἡ κληρονομία φυλῆς υἱῶν Δὰν κατὰ
δήμους αὐτῶν, αἱ πόλεις αὐτῶν,[103] καὶ αἱ κῶμαι
αὐτῶν. καὶ οὐκ ἐξέθλιψαν οἱ υἱοὶ Δὰν τὸν
Ἀμορραῖον τὸν θλίβοντα αὐτοὺς ἐν τῷ ὄρει·
καὶ οὐκ εἴων αὐτοὺς οἱ Ἀμορραῖοι[104] καταβῆναι
εἰς τὴν κοιλάδα, καὶ ἔθλιψαν[105] ἀπ᾽ αὐτῶν[106]
τὸ ὅριον τῆς μερίδος αὐτῶν. καὶ ἐπορεύθησαν
οἱ υἱοὶ Δὰν, καὶ ἐπολέμησαν τὴν Λαχὶς, καὶ
κατελάβοντο αὐτὴν, καὶ ἐπάταξαν αὐτὴν ἐν
στόματι μαχαίρας· καὶ κατῴκησαν αὐτὴν, καὶ
ἐκάλεσαν τὸ ὄνομα αὐτῆς Λασενδάν. καὶ ὁ
Ἀμορραῖος ὑπέμεινε τοῦ κατοικεῖν ἐν Ἐλὼμ
καὶ ἐν Σαλαμὶν καὶ ἐβαρύνθη ἡ χεὶρ τοῦ
Ἐφραῒμ ἐπ᾽ αὐτοὺς, καὶ ἐγένοντο αὐτοῖς εἰς
φόρον. καὶ ἐπορεύθησαν ἐμβατεῦσαι τὴν γὴν
κατὰ τὸ ὅριον αὐτῶν. Aliter: Ο΄. ※ καὶ ἐξῆλθε
τὸ ὅριον υἱῶν Δὰν ἀπ᾽ αὐτῶν ◄.[107] – αὕτη ἡ
κληρονομία φυλῆς υἱῶν Δὰν κατὰ δήμους αὐτῶν, αἱ πόλεις, καὶ αἱ κῶμαι αὐτῶν. καὶ οὐκ
ἐξέθλιψαν οἱ υἱοὶ Δὰν τὸν Ἀμορραῖον τὸν θλίβοντα αὐτοὺς ἐν τῷ ὄρει· καὶ οὐκ εἴων αὐτοὺς
καταβῆναι εἰς γὴν Κολλάθ,[108] καὶ ἔθλιβον ἐπ᾽
αὐτῶν τὸ ὅριον τῆς μερίδος αὐτῶν ◄.[109] καὶ
ἐπορεύθησαν οἱ υἱοὶ Δὰν, καὶ ἐπολέμησαν τὴν
Λεσὲμ,[110] καὶ κατελάβοντο αὐτὴν, καὶ ἐπάταξαν αὐτὴν ἐν στόματι μαχαίρας, ※ καὶ
κατεκληρονόμησαν αὐτὴν ◄.[111] καὶ κατῴκησαν

αὐτὴν, καὶ ἐκάλεσαν τὸ ὄνομα αὐτῆς Λεσὲν
Δὰν[112] ※ κατὰ τὸ ὄνομα Δὰν τοῦ πατρὸς αὐτῶν. (48) αὕτη ἡ κληρονομία φυλῆς υἱῶν Δὰν
κατὰ συγγένειαν αὐτῶν, αἱ πόλεις αὗται, καὶ
αἱ ἐπαύλεις αὐτῶν· (49) καὶ συνετέλεσαν τοῦ
κληροδοτῆσαι τὴν γὴν εἰς τὰ ὅρια αὐτῆς ◄.[113]

49. נַחֲלָה. Ο΄. κλῆρον. Ἀ. Σ. κληρονομίαν.[114]

51. וַיְכַלּוּ מֵחַלֵּק אֶת־הָאָרֶץ. Ο΄. καὶ ἐπορεύθησαν
ἐμβατεῦσαι τὴν γὴν. Ἀ. καὶ συνετέλεσαν τοῦ
διαμερίσαι τὴν γὴν.[115]

Cap. XIX. 9. – φυλῆς ◄.[116] 50. – ἥ ἐστιν ◄.[117]

CAP. XX.

2. תְּנוּ לָכֶם. Ο΄. δότε (alia exempl. add. ὑμῖν[1]).

3. בִּבְלִי־דַעַת. Imprudenter. Ο΄. Vacat. ※ ἄνευ
προνοίας ◄.[2]

לְמִקְלָט מִגֹּאֵל הַדָּם. Ο΄. – αἱ πόλεις ◄ φυγαδευτήριον, – καὶ οὐκ ἀποθανεῖται ὁ φονευτὴς ◄
ὑπὸ (alia exempl. ἀπὸ[3]) τοῦ ἀγχιστεύοντος τὸ
αἷμα, – ἕως ἂν καταστῇ ἐναντίον τῆς συναγωγῆς εἰς κρίσιν ◄.[4]

4–6. וְנָס—אֲשֶׁר־נָס מִשָּׁם. Ο΄. Vacat. Alia exempl. καὶ φεύξεται εἰς μίαν τῶν πόλεων τούτων, καὶ στήσεται ἐπὶ τὴν θύραν τῆς πύλης
τῆς πόλεως (Ἀ. ἐν τῷ ἀνοίγματι τῆς πύλης τῆς
πόλεως[5]), καὶ λαλήσει ἐν τοῖς ὠσὶ τῶν πρε-

---

et sine aster. Comp., Codd. 19, 108. [103] Pronomen
deest in Ald., Codd. III, 18, 44, 64, Arm. 1, Syro-hex.
(ut infra). [104] Deest οἱ Ἀμορραῖοι in Codd. 52, 53, 209,
Syro-hex. (ut infra). [105] Pro ἔθλιψαν, ἔθλιβον legunt
Ald., Codd. III, XI, 15, 16, 18, alii, Syro-hex. (ut infra).
[106] Scriptura ἐπ᾽ αὐτῶν est in Ald., Codd. 16, 29, aliis, Syro-
hex. (ut infra). [107] Sic Syro-hex., et sine aster. Comp.
(sine ἀπ᾽ αὐτῶν), Codd. 19, 58, 108 (ut Comp.). [108] Sic
(pro εἰς τὴν κοιλάδα) Codd. 15, 64, Syro-hex. (cum ܠܐܚܠ
ܠܗܠܟ܂). [109] Haec
omnia obelis jugulat Syro-hex., qui tamen pingit: – αὕτη
ἡ ◄ κληρονομία––– αἱ πόλεις κ.τ.ἑ., sine cuneolo in fine.
[110] Sic Comp. (cum Λεσὼν), Ald., Codd. III, XI, 15 (cum
Δεσὲμ), 18 (idem), 56, alii (inter quos 85 in marg.), Syro-
hex. (cum ܠܐܣܡ). [111] Sic Syro-hex., et sine aster.
Comp., Codd. 19, 108, Arm. 1. [112] Sic Comp., Ald.
(cum Λεσενδὰν), Codd. III, XI, 29, 56, alii. Syro-hex.

ܘܠܐܣܡ܂. [112] Sic Syro-hex. (cum συγγενείας), absente
cuneolo, et sine aster. Comp., Codd. 19, 58 (om. αὐτη––
συγγ. αὐτῶν), 108. [113] Syro-hex. ܀ ܠܗܠܟ܂ ◄. [114] Idem: ܀ ܕܚܠܗ ܕܚܠܗ. [115] Cod. IV,
invitis Masio et Syro-hex. [117] Masius, invito Syro-hex.

Cap. XX. [1] Sic Comp., Codd. 15 (cum ὑμῖν), 18 (idem),
19, 64 (ut 15), 108, Syro-hex. Mox τοῦ φυγαδευτηρίου
(ܘܪܚܠ ܚܕܡܣܐ), ut videtur, Syro-hex. [2] Sic Syro-hex.
(cum ܟ ܗ ܣܗܡܠ.), et sine aster. Comp., Codd. 19, 108.
[3] Sic Ald., Codd. III, XI, 16, 57, 58, alii, Syro-hex. (qui
post εἰς κρίσιν male repetit ἀπὸ τοῦ ἀγχιστεύοντος ※ τὸ
αἷμα ◄ (sic). [4] Sic Masius, concinente Hebraeo. Syro-
hex. male pingit: – καὶ ἔσονται ὑμῖν – αἱ πόλεις – εἰς κρίσιν ◄. Haec autem, ἕως ἂν–κρίσιν, desunt in Comp.
[5] Syro-hex. (cum ἐπὶ τὴν εἴσοδον ܠܗܠ ܚܕܚܠ) in textu):
܀ ܚܕܡܣܠ ܘܠܐܚܠ ܘܡܣܝܕܠ ܙ.

σβυτέρων τῆς πόλεως ἐκείνης τοὺς λόγους αὐτοῦ
καὶ ἐπιστρέψουσιν αὐτὸν ἡ συναγωγὴ (הָעֵדָה
pro הָעִידָה) πρὸς αὐτούς (Σ. καὶ προσδέξονται
(s. προσλήψονται) αὐτὸν εἰς τὴν πόλιν πρὸς αὐτούς[6]),
καὶ δώσουσιν αὐτῷ τόπον, καὶ κατοικήσει μετ'
αὐτῶν. (5) καὶ ὅτε διώξει ὁ ἀγχιστεύων τὸ αἷμα
ὀπίσω αὐτοῦ, καὶ οὐ συγκλείσουσι ('Α. Σ. καὶ
οὐκ ἐκδώσουσι (s. παραδώσουσι)[7]), τὸν φονεύσαντα
ἐν χειρὶ αὐτοῦ, ὅτι οὐκ εἰδὼς ἐπάταξεν τὸν
πλησίον αὐτοῦ, καὶ οὐ μισῶν αὐτὸς αὐτὸν ἀπ'
ἐχθὲς καὶ τῆς τρίτης. (6) καὶ κατοικήσει ἐν τῇ
πόλει ἐκείνῃ ἕως στῇ κατὰ πρόσωπον τῆς συναγωγῆς εἰς κρίσιν, ἕως ἀποθάνῃ ὁ ἱερεὺς ὁ μέγας,
ὃς ἔσται ἐν ταῖς ἡμέραις ἐκείναις. τότε ἐπιστρέψει ὁ φονεὺς, καὶ ἐλεύσεται πρὸς τὴν
πόλιν αὐτοῦ, καὶ πρὸς τὸν οἶκον αὐτοῦ, καὶ
πρὸς πόλιν ὅθεν ἔφυγεν ἐκεῖθεν.[9] Alia: καὶ
φεύξεται εἰς μίαν τῶν πόλεων τούτων, καὶ στήσεται ἐπὶ τῆς θύρας τῆς πύλης τῆς πόλεως,
καὶ λαλήσει ἐν ὠσὶ τῶν πρεσβυτέρων τῆς πόλεως τοὺς λόγους αὐτοῦ· καὶ προσάξουσιν αὐτὸν
πρὸς ἑαυτὰς αἱ πόλεις, καὶ δώσουσιν αὐτῷ
τόπον, καὶ καθιεῖται μετ' αὐτῶν. (5) καὶ ὅταν
διώξῃ ὁ ἀγχιστεύων τὸ αἷμα ὀπίσω αὐτοῦ, οὐ
συγκλείσουσιν αὐτὸν εἰς χεῖρας αὐτοῦ, ὅτι ἐν
ἀγνοίᾳ ἐπάταξεν τὸν πλησίον αὐτοῦ, καὶ οὐ

μισῶν ἦν αὐτὸν ἀπ' ἐχθὲς ἢ τῆς τρίτης. (6) καὶ
καθιεῖται ἐν τῇ πόλει ἐκείνῃ ἕως ἂν καταστῇ
ἐνώπιον τῆς συναγωγῆς ἐν κρίσει, καὶ ἕως τοῦ
ἀποθανεῖν τὸν ἱερέα τὸν μέγαν, ὃς ἐὰν ᾖ ἐν
ταῖς ἡμέραις ἐκείναις. τότε ἐπιστρέψει ὁ φονεύσας, καὶ ἐλεύσεται εἰς πόλιν αὐτοῦ, καὶ πρὸς τὸν
οἶκον αὐτοῦ, καὶ τὴν πόλιν ὅθεν ἔφυγεν ἐκεῖθεν.[9]

7. וְאֶת־קִרְיַת אַרְבַּע. Ο'. καὶ τὴν πόλιν Ἀρβόκ.
Οἱ λοιποί· καὶ τὴν Καριαθαρβέ.[10]

8. יְרִיחוֹ מִזְרָחָה נָתְנוּ. Ο'. ἔδωκε. Alia exempl.
Ἱεριχὼ ※ ἀπ' ἀνατολῶν ◄ ἔδωκαν.[11]

וְאֶת־רָאמוֹת. Ο'. καὶ Ἀρημώθ (alia exempl.
τὴν Ῥαμώθ[12]).

וְאֶת־עָלוֹן (גּוֹלָן ק). Ο'. καὶ τὴν Γαυλών (alia
exempl. Γωλάν[13]).

9. עָרֵי הַמּוּעָדָה. Urbes constitutionis (constitutae).
Ο'. αἱ πόλεις αἱ ἐπίκλητοι (Ἄλλος· αἱ τῆς συναγωγῆς[14]).

מַכֵּה. Ο'. παίοντι. Alia exempl. πατάξαντι.[15]

Cap. XX. 7. καὶ ※ τὴν ◄ Συχέμ.[16] 9. αὗται
※ ἦσαν ◄.[17] τοῖς ※ πᾶσιν ◄ υἱοῖς.[18] — εἰς κρίσιν ◄.[19]

CAP. XXI.

2. וּבְמִגְרְשֵׁיהֶן. Ο'. καὶ τὰ περισπόρια ※ αὐτῶν ◄.[1]
(Σ.) καὶ τὰ προάστεια αὐτῶν.[2]

---

3. מִֽנַּחֲלָתָם. Ο΄. ἐν τῷ κατακληρονομεῖν. Ἀ. Θ. ἐκ τῆς κληρονομίας αὐτῶν.[3]

4. בְּגוֹרָל. Ο΄. κληρωτί. Ἄλλος· διὰ κλήρου.[4]

5. מִמִּשְׁפְּחֹת מַטֵּה־אֶפְרַיִם. Ο΄. ἐκ τῆς ※ συγγενείας ◄ φυλῆς Ἐφραίμ.[5]

6. גֵּרְשׁוֹן. Ο΄. Γεδσών. Alia exempl. Γηρσών.[6]

מִמִּשְׁפְּחֹת מַטֵּה־יִשָּׂשכָר. Ο΄. ἀπὸ τῆς ※ συγγενείας ◄ φυλῆς Ἰσσάχαρ.[7]

9. מִמַּטֵּה בְּנֵי יְהוּדָה וּמִמַּטֵּה בְּנֵי שִׁמְעוֹן. Ο΄. ἡ φυλὴ υἱῶν Ἰούδα, καὶ ἡ φυλὴ υἱῶν Συμεών, –καὶ ἀπὸ τῆς φυλῆς υἱῶν Βενιαμίν ◄.[8] Ἀ. Σ. ἀπὸ τῆς φυλῆς υἱῶν Ἰούδα, καὶ ἀπὸ τῆς φυλῆς υἱῶν Συμεών.[9]

אֲשֶׁר־יִקְרָא אֶתְהֶן בְּשֵׁם. Ο΄. καὶ ἐπεκλήθησαν ※ ἐν ὀνόματι ◄.[10] Ἀ. οἳ ἐκάλεσαν (s. ἐπεκάλεσαν) αὐτὰς ἐν ὀνόματι.[11]

10. וַיְהִי לִבְנֵי. Ο΄. ※ καὶ ἐγένοντο ◄ τοῖς υἱοῖς.[12]

הַגּוֹרָל רִאשֹׁנָה. Ο΄. ὁ κλῆρος ※ πρῶτος ◄.[13]

11. אֲבִי הָעֲנוֹק. Ο΄. μητρόπολιν τῶν Ἐνάκ. Οἱ λοιποί· τοῦ πατρὸς Ἐνάκ.[14]

וְאֶת־מִגְרָשֶׁהָ. Ο΄. τὰ δὲ περισπόρια ※ αὐτῆς ◄.[15] Σ. καὶ τὰ προάστεια.[16]

13. נָתְנוּ. Ο΄. ἔδωκεν. Aliter: Ο΄. ※ ἔδωκαν ◄.[17]

אֶת־עִיר מִקְלָט. Ο΄. τὴν πόλιν φυγαδευτήριον (alia exempl. φυγαδευτηρίων[18]). Σ. .. εἰς καταφυγήν.[19]

14. יַתִּר אֶשְׁתְּמֹעַ. Ο΄. Αἰλὼμ .. Τεμά. Alia exempl. Ἰεθὲρ[20] .. Ἐσθεμώ.[21]

15. חֹלֹן. Ο΄. Γελλά. Alia exempl. Ὠλών.[22]

וְאֶת־מִגְרָשֶׁהָ. Ο΄. καὶ τὰ ἀφωρισμένα αὐτῇ. Ἀ. (καὶ) τὰ περισπόρια (αὐτῆς). Σ. (καὶ τὰ) προάστεια (αὐτῆς).[23]

16. אֶת־עַיִן .. אֶת־יֻטָּה. Ο΄. Ἀσά .. Τανύ. Alia exempl. τὴν Αἲν[24] .. τὴν Ἰεττά.[25]

17. גֶּבַע. Ο΄. Γαθέθ. Alia exempl. Γαβέ.[26]

18. אֶת־עַלְמוֹן. Ο΄. Γάμαλα. Alia exempl. τὴν Ἀλμών.[27]

20. עָרֵי גוֹרָלָם. Ο΄. ἡ πόλις τῶν ἱερέων (alia exempl. ὁρίων[28]) αὐτῶν. Ἀ. Σ. πόλεις κλήρου αὐτῶν. Ο΄. Ο. ἡ πόλις τῶν ἱερέων αὐτῶν.[29]

21. בְּהַר אֶפְרַיִם. Ο΄. Vacat. ※ ἐν τῷ ὄρει Ἐφραίμ ◄.[30]

22. וְאֶת־קִבְצַיִם וְאֶת־מִגְרָשֶׁהָ. Ο΄. Vacat. Alia exempl. καὶ τὴν Καβσαείμ, καὶ τὰ ἀφωρισμένα τὰ πρὸς αὐτῇ.[31]

(חֶצְתָם). Cf. ad vv. 11, 15.   [3] Syro-hex. ‎ܘ ‎.‎.‎‎.   [4] Cod. 85 in marg.   [5] Sie Syro-hex., et sine aster. Codd. 19, 82 (cum συγγενείας in marg.), 108, Arm. 1.   [6] Sie Comp. (cum Γερσών), Ald., Codd. III (cum Γηρσώρ), XI, 19, 56, alii, Syro-hex.   [7] Sie Syro-hex., et sine aster. Comp., Codd. 19 (cum τῆς σ. τῆς φ.), 82 (ut ante), 108, Arm. 1.   [8] Obelus est in Syro-hex.   [9] Syro-hex. ‎.‎.‎‎.   [10] Sie Syro-hex. (qui pingit: ※ ἐν ὀνόματι, καὶ ἐγένοντο, sine metobelo), et sine aster. Comp., Codd. 19, 58, 108.   [11] Syro-hex. ‎.‎.‎‎.   [12] Sie Masius, et sine aster. Comp., Codd. 19, 58, 108 (cum ἐγένετο), Syro-hex.   [13] Sie Syro-hex. (cum ‎✕ ‎ܡ‎‎), et sine aster. Comp., Codd. 19, 58, 108, Arm. 1.   [14] Syro-hex. ‎.‎.‎‎.   [15] Sie Syro-hex., et sine aster. Comp., Codd. 19, 108.   [16] Syro-hex. ‎.‎.‎‎.   [17] Sie Syro-hex. (cum metobelo tantum), et sine aster. Codd. 55, 108, Arm. 1. Vox deest in Ald., Codd. III, 15, 18, 58, 64, 128.   [18] Sie Comp., Cod. 108, Arm. 1 (cum φυγαδευτήριον). Syro-hex. ‎.‎.‎‎.   [19] Syro-hex. ‎.‎.‎‎.

[20] Sie Comp., Ald., Codd. III, XI, 15, 16, 18, alii, Syro-hex. (cum ‎ܝ‎‎).   [21] Sie Comp. (cum Ἰσθεμώ), Codd. III, XI, 29, 53, alii, Syro-hex. (cum ‎ܡ‎‎).   [22] Sie Codd. III, 16, 52, alii, Syro-hex. (cum ‎ܠ‎‎). Mox haec, καὶ τὴν Δαβίρ, καὶ τὰ ἀφ. αὐτῇ, desunt in Cod. 108, Syro-hex.   [23] Cod. 108.   [24] Sie Comp., Ald., Codd. III (sine artic.), XI (cum Ναὶν), 16 (ut III), 18, alii, Syro-hex. (cum ‎ܚ‎‎)   [25] Sie Comp., Ald. (cum Ἰετγά), Codd. (III hiat), XI (cum Ἰεττὰν), 18, 29 (ut XI), alii, Syro-hex. (cum ‎ܚ‎‎)   [26] Sie Comp., Ald., Codd. III (cum Γαβεί), XI, 29, 56, alii, Syro-hex. (cum ‎ܚ‎‎).   [27] Sie Comp. (cum Ἐλμών), Ald. (cum Ἀλμώ), Codd. III, XI, 15, 18, alii, Syro-hex. (cum ‎ܚ‎‎).   [28] Sie Comp., Ald., Codd. III, XI, 16, 29 (in marg.), 44, alii, Arm. 1, invito Syro-hex.   [29] Cod. 85, teste Montef. (Ad Aquilam πόλεις pro πόλεις exscripsit Parsonsii amanuensis.) Syro-hex. affert: Ἀ. Σ. κλήρου αὐτῶν (‎.‎.‎‎).   [30] Sie Syro-hex. (qui pingit: ἐν τῷ ὄρει ※ Ἐφραίμ ◄), et sine aster. Comp., Codd. 19, 58, 108, Arm. 1. Statim καὶ τὴν Γαζὲρ Ald., Codd. III, XI, 29, 30, alii, Syro-hex.   [31] Sie Comp. (cum Καβσείμ), Ald., Codd. III, 15 (cum Καβσαίμ), 19 (cum

23. גִּבְּתוֹן‎..אֶלְתְּקֵא‎. Ο΄. Ἐλκωθαὶμ .. Γεθεδάν. Alia exempl. Ἐλθεκὼ[32] .. Γεβεθών.[33]

25. אֶת רִמּוֹן‎. Ο΄. Ἰεβαθά. Alia exempl. Γεθ-ρεμμών; alia, Βαιθσάν.[34]

27. מִמִּשְׁפַּחַת הַלְוִיִּם‎. Ο΄. ✕ τοῖς συγγενέσι ◄ τοῖς Λευίταις.[35]

אֶת־עִיר מִקְלַט הָרֹצֵחַ‎. Ο΄. τὰς πόλεις τὰς ἀφωρισμένας τοῖς φονεύσασι. Ἀ. τὰς πόλεις φυγαδευτήριον τοῦ φονευτοῦ.[36]

בְּעֶשְׁתְּרָה‎. Ο΄. Βοσοράν. Alia exempl. Βεεσθερά.[37]

28. קִשְׁיוֹן‎..דָּבְרַת‎. Ο΄. Κισὼν .. Δεββά. Alia exempl. Κισιὼν[38] .. Δαβράθ.[39]

29. יַרְמוּת‎. Ο΄. Ῥεμμάθ. Alia exempl. Ἰερμώθ.[40]

אֶת־עֵין גַּנִּים‎. Ο΄. καὶ πηγὴν γραμμάτων. Οἱ λοιποί· πηγὴν Γαννίμ.[41]

30. מִשְׁאָל‎..עַבְדּוֹן‎. Ο΄. Βασελλὰν .. Δαββών. Alia exempl. Μασαὰλ[42] .. Ἀβδών.[43]

32. חַמֹּת דֹּאר‎..קַרְתָּן‎. Ο΄. Νεμμάθ .. Θεμμών. Alia exempl. Ἐμαθδὼρ[44] .. Καρθάν.[45]

33. וּמִגְרְשֵׁיהֶן‎. Ο΄. Vacat. ✕ καὶ τὰ ἀφωρισμένα τὰ πρὸς αὐταῖς ◄.[46]

34. קַרְתָּה‎..יָקְנְעָם‎. Ο΄. Μαὰν .. Κάδης. Alia exempl. Ἰεκναὰμ[47] .. Καρθά.[48]

35. אֶת־דִּמְנָה וְאֶת־מִגְרָשֶׁהָ‎. Ο΄. Vacat. ✕ καὶ τὴν Δαμνὰ, καὶ τὰ περισπόρια αὐτῆς ◄.[49]

אֶת־נַהֲלָל‎. Ο΄. καὶ Σελλά. Alia exempl. καὶ τὴν Νααλώλ.[50]

Ο΄. — καὶ πέραν (alia exempl. πόλεις[51]) τοῦ Ἰορδάνου τοῦ κατὰ Ἱεριχὼ (alia exempl. Ἰορδάνου τὴν Ἱεριχὼ, s. Ἰορδάνου Ἱεριχὼ[52]) ἐκ τῆς φυλῆς Ῥουβὴν, τὴν πόλιν τὸ φυγαδευτήριον (alia exempl. τοῦ φυγαδευτηρίου[53]) τοῦ φονεύσαντος, τὴν Βοσὸρ ἐν τῇ ἐρήμῳ τὴν Μισὼ (alia exempl. ἐρήμῳ τῇ Μισὼρ[54]), καὶ τὰ περισπόρια αὐτῆς· καὶ τὴν Ἰαζὴρ, καὶ τὰ περισπόρια αὐτῆς· καὶ τὴν Δεκμὼν (alia exempl. Γεδσὼν[55]),

---

Καμισέμ, 30 (cum Καθασαίμ), alii, Syro-hex. (cum ܡܚܪܝܡ).   [32] Sic Comp. (cum Ἐλθεκὰ), Ald., Codd. III, XI, 15, 18, 29, alii (inter quos 85 in marg. cum Ἐλθεκωθὲμ), Arm. 1, Syro-hex. (cum ܐܠܬܩܐ/).   [33] Sic Comp. (cum Γεθθὼν), Ald., Codd. III (cum Γαβεθών), XI, 15, 29, alii, Arm. 1, Syro-hex. (cum ܓܒܬܘܢ).   [34] Prior lectio est in Comp., Codd. 15, 64, 108, Syro-hex.; posterior in Ald., Codd. III (cum Βαιθσὰ), XI, 18, 29, 30, aliis.   [35] Sic Syro-hex. (qui pingit: ✕ ܠܒܝܬ ܓܢܣܐ ◄), et sine aster. Comp., Codd. 58 (cum συγγενεῦσι), 108 (idem), Arm. 1.   [36] Syro-hex. ✕ ܡܕܝܢܬܐ ܕܒܝܬ ܓܘܣܐ ܕܩܛܘܠܐ/.   [37] Sic Comp., Ald. (cum Βεεσθρὰ), Codd. III (cum Βεεθερὰ), XI (cum Βεεσθαρά), 15, 18 (cum –ρὰ), 29 (ut XI), alii, Arm. 1 (cum Βεεσταρά). "Pro Βεεσθρὰ legit Syrus Ἀσθαρὼθ [ܥܫܬܪܘܬ Syro-hex. et Pesch.], quo nomine urbs ista nuncupatur in Paralipomenis [1 Paral. vi. 71]; verum non censeo illud esse mutandum. Nam et Eusebius in Locis [p. 102] appellat urbem hanc Beesthra [Βεεσθαρά]."—Masius.   [38] Sic Comp. (cum Κεσιών), Ald., Codd. III, XI, 29, 58, alii, Syro-hex. (cum ܩܫܝܘܢ).   [39] Sic Comp., Ald. (cum Δαββὰθ), Codd. III (cum Δεβράθ), XI (cum Δαβρὼθ), 15, 29, alii, Syro-hex. (cum ܕܒܪܬ).   [40] Sic Comp., Ald., Codd. III, XI (cum Ἰερμούθ), 15, 29, 58, alii, Syro-hex. (cum ܝܪܡܘܬ).   [41] Cod. 85 (cum πηγαννίμ). Syro-hex. ✕ ܘܥܝܢ ܓܢܝܢ ܠܡܚܒ. Cod. 58 in marg.: καὶ τὴν πηγὴν γραμμάτων (sic).   [42] Sic Ald., Codd. III, XI, 18, 29, alii (inter quos 85 in marg.), Arm. 1, Syro-hex. (cum ܡܫܐܠ).   [43] Sic Comp. (sine artic.), Ald. (cum Ἀββὼ), Codd. III, XI, 15, 18, 19 (ut Comp.), alii, Arm. 1, Syro-hex. (cum ܚܒܕܘܢ).   [44] Sic Comp. (cum Ἀμ.), Ald., Codd. III, XI, 15, 16, 18 (cum Αἰμ.), alii, Arm. 1, Syro-hex. (cum ܚܡܬܕܘܪ).   [45] Sic Comp. (cum τὴν Κ.), Ald. (idem), Codd. 15, 18 (cum τὴν Καρθὰ), 64, 128, Syro-hex. (cum καὶ τὴν Καθράν).   [46] Sic Syro-hex. (cum ܘܡܚܪܡ pro τὰ πρὸς αὐταῖς), et sine aster. Comp., Codd. 19, 58, 85 (in marg.), 108, Arm. 1.   [47] Sic Comp. (cum Ἰεκνὰμ), Ald., Codd. III (cum Ἐκνὰμ), XI (ut Comp.), 15, 29, alii, Arm. 1 (ut Comp.), Syro-hex. (cum ܝܩܢܥܡ).   [48] Sic Comp. (cum Καρθὰ), Ald. (sine artic.), Codd. III (idem), 15, 18 (cum Καρσθὰ), alii, Syro-hex. (cum Καρθάν).   [49] Sic Syro-hex. (cum ✕ καὶ τὴν Δ. καὶ τὰ π. αὐτῆς· καὶ τὴν N. καὶ τὰ π. αὐτῆς ◄), et sine aster. Comp., Ald., Codd. III (om. καὶ τὴν), XI (cum καὶ Δεμνὰ), 15, 18, alii, Arm. 1 (cum Δεμνά).   [50] Sic Comp., Ald. (cum Δαλὼλ), Codd. III, XI (cum Νααλὰν), 15 (ut Ald.), 18 (cum καὶ τὰ Δαλὼλ), alii, Syro-hex. (cum ܢܘܠ).   [51] Sic Comp., Codd. 19, 108, Syro-hex.   [52] Prior lectio est in Comp., Codd. 16, 18, 19, aliis; posterior in Codd. 16, 30, 52, aliis, Syro-hex. (cum ܕܐܘܪܕܢܢ ܕܝܠ).   [53] Sic Codd. 15, 16, 44, 54, alii, Arm. 1, Syro-hex.   [54] Sic Ald., Codd. III, 54, 56, alii, Syro-hex. (cum ܚܨܪܝܢ ܘܡܚܒܪ).   [55] Sic Comp. (cum Κεδσὼν), Ald., Codd. III, XI, 29, 108 (ut Comp.),

καὶ τὰ περισπόρια αὐτῆς· καὶ τὴν Μαφὰ (alia exempl. Μασφὰ[56]), καὶ τὰ περισπόρια αὐτῆς· πόλεις τέσσαρες ◀.[57]

36. וְאֶת־מֵהַיָּצִים. Ο'. τὴν Καμίν. Alia exempl. καὶ τὴν Μαναΐμ.[58]

38. כָּל־הֶעָרִים לִבְנֵי מְרָרִי לְמִשְׁפְּחֹתָם הַנּוֹתָרִים מִמִּשְׁפְּחוֹת הַלְוִיִּם. Ο'. πᾶσαι αἱ πόλεις τοῖς υἱοῖς Μεραρὶ κατὰ δήμους αὐτῶν τῶν καταλελειμμένων (alia exempl. τοῖς καταλελειμμένοις[59]) ἀπὸ τῆς φυλῆς τῆς Λευί. Σ. πᾶσαι αἱ πόλεις αὗται τοῖς υἱοῖς Μεραρὶ κατὰ τὴν συγγένειαν αὐτῶν, τοῖς λοιποῖς τῆς συγγενείας τῶν Λευιτῶν.[60]

40. כֵּן לְכָל. Ο'. ✕ οὕτως ◀ πάσαις.[61]

Ο'. — καὶ συνετέλεσεν Ἰησοῦς διαμερίσας τὴν γῆν ἐν τοῖς ὁρίοις αὐτῶν (alia exempl. αὐτῆς[62])· καὶ ἔδωκαν οἱ υἱοὶ Ἰσραὴλ μερίδα τῷ Ἰησοῖ διὰ πρόσταγμα (alia exempl. κατὰ πρόσταγμα, alia, διὰ προστάγματος[63]) κυρίου· ἔδωκαν αὐτῷ τὴν πόλιν ἣν ᾐτήσατο· τὴν Θαμνασαχὰρ (alia exempl. Θαμνασαράχ[64]) ἔδωκαν αὐτῷ ἐν τῷ

ὄρει Ἐφραΐμ· καὶ ᾠκοδόμησεν Ἰησοῦς τὴν πόλιν (alia exempl. τὴν πόλιν Ἰησοῦς[65]), καὶ ᾤκησεν ἐν αὐτῇ· καὶ ἔλαβεν Ἰησοῦς τὰς μαχαίρας τὰς πετρίνας, ἐν αἷς περιέτεμε τοὺς υἱοὺς Ἰσραὴλ τοὺς γενομένους ἐν τῇ ὁδῷ ἐν τῇ ἐρήμῳ, ✕ ὅτι οὐ περιετμήθησαν ἐν τῇ ἐρήμῳ ◀,[66] — καὶ ἔθηκεν αὐτὰς ἐν Θαμνασαχάρ (s. Θαμνασαράχ) ◀.[67]

42. כְּכֹל אֲשֶׁר־נִשְׁבַּע. Ο'. καθότι ὤμοσε. Οἱ λοιποί· κατὰ πάντα ὅσα ὤμοσε.[68]

43. לֹא־נָפַל דָּבָר. Ο'. οὐ διέπεσεν ✕ ῥῆμα ◀.[69]

Cap. XXI. 3. τὰς πόλεις ✕ ταύτας ◀.[70] 7. — κληρωτί ◀.[71] 8. τὰς πόλεις ✕ ταύτας ◀.[72] 9. τὰς πόλεις ✕ ταύτας ◀.[73] 12. — Ἰησοῦς ◀.[74] ἐν κατασχέσει ✕ αὐτοῦ ◀.[75] 34. φυλῆς — υἱῶν ◀ Ζαβουλών.[76] 38. ὅρια ✕ αὐτῶν ◀.[77] 40. περισπόρια ✕ αὐτῆς ◀.[78]

Cap. XXII.

1. לָראוּבֵנִי. Ο'. τοὺς υἱοὺς Ῥουβήν. Alia exempl. τοὺς Ῥουβηνίτας.[1]

---

[21] Syro-hex. (cum ܪ̈ܝ̈ܢ). [56] Sic Ald., Codd. III, XI, 29, 56, alii. Syro-hex. ܘܠܡܨܦܗ. [57] Haec omnia a καὶ πέραν ad πόλεις τέσσαρες obelo notavit Masius. (In Syro-hex. prima linea, καὶ πόλεις — Ἰεριχὼ, obelo male destituta est.) Idem in Comment. p. 311: "Observandum est autem, desiderari h. l. in Hebraeo eas urbes quas Rubenitae contulerunt. Nam etsi in nonnullis antigraphis post commemoratas Zabulonias, duobus versiculis illae adscriptae legantur his verbis.... Et de tribu Ruben Bosor, et ejus suburbana; et Jassa, et ejus suburbana; Cedemoth, et ejus suburbana; et Mephaath, et ejus suburbana; urbes quatuor...tamen in מסרת, hoc est, traditione Judaeorum sane vetusta, affirmate scriptum est, in antiquissimis sacrorum bibliorum Hebraicorum exemplaribus non exstare." De exemplaribus typo excusis praecise egit G. V. Wigram in libro cui titulus: The Hebraist's Vade Mecum, in nota sub fine voluminis. [58] Sic Comp. (cum Μαανίμ), Ald., Codd. III, XI (cum Μαλμ), 15 (cum Μαναΐν), 18 (cum Μαναΐν), alii, Arm. 1 (cum Μαναΐμ), Syro-hex. (cum ܡܢܝܡ). [59] Sic Codd. 44, 54, 74, alii, Syro-hex. [60] Syro-hex. ܣܘ. ܟܠܗܝܢ ܩܘܖ̈ܝܐ (ܡܬܢ̈ܝܬܐ) ܗܠܝܢ ܠܒ̈ܢܝ ܡܪܪܝ ܠܦܘܬ ܐܝܙܓܕܘܬܐ (sic) ܕܝܠܗܘܢ ܠܫܪ̈ܟܐ ܕܐܝܙܓܕܘܬܐ ܕܠܘ̈ܝܐ. [61] Sic Syro-hex., et sine aster. Comp., Codd. 19 (cum οὕτω), 108, Arm. 1 (cum ὡς). [62] Sic Ald., Codd. III, 15, 16, 18, alii, Syro-hex. [63] Prior scriptura est in
Codd. II, 16, 30, 52, aliis; posterior in Ald., Codd. III, XI, 15, 18, aliis (inter quos 85 in marg.), Syro-hex. [64] Sic Codd. II, 16, 18, 52, alii. Masius e Syro suo bis exscripsit Θαμνασαρά ܬܡܢܣܪܐ, sed in nostro exemplari in priore loco prave exaratum ܬܡܢܚܙܪ. [65] Sic Codd. 18, 19, 64, 108, 128, Syro-hex. [66] Sic Syro-hex., et sine aster. Ald., Codd. 16, 18, 30, alii, Arm. 1 (cum ἐν τῇ ὁδῷ, ὅτι οὐ περ. ἐν τῇ ἐ. ἐκεῖ). [67] Pericopam, καὶ συνετέλεσεν—Θαμνασαράχ, quae in Comp. non habetur, obelis confodit Syro-hex., et uncis circumscribit Arm. ed. Syro-hex. (cum indice ad ἣν ὤμοσε (v. 41) male appicto): ܚܠܟ ܡ̈ܟܝܐ ܐܡܪ ܡ̈ܝܐ ܐܡܟ̈ܝ ܘܡ̈ܐܘܐ. [68] Sic Syro-hex., et sine aster. Comp., Codd. 19, 58, 71, 85 (in marg.), 108, 128, Arm. 1. [69] Syro-hex. Sic sine aster. Comp., Codd. 19, 58, 108, Arm. 1. [70] Idem. Deest in Cod. 58. [71] Idem (sine metobelo). Sic sine aster. Comp., Codd. 19, 58, 108, Arm. 1. [72] Idem (sine metobelo). Pronomen deest in Ald., Codd. III, XI, 15, 16, 18 (manu 1ma), aliis. [73] Idem. [74] Idem (sine metobelo). Sic sine aster. Comp., Codd. 19 (cum αὐτῶν), 108. [75] Masius. Sic sine obelo Comp., Ald., Codd. III, XI, 15, 16, 18, alii, Arm. 1, Syro-hex. [76] Syro-hex. Sic sine aster. Cod. 128. [77] Idem. Sic sine aster. (cum αὐτῶν), Comp., Codd. 19, 54, 59.

Cap. XXII. [1] Sic Codd. III, XI, 16, 29, alii (inter

2. שְׁמַרְתֶּם. Ο'. ἀκηκόατε. Σ. ἐφυλάξατε.²

3. זֶה יָמִים רַבִּים. Ο'. ταύτας τὰς ἡμέρας πλείους. Ἀ. ἰδοὺ (s. ἤδη) ἡμέρας πολλάς.³

4. מֹשֶׁה עֶבֶד יְהֹוָה. Ο'. Μωυσῆς ※ δοῦλος κυρίου ◄.⁴

5. וּלְדָבְקָה־בוֹ. Ο'. καὶ προσκεῖσθαι (alia exempl. προστίθεσθαι⁵) αὐτῷ. Ἀ. Θ. καὶ κολλᾶσθαι..⁶
בְּכָל־לְבַבְכֶם. Ο'. ἐξ ὅλης τῆς διανοίας (alia exempl. καρδίας⁷) ὑμῶν.

7, 8. וְגַם כִּי שִׁלְּחָם יְהוֹשֻׁעַ אֶל־אָהֳלֵיהֶם וַיְבָרֲכֵם: Ο'. καὶ ἡνίκα ἐξαπέστειλεν αὐτοὺς Ἰησοῦς εἰς τοὺς οἴκους αὐτῶν, καὶ εὐλόγησεν αὐτούς. Σ. ὅτε μὲν οὖν ἀπέλυσεν αὐτοὺς Ἰησοῦς εἰς τὰς σκηνὰς αὐτῶν, εὐλόγησεν αὐτούς, καὶ εἶπε πρὸς αὐτούς.⁸

8. וַיֹּאמֶר אֲלֵיהֶם לֵאמֹר בִּנְכָסִים. Ο'. καὶ ἐν χρήμασι. Alia exempl. λέγων· ἐν χρήμασι.⁹ Aliter: Ο'. ※ καὶ εἶπε πρὸς αὐτοὺς ◄, λέγων· ἐν χρήμασι.¹⁰
שׁוּבוּ אֶל־אָהֳלֵיכֶם. Ο'. ἀπήλθοσαν εἰς τοὺς οἴκους αὐτῶν. Alia exempl. ἀναλύετε εἰς τοὺς οἴκους ὑμῶν.¹¹ Ἀ. ἐπιστρέψατε εἰς τὰς σκηνὰς ὑμῶν.¹²
וּבִנְחֹשֶׁת וּבְבַרְזֶל. Ο'. καὶ σίδηρον. Aliter: Ο'.

※ καὶ χαλκὸν, καὶ σίδηρον ◄.¹³

8. חֶלְקוּ שְׁלַל אֹיְבֵיכֶם עִם־אֲחֵיכֶם. Ο'. διείλαντο (alia exempl. περιείλαντο¹⁴) τὴν προνομὴν τῶν ἐχθρῶν ※ αὐτῶν ◄¹⁵ μετὰ τῶν ἀδελφῶν αὐτῶν. Σ. διαμερίσατε τὰ σκῦλα τῶν ἐχθρῶν μετὰ τῶν ἀδελφῶν ὑμῶν.¹⁶

9. וַיָּשֻׁבוּ וַיֵּלְכוּ. Ο'. ※ καὶ ἀπέστρεψαν ◄, καὶ ἐπορεύθησαν.¹⁷
אֲשֶׁר נֹאחֲזוּ־בָהּ. Ο'. ἣν ἐκληρονόμησαν αὐτήν. Ἄλλος· ἐν ᾗ ἐκληρονομήθησαν ἐν αὐτῇ.¹⁸

10. אֶל־גְּלִילוֹת הַיַּרְדֵּן. Ο'. εἰς Γαλαὰδ (alia exempl. Γαλιλὼθ¹⁹) τοῦ Ἰορδάνου. Σ. εἰς τὰ ὅρια τοῦ Ἰορδάνου.²⁰
שָׁם מִזְבֵּחַ. Ο'. ἐκεῖ βωμόν (Ἄλλος· θυσιαστήριον²¹). Ἄλλος· ἐποίησαν βωμόν.²²

11. אֶל־גְּלִילוֹת הַיַּרְדֵּן אֶל־עֵבֶר בְּנֵי יִשְׂרָאֵל. Ad circuitus Jordanis ad regionem ulteriorem filiorum Israelis. Ο'. ἐπὶ τοῦ Γαλαὰδ (alia exempl. τοῦ Γαλιλὼθ²³) τοῦ Ἰορδάνου ἐν τῷ πέραν (alia exempl. ἐπὶ μέρους²⁴) υἱῶν Ἰσραήλ. Σ. ἐπὶ τῶν ὁρίων τοῦ Ἰορδάνου πρὸς τὴν διάβασιν τῶν υἱῶν Ἰσραήλ.²⁵

12. וַיִּשְׁמְעוּ בְּנֵי יִשְׂרָאֵל. Ο'. Vacat. ※ καὶ ἤκουσαν οἱ υἱοὶ Ἰσραήλ ◄.²⁶

---

quos 85, cum τοὺς υἱοὺς 'P. in marg.). ² Syro-hex. ‎‎.
‎. ³ Idem: ‎. ⁴ Sic Syro-hex. (sine metobelo), et sine aster. Comp., Codd. 19, 30, 58, 82, 85 (in marg.), 108, Arm. 1. ⁵ Sic Comp., Codd. 19, 108. ⁶ Syro-hex. ‎. ‎. ⁷ Sic Ald., Codd. III, XI, 29, 54, alii (inter quos 85 in marg.), Arm. 1, invito Syro-hex. ⁸ Syro-hex. ‎. ‎. ⁹ Sic Comp., Ald., Codd. III, XI, 15, 16, alii. ¹⁰ Sic Syro-hex., et sine aster. Cod. 82 (cum καὶ ἐν χρ.?), Arm. 1. ¹¹ Sic Cod. 16 (cum ἀναλύσετε), 30, 52, alii (inter quos 85, cum ἀπέλθετε in marg.); e quibus Codd. 16, 52, alii (inter quos 85) post ὑμῶν add. καὶ ἀπήλθοσαν εἰς τοὺς οἴκους αὐτῶν; et sic (cum ἀπέλθατε pro ἀναλύετε) Cod. 15. ¹² Syro-hex. ‎. ‎. ¹³ Sic Syro-hex., et sine aster. Comp., Ald., Codd. 15, 16, 18, alii, Arm. 1. Verba, καὶ σίδηρον, quae in Ed. Rom. habentur, desunt in Codd. III, XI, 29, 59, 121. ¹⁴ Sic Codd. 16, 30 (cum –λοντο), 52 (idem).

alii (inter quos 85, cum διείλαντο in marg.). ¹⁵ Sic Syro-hex., et sine aster. Comp., Ald., Codd. III, XI, 15, 16, 18, alii. ¹⁶ Syro-hex. ‎. ‎. ¹⁷ Sic Syro-hex., et sine aster. Comp., Codd. 19, 58, 82, 85 (in marg. cum ἐπέστρεψαν), 108, Arm. 1. ¹⁸ Sic in marg. Cod. 85; in textu autem Cod. 30. ¹⁹ Sic Comp. (cum Γαληλὼθ), Ald., Codd. III, XI (cum Γαλιλώθ), 15, 18, 19, alii (inter quos 108, cum εἰς τὸ ὅρος τοῦ Ἰορδάνου in marg.), Syro-hex. (cum ‎). ²⁰ Syro-hex. ‎. ‎. Cf. Hex. ad Joel iii. 4. ²¹ Cod. 85 in marg. Cf. ad v. 19. ²² Sic in textu Codd. 16 (cum καὶ ἐπ.), 30, 52, alii (inter quos 85, cum ἐκεῖ in marg.). Nescio an Symmachi sit, coll. Hex. ad Deut. vii. 15. ²³ Sic Codd. III, 15, 18, 29, 54 (cum Γαλιλὼθ), alii, Arm. 1. Syro-hex. ‎. Statim ἐπὶ τοῦ Ἰορδάνου Codd. 15, 18, 19, 64, 128, Syro-hex. ²⁴ Sic Codd. 44, 54, 74, alii. Syro-hex. ‎. ²⁵ Sic Masius, et sine aster. Comp., Codd. 19, 58, 82, 108, Arm. 1,

12. לַצָּבָא. *Ad militandum.* Ο'. ἐκπολεμῆσαι αὐτούς. Ἀ. εἰς δύναμιν.[27]

14. וְאִישׁ רֹאשׁ בֵּית־אֲבוֹתָם הֵמָּה לְאַלְפֵי יִשְׂרָאֵל. Ο'. ἄρχοντες (alia exempl. ἄνδρες ἄρχοντες[28]) οἴκων πατριῶν εἰσιν χιλίαρχοι Ἰσραήλ. Σ. ἕκαστος δὲ ἄρχων τῶν οἴκων τῶν πατέρων αὐτῶν ἦσαν τῶν χιλιάδων Ἰσραήλ.[29]

16. כָּל־עֲדַת יְהוָה. Ο'. πᾶσα ἡ συναγωγὴ κυρίου ※ οἱ υἱοὶ Ἰσραήλ ◄.[30]

מָה־הַמַּעַל הַזֶּה אֲשֶׁר מְעַלְתֶּם בֵּאלֹהֵי יִשְׂרָאֵל. Ο'. τίς ἡ πλημμέλεια αὕτη, ἣν ἐπλημμελήσατε ἐναντίον τοῦ θεοῦ Ἰσραήλ; (Σ.) τίς ἡ καταφρόνησις αὕτη ἣν κατεφρονήσατε τοῦ οἴκου (בְּאֹהֱלֵי) Ἰσραήλ,[31]

מֵאַחֲרֵי יְהוָה. Ο'. ἀπὸ ※ ὄπισθεν ◄ κυρίου.[32]

הַיּוֹם יְהוָה. Ο'. ※ σήμερον ◄ ἀπὸ [τοῦ] κυρίου.[33]

18. מֵאַחֲרֵי יְהוָה. Ο'. ἀπὸ ※ ὄπισθεν ◄ κυρίου.[34]

אַתֶּם תִּמְרֹדוּ. Ο'. ἐὰν ※ ὑμεῖς ◄ ἀποστῆτε.[35]

19. טְמֵאָה. Ο'. μικρά. Ἀ. ἀκάθαρτος. Σ. βέβηλος.[36]

עִבְרוּ לָכֶם. Ο'. διάβητε. Alia exempl. διάβητε ὑμεῖς.[37]

19. וְאֹתָנוּ אַל־תִּמְרֹדוּ. Ο'. καὶ ὑμεῖς μηδ' ἀπόστητε ἀπὸ κυρίου. Alia exempl. καὶ ἀπὸ ἡμῶν μὴ ἀποστῆτε.[38]

מִזְבֵּחַ (in priore loco). Ο'. βωμόν. Ἀ. θυσιαστήριον.[39]

20. בֶּן־זֶרַח. Ο'. ὁ τοῦ Ζαρά (alia exempl. Χαρμί[*]),

וְהוּא אִישׁ אֶחָד לֹא גָוַע. *Et ille vir unus non periit* (solus). Ο'. καὶ οὗτος εἷς αὐτὸς ἀπέθανεν. Alia exempl. καὶ οὗτος εἷς ◄ μόνος ἦν ◄ μὴ ◄ οὗτος μόνος ◄ ἀπέθανεν;[41]

22. אֵל אֱלֹהִים. Ο'. ὁ θεὸς θεός. Ἀ. Σ. ἰσχυρὸς θεός.[42]

וְאִם־בְּמַעַל בַּיהוָה אַל־תּוֹשִׁיעֵנוּ הַיּוֹם הַזֶּה. *Et si per perfidiam in Jovam (hoc fecimus), ne salvos nos praestes hodie.* Ο'. εἰ ... ἐπλημμελήσαμεν ἔναντι τοῦ κυρίου, μὴ ῥύσαιτο ἡμᾶς ἐν τῇ ἡμέρᾳ ταύτῃ. Ἀ. (potius Σ.) καὶ εἰ ἐν καταφρονήσει σήμερον εἰς ΠΙΠΙ, μὴ σώσαι ἡμᾶς ΠΙΠΙ.[43]

23. עֹלָה וּמִנְחָה. *Holocausta et ferta.* Ο'. θυσίαν ὁλοκαυτωμάτων. Ἄλλος· (ὁλοκαύτωμα) ἢ μαναά.[44]

זִבְחֵי שְׁלָמִים. Ο'. θυσίαν σωτηρίου (Ἀ. Σ. εἰρηνικήν[45]).

---

[27] Syro-hex. ⲥⲯⲗⲁ ./. Cf. ad v. 33. [28] Sic Comp., Ald., Codd. 15, 18, 19, alii, Syro-hex. [29] Syro-hex. ⲥⲙ. ⲕⲗⲁ ⲟⲗⲁ ⲟ. ⲱⲙⲁⲗ ⲓⲙⲁⲗ. [30] Sic Syro-hex., et sine aster. Cod. 58. [31] Syro-hex. in marg. sine nom. ⲙⲁ ⲟⲥ ⲥⲙ ⲕⲗⲁ ⲥⲙⲁ. Cf. Hex. ad Jos. vii. 1. Ezech. xiv. 13. Minus probabiliter Masius in Comment. p. 320: "Verbum מָעַל plene sumus interpretati, *delinquere;* sed Symmachus praecise καταγνώσκειν reddidit, hoc est, *contemnere, vilipendere.*" [33] Sic Syro-hex. (sine metobelo), et sine aster. Comp., Codd. 19, 58, 71, 82, 85 (in marg.), 108, 128 (cum ὄπισθε). Lectio Aquilam sapit, coll. Hex. ad 2 Reg. vii. 8. Psal. lxxvii. 71. [32] Sic Syro-hex. (sine metobelo), et sine aster. Comp., Ald., Codd. 58, 82, 121. [34] Sic Masius (invito Syro-hex.), et sine aster. Codd. 30 (sine ἀπὸ), 58, 82, 85 (in marg.). [35] Sic Syro-hex. (sine metobelo), et sine aster. Codd. 85 (in marg.), 108. [36] Masius in Annot. p. 151: "In Hebraeo est *polluta* loco μικρά. Unde conjicio, scriptum olim fuisse ab ipsis interpretibus μιαρά. Certe Aquilas dixit ἀκάθαρτος, Symmachus

βέβηλη [sic]." Syro-hex. tantum affert: ⲙⲁⲥⲙ ⲥⲙ. [37] Sic Ald., Codd. 15, 64, 121. Syro-hex.: διάβητε ὑμῖν. Masius in Annot. p. 151: "Notat autem Syrus [silente Syro-hex.] quosdam libros habere ἀποστρέφετε pro διάβητε; at hoc apte exprimit quod est in Hebraeo עֲבֹרוּ." Lectio marginalis pertinet, ni fallor, ad v. 18, ubi pro ἀποστράφητε (s. ἀποστρέφησεσθε, ut Ald., Codd. III, XI, 44, 54, alii, Syro-hex.) in Codd. 16, 30, 52, aliis, est ἀποστρέφεσθε. [38] Sic Comp., Ald. (cum ἀφ' ἡμῶν pro καὶ ἀπὸ ἡμῶν), Codd. III, XI, 15, 29, 44, alii, Syro-hex. [39] Syro-hex. ⲙⲟⲥⲙⲁ ./. [40] Sic Codd. 16, 53, 57, alii (inter quos 85, cum Ζαρά in marg.). [41] Sic Syro-hex. (qui pingit: καὶ οὗτος εἷς ◄ μόνος |οἱ ἦν ◄ οὗτος μόνος ἀπ.), et sine notis Comp. (om. ἦν), Ald. (cum μόνος οὗτος), Codd. III (idem), XI (idem, om. εἷς), 15, 16 (ut Ald.), 18 (cum εἷς μόνος οὗτος pro οὗτος μόνος), 19, alii, Arm. 1. [42] Sic Masius. Syro-hex. affert tantum: ⲥⲕⲗⲁ ./. [43] Syro-hex. ⲥⲟⲗ. ⲟ. ⲥⲙⲥⲙ(ⲥ) ⲥⲙⲥⲙ. ⲕⲙⲁⲥⲙ. ⲥⲙ (ⲗ) ⲥⲙⲁⲟ ⲕⲙ ⲥⲙⲁⲥ. Cf. ad v. 16. [44] Cod. 56 in textu: θυσίαν ὁλοκαυτωμάτων ἢ μαναά. [45] Syro-hex. ⲙⲥⲙⲁ ⲥⲙ ./. Cf. Hex. ad Exod. xx. 17. Num.

24. וְאִם־לֹא מִדְּאָגָה. *Et si non* (potius) *prae sollicitudine.* Ο΄. ἀλλ᾽ ἕνεκεν εὐλαβείας. Ἀ. καὶ εἰ μὴ ἀπὸ μερίμνης.[46]

25. בְּנֵי־רְאוּבֵן וּבְנֵי־גָד. Ο΄. Vacat. ※ οἱ υἱοὶ Ῥουβὴν, καὶ οἱ υἱοὶ Γάδ ◄.[47] Alia exempl. υἱῶν Ῥουβὴν, καὶ υἱῶν Γὰδ, καὶ ἥμισυ φυλῆς Μανασσῆ.[48]

וְהִשְׁבִּיתוּ. *Et cessare facient.* Ο΄. καὶ ἀπαλλοτριώσουσιν (Σ. κωλύσουσιν[49]).

לְבִלְתִּי יְרֹא. Ο΄. ἵνα μὴ σέβωνται. Σ. ἵνα μὴ λατρεύσωσι.[50]

28. וְאָמַרְנוּ. Ο΄. καὶ ἐροῦσιν (alia exempl. ἐροῦμεν[51]).

29. לִמְרֹד בַּיהוָה וְלָשׁוּב הַיּוֹם. Ο΄. ἀποστραφῆναι ἀπὸ κυρίου ἐν τῇ σήμερον ἡμέρᾳ ἀποστῆναι. Alia exempl. ἀποστῆναι ἀπὸ κυρίου, ὥστε ἀποστραφῆναι ἐν τῇ σήμερον ἡμέρᾳ.[52]

לְעֹלָה לְמִנְחָה וּלְזָבַח. Ο΄. τοῖς καρπώμασι, καὶ ταῖς θυσίαις σαλαμὶν, καὶ τῇ θυσίᾳ τοῦ σωτηρίου. Aliter: Ο΄. τοῖς καρπώμασι, καὶ ταῖς θυσίαις, καὶ τῇ θυσίᾳ ÷ τῶν σωτηρίων ἡμῶν ◄.[53] Ἀ. τοῖς ὁλοκαυτώμασι, καὶ τῷ δώρῳ, καὶ τῇ θυσίᾳ.[54]

לִפְנֵי מִשְׁכָּנוֹ. Ο΄. ἐναντίον τῆς σκηνῆς (Ἀ. Σ. κατασκηνώσεως[55]) αὐτοῦ.

30. וְרָאשֵׁי אַלְפֵי יִשְׂרָאֵל. Ο΄. ※ καὶ οἱ χιλίαρχοι ◄ Ἰσραήλ.[56]

30. וַיִּיטַב בְּעֵינֵיהֶם. Ο΄. καὶ ἤρεσεν αὐτοῖς. Ἀ. καὶ ἀγαθὸν ἐν ὀφθαλμοῖς αὐτοῦ.[57]

31. פִּינְחָס בֶּן־אֶלְעָזָר. Ο΄. Φινεὲς ※ υἱὸς Ἐλεάζαρ ◄.[58]

כִּי־בְתוֹכֵנוּ. Ο΄. ὅτι μεθ᾽ ἡμῶν. Οἱ λοιποί· ὅτι ἐν μέσῳ ἡμῶν.[59]

32. פִּינְחָס בֶּן־אֶלְעָזָר. Ο΄. Φινεὲς ※ υἱὸς Ἐλεάζαρ ◄.[60]

33. וַיִּיטַב הַדָּבָר. Ο΄. καὶ ἤρεσεν ※ ὁ λόγος ◄.[61]

וַיְבָרְכוּ אֱלֹהִים בְּנֵי יִשְׂרָאֵל. Ο΄. καὶ εὐλόγησαν τὸν θεὸν υἱῶν Ἰσραήλ (Οἱ λοιποί· οἱ υἱοὶ Ἰσραήλ[62]).

לַצָּבָא. Ο΄. εἰς πόλεμον. Ἀ. εἰς δύναμιν.[63]

34. וַיִּקְרְאוּ בְּנֵי־רְאוּבֵן וּבְנֵי־גָד לַמִּזְבֵּחַ. Ο΄. καὶ ἐπωνόμασεν Ἰησοῦς τὸν βωμὸν τῶν Ῥουβὴν, καὶ τῶν Γὰδ, καὶ τοῦ ἡμίσους φυλῆς Μανασσῆ, καὶ εἶπεν. Alia exempl. καὶ ἐπωνόμασαν τῷ Ῥουβὴν καὶ τῷ Γὰδ τὸν βωμὸν, ÷ καὶ εἶπαν ◄.[64]

כִּי יְהוָה הָאֱלֹהִים. Ο΄. ὅτι κύριος ὁ θεὸς (alia exempl. ὁ θεὸς θεὸς[65]) αὐτῶν ἐστιν. Aliter: Ο΄. ὅτι κύριος ÷ αὐτὸς ◄ ὁ θεὸς ÷ αὐτῶν ἐστιν ◄.[66]

Cap. XXII. 8. τῶν ἐχθρῶν ※ αὐτῶν ◄.[67] 13. vii. 29.

[46] Syro-hex. ܐ. ܘܐܢ ܠܐ ܡܢ ܡܨܛܪܚܢܘܬܐ. [47] Sic Syro-hex. (cum metobelo tantum), et sine aster. Comp., Codd. 19, 108. Hieron.: *O filii Ruben, et filii Gad.* [48] Sic Codd. 16 (cum Ῥουβὶμ), 30, 52 (ut 16), alii (inter quos 85, cum τῶν Ῥ. pro υἱῶν Ῥ., et in marg.: ὑμῶν καὶ οἱ υἱοὶ Γὰδ τὸν Ἰορδάνην). [49] Syro-hex. ܣ. ܢܟܠܘܢ. [50] Idem: ܣ. ܐܝܟܢܐ ܕܠܐ ܢܦܠܚܘܢ. [51] "Sic legit Syrus [Syro-hex. ܢܐܡܪ], et habent boni libri omnes."—*Masius.* Hi autem sunt Comp., Codd. 15, 18, 19, 64, 82, 108, 128. [52] Sic Comp. (cum ἐν ταῖς σ. ἡμέραις), Ald., Codd. 15, 18, 19 (ut Comp.), 64, 108 (ut Comp.), 128, Syro-hex. (ut Comp.). [53] Sic Syro-hex. (cum τοῦ σωτηρίου), et sine obelo Codd. XI, 44, 54, 74, alii. [54] Syro-hex. ܐ. ܠܥܠܬܐ ܓܡܝܪܬܐ. ܘܠܩܘܪܒܢܐ ܘܠܕܒܚܬܐ. [55] Idem: ܐ. ܣ. ܕܡܫܪܝܬܗ. [56] Sic Syro-hex., et sine aster. Comp., Codd. 19, 85 (in marg.), 108, 209, Arm. 1. [57] Syro-hex. ܐ. ܘܫܦܪ ܒܥܝܢܐ ܕܝܠܗܘܢ. Pro ܘܫܦܪ legendum suspicor ܘܛܒ, καὶ ἠγαθύνθη. [58] Sic Syro-hex. (sine metobelo), et sine aster. Comp., Codd. 19 (cum ὁ υἱὸς), 30 (idem), 82, 85 (in marg.), 108, Arm. 1. [59] Syro-hex. ܗܘܝܢ ܕܒܓܘ ܡܫܪܝܬܐ ܕܝܠܢ. [60] Sic Syro-hex., et sine aster. Comp., Codd. 19, 74 (cum ὁ υἱὸς), 76 (idem), 82, alii. Mox haec, καὶ ἀπὸ τοῦ ἡμίσους φυλῆς Μανασσῆ, desunt in Comp., Codd. 19, 108, Syro-hex. [61] Sic Syro-hex. (sine metobelo), et sine aster. Comp., Ald., Codd. 19, 82, 108, Arm. 1. [62] Syro-hex. ܗܢܘܢ ܕܒܢܝܐ ܒܢܝ̈ܐ ܕܐܝܣܪܝܠ. Sic in textu Codd. XI, 53, 58. [63] Idem: ܐ. ܚܝܠܐ. [64] Sic Masius, et sine obelo Comp., Codd. 19, 108, Syro-hex. [65] Sic Ald., Codd. III, XI, 15, 16, 18, alii (inter quos 85 in marg.). [66] Sic Masius (cum θεὸς pro ὁ θεὸς), et sine notis Comp., Cod. 58. Syro-hex. legit et pingit: ܡܛܠ ܕܡܪܝܐ ※ ܗܘ (ܗܘ) ܐܠܗܐ ÷ ܕܝܠܗܘܢ ܐܝܬܘܗܝ. [67] Syro-hex. Sic sine aster. Comp., Ald., Codd. III, XI, 15, 16, 18, alii.

– υἱοῦ Ἀαρών ◁.⁶⁸ 21. – λέγοντες ◁.⁶⁹ 22. – ἐστι
καί ◁.⁷⁰ 24. τοῖς τέκνοις ἡμῶν, ※ λέγοντες ◁.⁷¹
26. τὸν βωμὸν – τοῦτον ◁.⁷² 28. – καὶ ἀναμέσον
τῶν υἱῶν (s. τέκνων) ἡμῶν ◁.⁷³ 30. – πάντες ◁.⁷⁴
31. πλημμέλειαν ※ ταύτην ◁.⁷⁵ 33. – καὶ ἐλάλησαν πρὸς τοὺς υἱοὺς Ἰσραήλ ◁.⁷⁶

Cap. XXIII.

4. הִפַּלְתִּי לָכֶם. Sorte distribui vobis. Ο'. ἐπέρ-
ριφα (Σ. ὑπέβαλον. Θ. ἔβαλα¹) ὑμῖν.

5. וְהוֹרִישׁ אֹתָם מִלִּפְנֵיכֶם. Ο'. ἕως ἂν ἀπόλωνται
–ἀπὸ προσώπου ὑμῶν. Aliter: Ο'. – ἕως
ἂν ἀπόλωνται –ἀπὸ προσώπου ὑμῶν ◁, ※ καὶ
ἐξολοθρεύσει αὐτοὺς ἀπὸ προσώπου σου ◁.²

6. לְבִלְתִּי סוּר מִמֶּנּוּ. Ο'. ἵνα μὴ ἐκκλίνητε ※ ἀπ'
αὐτοῦ ◁.³

7. הָאֵלֶּה אִתְּכֶם. Ο'. ταῦτα ※ μεθ' ὑμῶν ◁.⁴
וְלֹא תַשְׁבִּיעוּ. Ο'. Vacat. ※ καὶ οὐκ ὀμεῖσθε ◁.⁵

10. אִישׁ-אֶחָד. Ο'. ※ ἀνὴρ ◁ εἷς.⁶

11. וְנִשְׁמַרְתֶּם מְאֹד לְנַפְשֹׁתֵיכֶם. Ο'. καὶ φυλά-

ξασθε σφόδρα ※ ταῖς ψυχαῖς ὑμῶν ◁.⁷

12. אִם-שׁוֹב תָּשׁוּבוּ. Ο'. ἐὰν γὰρ ※ ἀποστροφῇ ◁
ἀποστραφῆτε.⁸
הַנִּשְׁאָרִים הָאֵלֶּה אִתְּכֶם. Ο'. τοῖς μεθ' ὑμῶν.
Ἄλλος· τοῖς ὑπολειφθεῖσιν τούτοις μεθ' ὑμῶν.⁹

13. יָדוֹעַ תֵּדְעוּ. Ο'. ※ γνώσει ◁ γινώσκετε.¹⁰
יְהוָה אֱלֹהֵיכֶם. Ο'. κύριος ◁ ὁ θεὸς ὑμῶν ◁.¹¹
בְּצִדֵּיכֶם. In lateribus vestris. Ο'. ἐν ταῖς
πτέρναις (alia exempl. πλευραῖς¹²) ὑμῶν.
וְלִצְנִנִים. Et in aculeos. Ο'. καὶ εἰς βολίδας
(Ἄλλος· εἰς σκῶλα¹³).

14. בְּכָל-לְבַבְכֶם וּבְכָל-נַפְשְׁכֶם. Ο'. ※ ἐν ὅλῃ ◁ τῇ
καρδίᾳ ὑμῶν, καὶ ※ ἐν ὅλῃ ◁ τῇ ψυχῇ ὑμῶν.¹⁴
מִכֹּל הַדְּבָרִים הַטּוֹבִים. Ο'. ἀπὸ πάντων τῶν
λόγων ※ τῶν ἀγαθῶν ◁.¹⁵
עֲלֵיכֶם הַכֹּל בָּאוּ לָכֶם. Ο'. (κύριος ὁ θεὸς
ἡμῶν) πρὸς πάντα τὰ ἀνήκοντα ἡμῖν. Aliter:
Ο'. ※ πρὸς ὑμᾶς ◁ πάντα τὰ ἀνήκοντα ὑμῖν.¹⁶
Alia exempl. πρὸς ὑμᾶς· πάντα ἥκει ὑμῖν.¹⁷

---

⁶⁸ Masius, invito Syro-hex. Deest in Codd. 54, 58, 75,
118. ⁶⁹ Syro-hex. ⁷⁰ Idem. ⁷¹ Idem (sine metobelo). Sic sine aster. Comp., Ald., Codd. III, XI, 15, 16,
18, alii. ⁷² Idem. ⁷³ Idem. Pro υἱῶν, τέκνων est in
Ald., Codd. III, XI, 29, 59, aliis. ⁷⁴ Masius, invito
Syro-hex. Deest in Cod. 71. ⁷⁵ Syro-hex. Sic sine
aster. Comp., Codd. 18, 108, Arm. 1. ⁷⁶ Idem (cum
metobelo tantum). Haec in Ald., Codd. III, XI, 15, 29,
aliis, Arm. 1, post clausulam, καὶ εὐλόγησαν–Ἰσραήλ, leguntur; in Comp. autem et Cod. 58 omnino desunt.
Cap. XXIII. ¹ Cod. 85, teste Montef. Parsonsii amanuensis ex eodem exscripsit: Ο'. ὑπέβαλον. Θ. ὑπέβαλα. ² Sic
Masius, et sine notis Codd. 19, 108. Syro-hex. legit et
pingit: – ἕως ἂν ἀπόλωνται–ἀπὸ προσώπου ὑμῶν, καὶ ἐξωλόθρευσεν–σου, absentibus asterisco et utroque cuneolo. In
Comp. legitur tantum: καὶ ἐξολ. αὐτοὺς ἀπὸ πρ. σου. ³ Sic
Masius, et sine aster. Comp. (cum ἐκκλίνειτε), Codd. 19, 56,
58, 82, 85 (in marg.), 108 (cum ἐκκλίνατε), Arm. 1, Syro-
hex. ⁴ Sic Syro-hex. (cum ταῦτα τὰ κ. pro τὰ κ. ταῦτα),
et sine aster. Comp., Codd. 19, 53, 82, 85 (in marg.), 108.
⁵ Sic Syro-hex., Masius (qui pingunt: ※ καὶ οὐκ ὀμεῖσθε–
προσκυνήσητε αὐτοῖς ◁), et sine aster. Comp. (cum ὀμόσθε),
Codd. 19 (cum ὀμόσθαι), 82 (cum ὀμίσθε (sic)), 108 (ut
Comp.). Ad ἐν ὑμῖν Cod. 85 in marg. affert: καὶ οὐκομ-

εῖσθε (sic); unde Montef. notam hexaplarem extudit: וְלֹא
תַעֲבְרוּם. Ο'. οὐδὲ μὴ λατρεύσητε. Ἄλλος· καὶ οὐ μὴ κομιεῖσθε.
⁶ Sic Syro-hex., et sine aster. Comp., Codd. 19, 58, 82, 108.
⁷ Sic Syro-hex. (qui pingit: ταῖς ψ. ※ ὑμῶν ◁), et sine aster.
Comp., Codd. 19, 58 (cum τὰς ψυχὰς), 71 (idem), 82, 85
(in marg.), 108 (cum ἡμῶν), Arm. 1. ⁸ Sic Masius,
et sine aster. Cod. 58 (cum ἀποστραφῇ ἀπ.), 82, Syro-hex.
⁹ Sic in textu Cod. 82. Syro-hex. in textu: μεθ' ἡμῶν·
in marg. autem sine nom.: τοῖς καταλειφθεῖσιν (ܘܠܐܝܠܝܢ
ܘܐܚܕܡ). ¹⁰ Sic Syro-hex. (sine metobelo), et sine
aster. Comp., Ald., Codd. III (cum γν. γνώσεσθε), X, XI, 16,
19, 29, alii, Arm. 1. ¹¹ Sic Syro-hex. (sine metobelo),
et sine aster. Comp., Cod. 108. ¹² Sic Codd. 53, 75,
85 (cum εἰς τὰς πτέρνας in marg.), 144. Pro σκάνδαλα add.
ἐν ταῖς πλευραῖς ὑμῶν Codd. 44, 54, 74, alii, et Theodoret.
¹³ Sic in textu Cod. 54. Cf. Hex. ad Jud. xi. 35. ¹⁴ Sic
Syro-hex. (cum ※ ἐν ὅλῃ ◁ . . . καὶ ἐν ὅλῃ), et sine asteriscis
Comp., Codd. 16, 19, 30, alii, Arm. 1. ¹⁵ Sic Syro-hex.
(cum ◁ הטובים ◁), et sine aster. Comp., Codd. 19, 53, 82,
85 (in marg.), 108. Pro ἀγαθῶν, καλῶν habent Codd. 54,
74, alii. ¹⁶ Sic Syro-hex. (sine metobelo), et sine aster.
Comp., Codd. 19, 58, 108. ¹⁷ Sic Ald., Codd. III, XI
(om. ὑμῖν), 16, 52, alii (inter quos 85); necnon (om. πρὸς
ὑμᾶς) Codd. 15 (cum ἡμῖν), 18, 64, alii. Paulo verbosius

14. לֹא־נָפַל מִמֶּנּוּ דָּבָר אֶחָד׃. O'. οὐ διεφώνησεν (alia exempl. ἐν οὐ διαπεφώνηκεν[18]) ἐξ αὐτῶν. Aliter: O'. οὐ διεφώνησεν ἐξ αὐτῶν ※ ῥῆμα ἓν ◂.[19]

16. וְהָיְתָה אַף־יְהוָה בָּכֶם וַאֲבַדְתֶּם מְהֵרָה מֵעַל הָאָרֶץ הַטּוֹבָה אֲשֶׁר נָתַן לָכֶם. O'. Vacat. ※ καὶ ὀργισθήσεται θυμῷ κύριος ἐν ὑμῖν, καὶ ἀπολεῖσθε τὸ τάχος ἀπὸ τῆς γῆς τῆς ἀγαθῆς ἧς ἔδωκεν ὑμῖν ◂.[20]

Cap. XXIII. 4. τὰ καταλελειμμένα – ὑμῖν ◂.[21] – ὁριεῖ ◂.[22] 7. ἐν ὑμῖν (◂).[23] 9. – αὐτούς ◂.[24] 14. ἀποτρέχω ※ σήμερον ◂.[25]

CAP. XXIV.

1. שְׁכֶמָה. Ad Sichem. O'. εἰς Σηλώ (alia exempl. Συχέμ[1]).

לְזִקְנֵי יִשְׂרָאֵל וּלְרָאשָׁיו. O'. τοὺς πρεσβυτέρους αὐτῶν. Alia exempl. πάντας τοὺς πρεσβυτέρους Ἰσραήλ, καὶ τοὺς ἄρχοντας αὐτῶν.[2]

וַיִּתְיַצְּבוּ. O'. καὶ ἔστησεν αὐτούς. Alia exempl. καὶ ἔστησαν.[3]

2. יֵשְׁבוּ. O'. παρῴκησαν. Potior scriptura κατῴκησαν.[4]

3. בְּכָל־אֶרֶץ כְּנָעַן. O'. ἐν πάσῃ τῇ γῇ ※ Χαναάν ◂.[5]

4. וָאֶתֵּן לְיִצְחָק. O'. καὶ τῷ Ἰσαάκ. Alia exempl. καὶ ἔδωκα τῷ Ἰσαάκ.[6]

5. וָאֶשְׁלַח אֶת־מֹשֶׁה וְאֶת־אַהֲרֹן. O'. Vacat. Ἀ. καὶ ἀπέστειλα Μωυσῆν καὶ Ἀαρών.[7] כַּאֲשֶׁר עָשִׂיתִי בְּקִרְבּוֹ. O'. ἐν σημείοις οἷς ἐποίησα (s. ἐποίησεν) ἐν αὐτοῖς. Alia exempl. ἐν οἷς ἐποίησεν ἐν αὐτοῖς.[8] Σ. (καὶ ἐπάταξα τὴν Αἴγυπτον) ὃν χρόνον ἐποίησα ἐν αὐτῇ.[9]

5, 6. וְאַחַר הוֹצֵאתִי אֶתְכֶם׃ וָאוֹצִיא אֶת־אֲבוֹתֵיכֶם. O'. καὶ μετὰ ταῦτα ἐξήγαγεν τοὺς πατέρας ἡμῶν. Aliter: O'. καὶ μετὰ ταῦτα ἐξήγαγον ὑμᾶς. ※ καὶ ἐξήγαγον τοὺς πατέρας ὑμῶν ◂.[10]

8. וַיִּלָּחֲמוּ אִתְכֶם. O'. Vacat. Alia exempl. καὶ παρετάξαντο ὑμῖν.[11]

9. לְבִלְעָם בֶּן־בְּעוֹר. O'. τὸν Βαλαάμ ※ υἱὸν Βεώρ ◂.[12]

9, 10. לְקַלֵּל אֶתְכֶם׃ וְלֹא אָבִיתִי לִשְׁמֹעַ לְבִלְעָם.

Codd. 44, 74, alii: πρὸς ἡμᾶς (ὑμᾶς 44)· πάντα ὅσα εἴρηκεν ἡμῖν ἥκει ὑμῖν (εἴρηκεν ἥκει ὑμῖν 44). [18] Sic Ald., Codd. III, X (cum διεφώνησεν), XI (idem), 15 (idem), 16, 18 (ut X), alii. [19] Sic Syro-hex. (cum ܠܬ ܐ ‖), et sine aster. Comp., Codd. 19, 108. [20] Sic Syro-hex. (cum καὶ ὀργ. ※ θυμῷ), et sine aster. Comp. (cum ἔδωκεν ὑμῖν κύριος), 16 (cum ἰδ. κύριος ὑμῖν), 18 (idem), 44 (idem), 52 (idem), 53 (idem), 57 (idem), 58, 82, alii, Arm. 1 (sine θυμῷ, cum ἰδ. ὑμῖν κύριος). Eadem fere leguntur in Ald. (cum ἀποστρέψει σε pro ἀπολεῖσθε), 29 (idem). Aliud supplementum, καὶ θυμωθεὶς κύριος ἐφ' ὑμᾶς ἀπολέσει ὑμᾶς ἐν τάχει ἀπὸ τῆς γῆς ἧς ἔδωκεν ὑμῖν, habetur in Codd. 54, 55, 74, aliis. [21] Syro-hex. Pronomen deest in Cod. 75. [22] Idem. [23] Idem (qui pingit: – ἐν ὑμῖν ※ καὶ οὐκ ὀμεῖσθε ◂). Cod. 58 : ἀνομωσθήσετε (sic) καὶ οὐκ ὀμεῖσθε. [24] Masius, invito Syrohex. Deest in Cod. 58. [25] Syro-hex. Sic sine aster. Comp., Ald., Codd. 15, 16, 18, alii (inter quos 85 in marg.), Arm. 1.

Cap. XXIV. [1] Sic Comp., Ald., Codd. 15, 18, 19, 64, 85 (in marg.), Syro-hex. (cum Σηλώ in marg., teste Masio). [2] Sic Comp. (sine πάντας), Codd. III, XI, 16, 19 (ut Comp.), 29 (idem), 30, 44, alii, Arm. 1 (ut Comp.), Masius (ut Comp., cum ※ Ἰσραήλ ◂), Syro-hex. (idem, cum ※ Ἰσραήλ).

Statim καὶ τοὺς δικαστὰς αὐτῶν, καὶ τοὺς γραμματεῖς αὐτῶν Comp., Ald., Codd. 15, 18, 64, 128, Syro-hex. [3] Sic Comp., Ald., Codd. III, X, XI, 19, 29, alii, Syro-hex. [4] Sic Comp., Codd. II, 15, 16, 18, alii (inter quos 85, cum παρῴκησαν in marg.), Syro-hex. (cum ܚܡܣܢ). [5] Sic Syro-hex., et sine aster. Comp., Ald., Codd. 16, 19, 30, alii (inter quos 85 in marg.), Arm. 1 (cum Χαναναίων). [6] Sic Comp., Codd. 53, 54, 75, 77, 144, Arm. 1, Syro-hex. [7] Syro-hex. ◆ ܢܘܪܗܐܠܘ ܐܫܘܡܠ ܬܪܕܫܘ ./. Masius in textu: ※ καὶ ἀπέστειλα Μ. καὶ Ἀ. ◂, et sic sine aster. Comp. Statim pro ἐπάταξα, ἐπάταξε κύριος est in Comp. (sine κύριος), Ald., Codd. III, XI, 16, 18 (ut Comp.), 19 (idem), 29, aliis, Syro-hex. (ut Comp.). [8] Sic Comp., Syro-hex. Codd. II, 82 : ἐν οἷς ἐποίησαν αὐτοῖς. [9] Syro-hex. ܡܣܘܐ ܗ ܢܡ ܕܒܥܕ ܐܢ̈ܕܥ ܢܘ̄ܗ̈ܒ. [10] Sic Syro-hex. (qui pingit: καὶ ἐξήγαγον ※ τοὺς π. ὑμῶν ◂), et sine aster. Comp. (cum ἐξήγαγεν bis), Codd. 19 (idem), 82 (idem), 108 (cum ἐξήγαγεν in priore loco). Cod. III: καὶ μετὰ ταῦτα ἐξήγαγεν ὑμᾶς, ceteris omissis. [11] Sic Comp., Ald., Codd. III (cum παρετάξατο), XI, 16, 18, 19, alii, Arm. 1, Syro-hex. Statim Syro-hex.: καὶ παρέδωκεν αὐτοὺς (om. κύριος). [12] Sic Masius, et sine aster. Comp., Codd. 16 (cum Βαιὼρ), 19, 30 (cum Βαιὼν) alii (inter quos 85 in marg.), Arm. 1,

וַיְבָרֶךְ בָּרוֹךְ. Ο΄. ἀράσασθαι ἡμῖν (alia exempl. ὑμῖν[13]). καὶ οὐκ ἠθέλησε κύριος ὁ θεός σου ἀπολέσαι σε, καὶ εὐλογίαις (s. εὐλογίᾳ, s. εὐλογίαν[14]) εὐλόγησεν ἡμᾶς (s. ὑμᾶς[15]). Ἀ. καταράσασθαι ὑμᾶς. καὶ οὐκ ἠθέλησεν ἀκοῦσαι τοῦ Βαλαάμ, καὶ εὐλογῶν εὐλόγησεν ὑμᾶς.[16]

12. שְׁנֵי מַלְכֵי. Ο΄. δώδεκα (alia exempl. δύο[17]) βασιλεῖς.

14, 15. אֶת־יְהוָה (bis). Ο΄. (λατρεύσατε) ※ τῷ ◄ κυρίῳ . . . (λατρεύειν) ※ τῷ ◄ κυρίῳ.[18]

15. וְאִם רַע בְּעֵינֵיכֶם לַעֲבֹד אֶת־יְהוָה. Ο΄. εἰ δὲ μὴ ἀρέσκει ὑμῖν λατρεύειν ※ τῷ ◄ κυρίῳ. Ἀ. καὶ εἰ πονηρὸν ἐν ὀφθαλμοῖς ὑμῶν λατρεύειν τῷ κυρίῳ.[19]

בַּחֲרוּ. Ο΄. ἐκλέξασθε. Alia exempl. ἕλεσθε.[20]

17. כִּי יְהוָה אֱלֹהֵינוּ. Ο΄. κύριος ὁ θεὸς ἡμῶν, αὐτὸς θεός ἐστιν. Aliter: Ο΄. κύριος γὰρ ὁ θεὸς ἡμῶν ÷ ἐστιν ◄.[21]

מִבֵּית עֲבָדִים וַאֲשֶׁר עָשָׂה לְעֵינֵינוּ אֶת־הָאֹתוֹת הַגְּדֹלוֹת הָאֵלֶּה. Ο΄. Vacat. ※ ἐξ οἴκου δούλων, καὶ ὅσα ἐποίησεν ἡμῖν τὰ σημεῖα τὰ μεγάλα ταῦτα ◄.[22]

בְּקִרְבָּם. Ο΄. δι᾽ αὐτῶν. Ἀ. ἐν μέσῳ αὐτῶν.[23]

19. אֵל־קַנּוֹא הוּא. Ο΄. καὶ ζηλώσας οὗτος. Aliter: Ο΄. καὶ ※ θεὸς ◄ ζηλώσας οὗτος.[24] Σ. καὶ θεὸς ζηλωτής ἐστιν οὗτος.[25]

22. כִּי־אַתֶּם בְּחַרְתֶּם לָכֶם. Ο΄. ὅτι ὑμεῖς ἐξελέξασθε ※ ἑαυτοῖς ◄.[26]

וַיֹּאמְרוּ עֵדִים. Ο΄. Vacat. ※ καὶ εἶπαν μάρτυρες ◄.[27]

23. אֶת־אֱלֹהֵי הַנֵּכָר אֲשֶׁר בְּקִרְבְּכֶם. Ο΄. τοὺς θεοὺς τοὺς ἀλλοτρίους τοὺς (alia exempl. τῶν ἀλλοφύλων τῶν[28]) ἐν ὑμῖν.

24. אֶת־יְהוָה אֱלֹהֵינוּ. Ο΄. κυρίῳ ※ τῷ θεῷ ἡμῶν ◄.[29]

25. חֹק. Ο΄. νόμον. Σ. πρόσταγμα.[30]

בִּשְׁכֶם. Ο΄. ἐν Σηλὼ (alia exempl. Συχέμ[31]).

26. בְּסֵפֶר תּוֹרַת. Ο΄. εἰς βιβλίον νόμων (alia exempl. νόμου; alia, νόμον[32]).

תַּחַת הָאַלָּה. *Sub quercu.* Ο΄. ὑπὸ τὴν τέρμινθον (alia exempl. τερέβινθον[33]). Ἀ. Θ. ὑποκάτω τῆς δρυός. Σ. ὑπὸ (τὴν) δρῦν.[34]

אֲשֶׁר בְּמִקְדַּשׁ יְהוָה. *Quae erat ad sanctuarium Jovae.* Ο΄. ※ τῆς ◄ ἀπέναντι κυρίου.[35] Ἀ. ἡ ἦν ἐν τῷ ἁγιαστηρίῳ τοῦ κυρίου.[36]

Syro-hex. [13] Sic Comp., Ald., Codd. III, 15, 18, alii, Arm. 1, Syro-hex. [14] Prior lectio est in Codd. 58, 77; posterior in Ald., Codd. II, III, XI, 16, 29, aliis. [15] Sic Comp., Ald., Codd. III, 15, 16, 18, alii, Syro-hex. [16] Syro-hex. ܐ. ܕܢܠܘܛܘܢ(.) ܘܠܐ ܨܒܐ ܠܡܫܡܥܗ ܠܒܠܥܡ. ܘܡܒܪܟܘ ܒܪܟܟܘܢ܀ Ad ἀράσασθαι et εὐλογίαν (sic) Cod. 85 in marg. καταράσασθαι et εὐλογῶν habet. [17] Sic Comp., Codd. 19, 58, 108, Syro-hex. (cum δώδεκα in marg.). [18] Sic Masius (bis), et sine aster. Comp. (bis), Ald. (in priore loco), Codd. 18 (idem), 58 (in posteriore loco), 64 (ut Ald.), 74 (idem). Syro-hex. pingit: ※ ܠܡܪܝܐ ◄ . . . ܠܡܪܝܐ. [19] Syro-hex. ܐ. ܘܐܢ ܒܝܫ ܒܥܝܢܝܟܘܢ ܠܡܦܠܚ ܠܡܪܝܐ܀ [20] Sic Comp., Codd. III, X (cum ἴδεσθε), XI, 15, 18, 19, alii (inter quos 58 (cum ἐκλέξασθε in marg.), 85 (in marg. cum ἐκλέξεσθε)). Syro-hex. ܓܒܘ. [21] Sic Syro-hex. (qui pingit: ÷ ἡμῶν ἐστιν ◄), et sine obelo Codd. III (cum καὶ pro κύριος), XI, 16, 29, 44, alii. [22] Sic Syro-hex. (qui pingit: ἐκ γῆς ※ Αἰγύπτου ἐξ οἴκου, nullo metobelo), et sine aster. Comp. (cum δουλείας), Codd. 16 (idem), 19 (idem, om. τὰ σημεῖα), 30, 44 (ut Comp.), alii, Arm. 1 (ut Comp.). Cod. 85 in marg.: ἐξ οἴκου δούλων; in textu autem: καὶ ὅσα—ταῦτα. Montef. vero ex eodem affert: Θ. ἐξ οἴκου—ταῦτα. [23] Syro-hex. ܐ. ܒܡܨܥܬܗܘܢ܀ [24] Syro-hex. (cum ※ καὶ θεὸς ζ.). [25] Idem, teste Masio. (In Syro-hex. exstat index super θεὸς, sed nota marginalis abest.) Sic in textu Comp., Codd. 19, 58, 108. [26] Sic sine aster. Comp. (cum ὅτι ἐξ. ὑμεῖς ἑαυτοῖς), Codd. 19 (cum ὅτι ἐξ. ὑμῖν ἑαυτοῖς), 58. Syro-hex. ܕܐܢܬܘܢ ܓܒܝܬܘܢ ܠܟܘܢ, pro quibus Masius edidit: ὅτι ὑμεῖς ἐξ. ※ ὑμῖν ◄. [27] Sic Syro-hex. (qui pingit: καὶ εἶπαν ※ μάρτυρες ◄), et sine aster. Comp., Codd. 19, 55, 74, alii (inter quos 85 in marg.), Arm. 1. Montef. e Cod. 85 exscripsit: Θ. καὶ εἶπαν μάρτυρες. [28] Sic Codd. 16, 44, 52, alii (inter quos 85, cum τοῖς ἀλλ. τοῖς in marg.). [29] Sic Syro-hex. (sine metobelo), et sine aster. Comp., Codd. 53, 55, 82, 85 (in marg.), 144, Arm. 1. [30] Syro-hex. ܣ. ܦܘܩܕܢܐ܀ Cf. Hex. ad Deut. iv. 5. [31] Sic Comp., Ald., Codd. 15, 18, 19 (cum Συχὲν), 64, 85 (in marg.), Syro-hex. (cum ἐν Σηλὼ in marg.). Cf. ad v. 1. [32] Prior scriptura est in Ald., Codd. X, XI, 71; posterior in Comp., Codd. III, 15, 16 (cum τὸν νόμον), 30 (idem), aliis, Syro-hex. (cum ܕܟܬܒܐ ܢܡܘܣܘܗܝ). [33] Sic Comp., Ald., Codd. III, XI, 16, 18, 52, alii, Arm. 1. [34] Cod. 85 (cum Ἀ. pro Ἀ. Θ.). Cod. 108: Ἀ. Θ. ὑποκάτω τῆς δ. Montef. e Cod. 85 Symmacho vindicat: ὑπὸ τὴν δρῦν. Denique Syro-hex. affert: Ἀ. Σ. ὑποκάτω τῆς δρυός (ܠܬܚܬ ܡܢ ܒܠܘܛܐ). [35] Sic Syro-hex. (sine metobelo), et sine aster. Comp., Cod. 19. [36] Syro-hex. ܐ. ܗܝ ܕܐܝܬܝܗ ܗܘܬ ܒܩܘܕܫ.

27. לְעֵדָה. Ο΄. εἰς μαρτύριον. Alia exempl. μαρτυρῶν.[37]

28. אִישׁ לְנַחֲלָתוֹ. Ο΄. καὶ ἐπορεύθησαν ἕκαστος εἰς τὸν τόπον (Ἄλλος· τὴν πόλιν[38]) αὐτοῦ. Alia exempl. ἕκαστον εἰς τὸν τόπον αὐτοῦ.[39]

29 (Gr. 30). אַחֲרֵי הַדְּבָרִים הָאֵלֶּה. Ο΄. μετὰ ※ τὰ ῥήματα ◂ ἐκεῖνα.[40]

30 (31). נַחֲלָתוֹ. Ο΄. τοῦ κλήρου (alia exempl. τῆς κληρονομίας[41]) αὐτοῦ.

לְהַר־גָּעַשׁ. Ο΄. τοῦ ὄρους τοῦ Γαλαάδ (alia exempl. Γάας[42]).

31 (29). אֲשֶׁר הֶאֱרִיכוּ יָמִים אַחֲרֵי יְהוֹשֻׁעַ. *Qui prolongaverunt dies* (superstites fuerunt) *post Josuam.* Ο΄. ὅσοι ἐφείλκυσαν τὸν χρόνον μετὰ Ἰησοῦ. Ἀ. (οἳ) ἐμάκρυναν ἡμέρας μετὰ Ἰησοῦν.[43]

32. אֲשֶׁר־הֶעֱלוּ. Ο΄. ※ ἃ ◂ ἀνήγαγον.[44]

מֵאֵת בְּנֵי־חֲמוֹר. Ο΄. παρὰ τῶν Ἀμορραίων. Ἀ. Σ. παρὰ τῶν υἱῶν Ἐμμώρ.[45]

33. בְּגִבְעַת פִּינְחָס. *In Gibea quae pertinebat ad Phinehas.* Ο΄. ἐν Γαβαὰρ (alia exempl. Γαβαάθ; alia, Γαβαὰθ ἣ ἦν[46]) Φινεές. Σ. ἐν τῷ βουνῷ..[47]

Cap. XXIV. 4. ÷ καὶ ἐγένετο (sic)—οἱ Αἰγύπτιοι ◂.[48] 7. ÷ νεφέλην καί ◂.[49] ÷ κύριος ὁ θεὸς ◂ ἐν ÷ γῇ ◂ Αἰγύπτῳ.[50] 10. ÷ κύριος ὁ θεός σου ◂.[51] ÷ καὶ παρέδωκεν αὐτούς ◂.[52] 14. φοβήθητε ※ τὸν ◂ κύριον.[53] ÷ τοὺς ἀλλοτρίους ◂.[54] 15. ÷ ὅτι ἅγιός ἐστι ◂.[55] 19. πρὸς ※ πάντα ◂ τὸν λαόν.[56] 25. ÷ ἐνώπιον τῆς σκηνῆς τοῦ θεοῦ Ἰσραήλ ◂.[57] 26. ἔγραψεν ※ Ἰησοῦς ◂.[58] αὐτὸν ÷ Ἰησοῦς ◂.[59] 27. πρὸς ※ πάντα ◂ τὸν λαόν.[60] ÷ σήμερον ◂.[61] καὶ ἔσται ÷ οὗτος ◂ ἐν ὑμῖν εἰς μαρτύριον ÷ ἐπ' ἐσχάτων τῶν ἡμερῶν ◂.[62] 29. ※ υἱὸς ◂ ἑκατόν.[63] 30. ※ τῇ ◂ ἐν τῷ ὄρει.[64] ÷ ἐκεῖ ἔθηκαν—ἕως τῆς σήμερον ἡμέρας ◂.[65] 33. ÷ καὶ ἐγένετο μετὰ ταῦτα ◂.[66] ÷ ὁ ἀρχιερεύς ◂.[67] ÷ ἐν ἐκείνῃ τῇ ἡμέρᾳ—ἔτη δεκαοκτώ ◂.[68]

ܘܗܘܬ ܠܣܗܕܘܬܐ (? ܠܣܗ̈ܕܐ). [37] Sic Codd. 30, 44, alii (inter quos 85, cum εἰς μ. in marg.). [38] Sic in marg. Cod. 85; in textu autem Cod. 30. [39] Sic Comp., Ald., Codd. III, XI, 15, 18, 64, 71, 121, Syro-hex. [40] Sic Syro-hex., silente Masio, et invitis libris Graecis. [41] Sic Comp., Codd. 15, 18, 19, 58, 64, 85 (in marg.), 128, Syro-hex. [42] Sic Comp., Ald., Codd. III, XI (cum τοῦ Γ.), 29 (idem), 121, Arm. 1, Syro-hex. (cum ܕܓܥܫ). [43] Syro-hex. ܐ. ܕܐܘܪܟܘ ܝܘ̈ܡܬܐ ܒܬܪ ܝܫܘܥ. [44] Sic Masius, invitis libris Graecis. Syro-hex. in fine lineae: ※ ܗܠܝܢ ◂; in initio autem sequentis vox ܕܐܣܩܘ (?) ex avulsa membrana periit. Mox Masius edidit: ÷ καὶ ◂ κατώρυξαν, invito Syro-hex. [45] Syro-hex. ܐ. ܣ. ܡܢ ܒܢ̈ܝܐ ܕܚܡܘܪ. [46] Prior lectio est in Comp., Ald., Codd. III, 15 (cum Γαβαώθ), 18, 30, aliis, Syro-hex. (cum ܒܓܒܥܬܐ); posterior in Codd. XI, 16, 44, 52, aliis (inter quos 85). [47] Syro-hex. ܣ. ܒܓܒܠܬܐ. Cf. Hex. ad Hos. x. 9. [48] Haec, quae desunt in Comp., obelo confodit Masius, invito Syro-hex. [49] Syro-hex. [50] Masius. Ed. Rom.: κύριος ἐν γῇ Αἰγύπτῳ, ubi γῇ deest in Codd. 59, 82, 236. Syro-hex. legit et pingit: ÷ κύριος ◂ ὁ θεὸς ÷ ἐν γῇ Αἰγύπτου, sine metobelo. [51] Masius, invito Syro-hex. Haec, ὁ θεός σου, desunt in Codd. III, XI, 29, 30, aliis. [52] Syro-hex. Desunt in Comp., Codd. III, XI, 16, 29, 30, aliis. [53] Masius. Sic sine aster. Ald., Codd. III, XI, 16, 30, alii. Syro-hex. pingit: ܕܗܘܐ ※ ܒܪ ◂ ܡܐܐ. [54] Syro-hex. Deest in Cod. 54. [55] Idem (sine metobelo). Deest in Comp., Cod. 58. [56] Idem, silente Masio. Sic sine aster. Comp., Codd. 19, 58, repugnante Hebraeo. [57] Idem. Deest in Comp., Cod. 58. [58] Idem (cum metobelo tantum). Sic sine aster. Comp., Codd. 19, 58, Arm. 1. [59] Masius, invito Syro-hex. Deest in Ald., Codd. 54, 75, 121, Arm. 1. [60] Syro-hex. Sic sine aster. Comp., Codd. 19, 58, 82, Arm. 1. [61] Idem. [62] Masius. Syro-hex. negligenter pingit: καὶ ἔσται οὗτος ÷ ἐν ὑμῖν εἰς μ. ἐπ' ἐσχ. τῶν ἡμερῶν ◂. Mox ÷ κυρίῳ ◂ τῷ θ. μου edidit Masius, invito Syro-hex. [63] Masius. Sic sine aster. Comp., Syro-hex. [64] Syro-hex. (sine metobelo). [65] Syro-hex. (cum ἐν Γαλγάλοις Ἰησοῦς ὅτε, et συνέταξεν κύριος). Clausula deest in Comp. [66] Idem. Deest in Comp. [67] Masius, invito Syro-hex. [68] Syro-hex. (cum λαβόντες τὴν κιβωτὸν περιέφερον αὐτὴν ἐν τῷ Ἰσραὴλ . . . Γαβαάθ . . . καὶ εἰς τὴν πόλιν αὐτῶν . . . καὶ τὴν Ἀσηρώθ (ܘܐܠܣܡܘܬ) . . . βασιλέως Μωάβ), praemisso scholio: "Explicit Josua filius Nun secundum LXX. Haec post finem secundum LXX posita sunt in exemplari cum obeliscis (ܒܡܚܪ̈ܝܢܐ)." Post δεκαοκτὼ subjungitur subscriptio: ܒܪܝܟܐ ܕܝܢ ܕܡܢܗ ܗܢܐ ܐܬܦܫܩ ܠܣܘܪܝܝܐ ܘܐܬܟܬܒ. ܗܟܢܐ ܗܘܐ ܪܫܝܡ ܒܗ. ܐܬܟܬܒ ܡܢ ܗܟܣܦܠܐ ܕܡܢܗ ܘܐܦ ܐܬܬܣܝܡ. ܐܫܬܘܝ ܕܝܢ ܐܦ ܥܡ ܛܛܪܐܦܠܐ; h. e.: "In exemplari autem, ex quo (liber) iste conversus est in Syriacum, et descriptus, notatum est sic: Ἐγράφη ἐκ τοῦ ἑξαπλοῦ, ἐξ οὗ καὶ παρετέθη· ἀντεβλήθη δὲ καὶ πρὸς τὸν τετραπλοῦν."

JUDICES.

IN LIBRUM JUDICUM

MONITUM.

" MAGNAM lectionem sylvam nobis suppeditavit Codex Basiliensis, qui desinit in Caput xix [v. 26] Judicum, ac plerumque concordat cum MS. Alexandrino. Alii libri tum MSS. tum editi, quibus sum usus, hi sunt.

" Variae lectiones Codicis Alexandrini in Polyglotto Anglicano editae.

" Folium vetustissimi codicis, unciali charactere, annorum plus quam MC, sine accentibus et spiritibus, cum obelis et asteriscis, qui dono olim mihi oblatum est a Dom. Desmarezio [Est folium Codicis Sarraviani Petropolitanum, a Tischendorfio in *Monumentorum Sacr. Ined. Collectione Nova*, Tom. III, pp. 299, 300 editum].

" Codex Regius 1825.

" Cod. Reg. 1872.

" Cod. Reg. 1888.

" Eusebius et Hieronymus de Locis Hebraicis [Vid. Monitum ad Numeros, p. 223].

" Theodoretus editus anno 1642 [Opp. Tom. I, pp. 321–345 juxta edit. J. L. Schulzii].

" Procopius in Heptateuchum [Vid. Monitum ad Exodum, p. 78].

" Jo. Ernesti Grabe editio [Tom. I, continens Octateuchum, Oxonii, 1707].

" Notae editionis Romanae et Drusii."—MONTEF.

E Catalogo Holmesio-Parsonsiano nos adhibuimus subsidia quae nunc recensenda sunt.

IV. Sarravianus, a Tischendorfio editus. Continet Cap. ix. 48—x. 6 (in folio Petropolitano), xv. 3—xviii. 16, xix. 25—xxi. 12.

X. Vid. Monitum ad Genesim, p. 5, necnon ad Josuam, p. 333.

54. Vid. Monitum ad Numeros, p. 223.

58. Vid. Monitum ad Exodum, p. 78.

85. Vid. Monitum ad Exodum, pp. 78, 79. Hujus praestantissimi codicis lectiones marginales (exceptis paucis, quae nomina trium interpretum ά ϛ ϑ (sic) prae se ferunt) aut anonymae sunt, aut praemissum habent siglum ϑ, s. ϛ ϑ, quasi ad alteram (h. e. hexaplarem) τῶν Ο′ recensionem, ad Theodotionis potissimum editionem conformatam, pertinentes. Prioris generis eae sunt, quibus Montefalconius suum " Αλλ." praefixit, ut tamen hic illic " Αλλ." non marginalem, sed textualem codicis scripturam, a contextu Ed. Rom. decedentem, indicet. Idem in locum sigli ϑ " Ο. ἄλλως"

substituit; pro δ θ̂ autem nunc "Θ. Ο. ἄλλως," nunc "Ο. Θ." tantum exhibet, ut tamen in posteriore eventu nota "Ο. ἄλλως" lectioni Ed. Rom. praefigatur. Nos quidem in hoc codice
tractando cam nobis legem imposuimus, ut lectiones anonymas per "Alia exempl." indicemus,
sigla autem δ et ὁ θ̂ cum "Aliter: Ο'." et "Aliter: Ο'. Θ." commutemus. Ubi autem lectiones
trium interpretum manifestae in margine codicis sine nominibus allatae sunt (e. g. Cap. i. 22), eis
quidem nos quoque cum antecessore nostro "Ἄλλος" praemisimus. Quod reliquum est, praeter
excerpta Montefalconiana et schedas Bodleianas (quas per favorem Curatorum domi habere nobis
contigit) est ubi ad dissensum horum duorum testium componendum arbitrum appellavimus
Virum humanissimum Josephum Cozzam, qui lectiones vexatas ad codicem exigere non dedig-
natus est.

108. Vid. Monitum ad Genesim, p. 5.

Esc. Codex Escurialensis Υ. III. 5, cujus varias lectiones a Moldenhawero excerptas se adhibere non
    potuisse dolet Parsonsius; eas autem fere integras inter schedas Moldenhaweri in Bibliotheca
    Regia Havniensi asservatas deprehendit, et passim in notis ad librum mox memorandum laudavit
    Doctor T. Skat Rördam. Hujus libri fere peculiaris est usus praepositionis σὺν pro particula
    רֵת (e. g. σὺν τὸν Χαναναῖον (i. 4, 17), σὺν τῇ Βάαλ (ii. 11), σὺν τὰ ἔθνη (ii. 23), etc.), quem usum in
    versionem suam editionis Syro-hex. Graecam pro Syriaco ܠ dubitanter invexit Vir doctissimus.

Vet. Lat. Fragmenta interpretationis veteris Latinae, vulgo *Italae*, quae post Sabatieri curas paulo auctiora
    edidit O. F. Fritzsche ad calcem libelli, qui mox venit describendus.

Versionem librorum Judicum et Ruth Syro-hexaplarem e Codice Musei Britannici signato
"Addit. MSS. 17,103," foll. 4-70, edidit, Graecam fecit, notisque criticis illustravit Doctor
T. Skat Rördam, Havniae, 1861, praemissa (pp. 1-60) *Dissertatione de Regulis Grammaticis*,
quas secutus est Paulus Tellensis in Veteri Testamento ex Graeco Syriace vertendo. Codex
est saeculi VIII, charactere Estranghelo nitido exaratus, et continet libros Judicum et Ruth
integros, excepto prioris Cap. i. 22-32. Cf. Wright *Catalogue of Syriac MSS. in the British
Museum*, Part I, pp. 32, 33. In ipso contextu saepissime picta sunt signa, quae ad scholia
aut alias versiones in margine adscribendas lectorem relegent; quae tamen lectiones marginales, magno operis nostri detrimento, omnino desunt. In obelis (— et ∽), asteriscis et
metobelis ponendis, scriba, ut in talibus accidere solet, negligentissime versatus est, quas notas
in integrum restituendas suscepit Rördam, ita tamen ut dum novum signum (÷), quod lemniscum vulgo vocant, loco obeli aut asterisci in textum introducit, a via disquirendi rem
criticam Origenis *historica*, quam contra Middeldorpfium recte asserit, ipse non leviter deflexisse videatur. Alias minoris momenti maculas ex ipso codice a se retractato cum nobis
benevole communicavit Ceriani noster (quarum specimen jam dederat in opusculo suo, *Le
Edizione e i Manoscritti delle Versione Siriache del V. T.*, Mediolani, 1869, p. 21), non ut de
laudibus editoris Danici vel hilum detrahat, sed ut nostrum opus, quod semper summo favore
et studio prosecutus est, quam perfectissimum et, quod ad suas partes attinet, maculis
immune reddat.

Bar Hebraei Scholia integra in Carmen Deborae e Codice Bodleiano edidit et notis illustravit Joannes Mauritius Winklerus, Vratislaviae, 1839; accuratius autem e Cod. Vaticano
aliisque Doctor R. Schroeter in *Zeitschrift der Deutschen-morgenl. Gesellschaft*, Tom. XXIV,

pp. 509, 557. Quod vero ad lectiones trium interpretum attinet, plus nobis adjumenti attulerunt Ceriani nostri excerpta ex iisdem scholiis in totum Judicum librum, e Cod. Mus. Brit. "Addit. MSS. 7186" ab eo descripta, necdum publici juris facta.

Duas libri Judicum versiones, vel saltem editiones, plurimum inter se discrepantes, Vaticano et Alexandrino exemplari contineri, certis indiciis patefecit Grabius in *Epistola ad Millium*, Oxon. 1705; *qua ostenditur*, ut ipsius verbis utamur, *genuinam LXX interpretum versionem eam esse, quam Codex Alexandrinus exhibet; Romanam autem editionem, quod ad dictum librum, ab illa prorsus diversam, atque eandem cum Hesychiana esse.* Probationes ejus in medium proferre non hujus est loci: tantum monebimus, priorem propositionem, modo *genuinam* intelligas (quae ipsius Grabii sententia est) *eam quam Origenes in Hexaplis exhibuit*, negari non posse; alteram vero, scilicet Romanam editionem Alexandrina aetate inferiorem, et ab Hesychio vel quovis alio ex instituto mutatam esse, a rei veritate quam longissime aberrare. Aliam viam insistit Otto Fridolinus Fritzsche in Prolegomenis libelli, cui titulus: *Liber Judicum secundum LXX interpretes. Triplicem textus conformationem recensuit, lectionis varietates enotavit, interpretationis veteris Latinae fragmenta edidit O. F. F.*, Turici, 1867. Ad *triplicem* illam conformationem pertinent I. Textus receptus, qui et ceteris antiquior et sincerior, licet multis mendis turpatus, in quo recensendo imprimis horum codicum ratio habenda est: Codd. II, 16, 57, 77, 85 (in textu), 131, 144, 209, 236, 237. II. Editio, quam κοινὴν fuisse existimat V. D., a priore, sed ea recognita et veritati Hebraicae magis adaptata, derivata, interdum e Theodotionis versione emendata; quae textus conformatio in his maxime libris legitur: Codd. III, IV, X, XI, 18, 19, 29, 30, 64, 71, 108, 121; necnon in Complutensi, Vetere Latino, et versione Syro-hexaplari; e quibus arctiore quodam vinculo inter se nexi sunt Codd. X, XI, 29, 71, 121, et Comp., Codd. 19, 108. III. Tertiam textus recensionem, quae secundae emendatio est, hi maxime libri nobis servarunt: Codd. 44, 54, 59, 75, 76, 84, 106, 128, 134, et Lipsiensis, cujus fragmenta (Cap. xi. 24–34, xviii. 2–20) edidit Tischendorfius in *Monumentorum Sacr. Ined. Collectione Nova*, Tom. I, Lipsiae, 1855. Hanc tertiam recensionem (si pro textus LXXviralis recensione, et non potius ignoti cujusdam interpretis versione habenda est) eam esse quae sub Luciani nomine celebratur, ut sine probationibus, sed satis confidenter asserit V. D., quasi rem prorsus obscuram et incertam in medium relinquimus. Quod vero de textu, qui in Codd. II, 16, aliis legitur, idem affirmat, *eum utpote antiquum et genuinum Origenem merito codici suo hexaplari inseruisse*, hoc quidem legentes non tam miramur quam obstupescimus. Ecquis scilicet, cui exemplar Graecum Sarravianum et Pauli Telensis versionem Syriacam manu versare et inter se conferre contigerit, se ipsissimum opus Origenianum ante oculos habere subdubitarit? Hos autem duos testes ad Alexandrinam quam vocant textus recensionem, non ad Vaticanam pertinere, tum per se evidentissimum est, tum ipsum Criticum nostrum jam confitentem, vel potius affirmantem, habuimus.

JUDICES.

CAPUT I.

1. בַּיהוָֹה. (Consuluerunt) *Joram*. Ο΄. διὰ τοῦ κυρίου. Alia exempl. ἐν κυρίῳ.[1]

אֶל־הַכְּנַעֲנִי...בּוֹ. Ο΄. πρὸς τοὺς Χαναναίους... πρὸς αὐτούς. Alia exempl. πρὸς τὸν Χαναναῖον... ἐν αὐτῷ.[2]

2. יַעֲלֶה. Ο΄. ἀναβήσεται. Ἄλλος· ἡγήσεται.[3]

3. וְנִלָּחֲמָה בַּכְּנַעֲנִי. Ο΄. καὶ παραταξώμεθα πρὸς τοὺς Χαναναίους. Alia exempl. Ο΄. καὶ πολεμήσωμεν (s. πολεμήσομεν) ἐν τῷ Χαναναίῳ.[4]

4. בְּיָדָם. Ο΄. εἰς τὰς χεῖρας αὐτῶν. Aliter: Ο΄. Θ. ἐν χειρὶ αὐτοῦ.[5]

וַיַּכּוּם. Ο΄. καὶ ἔκοψαν (Aliter: Ο΄. Θ. ἐπάταξαν[6]) αὐτούς.

5. וַיִּמְצְאוּ. Ο΄. καὶ κατέλαβον (s. κατελάβοσαν). Aliter: Ο΄. Θ. καὶ εὗρον.[7]

5. וַיִּלָּחֲמוּ בּוֹ. Ο΄. καὶ παρετάξαντο πρὸς αὐτόν. Aliter: Ο΄. Θ. καὶ ἐπολέμησαν ἐν αὐτῷ.[8]

וַיַּכּוּ. Ο΄. καὶ ἔκοψαν (Aliter: Ο΄. Θ. ἐπάταξαν[9]).

6. וַיִּרְדְּפוּ. Ο΄. καὶ κατέδραμον (alia exempl. κατεδίωξαν[10]).

וַיֹּאחֲזוּ. Ο΄. καὶ ἐλάβοσαν (alia exempl. κατελάβοσαν[11]).

7. וַיְבִיאֻהוּ. Ο΄. καὶ ἄγουσιν (alia exempl. ἤγαγον[12]) αὐτόν.

8. בִּירוּשָׁלַםִ. Ο΄. τὴν Ἱερουσαλήμ. Aliter: Ο΄. Θ. ἐν Ἱερουσαλήμ.[13]

9. בַּכְּנַעֲנִי יוֹשֵׁב. Ο΄. πρὸς τὸν Χαναναῖον τὸν κατοικοῦντα. Alia exempl. ἐν τῷ Χαναναίῳ τῷ κατοικοῦντι.[14]

Cap. I. [1] Sic Comp., Ald., Codd. III, XI, 18, 19, 29, alii, Syro-hex., Vet. Lat. Cod. 85 in marg.: ἐν κυρίῳ. παρὰ τοῦ κυρίου; unde Montef. edidit: Ἄλλος· ἐν κ. Ἄλλος· παρὰ τοῦ κ. Cf. Grabe in *Epist. ad Mill.* p. 5. [2] Sic Comp., Ald. (cum ἐν αὐτοῖς), Codd. III, XI, 15, 16, 18, alii, Syro-hex., Vet. Lat. [3] Sic in marg. Cod. 85; in textu autem Cod. 82. [4] Sic Comp., Ald., Codd. III (cum πολεμήσω), XI, 15, 18, 19, alii, Syro-hex., Vet. Lat. [5] Cod. 85 in marg., teste Parsonsio (non, ut Montef., Ο΄. Θ. ἐν χ. αὐτῶν). Sic in textu Comp., Ald., Codd. III, XI, 18, 19, alii, Syro-hex. [6] Cod. 85 in marg. Sic in textu Ald., Codd. II (in marg., teste Parsonsio), 55, 128; necnon (cum ἐπάταξιν) Comp., Codd. III, 15, 18, 19, alii, Syro-hex. [7] Idem. Sic in textu Comp., Ald., Codd. III, XI, 15, 18, 19, alii, Syro-hex. [8] Idem. Sic in textu Comp., Ald., Codd. III, XI, 15, 18, 19 (om. ἐν), alii, Syro-hex. [9] Idem. Sic in textu Comp., Ald., Codd. III (cum ἐπάταξεν), X (idem), XI, 15, 18, 19, alii, Syro-hex. [10] Sic Comp., Codd. 15, 18, 19, alii, Syro-hex. [11] Sic Ald., Codd. II (teste Maio), X, XI, 30 (cum κατέλαβον), 58, alii, Syro-hex. [12] Sic Comp., Codd. 15, 16, 18, alii (inter quos 85), Syro-hex. [13] Cod. 85 in marg. Sic in textu Ald., Codd. XI, 15, 18, 19, alii, Syro-hex. [14] Sic Comp. (sine ἐν), Ald., Codd. 15, 18, 54, alii, Syro-hex.

9. הָהָר וְהַנֶּגֶב וְהַשְּׁפֵלָה. *Regionem montanam, et australem, et humilem.* Ο'. τὴν ὀρεινὴν, καὶ τὸν νότον, καὶ τὴν πεδινήν. Ἄλλος· τὸ ὄρος, καὶ τὰ παρατείνοντα, καὶ τὰ πρὸς ἀπηλιώτην.[15]

10. לְפָנִים. *Olim.* Ο'. τὸ πρότερον. Alia exempl. ἔμπροσθεν.[16]

קִרְיַת אַרְבַּע. Ο'. Καριαθαρβοκ÷σεφέρ ◄.[17] Alia exempl. Καριαθαρβὸκ ἐξ Ἐφραΐμ.[18]

11. וַיֵּלֶךְ. Ο'. καὶ ἀνέβησαν (alia exempl. ἐπορεύθησαν[19]).

קִרְיַת־סֵפֶר. Ο'. Καριαθσεφὲρ πόλις γραμμάτων. Aliter: Ο'. πόλις γραμμάτων.[20]

13. הַקָּטֹן מִמֶּנּוּ. Ο'. ὁ νεώτερος ※ ὑπὲρ αὐτόν ◄.[21]

14. בְּבוֹאָהּ. Ο'. ἐν τῇ εἰσόδῳ αὐτῆς. Alia exempl. ἐν τῷ εἰσπορεύεσθαι αὐτήν.[22]

וַתְּסִיתֵהוּ לִשְׁאֹל. *Et incitavit eum, ut peteret.* Ο'. καὶ ἐπέσεισεν (alia exempl. ἔπεισεν[23]) αὐτὴν Γοθονιὴλ τοῦ αἰτῆσαι. Ἄλλος· καὶ ὑπεστείλατο τοῦ αἰτῆσαι.[24]

וַתִּצְנַח מֵעַל הַחֲמוֹר. *Et demisit se de asino.* Ο'. καὶ ἐγόγγυζεν καὶ ἔκραζεν ἀπὸ τοῦ ὑποζυγίου. Alia exempl. καὶ ἐγόγγυζεν ἐπάνω τοῦ

ὑποζυγίου, καὶ ἔκραζεν ἀπὸ τοῦ ὑποζυγίου.[25]

15. גֻּלֹּת מַיִם. *Scaturigines aquae.* Ο'. λύτρωσιν ὕδατος. Σ. ἀρδείαν ὕδατος.[26] Aliter: Σ. κτῆσιν (ὕδατος).[27]

אֵת גֻּלֹּת עִלִּית וְאֵת גֻּלֹּת תַּחְתִּית. *Scaturigines superiores, et scaturigines inferiores.* Ο'. λύτρωσιν μετεώρων καὶ λύτρωσιν ταπεινῶν (Σ. πεδινῶν[28]). Ἀ. τὴν Γολλὰθ τὴν ἄνω, καὶ τὴν Γολλὰθ τὴν κάτω.[29] Σ. κτῆσιν ἐν ὑψηλοτέροις, καὶ κτῆσιν ἐν κοιλοτέροις.[30]

16. Ο'. Ἰοθόρ. Alia exempl. Ἰωβάβ.[31]

חֹתֵן. *Soceri.* Ο'. τοῦ γαμβροῦ. Alia exempl. πενθεροῦ.[32]

אֶת־בְּנֵי. Ο'. μετὰ τῶν υἱῶν. Alia exempl. πρὸς τοὺς υἱούς.[33]

מִדְבַּר יְהוּדָה אֲשֶׁר בְּנֶגֶב עֲרָד. Ο'. εἰς τὴν ἔρημον τὴν οὖσαν ἐν τῷ νότῳ Ἰούδα, ἥ ἐστιν ἐπὶ καταβάσεως Ἀράδ. Aliter: Ο'. εἰς τὴν ἔρημον ※ Ἰούδα ◄ τὴν οὖσαν ἐν τῷ νότῳ ÷ ἐπὶ καταβάσεως ◄ Ἀράδ.[34]

וַיֵּלֶךְ. Ο'. Vacat. Alia exempl. καὶ ἐπορεύθησαν (s. ἐπορεύθη).[35]

---

[15] Sic in textu Cod. 29. Codd. 44, 52, alii, post τὴν πεδινὴν inferunt καὶ πρὸς ἀπηλιώτην. In contrariam partem Cod. 85 in marg. notat: Οὐδεὶς τῶν τεσσάρων, τὰ παρατείνοντα καὶ τὰ πρὸς ἀπηλιώτην. Ad τὰ παρατείνοντα cf. Hex. ad Ezech. xxvii. 13. [16] Sic Comp., Ald., Codd. III, 15, 18, 19, alii (inter quos 85 in marg.), Syro-hex. [17] Syro-hex. ܩܘܪܝܬܐ܀ ܕܐܪܒܥ ܛܐ ܣܦܪ [18] Sic Codd. 16 (cum -βὰκ), 44 (—cum βὰθ), 52, alii (inter quos 85 cum Σεφραίμ). [19] Sic Comp., Codd. III, 15, 18, 19, alii (inter quos 85 in marg., non, ut Montef., ἐνεπορεύθησαν). Syro-hex. ܘܐܙܠܘ. [20] Sic Comp., Ald., Codd. III, X, XI, 15, 18, 19, alii, Syro-hex., Vet. Lat. Cod. 85 in textu: Καριασσωφάρ; in marg. autem: Καριασεφὲρ. Ο'. πόλις γραμμάτων. [21] Sic Syro-hex., et sine aster. Comp., Codd. III, 19, 85 (in marg.), 108. Mox Χαλὲβ deest in Comp., Codd. III, 18 (manu 1ᵐᵃ), 19, 64, 108, 128, Syro-hex. [22] Sic Comp., Ald., Codd. III, XI, 15, 18, 19, alii (inter quos 85 in marg.), Syro-hex. [23] Sic Comp., Codd. X, 15 (in marg.), 53, 128. Cf. Hex. ad Jos. xv. 18. Vet. Lat.: *monuit eam Gothoniel.* [24] Sic in textu Cod. 59, necnon (sine καὶ) Codd. 54, 84, 106; sed hi tres ἐν τῷ ἐκπορεύεσθαι αὐτὴν habent. [25] Sic Ald., Codd. III, 15, 64, 108, 128, Syro-

hex. Ad ἀπὸ τοῦ ὑπ. Cod. 85 in marg.: ἐπάνω τοῦ ὑποζυγίου, cum hac nota: διωρθ' ου παῖ χω διωρθ' ον, de qua vide in Praeliminaribus. Comp. tantum habet: καὶ ἐγόγ. ἐπάνω τοῦ ὑπ. [26] Theodoret. Quaest. III in Jud. p. 322: Οἱ περὶ τὸν Σύμμαχον ἀρδείαν ὕδατος, καὶ ἀντὶ τῶν ταπεινῶν, πεδινῶν ἡρμήνευσαν. Hieron.: *da et irriguam aquis.* [27] Cod. 54. Codd. X, 58 (sine nom.): Σ. κτῆσιν· τὸ δὲ Ἑβραϊκὸν Γολὰθ (sic) ἔχει, ὃ ἑρμηνεύεται λύτρωσιν (גְּאֻלָּה). [28] Theodoret. ut supra. [29] Procop. in Cat. Niceph. T. II, p. 123. Cod. 85 in marg. sine nom.: τὴν Γολγὼθ ἄνω, καὶ τὴν Γολγὼθ κάτω. [30] Codd. X, 54, 58 (sine nom.), 85. Paulo aliter Procop. ibid.: ὁ δὲ Σύμ. ἐξέδωκε· κτῆσιν ἐν ὑψηλοτέροις, καὶ κτῆσιν ἐν ταπεινοτέροις. [31] Sic Ald. (cum Ἰωβάθ), Codd. III (cum Ἰωὰθ), XI, 15, 29, alii (inter quos 85 in marg. cum Ἰωβὰθ), Syro-hex. [32] Sic Comp., Ald., Codd. III, XI, 15 (cum τοῦ π.), 19, 29, alii (inter quos 85 in marg.), Syro-hex. Cf. Hex. ad Exod. iii. 1. xviii. 1, 5. [33] Sic Comp., Ald., Codd. III, XI, 15, 18, 19, alii (inter quos 85 in marg.), Syro-hex. [34] Sic Syro-hex. (qui male pingit: ÷ τὴν νότῳ ◄ἐπὶ κ. Ἀράδ), et sine notis Comp., Codd. III, 19, 108. [35] Prior lectio est in Ald., Codd. X, XI, 15, 16, aliis (inter quos 85, cum nota: τὸ, καὶ ἐπορεύθησαν, οὕτως

17. וַיַּחֲרִימוּ אוֹתָהּ. Ο'. καὶ ἐξωλόθρευσαν αὐτούς. Aliter: Ο'. καὶ ἀνεθεμάτισαν αὐτήν, – καὶ ἐξωλόθρευσαν αὐτήν (◄).³⁶

חָרְמָה. Hormah. Ο'. ἀνάθεμα. Alia exempl. ἐξολόθρευσις.³⁷

18. וְאֶת־גְּבוּלָהּ (ter). Ο'. οὐδὲ τὰ ὅρια αὐτῆς. Alia exempl. καὶ τὸ ὅριον αὐτῆς.³⁸

19. כִּי לֹא לְהוֹרִישׁ. Ο'. ὅτι οὐκ ἠδυνάσθησαν ἐξολόθρευσαι. Alia exempl. ὅτι οὐκ ἐδύνατο κληρονομῆσαι.³⁹

כִּי־רֶכֶב בַּרְזֶל לָהֶם. Quia currus ferrei erant iis. Ο'. ὅτι Ῥηχὰβ διεστείλατο (interdixerat) αὐτοῖς (alia exempl. αὐτήν⁴⁰). Ἄλλος· καὶ ἅρματα σιδηρᾶ αὐτοῖς.⁴¹

20. וַיּוֹרִשׁ מִשָּׁם אֶת־שְׁלֹשָׁה בְּנֵי הָעֲנָק. Ο'. καὶ ἐκληρονόμησεν ἐκεῖθεν τὰς τρεῖς πόλεις τῶν υἱῶν Ἐνάκ ꝏ καὶ ἐξῆρεν ἐκεῖθεν τοὺς τρεῖς υἱοὺς Ἐνάκ (◄).⁴²

21. לֹא הוֹרִישׁוּ. Ο'. οὐκ ἐκληρονόμησαν (alia exempl. ἐξῆραν⁴³).

23. וַיָּתִירוּ בֵית־יוֹסֵף בְּבֵית־אֵל. Et miserunt exploratores domus Josephi in Bethel. Ο'. καὶ παρενέβαλον, καὶ κατεσκέψαντο Βαιθήλ. Alia exempl. καὶ παρενέβαλον οἶκος Ἰσραὴλ κατὰ Βαιθήλ.⁴⁴ Ἄλλος· καὶ περιεσσεύθησαν οἶκος Ἰωσὴφ Βαιθήλ. Ἄλλος· καὶ κατεσκέψαντο οἱ υἱοὶ Ἰωσὴφ τὴν Βαιθήλ. Ἄλλος· καὶ κατεσκόπησαν οἱ υἱοὶ Ἰωσὴφ τὴν Βαιθήλ.⁴⁵

24. אִישׁ יוֹצֵא. Ο'. καὶ ἰδοὺ ἀνὴρ ἐξεπορεύετο. Alia exempl. ἄνδρα ἐκπορευόμενον.⁴⁶

26. וַיֵּלֶךְ. Ο'. καὶ ἐπορεύθη (alia exempl. ἀπῆλθεν⁴⁷).

27. הוֹרִישׁ. Ο'. ἐξῆρε. Alia exempl. ἐκληρονόμησε.⁴⁸

וְאֶת־בְּנוֹתֶיהָ. Et filias (viculos circumjacentes) ejus. Ο'. οὐδὲ τὰς θυγατέρας αὐτῆς, (–) οὐδὲ τὰ περίοικα (alia exempl. περισπόρια⁴⁹) αὐτῆς (◄).

συνῆψε προσθήκῃ); posterior in Comp., Codd. III, 19, 108, Syro-hex. ³⁶ Sic Syro-hex., et sine obelo Comp., Ald., Codd. III, X (cum αὐτοὺς in posteriore loco), XI (idem), 15, 16 (ut X), 18, 19, alii, Syro-hex. Moutef. post Drusium lectionem ἀνεθεμάτισαν αὐτὴν Aquilae tribuit. ³⁷ Sic Comp., Ald., Codd. III, XI, 15, 18, 19, alii (inter quos 85 in marg.), Syro-hex. Hic quoque ἀνάθεμα Aquilae, Senioribus autem ἐξολόθρευσιν indubitanter vindicat Scharfenb. in Animadv. T. II, p. 40. ³⁸ Sic Ald., Codd. III, 15, 18, 29, alii, Syro-hex., Vet. Lat., qui praeterea καὶ τὴν Ἀσκαλῶνα habent, et in clausula postrema, quam LXX de suo invexerunt, καὶ τὴν Ἄζωτον, καὶ τὰ περισπόρια αὐτῆς. Ad τὰ ὅρια in primo loco Cod. 85 in marg.: τὸ ὅριον, cum nota: πᾶν χω διωρθ' ου. ³⁹ Sic Comp., Codd. III, XI (cum ἠδυνάσθη), 15, 18, 19 (cum ἐδυντο), alii, Syro-hex., Vet. Lat. Cf. Grabe in Epist. ad Mill. p. 5. Cod. 85 in marg.: καὶ οὐκ ἐκληρονόμησαν. ⁴⁰ Sic Codd. III, 19, 108, Syro-hex. ⁴¹ Duplicem versionem, καὶ ἅρματα σ. αὐτοῖς, post διεστείλατο (Vet. Lat. obstitit) αὐτοῖς in textum inferunt Comp., Ald., Codd. XI, 16, 18 (cum καὶ τὰ ἅρ.), 29 (cum ἦν αὐτοῖς), alii (inter quos 85), Vet. Lat. ⁴² Sic Syro-hex. (qui legit et pingit: ꝏ Ἐνάκ καὶ ἐξῆραν), et sine obelo Ald., Codd III (om. τῶν υἱῶν Ἐνάκ), XI, 15, 16, 18, 19 (cum ἐκεῖ), alii, Vet. Lat. Praeterea ad ἐκληρονόμησεν Cod. 85 in marg. affert: ᾠκοδόμησεν, cum nota: διωρθ' ου. ⁴³ Sic Comp., Ald., Codd. III, 15, 16, 18, 19, alii (inter quos 85 in marg. cum

nota: πᾶν), Syro-hex. ⁴⁴ Sic Comp., Ald., Codd. III, XI, 15, 18 (cum παρενέβαλεν), 19, alii. Ad παρενέβαλον Cod. 85 in marg. affert: οἶκος Ἰσραὴλ κατὰ Βαιθήλ. (In Syro-hex. deest folium continens vv. 22–32.) ⁴⁵ "Trium lectiones, tacitis interpretum nominibus, affert Basil." Sic Montef., qui ad Hebraea, בֵית־אֵל—וַיֵּלֶךְ (v. 22), lectiones refert, necnon in priore περιεσσεύθησαν exscripsit, cujus loco Scharfenberg. tentabat περιεκάθισαν, obsidione cinxerunt, cum Hebraeo וַיְחָירוּ recte componens. Error pravae relationis ipsi codici imputandus est, teste etiam Parsonsio, qui pro περιεσεύθησαν veram interpretis, proculdubio Aquilae, manum exhibet, περιεσσεύθησαν (sic), quod Hebraeum וַיָּתִירוּ repraesentat. Cf. Hex. ad Dan. x. 13. Praeterea ad κατεσκέψαντο Cod. 85 in marg. lectionem anonymam affert: κατέκοψαν οἱ υἱοὶ Ἰωσὴφ τὴν Βαιθήλ; quam ex vitiosa scriptura ortam fuisse recte perspexerunt VV. DD. ⁴⁶ Sic Comp., Ald., Codd. III, XI, 15, 18, 29, alii (inter quos 85 in marg. cum nota: διωρθ' ου πᾶν χω), Arm. 1. ⁴⁷ Sic Comp., Ald., Codd. III, XI, 15, 18, 29, alii (inter quos 85 in marg.). ⁴⁸ Sic Comp., Ald., Codd. III, XI, 15, 18, 19, alii (inter quos 85 in marg.), Arm. 1, Vet. Lat. ⁴⁹ Sic Ald., Codd. III, XI, 15, 18, 19, alii. In Comp. haec, οὐδὲ τὰ π. αὐτῆς, non habentur; eademque in sequentibus ter reprobant Comp., Codd. III, 54, 64, alii. E contrario post Δὼρ, ubi in Ed. Rom. non leguntur, inferunt ea Codd. X, XI, 29, 30, alii.

28. וַיָּשֶׁם. Ο΄. καὶ ἐποίησεν. Aliter: Ο΄. Θ. καὶ ἔθετο.⁵⁰

30. נַהֲלֹל. Ο΄. Δωμανά. Alia exempl. Ἐναμμὰν (s. ἐν Ἀμμάν).⁵¹ Οἱ Γ΄, καὶ τὸ Ἑβραϊκόν Νααλάλ.⁵²

31. עַכּוֹ. Ο΄. Ἀκχώ (s. Ἀκχώρ). Schol. Πτολεμαΐδα.⁵³

אַחְלָב. Ο΄. Δαλάφ. Οἱ Γ΄, καὶ τὸ Ἑβραϊκόν· Ἀαλάβ.⁵⁴

וְאֶת־רְחֹב. Ο΄. καὶ τὸν Ἐρεώ (s. Ἐρεώρ). Alia exempl. καὶ τὴν Ῥοώβ.⁵⁵

35. בְּהַר־חֶרֶס. In monte Heres (solis). Ο΄. ἐν τῷ ὄρει τῷ ὀστρακώδει (alia exempl. τοῦ μυρσινῶνος (הֲדַס)⁵⁶).

בְּאַיָּלוֹן וּבְשַׁעַלְבִים. In Ajalon (loco cervorum) et in Saalbim (loco vulpium). Ο΄. ἐν ᾧ αἱ ἄρκοι, καὶ ἐν ᾧ αἱ ἀλώπεκες, ἐν τῷ μυρσινῶνι καὶ ἐν Θαλαβίν (s. Σαλαβίν). Alia exempl. οὗ αἱ ἄρκοι καὶ αἱ ἀλώπεκες.⁵⁷ Οἱ Γ΄, καὶ τὸ Ἑβραϊκόν ἐν Αἰλὼν καὶ ἐν Σαλαβείν.⁵⁸

36. הָאֱמֹרִי. Ο΄. τοῦ Ἀμορραίου – ὁ Ἰδουμαῖος ◄.⁵⁹

מִמַּעֲלֵה עַקְרַבִּים. Ο΄. ἀπὸ τῆς ἀναβάσεως Ἀκραβίν. Alia exempl. ἐπάνω Ἀκραβίν.⁶⁰

Cap. I. 15. – Ἀσχα ◄.⁶¹ – κατὰ τὴν καρδίαν αὐτῆς ◄.⁶² 27. (–) ἥ ἐστι Σκυθῶν πόλις (◄).⁶³ 29. (–) καὶ ἐγένετο εἰς φόρον (◄).⁶⁴ 31. (–) καὶ ἐγένετο αὐτῷ εἰς φόρον, καὶ τοὺς κατοικοῦντας Δώρ (◄).⁶⁵ 35. – ἐπὶ τὸν Ἀμορραῖον (◄).⁶⁶

CAP. II.

1. אֶעֱלֶה..וָאָבִיא..וָאֶשְׁבְּעַתִּי..וָאֹמַר. Ο΄. τάδε λέγει κύριος· ἀνεβίβασα..καὶ εἰσήγαγον.. ὤμοσα..καὶ εἶπα. Alia exempl. κύριος ἀνεβίβασεν..καὶ εἰσήγαγεν..ὤμοσε..καὶ εἶπεν ὑμῖν.¹

לַאֲבֹתֵיכֶם. Ο΄. τοῖς πατράσιν ὑμῶν – τοῦ δοῦναι ὑμῖν ◄.²

2. תִּתֹּצוּן. Ο΄. καθελεῖτε. Alia exempl. κατασκάψετε.³

3. לֹא־אֲגָרֵשׁ אוֹתָם. Ο΄. οὐ μὴ ἐξάρω αὐτούς. Aliter: Ο΄. – οὐ προσθήσω τοῦ μετοικίσαι τὸν λαὸν ὃν εἶπα (◄), τοῦ ἐξῶσαι αὐτούς.⁴

5. וַיִּקְרְאוּ. Ο΄. καὶ ἐπωνόμασαν. Aliter: Ο΄. διὰ τοῦτο ἐκλήθη. Θ. διὰ τοῦτο ἐκάλεσαν.⁵ Σ.

---

⁵⁰ Cod. 85 in marg., cum nota: πᾶν χω διωρθ΄ ου. Sic in textu Comp., Ald., Codd. III, XI, 15, 18, alii, Vet. Lat. ⁵¹ Sic Ald., Codd. III, X (cum Ἐναμμὰμ), XI, 15, 18 (cum ἐν Ἀμμὰν), 19 (cum Ἀμμὰν), alii, Arm. 1 (cum Ἀμανά). ⁵² Cod. X. Cod. 85 in marg.: Ο΄. Ἐναμμάν. Θ. Νααλά. ⁵³ Cod. 85 in marg. ⁵⁴ Cod. X. ⁵⁵ Sic Comp., Ald., Codd. III, XI, 15, 18, 29, alii. Cod. 85 in textu: τὸν Ἐρεώρ; in marg. autem: τὴν Ῥοέθ. ⁵⁶ Sic Ald., Codd. III, X, XI, 15, 18, 19 (cum τῷ μυσιῶνος), alii (inter quos 85 in marg.), Syro-hex. Cf. Hex. ad Zach. i. 8. Comp. ex ingenio, ut videtur: ἐν τῷ ὄρει τοῦ δρυμῶνος (marg. τῷ ὀστρακώδει), ἐν τῷ μιρσινῶνι καὶ ἐν Σαλαμεί (sic); et Cod. X ad μυρσινῶνος in marg. notat: δρυμῶνος. Οἱ Γ΄. τῷ ὀστρακώδει (sic). Cf. ad Cap. viii. 13. ⁵⁷ Sic Comp., Codd. III, 19, 54, 75 (cum καὶ ἀλώπεκες), 85 (in marg. cum οἱ ἄρκοι), 108 (ut 75), Syro-hex. ⁵⁸ Cod. X. "Οἱ λοιποὶ ἐν Αἰλὼν καὶ ἐν Σ. Sic Basil., cum hac nota: πᾶν χω διωρθ΄ ου."—Montef. Parsons. vero ex eodem exscripsit: ἀπὶ τούτον. οἱ ἐν ἀλὼν καὶ ἐν σαλαβείν. ⁵⁹ Sic Syro-hex., et sine obelo Codd. III, 19, 54, 59, 75, alii. ⁶⁰ Sic Comp., Codd. III, 19,

54 (cum –βείν), 59 (idem), 75, alii, Syro-hex. ⁶¹ Syro-hex. ⁶² Idem. Deest in Comp., Codd. 16, 58. ⁶³ Deest in Hebraeo et Comp. In Syro-hex. lacuna est. ⁶⁴ Idem. ⁶⁵ Idem. Praeterea haec, καὶ ἐγ. αὐτῷ εἰς φ., desunt in Codd. 16, 44, 52, aliis. ⁶⁶ Syro-hex.

Cap. II. ¹ Sic Comp., Codd. III (praem. κύριος), X (praem. τάδε λ. κύριος), 15, 18, 19, alii, Syro-hex. In fine ὑμῖν deest in Comp., Codd. X, 29, aliis. ² Sic Syro-hex., et sine obelo Comp., Ald., Codd. III, X (cum τοῦ δ. ὑμῖν κατάσχεσιν), XI (idem), 16 (sine τοῦ), 19, alii, Arm. 1. "Haec in Hebraico non exstant, sed habentur in Cod. Alex. et in Basil. [in marg.] cum hac nota: πᾶν χω."—Montef. ³ Sic Comp. (cum –ψατε), Ald., Codd. III (cum κατακαύσετε), X (ut Comp.), XI (cum κατεσκάψατε), 15, 18, 19 (ut Comp.), alii (inter quos 85 in marg., ut Comp.), Syro-hex. ⁴ Sic Syro-hex., et sine obelo Comp. (cum μετοικήσαι), Codd. III (cum ἐξολεθρεύσαι pro ἐξῶσαι), 15 (ut Comp.), 18 (idem), alii (inter quos 85 in marg., ut Comp.). Duplex versio, οὐ προσθήσω—τοῦ ἐξῶσαι, οὐ μὴ ἐξάρω αὐτούς, est in Ald., Codd. X, 29, 56, 121, Vet. Lat. ⁵ Cod. 85 in marg., cum nota: πᾶν χω.

(καὶ ἔκλαυσαν), καὶ ἐπωνόμασαν (τὸ ὄνομα τοῦ
τόπου ἐκείνου, Κλαυθμῶνες).⁶

6. וַיֵּלְכוּ בְנֵי־יִשְׂרָאֵל אִישׁ לְנַחֲלָתוֹ. Ο'. καὶ ἦλθεν
ἀνὴρ εἰς τὴν κληρονομίαν αὐτοῦ. Alia exempl. καὶ ἀπῆλθον οἱ υἱοὶ Ἰσραὴλ ἕκαστος
‑ εἰς τὸν οἶκον αὐτοῦ, καὶ ◄ εἰς τὴν κληρονο
μίαν αὐτοῦ.⁷ Alia: καὶ ἐπορεύθησαν οἱ υἱοὶ
Ἰσραὴλ ἕκαστος εἰς τὸν οἶκον αὐτοῦ, καὶ ἕκα
στος εἰς τὴν κληρονομίαν αὐτοῦ.⁸

7. אַחֲרֵי יְהוֹשֻׁעַ. Ο'. μετὰ Ἰησοῦ. Alia exempl.
μετὰ Ἰησοῦν.⁹ Πάντες· μετὰ Ἰησοῦ.¹⁰

9. בִּגְבוּל. Ο'. ἐν ὁρίῳ. Alia exempl. ἐν ὄρει.¹¹

בְּתִמְנַת־חֶרֶס. Ο'. ἐν Θαμναθαρές. Πάντες
οὕτως.¹²

10. וְגַם. Ο'. καί (s. καίγε¹³). Alia exempl.
Ж ἔτι ◄ καί.¹⁴

נֶאֶסְפוּ. Congregati sunt. Ο'. προσετέθησαν.
Alia exempl. συνήχθησαν.¹⁵

12. הָעַמִּים. Ο'. τῶν ἐθνῶν. Aliter: Ο'. Θ. τῶν
λαῶν. Σ. οὕτως.¹⁶

13. אֶת־יְהוָה. Ο'. αὐτόν. Alia exempl. τὸν κύ
ριον.¹⁷

לַבַּעַל. Ο'. τῷ Βάαλ. Aliter: Ο'. τῇ Βάαλ.
Θ. τῷ Βάαλ.¹⁸

14. בְּיַד. Ο'. εἰς χεῖρας. Σ. Θ. ἐν χειρί.¹⁹
לַעֲמֹד. Ο'. ἀντιστῆναι. Θ. στῆναι.²⁰

15. יָצְאוּ. Ο'. ἐπορεύοντο (s. ἐξεπορεύοντο²¹). Alia
exempl. ἐπόρνευον, s. ἐξεπόρνευον, s. ἐξεπόρ
νευσαν.²²

16. שֹׁפְטִים. Ο'. Ж αὐτοῖς ◄ κριτάς.²³
וַיּוֹשִׁיעֵם. Ο'. μόνοι καὶ ἔσωσεν αὐτοὺς κύ
ριος.²⁴

17. אֶל־שֹׁפְטֵיהֶם. Ο'. τῶν κριτῶν. Aliter: Ο'. Θ.
(τῶν κριτῶν) αὐτῶν.²⁵

אֲחֵרִים. Ο'. ἑτέρων. Alia exempl. ἀλλο
τρίων.²⁶

מִצְוֹת. Ο'. τῶν λόγων. Οἱ λοιποί· τὰς ἐντο
λάς.²⁷

18. וְכִי. Ο'. καὶ ὅτι (alia exempl. ὅτε²⁸). Σ. εἴ
ποτε.²⁹

Lectio, διὰ τοῦτο ἐκλήθη, est in Comp., Ald., Codd. III, 15,
18, 19, aliis, Syro-hex.　⁶ Idem. Haec est lectio
LXXviralis juxta Ed. Rom., sed pro κλανθμῶνες (בֹּכִים) ὁ
κλανθμὼν est in Comp., Codd. III, 18, 19, aliis, Syro-hex.
(cum حمـﻛﻜﺒ).　⁷ Sic Syro-hex. (qui pingit: ‑ εἰς
τὸν οἶκον ‑ αὐτοῦ ◄, καί), et sine obelo Comp., Ald. (cum ἐκ.
εἰς τὸν τόπον αὐτοῦ, καὶ ἐκ. εἰς τὴν κλ. αὐτοῦ), Codd. III (cum
ἀπῆλθαν, et om. αὐτοῦ in fine), 15, 18, 19, alii.　⁸ Sic
Codd. X, XI, 16, 29, alii (inter quos 85, cum ἀνὴρ in
marg. ad prius ἕκαστος), Arm. 1, Vet. Lat.　⁹ Sic Comp.,
Codd. 18, 64, Syro-hex.　¹⁰ Cod. 85, teste Montef.
¹¹ Sic Ald., Codd. III, X, XI, 15 (cum ἐπ' ὄρει), 16, 18,
alii, invito Syro-hex.　¹² Cod. 85 in marg.: πᾶν ου (sic).
In paucis libris est Θαμνασσαράχ.　¹³ Sic Codd. II, 16, 30,
53, alii.　¹⁴ Sic Syro-hex., et sine aster. Esc.　¹⁵ Sic
Codd. 16, 30, 52, alii (inter quos 85, cum προσετέθησαν in
marg.).　¹⁶ Cod. 85 in marg., teste Montef.: Σ. ου (sic).
Ο'. Θ. λαῶν. Lectio posterior est in Comp., Ald., Codd. X,
XI, 15, 19, aliis, et fortasse Syro-hex.　¹⁷ Sic Comp.,
Codd. III, 15, 64, 108, Syro-hex. Vet. Lat.: Deum.
¹⁸ "Basil. in textu: τῷ Βάαλ; ad marg. vero sic: Θ. τῷ.
Ο'. τῇ. Ο'. χω. Θ. ου."—Montef. Parsonsii amanuensis
ex eodem exscripsit: "τῇ Βααλ (sic). In marg. Θ. τῷ Βααλ.
Ο'. τῇ Βααλ." Lectio τῇ B. est in Comp., Ald., Codd. III,

XI, 15, 16, 18, aliis. Syro-hex. ﺣﺪﺟﻜ.　¹⁹ Cod. 85.
Sic in textu Comp., Ald., Codd. III, XI, 15, 18, alii,
Syro-hex.　²⁰ Cod. 85, teste Parsonsio. Montef. ex
eodem exscripsit: Ἄλλος· ἔτι στῆναι. Particula ἔτι pro
Hebr. עֹד deest in Comp., Ald., Codd. X, XI, 15 (cum
στῆναι), 54, 55, aliis, Arm. 1 (cum στῆναι), Syro-hex. (idem).
²¹ Sic Codd. II, 16, 53, alii (inter quos 85).　²² Prior
lectio est in Comp., Codd. III, X, XI, 44, 54, aliis, Arm. 1,
Syro-hex.; altera in Codd. 18, 128; posterior in Codd. 30,
56, 58, 63. Cod. 85 in marg.: ἐξεπόρνευσαν. Ο'. ἐπόρνευον.
²³ Sic Syro-hex., et sine aster. Comp., Codd. 19, 108, 237.
In Codd. 52, 53, 54, aliis, pronomen post ἤγειρεν legitur.
²⁴ Ad αὐτούς Cod. 85 in marg.: Ο'. μόνοι. "Notam Cod.
Basil., Ο'. μόνοι, sic intelligendam esse puto: LXX soli
discesserunt ab Hebraeo…ita ut singularem pro plurali [vel potius, ἔσωσε κύριος pro ἔσωσαν] substituerent."—
Scharfenb.　²⁵ Sic in textu Comp., Codd. 15, 18, 19,
alii, Syro-hex. Parsons. e marg. Cod. 85 affert: Ο'. Θ.
αὐτῷ, silente Montef.　²⁶ Sic Codd. 16, 53, 57, alii (inter
quos 85, cum ἑτέρων in marg.).　²⁷ Cod. 85. Sic in
textu Comp., Ald., Codd. III (sine artic.), X (idem), XI
(idem), 15, 19 (ut III), alii, Arm. 1, Syro-hex.　²⁸ Sic
Comp., Codd. 44, 53, 54, alii (inter quos 85), Vet. Lat.
In Syro-hex. vocula deest.　²⁹ Cod. 85, teste Parsonsio.

18. וַיִּדְחָקוּם. Et opprimentium eos. Ο΄. καὶ ἐκθλιβόντων (alia exempl. κακούντων[30]) αὐτούς.

19. וּמִדַּרְכָּם הַקָּשָׁה. Ο΄. καὶ τὰς ὁδοὺς αὐτῶν τὰς σκληράς. Alia exempl. καὶ ἀπὸ τῆς ὁδοῦ αὐτῶν τῆς σκληρᾶς.[31]

21. יְהוֹשֻׁעַ. Ο΄. Ἰησοῦς υἱὸς Ναυὴ ἐν τῇ γῇ. Alia exempl. ἐν τῇ γῇ Ἰησοῦς υἱὸς Ναυή.[32]

22. בָּם. Per eos. Ο΄. ἐν αὐτοῖς (alia exempl. αὐτῷ[33]). Ἄλλος· δι᾽ αὐτῶν.[34]

הֵם. Ο΄. Vacat. Alia exempl. (✕) αὐτοί ◄.[35]

23. וַיַּנַּח. Ο΄. καὶ ἀφήσει. Alia exempl. καὶ ἀφῆκε.[36]

Cap. II. 1. — καὶ ἐπὶ Βαιθὴλ, καὶ ἐπὶ τὸν οἶκον Ἰσραὴλ ◄.[37] 2. — οὐδὲ τοῖς θεοῖς αὐτῶν οὐ μὴ προσκυνήσητε (sic), ἀλλὰ τὰ γλυπτὰ αὐτῶν συντρίψατε (sic) ◄.[38] 17. — καὶ παρώργισαν τὸν κύριον ◄.[39] 19. καὶ — πάλιν ◄.[40]

CAP. III.

1. אֲשֶׁר־הִנִּיחַ יְהֹוָה. Ο΄. ἃ ἀφῆκε κύριος αὐτά. Alia exempl. ἃ ἀφῆκεν Ἰησοῦς.[1]

1. לְנַסּוֹת. Ο΄. πειράσαι (potius πειρᾶσαι). Σ. ἀσκῆσαι.[2]

2. רַק אֲשֶׁר־לְפָנִים לֹא יְדָעוּם. Tantummodo eos qui antea non noverant ea (bella). Ο΄. πλὴν οἱ ἔμπροσθεν αὐτῶν οὐκ ἔγνωσαν αὐτά. Ἄλλος· παντελῶς γὰρ οἱ πρὸ αὐτῶν ἀνεπιστήμονες ἦσαν τῶν τοιούτων.[3]

3. פְּלִשְׁתִּים. Ο΄. τῶν ἀλλοφύλων. Aliter: Ο΄. Θ. τῶν Φυλιστιείμ.[4]

בַּעַל חֶרְמוֹן. Ο΄. τοῦ Ἀερμών. Alia exempl. τοῦ Βααλερμών.[5]

עַד לְבוֹא חֲמָת. Ο΄. ἕως Λαβωεμάθ. Ἀ. Σ. (ἕως) εἰσόδου Ἐμάθ.[6]

7. אֶת־הַבְּעָלִים. Ο΄. τοῖς Βααλίμ. Alia exempl. τῇ Βάαλ.[7]

8. אֲרַם נַהֲרַיִם. Arameae duorum fluviorum. Ο΄. Συρίας ποταμῶν. Aliter: Ο΄. Συρίας ✕ Μεσοποταμίας ◄ ποταμῶν.[8]

בְּנֵי־יִשְׂרָאֵל אֶת־כּוּשַׁן רִשְׁעָתַיִם. Ο΄. οἱ υἱοὶ Ἰσραὴλ τῷ Χουσαρσαθαίμ. Aliter: ✕ οἱ υἱοὶ Ἰσραὴλ ◄ αὐτῷ.[9]

❖ · · · ❖

Montef. ex eodem exscripsit: "Ἄλλ. εἴποτε. [30] Sic Comp., Ald., Codd. 15, 18, 29, alii, Syro-hex. (cum ܡܚܒܠܝܢ). (Paulo ante Graeca τῶν πολιορκούντων αὐτοὺς Syrus liberius vertit: ܘܡܢ ܐܝܠܝܢ ܕܡܚܒܠܝܢ ܗܘܘ ܠܗܘܢ.) [31] Sic Comp., Ald. (om. καὶ), Codd. 15 (idem), 18 (idem), 19, 108, 128 (ut Ald.). Eandem lectionem, addito in fine οὐκ ἀπέστρεφον, habent Codd. 44, 84, 106, 134, Syro-hex. Singulariter Cod. III: καὶ οὐκ ἀπέστησαν ἀπὸ—σκληρᾶς. [32] Sic Codd. 30, 53, 57, alii (inter quos 85). Verba, ἐν τῇ γῇ, absunt ab Ald., Codd. XI, 16, 29, aliis, Vet. Lat.; clausula autem, υἱὸς—γῇ, deest in Comp., Codd. III, 15, 18, 19, aliis, Syro-hex. [33] Sic Comp., Codd. 15, 18, 19, alii, Syro-hex. [34] Sic in marg. Cod. 85; in textu autem Codd. 44, 55, alii. Est fortasse Symmachi. [35] Sic Syro-hex. (cum cuneolo tantum), et sine aster. Comp., Codd. 19, 108. [36] Sic Comp., Ald., Codd. III, XI, 16, 18, 29, alii, Syro-hex., Vet. Lat. [37] Syro-hex. (qui legit et pingit: — καὶ ἐπὶ Β. ◄, καὶ τὸν οἶκον — Ἰσραὴλ ◄). Deest in Comp. [38] Idem (qui pingit: ◄الحجة ◄). [39] Idem (qui pingit: καὶ παρ. — τὸν κύριον, sine metobelo). Haec desunt in Ed. Rom., sed leguntur in Comp., Ald., Codd. III, XI, 15, 16, 18, aliis, Arm. 1. [40] Idem (qui

pingit: — καὶ πάλιν ◄).

CAP. III. [1] Sic Codd. III (om. ἃ), XI, 15, 18, 19, alii, Arm. 1, Syro-hex., Vet. Lat. Alia lectio, (om. ἃ) κατέλιπεν Ἰησοῦς, est in Comp., Codd. 19, 108. [2] Theodoret. Quaest. VIII in Jud. p. 327: τὸ μέντοι πειρᾶσαι ὁ Σύμ. ἀσκῆσαί φησιν αὐτοὺς ἠβουλήθη, καὶ διδάξαι τοῦ πολέμου τὴν τέχνην. [3] Cod. 85 in marg. sine nom. (non, ut Montef., οἱ ἔμπροσθεν αὐτῶν). Fortasse est Symmachi, coll. Hex. ad Job. xxi. 34. Psal. lxxii. 22. [4] Cod. 85 in marg. [5] Sic Comp., Ald., Codd. III (cum Βαλαερμών), 15, 44, 59, alii (inter quos 85 in marg.), Arm. 1, Syro-hex. [6] Cod. X. Euseb. in Onomastico, p. 262: Λαθωεμάθ. Ἀκύλας· εἴσοδος Ἐμάθ. Syro-hex. in textu, praeeunte Posch.: ܠܡܥܠܢܐ ܕܚܡܬ. [7] Sic Ald., Codd. X, XI, 15, 18, alii, Arm. 1 (cum τῷ Β.), Syro-hex. [8] Sic Syro-hex. (qui pingit: ܒܝܬ ܢܗܪܝܢ ✕ ܕܡܣܦܘܛܡܝܐ, lapsu scribae, ut videtur, pro ✕ ܕܡܣܦܘܛܡܝܐ ܒܝܬ ܢܗܪܝܢ, vel etiam ܒܝܬ ܢܗܪܝܢ ◄), et sine aster. Codd. III, 15, 18, 19, alii (inter quos 85, cum Μεσοποταμίας in marg.). [9] Sic Syro-hex., et sine aster. Comp., Cod. 108. Haec, οἱ υἱοὶ Ἰσρ., desunt in Ald., Codd. X, XI, 18, 29, aliis, Arm. 1, qui (ἐδούλευσαν) αὐτῷ legunt.

9. הַקָּטֹן מִמֶּנּוּ. Ο'. τὸν νεώτερον ὑπὲρ αὐτόν.
Alia exempl. τὸν νεώτερον αὐτοῦ.[10]

Ο'. ÷ καὶ εἰσήκουσεν αὐτῶν ◄.[11]

10. אֲרָם. Ο'. Συρίας ποταμῶν. Alia exempl. Συρίας.[12]

עַל כּוּשַׁן רִשְׁעָתַיִם. Ο'. ✕ ἐπὶ τὸν Χουσαρ-
σαθαΐμ (◄).[13]

15. יְהוָה לָהֶם מוֹשִׁיעַ. Ο'. αὐτοῖς σωτῆρα. Alia
exempl. κύριος αὐτοῖς σωτῆρα.[14]

וַיִּשְׁלְחוּ. Ο'. καὶ ἐξαπέστειλαν (alia exempl.
ἀπέστειλαν[15]).

16. גֹּמֶד. Ulna. Ο'. σπιθαμῆς. Alia exempl. δρα-
κός.[16] 'Α. γρόνθου. Σ. παλαιστιαῖον. Θ.
σπιθαμῆς.[17]

מִתַּחַת לְמַדָּיו. Sub vestibus ejus. Ο'. ὑπὸ
τὸν μανδύαν ("Αλλος· ἔνδυμα[18]).

17. וַיַּקְרֵב. Ο'. καὶ ἐπορεύθη, καὶ προσήνεγκε.
Alia exempl. καὶ προσήνεγκε.[19]

בָּרִיא. Pinguis. Ο'. ἀστεῖος. 'Α. πιμελής.
Σ. παχύς.[20]

18. כַּאֲשֶׁר. Ο'. ἡνίκα. Alia exempl. ὡς.[21]

אֶת־הָעָם נֹשְׂאֵי. Ο'. τοὺς φέροντας. Alia exempl. τοὺς αἴροντας.[22] Alia: τοὺς ἄνδρας τοὺς

προσφέροντας.[23]

19. וְהוּא. Et ille. Ο'. καὶ αὐτός. Alia exempl.
καὶ Ἐγλώμ.[24]

מִן־הַפְּסִילִים. A simulacris (s. lapicidinis).
Ο'. ἀπὸ τῶν γλυπτῶν (alia exempl. ἀνδρῶν[25]).
Θ. καὶ οἱ λοιποί· γλυπτῶν.[26]

אֲשֶׁר אֶת־הַגִּלְגָּל. Ο'. τῶν (alia exempl. om.
τῶν[27]) μετὰ τῆς Γαλγάλ. Aliter: Ο'. τῶν ἐν
Γαλγάλ. Θ. τῶν μετὰ τῆς Γαλγάλ.[28]

וַיֹּאמֶר הָס וַיֵּצְאוּ מֵעָלָיו כָּל־הָעֹמְדִים עָלָיו.
Ο'. καὶ εἶπεν Ἐγλὼμ πρὸς αὐτόν σιώπα· καὶ
ἐξαπέστειλεν ἀφ' ἑαυτοῦ πάντας τοὺς ἐφεστῶ-
τας ἐπ' αὐτόν. Aliter: Ο'. καὶ εἶπεν Ἐγλὼμ
πᾶσιν· ἐκ μέσου· καὶ ἐξῆλθον ἀπ' αὐτοῦ πάντες
οἱ παρεστηκότες αὐτῷ.[29] Σ. ὁ δὲ εἶπεν σίγα·
ἀποπεμψαμένου δὲ αὐτοῦ πάντας τοὺς παρεστηκότας αὐτῷ.[30]

20. וְאֵהוּד בָּא אֵלָיו וְהוּא יֹשֵׁב בַּעֲלִיַּת הַמְּקֵרָה
אֲשֶׁר־לוֹ לְבַדּוֹ. Ο'. καὶ Ἀὼδ εἰσῆλθε πρὸς
αὐτόν· καὶ αὐτὸς ἐκάθητο ἐν τῷ ὑπερῴῳ τῷ
θερινῷ τῷ ἑαυτοῦ μονώτατος. Σ. εἰσῆλθεν πρὸς
αὐτὸν ὁ Ἀὼδ, καθημένου κατὰ μόνας . . .[31]

21. מֵעַל יְרֵךְ. Ο'. ἐπάνωθεν (alia exempl. ἀπὸ[32])
τοῦ μηροῦ.

---

[10] Sic Comp., Ald., Codd. III, XI, 15, 18, 29, alii, Syro-
hex. (cum ÷ αὐτοῦ ◄), Vet. Lat.　[11] Sic Syro-hex., et
sine obelo Ald., Codd. III (cum καὶ εἰσήκουσαν αὐτοῦ), XI,
15, 18, 54 (cum αὐτοῦ), 55 (ut III), alii (inter quos 85 in
marg. cum αὐτόν), Arm. 1, Vet. Lat.　[12] Sic Comp.,
Ald., Codd. III, XI, 18, 44, 55, alii, Syro-hex.　[13] Sic
Syro-hex. (qui pingit: ἐπὶ ✕ τὸν Χ.). Haec desunt in
Codd. 44, 71.　[14] Sic Comp., Ald. (cum αὐτοῖς κύριος),
Codd. III (idem), 15 (idem), 16 (idem), 18 (idem), alii
(inter quos 85, ut Ald.), Arm. 1 (ut Ald.), Syro-hex.
[15] Sic Comp., Codd. III, XI, 15, 16, 18, 19, alii.　"Basil.
sic habet: Ο'. Θ. καὶ οἱ λοιποὶ ου, id est, οὕτως [ἐξαπέστειλαν]."
—Montef.　[16] Sic Codd. 16, 30, 52, alii (inter quos 58
cum σπιθαμῆς in marg.), 85.)　[17] Cod. 85: 'Α. Σ. γρόνθου
παλαιστιαίου. Θ. σπιθαμῆς. Aquilae vindicandum videtur
γρόνθου, s. γρόνθος; Symmacho autem παλαιστιαίου (sc. μάχαιραν.)　[18] Cod. 85 in marg. sine nom. Cf. Hex. ad
Psal. cxxxii. 2.　[19] Sic Comp., Codd. III, 19, 54, 59,
75, 108, Syro-hex.　[20] Cod. 85.　[21] Sic Comp., Ald.,
Codd. III, XI, 15, 18, 19, alii, Syro-hex.　[22] Sic Comp.,

Ald., Codd. III, XI, 15, 18, 29, alii, Syro-hex.　Cod. 85
in marg.: Θ. αἴροντας.　[23] Sic Codd. 44, 54 (cum φέροντας), 75 (idem), 84, 106, 134.　[24] Sic Ald. (cum Αἰγλώμ),
Codd. III, XI (ut Ald.), 16 (idem), 18, 29, alii, Arm. 1,
Syro-hex.　[25] Sic Codd. 16, 30, 52, alii (inter quos 85),
invito Syro-hex.　[26] Cod. 85: Θ. λοιποί· γλυπτῶν.　[27] Sic
Comp., Codd. III, X, 55, 71, alii (inter quos 85 in marg.),
Syro-hex.　[28] Cod. 85 in marg. Prior lectio est in
Ald., Cod. XI (cum Γαλαάδ), 15, 16, 18, aliis (inter
quos 85).　[29] Cod. 85 in marg. Sic in textu Codd. III
(cum παρεστήκοντες), 19, 108, Syro-hex. Praeterea Cod. 85
in marg. mutilas lectiones affert: Θ. πᾶσιν ἐκ μέσου. Ο'.
ἐξῆλθον. Θ. ἐξήγαγον ἀπ' αὐτοῦ. Θ. οἱ παρεστηκότες αὐτῷ.
Denique in Codd. 44, 54, 59, aliis, reperitur lectio ex
ambabus modo positis conflata: καὶ εἶπεν Ἐγλὼμ σιώπα
(s. σίγα)· καὶ εἶπε πάντας ἐκ μέσου γενέσθαι· καὶ ἐξῆλθον κ. τ. ἑ.
[30] Cod. 85, teste Parsonsii amanuensi. (Pro παρεστηκότας
Montef. ex eodem exscripsit παρεστῶτας.)　[31] Idem in
continuatione.　[32] Sic Comp., Codd. III, 15, 18, 19,
alii, Arm. 1, Syro-hex.

21. בְּבִטְנוֹ. O'. ἐν τῇ κοιλίᾳ αὐτοῦ. Alia exempl. εἰς τὴν κοιλίαν Ἐγλώμ (s. Αἰγλώμ).[33]

22. בְּעַד הַלָּהַב. Post laminam. O'. κατὰ τῆς φλογός (Σ. τῆς αἰχμῆς[34]).

וַיֵּצֵא הַפַּרְשְׁדֹנָה. Et exiit (gladius) usque ad interstitium pedum (podicem). O'. καὶ ἐξῆλθεν Ἀὼδ τὴν προστάδα (alia exempl. εἰς τὴν προστάδα[35]). Ἀ. . παραστάδα. Σ. . εἰς τὰ πρόθυρα.[36]

23. בַּעֲדוֹ. Post eum. O'. κατ' αὐτοῦ. Alia exempl. ἐπ' αὐτόν.[37]

24. נְעֻלוֹת. Obseratae. O'. ἐσφηνωμέναι (s. ἀποκεκλεισμέναι[38]). Alia exempl. ἀποκεκλεισμέναι, ✕ καὶ ἀποτιναξάμενος Ἀὼδ ἐξῆλθεν καὶ ἐπορεύετο· καὶ οἱ παῖδες Ἐγλώμ εἰσπορευθέντες προσῆλθον, καὶ αἱ θύραι τοῦ οἴκου κεκλεισμέναι ◂.[39]

אַךְ מֵסִיךְ הוּא אֶת־רַגְלָיו בַּחֲדַר הַמְּקֵרָה. Profecto ille tegit pedes suos (exonerat alvum) in conclavi refrigerationis. O'. μήποτε ἀποκενοῖ τοὺς πόδας αὐτοῦ ἐν τῷ ταμείῳ τῷ θερινῷ.

Aliter: O'. μήποτε πρὸς δίφρους κάθηται ἐν τῇ ἀποχωρήσει τοῦ κοιτῶνος.[40] Ἀ. Θ. . ἀποκενοῖ τοὺς πόδας αὐτοῦ . . .[41]

25. וַיָּחִילוּ עַד־בּוֹשׁ. Et exspectabant usque dum animo perturbarentur. O'. καὶ ὑπέμειναν ἕως ᾐσχύνοντο. Aliter: O'. καὶ προσέμειναν αἰσχυνόμενοι.[42]

27. בְּבוֹאוֹ. O'. ἡνίκα ἦλθεν Ἀὼδ εἰς γῆν Ἰσραήλ. Alia exempl. ἡνίκα ἦλθεν.[43]

29. בָּעֵת הַהִיא. O'. τῇ ἡμέρᾳ ἐκείνῃ. Alia exempl. ἐν τῷ καιρῷ ἐκείνῳ.[44]

כָּל־שָׁמֵן. Omnem pinguem (robustum). O'. πᾶν λιπαρόν. Alia exempl. πάντας τοὺς μαχητάς; alia, πάντας τοὺς μαχητὰς τοὺς ἐν αὐτοῖς.[45]

30. וַתִּכָּנַע. Et depressus est. O'. καὶ ἐνετράπη. Ἄλλος· καὶ ἐταπεινώθη.[46]

31. בֶּן־עֲנָת. O'. υἱὸς Δινάχ (alia exempl. Ἀνάθ[47]).

בְּמַלְמַד הַבָּקָר. Fuste bovino. O'. ἐν τῷ ἀροτρόποδι τῶν βοῶν. Aliter: O'. ἐκτὸς μόσχων τῶν βοῶν.[48] Ἀ. ἐν διδακτήρι . . Σ.

---

[33] Sic Comp. (cum Ἐγλὼν), Ald., Codd. III, XI, 15, 18, 29, alii (inter quos 85 in marg.), Syro-hex. [34] Cod. X (qui in textu bis φλεβὸς habet): Σ. τῆς ἐχμῆς (sic). Etiam Cod. 85 in marg.: ἐχμῆς. Cf. Hex. ad 1 Reg. xvii. 7. In Codd. 44, 54, 59, aliis, locus sic legitur: καὶ ἀπέκλεισε τὸ στέαρ τὴν παραξιφίδα (unus τῇ π.), ex Theodoreto, ut videtur (Opp. T. I, p. 329), qui tamen τὴν παραξιφίδα pro capulo, non pro lamina, habebat. [35] Sic Comp. (om. Ἀὼδ), Ald., Codd. III, XI (ut Comp.), 15, 18 (ut Comp.), 19, alii, Arm. 1 (ut Comp.), Syro-hex. (cum ‎ܦܪܫܕܘܢܐ). [36] Bar Hebraeus: ‎ܟ ܦܪܫܕܘܢܐ. Sed utrum ‎ܓ an ‎ܬ codex legat, non definio, quia lectio non habet, ut ceterae Bar Hebraei, quas do, notam revisionis cum codice."—A. C. Perperam Parsonsius: "prostaron Syr. Bar Hebr." [36] Cod. 85, teste Montef., qui ad Hebraeum הַמְּסְדְּרוֹנָה, ad porticum (v. 23) tum Seniorum tum ceterorum interpp. lectiones haud improbabiliter refert. Certe clausula, καὶ ἐξῆλθε τοὺς διατεταγμένους, desideratur in Codd. III, 58, 59, 75. [37] Sic Comp., Ald., Codd. III, XI, 15, 19, 29, alii, Syro-hex., Vet. Lat. [38] Sic Comp., Codd. III, XI, 15, 18, 19, alii (inter quos 85 in marg.), Syro-hex. [39] Sic Syro-hex. (ex duplici versione), et sine obelo Codd. 54, 59, 75 (om. εἰσπορευθέντες). [40] Sic Comp., Ald., Codd.

III, XI, 15, 19, 29, alii, Syro-hex. Cod. 85 in marg., teste Parsons.: Θ. πρὸς διαφόρους κάθηται. O'. τῇ ἀποχωρήσει τοῦ κ. [41] Cod. 54 in marg.: Ἀ. Θ. ἀποκενοῖ τοὺς π. αὐτοῦ, γεγράφθαι λέγοντες. Ἰώσηππος [Antiq. V, 4, 2] πρὸς ὕπνον (sic). Cf. Hex. ad 1 Reg. xxiv. 4. [42] "Sic Basil. [in marg.] cum hac nota: παῦ χω διωρθ' ου."—Montef. Sic in textu Comp., Ald., Codd. III, XI, 15, 18, 19, alii, Syro-hex., qui omnes mox οὐκ ἦν pro οὐκ ἔστιν habent. [43] Sic Comp., Codd. III, 19, 54, 59, 75, 108, Syro-hex. [44] Sic Comp., Codd. III, 15, 18, 19, alii (inter quos 85 in marg.), Syro-hex. [45] Prior lectio est in Comp., Codd. III, 15, 19, 64, 108, 128, Syro-hex.; posterior in Ald., Codd. X, XI, 16, 29, aliis (inter quos 85). Cod. 85 in marg. sine nom. Sic in textu Codd. 16, 30, 52, alii. [46] Sic Comp., Ald., Codd. III, XI, 15, 18, 19, alii (inter quos 85 in marg. cum λιπᾷ), Arm. 1, Syro-hex., Vet. Lat. (cum Aneath). [46] Cod. 85 in marg. Sic in textu Codd. X, XI (cum καὶ β. pro τῶν β.), 19, 29, 44, alii, Arm. 1, Syro-hex. [48] Cod. III mixtam lectionem affert: ἐν τῷ ἀροτρόποδι ἐκτὸς μόσχων βοῶν. Grabe in Epist. ad Mill. p. 7: "Praeter vitulos boum habet quoque August. Quaest. XXV, et hanc τῶν O' interpretationem esse testatur, additque: ' Habet illa [scil. Hieronymi] ex Hebraeo, vomere occisos

ἐν τῇ ἐχέτλη .. Θ. ἐν ἀρατρόποδι τῶν βοῶν.⁴⁹

Cap. III. 18. — 'Αὼδ ◄ προσφέρων.⁵⁰ καὶ ἐξαπέστειλεν — 'Αὼδ ◄.⁵¹ 20. — βασιλεῦ ◄.⁵² 26. — καὶ οὐκ ἦν προσνοῶν αὐτῷ ◄.⁵³ 27. ✕ ἀπὸ τοῦ ὄρους ◄.⁵⁴ 28. — ὁ θεός ◄.⁵⁵

Cap. IV.

1. וְאֵהוּד מֵת. Ο'. ✕ καὶ 'Αὼδ ἀπέθανε ◄.¹

2. וַיִּמְכְּרֵם. Ο'. καὶ ἀπέδοτο τοὺς υἱοὺς 'Ισραήλ. Alia exempl. καὶ ἀπέδοτο αὐτούς.²

3. רֶכֶב־בַּרְזֶל לוֹ. Ο'. ἅρματα σιδηρᾶ ἦν αὐτῷ (alia exempl. διέστειλεν ἑαυτῷ³).

5. לַמִּשְׁפָּט. Ο'. εἰς κρίσιν. Alia exempl. τοῦ κρίνεσθαι.⁴

6. מִבְּנֵי. Ο'. ἐκ τῶν υἱῶν. Aliter: Ο'. Θ. ἀπὸ τῶν υἱῶν.⁵

7. וּמָשַׁכְתִּי אֵלֶיךָ. Ο'. καὶ ἐπάξω πρὸς σέ. 'Α. (καὶ) ἑλκύσω πρὸς σέ.⁶ Σ. καὶ ἀθροίσας αὐτούς ..⁷

7. בְּיָדֶךָ. Ο'. εἰς χεῖράς σου. Aliter: Ο'. Θ. ἐν τῇ χειρί σου.⁸

8. עִמִּי (in posteriore loco). Ο'. Vacat. Alia exempl. μετ' ἐμοῦ.⁹

9. וַתֹּאמֶר. Ο'. καὶ εἶπε. Aliter: Ο'. καὶ εἶπε ✕ πρὸς αὐτὸν Δεββώρα ◄.¹⁰

תִּפְאַרְתְּךָ. Decus tuum. Ο'. τὸ προτέρημά σου. 'Α. καύχημά σου. Σ. ἡ ἀριστεία σή.¹¹

קֶדְשָׁה. Ο'. ἐκ Κάδης. Aliter: Ο'. εἰς Κέδες ✕ τῆς Νεφθαλί ◄.¹²

10. וַיַּזְעֵק בָּרָק אֶת־זְבוּלֻן (convocavit) Ο'. καὶ ἐβόησε Βαρὰκ τὸν Ζαβουλών. Alia exempl. καὶ παρήγγειλε Βαρὰκ τῷ Ζαβουλών.¹³

קֶדְשָׁה. Ο'. ἐκ Κάδης. Alia exempl. εἰς Κέδες.¹⁴

11. וְחֶבֶר הַקֵּינִי נִפְרָד. Ο'. καὶ Χαβὲρ ὁ Κιναῖος ἐχωρίσθη. Aliter: Ο'. καὶ οἱ πλησίον τοῦ Κιναίου ἐχωρίσθησαν.¹⁵ Οἱ Γ'. καὶ Χαβὲρ ὁ Κειναῖος ἐχωρίσθη.¹⁶

---

sexcentos viros, quod ista [juxta LXX] non habet.' Illa igitur, ἐν τῷ ἀρ. τῶν β., non est LXX, sed alia quaepiam versio ex Hebraeo facta, indeque etiam nostro codici inserta." Cod. X, testibus Parsonsio, et Montef. in schedis. Cod. 85 affert: Σ. ἐχέτλη (sic). Cod. 58 in marg. sine nom.: ἐν διδακτῆρι ἐν τῷ ἀρωτρόποδι (sic) τῶν β. Aliam lectionem Aquilae vindicat Bar Hebraeus: ܐܡܪ ܚܕܘܦܐ, h.e. ni fallor: 'Α. ἐν ἀρορτρόποδι τοῦ βουκολίου. ⁴⁹ Syro-hex. (qui pingit: 'Αὼδ — προσφέρων). ⁵¹ Idem (qui pingit: — καὶ ἐξ. 'Αὼδ ◄). Sic sine obelo Codd. 19, 58, 108. ⁵² Idem. ⁵³ Idem (qui pingit: καὶ οὐκ ἦν προσνοῶν (ܡܚܒܣ) — αὐτῷ ◄). ⁵⁴ Idem. Haec desunt in Ald., Codd. X, XI, 15, 18, 29, aliis. ⁵⁵ Idem.

Cap. IV. ¹ Syro-hex. pingit: ✕ποιῆσαι—ἀπέθαν, nullo metobelo. Verba, καὶ 'Αὼδ ἀπέθανε, desunt in Codd. X, XI, 15, 18, 29, aliis. Origen. Opp. T. II, p. 467: et Aioth mortuus est. ² Sic Comp., Ald., Codd. III, 16, 18, 19, alii (inter quos 85), Arm. 1, Syro-hex. (cum ܙܒܢ, tradidit, pro ἀπέδοτο, vendidit. Cf. Hex. ad Ezech. xxx. 12). ³ Sic (pro ἦν αὐτῷ) Codd. 54, 59, 75. Cf. ad Cap. i. 19. ⁴ Sic Codd. X, XI, 29, 30, alii (inter quos 85 in marg.), Syro-hex., Origen.; necnon (praem. ἐκεῖ) Comp., Ald., Codd. III, 15, 19, alii. ⁵ Cod. 85 in marg. Sic in textu (bis) Comp., Ald., Codd. III, XI, 15 (in priore loco), 18, aliis. ⁶ Codd. X (cum ἀπάξω in textu), 108. ⁷ Cod. X: Σ. ἀθροίσατε (dubia scriptura). " Ad Sym. forte legendum ἀθροίσω πρὸς σέ."—Bahrdt. Potiorem medicinam affert Cod. 58, qui in marg. exhibet: ἑλκύσω πρὸς σέ. καὶ ἀθροίσας αὐτούς. ⁸ Cod. 85 in marg., teste Montef. Sic in textu Comp., Ald., Codd. III (om. τῇ), X, XI, 15, 18 (ut III), 19, alii, Syro-hex. ⁹ Sic Ald., Codd. III, XI, 16, 18, alii (inter quos 85, cum nota: Ο'. χω. Θ. ου (sic)), Syro-hex., Origen. ¹⁰ Sic Syro-hex. (qui legit et pingit: ✕καὶ εἶπε Δ. πρὸς αὐτὸν), et sine aster. Comp., Ald. (cum Δεββόρα), Codd. III, XI, 15, 16, 18, alii, Arm. 1. ¹¹ Cod. 108 (cum ἀριστεία). Cod. 85: 'Α. καύχημα. Σ. ἡ ἀριστία (sic). Masius in Syrorum Pecul. p. 47 Aquilae tribuit ܗܕܪܟ. ¹² Sic Syro-hex. (cum ἐκ (sic) Κ. ✕τῆς Ν. ◄), et sine aster. Codd. 54, 59 (cum —λείμ), 75 (cum εἰς Κέδαις τῆς Νεφθαλίμ). Cod. 85 in marg.: εἰς Κέδες. ¹³ Sic Comp., Ald., Codd. III, XI, 15, 18, 19, alii (inter quos 85 in marg.), Syro-hex. Sic ad v. 13 Codd. 54, 59, 75. ¹⁴ Sic Comp., Ald., Codd. III (cum Κεδες), X (cum Κεδας), XI (idem), 15, 19, alii, Syro-hex. ¹⁵ Cod. 85 in marg. (cum Κειναίου). Sic in textu Comp., Ald., Codd. III, X, XI, 15, 18, alii, Syro-hex. (cum ܩܪܝܒܐ). ¹⁶ Cod. X. Singularis est lectio trium librorum (54, 59, 75): καὶ πάντες οἱ Κιναῖοι ἀπέστησαν (ἐκεῖθεν οἱ ἦσαν ἀπὸ τῶν υἱῶν 'Ιωβάβ).

11. עַד־אֵלוֹן בְּצַעֲנַיִם. *Usque ad quercum in Zaanaim.* Ο'. ἕως δρυὸς πλεονεκτούντων. Aliter: Ο'. πρὸς δρῦν ἀναπαυομένων.¹⁷ Θ. ἕως δρυὸς πλεονεκτούντων.¹⁸

14. בְּיָדֶךָ. Ο'. ἐν τῇ χειρί σου. Aliter: Ο'. ἐν χειρί σου. Σ. εἰς χεῖράς σου.¹⁹

הֲלֹא יְהוָה יָצָא לְפָנֶיךָ. Ο'. ὅτι κύριος ἐξελεύσεται ἔμπροσθέν σου. Aliter: Ο'. οὐκ ἰδοὺ κύριος ἐλεύσεται ἔμπροσθέν σου; Ἀ. μήτι οὐ κύριος ἐξελεύσεται εἰς πρόσωπόν σου; Σ. ὅρα κύριος προέρχεταί σου. Θ. οὐχὶ κύριος ἐξελεύσεται ἔμπροσθέν σου;²⁰

16. עַד חֲרֹשֶׁת. Ο'. ἕως Ἀρισώθ. Alia exempl. ἕως δρυμοῦ.²¹

17. נָס. Ο'. ἔφυγεν. Alia exempl. ἀνεχώρησεν.²²

18. לִקְרַאת. Ο'. εἰς συνάντησιν. Aliter: Ο'. Θ. εἰς ἀπάντησιν.²³

אֵלָיו. Ο'. αὐτῷ. Οἱ λοιποί· πρὸς αὐτόν.²⁴

סוּרָה (bis). *Deverte.* Ο'. ἔκκλινον. Alia exempl. ἔκνευσον.²⁵

וַיָּסַר. Ο'. καὶ ἐξέκλινε. Alia exempl. καὶ ἐξένευσε.²⁶

18. וַתְּכַסֵּהוּ בַּשְּׂמִיכָה. *Et operuit eum stragulo.* Ο'. καὶ περιέβαλεν αὐτὸν ἐπιβολαίῳ (Ο'. ἐν τῇ δέρρει αὐτῆς. Θ. ἐν τῷ σάγῳ. Σ. ἐν κοιμήτρῳ²⁷). Aliter: Ο'. καὶ συνεκάλυψεν αὐτὴν ἐν τῇ δέρρει αὐτῆς.²⁸

19. וַתְּכַסֵּהוּ. Ο'. καὶ περιέβαλεν αὐτόν. Aliter: Ο'. καὶ συνεκάλυψεν τὸ πρόσωπον αὐτοῦ. Σ. καὶ συνεκάλυψεν αὐτόν.²⁹

20. פֶּתַח. Ο'. ἐπὶ τὴν θύραν. Aliter: Ο'. Θ. ἐν τῇ θύρᾳ.³⁰

אִם־אִישׁ. Ο'. ἐὰν ἀνήρ. Alia exempl. ἐάν τις.³¹

הֲיֵשׁ־פֹּה אִישׁ. Ο'. εἰ ἔστιν ὧδε (Ο'. Θ. ἐνταῦθα³²) ἀνήρ; Alia exempl. ἔστιν ἐνταῦθα ἀνήρ;³³

21. אֶת־הַמַּקֶּבֶת. Ο'. τὴν σφῦραν. Aliter: Ο'. ✕ σὺν ◄ τὴν σφῦραν.³⁴

בַּלָּאט. *Leniter.* Ο'. ἐν κρυφῇ. Alia exempl. ἡσυχῇ.³⁵

וַתִּתְקַע. *Et infixit.* Ο'. καὶ ἔπηξε. Aliter: Ο'. Θ. καὶ ἐνέκρουσε.³⁶

---

¹⁷ Sic Comp. (cum ἕως δρυὸς ἄν.), Ald. (idem), Codd. III, X (?), XI, 15, 18, 19, alii (inter quos 85 in marg. sine πρός), Arm. 1 (ut Comp.), Syro-hex. ¹⁸ Cod. X. Theodotionem in vertendo ad בְּצַע, ἐπλεονέκτησε, LXX vero ad צָעָה, *inclinatus est*, respexisse quivis videt. ¹⁹ Cod. 85 in marg. Prior lectio est in Comp., Codd. III, 18, 64, 108, 128. ²⁰ Cod. 85 in continuatione. Prior lectio est in Comp., Codd. III, 15, 18, 19, 128; necnon (cum ἐξελεύσεται) in Codd. 44, 54, aliis, Syro-hex. ²¹ Sic Comp., Ald., Codd. III (praemisso καί), X, 15, 18, 19, alii (inter quos 85 in marg.), Arm. 1, Syro-hex. Mox pro οὐ κατελείφθη Montef. e marg. Basil. edidit: Ἄλλος· οὐχ ὑπελείφθη, quae lectio est trium Codd. 54, 59, 75. ²² Sic Comp., Ald., Codd. III, XI, 15, 18, alii (inter quos 85 in marg.), Syro-hex. ²³ Cod. 85 in marg. Sic in textu Comp., Ald., Codd. III, XI, 15, 18, 19, alii, et (ut videtur) Syro-hex. ²⁴ Cod. 85, teste Montef. Sic in textu Comp., Codd. III, 19, 54, 75, 108, Syro-hex. ²⁵ Sic Comp., Ald., Codd. III, XI (in priore loco), 15, 18, 19, alii (inter quos 58, 85, uterque in marg.), invito, ut videtur, Syro-hex. ²⁶ Sic Comp., Ald., Codd. III (cum ἔκνευσεν), X, XI, 15, 18, 19, alii. ²⁷ Cod. 85. "Haereo

in versione Symmachi, quae etsi non dissentit ab Hebraeo, si שְׂמִיכָה interpreteris *pulvinar*, tamen mihi suspecta est propter insolentiam vocabuli κοίμητρον, omnibus, quos consului, Lexicographis ignoti. Forte legendum est ἐν κοιμητηρίῳ."—*Scharfenb.* Forma κοίμητρον per apocopen facta est ex κοιμητήριον, cui similes sunt ἄλειπτρον (Hex. ad Job. xxiv. 15), σκάλιστρον (Hex. ad Jerem. xliii. 10), ῥάντιστρον (Graeco-Ven. ad Cant. Cant. vii. 2). ²⁸ Sic Comp. (cum δέρρῃ), Ald., Codd. III, X (cum δέρρι), XI (idem), 15, 18, 19 (ut Comp.), alii, Syro-hex. Vet. Lat.: *et cooperuit eum in pelle sua.* ²⁹ Cod. 85 in marg. Prior lectio est in Comp., Ald., Codd. III, XI, 15, 18, 19, aliis, Arm. 1, Syro-hex. ³⁰ Idem. Sic in textu Comp., Ald., Codd. III, X, XI, 15, 18, 19, alii, Syro-hex. ³¹ Sic Comp., Ald., Codd. III, XI, 15, 18, 19, alii, Arm. 1, Syro-hex. ³² Cod. 85 in marg. ³³ Sic Comp., Ald., Codd. III, X, XI (cum ἔσται), 15, 18, alii, Syro-hex., Vet. Lat. ³⁴ Syro-hex.: ✕ σὺν ◄ τῇ σφύρᾳ (ܚܡܪ ◄ ✕). Cod. Esc.: σὺν τὴν σφῦραν. ³⁵ Sic Comp., Ald., Codd. III, X, XI, 15, 18, 19, alii (inter quos 85), Syro-hex. ³⁶ Cod. 85 in marg. Sic in textu Comp., Ald., Codd. X, XI, 15, 19, alii, Arm. 1, et fortasse Syro-hex.

-21. בְּרַקָּתוֹ. *In tempus ejus.* Ο΄. ἐν τῷ κροτάφῳ αὐτοῦ. Aliter: Ο΄. Θ. ἐν τῇ γνάθῳ αὐτοῦ.[37] Ἀ. (ἐν) κροτάφῳ (αὐτοῦ).[38]

וַתִּצְנַח. *Et demisit se* (clavus). Ο΄. καὶ διεξῆλθεν (alia exempl. διήλασεν[39]).

וְהוּא־נִרְדָּם וַיָּעַף וַיָּמֹת. *Ille autem sopore oppressus est, et defatigatus; et mortuus est.* Ο΄. καὶ αὐτὸς ἐξεστὼς ἐσκοτώθη, καὶ ἀπέθανε. Aliter: Ο΄. καὶ αὐτὸς ἀπεσκάρισεν — ἀναμέσον τῶν ποδῶν αὐτῆς ◄ καὶ ἐξέψυξε, καὶ ἀπέθανε.[40] Σ. κεκαρωμένου αὐτοῦ ὁ δὲ ἐλειποθύμησεν. ἀποθανόντος δὲ αὐτοῦ (ἐφάνη Βαράκ).[41]

22. וְהִנֵּה בָרָק. Ο΄. καὶ ἰδοὺ Βαράκ. Σ. ἐφάνη Βαράκ.[42]

נֹפֵל. Ο΄. ἐρριμμένος. Aliter: Ο΄. Θ. πεπτωκώς.[43]

בְּרַקָּתוֹ. Ο΄. ἐν τῷ κροτάφῳ αὐτοῦ. Alia exempl. ἐν τῇ γνάθῳ αὐτοῦ.[44]

23. וַיַּכְנַע. *Et depressit.* Ο΄. καὶ ἐτρόπωσεν (Aliter: Ο΄. ἐταπείνωσεν. Θ. συνέτριψεν[45]).

23. לִפְנֵי. Ο΄. ἔμπροσθεν. Aliter: Ο΄. Θ. ἐνάπιον.[46]

24. וַתֵּלֶךְ. Ο΄. καὶ ※ ἐπορεύετο ◄.[47]

וְקָשָׁה. *Et gravis fuit.* Ο΄. καὶ σκληρυνομένη (alia exempl. κραταιουμένη[48]).

אֵת יָבִין מֶלֶךְ־כְּנַעַן. Ο΄. τὸν Ἰαβὶν βασιλέα Χαναάν. Alia exempl. αὐτόν.[49]

Cap. IV. 6. καὶ ἀπέστειλε — Δεββώρα ◄.[50] 8. — ὅτι οὐκ οἶδα τὴν ἡμέραν ἐν ᾗ εὐοδοῖ κύριος τὸν ἄγγελον μετ᾽ ἐμοῦ ◄.[51] 15. — καὶ πᾶσαν τὴν παρεμβολὴν αὐτοῦ ◄.[52] 20. καὶ ἐρωτήσῃ σε, καὶ εἴπῃ — σοι ◄.[53] ※ καὶ συνεκάλυψεν αὐτὸν ἐν τῇ δέρρει αὐτῆς ◄.[54]

Cap. V.

1. וַתָּשַׁר. Ο΄. καὶ ἦσαν (alia exempl. ᾖσεν[1]). Ο΄. Θ. καὶ ᾖσαν.[2]

2. בִּפְרֹעַ פְּרָעוֹת. *Quod praeiverunt principes.* Ο΄. ἀπεκαλύφθη ἀποκάλυμμα. Aliter: Ο΄. Θ. ἐν

---

[37] Idem. Sic in textu Comp., Ald., Codd. III, X, XI, 15, 18, 29, alii. [38] Ad κροτάφῳ Cod. X in marg. pingit: Ἀκ. [39] Sic Comp., Ald., Codd. III, X (cum διήλ. αὐτὸν), 15, 18, 19, alii, Arm. 1, Syro-hex. (cum حجدا). Cod. 85 in marg.: ἤλασεν. [40] Sic Syro-hex. (qui pingit: ἀναμέσον — τῶν π. αὐτῆς ◄), et sine obelo Comp., Codd. III (cum γονάτων pro ποδῶν), 19, 108 (om. ποδῶν); necnon (cum ἐν μέσῳ pro ἀναμέσον) Codd. 44 (cum ἀπεσκάρησεν), 54 (cum αὐτὸς δὲ), alii; et (absente clausula, ἀναμ. τῶν π. αὐτοῦ, quae huc e Cap. v. 27 traducta est) Ald., Codd. 15, 18, 30, alii. Codd. X, XI, 29, alii, nimis curtam lectionem, καὶ αὐτὸς ἀπεσκ. καὶ ἐξέψυξεν, exhibent. Denique Cod. 85 in marg.: Ο΄. ἀπεσκάρισε καὶ ἐξέψυξεν. (Vox ἀποσκαρίζειν, Atticis ἀπασκαρίζειν, cujus loco Syrus noster ادجـف (cf. Hex. ad Jon. iv. 8) posuit, purioris Graecitatis est, proprie de *piscibus extra aquam palpitantibus* (ut Comicus apud Suidam s. v.: ἀποσκαρίζειν ὡσπερεὶ πέρκην χαμαί); deinde de *animam agentibus, et pedes in aversum jactantibus* (ut in Lucillii epigrammate, quod commentatus est Jacobs. in Anthol. Gr. T. IX, p. 468). Scripturam ἀπεσκίρτησε, quae unum et alterum librum occupavit, nihil moramur.) [41] Cod. 85. [42] Idem. Cf. Hex. ad Jos. v. 13. Amos vii. 7. [43] Cod.

85 in marg., teste Montef. Sic in textu Comp., Codd. III, XI, 15, 18, 19, alii, Arm. 1, Syro-hex. [44] Sic Comp., Codd. III, XI, 15, 18, 19 (cum ἐν τῷ γν.), alii. [45] Cod. 85 in marg. Prior lectio est in Comp., Ald., Codd. III, X, XI, 15, 18, 19, aliis, Arm. 1, Syro-hex. [46] Idem. Sic in textu Comp., Ald., Codd. III, XI, 15, 18, 19, alii, Syro-hex. [47] Sic Syro-hex. (qui pingit: ※ καὶ ἐπορεύετο, nullo metobelo). Pro ἐπορεύετο, quae lectio est Ed. Rom., in Codd. III, 19, 108 est ἐπορεύθη. [48] Sic Codd. 54, 59, 75. [49] Sic Comp., Ald., Codd. III, X, XI, 15, 18, 19, alii, Syro-hex. [50] Syro-hex. (qui pingit: — καὶ ἀπ. Δ., nullo metobelo). [51] Idem (cum εὐοδοῖ ὁ ἄγγελος κυρίου, invitis libris Graecis, qui inter κ. τὸν ἄγγελον et τὸν ἄγγελον κ. fluctuant). Haec desunt in Comp. [52] Idem, repugnante Hebraeo, in quo αὐτοῦ tantum desideratur. [53] Idem (qui pingit: — καὶ ἐρωτήσῃ — σοι ◄(sic)). [54] Idem, invito Hebraeo. Sic tamen sine aster᾽. Ald. (cum ἐπὶ pro ἐν), Codd. 18 (idem), 19, 44, alii (inter quos Esc.), Arm. 1.

CAP. V. [1] Sic Comp., Ald., Codd. III, XI, 15, 16, 18, alii, Syro-hex., Origen. (Opp. T. III, p. 34). [2] Cod. 85 in marg.

τῷ ἄρξασθαι ἀρχηγούς.³ Σ. ἐν τῷ ἀνακαλύψασθαι κεφαλάς.⁴

2. בְּהִתְנַדֵּב עָם. Quod promptum se praestitit
populus. Ο'. ἐν τῷ ἑκουσιασθῆναι λαόν. Aliter: Ο'. Θ. ἐν προαιρέσει λαοῦ.⁵ 'Α. ἐν ἑκουσιασμῷ λαοῦ.⁶

3. רוֹזְנִים. Principes. Ο'. σατράπαι. Ἄλλος·
ὕπαρχοι.⁷

אָנֹכִי לַיהוָה אָנֹכִי אָשִׁירָה. Ο'. ἄσομαι ἐγώ εἰμι
τῷ κυρίῳ ἐγώ εἰμι. Potior scriptura, ἐγώ εἰμι
τῷ κυρίῳ, ἐγώ εἰμι ᾄσομαι.⁸ Aliter: Ο'. ἐγὼ
τῷ κυρίῳ ✕ ἐγώ εἰμι ◄ ᾄσομαι.⁹

4. בְּצֵאתְךָ. Ο'. ἐν τῇ ἐξόδῳ σου. Alia exempl.
ἐν τῷ ἐκπορεύεσθαί σε.¹⁰

מִשָּׂדֶה. Ο'. ἐξ ἀγροῦ. Alia exempl. ἐκ πεδίου.¹¹

גַּם־שָׁמַיִם. Ο'. καί ✕ γε ◄ ὁ οὐρανός.¹²

נָטָפוּ. Stillaverunt. Ο'. ἔσταξε δρόσους.¹³ Ali-

ter: Ο'. ἐταράχθη.¹⁴ Θ. ἔσταξε δρόσους.¹⁵

5. זֶה סִינַי. Ο'. τοῦτο Σινά. Σ. τουτέστι τὸ
Σινά.¹⁶

6. חָדְלוּ אֳרָחוֹת. Feriabantur viae. Ο'. ἐξέλιπον
ὁδούς. Alia exempl. ἐξέλιπον βασιλεῖς.¹⁷ Σ.
ἐπαύθησαν ὁδοί.¹⁸

וְהֹלְכֵי נְתִיבוֹת. Et incedentes semitas. Ο'. καὶ
ἐπορεύθησαν ἀτραπούς (Aliter: Ο'. Θ. τρί-
βους¹⁹).

7. חָדְלוּ פְרָזוֹן. Cessaverunt duces. Ο'. ἐξέλιπον
δυνατοί (Aliter: Ο'. οἱ κατοικοῦντες²⁰). Ἄλ-
λος· ἐξέλιπε φραζών.²¹

8. יִבְחַר. Elegit. Ο'. ἐξελέξαντο. Aliter: Ο'.
Θ. ᾑρέτισαν.²²

אָז לָחֶם שְׁעָרִים. Tunc oppugnatio portarum
erat. Ο'. τότε ἐπολέμησαν πόλεις ἀρχόντων.
Aliter: Ο'. ὡς ἄρτον κρίθινον.²³

---

³ Cod. 85 in marg. Sic in textu Comp., Ald., Codd.
III, XI, 15, 18, 19, alii, Arm. 1, Syro-hex. Origen. Opp.
T. II, p. 470: *In incipiendo principes.* Procop. in Cat.
Niceph. T. II, p. 145: Δηλοῖ ἡ ῥῆσις· ἐν τῷ ἄρχοντας ἐν
τῷ Ἰσραὴλ ἀναφαίνεσθαι, καὶ τὸν λαὸν αὐτοῖς ὑπείκειν ἑκόντα.
⁴ Cod. 85 (cum ἀνακαλύψεσθαι), teste Cozza (non, ut Montef., ἐν τῷ ἀποκαλύψεσθαι κ.; nec, ut Parsonsii amanuensis,
ἐν τῷ ἀνακαλύψασθαι τὰς κ.). Cod. 54 in textu confuse
affert: ἐν τῷ ἄρξασθαι ἀρχηγοὺς ἐν Ἰσραήλ, Σ. ἐν τῷ ἀνακαλύψασθαι κεφαλὰς ἐν πρ. λαοῦ, ἀπεκαλύφθη ἀποκάλυμμα, εὐλογεῖτε
τὸν κ. ⁵ Cod. 85 in marg. Sic in textu Comp., Ald.,
Codd. III, XI, 15, 18, 19, alii, Arm. 1, Syro-hex. Origen.:
in proposito (s. *voluntatibus*) *populi.* ⁶ Cod. 85 in
marg. (cum ἀκουσ.), teste Cozza (non, ut Parsonsii amanuensis: Σ. ἐν τῷ ἑκουσ. λ.). Cf. Hex. ad Psal. liii. 6. cix. 3.
⁷ Idem: Ο'. ὕπαρχοι. Sed haec lectio in nullo libro exstat,
et ad alium interpretem, fortasse Symmachum, pertinere
videtur. Cf. Hex. ad Psal. ii. 2. Duplex versio, σατράπαι δυνατοί, est in Codd. III, 44, 54, 55, aliis. ⁸ Sic
Codd. II, 57, 63, alii (inter quos 85). ⁹ Sic Syro-hex.,
et sine aster. Cod. Esc. Brevior lectio, ἐγὼ τῷ κ. ᾄσομαι,
est in Comp., Codd. III, X (om. ἐγώ), 15, 18, 19, aliis,
Arm. 1, Origen. ¹⁰ Sic Codd. 15, 18, 64, 128, Arm. 1.
¹¹ Sic Codd. 15, 18, 128, Syro-hex. ¹² Syro-hex. ܘܐ
ܒܚܕ ܡܟܠ ✕, nullo cuneolo. Lectio, καίγε οὐρ., s. καίγε
ὁ οὐρ., est in Comp., Codd. 16, 53, 56, aliis. ¹³ Cod. 85
in textu: καίγε ὁ οὐρανὸς ἔσταξε (cum δρόσον in marg.).
¹⁴ Cod. 85 in marg.: Ο'. (καὶ ὁ οὐρανὸς) ἐταράχθη. Sic in

textu Comp., Ald., Codd. X, XI, 15, 16, 19, alii, Arm. 1.
¹⁵ Procop. in Cat. Niceph. T. II, p. 146: καίγε οὐρανὸς ἐταράχθη...Θεοδ. δέ φησιν· ἔσταξε δρόσους. ¹⁶ Cod. 85. Procop.
ibid.: τοῦ Σινά [sic Codd. 16, 52, 56, alii] Σύμ. ἐξέδωκε τοῦτό
ἐστι Σινά. Syro-hex. pro Ἐλωΐ τοῦτο Σινά mendose habet
τοῦ θεοῦ Ἰσραήλ; sed in marg. inferiori charactere tenui et
valde evanido: ܡܠܒ ܘܐܠ, et sic in textu Lectionarium
Mus. Brit. (Addit. MSS. 14,485). ¹⁷ Sic Ald., Codd.
III (cum ἐξέλειπον), XI (idem), 15, 18, alii, Arm. 1, Syro-
hex. Duplex versio, ἐξ. βασιλεῖς, ἐξ. ὁδαῖς, est in Codd. 16,
30, aliis (inter quos 85). ¹⁸ Cod. 85. ¹⁹ Cod. 85 in
marg. Sic in textu Comp., Codd. III, XI, 15, 18, 19,
alii. Syro-hex.: τρίβους ܘܠ οὐκ εὐθείας ◄, et sic sine obelo
Codd. 54 (cum ὁδούς), 59 (idem), 75. ²⁰ Cod. 85 in
marg. Sic in textu Comp., Ald., Codd. X, 15, 18, 29,
alii, Arm. 1, Vet. Lat. (Mendose Cod. XI: οἱ κατηγοῦντες,
quam vocem nullam esse nesciebat Gesen. in *Thes. Ling.
Hebr.* p. 1125.) ²¹ Sic Codd. III (cum ἐξέλιπον), 19, 108.
Cf. ad v. 11. Syro-hex.: ἐξέλιπε (deest ܘܠ vel —) φραζὼν
(ܦܪܐܙܘ) ἐν Ἰσραήλ ◄, οἱ κατοικοῦντες ἐν Ἰσραὴλ (ἐξέλιπον).
Procop. ibid. p. 147: ἐξέλιπον δέ, φησί, φαραζὰν ἐν Ἰσραήλ,
ὅπερ ἑρμηνεύεται δυνατοί. Postremo duplicem lectionem παρα-
σούνω (corrige παρασοὺ οἱ) κατοικοῦντες ex Arm. 1 excitavit
Parsons. ²² Cod. 85 in marg. Sic in textu Comp.
(cum ᾑρέτισαν), Ald., Codd. III, X (ut Comp.), XI, 15, 18,
29, alii, Syro-hex. ²³ Idem. Sic in textu Codd. III,
19, 108, Syro-hex. (In Codd. X, XI, 44, 58, aliis, Arm. 1,
verba, ὡς ἄρτον κρ., post ᾑρέτισαν inferuntur, in aliis post

8. מָגֵן אִם־יֵרָאֶה וָרֹמַח. *Clypeus num apparuit,
aut lancea.* Ο'. θυρεὸς ('Αλλος· ἀσπὶς[24]) ἐὰν
ὀφθῇ ('Α. ὁραθῇ[25]), καὶ λόγχη. Aliter: Ο'.
➤ σκέπη νεανίδων σειρομαστῶν ◄ ἐὰν ὀφθῇ καὶ
σειρομάστης.[26] Θ. σκέπη νεανίδων σειρομαστῶν.[27]

בְּאַרְבָּעִים אֶלֶף בְּיִשְׂרָאֵל. Ο'. ἐν τεσσαράκοντα
χιλιάσιν ✕ ἐν Ἰσραήλ ◄.[28] Ἄλλος· μετὰ
τεσσαράκοντα χιλιάδων ἐπὶ τὸν Ἰσραήλ.[29]

9. לְחוֹקְקֵי. *Principibus.* Ο'. εἰς (alia exempl.
ἐπὶ[30]) τὰ διατεταγμένα. Σ. εἰς τὰ προστάγματα. Ο'.Θ.'Α. τοῖς ἀκριβαζομένοις.[31]

הַמִּתְנַדְּבִים בָּעָם. *Sponte se offerentes in populo.*
Ο'. οἱ ἑκουσιαζόμενοι ἐν λαῷ. Alia exempl.
οἱ δυνάσται τοῦ λαοῦ.[32]

10. אֲתֹנוֹת. *Asinabus.* Ο'. ἐπὶ ὄνου θηλείας (Aliter: Ο'. ὄνου. Θ. ὑποζυγίων. Σ. ὀνάδων[33]).

10. צְחֹרוֹת. *Candidis.* Ο'. μεσημβρίας. Alia exempl. μεσημβρίας καὶ λαμπουσῶν.[34] Aliter:
Ο'. λαμπηνῶν. Σ. στιλβουσῶν.[35]

10. 11. שִׂיחוּ : מִקּוֹל. *Loquimini* (carmen). *Propter strepitum.* Ο'. διηγεῖσθε ('Α. ὁμιλεῖτε.
Σ. φθέγξασθε[36]) ἀπὸ φωνῆς. Alia exempl.
φθέγξασθε φωνήν.[37]

11. בֵּין מַשְׁאַבִּים. *Inter canales.* Ο'. ἀναμέσον
ὑδρευομένων (Aliter: 'Α. καταλεγόντων. Σ.
συμπινόντων. Ο'. εὐφραινομένων[38]).

יְתַנּוּ צִדְקוֹת יְהֹוָה. *Celebrabunt juste facta
Jovae.* Ο'. δώσουσι δικαιοσύνας κύριε. Alia
exempl. δώσουσι δικαιοσύνην (s. δικαιοσύνας)
κυρίῳ.[39]

צִדְקֹת פִּרְזֹנוֹ בְּיִשְׂרָאֵל. *Juste facta imperii
ejus in Israele.* Ο'. δικαιοσύνας αὔξησον ('Α.
Ο'. φραζών. Σ. ἀτείχιστοι. Θ. ἐνίσχυσεν[40]).

θεοῖς κενοῖς (sic), retenta tamen altera versione, τότε—ἀρχόντων. Sic Vet. Lat.: *Elegerunt ut panem hordeaceum
Deos novos: tunc expugnaverunt civitates principum.*)
Lectionem enarrat Theodoret. Quaest. XII in Jud. p. 331:
Τὴν πολλὴν αὐτῶν ἀφροσύνην διὰ τῆς εἰκόνος δείλεγξεν. Ὥσπερ
γὰρ ἀνήτος ὁ τῶν πυρίνων ἄρτων προτιμῶν τοὺς κριθίνους, οὕτως
ἄγαν ἐμβρόντητος ὁ τοὺς ψευδωνύμους θεοὺς τοῦ ἀληθινοῦ προτι-
θείς. [25] Ad λόγχην καὶ σειρομάστης (sic) Cod. 85 in marg.:
ἀσπίς. [26] Cod. 85. [27] Sic Syro-hex. (cum ∤⊙מ∙∙
⟨⟩∤∸מ∤∸ ⟨∤∤⟩∞∞∤∞∤ –), et sine obelo Comp. (cum ἀνωφθῇ
pro ἐὰν ὀφθῇ), Ald., Codd. III (cum ἀνωφθῇ), 15, 18 (cum
σειρομάσται), 64, alii. Grabe in *Epist. ad Mill.* p. 8:
"Haec, νεανίδων σειρομαστῶν, et Procopius agnoscit; sed
non sunt in Hebraeo, ac valde suspecta videntur." Theodoret. in continuatione: Δηλοῖ δὲ καὶ τὸ πιστὸν τῆς γνώμης
ἐὰν γὰρ ἴδω, φησί, σειρομαστῶν τεσσαράκοντα χιλιάδας, ἡ καρδία
μου κ.τ.ἑ. Unde olim suspicati sumus, lectionem σκέπη νεανίδων ortam esse ex alia versione, σκέπη ἐὰν ἴδω. [28] Cod. 85
in marg.: Θ. σκέπη νεανίδων (sic) σειρομαστῶν. Sic in textu
(cum νεανίδων) Codd. X, XI (cum σκέπη pro σκέπη), 29, 54,
alii. Parsons. ex Arm. ed. Graece eruit: σκέπη κινῶν λογ-
χῶν τεσσαράκοντα χιλιάδες ἀνδρῶν ἐν μέσῳ Ἰσραήλ. [29] Sic
Syro-hex. Verba ἐν Ἰσραήλ desunt in Codd. III, 75.
[29] Cod. 85 in marg. (non, ut Montef., ἐν Ἰσρ.). [30] Sic
Comp., Ald., Codd. X, XI, 15, 18, 29, alii, Syro-hex.
Origen. ibid.: *Cor meum ad ea quae disposita sunt huic
Israel.* [31] Cod. 85, invitis, quod ad LXX attinet, libris.
[32] Sic Comp., Ald., Codd. III, XI, 15, 18, 19, alii, Arm. 1.
Cod. 85 in marg.: δυνατοὶ τοῦ λαοῦ. Syro-hex. ◁∸∞∸∸

⟨⟩∞∤∸. Origen. ibid.: *potentes populi.* [33] Cod. 85 in
marg. (cum Ο'. ὄνου). Lectio ἐπὶ ὑποζυγίων est in Comp.,
Ald., Codd. III, XI, 15, 18, 19, aliis, Arm. 1. Origen.
ibid.: *qui ascendistis super jumenta.* Syro-hex. ∤∤ܠ ܚܟ
h. e. ut videtur, ἐπὶ ὄνων, super asinas, coll. Hex. ad Gen.
xxxvi. 24, quamvis ∤∤ܠ semel ponitur pro ὑποζυγίων 2 Pet.
ii. 16 in utraque versione. [34] Sic Codd. 16, 30, 52, alii
(inter quos 85 in marg.). Syro-hex.: (ἐπιθωρήκότες ἐπὶ ὄνων
καὶ ἐπὶ λαμπηνῶν (מܚܣܟ), invitis libris Graecis, qui ad
hunc v. inextricabili confusione laborant. Origen. continuat: *super vehicula sedentes, et super asinas refulgentes.*
[35] Cod. 85 in marg. (non, ut Parsonsii amanuensis, Θ. λαμπηνῶν). Vox λαμπηνῶν libros fere omnes occupavit, maxime
in lectione καθήμενοι ἐπὶ λ., quae tamen nescimus an ad
Hebraea יֹשְׁבֵי עַל־מִדִּין, *sedentes super stragulis,* potius aptari
debeat. [36] Cod. 85. [37] Sic Comp., Ald., Codd. III,
15, 18, 19, alii, Syro-hex. [38] Cod. 85 in marg., ubi
lectiones ad διακρουομένων aptantur, minus probabiliter.
Nam primum pro ὑδρευομένων Comp., Ald., Codd. III, X,
XI, 15, 18, 19 (cum εὐφραίνων), alii, Arm. 1, Syro-hex.,
εὐφραινομένων habent. Deinde Symmachi versio ad scripturam מִשְׁאָבִים a סָבָא, *potavit,* (cf. Hex. ad Nah. i. 10)
manifesto spectat. Restat Aquilae καταλεγόντων (cf. Hex.
ad Hos. ii. 15), quod quomodo cum utrovis Hebraeo,
מַשְׁאַבִים aut מְחַצְּצִים, conciliari possit, non habemus dicere.
Certe a Seniorum διακρουομένων ad sensum proxime abest.
[39] Sic Comp., Ald., Codd. III (cum δικαιοσύνας), XI, 15, 16
(ut III), 18, 19, alii, Syro-hex. Origen.: *dabunt justitias
Domino.* [40] Cod. 85. Ad Sym. cf. Hex. ad 1 Reg.

ἐν Ἰσραήλ. Aliter: Ο΄. δίκαιοι ἐνίσχυσαν ἐν τῷ Ἰσραήλ.⁴¹

12. עוּרִי דְבוֹרָה. Expergiscere, Deborah. Ο΄. ἐξεγείρου, Δεββώρα. Aliter: Ο΄. ἐξεγείρου, Δεββώρα· — ἐξέγειραν μυριάδας μετὰ λαοῦ ◀.⁴²

דַּבְּרִי־שִׁיר. Cane carmen. Ο΄. λάλησον ᾠδήν. Aliter: Ο΄. λάλει μετ᾽ ᾠδῆς — ἐνίσχυον ◀.⁴³

קוּם בָּרָק. Ο΄. ἀνάστα (Θ. ἐξανίστασο⁴⁴), Βαράκ. Aliter: Ο΄. ἐξανίστασο, Βαράκ, — καὶ ἐνίσχυσον (s. κατίσχυσον), Δεββώρα, τὸν Βαράκ (◀).⁴⁵

13. אָז יְרַד שָׂרִיד לְאַדִּירִים עָם. Tunc dominari fecit residuum in principes populi. Aliter: Tunc descendit (יְרַד) residuum principum populi. Ο΄. τότε κατέβη κατάλειμμα (Σ. λείψανον⁴⁶) τοῖς ἰσχυροῖς (᾽Α. σωζομένοις⁴⁶) λαός. Aliter: Ο΄. τότε ἐμεγαλύνθη ἡ ἰσχὺς αὐτοῦ.⁴⁷

13, 14. יְהוָה יְרַד־לִי בַּגִּבּוֹרִים: מִנִּי. Jova dominari fecit me inter heroas. Ex (Ephraim). Aliter: Jova descendit mihi inter heroas. Ex (Ephraim). Ο΄. (λαὸς) κυρίου κατέβη αὐτῷ ἐν τοῖς κραταιοῖς ἐξ ἐμοῦ. Aliter: Ο΄. κύριε, ταπείνωσόν μοι τοὺς ἰσχυροτέρους μου.⁴⁸ ᾽Αλ-

λος· κύριος ἐπολέμει μοι ἐν δυνατοῖς ἐκεῖθεν.⁴⁹

14. מִנִּי אֶפְרַיִם שָׁרְשָׁם בַּעֲמָלֵק. Ex Ephraim (venerunt) quorum radix (sedes) est in Amalec. Ο΄. ἐξ ἐμοῦ. Ἐφραὶμ ἐξερρίζωσεν αὐτοὺς ἐν τῷ Ἀμαλήκ. Aliter: Ο΄. Θ. ὁ λαὸς Ἐφραὶμ ἐτιμωρήσατο αὐτοὺς ἐν κοιλάδι.⁵⁰

אַחֲרֶיךָ בִנְיָמִין בַּעֲמָמֶיךָ. Post te (venit) Benjamin inter copias tuas. Ο΄. ὀπίσω σου Βενιαμὶν ἐν τοῖς λαοῖς σου. Aliter: Ο΄. ἀδελφός σου Βενιαμὶν ἐν λαοῖς σου.⁵¹ Σ. ἀκολουθήσω σοι, Βενιαμίν, μετὰ τῶν λαῶν τῶν περὶ σέ.⁵²

מְחֹקְקִים. Duces. Ο΄. ἐξερευνῶντες. ᾽Α. ἀκριβασταί. Σ. ἐπιτάσσοντες.⁵³

מֹשְׁכִים בְּשֵׁבֶט סֹפֵר. Prehendentes scipionem praefecti (militum). Ο΄. ἕλκοντες ἐν ῥάβδῳ [διηγήσεως] γραμματέως. Aliter: Ο΄. ἐνισχύοντες ἐν σκήπτρῳ διηγήσεως.⁵⁴ Σ. διδάσκοντες μετὰ ῥάβδου γραμματέως. Θ. ἐπισπώμενοι ἐν ῥάβδῳ διηγήσεως.⁵⁵

15. וְשָׂרַי. Et principes mei. Ο΄. καὶ ἀρχηγοί (alia exempl. ἄρχοντες⁵⁶).

בָּעֵמֶק שֻׁלַּח בְּרַגְלָיו. In vallem propulsus est per pedes suos. Ο΄. ἐν κοιλάσιν ἀπέστειλεν

---

vi. 18. Zach. ii. 4. Lectio Theodotionis ad imperativum αὔξησον, pro quo legitur in Ald., Codd. X, XI, 29, 121, accommodata esse videtur. ⁴¹ Sic Comp., Codd. III (cum δίκαιοι ἴσται), 15, 18, 19, alii, Syro-hex. Origen.: justi confortati sunt in Israele. ⁴² Sic Syro-hex. (cum ܐܬܕܟܪ (male pro ܐܬܬܥܝܪܝ, quod legitur in Lectionario supra dicto), et nullo cuneolo), et sine obelo Codd. III (cum ἐξεγείρου bis), 15, 18, alii. Origen.: exsurge, et suscita dena millia populi. ⁴³ Sic Syro-hex., et sine obelo Codd. III, 15, 18, 19 (om. λάλει), 44 (cum ἐν ἰσχύι), alii, Arm. 1. ⁴⁴ Cod. 85 in marg., ut Parsonsii amanuensis, ἐξανίστασον). ⁴⁵ Sic Syro-hex. (qui mendose legit et pingit: ܒܐܪܩ ܐܬܥܫܢ — ܘܕܒܘܪܐ), et sine obelo Ald. (cum κατίσχυσον), Codd. III (cum ἐξανεστὸς o B.), 15 (ut Ald.), 18 (idem), 19 (cum ἐξανιστὸς B.), alii. ⁴⁶ Cod. 85. Fortasse utraque lectio ad שָׂרִיד pertinet. ⁴⁷ Cod. 85 in marg. Sic in textu Comp., Ald. (cum ἰσχὺς αὐτοῦ λαὸς κυρίου), Codd. III (cum τότε ἐμεγαλώθη), 15, 18, alii (inter quos 19, 108, uterque cum ὅποτε), Arm. 1. Syro-hex. (cum ὅποτε (ܐܡܬܝ)). ⁴⁸ Sic Comp., Ald., Codd. III, 15 (cum μοι bis), 18, 19, alii, Arm. 1, Syro-hex. Origen.: Domine,

humilia mihi fortiores me. Cod. 85 in marg. ad κατέβη αὐτῶν (sic): ἐπικρατήθη αὐτῷ ταπείνωσον κ. τ. ἑ. ⁴⁹ Hanc lectionem post Ζαβουλὼν (v. 14) in textum inferunt Codd. III, 15 (cum πολεμεῖ), 18 (idem), 19, alii, et sub obelo (—) Syro-hex. ⁵⁰ Cod. 85 in marg. Sic in textu (sine ὁ) Comp. (cum ἐτιμωρήσατο), Ald., Codd. III, X (om. λαὸς), 15, 18, 19 (ut Comp.), alii, Arm. 1 (cum κοιλάσιν). Syro-hex. (qui pingit: — λαὸς (sine metobelo) Ἐφρ. ἐτιμωρήσατο αὐτοὺς ἐν ε. ⁵¹ Sic Comp., Ald., Codd. III (cum ἐν κοιλάδι ἀδελφοῦ σου), X (cum ἐν τοῖς λ.), 15, 18, 19 (ut Comp.), alii, Arm. 1 (cum β. σου λαοῖς), Syro-hex. Cod. 85. Sic pro ἀκολουθήσω σοι Parsonsii amanuensis falso exscripsit ἀκολουθήσωσι. ⁵² Idem. ⁵⁴ Sic Comp. (cum γραμματέως pro διηγήσεως), Ald., Codd. X, XI, 29, 71, 121. Cod. 85 in marg.: Ο΄. ἐνισχύοντες ἐν σκήπτρῳ. Paulo aliter Codd. III, 19, 44, 54, alii, Syro-hex.: ἐν σκήπτρῳ (σκήπτροις Cod. 44, Syro-hex.) ἐνισχύοντες (ἐνισχύοντες iidem) ἐγήσεως. ⁵⁵ Cod. 85 (cum γραμμ (sic) pro γραμματέως). ⁵⁶ Sic Comp., Cod. 85 (in marg.). Haec desunt in Codd. III, 15, 18, 19, aliis, Syro-hex.

(Ο'. Θ. ἐξέτεινεν⁵⁷) ἐν ποσὶν αὐτοῦ. Aliter:
Ο'. ἐν τῇ κοιλάδι ἐξαπέστειλε πεζοὺς αὐτοῦ εἰς
τὴν κοιλάδα ‑ ἰνατί σὺ κατοικεῖς ἐν μέσῳ
χειλέων ◄; ἐξέτεινεν ἐν τοῖς ποσὶν αὐτοῦ.⁵⁸
Σ... ἀπέλυσεν τοὺς πόδας αὐτοῦ.⁵⁹

15. בִּפְלַגּוֹת רְאוּבֵן גְּדֹלִים חִקְקֵי־לֵב.   Ad rivos
Reuben magna erant decreta animi.   Ο'. εἰς
τὰς μερίδας Ῥουβὴν, μεγάλοι ἐξικνούμενοι καρ‑
δίαν.   Aliter: Ο'. ἐν διαιρέσει Ῥουβὴν μεγά‑
λοι ἀκριβασμοὶ καρδίας.⁶⁰

חִקְקֵי. 'Α. διαλογισμοί. Σ. ἀκρίβειαι. Ο'.
ἀκριβασμοί.⁶¹

16. לָמָּה יָשַׁבְתָּ בֵּין הַמִּשְׁפְּתַיִם. Cur sessitabas
inter caulas?   Ο'. εἰς τί ἐκάθισαν ἀναμέσον
τῆς διγομίας;   Aliter: Ο'. ἰνατί μοι κάθησαι
ἀναμέσον τῶν μοσφαιθάμ;⁶²   'Α.. ἀναμέσον
τῶν κλήρων;   Σ. διὰ τί ἐγκάθισαι ἀναμέσον
τῶν μεταιχμίων;⁶³   Ἄλλος· ἰνατί σὺ κατοι‑
κεῖς ἐν μέσῳ χειλέων;⁶⁴

16. לִשְׁמֹעַ שְׁרִקוֹת עֲדָרִים. Ad audiendum sibilos
gregum (sonos fistulae pastoriciae).   Ο'. τοῦ
ἀκοῦσαι συρισμοῦ ἀγγέλων (fort. ἀγελῶν⁶⁵).
Aliter: Ο'. τοῦ εἰσακούειν συρισμοὺς (s. συρι‑
γμοὺς) ἐξεγειρόντων.⁶⁶ Ἄλλος· συρισμοὺς ποι‑
μνίων. Ἄλλος· σύριγγας ποιμένων.⁶⁷

לִפְלַגּוֹת רְאוּבֵן גְּדֹלִים חִקְרֵי־לֵב. Ad rivos
Reuben magnae erant disquisitiones animi.   Ο'.
εἰς διαιρέσεις Ῥουβήν; μεγάλοι ἐξετασμοὶ καρ‑
δίας.   Aliter: Ο'. τοῦ διελθεῖν εἰς τὰ τοῦ Ῥου‑
βὴν μεγάλοι ἐξιχνιασμοὶ καρδίας.⁶⁸ 'Α. (εἰς)
διαιρέσεις τοῦ Ῥουβὴν μεγάλαι ἀκριβολογίαι
καρδίας. Σ.. ἐξιχνιασμοὶ καρδίας.⁶⁹

17. שָׁכֵן. Ο'. οὗ ἐσκήνωσε. Aliter: Ο'. κατεσκήνωσε.⁷⁰
לָמָּה יָגוּר. Quare commoratur.   Ο'. εἰς τί
παροικεῖ.   Aliter: Ο'. ἰνατί παροικεῖς.⁷¹
וַיֵּשֵׁב לְחוֹף. Sedebat ad littus.   Ο'. ἐκάθισεν
παραλίαν.   Aliter: Ο'. παρῴκησε παρ' αἰγια‑
λόν.⁷² Θ. κατῴκησε..⁷³

---

⁵⁷ Cod. 85 in marg. ⁵⁸ Sie Syro-hex. (om. ἐν τῇ
κοιλάδι), et sine obelo Ald. (cum πόδας pro ἐν τοῖς ποσὶν),
Codd. III (om. ἐν τῇ κ.), 15, 18 (cum πόδας pro πεζοὺς), 19
(ut III), alii. Recisa clausula, ἰνατί—χειλέων, quae ad
v. 16 pertinet, habes duas versiones, ἐν τῇ κ. ἐξαπέστειλε
πεζοὺς αὐτοῦ, et εἰς τὴν κ. ἐξέτεινεν ἐν τοῖς π. αὐτοῦ, quarum
posterior (cum ἐν τῇ κ. ἐξέτεινεν πόδας αὐτοῦ) est in Codd. X,
XI (sine ῇ), 29, 71, 121, Arm. 1 (cum ἐν ταῖς κοιλάσι), et
Theodotionis esse videtur. ⁵⁹ Cod. 85. Cf. Hex. ad
Jos. xxii. 7. ⁶⁰ Idem in marg. Sie in textu Comp.
(cum ἐν διαιρέσεσιν), Ald., Codd. III (cum διαιρέσεις pro
ἐν δ.), X, XI, 29, 58 (ut Comp.), 71, 121, Arm. 1. Ab
his paulum discedere videtur Syro-hex., qui legit et dis‑
tinguit: ἐν τοῖς ποσὶν αὐτοῦ ἐν διαιρέσει ▪ Ῥουβὴν μεγάλοι
investigatores (حبقمؤ) καρδίας, fortasse ex imitatione ver‑
sionis simplicis, qui حبل حوص bis habet. (Pro حبقمؤ
Rördam tentat حوبقؤ, investigationes, ἀκριβασμοὶ, non in‑
epte, nisi pro Graecis ἀκριβάζω, ἀκριβασμὸς, cet. Syri nostri
usus omnino requirat ابناش, ابناشس, cet.). ⁶¹ Cod. 85.
⁶² Cod. 85 in marg. (cum κάθησαι, et in fine μοσφεθὰμ τῶν
κλήρων). Sic in textu Comp. (cum κάθησαι et μοσφαθαὶμ),
Ald., Codd. III, X (om. μοι), XI (idem, cum μοσφαθμὶ),
15, 18, alii, Syro-hex. (cum محسفاثمؤ). ⁶³ Montef.
edidit: 'Α. ἰνατί μοι κάθησαι ἀν. τῶν κλήρων. Σ. διὰ τί ἐγκά‑
θισαι ἀν. τῶν μεταιχμίων (Al. μεταιχμίων). Θ. εἰς τί ἐκάθισαν
ἀν. τῶν Μοσφεθαὶμ; notans: "Has omnium interpretum
lectiones affert Basil., cui patrocinatur Euseb. [in Onoma‑
stico, p. 290]: Μοσθεφάμ. 'Ακύλας τῶν κλήρων. Σύμμαχος·
τῶν μετεχομένων· ubi Basil. habet μετεχμίων pro μεταιχμίων."
Cod. 85, praeter lectionem τῶν O' supra memoratam, habet
tantum: 'Α. Σ. Θ. (non, ut Parsonsii amanuensis, 'Α. Θ.) διὰ
τί ἐγκάθισαι ἀναμέσον τῶν μετεχμίων, quae proculdubio Sym‑
machi est versio. Sic Cod. X in marg.: 'Α. κλήρων. Σ.
μετεχμίων; Cod. 58 in marg.: τῶν κλήρων τῶν μεταιχμι (sic);
necnon Procop. in Cat. Niceph. T. II, p. 153: ἰνατί μοι
κάθησαι ἀν. τῶν Μοσφαιθάν; Τὸ Μοσφαιθὰν ἑρμηνεύουσιν 'Ακ.
μὲν, τῶν κλήρων, Σύμ. δὲ, τῶν μεταιχμίων. (Obiter monemus,
in textu LXXvirali edito nullo modo sollicitandam esse
vocem διγομίας, qua Rubenitae asino sub binis sarciuis recu‑
banti comparantur. Cf. Hex. ad Gen. xlix. 14.) ⁶⁴ Cf.
ad v. 15. ⁶⁵ Scripturam ἀγελῶν, a Bosio receptam, ex
Arm. 1 et Arm. ed. excitavit Parsons., iuvitis libris Graecis.
⁶⁶ Sic Comp., Ald., Codd. III, XI (cum ἐξειρόντων?), 15,
18, 19, alii, Syro-hex. ⁶⁷ Cod. 85 in marg.: τοῦ εἰσα‑
κούειν συρισμοῦ (sic) ἐξεγειρόντων· συρισμοὺς ποιμνίων· σύριγ‑
γος (sic) ποιμένων. ⁶⁸ Sic Comp., Ald. (cum τοῦ ἐλθεῖν),
Codd. III, X, XI, 15, 18, 19, alii, Syro-hex. Cod. 85 in
marg.: Ο'. Θ. τοῦ διελθεῖν εἰς τὰ τοῦ Ῥουβήν. ⁶⁹ Cod. 85.
⁷⁰ Sic Comp., Ald., Codd. III, XI, 15, 18, 19, alii, Syro-
hex. ⁷¹ Sic Comp., Ald., Codd. III (cum παροικεῖ), XI,
15, 18, 19, alii. Syro-hex. et Bar Hebr.: ἰνατί παρῴκησσε
(ابؤفحلاجؤ). ⁷² Sic Comp., Ald., Codd. III, X (om. παρ'),
XI (idem), 15, 18, 19, alii, Syro-hex. ⁷³ Cod. 85 in
marg.: Ο'. παρῴκησεν. Θ. κατῴκησεν.

17. וְעַל־מִפְרָצָיו יִשְׁכּוֹן. *Et ad sinus (portus) ejus habitabat.* Ο΄. καὶ ἐπὶ διεξόδοις αὐτοῦ σκηνώσει. Alia exempl. καὶ ἐπὶ τὰς διακοπὰς αὐτοῦ κατεσκήνωσεν.[74] Ἄλλος· ἐπὶ τὰς διαχύσεις.[75]

18. חֵרֵף. *Contempsit.* Ο΄. ὠνείδισε. Aliter: Ο΄. Θ. ὀνειδίσας.[76]

עַל מְרוֹמֵי שָׂדֶה. *Super loca edita campi.* Ο΄. ἐπὶ ὕψη ἀγροῦ (Ἀ. χώρας. Σ. ὑψηλῶν χωρῶν[77]).

19. בָּאוּ מְלָכִים נִלְחָמוּ. *Venerunt reges, pugnaverunt.* Ο΄. ἦλθον αὐτῶν. βασιλεῖς παρετάξαντο. Alia exempl. ἦλθον βασιλεῖς, καὶ παρετάξαντο.[78]

בֶּצַע. *Praedam.* Ο΄. δῶρον. Alia exempl. πλεονεξίαν.[79]

20. נִלְחָמוּ. Ο΄. παρετάξαντο. Alia exempl. ἐπολεμήθησαν.[80]

מִמְסִלּוֹתָם. *E viis (orbitis) suis.* Ο΄. ἐκ τρίβων αὐτῶν. Aliter: Ο΄. ἐκ τῆς τάξεως (s. τῶν τάξεων) αὐτῶν.[81]

20. נִלְחָמוּ. Ο΄. παρετάξαντο. Οἱ λοιποί· ἐπολέμησαν.[82]

21. גְּרָפָם. *Everrit eos.* Ο΄. ἐξέσυρεν (Aliter: Ο΄. ἐξέβαλεν. Θ. ἐξέσυρεν[83]) αὐτούς.

נַחַל קְדוּמִים. *Rivus priscorum temporum.* Ο΄. χειμάρρους ἀρχαίων. Aliter: Ο΄. χειμάρρους καδημείμ.[84] Ἀ. καυσώνων.[85] Σ. ἀγίων φάραγξ. Θ. . καδησίμ.[86]

22. אָז הָלְמוּ עִקְּבֵי־סוּס. *Tunc contuderunt (terram) ungulae equorum.* Ο΄. ὅτε (potior scriptura τότε[87]) ἐνεποδίσθησαν (Θ. ἀνεκόπησαν[88]) πτέρναι ἵππου. Aliter: Ο΄. τότε ἀπεκόπησαν (הָלְמוּ) πτέρναι ἵππων.[89]

מִדַּהֲרוֹת דַּהֲרוֹת אַבִּירָיו. *Ob cursus citatos, citatos* (citatissimos) *heroum ejus.* Ο΄. σπουδῇ ἔσπευσαν ἰσχυροὶ αὐτοῦ. Aliter: Ο΄. ἀμαδαρὼθ δυνατῶν αὐτοῦ.[90] Ἀ. ἐφορμώντων ἡ εὐπρέπεια . . .[91]

אָז—אַבִּירָיו. Aliter: Ο΄. τότε ἐνευροκοπήθησαν πτέρναι ἵππων, καὶ ὁμαλιεῖ αὐτοὺς ἡ πτέρνα μου, τὰς ὕβρεις ἐκστάσεως αὐτῶν.[92]

---

74 Sie Comp., Ald., Codd. III, 15, 18, 19, alii. Cod. 59: καὶ ἐπὶ τὰς διεκβολὰς αὐτοῦ κατεσκήνωσε, consentiente, ut videtur, Syro-hex., qui vertit: ܘܥܠ ܡܦܩܢܐ ܕܝܠܗ ܐܓܢ. 75 Cod. 85 in marg.: τὰς διακοπὰς διαχύσεις. 76 Cod. 85 in marg. (non, ut Montef. ὠνείδισας). Sic in textu Comp., Ald., Codd. III, XI, 29, 44, alii, Syro-hex. (cum ܘܨܚܝ). 77 Cod. 85. 78 Sie Comp., Ald. (cum ἦλθον αὐτῷ β.), Codd. III, X (ut Ald.), 15, 18, 19, alii, Syro-hex. (cui ܐܬܘ ܡܠܟܐ sonat παρετάξαντο, non, ut Rördam, παρετάξαντο ἐν πολέμῳ. Cf. Exod. xvii. 9. Jud. vi. 26. Psal. cxliii. 1 in Syro-hex.). 79 Sic Comp., Ald., Codd. III, XI, 15, 18, 19, alii (inter quos 85 in marg.), Syro-hex. 80 Sic Comp., Codd. III, 15 (cum ἐπολέμησαν), 19, 44, alii. Syro-hex. ܘܐܬܟܬܫ. 81 Prior lectio est in Comp., Ald., Codd. III, XI, 18, 19, aliis (inter quos 85 in marg.); posterior in Codd. 44, 54, aliis, Syro-hex. 82 Cod. 85. Sic in textu Comp., Ald., Codd. III, 18, 19, alii, Syro-hex. 83 Cod. 85 in marg. Prior lectio est in Comp., Ald., Codd. III, XI, 15, 18, 29, aliis, Syro-hex. 84 Sic in textu Comp., Ald., Codd. III (cum καδησείμ), X, XI, 15, 18, 19, alii, qui inter—μείμ, —μίμ, et —μὶν fluctuant. Syro-hex. ܢܚܠܐ ܩܕܡܝܐ. 85 Cod. X. Vox Hebraea קָדִים, ευτπαι, Aquilae sonat καύσων Job. xv. 2. Psal. xlvii. 8.

lxxvii. 26. Mireris igitur Schleusnero in mentem venisse lectionem καυσῶν, in καυσῶν mutatam, ad sequens קָדִישׁ pertinere. 86 Cod. 85 in marg.: Ο΄. καδημείμ. Θ. καδησίμ. Σ. αἰγίων (sic, testibus Montef. et Cozza, non, ut Parsonsii amanuensis exscripsit, ἀγίων) φάραγξ. Pro αἰγίων vero non αἰγῶν, quae Montefalconii est conjectura, sed ἀγίων corrigendum esse recte perspexit Scharfenb. in *Animadv.* T. II, p. 51, appellans ad Procop. in Cat. Nicet. p. 156: ἑρμηνεύεται δὲ καδημίμ (immo καδησίμ) μὲν, φάραγξ ἀγίων κ. τ. ἑ. Theodotionis scripturam in textu habet Cod. III. 87 Sic Codd. II, 16, 30, 52, alii. 88 Cod. 85. 89 Sic Comp., Codd. III, 19, 54, 75 (cum ἵππου), 108, Syro-hex. 90 Sic Comp. (cum μαδαρὼθ et δυναστῶν), Codd. III (cum ἀμμαδαρὼθ), 19 (cum δυναστῶν), 108 (idem), alii, Syro-hex. 91 Procop. in Cat. Niceph. T. II, p. 157: Τότε ἀπεκόπησαν πτέρναι ἵππων μαδαρὼθ δυναστῶν αὐτοῦ. Μαδαρὼθ ἐξέδωκεν Ἀκύλας, ἐφορμώντων ἡ εὐπρέπεια· τουτέστι, τῶν ἐντρεχεστάτων εἰς παρατόξεις ἵππων ἄχρηστοι γεγόνασιν αἱ πτέρναι. Pro דַּהֲרוֹת Aquilam aliam lectionem, fortasse הֲדָרַת, interpretatum esse, probabiliter opinatur Scharfenb. 92 Sic Ald., Codd. X, XI, 29, 71 (cum αὐτοῦ pro αὐτούς), 121; necnon Codd. 15, 64 (cum ἐκστάσεως), qui duo in fine addunt, μαδαρὼθ δυναστῶν αὐτοῦ. Cod. 85 in marg.: Ο΄. τότε

23. אוֹרוּ מֵרוֹז.   *Exsecramini Meroz.* O'. καταράσθαι Μηρώς. Alia exempl. O'. καταράσασθε Μαζώρ.[93]

אָרוּ אָרוֹר יֹשְׁבֶיהָ.   *Exsecramini exsecrando*
incolas ejus. O'. καταράσθε ἐπικατάρατος
πᾶς ὁ κατοικῶν αὐτήν. Aliter : O'. καταράσει
καταράσασθε τοὺς ἐνοικοῦντας αὐτήν.[94] Θ.
καταράσει καταρᾶσθε τοὺς ἐνοικοῦντας αὐτήν.[95]

לְעֶזְרַת יְהֹוָה בַּגִּבּוֹרִים.   *Ad auxilium Jovae*
inter heroas. O'. εἰς βοήθειαν ἐν δυνατοῖς.
Alia exempl. βοηθὸς κύριος ἐν μαχηταῖς.[96]
Aliter : O'. βοηθὸς ἡμῶν — κύριος ◀ ἐν μαχηταῖς δυνατός.[97] Θ... ἐν δυνάσταις.[98]

25. מַיִם שָׁאַל חָלָב נָתָנָה.   *Aquam petiit, lac*
dedit. O'. ὕδωρ ᾔτησεν, γάλα ἔδωκεν. Aliter : O'. ὕδωρ ᾔτησεν — αὐτήν, καὶ ◀ γάλα
ἔδωκεν — αὐτῷ ◀.[99]

אַדִּירִים.   *Principum.* O'. ὑπερεχόντων. Aliter : O'. δυναστῶν.[100] Θ. ἰσχυρῶν.[101]

הִקְרִיבָה.   O'. προσήνεγκε. Aliter : O'. προσήγ-
γισε.[102]

חֶמְאָה.   O'. βούτυρον. Ἄλλος· θερμῶς.[103]

26. וִימִינָהּ.   O'. καὶ δεξιὰν ✕ αὐτῆς ◀.[104]

לְהַלְמוּת עֲמֵלִים.   *Ad malleum operariorum.*
O'.'A. εἰς σφῦραν κοπιώντων.[105] Aliter : O'.
εἰς ἀποτομὰς κατακόπων.[106] Ἄλλος· τοῦ εἰς
τέλος ἀχρειῶσαι.[107]

ἐνευροκοπήθησαν· et inferius: καὶ ὁμαλιεῖ αὐτοῖς ἡ ἢ πτ. μου τὰς
ὕβρεις αὐτῶν (om. ἐκστάσεως). Restat Syro-hex., qui legit
et pingit: τότε ἀπεκόπησαν (ܐ̈ܩܦܡܝܢ) πτέρναι ἵππων, καὶ
ὁμαλιεῖ — αὐτούς ◀ ἡ ἢ πτ. μου, ܐ̈ܠ ܘܣܚܡ ܡܢ ܡܥ ܡܕܐܘܪܘܬ
(ܐܘܪܘ̈ܬ) δυναστῶν αὐτοῦ. Pingendum videtur: — καὶ ὁμαλιεῖ αὐτοῖς ἡ πτ. μου. Deinde Syriaca ܐ̈ܠ ܘܣܚܡ ܡܢ ܡܥ,
quae ex versione Pesch. ܘܣܚܡ̈ܘ ܐ̈ܠܐܬܡܚ,
prae fremitu roboris fortiorum ejus, nescio quid sibi volens
assumpsit Syrus noster, frustra cum Graeco ἐκστάσεως sive
ἐκ στάσεως conciliare studet Rördam, etsi certum est Masium in codice suo ad h. l. in textu sut in margine vocem
ܐ̈ܠܐܘܠ, ἐκστάσεως, reperisse. Fortasse siglum ܐ̈ ante ܐ̈ܠܐܬܡܚ
non est obelus, sed index ad notam marginalem serius
adscribendam, ◆ ܐ̈ܠܐܘܠ, pertinens. Clausulam vero, καὶ
ὁμαλιεῖ αὐτοῖς ἡ ἢ πτ. μου, duplicem esse versionem Hebraeorum רַגְלֵי עִקְּבֵי אָז quivis videt; de ceteris quid statuendum sit non constat. Postremo in Codd. 44, 75, 84, 106,
134, inter δυναστῶν autem et ἐκστάσεως αὐτοῦ (sic) interposita
est prorsus alia lectio, ἐπὶ ὕβρει εὐθίνοντος στέρα, quae quid
significet pariter obscurum est. [93] Sic Ald., Codd. III
(cum καταρασαισι), 18, 29, 44, alii. Syro-hex. ܠܕܘܦ
ܠܕܡܚܐܬܘܝ. Ante καταράσασθε Μαζώρ in nonnullos libros
irrepsit monstro similis interpolatio: ἴδοιεν ἄρας, ἴδοιεν ὀδύ-
νας, κατοικοῦντες αὐτήν· ὑπερηφάνους ὑβριστὰς ἆρας, ἀπολέσατε.
[94] Sic Comp. (cum τοὺς ἐνοίκους αὐτῆς), Ald., Codd. III (ut
Comp.), X (cum καταράσθαι pro καταράσασθε), XI (cum αὐτοῖς pro αὐτήν), 18, 19 (ut Comp.), 29, alii, Arm. 1, Syro-
hex. [95] Cod. 85 (cum καταράσθαι). [96] Sic Ald.,
Codd. X, XI, 29, 71, 85 (in marg.), 121. [97] Sic Syro-
hex. (fortasse per errorem pro — ἡμῶν ◆ κύριος), et sine
obelo Comp., Codd. III (cum δυνατοῖς), 15, 18, 19, alii.
[98] Cod. 85 (non, ut Parsonsii amanuensis, ἐν δυνατείαις).
[99] Sic Syro-hex., et sine obelis Comp., Ald., Codd. III, 15,

18, 44, alii. [100] Cod. 85 in marg. Sic in textu Ald.,
Codd. X, XI, 29, 44, 71, alii, Arm. 1. [101] Cod. 85 in
marg.: Θ. ἰσχυρῶν ἐχεόντων (sic). Lectio ἰσχυρῶν est in
Comp., Codd. III, 15, 18, 19 (cum ἰσχυρὸν), aliis, Syro-
hex. (cum ܚܣܝ̈ܠܐ); altera autem ἐχεόντων ad mendosam scripturam Codd. 16, 30, 53, aliorum, ὑπερεχεόντων
pro ὑπερεχόντων, pertinere videtur. In tribus (54, 59, 75)
μεγιστάνων legitur. [102] Sic Comp., Codd. III, 19, 54,
75, 108. Syro-hex. ܩܪܒܬ. [103] Vocem θερμῶς, quae in
Cod. 58 post ᾔγγικ, in Codd. 54, 59, 75 post ἐξέτεινεν εἰς
πάσσαλον (v. 26) legitur, nescimus an recte retulerimus
ad חֶמְאָה, quasi a חָמַם, *caluit.* [104] Syro-hex. (sine
copula) pro ὃ. ✕ αὐτῆς ◀ (sic). Pronomen abest a Codd.
15, 18, 64, 128. [105] Procop. in Cat. Niceph. T. II,
p. 158: τὴν δεξιὰν εἰς ἀποτομὰς κατακόπων (sic), ἀντὶ τοῦ, εἰς
τέλος ἀχρειῶσαι, ἤγουν κατὰ τὸν Ἀκύλαν, εἰς σφῦραν κοπιώντων.
[106] Sic Comp. (cum κατακοπτόντων), Ald., Codd. III, 15, 18,
19 (cum κατακόπων), alii, e quibus Ald., Codd. 15, 18, alii,
duplicem versionem, τοῦ εἰς τέλος ἀχρειῶσαι εἰς ἀποτομὰς κατακόπων (s. κατακόπτων), venditant. (Pro κατακόπων, ut vulgo
pingitur, olim correximus κατακόπων a κατάκοπος, *labore*
confectus, Job. iii. 17. xvi. 7.) Syro-hex. ܠܕ ܚܣܩܡܐܠ
ܘܗܡܩܡܠ, quod Graece sonat, ἐπὶ λόγχας κατακοπτόντων
(non κατακοπῶν (ܘܦܩܡܠ), nec κατακοπτῶν a κατακόπτης, quae
vox nulla est). Ceterum non spernenda est Rördami sententia, Syrum nostrum Graecam vocem ἀποτομῆς de *instru-*
mento secante intellexisse, etsi nollemus affirmasset V. D.,
Hesychium ei notionem *instrumenti fabrorum* tribuere.
Nam glossa ejus sonat: Ἀποτομάδα (non ἀποτομὴν) σχίζαν,
καὶ ἀκόντιον πεντάθλον. [107] Cod. 85 in marg. sine nom.
Sic in textu Codd. X, XI, 29, 58, 121, Arm. 1, praeter
libros modo memoratos, qui duplici versione gaudent.
Scharfenbergius quidem e verbis Procopii supra allatis

26. וְהָלְמָה. *Et contudit.* Ο'. ('Α.) καὶ ἐσφυροκόπησεν. Alia exempl. καὶ ἀπέτεμεν.¹⁰⁸ Aliter: Ο'. καὶ συνετέλεσεν.¹⁰⁹

בְּיָחֳקָה רֹאשׁוֹ וּמָחֲצָה וְחָלְפָה רַקָּתוֹ. *Confregit caput ejus, et percussit et perforavit tempora ejus.* Ο'. διήλωσε κεφαλὴν αὐτοῦ, καὶ
ἐπάταξε, διήλωσε κρόταφον αὐτοῦ. Aliter:
Ο'. ἀπέτριψεν τὴν κεφαλὴν αὐτοῦ, καὶ συνέ-
θλασεν, καὶ διήλασεν τὴν γνάθον αὐτοῦ.¹¹⁰
Σ. διήλασε διὰ τοῦ κροτάφου τὸν πάσσαλον,
καὶ ἔθλασε τὴν κεφαλὴν αὐτοῦ. Θ. ἀπέτεμε
τὴν κεφαλὴν αὐτοῦ, καὶ ἔθλασε, καὶ διήλασε
τὴν γνάθον αὐτοῦ.¹¹¹ Ἄλλος· διήλασε κρόταφον αὐτοῦ, διήλασε κεφαλὴν αὐτοῦ, καὶ ἐπά-
ταξεν.¹¹²

27. כָּרַע נָפָל. *Corruit, cecidit.* Ο'. κατεκυλίσθη,
ἔπεσεν. Alia exempl. συγκάμψας ἔπεσεν.¹¹³
Aliter: Ο'. βαρυνθεὶς ἔπεσεν.¹¹⁴

שָׁכַב בֵּין רַגְלֶיהָ. *Jacuit; inter pedes ejus.*
Ο'. καὶ ἐκοιμήθη ἀναμέσον τῶν ποδῶν αὐτῆς.

Alia exempl. ἐκοιμήθη μεταξὺ ποδῶν αὐτῆς.¹¹⁵
Aliter: Ο'. καὶ ἀφύπνωσεν ἀναμέσον τῶν σκε-
λῶν αὐτῆς.¹¹⁶

27. כָּרַע נָפָל. Ο'. κατακλιθεὶς ἔπεσεν. Aliter:
Ο'. ἔκαμψεν, ἔπεσεν.¹¹⁷ Ἀ. ἔκαμψεν, (ἔπεσεν). Θ. συγκάμψας (ἔπεσεν).¹¹⁸

בַּאֲשֶׁר כָּרַע. *Ubi corruit.* Ο'. καθὼς κατε-
κλίθη. Aliter: Ο'. Θ. ἐν ᾧ ἔκαμψεν.¹¹⁹

שָׁדוּד. *Confectus.* Ο'. ἐξοδευθείς. Aliter:
Ο'. Θ. ταλαίπωρος.¹²⁰

28. נִשְׁקְפָה וַתְּיַבֵּב. *Prospectat, et clamat.* Ο'.
παρέκυψεν. Aliter: Ο'. διέκυπτε ※ καὶ κατε-
μάνθανεν ◀.¹²¹

בְּעַד הָאֶשְׁנָב. *Per clathros.* Ο'. ἐκτὸς τοῦ
τοξικοῦ. Aliter: Ο'. διὰ τῆς δικτυωτῆς, –ἐπιβλέπουσα ἐπὶ τοὺς μεταστρέφοντας μετὰ Σισάρα ◀.¹²² Ο'. Θ. διὰ τῆς δικτυωτῆς.¹²³

מַדּוּעַ בֹּשֵׁשׁ רִכְבּוֹ לָבוֹא. *Quare cunctatur currus ejus veniendo?* Ο'. διότι ᾐσχύνθη ἅρμα
αὐτοῦ (alia exempl. add. ἐλθεῖν¹²⁴); Aliter:

---

colligit, non esse aliam interpretationem, sed scholium
illustrans obscuram Seniorum versionem, εἰς ἀποτομὰς κατακοπῶν. Cum vero vox ἀχρειοῦν cum sensu *perdendi* a nostris scriptoribus usitate ponatur, eam h. l. cum Hebraeo
הָלַם, *percussit*, componere, עֳלָמִים autem cum עֹלָמִים com-
mutare, non valde operosum est. ¹⁰⁸ Sic Comp., Ald.,
Codd. III, 15, 19, alii, Syro-hex. Procop. in Cat. Niceph.
T. II, p. 159: τὸ γὰρ, ἀπέτεμε Σισάρα, οἱ μὲν ἐσφυροκόπησεν,
οἱ δὲ, συνετέλεσεν, ἐξέδωκαν. "Interpretationem καὶ ἐσφυρο-
κόπησε Aquilae tribuerim, qui paullo ante הֲלָמוּת vertit
σφύραν."—Scharfenb. ¹⁰⁹ Cod. 85 in marg. Sic in
textu Codd. X, XI, 18, 29, alii, Arm. 1. Pertinet igitur
ad eundem interpretem, qui τοῦ εἰς τ. ἀχρειῶσαι vertit.
¹¹⁰ Sic Comp., Codd. III, 19 (cum διήλωσε), 108, Syro-hex.
¹¹¹ Procop. ibid.: Ἀπέτριψε τὴν κεφ. αὐτοῦ (καὶ συνέθλασε, καὶ
διήλασε) τὴν γν. αὐτοῦ· τουτέστι, διήλασε κρόταφον αὐτοῦ, διήλασε
κεφαλὴν αὐτοῦ, καὶ ἐπάταξε· ὁ δὲ Σ., διήλασε διὰ τοῦ κροτάφου
τὸν π., καὶ ἔθλασε τὴν κ. αὐτοῦ· ὁ δὲ Θ., ἀπέτεμε τὴν κ., καὶ
ἔθλασε τὴν γν. αὐτοῦ. Cod. 85 in marg.: Θ. ἀπέτεμε τὴν κ.
αὐτοῦ, καὶ ἔθλασε καὶ διήλασε τὴν γν. αὐτοῦ. Θ. (immo Σ.) διὰ
τοῦ κροτάφου τὸν π., καὶ ἔθλασε τὴν κ. αὐτοῦ. ¹¹² Procop.,
ut supra. Sic in textu Ald., Codd. X, XI, 29, 30 (cum
διήλωσε bis), 56, alii, Arm. 1 (cum διήλωσε ὁ πάσσαλος εἰς
κεφ. αὐτοῦ, καὶ ἐξωλόθρευσε). ¹¹³ Sic Comp. (cum συγκύψας), Codd. III (cum συγκάμψας), 15 (cum συγκάψας), 18

(idem), 19 (cum συγκύψας), alii, Syro-hex. (cum ܩܕ ܓܟ,
h. e. κάμψας, s. συγκάμψας), Procop. ibid. Est Theodotionis, ut mox videbimus. ¹¹⁴ Cod. 85 in marg. Sic
in textu Ald., Codd. X, XI, 29, 58, 71, 121, Arm. 1.
¹¹⁵ Sic Comp., Codd. III, 108, Syro-hex. (cum ܓܒ܁).
¹¹⁶ Sic Ald., Codd. X (cum ποδῶν), XI, 29, 44 (cum ἐν
μέσῳ), 58, alii, Arm. 1 (cum γονάτων). Cod. 85 in marg.
(ad ἐκεῖ ἔπεσεν, teste Parsonsii amanuensi): Ο'. ἐφύπνω-
σεν (sic). Cf. Hex. ad Gen. xxviii. 11. ¹¹⁷ Sic Comp.,
Codd. (III hiat), 19, 108. Syro-hex.: ἔκαμψεν, ※ ἔπεσεν ◀.
¹¹⁸ Cod. 85 in marg. (ad κατακλιθείς, teste eodem): Θ. συγκάμψας. Idem (ad ἐκεῖ ἔπεσεν): Ἀ. κάμψεν. ¹¹⁹ Cod. 85
in marg. (cum nota: παν χω). Sic in textu Comp., Codd.
III, 19, 54, 108, Syro-hex. (cum ܘܟܒ ܠܗܐ). In Ald.,
Codd. X, XI, 29, 58, aliis, Arm. 1, pro κατακλιθεὶς ἔπεσεν
legitur ἐν ᾧ ἔκαμψεν. ¹²⁰ Cod. 85 in marg. Sic in textu
Comp. (cum ταλαιπώρος), Ald. (idem), Codd. III, X, XI,
15, 18, 19, alii, Arm. 1, Syro-hex. Cf. Hex. ad Psal.
cxxxvi. 8. Jerem. iv. 30. ¹²¹ Sic Syro-hex., et sine
aster. Comp., Codd. III, 19, 108. ¹²² Sic Syro-hex., et
sine obelo Codd. III (om. μετὰ), 15, 18, 19, alii, Arm. 1.
¹²³ Cod. 85 in marg. Sic in textu Comp., Ald., Codd. X,
XI, 29, 71, 121. Procop. ibid.: διὰ τῆς δικτυωτῆς· διὰ καγ-
κέλλου. ¹²⁴ Sic Codd. 16, 30, 52, alii (inter quos 85),
Arm. 1.

Ο'. διὰ τί ἠσχάτισε τὸ ἅρμα αὐτοῦ παραγενέσθαι[125] (Ο'. Θ. παραγενέσθαι[126]).

28. מַדּוּעַ אֶחֱרוּ פַּעֲמֵי מַרְכְּבוֹתָיו. *Quare morantur
gressus curruum ejus?* Ο'. διότι ἐχρόνισαν
πόδες ἁρμάτων αὐτοῦ; Aliter: Ο'. διὰ τί
ἐχρόνισαν ἴχνη ἁρμάτων αὐτοῦ;[127] Ἄλλος·
.. δισσοὶ ἀναβάται αὐτοῦ.[128]

29. חַכְמוֹת שָׂרוֹתֶיהָ תַּעֲנֶנָּה. *Sapientiores nobilium
mulierum ejus responderunt.* Ο'. αἱ σοφαὶ ἀρ-
χουσαι αὐτῆς ἀπεκρίθησαν πρὸς αὐτήν. Alia
exempl. Ο'. σοφαὶ ἀρχουσῶν αὐτῆς ἀνταπεκρί-
ναντο πρὸς αὐτήν.[129] Ἄλλος· φρόνησις ἰσχύος
αὐτῆς ἀποκριθήσεται αὐτῇ.[130]

אַף־הִיא תָּשִׁיב אֲמָרֶיהָ לָהּ. *Etiam ipsa reddidit verba sua sibi.* Ο'. καὶ αὐτὴ ἀπέστρεψε
λόγους αὐτῆς ἑαυτῇ. Aliter: Ο'. καὶ αὐτὴ
✕ δὲ ◄ ἀνταπεκρίνατο ἐν ῥήμασιν αὐτῆς.[131]
Ο'.Θ. ἀπεκρίνατο.[132] Ἄλλος· ἀπεκρίνατο αὐτῇ
ἑαυτῇ τοὺς λόγους αὐτῆς.[133]

30. הֲלֹא יִמְצְאוּ יְחַלְּקוּ שָׁלָל. *Nonne inveniunt,
dividunt praedam?* Ο'. οὐχ εὑρήσουσιν αὐ-
τὸν διαμερίζοντα σκῦλα; Ἄλλος· καὶ οὐχ
εὑρέθησαν διεμερίσθη σκῦλα.[134]

30. רַחַם רַחֲמָתַיִם. *Puella,* vel *duae puellae.* Ο'.
οἰκτίρμων οἰκτειρήσει. Alia exempl. φιλάζων
φίλοις.[135] Ἄλλος· μήτρας αὐτῆς.[136]

גֶּבֶר. *Viri.* Ο'. ἀνδρός. Alia exempl. Ο'.
δυνατοῦ.[137]

שְׁלַל צְבָעִים לְסִיסְרָא. *Praedam vestium tinc-
tarum Sisarae.* Ο'. σκῦλα βαμμάτων τῷ Σισάρᾳ. Ἄλλος· ἐτίτρωσκον δακτύλοις ἐν τῷ
Σισάρᾳ.[139]

(fort. שָׁלָל) צֶבַע רִקְמָתַיִם לְצַוְּארֵי שָׁלָל. *Vestem tinctum* vel *duas versicolores pro collo
praedae* (fort. *uxoris regiae*). Ο'. βάμματα
ποικιλτῶν αὐτὰ τῷ τραχήλῳ αὐτοῦ σκῦλα.
Aliter: Ο'. βαφὴ ποικίλων περὶ τράχηλον
αὐτοῦ σκῦλον.[139] Ἄλλος· ἐστηλώθη στίγματα
(s. στίγμα) ἐν τῷ τραχήλῳ αὐτοῦ, καὶ ἐσκυ-
λεύθη.[140]

31. יֹאבְדוּ. *Pereant.* Ο'. ἀπόλοιντο. Ἄλλος·
γένοιντο.[141]

כְּצֵאת הַשֶּׁמֶשׁ. *Sicut ortus solis.* Ο'. ὡς ἔξοδος ἡλίου. Aliter: Ο'.Θ. καθὼς ἡ ἀνατολὴ
(τοῦ ἡλίου).[142] Ἄλλος· ἅμα τῷ ἐκπορεύεσθαι
τὸν ἥλιον.[143]

---

[125] Sic Comp., Ald., Codd. III, XI, 15, 18, 19, alii, Syro-
hex. Cod. 85 in marg.: Ο'. ἠσχάτισε (sic).　　[126] Cod. 85
in marg.　　[127] Sic Comp., Ald., Codd. III, XI, 15, 18,
19, alii, Syro-hex. Ad διότι ἐχρόνισαν Cod. 85 in marg.
affert: ὅτι ἐχρόνισαν. Ο'. Θ. διότι πόδες, obscure.　　[128] Codd.
54, 55, 75, in textu: ὅτι ἐχρόνισαν δισσοὶ ἀν. αὐτοῦ ἴχνη
ἁρμάτων αὐτοῦ, ex duplici, ut videtur, versione.　　[129] Sic
Comp., Ald. (cum ἀνταπεκρίθησαν), Codd. III, XI (ut Ald.),
15 (cum ἀνταπεκρίνοντο), 18, 19 (cum σ. αἱ ἄρχουσαι), alii,
Syro-hex. (ut 15).　　[130] Post περὶ τράχηλον αὐτοῦ (v. 30)
Codd. 44, 54, 59, alii, versionem singularem vv. 29, 30
inferunt, quam hic integram describere non gravabimur:
φρόνησις ἰσχύος αὐτῆς ἀποκριθήσεται αὐτῇ. ἀπεκρίνατο αὐτῇ ἑαυτῇ
τοὺς λόγους αὐτῆς, καὶ οὐχ εὑρέθησαν. διεμερίσθη σκῦλα μήτρας
αὐτῆς εἰς κεφαλὴν ἀνδρός. ἐτίτρωσκον δακτύλοις ἐν τῷ Σισάρᾳ.
ἐστηλώθη στίγματα (s. στίγμα) ἐν τῷ τραχήλῳ αὐτοῦ, καὶ ἐσκυ-
λεύθη.　　[131] Sic Syro-hex. (cum ✕καὶ αὐτὴ δὲ ◄ ἀνταπεκρίνατο), et sine aster. Comp., Codd. III (cum ἀπεκρίνατο), 19, 108; necnon, absente δὲ, Codd. 15, 18, 19, alii.
[132] Cod. 85.　　[133] Sic Codd. 44, 54, 59, alii, ut supra.
[134] Iidem.　　[135] Sic Comp., Ald. (cum φιλιάζοντα), Codd.
III, X (ut Ald.), XI (idem), 15, 18, 29 (ut Ald.), alii

(inter quos 85 in marg., ut Ald.), Arm. 1 (cum φιλάζειν),
Syro-hex. (cum ܪܚܡ ܪܚܡܬܐ).　　[136] Sic
Codd. 44, 54, 59, alii, ut supra.　　[137] Sic Comp., Codd.
III (cum δυνατοι), 19, 54, 75, 108. Syro-hex. ܣܩܘܒܠܐ.
Duplex versio, ἀνδρὸς δυνάστου, est in Ald., Codd. 15, 18,
64, 128.　　[138] Sic Codd. 44, 54, 59, alii, ut supra.
[139] Sic Cod. III (cum βαθῇ), necnon (cum περὶ τὸν τρ. αὐτοῦ,
om. σκῦλον) Codd. 15 (cum ποικιλμάτων), 18 (idem), 19 (cum
ποικίλον), 54, 64 (ut 15), 108. Syro-hex. ܘܨܒܥܐ ܕܡܚܠܦܐ
ܚܕܪܝ ܨܘܪܗ ܕܝܠܗ ܒܙܬܐ; h. e. βαφὴ ποικίλων περιτραχήλιον ἑαυτοῦ σκῦλον (s. σκῦλα). Scilicet Syrus noster pro
περὶ τράχηλον non Graecum περιτράχηλον legit, quod cum
forma legitima περιτραχήλιον confudit, et per ܒܙܬܐ reddidit, ut περιστόμιον per idem ܒܙܬܐ Job xv. 17, περιστήθιον per ܣܡܝܐ Exod. xxviii. 4, etc. Cf. Hex. ad Gen.
xxxviii. 18, 25, ubi περιτραχήλιον pro sua in talibus inconstantia per ܩܡܠܐ ܘܚܒܠܐ vertit Noster.　　[140] Sic Codd. 44,
54, 59, alii, ut supra.　　[141] Sic Codd. 44, 54, 59 (om.
οὕτως), alii.　　[142] Cod. 85 in marg. Sic in textu Comp.
(sine τοῦ), Ald., Codd. III, X (cum ὡς ἀν. ἡλίου), XI (cum
καθὼς ἀν. ἡλίου), 15, 18, 19, alii, Syro-hex. Vet. Lat.: *sicut
ortus solis* (in potentia ejus).　　[143] In Codd. 44, 54, 59,

31. בִּגְבֻרָתֹו. *In robore ejus.* Ο'. ἐν δυνάμει αὐτοῦ. Aliter: Ο'. Θ. ἐν δυναστείᾳ αὐτοῦ.¹⁴⁴

CAP. VI.

1. בְּעֵינֵי. Ο'. ἐνώπιον. Aliter: Ο'. Θ. ἐναντίον.¹

2. אֶת־הַמִּנְהָרֹות אֲשֶׁר בֶּהָרִים. *Fissuras quae sunt in montibus.* Ο'. τὰς τρυμαλιὰς (Ο'. Θ. μάνδρας²) τὰς ἐν τοῖς ὄρεσι. Aliter: Ο'. μάνδρας ※ τὰς ◄ ἐν τοῖς ὄρεσι.³

וְאֶת־הַמְּעָרֹות וְאֶת־הַמְּצָדֹות. *Et speluncas, et arces.* Ο'. καὶ τὰ σπήλαια, καὶ τὰ κρεμαστά (Σ. τὰ φρούρια⁴). Aliter: Ο'. καὶ τοῖς σπηλαίοις, καὶ τοῖς ὀχυρώμασιν.⁵

3. אִם־זָרַע יִשְׂרָאֵל. Ο'. ἐὰν ἔσπειραν οἱ υἱοὶ (Θ. ἀνὴρ⁶) Ἰσραήλ. Aliter: Ο'. ὅτε ἔσπειρεν ※ ἀνὴρ ◄ Ἰσραήλ.⁷

וְעָלוּ עָלָיו. Ο'. συνανέβαινον αὐτοῖς. Alia exempl. καὶ ἀνέβαινον ἐπ' αὐτόν.⁸

4. עֲלֵיהֶם. Ο'. εἰς αὐτούς. Alia exempl. ἐπ' αὐτούς.⁹

אֶת־יְבוּל הָאָרֶץ. Ο'. τοὺς καρποὺς αὐτῶν. Alia exempl. τὰ ἐκφόρια τῆς γῆς.¹⁰

4. וְלֹא־יַשְׁאִירוּ. Ο'. καὶ οὐ κατελείποντο (ε. κατέλειπον). Alia exempl. καὶ οὐχ ὑπελείποντο.¹¹

בְּיִשְׂרָאֵל וְשֶׂה וָשֹׁור. Ο'. ἐν τῇ γῇ Ἰσραήλ, οὐδὲ ἐν τοῖς ποιμνίοις ταῦρον. Alia exempl. ἐν Ἰσραήλ, καὶ ποίμνιον καὶ μόσχον.¹²

5. וּמִקְנֵיהֶם. Ο'. καὶ αἱ κτήσεις (Ο'. τὰ κτήνη¹³) αὐτῶν.

וְאָהֳלֵיהֶם יָבֹאוּ (וּבָאוּ ק'). Ο'. καὶ αἱ σκηναὶ αὐτῶν παρεγίνοντο. Aliter: Ο'. καὶ τὰς σκηνὰς αὐτῶν (–) παρέφερον, καὶ τὰς καμήλους αὐτῶν ἦγον ◄, καὶ παρεγίνοντο.¹⁴ Θ. (καὶ) τὰς σκηνὰς αὐτῶν παρέφερον.¹⁵

וַיָּבֹאוּ בָאָרֶץ לְשַׁחֲתָהּ. Ο'. καὶ ἤρχοντο εἰς τὴν γῆν Ἰσραήλ, καὶ διέφθειρον αὐτήν. Aliter: Ο'. καὶ παρεγίνοντο ἐν τῇ γῇ Ἰσραὴλ τοῦ διαφθεῖραι αὐτήν.¹⁶ Aliter: Ο'. Θ. (καὶ) παρεγένοντο ἐν τῇ γῇ τοῦ διαφθεῖραι (αὐτήν¹⁷).

6, 7. וַיִּזְעֲקוּ בְנֵי־יִשְׂרָאֵל אֶל־יְהוָה: וַיְהִי כִּי־זָעֲקוּ בְנֵי־יִשְׂרָאֵל אֶל־יְהוָה עַל אֹדֹות מִדְיָן (*propter Midian*). Ο'. καὶ ἐβόησαν οἱ υἱοὶ Ἰσραὴλ πρὸς κύριον ἀπὸ προσώπου Μαδιάμ. Aliter: Ο'. καὶ ἐκέκραξαν οἱ υἱοὶ Ἰσραὴλ πρὸς

---

aliis, locus sic legitur: κύριε, ἅμα τῷ ἐκτ. τὸν ἥλιον. καὶ οἱ ἀγαπῶντές σε καθὼς ἡ ἀνατολὴ τοῦ ἡλίου ἐν δυναστείαις αὐτοῦ. ¹⁴⁴ Cod. 85 in marg. Sic in textu Comp., Ald., Codd. III (cum δυναστείαις), X, XI, 15 (ut III), 18 (idem), 19 (idem), 29 (cum δυναστίᾳ), alii, Syro-hex. (ut III).

CAP. VI. ¹ Cod. 85 in marg. Sic in textu Codd. XI, 30, 44, alii. Scriptura ἔναντι est in Comp., Ald., Codd. III, 15, 18, 19, aliis. Syro-hex. ܩܕܡ. Vet. Lat. *ante*. ² Idem. ³ Syro-hex. Sic (sine ※ τὰς ◄) Comp., Codd. III (cum ἄνδρας), 19, 54, alii; necnon (cum τὰς μάνδρας ἐν τ. ὄ.) Ald., Codd. XI, 15, 18, alii. ⁴ Cod. 85. ⁵ Sic Comp., Ald., Codd. III, X, XI, 15, 18, 19 (cum καὶ ἐν τοῖς σπ.), alii, Arm. 1, Syro-hex. Cod. 85 in marg. ad ὄρεσι: Ο'. σπηλαίοις; ad κρεμαστὰ autem: Ο'. τοῖς ὀχυρώμασι. Origen. Opp. T. II, p. 472: *et in speluncis, et in munitionibus.* ⁶ Cod. 85. ⁷ Sic Syro-hex., et sine aster. Comp., Ald., Codd. III (cum ὅταν), 15, 18, 19, alii, Arm. 1, Origen. ibid. ⁸ Sic Comp., Ald., Codd. III, XI (sine καὶ), 15, 18, 19, alii, Arm. 1 (ut XI), Syro-hex., Vet. Lat. ⁹ Sic Comp., Ald., Codd. III, XI, 15, 18, 29, alii, Syro-hex. ¹⁰ Sic Comp. (cum ἐφόρια), Ald., Codd. III, XI, 15, 18, 19, alii, Syro-

hex. Cod. 85 in textu: κατέφθειραν τοῖς κ. αὐτῶν; in marg. autem: διέφθειραν τὰ ἐκφ. τῆς γῆς. ¹¹ Sic Comp. (cum ὑπελίπουτο), Ald., Codd. III, X, XI, 15, 18, 19 (ut Comp.), alii (inter quos 85 in marg.). ¹² Sic Comp., Ald., Codd. III, X (om. καὶ ὄνον), XI (idem), 15, 18, 19, alii, Arm. 1, Syro-hex. Cod. 85 in marg.: καὶ ποίμνιον καὶ ταῦρον. ¹³ Cod. 85 in marg. Sic in textu Comp., Ald., Codd. III (om. καὶ), XI, 15, 18, 19, alii, Syro-hex. ¹⁴ Sic Syro-hex. (cum metobelo tantum; usm nierus index est "signum quoddam ante ܘܟܒܫ exaratum, quod similitudinem aliquam cum hypolemnisco (◄) habet"), et sine obelo Codd. 44 (om. αὐτῶν post καμήλους), 54 (cum παρεγίνοντο), 59, alii. Vet. Lat.: *et tabernacula sua afferebant, et camelos suos ducebant, et adveniebant.* Brevior lectio, παρέφερον καὶ παρεγίνοντο, est in Comp. (cum παρεγίνοντο), Ald., Codd. III, 15 (om. καὶ παρεγ.), 18, 19 (ut Comp.), aliis. ¹⁵ Cod. 85. ¹⁶ Sic Comp., Ald. (cum παρεγένοντο), Codd. III (cum διαφθείρειν), XI (ut Ald., om. αὐτήν), 15, 18, alii, Syro-hex. ¹⁷ Cod. 85 in marg. Sic in textu (cum παρεγίνοντο), Codd. 108, 128, Vet. Lat. (cum super terram).

κύριον. καὶ ἐγένετο ὅτε ἐκέκραξαν οἱ υἱοὶ Ἰσραὴλ πρὸς κύριον διὰ Μαδιάμ.¹⁸

8. אָנֹכִי הֶעֱלֵיתִי אֶתְכֶם מִמִּצְרַיִם. Ο΄. ἐγώ εἰμι
ὃς ἀνήγαγον ὑμᾶς ἐκ γῆς Αἰγύπτου. Alia exempl. ἐγώ εἰμι ὁ ἀναβιβάσας ὑμᾶς ἐξ Αἰγύ-
πτου.¹⁹ Aliter: Ο΄. ὁ ἀναβιβάσας σε. Οἱ
λοιποί· ἀνήγαγον.²⁰

9. וָאַצִּל. Ο΄. καὶ ἐρρυσάμην. Aliter: Ο΄. Θ. καὶ
ἐξειλάμην.²¹

10. אֲנִי. Ο΄. ἐγώ. Alia exempl. ἐγώ εἰμι.²²

יוֹשְׁבִים. Ο΄. κάθησθε. Alia exempl. κατοι-
κεῖτε.²³

11. תַּחַת הָאֵלָה אֲשֶׁר בְּעָפְרָה. Sub terebintho
quae erat in Ophra. Ο΄. ὑπὸ τὴν τερέμινθον
τὴν ἐν Ἐφραθά. Alia exempl. ὑπὸ τὴν δρῦν
τὴν οὖσαν ἐν Ἐφρά.²⁴

אֲשֶׁר לְיוֹאָשׁ. Ο΄. ἐν γῇ Ἰωάς. Alia exempl.
τὴν τοῦ Ἰωάς.²⁵

חֹבֵט חִטִּים. Fuste excutiebat triticum. Ο΄.
ῥαβδίζων σῖτον. Alia exempl. ἐρράβδιζε πυ-
ρούς.²⁶

11. לָהָנִים. Ut in tuto collocaret. Ο΄. εἰς (potior
scriptura τοῦ²⁷) ἐκφυγεῖν. Aliter: Ο΄. ⟨ καὶ
ἔσπευδε ◀ τοῦ ἐκφυγεῖν.²⁸

12. גִּבּוֹר הֶחָיִל. Bellator strenue. Ο΄. ἰσχυρὸς τῶν
δυνάμεων. Aliter: Ο΄. Θ. δυνατὸς ἐν ἰσχύϊ.
Ἀ… τῇ εὐπορίᾳ. Σ. ἀνδρεῖος τῇ ἰσχύϊ.²⁹

נְטָשָׁנוּ יְהוָה. Ο΄. ἐξέρριψεν (Ο΄. Θ. ἀπώσατο³⁰)
ἡμᾶς. Aliter: Ο΄. ἀπώσατο ἡμᾶς ※ κύριος ◀.³¹

וַיִּתְּנֵנוּ. Ο΄. καὶ ἔδωκεν (Ο΄. Θ. παρέδωκεν³²)
ἡμᾶς.

14. וַיִּפֶן. Ο΄. καὶ ἐπέστρεψε. Alia exempl. καὶ
ἐπέβλεψε.³³

מִכַּף מִדְיָן. Ο΄. ※ ἐκ χειρὸς Μαδιάμ ◀.³⁴

הֲלֹא. Ο΄. ἰδού (s. καὶ ἰδού³⁵). Alia exempl.
οὐκ ἰδού.³⁶

15. הַדַּל. Infirmissima est. Ο΄. ἠσθένησεν. Aliter: Ο΄. Θ. ταπεινοτέρα.³⁷

16. יְהוָה כִּי אֶהְיֶה עִמָּךְ. Ο΄. ὁ ἄγγελος κυρίου
κύριος ἔσται μετὰ σοῦ. Alia exempl. κύριος,
ὅτι ἔσομαι μετὰ σοῦ.³⁸

וְהִכִּיתָ. Ο΄. καὶ πατάξεις. Alia exempl. καὶ
ἀποκτενεῖς.³⁹

---

¹⁸ Sic Comp. (cum ἐπεὶ pro ὅτε), Ald. (cum καὶ οἱ υἱοὶ Ἰσρ. πρὸς κ. ἐκέκραξαν), Codd. III (cum περὶ pro διὰ), X (ut Ald.), XI (idem), 15 (cum ἐπεὶ), 19 (idem), alii, Syro-hex., Vet. Lat. (cum ad Dominum propter Madiam bis). Cod. 85 in marg.: καὶ ἐγένετο ὅτε—πρὸς κύριον. ¹⁹ Sic Comp., Ald., Codd. III, XI, 15, 18, 19, alii, Syro-hex. ²⁰ Cod. 85 in marg. ²¹ Idem. Sic in textu Comp., Ald. (cum ἐξειλόμην), Codd. (III hiat), X, XI, 15 (ut Ald.), 18 (idem), 19, alii, Syro-hex., Vet. Lat. (cum abstuli). ²² Sic Comp., Ald., Codd. III, XI, 16, 18, 19, alii (inter quos 85 in marg.), Arm. 1, Syro-hex., Vet. Lat. ²³ Sic Comp., Ald., Codd. III (cum ἐνοικεῖτε), XI (idem), 15, 19, alii (inter quos 85 in marg.), Syro-hex., Vet. Lat. ²⁴ Sic Comp., Ald., Codd. III (cum Ἐφραθά), XI (idem), 15 (idem), 18 (idem), alii (inter quos 85 in marg.), Arm. 1 (om. ἐν Ἐφρ.), Syro-hex. (cum ܚܒܪܬܐ), Vet. Lat. Cf. Hex. ad Gen. xxxv. 4. ²⁵ Sic Comp., Ald., Codd. III, XI, 15, 18, 19, alii (inter quos 85), Arm. 1, Syro-hex. (cum τῇ τοῦ Ἰ.) ²⁶ Sic (cum ἐράβδιζεν) Comp., Ald., Codd. III, XI, 15, 18, 19, alii (inter quos 85 in marg.), Syro-hex. ²⁷ Sic Comp., Ald., Codd. III, XI, 15, 16, 18, 19, alii (inter quos 85 in marg. cum ἐκ τοῦ). ²⁸ Sic Syro-hex. (qui pingit: ※ ܘܡܣܬܪܒ ܗܘܐ

Ioω), et sine obelo Codd. 44 (cum ἐκφεύγειν), 54 (cum φυγεῖν), 59 (idem), alii. ²⁹ Cod. 85, teste Parsonsii amanuensi. Prior lectio est in Codd. 18, 19 (cum ἐν τῇ ἰσχύϊ), 30, aliis, Syro-hex., Vet. Lat. (cum potens in forti-tudine); necnon (cum δ. τῇ ἰσχύϊ) in Comp., Ald., Codd. III, XI, 15, 29, aliis. ³⁰ Cod. 85 in marg. Sic in textu Ald., Codd. XI, 15, 18, alii, Vet. Lat. (cum sprevit). ³¹ Sic Syro-hex., et sine aster. Comp., Codd. III, 19, 30, alii. ³² Cod. 85 in marg. Sic in textu Comp., Ald., Codd. III, XI, 15, 18, 19, alii, Arm. 1, Syro-hex., Vet. Lat. ³³ Sic Comp., Ald., Codd. III, XI, 15, 18, 19, alii, Arm. 1, Syro-hex. ³⁴ Sic Syro-hex. (qui pingit: ἐκ ※ χειρὸς M.). Haec leguntur in Ed. Rom., sed desunt in Comp., Ald., Codd. X, XI, 15, 19, 29, aliis. ³⁵ Sic Ald., Codd. III, 15, 18, alii, Syro-hex. ³⁶ Sic Codd. X, XI, 29, 58, alii, Arm. 1, Vet. Lat. Cod. 85 in marg. ad πορεύου: οὐκ ἰδού; quem male secutus est Montef. ³⁷ Cod. 85 in marg. Sic in textu Comp., Ald., Codd. III, XI, 15, 18 (cum –νωτέρα), 19 (idem), alii, Arm. 1, Syro-hex., Vet. Lat. ³⁸ Sic Comp., Ald., Codd. 15, 18, 19, 64, 85 (in marg. cum ὁ κύριος), 108, Syro-hex. ³⁹ Sic Codd. 54, 59, 75, Theodoret.

17. אִם־נָא מָצָאתִי חֵן. Ο'. εἰ δὴ εὗρον ἔλεος.
Aliter: Ο'. καὶ εἰ εὗρον χάριν.⁴⁰

אוֹת שָׁאַתָּה מְדַבֵּר עִמִּי. Ο'. σήμερον πᾶν ὅτι
ἐλάλησας μετ' ἐμοῦ. Aliter: Ο'. ✕ σημεῖον ◄
ὅτι σὺ λαλεῖς μετ' ἐμοῦ.⁴¹

18. אַל־נָא תָמֻשׁ. Ne quaeso recedas. Ο'. μὴ
(alia exempl. μὴ δὴ⁴²) χωρισθῇς. Alia exempl.
μὴ (s. μὴ δὴ) κινηθῇς.⁴³

וְהִנַּחְתִּי. Ο'. καὶ θύσω. Alia exempl. καὶ
θήσω.⁴⁴

19. בַּסַּל. Ο'. ἐν τῷ κοφίνῳ. Alia exempl. ἐπὶ τὸ
κανοῦν.⁴⁵

שָׂם בַּפָּרוּר. Ο'. ἔβαλεν ἐν τῇ χύτρᾳ. Alia
exempl. ἐνέχεεν εἰς χύτραν.⁴⁶

הָאֵלָה. Ο'. τὴν τερέμινθον. Aliter: Ο'. Θ.
τὴν δρῦν.⁴⁷

וַיַּגַּשׁ. Ο'. καὶ προσήγγισεν (Aliter: Ο'. προσε-
κύνησεν⁴⁸).

20. וְאֶת־הַמַּצּוֹת. Ο'. καὶ τὰ ἄζυμα. Aliter: Ο'.
Θ. καὶ τοὺς ἀζύμους.⁴⁹ Aliter: Ο'. καὶ – τοὺς
ἄρτους ◄ τοὺς ἀζύμους.⁵⁰

20. וְאֶת־הַמָּרַק שְׁפוֹךְ. Ο'. καὶ τὸν ζωμὸν ἐχόμενα
ἔκχεε. Alia exempl. καὶ τὸν ζωμὸν ἔκχεον.⁵¹

21. וַתַּעַל. Ο'. καὶ ἀνέβη (alia exempl. ἀνήφθη⁵²).
Θ. (καὶ) ἀνέβη.⁵³

הָלָךְ. Ο'. ἐπορεύθη. Aliter: Ο'. Θ. ἀπῆλθεν.⁵⁴

22. אֲהָהּ אֲדֹנָי יְהוִה. Ο'. ἆ ἆ, κύριέ μου, κύριε.
Aliter: Ο'. Θ. ἆ, ἆ, ἆ, κύριε, κύριε.⁵⁵ Alia
exempl. οἴμοι, κύριε, κύριε.⁵⁶

כִּי־עַל־כֵּן. Nam propter hoc. Ο'. ὅτι ✕ ἐπὶ
τοῦτο ◄.⁵⁷

25. וַיְהִי. Ο'. καὶ ἐγένετο. Aliter: Ο'. Θ. καὶ
ἐγενήθη.⁵⁸

אֶת־פַּר־הַשּׁוֹר אֲשֶׁר לְאָבִיךָ. Ο'. τὸν μόσχον
τὸν ταῦρον ὅς ἐστι τῷ πατρί σου. Aliter: Ο'.
τὸν μόσχον τὸν σιτευτὸν τοῦ πατρός σου.⁵⁹

וּפַר הַשֵּׁנִי. Ο'. καὶ μόσχον ✕ δεύτερον ◄.⁶⁰

אֲשֶׁר לְאָבִיךָ. Ο'. ὅ ἐστι τῷ πατρί σου (Aliter: Ο'. Θ. τοῦ πατρός σου⁶¹).

תִּכְרֹת. Ο'. ὀλοθρεύσεις. Aliter: Ο'. ἐκκό-
ψεις.⁶²

---

⁴⁰ Cod. 85 in marg. Sic in textu Comp., Ald., Codd.
III, XI, 15, 18, 19 (cum ἔλεος), alii, Arm. 1 (sine καὶ),
Syro-hex. ⁴¹ Sic Syro-hex., et sine aster. Comp., Codd.
III, 19, 108, Esc., Arm. 1. Cod. 85 in marg.: ὅτι σὺ
λαλεῖς. In Ald., Codd. X, XI, 15, 29, aliis, haec, καὶ ποιήσεις—μετ' ἐμοῦ, omnino desunt. ⁴² Sic Ald., Codd. 16,
30, 55, alii (inter quos 85). ⁴³ Sic Comp., Codd. III,
15 (cum μὴ δὴ), 18 (idem), 64 (idem), 108, 128 (ut 15),
Syro-hex. ⁴⁴ Sic Ald., Codd. II, III, 15, 16, 18, alii,
Arm. 1, Syro-hex. ⁴⁵ Sic Comp., Ald., Codd. III, XI,
15, 18, 29, 30, 44 (cum ἐπὶ τὸν κ.), alii, Arm. 1, Syro-hex.
E marg. Cod. 85 Montef. exscripsit: ἐπὶ τὸν κανοῦν: Parsonsii autem amanuensis: ἐπὶ τοῦ κανοῦ. ⁴⁶ Sic Comp.
(cum ἐξέχεεν), Ald., Codd. III, X, XI, 15, 18, 19 (ut Comp.),
alii (inter quos 85 in marg.), Syro-hex. ⁴⁷ Cod. 85 in
marg. Sic in textu Comp., Ald., Codd. III, X, XI, 15,
18, 19, alii, Arm. 1, Syro-hex. Cf. ad v. 11. ⁴⁸ Idem.
Sic in textu iidem. ⁴⁹ Idem. Sic in textu Comp.,
Codd. X, XI, 15, 19, alii. ⁵⁰ Sic Syro-hex. (cum – καὶ
τοὺς ἄρτους ◄), et sine obelo Ald., Codd. III, 18, 44, alii,
Arm. 1. ⁵¹ Sic Comp., Ald., Codd. III, XI, 15, 19 (cum
ἔκχεε), 29, alii, Syro-hex. ⁵² Sic Comp., Ald., Codd. III,

XI, 15, 16, 18, 19, alii (inter quos 85), Syro-hex., Vet. Lat.
⁵³ Cod. 85, teste Parsonsii amanuensi. ⁵⁴ Cod. 85 in
marg., teste Montef. (Lectionem quasi anonymam exscripsit Parsonsii amanuensis.) Sic in textu Comp., Ald.,
Codd. III, XI, 15, 18, 19, alii, Syro-hex. ⁵⁵ Idem (cum
κύριέ μου, κύριε in textu). Sic in textu Syro-hex. Cf.
Hex. ad Jos. vii. 7. Jerem. i. 6. Ezech. iv. 14. ⁵⁶ Sic
Comp., Ald., Codd. 54 (cum οὐμοῦ), 75 (idem), 108, 128.
Cod. 121 in textu: ἆ, ἆ, ἆ, κύριε; in marg. autem: γρ. οἴμοι,
κύριε, κύριε. Cod. 85 in marg.: κύριε, κύριε; οἴμοι. Cf. ad
Cap. xi. 35. ⁵⁷ Sic Syro-hex. (cum ┤ ✕, sine
metobelo), et sine aster. Comp., Codd. 19, 108. ⁵⁸ Cod.
85 in marg. Sic in textu Comp., Ald., Codd. III, XI, 15,
18, 19, alii. ⁵⁹ Sic Comp., Ald., Codd. III, XI, 15, 18,
19, alii, Arm. 1, Syro-hex. Cod. 85 in marg.: Ο'. τὸν
σιτευτόν. Ο'. τοῦ πατρός σου. ⁶⁰ Sic Syro-hex. (nisi forte
μ. ✕ τὸν δεύτερον ◄ τὸν ἑπταετῆ, ut Comp. (cum τὸν μ.), Codd.
III, 58, 108). Vox δεύτερον deest in Codd. X, XI, 29, 55,
aliis. ⁶¹ Cod. 85 in marg. Sic in textu Comp., Ald.,
Codd. III, X, XI, 18, 54, alii, Syro-hex. ⁶² Idem. Sic
in textu Comp., Ald., Codd. III (cum ἐκκόψατε), X, XI,
15, 18, 19 (cum ἐκκόψης), alii, Syro-hex.

26. רֹאשׁ עַל. Ο'. ἐπὶ κορυφήν. Aliter: Ο'. – τῷ ὀφθέντι σοι ◄ ἐπὶ τῆς κορυφῆς.⁶³

הַזֶּה הַמָּעוֹז. Munimenti hujus. Ο'. Μαωζὶ τού- του. Aliter: Ο'. – τοῦ ὄρους ◄ Μαὼζ τούτου.⁶⁴ Aliter: Ο'. Θ. τοῦ Μανὼχ τοῦ ὄρους.⁶⁵ 'Α. (τοῦ) κραταιώματος .. Σ. (τοῦ) κραταιοῦ .. ⁶⁶

בַּמַּעֲרָכָה. Cum strue (lignorum). Ο'. ἐν τῇ παρατάξει. Alia exempl. ἐν τῇ καταδύσει τῆς παρατάξεως.⁶⁷

הַשֵּׁנִי הַפָּר אֶת. Ο'. τὸν μόσχον ※ τὸν δεύτε- ρον ◄.⁶⁸

תִּכְרֹת. Ο'. ἐξολοθρεύσεις. Aliter: Ο'. Θ. ἐκ- κόψεις.⁶⁹

27. עֲשָׂרָה. Ο'. δέκα. Aliter: Ο'. – τρεῖς καὶ ◄ δέκα.⁷⁰

כַּאֲשֶׁר. Ο'. ὃν τρόπον. Aliter: Ο'. καθά.⁷¹

מֵעֲשׂוֹת. Ο'. τοῦ ποιῆσαι. Alia exempl. μὴ ποιῆσαι; alia, τοῦ μὴ ποιῆσαι.⁷²

28. נֻתַּץ. Dirutum est (altare). Ο'. καθῄρητο. Aliter: Ο'. κατεσκαμμένον.⁷³

28. כֹּרָתָה. Succisus est (lucus). Ο'. ὠλόθρευτο. Aliter: Ο'. Θ. ἐκκεκομμένον.⁷⁴

הֹעֲלָה הַשֵּׁנִי הַפָּר וְאֵת. Et quod attinet ad juvencum secundum, oblatus erat. Ο'. καὶ εἶ- δον τὸν μόσχον τὸν δεύτερον, ὃν ἀνήνεγκεν. Aliter: Ο'. καὶ ὁ μόσχος ὁ σιτευτὸς ἀνηνεγμέ- νος ※ εἰς ὁλοκαύτωμα ◄.⁷⁵

29. הַדָּבָר (bis). Ο'. τὸ ῥῆμα. Aliter: Ο'. Θ. τὸ πρᾶγμα.⁷⁶

וַיֹּאמְרוּ וַיְבַקְשׁוּ וַיִּדְרְשׁוּ. Ο'. καὶ ἐπεζήτησαν, καὶ ἠρεύνησαν, καὶ ἔγνωσαν. Alia exempl. καὶ ἀνήταζον, καὶ ἐξεζήτουν καὶ εἶπαν.⁷⁷

30. נָתַץ כִּי. Ο'. ὅτι καθεῖλε (alia exempl. κατέ- σκαψε⁷⁸).

כָּרַת. Ο'. ὠλόθρευσε. Alia exempl. ἔκοψε (s. ἐξέκοψε⁷⁹).

31. עָלָיו עָמְדוּ אֲשֶׁר לְכֹל. Omnibus qui adstabant sibi. Ο'. τοῖς ἀνδράσι πᾶσιν, οἳ ἐπανέστησαν αὐτῷ. Aliter: Ο'. πρὸς τοὺς ἄνδρας τοὺς ἐπανισταμένους ἐπ' αὐτόν.⁸⁰

---

⁶³ Sic Syro-hex. (sine metobelo), et sine obelo Comp., Ald. (sine τῷ), Codd. III, 15, 18 (ut Ald.), 19, alii, Arm. 1, Vet. Lat. ⁶⁴ Sic Syro-hex., et sine obelo Comp. (cum Μαὼχ), 15, 18, 19 (cum Μαώ&), alii. ⁶⁵ Cod. 85 in textu: (ἐπὶ τῆς κ.) τοῦ Μανοῦ ἐκ τούτου; in marg. autem: Ο'. Θ. Μανὼχ τοῦ ὄρους. Sic in textu Ald., Codd. X, XI, 29, 55 (cum Μαώχ), 71, 121. ⁶⁶ Procop. in Cat. Niceph. T. II, p. 166: τὸ Μαὼζ Ἀκύλας ἐξέδωκε, κραταιώματος· Σύμμαχος δὲ, κραταιοῦ. Codd. X, 58, in marg. sine nom.: κραταιώματος. Cf. Hex. ad Psal. xxvi. 1. Jerem. xvi. 19. Dan. xi. 38. (Parem lectionum, 'Α. ἰσχύος. Σ. ἰσχυροῦ, non e Basiliano, ut ipse profitetur, sed e Latinis Procopii, Aq. fortitudinis, Sym. fortis, Montefalconius, qui saepe nescit unde sua hauserit, eruit. Cf. Scharfenb. in Animadv. T. II, p. 57.) ⁶⁷ Sic Codd. 44, 54, 59, alii. ⁶⁸ Syro-hex. (qui pingit: ※τὸν μ. τὸν δ., absente cuncolo). Haec, τὸν δεύτερον, desi- derantur in Ald., Codd. X, XI, 15, 29, aliis. ⁶⁹ Cod. 85 in marg. Sic in textu Comp., Ald., Codd. III, X, XI, 15, 18, 19, alii, Syro-hex. ⁷⁰ Sic Syro-hex. (qui male pingit: ※τρεῖς καὶ δ., sine metobelo) et sine obelo Codd. III (cum τρισκαιδ.), 19, 54, 58 (cum δέκα καὶ τρεῖς), alii. ⁷¹ Sic Comp., Ald., Codd. III, XI, 15, 18, 19, alii, Syro- hex. ⁷² Prior lectio est in Codd. III, 15, 18, 19, aliis; posterior in Comp., Ald., Codd. X, 29, aliis. Syro-hex.

⁷³ ܐܠ ܣܚܦ. ⁷³ Cod. 85 in marg. Sic in textu Comp., Ald., Codd. III, X, XI, 15, 18, 19, alii. Syro-hex. ܚܣܡ. ܐܘ, quod κατέσκαπτο (sed etiam καθῄρητο) potius quam κατεσκαμμένον sonat. ⁷⁴ Idem. Sic in textu Comp. (cum ἐκκομμένον), Ald., Codd. III, X, XI, 15, 18, 19 (cum ἐκκομενον), alii, Syro-hex. ⁷⁵ Sic Syro-hex. (sine cuncolo), et sine aster. Comp., Ald. (om. εἰς), Codd. III, 15, 18, 19 (cum ὁ μ. ὁ δεύτερος ὁ σ.), alii (inter quos 58, cum ὁλοκαύ- τωσιν), Arm. 1; necnon (sine εἰς Δ.) Codd. X, XI, 29, alii (inter quos 85 in marg.). ⁷⁶ Cod. 85 in marg. Sic in textu Comp. (in priore loco), Ald., Codd. III, XI (ut Comp.), 15, 18, 19, alii, Arm. 1, Syro-hex. In posteriore loco τὸ ῥῆμα deest in Comp., Codd. 19, 108. ⁷⁷ Sic Comp., Ald., Codd. III, X (cum ἐξήτουν), XI, 15, 18 (cum ἀνήταζον), 19 (cum ἀνήταξαν et εἶπον), alii (inter quos 85 in marg. cum ἀνέταζον et διεζήτουν), Arm. 1, Syro-hex. ⁷⁸ Sic Comp., Ald., Codd. III, X (cum κατέσκαψε γὰρ pro ὅτι κ.), XI (idem), 15, 16, 18, 19, alii (inter quos 85, cum Ο'. καθεῖ- λεν in marg.). Ambigue Syro-hex. ܚܣܡܕ ܘܬܪܥ. ⁷⁹ Sic Comp., Ald. (cum ἐξέκ.), Codd. III, X, XI (ut Ald.), 15, 18, 19, alii, Syro-hex. ⁸⁰ Cod. 85 in marg. Sic in textu Comp., Ald., Codd. III (cum ἐσταμενοις), X, XI (cum ἐπανισταυρούνους), 15, 18, 19 (cum τοῖς ἀ. τοῖς ἐπανισταμένοις), alii, Syro-hex.

31. אֲשֶׁר יָרִיב לוֹ יוּמַת. *Qui contenderit pro eo,
interficiatur.* Ο'. ὃς ἐὰν δικάσηται (Aliter:
Ο'. ἀντιδικάσῃ[81]) αὐτῷ, θανατωθήτω (Θ. ἀποθανεῖται[82]). Alia exempl. ὃς ἀντεδίκησεν (s.
ἀντεδίκασεν) αὐτῷ, ἀποθανεῖται.[83]

אִם־אֱלֹהִים הוּא יָרֶב לוֹ. *Si Deus est, contendat pro se.* Ο'. εἰ θεός ἐστι, δικαζέσθω
(Aliter: Ο'. ἐκδικήσει[84]) αὐτῷ. Aliter: Ο'.
εἰ θεὸς αὐτός - ἐστιν ◄, ἐκδικήσει αὐτόν.[85]

32. יְרֻבַּעַל לֵאמֹר יָרֶב בּוֹ הַבַּעַל. *Jerubbaal, dicendo: Contendat cum eo Baal.* Ο'. Ἱερο-
βάαλ, λέγων· δικαζέσθω ἐν αὐτῷ ὁ Βάαλ.
Aliter: Ο'. δικαστήριον τοῦ Βάαλ.[86]

33. וַיַּעַבְרוּ. Ο'. Vacat. Alia exempl. καὶ διέβησαν;[87] alia, καὶ παρῆλθον.[88]

34. לָבְשָׁה. *Induit* (replevit). Ο'. ἐνέδυσε. Alia
exempl. ἐνεδυνάμωσε.[89]

35. גַּם־הוּא (congregavit se) וַיִּזָּעֵק בְכָל־מְנַשֶּׁה
אַחֲרָיו וּמַלְאָכִים שָׁלַח בְּאָשֵׁר. Ο'. εἰς πάντα
Μανασσῆ, καὶ ἐν Ἀσήρ. Alia exempl. Ο'.
ἐν παντὶ Μανασσῆ, καὶ ἐβόησε καὶ αὐτὸς

ὀπίσω αὐτοῦ καὶ ἀγγέλους ἐξαπέστειλεν ἐν
Ἀσήρ.[90]

36. כַּאֲשֶׁר. Ο'. καθώς. Aliter: Ο'. Θ. ὃν τρόπον.[91]

37. מַצִּיג. *Ponam.* Ο'. τίθημι. Alia exempl.
ἀπερείδομαι.[92]

38. וַיַּשְׁכֵּם. Ο'. καὶ ὤρθρισε - Γεδεών ◄.[93]

וַיִּמֶץ טַל. *Et expressit rorem.* Ο'. καὶ ἔσταξε
δρόσος. Aliter: Ο'. (καὶ) ἀπερρύη (δρόσος).
Ἀ. Σ. Θ. (καὶ) ἐστράγγισε (δρόσον).[94]

39. אֲנַסֶּה־נָּא רַק־הַפַּעַם. Ο'. πειράσω δὴ (potior
scriptura δὲ) καίγε ἔτι ἅπαξ. Aliter: Ο'. καὶ
πειράσω ἔτι ἅπαξ.[95]

יְהִי־נָא חֹרֶב. Ο'. καὶ γενέσθω (Aliter: Ο'. Θ.
γεννηθήτω[96]) ἡ ξηρασία. Aliter: Ο'. καὶ γεν-
θήτω - ἔτι ◄ ξηρασία.[97]

וְעַל־כָּל. Ο'. καὶ ἐπὶ πᾶσαν. Aliter: Ο'. ἐπὶ
δὲ πᾶσαν.[98]

Cap. VI. 2. ἐπὶ Ἰσραὴλ ∞ σφόδρα ◄.[99] 14. ὁ
ἄγγελος - κυρίου ◄, καὶ εἶπεν - αὐτῷ ◄.[100] 15. κύριε

---

[81] Cod. 85 in marg. [82] Idem. [83] Sic Comp. (cum
ἀντιδίκησεν et ἀποθανεῖτω), Ald. (cum ἀντεδίκασεν), Codd. III
(cum αὐτὸν), X, 15 (cum θανατωθῆτω ?), 18, 19 (cum ὃς ἂν
ἠδίκησεν), alii, Syro-hex. [84] Cod. 85 in marg. [85] Sic
Syro-hex., et sine obelo Comp. (cum ἑαυτὸν), Ald. (idem),
Codd. III (cum εἰ ἔστιν θεὸς αὐτὸς ἐκδ. αὐτὸν), 15, 18, 19
(cum αὐτοῦ pro αὐτὸς), alii. Vet. Lat.: si Deus est, ipse se
vindicabit. Mox ad καθεῖλε Cod. 85 in marg.: Ο'. κατέσκαψε, et sic in textu Comp., Ald., Codd. III, XI, 15, 18,
19 (cum κατέσκαψαν), alii, Syro-hex. [86] Sic Comp.
(praem. Ἱεροβάαλ λέγων), Ald., Codd. III, XI, 15, 18, 19
(ut Comp.), alii, Arm. 1 (ut Comp.). Ad Ἱεροβάαλ Cod. 85
in marg.: Ο'. ἀπερρύη. Ἀ. Σ. Θ. ἐστράγγισε. Lectio ἀπερρύη
est in Ald., Codd. III, X, XI, 15, 18, 19 (cum ἀπερρύη),
aliis, Arm. 1, Syro-hex. (cum ‫ ‬). [87] Sic Comp., Ald.,
Syro-hex. ab initio versus legit
et pingit: καὶ (superscripto indice ÷, sed absente nota
marginali) αὐτὸ ἐν τῇ ἡμέρᾳ ἐκείνῃ Ἱεροβάαλ, λέγων ◄· δικαστήριον τοῦ Β., male, ut videtur, pro: καὶ ἐκάλεσεν—※ Ἱεροβάαλ,
λέγων ◄· ὃ. τοῦ Β. Mox pro καθῃρέθη (נֻתַּץ) κατέσκαψεν
habent Comp., Ald., Codd. III, XI (cum κατέσκεψεν), 29,
54, alii, Syro-hex. [87] Sic Comp., Ald., Codd. III, 15, 19,
alii (inter quos 85 in marg.), Arm. 1, Syro-hex. (cum
‫ ‬). [88] Sic Ald., Codd. X, XI, 16, 29, alii (inter
quos 85). Vet. Lat.: et venerunt. [89] Sic Comp., Ald.,
Codd. II, III, X, XI, 15, 16, 18, ceteri fere omnes, Arm. 1,

Syro-hex. (cum ‫ ‬), Vet. Lat. (cum confortavit). [90] Sic
Comp., Ald., Codd. III (cum καὶ ἐξαπέστειλεν ἀγγ.), X, XI
(cum παντὶ pro ἐν παντὶ), 15 (cum παντὶ et ἀπέστειλεν), 18
(idem), alii (inter quos 85 in marg.), Arm. 1, Syro-hex.
[91] Cod. 85 in marg. Sic in textu Codd. III, 15, 18, 19,
alii, Syro-hex. [92] Sic Comp., Ald., Codd. III (cum
ἀπερίδομαι), X (idem), XI (idem), 15, 18, 19 (cum ὑπερί-
δομαι), alii (inter quos 85 in marg., ut III), Syro-hex.
(cum ‫ ‬). [93] Sic Syro-hex., et sine obelo
Comp., Codd. III, 15, 18, 58, alii, Vet. Lat. [94] Cod. 85
in marg.: Ο'. ἀπερρύη. Ἀ. Σ. Θ. ἐστράγγισε. Lectio ἀπερρύη
est in Ald., Codd. III, X, XI, 15, 18, 19 (cum ἀπερρύη),
aliis, Arm. 1, Syro-hex. (cum ‫ ‬), Vet. Lat. (cum decucurrit). [95] Sic Comp., Ald., Codd. III, X, XI, 15, 18,
29, alii, Syro-hex., Vet. Lat. Cod. 85 in marg.: Ο'. καὶ
πειράσω. [96] Cod. 85 in marg. Sic in textu Ald.,
Codd. III, XI, 15, 18, alii. [97] Sic Syro-hex., et sine
obelo Comp., Codd. 19, 58, 108. [98] Cod. 85 in marg.
Sic in textu (bis) Comp., Ald., Codd. III, X, XI, 15, 16,
18 (in priore loco), 19, alii, Syro-hex., Vet. Lat. [99] Syro-
hex. Sic sine obelo Codd. 44, 54, 59, alii. [100] Idem.
Sic sine obelis Comp., Ald., Codd. III, XI, 15, 16, 18, alii,
Arm. 1. Vox κυρίου deest in Codd. 53, 75.

✳ μου ◁.[101]   17. — πρὸς αὐτὸν Γεδεών ◁ (fort. πρὸς αὐτὸν — Γεδεών ◁).[102]   31. μὴ ὑμεῖς — νῦν ◁.[103]

Cap. VII.

1. חָרֵד. O'. Ἀράδ. Aliter: 'Α.Ο'.Θ. Ἀρωέδ.[1]

מִגִּבְעַת הַמּוֹרֶה. A colle Moreh. O'. ἀπὸ Γαβααθαμωραί. Alia exempl. ἀπὸ βουνοῦ τοῦ Ἀμωραί.[2] Οἱ λοιποί· ἀπὸ τοῦ βουνοῦ.. 'Α. (ἀπὸ τοῦ βουνοῦ) τοῦ ὑψηλοῦ.[3]

3. וְיָצַתָּה קְרָא. O'. καὶ νῦν λάλησον. Aliter: O'. — καὶ εἶπε κύριος πρὸς αὐτόν ◀· λάλησον.[4]

בְּאָזְנֵי. O'. ἐν ὠσί. Aliter: O'. εἰς τὰ ὦτα.[5]

וְיִצְפֹּר. Et circumagat se. O'. καὶ ἐκχωρείτω. Οἱ λοιποί· ἐξώρμησαν.[6]

וַיָּשָׁב. O'. καὶ ἐπέστρεψεν (s. ἐπέστρεψαν). 'Α. ἀπεστράφησαν.[7]

4. וְאֶצְרְפֶנּוּ לָךְ. Et purgabo (probabo) eum tibi. O'. καὶ ἐκκαθαρῶ ('Α.Θ. πυρώσω[8]) σοι αὐτόν. Aliter: O'. καὶ δοκιμῶ αὐτούς σοι.[9]

וְכֹל אֲשֶׁר. O'. καὶ ✳ πᾶς ◀ ὅν.[10]

5. וַיּוֹרֶד. O'. καὶ κατήνεγκε (alia exempl. κατεβίβασε[11]).

יָלֹק (bis). O'. λάψῃ. Alia exempl. λείξῃ.[12]

יִכְרַע. O'. κλίνῃ. Aliter: O'.Θ.'Α. κάμψῃ.[13]

לִשְׁתּוֹת. O'. πιεῖν. Alia exempl. τοῦ πιεῖν, μεταστήσεις αὐτὸν καθ' αὐτόν (s. καθ' ἑαυτόν).[14]

6. הַמְלַקְקִים. O'. τῶν λαψάντων (alia exempl. λειξάντων[15]). O'. Σ. (τῶν) λαψάντων.[16]

בְּיָדָם אֶל־פִּיהֶם. O'. ἐν χειρὶ αὐτῶν πρὸς τὸ στόμα αὐτῶν. Alia exempl. ἐν τῇ γλώσσῃ αὐτῶν.[17] Aliter: O'. ἐν τῇ χειρὶ αὐτῶν ἐν τῇ γλώσσῃ αὐτῶν.[18]

כָּרְעוּ. O'. ἔκλιναν. Aliter: O'. ἔκαμψαν.[19]

---

[101] Syro-hex. Pronomen deest in Ald., Codd. III, XI, 18 (manu 1ma), 44, aliis, Arm. 1.   [102] Idem.   [103] Idem.
   Cap. VII. [1] Cod. 85 in marg. Sic in textu Codd. 15, 18, 54, 58 (in marg. cum Ἀρωῆδ), alii.   [2] Sic Comp. (cum Ἀβὼρ), Codd. 19 (cum Ἀμώρ), 108 (ut Comp.), Syrohex. (cum ܡܚ ‏ܝܠ‎‏ܘ‏ܐܚܕܘ‎‏). Lectio, ἀπὸ τοῦ βωμοῦ (sic) τοῦ Ἀβὼρ (Ἀβωραί, Ἀβορέ, Ἀμωραί, Ἀμορέ) est in Codd. III, 54, 75, 76, aliis. Cod. 58 in textu: ἀπὸ τοῦ βουνοῦ (sic) τοῦ Ἀμορραίου; in marg. autem: τοῦ ὑψηλοῦ.   [3] Cod. 85 in marg.: Οἱ λοιποί· τοῦ βουνοῦ. 'Α. τοῦ ὑψηλοῦ. Cod. X in marg. (ad Ἀμωραί): 'Α. τοῦ ὑψηλοῦ (sic). Cf. Hex. ad Gen. xii. 6. Deut. xi. 30. Denique ad מוֹרֶה crediderim lectionem, seu potius glossam, ἐπιφανής, ἐπιφανεῖς, s. ἐπιφαῇ, quae in Codd. 44, 54, aliis, in contextum post ἐν κοιλάδι irrepsit. Cf. Schleusner in Nov. Thes. s. v. ἐπιφανής.   [4] Sic Syro-hex. (qui pingit: — καὶ εἶπε — κύριος), et sine obelo Comp., Ald., Codd. III, 15, 18, 19, alii, Arm. 1. Cod. 121 in textu: + καὶ λάλησον; in marg. autem: — καὶ εἶπε κ. πρὸς αὐτόν; ubi nota + est merus index, ut passim.   [5] Cod. 85 in marg. Sic in textu Comp., Ald., Codd. III, XI, 15, 18, 19, alii.   [6] Cod. 85 in marg. (ad ἐπέστρεψαν (sic)). Sic in textu Comp., Ald., Codd. III (cum ἐξώρμησεν), X, XI, 15 (ut III), 18 (idem), 19 (idem), alii, Arm. 1, Syro-hex. (ut III).   [7] Cod. 85. Sic in textu Comp., Ald., Codd. III, XI, 15, 18, 19, alii, Arm. 1, Syro-hex.   [8] Cod. 85.   [9] Idem in marg. (non, ut Montef., δοκιμῶ). Sic in textu Comp., Ald., Codd. III, XI, 15, 18, 19, alii, Arm. 1, Syro-hex.   [10] Sic Syro-hex.

(cum ✳ καὶ πᾶς ◀). Vocula deest in Codd. 15, 16, 18, 30, aliis. Comp., Codd. III, 19, 108: καὶ πάντα ὅς.   [11] Sic Comp., Ald., Codd. III, XI, 15, 18, 19, alii (inter quos 85 in marg.), Syro-hex. (ut videtur).   [12] Sic Codd. 53, 56 (cum λήξει), 63, 85 (cum λάψῃ in marg.), 144 (cum λήξῃ).   [13] Cod. 85 in marg.: O'. Θ. 'Α. κάμψῃ πιεῖν, μεταστήσεις αὐτὸν καθ' ἑαυτόν (ubi siglum Θ. 'Α. ad κάμψῃ tantum pertinere quivis videt). Sic in textu Comp., Ald., Codd. III, X, XI, 15, 18, 19, alii, Syro-hex.   [14] Sic Comp., Ald. (sine τοῦ), Codd. III (non, ut Tischendorf, κατασσήσεις), X (sine καθ' αὐτὸν), XI (idem), 16 (sine τοῦ), 18, 19 (cum κάτωθεν pro καθ' αὐτὸν), alii, Syro-hex. (cum ܠܘܬܗܘ‎‏ܠܚܘܕܘܗ‎‏). Origen. (Opp. T. II, p. 477) supplet: transferes eum; Hieron.: in altera parte erunt.   [15] Sic Codd. 16, 53, 56, alii.   [16] Cod. 85 in marg.   [17] Sic Comp., Codd. III, 15, 19, alii.   [18] Sic Ald., Cod. 58, et (sine duplici ἐν) Codd. X (cum τῇ χ. αὐτῶν ἢ τῇ γλ. αὐτῶν), XI, 29, 121. Syro-hex. ‏ܚܝܠܗܘܢ‎‏, ܟܠܗܘܢ‎‏ ‏ܘܐܡܘ‎‏. Ad πρὸς τὸ στόμα Cod. 85 in marg.: O'. τῇ γλώσσῃ. August. Quaest. XXXVII. in Judic.: "Et factus est numerus eorum qui lamberunt manu sua lingua sua trecenti viri. Plerique Latini codices non habent, manu sua, sed tantummodo, lingua sua. Graecus autem habet utrumque, manu sua lingua sua, ut intelligatur quod manu aquam raptam in os projiciebant." Cf. Grabe in Epist. ad Mill. p. 14.   [19] Cod. 85 in marg. Sic in textu Comp., Ald., Codd. III, XI, 15, 18, 19, alii, Syrohex.

7. הַמְּלָקְקִים. Ο'. τοῖς λάψασι (alia exempl. λελειχόσι. Ο'. λάψασι²⁰).

יֵלְכוּ. Ο'. πορεύσονται. Aliter: Ο'. Θ. ἀπο-
τρεχέτω.²¹

8. לְאֹהָלָיו. Ο'. εἰς σκηνὴν αὐτοῦ. Aliter: Ο'.
εἰς τὸ σκήνωμα αὐτοῦ.²²

וּבִשְׁלֹשׁ־מֵאוֹת הָאִישׁ הֶחֱזִיק. Et trecentos viros
retinuit. Ο'. καὶ τοὺς τριακοσίους ἄνδρας κατίσχυσεν. Aliter: Ο'. τῶν δὲ τριακοσίων ἀνδρῶν ἐκράτησεν.²³

9. קוּם. Ο'. ἀνάστα. Aliter: Ο'. ἀναστάς.²⁴

בַּמַּחֲנֶה. Ο'. ἐν τῇ παρεμβολῇ. Aliter: Ο'. τὸ
τάχος‒ ἐντεῦθεν ◄ εἰς τὴν παρεμβολήν.²⁵

11. אֶל־קְצֵה הַחֲמֻשִׁים אֲשֶׁר בַּמַּחֲנֶה. Ad extremitatem armatorum qui erant in castris. Ο'.
πρὸς ἀρχὴν τῶν πεντήκοντα, οἳ ἦσαν ἐν τῇ
παρεμβολῇ. Alia exempl. εἰς μέρος τῶν πεντήκοντα τῶν ἐν τῇ παρεμβολῇ.²⁶ Aliter: Ο'.
Θ. [εἰς μέρος] πρὸς τὸ ἄκρον (s. ἀκρωτήριον)
τῆς λαξευτῆς..²⁷

12. נָפְלִים. Considebant. Ο'. βεβλημένοι. Ali-

ter: Ο'. Θ. παρεμβεβλήκεισαν.²⁸

13. וַיֹּאמֶר הִנֵּה חֲלוֹם חָלָמְתִּי. Ο'. καὶ εἶπεν
ἰδοὺ ἐνυπνιασάμην ἐνύπνιον. Alia exempl. καὶ
εἶπεν ἰδοὺ τὸ ἐνύπνιον ὃ ἐνυπνιάσθην.²⁹

צְלִיל. Placenta. Ο'. μαγίς. Ἀ. ἐγκρυφίας.
Σ. κολλύρα.³⁰

מִתְהַפֵּךְ. Provolvens se. Ο'. στρεφομένη. Alia
exempl. κυλιομένη.³¹

עַד־הָאֹהֶל. Ο'. ἕως τῆς σκηνῆς. Alia exempl.
ἕως τῆς σκηνῆς Μαδιάμ.³²

וַיִּפֹּל וַיַּהַפְכֵהוּ לְמַעְלָה. Ο'. ✕ καὶ ἔπεσεν ◄,
καὶ ἀνέστρεψεν αὐτὴν ✕ ἄνω ◄.³³ Alia ex-
empl. καὶ κατέστρεψεν αὐτήν.³⁴

15. בְּיֶדְכֶם. Ο'. ἐν χειρὶ ἡμῶν. Aliter: Ο'. Σ. Θ.
ἐν χερσὶν (ὑμῶν).³⁵

16. בְּתוֹךְ הַכַּדִּים. Ο'. ἐν ταῖς ὑδρίαις. Alia exempl. ἐν μέσῳ τῶν ὑδριῶν.³⁶ Οἱ λοιποί· ἐν
ταῖς ὑδρίαις.³⁷

17. בִּקְצֵה. Ο'. ἐν ἀρχῇ. Alia exempl. ἐν μέσῳ.³⁸

18. אָנֹכִי וְכָל־אֲשֶׁר אִתִּי וּתְקַעְתֶּם בַּשּׁוֹפָרוֹת גַּם־
אַתֶּם. Ο'. ἐγὼ, καὶ πάντες μετ᾽ ἐμοῦ σαλ-

---

²⁰ Cod. 85 in textu: λελληχόσι (sic); in marg. autem: Ο'.
λάψασι. Prior lectio (cum λελειχόσι) est in Codd. 16, 52,
58 (in marg. cum λίξασι), aliis. ²¹ Cod. 85 in marg.
Sic in textu Comp., Ald., Codd. III, XI, 15, 18 (cum
τρεχέτω ante corr.), 19, alii, Syro-hex. ²² Idem (cum εἰς
τὴν σκ. αὐτοῦ in textu). Sic in textu Comp., Ald., Codd.
III, XI (sine αὐτοῦ), 15, 18 (cum εἰς τὰ σκηνώματα), 19, alii.
²³ Idem. Sic in textu Comp., Ald., Codd. III, XI, 15 (om.
ἀνδρῶν), 18, 19, alii, Syro-hex. ²⁴ Idem. Sic in textu
Codd. II, 18, 63, 128. ²⁵ Sic Syro-hex., et sine obelo
Ald., Codd. III (cum τὸ τ. εἰς τὴν π. ἐντεῦθεν), 15, 18, 19,
alii, Arm. 1. Sic (sine ἐντεῦθεν) Cod. 75. ²⁶ Sic Comp.,
Ald., Codd. III, XI, 15, 18, 19, alii, Syro-hex. Vet. Lat.:
in partem quinquaginta qui erant in castris. ²⁷ Cod. 85
in marg., ubi εἰς μέρος ad alteram versionem pertinet.
Ante πρὸς ἀρχὴν Codd. 56, 63 inferunt: πρὸς τὸ ἀκρωτήριον
τῆς λαξευτῆς (הַחֲרֹשִׁים I). Pro his autem, πρὸς ἀρχὴν‒ἐν τῇ
π., Codd. 54, 58, 59, 75 mixtam lectionem exhibent: εἰς
τὴν παρ. ἐπὶ τὸ ἄκρωτ. τῆς λ. τὸ ἐπὶ τῇ παρ. εἰς μέρος τῶν πεντήκοντα. ²⁸ Cod. 85 in marg. (cum παραβεβλήκεισαν).
Sic in textu (cum παρεμβ.) Comp., Ald., Codd. III (non,
ut Tischendorf., ἐμβεβλήκεισαν), XI, 15, 18, 29, alii, Arm. 1,
Syro-hex. ²⁹ Sic Comp., Codd. III, 15, 18, 19, alii,

Syro-hex. Cod. 85 in textu (om. καὶ εἶπεν): ἰδοὺ ἐνυπνιασάμην ἐνύπνιον; in marg. autem: καὶ εἶπε τὸ εν. ὁ ἐνυπνιάσθη.
³⁰ Cod. 108. Cod. 85 affert: Ἀ. Ο'. ἐγκρυφίας. Σ. κολ-
λοιρα (sic). Bar Hebraeus: ܐܡܐ ܝܚܡܪܐܠ ܗܡܐ ܡܟܕܘܠ.
(Ad Sym. cf. Hex. ad Jerem. xxxvii. 21.) Tandem Procop. in Cat. Niceph. T. II, p. 172: Οὕτω δέ τινες καὶ τὰ περὶ
τῆς μαγίδος τοῦ κριθίνου ἄρτου τὴν ἐν ὀνείρῳ παρείδωκαν ἣν ἐξέδωκαν οἱ λοιποί, ὄλυραν (fort. κολλύραν) ἢ κολλυρίδα. ³¹ Sic
Comp., Ald., Codd. III, XI, 15, 18, 19, alii (inter quos 85
in marg.), Syro-hex. Joseph. Antiq. V, 6, 4: Μάζαν ἐδόκει
κριθίνην, ὑπ᾽ εὐτελείας ἀνθρώποις ἄβρωτον, διὰ τοῦ στρατοπέδου
κυλιομένην, τὴν τοῦ βασιλέως σκηνὴν καταβαλεῖν, καὶ τὰς τῶν
στρατιωτῶν πάντων. ³² Sic Comp., Ald., Codd. III, XI,
15, 16, 18, 19, alii (inter quos 85 in marg.), Arm. 1,
Syro-hex. ³³ Sic Syro-hex., ut sine notis Ed. Rom.
³⁴ Sic Comp., Ald., Codd. X, XI, 15, 18, 19, alii. ³⁵ Cod.
85 in marg. Sic in textu Comp., Ald. (cum ἡμῶν), Codd.
18, 19 (ut Ald.), alii, Syro-hex. ³⁶ Sic Comp., Ald.,
Codd. III, X, XI, 15, 16, 18, 19, alii (inter quos 85),
Syro-hex. ܘܘܡܐ ܚܡܒܐ ܘܫ. Codd. 54, 59, 75: ἔνδον τῶν
ὑδριῶν. ³⁷ Cod. 85. ³⁸ Sic Comp., Ald., Codd. III,
XI, 15, 18, 19, alii (inter quos 85 in marg.), Arm. 1,
Syro-hex.

πιεῖτε ἐν ταῖς κερατίναις. Alia exempl. ἐγὼ καὶ πάντες οἱ μετ' ἐμοῦ καὶ σαλπιεῖτε ταῖς κερατίναις καὶ ὑμεῖς.³⁹

18. לַיהוָה וּלְגִדְעוֹן. Ο'. τῷ κυρίῳ καὶ τῷ Γεδεών. Alia exempl. ῥομφαία τῷ κυρίῳ καὶ τῷ Γεδεών.⁴⁰

19. בְּקָצֶה. Ο'. ἐν ἀρχῇ. Alia exempl. ἐν μέρει.⁴¹
רֹאשׁ. Initio. Ο'. ἐν ἀρχῇ. Alia exempl. ἀρχομένης.⁴²

אַךְ הָקֵם הֵקִימוּ. Vixdum collocando collocaverant. Ο'. καὶ ἐγείροντες ἤγειραν. Alia exempl. πλὴν ἐγέρσει ἤγειραν.⁴³ Alia: ἄρτι ἤγειρον οἱ ἐγείροντες (τοὺς φύλακας).⁴⁴

20. וַיַּחֲזִיקוּ בְיַד־שְׂמאוֹלָם בַּלַּפִּדִים וּבְיַד־יְמִינָם הַשּׁוֹפָרוֹת. Et prehenderunt manu sua sinistra faces, et manu sua dextra tubas (s. et in manu dextra eorum erant tubae). Ο'. καὶ ἐκράτησαν ἐν χερσὶν ἀριστεραῖς αὐτῶν τὰς λαμπάδας, καὶ ἐν χερσὶ δεξιαῖς αὐτῶν τὰς κερατίνας. Aliter: Ο'. καὶ ἐλάβοντο ἐν τῇ χειρὶ τῇ ἀριστερᾷ αὐτῶν τῶν λαμπάδων, καὶ ἐν τῇ χειρὶ τῇ δεξιᾷ αὐτῶν αἱ κερατίναι.⁴⁵

21. אִישׁ תַּחְתָּיו. Quisque suo loco. Ο'. ἀνὴρ ἐφ' ἑαυτῷ. Alia exempl. ἕκαστος καθ' ἑαυτόν.⁴⁶

Aliter: Ο'. Θ. ἕκαστος..⁴⁷

21. וַיָּרִיעוּ. Ο'. καὶ ἐσήμαναν (Οἱ λοιποί· ἠλάλαξαν⁴⁸).

22. שְׁלֹשׁ־מֵאוֹת הַשּׁוֹפָרוֹת. Ο'. ἐν ταῖς τριακοσίαις κερατίναις. Aliter: Ο'. Οἱ λοιποί· αἱ τριακόσιαι κερατίναι.⁴⁹

וַיָּשֶׂם. Et direxit. Ο'. καὶ ἔθηκε (alia exempl. ἔθετο⁵⁰). Alia exempl. καὶ ἐξέστησαν, καὶ ἐνέβαλε.⁵¹

אֶת־חֶרֶב. Ο'. τὴν ῥομφαίαν. Aliter: Ο'. Οἱ λοιποί· μάχαιραν.⁵²

עַד־בֵּית הַשִּׁטָּה. Ο'. ἕως Βηθσεέδ (s. Βηθασεττά⁵³) 'Α. (ἕως) οἴκου Ἀσεττά.⁵⁴

צְרֵרָתָה עַד שְׂפַת. Versus Zeredam (3 Reg. xi. 26) usque ad oram. Ο'. Ταγαραγαθά. Alia exempl. καὶ συνηγμένη (Masora צְרֵרָתָה) ἕως χείλους.⁵⁵

23. וַיִּרָדְפוּ. Ο'. καὶ ἐδίωξαν. Aliter: Ο'. Θ. καὶ κατεδίωξεν.⁵⁶

24. בְּכָל־הַר. Ο'. ἐν παντὶ ὄρει. Alia exempl. ἐν παντὶ ὁρίῳ.⁵⁷

25. שְׁנֵי־שָׂרֵי. Ο'. τοὺς ἄρχοντας. Alia exempl. τοὺς δύο ἄρχοντας.⁵⁸

---

³⁹ Sic Comp., Codd. III, 15, 18, 64, alii, Syro-hex. Cod. 85 in marg.: πάντες οἱ μετ' ἐμοῦ καὶ (σαλπ. ἐν ταῖς κ.) καὶ ὑμεῖς. ⁴⁰ Sic Ald., Codd. X, 15, 16, 18, alii (inter quos 85), Arm. 1, repugnante Syro-hex. ⁴¹ Sic Comp., Ald., Codd. III, XI, 15, 18, 19, alii, Arm. 1, Syro-hex. Cf. ad v. 11. ⁴² Sic Comp., Ald., Codd. III, XI, 15, 18, 19, alii, Syro-hex. ⁴³ Sic Comp., Ald., Codd. III (cum ἤγειρεν), X, XI, 15, 18, 19, alii, Syro-hex. (ut III). Ad ἐγείροντες Cod. 85 in marg.: πλὴν ἐγέρσει, unde Montef. male eruit: Ἄλλος· πλὴν ἐγέρσει ἐγείρουσιν. ⁴⁴ Sic in textu Codd. 44, 54 (cum ὅτι pro ἄρτι), 59, 75 (ut 54), 84, 106, 134. ⁴⁵ Cod. 85 in marg. (cum αὐτῶν τῇ ἀρ. pro τῇ ἀρ. αὐτῶν). Sic in textu Comp. (om. τῇ χειρὶ in posteriore loco), Ald., Codd. III (casu om. λαμπάδων), XI (om. καὶ post λαμπάδων), 15 (ut Comp.), 18 (cum ἐν τῇ χ. αὐτῶν τῇ θ. τῶν κερατίνων), 19 (ut Comp, sine priore αὐτῶν), alii, Syro-hex. (cum ܒܐܝ̈ܕܝ). ⁴⁶ Sic Comp., Ald., Codd. III, XI, 15, 18, 19, alii, Syro-hex. ⁴⁷ Cod. 85 in marg. ⁴⁸ Idem, teste Montef. Pro Οἱ λοιποί Parsonsii amanuensis exscripsit: Ο'. λοιποί, invitis libris Graecis. ⁴⁹ Idem in marg. (exscribente eodem): Ο'. λοιποί· αἱ τριακόσιαι κερατίναι καὶ ἐπεκάλεσαν (sic) καὶ ἔφυγον. Brevior lectio, αἱ τρ. κερ., est in Comp. (sine αἱ), Ald., Codd. III (om. τ̄, h.e. τριακόσιαι), XI, 15, 18, 19 (ut Comp.), alii, Syro-hex. ⁵⁰ Sic Comp., Ald., Codd. III, XI, 15, 18, 19, alii. ⁵¹ Sic Codd. 44, 54, 59, 75, alii. ⁵² Cod. 85 in marg. (cum Ο'. λοιποί). Sic in textu Comp., Ald., Codd. III, X (cum τὴν μ.), XI (idem), 15, 18, 19, alii. ⁵³ Sic Comp. (cum τῆς Βαιθ.), Ald. (cum τῆς Βηθασετὰ), Codd. X (cum Βηθασετὰ), XI (idem), 15 (cum τῆς Βαιθασηπὰ), 19 (ut Comp.), alii (inter quos 85 in marg.), Syro-hex. ⁵⁴ Cod. X. ⁵⁵ Sic Comp. (cum καὶ ἦν σ.), Codd. III, 19 (ut Comp.), 108 (idem), 209 (idem), Syro-hex. (cum ܥܕܡܐ ܠܣܦܪ). Ald., Codd. 15, 18, 64, 128: καὶ συνήγαγεν ἕως χ. In ceteris fere omnibus tantummodo ἕως χ. vel καὶ ἕως ἐπὶ χ. legitur. Arm. 1 (vertente Altero): καὶ ἦν τάγμα ἕως χ. ⁵⁶ Cod. 85 in marg. Sic in textu (cum κατεδίωξαν) Comp., Ald., Codd. III, XI, 15, 18, 19, alii. ⁵⁷ Sic Codd. III, X, XI, 15, 16, 18, 29, alii (inter quos 85, cum ὄρει in marg.), Arm. 1, Syro-hex. ⁵⁸ Sic Comp., Ald., Codd. III, XI, 15, 16,

25. בְּצוּר. *In petra.* Ο'. ἐν Σούρ. 'Α. Σ. ἐν πέτρᾳ.⁵⁹

בְּיֶקֶב־זְאֵב. Ο'. ἐν Ἰακεφζήφ (s. Ἰακεβζήβ⁶⁰). Σ. ἐν τῇ κοιλάδι τοῦ Ζήβ.⁶¹ Θ. ἐν Ἰακὲβ τῇ κοιλάδι.⁶²

CAP. VIII.

1. אֵלָיו. Ο'. πρὸς Γεδεών. Alia exempl. πρὸς αὐτόν.¹

הָלַכְתָּ. Ο'. ἐπορεύθης. Alia exempl. ἐξεπορεύου.²

לְהִלָּחֵם בְּמִדְיָן. Ο'. παρατάξασθαι ἐν Μαδιάμ. Alia exempl. πολεμῆσαι ἐν τῇ Μαδιάμ.³

וַיְרִיבוּן אִתּוֹ בְּחָזְקָה. *Et altercati sunt cum eo vehementer.* Ο'. καὶ διελέξαντο πρὸς αὐτὸν ἰσχυρῶς. Alia exempl. καὶ ἐκρίνοντο μετ' αὐτοῦ κραταιῶς.⁴

2. עֹלְלוֹת. Ο'. ἐπιφυλλίς. Alia exempl. ἐπιφυλλίδες.⁵ 'Α. Σ. Θ. ἐπιφυλλίς.⁶

4. עֲיֵפִים וְרֹדְפִים. *Defessi et persequentes.* Ο'. πεινῶντες καὶ διώκοντες. Aliter: Ο'. ὀλιγο-ψυχοῦντες καὶ πεινῶντες.⁷

5. לָעָם אֲשֶׁר בְּרַגְלָי. *Populo qui in pedibus mihi est (me ducem sequitur).* Ο'. τῷ λαῷ τούτῳ τῷ ἐν ποσίν μου. Aliter: Ο'. τῷ λαῷ τῷ μετ' ἐμοῦ.⁸

עֲיֵפִים הֵם. Ο'. ἐκλείπουσιν. Aliter: Ο'. Θ. πεινῶσιν.⁹

וְאָנֹכִי רֹדֵף. Ο'. καὶ ἰδοὺ ἐγώ εἰμι διώκων. Aliter: Ο'. ἐγὼ δὲ διώκω.¹⁰

6. לִצְבָאֶךָ. Ο'. τῇ δυνάμει σου. Aliter: Ο'. τῇ στρατιᾷ σου.¹¹

7. לָכֵן. Ο'. διὰ τοῦτο. Alia exempl. οὐχ οὕτως.¹²

וְדַשְׁתִּי. Ο'. καὶ ἐγὼ ἀλοήσω (Ο'. Θ. καταξανῶ¹³).

וְאֶת־הַבַּרְקָנִים. *Et cum tribulis (herbis).* Ο'. καὶ ἐν ταῖς βαρκηνίμ (alia exempl. βαρκοννείμ, s. βορκοννείμ¹⁴). 'Α. (καὶ τὰς) τραγακάνθας. Σ. (καὶ τὰς) τριβόλους.¹⁵

18, 29, alii (inter quos 85), Arm. 1, Syro-hex. ⁵⁹ Cod. 85 in marg., teste Montef. Parsonsii amanuensis ad ἐν Ἰακεβζήφ (sic) exscripsit: Σ. ἐν πέτρᾳ. Θ. ἐν Ἰαβὶδ τῇ κ. Euseb. in Onomastico, p. 346: Σούρ Ὠρήθ· πέτρα Ὠρήθ. Cf. Hex. ad Jesai. x. 26. ⁶⁰ Sic Comp., Ald., Codd. III (cum Ἰακεφζήβ), X, XI (cum Ἰακεβζήφ), 15, 16, 18, alii, Arm. 1 (cum Ἀκεβζίβ), Syro-hex. (cum ܐܣܡܚܕܒ). ⁶¹ Euseb. in Onomastico, p. 188: Ἐνιὰμ καὶ Ζήμ (fort. ἐν Ἰακεβζήβ) ἐν τῇ κοιλάδι τοῦ Ζήμ: h. e. vertente Hieron.: "Inaceseb, pro quo Sym. transtulit, in valle Zeb." ⁶² Cod. 85 in marg., teste Montef. Scharfenb. in Animadv. T. II, p. 60: "Non Theodotionem scripsisse credo, ἐν Ἰακὲβ τῇ κ., sed librarios nomini proprio loci vocabulum τῇ κοιλάδι tanquam glossema addidisse."

CAP. VIII. ¹ Sic (cum εἶπεν) Comp., Codd. III, 15, 18, 19, 85 (in marg.), 108, 128, Syro-hex., invito Vet. Lat. ² Sic Comp. (cum ἐξεπορεύθης), Ald., Codd. III, X (ut Comp.), XI (idem), 15, 18, 19, alii, Syro-hex. Vet. Lat.: cum exires. ³ Sic Comp., Codd. III, 15, 18, 19, alii, Arm. 1, Syro-hex. (cum ܚܡܒ, non, ut Rördam exscripsit, ܚܡܒ), Vet. Lat. ⁴ Sic Comp., Ald., Codd. III, X, XI, 15, 18, 19, alii (inter quos 85 in marg.), Syro-hex. ⁵ Sic Codd. III, 15, 64, 108, Syro-hex. ⁶ Cod. 108 in marg. ⁷ Cod. 85 in marg. Sic in textu Comp., Ald., Codd. III, XI, 15, 18, 19, alii, Syro-hex. Praeterea

ad διώκοντες Cod. 85 in marg.: διφῶντες, quae correctio in contextum Cod. 56 irrepsit. ⁸ Sic Comp., Ald. (praem. τούτῳ), Codd. III, XI (ut Ald.), 15, 18, 19 (cum μετὰ ἐμοί), alii, Syro-hex. Cod. 85 in marg.: Ο'. τοῦ αὐτ' ἐμοί. ⁹ Cod. 85 in marg. Sic in textu Comp., Ald., Codd. III, XI, 15, 18, 19, alii, Syro-hex. ¹⁰ Idem. Sic in textu iidem. ¹¹ Idem. Sic in textu Comp., Ald., Codd. III (cum στρατείᾳ), X (idem), XI (idem), 15, 18, 19, alii, Syro-hex. ¹² Sic Comp., Ald., Codd. III, XI, 15, 18, 19, alii, Arm. 1, Syro-hex. Cod. 85 in textu: οὐχ οὕτως διὰ τοῦτο, in marg. autem: διὰ τοῦτο ἀντὶ οὐχ οὕτως. ¹³ Cod. 85 in marg. Sic in textu Comp. (om. ἐγώ), Ald., Codd. III (ut Comp.), X, XI, 15, 18, 19 (ut Comp.), alii, Syro-hex. (ut Comp.). ¹⁴ Prior scriptura est in Codd. III (cum βαρκομμείν), XI (cum τοῖς), 55, 57 (cum βαρκοννείμ), 85 (cum βαρκοννίμ), 236; posterior in Ald. (cum τοῖς), Codd. X (idem), 15, 16, 18 (cum βορκοννίμ), aliis. In Cod. II hic exaratum ἀβαρκηνείμ, sed postea (v. 16) βαρακηνείμ. Syro-hex. (bis) ܚܡܚܣܡ. ¹⁵ Euseb. in Onomastico, p. 124 ed. Larsow: Βορκοννείμ. Ἀκύλας εἰς ἀκάνθας. Σύμμαχος εἰς τριβόλους. Sed audiamus magnum Pearsonum in *Praefat. Paraenetica ad LXX* versus finem: "Eusebius Lib. De locis Hebraicis: Βορκοννείμ, Ἀκύλας τρέπει εἰς ἀκάνθας, Σύμ. εἰς τριβόλους. Ita editio Bonfrerii, et S. Hieron.: Borconni, quod vertit Aq. in spinas, et Sym. in tribulos. Sed

TOM. I.

3 K

8. **בָּאת.** Ο'. ὡσαύτως. Alia exempl. κατὰ ταῦτα.[16]

9. **לָאֲנָשֵׁי.** Ο'. πρὸς ἄνδρας. Aliter: Ο'. τοῖς ἀνδράσι.[17]

בְּשׁוּבִי. Ο'. ἐν ἐπιστροφῇ μου. Aliter: Ο'. ἐν τῷ ἐπιστρέφειν με.[18]

10. **כֹּל הַנּוֹתָרִים מִכֹּל מַחֲנֵה בְנֵי־קֶדֶם.** Ο'. πάντες οἱ καταλελειμμένοι ἀπὸ πάσης παρεμβολῆς ἀλλοφύλων. Aliter: Ο'. ✕ πάντες ◀ οἱ καταλειφθέντες ἐν πάσῃ παρεμβολῇ υἱῶν ἀνατολῶν.[19]

שָׁלֶף. Ο'. σπωμένων. Aliter: Ο'. ἐσπασμένων.[20]

11. **הַשְּׁכוּנֵי.** Ο'. τῶν σκηνούντων. Aliter: Ο'. (τῶν) κατοικαύντων.[21]

לְנֹבַח וְיָגְבְּהָה. Ο'. τῆς Ναβαὶ καὶ Ἰεγεβάλ. Alia exempl. τῆς Ναβαὶ (s. Ναβαεὶ) καὶ ἐξεναντίας Ναβέ.[22]

12. **הֶחֱרִיד.** Ο'. ἐξέστησε. Alia exempl. ἐξέ-

στρεψε; alia, ἐξέτριψε.[23]

13. **מִן־הַמִּלְחָמָה.** Ο'. ἀπὸ τῆς παρατάξεως. Aliter: Ο'. Θ. ἐκ τοῦ πολέμου.[24]

מִלְמַעֲלֵה הֶחָרֶס. Inde ab ascensu Heres. Ο'. ἀπὸ ἐπάνωθεν τῆς παρατάξεως Ἀρές. Aliter: Ο'. Θ. ἀπὸ ἀναβάσεως Ἀρές (Θ. ὄρους).[23] Ἀ.. τοῦ δρυμοῦ (s. δρυμῶνος). Σ.. τῶν ὀρῶν.[26]

14. **וַיִּכְתֹּב אֵלָיו אֶת־שָׂרֵי סֻכּוֹת וְאֶת־זְקֵנֶיהָ.** Ο'. καὶ ἔγραψε πρὸς αὐτὸν (τὰ) ὀνόματα τῶν ἀρχόντων Σοκχὼθ καὶ τῶν πρεσβυτέρων αὐτῶν. Aliter: Ο'. καὶ ἀπεγράψατο πρὸς αὐτὸν (Ο'. Θ.) τοὺς ἄρχοντας Σοκχὼθ καὶ τοὺς πρεσβυτέρους αὐτῆς.[27]

15. **אֲשֶׁר.** Ο'. ἐν οἷς. Aliter: Ο'. δι' οὕς.[28]

הַיְעֵפִים. Ο'. τοῖς ἐκλείπουσιν. Aliter: Ο'. τοῖς ἐκλυομένοις (s. ἐκλελυμένοις).[29]

16. **וַיִּקַּח אֶת־זִקְנֵי הָעִיר.** Ο'. καὶ ἔλαβε τοὺς πρεσβυτέρους τῆς πόλεως. Aliter: Ο'. καὶ ἔλαβε

---

suspecta mihi vox illa τρέπει apud Bonfrerium [qui eam e Latinis Hieronymi proculdubio assumpsit]; in meo enim codice scribitur: Βορκονενὶμ ὁ τραγακάνθας καὶ τριβόλους; ubi pro καὶ legendum σ' i. e. Symmachus, ut ex S. Hieronymi versione constat." Reapse Vallarsius e Vaticano edidit: Βορκονενίμ. Ἀκίλας, τραγακάνθας· Σύμμαχος, τριβόλους. Cf. Lagarde in Onomast. Sacr. p. 238. E libris nostris Cod. 85 in marg. sine nom. affert: τραγακάνθαις ἀβαρακή; Cod. X: Σ. τριβόλοις; Regii duo apud Montef. [et Anon. in Cat. Niceph. T. II, p. 177]: Βαρκονενὶμ εἰσιν αἱ τρίβολοι· οὗτως γὰρ ὁ Σύμ. ἡρμήνευσε· τετρακάνθης (sic). Tandem Procop. in Cat. Niceph. ibid.: Βορκομμὶν (sic) κατὰ μὲν Σύμμαχον, αἱ τρίβολοι· κατὰ δὲ Ἀκίλαν, τραγάκανθαι. Ceterum e versione Symmachi lectionem, καὶ ἐν τοῖς τριβόλοις, in Comp., Codd. 19, 44, 54 (cum ταῖς), 58 (in marg. cum ταῖς), alios, irrepsisse, non est quod mireris. [16] Sic Comp., Ald., Codd. III, XI, 15, 18, 19, alii (inter quos 85 in marg. cum κατὰ πάντα), Syro-hex. [17] Cod. 85 in marg. Sic in textu Comp., Ald., Codd. III, XI, 15, 18, 19, alii, Syro-hex., Philo Jud. Opp. T. I, p. 424. [18] Sic Comp., Ald., Codd. III, XI, 15, 18, 19, alii (inter quos 85 in marg.), Arm. 1, Syro-hex., Philo Jud. ibid. (cum ἐν τῷ με ἐπ.). [19] Sic Syro-hex. (sine cuneolo), et sine aster. Comp. (cum ἐν πάσῃ τῇ π.), Codd. III (cum πάντες κατ. υἱῶν ἀν.), 19, 30, alii; necnon (om. πάντες) Ald. (cum ἐν πάσῃ π.), Codd. XI, 15, 18, alii. Cod. 85 in marg.: καταλειφθέντες ἐν πάσῃ π., et υἱῶν ἀνατολῶν. [20] Cod. 85 in marg. (cum

ἐσπασμένοι). Sic in textu Comp., Ald., Codd. III, XI, 15, 18, 19, alii. Singulariter Syro-hex. ﻤﺴﻤ ﻱ. [21] Idem. Sic in textu Comp., Ald., Codd. III (sine artic.), X, XI, 15 (ut Comp.), 18 (idem), 19 (idem), alii, Syro-hex. [22] Sic Comp., Ald., Codd. III (cum τῆς Ναβάθ ἐξεν. Ζαβεί), X, XI, 15, 18 (cum Ναβὲ in fine), 19 (cum Ναβαὶ ἐξεν. Ναβαὶ), alii, Syro-hex. (ut 19). Ad Ἰεγεβάλ Cod. 85 in marg.: ἐξεναντίας Ἡλβεί (sic). [23] Prior lectio est in Comp., Codd. 19, 108, Syro-hex. (cum ﻮﻓﺪ); posterior in Codd. III, 15, 18, 64, 128, 209. [24] Cod. 85 in marg. Sic in textu Comp., Ald., Codd. III, XI, 15 (cum ἀπὸ pro ἐκ), 18 (idem), 19, alii, Arm. 1, Syro-hex. [25] Cod. 85 in textu: ἀπὸ ἐπάνωθεν Ἀρές; in marg. autem: Ο'. Θ. ἀναβάσεως. Θ. ὄρους. Sic in textu Comp., Ald., Codd. III, XI, 15, 18, 19, alii, Syro-hex. [26] Hieron. in Euseb. Onomastico, p. 59: "Ares, ascensus Ares; pro quo Aq. interpretatur saltuum [חַרְלֵי], Sym. montium." Ad Aquilam cf. Hex. ad Jud. i. 35. 1 Reg. xxiii. 18. [27] Sic Comp., Ald. (om. Σοκχὼθ), Codd. III (cum πρὸς αὐτοῖς), XI (ut Ald.), 15, 18, alii, Syro-hex. Cod. 85 in marg.: καὶ ἀντεγράψατο; necnon ad τὰ ὀνόματα (sic) τῶν ἀρχ.: Ο'. Θ. τοὺς ἄρχ. Σοκχὼθ καὶ τοὺς πρ. [28] Cod. 85 in marg. Sic in textu Comp., Ald., Codd. III, XI, 15, 18, 19, Arm. 1, Syro-hex. [29] Prior lectio est in Comp., Ald., Codd. X (cum ἐκλίπουσιν in marg.), XI, 15, 18, 19, aliis, Syro-hex.; posterior in Codd. III, 29, 30, 58, Arm. 1. Minus probabiliter Cod. 85 in marg.: Ο'. Θ. λελυμένοις.

⊣τοὺς ἄρχοντας καὶ ◀ τοὺς πρεσβυτέρους τῆς πόλεως, (⸓) καὶ κατέξανεν αὐτούς ◀.[30]

16. וְאֶת־קוֹצֵי. *Et spinas.* Ο'. ἐν ταῖς ἀκάνθαις. Aliter: Ο'. Θ. καὶ τὰς ἀκάνθας.[31]

וְאֶת־הַבַּרְקָנִים. Ο'. καὶ ταῖς βαρκηνίμ. Aliter: Ο'. καὶ τὰς βαρακανείμ.[32]

וַיֹּדַע. *Et erudivit* (punivit). Ο'. καὶ ἠλόησεν. Alia exempl. καὶ κατέξανεν.[33]

סֻכּוֹת. Ο'. τῆς πόλεως. Alia exempl. Σοκχώθ.[34]

17. נָתָץ. Ο'. κατέστρεψε. Alia exempl. κατέσκαψε.[35]

18. כָּמוֹהֶם כְּמוֹךָ. Ο'. ὡς σὺ, ὡς αὐτοί. Aliter: Ο'. Θ. ὅμοιός σοι, ὅμοιος αὐτοῖς.[36]

כְּתֹאַר בְּנֵי הַמֶּלֶךְ. Ο'. εἰς ὁμοίωμα υἱοῦ βασιλέως. Aliter: Ο'. Θ. ὡς εἶδος υἱῶν βασιλέως.[37]

19. חַי־יְהוָה. Ο'. ζῇ κύριος. Aliter: Ο'. ⸓ καὶ ὤμοσεν αὐτοῖς κατὰ τοῦ θεοῦ, λέγων ◀ ζῇ κύριος.[38]

21. קוּם אַתָּה וּפְגַע. Ο'. ἀνάστα σὺ, καὶ συνάντησον. Alia exempl. ἀνάστα δὴ σὺ, καὶ ἀπάντησον.[39]

כִּי כָאִישׁ גְּבוּרָתוֹ. Ο'. ὅτι ὡς ἀνδρὸς ἡ δύναμίς σου. Alia exempl. ὅτι ὡς ἀνὴρ ἡ δύναμις αὐτοῦ.[40]

אֶת־הַשַּׂהֲרֹנִים. *Lunulas.* Ο'. τοὺς μηνίσκους. Alia exempl. τοὺς μανιακούς.[41] Σ. τὰ κόσμια.[42]

22. מְשָׁל־בָּנוּ גַּם־אַתָּה גַּם־בִּנְךָ גַּם בֶּן־בְּנֶךָ. Ο'. ἄρξον ἡμῶν καὶ σὺ (alia exempl. ἄρχε ἐν ἡμῖν σὺ[43]), καὶ ὁ υἱός σου, καὶ ὁ υἱὸς τοῦ υἱοῦ σου. Ἀ. ἐξουσίασον ἐν ἡμῖν καίγε σὺ, καίγε ὁ υἱός σου, καίγε ὁ υἱὸς τοῦ υἱοῦ σου. Σ. ἐξουσίαζε ἡμῶν σὺ, καὶ ὁ υἱός σου, καὶ ὁ ἔγγονός σου.[44]

25. וַיַּשְׁלִיכוּ. Ο'. καὶ ἔβαλεν. Aliter: Ο'. Θ. καὶ ἔρριψεν.[45]

נָגֶד. Ο'. ἐνώπιον. Aliter: Ο'. ἐνώτιον ⸓ χρυσοῦν ◀.[46]

26. לְבַד מִן־הַשַּׂהֲרֹנִים. Ο'. πάρεξ τῶν μηνίσκων. Alia exempl. πλὴν τῶν σιρώνων[47] (Ἀ. μηνίσκων. Σ. κοσμίων[48]).

---

[30] Sic Syro-hex. (qui pingit: ⸓ τοὺς ἄρχοντας ◀ καὶ—καὶ κατέξ. αὐτοὺς ◀), et sine obelis Comp. (cum κατεδίωξεν pro κατέξανεν), Ald., Codd. III (cum ἔλαβον), 15, 18, 19 (ut Comp.), alii (inter quos 85, om. τοὺς ἄρχ. καὶ), Arm. 1 (om. καὶ κατέξ. αὐτούς).   [31] Cod. 85 in marg. Sic in textu Ald., Codd. X, XI, 15, 18, 29, alii, Arm. 1, Syro-hex.   [32] Sic Ald. (cum βαρηκηνείμ), X, XI, 15 (cum βαρκινείμ), 29, alii, Arm. 1 (cum βορκανείμ), Syro-hex. (ut v. 7).   [33] Sic Comp., Ald., Codd. III, XI, 15, 18, 19 (cum κατεδίωξεν), alii (inter quos 85), Arm. 1, Syro-hex.   [34] Sic Comp., Ald., Codd. III, XI, 15, 18, 19, alii (inter quos 85 in marg.), Arm. 1, Syro-hex.   [35] Sic Comp., Ald., Codd. III, XI, 15, 18, 19, alii, Syro-hex. (ut videtur). Cf. ad Cap. ii. 2. vi. 28.   [36] Cod. 85 in marg. Duplex versio, ὡς σὺ, ὡς αὐτοί, ὅμοιός σοι, ὅμοιος αὐτοῖς, reperitur in Comp., Ald. (cum ὡς εἰ σὺ, et ὅμοιος σὺ), Codd. X, XI, 15 (cum ὡς εἰς σύ), 18 (cum ὡς εἰς σύ), 29 (cum ὡσεὶ σύ), alii. Syro-hex.: ἀσεὶ σὺ (ܐܝܟ ܐܢܬ) ὅμ. σοι, ὅμ. αὐτοῖς, et sic (cum αὐτῶν) Codd. III, 19 (cum ὡς εἰς σύ), 108 (idem).   [37] Idem in continuatione. Sic in textu Comp. (cum βασιλέων), Ald., Codd. X, XI, 15, 18, 19 (ut Comp.), alii, Syro-hex. Duplex versio vocis Hebraeae כתאר, ὡς εἶδος μορφῆς, est in Codd. III (cum μορφῇ), 54, 55, 58, aliis (qui omnes βασιλέων habent).   [38] Sic Syro-hex. (absente metobelo), et sine

obelo Codd. 54, 59, 76, alii; neenon (om. κατὰ τοῦ θεοῦ λέγων) Ald., Codd. III, 19, 58, 64, 108, 128, Arm. 1.   [39] Sic Comp., Ald., Codd. III, X, XI, 15, 18, 19 (cum ἀναστὰς), alii (inter quos 85 in marg.), Syro-hex.   [40] Sic Comp. (cum καὶ ἡ δ.), Ald., Codd. III, X, XI, 15, 18, 19 (ut Comp.), alii (inter quos 85 in marg.), Syro-hex. Mox ἀνεῖλε pro ἀπέκτεινε iidem.   [41] Sic Codd. 16, 52, alii (inter quos 85), Cat. Niceph. Forma μανιακὸς (pro μανιάκης) nescio an aliunde innotuerit. Cf. Hex. ad Jesai. iii. 18.   [42] Cod. 85. Cf. ad v. 26.   [43] Sic Comp., Codd. III, 15, 18, 19, alii, Syro-hex.   [44] Sic Ald. Ad Aquilam Montef. negligenter exscripsit: ἐξουσ. ἡμῖν . . καίγε οἱ υἱοί σου . . .   [45] Cod. 85 in marg. teste Montef. Parsonsii amanuensis ad ἀνέπηξε (sic) ex eodem exscripsit: "in marg. ἔρριψε."   [46] Sic Syro-hex., et sine obelo Comp., Codd. III, 15, 18, 19, alii. (Pro ܩܕܡ, ἐνώπιον, Masius in *Syrorum Pecul.* s. v. scripturam rariorem ܩܛܡ exhibet, tum hic tum Judith x. 4. Cf. Wright *Syriac Apocrypha*, p. 59.)   [47] Sic Comp., Ald., Codd. III (cum σιώνων), X (in marg. cum ο'. σιωμένων), 15, 18, 19 (cum ἀσσιώνων), alii (inter quos 85 in marg. cum πλὴν τῶν σιρώνων (sic) καὶ τῶν ὁρμίσκων), Syro-hex. (cum ܣܪܝܘܢܐ). Vet. Lat.: *praeter brachialia et torques.*   [48] Cod. X. Minus emendate Cod. 108: Ἀ. μηνίσκων. Σ. κόσμων. Cf. ad v. 22.

26. וְהַנְּטִפוֹת. *Et stalagmia* (inaures). Ο'. καὶ τῶν στραγγαλίδων. Aliter: Ο'. καὶ τῶν ὁρμίσκων.[49] Ἄλλος· (καὶ τῶν) ἐνθώφ.[50]

וּבְגְדֵי הָאַרְגָּמָן. Ο'. καὶ τῶν ἱματίων καὶ πορφυρίδων. Alia exempl. καὶ τῶν περιβολαίων τῶν πορφυρῶν.[51]

לְבַד מִן־הָעֲנָקוֹת. *Praeter torques.* Ο'. ἐκτὸς τῶν περιθεμάτων. Alia exempl. πλὴν τῶν κλοιῶν.[52]

27. לְאֵפוֹד. *In simulacrum* (idoli). Ο'. εἰς ἐφώδ (alia exempl. ἐφούδ[53]). Ἀ.. ἐπένδυμα.[54]

בְּעָפְרָה. Ο'. ἐν Ἐφραθά. Οἱ Γ'. ἐν Ἐφρά.[55]

לְמוֹקֵשׁ. Ο'. εἰς σκῶλον. Aliter: Ο'. Θ. εἰς σκάνδαλον.[56]

28. וַיִּכָּנַע. *Et depressus est.* Ο'. καὶ συνεστάλη. Aliter: Ο'. Θ. καὶ ἐνετράπη.[57]

וְלֹא יָסְפוּ. Ο'. καὶ οὐ προσέθηκαν (Ο'. Θ. προσέθεντο[58]). Aliter: Ο'. καὶ οὐ προσέθεντο ✕ ἔτι ◄.[59]

29. וַיֵּשֶׁב. Ο'. καὶ ἐκάθισεν. Alia exempl. καὶ κατῴκησεν.[60]

31. בִּשְׁכֶם. Ο'. ἐν Συχέμ. Aliter: Ο'. Θ. Οἱ λοιποί· ἐν Σικίμοις.[61]

32. בְּשֵׂיבָה טוֹבָה. Ο'. ἐν πόλει αὐτοῦ. Aliter: Ο'. Θ. Οἱ λοιποί· ἐν πολιᾷ ἀγαθῇ.[62]

אֲבִי הָעֶזְרִי. Ο'. Ἀβὶ Ἐσδρί. Aliter: Ο'. Θ. πατρὸς τοῦ Ἐζρί.[63]

33. וַיְהִי. Ο'. καὶ ἐγενήθη (alia exempl. ἐγένετο[64]). Aliter: Ο'. Θ. καὶ ἐγενήθη.[65]

וַיָּשׁוּבוּ. Ο'. καὶ ἐπέστρεψαν (alia exempl. ἀπεστράφησαν[66]).

וַיָּשִׂימוּ לָהֶם בַּעַל בְּרִית. *Et posuerunt sibi Baal-berith.* Ο'. καὶ ἔθηκαν ἑαυτοῖς τῷ Βάαλ διαθήκην. Alia exempl. καὶ ἔθεντο αὐτοῖς τὸν Βααλβερὶθ εἰς διαθήκην.[67]

34. אֹיְבֵיהֶם. Ο'. τῶν θλιβόντων αὐτούς. Alia exempl. τῶν ἐχθρῶν αὐτῶν.[68]

35. גִּדְעוֹן. Ο'. αὐτός ἐστι Γεδεών. Alia exempl. Γεδεών.[69]

כְּכָל־הַטּוֹבָה אֲשֶׁר. Ο'. κατὰ πάντα τὰ ἀγαθὰ ἅ. Alia exempl. κατὰ πᾶσαν τὴν ἀγαθωσύνην ἥν.[70]

---

[49] Sic Comp. (om. καὶ), Ald., Codd. III, XI, 15, 18, 19, alii (inter quos 85 in marg.), Syro-hex., Vet. Lat.
[50] Duplex versio, καὶ τῶν ὁρμίσκων ἐνθώφ (sic), est in Ald., Codd. III, 15, 18, 19, 108. [51] Sic Comp., Ald., Codd. III, XI (cum τῶν πορφυρίδων), 15, 18, 19, alii, Syro-hex., Vet. Lat. Ad ἱματίων Cod. 85 in marg.: περιβολαίων. [52] Sic Comp., Ald., Codd. III (cum τῶν κλ. τῶν χρυσῶν), X, XI, 15 (ut III), 18, 19 (cum πλὴν ἀπὸ τῶν κλ. τῶν χρ.), alii (inter quos 85 in marg.), Syro-hex. (ut III). [53] Sic Comp., Ald., Codd. III, X, XI, 15, 16, 18, 29, alii, Syro-hex., Vet. Lat. Procop. in Cat. Nicoph. T. II, p. 180: Ἐφούδ, μαντεῖον ἢ εἴδωλον. [54] Theodoret. Quaest. XVII in Judic. p. 335. Cf. Hex. ad Exod. xxv. 7. Jud. xvii. 5. [55] Cod. X. Vet. Lat.: *in Ephra.* [56] Cod. 85 in marg., teste Parsonsii amanuensi. Sic in textu Comp., Ald., Codd. III, XI, 15, 18, 19, alii, Arm. 1, Syro-hex., Vet. Lat. [57] Cod. 85 in marg. Sic in textu Comp., Ald., Codd. III, X, XI, 15, 18, 19, alii, Arm. 1, Syro-hex. Cf. ad Cap. xi. 33. [58] Idem. Sic in textu Ald., Codd. 15, 18, 29, alii. [59] Sic Syro-hex. (sine cuneolo), et sine aster. Comp., Codd. 19, 58, 108. [60] Sic Comp., Ald., Codd. III, X, XI, 15, 18, 19, alii (inter quos 85 in marg.), Syro-

hex. [61] Cod. 85 in marg.: Ο'. Θ. Λοιποί. Σικίμοις. Sic in textu Comp. (cum Σικίμοις), Ald., Codd. III, X, XI, 15, 18, 29, alii, Syro-hex. [62] Idem (cum Ο'. Θ. Λοιποί). Sic in textu Comp., Ald., Codd. III (cum πολεια), XI, 15, 18, 19, alii, Arm. 1, Syro-hex. [63] Idem. Sic in textu Comp. (om. τοῦ), Ald., Codd. X, XI (cum αὐτοῦ pro τοῦ), 29, 55, 121, Arm. 1. Duplex lectio, πατρὸς Ἀβιεζρεὶ, est in Codd. III, 16 (cum πρὸς Ἀβιεσδρί), 19 (idem), aliis, Syro-hex. [64] Sic Codd. II (cum καθὼς pro ὡς), 16 (idem), 44, 53 (ut II), alii. [65] Cod. 85 in marg. [66] Sic Comp., Ald., Codd. III, X, XI, 15, 16, 18, 19, alii (inter quos 85 in marg.), Syro-hex. [67] Sic Comp. (cum τὸ Β.), Codd. III (cum Βααλβεερ), 15, 18 (cum Βααλμεριθ), 19 (cum τῷ (!) Βααλβεερ), alii, Syro-hex. Vet. Lat.: *et posuerunt ipsi sibi Baalberith testamentum.* Cod. 85 in marg.: ἔθεντο. τὸν Βααλβερίθ. [68] Sic Comp., Ald., Codd. III, X, XI, 15, 18, 19 (cum αὐτοῦ), alii (inter quos 85 in marg.), Arm. 1, Syro-hex. [69] Sic Comp., Codd. III, 19, 44, 108, Syro-hex. [70] Sic Comp. (cum ἀγαθοσ.), Ald., Codd. III, X, XI (cum πᾶσαν ἀγαθοσ.), 19 (ut Comp.), 29, alii, Syro-hex. Cod. 85 in marg.: πᾶσαν τὴν ἀγαθωσύνην,

Cap. VIII. 15. καὶ εἶπεν ÷ αὐτοῖς ◄.[71] 26. ÷ σίκλοι ◄ χίλιοι.[72]

CAP. IX.

1. שְׁכֶמָה. Ο'. εἰς Συχέμ (Aliter: Ο'. Θ. Σίκιμα[1]).

2. מַה־טּוֹב. Ο'. τί τὸ ἀγαθόν. Aliter: Ο'. ποῖον βέλτιον.[2]

הַכְשֵׁל. Ο'. κυριεῦσαι. Alia exempl. τὸ ἄρχειν.[3]

אָנִי. Ο'. εἰμι. Aliter: Ο'. εἰμι ἐγώ.[4]

4. מִבֵּית. Ο'. ἐξ οἴκου. Aliter: Ο'. Θ. ἐκ τοῦ οἴκου.[5]

בַּעַל בְּרִית. Ο'. Βααλβερίθ. Alia exempl. Βάαλ διαθήκης; alia, Βααλβερείθ διαθήκης.[6]

בָּהֶם. Ο'. ἑαυτῷ. Alia exempl. ἐν αὐτοῖς.[7]

רֵיקִים וּפֹחֲזִים. Leves et protervos. Ο'. κενοὺς καὶ δειλούς (alia exempl. θαμβουμένους[8]). Σ. ἀπράγους καὶ ἀπονενοημένους.[9]

6. בֵּית מִלּוֹא. Ο'. οἶκος Βηθμααλώ. Alia exempl. ὁ οἶκος Μααλώ.[10]

לְמֶלֶךְ. Ο'. Vacat. Alia exempl. Ο'. εἰς βασιλέα.[11]

עִם־אֵלוֹן מֻצָּב. Prope quercum stationis (militaris). Ο'. πρὸς τῇ βαλάνῳ τῇ εὑρετῇ τῆς στάσεως. Alia exempl. πρὸς τῇ βαλάνῳ τῆς στάσεως.[12] Ἀ. ἐπὶ πεδίου στηλώματος. Σ. παρὰ τὴν δρῦν τὴν ἑστῶσαν (ἐν Σικίμοις).[13]

7. בְּרֹאשׁ. Ο'. ἐπὶ κορυφήν. Aliter: Ο'. ἐν τῇ κορυφῇ.[14]

וַיִּקְרָא. Ο'. καὶ ἔκλαυσε. Alia exempl. καὶ ἐκάλεσε.[15]

9. הֶחֳדַלְתִּי אֶת־דִּשְׁנִי. Num missam faciem pinguedinem meam? Ο'. μὴ ἀπολείψασα (Aliter: Ο'. Θ. ἀφεῖσα[16]) τὴν πιότητά μου; Σ. ἆρα παύσομαι τοῦ λίπους μου;[17]

אֲשֶׁר־בִּי יְכַבְּדוּ אֱלֹהִים וַאֲנָשִׁים. Quam in me celebrant dii et homines. Ο'. ἐν ᾗ δοξάσουσι

---

[71] Syro-hex. Sic sine obelo Comp., Ald., Codd. III, 15, 18, 54, alii, Arm. 1. [72] Idem. Sic sine obelo Comp., Ald., Codd. III, X, XI, 15, 16, 18, 19, alii, Vet. Lat.

CAP. IX. [1] Cod. 85 in marg. Sic in textu (passim) Comp. (cum Σίκιμα), Ald., Codd. III, XI, 15, 18, 29, alii, Syro-hex. Cf. ad Cap. viii. 31. [2] Cod. 85 in marg., teste Parsonsii amanuensi (non, ut Montef. ex eodem edidit, ὁποῖον β.). Sic in textu Comp., Ald., Codd. III, X, XI, 15, 18, 19, alii, Syro-hex. [3] Sic Comp., Ald., Codd. III, X, XI, 15, 18, 19. alii. [4] Cod. 85 in marg. Sic in textu Comp., Ald., Codd. III (cum ἐγώ εἰμι), X, XI, 15, 18, 29, alii, Arm. 1, Syro-hex. [5] Idem. Sic in textu Comp., Ald., Codd. III, XI, 15, 18, 19, alii, [6] Prior lectio est in Codd. III, 54, 76, aliis; posterior in Comp., Ald. (cum Βααλβερίθ), Codd. X, XI (cum Βααλβαρείθ), 15, 18, 19 (cum Βααλβέρ), aliis, Syro-hex. Ad βερίθ (sic) Cod. 85 in marg.: διαθήκης. [7] Sic Comp., Ald., Codd. III, XI, 15, 18, 19, alii (inter quos 85 in marg.), Arm. 1, Syro-hex., Vet. Lat. [8] Sic Comp., Ald., Codd. III, XI, 15, 18, 19 (cum ἐκθαμβουμένους), alii (inter quos 85 in marg., non, ut Montef., θαμβομένους), Syro-hex. (cum ܠܚܦ, quod tamen, ex usu Syri nostri, non θαμβουμένους (ܡܬܕܚܠܝܢ), sed ῥεμβομένους sonat. Cf. Hex. ad Psal. lviii. 16. cxviii. 21, 110, 176). Vet. Lat.: inanes et perturbatos. Versio Aquilam sapit, coll. Hex. ad Gen. xlix. 4. Zeph. iii. 4. [9] Cod. 85 in marg. Procop. in Cat. Niceph. T. II, p. 182:

Ἄνδρας κενοὺς καὶ θαμβουμένους. Σύμμαχος· ἀπράγους καὶ ἀπονενοημένους (h. e. otiosos et superbos, non, ut Procopii interpres, rapaces (ἅρπαγας) et timidos) δεδοίκασι γὰρ οἱ κακοῦργοι τὴν ἐκ νόμων ἐπιστροφήν. (Forma ἄπραγος pro magis legitima ἀπραγής vix nota nisi e Suidae glossa: Εὐπραγότερος· εὐτυχέστερος.) [10] Sic Comp., Ald., Codd. III (cum Μααλλών), X, XI, 15 (cum Μααλών), 16, 18 (ut 15), 19 (idem), alii (inter quos 85), Arm. 1, Syro-hex. [11] Sic Comp. (sine εἰς), Codd. III, 19 (ut Comp.), 58, 108 (ut Comp.), Arm. 1, Syro-hex. [12] Sic Comp., Ald. (cum πρὸς τῆς βαλανωτῆς στ.), Codd. III, X, XI, 15, 18, 19, alii, Arm. 1, Syro-hex. [13] Cod. 85. Symmachum imitatus est Hieron.: juxta quercum quae stabat in Sichem. Ad Aquilam autem appellari potest interpres Chaldaeus, qui enarrat מֵישַׁר קְמָתָא, planities statuae. (Singularis est lectio Codd. 54, 59, 75, aliorum: καὶ ἐπορεύθησαν τοῦ χρῖσαι τὸν ᾺΒ. εἰς βασιλέα ὑποκάτω τῆς δρυὸς τῆς οὔσης ἐν Σικίμοις.) [14] Cod. 85 in marg. (cum ἐπὶ κορυφῆς in textu). Sic in textu Comp., Ald., Codd. X, XI, 15 (om. τῇ), 18 (idem), 19, alii, Syro-hex. [15] Sic Comp., Ald., Codd. X (in marg.), 29, 58 (cum ἔκλαυσε in marg.), 71, 108, 121, Syro-hex. [16] Cod. 85 in marg. (ter): Ο'. Θ. μὴ ἀφεῖσα. Sic in textu (ter, cum ἀφεῖσα pro μὴ ἀπολείψασα) Comp. (cum ἀφείσασα, solœce), Ald., Codd. III, X, XI, 15, 18, 19, alii, Syro-hex. [17] Cod. 85 in marg. Ad πιότητα Cod. 58 in marg.: παχύτητα τὴν λειπαρότη (sic).

τὸν θεὸν ἄνδρες. Alia exempl. ἦν ἐν ἐμοὶ
ἐδόξασεν ὁ θεὸς καὶ οἱ ἄνθρωποι.[18]

9. וְהָלַכְתִּי. Ο'. πορεύσομαι. Aliter: Ο'. Θ. πο-
ρευθῶ.[19]

לָנוּעַ עַל־הָעֵצִים. Librari super arboribus. Ο'.
κινεῖσθαι ἐπὶ τῶν ξύλων. Alia exempl. ἄρχειν
τῶν ξύλων.[20]

10. לְךָ־אָתְּ. Ο'. δεῦρο ※ σύ ◄.[21]

11. לָנוּעַ עַל־הָעֵצִים. Ο'. κινεῖσθαι ἐπὶ τῶν ξύλων.
Alia exempl. ἄρχειν τῶν ξύλων.[22] Aliter: Ο'.
Θ. ἡγεῖσθαι ἐπὶ τῶν ξύλων.[23]

13. הַמְשַׂמֵּחַ אֱלֹהִים וַאֲנָשִׁים. Quod exhilarat deos
et homines. Ο'. τὸν εὐφραίνοντα θεὸν καὶ
ἀνθρώπους. Aliter: Ο'. Σ. τὴν εὐφροσύνην
τῶν ἀνθρώπων.[24]

לָנוּעַ עַל־הָעֵצִים. Ο'. κινεῖσθαι ἐπὶ τῶν ξύλων.
Alia exempl. ἄρχειν τῶν ξύλων.[25] Σ. κλο-
νεῖσθαι περὶ τὰ ξύλα.[26]

14. אֶל־הָאָטָד. Ο'. τῇ ῥάμνῳ. Aliter: Ο'. Θ.
'Α. πρὸς τὴν ῥάμνον.[27]

15. לִמְלֹךְ עֲלֵיכֶם. Ο'. τοῦ βασιλεύειν ἐφ' ὑμᾶς.

Alia exempl. εἰς βασιλέα ἐφ' ὑμῶν.[28]

15. חֲסוּ בְצִלִּי. Confugite in umbram meam. Ο'.
ὑπόστητε ('Α. ἐλπίζετε. Ο'. Θ. πεποίθατε[29])
ἐν τῇ σκιᾷ μου. Aliter: Ο'. πεποίθατε ἐν τῇ
σκέπῃ μου.[30]

מִן־הָאָטָד. Ο'. ἀπ' ἐμοῦ. Alia exempl. ἐκ τῆς
ῥάμνου.[31]

16. וְאִם־טוֹבָה. Ο'. καὶ εἰ ἀγαθωσύνην. Alia exempl. καὶ εἰ καθώς.[32]

כִּגְמוּל. Secundum opus. Ο'. ὡς ἀνταπόδοσις.
Aliter: Ο'. Θ. κατὰ τὸ ἀνταπόδομα.[33]

17. נִלְחַם. Ο'. παρετάξατο. Aliter: Ο'. Θ. ἐπο-
λέμησεν.[34]

וַיַּצֵּל. Ο'. καὶ ἐρρύσατο. Alia exempl. καὶ
ἐξείλατο.[35]

19. שִׂמְחוּ. Ο'. εὐφρανθείητε. Aliter: Ο'. ◄ εὐ-
λογηθείητε ὑμεῖς καὶ ◄ εὐφρανθείητε.[36]

20. וְאִם־אַיִן. Ο'. εἰ δὲ οὔ. Aliter: Ο'. Θ. 'Α. καὶ
εἰ μή.[37]

21. בְּאֵרָה. Ο'. ἕως Βαιήρ. Alia exempl. εἰς
Βηρά.[38] Ἄλλος· ἐν ὁδῷ.[39]

---

[18] Sic Comp., Ald., Codd. III (cum καὶ ἄνθρωποι), X, XI, 15 (om. ἐν ἐμοί), 18 (idem, cum καὶ ἄνθρωποι), 19, alii (inter quos 85, ut 18), Syro-hex. [19] Cod. 85 in marg., teste Montef. Sic in textu (ter) Comp., Ald., Codd. III, X, XI, 15, 18, 19, alii, Syro-hex. [20] Sic Comp., Ald., Codd. III, X, XI, 15, 18, 19, alii (inter quos 85), Arm. 1, Syro-hex. [21] Sic Syro-hex. (cum cuneolo tantum), et sine aster. Codd. X, XI, 58, 63. [22] Sic Comp., Ald., Codd. III (om. τῶν), XI, 15 (praem. τοῦ), 16, 18 (ut 15), 19, alii (inter quos 85). Syro-hex.: ※ ἄρχειν ἐπὶ τῶν ξύλων, nullo cuneolo. [23] Cod. 85 in marg, teste Montef. Parsonsii amanuensis lectionem quasi anonymam exscripsit. [24] Cod. 85 in marg. Sic in textu Comp. (cum τὴν εὐφρ. τοῦ θεοῦ καὶ τῶν ἀ.), Ald., Codd. III (cum τὴν εὐφρ. τὴν παρὰ τοῦ θεοῦ τῶν ἀ.), X, XI, 15, 18, 19 (cum καὶ τὴν εὐφρ. κυρίου καὶ τῶν ἀ.), alii, Arm. 1 (ut Comp.), Syro-hex. (idem). [25] Sic Ald., Codd. III (om. τῶν), XI, 15, 16, 18, alii (inter quos 85). Syro-hex.: ἄρχειν ※ καὶ ◄ τῶν ξ., et sic sine aster. Comp., Codd. 19, 108. [26] Cod. 85. [27] Idem. Sic in textu Comp., Ald., Codd. III, X, XI, 15, 18, 19, alii, Syro-hex. [28] Sic Comp., Ald., Codd. III, 15, 18, 19, alii (inter quos 85 in marg.), Syro-hex. [29] Cod. 85.

[30] Sic Comp., Ald., Codd. III, XI, 15, 18, 19 (cum σκηνῇ), alii, Syro-hex. Vet. Lat.: confidite in protectione mea. [31] Sic Comp., Ald., Codd. III, XI, 15, 18, 19, alii (inter quos 85 in marg.), Arm. 1, Syro-hex., Vet. Lat. [32] Sic Comp. (cum καλῶς), Ald., Codd. III, X, XI, 15, 18, 19, alii, Arm. 1, Syro-hex. [33] Cod. 85 in marg. Sic in textu Comp., Ald., Codd. III, X, XI (sine τὸ), 15, 18, 19, alii, Arm. 1, Syro-hex. [34] Idem. Sic in textu Comp., Ald., Codd. III, X, XI, 15, 18, 19, alii, Arm. 1, Syro-hex. [35] Sic Comp., Codd. III, 15 (cum ἐξείλετο), 18 (idem), 19, alii, Syro-hex. Cf. ad Cap. vi. 9. [36] Sic Syro-hex. (sine metobelo), et sine obelo Ald., Codd. III, 15, 18, 19, alii, Arm. 1. [37] Cod. 85 in marg. Sic in textu Comp. (sine καί), Ald., Codd. III, X, XI, 15, 18, 29, alii, Syro-hex. [38] Sic Comp., Ald., Codd. III (cum Ραρά), X, XI, 15, 16 (cum ἕως B.), 18, 19 (cum Βαρά), alii (inter quos 85), Syro-hex. [39] Syro-hex. in textu: (καὶ ἐπορεύθη) — ἐν ὁδῷ ◄, καὶ ἀνεχώρησεν εἰς Βηρά. Sic sine obelo Codd. 54, 75, 76, alii. Duplex versio, ἐν ὁδῷ (בְּאֵרָה) εἰς Βηρά, est in Codd. III (cum καὶ ἐπορεύθη ἐν ὁδῷ, καὶ ἔφυγεν εἰς Ραρά), 15, 18, 19, 108, Arm. 1 (cum ὁδὸν Βηρ).

25. וַיָּשִׂימוּ. Ο'. καὶ ἔθηκαν. Aliter: Ο'. Θ. καὶ ἔθεντο.[40]

מְאָרְבִים. Insidias. Ο'. ἐνεδρεύοντας. Alia exempl. ἔνεδρα.[41]

אֵת כָּל־אֲשֶׁר־יַעֲבֹר. Ο'. πάντα ὃς παρεπορεύετο. Alia exempl. πάντας τοὺς διαπορευομένους.[42]

26. וַיִּבְטְחוּ. Ο'. καὶ ἤλπισαν. Alia exempl. καὶ ἐπεποίθησαν.[43]

27. הִלּוּלִים. Laudationes (dies festos propter peractam vindemiam). Ο'. ἐλλουλίμ. Aliter: Ο'. χορούς. Θ. αὐλούς.[54]

וַיָּבֹאוּ. Ο'. καὶ εἰσήνεγκαν. Alia exempl. καὶ εἰσῆλθον.[45]

וַיְקַלְלוּ. Ο'. καὶ κατηράσαντο (alia exempl. κατηρῶντο[46]). 'Α. καὶ κατηράσαντο.[47]

28. וּזְבֻל פְּקִיד עֲבָדוּ אֶת־אַנְשֵׁי חֲמוֹר. Et Zebul praefectus ejus? Servite viris Hamor. Ο'. καὶ Ζεβοὺλ (alia exempl. add. ὁ ὢν[48]) ἐπίσκοπος αὐτοῦ, δοῦλος αὐτοῦ σὺν τοῖς ἀνδράσιν Ἐμμώρ. Alia exempl. καὶ Ζεβοὺλ τεταγμένος αὐτῷ [δοῦλος αὐτοῦ] κατεδουλώσατο τοὺς ἄνδρας Ἐμμώρ.[49]

30. וַיִּחַר אַפּוֹ. Ο'. καὶ ὠργίσθη θυμῷ αὐτός. Aliter: Ο'. Θ. καὶ ἐθυμώθη ὀργῇ.[50]

31. בְּתָרְמָה. Dolose. Ο'. ἐν κρυφῇ. Alia exempl. μετὰ δώρων.[51]

בָּאִים שְׁכֶמָה וְהִנָּם צָרִים. Ο'. ἔρχονται εἰς Συχέμ, καὶ ἰδοὺ αὐτοὶ περικάθηνται. Alia exempl. παραγεγόνασιν εἰς Σίκιμα, καὶ οἴδε πολιορκοῦσιν.[52]

34. אַרְבָּעָה רָאשִׁים. Quatuor agmina. Ο'. τέτρασιν ἀρχαῖς. Aliter: Ο'. Θ. τέσσαρες ἀρχαί.[53]

35. וַיֵּצֵא. Ο'. καὶ ἐξῆλθε. Aliter: Ο'. ÷ καὶ ἐγένετο πρωΐ ◄, καὶ ἐξῆλθε.[54]

וְהָעָם. Ο'. καὶ ※ πᾶς ◄ ὁ λαός.[55]

כִּן־הָאֹרֵב. Ο'. ἀπὸ τοῦ ἐνέδρου. Aliter: Ο'. Θ. ἐκ τῶν ἐνέδρων.[56]

36. מֵרָאשֵׁי. Ο'. ἀπὸ τῶν κεφαλῶν. Alia exempl. ἀπὸ τῶν κορυφῶν.[57]

37. וְרֹאשׁ־אֶחָד בָּא מִדֶּרֶךְ אֵלוֹן מְעוֹנְנִים. Et agmen unum venit de via quercus hariolorum. Ο'. καὶ ἀρχὴ ἑτέρα ἔρχεται δι' ὁδοῦ Ἠλὼν Μαωνενίμ. Aliter: (Ο'.) 'Α. καὶ ἀρχὴ μία παραγίνεται ἀπὸ ὁδοῦ δρυὸς ἀποβλεπόντων.[58]

---

[40] Cod. 85 in marg. Sic in textu Comp., Ald., Codd. III, X, XI, 15, 18, 19, alii. [41] Sic Comp., Ald., Codd. III, X, XI, 15, 18, 19 (cum ἔνεδρος), alii (inter quos 85 in marg.), Syro-hex. [42] Sic Comp., Ald., Codd. III, X, XI, 15, 18 (cum διαπορευόντας), 19, alii (inter quos 85 in marg.), Syro-hex. [43] Sic Comp., Codd. III, 15 (cum -θεισαν), 18 (idem), 19, alii (inter quos 85 in marg.), Syro-hex. (cum ἐπεποίθησαν المحكه‎), non ἐπεποίθεισαν (لمحد‎ ححده‎). Cf. Job. xxxi. 24. Prov. xxi. 21 in LXX et Syro-hex.). [44] Cod. 85 in marg. Prior lectio est in Comp., Ald., Codd. III, X, XI, 15, 18, 19, aliis, Arm. 1, Syro-hex. Bar Hebraeus: ܬܐ ܘܦܡܠ (ܕܦܡܠ) ܟܒܕ ܚܠܕܚܟܝܡ. [45] Sic Comp., Ald. (cum ἐξῆλθον), Codd. III, X, XI, 15, 18, 19, alii, Syro-hex. [46] Sic Comp., Ald., Codd. III, X, XI, 15, 16, 18, 19, alii (inter quos 85), Syro-hex. [47] Cod. 85. [48] Sic Comp., Codd. 15, 18, 19, 58, 64, 108, 128, Syro-hex. (cum ܠܐܘܪ in textu, et ܣܚܕܗ‎ in marg., teste Masio in Syrorum Pecul. p. 33). [49] Sic in textu Codd. 54, 59, 75, 76, alii. [50] Cod. 85 in marg. Sic in textu Comp., Ald. (cum ἰθ. ὀργῇ αὐτός), Codd. III, X, XI (ut Ald.), 15, 18, 19 (ut Ald.), alii, Arm. 1, Syro-hex. (cum

ܐܘ.ܣܠܐܣܚܕ ܚܕܝܟܠ). [51] Sic (quasi pro בְּתָרְמָה. Cf. אִישׁ תַּרְמוֹת, vir muserum, Prov. xxix. 4) Comp., Ald., Codd. III, X, XI, 15, 18, 19, alii (inter quos 85 in marg. cum duplici versione, μετὰ δ. ἐν κρ.), Arm. 1, Syro-hex. [52] Sic Comp. (cum Σίκημα), Ald., Codd. III, X, XI, 15, 18 (cum οἴδε), 19 (cum καὶ εἶπον. πολιορκοῦσι), alii (inter quos 85 in marg. cum οἱ δέ), Syro-hex. (cum ܣܚܐ ܣܣܐ ܚܡܕܚܐ‎). De particula הִנֵּה ope pronominis ὅδε versa videnos in Prolegom. ad V. T. juxta LXX, p. xxv. [53] Cod. 85 in marg. Sic in textu Comp., Codd. III, X, XI, 19, 71, 121, Syro-hex., Vet. Lat. [54] Sic Syro-hex. (qui pingit: καὶ ἐγ. ÷ πρωΐ ◄), et sine obelo Comp., Codd. III, 15, 18, 19, alii, Arm. 1. [55] Sic Syro-hex. (cum ܟܠܣܟ ℵ), et sine astor. Comp., Codd. 19, 59, 75, alii. [56] Cod. 85 in marg. Sic in textu Comp., Ald., Codd. III, X, XI, 15, 18, 19 (cum ἀπὸ τῶν ἐ.), alii, Syro-hex. [57] Sic Comp., Ald., Codd. III, X, XI, 15, 18, 29, alii (inter quos 85 in marg.), Syro-hex. [58] Cod. 85 in marg.: 'Α. μία—ἀποβλεπόντων. Sic in textu Comp., Ald., Codd. III, XI, 15, 18, 19, alii, Arm. 1, Syro-hex.

38. פִּיךָ אֲשֶׁר תֹּאמַר. *Os tuum quo dixisti.* Ο'.
τὸ στόμα σου ὡς ἐλάλησας. Alia exempl. τὸ
στόμα σου τὸ λέγον.[59]

הֲלֹא. Ο'. μὴ οὐχί. Alia exempl. οὐκ ἰδού.[60]

אֲשֶׁר־מָאַסְתָּה בּוֹ. Ο'. ὃν ἐξουδένωσας ※ ἐν
αὐτῷ ◄.[61]

צֵא־נָא. Ο'. ἔξελθε ※ δή ◄.[62]

וְהִלָּחֶם בּוֹ. Ο'. καὶ παράταξαι αὐτῷ. Alia
exempl. καὶ πολέμει πρὸς αὐτόν.[63]

40. יַר־פֶּתַח הַשָּׁעַר. Ο'. ἕως τῆς θύρας τῆς πύλης. Alia exempl. ἕως τῶν θυρῶν τῆς πόλεως.[64]

41. וַיֵּשֶׁב. Ο'. καὶ εἰσῆλθεν. Alia exempl. καὶ
ἐκάθισεν.[65]

בִּשְׁכָם. Ο'. ἐν Συχέμ. Ο'. Θ. ἐν Σικίμοις.[66]

42. הַשָּׂדֶה. Ο'. εἰς τὸν ἀγρόν. Alia exempl. εἰς
τὸ πεδίον.[67]

וַיַּגִּדוּ. Ο'. καὶ ἀνήγγειλε. Alia exempl. καὶ
ἀπήγγελη.[68]

43. וַיִּקַּח. Ο'. καὶ ἔλαβε. Alia exempl. καὶ παρέ-
λαβε.[69]

44. וְהָרָאשִׁים. Ο'. καὶ οἱ ἀρχηγοί. Aliter: Ο'.
Θ. καὶ αἱ ἀρχαί.[70]

פָּשְׁטוּ (in priore loco). *Diffuderunt se.* Ο'.
ἐξέτειναν. Alia exempl. ἐξετάθησαν.[71]

פָּשְׁטוּ (in posteriore loco). *Irruerunt.* Ο'. ἐξέτειναν. Aliter: Ο'. Θ. ἐξεχύθησαν.[72]

46. מִגְדַּל שְׁכֶם. Ο'. πύργου (alia exempl. πύργων[73]) Συχέμ. Ο'. Θ. πύργου Σικίμων.[74]

אֶל־צְרִיחַ. *Ad arcem.* Ο'. εἰς συνέλευσιν.
Alia exempl. εἰς τὸ ὀχύρωμα.[75] Ἄλλος· εἰς
τὴν ἄκραν.[76]

בֵּית אֵל בְּרִית. *Domus El-berith.* Ο'. Βαιθηλβερίθ. Alia exempl. οἴκου Βηθηλβερείθ.[77]

48. אֶת־הַקַּרְדֻּמּוֹת. *Secures.* Ο'. τὰς ἀξίνας. Aliter: Ο'. τὴν ἀξίνην.[78] Aliter: Ο'. ※ σὺν ◄
τὴν ἀξίνην.[79]

שׂוֹכַת עֵצִים. *Ramum arborum.* Ο'. κλάδον
ξύλου. Aliter: Ο'. φορτίον ξύλων.[80]

וַיִּשָּׂאֶהָ וַיָּשֶׂם עַל־שִׁכְמוֹ. Ο'. καὶ ἦρεν, καὶ ἔθηκεν ἐπὶ ὤμων αὐτοῦ. Alia exempl. καὶ ἔλαβεν
αὐτὸ, καὶ ἐπέθηκεν ἐπὶ τοὺς ὤμους αὐτοῦ.[81]

---

[59] Sic Comp., Ald., Codd. III, X, XI (cum τὸ λέγων), 15,
18, 19, alii (inter quos 85 in marg.), Syro-hex. [60] Sic
Comp., Ald., Codd. III, X, XI, 15, 18, 19 (cum οὐχὶ ἰδού),
alii (inter quos 85 in marg.). Syro-hex. Ιοα 𝕴, pro quo
fortasse legendum Ιοα 𝕴. [61] Sic Syro-hex., et sine aster.
Comp., Codd. III, 19 (cum ἐπ' αὐτῷ). [62] Sic Syro-hex.
(qui pingit: ※ ἔξελθε δή ◄). Particula deest in Ald., Codd.
III, X, XI, 15, 18, 29, aliis. [63] Sic Comp., Ald., Codd.
III, XI, 15 (cum πολέμησον αὐτῷ), 18, 19, alii, Syro-hex. (cum
ܟܣܕ ܦ|ܘ). Cod. 85 in marg.: πολέμησον αὐτόν. Ex
iisdem fere libris notandae sunt lectiones ἐπολέμησε pro
παρετάξατο (v. 39), et ἐπολέμει pro παρετάσσετο (v. 45). Cf.
ad Cap. i. 3. [64] Sic Comp. (sine τῶν), Ald., Codd. III
(ut Comp.), X, XI, 15 (ut Comp.), 18 (idem), 19 (idem),
alii (inter quos 85 in marg.), Arm. 1, Syro-hex. [65] Sic
Comp., Ald., Codd. III, XI, 15, 18, 19 (cum ἐκάθησεν), alii
(inter quos 85 in marg.), Arm. 1, Syro-hex. [66] Cod. 85
in marg. Cf. ad v. 1. [67] Sic Comp., Ald., Codd. III,
X (cum εἰς ἀγρὸν in marg.), XI, 15, 18, 19, alii (inter quos
85 in marg.), Syro-hex. [68] Sic Comp., Ald., Codd. III,
XI, 15, 18, 19 (cum ἀπηγγέλλει), alii (inter quos 85 cum
ἀπηγγέλη), Syro-hex. [69] Sic Comp., Ald., Codd. III, XI,
15, 18, 19, alii, Syro-hex. (cum ܣܢܒܘ). [70] Cod. 85 in

marg. Sic in textu Comp. (sine artic.), Codd. III, XI,
15, 18, alii, Arm. 1 (cum *turmae*), Syro-hex. [71] Sic
Ald., Codd. III, 15, 18, alii (inter quos 85 in marg.),
Arm. 1, Syro-hex. [72] Cod. 85 in marg. Sic in textu
Comp., Ald., Codd. III, XI, 15, 18, alii, Arm. 1, Syro-hex.
[73] Sic Codd. II, 16, 57, 58, alii (inter quos 85). [74] Cod.
85 in marg. Sic in textu Ald., Codd. III, XI, 15, 18, alii.
[75] Sic Comp., Ald., Codd. III, XI, 15, 18, 19, alii (inter
quos 85 in marg.), Syro-hex. [76] Sic in textu Cod. 75,
in quo haec, καὶ ἦλθον—πύργου Συχέμ (s. Σικίμων), desunt.
[77] Sic Comp. (cum τοῦ Βηθὴλ βερίθ), Ald. (cum Βηθηλβερίθ
διαθήκης), Codd. XI, 15 (ut Ald.), 18 (cum Βαιθὴλ βερίθ δ.),
alii (inter quos 85, cum Βηθηλβερίθ). Cod. III: οἴκου
τοῦ Βάαλ δ.; Syro-hex.: οἴκου τοῦ Βαιθὴλ δ. [78] Cod. 85
in marg. Sic in textu Comp., Ald., Codd. III (sine artic.),
X, XI, 15, 18 (ut III), 19, alii, Arm. 1, Syro-hex. [79] Cod.
IV (cum metobelo ex corr.). [80] Sic Comp., Ald. (om.
ξύλων), Codd. III, IV, X (ut Ald.), XI (idem), 15 (cum
ξύλων), 18 (idem), 19, alii, Syro-hex. Cod. 85 in marg.:
φορτίον. [81] Sic Comp., Ald. (cum ἐπέθηκεν αὐτὸ ἐπί),
Codd. III, IV, 15, 18, alii, Syro-hex. (cum καὶ ἦρεν αὐτὸ
(ܣܒܚ) καὶ ἐπέθηκεν αὐτὸ ἐπί). Cod. 85 in marg.: ἔλαβεν
αὐτὸ ἐπὶ τοὺς ὤμους; et sic in textu Codd. X, XI, 29, 121.

48. מָה רְאִיתֶם. Ο'. ὃ (alia exempl. τί[82]) εἴδετε.

49. גַּם־כָּל־הָעָם אִישׁ שׁוֹכֹה. Ο'. καίγε ἀνὴρ κλάδον πᾶς ἀνήρ. Aliter: Ο'. καίγε ※ πάντες ◄ αὐτοὶ ἕκαστος φορτίον.[83]

וַיֵּלְכוּ. Ο'. καὶ ἐπορεύθησαν. Aliter: Ο'. ⸓ καὶ ἦραν ◄, καὶ ἐπορεύθησαν.[84]

הַצְּרִיחַ. Ο'. τὴν συνέλευσιν. Alia exempl. τὸ ὀχύρωμα.[85] Aliter: Ο'. Θ. τὴν συνέλευσιν. Ἄλλος· τὸ ἄντρον.[86]

אֶת־הַצְּרִיחַ. Ο'. τὴν συνέλευσιν. Aliter: Ο'. ※ σὺν ◄ τὸ ὀχύρωμα.[87]

גַּם כָּל־אַנְשֵׁי. Ο'. ※ καίγε ◄ πάντες οἱ ἄνδρες.[88]

50. אֶל־תֵּבֵץ וַיִּחַן בְּתֵבֵץ. Ο'. ἐκ Βαιθηλβερίθ, καὶ παρενέβαλεν ἐν Θήβης. Aliter: Ο'. εἰς Θήβης, καὶ περιεκάθισεν ἐπ' αὐτήν.[89]

וַיִּלְכְּדָהּ. Ο'. καὶ κατέλαβεν (alia exempl. προκατελάβετο[90]) αὐτήν.

51. וְכֹל בַּעֲלֵי הָעִיר. Et omnes oppidani. Ο'. τῆς πόλεως. Alia exempl. καὶ πάντες οἱ ἡγούμενοι τῆς πόλεως.[91]

51. וַיִּסְגְּרוּ בַּעֲדָם. Ο'. καὶ ἔκλεισαν ἔξωθεν αὐτῶν. Aliter: Ο'. καὶ ἀπέκλεισαν ἐφ' ἑαυτούς.[92]

52. וַיָּבֹא. Ο'. καὶ ἦλθεν. Aliter: Ο'. ※ καὶ προσήγγισεν ◄, καὶ ἦλθεν.[93]

וַיִּלָּחֶם בּוֹ. Ο'. καὶ παρετάξαντο αὐτῷ. Aliter: Ο'. Θ. καὶ ἐξεπολέμησαν αὐτόν.[94]

53. פֶּלַח רֶכֶב. Lapidem molarem superiorem. Ο'. κλάσμα ἐπιμύλιον (s. ἐπιμυλίου[95]). Οἱ λοιποί· μύλου.[96]

וַתָּרִץ. Ο'. καὶ ἔκλασε. Alia exempl. καὶ συνέκλασε; alia, καὶ συνέθλασε.[97]

54. מְהֵרָה. Ο'. ταχύ. Alia exempl. τὸ τάχος.[98]

אִשָּׁה (in posteriore loco). Ο'. γυνή. Aliter: Ο'. ※ ὅτι ◄ γυνή.[99]

וַיָּמֹת. Ο'. καὶ ἀπέθανε. Aliter: Ο'. καὶ ἀπέθανεν ⸓ Ἀβιμέλεχ ◄.[100]

55. וַיֵּלְכוּ. Ο'. καὶ ἐπορεύθησαν. Aliter: Ο'. Θ. καὶ ἀπῆλθον.[101]

56. אֶת רָעַת. Ο'. τὴν πονηρίαν (alia exempl. κακίαν[102]).

---

[82] Sic Comp., Ald. (cum ἴδετε), Codd. III, IV (cum εἴδατε), X (ut Ald.), XI, 15, 18 (cum ὅτε), 19, alii, Syro-hex. (cum ܚܙܘ). [83] Sic Cod. IV, Syro-hex. (qui pingit: καὶ ※ γε πάντες, nullo cuneolo), et sine aster. Comp., Ald., Codd. III (om. γε πάντες), X, XI, 15 (om. καίγε), 18 (idem, cum αὐτῷ pro αὐτοί), 19, alii. Pro πᾶς ἀνήρ Cod. 85 in textu: πᾶς ὁ λαός; in marg. autem: Ο'. πάντες αὐτοὶ ἕκαστος φορτίον, καὶ ἦραν. [84] Sic Cod. IV (cum ⸓), Syro-hex., et sine obelo Comp., Ald., Codd. III, 15, 18, 19, alii (inter quos 85 in marg.), Arm. 1. [85] Sic Comp., Ald., Codd. III, IV, X, XI, 15, 18, 19, alii (inter quos 85), Syro-hex. [86] Ad τὸ ὀχ. Cod. 85 in marg.: ἄντρον. Ο'. Θ. τὴν συνέλευσιν. Ad ἄντρον cf. 1 Sam. (1 Reg.) xiii. 6 in Hebraeo et Vulg. [87] Sic Cod. IV (cum notis ex corr.). [88] Sic Syro-hex. (qui pingit: καὶ ※ γε ◄). Particula καίγε deest in Codd. III, IV, 15, 16, 18, aliis. [89] Sic Comp. (cum καὶ περιεκάθησεν αὐτήν), Ald., Codd. III (cum εἰς Θαιβαις), IV, 15 (cum Βήθης), 18 (idem), 19 (ut Comp.), alii, Arm. 1, Syro-hex. Post ἐν Θήβης Cod. 85 in textum infert: καὶ περιεκάθισεν ἐπ' αὐτήν. [90] Sic Comp., Ald., Codd. III (cum προκατελάβοντο), IV, X, XI, 15, 18 (ut III), 19, alii (inter quos 85 in marg.). Syro-hex. ܣܘ. [91] Sic Comp., Ald., Codd. III, IV, X, XI (cum πάντες οἱ ἡγ. τῆς π. pro πάντες οἱ ἅ. καὶ οἱ γ. τῆς π.), 15, 18, 19 (cum οἱ ἡγ. οἱ τῆς π.), alii (inter quos 85, cum καὶ πάντες ἡγ. τῆς π.), Arm. 1, Syro-hex. [92] Sic Comp. (cum ἐφ' ἑαυτοῖς), Ald., Codd. III, IV, X (cum ἔκλεισαν), XI, 15, 18 (ut Comp.), 19 (idem), alii, Syro-hex. ܣܓܕ. Cod. 85 in marg.: Ο'. ἐφ' ἑαυτούς. [93] Sic Cod. IV (cum metobelo ex corr.), et sine aster. Cod. 108, Syro-hex. [94] Cod. 85 in marg. Sic in textu Comp., Ald. (cum -σεν), Codd. III, IV, X, XI, 15, 18, alii, Arm. 1, Syro-hex. (cum ܐܬܟܬܫ ܥܡܗ). [95] Sic Codd. II, 16, 53, alii (inter quos 85). [96] Cod. 85. Sic in textu Comp., Ald., Codd. III, IV, X, XI, 15, 18, 19, alii, Syro-hex. [97] Prior lectio est in Comp., Ald., Codd. X, XI, 19, 29, aliis; posterior in Codd. III, 15, 18, 30, aliis (inter quos 85 in marg.), Syro-hex. [98] Sic Comp., Ald., Codd. III, IV, XI, 15, 18, alii (inter quos 85 in marg.). [99] Sic Cod. IV, et sine aster. Comp., Ald., Cod. 108, Arm. 1, Syro-hex. [100] Sic Cod. IV, et sine obelo Comp., Codd. III, 15, 18, 54, alii, Arm. 1, Syro-hex. [101] Cod. 85 in marg. cum nota πᾶσ. Sic in textu Comp., Ald., Codd. III, IV, X, XI, 15, 18, 19, alii, Syro-hex., Vet. Lat. [102] Sic Comp., Ald., Codd. III, IV, XI, 15, 18, 19, alii (inter quos 85 in marg.), Syro-hex. Mox v. 57 pro τὴν πᾶσαν πονηρίαν, πᾶσαν τὴν κακίαν habent Comp., Ald., Codd. III (sine artic.), IV (idem), 15 (idem), 18 (idem), 29, alii (inter quos 85 in marg.), Syro-hex.

Cap. IX. 20. καὶ τὸν οἶκον ※ Μααλώ ◄.¹⁰³ ※ καὶ ἐκ τοῦ οἴκου Μααλώ ◄.¹⁰⁴ 36. — υἱὸς Ἀβέδ ◄.¹⁰⁵ 37. — κατὰ θάλασσαν ◄.¹⁰⁶ 52. καὶ ἤγγισεν — Ἀβιμέλεχ ◄.¹⁰⁷

CAP. X.

1, 2. בִּשְׁמִיר (bis). Ο΄. ἐν Σαμίρ. Aliter: Ο΄. ἐν Σαμαρείᾳ.¹

4. וַיְהִי. Ο΄. καὶ ἦσαν. Alia exempl. καὶ ἐγένοντο.²

רֹכְבִים. Ο΄. ἐπιβαίνοντες. Aliter: Ο΄. ἐπιβεβηκότες.³

יָאִיר (ricos) לָהֶם יִקְרְאוּ חַוֹּת. Ο΄. καὶ ἐκάλουν αὐτὰς ἐπαύλεις Ἰαΐρ. Aliter: Ο΄. Θ. καὶ αὐτὰς ἐκάλεσαν πόλεις Ἰαΐρ.⁴

אֲשֶׁר בְּאֶרֶץ. Ο΄. ἐν γῇ. Alia exempl. αἵ εἰσιν ἐν γῇ.⁵

5. בְּקָמֹן. Ο΄. ἐν Ῥαμνών (alia exempl. Καμών⁶).

6. בְּעֵינֵי. Ο΄. ἐνώπιον. Οἱ λοιποί· ἐναντίον.⁷

6. וַיַּעַבְדוּ. Ο΄. καὶ ἐδούλευσαν. Alia exempl. καὶ ἐλάτρευσαν.⁸

וְאֶת־אֱלֹהֵי אֲרָם. Ο΄. καὶ τοῖς θεοῖς Ἀράμ. Aliter: Ο΄. ※ καὶ τοῖς θεοῖς Συρίας ◄.⁹

6, 7. פְּלִשְׁתִּים (bis). Ο΄. Φυλιστιΐμ. Aliter: Ο΄. Θ. τῶν ἀλλοφύλων.¹⁰

7. וַיִּחַר־אַף. Ο΄. καὶ ὠργίσθη θυμῷ. Aliter: Ο΄. Θ. καὶ ἐθυμώθη ὀργῇ.¹¹

8. וַיִּרְעֲצוּ. Et contundebant. Ο΄. καὶ ἔθλιψαν (alia exempl. ἐσάθρωσαν¹²). Aliter: Ο΄. καὶ ἔθλασαν. Σ. (καὶ) κατεδυνάστευσαν.¹³

9. לְהִלָּחֵם גַּם־בִּיהוּדָה וּבְבִנְיָמִין וּבְבֵית אֶפְרָיִם. Ο΄. παρατάξασθαι πρὸς Ἰούδαν καὶ Βενιαμὶν, καὶ πρὸς Ἐφραΐμ. Aliter: Ο΄. Θ. ἐκπολεμῆσαι καὶ ἐν τῷ Ἰούδα καὶ Βενιαμὶν, καὶ ἐν τῷ οἴκῳ Ἐφραΐμ.¹⁴

10. וַיִּזְעֲקוּ. Ο΄. καὶ ἐβόησαν. Aliter: Ο΄. Θ. καὶ ἐκέκραξαν.¹⁵

11, 12. הֲלֹא מִמִּצְרַיִם וּמִן־הָאֱמֹרִי מִן־בְּנֵי עַמּוֹן

---

¹⁰³ Syro-hex., per errorem, ut videtur; nam vox Μααλὼ (s. Βηθμααλὼ) in omnibus libris legitur.   ¹⁰⁴ Idem (qui pingit: ※ Σικίμων καὶ ἐκ τοῦ οἴκου M., nullo metobelo). Haec, καὶ ἐκ τοῦ οἴκου Μααλὼ, desunt in Codd. 59, 75, 118.   ¹⁰⁵ Idem (qui pingit: — υἱὸς ◄ Ἀβέδ).   ¹⁰⁶ Idem (qui pingit: — κατὰ θ. ◄ — ἀπὸ τοῦ ἐχόμενα, sine alio metobelo).   ¹⁰⁷ Cod. IV (cum notis ex corr.).

Cap. X. ¹ Cod. 85 in marg. Sic in textu Ald., Codd. III, IV (cum Σαμαρίᾳ), X, XI, 15, 18, 19, alii, Syro-hex. (cum ܫܡܪܝܢ).   ² Sic Comp., Ald., Codd. III, IV, X, XI, 18, 19, alii (inter quos 85 in marg.), Syro-hex.   ³ Cod. 85 in marg. Sic in textu Ald., Codd. III, IV, X, XI, 15, 18, 19, alii, Syro-hex.   ⁴ Idem. Sic in textu Comp. (cum ἐπαύλεις) Comp. (cum ἐκάλεσεν), Ald. (idem), Codd. III (cum καὶ ἐκάλεσεν αὐτὰς), IV (cum ἐκάλεσεν), XI, 15, 18 (ut III), alii, Syro-hex. Cod. 71 solus: καὶ αὐτὰς ἐκάλεσεν (sic) πόλεις Ἰ. Cf. Hex. ad Deut. iii. 14.   ⁵ Sic Comp. (cum ἐν τῇ γῇ), Ald., Codd. III (cum ἐν τῇ), IV (ut Comp.), X, XI, 15 (ut III), 18, alii (inter quos 85, cum ἦσαν), Syro-hex.   ⁶ Sic Comp., Ald., Codd. IV, X, XI, 15, 29, alii (inter quos 85 in marg.), Syro-hex.   ⁷ Cod. 85. Sic in textu Comp. (cum ἔναντι), Ald., Codd. III (ut Comp.), IV (idem), XI, 15 (ut Comp.), 18 (idem), 19 (idem), alii, Syro-hex. (cum ܩܕܡ).   ⁸ Sic Comp., Ald., Codd. III, IV, X, XI, 15, 18, 19, alii (inter quos 85 in marg.), Syro-

hex. Eadem varietas notatur ad vv. 10, 16 (cum Ο΄. Θ.).   ⁹ Sic Syro-hex., et sine aster. Comp., Ald., Codd. III (cum καὶ τοῖς θ. Σιδῶνος, καὶ τοῖς θ. Συρίας), X, XI, 16, 19, alii, Arm. 1. In Cod. 85 duplex lectio est: καὶ τοῖς θ. Ἀραβὰ (sic) καὶ τοῖς θ. Συρίας. Haec autem, καὶ τοῖς θ. Ἀρὰμ (s. Συρίας), desunt in Codd. 15, 18, 54, aliis, et Theodoreto.   ¹⁰ Cod. 85 in marg. (bis), teste Parsonsii amanuensi (non, ut Montef. exscripsit, τῶν ἀλλοτρίων). Sic in textu Comp., Ald., Codd. III, X, XI, 15, 18, 29, alii, Arm. 1, Syro-hex. (In v. 7 articulus deest in Comp., Ald., Codd. III, X, XI, 18, 29, aliis.)   ¹¹ Cod. 85. Sic Comp., Ald., Codd. III (om. ὀργῇ), XI, 15, 18, 19, alii, Syro-hex.   ¹² Sic Comp., Ald., Codd. III, X, XI, 15 (cum ἐσαθρώθησαν), 18 (idem), 19 (idem), alii (inter quos 85 in marg.), Syro-hex. (cum ܣܚܦܘ).   ¹³ Cod. 85 in marg. (ad ἔθλιψαν, non, ut Montef., ad ἔθλασαν. Verum vidit Scharfenb. in Animadv. T. II, p. 66). Prior lectio ad sequens וַיְרֹצְצוּ, Ο΄. καὶ ἔθλασαν, pro quo Codd. 16, 52, 53, alii (inter quos 85) ἐθανάτωσαν legunt, pertinere videtur. Ad Sym. cf. Hex. ad Job. xiii. 25, ubi in Hebraeo est verbum affine עָרַץ.   ¹⁴ Cod. 85 in marg. (om. καὶ ante ἐν τῷ Ἰ.). Sic in textu Comp., Ald., Codd. III, X, XI (om. καὶ), 15 (idem), 18 (idem), 19 (idem), alii, Syro-hex.   ¹⁵ Cod. 85 in marg. Sic in textu Comp. (cum ἔκραξαν), Ald., Codd. X, XI, 15 (ut Comp.), 18, 19 (ut Comp.), alii, Syro-hex.

וּכִין פְּלִשְׁתִּים: וְצִידוֹנִים וַעֲמָלֵק וּמָעוֹן לָחֲצוּ
אֶתְכֶם וַתִּצְעֲקוּ אֵלָי. *Nonne ab Aegyptiis, et
ab Amorrhaeis, a filiis Ammon, et a Philistaeis*
(liberavi vos)? *Et Sidonii, et Amalec, et Maon
oppresserunt vos, et clamastis ad me.* Ο΄. μὴ
οὐχὶ ἐξ Αἰγύπτου, καὶ ἀπὸ τοῦ Ἀμορραίου, καὶ
ἀπὸ υἱῶν Ἀμμών, καὶ ἀπὸ Φυλιστιίμ, καὶ Σιδωνίων, καὶ Ἀμαλήκ, καὶ Μαδιάμ, οἳ ἔθλιψαν
ὑμᾶς; καὶ ἐβοήσατε πρὸς μέ. Aliter: Ο΄. οὐχὶ
οἱ Αἰγύπτιοι, καὶ οἱ Ἀμορραῖοι, καὶ οἱ υἱοὶ
Ἀμμών, ⸓ καὶ Μωάβ ◄, καὶ οἱ ἀλλόφυλοι,
καὶ Σιδώνιοι, καὶ Ἀμαλήκ, καὶ Χαναάν, καὶ
ἐξέθλιψαν ὑμᾶς, καὶ ἐκεκράξατε πρὸς μέ;[16]
Σ. μὴ οὐχὶ ἀπὸ Αἰγύπτου, καὶ ἀπὸ τῶν Ἀμορραίων, καὶ ἀπὸ τῶν υἱῶν Ἀμμών, καὶ ἀπὸ τῶν
Φυλισταίων, καὶ ἀπὸ Σιδωνίων, καὶ ἀπὸ τοῦ
Ἀμαλήχ, καὶ Χαναάν, καὶ τῶν ἀποθλιβόντων
ὑμᾶς, ὁπότε ἐβοήσατε πρὸς μέ;[17]

14. לְכוּ וְזַעֲקוּ. Ο΄. πορεύεσθε, καὶ βοήσατε. Alia
exempl. βαδίζετε, καὶ βοᾶτε.[18]

אֲשֶׁר בְּחַרְתֶּם בָּם. *Quos elegistis.* Ο΄. οὓς ἐξελέξασθε ἑαυτοῖς (alia exempl. ἐν αὐτοῖς[19]).

15. כְּכָל־הַטּוֹב בְּעֵינֶיךָ. Ο΄. κατὰ πᾶν τὸ ἀγαθὸν
ἐν ὀφθαλμοῖς σου. Alia exempl. κατὰ πάντα

ὅσα ἂν ἀρέσκῃ ἐνώπιόν σου.[20]

15. אַךְ הַצִּילֵנוּ נָא. Ο΄. πλὴν ἐξελοῦ ἡμᾶς. Aliter: Ο΄. πλὴν ⸓ κύριε ◄[21] ἐξελοῦ ἡμᾶς ✕ δή ◄.[22]

16. וַיָּסִירוּ. Ο΄. καὶ ἐξέκλιναν (alia exempl. μετέ-
στησαν[23]).

אֶת־יְהֹוָה. Ο΄. τῷ κυρίῳ μόνῳ. Aliter: Ο΄.
τῷ κυρίῳ [μόνῳ], ⸓ καὶ οὐκ εὐηρέστησεν ἐν τῷ
λαῷ ◄.[24]

וַתִּקְצַר נַפְשׁוֹ בַּעֲמַל יִשְׂרָאֵל. *Et brevis (impa-
tiens) facta est anima ejus propter molestiam
Israelis.* Ο΄. καὶ ὠλιγώθη ἡ ψυχὴ αὐτοῦ ἐν
κόπῳ Ἰσραήλ. Alia exempl. καὶ ὠλιγοψύχησεν ἐν τῷ κόπῳ Ἰσραήλ.[25]

17. וַיִּצָּעֲקוּ. *Et convocati sunt.* Ο΄. καὶ ἀνέβησαν
(alia exempl. ἀνεβόησαν[26]). Σ. καὶ διαβάντες.[27]

וַיֵּאָסְפוּ. Ο΄. καὶ συνήχθησαν. Alia exempl.
καὶ ἐξῆλθον.[28]

בַּמִּצְפָּה. Ο΄. ἐν τῇ σκοπιᾷ (Ἀ. Θ. (fort. Ο΄. Θ.)
Μασσηφά. Σ. Μασφά[29]). Ἀ. ἐν τῇ σκοπιᾷ.[30]

18. אֲשֶׁר יָחֵל לְהִלָּחֵם בִּבְנֵי. Ο΄. ὅστις ἂν ἄρξεται
(ἄρξηται) παρατάξασθαι πρὸς υἱούς. Aliter:
ὃς ἄρξεται πολεμῆσαι ἐν τοῖς υἱοῖς.[31]

---

[16] Cod. 85 in marg. Sic in textu Comp. (om. οἱ ante
ἀλλόφυλοι, et καὶ ante ἐξέθλιψαν), Ald. (ut Comp., cum οὐκ
pro οὐχὶ), Codd. III (cum οὐχὶ Αἰγ. καὶ Ἀμ.— καὶ Σιδ. καὶ
Μαδιάμ καὶ Ἀμαλήκ ἐξέθλιψαν κ. τ. ἑ.), X, XI, 15 (cum Μαδιάμ
pro Χαναάν, et om. καὶ ante ἐξέθλιψαν), 18 (idem), alii, et
Syro-hex., ex quo obelum assumpsimus. [17] Cod. 85,
teste Montef. Pro his, καὶ ἀπὸ τῶν Φυλ. καὶ ἀπὸ Σιδ., Parsonsii amanuensis exscripsit tantum καὶ ἀπὸ τῶν Φυλιστι-
δίων (sic). [18] Sic Comp., Ald., Codd. III, X, XI, 15, 18,
19, alii (inter quos 85 in marg.), Syro-hex. [19] Sic Ald.,
Codd. X, XI, 63, 121, invito Syro-hex. [20] Sic Comp.,
Ald., Codd. III, X, XI, 15 (cum ἐὰν), 18 (idem), 19 (cum
ἐὰν ἀρέσκει), alii (inter quos 85 in marg. cum ὅσα ἀρέσκει),
Arm. 1, Syro-hex. [21] Sic Syro-hex., et sine obelo
Comp., Codd. III, 19, 108; necnon (cum ἐξελοῦ ἡμᾶς κύριε)
Codd. 44, 54, 59, alii. Arm. 1: πλὴν κύριε μόνον ἐξ. ἡμᾶς.
[22] Sic Syro-hex. (absente cuneolo), et sine aster. Ald., Codd.
X, 16 (cum δὴ ἡμᾶς), 29, 30, alii (inter quos 85). [23] Sic
Comp., Ald., Codd. III, XI, 15, 18, 19, alii. [24] Sic
Syro-hex. (cum metobelo tantum), et sine obelo Ald.,

Codd. III (cum εὐηρέστησαν), 15, 18 (ut III), 19 (om. ἐν),
44 (cum εὐηρ. κύριος ἐν), 54, alii, Arm. 1. Vox μόνῳ deest
in Comp., Codd. III, 19, 54, aliis, Syro-hex. [25] Sic
Comp., Ald. (sine τῷ), Codd. III, X (cum ὁ Ἰσρ.), XI, 15,
18, 19, alii, Syro-hex. (qui Ἰσραήλ pro nominativo cepisse
videtur, vertens: ܘܐܬܬܙܥܪܬ ܢܦܫܗ ܕܝܣܪܐܝܠ). Ad
ὠλιγώθη Cod. 85 in marg. affert: ὠλιγοψύχησεν. [26] Sic
solus Cod. 44 (in quo versus integer sic habet: καὶ παρενέβαλον καὶ ἀνεβόησαν ἐν Γαλαὰδ καὶ ἐν Μασσηφὰ), concinente
Syro-hex., qui priorem clausulam vertit: ܘܐܬܟܢܫܘ ܒܓܠܥܕ
ܘܐܬܒܣܡܘ. [27] Cod. 108. Interpres וַיֵּאָסְפוּ vertisse videtur, coll. Hex. ad 2 Reg. vi. 13. [28] Sic Comp., Ald.,
Codd. III, XI, 15, 18, 19, alii (inter quos 85 in marg.),
Arm. 1, Syro-hex. [29] Cod. 85. Lectio ἐν τῇ Μασσηφά
est in Comp. (cum Ἀμασσηφά), Ald., Codd. III, 15, 18, 30,
aliis, Syro-hex. (cum ܒܡܨܦܐ). [30] Bar Hebraeus:
ܒܡܨܦܐ ܐܩܘ ܐ ܚܒ ܕܘܡܐ. [31] Sic Comp., Ald., Codd.
III, XI, 15 (cum ἄρξηται), 18, 29, alii (inter quos 85 in
marg.), Arm. 1, Syro-hex.

18. לְרֹאשׁ. Ο'. εἰς ἄρχοντα. Aliter: Ο'. Θ. εἰς κεφαλήν.[32]

Cap. X. 4. אֲוֹתוֹ ÷ דּוֹ καὶ ◄ τριάκοντα υἱοὶ ἐπιβεβηκότες ἐπὶ ÷ δύο καὶ ◄ τριάκοντα πώλους, καὶ ÷ δύο καὶ ◄ τριάκοντα.[33]

Cap. XI.

1. הָיָה גִּבּוֹר חַיִל. Erat bellator strenuus. Ο'. ἐπηρμένος δυνάμει. Alia exempl. ἦν δυνατὸς ἐν ἰσχύϊ.[1]

וַיּוֹלֶד. Ο'. ἡ ἐγέννησε. Alia exempl. καὶ ἔτεκε.[2]

3. וַיִּבְרַח. Ο'. καὶ ἔφυγεν. Aliter: Ο'. Θ. καὶ ἀπέδρα.[3]

וַיִּתְלַקְּטוּ. Et congregati sunt. Ο'. καὶ συνεστράφησαν. Alia exempl. καὶ συνελέγοντο.[4]

רֵיקִים. Leves. Ο'. κενοί. Aliter: Ο'. λιτοί.[5] Σ. ἀργοί.[6]

וַיֵּצְאוּ. Ο'. καὶ ἐξῆλθον. Aliter: Ο'. καὶ συνεξεπορεύοντο.[7]

4, 5. וַיְהִי מִיָּמִים וַיִּלָּחֲמוּ בְנֵי־עַמּוֹן עִם־יִשְׂרָאֵל: וַיְהִי. Ο'. καὶ ἐγένετο. Alia exempl. καὶ ἐγέ-

νετο μεθ' ἡμέρας, καὶ ἐπολέμησαν οἱ υἱοὶ Ἀμμὼν μετὰ Ἰσραήλ. καὶ ἐγενήθη.[8]

5. נִלְחֲמוּ. Ο'. παρετάξαντο. Alia exempl. ἐπολέμησαν; alia, ἐπολέμουν.[9]

לָקַחַת..מֵאָרֶץ. Ο'. λαβεῖν..ἀπὸ τῆς γῆς. Aliter: Ο'. παραλαβεῖν..ἐν γῇ.[10]

6. לְקָצִין וְנִלְחֲמָה בִּבְנֵי. Ο'. εἰς ἀρχηγὸν, καὶ παραταξόμεθα πρὸς υἱούς. Alia exempl. εἰς ἡγούμενον, καὶ πολεμήσομεν ἐν τοῖς υἱοῖς.[11]

7. וּמַדּוּעַ. Ο'. καὶ διὰ τί. Alia exempl. καὶ τί ὅτι.[12]

כַּאֲשֶׁר צַר לָכֶם. Cum angustia vobis est. Ο'. ἡνίκα χρῄζετε (alia exempl. ἐθλίβητε[13]).

8. לָכֵן עַתָּה שַׁבְנוּ. Ο'. διὰ τοῦτο νῦν ἐπεστρέψαμεν. Alia exempl. οὐχ οὕτως· νῦν ἤλθομεν.[14]

וְנִלְחַמְתָּ בִּבְנֵי. Ο'. καὶ παρατάξῃ πρὸς υἱούς. Alia exempl. καὶ πολεμήσομεν ἐν τοῖς υἱοῖς.[15]

לְרֹאשׁ. Ο'. εἰς ἄρχοντα. Alia exempl. εἰς κεφαλήν.[16]

11. וַיָּשִׂימוּ הָעָם אוֹתוֹ. Ο'. καὶ ἔθηκαν (alia exempl. κατέστησαν[17]) αὐτὸν ※ ὁ λαός ◄.[18]

---

[32] Cod. 85 in marg. Sic in textu Comp., Ald., Codd. III, XI, 15, 18, 19, alii, Arm. 1, Syro-hex. [33] Cod. IV (notis, excepto primo obelo, a correctore appictis). Verba ᾠδελισμένα desunt in Gr.

Cap. XI. [1] Sic Comp., Ald., Codd. III (om. ἦν), X, XI, 15, 18, 29, alii (inter quos 85 in marg.), Arm. 1, Syro-hex. [2] Sic Comp., Ald., Codd. III, X, XI, 15, 18, 19, alii (inter quos 85 in marg.), Syro-hex. [3] Cod. 85 in marg. Sic in textu Comp., Ald., Codd. III, XI, 15, 18, 29, alii. [4] Sic Comp., Ald., Codd. III, XI, 15, 18, 19, alii (inter quos 85 in marg.), Arm. 1, Syro-hex., Vet. Lat. [5] Cod. 85 in marg. Sic in textu Comp., Ald., Codd. III, X (cum κενοί in marg.), XI, 15, 18, 19, alii, Syro-hex. (cum ⟨—⟩), Vet. Lat. (cum latrones). [6] Bar Hebraeus: ⟨Syriac⟩. [7] Cod. 85 in marg. (cum συνεπορεύοντο). Sic in textu (cum συνεξ.) Comp., Ald., Codd. III, XI, 15, 18, 19, alii, Syro-hex. Vet. Lat.: et obambulabant. [8] Sic Comp., Ald., Codd. III, X, XI (om. καὶ ante ἐπολέμησαν), 15, 30, alii, Arm. 1, Syro-hex. Ad ἡνίκα παρετάξαντο Cod. 85 in marg.: μεθ' ἡμέρας καὶ ἐπολέμησαν, et sic in textu Codd. 18, 19, 29, alii. [9] Prior lectio est in Comp., Ald., Codd. X, XI, 29, aliis; posterior

in Codd. III (cum ἐπολεμουσαν), 15, 54, 58, aliis, Syro-hex. [10] Sic Comp., Ald., Codd. III, X (cum ἀπὸ τῆς γῆς), XI, 15, 18, 29, alii, Syro-hex. [11] Sic Comp. (om. ἐν), Ald., Codd. III, X (cum πολεμήσωμεν), XI (idem), 15 (idem), 18, 29 (ut X), alii (inter quos 85 in marg. ut Comp.), Syro-hex. [12] Sic Comp., Ald., Codd. III, X, XI (om. τί), 15 (om. καὶ), 18 (om. ὅτι), 19, alii (inter quos 85 in marg.), Syro-hex., Vet. Lat. [13] Sic Comp., Ald., Codd. III, X, XI, 15, 18, 29, alii (inter quos 85 in marg.), Arm. 1, Syro-hex. Vet. Lat.: quando tribulati estis. [14] Sic Comp. (cum νῦν συνῆλθ.), Ald., Codd. III, X, XI, 15, 18, 19 (cum νῦν συνεισῆλθ.), alii, Arm. 1, Syro-hex., Vet. Lat. Cod. 85 in marg.: οὐχ οὕτως νῦν ἤλθομεν πρὸς σέ, καὶ συμπολεμήσομεν ἐν τοῖς υἱοῖς Ἀ., καὶ ἔσῃ ἡμῖν εἰς κεφαλὴν πᾶσι τοῖς οἰκοῦσι Γ. (Post οὕτως interpungunt Codd. III, 19, 54, 58, Arm. 1, Syro-hex., fortasse alii.) Mox συμπορεύσῃ ἡμῖν pro πορεύσῃ μεθ' ἡμῶν iidem. [15] Sic Comp., Ald., Codd. III, X, XI (cum συμπολεμήσωμεν), 15 (om. ἐν), 18 (cum τοὺς υἱούς), 19, alii, Arm. 1, Syro-hex. [16] Iidem. Vet. Lat.: in caput. [17] Sic Comp., Ald., Codd. III, X (cum κατέστησεν), XI (idem), 15, 18, 19 (ut X), alii (inter quos 85 in marg.), Arm. 1, Syro-hex. [18] Sic

11. עֲלֵיהֶם לְרֹאשׁ וּלְקָצִין. Ο΄. ἐπ᾽ αὐτοὺς εἰς κεφαλὴν καὶ εἰς ἀρχηγόν. Alia exempl. ἐπ᾽
αὐτῶν εἰς κεφαλὴν εἰς ἡγούμενον.[19]

12. כִּי־בָאתָ אֵלַי לְהִלָּחֵם. Ο΄. ὅτι ἦλθες πρὸς μὲ
τοῦ παρατάξασθαι. Aliter: Ο΄. ὅτι ἥκεις πρὸς
μὲ ➚ σὺ ◄ πολεμῆσαί – με ◄.[20]

13. כִּי. Ο΄. ὅτι (s. διότι[21]). Alia exempl. διὰ τί.[22]
בַּעֲלוֹתוֹ. Ο΄. ἐν τῷ ἀναβαίνειν αὐτόν. Aliter:
Ο΄. Θ. ἐν τῇ ἀναβάσει (αὐτοῦ).[23]
Ο΄. καὶ πορεύσομαι.[24] Alia exempl. καὶ πορεύσομαι. καὶ ἀπέστρεψαν οἱ ἄγγελοι πρὸς Ἰεφθάε.[25] Aliter: Ο΄. – καὶ ἀπέστρεψαν οἱ
ἄγγελοι πρὸς Ἰεφθάε ◄.[26]

14. וַיּוֹסֶף עוֹד. Ο΄. καὶ προσέθηκεν ἔτι. Aliter:
Ο΄. καὶ προσέθετο ✕ ἔτι ◄.[27]

15. כֹּה אָמַר. Ο΄. οὕτως λέγει. Aliter: Ο΄. τάδε
λέγει.[28]

16. וַיֵּלֶךְ . . כִּי בַּעֲלוֹתָם. Ο΄. ὅτι ἐν τῷ ἀναβαίνειν
αὐτοὺς . . ἐπορεύθη. Aliter: Ο΄. ἐν τῇ ἀνα-
βάσει αὐτῶν . . ἀλλ᾽ ἐπορεύθη.[29]
עַד־יַם־סוּף. Ο΄. ἕως θαλάσσης Σίφ (alia exempl. ἐρυθρᾶς[30]).

17. נָּא בְאַרְצָה. Ο΄. δὴ ἐν τῇ γῇ σου. Alia exempl. διὰ τῆς γῆς σου.[31]
וְלֹא אָבָה. Ο΄. καὶ οὐκ εὐδόκησεν. Οἱ λοιποί·
(καὶ) οὐκ ἠθέλησεν.[32] Aliter: Ο΄. καὶ οὐκ
ἠθέλησεν ∞ οὐδὲ οὗτος ἀνεῖναι αὐτῷ παρελθεῖν ◄.[33]

18. וַיֵּלֶךְ. Ο΄. καὶ ἐπορεύθη (alia exempl. διῆλθεν[34]).
וַיָּבֹא מִמִּזְרַח־שֶׁמֶשׁ. Ο΄. καὶ ἦλθεν ἀπὸ ἀνατολῶν ἡλίου. Alia exempl. καὶ παρεγένετο
κατ᾽ ἀνατολὰς ἡλίου.[35]

19. נַעְבְּרָה־נָּא בְאַרְצָה. Ο΄. παρέλθωμεν δὴ ἐν τῇ
γῇ σου. Aliter: Ο΄. Θ. παρελεύσομαι διὰ τῆς
γῆς σου.[36]

20. וְלֹא־הֶאֱמִין סִיחוֹן אֶת־יִשְׂרָאֵל עֲבֹר בִּגְבֻלוֹ.
Ο΄. καὶ οὐκ ἐνεπίστευσεν Σηὼν τῷ Ἰσραὴλ
παρελθεῖν ἐν τῷ ὁρίῳ αὐτοῦ. Aliter: Ο΄. καὶ
οὐκ ἠθέλησεν Σηὼν τὸν Ἰσραὴλ διελθεῖν διὰ
τῶν ὁρίων (αὐτοῦ).[37]
וַיִּלָּחֶם עִם־יִשְׂרָאֵל. Ο΄. καὶ παρετάξατο πρὸς
Ἰσραήλ. Alia exempl. καὶ ἐπολέμησε μετὰ
Ἰσραήλ.[38]

Syro-hex. Verba ἠστερισμένα desunt in Codd. 54, 58, 59,
75, 82. [19] Sic Comp. (cum καὶ εἰς ἡγ.), Ald. (cum εἰς κ.
ἐπ᾽ αὐτῶν), Codd. III, X (cum εἰς κ. ἐπ᾽ αὐτῶν ἡγ.), XI (idem),
15, 18 (cum ἐφ᾽ αὐτῶν), alii, Syro-hex. Cod. 85 ad εἰς κ.
ἐπ᾽ αὐτοὺς (sic) in marg. notat: αὐτῶν ἡγούμενον. [20] Sic
Syro-hex. (qui male pingit: – πρὸς μὲ ◄ σὺ), et sine obelis
Comp., Ald. (cum τοῦ πολ., et om. σὺ et μὲ), Codd. III,
XI (om. σὺ et μὲ), 15 (cum ἦλθεν), 18, 19, alii. Cod. 85
in marg.: ἥκεις πρὸς μὲ πολεμῆσαι. [21] Sic Comp., Codd.
III, 16, 44, alii (inter quos 85). [22] Sic Ald., Codd. X,
XI, 15, 18, 29, alii (inter quos 85 in marg.), Syro-hex.
[23] Cod. 85 in marg., teste Parsonsii amanuensi. Sic in
textu Comp., Ald., Codd. III, XI, 15, 18, 29, alii, Syro-
hex. [24] Haec desunt in Comp., Codd. 19, 108. [25] Sic
Codd. 18, 64, 76, alii, Arm. 1. [26] Sic Syro-hex. (qui
pingit: καὶ ἀπ. οἱ ἄγγ. πρὸς – Ἰεφθάε ◄), et sine obelo Codd.
III, 54, 75, 82. [27] Sic Syro-hex., et sine aster. Comp.,
Ald., Codd. X, XI, 15, 18, 29, alii (inter quos 85, cum
προσέθετο in marg.). Vocula deest in Codd. 55, 56, 63.
Alius versionis, καὶ πάλιν ἀπέστειλεν Ἰεφθάε ἀγγέλους, vestigia
exstant in Codd. 54, 59, 75, 82. [28] Cod. 85 in marg.
Sic in textu Comp., Ald., Codd. III, X, XI, 15, 18, 19
(cum τὰ δὲ), alii, Syro-hex. [29] Idem (cum ἀλλὰ ἐπ.).
Sic in textu iidem. [30] Sic Comp., Ald., Codd. III, X,
XI, 15, 18, 19, alii (inter quos 85 in marg.), Arm. 1, Syro-
hex. [31] Sic Comp., Ald., Codd. III, 15, 18, 19 (cum
δὴ διὰ), alii (inter quos 85 in marg.), Arm. 1, Syro-hex.
[32] Cod. 85. Sic in textu Comp., Ald. (cum ἠθέλε), Codd.
III, XI, 15, 18, 19, alii. [33] Sic Syro-hex. (qui pingit
οὐδὲ ∞ οὗτος), et sine obelo Codd. 44 (om. οὗτος), 54, 59
(cum αὐτῶν), 75, 76 (ut 44), 82, 84 (ut 44), 106 (idem),
134 (idem); qui omnes pro καὶ ἐκάθισεν habent κατέμεινε δέ,
invito Syro-hex. [34] Sic Comp., Ald., Codd. III, X, XI,
15 (cum ἦλθεν), 18, 19, alii (inter quos 85 in marg.), Syro-
hex. [35] Sic Comp., Ald., Codd. III, XI (om. ἡλίου),
18, 19, alii (inter quos 85 in marg. cum παρεγένετο κατὰ
ἀν., teste Parsonsio), Syro-hex. Paulo ante Syro-hex. pingit: ✕ καὶ τὴν γῆν Μωάβ, absente cuneolo; quae desunt in
Cod. 44. [36] Cod. 85 in marg. Sic in textu Codd. III,
19, 30, 44, alii; necnon (retento δὴ) Comp., Ald., Codd.
XI, 15, 18, alii, Arm. 1, Syro-hex. [37] Idem. Sic in
textu Comp., Ald., Codd. III (om. Σηὼν, cum διελθεῖν τὸν
Ἰ.), X (cum ἐνεπίστευσεν ἢ), XI (cum αὐτῶν), 15, 18, 19, alii,
Syro-hex. (cum διελθεῖν τὸν Ἰ.). [38] Sic Comp., Ald.,
Codd. III, X, XI, 15, 18, 19, alii (inter quos 85 in marg.
cum ἐπολέμησαν), Syro-hex.

21. הָאָרֶץ הַהִיא‎. Ο'. τὴν γῆν ἐκείνην. Aliter:
Ο'. Θ. ἐν τῇ γῇ ἐκείνῃ.[39]

22. וַיִּירְשׁוּ אֵת כָּל־גְּבוּל הָאֱמֹרִי‎. Ο'. Vacat.
Alia exempl. καὶ ἐκληρονόμησεν πᾶν τὸ ὅριον
τοῦ Ἀμορραίου.[40]

וְעַד־הַיַּבֹּק וּמִן־הַמִּדְבָּר וְעַד־הַיַּרְדֵּן‎. Ο'. καὶ
ἕως ※ τοῦ Ἰαβὸκ, καὶ ἀπὸ τοῦ (potior scrip-
tura τῆς) ἐρήμου ἕως ◄ τοῦ Ἰορδάνου.[41]

23. תִּירָשֶׁנּוּ‎. Ο'. κληρονομήσεις αὐτόν. Aliter:
Ο'. κληρονομήσεις αὐτὸν — ἐπὶ σοῦ ◄.[42]

24. הֲלֹא אֵת אֲשֶׁר יוֹרִישְׁךָ‎. Ο'. οὐχὶ ἃ ἐὰν κλη-
ρονομήσει σε. Aliter: Ο'. Θ. οὐχὶ ὅσα κατε-
κληρονόμησέ σοι.[43]

וְאֵת כָּל־אֲשֶׁר הוֹרִישׁ‎. Ο'. καὶ τοὺς πάντας
οὓς ἐξῆρεν. Aliter: Ο'. Θ. καὶ πάντα ὅσα
κατεκληρονόμησεν.[44]

25. הֲטוֹב טוֹב אַתָּה מִבָּלָק בֶּן־צִפּוֹר‎. Num ullo
modo melior tu es quam Balak filius Zippor?
Ο'. μὴ ἐν ἀγαθῷ ἀγαθώτερος σὺ ὑπὲρ Βαλὰκ
υἱὸν Σεπφώρ; Aliter: Ο'. Θ. μὴ κρείσσων εἶ
σὺ Βαλὰκ υἱοῦ Σεπφώρ;[45]

הֲרֹב רָב‎. Num altercando altercatus est. Ο'.

μὴ μαχόμενος ἐμαχέσατο. Alia exempl. μὴ
μάχῃ ἐμαχέσατο.[46] Ἄλλος· τοῦ δικασαμένου
δίκην.[47]

26. בְּשֶׁבֶת יִשְׂרָאֵל‎. Ο'. ἐν τῷ οἰκῆσαι (alia exempl. add. τὸν Ἰσραήλ[48]). Alia exempl. ἐν
τῷ οἴκῳ Ἰσραήλ.[49]

וּבִבְנוֹתֶיהָ‎ (bis). Ο'. καὶ ἐν τοῖς ὁρίοις αὐτῆς.
Ο'. καὶ οἱ λοιποί (καὶ ἐν) ταῖς θυγατράσιν
αὐτῆς.[50] Ἄλλος· καὶ ἐν τοῖς περιοίκοις αὐτῆς.[51]

וּמַדּוּעַ לֹא־הִצַּלְתֶּם‎. Ο'. καὶ διὰ τί οὐκ ἐρ-
ρύσω. Aliter: Ο'. τί ὅτι οὐκ ἐρρύσαντο.[52]

27. וְאָנֹכִי‎. Ο'. καὶ νῦν ἐγώ εἰμι. Alia exempl. Ο'.
κἀγώ.[53]

לְהִלָּחֶם‎. Ο'. τοῦ παρατάξασθαι (Aliter: Ο'.
πολεμῆσαι[54]).

29. וַתְּהִי‎. Ο'. καὶ ἐγένετο (Aliter: Ο'. Θ. Ἀ. ἐγενήθη[55]).

וַיַּעֲבֹר‎ (bis). Ο'. καὶ παρῆλθε (Aliter: Ο'.
διέβη[56]).

וּמִמִּצְפֵּה גִלְעָד‎. Ο'. Vacat. Alia exempl. καὶ
ἀπὸ σκοπιᾶς Γαλαάδ.[57]

---

[39] Cod. 85 in marg. Sic in textu Comp., Ald., Codd.
III (om. ἐκείνῃ), X, XI, 15, 18, 29, alii, Arm. 1, Syro-hex.
(cum ἐν τῇ γῇ ※ ἐκείνῃ ◄).   [40] Sic Comp., Ald., Codd. III,
15, 16, 18, alii (inter quos 85 in marg.), Arm. 1 (cum
ἐκληρ. Ἰσραὴλ πᾶν), Syro-hex.   [41] Sic Syro-hex. (qui
male pingit: ※ τοῦ Ἰαβὸκ ◄—ἕως τοῦ Ἰ.). Verba, τοῦ Ἰαβὸκ
—ἕως, desiderantur in Codd. 54, 75, 76, 82, 84, 106, 134.
Haec autem, καὶ ἀπὸ τῆς—Ἰορδάνου, desunt in Ald., Codd.
X, XI, 15, 18, aliis.   [42] Sic Syro-hex. (cum ◄ محصو ※),
et sine obelo Ald., Codd. III, 58, 64, 108; necnon (cum
ἐπὶ σοί) Codd. 44, 54, 59, alii.   [43] Cod. 85 in marg.
Sic in textu Comp., Ald., Codd. III, X, XI (cum σὺ pro
σοί), 15, 18, 19, alii, Syro-hex., Vet. Lat.   [44] Idem.
Sic in textu Comp., Codd. III, X, XI, 19, 30, alii, Vet.
Lat., qui omnes mox αὐτὰ pro αὐτοὺς habent. In Ald.,
Codd. 15, 18, aliis, duplex est lectio, καὶ τοὺς π. οὓς ἐξῆρεν,
καὶ πάντα ὅσα κατ. Denique Syro-hex.: καὶ πάντα ὅσα κατεκληρονόμησεν ∽ ἡμῖν ◄; et sic sine obelo Ald., Cod. 29, et
(cum ἡμῖν ἔδην) Codd. 54, 59, 75, 76, 84, 134.   [45] Cod.
85 in marg. Sic in textu Comp. (cum Σεφώρ), Ald.,
Codd. III (cum τοῦ Β.), X, XI, 15, 18, alii, Syro-hex.
(om. εἶ).   [46] Sic Comp. (cum ἐμαχήσατο), Ald. (idem),

Codd. III, X, XI, 15, 18, 19 (ut Comp.), alii, et fortasse
Syro-hex.   [47] Versionem duplicem, τοῦ δικασαμένου δίκην
μετὰ Ἰσρ., ante μὴ μάχῃ in textum inferunt Codd. 54, 55,
59, 75.   [48] Sic Comp. (sine artic.), Ald., Codd. X, XI,
16, 29, alii (inter quos 85, ut Comp.).   [49] Sic Codd. III,
15, 18, 64, 108, 128, Arm. 1, Syro-hex.   [50] Cod. 85 in
marg., teste Parsonsii amanuensi. Sic in textu Comp.,
Ald., Codd. III, X, XI, 15, 18, 19, alii, Syro-hex.   [51] Sic
in textu (in priore loco) Codd. 44, 54, 59, alii.   [52] Cod.
85 in marg. (cum ἐρρύσατο). Sic in textu Comp., Ald.,
Codd. III (cum διότι pro τί ὅτι), X, XI, 15 (cum ἐρρύσατο),
18, alii, Syro-hex.   [53] Sic Comp., Ald., Codd. III (cum
καὶ ἐγὼ), X, XI, 15, 18, 19, alii, Syro-hex.   [54] Cod. 85
in marg. Sic in textu Comp., Ald., Codd. III, X, XI, 15,
18, 19, alii, Arm. 1, Syro-hex. (cum μετ' ἐμοῦ ¿).   [55] Idem.
Sic in textu Comp., Ald., Codd. III, X, XI, 15, 18, 19,
alii.   [56] Idem (in posteriore loco). Sic in textu (bis)
Comp., Ald., Codd. III, X, XI, 15, 18, 19 (in priore loco),
alii, Syro-hex. Vet. Lat.: et perrexit .. et transiit.   [57] Sic
Comp., Ald., Codd. III, X, XI, 15, 16, 19 (cum ἀποσκο-
πήσας pro ἀπὸ σκ.), alii (inter quos 85), Syro-hex., Vet.
Lat.

30. אִם־נָתֹן תִּתֵּן. Ο'. ἐὰν διδοὺς δῷς μοι. Alia exempl. ἐὰν παραδόσει παραδῷς μοι.[58]

31. הַיּוֹצֵא. Ο'. ※ ὁ ἐκπορευόμενος ◄.[59]

מִדַּלְתֵי. Ο'. ἀπὸ τῆς θύρας. Alia exempl. ἐκ τῶν θυρῶν.[60]

32. וַיַּעֲבֹר. Ο'. καὶ παρῆλθεν (Aliter: Ο'. Θ. διέβη[61]).

לְהִלָּחֶם. Ο'. παρατάξασθαι. Aliter: Ο'. Οἱ λοιποί· τοῦ πολεμῆσαι.[62]

33. וְעַד־בּוֹאֲךָ מִנִּית. Et donec venias ad Minnith. Ο'. ἕως ἐλθεῖν ἄχρις Ἀρνὼν ἐν ἀριθμῷ. Alia exempl. ἕως τοῦ ἐλθεῖν σε Μενείθ.[63]

וְעַד אָבֵל כְּרָמִים. Et usque ad Abel-cheramim (pratum vinearum). Ο'. καὶ ἕως Ἐβελχαρμίμ. Alia exempl. καὶ ἕως Ἀβὲλ ἀμπελώνων.[64]

וַיִּכָּנְעוּ. Et depressi sunt. Ο'. καὶ συνεστά-

λησαν. Aliter: Ο'. Θ. Ἀ. καὶ ἐνετράπησαν.[65]

34. יְחִידָה. Unica. Ο'. μονογενὴς αὐτῷ. Aliter: Ο'. μονογενὴς αὐτῷ ※ ἀγαπητή ◄.[66] Ἄλλος· ποθητή.[67]

אֵין־לוֹ מִמֶּנּוּ. Non erat ei praeter eam. Ο'. οὐκ ἦν αὐτῷ ἕτερος. Alia exempl. καὶ οὐκ ἔστιν αὐτῷ πλὴν αὐτῆς.[68]

35. וַיְהִי כִרְאוֹתוֹ. Ο'. καὶ ἐγένετο ὡς εἶδεν. Alia exempl. καὶ ἐγενήθη ἡνίκα εἶδεν.[69]

אֲהָהּ. Ο'. ἆ ἆ. Alia exempl. οἴμοι.[70]

הַכְרֵעַ הִכְרַעְתִּנִי וְאַתְּ הָיִית בְּעֹכְרָי. Deprimendo depressisti me, tuque es inter perturbantes me. Ο'. ταραχῇ ἐτάραξάς με, καὶ σὺ ἧς ἐν τῷ ταράχῳ μου. Alia exempl. ἐμπεποδοστάτηκάς με, εἰς σκῶλον (spinam) ἐγένου ἐν ὀφθαλμοῖς μου.[71] Ἀ. κάμψασα ἔκαμψάς με... Σ. ὀκλάζουσα ὤκλασάς με... Θ. κατάγχουσα κάτηγξάς με...[72]

---

[58] Sic Comp. (om. μοι), Ald., Codd. III (cum παραδώσει π.), X (idem), XI (idem), 15 (cum παραδως παραδως), 18, 29, alii (inter quos 85 in marg. cum με pro μοι), Syro-hex., Vet. Lat., Origen. (Opp. T. I, p. 203). [59] Sic Syro-hex. (qui male pingit: ✕ ܢܐ). Deest in Codd. 15, 18, 54, 58, aliis, Vet. Lat., Origen. ibid. [60] Sic Comp., Ald., Codd. III, X, XI, 15, 18, 29, alii (inter quos 85 in marg.), Syro-hex., Vet. Lat., Origen. ibid. [61] Cod. 85 in marg. Sic in textu Comp., Ald., Codd. III, X, XI, 15, 18, 29, alii. [62] Idem. Sic in textu Comp., Ald., Codd. III, X, XI, 15 (om. τοῦ), 18, 29, alii, Arm. 1, Syro-hex. [63] Sic Comp. (cum καὶ ἕως τοῦ ἐλθεῖν Μενείθ), Ald., Codd. III (cum καὶ ἕως τοῦ ἐλθεῖν εἰς σεμενείθ), X, XI (cum σεμενείθ pro σε M.), 15 (idem), 18 (cum σεμωίθ), 29 (cum σεμενίθ), alii, Arm. 1 (cum ἐμενίθ), Syro-hex. (cum καὶ ἕως τοῦ ἐλθεῖν σεμενείθ). Cod. 85 in marg.: ἄχρις σεμενίθ χαρμίν. [64] Sic Comp. (om. καὶ), Codd. III (idem), X, XI, 15, 16, 18 (cum ἀβίθ), 29, alii (inter quos 85, cum ἕως τῶν τῆς in marg., et 108, cum σχοίνισμα (חֶבֶל) in marg.), Arm. 1 (cum ἀμπέλων), Syro-hex. (om. καὶ). [65] Cod. 85 in marg. (cum συνετράπησαν, teste Parsonsio). Sic in textu Comp., Ald., Codd. III, X, XI (cum συνετρ.), 15, 18, 29, alii (inter quos 108, cum συνετρ.), Syro-hex. (cum ܐܬܗܦܟܘ). Alia clausulae versio, καὶ ἐταπεινώθησαν οἱ υἱοὶ Ἀμμὼν ἔναντιον υἱῶν Ἰσραήλ, est in Codd. 54, 59, 75, 82. Cf. ad Cap. iii. 30, viii. 28. [66] Sic Syro-hex. (sine metobelo), et sine aster. Ald., Codd. III, 15, 54, 64, 108, Arm. 1. Ad μονογενὴς

Cod. 85 in marg.: ἀγαπητή, cum nota παν. Praeterea Codd. 44, 75, 76, alii, post μονογενὴς inferunt ἀγαπητή περίψυχος (rectius περίψυκτος, ut Codd. 75 (manu 1ma), 82, 84, 134), ex glossemate, ut videtur. (Vox περίψυκτος, valde amatus, est e flosculis recentioris Graecitatis, de qua vid. Ruhnk. in Ep. Crit. II, p. 65; Bergler. ad Alciphr. Ep. III, 59; Jacobs. ad Anthol. Pal. p. lxxxiv.) [67] Schol. apud Nobil.: Ἐν ἄλλῃ ἐκδόσει τὸ ποθητή· ἀπὸ δὲ τινος ουσθείας ἢ ἰδιώματος τὴν ποθητὴν αὐτὰς ὀνομάζει. [68] Sic Comp., Ald., Codd. III, X, XI (om. οὐκ ἔστιν?), 15, 18, 29, alii (inter quos 85 in marg.), Syro-hex. (cum ἦν pro ἔστιν), Vet. Lat. [69] Sic Comp., Ald., Codd. III, XI, 15, 18, 29 (cum ἐγένετο), alii. [70] Sic Comp., Ald., Codd. III (cum οἴμμοι), X (idem), XI, 15, 16, 18, 29 (ut III), alii (inter quos 85), Arm. 1, Syro-hex., Vet. Lat. [71] Sic Comp. (cum μοι pro με), Ald., Codd. III (cum vitiosa scriptura, ἐμπεποδεστατη καὶ σεμνοτατη· εἰς σκῶλον κ. τ. ἑ.), X (cum ἐμπεποδεστάτηκας), XI (idem), 15, 18 (cum εἰς κῶλον), alii, Syro-hex. (cum ܐܬܬܩܠܬ, h. e. ἐμπόδιον ἐστηκὸς μοι). Vet. Lat.: impedisti me, in stimulum dolorum facta es mihi. Schol. apud Nobil. [et Cat. Niceph. T. II, p. 198]: Οὕτως κεῖται ἐν ἄλλῃ ἐκδόσει· ἐμπεποδοστάτηκάς με· ἀντὶ τοῦ, ἐμπόδιον καὶ διακοπὴ τῆς πρὸς σὲ γενομένης μοι εὐφροσύνης ἐγένου [Niceph. τῆς προσγινομένης μοι ἐν τῇ νίκῃ εὐφροσύνης γέγονας]. Cf. Hex. ad 1 Paral. ii. 7. [72] Cod. 85 affert: Σ. ὄκλασάς με (Ο'.) ἐμπεποδοστάτηκάς με, εἰς σκῶλον ἐγένου ἐν ὀφθαλμοῖς μου. Ἀ. κάμψασα ἔκαμψάς με. Θ. κατάγχουσα

35. וְאָנֹכִי פָצִיתִי פִי. O'. καὶ ἐγώ εἰμι ἤνοιξα κατὰ σοῦ τὸ στόμα μου. Alia exempl. ἐγὼ δὲ ἤνοιξα τὸ στόμα μου – περὶ σοῦ ◄.[73]

36. אָבִי פָצִיתָה. O'. πάτερ, ἤνοιξας. Alia exempl. εἰ ἐν ἐμοὶ ἤνοιξας.[74]

אַחֲרֵי אֲשֶׁר עָשָׂה לְךָ יְהֹוָה. O'. ἐν τῷ ποιῆσαί σοι κύριον. Aliter: O'. ἀνθ᾽ ὧν ἐποίησέ σοι κύριος.[75]

מִבְּנֵי. O'. ἀπὸ [τῶν] υἱῶν. Aliter: O'. Θ. ἐκ τῶν υἱῶν.[76]

37. יֵעָשֶׂה לִּי הַדָּבָר הַזֶּה. O'. ποιησάτω δὴ ὁ πατήρ μου τὸν λόγον τοῦτον. Aliter: O'. Θ. καὶ ποίησόν μοι τὸ ῥῆμα τοῦτο.[77]

וְאֵלְכָה. O'. καὶ πορεύσομαι. Σ. περιελθεῖν.[78]

39. מִקֵּץ. O'. ἐν τέλει. Aliter: O'. Θ. μετὰ τέλος.[79]

וַתָּשׇׁב. O'. καὶ ἐπέστρεψε. Aliter: O'. καὶ ἀνέκαμψεν.[80]

וַיַּעַשׂ לָהּ. O'. καὶ ἐποίησεν ἐν αὐτῇ. Θ. καὶ ἐπετέλεσεν Ἰεφθάε.[81]

40. תֵּלַכְנָה. O'. ἐπορεύοντο. Alia exempl. συνεπορεύοντο.[82]

CAP. XII.

1. וַיִּצָּעֵק אִישׁ אֶפְרַיִם. Et convocati sunt viri Ephraim. O'. καὶ ἐβόησεν ἀνὴρ Ἐφραΐμ. Alia exempl. καὶ συνήχθησαν οἱ υἱοὶ Ἐφραΐμ.[1]

צָפוֹנָה. O'. εἰς βορρᾶν. Alia exempl. εἰς Σεφεινά.[2] Οἱ Γ'. (εἰς) βορρᾶν.[3]

מַדּוּעַ עָבַרְתָּ לְהִלָּחֶם. O'. διὰ τί παρῆλθες παρατάξασθαι. Aliter: O'. Θ. τί ὅτι ἐπορεύθης πολεμεῖν.[4]

עָלָיו. O'. ※ ἐπὶ σέ ◄.[5]

2. אִישׁ רִיב הָיִיתִי. Vir litis fui. O'. ἀνὴρ μαχητὴς (Aliter: O'. ἀντιδικῶν[6]) ἤμην. Ἀ. (ἀνὴρ) δικασίας .. Σ. ἐν μάχῃ ἤμην.[7]

וּבְנֵי־עַמּוֹן מְאֹד. O'. καὶ οἱ υἱοὶ Ἀμμὼν σφόδρα. Alia exempl. καὶ οἱ υἱοὶ Ἀμμων ἐταπείνουν με σφόδρα.[8]

3. כִּי־אֵינְךָ מוֹשִׁיעַ. O'. ὅτι οὐκ εἶ σωτήρ. Alia exempl. ὅτι οὐκ ἦν ὁ σώζων.[9]

וָאֶעְבְּרָה. O'. καὶ παρῆλθον (Aliter: O'. διέβην[10]).

κατήγγειλάς με. Cod. 108 : Σ. ὤκλασάς με. Θ. κατάγχουσα κάτηγξάς με. Paulo plenius Bar Hebraeus: [Syriac text] . Ad duos priores interpretes cf. Hex. ad Psal. xvi. 13. xxi. 30. lxxi. 9. [73] Sic Syro-hex., et sine obelo Comp., Ald., Codd. III, X, XI, 15. 18, alii, Arm. 1, Vet. Lat. [74] Sic Comp., Ald., Codd. III (praem. πάτερ μου), X, XI, 15, 16 (praem. πάτερ), 18, alii, Syro-hex. Vet. Lat.: Pater, si in me aperuisti. [75] Cod. 85 in marg. Sic in textu Comp., Ald., Codd. III, X, XI, 15, 18 (cum κύριος ὁ θεός), 29, alii, Syro-hex. [76] Idem. Sic in textu iidem. [77] Idem. Sic in textu iidem; necnon (cum πλὴν pro καὶ) Codd. 44, 54, 59, alii. [78] Idem, teste Parsonsio. Lectio ad sequens וְיָרַדְתִּי potius pertinere videtur. [79] Idem. Sic in textu Comp. (cum μετὰ τὸ τ.), Ald. (idem), Codd. III, X (ut Comp.), XI (idem), 15, 18, 29, alii, Arm. 1, Syro-hex. [80] Idem. Sic in textu Comp., Ald., Codd. III, X, XI, 15, 18, 29, alii, Syro-hex. [81] Idem. Sic in textu Comp., Ald. (cum καὶ ἐτέλεσεν ἐν αὐτῇ), Codd. III, 15, 18, 30, alii, Syro-hex. [82] Sic Comp., Ald., Codd. III, X, XI, 15, 18, 29, alii, Arm. 1 (cum συνήχθησαν), Syro-hex. (cum [Syriac]), Vet. Lat. (cum conveniebant).

CAP. XII. [1] Sic Comp. (om. οἱ), Ald., Codd. III, XI, 15, 16, 18, alii (inter quos 85 in marg.), Arm. 1, Syro-hex.; necnon (cum συνηθροίσθησαν) Codd. 54, 59, 75. 82. [2] Sic Comp. (cum Σεφηνὰ), Ald. (cum Σεφινὰ), Codd. III (cum Κεφεινὰ), XI, 15 (cum Σεφειρὰ), 16, 18, 29 (ut Ald.), alii, Arm. 1, Syro-hex. [3] Cod. X. Euseb. in Onomastico, p. 336: Σεφινά. Ἀκύλας, Σύμμαχος· βορρᾶν. [4] Cod. 85 in marg. Sic in textu Comp. (cum πολεμῆσαι), Ald., Codd. III, XI, 15, 18 (ut Comp.), 29, alii, Arm. 1, Syro-hex. [5] Sic Syro-hex. (sine metobelo). Haec desunt in Codd. III, 58. [6] Cod. 85 in marg. Sic in textu Comp., Ald., Codd. III, X (cum μάχης in marg.), XI, 15 (cum ἀντιδικός εἰμι), 18, 29, alii, Syro-hex. Ad μαχητὴς Cod. 58 in marg : πολεμιστής. [7] Idem, teste Parsonsio (cum ὑμὶν pro ἤμην). Montef. ex eodem confuse affert: Ἀ. δικασίας. Σ. ἐν μάχῃ ἤμην Ἀμμὼν ἐταπείνουν με σφόδρα. Cf. Hex. ad Prov. xviii. 6. [8] Sic Comp., Ald., Codd. III, XI, 15, 16, 18, 29, alii (inter quos 85, cum ἐταπείνωσαν, et in marg. ἐπολέμησαν), Arm. 1 (cum ἔθλιψαν), Syro-hex. [9] Sic Comp., Ald., Codd. III, XI, 15, 16, 18, 29, alii (inter quos 85, cum εἶ pro ἦν !), Syro-hex. [10] Cod. 85 in marg. Sic in textu Comp., Ald., Codd. III, XI, 15, 18, 29, alii, Syro-hex.

3. בְּיָדִי. Ο΄. ἐν χειρί μου. Θ. ἐνώπιόν μου.[11]
לְהִלָּחֵם. Ο΄. παρατάξασθαι. Aliter: Ο΄. Οἱ λοιποί· πολεμεῖν.[12]

4. וַיִּקְבֹּץ. Ο΄. καὶ συνέστρεψεν (alia exempl. συνήθροισεν[13]).

וַיִּלָּחֶם גִּלְעָד אֶת־אֶפְרַיִם כִּי אָמְרוּ פְּלִיטֵי אֶפְרַיִם אַתֶּם גִּלְעָד בְּתוֹךְ אֶפְרַיִם בְּתוֹךְ מְנַשֶּׁה. Ο΄. ※ καὶ ἐπάταξαν ἄνδρες Γαλαὰδ τὸν Ἐφραίμ, ὅτι εἶπαν οἱ διασωζόμενοι (alia exempl. διασεσωσμένοι[14]) τοῦ Ἐφραίμ ὑμεῖς Γαλαὰδ ἐν μέσῳ τοῦ Ἐφραίμ, καὶ ἐν μέσῳ τοῦ Μανασσῆ ◀.[15] Σ. ὥστε εἰπεῖν τοὺς λειφθέντας τοῦ Ἐφραίμ ὑμεῖς ὁ Γαλαὰδ ἐν τοῖς τοῦ Ἐφραίμ καὶ τοῦ Μανασσῆ.[16]

5. וְהָיָה כִּי יֹאמְרוּ פְּלִיטֵי. Ο΄. καὶ εἶπαν αὐτοῖς οἱ διασωζόμενοι. Aliter: Ο΄. καὶ ἐγενήθη ὅτε εἶπαν οἱ διασεσωσμένοι.[17]

אֶעֱבֹרָה. Ο΄. διαβῶμεν – δή ◀.[18]

הַאֶפְרָתִי אַתָּה וַיֹּאמֶר לֹא. Ο΄. μὴ Ἐφραθίτης εἶ; καὶ εἶπεν οὔ. Alia exempl. μὴ ἐκ τοῦ Ἐφραίμ ὑμεῖς; καὶ εἶπαν οὐκ ἐσμέν.[19]

6. וַיֹּאמְרוּ לוֹ אֱמָר־נָא שִׁבֹּלֶת וַיֹּאמֶר סִבֹּלֶת וְלֹא יָכִין לְדַבֵּר כֵּן וַיֹּאחֲזוּ אוֹתוֹ (dirigebat). Ο΄. καὶ εἶπαν αὐτῷ· εἶπον δή, στάχυς ('Α. εἶπον δὴ στάχυν[20])· καὶ οὐ κατεύθυνεν τοῦ λαλῆσαι οὕτως· καὶ ἐπελάβοντο αὐτοῦ. Aliter: Ο΄. καὶ εἶπαν αὐτοῖς· εἴπατε δὴ σύνθημα· ※ καὶ εἶπαν, στάχυς ◀· καὶ οὐ κατεύθυναν τοῦ λαλῆσαι οὕτως· καὶ ἐπελάβοντο αὐτῶν.[21]

וַיִּשְׁחָטוּהוּ. Ο΄. καὶ ἔθυσαν (alia exempl. ἔσφαξαν; alia, ἔσφαζον[22]) αὐτόν.

8. אִבְצָן. Ο΄. Ἀβαισσάν (s. Ἀβεσσάν). Aliter: Ο΄. Ἐσεβών. Θ. Ἐβσών.[23]

9. וַיְהִי־לוֹ. Ο΄. καὶ ἦσαν (alia exempl. ἐγένοντο[24]) αὐτῷ.

שִׁלַּח. Ο΄. ἃς ἐξαπέστειλεν. Alia exempl. ἐξαπεσταλμέναι.[25]

בָּנוֹת הֵבִיא. Ο΄. θυγατέρας εἰσήνεγκεν. Alia exempl. γυναῖκας εἰσήγαγε.[26]

---

[11] Cod. 85 in marg., teste Parsonsii amanuensi (non, ut Montef., Ἄλλως Ο΄. ἐνώπιόν μου). Sic in textu solus Cod. III. [12] Idem, teste eodem (non, ut Montef., Οἱ λοιποί· πολεμεῖν). Sic in textu Comp., Ald., Codd. III (cum τοῦ πολεμεῖν), XI, 15, 18, 29, alii, Arm. 1, Syro-hex. [13] Sic Comp., Ald., Codd. III, XI, 15, 16, 18, 29, alii (inter quos 85), Syro-hex. Mox ἐπολέμει pro παρετάξατο Comp., Ald., Codd. III, XI, 15, 18, 29, alii (inter quos 85 in marg.), Syro-hex. [14] Sic Comp., Ald., Codd. III, XI, 18, 29, alii, Syro-hex. [15] Sic Syro-hex. (qui pingit: ※τῷ Ἐφραίμ καὶ ἐπάταξαν— Μανασσῆ◀). Haec, καὶ ἐπάταξαν—Μανασσῆ, desunt in Codd. 58, 64, 75. Praeterea verba, ὅτι εἶπαν—Μανασσῆ, desunt in Codd. 54, 59, 82, 84, aliis. [16] Ad οἱ διασωζόμενοι Cod. 85 in marg.: Σ. οἱ σεσωσμένοι, ὥστε εἰπεῖν τοὺς λειφθέντας κ.τ.ἑ., ubi οἱ σεσωσμένοι non est Symmachi, sed mera varians pro οἱ διασωζόμενοι. Cf. Scharfenb. in Animadv. T. II, p. 69. [17] Cod. 85 in marg. (cum ὅτι). Sic in textu Comp., Ald. (cum ὅτι), Codd. III (idem), X, XI (ut Ald.), 15, 18 (ut Ald.), 29 (idem), alii, Arm. 1; necnon (cum ἔλεγον pro εἶπαν) Codd. 44, 54 (cum ἐγένετο), 59 (idem), 75 (idem), 76, alii, Syro-hex. [18] Sic Syro-hex. (cum ※ δή ◀), et sine obelo Comp., Ald., Codd. 15, 18, 58, 64, 108, 128. [19] Sic Comp. (cum εἶπεν), Ald., Codd. III (cum μὴ ὑμεῖς ἐκ τοῦ Ἐφρ.), X, XI, 15, 18, alii (inter quos 85 in marg.), Syro-hex. [20] Cod. 108. [21] Sic Syro-hex. (cum ※ καὶ εἶπεν, στάχυς ◀ καὶ οὐ κατεύθυνον, invitis libris Graecis), et sine verbis ἠστερισμένοις Comp. (cum εἴπατε δὴ στάχυς σύνθημα, καὶ εἶπον, καὶ οὐ κατ., et αὐτοῖς in fine), Ald., Codd. III (cum καὶ εἶπεν αὐτοῖς et καὶ κατηύθυναν), X (cum κατεύθυνεν!), XI, 15, 18 (cum αὐτῷ in fine), 29 (om. αὐτῶν), alii. Cod. 85: καὶ εἶπεν αὐτῷ· εἴπατε δὴ σύνθημα (in marg. σεβελα· καὶ εἶπε τάχυς) καὶ οὐ κατηύθυναν λαλεῖν κατὰ τὸ αὐτὸ (in marg. λαλῆσαι οὕτως), καὶ ἐπελάβοντο (in marg. αὐτοῦ). Anon. in Cat. Niceph. T. II, p. 203: Μὴ Ἐφραθίτης εἶ; Ἐν ἄλλῃ ἐκδόσει, καὶ εἶπαν τοῦ Ἐφραίμ ὑμεῖς· καὶ εἶπαν οὐκ ἐσμέν· καὶ εἶπαν αὐτοῖς· εἴπατε δὴ σύνθημα· καὶ εἶπαν, στάχυς· καὶ οὐ κατεύθυναν τοῦ λαλῆσαι οὕτως. Εἶτα τὸ, καὶ ἐπελάβοντο αὐτῶν. (Sic fere scholium apud Nobil., ubi tamen post εἶτα male abest τὸ, quae res Montefalconio fraudi fuit.) [22] Prior lectio est in Codd. 15, 16, 18, aliis (inter quos 85, cum ἔθυσαν in marg.); posterior in Comp., Ald., Codd. X, XI (cum ἔσφαξον), 44, 54, aliis, Syro-hex. [23] Cod. 85 in marg. Prior scriptura est in Ald., Codd. III, X, XI, 15, 18, 29, aliis, Arm. 1. [24] Sic Comp., Ald., Codd. III, X, XI, 15, 18, 29, alii (inter quos 85 in marg.), Syro-hex. [25] Sic Comp. (cum αἳ ἐξ.), Ald., Codd. III, X, XI (cum ἐξαπεστειλαμέναι), 15, 18, 29, alii (inter quos 85 in marg.), Syro-hex. [26] Sic Comp., Ald., Codd. III (cum γυναῖκες), X, XI, 15, 18, 29, alii (inter quos 85, cum γυναῖκας in marg.), Arm. 1, Syro-hex.

9. מִן־הַחֲרִיז. Ο'. ※ ἀπὸ ◄ ἔξωθεν.[27]

11, 12. וַיִּשְׁפֹּט—זְבוּלֹן. Ο'. ※ καὶ ἔκρινε—Ζαβουλών ◄.[28]

11. וַיִּשְׁפֹּט אֶת־יִשְׂרָאֵל. Ο'. Vacat. Alia exempl. καὶ ἔκρινεν τὸν Ἰσραήλ.[29]

12. וַיִּקָּבֵר. Ο'. καὶ ἐτάφη. Alia exempl. καὶ ἔθαψαν αὐτόν.[30]

14. וַיִּהְיוּ־לוֹ. Ο'. καὶ ἦσαν (Aliter: Ο'. Θ. ἐγένοντο[31]) αὐτῷ.

בְּנֵי בָנִים. Ο'. υἱῶν υἱοί. Aliter: Ο'. υἱοὶ τῶν υἱῶν – αὐτοῦ ◄.[32]

CAP. XIII.

1. וַיֹּסִיפוּ. Ο'. καὶ προσέθηκαν. Aliter: Ο'. Θ. καὶ προσέθεντο.[1]

בְּעֵינֵי. Ο'. ἐνώπιον. Aliter: Ο'. Θ. ἐναντίον.[2]

פְּלִשְׁתִּים. Ο'. Φυλιστιίμ. Alia exempl. ἀλλοφύλων.[3]

2. וַיְהִי. Ο'. καὶ ἦν. Θ. καὶ ἐγένετο.[4]

מִמִּשְׁפַּחַת הַדָּנִי. Ο'. ἀπὸ δήμου συγγενείας τοῦ

Δανί. Alia exempl. ἐκ τῆς φυλῆς τοῦ Δάν.[5]

3. וְהָרִית וְיָלַדְתְּ בֵּן. Ο'. καὶ συλλήψῃ υἱόν. Aliter: Ο'. Θ. καὶ ἐν γαστρὶ ἕξεις, καὶ τέξῃ υἱόν.[6]

4. הִשָּׁמְרִי נָא. Ο'. φύλαξαι ※ δή ◄.[7]

5. וּמוֹרָה לֹא־יַעֲלֶה עַל־רֹאשׁוֹ. Ο'. καὶ σίδηρος (Aliter: Ο'. ξυρὸν[8]) ἐπὶ τὴν κεφαλὴν αὐτοῦ οὐκ ἀναβήσεται (potior scriptura οὐκ ἀναβήσεται ἐπὶ τὴν κεφαλὴν αὐτοῦ[9]). Ἀ. καὶ φόβος οὐκ ἐπιβήσεται …[10]

נְזִיר אֱלֹהִים. Ο'. Ναζὶρ θεοῦ. Alia exempl. Ναζιραῖον τῷ θεῷ.[11] Ἀ. Σ. ἀφωρισμένον ..[12]

מִן־הַבֶּטֶן. Ο'. ἀπὸ τῆς κοιλίας. Aliter: Ο'. Ἀ. ἐκ τῆς γαστρός.[13]

לְהוֹשִׁיעַ. Ο'. σῶσαι (potior scriptura τοῦ σῶσαι[14]). Alia exempl. σώζειν.[15]

6. וּמַרְאֵהוּ כְּמַרְאֵה. Ο'. καὶ εἶδος αὐτοῦ ὡς εἶδος. Aliter: Ο'. Θ. (καὶ) ἡ ὅρασις αὐτοῦ, ὡς ὅρασις.[16]

נוֹרָא. Terribilis. Ο'. φοβερόν. Alia exempl. ἐπιφανής.[17]

וְלֹא שְׁאִלְתִּיהוּ. Ο'. καὶ οὐκ ἠρώτησα αὐτόν. Alia exempl. καὶ ἠρώτων ※ αὐτόν ◄.[18]

---

[27] Sic Syro-hex., et sine aster. Comp., Cod. 108.   [28] Sic Syro-hex. (qui pingit: ܒܝܬܠܚܝܡ, asteriscis singulis versiculis praemissis, sed sine metobelo in fine). Ad καὶ ἔκρινεν Cod. 85 in marg. notat: Ταῦτα ὡς οὐ κείμενα παρὰ τῶν Ο' ἕως ὧδε, h. e. ἐν γῇ Ζαβουλῶν. Leguntur in libris Graecis hodiernis omnibus.   [29] Sic Comp., Codd. III, 108, Syro-hex.; necnon (cum καὶ ἔκρινεν Αλδὼμ τὸν 'I.) Codd. 54, 59 (cum Αἰγλὼμ), 75 (cum Αλῶν), 76 (cum Ἐδὼμ), alii.   [30] Sic Comp., Codd. III, 54, 75. 76, alii, Syro-hex.   [31] Cod. 85 in marg. Sic in textu Comp., Ald., Codd. III, X, XI, 15, 18, 29, alii, Syro-hex.   [32] Sic Syro-hex., et sine obelo Comp., Ald., Codd. III, X, XI, 15, 18, 29, alii (inter quos 85). Mox ἐπιβεβηκότες pro ἐπιβαίνοντες Codd. III, 15, 18, 64, 108, 128, Syro-hex. Cap. XIII.   [1] Cod. 85 in marg. Sic in textu Comp., Ald., Codd. III, X, XI, 15, 18, 29, alii. Statim ἔτι reprobant Comp., Codd. II, III, 15, 18, 54, alii, Arm. 1, Syro-hex.   [2] Cod. 85, teste Montef. (Parsonsii amanuensis lectionem anonymam affert.) Sic in textu Comp. (cum ἔναντι), Ald., Codd. III, X, XI, 15 (ut Comp.), 18 (idem), 29, alii, Syro-hex.   [3] Sic Comp., Ald., Codd. III, X, XI, 15, 18, 29, alii (inter quos 85), Arm. 1, Syro-hex.   [4] Cod. 85. Sic in textu Comp., Ald., Codd. III, XI, 15,

18, alii, Syro-hex.   [5] Sic Comp., Ald., Codd. III, XI, 15, 18, 29 (om. τοῦ), alii (inter quos 85 in marg.), Arm. 1, Syro-hex. Mox ἔτικτεν pro ἔτεκεν Comp., Ald., Codd. III, XI, 15, 18, 29, alii, Syro-hex., Vet. Lat.   [6] Cod. 85 in marg. Sic in textu Comp., Ald., Codd. III, X, XI (cum ἕξης), 15 (om. καὶ τέξῃ), 18, 29, alii, Arm. 1, Syro-hex.   [7] Sic Syro-hex. Particula deest in Comp., Ald., Codd. III, X, XI, 15, 18 (cum φύλαξον), 29, aliis, Vet. Lat. Mox ad μίθυσμα cf. ad v. 7.   [8] Cod. 85 in marg., invitis libris Graecis.   [9] Sic Comp. (cum τῆς κεφαλῆς), Codd. II, 15, 16, 18, alii, Syro-hex., Vet. Lat.   [10] Cod. 85. Cf. Hex. ad 1 Reg. i. 11.   [11] Sic Comp. (cum Ναζηραῖον), Ald. (cum Ναζειραῖον), Codd. III (cum ἡγιασμένον Ναζιραῖον ἔσται τῷ θ.), X, XI (ut Comp.), 15 (ut Ald.), 18, 30 (ut Comp.), alii, Syro-hex. (cum ܠܐܠܗܐ, non, ut Rördam, ܠܐܠܗܐ).   [12] Cod. X. Sic Cod. 58 in marg. sine nom. Cf. Hex. ad Thren. iv. 7.   [13] Cod. 85 in marg. Sic in textu Comp., Ald., Codd. III, X, XI, 15, 18, 30, alii, Syro-hex.   [14] Sic Codd. II, 16, 56, alii.   [15] Sic Comp., Ald., Codd. III, XI, 15, 18, 29, alii.   [16] Cod. 85 in marg. Sic in textu Comp., Ald., Codd. III, X, XI, 15, 18, 29, alii, Syro-hex.   [17] Sic Comp., Ald., Codd. III, X, XI, 15, 18, 29, alii, Syro-hex.   [18] Sic Syro-hex. (qui pingit: ܫܐܠܬܗ

7. וַיֹּאמֶר לִי. O'. καὶ εἰπέ μοι. Aliter: O'. καὶ
εἶπε ⚹ πρὸς μέ ◄.[19]

וְשֵׁכָר. O'. καὶ μέθυσμα (Aliter: O'. Θ. σίκερα[20]).

כָּל־טֻמְאָה. O'. πᾶν ἀκάθαρτον. Alia exempl.
πᾶσαν ἀκαθαρσίαν.[21]

נְזִיר אֱלֹהִים. O'. θεοῦ ἅγιον. Alia exempl.
Ναζιραῖον θεοῦ.[22]

8. וַיֶּעְתַּר מָנוֹחַ אֶל־יְהוָה. O'. καὶ προσεύξατο
Μανῶε πρὸς κύριον. Aliter: O'. Θ. καὶ ἐδεήθη
Μανῶε τοῦ κυρίου.[23]

שְׁלָחְתָּ. O'. ἀπέστειλας — πρὸς ἡμᾶς ◄.[24]

וְיוֹרֵנוּ. Et doceat nos. O'. καὶ συμβιβασάτω
(Aliter: O'. Θ. φωτισάτω[25]) ἡμᾶς.

9. וַיָּבֹא. O'. καὶ ἦλθεν (alia exempl. παρεγένετο[26]).

וְהִיא יוֹשֶׁבֶת בַּשָּׂדֶה. O'. καὶ αὕτη ἐκάθητο ἐν
ἀγρῷ. Alia exempl. αὐτῆς καθημένης ἐν τῷ
ἀγρῷ.[27]

10. נִרְאָה אֵלָי. O'. ὦπται πρὸς μέ. Alia exempl.
ὦπταί μοι.[28]

בַּיּוֹם. O'. ἐν ἡμέρᾳ. Aliter: O'. ἐν τῇ ἡμέρᾳ
— ἐκείνῃ ◄.[29]

11. וַיָּבֹא. O'. ⚹ καὶ ἦλθε ◄.[30]

12. עַתָּה יָבֹא דְבָרֶיךָ מַה־יִּהְיֶה מִשְׁפַּט־הַנַּעַר
וּמַעֲשֵׂהוּ. O'. νῦν ἐλεύσεται ὁ λόγος (σου)·
τίς ἔσται κρίσις τοῦ παιδίου, καὶ τὰ ποιήματα
αὐτοῦ; Aliter: O'. Ο. νῦν δὴ ἐλθόντος τοῦ
ῥήματός σου, τί ἔσται τὸ κρίμα τοῦ παιδαρίου,
καὶ τὰ ἔργα αὐτοῦ;[31]

13. אָמַרְתִּי. O'. εἴρηκα. Alia exempl. εἶπα.[32]

14. מִיֵּין הַיַּיִן. O'. ἐξ ἀμπέλου ⚹ τοῦ οἴνου ◄.[33]

15. נַעְצְרָה־נָּא אוֹתָךְ. Detineamus quaeso te. O'.
κατάσχωμεν ὧδέ σε. Aliter: O'. Θ. βιασώ-
μεθα δή (σε).[34]

16. הוּא. O'. αὐτός. Alia exempl. ἐστιν.[35]

17. כִּי־יָבֹא דְבָרֶיךָ וְכִבַּדְנוּךָ. O'. ὅτι ἔλθοι τὸ ῥῆμά
σου, καὶ δοξάσομέν σε. Alia exempl. ἵνα ὅταν
ἔλθη τὸ ῥῆμά σου, δοξάσωμέν σε.[36]

ܐ ܠܘܬ ܐܢ ܐ), et sine aster. Comp., Ald. (om. αὐτὸν),
Codd. III, 15 (ut Ald.), 18 (idem), 29 (idem), 30, alii,
Vet. Lat. [19] Sic Syro-hex. (qui pingit : ⚹ καὶ εἶπε ⚹ πρὸς
μέ ◄, in eadem linea), et sine aster. Comp., Cod. 108.
[20] Cod. 85 in marg., teste Parsonsii amanuensi. Sic in
textu Comp. (cum σικέραν), Ald., Codd. III, X, XI, 15, 18,
29, alii, Arm. 1, Syro-hex., Vet. Lat. (cum siceram).
[21] Sic Comp., Ald., Codd. III, X, XI, 15, 44, alii (inter
quos 85 in marg.), Syro-hex. [22] Sic Comp. (cum
Ναζηρ.), Ald. (idem), Codd. III, X, XI, 15 (cum Ναζειρ.),
18 (cum θεῷ), alii (inter quos 85 in marg.), Syro-hex.
Vet. Lat.: Nazaraeus Dei. [23] Cod. 85 in marg., teste
Parsonsii amanuensi (cum O'. Θ. ἐδεήθη τοῦ κ.). Sic in
textu Comp., Ald., Codd. III, X, XI, 18, 29, alii, Syro-
hex. Mox אֲדוֹנָי reprobant Comp., Ald., Codd. III, X,
XI, 15, 18, 29, alii, Arm. 1, Syro-hex., Vet. Lat. [24] Sic
Syro-hex., et sine obelo Comp., Codd. III, 18, 58, 108,
Arm. 1. [25] Cod. 85 in marg. Sic in textu Comp.,
Ald., Codd. III, XI, 15, 18, 29, alii (inter quos 58, cum
δοδάξετω in marg.), Arm. 1, Syro-hex. Cf. ad v. 23.
[26] Sic Comp., Ald., Codd. III, X, XI, 15, 18, 29, alii
(inter quos 85 in marg.), Syro-hex. [27] Sic Comp. (cum
αὐτοῦ καθημένης), Ald., Codd. III, X, XI, 15, 18, 29 (om.
τῷ), alii (inter quos 85 in marg.), Arm. 1, Syro-hex.
[28] Sic Comp., Ald., Codd. III, XI, 15, 18, 29 (cum ὤφθη),

alii (inter quos 85 in marg.), Arm. 1, Syro-hex. [29] Sic
Syro-hex., et sine obelo Comp. (om. ἐν), Ald., Codd. III
(ut Comp.), 15 (idem), 18 (idem), 44, 58, alii, Arm. 1.
[30] Sic Syro-hex. (sine metobelo). Haec leguntur in Ed.
Rom., sed desunt in Codd. III, 15, 18, 54, aliis. [31] Sic
in textu Comp. (cum διελθ. pro δὴ ἐλθ., et σύγκριμα pro
κρίμα), Ald. (cum καὶ τί τὰ ἔργα), Codd. III (cum δὲ ἐλθόντος), XI, 15, 18 (cum παιδίου), 19 (ut Comp.), alii, Syro-
hex. Cod. 85 in marg.: O'. Θ. διελθόντος—κρίμα; et mox
sine nom.: ἔργα. [32] Sic Comp., Ald., Codd. III, X, XI,
15, 18, 19 (cum εἶπον), alii (inter quos 85 in marg.), Syro-
hex. Mox φυλαξάσθω (bis) pro φυλάξεται iidem. [33] Sic
Syro-hex. Verba τοῦ οἴνου desunt in Comp., Ald., Codd.
III (habet οἴνου sine artic.), X, XI, 15, 16, 18, 19, aliis
(inter quos 85), Arm. 1. [34] Cod. 85 in marg. Sic in
textu Comp. (cum βιασόμεθα), Ald., Codd. III, X, XI, 15,
18 (ut Comp.), 19, alii, Arm. 1, Syro-hex. Vet. Lat.:
vim faciamus tibi nunc. Paulo elegantius Codd. 44, 54,
59, alii: παραβιασώμεθα δή σε. Mox (v. 16) ἐὰν βιάσῃ με
Comp., Ald., Codd. III, XI (cum βιάσῃς), 15, 18, 19, alii
(inter quos 85 in marg.), Arm. 1, Syro-hex., Vet. Lat.
[35] Sic Comp., Codd. III, XI, 18, 29, alii, Syro-hex. Ad
αὐτὸς Cod. 85 in marg.: οὗτός ἐστιν. Cf. ad v. 21. [36] Sic
Comp., Ald., Codd. III, XI (cum δοξάσομεν), 15, 16, 18,
alii (inter quos 85, cum ὅτι ἔλθοι in marg.), Arm. 1, Syro-

3 M 2

19. לַיהוָה וּמַפְלִא לַעֲשׂוֹת. Jovae; et mirabiliter fecit (angelus). Ο'. τῷ κυρίῳ καὶ διεχώρισε ποιῆσαι. Alia exempl. τῷ κυρίῳ τῷ θαυμαστὰ ποιοῦντι.³⁷

19, 20. רֹאִים (bis). Ο'. βλέποντες. Alia exempl. ἐθεώρουν.³⁸

20. הַשָּׁמַיְמָה. Ο'. ἕως τοῦ οὐρανοῦ. Alia exempl. εἰς τὸν οὐρανόν.³⁹

בְּלַהַב הַמִּזְבֵּחַ. Ο'. ἐν τῇ φλογὶ ※ τοῦ θυσια-στηρίου ◄.⁴⁰

21. הוּא. Ο'. οὗτος. Aliter: Ο'. Θ. ἐστιν.⁴¹

22. רָאִינוּ. Ο'. εἴδομεν. Aliter: Ο'. Θ. ἐωράκα-μεν.⁴²

23. לוּ חָפֵץ. Ο'. εἰ ἤθελεν. Aliter: Ο'. Θ. εἰ ἐβούλετο.⁴³

לָקַח מִיָּדֵנוּ. Ο'. ἔλαβεν ἐκ χειρὸς ἡμῶν. Ali-ter: Ο'. Θ. ἐδέξατο ἐκ τῆς χειρὸς (ἡμῶν).⁴⁴

הֶרְאָנוּ. Ο'. ἔδειξεν ἡμῖν. Alia exempl. ἐφό-τισεν ἡμᾶς.⁴⁵

23. וְכָעֵת לֹא הִשְׁמִיעָנוּ כָּזֹאת. Ο'. καὶ καθὼς καιρὸς οὐκ ἂν ἠκούτισεν ἡμᾶς (Θ. ἀκουστὰ ἐποίησεν ἡμῖν⁴⁶) ταῦτα. Aliter: Ο'. καὶ ※ καθὼς καιρὸς ◄ οὐκ ἂν ἀκουστὰ ἐποίησεν ἡμῖν ταῦτα.⁴⁷

24. וַיִּגְדַּל. Ο'. καὶ ἠδρύνθη (Aliter: Ο'. ηὐξήθη⁴⁸).

25. לְפַעֲמוֹ. Impellere eum. Ο'. συνεκπορεύεσθαι (alia exempl. συμπορεύεσθαι⁴⁹) αὐτῷ.

CAP. XIV.

1. פְּלִשְׁתִּים. Ο'. τῶν ἀλλοφύλων, ∽ καὶ ἤρεσεν ἐνώπιον αὐτοῦ ◄.¹

2. וַיֹּאמֶר. Ο'. ※ καὶ εἶπε ◄.²

3. הַאֵין בִּבְנוֹת. Ο'. μὴ οὐκ εἰσὶ θυγατέρες (Ali-ter: Ο'. Θ. ἀπὸ τῶν θυγατέρων³).

כִּי־הִיא. Ο'. ὅτι ※ αὕτη ◄.⁴

יָשְׁרָה. Ο'. εὐθεῖα. Aliter: Ο'. Θ. Σ. ἤρεσεν.⁵

4. תֹאֲנָה. Occasionem. Ο'. ἐκδίκησιν. Aliter: Ο'. ἀνταπόδομα. 'Α. πρόφασιν.⁶

---

hex., Vet. Lat. ³⁷ Sic Comp., Ald., Codd. III (add. in fine κυρίῳ), X, XI, 15, 16, 18, 19 (cum τῷ θαυμαστῷ π.), alii (inter quos 85, cum τῷ θαυμαστοποιῷ (sic) in marg.), Arm. 1, Syro-hex. Vet. Lat.: Domino mirabilia facienti. Hieron.: Domino qui facit mirabilia. ³⁸ Sic Comp., Ald., Codd. III, X, XI, 15, 18, 19, alii (inter quos 85), Arm. 1, Syro-hex. Vet. Lat.: exspectabant. ³⁹ Sic Comp., Ald., Codd. III, X, XI, 15, 18, 19, alii (inter quos 85 in marg.), Arm. 1, Syro-hex., Vet. Lat. ⁴⁰ Sic Syro-hex., et sine aster. Comp., Codd. II, III (add. εἰς τὸν οὐρανὸν in fine), X, XI, 16, 19 (ut Comp.), 30, alii (inter quos 85, cum * τὸ θυσιαστήριον), Arm. 1, invito Vet. Lat. ⁴¹ Cod. 85 in marg. Sic in textu Comp., Ald., Codd. III, X, XI, 15, 18, 29, alii, Arm. 1, Syro-hex., Vet. Lat. ⁴² Idem. Sic in textu iidem. ⁴³ Idem, teste Parsonsii amanuensi. Sic in textu Comp., Ald., Codd. III (cum εἰ οὖν βούλεται), X (cum εἰ ἐβουλεύετο), XI, 15 (cum εἰ ἦθ.), 18, 19, alii. ⁴⁴ Idem. Sic in textu Comp., Ald., Codd. III (cum τῶν χειρῶν), XI, 15 (om. τῆς), 18, 19 (ut 15), alii, Syro-hex. ⁴⁵ Sic Comp., Ald., Codd. III, XI, 15, 18, 19, alii (inter quos 85), Arm. 1, Syro-hex., Vet. Lat. ⁴⁶ Cod. 85, teste Parsonsii amanuensi. ⁴⁷ Sic Syro-hex. (qui pingit: ※ καὶ καθὼς), et sine aster. Comp. (cum ὁ καιρὸς), Codd. III (idem), 19 (cum πάντα ταῦτα),

108 (cum ὁ καιρὸς et πάντα ταῦτα); necnon (om. καθὼς καιρὸς) Ald., Codd. 15, 18, 29, alii, Vet. Lat. Praeterea in lectione Ed. Rom. haec, καθὼς καιρὸς, desunt in Codd. 16, 30, 52, aliis (inter quos 85, cum καθὼς καιρὸς in marg.). ⁴⁸ Cod. 85 in marg. (cum ηὔξησεν). Sic in textu Comp. (cum ηὐξήθη), Ald., Codd. III (cum καὶ ηὐλόγησεν αὐτὸν κ. καὶ ηὔξ. τὸ π.), X (idem), XI (idem), 18, 19 (ut Comp.), 29, alii, Arm. 1, Syro-hex. ⁴⁹ Sic Comp., Ald., Codd. III, 15, 16, 18, 29, alii (inter quos 85), Syro-hex., Vet. Lat.

Cap. XIV. ¹ Sic Syro-hex. (cum αὐτὸν pro ἐνώπιον αὐτοῦ), et sine obelo Ald., Codd. III, X, XI, 15, 16, 18, 29, alii (inter quos 85), Arm. 1. ² Sic cum aster. Syro-hex., invitis libris Graecis. ³ Cod. 85 in marg. Sic in textu (cum ἔστιν) Comp., Ald., Codd. III, XI (cum εἰσίν), 15, 18, 19 (ut XI), alii, Syro-hex. Mox καὶ ἐν παντὶ τῷ λαῷ μου Comp., Ald., Codd. III, X, XI, 15, 18, 19, alii (inter quos 85 in marg.), Syro-hex. ⁴ Sic Syro-hex. Pronomen deest in Codd. III, 15, 18, 19, aliis. ⁵ Cod. 85 in marg. Sic in textu Comp., Codd. III, X, XI, 15, 18, 19, aliis, Arm. 1, Syro-hex. ⁶ Cod. 85 in marg. Prior lectio est in Comp., Ald., Codd. III, X, XI, 15, 18, 19, aliis, Syro-hex. Mox ἐκζητεῖ pro ζητεῖ iidem, excepto Syro-hex., qui solus ἐζήτει habet.

4. מֹשְׁלִים בְּיִשְׂרָאֵל. O'. κυριεύοντες ἐν Ἰσραήλ. Alia exempl. ἐκυρίευον τῶν υἱῶν Ἰσραήλ.[7]

5. וַיָּבֹא עַד־כַּרְמֵי. O'. καὶ ἦλθεν (alia exempl. add. ἔξω[8]) ἕως τοῦ ἀμπελῶνος. Alia exempl. καὶ ἐξέκλινεν εἰς ἀμπελῶνας; alia, καὶ ἐξέκλιναν εἰς ἀμπελῶνα.[9]

6. וַתִּצְלַח. Et irruit. O'. καὶ ἥλατο (Aliter: O'. κατεύθυνεν. Σ. ἐφάρμησεν[10]).

וַיְשַׁסְּעֵהוּ כְּשַׁסַּע הַגְּדִי. Et discerpsit eum instar discerptionis haedi. O'. καὶ συνέτριψεν αὐτὸν ὡσεὶ συντρίψει ἔριφον αἰγῶν. Aliter: O'. καὶ διέσπασεν αὐτὸν ὡς ἔριφον αἰγῶν.[11]

7. וַתִּישַׁר בְּעֵינֵי. O'. καὶ ηὐθύνθη ἐν ὀφθαλμοῖς. Aliter: O'. Θ. Σ. (καὶ) ἤρεσεν ἐνώπιον.[12]

8. עֲדַת. O'. συναγωγή. Alia exempl. συστροφή.[13]

9. אֶל־כַּפָּיו. O'. εἰς χεῖρας αὐτοῦ. Alia exempl. εἰς τὸ στόμα αὐτοῦ; alia, ἐκ τοῦ στόματος αὐτοῦ.[14]

מִגְוִיַּת. E cadavere. O'. ἀπὸ (τοῦ) στόματος. Alia exempl. ἐκ τῆς ἕξεως.[15] Σ. ἐκ τοῦ στόματος.[16]

10. וַיַּעַשׂ. O'. ποιοῦσιν. Alia exempl. ἐποίουν.[17]

11. כִּרְאוֹתָם אוֹתוֹ. O'. ὅτε εἶδον αὐτόν. Alia exempl. ἐν τῷ φοβεῖσθαι – αὐτοὺς (◄) αὐτόν.[18]

וַיִּקְחוּ שְׁלֹשִׁים מֵרֵעִים. Et ceperunt triginta socios. O'. καὶ ἔλαβον τριάκοντα κλητούς. Alia exempl. προσκατέστησαν αὐτῷ ἑταίρους τριάκοντα.[19]

12. אָחוּדָה־נָּא לָכֶם חִידָה. O'. πρόβλημα ὑμῖν προβάλλομαι. Alia exempl. προβαλῶ δὴ ὑμῖν πρόβλημα.[20] Alia: προβαλῶ ὑμῖν τὸ πρόβλημά μου.[21]

אִם־הַגֵּד תַּגִּידוּ אוֹתָהּ לִי. O'. ἐὰν ἀπαγγέλλοντες ἀπαγγείλητε αὐτό. Alia exempl. καὶ ἐὰν ※ ἀπαγγέλλοντες ◄ ἀπαγγείλητέ μοι τὸ πρόβλημα.[22]

וּמְצָאתֶם. O'. ※ καὶ εὕρητε ◄.[23]

חֲלִפֹת בְּגָדִים. Mutationes vestium. O'. στολὰς ※ ἱματίων ◄.[24] Ἄλλος· ἀλλαγὰς στολῶν.[25]

13. סְדִינִים. O'. ὀθόνια. Alia exempl. σινδόνας.[26]

---

[7] Sic Comp., Ald., Codd. III, X, XI, 15, 18, 19 (cum ἐκ. υἱῶν ἐν Ἰ.), alii (inter quos 85 in marg.), Syro-hex. [8] Sic Codd. 16, 52, alii (inter quos 85). [9] Prior lectio est in Comp., Codd. 54, 59, 75, aliis, Syro-hex.; posterior in Ald., Codd. III (cum ἐξέκλιναν), X, XI, 15, 18, aliis. Cod. 85 in marg.: ἐξέκλινον εἰς ἀμπελῶνα. [10] Cod. 85 in marg. Prior lectio est in Comp. (cum κατηύθ.), Ald., Codd. III (ut Comp.), X, XI, 15 (ut Comp.), 18, 19 (cum κατηύθηνεν) aliis, Arm. 1, Syro-hex., Vet. Lat. Cf. ad v. 19. [11] Cod. 85 in marg. Sic in textu Comp., Ald., Codd. III (cum ὡσεὶ διασπάσαι pro ὡς), X (cum ὡσεί τις διασπάσει), XI (idem), 15, 18, 19, alii, Syro-hex. [12] Cod. 85 in marg., teste Parsonsii amanuensi (non, ut Montef., O'. Θ.). Sic in textu Comp., Ald., Codd. III, X, XI, 15, 18, 19, alii, Syro-hex. [13] Sic Comp., Ald., Codd. III, XI (cum συντροφή), 15, 18, 19, alii (inter quos 85 in marg.), Syro-hex. (cum ܚܒܘܠܐ). Mox καὶ μέλι ἦν Codd. III, 58, Syro-hex. [14] Prior lectio est in Comp., Ald., Codd. III, 15, 29, aliis; posterior in Codd. X, XI, 16, 18, aliis, Syro-hex. Cod. 85: ἐκ τοῦ στ. τοῦ λέοντος (in marg. εἰς τὸ στ. αὐτοῦ) εἰς τὰς χ. αὐτοῦ. [15] Sic Comp., Ald., Codd. III, X, XI (cum ἐκ τοῦ στόματος in marg.), 15, 18, 19, alii (inter quos 58, 85, uterque in marg.), Syro-hex. (cum ܐܠܘܣܡܐ). [16] Cod. X.

[17] Sic Comp., Ald., Codd. III, X, XI, 15, 18, 19, alii (inter quos 85), Arm. 1, Syro-hex. [18] Sic Syro-hex., et sine obelo Comp., Ald., Codd. III, X, XI, 15, 16, 18, 19 (om. ἐν τῷ), alii (inter quos 85, cum altera lectione in marg.), Arm. 1. Lectioni favet Josephus (Antiq. V, 8, 6), rem sic narrans: Τῶν δὲ Θαμνιτῶν παρὰ τὴν εὐωχίαν τὴν τῶν γάμων ... διὰ δέος τῆς ἰσχύος τοῦ νεανίσκου τριάκοντα δόντων αὐτῷ τοὺς ἀκμαιοτάτους, λόγῳ μὲν ἑταίρους ἐσομένους, ἔργῳ δὲ φύλακας, μή τι παρακινεῖν ἐθελήσειε. [19] Sic Comp. (cum καὶ προσκ. αὐτῷ τρ. ἑταίρους), Ald. (cum προσκ. αὐτῷ ἑτέρους τρ.), Codd. III, X (cum ἑτέρους), XI (cum προσκ. αὐτῷ ἑτέρους τρ.), 15 (cum προσκ. αὐτῷ τρ. ἑταίρους), 16, 18 (ut 15), 19 (ut Comp., cum ἑτέρους), alii (inter quos 85, ut ante), Arm. 1, Syro-hex. (cum ܐܬܪܝܢ ܠܗ ܠܚܒܪܘܗܝ). [20] Sic Comp., Codd. 19, 108, Syro-hex. [21] Sic Ald., Codd. X, XI, 16, 29, 44, alii (inter quos 85). [22] Sic Syro-hex., et sine aster. Comp., Ald. (cum αὐτό pro τὸ πρ.), Codd. III, X (ut Ald.), 19 (om. μοι), 44 (cum ἀπαγγείλητε), alii. Vox ἀπαγγέλλοντες deest in Codd. 59, 75, et Bar Hebraeo. [23] Sic Syro-hex. Haec desunt in Ald., Codd. X, XI, 15, 16, 18, 29, aliis (inter quos 85). [24] Sic Syro-hex. Vox ἱματίων deest in Codd. X, XI, 16, 29, aliis (inter quos 85). [25] Cod. 85 in marg. sine nom. [26] Sic Comp., Ald. (cum

13. חֲלִיפוֹת בְּגָדִים. Ο΄. ἀλλασσομένας στολὰς ἱματίων. Alia exempl. ἀλλασσομένας στολάς; alia, στολὰς ἱματίων.²⁷

14. מֵהָאֹכֵל יָצָא מַאֲכָל וּמֵעַז יָצָא מָתוֹק. E comedente prodiit cibus, et e forti prodiit dulcedo. Ο΄. τί βρωτὸν ἐξῆλθεν ἐκ βιβρώσκοντος, καὶ ἀπὸ ἰσχυροῦ γλυκύ; Aliter: Ο΄. Θ. ἐκ τοῦ ἐσθοντος ἐξῆλθεν βρῶσις, καὶ ἐξ ἰσχυροῦ ἐξῆλθεν γλυκύ.²⁸

יָכְלוּ. Ο΄. ἠδύναντο. Aliter: Ο΄. Θ. ἠδυνήθησαν.²⁹

15. הַשְּׁבִיעִי. Ο΄. τῇ τετάρτῃ. Alia exempl. τῇ ἑβδόμῃ.³⁰

נִשְׂרֹף. Ο΄. κατακαύσωμεν. Aliter: Ο΄. ἐμπυρίσωμεν.³¹

הַלְיָרְשֵׁנוּ קְרָאתֶם לָנוּ הֲלֹא. Num ad pauperes nos reddendos vocastis nos? nonne? Ο΄. ἢ ἐκβιάσαι (rectius ἐκβιάσαι) ἡμᾶς κεκλήκατε; Alia exempl. ἢ πτωχεῦσαι ἐκαλέσατε ἡμᾶς;³²

16. וַתֹּאמֶר רַק. Ο΄. καὶ εἶπεν πλήν. Aliter: Ο΄. καὶ εἶπεν αὐτῷ ※ πλήν ◄.³³

הִגַּדְתִּי לְאָבִי. Ο΄. εἰ τῷ πατρί μου. Aliter: Ο΄.

Οἱ λοιποί· ἰδοὺ τῷ πατρί (μου).³⁴

16. לֹא הִגַּדְתִּי. Ο΄. ἀπήγγελκα. Alia exempl. οὐκ ἀπήγγειλα – αὐτό ◄.³⁵

17. עָלָיו. Ο΄. πρὸς αὐτόν. Alia exempl. ἐπ᾽ αὐτόν.³⁶

אֲשֶׁר־הָיָה לָהֶם. Ο΄. ἃς ἦν αὐτοῖς. Alia exempl. ἐν αἷς ἦν ἐν αὐταῖς.³⁷

18. בְּטֶרֶם יָבֹא. Ο΄. πρὸ τοῦ ἀνατεῖλαι. Alia exempl. πρὶν δῦναι.³⁸

לוּלֵא חֲרַשְׁתֶּם בְּעֶגְלָתִי. Nisi arassetis vitula mea. Ο΄. εἰ μὴ ἠροτριάσατε ἐν τῇ δαμάλει μου. Alia exempl. εἰ μὴ κατεδαμάσατε τὴν δάμαλίν μου.³⁹ Aliter: Ο΄. Θ. εἰ μὴ ἠροτριάσατε ἐν τῇ δαμάλει μου.⁴⁰

לֹא מְצָאתֶם. Ο΄. οὐκ ἂν ἔγνωτε (Aliter: Ο΄. Θ. εὕρητε⁴¹).

19. וַתִּצְלַח. Ο΄. καὶ ἥλατο (Aliter: Ο΄. Θ. κατεύθυνεν⁴²).

וַיַּךְ מֵהֶם. Ο΄. καὶ ἐπάταξεν ἐξ αὐτῶν. Aliter: Ο΄. Θ. (καὶ) ἔπαισεν ἐκεῖθεν.⁴³

אֶת־חֲלִיצוֹתָם. Exuvias eorum. Ο΄. τὰ ἱμάτια (alia exempl. τὰς στολὰς⁴⁴) ※ αὐτῶν ◄.⁴⁵

σινδόνας), Codd. III, XI, 15, 18, 29, alii (inter quos 85 in marg., cum σινδόνας καὶ τριάκοντα ἱμάτια), Arm. 1, Syro-hex. ²⁷ Prior lectio est in Codd. X, 16, 52, 53, aliis (inter quos 85); posterior in Comp., Codd. III, 15, 19, 44, aliis, Arm. 1, Syro-hex. ²⁸ Sic in textu Comp., Ald., Codd. III, X, XI, 15, 18, 19, alii, Arm. 1, Syro-hex. (cum ܣܟܠܬܐ in plurali, repugnante Bar Hebraeo), Vet. Lat. Cod. 85 in marg. affert: Ο΄. ἐκ τοῦ ἐσθοντος ἐξῆλθε βρῶσις. Ο΄. Θ. ἐξῆλθε γλυκὺ ἐξ ἰσχυροῦ. Alia versio, ἐκ στόματος ἐσθίοντος ἐξῆλθε βρῶσις, καὶ ἐκ σκληροῦ γλυκύ, quam agnoscit Auctor Synopseos Script. Sac. (S. Chrysost. Opp. T. VI, p. 342), est in Codd. 54, 59 (cum καὶ ἀπὸ σκληροῦ ἐξῆλθε γλυκύ), 82; et Symmachum aliquatenus sapit. ²⁹ Cod. 85 in marg. Sic in textu Comp., Ald., Codd III (cum ἠδυνάσθ.), X, XI, 15, 18, 29, alii, Syro-hex. ³⁰ Sic Comp., Codd. 15, 19, 64, 108, invito Syro-hex. ³¹ Cod. 85 in marg. Sic in textu Comp., Ald., Codd. III, X, XI, 15, 18, 19, alii, Syro-hex. ³² Sic Comp., Ald., Codd. III, X, XI, 15, 16 (cum ἡμᾶς ἐκαλέσατε), 18, 19, alii (inter quos 85, cum ἐκβιάσε (sic) κεκλήκατε ἡμᾶς in marg.), Arm. 1 (add. ὧδε in fine), Syro-hex. ³³ Sic Syro-hex., et sine aster. Codd. 16, 19, 55, alii; necnon (om. πλήν), Comp., Ald., Codd. III,

15, 18, 44, alii, Arm. 1. ³⁴ Cod. 85 in marg. (cum Ο΄. καὶ λοιποί). Sic in textu Comp., Ald., Codd. III, X, XI, 15, 18, 19, alii, Syro-hex. ³⁵ Sic Syro-hex., et sine obelo Comp., Ald., Codd. III, 15, 18, 54, alii. ³⁶ Sic Comp., Ald., Codd. III, XI, 15, 18, 19, alii (inter quos 85, cum ἐπ᾽ αὐτῷ, et in marg. πρὸς αὐτὸν), Syro-hex. ³⁷ Sic Comp., Ald., Codd. III, XI, 15, 16, 18, alii (inter quos 85), Syro-hex. ³⁸ Sic Comp., Ald. (cum πρινὴ δ.), Codd. III, 15, 16 (cum πρὸ τοῦ δ.), 18, 19 (cum δύνη), alii (inter quos 85, ut 16), Syro-hex. Vet. Lat.: ante occasum solis. ³⁹ Sic Comp., Ald. (cum μου τὴν δ.), Codd. III (idem), X, 15, 16, 18, 19, alii (inter quos 85), Syro-hex. Vet. Lat.: si non domuissetis vitulam meam. ⁴⁰ Cod. 85 in marg. ⁴¹ Idem. Sic in textu Comp. (cum εὕρετε), Ald. (idem), Codd. III, X (ut Comp.), 15, 18 (ut Comp.), 19, alii, Syro-hex., Vet. Lat. ⁴² Idem. Sic in textu Comp., Ald., Codd. III, 15, 18, 19, alii, Arm. 1, Syro-hex. Vet. Lat. decidit. Cf. ad v. 6. ⁴³ Idem. Sic in textu Comp., Ald., Codd. III, X, 15, 18 (cum ἔπεσεν), 19 (idem), alii, Syro-hex., Vet. Lat. ⁴⁴ Sic Comp., Ald., Codd. III, 15, 18, 19, alii (inter quos 85 in marg.), Syro-hex. ⁴⁵ Sic Syro-hex. Pronomen deest in Cod. 108. Mox τὰς στολὰς

19. וַיִּחַר אַפּוֹ. Ο'. καὶ ὠργίσθη θυμῷ (alia exempl. ἐθυμώθη ὀργῇ⁴⁶).

20. וַתְּהִי אֵשֶׁת שִׁמְשׁוֹן לְמֵרֵעֵהוּ אֲשֶׁר רֵעָה לוֹ (amicum fecit). Ο'. καὶ ἐγένετο ἡ γυνὴ Σαμψὼν ἑνὶ τῶν φίλων αὐτοῦ, ὧν ἐφίλασεν. Alia exempl. καὶ συνῴκησεν ἡ γυνὴ Σαμψὼν τῷ νυμφαγωγῷ αὐτοῦ, ὃς ἦν ἑταῖρος αὐτοῦ.⁴⁷

Cap. XIV. 10. — ἑπτὰ ἡμέρας ◄.⁴⁸ 16. — Σαμψὼν ◄.⁴⁹ 18. — Σαμψὼν ◄.⁵⁰ 19. — Σαμψὼν ◄.⁵¹

CAP. XV.

1. בִּגְדִי עִזִּים. Ο'. ἐν ἐρίφῳ αἰγῶν. Aliter: Ο'. φέρων ἔριφον αἰγῶν.¹

הַחֶדְרָה. Ο'. [καὶ] εἰς τὸ ταμεῖον. Aliter: Ο'. εἰς τὸν κοιτῶνα.²

וְלֹא־נְתָנוֹ. Ο'. καὶ οὐκ ἔδωκεν (Aliter: Ο'. Θ. οὐκ ἀφῆκεν³) αὐτόν.

2. אָמֹר אָמַרְתִּי. Ο'. λέγων εἶπα. Alia exempl. εἰπὼν εἶπον.⁴

2. לְמֵרֵעֶךָ. Socio tuo. Ο'. ἑνὶ τῶν ἐκ τῶν φίλων σου. Aliter: Ο'. τῷ συνεταίρῳ σου.⁵

טוֹבָה מִמֶּנָּה. Ο'. ἀγαθωτέρα ὑπὲρ αὐτήν. Aliter: Ο'. Θ. κρείσσων αὐτῆς ἐστιν.⁶

3. נִקֵּיתִי. Ο'. ἠθῴωμαι. Aliter: Ο'. Θ. ἀθῷός εἰμι.⁷

עִמָּם רָעָה. Ο'. μετ' αὐτῶν πονηρίαν. Alia exempl. μεθ' ὑμῶν κακά.⁸

4. וַיִּפֶן. Et obvertit. Ο'. καὶ ἐπέστρεψε (alia exempl. συνέδησεν⁹).

בְּתָוֶךְ. Ο'. καὶ ἔδησεν. Alia exempl. ἐν τῷ μέσῳ.¹⁰

5. וַיַּבְעֶר־אֵשׁ. Ο'. καὶ ἐξέκαυσε (alia exempl. ἐξῆψε¹¹) πῦρ.

בְּקָמוֹת. In culmos. Ο'. ἐν τοῖς στάχυσι. Alia exempl. εἰς τὰ δράγματα.¹²

וַיַּבְעֵר. Ο'. καὶ ἐκάησαν. Alia exempl. καὶ ἐνεπύρισεν — τοὺς στάχυας καὶ τὰ προτεθερισμένα ◄.¹³

(pro הַחֲלִיפוֹת) om. Comp., Ald., Codd. III, 15, 18, 19, alii, Syro-hex. ⁴⁶ Sic Comp., Ald., Codd. III, X, 15, 18, 19, alii (inter quos 85 in marg.), Syro-hex. ⁴⁷ Sic Comp., Ald., Codd. III, X, 15, 16, 18, 19 (cum ἕτερος), alii (inter quos 85), Arm. 1, Syro-hex. ⁴⁸ Syro-hex. Sic sine obelo (pro ἡμέρας ἑπτὰ) Comp., Codd. II, 16, 18, 30, alii. ⁴⁹ Idem. ⁵⁰ Idem. ⁵¹ Idem.

CAP. XV. ¹ Cod. 85 in marg. Sic in textu Comp., Ald., Codd. III, 15, 18, 19, alii, Syro-hex. (cum ܩܦܠܝ, quod ad literam ἐνεγκὼν sonat, etsi Syrum interpretem aliter quam codices Graecos hexaplares legisse vix credibile est). ² Idem. Sic in textu Comp., Ald. (praem. καὶ), Codd. III, 15, 18 (cum χοιτῶνα), 19, alii, Syro-hex. ³ Idem. Sic in textu Comp., Ald., Codd. III, 15, 18, 19, alii, Arm. 1, Syro-hex. ⁴ Sic Comp. (cum εἶπας εἶπα), Ald., Codd. III (ut Comp.), X, 15 (cum εἰπὼν εἶπα), 19 (cum εἶπος εἶπα), 29, alii, Arm. 1, Syro-hex. In Codd. 54, 59, 75, aliis, locus sic habet: λέγων· εἶπον γὰρ μήποτε μεμίσηκας αὐτήν, καὶ ἐξεδόμην αὐτὴν τῷ συνεταίρῳ σου. ⁵ Sic in textu Comp., Codd. III, X, 15, 18, 19 (cum συνεταίρῳ), alii, Arm. 1, Syro-hex. Ad τῶν φ. σου Cod. 85 in marg.: Ο'. συνεταίρου σου; unde Montef. edidit: 'Άλλος· ἑνὶ τῶν συνεταίρων σου, ut in textu Ald. solus. ⁶ Cod. 85 in marg. Sic in textu Comp., Ald., Codd. III, X, 15, 18, 19, alii,

Syro-hex. ⁷ Idem. Sic in textu Comp., Codd. III, IV, X, 15, 19, alii, Syro-hex. (cum ܙ, ἀθῷος ἐγὼ, non ܙ, ἠθῴωμαι). ⁸ Sic Comp., Ald., Codd. III, IV, X (cum μετ' αὐτῶν), 15, 18, 19, alii, Syro-hex., Origen. Cod. 85 in marg.: κακά. ⁹ Sic Comp., Ald., Codd. III, IV, X, 15, 18, 19, alii (inter quos 85 in marg.), Arm. 1, Syro-hex., Origen., Vet. Lat. ¹⁰ Sic Comp., Codd. III, IV, 19 (sine artic.), 44 (idem), 108, Syro-hex., Vet. Lat. Duplex versio, ἐν τῷ μ. καὶ ἔδησεν, est in Codd. X (sine artic.), 15, 16, 18, aliis (inter quos 85). ¹¹ Sic Comp., Codd. III, IV, 15, 18, 19, alii (inter quos 85 in marg.), Syro-hex. ¹² Sic Comp., Codd. III, IV, X (cum δράχματα), 15, 18, 19 (cum δέρματα), alii (inter quos 85 in marg. cum διδράγματα), Arm. 1, Syro-hex., Vet. Lat. ¹³ Sic Cod. IV, Syro-hex. (qui male pingit: ✳ (sic) καὶ ἐνέπρησεν κ. τ. ἑ., absente cuneolo), et sine obelo Comp., Ald. (om. καὶ τὰ προτ.), Codd. III, X (ut Ald.), 15, 16 (ut Ald.), 18, 19, alii (inter quos 85, ut Ald.), Arm. 1. Est alia versio, ni fallor, clausulae sequentis מִגָּדִישׁ וְעַד־קָמָה, vel potius מִקָּמָה וְעַד־גָּדִישׁ, a culmis usque ad acervos. Proinde pro his, καὶ ἐκάησαν—καὶ ἐλαίαι, Vet. Lat. habet tantum: et succendit spicas eorum, et quae metita erant, sed et vineas et oliveta.

5. מִעֲדִישׁ וְעַד־קָמָה . Ο'. ἀπὸ ἅλωνος καὶ ἕως σταχύων ὀρθῶν. Ο'. Θ. (ἀπὸ) στοιβῆς καὶ ἕως ἑστῶτος.¹⁴

6. חֲתַן הַתִּמְנִי . Ο'. ὁ νυμφίος τοῦ Θαμνί. Οἱ λοιποί (ὁ) γαμβρὸς τοῦ Θαμναθαίου.¹⁵

לְמֵרֵעֵהוּ . Ο'. τῷ ἐκ τῶν φίλων (Aliter: Ο'. Θ. τῷ συνεταίρῳ¹⁶) αὐτοῦ.

7. כִּי אִם־נִקַמְתִּי בָכֶם וְאַחַר אֶחְדָּל . Hercle ulciscar me de vobis, et postea desistam. Ο'. ὅτι ἦ μὴν ἐκδικήσω ἐν ὑμῖν, καὶ ἔσχατον κοπάσω. Ο'. Θ. οὐκ εὐδοκήσω, ἀλλὰ τὴν ἐκδίκησίν μου ἐξ ἑνὸς ἑκάστου ὑμῶν ποιήσομαι.¹⁷

8. וַיֵּשֶׁב בִּסְעִיף סֶלַע . Et habitabat in fissura petrae. Ο'. καὶ ἐκάθισεν ἐν τρυμαλιᾷ τῆς πέτρας. Alia exempl. καὶ κατῴκει παρὰ τῷ χειμάρρῳ ἐν τῷ σπηλαίῳ.¹⁸

9. בִּיהוּדָה . Ο'. ἐν Ἰούδα. Aliter: Ο'. ἐπὶ τὸν Ἰούδαν.¹⁹

בַּלֶּחִי . Ο'. ἐν Λεχί. Οἱ Γ'. ἐν σιαγόνι.²⁰

10. וַיֹּאמְרוּ אִישׁ . Ο'. καὶ εἶπαν — αὐτοῖς πᾶς ◄ ἀνήρ.²¹

10. לָמָה . Ο'. εἰς τί. Aliter: Ο'. ἱνατί.²²
עָלִינוּ . Ο'. ※ ἀνέβημεν ◄.²³

11. אֶל־סְעִיף סֶלַע . Ο'. εἰς τρυμαλιὰν πέτρας. Alia exempl. ἐπὶ τὴν ὀπὴν τῆς πέτρας.²⁴

לְשִׁמְשׁוֹן . Ο'. πρὸς Σαμψών. Alia exempl. τῷ Σαμψών.²⁵ Aliter: Ο'. πρὸς τὸν Σαμψών.²⁶

כִּי־מֹשְׁלִים בָּנוּ פְּלִשְׁתִּים . Ο'. ὅτι κυριεύουσιν (Aliter: Ο'. ἄρχουσιν²⁷) οἱ ἀλλόφυλοι ἡμῶν. Aliter: Ο'. ὅτι ἄρχουσιν ἡμῶν οἱ ἀλλόφυλοι.²⁸

וּמַה־זֹּאת . Ο'. καὶ τί τοῦτο. Aliter: Ο'. καὶ ἱνατί ταῦτα.²⁹

12. לְתִתְּךָ בְּיַד . Ο'. τοῦ δοῦναί σε ἐν χειρί. Ο'. παραδοῦναί σε εἰς χεῖρας.³⁰

פֶּן־תִּפְגְּעוּן בִּי אַתֶּם . Ne irruatis in me vosmet ipsi. Ο'. μήποτε συναντήσητε ἐν ἐμοὶ ὑμεῖς. Aliter: Ο'. ÷ μὴ ἀποκτεῖναί με ὑμεῖς, καὶ παράδοτέ με αὐτοῖς ◄, μήποτε ἀπαντήσητε ἐν ἐμοὶ ὑμεῖς.³¹

13. וַיֹּאמְרוּ . Ο'. καὶ εἶπον. Alia exempl. καὶ ὤμοσαν.³²

---

¹⁴ Cod. 85 in marg. Sic in textu Comp., Codd. III (cum στυβης), IV, X, 15, 18 (cum στοικης), 19 (ut III), alii, Arm. 1, Syro-hex. ¹⁵ Cod. 85. Sic in textu Comp., Ald. (cum Θαμναταίου). Codd. III, IV (cum Θαμναθου), X, 15, 18, 19, alii, Syro-hex. (cum ܣܠܕ ܐܚܕ). ¹⁶ Cod. 85 in marg. Sic in textu Comp., Ald., Codd. III, IV (cum συνετέρῳ a 1ᵐᵃ manu), X, 15, 18, 19 (cum συνετέρῳ), alii, Syro-hex. Cf. ad v. 2. ¹⁷ Cod. 85 in marg. (cum ἐκδικήσω vitiose pro εὐδοκήσω. Praeterea pro ποιήσομαι Parsonsii amanuensis exscripsit ποιήσω, repugnante Montef.). Sic in textu Comp., Ald., Codd. III (cum ἐνὸς καὶ ἐκ.), IV (idem), 15 (idem), 18, 19 (ut III), alii, Arm. 1, Syro-hex. (cum ἐξ ἑνὸς καὶ ἐξ ἑκάστου ὑμῶν ποιήσω (ܐܚܕ?)). Eandem ellipsin statuit Dathius, Hebraea vertens: Licet hoc feceritis, tamen non acquiescam nisi ultionem etc. ¹⁸ Sic Ald. (cum ἐν τῷ σπ. τῆς πέτρας). Codd. III, IV, X, 15, 18 (cum κατῴχει), 19, alii, Syro-hex. Cod. 85 in marg.: κατῴκει παρὰ τῷ χειμάρρῳ. ¹⁹ Cod. 85 in marg. (cum Ἰούδα). Sic in textu Comp., Codd. III, IV, 15, 18, 19, alii, Syro-hex. ²⁰ Cod. X. Cod. 85: Ἀ. λοιποί ἐν τῇ σιαγόνι. Euseb. in Onomastico, p. 188: Ἐλλεχί. Ἀκ. σιαγόνι. ²¹ Sic Cod. IV, et sine obelo Comp., Ald., Codd. III, 15, 18, 19, alii, Syro-hex., invito Vet. Lat. ²² Cod. 85 in marg.

Sic in textu Comp., Ald., Codd. III, IV, X, 15, 18 (cum διὰ τί), 19, alii, Syro-hex. ²³ Sic Cod. IV, Syro-hex. (cum cuneolo tantum). Vox habetur in Ed. Rom., sed deest in Codd. 15, 18, 54, 58, aliis. ²⁴ Sic Codd. III, IV, X, 15, 18, 19, alii (inter quos 85 in marg.), Syro-hex. ²⁵ Sic Codd. II, 16, 53, 57, alii, Arm. 1. ²⁶ Cod. 85 in marg. ²⁷ Idem. ²⁸ Sic Comp., Codd. III, IV, X, 15, 18, 19, alii, Arm. 1, Syro-hex. (cum ܪܡܠܟܝܢ ܠܢ). ²⁹ Cod. 85 in marg. Sic in textu Comp., Ald., Codd. III, IV, X, 15, 18, 19, alii (inter quos 58, cum διὰ τί ταῦτα), Syro-hex. (ut 58). ³⁰ Cod. 85 in marg. Sic in textu Comp. (cum καὶ παρ.), Ald. (cum τοῦ παρ.), Codd. III (ut Comp.), IV, X (ut Ald.), 15 (ut Comp.), 18 (ut Ald.), 19 (idem), alii, Arm. 1 (ut Comp.), Syro-hex. (cum παραδοῦναι, s. τοῦ παρ.). ³¹ Sic Cod. IV, Syro-hex. (qui pingit: ÷ καὶ εἶπαν αὐτοῖς Σαμψών ὁμόσαρέ μοι μὴ ἀποκτεῖναι, nullo metobelo), et sine obelo Comp. (cum μὴ ἀποκτ. με ὑμεῖς, καὶ μήποτε συναντ. μοι ὑμεῖς), Ald. (cum καὶ μὴ ἀποκτείνητέ με ὑμεῖς, καὶ παρ. με ὑμεῖς, μήποτε κ. τ. ἑ.), Codd. III (cum ὑμεῖς ἐν ἐμοί), X, 15 (om. μήποτε—ὑμεῖς), 18, 19, alii (inter quos 85 in marg, cum καὶ μήποτε συναντ.), Arm. 1, Syro-hex. Vet. Lat.: ne interficiatis me vos, et tradite me eis, ne forte occurratis in me vos. ³² Sic Comp., Ald., Codd. III,

13. בְּיָדָם. Ο'. ἐν χειρὶ (Aliter: Ο'. εἰς χεῖρας[33]) αὐτῶν.

וָהֵמַת. Ο'. καὶ θανάτῳ. Aliter: Ο'. θανάτῳ δέ.[34]

עֲבֹתִים. Ο'. καλωδίοις. Ἄλλος· βρόχοις.[35]

14. הוֹא־בָא. Ο'. καὶ ἦλθον. Alia exempl. καὶ αὐτὸς ἦλθεν.[36]

הֵרִיעוּ לִקְרָאתוֹ. Ο'. ἠλάλαξαν (Ἄλλος· ἀνέκραξαν[37]), καὶ ἔδραμον εἰς συνάντησιν αὐτοῦ. Aliter: Ο'. ἠλάλαξαν εἰς ἀπάντησιν αὐτοῦ, ÷ καὶ ἔδραμον εἰς συνάντησιν αὐτοῦ ◄.[38]

וַתִּצְלַח. Ο'. καὶ ἥλατο. Aliter: Ο'. Θ. καὶ κατεύθυνε.[39]

אֲשֶׁר בָּעֲרוּ בָאֵשׁ. Quam combusserunt igne. Ο'. ὃ ἐξεκαύθη ἐν πυρί. Aliter: Ο'. Θ. ἡνίκα ἂν ὀσφρανθῇ πυρός.[40]

וַיִּמַּסּוּ. Ο'. καὶ ἐτάκησαν (alia exempl. διελύθησαν[41]).

מֵעַל יָדָיו. Ο'. ἀπὸ χειρῶν (Aliter: Ο'. Θ. Σ. τῶν βραχιόνων[42]) αὐτοῦ.

17. כְּכַלֹּתוֹ. Ο'. ὡς ἐπαύσατο. Alia exempl. ἡνίκα συνετέλεσε.[43]

רָמַת לֶחִי. Ο'. ἀναίρεσις (Ἀ. ὕψωσις. Σ. ἄρσις[44]) σιαγόνος.

18. וַיִּקְרָא. Ο'. καὶ ἔκλαυσε (alia exempl. ἐβόησε[45]).

נָתַתָּ. Ο'. εὐδόκησας. Alia exempl. ἔδωκας; alia, εὐώδωσας.[46]

הָעֲרֵלִים. Ο'. τῶν ἀπεριτμήτων ※ τούτων ◄.[47]

19. וַיִּבְקַע אֱלֹהִים אֶת־הַמַּכְתֵּשׁ אֲשֶׁר־בַּלֶּחִי. Et fidit Deus mortarium (fissuram) quod est in Lehi. Ο'. καὶ ἔρρηξεν ὁ θεὸς τὸν λάκκον τὸν ἐν τῇ σιαγόνι (Σ. τὴν μύλην .. Οἱ λοιποί· (τὸν) ὅλμον τῆς σιαγόνος[48]). Alia exempl. καὶ ἤνοιξεν ὁ θεὸς τὸ τραῦμα τῆς σιαγόνος.[49]

וַיֶּחִי. Ο'. καὶ ἔζησεν (Aliter: Ο'. Θ. Σ. ἀνέψυξεν[50]).

עֵין הַקּוֹרֵא אֲשֶׁר בַּלֶּחִי. En-hakkore (fons vocantis) qui est in Lehi. Ο'. πηγὴ τοῦ ἐπικαλουμένου, ἥ ἐστιν ἐν σιαγόνι. Aliter: Ο'. πηγὴ ἐπίκλητος, ※ ἥ ἐστιν ◄ σιαγόνος.[51]

IV, 15, 16, 18, 19, alii (inter quos 85, cum καὶ εἶπαν in marg.), Arm. 1, Syro-hex. [33] Cod. 85 in marg. Sic in textu Comp., Ald., Codd. III, IV, 15, 18, 19, alii, Arm. 1, Syro-hex. [34] Idem. Sic in textu iidem. [35] Cod. 85 in marg. sine nom. Nescio an Symmachi sit, coll. Hex. ad Jesai. v. 18. Ezech. iii. 25. Cod. 58 in marg.: δύο σχοινίοις νεωστοῖς (sic). [36] Sic Comp., Ald., Codd. III, IV, 15, 18, 19 (cum καὶ αὐτοὶ ἦλθον), alii, Syro-hex. [37] Cod. 58 in marg. sine nom. [38] Sic Cod. IV, et sine obelo Codd. III, 15, 18, 19 (cum εἰς ἀπ. αὐτῶν), 64, 82, 108, 128 (cum εἰς συν. αὐτῷ), Syro-hex. [39] Cod. 85 in marg. Sic in textu Comp., Ald., Codd. III (cum κατηύθ.), IV, X (cum ἥλατο in marg.), 15, 18, 19, alii, Syro-hex. Cf. ad Cap. xiv. 6. [40] Idem, teste Montef. (Parsonsii amanuensis lectionem quasi anonymam affert.) Sic in textu Comp., Ald., Codd. III, IV, X, 15 (cum ἡνίκα δ' ἂν), 18, 19, alii, Arm. 1, Syro-hex., Vet. Lat. Cf. Cap. xvi. 9 in Hebraeo et LXX. [41] Sic Comp., Codd. III, IV, 18, 19, alii (inter quos 85 in marg.). Syro-hex. [42] Cod. 85 in textu: ἀπὸ τῶν χειρῶν; in marg. autem: Ο'. Θ. Σ. βραχιόνων. Sic in textu Comp., Ald., Codd. III, IV, X, 18, 19, alii, Syro-hex. [43] Sic Comp., Ald., Codd. III, IV, X, 15, 18, 19, alii (inter quos 85), Arm. 1, Syro-hex. [44] Cod. 108 (cum ὕψωσις). [45] Sic Comp., Ald., Codd.

III, IV, X, 15, 18, 19, alii, Arm. 1. Syro-hex. Cod. 85 in marg.: ἐβόησε, ἐκάλεσε. Cf. ad Cap. xvi. 28. [46] Prior lectio est in Comp., Codd. III, IV, X (in marg.), 15, 18, 19, aliis, Syro-hex.; posterior in Ald. (cum εὐώδοσας), Codd. X, 16 (cum εὐόδ.), 29, 30 (ut Ald.), aliis. Cod. 85 in textu: εὐώδωσας; in marg. autem: ἔδωκας, εὐδόκησας. Scriptura εὐόδωσας ex CYEΔΩΚΑC corrupta esse videtur. [47] Sic Syro-hex., et sine aster. Codd. 44, 59, 75, alii. Pro ※ pingendum videtur ω, ut supra Cap. v. 6. xi. 17, 24, ubi quaedam, quae in Hebraeo non habentur, ex ea textus recensione, quae continetur in Codd. 44, 54, 59, 75, cet., assumpsit Syrus noster. Cf. ad Cap. xvi. 21. xviii. 2, 12. xix. 10, 17, 23, etc. [48] Cod. 85. Symmachum imitatus est Hieron., vertens: dentem molarem. Lectionem τῶν λοιπῶν in textu habent Codd. 54, 59, 75, 82. Cf. Hex. ad Prov. xxvii. 22. Zeph. i. 11. [49] Sic Comp., Ald. (cum τὸ τρ. τὸ ἐν τῇ σ.), Codd. III, IV, X (ut Ald.), 15, 18, 19, alii, Arm. 1 (cum τρύπημα σιαγόνος), Syro-hex. (cum ܘܦܩ ܠܚܕܡܚܐ). Anon. in Cat. Niceph. T. II, p. 222: καὶ ἔρρηξεν ἐν ἑτέρᾳ ἐκδόσει καὶ ἤνοιξεν—σιαγόνος. [50] Cod. 85 in marg. Sic in textu Ald., Codd. III, IV, 15, 18, 19, alii, Syro-hex. [51] Sic Cod. IV, Syro-hex. (absente cuneolo), et sine aster. Codd. 15, 19, 64, 108. Cod. 85 in marg.: Ο'. ἐπίκλητος σιαγόνος, et sic in textu Codd. III

Cap. XV. 10. — οἱ ἀλλόφυλοι ◄.⁵² 11. εἶπεν αὐτοῖς — Σαμψών ◄.⁵³

Cap. XVI.

1. עַזָּתָה. Ο'. ⊹ ἐκεῖθεν ◄ εἰς Γάζαν.¹

2. הֵנָּה. Ο'. ὧδε. Aliter: Ο'. Θ. ἐνταῦθα.²
בַּשַּׁעַר. Ο'. ἐν τῇ πύλῃ. Θ. ἐπὶ τῆς πύλης.³
וַיִּתְחָרְשׁוּ. Et quietos se continebant. Ο'. καὶ ἐκώφευσαν ('Α. παρεσιώπων. Σ. ἡσύχαζον⁴).
עַד־אוֹר הַבֹּקֶר וַהֲרַגְנֻהוּ. Ο'. ἕως διαφαύσῃ ὁ ὄρθρος, καὶ φονεύσωμεν αὐτόν. Aliter: Ο'. ἕως φωτὸς πρωΐ ÷ μείνωμεν ◄, καὶ ἀποκτείνωμεν αὐτόν.⁵

3. בַּחֲצִי הַלַּיְלָה. Ο'. ἐν ἡμίσει τῆς νυκτός. Alia exempl. περὶ τὸ μεσονύκτιον.⁶
וּבִשְׁתֵּי הַמְּזוּזוֹת. Ο'. σὺν τοῖς δυσὶ σταθμοῖς. Alia exempl. καὶ τῶν δύο σταθμῶν.⁷

3. וַיָּשֶׂם עַל־כְּתֵפָיו. Ο'. καὶ ἔθηκεν ἐπὶ ὤμων αὐτοῦ. Alia exempl. καὶ ἐπέθηκεν ἐπὶ τῷ ὤμῳ αὐτοῦ.⁸
וַיַּעֲלֵם. Ο'. καὶ ἀνέβη. Alia exempl. καὶ ἀνήνεγκεν αὐτά.⁹
אֲשֶׁר עַל־פְּנֵי. Ο'. τοῦ ἐπὶ προσώπου. Aliter: Ο'. Θ. ὅ ἐστιν ἐπὶ πρόσωπον.¹⁰

4. בְּנַחַל שׂוֹרֵק. Ο'. ἐν Ἀλσωρήχ. Alia exempl. ἐπὶ τοῦ χειμάρρου Σωρήκ.¹¹

5, 8. סַרְנֵי. Principes. Ο'. οἱ ἄρχοντες. Alia exempl. οἱ σατράπαι.¹²

7. בְּשִׁבְעָה יְתָרִים. Septem nervis. Ο'. ἐν ἑπτὰ νευραῖς (alia exempl. κλήμασιν, s. κληματίσιν¹³).
אֲשֶׁר לֹא־חֹרָבוּ. Qui non exsiccati sunt. Ο'. μὴ διεφθαρμέναις. Aliter: Ο'. Θ. μὴ ἠρημωμέναις.¹⁴ 'Α. †ἁλιωτοῖς. Σ. μὴ ξηρανθείσαις.¹⁵ Alia exempl. μὴ ἐξηραμμέναις.¹⁶

(cum τὸ ὄνομα τῆς πληγῆς (sic) ἐπιελ. σιαγόνος), X, 18, 29, alii, Arm. 1. (Syro-hex. pro πηγῇ ἐπίκλητος habet ܡܚܣܕܐ ܡܣܚܒܪܐ, ad quem locum Rördam: "Πηγῇ ἀντιλήπτρι [ἀντιλήπτρια]. Aliter vix verti potest textus noster Syriacus; sed quum haec lectio sensum parum bonum efficiat, et ab omnibus codd. Graecis et textu Hebraeo discrepet, malim secundum codd. hexaplares ܡܣܚܒܪܐ [sic in Lectionario Mus. Brit. (Addit. MSS. 14,486)] corrigere in ܡܣܚܒܪܐ, h. e. ἐπίκλητος." Vox ἐπίκλητος Nostro sonat ܡܣܚܒܪܐ vel ܡܣܚܒܪܐ (Amos i. 5. Jos. xx. 9), semel ܡܣܚܒܪܐ (Num. xxvi. 9). Hic quidem crediderim Syrum interpretem ἐπίκλητος non cognominata, sed in auxilium advocata intellexisse.) ⁵² Cod. IV, Syro-hex. (qui pingit: ܣܕܐܘܬ ◄ ܡܢ܁ܕܟ). Deest in Cod. 52. ⁵³ Cod. IV (cum ÷), Syro-hex. Deest in Cod. 44.

Cap. XVI. ¹ Sic Cod. IV (qui pingit: ÷ ἐκεῖθεν ※ εἰς Γάζαν :), et sine obelo Comp., Codd. III, 15 (cum εἰς Γ. ἐκεῖθεν), 18 (idem), 19, alii, Arm. 1, Syro-hex. ² Cod. 85 in marg. Sic in textu Comp., Codd. III, IV, X, 15, 18, 19, alii, Syro-hex. ³ Idem. Sic in textu Ald., Codd. III, IV, X, 15, 18 (cum ἐπὶ τὴν π.), 19, alii, Syro-hex. ⁴ Idem. Cod. 58 in marg.: ἐσίγασαν. ⁵ Sic Cod. IV, Syro-hex., et sine obelo Comp., Codd. III, 15, 18, 29, alii (inter quos 85 in marg.), Arm. 1 (cum ὧδε μείνωμεν ἕως πρωΐ). ⁶ Sic Comp., Codd. III, IV, X, 15, 18, 19, alii (inter quos 85), Syro-hex. ⁷ Sic Comp., Codd. III, IV, 15, 18, 19, alii (inter quos 85 in marg.), Syro-hex. ⁸ Sic Comp., Codd. III, IV, 15, 18, 19, 64, 108, Syro-hex. Cod. 85 in marg.: ἐπέθηκε τῷ ὤμῳ. Ο'. τοὺς ὤμους. ⁹ Sic

Comp., Ald., Codd. III, IV, X, 15, 16 (cum αὐτάς), 18, 19 (cum αυτω), alii (inter quos 85, ut 16), Syro-hex. ¹⁰ Cod. 85 in marg. Sic in textu Comp., Codd. III, IV, X, 15 (cum προσώπου), 18 (idem), 29, alii, Syro-hex. ¹¹ Sic Comp., Ald. (cum ἐκ τοῦ χ. Σωρήχ), Codd. III (cum Σωρήχ), IV (cum Σωρὴλ), X, 15 (cum Σωρήκ), 18 (idem), 19 (cum ἀπὸ pro ἐπί), alii, Arm. 1, Syro-hex. (cum sic ܣܘܪܟ). Ad ἐν Ἀσωρήκ (sic) Codd. 85, 131, in marg.: ἐπὶ τοῦ χειμάρρου. Praeterea post Δαλιδὰ add. ἐπὶ τοῦ χ. Σωρὴκ Codd. 16, 52 (cum Σωρήχ), alii (inter quos 85 in marg.). ¹² Sic Comp., Ald. (in a⁴ᵒ loco), Codd. III, IV, X (ut Ald.), 15, 18, 19 (ut Ald.), alii (inter quos 85 in marg.), Syro-hex. ¹³ Prior scriptura (cum ὑγροῖς) est in Codd. 54, 75; posterior in Codd. 59, 82, 128. Cod. 121 in marg.: γρ. ἡμματισι (sic). Sic Joseph. Ant. V, 8, 11: εἰ κλήμασιν ἑπτὰ δεθείη ἀμπελίνοις, ἔτι καὶ ἐμπελίεσθαι δυναμένοις; ubi libenter legerimus ἀμπελίΝΟΙΣ, ΝΕΟΙΣ ἔτι κ. τ. ἑ., vel simile quid. ¹⁴ Cod. 85 in marg. Sic in textu Comp., Codd. III, IV, X, 15, 18, 19 (cum ἐρημ.), alii, Syro-hex. (cum forma insolentiori ܣܢܕܚܡ). ¹⁵ Cod. 85 (cum ξηρανθ.). Ad Aquilam Semlerus tentat ἀναλώτοις, non consumptis retustate, sensu prorsus inaudito; Scharfenb. minus infeliciter χλωροῖς, ut non ad complexionem verborum, praeter Aquilae usum, sed ad unam vocem לחים aptetur. Facilis quidem correctio foret ἀλειώτοις, a λειοῦν, laevigare, emollire (cf. Hex. ad Prov. xxviii. 23), sed cum Hebraeo aegre concilianda. Fortasse ex ἀλία, solis calor, interpres noster more suo derivativa ἀλεόν et ἀλεωτός effinxit, ut lectio sic tandem emaculanda sit: 'Α. (μὴ) ἀλεωτοῖς, non insolatis. ¹⁶ Sic Codd. 44 (cum ἐξη-

9. וְהָאֹרֵב יֹשֵׁב לָהּ．　Ο′. καὶ τὸ ἔνεδρον αὐτῇ (alia exempl. αὐτοῦ[17]) ἐκάθητο. Alia exempl. καὶ τὸ ἔνεδρον ÷ αὐτοῦ ◀ ἐκάθητο αὐτοῦ.[18]

וַתֹּאמֶר אֵלָיו．　Ο′. καὶ εἶπεν αὐτῷ. 'Α. Ο′. Θ. καὶ εἶπε πρὸς αὐτόν.[19]

וַיְנַתֵּק．　Ο′. καὶ διέσπασεν (Aliter: Ο′. 'Α. διέρρηξεν[20]).

כַּאֲשֶׁר יִנָּתֵק פְּתִיל־הַנְּעֹרֶת．　Quemadmodum disrumpitur filum stupae. Ο′. ὡς εἴ τις ἀποσπάσοι στρέμμα στιππύου. Aliter. Ο′. Θ. ὃν τρόπον διασπᾶται κλῶσμα τοῦ ἀποτινάγματος.[21]

10. הֵתַלְתָּ．　Fefellisti. Ο′. ἐπλάνησας. Aliter: Ο′. παρελογίσω.[22]

11. אִם־אָסוֹר יַאַסְרוּנִי．　Ο′. ἐὰν δεσμεύοντες δήσωσί (alia exempl. δεσμεύσωσι[23]) με. Aliter: Ο′. (ἐὰν) δεσμῷ δήσωσί με.[24]

לֹא־נַעֲשָׂה．　Ο′. οὐκ ἐγένετο ('Α. ἐγενήθη[25]).

12. וַתֹּאמֶר אֵלָיו פְּלִשְׁתִּים עָלֶיךָ שִׁמְשׁוֹן וְהָאֹרֵב יֹשֵׁב בַּחֶדֶר．　Ο′. καὶ τὰ ἔνεδρα ἐξῆλθεν ἐκ τοῦ ταμείου (Aliter: Ο′. Θ. καὶ τὸ ἔνεδρον ἐκάθητο ἐν τῷ ταμείῳ[26])· καὶ εἶπεν· ἀλλόφυλοι ἐπὶ σέ, Σαμψών. Alia exempl. καὶ εἶπεν πρὸς αὐτόν οἱ ἀλλόφυλοι ἐπὶ σέ, Σαμψών καὶ τὸ

ἔνεδρον ἐκάθητο ἐν τῷ ταμείῳ.[27]

12. כַּחוּט．　Sicut filum. Ο′. ὡσεὶ σπαρτίον. (Aliter: Ο′. ῥάμμα. Σ. κρόκην[28].)

13. עַד־הֵנָּה הֵתַלְתָּ בִּי．　Ο′. ἰδοὺ ἐπλάνησάς με. Alia exempl. ἕως νῦν παρελογίσω με.[29] Alia: ἕως πότε καταμωκήσῃ με.[30]

אֶת־שֶׁבַע מַחְלְפוֹת．　Septem cincinnos plexos. Ο′. τὰς ἑπτὰ σειράς. 'Α. Σ. τοὺς ἑπτὰ βοστρύχους.[31]

13, 14. עִם־הַמַּסָּכֶת׃ וַתִּתְקַע בַּיָּתֵד．　Cum stamine. Et affixit clavo (parieti). Ο′. σὺν τῷ διάσματι, καὶ ἐγκρούσῃς τῷ πασσάλῳ εἰς τὸν τοῖχον, καὶ ἔσομαι ὡς εἷς τῶν ἀνθρώπων ἀσθενής. καὶ ἐγένετο ἐν τῷ κοιμᾶσθαι αὐτόν, καὶ ἔλαβε Δαλιδὰ τὰς ἑπτὰ σειρὰς τῆς κεφαλῆς αὐτοῦ, καὶ ὕφανεν ἐν τῷ διάσματι, καὶ ἔπηξεν τῷ πασσάλῳ εἰς τὸν τοῖχον. Aliter: Ο′. μετὰ τοῦ διάσματος, καὶ ἐγκρούσῃς ἐν τῷ πασσάλῳ ÷ εἰς τὸν τοῖχον ◀, καὶ ἔσομαι ἀσθενὴς [καὶ οὐκέτι ὑπάρξω].[32] Aliter: Ο′. μετὰ τοῦ διάσματος, καὶ ἐγκρούσῃς ἐν τῷ πασσάλῳ εἰς τὸν τοῖχον (alia exempl. add. καὶ ὑφάνῃς ὡσεὶ πῆχυν[33]), καὶ ἔσομαι ἀσθενὴς [ὡς εἷς τῶν ἀνθρώπων].[34] καὶ ἐκοίμισεν αὐτὸν Δαλιδά,[35] ÷ καὶ

ῥαμένοις), 59, 76 (ut 44), 82 (cum –νοις), 84, 106, 134. Vet. Lat.: nervis humidis nondum siccatis.　[17] Sic Codd. X, 15, 18, 19 (cum αὐτόν), alii, Syro-hex., invito Vet. Lat.　[18] Sic Cod. IV, et sine obelo Comp. (sine αὐτοῦ priore), Codd. III, 108 (ut Comp.).　[19] Cod. 85 in marg. Sic in textu Comp., Ald., Codd. III, IV, X, 18, 19 (cum αὐτήν), alii, Syro-hex.　[20] Idem. Sic in textu Comp., Codd. III, IV, X, 15, 18, 19, alii, Syro-hex.　[21] Idem. Sic in textu Comp. (cum στιππύου pro τοῦ ἀπ.), Codd. III, IV, X, 15, 18, 29, alii, Syro-hex. (cum τὸ ἀποτε-ταμένον (ܩܛ̇ܘܪܐ) pro τοῦ ἀπ.). Paulo aliter Codd. 44, 54, 75, 76, 82, 84, 106: ὃν τρόπον διασπᾶται τὸ σπαρτίον (τὸ κλῶσμα 44, 76, 84, 106) τοῦ ὑπ. (τὸ διαφθειρόμενον ἅμα τῷ (ἅμα ἐν τῷ iidem) ὀσφρανθῆναι πυρός). Ad ἀποτίναγμα cf. Hex. ad Jesai. i. 31, ubi Symmacho tribuitur.　[22] Cod. 85 in marg. Sic in textu Comp., Codd. III, IV, X (cum παρελογήσω), 15, 18, 19, alii, Syro-hex.　[23] Sic Codd. 16, 56, 57, alii.　[24] Cod. 85 in marg. Sic in textu Comp., Codd. III (cum δήσουσιν), IV, X (ut III), 15, 18, 19, alii, Syro-hex.　[25] Idem. Sic in textu (om. ἐν αὐτοῖς) Comp., Codd. III, IV, X, 15, 18, 19, alii, Syro-hex.　[26] Idem.

[27] Sic Comp. (cum ταμίῳ), Ald., Codd. III (cum ταμείῳ), IV (ut Comp.), 15 (om. πρὸς αὐτόν), 18 (cum ἀλλόφ., sine artic.), 19, alii (inter quos 85, ut 18), Arm. 1, Syro-hex.　[28] Cod. 85 in marg. Prior lectio (cum ὡς ῥάμμα) est in Comp., Ald. (cum ὡσεί), Codd. III, IV, X (cum ὡσεὶ ῥ. iv), 15, 18, 19, alii, Syro-hex. Cf. Hex. ad Gen. xiv. 23.　[29] Sic Comp., Ald., Codd. III (cum ὡς), IV, X (sine pronom.), 15, 18, 19 (cum παρελογίζου, sine pronom.), alii (inter quos 85 in marg.), Syro-hex.　[30] Sic Codd. 44, 54, 59 (cum –κήσεις), 75 (cum –κήσει), 76 (cum μον), 84, 106, 134.　[31] Cod. 85. Sic in textu (cum ἐὰν ὑμεῖς τοὺς ζ̄ S. τῆς κεφ. μου ἐν ἐκτάσει διάσματος) Codd. 44, 54, 59, 75, alii. Montef. Aquilae et Symmacho continuat: τῆς κεφ. μου μετὰ τοῦ διάσματος, invito Parsonsii amanuensi.　[32] Sic Cod. IV. "Verba, καὶ οὐκέτι ὑπάρξω, corrector B uncis circumdedit." —Tischend.　[33] Sic Codd. 44, 59 (cum ἐφύφ.), 76, 82 (ut 59), 84, 106, 134. Paulo aliter Cod. 54: καὶ ἐπιφανεῖς (sic) ὡς ἐπὶ πῆχυν; Cod. 75: καὶ ἐπιφανεῖς ὡς ἐπὶ πηχην; et Syro-hex.: ܘܬܐܪܘܓ ܐܝܟ ܐܡܬܐ, h.e. καὶ ὑφάνῃς ὡς ἐπὶ ◀ πῆχυν.　[34] Haec desunt in Comp., Codd. 19, 108, Syro-hex. (qui pingit: καὶ ἔσομαι –ἀσθενής ◀).　[35] Post

ἐδιάσατο[36] τοὺς ἑπτὰ βοστρύχους τῆς κεφαλῆς αὐτοῦ μετὰ τῆς ἐκτάσεως,[37] καὶ κατέκρουσεν ἐν τοῖς πασσάλοις (alia exempl. ἐν τῷ πασσάλῳ[38]) εἰς τὸν τοῖχον (alia exempl. add. καὶ ὕφανε[39]).[40]

14. וַיִּיקַץ. Ο'. καὶ ἐξυπνίσθη (alia exempl. ἐξηγέρθη[41]).

וַיִּסַּע אֶת־הַיָּתֵד הָאֶרֶג וְאֶת־הַמַּסָּכֶת. Et evulsit clavum texturae et stamen. Ο'. καὶ ἐξῆρε τὸν πάσσαλον τοῦ ὑφάσματος ἐκ τοῦ τοίχου. Aliter: Ο'. καὶ ἐξέσπασεν ※ σὺν ◄ τοὺς πασσάλους ἐν τῷ ὑφάσματι ÷ ἐκ τοῦ τοίχου ◄, καὶ ※ σὺν ◄ τὸ δίασμα, ÷ καὶ οὐκ ἐγνώσθη ἡ ἰσχὺς αὐτοῦ ◄.[42]

15. אֵיךְ תֹּאמַר. Ο'. πῶς λέγεις. Aliter: Ο'. Θ. Ἀ. πῶς ἐρεῖς.[43]

הֵתַלְתָּ בִּי. Ο'. ἐπλάνησάς με. Alia exempl. παρελογίσω με.[44]

16. הֵצִיקָה לֹו. Institit ei. Ο'. ἐξέθλιψεν (Aliter: Ο'. κατειργάσατο[45]) αὐτόν.

כָּל־הַיָּמִים וַתְּאַלֲצֵהוּ. Ο'. πάσας τὰς ἡμέρας,

καὶ ἐστενοχώρησεν αὐτόν. Alia exempl. ὅλην τὴν νύκτα, καὶ παρηνώχλησεν αὐτόν.[46]

16. וַתִּקְצַר נַפְשׁוֹ. Ο'. καὶ ὠλιγοψύχησεν. Ἀ. ἐσμικρύνθη (s. ἐκολοβώθη) ἡ ψυχὴ αὐτοῦ.[47]

לָמוּת. Ο'. ἕως τοῦ ἀποθανεῖν. Alia exempl. ἕως εἰς θάνατον.[48] Σ. εἰς θάνατον.[49]

17, 18. אֶת־כָּל־לִבּוֹ (bis). Ο'. πᾶσαν τὴν καρδίαν (Aliter: Ο'. πάντα τὰ ἀπὸ καρδίας[50]) αὐτοῦ.

17. מוֹרָה. Novacula. Ο'. σίδηρος. Aliter: Ο'. Θ. ξυρόν.[51]

כִּי־נְזִיר אֱלֹהִים אֲנִי. Ο'. ὅτι ἅγιος (alia exempl. ναζιραῖος[52]) θεοῦ ἐγώ ※ εἰμι ◄.[53]

כְּכָל־הָאָדָם. Ο'. ὡς πάντες οἱ ἄνθρωποι. Aliter: Ο'. Θ. κατὰ πάντας τοὺς ἀνθρώπους.[54]

18. לְסַרְנֵי. Ο'. τοὺς ἄρχοντας. Aliter: Ο'. τοὺς σατράπας.[55]

סַרְנֵי. Ο'. οἱ ἄρχοντες. Aliter: Ο'. ÷ πᾶσαι ◄ αἱ σατραπεῖαι.[56]

Δαλιδὰ add. ἀναμέσον τῶν γονάτων αὐτῆς Ald., Codd. 15, 18, 64, 82, 128. Pro his, καὶ ἐκ. αὐτὸν Δ., Comp., Codd. 19, 108, habent: καὶ ἐποίησεν αὐτῷ Δ. οὕτως. [38] Pro ἐδιάσατο, ἔλαβεν est in Codd. 29, 30, 71, 85 (in marg.), 121, Arm. 1. Haec, καὶ ἐδιάσατο—εἰς τὸν τοῖχον, obelo jugulat Syro-hex. [37] Deterior scriptura ἐκστάσεως est in Comp., Codd. III, 19, 29, aliis (inter quos 85 in marg.), invito Syro-hex. [38] Sic Codd. 44, 54, 59, 75, alii, invito Syro-hex. [39] Sic Codd. 54, 59, 75, alii, Syro-hex. (qui pingit: εἰς τὸν τοῖχον ◄, καὶ ὕφανε ◄). [40] Sic Comp., Ald. (usque ad τῶν γονάτων αὐτῆς, pergens: καὶ ἐγένετο—καὶ ὕφανεν ἐν τῷ διαστήματι (sic), καὶ ἐνέκρουσεν τῷ π. εἰς τὸν τοῖχον), Codd. III, X (usque ad ἐκ. αὐτὸν Δ., pergens: καὶ ἔλαβε Δ. τοὺς ἑπτὰ βοστρύχους, cetera ut in textu vulgari), 15, 18, 19, alii, Syro-hex. [41] Sic Comp., Ald., Codd. III (cum ἠγέρθη), IV, X, 15, 18, 19, alii (inter quos 85), Syro-hex. [42] Sic Cod. IV, et sine notis (om. quoque duplici σὺν) Comp., Ald., Codd. III (cum σὺν τῷ ὑφ.), X (cum συνέσπασε, om. καὶ τὸ δίασμα, et add. πάλιν in fine), 15, 18, 19 (cum πᾶσσαλον τοῦ ὑφ.), alii (inter quos 85), Arm. 1, Syro-hex. (qui pingit: ÷ ἐκ τοῦ τοίχου, sine metobelo). [43] Cod. 85 in marg. Sic in textu Comp., Ald., Codd. III, IV, X, 15, 18, 19, alii, Syro-hex. [44] Sic Comp., Codd. III, IV, X, 15, 18, 19 (cum παρελογίσομαι), alii (inter quos 85), Syro-hex. [45] Sic Comp., Ald., Codd. III, IV, X, 15, 18, 19 (cum ἐατηργ.), alii, Syro-hex. (cum ܐܠܨܬܗ, de-

fatigavit eum). Cod. 85 in marg.: Ο'. κατηργάσατο (sic). [46] Sic Comp. (cum παρηνόχλ.), Ald. (om. αὐτόν), Codd. III, IV, X (cum πᾶσας τὰς ἡμ.), 15 (ut Comp.), 18 (cum παρενώχλ.), 19 (ut Comp.), alii, Arm. 1, Syro-hex. Minus probabiliter Cod. 85: Ἀ. ὅλην τὴν νύκτα, καὶ παρενόχλησεν. [47] Cod. 85: Ἀ. ἐσμικρύνθη ἡ ψυχὴ αὐτοῦ ἐκολαβόθη (sic). Etiam posteriorem lectionem ad Aquilam pertinere crediderim, coll. Hex. ad Zach. xi. 8. [48] Sic Comp., Codd. III, IV, 58, 128, Syro-hex. (cum ܠܡܘܬ ܥܕܡܐ). [49] Cod. 85. Sic in textu Ald., Codd. X, 29, 30, alii. [50] Cod. 85 in marg. Sic in textu Comp., Ald., Codd. III, IV, X, 15, 18, 19, alii, Syro-hex. [51] Idem. Sic in textu (cum οὐκ ἀναβήσεται) Comp., Ald., Codd. III, IV, X (cum σιδ. οὐκ ἀνέβη in marg.), 15, 18, 19 (cum ξυρὸς), alii, Syro-hex. [52] Sic Comp. (cum ναζηρ.), Ald., Codd. III (cum ναζειρ.), IV (idem), 15 (idem), 18, 19 (cum ναζορ.), alii (inter quos 85 in marg.), Syro-hex. Cf. ad Cap. xiii. 7. [53] Sic Syro-hex. Vox legitur in Ed. Rom., sed deest in Comp., Codd. IV, 19, 108. [54] Sic in textu Comp., Ald., Codd. III, IV, X, 15, 18, 19 (cum ὡς κατὰ πάντα ἄνθρωπον), alii, Syro-hex. [55] Idem (cum πάντας τοὺς ἄ. in textu). Sic in textu Comp., Ald. (praem. πάνταν), Codd. III (idem), IV, 15 (ut Ald.), 18, 19, alii, Syro-hex. [56] Sic Cod. IV (cum σατραπαι), Syro-hex. (qui pingit: πᾶσαι ÷ αἱ σατραπεῖαι ◄), et sine obelo Comp., Ald., Codd. III (cum σατραπαι), X (idem), 15, 18, 19 (cum

19. וַתְּיַשְּׁנֵהוּ עַל־בִּרְכֶּיהָ. Ο'. καὶ ἐκοίμισε Δαλιδὰ τὸν Σαμψὼν ἐπὶ τὰ γόνατα αὐτῆς. Aliter: Ο'. Θ. (καὶ ἐκοίμισεν) αὐτὸν ἀναμέσον τῶν γονάτων αὐτῆς.⁵⁷

לָאִישׁ. Ο'. ἄνδρα. Alia exempl. τὸν κουρέα.⁵⁸

לְעַנּוֹתוֹ. Ο'. ταπεινῶσαι αὐτόν. Alia exempl. ταπεινοῦσθαι.⁵⁹

20. כְּפַעַם בְּפַעַם. Nunc ut antea. Ο'. ὡς ἅπαξ καὶ ἅπαξ. Aliter: Ο'. καὶ ποιήσω καθὼς ἀεί.⁶⁰

וְאִנָּעֵר. Et excutiam me. Ο'. καὶ ἐκτιναχθήσομαι (Aliter: Ο'. Θ. ἀποτινάξομαι⁶¹).

21. וַיֹּאחֲזוּהוּ. Ο'. καὶ ἐκράτησαν αὐτόν. Aliter: Ο'. Θ. καὶ ἐπελάβοντο αὐτοῦ.⁶²

וַיְנַקְּרוּ. Ο'. καὶ ἐξέκοψαν (Aliter: Ο'. ἐξώρυξαν⁶³).

וַיּוֹרִידוּ. Ο'. καὶ κατήνεγκαν (Aliter: Ο'. Θ. ἀπήγαγον⁶⁴).

וַיְהִי טוֹחֵן. Ο'. καὶ ἦν ἀλήθων. Alia exempl. ※ (potius ∽) καὶ ἔβαλον αὐτὸν ἐν φυλακῇ ◄, καὶ ἦν ἀλήθων.⁶⁵

הָאֲסוּרִים. Ο'. τοῦ δεσμωτηρίου. Aliter: Ο'.

Θ. τῆς φυλακῆς.⁶⁶

22. לְצַמֵּחַ. Ο'. βλαστάνειν. Alia exempl. ἀνατεῖλαι, s. ἀνατέλλειν.⁶⁷

כַּאֲשֶׁר גֻּלָּח. Ο'. καθὼς ἐξυρήσατο. Alia exempl. ἡνίκα ἐξυρήθη.⁶⁸

23. לִזְבֹּחַ זֶבַח־גָּדוֹל. Ο'. θυσιάσαι θυσίασμα μέγα. Alia exempl. τοῦ θῦσαι θυσίαν μεγάλην.⁶⁹

נָתַן אֱלֹהֵינוּ. Ο'. ἔδωκεν ὁ θεός. Alia exempl. παρέδωκεν ὁ θεὸς ἡμῶν.⁷⁰

24. וַיְהַלְלוּ אֶת־אֱלֹהֵיהֶם. Ο'. καὶ ὕμνησαν τὸν θεὸν αὐτῶν. Alia exempl. καὶ ᾔνεσαν τοὺς θεοὺς αὐτῶν.⁷¹

כִּי אָמְרוּ נָתַן. Ο'. ὅτι παρέδωκεν. Alia exempl. ὅτι εἶπαν παρέδωκεν.⁷²

וַאֲשֶׁר. Ο'. καὶ ὅς. Aliter: Ο'. Θ. καὶ ὅστις.⁷³

25. וַיְהִי כִּי. Ο'. καὶ ὅτε. Alia exempl. καὶ ἐγένετο ὅτι.⁷⁴

וַיְצַחֵק לִפְנֵיהֶם. Ο'. καὶ ἔπαιζεν ἐνώπιον αὐτῶν, καὶ ἐρράπιζον αὐτόν. Aliter: Ο'. καὶ ἐνέπαιζον αὐτῷ.⁷⁵

בֵּין הָעַמּוּדִים. Ο'. ἀναμέσον τῶν κιόνων (alia exempl. τῶν δύο στύλων⁷⁶).

πᾶσα ἡ σατραπία), alii (inter quos 85 in marg.). ⁵⁷ Cod. 85 in marg. Sic in textu Comp., Ald., Codd. III, IV (cum ἐκοίμισεν ?), X, 15, 18 (cum γονάτων), 29, alii, Arm. 1, Syro-hex. ⁵⁸ Sic Comp., Ald., Codd. III, IV, X, 15, 16, 18, 19, alii (inter quos 85 in marg. sine artic.), Arm. 1, Syro-hex. Mox τοὺς ἐπτὰ βοστρύχους iidem. Cf. ad v. 13. ⁵⁹ Sic Comp., Ald., Codd. III, IV, X, 15, 16, 18, 19, alii (inter quos 85), Arm. 1, Syro-hex. ⁶⁰ Cod. 85 in marg. Sic in textu Comp., Ald., Codd. III, IV, X, 15, 18, 19, alii, Arm. 1, Syro-hex. ⁶¹ Idem. Sic in textu Comp., Ald., Codd. III, IV, X, 15, 15, 18, 19, alii, Arm. 1, Syro-hex. Cf. ad v. 9. ⁶² Idem. Sic in textu Comp., Ald., Codd. III, IV, X, 15, 18, 19 (cum αὐτὸν), alii, Syro-hex. ⁶³ Sic in textu iidem. Cod. 85 in marg.: Ο'. ὤρυξαν. ⁶⁴ Cod. 85 in marg. Sic in textu Ald., Codd. X, 29, 54, alii. Pro κατήνεγκαν potior scriptura κατήγαγον est in Comp., Codd. III, IV, 15, 18, 19, aliis, Syro-hex. ⁶⁵ Sic Syro-hex. (qui pingit: ＞ ... ◄), et sine aster. Codd. 44 (cum καὶ ἔβαλον εἰς φυλακήν), 54, 59, 75, 76 (cum εἰς φ.), alii. Cf. ad Cap. xv. 18. ⁶⁶ Cod. 85 in marg. Sic in textu Comp., Ald., Codd. III, IV, X, 15,

18, 19, alii, Arm. 1, Syro-hex. ⁶⁷ Prior lectio est in Codd. III, IV, 15, 18, 64, 85 (in marg.); posterior in Comp., Codd. 19, 59, aliis. ⁶⁸ Sic Comp., Codd. III, IV, 18, 19, 64, 85 (in marg. cum ἡρέθη), 108 (cum ἐξύρθη), Syro-hex. ⁶⁹ Sic Comp., Ald., Codd. III, IV, X, 15 (cum θυσιάσαι), 16, 18 (ut 15), 19 (idem), alii (inter quos 85), Syro-hex. ⁷⁰ Sic Comp., Ald. (cum ἡμῶν), Codd. III, IV, X, 15, 18, 19 (om. ἡμῶν), alii (inter quos 85 in marg.), Arm. 1, Syro-hex. ⁷¹ Sic Comp., Ald., Codd. III, IV, X, 15, 18, 19, alii (inter quos 85 in marg. cum τὸν θεόν), Syro-hex. ⁷² Sic Comp., Ald., Codd. III (cum καὶ pro ὅτι), IV, X, 15, 18, 19, alii (inter quos 85), Arm. 1, Syro-hex. ⁷³ Cod. 85 in marg. Sic in textu Codd. 55, 58, et (om. καὶ) Comp., Ald., Codd. III, IV, X, 15, 18, 29, alii, Arm. 1, Syro-hex. ⁷⁴ Sic Comp., Ald., Codd. III, IV, X, 15, 16, 18, 19, alii (inter quos 85), Arm. 1, Syro-hex. ⁷⁵ Cod. 85 in marg. Sic in textu Comp., Ald. (cum ἔπαιζεν), Codd. III, IV, 15, 18, 19, alii, Arm. ed., Syro-hex. ⁷⁶ Sic Comp., Ald. (om. τῶν), Codd. III, IV, X, 15, 18, 19, alii (inter quos 85, cum δύο στύλων in marg.), Arm. 1, Syro-hex.

26. אֶל־הַנַּעַר הַמַּחֲזִיק בְּיָדוֹ. O'. πρὸς τὸν νεανίαν (s. νεανίσκον[77]) τὸν κρατοῦντα τὴν χεῖρα αὐτοῦ. Alia exempl. πρὸς τὸ παιδάριον τὸν χειραγωγοῦντα αὐτόν.[78]

הַנִּיחָה אוֹתִי וַהֲימִישֵׁנִי אֶת־הָעַמֻּדִים. Dimitte me, et fac me palpare columnas. O'. ἄφες με, καὶ ψηλαφήσω τοὺς κίονας. Alia exempl. ἐπανάπαυσόν με δή, καὶ ποίησον ψηλαφῆσαί με ἐπὶ τοὺς στύλους.[79]

אֲשֶׁר הַבַּיִת נָכוֹן עֲלֵיהֶם. O'. ἐφ' οἷς ὁ οἶκος (excidit εἱστήκει[80]) ἐπ' αὐτούς. Alia exempl. ἐφ' ὧν ὁ οἶκος ἐπεστήρικται (O'. Θ. ἐπεστήρικται[81]) ἐπ' αὐτῶν.[82]

וְאֶשָּׁעֵן עֲלֵיהֶם. O'. καὶ ἐπιστηριχθήσομαι ἐπ' αὐτούς. Alia exempl. καὶ ἐπιστηρίσομαι ἐπ' αὐτούς· ÷ ὁ δὲ παῖς ἐποίησεν οὕτως ◄.[83]

27. הָרֹאִים בִּשְׂחוֹק שִׁמְשׁוֹן. Spectantium lusum Simsonis. O'. οἱ θεωροῦντες ἐν παιγνιαῖς Σαμψών. Alia exempl. ἐμβλέποντες (O'. Θ. ἐμβλέποντες[84]) ἐμπαιζόμενον τὸν Σαμψών.[85]

28. וַיִּקְרָא. O'. καὶ ἔκλαυσεν (Θ. ἐβόησεν[86]).

אֲדֹנָי יְהוִה. O'. Ἀδωναῒε (potior scriptura Ἀδωναΐ) κύριε. Alia exempl. κύριε, κύριε.[87] Aliter: O'. Θ. κύριε, κύριε τῶν δυνάμεων.[88]

28. וְאִנָּקְמָה נְקַם־אַחַת מִשְּׁתֵי עֵינַי מִפְּלִשְׁתִּים. Ut expetam ultionem unius saltem e duobus oculis meis a Philistaeis. O'. καὶ ἀνταποδώσω ἀνταπόδοσιν μίαν περὶ τῶν δύο ὀφθαλμῶν μου τοῖς ἀλλοφύλοις. Alia exempl. καὶ ἐκδικήσω ἐκδίκησιν μίαν ἀντὶ τῶν δύο ὀφθαλμῶν μου ἐκ τῶν ἀλλοφύλων.[89]

29. אֶת־שְׁנֵי עַמּוּדֵי הַתָּוֶךְ. Duas columnas medii (medias). O'. τοὺς δύο κίονας τοῦ οἴκου. Οἱ λοιποί· τοὺς δύο στύλους τοὺς μέσους.[90]

וַיִּסָּמֵךְ עֲלֵיהֶם אֶחָד בִּימִינוֹ וְאֶחָד בִּשְׂמֹאלוֹ. O'. καὶ ἐπεστηρίχθη (Aliter: O'. Θ. ἐστήρικτο[91]) ἐπ' αὐτούς, καὶ ἐκράτησεν ἕνα τῇ δεξιᾷ αὐτοῦ, καὶ ἕνα τῇ ἀριστερᾷ αὐτοῦ. Alia exempl. καὶ ἐπεστηρίσατο ἐπ' αὐτοῖς, ἕνα ἐν τῇ δεξιᾷ αὐτοῦ, καὶ ἕνα ἐν τῇ ἀριστερᾷ αὐτοῦ.[92]

30. וַיֵּט. Et inclinavit (columnas). O'. καὶ ἐβάσταξεν. Alia exempl. καὶ ἔκλινεν.[93]

וַיִּהְיוּ. O'. καὶ ἦσαν (alia exempl. ἐγένοντο, s. ἐγενήθησαν[94]).

31. עֶשְׂרִים שָׁנָה. O'. εἴκοσι ἔτη. Alia exempl. εἴκοσι ἔτη. (÷) καὶ ἀνέστη μετὰ τὸν Σαμψὼν Ἐμεγὰρ υἱὸς Ἐνάν, καὶ ἔκοψεν ἐκ τῶν ἀλλοφύλων ἑξακοσίους ἄνδρας, ἐκτὸς τῶν κτηνῶν· καὶ ἔσωσε καὶ αὐτὸς τὸν Ἰσραὴλ (◄).[95]

---

[77] Sic Ald., Codd. 29, 44, 63, alii.　[78] Sic Comp., Codd. III, IV, 15 (cum τὸ χειραγωγοῖν), 18 (idem), 19, alii (inter quos 85 in marg.), Syro-hex.　[79] Sic Comp. (om. ἐπὶ), Codd. III, IV, 15 (cum ἐπαναπαύσομαι δή), 18 (idem), 19 (ut Comp.), alii (inter quos 85 in marg. cum ποίησόν με ψ. τοὺς στ.), Syro-hex.　[80] Sic Codd. II (cum στήκει), 16, 52, 53, alii (inter quos 85).　[81] Cod. 85 in marg.　[82] Sic Comp. (cum ἐπεστήρικτο ἐπ' αὐτοὺς), Ald. (idem), Codd. III (idem), IV (cum ἐπιστήρικται), X (cum ἐπ' αὐτοῖς), 15, 18, 19 (ut Comp.), alii, Syro-hex., Vet. Lat.　[83] Sic Cod. IV, et sine obelo Ald., Codd. III (cum ἐπιστήρισέν με), IV, 15, 18, 19 (ut III), alii.　[84] Cod. 85 in marg.　[85] Sic Comp., Ald., Codd. III, IV, X (cum βλέποντες), 15, 16 (cum θεωροῦντες), 18, 19 (cum οἱ ἐμβλ.), alii (inter quos 85, ut 16), Syro-hex.　[86] Cod. 85. Sic in textu Comp., Ald., Codd. III, IV, X, 15, 18, 19, alii, Syro-hex.　[87] Sic Comp., Codd. III, IV, 19, 108, Syro-hex.　[88] Cod. 85 in marg. Sic in textu Ald., Codd. X, 15, 18, 29, alii, Arm. 1 (cum κύριε θεέ δ.).　[89] Sic Comp. (om. δύο), Ald. (cum τοῖς ἄλλ.), Codd. III (cum ἐκδικησίαν pro ἐκδ. μίαν),

IV, X (ut Ald.), 15, 18, 19 (ut Comp.), alii, Syro-hex.　[90] Cod. 85. Sic in textu Comp., Ald., Codd. III, IV (cum δυοῖ), X (cum τοὺς δ. κίονας μέσους), 15, 18, 19, alii, Arm. 1, Syro-hex. Statim ἐφ' ὧν ὁ οἶκος ἐπεστήρικτο ἐπ' αὐτῶν pro ἐφ' οὓς ὁ οἶκος εἱστήκει Comp., Ald. (om. ἐφ'), Codd. III, IV, 15, 18 (cum ἐπ' αὐτῷ), 19, alii, Syro-hex.　[91] Cod. 85 in marg., teste Montef.　[92] Sic Comp. (cum ἐπεστηρίξατο ἐπ' αὐτούς), Ald. (cum ἐπεστηρίξατο), Codd. III, IV, X, 15, 18 (cum ἐπ' αὐτοῖς), 19 (om. αὐτοῦ priore), alii, Syro-hex.　[93] Sic Comp., Ald., Codd. III, IV, X, 15, 16, 18, 19, alii (inter quos 85, cum ἐβάσταξεν in marg.), Arm. 1, Syro-hex. Alia versio διέσεισεν est in Codd. 44, 54, 59, aliis, quam agnovisse videtur Hieron. vertens: concussisque fortiter columnis. Joseph. Ant. V, 8, 12: ὡς δ' ἧκεν, ἐνσεισθεὶς (concutiens s) αὐτοῖς (ἐπὶ τοὺς κίονας) ἐπικαταβάλλει τὸν οἶκον.　[94] Prior lectio est in Comp., Codd. III, IV, 15, 18, 19, aliis, Syro-hex.; posterior in Ald., Codd. X, 44, 76, aliis. Mox pro ἢ τοὺς, ὑπὲρ οὓς est in Comp. (cum ἤπερ οὓς), Ald., Codd. III, IV, X, 15, 18, 19 (cum εἴπερ οὓς), aliis, Syro-hex.　[95] Sic Ald. (cum ἄνδρας pro ἐξ. ἄνδρας,

Cap. XVI. 3. ÷ καὶ ἔθηκεν αὐτὰ ἐκεῖ ◀.[96] 9. ὀσφρανθῆναι ※ αὐτὸ ◀ πυρός.[97] 11. ἐν ÷ ἑπτὰ ◀ καλωδίοις.[98] 12. καὶ ἔλαβεν ÷ αὐτῷ ◀ Δαλειλά (sic).[99] 13. ἀνάγγειλον ※ δή ◀ μοι.[100] 15. ÷ Δαλειλά ◀.[101] 20. καὶ εἶπεν αὐτῷ ÷ Δαλειλά ◀.[102] 25. ÷ ἐξ οἴκου φυλακῆς ◀.[103] 30. ἐθανάτωσε ÷ Σαμψών ◀.[104]

Cap. XVII.

1. מִיכָיְהוּ. Ο΄. Μιχαίας. Alia exempl. Μιχά.[1]

2. אֶלֶף וּמֵאָה הַכֶּסֶף אֲשֶׁר לֻקַּח־לָךְ. Ο΄. οἱ χίλιοι καὶ ἑκατὸν οὓς ἔλαβες ἀργυρίου σεαυτῇ. Aliter: Ο΄. χιλίους καὶ ἑκατὸν ἀργυρίου τοὺς ληφθέντας σοι.[2] Σ... οὓς ἐξαιρετοὺς εἶχες.[3]

וְאַתְּ אָלִית וְגַם אָמַרְתְּ בְּאׇזְנַי. Ο΄. καὶ με ἠράσω, καὶ προσεῖπας ἐν ὠσί μου. Aliter: Ο΄. καὶ ἐξώρκισας, καὶ εἶπας ἐν τοῖς ὠσί μου.[4]

3. הַכֶּסֶף. Ο΄. τοῦ ἀργυρίου. Aliter: Ο΄. ※ ἀργυροῦς ◀.[5]

3. הַקְדֵּשׁ הִקְדַּשְׁתִּי. Ο΄. ἁγιάζουσα (alia exempl. ἁγιασμῷ[6]) ἡγίασα.

אֶת־הַכֶּסֶף. Ο΄. ※ σὺν ◀ τὸ ἀργύριον.[7]

לִבְנִי. Ο΄. τῷ υἱῷ μου. Alia exempl. κατὰ μόνας.[8]

אֲשִׁיבֶנּוּ. Ο΄. ἀποδώσω (alia exempl. ἐπιστρέψω[9]) αὐτό.

4. לַצּוֹרֵף. Ο΄. ἀργυροκόπῳ. Alia exempl. τῷ χωνευτῇ.[10]

5. וְהָאִישׁ מִיכָה. Ο΄. καὶ ὁ οἶκος Μιχαία. Alia exempl. καὶ ὁ ἀνὴρ Μιχά.[11]

אֵפוֹד. Ο΄. ἐφώδ. Alia exempl. ἐφούδ.[12] Ἀ. ἐπωμίδα. Σ. ἔνδυμα ἱερατικόν.[13]

וּתְרָפִים. Et penates. Ο΄. καὶ θεραφίν (Ἀ. μορφώματα. Σ. εἴδωλα[14]).

וַיְמַלֵּא. Ο΄. καὶ ἐπλήρωσε (alia exempl. ἐνέπλησεν[15]). Σ. ἐτελείωσεν.[16]

---

et ἴσωσεν αὐτὸς), Codd. 44 (cum Σεμεγὰρ υἱὸς Αἰνὰν), 54 (cum ἔκρινε pro ἴσωσε), 58 (ut 54, om. καὶ ἀνέστη), 59 (cum μετὰ Σαμψὼν Σεμ. υἱὸς Αἰνὰν), 75 (ut 54, om. ἐκτὸς τῶν κτ.), 76 (cum Σεμεγὰρ, ẍ ἄνδρας, et ἴσωσεν αὐτὸς), 106 (cum Σεμ. υἱὸς Αἰνὰν), 121 (sub +, cum ẍ ἄνδρας, et ἴσωσεν αὐτὸς), 134 (ut 106), Syro-hex. [96] Cod. IV. Deest in Comp. [97] Idem. Pronomen deest in Coild. 44, 54, 59, aliis. Syro-hex. ‏ܒܐܦܘܗܝ ܡܢ ‏, h. e. ni fallor, ἐν τῷ ὀσφρανθῆναι αὐτοῦ πῦρ. [98] Cod. IV, Syro-hex. (sub ※). Sic sine obelo Codd. X, 15 (sine ἐν), 16, 18 (ut 15), 19, alii, Arm. 1. [99] Cod. IV. Sic sine obelo Comp., Codd. III, 54, 75, Syro-hex. (cum ‏ܠܗ‏, h. e. αὐτῇ). [100] Syro-hex. (sine metobelo). Particula deest in Ald., Codd. II (teste Parsonsio), 30, 55. [101] Cod. IV. [102] Idem. Vox deest in Cod. 16. [103] Cod. IV, Syro-hex. (ubi obelo confoditur ἐξ οἴκου φ. in posteriore loco). [104] Cod. IV, Syro-hex. (qui pingit: ‏܂ ܫܡܫܘܢ ܠܐ‏ ÷).

Cap. XVII. [1] Sic constanter Comp., Ald., Codd. III, IV, X, 15, 16, 18, 19 (cum Μηχαν), alii (inter quos 85 in marg.), Syro-hex. [2] Sic Comp. (cum συλληφθέντας), Ald. (cum ἀργυρίους τοὺς συλλ.), Codd. III (cum ληφθ.), IV (idem), 15, 18 (cum τοὺς χιλίους... ἀργυρίους τοὺς καταλειφθέντας), 19, alii, Syro-hex. Cod. 85 in marg. ad οἱ χίλιοι: χιλίους; ad οὓς ἔλαβες autem: Ο΄. τοὺς ληφθέντας σοι, καὶ ἐξήρκεσαν καὶ εἶπας. [3] Cod. 85. [4] Idem in marg., ut supra. Sic in textu Comp., Ald., Codd. III, IV, X (cum καὶ σὺ ἐξ. καὶ εἶπας οὕτως), 15, 18 (cum καὶ ἐξώρκισεν καὶ εἶπεν), 19, alii,

Arm. 1, Syro-hex., qui omnes mox εὐλογημένος habent. [5] Sic Cod. IV, et sine aster. Cod. 108. Deest in Codd. X, 29, 58, 71, 121. [6] Sic Comp. (cum ἁγιασμὸν), Ald., Codd. III, IV, X, 15, 18, 19 (ut Comp.), alii (inter quos 85), Syro-hex. [7] Sic Cod. IV. [8] Sic (quasi pro ‏לבדי‏) Comp., Ald., Codd. III, IV, X, 15, 18, 19, alii (inter quos 85 in marg.), Syro-hex. [9] Sic Codd. III, IV, 15, 18, 19, 64, 85 (in marg.), 108, 128. [10] Sic Comp., Ald., Codd. III, IV, 15, 18, 29, alii (inter quos 85 in marg.), Syro-hex. S. Hieron. Opp. T. I, p. 141: conflatori. [11] Sic Codd. III, IV, 19 (sine artic.), 54, 58, alii, Syro-hex. S. Hieron. ibid.: Et vir Micha (et domus ejus Dei). [12] Sic Comp., Ald., Codd. III, IV, 15, 16, 18, 29, alii (inter quos 85), Syro-hex. [13] Codd. X (teste Griesb.), 85 (cum Ἀ. ἐπωμίδα ἔνδυμα. Σ. ἐνδ. ἱερ.). Cod. 58 in marg.: ἐπωμίδα ἔνδυμα ἱερατικόν. Denique Cod. 108 in marg.: Ἀ. ἔνδυμα καὶ μορφώματα (sic). Σ. ἐπωμίδαι (sic), πρόσωπον, ἔνδυμα ἱερατικὸν καὶ εἴδωλα. Ex hac lectionum congerie, collatis quoque Hex. ad Exod. xxv. 6. xxviii. 26. Jud. viii. 27. 2 Reg. vi. 14, nescio an sic reformanda sit nota hexaplaris: Ἀ. ἔνδυμα (vel potius ἐπένδυμα). Σ. ἐπωμίδα; ceteris quisquiliis ad glossographos remissis. Cf. Scharfenb. in Animadv. T. II, p. 77. [14] Codd. X, 85. Cod. 58 in marg.: μορφώματα, εἴδωλα. Cf. not. praeced. [15] Sic Comp., Ald., Codd. III, IV, X (teste Montef.), 29, alii. [16] Cod. X, teste Montef. Griesb. ex eodem exscripsit: marg. ἐτελείωσεν.

7. וַיְהִי־נָעַר. Ο΄. καὶ ἐγενήθη νεανίας. Aliter: Ο΄. Θ. καὶ ἐγένετο παιδάριον.[17]

מִבֵּית לֶחֶם יְהוּדָה מִמִּשְׁפַּחַת יְהוּדָה. Ο΄. ἐκ Βηθλεὲμ δήμου Ἰούδα. Aliter: Ο΄. Θ. ἐκ Βηθλεὲμ Ἰούδα ἐκ τῆς συγγενείας Ἰούδα.[18]

8. מֵעִיר מִבֵּית לֶחֶם יְהוּדָה. Ο΄. ἀπὸ Βηθλεὲμ τῆς πόλεως Ἰούδα. Aliter: Ο΄. Θ. ἐκ τῆς πόλεως Βηθλεὲμ Ἰούδα.[19]

לָגוּר בַּאֲשֶׁר יִמְצָא. Ο΄. παροικῆσαι ἐν ᾧ ἐὰν εὕρῃ τόπῳ. Alia exempl. παροικεῖν οὗ ἐὰν εὕρῃ.[20]

וַיָּבֹא הַר. Ο΄. καὶ ἦλθεν ἕως ὄρους. Alia exempl. καὶ παρεγενήθη εἰς ὄρος.[21]

10. לַיָּמִים. Per singulos annos. Ο΄. εἰς ἡμέραν. Alia exempl. εἰς ἡμέρας.[22]

וְעֵרֶךְ בְּגָדִים. Et apparatum vestium. Ο΄. καὶ στολὴν (Aliter: Ο΄. Θ. Ά. Σ. ζεῦγος[23]) ἱματίων.

וּמִחְיָתֶךָ. Et victum tuum. Ο΄. καὶ τὰ πρὸς ζωήν σου. Alia exempl. καὶ τὰ πρὸς τὸ ζῆν σου.[24]

11. וַיּוֹאֶל הַלֵּוִי. Et consensit Levita. Ο΄. καὶ

ἤρξατο. Ἄλλος· καὶ εὐδόκησε.[25]

12. וַיְמַלֵּא. Ο΄. καὶ ἐπλήρωσε (alia exempl. ἐνέπλησε[26]).

וַיְהִי־לוֹ הַנַּעַר לְכֹהֵן וַיְהִי. Ο΄. καὶ ἐγένετο αὐτῷ εἰς ἱερέα, καὶ ἐγένετο. Alia exempl. καὶ ἐγενήθη αὐτῷ τὸ παιδάριον εἰς ἱερέα, καὶ ἦν.[27]

13. וַיֵּיטִיב. Ο΄. ἀγαθυνεῖ. Alia exempl. ἠγαθοποίησε.[28]

Cap. XVIII.

2. מִמִּשְׁפַּחֹתָם. Ο΄. ἀπὸ δήμων αὐτῶν. Alia exempl. ἐκ τῶν συγγενειῶν αὐτῶν; alia, ἀπὸ συγγενείας αὐτῶν.[1]

אֲנָשִׁים מִקְצוֹתָם אֲנָשִׁים. Ο΄. ἄνδρας. Aliter: Ο΄. ἄνδρας ἀπὸ μέρους αὐτῶν ※ ἄνδρας ◄.[2]

אֶת־הָאָרֶץ (bis). Ο΄. ※ σὺν ◄ τὴν γῆν.[3]

חִקְרוּ. Ο΄. καὶ ἐξιχνιάσατε. Alia exempl. καὶ ἐξερευνήσατε.[4]

וַיָּבֹאוּ הַר. Ο΄. καὶ ἦλθον ἕως ὄρους. Alia exempl. καὶ παρεγένοντο εἰς ὄρος;[5] alia, καὶ παρεγένοντο ※ (potius ∽) οἱ ἄνδρες ◄ εἰς ὄρος.[6]

---

[17] Cod. 85 in marg. Sic in textu Comp., Ald., Codd. III, IV, X, 15, 18, 19, alii, Syro-hex. [18] Sic in textu Comp., Ald. (cum ἐν B. Ἰ. ἐκ τῆς σ. δήμου Ἰ.), Codd. III (cum ἐκ B. δήμου Ἰ.), IV (cum συγγενιας), X (ut Ald.), 15, 18 (om. Ἰούδα priore), 29 (cum ἐκ τῆς σ. δήμου Ἰ.), alii, Syro-hex. Ad δήμου Cod. 85 in marg., teste Parsonsii amanuensi: Ο΄. Θ. δήμου Ἰ. ἐκ τῆς σ. Ἰ. [19] Cod. 85 in marg. Sic in textu Comp., Ald., Codd. III (cum ἐκ τ. π. Ἰ. B.), IV, 15, 18, 19, alii, Arm. 1, Syro-hex. (om. τῆς πόλεως, casu, ut videtur). [20] Sic Comp. (cum ἂν pro ἐὰν), Ald. (idem), Codd. III, IV (ut Comp.), 15, 18, 19, alii (inter quos 85 in marg.), Syro-hex. Mox ad v. 9: παροικεῖν οὗ ἐὰν (s. ἂν) εὕρω iidem. [21] Sic Comp., Codd. III (cum ἐγενήθη), IV, 15, 18, 19, alii (inter quos 85 in marg.), Syro-hex. [22] Sic Comp., Ald., Codd. III, IV, X, 15, 16, 29, alii (inter quos 85), Syro-hex. [23] Cod. 85 in marg. Sic in textu Comp., Ald., Codd. III, IV, X, 15, 18, 19, alii, Syro-hex. [24] Sic Comp., Codd. III (om. τὰ), IV, 15, 18, alii, Syro-hex. [25] Haec, καὶ εὐδόκησε, ante καὶ ἐπορεύθη ὁ Λ. in textum inferunt Codd. 44, 84, 106, 134; necnon (cum ὁ Λ. καὶ ἐπορεύθη) Codd. 54, 59, 82,

128. Cf. Hex. ad Exod. ii. 21. [26] Sic Comp., Ald., Codd. III, IV, 15, 18, 19, alii (inter quos 85 in marg.). Cf. ad v. 5. [27] Sic Comp., Ald., Codd. III, IV, X, 15, 18, 19, alii, Syro-hex. Cod. 85 in marg.: ἦν ἐν τῷ οἴκῳ Μιχά. [28] Sic Comp., Ald. (cum ἀγαθοποίησεν), Codd. III, IV (ut Ald.), X (idem), 15 (idem), 18, 19 (cum ὅτι κύριος ἀγαθοποιήσαι μοι), alii (inter quos 85 in marg.), Arm. 1, Syro-hex.

CAP. XVIII. [1] Prior lectio est in Comp., Codd. III, IV, 15, 18, 19, aliis (inter quos 85 in marg.); posterior in Cod. 58, Syro-hex. [2] Sic Cod. IV, Syro-hex. (qui pingit: ἄνδρας ※ ἀπὸ μ. αὐτῶν ἄνδρας), et sine aster. (cum αὐτοῦ) Comp., Codd. 19, 108. Sic (sine ※ ἄνδρας ◄) Ald., Codd. III, 15, 18, 58, 85 (cum ἀπὸ μ. αὐτῶν in marg.), 128. [3] Sic Cod. IV (cum ※ σὺν τὴν γῆν: in posteriore loco). [4] Sic Comp., Ald. (cum ἐρευνήσατε), Codd. III (cum ἐξερευν.), IV (idem), X (cum ἐραυν.), XI (idem), 15, 18, alii (inter quos 85 in marg., ut Ald.), Syro-hex. [5] Sic Comp., Ald., Codd. III, IV (cum παρεγένετο ante corr.), X, XI, 15 (cum ἕως ὄ.), 18, 19 (ut 15), alii (inter quos 85 in marg.). [6] Sic Syro-hex., et sine aster. Codd. 54 (cum ἐξ ὄρους), 59

2, 3. וַיָּלִינוּ שָׁם : הֵמָּה עִם־בֵּית מִיכָה. Ο΄. καὶ ηὐλίσθησαν αὐτοὶ ἐκεῖ ἐν οἴκῳ Μιχαία. Alia exempl. καὶ κατέπαυσαν ἐκεῖ. αὐτῶν ὄντων παρὰ τῷ οἴκῳ Μιχά.[7]

3. הֲבִיאֲךָ. Ο΄. ἤνεγκέ σε. Alia exempl. ἤγαγέ σε.[8]

בָּזֶה. Ο΄. ἐν τῷ τόπῳ τούτῳ. Alia exempl. ἐνταῦθα.[9]

5. הֲתַצְלִיחַ דַּרְכֵּנוּ אֲשֶׁר אֲנַחְנוּ הֹלְכִים עָלֶיהָ. Ο΄. εἰ εὐοδωθήσεται ἡ ὁδὸς ἡμῶν, ἐν ᾗ ἡμεῖς πορευόμεθα ἐν αὐτῇ. Alia exempl. εἰ κατευοδοῖ ἡ ὁδὸς ἡμῶν, ἣν ἡμεῖς πορευόμεθα ἐπ᾽ αὐτήν.[10]

6. לְשָׁלוֹם. Ο΄. ἐν εἰρήνῃ. Alia exempl. εἰς εἰρήνην.[11]

7. וַיָּבֹאוּ. Ο΄. καὶ ἦλθον (alia exempl. παρεγένοντο[12]).

אֶת־הָעָם אֲשֶׁר־בְּקִרְבָּהּ יוֹשֶׁבֶת. Ο΄. ✕ σὺν ◄[13] τὸν λαὸν τὸν ἐν μέσῳ αὐτῆς καθήμενον. Aliter: Ο΄. τὸν λαὸν τὸν ἐν αὐτῇ κατοικοῦντα.[14]

לָבֶטַח. Ο΄. ἐπ᾽ (alia exempl. ἐν[15]) ἐλπίδι. Σ. ἀμερίμνως.[16]

כְּמִשְׁפַּט צִדֹנִים. Secundum morem Sidoniorum. Ο΄. ὡς κρίσις Σιδωνίων. Aliter: Ο΄. κατὰ τὴν σύγκρισιν τῶν Σιδωνίων. Ἄλλος· κατὰ τὸ ἔθος..[17]

7. שֹׁקֵט וּבֹטֵחַ וְאֵין־מַכְלִים דָּבָר בָּאָרֶץ יוֹרֵשׁ עֶצֶר. Tranquillus et securus; nec erat qui laederet quicquam in terra possessor imperii (s. in terra, possidens opes). Ο΄. ἡσυχάζουσα, καὶ οὐκ ἔστιν διατρέπων ἢ καταισχύνων λόγον ἐν τῇ γῇ, κληρόνομος ἐκπιέζων θησαυρούς. Aliter: Ο΄. ἡσυχάζοντας ἐν ἐλπίδι, καὶ μὴ δυναμένους λαλῆσαι ῥῆμα ✕ ἐν τῇ γῇ, κληρόνομος θησαυροῦ ◄.[18] Ἀ. καὶ οὐκ ἐνῆν καταισχύνων οὐδὲ διατρέπων...[19] Σ. ἐν ἠρεμίᾳ καὶ ἀφοβίᾳ, μηδενὸς ἐνοχλοῦντος ἐν μηδενὶ ἐν τῇ γῇ...[20]

וּרְחֹקִים הֵמָּה מִצִּידֹנִים וְדָבָר אֵין־לָהֶם עִם־אָדָם. Ο΄. καὶ μακράν εἰσι Σιδωνίων, καὶ λόγον οὐχ ἔχουσι πρὸς ἄνθρωπον. Aliter: (Ο΄.) Σ. ὅτι μακράν εἰσιν ἀπὸ Σιδῶνος, καὶ λόγος οὐκ ἦν αὐτοῖς μετὰ Συρίας (אָדָם).[21]

8. וַיָּבֹאוּ. Ο΄. καὶ ἦλθον (alia exempl. παρεγένοντο[22]) — οἱ πέντε ἄνδρες ◄.

וַיֹּאמְרוּ לָהֶם אֲחֵיהֶם. Ο΄. καὶ εἶπον τοῖς ἀδελφοῖς αὐτῶν. Alia exempl. καὶ ἔλεγον αὐτοῖς οἱ ἀδελφοὶ αὐτῶν.[23]

(cum ἕως ὄρους, 75 (ut 54), 82, 84, 106, 134. Cf. ad Cap. xv. 18. [7] Sic Comp., Ald. (cum ἐν pro παρά), Codd. III, IV (cum κατέπαυσεν), X (ut Ald.), XI (idem), 15, 18, 19, alii (inter quos 85 in marg., ut Ald.), Arm. 1 (ut Ald.), Syro-hex. [8] Sic Comp. (cum σε ἤγαγε), Ald., Codd. III, IV (ut Comp.), X, XI, 15 (ut Comp.), 18 (idem), 19 (idem), alii. [9] Sic Comp., Ald., Codd. III, IV, X, XI, 15, 18, 19, alii (inter quos 85 in marg.), Arm. 1, Syro-hex. [10] Sic Comp., Ald. (cum τὴν ὁδὸν), Codd. III, IV, X (ut Ald.), XI (idem), 15, 18 (ut Ald.), 19, alii (inter quos 85 in marg., ut Ald.), Syro-hex. (cum ܥܠܘܗܝ). [11] Sic Comp., Ald., Codd. III (cum καὶ εἰς εἰρ.), IV, X, XI, 18, 29, alii (inter quos 85 in marg.). Verbose Codd. 44, 54, 76, alii: εἰς εἰρήνην κυρίου ὑγιαίνοντες. [12] Sic Comp., Ald., Codd. III, IV, X, XI, 15, 18, 19, alii (inter quos 85 in marg. et ἐπορεύθησαν), Syro-hex. [13] Sic Cod. IV. [14] Cod. 85 in marg.: Ο΄. ἐν αὐτῇ κατοικοῦντα. Sic in textu Comp., Ald. (cum κατοικοῦντα ἐν αὐτῇ ἐγκαθήμενον), Codd. III (cum τὸν κατ. ἐν αὐτῇ καθήμενον), IV, X (cum τὸν κατ. ἐν αὐτῇ), XI (idem), 15, 18, 19, alii, Syro-hex. [15] Sic Comp., Codd. III, IV, 15, 18, 19, alii, Arm. 1, Syro-hex. [16] Cod. 85. Cf. Hex. ad Jerem. xxxii. 37. Ezech. xxxiv.

[17] Cod. 85 in marg.: Ο΄. κατὰ τὴν σύγκρισιν. κατὰ τὸ ἔθος. Prior lectio est in Comp., Ald. (om. τῶν), Codd. III, IV, X (ut Ald.), XI (idem), 18, 19, alii, Syro-hex. Ad posteriorem cf. Hex. ad 3 Reg. xviii. 28. [18] Sic Cod. IV (cum δυναμενούς, h.e. δυναμένους μου a 1ma manu, et δυναμένους (sine μου) ex corr.), Syro-hex. (qui pingit: ✕ ἐν τῇ γῇ ◄ κλ. θ., non, ut Rördam, ἐν τῇ γῇ κλ. ✕ θησαυροῦ ◄), et sine aster. Comp., Codd. 19 (cum κληρονόμους θησαυροὺς), 108. Sic (om. κλ. θης.) Codd. III, 30, 58 (cum ἡσυχάζοντες), 85 (in marg., praem. Ο΄); necnon (om. ἐν τῇ γῇ κλ. θησ.) Ald. (cum ἡσυχάζοντα), Codd. X, XI (cum ἡσυχάζοντα, et sine καὶ), 18, 29 (cum ἐπ᾽ ἐλπίδι), alii. [19] Cod. X. Versio vix Aquilae esse potest, qui pro מַכְלִים ἐντρίπων posuit Job. xi. 3. Ad rarius vocabulum διατρέπειν, pudore afficere, cf. Hex. ad Jesai. xxix. 22. [20] Cod. 85. [21] Cod. 85 in marg.: Σ. ὅτι μακράν κ.τ.ἑ. Sic in textu Comp., Ald., Codd. III, IV, X, 18, 19, alii, Syro-hex. (cum ܣܘܪܝܐ). [22] Sic Comp., Ald., Codd. III, IV (cum — οἱ πέντε ἄνδρες :), 15, 18, 19, alii (inter quos 85 in marg.), Syro-hex. [23] Sic Comp., Ald., Codd. III, IV, X, XI, 15, 19, alii (inter quos 85 in marg., om. αὐτοῖς), Syro-hex. (cum τοῖς ἀδελφοῖς).

9. כִּי רָאִינוּ. Ο'. ὅτι εἴδομεν (Aliter : Ο'. Θ. ἐωρά-
καμεν²⁴). Alia exempl. ÷ ὅτι εἰσήλθαμεν, καὶ
ἐμπεριεπατήσαμεν ἐν τῇ γῇ ἕως Λαϊσὰ, καὶ
εἴδομεν τὸν λαὸν τὸν κατοικοῦντα ἐν αὐτῇ ἐν
ἐλπίδι κατὰ τὸ σύγκριμα τῶν Σιδωνίων, καὶ
μακρὰν ἀπέχοντες ἐκ Σιδῶνος, καὶ λόγος οὐκ
ἦν αὐτοῖς μετὰ Συρίας· ἀλλὰ ἀνάστητε, καὶ
ἀναβῶμεν ἐπ' αὐτοὺς ◄, ὅτι εὑρήκαμεν.²⁵

מַחְשִׁים. Siletis. Ο'. ἡσυχάζετε. Alia exempl. σιωπᾶτε.²⁶ Σ. ἀμελεῖτε.²⁷

10. תָּבֹאוּ. Ο'. εἰσελεύσεσθε. Aliter : Ο'. Θ.
ἥξετε.²⁸

בֹּטֵחַ. Ο'. ἐπ' ἐλπίδι. Aliter : Ο'. Θ. πεποι-
θότα.²⁹

רַחֲבַת יָדַיִם. Lata utrinque. Ο'. πλατεῖα
(Aliter : Ο'. Θ. εὐρύχωρος³⁰). Aliter : Ο'. εὐρύχωρος ✕ χερσίν ◄.³¹

11. מִמִּשְׁפַּחַת. Ο'. ἀπὸ δήμων. Alia exempl. ἐκ
συγγενείας.³²

חָגוּר כְּלֵי מִלְחָמָה. Ο'. ἐζωσμένοι σκεύη παρατάξεως. Alia exempl. περιεζωσμένοι σκεύη
πολεμικά.³³

12. בִּיהוּדָה. Ο'. ἐν Ἰούδα, ✕ (potius ∞) καὶ
κατέλυσαν ἐκεῖ ◄.³⁴

אַחֲרֵי. Ο'. ὀπίσω. Aliter : Ο'. κατόπισθεν.³⁵

13. וַיַּעַבְרוּ מִשָּׁם הַר. Ο'. καὶ παρῆλθον ἐκεῖθεν
ὄρος. Aliter : Ο'. καὶ παρῆλθον ἐκεῖθεν, ÷ καὶ
ἦλθον ◄ ἕως τοῦ ὄρους.³⁶

14. הַיְדַעְתֶּם כִּי יֵשׁ בַּבָּתִּים הָאֵלֶּה. Ο'. ἔγνωτε
(Aliter : Ο'. Θ. οἴδατε³⁷) ὅτι ἔστιν ἐν τῷ οἴκῳ
τούτῳ. Alia exempl. εἰ οἴδατε ὅτι ✕ ἔστιν ◄
ἐν τοῖς οἴκοις τούτοις.³⁸

15. הַנַּעַר. Ο'. τοῦ νεανίσκου. Aliter : Ο'. Θ. τοῦ
παιδαρίου.³⁹

וַיִּשְׁאֲלוּ־לוֹ לְשָׁלוֹם. Ο'. καὶ ἠρώτησαν αὐτὸν
εἰς εἰρήνην. Alia exempl. καὶ ἠσπάσαντο αὐτὸν ✕ εἰς εἰρήνην ◄.⁴⁰

16. חֲגוּרִים כְּלֵי מִלְחַמְתָּם. Ο'. οἱ ἀνεζωσμένοι τὰ
σκεύη τῆς παρατάξεως αὐτῶν. Alia exempl.
περιεζωσμένοι σκεύη πολεμικὰ ✕ αὐτῶν ◄.⁴¹

נִצָּבִים פֶּתַח הַשַּׁעַר. Ο'. ἑστῶτες παρὰ θύρας
τῆς πύλης. Aliter : Ο'. ἐστηλωμένοι (Ο'. Θ.)
παρὰ τὴν θύραν τοῦ πυλῶνος.⁴²

---

²⁴ Cod. 85 in marg. Sic in textu Comp., Ald., Codd.
X, XI, 29, 55, alii. ²⁵ Sic Cod. IV (cum ἕως εἰς λαωσε
pro ἕως Λαϊσὰ), Syro-hex. (qui pingit: ὅτι εἰσήλθαμεν – καὶ
ἐμπ. – ἐν τῇ γῇ – ἐπ' αὐτοὺς ◄· ὅτι ἐωράκαμεν (sic)), et sine
obelo Codd. III (cum ἕως σιγησαι, et κατὰ συγκρ.), 15 (cum
εἰσήλθομεν), 18 (cum ἐπι. τῇ γῇ, ἕως Λαϊσὰ, et om. τὸν λαὸν),
44 (cum εἰσήλθομεν .. ἴδομεν .. ἀπέχοντες .. οὐκ ἔστιν αὐτοῖς ..
ἐωράκαμεν), alii, Arm. 1 (cum μετὰ Ἀσσυρίων, et εἴδομεν in
fine). Statim Cod. IV (bis): ✕ σὺν ◄ τὴν γῆν. ²⁶ Sic
Comp., Codd. III, IV, 19, 54, alii (inter quos 85 in marg.),
Syro-hex. ²⁷ Cod. 85. ²⁸ Cod. 85 in marg. Sic in
textu Comp., Ald., Codd. III, IV, XI, 15, 18, 19 (cum
ἥξεσθε), alii, Syro-hex. ²⁹ Idem. Sic in textu
Comp., Ald., Codd. III, IV, XI, 15, 18, 19, alii, Syro-hex.
³⁰ Idem. Sic in textu Ald., Codd. III, X, XI, 15, 18, 19,
alii. ³¹ Sic Syro-hex. (sine cuneolo), et sine aster.
Comp. Minus probabiliter Codd. IV (cum ✕ χερσὶ :), 19,
108: ὅτι χερσὶ παρέδωκεν αὐτήν. Cf. Hex. ad Gen. xxxiv. 21.
Psal. ciii. 25. ³² Sic Comp., Ald. (cum ἐκ σ. δήμων),
Codd. III, IV (cum συγγενίας), XI (ut Ald.), 15, 18, 19,
alii (inter quos 85 in marg. cum εἰς σ.), Arm. 1 (ut Ald.),
Syro-hex. ³³ Sic Comp., Ald. (cum παρατάξεως), Codd.

III, IV, X (ut Ald.), XI (idem), 15, 18, 19, alii (inter quos
85 in marg.), Arm. 1, Syro-hex. ³⁴ Sic Syro-hex., et
sine aster. Codd. 44, 54, 59, alii. Cf. ad Cap. xv. 18.
³⁵ Cod. 85 in marg. Sic in textu Comp., Ald., Codd. III,
IV, XI, 15 (cum ὄπισθεν), 18 (idem), 19, alii, Syro-hex.
³⁶ Sic Cod. IV, Syro-hex. (cum ✕ καὶ ἦλθον), et sine obelo
Comp. (om. καὶ ἦλθον), Ald., Codd. III (cum παρῆλθαν et
ἦλθαν), X (ut Comp.), XI (idem), 18, 19 (cum ἕως τὸ ὄρος),
alii (inter quos 85 in marg., ut Comp.), Arm. 1. ³⁷ Sic
85 in marg. ³⁸ Sic Cod. IV, et sine aster. Comp.,
Ald., Codd. III (om. ἔστιν), X (cum τῷ οἴκῳ τ.), XI, 18, 29,
alii (inter quos 85 in marg.), Syro-hex., Vet. Lat. (cum
ἰδοὺ οἴδατε). ³⁹ Cod. 85 in marg. Sic in textu Comp.,
Ald., Codd. III, IV, X, XI (om. τοῦ), 18, 29, alii, Syro-hex.
⁴⁰ Sic Cod. IV (qui pingit: ✕ καὶ ἠσπ. αὐτὸν ✕ εἰς εἰρήνην :),
et sine aster. Ald., Codd. III (om. εἰς εἰρήνην), 18 (ut III),
19, 54, alii, Syro-hex. Cf. Hex. ad Exod. xviii. 7. ⁴¹ Sic
Cod. IV, et sine aster. Comp., Ald., Codd. III, X, XI, 18,
19 (cum οἱ π.), alii (inter quos 85 in marg.), Syro-hex.
⁴² Sic Comp., Ald., Codd. III, IV, XI, 18, 19 (cum ἐστη-
λιόντα), alii, Syro-hex. (cum ܘܘܘ ܡܩܝܡܝܢ). Cod. 85 in
marg.: ἐστηλομένοι. Ο'. Θ. τὴν θ. τοῦ πυλῶνος.

17, 18. בָּאוּ שָׁמָּה לָקְחוּ אֶת־הַפֶּסֶל וְאֶת־הָאֵפוֹד וְאֶת־הַתְּרָפִים וְאֶת־הַמַּסֵּכָה וְהַכֹּהֵן נִצָּב פֶּתַח הַשַּׁעַר וְשֵׁשׁ־מֵאוֹת הָאִישׁ הֶחָגוּר כְּלֵי הַמִּלְחָמָה׃ וְאֵלֶּה בָּאוּ בֵּית מִיכָה. Ο΄. καὶ εἰσῆλθον ἐκεῖ εἰς οἶκον Μιχαία, καὶ ὁ ἱερεὺς ἑστώς. Alia exempl. ἐπελθόντες ἐκεῖ ἔλαβον τὸ γλυπτὸν, καὶ τὸ ἐφοὺδ, καὶ τὸ θεραφεὶν, καὶ τὸ χωνευτὸν καὶ ὁ ἱερεὺς ἐστηλωμένος παρὰ τῇ θύρᾳ τοῦ πυλῶνος, καὶ οἱ ἑξακόσιοι ἄνδρες οἱ περιεζωσμένοι σκεύη πολεμικά. καὶ οὗτοι εἰσῆλθον εἰς οἶκον Μιχά.[43]

19. הַחֲרֵשׁ. Ο΄. κώφευσον. Ἄλλος· σίγα.[44]

וְלֵךְ. Ο΄. καὶ δεῦρο (Aliter: Ο΄. Θ. ἐλθέ[45]).

הֲטוֹב. Ο΄. μὴ ἀγαθόν ('Α. Ο΄. Θ. βέλτιον[46]).

וּלְמִשְׁפָּחָה בְּיִשְׂרָאֵל. Ο΄. καὶ οἴκου εἰς δῆμον Ἰσραήλ. Ο΄. Θ. καὶ συγγενείας ἐν Ἰσραήλ.[47]

21. וַיָּשִׂימוּ אֶת־הַטַּף וְאֶת־הַמִּקְנֶה וְאֶת־הַכְּבוּדָּה (res pretiosas). Ο΄. καὶ ἔθηκαν τὰ τέκνα, καὶ τὴν κτῆσιν, καὶ τὸ βάρος. Aliter: Ο΄. Θ. καὶ ἔταξαν τὴν πανοικίαν, καὶ τὴν κτῆσιν αὐτοῦ τὴν ἔνδοξον.[48]

22. הֵמָּה הִרְחִיקוּ. Ο΄. αὐτοὶ ἐμάκρυναν. Alia exempl. αὐτῶν δὲ μεμακρυγκότων (s. μακρυνόντων).[49]

22. אֲשֶׁר בַּבָּתִּים אֲשֶׁר עִם־בֵּית מִיכָה נִזְעֲקוּ וַיַּדְבִּיקוּ אֶת־בְּנֵי־דָן. Qui erant in domibus, quae domo Michae vicinae erant, congregarunt se, et persecuti sunt filios Dan. Ο΄. οἱ ἐν ταῖς οἰκίαις ταῖς μετὰ οἴκου Μιχαία ἐβόησαν, καὶ κατελάβοντο τοὺς υἱοὺς Δάν. Alia exempl. ※ οἱ ὄντες ἐν τοῖς οἴκοις ◄ οἱ σὺν τῷ οἴκῳ μετὰ Μιχά, ἔκραζον κατοπίσω υἱῶν Δάν.[50]

23. וַיִּקְרְאוּ אֶל־בְּנֵי־דָן. Ο΄. Vacat. Alia exempl. καὶ ἐβόησαν πρὸς τοὺς υἱοὺς Δάν.[51]

נִזְעָקְתָּ. Congregastis vos. Ο΄. ἐβόησας. Aliter: Ο΄. ἐκέκραξας. Ο΄. ἐβόησας.[52]

24. אֶת־אֱלֹהַי אֲשֶׁר־עָשִׂיתִי. Ο΄. ὅτι τὸ γλυπτόν μου, ὃ ἐποίησα. Aliter: Ο΄. Θ. τοὺς θεούς μου, οὓς ἐποίησα ἐμαυτῷ.[53]

וַתֵּלְכוּ. Ο΄. καὶ ἐπορεύθητε (alia exempl. ἀπήλθετε[54]).

25. מָרֵי נֶפֶשׁ. Ο΄. πικροὶ (Aliter: Ο΄. Θ. κατώδυνοι[55]) ψυχῇ.

וְאָסַפְתָּה. Et perdas. Ο΄. καὶ προσθήσουσι (alia exempl. προσθήσεις[56]).

26. חֲזָקִים הֵמָּה מִמֶּנּוּ. Ο΄. δυνατώτεροί εἰσιν ὑπὲρ αὐτόν. Aliter: Ο΄. Θ. ἰσχυρότεροι αὐτοῦ εἰσιν.[57]

וַיִּפֶן וַיָּשָׁב. Et convertit se, et rediit. Ο΄. καὶ

---

[43] Sic Comp. (cum τὴν θύραν), Codd. III (cum ἄνδρες περιεζ.), (IV hiat), XI, 16, 29, 30, alii (inter quos 85, cum καὶ εἰσῆλθον ἐκεῖ), Syro-hex. [44] Cod. 85 in marg. sine nom. [45] Idem. Sic in textu Comp., Ald., Codd. III, X, XI, 18, 19, alii, Syro-hex. [46] Idem. Sic in textu Comp., Ald., Codd. III, XI, 18, 19, alii, Syro-hex. [47] Cod. 85 in marg. (cum εἰς Ἰσρ.). Sic in textu Comp., Ald., Codd. III, XI, 18, 19, alii, Syro-hex. [48] Cod. 85 in marg. Sic in textu Comp. (cum καὶ ἔθηκαν τὴν παροικίαν, καὶ τὴν κτ. αὐτῶν τὴν ἔ.), Ald. (cum καὶ ἐπάταξαν τὴν παροικίαν), Codd. III (cum καὶ ἔθηκαν τὴν πανοικείαν), X (cum καὶ ἐπάταξαν τὴν πανοικείας), XI (cum καὶ ἐπάταξαν), 18 (idem), 19 (cum καὶ ἐπάταξαν τὴν οἰκίαν), 29, alii, Arm. 1 (cum καὶ ἐπάταξαν), Syro-hex. (idem). [49] Prior scriptura est in Ald., Codd. III (cum ὣν), X (idem), XI, 18, 29 (ut III), aliis, Syro-hex.; posterior in Codd. 15, 16, 53, aliis (inter quos 85). [50] Sic Syro-hex. (cum ἐν τῷ οἴκῳ pro σὺν τῷ οἴκῳ), et sine aster. Codd. III (om. υἱῶν), 64 (om. οἱ ὄντες ἐν τοῖς οἴκοις), 108 (om. σύν). Ad οἱ ἐν ταῖς οἰκίαις Cod. 85

in marg.: σὺν τῷ οἴκῳ μετὰ Μιχά ἐκέκραξαν κατοπίσω υἱῶν Δάν. [51] Sic Comp. (om. τοὺς), Codd. III, 108, Syro-hex. [52] Cod. 85 in marg. (cum ἐλάλησας in textu). Scriptura ἔκραξας est in Comp., Ald., Codd. X, XI, 18, 19, aliis, Syro-hex. [53] Cod. 85 in marg. Sic in textu Comp. (om. μου et ἐμαυτῷ), Ald. (praem. ὅτι), Codd. X (ut Ald.), XI (idem), 18 (cum τοὺς θεσμοὺς οὓς ἐπ. ἐν αὐτῷ), 19 (ut Comp.), alii, Syro-hex. [54] Sic Comp., Ald., Codd. III (cum ἀπήλθατε), X, XI (ut III), 18, 19, alii (inter quos 85 in marg.), Syro-hex. [55] Cod. 85 in marg. Sic in textu Comp., Ald., Codd. X, XI, 18, 19, alii, Syro-hex. (cum indice super ܡܪܝܪܝ). [56] Sic Comp., Ald., Codd. III, XI, 15, 16, 18 (cum προσθήσῃς), alii (inter quos 85), Syro-hex. (cum ܘܬܘܣܦ, et in marg. manu seriori: ܡܣܝ ܘܠܬܘܒܕ, h. e. "Correctius: καὶ ἐκλείψεις, s. ἀπαλεθήσεται"). [57] Cod. 85 in marg. Sic in textu Comp., Ald. (cum εἰσιν αὐτοῦ), Codd. III (idem), X (idem), XI (idem), 18, 19, alii, Syro-hex.

ἐπέστρεψεν. Alia exempl. καὶ ἐξένευσε, καὶ ἀνέστρεψεν.[58]

27. וְהֵמָּה. Ο΄. καὶ οἱ υἱοὶ Δάν. Alia exempl. καὶ αὐτοί.[59]

28. וְאֵין מַצִּיל. Ο΄. καὶ οὐκ ἦν ὁ ῥυόμενος. Aliter: Ο΄. Θ. καὶ οὐκ ἔστιν ὁ ἐξαιρούμενος.[60]

אֲשֶׁר לְבֵית־רְחוֹב. Ο΄. τοῦ (alia exempl. ἥ ἐστι τοῦ[61]) οἴκου Ῥαάβ (Οἱ λοιποί· Ῥεώβ[62]).

29. בְּשֵׁם. Ο΄. ἐν ὀνόματι. Aliter: Ο΄. Θ. κατὰ τὸ ὄνομα.[63]

יֻלַּד. Ο΄. ἐτέχθη. Alia exempl. ἐγενήθη.[64]

וְאוּלָם לַיִשׁ. Verumtamen Laish. Ο΄. καὶ ἦν Οὐλαμαΐς (alia exempl. Λαϊσά, s. Λαΐς[65]).

30. אֶת־הַפֶּסֶל. Ο΄. τὸ γλυπτὸν ÷ Μιχά ◄.[66]

בֶּן־גֵּרְשֹׁם בֶּן־מְנַשֶּׁה הוּא (sic). Ο΄. υἱὸς Γηρσὼν υἱὸς Μανασσῆ (alia exempl. υἱοῦ Μανασσῆ; alia, υἱοῦ Μωσῆ[67]) αὐτός. Aliter: Ο΄. ※ (potius ∾) υἱὸς Μανασσῆ (◄) ※ υἱοῦ Γηρσάμ υἱοῦ Μωσῆ αὐτός ◄.[68]

30. עַד־יוֹם גְּלוֹת. Ο΄. ἕως ἡμέρας τῆς ἀποικίας (Aliter: Ο΄. τῆς μετοικεσίας[69]).

31. וַיָּשִׂימוּ. Ο΄. καὶ ἔθηκαν (Aliter: Ο΄. Θ. ἔταξαν[70]).

Cap. XVIII. 11. ※ ἐκεῖθεν ◄.[71] 14. ※ Λαϊσά ◄.[72]

CAP. XIX.

1 (Gr. xviii. 31). וּמֶלֶךְ אֵין. Ο΄. οὐκ ἦν βασιλεύς. Aliter: Ο΄. καὶ βασιλεὺς οὐκ ἦν.[1]

בְּיַרְכְּתֵי. Ο΄. ἐν μηροῖς. Ἄλλος· ἐν ἱερουδίθ.[2]

וַיִּקַּח־לוֹ. Ο΄. καὶ ἔλαβεν αὐτῷ ÷ ὁ ἀνήρ.[3]

2. וַתִּזְנֶה עָלָיו. Et scortata est contra eum. Ο΄. καὶ ἐπορεύθη ἀπ᾽ αὐτοῦ. Aliter: Ο΄. καὶ ὠργίσθη αὐτῷ.[4]

וַתְּהִי. Ο΄. καὶ ἦν. Aliter: Ο΄. Θ. καὶ ἐγένετο.[5]

יָמִים אַרְבָּעָה חֳדָשִׁים. Ο΄. ἡμέρας μηνῶν τεσσάρων (alia exempl. τετράμηνον[6]).

3. אַחֲרֶיהָ. Ο΄. ὀπίσω (Aliter: Ο΄. Θ. κατόπισθεν[7]) αὐτῆς.

---

[58] Sic Comp., Ald., Codd. III, X, XI, 18, 19, alii (inter quos 85 in marg.), Syro-hex.   [59] Sic Comp., Ald., Codd. III, XI, 18, 29, alii, Arm. 1, Syro-hex.   [60] Cod. 85 in marg. Sic in textu Comp., Ald., Codd. III (cum ἔστιν ἐξαιρούμενος), X, XI, 18, 19, alii, Syro-hex.   [61] Sic Comp., Ald., Codd. III, 18, 19, alii (inter quos 85 in marg.), Syro-hex.   [62] Cod. 85. Sic in textu Comp. (cum Ῥοάβ), Ald. (cum Ῥοώβ), Codd. III (cum Τώβ), X (ut Ald.), XI (idem), 16, 18 (ut Ald.), alii, Syro-hex. (cum ܐܣܘܒ). Mox κατῴκησαν pro κατεσκήνωσαν Comp., Ald., Codd. III, X, XI, 18, 19, alii.   [63] Cod. 85 in marg. Sic in textu Comp., Codd. III, X, XI, 18, 19, alii, Syrohex.   [64] Sic Comp., Ald., Codd. III, X, XI, 18, 19, alii (inter quos 85 in marg. cum ἐγενήθη), Syro-hex.   [65] Prior lectio est in Codd. X, XI, 30, 54, 75; posterior in Comp., Ald., Codd. III (cum αλεις), 18, 29, aliis, Syro-hex. Cf. Hex. ad Gen. xxviii. 19.   [66] Sic Syro-hex., et sine obelo Codd. III (cum Μιχὰ), 18, 19 (cum τοῦ Μιχὰ), 44, alii, Arm. 1.   [67] Prior lectio est in Comp., Ald., Codd. III, 18, 58, aliis; posterior in Codd. 15, 16, aliis (inter quos 85).   [68] Sic Syro-hex. (qui legit et pingit: ※ υἱὸς Μανασσῆ υἱοῦ ※ Γηρσὼν υἱοῦ Μωσῆ ※ αὐτός ◄), et sine notis Codd. 44 (cum υἱὸς Γ.), 54, 59 (cum Γερσάμ), 75 (cum υἱὸς Γηρσάμ), 76, alii. Bar Hebraeus: ܡܢܫܐ ܟܗ ܕܒ ܓܪܫܘܢ ܕܒ ܡܠܐܟܐ ܐܚܕ. ܐܠܐ ܕܒ ܡܠܐܟܐ ܕܒ ܓܪܫܘܢ ܕܒ ܡܠܐܟܐ ܐܘܚܠ.

In textu Ed. Rom. haec, υἱὸς Γηρσὼν—αὐτός, desunt in Codd. X, 29, 30, aliis.   [69] Cod. 85 in marg. (cum ἕως τῆς ἡμέρας ἀποικεσίας in textu). Sic in textu (cum ἕως τῆς ἡμ.) Comp., Ald., Codd. III (om. τὴν ἡμέρας), X, XI, 18, 19 (ut III), 29, alii, Syro-hex.   [70] Idem. Sic in textu Comp., Ald., Codd. III, XI, 18, 19, alii, Arm. 1.   [71] Cod. IV, Syro-hex. (sine metobelo). Deest in Codd. 54, 58, 59, 75, 82.   [72] Cod. IV. Deest in Ald., Codd. X, XI, 29, 44, 54, aliis.

Cap. XIX. [1] Cod. 85 in marg. Sic in textu Comp., Codd. III, XI, 18, 19, alii, Syro-hex.   [2] Sic (cum duplici lectione ἐν ἱερουδίθ ἐν μηροῖς) Codd. 44, 54, 59 (cum ÷ ὁρίοις), 82, 84, 106, 134.   [3] Sic Syro-hex. (cum ÷ pro ◄), et sine obelo (cum ἑαυτῷ) Comp., Codd. 15 (cum αὑτῷ), 18, 64, 128, Arm. 1; necnon (cum ὁ ἀνὴρ ἑαυτῷ) Codd. III, 44, 54, alii.   [4] Cod. 85 in marg. Sic in textu Comp., Ald., Codd. III, XI, 15, 18, 19 (cum ὀργίσθη), alii, Syro-hex. (idem), Bar Hebr. (idem), S. Hieron. Opp. T. VI, p. 490.   [5] Idem. Sic in textu Comp., Ald., Codd. III, X, XI, 15, 18, 19, alii, Syro-hex.   [6] Sic Comp., Ald., Codd. III, X (om. ἡμέρας), XI (idem), 15, 18, 19, alii (inter quos 85 in marg.), Syro-hex.   [7] Cod. 85 in marg. Sic in textu Comp., Ald., Codd. III, X, XI, 15, 18, 29, alii.

3. לָהֲשִׁיבָהּ. Ο΄. τοῦ ἐπιστρέψαι (Aliter: Ο΄. διαλλάξαι[8]) αὐτὴν αὐτῷ. Alia exempl. τοῦ διαλλάξαι αὐτὴν – αὐτῷ ◄, καὶ ἀπαγαγεῖν αὐτὴν πάλιν πρὸς αὐτόν.[9]

וְנַעֲרוֹ. Ο΄. καὶ νεανίας (Aliter: Ο΄. Θ. τὸ παιδάριον[10]) αὐτοῦ.

חֲמֹרִים. Ο΄. ὄνων. Alia exempl. ὑποζυγίων.[11]

וַתְּבִיאֵהוּ בֵית אָבִיהָ. Ο΄. ἡ δὲ εἰσήνεγκεν αὐτὸν εἰς οἶκον πατρὸς αὐτῆς. Alia exempl. καὶ ἐπορεύθη ἕως οἴκου τοῦ πατρὸς αὐτῆς.[12]

וַיִּשְׂמַח לִקְרָאתוֹ. Ο΄. καὶ ηὐφράνθη εἰς συνάντησιν αὐτοῦ. Aliter: Ο΄. καὶ παρῆν εἰς ἀπάντησιν αὐτοῦ.[13]

4. וַיֶּחֱזַק־בּוֹ חֹתְנוֹ אֲבִי הַנַּעֲרָה. Ο΄. καὶ κατέσχεν (Aliter: Ο΄. εἰσήγαγεν[14]) αὐτὸν ὁ γαμβρὸς αὐτοῦ ὁ πατὴρ τῆς νεάνιδος. Aliter: Ο΄. ※ (fort. ☾) καὶ ἐκράτησε τῆς χειρὸς αὐτοῦ (◄)· καὶ εἰσήγαγεν αὐτὸν ὁ γαμβρὸς αὐτοῦ ὁ πατὴρ τῆς νεάνιδος ※ (fort. ☾) πρὸς αὐτόν ◄.[15]

וַיֵּשֶׁב אִתּוֹ. Ο΄. καὶ ἐκάθισε μετ' αὐτοῦ. Ἄλλος· καὶ ἔμεινε πρὸς αὐτόν.[16]

וַיָּלִינוּ. Ο΄. καὶ ηὐλίσθησαν (Aliter: Ο΄. Θ. ὕπνωσαν[17]).

5. לָלֶכֶת. Ο΄. πορευθῆναι. Aliter: Ο΄. Θ. ἀπελθεῖν.[18]

אֶל־חֲתָנוֹ. Ο΄. πρὸς τὸν νυμφίον (Aliter: Ο΄. Θ. γαμβρὸν[19]) αὐτοῦ.

פַּת־לֶחֶם. Ο΄. ψωμῷ (Aliter: Ο΄. Θ. κλάσματι[20]) ἄρτου.

6. שְׁנֵיהֶם. Ο΄. οἱ δύο. Aliter: Ο΄. Θ. ἀμφότεροι.[21]

הוֹאֶל־נָא וְלִין. Placeat tibi quaeso, et pernocta. Ο΄. ἄγε δὴ (Aliter: Ο΄. Θ. ἀρξάμενος[22]) αὐλίσθητι. Alia exempl. ἀρξάμενος ※ δὴ ◄ καὶ αὐλίσθητι.[23] Ἄλλος· ἐπιεικῶς (benigne) μεῖνον.[24]

7. לָלֶכֶת. Ο΄. τοῦ πορεύεσθαι (Aliter: Ο΄. Θ. ἀπελθεῖν[25]).

וַיָּשֶׁב וַיָּלֶן. Et reversus est, et pernoctavit. Ο΄. καὶ ἐκάθισε καὶ ηὐλίσθη. Alia exempl. καὶ πάλιν ηὐλίσθη.[26]

8. הַנַּעֲרָה. Ο΄. τῆς νεάνιδος. Schol. Πάντες κώδικες· πρὸς τὸν ἄνδρα.[27]

סְעָד־נָא לְבָבְךָ. Ο΄. στήρισον ※ δὴ ◄[28] τὴν καρδίαν σου – ἄρτῳ ◄.[29]

וְהִתְמַהְמְהוּ. Et moram nectite. Ο΄. καὶ στράτευσον. Alia exempl. καὶ στραγεύθητι.[30]

---

[8] Cod. 85 in marg. Sic in textu Comp., Codd. X, XI, 29, alii.   [9] Sic Syro-hex. (cum – αὐτῷ), et sine obelo Ald. (cum ἀπάγειν), Codd. III (cum αὐτὴν ἑαυτῷ), 15 (cum ἑαυτὴν ἑαυτῷ), 19 (om. αὐτῷ, cum παλλακὴν pro πάλιν), 44 (cum ἑαυτῷ et πρὸς ἑαυτόν), 55, alii.   [10] Cod. 85 in marg. Sic in textu Comp., Ald., Codd. III, X, XI, 15, 18, 19, alii, Syro-hex.   [11] Sic Comp., Ald., Codd. III, X, XI, 15, 16, 18, 19, alii (inter quos 85), Syro-hex.   [12] Sic Comp. (om. τοῦ), Ald., Codd. III, X, XI, 15, 18, 19 (ut Comp.), alii (inter quos 85 in marg.), Syro-hex.   [13] Cod. 85 in marg. Sic in textu Comp., Ald., Codd. III, X, XI, 15, 18, 19, alii, Arm. 1 (cum ἐξῆλθεν pro παρῆν), Syro-hex.   [14] Idem in continuatione: καὶ εἰσήγαγεν αὐτὸν ὁ γ. αὐτοῦ. Sic in textu Comp., Ald., Codd. III, X, XI, 15, 18, 19, alii.   [15] Sic Syro-hex., et sine notis Codd. 54, 59 (cum πρὸς ἑαυτόν), 76, alii.   [16] Sic Codd. 54, 59 (cum ἔμεινε), 75, 82. Fortasse est Symmachi, coll. Hex. ad Gen. xiii. 12. Thren. i. 1.   [17] Cod. 85 in marg. Sic in textu Comp., Ald., Codd. III, X, XI, 15, 18, 19, alii, Arm. 1, Syro-hex.   [18] Idem. Sic in textu Comp., Ald., Codd. III, X, XI, 15, 18, 19, alii, Syro-hex.   [19] Idem. Sic in textu Comp.,

Codd. III, 19, 30, alii, Syro-hex.   [20] Idem. Sic in textu Comp., Ald., Codd. III, X (cum βωμῷ in marg.), XI, 15, 18, 19 (cum κλάσματος), alii, Syro-hex.   [21] Idem. Sic in textu Comp., Ald., Codd. III (cum ἐπὶ τὸ αὐτὸ ἀμφ.), X (idem), XI, 15, 18, 19, alii, Syro-hex.   [22] Idem. Sic in textu Comp., Ald., Codd. III, XI (cum ἐπηκως iu marg.), 15, 29, alii. Cf. Hex. ad Exod. ii. 21.   [23] Sic Syro-hex., et sine aster. Codd. 18 (sine καί), 19. 58, 108, 128 (ut 18).   [24] Sic in textu Codd. 54, 59 (cum ἐπιεικές), 82 (cum ἐπιεικίως pro ἐπιεικαίως). Cf. Hex. ad 1 Reg. xii. 22. 4 Reg. v. 23. vi. 3.   [25] Cod. 85 in marg. Sic in textu Comp. (sine τοῦ), Codd. III (idem), X, XI, 15, 18, 19 (ut Comp.), alii, Syro-hex.   [26] Sic Ald. (praem. καὶ ἐκάθισε), Codd. III, 15, 18, 19 (ut Ald.), alii, Syro-hex.   [27] Cod. 85 in marg., invitis libris nostris.   [28] Sic Syro-hex. Particula deest in Codd. III, 29, 44, aliis, Arm. 1.   [29] Sic Syro-hex. (sine metobelo), et sine obelo Comp., Ald., Codd. III, X, XI, 15, 16, 18, 19, alii (inter quos 85), Arm. 1.   [30] Sic in textu (cum στραγεύθητι) Codd. 15, 18, 64, 85 (in marg.), Syro-hex. (cum ܘܐܬܠܠܘ, et differt); necnon (cum στρατεύ-

Alia: καὶ διεπλάνα αὐτόν.[31] 'Α. καὶ νωθρεύθητε. Σ. καὶ διάτριψον.[32]

8. וַיֹּאכְלוּ שְׁנֵיהֶם. Ο'. καὶ ἔφαγον οἱ δύο. Aliter: Ο'. καὶ ἔφαγον — καὶ ἔπιον ⳹ ἀμφότεροι.[33]

9. רָפָה. Laxavit se. Ο'. ἠσθένησεν. Alia exempl. κέκλικεν.[34]

הִנֵּה נָא לִינוּ־נָא (הִנֵּה). Ο'. αὐλίσθητι ὧδε (הִנֵּה). Alia exempl. κατάλυσον ※ δὴ ⳹ ὧδε.[35]

הִנֵּה חֲנוֹת הַיּוֹם לְין פֹּה. En! declinationem diei! pernocta hic. Ο'. Vacat. Alia exempl. ἔτι σήμερον, καὶ μείνατε ὧδε.[38]

וְהָלַכְתָּ. Ο'. καὶ πορεύσῃ (Aliter: Ο'. Θ. ἀπελεύσῃ[37]).

10. אָבָה. Ο'. εὐδόκησεν. Alia exempl. ἠθέλησεν.[38]

וַיָּבֹא. Ο'. καὶ ἦλθεν (Aliter: Ο'. Θ. παρεγένοντο[39]).

חֲמוֹרִים. Ο'. ὄνων. Aliter: Ο'. Θ. ὑποζυγίων.[40]

עִמּוֹ. Ο'. μετ' αὐτοῦ, ※ (potius ⌐) καὶ ὁ παῖς αὐτοῦ ⳹.[41]

11. הֵם עִם־יְבוּס. Ο'. καὶ ἤλθοσαν ἕως 'Ιεβούς. Alia exempl. αὐτοὶ κατὰ 'Ιεβούς.[42]

רַד. Ο'. προβεβήκει. Alia exempl. κεκλικυῖα.[43]

12. מִבְּנֵי. Ο'. ἀπὸ υἱῶν. Aliter: Ο'. Θ. ἐκ τῶν υἱῶν.[44]

13. לְנַעֲרוֹ. Ο'. τῷ νεανίᾳ (Οἱ λοιποί· παιδαρίῳ[45]) αὐτοῦ.

וְנִקְרְבָה בְּאַחַד. Ο'. καὶ ἐγγίσωμεν ἑνί. Alia exempl. καὶ εἰσέλθωμεν εἰς ἕνα.[46]

וְלַנּוּ. Ο'. καὶ αὐλισθησόμεθα (Aliter: Ο'. Θ. αὐλισθῶμεν[47]).

15. לָלוּן. Ο'. αὐλισθῆναι. Aliter: Ο'. Θ. καταλῦσαι.[48]

16. בָּא מִן־מַעֲשֵׂהוּ מִן־הַשָּׂדֶה בָּעֶרֶב. Ο'. ἤρχετο ἐξ ἔργων αὐτοῦ ἐξ ἀγροῦ ἐν ἑσπέρᾳ. Aliter: Ο'. Θ. εἰσῆλθεν εἰς τὸν οἶκον αὐτοῦ ἐξ ἀγροῦ ἑσπέρας.[49]

בְּנֵי יְמִינִי. Ο'. υἱοὶ Βενιαμίν. Alia exempl. υἱοὶ Βενιαμὶν ※ υἱοὶ λοιμοί ⳹.[50]

θητι) Comp., Ald., Codd. III, X, XI, 29, 30, alii. Lectio Symmachum refert, coll. Hex. ad Gen. xix. 16. Prov. xxiv. 10. Habac. ii. 3.   [31] Sic Codd. XI (in marg.), 16 (cum διεπλάννα), 44 (idem), 52 (cum διεπλάννεν), 53 (cum αὐτὰ), 57, 59, alii.   [32] Cod. X, teste Montef. Lex. Cyrilli MS. Brem.: Στραγγεύθητι· νωθρεύθητι, διάτριψον. Hesych.: Στραγγεύεται· διατρίβει. Ne tamen suspicetur aliquis, lectiones glossographis potius quam interpretibus tribuendas esse, etiam Bar Hebraeus opportune affert: 'Α. καὶ νωθρεύθητι. Sic [ܐ]. νωθρός, Prov. xxii. 29). Σ. καὶ διάτριψον (ܬܘ). [33] Sic Syro-hex. (qui male pingit: — καὶ ἔφαγον ⳹ καὶ ἔπιον), et sine obelo Comp., Ald., Codd. III, X, XI, 15, 18, 19, alii (inter quos 85, cum ἀμφότεροι in marg.).   [34] Sic Comp., Ald., Codd. III (cum εἰς ἐστ. κέκλικεν ἡ ἡμ.), X, XI, 15, 18, 19, alii (inter quos 85, cum ἠσθένησεν in marg.), Arm. 1, Syro-hex.   [35] Sic Syro-hex., et sine aster. Comp., Codd. 19, 108; necnon (om. δὴ) Codd. III, 15, 18, 64, 85 (in marg.), 128.   [36] Sic Comp., Codd. III, 19, 58, 108. Syro-hex. legit et pingit: καὶ σήμερον, καὶ μείνατε ※ ὧδε ἔτι, nullo cuneolo.   [37] Cod. 85 in marg. Sic in textu Comp., Ald., Codd. III, X, XI, 15, 18, 19 (cum ἀπελεύσει), alii, Syro-hex.   [38] Sic Comp., Ald., Codd. III, X, XI, 15, 18, 19, alii (inter quos 85), Arm. 1, Syro-hex. Cf. ad

v. 25.   [39] Cod. 85 in marg. Sic in textu Ald., Codd. III, 30, 121; necnon (cum παρεγίνετο) Comp., Codd. X, XI, 15, 18, 19, alii, Syro-hex.   [40] Idem. Sic in textu Comp., Ald., Codd. III, X, XI, 15, 18, 19, alii, Syro-hex.   [41] Sic Syro-hex. (qui legit et pingit: ※ καὶ ἡ παλλ. αὐτοῦ ἐπ' αὐτῶν, καὶ ὁ π. αὐτοῦ), et sine aster. Codd. 54, 55, 75, alii.   [42] Sic Comp., Ald., Codd. III (cum ἔτι αὐτῶν ὄντων κ. 'Ι.), X, XI, 15, 18 (cum καὶ αὐτοὶ ἤλθοσαν κ. 'Ι.), 19, alii (inter quos 85 in marg.), Arm. 1, Syro-hex.   [43] Sic Comp., Ald., Codd. III, XI, 15, 18 (cum κέκλικε), 19, alii (inter quos 85 in marg.), Syro-hex.   [44] Cod. 85 in marg. Sic in textu Comp., Ald., Codd. III, X, XI, 15, 18, 29, alii. Mox ὧδε deest in iisdem cum Arm. 1, et Syro-hex., invito Hebraeo.   [45] Cod. 85. Sic in textu Comp., Ald., Codd. III, X, XI, 15, 18, 19, alii, Syro-hex.   [46] Sic Cod. III (cum εἰσέλθωμεν), 19, 108, Syro-hex.   [47] Cod. 85 in marg. Sic in textu Comp., Ald., Codd. III, X, XI, 15, 18, 29, alii, Syro-hex.   [48] Idem. Sic in textu Comp. (praem. καὶ), Ald., Codd. III, XI (ut Comp.), 15, 18, 19 (ut Comp.), alii, Syro-hex.   [49] Idem. Sic in textu solus Cod. 55. Sed eadem fere lectio, cum ἀπὸ τῶν ἔργων pro εἰς τὸν οἶκον, est in Comp., Ald., Codd. III, X, XI, 15, 18, aliis, Syro-hex.   [50] Sic Syro-hex., et sine aster. Codd. XI, 18, 55 (cum λιμοι), 58 (cum φθοροποιοὶ in

17. וַיִּשָּׂא עֵינָיו וַיַּרְא אֶת־הָאִישׁ הָאֹרֵחַ. Ο'. καὶ ἦρε τοὺς ὀφθαλμοὺς αὐτοῦ, καὶ εἶδε τὸν ὁδοιπόρον ἄνδρα. Aliter: Ο'. Θ. καὶ ἀναβλέψας τοῖς ὀφθαλμοῖς αὐτοῦ εἶδε τὸν ἄνδρα τὸν ὁδοιπόρον.[51]

וַיֹּאמֶר. Ο'. καὶ εἶπε ※ (potius ⍝) πρὸς αὐτὸν ◄.[52]

18. עֹבְרִים. Ο'. παραπορευόμεθα. Θ. διαβαίνομεν.[53]

וְאֶת־בֵּית יְהוָה. Ο'. καὶ εἰς τὸν οἶκόν μου. Alia exempl. καὶ ※ νῦν (◄) εἰς τὸν οἶκόν μου.[54]

הֹלֵךְ. Ο'. πορεύομαι. Alia exempl. ἀποτρέχω.[55]

19. יֵשׁ. Ο'. ἐστι. Alia exempl. ὑπάρχει.[56]

וְגַם־לֶחֶם. Ο'. καὶ ἄρτος (s. ἄρτοι[57]). Alia exempl. καίγε ἄρτος.[58]

יֶשׁ־לִי וְלַאֲמָתֶךָ וְלַנַּעַר עִם־עֲבָדֶיךָ. Ο'. ἐστιν ἐμοὶ καὶ τῇ παιδίσκῃ καὶ τῷ νεανίσκῳ μετὰ τῶν παίδων σου. Alia exempl. ὑπάρχει μοι

καὶ τῇ δούλῃ σου καὶ τῷ παιδαρίῳ τοῖς δούλοις σου.[59]

20. אַל־תָּלַן. Ο'. οὐ μὴ αὐλισθῇσῃ. Aliter: Ο'. Θ. (μὴ) καταλύσῃς.[60]

21. וַיָּבָל לַחֲמוֹרִים. Et pabulum praebuit asinis. Ο'. καὶ τόπον ἐποίησε τοῖς ὄνοις. Alia exempl. καὶ παρέβαλε τοῖς ὑποζυγίοις ※ αὐτοῦ ◄.[61]

22. הֵמָּה מֵיטִיבִים אֶת־לִבָּם. Ο'. αὐτοὶ δὲ ἀγαθύνοντες καρδίαν αὐτῶν. Alia exempl. αὐτῶν δὲ ἀγαθυνθέντων τῇ καρδίᾳ αὐτῶν.[62]

אַנְשֵׁי בְנֵי־בְלִיַּעַל. Ο'. υἱοὶ (alia exempl. ἄνδρες υἱοὶ[63]) παρανόμων ('Α. ἀποστασίας. Σ. ἀπαίδευτοι. Θ. Βελιάλ[64]).

הוֹצֵא. Ο'. ἐξένεγκε. Aliter: Ο'. Θ. ἐξάγαγε.[65]

23. אַל־אַחַי. Ο'. μὴ, ἀδελφοί. Aliter: Ο'. μηδαμῶς, ἀδελφοί.[66]

אַל־תָּרֵעוּ נָא. Ο'. μὴ κακοποιήσητε (Aliter: Ο'. πονηρεύεσθε[67]) δή. Alia exempl. μὴ πονη-

---

marg.), alii. [51] Cod. 85 in marg. Sic in textu Comp., Ald., Codd. III (cum ἴδε), X, XI (cum καὶ εἶδε ?), 15, 18, 19 (ut III), alii (inter quos 108, cum 'Α. σὺν τὸν ἄνδρα in marg.), Syro-hex. [52] Sic Syro-hex., et sine aster. Codd. 54, 59, 75, alii. [53] Cod. 85, teste Parsonsii amanuensi (non, ut Montef., sine nom. interpretis). Sic in textu Comp., Ald., Codd. III, XI, 15, 18, 19 (cum διαβαίνομεν), alii, Syro-hex. (om. ἡμεῖς). Mox pro ἕως μηρῶν duplex versio ἕως ἱερουδιθ (cum varia scriptura) ἕως μηρῶν est in Codd. 54, 59, 75, aliis. Cf. ad v. 1. [54] Sic Syro-hex., et sine aster. Codd. 54, 59, 75, alii. [55] Sic Comp., Ald., Codd. III, X, XI, 15, 18, 19, alii (inter quos 85 in marg.), Syro-hex. Cf. ad Cap. vii. 7. [56] Sic Comp., Ald. (cum τοῖς ὁ. ἡ. ὑπάρχει), Codd. III, XI, 15, 18, 19, alii, Syro-hex. (cum ᴋᴋ). [57] Sic Codd. II, X, XI, 29, 30, alii (inter quos 85). [58] Sic Comp., Codd. III, 15, 18, 54, alii (inter quos 85 in marg.), Syro-hex. [59] Sic Comp., Codd. III, 15, 18, 54, 64, 85 (in marg. cum τῇ δούλῃ καὶ τῷ π. παρὰ τῶν δούλων σου), 128, Syro-hex. (cum καὶ τοῖς δ. σου in fine). Cod. 85 in marg. Sic in textu Comp., Ald., Codd. III, X, XI, 15, 18, 19 (cum οὐ μὴ καταλλήσεις), alii, Syro-hex. (In initio v. post προσβήνης (s. ὁ πρ.) Codd. 54, 55, 59, 75, alii, Vet. Lat., add. τῷ ξένῳ.) [61] Sic Syro-hex. (cum ᴋᴋꞋᴏ), et sine aster. Comp. (cum παρέβαλε), Ald. (idem), Codd. III (idem), X (idem, om. αὐτοῦ), XI (om. αὐτοῦ), 15, 18, 19, alii (inter

quos 85 in marg.), Arm. 1 (cum: objecit χορτάσματα τοῖς ὄνοις), Vet. Lat. (cum: et misit cibum jumentis ejus). "Harum lectionum quae sincerior sit, et aptior verbis Hebraicis, quae Int. Vulg. bene vertit, et pabulum asinis praebuit, alii me acutiores viderint."—Scharfenb. Lectio verior, immo unice vera, est παρέβαλε, quod inde ab Homero est brutis pabulum objicere, ut hominibus παρέθηκε. [62] Sic Comp., Ald., Codd. III, X, XI, 15, 18 (cum ἀγαθύνοντων), alii, Syro-hex. (cum ἀγαθυνθείσης τῆς καρδίας ?). Cod. 85 in marg.: Ο'. ἀγαθυνθέντων: εὐδοκωμένων, ex glossemate, pro quo non opus est cum Scharfenbergio rescribere εὐωχουμένων. [63] Sic Comp., Codd. 19, 108, Arm. 1. Syro-hex. ᴋᴋꞋᴏ ᴋᴋꞋᴏ ᴋᴋꞋᴏ ᴋᴋꞋᴏ, h. e. ἄνδρες υἱοὶ ἀδικίας παράνομοι. "Suspicor nomen ᴋᴋꞋᴏ in textum Syr. ex scholio marg., quod ex Peschita (ᴋᴋꞋᴏ ᴋᴋꞋᴏ) petitum esse possit, receptam esse."—Rördam. [64] Cod. 85, teste Montef. (Parsonsii amanuensis e marg. ejusdem exscripsit: ἀποστασίας. Ο'. ὑπαίδευτοι. Θ. Βελιάλ, minus probabiliter. Cf. Hex. ad Deut. xv. 9. 1 Reg. ii. 12. xxv. 17.) [65] Cod. 85 in marg. Sic in textu Comp., Ald., Codd. III, XI, 15, 18, 19, alii, Syro-hex. [66] Idem. Sic in textu Comp. (cum ἀδ. μου), Ald. (om. ἀδελφοί), Codd. III, X (ut Ald.), XI (idem), 15, 18, 19 (ut Comp.), alii, Syro-hex. [67] Idem. Sic in textu Comp. (cum πονηρεύεσθε sine δή), Ald. (cum πονηρεύησθε), Codd. III (idem), X, XI, 15, 18, 19 (om. δή), alii.

ρεύεσθε δὴ ※ (potius ⳩) καὶ μὴ ποιεῖτε τὴν ἀδικίαν ταύτην ◄.⁶⁸

24. אֹצִיאָה־נָּא אוֹתָם. Ο΄. ἐξάξω (alia exempl. ἐξάξω δὴ⁶⁹) αὐτάς.

הַטּוֹב בְּעֵינֵיכֶם. Ο΄. τὸ ἀγαθὸν ἐν ὀφθαλμοῖς ὑμῶν. Alia exempl. ὡς ἂν ἀρέσκῃ ἐνώπιον ὑμῶν.⁷⁰

25. אָבוּ. Ο΄. εὐδόκησαν. Aliter: Ο΄. Θ. ἠθέλησαν.⁷¹

וַיִּתְעַלְּלוּ־בָהּ. Et libidinem suam explebant in ea. Ο΄. καὶ ἐνέπαιζον ἐν αὐτῇ. Alia exempl. καὶ ἐνέπαιξαν αὐτῇ.⁷² Ἀ. καὶ ἐνησέλγησαν ἐν αὐτῇ. Θ. καὶ εἰηλλάγησαν ἐπ᾽ αὐτῇ.⁷³

בַּעֲלוֹת (בַּעֲלוֹת ק) הַשַּׁחַר. Ο΄. ὡς ἀνέβη τὸ πρωί. Alia exempl. ἅμα τῷ ἀναβαίνειν τὸν ὄρθρον.⁷⁴

26. לִפְנוֹת הַבֹּקֶר. Ο΄. πρὸς τὸν ὄρθρον. Alia exempl. τὸ πρὸς πρωί.⁷⁵

פֶּתַח בֵּית־הָאִישׁ אֲשֶׁר־אֲדוֹנֶיהָ שָׁם. Ο΄. παρὰ τὴν θύραν τοῦ οἴκου οὗ ἦν αὐτῆς ἐκεῖ ὁ ἀνήρ. Alia exempl. παρὰ τὴν θύραν τοῦ πυλῶνος τοῦ οἴκου τοῦ ἀνδρός, οὗ ἦν ὁ κύριος αὐτῆς ἐκεῖ.⁷⁶

עַד־הָאוֹר. Ο΄. ἕως οὗ διέφαυσεν (alia exempl. διεφώνησεν⁷⁷).

27. אֲדֹנֶיהָ. Ο΄. ὁ ἀνήρ (alia exempl. κύριος⁷⁸) αὐτῆς.

28. וְאֵין עֹנֶה. Ο΄. καὶ οὐκ ἀπεκρίθη, ὅτι ἦν νεκρά. Alia exempl. καὶ οὐκ ἀπεκρίθη αὐτῷ, ἀλλὰ τεθνήκει.⁷⁹

וַיִּקָּחֶהָ עַל־הַחֲמוֹר. Ο΄. καὶ ἔλαβεν αὐτὴν ἐπὶ τὸν ὄνον. Alia exempl. καὶ ἀνέλαβεν αὐτὴν ἐπὶ τὸ ὑποζύγιον.⁸⁰

וַיָּקָם הָאִישׁ וַיֵּלֶךְ. Ο΄. καὶ ἐπορεύθη. Alia exempl. καὶ ἀνέστη ὁ ἀνήρ, καὶ ἀπῆλθεν.⁸¹

29. וַיָּבֹא אֶל־בֵּיתוֹ. Ο΄. Vacat. Alia exempl. καὶ εἰσῆλθεν εἰς ※ τὸν ◄ οἶκον αὐτοῦ.⁸²

אֶת־הַמַּאֲכֶלֶת. Cultrum. Ο΄. τὴν ῥομφαίαν. Alia exempl. ※ σὺν ◄ τὴν μάχαιραν.⁸³

וַיַּחֲזֵק בְּפִילַגְשׁוֹ. Ο΄. καὶ ἐκράτησε τὴν παλλακὴν (alia exempl. ἐπελάβετο τῆς παλλακῆς⁸⁴) αὐτοῦ.

לַעֲצָמֶיהָ לִשְׁנֵים עָשָׂר נְתָחִים. Ο΄. εἰς δώδεκα μέλη. Alia exempl. κατὰ τὰ ὀστᾶ αὐτῆς εἰς δώδεκα μερίδας.⁸⁵

וַיְשַׁלְּחֶהָ בְּכֹל גְּבוּל. Ο΄. καὶ ἀπέστειλεν αὐτὰ ἐν παντὶ ὁρίῳ. Alia exempl. καὶ ἐξαπέστειλεν ÷ αὐτὰ ◄ εἰς πάσας φυλάς.⁸⁶

30. כָּל־הָרֹאֶה. Ο΄. πᾶς ὁ βλέπων (alia exempl. ὁρῶν⁸⁷). ·

⁶⁸ Sic Syro-hex., et sine aster. (om. δὴ) Codd. 54, 59, 75, 76, alii. ⁶⁹ Sic Comp., Ald., Codd. III, X, XI, 15, 16, 18, alii (inter quos 85 in marg.), Syro-hex. (cum ἐξ. αὐτὰς δέ). ⁷⁰ Sic Codd. 54 (cum ὡς ἀρέσκει), 59, 75, 82 (ut 54), alii. Cf. Hex. ad Jerem. xxvi. 14. xl. 4. ⁷¹ Cod. 85 in marg. Sic in textu Comp., Ald., Codd. III, XI, 15, 18, 19, alii, Syro-hex. ⁷² Sic Comp. (cum αὐτὴν), Ald., Codd. III, X, XI, 15, 18, 29, alii, Syro-hex. ⁷³ Cod. 108: Ἀ. καὶ ἐνησέλγησαν. Bar Hebraeus: ܐܦ ܐܬܦܪܣܝܘ ܒܗ ܡܪܚܐܝܬ ܡܢ ܣܟܠܘܬܐ ܕܚܛܝܬܐ. Ad Theod. cf. Hex. ad Jerem. xxxviii. 19. ⁷⁴ Sic Comp. (cum ἀναβῆναι), Ald., Codd. III, IV, X, XI, 15 (ut Comp.), 18 (idem), alii, Syro-hex. (cum ܥܡ ܡܣܩܗ ܕܫܦܪܐ). ⁷⁵ Sic Comp. (om. πρὸς), Ald., Codd. III (ut Comp.), IV, XI, 15, 18, 19 (om. τὸ), alii, Syro-hex. ⁷⁶ Sic Comp., Ald., Codd. III, IV, X, XI (cum αὐτοῦ pro αὐτῆς), 15, 18, 19 (om. ἐκεῖ), alii, Arm. 1, Syro-hex. ⁷⁷ Sic Ald., Codd. IV, X (cum διέφωσεν in marg.), XI, 15, 18, 29, alii, Arm. 1 (cum et exspiravit pro ἕως οὗ δ.), Syro-hex. (cum ܐܫܬܬܩ, obmutuerit). ⁷⁸ Sic Comp., Ald., Codd. III, IV, X, XI, 15, 18, 19, alii, Arm. 1, Syro-hex. ⁷⁹ Sic Comp. (cum ἐτεθνήκει), Ald., Codd. III, IV, X, XI, 15, 18, alii, Syro-hex. ⁸⁰ Sic Comp., Ald., Codd. III, IV, XI (om. αὐτὴν), 15, 18, 19 (cum ἔλαβεν), alii, Syro-hex. ⁸¹ Sic Comp., Ald., Codd. III, IV, XI, 15, 18, 19, alii, Arm. 1, Syro-hex. ⁸² Sic Cod. IV, et sine aster. Comp., Ald., Codd. III (cum ἦλθεν), X, XI, 15, 16, 18, 19, alii, Arm. 1, Syro-hex. ⁸³ Cod. IV: ※ σὺν ◄ μάχαιραν. Lectio τὴν μάχαιραν est in Comp. (om. τὴν), Ald., Codd. III, X, XI, 15 (ut Comp.), 18 (idem), 19, aliis. ⁸⁴ Sic Comp., Ald., Codd. III, IV, X, XI, 15, 18, 19, alii, Syro-hex. ⁸⁵ Sic Comp., Ald., Codd. III, IV, X, XI, 15, 18 (cum καὶ τὰ ὀ. αὐτῆς εἰς δ. μυριάδας), 19, alii, Syro-hex. ⁸⁶ Sic Cod. IV, et sine obelo Comp., Ald. (cum ἀπέστειλεν et π. τὰς φ.), Codd. III (cum αὐτὰς εἰς π. τὰς φ.), X (ut Ald.), XI (idem), 15, 18, 19, alii, Syro-hex. ⁸⁷ Sic Comp., Ald., Codd. III, IV, X, XI, 15, 18, 29, alii.

30. לֹא־נִהְיָתָה וְלֹא־נִרְאָתָה כָּזֹאת. O'. οὐκ ἐγένετο καὶ οὐχ ἑώραται. Alia exempl. οὔτε
ἐγενήθη οὔτε ὤφθη οὕτως.⁸⁸

עַד הַיּוֹם הַזֶּה. O'. ἕως τῆς ἡμέρας ταύτης
ὡς αὐτή (αὕτη). Alia exempl. ἕως τῆς ἡμέρας
ταύτης. (÷) καὶ ἐνετείλατο τοῖς ἀνδράσιν οὓς
ἐξαπέστειλε, λέγων τάδε ἐρεῖτε πρὸς πάντα
ἄνδρα Ἰσραήλ· εἰ γέγονε κατὰ τὸ ῥῆμα τοῦτο
ἀπὸ τῆς ἡμέρας τῆς ἀναβάσεως υἱῶν Ἰσραήλ
ἐξ Αἰγύπτου ἕως τῆς ἡμέρας ταύτης (◄).⁸⁹

שִׂימוּ־לָכֶם עָלֶיהָ עֻצוּ. Ponite vobis (cor) super
hoc, consulite. O'. θέσθε ὑμῖν αὐτοῖς βουλὴν
ἐπ' αὐτήν. Alia exempl. θέσθε δὴ ἑαυτοῖς
περὶ αὐτῆς βουλήν.⁹⁰

CAP. XX.

1. וַתִּקָּהֵל הָעֵדָה. O'. καὶ ἐξεκκλησιάσθη (potior
scriptura ἐξεκκλησιάσθη¹) → πᾶσα ◄ ἡ συνα-
γωγή.²

2. וַיִּתְיַצְּבוּ פִּנּוֹת כָּל־הָעָם. Et stiterunt se anguli
(principes) omnis populi. O'. καὶ ἐστάθησαν
κατὰ πρόσωπον κυρίου. Alia exempl. καὶ ἔστη
τὸ κλίμα παντὸς τοῦ λαοῦ.³

שֹׁלֵף חָרֶב. O'. ἕλκοντες (alia exempl. σπωμέ-
νων⁴) ῥομφαίαν.

3, 12. הָרָעָה הַזֹּאת (bis). O'. ἡ πονηρία (alia exempl. κακία⁵) αὕτη.

4. לָלוּן. O'. τοῦ αὐλισθῆναι (alia exempl. κατα-
λῦσαι⁶).

5. בַּעֲלֵי הַגִּבְעָה. O'. οἱ ἄνδρες τῆς Γαβαά. Alia
exempl. οἱ παρὰ τῆς Γαβαά.⁷

אֶת־הַבַּיִת. O'. ἐπὶ τὴν οἰκίαν. Alia exempl.
✕ σὺν ◄ τὴν οἰκίαν.⁸

לַהֲרֹג. O'. φονεῦσαι. Alia exempl. ἀποκτεῖναι.⁹

עִנּוּ. O'. ἐταπείνωσαν ÷ καὶ ἐνέπαιξαν αὐτῇ ◄.¹⁰

6. וָאֹחֵז בְּפִילַגְשִׁי. O'. καὶ ἐκράτησα τὴν παλλα-
κήν (alia exempl. ἐπελαβόμην τῆς παλλακῆς¹¹)
μου.

זִמָּה וּנְבָלָה. Scelus et rem nefandam. O'. ζέμα
καὶ ἀπόπτωμα. Alia exempl. ✕ ζέμμα καὶ ◄
ἀφροσύνην.¹²

7. וּתְנוּ הֲלֹם. O'. καὶ βουλὴν ἐκεῖ. Alia exempl.
καὶ βουλὴν ✕ ὧδε ◄.¹³

8. נָסוּר. O'. ἐπιστρέψομεν. Alia exempl. ἐκκλι-
νοῦμεν.¹⁴

9. נַעֲשֶׂה. O'. ποιηθήσεται. Alia exempl. ποιή-
σομεν.¹⁵

עָלֶיהָ. O'. ÷ ἀναβησόμεθα ◄ ἐπ' αὐτήν.¹⁶

10. וְלָקַחְנוּ. O'. πλὴν ληψόμεθα. Alia exempl.
καὶ ληψόμεθα.¹⁷

---

⁸⁸ Sic Comp., Ald., Codd. III, IV, X, XI, 15, 18 (cum
ἐγενήθης), 19, alii, Syro-hex. ⁸⁹ Sic sine obelo Codd.
III (cum ἀναβ. sine artic.), 54, 55, 58, 59 (cum ταύτης καὶ
ἀναβ. pro τῆς ἀναβ.), alii, Syro-hex. Cod. 121: ἕως τῆς ἡ.
ταύτης. ÷ καὶ ἐνετείλατο—τὸ ῥῆμα τοῦτο; et sic sine obelo
Ald. ⁹⁰ Sic Comp., Ald., Codd. III (cum β. περὶ αὐτῆς),
IV, X (cum περὶ αὐτὴν), XI (cum καὶ θέσθε), 15, 18, alii,
Syro-hex.

CAP. XX. ¹ Sic Codd. III, IV, fortasse alii. ² Sic
Syro-hex., et sine obelo Ald., Codd. III, IV, 15, 16, 18,
19, alii. ³ Sic Comp., Ald., Codd. III, IV, XI, 15, 18,
19, alii, Syro-hex. (cum ܫܠܚ). Cf. Hex. ad 1 Reg. xv. 38.
⁴ Sic Comp., Ald., Codd. III, IV, X, XI, 15, 18, 19, alii,
Syro-hex. ⁵ Iidem (bis). ⁶ Sic Comp., Ald., Codd.
III (sine τοῦ), IV (idem), X, XI, 15 (ut III), 18 (idem),
19 (idem), alii, Syro-hex. ⁷ Sic Comp. (om. παρὰ),
Ald. (cum ἄνδρες οἱ παρὰ τ. Γ.), Codd. III, IV, X, XI, 15,
18, 29, alii, Syro-hex. ⁸ Sic Cod. IV, et (om. σὺν)

Comp., Codd. III, 15, 18, 54, alii, Arm. 1, Syro-hex.
⁹ Sic Comp., Ald., Codd. III, IV (cum ἀποκτιναι), X, XI,
15, 18, 29, alii, Syro-hex. ¹⁰ Sic Cod. IV (cum ἐνέ-
πεξαν), et sine obelo Comp., Ald. (om. αὐτῇ), Codd. III, X
(ut Ald.), XI (idem), 15, 18, alii, Syro-hex. ¹¹ Sic
Comp., Ald., Codd. III, IV, X, XI, 15, 18, 19, alii, Syro-
hex. ¹² Sic Cod. IV, Syro-hex. (qui pingit: ܐܣܘܛܐ
ܡܣܝܒܬܐ (lasciviam)), et (om. ζέμμα καὶ) Comp., Ald.,
Codd. III, X, XI, 15, 18, 29, alii. In textu LXXvirali
pro ζέμα (potius ζέμμα) ἀφροσύνην habent Codd. 16, 44, 52,
alii. (Ad ἀπόπτωμα cf. Hex. ad Jesai. xxxiv. 4.) ¹³ Sic
Cod. IV, Syro-hex., et sine aster. Comp., Codd. III, 19,
108. Adverbium deest in Ald., Codd. X, XI, 15, 16, 18,
29, aliis, Arm. 1. ¹⁴ Sic Comp., Ald., Codd. III, IV,
X, XI, 15, 16, 18, 19, alii, Syro-hex. ¹⁵ Sic Comp.,
Codd. III, IV, X, XI, 15, 18, 19 (cum ποιήσωμεν), alii,
Syro-hex. ¹⁶ Obelus est in Cod. IV. ¹⁷ Sic Comp.,
Codd. III, IV, 15, 18, 54, alii, Syro-hex.

10. לְכֹל שִׁבְטֵי יִשְׂרָאֵל. Ο΄. εἰς πάσας φυλὰς Ἰσραήλ. Aliter: Ο΄. ※ ταῖς πάσαις φυλαῖς Ἰσραήλ ◄.[18]

לָעָם לַעֲשׂוֹת לְבוֹאָם (cum venirent) לְגֶבַע בִּנְיָמִן כְּכָל־הַנְּבָלָה אֲשֶׁר. Ο΄. τοῦ ποιῆσαι ἐλθεῖν αὐτοὺς εἰς Γαβαὰ Βενιαμὶν, ποιῆσαι αὐτῇ κατὰ πᾶν τὸ ἀπόπτωμα ὅ. Alia exempl. τῷ λαῷ ἐπιτελέσαι τοῖς εἰσπορευομένοις τῇ Γαβαὰ τοῦ Βενιαμὶν κατὰ πᾶσαν τὴν ἀφροσύνην ἣν.[19]

11. אֶל־הָעִיר. Ο΄. εἰς τὴν πόλιν. Alia exempl. ἐκ τῶν πόλεων.[20]

כְּאִישׁ אֶחָד חֲבֵרִים. Ut vir unus socii. Ο΄. ὡς ἀνὴρ εἷς. Alia exempl. ὡς ἀνὴρ εἷς ἐρχόμενοι.[21]

13. אֶת־הָאֲנָשִׁים בְּנֵי־בְלִיַּעַל אֲשֶׁר בַּגִּבְעָה. Ο΄. τοὺς ἄνδρας υἱοὺς παρανόμων τοὺς ἐν Γαβαά. Aliter: Ο΄. ※ σὺν ◄[22] τοὺς ἄνδρας τοὺς ἀσεβεῖς τοὺς ἐν Γαβαὰ ÷ τοὺς υἱοὺς Βελιὰλ ◄.[23]

וּנְבַעֲרָה רָעָה מִיִּשְׂרָאֵל. Et tollemus malum ex Israele. Ο΄. καὶ ἐκκαθαριοῦμεν πονηρίαν ἀπὸ Ἰσραήλ. Alia exempl. καὶ ἐξαροῦμεν κακίαν ἐξ Ἰσραήλ.[24]

אָבוּ. Ο΄. εὐδόκησαν. Alia exempl. ἠθέλησαν.[25]

14. לַמִּלְחָמָה עִם־בְּנֵי. Ο΄. εἰς παράταξιν πρὸς υἱούς. Alia exempl. τοῦ πολεμῆσαι μετὰ υἱῶν.[26]

15. עֶשְׂרִים וְשִׁשָּׁה אֶלֶף אִישׁ שֹׁלֵף חֶרֶב לְבַד מִיֹּשְׁבֵי. Ο΄. εἰκοσιτρεῖς χιλιάδες ἀνὴρ ἕλκων ῥομφαίαν, ἐκτὸς τῶν οἰκούντων. Alia exempl. εἴκοσι καὶ πέντε χιλιάδες ἀνδρῶν σπωμένων ῥομφαίαν χωρὶς τῶν κατοικούντων.[27]

הִתְפָּקְדוּ שְׁבַע מֵאוֹת אִישׁ בָּחוּר. Ο΄. οἳ ἐπεσκέπησαν ἑπτακόσιοι ἄνδρες ἐκλεκτοί. Aliter: Ο΄. ÷ οὗτοι ◄ ἐπεσκέπησαν ἑπτακόσιοι ἄνδρες ÷ νεανίσκοι ◄ ἐκλεκτοί.[28]

16. מִכֹּל הָעָם הַזֶּה שְׁבַע מֵאוֹת אִישׁ בָּחוּר. Ο΄. ἐκ παντὸς λαοῦ (alia exempl. τοῦ λαοῦ[29]). Aliter: Ο΄. ※ ἐκ παντὸς τοῦ λαοῦ τούτου ἑπτακόσιοι ἄνδρες ἐκλεκτοί ◄.[30]

בָּאֶבֶן אֶל־הַשַּׂעֲרָה וְלֹא יַחֲטִא. Ο΄. ἐν λίθοις πρὸς τρίχα, καὶ οὐκ ἐξαμαρτάνοντες. Alia exempl. βάλλοντες λίθους πρὸς τὴν τρίχα, καὶ οὐ διαμαρτάνοντες.[31]

17. וְאִישׁ. Ο΄. καὶ ἀνήρ. Alia exempl. καὶ ÷ πᾶς ◄ ἀνήρ.[32]

לְבַד מִבִּנְיָמִן. Ο΄. ἐκτὸς τοῦ Βενιαμίν. Alia exempl. χωρὶς τῶν υἱῶν Βενιαμείν.[33]

---

[18] Sic Cod. IV, Syro-hex. (qui pingit: ※ τοῖς ἑκατόν, ταῖς πάσαις), et sine aster. Comp. (cum τοῦ Ἰσρ.), Codd. III, 30, 108 (ut Comp.). Haec desunt in Codd. X, XI, 15, 18, 29, aliis. [19] Sic Comp., Ald. (cum εἰς τὴν Γαβαὰ), Codd. III, IV, X, XI, 15 (om. τοῦ), 18 (cum τοῖς εἰσπορ. ἐπιτελέσαι, et om. τήν), et om. ἐπιτελεῖσθαι, et om. τῇ), alii, Syro-hex. Cf. ad Cap. xi. 39. [20] Sic Codd. III, IV, 15, 18, 19, alii, Syro-hex. (add. αὐτῶν). [21] Sic Comp., Ald. (cum εἰς ἐκ τῶν πόλεων ἐρχ.), Codd. III, IV, X (ut Ald.), XI (idem), 15, 18, 19 (cum ἐρχόμενος), alii, Syro-hex. (cum ὡς ἀνὴρ εἷς συνήχθησαν). [22] Sic Cod. IV, et sine aster. Esc. [23] Sic Cod. IV (cum Βελιὰμ), Syro-hex. (cum ※ τοὺς υ. Βελιὰλ ◄), et sine obelo Comp. (cum τοὺς ἄνδρας—Γαβαὰ, ceteris omissis), Ald., Codd. III (cum Βελιὰμ), X (ut Comp.), XI (idem), 15, 18, 19 (cum Βενιαμὴν), alii. [24] Sic Comp., Ald., Codd. III, IV, X, XI, 15, 18, 19 (cum ἐξ), alii, Syro-hex. [25] Sic Comp. (cum ἠθέλησαν Βενιαμὶν), Ald., Codd. III, IV, X, XI, 15, 18, 19 (cum ἠθέλησε Βενιαμὶν), alii, Syro-hex. [26] Sic Comp., Codd. III, IV, 15, 18, 19 (om. τοῦ), alii, Syro-hex. [27] Sic Comp., Ald., Codd. III, IV (cum πέντε καὶ εἴκοσι), XI, 15 (cum π. καὶ εἴκοσι, et οἰκούντων), 19 (om. καὶ et τῶν), alii, Syro-hex. - [28] Sic Cod. IV (qui pingit: ÷ νεανίσκοι ※ ἐκλεκτοὶ ἐκ παντὸς τοῦ λαοῦ τούτου ἑπτακόσιοι ἄνδρες: ἐκλεκτοὶ), et sine notis Comp. (cum οὗτοι οἱ ἐπ.), Codd. III (cum ἀλλ. νεαν.), 15, 18, 19 (cum οἱ ἐπ.), alii, Syro-hex. (ut Comp.). [29] Sic Comp., Ald., Codd. X, XI, 16, 29, 30, alii. Haec, ἐκ παντὸς λαοῦ, desunt in Codd. III, 15, 18, 19, 59, aliis. [30] Sic Cod. IV (ut supra), Syro-hex. Pro his, οἱ ἐπεσκ. ἐπεσκεπ. ἄνδρες ἐκλεκτοὶ ἐκ παντὸς λαοῦ, Cod. 58 habet: οὗτοι ἐπεσκ. ἄνδρες νεαν. ἐκλεκτοὶ ἐκ παντὸς τοῦ λαοῦ τούτου ἑπτακ. ἄνδρες. [31] Sic Comp., Ald., Codd. III, IV, X, XI, 15 (cum λίθον) 18, 19, alii, Syro-hex. [32] Sic Cod. IV, et sine obelo Comp., Ald., Codd. III, XI, 15, 16, 18, 19, alii, Arm. 1. [33] Sic Comp. (cum Βενιαμὶν), Ald., Codd. III, IV, XI, 15, 18, 19, alii, Arm. 1, Syro-hex. Mox σπωμένων pro ἑλκόντων iidem.

17. אִישׁ מִלְחָמָה. Ο'. ἄνδρες παρατάξεως. Alia exempl. ἄνδρες πολεμισταί.³⁴

18. בְּתִחִלָּה לַמִּלְחָמָה עִם־בְּנֵי בְנְיָמִן. Ο'. ἐν ἀρχῇ εἰς παράταξιν πρὸς υἱοὺς Βενιαμίν. Alia exempl. ἀφηγούμενος πολεμῆσαι μετὰ ※ υἱῶν ◄ Βενιαμίν.³⁵

20. וַיַּעַרְכוּ אִתָּם אִישׁ־יִשְׂרָאֵל מִלְחָמָה אֶל־הַגִּבְעָה. Ο'. καὶ συνῆψαν αὐτοῖς ἐπὶ Γαβαά. Alia exempl. καὶ παρετάξαντο μετ' αὐτῶν ἀνὴρ Ἰσραὴλ εἰς πόλεμον πρὸς τὴν Γαβαά.³⁶

21. מִן־הַגִּבְעָה. Ο'. ἀπὸ τῆς Γαβαά. Alia exempl. ἐκ τῆς πόλεως.³⁷

אָרְצָה. Ο'. ἐπὶ τὴν γῆν ※ (potius ∾) σπωμένων ῥομφαίαν ◄.³⁸

22. וַיִּתְחַזֵּק הָעָם. Ο'. καὶ ἐνίσχυσαν ※ ὁ λαός ◄.³⁹

וַיֹּסִפוּ לַעֲרֹךְ מִלְחָמָה בַּמָּקוֹם אֲשֶׁר עָרְכוּ שָׁם. Ο'. καὶ προσέθηκαν συνάψαι παράταξιν ἐν τῷ τόπῳ ὅπου συνῆψαν. Alia exempl. καὶ προσέθεντο παρατάξασθαι πόλεμον ἐν τῷ τόπῳ ᾧ παρετάξαντο ἐκεῖ.⁴⁰

23. הַאוֹסִיף לָגֶשֶׁת לַמִּלְחָמָה עִם־בְּנֵי בִנְיָמִן אָחִי. Ο'. εἰ προσθῶμεν ἐγγίσαι εἰς παράταξιν πρὸς υἱοὺς Βενιαμὶν ἀδελφοὺς ἡμῶν; Alia exempl. εἰ προσθῶ προσεγγίσαι εἰς πόλεμον μετὰ ※ υἱῶν ◄ Βενιαμὶν τοῦ ἀδελφοῦ μου; ⁴¹

24. אֶל־בְּנֵי בִנְיָמִן. Ο'. πρὸς ※ υἱοὺς ◄ Βενιαμίν.⁴²

וַיֵּצְאוּ בִנְיָמִן. Ο'. καὶ ἐξῆλθον οἱ υἱοὶ Βενιαμίν. Alia exempl. καὶ ἐξῆλθε Βενιαμίν.⁴³

בְּנֵי יִשְׂרָאֵל עוֹד. Ο'. ἀπὸ υἱῶν Ἰσραὴλ ἔτι. Alia exempl. ἔτι ἐκ τοῦ λαοῦ.⁴⁴

שֹׁלְפֵי. Ο'. ἕλκοντες. Alia exempl. ἐσπασμένοι.⁴⁵

26. וַיֵּשְׁבוּ שָׁם. Ο'. ※ καὶ ἐκάθισαν ἐκεῖ ◄.⁴⁶

עַד־הָעָרֶב. Ο'. ※ ἕως ἑσπέρας ◄.⁴⁷

עֹלוֹת וּשְׁלָמִים. Ο'. ὁλοκαυτώσεις καὶ τελείας. Alia exempl. ὁλοκαυτώματα σωτηρίου.⁴⁸

27. וַיִּשְׁאֲלוּ בְנֵי־יִשְׂרָאֵל בַּיהוָה וְשָׁם. Ο'. ὅτι ἐκεῖ. Alia exempl. καὶ ἐπηρώτησαν οἱ υἱοὶ Ἰσραὴλ ἐν κυρίῳ· καὶ ἐκεῖ.⁴⁹

28. הַאוֹסִף עוֹד לָצֵאת לַמִּלְחָמָה עִם־בְּנֵי־בִנְיָמִן אָחִי אִם־אֶחְדָּל. Ο'. εἰ προσθῶμεν ἔτι ἐξελθεῖν εἰς παράταξιν πρὸς υἱοὺς Βενιαμὶν ἀδελφοὺς ἡμῶν, (alia exempl. add. ἢ ἐπίσχωμεν⁵⁰); Alia exempl. εἰ προσθῶ ἔτι ἐξελθεῖν εἰς πόλεμον μετὰ υἱῶν Βενιαμὶν τοῦ ἀδελφοῦ μου, ἢ κοπάσω·⁵¹

30. וַיַּעֲלוּ בְנֵי־יִשְׂרָאֵל אֶל־בְּנֵי בִנְיָמִן. Ο'. καὶ ἀνέ-

---

³⁴ Iidem. ³⁵ Sic Cod. IV, et sine aster. Comp., Ald. (cum τῶν υἱῶν), Codd. III (om. υἱῶν), X, XI, 15 (ut III), 18 (idem), 19 (om. μετὰ), alii, Syro-hex. (cum حلـ (bis) pro ἀφηγούμενος. Mox ἐν ἀρχῇ deest in iisdem. ³⁶ Sic Comp., Ald. (cum παρετάξατο μετ' αὐτὸν), Codd. III (cum παρετάξατο), IV, X (ut III), XI, 15, 18, 19, alii, Syro-hex. (ut III), qui omnes in priore clausula εἰς πόλεμον μετὰ B. habent. ³⁷ Sic Comp., Ald., Codd. III, IV, X, XI, 15, 18, 29, alii, Arm. 1, Syro-hex. ³⁸ Sic Syro-hex. (qui pingit: ※ σπωμένων ◄ ῥ.), et sine aster. Codd. 54, 59, 76, alii. ³⁹ Sic Cod. IV, Syro-hex., et sine aster. Comp., Cod. 108. ⁴⁰ Sic Comp., Ald., Codd. III (cum παρατάξει), IV, X, XI, 15 (cum καὶ παρετάξαντο π.), 18, 19 (cum προσέθετο et τόπῳ ὡς π.), alii, Syro-hex. ⁴¹ Sic Cod. IV, et sine aster. Comp., Ald. (cum προσθῶ ἔτι, et om. υἱῶν), Codd. III (om. υἱῶν), X (idem), XI (cum προσθῶμεν, et om. υἱῶν), 15 (cum προσθήσω), 18 (ut XI), alii, Syro-hex. (cum προσθῶμεν). Mox πρὸς αὐτὸν iidem. ⁴² Sic Cod. IV. Vox υἱοὺς deest in Codd. III, 15, 18, 54, aliis. ⁴³ Sic Comp., Ald., Codd. III, IV, X, XI, 15, 18, 19, alii, Arm. 1, Syro-hex. ⁴⁴ Sic Comp., Ald. (cum ἐκ τοῦ λ. ἔτι), Codd. III (om. ἔτι), IV, X (ut Ald.), XI (idem), 15, 18, 19, alii, Arm. 1, Syro-hex. (ut Ald.). ⁴⁵ Sic Comp., Ald., Codd. III, IV (cum σπασμένοι), X, XI, 15, 18, 19 (cum ἀσπασμένοι), alii, Syro-hex. ⁴⁶ Sic Cod. IV, Syro-hex. (cum καὶ ἐκάθισαν ※ ἐκεῖ ◄). Clausula deest in Codd. 15, 54, 59, 64, aliis; vox ἐκεῖ tantum in Ald., Codd. X, XI, 18, 29, aliis. ⁴⁷ Sic Cod. IV, Syro-hex. Deest in Ald., Codd. X, XI, 15, 18, 29, aliis, Arm. 1. ⁴⁸ Sic Comp. (cum ὁλοκαύτωμα), Ald. (idem), Codd. III, IV (ut Comp.), X, XI, 15, 18, 19, alii, Arm. 1, Syro-hex. ⁴⁹ Sic Comp., Codd. III, IV (om. οἱ), 15, 18, 19, alii, Syro-hex. Mox v. 28 haec, καὶ ἐπηρώτησαν—κυρίῳ, desunt in Comp., Codd. III, IV, 19, aliis. ⁵⁰ Sic Codd. II, 44, 52, 57, alii. ⁵¹ Sic Comp. (cum προσθήσω), Ald., Codd. III, IV, 15, 18 (cum τῶν υἱῶν) 19 (ut Comp.), alii, Syro-hex. (cum προσθῶμεν).

βησαν οἱ υἱοὶ Ἰσραὴλ πρὸς υἱοὺς Βενιαμίν. Alia exempl. καὶ ἔταξαν ※ υἱοὶ ◄ Ἰσραὴλ πρὸς τὸν Βενιαμείν.⁵²

31. הָנְתְּקוּ. Interclusi sunt. Ο΄. καὶ ἐξεκενώθησαν (alia exempl. ἐξειλκύσθησαν⁵²).

לְהַכּוֹת מֵהָעָם. Ο΄. πατάσσειν ἀπὸ τοῦ λαοῦ. Alia exempl. τύπτειν ἐκ τοῦ λαοῦ.⁵⁴

וְאַחַת גִּבְעָתָה בַּשָּׂדֶה. Ο΄. καὶ μία εἰς Γαβαὰ ἐν ἀγρῷ. Alia exempl. Ο΄. καὶ μία ÷ ἀναβαίνουσα ◄ εἰς Γαβαὰ ἐν τῷ ἀγρῷ.⁵⁵

32. נִגָּפִים הֵם לְפָנֵינוּ כְּבָרִאשֹׁנָה. Caesi sunt coram nobis sicut antehac. Ο΄. πίπτουσιν ἐνώπιον ἡμῶν ὡς τὸ πρῶτον. Alia exempl. προσκόπτουσιν ※ αὐτοὶ ◄ ἐνώπιον ἡμῶν καθὼς ἔμπροσθεν.⁵⁶

וּנְתַקְנֻהוּ. Ο΄. καὶ ἐκκενώσωμεν (alia exempl. ἐκσπάσωμεν⁵⁷) αὐτούς.

33. וַיַּעַרְכוּ. Ο΄. καὶ συνῆψαν (alia exempl. παρετάξαντο⁵⁵).

מֵגִיחַ. Prorumpebat. Ο΄. ἐπήρχετο. Alia exempl. ἐπάλαιεν.⁵⁹

מִמַּעֲרֵה־גָבַע. E planitie Geba. Ο΄. ἀπὸ Μαρααγαβέ. Alia exempl. ἀπὸ δυσμῶν (מִמַּעֲרָב) τῆς Γαβαά.⁶⁰

34. וַיָּבֹאוּ. Ο΄. καὶ ἦλθον (alia exempl. παρεγένοντο⁶¹).

וְהַמִּלְחָמָה כָּבֵדָה. Ο΄. καὶ παράταξις βαρεῖα. Alia exempl. καὶ ὁ πόλεμος ἐβαρύνθη.⁶²

נֹגַעַת עֲלֵיהֶם. Instabat iis. Ο΄. φθάνει ἐπ᾽ αὐτούς. Alia exempl. ἀφῆπται αὐτῶν.⁶³

35. וַיִּגֹּף. Ο΄. καὶ ἐπάταξε (alia exempl. ἐτρόπωσεν⁶⁴).

לִפְנֵי יִשְׂרָאֵל. Ο΄. ἐνώπιον υἱῶν Ἰσραήλ. Alia exempl. κατὰ πρόσωπον Ἰσραήλ.⁶⁵

36. נִגָּף. Ο΄. ἐπλήγησαν. Alia exempl. τετρόπωνται.⁶⁶

שָׂמוּ עַל־הַגִּבְעָה. Ο΄. ἔθηκαν ἐπὶ τῇ Γαβαά. Alia exempl. ἔταξαν πρὸς τῇ Γαβαά.⁶⁷

37. וְהָאֹרֵב הֶחִישׁוּ וַיִּפְשְׁטוּ אֶל־הַגִּבְעָה. Et insidiatores festinaverunt, et diffuderunt se ad Gibeam. Ο΄. καὶ ἐν τῷ αὐτοὺς ὑποχωρῆσαι, καὶ τὸ ἔνεδρον ἐκινήθη, καὶ ἐξέτειναν ἐπὶ τὴν Γαβαά. Alia exempl. καὶ τὸ ἔνεδρον ὥρμησεν, καὶ ἐξεχύθησαν πρὸς τῇ Γαβαά.⁶⁸

וַיִּמְשֹׁךְ. Et protraxit se. Ο΄. καὶ ἐξεχύθη (alia exempl. ἐπορεύθη⁶⁹).

38. וְהַמּוֹעֵד הָיָה לְאִישׁ יִשְׂרָאֵל עִם־הָאֹרֵב הֶרֶב לְהַעֲלוֹתָם מַשְׂאַת הֶעָשָׁן מִן־הָעִיר. Et

---

⁵² Sic Cod. IV (cum ἐπάταξαν), et sine aster. Codd. III (cum ἔταξεν Ἰσρ.), 15 (cum οἱ υἱοὶ), 19 (idem). Mox καὶ παρετάξαντο πρὸς Γ. καθὼς Comp. (cum πρὸς τὴν Γ.), Ald. (idem, cum ὡς), Codd. III, IV, XI (ut Ald.), 15 (cum καθὼς καὶ), 18, 19, alii. ⁵³ Sic Comp. (cum ἐξελκ.), Ald., Codd. III, IV (cum ἐξελκ.), X, XI, 15, 18, 19, alii, Arm. 1, Syro-hex. ⁵⁴ Sic Comp., Ald., Codd. III, IV, X, XI, 15, 18, 19, alii, Syro-hex. ⁵⁵ Sic Cod. IV, et sine obelo Comp. (om. ἐν τῷ ἀγρῷ), Ald., Codd. III, 15, 19 (ut Comp.), alii, Syro-hex. ⁵⁶ Sic Cod. IV (qui pingit: ※ προσκόπτουσιν αὐτοὶ, sine metobelo), Syro-hex., et sine aster. Comp. (cum προσεόπτονται), Codd. 19, 108; necnon (om. αὐτοὶ) Ald., Codd. III (cum προκ.), X, XI, 15, 18, alii. ⁵⁷ Sic Comp., Ald., Codd. III, IV, 15, 18, 19, alii, Syro-hex. ⁵⁸ Sic Comp., Ald., Codd. (III hiat) IV, X, XI, 15, 18, 19, alii, Syro-hex. ⁵⁹ Sic Comp., Ald. (cum ἐξεπ.), Codd. III, IV, X (cum ἐπήρχετο in marg.), XI (cum ἐξανίστη in marg.), 15, 18, 19, alii, Arm. 1, Syro-hex. Cf. Hex. ad Job. xxxviii. 8. Psal. xxi. 10. ⁶⁰ Sic Comp.,

Ald., Codd. III, IV, X, XI, 15, 18, 19, alii, Arm. 1, Syro-hex. ⁶¹ Iidem. ⁶² Iidem. ⁶³ Sic Comp. (cum ἐπ᾽ αὐτούς), Ald. (idem), Codd. III, IV (cum ἀπ᾽ αὐτῶν), X (ut Comp.), XI (idem), 15, 18 (cum ἀνῆπται), 19 (cum ἀφῆεται), alii, Syro-hex. ⁶⁴ Sic Comp., Ald., Codd. III, IV, X, XI, 15, 18, 19, alii, Syro-hex. ⁶⁵ Sic Comp., Ald., Codd. III, IV, X, XI, 15, 18 (cum υἱῶν Ἰσρ.), 19, alii, Syro-hex. Mox ἐν τῷ (pro ἐκ τοῦ) Βενιαμὼν, et σπόμενοι pro εἵλκον iidem. ⁶⁶ Sic Comp., Ald. (cum —πωται), Codd. III (idem), IV (ut Ald. manu 1ᵐᵃ), X (ut Ald.), XI (idem), 15, 18, 19, alii, Syro-hex. (cum ܠ). ⁶⁷ Sic Comp. (cum τὴν), Ald. (idem), Codd. III (idem), IV, X (cum ἐτάξαντο), XI, 15, 18 (cum ἐτάξαντο πρὸς Γ.), alii, Syro-hex. ⁶⁸ Sic Comp. (cum πρὸς τὴν Γ.), Ald., Codd. III (ut Comp.), IV, XI, 15, 18 (cum πρὸς Γ.), 19 (ut Comp.), alii. (In Syro-hex. haec, καὶ τὸ ἔνεδρον—Γαβαὰ, exciderunt propter homoeoteleuton.) ⁶⁹ Iidem. Syro-hex. ἐπορεύθησαν. Mox ὅλην τὴν πόλιν Comp., Ald., Codd. III, IV, X, XI, 15, 16, 18, 29, alii, Syro-hex.

signum condictum erat Israelitis cum insidia-
toribus: Multiplica ut ascendere faciant ela-
tionem (columnam) *fumi ex urbe.* Ο'. καὶ
σημεῖον ἦν (Σ. σύνθημα δὲ ἦν⁷⁰) τοῖς υἱοῖς
Ἰσραὴλ μετὰ τοῦ ἐνέδρου τῆς μάχης, ἀνενέγκαι
αὐτοὺς σύσσημον καπνοῦ ἀπὸ τῆς πόλεως.
Alia exempl. καὶ ἡ συνταγὴ ἦν ἀνδρὶ Ἰσραὴλ ※ πρὸς τὸ ἔνεδρον ◀ μάχαιρα (חֶרֶב)
τοῦ ἀνενέγκαι αὐτοὺς πυρσὸν τοῦ καπνοῦ τῆς
πόλεως.⁷¹

39. וַיַּהֲפֹךְ אִישׁ־יִשְׂרָאֵל בַּמִּלְחָמָה וּבִנְיָמִן הֵחֵל
לְהַכּוֹת חֲלָלִים בְּאִישׁ־יִשְׂרָאֵל. Ο'. καὶ εἶδον
οἱ υἱοὶ Ἰσραήλ, ὅτι προκατελάβετο τὸ ἔνεδρον
τὴν Γαβαά, καὶ ἔστησαν ἐν τῇ παρατάξει·
καὶ Βενιαμὶν ἤρξατο πατάσσειν τραυματίας ἐν
ἀνδράσιν Ἰσραήλ. Alia exempl. καὶ ἀνέστρεψεν ἀνὴρ Ἰσραὴλ ἐν τῷ πολέμῳ καὶ Βενιαμὶν
ἤρκται τοῦ τύπτειν τραυματίας ἐν τῷ ἀνδρὶ
Ἰσραήλ.⁷²

אַךְ נָגוֹף נִגָּף הוּא לְפָנֵינוּ כַּמִּלְחָמָה הָרִאשֹׁנָה.
Ο'. πάλιν πτώσει πίπτουσιν ἐνώπιον ἡμῶν, ὡς
ἡ παράταξις ἡ πρώτη. Alia exempl. πλὴν
τροπούμενος τροποῦται ※ αὐτὸς ◀ ἐναντίον
ἡμῶν, καθὼς ὁ πόλεμος ὁ ἔμπροσθεν.⁷³

40. וְהַמַּשְׂאֵת הֵחֵלָּה לַעֲלוֹת מִן־הָעִיר עַמּוּד עָשָׁן.
Ο'. καὶ τὸ σύσσημον ἀνέβη ἐπὶ πλεῖον ἐπὶ τῆς
πόλεως ὡς στῦλος καπνοῦ. Alia exempl. καὶ
ὁ πυρσὸς ἤρξατο ἀναβαίνειν ἐκ τῆς πόλεως

στῦλος καπνοῦ.⁷⁴

41. כְּרִי־נֶגְעָה עָלָיו הָרָעָה. Ο'. ὅτι συνήντησεν ἐπ'
αὐτοὺς ἡ πονηρία. Alia exempl. ὅτι ἧπται
αὐτοῦ ἡ κακία.⁷⁵

42. וַיִּפְנוּ לִפְנֵי אִישׁ יִשְׂרָאֵל. Ο'. καὶ ἐπέβλεψαν
ἐνώπιον υἱῶν Ἰσραήλ... καὶ ἔφυγον. Alia ex-
empl. καὶ ἔκλιναν ἐνώπιον ἀνδρὸς Ἰσραήλ.⁷⁶

וְהַמִּלְחָמָה הִדְבִּיקָתְהוּ. Ο'. καὶ ἡ παράταξις
ἔφθασεν ἐπ' αὐτούς. Alia exempl. καὶ ὁ πόλεμος κατέφθασεν αὐτόν.⁷⁷

43. כִּתְּרוּ אֶת־בִּנְיָמִן הִרְדִיפֻהוּ מְנוּחָה הִדְרִיכֻהוּ.
Cinxerunt Benjaminitas, persecuti sunt eos, ad
locum quietis conculcarunt eos. Ο'. καὶ κατέ-
κοπτον (alia exempl. κατέκοψαν) τὸν Βενιαμίν,
καὶ ἐδίωξαν αὐτὸν ἀπὸ Νουὰ κατὰ πόδα αὐτοῦ.
Alia exempl. καὶ ἔκοψαν τὸν Βενιαμεὶν καταπαῦσαι αὐτὸν κατάπαυσιν, κατεπάτησαν αὐ-
τόν.⁷⁸

44. אֶת־כָּל־אֵלֶּה אַנְשֵׁי חַיִל. Ο'. οἱ πάντες οὗτοι
ἄνδρες δυνάμεως. Alia exempl. σὺν πᾶσιν
τούτοις ἄνδρες δυνατοί.⁷⁹

45. וַיִּפְנוּ וַיָּנֻסוּ. Ο'. καὶ ἐπέβλεψαν οἱ λοιποί, καὶ
ἔφευγον. Alia exempl. καὶ ἐξέκλιναν καὶ ἔφυ-
γον.⁸⁰

וַיְעֹלְלֻהוּ בַּמְסִלּוֹת. *Et racemati sunt eos in*
viis. Ο'. καὶ ἐκαλαμήσαντο ἐξ αὐτῶν οἱ υἱοὶ
Ἰσραήλ. Alia exempl. καὶ ἐκαλαμήσαντο ※
αὐτὸν ◀ ἐν ταῖς ὁδοῖς.⁸¹

---

⁷⁰ Cod. 108. ⁷¹ Sic Cod. IV, et sine aster. Comp.
(cum ἀπὸ τῆς πόλεως), Ald. (cum ἀνὴρ pro ἀνδρὶ Ἰσρ.), Codd.
III (cum πυργον), XI (cum ἀνενεγκεῖν), 15 (om. πρὸς τὸ π.),
18 (idem), 19 (cum μάχαιραν et πυρσὸν ἀπὸ τῆς π.), alii,
Syro-hex. (cum مسخا حمر ﻣﺢ ※, fortasse pro ※ ἐκ ◀ τῆς
π., ut sine aster. Codd. 54, 76, 82, alii). ⁷² Sic Comp.
(cum ἀνέστρεψαν), Ald., Codd. III, IV, X (ut Comp.), XI
(idem), 15 (idem), 18 (idem), 19 (idem), alii, Syro-hex.
(ut Comp.). ⁷³ Sic Cod. IV, Syro-hex., et sine aster.
Comp., Ald. (om. αὐτὸς et ὁ πόλεμος ὁ), Codd. III (om.
αὐτὸς et ὁ ante ἔμπροσθεν), X (cum τροποῦται ἐνώπιον ἡμῶν
καθὼς ἔμπρ.), XI (cum τροποῦται καθὼς ἔμπρ.), 15 (om. αὐτὸς),
18 (idem, cum τροπούμενος τροποῦται), alii. ⁷⁴ Sic
Comp., Codd. III (cum πυργον), IV, 15, 18 (cum ὡς στῦλος),
19, alii, Syro-hex. Mox εἰς τὸν οὐρανὸν Comp., Ald., Codd.

III, IV, X, XI, 15, 18, 29, alii, Syro-hex. ⁷⁵ Sic Comp.,
Ald., Codd. III, IV, X (cum ἐπέστρεψεν in marg.), XI
(cum αὐτούς), 15, 18, 19 (cum ἔσται pro ἧπται), alii, Syro-
hex. ⁷⁶ Sic Comp. (cum ἔκλινεν), Ald., Codd. III, IV,
X (cum πάντα pro ἀνδρὸς), XI, 15 (ut Comp.), 18, 19 (cum
καὶ ἔκλινεν ἀνδρὸς Ἰσρ. ἐνώπιον), alii, Syro-hex. ⁷⁷ Sic
Comp., Ald. (cum ἐπ' αὐτοὺς), Codd. III, IV, X (cum κατέφθασεν ἐπ' αὐτοὺς), XI (idem), 15, 18, 19, alii, Syro-hex.
⁷⁸ Sic Codd. III (cum καὶ κατέπαυσεν pro κατεπάτησαν), IV
(cum κατεπαῦσαι (sic)), 19 (cum καὶ κατεπάτησαν), 108,
Syro-hex. (cum ﺍﻣﺪﻫﺎ ﺣﺴﻮﻣﺴﻬﻤﺪ, quod sonare
videtur: τοῦ συντελέσαι αὐτὸν συντελείᾳ). ⁷⁹ Sic Comp.
(cum σύμπαντες οὗτοι), Codd. III, IV, 15, 18, 64, 128.
⁸⁰ Sic Comp., Codd. III, IV, 15, 18, 19, alii, Syro-hex.
⁸¹ Sic Cod. IV, Syro-hex. (sine metobelo), et sine aster.

45. וַיַּדְבִּיקוּ אַחֲרָיו עַד־גִּדְעֹם‎. Ο΄. καὶ κατέβησαν ὀπίσω αὐτῶν οἱ υἱοὶ Ἰσραὴλ ἕως Γεδάν. Alia exempl. καὶ προσεκολλήθησαν ὀπίσω αὐτοῦ ἕως Γαλαάδ.[82]

46. שֹׁלֵף‎. Ο΄. ἑλκόντων. Alia exempl. σπωμένων.[83]

47. וַיִּפְנוּ‎. Ο΄. καὶ ἐπέβλεψαν οἱ λοιποί. Alia exempl. καὶ ἐξέκλιναν.[84]

אַרְבָּעָה חֳדָשִׁים‎. Ο΄. τέσσαρας μῆνας. Alia exempl. τετράμηνον.[85]

48. וְאִישׁ יִשְׂרָאֵל שָׁבוּ אֶל־בְּנֵי‎. Ο΄. καὶ οἱ υἱοὶ Ἰσραὴλ ἐπέστρεψαν πρὸς υἱούς. Alia exempl. καὶ ἀνὴρ Ἰσραὴλ ἀνεκάλεσεν εἰς τοὺς υἱούς.[86]

מֵעִיר מְתֹם (s. מְתִם) עַד־בְּהֵמָה‎. Ab urbe integritatem (s. viros) usque ad pecus. Ο΄. ἀπὸ πόλεως Μεθλὰ καὶ ἕως κτήνους. Alia exempl. ἀπὸ πόλεως ἑξῆς ἕως κτήνους.[87]

הַנִּמְצָאוֹת שִׁלְּחוּ בָאֵשׁ‎. Ο΄. καὶ τὰς πόλεις τὰς εὑρεθείσας ἐνέπρησαν ἐν πυρί. Alia exempl. τὰς εὑρεθείσας ἐξαπέστειλαν ἐν πυρί.[88]

Cap. XX. 19. ✕ τὸ πρωΐ ◄.[89] 20. ÷ πᾶς ◄ ἀνήρ.[90] 36. ✕ καὶ ◄ εἶδον.[91] 44. χιλιάδες ✕ ἀνδρῶν ◄.[92]

CAP. XXI.

1. וְאִישׁ יִשְׂרָאֵל נִשְׁבַּע בַּמִּצְפָּה לֵאמֹר‎. Ο΄. καὶ οἱ υἱοὶ Ἰσραὴλ ὤμοσαν ἐν Μασσηφάθ, λέγοντες. Alia exempl. καὶ ἀνὴρ Ἰσραὴλ ὤμοσεν ἐν Μασσηφά, λέγων.[1]

2. וַיָּבֹא הָעָם בֵּית־אֵל‎. Ο΄. καὶ ἦλθεν ὁ λαὸς εἰς Βαιθήλ. Alia exempl. καὶ παρεγένοντο ÷ πᾶς ◄ ὁ λαὸς εἰς Μασσηφὰ καὶ Βαιθήλ.[2]

וַיִּשְׂאוּ קוֹלָם‎. Ο΄. καὶ ἦραν φωνὴν (alia exempl. ἐπῆραν τὴν φωνὴν[3]) αὐτῶν.

3. לְהִפָּקֵד‎. Ut desideretur. Ο΄. τοῦ ἐπισκεπῆναι (alia exempl. ἀφαιρεθῆναι[4]).

4. עֹלוֹת וּשְׁלָמִים‎. Ο΄. ὁλοκαυτώσεις καὶ τελείας. Alia exempl. ὁλοκαυτώματα σωτηρίου.[5]

5. מִי אֲשֶׁר לֹא־עָלָה‎. Ο΄. τίς οὐκ ἀνέβη. Alia exempl. τίς ὁ μὴ ἀναβάς.[6]

מוֹת יוּמָת‎. Ο΄. θανάτῳ θανατωθήσεται (alia exempl. ἀποθανεῖται[7]).

6. נִגְדַּע‎. Ο΄. ἐξεκόπη. Alia exempl. ἀφήρηται.[8]

8. מִי אֶחָד מִשִּׁבְטֵי יִשְׂרָאֵל אֲשֶׁר‎. Ο΄. τίς εἷς ἀπὸ φυλῶν Ἰσραήλ, ὅς. Alia exempl. τίς μία τῶν φυλῶν Ἰσραήλ, ἥτις.[9]

Comp., Ald., Codd. III, X, XI, 15 (cum αὐτῶν), 19, alii. [82] Sic Comp. (cum Γαδαὰμ), Ald. (cum αὐτῶν et Γαδαὰμ), Codd. III, IV, X (cum αὐτῶν), XI (idem), 15 (cum ἑκαλλ. ὁ. αὐτῶν ἑ. Γαδαὰμ), 18, 19, alii, Syro-hex. (cum ܦܠܝܛ‎). [83] Sic Comp., Ald., Codd. III, IV, X, XI, 15, 18, 19, alii. Mox ἐν δὲ τῇ ἡμέρᾳ ἐκείνῃ σὺν πᾶσι τούτοις ἄνδρες δυνατοὶ Codd. IV, 108, Syro-hex., et (om. δὲ) Codd. III, 15, 18 (cum συμπᾶσιν), 54, alii. [84] Sic Comp., Codd. III, IV, 54, 75, 84 (cum ἐξέκλινον), 108, Syro-hex. [85] Sic Comp., Ald., Codd. III, IV, X, XI, 15, 18, 19 (cum ἐξάμηνον), alii, Syro-hex. [86] Sic Comp. (cum ἀνέστρεψεν), Ald., Codd. III (cum ἀπέκλεισε τοὺς), IV, X (cum ἀνέκαμψεν in marg.), XI, 15 (om. εἰς), 18 (ut III), 19, alii, Syro-hex. (cum ܡܢ ܚܕܒܡ‎). [87] Sic Comp., Ald., Codd. III (om. ἕως), IV, X, XI, 15, 18 (cum duplici versione, ἀπὸ πόλεως διδύμων (תְּאֹמִים) ἕως Βαμά· πάντας τοὺς εὑρεθείσας ἑξῆς ἕως κτήνους), alii, Arm. 1, Syro-hex. Cf. Deut. ii. 34. iii. 6 in Hebr. et LXX. Statim sine copula ἕως παντὸς τοῦ εὑρεθέντος iidem. [88] Sic Codd. IV, 19, Syro-hex. Pro ἐνέπρησαν, ἐξαπέστειλαν habent Comp., Codd. III, X (cum ἐνέπρησαν in marg.), XI (cum –λεν), 15, 18, 29, alii. [89] Syro-hex. Deest in

Codd. III, 18, 64, 128. [90] Cod. IV (cum ἐξῆλθεν). Deest in Comp., Codd. X, XI, 29 (ut videtur), aliis, Arm. 1. [91] Idem. Nescio an pingendum: καὶ εἶδον ✕ οἱ υἱοὶ ◄ Βενιαμίν. [92] Idem. Vox ἀνδρῶν deest in Codd. 18, 64.

CAP. XXI. [1] Sic Comp. (cum λέγοντες), Codd. III, IV, 15, 18, 19 (ut Comp.), alii, Syro-hex. [2] Sic Comp., Codd. IV, Syro-hex. (qui pingit: πᾶς — ὁ λαὸς), et sine obelo Comp. (cum παρεγένοντο pro ἦλθεν tantum), Ald. (om. Μ. καὶ), XI (ut Comp.), 15, 18, 19 (cum καὶ γὰρ ἐγείνοντο), alii, Arm. 1. [3] Sic Comp., Codd. III, IV, XI (cum ἀπῆραν), 15, 18, alii, Syro-hex. [4] Sic Comp. Codd. 54, 59, 75, 76, alii. Cod. 128: τοῦ ἐξαλειφθῆναι, ex glossemate. [5] Sic Comp., Ald., Codd. III, IV, X, XI, 15 (cum ὁλ. καὶ σωτηρίου), 18, 19, alii, Arm. 1, Syro-hex. Cf. ad Cap. xx. 26. [6] Sic Comp., Ald., Codd. III, IV, X, XI, 15, 18, 19, alii, Syro-hex. Mox τῷ μὴ ἀναβάντι iidem. [7] Sic Comp., Ald., Codd. III, IV, X, XI (cum ἀποθανεῖν), 15, 18, 29, alii. [8] Sic Comp., Ald., Codd. III, IV, X, XI, 15, 19, alii. [9] Sic Comp., Ald., Codd. III, IV, X, XI (om. τῶν ?), 15, 18, 19, alii, Syro-hex.

10. וְהַנָּשִׁים וְהַטָּף‎. O'. Vacat. Alia exempl. καὶ
τὰς γυναῖκας, καὶ τὸν λαόν.[10]

11. וְזֶה הַדָּבָר אֲשֶׁר תַּעֲשׂוּ‎. O'. καὶ τοῦτο ποιήσετε. Alia exempl. καὶ οὗτος ὁ λόγος ὃν ποιήσετε.[11]

כָּל־זָכָר‎. O'. πᾶν ἄρσεν (alia exempl. ἀρσενικόν[12]).

יֹדַעַת‎. O'. εἰδυῖαν. Alia exempl. γινώσκου-
σαν.[13]

תַּחֲרִימוּ‎. O'. ἀναθεματιεῖτε τὰς δὲ παρθένους
περιποιήσεσθε· καὶ ἐποίησαν οὕτως. Alia exempl. ἀναθεματιεῖτε ※ (potius ✕) πᾶσαν
δὲ νεάνιδα παρθένον περιποιήσεσθε ◄.[14]

12. וַיָּבִאוּ‎. O'. καὶ ἤνεγκαν (alia exempl. ἤγαγον[15]).

14. אֲשֶׁר חִיּוּ מִנְּשֵׁי‎. Quas vivas servaverunt e
mulieribus. O'. ἃς ἐζωοποίησαν ἀπὸ τῶν θυγατέρων. Alia exempl. αἵτινες ἦσαν ἐκ τῶν
γυναικῶν.[16]

16. לַנּוֹתָרִים‎. O'. τοῖς περισσοῖς. Alia exempl.
τοῖς ἐπιλοίποις.[17]

17. יְרֻשַּׁת פְּלֵיטָה לְבִנְיָמִן‎. Hereditas reservetur
Benjaminitis qui evaserunt. O'. κληρονομία
διασωζομένων τῶν Βενιαμίν. Alia exempl.
κληρονομία διασεσωσμένη τῷ Βενιαμίν.[18]

19. לִמְסִלָּה הָעֹלָה‎. O'. ἐπὶ τῆς ὁδοῦ τῆς ἀναβαινούσης. Alia exempl. ἐν τῇ διόδῳ τῇ
ἀναβαινούσῃ.[19]

וּמִנֶּגֶב לִלְבוֹנָה‎. Et a meridie Lebonae. O'. καὶ
ἀπὸ νότου — τοῦ Λιβάνου ◄ τῆς Λεβωνά.[20]

20. לְכוּ‎. O'. πορεύεσθε. Alia exempl. ἀπέλθατε.[21]

21. לָחוּל בַּמְּחֹלוֹת‎. Ad saltandum in choreis.
O'. χορεύειν ἐν τοῖς χοροῖς. Alia exempl.
χορεύουσαι ※ ἐν χοροῖς ◄.[22]

לָכֶם אִישׁ אִשְׁתּוֹ‎. O'. αὐτοῖς ἀνὴρ γυναῖκα.
Alia exempl. ※ ὑμῖν ◄ ἀνὴρ γυναῖκα ἑαυτῷ.[23]

22. חָנּוּנוּ אוֹתָם‎. Gratificamini nobis eas. O'.
ἔλεος ποιήσατε ἡμῖν αὐτάς. Alia exempl.
ἐλεήσατε αὐτούς.[24]

כִּי תָּאשָׁמוּ‎. Tunc culpam contraheretis. O'.
ὡς κλῆρος πλημμελήσατε. Alia exempl. ὅτι
οὐκ ἐπλημμελήσατε.[25] Alia: κατὰ τὸν καιρὸν
ὃν ἐπλημμελήσατε.[26]

23. לְמִסְפָּרָם‎. O'. εἰς ἀριθμὸν (alia exempl. κατὰ
τὸν ἀριθμὸν[27]) αὐτῶν.

וַיֵּלְכוּ‎. O'. καὶ ἐπορεύθησαν (alia exempl. ἀπῆλθον[28]).

וַיִּבְנוּ אֶת־הֶעָרִים‎. O'. καὶ ᾠκοδόμησαν τὰς

---

[10] Iidem. [11] Sic Comp., Ald., Codd. III, IV (cum
ἐποιήσετε), X, XI (cum ποιήσετε), 15, 18, 19, alii, Syro-hex.
[12] Iidem. [13] Sic Comp., Ald., Codd. III, IV (cum γεν.),
X, XI, 15, 18, 19 (cum καὶ πάσας γυναῖκας γινώσκουσας), alii,
Syro-hex. [14] Sic Syro-hex. (qui legit et pingit: ※ π. δὲ
ν. ✕ παρθένον περιποιήσεσθε (ܢܣܒ, vel potius ܪܒܣ, quod
pro περιβιώσετε ponitur Exod. xxii. 18)), et sine aster.
Codd. 54, 75, 76 (cum γυναῖκα pro νεάνιδα), 82 (cum παρθένον νεάνιδα), 106 (ut 76), 134 (idem). Haec, τὰς δὲ παρθένους—οὕτως, desunt in Comp., Codd. III, IV, 15, 29, 55,
64, 108, Arm. 1. [15] Sic Comp., Ald., Codd. III (cum
ἤγον), X, XI, 15, 18, 29, alii, Syro-hex. [16] Sic Comp.,
Ald., Codd. III, XI, 15, 18, 19, alii, Arm. 1, Syro-hex.
[17] Sic Comp., Ald., Codd. III, X, XI, 15, 18, 19, alii, Syro-
hex. [18] Sic Comp., Ald. (praem. καὶ πᾶς ἔσται), Codd.
III, X, XI, 15 (cum διασεσωσμένων), 18, 19, alii, Arm. 1,
Syro-hex. [19] Sic Comp., Ald., Codd. III (cum ὁδῷ),
X, XI (cum ἐπὶ τῇ ὁδῷ), 15, 18, 19, alii, Syro-hex. (cum
ὁδῷ). [20] Sic Syro-hex., et sine obelo Comp., Codd. III,

15 (cum Λεβωνά), 18 (cum νότου), 19, alii. [21] Sic Comp.,
Codd. III (cum διέλθατε), 15 (cum ἀπέλθετε), 18 (idem),
19, alii, Syro-hex. Mox v. 21 ἀπελεύσεσθε pro πορεύεσθε
Comp., Codd. III, X, XI, 15, 18 (cum ἐξελ.), 19, alii,
Syro-hex. [22] Sic sine aster. Comp., Ald. (om. ἐν),
Codd. III (cum χορεύσαι), X, XI (ut Ald.), 19, 29 (ut
Ald.), alii; necnon (om. ἐν χοροῖς) Codd. 15, 18, 64, 128.
Syro-hex. ◄ ܚܕܝܢ ✕ (χορεύσαι) ܚܕܝܢ; Bar Hebraeus
autem: ܚܕܝܦܣ ܚܕܝܦܣ. [23] Sic Syro-hex. (sine
metobelo), et sine aster. Comp., Codd. 19 (cum γυν. αὐτῇ),
108. [24] Sic Comp., Ald., Codd. III, X, XI, 18, 19,
alii, Syro-hex. [25] Sic Ald., Codd. X (cum καὶ ὅτι), XI,
15 (cum οὐχ ὑμεῖς pro οὐκ), 16, 18, alii. [26] Sic Comp.,
Codd. III (cum πλημμελήσατε pro ὃν ἐπλ.), 19, 108, Syro-
hex. (cum ܐܣܟܠܬܘܢ: male pro ܐܣܟܠܬܘܢ:). [27] Sic
Comp., Ald., Codd. III, X, XI, 15, 18 (om. τὸν), 29, alii,
Syro-hex. [28] Sic Comp., Ald., Codd. (III hiat), X, XI
(cum ἀπῆλθαν), 15, 18, 29, alii, Syro-hex. Cf. ad Cap.
vi. 21. xix. 5.

πόλεις. Alia exempl. καὶ ᾠκοδόμησαν ÷ ἑαυτοῖς ◄ πόλεις.[29]

25. בְּעֵינָי. Ο'. ἐνώπιον αὐτοῦ. Alia exempl. ἐν

ὀφθαλμοῖς αὐτοῦ.[30]

Cap. XXI. 7. ※ καὶ εἶπαν ◄· τί ποιήσωμεν.[31]

14. ÷ πρὸς τοὺς υἱοὺς Ἰσραήλ ◄.[32]

---

[29] Sic Syro-hex. (cum  ÷), et sine obelo Comp., Ald., Codd. III, X, 15, 18, 54, alii. [30] Sic Comp. (cum ἐν τοῖς ὁ.), Ald., Codd. III, X, XI, 15, 16, 18, 19, alii, Arm. 1, Syro-hex., Vet. Lat. [31] Syro-hex., praeunte Pesch., sed invitis Hebraeo et libris Graecis [32] Idem (qui legit et pingit: Βενιαμὶν πρὸς τοὺς υἱοὺς (sic) ÷ πρὸς τοὺς υἱοὺς Ἰσρ., absente cuneolo).

RUTH.

IN LIBRUM RUTH

MONITUM.

"ADMODUM paucas in hunc librum lectionum varietates excerpsimus e duobus Codicibus Regiis, quorum unus est num. 1825, alter vero 2240. Alius bombycinus 1888."—MONTEF.

Subsidia quae nobis in hac particula operis nostri recensenda usui fuerunt, sunt Codd. X, 58, 108, et Versio Syro-hexaplaris, de quibus omnibus vid. Monitum ad Judices, pp. 397, 398. Nunc addimus, prioris codicis, Coisliniani scilicet, collationem librorum Judicum et Ruth a Griesbachio elaboratam exstare in Eichhornii *Repertorio* etc. Tom. II, pp. 196–228, et Tom. I, pp. 137–141.

16. אֵלַיִךְ. Ο΄. αὐλισθήσομαι ※ (potius ∞) ἐκεῖ ◄.[14]

19. וַיְהִי כְּבֹאָנָה בֵּית לָחֶם. Ο΄. (※) καὶ ἐγένετο ἐν τῷ ἐλθεῖν αὐτὰς εἰς Βηθλεέμ (◄).[15]

21. אָנִי. Ο΄. ἐγὼ ※ (∞) γάρ ◄.[16]

22. כַּלָּתָהּ עִמָּהּ. Ο΄. ἡ νύμφη αὐτῆς ※ μετ' αὐτῆς ◄.[17]

Cap. I. 8. ταῖς ※ δυσὶ ◄[18] νύμφαις αὐτῆς· πορεύθητε ※ (fort. —) δή ◄.[19] 15. — δὴ καὶ σύ ◄.[20] 18. — Νοεμίν ◄.[21]

Cap. II.

2. וַאֲלַקֳטָה. Ο΄. καὶ συνάξω (alia exempl. συλλέξω[1]).

וַתֹּאמֶר לָהּ. Ο΄. εἶπε δὲ αὐτῇ ※ (potius ∞) Νοεμίν ◄.[2]

7. וְעַד־עַתָּה זֶה. Et usque nunc: hoc. Ο΄. καὶ ἕως ἑσπέρας· οὐ. Alia exempl. καὶ ἕως νῦν τοῦτο.[3]

11. כָּל אֲשֶׁר. Ο΄. ※ πάντα ◄ ὅσα.[4]

13. וְאָנֹכִי. Ο΄. καὶ ἰδοὺ ἐγώ. Alia exempl. καὶ ἐγώ εἰμι ἔσομαι.[5]

14. לְעֵת. Ο΄. ἤδη ὥρα. Alia exempl. τῇ ὥρᾳ.[6]

14. קָלִי. Spicas tostas. Ο΄. ἄλφιτον. Ἄλλος· φρυκτά.[7]

16. וְגַם שֹׁל־תָּשֹׁלּוּ לָהּ. Immo etiam extrahendo extrahetis ei. Ο΄. καὶ βαστάζοντες βαστάσατε αὐτῇ, καίγε παραβάλλοντες παραβαλεῖτε αὐτῇ. Alia exempl. καίγε παραβάλλοντες παραβαλεῖτε αὐτῇ.[8]

וַעֲזַבְתֶּם. Et relinquatis. Ο΄. καὶ φάγεται. Alia exempl. καὶ ἄφετε αὐτήν.[9]

21. עִם־הַנְּעָרִים אֲשֶׁר־לִי. Ο΄. μετὰ τῶν κορασίων (alia exempl. παιδαρίων[10]) τῶν ἐμῶν.

22. תֵּצְאִי. Ο΄. ἐξῆλθες. Alia exempl. ἐπορεύθης.[11]

23. וּקְצִיר הַחִטִּים. Ο΄. καὶ ※ τὸν θερισμὸν ◄ τῶν πυρῶν.[12]

Cap. II. 2. — ἡ Μωαβῖτις ◄.[13] 11. καὶ — πᾶς ◄ κατέλιπες.[14] 19. — ᾽Ρούθ ◄.[15]

Cap. III.

2. זֹרֶה. Ventilat. Ο΄. λικμᾷ. Alia exempl. συντίθησι.[1]

7. וַיֹּאכַל בֹּעַז וַיֵּשְׁתְּ. Ο΄. καὶ ἔφαγε Βοὸζ ※ καὶ ἔπιε ◄.[2]

---

[14] Sic Syro-hex., et sine aster. Codd. 54, 59, 74, 75, alii. Cf. Hex. ad Jud. xv. 18. [15] Haec leguntur in Ed. Rom., sed desunt in Codd. II, III, 54, 59, 70, aliis, Arm. ed., Syro-hex. Ex alio autem interprete ea assumpta esse, argumento est vox ἐλθεῖν pro ea quae in praecedenti clausula ponitur, παραγενέσθαι. [16] Sic Syro-hex., et sine aster. Codd. 54, 59, 74, 75, alii. [17] Sic Syro-hex. (sine metobelo), et sine aster. Comp., Ald., Codd. III, X, XI, 30, 44, alii, Arm. 1. [18] Syro-hex., sine cuneolo. Vocula deest in Codd. II, 54, 58, 70, aliis. [19] Idem, sine metobelo. Particula abest a Codd. 19 (om. etiam ἀποστράφητε), 30, 56, 71, 93, 108 (ut 19), Arm. 1. [20] Idem (qui pingit: — ἐπιστράφηθι δὴ καὶ σύ ◄). Haec desunt in Codd. XI, 29, 55, 71. [21] Idem. Deest in Ald., Codd. X, XI, 16, 29, 30, aliis.

Cap. II. [1] Sic Codd. X, XI, 16, 29, alii. [2] Sic Syro-hex. (om. αὐτῇ), et sine aster. Codd. 54, 59, 74, 75, alii. [3] Sic Codd. X (om. καὶ), XI, 29, 71 (ut X); necnon (cum καὶ ἕως νῦν οὐ) Codd. 53, 54, 76, alii. [4] Sic Syro-hex. (sine metobelo), et sine aster. Comp., Codd. III, 58, 108,

209, 241, Arm. 1. [5] Sic Codd. XI (cum εἰ μή pro εἰμι). 56, 63, 71. [6] Sic Comp., Codd. XI (cum τῇ δὴ ὥρᾳ). 19, 54, 56, alii. [7] Cod. 108 in marg. sine nom. Cf. Hex. ad Jos. v. 11. Ad rem cf. H. B. Tristram The Land of Israel, p. 595. [8] Sic Comp., Codd. 15, 18, 64, 70, 108, 128, Syro-hex. [9] Sic Comp., Codd. III (om. αὐτήν), 15 (cum αὐτῇ), 19, 64, 108, Syro-hex.; necnon (cum duplici lectione, καὶ ἀφ. αὐτὴν καὶ φάγεται) Ald., Codd. X (cum ἄφεται), 16, 29, 30, alii, Arm. 1. [10] Sic Comp., Codd. III, 19, 108, 241; necnon (cum μου pro τῶν ἐμῶν) Codd. II, 53, 54, alii, Syro-hex. [11] Sic Codd. II, III, 15, 18, 19, alii, Syro-hex. [12] Sic Syro-hex. (qui mendose pingit: ※ καὶ — πυρῶν ◄), et sine aster. Comp., Codd. III, 19 (cum τ. θ.), 58, 108, 241, Arm. 1. [13] Syro-hex. (sine metobelo), repugnante Hebraeo. Deest in Cod. 29. [14] Idem (qui pingit: — καὶ πᾶς ◄). Particula deest in Codd. X, XI, 55, 58. [15] Idem.

Cap. III. [1] Sic Codd. X, XI, 29, 30, alii (inter quos 58, cum λικμᾷ in marg.). [2] Sic Syro-hex. Verba καὶ ἔπιε desunt in Codd. II, 18, 54, 59, 75, 82, 93.

7. וַתִּשְׁכָּב. Ο'. Vacat. Alia exempl. ✕ καὶ ἐκοιμήθη ◄.³ Alia: καὶ ἐκάθευδε.⁴

15. הַמִּטְפַּחַת. Pallam. Ο'. τὸ περίζωμα. Σ. (τὸ) σινδόνιον.⁵

וְאֶחֳזִי־בָהּ וַתֹּאחֶז בָּהּ. Ο'. καὶ ἐκράτησεν αὐτό. Alia exempl. καὶ κράτησον αὐτό· ἡ δὲ ἐκράτησεν αὐτό.⁶

16. וַתֹּאמֶר מִי־אַתְּ בִּתִּי. Ο'. ἡ δὲ εἶπεν αὐτῇ· θύγατερ. Alia exempl. ἡ δὲ εἶπε· τί ἐστι, θύγατερ; alia, ἡ δὲ εἶπε· τί σύ, θύγατερ;⁷

וַתַּגֶּד־לָהּ. Ο'. καὶ εἶπεν (alia exempl. ἀπήγγειλεν⁸) αὐτῇ.

18. אֵיךְ יִפֹּל דָּבָר. Quem exitum habeat res. Ο'. πῶς οὐ πεσεῖται ῥῆμα. Alia exempl. πῶς ἔσται τὸ ῥῆμα τοῦτο.⁹

כִּי־אִם־כִּלָּה. Nisi quum absolverit. Ο'. ἕως ἂν τελεσθῇ. Alia exempl. ἕως ἂν τελέσῃ.¹⁰

Cap. III. 10. τὸ ἔλεός – σου ◄.¹¹ 16. καὶ –
Ῥούθ ◄.¹²

CAP. IV.

1. דִּבֶּר. Ο'. ἐλάλησε. Alia exempl. εἶπε.¹

פְּלֹנִי אַלְמֹנִי. Heus tu, nescio quis! Ο'. κρύ-

φιε. Alia exempl. κρύφιε. ✕ (potius ∞) ὁ δὲ εἶπε· τίς σύ, κρύφιε ◄ ;² 'Α. ὁ δεῖνα. Σ. ὅδε τις.³

3. מָכְרָה נָעֳמִי הַשָּׁבָה. Venumdat Naomi quae rediit. Ο'. ἣ δέδοται Νωεμὶν τῇ ἐπιστρεφούσῃ. Alia exempl. ἀπέδοτο N. ἡ ἐπιστρέφουσα.⁴

4. אִם־תִּגְאַל. Ο'. εἰ ✕ (potius ∞) οὖν ◄ ἀγχιστεύεις.⁵

5. (קָנִיתָ ק') קָנִיתִי. Comparabis. Ο'. – καὶ αὐτὴν ◄ κτήσασθαί σε δεῖ.⁶ Alia exempl. ἐπὶ τῆς κληρονομίας αὐτοῦ κτήσασθαί σε αὐτόν.⁷

7. עַל־הַגְּאֻלָּה וְעַל־הַתְּמוּרָה. De redemptione et permutatione. Ο'. ἐπὶ τὴν ἀγχιστείαν, καὶ ἐπὶ τὸ ἀντάλλαγμα. Σ. περὶ κληρουργίας καὶ συναλλαγῆς.⁸

10. מְקוֹמוֹ. Ο'. λαοῦ αὐτοῦ. 'Α. Σ. τοῦ τόπου (αὐτοῦ).⁹

11. וַעֲשֵׂה. Et fac. Ο'. καὶ ἐποίησαν (alia exempl. ποιῆσαι¹⁰).

וּקְרָא. Et voca. Ο'. καὶ ἔσται (alia exempl. καλέσαι¹¹).

12. מִן־הַזֶּרַע אֲשֶׁר. Ο'. ἐκ τοῦ σπέρματος οὗ. Alia exempl. ἐκ τοῦ σπέρματός σου.¹²

---

³ Sic Syro-hex. (cum ܘܐܬܬܢܝܚ ✕), et sine aster. Ald., Codd. X, XI, 15, 18, 29, alii, Arm. 1. ⁴ Sic Comp., Codd. III, 19, 108, 241. ⁵ Cod. 108. ⁶ Sic Comp., Ald., Codd. X, XI, 29, 30, 58, alii, Arm. 1, invito Syrohex. ⁷ Prior lectio est in Ald., Codd. X, XI, 16, 18, 44, aliis, Arm. 1; posterior in Comp., Codd. 19 (cum σοι), 108, Syro-hex. (cum ܠܟܝ). Alia lectio, τίς εἶ, θύγατερ; est in Codd. III, 15, 64. ⁸ Sic Comp., Ald., Codd. X, XI, 29, 30, alii, Arm. 1. ⁹ Sic Codd. 54, 59 (cum ἔστι), 74, 75, alii. ¹⁰ Sic Comp., Codd. II, III, X (cum συντελέσῃ), XI (idem), 15, 16 (cum οὐ pro ἂν), 18 (cum ἐκτελέσῃ), 19 (ut X), alii, Arm. 1, Syro-hex. ¹¹ Syrohex., invito Hebraeo. ¹² Idem (qui pingit: – καὶ Ῥούθ ◄).

CAP. IV. ¹ Sic Comp., Ald., Codd. II, III, XI, 15, 16, 18, 19, alii, Syro-hex. ² Sic Syro-hex. (cum ܟܣܝܐ), affiniis, pro κρύφιε), et sine aster. (cum τίς εἶ σύ) Codd. 54 (om. ὁ δὲ εἶπε), 74, 76, 93, 106, 134. ³ Cod. 108. Ad κρύφιε Cod. X in marg.: ὁ δινα (sic). Pro κρύφιε Cod. 58

legit ὁ δεῖνα; Cod. 56 autem, ὅδε τις κρυφίε (sic). Cf. Hex. ad 1 Reg. xxi. 2, 4 Reg. vi. 8. ⁴ Sic Comp. (cum ὃν ἀπ. N. ἡ ἐπιστρέψασα), Ald. (cum ᾧ ἀπ. N. ἡ ἐπιστρέψασα), Codd. X (cum τῇ ἐπιστρεφούσῃ?), XI, 15, 18, 29, 30, alii. ⁵ Sic Syro-hex., et sine aster. Codd. 54, 74, 75, 76, alii. ⁶ Sic Syro-hex. (qui pingit: καὶ – αὐτὴν ◄), desunt in Cod. 76. ⁷ Sic Ald. (cum σεαυτῷ pro σε αὐτόν), Codd. 29, 30, 56, alii. Duplex versio, ἐπὶ τῆς—σε αὐτὸν (vel σεαυτὸν) καὶ αὐτὴν κτ. σε δεῖ, est in Codd. X, XI, 134 (cum σε αὐτῷ pro σε αὐτόν). ⁸ Cod. 108. Vox κληρουργία (non κληρουχία, ut ex Appendice Parsonsii oscitanter exscripsit Schleusner. in Nov. Thes. s. v.) Lexicographos fugit. ⁹ Cod. 108. Sic in textu Comp., Ald., Codd. X, XI, 29, 55. ¹⁰ Sic Comp., Codd. III, 19, 54, 74, alii, Syro-hex. (cum ποιῆσαι), Vet. Lat. (cum facere). ¹¹ Sic Codd. X, XI, 18, 29, alii, Arm. 1. ¹² Sic Comp., Ald., Codd. X, XI, 15 (cum σου οὗ), 18 (idem), 19 (praem. καὶ) alii, Syro-hex., Vet. Lat. Mox in fine v. τέκνα add. Comp., Ald., Codd. X, XI, 15, 16, 18, 29, alii.

13. וַתְּהִי־לוֹ לְאִשָּׁה.　O'. καὶ ἐγενήθη αὐτῷ ※ εἰς
γυναῖκα ◄.[13]　Alia exempl. ἑαυτῷ γυναῖκα.[14]

וַתֵּלֶד בֵּן.　O'. καὶ ἔτεκεν ※ (potius ∾) αὐτῷ ◄
υἱόν.[15]

16. וַתְּשִׁתֵהוּ.　O'. καὶ ἔθηκεν ※ αὐτό ◄.[16]

18. תּוֹלְדוֹת.　O'. αἱ γενέσεις.　Schol. γενεαλο-
γίαι.[17]

Cap. IV. 1. ἐπὶ τὴν πύλην ※ τῆς πόλεως (◄).[18]

---

[13] Sic cum aster. Syro-hex., invitis libris Graecis.
[14] Sic Comp., Codd. 19, 54, 59, 75, 108.　[15] Sic Syro-
hex., et sine aster. Comp., Codd. 19, 54, 59, 74, alii.
[16] Sic Syro-hex., et sine aster. Comp., Ald., Codd. III, XI
(cum αὐτόν), 55, 56 (cum ἔθετο), 58 (idem), alii.　[17] Cod.
108 in marg.　[18] Syro-hex. et Pesch., repugnantibus
Hebraeo et libris Graecis. Cf. Hex. ad Jud. xxi. 7.

LIBER I REGUM,

JUXTA HEBRAEOS I SAMUELIS.

IN LIBROS REGUM ET PARALIPOMENΩN

MONITUM.

"IN libros Regum et Paralipomenων varias interpretationes et lectiones suppeditarunt:

"Codex Regius 2433, bombycinus, XII circiter saeculi, unde multa excerpsimus in libros I et II Regum, qui in Hebraico I et II Samuelis inscribuntur. Pauca vero in III et IV Regum, et in libros Paralipomenων [Hic liber nobis est ' Reg.'].

"Alter Codex Regius, ubi Catena in Psalmos et in Cantica Scripturae.

"Codex Coislinianus egregius, VII ut minimum saeculi, unciali charactere.

"Codex alter Coislinianus [Holmesii 243], X saeculi, egregiae notae, unde multa excerpsimus. Ibi liber I Regum mutilus est usque ad finem paene Capitis xiv.

"Eusebius et Hieronymus de Locis Hebraicis [Vid. Monitum ad Numeros, p. 223].

"Eusebius de Demonstratione Evangelica [Parisiis, 1628].

"Jo. Chrysostomus Homil. de Anna [Opp. Tom. IV, pp. 697-747].

"Theodoretus editus anno 1642 [Opp. Tom. I, pp. 353-600 juxta edit. J. L. Schulzii].

"Procopius Gazaeus in libros Regum et Paralipomenων, editus a Jo. Meursio, Lugd. Batavorum, anno 1620.

"Notae Edit. Romanae et Drusii.

"Schedae Nic. Toinardi τοῦ μακαρίτου, quarum mihi copiam fecit illustrissimus vir D. Logé, in suprema curia Patronus."—MONTEF.

SS. Patrum operibus a Montefalconio memoratis annumeranda sunt Origenis Selecta in lib. I Regum (Opp. T. II, pp. 479-481), ab antecessore nostro ad 1 Reg. xxi. 4 adhibita; et ejusdem Homiliae de Anna et de Engastrimytho (Ibid. pp. 481-498), a nobis primum in auxilium vocatae. Cf. nos ad 1 Reg. xxviii. 19, not. 41.

E codicibus quibus in his libris usus est Parsonsius, ii qui lectiones trium interpretum continent, solito pauciores, nunc recensendi sunt.

X. In libro Regum primo continet Cap. i. 1—iv. 19, x. 19—xiv. 26, xxv. 33 ad finem. Librum secundum integrum habet. In libro tertio continet tantum Cap. i. 1—viii. 40. Praeter schedas

Montefalconianas in Bibliotheca Bodleiana asservatas, Griesbachius in *Repertorio* etc. Tom. II, pp. 228–240 lectiones excerpsit ad Lib. I, Cap. i. 1—xiv. 26, et ad Lib. II, Cap. xxii, xxiii, a cujus collatione totus pendere videtur Parsonsius.

92. Codex Bibliothecae Regiae Parisiensis, signatus num. VIII, olim Colbertinus, saeculo X, ut videtur, exaratus. Continet quatuor libros Regum, sed nonnulla sub finem desiderantur. Scholia aliquot brevia habet ad marginem conjecta. Deficit a Cap. v. 10 ad Cap. x. 25 libri primi. Hujus et duorum sequentium librorum collationes MSS. in usum operis Holmesiani procuratas penes nos habuimus.

108. Vid. Monitum ad Genesim, p. 5. Deficit tantum Cap. xxii. 41–52 libri Regum tertii.

243. Codex Coislinianus, saeculi X, signatus numero VIII, imprimis lectionibus Aquilae, Symmachi et Theodotionis refertus. Incipit a Cap. xiv. 49 libri primi. Collatio hujus libri Bodleiana, foliis 115 binis columnis inscripta, cum excerptis ejusdem Montefalconianis accuratissime concordat, non tamen ut de communi utriusque documenti origine suspicio oriatur.

243*. Codex Bibliothecae D. Marci, signatus XVI in Catalogo MSS. Graecorum a Zanetti et Bongiovanni Venetiis anno 1740 edito, chartaceus, saeculi circa XI (?). Continet Catenam in libros Regum, in qua intermiscentur passim lectiones Aquilae, Symmachi, Theodotionis, aliorumque; e quibus, speciminis loco, nonnullas excerpserunt Catalogi conditores, quae in Hexaplis Montefalconii non reperiuntur. Hujus libri usum Editores Oxonienses non habuerunt, immo ejus ne mentionem quidem fecerunt. Nos autem, cum certiores facti simus, eum cum numero praecedenti fere eandem materiem continere, enixe studuimus ut Coisliniani codicis damnum, quatuordecim videlicet priora libri primi capita, e Marciano sarciamus; quae res, opera Professoris D. Riccoboni, feliciter nobis successit. Ceterum hoc praecipue inter se differre videntur duo codices, quod in Veneto lectiones marginales tantum non omnes interpretum nominibus destituantur.

Versio librorum I et II Regum Syro-hexaplaris, si reliquias tenuissimas apud Bar Hebraeum in *Horreo Mysteriorum*, et Masium in *Syrorum Peculio* latentes excipias, prorsus intercidit. Libri duo posteriores benigniora fata experti sunt, ut in praefatiunculis ad dictos libros fusius declarabimus. Ne tamen in hac parte operis nostri nihil novi conferre videamur, ab amico eruditissimo, Doctore Gulielmo Wright, Linguae Arabicae apud Cantabrigienses nostros Professore, facile impetravimus, ut Bar Hebraei lectiones, a Parsonsio Latine tantum idque parum accurate excerptas, ad duos Musei Britannici codices, "Addit. MSS. 21,580 et 23,596," exigeret; cujus diligentia, praeter versionis Syro-hexaplaris lacinias, trium interpretum lectiones paucas quidem, sed optimae notae, lucrati sumus.

LIBER I REGUM.

Caput I.

1. וַיְהִי אִישׁ אֶחָד. Ο΄. ἄνθρωπος ἦν. Alia exempl. καὶ ἐγένετο ἄνθρωπος εἷς.[1]

צוּפִים. Ο΄. Σιφά. Alia exempl. Σωφίμ.[2]

יְרֹחָם. Ο΄. Ἰερεμεήλ. Alia exempl. Ἰεροάμ.[3]

בֶּן־תֹּחוּ בֶן־צוּף. Ο΄. υἱοῦ Θοκὲ ἐν Νασίβ. Alia exempl. υἱοῦ Θοκὲ υἱοῦ Σώφ.[4]

אֶפְרָתִי. Ο΄. Ἐφραίμ. Alia exempl. Ἐφραθαῖος.[5] Alia: ἐξ ὄρους Ἐφραΐμ.[6]

3. הָאִישׁ הַהוּא. Ο΄. ὁ ἄνθρωπος. Alia exempl. ὁ ἄνθρωπος ἐκεῖνος.[7]

לַיהוָה צְבָאוֹת. Ο΄. κυρίῳ τῷ θεῷ σαβαώθ ('Α. Σ. στρατιῶν. Θ. δυνάμεων[8]).

4. וּלְכָל־בָּנֶיהָ וּבְנוֹתֶיהָ. Ο΄. καὶ τοῖς υἱοῖς αὐτῆς. Alia exempl. καὶ πᾶσι τοῖς υἱοῖς αὐτῆς, καὶ ταῖς θυγατράσιν αὐτῆς.[9]

5. מָנָה אַחַת אַפָּיִם. Portionem unam duarum personarum. Ο΄. μερίδα μίαν ("Αλλος· διπλῆν[10]). Alia exempl. μερίδα μίαν κατὰ πρόσωπον.[11]

אֶפַיִם כִּי. Ο΄. ὅτι οὐκ ἦν αὐτῇ παιδίον, πλὴν (אֶפֶס) ὅτι (Θ. ἀλλά[12]).

6. וְכִעֲסַתָּה צָרָתָהּ גַּם־כַּעַס בַּעֲבוּר הַרְעִמָהּ. Et aegre faciebat ei aemula ejus etiam aegritudine, ut ad iram provocaret eam. Ο΄. ὅτι οὐκ ἔδωκεν αὐτῇ κύριος παιδίον κατὰ τὴν θλῖψιν αὐτῆς, καὶ κατὰ τὴν ἀθυμίαν τῆς θλίψεως αὐτῆς καὶ ἠθύμει διὰ τοῦτο. "Αλλος· καὶ παρώργισεν αὐτὴν ἡ ἀντίζηλος αὐτῆς καίγε παροργισμῷ διὰ τὸ ἐξουθενεῖν αὐτήν.[13]

CAP. I. [1] Sic Comp., Ald., Codd. III, 121, 247 (cum ἀνήρ pro ἄνθ. εἷς), Procop. p. 5. Origen. Opp. T. II, p. 483: "Non me latet primo loco quod in aliquibus exemplaribus [Codd. X, 44, 64, 70, aliis] habetur, Erat vir quidam [ἄνθρωπός τις ἦν]; sed in his exemplaribus quae emendatiora probavimus ita habetur: Erat vir unus." [2] Sic Comp. (cum Σοφίμ), Codd. III, 121 (cum Σιφά in marg.), 247 (cum Σοφίμ), Origen. (cum Sophin). [3] Sic Comp., Codd. III, 56, 246, 247 (cum Ἱεράμ). [4] Sic Comp. (cum Θοκί), Codd. III (cum Θοού et Σούπ), 19, 93 (cum Σείφ), 108 (cum Θοκί), 158 (cum Θοκέλ). [5] Sic Codd. III, 247 (cum Εὐφρανθαῖος). [6] Sic Comp., Ald., Codd. 19, 82, 93, 108, 121, Vet. Lat. [7] Sic Comp.,

Codd. III, 19, 82 (cum ἐκεῖ pro ἐκεῖνος), 93, 108, Origen. [8] Cod. 108 (cum τῷ κυρίῳ σ. θεῷ παντοκράτορι in textu). Codd. Reg., 243* in marg.: στρατιῶν. δυνάμεων. Origen.: Domino virtutum. [9] Sic Comp. (om. posteriore αὐτῆς), Ald., Codd. III, X (om. πᾶσι), XI (idem), 19 (cum αὐτοῖς pro priore αὐτῆς), 44 (ut X), alii (inter quos 243* in marg., ut X), Origen. (ut Comp.). [10] Cod. X in marg. sine nom. [11] Sic Comp., Codd. 19, 82, 93, 108. Bar Hebraeus: ܬܪ̈ܝܢ ܦܪ̈ܨܘܦܝܢ. [12] Codd. 108, 243* (in marg. sine nom.). [13] Haec in fine v. 5 in textum inferunt Comp. (om. ὅτι οὐκ—διὰ τοῦτο), Codd. 19, 55 (cum παρώργησεν), 82, 93, 108, 158 (cum παρώργισεν et καὶ γὰρ π.), Chrysost. Opp. T. XI, p. 184 E (coll. T. IV, p. 705 E).

6. כִּי־סַגַּר יְהוָה בְּעַד רַחְמָהּ . O'. ὅτι συνέκλεισε κύριος τὰ περὶ τὴν μήτραν αὐτῆς τοῦ μὴ δοῦναι αὐτῇ παιδίον. Ἄλλος· ὅτι ἀπέκλεισε κύριος κατὰ τῆς μήτρας αὐτῆς.[14]

7. מִדֵּי עֲלֹתָהּ . Quoties ascendebat ea. O'. ἐν (alia exempl. ἀπὸ ἱκανοῦ ἐν[15]) τῷ ἀναβαίνειν αὐτήν.

8. יֵרַע לְבָבֵךְ . Triste est cor tuum. O'. τύπτει σε (Ἄλλος· κακοῦται[16]) ἡ καρδία σου.

9. וְאַחֲרֵי שָׁתֹה . O'. Vacat. Alia exempl. καὶ μετὰ τὸ πιεῖν.[17]

יֵשֵׁב . O'. Vacat. (✶ Θ.) ἐκάθητο.[18]

10. מָרַת . O'. κατώδυνος. Ἀ. πικρά.[19]

11. וַתִּדֹּר נֶדֶר וַתֹּאמַר יְהוָה צְבָאוֹת אִם־רָאֹה תִרְאֶה . O'. καὶ ηὔξατο εὐχὴν κυρίῳ, λέγουσα· ἀδωναὶ κύριε ἐλωὲ σαβαώθ, ἐὰν ἐπιβλέπων ἐπιβλέψῃς. Ἄλλος· καὶ ηὔξατο εὐχὴν, καὶ εἶπε· κύριε τῶν δυνάμεων, ἐὰν ἐφοράσει ἐπίδῃς.[20]

בְּעָנְיִי . O'. ἐπὶ τὴν ταπείνωσιν (Ἄλλος· κάκωσιν[21]).

וְלֹא־תִשְׁכַּח אֶת־אֲמָתֶךָ . O'. Vacat. Alia exempl. καὶ μὴ ἐπιλάθῃ τῆς δούλης σου.[22]

זֶרַע אֲנָשִׁים . O'. σπέρμα ἀνδρῶν (alia exempl. ἀνδρός[23]).

וּנְתַתִּיו לַיהוָה . O'. καὶ δώσω αὐτὸν ἐνώπιόν σου δοτόν. Ἄλλος· καὶ δώσω αὐτὸν τῷ κυρίῳ δοτόν.[24]

11. כָּל־יְמֵי חַיָּיו . O'. ἕως ἡμέρας θανάτου αὐτοῦ, καὶ οἶνον καὶ μέθυσμα οὐ πίεται. Ἄλλος· πάσας τὰς ἡμέρας τῆς ζωῆς αὐτοῦ.[25]

וּמוֹרָה . O'. καὶ σίδηρος. (Ἀ.) φόβος.[26]

12. שָׁמַר אֶת־פִּיהָ . O'. ἐφύλαξε (alia exempl. ἐφύλασσε[27]) τὸ στόμα αὐτῆς. Σ. παρατηρῶν τὸ στόμα αὐτῆς.[28]

13. וְחַנָּה הִיא . O'. καὶ αὕτη (s. αὐτή). Ἄλλος· ἡ δὲ Ἄννα αὐτή.[29]

רַק שְׂפָתֶיהָ נָעוֹת . O'. καὶ (alia exempl. πλὴν[30]) τὰ χείλη αὐτῆς ἐκινεῖτο. Θ. μόνον τῶν χειλῶν αὐτῆς σαλευομένων.[31]

לֹא יִשָּׁמֵעַ . O'. οὐκ ἠκούετο. Alia exempl. οὐκ ἠκούετο· καὶ εἰσήκουσεν αὐτῆς κύριος.[32]

לְשִׁכֹּרָה . O'. εἰς μεθύουσαν. Ἄλλος· ὡς μεθύουσαν.[33]

14. תִּשְׁתַּכָּרִין . Ebriam te geres. O'. μεθυσθήσῃ. Θ. μεθύουσα.[34]

אֶת־יַיְנֵךְ מֵעָלָיִךְ . O'. τὸν οἶνόν σου (alia exempl. add. ἀπὸ σοῦ[35]), καὶ πορεύου ἐκ προσώπου κυρίου.

15. לֹא אֲדֹנִי . O'. οὐχὶ (Θ. μηδαμῶς[36]) κύριε.

אִשָּׁה קְשַׁת־רוּחַ . Mulier aegra animo. O'. γυνὴ ἡ σκληρὰ ἡμέρα (alia exempl. ἐν σκληρᾷ ἡμέρᾳ[37]). Θ. κεκακωμένη τὸ πνεῦμα.[38]

16. לִפְנֵי בַּת־בְּלִיַּעַל . O'. εἰς (alia exempl. εἰς

---

[14] Codd. 55, 158, in continuatione. [15] Sic Comp., Codd. 19, 82, 93, 108, Chrysost. Opp. T. IV, p. 706 B. [16] Sic in marg. sine nom. Codd. Reg., X, 243*. [17] Sic Comp., Codd. III, 19, 82, 93, 108, Chrysost. ibid. Cod. 243* in marg.: ✶ καὶ τὸ πιεῖν. [18] Sic in textu Comp., Ald., Codd. III (cum ἐμάθετο), X, XI, 19 (post ἐπὶ τοῦ δίφρου), 29, 55, alii (inter quos 243*, cum nota in marg.: Ἐκ Θεοδοτίωνος προσετέθη), Chrysost. Origen. Opp. T. I, p. 203: ἐκάθητο ἐπὶ θρόνου. [19] Cod. 108. Sic in marg. sine nom. Reg., Cod. 243*. Origen. ibid.: καὶ αὐτὴ ψυχῇ πικρᾷ... καὶ κλαυθμῷ ἔκλαυσε. [20] Origen. ibid., e Theodotione, ut videtur. [21] Codd. Reg., 243*, in marg. sine nom. Cf. Hex. ad Psal. xxx. 8. lxxxvii. 10. [22] Sic Comp., Codd. III (cum ἐπιλάθῃς), 19 (cum ἐπιλάθῃ), 56, 74, alii, Origen., Chrysost. (cum μὴ ἐπιλάθῃ). [23] Sic Comp., Ald., Codd. X, XI, 29, 44, alii (inter quos 243*), Ori-

gen., Chrysost., Arm. 1, Bar Hebr. [24] Origen. ibid. [25] Idem. [26] Cod. 243* in marg. sine nom. Cf. Hex. ad Jud. xiii. 5. [27] Sic Comp., Codd. 93, 108, Chrysost. [28] Cod. Reg., 243*. [29] Sic in textu Cod. 247. Cod. III: καὶ αὐτὴ (om. αὐτή). [30] Sic Codd. III, 247. [31] Cod. 108 (cum σαλευομένου). Cod. 243*: Θ. καὶ τῶν χ. αὐτῆς σαλευομένων. [32] Sic Ald., Codd. X, XI, 19 (cum εἰσηκούσατο ὁ κύριος), 29, 44 (cum αὐτῆς), alii (inter quos 243*), Chrysost. ibid. p. 737 D (cum εἰσήκουεν et ὁ θεός), Vet. Lat. (cum Deus). [33] Cod. Reg. in marg. sine nom. [34] Cod. 108. [35] Sic Comp., Codd. III, 19 (ut Comp.), 44, 74, alii (inter quos 243* in marg.), Chrysost. Singulariter Cod. 245: ἀνάστα, καὶ ἀποβαλοῦ τὸν οἶνόν σου, καὶ ἀπόστα ἀπὸ πρ. κ. [36] Codd. 108, 243*. [37] Sic Comp., Ald., Codd. X, 19, 44, alii (inter quos 243*), Chrysost. [38] Cod. X. Cod. 243*: Θ. κεκακωμένη.

πρόσωπον εἰς[39]) θυγατέρα λοιμήν. Θ. ὡς μίαν τῶν ἀπαιδεύτων.[40]

16. שִׂיחִי וְכַעְסִי דִּבַּרְתִּי. Ο΄. ἀδολεσχίας μου (alia exempl. add. καὶ ἀθυμίας μου[41]) ἐκτέτακα ("Αλλος· ἐλάλησα[42]).

17. לְכִי. Ο΄. πορεύου. ᾿Αλλος· βάδιζε.[43]

18. תִּמָּצֵא. Ο΄. εὗρεν. ᾿Α. Σ. εὗροι.[44]

וּפָנֶיהָ לֹא־הָיוּ־לָהּ עוֹד. Et vultus ejus (tristis) non erat ei amplius. Ο΄. καὶ τὸ πρόσωπον αὐτῆς οὐ συνέπεσεν (Σ. διετράπη[45]) ἔτι.

19. לִפְנֵי יְהוָה. Ο΄. τῷ κυρίῳ. Aliter: Ο΄. ἐνώπιον.. Σ. εἰς πρόσωπον.. Θ. ἔμπροσθεν..[46]

20. וַתַּהַר חַנָּה. Ο΄. Vacat. Alia exempl. καὶ συνέλαβεν ῎Αννα.[47]

23. הַטּוֹב בְּעֵינַיִךְ. Ο΄. τὸ ἀγαθὸν ἐν ὀφθαλμοῖς σου. Alia exempl. τὸ ἀρεστὸν ἐνώπιόν σου.[48] Σ. τὸ φαινόμενόν σοι…[49]

אַךְ. Ο΄. ἀλλά. Alia exempl. πλήν.[50]

אֶת־דְּבָרוֹ. Ο΄. τὸ ἐξελθὸν (alia exempl. πᾶν τὸ ἐξελθὸν[51]) ἐκ τοῦ στόματός σου.

24. כַּאֲשֶׁר גְּמָלַתּוּ. Ο΄. Vacat. Θ. ἡνίκα ἀπεγαλάκτισεν αὐτόν.[52]

בְּפָרִים שְׁלֹשָׁה. Cum juvencis tribus. Ο΄. ἐν

μόσχῳ τριετίζοντι (בְּפַר מְשֻׁלָּשָׁה). Σ. μετὰ ταύρων τριῶν.[53]

24. וְנֵבֶל יַיִן. Et utre vini. Ο΄. Σ. καὶ νέβελ οἴνου. ᾿Α. καὶ ἀμφορεῖ οἴνου.[54]

26. חֵי נַפְשְׁךָ אֲדֹנִי. Ο΄. ζῇ ἡ ψυχή σου (alia exempl. add. κύριέ μου[55]). Σ. νὴ τὴν ψυχὴν τῆς ζωῆς σου.[56]

בְּזֶה לְהִתְפַּלֵּל. Ο΄. ἐν τῷ προσεύξασθαι. Alia exempl. ἐν τούτῳ προσεύξασθαι.[57] ᾿Αλλος· ἐνθάδε.[58]

28. וַיִּשְׁתַּחוּ שָׁם לַיהוָה. Ο΄. Vacat. Alia exempl. καὶ προσεκύνησεν ἐκεῖ τῷ κυρίῳ.[59]

CAP. II.

1. וַתִּתְפַּלֵּל חַנָּה. Ο΄. Vacat. Alia exempl. καὶ ηὔξατο ῎Αννα.[1]

כִּי שָׂמַחְתִּי. Ο΄. εὐφράνθην. Alia exempl. ὅτι εὐφράνθην.[2]

2. כִּי־אֵין בִּלְתֶּךָ וְאֵין צוּר כֵּאלֹהֵינוּ. Ο΄. καὶ οὐκ ἔστι δίκαιος ὡς ὁ θεὸς ἡμῶν, οὐκ ἔστιν ἅγιος πλὴν σοῦ. Alia exempl. καὶ οὐκ ἔστιν πλὴν σοῦ (Σ. εἰ μὴ σύ[3])· καὶ οὐκ ἔστι δίκαιος ὡς ὁ θεὸς ἡμῶν.[4]

---

[38] Sic Comp., Codd. 19, 82, 93, Chrysost. [40] Nobil., Codd. 108, 243*, Procop. in Cat. Niceph. T. II, p. 287. Symmachi esse lectionem suspicatur Montef., coll. Hex. ad Jud. xix. 22. [41] Sic Comp. (cum καὶ ἐκ πλήθους ἀθ. μου), Ald. (idem), Codd. III (om. μου), XI (ut Comp.), 19 (idem), 29 (idem), 44, 74, alii (inter quos 243*), Bar Hebr. (cum ܣܘܝܚܐ ܕܟܒܘܪܝ), repugnante Chrysost. [42] Cod. 108 in marg. sine nom. [43] Cod. 243* in marg. sine nom. [44] Codd. X, 243* (in marg. sine nom.). Sic in textu Comp., Codd. 19, 74, 82, alii, Chrysost. Cod. 108 in textu: ἡ δὲ εἶπεν εὗροι; in marg. autem: ᾿Α. εὗρεν. [45] Cod. 243*. Pro הָיוּ nescio an Sym. legerit חָוְרוּ, palluit, coll. Hex. ad Jesai. xxix. 22. Utut sit, versionem ejus hactenus incognitam ante oculos habuisse videtur Hieron., Hebraea vertens: vultusque illius non sunt amplius in diversa mutati. [46] Cod. 243*. Codd. 70, 92, 144, in textu: εἰς πρόσωπον τῷ κ. [47] Sic Cod. III (om. καὶ συνέλαβε in fine v. 19, ubi non est in Hebraeo). [48] Sic Comp., Codd. 19, 44, 74, alii. [49] Cod. 108. Supplendum videtur ἀγαθὸν, coll. Hex. ad Gen. xlviii. 17. Psal.

lxxii. 16. Hieron.: quod bonum tibi videtur. [50] Sic Comp., Codd. 19, 44, 82, alii. [51] Sic Comp., Codd. 44, 74, 82, 243* (cum πᾶν in marg.), alii. Praeterea Cod. 243* in marg. notat: ᾿Α. Θ. τὸ ἔσω, quod intus (in textu) est, h. e. ut videtur, τὸ ῥῆμα αὐτοῦ, non praemisso πᾶν. [52] Cod. 243*. Sic in textu Codd. III (om. αὐτὸν), 247 (cum αὐτό). [53] Codd. Reg., 243* (cum Ο΄. pro Σ.). [54] "Ita Reg. cum hac nota: Τὸ οἰφὶ μέτρον τριῶν ξεστῶν· τὸ δὲ νέβελ ξέσται ρι̅."—Montef. Cf. ad Cap. x. 3. xxv. 18. [55] Sic Codd. III, 243* (in marg.), 247. [56] Cod. Reg. Cf. Hex. ad 2 Reg. xv. 21. [57] Sic Comp., Codd. III, 52, 71, alii. [58] Cod. 243* in marg. sine nom. [59] Sic Ald., Codd. XI, 19 (cum καὶ προσεκύνησαν τῷ κ.), 29, 82 (ut 19), alii (inter quos 243* in marg.).

Cap. II. [1] Sic Comp. (cum προσηύξατο), Ald., Codd. III (ut Comp.), XI, 19 (ut Comp.), 29, 82 (ut Comp.), alii (inter quos 243* in marg., ut Comp.). [2] Sic Comp., Codd. III (cum ηὐφ.), 106 (ex corr. interlineari alia manu). [3] Cod. 243*. [4] Sic Cod. III.

3. גָּבֹהָה גְבֹהָה. *Elata nimis.* Ο΄. ὑψηλά. Alia exempl. ὑψηλὰ εἰς ὑπεροχήν.[5] Σ. (ὑψηλὰ εἰς) ὑπερβολήν.[6]

עָתָק. *Protervum.* Ο΄. μεγαλορρημοσύνη. ('Α.) μέταρσις. Σ. ἀνομία.[7]

וְלֹא נִתְכְּנוּ עֲלִלוֹת (ק' וְלוֹ). *Et ab eo* (וְלוֹ ק') *examinantur actiones* (hominum). Ο΄. καὶ θεὸς ἑτοιμάζων ἐπιτηδεύματα αὐτοῦ. Σ. καὶ οὐκ εἰσὶ παρ' αὐτῷ προφάσεις.[8]

5. שְׂבֵעִים. *Saturi.* Ο΄. πλήρεις. Σ. Θ. κεχορτασμένοι.[9]

וְנִשְׂכָּרוּ. *Mercede conducti sunt.* Ο΄. ἠλαττώθησαν. 'Α. συνετρίβησαν. "Αλλος· ἐμισθάρνησαν.[10]

חָדֵלּוּ. *Desierunt.* Ο΄. παρῆκαν γῆν. Σ. ἀνενδεεῖς ἐγένοντο.[11]

10. אַפְסֵי־אָרֶץ. Ο΄. ἄκρα ("Αλλος· πέρατα[12]) γῆς. Alia exempl. ἄκρα γῆς δίκαιος ὤν.[13]

11. עַל־בֵּיתוֹ. Ο΄. Vacat. Alia exempl. εἰς τὸν οἶκον αὐτῶν.[14]

12. בְּנֵי בְלִיָּעַל. Ο΄. υἱοὶ λοιμοί. 'Α. υἱοὶ ἀποστασίας. Σ. υἱοὶ ἀνυπότακτοι.[15]

13. וּמִשְׁפַּט. Ο΄. καὶ τὸ δικαίωμα ("Αλλος· κρίμα[16]).

14. וְהִכָּה. Ο΄. καὶ ἐπάταξεν (alia exempl. καθῆκεν[17]) αὐτήν. 'Α. (καὶ) ἔπλησσεν.[18]

בַּכִּיּוֹר אוֹ בַדּוּד. *In cacabum aut in ollam.* Ο΄. εἰς τὸν λέβητα ('Α. ἐν τῷ λουτῆρι[19]) τὸν μέγαν. Alia exempl. εἰς τὸν λουτῆρα, ἢ εἰς τὸν λέβητα.[20]

15. בְּטֶרֶם יַקְטִירוּן. Ο΄. πρὶν θυμιαθῆναι ("Αλλος· καῆναι[21]).

16. בְּחָזְקָה. Ο΄. κραταιῶς. "Αλλος· βίᾳ.[22]

17. וַיִּנְאֲצוּ. *Contemnebant.* Ο΄. ἠθέτουν. 'Α. διέσυρον.[23]

18. אֵפוֹד בָּד. *Humerali linteo.* Ο΄. ἐφοὺδ βάδ (alia exempl. βάρ[24]). 'Α. ἐπένδυμα ἐξαίρετον. Σ. ἐφοὺδ λινοῦν. Θ. ἐφὼδ βάρ.[25]

---

[5] Sic Comp., Ald., Codd. III, X, 19, 44, alii (inter quos 243* iu marg.). [6] Cod. 108. Cod. 243* in marg. sine nom.: ὑψηλὰ εἰς ὑπερβολήν. [7] Cod. 243*: μέταρσις. Σ. ἀνομία. Lectio anonyma proculdubio Aquilae est, coll. Hex. ad Gen. xii. 8. Psal. xxx. 19. [8] Nobil., Reg., Procop. in Cat. Niceph. T. II, p. 292. [9] Nobil., Cod. 243* (cum Θ. pro Σ. Θ.), Procop., ut infra. [10] Nobil. affert: Scholion. ἀντὶ τοῦ ἐμισθάρνησαν. Ἀκύλας· συνετρίβησαν [נִשְׂבְּרוּ]. Cod. 243* in marg. sine nom.: ἐμισθάρνησαν, quod Symmacho tribuendum videtur. Cf. ad v. 36. Summa imis miscet Procop. ibid. p. 293: Πλήρεις ἄρτων ἠλαττώθησαν. Σύμ. καὶ Θεοδ. κεχορτασμένοι ἠλαττώθησαν, ἀντὶ τοῦ ἐμισθάρνησαν. Καὶ οἱ πεινῶντες παρῆκαν γῆν. Ἀκύλας, συνετρίβησαν· Σύμ. ἀνενδεεῖς ἐγένοντο. Unde Scharfenb. in Animadv. T. II, p. 90 Symmacho et Theodotioni integram lectionem vindicat: κεχορτασμένοι ἀντὶ τοῦ ἄρτου (בַּלֶחֶם) ἐμισθάρνησαν, favente Hieron., qui Hebraea vertit: *Repleti prius pro panibus se locaverunt.* [11] Nobil., Procop., ut supra. "Regius habet, ἐνδεεῖς ἐγένοντο. Hanc porro lectionem Coislin. quidam codex Aquilae tribuit, et Symmachi lectionem sic effert: παρῆλθον ἀπολαύοντες. Sed haec postrema lectio scholion esse videtur."—*Montef.* [12] Cod. X in marg. Cod. 243* in marg.: Ο΄. πείρατα, quae forma ab Aquilae indole non abhorret. [13] Sic Comp., Ald., Codd. XI, 19, 29, 44, alii, Arm. 1. [14] Sic (cum ἀπῆλθον pro ἀπῆλθεν) Comp., Ald., Codd. III, 19, 44. 74, alii (inter quos 243* in marg.), Arm. 1. [15] Cod. Reg. Cod. 243* in marg. sine nom.: ἀποστάσι (sic) ἀνυπότακτοι. Cf. Hex. ad Jud. xix. 22. Prov. xvi. 27. [16] Cod. 243* in marg. sine nom. [17] Sic Comp. (cum καθίει), Ald., Codd. X, XI, 19 (ut Comp.), 29, 52, alii (inter quos 243*). [18] Cod. Reg. Cod. 243* in marg. sine nom.: ἔπλησεν. [19] Cod. Reg. Sic in textu (om. τὸν μέγαν) Comp., Codd. 19, 108. [20] Sic Codd. III (add. in fine τὸν μέγαν), 247 (cum λεύητα). [21] Cod. Reg. Cod. 243* in marg.: ἀντὶ τοῦ καῆναι. Scholium esse videtur. [22] Cod. 243* in marg. sine nom. Montef. sine auctore affert: Ο΄. βίᾳ. "Αλλος· κραταιῶς. [23] Cod. Reg. Cod. 243* in marg. sine nom.: διέσυραν. Cf. Hex. ad Deut. xxxi. 20. [24] Sic Ald., Codd. II, III, X (cum λινοῦν in marg.), XI, 29, 44, alii (inter quos 243*). Hieron. Opp. T. VI, p. 903: "*Et vestitus,* inquit, *erat Samuel* EPHOD BAD, id est, *indumento lineo;* BAD enim *linum* appellatur, unde et BADDIM *lina* dicuntur. Pro quo Hebraico Latinoque sermone male quidam legunt EPHOD BAR; siquidem BAR aut *filius* appellatur, aut *frumenti manipulus,* aut *electus,* aut οὖλος, id est, *crispus.*" [25] Cod. Reg. Cod. X in marg., teste Montef.: 'Α. ('Α. om. Griesb.) ἐπένδυμα ἐξαίρετον ἢ μοναχόν. Cod. 55 in marg. alia manu: ἔνδυμα καθαρὸν (בָּר) ἢ ἐξαίρετον. Denique Procop. in Scholiis, p. 9, necnon in Cat. Niceph. T. II, p. 299: Περιεζωσμένον ἐφοὺδ βὰρ καὶ διπλοΐδα μικράν. Ἀκύλας φησὶν, ἐπένδυμα ἐξαίρετον· Σύμμαχος, ἐφοὺδ λινοῦν, καὶ ἐφεστρίδα μικράν·

19. וּמְעִיל קָטֹן. *Et tunicam parvam.* Ο'. καὶ διπλοΐδα μικράν. Σ. καὶ ἐφεστρίδα μικράν. Θ. καὶ ἐπενδύτην (s. ἐπιδύτην) μικρόν.²⁶

20. יָשֵׂם יְהוָה לְךָ זֶרַע. Ο'. ἀποτίσαι ("Αλλος· ἀντιδοίη²⁷) σοι κύριος σπέρμα. Alia exempl. ἀνταποδῷ σοι κύριος σπέρμα ἕτερον.²⁸

21. וַתַּהַר וַתֵּלֶד. Ο'. καὶ ἔτεκεν ἔτι. Alia exempl. καὶ συνέλαβε καὶ ἔτεκεν ἔτι.²⁹

וַיִּגְדָּל. Ο'. καὶ ἐμεγαλύνθη (Σ. ηὔξησεν³⁰).

22. אֶת כָּל אֲשֶׁר. Ο'. ἅ. Alia exempl. σύμπαντα ἅ.³¹

וְאֵת אֲשֶׁר יִשְׁכְּבוּן אֶת הַנָּשִׁים הַצֹּבְאוֹת פֶּתַח אֹהֶל מוֹעֵד. Ο'. Vacat. Alia exempl. καὶ ὡς ἐκοιμῶντο μετὰ τῶν γυναικῶν τῶν παρεστηκυιῶν παρὰ τὴν θύραν τῆς σκηνῆς τοῦ μαρτυρίου.³² Alia: καὶ ὅτι συνεκοιμῶντο οἱ υἱοὶ αὐτοῦ μετὰ τῶν γυναικῶν τῶν παρεστηκυιῶν παρὰ τὰς θύρας τῆς σκηνῆς τοῦ μαρτυρίου.³³ Alia: καὶ ὡς ἐκοίμιζον τὰς γυναῖκας τὰς παρεστώσας παρὰ τὴν θύραν τῆς σκηνῆς τοῦ μαρτυρίου.³⁴

23. כַּדְּבָרִים הָאֵלֶּה אֲשֶׁר אָנֹכִי שֹׁמֵעַ אֶת דִּבְרֵיכֶם רָעִים. Ο'. κατὰ τὸ ῥῆμα τοῦτο, ὃ ἐγὼ ἀκούω

(※) ῥήματα πονηρά (◄).³⁵ Alia exempl. κατὰ τὰ ῥήματα ταῦτα, ἃ ἐγὼ ἀκούω καταλαλούμενα καθ᾽ ὑμῶν.³⁶

24. מַעֲבִרִים עַם יְהוָה. *Seducitis populum Jovae.* Ο'. τοῦ μὴ δουλεύειν ("Αλλος· λατρεύειν³⁷) λαὸν θεῷ. Alia exempl. τοῦ ποιεῖν τὸν λαὸν μὴ λατρεύειν τῷ κυρίῳ.³⁸

26. הֹלֵךְ וְגָדֵל. Ο'. ἐπορεύετο. Alia exempl. ἐπορεύετο καὶ ἐμεγαλύνετο; alia, ἐπορεύετο μεγαλυνόμενον.³⁹

28. מִכָּל שִׁבְטֵי. Ο'. ἐκ πάντων τῶν σκήπτρων. Alia exempl. ἐκ πασῶν τῶν φυλῶν.⁴⁰

לְפָנַי. Ο'. Vacat. Alia exempl. ἐνώπιόν μου.⁴¹

אֶת כָּל אִשֵּׁי. Ο'. τὰ πάντα τοῦ πυρός. Alia exempl. πάντα τὰ τοῦ πυρός.⁴²

29. תִבְעֲטוּ בְּזִבְחִי וּבְמִנְחָתִי. *Spernitis sacrificia mea et ferta mea.* Ο'. ἐπέβλεψας ἐπὶ τὸ θυμίαμά μου καὶ εἰς τὴν θυσίαν μου. "Αλλος· ἀπολακτίζετε τὴν θυσίαν μου καὶ τὸ δῶρόν μου.⁴³

וַתְּכַבֵּד. Ο'. καὶ ἐδόξασας (Σ. προετίμησας⁴⁴).

לְהַבְרִיאֲכֶם. *Ut pingues vos faciatis.* Ο'. ἐνευλογεῖσθαι. "Αλλος· τοῦ πιμελοῦσθαι ὑμᾶς.⁴⁵ "Αλλος· προαπολαβεῖν.⁴⁶

Θεοδοτίων ἐφὼδ βάρ, καὶ ἐπενδύτην (Niceph. ἐπιδύτην) μικρόν. Ad ἐξαίρετον cf. Hex. ad Ezech. ix. 2. Dan. x. 5. ²⁶ Cod. Reg., Procop. (ut supra). Cod. X: Σ. ἐφεστρίδα. Θ. ἐπιδύτην. Cf. Hex. ad Job. i. 20. (Ad scripturam ἐπιδύτης cf. Hex. ad Jesai. lix. 17. Ezech. xxvi. 16. Ad duplicem Aquilae versionem, ἐξαίρετον ἢ μοναχόν, cf. Hex. ad Ezech. x. 2.) Ad διπλοΐδα Cod. 243* in marg. sine nom.: ἐφεστρίδα. ²⁷ Cod. 243* in marg. sine nom. ²⁸ Sic Comp., Codd. 19 (cum ἀνταποδώσει pro ἀντ. σοι), 93, 108 (ut 19), Chrysost. ibid. p. 727 B (cum ἀπὸ τῆς γ. τ.). Montef. e Regio edidit: "Αλλος· ἀνταποδῷ σοι κ. σπέρμα ἐπὶ (fort. ἀπὸ) τῆς γυναικὸς ταύτης. ²⁹ Sic Comp. (cum ἔτι καὶ ἔτεκεν), Codd. III, XI, 19 (ut Comp.), 44, 74, alii (inter quos 243* in marg.), Arm. 1. ³⁰ Cod. X. ³¹ Sic Codd. III, 44, 74, alii (inter quos 243* in marg.), Arm. 1. ³² Sic Codd. XI, 243* (in marg., cum σὺν ταῖς γ. ταῖς παρεστώσαις). Anon. in Cat. Niceph. T. II, p. 300: Ὅτι διεσύλουν τὸ δῶρον, καὶ ὡς ἐκοιμῶντο κ.τ.έ. ³³ Sic Comp., Codd. 19, 55, 82, alii. ³⁴ Sic Codd. III, 44, 74, alii. Bar Hebraeus: ܡܥܦܪܐ. Duas posteriores versiones e Regio exscripsit

Montef., cum viri pro oἱ viri. Pro הַצֹּבְאוֹת Aq. et Sym. interpretati sunt τῶν στρατευσαμένων Exod. xxxviii. 8. ³⁵ Sic sine aster. Codd. III, 247 (om. πονηρά). ³⁶ Sic Comp., Codd. 19 (om. ἀκούω), 56 (cum περὶ ὑμῶν), 82, 93, 108 (om. ἐγώ), 246. ³⁷ Cod. X in marg. sine nom. ³⁸ Sic Comp., Codd. 19 (cum τὸν λ. μου), 82, 93, 108. ³⁹ Prior lectio est in Comp., Codd. X, XI (om. καὶ), 19, 29, aliis (inter quos 243*), Arm. 1; posterior in Ald., Codd. III, 44, 74, aliis. ⁴⁰ Sic Comp., Codd. 19, 82, 93, 108. Ad σκήπτρων Cod. X in marg.: φυλῶν. ⁴¹ Sic Comp., Codd. 19, 44, 74, alii, Arm. 1. ⁴² Sic Comp., Cod. 108. Cf. Hex. ad Lev. ii. 3. xxiv. 9, in quo libro Theodotionis est versio; Seniorum vero καρπώματα, θυσίαι, ὁλοκαυτώματα. ⁴³ Cod. 243* in marg. sine nom. (cum ἀπελ.). Montef. e Regio affert: "Αλλος· ἀπολακτίζετε τὴν θυσίαν μου. Vox δῶρον Aquilam et Symmachum refert. ⁴⁴ Codd. Reg., 243* (in marg. sine nom.). ⁴⁵ Scholium apud Nobil. Aquilae probabiliter vindicat Montef., appellans Hex. ad Jud. iii. 17. ⁴⁶ "Sic Reg. [Cod. 243*, cum προσπολαβεῖν], tacito interprete."—Montef. Scholium esse videtur.

30. וּבֹוַי יֵקַלּוּ׃   Ο΄. καὶ ὁ ἐξουθενῶν με ἀτιμωθή-
σεται (s. ἀτιμασθήσεται). Alia exempl. καὶ
οἱ ἐξουθενοῦντές με ἐξουθενωθήσονται.⁴⁷

31, 32. (hostem, s. angustias) וְהִבַּטְתָּ צַר בְּבֵיתֶךָ׃
מָעוֹן (in domicilio) בְּכֹל אֲשֶׁר־יֵיטִיב אֶת־
יִשְׂרָאֵל וְלֹא־יִהְיֶה זָקֵן בְּבֵיתְךָ כָּל־הַיָּמִים׃
Ο΄. ἐν οἴκῳ μου πάσας τὰς ἡμέρας. Aliter:
Ο΄. ἐν οἴκῳ μου. ✕ καὶ ἐπιβλέψῃ κραταίωμα
Μαὼν ἐν πᾶσιν οἷς ἀγαθυνεῖ τὸν Ἰσραήλ· καὶ
οὐκ ἔσται πρεσβύτης ἐν τῷ οἴκῳ σου ◄ πάσας
τὰς ἡμέρας.⁴⁸ Ἀ... καὶ ἐπιβλέψῃ ἀντίζηλον
κατοικητηρίου...⁴⁹ Σ... καὶ ὄψει θλῖψιν
κατοικήσεως ἐν παντὶ ᾧ εὐεργετηθήσεται Ἰσ-
ραήλ· καὶ οὐκ ἔσται πρεσβύτης ἐν τῷ οἴκῳ
σου...⁵⁰ Θ.. καὶ ἐπιβλέψῃ κραταίωμα Μαὼν
ἐν πᾶσιν οἷς ἀγαθυνεῖ τὸν Ἰσραήλ· καὶ οὐκ
ἔσται πρεσβύτης ἐν τῷ οἴκῳ σου..⁵¹

33. יָמוּתוּ אֲנָשִׁים׃   Morientur in aetate virili. Ο΄.
πεσοῦνται ἐν ῥομφαίᾳ ἀνδρῶν (Ἄλλος· ἀν-
δρωθέντες⁵²).

35. וְהִתְהַלֵּךְ לִפְנֵי־מְשִׁיחִי׃   Ο΄. καὶ διελεύσεται

ἐνώπιον χριστοῦ (alia exempl. τῶν χριστῶν⁵³)
μου. Ἀ. καὶ ἐμπεριπατήσει εἰς πρόσωπον
ἠλειμμένου μου. Σ. καὶ ἀναστραφήσεται ἔμπροσθεν τοῦ χριστοῦ μου.⁵⁴

36. כָּל־הַנּוֹתָר׃   Ο΄. ὁ περισσεύων. Alia exempl.
πᾶς ὁ ὑπολελειμμένος.⁵⁵

לַאֲגוֹרַת כֶּסֶף וְכִכַּר־לָחֶם׃   De numulo argenti
et placenta panis. Ο΄. ὀβολοῦ ἀργυρίου. Alia
exempl. ἐν ὀβολῷ ἀργυρίου καὶ ἐν ἄρτῳ ἑνί.⁵⁶
Ἀ. εἰς συλλογὴν ἀργυρίου...⁵⁷ Σ. ἵνα μισθαρνήσῃ ἀργυρίου ἢ κολλύρας ἄρτου.⁵⁸

Cap. II. 10. — μὴ καυχάσθω—ἐν μέσῳ τῆς
γῆς ◄.⁵⁹

CAP. III.

1. יָקָר׃   Ο΄. τίμιον. Σ. σπάνιον.¹

נִפְרָץ׃   Diffusa. Ο΄. διαστέλλουσα. Ἀ. διακο-
πτομένη. Σ. προερχομένη.²

2. כֵהוֹת׃   Hebescentes. Ο΄. βαρύνεσθαι. Alia exempl. ἀμαυροῦσθαι.³

---

⁴⁷ Sic Comp., Codd. 19, 82 (cum ἐξουδενωθήσονται), 93, 108.
⁴⁸ Sic sine aster. Codd. III (cum μονων), 247 (cum ἐπιβλέψει
κρ. (sine μαὼν) et ἐν οἴκῳ σου), Arm. 1 (cum καὶ ἐπιβλ. ταχὺ
τὸν ἀντίζηλον ἐν πᾶσιν κ. τ. ἑ.). Procop. p. 10: καὶ ἐπιβλέψῃ
κραταίωμα νοῶν (sic). Τὸ ῥητὸν ἠστίζισται..., Τινὲς δὲ [Theo-
doret. Quaest. VII in 1 Reg. p. 360] κραταίωμα ὧν ἐκθέμενος
οὕτως ἡρμήνευσαν, τοῦ ὄντος λέγει θεοῦ· ἐγὼ γάρ εἰμι, φησὶν, ὁ
ὤν. Praeterea in v. 31 post πατρός σου inferunt καὶ ἐπιβλέψεις κρ. ναῶν ἐπὶ πᾶσιν οἷς ἀγ. τὸν Ἰσρ. καὶ οὐκ ἔσται πρ. ἐν
τῷ οἴκῳ σου Comp. (cum ἐπιβλέψει), Codd. 19, 93 (cum ἐν
πᾶσιν), 108 (ut Comp.). ⁴⁹ Nobil. in Notis ad loc. (Bibl.
Pol. Waltoni, Tom. VI, p. 42): "In scholio inserto ad fin.
hujus cap. in Codice [Theodoreti] Sirletio primum ista
ponuntur: καὶ ἐπιβλέψεις κρ. ὧν κ. τ. ἑ.; deinde adjungitur:
ὁ γὰρ μετὰ πάσης, φησὶ, πάντων ἰσχύσει ὧν δοκιμάσει τίνι τρόπον
προσῆκε κατὰ τὸ δέον ἄγεσθαι τὸν λαόν." Ἀκύλα· καὶ ἐπιβλέψει (sic) ἀντίζηλον κατοικητηρίου. Ο΄. καὶ Θεοδωτίωνος· καὶ ἐπιβλέψει κρ. ὧν, κ. τ. ἑ. ⁵⁰ Procop. in continuatione: ὅπερ
οὕτως ἐξέδωκε Σύμμαχος· καὶ ὄψει—Ἰσραήλ. Paulo aliter
Cod. 243* in marg. sine nom.: καὶ ἐπιβλέψῃ θλῖψιν—οἴκῳ
σου. ⁵¹ Schol. apud Nobil., ut supra (cum κραταίωμα ὧν).
Scharfenb. in Animadv. T. II, p. 92: "Theodotio Hebraica ita interpretatus est, ut vocem צר praetermitteret,
et pro מָעוֹן, habitationis, sive in habitatione, legeret מָעוֹן,

robur." Ad מָעוֹן, κραταίωμα, cf. Hex. ad Jud. vi. 26. Nisi
forte Theod. pro צר pinxerit צֻר, petra, quod Symmacho
sonat κραταίωμα (لِمَعْصَد) Psal. lxi. 3. ⁵² Cod. 243*
in marg. sine nom. ⁵³ Sic Comp., Codd. 19, 64 (om.
τῶν), 82, 93, 108. ⁵⁴ Euseb. in Dem. Evang. p. 191
(cum αὐτοῦ bis pro μου, ita postulante orationis nexu).
⁵⁵ Sic Comp., Ald. (om. πᾶς), Codd. X (cum ἀπολ., om. πᾶς),
XI (ut Ald.), 19, 29 (ut Ald.), 82, 93, 108 (ut Ald.), 158
(idem), 243* (idem). ⁵⁶ Sic Comp., Codd. 19 (cum ἐν
τῷ ὀβολῷ), 82 (om. ἐν posteriore), 93, 108. In lectione
vulgari post ἀργυρίου add. καὶ ἐν ἄρτῳ ἑνὶ Codd. III, 44, 74,
92, alii. ⁵⁷ Codd. X, Coislin. apud Montef. ⁵⁸ Cod.
Reg. Cod. X: Σ. ἵνα μισθαρνήσῃ, quod ad Hebraea לְהִשְׁתַּחֲוֹת
לֹו male refert Montef. Cf. Hex. ad Jerem. xxxvii. 21.
Ad ὀβολοῦ Cod. 243* in marg. sine nom.: ἵνα μισθαρνήσῃ
ὀβολοῦ. ⁵⁹ Cod. X. Haec desunt in Comp. Vid.
Jerem. ix. 23 in LXX.
  CAP. III. ¹ Codd. X (teste Montef.), Reg. (ut videtur).
Griesb. e Cod. X sine nom. exscripsit. Chrysost. in Cat.
Niceph. T. II, p. 305: τίμιον, τουτέστι, σπάνιον. ² Cod.
243* (cum προσερχ.). Cod. X in marg. sine nom.: προερ-
χομένη. ³ Sic Comp., Codd. 19, 108, 243* (in marg.),
Cf. ad v. 13. Praeterea ad οἱ ὀφθαλμοῦ αὐτοῦ Cod. 243* in
marg. notat: ἡμβλύνθησαν. Cf. Hex. ad Gen. xxvii. 1.

3. טֶרֶם יִכְבֶּה. *Nondum extinguebatur.* Ο΄. πρὶν ἐπισκευασθῆναι. Alia exempl. πρὶν ἢ κατασκευασθῆναι.[4] Ἀ. πρὶν σβεσθῆναι. Σ. οὔπω ἐσβέσθη.[5]

4. וַיִּקְרָא. Ο΄. καὶ ἐκάλεσε. Alia exempl. καὶ κατέστη καὶ ἐκάλεσε.[6]

הִנְנִי (saepius). Ο΄. ἰδοὺ ἐγώ. Σ. πάρειμι.[7]

6. וַיֵּלֶךְ שְׁמוּאֵל וַיֵּלֶךְ. Ο΄. καὶ ἐπορεύθη. Alia exempl. καὶ ἀνέστη Σαμουὴλ, καὶ ἐπορεύθη.[8]

בְּנִי. Ο΄. Vacat. Alia exempl. τέκνον; alia, υἱέ μου.[9]

7. טֶרֶם יָדַע אֶת־יְהוָה וְטֶרֶם יִגָּלֶה. Ο΄. πρὶν γνῶναι θεὸν, καὶ (alia exempl. add. πρὶν, s. πρὶν ἢ) ἀποκαλυφθῆναι. Σ. οὔπω ἐγνώκει (τὸν κύριον), οὐδὲ ἀπεκαλύφθη.[10]

8. וַיָּבֶן. Ο΄. καὶ ἐσοφίσατο (Σ. συνῆκεν. Θ. συνετίσθη[11]).

10. וַיִּתְיַצַּב. Ο΄. καὶ κατέστη (Ἄλλος· ἐστηλώθη[12]).

כְּפַעַם־בְּפַעַם. *Nunc ut antea.* Ο΄. ὡς ἅπαξ καὶ ἅπαξ. Alia exempl. ὡς ἅπαξ καὶ δίς.[13] Ἀ. (ὡς) κάθοδον ἐν καθόδῳ.[14]

13. בַּעֲוֹן אֲשֶׁר־יָדַע. Ο΄. ἐν ἀδικίαις υἱῶν αὐτοῦ (alia exempl. add. ἃς ἔγνω[15]).

מְקַלְלִים לָהֶם. *Maledictionem sibi contra-*

hentes. Ο΄. κακολογοῦντες (Ἄλλος· καταρώμενοι[16]) θεόν.

13. וְלֹא כִהָה בָּם. *Et non increpuerit eos.* Ο΄. καὶ οὐκ ἐνουθέτει (Ἄλλος· ἤμβλυνεν[17]) αὐτούς. Ἀ. Θ. καὶ οὐκ ἠμαύρωσεν ἐν αὐτοῖς.[18]

14. וְלָכֵן. Ο΄. καὶ οὐδ' οὕτως. Ἄλλος· διὰ τοῦτο οὖν.[19]

18. הַטּוֹב. Ο΄. τὸ ἀγαθόν. Alia exempl. τὸ ἀρεστόν.[20]

21. לְהֵרָאֹה. Ο΄. δηλωθῆναι. Ἀ. Σ. ὁραθῆναι. Θ. ὀφθῆναι.[21]

בְּשִׁלֹה בִּדְבַר יְהוָה. Ο΄. καὶ ἐπιστεύθη — ἐνώπιον κυρίου. Alia exempl. ἐν Σηλὼ κατὰ ῥῆμα κυρίου.[22]

Cap. III. 17. ※ καὶ τάδε προσθείη ◄.[23]

CAP. IV.

1. עַל־הָאֶבֶן הָעֵזֶר. Ο΄. ἐπὶ Ἀβενέζερ. Οἱ Γ΄. (ἐπὶ τὸν) λίθον τῆς βοηθείας.[1]

2. וַתִּטֹּשׁ. *Et conserta est.* Ο΄. καὶ ἔκλινεν (Ἄλλος· ἐτροπώθη[2]).

וַיִּנָּגֶף. *Et caesus est.* Ο΄. καὶ ἔπταισεν (Ἄλλος· ἐθραύσθη[3]).

בַּשָּׂדֶה. Ο΄. ἐν ἀγρῷ. Alia exempl. ἐν τῷ πεδίῳ.[4]

Ezech. ii. 17. [4] Sic Comp. (cum κατασβεσθῆναι), Codd. 19, 82, 93, 108 (om. ἤ). [5] Scholium Cod. Sirlet. apud Nobil. ibid. Cod. X affert: Ἀ. πρὶν σβεσθῆναι. οὐκ ἐσβίσθη. Cod. Reg.: Σ. οὔπω ἐσβίσθη. Cod. 243* in marg. sine nom.: ἐσβίσθη. [6] Sic Ald. (cum ἐλάλησε), Codd. X (cum ἐκατέστη), XI, 19, 55, 64 (ut Ald., cum ἐκάλεσε in marg.), alii. Cf. v. 10. Montefalconio humani aliquid accidisse videtur, qui e Regio suo notam hexaplarem eruit: 3. אֲשֶׁר שָׁם. Ο΄. οὐ ἦν. Ἀ. οὐ κατέστη. Cf. Scharfenb. in *Animadv.* T. II, p. 94. [7] Cod. 243*. Cf. Hex. ad Job. xxxviii. 35. [8] Sic Codd. III, 247, et (cum ἀπῆλθεν pro ἐπορεύθη) Codd. 44 (om. Σαμουήλ), 74, 106, alii. [9] Prior lectio est in Comp., Ald., Codd. X, XI, 19, 29, aliis (inter quos 243*); posterior in Codd. III, 74, 106, aliis. [10] Cod. Reg. [11] Cod. 243*. Cod. X, teste Griesb.: Σ. συνῆκεν, pro quo Montef. in schedis exscripsit: καὶ συνῆκεν. [12] Sic in textu Comp., Codd. 19, 108, Arm. 1. [13] Sic Codd. X (in marg.), 19, 82, 93, 108. [14] Codd. Reg., 243* (in marg.

sine nom.). [15] Sic Comp. (cum αἷς), Ald., Codd. XI. 29, 44, 52 (cum ἔγνων), alii. Lucif. Calar.: *propter iniquitatem filiorum ejus quam ego scio.* [16] Codd. Reg. (ut videtur), 243*, in marg. sine nom. [17] Cod. 243* in marg. sine nom. [18] Codd. Reg., 243* (in marg. sine nom.). [19] Cod. 243* in marg. sine nom. [20] Sic Comp., Codd. 19, 56, 82, alii. Montef. e Regio edidit: Ἄλλος· ἀρεστόν. [21] Cod. 243* (cum Σ. pro Ἀ. Σ.). Cod. 108: Ἀ. Σ. ὁραθῆναι (sic). [22] Sic Comp. (cum Σηλώ). Arm. 1: ἐν Σηλὼ κατὰ ῥ. κυρίου. καὶ ἐπιστεύθη—ἡ ὁδὸς αὐτῶν (om. ἐνώπιον κ.). [23] Scholium in marg. Cod. 243*: Ἡστέρισται ταῦτα ἐκ τῷ ἐξαπλῷ, ὡς προστέθειται τῇ τῶν Ο΄. Desunt in Cod. II.

CAP. IV. [1] Cod. X. [2] Cod. 243* in marg. sine nom. Cf. 3 Reg. xxii. 35 in LXX. [3] Cod. X in marg. sine nom. Cf. ad v. 3. [4] Sic Comp., Codd. X (cum πεδίῳ in marg.), 19, 82, 92, alii.

3. לָמָּה נְגָפָנוּ. O'. κατὰ τί ἔπταισεν ἡμᾶς. Alia exempl. διὰ τί ἄρα ἔθραυσεν ἡμᾶς.[5]

נִקְחָה אֵלֵינוּ מִשִּׁלֹה אֶת־אֲרוֹן בְּרִית יְהוָה. O'. λάβωμεν τὴν κιβωτὸν τοῦ θεοῦ ἡμῶν ἐκ Σηλώμ. Alia exempl. λάβωμεν πρὸς ἡμᾶς ἐκ Σηλὼ τὴν κιβωτὸν τῆς διαθήκης τοῦ θεοῦ ἡμῶν.[6]

4. וַיִּשְׂאוּ מִשָּׁם אֵת אֲרוֹן בְּרִית־יְהוָה צְבָאוֹת יֹשֵׁב הַכְּרֻבִים. O'. καὶ αἴρουσιν ἐκεῖθεν τὴν κιβωτὸν κυρίου καθημένου χερουβίμ. Alia exempl. καὶ ἦραν ἐκεῖθεν τὴν κιβωτὸν διαθήκης κυρίου τῶν δυνάμεων, οὗ ἐπεκάθητο τὰ χερουβίμ.[7]

5. וַיָּרִעוּ. O'. καὶ ἀνέκραξε ("Αλλος· ἠλάλαξε[8]).

6. מֶה קוֹל הַתְּרוּעָה. O'. τίς ἡ κραυγή (alia exempl. add. τοῦ ἀλαλαγμοῦ[9]). Alia exempl. τίς ἡ φωνὴ τοῦ ἀλαλάγματος.[10]

7. בָּא אֱלֹהִים. O'. οὗτοι οἱ θεοὶ ἥκασι. Alia exempl. οὗτος ὁ θεὸς αὐτῶν ἥκει.[11]

10. וַיִּנָּגֶף יִשְׂרָאֵל. O'. καὶ πταίει ("Αλλος· ἡττήθη[12]) ἀνὴρ Ἰσραὴλ (alia exempl. add. ἐνώπιον ἀλλοφύλων[13]).

רַגְלִי. Pedes. O'. ταγμάτων. "Αλλος· πεζῶν.[14]

12. וַיָּרָץ אִישׁ־בִּנְיָמִן. O'. καὶ ἔδραμεν (alia exempl. ἔφυγεν[15]) ἀνὴρ Ἰεμιναῖος. "Αλλος· καὶ ἔφυγεν ἀνὴρ ἀπὸ Βενιαμίν.[16]

וּמַדָּיו קְרֻעִים. Et vestes ejus scissae. O'. καὶ τὰ ἱμάτια ('Α. αἱ μανδύαι[17]) αὐτοῦ διερρωγότα. Aliter: 'Α. καὶ μανδύας αὐτοῦ διερρηγμένος.[18]

13. יֹשֵׁב עַל־הַכִּסֵּא. O'. ⁕ Θ. ἐκάθητο ◄ ἐπὶ τοῦ δίφρου.[19]

חָרֵד. Trepidum. O'. ἐξεστηκυῖα. 'Α. ἐκπεπληγμένη. Σ. ἔκθαμβος. "Αλλος· ἀγωνιῶσα.[20]

15. תִּשְׁעִים וּשְׁמֹנֶה. O'. ἐνενήκοντα. Alia exempl. ἐνενήκοντα καὶ ὀκτώ.[21]

קָמָה. Caligabant. O'. ἐπανέστησαν. Alia exempl. ἐβαρύνθησαν.[22]

18. בְּעַד יַד הַשָּׁעַר. Juxta latus portae. O'. ἐχόμενος ("Αλλος· παρὰ τὴν θύραν[23]) τῆς πύλης.

מַפְרַקְתּוֹ. Vertebra cervicis ejus. O'. ὁ νῶτος ('Α. τένων. Σ. σπόνδυλος[24]) αὐτοῦ.

וְכָבֵד. O'. καὶ βαρύς ("Αλλος· ἔνδοξος[25]).

אַרְבָּעִים. O'. εἴκοσιν. Ἑβρ. ἀρβαείμ. Οἱ λοιποί· τεσσαράκοντα.[26]

---

[5] Sic Comp., Codd. 19, 82, 93, 108. Montef. e Regio: "Αλλος· διὰ τί ἔθραυσεν ἄρα ἡμᾶς. Vox θραύειν pro נגף Aquilam sapit. Cf. Hex. ad Deut. xxviii. 25. 1 Reg. xxvi. 10.
[6] Sic Codd. III (cum Σηλώμ), 44, 74, 106, alii, Arm. ed.
[7] Sic Comp. (cum χερουβίν), Codd. 19 (cum τῆς διαθ.), 82, 93, 108. Mox iidem: μετὰ τῆς κιβωτοῦ τῆς δ. τοῦ θεοῦ (κυρίου 19). [8] Cod. 243* in marg. sine nom. [9] Sic Codd. III, 44, 74, 106, alii (inter quos 243*). [10] Sic Comp. (add. τούτου in fine), Cod. 108. [11] Sic Comp., Codd. 19, 82 (cum οὗτος), 93 (cum οὕτως), 108. Montef. e Regio edidit: "Αλλος· οὗτος ὁ θεὸς ἥκει (sic); necnon ad v. 8: "Αλλος· οὗτος ὁ θεὸς ὁ πατάξας τὴν Αἴγ., quae lectio est Codd. 19, 82, 93, 108, et Theodoreti. [12] Sic in textu Cod. 247. Nescio an Symmachi sit. [13] Sic Comp. (cum τῶν ἀλλ.), Ald., Codd. X, XI, 19 (ut Comp.), 29, 44 (ut Comp.), alii (inter quos 243*), Lucif. Calar. [14] Codd. 92, 243*, in marg. sine nom. Cf. ad Cap. xv. 4. [15] Sic Codd. X (in marg.), 19, 82, 93, 108. [16] Cod. Reg. Cod. 243* in marg. sine nom.: ἀπὸ Βενιαμίν. [17] Sic Montef., non memorato auctore. [18] Theodoret. Quaest. XLIV in 1 Reg. p. 383 (quem compilavit Procop. p. 57):

Τί ἐστι μανδύας; Εἶδός ἐστιν ἐφεστρίδος· οἶμαι δὲ ἡ ἀρκαδικὴν εἶναι, ἣ τὸ παρὰ πολλῶν μαντίον ὀνομαζόμενον· καὶ γὰρ τῶν Ο' εἰρηκότων περὶ τοῦ μεμηνυκότος τῷ Ἡλεὶ τῶν υἱῶν τὴν ἀναίρεσιν, ὅτι διερρηγμένα [sic Comp., Codd. 82, 93, 108, 247] τὰ ἱμάτια εἶχεν, ὁ Ἀκύλας ἔφη μανδύαν διερρηγμένον. [19] Sic sine notia Comp., Ald., Codd. III, X, XI, 19, 29, 52, alii (inter quos 243*, cum nota: Ἐκ Θ. προσετέθη). [20] Cod. Reg. Cod. 243* in marg. sine nom.: ἐκπεπληγμένη. ἀγωνιῶσα. ἐκ θάμβους. Lectio anonyma (cum ὑπὲρ τῆς κ.) est in Codd. 82, 93. [21] Sic Comp., Codd. III, 19 (om. καί), 82, 93, 108, 158, Arm. 1. [22] Sic Comp., Codd. X (in marg.), 19, 82, 93, 108 (cum ἐπεστάθησαν in marg.), 158, Arm. 1. Montef. e Regio edidit: "Αλλος· ἐβαρύνθησαν. [23] Cod. 243* in marg. sine nom. [24] Cod. Reg. (cum σπόνδυλον). Cod. 108: Σ. σπόνδυλος. Cod. 243* in marg. sine nom.: τένων. σπόνδυλον. [25] Codd. 19, 55, 82, 93, 108: καὶ βαρὺς καὶ ἔνδοξος, ex duplici versione. [26] Procop. p. 17: Τὸ Ἑβραϊκὸν ἔχει, τεσσαράκοντα· ἔχει γὰρ ἀρβαείμ· καὶ οἱ λοιποὶ δὲ πάντες οὕτως ἐξέδωκαν. Sic in textu Comp., Ald., Codd. 93 (cum ἔτη τεσσ.), 120, 121 (in marg. γρ. καὶ μ͞), 134, 243* (in marg.). Cod. X in marg.: Ἰώσιππος (Ant. V. 11, 8) μ' ἔτη

19. הָרָה לָלַת. *Gravida erat ad pariendum.* Ο΄. συνειληφυῖα τοῦ τεκεῖν. Σ. ἐπίτοκος ἦν.[27]

וַתִּכְרַע. *Et in genua procubuit.* Ο΄. καὶ ἔκλαυσε (alia exempl. ἐστίναξε[28]). Ἀ. ἔκαμ-ψεν. Σ. ὤκλασεν.[29]

וַיֵהָפְכוּ. *Convertebant se.* Ο΄. ἐπεστράφησαν. Θ. ἐπέπεσον.[30]

20. וּכְעֵת מוּתָהּ. Ο΄. καὶ ἐν τῷ καιρῷ αὐτῆς ἀπο-θνήσκει. Σ. ἐν δὲ τῷ καιρῷ τοῦ ἀποθνήσκειν αὐτήν.[31]

21. אִי כָבוֹד. Ο΄. Οὐαιβαρχαβώθ. Alia exempl. Οὐαὶ Βαριωχαβήλ.[32]

CAP. V.

1. אֶת אֲרוֹן. Ο΄. τὴν κιβωτόν. Ἀ. (τὸν) γλωσσό-κομον.[1]

מֵאֶבֶן הָעֵזֶר. Ο΄. ἐξ Ἀβενέζερ. Ἀ. Θ. ἀπὸ λίθου τῆς βοηθείας.[2]

3, 4. מִמָּחֳרָת (bis). Ο΄. Vacat. Alia exempl. τῇ ἐπαύριον.[3]

אַרְצָה (bis). Ο΄. Vacat. Alia exempl. ἐπὶ τὴν γῆν.[4]

4. וּשְׁתֵּי כַפּוֹת יָדָיו כְּרֻתוֹת אֶל־הַמִּפְתָּן. *Et duae* volae manuum ejus abscissae in limine. Ο΄. καὶ ἀμφότερα τὰ ἴχνη χειρῶν (alia exempl. τῶν ποδῶν[5]) αὐτοῦ ἀφῃρημένα ἐπὶ τὰ ἐμπρόσθια ἀμαφὲθ (alia exempl. μαφεθάμ; alia, τῶν στα-θμῶν[6]) ἕκαστοι (alia exempl. ἕκαστον[7]), καὶ ἀμφότεροι οἱ καρποὶ τῶν χειρῶν αὐτοῦ πεπτω-κότες ἐπὶ τὸ πρόθυρον.[8]

5. לֹא־יִדְרְכוּ. Ο΄. οὐκ ἐπιβαίνουσιν ("Αλλος· πα-τοῦσιν[9]).

6. וַתִּכְבַּד יַד־יְהוָֹה אֶל־הָאַשְׁדּוֹדִים וַיְשִׁמֵּם (mariscis) וַיַּךְ אֹתָם בַּעֳפָלִים (vastavit eos) אֶת־אַשְׁדּוֹד וְאֶת־גְּבוּלֶיהָ. Ο΄. καὶ ἐβαρύνθη ἡ χεὶρ κυρίου ἐπὶ Ἄζωτον, καὶ ἐπήγαγεν αὐ-τοῖς, καὶ ἐξέζεσεν αὐτοῖς εἰς τὰς ναῦς (alia ex-empl. εἰς τὰς ἕδρας[10]), καὶ μέσον τῆς χώρας αὐτῆς ἀνεφύησαν μύες· καὶ ἐγένετο σύγχυσις θανάτου μεγάλη ἐν τῇ πόλει. Ἄλλος· καὶ ἐβαρύνθη χεὶρ κυρίου ἐπὶ τοὺς Ἀζωτίους, καὶ ἐβασάνισεν ((Ἀ.) ἐφαγεδαίνισεν[11]) αὐτούς· καὶ ἐπάταξεν αὐτοὺς εἰς τὰς ἕδρας αὐτῶν, τὴν Ἄζω-τον καὶ τὰ ὅρια αὐτῆς.[12]

וַיַּךְ אֹתָם בַּעֳפָלִים. Ἀ. καὶ ἐπάταξεν αὐτοὺς ἐν ταῖς ἕδραις. Σ. καὶ ἔπληξεν αὐτοὺς κατὰ τῶν κρυπτῶν.[13]

λέγει. [27] Cod. Reg. [28] Sic Comp. (cum ἐστίνωσε), Codd. 19, 82, 93, 108. [29] Cod. Reg. Cod. 108 (ad ἐπεστράφησαν): Σ. ὤκλασεν (sic). Θ. ἐπέπεσεν. [30] Cod. 108 (cum ἐπέπεσεν). Codd. Reg., 243*, in marg. sine nom.: ἐπέπεσον. [31] Codd. Reg., 92 (in marg. sine nom.). [32] Sic Codd. 19 (cum -χαμὴλ), 82 (cum Βαρωϊχαβὴλ), 93, 108 (ut 19), Chrysost. Opp. T. XI, p. 781 D (ubi inter Βαροχαβὴλ, Βαρωχ., et Βαρουχ. fluctuant codices). Montef. e Regio affert: Ἄλλος· Βαριωχαβὴδ, invitis libris nostris.

Cap. V. [1] Cod. Reg. Cf. Hex. ad Gen. l. 26. [2] Codd. Reg. (cum Ἀ.), 92 (in marg. sine nom.), 108 (cum Θ.), 243* (ut 92). Cf. ad Cap. iv. 1. [3] Sic Comp. (post εἰς οἶκον Δ.), Ald., Codd. III, 19 (ut Comp.), 44, 74, 82 (ut Comp.), alii (inter quos 243* in marg.). [4] Sic Comp., Codd. III, 44, 74, alii, Arm. 1. In fine v. haec, καὶ ἐβα-ρύνθη—τὰ ὅρια αὐτῆς, desunt in Comp., Codd. 19, 82, 93, 108. Cf. ad v. 6. [5] Sic Comp., Ald., Codd. 19, 29, 44, alii (inter quos 243*). [6] Prior lectio est in Codd. XI (cum μαθαφάμ), 29, 52, 56, aliis (inter quos 243*); posterior in Comp., Codd. 19, 44, 74, aliis (inter quos 243* in marg.). [7] Sic Ald., Codd. III, XI (dubium) 29, 52, alii (inter quos 243*). Vox deest in Comp., Codd. 19, 44, 74, aliis. [8] Duplex versio est in libris omnibus. Lucif. Calar.: *Et ambo vestigia manus ejus ablata erant per partes centum, et ambo articuli manus illius cecide-runt in limen.* (Ubi crediderim Luciferum in glossario nescio quo scriptum reperisse: Μαφεθάμ· ἑκατὸν κλάσματα; quasi ex Hebraeo מֵאָה פְּתִים) [9] Cod. 243* in marg. sine nom. [10] Sic Codd. III, 247 (cum ἐξέζεσαν αὐταί). Bar Hebr.: ܚܬܿܡܠܐܿܣ. [11] Cod. 243* in marg. sine nom.: ✕ ἐφαγεδήνισεν (sic). Proculdubio est Aquilae, qui scripturam וַיְשִׁמֵּם permutasse videtur cum וַיָּרֶם, et per-turbavit eos. Cf. Hex. ad 1 Reg. vii. 10. Psal. xvii. 15. [12] Versio est alius interpretis, quae in Edd. et MSS, ex-ceptis Comp. et quatuor libris, loco alieno illata legitur sub finem v. 3. Comp. hic habet: καὶ ἐβ. ἡ χεὶρ κ. ἐπὶ Ἀζωτίους, καὶ ἐβασάνισε τοὺς Ἀζ., καὶ ἐπάταξεν κ.τ.ἑ. [13] Nob. bil. Cf. Hex. ad Deut. xxviii. 27. Cod. 243* in marg. sine nom.: ✕ ἐφαγεδήνισεν. ἐπάταξεν αὐτοὺς εἰς τὰς ἕδρας κατὰ τῶν κρυπτῶν.

7. אֲרוֹן אֱלֹהֵי יִשְׂרָאֵל. Ο΄. κιβωτὸς ✕ τοῦ θεοῦ Ἰσραήλ.[14]

9. מְהוּמָה גְדוֹלָה. *Perturbatio magna.* Ο΄. τάραχος μέγας. Alia exempl. ἐν πληγῇ μεγάλῃ.[15]

וַיִּשָּׂתְרוּ לָהֶם עֳפָלִים. *Et prorumpebant iis mariscae.* Ο΄. καὶ ἐπάταξεν αὐτοὺς εἰς τὰς ἔδρας (Σ. εἰς τὰ κρυπτὰ[16]) αὐτῶν, καὶ ἐποίησαν οἱ Γεθαῖοι ἑαυτοῖς ἔδρας. Ἀ. καὶ περιελύθησαν αὐτῶν αἱ ἔδραι.[17]

11. וְיָשֹׁב. *Et revertatur.* Ο΄. καὶ καθισάτω (alia exempl. ἀποκαταστήτω, s. ἀποκατασταθήτω[18]).

מְהוּמַת־מָוֶת. *Perturbatio mortis* (fatalis). Ο΄. σύγχυσις. Alia exempl. σύγχυσις θανάτου.[19] Ἀ. φαγέδαινα.. (Σ.) ταραχή.. (Θ.) ἔκστασις.[20]

12. הִכּוּ בַּעֳפָלִים. Ο΄. ἐπλήγησαν εἰς τὰς ἔδρας (Ἄλλος· κατὰ τῶν κρυπτῶν[21]). [Ἀ. τὸ τῆς φαγεδαίνης ἐσχήκασιν ἕλκος.][22]

Cap. VI.

1. Ο΄. (—) καὶ ἐξέζεσεν (alia exempl. ἐξέβρασεν[1]) ἡ

γῇ αὐτῶν μύας (◄).

2. הוֹדִיעֻנוּ. Ο΄. γνωρίσατε (Ἄλλος· δηλώσατε[2]) ἡμῖν.

3. אָשָׁם. *Donarium pro delicto.* Ο΄. τῆς βασάνου. Alia exempl. ὑπὲρ τῆς βασάνου δῶρα.[3] Ἄλλος· τῆς πλημμελείας.[4]

לָמָּה. Ο΄. μὴ οὐκ. Ἄλλος· διότι.[5]

4. וַחֲמִשָּׁה עַכְבְּרֵי זָהָב. Ο΄. Vacat. Alia exempl. καὶ πέντε μύας χρυσοῦς.[6]

מַגֵּפָה. Ο΄. πταῖσμα. Ἄλλος· πληγή.[7]

5. וַעֲשִׂיתֶם צַלְמֵי עֳפָלֵיכֶם וְצַלְמֵי עַכְבְּרֵיכֶם. Ο΄. καὶ μῦς χρυσοῦς ὁμοίωμα τῶν μνῶν ὑμῶν. Alia exempl. καὶ ποιήσετε ὁμοίωμα τῶν ἔδρων ὑμῶν καὶ ὁμοίωμα τῶν μνῶν ὑμῶν.[8]

כָּבוֹד. Ο΄. δόξαν. Ἄλλος· τιμήν.[9]

6. תְּכַבְּדוּ. Ο΄. βαρύνετε. Ἄλλος· θρασύνεσθε.[10]

הִתְעַלֵּל. *Potentiam suam exseruit.* Ο΄. ἐνέπαιξεν. Ἄλλος· ἐνήλλαξεν.[11]

7. עָלוֹת. *Lactantes.* Ο΄. πρωτοτοκούσας. Ἀ. λοχευομένας. Σ. γαλουχούσας.[12]

---

[14] Sic Cod. 243* in textu; in marg. autem: ✕ ἐκ Θ. προσετέθη. "Vox Ἰσραὴλ superadditur in Codd. II."— Parsons. [15] Sic Codd. 19, 44, 82, 93, 106, 108 (cum τάραχος in marg.). Montef. e Regio dedit: Ἄλλος· ἐν πλ. μ. [16] Cod. Reg. [17] Idem. Cod. 243* in marg. sine nom.: καὶ περιελύοντο αὐτῶν αἱ ἔδραι. Theodoret. Quaest. X in 1 Reg. p. 363: τὸ δέ, ἐποίησαν ἑαυτοῖς οἱ Γεθαῖοι ἔδρας χρυσᾶς, οἱ λοιποὶ οὕτως ἡρμήνευσαν· καὶ περιελύθησαν αὐτῶν αἱ ἔδραι. (Pro περιελύθησαν VV. DD. certatim corrigunt παρελύθησαν, repugnante istius interpretis usu, de quo vide nos in Hex. ad Psal. xxix. 12.) [18] Prior lectio est in Comp., Codd. 19, 82, 93, 108; posterior in Ald., Codd. 29, 71, 158, 243*, 245. Lucif. Calar. *reducatur.* [19] Sic Comp., Ald., Codd. III, XI (cum τοῦ θ.), 19, 29, 44, 52, alii (inter quos 243*), Arm. 1. Cf. v. 6 in Ed. Rom. [20] Cod. Reg. affert: Ἀ. φαγέδαινα. Cod. 243* in marg. sine nom.: φαγέδαινα. ἔκστασις. ταραχή. Cf. Hex. ad Deut. vii. 23. 1 Reg. xiv. 20. [21] Cod. 243* in marg. sine nom. Cf. ad v. 8. [22] Theodoret. ibid.: Ὡς μὲν γὰρ οἱ ἡρμήνευσαν, εἰς τὰς ἔδρας ἐπλήγησαν· ὡς δὲ ὁ Ἀκύλας, τὸ τῆς φ. ἐσχήκασιν ἕλκος· ὃ δέ γε Ἰώσηπος τὸ τῆς δυσεντερίας αὐτοῖς ἐγγενέσθαι πάθος ἐδίδαξε. Ἀλλὰ μηδεὶς διαφωνίαν νομιζέτω τὰς διαφόρους ἐκδόσεις. Τὴν γὰρ δυσεντερίαν τὸ τῆς ἔδρας διεδέξατο πάθος· τὸ γὰρ συχνὸν τῆς ἐκκρίσεως τὸ τῆς ἐκκρίσεως κατέκαυσε μόριον· εἰς

φαγέδαιναν δὲ τῷ χρόνῳ τὸ ἕλκος μετέπεσεν. Similiter Procop. p. 18: Ἀκ. μέν φησιν, ὡς τὸ τῆς φ. ἐσχήκασι πάθος. Uterque alludit ad Aquilae versionem vocis מְהוּמָה (v. 11), fortasse ad ejusdem lectionem, καὶ ἐφαγεδαίνισεν αὐτούς (v. 6). Perperam autem Montef. post Nobilium ex Theodoreto notam hexaplarem commentus est: Ἀ. τὸ τῆς φ. ἐσχήκασιν ἕλκος (al. πάθος). Σ. περιελύθησαν αὐτῶν αἱ ἔδραι. Ο΄. ἐπλήγησαν εἰς τὰς ἔδρας. Cf. Scharfenb. in Animadv. T. II, p. 98. Cap. VI. [1] Sic Codd. 19 (cum ἔβρασεν), 82, 93, 108, Reg. Haec desunt in Comp. [2] Cod. 243* in marg. sine nom. Cf. Hex. ad Psal. xxiv. 14. Prov. xii. 16. [3] Sic Comp., Codd. 19, 44, 82, 93, 106, 108, 158. [4] Cod. Reg. Origen. Opp. T. II, p. 332: *pro delicto.* [5] Cod. 243* in marg. sine nom. [6] Sic Comp., Codd. III, XI (cum μῦς), 44 (cum μύας), 52, 55, alii, Arm. 1. [7] Codd. 108, 243*, in marg. sine nom. [8] Sic Codd. III, 74, 106, 120, 134. Ad καὶ μύας χρ. Cod. 243* in marg.: καὶ ποιήσετε. (In textu vulgari post χρυσοῦς add. ὁμοίωμα τῶν ἔδρων ὑμῶν καὶ Ald., Codd. XI, 64, 144, 236.) [9] Cod. 243* in marg. sine nom. Cf. Hex. ad Psal. lxv. 2. [10] Idem. [11] Idem. Cf. Hex. ad Jud. xix. 25. 1 Reg. xxxi. 4. Jerem. xxxviii. 19. [12] Codd. Reg., 243* (in marg. sine nom.). Origen. ibid.: *foetas.*

7. אֲשֶׁר לֹא־עָלָה עֲלֵיהֶם עֹל. Ο'. ἄνευ τῶν τέκνων. Alia exempl. add. ἐφ' ἃς οὐκ ἐπετέθη ζυγός.[13]

8. אֲשֶׁר הֲשֵׁבֹתֶם. Ο'. ἀποδώσετε. Alia exempl. ἃ ἀποδώσετε.[14]

תָּשִׂימוּ בָאַרְגַּז מִצִּדּוֹ. Ponetis in cista a latere ejus. Ο'. καὶ θήσετε ἐν θέματι ('Α. λάρνακι[15] βερσεχθὰν (alia exempl. βαεργάζ[16]) ἐκ μέρους ("Αλλος· ἐκ πλαγίων[17]) αὐτῆς. Aliter : 'Α. (θήσετε) ἐν ὕφει (s. ὑφῇ) κουρᾶς .. Σ. θέτε ἐν τῷ λαρνακίῳ ἀπὸ πλαγίου αὐτοῦ.[19]

9. מִקְרֶה. Casus fortuitus. Ο'. σύμπτωμα. ('Α.) συνάντημα. Σ. συγκυρία.[19]

10. כָּל. Ο'. ἀπεκώλυσαν. Alia exempl. ἀπέκλεισαν.[20]

11. וְאֵת הָאַרְגַּז. Ο'. καὶ τὸ θέμα ἐργάβ (alia exempl. ἐργάζ[21]). "Αλλος· τὸ λαρνάκιον, τὸ σκεῦος.[22]

וְאֵת צַלְמֵי טְחֹרֵיהֶם. Et simulacra mariscarum suarum. Ο'. Vacat. Alia exempl. καὶ τὰς εἰκόνας τῶν ἑδρῶν αὐτῶν.[23]

12. בַּמְסִלָּה אַחַת הָלְכוּ הָלֹךְ וְגָעוֹ. Ο'. ἐν τρίβῳ

ἑνὶ ἐπορεύοντο καὶ ἐκοπίων ("Αλλος· μυκώμεναι[24]). Alia exempl. ἐν ὁδῷ μίᾳ ἐπορεύοντο πορευόμεναι καὶ βοῶσαι.[25]

12. סָרוּ. Ο'. μεθίσταντο. Alia exempl. ἐξέκλιναν.[26]

13. וַיִּשְׂמְחוּ. Ο'. καὶ ηὐφράνθησαν ("Αλλος· ἐχάρησαν[27]).

14. יְהוֹשֻׁעַ. Ο'. Ὠσηέ. Alia exempl. Ἰησοῦ.[28]

וַתַּעֲמֹד שָׁם וְשָׁם אֶבֶן. Ο'. καὶ ἔστησαν ἐκεῖ παρ' αὐτῇ λίθον. Alia exempl. καὶ ἔστη ἐκεῖ παρὰ λίθον.[29]

17. אֲשָׁם. Ο'. τῆς βασάνου ("Αλλος· πλημμελείας[30]).

18. הַפְּרָזִים. Ο'. σατραπῶν. Alia exempl. σατραπειῶν.[31]

מֵעִיר מִבְצָר. Ab urbe munita. Ο'. ἐκ πόλεως ἐστερεωμένης ('Α. ἰσχυρᾶς (s. ὀχυρᾶς). Σ. τετειχισμένης[32]).

וְעַד כֹּפֶר הַפְּרָזִי. Et usque ad vicum paganorum. Ο'. καὶ ἕως κώμης τοῦ Φερεζαίου. Σ. ἕως κώμης ἀτειχίστου.[33]

וְעַד אָבֵל (potior scriptura אֶבֶן) הַגְּדֹלָה אֲשֶׁר

---

[13] Sic Comp., Codd. 19 (cum τεταγμένων pro τέκνων), 44 (cum ἐφ' αἷς οὐκ ἐτέθη ζ.), 82 (ut 19), 93 (cum τετεγμένων), 106 (cum ἐφ' αἷς), 108 (ut 19), 158. Origen. ibid.: quibus jugum non est impositum. [14] Sic Codd. 29, 64, 144, 242, Arm. 1, Origen. [15] Cod. 108. Cod. 243* in marg. sine nom.: λάρνακι. ἀγγείῳ, posterius ex glossemate, ut videtur. [16] Sic Codd. III (cum ἀργὸζ), XI, 29, 56 (cum ἐργάζ), 71, 82 (cum βαεργάζ), alii (inter quos 243*). Theodoret. Quaest. X in 1 Reg. p. 365: ἐνέθεσαν δὲ ταῦτα σκεύει τινί, ὃ οἱ μὲν Ο' προσηγόρευσαν βαεργάζ, Ἰώσηπος δὲ γλωσσόκομον. [17] Cod. 243* in marg. sine nom. Duplex versio, ἐκ πλαγίων μέρους αὐτῆς, est in Comp., Codd. 19, 82, 93, 108. [18] Procop. p. 11: Ἐν θέματι βαεργάζ. Σύμμαχος οὕτως· θέτε ἐν τῷ λ. ἀπὸ πλ. αὐτοῦ· ὁ δὲ Ἀκύλας· ἐννήκουρας (ἐν ὕφει κουρᾶς Cat. Niceph. T. II, p. 319). Aquilae igitur, cujus versionem sine causa in suspicionem vocaverunt Drusius et Montef., vox אָרַג composita est ex אָרַג, textura, et פ, vellus (κουρὰ Deut. xviii. 4. Job. xxxi. 20 in LXX). [19] Cod. 243* in marg.: συνάντημα. συγκυρία. Montef. e Regio edidit: Σ. συγκύφιον, quae vox nulla est. Ad Aquilam cf. Hex. ad Deut. xxiii. 10. [20] Sic Comp., Ald., Codd. 19, 29, 44, alii (inter quos 243*). [21] Sic Ald.

(cum θεμαεργάζ), Codd. III (cum ἀργὸζ), XI, 29, 52, 55, alii (inter quos 243*, cum θε βαεργάζ). [22] Cod. 243* in marg. sine nom. [23] Sic Comp., Ald. (cum τὰ ὁμοιώματα pro τὰς εἰκόνας), Codd. III, XI (ut Ald.), 44, 74, 106, 120, 134, 243* (in marg.), Arm. 1. [24] Codd. Reg., 243*, in marg. sine nom. [25] Sic Comp., Codd. 19, 82, 93, 108, in quibus totus locus sic habetur: ἐν τρίβῳ ἐν ᾗ ἐπορεύοντο, καὶ οὐκ ἐξέκλιναν δεξιὼν οὐδὲ ἀριστερόν· ἐν ὁδῷ μιᾷ κ.τ.ε. [26] Sic Comp., Codd. 19, 82, 93 (ἐξέκλιναν), 108. [27] Cod. 243* in marg. sine nom. Sic in textu Comp., necnon (cum καὶ ἐχάρησαν καὶ ἐπορεύθησαν) Codd. 19, 82, 93, 108 (cum ἐχάρισαν). [28] Sic Codd. III, 44, 74, 106, alii (inter quos 243*). [29] Sic Comp., Codd. 82, 93, 108. [30] Cod. 243* in marg. sine nom. [31] Sic Comp., Ald., Codd. III (cum σατραπειῶν), 29, 44, 52, alii (inter quos 243*). [32] Procop. p. 21: Ἐκ πόλεως ἐστ. καὶ τὰ ἑξῆς. Ἀκύλας ἰσχυρᾶς φησίν· ὁ δὲ Σύμμαχος· τετειχισμένης ἕως κώμης ἀτειχίστου, καὶ ἕως Ἀβελ τῆς μεγάλης, δι' ἧς ἀφῆκαν τὴν κιβωτὸν κυρίου. Cod. 108 in marg.: τετειχισμένης. Cod. 243* in marg.: τετειχισμένης. ὀχυρᾶς. [33] Procop., ut supra. Cod. 243* in marg.: ἀτειχίστου. Cf. Hex. ad Deut. iii. 5.

.הִגִּיחוּ עָלֶיהָ אֶת אֲרוֹן יְהֹוָה. Ο'. καὶ ἕως λίθου τοῦ μεγάλου, οὗ ἐπέθηκαν ἐπ' αὐτοῦ τὴν κιβωτὸν διαθήκης κυρίου. Σ. καὶ ἕως Ἀβελ τῆς μεγάλης, δι' ἧς ἀφῆκαν τὴν κιβωτὸν κυρίου.³⁴

19. כִּי רָאוּ בַּאֲרוֹן. Ο'. ὅτι εἶδαν κιβωτόν. Ἀ. ὅτι ἐνέβλεψαν εἰς τὸ γλωσσόκομον.³⁵

20. לַעֲמֹד לִפְנֵי יְהֹוָה. Ο'. διελθεῖν (alia exempl. παραστῆναι³⁶) ἐνώπιον κυρίου. Οἱ λοιποί· στῆναι (s. ὑποστῆναι) ἔμπροσθεν κυρίου.³⁷

Cap. VII.

2. וַיִּנָּהוּ. Et lamentati sunt. Ο'. καὶ ἐπέβλεψεν (alia exempl. ἐπέστρεψεν¹).

3. הָסִירוּ. Ο'. περιέλετε. Alia exempl. ἐξάρατε.²
וְהָעַשְׁתָּרוֹת. Ο'. καὶ τὰ ἄλση (Ἄλλος· Ἀσταρώθ³).

4. וַיָּסִירוּ. Ο'. καὶ περιεῖλον (alia exempl. ἐξῆραν⁴).
וְאֶת־הָעַשְׁתָּרֹת. Ο'. καὶ τὰ ἄλση Ἀσταρώθ (Ἀ. Ἀσταρώθ⁵).

6. וַיִּקָּבְצוּ. Ο'. καὶ συνήχθησαν. Alia exempl. καὶ συνήχθη ὁ λαός.⁶

6. חָטָאנוּ לַיהֹוָה. Ο'. ἡμαρτήκαμεν ἐνώπιον κυρίου (alia exempl. τῷ κυρίῳ⁷).
וַיִּשְׁפֹּט. Ο'. καὶ ἐδίκαζε (s. ἐδίκασε). Ἄλλος· ἔκρινεν.⁸

9. וַיִּקַּח שְׁמוּאֵל. Ο'. καὶ ἔλαβε Σαμουήλ. Alia exempl. καὶ εἶπεν Σαμουήλ· μή μοι γένοιτο ἀποστῆναι ἀπὸ κυρίου θεοῦ μου, τοῦ μὴ βοᾶν περὶ ὑμῶν προσευχόμενον. καὶ ἔλαβεν Σαμουήλ.⁹

10. וַיְהֻמֵּם. Et conturbavit eos. Ο'. καὶ συνεχύθησαν. Ἀ. (καὶ) ἐφαγεδαίνισεν αὐτούς.¹⁰ Θ. καὶ ἐξέστησεν αὐτούς.¹¹

11. וַיִּרְדְּפוּ. Ο'. καὶ κατεδίωξαν (Σ. ἐπάταξαν¹²).

12. וּבֵין הַשֵּׁן. Et inter Shen. Ο'. καὶ ἀναμέσον τῆς παλαιᾶς (Σ. τοῦ ἀκρωτηρίου¹³).

אֶבֶן הָעָזֶר. Ο'. Ἀβενέζερ, λίθος τοῦ βοηθοῦ. Alia exempl. Ἀβενέζερ, ὃ σημαίνει, λίθος τοῦ βοηθοῦ.¹⁴

14. מֵעֶקְרוֹן. Ο'. ἀπὸ Ἀσκάλωνος (alia exempl. Ἀκκαρών¹⁵).

וְעַד־גַּת. Ο'. ἕως Ἀζόβ (alia exempl. Γέθ¹⁶).

---

³⁴ Procop., ut supra. ³⁵ Bar Hebraeus: ܒܟܣܬܐ ܡܒܕ. ³⁶ Sic Comp., Codd. 19, 82, 93, 108, Reg., Theodoret. ³⁷ Procop. p. 22: Τίς δυνήσεται παραστῆναι [ἐξελθεῖν Cat. Niceph. T. II, p. 324]; ἀντὶ τοῦ στῆναι καὶ ὑποστῆναι ἔμπροσθεν κυρίου, ὡς οἱ λοιποί. Ubi lectio ὑποστῆναι Symmachum sapit, coll. Hex. ad Psal. lxxv. 5. Dan. xi. 6. Obad. 11.

Cap. VII. ¹ Sic Comp., Codd. 56 (cum ἐπέστρεψαν), 82, 93, 108, Reg. ² Sic Codd. 82, 93, Reg. Cf. Hex. ad 4 Reg. xviii. 22. (Ad τοὺς θεοὺς τοὺς ἀλλοτρίους (sic) Cod. 243* in marg. scholium habet: Οὓς καλεῖ ὧδε θεούς, παρακατιὼν βααλεὶμ ἐπονομάζει). ³ Cod. 108 in marg. sine nom. ⁴ Sic Comp., Codd. 19, 82, 93, 108. ⁵ Aquilae lectio in textum LXXviralem irrepsit, teste Theodoret. Quaest. XI in 1 Reg. p. 366: Τὰ δὲ ἄλση Ἀσταρὼθ ὁ Ἀκύλας ἡρμήνευσε, τουτέστι, τὰ τῆς Ἀστάρτης ἀγάλματα· Ἀστάρτην δὲ καλοῦσι τὴν Ἀφροδίτην. Minus emendate Procop. p. 22, Reg., et Cod. 243* in marg.: Ἀκύλας τὰ τῆς Ἀστάρτης ἀγάλματά φησιν, unde Montef. perperam dedit: Ἀ. τὰ τῆς Ἀστάρτης ἀγάλματα. Cf. Scharfenb. in Animadv. T. II, p. 100. ⁶ Sic Comp., Ald., Codd. XI, 19, 29, 52, alii (inter quos 243*). ⁷ Sic Comp., Codd. 19, 82, 93, 108, 243*, 245. ⁸ Cod. 243* in marg. sine nom. (cum ἐδίκασε in textu).

⁹ Sic Ald., Codd. 29 (cum προσευχόμενος), 44 (om. θεοῦ μου), 55, 56, 64, alii (inter quos 243*). ¹⁰ Cod. Reg. (ad συνεχύθησαν): Ἀ. ἐφαγεδαίνισαν (sic). Cod. 243* in marg. (ad ἐπάταξαν) duas lectiones anonymas habet: ἐφαγεδήνισαν αὐτούς, et ἐφαγεδαίνισαν. (A φαγέδαινα duplicem verbi formam φαγεδαινόω et φαγεδαινίζω (1 Reg. v. 6. vii. 10) Aquilae vindicavimus, rejectis ut minus probis φαγεδαινάω et φαγεδηνίζω. Cf. Hex. ad Deut. vii. 23. 1 Reg. v. 9. Psal. xvii. 15. Jerem. li. 34.) ¹¹ Cod. 108 affert: Θ. ἐξέστησαν. Cod. Reg., 243*, in marg.: ἐξέστησαν. Cod. 158 autem in textu: καὶ ἐξέστησεν αὐτοὺς, καὶ συνεχύθησαν, unde veram Theodotionis manum restituimus. Cf. Hex. ad Deut. l. c. ¹² Cod. 108. Symmachus, ni fallor, verba וַיִּרְדְּפוּ et וַיִּבּ, quasi ordine praepostero collocata, in vertendo transposuit. ¹³ Cod. 108 (cum ἀκρor.). Codd. Reg., 243*, in marg.: τοῦ ἀκρωτηρίου. Cf. ad Cap. xiv. 4. ¹⁴ Sic Comp., Ald., Codd. 121 (cum ὃ σημαίνει in marg.), 123, 243* (ut 121). Haec, λίθος τοῦ β., desunt in Codd. 52, 119 (in textu), 242. Vet. Lat.: Abennezer, quod est, lapis adjutoris. ¹⁵ Sic Comp. (cum Ἀκαρών), Ald., Codd. III, XI, 19, 52 (ut Comp.), 55, 56, 82, alii (inter quos 243*, cum ἀπὸ Ἀκκαρῶνος ἕως Βαιθχώρ). ¹⁶ Sic Comp., Ald., Codd. III, 19, 74, 82, alii, Arm. 1.

15. וַיִּשְׁפֹּט. Ο'. καὶ ἐδίκαζε (alia exempl. ἔκρινε[17]).

16. מִדֵּי שָׁנָה בְשָׁנָה. Quotannis. Ο'. κατ' ἐνιαυτὸν ἐνιαυτόν. Alia exempl. ἀφ' ἱκανοῦ ἐνιαυτὸν κατ' ἐνιαυτόν.[18]

אֵת כָּל־הַמְּקֹמוֹת הָאֵלֶּה. Ο'. ἐν πᾶσι τοῖς ἡγιασμένοις τούτοις. Schol. εἰς πάντας τοὺς τόπους τούτους οἷς ἦσαν οἱ ἅγιοι.[19]

CAP. VIII.

3. וַיִּטּוּ אַחֲרֵי הַבָּצַע. Ο'. καὶ ἐξέκλιναν ὀπίσω τῆς συντελείας (alia exempl. πλεονεξίας[1]). 'Α. Θ. καὶ ἔκλιναν ὀπίσω τῆς πλεονεξίας. Σ. ἀλλὰ μετέκλινον ἀκολουθοῦντες τῇ πλεονεξίᾳ.[2]

6. וַיֵּרַע. Ο'. καὶ πονηρόν. Alia exempl. καὶ ἦν πονηρόν.[3]

7. מָאָֽסוּ. Ο'. ἐξουθενήκασιν. Σ. ἀπεδοκίμασαν.[4]

9. מִשְׁפַּט. Ο'. τὸ δικαίωμα ("Αλλος· κρίμα[5]).

10. אֵת כָּל־דִּבְרֵי. Ο'. πᾶν τὸ ῥῆμα. Alia exempl. πάντας τοὺς λόγους.[6]

11. בְּמֶרְכַּבְתּוֹ. In curru ejus. Ο'. ἐν ἅρμασιν (alia exempl. ἁρματηλάτας; alia, ἐν ἁρματηλάταις[7]) αὐτοῦ.

12. וְלַחֲרֹשׁ חֲרִישׁוֹ וְלִקְצֹר קְצִירוֹ. Ο'. καὶ θερίζειν θερισμὸν αὐτοῦ, καὶ τρυγᾶν τρυγητὸν αὐτοῦ. Alia exempl. praemitt. καὶ ἀροτριᾶν τὴν ἀροτρίασιν αὐτοῦ.[8]

13. וּלְאֹפוֹת. Et in pistrices. Ο'. καὶ εἰς πέσσουσας. Schol. μαγκιπίσσας.[9]

15. וְזַרְעֵיכֶם. Ο'. καὶ τὰ σπέρματα (Σ. σπόριμα[10]) ὑμῶν.

18. בְּחַרְתֶּם. Ο'. ἐξελέξασθε. Alia exempl. ᾑρετίσασθε.[11]

Ο'. (—) ὅτι ὑμεῖς ἐξελέξασθε (alia exempl. ᾑτήσασθε[12]) ἑαυτοῖς βασιλέα (◄).

CAP. IX.

1. גִּבּוֹר חָיִל. Pollens opibus. Ο'. ἀνὴρ δυνατός (alia exempl. δυνατὸς ἰσχύϊ[1]).

2. מִשִּׁכְמוֹ. Ο'. ὑπερωμίαν. Ἄλλος· ἀπὸ ὤμου (αὐτοῦ).[2]

מִכָּל־הָעָם. Ο'. ὑπὲρ πᾶσαν τὴν γῆν. Ἄλλος· ὑπὲρ πάντα τὸν λαόν.[3]

4. שָׁלִשָׁה. Ο'. Σελχά. Alia exempl. Σαλισά.[4]

5. פֶּן־יֶחְדַּל. Ne desistat. Ο'. μὴ ἀνεὶς ('Α. κοπάσας[5]).

[17] Sic Comp., Codd. 19, 82, 93, 108. [18] Sic Codd. 19 (cum ἐφ' ἱκανοῦ); 82 (idem), 93, 108 (ut 19). Cf. ad Cap. xviii. 30. [19] Sic in marg. Codd. Reg., 243* (cum οἱ ἦσαν). Montef. edidit: Ἄλλος· εἰς πάντας κ.τ.έ.

CAP. VIII. [1] Sic Codd. 55, 82, 93, 108 (in marg.). Ad συντέλεια cf. Hex. ad Jerem. vi. 13. Ezech. xxii. 12, 13. Cod. 243* in marg. ad συντελείας: ἀντὶ τοῦ, τῆς πλεονεξίας, τῆς εἰς τέλος ἀχρειούσης τὸν νοῦν· ῥίζα γὰρ κ.τ.έ. [2] Nobil. Ad rarius vocab. μετακλίνειν cf. Hex. ad Psal. xliii. 9. Masius in Syrorum Pecul. p. 36 affert: ❋ ܡܗܦܟ .ܠ .ܙ. [3] Sic Comp., Ald., Codd. III, XI, 19, 29, 44, alii (inter quos 243*). [4] Codd. 108, 243* (in marg. sine nom.), uterque cum ἐξουθενώκασι in textu. [5] Cod. 243* in marg. sine nom. [6] Sic Comp., Codd. XI, 19, 29, 52, alii (inter quos 243*). [7] Prior lectio est in Codd. XI (cum εἰς ἅρμ.), 19 (cum ἁρματηλάτους), 82, 93, 108, Arm. 1; posterior in Codd. 29, 52, 55, aliis (inter quos 243*). [8] Sic Comp., Codd. 19, 82, 93, 108. Bar Hebr. citat: τρυγᾶν τρ. αὐτοῦ, καὶ θερίζει θ. αὐτοῦ. [9] Codd. Reg., 243*, in marg.: μαγκιπίσσας. Etymol. Gud. p. 376: Μάγκιπες·

Ῥωμαϊστὶ οἱ τεχνῖται τοῦ ἄρτου. Mire Schleusner. in Nov. Thes. s.v.: "Vox haec est misere corrupta. Reponendum est μαγκιπίσσαι (!!), ut compositum sit ex μαγὶς, frustum panis, et πέσσω, coquo." [10] Cod. 108. [11] Sic Codd. 19 (cum ᾑρετήσασθε), 82 (idem), 93 (idem), 108, Reg. Cf. Hex. ad Jud. v. 8. Psal. cxviii. 173. [12] Sic Codd. 19, 44 (cum ᾑτήσασθε ἐξελέξασθε), 82, 93, 106 (ut 44), 108. Montef. e Regio (?) male dedit: Ἄλλος· ᾑγήσασθε. Vet. Lat.: quia petistis vobis regem.

CAP. IX. [1] Sic Comp., Ald. (cum δ. ἐν ἰσχύϊ), Codd. 19, 56, 64, alii. [2] Codd. Reg., 243*, in marg. sine nom. Cf. ad Cap. x. 23. [3] Sic in textu Codd. 56, 108 (in marg.), 246. [4] Sic Comp., Codd. III (cum Σαλισσά), 44 (cum Σααλισά), 74, 106 (ut 44), 120, 134 (ut 44), 247 (cum Σολισσά), Bar Hebr. Cf. Hex. ad 4 Reg. iv. 42. [5] Montef. e Regio exscripsit: 'Α. κοπάσας. Correxit Scharfenb. in Animadv. T. II, p. 101. Praeterea non Aquilae, sed Theodotioni lectionem tribuere suadent Hex. ad Job. iii. 17. Ezech. iii. 11.

6. וְנֵלְכָה שָּׁם. Ο'. πορευθῶμεν. Alia exempl. πορευθῶμεν δὴ ἐκεῖ.[6]

7. וּתְשׁוּרָה אֵין. Et munus non est. Ο'. καὶ πλεῖον
οὐκ ἔστι μεθ' ἡμῶν. Ἄλλος· καὶ ὑπόστασιν
οὐκ ἔχομεν.[7]

מַה אִתָּנוּ. Ο'. τὸ ὑπάρχον ἡμῖν. Ἄλλος· τί
ἔχομεν;[9]

8. שֶׁקֶל. Ο'. σίκλου. Ἄλλος· στατῆρος.[9]

9. לְפָנִים. Olim. Ο'. καὶ ἔμπροσθεν. Σ. τὸ πάλαι.[10]

יַעַד־הָרֹאֶה. Ο'. πρὸς τὸν βλέποντα (Σ. Θ. τὸν
ὁρῶντα[11]).

כִּי לַנָּבִיא הַיּוֹם יִקָּרֵא לְפָנִים הָרֹאֶה. Qui enim
propheta hodie, vocabatur olim videns. Ο'. ὅτι
τὸν προφήτην ἐκάλει ὁ λαὸς ἔμπροσθεν, ὁ
βλέπων (Ἄλλος· ὁ ὁρῶν[12]). Σ. τὸν γὰρ προφήτην τότε ἐκάλουν κατὰ τὸ ἀρχαῖον τὸν
ὁρῶντα.[13]

11. נְעָרוֹת. Ο'. τὰ κοράσια. Ἄλλος· νεάνιδας.[14]

12. מַהֵר. Ο'. Vacat. Alia exempl. τάχυνον, s.
ταχύνατε.[15]

בַּבָּמָה. In loco edito. Ο'. ἐν Βαμᾷ. Ἀ. ἐν
ὑψώματι.[16]

13. עַד־בֹּאֲ. Ο'. ἕως τοῦ εἰσελθεῖν (alia exempl.
παραγενέσθαι[17]) αὐτόν.

13. כִּי־הוּא. Ο'. ὅτι οὗτος. Alia exempl. ἐπειδὴ
αὐτός.[18]

הַקְּרֻאִים. Ο'. οἱ ξένοι. Ἀ. οἱ κεκλημένοι.[19]
Ἄλλος· οἱ κλητοί.[20]

15. יוֹם אֶחָד. Ο'. ἡμέρᾳ μιᾷ. Σ. πρὸ μιᾶς ἡμέρας.[21]

16. כָּעֵת. Ο'. ὡς ὁ καιρὸς (alia exempl. add. οὗτος[22]). Ἄλλος· (ὡς) ἡ ὥρα.[23]

17. וְעָצַר בְּעַמִּי. Imperabit populo meo. Ο'. ἄρξει
ἐν τῷ λαῷ μου. Alia exempl. κατάρξει ἐπὶ
τὸν λαόν μου.[24]

18. וַיִּגַּשׁ. Ο'. καὶ προσήγαγε (alia exempl. προσῆλθεν[25]).

הָרֹאֶה. Ο'. τοῦ βλέποντος (Ἄλλος· ὁρῶντος[26]).

20. שְׁלֹשֶׁת הַיָּמִים. Ο'. τριταίων. Σ. τριημέρων.[27]
אַל־תָּשֶׂם אֶת־לִבְּךָ לָהֶם. Ο'. μὴ θῇς τὴν καρδίαν σου αὐταῖς. Ἄλλος· μὴ μεριμνήσῃς.[28]

חֶמְדַּת. Desiderium. Ο'. τὰ ὡραῖα (Ἄλλος·
ἐπιθυμητά[29]).

21. מִקָּטַנֵּי שִׁבְטֵי יִשְׂרָאֵל וּמִשְׁפַּחְתִּי הַצְּעִרָה מִכָּל־
מִשְׁפְּחוֹת שִׁבְטֵי בִנְיָמִן. Ο'. τοῦ μικροῦ (alia
exempl. μικροτέρου[30]) σκήπτρου φυλῆς Ἰσραήλ; καὶ τῆς φυλῆς τῆς ἐλαχίστης ἐξ ὅλου
σκήπτρου Βενιαμίν; Ἄλλος· ἐκ τῆς ἐλαχίστης φυλῆς τοῦ Ἰσραήλ; καὶ ἡ πατριά μου
ὀλιγοστὴ παρὰ πάσας τὰς πατριὰς τοῦ Βενιαμίν;[31]

---

[6] Sic Ald., Codd. III (om. δὴ), 29, 44 (ut III), 52, 55,
alii (inter quos 243*). [7] Codd. Reg., 243*, in marg.
sine nom. [8] Cod. 93 in marg. [9] Cod. 243* in marg.
sine nom. [10] Codd. 108, 243* (in marg. sine nom.).
[11] Codd. 108, 243* (in marg. sine nom.). [12] Cod. 243*
in marg. sine nom. [13] Nobil. Lectionem pro mero
scholio habendam esse sine causa censuit Scharfeub. Ad
ἔμπροσθεν Cod. 243* in marg. sine nom.: τὸ ἀρχαῖον; ad ὁ
βλέπων autem: τὸν ὁρῶντα. [14] Cod. 93 in marg. sine
nom.: νεάνι (sic). [15] Prior lectio est in Codd. III, 82,
93; posterior in Comp., Ald., Codd. 19, 44, 74, aliis,
Arm. 1. [16] Euseb. in Onomastico, p. 98: Ὁ δὲ Ἀκύλας
τὸ, ἐν Βαμᾷ, ὑψώματι ἡρμήνευσεν. Cf. Hex. ad Deut. xxxii. 13.
Ezech. xx. 29. Paulo aliter Theodoret. Quaest. XVII in
1 Reg. p. 369: Τὴν (τὸ Nobil.) μέντοι Βαμᾷ ὑψηλὴν (ὑψηλὸν
Nobil.) ὁ Ἀκ. ἡρμήνευσεν Γαβαᾶ δὲ τὸν βουνόν ξένους δὲ τοὺς
κεκλημένους· τὴν δὲ κωλέαν κνήμην. [17] Sic Comp., Codd. 19,

82, 93, 108. [18] Iidem. [19] Theodoret., ut supra.
[20] Cod. 93 in marg. sine nom.: οἰκλί (sic). Cf. Hex. ad
Prov. ix. 18. [21] Codd. Reg., 108. Hieron.: ante unam
diem. [22] Sic Comp., Ald., Codd. III, XI, 19, 29, 44,
alii. [23] Cod. 243* in marg. sine nom. [24] Sic Comp.,
Codd. 19 (cum ἐν τῷ λ.), 56, 82, 93, 108, 246. [25] Sic
Comp., Codd. 19, 44, 82, 93, 106, 108, Reg. [26] Cod.
243* in marg. sine nom. [27] Codd. Reg., 243* (in marg.
sine nom.). [28] Cod. 243* in marg. sine nom. Fortasse
est Symmachi, quem, ut solet, expressit Hieron., vertens:
ne sollicitus sis. [29] Codd. Reg., 243*, in marg. sine
nom. [30] Sic Comp., Ald., Codd. III, XI, 19, 29, 44,
55, alii (inter quos 243*). [31] Anon. in Cat. Niceph.
T. II, p. 337: Τὸ, ἐκ τοῦ μικροτέρου σκ. φ. Ἰσραήλ, ἄλλος
φησὶν ἐκ τῆς ἐλαχίστης—Βενιαμίν. Clausulam posteriorem,
καὶ ἡ πατριά—Βενιαμίν, in textu habent Comp., Codd. 19
(om. τὰς), 82 (cum ὑπὲρ pro παρὰ), 93, 108 (ut 19).

22. לִשְׁכָּתָה. *In coenaculum.* Ο΄. εἰς τὸ κατά
λυμα ('Α. γαζοφυλάκιον. Σ. ἐξέδραν. Θ.
σκηνήν³²).

וַיִּתֵּן. Ο΄. καὶ ἔθετο (alia exempl. ἔταξεν³³).

24. וַיָּרֶם. *Et sustulit.* Ο΄. καὶ ἥψησεν (alia exempl. ἦρεν³⁴).

אֶת־הַשּׁוֹק וְהֶעָלֶיהָ. *Armum et quod ei adhaeret.* Ο΄. τὴν κωλέαν ('Α. τὴν κνήμην³³).
Alia exempl. τὴν κωλέαν καὶ τὸ ἐπ᾽ αὐτῆς.³⁶

הִנֵּה הַנִּשְׁאָר שִׂים־לְפָנֶיךָ אֱכֹל. Ο΄. ἰδοὺ ὑπό
λειμμα (alia exempl. μαρτύριον³⁷), παράθες αὐτὸ
ἐνώπιόν σου, καὶ φάγε. 'Α. ἰδοὺ τὸ ὑπολελειμ
μένον, θὲς ἐνάπιόν σου, φάγε.³⁸ Σ. (ἰδοὺ) τὸ
ὑπολειφθέν...³⁹ Schol. τὸ ἀφωρισμένον μέρος.⁴¹

כִּי לַמּוֹעֵד שָׁמוּר־לְךָ. Ο΄. ὅτι εἰς μαρτύριον
τέθειταί σοι. 'Α. ὅτι εἰς καιρὸν (s. εἰς συν
ταγὴν) πεφυλαγμένον σοι.⁴¹ Σ. ὅτι ἐπίτηδες
τετήρηταί σοι.⁴²

לֵאמֹר הָעָם קָרָאתִי. Ο΄. παρὰ τοὺς ἄλλους
(alia exempl. παρὰ τοῦ λαοῦ⁴³), ἀπόκνιζε. 'Α.

τῷ λέγειν, τὸν λαὸν κέκληκα.⁴⁴ Θ. ὅτι ἐλέχθη,
τὸν θεὸν ἐκάλεσα.⁴⁵

26. הַחַוְתָה. Ο΄. ἕως ἔξω. Ἄλλος· εἰς ἀγρόν.⁴⁶

27. בְּקָצֶה. Ο΄. εἰς μέρος. Alia exempl. εἰς ἄκρον.⁴⁷
Σ. Θ. ἐν τελευταίῳ.⁴⁸

וַיַּעֲבֹר. Ο΄. Vacat. Ἄλλος· καὶ διῆλθεν.⁴⁹

וָאֶשְׁמִיעֶה. Ο΄. καὶ ἄκουσον (alia exempl. ἀκου
στόν σοι⁵⁰). Ἄλλος· καὶ ἀκουστόν σοι ποιήσω.⁵¹

CAP. X.

1. הֲלוֹא כִּי. Ο΄. οὐχί. Alia exempl. ὅτι.¹
Ο΄. ἐκ χειρὸς ἐχθρῶν αὐτοῦ (alia exempl. add.
κυκλόθεν²).

2. בִּגְבוּל. Ο΄. ἐν τῷ ὄρει. Alia exempl. ἐν τοῖς
ὁρίοις; alia, ἐν τῷ ὁρίῳ.³

בְּצֶלְצַח. *In Zelzah.* Ο΄. ἀλλομένους μεγάλα.
Alia exempl. ἐν Σηλὼ ἐν Βακαλὰθ ἀλλομένους
μεγάλα.⁴ Alia: μεσημβρίας ἀλλομένους με
γάλα.⁵ Ἄλλος· ἐν σκιᾷ ὑπὸ τὸ καῦμα.⁶

---

²² Codd. Reg., 243* (in marg. sine nom.). Cf. Hex. ad
Jerem. xxxvi. 10. Ezech. xl. 17. ³³ Sic Comp., Codd.
19, 82, 93, 108, Reg. (non pro εἰσήγαγεν, qui error est
Montefalconii). Lectio Symmachum omnino refert, coll.
Hex. ad Psal. viii. 2. Jerem. lii. 52. Ezech. iii. 17. ³⁴ Sic
Comp., Ald., Codd. XI (cum ἥψησεν καὶ ἦρεν), 19, 29, 52,
alii (inter quos 243*). ³⁵ Theodoret. (ut supra), Phot.
in Cat. Niceph. T. II, p. 338. Cod. Reg. in marg.: οἱ
λοιποὶ τὴν κωλέαν κνήμην εἶπον, ὅ ἐστιν ἀγκύλη. Cf. Hex. ad
Exod. xxix. 22. Lev. viii. 32. Cod. 56 in marg.: ἀμο
πλάτην. ³⁶ Sic Comp. (cum κωλαίαν), Ald., Codd. III, 19,
44, 74, alii. Cod. 243* in marg.: τὸ ἐπ᾽ αὐτῆς. ³⁷ Sic
Codd. 19, 56 (in marg.), 82, 93 (cum ὑπόλιμμα in marg.),
108, Procop. p. 29, Theodoret. ³⁸ Nobil. ³⁹ Procop.
ibid.: Ὁ δὲ Σύμ. ἀντὶ τοῦ, μαρτύριον, τὸ ὑπολειφθὲν ἐξέδωκεν·
καὶ ἀντὶ τοῦ, ὅτι εἰς μαρτύριον τέθειταί σοι, ὅτι ἐπίτηδες τετήρηταί
σοι. Cod. 243* in marg.: τὸ λειφθέν. ⁴⁰ Codd. Reg.,
243*, in marg. (ad ὑπόλειμμα) sine nom. ⁴¹ Nobil. in
continuatione. Ad εἰς μαρτύριον Cod. 243* in marg. sine
nom.: καιρὸν εἰς συνταγὴν πεφυλαγμένον σοι, ubi εἰς συνταγὴν
ad duplicem Aquilae editionem pertinere videtur. Cf. ad
Cap. xiii. 8. xx. 35. ⁴² Procop. (ut supra), Cod. 243*
(in marg. sine nom.). Hieron.: *quia de industria servatum est tibi.* ⁴³ Sic Comp., Ald., Codd. III (cum παρὰ
τοῦ ἄνου), XI, 19, 29, 52, 55, alii (inter quos 243* in

marg.), Arm. 1. ⁴⁴ Nobil. in continuatione (cum λέγων
pro τῷ λ.). Procop. p. 30: τὸ δὲ, παρὰ τοῦ λαοῦ, Θεοδ. ἐξέ
δωκεν, ὅτι ἐλέχθη, τὸν λαὸν ἐκάλεσε· Ἀκ. δὲ, τὸ (sic) λέγειν, τὸν
λαὸν κέκληκα. ⁴⁵ Procop., Cod. 243* in marg. sine nom.
⁴⁶ Cod. Reg. Cf. Hex. ad Cant. Cant. viii. 1. Nisi forte
lectio eadem sit cum sequente, εἰς ἄκρον. ⁴⁷ Sic Comp.,
Codd. 19, 82, 93, 108 (cum εἰς μέρος in marg.). ⁴⁸ Codd.
108, 243* (in marg. sine nom.). Lectio Aquilam potius
quam binos interpretes sapit, quibus anonymam εἰς ἄκρον
libentius tribuerim. Cf. Hex. ad Jos. xv. 21. Jesai.
xxxvii. 24. lvi. 12. ⁴⁹ Sic in marg. Cod. 243*; in textu
autem Codd. III, 247. ⁵⁰ Sic Ald., Codd. III, XI, 29,
55, 64, alii. ⁵¹ Sic in textu Codd. 52, 119 (ex corr.),
144, 243* (cum ποιήσω in marg.).

CAP. X. ¹ Sic Ald., Codd. 19, 29, 55, alii (inter quos
243*). Codd. Reg., 243*, in marg. sine nom.: ὅρα ὅτι,
quod scholium grammaticum esse crediderim. ² Sic
(Comp. lacunam habet), Ald., Codd. II, III, XI, 19, 44,
52, 55 (cum τῶν κ.), alii (inter quos 243*), Arm. 1, Vulg.
³ Prior scriptura est in Comp., Codd. 19, 56, 82, 93, 108,
246; posterior in Codd. 71, 158. ⁴ Sic Ald., Codd. XI,
29 (cum ἐν Σηλὼμ Βακαλὰθ), 44, 52, 55 (cum Βακαλλὰθ), 64,
alii. ⁵ Sic Comp., Codd. 19, 56, 82, 93, 108 (cum ἐν
Σηλὼ σμακαλὰθ in marg.), 246. Hieron.: *in meridie.*
⁶ Montef. e Regio exscripsit: Ἄλλος· ἐν σκιάδει τὸ σῶμα,

2. נָטַשׁ. Abjecit. Ο΄. ἀποτετίνακται. Θ. ἀφῆκεν.[7]
אֶת־דִּבְרֵי. Ο΄. τὸ ῥῆμα. Alia exempl. τὴν φροντίδα.[8]

וְדָאַג לָכֶם. Ο΄. καὶ ἐδαψιλεύσατο (?) δι' ὑμᾶς. Alia exempl. καὶ μεριμνᾷ περὶ ὑμῶν; alia, καὶ φροντίζει περὶ ὑμῶν.[9]

3. עַד־אֵלוֹן תָּבוֹר. Ο΄. ἕως τῆς δρυὸς Θαβώρ ("Αλλος· ἐκλεκτῆς[10]).

שְׁלֹשָׁה גְדָיִים. Ο΄. τρία αἰγίδια. Alia exempl. τρεῖς ἐρίφους.[11] Σ. (τρεῖς) νεβρούς.[12]

כִּכְּרוֹת. Placentas. Ο΄. ἀγγεῖα. Ἀ. περίμετρα. Σ. κολλύρας.[13]

נֵבֶל. Ο΄. ἀσκόν. Ἀ. ἀμφορέα. Σ. νέβελ.[14]

4. שְׁתֵּי־לֶחֶם. Ο΄. δύο ἀπαρχὰς ἄρτων. Ἀ. δύο ἄρτους.[15]

5. נְצִבֵי פְלִשְׁתִּים. Stationes Philistaeorum. Ο΄. τὸ ἀνάστεμα τῶν ἀλλοφύλων. Aliter: Ο΄. Νασὶβ ὁ ἀλλόφυλος.[16] (Σ.) τόπος ὑψηλός .. "Αλλος· στάσις ..[17]

5. חֶבֶל. Catervae. Ο΄. χορῷ. Σ. σχοινίσματι.[18] "Αλλος· συνόδῳ.[19]
וְכִנּוֹר. Ο΄. καὶ κινύρα (Σ. κιθάρα[20]).

6. וְצָלְחָה. Et irruet. Ο΄. καὶ ἐφαλεῖται ((Σ.) ἐφορμήσει. "Αλλος· ἐπιπεσεῖται[21]).

8. לִזְבֹּחַ זִבְחֵי שְׁלָמִים. Ο΄. καὶ θυσίας (alia exempl. καὶ θῦσαι θυσίας[22]) εἰρηνικάς ("Αλλος· σωτηρίας[23]).

תּוֹחֵל. Exspectabis. Ο΄. διαλείψεις. Ἀ. ὑπομενεῖς. "Αλλος· περιμενεῖς.[24]

9. כְּהַפְנֹתוֹ שִׁכְמוֹ. Ο΄. ὥστε ἐπιστραφῆναι τῷ ὤμῳ αὐτοῦ. "Αλλος· ὡς ἔκλινε τὸν ὦμον αὐτοῦ.[25]

10. חֶבֶל. Ο΄. χορός. "Αλλος· συστροφή. "Αλλος· σχοίνισμα.[26]

וַתִּצְלַח. Ο΄. καὶ ἥλατο ((Ἀ.) ἐνηυλίσθη. (Σ.) ἐφώρμησεν. "Αλλος· ἐπέπεσεν[27]).

11. עִם־נְבִאִים נִבָּא. Ο΄. ἐν μέσῳ τῶν προφητῶν (alia exempl. add. προφητεύων[28]).

---

notans: "Et quidem בצל in umbra vel in umbroso significat; cur autem alteram syllabam צח τὸ σῶμα verterit, frustra, ni fallor, exquiratur." Lectionem emaculavimus e Cod. 243*, in quo ductus literarum δι ὑπό paulo obscuriores sunt. Interpres autem (modo interpretis sit) videtur esse Symmachus, qui pro צח κεύσωι vel καῖμα posuit Jerem. iv. 11. [7] Codd. 108, 243* (in marg. sine nom.). [8] Sic Comp., Codd. 19, 82, 93, 108. [9] Prior lectio est in Comp., Codd. 19, 82, 93. 108 (cf. Hex. ad Jesai. lvii. 11. Jerem. xlii. 16); posterior in Codd. 55, 56, 246. Cod. 243* in marg.: μεριμνᾷ, φροντίζει. (In versione LXXvirali quid sibi velit ἐδαψιλεύσατο, nisi largos sumptus fecit, equidem non intelligo.) [10] Codd. Reg., 243*, in marg. sine nom. Sic in textu Codd. 19, 82, 93. 108 (eum Θαβὼρ in marg.). Hieron. in Append. ad T. III, p. 1223 ed. Migne: Θαβώρ· ἐκλεκτὸς λάκκος. [11] Sic Comp., Codd. 19, 82, 93, 108, 158, Reg. [12] Cod. Reg. [13] Cod. 243* in marg.: περίμετρα. κολλύρας. Montef. e Regio edidit: Ἀ. περίκαρπα. Σ. κολλύρας; ubi Aquilae lectionem ingenue fatetur Schleusner. in Nov. Thes. s. v. περίκαρπα, sibi admodum suspectam esse, cui tamen medelam afferre nequit. Alterius codicis scripturam egregie confirmant Hex. ad Jerem. xxxvii. 21, ubi pro כִּכָּר e Syro nostro Aquilae vindicavimus mensuram (ܡܟܝܠܬܐ); serius autem vidimus vocab. Syriacum cum Graeco περίμετρον commutatum esse in Hex. ad Psal.

cxxxii. 2. Ad ἀγγεῖα Cod. 108 in marg.: κολύρα (sic). [14] Codd. Reg., 243* (in marg. sine nom.). Cf. ad Cap. i. 24. xxv. 18. [15] Iidem. [16] In Ed. Rom. duplex versio est: οὗ ἐστιν ἐκεῖ τὸ ἀν. τῶν ἀλλοφύλων· ἐκεῖ Ν. ὁ ἀλλόφυλος. Posteriorem reprobant Comp., Cod. 247, Arm. 1. Cf. ad Cap. xiii. 3. [17] Ad ἀνάστεμα Cod. 243* in marg.: τόπος ὑψηλός· στάσις. Montef. vero e Regio ad נְצִבֵּה exscripsit: Σ. τόπον ὑψηλόν· minus probabiliter. הָאֱלֹהִים [18] Codd. Reg., 243* (in marg. sine nom.). [19] Iidem, uterque in marg. sine nom. [20] Cod. 108. Cf. ad Cap. xvi. 16. [21] Cod. 243* in marg.: ἐπιπεσεῖται. ἐφορμήσει. Lectio posterior Symmachi est, coll. Hex. ad Jud. xiv. 6. [22] Sic Comp. (cum καὶ θῦσαι εἰρ. 6.), Ald., Codd. III, 19, 29, 44, alii. [23] Cod. 243* in marg. sine nom. [24] Cod. 108: Ἀ. ὑπομενεῖς (sic). Cod. 243* in marg.: περιμενεῖς. ὑπομενεῖς. Duplex lectio, περιμενεῖς διαλείψεις, est in Cod. 56, 246. (Vix adducor ut lectionem περιμενεῖς alii quam Aquilae tribuam, coll. Hex. ad Psal. xxx. 25. xxxii. 22. lxviii. 4 etc.). [25] Codd. Reg., 243*, in marg. sine nom. [26] Cod. 243* in marg. sine nom. [27] Idem: ἐνηυλίσθη (sic). ἐφώρμησεν. ἐπέπεσεν. Ad Aquilam cf. Hex. ad Jud. xiv. 19 (in Auctario). I Reg. xvi. 13. [28] Sic Comp., Ald., Codd. III, 19 (cum αὐτῶν pro τῶν πρ.), 74, 93, alii, Arm. 1.

11. הֲגַם שָׁאוּל בַּנְּבִיאִים. Ο'. ἦ καὶ Σαούλ (Σ. μὴ ἔτι καὶ Σαούλ²⁹) ἐν προφήταις;

12. וּמִי אֲבִיהֶם. Ο'. καὶ τίς πατὴρ αὐτοῦ; (alia exempl. add. οὐ Κίς;³⁰)

לְמָשָׁל. Ο'. εἰς παραβολήν ('Αλλος· παροιμίαν³¹).

13. הַבָּמָה. Ο'. εἰς τὸν βουνόν. 'Αλλος· εἰς Βαμά.³²

14. דּוֹד שָׁאוּל. Ο'. ὁ οἰκεῖος ('Α. ὁ πατράδελφος³³) αὐτοῦ.

16. אֲשֶׁר אָמַר שְׁמוּאֵל. Ο'. Vacat. Alia exempl. ὁ εἶπεν Σαμουήλ.³⁴

17. וַיַּזְעֵק שְׁמוּאֵל אֶת־הָעָם. Ο'. καὶ παρήγγειλε Σαμουὴλ παντὶ τῷ λαῷ. Alia exempl. καὶ συνήγαγε Σαμουὴλ πάντα τὸν λαόν.³⁵

18. אֶת־יִשְׂרָאֵל. Ο'. τοὺς υἱοὺς Ἰσραήλ. Alia exempl. τὸν Ἰσραήλ; alia, τοὺς πατέρας ὑμῶν τοὺς υἱοὺς Ἰσραήλ.³⁶

19. מְאַסְתֶּם. Ο'. ἐξουδενήκατε. ('Α.) ἀπερρίψατε. (Σ.) ἀπεδοκιμάσατε. (Θ.) ἀπώσασθε.³⁷

לְשִׁבְטֵיכֶם. Ο'. κατὰ τὰ σκῆπτρα (alia exempl. κατὰ φυλὰς³⁸) ὑμῶν.

וּלְאַלְפֵיכֶם. Ο'. καὶ κατὰ τὰς φυλάς (alia exempl. κατὰ χιλιάδας³⁹) ὑμῶν.

20. אֵת כָּל־שִׁבְטֵי. Ο'. πάντα τὰ σκῆπτρα. Alia exempl. πάσας τὰς φυλάς.⁴⁰

20. וַיִּלָּכֵד. Et captus est (sorte). Ο'. καὶ κατακληροῦται. ('Α. κατελήφθη. Άλλος· ἐπέπεσεν⁴¹).

שָׁבֶט. Ο'. σκῆπτρον. Aliter: Ο'. φυλή. Σ. σκῆπτρον.⁴²

21. לְמִשְׁפְּחֹתָיו. Ο'. εἰς φυλάς ('Αλλος· συγγενείας⁴³). Alia exempl. κατὰ πατριάν.⁴⁴
Ο'. εἰς ἄνδρας. Alia exempl. κατὰ ἄνδρα ἕνα.⁴⁵

22. עוֹד הֲלֹם אִישׁ. Ο'. ὁ ἀνὴρ ἐνταῦθα. Alia exempl. ἔτι ἐνταῦθα ὁ ἀνήρ.⁴⁶

23. מִשִּׁכְמוֹ. Ο'. ὑπερωμίαν. 'Αλλος· ἀπὸ ὤμου ἑαυτοῦ.⁴⁷

24. וַיָּרִיעוּ. Et vociferati sunt. Ο'. καὶ ἔγνωσαν (Σ. ἠλάλαξαν.⁴⁸ Άλλος· ἐβόησαν⁴⁹).

25. אֵת מִשְׁפַּט הַמְּלֻכָה. Ο'. τὸ δικαίωμα τοῦ βασιλέως (alia exempl. τῆς βασιλείας⁵⁰).

לְבֵיתוֹ. Ο'. εἰς τὸν τόπον ('Αλλος· οἶκον⁵¹) αὐτοῦ.

26. גִּבְעָתָה. Ο'. εἰς Γαβαά. Alia exempl. εἰς τὸν βουνόν.⁵²

הַחַיִל. Comitatus. Ο'. υἱοὶ δυνάμεων (alia exempl. δυνάμενοι⁵³). 'Α. ἡ εὐπορία. Σ. ἡ δύναμις.⁵⁴

27. וּבְנֵי בְלִיַּעַל. Ο'. καὶ υἱοὶ λοιμοί (('Α.) ἀποστασίας. (Σ.) ἀνυπότακτοι. 'Αλλος· παρανομίας⁵⁵).

---

²⁹ Procop. p. 30. ³⁰ Sic Ald. (cum Κὶς), Codd. III (idem), XI, 52, 55 (ut Ald.), 56 (idem), alii (inter quos 243*), Arm. 1. ³¹ Sic in marg. sine nom. Codd. Reg., 108, 243*. ³² Sic in textu Comp., Codd. 19 (cum εἰς τὸν β. Βαμὰ), 108 (idem). ³³ Procop. p. 33. Sic in textu Comp., Codd. 19, 108, Arm. 1. ³⁴ Sic Comp., Ald., Codd. III, 19, 55, 74, alii. ³⁵ Sic Comp., Codd. 19, 82, 93, 108, 144, 158. ³⁶ Prior lectio est in Comp., Cod. III; posterior in Ald., Codd. 29, 243*. ³⁷ Cod. 243* in marg.: ἀπώσασθε, ἀπεδοκιμάσατε, ἀπερρίψατε. Cf. Hex. ad 1 Reg. xvi. 1. 4 Reg. xvii. 15. Jesai. vii. 15, 16. xxxi. 7. xli. 9. ³⁸ Sic Comp., Codd. 19, 82, 93 (cum τὰς φ.), 108, Reg. (ut 93). Cod. X in marg.: φυλάς. ³⁹ Sic Comp., Codd. III (cum τὰς χ.), 19, 44 (ut III), 52 (idem), 82, alii. ⁴⁰ Sic Comp., Ald., Codd. X, XI, 19, 29, 52, alii (inter quos 243*). ⁴¹ Cod. 243* in marg.:

κατελήφθη. ἐπέπεσεν (sc. ὁ κλῆρος). Mox ad κατεκληρούται (v. 21) Cod. Reg. affert: 'Α. κατελήφθη. ⁴² Cod. 108. Prior lectio est in Comp., Codd. 19, 82, 93, 108. ⁴³ Cod. 243* in marg. sine nom. ⁴⁴ Sic Comp., Codd. 19, 82 (cum πατρὸς), 93 (idem), 108. ⁴⁵ Sic Codd. 19, 82, 93, 108. ⁴⁶ Sic Comp., Ald. (cum ὁ ἀ. ἐνταῦθα ἔτι), III (cum ἀνὴρ sine artic.), X, XI (ut Ald.), 56, 64 (ut Ald.), 71, alii. ⁴⁷ Sic Codd. Reg., 243*, in marg. sine nom. Cf. ad Cap. ix. 2. ⁴⁸ Codd. 108, 243* (in marg. sine nom.). ⁴⁹ Cod. 71 in textu. ⁵⁰ Sic Comp., Ald., Codd. X, XI, 44, 71, 74, alii. ⁵¹ Cod. Reg. (in marg., ut videtur). ⁵² Sic Cod. X (in marg.), 19, 82, 93, 108. ⁵³ Sic Codd. III, 74, 106, 120, 134, Reg. ⁵⁴ Cod. Reg. Cod. 243* in marg.: ἡ δύναμις. ἡ εὐπορία. ⁵⁵ Cod. 243* in marg.: ἀποστασίας. παρανομίας. ἀνυπότακτοι. Cf. ad Cap. ii. 12.

27. וַיִּבְזֻהוּ. Ο΄. καὶ ἠτίμασαν ('Α. ἐξουθένησαν[56]) αὐτόν.

וַיְהִי כְּמַחֲרִישׁ. Et erat quasi surdus. Ο΄. καὶ ἐγενήθη ὡς μετὰ μῆνα (כְּמֵחֹדֶשׁ). Alia exempl. καὶ ἐγενήθη ὡς κωφεύων.[57]

Cap. XI.

2. בּוֹאֵהּ. Ο΄. ἐν ταύτῃ. Alia exempl. ἐν τούτῳ.[1]

3. הֶרֶף לָנוּ. Concede nobis. Ο΄. ἄνες ("Αλλος· ἔνδος[2]) ἡμῖν.

מוֹשִׁיעַ. Ο΄. ὁ σώζων (Σ. ὑπερμαχῶν[3]).

4. גִּבְעַת. Ο΄. εἰς Γαβαά. Alia exempl. εἰς τὸν βουνόν.[4]

5. אַחֲרֵי הַבָּקָר. Post boves. Ο΄. μετὰ τὸ πρωί. "Αλλος· κατόπισθεν τῶν βοῶν.[5] "Αλλος· ἀκολουθῶν βουσίν.[6]

מַה־לָּעָם כִּי יִבְכּוּ. Ο΄. τί ὅτι κλαίει ὁ λαός; Alia exempl. τί ἐστιν τῷ λαῷ ὅτι κλαίουσιν;[7]

7. וַיִּפֹּל פַּחַד־יְהֹוָה עַל־הָעָם. Ο΄. καὶ ἐπῆλθεν ἔκστασις ("Αλλος· φόβος[8]) κυρίου ἐπὶ τὸν λαὸν Ἰσραήλ. "Αλλος· καὶ ἐπέπεσεν φόβος κυρίου ἐπὶ τὸν Ἰσραήλ.[9]

כְּאִישׁ אֶחָד. Ο΄. ὡς ἀνὴρ εἷς. "Αλλος· ὁμοθυμαδόν.[10]

10. בְּכָל־הַטּוֹב בְּעֵינֵיכֶם. Ο΄. τὸ ἀγαθὸν (alia exempl. πᾶν τὸ ἀρεστὸν[11]) ἐνώπιον ὑμῶν. "Αλλος· πᾶν ὅ τι ἂν ἀρέσῃ ὑμῖν.[12]

11. וַיָּשֶׂם. Ο΄. καὶ ἔθετο (alia exempl. διέθετο; alia, διέταξεν[13]).

רָאשִׁים. Ο΄. ἀρχάς. 'Α. κεφαλάς.[14]

בְּאַשְׁמֹרֶת הַבֹּקֶר. Ο΄. ἐν φυλακῇ τῇ ἑωθινῇ (alia exempl. πρωΐνῇ[15]).

וַיַּכּוּ. Ο΄. καὶ ἔτυπτον (alia exempl. ἐπλήξεν[16]).

יָחַד. Ο΄. κατὰ τὸ αὐτό. "Αλλος· ὁμοῦ.[17]

15. וַיַּמְלִכוּ. Ο΄. καὶ ἔχρισε ("Αλλος· ἐβασίλευσε[18]) Σαμουήλ.

וְכָל־אַנְשֵׁי יִשְׂרָאֵל. Ο΄. καὶ πᾶς Ἰσραήλ. Alia exempl. καὶ πάντες οἱ ἄνδρες Ἰσραήλ.[19]

עַד־מְאֹד. Ο΄. ὥστε λίαν. Alia exempl. ἕως σφόδρα.[20]

Cap. XII.

2. זָקַנְתִּי וָשַׂבְתִּי. Senex et canus factus sum. Ο΄. γεγήρακα καὶ καθήσομαι ("Αλλος· πεπολίωμαι[1]).

הִתְהַלָּכְתִּי. Ο΄. διελήλυθα. Alia exempl. ἀνέστραμμαι.[2] "Αλλος· ἀνεστράφην.[3]

---

[56] Cod. Reg. [57] Sic Comp. (om. ὡς), Codd. 19, 44 (ut Comp.), 55, 82 (cum κωφεύγων), 93 (cum κοφεύων), 106 (ut Comp.), 108 (ut 93). Hieron.: ille vero dissimulabat se audire. Cap. XI. [1] Sic Comp., Codd. 19, 82, 93, 108, 121, 243* (in marg.). [2] Codd. Reg., 243*, in marg. sine nom. [3] Cod. 108 (cum ὑπερμάχων. Cf. Hex. ad Hos. x. 6). [4] Sic Comp., Codd. 19, 82 (cum εἰς βουνόν), 93, 108. Montef. ex Theodoreto affert: 'Α. εἰς βουνόν. Cf. ad Cap. ix. 12. [5] Sic in textu post τὸ πρωί Comp., Codd. 19, 55, 82, 93, 108, 243*. [6] Sic in marg. Cod. 243*; in textu autem post τὸ πρωί Codd. 92, 144. Hieron.: sequens boves. Proculdubio est Symmachi, cui ἀκολουθῶν pro אַחֲרֵי in deliciis est. Cf. Hex. ad Ezech. xii. 14. [7] Sic Comp., Codd. 19, 82, 93, 108. [8] Cod. 243* in marg. sine nom. [9] Idem. Cod. Reg. in marg.: ἐπέπεσεν; et sic in textu Comp. (cum ἔπεσεν), Codd. 19 (idem), 82, 93, 108 (ut Comp.), Arm. 1. [10] Codd. Reg., 243*, in marg. sine

nom. [11] Sic Comp., Codd. 82, 93, 108. [12] Cod. 243* in marg. sine nom. [13] Prior lectio est in Ald., Codd. XI, 29, 55, 71, 123, 236, 243*; posterior in Comp., Codd. 19, 82, 93, 108, Reg. [14] Cod. Reg. [15] Sic Comp. (cum ἐν τῇ πρ. φ.), Ald., Codd. III, X (cum ἐν φ. πρ.), XI, 19 (ut Comp.), 29, 44, 55, alii (inter quos 243*). [16] Sic Comp., Codd. III, 44, 74, alii (inter quos 247, cum ἔπληξαν). [17] Codd. Reg., 243*, in marg. sine nom. [18] Cod. 243* in marg. sine nom. [19] Sic Comp. (om. οἱ), Ald., Codd. XI, 29, 52, 55, alii (inter quos 243*). [20] Sic Codd. 82, 93 (cum ὡς), 108. Cf. Hex. ad 2 Reg. ii. 17. Cap. XII. [1] Cod. 243* in marg. sine nom. (ad γεγήρακα). Sic in textu Comp., et (cum γεγ. καὶ σεσ. καὶ καθ. ἐκ τοῦ νῦν) Codd. 19, 82, 93 (cum πεπωλίομαι), 108, Reg. (cum ἕως τοῦ νῦν). [2] Sic Comp., Codd. 19, 82, 93, 108, Chrysost. (Opp. T. III, p. 297 D). Vet. Lat.: conversatus sum. [3] Cod. 243* in marg. sine nom. Cf. Hex. ad Gen. v. 24. Psal. xxv. 3.

3. עֲנוּ. Ο'. ἀποκρίθητε. Σ. φθέγξασθε.[4]

עֲשַׁקְתִּי. Defraudavi. Ο'. κατεδυνάστευσα. Ἄλλος· ἐσυκοφάντησα.[5]

רַצּוֹתִי. Oppressi. Ο'. ἐξεπίεσα. Ἄλλος· συνέθλιψα.[6]

וְאַעְלִים עֵינַי בּוֹ. Et obvelaverim oculos meos cum eo (munere). Ο'. καὶ (s. ἢ) ὑπόδημα· ἀποκρίθητε κατ' ἐμοῦ. Ἄλλος· καὶ ἀπέκρυψα τοὺς ὀφθαλμούς μου ἐν αὐτῷ.[7] Ἄλλος· καὶ παρόψομαι ὀφθαλμῷ μου ἐν αὐτῷ.[8]

7. וְעַתָּה הִתְיַצְּבוּ וְאִשָּׁפְטָה לִפְנֵי יְהוָה אֵת כָּל־צִדְקוֹת יְהוָה אֲשֶׁר־עָשָׂה. Ο'. καὶ νῦν κατάστητε, καὶ δικάσω ὑμᾶς (Ο. διακριθήσομαι ὑμῖν[9]) ἐνώπιον κυρίου, καὶ ἀπαγγελῶ ὑμῖν τὴν πᾶσαν δικαιοσύνην κυρίου, ἃ (alia exempl. τὰς πάσας δικαιοσύνας κυρίου, ἃς[10]) ἐποίησεν. Σ. καὶ νῦν παράστητε, ἵνα διακριθῶ πρὸς ὑμᾶς ἔμπροσθεν κυρίου περὶ πασῶν τῶν ἐλεημοσυνῶν τοῦ κυρίου ὧν ἐποίησεν.[11]

10. וְאֶת־הָעַשְׁתָּרוֹת. Ο'. καὶ τοῖς ἄλσεσιν (Ἄλλος· Ἀσταρώθ[12]).

11. אֶת־יְרֻבַּעַל. Ο'. τὸν Ἱεροβάαλ. Schol. τὸν Γεδεών.[13]

13. אֲשֶׁר בְּחַרְתֶּם אֲשֶׁר שְׁאֶלְתֶּם. Ο'. ὃν ἐξελέξασθε (alia exempl. ᾑρετίσασθε[14]). Alia ex-

empl. add. καὶ ὃν ᾐτήσασθε.[15]

14. אַחַר יְהוָה אֱלֹהֵיכֶם. Sequentes Jovam Deum vestrum, (bene est.) Ο'. ὀπίσω κυρίου πορευόμενοι. Alia exempl. add. οὐκ ἔσται χεὶρ κυρίου ἐφ' ὑμᾶς.[16] Alia exempl. πορευόμενοι ὀπίσω κυρίου θεοῦ ὑμῶν, καὶ ἐξελεῖται ὑμᾶς.[17]

20. אַל־תָּסוּרוּ. Ο'. μὴ ἐκκλίνητε (Ἄλλος· σκληρύνητε[18]).

21. אַחֲרֵי הַתֹּהוּ. Post vanitatem. Ο'. ὀπίσω τῶν μηθὲν ὄντων (Ἀ. κενῶν. (Σ.) ματαίων[19]).

לֹא־יוֹעִילוּ. Ο'. οὐ περανοῦσιν οὐδέν. Σ. οὐκ ὠφελήσουσιν.[20]

22. כִּי הוֹאִיל יְהוָה לַעֲשׂוֹת. Quia complacuit Jovae facere. Ο'. ὅτι ἐπιεικῶς (alia exempl. ἐπιεικαίως[21]) κύριος προσελάβετο. Ἄλλος· ὅτι ἐνήρξατο κύριος ποιῆσαι.[22]

23. גַּם אָנֹכִי חָלִילָה לִּי. Ο'. καὶ ἐμοὶ μηδαμῶς (Ἄλλος· ἵλεώς μοι[23]). Alia exempl. ἐμοὶ δὲ μὴ γένοιτο.[24]

מֵחֲדֹל לְהִתְפַּלֵּל בַּעַדְכֶם. Ο'. ἀνιέναι (Ἄλλος· διαλιπεῖν[25]) τοῦ προσεύχεσθαι περὶ ὑμῶν. Alia exempl. τοῦ διαλιπεῖν προσευχόμενον ὑπὲρ ὑμῶν.[26]

וְהוֹרֵיתִי. Ο'. καὶ δείξω. Alia exempl. καὶ δηλώσω.[27] Ἄλλος· (καὶ) φωτιῶ.[28]

---

[4] Cod. 108. Cod. 243* in marg.: φθέγξασθαι. [5] Cod. 243* in marg. sine nom. Hieron.: calumniatus sum. [6] Idem. [7] Haec in textum post ὑπόδημα inferunt Codd. 82, 93, Theodoret. [8] Cod. 243* in marg. (ad οὐδὲν v. 4) sine nom. Codd. 92, 119 (in marg.), 144, post ἐξίλασμα inferunt: καὶ παρόψομαι ὀφθαλμοὺς ἐν αὐτῷ. Versio Symmachi esse videtur, quam aliquatenus expressit Hieron., vertens: et contemnam (παρόψομαι) illud hodie. [9] Cod. 108. Cod. 243* in marg.: διακριθήσομαι ὑμῖν. [10] Sie Codd. III, 158. [11] Procop. p. 34. [12] Cod. 243* in marg.: Ἀσταρώθ. Ἀστάρτης. Cf. ad Cap. vii. 3, 4. [13] Cod. X in marg. [14] Sie (hic et in loco parallelo Cap. viii. 18) Codd. 19 (cum ᾑρετήσασθε), 82 (idem), 93 (idem), 108. [15] Sie Comp., Ald., Codd. III (om. καὶ), XI, 19, 29, 52, 55, alii (inter quos 243*). [16] Sie Ald., Codd. X (cum ὑμᾶς), 29, 44, 52, alii (inter quos 243*), Arm. 1. [17] Sie Comp., Codd. 19, 82, 93 (om. καὶ), 108. [18] Cod. 108 in marg. sine nom. Lectio suspecta. [19] Cod. Reg.: Ἀ. κενῶν. Cod. 243* in marg.: κενῶν. ματαίων. Ad Sym. cf. Hex. ad Psal. cvi. 40. Jesai. xxix. 21. [20] Cod. Reg., 243*, in marg. sine nom. Ad οὐ περανοῦσιν Cod. 108 in marg. affert: Σ. οὐκ ὠφελίσουσιν (sic) οὐδὲν, καὶ οὐκ ἐξελοῦνται, ὅτι οὐδὲν εἰσιν. διότι· ubi omnia post ὠφελήσουσιν ad versionem τῶν Ο' pertinere videntur. [21] Sie Codd. II (cum ἐπὶ καὶ εἰς), X, 245. Cf. Hex. ad Jud. xix. 6. 4 Reg. v. 23. [22] Cod. 243* in marg. sine nom. [23] Idem. Cf. ad Cap. xxii. 15. [24] Sie Comp., Codd. 19, 82, 93, 108, Chrysost. (Opp. T. XI, p. 430 C). [25] Cod. X in marg. sine nom. [26] Sie Comp. (cum διαλείπειν), Codd. 19 (idem), 82 (idem), 93, 108 (ut Comp.), Reg., Chrysost. (Opp. T. IX, p. 734 E, T. X, p. 546 C). [27] Sie Comp., Codd. 19, 82, 93, 108. Nescio an Symmachi sit, coll. Hex. ad Job. xii. 7. [28] Cod. 243* in marg. sine nom. Cf. Hex. ad Lev. x. 11.

24. הִגְדִּל. Ο΄. ἐμεγάλυνε. Alia exempl. ἐμεγάλυνε ποιῆσαι.[29]

25. הָרֵעַ תָּרֵעוּ. Ο΄. κακίᾳ (alia exempl. κακοποιοῦντες[30]) κακοποιήσητε.

תִּסָּפוּ. *Peribitis.* Ο΄. προστεθήσεσθε. Ἀ. συσσυρήσεσθε. Σ. ἀπολεῖσθε (s. συναπολεῖσθε).[31]

Cap. XIII.

1. בֶּן־שָׁנָה שָׁאוּל בְּמָלְכוֹ. Ο΄. Vacat. Alia exempl. ※ υἱὸς ἐνιαυτοῦ Σαοὺλ ἐν τῷ βασιλεύειν αὐτόν.[1] Alia: υἱὸς τριάκοντα ἐτῶν Σαοὺλ ἐν τῷ βασιλεύειν αὐτόν.[2] Σ. υἱὸς ὡς ἐνιαύσιος Σαοὺλ ἐν τῷ βασιλεύειν αὐτόν.[3]

וּשְׁתֵּי שָׁנִים מָלַךְ עַל־יִשְׂרָאֵל. Ο΄. Vacat. Alia exempl. ※ καὶ δύο ἔτη ἐβασίλευσεν ἐν Ἰσραὴλ (4).[4]

3. אֵת נְצִיב פְּלִשְׁתִּים. *Stationem Philistaeorum.* Ο΄. τὸν Νασὶβ τὸν ἀλλόφυλον. Ἀ. τὸ ὑπόστημα (s. ὑπόστεμα) τῶν ἀλλοφύλων.[5] Σ. (τὴν) ἔκστασιν (τῶν ἀλλοφύλων).[6] Ἄλλος· τὸ στράτευμα τῶν ἀλλοφύλων.[7]

3. יִשְׁמְעוּ הָעִבְרִים. Ο΄. ἠθετήκασιν οἱ δοῦλοι. Ἀ. ἀκουσάτωσαν οἱ Ἑβραῖοι.[8] Σ. ἀκουσάτωσαν οἱ ἐν τῷ πέραν.[9]

4. הִכָּה. Ο΄. πέπαικε. Alia exempl. ὅτι πέπαικε; alia, ὅτι ἔκοψε.[10]

נִבְאַשׁ. *Odiosus factus est.* Ο΄. ᾐσχύνθησαν. Alia exempl. ἐξουδένωσεν.[11]

וַיִּצָּעֲקוּ הָעָם. Ο΄. καὶ ἀνέβησαν οἱ υἱοὶ (alia exempl. ἀνεβόησεν ὁ λαὸς[12]) Ἰσραήλ.

5. שְׁלֹשִׁים. Ο΄. τριάκοντα. Alia exempl. τρεῖς.[13]

אֲשֶׁר עַל־שְׂפַת־הַיָּם. Ο΄. ἡ παρὰ τὴν θάλασσαν. Alia exempl. ἡ παρὰ τὸ χεῖλος τῆς θαλάσσης.[14]

6. כִּי צַר־לוֹ כִּי נִגַּשׂ הָעָם. *Quod in angustiis erat, quia vexatus est populus.* Ο΄. ὅτι στενῶς αὐτῷ μὴ προσάγειν αὐτόν. Alia exempl. ὅτι ἐκθλίβονται, καὶ ἀνεχώρησεν ὁ λαός.[15]

7. וְעִבְרִים. Ο΄. καὶ οἱ διαβαίνοντες (Σ. οἱ ἐκ τοῦ πέραν. Ἄλλος· Ἑβραῖοι[16]).

---

[29] Sic Ald., Codd. 29, 243*. [30] Sic Comp., Codd. 19, 82, 93, 108. [31] Cod. Reg. (cum συνσ.). Cod. 243* in marg.: συνσυρήσεσθε. συναπολεῖσθε. Ad Aquilam cf. Hex. ad 1 Reg. xv. 6. Psal. xxxix. 15. Lectio ἀπολεῖσθε est in Comp., Codd. 19, 82, 92 (in marg.), 93, 108, 158.

Cap. XIII. [1] Sic Cod. 92 (cum υἱὸς ἑνὸς ἐν.), et sine aster. Comp., Codd. 19, 108, Procop. p. 34. Schol. apud Nobil.: υἱὸς ἐνιαυτοῦ ἦν Σ. κ.τ.ἑ., invitis libris. [2] Sic Codd. 82, 158, Reg., Arm. 1; necnon Schol. apud Nobil., et Anon. (cum ὁ Σαοὺλ) in Cat. Niceph. T. II, p. 353. [3] Theodoret. Quaest. XXVI in 1 Reg. p. 372: Πῶς νοητέον τὸ, υἱὸς ἐνιαυτοῦ Σαοὺλ ἐν τῷ βασιλεύειν αὐτόν; Ὁ Σύμμαχος οὕτως ἐξέδωκεν· υἱὸς ὢν (ὢν om. Cat. Niceph. ibid.; ὡς pro ὢν Procop. ibid., et Cod. Reg. apud Montef.) ἐνιαύσιος ἐν τῷ βασιλεύειν αὐτόν. Δηλοῖ δὲ τοῦτο τὴν ἁπλότητα τῆς ψυχῆς, ἣν εἶχεν ὁ Σαοὺλ, ἡνίκα τῆς βασιλείας τὴν χειροτονίαν ἐδέξατο. Ταύτῃ δὲ οὐκ ἐπὶ πλεῖστον ἐχρήσατο· ὅθεν ὁ ἱστοριογράφος ἐπήγαγε· καὶ δύο ἔτη ἐπὶ Ἰσραὴλ ἐβασίλευσεν· ἀντὶ τοῦ, μετὰ τῆς ἁπλότητος ταύτης δύο ἔτη ἐβασίλευσεν· εἶτα εἰς πονηρίαν ἀποκλίνας, τῆς θείας χάριτος ἐγυμνώθη· ὅθεν ὁ λοιπὸς χρόνος, ὃν βασιλεύων διετέλεσε, τῇ τοῦ Σαμουὴλ δημαγωγίᾳ λελόγισται. Concinit interpres Chaldaeus: כְּבַר שְׁנָא דְלֵית בֵּיהּ חוֹבִין, *ut infans anniculus innocens.* Cf. Geiger in *Symmachus* etc. p. 52. [4] Sic Cod. 92, et sine aster. Comp., Codd. 19, 82, 108, 158, Arm. 1. [5] Procop. p. 37: Ἀκύλας ἐξέδωκε, τὸ ὑπόστημα. Οἱ δὲ ἀλλόφυλοι, τοὺς Ἑβραίους νικήσαντες, ἐν τοῖς ὀχυροῖς χωρίοις φρουρὰν ἐγκατέστησαν, ἣν ὑπόστημα καλεῖ. Sic in textu Comp. (cum ὑπόστεμα), Codd. 19, 82 (cum ὑπόστεμμα), 93 (idem), 108 (cum ἄρχοντας in marg.). [6] Cod. 108: Σ. ἔκστασιν. Cod. 92 in marg.: τὴν ἔκστασιν, et τῶν ἀλλοφύλων. [7] Cod. 243* in marg. sine nom. [8] Nobil., Cod. Reg., Theodoret. ibid. p. 373. Sic in marg. sine nom. Codd. 108, 243*. Cf. ad Cap. xiv. 21. Procop. ibid. et Cod. 93 in marg.: ἀκουσάτωσαν οἱ δοῦλοι. [9] Nobil., Cod. Reg. Sic in marg. sine nom. Cod. 243*. Cf. ad v. 7. [10] Prior lectio est in Ald., Codd. X, XI, 56, 64, aliis (inter quos 243*), Arm. 1; posterior in Comp., Codd. 19, 82, 93, 108. Mox τὸ ὑπόστεμα τῶν ἀλλοφύλων Comp., Codd. 82 (ut ante), 93 (idem), 108 (cum τὴν φρουρὰν in marg.). [11] Sic Comp., Codd. X (cum ᾐσχύνθη in marg.), XI, 19, 29, 56, alii (inter quos Reg., 108 (cum κατῄσχυναν in marg.), 243*). Mox τοὺς ἀλλ. pro ἐν τοῖς ἀλλ. Comp., Codd. 19, 82, 93, 108, Reg. [12] Sic Ald., Codd. III, 106, 120, 121, 134, 158, 243*, Arm. 1 (cum ἐκάλεσεν). [13] Sic Codd. 82, 93, 108. [14] Sic Comp., Ald., Codd. III, 19 (cum καὶ pro ἡ), 44, 74, 82, alii, Arm. 1. [15] Sic Comp., Codd. 19 (cum ἐκθλίβωνται), 82, 93, 108. Cod. X in marg.: εκθλιβη εκθλιβ . . . (sic). Cf. Mich. vii. 2 in LXX. [16] Cod. Reg.: Σ. οἱ ἐκ τοῦ πέραν. Cod. 243* in marg.: ἐκ τοῦ πέραν. Ἑβραῖοι.

7. חֲרֵדוּ. Ο'. ἐξέστη. Ἀ. ἐξεπλάγη. Σ. ἠκολούθησε.[17]

8. וַיִּיחֶל שִׁבְעַת יָמִים לַמּוֹעֵד אֲשֶׁר שְׁמוּאֵל. Et exspectavit septem dies juxta tempus condictum quod (condixerat) Samuel. Ο'. καὶ διέλιπεν ἑπτὰ ἡμέρας τῷ μαρτυρίῳ (Ἀ. Σ. εἰς τὴν συνταγήν. Θ. εἰς τὸν καιρὸν[18]), ὡς εἶπε Σαμουήλ. Ἀ. καὶ περιέμεινεν ἑπτὰ ἡμέρας εἰς συνταγὴν τοῦ Σαμουήλ. Σ. ἀνέμεινεν δὲ ἑπτὰ ἡμέρας εἰς τὴν συνταγὴν τοῦ Σαμουήλ.[19]

12. וּפְנֵי יְהוָה לֹא חִלִּיתִי וָאֶתְאַפַּק וָאַעֲלֶה הָעֹלָה. Ο'. καὶ τοῦ προσώπου τοῦ κυρίου οὐκ ἐδεήθην καὶ ἐνεκρατευσάμην ("Αλλος· ἀλλὰ ἀνέσχον[20]), καὶ ἀνήνεγκα τὴν ὁλοκαύτωσιν. Σ. καὶ πρὶν ἢ τὸ πρόσωπον κυρίου λιτανεύσω, καὶ βιασθεὶς ἀνήνεγκα τὴν ὁλοκαύτωσίν σου.[21]

13. נִסְכָּלְתָּ. Stulte egisti. Ο'. μεματαίωταί σοι. Ἀ. ἠγνωμόνησας. Σ. ἠφρόνησας (s. ἠφρονεύσω).[22]

15. מִן־הַגִּלְגָּל. Ο'. ἐκ Γαλγάλων. Potior scriptura: ἐκ Γαλγάλων εἰς ὁδὸν αὐτοῦ.[23]

17. וַיֵּצֵא הַמַּשְׁחִית מִמַּחֲנֵה פְלִשְׁתִּים. Ο'. καὶ ἐξῆλθε διαφθείρων ἐξ ἀγροῦ (Θ. ἐκ τῆς παρεμβολῆς[24]) ἀλλοφύλων. Σ. καὶ ἐξῆλθον οἱ διαφθείροντες ἐκ τῆς παρεμβολῆς τῶν Φυλιστιαίων.[25]

17. אֶל־אֶרֶץ. Ο'. ἐπὶ γῆν (alia exempl. πηγήν[26]).

18. וְהָרֹאשׁ אֶחָד יִפְנֶה דֶּרֶךְ הַגְּבוּל הַנִּשְׁקָף עַל־גֵּי הַצְּבֹעִים הַמִּדְבָּרָה. Et agmen unum convertit se versus regionem quae spectat vallem Zeboim ad desertum. Ο'. καὶ ἡ ἀρχὴ ἡ μία (alia exempl. ἡ τρίτη[27]) ἐπιβλέπουσα ὁδὸν Γαβαὲ τὴν εἰσκύπτουσαν (alia exempl. ἐκκύπτουσαν[28]) ἐπὶ Γαὶ τὴν Σαβίμ (alia exempl. add. τὴν ἔρημον[29]). Ἀ. καὶ ἡ κεφαλὴ ἡ μία ἔνευεν ὁδὸν τοῦ ἐκκύπτοντος ἐπὶ φάραγγα τῶν ὑαινῶν...[30] Σ... κατὰ τὴν ὁδὸν τοῦ ὁρίου τοῦ ὑπερκειμένου κατὰ τὴν φάραγγα τὴν Σεβωὶμ εἰς τὴν ἔρημον.[31] Θ... ὁδὸν τοῦ ὁρίου τοῦ ἐπιβλέποντος ἐν τῇ κοιλάδι τῶν δορκάδων.[32]

20. אֶת־מַחֲרַשְׁתּוֹ וְאֶת־אֵתוֹ וְאֶת־קַרְדֻּמּוֹ וְאֵת מַחֲרֵשָׁתוֹ. Vomerem suum, et ligonem suum, et securim suam, et sarculum suum. Ο'. τὸ θέριστρον (Ἀ. Θ. ἄροτρον. Σ. ὕνιν[33]) αὐτοῦ, καὶ τὸ σκεῦος ("Αλλοι· ἐχέτλην, σκαφεῖον[34]) αὐτοῦ, καὶ ἕκαστος τὴν ἀξίνην αὐτοῦ, καὶ τὸ δρέπανον ("Αλλος· δίκελλαν[35]) αὐτοῦ. Σ. τὴν

---

[17] Codd. Reg., 243* (in marg. sine nom.), Symmachi lectio, ni fallor, pertinet ad sequens אַחֲרָיו. Cf. ad Cap. xi. 5. Hieron.: perterritus est qui sequebatur eum. [18] Codd. Reg., 243* (in marg. sine nom.), Procop. p. 37. Cf. ad Cap. ix. 24. [19] Nobil. Ad διέλιπεν Cod. X affert: Ἀ. περιέμεινεν. Σ. ὑπερέθετο. Ad ἀνέμεινεν cf. Hex. ad Psal. xli. 6. xlii. 5. [20] Codd. X, 93, in marg. sine nom. Griesb. quidem e priore exscripsit: Ἀλλα (scil. ἀντίγραφα) ἀνεσχον; sed ἀλλὰ pro καὶ (ἐνεκρ.) legitur in Codd. 82, 93 (in textu). [21] "Hanc Symmachi interpretationem pleniorem habet Cod. Regius, breviorem Procopius [qui scribit: καὶ βιασθεὶς, καὶ τὰ ἑξῆς]."—Montef. Codd. X, 108: Σ. καὶ βιασθείς. Cod. 92 in marg. sine nom.: βιασθείς. [22] Cod. Reg. Sic in marg. sine nom. Codd. 92 (cum ἠφρονεύσω; cf. ad Cap. xxvi. 21), 243*. Cod. 108: Ἀ. ἠγνωμόνησας. [23] Sic Ald., Codd. II (III hiat), X, XI, 19 (cum εἰς τὴν ὁδὸν αὐτοῦ), 29, 44, alii (inter quos 243*), Arm. 1. [24] Cod. 108. Sic in marg. sine nom. Codd. X (om. τὴν), 93 (in textu), 243*. [25] Procop. p. 38. [26] Sic Codd. X (in marg.), 82, 93, Arm. 1. [27] Sic Codd. X (in marg.), 19 (om. ἡ), 82, 93, 108, 119 (cum τρίτη superscript.), 144.

[28] Sic Comp., Ald., Codd. (III hiat), X, XI, 19, 29, 56, alii (inter quos 243*). [29] Sic Comp., Ald., Codd. 44, 74, 106, 120, 134. [30] Post Symmachi et Theodotionis versiones Nobil. addit: "Alius interpres: καὶ ἡ κεφαλὴ—τῶν ὑαίνων (sic)." Aquilae manum aperte prodit vox νεύειν pro פָּנָה, de quo usu cf. Hex. ad Exod. xvi. 10. Thren. iv. 16. Praeterea Cod. X affert: Ἀ. τὴν φάραγγα τῶν ὑαινῶν. Θ. τὴν κοιλάδα τῶν δορκάδων. Non igitur audiendus Theodoret. Quaest. XXVIII in 1 Reg. p. 373: Γαβαὰ δὲ τὴν ἐν Σαβαὶν φησι, τὴν ἐν τῇ κοιλάδι τῶν δορκάδων ὁ Ἀκύλας ἡρμήνευσεν, etiam conspirantibus Codd. Reg., 108, quorum posterior affert: Ἀ. τὴν ἐν τῇ κ. τῶν δ. τῶν ἐν Ἱερουσαλήμ. [31] Nobil. Paulo aliter Cod. 243* in marg. sine nom.: τοῦ ὁμοίου τοῦ ἐξέχοντος κατὰ τὴν φάραγγα. [32] Nobil. [33] Cod. 108 (cum ψὶν pro ὕνι). Cod. 92 in marg.: ἄροτρον. Cod. 243* in marg.: ἄροτρον. ὕνιν. Minus probabiliter Cod. X ad σκεῦος in marg. affert: ἄροτρον. Scriptura θεριστήριον pro θέριστρον est in Comp., Ald., Codd. (III hiat), X, 29, 44, 56, aliis (inter quos 92, 108, 243*). [34] Cod. 243* in marg. sine nom. Ad σκεῦος Cod. X in marg.: ἄροτρον. [35] Idem.

ὕνιν, καὶ τὸ σκαφίον αὐτοῦ, καὶ τὸ ἀξινάριον, καὶ τὴν δίκελλαν.[36]

21. וְהָיְתָה הַפְּצִירָה פִים לַמַּחֲרֵשֹׁת וְלָאֵתִים וְלִשְׁלֹשׁ קִלְּשׁוֹן וּלְהַקַּרְדֻּמִּים וּלְהַצִּיב הַדָּרְבָן.

Erat autem lima (s. retusio) acierum sarculis et ligonibus et furcis tridentibus et securibus, et ad erigendum (acuendum) stimulum. Ο'. καὶ ἦν ὁ τρυγητὸς (בָּצִיר) ἕτοιμος τοῦ θερίζειν· τὰ δὲ σκεύη ἦν τρεῖς σίκλοι εἰς τὸν ὀδόντα (שְׁלֹשׁ שֶׁקֶל לַשֵּׁן), καὶ τῇ ἀξίνῃ καὶ τῷ δρεπάνῳ ὑπόστασις ἦν ἡ αὐτή. ('Α.) καὶ ἐγενήθη ἡ προσβόλωσις στόματα (s. στομώματα) τοῖς ἀρότροις, καὶ τοῖς † ῥιξὶν, καὶ ταῖς τρισκελίσιν, καὶ ταῖς ἀξίναις, καὶ τοῦ στερεῶσαι τὸ βούκεντρον.[37] Ἄλλος· ... καὶ τοῦ κατορθῶσαι τὸ βούκεντρον.[38]

23. וַיֵּצֵא מַצַּב פְּלִשְׁתִּים אֶל־מַעֲבַר מִכְמָשׂ. Ο'. καὶ ἐξῆλθεν ἐξ ὑποστάσεως τῶν ἀλλοφύλων τὴν ἐν τῷ πέραν (alia exempl. εἰς τὸ πέραν[39])

Μαχμάς. Θ. (καὶ ἐξῆλθεν) ἡ στάσις τῶν ἀλλοφύλων εἰς τὴν διάβασιν Μαχμάς.[40]

CAP. XIV.

1. אֶל־מַצַּב. Ο'. εἰς Μεσσάβ ('Α. τὴν ὑπόστασιν. Σ. τὸ σύστημα. (Θ.) τὴν στάσιν[1]).

2. וְהָעָם אֲשֶׁר עִמּוֹ. Ο'. καὶ ἦσαν μετ' αὐτοῦ. Alia exempl. καὶ ὁ λαὸς ὁ μετ' αὐτοῦ.[2]

3. נֹשֵׂא אֵפוֹד. Ο'. αἴρων ἐφούδ. 'Α. φέρων ἐπενδύτην.[3]

4. שֵׁן־הַסֶּלַע מֵהָעֵבֶר מִזֶּה וְשֵׁן־הַסֶּלַע מֵהָעֵבֶר מִזֶּה. Ο'. καὶ ὁδοὺς (Ἄλλος· ἐξοχὴ[4]) πέτρας ἐκ τούτου, καὶ ὁδοὺς πέτρας ἐκ τούτου. Alia exempl. ἀκρωτήριον πέτρας ἐντεῦθεν, καὶ ἀκρωτήριον πέτρας ἐντεῦθεν.[5]

מֵהָעֵבֶר (bis). Ο'. Vacat. Ἄλλος· ἐκ τοῦ πέραν.[6]

---

[36] Procop. p. 41, Cod. Reg. (cum ὕνιν et σκαφίον). Deinde Procop. subjungit: Ἀκύλας τἆλλα μὲν ὡσαύτως, ἀντὶ δὲ τοῦ δρεπάνου, τριόδοντά φησιν. Θεοδοτίων τὸ θέριστρον, βούκεντρον ἐξέδωκεν. Male; nam τριόδοντα ad שְׁלֹשׁ קִלְּשׁוֹן, et βούκεντρον ad דָּרְבָן, in versu seq. pertinere quivis videt. Cf. Scharfenb. in Animadv. T. II, p. 107. [37] Schol. apud Nobil. (cum στόματα.. τρισκελήσιν.. στερεώσαντος β.), Anon. in Cat. Niceph. T. II, p. 359 (cum στόματα.. ταῖς ῥιξὶ καὶ ταῖς σκελίσι... στερῆσαι τὸ β.). Denique Cod. 243* in marg.: ἡ προσβόλωσις στομώματα τοῖς ἀρότροις, ταῖς ἐχέλαις, καὶ ταῖς τρισκελίσι, καὶ τοῖς ἀξίναις, καὶ τοῦ στερεώσαντος τὸ β. Aquilae esse lectionem per se patet, qui s προσβολή, acies (Bekker. Anecd. Gr. T. I, p. 58: Προσβολὴ σιδήρου· τὸ στόμωμα τὸ προστιθέμενον ἐπ' ἄκρῳ τῷ σιδήρῳ ἐν ἐργαλείοις) monstrum vocabuli προσβόλωσις, q. d. exacitatio (neutiquam obtusio, qui Scharfenbergii error est) effinxit, ad exemplar Chaldaei et Syri interpretis, quibus פְּצִירָה limam sonat. Ne autem cum Schleusnero in Opusc. Crit. p. 126 προσβόλωσις στομάτων desideres, scias Aquilam, interpretem religiosissimum, constructionem abnormem הַפְּצִירָה פִים pro פְּצִירַת הַפִּים ad amussim exprimere voluisse. Deinde pro τοῖς ῥιξὶ, instrumentis ferreis aliunde incognitis, Scharfenb. tentat τοῖς ὀρυξὶ, ligonibus, quo nos, fatemur, nihil rectius novimus. Restat vox τρισκελίσιν a τρισκελὶς, specie quidem feminina τοῦ τρισκελής, tria habens crura; cum vero קִלְּשׁוֹן cuspis, non crus, sonet, videndum an ipsa vox Hebraea

sub Graeco involucro lateat. (De lectione anonyma ἐχέτλη, quam pro אֵת bis offert Cod. 243*, haeremus; nam stiva aratri, ex ligno facta, hic prorsus absona esse videtur.) [38] Haec in textum post δρεπάνῳ inferunt Comp., Codd. 19, 82, 93, 108. [39] Sic (om. τὴν) Ald., Codd. III, X, 29, 56, 64, alii (inter quos 243*). [40] Procop. p. 41. Ad τὸ πέραν Cod. 243* in marg.: τὴν διάβασιν.

Cap. XIV. [1] Cod. X affert: 'Α. τὴν ὑπόστασιν. Σ. τὸ σύστημα. Cod. 243* in marg.: σύστημα. στάσιν. Aquilae lectionem in textu habent Comp., Codd. 19 (om. εἰς), 82, 93, 108, Reg. [2] Sic Comp., Codd. 19, 82, 93, 108. [3] Procop. p. 41. [4] Cod. 243* in marg. sine nom. Cod. X in marg.: ἀκρωτηρίου ἐξοχάς (sic). Nescio an Symmachi sit, quem fortasse expressit Hieron., vertens: eminentes petrae ex utraque parte. [5] Sic Comp., Codd. 19 (om. καὶ ἀκρ. π. ἐ.), 82 (idem). 93 (cum καὶ ἀκρ. bis), 108 (cum ἀκρωτ. bis). In Cod. II duplex versio est: καὶ ἀκρ. π. ἔνθεν (sic), καὶ ἀκρ. π. ἔνθεν, καὶ ὁδοὺς π. ἐκ τούτου (semel). Theodotionis est versio, quantum colligere licet e scholio Anonymi apud Nobil. et in Cat. Niceph. T. II, p. 359: Ἀκρωτήριον καὶ ἀκρωτήριον· μᾶλλον ταῦτα ἐν τῷ ἑξαπλῷ ηὑτέρισται, ὡς ἐκ Θεοδοτίωνος προστεθέντα. Fortasse prior clausula, ὁδοὺς π. ἐκ τούτου, deerat in exemplari Origenis, qui textum suum hexaplarem sic constituit: ℵ Θ. ἀκρωτήριον πέτρας ἐντεῦθεν ◄, καὶ ὁδοὺς πέτρας ἐκ τούτου. [6] Sic in textu (bis) Cod. 247. Aquilae esse conjecerim.

5. הַשֵּׁן הָאֶחָד. Ο'. ἡ ὁδὸς ἡ μία. Alia exempl.
τὸ ἀκρωτήριον τὸ ἕν.[7] Ἄλλος· ἡ ἐξοχὴ ἡ μία.[8]

מָצוּק. Columna. Ο'. Vacat. Ἄλλος· (ὁ ὁδοὺς
ὁ εἷς) ἐπίρρυτος.[9]

מוּל (bis). Ο'. ἐρχομένῳ. Alia exempl. ἐχόμενον.[10]

6. מַעֲצוֹר. Cohibitio. Ο'. συνεχόμενον. Ἀ. ἐπίσχεσις. Σ. ἐποχή.[11]

7. בִּלְבָבְךָ נְטֵה לָךְ. Ο'. ἡ καρδία σου ἐκκλίνη.
Alia exempl. ἡ καρδία σου θελήσῃ· ἔκκλινον
σεαυτόν.[12]

8. וְנִגְלִינוּ. Et ostendemus nos. Ο'. καὶ κατακυ-
λισθησόμεθα (Ἀ. Θ. ἀποκαλυφθησόμεθα[13]).

9. דֹּמּוּ עַד־הַגִּיעֵנוּ אֲלֵיכֶם. Quiescite donec per-
venerimus ad vos. Ο'. ἀπόστητε ἐκεῖ ἕως ἂν
ἀπαγγείλωμεν ὑμῖν. Ἀ. σιωπήσατε ἕως τοῦ
ἐγγίσαι ἡμᾶς πρὸς ὑμᾶς.[14]

11. אֶל־מַצָּב. Ο'. εἰς Μεσσάβ. Ἄλλος· εἰς τὸ
πλῆθος.[15]

13. וַיִּפְּלוּ. Ο'. καὶ ἐπέβλεψαν (Ἄλλος· ἔπεσαν[16]).

וְנֹשֵׂא כֵלָיו. Ο'. καὶ ὁ αἴρων τὰ σκεύη (Σ.
ὁπλοφόρος[17]) αὐτοῦ.

מְמוֹתֵת. Occidebat. Ο'. ἐπεδίδου. Σ. ἀνή-
ρει.[18] Ἄλλος· ἐθανάτου.[19]

14. כְּבַחֲצִי. Fere in dimidio. Ο'. ἐν βολίσι. Θ.
ὡς ἐπὶ ἥμισυ.[20]

15. חֲרָדָה. Ο'. ἔκστασις. Ἀ. ἔκπληξις.[21]

18. הַגִּישָׁה אֲרוֹן הָאֱלֹהִים כִּי־הָיָה אֲרוֹן הָאֱלֹהִים
בַּיּוֹם הַהוּא וּבְנֵי יִשְׂרָאֵל. Ο'. προσάγαγε τὸ
ἐφοὺδ· ὅτι αὐτὸς ᾖρεν τὸ ἐφοὺδ (alia exempl.
ὅτι ἦν ἡ κιβωτὸς τοῦ θεοῦ[22]) ἐν τῇ ἡμέρᾳ ἐκείνῃ
ἐνώπιον Ἰσραήλ. [Ἀ.] Σ. πρόσελθε τῇ κιβωτῷ τοῦ θεοῦ· ἦν γὰρ σὺν τοῖς υἱοῖς Ἰσραήλ
ἐν τῇ παρεμβολῇ.[23] Θ. ἔγγισον τῇ κιβωτῷ
((Ἀ.) τῷ γλωσσοκόμῳ[24]) τοῦ θεοῦ ὅτι ἦν ἡ
κιβωτὸς τοῦ θεοῦ ἐν τῇ ἡμέρᾳ ἐκείνῃ ἐνώπιον
(לִפְנֵי) Ἰσραήλ.[25]

19. וְהֶהָמוֹן. Ο'. καὶ ὁ ἦχος (Ἄλλος· θόρυβος[26]).

20. וַיִּזָּעֵק. Ο'. καὶ ἀνέβη (Ἄλλος· ἀνεβόησε[27]).

מְהוּמָה. Ο'. σύγχυσις. Ἀ. φαγέδαινα.[28] Ἄλ-
λοι· θόρυβος, ἔκστασις.[29]

21. וְהָעִבְרִים. Ο'. καὶ οἱ δοῦλοι (Ἀ. οἱ Ἑβραῖοι[30]).

22. וַיַּדְבְּקוּ. Ο'. καὶ συνάπτουσι (Ἄλλος· προσεκολλήθησαν[31]).

23. אֶת־בֵּית אָוֶן. Ο'. τὴν Βαμώθ. Alia exempl.
Βηθαὺν.[32]

24. וְנִקַּמְתִּי. Ο'. καὶ ἐκδικήσω (Σ. τιμωρήσομαι[33]).

---

[7] Sic Comp. (om. ἐν), Codd. 19 (idem), 82, 93, 108 (ut
Comp.). Mox τὸ ἀκρ. τὸ ἄλλο pro ἡ ὁδὸς ἡ ἄλλη iidem. Ad
ὁδὸς Cod. X in marg.: ἀκρωτήριον. [8] Cod. 243* in marg.
sine nom. [9] Cod. 243* in marg.: ὁ εἷς ἐπίρρυτος, subjuncto siglo, quod Theodotionis nomen continere videtur.
Equidem Aquilae potius tribuerim, qui ad Zach. iv. 2 pro
מִצָּקָה, infundibula, ἐπίρρυτοὶ posuit. [10] Sic (seq. τῆς)
Comp., Codd. 19, 82, 93, 108. [11] Cod. Reg. Ad οὐκ
ἔστι συνεχόμενον Cod. 243* in marg. notat: ἀντὶ τοῦ, οὐκ
ἔστιν ἀνάγκη. [12] Sic Comp. (cum ἐγέλιναν). Pro ἐκκλίνη,
θελήσῃ habent Codd. X (in marg.), 19 (cum θελήσει), 82
(idem), 93, 108. Deinde post καρδία μου in fine v. add.
ἔκκλινον σεαυτὸν Codd. 19, 82, 93. [13] Codd. Reg.,
(in marg. sine nom.). [14] Codd. 92, 108 (cum σιωπήσατε).
Cod. 243* in marg.: σιωπήσατε ἕως ἐγγίσαι ἡμῶν πρὸς ὑμᾶς.
[15] Cod. Reg. [16] Cod. 93 in marg. sine nom. [17] Cod.
108. [18] Codd. 92 (in marg. sine nom.), 108. [19] Cod.
X in marg. sine nom. Cod. 93 in marg.: ἐθανά (sic).
[20] Cod. 108. [21] Idem. [22] Sic Comp., Ald., Codd. III,

44, 106, 120, 134. [23] "Hae lectiones Aquilae, Symmachi et Theodotionis (Θ. ὅτι ἦν ἡ κιβωτὸς τοῦ θ. ἐν τῇ ἡμ.
ἐκείνῃ ἐνώπιον Ἰσρ.] prodeunt ex Cod. Coislin. [VII, ut
videtur], nec omnino consonant cum Hebraeo."—Montef.
Aquilae nomen proculdubio tollendum; de Symmacho
nihil certi affirmari potest. [24] Cod. 243* in marg.
sine nom. Cf. ad Cap. v. 1. Aquilam vertisse crediderim: ἔγγισον τὸ γλωσσόκομον, coll. Hex. ad Cap. xxiii. 9.
[25] xxx. 7. [26] Ad τὸ ἐφοὺδ Cod. 108 affert: Θ. τῇ κιβωτῷ;
Codd. 92, 243* (in marg. sine nom.): Θ. ἔγγισον τῇ κιβωτῷ.
Cetera e Coislin. assumpsimus. [27] Cod. 243* in marg.
sine nom. [28] Sic in textu Codd. III, 247 (cum ἰδόησε).
[29] Codd. 92, 108 (cum φαγέδενα), 243* (in marg. sine nom.).
[30] Cod. 243* in marg. sine nom. [31] Codd. Reg., X (in
marg. sine nom.), 93 (idem). [32] Sic in marg. sine nom.
Codd. 108 (cum προσεκολλήθησαν), 243*. [33] Sic (sine
artic.) Comp., Codd. III, 44, 106, 120, 134, 247 (cum
Βηθαύ). [34] Cod. 108 (cum τιμωρίσομαι). Sic in marg.
sine nom. Codd. Reg., 243*.

26. וְהִנֵּה הֵלֶךְ דְּבָשׁ. *Et ecce! fluentum mellis.* Ο'. καὶ ἰδοὺ ἐπορεύετο λαλῶν. Σ. καὶ ἐφάνη ῥέον τὸ μέλι.³⁴

27. הַמַּטֶּה. Ο'. τοῦ σκήπτρου αὐτοῦ. Ἀ. (τῆς) βακτηρίας. Σ. (τῆς) ῥάβδου.³⁵

בְּיַעְרַת הַדְּבָשׁ. *In defluxione mellis.* Ο'. εἰς τὸ κηρίον (Σ. τὴν ἀπόρροιαν³⁶) τοῦ μέλιτος.

(וַתָּאֹרְנָה ק) וַתִּרְאֶנָה. Ο'. καὶ ἀνέβλεψαν (Ἀ. ἐφωτίσθησαν³⁷).

28. וַיָּעַף. Ο'. καὶ ἐξελύθη (Ἄλλος· ἐκοπίασεν³⁸).

29. עָכַר. *Afflixit.* Ο'. ἀπήλλαχεν. Schol. ἀπώλεσεν, διέφθειρεν.³⁹ Ἀ. Σ. Θ. ἐτάραξεν.⁴⁰

30. אַף כִּי. Ο'. ἀλλ' ὅτι. Σ. πόσῳ μᾶλλον. Θ. πλὴν ὅτι.⁴¹

31. בַּפְּלִשְׁתִּים מִמִּכְמָשׂ. Ο'. ἐκ τῶν ἀλλοφύλων ἐν Μαχμάς. Alia exempl. ἐκ τῶν ἀλλοφύλων πλείους ἢ ἐν Μαχμάς.⁴²

32. (וַיַּעַשׂ ק) וַיַּעַט הָעָם אֶל־שָׁלָל. *Et irruit populus in praedam.* Ο'. καὶ ἐκλίθη (alia exempl. ὥρμησεν⁴³) ὁ λαὸς εἰς τὰ σκῦλα (Ἄλλος· λάφυρα⁴⁴). Σ. (καὶ) ἐτράπη τοῦ ἁρπάζειν.⁴⁵

34. פֻּצוּ. *Dispergite vos.* Ο'. διασπάρητε. Ἄλ-

λος· σκορπίσθητε.⁴⁶

34. וַאֲכַלְתֶּם. Ο'. Vacat. Alia exempl. καὶ φάγετε.⁴⁷

שׁוֹרוֹ בְיָדוֹ הַלַּיְלָה. Ο'. τὸ ἐν τῇ χειρὶ αὐτοῦ (alia exempl. add. τὴν νύκτα⁴⁸). Ἄλλος· βοῦν ἑαυτοῦ τὸ ἐν τῇ χειρὶ αὐτοῦ τὴν νύκτα.⁴⁹

36. כָּל־הַטּוֹב. Ο'. πᾶν τὸ ἀγαθόν (alia exempl. τὸ ἀρεστόν⁵⁰).

38. כֹּל פִּנּוֹת הָעָם. *Omnes principes populi.* Ο'. πάσας τὰς γωνίας (Ἀ. τὰς γωνίας. Σ. τοὺς μεγάλους. Θ. τὸ κλῖτος⁵¹) τοῦ Ἰσραήλ. Alia exempl. πάσας τὰς φυλὰς τοῦ λαοῦ.⁵²

וּדְעוּ וּרְאוּ בַּמָּה הָיְתָה הַחַטָּאת הַזֹּאת הַיּוֹם. Ο'. καὶ γνῶτε καὶ ἴδετε ἐν τίνι γέγονεν ἡ ἁμαρτία αὕτη σήμερον. Σ. καὶ γνῶτε ἐν τίνι γέγονεν ἡ ἁμαρτία σήμερον.⁵³

40. לְעֵבֶר אֶחָד (bis). Ο'. εἰς δουλείαν. Alia exempl. εἰς ἓν μέρος.⁵⁴

41. הָבָה תָמִים. *Profer veritatem.* Ο'. δὸς δήλους. Ἄλλος· δὸς δήλωσιν. Ἄλλος· φέρε τελειότητα.⁵⁵

42. Ο'. ※ ὃν ἂν κατακληρώσηται—Ἰωνάθαν τοῦ υἱοῦ αὐτοῦ ◄.⁵⁶

---

³⁴ Ad λαλῶν Cod. 93 in marg.: τό μλι (sic). Hieron. vertit: *et apparuit fluens mel;* unde Symmachi manum eruere conati sumus. Ad ἐφάνη cf. Hex. ad Exod. iv. 6. Jud. iv. 22. Amos vii. 7. ³⁵ Cod. Reg. affert: Ἀ. βακτηρίας. ῥάβδου. Cod. 108: Σ. ῥάβδου. Cod. 243* in marg.: ῥάβδου. βακτηρίας. Cod. 108 affert: Σ. τὴν ἀπόρρω (sic). ³⁷ Codd. Reg., 108, 243* (in marg. sine nom.). ³⁸ Cod. Reg. ³⁹ Cod. 56 in marg. sine nom. Sumptum ex S. Chrysost. Opp. T. II, p. 145 E: Τί ἐστιν, ἀπήλλαχεν; Ἀπώλεσε, διέφθειρεν ἅπαντα. ⁴⁰ Codd. 92 (cum Ἀ. Θ.), 108. Sic in marg. sine nom. Codd. Reg., 243*. ⁴¹ Cod. 92. Cod. 108 affert: Θ. πλήν. Σ. πόσωμα (sic). Ad Sym. cf. Hex. ad 2 Reg. iv. 11. Job. xv. 16. ⁴² Sic Comp. (om. ἐκ), Ald., Codd. 19 (ut Comp.), 44, 74, 82 (ut Comp.), alii. ⁴³ Sic Comp., Ald., Codd. 19, 44, 74, 82, alii. ⁴⁴ Cod. 243* in marg.: λάφυρα τοῦ ἁρπάζειν. Cf. Hex. ad Gen. xlix. 27. Num. xxxi. 12. ⁴⁵ Cod. Reg. Fortasse non nisi vox ἐτράπη ad Symmachum pertinet, cui vix excidisset barbara syntaxis ἐτράπη τοῦ ἁρπάζειν pro ἐτράπη εἰς (s. πρὸς) τὸ ἁρπάζειν. ⁴⁶ Cod. 243* in marg. sine nom. ⁴⁷ Sic Comp., Ald. (cum καὶ φ. αὐτά), Codd. III (idem), 19, 44 (ut Ald.), 74 (idem), alii, Arm. 1 (ut Ald.). ⁴⁸ Sic

Comp., Ald., Codd. III, 19 (post ἐκεῖ), 44, 52, 55 (ut 19), alii, Arm. 1. ⁴⁹ Sic in textu solus Cod. 243*. ⁵⁰ Sic Comp., Codd. 19, 82, 93, 108, Reg. ⁵¹ Montef. e Regio exscripsit: Ἀ. εἰς τὰς γωνίας τὸ κλῆρος (sic). Σ. τοὺς μεγάλους. Pro κλῆρος, quod non Graecum est, κλίτος tentabat Scharfenb. in *Animadv.* T. II, p. 110, cujus conjecturam egregie confirmat lectio Cod. 108 hucusque inedita: Σ. μεγάλους. Ἀ. τοὺς μεγάλους. Θ. τὸ κλίτος, ubi tamen nomina duorum priorum interpretum male inter se permutata sunt. Praeterea in tribus lectionibus casus vocativus juxta Hebraeam veritatem revocandus esse videtur. ⁵² Sic Codd. 19, 82, 93, 108, Reg. Ad πάσας τὰς γωνίας Cod. 243* in marg. notat: ἀντὶ τοῦ, πάσας τὰς φυλάς, ἤτοι πάντα τὰ συστήματα. ⁵³ Cod. Reg. ⁵⁴ Sic Comp. Post ποίει in fine v. Codd. 19, 82, 93, 108 interpolant: καὶ εἶπε Σαοὺλ πρὸς τὸν λαόν· ὑμεῖς ἔσεσθε εἰς ἓν μέρος, καὶ ἐγὼ καὶ Ἰωνάθαν ἐσόμεθα εἰς ἓν μέρος. ⁵⁵ Montef. e Regio affert: Ἄλλος· δὸς δήλωσιν. Cod. 243* in marg.: φέρε τελειότητα, δήλωσιν; ubi prior lectio Aquilae aut Symmachi est. Cf. Hex. ad Exod. xxviii. 30. Deut. xxxiii. 8. ⁵⁶ Schol. apud Nobil.: Ταῦτα μέχρι τοῦ, καὶ κατακληροῦται, ἐν μόνῃ κεῖται τῇ ἐκδόσει Θεοδοτίωνος· διὸ ἠστέρισται (ἠστέρισα Codd. 92, 236) αὐτὰ ὡς ἐν μιᾷ ἢ δευτέρᾳ ζυγῇ

45. חָלִילָה. Ο'. Vacat. Ἄλλος· βέβηλον. Ἄλ-
λος· ἵλεως.⁸⁷

כִּי־עַם־אֱלֹהִים עָשָׂה הַיּוֹם הַזֶּה. Ο'. ὅτι ὁ
λαὸς τοῦ θεοῦ ἐποίησεν τὴν ἡμέραν ταύτην.
Alia exempl. ὅτι ἔλεος τοῦ θεοῦ ἐποίησεν ἐν τῇ
ἡμέρᾳ ταύτῃ.⁸⁸

47. לָכַד הַמְּלוּכָה. Potitus est regno. Ο'. ἔλαχε
τοῦ βασιλεύειν, κατακληροῦται ἔργον. Alia exempl. κατακληροῦται τὸ ἔργον τοῦ βασιλεύειν.⁸⁹

וּבְכֹל אֲשֶׁר־יִפְנֶה. Ο'. οὗ ἂν ἐστράφη (alia exempl. ἐπέβλεψεν⁶⁰).

48. וַיַּעַשׂ. Ο'. καὶ ἐποίησε (Ἄλλος· συστησά-
μενος⁶¹).

חַיִל. Ο'. δύναμιν. Alia exempl. δύναμιν ἀ-
νανίν.⁶²

שֹׁסֵהוּ. Diripientis eum. Ο'. τῶν καταπατούν-
των (Ἄλλος· διαρπαζόντων⁶³) αὐτόν.

50. דּוֹד. Ο'. υἱοῦ οἰκείου. Ἄλλος· πατραδέλφου.⁶⁴

52. חַיִל. Ο'. δυνάμεως. Ἄλλος· εὐπορίας.⁶⁵

וַיֶּאֶסְפֵהוּ. Ο'. καὶ συνήγαγεν (alia exempl.
συνήθροισεν⁶⁶) αὐτούς.

CAP. XV.

1. עַל־עַמּוֹ. Ο'. Vacat. Alia exempl. ἐπὶ τὸν λαὸν
αὐτοῦ.¹

2. צְבָאוֹת. Ο'. σαβαώθ. Alia exempl. παντοκρά-
τωρ.² Ἄλλος· στρατιῶν.³

פָּקַדְתִּי. Recensui. Ο'. νῦν ἐκδικήσω. Ἀ. ἐπε-
σκεψάμην.⁴

שָׂם לוֹ. Opposuit se ei. Ο'. ἀπήντησεν αὐτῷ.
Σ. ἐπέθετο (αὐτῷ). Θ. ἐπάταξεν (αὐτόν).⁵

4. בַּטְּלָאִים. In Telaim. Ο'. ἐν Γαλγάλοις. Ἄλ-
λος· ἐν ἅρμασιν.⁶

מָאתַיִם. Ο'. τετρακοσίας. Οἱ λοιποί· διακο-
σίας.⁷

רַגְלִי. Ο'. ταγμάτων. Οἱ λοιποί· πεζῶν.⁸

5. וַיָּרֶב. Et insidias posuit. Ο'. καὶ ἐνήδρευσεν
[Ἄλλος· ἐνίδρυσεν].⁹

בַּנָּחַל. Ο'. ἐν τῷ χειμάρρῳ. Ἀ. (ἐν τῇ) φά-
ραγγι.¹⁰

6. פֶּן־אֹסִפְךָ. Ne perdam te. Ο'. μὴ προσθῶ σε.
Ἀ. (μὴ) συσσύρω σε.¹¹

τῶν Ο' κείμενα, οὐ μὴν ἐν τῷ Ἑβραϊκῷ (Cod. 92 add. ἡ Λουκιανοῦ). ⁸⁷ Cod. 243ᵃ in marg. sine nom. Cf. Hex. ad
Ruth i. 12. 1 Reg. xxii. 15. Posterior lectio, ἵλεως ᾖ κύριος, est in Comp., Ald., Codd. III, 74, 82, 93, aliis.
⁸⁸ Sic Comp. (om. τοῦ), Ald., Codd. 19 (cum ἔλεον θεοῦ), 29,
44, 52, alii, Chrysost. (ut 19). ⁸⁹ Sic Comp. (om. τὸ
ἔργον), Codd. 19, 82, 93, 108. Duplex versio, κατακληροῦται
ἔργον (הַמְּלָכָה), quae sincerior videtur, deest in Ald., Codd.
III, XI, 29, 44, 52, aliis (inter quos 243ᵃ). ⁶⁰ Sic
Comp., Codd. 19, 52, 82, alii (inter quos Reg., cum ἔσω-
ξεν(?)). ⁶¹ Cod. 243ᵃ in marg. sine nom. Locutio
elegans, καὶ συστησάμενος δύναμιν, Symmachi manum prodit,
quem imitatus est Hieron., vertens: congregatoque exercitu. ⁶² Sic Codd. II (cum αὐνανεὶν), XI (cum ἀυνανὶν),
64, 119, 121. Montef. e Regio affert: Ο'. ἄλλως· δύναμιν
ἀνναὶν (sic). Ἄλλος· δύναμιν μεγάλην. Denique Alterus ex
Arm. 1 Graece exscripsit: δύναμιν κρατινὴν. Nescio an in
exemplari Hebraeo olim exstiterit חַיִל אֵיתָן, exercitum
potentem. ⁶³ Cod. 243ᵃ in marg. sine nom. Cf. ad
Cap. xvii. 53. xxiii. 1. ⁶⁴ Sic in marg. sine nom. Codd.
92, 93, 243, Reg. Cf. ad Cap. x. 14. ⁶⁵ Cod. 243 in
marg. sine nom. Cf. ad Cap. x. 26. ⁶⁶ Sic Comp.,
Codd. 19 (cum συνοίθρησεν), 82, 93, 108.

CAP. XV. ¹ Sic Comp. (cum ἐπὶ Ἰσρ. τὸν λ. αὐτοῦ), Ald.,
Codd. 44, 74, 93 (ut Comp.), alii, Arm. 1 (cum ἐπὶ τὸν λ.
αὐτοῦ Ἰσρ.), Origen. Opp. T. II, p. 344 (idem). Mox τῆς
φωνῆς τῶν λόγων κυρίου Ald., Codd. III, 74, 106, alii, Arm. 1
(cum ἐνταλμάτων), Origen. ² Sic Codd. 19, 82, 93, 108,
Lucif. Calar. ³ Col. 243 in marg. sine nom. ⁴ Codd.
92, 243 (in marg. sine nom.), Reg. Origen. ibid.: recogi-
tavi. ⁵ Cod. 243, teste Montef. Parsonsii amanuensis
exscripsit: ἐπέθετο. Θ. ἐπάταξεν. Origen. ibid.: quomodo
percussit eum. ⁶ Cod. 243 in marg. sine nom. ⁷ Idem,
teste Montef. ⁸ Idem, teste eodem. Parsonsii amanuensis exscripsit tantum: πεζῶν. Cf. ad Cap. iv. 10,
⁹ Cod. Reg., teste Montef. Est prava alterius vocis scriptura. ¹⁰ Cod. 108. Sic in marg. sine nom. Codd.
Reg., 243. ¹¹ Codd. Reg., 243, 243ᵃ (sine nom.): Ἀ.
συνσύρω σε. Pro συνσύρω legendum esse συσσύρω recte vidit
Semlerus in App. ad V. T. p. 301. Cf. ad Cap. xii. 25.
Praeterea Montef. e Regio suo excitavit: Ἄλλος· τοῦ Ἀμαλὴκ, καὶ οὐ προσετέθη μετ' αὐτοῦ, ἐπειδὴ οὐκ ἐποίησεν ἔλεος μετὰ
τῶν υἱῶν Ἰσραήλ; et sic in textu (cum ἐπειδὴ ἐποίησας)
Codd. 19 (cum τοῦ Ἀμαλικίτου, καὶ οὐ μὴ προστ.), 82, 93,
108 (cum τοῦ Ἀμαληκίτου), Origen. ibid.

6. וַיָּסַר. Ο'. καὶ ἐξέκλινεν ('Α. ἀπέστη[12]).

8. הֶחֱרִים. Internecione delevit. Ο'. [καὶ] Ἱερὶμ ἀπέκτεινεν. Οἱ λοιποί· ἀνεθεμάτισεν. Σ. ἐξωλόθρευσεν.[13]

9. נִמְבְזָה. Contemptibile. Ο'. ἠτιμωμένον. Σ. εὐτελές. Θ. ἐξουδενωμένον.[14]

וְנָמֵס אֹתָהּ. Et liquefactum (tabe affectum), id. Ο'. καὶ ἐξουδενωμένον. Alia exempl. καὶ ἀπεγνωσμένον, αὐτό.[15] 'Α. (καὶ) τετηγμένον ..[16]

11. נִחַמְתִּי. Penitet me. Ο'. παρακέκλημαι. Alia exempl. μεταμεμέλημαι; alia, μεταμέλομαι.[17] Σ. μετεμελήθην. Θ. παρακέκλημαι.[18]

כִּי־הִמְלַכְתִּי. Ο'. ὅτι ἐβασίλευσα. Σ. ὅτι ἔχρισα.[19]

מֵאַחֲרַי. Ο'. 'Α. ἀπὸ ὄπισθέν μου. Σ. ἀκολουθεῖν μοι.[20]

הֵקִים. Ο'. ἐτήρησε. Alia exempl. ἔστησε.[21]

וַיִּחַר. Et exarsit ei. Ο'. καὶ ἠθύμησε (Σ. ἐλυπήθη. Σ. (fort. 'Α.) Θ. ὀργίλου[22]).

13. הֲקִימֹתִי. Ο'. ἔστησα. Ἄλλος· ἐκύρωσα.[23]

15. אֲשֶׁר חָמַל. Ο'. ἃ περιεποιήσατο. Θ. ὧν ἐφείσατο.[24]

16. הֶרֶף. Desiste. Ο'. ἄνες. 'Α. Σ. ἄφες. Θ. ἔασον.[25]

21. רֵאשִׁית הַחֵרֶם. Primitias rei devotae. Ο'. τὰ πρῶτα τοῦ ἐξολοθρεύματος. Alia exempl. τὰς ἀπαρχὰς τοῦ ἀναθέματος.[26] 'Α. κεφάλαιον (τοῦ ἀναθέματος). Οἱ λοιποί· ἀπαρχὴν τοῦ ἀναθέματος.[27]

22. הַחֵפֶץ לַיהוָה. Num delectatio Jovae. Ο'. εἰ θελητὸν τῷ κυρίῳ. Alia exempl. ἰδοὺ οὐ θέλει κύριος.[28] Σ. μὴ θέλει (κύριος).[29]

מִזֶּבַח טוֹב. Ο'. ὑπὲρ θυσίαν ἀγαθήν. Alia exempl. ἀγαθὴ ὑπὲρ θυσίαν.[30] Σ. βελτίων θυσίας.[31]

לְהַקְשִׁיב. Ο'. ἡ ἐπακρόασις. Ἄλλος· τὸ προσέχειν.[32]

23. כִּי חַטַּאת־קֶסֶם מֶרִי וְאָוֶן וּתְרָפִים הַפְצַר. Nam sicut peccatum veneficii est rebellio, et sicut vanitas (idololatria) et Teraphim est contumacia. Ο'. ὅτι ἁμαρτία οἰώνισμά ἐστιν,

---

[12] Codd. 108, Reg. "Coislin. habet: Οἱ λοιποί· ἀπέστη." —Montef. Parsonsii amanuensis: "Cod. 243 in marg.: ἀπέστη." [13] Cod. 243 (cum ἐξολ.). Lectio ἐξωλ. s. ἐξωλ. est in Comp., Codd. 19, 82, 93, 108; versio triplex, ἐξωλόθρευσεν ἠρειμ ἀπέκτεινεν, in Cod. III. Origen. vertit anathematizavit; Lucif. Calar. occidit. Mox (v. 9) ad ἐξολοθρεῦσαι Cod. 243 in marg.: ἀναθεματίσαι. [14] Montef. edidit: 'Α. τεταπεινωμένον. Σ. εὐτελές. Ο'. ἠτιμωμένον. Θ. ἐξουδενωμένον, notans: "Has interpretationes ex Regio codice mutuamur. Coislin. alter habet: 'Α. τετηγμένον, minus recte, et Θ. ἐξουδενωμένον." Parsonsii amanuensis e Cod. 243 exscripsit: Σ. εὐτελές. 'Α. τετηγμένον (sic). Θ. ἐξουδενωμένον; ubi Aquilae lectionem ad נָמֵס, non ad נִמְבְזָה, pertinere quivis videt. [15] Sic Comp., Codd. 82, 93, 108. [16] Cod. 243, ut supra. [17] Prior scriptura est in Comp., Codd. XI (cum μεταμέλημαι), 19, 29, aliis (inter quos 243), Origen. Opp. T. I, p. 165; posterior in Ald., Codd. 44, 74, aliis. Bar Hebraeus (Addit. MSS. 23,596) duplicem versionem venditat: παρακέκλημαι ὅτι μεταμεμέλημαι (لَأَجْلِ لُلِيِّ). [18] Cod. 243. Bar Hebraeus: ܐܬܬܘܝܬ ܐܬܬܘܝܬ, quod quid significet, nisi forte παρέβην (cf. Job. xiv. 17 in Syro-hex.) ὅτι ἔχρισα, nescimus. [19] Bar Hebraeus, ut supra. Sic in textu Ald., Codd. XI, 29, 44, 52,

55, alii, Origen. Opp. T. III, p. 247. [20] Cod. 243, teste Montef.: 'Α. τὸ ἔσω. Σ. ἀκολουθεῖν μοι. "Ubi τὸ ἔσω ad marg. positum significat Aquilam ita habere, ut legitur in textu τῶν Ο'."—Montef. De hac et sequente lectione silet Parsonsii amanuensis; sed Cod. 243* in marg. habet: τὸ ἔσω ἀκολουθεῖν μοι. [21] Sic Comp., Codd. III, 82, 93, 108, 123, Lucif. Calar. [22] Cod. 243, teste Montef. Cod. 243* in marg.: ἐλυπήθη ὀργίλος (sic). Ad Aquilam cf. Hex. ad Gen. iv. 5, 6. xviii. 30. xxxiv. 7. [23] Codd. 108, 243, in marg. sine nom. [24] Codd. 108 (cum ἐφίσατο), 243 (in marg. sine nom.). Montef. vero ex Reg. et Coislin. altero exscripsit: 'Α. ὧν ἐφείσατο. [25] Cod. 243, teste Parsonsii amanuensi. Montef. ex eodem affert: 'Α. ἄφες. Σ. ἔασον. Denique Cod. 108: 'Α. Σ. ἄφες σεαυτῷ. [26] Sic Comp., Codd. 19, 82, 93, 108. [27] Cod. 243. Cod. 92 in marg.: ἀπαρχὴν τοῦ ἀν. Montef. e Regio edidit: "Ἄλλος· τὰ πρῶτα τοῦ ἀναθέματος, invitis libris Graecis. [28] Sic Codd. 19 (cum ὁ θεὸς pro κύριος), 82, 93 (cum θελη), 108. Montef. e Regio edidit: "Ἄλλος· οὐ θέλει ὁ κ. ὁλοκαυτώσεις. [29] Cod. 243. [30] Sic Comp., Codd. 19, 82, 93, 108, Reg. [31] Codd. 92, 108, 243 (in marg. sine nom.). [32] Codd. 92, 243, Reg., in marg. sine nom. Cf. Hex. ad Prov. ii. 2.

ὀδύνην καὶ πόνους θεραφὶν ἐπάγουσιν. Alia
exempl. ὅτι οἰώνισμα ἁμαρτία ἐστὶν, παραπικρασμὸς ἀδικία, καὶ θεραφεῖν ὀδύνην καὶ πόνους ἐπάγουσιν.[33] Ἀ. (ὅτι) ἁμαρτία μαντείας
παραπικρασμὸς, καὶ ἀνωφελὲς, καὶ μορφωμάτων
ἐκβιβασμὸς.[34] Σ. ὅτι ἁμαρτία τῆς μαντείας
τὸ προσερίζειν, ἡ δὲ ἀνομία τῶν εἰδώλων τὸ
ἀπειθεῖν.[35]

23. יַעַן. Ο'. ὅτι. Alia exempl. ἀνθ' ὦν.[36]

25. נָא. Ο'. δή. Σ. ἀξιῶ.[37]

26. כָּאַסְתָּה. Ο'. ἐξουδένωσας. Θ. ἀπώσω.[38]
וַיִּמְאָסְךָ. Ο'. καὶ ἐξουδενώσει (Σ. ἀπεβάλετο[39]) σε.

27. וַיַּחֲזֵק. Ο'. καὶ ἐκράτησε. Alia exempl. καὶ
ἐπελάβετο.[40]

בִּכְנַף־מְעִילוֹ. Ο'. τοῦ πτερυγίου (Σ. τοῦ ἄκρου
τοῦ κρασπέδου[41]) τῆς διπλοΐδος (Ἀ. ἐνδύματος.
Σ. περιβολαίου. Θ. ἱματίου[42]) αὐτοῦ.

28. לְרֵעֲךָ. Ο'. τῷ πλησίον (Ἀ. Σ. ἑταίρῳ[43]) σου.

29. לֹא יִשַׁקֵּר וְלֹא יִנָּחֵם. Ο'. καὶ οὐκ ἀποστρέψει
οὐδὲ μετανοήσει. (Ἀ.) (οὐ) ψεύσεται, οὐδὲ
μεταμεληθήσεται.[44]

29. לְהִנָּחֵם. Ο'. τοῦ μετανοῆσαι αὐτός (alia exempl. add. ἀπειλήσει καὶ οὐκ ἐμμενεῖ[45]). Ἀ.
(τοῦ) μεταμεληθῆναι. Θ. (τοῦ) παρακληθῆναι.[46]

30. כַּבְּדֵנִי. Ο'. δόξασόν (Σ. τίμησον[47]) με.

נֶגֶד־זִקְנֵי עַמִּי וְנֶגֶד יִשְׂרָאֵל. Ο'. ἐνώπιον πρεσβυτέρων Ἰσραὴλ, καὶ ἐνώπιον λαοῦ μου. Alia
exempl. ἐνώπιον πρεσβυτέρων λαοῦ μου, καὶ
ἐνώπιον Ἰσραήλ.[48]

32. מֵעֲרֹנֹת. Molliter. Ο'. τρέμων. Alia exempl.
ἐξ Ἀναθὼθ τρέμων.[49] Ἀ. ἀπὸ τρυφερίας. Σ.
ἁβρός.[50]

33. וַיְשַׁסֵּף. Et in frusta discidit. Ο'. καὶ ἔσφαξε
(alia exempl. add. υἱοῦ Σασεὶϕ[51]). Ἀ. Σ. (καὶ)
διέσπασεν. Θ. (καὶ) ἐβασάνισεν.[52]

34. גִּבְעָה. Ο'. εἰς Γαβαά. (Ἀ.) εἰς τὸν βουνόν.[53]

CAP. XVI.

1. מְאַסְתִּיו. Rejeci eum. Ο'. ἐξουδένωκα (alia exempl. ἀπῶσμαι[1]) αὐτόν. Σ. ἀπεδοκίμασα.[2]

---

[33] Sic Comp. (cum οἰώνισμα ἁμαρτία), Codd. 19 (cum οἰων. ἁμαρτία, et παρὰ πικρασμὸν ἀδικία), 82, 93, 108, Theodoret. (Quaest. XXXII in 1 Reg. p. 378). Montef. e Regio exscripsit: Ἄλλος· οἰώνισμά ἐστι παραπικρασμὸς, ἀδικία κ. τ. ἑ. [34] Nobil., Cat. Niceph. T. II, p. 376, et Reg.: Ἀ. ἁμαρτία μαντείας παραπικρασμός. Deinde Anon. in Cat. Niceph. ibid. confuse affert: οἰώνισμα μαντειῶν προσερισμὸς, καὶ ἀνωφελὲς, καὶ μορφωμάτων ἐκβιβασμὸς· ubi posteriora Aquilae vindicanda esse recte perspexit Scharfenb. in Animadv. T. II, p. 112. Cf. Hex. ad Gen. xxxi. 19. Minus probabiliter Cod. 108 ad θεραφὶν in marg. notat: Ἀ. θεραπεία. ἀντιφαίρεσις, fortasse ex Theodoreto, qui ait: τὸ δὲ θεραφὶμ ὁ Ἀκ. θεραπείαν καὶ ἀνθυφαίρεσιν ἡρμήνευσεν; et paulo post: κατὰ δὲ τὴν τοῦ Ἀκύλα ἔκδοσιν, ἔστι καὶ ἑτέρως νοῆσαι· θεραπεύει γὰρ, φησὶ, τὸν θεὸν τὸ τὰ προστεταγμένα πληρῶν, οὐ τὸ δῶρα προσφέρειν. Ubi credibile est, vocem ἀνθυφαίρεσιν, subtractionem, ad radicem צָרַף, rapuit, alludere; θεραπείαν autem, quae scriptura etiam in Codd. II, 121, 244, 246 irrepsit, ad Hebraeum Graece scriptum θεραφεῖν s. θεραπεῖν male conformatum esse. [35] Nobil., Procop. p. 46, Reg. Cod. 243 in marg. sine nom.: τῆς μαντείας τὸ προσερίζειν, ἡ δὲ ἀνομία τῶν εἰδώλων. [36] Sic Comp., Codd. 19, 82, 93, 108, Lucif. Calar. [37] Coislin. 1. Cf. Hex. ad Psal. cxiv. 4. Jerem. xxxvii. 20. [38] Cod. 243. [39] Idem. Montef. ex eodem male ex-

scripsit: Σ. ἐξουδενώσω. Ο'. ἀπεβάλετο. [40] Sic Comp., Codd. 19, 82, 93 (cum ἀπ.), 108. Mox ante καὶ διέρρηξεν inferunt καὶ ἐπέαχεν Codd. 19, 82, 93, 108, 158. [41] Codd. Reg., 243. Nisi forte pingendum: Σ. τοῦ ἄκρου. τοῦ κρασπέδου, ut lectio posterior ad alium interpretem, fortasse Theodotionem, pertineat. Cf. ad Cap. xxiv. 5. [42] Codd. 92, 243. Cf. ad Cap. xxiv. 12. [43] Cod. 243. [44] Idem in marg. sine nom. Cod. 92 affert: Ἀ. ψεύσεται. [45] Sic Ald., Codd. XI, 29, 52, 55, 56, alii (inter quos 243), Arm. 1 (om. καὶ οὐκ ἐμμ.). Vet. Lat.: ipse minatur, et non permanet. Est pannus, ut videtur, e Num. xxiii. 19 male assutus. [46] Cod. 243. [47] Codd. 243 (teste Parsonsio), 243* (in marg. sine nom.). [48] Sic Comp. (cum τῶν πρ. τοῦ λ. μ, καὶ ἐν. τοῦ Ἰσρ.), Codd. III, 44, 93 (ut Comp., om. τῶν), 106, 108 (ut 93), alii, Arm. 1. [49] Sic Codd. 19, 82, 93, 108. [50] Cod. 243. Hieron.: pinguissimus et tremens, ex duplici versione. [51] "Reg. mendose pro οἰσασείφ. Est lectio vocis Hebraeae Graecis literis expressae."—Montef. Paulo aliter Codd. 19, 93 (cum Σασείφ), 108: υἱοῦ Ἀσήφ. [52] Sic in textu Comp., Codd. 82, 93, 108, Reg. Cf. ad Cap. x. 26.
CAP. XVI. [1] Sic Comp., Codd. 19, 82, 93, 108, Reg., Chrysost. [2] Cod. 243 (teste Parsonsii amanuensi). Minus probabiliter Montef. exscripsit: Ἀ. ἀπεδοκίμασα. Cf.

3. בְּזֶבַח לְיִשַׁי. Ο'. τὸν 'Ιεσσαί (alia exempl. add. καὶ τοὺς υἱοὺς αὐτοῦ³) εἰς τὴν θυσίαν.

4. וַיֶּחֶרְדוּ. Ο'. καὶ ἐξέστησαν ('Α. Σ. ἐξεπλάγησαν⁴).

לִקְרַאתוֹ. Ο'. τῇ ἀπαντήσει αὐτοῦ. Σ. ἀπαντήσαντες αὐτῷ.⁵

5. בְּזֶבַח אִתִּי וּבָאתֶם. Ο'. καὶ εὐφράνθητε (alia exempl. ἀνακλίθητε⁶) μετ' ἐμοῦ σήμερον (alia exempl. add. εἰς τὴν θυσίαν⁷).

6. אַךְ. Ο'. ἀλλὰ καί. 'Α. Θ. πλήν. Σ. ἄρα.⁸

7. אַל־תַּבֵּט. Ο'. μὴ ἐπιβλέψῃς. Alia exempl. μὴ πρόσχῃς.⁹

וְאֶל־גְּבֹהַּ קוֹמָתוֹ. Neque ad altitudinem staturae ejus. Ο'. μηδὲ εἰς τὴν ἔξω μεγέθους αὐτοῦ. 'Α. Θ. τοῦ ὕψους μετεωρότητα.¹⁰

אֲשֶׁר יִרְאֶה הָאָדָם. Ο'. ὡς ἐμβλέψεται ἄνθρωπος, ὄψεται ὁ θεός. Alia exempl. ὡς ἂν ἴδῃ ἄνθρωπος, οὕτως ὄψεται ὁ θεός.¹¹

11. הֲתַמּוּ. Num completi sunt. Ο'. ἐκλελοίπασι. 'Α. (μὴ) ἐτελειώθησαν.¹²

לֹא נָסֹב. Non cingemus (mensam). Ο'. οὐ μὴ κατακλιθῶμεν ('Α. ἀναπέσωμεν¹³).

11. פֹּה. Ο'. Vacat. Alia exempl. ἐνταῦθα.¹⁴

13. וַתִּצְלַח. Et invasit. Ο'. καὶ ἐφήλατο ('Α. ἐνηυλίσθη. Σ. ὥρμησεν. Θ. ἐπέφανεν¹⁵).

14. וּבִעֲתַתּוּ. Et perterruit eum. Ο'. καὶ ἔπνιγεν αὐτόν. Alia exempl. καὶ συνεῖχεν αὐτὸν (πνεῦμα πονηρὸν παρὰ κυρίου), καὶ ἔπνιγεν αὐτόν.¹⁶ 'Α. (καὶ) ἐθάμβει.. Σ. (καὶ) συνεῖχεν αὐτόν.¹⁷

16. אֲדֹנֵנוּ. Ο'. Vacat. ※ Σ. κύριε ἡμῶν ◄.¹⁸

בְּכִנּוֹר. Ο'. ἐν κινύρα. Σ. Θ. κιθάρᾳ. 'Α. ψαλτήριον.¹⁹

17. מֵיטִיב לְנַגֵּן. Ο'. ὀρθῶς (Σ. καλῶς. Θ. ἀγαθῶς²⁰) ψάλλοντα.

18. יֹדֵעַ נַגֵּן. Ο'. καὶ αὐτὸν εἰδότα ψαλμόν. Alia exempl. ἐπιστάμενον ψάλλειν.²¹

וְאִישׁ מִלְחָמָה. Ο'. καὶ πολεμιστής. Alia exempl. καὶ ὁ ἄνθρωπος (s. ἀνὴρ) πολεμιστής.²²

20. חֲמוֹר לֶחֶם. Asinum pane onustum. Ο'. γομὸρ ἄρτων. Alia exempl. ὄνον, καὶ ἐπέθηκεν αὐτῷ γομὸρ ἄρτων.²³

21. נֹשֵׂא כֵלִים. Ο'. αἴρων τὰ σκεύη αὐτοῦ. Σ. ὁπλοφόρος.²⁴

Hex. ad Psal. xxxv. 5. Prov. iii. 11. Jesai. xli. 9. Ezech. xx. 24. ³ Sic Comp., Ald., Codd. XI, 19, 29, 44, alii (inter quos 243). Nescio an huc pertineat notula quam ex Regio, ut videtur, exscripsit Montef.: Ο'. Θ. χω. εἰς τὴν θυσίαν. ⁴ Cod. 243. ⁵ Idem. ⁶ Sic Comp., Codd. 19 (cum ἀνεκλήθητε), 93 (idem), 108. ⁷ Sic Comp., Codd. 19, 82, 93 (om. σήμερον), 108. ⁸ Sic Comp., Cod. 108 (cum ἀλλ' ἤ in textu): 'Α. Σ. Θ. πλὴν ἄρα. ⁹ Sic (cum εἰς τὴν ὄψιν) Comp., Codd. 19, 82 (cum προσέχῃς), 93, 108, Chrysost. Opp. T. XI, p. 451 D (non, ut ante nos edebatur, μὴ πρόσχες). ¹⁰ Cod. 108. Lectio non omnino sana esse videtur; certe Aquilae indubitanter tribuerim; καὶ εἰς μετεωρότητα (cf. Hex. ad Job. xi. 1) ἀναστέμπτος (cf. Hex. ad Jesai. xxxvii. 24. Ezech. xl. 5) αὐτοῦ. ¹¹ Sic Comp., Codd. 19, 82 (cum ὁ ἄνθ.), 93, 108, Reg. ¹² Codd. 108 (cum ἐπελ.), 243 (in marg. sine nom.). Cf. Hex. ad Num. xiv. 33. Deut. ii. 14. ¹³ Cod. 108. ¹⁴ Sic Comp., Ald., Codd. III, 44, 55, 74, alii, Arm. 1. ¹⁵ Cod. 243. Cf. Hex. ad Jud. xiv. 6, 19. Origen. Opp. T. II, p. 325: et apparuit, sive illuxit; quae Theodotionis est

versio. ¹⁶ Sic Codd. 19, 82, 93, 108. Vet. Lat.: Et comprehendit eum spiritus malignus a Domino, et suffocabat eum. ¹⁷ Cod. Reg. affert: Σ. συνεῖχεν αὐτόν. Cod. 243: 'Α. ἐθάμβει, συνεῖχεν (sic). Origen. ibid.: obstupefecit [ἐθάμβησεν] eum. ¹⁸ Cod. 243, teste Montef. Sic in textu (sine ἡμῶν) Comp., Codd. 82, 93. ¹⁹ Cod. 243. Pingendum videtur: 'Α. Θ. κιθάρᾳ. Σ. ψαλτήριον. Ad Aquilam cf. Hex. ad 1 Reg. xvi. 23. 1 Paral. xxv. 3. Psal. cxlix. 3; ad Sym. cf. Hex. ad Psal. xlii. 4. Jesai. xvi. 11. xxx. 32. ²⁰ Idem. Lectio posterior est in Comp., Codd. 82, 93, 108. Cf. Hex. ad Gen. iv. 7. Minus probabiliter Cod. 108: 'Α. Θ. καλῶς. ²¹ Sic Comp., Codd. 19, 82, 93 (cum ἐπιστήμονα), 108. ²² Sic Comp., Ald. (cum ἀνὴρ), Codd. II (idem), III (idem), XI, 19 (sine ὁ), 29 (idem), 55, 56, alii, Arm. 1 (cum ἀνὴρ sine artic.). ²³ Sic Comp., Codd. 19, 82 (cum γόμορ), 93, 108, 158 (cum ἄρον pro ὄνον). Ad γόμορ (sic) Cod. 243 in marg.: γόμον, cum notula: Ὁ ἅγιος Ἐπιφάνιος, μὸ (sic). ²⁴ Codd. 92 (in marg. sine nom.), 108 (idem), 243. Cf. ad Cap. xxxi. 4.

23. רוּחַ־אֱלֹהִים. Ο'. πνεῦμα πονηρόν. Οἱ λοιποί· πνεῦμα θεοῦ.²⁵

אֶת־הַכִּנּוֹר. Ο'. τὴν κινύραν. 'Α. (τὴν) κιθάραν. Θ. (τὸ) ψαλτήριον.²⁶

וְרָוַח לְשָׁאוּל. Et laxum (recreatio) factum est Saulo. Ο'. καὶ ἀνέψυχε ('Α. ἀνέπνεε²⁷) Σαούλ.

וְטוֹב לוֹ. Ο'. καὶ ἀγαθὸν αὐτῷ. Σ. (καὶ) εὔφορος ἐγένετο.²⁸

CAP. XVII.

1. בְּאֶפֶס דַּמִּים. Ο'. 'Εφερμέν. Alia exempl. ἐν Ἀφεσδομμείν.¹ 'Α. ἐν πέρατι Δομείμ.²

2. בְּעֵמֶק הָאֵלָה. In valle terebinthi. Ο'. ἐν τῇ κοιλάδι αὐτοί. Alia exempl. ἐν τῇ κοιλάδι τῆς δρυὸς (s. τῆς τερεβίνθου) οὗτοι καὶ οὗτοι.³ 'Α. Θ. ἐν τῇ κοιλάδι τῆς δρυός.⁴

3. וְהַגַּיְא. Ο'. καὶ ὁ αὐλών (Οἱ λοιποί· ἡ φάραγξ⁵).

4. אִישׁ הַבֵּנַיִם. Vir spatii inter duos exercitus

medii (τῶν μεταιχμίων). Ο'. ἀνὴρ δυνατός ('Α. ὁ μεσάζων⁶).

4. שֵׁשׁ. Ο'. τεσσάρων. Alia exempl. πέντε.⁷ Σ. καὶ οἱ λοιποί· ἕξ.⁸

5. וְכוֹבַע נְחֹשֶׁת. Et galea aenea. Ο'. καὶ περικεφαλαία. Οἱ λοιποί· (καὶ περικεφαλαία) χαλκῇ.⁹

וְשִׁרְיוֹן קַשְׂקַשִּׂים. Et loricam squamatam. Ο'. καὶ θώρακα ἁλυσιδωτόν ('Α. φολιδωτόν. Σ. Θ. λεπιδωτόν¹⁰).

7. כִּמְנוֹר. Sicut jugum (textorium). Ο'. ὡσεὶ μέσακλον (alin exempl. μέσακνον; alia, μεσάντιον¹¹). 'Α. Θ. (ὡς) ἄντιον. Σ. (ὡς) ἱστός.¹²

וְלַהֶבֶת חֲנִיתוֹ. Et lamina hastae ejus. Ο'. καὶ ἡ λόγχη ('Α. Θ. φλὸξ δόρατος. (Σ.) αἰχμὴ¹³) αὐτοῦ.

שְׁקָלִים. Ο'. σίκλων. 'Α. στατήρων.¹⁴

הַצִּנָּה. Scutum. Ο'. τὰ ὅπλα αὐτοῦ. Θ. ἀσπίδα. Σ. τὸν θυρεόν.¹⁵

---

²⁵ Cod. 243, teste Montef. Parsonsii amanuensis nil notat. ²⁶ Cod. 243. Origen. ibid.: psalterium. ²⁷ Codd. 92, 108, 243 (in marg. sine nom.). Montef. edidit: Θ. ἀνέπνεε, notans: "Coislin. 2, atque etiam Reg., sed sine interpretis nomine." ²⁸ Codd. Reg. (cum ἐγένετο). 243. Minus probabiliter Codd. 92, 108: 'Α. εὔφορος ἐγένετο. Ceterum neutiquam sollicitanda est locutio exquisitior, medicorum filiis propria, εὔφορος γίνεσθαι, de aegro qui commode et placide se habet. Budaeus in Comment. L. G. p. 400: "Εὔφορος .. etiam is dicitur qui ferendae est aegritudini vel aegrotationi. Galen. in I ad Glauconem: ἔμενε δὲ καὶ κατὰ τοὺς σφιγμοὺς τό τε τοῦ πυρετοῦ σημεῖον, ἀλλὰ τὰ ἄλλα γε καὶ πάνυ εὔφορος [l. εὐφόρως] εἶχε κατὰ τὴν ἑσπέραν καὶ δι᾽ ὅλης τῆς νυκτός. Idem: καὶ ἡ τοῦ κάμνοντος εὐφορία... ἐνδείξεταί σοι τὴν ἐπιείκειαν τοῦ πυρετοῦ. Et rursus: καὶ εἰ μετὰ τὸ λουτρὸν ἐν εὐφορίᾳ μένοι [μίνοιεν?] ἐφεξῆς, θαρρῶν ἤδη τρέφειν ἂν αὐτοὺς; id est, si hilariter ferre morbum, nec afflictari videbuntur; cui verbo lingua vernacula alludit [se porter bien]."

CAP. XVII. ¹ Sic Comp. (cum –δομὶν), Ald. (cum –δομμὶν), Codd. III, 74 (ut Ald.), 106 (cum –δομίμ), 120 (ut Ald.), alii, Arm. 1. ² Euseb. in Onomastico, p. 82: Ἀφεσδομείμ, ἔνθα ἐπολέμει Σαούλ, ἐν ᾧ πέρατι Δομείμ [Cod. Vat. Δομμείν]. ³ Sic Comp., Ald. (cum τῆς τερεβίνθου), Codd. 19, 29 (cum τῆς τερεμίνθου καὶ οὗτοι παρατάσσονται), TOM. I.

44, 93, alii. Pro αὐτοί Cod. 243 in textu habet: τῶν (sic) τερεβίνθων καὶ οὗτοι. ⁴ Euseb. ibid. p. 202: Ἠλά, κοιλὰς Ἠλάθ. Ἀκ. Θεοδ. κοιλὰς τῆς δρυός. Praeterea Drusius non memorato auctore affert: Σ. ἐν τῇ κοιλάδι Ἠλά. ⁵ Cod. 243. Montef. ex eodem huc refert Aquilae lectionem ὁ μεσάζων, quam Parsonsii amanuensis ad ἀναμέσον αὐτῶν applicat; uterque male. Vid. Fischer. in Specim. Claris Verss. GG. V. T. p. 61. ⁶ Cod. 243, ut supra. ⁷ Sic Codd. XI, 29, 52, 55, alii (inter quos 243). ⁸ Cod. 243. Sic in textu Ald., Codd. III, 44, 74, alii, Arm. 1. ⁹ Cod. 243. Sic in textu Comp., Codd. 19, 82, 93, 108, 158. ¹⁰ Cod. 92. Cod. 108: 'Α. φολιδωτόν. λεπιδωτόν. Montef. edidit: 'Α. φολιδωτόν. Σ. Θ. ἀσπιδωτόν, notans: "Coislin. alter. Reg. vero postremam uni Symmacho tribuit." Etiam Parsonsii amanuensis e Cod. 243 exscripsit: 'Α. φωλιδωτόν. Σ. ἀσπιδωτόν. Pro ΛΕπιδωτὸν (non ΑCπιδωτὸν, quae vox nulla est) praeter libros supradictos stant Hex. ad Lev. xi. 9. Deut. xiv. 9. Ezech. xxix. 4. Θώρηκα χρύσεον λεπιδωτὸν memorat Herod. IX, 22. ¹¹ Prior scriptura est in Codd. 29, 56, 64, aliis (inter quos 243); posterior in Comp., Ald., Codd. 44, 74, 106, aliis. Cf. Interpp. ad Hesych. s. v. μέσακμον. Syro-hex. apud Bar Hebr. ܐܟܠܐ. ¹² Cod. 243. Priorem lectionem in textu habent Codd. 19, 82, 93, 108. ¹³ Idem. ¹⁴ Idem: 'Α. σίκλων στατήρων. Cf. Hex. ad Exod. xxxviii. 24. Num. iii. 47. ¹⁵ Codd.

3 X

8. לַעֲרֹךְ מִלְחָמָה. O'. παρατάξασθαι πολέμῳ (Οἱ λοιποί· πόλεμον[16]).

עֲבָדִים. O'. Ἑβραῖοι. Οἱ λοιποί· δοῦλοι.[17]

אִישׁ. O'. ἄνδρα. Σ. (ἄνδρα) εἰς τὸ μονομαχῆσαι.[18]

9. אִם־יוּכַל לְהִלָּחֵם אִתִּי. O'. καὶ ἐὰν δυνηθῇ πολεμῆσαι πρὸς μέ. Σ. (ἐὰν) περιγένηταί μου.[19]

אוּכַל־לוֹ. O'. δυνηθῶ. Alia exempl. καταδυναστεύσω αὐτοῦ.[20]

10. חֵרַפְתִּי. O'. ὠνείδισα. Ἄλλοι· ὕβρισα, ἐξευτέλισα.[21]

הַיּוֹם הַזֶּה. O'. [σήμερον] ἐν τῇ ἡμέρᾳ ταύτῃ. Σ. σήμερον.[22]

יָחַד. O'. ἀμφότεροι. Ἀ. ὁμοῦ. Θ. ἅμα.[23]

12–31. וְדָוִד—וַיִּקָּחֵהוּ. O'. ✕ καὶ ἦν Δαυὶδ—καὶ παρέλαβεν αὐτόν ◄.[24]

12. בָּא בַאֲנָשִׁים. Provectus (aetate) inter viros. O'. ✕ ἐληλυθὼς ἐν ἀνδράσιν (alia exempl. ἔτεσι[25]).

18. חֲרִיצֵי הֶחָלָב. Segmenta lactis (casei). O'. ✕ τρυφαλίδας ("Αλλος· τεμάχη[26]) τοῦ γάλακτος ("Αλλος· τυροῦ[26]).

וְאֶת־עֲרֻבָּתָם תִּקָּח. Et pignus ab iis acceptum affer. O'. ✕ καὶ ὅσα ἂν χρῄζωσιν γνώσῃ. Alia exempl. καὶ τὸ ἐσουβὰ αὐτῶν λήψῃ, καὶ εἰσοίσεις μοι τὴν ἀγγελίαν αὐτῶν.[27] Ἀ. καὶ τὴν σύμμιξιν αὐτῶν λήψῃ. Σ. καὶ τὴν μισθοφορίαν αὐτῶν λήψῃ. Θ. καὶ ὃ ἐὰν χρῄζουσι (χρῄζωσι) γνώσῃ.[28]

20. הַמַּעְגָּלָה. Ad carraginem (munimentum ex carris factum). O'. ✕ εἰς τὴν στρογγύλωσιν (alia exempl. καμπήν[29]).

22. וַיִּטֹּשׁ. O'. ✕ καὶ ἀφῆκεν. Alia exempl. καὶ ἀπέθετο; alia, ἀποθέμενος δέ.[30]

שׁוֹמֵר הַכֵּלִים. O'. ✕ φύλακος. Alia exempl. τοῦ σκευοφύλακος.[31]

23. הַבֵּנַיִם. O'. ✕ ὁ μεσαῖος. Alia exempl. ὁ ἀμεσσαῖος; alia, μεσηλίξ.[32]

30. אֶל־מוּל אַחֵר. Ad alium. O'. ✕ εἰς ἐναν-

<hr/>

92 (sine τὸν), 243. Minus probabiliter Cod. 108: Σ. ἀσπίδα. Θ. θυρεόν (sic). [16] Cod. 243, teste Montef. Sic in textu Codd. XI, 64, 144, alii. [17] Cod. 243. Sic in marg. sine nom. Codd. 92, 108, 243*. [18] Idem. Nisi forte merum scholium sit. [19] Idem. [20] Sic Comp., Codd. 19, 82, 93, 108. [21] Cod. 243 in marg. sine nom. [22] Idem. In textu vox deest in Comp., Codd. XI, 29, 52, 56, aliis (inter quos 243), Arm. 1. [23] Idem. [24] Haec omnia asteriscis notant Codd. 64, 92. In Ed. Rom. in notis tantum leguntur, praemissa notitia: "In AA. LL. sed non ita satis emendatis, haec sequuntur." Libri autem Graeci, qui pericopam ignorant, sunt Codd. II, XI, 29, 119, 121. Praeterea Cod. III incipit: καὶ εἶπεν Δαυὶδ (pro καὶ ἦν Δ., vel, ut in aliis libris legitur, καὶ Δ.), quae verba initium sunt v. 32. In contrariam partem praeter Josephum (Ant. VI. 9, 2) et S. Chrysost. (Opp. T. IV, p. 470) pericopam agnoscunt tres interpretes, e quibus Theodotioni, ut videtur, debetur versio quam nos hodie manu terimus. Cf. ad v. 18. [25] Sic Comp., Codd. 19, 44, 55, alii (inter quos 243). [26] Cod. 92 in marg. sine nom. Fortasse scholia sunt. Hesych.: Τρυφαλίδες ἡ τρυφαλίδες [cf. Pierson. ad Moerid. p. 370] τὰ τμήματα τοῦ ἀπαλοῦ τυροῦ. [27] Sic Codd. 19 (cum ἐρσουβὰ), 55, 56 (cum glossa marg. ad τὸ ἐσουβά: βιβλίον ἀποστασίου), 82,

93 (cum ἐρσουμὰ), 108 (cum ἐρσουβὰ), 158 (cum ευσουναι), 246. S. Chrysost. Hom. VII in Jesaiam (Opp. T. VI, p. 77 A): Τί δέ ἐστι, σὺ καὶ ὁ καταλειφθεὶς Ἰασοὐβ [Hebr. שְׁאָר יָשׁוּב, Shear-jashub] ὁ υἱός σου; Ἰασοὐβ τῇ Ἑβραίων γλώττῃ ἡ ἀναστροφὴ λέγεται, καὶ ἡ διαγωγή. Διὰ τοῦτο καὶ ὁ Ἰεσσαὶ πέμπων τὸν Δαυὶδ ἔλεγε· καὶ τὸ Ἰασοὐβ αὐτῶν λήψῃ· τουτέστι, τὴν ἀναστροφὴν αὐτῶν ὑπαγγελεῖς μοι, καὶ τί διάγουσι πράττοντες. Versionem, καὶ τὸ ἐσουβὰ (vel, quod praefert, ἐρουβὰ) αὐτῶν λήψῃ, Montef. nescio quo jure Aquilae assignat. [28] Trium interpretum lectiones genuinas, ut videtur, sic exhibet scholiasta Cod. 243 a Montefalconio descriptus, silente Parsonsii amanuensi. Quod ad duas posteriores attinet, repugnat quidem Theodoretus, cujus Quaest. XL in 1 Reg. sic habet: Τί ἐστι τὸ, ἐρσουβὰ αὐτῶν λήψῃ· Ὁ Σύμμαχος ἡρμήνευσεν, ὅσα χρῄζουσι γνώσῃ· τὸν σκοπὸν αὐτῶν μάθῃς. Hinc ad ἐρσουβὰ (sic) Cod. 108 in marg.: Σ. ὅσα χρῄζουσι γνώσῃ. [29] Sic Codd. 52, 64, 92 (cum στρογγύλωσιν in marg.), 144, 236, 242, Cat. Niceph. T. II, p. 391. Cf. ad Cap. xxvi. 5, 7, ubi Aquilae lectio tribuitur. [30] Prior lectio est in Codd. 19, 55, 56, 82 (cum ἐπέθ.), aliis; posterior in Ald., Codd. 52 (om. Δαυὶδ), 64, 92 (ut 52), aliis. [31] Sic Comp., Codd. 19, 55, 56, alii. [32] Prior lectio est in Ald., Codd. III (sine artic.), 55 (cum ō pro σō), 56, 93, aliis (inter quos 243); posterior in Codd. 52, 64, 92,

τίον ἑτέρου. Alia exempl. εἰς μέρος ἕτε-
ρον.³³

35. וִיצָאתִי אַחֲרָיו . Ο΄. καὶ ἐξεπορευόμην ὀπίσω
αὐτοῦ. Alia exempl. καὶ ἐξηρχόμην κατόπισθεν
αὐτοῦ.³⁴

בְּזָקְנוֹ . Barbam ejus. Ο΄. τοῦ φάρυγγος (Οἱ
λοιποί· πώγωνος³⁵) αὐτοῦ.

37. וַיֹּאמֶר דָּוִד . Ο΄. Vacat. Alia exempl. καὶ εἶπεν
Δαυίδ.³⁶

מִיַּד (in priore loco). Ο΄. ἐκ χειρός (Θ. στό-
ματος³⁷).

38. מַדָּיו . Ο΄. μανδύαν. Ἀ. ἐνδύτην . .³⁸

וְנָתַן קוֹבַע נְחֹשֶׁת עַל־רֹאשׁוֹ וַיַּלְבֵּשׁ אֹתוֹ שִׁרְיוֹן
Ο΄. καὶ [τὴν] περικεφαλαίαν χαλκῆν περὶ τὴν
κεφαλὴν αὐτοῦ. Alia exempl. καὶ περικεφαλαίαν χαλκῆν ἐπέθηκεν ἐπὶ τὴν κεφαλὴν αὐτοῦ,
καὶ ἐνέδυσεν αὐτὸν θώρακα.³⁹

38, 39. וַיַּלְבֵּשׁ אֹתוֹ שִׁרְיוֹן : וַיַּחְגֹּר דָּוִד . Ο΄. καὶ
ἔζωσε τὸν Δαυίδ. Alia exempl. καὶ ἔζωσε (Οἱ
λοιποί· ἐνέδυσε⁴⁰) τὸν Δαυὶδ θώρακα, καὶ περιεζώσατο Δαυίδ.⁴¹

39. וַיֹּאֶל לָלֶכֶת כִּי לֹא־נִסָּה . Et aggressus est ad
eundum, quia non tentaverat. Ο΄. καὶ ἐκοπίασε
περιπατήσας (alia exempl. καὶ ἐχώλαινε Δαυὶδ
ἐν τῷ βαδίζειν ἐν αὐτοῖς⁴²) ἅπαξ καὶ δίς (alia
exempl. add. ὅτι ἄπειρος ἦν⁴³). Σ. καὶ ἔσκαζεν
ἄπειρος ὤν.⁴⁴

39. כִּי לֹא נִסִּיתִי . Ο΄. ὅτι οὐ πεπείραμαι. Ἄλ-
λος· ἀγύμναστος γάρ εἰμι.⁴⁵

וַיְכָרֵם דָּוִד . Ο΄. καὶ ἀφαιροῦσιν (alia exempl.
περιείλατο⁴⁶) αὐτά.

40. מִן־הַנַּחַל . Ο΄. ἐκ τοῦ χειμάρρου. Σ. Θ. (ἐκ
τῆς) φάραγγος.⁴⁷

בְּכֶלִי . Ο΄. ἐν τῷ καδίῳ (Οἱ λοιποί· σκεύει⁴⁸).

וּבַיַּלְקוּט . Et in pera. Ο΄. εἰς συλλογήν. Ἀ.
(καὶ) ἐν τῷ ἀναλεκτηρίῳ. Σ. (καὶ) ἐν τῇ
πήρᾳ.⁴⁹

42. וַיִּבְזֵהוּ . Ο΄. καὶ ἐξητίμασεν (potior scriptura
ἠτίμασεν⁵⁰) αὐτόν. Οἱ λοιποί· ἐξουδένωσεν.⁵¹

43. הֲכֶלֶב אָנֹכִי . Ο΄. ὡσεὶ (alia exempl. μὴ⁵²) κύων
ἐγώ εἰμι.

Ο΄. (÷) καὶ εἶπε Δαυίδ· οὐχί, ἀλλ' ἢ χείρων
κυνός (◄).⁵³

וַיְקַלֵּל . Ο΄. καὶ κατηράσατο (Σ. ἐλοιδόρει⁵⁴).

46. פֶּגֶר . Ο΄. τὰ κῶλα (in posteriore loco). Σ.
(τὰ) σώματα.⁵⁵

48. וַיֵּלֶךְ וַיִּקְרַב . Ο΄. καὶ ἐπορεύθη. Alia exempl.
καὶ ἐπορεύθη, καὶ ἤγγισεν.⁵⁶

וַיְמַהֵר דָּוִד וַיָּרָץ הַמַּעֲרָכָה לִקְרַאת הַפְּלִשְׁתִּי .
Ο΄. Vacat. Alia exempl. καὶ ἐτάχυνε Δαυίδ,
καὶ ἔδραμεν (alia exempl. καὶ Δαυὶδ ἐτάχυνε,
καὶ ἐξῆλθε καὶ αὐτὸς⁵⁷) εἰς τὴν παράταξιν εἰς
ἀπάντησιν τοῦ ἀλλοφύλου.⁵⁸

---

aliis. ³³ Sic Comp., Codd. 19, 55, 56, alii. ³⁴ Sic
Comp., Codd. 19, 82 (cum ἐγὼ pro καί, et αὐτῶν), 93, 108,
158, Reg., Chrysost. ³⁵ Cod. 243. ³⁶ Sic Comp.,
Codd. III, 52 (cum Δαβίδ), 55, 92, 106, alii (inter quos
243 in marg.), Arm. 1. ³⁷ Cod. 243. ³⁸ Codd. Reg.,
243 (cum ἐνδύτην). "Forte legendum est ἐπενδύτην, quod
glossema huc, ut opinor, migravit e Cap. xviii. 4, ubi in
versione τῶν Ο΄ verba τὸν ἐπενδύτην (הַמְּעִיל) et τὸν μανδύαν
αὐτοῦ (מַדָּיו) junguntur. Nam Aquilae quidem ... hanc
interpretationem tribuere dubito."—Scharfenb. Cf. ad
Cap. iv. 12. ³⁹ Sic Comp., Codd. 82, 93 (cum τὴν περ.),
108 (cum ἐνέθηκεν), 158. ⁴⁰ Cod. 243. ⁴¹ Sic Ald.
(cum Δαβίδ), Codd. III (cum ἔζωσε Δ. θώρακαν), 52 (ut
Ald.), 74, 106, 120, alii (inter quos 243, cum θώρακα—
Δαυὶδ in marg.). ⁴² Sic Codd. 19, 82 (cum ἐχώλευεν), 93
(cum ἐχώλανεν), 108, 158 (cum ἀσχάλανε). ⁴³ Sic Comp.,

Ald., Codd. XI, 19, 29, 52, 55, alii (inter quos 243).
⁴⁴ Cod. 243. ⁴⁵ Idem in marg. sine nom. interpretis,
qui proculdubio Symmachus est. ⁴⁶ Sic Comp. (cum
-λετο), Codd. 19 (idem), 82, 93, 108 (ut Comp.), 158, Reg.
⁴⁷ Cod. 243. ⁴⁸ Idem. ⁴⁹ Idem, qui ad ἐν τῷ καδίῳ
lectiones refert. Symmachi autem lectionem in textu
habet Cod. 108. ⁵⁰ Sic Codd. II, III, XI, 29, 56 (cum
ἠτοίμασεν), 64, alii (inter quos 243). ⁵¹ Cod. 243. Sic
in textu Comp., Codd. 19, 42, 74, alii. ⁵² Sic Comp.,
Codd. 82 (cum εἰμὶ ἐγώ), 93 (idem), 108, Reg. ⁵³ Haec
desunt in Codd. III, 82, 108, 247. ⁵⁴ Cod. 243.
⁵⁵ Idem. ⁵⁶ Sic Comp., Ald., Codd. III, 74, 82, 106,
108, alii, Arm. 1. ⁵⁷ Sic (cum συνάντησιν) Comp.,
Codd. 19, 55, 82 (om. εἰς σ. τοῦ ἀλλ.), 93 (om. εἰς τὴν π.),
108, 158. ⁵⁸ Sic Ald. (cum Δαβίδ), Codd. III (om. εἰς
ἀπάντ.), 52, 74 (cum ἀπαντῆσ.), 92 (in marg.), 106, 120, alii

50. דָּוִד־בְּיַד—וַיֶּחֱזַק. O'. Vacat. Θ. Οἱ λοιποί·
καὶ ἐκραταίωσεν Δαυὶδ ὑπὲρ τὸν ἀλλόφυλον ἐν
τῇ σφενδόνῃ καὶ ἐν τῷ λίθῳ, καὶ ἐπάταξεν τὸν
ἀλλόφυλον, καὶ ἐθανάτωσεν αὐτόν· καὶ ῥομφαία οὐκ ἦν ἐν χειρὶ Δαυίδ.⁵⁹

51. בָּהּ־וַיִּכְרָת־וַיְמֹתְתֵהוּ מִתַּעְרָהּ וַיִּשְׁלְפָהּ. O'.
καὶ ἐθανάτωσεν αὐτόν. Alia exempl. καὶ ἐξέ-
σπασεν αὐτὴν ἐκ τοῦ κολεοῦ αὐτῆς, καὶ ἀφεῖλεν
ἐν αὐτῇ.⁶⁰

53. מִדְּלֹק. Ab acriter persequendo. O'. ἐκκλίνον-
τες. Σ. ἀπὸ τοῦ διωγμοῦ.⁶¹

וַיָּשֹׁסּוּ. Et diripuerunt. O'. καὶ κατεπάτουν
(alia exempl. προενόμευσαν⁶²). Οἱ λοιποί· διήρ-
πασαν.⁶³

54. אֶת־כֵּלָיו. O'. τὰ σκεύη αὐτοῦ. Σ. τὰ ὅπλα
αὐτοῦ.⁶⁴

55—xviii. 6. מֵהַכּוֹת אֶת־הַפְּלִשְׁתִּי...שָׁאוּל וְכִרְאוֹת.
O'. ⸓ καὶ ὡς εἶδεν Σαοὺλ—ἀπὸ τοῦ πατάξαι
τὸν ἀλλόφυλον ⸔.⁶⁵

Cap. XVIII.

3. בְּרִית. O'. Vacat. Alia exempl. διαθήκην.¹

כְּנַפְשׁוֹ. O'. ⸓ κατὰ τὴν ψυχὴν αὐτοῦ. Aliter:

O'. ψυχὴν ἀγαπῶντος αὐτόν.² Ἀ. κατὰ τὴν
ψυχὴν αὐτοῦ.³

6. אֶת־הַפְּלִשְׁתִּי דָוִד מֵהַכּוֹת בְּשׁוּב בְּבוֹאָם וַיְהִי.
O'. Vacat. Alia exempl. καὶ ἐγένετο ἐν τῷ
εἰσπορεύεσθαι αὐτούς, ὅτε ἐπέστρεψεν Δαυὶδ
πατάξας τὸν ἀλλόφυλον.⁴ Alia: καὶ ἐγενήθη
ἐν τῷ εἰσπορεύεσθαι αὐτούς, ἐν τῷ ἐπιστρέφειν
Δαυὶδ ἀπὸ τοῦ πατάξαι τὸν ἀλλόφυλον.⁵

לָשִׁיר יִשְׂרָאֵל מִכָּל־עָרֵי הַנָּשִׁים וַתֵּצֶאנָה
וְהַמְּחֹלוֹת (ad cantandum et cum choreis)
הַמֶּלֶךְ שָׁאוּל לִקְרַאת. O'. καὶ ἐξῆλθον αἱ
χορεύουσαι εἰς συνάντησιν Δαυὶδ (alia exempl.
αἱ χορεύουσαι καὶ ᾄδουσαι εἰς ἀπάντησιν Σαοὺλ
τοῦ βασιλέως⁶) ἐκ πασῶν (τῶν) πόλεων Ἰσραήλ.

7. הַמְשַׂחֲקוֹת. Ludicre saltantes. O'. Vacat. Οἱ
λοιποί· αἱ χορεύουσαι, παίζουσαι.⁷

בְּרִבְבֹתָיו. O'. ἐν μυριάσιν (Σ. ἰδία⁸) αὐτοῦ.

8. מְאֹד לְשָׁאוּל וַיִּחַר. O'. Vacat. Ἄλλος· καὶ
ὠργίσθη Σαοὺλ σφόδρα.⁹

הַמְּלוּכָה אַךְ לוֹ וְעוֹד. Et superest ei nil nisi
regnum. O'. Vacat. Alia exempl. καὶ τί αὐτῷ
πλὴν ἡ βασιλεία;¹⁰

(inter quos 243 in marg.), Arm. 1.   ⁵⁹ Cod. 243 (cum
Θ, ⅄), teste Parsonsii amanuensi. Montef. ex eodem ex-
scripsisse profitetur: ✕ καὶ ἐκραταιώθη Δ. ὑπὲρ τ. ἀλλ. τῇ σφ.
καὶ τῷ λίθῳ ἐν τῇ ἡμέρᾳ ἐκείνῃ, καὶ ἐπάταξε κ. τ. ἑ.; quae non
ex Coislin., sed ex Comp., Codd. 19, 55, 82, 93, aliis (qui
omnes ἐν τῷ χειρί habent) desumpta esse affirmaverim.
Haec autem omnia desunt in Ed. Rom.   ⁶⁰ Sic Comp.
(cum κουλεοῦ), Ald. (cum ἐκ τοῦ κόλπου αὐτοῦ), Codd. III
(cum κολαιου), 74, 82, 106, alii (inter quos 243, om. ἐν
αὐτῇ).   ⁶¹ Cod. 243.   ⁶² Sic Comp., Codd. 19, 82, 93,
108, Reg. in marg.   ⁶³ Cod. 243.   ⁶⁴ Cod. Reg.
⁶⁵ Haec omnia asteriscis notant Codd. 64, 92. In Ed.
Rom. in notis tantum habentur. Desunt in Cod. II; et,
quantum ex silentio Parsonsii colligi potest, etiam in
Codd. XI, 29, 119, 121.

Cap. XVIII. ¹ Sic Comp., Ald., Codd. 19 (praem. ὁ
βασιλεύς), 52, 55, 64, alii.   ² Sic Comp. Codd. 19, 55, 56, 82,
alii (inter quos 108). Montef. e Procopio p. 57 perperam
scripsit: Ἄλλος· ψυχὴν ἀγαπῶν τοσοῦτον. Cf. Cap. xx. 17

in LXX.   ³ Cod. 108. Theodoret. Quaest. XLV in
I Reg. p. 383: Τί ἐστιν, ἠγάπησεν αὐτὸν ψυχὴν ἀγαπῶντος
αὐτόν; Ὁ Ἀκ. ἔφη, κατὰ τὴν ψ. αὐτοῦ.   ⁴ Sic Comp.,
Codd. 19 (cum αὐτὸν ὅτε ἀπ.), 55, 56, 82, 93, alii.   ⁵ Sic
Ald., Codd. 52 (cum ἐπιστρέψαι), 64 (cum αὐτὸν pro αὐτούς), 74, 92, alii (inter quos 243).   ⁶ Sic Comp., Codd.
19, 82 (cum καὶ αἱ ᾅδ.), 93, 108. Eadem (cum ᾅδ. καὶ χορ.)
in fine lectionis τῶν O' repetunt Ald. (cum συνάντησιν),
Codd. III (om. ᾅδουσαι), 74, 106, alii (inter quos 243).
⁷ Cod. 243. Priorem lectionem in textu habent Codd. XI,
19, 82, 93, alii; posteriorem (cum αἱ π.) Comp., Ald.,
Codd. III, 74, 106, alii.   ⁸ Cod. 243. Cod. 243ᵃ in
marg. (ad χιλιάσιν): ἰδία. Lectio quid significet nescimus,
nisi forte ad בֶּלַע (v. 22) pertineat.   ⁹ Cod. 243 in marg.
sine nom. Sic in textu (om. σφόδρα) Comp., Codd. 19,
82, 93, 108. Post ῥῆμα, σφόδρα add. Ald., Codd. XI, 29,
55, 56, alii.   ¹⁰ Sic Comp., Ald., Codd. III, 19, 44, 55,
74, alii (inter quos 243).

10, 11. פְּעָמִים—מְמַהֲרָת וַיְהִי. Ο΄. ※ καὶ ἐγενήθη ἀπὸ τῆς ἐπαύριον— δίς ◄.[11]

12. סָר שָׁאוּל וּמֵעָם עִמּוֹ יְהֹוָה כִּי־הָיָה. Ο΄. Vacat. Alia exempl. ※ ὅτι ἦν ΠΙΠΙ μετ' αὐτοῦ,
καὶ ἀπὸ Σαοὺλ ἀπέστη ◄.[13]

14. מַשְׂכִּיל. Prospere agens. Ο΄. συνιῶν. Ἀ.
ἐπιστήμων. Σ. συνετός.[13]

15. וַיָּגָר. Et timuit. Ο΄. καὶ εὐλαβεῖτο ('Α. Σ.
ὑπεστέλλετο[14]).

17–19. לְאִשָּׁה—שָׁאוּל וַיֹּאמֶר. (※) Θ. καὶ εἶπεν
Σαοὺλ— εἰς γυναῖκα (◄).[15]

20. בְּעֵינֶי הַדָּבָר וַיִּישַׁר. Ο΄. καὶ ηὐθύνθη (alia exempl. add. τὸ ῥῆμα[16]) ἐν τοῖς ὀφθαλμοῖς αὐτοῦ.
Alia exempl. καὶ ἤρεσεν (Σ. ἡδὺ ἐγένετο[17]) ἐν
ὀφθαλμοῖς αὐτοῦ τὸ ῥῆμα.[18]

21. וּתְהִי־בוֹ. Ο΄. καὶ ἦν ἐπὶ Σαούλ. Alia exempl.
καὶ ἔσται ἐπ' αὐτῷ.[19]

בִּי תִּתְחַתֵּן בִּשְׁתַּיִם אֶל־דָּוִד שָׁאוּל וַיֹּאמֶר
הַיּוֹם. Et dixit Saulus ad Davidem: In dua-
bus vicibus gener fies mihi hodie. Ο΄. Vacat.
Alia exempl. ※ καὶ εἶπεν Σαοὺλ πρὸς Δαυὶδ
ἐφ' αἱρέσει ἔσῃ γαμβρός μοι (Θ. ἐπὶ ταῖς δυσὶν
ἐπιγαμβρεύσεις (μοι). Ἀ.. νυμφεύσεις ἐν ἐμοὶ[20])
σήμερον ◄.[21]

22. חָפֵץ. Ο΄. θέλει. Θ. εὐδοκεῖ.[22]

23. הַנְקַלָּה. Ο΄. εἰ κοῦφον. Σ. μὴ ἐλαφρόν.[23]
רָשׁ. Ο΄. ταπεινός. Ἀ. Σ. ἄπορος. Θ. πένης.[24]
וְנִקְלָה. Ο΄. καὶ οὐχὶ ἔνδοξος (alia exempl. ἔντιμος[25]). Ἀ. εὐτελής. Σ. ἄτιμος.[26]

25. בְּמֹהַר. Donum (pro sponsa parentibus oblatum). Ο΄. ἐν δόματι. Alia exempl. ἕδνα.[27]
Ἀ. ἐν φερνῇ.[28]
לְהִנָּקֵם. Ο΄. ἐκδικῆσαι. Σ. ὥστε τίσασθαι.[29]

26. הַיָּמִים וְלֹא־מָלְאוּ. Ο΄. Vacat. Ἀ. Θ. καὶ
οὐκ ἐπληρώθησαν αἱ ἡμέραι. Σ. καὶ μὴ διελ-
θουσῶν (τῶν) ἡμερῶν.[30]

27. מָאתַיִם. Ο΄. ἑκατόν. Οἱ λοιποί· διακοσίους.[31]
לַמֶּלֶךְ וַיְמַלְאוּם. Ο΄. Vacat. Alia exempl. τῷ
βασιλεῖ.[32] Ἀ. Θ. καὶ ἐπλήρωσεν αὐτὰς (τῷ
βασιλεῖ).[33]
שָׁאוּל. Ο΄. Vacat. Οἱ λοιποί· Σαούλ.[34]

28. וַיֵּדַע. Ο΄. Vacat. Οἱ λοιποί· καὶ ἔγνω.[35]
אֲהֵבַתְהוּ שָׁאוּל בַּת־מִיכַל וּ. Ο΄. καὶ πᾶς Ἰσραὴλ (alia exempl. καὶ Μελχὸλ ἡ θυγάτηρ
αὐτοῦ, καὶ πᾶς Ἰσραὴλ[36]) ἠγάπα αὐτόν.

29. עוֹד דָּוִד מִפְּנֵי לֵרֹא שָׁאוּל וַיֹּאסֶף. Ο΄. καὶ
προσέθετο εὐλαβεῖσθαι ἀπὸ Δαυὶδ ἔτι. Alia
exempl. καὶ προσέθετο Σαοὺλ φοβεῖσθαι ἀπὸ
προσώπου Δαυὶδ ἔτι.[37]

---

[11] Vv. 10, 11 sub asteriscis habet Cod. 64; v. 10 tantum
Cod. 92. Haec omnia desunt in Codd. II, 56, 71, 119,
244, 245, 246. In Ed. Rom. desideratur etiam v. 9, invito archetypo ejus.　[12] Sic Codd. 243 (teste Montef.),
243* (sine aster.). Sic (cum κύριος pro ΠΙΠΙ) Cod. 92, et
sine aster. Comp., Ald., Codd. III, 19, 52, 74, alii, Arm. 1.
[13] Cod. 243.　[14] Idem.　[15] Sic in marg. Cod. 92.
Pericopa deest in Codd. II, 144, 158, necnon in Ed. Rom.
in textu. Praeterea (quod Parsonsium fugit) v. 19 abest
a Cod. 243.　[16] Sic Ald., Codd. III, 44, 52, 74, alii
(inter quos 243).　[17] Cod. 243.　[18] Sic Comp., Codd.
19, 82, 93, 108.　[19] Sic Comp., Codd. 19, 82 (cum ἐπ'
αὐτόν), 93, 108, Reg.　[20] Cod. 243. Theodotionis lectionem integram, καὶ εἶπεν Σ. πρὸς Δ. ἐν (sic) ταῖς δυσὶν ἐπιγ.
μοι σήμερον, in textu habent Comp., Codd. III, 19 (cum
vitiosa scriptura ἐν ταῖς δυνάμεσιν), 44 (idem), 74 (idem),
alii (inter quos 123, 247, uterque cum ἐν ταῖς δυσὶν), Arm. 1.
[21] Sic sub asteriscis Cod. 243 (cum ἐφαιρέσει), Symmacho,

ut videtur, interprete. Codd. 52, 236, 243*, in textu sine
nominibus interpretum: καὶ εἶπε Σ. πρὸς Δ. ἐφ' αἱρέσει (ἐφαιρέσει 236, 243*) ἔσῃ (ἔση om. 52) γ. μοι σήμερον· ἐπὶ ταῖς δ.
ἐπιγαμβρεύσεις· νυμφεύσεις ἐν ἐμοί.　[22] Cod. 243.　[23] Idem.
[24] Idem.　[25] Sic Comp., Codd. 19, 82, 93, 108, Chrysost.
Opp. T. IV, p. 753 C.　[26] Cod. 243.　[27] Sic Comp.,
Codd. 82, 93, 108, Chrysost.　[28] Bar Hebraeus: ‎ܡܗ‎.
‎ܚܒܝܕܟܠ‎.　[29] Cod. 243.　[30] Idem (cum ℵ Ἀ. Θ.
teste Montef.). Priorem lectionem in textu habent Comp.,
Ald., Codd. III, 19, 74, 82, 93, alii.　[31] Cod. 243. Sic
in textu Comp., invitis libris Graecis.　[32] Sic Codd. II,
XI, 29, 44, 52, alii.　[33] Cod. 243 (cum ℵ Ἀ. Θ., teste
Montef.). Sic in textu Comp., Ald., Codd. III, 74, 82,
93, alii.　[34] Idem. Sic in textu Comp. (cum ὁ Σ.),
Ald., Codd. III, 74, 82, alii.　[35] Idem. Sic in textu
Comp., Ald., Codd. III, 44, 74, 106, alii, Arm. 1.　[36] Sic
Comp. (cum Μεχὸλ), Codd. 19, 82, 93, 108.　[37] Sic
Comp., Codd. 19 (cum ὁ Σαούλ), 82 (cum ἔτι σφόδρα), 93,

29. וַיְהִי שָׁאוּל אֹיֵב אֶת־דָּוִד כָּל־הַיָּמִים. Ο΄. Vacat. ✕ καὶ ἐγένετο Σαοὺλ ἐχθραίνων τὸν Δαυὶδ πάσας τὰς ἡμέρας (◄).³⁸

30. וַיֵּצְאוּ שָׂרֵי פְלִשְׁתִּים וַיְהִי מִדֵּי צֵאתָם שָׂכַל דָּוִד מִכֹּל עַבְדֵי שָׁאוּל וַיִּיקַר שְׁמוֹ מְאֹד. Ο΄. Vacat. ✕ καὶ ἐξῆλθον οἱ ἄρχοντες τῶν ἀλλοφύλων· καὶ ἐγένετο ἀφ' ἱκανοῦ τῆς ἐξόδου αὐτῶν, καὶ Δαυὶδ συνῆκεν παρὰ πάντας τοὺς δούλους Σαούλ· καὶ ἐτιμήθη τὸ ὄνομα αὐτοῦ σφόδρα (◄).³⁹

CAP. XIX.

1. הָפֵץ. Ο΄. ᾑρεῖτο. Alia exempl. ἠγάπα.¹

4. מַעֲשָׂיו. Ο΄. τὰ ποιήματα (alia exempl. ἔργα²) αὐτοῦ.

טוֹב־לָה. Ο΄. ἀγαθά. Alia exempl. ἀγαθά σοι.³

5. וַיָּשֶׂם. Ο΄. καὶ ἔθετο (Σ. ἐξέδωκεν⁴).

בְּדָם נָקִי. Ο΄. εἰς αἷμα ἀθῷον (Σ. ἀναίτιον⁵).

חִנָּם. Ο΄. δωρεάν. Σ. μάτην.⁶

7. כְּאֶתְמוֹל שִׁלְשׁוֹם. Ο΄. ὡς ἐχθὲς καὶ τρίτην ἡμέ

ραν. (Σ.) ὡς πρὸ μιᾶς καὶ πρίν.⁷

9. יוֹשֵׁב. Ο΄. καθεύδων. Alia exempl. ἐκάθητο.⁸

מְנַגֵּן בְּיָד. Ο΄. ἔψαλλεν ταῖς χερσὶν αὐτοῦ. Ἄλλος· ἐχειρονόμησεν.⁹

10. לְהַכּוֹת בַּחֲנִית בְּדָוִד וּבַקִּיר. Ο΄. πατάξαι τὸ δόρυ εἰς Δαυίδ (alia exempl. add. καὶ ἐν τῷ τοίχῳ¹⁰). Alia exempl. τοῦ πατάξαι ἐν τῷ δόρατι τὸν Δαυίδ.¹¹

וַיִּפְטַר. Et erupit. Ο΄. καὶ ἀπέστη (alia exempl. ἐξέκλινεν¹²).

וַיִּפָּלֵט. Ο΄. καὶ διεσώθη (alia exempl. ἐξεσπάσθη¹³).

13. הַתְּרָפִים. Ο΄. τὰ κενοτάφια ('Α. μορφώματα. Σ. εἴδωλα. Θ. θεραφίν¹⁴).

וְאֵת כְּבִיר הָעִזִּים. Et stragulum (s. capillamentum) pilorum caprinorum. Ο΄. καὶ ἧπαρ (כָּבֵד) τῶν αἰγῶν. Alia exempl. καὶ στρογγύλωμα τριχῶν τῶν αἰγῶν.¹⁵ Ἀ. (καὶ) τὸ πᾶν πλῆθος.. Θ. (καὶ τὸ) χοβέρ..¹⁶

14. חֹלֶה. Ο΄. ἐνοχλεῖσθαι. Ἀ. ἀρρωστεῖν.¹⁷

15. לִרְאוֹת אֶת־דָּוִד. Ο΄. ἐπὶ τὸν Δαυίδ. Alia

108, Lucif. Calar. ³⁸ Sic Cod. 243 (cum aster., teste Montef.), et sine aster. Comp. (cum τῷ Δ.), Ald. (cum Δ. ἐχθρ. τῶν Σ.), Codd. III (cum ἐχθρέων), 19 (ut Comp.), 44, 52 (cum ἐχθρὸς τῷ Δ.), 55 (om. τὸν), 74 (ut Ald.), 82 (ut Comp.), alii. ³⁹ Sic Cod. 243 (ut ante), et sine aster. Comp. (cum ἐξοδίας pro τῆς ἐξόδου), Ald. (cum ἀφ' ἱκ. ἐξοδίας αὐτῶν, καὶ συνετὸς ἦν Δ. παρὰ), Codd. III (cum ἀφ' ἱκ. ἐξοδίας αὐτῶν συνῆκεν Δ. παρὰ), 19, 44 (cum ἀφ' ἱκ. ἐξοδίας αὐτῶν, καὶ ἦν Δ. συνετὸς καὶ ἐτιμήθη), 52 (cum ἀφ' ἱκ. ἐξοδίας αὐτῶν συνετὸς ἦν Δαβὶδ ὑπὲρ), 55 (cum ἤρχοντο pro ἐξῆλθον), 74 (ut Ald.), 82, alii.

Cap. XIX. ¹ Sic Comp., Codd. 19, 82, 93, 108, Reg., Lucif. Calar. ² Sic Comp., Codd. 19, 82, 93, 108. ³ Sic Ald., Codd. III, 44, 74, 106, alii (inter quos 243 in marg.). ⁴ Cod. 243. ⁵ Idem. ⁶ Idem in marg. sine nom. Cf. Hex. ad 2 Reg. v. 2. Mich. ii. 8. Minus probabiliter Cod. 243* in marg.: ὡς πρὸ μικροῦ ὡς τὸ πρίν. ⁷ Sic Comp., Codd. 19, 82, 93, 108. ⁹ Cod. 56 in marg. sine nom. Idem vocabulum Symmacho dubitanter restituimus in Hex. ad Ezech. xxii. 5. ¹⁰ Sic Codd. III, 44, 74, 106, alii, Arm. 1. ¹¹ Sic Codd. 19 (cum ἐν δ. τῷ Δ.), 82, 93, 108 (cum ἐν δ.), Lucif. Calar.

¹² Sic (cum καὶ ἐπάραξεν καὶ ἐξέκλινεν) Codd. 19, 82 (om. καὶ ἐπάραξεν), 93, 108, Chrysost. in Cat. Niceph. T. II, p. 410. Lucif. Calar.: et percussit, et declinavit. Montef. lectionem, "Ἄλλος· ἐξέκλινεν, cum Hebraeo ‏פ‎, ἀνεχώρησε, perperam composuit. ¹³ Sic Codd. III, 52, 64, 92, alii. ¹⁴ Codd. 243, 243* (in marg. sine nom.). Cod. 108: Ἀ. μορφώματα. Cf. Hex. ad Jud. xvii. 5. ¹⁵ Sic Comp. (om. τῶν), Codd. 108 (in marg.), 121, 158. Cod. 56 in marg. ad ἧπαρ αἰγῶν (sic): τὸ πᾶν στρογγύλωμα. Cf. ad v. 16. ¹⁶ Codd. 243, 243* (in marg. sine nom.). Theodoret. in Cat. Niceph. T. II, p. 411: Ὁ Ἀκύλας τὰ κενοτάφια μορφώματα ἡρμήνευσε· καὶ τὸ ἧπαρ τῶν αἰγῶν, τὸ πᾶν πλῆθος, καὶ στρογγύλωμα τριχῶν... Γνοῦσα δὲ ἡ Μελχὸλ τὰς κατὰ τοῦ ἀνδρὸς ἐπιβουλὰς τοῦ πατρός, τούτῳ μὲν συνεβούλευσε τὴν φυγήν, αὐτὴ δὲ τὴν κλίνην εἰς ἀρρωστοῦντος ἐσχημάτισε τύπον· ἱματίων μὲν πλῆθος ἐπιβαλοῦσα, στρογγύλωμά τε τριχῶν ὑποθεῖσα τοῖς ἱματίοις, ὥστε μιμεῖσθαι τὴν κεφαλήν. Etiam Nobil. affert: Ἀ. στρογγύλωμα τριχῶν. Unde conjecerit aliquis, lectionem καὶ στρ. τριχῶν, ad secundam Aquilae editionem pertinere, quae Scharfenbergii est sententia, qui tamen alteram et indubitatam ejusdem versionem, τὸ πᾶν πλῆθος (quasi a כָּבַר, multus fuit) pro glossemate perperam habet. Cf. ad v. 16. ¹⁷ Cod. 243.

exempl. ἰδεῖν τὸν Δαυίδ; alia, τοῦ ἰδεῖν ἐπὶ τὸν Δαυίδ.[18]

16. הַתְּרָפִים. Ο'. τὰ κενοτάφια. 'Α. αἱ προτομαί. Σ. (τὸ) εἴδωλον. Θ. (τὰ) θεραφίν.[19]

וּכְבִיר הָעִזִּים. Ο'. καὶ ἧπαρ τῶν αἰγῶν. ('Α.) καὶ τὸ πᾶν πλῆθος..[20] Ἄλλος· καὶ τὸ στρογγύλωμα τῶν τριχῶν..[21]

18. בְּנֹיִת. Ο'. ἐν Ναυάθ (alia exempl. Ναυϊὼθ[22]) ἐν 'Ραμᾷ. Σ. διαιτώμενοι.[23]

19. בְּנֹיִת בְּרָמָה. Ο'. ἐν Ναυάθ ἐν 'Ραμᾷ. Σ. ἐνδιαιτώμενος (ἐν 'Ραμά).[24]

20. אֶת־לַהֲקַת. Coetum. Ο'. τὴν ἐκκλησίαν. 'Α. (τὸν) ὅμιλον. Σ. (τὴν) συστροφήν. Θ. (τὸ) σύστημα.[25]

הַנְּבִיאִים נִבְּאִים. Ο'. τῶν προφητῶν. Alia exempl. τῶν προφητῶν προφητευόντων.[26]

עֲלֵיהֶם. Ο'. ἐπ' αὐτῶν. Θ. ἐπάνω αὐτῶν.[27]

וַיִּתְנַבְּאוּ גַם־הֵמָּה. Ο'. καὶ προφητεύουσιν (alia exempl. προεφήτευσαν[29]). ※ Οἱ λοιποί· καίγε αὐτοί (◄).[28]

22. עַד־בּוֹר הַגָּדוֹל. Ο'. ἕως τοῦ φρέατος τοῦ (alia exempl. τῆς[30]) ἅλω. Alia exempl. ἕως τοῦ φρέατος τοῦ μεγάλου.[31]

22. בַּשֶּׁבִי. Ο'. ἐν τῷ Σεφί. Alia exempl. ἐν Σωχά.[32]

בְּנָיוֹת. Ο'. ἐν Ναυάθ. Σ. ἐν ταῖς οἰκήσεσι.[33]

23. מֶלֶךְ הָלֹךְ וַיִּתְנַבֵּא. Ο'. καὶ ἐπορεύετο προφητεύων. Alia exempl. καὶ πορευόμενος καὶ προφητεύων.[34]

24. גַּם־הוּא. Ο'. Vacat. Οἱ λοιποί· καίγε αὐτός.[35]

הֲגַם. Ο'. εἰ καί. 'Α. μὴ (καί). Σ. ὅτι (καί).[36]

CAP. XX.

1. וַיִּבְרַח. Ο'. καὶ ἀπέδρα (alia exempl. ἀνεχώρησεν[1]).

וַיֹּאמֶר לִפְנֵי יְהוֹנָתָן. Ο'. ἐνώπιον (alia exempl. εἰς πρόσωπον[2]) Ἰωνάθαν, καὶ εἶπε. Alia exempl. καὶ εἶπεν ἐνώπιον Ἰωνάθαν.[3]

2. חָלִילָה. Absit. Ο'. μηδαμῶς σοι. 'Α. βέβηλον. Σ. Θ. ἵλεώς σοι.[4]

וְלֹא יִגְלֶה אֶת־אָזְנִי. Ο'. καὶ οὐκ ἀποκαλύψει τὸ ὠτίον μου. Σ. ἐὰν μὴ δηλώσῃ εἰς ἀκοήν μου.[5]

3. פֶּן־יֵעָצֵב. Ne dolore afficiatur. Ο'. μὴ οὐ βούληται. Alia exempl. ὅπως μὴ ἀναγγείλῃ τῷ Δαυίδ.[6] ('Α.) μήποτε διαπονηθῇ.[7]

---

[18] Prior lectio est in Comp., Codd. 19, 82, 108 (omnibus cum καὶ ἀπέστειλε Σαοὺλ ἀγγέλους); posterior in Codd. III, 44, 106, aliis (inter quos 243, cum τοῦ ἰδεῖν in marg.). [19] Codd. 243, 243ᵃ (in marg. sine nom.). Montef. e Cod. 243 male exscripsit: Σ. εἴδωλα. [20] Iidem in marg. sine nom.: τὸ πᾶν πλῆθος τὸ τῆς δορᾶς τῆς αἰγείας. Ubi posteriora e glossemate Aquilae lectioni adhaesisse videntur. [21] Cod. 121 in marg. sine nom. Cod. 108 in marg.: καὶ στρογγύλωμα τριχῶν, et sic in textu (cum τῶν τρ.) Comp. Duplici versione, καὶ τὸ ἧπαρ τῶν αἰγῶν καὶ τὸ στρ. τῶν τριχῶν, gaudet Ald. Quid si Symmachus verterit, καὶ τὸ στρ. τῶν τριχῶν τῶν αἰγείων? [22] Sic (bis) Codd. III, 74, 120, 134. [23] Cod. 243. Cf. Hex. ad Psal. lxxiii. 20. Hanc et sequentem lectionem pro una eademque habuit Montef., quam ad וַיֵּשֶׁב repugnantibus testibus perperam aptat. [24] Idem (cum ἐνδιαιτώμενος, quod e Cod. 243ᵃ correximus). [25] Idem. [26] Sic Comp. (cum τῶν πρ. τῶν πρ.), Codd. III (idem), 19 (idem), 56 (idem), 74, 82, 93, alii, Arm. 1. [27] Cod. 243. Sic in textu Codd. 44, 74, alii. [28] Sic Comp., Codd. 19, 82 (cum ἐπροφύτευσαν), 93, 108 (cum προφήτευσαν), Origen. Opp. T. IV, p. 390. [29] Cod. 243.

Sic in textu sine notis Codd. III, 123, et (cum καὶ αὐτοί) Comp., Ald., Codd. 19, 44, 56, alii, Arm. 1, Origen. ibid. [30] Sic Comp., Codd. 82, 93, 108. [31] Sic Codd. III, XI (om. τοῦ priore), 29, 71 (ut XI), 74, alii (inter quos 243, ut XI). Arm. 1, Origen. ibid. [32] Sic Comp. (cum Σεχί), Codd. III (cum Σοχω), 74, 106 (cum Σοχώ), alii. [33] Cod. 243. [34] Sic Comp. (cum καὶ πορ. καὶ προεφήτευσεν), Ald. (cum καὶ posteriore), Codd. III, XI, 19, 29, 44, 52, alii (inter quos 108, ut Comp.), Arm. 1 (ut Comp.), Origen. ibid. Vet. Lat.: et ambulabat ingrediens, et prophetabat. [35] Cod. 243. Sic in textu Codd. III (cum καὶ αὐτός), 44, 74, 106, alii. Mox καὶ προεφήτευσε καίγε αὐτὸς Codd. III (cum ἐπροφ.), 52, 74, 92, alii. Deinde ἐνώπιον Σαμουὴλ juxta Hebraeum Comp., Codd. 19, 82, 93, 108, Origen. ibid. [36] Cod. 243.

CAP. XX. [1] Sic Codd. 19, 82, 93, 108. [2] Sic Comp., Codd. 19, 82, 93, 108, Reg. [3] Sic Codd. III, 44, 74, 120, 134. [4] Cod. 243. Ad Aquilam cf. ad Cap. xxii. 15. [5] Nobil., Procop. in Cat. Niceph. T. II, p. 415, Cod. 243. [6] Sic Comp., Codd. 19, 56, 82, 93, 108, 246 (cum ἀναγγέλλῃ). Duplex lectio, μὴ οὐ β. καὶ ἀναγγέλῃ τῷ Δ., est in Cod. 158. [7] Sic in textu Cod. 242. Cf. ad v. 34.

3. כִּי כְפֶשַׂע בֵּינִי וּבֵין הַמָּוֶת. *Quia ut ita dicam, passus est inter me et mortem.* Ο'. ὅτι καθὼς εἶπον, ἐμπέπλησται (alia exempl. πεπλήρωται[8]) ἀναμέσον ἐμοῦ καὶ τοῦ θανάτου (alia exempl. ἀναμέσον ἐμοῦ καὶ ἀναμέσον τοῦ πατρός σου ἕως θανάτου[9]). Ἀ. Σ. (ὅτι) ὅσον βῆμα μεταξὺ ἐμοῦ καὶ τοῦ θανάτου.[10]

5. יֵשַׁב־אֵשֵׁב עִם־הַמֶּלֶךְ. Ο'. καθίσας οὐ καθήσομαι (alia exempl. add. μετὰ τοῦ βασιλέως[11]) φαγεῖν.

עַד הָעֶרֶב הַשְּׁלִשִׁית. Ο'. ἕως δείλης. Alia exempl. ἕως δείλης τῆς τρίτης.[12]

6. נִשְׁאֹל נִשְׁאַל. Ο'. παραιτούμενος παρῃτήσατο. Ἀ. Θ. αἰτούμενος ᾐτήσατο.[13]

7. וְאִם־חָרֹה יֶחֱרֶה לוֹ. *Si autem exardescendo exarserit ei.* Ο'. καὶ ἐὰν σκληρῶς ἀποκριθῇ (Θ. ὀργιζόμενος ὀργισθῇ[14]) σοι.

כָּלְתָה. Ο'. συντετέλεσται. Σ. ἀπήρτισται.[15]

8. בִּי עָוֹן. Ο'. ἀδικία ἐν τῷ δούλῳ σου. Σ. χω̅.[16]

9. וַיֹּאמֶר יְהוֹנָתָן. Ο'. καὶ εἶπεν Ἰωνάθαν ※ πρὸς Δαυίδ ◄.[17]

חָלִילָה לָּךְ. Ο'. μηδαμῶς σοι. Ἄλλος· ἵλεώς σοι.[18]

כָּלְתָה הָרָעָה. Ο'. συντετέλεσται ἡ κακία. Σ. δέδοκται τὸ κακόν.[19]

11. וַנֵּצֵא. Ο'. καὶ μένε. Alia exempl. καὶ ἐξέλθωμεν.[20]

12. כִּי־אֶחְקֹר. Ο'. ὅτι ἀνακρινῶ. Alia exempl. ὅτι ἐὰν ἀνακρίνω.[21] Ἀ.. ἐξερευνήσω. Σ.. ἐξιχνιάσω. Θ.. ἐξακριβάσομαι.[22]

מָחָר הַשְּׁלִשִׁית. *Cras aut perendie.* Ο'. τρισσῶς. Schol. ἐπιμελῶς. Ἄλλος· αὔριον καὶ εἰς τρίτην.[23]

וְגָלִיתִי אֶת־אָזְנֶךָ. Ο'. Vacat. Σ. καὶ ἀκουστόν σοι ποιήσω. (Θ.) καὶ ἀποκαλύψω τὸ οὖς σου.[24]

15. וְלֹא־תַכְרִית. Ο'. οὐκ ἐξαρεῖς (Σ. ἐκκόψεις[25]).

16. וַיִּכְרֹת יְהוֹנָתָן עִם־בֵּית דָּוִד וּבִקֵּשׁ יְהוָה מִיַּד אֹיְבֵי דָוִד. *Et pepigit (foedus) Jehonathan cum domo Davidis; et poenas repetiit Jova de manu inimicorum Davidis.* Ο'. εὑρεθῆναι (alia exempl. ἐξαρθῆναι[26]) τὸ ὄνομα τοῦ Ἰωνάθαν ἀπὸ τοῦ οἴκου Δαυίδ, καὶ ἐκζητήσαι κύριος ἐχθροὺς τοῦ Δαυίδ. Alia exempl. εἰ ἐξαρθήσεται τῷ Ἰωνάθαν μετὰ τοῦ οἴκου Σαούλ, ἐκζητήσαι κύριος ἐκ χειρὸς ἐχθρῶν Δαυίδ.[27]

17. לְהַשְׁבִּיעַ. *Obtestari.* Ο'. ὁμόσαι. Σ. ὅρκῳ. Θ. τοῦ ὁρκίσαι.[28]

---

[8] Sie Comp., Codd. III, 19 (om. καθὼς εἶπον), 44, 82 (ut 19), 74 (cum πεπλ. δὴ), 93 (ut 19), 106 (ut 74), alii. [9] Sie Comp., Ald., Codd. III, XI, 19, 29, 52, 55, alii (inter quos 243*), Arm. 1. [10] Procop. ibid. (cum ἀναμεταξὺ), Cod. 243. Aquilam scripsisse suspicor: ὅτι ὡσεὶ βῆμα μεταξὺ ἐμοῦ καὶ μεταξὺ τοῦ θανάτου. Cf. Hex. ad Gen. i. 4. [11] Sie Comp. (cum καθίσομαι pro οὐ καθήσομαι), Ald., Codd. III, XI, 19 (ut Comp.), 29 (cum οὐ καθίσ.), 44 (om. καθίσας), 52, 55, 56 (om. οὐ), 64, 71, 74 (ut 44), 82 (ut 56), alii (inter quos 243, ut 44). [12] Sie Codd. III, 44, 74, 106, alii, Arm. 1. Cod. 56 in marg.: ἕως ἑσπέρας τῆς τρίτης. [13] Cod. 243. Anon. in Cat. Niceph. T. II, p. 416: ὁ παραιτούμενος, ἀντὶ τοῦ, αἰτούμενος. [14] Cod. 243: Θ. ὀργιζόμενος, Ο. ὀργισθῇ. Cod. 243* in marg.: ὀργιζόμενος ὀργισθῇ. [15] Cod. 243. Anon. in Cat. Niceph. T. II, p. 417: Τὸ συντετέλεσται ἀντὶ τοῦ, ἀπήρτισται. [16] Idem, teste Montef. Proculdubio Sym. vertit: ἐν ἐμοὶ ἀδικία, sine (χωρὶς) ἐν τῷ δ. σου. [17] Cod. 243 (cum ※ πρὸς Δ. in marg.). Sie in textu sine aster. (cum πρὸς Δαβὶδ) Codd. 52, 243*.

[18] Cod. 52 in textu: ἵλεώς σοι μηδαμῶς σοι, ex duplici versione. Cf. ad v. 2. [19] Cod. 243. [20] Sie Comp., Codd. 19, 56 (cum ἐξέλθωμεν), 93, 108, 242, 246. [21] Sie Comp., Codd. XI, 55, 56, 64, alii (inter quos 243). [22] Cod. 243. [23] Ad τρισσῶς Cod. 243 in marg.: ἐπιμελῶς, quod scholium esse videtur; et post τρισσῶς (sub ※, ait Montef.) idem in marg. addit: αὔριον καὶ εἰς τρίτην (τὴν τρ. Montef.). In textu post τὸν πατέρα μου Codd. 52, 92, 236 inferunt: καὶ αὔριον καὶ εἰς τὴν τρίτην. [24] Cod. 243 in marg. (sub ※, si Montefalconio fides habenda est): Σ. καὶ ἀκ. σοι ποιήσω, καὶ τὸ οὖς σου, confusis duabus versionibus, quarum posterior Theodotionis esse videtur. Cf. Hex. ad 2 Reg. vii. 27. [25] Cod. 243. [26] Sie Codd. III, 44, 52, 74, alii. [27] Sie Codd. 19, 82, 93, 108. Comp. legit: ἐξαρθήσεται τῷ Ἰ. ἀπὸ τοῦ οἴκου Δ., καὶ ἐκζητήσαι κ. ἐκ χειρῶν ἐχθρῶν Δ. Post ἐκζητήσαι (sic) κύριος Cod. 243 in marg. addit: ※ ἐκ χαιρὸς ἐχθρῶν. [28] Codd. 243, 243* (in marg. sine nom.). Pro ὅρκῳ nescio an Symmachus dederit ὁρκῶσαι.

17. בָּאַהֲבָתוֹ אֹתוֹ. Ο'. Vacat. Alia exempl. διὰ τὸ
ἀγαπᾶν αὐτόν; alia, ἐν τῷ ἠγαπηκέναι αὐτόν.²⁹

18. וְנִפְקַדְתָּ. Et desideraberis. Ο'. καὶ ἐπισκεπήσῃ (Σ. ζητηθήσῃ³⁰).

19. וְשִׁלַּשְׁתָּ תֵּרֵד. Et tertio die descendes. Ο'.
καὶ τρισσεύσεις καὶ ἐπισκέψῃ (ἑ. ἐπισκεπήσῃ).
'Α. (καὶ) τρισσεύσας (καταβήσῃ). Οἱ λοιποί·
(καὶ) τῇ τρίτῃ καταβήσῃ.³¹

בְּיוֹם הַמַּעֲשֶׂה. Ο'. ἐν τῇ ἡμέρᾳ τῇ ἐργασίμῃ
(alia exempl. τῆς ἐργασίας³²). 'Α. ἐν τῇ ἡμέρᾳ
τοῦ ἔργου.³³

אֵצֶל הָאֶבֶן הָאָזֶל. Ο'. παρὰ τὸ ἐργὰβ (Σ. Θ.
λίθον³⁴) ἐκεῖνο (הַלָּז). Alia exempl. παρὰ τῷ
λίθῳ ἐκείνῳ.³⁵

20. שְׁלֹשֶׁת הַחִצִּים. Tres sagittas. Ο'. τρισσεύσω
ταῖς σχίζαις ('Α. τὰ βέλη³⁶). Schol. ἀφήσω
τρία βέλη.³⁷

צִדָּה אוֹרֶה. Ad latus ejus jaculabor. Ο'. ἀκοντίζων. Alia exempl. ὡσεὶ θήραν ἀκοντίζων.³⁸

20. לַמַּטָּרָה. Ad scopum. Ο'. εἰς τὴν Ἀματταρί
(alia exempl. Λαματτάραν³⁹). 'Α. εἰς τὸν σκοπόν, ἢ φυλακήν. Σ. εἰς τὸν συντεταγμένον.⁴⁰

21. לֵךְ מְצָא אֶת־הַחִצִּים. Ο'. δεῦρο, εὑρέ μοι τὴν
σχίζαν ("Αλλος· τὸ βέλος⁴¹). Alia exempl.
βαδίσας ἄνελοῦ μοι τὰς σχίζας.⁴²

וְאֵין דָּבָר. Et nihil mali est. Ο'. καὶ οὐκ ἔστι
λόγος (alia exempl. δόλος⁴³). Σ. (καὶ οὐκ ἔστιν)
οὐδέν.⁴⁴

22. הֵנָּה. Ο'. ὧδε. Alia exempl. ἐκεῖ.⁴⁵ Ο'. Σ.
ἴδε.⁴⁶

24. וַיְהִי הַחֹדֶשׁ. Ο'. καὶ παραγίνεται ὁ μήν. Alia
exempl. καὶ ἐγένετο νουμηνία.⁴⁷

25. כְּפַעַם בְּפַעַם. Ο'. ὡς ἅπαξ καὶ ἅπαξ. Σ.
ὥσπερ εἰώθει.⁴⁸

וַיָּקָם. Ο'. καὶ προέφθασε. Σ. παρέστη δέ.⁴⁹

וַיִּפָּקֵד. Ο'. καὶ ἐπεσκέπη (Σ. ὑστέρησεν⁵⁰).

26. מְאוּמָה. Ο'. Vacat. Alia exempl. οὐδέν.⁵¹

מִקְרֶה הוּא. Casus fortuitus est. Ο'. σύμπτωμα

---

²⁹ Prior lectio est in Comp., Codd. 19, 82, 93, 108; posterior in Codd. III, 44, 106, 120, 134, 247. Mox ad ἐπισκεπήσῃ Cod. 243 affert: Σ. ζητηθήσῃ. 'Α. κατὰ τὴν ψυχήν
σου (sic); ubi lectio posterior non nisi ad Cap. xviii. 3
accommodari potest. ³⁰ Cod. 243. Procop. in Cat.
Niceph. T. II, p. 418: Τὸ, ἐπισκεπήσεται ἡ καθέδρα σου, Σύμμαχος, ζητηθήσεται. ³¹ Codd. 243, 243* (in marg. sine
nom.), silente Montef., qui e Procopio p. 56 edidit: 'Α. τρεῖς
ἡμέρας ἀναμείνῃς. Rectius Theodoret. Quaest. LI in 1 Reg.
p. 387: τὸ δὲ, τρισσεύσεις, ἀντὶ τοῦ, τρεῖς ἡμέρας ἀναμείνεις.
³² Sic Comp., Codd. 82, 93, 108, Reg. ³³ Procop. ibid.:
Ἀκύλας, τοῦ ἔργου· ἔργον δὲ καλεῖ τὴν πρώτην φυγήν. ³⁴ Cod.
243. Procop. ibid.: τὸ δὲ ἐργὰβ οἱ λοιποὶ λίθον ἐξέδωκαν.
Euseb. in Onomastico, p. 188: Ἐργάβ, ἔνθα Ἰωνάθαν ἀκοντίζει
τὰς σχίζας. Ἀκύλας· τοὺς λίθους. Σύμμαχος· τὸν λίθον· καὶ ἐν
ἑτέρῳ σημαίνει τὴν περίμετρον. Cf. Hex. ad Deut. iii. 4, ubi
error non Montefalconio, sed ipsi Eusebio imputandus
erat. ³⁵ Sic Comp., Codd. 19, 82, 108. ³⁶ Theodoret.
ibid.: τὰς δὲ σχίζας βέλη ὁ Ἀκ. ἡρμήνευσεν. ³⁷ Cod. Reg.
affert: 'Α. ἀφήσω τ. β. Cod. 243: Σ. ἀφήσω τ. β. Sed
glossatori, non interpreti, lectionem tribuendam esse testantur Procop. in Cat. Niceph. T. II, p. 418: ἐγὼ τρισσεύσω,
ἀντὶ τοῦ, ἀφήσω τ. β., et Theodoret. ibid.: τὸ δὲ τρισσεύσω
ἀντὶ τοῦ, τρεῖς ἀφήσω σχίζας. Cf. Scharfenb. in Animadv.
T. II, p. 121. ³⁸ Sic Cod. 158. Codd. III, 247: θήρα (sic

247) ἀκοντίζων. ³⁹ Sic Codd. 44 (cum Λαβατάραν), 74 (cum
Λαματάραν), 106, 120, 134, 247 (cum Λαμματάρα). Euseb.
in Onomastico, p. 264: Λεματτάρα, ἔνθα Ἰωνάθαν ἠκόντιζε τὰς
σχίζας. Ἀκ. εἰς σκοπόν. Σύμ. εἰς τὸν συντεταγμένον. Theodoret. ibid.: Τὴν δὲ Ἀματάραν ἐν τῇ τῶν Ἑβραίων ὀνομάτων
ἑρμηνείᾳ αὐτὸς εὗρον κειμένην παρὰ μὲν τοῖς Ἕλλησι τάφρον,
παρὰ δὲ Ῥωμαίοις φοσσᾶτον (cf. Hex. ad Gen. xlix. 19), παρὰ
δὲ τῷ Σύρῳ σκοπόν, εἰς ὃ γυμναζόμενοι τὰ βέλη πέμπειν εἰώθασιν. (Ad locutionem, πέμπειν τὰ βέλη, quae Lexicographos
fugit, cf. nos ad S. Chrysost. in Epist. Paul. T. VII, p. 418.)
⁴⁰ Procop. p. 66: Εἰς τὴν Λαμμάταραν. Ἀκ. εἰς τὸν σκοπόν, ἢ
φυλακήν· διττὴ γὰρ ἡ γραφή. Σύμ. εἰς τὸν συντεταγμένον. Similiter Cod. 243: 'Α. Θ. φυλακήν. Ἀκ. σκοπόν. Σ. τὸν συντεταγμένον, consentiente Eusebio, ut supra. Cf. Hex. ad
Thren. iii. 12. ⁴¹ Cod. 243 in marg. sine nom. ⁴² Sic
Codd. 19 (cum καθίσας), 82, 93, 108, Reg. ⁴³ Sic Ald.,
Codd. 29, 243 (cum γρ. λόγος in marg.). ⁴⁴ Cod. 243.
Sic in textu Codd. 52, 92, 144, 236. ⁴⁵ Sic Comp.,
Ald., Codd. XI, 19, 29, 52, alii (inter quos 243). ⁴⁶ Cod.
243. Sic in textu Cod. III (cum ἴδε ἢ σχ. ἐκεῖ), 44,
74, 106, alii. ⁴⁷ Sic Comp., Codd. 19, 82, 93, 108.
⁴⁸ Cod. 243. Sic in textu (om. ἐπὶ τῆς καθέδρας) Comp. (cum
εἰώθη), Codd. 19 (idem), 82, 108 (ut Comp.). ⁴⁹ Idem.
⁵⁰ Idem. ⁵¹ Sic Comp., Ald., Codd. III, XI, 55, 56, 64,
alii (inter quos 243), Arm. 1.

φαίνεται. 'Α. συνάντησίς ἐστι. Σ. συγκύ-
ρημα.[52]

28. עַד־בֵּית לֶחֶם. Ο'. ἕως εἰς Βηθλεὲμ τὴν πόλιν
αὐτοῦ πορευθῆναι. Alia exempl. δραμεῖν ἕως
Βηθλεὲμ τῆς πόλεως αὐτοῦ.[53]

29. שַׁלְּחֵנִי נָא. Ο'. ἐξαπόστειλον (Σ. ἀπόλυσον[54])
δή με.

זֶבַח מִשְׁפָּחָה. Ο'. θυσία τῆς φυλῆς ('Α. Θ.
συγγενείας. Σ. πάνδημος[55]).

אִמָּלְטָה. Ο'. διαβήσομαι (potior scriptura δια-
σωθήσομαι[56]). Alia exempl. ἀπελεύσομαι.[57]

30. בֶּן־נַעֲוַת הַמַּרְדּוּת. Filii mulieris perversae con-
tumaciae (perversae et contumacis). Ο'. υἱὲ
κορασίων (נַעֲוָה) αὐτομολούντων (alia exempl.
add. γυναικοτραφῆ[58]). Σ. ἀπαιδεύτων ἀπο-
στατούντων. Θ. . . . μετακινουμένων.[59]

בֹּחֵר אַתָּה לְבֶן. Diligis tu filium. Ο'. μέτοχος
εἶ σὺ τῷ υἱῷ. Σ. προαιρεῖ τὸν υἱόν.[60]

עֶרְוַת. Ο'. ἀποκαλύψεως. Σ. ἀσχημοσύνης.[61]

31. לֹא תִכּוֹן אַתָּה וּמַלְכוּתֶךָ. Ο'. οὐχ ἑτοιμασθή-
σεται (Σ. ἑδρασθήσεται[62]) ἡ βασιλεία σου.
Alia exempl. οὐχ ἑτοιμασθήσῃ σύ, οὐδὲ ἡ βασιλεία σου.[63] Ἄλλος· οὐ κατορθώσεις.[64]

34. נֶעֱצַב. Ο'. ἐθραύσθη. 'Α. διεπονήθη. Σ. ὠδυνήθη. Θ. ἐλυπήθη.[65]

הִכְלִמוֹ. Ignominia affecerat eum. Ο'. συνετέλεσεν ἐπ' αὐτόν. 'Α. ἐνέτρεψεν (αὐτόν). Θ.
κατῄσχυνεν (αὐτόν).[66]

35. לְמוֹעֵד דָּוִד. Ad locum condictum cum Davide.
Ο'. καθὼς ἐτάξατο εἰς τὸ μαρτύριον Δαυίδ. 'Α.
Θ. κατὰ τὴν συνταγὴν (Δαυίδ).[67] Σ. κατὰ σύν-
ταγμα (Δαυίδ).[68] Ἄλλος· εἰς καιρὸν Δαυίδ.[69]

36. אֶת־הַחִצִּים. Ο'. τὰς σχίζας. 'Α. Θ. (τὰ) βέλη.
Σ. (τὰ) ἀκόντια.[70]

לְהַעֲבִרוֹ. Ita ut eum praeteriret. Ο'. καὶ
παρήγαγεν (Θ. ὑπερέβη[71]) αὐτήν.

39. אַךְ יְהוֹנָתָן וְדָוִד יָדְעוּ אֶת־הַדָּבָר. Ο'. πάρεξ
Ἰωνάθαν καὶ Δαυίδ. Alia exempl. πλὴν Ἰωνά-
θαν καὶ Δαυὶδ ᾔδεισαν τὸ ῥῆμα.[72]

41. מֵאֵצֶל הַנֶּגֶב. A parte meridionali. Ο'. ἀπὸ
τοῦ ἀργάβ (alia exempl. ἐργάβ[73]). 'Α. ἐχόμενα τοῦ νοτίου (s. νότου).[74] Ἄλλος· πλησίον
τοῦ νότου.[75]

אַרְצָה. Ο'. Vacat. Alia exempl. ἐπὶ τὴν γῆν.[76]

אֶת־רֵעֵהוּ (in posteriore loco). Ο'. τῷ πλησίον
('Α. ἑταίρῳ. Θ. ἀδελφῷ[77]) αὐτοῦ.

---

[52] Codd. 243 (om. ἐστι), 243* (in marg. sine nom.).
Priorem lectionem anonymam afferunt Nobil., Procop. in
Cat. Niceph. T. II, p. 420. Cf. Hex. ad Deut. xxiii. 10.
1 Reg. vi. 9. [53] Sic Comp., Codd. 82, 93, 108.
[54] Cod. 243. [55] Idem. Priorem lectionem uni Aquilae
tribuit Cod. Reg. [56] Sic Codd. II, III, XI, 29, 52, 64,
alii (inter quos 243). [57] Sic Comp., Codd. 19, 56, 82,
93, 108, 246. [58] Sic Codd. 19, 29 (cum -φὴν), 55 (cum
-τράφη), 71 (ut 29), 82, 93, 121 (in marg.), 243 (ut 29),
246 (cum -φή), Chrysost. Opp. T. X, p. 301 D (qui enarrat:
υἱὲ πορνιδίων ἐπιμαινομένων ἀνδράσιν, ἐπιτρεχόντων τοῖς παριοῦσιν,
ἐκνενευρισμένη καὶ μαλακῇ καὶ μηδὲν ἔχων ἀνδρός). De forma
vocativi per ῇ vide nos ad locum S. Chrysostomi. [59] Cod.
243. [60] Idem. [61] Idem. Cf. Hex. ad Gen. ix. 22.
[62] Idem. [63] Sic Comp., Codd. 82, 93, 108 (cum οὐδὲ
βασ.). [64] Cod. 108 in marg. Nobil. (cum ἐπονήθη),
Codd. 243, 243* (in marg. sine nom.), Procop. in Cat.
Niceph. T. II, p. 422. Cod. 108: Σ. ὠδυνήθη. Cod. 242
in textu: διεπονήθη. [65] Cod. 243. Cod. 242 in textu:
ἐνέτρεψεν. [67] Cod. 243. Cod. 92 affert: 'Α. Σ. κατὰ συνταγήν. [68] Cod. 108 (cum Σ. 'Α.). [69] Cod. 243 in

marg. sine nom. Est altera, ut videtur, Aquilae interpretatio. [70] Codd. 92, 243. Cod. 108: 'Α. Θ. τὰ βέλη.
[71] Nobil., Cod. 243, Procop. ibid. Minus probabiliter Cod.
108: Θ. παρήβη. [72] Sic Comp., Codd. 19, 82, 93, 108;
necnon (retento πάρεξ) Ald. (cum ἔγνωσαν), Codd. XI, 44
(ut Ald.), 52 (idem), 55 (cum εἴδησαν), 71, alii (inter quos
243), Arm. 1 (praem. ὅτι). [73] Sic Ald., Codd. XI, 29,
55, 64, alii (inter quos 243). Procop. p. 66: ἀπὸ Ἀννεγὼβ,
a quo proxime absunt Codd. 44, 74, 106, 120, 134, qui
ἀνέγβ habent. [74] Theodoret. Quaest. LI in 1 Reg.
p. 388: τὸ δὲ ἀργοὺβ (sic) ὁ Ἀκύλας ἐχόμενα τοῦ νοτίου (sic:
cf. Hex. ad Habac. iii. 3) ἡρμήνευσεν· ἐγὼ δὲ οἶμαι κοῖλόν τινα
οὕτω κεκλῆσθαι τόπον. Similiter Procop. ibid: Ἀκύλας ἐχόμενα τοῦ νότου (νοτίου Niceph.)· ἴσως δὲ κοῖλος τόπος ὑπῆρχεν
ἐκεῖ. [75] Cod. 243 in marg.: πλησίον τοῦ νότου, πρὸ τοῦ
ἀματαραν (sic). Cod. 108 in textu: ἀπὸ τοῦ ἀργὸβ πλησίον
τοῦ νότου. Denique Cod. 92: 'Α. πλ. τοῦ νότου. Praeterea
Montef. dedit: Σ. ἀπὸ μεσημβρίας, ex solius Eusebii auctoritate in Onomastico, p. 296: Ναγέβ· ὁ νότος παρ' Ἑβραίοις·
Σύμμαχος· μεσημβρία. [76] Sic Comp., Codd. III, 44, 74,
82, alii, Arm. 1. [77] Codd. Reg., 243 (cum ἑτέρῳ). Cod.

41. עַד־דָּוִד הִגְדִּיל. *Donec David modum excederet.* Ο΄. ἕως συντελείας μεγάλης. Σ. Δαυὶδ δὲ ὑπερέβαλλεν ("Αλλος· ἐμεγάλυνεν).[78]

CAP. XXI.

1 (Hebr. 2). אֲחִימֶלֶךְ. Ο΄. Ἀβιμέλεχ. Οἱ πάντες· Ἀχιμέλεχ.[1]

וַיֶּחֱרַד. Ο΄. καὶ ἐξέστη (Ἀ. ἐξεπλάγη[2]).

2 (3). יֹדַעְתִּי. *Indicavi.* Ο΄. διαμεμαρτύρημαι. Σ. συνεταξάμην.[3]

אֶל־מָקוֹם פְּלֹנִי אַלְמֹנִי. *Ad locum certum quendam.* Ο΄. ἐν τῷ τόπῳ τῷ λεγομένῳ, Θεοῦ πίστις φελλανὶ μαεμωνί (alia exempl. φελλωνὶ ἀλμωνί[4]). Ἀ. πρὸς τὸν τόπον τὸν δεῖνα τοῦδέ τινος. Σ. εἰς τὸν δεῖνα τόπον. Θ. (εἰς τὸν τόπον) τόνδε τινὰ ἐλμωνί.[5]

3 (4). אוֹ הַנִּמְצָא. Ο΄. τὸ εὑρεθέν. Alia exempl. ἢ ὃ ἐὰν εὕρῃς.[6]

4 (5). לֶחֶם חֹל. Ο΄. ἄρτοι βέβηλοι (Ἀ. Σ. Θ. λαϊκοί[7]).

כִּי־אִם־לֶחֶם קֹדֶשׁ יֵשׁ. Ο΄. ὅτι ἀλλ᾽ ἢ ἄρτοι ἅγιοί εἰσιν. Alia exempl. εἰ μὴ ὃ ἄρτος ὁ ἅγιος.[8]

5 (6). כִּי אִם־אִשָּׁה. *Profecto mulier.* Ο΄. ἀλλὰ ἀπὸ γυναικός. "Αλλος· εἰ μὲν περὶ (γυναικός).[9]

עֲצֻרָה. *Cohibita* est. Ο΄. ἀπεσχήμεθα. Ἀ. Θ. συνεσχέθη.[10]

כְּלֵי־הַנְּעָרִים. Ο΄. πάντα τὰ παιδία (potior scriptura παιδάρια). Ἀ. Θ. τὰ σκεύη τῶν παιδαρίων.[11]

וְהוּא דֶּרֶךְ חֹל וְאַף כִּי. *Etiamsi iter ipsum profanum* est, *tamen.* Ο΄. καὶ αὐτὴ (alia exempl. αὕτη[12]) ἡ ὁδὸς βέβηλος, διότι. "Αλλος· ἡ μέντοι ὁδὸς λαϊκή, ἀλλ᾽ ὅμως.[13]

108: Ἀ. ἕτερος.　[78] Cod. 243: Σ. Δαυὶδ δὲ ὑπερέβαλλεν, ἐμεγάλυνεν. Cod. 92: Σ. Δαυὶδ δὲ ὑπερέβαλε. Post μεγάλης Comp. in textum infert Δαυὶδ ὑπερέβαλεν.

Cap. XXI. [1] Sic Montef., non memorato auctore. Sic in textu Comp., Codd. XI, 64, 82, alii (inter quos 243), Arm. 1, Origen. Opp. T. II, p. 520.　[2] Cod. 243, teste Parsonsii amanuensi (non, ut Montef., Σ. ἐξεπλάγη). Cf. ad Cap. iv. 13. xiii. 7. xxviii. 5.　[3] Codd. Reg., 92, 108, 243. Interpres legisse videtur נִלְוֵיתִי, coll. Hex. ad Exod. xxv. 21. Job. ii. 12. Psal. xlvii. 5.　[4] Sic Comp. (cum φελλανὶ), Codd. III (cum φελμωνὶ), 44 (cum φελωνὶ), 106, 120, 134, 247 (cum φελλωνὶ ἀλμωνί). Par vocum deest in Codd. XI, 19, 29, 55, aliis (inter quos 243).　[5] Euseb. in Onomastico, p. 360: Φελμωνὶ ἀλμωνί. Ἀκ. τὸν δεῖνα τοῦδέ τινος (Hieron.: *illum vel istum*). Σύμ. τὸν δεῖνα τόπον (Hieron.: *nescio quem locum*). Θεοδ. τόνδε τινὰ Ἐλμωνί (Hieron.: *illum locum Elmon*). Idem ibid. p. 182: Ἐλμωνὶ τόπος τις ἑρμηνεύεται. Ἀκ. Θεοδ. τόνδε τινά (Hieron.: τόνδε τινὰ, *hunc vel illum*). Cod. 243 affert: Σ. εἰς τὸν δεῖνα τόπον. Ἀ. τὸν δεῖνα τοῦδέ τινος (sic). Denique Origen. ibid.: Ἀντὶ δὲ τοῦ, ἐν τῷ τόπῳ τῷ λεγομένῳ, Θεοῦ πίστις φιλμωνὶ ἀλμωνί, Ἀκ. φησί· πρὸς τὸν τόπον τόνδε τινὰ τοῦδέ τινος, ἢ τόνδε τινὰ ἀδέσποτον (anonymum)· ὁ δὲ Σύμ. εἰς τὸν δεῖνα τόπον· ubi pro ΤΟΝΔΕΤΙΝΑ in priore loco legendum videtur ΤΟΝΔΕΙΝΑ. Cf. Hex. ad Ruth iv. 1. 4 Reg. vi. 8. (Montef. ex Hieronymi Latinis Symmacho tribuit, εἰς τὸν οὐκ οἶδα τίνα τόπον; Aquilae autem et Theodotioni, non τόνδε τινά, quae Eusebii Graeca Hieronymus in versione sua servavit,

sed εἰς τὸν δεῖνα τόπον, quam versionem, reapse Symmachi, in Regio suo tacito interprete invenit. Coisliniani autem lectiones vel dubias esse, vel ex secunda Aquilae et Symmachi editione desumptas, idem temere affirmat.)　[6] Sic Comp. (cum ἂν), Codd. 19, 82, 93, 108.　[7] Cod. 243: Σ. Θ. λαϊκοί. Montef. ait: "Ἀ. λαϊκοὶ, Reg. Ex Origene [Opp. T. II, p. 480] qui ait: Βεβήλους οὐ τοὺς ἀκαθάρτους λέγει, ἀλλὰ τοὺς οὐχ ἁγίους, καὶ ὡς Ἀκύλας ἐξέδωκε, λαϊκούς... Coislin. 2, qui habet, Σ. Θ. λαϊκοὶ, suspectus videtur." Etiam Parsonsii amanuensis, vir non ineruditus, notat: "Σ. Θ. λαϊκοὶ, quod tamen neograecae linguae potius sapit, quam Symmachi et Theodotionis versiones." Sed cf. Hex. ad Ezech. xxii. 26. xlviii. 15.　[8] Sic Comp., Codd. 19, 82, 93, 108 (cum εἰ μὴ δ᾽ ἄρτος ἅγ.), Reg.　[9] Cod. 243 in marg. sine nom. Nescio an Symmachi sit lectio, quam suam fecit Hieron., vertens: *Equidem si de mulieribus* agitur.　[10] Idem.　[11] Idem.　[12] Sic Codd. II, 106, 123, 144, fortasse alii, Theodoret. Procop. in Cat. Niceph. T. II, p. 425: Κατὰ ἐρώτησιν ἀνάγνωθι, τουτέστι, καὶ ταύτην τὴν ὁδὸν καλέσαι ἄν τις βέβηλον, ἥτις ἡγίασται διὰ τὰ σκεύη μου, τουτέστι, τὴν ἐξόπλησιν μου, καὶ τὸ ἐπὶ πολεμον με ἀπιέναι.　[13] Cod. 243 in marg. sine nom. Proculdubio Symmachi versio est, non Aquilae, qui Montefalconii error est. Hieron.: *Porro via haec polluta est* (Hebr. *via laica* est); *sed et ipsa.* Praeterea Montef. ex Regio affert: καὶ ὅτι εἰ βέβηλος ἡ ὁδὸς αὐτῶν, σήμερον κ. τ. ἑ., ubi pro αὐτῶν legendum αὕτη, e libris affinibus 82 (cum ὅτι ἢ pro ὅτι εἰ), 93, 108.

6 (7). קֹדֶשׁ. *Sanctum.* Ο΄. τοὺς ἄρτους τῆς προθέσεως. Οἱ λοιποί· ἅγια.[14]

7 (8). נֶעְצָר. *Detentus.* Ο΄. συνεχόμενος νεεσσαράν (alia exempl. νεσσαράν; alia, νεεσσάρ[15]). Ἀ. συνεσχέθη. Σ. ἐγκεκλεισμένος.[16]

הָאֲדֹמִי. *Idumaeus.* Ο΄. ὁ Σύρος. Οἱ λοιποί· (ὁ) Ἰδουμαῖος.[17]

אַבִּיר הָרֹעִים. *Princeps pastorum.* Ο΄. νέμων τὰς ἡμιόνους. Σ. ἄρχων τῶν νομέων.[18]

8 (9). נָחוּץ. *Urgens.* Ο΄. κατὰ σπουδήν. Alia exempl. κατασπεύδον.[19]

9 (10). בְּעֵמֶק הָאֵלָה. Ο΄. ἐν τῇ κοιλάδι Ἠλά (Ἀ. τῆς τερεβίνθου.[20] Ἄλλος· τῆς δρυός[21]).

אַחֲרֵי הָאֵפוֹד. Ο΄. Vacat. Θ. ὀπίσω τῆς ἐπωμίδος (Σ. ἐφούδ. Ἀ. ἐπενδύματος).[22]

11 (12). וַיָּעַן. Ο΄. ἐξῆρχον. Σ. κατέλεγον.[23]

13 (14). וַיְשַׁנּוֹ אֶת־טַעְמוֹ. *Et mutavit gestum suum.* Ο΄. καὶ ἠλλοίωσε (Ἀ. ἐνήλλαξεν. Σ. μετέβαλεν[24]) τὸ πρόσωπον (alia exempl. τὸν τρόπον[25]) αὐτοῦ.

וַיִּתְהֹלֵל בְּיָדָם וַיְתָו עַל־דַּלְתוֹת הַשַּׁעַר. *Et insaniam simulavit in manibus eorum, dum notas pingebat in valvis portae.* Ο΄. καὶ προσεποιή-

σατο ἐν τῇ ἡμέρᾳ ἐκείνῃ, καὶ ἐτυμπάνιζεν (וַיְתָו?) ἐπὶ ταῖς θύραις τῆς πόλεως· καὶ παρεφέρετο ἐν ταῖς χερσὶν αὐτοῦ, καὶ ἔπιπτεν ἐπὶ τὰς θύρας τῆς πύλης.[26] Ἀ. καὶ παρίετο (ἐν χειρὶ αὐτῶν), καὶ προσέκρουεν[27] (Σ. Θ. ἐψόφει[28]) ...

14 (15). מִשְׁתַּגֵּעַ. *Furentem.* Ο΄. ἐπίληπτον. Ἀ. παραπληκτευόμενον. Σ. παράφρονα.[29]

15 (16). חֲסַר מְשֻׁגָּעִים אָנִי. *Num egens furiosorum ego?* Ο΄. μὴ ἐλαττοῦμαι (alia exempl. ἢ προσδέομαι[30]) ἐπιλήπτων (Σ. μαινομένων[31]) ἐγώ;

הֲבֵאתֶם. Ο΄. εἰσαγηόχατε. Alia exempl. εἰσηνέγκατε.[32]

לְהִשְׁתַּגֵּעַ. Ο΄. ἐπιληπτεύεσθαι. Ἀ. παραπληκτεύεσθαι. Σ. μαίνεσθαι.[33]

Cap. XXII.

1. וְכָל־בֵּית. Ο΄. καὶ ὁ οἶκος. Alia exempl. καὶ πᾶς ὁ οἶκος.[1]

2. וַיִּתְקַבְּצוּ. Ο΄. καὶ συνήγοντο (alia exempl. συνηθροίζοντο[2]).

כָּל־אִישׁ מָצוֹק. *Omnis homo angustiarum.* Ο΄.

---

[14] Cod. 243, teste Montef. Parsonsii amanuensis silet. [15] Prior scriptura est in Codd. III, 64, 92 (cum νεσὰρ in marg.), 123, aliis; posterior in Codd. 56 (cum glossa in marg.: μιγοπύρετον), 82, 108, 246 (cum glossa: μιγοπύρετῳ). [16] Cod. 243, teste Parsonsii amanuensi. Montef. ex eodem exscripsit tantum: Ἀ. ἐγκεκλεισμένος, repugnantibus etiam Codd. 92, 108, qui hanc lectionem (συγκεκλημένος 108) Symmacho vindicant. [17] Cod. 243. Sic in textu Comp., Codd. 19, 82, 92 (in marg.), 93, 108. [18] Idem. [19] Sic Codd. III, 64, 92, alii (inter quos 243). [20] Codd. 92, 243 (in marg. sine nom.). [21] Cod. 108 in marg. sine nom. Cf. ad Cap. xvii. 2. [22] Cod. 243. Comp. (cum ἐπενδυμένη), Codd. III (cum εἰλημμένη ἦν ἐν), 19, 82, 93, 108, 247 (cum ἦν pro ἐν): εἰλημένη ἐν ἱματίῳ ὀπίσω τῆς ἐπωμίδος. [23] Codd. Reg., 108, 243. Cf. Hex. ad Exod. xv. 21. [24] Cod. 243. Minus probabiliter Cod. 108: Σ. ἐνήλαξεν (sic), repugnante etiam Regio, e quo Montef. excitavit: Ἀ. ἐνήλλαξεν. [25] Sic Cod. III. Bar Hebraeus: ܬܫܢܝ ܙܢܗ. Symmachi esse videtur, coll. Hex. ad Psal.

xxxiii. 1. [26] Hic duae versiones coaluerunt, quarum prior deest in Comp., posterior autem in Cod. 121 (qui in marg. habet: καὶ παρ. ἐν τ. χ. αὐτοῦ, καὶ ἔπιπτεν ἐπὶ ταῖς θύραις τῆς πόλεως). Utramque agnoscit Vet. Lat.: *Et affectabat in die illa, et tympanizabat ad ostia civitatis; et ferebatur in manibus suis, et procidebat ad ostia portae.* [27] Cod. Reg., et Procop. in Cat. Niceph. T. II, p. 428: καὶ προσεποιεῖτο — ἐτυμπάνιζεν. Ἀκύλας· παρίετο (Reg. παρείετο) καὶ προσέκρουεν. Hieron.: *Et collabebatur inter manus eorum, et impingebat.* [28] Codd. 92 (ad παρεφέρετο), 243 (ad ἔπιπτεν). Ad παρεφέρετο Cod. 108 in marg.: ἐψόφει (sic). [29] Cod. 243. Cod. 92 affert: Σ. παράφρονα. Cod. 108: Σ. περίφρονα. ἔκφρονα. [30] Sic Comp., Codd. 19, 82, 93, 108 (cum μὴ ἐλαττοῦμαι in marg.), Reg. Vet. Lat.: *Numquid arreptitium (arreptitiorum?) ego opus habeo?* [31] Cod. 243. [32] Sic Comp. (cum εἶσεν.), Codd. 19 (idem), 93, 108, Reg. [33] Cod. 243.

Cap. XXII. [1] Sic Comp., Codd. 82, 93, 108, 243 (cum πᾶς in marg.). [2] Sic Codd. 19, 82, 93, 108, Reg.

πᾶς ἐν ἀνάγκῃ ('Α. Θ. συνεχόμενος. Σ. στενο-
χωρούμενος²).

2. מַר־נָפֶשׁ. Ο'. κατώδυνος ('Α. πικρὸς³) ψυχῇ.

3. מִצְפֶּה. Ο'. εἰς Μασσηφάθ (Ἄλλος· σκοπιάν⁴).

4. וַיַּנְחֵם אֶת־פְּנֵי. Et duxit eos in conspectum.
Ο'. καὶ παρεκάλεσε τὸ πρόσωπον. Ἀ. Οἱ λοι-
ποί· (καὶ) ἔθετο αὐτοὺς πρὸ προσώπου.⁶

בִּמְצֻדָה. In praesidio. Ο'. ἐν τῇ περιοχῇ.
Ἀ. ἐν ὀχυρώματι. Σ. ἐν τῇ ἐπιβουλῇ. Θ.
(εἰς) καταφυγήν.⁷

6. נוֹדַע. Ο'. ἔγνωσται. Σ. ἐφάνη.⁸

תַּחַת־הָאֵשֶׁל. Sub tamarisco. Ο'. ὑπὸ τὴν
ἄρουραν ('Α. τὸ δένδρωμα. (Σ.) τὸ φυτόν⁹).

7. גַּם. Ο'. εἰ ἀληθῶς. Ἄλλος· μήτι.¹⁰

8. קְשַׁרְתֶּם. Conjurastis. Ο'. σύγκεισθε. Ἀ. συνεδήσατε. Σ. συνέθεσθε. Θ. σύνδεσμος. Ἄλ-
λος· συνεστράφητε.¹¹

בִּכְרָת־בְּנִי. Ο'. ἐν τῷ διαθέσθαι τὸν υἱόν μου
διαθήκην. Σ. συντιθεμένου τοῦ υἱοῦ μου.¹²

חֹלֶה. Dolens. Ο'. πονῶν. Σ. συμπαθῶν. (Ἄλ-
λος·) συμπάσχων.¹³

וְגֹלֶה אֶת־אָזְנִי. Ο'. καὶ ἀποκαλύπτων τὸ ὠτίον
μου. Ἄλλος· φανερὸν ποιεῖ.¹⁴

8. לְאֹרֵב. Ο'. εἰς ἐχθρόν (Σ. ἐνεδρευτήν¹⁵).

9, 18. הָאֲדֹמִי. Ο'. ὁ Σύρος. Alia exempl. ὁ Ἰδου-
μαῖος.¹⁶

9. עַל־עֲבָדַי. Ο'. ἐπὶ τὰς ἡμιόνους (Ἄλλος· τοὺς
δούλους¹⁷).

10. בַּיהוָה. Ο'. διὰ τοῦ θεοῦ. Ἄλλος· ἐν κυρίῳ.¹⁸

12. הִנְנִי. Ο'. ἰδοὺ ἐγώ. Σ. πάρειμι.¹⁹

13. קְשַׁרְתֶּם. Ο'. συνέθου. Ἀ. συνεδήσατε. Θ.
συνεστράφητε.²⁰

לְקוּם אֵלָי. Ο'. θέσθαι αὐτὸν ἐπ' ἐμέ. Ἀ.
Θ. ἐπαναστῆναί μοι.²¹ Σ. ὥστε ἐπαναστῆναί
μοι.²²

כַּיּוֹם הַזֶּה. Ο'. ὡς ἡ ἡμέρα αὕτη. Ἀ. Θ. κατὰ
τὴν (ἡμέραν ταύτην).²³

14. וְחָתָן. Ο'. καὶ γαμβρός (Ἀ. Σ. νυμφίος²⁴).

וְסָר אֶל־מִשְׁמַעְתֶּךָ. Et qui devertere solet ad
audientiam tuam (qui interioris apud te admis-
sionis est). Aliter: Et qui princeps (שַׂר) constitutus est super obedientiam (satellites) tuam.
Ο'. καὶ ἄρχων (שַׂר) παντὸς παραγγέλματός
σου (Θ. τοῦ ὑπακούειν σου²⁵).

15. חָלִילָה לִּי. Ο'. μηδαμῶς. Ἀ. βέβηλόν (μοι).
Σ. Θ. ἵλεώς (μοι).²⁶

---

² Cod. 243 (cum στενοχορ.). Praeterea Cod. 243 in marg.
scholium habet: 'Α. καὶ πᾶς περιερχόμενος, πᾶς ἐπαιτῶν, καὶ
πᾶς ὑπόχρεως. Βούλεται εἰπεῖν, τὸ ὁμοιοπαθεῖ τῷ ὁμοιοπαθεῖ
χαίρει. Ubi Aquilae nomen casu irrepsisse videtur, ut non
opus sit cum Scharfenbergio περιεχόμενος (נִשָּׁא) et ἀπαιτῶν
(נֹשֶׁה) rescribere, etsi pro Hebraeis וְכָל־אִישׁ אֲשֶׁר־לוֹ נֹשֶׁא, ο'.
καὶ πᾶς ὑπόχρεως, Aquilam vertisse, καὶ πᾶς ἀνὴρ ᾧ ἐστιν
ἀπαιτῶν, verisimillimum est. Cf. Hex. ad Jesai. iii. 12.
⁴ Idem. ⁵ Idem in marg. sine nom. Cf. Hex. ad Jud.
x. 17. Hos. v. 1. ⁶ Idem. ⁷ Idem. Cod. 92: 'Α. Σ.
ἐν ὀχυρώματι, ἐν τῇ ἐπιβουλῇ. Minus probabiliter Cod. 108:
Σ. ἐν ὀχυρώματι. Cf. ad Cap. xxiii. 14. Ad ἐν τῇ περιοχῇ
Cod. 243 scholium habet: τόπος ἦν οὗτος (fort. οὗτος) καλού-
μενος ἐν τῷ ὀχυρώματι, quod ad τὴν ἄρουραν (v. 6) potius referendum videtur, coll. Josepho in Cat. Niceph. T. II, p. 430:
καὶ καθίσας ἐπ' Ἀρούρης· τόπος δὲ ἦν τις οὕτω προσαγορευόμενος.
⁸ Cod. 243. ⁹ Cod. 243: 'Α. τὸ δένδρωμα, τὸ φυτόν. Pro
τὸ δένδρωμα, quod Lexica ignorant, Kreyssig apud Schleusner, in Opusc. Crit. p. 128 non male corrigit τὸν δενδρῶνα.

coll. Hex. ad Gen. xxi. 33. 1 Reg. xxxi. 13. Sed etiam
Cod. 243ᵃ in marg.: τὸ δένδρωμα, τὸ φυτόν. ¹⁰ Idem in
marg. sine nom. ¹¹ Idem: 'Α. συνεδήσατε, συνεστράφητε.
Σ. συνέθεσθε. Θ. σύνδεσμος. Theodotionis versio suspecta
est, cui potius assignanda videtur lectio anonyma συνεστράφητε. Cf. ad v. 13. Ad σύγκεισθε Cod. 108 in marg. sine
nom.: συνέθεσθε. ¹² Idem. ¹³ Idem: Σ. συμπαθῶν (sic).
συμπάσχων. Cf. Hex. ad Job. ii. 11. ¹⁴ Idem in marg.
sine nom. Cf. ad Cap. xx. 12. ¹⁵ Idem. ¹⁶ Sic
Comp., Codd. 19, 82, 93, 108. Cf. ad Cap. xxi. 7. ¹⁷ Cod.
243 in marg. sine nom. ¹⁸ Bar Hebr., teste Parsonsio.
¹⁹ Codd. 108, 243. Cf. ad Cap. iii. 4. ²⁰ Cod. 243.
Cf. ad v. 8. ²¹ Cod. 108. ²² Cod. 243. ²³ Idem.
²⁴ Idem. ²⁵ Ad παραγγέλματος Cod. 108: Θ. ὑπακούειν·
Cod. 243 autem in marg. sine nom.: τοῦ (non, ut Montef.,
τὸ) ὑπακούειν σου. Cf. Hex. ad 2 Reg. xxiii. 23. ²⁶ Cod.
243. Cf. ad Cap. xx. 2. Minus probabiliter Codd. 92,
108: Σ. ἔλεον μὴ ὑπολαμβανέτω.

15. אַל־יָשֵׂם. *Ne tribuat.* Ο΄. μὴ δότω. Σ. μὴ ὑπολαμβανέτω.[27] Ἄλλος· μὴ θέτω.[28]

17. הָרָצִים. Ο΄. τοῖς ἐφεστηκόσι (Σ. παρεστηκόσιν[29]).

18. סֹב. *Converte te.* Ο΄. ἐπιστρέφου. Ἀ. Θ. κύκλωσον. Σ. μεταστράφητι.[30]

וּפְגַע. *Et irrue.* Ο΄. καὶ ἀπάντα (Θ. ἄψαι[31]).

וַיָּמָת בַּיּוֹם הַהוּא. Ο΄. ἐν τῇ ἡμέρᾳ ἐκείνῃ. Alia exempl. καὶ ἀπέκτεινεν ἐν τῇ ἡμέρᾳ ἐκείνῃ.[32] Alia: καὶ ἐθανάτωσεν ἐν τῇ ἡμέρᾳ ἐκείνῃ.[33]

שְׁמֹנִים. Ο΄. τριακοσίους. Οἱ λοιποί· ὀγδοήκοντα.[34]

נֹשֵׂא אֵפוֹד בָּד. Ο΄. πάντας αἴροντας ἐφούδ. Ἀ. φέροντας ἐπένδυμα ἐξαίρετον.[35]

19. לְפִי־חָרֶב. Ο΄. Vacat. Alia exempl. ἐν στόματι ῥομφαίας.[36]

20. וַיִּמָּלֵט. Ο΄. καὶ διασώζεται (Σ. ἔφυγεν[37]).

22. כִּי־שָׁם דּוֹאֵג. Ο΄. ὅτι Δωήκ. Alia exempl. ὅτι ἐκεῖ ἦν Δωήκ.[38]

CAP. XXIII.

1. שֹׁסִים. Ο΄. διαρπάζουσι [καταπατοῦσι]. Σ. προνομεύσουσι.[1]

---

3. אֶל־מַעַרְכוֹת. *Adversus acies.* Ο΄. εἰς τὰ σκῦλα. Alia exempl. εἰς τὰς κοιλίας; alia, εἰς τὰς κοιλάδας.[2] Ἀ. Θ. (εἰς) τὰς παρατάξεις. Σ. (εἰς) τὰ στρατόπεδα.[3]

5. וַיִּנְהַג. Ο΄. καὶ ἀπήγαγε (alia exempl. ἀπήλασε[4]).

7. נִכַּר. *Rejecit.* Ο΄. πέπρακεν. Σ. ἐξέδωκεν.[5]

8. לָצוּר. *Ad obsidendum.* Ο΄. συνέχειν. Οἱ λοιποί· πολιορκεῖν.[6]

9. הַגִּישָׁה הָאֵפוֹד. Ο΄. προσάγαγε τὸ ἐφοὺδ κυρίου. Ἀ. ἔγγισον τὸ ἔνδυμα (fort. ἐπένδυμα).[7]

11. הֲיַסְגִּרֻנִי בַעֲלֵי קְעִילָה בְיָדוֹ. *Num tradent me cives Keïlae in manum ejus?* Ο΄. εἰ ἀποκλεισθήσεται; καὶ νῦν. Aliter: Ο΄. εἰ ἀποκλεισθήσεται καὶ νῦν ✕ εἰς χεῖρας αὐτοῦ (◄);[8]

יֵרֵד. Ο΄. ἀποκλεισθήσεται. Οἱ λοιποί· καταβήσεται.[9]

12. וַיֹּאמֶר דָּוִד הֲיַסְגִּרוּ בַעֲלֵי קְעִילָה אֹתִי וְאֶת־אֲנָשַׁי בְּיַד שָׁאוּל וַיֹּאמֶר יְהוָה יַסְגִּירוּ. Ο΄. Vacat. ✕ καὶ εἶπεν Δαυίδ· εἰ παραδώσουσιν οἱ παρὰ τῆς Κεηλὰ (Θ. μὴ παραδώσουσιν οἱ ἔχοντες Κεηλὰ) ἐμὲ καὶ τοὺς ἄνδρας μου εἰς χεῖρας Σαούλ; καὶ εἶπεν ΙΙΙΙΙΙ· παραδώσουσιν (◄).[10] Ἄλλος· καὶ εἶπε Δαυίδ· εἰ συγκλεί-

---

[27] Codd. 92, 108 (uterque ut supra), 243 (in marg. sine nom.). Hieron.: *ne suspicetur.*   [28] Sic in textu Cod. 242.   [29] Cod. 243.   [30] Idem. Cod. 92 affert: Ἀ. Θ. κύκλωσον; Cod. 108: Θ. κύκλωσον.   [31] Idem.   [32] Sic Comp., Codd. 19 (cum ἐν ἐκείνῃ τῇ ἡ.), 82, 93, 108, 158, Lucif. Calar.   [33] Sic Codd. III, 243 (cum καὶ ἐθανάτωσεν in marg.).   [34] Cod. 243.   [35] Sic Codd. 92, 108 (cum vitiosa scriptura ἐπένδημα ἐξήρετον). Cf. ad Cap. ii. 18. 2 Reg. vi. 14.   [36] Sic Comp. (praem. ἐπάταξεν), Codd. 82 (idem), 93, 108 (ut Comp.), 247, Lucif. Calar.   [37] Cod. 243.   [38] Sic Comp. (om. ὅτι), Ald., Codd. XI, 29, 44, 56, alii (inter quos 243).

Cap. XXIII. [1] Cod. 243. In textu duplex versio καταπατοῦσι deest in Codd. III, XI, 44, 52, 56, aliis (inter quos 243).   [2] Prior lectio est in Ald., Codd. XI, 29, 52, 64, aliis (inter quos 243, cum Ο΄. σκῦλα in marg.); posterior in Comp., Codd. 19, 56, 82, 93, aliis.   [3] Cod. 243. Montef. e Regio exscripsit: Ἀ. εἰς τὰς π. Σ. εἰς τὰ στρ. Cod. 108 affert: Σ. εἰς τὰ στρ. Nobil., Cod. 92 in marg., et Anon. in Cat. Niceph. T. II, p. 433: Εἰς τὰς κοιλίας, εἰς τὰ στρατόπεδα. Ἑβραῖοι, εἰς τὰ σκῦλα. (Trium lectionum,

εἰς τὰ σκῦλα, εἰς τὰς κοιλίας, εἰς τὰς κοιλάδας, quae omnes ex una scriptura ΕΙCΤΑCΚΟΙΛΑ fluxisse videntur, cum nemo adhuc probabilem rationem reddiderit, venia sit nobis novam, quantum sciamus, conjecturam in medium afferentibus. Scilicet in Hebraeo archetypo pro אֶל־מַעַרְכוֹת interpres Graecus אֶל־מַכְבֹּרֹת reperit, pro quo, juxta notionem radicis ejus עָכַר, *perturbavit, in calamitatem injecit,* εἰς τὰ σκῦλα (quae scriptura est Cod. 247) h.e. *in sudes acutas* (Hesych.: Σκῶλα· ξύλα ὠξυμμένα) posuit. Tantum addimus, in loco Jud. xi. 35 pro Hebraeis הָיִית בְּעֹכְרָי in altera τῶν Ο editione legi εἰς σκῶλον ἐγένου ἐν ὀφθαλμοῖς μου.)   [4] Sic Comp., Codd. 82, 93, 108, Reg. (qui omnes clausulam, καὶ ἀπήλασε τὰ κτ. αὐτῶν, post alteram, καὶ ἐπάταξε—μεγάλην, rejiciunt, invito Hebraeo).   [5] Codd. 92, 108, 243.   [6] Codd. 108 (in marg. sine nom.), 243.   [7] Codd. 243 (teste Montef.), 243* (in marg. sine nom.). Parsonsii amanuensis lectionem non habet.   [8] Sic in textu Cod. 243, cum ✕ in marg.   [9] Idem. Sic in textu Comp., Codd. 52, 92 (in marg.), 123, 236. In Codd. 19, 108, duplex lectio est: καὶ εἶπε κύριος καταβήσεται, καὶ εἶπε κύριος ἀποκλεισθήσεται (καταβήσεται 108 in marg.).   [10] Cod. 243

σουσιν ἄνδρες Κεειλὰ ἐμὲ καὶ τοὺς ἄνδρας μου ἐν χειρὶ Σαούλ; καὶ εἶπε κύριος· συγκλείσουσιν.[11]

13. וַיִּתְהַלְּכוּ בַּאֲשֶׁר יִתְהַלָּכוּ. Et ibant quo eos via ferebat. Ο'. καὶ ἐπορεύοντο οὗ ἐὰν ('Α. ἐν ᾧ[12]) ἐπορεύοντο (alia exempl. ἐπορεύθησαν[13]). Σ. καὶ ἐρρέμβοντο ὁπουδήποτε.[14]

וַיֻּחְדַּל לָצֵאת. Ο'. καὶ ἀνῆκε ('Α. ἐπαύσατο[15]) τοῦ ἐλθεῖν (potior scriptura ἐξελθεῖν).

14. בַּמְּעָרוֹת. Ο'. ἐν Μασερὲμ (s. Μασεραὶμ, s. Μασερὲθ[16])...ἐν τοῖς στενοῖς. 'Α. ἐν ὀχυρώμασι. Σ. ἐν καταφυγαῖς. Θ. ἐν τοῖς σπηλαίοις (בַּמְּעָרוֹת) τοῖς ὀχυροῖς.[17]

בָּהָר בְּמִדְבַּר־זִיף. Ο'. ἐν τῇ ἐρήμῳ ἐν τῷ ὄρει

Ζίφ. Alia exempl. ἐν τῷ ὄρει ἐν τῇ ἐρήμῳ Ζίφ.[18]

14. Ο'. ἐν τῇ γῇ τῇ αὐχμώδει. (Vulg. in monte opaco.) Alia exempl. εἰς τὸ ὄρος τὸ αὐχμῶδες ἐν γῇ αὐχμώδει.[19] Alia: ἐν τῇ καινῇ εἰς τὸ ὄρος τὸ αὐχμῶδες.[20]

15. בְּמִדְבַּר־זִיף בַּחֹרְשָׁה. Ο'. ἐν τῷ ὄρει τῷ (alia exempl. ἐν τῇ ἐρήμῳ τῇ[71]) αὐχμώδει ἐν τῇ καινῇ Ζίφ (alia exempl. Ζίφ (s. Ζείφ) ἐν τῇ καινῇ[22]).

בַּחֹרְשָׁה. In silva. Ο'. ἐν τῇ καινῇ (בַּחֹרְשָׁה). 'Α. (ἐν) τῇ ὕλῃ. Σ. (ἐν τῷ) δρυμῷ.[21]

16. חֹרְשָׁה. Ο'. εἰς καινήν ('Α. τὴν ὕλην. Οἱ λοιποί· τὸν δρυμόν[24]).

וַיְחַזֵּק. Ο'. καὶ ἐκραταίωσε (Σ. ἐθάρσυνε[25]).

---

in marg. Cod. 92 in marg.: א (καὶ) εἶπε Δαυὶδ· εἰ παραδώσουσιν οἱ παρὰ τῆς Κεϊλὰ ἐμὲ καὶ τοὺς ἄ. μου εἰς χ. Σαούλ; καὶ εἶπε κύριος· παραδώσουσι. Sic sine aster. Comp. (cum ἀπὸ pro παρὰ), Codd. III (cum παρὰ τῆς Κεειλὰ pro οἱ παρὰ τῆς Κεϊλὰ), 19 (cum ἀπὸ pro οἱ παρὰ), 52 (cum Κηλὰ), 82 (cum οἱ ἀπὸ τῆς Κεειλὰ), 108 (ut Comp.), 123, 158 (ut 19), 236 (cum Κεειλὰ), 247 (cum οἱ τῆς Κεειλὰ), Arm. 1. Locutio οἱ παρὰ τῆς Κ. pro בְּעֵל Symmachum interpretem prodit, coll. Hex. ad Prov. i. 19. Eccles. xii. 11. [11] Sic in textu Cod. XI. Aquilae esse versionem crediderim. [12] Ad καὶ ἐπορεύοντο Cod. 108 in marg.: Α. ἐνώχμρα, unde expedio tantum ἐν ᾧ pro בַּאֲשֶׁר. [13] Sic Codd. II, III, XI, 44, 56, 71, alii (inter quos 243). [14] Cod. 243 (cum ἐρεμίοντο). Cod. 243ª in marg.: καὶ ἡρεμίοντο ὁπουδ. "Vox haud dubie vitiata."—Montef. "Conjicio scribendum esse ἐρεμβεύοντο, vel ἐρέμβοντο."—Parsonsii amanı. Eandem medicinam jamdudum adhibuerat illustrissimus Valckenaer. ad Eurip. Phoen. p. 250: "Apud Diog. Laert. IX, 63 pro συνεπορείετο genuinam sine dubio lectionem invenit Menagius in MSS. συνέρεμβετο. 1 Reg. xxiii. 23. ubi posuerunt bis Alexandrini ἐπορεύοντο, Symmachus dederat ἐρέμβοντο ὁπουδήποτε. Hoc eo moneo, ne verbum nihili, quod vulgavit e MS. vener. Bern. Montefalconius ἐρεμίοντο, Graecorum interpretum Antiqui Foederis castigatissimo tribueretur." Suidas: Ἐρέμβοντο· ἀπεπλανῶντο. Οἱ δὲ ἐρέμβοντο κατὰ τὴν χώραν ἕνεκα τῆς ἰδίας ὠφελείας. Cf. Hex. ad Psal. lviii. 16. cxviii. 118. Jerem. iii. 14. Symmachum ante oculos habuit Hieron., eleganter vertens: huc atque illuc vagabantur incerti. [14] Cod. 243. [16] Prior scriptura est in Codd. XI (cum Μασεραὶμ), 119, 243, 246; posterior in Cod. III, Euseb., Arm. 1. Scilicet Seniores expresse-

runt scripturam בַּמְּעָרוֹת, in locis angustis. [17] Cod. 243. Euseb. in Onomastico, p. 280: Μασερὲθ, ἔρημος ἔνθα ἐκαθίσθη Δαβίδ. Ἀκ. ἐν ὀχυρώμασι. Σύμ. ἐν καταφυγαῖς. Θεοδ. ἐν τοῖς σπηλαίοις. Denique Theodoret. Quaest. LV in 1 Reg. p. 390: Τὸ δέ, ἐκάθισεν Δαβὶδ ἐν τῇ ἐρήμῳ ἐν Μασερὰμ (sic), οἱ λοιποὶ ἑρμηνευταὶ ἐν τοῖς σπηλαίοις τοῖς ὀχυροῖς ἐκδεδώκασιν. E quibus testibus, necnon e Coislin. ad v. 19, non absurde conjeceris, illud τοῖς ὀχυροῖς Theodotionis lectioni ex Aquila male adhaesisse. [18] Sic Comp., Codd. III (cum Ζείφ), 19, 82 (cum Ζίφ), 93 (ut III), 108, Arm. 1 (cum τῆς ἐρήμου Ζ.). [19] Sic Ald., Codd. III (cum εἰς ὄρος), XI (cum ἐν τῇ γῇ τῇ αὐχ.), 29, 52, 56, alii (inter quos 243), Arm. 1 (cum ἐν τῷ σκώδει ὄρει ἐν τῇ αὐχ. γῇ, vertente Altero). [20] Sic Codd. 19, 82, 93, 108 (cum αὐχμῶδει). Cf. ad v. 15. [21] Sic Comp. (om. τῇ αὐχ.), Codd. XI, 19 (om. Ζίφ), 29, 56, 74, alii (inter quos 82, 93, 108, omnes ut 19), Bar Hebr. [22] Sic Comp., Codd. III, 119 (om. ἐν), 242 (fidem), 247 (cum καινῇ). Epitheton αὐχμῶδης vulgo ad Hebraeum זִיף referunt, tum hic tum Cap. xxvi. 2, favente Euseb. in Onomastico, p. 198: Ζείβ. Ὄρος αὐχμῶδες τῆς Ζείβ. Non tamen dissimulandum est, in loco Jerem. xlviii. 31 nomen αὐχμός cum Hebraeo חֶרֶשׂ (in קִיר־חֶרֶשׂ) commutatum esse, unde suspicio oriatur, verba superflua ἐν τῷ ὄρει τῷ αὐχμῶδει non esse nisi duplicem versionem Hebraei בַּחֹרְשָׁה, quae cum notione radicis inusitatae חֶרֶשׂ vel חֶרֶם, siccus, aridus fuit, non male conveniat. Cf. ad v. 18. [23] Cod. 243 (ad ἐν τῷ ὄρει τῷ αὐχ.): Ἀ. τῇ ὕλῃ. Σ. δρυμῷ. Cod. 92 (ad ὄρει): Ἀ. ὕλη. Σ. Θ. δρυμῷ. Denique Cod. 108 (ad ἐν τῇ ἐρήμῳ τῇ αὐχ.) in marg. sine nom.: δρυμῷ; necnon ad καινῇ: ὕλη. [24] Cod. 243. [25] Codd. 92, 108, 243 (cum ἐθάρσυνεν).

18. בַּחֹרְשָׁה. Ο'. ἐν καινῇ. 'Α. εἰς τὸν δρυμόν.²⁶
Aliud exempl. ἐν τῇ καινῇ τῇ αὐχμώδει.²⁷

19. הַגִּבְעָתָה. Ο'. ἐπὶ τὸν βουνόν. Οἱ λοιποί· εἰς
Γαβάθ.²⁸

בִּמְצָדוֹת. Ο'. ἐν Μεσσαρὰ ἐν τοῖς στενοῖς.
'Α. Σ. (ἐν) τοῖς ὀχυρώμασι. Θ. (ἐν) τοῖς σπη-
λαίοις.²⁹

בַּחֹרְשָׁה. Ο'. ἐν τῇ καινῇ ('Α. ὕλη. Οἱ λοι-
ποί· δρυμῷ³⁰).

הַיְשִׁימוֹן. Deserti. Ο'. τοῦ Ἰεσσαιμοῦ (alia exempl. Ἰεσσεμοῦν³¹). 'Α. τῆς ἠφανισμένης.
Σ. τῆς ἐρήμου.³²

20. לְכָל־אַוַּת נַפְשְׁךָ הַמֶּלֶךְ לָרֶדֶת רֵד. Ο'. πᾶν
τὸ πρὸς ψυχὴν τοῦ βασιλέως εἰς κατάβασιν,
καταβαινέτω (πρὸς ἡμᾶς). Σ. κατὰ πᾶσαν ἐπιθυμίαν σου, βασιλεῦ, καταβῆναι, κατάβηθι.³³

וְלָנוּ הַסְגִּירוֹ. Ο'. πρὸς ἡμᾶς κεκλείκασιν αὐτόν (alia exempl. ἀποκεκλεισμένοι εἰσίν³⁴). (Σ.)
ἡμέτερον δὲ συγκλεῖσαι αὐτόν.³⁵

21. חֲמַלְתֶּם. Miserti estis. Ο'. ἐπονέσατε. 'Α.
Θ. ἐφείσασθε. Σ. ἐσπλαγχνίσθητε.³⁶

22. וּרְאוּ. Ο'. Vacat. Alia exempl. καὶ ἴδετε.³⁷

22. עָרֹם יַעְרִם הוּא. Callendo callide agit ipse.
Ο'. μήποτε πανουργεύσηται (alia exempl. παν-
ουργευσάμενος πανουργεύσηται³⁸).

23. מִכֹּל הַמַּחֲבֹאִים אֲשֶׁר יִתְחַבֵּא שָׁם וְשַׁבְתֶּם אֵלַי
אֶל־נָכוֹן. Ex omnibus latibulis in quibus sese
abscondere solet, et revertimini ad me ad certum (re comperta). Ο'. Vacat. ※ ἐκ πάντων τῶν τόπων ὅπου κρυβήσεται ἐκεῖ, καὶ
ἐπιστρέψατε πρὸς μὲ εἰς ἕτοιμον (Σ. ἐπὶ βε-
βαίῳ³⁹) (◄).⁴⁰

24. זִיפָה. Ad Ziph. Ο'. οἱ Ζιφαῖοι. Alia exempl. οἱ Ζιφαῖοι ἐκ τῆς αὐχμώδους.⁴¹

בְּמִדְבַּר מָעוֹן. Ο'. ἐν τῇ ἐρήμῳ τῇ Μαών (alia
exempl. τῇ ἐπηκόῳ⁴²).

בָּעֲרָבָה. Ο'. καθ' ἑσπέραν. 'Α. ἐν ὁμαλῇ.
Σ. (ἐν) τῇ πεδιάδι.⁴³

הַיְשִׁימוֹן. Ο'. τοῦ Ἰεσσαιμοῦ. 'Α. τῆς ἠφανισμένης. Σ. (τῆς) ἀοικήτου.⁴⁴

26. נֶחְפָּז. Trepide festinans. Ο'. σκεπαζόμενος.
'Α. θαμβούμενος. Σ. περιστελλόμενος. Θ.
κρυπτόμενος.⁴⁵

עֹטְרִים. Cingentes. Ο'. παρενέβαλον. Alia

---

²⁶ Cod. Reg. Cf. ad v. 19. ²⁷ Sic Cod. 108 (cum
αὐχμώδει). ²⁸ Cod. 243. ²⁹ Idem (cum Μασαρὰ in
textu). Procop. p. 73: Ἐν Μασαρίθ (sic). Οἱ λοιποί ἐξέδωκαν, ἐν τοῖς σπηλαίοις. Cf. ad v. 14. ³⁰ Idem (cum ἐν
καινῇ in textu): 'Α. καινῇ ὕλη. ῷ. δρυμῷ. Minus probabiliter Reg.: 'Α. εἰς τὸν δρυμόν; necnon Theodoret. in
Quaest. LV in 1 Reg. p. 390: τὴν δὲ καινὴν δρυμὸν ὁ Ἀκ.
ἡρμήνευσεν· τὴν Γαβαὰδ δὲ βουνόν· τὸ δὲ ἐν τῇ ἐρήμῳ τῇ ἐπηκόῳ (v. 24), ἐν τοῖς ὁμαλοῖς. ³¹ Sic Comp., Codd. XI, 44,
56, 64, alii. ³² Euseb. in Onomastico, p. 240: Ἰσιμώθ,
ἔνθα ἐκρύπτετο Δαυίδ ... ἐν δὲ τῇ πρώτῃ τῶν Βασιλειῶν ἀντὶ τοῦ
Ἰεσσαιμοῦθ ὁ μὲν Ἀκ. τῆς ἠφανισμένης, ὁ δὲ Σύμ. τῆς ἐρήμου ἐκδεδώκασιν. Ad Ἰεσσαιμοῦν (sic) Cod. 243 affert: 'Α. τῆς ἠφανισμένης. ³³ Cod. 243. ³⁴ Sic Comp. (cum ἀπ. γὰρ
εἰσιν), Ald., Codd. XI, 19 (ut Comp.), 29, 44, 52, alii (inter
quos 243). ³⁵ Cod. 243 in marg. sine nom. Hieron.:
Nostrum autem erit, ut tradamus eum. ³⁶ Cod. 92.
Cod. 243: 'Α. Θ. ἐφείσασθε. ἐσπλαγχνίσθητε. Minus probabiliter Cod. 108: 'Α. ἐφείσασθε. Θ. σπλαγχνίσθητε (sic).
Ad Sym. cf. Hex. ad Deut. xiii. 8. Ezech. xxiv. 21.
³⁷ Sic Comp., Codd. III, 82, 93, 108, 123, 247, Arm. 1.

²⁸ Sic Comp. (cum π. οὗτος π.), Ald., Codd. XI, 19 (ut
Comp.), 29, 52, 64, alii (inter quos 243). Bar Hebraeus:
ܘܚܡܐ ܡܪܢܐܝܬ ܡܪܢ. ³⁹ Cod. 243. ⁴⁰ Sic in
marg. Codd. 92, 243 (cum ἐπιστρέψετε), et sine aster.
Comp. (cum αὐτὸς κρύπτεται pro κρυβήσεται), Codd. III (cum
κρίβεται), 19 (ut Comp., cum ἀποστρέψατε), 52 (om. τῶν),
82 (ut Comp.), 93 (idem), 108 (idem), 123 (cum ὅπου αὐτὸς
κρυβήσεται), 236 (ut 52), 247 (cum ἐκ π. τούτων τὸν τόπων
ὅπου κρύπτεται ἐκεῖ), Arm. 1. ⁴¹ Sic Ald., Codd. XI, 29,
52, 56 (cum οἱ ἐκ), 64, alii (inter quos 243). Cf. v. 19 in
LXX. ⁴² Sic (ter) Codd. 19, 82, 93, 108, 158 (cum ἐπι-
κοω), Theodoret. (ut supra). Vox ἐπήκοος indicat variam
scripturam שְׁמֹעָן (Σιμών) pro מָעֹן, quae etiam apud Josephum
(Antiq. VI, 13, 2) in uaum et alterum librum irrepsit. Cf.
Scharfenb. in Animadv. T. II, p. 126. ⁴³ Cod. 243.
Codd. 92, 108 (qui ad ἐν τῇ ἐρήμῳ male referunt): Σ. ἐν τῇ
πεδιάδι. Etiam Theodoret. (ut supra) falso affirmat, pro
ἐν τῇ ἐρήμῳ τῇ ἐπηκόῳ Aquilam ἐν τοῖς ὁμαλοῖς transtulisse.
⁴⁴ Idem. Cod. 108 in marg. sine nom.: ἀοικείτου (sic).
⁴⁵ Idem. Cod. 108 in marg. sine nom.: περιστελλόμενος (sic).
Ad Aquilam cf. Hex. ad Exod. xii. 11. Psal. xlvii. 6.

exempl. παρεπλαγίαζον.⁴⁶ Οἱ λοιποί· περιστε-
φανοῦντες.⁴⁷

27. וַיְמַלְאַךְ בָּא אֶל־שָׁאוּל. Ο'. καὶ πρὸς Σαοὺλ
ἦλθεν ἄγγελος. Alia exempl. καὶ ἄγγελος
παρεγένετο πρὸς Σαούλ.⁴⁸

28. סֶלַע הַמַּחְלְקוֹת. Petra diremptionis (s. eva-
sionis). Ο'. πέτρα ἡ μερισθεῖσα (Θ. τῶν διαι-
ρέσεων⁴⁶).

CAP. XXIV.

1. וַיַּעַל. Ο'. καὶ ἀνέστη (alia exempl. ἀνέβη¹).
בִּמְצָדוֹת. Ο'. ἐν τοῖς στενοῖς (('Α.) ὀχυρώμασιν.
(Σ.) ἀποφυγαῖς. (Θ.) τοῖς σπηλαίοις²).

3. צוּרֵי הַיְּעֵלִים. Rupium ibicum. Ο'. Σαδδαιέμ
(s. Σαδέμ, s. Σαδέμ). Alia exempl. τῆς θήρας
τῶν ἐλάφων.³ 'Α...τῶν ἐλαφίνων. Θ. τῶν
πετρῶν τῶν ἐλάφων.⁴

4. לָהֵסֶךְ אֶת־רַגְלָיו. Ad tegendum pedes suos.
Ο'. παρασκευάσασθαι. 'Α. τοῦ διευθῦναι..
Σ. ἀποπατῆσαι. Θ. ἀποκενῶσαι τοὺς πόδας

αὐτοῦ.⁵ Aliter: 'Α. ἀποκενῶσαι (s. κενῶσαι)...⁶

5. הִנֵּה אָנֹכִי נֹתֵן. Ο'. παραδοῦναι. Alia exempl.
ἰδοὺ ἐγὼ δίδωμι.⁷

כַּאֲשֶׁר יִטַב. Ο'. ὡς ἀγαθόν. Alia exempl. τὸ
ἀρεστόν.⁸

אֶת־כְּנַף־הַמְּעִיל. Ο'. τὸ πτερύγιον τῆς διπλοΐδος. Σ. τὸ ἄκρον τῆς χλαμύδος. (Θ.) τὸ
κράσπεδον τοῦ ἱματίου. Σ. (fort. 'Α.)..τοῦ
ἐνδύματος.⁹

6. וַיַּךְ. Ο'. καὶ ἐπάταξε ('Α. ἔπληξε¹⁰).

7. אִם־אֶעֱשֶׂה. Ο'. εἰ (Σ. ἵνα¹¹) ποιήσω.

8. וַיְשַׁסַּע. Et compescuit. Ο'. καὶ ἔπεισε ('Α.
συνέκλασεν. Σ. περιέσπασεν. Θ. ἠπάτη-
σεν¹²).

וְלֹא נְתָנָם. Ο'. καὶ οὐκ ἔδωκεν (Σ. οὐκ ἐπέτρεψεν. Θ. οὐκ ἀφῆκεν¹³) αὐτοῖς.

וְשָׁאוּל קָם מֵהַמְּעָרָה. Ο'. καὶ ἀνέστη Σαούλ.
Alia exempl. καὶ Σαοὺλ ἀνέστη ἐκ τοῦ σπη-
λαίου.¹⁴

---

⁴⁶ Sic Comp., Codd. 19, 82, 93, 108, 158 (cum παρεπλα-
σταζον). ⁴⁷ Cod. 243. Hieron.: in modum coronae
cingebant. ⁴⁸ Sic Comp., Codd. 19, 82, 93, 108. Mox
ἧκε pro δεῦρο iidem. ⁴⁹ Codd. 92 (cum τῆς διαιρέσεως),
108.
CAP. XXIV. ¹ Sic Comp., Codd. III, 82, 93, 108.
² Cod. 243 in marg. sine nom. Cf. ad Cap. xxiii. 14.
³ Sic Comp., Codd. II (in marg.), 19, 82, 93, 108, 158
(add. Σαδίμ). Lucif. Calar.: venationis cervorum. (Pro
Σαδδαιέμ praeter scripturas supradictas in Cod. II est 'Εδ-
δαιέμ; in Cod. III Λειαμείν; in Cod. 247 Αθιαλείμ; in
Eusebio et Hieronymo interprete ejus 'Ααλίμ et Ahialim.)
⁴ Euseb. in Onomastico, p. 6. Praeterea ante Σαδίκ (sic)
Cod. 243 in marg. addit: Χ ᾷ τῶν πετρῶν; necnon ad τῶν
ποιμνίων (v. 4): ᾷ τῶν ἐλάφων. Cod. 92 in marg. sine nom.:
τῶν πετρῶν τῶν ἐλάφων. ⁵ Cod. 243: 'Α. τοῦ διευθῦναι (sic),
ἀποκενῶσαι τοὺς π. αὐτοῦ. Codd. 92, 108: Θ.
ἀποκενῶσαι τοὺς π. αὐτοῦ. Σ. ἀπατῆσαι (sic). ⁶ Theodoret.
Quaest. LVI in 1 Reg. p. 391: Πῶς νοητέον τὸ, εἰσῆλθε Σαοὺλ
ἀνασκευάσασθαι (sic) εἰς τὸ σπήλαιον; Σεμνῶς ἡρμηνεύθη παρὰ
τῶν Ο'· ὁ δὲ Ἀκ. αὐτὸ σαφέστερον εἴρηκεν· εἰσῆλθε γάρ φησιν
ἀποκενῶσαι· ὁ δὲ Ἰώσηπος [Antiq. VI. 13, 4: ἐπείγεσθαι ὑπὸ
τῶν κατὰ φύσιν] τὰς φυσικὰς ἐκκρίσεις ποιήσασθαι. Procop.
p. 74: Καὶ εἰσῆλθε Σαοὺλ παρασκευάσασθαι. Σεμνῶς ἄγαν· ὁ δὲ
TOM. I.

Ἀκ. κενῶσαι. Cf. Hex. ad Jud. iii. 24. Praeterea Montef.
ex Regio praeclaram notam hexaplarem edidit: Ἄλλος·
σεμνῶς ἄγειν, quae unde exorta sit, Procopium inspicienti
facile patebit. Itaque Aquilae quinque interpretationes
vocis לְהָסֵךְ, a Schleusnero in Nov. Thes. s. v. διευθῦναι memo-
ratae, ad duas fere redactae sunt, διευθῦναι et ἀποκενῶσαι,
quarum tamen utraque cum Hebraeo archetypo quomodo
concilianda sit aegre perspexeris. Ut dicam quid sentiam,
versio ἀποκενῶσαι tum hic tum in loco Judicum soli Theodotioni tribuenda est; altera autem διευθῦναι lectionem
Hebraeam לְהָסֵךְ, non לְהָסֵךְ, repraesentat. ⁷ Sic Comp.,
Codd. XI, 19, 29, 56, alii. ⁸ Sic Comp., Codd. 19, 82,
93, 108, 158. ⁹ Cod. 243 in marg.: ἄκρον τῆς χλαμύδος.
τὸ κράσπεδον τοῦ ἱματίου. Σ. τοῦ ἐνδύματος. Prior lectio est
Symmachi, teste Cod. 108, qui affert: Σ. τὸ ἄκρον τῆς χλ.
Alteram Theodotioni vindicavimus, coll. Hex. ad Cap.
xv. 27. Posteriorem Aquilae potius quam Symmacho
tribuendam esse testantur Hex. ad Exod. xxviii. 31.
Lev. viii. 7. Job. i. 20. Jesai. lix. 17. ¹⁰ Cod. 243.
¹¹ Idem. ¹² Idem (cum συνέκλασεν pro συνέκλασεν).
Correxit Scharfenb. in Animadv. T. II, p. 128. Hieron.
confregit. ¹³ Idem. ¹⁴ Sic Codd. III, 247, Arm. 1.
Post εἰς τὴν ὁδὸν (sic) add. ἐκ τοῦ σπ. Comp., Codd. 19, 82,
93, 108.

3 z

9. וַיָּקָם...וַיֵּשֶׁב. Ο'. καὶ ἀνέστη. Alia exempl.
καὶ ἐξῆλθε; alia, καὶ ἀνέστη... καὶ ἐξῆλθεν.[15]

וַיִּקֹּד. Et inclinavit se. Ο'. καὶ ἔκυψε (Σ.
ὤκλασεν[16]).

10. רָעָתָה. Ο'. τὴν ψυχήν (Οἱ λοιποί· τὴν κακίαν[17]) σου.

12. וְאָבִי רְאֵה גַם רְאֵה אֶת־כְּנַף. Ο'. καὶ ἰδοὺ τὸ
πτερύγιον. Aliter: Ο'. καὶ ※ πάτερ μου ◄
ἰδού, ※ καὶ ἰδοὺ ◄ τὸ πτερύγιον.[18]

מְעִילָה. Ο'. τῆς διπλοΐδος ('Α. τοῦ ἐνδύματος.
Σ. τῆς ἐφεστρίδος. Θ. τοῦ ἐπιβολαίου[19]) σου.

בְּיָדִי. Ο'. ἐν τῇ χειρί μου. Σ. παρ' ἐμοί.[20]

צֹדֶה. Insectaris. Ο'. δεσμεύεις. Οἱ λοιποί,
Σ. θηρᾷς.[21] Ἄλλος· ἐνεδρεύεις.[22]

13. יִשְׁפֹּט. Ο'. δικάσαι. Alia exempl. κρίναι.[23]

14. מְשָׁל. Ο'. ἡ παραβολή (Σ. παροιμία[24]).

16. אֶת־רִיבִי. Ο'. τὴν κρίσιν (alia exempl. τὴν
δίκην[25]) μου.

20. טוֹבָה. Ο'. ἀγαθά. Σ. ἀμοιβήν.[26]

23. עַל־הַמְּצוּדָה. Ο'. εἰς τὴν Μεσσερὰ στενήν
('Α. Σ. τὸ ὀχύρωμα. Θ. τὴν κορυφήν[27]).

Cap. XXV.

1. בְּבֵיתוֹ בָרָמָה. Ο'. ἐν οἴκῳ αὐτοῦ ἐν Ἀρμαθαίμ
(Aliter: Ο'. Ῥαμά. Θ. τὸ ἔσω[1]).

פָּארָן. Ο'. Μαών. Alia exempl. τὴν ἐπήκοον.[2]
Alia: Φαράν.[3]

2. וּמַעֲשֵׂהוּ. Et bona ejus. Ο'. καὶ τὰ ποίμνια
(alia exempl. ἡ ἐργασία[4]) αὐτοῦ.

צֹאן. Ο'. ποίμνια. Alia exempl. πρόβατα.[5]

3. טוֹבַת־שֶׂכֶל. Ο'. ἀγαθὴ συνέσει. Σ. εὐδιανόητος.[6]

וְרַע מַעֲלָלִים. Ο'. καὶ πονηρὸς ἐν ἐπιτηδεύμασι.
Σ. (καὶ) κακογνώμων.[7]

5. וּשְׁאֶלְתֶּם לוֹ..לְשָׁלוֹם. Ο'. καὶ ἐρωτήσατε (Ἄλ-
λος· ἀσπάσασθε. Ἄλλος· προσείπατε[8]) αὐτὸν
.. εἰς εἰρήνην. Σ. (καὶ) ἀσπάζεσθε (αὐτόν)..[9]

6. לֶחָי. Salve! Ο'. εἰς ὥρας. Schol. ἀντὶ τοῦ,
πολλοί σοι χρόνοι.[10]

7. לֹא הֶכְלַמְנוּם. Non injuria affecimus eos. Ο'.
καὶ οὐκ ἀπεκωλύσαμεν ('Α. ἐνετρέψαμεν. Σ.
ἐνωχλήσαμεν. Θ. κατῃσχύναμεν[11]) αὐτούς.

---

[15] Prior lectio est in Comp., Codd. XI, 29, 52, 64, aliis, Lucif. Calar.; posterior in Codd. III, 123, 247. [16] Cod. 243. [17] Idem. [18] Idem in textu: καὶ ※ ἰδοὺ ※ τὸ πτ.; in marg. autem: ※ καὶ πάτερ μου ※ καὶ ἰδοὺ (sic). Comp., Codd. III (cum πάτερ), 82, 93, 108, 247 (cum καὶ πάτερ μου ἴδε τὸ πτ.): καὶ πατήρ μου, καὶ ἰδοὺ τὸ πτ. [19] Cod. 243 (cum τοῦ ἐφ.). Ad Symmachum cf. Hex. ad 1 Reg. ii. 19. Job. i. 20. [20] Idem. [21] Idem: λ. Σ. θηρᾶς (sic). (Montef. Symmachi tantum nomen praemittit.) Cod. 108 in marg. sine nom.: θήρας (sic). [22] Sic in textu Cod. 242. [23] Sic Comp., Codd. 19, 82, 93, 108, 158, Chrysost. Opp. T. IV, p. 766 E. [24] Codd. Reg., 92, 108 (in marg. sine nom.), 243 (idem). Cf. Hex. ad Prov. xxv. 1. Ezech. xii. 22. [25] Sic Comp., Codd. 19, 82, 93, 108, Reg. [26] Cod. 243. Lectionem ad ἀγαθὰ (v. 19) refert Montef. minus probabiliter. [27] Cod. 243 (cum εἰς τὴν Μεσσαρὰμ τὴν στενὴν in textu), Reg. (sine Σ. Θ.): Σ. Θ. τὸ ὀχύρωμα, τὴν κορυφήν. Cod. 92 (ad Μεσσερὰ): Σ. 'Α. τὸ ὀχύρωμα. Cf. ad Cap. xxii. 4.

Cap. XXV. [1] Cod. 243 in marg. (ad Ἀρμαθαίμ): ὅ. ραμα. Θ. τὸ ἔσω, h. e. quod intus (in textu) habetur. Cf. ad v. 31. Prior lectio est in Codd. III, 247 (cum ἐν 'Ρ. εἰ (sic) Ἀρμ.).

[2] Sic Codd. 19, 82, 93, 158 (ut videtur). Cf. ad Cap. xxiii. 24. [3] Sic Comp., Codd. III, 247 (cum Φαρράν). [4] Sic Comp., Codd. 19, 82, 93, 108, 158, Procop. p. 74. [5] Sic Comp., Ald., Codd. 19, 44, 52, 64, alii (inter quos Reg., 243), Arm. 1. [6] Codd. 108 (cum εὐδιάνοτος), 243. [7] Codd. 108 (ad σκληρὸς), 243. Ad κυνικὸς Cod. 243 in marg. sine nom.: φσαιδὴς καὶ ταχὺς (τραχὺς) καὶ πονηρὸς ἐν ἐπιτηδεύμασιν. [8] Cod. 243 in marg.: ἀσπάσασθε, προσείπατε. Prior lectio est in Comp., Codd. 82, 93, 108. [9] Cod. 108. [10] Cod. 243 in marg. (Similiter in eadem historia Joseph. Antiq. VI, 13, 5: καὶ συνεύχεται τοῦτο ποιεῖν ἐν' ἔτη πολλά. Sed locutio Graeca εἰς ὥρας per se nihil sonat nisi anno proximo (e. g. Plat. Epist. 7, p. 346: μένε ἐπὶ τούτοις τὸν ἐνιαυτὸν τοῦτον εἰς δὲ ὥρας ἄπιθι λαβὼν τὰ χρήματα. Cf. Gen. xviii. 10, 14, ubi formulam Hebraeam כָּעֵת חַיָּה Seniores optime Graecam fecerunt εἰς ὥρας), vel, in salutando, in annum sequentem vivas (e. g. Theocr. Adoniaz. 74: κῆς ὥρας κἤπειτα (et hunc in annum et in plures), φίλ' ἀνδρῶν, ἐν καλῷ εἴης); cui contrarium est μὴ ὥρας (s. ὥρασιν) ἵκοιο, cum imprecari alicui mortem anno vertente citiorem vellet aliquis.) [11] Cod. 243 (cum ἐνετρέψαμεν). Cod. 108 in marg. (ad οὐδὲ (sic) ἐνετειλάμεθα): ἐνωχλήσαμεν.

8. לַעֲבָדֶיךָ וּלְבֶן. O'. τῷ υἱῷ σου. Aliter: O'. ✕ τοῖς παισί σου καὶ ◄ τῷ υἱῷ σου.[12]

9. וַיָּנֻחוּ. Et cessaverunt. O'. καὶ ἀνεπήδησε. Οἱ λοιποί· ἐπαύσαντο.[13]

10. הַמִּתְפָּרְצִים. Abrumpentes se. O'. ἀναχωροῦντες. Θ. ἀποδιδράσκοντες.[14]

12. כְּכֹל הַדְּבָרִים. O'. κατὰ τὰ ῥήματα. Alia exempl. κατὰ πάντα τὰ ῥήματα.[15]

13. וַיַּחְגְּרוּ אִישׁ אֶת־חַרְבּוֹ וַיַּחְגֹּר גַּם־דָּוִד אֶת־חַרְבּוֹ. O'. Vacat. Alia exempl. καὶ περιεζώσαντο ἀνὴρ τὴν μάχαιραν αὐτοῦ, καὶ περιεζώσατο καίγε Δαυὶδ τὴν μάχαιραν αὐτοῦ.[16]

14. וַיָּעַט בָּהֶם. Et invectus est in eos. O'. καὶ ἐξέκλινεν ('A. ὠτρύνθη. Σ. ἀπεστράφη. Θ. ἐξουδένωσεν[17]) ἀπ' αὐτῶν.

15. וְלֹא־פָקַדְנוּ. Nec desiderarimus. O'. οὐδὲ ἐνετείλαντο (alia exempl. ἐπιτετάχασιν[18]) ἡμῖν.

16. הָיוּ עַל־עָמָּם רֹעִים הַצֹּאן. O'. ὡς ἦμεν παρ' αὐτοῖς ποιμαίνοντες τὸ ποίμνιον. Alia exempl. ὄντων ἡμῶν μετ' αὐτῶν ἐν ἀγρῷ ποιμαινόντων τὸ ποίμνιον.[19]

17. וְעַל־כָּל־בֵּיתוֹ. O'. καὶ εἰς τὸν οἶκον (Σ. κατὰ τοῦ οἶκου[20]) αὐτοῦ.

17. בֶּן־בְּלִיַּעַל. O'. υἱὸς λοιμός ('A. ἀποστασίας. Σ. ἄνομος. Θ. ἀφροσύνης[21]).

18. וַתְּמַהֵר. O'. καὶ ἔσπευσεν ("Αλλος· ἐτάχυνεν[22]).

נִבְלֵי־יַיִן. O'. ἀγγεῖα ('A. ἀμφορεῖς. Σ. ἀσκούς. Θ. νέβελ[23]) οἴνου.

סְאִים. O'. οἰφί. 'A. σάτα.[24]

קָלִי. Spicarum tostarum. O'. ἀλφίτου. Schol. κεκομμένης κρίθης. 'A. φρυκτῶν (ᴀ. φρυκτοῦ).[25]

וּמֵאָה צִמֻּקִים. Et centum uvas passas. O'. καὶ γομὸρ ἓν (Σ. καὶ ἑκατὸν ἐνδέσμους[26]) σταφίδος.

19. וּלְאִישָׁהּ נָבָל. O'. καὶ τῷ ἀνδρὶ αὐτῆς ✕ Νάβαλ ◄.[27]

20. בְּסֵתֶר. In loco occulto. O'. ἐν σκέπῃ ('A. ἀποκρυφῇ[28]).

21. אַךְ. O'. ἴσως. 'A. πλήν. Σ. οὕτως.[29]

לַשֶּׁקֶר. O'. εἰς ἄδικον ('A. ψεῦδος. Σ. ἀνόητον[30]). "Αλλος· εἰς μάτην.[31]

וְלֹא־נִפְקַד. Et non desideratum est. O'. καὶ οὐκ ἐνετειλάμεθα (alia exempl. ἐνετειλάμην[32])

Hieron.: molesti fuimus.　　¹² Idem. Sic sine aster. Comp., Ald., Codd. III (om. καὶ), 19 (om. καὶ), 82 (ut 19), 92, 93 (ut 19), 108 (idem), alii, Arm. 1 (cum τῷ παιδὶ καὶ υἱῷ σου).　¹³ Idem. Schleusner. in Nov. Thes. s. v. ἀναπηδάω: "Alii libri habent ἀνέπαυσαν." Falsum. ¹⁴ Codd. 92, 243. Sic in textu Codd. 82, 158 (cum οἱ διδιδράσκοντες).　　¹⁵ Sic Comp., Codd. III, 82, 92, 93, alii (inter quos 243 in marg.).　¹⁶ Sic Codd. III (cum καὶ Δαυὶδ), XI, 92 (cum περιεζώσατο ἀνήρ, et om. καίγε), 123 (ut III), 144 (cum περιεζώσατο ἀνήρ, et καὶ Δαυίδ). Aliud supplementum, καὶ περιεζώσαντο τὰς μαχαίρας αὐτῶν, καὶ Δ. καὶ αὐτὸς ἐζώσατο τὴν μ. αὐτοῦ, est in Comp. (cum αὐτοῦ pro αὐτῶν), Codd. 19 (cum αὐτοῦ pro αὐτῶν, et καὶ αὐτοὶ ἐζώσαντο), 82, 93, 108.　¹⁷ Cod. 243. Cod. 92 affert: 'A. ὠτρύνθη. Cf. ad Cap. xiv. 32.　¹⁸ Sic Codd. 82, 93, 108 (cum Σ. ἐνετείλαντο in marg.), Reg.　¹⁹ Sic Codd. XI (om. τὸ ποίμνιον), 29, 55, 56, alii (inter quos 243).　²⁰ Cod. 243. ²¹ Idem. Cod. 108 in marg. sine nom.: ἄνομος.　²² Sic in textu Cod. 247. Cf. ad v. 42.　²³ Cod. 243. Codd. 92, 108: Σ. ἀσκούς. Cf. ad Cap. i. 24. x. 3.　In alia omnia abeunt interpretes in Hex. ad Jerem. xiii. 12. xlviii. 12.

²⁴ Codd. 108, Reg., Procop. p. 77, Theodoret. Quaest. LIX iu 1 Reg. p. 394.　²⁵ Cod. 243 in marg.: 'A. φρυκτῶν, κεκομμένης κρίθης. (Lectionem sine distinctione integram Aquilae tribuit Montef.) Cod. 92 in marg.: φρυκτοῦ. Cod. 108 in marg.: φρυκτοῦ. Cf. Hex. ad Ruth ii. 14. 2 Reg. xvii. 28.　²⁶ Codd. 92, 243 (in marg. sine nom.). Bar Hebraeus: ܣܡܦ ܐܡܠܐ ܡܗܝܐ ܘܐܗܒܐ. Cf. ad Cap. xxx. 12. Symmachum, ut solet, expressit Hieron., vertens: et centum ligaturas uvae passae.　²⁷ Sic (cum ✕ Νάβαλ in marg.) Cod. 243; in textu autem sine aster. Comp. (cum τῷ δὲ ἀ. αὐτῆς), Codd. 19, 82 (ut Comp.), 93 (idem), 108 (idem), 144, alii.　²⁸ Cod. 243. Cod. 108: 'A. ἀπόκρυφοι (sic). Cf. Hex. ad Job. xxxi. 27. Psal. xxxi. 7. Jesai. xxxii. 2.　²⁹ Idem. Cod. 108 affert: 'A. πλήν. Paulo aliter Cod. Reg. (cum πληιμμάτη) et Procop. ibid. dant: 'A. πλὴν μάτην, proculdubio pro Hebraeis אַךְ לַשֶּׁקֶר. Ad Sym. cf. Hex. ad Jerem. xvi. 19.　³⁰ Cod. 243. Pro ἀνόητον s. εἰς ἀνόητον Schleusner. in Nov. Thes. s. v. non male desiderat ἀνόητως.　³¹ Pro ἴσως εἰς ἄδικον Cod. 242 in textu habet πλὴν εἰς μάτην. Cf. Hex. ad Jerem. viii. 8.　³² Sic Ald., Codd. 29, 44, 55, alii (inter quos 243).

λαβεῖν. Σ. (καὶ οὐ) διεφώνησεν. Θ. (καὶ οὐκ) ἠτήσαμεν.[33]

22. לְאֹיְבֵי דָוִד. Ο΄. τῷ Δαυίδ. Alia exempl. τοῖς ἐχθροῖς Δαυίδ.[34]

בְּקִיר. Ο΄. πρὸς τοῖχον. Ἄλλος· ἐν τριγχῷ.[35]

25. אַל־נָא יָשִׂים אֲדֹנִי אֶת־לִבּוֹ. Ο΄. μὴ δὴ θέσθω ὁ κύριός μου καρδίαν αὐτοῦ. Σ. μὴ πρόσχῃς, ἀξιῶ.[36]

עַל־נָבָל. Ο΄. Vacat. Alia exempl. ἐπὶ Νάβαλ.[37]

כֵן־הוּא. Ο΄. οὗτός ἐστι. Alia exempl. οὕτως ἐστὶν αὐτός.[38]

וּנְבָלָה. Ο΄. καὶ ἀφροσύνη ('Α. ἀπόρρευσις[39]).

26. מִבּוֹא בְדָמִים וְהוֹשֵׁעַ יָדְךָ לָךְ. Ο΄. τοῦ μὴ ἐλθεῖν εἰς αἷμα ἀθῷον, καὶ σώζειν τὴν χεῖρά σου σοι. Ἀ. τοῦ μὴ μυσάζειν...[40]

28. שָׂא. Ο΄. ἆρον. Σ. ἀφελοῦ.[41]

28. וְרָעָה. Ο΄. καὶ κακία (Σ. πονηρία[42]).

29. צְרוּרָה. Ο΄. ἐνδεδεμένη. Σ. πεφυλαγμένη.[43]

בְּתוֹךְ כַּף הַקֶּלַע. In medio cavitatis fundae. Ο΄. ἐν μέσῳ τῆς σφενδόνης. Ἀ. (ἐν) ταρσῷ πλαγίῳ.[44]

31. לִפוּקָה. In offendiculum. Ο΄. βδέλυγμός. Ἀ. Θ. λυγμός.[45]

דָּם חִנָּם. Ο΄. αἷμα ἀθῷον δωρεάν. Σ. (αἷμα) ἀναίτιον.[46]

Ο΄. (÷) ἀγαθῶσαι αὐτῇ (◄). Alia exempl. τοῦ καλῶς ποιῆσαι αὐτῇ.[47]

32. בָּרוּךְ. Ο΄. εὐλογητός. Alia exempl. βαρούχ.[48]

33. טַעְמֵךְ. Prudentia tua. Ο΄. ὁ τρόπος ('Α. ἡ γνώμη[49]) σου.

מִבּוֹא בְדָמִים וְהוֹשֵׁעַ יָדִי לִי. Ο΄. μὴ ἐλθεῖν εἰς αἵματα, καὶ σῶσαι (Σ. ἐκδικῆσαι[50]) χεῖρά μου ἐμοί. Οἱ λοιποί· μὴ μυσῶσαι...[51]

---

[33] Cod. 243. Ad Sym. cf. Hex. ad Jerem. xxiii. 4. Theodotionis lectionem (cum καὶ οὐκ ἠτησάμην λαβεῖν) in textum assumpserunt Comp., Codd. 19, 82, 93, 108. [34] Sic Comp., Codd. 19, 55, 82, 92, alii (inter quos 243 in marg., et, teste Montef., praem. ※). [35] Cod. 243 in marg. sine nom. [36] Cod. 243. Cod. 108 tantum affert: Σ. ἀξιῶ. [37] Sic Comp., Codd. III, 19, 82, 93, 108. [38] Sic Comp., Ald. (om. οὗτος), Codd. III (idem), 44 (idem), 82 (cum οὗτος pro οὕτως), 93 (idem), 106 (ut Ald.), 108, 119 (ut Ald.), 120 (idem). [39] Theodoret. Quaest. LIX in 1 Reg. p. 394: Ὁ δὲ Ἀκ. οὕτως ἔφη· Νάβαλ ὄνομα αὐτῷ, καὶ ἀπόρρευσις μετ᾽ αὐτοῦ· τὴν αὐτὴν δὲ ἔχει διάνοιαν· ἀπορρέοντος γὰρ τοῦ λογικοῦ, καὶ σβεννυμένου, τὸ τῆς ἀφροσύνης ἐπιγίνεται πάθος. Eadem habet Cod. Reg., qui insuper addit: Ἰστέον ὅτι ἐν τῷ ιγ΄ ψαλμῷ καὶ τῷ νβ΄ εἰς τὸ, εἶπεν ἄφρων, Νάβαλ κεῖται ἐν τῷ Ἑβραϊκῷ, παρὰ δὲ Ἀκύλαν, ἀπορρέων. Cf. Hex. ad Deut. xxii. 21. Jerem. xxix. 23. [40] Cod. Reg. Theodoret. ibid.: τὸ δέ, καθὼς—τὰς χεῖράς σου σοι, ὁ Ἀκύλας τοῦ μὴ μυσάζειν εἶπεν, ἵνα μὴ μύσους ἐκ τῆς μαιφονίας ἀναπλησθῇς. Lectio valde suspecta, de qua quid sentiamus ad v. 33 declarabimus. [41] Cod. 243. [42] Codd. 108, 243. [43] Cod. 243 (qui ad ἐν μέσῳ male refert). Mendose Cod. 108 (ad δεσμῷ): Σ. πεφυλάγμαι. Verum vidit Scharfenb. in Animadv. T. II, p. 131, qui appellat Hieronymum vertentem, custodita quasi in fasciculo viventium. [44] Cod. 243 (ad ἐνδεδεμένη): 'Α. ταρσῷ πλαγίῳ (sic). Prior vox cum כַּף recte componitur; altera autem ad תּוֹךְ potius quam ad קֶּלַע per-

tinere crediderimus, coll. 2 Reg. iii. 27, ubi pro אֶל־תּוֹךְ הַשַּׁעַר Seniores verterunt ἐκ πλαγίων τῆς πύλης. [45] Cod. 243 in textu: βδέλυγμος (sic); in marg. autem: βδέλυγμός. 'Α. Θ. τὸ ἴσω (cf. ad v. 1), h. e. λυγμός. Cod. 108 affert: 'Α. λυγμός. Procop. p. 81: καὶ οὐκ ἔσται σοι βδέλυγμός. Ἀκύλας· λυγμός· αἰνίττεται δὲ τὰς τοῦ συνειδότος ἀκίδας. Eadem habet Theodoret. ibid., cum scriptura νυγμός, quae cum ἀκίδας unice quadrare videtur. Sed falsam esse declarant tum consensus Codd. 56, 71, 119, 246 (cum θρῆνος supra lin.), qui omnes in contextu λυγμός habent, tum formae cognatae גֻּ, singultivit, et ﻓُﻮَﻕ, oscitatio. Etiam Hieron. in singultum transtulit. [46] Cod. 243. Cf. Hex. ad Job. xxii. 6. Psal. xxxiv. 7. [47] Sic Comp., Codd. 19, 82, 93, 108, 245, Reg. Vet. Lat.: et benefacies ei. [48] Sic Codd. 19, 82, 93, 108 (cum εὐλογητὸς in marg.). Montef. e Reg. edidit: Ἄλλος· εὐλογητὸς Βαρούκ(sic). [49] Cod. 243. Cf. Hex. ad Prov. xxvi. 16. Dan. iii. 12. [50] Idem. Hieron.: et ulcisceret. [51] Theodoret. ibid.: Τὸ δὲ ὑπὸ τοῦ Δαβὶδ εἰρημένον, εὐλογημένη σύ—τὴν χεῖρά μου ἐμοί, ἁμάρτημα γραφικὸν εἶναι ὑπολαμβάνω· οἱ γὰρ ἄλλοι ἑρμηνευταί, μὴ μυσῶσαι, εἰρήκασι, ἀντὶ τοῦ, μὴ μύσους μεταλαχεῖν. Cf. ad v. 26. Omnino videtur error esse, non librariorum qui textum LXXviralem, hic quidem omni suspicione majorem, nobis tradiderunt, sed eorum qui ex scripturis μὴ σώζειν et μὴ σῶσαι, voces dubiae auctoritatis μυσάζειν et μυσῶσαι extuderunt, et Aquilae nomine insigniverunt.

34. וָאֹמַר. Verumtamen. Ο'. πλὴν ὅτι. 'Α. Θ.
※ καὶ.. Σ. ἐπείτοιγε.⁵²

כִּי אִם־נוֹתַר. Ο'. εἰ ὑπολειφθήσεται. Σ. οὐκ
ἂν (ὑπελείφθη).⁵³

35. רְאִי. Ο'. βλέπε. Ἄλλος· ἴδε.⁵⁴

וָאֶשָּׂא פָנָיִךְ. Ο'. καὶ ᾑρέτισα ('Α. ᾖρα (Aliter: 'Α. εἴληφα). Σ. ἐτίμησα (Aliter: Σ. ἐνετράπην). Θ. ἔλαβον⁵⁵) τὸ πρόσωπόν σου.

39. כִּי מֵת נָבָל. Ο'. Vacat. Alia exempl. ὅτι
ἀπέθανε Νάβαλ.⁵⁶

חָשַׂךְ. Cohibuit. Ο'. περιεποιήσατο. 'Α. ἐξεί-
λατο.⁵⁷

41. עַבְדֵי אֲדֹנִי. Ο'. τῶν παίδων σου. 'Α. παίδων
τοῦ κυρίου μου.⁵⁸

42. וַתְּמַהֵר. Ο'. Vacat. 'Α. καὶ ἐτάχυνε.⁵⁹

מַלְאֲכֵי. Ο'. τῶν παίδων. Alia exempl. τῶν
ἀγγέλων.⁶⁰

44. בֶּן־לַיִשׁ אֲשֶׁר מִגַּלִּים. Ο'. υἱῷ Ἀμὶς τῷ ἐκ
Ῥομμᾶ. Alia exempl. υἱῷ Λαὶς τῷ ἐκ Γαλ-
λείμ.⁶¹

CAP. XXVI.

1. מִסְתַּתֵּר. Ο'. σκεπάζεται. Σ. κρύπτεται.¹

1, 3. הַיְשִׁימוֹן. Ο'. τοῦ Ἰεσσεμοῦ (s. Ἰεσσεμοῦν).
'Α. τῆς ἠφανισμένης. Σ. τῆς ἐρήμου.²

2. אֶל־מִדְבַּר־זִיף. Ο'. εἰς τὴν ἔρημον Ζίφ. Alia
exempl. εἰς τὴν ἔρημον τὴν αὐχμώδη.³

4. אֶל־נָכוֹן. Pro certo. Ο'. ἕτοιμος ἐκ Κεϊλά.
Alia exempl. εἰς Σεκελάγ; alia, ὀπίσω αὐτοῦ
εἰς Σεκελάγ.⁴ Σ. ἕτοιμος.⁵

5. וַיַּרְא דָּוִד אֶת־הַמָּקוֹם אֲשֶׁר שָׁכַב־שָׁם שָׁאוּל.
Ο'. Vacat. Alia exempl. καὶ εἶδε Δαυὶδ τὸν
τόπον οὗ ἐκοιμήθη ἐκεῖ Σαούλ.⁶

בַּמַּעְגָּל. In carragine. Ο'. ἐν λαμπήνῃ. 'Α.
ἐν τῇ στρογγυλώσει.⁷ Aliter: 'Α. (ἐν τῇ)
καμπῇ. Σ. (ἐν τῇ) σκηνῇ. Σ. (fort. Θ.) ἐν
τῇ στρογγυλώσει.⁸

7. שֹׁכֵב יָשֵׁן. Ο'. καθεύδων ὕπνῳ. Alia exempl.
καθεύδων.⁹

בַּמַּעְגָּל. Ο'. ἐν λαμπήνῃ ('Α. καμπῇ. Σ. σκηνῇ.
Θ. μαγάλ¹⁰).

---

⁵² Cod. 243, teste Montef. (Pro 'Α. Θ. ※ καὶ Parsonsii
amanuensis exscripsit: 'Α. καὶ.) Ad Aquilam cf. Hex. ad
Gen. xxviii. 19. ⁵³ Idem (ad τότε). Integra lectio est
in Comp., Codd. 19 (cum ὑπελίφθη), 82, 93 (cum ὑπολείφθη),
108, 245. ⁵⁴ Idem in marg. sine nom. ⁵⁵ Idem, qui
lectiones sic disponit: Σ. ἐτίμησα. 'Α. ᾖρα. 'Α. εἴληφα. Θ.
ἔλαβον. Σ. ἐνετράπην. Procop. in Cat. Niceph. T. II,
p. 457: τὸ δὲ ᾑρετίσατο (ᾑρέτισα) τὸ πρόσωπόν μου (σου), Σύμμαχος, ἐνετράπην. Sic in textu Comp., Codd. 19, 56 (in
marg.), 82, 93, 108 (cum ἐνετράπη), 245, 246. Vet. Lat.:
revertitus eum. Cf. Hex. ad Gen. xxxii. 20. Scharfenb.
in Animadv. T. II, p. 131 Symmacho asserit locutionem
ἐντρέπεσθαί τινα, non ἐντρέπεσθαι τὸ πρόσωπόν τινος, quod
inepte hebraizantis foret. Sed cf. Hex. ad Gen. xix. 21.
⁵⁶ Sic Comp., Codd. III, 71, 158, Arm. 1. ⁵⁷ Codd. 108
(cum ἐξήλετο), 243 (non, ut Montef., Σ. ἐξειλατο). ⁵⁸ Cod.
92. Sic in textu (cum τῶν π.) Comp., Codd. III, 123,
necnon (cum τῶν π. σου τοῦ κ. μ.) Codd. 82, 108, 247,
Arm. 1. ⁵⁹ Cod. 92 in continuatione. Sic in textu
Comp., Codd. III, 19, 52, 56, alii. ⁶⁰ Sic Comp., Codd.
19, 82, 93, 108, 158, 242. ⁶¹ Sic Comp. (cum Γαλίμ),
Codd. III (cum Γαλλεί), 247 (cum Γαλλήμ).

CAP. XXVI. ¹ Cod. 243. Sic in textu Comp. (cum

κέκρυπται), 19 (idem), 56 (idem), 82, 93, 108 (ut Comp.,
cum σκεπάζεται in marg.), 246 (ut Comp.). ² Idem. Cf.
ad Cap. xxiii. 19. ³ Sic Codd. 19 (cum αὐχμώδη), 56, 82,
93, 108, 158, qui mox ἐν τῇ ἐρήμῳ τῇ αὐχμώδει habent.
Lucif. Calar.: in deserto opaco. Cf. ad Cap. xxiii. 15.
Montef. e Regio edidit: Ἄλλος· εἰς τὴν ἔρημον τὴν αὐχμάν,
invitis libris nostris. ⁴ Prior lectio est in Codd. 52, 64,
71 (cum Σηκελά), 92, 144, 158 (cum Ἐχελὰτ), 236; posterior in Codd. 19 (cum Σεκελὰ), 82, 108. ⁵ Codd. 92
(cum ἕτοιμα), 108. Cf. ad Cap. xxiii. 23. ⁶ Sic Comp.,
Codd. 19 (cum εἶπε pro εἶδε), 52, 56 (om. ἐκεῖ), 82, 93 (ut
56), 108, alii. ⁷ Procop. p. 82: Ἐν λαμπήνῃ. Εἶδος ἁρμα-
μάξης, καὶ ἡ ἀπήνη· ὁ δὲ 'Ακ. τῇ στρογγυλώσει φησὶν, ἢ διὰ τὸ
σχῆμα τῆς κατασκευῆς, ἢ δηλοῖ τὸ κεκυκλῶσθαι τῷ στρατοπέδῳ τὸν
βασιλέα. Cf. ad Cap. xvii. 20. ⁸ Cod. 243 (cum κόμπῃ),
cum scholio (ad λαμπήνῃ): Εἶδος ἁμάξης λαμπρᾶς οἷον καροῦχας.
Cod. 108 affert: Σ. σκηνῇ. Hieron.: in tentorio. Ad καμπῇ
cf. Hex. ad Prov. ii. 18. iv. 11, 26. v. 6. Alteram lectionem ἐν τῇ στρογγυλώσει Aquilae secundus curis assignat
Scharfenb., coll. Hex. ad Ezech. i. 7, ubi עֵגֶל, vitulus, interpreti isti στρογγύλος sonat. ⁹ Sic Ald., Codd. 29, 44,
55, 56, alii (inter quos 243). Bar Hebr., Arm. 1. ¹⁰ Cod.
243, teste Montef. (Parsonsii amanuensis descripsit: 'Α.

9. אַל־תַּשְׁחִיתֵהוּ. Ο'. μὴ ταπεινώσῃς (alia exempl. διαφθείρῃς[11]) αὐτόν.

וְנִקָּה. Ο'. καὶ ἀθφωθήσεται (Θ. καθαρισθῇ[12]).

10. יִגָּפֵנּוּ. Ο'. παίσῃ ('Α. θραύσει[13]) αὐτόν.

וְנִסְפָּה. Et pereat. Ο'. καὶ προστεθῇ (Σ. συσσυρῇ[14]).

11. חָלִילָה לִּי. Ο'. μηδαμῶς μοι. Alia exempl. ἐμοὶ δὲ μὴ γένοιτο.[15]

וְאֶת־צַפַּחַת. Et urceum. Ο'. καὶ τὸν φακόν ('Α. ἄγγος. Σ. νυκτοπότιον[16]).

12. תַּרְדֵּמַת. Ο'. θάμβος. 'Α. καταφορά. Σ. κάρος. Θ. ἔκστασις.[17]

14. וַיִּקְרָא דָוִד אֶל־הָעָם. Ο'. καὶ προσεκαλέσατο Δαυὶδ τὸν λαόν. Οἱ λοιποί· (καὶ) ἐβόησε Δαυὶδ πρὸς (τὸν λαόν).[18]

בֶּן־נֵר. Ο'. Vacat. ※ υἱῷ Νήρ (◄).[19]

מִי אַתָּה קָרָאתָ אֶל־הַמֶּלֶךְ. Ο'. τίς εἶ σὺ ὁ καλῶν; Alia exempl. τίς εἶ σὺ ὁ καλῶν με ※ πρὸς τὸν βασιλέα (◄);[20] Σ.. καταβοῶν τοῦ βασιλέως.[21]

16. בְנֵי־מָוֶת. Ο'. υἱοὶ θανατώσεως (alia exempl. θανάτου[22]). Σ. ἄξιοι (θανάτου).[23]

17. קוֹלִי אֲדֹנִי הַמֶּלֶךְ. Ο'. δοῦλός σου (Οἱ λοιποί· φωνή μου[24]), κύριε βασιλεῦ.

18. וּמַה־בְּיָדִי רָעָה. Ο'. καὶ τί εὑρέθη ἐν ἐμοὶ ἀδίκημα; Alia exempl. ἢ τίς ἐν ἐμοὶ κακία εὑρέθη;[25]

19. הֱסִיתְךָ. Incitaverit te. Ο'. ἐπισείει σε. 'Α. ἀνα(σείει σε).[26]

מִנְחָה. Ο'. θυσία σου. 'Α. Σ. δῶρον.[27]

מֵהִסְתַּפֵּחַ. Ne adjungerem me. Ο'. μὴ ἐστηρίχθαι ('Α. ἅπτεσθαι. Σ. συνδυάζεσθαι[28]).

בְּנַחֲלַת יְהוָה. Ο'. ἐν κληρονομίᾳ κυρίου. Ο'. ἐνώπιον (κυρίου). Οἱ λοιποί· τὸ ἔσω.[29]

אֱלֹהִים אֲחֵרִים. Ο'. θεοῖς ἑτέροις (Σ. ἀλλοκότοις[30]).

20. לְבַקֵּשׁ אֶת־פַּרְעֹשׁ אֶחָד. Ut quaerat pulicem unum. Ο'. ζητεῖν ψυχήν μου (alia exempl. ψύλλον ἕνα[31]).

הַקֹּרֵא. Perdicem. Ο'. ὁ νυκτικόραξ (Οἱ λοιποί· πέρδιξ[32]).

21. הִסְכַּלְתִּי. Stulte egi. Ο'. μεματαίωμαι. 'Α. ἠγνόησα. Σ. ἠφρονευσάμην.[33]

23. יָשִׁיב. Ο'. ἐπιστρέψει. Σ. ἀποδώσει.[34]

24. הַיּוֹם הַזֶּה. Ο'. σήμερον ἐν ταύτῃ. Ο'. Θ. χωρίς.[35]

תִּגְדַּל. Ο'. μεγαλυνθείη. Σ. λογισθείη.[36]

Ο'. (÷) καὶ σκεπάσαι με (◄). Alia exempl. καὶ ἐκσπάσαι με[37]

κάμπη. Θ. σκηνῇ. C. μαγάλ). Cod. 108 affert : Θ. μάγαλ (sic). [11] Sic Comp., Ald., Codd. III, XI, 19, 52, 55, alii, Arm. 1. [12] Cod. 108 (cum καθαρηθῇ). [13] Cod. 243. Cf. ad Cap. iv. 3. [14] Codd. 92, 108 (cum συνσύρῃ). Cf. ad Cap. xii. 25. xv. 6, ubi Aquilae versio est. [15] Sic Comp., Codd. 19, 82, 93, 108, Reg., Lucif. Calar. [16] Codd. 92, 108 (cum ἀγγείον), 243. [17] Nobil., Procop. in Cat. Niceph. T. II, p. 460, Cod. 243. Cod. 108 affert: Θ. ἔκστασις. Cf. Hex. ad Gen. ii. 21. [18] Cod. 243. [19] Cod. 243 in marg. Sic in textu sine aster. Comp. [20] Idem in textu: τίς εἶ σὺ ὁ κ. με, et in marg. ※ πρὸς τὸν β. Sic in textu sine aster. Codd. III, 247 (cum λαλῶν), Arm. 1. Pronomen post καλῶν tuentur Ald., Codd. XI, 29, 44, 55, alii. [21] Codd. 92, 108 (in marg. sine nom.), 243. [22] Sic Comp., Codd. 19, 82, 93, 108, 247. [23] Codd. 108 (in marg. sine nom.), 243. Cf. Hex. ad 2 Reg. xii. 5. [24] Cod. 243. Duplex lectio, φωνή μου, κύριε μου, δοῦλός σὸς, κύριε βασιλεῦ, est in Comp., Codd. 19, 56 (cum δοῦλός σου),

82, 93 (ut 56), 108. [25] Sic Comp., Codd. 19 (cum καὶ pro ἢ), 82, 93, 108. [26] Cod. 243. Cf. Hex. ad Job. ii. 3. Jesai. xxxvi. 18. [27] Idem. [28] Idem. [29] Idem ad ἐν κληρονομίᾳ in marg. notat: Ο'. ἐνώπιον. λ. τὸ ἔσω (h. e. ἐν κληρονομίᾳ). Sed lectio τῶν Ο', ni fallor, ad verba praecedentia, ἐπικατάρατοι οὗτοι ἐνώπιον κυρίου, pertinet : ergo praetereunda est notula, quod tacite fecit Montef. [30] Idem. [31] Sic Comp., Codd. 19, 82, 93, 108. [32] Codd. 92 (in marg. sine nom.), 108 (idem), 243. [33] Cod. 243 (cum ἠφρονευσάμην, non, ut Montef., ἠφρονησάμην, quae vox nulla est). Codd. 92, 108: Σ. ἠφρονευσάμην. Cf. ad Cap. xiii. 13. [34] Idem. Codd. 92, 108 vero: 'Α. ἀποδώσει. [35] Cod. 243 post σήμερον ※ pingit, et in marg.: Ο'. Θ. χό (sic), h. e. ut videtur, sine verbis ἐν ταύτῃ, quae absunt a Codd. 44, 158. [36] Idem. Sic in marg. sine nom. Cod. 108. [37] Sic Comp., Codd. III (cum ἐσκεπασοι), 19, 82, 93, 108. Lucif. Calar.: et abripiat me.

Cap. XXVII.

1. אֶפֶּה יוֹם־אֶחָד. *Peribo aliquando.* Ο΄. προστε-
θήσομαι ἐν ἡμέρᾳ μιᾷ. Σ. παραπεσοῦμαι
ποτέ.[1]

וְנֹאַשׁ. *Et desistet.* Ο΄. καὶ ἀνῇ ('Α. ἀπογνώ-
σεται. Σ. ἀπόσχηται[2]).

2. וַיַּעֲבֹר הוּא. Ο΄. Vacat. Alia exempl. καὶ διέβη
αὐτός.[3]

7. יָמִים וְאַרְבָּעָה חֳדָשִׁים. *Annus et quatuor menses.*
Ο΄. τέσσαρας μῆνας. Aliter: Ο΄. ※ ἡμέραι
καὶ (◄) τέσσαρες μῆνες.[4]

8. וַיִּפְשְׁטוּ וְהַגְּשׁוּרִי וְהַגִּזְרִי (incursiones fecerunt) אֶל
(וְהַגִּרְזִי ק) וְהָעֲמָלֵקִי כִּי הֵנָּה יֹשְׁבוֹת הָאָרֶץ
אֲשֶׁר מֵעוֹלָם בּוֹאֲךָ שׁוּרָה וְעַד־אֶרֶץ מִצְרָיִם
Ο΄. καὶ ἐπετίθετο ('Α. παρετάχθησαν[5]) ἐπὶ
πάντα τὸν Γεσιρὶ (alia exempl. add. καὶ τὸν Γεζ-
ραῖον[6]) καὶ ἐπὶ τὸν Ἀμαληκίτην καὶ ἰδοὺ ἡ γῆ
κατῳκεῖτο ἀπὸ ἀνηκόντων ἡ ἀπὸ Γελαμψοὺρ τε-
τειχισμένων καὶ ἕως γῆς Αἰγύπτου. Alia exempl. καὶ ἐπετίθετο ἐπὶ πάντα τὸν ἐγγίζοντα,
καὶ ἐξέτεινον ἐπὶ τὸν Γεσουραῖον καὶ τὸν Ἰεζραῖον
('Α. τὸν Ζεγρί[7]), καὶ ἐπὶ τὸν Ἀμαληκίτην ὅτι
κατῳκεῖτο ἡ γῆ ἀπὸ Γεσοὺρ καὶ ἕως γῆς Αἰγύπτου.[8]

10. עַל־נֶגֶב. Ο΄. κατὰ νότον ('Α. νότον. Σ. μεσημβρίαν[9]).

הַקֵּינִי. Ο΄. τοῦ Κενεζί (alia exempl. Κηνεί[10]).

'Α. Θ. (τοῦ) Κιναίου.[11]

11. לֹא־יְחַיֶּה דָוִד. Ο΄. οὐκ ἐζωογόνησα. Alia exempl. οὐκ ἐζωογόνει Δαυίδ.[12]

12. וַיַּאֲמֶן אָכִישׁ בְּדָוִד. Ο΄. καὶ ἐπιστεύθη Δαυὶδ
ἐν τῷ Ἀγχοῦς. Alia exempl. καὶ ἐπιστεύθη
Ἀγχοῦς ἐν τῷ Δαυίδ.[13]

Cap. XXVIII.

1. וַיִּקְבְּצוּ פְלִשְׁתִּים אֶת־מַחֲנֵיהֶם. Ο΄. καὶ συνα-
θροίζονται ἀλλόφυλοι ἐν ταῖς παρεμβολαῖς αὐ-
τῶν. Alia exempl. καὶ συναθροίζουσιν οἱ ἀλλόφυλοι τὰς παρεμβολὰς αὐτῶν.[1]

2. שֹׁמֵר לְרֹאשִׁי. Ο΄. ἀρχισωματοφύλακα. Οἱ λοι-
ποί· φύλακα τῆς κεφαλῆς μου.[2]

3. בָּרָמָה. Ο΄. ἐν Ἀρμαθαίμ. Οἱ λοιποί· (ἐν)
Ῥαμά.[3]

הֵסִיר. Ο΄. περιεῖλε. Alia exempl. ἐξῆρε.[4]

אֶת־הָאֹבוֹת. Ο΄. τοὺς ἐγγαστριμύθους ('Α. μάγους[5]).

וְאֶת־הַיִּדְּעֹנִים. Ο΄. καὶ τοὺς γνώστας ("Αλλος·
σημειοσκόπους[6]).

5. וַיֶּחֱרַד. Ο΄. καὶ ἐξέστη ('Α. ἐξεπλάγη. Σ.
ἐπτηξεν[7]).

6. בָּאוּרִים. Ο΄. ἐν τοῖς δήλοις. 'Α. ἐν φωτισμοῖς.
Σ. διὰ τῶν δήλων.[8]

Cap. XXVII. [1] Nobil., Procop. in Cat. Niceph. T. II,
p. 463, Cod. 243. Cod. 108 in marg. sine nom.: παραπεσοῦμαι. Hieron.: *incidam aliquando.* [2] Idem. Cod.
108 in marg. sine nom.: ἀπόσχηται. [3] Sic Comp., Codd.
III, 19, 56, 82, 93, 108. [4] Cod. 243 in textu: τέσσαρες
μῆνες; in marg. autem (sub ※, ait Montef., sed fortasse
asteriscus in textu pro indice ponitur): ἡμέραι καί. [5] Cod.
108. [6] Sic Codd. III, 247 (cum Γεσραῖον). [7] Cod.
92. Sic in textu post Γεσερὶμ (sic) Codd. 52, 144 (cum
καὶ τὸν Z.), 236. [8] Sic Codd. 19 (cum Γεσσουραῖον (om.
καὶ τὸν Ἰεζρ.).. κατῴκει.. Γεσσούρ), 82 (cum Ἀμαληκίτην..
Γεσσοὺρ), 93 (idem), 108 (cum Γεσσουραῖον... κατῴκει), Reg.
(cum Γεσραῖον pro Ἰεζρ.). (In Cod. 92 haec, καὶ ἐπὶ τὸν
Ἀμ. usque ad Γελαμψοὺρ inclusive, notantur asteriscis,
omissis ἀπὸ ἀνηκόντων ἡ; et in marg.: ἀπὸ ἀνηκόντων τετει-
χισμένων, pariter asteriscis notata.) [9] Cod. Reg. Euseb.
in Onomastico, p. 296: Ναγέβ· ὁ νότος παρ᾿ Ἑβραίοις. Σύμ-
μαχος· μεσημβρία. [10] Sic Codd. III, 247. [11] Cod. 243.
Montef. e Regio affert: 'Α. Κιναίου. [12] Sic Comp., Codd.
56, 82, 93, 108, 158, 246. [13] Sic Codd. III, 247 (cum
Ἀχοῦς), Arm. 1.

Cap. XXVIII. [1] Sic Comp., Codd. 82, 93, 108. [2] Cod.
243. Cod. Reg. affert: Σ. φ. τῆς κ. μου. [3] Cod. 243.
Cf. ad Cap. xxv. 1. [4] Sic Comp., Codd. 19, 82, 93, 108.
Cf. ad Cap. vii. 3. [5] Cod. 243. teste Montef. Ad γνώστας Parsonsii amanuensis exscripsit: 'Α. μάγους. σημειοσκόπους. Sed. cf. ad vv. 7, 8, 9. [6] Codd. Reg., 243, in
marg. sine nom. Anon. in Cat. Niceph. T. II, p. 466:
γνώστας δὲ τοὺς σημειοσκόπους εἶπεν. Cf. ad v. 9. [7] Cod.
243. Ad Sym. cf. Hex. ad Job. xxxvii. 1. [8] Idem,

7. בַּעֲלַת־אוֹב. *In qua est daemon fatidicus.* Ο'. ἐγγαστρίμυθον. Ἀ. ἔχουσαν μάγον.[9]

8. וַיִּתְחַפֵּשׂ. *Et aliam personam induit.* Ο'. καὶ συνεκαλύψατο (alia exempl. ἠλλοιώθη[10]). Σ. καὶ μετεσχημάτισεν ἑαυτόν.[11] Aliter: Σ. (καὶ) μετεσχηματίσατο.[12]

וַיִּלְבַּשׁ. Ο'. καὶ περιεβάλετο ("Αλλος· ἐνεδύσατο[13]).

בָּאוֹב. Ο'. ἐν τῷ ἐγγαστριμύθῳ (Ἀ. μάγῳ[14]).

9. אֶת־הָאֹבוֹת. Ο'. τοὺς ἐγγαστριμύθους (Ἀ. μάγους. (Θ.) θελητάς[15]).

וְאֶת־הַיִּדְּעֹנִי. Ο'. καὶ τοὺς γνώστας (alia exempl. τοὺς ἀποφθεγγομένους[16]). "Αλλος· καὶ (τοὺς) σημειοσκόπους.[17]

מִתְנַקֵּשׁ. *Insidiaris.* Ο'. παγιδεύεις. Ἀ. ἐγκρούεις.[18]

10. בַּיהֹוָה. Ο'. Vacat. Alia exempl. ἐν κυρίῳ; alia, κατὰ τοῦ θεοῦ.[19]

עָוֹן. *Malum.* Ο'. ἀδικία. Σ. Θ. κάκωσις.[20]

12. רִמִּיתָנִי. *Fefellisti me.* Ο'. παρελογίσω με. Ἀ. ἐπέθου μοι. Σ. ἐνήδρευσάς μοι.[21]

13. הָאִשָּׁה אֶל־שָׁאוּל. Ο'. αὐτῷ ἡ γυνή. Alia exempl. ἡ γυνὴ πρὸς Σαούλ.[22]

14. וַיֹּאמֶר לָהּ מַה־תָּאֳרוֹ וַתֹּאמֶר אִישׁ זָקֵן עֹלֶה וְהוּא עֹטֶה מְעִיל. Ο'. καὶ εἶπεν αὐτῇ τί ἔγνως; καὶ εἶπεν αὐτῷ ἄνδρα ὄρθιον (Οἱ λοιποί· πρεσβύτην[23]) ἀναβαίνοντα ἐκ τῆς γῆς, καὶ

οὗτος διπλοΐδα (Ἀ. ἔνδυμα[24]) ἀναβεβλημένος. "Αλλος· καὶ εἶπεν αὐτῇ τί τὸ εἶδος αὐτῶν; καὶ εἶπεν αὐτῷ ἀνὴρ πρεσβύτερος ἀναβαίνων, καὶ αὐτὸς περιβεβλημένος διπλοΐδα [ἐφούδ].[25]

14. וַיִּקֹּד. Ο'. καὶ ἔκυψεν ("Αλλος· ἔπεσεν[26]).

15. הִרְגַּזְתַּנִי. *Commovisti me.* Ο'. παρηνώχλησάς μοι (s. με). Ἀ. ἐκλόνησάς (με). Σ. ἐτάραξάς (με). Θ. παρώργισάς (με).[27]

לְהַעֲלוֹת אֹתִי. Ο'. ἀναβῆναί με. "Αλλος· τοῦ ἀναγαγεῖν με.[28]

צַר־לִי. Ο'. θλίβομαι. Ἀ. Σ. στενά (μοι).[29]

וְלֹא־עָנָנִי עוֹד גַּם בְּיַד הַנְּבִיאִם גַּם בַּחֲלֹמוֹת וָאֶקְרָאֶה לְךָ לְהוֹדִיעֵנִי מָה אֶעֱשֶׂה. Ο'. καὶ οὐκ ἐπακήκοέ μοι ἔτι, καὶ ἐν χειρὶ τῶν προφητῶν, καὶ ἐν τοῖς ἐνυπνίοις· καὶ νῦν κέκληκά σε γνωρίσαι (Σ. Θ. δηλῶσαι[30]) μοι τί ποιήσω. "Αλλος· καὶ οὐκ ἀπεκρίθη μοι ἔτι, καίγε ἐν χειρὶ τῶν προφητῶν, καὶ ἐν τοῖς ἐνυπνίοις ἐκάλεσα, τοῦ δηλῶσαί μοι τί ποιήσω.[31]

16. וְלָמָּה תִּשְׁאָלֵנִי וַיהֹוָה סָר מֵעָלֶיךָ וַיְהִי עָרֶךָ (*hostis tuus*). Ο'. ἱνατί ἐπερωτᾷς με; καὶ κύριος ἀφέστηκεν ἀπὸ σοῦ, καὶ γέγονε μετὰ τοῦ πλησίον σου (Ἀ. Θ. κατὰ σοῦ (עָלֶיךָ). Σ. ἀντίζηλός σου[32]). "Αλλος· καὶ ἱνατί ἐπηρώτησάς με; καὶ κύριος ἀπέστη ἀπὸ σοῦ, καὶ ἐγενήθη κατὰ σοῦ.[33]

17. וַיַּעַשׂ יְהֹוָה לוֹ (*sibi*) כַּאֲשֶׁר דִּבֶּר בְּיָדִי. Ο'.

---

cum scholio: δῆλος δὲ καλεῖ τὰ διὰ τοῦ ἐφοὺδ σημαινόμενα. [9] Idem. [10] Sic Comp., Codd. 19, 56, 82, 93, 108 (cum ἐνεδύσατο in marg.), 246, Reg. [11] Nobil., Procop. in Cat. Niceph. T. II, p. 471. [12] Codd. Reg., 243. [13] Cod. 108 in marg., ut supra. [14] Codd. Reg., 243. [15] Cod. 243 ad ἐγγαστριμύθους affert: Ἀ. μάγους θελητὰς καὶ σημειοσκόπους. Lectio altera Theodotioni tribuenda videtur, coll. Hex. ad Deut. xviii. 11; Aquilam enim sic vertere solitum esse, ut temere affirmat Montef., probari non potest. Cf. Hex. ad Lev. xx. 6, 4 Reg. xxi. 6. [16] Sic Codd. 19, 56, 82, 93, 108, 246, Reg. [17] Cod. 243 in marg., ut supra. Cf. ad v. 3. [18] Cod. 243. Respexit interpres Chaldaeum נְקַשׁ, *percussit, pulsavit* (cf. Dan. v. 6 in Chald. et Theod.), necnon Syriacum ܢܩܫ, quod pro Graeco ἐνέκρουσεν posuit Paulus Telensis Jud. iv. 21. Cf.

Hex. ad Psal. cviii. 11. [19] Prior lectio est in Cod. III, Arm. 1; posterior in Comp., Codd. 82 (cum κυρίου), 93, 108. [20] Cod. 243. [21] Idem. Cf. Hex. ad Gen. xxix. 25. Origen. Opp. T. II, p. 492 soloece citat: ἱνατί παρηνοχλήσω με; [22] Sic Comp., Codd. 92 (om. αὐτῷ ἡ γ. in textu, cum א ἡ γ. πρὸς Σ. in marg.), 93, 108, 236. Haec, ἡ γυνὴ, desunt in Cod. II, III, 44, 55, 56, aliis. [23] Cod. 243. Bar Hebraeus (quem oscitanter exscripsit Parsons.): ܓܐ ܟܟܬܝ̈ܐ. ܟܕ ܟܟܬܝ. [24] Idem. Cf. ad Cap. xv. 27. [25] Origen. ibid. [26] Idem. [27] Cod. 243. Origen. ibid. p. 493: ἱνατί παρώργισάς με τοῦ ἀναγαγεῖν με; [28] Cod. 93 in textu, Origen. [29] Cod. 243. Cf. Hex. ad Psal. xxx. 10. lxviii. 18. [30] Idem. [31] Origen. ibid. [32] Cod. 243. Pro עָרֶךָ ἀντίζηλοί σου interpretatus est Aquila ad Psal. cxxxviii. 20. [33] Origen. ibid.

καὶ πεποίηκε κύριός σοι, καθὼς ἐλάλησε κύριος
ἐν χειρί μου. Ἄλλος· καὶ ἐποίησεν ἄλλον
αὐτῷ, ὃν τρόπον ἐλάλησεν ἐν χειρί μου.³⁴

17. לְרֵעֶ֑ךָ. Ο΄. τῷ πλησίον ('Α. ἑταίρῳ³⁵) σου.

18. כַּאֲשֶׁר לֹא־שָׁמַעְתָּ בְּקוֹל יְהוָה וְלֹא־עָשִׂיתָ חֲרוֹן
אַפּוֹ בַעֲמָלֵק עַל־כֵּן. Ο΄. διότι οὐκ ἤκουσας
φωνῆς κυρίου, καὶ οὐκ ἐποίησας (alia exempl.
ἔπλησας³⁶) θυμὸν ὀργῆς αὐτοῦ ἐν Ἀμαλήκ, διὰ
τοῦτο. Ἄλλος· καθότι οὐκ ἤκουσας τὴν φωνὴν
τοῦ κυρίου, οὐκ ἐποίησεν ὀργὴν θυμοῦ αὐτοῦ ἐν
Ἀμαλήκ, καὶ διὰ τοῦτο.³⁷

19. וְיִתֵּן יְהוָה גַּם אֶת־יִשְׂרָאֵל עִמְּךָ בְּיַד־פְּלִשְׁתִּים.
Ο΄. καὶ παραδώσει κύριος τὸν Ἰσραὴλ μετὰ
σοῦ εἰς χεῖρας ἀλλοφύλων. Ἄλλος· καὶ δώσει
κύριος καίγε τὸν Ἰσραὴλ (μετὰ σοῦ) ἐν χειρὶ
ἀλλοφύλων.³⁸

וּמָחָר אַתָּה וּבָנֶיךָ עִמִּי. Cras autem tu et filii
tui mecum eritis. Ο΄. καὶ αὔριον σὺ καὶ οἱ
υἱοί σου μετὰ σοῦ πεσοῦνται (alia exempl. μετ'
ἐμοῦ³⁹). Ἄλλος· τάχυνον δὲ, Σαοὺλ· αὔριον
σὺ καὶ ὁ υἱός (s. καὶ υἱοί) σου μετ' ἐμοῦ.⁴⁰

גַּם אֶת־מַחֲנֵה יִשְׂרָאֵל יִתֵּן יְהוָה בְּיַד פְּלִשְׁתִּים.
Ο΄. καὶ τὴν παρεμβολὴν Ἰσραὴλ δώσει κύριος
εἰς χεῖρας ἀλλοφύλων. Ἄλλος· καίγε τὴν
παρεμβολὴν Ἰσραὴλ παραδώσει κύριος αὐτὴν
ἐν χειρὶ ἀλλοφύλων.⁴¹

20. וַיְמַהֵר. Ο΄. καὶ ἔσπευσε. Σ. (καὶ) ταχύ.⁴²

20. מְלֹא־קוֹמָתוֹ. Tota statura ejus. Ο΄. ἑστηκώς.
Alia exempl. ἀπὸ τῆς στάσεως αὐτοῦ.⁴³ Σ.
καθ' ὅλον τὸ μῆκος αὐτοῦ.⁴⁴

22. שְׁמַע־נָא גַם־אַתָּה. Ο΄. ἄκουσον δὴ ✕ Ἀ. καὶ
σύ ◄.⁴⁵

23. וַיְמָאֵן וַיֹּאמֶר לֹא אֹכַל. Ο΄. καὶ οὐκ ἐβουλήθη
(s. ἐβούλετο) φαγεῖν. Alia exempl. καὶ ἠπείθησε, καὶ οὐκ ἐβούλετο φαγεῖν.⁴⁶

אֶל־הַמִּטָּה. Ο΄. ἐπὶ τὸν δίφρον (Οἱ λοιποί·
τὴν κλίνην⁴⁷).

24. עֵגֶל־מַרְבֵּק. Vitulus stabuli (saginatus). Ο΄.
δάμαλις νομάς. Alia exempl. μοσχάριον γαλα-
θηνόν.⁴⁸ Σ. . πεφιλοτροφημένη [θρεπτή].⁴⁹

CAP. XXIX.

1. בָּעַיִן. Ο΄. ἐν Ἀενδώρ. Alia exempl. ἐν Ναὶν
(s. Ἀίν).¹ Οἱ Γ'. ἐν τῇ πηγῇ.²

3. הָעִבְרִים. Ο΄. οἱ διαπορευόμενοι (Ἄλλος·
Ἑβραῖοι³).

אֲשֶׁר הָיָה אִתִּי זֶה יָמִים אוֹ־זֶה שָׁנִים. Ο΄.
γέγονε μεθ' ἡμῶν ἡμέρας τοῦτο δεύτερον ἔτος.
Alia exempl. ὃς γέγονε μετ' ἐμοῦ ἤδη δεύτερον
ἔτος ἡμερῶν.⁴

מְאוּמָה. Ο΄. οὐθέν. Ἀ. ὁτιοῦν τι.⁵

נָפְלוֹ. Defectionis ejus. Ο΄. ἐνέπεσε πρὸς μέ.
Σ. προσέφυγέν μοι.⁶

---

³⁴ Origen. ibid. ³⁵ Cod. 243 (cum ἑτέρῳ). ³⁶ Sic Comp.,
Ald., Codd, 19, 52, 56, alii (inter quos 243). ³⁷ Origen.
ibid. ³⁸ Idem. ³⁹ Sic Comp., Codd. 19, 93, 108.
⁴⁰ Origenes ibid. hanc et sequentem clausulam inverso
ordine allegat: καίγε τὴν παρ. Ἰσρ. παραδώσει κύριος αὐτὴν ἐν
χ. ἀλλοφύλων. τάχυνον δὲ, Σαοὺλ αὔριον καὶ σὺ καὶ ὁ υἱός σου
μετ' ἐμοῦ. Deinde enarrat: Καὶ τοῦτο δύναται εἰδέναι δαιμόνιον,
βασιλέα χειροτονηθέντα μετὰ χρίσματος προφητικοῦ, ὅτι αὔριον
ἔμελλεν ἐξελεῖσθαι (ἐξελεύσεσθαι?) ὁ Σαοὺλ τὸν βίον, καὶ οἱ υἱοὶ
αὐτοῦ μετ' αὐτοῦ· Αὔριον σὺ, καὶ υἱοί σου μετ' ἐμοῦ. Ubi
τάχυνον δὲ, ni fallor, duplex versio est vocis וּמָחָר, pictae
וַיְמָהֵר. ⁴¹ Origen., ut supra. Has omnes lectiones Origenianas, a Montefalconio et Parsonsio ne verbo quidem
memoratas, ex Homilia ὑπὲρ τῆς ἐγγαστριμύθου, quam e MS.
Vaticano primus edidit Leo Allatius Lugduni anno 1629,
excerpsimus. Anonymus autem interpres est, ut videtur,
TOM. I.

Theodotio. ⁴² Cod. 243. ⁴³ Sic Comp. (om. τῆς),
Codd. 19, 82, 93, 108. ⁴⁴ Cod. 243. ⁴⁵ Idem. Sic
in textu sine aster. Codd. 82 (om. δὴ), 93 (idem), 108
(idem), 123, 144, 236, Arm. 1 (ut 82). ⁴⁶ Sic Comp.,
Codd. 19 (cum οὐκ ἠποίθησε pro ἠπείθησε), 93, 108. Cf.
Hex. ad Exod. iv. 23. ix. 2. ⁴⁷ Cod. 243. ⁴⁸ Sic
Comp. (cum γαλαθινὸν), Codd. 19 (cum γαλασθὲν), 82, 93,
108 (ut Comp.), Reg. Cod. 56 in marg.: μόσχος γαλα-
θηνός. Cf. Hex. ad 2 Reg. xvii. 29. ⁴⁹ Cod. 243. Posterior vox prioris paulo rarioris interpretamentum est.
CAP. XXIX. ¹ Sic Comp., Codd. 82 (cum Ἀὶν), 108, 243
(in marg., teste Montef.). ² Cod. 243, teste Montef. Parsonsii amanuensis exscripsit sine nom.: τῇ πηγῇ. ³ Idem
in marg. sine nom. ⁴ Sic Comp. (cum σήμερον pro ἡμερῶν), Codd. 82, 93, 108 (ut Comp.). ⁵ Cod. 243. Cf.
Hex. ad Deut. xxiv. 12. ⁶ Procop. in Cat. Niceph.

4. וַיִּקְצְפוּ. O'. καὶ ἐλυπήθησαν ('Α. παρωξύνθησαν. Σ. ὠργίσθησαν. Θ. ἐθυμώθησαν[7]).

לְשָׂטָן בַּמִּלְחָמָה. O'. ἐπίβουλος τῆς παρεμβολῆς. Οἱ λοιποί· σατὰν ἐν πολέμῳ.[8]

יִתְרַצֶּה. Gratiam sibi conciliabit. O'. διαλλαγήσεται. 'Α. εὐδοκηθήσεται.[9]

5. בִּמְחֹלוֹת לֵאמֹר. O'. ἐν χοροῖς, λέγοντες. Alia exempl. αἱ χορεύουσαι, λέγουσαι.[10]

6. יָשָׁר. O'. εὐθύς (potior scriptura εὐθής[11]). Σ. ἀρεστός.[12]

לֹא־טוֹב אָתָּה. O'. οὐκ ἀγαθὸς (Σ. οὐκ ἀρέσκεις[13]) σύ.

7. וְלֹא־תַעֲשֶׂה רָע. O'. καὶ οὐ μὴ ποιήσῃς κακίαν. Σ. ἵνα μὴ ποιήσῃς ἀηδές.[14]

9. וַיֹּאמֶר. O'. Vacat. Alia exempl. καὶ εἶπε.[15]

כִּי טוֹב אַתָּה בְּעֵינַי כְּמַלְאַךְ אֱלֹהִים. O'. ὅτι ἀγαθὸς σὺ ἐν ὀφθαλμοῖς μου (Σ. ἀρέσκεις σύ μοι[16]). Alia exempl. add. καθὼς ἄγγελος θεοῦ.[17]

10. וְאוֹר. Et illucescet. O'. καὶ φωτισάτω. Σ. ὅταν διαφαύσῃ.[18]

11. לָלֶכֶת בַּבֹּקֶר. O'. ἀπελθεῖν. Alia exempl. τοῦ ἀπελθεῖν τὸ πρωΐ.[19]

יִזְרְעֶאל. O'. πολεμεῖν ἐπὶ Ἰεζραήλ (alia exempl. ἐπὶ Ἰσραήλ; alia, πρὸς Ἰσραήλ; alia, ἐν Ἰσραήλ[20]).

Cap. XXX.

1. בְּבֹא דָוִד וַאֲנָשָׁיו. O'. εἰσελθόντος Δαυὶδ καὶ τῶν ἀνδρῶν αὐτοῦ. Alia exempl. ἐν τῷ παραγενέσθαι Δαυὶδ καὶ τοὺς ἄνδρας αὐτοῦ.[1]

אֶל־נֶגֶב. O'. ἐπὶ τὸν νότον (Σ. μεσημβρίαν[2]).

2. וַיִּשְׁבּוּ אֶת־הַנָּשִׁים. O'. καὶ τὰς γυναῖκας. Alia exempl. καὶ ᾐχμαλώτευσεν τὰς γυναῖκας.[3]

וַיִּנְהֲגוּ. Sed abduxerunt. O'. ἀλλ' ᾐχμαλώτευσαν ('Α. ἤλασαν[4]).

6. וַתֵּצֶר לְדָוִד. O'. καὶ ἐθλίβη ('Α. ἐλυπήθη. Θ. ἠπορεῖτο[5]) Δαυίδ.

מָרָה. O'. κατώδυνος. Ἄλλος· πικρά.[6]

וַיִּתְחַזֵּק. O'. καὶ ἐκραταιώθη ('Α. ἐνίσχυσεν. Σ. ἐθάρσησεν[7]).

7. הַגִּישָׁה־נָּא לִי הָאֵפוֹד. O'. προσάγαγε τὸ ἐφούδ. 'Α. προσέγγισον δή μοι τὸ ἐπένδυμα. Σ. στῆσον πρὸς μὲ τὴν ἐπωμίδα.[8]

וַיַּגֵּשׁ אֶבְיָתָר אֶת־הָאֵפוֹד אֶל־דָּוִד. O'. Vacat. Alia exempl. καὶ προσήγαγεν Ἀβιάθαρ τὸ ἐφοὺδ πρὸς Δαυίδ.[8]

8. אַחֲרֵי הַגְּדוּד־הַזֶּה. Post turmam praedatoriam hanc. O'. ὀπίσω τοῦ γεδδοὺδ ('Α. εὐζώνου. Σ. λόχου. Θ. συστρέμματος[10]) τούτου.

T. II, p. 481, Cod. 243. Hieron.: transfugit ad me. [7] Procop. ibid., Codd. Reg., 243. Theodotionis lectionem assumpserunt Comp., Codd. 19, 82, 93, 108. [8] Cod. 243 (cum τῇ παρ. in textu). [9] Idem. [10] Sic Comp., Codd. 19, 82, 93, 108, 121, 247 (cum λέγοντες), Reg. [11] Sic Cod. II, III, 74, 106, alii. [12] Cod. 243. Lectionem ad Hebraea טוֹב בְּעֵינַי potius pertinere probabiliter opinatur Scharfenb. [13] Idem. [14] Idem. [15] Sic Comp., Codd. III, XI, 82, 93, 108, 123, 243 (in marg.), 247. [16] Cod. 243. [17] Sic Comp., Codd. III, 19 (cum κυρίου), 108, 242 (cum ὡς), 247 (cum ὡς ἄ. κυρίου), Reg. (ut 242). [18] Cod. 243. [19] Sic Comp., Codd. III (om. τοῦ), 19 (idem), 82, 93, 108, 247 (ut 19), Arm. 1 (idem). [20] Prior lectio est in Comp. (cum ἐπὶ Ἰσρ. πολεμεῖν), Codd. II, 55, 82 (ut Comp.), 93 (idem), 108 (idem); altera in Ald., Codd. III, XI, 29, 44, aliis (inter quos 243); tertia in Codd. 52, 56, 64, aliis.

Cap. XXX. [1] Sic Comp., Codd. 19, 82, 93, 108, Reg.

[2] Cod. 243. Cf. ad Cap. xxvii. 10. [3] Sic Codd. III, 247, Arm. 1. [4] Cod. 243. [5] Idem, teste Montef. (non, ut Parsonsii amanuensis exscripsit, 'Α. ἐλυπείτο). Cod. 243* in marg.: ἐλυπήθη, ἠπορεῖτο. [6] Idem in marg. sine nom. Cf. ad Cap. i. 10. [7] Idem. Cf. Hex. ad 2 Reg. iii. 6. [8] Cod. 243 pingit: 'Α. Σ. στῆσον κ.τ.ἑ. 'Α. προσέγγισον κ.τ.ἑ. Praeterea Montef. e Regio [et Procop. p. 90] lectionem minus sinceram eruit: 'Α. ἐγγισόν μοι τὴν ἐπωμίδα. [9] Sic Comp., Codd. III, 82, 93, 108, 247, Arm. 1. [10] Cod. 243. Posterior lectio est in Comp. (cum στρατεύματος; sed cf. ad vv. 15, 23), Codd. 19 (idem), 56 (in marg.), 82, 93, 108, 246. Euseb. in Onomastico, p. 148: Γεδδὰρ [Hieron. Gedud], ἔνθα κατέβη Δαβίδ. 'Ακ. τὸν εὔζωνον. Σύμ. τὸν λόχον [Hieron. latronum cuneum]; unde Montef. edidit: 'Α. μετὰ τὸν εὔζωνον τοῦτον. Σ. ἐπὶ τὸν λόχον τοῦτον; praepositionibus pro lubitu assumptis. Bar Hebraeus affert: ܬܳܐ ܚܰܕ ܚܰܐ / ܗܳܐ. ܐܩܳܐ ܚܠܰܐ (γαδούδ) / ܗ̄ܘܳ܆ ܚܰܕ / ܚ̈ܠܰܐ / ܐܡ̈ܟ̈ܘܳܗ. ܗܳܐܡ ܆ܫܪܠ ܚ̈ܒܣܰܐ Ubi notandus est error

9. וְהַנּוֹתָרִים עָמָדוּ. Ο'. καὶ οἱ περισσοὶ ἔστησαν. Alia exempl. καὶ καταλείπει ἐκεῖ διακοσίους ἄνδρας.[11]

10. וַיִּרְדֹּף דָּוִד. Ο'. καὶ κατεδίωξεν ※ Δαυίδ (◄).[12]
אֲשֶׁר פִּגְּרוּ מֵעֲבֹר. Qui lassiores erant quam ut transirent. Ο'. οἵτινες ἐκάθισαν πέραν. Ἀ. (οἳ) ἐπτωματίσθησαν.. Σ. οἳ ἠτόνησαν (s. ἠδυνάτησαν) τοῦ διαβῆναι. Θ. (οἳ) ἀπενάρκησαν παρελθεῖν.[13]

אֶת־נַחַל. Ο'. τοῦ χειμάρρου. Σ. (τῆς) φάραγγος.[14]

12. וּשְׁנֵי צִמֻּקִים. Et duas uvas passas. Ο'. Vacat. ※ Ἀ. καὶ δύο σταφίδας.[15] Σ. (καὶ δύο) ἐν δέσμους σταφίδων.[16]
וַתָּשָׁב. Ο'. καὶ κατέστη (Σ. ἀνεκτήσατο[17]).

13. חָלִיתִי הַיּוֹם שְׁלֹשָׁה. Ο'. ἠνωχλήθην (Ἀ. ἠρρώστησα. Σ. ἐνόσησα. Θ. ἐμαλακίσθην[18]) ἐγὼ σήμερον τριταῖος (Ἀ. τρίς[19]).

15. הַתוֹרִדֵנִי. Ο'. εἰ (Σ. ἆρα[20]) κατάξεις με.
אֶל־הַגְּדוּד. Ο'. ἐπὶ τὸ γεδδοὺρ (alia exempl. σύστρεμμα[21]). Ἀ.. εὔζωνον. Σ.. λόχον.[22]

16. נְטֻשִׁים. Disjecti. Ο'. διακεχυμένοι. Ἀ. ἐκτεταμένοι. Σ. ἀναπεπτωκότες. Θ. ἐσκορπισμένοι.[23]

וְחֹגְגִים. Ο'. καὶ ἑορτάζοντες. Σ. ὡς ἐν πανηγύρει.[24]

בְּכֹל הַשָּׁלָל הַגָּדוֹל. Ο'. ἐν πᾶσι τοῖς σκύλοις τοῖς μεγάλοις (Σ. τοῖς πολλοῖς[25]).

17. מֵהַנֶּשֶׁף. Ex crepusculo. Ο'. ἀπὸ ἑωσφόρου. Ἀ. (ἀπὸ) σκοτομήνης. Σ. ἀφ' οὗ συνεσκότασεν.[26]

18. וַיַּצֵּל. Et recuperavit. Ο'. καὶ ἀφείλατο (alia exempl. ἐκομίσατο[27]).

19. וְלֹא נֶעְדַּר־לָהֶם. Et non desiderabatur eis. Ο'. καὶ οὐ διεφώνησεν (Ἄλλος· συνεχρήσατο[28]) αὐτοῖς. Ἄλλος· καὶ οὐκ ἐφονεύθη ἐν αὐτοῖς.[29]

20. וַיֹּאמְרוּ זֶה שְׁלַל דָּוִד. Ο'. καὶ τοῖς σκύλοις ἐκείνοις ἐλέγετο ταῦτα τὰ σκῦλα Δαυίδ. Ἄλλος· καὶ εἶπεν αὕτη προνομὴ Δαυίδ.[30]

21. אֲשֶׁר פִּגְּרוּ. Ο'. τοὺς ὑπολειφθέντας (alia exempl. ἐκλυθέντας[31]). Ἀ. οἳ ἐπτωματίσθησαν.

---

manifestus ὄχλου pro λόχου. Cf. Hex. ad 2 Reg. iii. 22. 4 Reg. vi. 23. xxiv. 2. Praeterea Cod. Reg. et Procop. Aquilae alteram lectionem vindicant, μονοζώνους σύστρεμμα, quae nihili esse videtur. [11] Sic Comp., Codd. 19, 82, 93, 108. [12] Cod. 243, cum ※ Δαυίδ in marg. Cod. 247 in textu: καὶ ἐδίωξε Δ. [13] Cod. 243 ad ὑπέστησαν affert: Σ. ἐπτωματίσθησαν; ad οἵτινες κ.τ.ἑ. vero: Ἀ. οἳ ἠτόνησαν. Σ. ἠδυνάτησαν. Θ. ἀπενάρκησαν παρελθεῖν. Etiam Procop. ad ὑπέστησαν δὲ κ.τ.ἑ.: Ἀκύλας· ἠτόνησαν τοῦ διαβῆναι; necnon Cod. Reg. ad ἐκάθισαν κ.τ.ἑ.: Ἀ. ἠτόνησαν τοῦ διαβῆναι. Θ. ἀπενάρκησαν παρελθεῖν. Sed e lectionibus ad v. 21 afferendis plane apparet nomina interpretum a librariis male permutata esse, etiamsi non per se pateret, vocabulum πτωματίζειν e nullius nisi Aquilae officina prodire potuisse. Fons erroris, ut videtur, est Theodoreti effatum in Quaest. LXV ad 1 Reg. p. 403: τοὺς δὲ διακοσίους ἄνδρας ἀτονήσαντας ἐκ τοῦ δρόμου, μεμενηκέναι φησὶν ὁ Ἀκύλας. De altera sive Symmachi versione, sive mero glossemate, ἠδυνάτησαν, penes lectorem judicium sit. [14] Cod. 243. [15] Idem. Sic in textu Comp., Codd. III (cum διακοσίους pro δύο), 19, 82, 93, 108, 247 (cum σταφίδας), Bar Hebr. [16] Idem. Hieron.: et duas ligaturas uvae passae. [17] Codd. Reg. (in marg. sine nom.), 243. [18] Cod. 243, teste Parsonsii

amanuensi (non, ut Montef., ἠρρώστηκα). Procop. p. 90: Ἀκ. ἠρρώστησα. Cf. Hex. ad Gen. xlviii. 1. Praeterea Montef. e Coislin. 2, silente collatione nostra, exscripsit: Ἀ. ἠνωχλήθην σήμερον τρεῖς ἡμέρας. Ἄλλος· ὅτι ἠρρώστησα ἐγὼ σήμερον τρίτην ἡμέραν; ubi interpretationibus Seniorum et Aquilae admista esse glossemata vocis τριταῖος, videlicet τρεῖς ἡμέρας et τρίτην ἡμέραν, recte perspexit Scharfenb. in Animadr. T. II, p. 135. [19] Montef., tacito auctore. Crediderim Aquilam ad literam vertisse: ἠρρώστησα σήμερον τρεῖς. [20] Cod. 243: Σ. ἆρα (sic). Montef. minus probabiliter edidit: Σ. ἆρά τι κατάξεις με. [21] Sic Comp. (cum στράτευμα, sed paulo inferius σύστρεμμα), Codd. 82, 93, 108. [22] Cod. 243. Cf. ad v. 8. [23] Cod. 243. Cum Symmacho facit Hieron. vertens: discumbebant. [24] Idem. Hieron.: et quasi festum celebrantes diem. [25] Idem. [26] Idem (non, ut Montef., συνεσκόταζεν), Nobil., Procop. in Cat. Niceph. T. II, p. 486. [27] Sic Codd. 19, 82, 93, 108, Reg. [28] Cod. 92 in marg. sine nom. Vox συνεχρήσατο quid significare possit, nisi quod David e rebus et personis recuperatis nullas in suos usus converterit, plane nescimus. [29] Sic in textu Codd. 56, 246. [30] Cod. XI in textu: καὶ εἶπεν αὕτη προνομὴ Δ. καὶ τοῖς σκύλοις ἐκείνοις κ.τ.ἑ., ex duplici versione. [31] Sic Codd. II, III, 121, 247.

Σ. (τοὺς) ἀτονήσαντας. Θ. (τοὺς) ἀποναρκήσαντας.³²

21. וַיָּבֹא. Ο΄. καὶ προσήγαγε (alia exempl. προσῆλθε³³).

וַיִּשְׁאַל לָהֶם לְשָׁלוֹם. Ο΄. καὶ ἠρώτησαν αὐτὸν τὰ εἰς εἰρήνην. Σ. καὶ ἠσπάσαντο αὐτούς.³⁴

22. בְּלִיַּעַל. Ο΄. λοιμός. Ἀ. ἀποστάτης. Σ. παράνομος.³⁵

הִצַּלְנוּ. Ο΄. ἐξειλόμεθα. Ἀ. ἐρρυσάμεθα.³⁶

וַיְנַהֲגוּ. Ο΄. ἀπαγέσθωσαν. Ἀ. καὶ ἐλασάτωσαν. Ἄλλος· λαβέτωσαν.³⁷

23. אֶחָי. Ο΄. Vacat. Alia exempl. ἀδελφοί μου.³⁹

אֵת אֲשֶׁר־נָתַן יְהֹוָה לָנוּ וַיִּשְׁמֹר אֹתָנוּ וַיִּתֵּן אֶת־הַגְּדוּד הַבָּא. Ο΄. μετὰ τὸ παραδοῦναι τὸν κύριον ἡμῖν (alia exempl. add. τοὺς ὑπεναντίους³⁹), καὶ φυλάξαι ἡμᾶς, καὶ παρέδωκε κύριος τὸν γεδδοὺρ τὸν ἐπερχόμενον (alia exempl. καὶ παραδοῦναι τὸ σύστρεμμα τὸ ἐπελθόν⁴⁰).

25. לְחֹק וּלְמִשְׁפָּט. Ο΄. εἰς πρόσταγμα καὶ εἰς δικαίωμα. Σ. (εἰς) ὅρον καὶ κρίσιν.⁴¹

26. הִנֵּה לָכֶם בְּרָכָה. Ο΄. ἰδού. Alia exempl. ἰδοὺ ὑμῖν εὐλογία.⁴²

27. בְּבֵית־אֵל. Ο΄. ἐν Βαιθσούρ (alia exempl. Βαιθήλ⁴³).

בְּרָמוֹת־נֶגֶב. Ο΄. (ἐν) Ῥαμὰ νότου (Σ. πρὸς μεσημβρίαν⁴⁴).

בְּיַתִּר. Ο΄. ἐν Γεθόρ. Alia exempl. ἐν Ἰεθέρ.⁴⁵

28. וְלַאֲשֶׁר בְּשִׂפְמוֹת. Ο΄. καὶ τοῖς ἐν Ἀμμαδί, καὶ τοῖς ἐν Σαφί. Alia exempl. καὶ τοῖς ἐν Σαφαμώθ.⁴⁶

בְּאֶשְׁתְּמֹעַ. Ο΄. ἐν Ἐσθιέ (alia exempl. Ἐσθεμά⁴⁷).

29. בְּרָכָל. Ο΄. ἐν Γέθ (alia exempl. Ῥαχήλ⁴⁸).

וְלַאֲשֶׁר בְּעָרֵי הַיְרַחְמְאֵלִי. Ο΄. καὶ τοῖς ἐν Κιμάθ—καὶ τοῖς ἐν ταῖς πόλεσι τοῦ Ἰερεμεήλ. Alia exempl. καὶ τοῖς ἐν ταῖς πόλεσι τοῦ Ἱεραμηλεί.⁴⁹

הַקֵּינִי. Ο΄. τοῦ Κενεζί (alia exempl. τοῦ Κιναίου⁵⁰).

30. בְּחָרְמָה. Ο΄. ἐν Ἱεριμούθ (alia exempl. Ἑρμᾶ⁵¹).

בְּכוֹר־עָשָׁן. Ο΄. ἐν Βηρσαβεέ (alia exempl. Βωρασάν⁵²).

בַּעֲתָךְ. Ο΄. ἐν Νομβέ (alia exempl. Ἀθάχ⁵³).

Cap. XXXI.

2. וַיַּדְבְּקוּ. Ο΄. καὶ συνάπτουσιν (Ἀ. ἐκολλήθησαν¹).

3. הַמּוֹרִים. Ο΄. οἱ ἀκοντισταί (Ἀ. ῥοιζοῦντες. Θ. τοξόται²).

וַיָּחֶל מְאֹד מֵהַמּוֹרִים. Et territus est vehementer propter sagittarios. Ο΄. καὶ ἐτραυματίσθη (וַיָּחֶל) εἰς τὰ ὑποχόνδρια. Οἱ λοιποί·..σφόδρα ἀπὸ τῶν ῥοιζούντων (Σ. ἀκοντιστῶν. Θ. τόξων).³

---

³² Cod. 243. Cf. ad v. 10.   ³³ Sic Comp., Codd. 19, 82, 93, 108.   ³⁴ Cod. 243.   ³⁵ Idem.   ³⁶ Idem.
³⁷ Idem in textu: ἐπαγαγέσθωσαν; in marg. autem: Ἀ. καὶ ἐλασάτωσαν λαβέτωσαν.   ³⁸ Sic Comp. (ante οὕτως), Codd. III, 82, 93 (ut Comp.), 108 (idem), 247, Arm. 1.   ³⁹ Sic Comp., Codd. 82 (cum ἐναντίους), 93, 108.   ⁴⁰ Sic Comp., Codd. 19, 56 (cum ἐπελθόντα), 82, 93, Reg.   ⁴¹ Cod. 243.   ⁴² Sic Comp. (cum εὐλ. ὑμῖν), Ald. (idem), Codd. III, 19 (ut Comp.), 44, 52, 64 (ut Comp.), 74, alii, Arm. 1. Codd. 29, 243 post κύριον add. εὐλογία ὑμῖν.   ⁴³ Sic Comp., Codd. III, 19, 108, 247 (cum Βεθήλ).   ⁴⁴ Cod. 243.
⁴⁵ Sic Comp. (cum Ἰαθὴρ pro ᾽Ιεθήρ), Codd. III, XI, 19 (cum ἐπεθἠρ), 29, 44 (ut 19), 55, alii (inter quos 243, ut 19).   ⁴⁶ Sic Comp. (cum Σιφαμώθ), Codd. III (cum

Σαφαμὼς), 247, Arm. 1 (cum Ἐσθαμώθ).   ⁴⁷ Sic Comp. (cum Ἐσθημοὰ), Codd. III, 247 (cum Ἐσθαμά).   ⁴⁸ Sic Comp. (cum Ῥαχὰλ), Codd. III, 247 (cum Ῥαχιλ).   ⁴⁹ Sic Comp. (cum Ἱεραμιὴλ pro τοῦ Ἱεραμιὴλ), Codd. III, 247.   ⁵⁰ Sic Comp. (cum Κινῆ), Codd. III (cum Κειναίου), 247.   ⁵¹ Sic Comp., Codd. III (cum Ῥαμμα), 19, 93, 108.   ⁵² Sic Comp. (cum Βὴρ Ἀσὰν), Codd. III, 247 (cum Βωρασάν).   ⁵³ Sic Comp., Codd. III (cum Ἀθὰγ) 247 (cum Ἀχθ).

Cap. XXXI. ¹ Cod. 243.   ¹ Idem. Ad Aquilam cf. Hex. ad Gen. xxxi. 51. 4 Reg. xiii. 17.   ² Idem. Pro τόξων Scharfenb. indubitanter corrigit τοξοτῶν; sed in loco parallelo 1 Paral. x. 3 Seniores interpretati sunt, καὶ ἐπόνεσαν ἀπὸ τῶν τόξων.

3. Ο'. εἰς τὰ ὑποχόνδρια.   Schol. μέρος τὸ ἐγγὺς τοῦ
   ἥπατος.⁴   Aliud schol. τὰ ἄκρα τῶν λαγόνων.⁵

4. וְהִתְעַלְּלוּ־בִי.   Et injuriam faciant mihi.   Ο'.
   καὶ ἐμπαίξωσιν ('Α. ἐναλλάξουσιν⁶) ἐμοί.

5. נֹשֵׂא כֵלָיו.   Ο'. ὁ αἴρων τὰ σκεύη (Σ. ὁπλο-
   φόρος⁷) αὐτοῦ.

6. גַּם כָּל־אֲנָשָׁיו.   Ο'. Vacat.   Alia exempl. καὶ
   πάντες οἱ ἄνδρες αὐτοῦ.⁸

   יַחְדָּו.   Ο'. κατὰ τὸ αὐτό.   'Α. ὁμοῦ.⁹

8. אֶת־הַחֲלָלִים.   Ο'. τοὺς νεκρούς.   Alia exempl.
   τοὺς τραυματίας.¹⁰

9. וַיִּכְרְתוּ אֶת־רֹאשׁוֹ.   Ο'. καὶ ἀποστρέφουσιν (alia
   exempl. ἀποκεφαλίζουσιν¹¹) αὐτόν.   Σ. (καὶ)
   ἔκοψαν τὴν κεφαλὴν αὐτοῦ.¹²   "Αλλος· καὶ
   ἀποκόπτουσιν τὴν κεφαλὴν αὐτοῦ.¹³

9. אֶת־כֵּלָיו.   Ο'. τὰ σκεύη (Σ. ὅπλα¹⁴) αὐτοῦ.

10. בֵּית עַשְׁתָּרוֹת.   In templo Astartarum.   Ο'.
    εἰς τὸ 'Ασταρτεῖον.   'Α. ἐν οἴκῳ 'Ασταρώθ.¹⁵
    Schol. ἀντὶ τοῦ, εἰς τὸ ἱερὸν τῆς 'Αστάρτης·
    λέγουσι δὲ ταύτην ὡς τὴν 'Αφροδίτην.¹⁶

11. אֵלָיו.   Ο'. Vacat.   Alia exempl. περὶ αὐτοῦ.¹⁷

12. כָּל־אִישׁ חַיִל.   Ο'. πᾶς ἀνὴρ δυνάμεως ('Α.
    εὔπορος.   Σ. ἰσχυρός¹⁸).

13. תַּחַת־הָאֶשֶׁל.   Sub tamarisco.   Ο'. ὑπὸ τὴν
    ἄρουραν ('Α. τὸν δενδρῶνα.   Σ. (τὸ) φυτόν.
    Θ. τὰς δρῦς¹⁹).

    Schol. Τέλος σὺν θεῷ τῆς πρώτης τῶν Βασι-
    λειῶν· ὁ δὲ 'Ακύλας, 'Εβραίοις ἑπόμενος, οὐ
    διεῖλεν, ἀλλὰ μίαν τὰς δύο πεποίηκεν.²⁰   Aliud
    schol. "Εως ὧδε τὸ 'Εβραϊκὸν καὶ λοιποί.²¹

---

⁴ Nobil., Cat. Niceph. T. II, p. 489: Θεοδοτίων μέρος
κ. τ. ἑ.   Cod. 243: Θ. τόξων. ἢ τὸ μέρος κ. τ. ἑ.   ⁵ Cod. 56
in marg.   ⁶ Codd. 243 (teste Parsonsii smanuensi), 243*
(in marg. sine nom.).   Montef. e priore male exscripsit:
'Α. ἐναλαλάξωσι. Cf. Hex. ad Jerem. xxxviii. 19.   ⁷ Idem.
Cf. ad Cap. xvi. 21.   ⁸ Sic Comp., Codd. III, 19, 52,
55, alii, Arm. 1.   ⁹ Cod. 243.   ¹⁰ Sic Comp., Codd.
19, 56, 93, 108, 246.   ¹¹ Iidem.   ¹² Codd. Reg., 243.
¹³ Sic in textu post τὰ σκεύη αὐτοῦ Ald., Codd. XI, 29 (ante
καὶ ἀποστρέφουσιν), 44, 55, 64, alii, Arm. 1.   ¹⁴ Cod. 243.
¹⁵ Idem.   ¹⁶ Idem.   Sic (cum λ. δὲ εἰπὼ ταύτην τὴν 'Αφρ.)
Nobil., Procop. in Cat. Niceph. T. II, p. 490.   Ad 'Ασταρ-
τεῖον Cod. 108 in marg.: εἰδωλεῖον.   ¹⁷ Sic Comp., Codd.
III, 93, 108, 245, 247, Arm. 1 (cum αὐτῶν).   ¹⁸ Cod. 243.
¹⁹ Codd. Reg., 243. Cf. ad Cap. xxii. 6.   ²⁰ Cod. Reg.
2433. Alter Reg. 1871 in fine notat: 'Ακύλας εἰς ἐν συνάπτει τὴν α' μετὰ τῆς β'.   ²¹ Cod. 243. exscribente Montef.

LIBER II REGUM,

JUXTA HEBRAEOS II SAMUELIS.

LIBER II REGUM.

CAPUT I.

1. מֵהַכּוֹת. Ο'. τύπτων. 'Α. πλήσσων.[1]

2. וַאֲדָמָה עַל־רֹאשׁוֹ. Ο'. καὶ γῆ ἐπὶ τῆς κεφαλῆς αὐτοῦ. Σ. κεκονιμένος .[2]

6. הַנַּעַר. Ο'. τὸ παιδάριον. 'Α. ὁ παῖς. Σ. ὁ νεανίσκος.[3]

נִקְרֵיתִי. Ο'. περιέπεσον. Alia exempl. περιέπεσαν.[4]

הִדְבִּקֻהוּ. Premebant eum. Ο'. συνῆψαν αὐτῷ. 'Α. ἐκολλήθησαν (αὐτῷ). Σ. κατελάβοντο αὐτόν.[5]

7. הִנֵּנִי. Ο'. ἰδοὺ ἐγώ. Σ. πάρειμι.[6]

9. הַשָּׁבָץ. Spasmus (s. vertigo). Ο'. σκότος δεινόν. 'Α. ὁ σφιγκτήρ.[7]

9. כִּי־כָל־עוֹד נַפְשִׁי. Ο'. ὅτι πᾶσα ἡ ψυχή μου. Alia exempl. καὶ ἔτι ἡ ψυχή μου.[8]

10. הַנֵּזֶר. Diadema. Ο'. τὸ βασίλειον ('Α. ἀφόρισμα. Σ. Θ. διάδημα[9]).

וְאֶצְעָדָה. Et armillam. Ο'. καὶ τὸν χλιδῶνα (alia exempl. χλιδῶνα[10]). 'Α. (καὶ τὸ) κλάνιον. Σ. Θ. (καὶ τὸ) βραχιάλιον.[11] Aliter: 'Α. (καὶ τὸ) βραχιάριον.[12]

12. בֶּחָרֶב. Ο'. ἐν ῥομφαίᾳ. Alia exempl. σφόδρα (בְּחָרֵב).[13]

13. גֵּר. Ο'. παροίκου. 'Α. προσηλύτου.[14]

15. גַּשׁ פְּגַע־בּוֹ וַיַּכֵּהוּ וַיָּמֹת. Ο'. προσελθὼν ἀπάντησον (Σ. ἔπελθε. Θ. ἅψαι[15]) αὐτῷ καὶ ἐπά-

---

CAP. I. [1] Cod. 243. Proculdubio Aquila scripsit: ἀπὸ τοῦ πλῆξαι. [2] "Σ. κεκονιασμένος. Reg. Coislin. vero 2: κεκονισμένος."—Montef. Lectio κεκονιασμένος (potius κεκονιασμένος), calce obluctus, absurdissima est; e codice autem altero Parsonsii amanuensis recte exscripsit κεκονιμένος, supple τὴν κεφαλήν. Hieron.: pulvere conspersus caput. [3] Cod. 243. [4] Sic Codd. II, III, XI, 55, 121, 244, 246. Cod. 243 ex corr. περιέπεσαν; et in marg.: τουτέστιν, ἡττήθη ὁ Ἰσραὴλ καὶ ἔπεσεν. [5] Cod. 243 (cum ἐκολλησαν). Minus probabiliter Cod. Reg. (ut videtur): 'Α. κατελάβοντο αὐτόν. ἐκολλήθησαν αὐτῷ. Cf. Hex. ad 1 Reg. xiv. 22. xxxi. 2. [6] Idem. Hieron. adsum. Cf. Hex. ad 1 Reg. iii. 4. [7] Cod. 243. Cf. Hex. ad Exod. xxviii. 13, 25. Nescio an de fibula vel cingulo cogitaverit interpres.

[8] Sic Comp., Ald., Codd. XI, 29, 44, 52, alii (inter quos 243). [9] Cod. 243. Lectio posterior est in Comp., Codd. 19, 55, 82, aliis. [10] Sic Codd. II, III, XI, 29, 55, alii. [11] Cod. 243 (cum χλιδῶνι in textu). Hesych.: Κλάνια· ψέλλια βραχιόνων. Ad βραχιάλιον (sic Parsonsii amanuensis, non, ut Montef. exscripsit, βραχιάριον) cf. Hex. ad 2 Reg. viii. 7. Jesai. iii. 20. [12] Procop. p. 93: Τὸν χλιδῶνα. Κόσμος ἐστὶ χρυσοῦς, ἢ τοῖς βραχίοσι περιτιθέμενος, ἢ τοῖς καρποῖς τῶν χειρῶν· ὁ δὲ Ἀκύλας βραχιάριον αὐτὸ κέκληκεν. Eadem habent Col. Reg. et Theodoret. Quaest. II in 2 Reg. p. 404. Cod. 108 in marg.: 'Α. βραχιάριον ἐστὶν (sic) ὁ χλιδών· unde glossema esse crediderim. [13] Sic Codd. 44, 74, 106, 134, 144. [14] Cod. 243. [15] Idem.

ταξεν αὐτὸν, καὶ ἀπέθανε. Alia exempl. προσα-
γάγετε αὐτῷ, καὶ ἅψασθε αὐτοῦ καὶ ἐπάταξαν
αὐτὸν, καὶ ἔβαλον αὐτὸν ἐπὶ τὴν γῆν.¹⁶

16. עַל־רֹאשָׁה. Ο'. ἐπὶ τὴν κεφαλήν σου. Σ.
κατὰ τῆς κεφαλῆς σου.¹⁷

18. בְּנֵי־יְהוּדָה קָשֶׁת. Ο'. τοὺς υἱοὺς Ἰούδα ※ Ἀ.
Λοιποί· τόξον ◄.¹⁸

19. הַצְּבִי יִשְׂרָאֵל. Decus Israelis. Ο'. στήλωσον
(Ἀ. ἀκρίβασαι¹⁹) Ἰσραήλ. Alia exempl. καὶ
εἶπεν· ἀκρίβασαι, Ἰσραήλ.²⁰

עַל־בָּמוֹתֶיךָ חָלָל. Super excelsa tua inter-
fectum. Ο'. ὑπὲρ τῶν τεθνηκότων ἐπὶ τὰ ὕψη
(Σ. Θ. ὑψηλά²¹) σου τραυματιῶν. Alia exempl. περὶ τῶν τεθνηκότων σου τραυματιῶν.²²

20. בְּחוּצֹת. Ο'. ἐν ταῖς ἐξόδοις (Σ. ἀμφόδοις²³).

תַּעֲלֹזְנָה. Ο'. ἀγαλλιάσωνται. Οἱ λοιποί· γαυ-
ριάσωσι.²⁴

21. אַל־טַל וְאַל־מָטָר עֲלֵיכֶם וּשְׂדֵי תְרוּמֹת. Ne
(descendat) ros neve pluvia in vos, et (ne sint
in vobis) agri oblationum. Ο'. μὴ καταβάτω
(alia exempl. κατάβοι²⁵) δρόσος, καὶ μὴ ὑετὸς

ἐφ' ὑμᾶς, καὶ ἀγροὶ ἀπαρχῶν (Ἀ. ἀφαιρεμάτων,
Θ. θανάτου²⁶). Θ. μὴ πέσοι ἐφ' ὑμᾶς δρόσος,
μήτε ὑετὸς ἐπὶ τὰ ὕψη σου, ὄρη θανάτου.²⁷

21. כִּי שָׁם נִגְעַל מָגֵן גִּבּוֹרִים. Ibi enim abjectus
(s. pollutus) est clypeus heroum. Ο'. ὅτι ἐκεῖ
προσωχθίσθη (Ἀ. ἀπεβλήθη²⁸) θυρεὸς δυνατῶν.
Θ. ὅτι ἐκεῖ ἐξήρθη σκέπη δυναστῶν.²⁹

מָשִׁיחַ. Ο'. ἐχρίσθη. Ἀ. ἠλειμμένος.³⁰

22. חֲלָלִים. Ο'. τραυματιῶν. Ἀ. Σ. ἀνῃρημένων.³¹

רֵיקָם. Ο'. κενή. Σ. διακενῆς.³²

23. וְהַנְּעִימִם. Ο'. καὶ ὡραῖοι οὐ διακεχωρισμένοι
[εὐπρεπεῖς].³³

גָּבֵרוּ. Ο'. ἐκραταιώθησαν. Ἀ. Θ. δυνατοί.³⁴

24. עִם־עֲדָנִים. Cum deliciis. Ο'. μετὰ κόσμου
ὑμῶν. Ἀ. Σ. (μετὰ) τρυφῆς.³⁵

עַל לְבוּשְׁכֶן. Ο'. ἐπὶ τὰ ἐνδύματα (alia exempl. τὸν ἱματισμὸν³⁶) ὑμῶν.

25. עַל־בָּמוֹתֶיךָ חָלָל. Ο'. ἐπὶ τὰ ὕψη σου τραυματίαι. Aliter: Ο'. Θ. εἰς θάνατον ἐτραυμα-
τίσθης.³⁷

---

¹⁶ Sic Codd. 19 (cum ἅψασθε αὐτὸν .. ἐπάταξεν .. ἔβαλεν), 82,
93, 108, Reg. (cum προσάγαγε ?).   ¹⁷ Cod. 243.   ¹⁸ Idem.
Sic sine notis Codd. III (cum Ἰσραὴλ pro Ἰούδα), 98, 247
(at III), Arm. 1 (cum τοξοποιητικόν). Montef. e Regio
edidit: Ἀ. τοῦ διδάξαι τοὺς υἱοὺς Ἰσραὴλ καὶ Ἰούδα κ. τ. έ.,
quae lectio est Codd. 19, 93, 108, ab Aquilae indole plane
abhorrens.   ¹⁹ Procop. p. 94. Interpres, judice Scharfenbergio, Chaldaicum צֵב, veritatem cognoscere, respexit,
unde לְצֵבָה, ἐξακριβώσασθαι, Dan. vii. 19 in LXX, et יַצִּיב,
ἀκρίβεια, Dan. vii. 16 in LXX et Theod.   ²⁰ Sic Comp.,
Codd. 19, 93 (om. καὶ εἶπεν), 108 (idem), Reg., Theodoret.
Vet. Lat.: Et ait: considera, Israel.   ²¹ Cod. 243.   ²² Sic
Comp. (cum ὑπέρ), Codd. 19 (idem), 93, Reg., Theodoret.
²³ Cod. 243.   ²⁴ Idem. Sic in textu (cum μηδὲ γ.)
Comp., Codd. 19, 93, 108, 242 (cum γαυριάωσαν), Reg.
(cum γαυριάσωνται), Chrysost. Opp. T. I, p. 680 B.   ²⁵ Sic
Codd. II (III manu ₁ᵘ ?), XI, 29, 82, alii (inter quos 243).
²⁶ Cod. 243, Procop. in Cat. Niceph. T. II, p. 497.
²⁷ Cod. Reg., teste Montef. Sic in textu (cum μήτε δρόσος)
Codd. 19 (cum πέσῃ), 93, 108, Chrysost. Opp. T. IV,
p. 767 C (om. ἐπὶ τὰ ὕψη σου). Vet. Lat.: Neque ros,
neque pluvia cadat super vos, montes mortis.   ²⁸ Cod.

243, Procop. ibid.   ²⁹ Cod. Reg. in continuatione. Sic
in textu Cod. 93 (cum δυνατῶν), Chrysost. ibid. (idem).
Vet. Lat.: sublata est protectio ..   ³⁰ Cod. Reg.   ³¹ Cod.
243.   ³² Idem!   ³³ Vox deest in Comp., Codd. XI,
19, 29, 44, aliis (inter quos 243), Chrysost. ibid (cum
κεχ.), Vet. Lat. Versio est Aquilae aut Theodotionis, coll.
Hex. ad Psal. xv. 6. cxxxiv. 3. Ezech. xxxii. 19.   ³⁴ Cod.
243, teste Montef. Lectio, a Parsonsii amanuensi non
memorata, est, ni fallor, Cod. Regii textualis, quocum consentiunt Comp., Codd. 93, 108. Certe Aquilae usus postulat ἐδυναμώθησαν, coll. Hex. ad Gen. vii. 20, 24. Psal.
lxiv. 4.   ³⁵ Cod. 243.   ³⁶ Sic Comp., Codd. 93 (cum
εἰμ.), 108.   ³⁷ Sic in textu Comp. (cum εἰς τὰ ὕψη σου
ἐτρ.), Ald. (cum εἰς θ. ἐτρ. ἐπὶ τὰ ὕ. σ. τραυμασία), Codd. XI,
19 (cum εἰς θ. ἐτραυματίσθη ἐμοί), 44 (cum εἰς πόλεμον ἐτρ.),
52, alii (inter quos 243), Chrysost. Opp. T. XI, p. 703 E
(ut 19). Vet. Lat.: in morte vulneratus est. "Cod. 243
in marg.: Ο'. ἐπὶ τὰ ὕψη σου τραυμασίας (sic). Θ. τὸ ἔσω
quod, ni fallor, significat Theodotionem etiam habuisse εἰς
θ. ἐτραυματίσθης, quae verba sunt textus (τὸ ἔσω) nostri
codicis."—Parsonsii aman. Cf. Hex. ad 1 Reg. xxv. 1.
Minus probabiliter Montef. ex eodem edidit: Ο'. Θ. ἐπὶ τὰ

26. נִפְלְאַתָה. *Mirabilis fuit.* Ο'. ἐθαυμαστώθη. Alia exempl. ἐπέπεσεν.[38]

27. כְּלֵי מִלְחָמָה. Ο'. σκεύη πολεμικά (Θ. ἐπιθυμητά[39]).

Cap. II.

3. הֶעֱלָה דָוִד. Ο'. Vacat. ※ Θ. οὓς ἀνήγαγε Δαυίδ (◄).[1]

6. אֶעֱשֶׂה אִתְּכֶם הַטּוֹבָה הַזֹּאת. Ο'. ποιήσω μεθ' ὑμῶν τὸ ἀγαθὸν τοῦτο (alia exempl. τὰ ἀγαθὰ ταῦτα[2]). Σ. ἀμείψομαι ὑμᾶς τὴν χάριν ταύτην.[3]

הַדָּבָר הַזֶּה. Ο'. τὸ ῥῆμα τοῦτο. Alia exempl. τὸν λόγον τοῦτον.[4]

7. תֶּחֱזַקְנָה. Ο'. κραταιούσθωσαν. Ἀ. ἐνισχυέσθωσαν.[5]

וִהְיוּ לִבְנֵי־חַיִל. Ο'. καὶ γίνεσθε εἰς υἱοὺς δυνατούς (Ἀ. εὐπορίας). Σ. (καὶ γίνεσθε ἄνδρες) γενναῖοι.[6]

8. אֶת־אִישׁ־בֹּשֶׁת. Ο'. τὸν Ἰεβοσθέ. Οἱ λοιποί· Εἰσβάαλ.[7]

וַיַּעֲבִרֵהוּ. Ο'. καὶ ἀνεβίβασεν (alia exempl. διεβίβασεν[8]) αὐτόν. Σ. (καὶ) περιήγαγεν (αὐτόν).[9]

10. בֶּן־אַרְבָּעִים שָׁנָה. Ο'. τεσσαράκοντα ἐτῶν. Alia exempl. υἱὸς τεσσαράκοντα ἐτῶν.[10]

11. וַיְהִי מִסְפַּר הַיָּמִים אֲשֶׁר. Ο'. καὶ ἐγένοντο αἱ ἡμέραι ἅς. Alia exempl. καὶ ἐγένετο ὁ ἀριθμὸς τῶν ἡμερῶν ὧν.[11]

12. וְעַבְדֵי. Ο'. καὶ οἱ παῖδες (Ἀ. Θ. δοῦλοι[12]).

מַחֲנַיִם גִּבְעוֹנָה. Ο'. ἐκ Μαναὲμ εἰς Γαβαών. Alia exempl. ἐκ παρεμβολῆς βουνοῦ.[13] Θ. (ἐκ) παρεμβολῶν βουνοῦ.[14]

13. עַל־בְּרֵכַת. Ο'. ἐπὶ τὴν κρήνην (Ἀ. Θ. κολυμβήθραν[15]).

יַחְדָּו. Ο'. ἐπὶ τὸ αὐτό. Ἀ. Σ. ὁμοῦ.[16]

16. וַיַּחְרְבוּ. Ο'. καὶ μάχαιρα αὐτοῦ. ※ Σ. ἐνέπηξαν.[17]

בְּצַד. Ο'. εἰς πλευράν. Ἄλλος· εἰς πλάγιον.[18]

יַחְדָּו. Ο'. κατὰ τὸ αὐτό. Ἀ. Σ. ὁμοῦ.[19]

וַיִּקְרָא לַמָּקוֹם הַהוּא. Ο'. καὶ ἐκλήθη τὸ ὄνομα τοῦ τόπου ἐκείνου. Alia exempl. καὶ ἐπεκλήθη τῷ τόπῳ ἐκείνῳ.[20]

חֶלְקַת הַצֻּרִים. *Ager acierum* (gladiorum). Ο'. μερὶς τῶν ἐπιβούλων (הַצָּרִים). Ἀ. Σ. κλῆρος τῶν στερεῶν.[21]

17. עַד־מְאֹד. Ο'. ὥστε λίαν. Ἀ. Σ. ἕως σφόδρα.[22]

וַיִּנָּגֶף. Ο'. καὶ ἔπταισεν (Σ. ἐτροπώθη[23]).

19. וְלֹא־נָטָה. Ο'. καὶ οὐκ ἐξέκλινε (Σ. παρήλασεν[24]).

20. הַאַתָּה. Ο'. εἰ (Ἀ. Σ. μὴ[25]) σύ.

ὕψη σου τραυματίαι. [38] Sic (cum ἐπέπεσεν ἐπ' ἐμὲ ἡ ἀγ. σου ὡς ἡ ἀγ. τῶν γυναικῶν) Cod. 93, Chrysost. Opp. T. I, p. 214 (cum ἐπέπεσεν), et Tom. XI, p. 142 E (cum ἔπεσεν), Theodoret., Vet. Lat. [39] Codd. Reg. (cum Ἀ. pro Θ.), 243. Sic in textu Codd. 19, 93, 108.

Cap. II. [1] Cod. 243 in marg. Sic in textu sine aster. Codd. III, 98, 247. [2] Sic Comp., Codd. XI, 19, 29, 55, alii. [3] Cod. 243. [4] Sic Codd. 19, 82, 93, 108, Reg. [5] Cod. 243. [6] Idem: Ἀ. εὐπορίας. Σ. γενναῖοι. [7] Procop. p. 101: Τὸν Μεμφιβοσθέ [sic in textu Codd. XI (cum Μεμφιβοσθος), 19, 82]. Τοῦτον οἱ λοιποὶ ἑρμηνευταὶ Εἰσβάαλ ὀνομάζουσι. Sic in textu Cod. 93. Cf. 1 Paral. viii. 33. [8] Sic Comp., Codd. 19, 82, 93, 108, 123. [9] Cod. 243. Scharfenb. corrigit παρήγαγεν, non male. Cf. Hex. ad Gen. viii. 1. Praeterea Montef. ad καὶ ἀνεβίβασεν κ.τ.ἑ. e Regio edidit: Ἀ. ἐκ παρεμβολῆς βουνοῦ, absurde. Cf. ad v. 12.

[10] Sic Comp. (cum ἐτῶν ἦν), Codd. 52, 55, 71, alii. [11] Sic Comp. (om. ὁ), Codd. XI, 19 (om. τῶν), 82 (ut Comp.), 93, 108 (ut Comp.). [12] Cod. 243. [13] Sic Comp., Codd. 19, 82, 93, 108, Reg. [14] Cod. 243. Nobil. affert: Θ. παρεμβολῶν. [15] Idem, teste Parsonsii amanuensi. Montef. e Regio edidit: Ἀ. Θ. ἐπὶ τῆς κολυμβήθρας. Cf. ad Cap. iv. 12. [16] Idem. [17] Idem in marg. ante μάχαιρα. Cod. 98 in textu: καὶ ἐνέπηξε μάχαιραν αὐτοῦ. Hieron.: *defixit gladium.* [18] Sic Cod. III in textu. Cf. Hex. ad 1 Reg. vi. 8. [19] Cod. 243. [20] Sic Comp., Codd. XI (cum ἐκλήθη), 19, 93, 108. [21] Cod. 243. Hieron.: *Ager robustorum.* [22] Idem. Cf. Hex. ad 1 Reg. xi. 15. [23] Idem. Cf. Hex. ad Deut. xxviii. 25. [24] Idem. Vox παρήλασεν, *cursu superavit,* non hic omnino quadrare videtur. [25] Idem.

21. לָסוּר מֵאַחֲרָיו. Ο'. ἐκκλῖναι ἐκ τῶν ὄπισθεν αὐτοῦ. Σ. . ἀκολουθῶν αὐτῷ.[26]

22. וַיֹּאמֶר עוֹד אַבְנֵר אֶל־יוֹאָב אָחִיד. Ο'. καὶ πῶς ἀρῶ τὸ πρόσωπόν μου πρὸς Ἰωάβ; καὶ ποῦ ἔστι ταῦτα; ἐπίστρεφε πρὸς Ἰωὰβ τὸν ἀδελφόν σου.[27]

23. אֶל־הַחֹמֶשׁ. In abdomine. Ο'. ἐπὶ τὴν ψόαν (s. ψύαν). Ἀ. πρὸς τὸν ἐνοπλισμόν.[28]
תַּחְתָּו. Ο'. ὑποκάτω ("Αλλος· ἐπὶ τοῦ τόπου[29]) αὐτοῦ.

24. עַד־גִּבְעַת אַמָּה. Usque ad collem Amma. Ο'. ἕως τοῦ βουνοῦ (Σ. νάπης[30]) Ἀμμάν (Θ. ὑδραγωγοῦ[31]).
אֲשֶׁר עַל־פְּנֵי־גִיחַ. Ο'. ὅ ἐστιν ἐπὶ προσώπου Γαί (Σ. Θ. φάραγγος[32]). Alia exempl. τοῦ κατὰ πρόσωπον Γιές.[33]
דֶּרֶךְ מִדְבַּר גִּבְעוֹן. Ο'. ὁδὸν ἔρημον (Σ. σπηλαίου[34]) Γαβαὼν (Θ. βουνοῦ[34]). Alia exempl. τῆς ὁδοῦ τοῦ σπηλαίου τοῦ βουνοῦ.[35]

25. לַאֲגֻדָּה אֶחָת. In manipulum unum. Ο'. εἰς συνάντησιν (Ἀ. δέσμην (s. δεσμόν). Σ. συστροφήν[36]) μίαν. Alia exempl. εἰς συναγωγὴν μίαν.[37]

26. הֲלָנֶצַח. Ο'. μὴ εἰς νῖκος ("Αλλος· ἕως ἐσχάτου[38]).

27. אִישׁ מֵאַחֲרֵי אָחִיו. Ο'. ἕκαστος ※ Σ. διώκων ◄ κατόπισθε τοῦ ἀδελφοῦ αὐτοῦ.[39]

28. וְלֹא־יָרְדְּפוּ עוֹד. Ο'. καὶ οὐ κατεδίωξαν ※ ἔτι ◄.[40]

29. בָּעֲרָבָה. Ο'. εἰς δυσμάς. Ἀ. Θ. ἐν ὁμαλῇ. Σ. διὰ τῆς πεδιάδος.[41]
כָּל־הַבִּתְרוֹן. Ο'. ὅλην τὴν παρατείνουσαν (Ἀ. Βεθωρῶν[42]).
מַחֲנָיִם. Ο'. εἰς τὴν παρεμβολήν (Σ. Μαναΐμ[43]).

30. וַיִּפָּקְדוּ. Ο'. καὶ ἐπεσκέπησαν (Σ. διαπεφωνήκασιν[44]).

Cap. III.

1. אָרְכָה. Ο'. ἐπὶ πολύ. Σ. μακρός.[1]
וְדַלִּים. Et debiles. Ο'. καὶ ἠσθένει (Ἀ. ἀραιούμενος. Σ. ἠλαττοῦτο[2]).

3. כִלְאָב. Ο'. Δαλουία. Οἱ λοιποί· Ἀβία.[3]

4. אֲדֹנִיָּה. Ο'. Ὀρνία. Ἀ. Σ. Ἀδωνίας.[4]

6. מִתְחַזֵּק. Fortem se praestans. Ο'. κρατῶν. Ἀ. ἐνισχύων. Σ. κραταιούμενος.[5]

7. וּשְׁמָהּ רִצְפָּה. Ο'. ※ Οἱ λοιποί, Ἀ. καὶ ὄνομα αὐτῇ ◄ Ῥεσφά.[6]

8. אִישׁ־בֹּשֶׁת. Ο'. τῷ Ἰεβοσθέ (Οἱ λοιποί· Ἰεσβάαλ[7]).
הֲרֹאשׁ כֶּלֶב. Ο'. μὴ κεφαλὴ κυνός (Σ. κυνοκέφαλος[8]).

---

[26] Cod. 243, teste Montef. Parsonsii amanuensis ἀκολουθεῖν habet.   [27] Hic duas versiones coaluisse quivis videt, quarum alteram, καὶ ποῦ—Ἰωάβ, quae reddit Hebraea וְאֵי אֵלֶּה פְּנֵי אֶל־יוֹאָב, reprobant Comp., Codd. 19, 56, 82, 158.   [28] Cod. 243. Cf. Hex. ad Exod. xiii. 18.   [29] Idem in marg. sine nom.   [30] Codd. Reg., 243. Cf. Hex. ad Cant. iv. 6.   [31] Iidem. Posteriorem Aquilae, non Theodotionis, nomen praemittere testatur Montef., repugnante Parsonsii amanuensi. Cf. tamen ad Cap. viii. 1.   [32] Cod. 243.   [33] Sic Comp. (cum Γιέ), Codd. 19, 82, 93, 108, Reg.   [34] Cod. 243 in marg. (ad ἔρημον): Σ. σπηλαίου. Θ. βουνοῦ. Montef. vero e Reg. edidit: בִּגְעוֹן, Σ. αὐτοῦ σπηλαίου. Ο'. Γαβαών. Θ. τοῦ βουνοῦ.   [35] Sic Codd. XI, 19, 82 (om. τοῦ β.), 93, 108, 158 (cum ὁδὸν pro τῆς ὁδοῦ).   [36] Codd. Reg. (cum δεσμών), 243 (cum δεσμήν).   [37] Sic Comp., Codd. 19, 82, 93, 108,

158.   [38] Cod. 243 in marg. sine nom., teste Parsonsii amanuensi (ad εἰς νῖκος, non, ut Montef., ad ἕως πότε). Cf. Hex. ad Jesai. xxxiv. 10.   [39] Cod. 243 (cum ※ Σ. διώκων in marg.). Sic in textu sine notis Cod. 93. Nisi forte Symmachus verterit: ἕκαστος διώκων τὸν ἀδ. αὐτοῦ.   [40] Idem (cum ※ ἔτι in marg.). Sic sine aster. Codd. XI, 98.   [41] Idem.   [42] Idem.   [43] Idem.   [44] Idem, cum scholio: τουτέστιν, ἀριθμηθέντες οὐχ εὑρέθησαν. Cf. Hex. ad 1 Reg. xxv. 21.   Cap. III.   [1] Cod. 243.   [2] Idem.   [3] Idem.   [4] Codd. Reg., 243 (cum Ὀρνειά in textu). Cod. 242, Procop. p. 101: Ἀκύλας· Ἀδωνίας. Cf. Hex. ad 3 Reg. i. 5.   [5] Cod. 243.   [6] Idem in marg.: ☉. Ἀ. ※ καὶ ὄνομα αὐτῇ. Sic in textu sine notis Comp., Codd. XI (cum ᾗ ὄν. pro καὶ ὄν. αὐτῇ), 19, 56 (ut XI), 82, 93, alii, Arm. 1 (ut XI).   [7] Cod. Reg. Cf. ad Cap. ii. 8.   [8] Codd. Reg., 243.

8. אָנֹכִי אֲשֶׁר לִיהוּדָה הַיּוֹם אֶעֱשֶׂה־חֶסֶד. Ο'. ἐγώ εἰμι; ἐποίησα σήμερον ἔλεος. Alia exempl. εἰμι; ἐγὼ ἐμαυτῷ σήμερον ἐποίησα ταῦτα πάντα, καὶ ἐποίησα ἔλεον.[9]

אֶל־אֶחָיו וְאֶל־מֵרֵעֵהוּ. Ο'. καὶ περὶ ἀδελφῶν, καὶ περὶ γνωρίμων. Ἄλλος· πρὸς τοὺς ἀδελφούς σου, καὶ πρὸς τοὺς ἑταίρους.[10]

9. כֹּה. Ο'. τάδε. Σ. οὕτως.[11]

אֶעֱשֶׂה. Ο'. ποιήσω. Σ. συμπράξω.[12]

11. מִירֵאָתוֹ. Ο'. ἀπὸ τοῦ φοβεῖσθαι (Σ. διὰ τὸ φοβεῖσθαι[13]) αὐτόν.

12. תַּחְתּוֹ לֵאמֹר לְמִי־אָרֶץ. Pro se, dicens: Cujus est terra? Ο'. εἰς Θαιλὰμ οὗ ἦν (fort. Θαιλαμοῦ γῆν[14]) παραχρῆμα.

תַּחְתּוֹ. Ο'. παραχρῆμα. Ἀ. Σ. ἀνθ' ἑαυτοῦ. Θ. παραχρῆμα.[15]

לְמִי־אָרֶץ. Ἀ. τίνος ἡ γῆ;[16]

14. אֵרַשְׂתִּי. Despondi. Ο'. ἔλαβον. Ἀ. ἐμνηστευσάμην.[17]

15. בֶּן־לַיִשׁ (לוּשׁ ק'). Ο'. υἱοῦ Σελλῆς (s. Σελλήμ). Ἀ. (υἱοῦ) Λαΐς.[18]

16. וַיֵּלֶךְ. Ο'. καὶ ἐπορεύετο (Σ. ἠκολούθει[19]).

הָלוֹךְ וּבָכֹה. Ο'. κλαίων. Alia exempl. πορευόμενος καὶ κλαίων.[20]

עַד־בַּחֻרִים. Ο'. ἕως Βαρακίμ (alia exempl. Βαουρείμ[21]).

17. וּדְבַר־אַבְנֵר הָיָה. Ο'. καὶ εἶπεν Ἀβεννήρ. Alia exempl. καὶ λόγος Ἀβεννὴρ ἐγένετο.[22]

18. אֶת־עַמִּי יִשְׂרָאֵל. Ο'. τὸν Ἰσραήλ. Alia exempl. τὸν λαόν μου Ἰσραήλ.[23]

19. גַּם־אַבְנֵר בְּאָזְנֵי. Ο'. Ἀβεννὴρ ἐν τοῖς ὠσί. Alia exempl. καίγε Ἀβεννὴρ ἐν τοῖς ὠσί; alia, Ἀβεννὴρ καίγε ἐν τοῖς ὠσί.[24]

21. וְכָרַתִּי. Ο'. καὶ διαθήσομαι. Σ. (ἵνα) συνθῶνται.[25]

בְּכֹל אֲשֶׁר. Ο'. ἐπὶ πᾶσιν οἷς (Σ. ἂν[26]).

22. וְהִנֵּה. Ο'. καὶ ἰδοὺ (Σ. εὐθύς[27]).

מֵהַגְּדוּד. A turma praedatoria. Ο'. ἐκ τῆς ἐξοδίας. Ἀ. ἀπὸ τοῦ εὐζώνου. Σ... λόχου.[28] Aliter: Ἀ.. τοῦ γεδδοὺρ μονοζώνου.[29]

25. יָדַעְתָּ אֶת־אַבְנֵר. Ο'. ἡ οὐκ οἶδας τὴν κακίαν Ἀβεννήρ. Σ. οἶδας τὸν Ἀβεννήρ.[30]

26. וַיֵּצֵא. Ο'. καὶ ἀνέστρεψεν (alia exempl. ἐξῆλθεν[31]).

מִבּוֹר הַסִּרָה. Ο'. ἀπὸ τοῦ φρέατος τοῦ Σεειράμ (alia exempl. Σειρά[32]). Ἀ. ἀπὸ τοῦ λάκκου τῆς ἀποστάσεως.[33]

27. וַיַּטֵּהוּ. Et seorsum duxit eum. Ο'. καὶ ἐξέκλινεν (Σ. παρήγαγεν[34]) αὐτόν.

בַּשֶּׁלִי. In quiete. Ο'. ἐνεδρεύων. Alia exempl. ἐνεδρεύων ἐν παραλογισμῷ.[35] Ἄλλος· ἀφυλακτῶν.[36]

---

[9] Sic Codd. 19 (cum ἐγώ εἰμι; ἐγὼ), 82 (cum πάντα ταῦτα), 93 (idem), 108. Cod. 243 in textu: ἐγώ εἰμι; ἐποίησα ἔλεος; in marg. autem: ἐμαυτῷ ἐποίησα σήμερον ταῦτα πάντα. [10] Cod. 243 in marg. sine nom. [11] Cod. 243. [12] Idem. [13] Idem. [14] Pro Θαιλὰμ οὗ ἦν Cod. III legit et pingit: θηλαμ οὐ γ' ἦν; Euseb. in Onomastico, p. 220: Θηλαμουγή; Arm. 1: Τσαλὸμ γῆν. Pro Hebraeis igitur לֵאמֹר לְמִי־אָרֶץ Seniores legisse videntur לִמְי־אָרֶץ, vel simile quid. [15] Cod. 243. Minus probabiliter Cod. Reg., et Euseb. ibid.: Ἀ. παραχρῆμα. Σ. ἀνθ' ἑαυτοῦ. [16] Bar Hebraeus: ܠܡܢ ܗܝ ܐܪܥܐ. [17] Cod. 243. [18] Idem (cum Σελήμ in textu). Sic in textu Comp., Codd. III (cum Λαείς), 247 (cum Λαισ). [19] Idem. [20] Sic Comp., Codd. 19 (om. μετ' αὐτῆς), 82, 93, 108. [21] Sic Comp. (cum Βαχουρίμ), Ald. (cum Βαουρίμ), Codd. III, 64, 247.

[22] Sic Comp., Codd. 19, 82, 93, 108 (cum ὁ λόγος). [23] Sic Comp., Codd. 82, 93, 108. [24] Prior lectio est in Codd. 244, 245, 247; posterior in Ald., Codd. III, 29, 55, 56, aliis (inter quos 243). [25] Cod. 243. [26] Idem. [27] Idem, teste Montef. Parsonsii amanuensis lectionem nescit. [28] Idem, silente Parsonsii amanuensi. [29] Cod. Reg. Procop. p. 102, parum probabiliter. Cf. Hex. ad Gen. xlix. 19. 1 Reg. xxx. 8. [30] Cod. 243, teste Montef. Pro οἶδας, οἶδα exscripsit Parsonsii amanuensis. [31] Sic Comp., Codd. 19, 82 (cum ἀπῆλθεν), 93, 108, Reg. [32] Sic Comp., Codd. 82 (cum Σειρά), 93, 108 (ut 82), Bar Hebr. [33] Cod. Reg., 243. [34] Cod. 243. [35] Sic Comp. (om. ἐνεδρεύων), Codd. 19, 82, 93, 108, 158. [36] Cod. 243 in marg.: ἀφυλάκτων (sic).

27. הַחֹמֶשׁ. Ο'. εἰς (alia exempl. ἐπὶ³⁷) τὴν ψόαν (s. ψύαν). Ἀ. εἰς τὸν ἐνοπλισμόν. Σ. κατὰ τῆς λαγόνος.³⁸

28. נָקִי. Ο'. ἄθῷος. Σ. καθαρός.³⁹

עַד־עוֹלָם. Ο'. καὶ ἕως αἰῶνος. Alia exempl. ἀπὸ νῦν καὶ ἕως αἰῶνος.⁴⁰

29. יָחֻלוּ. Intorqueantur. Ο'. καταντησάτωσαν. Σ. ἐλθέτωσαν.⁴¹

וּמַחֲזִיק בַּפֶּלֶךְ. Et innixus baculo. Ο'. καὶ κρατῶν σκυτάλης (Ἀ. Σ. ἄτρακτον⁴²).

וַחֲסַר־לָחֶם. Ο'. καὶ ἐλασσούμενος ἄρτοις. Σ. (καὶ) ἐνδεὴς (ἄρτων).⁴³

30. הָרְגוּ. Ο'. διαπαρετηροῦντο. Ἀ. Σ. ἀπέκτειναν.⁴⁴

33. הַכְּמוֹת נָבָל. Ο'. εἰ κατὰ τὸν θάνατον Νάβαλ. Ἄλλος· μὴ ὡς ἀποθνήσκει ἄφρων.⁴⁵

34. כִּנְפוֹל לִפְנֵי בְנֵי־עַוְלָה נָפָלְתָּ. Ο'. ὡς Νάβαλ (Aliter: Ο'. Θ. Νάφαλ⁴⁶), ἐνώπιον υἱῶν ἀδικίας ἔπεσας. Σ. ἀλλ' ὥσπερ πίπτουσιν ἔμπροσθεν ἀδίκων ἔπεσας.⁴⁷

וַיִּסְפוּ. Ο'. καὶ συνήχθη (alia exempl. συνῆλθεν; alia, προσέθετο⁴⁸).

35. לְהַבְרוֹת. Ad cibandum. Ο'. περιδειπνῆσαι (potior scriptura περιδειπνίσαι⁴⁹). Σ. τοῦ μεταλαβεῖν.⁵⁰

36. וְכָל־הָעָם הִכִּירוּ. Ο'. καὶ ἔγνω πᾶς ὁ λαός. Alia exempl. καὶ πᾶς ὁ λαὸς ἐπέγνω.⁵¹

בְּעֵינֵי כָל־הָעָם טוֹב. Ο'. ἐνώπιον τοῦ λαοῦ ✕ Ο'. Ἀ. Θ. ἀγαθόν (◄).⁵²

39. רַךְ וּמָשׁוּחַ מֶלֶךְ. Infirmus, et (modo) unctus rex. Ο'. συγγενὴς .. καὶ καθεσταμένος ὑπὸ βασιλέως. Ἀ. Σ. ἁπαλὸς καὶ κεχρισμένος (βασιλεύς).⁵³

Cap. IV.

1. וַיִּרְפּוּ. Ο'. καὶ ἐξελύθησαν (Ἀ. Σ. παρείθησαν¹).

נִבְהָלוּ. Ο'. παρείθησαν. Alia exempl. ἐταράχθησαν.² Ἀ. κατεσπουδάσθησαν. Σ. ἐθορυβήθησαν. Θ. ἐξέστησαν.³

2. שָׂרֵי־גְדוּדִים. Ο'. ἡγούμενοι συστρεμμάτων. Ἀ.. εὔζωνοι. Σ. λοχαγοί.⁴

4. בְּחִפְזָהּ לָנוּס. Ο'. ἐν τῷ σπεύδειν αὐτὸν (alia exempl. αὐτὴν⁵) καὶ ἀναχωρεῖν. Σ. (ἐν τῷ) θορυβεῖσθαι φεύγειν.⁶

מְפִיבֹשֶׁת. Ο'. Μεμφιβοσθέ. Alia exempl. Μεμφιβάαλ.⁷

5. וַיֵּלֵךְ בַּצָּהֳרַיִם. Ο'. ἐν τῇ κοίτῃ τῆς μεσημβρίας. Alia exempl. τὸ μεσημβρινόν.⁸

6. וַיַּכֻּהוּ אֶל־הַחֹמֶשׁ. Et percusserunt eum in ab-

---

³⁷ Sic Comp., Ald., Codd. III, XI, 55, 56, 64, alii (inter quos 243). ³⁸ Cod. 243. Cf. ad Cap. ii. 23. ³⁹ Idem. ⁴⁰ Sic Ald. (cum ἀπὸ τοῦ ν. καὶ ἕ. τοῦ al.), Codd. XI (idem), 29, 44 (ut Ald.), 52, alii (inter quos 243). ⁴¹ Cod. 243. Hieron. veniat. ⁴² Idem (cum σκυτάλην in textu): Ἀ. Σ. ἄτρακτον, τουτέστι, βακτηρίαν εἰς τὸ ἐπιστηρίζεσθαι. Hieron.: tenens fusum. Prorsus incredibiliter Procop. p. 102, et Theodoret. Quaest. XII in 2 Reg. p. 410: Σκυτάλῃ δὲ χρῶνται οἱ τὸ σῶμα πεπηρωμένοι, ὅθεν Ἀκύλας τυφλὸν τὸν τοιοῦτον ἐξέδωκεν (Theodoret. ὠνόμασεν). ⁴³ Idem. ⁴⁴ Idem. ⁴⁵ Idem in marg. sine nom. ⁴⁶ Idem in marg.: Ο. Θ. Νάφαλ. ἡμάρτηται τὰ ἔχοντα Νάβαλ. ⁴⁷ Idem (cum ἀδίκοις), subjuncto scholio: τουτέστιν, οὐκ ἐν πολέμῳ παραταττόμενος δοριάλωτος γέγονας. Cf. Theodoret. Quaest. XIII in 2 Reg. p. 410. ⁴⁸ Prior lectio est in Comp., Codd. 19, 82, 93, 108; posterior in Codd. XI, 29, 44, 52, aliis (inter quos 243). ⁴⁹ Sic Comp., Codd. III (cum ἄρτους), 158.

Ad rem Hieron. in Jerem. xvi. 7: "Moris autem est lugentibus ferre cibos et praeparare convivia, quae Graeci περίδειπνα vocant, et a nostris vulgo appellantur parentalia, eo quod parentibus justa celebrentur." ⁵⁰ Cod. 243, teste Montef. Parsonsii amanuensis nil notat. ⁵¹ Sic Comp., Codd. 82, 93, 108. ⁵² Cod. 243 (cum ✕ Ο'. Ἀ. Θ. ἀγαθόν in marg.). Sic in textu sine notis Codd. III, 247 (cum ἀγαθά). ⁵³ Codd. Reg., 243 (cum κεχρισμένος).

Cap. IV. ¹ Cod. 243. Sic in textu Cod. 119. ² Sic Comp., Codd. 19, 82, 93, 108. ³ Cod. 243. Ad Aquilam cf. Hex. ad Job. xxiii. 15. Psal. vi. 3, 11. ⁴ Idem. ⁵ Sic Comp., Ald., Codd. 64, 74, 82, alii. ⁶ Cod. 243. Montef. exscripsit tantum: Σ. θορυβεῖσθαι. ⁷ Sic Codd. 19, 82 (cum Μεμφιβάαλ), 93 (idem), 108. Cf. ad Cap. xix. 24. ⁸ Sic Codd. 82 (om. τὸ), 93, 108 (cum altera lectione in marg.).

domine. Ο'. καὶ ἐνύσταξε καὶ ἐκάθευδε (alia exempl. ὕπνωσεν⁹).

7. דֶּרֶךְ הָעֲרָבָה. Ο'. ὁδὸν τὴν κατὰ δυσμάς ('Α. τῆς ὁμαλῆς. Σ. (τῆς) πεδιάδος¹⁰).

8. נְקָמוֹת. Ultionem. Ο'. ἐκδίκησιν τῶν ἐχθρῶν αὐτοῦ. Ἄλλος· τιμωρίαν.¹¹

9. אֲשֶׁר־פָּדָה. Ο'. ὃς ἐλυτρώσατο. Σ. ὁ ῥυσάμενος.¹²

11. אַף כִּי. Ο'. καὶ νῦν. Σ. πόσῳ μᾶλλον.¹³

צַדִּיק. Ο'. δίκαιον. Σ. ἀναίτιον.¹⁴

12. וַיְקַצְּצוּ. Et praeciderunt. Ο'. καὶ κολοβοῦσι ('Α. ἀπέκοψαν¹⁵).

עַל־הַבְּרֵכָה. Ο'. ἐπὶ τῆς κρήνης ('Α. Σ. κολυμβήθρας¹⁶).

CAP. V.

2. גַּם־אֶתְמוֹל גַּם־שִׁלְשׁוֹם. Ο'. καὶ ἐχθὲς καὶ τρίτην. Σ. ἀλλὰ καὶ πρίν.¹

6. לֵאמֹר לֹא־תָבוֹא הֵנָּה כִּי אִם־הֱסִירְךָ הַעִוְרִים וְהַפִּסְחִים לֵאמֹר. Dicentes: Non ingredieris huc, sed arcebunt te (etiam) caeci et claudi (s. nisi abstuleris (הֱסִירְךָ) caecos et claudos); quasi dicas. Ο'. οὐκ εἰσελεύσῃ ὧδε, ὅτι ἀντέστησαν οἱ τυφλοὶ καὶ οἱ χωλοί, λέγοντες. Σ. λέγοντες· οὐκ εἰσελεύσῃ ὧδε, ἐὰν μὴ ἐπὶ τῷ ἆραι τοὺς τυφλοὺς καὶ τοὺς χωλοὺς, λέγοντας.²

7. אֵת מְצֻדַת. Arcem. Ο'. τὴν περιοχήν. 'Α. Σ. τὸ ὀχύρωμα.³

8. כָּל־מַכֵּה יְבוּסִי וְיִגַּע בַּצִּנּוֹר. Omnis qui percusserit Jebusaeum, et pervenerit ad aquaeductum. Ο'. πᾶς τύπτων Ἰεβουσαῖον ἁπτέσθω ἐν παραξιφίδι. 'Α. πᾶς πατάσσων Ἰεβουσαῖον, καὶ ἅψεται ἐν κρουνισμῷ. Σ. ὃς ἂν τύψῃ Ἰεβουσαῖον, καὶ κατακρατήσῃ (s. κρατήσῃ) ἐπάλξεως.⁴

אֶל־הַבַּיִת. Ο'. εἰς οἶκον (alia exempl. ἐκκλησίαν⁵) κυρίου.

9. וַיֵּשֶׁב דָּוִד בַּמְצֻדָה וַיִּקְרָא־לָהּ עִיר דָּוִד. Ο'. καὶ ἐκάθισε Δαυὶδ ἐν τῇ περιοχῇ, καὶ ἐκλήθη αὕτη ἡ πόλις Δαυίδ. Σ. καὶ διέτριβε Δαυὶδ ἐν τῷ ὀχυρώματι, καὶ ἐκάλεσεν αὐτὸ πόλιν Δαυίδ.⁶

מִן־הַמִּלּוֹא וָבָיְתָה. A Millone et introrsum. Ο'. ἀπὸ τῆς ἄκρας, καὶ τὸν οἶκον αὐτοῦ. 'Α. (ἀπὸ τοῦ) πληρώματος .. Σ. (ἀπὸ τοῦ) προσθέματος, καὶ ἔσω.⁷

10. וְגָדוֹל. Ο'. καὶ μεγαλυνόμενος. 'Α. ἐπὶ τὸ μεῖζον.⁸

צְבָאוֹת. Ο'. παντοκράτωρ. 'Α. στρατιῶν. Σ. δυνάμεων.⁹

11. אֶבֶן קִיר. Ο'. λίθων ※ τοίχου (◄).¹⁰

12. הֱכִינוֹ. Ο'. ἡτοίμασεν (Σ. ἥδρασεν¹¹) αὐτόν.

16. Ο'. Σαμαὲ — Ἐλιφαάθ.¹²

---

⁹ Sic Codd. 19, 82, 93, 108, 245. ¹⁰ Cod. 243. ¹¹ Idem in marg. sine nom. ¹² Idem. ¹³ Idem. Cf. Hex. ad Job. xv. 16. ¹⁴ Idem. ¹⁵ Idem. Montef. e Regio affert: 'Α. κόπτουσι. ¹⁶ Idem. Cf. ad Cap. ii. 13.

CAP. V. ¹ Cod. 243. Cf. Hex. ad 1 Reg. xix. 7. ² Montef. e Coislin. 1 affert: Σ. λέγοντες—χωλούς, de altero Coislin. silens, e quo Parsonsii amanuensis exscripsit: Σ. ἐὰν μὴ ἐπὶ τὸ (sic) ἆραι—λέγοντας. ³ Codd. Reg. 243. ⁴ Procop. p. 106: Ὁ Σύμ. φησιν ὃς ἂν τύψῃ—ἐπάλξεως· ὁ δὲ 'Ακ. πᾶς—κρουνισμῷ· δηλοῖ δὲ τὸ διὰ σφοδρῶς πατάξαι, καὶ πρὸς αἵματος ἔχειν. Cod. 243 affert tantum: 'Α. ἅψεται ἐν κρουνισμῷ. Σ. καὶ κρατήσει (sic) ἐπάλξεως. Paulo aliter Theodoret. Quaest. XVI in 2 Reg. p. 412: Ἑβραῖός τις εἶπε, τὸ, πᾶς τύπτων—παραξιφίδι, ἐκδεδωκέναι τὸν Ἀκύλαν, ἁπτόμενος ἐν τῷ κρουνῷ· τοῦτο λέγων, ὅτι φειδόμενος ὁ Δαυὶδ τοῦ τείχους τῆς πόλεως, διὰ τοῦ ὀλκοῦ τοῦ ὕδατος ἐπέταττε τοῖς ὁπλίταις εἴσω παρελθεῖν τῆς πόλεως. Cf. Hex. ad Psal. xli. 8, ubi κρουνός Symmachi est, quem in nostro loco בַּפַּנּוֹת pro בַּצִּנּוֹר legisse temere conjicit Thenius. ⁵ Sic Codd. 44 (cum θεοῦ), 55, 74, alii. Montef. tacite edidit: Ἄλλος· εἰς ἐκκλησίαν. ⁶ Cod. 243. ⁷ Codd. Reg. 243. Hieron. De Locis Hebr. (Opp. T. III, p. 250): "Mello, civitas quam aedificavit Salomon. Porro Sym. et Theod. adimpletionem transtulerunt." Cf. Hex. ad 3 Reg. ix. 15. ⁸ Codd. Reg. (teste Montef.), 243 (teste Parsonsii amanuensi). Lectio Symmachum potius quam Aquilam refert. ⁹ Cod. 243. ¹⁰ Idem (cum ※ τοίχου in marg.). Sic sine aster. Comp. (cum τοίχου λίθων), Codd. III, 82 (cum τοίχου pro λίθων), 93 (idem), 98, 108 (ut Comp.), 247. ¹¹ Cod. 243, teste Montef. Parsonsii amanuensis exscripsit ἥδρακεν. ¹² Haec desunt in Codd. III, 29, 55, 56, aliis (inter quos 243).

17. אֶל־הַמְצוּדָה. Ο'. εἰς τὴν περιοχήν ('Α. Σ. τὸ ὀχύρωμα[13]).

18, 22. רְפָאִים (bis). Ο'. τῶν Τιτάνων. 'Α. Σ. 'Ραφαείμ.[14] (Θ.) γιγάντων.[15]

20. בַּעַל־פְּרָצִים. Ο'. ἐπάνω διακοπῶν. 'Α. ἔχων διακοπάς.[16]

21. אֶת־עֲצַבֵּיהֶם. Idola eorum. Ο'. τοὺς θεοὺς ('Α. τὰ διαπονήματα. Σ. τὰ γλυπτὰ[17]) αὐτῶν.

וַיִּשָּׂאֵם. Ο'. καὶ οἱ ἄνδρες οἱ μετ' αὐτοῦ. Alia exempl. καὶ οἱ ἄνδρες αὐτοῦ καὶ εἶπε κατακαῦσαι αὐτοὺς ἐν πυρί.[18]

22. וַיִּנָּטְשׁוּ. Et diducti sunt. Ο'. καὶ συνέπεσαν ('Α. Σ. ἐπῆλθον[19]).

23. בַּיהוָה. Ο'. διὰ κυρίου. Alia exempl. διὰ κυρίου, ✕ λέγων· εἰ ἀναβῶ πρὸς τοὺς ἀλλοφύλους, καὶ παραδώσεις αὐτοὺς εἰς τὰς χεῖράς μου (◂);[20]

הָסֵב אֶל־אַחֲרֵיהֶם וּבָאתָ. Ο'. ἀποστρέφου ἀπ' αὐτῶν, καὶ παρέσῃ. Σ. κύκλευσον κατόπιν αὐτῶν, καὶ ἐλεύσῃ.[21]

מִמּוּל בְּכָאִים. E regione populorum tremularum. Ο'. πλησίον (alia exempl. ἐξεναντίας[22]) τοῦ κλαυθμῶνος. 'Α. ἐξεναντίας τῶν ἀπίων.[23] Ἄλλος· κατεναντίον ἐν ταῖς φρουρήσεσι.[24]

24. אֶת־קוֹל צְעָדָה בְּרָאשֵׁי הַבְּכָאִים. Sonum in-

cessus in cacuminibus populorum. Ο'. τὴν φωνὴν τοῦ συγκλεισμοῦ ἀπὸ τοῦ ἄλσους (alia exempl. τοῦ συσσεισμοῦ τοῦ ἄλσους[25]) τοῦ κλαυθμῶνος. 'Α. Σ. (τὸν) ψόφον διαβήματος ἐν κεφαλαῖς τῶν φρουρήσεων.[26] Aliter: Σ. τὴν πρόσρηξιν τῶν ὅπλων in cacumine montis Bochim.[27]

24. תֶּחֱרָץ. Alacer eris. Ο'. καταβήσῃ πρὸς αὐτούς. 'Α. Σ. συντεμεῖς.[28]

לְהַכּוֹת. Ο'. κόπτειν. Alia exempl. τύπτειν.[29]

CAP. VI.

2. מִבַּעֲלֵי יְהוּדָה. Ο'. ἀπὸ τῶν ἀρχόντων ('Α. Σ. ἐχόντων[1]) Ἰούδα. Aliter: 'Α. ἀπὸ τῶν ἱερέων.[2]

לְהַעֲלוֹת. Ο'. ἐν ἀναβάσει (alia exempl. add. τοῦ βουνοῦ[3]) τοῦ ἀναγαγεῖν. Ο. (ἐν) τῇ ἀναβάσει.[4]

אֵת אֲרוֹן. Ο'. τὴν κιβωτόν. 'Α. (τὸ) γλωσσόκομον.[5]

3. וַיַּרְכִּבוּ. Ο'. καὶ ἐπεβίβασαν (Σ. ἐπέθηκαν[6]).

3, 4. חֲדָשָׁה; וַיִּשָּׂאֻהוּ מִבֵּית אֲבִינָדָב אֲשֶׁר בַּגִּבְעָה. Ο'. Vacat. ✕ τὴν καινήν. καὶ ἦραν αὐτὴν ἀπὸ οἴκου Ἀμιναδάβ, ὃς ἐν βουνῷ (◂).[7]

4. לִפְנֵי הָאָרוֹן. Ο'. ἔμπροσθεν (alia exempl. add. ἐκ πλαγίων[8]) τῆς κιβωτοῦ.

---

[13] Cod. 243. [14] "Reg. et Coislin. 2; itemque v. 22." —Montef. Ad v. 18 Parsonsii amanuensis affert: 2. 'Ραφαείμ; ad v. 22 vero: 'Α. 'Ραφαείμ. Cf. Hex. ad Jos. xiii. 12. Prov. ii. 18. [15] Cod. 56 in marg. sine nom. Cf. Hex. ad Prov. ii. 18. ix. 18. [16] Cod. Reg. [17] Cod. 243. [18] Sic Ald. (cum καὶ εἶπε Δαυίδ), Codd. 52, 56 (cum κατακαύσωσε), 71, alii (inter quos 243, cum καὶ οἱ ἄνδρες αὐτοῦ, καῦσαι αὐτοὺς ἐν π.). Cf. 1 Paral. xiv. 12. [19] Codd. Reg. (cum 'Α.), 243 (cum Σ.). [20] Sic Cod. 243, et sine aster. Ald., Codd. 56 (om. τὰς), 64, 71 (ut 56), alii, Arm. 1. [21] Cod. 243. Apud Moutef. mutila est lectio. [22] Sic Codd. 44, 52, 74, alii. [23] Cod. Reg., Procop. p. 109. Cf. 1 Paral. xiv. 14 in LXX. Lectio suspicione non vacat, tum propter articulum, tum propter v. 24, ubi prorsus alia versio vocis Hebraeae Aquilae tribuitur. [24] Cod. 243. Vid. ad v. 24. [25] Sic Comp. (cum τῶν ἄλσων), Ald., Codd. XI, 19 (ut Comp.), 29, 44

(cum σεισμοῦ), 55, alii (inter quos 243). [26] Cod. 243. Vox φρουρήσει in Bibliis non legitur nisi in Hex. ad Mich. vii. 4, ubi incerto interprete tribuitur pro Hebraeo מְסוּכָה, perplexitas. [27] Bar Hebraeus: (Cod. 21,580: ܗܡ ܐܡ ܒ) ܒܩܐܐ ܘܐܦܐܐ (Cod. 21,580: ܦܩܐܐ) ܣܟܠ ܗܟܡ ܒܪ ܒܪ ܐܡܐ ܘܬܦܡ. [28] Cod. 243. [29] Sic Comp., Codd. 82, 93, 108, Reg.

CAP. VI. [1] Cod. 243. [2] Procop. p. 109. Lectio prorsus spernenda. [3] Sic Codd. 19, 56 (cum ἐν τῇ ἀ.), 82 (idem), 93 (idem), 108, 246 (ut 56). [4] Cod. 243. [5] Idem. [6] Cod. 243, teste Montef. Parsonsii amanuensis lectionem non habet. Cf. 1 Paral. xiii. 7 in LXX. [7] Sic Cod. 243 in marg.; in textu autem sine aster. Codd. III (om. ὃς), 98 (cum ἀπὸ τοῦ οἴκου), 247 (cum ὃς ἦν ἐν τῷ β.). [8] Sic Codd. 19, 55 (cum καὶ ἐκ), 82 (idem), 93 (idem), 108, Theodoret.

5. בְּכֹל עֲצֵי. Ο΄. ἐν ὀργάνοις ἡρμοσμένοις. Σ. ἐν παντοίοις ξύλοις.⁹

וּבִמְנַעַנְעִים. Et sistris. Ο΄. καὶ ἐν κυμβάλοις (Ἀ. Σ. σείστροις¹⁰).

6. עַד־גֹּרֶן נָכוֹן. Ad aream Nachonis. Ο΄. ἕως ἅλω Ναχώρ. Alia exempl. ἕως ἅλωνος Ἀχώρ.¹¹ Ἀ. (ἕως) ἅλωνος ἑτοίμης.¹²

7. וַיַּכֵּהוּ. Ο΄. καὶ ἔπαισεν (alia exempl. ἐπάταξεν¹³) αὐτόν. Ἀ. (καὶ) ἔπληξεν (αὐτόν).¹⁴

עַל־הַשַּׁל. Propter imprudentiam. Ο΄. Vacat. ※ ἐπὶ τῇ προπετείᾳ (◄).¹⁵ Ἀ. ἐπὶ τῇ ἐκνοίᾳ.¹⁶

8. וַיִּחַר לְדָוִד. Ο΄. καὶ ἠθύμησε (Οἱ λοιποί ἐλυπήθη¹⁷) Δαυίδ. Σ. (καὶ) ὀργίλον τῷ Δαυίδ.¹⁸

10. לְהָסִיר. Devertere facere. Ο΄. τοῦ ἐκκλῖναι. Σ. παραγαγεῖν.¹⁹

וַיַּטֵּהוּ. Ο΄. καὶ ἀπέκλινεν (alia exempl. ἐξέκλινεν²⁰) αὐτήν.

11. אֲרוֹן. Ο΄. ἡ κιβωτός. (Ἀ.) γλωσσόκομον.²¹

אֶת־עֹבֵד אֱדֹם וְאֶת־כָּל־בֵּיתוֹ. Ο΄. ὅλον τὸν οἶκον Ἀβεδδαρά, καὶ πάντα τὰ αὐτοῦ. Alia exempl. τὸν Ἀβεδδαρά καὶ ὅλον τὸν οἶκον αὐτοῦ.²²

12. וַיֵּלֶךְ. Ο΄. καὶ ἐπορεύθη. Alia exempl. καὶ εἶπε Δαυίδ ἐπιστρέψω τὴν εὐλογίαν εἰς τὸν οἶκόν μου. καὶ ἐπορεύθη.²³

13, 14. וַיְהִי כִּי צָעֲדוּ נֹשְׂאֵי אֲרוֹן־יְהֹוָה שִׁשָּׁה

צְעָדִים וַיִּזְבַּח שׁוֹר וּמְרִיא: וְדָוִד מְכַרְכֵּר בְּכָל־עֹז לִפְנֵי יְהֹוָה. Ο΄. καὶ ἦσαν μετ᾽ αὐτοῦ αἴροντες τὴν κιβωτὸν ἑπτὰ χοροί, καὶ θῦμα μόσχος καὶ ἄρνες. καὶ Δαυίδ ἀνεκρούετο ἐν ὀργάνοις ἡρμοσμένοις ἐνώπιον κυρίου. Ἀ. καὶ ἐγένετο ὅταν διεβημάτισαν αἴροντες τὸ γλωσσόκομον κυρίου ἓξ βήματα, καὶ ἐθυσίαζε βοῦν καὶ σιτευτόν. καὶ Δαυίδ ὀρχούμενος ἐν παντὶ κράτει πρὸ προσώπου κυρίου.²⁴ Σ. ὡς δὲ διέβησαν οἱ βαστάζοντες ἓξ βήματα, ἐθυσίαζε βοῦν καὶ πρόβατον. Δαυίδ δὲ ἦν ἐν τιάρᾳ ἔμπροσθεν κυρίου.²⁵

14. אֵפוֹד בָּד. Ο΄. στολὴν ἔξαλλον. Ἀ. ἐπένδυμα ἐξαίρετον. Σ. ὑποδύτην (fort. ἐπενδύτην) λινοῦν.²⁶

15. בִּתְרוּעָה. Ο΄. μετὰ κραυγῆς (Ἄλλος· ἀλαλαγμοῦ²⁷).

16. מְפַזֵּז וּמְכַרְכֵּר. Subsilientem et saltantem. Ο΄. ὀρχούμενον καὶ ἀνακρουόμενον. Ἀ. διατινασσόμενον καὶ καρχαρούμενον. Σ. σκιρτῶντα καὶ καγχάζοντα.²⁸

וַתִּבֶז לוֹ. Ο΄. καὶ ἐξουδένωσεν (Σ. ἐξευτέλισεν²⁹) αὐτόν.

17. וַיָּבִאוּ. Ο΄. καὶ φέρουσι (alia exempl. εἰσήνεγκαν³⁰).

וַיַּצִּגוּ. Et statuerunt. Ο΄. καὶ ἀνέθηκαν (alia exempl. ἀπέθηκαν³¹).

---

⁹ Cod. 243. ¹⁰ Codd. Reg., 243. ¹¹ Sic Codd. 44, 74, 92, alii (inter quos 243, cum ἁλώνων), Bar Hebr. ¹² Cod. 243 affert: Ἀ. ἑτοίμης. Euseb. in Onomastico, p. 298: Ναχών ἅλωνος Ναχών. Ἀκύλας· ἅλωνος ἑτοίμης. ¹³ Sic Comp., Codd. 19, 82, 93, 108, Reg. ¹⁴ Cod. 243. ¹⁵ Idem in marg. Sic in textu sine aster. Comp., Codd. III (om. τῇ), 19, 52, 56, alii. ¹⁶ Idem. ¹⁷ Idem. ¹⁸ Idem. Cf. Hex. ad 1 Reg. xv. 11. ¹⁹ Idem. ²⁰ Sic Comp., Codd. 19, 82, 98, 108, 123, 243. ²¹ Sic in textu Codd. III, 247. Cf. ad v. 2. ²² Sic Codd. III, 247 (om. ὅλον), Arm. 1. ²³ Sic Cod. 19 (cum ἐπιστρέψω τὴν κιβωτὸν τοῦ θεοῦ καὶ τὴν εὐλ.), 82, 93, 108, 158. Vet. Lat.: Dixitque David: Ibo, et reducam aream cum benedictione in domum meam. ²⁴ Cod. 243. Montef. minus emendate exscripsit τὸ γλωσσόκομον (sine κυρίου), et ἐθυσίασε (bis) pro ἐθυσίαζε. ²⁵ Idem. ²⁶ Idem, teste

Parsonsii amanuensi. Pro veste interiori ὑποδύτης Montef. ex eodem exscripsit ἐπένδυμα, quae Symmachi versio est ad Exod. xxv. 7, xxviii. 26. Cf. etiam Hex. ad Jud. xvii. 5, 1 Reg. ii. 18. Praeterea Montef. edidit: Ἄλλος· ἐφοὺδ βάσσινον, ex 1 Paral. xv. 27, ut videtur. Bar Hebraeus: ܒܕ [Syriac], id est [Arabic]. Cod. 243 in marg. sine nom. ²⁷ Cod. Reg., 243 (cum scriptura καρχάζοντα, pro qua Montef. perperam edidit καγχάζοντα). Aquilae vocabulum καρχαρούμενος ex imitatione Hebraei כִּרְכֵּר confictum esse, contra Scharfenbergium in Animadv. T. II, p. 140, firmiter tenemus, ita tamen ut Graecam quandam speciem, quasi a κάρχαρος, asper (unde Homericum καρχαρόδους κύων) prae se ferat; quale istius interpretis artificium tetigimus ad 1 Reg. xiii. 21. ²⁸ Cod. 243. ³⁰ Sic Ald., Codd. XI (cum εἰσήνεγκεν), 52, 71, 74, alii (inter quos 243). ³¹ Sic Comp., Ald., Codd. XI, 29, 44, 64, alii (inter quos

17. עֹלוֹת. Ο'. ὁλοκαυτώματα. Σ. ἀναφοράς.[32]

18. בְּשֵׁם. Ο'. ἐν ὀνόματι. Σ. διὰ τοῦ ὀνόματος.[33]

19. וְאֶשְׁפָּר. Et portionem (carnis assatae? vini?). Ο'. καὶ ἐσχαρίτην (אֶשְׁכָּר?). 'Α. Σ. (καὶ) ἀμυρίτην.[34]

20. מַה־נִּכְבַּד. Ο'. τί δεδόξασται. "Αλλος· τί ἔντιμος ἦν.[35]

הָרֵקִים. Hominum nequam. Ο'. τῶν ὀρχουμένων ('Α. κενῶν. Σ. εἰκαίων[36]).

21. לְצַוֹּת אֹתִי. Ad praeficiendum me. Ο'. τοῦ καταστῆσαί με. 'Α. Σ. ἐντείλασθαί μοι.[37]

22. וּנְקַלֹּתִי עוֹד מִזֹּאת וְהָיִיתִי שָׁפָל. Ο'. καὶ ἀποκαλυφθήσομαι ἔτι οὕτως, καὶ ἔσομαι ἀχρεῖος. 'Α. καὶ ἀτιμασθήσομαι ἔτι ὑπὲρ τοῦτο, καὶ ἔσομαι ταπεινός.[38] Σ. καὶ εὐτελέστερος ἔσομαι καὶ ταπεινότερος.[39]

Cap. VII.

1. הֵנִיחַ־לוֹ. Quietem concessit ei. Ο'. κατεκληρονόμησεν αὐτόν. Alia exempl. κατέπαυσεν αὐτῷ.[1]

2. בְּתוֹךְ הַיְרִיעָה. Ο'. ἐν μέσῳ τῆς σκηνῆς. Τὸ Ἑβραϊκόν· ἐν μέσῳ δέρρεως.[2]

6. וָאֶהְיֶה. Ο'. καὶ ἤμην. Σ. ἀλλ' ἤμην.[3]

בְּאֹהֶל. Ο'. ἐν καταλύματι ('Α. Σ. σκέπη[4]).

8. מִן־הַנָּוֶה. E pascuo. Ο'. ἐκ τῆς μάνδρας ('Α. ὡραιότητος. Σ. νομῆς[5]).

8. מֵאַחַר הַצֹּאן. Ο'. τῶν προβάτων. Alia exempl. ἐξ ἑνὸς τῶν ποιμνίων.[6] 'Α. ἀπὸ ὄπισθεν..?

9. וְעָשִׂתִי לְךָ שֵׁם גָּדוֹל. Ο'. καὶ ἐποίησά σε ὀνομαστόν. Alia exempl. καὶ ἐποίησά σοι ὄνομα μέγα.[8]

10. וְשָׁכַן תַּחְתָּיו. Ο'. καὶ κατασκηνώσει καθ' ἑαυτόν. Σ. (καὶ) ἀναπαύσεται ἐπὶ τοῦ τόπου αὐτοῦ.[9]

וְלֹא יִרְגַּז. Et non commovebitur. Ο'. καὶ οὐ μεριμνήσει ('Α. κλονηθήσεται. Σ. μεταστασθήσεται[10]).

לְעַנּוֹתוֹ. Ο'. τοῦ ταπεινῶσαι ('Α. κακουχῆσαι. "Αλλος· μετακινῆσαι[11]) αὐτόν. "Αλλος· τοῦ κακῶσαι αὐτόν.[12]

11. וְעָשָׂה. Ο'. οἰκοδομήσεις. Σ. ποιήσει.[13]

12. מִמֵּעֶיךָ. Ο'. ἐκ τῆς κοιλίας (Σ. τῶν ἐγκάτων[14]) σου.

וַהֲכִינֹתִי. Ο'. καὶ ἑτοιμάσω (Σ. ἑδράσω[15]).

13. וְכֹנַנְתִּי. Ο'. καὶ ἀνορθώσω (Σ. ἑδράσω[16]).

15. כַּאֲשֶׁר הֲסִרֹתִי מֵעִם שָׁאוּל אֲשֶׁר הֲסִרֹתִי. Ο'. καθὼς ἀπέστησα ἀφ' ὧν ἀπέστησα. Σ. Οἱ λοιποί· καθὼς ἀφεῖλον παρὰ Σαούλ..?[17]

16. בֵּיתְךָ וּמַמְלַכְתְּךָ. Ο'. ὁ οἶκος αὐτοῦ (Οἱ Γ'. σου[18]), καὶ ἡ βασιλεία αὐτοῦ (Οἱ Γ'. σου[18]).

נָכוֹן. Ο'. ἀνωρθωμένος. Σ. ἡδρασμένος.[19]

18. הֲבִיאֹתַנִי. Perduxisti me. Ο'. ἠγάπησάς ('Α. Σ. ἤγαγες[20]) με.

---

243).   [32] Cod. 243, qui mox ad εἰρηνικὸς scholium habet: τὰς ὑπὲρ τῆς σωτηρίας τοῦ λαοῦ.   [33] Idem.   [34] Idem. Vox aliunde incognita, cujus loco ἀμυρίτην (cf. 1 Paral. xvii. 3) ex ἀμόρα (quod Hesychio est σεμίδαλις ἐφθὴ σὺν μέλιτι, Athenaeo autem μελίτωμα πεπεμμένον), fortasse reponendum.   [35] Codd. Reg., 243, in marg. sine nom.   [36] Cod. 243.   [37] Idem.   [38] Procop. p. 114.   [39] Cod. 243.

Cap. VII.   [1] Sic Comp. (cum αὐτὸν), Codd. 19, 56 (ut Comp.), 82, 93, 108, 245 (ut Comp.), 246 (idem), Reg.   [2] Cod. Reg. Cf. Hex. ad Jesai. liv. 2. Jerem. xlix. 29.   [3] Cod. 243.   [4] Idem.   [5] Idem.   [6] Sic Comp. (cum τῶν προβάτων), Codd. 82, 93, 108.   [7] Codd. Reg., 243. Sic in textu (cum τῶν πρ.) Codd. III, 52, 92, 98, alii.

[8] Sic Comp., Codd. 19, 82, 93, 108 (cum altera lectione in marg.).   [9] Cod. 243.   [10] Idem (in marg. ad προσθῇσει).   [11] Codd. Reg., 243 (cum 'Α. κακουχῆσαι μετακινῆσαι).   [12] Sic in textu Cod. 121. Cf. Hex. ad Lev. xvi. 31.   [13] Cod. 243.   [14] Idem (cum vitiosa scriptura τῶν ἐνγκάτων). Cf. Hex. ad Psal. xxxix. 9.   [15] Idem.   [16] Idem.   [17] Idem. Ad καθὼς ἀπέστησα Cod. 106 in marg.: a Saul. Ex ingenio, ut videtur, Comp.: καθὼς ἀπέστησα ἀπὸ Σαούλ, ὃν ἀπέστησα.   [18] Cod. 243, teste Montef. Parsonsii amanuensis ex eodem exscripsit: "in marg. οἶκός σου;" "in marg. βασιλεία σου;" et pro θρόνος αὐτοῦ, "θρόνος σου ex emend. interlineari." Bar Hebraeus affert: ܘܡܠܟܘܬܟ ܒܝܬܟ ...   [19] Cod. 243.   [20] Idem.

19. וַתִּקְטַן עוֹד זֹאת. *Et parvum erat adhuc istud.*
Ο'. καὶ κατεσμικρύνθην (alia exempl. κατε-
σμικρύνθη[21]) μικρόν. Alia exempl. καὶ κατε-
σμίκρυνται μικρὰ ταῦτα.[23]

21. בַּעֲבוּר דְּבָרְךָ. Ο'. καὶ διὰ τὸν δοῦλόν σου.
Alia exempl. διὰ τὸν λόγον σου.[23]

22. עַל־כֵּן גָּדַלְתָּ. Ο'. ἕνεκεν τοῦ μεγαλῦναί (alia
exempl. μεγαλυνθῆναι[24]) σε. 'Α. ἐπὶ τοῦτο
ἐμεγαλύνθης. Σ. διὸ μέγας εἶ.[25]

23. וְלָשׂוּם לוֹ. Ο'. τοῦ θέσθαι σε. Σ. ἵνα τάξῃ
ἑαυτῷ.[26]

וְנִרְאוֹת. *Et terribilia.* Ο'. καὶ ἐπιφάνειαν
('Α. ἐπίφοβα. Σ. ὑπερμεγέθη[27]).

24. וַתָּכֶן. Ο'. καὶ ἡτοίμασας (Σ. ἥδρασας[28]).

25. וַעֲשֵׂה. Ο'. καὶ νῦν. Ҳ'Α. Σ. καὶ ποίησον.[29]

26, 27. וְיִגְדַּל שִׁמְךָ עַד־עוֹלָם לֵאמֹר יְהוָה צְבָאוֹת
אֱלֹהִים עַל־יִשְׂרָאֵל וּבֵית עַבְדְּךָ דָוִד יִהְיֶה
נָכוֹן לְפָנֶיךָ : כִּי־אַתָּה. Ο'. μεγαλυνθείη τὸ
ὄνομά σου ἕως αἰῶνος. Alia exempl. καὶ νῦν
μεγαλυνθείη τὸ ὄνομά σου ἕως αἰῶνος, λέγων·
κύριε παντοκράτωρ θεὸς ἐπὶ τὸν Ἰσραήλ· καὶ
ὁ οἶκος τοῦ δούλου σου Δαυὶδ ἔσται ἀνωρθωμένος (Σ. ἡδρασμένος[30]) ἐνώπιόν σου, ὅτι σύ.[31]

27. גָּלִיתָה אֶת־אֹזֶן עַבְדְּךָ. Ο'. ἀπεκάλυψας τὸ

ὠτίον τοῦ δούλου σου. Σ. ἀκουστὸν ἐποίησας
(τῷ δούλῳ σου).[32]

27. אֶת־לִבּוֹ. Ο'. τὴν καρδίαν (Σ. διάνοιαν[33])
ἑαυτοῦ.

Cap. VIII.

1. וַיַּכְנִיעֵם. *Et depressit eos.* Ο'. καὶ ἐτροπώσατο
('Α. ἐκόλασεν. Σ. κατῄσχυνεν[1]) αὐτούς.

אֶת־מֶתֶג הָאַמָּה. *Frenum metropoleos* (s. brachii). Ο'. τὴν ἀφωρισμένην. 'Α. τὸν χαλινὸν
τοῦ ὑδραγωγίου (s. ὑδραγωγοῦ).[2] Aliter : 'Α.
τὸν χαλινὸν τοῦ πήχεος. Σ. τὴν ἐξουσίαν τοῦ
φόρου.[3]

2. וַיְמַדְּדֵם בַּחֶבֶל הַשְׁכֵּב אוֹתָם אַרְצָה וַיְמַדֵּד שְׁנֵי־
חֲבָלִים לְהָמִית וּמְלֹא הַחֶבֶל לְהַחֲיוֹת. Ο'.
καὶ διεμέτρησεν αὐτοὺς ἐν σχοινίοις, κοιμίσας
αὐτοὺς ἐπὶ τὴν γῆν· καὶ ἐγένετο τὰ δύο σχοινίσματα τοῦ θανατῶσαι, καὶ τὰ δύο σχοινίσματα
(alia exempl. καὶ τὸ πλήρωμα τοῦ σχοινίσματος[4]) ἐζώγρησε (Aliter : Ο'. τὸ ἐν σχοίνισμα
ἐζώγρησε[5]). Σ. καὶ διεμέτρησεν αὐτοὺς ἐν
σχοινίοις, βαλὼν αὐτοὺς εἰς γῆν· ἐμέτρησε δὲ
δύο σχοινία εἰς τὸ θανατῶσαι, ἐν δὲ εἰς τὸ
περισῶσαι.[6]

נֹשְׂאֵי מִנְחָה. Ο'. φέροντας ξένια. Σ. ὑπὸ φόρον.[7]

---

[21] Sic Comp., Codd. III, 158 (om. καὶ), 244. [22] Sic
Codd. 19, 82, 93 (cum τὰ μικρὰ), 108, Reg. (ut 93).
[23] Sic Comp. (eum duplici lectione διὰ τὸν λ. σου καὶ διὰ τὸν
δ. σου), Codd. III, 19 (ut Comp.), 93 (idem), 108 (idem),
158 (idem). Montef. ex Regio [et Cod. 123] affert : 'Αλ-
λος· (καὶ) κατὰ τὸν λόγον σου. [24] Sic Comp., Codd. III,
82, 92, 93, alii. [25] Cod. 243. [26] Idem. [27] Idem.
[28] Idem. [29] Idem in marg. : Χ. Ҳ καὶ ποίησον. Sic
in textu sine notis Codd. III, 98, 123, 158, 247. In
Comp., Codd. 82, 93, 108, Arm. 1, locus sic legitur : καὶ
καθὼς ἐλάλησας ποίησον. [30] Cod. 243. [31] Sic Comp.
(cum κύριος π. ὁ θεὸς), Ald. (cum κύριος), Codd. III (om.
νῦν, καὶ (ante ὁ οἶκος), et σὺ, cum θεεῖ pro θεὸς), XI (cum
κύριος), 19 (cum ὁ θεὸς pro θεὸς), 29, 64 (cum κύριος), alii
(inter quos 243, cum κύριος). [32] Cod. 243. Cf. Hex.
ad 1 Reg. xx. 12. [33] Idem.

Cap. VIII. [1] Cod. 243. Vox κολάζειν, Schleusnero
frustra suspecta, non modo significat *supplicio afficere*, sed

reprimere, coercere, e. g. superbientes, qui sensus cum notione vocis Hebraeae optime quadrat. Quod vero ad Symmachi versionem attinet, contra assurgit Bar Hebraeus,
notans : ܐ ... ، ܒܐ ، ܡܝ ، ܐ ، ܚܒܬ ، ; h. e. 'Ο Ἑβραῖος·
ἀνέκλινεν (s. ἐκοίμισεν) αὐτούς. Σ. κατέβαλεν. Videndum igitur ne altera lectio Theodotioni vindicanda sit, qui pro
תכניע κατῃσχυνεν posuit Jesai. xxv. 4. [2] Cod. Reg.
Procop. p. 125 : 'Α. δὲ τὴν ἀφωρισμένην χαλινὸν ὑδραγωγίου
ἐξέδωκεν. Post lectiones Aquilae et Symmachi mox memo-
randas Cod. 243 subjungit : τόπος ἐστὶν. ὁ δὲ 'Ακ. φησὶ, τὸν
χαλινὸν τοῦ ὑδραγωγοῦ. Ad אַמָּה, ὑδραγωγὸς (qui usus ad
Syrismum et recentiorem Hebraismum pertinet) cf. ad
Cap. ii. 24. [3] Cod. 243. Symmachum ante oculos
habuit Hieron., vertens : *frenum tributi.* [4] Sic Comp.
(cum τοῦ τρίτου σχ.), XI (cum duplici versione καὶ τὸ πλ.
τοῦ σχ. καὶ τὰ δύο σχ. ἐμετρήσαι (sic)), 19 (ut Comp.), 29,
56, 71, 82 (ut Comp.), alii (inter quos 243). [5] Cod. 243
in marg. [6] Idem (cum ἐμέτρισε pro ἐμέτρησε). [7] Codd.

3. בִּלְכְתּוֹ לְהָשִׁיב יָדוֹ. *Cum profectus est ut restitueret imperium suum.* Ο΄. πορευομένου αὐτοῦ ἐπιστῆσαι τὴν χεῖρα αὐτοῦ. Σ. ὅτε ἐπορεύετο στῆσαι τρόπαιον ἑαυτοῦ.[8]

4. וַיְלַכֵּד. Ο΄. καὶ προκατελάβετο (Σ. συνέλαβεν[9]). וַיְעַקֵּר. *Et nervos succidit.* Ο΄. καὶ παρέλυσε ('Α. ἐξώρισεν. Σ. ἐνευροκόπησεν[10]).

5. אֲרַם דַּמֶּשֶׂק. Ο΄. Συρία Δαμασκοῦ. Alia exempl. ὁ Σύρος ἐκ Δαμασκοῦ.[11]

6. נְצִיבִים. *Stationes militares.* Ο΄. φρουράν (s. φρουράς). 'Α. ἐστηλωμένους. Σ. φρουρούς.[12]

7. אֵת שִׁלְטֵי הַזָּהָב. *Scuta aurea.* Ο΄. τοὺς χλιδῶνας (Schol. κλοιούς, ὅ ἐστι μανιάκας[13]) τοὺς χρυσοῦς. 'Α. τοὺς κλοιοὺς τοὺς χρυσοῦς. Aliter: 'Α. (τὰς) πανοπλίας (τὰς χρυσᾶς). Σ. (τὰς) φαρέτρας τὰς χρυσᾶς.[14]

7. אֲשֶׁר הָיוּ. Ο΄. οἳ ἦσαν. Aliter: Ο΄. οὓς ἐποίησαν.[15]

Ο΄. (—) καὶ ἔλαβεν—Σολομῶντος (⁜).[16]

8. Ο΄. (—) ἐν αὐτῷ—τὰ σκεύη (⁜).[17]

9. מֶלֶךְ חֲמָת. Ο΄. ὁ βασιλεὺς Ἡμάθ ('Α. τῆς Ἐπιφανείας[18]).

10. לִשְׁאָל־לוֹ לְשָׁלוֹם. Ο΄. ἐρωτῆσαι αὐτὸν τὰ εἰς εἰρήνην. Σ. ἀσπάσασθαι (αὐτόν).[19]

Reg., 243. Hieron.: *sub tributo.* [8] Iidem. [9] Iidem. [10] Cod. 243 (cum ἐξώρησεν). Scharfenb. in *Animadv.* T. II, p. 141 tentat ἐξερρίζωσεν, appellans Hex. ad Gen. xlix. 6, pro quo nos faciliorem emendationem, a Montefalconio in *Lex. Hebr. ad Hex.* p. 492 propositam, recepimus. [11] Sic Codd. 82 (sive ὁ), 93, 108. [12] Cod. 243 (ad εἴκοσι καὶ δύο (sic) v. 5). Cf. ad v. 14. Mox ad ἐπορεύετο Montef. e Regio affert: Ἄλλος· ἐφέρετο, invitis libris Graecis. [13] Cod. 243 in marg. ad χλιδῶνας (sic). [14] Idem in continuatione: 'Α. βραχιάρια. Ο΄. οὓς ἐποίησαν. 'Α. πανοπλίας. Σ. φαρέτρας τὰς χρυσᾶς. Montef. e Regio exscripsit: 'Α. καὶ ἔλαβε Δαυὶδ τοὺς κλοιοὺς χρυσοῦς [ex Theodoreto, ut videtur, qui in Quaest. XXII ad 2 Reg., p. 420 ait: τοὺς μέντοι χλιδῶνας τῶν Σύρων τοὺς χρυσοῦς, κλοιοὺς ὁ 'Ακ. ἡρμήνευσεν· Ἐμάθ δὲ τὴν Ἐπιφάνειαν τῆς Συρίας]. Ἄλλος· βραχιάρια χρυσᾶ; notans: "Hic observes velim tres hoc loco vocis שֶׁלֶט Aquilae versiones varias afferri, nempe κλοιούς, βραχιάρια, et πανοπλίας. Duas vero postremas pro eadem voce alibi usurpat idem interpres, ut videas in *Lexico Graeco* [pp. 566, 610], primam vero nuspiam alibi." Quod ad βραχιάριον attinet, semel tantum Aquilae tribuitur, idque *non* pro eodem Hebraeo, in loco 2 Reg. i. 10, ubi lectionem suspectam esse jam observavimus. Altera vox πανοπλία pro eodem Hebraeo ponitur 4 Reg. xi. 10, sed interpres est Symmachus, non Aquila; in loco autem Psal. xc. 14, ubi in Hexaplis editum: 'Α. ὡς πανοπλία καὶ περιφέρεια ἡ ἀλήθεια αὐτοῦ, tum vox Hebraea est צִנָּה, non שֶׁלֶט, tum Symmachi manum prodit particula ὡς in Hebraeo non obvia. Itaque Montefalconii animadversio fundamento destituta est. Nunc ad Scharfenbergium provocemus, quo judice lectio βραχιάρια tanquam glossema referenda est ad versionem LXXviralem τοὺς χλιδῶνας, juxta glossam Phavorini: Βραχιάλια, ὃ παρ' ἡμῖν χλιδῶνες καλοῦνται; quae autem in Cod. 243 Aquilae et Symmacho tribuuntur, πανοπλίας et φαρέτρας χρυσᾶς, sunt verba Josephi Antiq. VII, 5, 3: καὶ τάς τε χρυσᾶς φαρέτρας καὶ τὰς πανοπλίας, ἃς οἱ τοῦ Ἀδάδου σωματοφύλακες ἐφόρουν, ἀνέθηκε τῷ θεῷ εἰς Ἱεροσόλυμα. Hactenus doctus Animadversor, cui nos eousque assentimur, ut βραχιάρια tanquam glossema reprobemus, ut jam antea ad Cap. i. 10 reprobavimus; quod vero ad alteram lectionem attinet, ut eam pro genuina Aquilae et Symmachi versione habeamus, praeter Cod. Coisliniani auctoritatem, cogit nos alius gravissimus testis, Bar Hebraeus, e cujus commentario inedito Parsonsius quidem nescio quid agens excitavit: Aq *armillas*; revera autem triplex lectio in eo asservatur: ܩܳܕ̇ ܡܚܟ̣ܠܐ. ܐ; h. e. Ο΄. χλιδῶνας. 'Α. *arma.* Σ. φαρέτρας. Hic, quod ad Aquilam attinet, nihil de *armillis*, nihil de *torquibus*; etsi, fatemur, vox ܙܝܢܐ juxta Syri nostri usum, non tam πανοπλία (ܙܝܢܐ ܡܟ̣ܠܟ̣ܢܐ Luc. xi. 22 in Philox.) quam ὅπλα sonat. Restat Theodoreti lectio κλοιούς, quae et ipsa secundum scholium Cod. 243 glossema vocis χλιδῶνας esse potest; quam tamen si quis ad alteram Aquilae editionem referre maluerit, nos non acriter repugnantes habebit. Postremo Montef. ex Regio, ut videtur, edidit: Ἄλλος· τὰ ὅπλα τὰ χρυσᾶ καὶ τὰ δόρατα, quae verba post Σουβά in textum inferunt Codd. 19 (cum καὶ πάντα τὰ δ. τὰ χρ. καὶ δόρατα), 82 (cum καὶ πάντα τὰ ὅ. τὰ χρ. καὶ τὰ δ.), 93 (idem), 108 (ut 19), 158 (cum καὶ τὰ δ. τὰ χρ. καὶ τὰ δ.). [15] Cod. 243, ut supra. Sic in textu Codd. II (cum ἐποίησεν), 55, 121, 247 (cum ἐποίησας). [16] Haec desunt in Comp., Codd. 56, 246. [17] Deest in Comp. solo. [18] Theodoret., ut supra. Procop. p. 126: Βασιλεὺς Ἡμάθ.] Ἀεύλος, τὴν Ἐπιφάνειαν τῆς Συρίας. Glossam esse, non Aquilae versionem, ductam ex Euseb. Onomastico, p. 184: Ἐμάθ ... καὶ μήποτε αὕτη ἐστὶν ἡ Ἐπιφάνεια, ἡ πλησίον Ἐμέσσης, recte perspexit Scharfenb. in *Animadv.* T. II, p. 141. Montef. e Regio, ut ait, notam hexaplarem commentus est: חַיִל. 'Α. τὴν ἐπιφάνειαν. Ο΄. τὴν δύναμιν. [19] Cod. 243.

10. אִישׁ מִלְחָמוֹת. Ο'. ἀντικείμενος. Alia exempl. ἀνὴρ ἀντικείμενος. Ἀ. Σ. πολεμῶν.[20]

11. כִּבֵּשׁ. Subjecit. Ο'. κατεδυνάστευσεν. Ἀ. Σ.
ὑπέταξεν.[21]

13. בְּגֵיא־מֶלַח. In valle salis. Ο'. ἐν Γεβελέμ.
Alia exempl. ἐν Γημελά; nlia, καὶ ἐν Γεμε-
λέχ.[22] Ἀ. Σ. ἐν φάραγγι ἁλῶν.[23]

14. שָׂם נְצִבִים. Ο'. Vacat. ※ ἔθηκεν ἐστηλωμένους (◄).[24] Σ. ἔταξεν φρουράν.[25]

16. מַזְכִּיר. Ο'. ἐπὶ τῶν ὑπομνημάτων (Schol. τὸ
(fort. τοῦ) ἀπογράφεσθαι τὰ συμβαίνοντα[26]).
Ἀ. ὁ ἀναμιμνήσκων. Σ. ἐπὶ τῆς μνήμης.[27]

17. וּשְׂרָיָה. Ο'. καὶ Σασά (alia exempl. Σαραίας[28]).

18. וְהַכְּרֵתִי וְהַפְּלֵתִי. Et Cherethi et Pelethi (satellites regii, q. d. carnifices et cursores). Ο'.
καὶ ὁ Χελεθὶ καὶ ὁ Φελετί. Ἄλλος· ἐπὶ τῶν
Χερηθαίων καὶ τῶν Φεληθαίων.[29] Schol. Τοὺς
σφενδονήτας καὶ τοὺς τοξότας οὕτω καλεῖ.[30]

וּבְנֵי דָוִד כֹּהֲנִים הָיוּ. Et filii Davidis sacer-
dotes (s. intimi consiliis) erant. Ο'. καὶ οἱ
υἱοὶ Δαυὶδ αὐλάρχαι (Ἀ. ἱερεῖς. Σ. σχολάζοντες[31]) ἦσαν. Ὁ Ἑβραῖος, Σ. Ἀ. καὶ οἱ
υἱοὶ Δαυὶδ ἱερεῖς ἦσαν.[32]

Cap. IX.

2. עֶבֶד. Ο'. ἦν παῖς. Ἀ. Σ. δοῦλος.[1]

3. הַאֶפֶס עוֹד. Nonne (superstes est) adhuc. Ο'.
εἰ ὑπολέλειπται.. ἔτι, Σ. ἆρα οὐκ ἔστιν οὐκέτι.[2]

6. מְפִיבֹשֶׁת. Ο'. Μεμφιβοσθέ. Alia exempl. Μεμφιβάαλ.[3] Πάντες Μεμφιβοσθέ.[4]

9. וּלְכָל־בֵּיתוֹ. Ο'. καὶ ὅλῳ τῷ οἴκῳ αὐτοῦ. Alia
exempl. καὶ ὅλον τὸν οἶκον αὐτοῦ; alia, καὶ
πάντα τὸν οἶκον αὐτοῦ.[5]

10. וְעָבַדְתָּ לּוֹ. Ο'. καὶ ἐργᾷ (Ἀ. ὑπουργήσεις.
Σ. γεωργήσεις[6]) αὐτῷ.

וְהֵבֵאתָ וְהָיָה לְבֶן־אֲדֹנֶיךָ לֶחֶם וַאֲכָלוֹ. Ο'.
καὶ εἰσοίσεις τῷ υἱῷ τοῦ κυρίου σου ἄρτους, καὶ
ἔδεται ἄρτους. Alia exempl. καὶ εἰσοίσεις εἰς
τὸν οἶκον τοῦ κυρίου σου ἄρτους, καὶ φάγονται.[7]

Cap. X.

2. עִמָּדִי חֶסֶד. Ο'. μετ' ἐμοῦ ἔλεος (Σ. χάριν[1]).
לְנַחֲמִי. Ο'. παρακαλέσαι (Σ. παραμυθούμενος[2])
αὐτόν.

---

[20] Cod. 243. Sed vera lectio est, ut videtur: Ἀ. Σ. ἀνὴρ
πολέμων. [21] Idem. [22] Prior scriptura est in Cod. III,
Euseb.; posterior in Comp. (om. καὶ), Codd. 19, 82 (cum
Γελεμὰχ), 93 (cum Γεμελὰχ), 108, et, ut videtur, Reg., e
quo Montef. oscitanter exscripsit, καὶ Γεμελ Ἀχελὲ (pro Γεμελὰχ εἰς). [23] Euseb. in Onomastico, p. 158: Γημελὰ χώρα
Ἐδώμ· ἐν δὲ Βασιλείαις (supple ex Hieronymi versione Ἀ. Σ.)
φάραγγα ἁλῶν. [24] Cod. 243 in marg. (non, ut Montef.,
ἐστηλωμένην). Sic in textu aster. Comp. (cum ἐνστη.),
Codd. III, 19 (ut Comp.), 82, 93, 98, 108 (ut Comp.), 247,
Procop. p. 126. [25] Idem (ad φρουρὰν pro φρουράν): Σ.
ἔταξεν φρουράν, ἢ κάστρα, ἐγκαθέτους, ubi posteriora ad glossographos remittenda, coll. Procop. ibid.: ἐστηλωμένους δέ
φησιν τοὺς ἐγκαταστάντας φρουρούς, οὓς νῦν τινες ἐγκαθέτους
φασίν. [26] Cod. 243 in marg. [27] Idem. Cod. Reg,
Procop. p. 126: Ἀκύλας· ἀναμιμνήσκων. [28] Sic Comp.
(cum Σαρέας), Codd. III, 19 (cum Σαρία), 56 (cum Σαρέα),
82 (cum Σαράας), 93, 108 (ut Comp.), 123 (cum Σαραΐα),
246 (ut 56). Mox ad γραμματεὺς (pro ὁ γραμματεὺς) Cod.
243 in marg.: ὁ τὰ ἱερὰ γράμματα παιδεύων. [29] Cod. 243

in marg. sine nom. (cum Χερηθέων et Φεληθέων). Cf. ad
Cap. xx. 23, ubi Symmachi est lectio. [30] Procop. ibid.
(ad καὶ ὁ Φιλερθὶ καὶ ὁ Χερηθί). Chaldaeus enarrat: עַל
קַשְׁתָּא וְעַל קַלְעַיָּא [31] Cod. 243, cum scholio: Θεοδ. τὴν
κατάστασιν ἔχοντες τῆς βασιλικῆς οἰκίας. ἐν δὲ ταῖς Παραλειπο-
μέναις φησὶ δομέστικοι ("Domestici, qui circa aliquem sunt,
neque ab ejus latere discedunt."—Cod. Theodos. Cf.
1 Paral. xviii. 17). Ad σχολάζοντες (literis vacantes?) cf.
Geiger in Symmachus etc. p. 52. [32] Bar Hebraeus:
ܘܒ̈ܢܝ ܕܘܝܕ ܟܗ̈ܢܐ (tibicinum) ܗܘܘ
ܐܝܬܝܗܘܢ ܗܘܘ.
Cap. IX. [1] Codd. Reg. (cum Ἀ. pro Ἀ. Σ.), 243.
[2] Cod. 243. [3] Sic Codd. 82 (cum Μεμφιβ.), 93, Reg.
[4] Cod. 243 in marg.: Μεμφιβοσθέ κεῖται ἐν τῷ ἑξαπλῷ παρὰ
πᾶσιν· ἐν ἄλλῳ δὲ Μεμφιβαὰλ (sic). [5] Prior lectio est in
Ald., Codd. XI, 29, 64, aliis (inter quos 243); posterior
in Comp., Codd. 82, 93, 108. [6] Cod. 243. [7] Sic
Codd. 82, 93, 108 (om. σου), 158, Reg., Arm. 1.
Cap. X. [1] Cod. 243. [2] Idem.

3. הַמְכַבֵּד...כִּי־שָׁלַח. Ο'. μὴ παρὰ τὸ δοξάζειν (Σ. ἆρα τιμῶν[3])...ὅτι ἀπέστειλε. Alia exempl. οὐχὶ δοξάζων...ἀπέσταλκε.[4]

הֲלוֹא בַּעֲבוּר. Ο'. ἀλλ' ὅπως οὐχί. Alia exempl. ἀλλ' ὅπως; alia, οὐχ ἵνα; alia, οὐχὶ, ἀλλ' ἵνα.[5]

וּלְהָפְכָהּ. Et ad evertendum eam. Ο'. καὶ τοῦ κατασκέψασθαι αὐτήν. Alia exempl. τοῦ καταστρέψαι αὐτήν.[6]

4. אֶת־חֲצִי זְקָנָם. Ο'. τοὺς πώγωνας (Aliter: Ο'. τὸ ἥμισυ τοῦ πώγωνος[7]) αὐτῶν.

וַיִּכְרֹת. Ο'. καὶ ἀπέκοψε (alia exempl. ἀφεῖλε[8]).

אֶת־מַדְוֵיהֶם בַּחֵצִי. Ο'. τοὺς μανδύας (Ἀ. χιτῶνας[9]) αὐτῶν ἐν τῷ ἡμίσει. Alia exempl. τῶν μανδυῶν αὐτῶν τὸ ἥμισυ.[10]

5. וְנִכְלָמִים. Ο'. ἠτιμασμένοι (s. ἠτιμωμένοι[11]). Ἀ. ἐντρεπόμενοι. Σ. αἰσχροί.[12]

וְשַׁבְתֶּם. Ο'. καὶ ἐπιστραφήσεσθε (alia exempl. ἀνακάμψατε[13]).

6. נִבְאֲשׁוּ בְדָוִד. Foetidi (odiosi) facti sunt Davidi. Ο'. κατῃσχύνθησαν ὁ λαὸς Δαυίδ. Σ. ἐκακούργησαν πρὸς Δαυίδ.[14]

וְאֶת־מֶלֶךְ מַעֲכָה. Ο'. καὶ τὸν βασιλέα Ἀμαλὴκ (alia exempl. Μααχά[15]).

7. הַצָּבָא הַגִּבּוֹרִים. Ο'. τὴν δύναμιν (Οἱ λοιποί·

στρατιὰν[16]) τοὺς δυνατούς. Alia exempl. τὴν δύναμιν τῶν δυνατῶν.[17]

8. פֶּתַח הַשָּׁעַר. Ο'. παρὰ τῇ θύρᾳ τῆς πύλης. Alia exempl. παρὰ τὸν πυλῶνα τῆς πόλεως.[18]

וּמַעֲכָה לְבַדָּם בַּשָּׂדֶה. Ο'. καὶ Ἀμαλὴκ μόνοι ἐν ἀγρῷ (Θ. πεδίῳ[19]). Alia exempl. καὶ Μααχὰ καθ' ἑαυτοὺς ἐν τῷ πεδίῳ.[20]

9. מִפָּנִים. A fronte. Ο'. ἐκ τοῦ κατὰ πρόσωπον ἐξεναντίας.[21]

מִכֹּל בְּחוּרֵי. Ο'. ἐκ πάντων τῶν νεανιῶν (Ἀ. Σ. ἐκλεκτῶν[22]).

11. וְהָלַכְתִּי. Ο'. καὶ ἐσόμεθα. Alia exempl. καὶ πορεύσομαι.[23]

16. וַיֵּצֵא אֶת־אֲרָם אֲשֶׁר מֵעֵבֶר הַנָּהָר וַיָּבֹאוּ חֵילָם. Ο'. καὶ συνήγαγε (alia exempl. ἐξήγαγε[24]) τὴν Συρίαν τὴν ἐκ τοῦ πέραν (Ἀ. ἀπὸ πέραν. Σ. ἐξεναντίας. Ο'. [Θ.] ἐκ τοῦ πέραν[25]) τοῦ ποταμοῦ Χαλαμὰκ, καὶ παρεγένοντο εἰς Αἰλάμ. Aliter: Ο'. καὶ ἐξήγαγε τὴν Συρίαν τὴν ἐν τῷ πέραν τοῦ ποταμοῦ, καὶ παρεγένετο Αἰλάμ.[26] Ἀ. καὶ ἐξήγαγε τὴν Συρίαν τὴν ἀπὸ πέραν τοῦ ποταμοῦ, καὶ ἦλθον δυνάμει αὐτῶν.[27] Σ. καὶ ἐξήγαγε τοὺς Σύρους τοὺς πέραν τοῦ ποταμοῦ, καὶ ἤγαγον τὴν δύναμιν αὐτῶν.[28] Θ. καὶ ἐξήγαγε τὸν Σύρον τὸν ἐν τῷ πέραν τοῦ ποταμοῦ Χαλαμὰ, καὶ παρεγένοντο Αἰλάμ.[29]

---

[3] Cod. 243 (cum ἆρα). Montef. e Regio affert: Ἀ. ἆρα τιμῶν, parum probabiliter. [4] Sic Comp., Codd. 19, 82, 93, 108, Reg. [5] Prior lectio est in Comp., Codd. 19, 82, 93, 108, 247, Reg.; altera in Codd. III (cum οὐκ ἵνα), 44, 52, 55, aliis; tertia in Codd. 29, 98, 243. [6] Sic Ald., Codd. 29, 56, 71, alii (inter quos 243). [7] Cod. 243 in marg. (Montef. pingit: ℵ τὸ ἥμ.). Sic in textu (sine τὸ) Cod. 98. Comp. edidit: τοὺς π. αὐτῶν τὸ ἥμισυ, invitis libris. [8] Sic Codd. 19, 82, 93, 108, invito Bar Hebraeo, qui affert: ܒܠܚܘܕ ܦܠܓܘܬ ܕܩ̈ܢܐ. [9] Procop. p. 126 (=Cat. Niceph. T. II, p. 541): Τοὺς μανδύας· ἢ τὰ καλούμενα ἀρκαδίκια (Niceph. ἀρκαδικά), ἢ τὰ μαντία· ὁ δὲ Ἀκύλας χιτῶνάς φησιν. (Ad ἀρκαδικὸν cf. Hex. ad Gen. xxxviii. 14.) [10] Sic Comp., Codd. 19, 82, 93, 108. [11] Sic Comp., Ald., Codd. XI, 29, 56, 64, alii (inter quos 243). [12] Codd. Reg., 243. [13] Sic Codd. 19, 82, 93, 108 (cum ἀνακαλύψατε), Reg. Cf. 1 Paral. xviii. 5. [14] Cod. 243 (cum οἱ ἄνδρες pro ὁ λαὸς in textu). Hieron.:

injuriam fecissent David. [15] Sic Comp., Ald. (cum Ἀμαλὴκ M.), Codd. III, XI (cum Μααχὰν), 19, 55 (ex corr.), 64 (ut Ald.), alii. [16] Cod. 243. [17] Sic Comp., Codd. 19, 82, 93, 108. [18] Sic Comp., Codd. XI, 19, 29, 52, alii (inter quos 243). Cf. 1 Paral. xix. 9 in Hebr. et LXX. [19] Cod. 243. [20] Sic Comp., Codd. 19 (cum Βααχά), 82, 93, 108, Reg. (cum Μαχά). [21] Duae versiones coaluerunt, quarum priorem reprobant Comp., Codd. 19, 29, 44, alii; posteriorem autem Codd. III, 247. [22] Cod. 243. [23] Sic Comp., Codd. 82, 93, 108. [24] Sic Comp., Codd. XI, 19, 71, 82, 93, 108, 158. [25] "Eusebius de Locis Hebraicis."—Montef. Eusebii locus, ubi Theodotionis versio siletur, pertinet ad 3 Reg. iv. 12. [26] Cod. 243 in marg. [27] Idem. Pro δυνάμει (cujus loco Montef. exscripsit ἐν δυνάμει) nescio an rescribendum δυνάμεις. [28] Idem. Pro αὐτῶν Montef. edidit ἑαυτῶν. [29] Idem. Sic in textu Codd. 19 (cum Χαλαμὰκ ετ·εἰς Αἰλὰμ), 82 (cum Χαλααμὰ), 93 (idem), 108 (cum Χαλααμὰ et Ἐλάμ).

16. שַׂר־צָבָא. Ο'. ἄρχων τῆς δινάμεως. Alia exempl. ὁ ἀρχιστράτηγος.[30]

17. חֵלְאָמָה. Ο'. εἰς Αἰλάμ. Alia exempl. εἰς
Χαλααμά.[31]

19. וַיַּשְׁלִמוּ. Et pacem fecerunt. Ο'. καὶ ηὐτομό-
λησαν. Alia exempl. καὶ διέθεντο διαθήκην.[32]

CAP. XI.

1. יֹשֵׁב. Ο'. ἐκάθισεν. Alia exempl. κατῴκει.[1]

2. לְעֵת הָעֶרֶב. Ο'. πρὸς ἑσπέραν. Alia exempl.
ἐν τῷ καιρῷ τῆς δείλης.[2]

3. וַיִּדְרֹשׁ. Ο'. καὶ ἐζήτησε (Σ. περιειργάσατο[3]).

4. מִתְקַדֶּשֶׁת מִטֻּמְאָתָהּ. Purgabat se ab immun-
ditie sua. Ο'. ἁγιαζομένη ('Α. ἀπολελουμένη[4])
ἀπὸ ἀκαθαρσίας (Σ. μιασμοῦ. Θ. ἀφέδρου[5])
αὐτῆς. Alia exempl. ἣν λελουμένη ἐξ ἀφέδρου
αὐτῆς.[6]

5. הָרָה אָנֹכִי. Ο'. ἐγώ εἰμι ἐν γαστρὶ ἔχω. Alia
exempl. συνείληφα ἐγώ.[7]

7. לְשָׁלוֹם (in priore loco). Ο'. εἰς εἰρήνην. Σ.
περὶ τῆς σωτηρίας. Θ. εἰ ὑγιαίνει.[8]

8. מַשְׂאַת הַמֶּלֶךְ. Munus (portio cibi) regis. Ο'.
ἄρσις τοῦ βασιλέως. Ἄλλος· ἐκ τῶν παρε-
στηκότων τῷ βασιλεῖ.[9]

9. פֶּתַח בֵּית. Ο'. παρὰ τῇ θύρᾳ (alia exempl. add.
τοῦ οἴκου[10]). Alia exempl. ἐν τῷ πυλῶνι τοῦ
οἴκου.[11]

11. חַי וְחֵי נַפְשֶׁךָ אִם־אֶעֱשֶׂה אֶת־הַדָּבָר הַזֶּה.
Ο'. πῶς (הַי?); ζῇ ἡ ψυχή σου, εἰ ποιήσω τὸ
ῥῆμα τοῦτο. Alia exempl. μὰ τὴν ζωήν σου,
καὶ μὰ τὴν ζωὴν τῆς ψυχῆς σου, οὐ μὴ ποιήσω
τὸ πρᾶγμα τοῦτο.[12]

16. אֶל־הַמָּקוֹם אֲשֶׁר יָדַע. Ο'. εἰς τὸν τόπον οὗ
ᾔδει. Alia exempl. εἰς τὸν τόπον τὸν πονοῦντα.[13]

18. אֵת כָּל־דִּבְרֵי הַמִּלְחָמָה. Ο'. πάντας τοὺς λόγους τοῦ πολέμου λαλῆσαι πρὸς τὸν βασιλέα.
Alia exempl. πάντα τὰ ῥήματα τοῦ πολέμου.[14]

23. וַתְּהִי עֲלֵיהֶם עַד־פֶּתַח הַשַּׁעַר. Ο'. καὶ ἐγενήθημεν ἐπ' αὐτοὺς ἕως τῆς θύρας τῆς πύλης.
Alia exempl. καὶ συνηλάσαμεν αὐτοὺς ἕως τῶν
θυρῶν τοῦ πυλῶνος.[15]

21. וַיֹּרְאוּ הַמּוֹרְאִים אֶל־עֲבָדֶיךָ. Ο'. καὶ ἐτόξευ-
σαν οἱ τοξεύοντες πρὸς τοὺς παῖδάς σου. Alia
exempl. καὶ κατεβαρύνθη τὰ βέλη ἐπὶ τοὺς
δούλους σου.[16]

25. וְהָרְסָהּ. Ο'. καὶ κατάσπασον (alia exempl.
κατάσκαψον[17]) αὐτήν.

---

[30] Sic Comp., Codd. 19, 82, 93, 108. [31] Sic Comp.,
Codd. 19, 82 (cum Χααλαμά), 93 (cum Χαλαμά), 108.
[32] Sic Comp., Codd. 19 (cum διέθετο), 82, 93, 108. Cod. II
in marg. ab antiqua manu: καὶ ἔθεντο διαθήκην.
CAP. XI. [1] Sic Comp., Codd. 19, 82, 93, 108. [2] Sic
Comp. (om. τῷ), Codd. 19, 82, 93, 108 (ut Comp.), 158.
[3] Cod. 243. [4] Codd. Reg., 243. [5] Iidem : Σ. Θ.
μιασμοῦ ἀφέδρου. [6] Sic Codd. 19, 82, 93, 108. [7] Sic
Comp., Codd. 19, 82, 93, 108. [8] Cod. 243. Theodotionis lectionem ter exprimunt Comp., Codd. 19, 82, 93,
108, qui omnes, excepto Comp., in fine addunt: καὶ εἶπεν·
ὑγιαίνει. Procop. p. 129: Καὶ εἰ ὑγιαίνει ὁ πόλεμος. Ἄλλη
ἔκδοσις· καὶ εἰς εἰρήνην τοῦ πολέμου. [9] Cod. 243 in marg.
sine nom. (subjuncto scholio: προσφάγιον παρὰ τοῦ βασιλέως
ἐπέμφθη αὐτῇ, καὶ ἐβαστάζετο ὀπίσω αὐτοῦ). Sic in textu
(om. ἐκ) Codd. 19, 82, 93, 108, Reg. (ex quo Montef. perperam, ni fallor, exscripsit: ὀπίσω αὐτῶν (pro αὐτοῦ) τῶν π.,
qui error Schleusnerum in Nov. Thes. s. v. παρίστημι male

habuit). Interpres, quisquis fuerit, in suo babuisse videtur מַשְׂאַת, ex elatione, s. majestate; vel (quae Schleusneri
est conjectura) מִשְׂרָה. [10] Sic Ald., Codd. III (om. τοῦ),
29, 44, alii (inter quos 243), Arm. 1. [11] Sic Comp.,
Codd. 19, 82, 93, 108. [12] Iidem, et Reg. In textu
voculam πῶς reprobant Ald., Codd. 64, 247. [13] Sic
Codd. 82, 108. Verba τὸν πονοῦντα eleganter vertunt Hebraea אֲשֶׁר יָדַע. S. Chrysost. Opp. T. XI, p. 534 B: εἰς τὸ
μέρος ἐστήκαμεν (sic πολέμου τὸ πονοῦν; ubi nescio an hunc
ipsum locum juxta recensionem sibi familiarem respexerit.
[14] Sic Comp., Codd. 19 (add. in fine λαλῆσαι π. τ. β.), 82,
93, 108, Reg. Praeterea verba λαλῆσαι π. τ. β. desunt in
Codd. III, XI, 56, 71, aliis, Arm. 1. [15] Sic Codd. 19,
82, 93 (cum τῆς πόλεως pro τοῦ πυλῶνος), 108. Hieron.:
nos autem facto impetu persecuti eos sumus usque ad
portam civitatis. [16] Sic Codd. 19, 82, 93, 108. Iidem
post βασιλέως add. ὡσεὶ ἄνδρες δέκα καὶ ὀκτώ, invito Hebraeo.
[17] Sic Comp., Codd. 19, 82, 93, 108.

25. וְחַזְּקֵהוּ. *Et confirma eum.* Ο'. καὶ κραταίωσον αὐτήν (potius αὐτόν[18]).

27. וַיַּאַסְפָהּ. *Et recepit eam.* Ο'. καὶ συνήγαγεν αὐτήν. Alia exempl. καὶ ἔλαβε τὴν Βηρσαβεέ.[19]

Cap. XII.

1. וַיֹּאמֶר לוֹ. Ο'. καὶ εἶπεν αὐτῷ. Alia exempl. καὶ εἶπεν αὐτῷ· ἀνάγγειλον δή μοι τὴν κρίσιν ταύτην.[1] Alia : καὶ εἶπεν αὐτῷ· ἀναγγελῶ σοι δὴ κρίσιν. καὶ εἶπεν.[2]

3. וַתִּגְדָּל. Ο'. καὶ ἡδρύνθη (alia exempl. συνετράφη[3]).

4. וַיָּבֹא הֵלֶךְ לְאִישׁ הֶעָשִׁיר. Ο'. καὶ ἦλθε πάροδος τῷ ἀνδρὶ τῷ πλουσίῳ (alia exempl. ὁδοιπόρος πρὸς τὸν ἄνδρα τὸν πλούσιον[4]). Ἀ. καὶ ἦλθεν παροδίτης τῷ ἀνδρὶ τῷ πλουσίῳ. Σ. ἐλθόντος δὲ ξένου τῷ πλουσίῳ. Θ. καὶ ἦλθε ὁδοιπόρος πρὸς τὸν πλούσιον.[5]

5, 6. כִּי בֶן־מָוֶת הָאִישׁ הָעֹשֶׂה זֹאת: וְאֶת־הַכִּבְשָׂה יְשַׁלֵּם אַרְבַּעְתָּיִם. Ο'. ὅτι υἱὸς θανάτου ὁ ἀνὴρ ὁ ποιήσας τοῦτο. καὶ τὴν ἀμνάδα ἀποτίσει ἑπταπλασίονα (alia exempl. τετραπλασίονα[6]). Ἀ. ὅτι ἄξιος (fort. υἱὸς) θανάτου ὁ ἀνὴρ ὁ ποιήσας τοῦτο. καὶ τὴν ἀμνάδα ἀποτίσει τετραπλάσιον. Σ. ὅτι ἄξιος θανάτου ὁ ἄνθρωπος ὁ ποιήσας τοῦτο. καὶ τὴν ἀμνάδα ἀποτίσει

τετραπλασίως. Θ... καὶ τὴν ἀμνάδα ἀποτίσει τετραπλάσιον.[7]

7. אַנֹכִי מְשַׁחְתִּיךָ. Ο'. ἐγώ εἰμι ὁ χρίσας σε. Alia exempl. ἐγώ εἰμι ἔχρισά σε.[8]

הִצַּלְתִּיךָ. Ο'. ἐρρυσάμην (alia exempl. ἐξειλάμην[9]) σε.

8. אֶת־בֵּית אֲדֹנֶיךָ. Ο'. τὸν οἶκον (alia exempl. τὰ πάντα[10]) τοῦ κυρίου σου.

וְאִם־מְעָט וְאֹסִפָה לְּךָ כָּהֵנָּה וְכָהֵנָּה. Ο'. καὶ εἰ μικρόν (alia exempl. ὀλίγα σοι[11]) ἐστιν, προσθήσω σοι κατὰ ταῦτα (alia exempl. καθὼς ταῦτα[12]). Ἀ. καὶ εἰ ὀλίγον, καὶ προσθήσω σοι κατὰ ταῦτα. Σ. καὶ εἰ ὀλίγα (s. ὀλίγον) ἐστίν, προσθήσω σοι πολλαπλασίως. Θ. καὶ εἰ ὀλίγα (s. ὀλίγα σοι) ἐστιν, προσθήσω σοι καθὼς ταῦτα.[13]

9. מַדּוּעַ בָּזִיתָ אֶת־דְּבַר יְהוָה לַעֲשׂוֹת הָרַע בְּעֵינָיו. Ο'. τί ὅτι ἐφαύλισας τὸν λόγον κυρίου, τοῦ ποιῆσαι τὸ πονηρὸν ἐν ὀφθαλμοῖς αὐτοῦ; Θ. καὶ τί ὅτι ἐξουδένωσας τὸν κύριον, τοῦ ποιῆσαι τὸ πονηρὸν ἐνώπιον αὐτοῦ;[14]

10. וְעַתָּה לֹא־תָסוּר חֶרֶב מִבֵּיתְךָ עַד־עוֹלָם עֵקֶב כִּי בְזִתָנִי. Ο'. καὶ νῦν οὐκ ἀποστήσεται ῥομφαία ἐκ τοῦ οἴκου σου ἕως αἰῶνος, ἀνθ' ὧν ὅτι ἐξουδένωσάς με. Θ. καὶ νῦν οὐκ ἐξαρθήσεται ῥομφαία ἐκ τοῦ οἴκου σου τὸν αἰῶνα ἕνεκεν τούτου ὅτι ἐξουδένωσάς με.[15]

---

[18] Sic Codd. II, III, 74, 92, 106, alii. Clausula deest in Ald., Codd. XI, 19, 29, 44, aliis (inter quos 243). [19] Sic Comp. (cum Βηρσαβεεί), Codd. 19, 82 (ut Comp.), 93 (idem), 108 (cum Βηρσαβαεί).

Cap. XII. [1] Sic Comp., Ald. (cum καὶ εἶπεν αὐτῷ· ἀνάγ. δή μοι κρίσιν· καὶ εἶπεν αὐτῷ), Codd. 19 (cum ἀπάγ. μοι δὴ), 82, 93, 108, 119 (cum κρίσιν pro τὴν κρ. τ.), 121 (in marg. sine τήν). Cod. 106 in marg.: *responde mihi judicium.* S. Chrysost. Opp. T. II, p. 289 C: Καὶ τί φησι· Βασιλεῦ, δίκη μοί ἐστι πρός σε. Ἦν τις κ. τ. ἑ. [2] Sic Codd. 29, 98, 243. [3] Sic Comp., Codd. 19, 82, 93, 108, Reg. [4] Iidem. [5] Cod. 243. Josephus (Antiq. VII, 7, 3) narrat: ξένου δὲ ἐπελθόντος τῷ πλουσίῳ. [6] Sic Comp. (cum τετραπλάσιον), Codd. 82, 93, Chrysost. ibid. [7] Cod. 243. Ad Aquilam Parsonsii amanuensis minus probabiliter exscripsit ὁ π. ταῦτα. [8] Sic Comp. (om. εἰμι bis), Ald.,

Codd. 56, 64, 82 (ut Comp.), alii (inter quos 243, cum εἰ μή pro εἰμι bis), Chrysost. Opp. T. V, p. 2 (ut Comp.), Vet. Lat. (idem). [9] Sic Comp. (cum ἐξειλάμην), Codd. 19 (idem), 82, 93, 108 (ut Comp.), Chrysost. (cum ἐξειλόμην). [10] Sic Codd. 19, 82, 93, 108, Chrysost., Vet. Lat. [11] Sic Comp., Codd. 19, 82, 93, 108, Chrysost., Vet. Lat. [12] Sic Comp., Codd. 19 (cum καθὼς καὶ τ.), 82, 93, 108, Chrysost. [13] Cod. 243, teste Parsonsii amanuensi; Montef. vero ea quae uncis inclusimus exhibet, fortasse rectius. [14] Cod. 243. Sic in textu Comp. (cum τὸν λόγον κυρίου), Codd. 19 (om. τι), 82, 93, 108 (cum ἐφαύλισας in marg.), Chrysost. (cum ἐνώπιόν μου), Vet. Lat. [15] Idem (cum ἀποστήσεται (sic), teste Parsonsii amanuensi, qui mox ἕνεκα exscripsit). Sic in textu Comp. (cum εἰς τὸν αἰῶνα), 19 (cum εἰς αἰῶνα), 82, 93, 108 (ut Comp., cum ἀποστήσεται in marg.).

12. כִּי אַתָּה עָשִׂיתָ בַסָּתֶר וַאֲנִי אֶעֱשֶׂה אֶת־הַדָּבָר
הַזֶּה נֶגֶד כָּל־יִשְׂרָאֵל וְנֶגֶד הַשָּׁמֶשׁ. Ο΄. ὅτι σὺ
ἐποίησας κρυβῇ, κἀγὼ ποιήσω τὸ ῥῆμα τοῦτο
ἐναντίον παντὸς Ἰσραὴλ, καὶ ἀπέναντι τοῦ
ἡλίου τούτου. Ο. ὅτι σὺ ἐποίησας ἐν κρυπτῷ,
ἐγὼ δὲ ποιήσω τὸ ῥῆμα τοῦτο ἐνώπιον παντὸς
τοῦ Ἰσραὴλ, καὶ ἐνώπιον τοῦ ἡλίου.[16]

13. הֶעֱבִיר. Ο΄. παρεβίβασε. Alia exempl. ἀφεῖλε.[17]

14. אֶפֶס כִּי־נִאֵץ נִאַצְתָּ אֶת־אֹיְבֵי יְהוָה בַּדָּבָר הַזֶּה.
Ο΄. πλὴν ὅτι παροργίζων παρώργισας (Aliter:
Ο΄. παροξύνων παρώξυνας[18]) τοὺς ἐχθροὺς κυρίου ἐν τῷ ῥήματι τούτῳ. Ἀ. ὅτι διασύρων
διέσυρας τοὺς ἐχθροὺς κυρίου. . Σ. πλὴν ὅτι
βλασφημῆσαι ἐποίησας τοὺς ἐχθροὺς κυρίου διὰ
τοῦ πράγματος τούτου. Ο. πλὴν ὅτι παροργίζων παρώργισας τοῖς ἐναντίοις κυρίου .[19]

15. וַיִּגֹּף. Ο΄. καὶ ἔθραυσε (Σ. ἐπάταξεν[20]).

16. וַיְבַקֵּשׁ. Ο΄. καὶ ἐζήτησε (alia exempl. ἠξίου[21]).
וְשָׁכַב. Ο΄. Vacat. Alia exempl. καὶ ἐκοι-
μήθη; alia, ἐν σάκκῳ; alia, καὶ ἐκοιμήθη ἐν
σάκκῳ.[22]

17. וַיָּקֻמוּ...עָלָיו. Ο΄. καὶ ἀνέστησαν ἐπ᾽ αὐτόν...
Alia exempl. καὶ προσῆλθον . . πρὸς αὐτόν.[23]

17. וְלֹא אָבָה. Ο΄. καὶ οὐκ ἠθέλησε (alia exempl.
ἐβούλετο[24]).
וְלֹא־בָרָה אִתָּם לָחֶם. Ο΄. καὶ οὐ συνέφαγεν
αὐτοῖς ἄρτον. Alia exempl. οὐδὲ συνεδείπνη-
σεν ἄρτον μετ᾽ αὐτῶν.[25]

18. הֲזֶה בִּהְיוֹת הַיֶּלֶד חַי. Ο΄. ἰδοὺ ἐν τῷ τὸ παιδάριον ἔτι ζῆν. Alia exempl. ὅτι ἔτι τοῦ παιδίου
ζῶντος.[26]

19. וַיַּרְא. Ο΄. καὶ συνῆκε (alia exempl. εἶδε[27]).
וַיָּבֶן. Ο΄. καὶ ἐνόησε (alia exempl. ᾔσθετο[28]).

20. וַיָּסֶךְ. Ο΄. καὶ ἠλείψατο (alia exempl. ἐχρί-
σατο[29]).
שִׂמְלֹתָו. Ο΄. τὰ ἱμάτια (alia exempl. τὸν ἱματισμὸν[30]) αὐτοῦ.

21. בַּעֲבוּר הַיֶּלֶד חַי. Propter puerum dum vivus
erat. Ο΄. ἕνεκα τοῦ παιδαρίου ἔτι ζῶντος.
Alia exempl. ἔτι γὰρ τοῦ παιδίου ζῶντος.[31]

25. וַיִּקְרָא אֶת־שְׁמוֹ יְדִידְיָהּ בַּעֲבוּר יְהוָה. Ο΄. καὶ
ἐκάλεσε τὸ ὄνομα αὐτοῦ Ἰεδδεδὶ, ἕνεκεν κυρίου
(alia exempl. ἐν λόγῳ κυρίου[32]). Ἀ. καὶ ἐκάλεσε τὸ ὄνομα αὐτοῦ Ἰεδιδία, ἕνεκεν κυρίου.
Σ. καὶ ἐκάλεσε τὸ ὄνομα αὐτοῦ, Ἀγαπητὸν
κυρίου, ἕνεκεν κυρίου. Ο. καὶ ἐκάλεσε τὸ ὄνομα
αὐτοῦ Ἰεδιδία, ἐν λόγῳ κυρίου.[34]

---

[16] Cod. 243. Sic in textu (cum τοῦ ἡλίου τούτου) Comp.,
Codd. 82, 93, 108, Chrysost. (cum ἐγὼ δὲ ποιήσω ἐν φανερῷ,
καὶ ἐνώπιον).   [17] Sic Comp. (cum ἀφείλετο), Codd. 19
(idem), 82, 93, 108 (ut Comp., cum παρεβίβασε in marg.),
247, Vet. Lat. Cod. 108 in marg.: Ἄλλη γραφὴ ἀφῄρηκεν,
ἤτοι παρώθευσεν (παρωθεύειν) ἐποίησεν, ἀντὶ τοῦ, οὐκ ἀναιρεῖτε (fort.
ἀναιρεῖ σε).   [18] Cod. 243 in marg.: Ο΄. πλὴν ὅτι παροξύνων
παρώξυνας κ. τ. ἑ. Sic in textu Ald., Codd. II, III, 44
(om. παροξύνων), 52 (idem), 55, 74, alii, Arm. 1. Parum
probabiliter Theodoret. Quaest. XXIV in 2 Reg. p. 428:
Ἀκύλας σαφέστερον, παρώξυνας, φησὶ, τοὺς ἐχθροὺς κυρίου, enarrans: γυμνωθεὶς γὰρ τῆς θείας κηδεμονίας, παρεσκεύασε τοὺς
ἀλλοφύλους νικᾷν, καὶ μέγα φρονεῖν κατὰ τοῦ τῶν ὅλων θεοῦ.
[19] Cod. 243. Ad Aquilam, ne cum Montefalconio voci
διέσυρας notionem causativam, convitiari fecisti, tribuas, cf.
Hex. ad Deut. xxxi. 20. 1 Reg. ii. 17. Psal. ix. 24. Symmachum imitatus est Hieron., vertens: Verumtamen quoniam blasphemare fecisti inimicos Domini propter verbum
hoc. Theodotionis versionem in textu habent Codd. 71,
243, et (cum τοῖς ἐν. κυρίου) Codd. XI, 29, 56, 246. Comp.
TOM. I.

vero, et Codd. 19, 82 (cum τὸν κ. ἐν τοῖς ἐπ.), 93, 108,
Theodoret. ibid.: πλὴν ὅτι παροργίζων παρώργισας ἐν τοῖς ὑπε-
ναντίοις τὸν κύριον ἐν τῷ λόγῳ τούτῳ. Certe constructio τοῦ
παροργίσαι cum tertio casu probari non potest.   [20] Cod.
Reg. Sic in textu (cum ὁ θεός) Comp., Codd. 19, 82 (cum
κύριος), 93, 108 (cum ἔθραυσε in marg.).   [21] Sic Comp.,
Codd. 19, 82, 93, 108, Reg.   [22] Prior lectio est in
Codd. III, 144; altera in Codd. XI, 29, 55, 56, aliis (inter
quos 243); posterior in Codd. 44, 52, 74, aliis.   [23] Sic
Codd. 19, 82, 93 (cum εἰς αὐτὸν), 108, Reg.   [24] Sic
Comp., Codd. 82, 93, 108.   [25] Sic Comp., Codd. 19, 82,
93, 108, Reg.   [26] Sic Comp., Codd. 19, 82, 93, 108.
[27] Iidem. Montef. e Regio male exscripsit: Ἄλλος· καὶ εἶδε.
[28] Iidem.   [29] Sic Comp., Codd. 82,
93, 108.   [30] Iidem.   [31] Sic Comp., Codd. 19, 82, 93,
108.   [32] Sic Comp., Ald., Codd. XI, 19, 29, 55, alii
(inter quos 243).   [33] Cod. 243, cum notula: Θεοδ. [Theo-
doret. ibid.] τὸ Ἰεδδιδὶ (sic) ὁ Ἀκύλας ἕνεκεν κυρίου ἡρμήνευσεν·
ὁ δὲ Σύμμαχος, εἰς βασιλέα ἀφωρισμένον. Eadem habet Procop. p. 132, quae plane nihili esse nemo non videt; Cod.
4 D

28. אֶת־יֶתֶר הָעָם. Ο΄. τὸ κατάλοιπον (alia exempl. τὸ περισσὸν[34]) τοῦ λαοῦ.

31. וַיָּשֶׂם בַּמְּגֵרָה. Et posuit in serra. Ο΄. καὶ
ἔθηκεν ἐν τῷ πρίονι. Alia exempl. καὶ διέ-
πρισεν (וַיָּשַׂר) ἐν πρίοσιν.[35]

וּבְמַגְזְרוֹת. Et in securibus. Ο΄. καὶ ὑποτο-
μεῦσι (alia exempl. σκεπάρνοις[36]).

וְהֶעֱבִיר אוֹתָם בַּמַּלְבֵּן. Et traduxit eos per
Malchan. Ο΄. καὶ διήγαγεν αὐτοὺς διὰ τοῦ
πλινθίου ק (בְּמַלְבֵּן). Alia exempl. καὶ περιήγαγεν αὐτοὺς ἐν Μαδεββά.[37]

Cap. XIII.

2. וַיִּפָּלֵא בְּעֵינֵי אַמְנוֹן. Et perdifficile videbatur
Amnoni. Ο΄. καὶ ὑπέρογκον ἐν ὀφθαλμοῖς
Ἀμνών. Alia exempl. καὶ ἠδυνάτει ἐν ὀφθαλ-
μοῖς αὐτοῦ Ἀμνών.[1]

3. אִישׁ חָכָם. Ο΄. ἀνὴρ σοφός. Alia exempl. ἦν
φρόνιμος.[2]

4. דַּל. Macer es. Ο΄. ἀσθενής. Alia exempl.
συντέτηκας.[3]

5. שְׁכַב. Ο΄. κοιμήθητι. Alia exempl. κατακλί-
θητι.[4]

וְהִתְחָל. Et aegrotum te simula. Ο΄. καὶ μαλα-
κίσθητι. Alia exempl. καὶ προσποιοῦ ἐνοχλεῖσθαι.[5]

5. לִרְאוֹתָהּ. Ο΄. τοῦ ἰδεῖν σε. Alia exempl. ἐπι-
σκέψασθαί σε.[6]

6. שְׁתֵּי לְבִבוֹת. Duas placentas (in sartagine coc-
tas). Ο΄. δύο κολλυρίδας. Σ. δύο μαζία.[7]

7. הַבִּרְיָה. Cibum. Ο΄. βρῶμα. Alia exempl. δεῖπνον.[8]

8. שֹׁכֵב. Ο΄. κοιμώμενος. Alia exempl. ἐκάθευδε.[9]

אֶת־הַבָּצֵק. Massam farinaceam. Ο΄. τὸ σταῖς
(alia exempl. στέαρ[10]).

9. אֶת־הַמַּשְׂרֵת. Sartaginem. Ο΄. τὸ τήγανον.
Alia exempl. εἰς ὃ ἀποχέουσι.[11]

וַתִּצֹק. Et effudit. Ο΄. καὶ κατεκένωσεν (alia
exempl. ἀπέχεεν[12]).

12. אֶת־הַנְּבָלָה. Ο΄. τὴν ἀφροσύνην (alia exempl.
ἀκαθαρσίαν[13]).

15. Ο΄. ὅτι μείζων ἡ κακία ἡ ἐσχάτη ἢ ἡ πρώτη.[14]

לְכִי. Ο΄. καὶ πορεύου. Alia exempl. καὶ ἀπότρεχε.[15]

16. אַל־אוֹדוֹת הָרָעָה הַגְּדוֹלָה הַזֹּאת מֵאַחֶרֶת.
Ο΄. περὶ τῆς κακίας, s. אַל־אוֹדוֹת (עַל־אוֹדוֹת) τῆς κακίας
τῆς μεγάλης ταύτης ὑπὲρ ἑτέραν. Alia ex-
empl. μὴ, ἀδελφέ (אַל־אָחַי), ὅτι μεγάλη ἡ
κακία ἡ ἐσχάτη ὑπὲρ τὴν πρώτην.[16]

---

158 tamen in textu pro Ἰεδδεδὶ, εἰς βασιλέα ἀφωρισμένος
Ἰδεδὴ venditat. Veram Symmachi lectionem expressit
Hieron.: Et vocavit nomen ejus, Amabilis Domino; falsa
nescio an ad מֶלֶךְ (v. 30) vel בְּמַלְבֵּן (v. 31) pertineat.
[34] Sic Codd. 19 (cum τὸν λαὸν τὸν π.), 82 (cum τὸν π.), 93,
108. [35] Sic Codd. 19 (cum πρίωσιν), 82, 93 (cum διέ-
πρησεν), 108 (cum ἐμπρίωσιν), 158 (cum τῷ πρίον), 245 (cum
τρίωσι), Reg. Cf. 1 Paral. xx, 3. Deinde haec, καὶ ἐν τοῖς
τριβόλοις τοῖς σιδηροῖς, desunt in Codd. 93, 245, Reg.
[36] Sic Comp., Codd. 19, 82 (cum ἐν σκ.), 93, 108, 158,
245, Reg. [37] Sic Codd. 19 (cum Μαδεμμὰ), 82 (cum
Μαδεββὰν), 93 (ut 19), 108, 245 (cum Μαδεββά), Reg. (cum
Μαδεββά).
Cap. XIII. [1] Sic Comp., Codd. 19, 82, 93, 108, Reg.
[2] Iidem. [3] Iidem. Hieron.: attenuaris macie. [4] Iidem. [5] Iidem (et v. 6). Hieron.: et languorem simula.
[6] Sic (et v. 6) Comp., Codd. 19, 82, 93, 108 (praem. τοῦ).

[7] Bar Hebraeus: ܚܣ ܠܒܝ̈ܟܠܘܢ. Diminutivum posuit
Hieron. vertens: duas sorbitiunculas. [8] Sic Comp.,
Codd. 19, 82, 93, 108, Reg. [9] Iidem. [10] Sic Comp.,
Codd. III, 19, 82, 93, 108, Reg. [11] Sic Comp., Ald. (cum
duplici lectione τὸ τ. εἰς ὃ ἀποχέουσι), Codd. 19, 64 (ut Ald.),
82, 93 (om. εἰς), 108. [12] Sic Comp. (cum ἐπ.), Codd. 19
(idem), 82, 93, 108 (cum ἐπίχεεν). [13] Sic Codd. 19, 82,
93, 108. [14] Haec desunt in Comp., Ald., Codd. III,
XI, 19, 29, 55, 56, aliis. In Cod. II habentur (om. ὅτι)
ante ὑπὲρ τὴν ἀγάπην ἣν ἠγ. αὐτήν. [15] Sic Comp., Codd. 19,
82, 93, 108. Cf. Hex. ad Jud. vii. 7. xix. 18. [16] Sic
Comp. (om. μὴ ἀδελφέ), Ald., Codd. XI, 29, 44, 52, 55, 56,
alii (inter quos 243). Vet. Lat.: Noli, frater, expellere
me, quoniam major erit haec malitia novissima quam prior.
In Codd. 19, 108 pro μὴ, ἀδελφέ, ὅτι μεγάλη legitur ὅτι
(ὅτι 19) οὐ μεγάλη. Deinde πεποίηκας pro ἐποίησας est in
Comp., Ald., Codd. XI, 19, 44, 71, aliis.

18. בְתֹנֶת פַּסִּים. Ο'. χιτὼν καρπωτός (alia exempl. ἀστραγαλωτός[17]). 'Α.. καρπωτός. Σ..
χειριδωτός.[18]

מְעִילִים. Ο'. τοὺς ἐπενδύτας (alia exempl. ὑποδύτας[19]) αὐτῶν.

20. הַחֲרִישִׁי. Ο'. κώφευσον. Alia exempl. σιώ-
πησον.[20]

אַל־תָּשִׁיתִי אֶת־לִבֵּךְ
סוּ. Ο'. μὴ θῇς τὴν καρδίαν
σου. Alia exempl. μὴ προσποιοῦ ἐν τῇ καρδίᾳ
σου.[21]

וְשֹׁמֵמָה. Et desolata quidem. Ο'. χηρεύουσα.
Alia exempl. χηρεύουσα καὶ ἐκψύχουσα.[22]

21. Ο'. (—) καὶ οὐκ ἐλύπησε—πρωτότοκος αὐτοῦ
ἦν (◄).[23]

22. עַל־דְּבַר אֲשֶׁר. Ο'. ἐπὶ λόγου οὗ. Alia exempl. ἀνθ' ὧν.[24]

23. לִשְׁנָתַיִם יָמִים. Ο'. εἰς διετηρίδα (alia exempl.
μετὰ δύο ἔτη[25]) ἡμερῶν.

אֲשֶׁר עִם־אֶפְרָיִם. Ο'. τῇ ἐχόμενα (alia exempl. παρὰ[26]) Ἐφραΐμ.

24. עִם־עַבְדֶּךָ. Ο'. μετὰ τοῦ δούλου σου. Alia
exempl. πρὸς τὸν δοῦλον αὐτοῦ.[27]

26. וְלֹא. Ο'. καὶ εἰ μή. Alia exempl. ἀλλά.[28]

27. Ο'. (—) καὶ ἐποίησεν—τοῦ βασιλέως (◄).[29]

28. כְּטוֹב לֵב. Ο'. ὡς ἂν ἀγαθυνθῇ (alia exempl.

ὅταν εὖ ἔχῃ[30]) ἡ καρδία.

28. חִזְקוּ וִהְיוּ לִבְנֵי־חַיִל. Ο'. ἀνδρίζεσθε, καὶ γίνεσθε εἰς υἱοὺς δυνάμεως. Alia exempl. κρα-
ταιοῦσθε, καὶ γίνεσθε εἰς ἄνδρας δυνατούς.[31]

29. וַיִּרְכְּבוּ אִישׁ. Ο'. καὶ ἐπεκάθισαν ἀνήρ. Alia
exempl. καὶ ἐπέβησαν ἕκαστος.[32]

30. וְהַשְּׁמֻעָה. Ο'. καὶ ἡ ἀκοή (alia exempl. ἀγγε-
λία[33]).

הִכָּה. Ο'. ἐπάταξεν. Alia exempl. πέπαικεν.[34]

וְלֹא־נוֹתַר מֵהֶם אֶחָד. Ο'. καὶ οὐ κατελείφθη
ἐξ αὐτῶν οὐδὲ εἷς. Alia exempl. καὶ οὐχ ὑπολέλειπται ἐν αὐτοῖς ἕως ἑνός.[35]

31. וַיֵּשֶׁב. Ο'. καὶ ἐκοιμήθη (alia exempl. ἐκάθισεν[36]).

נִצָּבִים קְרֻעֵי. Ο'. οἱ περιεστῶτες αὐτῷ διέρρηξαν. Alia exempl. παρειστήκεισαν αὐτῷ
διερρωγότες.[37]

32. בְּנֵי־הַמֶּלֶךְ הֵמִיתוּ. Ο'. τοὺς υἱοὺς τοῦ βασιλέως ἐθανάτωσεν. Alia exempl. οἱ υἱοὶ τοῦ
βασιλέως τεθνήκασι.[38]

כִּי־עַל־פִּי אַבְשָׁלוֹם הָיְתָה שִׂימָה. Nam in ore
Absalomi hoc erat propositum. Ο'. ὅτι ἐπὶ
στόματος Ἀβεσσαλὼμ ἦν κείμενος. Alia exempl. ὅτι ἐν ὀργῇ ἦν αὐτῷ Ἀβεσσαλώμ.[39]

34. מִדֶּרֶךְ אַחֲרָיו מִצַּד הָהָר. Ο'. ἐν τῇ ὁδῷ ὀπι-
σθεν αὐτοῦ (Ἄλλος· ἐν τῇ ὁδῷ τῇ Ὡράμ[40])

---

[17] Sic (bis) Comp., Codd. 19, 82, 93, 108 (cum τροχο-
τὸς (sic) in marg.), Procop., Theodoret.   [18] Procop.
p. 134: Χιτὼν ἀστραγαλωτός. Σύμμαχος, χειριδωτός. Ἀκύλας,
καρπωτός, ἀντὶ τοῦ καρποὺς ἐνφασμένους ἔχων [immo μέχρι τῶν
καρπῶν διήκων]· οἱ νῦν δὲ αὐτὸν καλοῦσι πλουμαρικόν. Cf. Hex.
ad Gen. xxxvii. 3.   [19] Sic Codd. 19, 93, 108. Cf. Exod.
xxxix. 21. Lev. viii. 7 in LXX.   [20] Sic Comp., Codd. 19,
82, 93, 108, Reg.   [21] Sic Codd. 19, 82, 93, 108.
[22] Iidem (cum ἐκψυχοῦσα). Pro χηρεύουσα Comp. habet
ἐκψυχοῦσα (sic).   [23] Deest in Comp. solo. Vet. Lat.:
Et noluit contristare spiritum Amnon filii sui, quoniam
diligebat eum, quia primogenitus erat ei.   [24] Sic Comp.,
Codd. 82, 93, 108.   [25] Sic Comp., Codd. 19, 82, 93, 108,
Reg.   [26] Sic Comp., et (cum τῇ παραγοφραὶμ (עִם־שָׁפְרָין))
Codd. 82, 93, 108.   [27] Sic Codd. 19, 82, 93, 108 (cum
σου pro αὐτοῦ), Reg.   [28] Sic Comp., Codd. 19, 82, 93, 108.

[29] Haec desunt in Comp., Codd. 98, 106, 158, invito Vet.
Lat.   [30] Sic Comp., Codd. 19, 82, 93, 108, Reg.
[31] Sic Comp. (cum εἰς υἱοὺς δυνάμεως), Codd. 19, 82, 93, 108.
[32] Sic Comp., Codd. 19, 82 (cum πάντες ἐκ. pro ἐκ.), 93,
108, Reg.   [33] Sic Comp., Codd. 19, 82, 93.   [34] Iidem.
[35] Sic Comp., Codd. 19, 82, 93, 108.   [36] Iidem.   [37] Sic
Comp. (cum παρειστήκασιν), 19 (cum διέρρηξαι), 82, 93
(cum διερραγότες), 108.   [38] Sic Comp., Codd. 19, 82, 93
(sine οἱ), 108, Reg. Statim διότι ἀλλ' ἡ Ἀμνὼν μόνον τέθνηκε
Comp. (om. διότι), Codd. 19 (cum μόνον), 82, 93, 108.
[39] Sic Comp., Codd. 19, 82, 93, 108. Montef. e Regio edidit: Α. Σ. ὅτι ἐν ὀργῇ κ. τ. ἑ., parum probabiliter.   [40] Duplex, ut videtur, versio vocis אַחֲרָיו, τῇ Ὡράμ ὄπισθεν αὐτοῦ,
est in Ald. (cum Ὡρὰν), Codd. 44, 52 (cum Ὀρὰν), 64 (ut
Ald.), 74, aliis (inter quos 243). Pro his, ἐν τῇ ὁδῷ
πλευρᾶς, Codd. 19, 82, 93, 108, habent τὴν ὁδὸν τὴν Σωραὶμ

ἐκ πλευρᾶς τοῦ ὄρους (÷) ἐν τῇ καταβάσει καὶ παρεγένετο—ἐκ τῆς ὁδοῦ τῆς Ὡρωνὴν (alia exempl. τῆς Ὡρὰμ⁴¹) ἐκ μέρους τοῦ ὄρους (◄).⁴²

36. בָּאוּ. Ο'. ἦλθον. Alia exempl. παραγεγόνασι; alia, παραγεγόνεισαν.⁴³

39. וַתְּכַל דָּוִד הַמֶּלֶךְ. Et contabescere fecit (haec res) Davidem regem. Ο'. καὶ ἐκόπασεν ὁ βασιλεὺς Δαυίδ. Alia exempl. καὶ ἐκόπασεν τὸ πνεῦμα (רוּחַ) τοῦ βασιλέως.⁴⁴

עַל־אַמְנוֹן כִּי־מֵת. Ο'. ἐπὶ Ἀμνὼν ὅτι ἀπέθανε. Alia exempl. ὑπὲρ Ἀμνὼν τοῦ υἱοῦ αὐτοῦ τοῦ τεθνηκότος.⁴⁵

CAP. XIV.

1. עַל־אַבְשָׁלוֹם. Ο'. ἐπὶ Ἀβεσσαλώμ. Alia exempl. παρεκλίθη ἐπὶ Ἀβεσσαλώμ.¹

2. חֲכָמָה. Ο'. σοφήν. Alia exempl. φρονίμην.²

4. וַתֹּאמֶר (ס"ר וַתָּבֹא). Ο'. καὶ εἰσῆλθεν (alia exempl. ἦλθεν; alia, παρεγένετο³).

5. אֲבָל. Profecto. Ο'. καὶ μάλα. Alia exempl. ὄντως.⁴

6. וְאֵין מַצִּיל. Et non erat avellens (unum ab altero). Ο'. καὶ οὐκ ἦν ὁ ἐξαιρούμενος (alia exempl. ὁ συλλύσων⁵).

7. וְכִבּוּ אֶת־גַּחַלְתִּי אֲשֶׁר נִשְׁאָרָה לְבִלְתִּי שֹׂום־לְאִישִׁי שֵׁם וּשְׁאֵרִית. Ο'. καὶ σβέσουσι τὸν ἄνθρακά μου τὸν καταλειφθέντα, ὥστε μὴ θέσθαι τῷ ἀνδρί μου κατάλειμμα καὶ ὄνομα. Alia exempl. καὶ σβεσθήσεται ὁ σπινθὴρ ὁ ὑπολελειμμένος μοι, τοῦ μὴ ὑπάρξαι τῷ ἀνδρί μου ὄνομα καὶ λεῖμμα.⁶

10. הַמְדַבֵּר אֵלַיִךְ וַהֲבֵאתוֹ אֵלַי וְלֹא־יֹסִיף עוֹד לָגַעַת בָּךְ. Ο'. τίς ὁ λαλῶν πρὸς σέ, καὶ ἄξεις αὐτὸν πρὸς ἐμέ, καὶ οὐ προσθήσει ἔτι ἄψασθαι αὐτοῦ; Alia exempl. τὸν λαλοῦντα πρὸς σὲ ῥῆμα, ἄγαγε αὐτὸν πρὸς μὲ, καὶ οὐ μὴ προσθήσῃ ἄψασθαί σοι.⁷

11. יִזְכָּר־נָא הַמֶּלֶךְ אֶת־יְהוָה אֱלֹהֶיךָ מֵהַרְבִּית גֹּאֵל הַדָּם לְשַׁחֵת וְלֹא יַשְׁמִידוּ אֶת־בְּנִי. Ο'. μνημονευσάτω δὴ ὁ βασιλεὺς τὸν κύριον θεὸν αὐτοῦ πληθυνθῆναι ἀγχιστέα τοῦ αἵματος τοῦ διαφθεῖραι, καὶ οὐ μὴ ἐξάρωσι τὸν υἱόν μου. Alia exempl. μνησθήτω δὴ ὁ κύριός μου ὁ βασιλεὺς τοῦ κυρίου θεοῦ ὅτι ἐὰν πληθύνωσιν οἱ ἀγχιστεύοντες τὸ αἷμα ἐν τοῖς γειώραις, καὶ οὐκ ἐξάξεις τὸν υἱόν μου.⁸

13. וְלָמָּה חָשַׁבְתָּה כָּזֹאת עַל־עַם אֱלֹהִים וּמִדַּבֵּר הַמֶּלֶךְ הַדָּבָר הַזֶּה כְּאָשֵׁם (tanquam reus est)

ἐκ μέρους, et mox Σωραίμ pro Ὡρωνήν. ⁴¹ Sic Ald. (cum Ὡρὰν), Codd. XI (idem), 29 (idem), 44, 56 (ut Ald.), 64 (idem), 74, alii (inter quos 243, ut Ald.). ⁴² Haec, ἐν τῇ καταβάσει — τοῦ ὄρους, desunt in Comp. solo. ⁴³ Prior lectio est in Comp., Codd. 19, 82, 93, aliis; posterior in Codd. XI (cum παρεγ.), 29, 56, aliis (inter quos 243). ⁴⁴ Sic Comp. (cum τοῦ Β. Δαυΐδ), Ald., Codd. 19 (ut Comp.), 29, 44, 52 (om. τοῦ), alii (inter quos 243). Cf. Wellhausen Der Text der Bücher Samuelis, pp. 191, 223. ⁴⁵ Sic Comp., Codd. 19, 82, 93, 108, Reg.

CAP. XIV. ¹ Sic Comp. (cum παρεκλίθη), Codd. 19, 108 (ut Comp.). Hieron.: quod cor regis versum esset ad Absalom. (Vox παρακλίνεσθαι in pejorem partem illustratione eget, quam praebet S. Chrysost. Opp. T. XI, p. 119 E: Ἡ γὰρ τοῦ καλοῦ κρίσις ἡμῖν, κἂν εἰς αὐτὸ τῆς κακίας τὸ βάραθρον ἔλθωμεν, ἀδέκαστος καθέστηκεν, οὐ παρακλινομένη. Ibid. p. 532 E: Στηρίξαι βεβαιῶσαι, ὥστε μὴ σαλεύεσθαι, μηδὲ παρακλίνεσθαι.) ² Sic Comp., Codd. 19, 82, 93, 108; qui mox περιβαλοῦ pro ἔνδυσαι, χρίσῃ pro ἀλείψῃ, γενήθητι pro

ἔσῃ, et similes mutationes paene infinitas venditant, e quibus pauculas tantum majoris momenti delibavimus. ³ Prior lectio est in Ald., Codd. XI, 44, 71, 74, aliis (inter quos 243); posterior in Comp., Codd. 19, 82, 93, 108 (cum ἐγένετο). ⁴ Sic Comp., Codd. 19, 82, 93, 108. Cf. Hex. ad Gen. xlii. 21. 3 Reg. i. 43. 4 Reg. iv. 14. ⁵ Sic Codd. XI (cum συλλύων), 29, 44 (cum συλήσων), 52 (idem), 74, 82 (cum συνλύσων), alii (inter quos 243). Mox ἐπάταξεν pro ἔπαισεν Comp., Codd. 82, 93, 108, Reg. ⁶ Sic Comp., Codd. 19, 82 (cum ὁ ἀνήρ μου), 93, 108, Reg. ⁷ Sic Comp., Codd. 19 (cum οὐ προσθήσει), 82 (cum προσθήσει), 93 (cum τὸ ῥῆμα, et καὶ μὴ προσθήσει), 108, Reg. ⁸ Sic Comp. (cum μνησθήτω δὴ ὁ Β. κυρίου τοῦ θεοῦ· ὅτι—αἷμα τοῦ διαφθεῖραι, καὶ οὐκ ἐξάρωσι τ. υ. μ.), Codd. 19 (cum μνημονευσάτω δὴ ὁ Β. τὸν κ. θ. αὐτοῦ· ὅτι κ. τ. ἑ.), 82 (cum πληθυνθεῶσιν et γιώραις), 93 (cum γιώραις), 108, Reg. Posteriora, ἐν τοῖς γειώραις (בַּגֵּרִים) κ. τ. ἑ., quomodo cum Hebraeis concilianda sint, aut quem sensum commodum fundere possit, non videmus.

לְבִלְתִּי הָשִׁיב הַמֶּלֶךְ אֶת־נִדְחוֹ ‏. O'. ἱνατί
ἐλογίσω τοιοῦτο ἐπὶ λαὸν θεοῦ; ἢ ἐκ στόματος
τοῦ βασιλέως ὁ λόγος οὗτος ὡς πλημμέλεια, τοῦ
μὴ ἐπιστρέψαι τὸν βασιλέα τὸν ἐξωσμένον αὐτοῦ; Σ. καὶ διὰ τί ἐλογίσω τοιοῦτο κατὰ λαοῦ
τοῦ θεοῦ, καὶ λογίζεται ὁ βασιλεὺς τὸν λογισμὸν
τοῦτον ὡς πλημμέλειαν, ἵνα μὴ ἀναστρέψῃ ὁ
βασιλεύς, καὶ τὰ ἑξῆς. Θ. ἱνατί ἐλογίσθη
οὕτως ἐπὶ λαὸν θεοῦ, καὶ ἐκ τοῦ παρελθεῖν
τὸν βασιλέα τὸν λόγον τοῦτον, καὶ ἐγκρατεύσασθαι τοῦ μὴ ἐπιστρέψαι τὸν βασιλέα τὸν
ἀπωσμένον ‏. .[9]

14. כִּי־מוֹת נָמוּת ‏. O'. ὅτι θανάτῳ ἀποθανούμεθα.
Σ. πάντως γὰρ θανάτῳ ἀποθανούμεθα. Θ. ὅτι
τέθνηκεν ὁ υἱός σου.[10]

וְכַמַּיִם הַנִּגָּרִים אַרְצָה אֲשֶׁר לֹא יֵאָסֵפוּ וְלֹא־
יִשָּׂא אֱלֹהִים נֶפֶשׁ ‏. O'. καὶ ὥσπερ τὸ ὕδωρ
τὸ καταφερόμενον ἐπὶ τῆς γῆς, ὃ οὐ συναχθήσεται, καὶ λήψεται (alia exempl. οὐ λήψεται[11])
ὁ θεὸς ψυχήν. Σ. καὶ ὡς τὸ ὕδωρ τὸ κατα-
συρόμενον ἐπὶ γῆν, ὃ οὐ συναχθήσεται, καὶ οὐ
μὴ ἄρῃ ὁ θεὸς ψυχήν. Θ. καὶ ὡς ὕδωρ τὸ
ἐκχυνόμενον ἐπὶ γῆν, ὃ οὐ συναχθήσεται, καὶ
οὐκ ἐλπίζει ἐπ᾽ αὐτῶν ψυχή.[12]

15. אֲשֶׁר־בָּאתִי לְדַבֵּר ‏. O'. ὃ ἦλθον (alia exempl.
ὑπὲρ ἂν ἥκω[13]) λαλῆσαι.

אֲמָתוֹ ‏. O'. τῆς δούλης (Θ. παιδίσκης[14]) αὐτοῦ.

16. כִּי יִשְׁמַע הַמֶּלֶךְ לְהַצִּיל אֶת־אֲמָתוֹ ‏. O'. ὅτι
ἀκούσει (alia exempl. ἀκούσεται[15]) ὁ βασιλεύς·
ῥυσάσθω (alia exempl. καὶ ἐξελεῖται[16]) τὴν
δούλην αὐτοῦ. Σ. ὅτι ἤκουσεν ὁ βασιλεύς,
ὥστε ἐξελεῖν τὴν δούλην αὐτοῦ.[17]

לְהַשְׁמִיד אֹתִי וְאֶת־בְּנִי יַחַד מִנַּחֲלַת אֱלֹהִים ‏.
O'. τοῦ ζητοῦντος ἐξᾶραί με καὶ τὸν υἱόν μου
ἀπὸ κληρονομίας θεοῦ (Θ. κυρίου[18]). Alia exempl. τοῦ ζητοῦντος ἐξολοθρεῦσαί με καὶ τὸν
υἱόν μου κατὰ τὸ αὐτὸ ἐκ τῆς κληρονομίας
κυρίου.[19]

17. וַתֹּאמֶר שִׁפְחָתְךָ ‏. O'. καὶ εἶπεν ἡ γυνή. Alia
exempl. καὶ ἐρεῖ ἡ δούλη σου.[20]

יְהְיֶה־נָּא ‏. O'. εἰ ἤδη (potior scriptura εἴη δή).
Alia exempl. γενηθήτω δή.[21]

לִמְנוּחָה ‏. In solatium. O'. εἰς θυσίας (alia exempl. θυσίαν[22]).

20. לְבַעֲבוּר סַבֵּב אֶת־פְּנֵי הַדָּבָר עָשָׂה ‏. Ut super-
induceret aliam speciem rei, fecit. O'. ἕνεκεν
τοῦ περιελθεῖν τὸ πρόσωπον τοῦ ῥήματος τούτου,
ὃ ἐποίησεν. Alia exempl. ὅπως κυκλώσῃ τὸ
πρόσωπον τοῦ λόγου τούτου, ὃ ἐποίησεν.[23] Σ.
ὑπὲρ τοῦ περιαγαγεῖν τὴν προσωποποιίαν τοῦ
ῥήματος τούτου, εὖ ἐποίησεν.[24]

חָכָם כְּחָכְמַת ‏. O'. σοφὸς καθὼς σοφία. Alia
exempl. φρόνιμος κατὰ τὴν φρόνησιν.[25]

---

[9] Cod. 243, teste Parsonsii amanuensi. Theodotionis
versionem (cum κυρίου pro θεοῦ, τοῦ ἐγκρ. pro καὶ ἐγκρ., et
τὸν ἀπ. ἀπ᾽ αὐτοῦ) in textu habent Comp. (cum ἐκ τοῦ λαλεῖν
τὸν β. τὸν λ. τ. pro ἐκ τοῦ παρελθεῖν—ἐγκρατεύσασθαι), Codd.
19, 82, 93 (cum ἐγκιστεύσασθαι τοῦ μὴ ἐπ. πρὸς τὸν β.), Theodoret. (cum ἀποστρέψαι). [10] Idem. Posterior lectio est
in Codd. 19, 82, 93, 108, Theodoret. [11] Sic Comp.,
Codd. XI (om. ὁ θεὸς), 29 (idem), 56, 71, 98 (ut XI), alii
(inter quos 243, ut XI, cum λήψεται ὁ θεὸς in marg.),
Arm. 1, invito Bar Hebraeo. [12] Cod. 243, teste Parsonsii amanuensi. (Pro ἐπ᾽ αὐτῶν Montef. exscripsit ἐπ᾽
αὐτῷ.) Paulo aliter Comp., Codd. 19, 82, 93, 108, Theodoret.: καὶ ὥσπερ τὸ ὕδωρ τὸ ἐκχεόμενον ἐπὶ τὴν γῆν, οὐ συναχθήσεται, καὶ οὐκ ἐλπίζει (ἐλπιεῖ Theodoret.) ἐπ᾽ αὐτῶν (αὐτὸ 82)
ψυχή. [13] Sic Comp., Codd. 19, 82, 93, 108, Reg., Theodoret. [14] Cod. 243. Sic in textu Comp., Codd. 82,
93, 108, Theodoret. [15] Sic Comp., Codd. 29, 44, 55,
56, alii (inter quos 243), Theodoret. [16] Sic Comp.,
Codd. XI, 29, 44, 52, 56, alii (inter quos 243), Theodoret.
[17] Cod. 243, teste Montef. (Parsonsii amanuensis nil habet.) Hieron.: Et audivit rex, ut liberaret ancillam suam.
[18] Cod. 243. [19] Sic Comp., Codd. 82, 93, 108, Theodoret. [20] Sic Comp., Ald., Codd. XI, 29, 44, 52, 55,
alii (inter quos 243, qui in marg. habet: O'. καὶ εἶπεν ἡ
γυνή), Theodoret. [21] Iidem. [22] Sic Comp., Ald.,
Codd. III, XI, 29, 44, 52, 56, alii (inter quos 243), Theodoret. [23] Sic Comp., Codd. 19 (cum κυκλώσει), 82, 93
(cum κωλύσῃ), 108 (ut 19), Reg., Theodoret. Cod. 243 in
marg.: ΑΛΛΩΣ. ὅπως, φησί, κυκλώσαι τὸ πρόσωπον τοῦ λόγου
τούτου ὃ ἐποίησεν ὁ δοῦλός σου Ἰωὰβ ἐποίησεν τοῦτο. [24] Cod.
243, teste Montef. Parsonsii amanuensis exscripsit tantum: ὑπὲρ τοῦ περιαγαγεῖν προσ. τοῦ ῥ. τ. [25] Sic Comp.,
Codd. 19, 82, 93, 108, Reg.

25. לֹא־הָיָה אִישׁ־יָפֶה. Ο'. οὐκ ἦν ἀνήρ (alia exempl. ἀνὴρ καλός[26]).

26. מִקֵּץ. Ο'. ἀπ' ἀρχῆς. Alia exempl. ἀπὸ τέλους.[27]

מָאתַיִם שְׁקָלִים בְּאֶבֶן הַמֶּלֶךְ. Ο'. διακοσίους σίκλους ἐν τῷ σίκλῳ τῷ βασιλικῷ. Alia exempl. καὶ ἦν ἑκατὸν σίκλων ἐν τῷ σταθμῷ τῷ βασιλικῷ.[28]

27. יְפַת מַרְאֶה. Ο'. καλὴ σφόδρα. Alia exempl. καλὴ τῷ εἴδει σφόδρα.[29]

Ο'. (÷) καὶ γίνεται—τὸν Ἀβιά (◄).[30]

30. Ο'.(÷)καὶ παραγίνονται—τὴν μερίδα ἐν πυρί(◄).[31]

32. וְעַתָּה אֶרְאֶה פְּנֵי הַמֶּלֶךְ. Ο'. καὶ νῦν ἰδοὺ τὸ πρόσωπον τοῦ βασιλέως οὐκ εἶδον. Alia exempl. καὶ νῦν ὄψομαι δὴ τὸ πρόσωπον τοῦ βασιλέως.[32]

Cap. XV.

2. וַיַּעֲמֹד עַל־יַד דֶּרֶךְ. Ο'. καὶ ἔστη ἀνὰ χεῖρα τῆς ὁδοῦ. Alia exempl. καὶ ἐφίστατο ἐπὶ τῆς ὁδοῦ.[1]

3. טוֹבִים וּנְכֹחִים. Bona et recta. Ο'. ἀγαθοὶ καὶ εὔκολοι. Alia exempl. καλοὶ καὶ κατευθύνοντες.[2]

5. בִּקְרָב־אִישׁ. Ο'. ἐν τῷ ἐγγίζειν ἄνδρα. Alia exempl. ἐπὶ τὸ προσάγειν τὸν ἄνδρα.[3]

7. מִקֵּץ אַרְבָּעִים שָׁנָה. Ο'. ἀπὸ τέλους τεσσαράκοντα ἐτῶν. Alia exempl. μετὰ τέσσερα ἔτη.[4] Schol. Ἐν τῷ ἑξαπλῷ τεσσαράκοντα κεῖται παρὰ πᾶσιν ἐν δὲ τῷ Ἑβραίῳ, ἀρβαείμ.[5]

8. בְּשִׁבְתִּי. Ο'. ἐν τῷ οἰκεῖν με. Alia exempl. ὅτε ἐκαθήμην.[6]

9. לֵךְ בְּשָׁלוֹם. Ο'. βάδιζε εἰς εἰρήνην. Alia exempl. πορεύου ὑγιαίνων.[7]

11. וְהֹלְכִים לְתֻמָּם. Ο'. καὶ πορευόμενοι τῇ ἁπλότητι αὐτῶν. Alia exempl. καὶ ἐπορεύοντο ἁπλάστως.[8]

12. וַיִּשְׁלַח אַבְשָׁלוֹם אֶת־אֲחִיתֹפֶל. Ο'. καὶ ἀπέστειλεν Ἀβεσσαλὼμ τῷ Ἀχιτόφελ. Alia exempl. καὶ ἀπέστειλεν Ἀβεσσαλὼμ, καὶ ἐκάλεσε τὸν Ἀχιτόφελ.[9]

הַגִּילֹנִי. Ο'. τῷ Θεκωνί. Alia exempl. τῷ Γιλωναίῳ; alia, τὸν Γωλαμωναῖον.[10]

וַיְהִי הַקֶּשֶׁר אַמִּץ וְהָעָם הוֹלֵךְ וָרָב. Et facta est conjuratio valida, et populus magis magisque crescebat. Ο'. καὶ ἐγένετο σύντριμμα (potior scriptura σύστρεμμα[11]) ἰσχυρὸν, καὶ ὁ λαὸς [ὁ] πορευόμενος καὶ πολύς. Alia exempl. καὶ ἦν τὸ διαβούλιον πορευόμενον καὶ στερεούμενον, καὶ ὁ λαὸς ἐπορεύετο καὶ ἐπληθύνετο.[12]

14. מַהֲרוּ לָלֶכֶת. Ο'. ταχύνατε τοῦ πορευθῆναι. Alia exempl. σπεύσατε ἀπελθεῖν.[13]

---

[26] Sic Comp., Codd. III, 19, 82, 93, 108, 123, 247, Arm. 1.　[27] Sic Comp., Codd. XI, 29, 44, 52, alii (inter quos 243). Mox pro ὡς ἂν ἐκείρετο, ὅταν ἐκείρετο habent Comp. (cum ὅτ' ἀνεκείρετο), Codd. 82, 93, 108; quam lectionem ad ἐν τῷ κείρεσθαι αὐτὸν male retrahit Montef.　[28] Sic Comp., Codd. 19 (cum σίκλων ἑκατὸν et τοῦ βασιλέως), 82, 93, 108, Reg. Montef. e Cuisliniano scholium affert: Μααθαεὶμ ἔχει τὸ Ἑβραϊκὸν, ὅ ἐστι ō.　[29] Sic Ald., Codd. XI, 29, 44, 52, 56, alii (inter quos 243), Arm. 1.　[30] Clausula deest in Comp. solo.　[31] Deest in Comp., Codd. 71, 106.　[32] Sic Comp. (om. τὸ), Codd. 19, 82, 93, 108.

Cap. XV.　[1] Sic Comp., Codd. 19, 82, 93, 108.　[2] Iidem.　[3] Sic Comp., Codd. 19, 82 (cum ἐπὶ τοῦ), 93 (cum ἐν τῷ), 108 (cum ἐπὶ τῷ).　[4] Sic Codd. 19, 82, 93, 108. Theodoret. Quaest. XXVIII in 2 Reg. p. 433: τεσσάρων διεληλυθότων ἐτῶν. Joseph. Antiq. VII, 9, 1: μετὰ δὲ τὴν τοῦ πατρὸς αὐτοῦ καταλλαγὴν τεσσάρων ἐτῶν ἤδη διεληλυθότων.　[5] Cod. 243 in marg. (cum ἀρβαείμ).　[6] Sic Comp., Codd. 19, 82, 93, 108.　[7] Iidem.　[8] Sic Comp. (cum ἁπλότητι pro ἁπλάστως), Codd. 19, 82, 93, 108.　[9] Sic Comp., Ald., Codd. XI, 29 (cum Ἀχιτόφελ), 44 (om. τὸν), 52, 56, 64, alii (inter quos 243), Arm. 1.　[10] Prior scriptura est in Comp. (cum τὸν Γιλωναῖον), Codd. III, 247 (cum Σιλωναίῳ); posterior in Ald. (cum Γαλαμ.), Codd. XI, 29, 44, 52 (cum Γολαμων.), 55 (ut Ald.), 56 (cum Γωλαμων.), alii (inter quos 243, ut 56). Mox ἐκ τῆς Γωλαμωνὰ Codd. XI (om. τῆς), 29, 52 (cum Γαλ.), 56, alii (inter quos 243, cum Γωλαμωνά).　[11] Sic Ald., Codd. III, XI, 29, 44, 52, 55, alii (inter quos 243). Cf. Hex. ad Ezech. xxii. 25. Mox [ὁ] reprobant Ald., Codd. III, XI, 29, 44, 71, alii.　[12] Sic Comp. (cum ἰσχυρὸν pro πορ. καὶ στερ.), Codd. 82, 93, 108, Reg.　[13] Sic Comp., Codd. 19, 82, 93, 108.

16. בְּרַגְלָיו. *In comitatu ejus.* Ο΄. τοῖς ποσὶν αὐτῶν. Alia exempl. πεζοί.[14]

17. בֵּית הַמֶּרְחָק. *Ad domum remotissimum.* Ο΄. ἐν οἴκῳ τῷ μακράν. Alia exempl. ἐπὶ τῆς ἐλαίας ἐν τῇ ἐρήμῳ (בֵּית הַמִּדְבָּר).[15]

18. Ο΄. καὶ ἔστησαν ἐπὶ τῆς ἐλαίας ἐν τῇ ἐρήμῳ— καὶ πᾶς ὁ Φελεθί.[16]

19, 20. וְנַע־גְלֵה אַתָּה לִמְקוֹמֶךָ: תְּמוֹל בּוֹאֶךָ וְהַיּוֹם אֲנִיעֲךָ עִמָּנוּ לָלֶכֶת (מִמְּקוֹמְךָ). Ο΄. καὶ ὅτι μετῴκηκας σὺ ἐκ τοῦ τόπου σου. εἰ ἐχθὲς παραγέγονας, καὶ σήμερον κινήσω σε μεθ᾽ ἡμῶν (πορευθῆναι); [καίγε μεταναστήσεις τὸν τόπον σου. χθὲς ἡ ἐξέλευσίς σου, καὶ σήμερον μετακινήσω σε μεθ᾽ ἡμῶν τοῦ πορευθῆναι;][17]

21. חַי־יְהוָה וְחֵי אֲדֹנִי הַמֶּלֶךְ. Ο΄. ζῇ κύριος, καὶ ζῇ ὁ κύριός μου ὁ βασιλεύς. Σ. ζῇ κύριος, καὶ νὴ τὴν ζωὴν τῆς ψυχῆς σου, κύριέ μου βασιλεῦ.[18] Θ. ζῇ γὰρ, φησί, κύριος, καὶ ζῇ ἡ ψυχή σου, κύριέ μου βασιλεῦ.[19]

23. עַל־פְּנֵי דֶרֶךְ אֶת־הַמִּדְבָּר. Ο΄. ἐπὶ πρόσωπον ὁδοῦ τὴν ἔρημον. Alia exempl. πρὸ προσώπου αὐτοῦ κατὰ τὴν ὁδὸν τῆς ἐλαίας τῆς ἐν τῇ ἐρήμῳ.[20]

24. צָדוֹק. Ο΄. Σαδώκ. Alia exempl. Σαδὼκ ὁ ἱερεύς.[21]

עַד־תֹּם כָּל־הָעָם לַעֲבוֹר. Ο΄. ἕως ἐπαύσατο

πᾶς ὁ λαὸς παρελθεῖν. Alia exempl. ἕως ἐξέλιπε πᾶς ὁ λαὸς διαπορευόμενος.[22]

25. הָעִיר. Ο΄. εἰς τὴν πόλιν. Alia exempl. εἰς τὴν πόλιν, καὶ καθισάτω εἰς τὸν τόπον αὐτῆς.[23] בְּעֵינֵי יְהוָה. Ο΄. ἐν ὀφθαλμοῖς (alia exempl. ἐνώπιον[24]) κυρίου.

וְהִרְאַנִי אֹתוֹ. Ο΄. καὶ δείξει μοι αὐτήν. Alia exempl. ὄψομαι αὐτήν.[25]

26. וְאִם כֹּה יֹאמַר לֹא חָפַצְתִּי בָּךְ הִנְנִי יַעֲשֶׂה־לִּי כַּאֲשֶׁר טוֹב בְּעֵינָיו. Ο΄. καὶ ἐὰν εἴπῃ οὕτως· οὐκ ἠθέλησα ἐν σοί, ἰδοὺ ἐγώ εἰμι, ποιείτω μοι κατὰ τὸ ἀγαθὸν ἐν ὀφθαλμοῖς αὐτοῦ. Alia exempl. καὶ ἐὰν εἴπῃ μοι· οὐ τεθέληκά σε, ἰδοὺ ἐγώ, (Θ.) ποιείτω μοι τὸ ἀρεστὸν ἐνώπιον αὐτοῦ.[26]

27. הֲרֹאֶה אַתָּה שֻׁבָה. *Nonne videns es tu? Revertere.* Ο΄. ἴδετε, σὺ ἐπιστρέφεις. Alia exempl. βλέπε σύ, ἀνάστρεφε.[27]

28. מִתְמַהְמֵהַּ. *Morabor.* Ο΄. στρατεύομαι (fort. στραγεύομαι[28]). Alia exempl. αὐλίζομαι.[29] Ἀ. μέλλω. Σ. κρυβήσομαι. Θ. προσδέχομαι ὑμᾶς.[30]

בְּעַרְבוֹת (בְּעַבְרֹת ק). *In transitibus.* Ο΄. ἐν ἀραβώθ. Alia exempl. ἐπὶ τῆς ἐλαίας.[31] Σ. ἐν ταῖς πεδιάσι.[32]

31. בַּקֹּשְׁרִים. Ο΄. ἐν τοῖς συστρεφομένοις (alia exempl. συγκειμένοις[33]).

---

[14] Sic Comp. (cum πεζοὶ τοῖς π. αὐτῶν), Codd. 19, 82, 93, 108, 158 (cum τοῖς π. αὐτῶν πεζοί), Reg. [15] Sic Codd. 29, 44, 52, 56, alii (inter quos 243), Arm. 1. [16] Haec desunt in Comp., Ald., Codd. III, XI (?), 29, 44, 64, aliis (inter quos 243), Arm. 1. [17] Duplex versio deest in Comp., Ald., Codd. III, XI, 19, 29, 52, 56, aliis (inter quos 243), qui omnes post μεθ᾽ ἡμῶν add. πορευθῆναι vel τοῦ πορευθῆναι. [18] Cod. 243 (cum νὴ τὴν ψυχὴν ζωῆς τῆς ψ. σου, teste Parsonsii amanuensi). [19] Idem. Sic in textu (cum ζῇ κύριος) Comp., Codd. 19, 82, 93, 108, Vet. Lat. [20] Sic Codd. 19 (cum καὶ pro κατὰ), 82, 93, 108, Reg. [21] Sic Ald., Codd. 44, 52, 92, alii (inter quos 243). [22] Sic Codd. 19, 82, 93 (cum ὡς ἐξέλειπεν), 108 (cum πορευόμενος). [23] Sic Comp., Codd. III (cum αὐτοῦ), 19, 82, 93, 108, 247, Chrysost. Opp. T. VII, p. 43 C (ut ante nos ebelatur). [24] Sic Comp., Codd. 19, 82, 93, 108, 243 (in marg.), Chry-

sost. [25] Sic Codd. 19, 82, 93, 108, Chrysost. (cum ὄψομαι τὴν εὐπρέπειαν αὐτῆς). [26] Sic Comp. (cum οὐκ ἠθέληκά σε), Codd. 82, 93, 108 (cum με pro σε), Reg. (cum ὅτι οὐ), Chrysost. (cum ἂν δὲ εἴπῃ). Cod. 243 affert: Θ. ποιείτω μοι—αὐτοῦ. [27] Sic Comp., Codd. 19, 82, 93 (cum β. συναπίστρεφε), 108, Reg. [28] Cf. Hex. ad Gen. xix. 16. Jud. xix. 8. (Scripturam utramque, στραγεύομαι et στραγγεύομαι, Atticis probatam esse, ut στραγγεύομαι a στράγξ, et στραγεύομαι a στραξ derivetur, exemplis allatis declaravit F. V. Fritzche ad Aristoph. Thesm. 616.) [29] Sic Ald., Codd. 44 (om. εἰμι), 52 (cum αὐλιζόμενος), 74, alii (inter quos 243 in marg.). [30] Cod. 243. Theodotionis versio est in Comp., Codd. 19, 82, 93, 108. [31] Sic Codd. 19, 82, 93, 108. [32] Coislin. 1, teste Montef. [33] Sic Comp., Codd. 19, 82, 93, 108. Cf. Hex. ad 1 Reg. xxii. 8.

31. סַכֶּל. *Stultum* (irritum) *fac.* Ο΄. διασκέδασον. Ἀ. κακοφρόνισον (s. ἀφρόνισον). Σ. ἀσύνετον ποίησον. Θ. ματαίωσον.³⁴

32. עַד־הָרֹאשׁ. *Usque ad verticem* (montis). Ο΄. ἕως τοῦ Ῥώς. Ἀ. ἕως τῆς ἄκρας. Σ. εἰς τὴν ἄκραν.³⁵

33. לְמַשָּׂא. Ο΄. εἰς βάσταγμα (Ἀ. φορτίον. Σ. βάρος³⁶).

Cap. XVI.

1. מְעַט מֵהָרֹאשׁ. Ο΄. βραχύ τι ἀπὸ τῆς Ῥώς. Ἀ. Σ. ὀλίγον ἀπὸ τῆς ἄκρας.¹

וּמֵאָה צִמּוּקִים וּמֵאָה קַיִץ. *Et centum uvae passae, et centum palathae ficuum.* Ο΄. καὶ ἑκατὸν σταφίδες, καὶ ἑκατὸν φοίνικες. Alia exempl. καὶ οἰφὶ σταφίδος, καὶ οἰφὶ παλαθῶν.² Alia: καὶ οἰφὶ σταφίδων, καὶ διακόσιαι παλάθαι.³

2. הַחֲמוֹרִים לְבֵית־הַמֶּלֶךְ לִרְכֹּב. Ο΄. τὰ ὑποζύγια τῇ οἰκίᾳ τοῦ βασιλέως τοῦ ἐπικαθῆσθαι. Alia exempl. οἱ ὄνοι οἱ σεσαγμένοι τῷ οἴκῳ τοῦ βασιλέως ἐπιβαίνειν.⁴

וְהַקַּיִץ. Ο΄. καὶ οἱ φοίνικες. Alia exempl. καὶ αἱ παλάθαι; alia, καὶ αἱ παλάθαι καὶ αἱ σταφίδες.⁵

4. הִשְׁתַּחֲוֵיתִי. Ο΄. προσκυνήσας. Alia exempl. προσκεκύνηκα.⁶

5, 6. וּמְקַלֵּל: וַיְסַקֵּל בָּאֲבָנִים אֶת־דָּוִד. Ο΄. καὶ καταρώμενος, καὶ λιθάζων ἐν λίθοις τὸν Δαυίδ. Alia exempl. καὶ κακολογῶν, καὶ βάλλων λίθοις ἐπὶ τὸν Δαυίδ.⁷

8. וְהִנְּךָ בְּרָעָתֶךָ. *Et ecce! tu es in calamitate tua.* Ο΄. καὶ ἰδοὺ σὺ ἐν τῇ κακίᾳ σου. Alia exempl. καὶ ἔδειξέ σοι τὴν κακίαν σου.⁸

9. הַכֶּלֶב הַמֵּת. Ο΄. ὁ κύων ὁ τεθνηκώς (Θ. ὁ ἐπικατάρατος⁹).

10. כִּי (פֹּה ק) יְקַלֵּל. *Si maledixerit.* Ο΄. καὶ οὕτως καταράσθω. Θ. διότι καταρᾶταί με.¹⁰

11. וְאַף כִּי־עַתָּה בֶן־הַיְמִינִי. *Quanto magis nunc* hic *Benjaminita.* Ο΄. καὶ προσέτι νῦν ὁ υἱὸς τοῦ Ἰεμενί. Alia exempl. ἴδε καὶ νῦν ὁ υἱὸς τοῦ Ἰεμιναίου.¹¹ Alia: εἰ δὲ καὶ νῦν οὗτος ὁ υἱὸς τοῦ Ἰεμιναίου.¹² Ἀ. καίγε ὅτι νῦν ὁ υἱὸς τοῦ Ἰεμιναίου. Σ. πόσῳ μᾶλλον νῦν ὁ υἱὸς τοῦ Ἰεμιναίου.¹³

12. וְהֵשִׁיב יְהוָה לִי טוֹבָה. Ο΄. καὶ ἐπιστρέψει μοι ἀγαθά. Alia exempl. καὶ ἀνταποδώσει μοι κύριος ἀγαθά.¹⁴

13. בְּצֵלַע הָהָר. *In latere montis.* Ο΄. ἐκ πλευρᾶς (alia exempl. κατὰ τὸ κλίτος¹⁵) τοῦ ὄρους.

---

³⁴ Cod. 243 (cum κακοφρόνησον). Theodoret. Quaest. XXIX in 2 Reg. p. 435 (enarrans textum qui est in Comp., Codd. 19, 82, 93, 108: κύριε ὁ θεός μου, ματαίωσον δὴ τὴν βουλὴν Ἀχ.): τὸ δέ, ματαίωσον, ὁ Ἀκ. ἀφρόνησον (sic) εἴρηκεν, ἀντὶ τοῦ, δεῖξον ἄφρονα καὶ ἀσύνετον. ³⁵ Euseb. in Onomastico, p. 310: Ῥὼς, ἔνθα ἦλθε Δαϑίδ. Ἀκύλας, Σύμμαχος· τὴν ἄκρον. Ad ἕως Ῥὼς (sic) Cod. 243 affert: Σ. εἰς τὴν ἄκραν. Cf. ad Cap. xvi. 1. ³⁶ Coislin. 1. Ut suum cuique tribuatur, nota hexaplaris sic refingenda videtur: Ἀ. ἄρμα. Σ. βάρος. Θ. φορτίον; quo facto cum Theodotione, ut solent, concinunt Comp., Codd. 19, 82, 93, 108.

Cap. XVI. ¹ Coislin. 1. ² Sic Ald. (qui post οἴνου add. καὶ ἑκατὸν φοίνικες), Codd. XI (cum αἰφὶ bis), 29 (ut Ald.), 44, 52 (cum ἰφὶ bis), 56, alii (inter quos 243). Hieron.: *et centum alligaturis* [cf. Hex. ad 1 Reg. xxv. 18] *uvae passae, et centum massis palatharum.* ³ Sic Comp. (cum ἑκατὸν pro διακόσιαι), Codd. 19, 82 (cum δικκόσιαι), 93, 108. ⁴ Sic Comp., Ald., Codd. 19, 82, 93 (cum ἐπισεν.), 108, Reg. ⁵ Prior lectio est in Ald., Codd. XI, 29 (cum παλάθαι), 56, 64, aliis (inter quos 243); posterior in Comp. (om. αἱ ante σταφ.), Codd. 19, 82, 93, 108, Reg. ⁶ Sic Comp. (cum προσκυνῶ), Codd. 82, 93, 108. ⁷ Sic Comp., Codd. 19, 82, 93, 108. ⁸ Sic Comp., Codd. 19, 82, 93, 108, Chrysost. Opp. T. I, p. 216 C. Montef. e Regio pravam scripturam μοι pro σοι edidit, quod fraudi fuit Schleusnero in *Nov. Thes.* s. v. δείκνυμι. ⁹ Cod. 243. Sic in textu Codd. 19, 82, 93, 108, Theodoret. ¹⁰ Idem. Sic in textu (cum μοι), Comp., Codd. 19, 82, 93, 108, Theodoret. ¹¹ Sic Codd. XI, 29, 52, 56 (cum εἰ δὲ), alii (inter quos 243 in textu; in marg. autem: Ο΄. καὶ προσέτι νῦν ὁ υἱὸς τοῦ Ἰεμιναίου). ¹² Sic Comp., Codd. 19 (cum εἰ δή), 93 (cum εἶδε), 108, Theodoret. ¹³ Cod. 243. Cf. ad Cap. iv. 11. ¹⁴ Sic Comp. (cum ἀνταποδώσῃ), Codd. 19, 82 (cum ἀνταποδώσῃ μοι ὁ κ.), 93 (cum ὁ κ.), 108, Theodoret. Cod. 243 affert: Θ. ἀνταποδώσει ἀγαθά. ¹⁵ Sic Comp., Codd. 19, 82, 93, 108.

14. וַיָּפֶץ. Ο΄. καὶ ἀνέψυξαν (alia exempl. ἀνέπαυσαντο[16]).

16. הָאַרְכִּי רֵעֶה. Ο΄. ὁ ἀρχιεταῖρος. Potior scriptura ὁ Ἀρχὶ ἑταῖρος.[17]

20. הָבוּ לָכֶם עֵצָה. Ο΄. φέρετε (alia exempl. δότε[18]) ἑαυτοῖς βουλήν.

21. וְחִזְקִי. Ο΄. καὶ ἐνισχύσουσιν (alia exempl. κρατήσουσιν[19]).

Cap. XVII.

2. וּרָפֶה. Et remissus. Ο΄. καὶ ἐκλελυμένος (alia exempl. ἐκλελυμένος ἐργαζόμενος[1]).

4. וַיִּישַׁר. Ο΄. καὶ εὐθύς (s. εὐθής). Alia exempl. καὶ ἤρεσεν.[2]

6. וַיָּבֹא. Ο΄. καὶ εἰσῆλθε. Alia exempl. καὶ παρεγένετο.[3]

אִם־אַיִן אַתָּה דַבֵּר. Ο΄. εἰ δὲ μὴ, σὺ λάλησον. Alia exempl. ἢ πῶς σὺ λέγεις.[4]

7. בַּפַּעַם הַזֹּאת. Ο΄. τὸ ἅπαξ τοῦτο. Alia exempl. νυνὶ ταύτην.[5]

8. הֵמָּה כְּדֹב שַׁכּוּל בַּשָּׂדֶה. Ο΄. ὡς ἄρκος ἠτεκνωμένη ἐν ἀγρῷ, καὶ ὡς ὗς τραχεῖα ἐν τῷ πεδίῳ.[6] Alia exempl. καὶ εἰσὶν ὥσπερ ἄρκοι παροιστρῶσαι ἐν τῷ πεδίῳ.[7]

9. הַפְּחָתִים. Fovearum. Ο΄. τῶν βουνῶν. Alia exempl. τῶν αὐλώνων.[8]

9. הָיְתָה מַגֵּפָה. Ο΄. ἐγενήθη θραῦσις. Alia exempl. γέγονε πτῶσις.[9]

10. הַמֵּס יִמָּס. Ο΄. τηκομένη τακήσεται. Alia exempl. θρανομένη θρανσθήσεται.[10]

12. וְנַחְנוּ עָלָיו. Et demittemus nos super eum. Ο΄. καὶ παρεμβαλοῦμεν ἐπ᾽ αὐτόν. Alia exempl. καὶ ἐκθαμβήσομεν αὐτόν.[11]

13. וְסָחֲבוּ. Ο΄. καὶ συροῦμεν (alia exempl. ἐπισπάσονται[12]).

(lapillus) לֹא־נִמְצָא שָׁם גַּם־צְרוֹר. Ο΄. μὴ καταλειφθῇ ἐκεῖ μηδὲ λίθος. Alia exempl. μὴ εὑρεθῇ ἐκεῖ συστροφή.[13]

14. הַטּוֹבָה. Ο΄. τὴν ἀγαθήν. Σ. τὴν συμφέρουσαν.[14]

16. אַל־תָּלֶן הַלַּיְלָה בְּעַבְרוֹת (בְּעַרְבוֹת ק) הַמִּדְבָּר וְגַם עָבוֹר תַּעֲבוֹר פֶּן־יְבֻלַּע לַמֶּלֶךְ וּלְכָל־הָעָם אֲשֶׁר אִתּוֹ. Ο΄. μὴ αὐλισθῇς τὴν νύκτα ἐν ἀραβὼθ τῆς ἐρήμου, καίγε διαβαίνων σπεῦσον, μήποτε καταπείσῃ (potior scriptura καταπίῃ[15]) τὸν βασιλέα, καὶ πάντα τὸν λαὸν τὸν μετ᾽ αὐτοῦ. Alia exempl. μὴ πορεύου τὴν νύκτα κατὰ δυσμὰς τῆς ἐρήμου, ἀλλὰ διαβαίνων διάβηθι τὰ ὕδατα, ὅπως μὴ καταποθῇ ὁ βασιλεὺς, καὶ πᾶς ὁ λαὸς ὁ μετ᾽ αὐτοῦ.[16]

19. אֶת־הַמָּסָךְ. Tegumentum. Ο΄. τὸ ἐπικάλυμμα. Alia exempl. τὸν ῥῖπον.[17]

---

[16] Sic Codd. 19, 82, 93, 108. [17] Sic Comp., Cod. 29 (cum ὁ ἀρχὶ ἕτερος). [18] Sic Comp., Codd. 19, 82, 93, 108. [19] Iidem.

Cap. XVII. [1] Sic Codd. 29, 98, 243, 244. [2] Sic Comp., Codd. 19, 82, 93, 108. (Potior scriptura εὐθής est in Ald., Codd. II, III, aliis.) [3] Iidem. [4] Sic Codd. 19, 82, 93 (cum ὅπως), 108, Reg. (cum λαλεῖς?). [5] Sic Comp., Codd. 82, 93, 108, Reg. Paulo ante αὕτη deest in iisdem et Hebraeo. [6] Haec, καὶ ὡς ὗς—πεδίῳ, desunt in Comp., Codd. III, XI, 19, 71, 82, aliis. [7] Sic Comp. (cum ἄρκος ἠτεκνωμένη pro ἄρκοι π.), Codd. 19 (cum ἄρκος παροιστρῶσα, om. καὶ εἰσὶν), 82 (cum παριστρῶσαι), 93, 108 (cum ὡς ἄρκος ἠτ. ἐν ἀγρῷ in marg.). Montef. e Regio affert: Ἄλλος· ὡς ἄρκοι παροιστρῶσαι ἐν ἀγρῷ. [8] Sic Comp., Codd. XI, 19, 29, 56, alii (inter quos 243, cum βουνῶν in marg.). Joseph. Antiq. VII, 9, 6: ἀλλὰ κατὰ τὴν

ἑσπέραν ἀπολιπὼν τοὺς ἰδίους, ἤ εἴς τινα τῶν αὐλώνων αὐτὸν ἀποκρύψει, ἤ πρὸς πέτρᾳ τοὶ λοχήσει. [9] Sic Comp., Codd. 19, 82, 93, 108 (cum πτῶσις). Cf. ad Cap. xxiv. 21. [10] Iidem. Cf. Hex. ad Ezech. xxi. 7. [11] Sic Codd. 19 (cum –σωμεν), 82, 93, 108 (cum altera lectione in marg.). [12] Sic Comp., Codd. 19, 82, 93, 108. [13] Sic Codd. 19, 82, 93 (cum μηδὲ λίθος?), 108. [14] Codd. Reg., 243. [15] Sic Codd. III, XI, 29, 119, 121, 158, 245. [16] Sic Comp. (cum μὴ αὐλισθῇς, et om. τὰ ὕδατα), Codd. 19 (cum κατὰ δυσμῶν), 82 (cum καὶ pro ἀλλὰ), 93 (idem), 108, Reg. (cum μὴ αὐλισθῇς, et καίγε pro ἀλλὰ). Versio κατὰ δυσμὰς pro בְּעַרְבוֹת Theodotionem interpretem arguit. [17] Sic Codd. 19, 82 (cum ῥίππον), 93 (cum τὸ ῥ.), 108. (Forma ῥίπος, pro notiore ῥὶψ, crates, storea, apud Dioscoridem satis frequens, ubi ῥίπος pingitur. E nostris Cod. 108 ῥιπὸν pingit; de ceteris non habemus dicere.) Statim pro

TOM. I. 4 B

19. הָרִפוֹת‎.　Ptisanam (hordeum pistum et a cortice purgatum).　Ο'. ἀραφώθ.　'Α. Σ. πτισάνας.[18]　Θ. παλάθας.[19]

20. עָבְרוּ מִיכַל הַמַּיִם‎.　Transierunt rivulum (?) aquarum.　Ο'. παρῆλθαν μικρὸν τοῦ ὕδατος.　Alia exempl. διεληλύθασι σπεύδοντες.[20]

22. עַד־אוֹר הַבֹּקֶר‎.　Ο'. ἕως τοῦ φωτὸς τοῦ πρωΐ.　Alia exempl. ἕως διέφαυσε τὸ πρωΐ.[21]

עַד־אַחַד לֹא־נֶעְדָּר אֲשֶׁר לֹא־עָבַר‎.　Ο'. ἕως ἑνὸς οὐκ ἔλαθεν ὃς οὐ διῆλθε.　Alia exempl. ἕως τοῦ μὴ ἀποκαλυφθῆναι τὸν λόγον οὕτως διέβησαν.[22]

24. מַחֲנָיְמָה‎.　Ο'. εἰς Μαναΐμ.　'Α. Θ. (εἰς) παρεμβολάς.[23]

25. עַל־הַצָּבָא‎.　Ο'. ἐπὶ τῆς δυνάμεως.　Alia exempl. ἐπὶ τὴν στρατιάν.[24]

הַיִּשְׂרְאֵלִי‎.　Ο'. ὁ Ἰεζραηλίτης.　Alia exempl. ὁ Ἰσραηλίτης; alia, ὁ Ἰσμαηλίτης.[25]

נָחָשׁ‎.　Ο'. Νάας.　Alia exempl. Ἰεσσαΐ.[26]

28. מִשְׁכָּב‎.　Cubilia.　Ο'. ἤνεγκαν δέκα κοίτας ἀμφιτάπους.　Σ. ὑποστρώματα.[27]

28. וְקָלִי‎.　(in priore loco).　Et spicas tostas.　Ο'. καὶ ἄλφιτον ('Α. Σ. φρυκτόν[28])

וְקָלִי‎.　(in posteriore loco).　Ο'. Vacat.　Alia exempl. καὶ ἄλφιτα.[29]

29. וּשְׁפוֹת בָּקָר‎.　Et caseos boum.　Ο'. καὶ σαφὼθ (s. σαπφώθ, s. σαφφὼθ[30]) βοῶν.　Θ. (καὶ) γαλαθηνὰ μοσχάρια.[31]

Cap. XVIII.

2. וַיְשַׁלַּח‎.　Ο'. καὶ ἀπέστειλε (alia exempl. ἐτρίσευσε[1]).

הַמֶּלֶךְ‎.　Ο'. Δαυίδ.　Alia exempl. ὁ βασιλεύς.[2]

3. וַיֹּאמֶר הָעָם‎.　Ο'. καὶ εἶπον.　Alia exempl. καὶ εἶπεν ὁ λαός.[3]

לֹא־יָשִׂימוּ אֵלֵינוּ לֵב‎.　(in priore loco).　Ο'. οὐ θήσουσιν ἐφ' ἡμᾶς καρδίαν.　Alia exempl. οὐ στήσεται ἐν ἡμῖν καρδία.[4]

כִּי־עַתָּה (במס עַתָּה) כָּמֹנוּ עֲשָׂרָה אֲלָפִים‎.　Tu enim vales nostrum decem millia.　Ο'. ὅτι σὺ ὡς ἡμεῖς δέκα χιλιάδες.　'Α. ὅτι νῦν ὅμοιος

ἐπὶ πρόσωπον in iisdem et Comp. est ἐπὶ τοῦ στόματος, invito Hebraeo.　[18] Procop. p. 146. Coislin. 1 uni Symmacho tribuit. Hieron. Cf. Hex. ad Prov. xxvii. 22.　[19] Coislin. 1. Bar Hebraeus: ܠܐܦ݂ ܟܘܟ݂ܒܕ݂ܟܘ ܩܕܡ (παλάθας) ܘܟܠ݂ ܡܦ݂ܩ. Sic in textu Comp., Codd. 19, 82, 93 (cum παλλάθας), 108, 245 (cum ἀραφὼθ παλάθας), Reg. Cod. 56 in marg.: παλάθας, ἤτοι μάζας σύκων.　[20] Sic Codd. 19, 82, 93, 108, Reg. Hieron.: Transierunt festinanter, gustata paululum aquas, unde Complutenses extuderunt: παρῆλθον γευσάμενοι μικρὸν τοῦ ὕδατος. In loco vexato non spernendus est Arm. 1, interprete Altero: παρῆλθον εἰς τὸ ἐκεῖνο μέρος (? מִכָּה) τοῦ ὕδατος: cui aliquatenus favet Syrus interpres, priora quidem vertens: Transierunt istinc (ܡܰܟ݁ܐ ܚܙܢܘ); sed minus recte pergens: aquam enim quaesierunt, et non invenerunt.　[21] Sic Codd. 82, 93 (cum διέφωσε), 108, Reg.　[22] Sic Codd. 19, 82, 93, 108, Reg. Vet. Lat.: donec dilucesceret, et antequam denudaretur verbum...　[23] Cod. 243. Nobil. affert: Θ. παρεμβολάς. Sic in textu (bis) Comp., Codd. 19, 82, 93, 108, Arm. 1. Cf. Hex. ad 3 Reg. ii. 8.　[24] Sic Comp., Codd. 19, 82, 93, 108, Reg. (cum τῆς στρατιᾶς).　[25] Prior lectio est in Ald. (cum Ἰσραελ.), Codd. II (cum -λείτης), XI, 29, 44, aliis (inter quos 243); posterior

in Codd. III (cum -λείτης), 55. Cf. 1 Paral. ii. 17.　[26] Sic Comp., Ald., Codd. XI, 19, 29, 44, alii (inter quos 243), Arm. 1.　[27] Codd. 243 (ad κοίτας), Reg. (cum ὑποστρώματα).　[28] Codd. 243, Reg. (cum 'Α. pro 'Α. Σ.). Cf. Hex. ad 1 Reg. xxv. 18.　[29] Sic Comp., Codd. 19, 82, 93, 108, qui omnes, praeter Cod. 19, in priore loco vacant.　[30] Prior scriptura est in Codd. 29, 56 (cum γάλα in marg.), 121, aliis (inter quos 243); posterior in Ald., Codd. II, III, 55, 64, aliis, et Bar Hebraeo (ut infra).　[31] Cod. 243, Procop. in Cat. Niceph. T. II, p. 588 (uterque cum γαλαθινά). Sic in textu Comp. (cum γαλαθινά), Codd. 19 (idem), 82, 93, 108 (cum γαλατινά), 158, Reg. Cf. Hex. ad 1 Reg. xxviii. 24. Bar Hebraeus (Addit. MSS. 21,580):

ܟܕ݂ܒܪ݁ ܡܦ݂ܩܦ݂ (marg. ܡܚܐܦ݂ܕ) ܕܣܝܐܦ ܐ̈ܙܠ ܩܝ
ܚܝܠ ܡܟ݂ܒܝܠ. (Pro ܡܟ݂ܒܝܠ in altero codice rectius ܡܟ݂ܟܒܝܠ, absente tamen interpretis nomine.)

Cap. XVIII.　[1] Sic Codd. 19 (cum ἐτρίσευσε), 82, 93, 108, Reg.　[2] Sic Comp., Codd. 82, 93, 108. Mox ἐκπορευόμενος ἐκπορεύομαι Comp., Codd. 19, 82 (cum ἐκπορεύσομαι), 93 (idem), 108.　[3] Sic Comp., Codd. 82, 93, 108.　[4] Sic Comp., Codd. 19, 82 (cum ἡ καρδία), 93, 108, Reg., Procop. p. 146, qui enarrat: Κατ' ἐρώτησιν, ἐὰν ζῇς, φησὶν, οὐκ ἐσόμεθα πάντες εὔψυχοι; Εἰ δὲ κατὰ ἀπόφασιν, ἐὰν ἀπο-

ἡμῖν δέκα χιλιάδας. Σ. σὺ γὰρ χιλιοπλασίων ἡμῶν. Θ. καὶ νῦν ἀφαιρεθήσεται ἐξ ἡμῶν ἡ γῆ δέκα χιλιάσιν.[5]

3. וְעַתָּה טוֹב כִּי־תִהְיֶה־לָּנוּ מֵעִיר לַעְזִיר. O'. καὶ νῦν ἀγαθὸν, ὅτι ἔσῃ ἡμῖν ἐν τῇ πόλει βοήθεια τοῦ βοηθεῖν (alin exempl. ἐν τῇ πόλει εἰς βοηθόν[6]). Alia exempl. καὶ νῦν καλόν ἐστιν ἡμῖν, τοῦ εἶναί σε ἐν τῇ πόλει εἰς βοηθὸν ἡμῶν.[7]

4. אֲשֶׁר־יִיטַב בְּעֵינֵיכֶם. O'. ὃ ἐὰν ἀρέσῃ ἐν ὀφθαλμοῖς ἡμῶν (ὑμῶν). Alia exempl. τὸ ἀρεστὸν ἐνώπιον ὑμῶν.[8]

אֶל־יַד. O'. ἀνὰ χεῖρα. Alia exempl. παρὰ τὸ κλίτος.[9]

6. הַשָּׂדֶה. O'. εἰς τὸν δρυμόν. Alia exempl. εἰς τὸ πεδίον.[10]

7. וַיִּנָּגְפוּ. O'. καὶ ἔπταισεν ('Α. ἐθραύσθη[11]).

הַמַּגֵּפָה. O'. ἡ θραῦσις. Alia exempl. πληγή.[12]

8. כָל־הָאָרֶץ. O'. πάσης τῆς γῆς. Alia exempl. ὅλου τοῦ δρυμοῦ.[13]

9. וַיִּקְרָא. Et obviam factus est. O'. καὶ συνήντησεν. Alia exempl. καὶ ἦν μέγας.[14]

תַּחַת שׂוֹבֶךְ הָאֵלָה הַגְּדוֹלָה. Sub ramos perplexos terebinthi magnae. O'. ὑπὸ τὸ δάσος τῆς δρυὸς τῆς μεγάλης. Alia exempl. ὑπὸ φυτὸν δένδρου μέγα.[15]

9. וַיֻּתַּן. Et positus erat. O'. καὶ ἐκρεμάσθη. Alia exempl. καὶ ἀνεκρεμάσθη ἐν τῷ δένδρῳ.[16]

11. עֲשָׂרָה כָסֶף. O'. δέκα ἀργυρίου. Alia exempl. πεντήκοντα σίκλους ἀργυρίου.[17]

12. וְלֹא (וְלוֹ ק') אָנֹכִי שֹׁקֵל. O'. καὶ ἐγώ εἰμι ἵστημι. Alia exempl. καὶ ἐὰν σὺ παριστᾷς.[18]

שִׁמְרוּ־מִי. Custodite quisquis vestrum. O'. φυλάξατέ (alia exempl. προσέχετε[19]) μοι.

13. אוֹ־עָשִׂיתִי בְנַפְשׁוֹ (בְנַפְשִׁי ק') שֶׁקֶר. Aut si fecissem vitae ejus fraudem. O'. μὴ ποιῆσαι ἐν τῇ ψυχῇ αὐτοῦ ἄδικον. Alia exempl. καὶ πῶς ποιήσω ἐν τῇ ψυχῇ μου ἄδικον;[20]

לֹא־יִכָּחֵד. O'. οὐ λήσεται (alia exempl. κρυβήσεται[21]).

14. לֹא־כֵן אֹחִילָה. Non ita exspectabo. O'. τοῦτο ἐγὼ ἄρξομαι, οὐχ οὕτως μενῶ. Alia exempl. διὰ τοῦτο ἐγὼ ἄρξομαι.[22]

שְׁלֹשָׁה שְׁבָטִים. Tres hastas. O'. τρία βέλη. Alia exempl. τρεῖς ἀκίδας.[23]

17. אֶל־הַפַּחַת הַגָּדוֹל. O'. εἰς χάσμα μέγα... εἰς τὸν βόθυνον τὸν μέγαν.[24]

וַיַּצִּבוּ. O'. καὶ ἐστήλωσεν (alia exempl. ἐπέστησεν[25]).

18. אֶת־מַצֶּבֶת אֲשֶׁר בְּעֵמֶק. O'. τὴν στήλην ἐν ᾗ ἐλήφθη, καὶ ἐστήλωσεν αὐτὴν λαβεῖν τὴν

θάνῃς, δῆλον ὅτι ἀθυμήσομεν. [6] Cod. 243. Minus probabiliter Theodoret. Quaest. XXXIII in 2 Reg. p. 439: ταύτην γὰρ τὴν ἔννοιαν ὁ Σύμμαχος τέθεικεν καὶ σὺ ὡς ἡμεῖς δέκα χιλιάσιν. Theodotionis lectionem (cum ὅτι καὶ) in textu venditant Codd. 19 (cum χιλιάδες), 82, 93, 108, 245 (cum ὅτι νῦν et χιλιάδες), Reg. [6] Sic Codd. XI, 29, 56, alii (inter quos 243). [7] Sic Comp., Codd. 19 (om. σε), 82 (cum ἡμῖν pro ἡμῶν), 93 (idem), 108, Reg. (om. ἡμῖν, cum εἰς βοήθειαν ἡμῶν). [8] Sic Comp., Codd. XI, 19, 29, 44, alii (inter quos 243). [9] Sic Comp., Codd. 19, 82 (cum κατὰ τὸ κλ.), 93, 108, 245. [10] Sic Comp., Codd. 19, 82, 93, 108, Reg. [11] Cod. 243. [12] Sic Comp., Codd. 19, 82, 93, 108, Reg. Mox iidem ante εἴκοσι inferunt καὶ πίπτουσιν. [13] Sic Comp., Codd. 19, 29, 44, alii (inter quos 243). Mox ῥομφαία pro μάχαιρα Comp., Codd. 19, 82, 93, 108, 245. [14] Sic Codd. XI, 19, 29, 93, alii (inter quos 243, cum altera lectione in marg.). [15] Sic Comp., Codd. 19 (cum μέγαν), 82, 93, 108. Mox ἐν τῷ δένδρῳ pro ἐν τῇ δρυῒ Comp., Codd. 82, 93, 108. [16] Sic Comp., Codd. 19, 93, 108, Reg. (ut videtur; non, ut Montef., pro κρεμάμενον ἐν τῇ δρυῒ (v. 10)). [17] Sic Comp. (cum δέκα σ. ά.), Ald., Codd. XI (om. σίκλους), 19, 29, 44, alii (inter quos 243), Arm. 1 (ut Comp.). [18] Sic Comp. (cum καὶ ἐὰν παραστῇς σύ), Ald., Codd. XI, 19 (cum καὶ ἐὰν παραστήσῃς σύ), 29, 44 (om. καὶ), 52, alii (inter quos 243); qui inter ἐπὶ τὰς χεῖρας, εἰς τὰς χεῖρας, et ἐν ταῖς χερσὶ dividuntur. Arm. 1, vertente Altero: καὶ εἰ μισθῷ λάβοιμι δὴ ἐκ χειρός σου. Hieron.: Si appenderes in manibus meis. [18] Sic Codd. 82, 93, 245. [20] Sic Comp., Codd. 19, 82, 93, 108, 245. [21] Iidem. [22] Sic Comp. (om. ἐγὼ), Codd. III (om. διὰ), 19, 82, 93. [23] Sic Codd. 19, 82, 93, 108. [24] Posterior versio deest in Codd. 29, 44, 52, aliis (inter quos 243), Arm. 1. [25] Sic Comp. (cum ἔστησαν), Codd. XI, 19 (cum ἐστήλωσεν), 29, 44, 52, alii (inter quos 243).

στήλην τὴν ἐν τῇ κοιλάδι. Alia exempl. στή-λην τὴν ἐν τῇ κοιλάδι.²⁶ Alia: στήλην ἐν ᾗ ἐλήφθη ἐν τῇ κοιλάδι.²⁷

18. עַל־שְׁמוֹ וַיִּקְרָא לָהּ. Ο΄. Vacat. (⨯) ἐπὶ τῷ ὀνόματι αὐτοῦ, καὶ ἐκάλεσεν αὐτήν (◄).²⁸

20. בְּשֹׂרָה. Ο΄. εὐαγγελίας. Alia exempl. εὐαγγε-λισμοῦ.²⁹

21. וַיָּרָץ. Ο΄. καὶ ἐξῆλθε (alia exempl. ἔδραμε³⁰).

22, 23. (bis) וִיהִי כָה אָרוּצָה. Et quicquid est curram. Ο΄. καὶ ἔστω ὅτι δράμω ... τί γὰρ ἐὰν δράμω. Alia exempl. (bis) καὶ τί ἔσται ἐὰν δράμω.³¹

23. דֶּרֶךְ הַכִּכָּר. Per viam planitiei. Ο΄. τὴν ὁδὸν τὴν τοῦ κεχάρ. Alia exempl. κατὰ τὴν ὁδὸν τὴν διατεταγμένην.³² Οἱ Γ΄. τὴν διατέμνου-σαν.³³

וַיַּעֲבֹר. Ο΄. καὶ ὑπερέβη (alia exempl. παρ-ῆλθε³⁴).

27. וְאֶל־בְּשׂוֹרָה טוֹבָה יָבוֹא. Ο΄. καίγε εἰς εὐαγ-γελίαν ἀγαθὴν ἐλεύσεται. Alia exempl. ὑπὲρ εὐαγγελίων ἀγαθῶν οἴσει.³⁵

28. וַיִּקְרָא. Ο΄. καὶ ἐβόησεν. Alia exempl. καὶ προσῆλθεν (וַיִּקְרַב).³⁶

אֲשֶׁר־נָשְׂאוּ אֶת־יָדָם בַּאדֹנִי הַמֶּלֶךְ. Ο΄. τοὺς ἐπαραμένους (alia exempl. ἀντάραντας³⁷) τὴν χεῖρα αὐτῶν ἐν τῷ κυρίῳ μου τῷ βασιλεῖ.

Alia exempl. τοὺς μισοῦντας τὴν ἰσχὺν τοῦ κυρίου μου τοῦ βασιλέως.³⁸

29. רָאִיתִי הֶהָמוֹן הַגָּדוֹל. Vidi tumultum magnum. Ο΄. εἶδον τὸ πλῆθος τὸ μέγα (alia exempl. add. εὐφραινόμενον³⁹). Alia exempl. ἤκουσα ἦχον μέγαν ὀπίσω μου.⁴⁰

כֹּה. Ο΄. τί ἐκεῖ. Alia exempl. τὰ ἐκεῖ.⁴¹

30. סֹב הִתְיַצֵּב כֹּה וַיִּסֹּב וַיַּעֲמֹד. Ο΄. ἐπίστρεψον, στηλώθητι ὧδε· καὶ ἐπεστράφη, καὶ ἔστη. Alia exempl. ἐπίστρεψον, καὶ παράστηθι ὧδε· καὶ ἀπεστράφη ὀπίσω αὐτοῦ.⁴² Alia: πάρελθε, καὶ παράστηθι ὧδε· καὶ παρῆλθε, καὶ ἔστη ὀπίσω αὐτοῦ.⁴³

31. יִתְבַּשֵּׂר אֲדֹנִי הַמֶּלֶךְ. Ο΄. εὐαγγελισθήτω ὁ κύ-ριός μου ὁ βασιλεύς. Alia exempl. εὐαγγέλια, κύριέ μου βασιλεῦ.⁴⁴

שְׁפָטְךָ. Ο΄. ἔκρινέ (alia exempl. ἐδίκασε⁴⁵) σοι.

הַקָּמִים עָלֶיךָ. Ο΄. τῶν ἐπεγειρομένων ἐπὶ σέ. Alia exempl. τῶν ἀνθεστηκότων σοι.⁴⁶

32. הֲשָׁלוֹם לַנַּעַר. Ο΄. εἰ εἰρήνη τῷ παιδαρίῳ. Alia exempl. ὑγιαίνει τὸ παιδάριον.⁴⁷

33 (Hebr. xix. 1). וַיִּרְגַּז. Et commotus est. Ο΄. καὶ ἐταράχθη (Ἀ. ἐκλονήθη.⁴⁸ Θ. ἐδάκρυ-σεν⁴⁹).

בְּלֶכְתּוֹ. Ο΄. ἐν τῷ πορεύεσθαι (alia exempl. κλαίειν⁵⁰) αὐτόν.

---

²⁶ Sic Comp. (om. τὴν), Codd. 19 (cum τὴν στ. pro στ. τὴν), 56, 82, alii. ²⁷ Sic Ald., Codd. 64, 74, 98, alii (inter quos 243, cum χεῖρα in marg. ad στήλην). ²⁸ Sic Comp. (cum ἐπεκάλεσαν), Ald., Codd. III (cum τὴν στήλην pro αὐτήν), XI, 19 (ut Comp.), 29, 52, 56, alii (inter quos 243, cum χεῖρα pro χεῖρ), Arm. 1, invito Bar Hebraeo. Ad haec, καὶ Ἀβεσσαλὼμ κ. τ. ἑ., asteriscus est in marg. Cod. 120. ²⁹ Sic Comp., Codd. 82, 93, 108. ³⁰ Sic Comp., Codd. 19, 82, 93, 108. ³¹ Sic Comp., Codd. 19, 82, 93, 108. ³² Sic Codd. 19 (cum τὴν ὁδὸν τὴν δ. τοῦ κεχάρ), 82, 93 (cum διατεταμένην), 108 (cum τὴν δ. τοῦ κεχάρ), Reg. ³³ Cod. Reg., ut videtur. Hieron.: per viam compendii. Cf. Schleusner. in Nov. Thes. s. v. ³⁴ Sic Comp., Codd. 19, 82, 93, 108, Reg. ³⁵ Sic Codd. 19, 82, 93, 108 (cum εὐαγγελίαν). ³⁶ Iidem. ³⁷ Sic Codd. III, 123. ³⁸ Sic Cod. 247. Pro τοὺς ἐπαραμένους,

τοὺς μισοῦντας (אֲשֶׁר שֹׂנְאֵי) habent Codd. II, 55. Duplicem autem versionem, τοὺς μισοῦντάς σε οἱ ἐπῆρον, ex Arm. ed. excitavit Alterus. ³⁹ Sic Comp., Ald., Codd. 29, 44, 52, alii (inter quos 243). ⁴⁰ Sic Codd. 19 (add. εὐφραι-νόμενον in fine), 82 (cum μέγα), 93 (idem), 108 (cum altera lectione in marg.), Reg. ⁴¹ Sic Comp., Codd. 82, 93, 108. ⁴² Sic Codd. XI, 29 (cum ἐπίστρ. παράστηθι, et ἐπεστρ.), 44 (cum ἐπίστρ. παράστηθι), 52, alii (inter quos 243, ut 29). ⁴³ Sic Comp., Codd. 19 (om. πάρελθε καὶ), 82, 93, 108. ⁴⁴ Sic Codd. 19, 82, 93, 108. ⁴⁵ Sic Comp., Codd. 19, 82, 93, 108 (cum ἐδίκασε). ⁴⁶ Iidem. ⁴⁷ Sic Comp., Codd. 19, 82 (cum εἰ ὑγ.), 93 (idem), 108, Reg. (ut 82). ⁴⁸ Codd. 243, Reg. ⁴⁹ Cod. 243. ⁵⁰ Sic in textu Comp., Codd. 19, 82, 93, 108, Reg. ⁵⁰ Sic Comp., Ald., Codd. 19, 29, 52, alii (inter quos 243), Arm. 1.

Cap. XIX.

2 (Hebr. 3). נֶעֱצָב. O'. λυπεῖται. Alia exempl.
ὀδυνᾶται.[1]

3 (4). וַיִּתְגַּנֵּב. *Et furtim agebant.* O'. καὶ διε-
κλέπτετο (alia exempl. ὑπεστέλλετο[2]). Schol.
ἀντὶ τοῦ, ἐκρύπτετο αἰδούμενος.[3]

כַּאֲשֶׁר יִתְגַּנֵּב הָעָם הַנִּכְלָמִים בְּנוּסָם בַּמִּלְחָמָה.
O'. καθὼς διακλέπτεται ὁ λαὸς οἱ αἰσχυνόμενοι
ἐν τῷ αὐτοὺς φεύγειν ἐν τῷ πολέμῳ. Alia exempl. καθὼς ὑποστέλλεται ὁ λαὸς ὁ ἡττημένος
καὶ ἠτιμωμένος ἐν τῇ φυγῇ αὐτῶν.[4]

4 (5). לָאֵט. *Obvolvit.* O'. ἔκρυψε. Alia exempl.
παρεκάλυπτε.[5]

5 (6). הַמְמַלְּטִים אֶת־נַבְשֶׁךָ. O'. τῶν ἐξαιρουμένων
σε (alia exempl. τὴν ψυχήν σου[6]). Alia exempl. τῶν διασωσάντων τὴν ψυχήν σου.[7]

6 (7). כִּי יָדַעְתִּי הַיּוֹם כִּי לֹא (לוּ ק) אַבְשָׁלוֹם חַי.
O'. ὅτι ἔγνωκα σήμερον, ὅτι εἰ Ἀβεσσαλὼμ ἔζη,
πάντες (s. καὶ πάντες[8]) ἡμεῖς σήμερον νεκροί,
ὅτι τότε τὸ (s. ὅτι τοῦτο[8]) εὐθὲς ἦν ἐν ὀφθαλμοῖς σου. Alia exempl. ὅτι οἶδας ὅτι Ἀβεσσαλὼμ εἰ ἔζη, σήμερον πάντες ἂν ἡμεῖς ἀπεθάνομεν, ὅτι ἐκεῖνος ἤρεσκεν ἐνώπιόν σου.[9]

7 (8). בַּיהֹוָה נִשְׁבַּעְתִּי. O'. ἐν κυρίῳ ὤμοσα. Alia
exempl. κατὰ τοῦ κυρίου ὀμωμόκασιν.[10]

7 (8). כִּי־אֵינְךָ יוֹצֵא. O'. ὅτι εἰ μὴ ἐκπορεύσῃ σήμερον. Alia exempl. ὅτι εἰ μὴ σὺ ἐξελεύσῃ εἰς
ἀπάντησιν τοῦ λαοῦ.[11]

אִם־יָלִין אִישׁ. O'. εἰ αὐλισθήσεται ἀνήρ. Alia
exempl. εἰ ὑπνώσει τις; alia, οὐ μὴ μείνῃ ἢ
ὑπνώσῃ τις.[12]

וְרָעָה לְךָ זֹאת. O'. καὶ ἐπίγνωθι σεαυτῷ, καὶ
(s. ὅτι) κακόν σοι τοῦτο. Alia exempl. καὶ
ἐπίγνωθι τοῦτο σεαυτῷ, ὅτι χεῖρόν σοι ἔσται
τοῦτο.[13]

8 (9). וּלְכָל־הָעָם הֻגִּיד. O'. καὶ πᾶς ὁ λαὸς ἀνήγγειλαν. Alia exempl. καὶ ἀπηγγέλη παντὶ
τῷ λαῷ.[14]

9 (10). נָדוֹן. *Disceptans.* O'. κρινόμενος. Alia
exempl. διακρινόμενος; alia, γογγύζοντες.[15]

הִצִּילָנוּ בְּכַף. O'. ἐρρύσατο ἡμᾶς ἀπὸ πάντων.
Alia exempl. ἐξῄρηται ἡμᾶς ἐκ χειρὸς πάντων.[16]

מִלְּטָנוּ. O'. ἐξείλετο (alia exempl. ἐρρύσατο[17])
ἡμᾶς.

10 (11). עָלֵינוּ מֵת. O'. ἐφ' ἡμῶν, ἀπέθανεν. Alia
exempl. ἐφ' ἑαυτοὺς εἰς βασιλέα, τέθνηκεν.[18]

אַתֶּם מַחֲרִשִׁים. *Vos tam segnes estis.* O'.
ὑμεῖς κωφεύετε. Alia exempl. σιωπᾶτε ὑμεῖς.[19]

13 (14). שַׂר־צָבָא. O'. ἄρχων δυνάμεως. Alia exempl. ἀρχιστράτηγος.[20]

16 (17). וַיְמַהֵר. O'. καὶ ἐτάχυνε (alia exempl.
ἔσπευσε[21]).

Cap. XIX. [1] Sic Codd. 19, 82, 93, 108. [2] Iidem.
Montef. e Regio affert: Ἄλλος· καὶ διεστέλλετο, librarii an
editoris errore incertum. [3] Cod. 243 in marg. [4] Sic
Codd. 19 (cum ὑπεστέλλετο, add. ἐν τῇ ἡμέρᾳ ἐκείνῃ post
ἠτιμωμένος), 82, 93, 108 (cum ὑπεστέλλετο), Reg. (cum ὑποστ.
λαὸς ἡττημ. ἠτιμ.). Cf. Scharfenb. in Animadv. T. II, p. 147.
[5] Sic Comp., Codd. 19 (cum παρεκ.), 82, 93, 108. Iidem
mox ἀνέβδεα pro ἔπραξεν, et τέκνον ἐμὸν pro υἱέ μου venditant.
[6] Sic Codd. XI, 44 (om. τὴν), 52 (idem), 56, alii (inter
quos 243). [7] Sic Comp., Codd. 19, 82, 93, 108. [8] Sic
Ald., Codd. XI, 29, 44, 55, alii (inter quos 243). [9] Sic
Comp. (cum οἶδα ... σήμερον καὶ πάντες ... ὅτι τότε ἤρεσκεν),
Codd. 19, 82 (cum εἰ Ἀβ. pro Ἀβ. εἰ), 93 (cum εἰ Ἀβ. ζῇ).
108. [10] Sic Comp., Codd. 19 (cum ὀμωμ.), 82, 93, 108.
[11] Sic Comp. (om. εἰς ἀπ. τ. λ.), Codd. 19 (cum ἐξέλθῃς pro
σὺ ἐξελεύσῃ), 82, 93, 108, Reg.   [12] Prior lectio est in
Codd. 82, 93, Reg.; posterior iu Comp. (om. ἢ ὑπνώσῃ),
Codd. 19 (cum μείνοι), 108 (cum μείνῃ ἢ ὑπνώσει).   [13] Sic
Comp. (cum σαυτῷ), Codd. 19 (cum καὶ εἶπεν ἐπίγνωθι τ.
σαυτῷ), 82, 93, 108 (cum καὶ εἶπεν ἐπίγνωθι, et om. ἔσται),
Reg. (cum ἐπιγνώσῃ). Statim ἐκ πάντων τῶν κακῶν τῶν ἐπελη-
λυθότων σοι Comp. (cum ἐπὶ σὲ pro σου), Codd. 19, 82 (ut
Comp.), 93 (cum ἐκ π. τούτων τῶν κ., et ἐπὶ σέ), 108.
[14] Sic Comp., Codd. 19, 82, 93, 108.   [15] Prior lectio est
in Comp., Ald., Codd. XI, 29, 44, 55, aliis (inter quos 243);
posterior in Codd. 19, 82, 93, 108, Reg. (cum γογγύζων).
[16] Sic Comp., Codd. 19, 82, 93, 108.   [17] Iidem.   [18] Sic
Codd. 19, 82, 93 (cum ἑαυτοὺς pro ἑαυτοὺς), 108.   [19] Sic
Comp., Codd. 19 (cum ὑμεῖς σ.), 82, 93 (cum ἡμεῖς), 108.
[20] Iidem. Cf. ad Cap. x. 16.   [21] Iidem.

17 (18). וְצָלְחוּ הַיַּרְדֵּן. *Et trajecerunt Jordanem.* Ο'. καὶ κατεύθυναν τὸν Ἰορδάνην. Alia exempl. καὶ ἀποστέλλουσιν ἐπὶ τὸν Ἰορδάνην.²²

18 (19). וְעָבְרָה הָעֲבָרָה לַעֲבִיר אֶת־בֵּית הַמֶּלֶךְ. *Et transierat ratis, ut traduceret familiam regis.* Ο'. καὶ ἐλειτούργησαν τὴν λειτουργίαν (וְעָבְדוּ הָעֲבֹדָה) τοῦ διαβιβάσαι τὸν βασιλέα, καὶ διέβη ἡ διάβασις τοῦ ἐξεγεῖραι τὸν οἶκον τοῦ βασιλέως.²³

19 (20). עָוֹן. Ο'. ἀνομίαν. Alia exempl. ἀδικίαν.²⁴

22 (23). לְשָׂטָן. Ο'. εἰς ἐπίβουλον. Alia exempl. εἰς σατάν.²⁵

24 (25). וּמְפִבֹשֶׁת. Ο'. καὶ Μεμφιβοσθέ ("Αλλος· Μεμφιβάαλ²⁶).

וְלֹא־עָשָׂה שְׂפָמוֹ. Ο'. (÷) οὐδὲ ὠνυχίσατο (◄), οὐδὲ ἐποίησε (Σ. ἐκείρατο²⁷) τὸν μύστακα αὐτοῦ.

26 (27). רִמָּנִי. *Decepit me.* Ο'. παρελογίσατό (alia exempl. ἀπέρριψε²⁸) με.

27 (28). וַיְרַגֵּל בְּעַבְדֶּךָ. *Et calumniatus est servum tuum.* Ο'. καὶ μεθώδευσεν ἐν τῷ δούλῳ σου. Alia exempl. καὶ κατηγόρηκε τοῦ δούλου σου.²⁹

28 (29). וּמַה־יֶּשׁ־לִי עוֹד צְדָקָה וְלִזְעֹק. Ο'. καὶ τί ἐστι μοι ἔτι δικαίωμα, καὶ τοῦ κεκραγέναι με. Alia exempl. καὶ ἐκ χειρὸς τίνος ἐστί μοι ἔτι δικαιοσύνη; καὶ ἐβόησεν.³⁰

29 (30). תְּדַבֵּר עוֹד דְּבָרֶיךָ. Ο'. λαλεῖς (alia exempl. πληθύνεις³¹) ἔτι τοὺς λόγους σου.

32 (33). וְהוּא־כִלְכַּל אֶת־הַמֶּלֶךְ. Ο'. καὶ αὐτὸς διέθρεψε τὸν βασιλέα. Alia exempl. οὗτος ἐχορήγησε τῷ βασιλεῖ.³²

בְּשִׁיבָתוֹ בְמַחֲנַיִם. Ο'. ἐν τῷ οἰκεῖν αὐτὸν ἐν Μαναΐμ. Alia exempl. ἐν τῷ καθῆσθαι αὐτὸν ἐν παρεμβολαῖς.³³

36 (37). כִּמְעַט. Ο'. ὡς βραχύ. Alia exempl. ὅτι ὀλίγον.³⁴

37 (38). יָשָׁב־נָא. Ο'. καθισάτω (alia exempl. ἀποστρεψάτω³⁵) δή.

כִמְהָם. Ο'. Χαμαάμ. Alia exempl. Χαμαὰμ ὁ υἱός μου.³⁶

38 (39). וְכֹל אֲשֶׁר־תִּבְחַר עָלַי. Ο'. καὶ πάντα ὅσα ἂν ἐκλέξῃ ἐπ' ἐμοί. Alia exempl. καὶ ὃ ἐὰν ἐπιτάξῃς μοι.³⁷

39 (40). עָבָר. Ο'. διέβη. Alia exempl. εἱστήκει.³⁸

40 (41). וַיַּעֲבִירוּ (הֶעֱבִירוּ ק) אֶת־הַמֶּלֶךְ. Ο'. διαβαίνοντες μετὰ τοῦ βασιλέως. Alia exempl. διεβίβασαν αὐτόν.³⁹

42 (43). אִם־נִשֵּׂאת נִשָּׂא לָנוּ. *An exemptio (munus) exempta est nobis?* Ο'. ἢ δόμα ἔδωκεν (alia exempl. δέδωκεν ἡμῖν⁴⁰), ἢ ἄρσιν ("Αλλος· προσφύγιον⁴¹) ἦρεν ἡμῖν;

43 (44). וְגַם־בְּדָוִד אֲנִי מִמְּךָ. Ο'. καὶ πρωτότοκος ἐγὼ ἢ σύ, καίγε ἐν τῷ Δαυὶδ εἰμι ὑπὲρ σέ.⁴²

הֲקִלֹּתַנִי. Ο'. ὕβρισάς (alia exempl. ἠτίμακας⁴³) με.

---

²² Sic Codd. 19, 82, 93, 108, Reg. ²³ Hic duae versiones coaluerunt, quarum prior abest a Comp. (cum διαβιβάσαι pro ἐξεγεῖραι), posterior autem a Codd. 82, 93. ²⁴ Sic Comp., Codd. 19, 82, 93, 108. ²⁵ Sic Codd. XI, 29, 71 (cum σαταῶν), 98, alii (inter quos 243). Cf. Hex. ad 1 Reg. xxix. 4. ²⁶ Cod. 243 in marg. sine nom. ²⁷ Codd. Reg., 243. Haec, οὐδὲ ὠνυχίσατο, desunt in Comp. solo. ²⁸ Sic Codd. 19, 82, 93, 108. ²⁹ Sic Comp., Codd. 19, 82, 93, 108. Montef. e Regio oscitanter, ut videtur, exscripsit: "Αλλος· καὶ κατηγορήκασι τὸν δοῦλόν σου. ³⁰ Sic Codd. 19, 82, 93, 108, Reg. ³¹ Sic Codd. 19, 82, 93, 108. ³² Iidem. ³³ Sic Comp., Codd. 19, 82, 93, 108, Reg. (om. αὐτόν?). ³⁴ Iidem. ³⁵ Iidem. ³⁶ Sic

Comp. (cum Χιμαὰν), Ald., Codd. XI, 19 (cum Ἀχιμαὰν), 29, 52, 56, alii (inter quos 243). Joseph. Antiq. VII, 11, 4: Σὲ μὲν, εἶπεν, ἀπολύω, τὸν δὲ υἱὸν Ἀχίμανον ἄφες μοι. ³⁷ Sic Comp. (cum ἂν), Codd. 19 (cum ἐπιτάξεις), 82, 93 (ut Comp.), 108, Reg. (ut Comp.). ³⁸ Sic Comp., Codd. XI, 19, 29 (cum ἱστήκει), 44, 52, alii (inter quos 243). ³⁹ Sic Comp., Codd. 82, 93, 108. ⁴⁰ Sic Comp., Codd. 82, 93, Arm. 1. Duplex versio ἢ ἄρσιν ἦρεν ἡμῖν, quae Aquilam sapit, deest in Comp. ⁴¹ Cod. Reg. "Si sana est lectio, confudit verba נֵס, *fugit*, et נָשָׂא, quod h. l. quidem significat *donavit*."—*Scharfenb.* ⁴² En duae versiones, quarum prior deest in Comp., invitis libris. ⁴³ Sic Codd. 19, 82, 93, 108.

43 (44). וְלֹא־הָיָה דִבְרֵי רִאשׁוֹן לִי לְהָשִׁיב. Ο'. καὶ οὐκ ἐλογίσθη ὁ λόγος μου πρῶτός μου τοῦ Ἰούδα ἐπιστρέψαι. Alia exempl. καὶ οὐκ ἐγένετο τὸ ῥῆμά μου πρότερον τοῦ ἐπιστρέψαι.[44]

CAP. XX.

1. וְשָׁם נִקְרָא אִישׁ בְּלִיַּעַל. *Et ibi forte erat vir nequam.* Ο'. καὶ ἐκεῖ ἐπικαλούμενος υἱὸς παράνομος. Alia exempl. καὶ ἐκεῖ ἀπῆντα ἀνὴρ υἱὸς λοιμός.[1]

יְמִינִי. Ο'. ὁ Ἰεμινί (potior scriptura Ἰεμενεί). Alia exempl. Ἀραχί, s. Ἀραχεί.[2]

2. וְאִישׁ יְהוּדָה דָּבְקוּ בְמַלְכָּם. Ο'. καὶ ἀνὴρ Ἰούδα ἐκολλήθη τῷ βασιλεῖ αὐτῶν. Alia exempl. οἱ δὲ ἄνδρες Ἰούδα προσεχώρησαν πρὸς τὸν βασιλέα αὐτῶν.[3]

3. הַנִּיחַ. Ο'. ἀφῆκε. Alia exempl. κατέλιπε.[4]

4. הַזְעֵק־לִי אֶת־אִישׁ. Ο'. βόησόν μοι τὸν ἄνδρα. Alia exempl. παράγγειλον μοι τοῖς ἀνδράσιν.[5]

פֹּה. Ο'. αὐτοῦ. Alia exempl. ἐνταῦθα.[6]

5. וַיִּיחֶר מִן־הַמּוֹעֵד אֲשֶׁר יְעָדוֹ. Ο'. καὶ ἐχρόνισεν ἀπὸ τοῦ καιροῦ οὗ ἐτάξατο (alia exempl. καὶ ὑστέρησε τῆς διατάξεως ἧς διέταξεν[7]) αὐτῷ Δαυίδ.

6. אֶל־אֲבִישַׁי. Ο'. πρὸς Ἀμεσσαΐ (alia exempl. Ἀβεσσά[8]).

וְהִצִּיל עֵינֵנוּ. *Et eruat oculum nostrum* (effugiat nos? summa injuria nos afficiat?). Ο'. καὶ σκιάσει (וְהִצֵּל) τοὺς ὀφθαλμοὺς ἡμῶν. Alia exempl. καὶ σκεπασθῇ ἀφ' ἡμῶν.[9]

8. בְּגִבְעוֹן. Ο'. ἐν Γαβαών. Alia exempl. ἐπὶ τοῦ βουνοῦ.[10]

הָגוֹר. Ο'. περιεζωσμένος. Alia exempl. περιέκειτο.[11]

חֶרֶב מְצֻמֶּדֶת. *Gladius alligatus.* Ο'. μάχαιραν ἐζευγμένην (alia exempl. ἀμφήκη[12]).

9. וַיֹּאחֶז. Ο'. καὶ ἐκράτησεν (alia exempl. κατέσχεν[13]).

10. אֶל־הַחֹמֶשׁ. Ο'. εἰς τὴν ψόαν. Alia exempl. ἐπὶ τὴν λαγόνα.[14]

וַיִּשְׁפֹּךְ מֵעָיו. Ο'. καὶ ἐξεχύθη ἡ κοιλία αὐτοῦ. Alia exempl. καὶ ἐξέχεε τὰ ἔντερα αὐτοῦ.[15]

11. מִי אֲשֶׁר חָפֵץ בְּיוֹאָב וּמִי אֲשֶׁר־לְדָוִד. Ο'. τίς ὁ βουλόμενος Ἰωάβ, καὶ τίς τοῦ Δαυίδ. Alia exempl. τίς αἱρεῖται τῷ Ἰωάβ, καὶ τίς τῷ Δαυίδ.[16]

13. כַּאֲשֶׁר הֹגָה. *Postquam amotus est.* Ο'. ἡνίκα δὲ ἔφθασεν. Alia exempl. καὶ ἐγένετο ὅτε μετέστη; alia, καὶ ἐγένετο ὅτε μετέστησε τὸν Ἀμεσσά.[17]

15. וַיָּצֻרוּ עָלָיו. Ο'. καὶ ἐπολιόρκουν ἐπ' αὐτόν. Alia exempl. καὶ περιεκάθισαν αὐτόν.[18]

וַיִּשְׁפְּכוּ סֹלְלָה אֶל־הָעִיר. Ο'. καὶ ἐξέχεαν πρόσχωμα πρὸς τὴν πόλιν. Alia exempl. καὶ ἔβαλον χάρακα ἐπὶ τὴν πόλιν.[19]

16. מִן־הָעִיר. Ο'. ἐκ τοῦ τείχους. Alia exempl. ἐκ τῆς πόλεως.[20]

---

[44] Sic Comp., Codd. 19, 82, 93, 108, Reg. (om. τό). CAP. XX. [1] Sic Comp., Codd. 19, 82, 93, 108 (om. ἀνήρ), Reg. [2] Sic Codd. 19, 82, 93 (cum διέξ in marg.), 108. [3] Sic Comp. (cum προσεκολλήθησαν), Codd. 19, 82, 93, 108, Reg. [4] Sic Comp., Codd. 82, 93 (cum κατέλειπε), 108. [5] Sic Codd. 19, 82, 93, 108. [6] Sic Comp., Codd. 19, 82, 93, 108. [7] Sic Codd. 19 (cum καὶ οὐχ ἰστ.), 82 (cum ὑστερήσαι), 93, 108 (ut 19), Reg. (cum διετάξατο). [8] Sic Comp., Codd. III (cum Ἀβισσαί), XI, 44, 64, alii (inter quos 243). [9] Sic Codd. 19, 82, 93, 108, Reg. [10] Sic Codd. 19, 82, 93 (cum ἐπὶ τὸν β.), 108, Reg. [11] Sic Codd. 19, 82, 93, 108. [12] Sic Comp., Codd. 19, 82, 93 (cum ἀμφήκην), 108, Reg. (cum ἀμφιμήκη). Post μάχαιραν Cod. 158 infert δίστομον (sic) ἀμφήκη. [13] Sic Comp., Ald., Codd. XI, 19, 29, 44, alii (inter quos 243). [14] Sic Codd. 19, 82, 93, 108, 158 (cum εἰς τὴν λ.). Cf. ad Cap. iii. 27. [15] Sic Comp., Codd. 19, 82, 93, 108. [16] Sic Codd. 19 (cum ἐρεῖτε), 82 (cum ἐρεῖται), 93 (cum αἱρεῖτε), 108 (ut 82). Scripturam αἱρεῖται defendit locus 1 Reg. xix. 2 in LXX, quae tamen vox hic cum tertio casu insolentius construitur. [17] Prior lectio est in Ald., Codd. XI (cum ὅτι), 29, 52, aliis (inter quos 243); posterior in Comp., Codd. 19, 82, 93 (cum αὐτὸν pro τὸν), 108 (cum Ἀβεσσά). [18] Sic Comp. (cum περιεκάθησαν), Codd. 82, 93, 108, Reg. [19] Sic Comp., Codd. 19, 82 (cum ἔβαλλον), 93 (cum ἔλαβον), 108, Reg. [20] Sic Comp., Codd. 19, 82, 108.

18. שָׁאוֹל יְשַׁאֲלוּ בְאָבֵל וְכֵן הֵתַמּוּ. *Interrogando interrogent in Abel; et sic perficiebant* rem. Ο'. ἠρωτημένος ἠρωτήθη ἐν τῇ 'Αβὲλ καὶ ἐν Δὰν (וּבְדָן) εἰ ἐξέλιπον (הֵתַמּוּ) ἃ ἔθεντο οἱ πιστοὶ τοῦ 'Ισραήλ· ἐρωτῶντες ἐπερωτήσουσιν ἐν 'Αβὲλ, καὶ οὕτως εἰ ἐξέλιπον.[21]

19. אָנֹכִי שְׁלֻמֵי אֱמוּנֵי יִשְׂרָאֵל. *Ego sum* (ex urbibus) *pacificis et fidelibus Israelis.* Ο'. ἐγώ εἰμι εἰρηνικὰ τῶν στηριγμάτων 'Ισραήλ. Ἄλλος· ἃ ἔθεντο (שָׂמוּ) οἱ πιστοὶ τοῦ 'Ισραήλ.[22]

לָמָּה תְבַלַּע. *Cur devoras.* Ο'. ἱνατί καταποντίζεις. Alia exempl. τί καταπίνεις.[23]

20. חָלִילָה חָלִילָה לִי אִם־אֲבַלַּע. Ο'. ἵλεώς μοι ἵλεώς μοι εἰ καταποντιῶ. Alia exempl. μή μοι γένοιτο εἰ καταπίομαι.[24]

21. נָשָׂא יָדוֹ. Ο'. καὶ ἐπῆρε (alia exempl. ἀντῆρε[25]) τὴν χεῖρα αὐτοῦ.

22. בְּחָכְמָתָהּ. Ο'. ἐν τῇ σοφίᾳ αὐτῆς. Alia exempl. κατὰ τὴν φρόνησιν αὐτῆς.[26]

23. אֶל כָּל־הַצָּבָא. Ο'. πρὸς πάσῃ τῇ δυνάμει. Alia exempl. ἦν ἐπὶ πάσης τῆς στρατιᾶς.[27]

עַל־הַכְּרֵי (הַכְּרֵתִי ק') וְעַל־הַפְּלֵתִי. Ο'. ἐπὶ τοῦ Χερεθὶ, καὶ ἐπὶ τοῦ Φελεθί. Alia exempl. ἐπὶ τοῦ πλινθίου, καὶ ἐπὶ τοὺς δυνάστας.[28] 'Α. ἐπὶ τοῦ Χερηθὶ, καὶ ἐπὶ τοῦ Φελεθί. Σ. ἐπὶ τῶν Χερηθαίων, καὶ ἐπὶ τῶν Φελεθαίων. Θ. ἐπὶ τοῦ πλινθίου, καὶ ἐπὶ τοὺς δυνατούς.[29]

24. הַמַּס. Ο'. ἀναμιμνήσκων. Alia exempl. ὑπομιμνήσκων.[30]

26. וְגַם עִירָא הַיָּאִרִי הָיָה כֹהֵן לְדָוִד. Ο'. καίγε Ἰρὰς ὁ Ἰαρὶν ἦν ἱερεὺς τῷ Δαυίδ. Σ. Εἶρας δὲ ὁ Εἰαρίτης ἦν ἱερεὺς τῷ Δαυίδ.[31] Ἄλλος· καὶ Ἰωδαὲ ὁ Ἰέθερ ἦν ἱερεὺς τῷ Δαυίδ.[32]

Cap. XXI.

1. וַיְבַקֵּשׁ דָּוִד אֶת־פְּנֵי יְהֹוָה. Ο'. καὶ ἐζήτησε Δαυὶδ τὸ πρόσωπον κυρίου. Alia exempl. καὶ ῥῆμα ἐζήτει Δαυὶδ παρὰ κυρίου.[1]

2. לֹא מִבְּנֵי יִשְׂרָאֵל הֵמָּה כִּי אִם־מִיֶּתֶר הָאֱמֹרִי. Ο'. οὐχ υἱοὶ 'Ισραήλ εἰσιν, ὅτι ἀλλ' ἢ ἐκ τοῦ ἐλλείματος (alia exempl. αἵματος[2]) τοῦ 'Αμορραίου. Alia exempl. οὐκ ἦσαν ἐκ τῶν υἱῶν 'Ισραήλ, ὅτι ἀπὸ τῶν καταλοίπων τῶν 'Αμορραίων ἦσαν.[3]

וּבְנֵי יִשְׂרָאֵל נִשְׁבְּעוּ לָהֶם וַיְבַקֵּשׁ שָׁאוּל לְהַכֹּתָם בְּקַנֹּאתוֹ לִבְנֵי־יִשְׂרָאֵל וִיהוּדָה. Ο'. καὶ οἱ υἱοὶ 'Ισραὴλ ὤμοσαν αὐτοῖς (alia exempl. add. μὴ ἀπολέσαι αὐτούς[4]), καὶ ἐζήτησε Σαοὺλ πατάξαι αὐτοὺς ἐν τῷ ζηλῶσαι αὐτὸν τοὺς υἱοὺς 'Ισραὴλ καὶ 'Ιούδα. 'Α... καὶ ἐζήτησε Σαοὺλ τοῦ πλῆξαι αὐτοὺς ἐν τῷ ζηλῶσαι αὐτὸν τοῖς υἱοῖς 'Ισραὴλ καὶ 'Ιούδα. Σ. τῶν δὲ υἱῶν 'Ισραὴλ ὀμοσάντων αὐτοῖς, ἐπεχείρησε Σαοὺλ πατάξαι αὐτοὺς, ζηλώσας ὑπὲρ τῶν υἱῶν 'Ισραὴλ καὶ 'Ιούδα. Θ... καὶ ἐζήτησε Σαοὺλ συντελέσαι αὐτοὺς ἐν τῷ ζηλῶσαι τοὺς υἱοὺς 'Ισραὴλ καὶ τοῦ 'Ιούδα.[5]

---

[21] Duplex versio, ἐρωτῶντες—'Ισραὴλ (v. 19), desideratur in Codd. XI, 56, 71, 119, 121 (in textu), 158, 245; qua retenta, reliqua, ἠρωτημένος—τοῦ 'Ισραήλ, reprobat Comp. Haec autem, ἃ ἔθεντο οἱ πιστοὶ τοῦ 'Ισραὴλ, pertinent ad v. 19. [22] Vid. not. praeced. [23] Sic Comp., Codd. 82 (cum καταπίνης), 93 (cum καταπιαίνεις), 108. [24] Sic Comp., Codd. 19, 82, 93, 108. [25] Iidem (om. καί). Cf. ad Cap. xviii. 28. [26] Iidem. [27] Sic Comp., Codd. 19 (cum στρατείας), 82, 93, 108, Reg. (cum ἐπὶ πᾶσαν τὴν στρατηγίαν). [28] Sic Codd. 19, 82 (cum πληθίον), 93 (idem), 108, Reg. [29] Cod. 243 (cum πληνθίον). Montef. e Coislin. I exscripsit: Θ. ἐπὶ τῶν δυνατῶν. Theodotionis lectionem enarrat Theodoret. Quaest. XL in 2 Reg. p. 443:

Πλινθίον οἶμαι καλεῖσθαι, ὃ παρὰ τοῖς ἔξωθεν συγγραφεῦσι πλαίσιον ὀνομάζεται. Εἶδος τοῦτο στρατιωτικῆς παρατάξεως, τετράγωνον ἐχούσης τὸ σχῆμα. [30] Sic Comp., Codd. 19, 82, 93, 108. [31] Cod. 243. [32] Idem in marg. sine nom.

Cap. XXI. [1] Sic Codd. 19, 82, 93, 108. [2] Sic Ald., Codd. II, III, XI, 29, 44, 55, alii (inter quos 243), Arm. 1. De confusione scripturarum ΑΙΜματος et ΑΙματος cf. Hex. ad Lev. xviii. 12. Jos. xiii. 12. [3] Sic Comp. (om. τῶν ante Ἀμορ.), Codd. 19, 82, 93, 108, Theodoret. [4] Sic Codd. 19, 82, 93 (cum τοῦ μή). [5] Cod. 243. (Ad Theodotionem Montef. exscripsit ἐν τῷ ζ. υἱοὺς 'Ισρ. καὶ 'Ιούδα, repugnante Parsonsii amanuensi.) Codd. 19, 82, 93, 108, in textu: καὶ ἔστησε Σαοὺλ τοῦ συντελέσαι αὐτοὺς ἐν

4. אֹמְרִים. Ο'. λέγετε. Alia exempl. θέλετε.[6]

5. כִּהִתְיַצֵּב. Ut consistere non possumus. Ο'. τοῦ μὴ ἑστάναι αὐτόν. Alia exempl. τοῦ μὴ ἀντικαθίστασθαι.[7]

6. יֻתַּן. Ο'. δότω. Alia exempl. καὶ δοθήτωσαν.[8]

וְהוֹקַעֲנוּם לַיהוָה. Et palo affigamus eos Jovae. Ο'. καὶ ἐξηλιάσωμεν αὐτοὺς (alia exempl. ἐξιλασόμεθα ἐν αὐτοῖς[9]) τῷ κυρίῳ. 'Α. καὶ ἀναπήξωμεν αὐτοὺς τῷ κυρίῳ. Σ. ἵνα κρεμάσωμεν αὐτοὺς ἐπὶ (coram) τοῦ κυρίου.[10]

בְּגִבְעַת שָׁאוּל. Ο'. ἐν τῷ Γαβαὼν (alia exempl. ἐν τῷ βουνῷ[11]) Σαούλ. 'Α. Σ. Ο'. ἐν Γαβαὼν Σαούλ.[12]

7. וַיַּחְמֹל הַמֶּלֶךְ עַל־מְפִיבֹשֶׁת. Ο'. καὶ ἐφείσατο ὁ βασιλεὺς ἐπὶ Μεμφιβοσθέ. Alia exempl. καὶ περιεποιήσατο ὁ βασιλεὺς τὸν Μεμφιβάαλ.[13]

9. וַיֹּקִיעֻם. Ο'. καὶ ἐξηλίασαν ('Α. ἀνέπηξαν[14]) αὐτούς.

10. וַתַּטֵּהוּ. Ο'. καὶ ἔπηξεν. Alia exempl. καὶ διέστρωσεν αὐτόν.[15]

נָתֵךְ... לָנוּחַ. Ο'. ἔδωκε ... καταπαῦσαι. Alia exempl. ἀφῆκε ... καθίσαι.[16]

11. Ο'. καὶ ἐξελύθησαν — τῶν γιγάντων.[17]

12. מֵרְחֹב. Ο'. ἐκ τῆς πλατείας. Alia exempl. ἀπὸ τοῦ τείχους.[18]

אֲשֶׁר תְּלָאוּם שָׁם הַפְּלִשְׁתִּים. Ο'. ὅτι ἔστησαν αὐτοὺς ἐκεῖ οἱ ἀλλόφυλοι. Alia exempl. κρεμασάντων αὐτοὺς ἐκεῖ τῶν ἀλλοφύλων.[19]

14. וַיֵּעָתֵר אֱלֹהִים לָאָרֶץ. Et exorari se passus est Deus a terra. Ο'. καὶ ἐπήκουσεν ὁ θεὸς τῇ γῇ. Alia exempl. καὶ ἐξιλάσατο ὁ θεὸς τὴν γῆν.[20]

15. וַיָּעַף דָּוִד. Ο'. καὶ ἐπορεύθη (potior scriptura ἐξελύθη[21]) Δαυίδ. Schol. πρεσβύτης γὰρ ἦν.[22]

16. וַיֵּשְׁבוּ (וְיִשְׁבֹּי ק) בְּנֹב אֲשֶׁר בִּילִידֵי הָרָפָה. Ο'. καὶ Ἰεσβὶ (alia exempl. add. ἐν Νὸβ[23]) ὃς ἦν ἐν τοῖς ἐκγόνοις τοῦ Ῥαφά. Alia exempl. καὶ Ἰεσβὶ εἷς ἦν ἐκ τῶν ἀπογόνων τῶν γιγάντων.[24] Alia: καὶ Δαδοὺ υἱὸς Ἰωᾶς ὃς ἦν ἐκ τῶν ἀπογόνων τῶν γιγάντων.[25]

שְׁלֹשׁ מֵאוֹת. Ο'. τριακοσίων σίκλων ("Αλλος· σταθμῶν[26]).

חָגוּר חֲדָשָׁה. Cinctus erat novo (gladio). Ο'. περιεζωσμένος κορύνην ('Α. καινήν. Σ. μάχαιραν. Θ. παραζώνην[27]).

τῷ ζήλῳ Ἰσραὴλ (τοῦ Ἰσρ. 82, 93) καὶ Ἰούδα (τοῦ Ἰούδα 82; τῷ Ἰούδα 93, 108). [6] Sic Comp., Codd. 19 (cum θ. ὑμεῖς pro ὑμεῖς θ.), 56, 82, 93, 108, 246. Hieron. multis. [7] Sic Comp., Codd. 19 (cum καθίστασθαι αὐτόν), 82 (cum ἀντικαθίσασθαι), 93, 108, 243 (in marg.), Reg., Theodoret. (ut 19). [8] Sic Comp., Codd. 19 (om. καὶ), 82, 93, 108. [9] Sic Comp., Codd. 82, 93, 108, Theodoret. [10] Codd. Reg., 243. Coislin. 1 affert: Σ. ἵνα κρεμάσωμεν κ.τ.έ. Θ. καὶ ἐξηλιάσωμεν κ.τ.έ. Cf. Hex. ad Num. xxv. 4. [11] Sic Comp., Codd. XI, 19, 29, 44 (om. τῷ), 52 (idem), alii (inter quos 243, superscripto Θ.). [12] Cod. 243 in marg. Sic in textu Codd. II, III, 64, 123, 247. [13] Sic Codd. 19 (cum περιεποιήσατο), 82, 93, 108 (cum περιπ. ὁ β. τοῦ Μ.), Reg. (cum Μεμφιβοσθέ?). [14] Theodoret. Quaest. XLII in 2 Reg. p. 446. Parum probabiliter Cod. 243 in marg.: 'Α. ἐξηλίωσαν, quae scriptura est in Comp., Cod. 108. [15] Sic Comp. (cum ἔστρωσεν), Ald., Codd. XI, 19 (ut Comp.), 29 (cum διέστρωσεν), 44, 52 (ut Comp.), alii (inter quos 243). Mox ἐπὶ τὴν πέτραν iidem. [16] Sic Comp., Codd. 19, 82, 93, 108, Reg. [17] Clausula, quae non huc, sed ad vv. 15, 16 pertinet, abest a Comp., Ald., Codd. XI, 29, 52, aliis (inter quos 243); in libris autem 19, 82, 93, 108 ante καὶ ἀπηγγέλη legitur. [18] Sic Comp., Codd. XI, 19, 29, 44,

56, alii (inter quos 243). [19] Iidem. [20] Sic Comp., Codd. 19, 82, 93 (cum ἐξιλάσατο), 108. [21] Sic Comp., Ald., Codd. III, XI, 19, 29, 44, 52, ceteri fere omnes, Arm. 1. Pro altera lectione, librarii errore e v. 12 huc tradueta, stant Codd. II, 55, 245 tantum. [22] Cod. 243, teste Parsonsii amanuensi. Montef. ex eodem oscitanter exscripsit: Σ. πρεσβύτης γὰρ ἦν: quae res fraudi fuit D. Abr. Geigero in Symmachus etc. p. 48. Scilicet scholiasta iste aut Theodoretum compilavit, qui in Quaest. XLIII in 2 Reg. p. 446 ita in h. l. commentatur: Πόθεν ὁ Δαυὶδ παραταττόμενος ἐξελύθη; Πρεσβύτης ἦν ἐνίκα δὲ τῇ προθυμίᾳ τοῦ σώματος τὴν ἀσθένειαν κ.τ.έ.; aut Procopium, qui in Scholiis p. 150 ait: Καὶ ἐξελύθη Δαυὶδ] Πρεσβύτης γὰρ ὤν, καὶ πλεῖστα προμαχεσάμενος, ἀπεῖπε τῷ σώματι. Cf. Scharfenb. in Animadv. T. II, p. 149. [23] Sic Comp. (cum ἀπὸ Νὸβ), Codd. III, 247 (cum ἐννοβὼς pro ἐν Νὸβ ὅς). [24] Sic Codd. XI (cum Δαδοὺ pro Ἰεσβὶ), 29, 52, 56 (ut XI), alii (inter quos 243). [25] Sic Codd. 19, 82 (om. ὃς ἦν), 93 (idem), 108. Ex hac scriptura depravata esse videtur clausula posterior v. 11. quae vacat in Hebraeo: καὶ ἐξελύθησαν, καὶ κατέλαβεν αὐτοὺς Δὰν υἱὸς Ἰωὰ ἐκ τῶν ἀπ. τῶν γ. [26] Cod. 243 in marg. sine nom. [27] Cod. 243 (cum 'Α. κενήν). Theodotionis παραζώνην, pugionem (!), in textu

17. וְלֹא תְכַבֶּה אֶת־נֵר‎. Ο΄. καὶ οὐ μὴ σβέσῃς τὸν λύχνον. "Αλλος· καὶ οὐ μὴ σκεδάσῃς τὴν λυχνίαν.[28]

18. בְּגֹב‎. Ο΄. ἐν Γέθ (alia exempl. Γαρζέλ; alia, Γαζέθ[29]).

הַחֻשָׁתִי‎. Ο΄. ὁ Ἀστατωθί. Alia exempl. ὁ Ἀσωθί; alia, ὁ Χετταῖος.[30]

אֶת־סַף אֲשֶׁר בִּילִדֵי הָרָפָה‎. Ο΄. τὸν Σέφ ἐν τοῖς ἐγγόνοις (potior scriptura τὸν ἐν τοῖς ἐκγόνοις[31]) τοῦ Ῥαφά. Alia exempl. τοὺς ἐπισυνηγμένους ἀπογόνους τῶν γιγάντων.[32]

19. בְּגוֹב‎. Ο΄. ἐν Ῥόμ (alia exempl. Ῥόβ; alia, Γόβ[33]).

בֶּן־יַעְיִר‎. Ο΄. υἱὸς Ἀριωργίμ (alia exempl. Ἀρωρί[34]).

20. (בְּמָדוֹן ק) אִישׁ מִדִין‎. Vir procerae staturae. Ο΄. ἀνὴρ μαδών (alia exempl. ἐκ μαδών[35]). Ἀ. (ἀνὴρ) ἀντίδικος (s. ἀντιλογίας). Σ. (ἀνὴρ) πρόμετρος.[36]

וְגַם־הוּא יֻלַּד לְהָרָפָה‎. Ο΄. καίγε αὐτὸς ἐτέχθη τῷ Ῥαφά. Alia exempl. καὶ οὗτος ἀπόγονος Τιτάνων.[37]

21. (שִׁמְעָא ק) שִׁמְעִי‎. Ο΄. Σεμεΐ. Alia exempl. Σαμὰ, s. Σαμαά.[38]

22. יֻלְּדוּ לְהָרָפָה בְּגַת‎. Ο΄. ἐτέχθησαν ἀπόγονοι τῶν γιγάντων ἐν Γὲθ τῷ Ῥαφᾷ οἶκος. Alia exempl. ἐτέχθησαν τῷ Ῥαφὰ οἶκος ἐν Γέθ.[30]

Cap. XXII.

2. יְהוָה סַלְעִי וּמְצֻדָתִי‎. Ο΄. κύριε πέτρα μου, καὶ ὀχύρωμά μου. Alia exempl. κύριος στερεῶν με ἐκ θλίψεώς μου (מְצָרָתִי).[1]

וּמְפַלְטִי־לִי‎. Ο΄. καὶ ἐξαιρούμενός με ἐμοί. Alia exempl. καὶ διασώζων με.[2]

3. צוּרִי‎. Ο΄. φύλαξ μου ἔσται μοι. Alia exempl. πλάστης μου.[3]

אֶחֱסֶה־בּוֹ‎. Ο΄. πεποιθὼς ἔσομαι ἐπ' αὐτῷ. Alia exempl. σκεπασθήσομαι ἐν αὐτῷ.[4]

מָגִנִּי‎. Ο΄. ὑπερασπιστής μου. Alia exempl. ὅπλον μου.[5]

מִשְׂגַּבִּי‎. Refugium meum. Ο΄. ἀντιλήπτωρ μου. Alia exempl. μονώτατος ἐμοί.[6]

מֹשִׁעִי‎. Ο΄. σωτηρίας μου. Alia exempl. καὶ σωτήρ μου.[7]

מֵחָמָס‎. Ab injuria. Ο΄. ἐξ ἀδίκου. Alia exempl. ἐξ ἀσεβῶν.[8]

5. מִשְׁבְּרֵי־מָוֶת‎. Fluctus mortis. Ο΄. συντριμμοὶ θανάτου (alia exempl. ὑδάτων[9]).

נַחֲלֵי בְלִיַּעַל יְבַעֲתֻנִי‎. Ο΄. χείμαρροι ἀνομίας

---

habent Comp., Codd. 19, 82, 93, 108.   [28] Sic Montef. ex Regio, invitis libris nostris.   [29] Prior scriptura est in Codd. XI, 29, 44, 52 (cum Γαρζέρ), 56 (idem), aliis (inter quos 243); posterior in Codd. 82, 93, 108. Cf. 1 Paral. xx. 4 in Hebr. et LXX.   [30] Prior lectio est in Comp., Ald. (cum Ἀσωθί), Codd. XI, 29, 44 (cum Ἀσωθὶ), 52 (idem), 56, aliis (inter quos 243, cum Ἀσωθθί); posterior in Codd. 19, 82, 93, 108.   [31] Sic Codd. II, III, 55. [32] Sic Comp. (cum τῶν ἀπογόνων pro ἀπογόνους), Ald., Codd. XI, 19 (ut Comp.), 29, 44 (om. ἀπογόνους), 52, 56, alii (inter quos 243).   [33] Prior scriptura est in Ald., Codd. XI, 29, 44, 56, aliis; posterior in Codd. III, 247.   [34] Sic Ald., Codd. XI, 29, 44, 52, alii (inter quos 243). Pro יַעְיִר Masora legi jubet יַעְרֵי־עֹרְגִים, unde Comp. effecit Ἰαρὶ τῶν ὑφαινόντων.   [35] Sic Comp., Ald., Codd. XI, 29, 44, 55, alii (inter quos 243).   [36] Cod. 243: Ἀ. ἀντίδικος. Σ. πρόμετρος. Procop. p. 153: ἀνὴρ ἐκ Γάδης (sic)] Ἀκ. ἀντί-

δικος, ἤγουν ἀντιλογίας· ὁ δὲ Σύμ. πρόμετρος.   [37] Sic Comp. (cum καίγε αὐτὸς), Codd. 19, 82, 93, 108. Cf. ad Cap. v. 18. xxiii. 13.   [38] Prior scriptura est in Codd. XI, 29, 44, 52, aliis (inter quos 243); posterior in Comp., Codd. 19, 64, aliis, Arm. 1.   [30] Sic Codd. XI, 29, 71 (cum υἱῷ pro τῷ), 121, 158, 245. Integer versus sic habetur in Codd. 19, 82, 93, 108: τοὺς τέσσαρας (אֶת־אַרְבַּעַת) τούτους τοὺς τεχθέντας ἀπογόνους τῶν γιγάντων ἐν (τῶν ἐν 82, 93) Γὲθ τῷ οἴκῳ Ῥαφὰ κατέβαλεν Δαυὶδ καὶ οἱ παῖδες αὐτοῦ.

Cap. XXII. [1] Sic Codd. 19 (cum στερέωμά μου pro στερεῶν με), 82, 93, 108 (cum κύριε).   [2] Iidem. Lectio Aquilam sapit, coll. Hex. ad Psal. xvii. 44. xxx. 2. xxxi. 7. xlii. 1. lv. 8.   [3] Iidem. Cf. Hex. ad Deut. xxxii. 4, 15, ubi Theodotioni tribuitur.   [4] Iidem.   [5] Iidem. Cf. ad v. 36.   [6] Sic Codd. 19 (cum εἰμὶ pro ἐμοί), 82, 93, 108.   [7] Sic Codd. 19, 82 (cum καὶ σωτηρία μου), 93, 108.   [8] Iidem.   [9] Sic Codd. 82, 93, 108.

ἐθάμβησάν με. Alia exempl. χείμαρροι βίαιοι περιέπνιξάν με.[10]

6. חֶבְלֵי שְׁאוֹל. Ο'. ὠδῖνες θανάτου. Alia exempl. σχοινία ᾅδου.[11]

מֹקְשֵׁי־מָוֶת. Ο'. σκληρότητες (alia exempl. παγίδες[12]) θανάτου.

7. בַּצַּר־לִי. Ο'. ἐν τῷ θλίβεσθαί με. Alia exempl. ἐν θλίψει μου.[13]

8. וַתִּתְגָּעַשׁ. Ο'. καὶ ἐταράχθη. Alia exempl. ἐπέβλεψε, καὶ ἐσείσθη.[14]

וַיִּתְגָּעֲשׁוּ. Ο'. καὶ ἐσπαράχθησαν (alia exempl. ἐφώνησαν[15]).

9. מִפִּיו. Ο'. ἐκ στόματος αὐτοῦ. Alia exempl. ἀπὸ προσώπου αὐτοῦ.[16]

תֹּאכֵל. Ο'. κατέδεται. Alia exempl. κατέφαγεν γῆν.[17]

בָּעֲרוּ מִמֶּנּוּ. Ο'. ἐξεκαύθησαν ἀπ' αὐτοῦ. Alia exempl. ἀνήφθησαν ἐξ αὐτοῦ.[18]

11. וַיִּרְכַּב. Ο'. καὶ ἐπεκάθισεν (alia exempl. ἐπέβη[19]).

12. חַשְׁרַת־מַיִם עָבֵי שְׁחָקִים. Congregationem aquarum, nubes nubium. Ο'. σκότος ὑδάτων, ἐπάχυνεν ἐν νεφέλαις ἀέρος. Alia exempl. καὶ ἐφείσατο (חָשַׂךְ) ὑδάτων αὐτοῦ, νεφέλαι ἀέρος.[20]

13. בָּעֲרוּ גַחֲלֵי־אֵשׁ. Ο'. ἐξεκαύθησαν ἄνθρακες πυρός. Alia exempl. διῆλθον χάλαζαι καὶ ἄνθρακες πυρός.[21]

15. חִצִּים. Ο'. βέλη. Alia exempl. πετροβόλους.[22]

וַיְהֻמֵּם. Et conturbavit eos. Ο'. καὶ ἐξέστησεν (alia exempl. ἐξήχησεν[23]) αὐτούς.

16. וַיֵּרָאוּ. Ο'. καὶ ὤφθησαν (alia exempl. ἐφοβήθησαν[24]).

16. בְּגַעֲרַת. Ο'. ἐν τῇ ἐπιτιμήσει. Alia exempl. ἀπὸ ἀπειλῆς.[25]

מִנִּשְׁמַת רוּחַ אַפּוֹ. Ο'. ἀπὸ πνοῆς πνεύματος θυμοῦ αὐτοῦ. Alia exempl. καὶ ἀπὸ πνεύματος ὀργῆς αὐτοῦ.[26]

17. יִמְשֵׁנִי. Ο'. εἵλκυσέ με. Alia exempl. καὶ ἀνείλατό με.[27]

18. יַצִּילֵנִי מֵאֹיְבִי עָז. Ο'. ἐρρύσατό με ἐξ ἐχθρῶν μου ἰσχύος. Alia exempl. ἐξείλετό με ἐξ ἰσχύος ἐχθρῶν μου.[28]

אָמְצוּ. Ο'. ἐκραταιώθησαν. Alia exempl. ἴσχυον.[29]

19. בְּיוֹם אֵידִי. Ο'. ἡμέραι (potior scriptura ἐν ἡμέρᾳ) θλίψεώς μου. Alia exempl. ἐν ἡμέρᾳ ἀπωλείας μου.[30]

20. וַיֹּצִיאֵנִי. Ο'. καὶ ἐξείλετό (alia exempl. ἐξέσπασε[31]) με.

21. כְּבֹר יָדַי. Ο'. καὶ κατὰ τὴν καθαριότητα τῶν χειρῶν μου. Alia exempl. δόξαν (כָבֹד) χειρῶν μου.[32]

22. וְלֹא רָשַׁעְתִּי מֵאֱלֹהָי. Ο'. καὶ οὐκ ἠσέβησα ἀπὸ τοῦ θεοῦ μου. Alia exempl. καὶ οὐκ ἠνόμησα ἐνώπιον τοῦ θεοῦ μου.[33]

23. כִּי כָל־מִשְׁפָּטָיו לְנֶגְדִּי. Ο'. ὅτι πάντα τὰ κρίματα αὐτοῦ κατεναντίον μου. Alia exempl. ὅτι πάντα τὰ δικαιώματα αὐτοῦ ἀπέναντί μου.[34]

וְחֻקֹּתָיו לֹא־אָסוּר מִמֶּנָּה. Ο'. καὶ τὰ δικαιώματα αὐτοῦ οὐκ ἀπέστην ἀπ' αὐτῶν. Alia exempl. καὶ τὰ προστάγματα αὐτοῦ οὐκ ἀποστήσεται ἀπ' ἐμοῦ.[35]

24. תָּמִים לוֹ. Ο'. ἄμωμος αὐτῷ. Alia exempl. ὅσιος μετ' αὐτοῦ.[36]

---

[10] Sic Codd. 19, 82, 93, 108. [11] Sic Comp., Codd. 19, 93, 108. [12] Sic Codd. 19, 82, 93, 108. Comp. habet πέδαι θανάτου, invitis libris. [13] Sic Comp., Codd. 19, 82, 93, 108. [14] Sic Codd. 19, 82, 93, 108. [15] Sic Codd. 19, 93, 108. [16] Sic Codd. 19, 82, 93, 108. Cf. Hex. ad Psal. xvii. 9. [17] Iidem. [18] Sic Comp., Codd. 19, 82, 93, 108. [19] Iidem. [20] Sic Codd. 19 (cum πολλῶν pro αὐτοῦ), 82, 93, 108. [21] Iidem. Cf. Hex. ad Ps. xvii. 13. [22] Iidem. [23] Iidem. [24] Iidem. [25] Ii-

dem. [26] Sic Codd. 19 (cum τῆς ὀργῆς pro πν. ὀργῆς), 82, 108. [27] Sic Codd. 19 (cum ἀνείλατο), 82 (om. καί), 93, 108. [28] Sic Comp., Codd. 19, 82, 93, 108. [29] Sic Comp., Codd. 82, 93 (cum ἴσχυον), 108. [30] Sic Comp., Codd. 19, 82, 93, 108. [31] Iidem. [32] Sic Codd. 19, 82, 93, 108. [33] Sic Comp., Codd. 82, 93, 108. [34] Sic Codd. 82, 93, 108. [35] Sic Comp., Codd. 19, 82, 93, 108. [36] Sic Codd. 19, 82, 93, 108.

25. בָּרִי . Ο'. καὶ κατὰ τὴν καθαριότητα τῶν χειρῶν μου. Ἄλλος· δοξασμός μου.[37]

26. עִם־חָסִיד תִּתְחַסָּד . Ο'. μετὰ ὁσίου ὁσιωθήσῃ. Alia exempl. μετὰ ἐλεήμονος ἔλεον ποιήσεις.[38]

עִם־גְּבּוֹר תָּמִים תִּתַּמָּם . Ο'. καὶ μετὰ ἀνδρὸς τελείου τελειωθήσῃ. Alia exempl. καὶ μετὰ ἀνδρὸς ὁσίου ὁσιωθήσῃ.[39]

27. עִם־נָבָר תִּתָּבָר . Ο'. καὶ μετὰ ἐκλεκτοῦ ἐκλεκτὸς ἔσῃ. Alia exempl. μετὰ ἀθώου ἀθῷος ἔσῃ.[40]

תִּתַּפָּל . Ο'. στρεβλωθήσῃ. Alia exempl. διαστρέψεις.[41]

28. וְאֶת־עַם עָנִי . Ο'. καὶ τὸν λαὸν τὸν πτωχόν. Alia exempl. ὅτι σὺ λαὸν ταπεινόν; alia, ὅτι σὺ τὸν λαὸν τὸν πρᾶον.[42]

עַל־רָמִים . Ο'. ἐπὶ μετεώρων. Alia exempl. ὑπερηφάνων; alia, ὑψηλῶν.[43]

29. אַתָּה נֵירִי . Ο'. σὺ ὁ λύχνος μου. Alia exempl. σὺ φωτιεῖς λύχνον μου.[44]

וַיהוָה יַגִּיהַּ חָשְׁכִּי . Ο'. καὶ κύριος ἐκλάμψει (alia exempl. ἀναλάμψει[45]) μοι τὸ σκότος (alia exempl. ἐν σκότει[46]) μου.

30. גְּדוּד . Ο'. μονόζωνος. Alia exempl. πεφραγμένος.[47]

אֲדַלֶּג־שׁוּר . Ο'. ὑπερβήσομαι τεῖχος. Alia exempl. ἐξαλοῦμαι ὡς μόσχος.[48]

31. הָאֵל . Ο'. ὁ ἰσχυρός. Alia exempl. θεός.[49]

תָּמִים . Ο'. ἄμωμος. Alia exempl. ὁσία.[50]

צְרוּפָה . Ο'. κραταιὸν πεπυρωμένον. Alia exempl. πεπυρωμένον; alia, κραταιόν.[51]

לְכֹל הַחֹסִים בּוֹ . Ο'. πᾶσι τοῖς πεποιθόσιν ἐπ' αὐτόν. Alia exempl. πάντων τῶν εὐλαβουμένων αὐτόν.[52]

33. מָעוּזִּי חָיִל . Munimentum meum validum. Ο'. ὁ κραταιῶν με δυνάμει. Alia exempl. ὁ περιτιθείς μοι δύναμιν.[53]

וַיַּתֵּר תָּמִים דַּרְכּוֹ (דַּרְכִּי ק׳) . Et circumducit integrum viam ejus. Ο'. καὶ ἐξετίναξεν (alia exempl. ἔθετο[54]) ἄμωμον τὴν ὁδόν μου. Alia exempl. καὶ διδοὺς ὁσιότητα ταῖς ὁδοῖς μου.[55]

34. מְשַׁוֶּה . Ο'. τιθείς. Alia exempl. στηρίζων.[56]

35. וְנִחַת קֶשֶׁת־נְחוּשָׁה זְרֹעֹתָי . Et deprimunt (tendunt) arcum aeneum brachii mei. Ο'. καὶ κατάξας τόξον χαλκοῦν ἐν βραχίονί μου. Alia exempl. καὶ οὐκ ἠσθένησε τόξον βραχίονός μου.[57]

36. מָגֵן . Ο'. ὑπερασπισμόν. Alia exempl. ὅπλον.[58]

וַעֲנֹתְךָ תַרְבֵּנִי . Et clementia tua multiplicavit me. Ο'. καὶ ἡ ὑπακοή σου ἐπλήθυνέ με. Alia exempl. καὶ ταπεινώσεις ἐπλήθυνάν μοι. καὶ ἡ δεξιά σου ἀντελάβετό μου, καὶ ἡ παιδεία σου ἀνώρθωσέ με.[59]

---

[37] Post τῶν χ. μου add. δοξασμός μου Codd. 19, 82, 93. Cf. ad v. 21. [38] Sic Codd. 19, 82, 93, 108. [39] Sic Codd. 19 (cum ἀνδρῶν ὁσίων), 82 (om. καὶ), 93 (idem), 108 (ut 19). Praeterea in fine add. καὶ μετὰ ἀνδρὸς ἀθώων ἀθῷον ἔσῃ Codd. 82, 93. [40] Sic Codd. 19, 108. [41] Sic Codd. III, 19, 82, 93, 108, 247. [42] Prior lectio est in Codd. X, XI, 19, 29, 44, 52, aliis (inter quos 243); posterior in Comp., Codd. 82 (cum πραΰνόν), 93 (cum πραΰν), 108. [43] Prior scriptura est in Ald., Codd. 52, 55, 74, aliis; posterior in Comp., Codd. 19, 82, 93, 108; utraque sine ἐπί. [44] Sic Comp., Ald., Codd. X, XI, 19, 29, 52, alii (inter quos 243). [45] Sic Codd. 52, 74, 82 (cum ἀναλάμψεις), 92, 93, alii. Montef. e Regio affert: Ἄλλος· καὶ ὁ κύριος μου ἀναλάμψει μοι ἐν σκότει. [46] Sic Comp., Codd. 52 (om. μου), 74 (idem), 82, 92 (ut 52), 93, alii. [47] Sic Codd. 19 (cum πεφευγμένος), 82, 93, 108. [48] Sic Comp. (cum ἐξ. τείχος), Codd. 19 (cum ἐξαλοῦμαι), 82, 93, 108. [49] Idem. [50] Sic Codd. 19, 82, 93, 108. [51] Prior scriptura est in Comp., Ald., Codd. III, X, XI, 29, 44, 52, aliis (inter quos 243); posterior in Codd. 82, 93, 108. [52] Sic Codd. 19, 82, 93 (cum αὐτῶν), 108. [53] Iidem. [54] Sic Comp., Ald., Codd. X, XI, 29, 44, 52, alii (inter quos 243). Cf. Psal. xviii (xvii). 33 in Hebr. et LXX. Ad ἐξετίναξεν cf. Dan. iv. 11 in Chald. et Theod. [55] Sic Codd. 19, 82, 93, 108. [56] Iidem. [57] Iidem. Ad ἠσθένησε cf. 1 Reg. ii. 4 in Hebr. et LXX. [58] Sic Comp., Codd. 19, 82, 93, 108. [59] Sic Codd. 19 (cum καὶ ταπεινώσει ἐπλήθυνέ μοι ... ἀντιλάβοιτο ... ἀνώρθωσαι), 82 (cum ἀνώρθωσε), 93 (cum ἡ παιδία σου ἀνώρθωσε), 108. Cf. Hex. ad Psal. xvii. 36.

37. תַּרְחִיב צַעֲדִי. Ο'. εἰς πλατυσμὸν εἰς τὰ διαβήματά μου. Alia exempl. πλατύνεις (s. καὶ
ἐπλάτυνας) τὰ διαβήματά μου.[60]

וְלֹא מָעֲדוּ קַרְסֻלָּי. Ο'. καὶ οὐκ ἐσαλεύθησαν
τὰ σκέλη μου. Alia exempl. καὶ οὐκ ἠσθένησα
ἐν τοῖς τρίβοις μου. ὀλιγότητες ἐξέστησάν με,
καὶ οὐχ ὑπέστησάν με οἱ ὑπεναντίοι.[61]

38. אֶרְדְּפָה אוֹיְבַי וָאַשְׁמִידֵם. Ο'. διώξω ἐχθρούς
μου, καὶ ἀφανιῶ αὐτούς. Alia exempl. κατέδραμον τοὺς ἐχθρούς μου, καὶ ἠφάνισα αὐτούς.[63]

וְלֹא אָשׁוּב עַד־כַּלּוֹתָם. Ο'. καὶ οὐκ ἀναστρέψω
ἕως ἂν συντελέσω αὐτούς. Alia exempl. οὐκ
ἀπέστρεψα ἕως οὗ ἐξέλιπον.[63]

39. וָאֲכַלֵּם וָאֶמְחָצֵם. Ο'. καὶ θλάσω αὐτούς. Alia
exempl. καὶ συντελέσω αὐτούς. ἔθλασα αὐ-
τούς.[64]

40. וַתַּזְרֵנִי חַיִל לַמִּלְחָמָה. Ο'. καὶ ἐνισχύσεις με
δυνάμει εἰς πόλεμον. Alia exempl. περιέζωσάς
με δύναμιν καὶ ἀγαλλίασιν τοῦ πολεμεῖν αὐτοῖς.[65]

תַּכְרִיעַ. Ο'. κάμψεις. Alia exempl. καὶ συνέ-
τριψας.[66]

41. וְאֹיְבַי תַּתָּה לִּי עֹרֶף מְשַׂנְאַי וָאַצְמִיתֵם. Ο'.
καὶ τοὺς ἐχθρούς μου ἔδωκάς μοι νῶτον, τοὺς
μισοῦντάς με, καὶ ἐθανάτωσας αὐτούς. Alia
exempl. καὶ οἱ ἐχθροί μου παρεδόθησάν μοι,
αὐχένας μισούντων με κατεπάτησα.[67]

42. יִשְׁעוּ וְאֵין מֹשִׁיעַ אֶל־יְהוָה (circumspicient)
Ο'. βοήσονται (יְשַׁוֵּעוּ), καὶ οὐκ ἔστι βοηθός,

πρὸς κύριον. Alia exempl. ἀνεβόησαν, καὶ οὐκ
ἦν ὁ σώζων, θεὸς κύριος.[68]

43. וְאֶשְׁחָקֵם כַּעֲפַר אָרֶץ. Ο'. καὶ ἐλέανα αὐτοὺς
ὡς χοῦν (s. χνοῦν) γῆς. Alia exempl. δια-
σκορπιῶ αὐτοὺς ὡς χνοῦν ἐπὶ πρόσωπον ἀνέμου.[69]

אֲדִקֵּם אֶרְקָעֵם. Comminuam eos, conculcabo
eos. Ο'. ἐλέπτυνα (alia exempl. λεανῶ[70]) αὐτούς. ('Α.) . . στερεωματίσω αὐτούς.[71]

44. וַתְּפַלְּטֵנִי מֵרִיבֵי עַמִּי. Ο'. καὶ ῥύσῃ με ἐκ
μάχης λαῶν. Alia exempl. ἐξείλου με ἐκ
δυναστῶν λαοῦ.[72]

תִּשְׁמְרֵנִי לְרֹאשׁ גּוֹיִם. Ο'. φυλάξεις με εἰς
κεφαλὴν ἐθνῶν. Alia exempl. ἔθου με εἰς φῶς
ἐθνῶν.[73]

45. בְּנֵי נֵכָר יִתְכַּחֲשׁוּ־לִי לִשְׁמוֹעַ אֹזֶן יִשָּׁמְעוּ לִי.
Ο'. υἱοὶ ἀλλότριοι ἐψεύσαντό μοι, εἰς ἀκοὴν
ὠτίου ἤκουσάν μου. Alia exempl. εἰς ἀκοὴν
ὠτίου ὑπήκουσέ μου, υἱοὶ ἀλλότριοι ἐψεύσαντό
μοι.[74] Alia : εἰς ἀκοὴν ὠτίου ὑπήκουσέ μοι.
διεψεύσαντό με ἀκοαὶ ὠτίου, ἐματαιώθησάν
μοι.[75]

46. יִבֹּלוּ וְיַחְגְּרוּ מִמִּסְגְּרוֹתָם. Marcescunt, et ac-
cincti prodeunt e claustris suis. Ο'. ἀπορριφή-
σονται, καὶ σφαλοῦσιν (יַחְרְגוּ) ἐκ τῶν συγ-
κλεισμῶν αὐτῶν. Alia exempl. ἔσωσάν με,
ἐλυτρώθησαν ἐκ δεσμῶν αὐτῶν.[76]

47. צוּרִי. Ο'. ὁ φύλαξ μου. Alia exempl. ὁ πλά-
σας με.[77]

צוּר יִשְׁעִי. Ο'. ὁ φύλαξ τῆς σωτηρίας μου.
Alia exempl. ὁ σωτήρ μου.[78]

❖ ─────────────────── ❖

[60] Sic Comp. (cum καὶ ἐπλ.). Ald., Codd. X, XI, 19 (ut
Comp.), 29, 44, 52, alii (inter quos 243). [61] Sic Codd.
19, 82 (cum ἠσθένησαν), 93, 108. [62] Sic Codd. 19 (cum
ἠφάνισα), 82, 93 (ut 19), 108 (cum ἠφάνισαν). [63] Iidem.
[64] Sic Codd. 19 (cum καὶ θλάσω pro ἔθλασα), 82, 93, 108.
[65] Sic Codd. 19, 82 (om. αὐτούς), 93 (cum αὐτοῖς), 108.
[66] Sic Codd. 19, 82, 93 (om. καὶ), 108. [67] Sic Comp.,
Codd. 19, 82, 93 (cum κατεπάτησαν), 108. [68] Sic Comp.,
Codd. 19 (cum ἐκέκραξαν, καὶ οὐκ ἦν σώζων), 82, 93, 108.
[69] Sic Codd. 19 (cum ἀνέμου), 82, 93 (cum χοῦν ἀπὸ προσώπου), 108 (cum χοῦν). Cf. Psal. xviii.(xvii). 43 in Hebr.

et LXX. [70] Iidem. [71] Cod. 247 in textu: ἐλέπτυνα
αὐτούς, στερεωματήσω (sic) αὐτούς. Forma vocis Aquilam
interpretem evidenter arguit. [72] Sic Codd. 19, 82, 93
(cum ἐξείλομαι), 108. [73] Iidem. [74] Sic Comp. (cum
ὑπ. μοι), Ald., Codd. X (ut Comp.), XI (cum ἤκουσέ μου),
29, 56, alii (inter quos 243), Theodoret. Cf. Psal. xviii
(xvii). 45 in Hebr. et LXX. [75] Sic Codd. 19 (cum
ὠτίου μου ὑπ. μοι), 82 (cum ἀκοῇ pro ἀκοαί), 93 (idem), 108.
[76] Iidem. [77] Sic Comp., Codd. 19, 82, 93, 108. Cf.
ad v. 3. [78] Sic Comp., Codd. X, XI, 19, 29, 44, 52,
alii (inter quos 243).

48. הַנֹּתֵן...וּמֹרִיד. Ο΄. ὁ διδοὺς ... παιδεύων. Alia exempl. ὃς ἔδωκεν ... καὶ ἐταπείνωσε.[79]

49. וּמוֹצִיאִי מֵאֹיְבָי. Ο΄. καὶ ἐξάγων με ἐξ ἐχθρῶν μου. Alia exempl. καὶ ἐξήγαγέ με ἐξ ὀργῆς ἐχθρῶν.[80]

וּמִקָּמַי תְּרוֹמְמֵנִי. Ο΄. καὶ ἐκ τῶν ἐπεγειρομένων μοι ὑψώσεις με. Alia exempl. καὶ ἐκ τοῦ τόπου μου (מִמְּקוֹמִי) ἀνύψωσέ με.[81]

מֵאִישׁ חֲמָסִים תַּצִּילֵנִי. Ο΄. ἐξ ἀνδρὸς ἀδικημάτων ῥύσῃ με. Alia exempl. ἐξ ἀνδρῶν ἀσεβῶν διετήρησάς με.[82]

50. וּלְשִׁמְךָ אֲזַמֵּר. Ο΄. καὶ ἐν τῷ ὀνόματί σου ψαλῶ. Alia exempl. καὶ τὸ ὄνομα κυρίου μνησθήσομαι.[83]

51. לְדָוִד. Ο΄. τῷ Δαυίδ. Alia exempl. τῷ Δαυὶδ εἰς γενεάν.[84]

Cap. XXIII.

1. הֻקַם עַל מְשִׁיחַ אֱלֹהֵי יַעֲקֹב. Viri qui constitutus est in alto, uncti Dei Jacobi. Ο΄. ἀνὴρ ὃν ἀνέστησε κύριος ἐπὶ (עַל) χριστὸν θεοῦ Ἰακώβ. Alia exempl. ἀνὴρ ὃν ἀνέστησεν ὁ θεὸς (עַל), χριστὸν ὁ θεὸς Ἰακώβ.[1]

וּנְעִים זְמִרוֹת יִשְׂרָאֵל. Et jucundi in psalmis Israelis. Ο΄. καὶ εὐπρεπεῖς ψαλμοὶ Ἰσραήλ. Alia exempl. καὶ ὡραῖος ὁ ψαλμὸς τοῦ Ἰσραήλ.[2]

3. לִי דִבֶּר צוּר יִשְׂרָאֵל. Ο΄. ἐμοὶ ἐλάλησε φύλαξ ἐξ Ἰσραήλ (παραβολήν). Alia exempl. (εἶπεν ὁ θεὸς Ἰακὼβ) ἐν ἐμοὶ λαλῆσαι πλάστης Ἰσραήλ.[3]

מוֹשֵׁל בָּאָדָם צַדִּיק מוֹשֵׁל יִרְאַת אֱלֹהִים. (Erit)

dominator in homines, justus dominans in timore Dei. Ο΄. παραβολὴν εἶπον ἐν ἀνθρώπῳ, πῶς κραταιώσητε φόβον χριστοῦ (s. θεοῦ). Alia exempl. ἄρξον ἐν ἀνθρώποις δικαίως, ἄρχε φόβῳ θεοῦ.[4]

4. וּכְאוֹר בֹּקֶר יִזְרַח שָׁמֶשׁ. Et sicut lux mane, oriente sole. Ο΄. καὶ ἐν φωτὶ θεοῦ πρωίας· ἀτατείλαι ἥλιος. Alia exempl. ὡς φῶς τὸ πρωϊνόν, καὶ ἀνατελεῖ ἥλιος.[5]

בֹּקֶר לֹא עָבוֹת מִנֹּגַהּ. Mane sine nubibus; a splendore (solis). Ο΄. τὸ πρωΐ, οὐ κύριος παρῆλθεν (עָבַר) ἐκ φέγγους. Alia exempl. τὸ πρωΐ, καὶ οὐ σκότασει ἀπὸ φέγγους.[6]

מִמָּטָר דֶּשֶׁא מֵאָרֶץ. Post pluviam herba de terra (germinat). Ο΄. καὶ ὡς ἐξ ὑετοῦ χλόης ἀπὸ γῆς. Alia exempl. ὡς ὑετὸς ὡς βοτάνη ἐκ γῆς.[7]

5. עֲרוּכָה בַכֹּל וּשְׁמֻרָה. Ordinatum in omnibus et servatum. Ο΄. ἑτοίμην ἐν παντὶ καιρῷ πεφυλαγμένην. Alia exempl. σῶσαί με ἕως ὧδε (עַד־כֹּה) ἐν πᾶσι, καὶ φυλάξει αὐτήν.[8]

כִּי כָל יִשְׁעִי וְכָל חֵפֶץ. Ο΄. ὅτι πᾶσα σωτηρία μου, καὶ πᾶν θέλημα (alia exempl. add. ἐν κυρίῳ[9]). Alia exempl. ὅτι πάντα τὸν ἀντίθετόν μου οὐ θελήσει.[10]

5, 6. כִּי לֹא יַצְמִיחַ וּבְלִיַּעַל. Ο΄. ὅτι οὐ μὴ βλαστήσῃ ὁ παράνομος. Alia exempl. ὅτι πάντες οἱ ἀνατέλλοντες ὥσπερ ἄκανθα.[11]

6. וּבְלִיַּעַל כְּקוֹץ מֻנָד כֻּלָּהַם. Scelerati autem sicut spinae evellentur omnes. Ο΄. ὁ παράνομος. ὥσπερ ἄκανθα ἐξωσμένη πάντες οὗτοι. Alia exempl. καὶ οἱ λοιποὶ (fort. λοιμοὶ) ὡς ἀπόμυγμα λύχνου πάντες.[12]

---

[79] Sic Comp., Codd. 19, 82, 93, 100. [80] Sic Codd. 19 (cum ἐχθρῶν μου), 82, 93, 108. [81] Sic Codd. 19 (cum ὕψωσε), 82, 93. 108. [82] Sic Codd. 19 (cum διετήρησε), 82, 93, 108 (ut 19). [83] Sic Codd. 19, 82 (om. τὸ), 93 (idem), 108. [84] Sic Codd. 82, 93, 108.

Cap. XXIII. [1] Sic Comp., Codd. 19 (cum χριστὸς), 82, 93 (cum χριστῶν), 108, Theodoret. Quaest. XLIII in 2 Reg. p. 447. [2] Iidem. [3] Iidem. Theodoret. enarrat: εἰ δὲ . . ὁ θεὸς Ἰακὼβ εὐδόκησεν ἐν αὐτῷ λαλῆσαι. Ad πλάστης cf. ad Cap. xxii. 3. [4] Sic Comp. (cum ἄρχων ἐν

ἀ. δίκαιος, ἀρχὸς φ. θ.), Codd. 19 (cum δικαίοις, ἄρχαι), 82, 93, 108 (cum ἄρχαι pro ἄρχε). [5] Sic Comp. (cum καὶ ὡς φ. τ. π. ἀνατελεῖ ἥ.), Codd. 19, 82, 93, 108. [6] Iidem. [7] Sic Comp. (cum καὶ ἐξ ὑετοῦ pro ὡς ὑ.), Codd. 19, 82, 93, 108 (cum τῆς γῆς pro ἐκ γῆς). [8] Sic Codd. 19 (cum αὐτὸν), 93 (cum ἐκ ὧδε), 108. [9] Sic Comp., Ald., Codd. X, 29 (cum θελ. μου), 56 (idem), alii (inter quos 243, ut 29), Arm. I (cum κύριος pro ἐν κ.). [10] Sic Codd. 19, 82, 93, 108. [11] Sic Codd. 19, 82 (cum ἐξαν. pro οἱ ἀν.), 93 (idem), 108. [12] Sic Codd. 19, 82 (cum ὥντε

6. כִּי־לֹא בְיָד יִקָּחוּ‎ .O'. ὅτι οὐ χειρὶ ληφθήσονται.
Alia exempl. διότι οὐκ ἐν χειρὶ λήψονται.[13]

7. וְאִישׁ יִגַּע בָּהֶם יִמָּלֵא בַרְזֶל וְעֵץ חֲנִית‎ .Et vir
qui tangit eas, armabitur ferro et ligno hastae.
O'. καὶ ἀνὴρ οὐ κοπιάσει ἐν αὐτοῖς· καὶ πλῆρες
σιδήρου, καὶ ξύλον δόρατος. Alia exempl. καὶ
ἀνὴρ ἐκλείψει (יִבַּע‎) ἐν αὐτοῖς, ἐὰν μὴ (אִם־‎
לֹא‎) σίδηρος καὶ ξύλα διακόψῃ αὐτούς.[14]

וּבָאֵשׁ שָׂרוֹף יִשָּׂרְפוּ בַּשָּׁבֶת‎ .Et igne combustione
comburentur in sede sua. O'. καὶ ἐν πυρὶ καύ-
σει, καὶ καυθήσονται αἰσχύνην (s. εἰς αἰσχύνην) αὐτῶν. Alia exempl. καὶ πάντες ἐν πυρὶ
κατακαιόμενοι κατακαυθήσονται ἐν τῇ αἰσχύνῃ
αὐτῶν.[15]

8. יֹשֵׁב בַּשֶּׁבֶת תַּחְכְּמֹנִי‎ .O'. Ἰεβοσθὲ ὁ Χαναναῖος.
Alia exempl. Ἰεσβάαλ υἱὸς Θεκεμανεί.[16]

רֹאשׁ הַשָּׁלִשִׁי הוּא‎ .O'. ἄρχων τοῦ τρίτου ἐστίν.
Θ. πρῶτος τῶν τριῶν οὗτος.[17]

עֲדִינוֹ הָעֶצְנִי‎ (הָעֶצְנוֹ‎) .O'. Ἀδινὼν ὁ Ἀσωναῖος·
οὗτος ἐσπάσατο τὴν ῥομφαίαν αὐτοῦ. Alia exempl. (οὗτος) διεκόσμει τὴν διασκευὴν αὐτῶν.[18]

עַל־שְׁמֹנֶה מֵאוֹת חָלָל‎ .O'. ἐπὶ ὀκτακοσίους
στρατιώτας. Alia exempl. ἐπὶ ἐννακοσίους
τραυματίας.[19]

10. יָשֻׁבוּ‎ .O'. ἐκάθητο. Alia exempl. ἐπέστρεψεν.[20]

10. אַךְ לְפַשֵּׁט‎ .O'. πλὴν ἐκδιδύσκειν. Alia exempl. εἰς τὸ σκυλεύειν.[21]

11. לַחַיָּה‎ .In agmen. O'. εἰς θηρία. Alia exempl. ἐπὶ σιαγόνα (לַחֶיָה‎).[22]

12. וַיִּתְיַצֵּב‎ .O'. καὶ ἐστηλώθη (alia exempl. κατέστη[23]).

13. מֵהַשְּׁלֹשִׁים רֹאשׁ‎ .O'. ἀπὸ τῶν τριάκοντα.
Alia exempl. ἐκ τῶν τριάκοντα ἀρχῶν.[24]

וַיָּבֹאוּ אֶל־קָצִיר‎ .Et venerunt tempore messis.
O'. καὶ κατέβησαν εἰς Κασών (s. Κασωά).
Alia exempl. καὶ εἰσῆλθον εἰς τὴν πέτραν.[25]

רְפָאִים‎ .O'. Ῥαφαίν. Alia exempl. τῶν Τιτάνων.[26]

14. וּמַצָּב‎ .O'. καὶ τὸ ὑπόστεμα (alia exempl.
σύστημα[27]).

16. וַיִּבְקְעוּ שְׁלֹשֶׁת הַגִּבֹּרִים‎ .O'. καὶ διέρρηξαν οἱ
τρεῖς δυνατοί. Alia exempl. καὶ διέκοψαν οἱ
τρεῖς ἄνδρες.[28]

17. חָלִילָה לִּי יְהוָה‎ .O'. ἵλεώς μοι, κύριε. Alia
exempl. μή μοι γένοιτο παρὰ κυρίου.[29]

18. הוּא רֹאשׁ הַשְּׁלֹשִׁי וְהוּא עוֹרֵר אֶת־חֲנִיתוֹ עַל־
שְׁלֹשׁ מֵאוֹת‎ .O'. αὐτὸς ἄρχων ἐν τοῖς τρισὶ,
καὶ αὐτὸς ἐξήγειρε τὸ δόρυ αὐτοῦ ἐπὶ τριακοσίους. Alia exempl. πρῶτος τῶν τριῶν ὑφί-
στατο ἐν τῇ μάχῃ αὐτοῦ εἰς ἑξακοσίους.[30]

---

pro πάντες), 93, 108 (cum λύχνον). [13] Sie Codd. 19, 82
(cum κόψονται), 93, 108. [14] Sie Codd. 19 (cum διακόψει),
82 (cum ἐκθλίψει (sic), et om. σίδηρος), 93 (cum ἐκθλίψει), 108
(ut 19). [15] Sie Codd. 19 (cum κατακαόμενοι κατακαυθ.),
82, 93, 108. [16] Sie Comp. (cum Ἰεσβαὰθ υἱὸς Θεκεμανί),
Codd. 19, 82 (cum Ἰσμαναλ), 93, 108. [17] Cod. X. Sie
in textu Comp., Codd. 19 (cum τριῶν. οὗτος), 82, 93, 108
(ut 19). [18] Sie Codd. 19, 82, 93 (cum αὐτοῦ), 108.
Hic non praetereunda est Hieronymi versio singularis:
ipse est quasi tenerrimus [cf. עָדָין‎, mollis, delicatus, Jesai.
xlvii. 8] ligni vermiculus [τερηδὼν?]; quam Symmachi esse
valde suspicamur. [19] Sie Codd. 19 (cum ἐννακ.), 82,
93, 108. Iidem v. 9 integrum in hunc modum trans-
formant: καὶ μετ' αὐτὸν Ἐλεάζαρ υἱὸς Δωδὶ ἐν τοῖς τρισὶ
τοῖς δυνατοῖς. οὗτος ἦν μετὰ Δαυὶδ ἐν Σερρᾶ, καὶ οἱ ἀλλόφυλοι
ἐκεῖ συνήχθησαν εἰς πόλεμον, καὶ ἀνέβησαν ἄνδρες Ἰσραὴλ πρὸ
προσώπου αὐτῶν. [20] Sie Comp., Ald., Codd. X, XI, 19,

29, 44, 52, alii (inter quos 243). [21] Sie Comp., Codd.
19, 82, 93, 108 (cum σκυλεύειν). Bar Hebraeus: ܒܙ
ܟܢܫܟ, h. e. ἐκδιδύσκειν. Joseph. Antiq. VII, 12, 4:
ἑπομένου δὲ τοῦ πλήθους, καὶ σκυλεύοντας τοὺς ἀναιρουμένους.
[22] Sie Comp., Codd. X (in marg.), 19 (cum εἰς σ.), 56 (in
marg.), 82, 93, 108, 246 (cum ἐπὶ σ. εἰς θηρία), Arm. 1.
Joseph. ibid.: εἰς τόπον Σιαγόνα λεγόμενον. [23] Sie Comp.,
Codd. X, 82, 93, 108. [24] Sie Comp. (cum ἀρχόντων),
Codd. X, XI, 29, 52 (cum ἀπὸ τ. τρ. ἀρχόντων), alii; necnon
(cum τριῶν pro τριάκοντα) Codd. 19, 82, 93, 108. [25] Sie
Codd. 19, 82, 93, 108. Cf. 1 Paral. xi. 15 in Hebr. et
LXX. [26] Sie Comp., Codd. 19, 56, 82, 93, 108. Cf.
ad Cap. v. 18. [27] Sie Comp., Codd. 19, 82, 93 (cum
σύστεμμα), 108, Reg. (cum σύστεμα). Cf. Hex. ad 1 Reg.
xiv. 1. [28] Sie Codd. 19 (cum δυνατοί), 82, 93, 108.
[29] Sie Comp., Codd. 19, 93, 108. [30] Sie Codd. 19, 82,
93, 108, Theodoret. Quaest. XLIV in 2 Reg. p. 448.

18, 19. וְלוֹ־שֵׁם בַּשְּׁלֹשָׁה: מִן־הַשְּׁלֹשָׁה הֲכִי נִכְבָּד
וַיְהִי לָהֶם לְשָׂר וְעַד־הַשְּׁלֹשָׁה לֹא־בָא. Ο'.
καὶ αὐτῷ ὄνομα ἐν τοῖς τρισὶν, ἐκ τῶν τριῶν
ἐκείνων ἔνδοξος, καὶ ἐγένετο αὐτοῖς εἰς ἄρχοντα,
καὶ ἕως τῶν τριῶν οὐκ ἦλθε. Alia exempl.
οὗτος ἦν ὀνομαστὸς ἐν τοῖς τρισὶν, ὑπὲρ τοὺς
δύο ἔνδοξος, καὶ ἦν αὐτοῖς εἰς ἄρχοντα, καὶ
ἕως τῶν τριῶν οὐκ ἤρχετο.³¹ Ἀ. καὶ αὐτῷ
ὄνομα ἐν τοῖς τρισὶ παρὰ τοὺς τρεῖς, ὅτι ἔν-
δοξος· καὶ ἐγένετο αὐτοῖς εἰς ἄρχοντα, καὶ ἕως
τῶν τριῶν οὐκ ἦλθεν. Σ. ἦν δὲ αὐτῷ ὄνομα
ἐν τοῖς τρισὶ, τῶν τριῶν ὄντος ἐνδοξοτάτου, καὶ
ἦν αὐτῶν ἄρχων· ἀλλ' ἕως τῶν τριῶν οὐκ
ἦλθεν.³²

20. בֶּן־אִישׁ חַי רַב־פְּעָלִים. Filius viri fortis
(חַיִל ק) multorum facinorum. Ο'. ἀνὴρ αὐτὸς πολλοστὸς ἔργοις. Alia exempl. υἱοῦ Ἰεσσαί, πολλὰ ἔργα ἦν αὐτῷ.³³

21. בַּשֵּׁבֶט וַיִּגְזֹל. Ο'. ἐν ῥάβδῳ, καὶ ἥρπασε. Alia
exempl. ἐν τῷ δόρατι αὐτοῦ ὁ Αἰγύπτιος, καὶ
ἀφεῖλε.³⁴

23. וַיְשִׂימֵהוּ. Ο'. καὶ ἔταξεν (alia exempl. κατέ-
στησεν³⁵) αὐτόν.

אֶל־מִשְׁמַעְתּוֹ. Ο'. πρὸς τὰς ἀκοὰς αὐτοῦ. Alia
exempl. ἐπὶ τὴν φυλακὴν αὐτοῦ (מִשְׁמַרְתּוֹ).³⁶
Ἀ. ἐπὶ ὑπακοὴν αὐτοῦ. Σ. ἐπὶ τῶν ὑπηκόων
αὐτοῦ.³⁷

24–39. עֲשָׂה־אֵל—שְׁלֹשִׁים וְשִׁבְעָה. Ο'. Ἀσαὴλ

—τριάκοντα καὶ ἑπτά. Aliter:³⁸ Ἀσαὴλ ἀδελφὸς Ἰωάβ· οὗτος ἐν τοῖς τριάκοντα· Ἐλεανὰν
υἱὸς πατραδέλφου αὐτοῦ ἐν Βηθλεέμ· (25) Σε-
μὼθ ὁ Ἀρωδί· Ἑλικὰ ὁ Ἀρωδί· (26) Χελλὴς
ὁ Φαλλωνί· Ἱρὰ υἱὸς Ἐκκῆς ὁ Θεκωΐτης·
(27) Ἀβιέζερ ὁ Ἀναθωθίτης· Σαβουχαὶ³⁹ ὁ
Ἀσωθίτης· (28) Ἑλλὼν ὁ Ἀλωνίτης· Μοορὲ
ὁ Νετωφαθίτης· (29) Ἑλὰ υἱὸς Βαανὰ ὁ Νετω-
φαθίτης· Ἐθθὶ υἱὸς Ῥιβὰ ἐκ Γαβαὰ Βενιαμίν·
(30) Βαναίας ὁ Φαραθωνίτης· Οὐρὶ ἐκ Ναχα-
λιγαίας·⁴⁰ (31) Ἀβιὴλ υἱὸς τοῦ Ἀραβωθίτου·
Ἀζμὼθ ὁ Βαρσαμίτης· (32) Ἐλεασὰ υἱὸς ὁ Ἀλα-
βωνίτης· Βασαὶ ὁ Γωννί, Ἰωνάθαν (33) υἱὸς
Σαμὰ ὁ Ἀρωρίτης· Ἀχιὰν υἱὸς Σαραὶὰ ὁ Ἀρα-
θυρίτης· (34) Ἀλιφαλὰτ υἱὸς τοῦ Μααχαθὶ·
Ἀχὶ ὁ Μεθυραθί⁴¹· Ἑλιὰβ υἱὸς Ἀχιτόφελ τοῦ
Γελωνίτου· (35) Ἀσαραὶ ὁ Καρμήλιος τοῦ Οὐρὲ
υἱὸς Ἀσβί· (36) Ἰγαὰλ υἱὸς Νάθαν· Μαβαὰν
υἱὸς Ἀγαρί· (37) Ἑλλὴχ ὁ Ἀμμανίτης· Γε-
λωραὶ ὁ Βηρωθαῖος, ὁ αἴρων τὰ σκεύη Ἰωὰβ
υἱοῦ Σαρουίας· (38) Ἱρὰς ὁ Ἰεθιραῖος· Γαρὴβ
ὁ Ἰεθιραῖος· (39) καὶ Οὐρίας ὁ Χετταῖος· οἱ
πάντες τριάκοντα καὶ ἑπτά.

Cap. XXIV.

1. וַיֹּסֶף אַף־יְהוָה לַחֲרוֹת בְּיִשְׂרָאֵל. Ο'. καὶ προσέθετο ὀργὴν κύριος (alia exempl. ὀργὴ κυρίου¹)
ἐκκαῆναι ἐν Ἰσραήλ. Θ. καὶ προσέθετο ὀργὴ
θεοῦ τοῦ θυμωθῆναι ἐν Ἰσραήλ.²

---

³¹ Iidem. Cf. 1 Paral. xi. 20, 21. ³² Cod. 243. qui ad
Sym. scribit τῶν τρ. ὄντος ἐνδοξότατος, pro quo Montef. tacite
edidit τῶν τρ. ὄντος ἐνδοξοτάτου; non male, nisi quis praetulerit : (ὄνομα) τῶν τρ. ὄντος ἐνδοξότατος, ut ὄντος particulae
הֲכִי vices gerat. ³³ Sic Comp. (cum ἀνδρὸς δυνατοῦ pro
Ἰεσσαί), Codd. 19 (cum π. ἦν αὐτῷ ἔργα), 82, 93, 108,
Arm. 1 (ut Comp.). ³⁴ Sic Codd. 82, 93, 108. ³⁵ Sic
Comp., Codd. 19, 82, 93, 108. ³⁶ Sic Codd. X (in
marg.), 19, 82 (cum κεφαλὴν), 93, 108, Theodoret. ³⁷ Cod.
243. Cf. Hex. ad 1 Reg. xxii. 14. ³⁸ Nomina XXXVII
Davidis heroum, quae in Ed. Rom. ab Hebraeo archetypo
mirum in modum discedunt, nos e Cod. 243 (quocum ad
summam amice conspirant Ald., Codd. X, XI, 29, 44, 52, alii)
exceptis scripturae mendis fideliter descripsimus. ³⁹ Sic
(pro Ἀβουχαὶ) Ald., Codd. X, XI (cum Σαβαχαί), 52, 64,
alii. In Hebraeo est מְבֻנַּי, Ο'. ἐκ τῶν υἱῶν. Sed cf. 2 Reg.
xxi. 18. 1 Paral. xi. 29. ⁴⁰ Sic (pro Ναχαμγαίας) emaculavimus ex Ald. (cum Ναλαλγαίας), Codd. X, XI, 29, 44,
52, aliis. Hebr. וְעַל, e vallibus Gaash, Ο'. ἀπὸ χει-
μάρρων Γαδ(αβιήλ). ⁴¹ Sic (pro Μεθυραθί) Codd. 44 (cum
Μεθραθί), 52, 74, 92, 98, 106, 120, 123, 134 (cum Μεθυραθί), 144, 236, 242 (cum Μεθυραθί), 244. In ceteris et
in Hebraeo haec, Ἀχὶ ὁ Μεθυραθί, non habentur.
Cap. XXIV. ¹ Sic Comp., Codd. II (in marg.), III,
XI, 55, 123, 158. ² Cod. 243. Sic in textu Codd. 19,
82, 93 (cum τοῦ θεοῦ), 108 (cum τὸ θμ.), Theodoret.
Quaest. XLV in 2 Reg. p. 449.

3. לָמָּה חָפֵץ בַּדָּבָר הַזֶּה. Ο'. ἱνατί βούλεται ἐν τῷ λόγῳ τούτῳ; Alia exempl. ἱνατί θέλει τὸ ῥῆμα τοῦτο;³

4. וַיֶּחֱזַק דְּבַר. Ο'. καὶ ὑπερίσχυσεν ὁ λόγος. Alia exempl. καὶ κατεκράτησε τὸ ῥῆμα.⁴

5. וַיַּחֲנוּ. Ο'. καὶ παρενέβαλον. Alia exempl. καὶ ἤρξαντο (וַיָּחֵלּוּ).⁵

6. תַּחְתִּים חָדְשִׁי. Tahtim-hodshi (de quo nil constat). Ο'. Θαβασὼν, ἥ ἐστιν Ἀδασαί. Alia exempl. Χεττιεὶμ Κάδης (הַחִתִּים קָדֵשׁ).⁶ Σ. τὴν κατωτέραν ὁδόν.⁷

7. מִבְצַר־צֹר. Ad munitionem Tyri. Ο'. εἰς Μάψαρ (alia exempl. Βοσσοράν) Τύρου. Ἀ. (εἰς) διάρμα Τύρου. Σ. (εἰς) ὀχύρωμα Τύρου.⁹

הַחִוִּי וְהַכְּנַעֲנִי. Ο'. τοῦ Εὐαίου καὶ τοῦ Χαναναίου. Alia exempl. τοῦ Εὐεὶ καὶ τοῦ Χανανεί.¹⁰

8. וַיָּשֻׁטוּ בְּכָל־הָאָרֶץ. Ο'. καὶ περιώδευσαν ἐν πάσῃ τῇ γῇ. Alia exempl. καὶ περιῆλθον πᾶσαν τὴν γῆν.¹¹

9. שְׁמֹנֶה מֵאוֹת. Ο'. ὀκτακόσιαι. Θ. ἐνακόσιαι.¹²

9. חֲמֵשׁ־מֵאוֹת. Ο'. πεντακόσιαι. Θ. τετρακόσιαι.¹³

10. אֲשֶׁר עָשִׂיתִי. Ο'. ὃ ἐποίησα. Alia exempl. ποιήσας τὸ ῥῆμα τοῦτο.¹⁴

וְעַתָּה יְהוָה הַעֲבֶר־נָא אֶת־עֲוֹן. Ο'. νῦν, κύριε παραβίβασον δὴ τὴν ἀνομίαν. Alia exempl. καὶ νῦν, κύριε, περίελε τὴν ἀδικίαν.¹⁵

נִסְכַּלְתִּי. Ο'. ἐμωράνθην. Alia exempl. ἐματαιώθην.¹⁶

13. וְהוּא רֹדְפֶךָ. Ο'. καὶ ἔσονται διώκοντές σε. Alia exempl. καὶ ἔσονται καταδιώκειν σε; alia, καὶ αὐτοὺς καταδιώκειν σε.¹⁷

14. צַר־לִי מְאֹד. Ο'. στενά μοι πάντοθεν σφόδρα ἐστίν. Alia exempl. στενά μοι πάντοθεν σφόδρα ἐστὶ καὶ τὰ τρία.¹⁸ Alia: στενά μοι σφόδρα ἐστὶν εἰς τὰ τρία.¹⁹

16. וַיִּנָּחֶם. Ο'. καὶ παρεκλήθη (Θ. μετεμελήθη. Ἀ. Σ. παρεκλήθη²⁰).

רַב עַתָּה. Ο'. πολὺ νῦν. Alia exempl. ἱκανὸν νῦν; alia, ἱκανόν.²¹

17. אָנֹכִי חָטָאתִי וְאָנֹכִי הֶעֱוֵיתִי. Ο'. ἐγώ εἰμι

---

³ Sic Comp., Codd. 19 (cum θέλῃ), 82 (idem), 93, 108 (ut 19). ⁴ Iidem. ⁵ Sic (cum ἀπὸ Ἀροὴρ) Codd. 19 (cum ἤρξατο), 82, 93, 108. ⁶ Sic Comp. (cum Χεττιὰμ Χάδης), Codd. 19 (cum Χεττιεὶμ), 82 (cum τὴν προ γῆν), 93, 108 (om. εἰς). ⁷ Euseb. in Onomastico, p. 38: Ἀμειθθὰ ἡ Ἀδασαί [Hieron.: Aethon Adasai, fere ut in nostro loco Cod. III, qui scribit Ἐθαὼν Ἀδασαί]. Σύμ. τὴν κατωτέραν ὁδόν. ⁸ Sic Codd. 82, 93 (cum Βοσσορρὰν), 108. ⁹ Euseb. in Onomastico, p. 284: Μάψαρ Τύρου. Ἀκ. ἄρμα Τύρου. Σύμ. ὀχύρωμα Τύρου; vel, vertente Hieronymo: "Mabsar Tyri: pro quo Aq. et Sym. interpretantur munitam Tyrum." Montef. vero e Regio suo excitat: 'Ἀ. Σ. φράγμα (sic) Τύρου, unde apud Eusebium pro ἄρμα, φράγμα restituendum esse conjicit, probante Wesselingio in Probabil. p. 217. Nobis quidem Regii istius lectio valde suspecta est; tum quia vox φράγμα in Bibliis Graecis nusquam legitur, tum quia scripturae Eusebianae in longe faciliorem emendationem incidimus, scilicet διάρμα, quod pro eodem Hebraeo Aquilae vindicavimus in Hex. ad Jesai. xxxiv. 13. Etiam διηρμένα pro בְּצֻרוֹת posuit idem interpres ad Deut. iii. 5. Jesai. xxxvi. 1 (in Auctario). ¹⁰ Sic Codd. 82, 93, 108 (cum Εὐεὶν et Χανανί). ¹¹ Sic Comp., Codd. 19, 82, 93,

108, qui pergunt: καὶ παραγίνονται μετὰ ἐννέα μῆνας κ.τ.ἑ. ¹² Cod. 243 in marg.: Ὀκτακοσίας ἔχει ἐν τῷ ἑξαπλῷ· παρὰ δὲ Θ. ἐνακοσίας. Sic in textu Codd. 19 (cum ἐννεακ.), 52 (cum ἐννεακόσιοι), 82 (cum ἐννακ.), 93 (idem), 108 (idem), 236 (idem), 242, 246 (ut 82). ¹³ Cod. 243 in marg.: πεντακόσιαι κεῖται ἐν τῷ ἑξαπλῷ· παρὰ μόνῳ δὲ Θ. τετρακόσιαι. Sic in textu Codd. 19, 52, 82 (cum τρακόσιαι), 93, alii. ¹⁴ Sic Comp., Ald., Codd. III (cum ὅτι ἐποίησα pro ποιήσας), XI, 19, 29, 44, 52, alii (inter quos 243). ¹⁵ Sic Comp., Codd. XI, 19, 29, 44 (cum καρδίαν pro ἀδικίαν), 52 (cum ἀνομίαν), alii (inter quos 243, cum ἀκακίαν (sic) in marg.). ¹⁶ Sic Comp., Codd. XI (cum ἐματαιώθην), 19, 29, 44, 52, alii (inter quos 243, cum ἐμωράνθην in marg.). ¹⁷ Prior lectio est in Ald., Codd. III (cum διώκειν), 29, 44, 55 (ut III), 56, alii (inter quos 243); posterior in Comp., Codd. 19, 82 (cum αὐτὸς), 93, 108. ¹⁸ Sic Ald., Codd. XI, 29 (om. καὶ), 44, 52, 55 (ut 29), 56, alii (inter quos 243). ¹⁹ Sic Comp. (om. εἰς), Codd. 19, 82 (cum καὶ pro εἰς), 93 (idem), 108. Bar Hebraeus: ܚ (dura) ܐܠܚ̈ܢܐ. ²⁰ Cod. 243. Theodotionis lectio est in Comp., Codd. 19, 82, 93, 108, Theodoret. ²¹ Prior lectio est in Comp., Codd. 44, 52 (cum πολὺ ἱκ. νῦν), 74,

ἠδίκησα. Alia exempl. ἐγὼ ἡμάρτηκα, καὶ ἐγώ εἰμι ὁ ποιμὴν ἐκακοποίησα.[22]

17. הַצֹּאן. Ο'. τὰ πρόβατα. Alia exempl. τὸ ποίμνιον.[23]

20. עֹבְרִים עָלָיו. Ο'. παραπορευομένους ἐπάνω αὐτοῦ. Alia exempl. διαπορευομένους ἐπ' αὐτόν.[24]

21. וַתֵּעָצַר הַמַּגֵּפָה מֵעַל הָעָם. Ο'. καὶ συσχεθῇ ἡ θραῦσις ἐπάνω τοῦ λαοῦ. Alia exempl. ὅπως ἐπίσχῃ ἡ πτῶσις ἀπὸ τοῦ λαοῦ.[25]

22. וְהַמֹּרִגִּים. Et tribula. Ο'. καὶ οἱ τροχοί. Alia exempl. καὶ τὰ ξύλα καὶ τὰ ἄροτρα.[26]

23. יִרְצֶךָ. Ο'. εὐλογῆσαί σε. Alia exempl. προσ-

δέξεται παρὰ σοῦ.[27]

25. (÷) καὶ προσέθηκε — ἐν πρώτοις (◄).[28]

וַיֵּעָתֵר. Ο'. καὶ ἐπήκουσε (alia exempl. ἵλεως ἐγένετο[29]). Schol. Ἐν τῷ ἑξαπλῷ καὶ τοῖς ἀκριβεστέροις τῶν ἀντιγράφων ἡ μὲν δευτέρα τῶν Βασιλειῶν πληροῦται ἐν τῇ κατὰ τὴν θραῦσιν τοῦ λαοῦ διηγήσει, καὶ τῇ τῆς ἅλω τοῦ Ὀρνᾶ διαπράσει· ἡ δὲ τρίτη τῶν Βασιλειῶν ἄρχεται ἔκ τε τῆς κατὰ τὴν Ἀβισὰγ τὴν Σουμανῖτιν ἱστορίας, καὶ ἐκ τῶν κατὰ τὸν Ἀδωνία καὶ τὴν αὐτοῦ τυραννίδα. Διόδωρος δὲ τῇ δευτέρᾳ τῶν Βασιλειῶν συνάπτει καὶ ταῦτα ἕως τῆς τοῦ Δαυὶδ τελευτῆς, ὁμοίως Θεοδωρήτῳ.[30]

---

aliis (inter quos 243 in marg.); posterior in Codd. 19, 82, 93, 106, 108. Cf. Hex. ad Num. xvi. 3. [22] Sic Comp. (cum ἥμαρτον, et om. εἰμι), Ald. (cum ἐγώ εἰμι ἠδίκησα, καίγε ἐγώ εἰμι ὁ π. ἐκ.), Codd. III (cum ἐγώ εἰμι ἠδίκησα, καὶ ἐγὼ ὁ π. ἐκ.), XI, 19 (ut Comp.), 29 (cum ἐγώ εἰμι ἡμάρτηκα, καὶ ἐγώ εἰμι ὁ π. ὁ κακοποιήσας), 44 (om. εἰμι), 52 (cum ἐγώ εἰμι ἡμάρτηκα), alii (inter quos 243, ut 29). [23] Sic Codd. 19, 82, 93, 108, Theodoret., Chrysost. Opp. T. I, p. 217 D, et T. IX, p. 735 B. [24] Sic Comp., Codd. 82, 93, 108.

[25] Sic Comp., Codd. 19 (cum ἐπίσχῃ), 82, 93, 108. Mox v. 25 pro συνεσχέθη ἡ θρ. in iisdem est ἐπέσχεν ἡ πτῶσις. [26] Sic Codd. 19, 82, 93, 108. [27] Sic Codd. 82, 93. [28] Haec desunt in Comp. solo. [29] Sic Comp., Codd. 19 (cum ἔλεγεν pro ἵλεως), 82, 93, 108. Cf. ad Cap. xxi. 14. [30] Cod. 243, exscribente Montef. Cum Diodoro et Theodoreto faciunt Codd. 19, 82, 93, 108, 245, qui librum Regum tertium a Cap. ii. 12 incipiunt.

LIBER III REGUM,

JUXTA HEBRAEOS I REGUM.

IN LIBRUM III REGUM

MONITUM.

PRAETER fontes in Monito ad libros Regum et Paralipomenων recensitos, in Hexaplis nostris ad hunc tertium Regum librum concinnandis plus nobis adjumenti quam omnia quae antecessoribus nostris praesto erant subsidia, contulit versio Syro-hexaplaris, non ita pridem in lucem prolata, quae in Codice Musei Britannici, signato "Addit. MSS. 14,437." foliis 47-124, continetur. Codex charactere Estranghelo saeculi VIII eleganter exaratus olim continebat librum integrum cum synopsi nonis quaternionibus descriptum, e quibus tamen periit quartus, scilicet a Cap. vii. 14 ad Cap. viii. 61. In asteriscis et obelis pingendis scriba non raro peccat, confusione ex more dictorum siglorum non solum initio sententiae, sed singulis lineis quibus sententia terminaretur praemittendorum evidenter nata. Praeterea indicibus in contextu ad certas voces appictis, lectiones marginales quae iis aptentur non raro abesse graviter dolendum est. Scholia, praecipue ethica, hic illic margini allita sunt, sub nomine S. Severi patriarchae Antiocheni, aliorumque quos indicavit Wright *Catalogue of Syriac MSS. in the British Museum*, Part I, p. 33, qui et subscriptionem libri exscripsit. Haec autem sonat: "Sumptus est hic liber [3 Regum] ex quo conversus est hic qui in manibus est e Graeca in Syriacam ex Hexaplo, h. e. *sex columnis*, bibliothecae Caesareae Palaestinensis; et collatus est cum exemplari in quo subsignatum erat sic: Εὐσέβιος διώρθωσα ὡς ἀκριβῶς ἐδυνάμην. Conversus autem est e lingua Graeca in Syriacam mense Shebat anni 927 juxta numerum Alexandri, indictione quarta [A. D. 616] in Enato [εἰς τὸ ἔνατον. Cf. Wright ibid. p. 34 *not.*] Alexandriae in sancto monasterio Antonini." Libri nondum publici juris facti apographum suum benevole nobis concessit Ceriani noster. Bar Hebraei autem pauculas lectiones, quae ad lacunam supradictam spectant, e Musei Britannici codicibus exscribendas curavimus.

LIBER III REGUM.

CAPUT I.

1. בָּא בַּיָּמִים‎. Ο'. προβεβηκὼς ἡμέραις. Alia exempl. ἥκων εἰς ἡμέρας.[1]

2. וְעָמְדָה לִפְנֵי הַמֶּלֶךְ‎. Ο'. καὶ παραστήσεται τῷ βασιλεῖ ※ Θ. ἔμπροσθεν αὐτοῦ ◄.[2] Alia exempl. καὶ παραστήσεται ἔναντι τοῦ βασιλέως.[3]

וְשָׁכְבָה בְחֵיקֶךָ‎. Ο'. καὶ κοιμηθήσεται μετ' αὐτοῦ ('Ο 'Εβραῖος, Θ. ἐν τῷ κόλπῳ σου). Alia exempl. καὶ κατακείσεται ἐν τῷ κόλπῳ αὐτοῦ.[4]

3. בְּכֹל גְּבוּל‎. Ο'. ἐκ παντὸς ὁρίου. Ἀ. Σ. Θ. ἐν παντὶ ὁρίῳ.[5]

4. יָפָה עַד־מְאֹד‎. Ο'. καλὴ ἕως σφόδρα. Alia exempl. καλὴ τῷ εἴδει σφόδρα.[6]

וַתְּהִי לַמֶּלֶךְ סֹכֶנֶת‎. Et erat regi contubernalis. Ο'. καὶ ἦν θάλπουσα τὸν βασιλέα. Alia exempl. καὶ ἦν τῷ βασιλεῖ σύγκοιτος.[7]

5. וַאֲדֹנִיָּה‎. Ο'. καὶ 'Αδωνίας (alia exempl. 'Ορνία[8]).

5. מִתְנַשֵּׂא‎. Ο'. ἐπῄρετο. Alia exempl. ἐπῆρτο.[9]

רָצִים לְפָנָיו‎. Ο'. παρατρέχειν ἔμπροσθεν αὐτοῦ. Alia exempl. προτρέχοντας αὐτοῦ.[10]

6. עֲצָבוֹ‎. Dolore affecit eum. Ο'. ἀπεκώλυσεν αὐτόν. Alia exempl. ἐπετίμησεν αὐτῷ.[11]

מִיָּמָיו‎. A diebus ejus (aliquando). Ο'. οὐδέποτε. Alia exempl. πάντοτε.[12]

מַדּוּעַ כָּכָה עָשִׂיתָ‎. Ο'. διὰ τί σὺ ἐποίησας (alia exempl. τοῦτο ('Ἀ. τοιοῦτο[13]) ἐποίησας[14]); Alia exempl. τί ὅτι πεποίηκας οὕτως;[15]

וְאֹתוֹ יָלְדָה אַחֲרֵי אַבְשָׁלוֹם‎. Ο'. καὶ αὐτὸν ἔτεκεν ὀπίσω 'Αβεσσαλώμ. Alia exempl. καὶ τοῦτον ἐγέννησε μετὰ τὸν 'Αβεσσαλώμ.[16]

7. וַיַּעְזְרוּ אַחֲרֵי אֲדֹנִיָּה‎. Ο'. καὶ ἐβοήθουν ὀπίσω 'Αδωνίου. Alia exempl. καὶ ἀντελαμβάνοντο αὐτοῦ.[17]

8. וְרֵעִי‎. Ο'. καὶ 'Ρησί (alia exempl. 'Ρηΐ[18]).

CAP. I. [1] Sic Codd. 19, 82, 93, 108. [2] Syro-hex. in textu: ܠ ܩܕܡܘܗܝ ܀. [3] Sic Comp., Codd. 19, 82, 93 (cum ἐναντίον), 108, 247 (cum ἐνώπιον). [4] Sic Comp., et (om. καὶ ἔσται αὐτὸν θάλπουσα) Codd. 19 (cum κατοικήσεται), 82 (idem), 93, 108. Syro-hex. ܘܟܕܡܟܐ .ܐ. ܥ. [5] Syro-hex. ܟܡܠܐ .ܐ. ܣ. ܀. Sic in textu Comp., et (om. ὁρίῳ) Codd. 19, 82, 93, 108. [6] Sic Comp., Ald., Codd. 19, 44, 52, alii (inter quos Reg.), invito Syro-hex. [7] Sic Codd. 19, 82, 93, 108, Procop. p. 170. [8] Sic Codd. 82 (cum 'Ορνεία) 93 (idem), 108, Theodoret, Pro-

cop. p. 173 (cum 'Ορνιὰ, notans: 'Αδωνίας· καὶ γὰρ ἦν διώνυμος). [9] Sic Comp., Codd. 44, 70, 74, alii, Syro-hex. (cum ἐπῄρετο (ܩܐܐ ܟܚܡܠܐ) in marg.). [10] Sic Comp., Codd. 19 (cum αὐτῷ), 82, 93, 108, 123. [11] Sic Comp., Codd. 19, 82, 93, 108. [13] Iidem. [12] Syro-hex. .ܐ. ܀ܠ܀ ܐܬܐܐ܀. [14] Sic Ald., Codd. XI (cum ἐποίησας τοῦτο), 119, 121, 243, 244, Syro-hex. [15] Sic Comp., Codd. 19, 82, 93, 108. [16] Sic Comp., Codd. 19 (cum ἔτεκεν), 82, 93, 108 (cum αὐτόν). [17] Sic Codd. 19, 82, 93, 108. [18] Sic Codd. 52, 74, 92, alii, Syro-hex. (cum ܪܥܝ), Arm. 1.

8. וְהַגִּבּוֹרִים אֲשֶׁר לְדָוִד. Ο΄. καὶ ÷ υἱοὶ ◄ δυνατοὶ τοῦ Δαυίδ.[19] Alia exempl. καὶ οἱ ἑταῖροι αὐτοῦ οἱ ὄντες δυνατοὶ τῷ Δαυίδ.[20]

עִם־אֲדֹנִיָּהוּ. Ο΄. ὀπίσω Ἀδωνίου. Alia exempl. μετὰ Ὀρνία.[21]

9. עִם אֶבֶן הַזֹּחֶלֶת אֲשֶׁר־אֵצֶל עֵין רֹגֵל. Ο΄. μετὰ αἰθὴ τοῦ Ζωελεθὶ, ὃς ἦν ἐχόμενα τῆς Ῥωγήλ. Alia exempl. παρὰ τὸν λίθον τὸν Ζωελὲθ, ὃς ἦν ἐχόμενος τῆς πηγῆς Ῥωγήλ.[22] Ἀ. Σ. παρὰ τὸν λίθον τὸν Ζωελὲθ τὸν πλησίον τῆς πηγῆς Ῥογήλ. Θ. παρὰ τὸν λίθον τὸν Ζωελὰθ τὸν ἐχόμενον Ἀὶν τοῦ Ῥογήλ.[23]

בְּנֵי הַמֶּלֶךְ. Ο΄. Vacat. ※ Σ. Θ. τοὺς υἱοὺς τοῦ βασιλέως ◄.[24]

וּלְכָל־אַנְשֵׁי. Ο΄. καὶ πάντας τοὺς ἁδροὺς (alia exempl. ἄνδρας[25]).

11. בַּת־שֶׁבַע. Ο΄. Βηρσαβεέ. Alia exempl. Βηθσαβεέ.[26] Ἀ. Σ. Βεθσαβεέθ.[27]

הֲלוֹא שָׁמַעַתְּ. Ο΄. οὐκ ἤκουσας. Σ. ἆρα οὐκ ἤκουσας.[28]

12. וּמַלְּטִי. Ο΄. καὶ ἐξελοῦ. Θ. καὶ σῶσον (s. ῥῦσαι).[29]

15. הַחַדְרָה. Ο΄. εἰς τὸ ταμεῖον. Alia exempl. εἰς τὸν κοιτῶνα.[30]

16. בַּת־שֶׁבַע. Ο΄. Βηρσαβεέ. (Ἀ. Θ.) Βεθσαβεέθ. Σ. ὁμοίως τοῖς Ο΄.[31]

19, 25. וּמְרִיא. Ο΄. καὶ ἄρνας. Ὁ Ἑβραῖος· σιτευτόν.[32]

20. וְאַתָּה אֲדֹנִי הַמֶּלֶךְ עֵינֵי. Ο΄. καὶ σὺ, κύριέ μου βασιλεῦ, οἱ ὀφθαλμοί. Alia exempl. καὶ εἰ διὰ τοῦ κυρίου μου τοῦ βασιλέως γέγονε τὸ πρᾶγμα τοῦτο, ὅτι οἱ ὀφθαλμοί.[33]

21. חַטָּאִים. Rei. Ο΄. ἁμαρτωλοί. Alia exempl. ἡμαρτηκότες.[34]

23. לֵאמֹר. Ο΄. Vacat. Alia exempl. λεγόντων.[35]

לִפְנֵי. Ο΄. κατὰ πρόσωπον. Θ. ἐνώπιον.[36]

28. לִפְנֵי הַמֶּלֶךְ. Ο΄. ἐνώπιον αὐτοῦ. Ὁ Ἑβραῖος· ἐνώπιον τοῦ βασιλέως.[37]

33. וְהוֹרַדְתֶּם אֹתוֹ עַל(אֶל ק׳)־גִּחוֹן. Ο΄. καὶ καταγάγετε (alia exempl. καταβιβάσατε[38]) αὐτὸν εἰς (Ἀ. πρὸς[39]) τὴν Γιών.

35. וַעֲלִיתֶם אַחֲרָיו וּבָא. Ο΄. Vacat. ※ Θ. καὶ ἀναβήσεσθε ὀπίσω αὐτοῦ, καὶ εἰσελεύσεται ◄.[40]

וְאֹתוֹ צִוִּיתִי. Ο΄. καὶ ἐγὼ (Ἀ. Σ. Θ. καὶ αὐτῷ[41]) ἐνετειλάμην. Alia exempl. καὶ αὐτῷ ἐντελοῦμαι.[42]

36. אָמֵן כֵּן יֹאמַר יְהוָה אֱלֹהֵי אֲדֹנִי הַמֶּלֶךְ. Ο΄.

---

[19] Sic Syro-hex. (cum ܘܒܢܝ̈ ÷ ◄). [20] Sic Comp., Codd. 19 (cum ἕτεροι αὐτοῦ ὄντες), 82, 93 (cum ἕτεροι), 108. [21] Sic Comp. (cum Ἀδωνίου), Codd. 19, 82 (cum Ἀρνεία), 93 (cum Ὀρνεία), 108. Ad ὀπίσω Syro-hex. in marg.: μετά. [22] Sic Comp. (cum τὸν ἐχόμενον pro ὃς ἦν ἐχ.), Ald., Codd. III (cum τοῦ Ζ. pro τὸν Ζ., et ἐχόμενα), XI (cum ὡς pro ὃς), 44, 70, alii (inter quos 243, cum ἐχόμενα), Syro-hex. [23] Cod. 243. Theodoret. Quaest. XXIV in 2 Reg. p. 454: Ἐτέλεσε δὲ τὸ συσσίτιον παρά τινα πηγὴν πρὸ τοῦ ἄστεος ἀναβλύζουσαν, παρ' ἣν βασιλικὸς ἐτεθήλει παράδεισος· οὕτω γὰρ ὁ Ἰώσηπος [Antiq. VII, 14, 4] ἔφη· καὶ ὁ Σύμμαχος δὲ τὴν Ἀὶν πηγὴν ἡρμήνευσεν. Ἀινὰ δὲ αὐτὴν καὶ ὁ Σύρος καλεῖ. Unde colligit Scharfenb. in *Animadv.* T. II, p. 151, LXX interpretes Hebraeum עין literis Graecis scripsisse, et lectionem τῆς πηγῆς e Symmachi versione illatam esse, repugnantibus libris nostris, quorum ne unus quidem Ἀὶν exhibet. [24] Sic in textu Syro-hex., et sine notis Comp., Ald., Codd. III, XI, 19, 56, alii (inter quos 243), Arm. 1. [25] Sic Comp., Codd. III, 19, 44, 93, alii, Syro-hex., Arm. 1. [26] Sic Comp., Cod. III, Syro-hex. (cum ܒܝܬܫܒܥ). [27] Syro-hex. ܐ. ܣ. ܒܝܬ ܫܒܥ. Cf. ad v. 16. [28] Idem: ܣ. ܠܐ ܗܐ ܫܡܥܬܝ. [29] Idem: ܬ. ܘܦܨܝ. Comp. (cum σώσῃς), Codd. 19, 82, 93 (ut Comp.), 108 (idem): ὅπως σώσεις. [30] Sic Comp., Codd. 19, 82, 93 (cum εἰς τὸ κ.), 108. [31] Syro-hex. ܐ. ܬ. ܒܝܬ ܫܒܥ. ܣ. ܐܟܘܬ ܫܒܥܝܢ. Cf. Hex. ad Psal. l. 2. [32] Idem: ܥܒ. ܡܦܛܡܐ. Cf. Hex. ad 2 Reg. vi. 13. [33] Sic Codd. 19 (om. εἰ), 82, 93, 108. Cf. v. 27 in Hebr. et LXX. [34] Sic Codd. 19, 82, 93, 108, 158. Syro-hex. in textu: ܚܛܝܐ; in marg. autem sine nom.: ὁμοίως τοῖς Ο΄. [35] Sic Ald., Codd. III, XI, 56, 71, alii, Syro-hex. (cum ܕܐܡܪܝܢ). [36] Syro-hex. ܬ. ܩܕܡܘܗܝ. Sic in textu Comp., Codd. 82, 93, 108. [37] Syro-hex. ܥܒ. ܩܕܡ ܡܠܟܐ. Sic in textu Cod. 93. [38] Sic Comp., Codd. 19, 82, 93, 108. [39] Syro-hex. in textu: ܠܓܝܘܢ; in marg. autem: ܐ. ܠܘܬ. [40] Syro-hex. in textu: ※ܬ. ܘܬܣܩܘܢ ܒܬܪܗ. ܘܢܥܘܠ ◄. Sic sine notis Comp., Ald., Codd. III, XI, 19, 52, 55, alii (inter quos Reg.), Arm. 1. [41] Syro-hex. ܐ. ܣ. ܬ. ܘܠܗ. [42] Sic Comp., Codd. 19, 82, 93, 108.

γένοιτο οὕτως· πιστώσαι κύριος ὁ θεὸς τοῦ κυρίου μου τοῦ βασιλέως. Ἀ. Σ. ἀμήν· οὕτως ἐρεῖ (κύριος) ὁ θεὸς τοῦ κυρίου μου τοῦ βασιλέως.[43]

38, 44. וְהַכְּרֵתִי וְהַפְּלֵתִי. Ο΄. καὶ ὁ Χερεθί, καὶ ὁ Φελεθί. Aliter: Ο΄. καὶ οἱ ἐλεύθεροι καὶ οἱ στρατιῶται. Ὁ Ἑβραῖος· οἱ Χερεθὶ καὶ οἱ Φελεθί.[44]

38. וַיֹּלִכוּ אֹתוֹ. Ο΄. καὶ ἀπήγαγον αὐτόν. Alia exempl. καὶ ἐπορεύοντο ὀπίσω αὐτοῦ.[45]

40. וְהָעָם מְחַלְּלִים. Ο΄. καὶ ※ ὁ λαὸς ◂ ἐχόρευον.[46]

מְחַלְּלִים בַּחֲלִלִים וּשְׂמֵחִים שִׂמְחָה גְדוֹלָה. Ο΄. ἐχόρευον ἐν χοροῖς, καὶ εὐφραινόμενοι εὐφροσύνην μεγάλην. Ἄλλος· ηὔλουν ἐν αὐλοῖς, καὶ ἔχαιρον χαρᾷ μεγάλῃ.[47]

וַתִּבָּקַע. *Et concussa est.* Ο΄. καὶ ἐρράγη (alia exempl. ἤχησεν[48]).

41. מַדּוּעַ קוֹל־הַקִּרְיָה הוֹמָה. Ο΄. τίς ἡ φωνὴ τῆς πόλεως ἠχούσης; Alia exempl. τίς ἡ φωνὴ τῆς βοῆς ἠχεῖ μέγα;[49]

43. וַיֹּאמֶר לַאֲדֹנִיָּהוּ. Ο΄. καὶ εἶπε ※ Οἱ Γ΄. τῷ Ἀδωνίᾳ ◂.[50]

אֲבָל. *Immo vero.* Ο΄. καὶ μάλα. (Ἀ.) μάλιστα. Σ. ὄντως.[51]

45. לַמֶּלֶךְ. Ο΄. Vacat. Alia exempl. εἰς βασιλέα.[52]

49. וַיֶּחֶרְדוּ וַיָּקֻמוּ. Ο΄. καὶ ἐξέστησαν. Alia exempl. καὶ ἐξέστησαν καὶ ἐξανέστησαν.[53] Alia: καὶ ἐξέστησαν καὶ ἀνεπήδησαν.[54]

50. וַיַּחֲזֵק. Ο΄. καὶ ἐπελάβετο (alia exempl. ἐκράτησε[55]).

51. וְהִנֵּה אָחַז. Ο΄. καὶ κατέχει. Alia exempl. καὶ ἰδοὺ κατέχει.[56]

כַיּוֹם. Ο΄. σήμερον. Ἄλλος· ὡς σήμερον.[57]

אִם־יָמִית. Ο΄. εἰ οὐ θανατώσει. Alia exempl. τοῦ μὴ θανατῶσαι.[58]

52. לֹא־יִפֹּל. Ο΄. εἰ πεσεῖται. Alia exempl. οὐ μὴ πέσῃ.[59] Ἀ. Σ. οὐ πεσεῖται.[60]

53. לֵךְ. Ο΄. δεῦρο. Alia exempl. πορεύου.[61]

Cap. I. 2. καὶ εἶπον ※ αὐτῷ ◂.[62] 13. ÷ λέγουσα ◂.[63] 17. ἡ δὲ εἶπεν ※ αὐτῷ ◂.[64] κύριέ μου ÷ βασιλεῦ ◂.[65] ÷ λέγων ◂.[66] 47. ὁ θεός ※ σου ◂.[67] Σαλωμὼν ÷ τοῦ υἱοῦ σου ◂.[68] 48. ÷ ἐκ τοῦ σπέρματός μου ◂.[69]

Cap. II.

1. וַיְצַו. Ο΄. καὶ ἀπεκρίνατο. Ἀ. Σ. Θ. καὶ ἐνετείλατο.[1]

---

[43] Syro-hex. ܠܡܠܟܐ (rasura) ܐܡܝܢ ܗܟܢܐ ܢܐܡܪ ܡܪܝܐ ܐܠܗܗ ܕܡܪܝ ܡܠܟܐ. ܐ. ܣ. ܐܡܝܢ. [44] Syro-hex. in textu (bis): ܘܚܐܪܐ ܘܦܠܚܐ; in marg. autem ad v. 38: ܥ. ܟܪܬܝ ܘܦܠܬܝ (ܟܪܬܝ). Cod. Reg. notat: τοὺς σφενδονήτας καὶ τοὺς τοξότας. Cf. Hex. ad 2 Reg. viii. 18. [45] Sic Comp., Codd. 19, 82, 93, 108. [46] Sic Syro-hex. (qui pingit: ※ ܘܥܡܐ ◂), et sine aster. (cum πᾶς ὁ λ.) Comp., Codd. 19, 82 (cum ὁ χορεύων pro ἐχόρευον), 93, 108. [47] In Codd. 19, 82, 93, 108, duae versiones coaluerunt: ἐχόρευον ἐν χ. καὶ εὐφρ. εὐφροσύνῃ μεγάλῃ· ηὔλουν κ. τ. ἑ., quarum posterior Theodotionis esse videtur. [48] Sic Comp., Codd. 19, 82, 93, 108, 158, 247. Hieron. *insonuit.* [49] Sic Codd. 19, 82 (cum ἡ βοὴ τῆς φωνῆς), 93 (idem), 108; quorum arbitrarias mutationes posthac parciores memorabimus. Cf. Hex. ad 2 Reg. xiv. 2. [50] Sic in textu Syro-hex., et sine notis Comp., Codd. III, 52, 70, alii, Arm. 1. [51] Syro-hex. in marg. ܡܟܝܠ. ܣ. ܫܪܝܪܐܝܬ. Lectio anonyma Aquilae est, ut videtur, coll. Hex. ad Gen. xlii. 21. Ad Sym. cf. Hex. ad 2 Reg. xiv. 5. (Pro ὄντως Syrus noster ܫܪܝܪܐܝܬ dedit Num. xxii. 37.) [52] Sic Comp., Ald., Codd. III, XI, 44, 52, 55, alii, Syro-hex., Arm. 1. [53] Sic Comp., Ald., Codd. II (om. καὶ ἐξέστησαν), III, XI, 44, 52, 55, alii (inter quos 243), Arm. 1, invito Syro-hex. [54] Sic Codd. 19 (cum ἐξανίστησαν), 82, 93 (ut 19). [55] Sic Comp., Codd. 19, 82, 93 (cum κατέσχεν), 108. [56] Sic Comp. (cum ἐκράτησε pro κατέχει), Codd. 19, 82, 93, 108. [57] Syro-hex. in marg. ܐܝܟ. [58] Sic Comp., Codd. 19, 82, 93, 108. [59] Iidem. [60] Syro-hex. ܐ. ܣ. ܠܐ ܢܦܠ. Sic in textu Cod. 44. Statim Syro-hex. in textu: τῶν τριχῶν τῆς κεφαλῆς αὐτοῦ, invitis libris Graecis. [61] Sic Comp., Codd. 19, 82, 93, 108. [62] Syro-hex. Comp., Codd. 82, 108: καὶ εἶπον οἱ παῖδες αὐτῷ. [63] Idem. Deest in Comp., Codd. 82, 93, 108. [64] Idem. [65] Idem. Sic sine obelo Comp., Ald., Codd. III, XI, 44, 52, 55, alii (inter quos 243), Arm. 1. [66] Idem. [67] Idem. [68] Idem (qui pingit: ܕܒܪܟ ÷ ܕܒܪܟ ◂). Sic sine obelo Comp. (cum τοῦ υἱοῦ σου Σολομῶντος), Ald. (cum Σολομῶντος), Codd. III, XI, 19 (cum υἱοῦ σου Σολομῶντος), 44, 52, 55, alii (inter quos 243), Arm. 1. [69] Idem.

Cap. II. [1] Syro-hex. ܐ. ܣ. ܬ. ܘܦܩܕ. Sic in textu

2. וְחָזַקְתָּ וְהָיִיתָ לְאִישׁ. Ο΄. καὶ ἰσχύσεις (alia exempl. κραταιωθήσῃ²), καὶ ἔσῃ εἰς ἄνδρα (alia exempl. add. τέλειον; alia, δυνάμεως³). Σ. ἀσφαλίζου, καὶ ἔσο ἀνδρεῖος.⁴

3. אֶת־מִשְׁמֶרֶת. Ο΄. τὴν φυλακήν. Ἄλλος· τὴν διαθήκην.⁵

לִשְׁמֹר חֻקֹּתָיו מִצְוֹתָיו וּמִשְׁפָּטָיו וְעֵדְוֹתָיו כַּכָּתוּב. Ο΄. φυλάσσειν τὰς ἐντολὰς αὐτοῦ, καὶ τὰ δικαιώματα, καὶ τὰ κρίματα τὰ γεγραμμένα. Alia exempl. φυλάσσειν τὴν ὁδὸν αὐτοῦ, καὶ τὰ προστάγματα αὐτοῦ, ἀκριβάσματα αὐτοῦ, καὶ τὰ κρίματα αὐτοῦ, ἐντολὰς αὐτοῦ, καὶ τὰ μαρτύρια αὐτοῦ, καθὰ γέγραπται.⁶ Aliter: Ο΄. φυλάσσειν τὰ δικαιώματα αὐτοῦ, καὶ τὰ προστάγματα αὐτοῦ, καὶ τὰ κρίματα, ※ Σ. Ο. καὶ τὰ μαρτύρια αὐτοῦ ◄ τὰ γεγραμμένα.⁷

לְמַעַן תַּשְׂכִּיל אֵת כָּל־אֲשֶׁר תַּעֲשֶׂה. Ο΄. ἵνα συνήσῃς ※ πάντα ◄ ἃ ποιήσεις.⁸ Alia exempl. ὅπως εὐοδωθῇ πάντα ἃ ποιεῖς.⁹

וְאֵת כָּל־אֲשֶׁר תִּפְנֶה שָׁם. Ο΄. κατὰ πάντα ὅσα ἂν ἐντείλωμαί σοι. Alia exempl. καὶ πανταχῇ οὗ ἐὰν ἐπιβλέψῃς ἐκεῖ.¹⁰

4. עָלַי. Ο΄. Vacat. Alia exempl. περὶ ἐμοῦ.¹¹

וּבְכָל־נַפְשָׁם. Ο΄. Vacat. Alia exempl. καὶ ἐν ὅλῃ ψυχῇ αὐτῶν.¹²

יִכָּרֵת לְךָ. Ο΄. οὐκ ἐξολοθρευθήσεταί (alia exempl. ἐξαρθήσεταί¹³) σοι. Ἄλλος· οὐκ ἐκκοπήσεταί σοι.¹⁴

5. וַיָּשֶׂם. Ο΄. καὶ ἔταξε (alia exempl. ἐξεδίκησεν¹⁵).

בְּשָׁלֹם וַיִּתֵּן דְּמֵי מִלְחָמָה. Ο΄. ※ ἐν εἰρήνῃ, καὶ ἔδωκεν αἷμα ἀθῷον ◄.¹⁶

6. כְּחָכְמָתֶךָ. Ο΄. κατὰ τὴν σοφίαν (alia exempl. φρόνησιν¹⁷) σου.

וְלֹא־תוֹרֵד שֵׂיבָתוֹ בְּשָׁלֹם. Ο΄. καὶ οὐ κατάξεις τὴν πολιὰν αὐτοῦ ἐν εἰρήνῃ. Alia exempl. καὶ κατάξεις τὴν πολιὰν αὐτοῦ ἐν αἵματι.¹⁸

7. כִּי־כֵן קָרְבוּ אֵלַי בְּבָרְחִי. Ο΄. ὅτι οὕτως ἤγγισάν μοι ἐν τῷ με ἀποδιδράσκειν. Alia exempl. ὅτι οὗτος παρέστη ἐνώπιόν μου ἐν τῷ φεύγειν με.¹⁹

8. מַחֲנָיִם. Ο΄. εἰς παρεμβολάς. Ὁ Ἑβραῖος, Σ. εἰς Μααναίμ.²⁰

14. וַיֹּאמֶר. Ο΄. Vacat. ※ Α. καὶ εἶπεν ◄.²¹

16. אֶת־פָּנָי. Ο΄. τὸ πρόσωπόν σου (Ἄλλος· μου²²).

Comp., Ald., Codd. XI (cum ἄνετ.). 19, 44, 52, 55, alii (inter quos Reg., 243). Syro-hex. in textu: καὶ ἀπεκρίνατο λέγων τῷ Σ. υἱῷ αὐτοῦ. ² Sic Comp. Codd. 19, 82, 93, 108, 243 (in marg.), Theodoret. Quaest. III in 3 Reg. p. 456. ³ Prior lectio est in Ald., Codd. XI, 64, 71, aliis; posterior in Codd. 19, 82, 93, 108, Theodoret. ⁴ Cod. 243 (non, ut Montef., ἔσο εἰς ἄνδρα). Cf. Hex. ad Deut. xii. 23. ⁵ Sic in textu Cod. 119. Syro-hex. in marg. ܩܝܡܐ. ⁶ Sic Codd. 19 (cum τὴν ὁ. κυρίου, καὶ τὰ πρ. αὐτοῦ, καὶ τὰ κρ. αὐτοῦ, καὶ τὰς ἐντ. αὐτοῦ, καθὰ γ.), 82 (om. ἀκρ. αὐτοῦ καὶ τὰ κρ. αὐτοῦ, cum καθὼς pro καθὰ), 93, 108 (om. ἀκρ. αὐτοῦ), 243 (in marg., cum καὶ τὰ ἀκρ. αὐτοῦ), Theodoret. (cum καθώς). ⁷ Syro-hex. in textu: ܠܡܛܪ ܙܕܩܘ̈ܗܝ ܘܦܘ̈ܩܕܢܘܗܝ ※ ܘܣܗ̈ܕܘܬܗ ◄ ܘܕܝ̈ܢܘܗܝ. ܐ index est, sed nota marginalis abest. Ad τὰ γεγραμμένα in marg. pingitur ܕܟܬܝܒ, h.e. κατὰ (τὰ γγρ.). In textu Ed. Rom. post τὰ κρίματα inferunt καὶ τὰ μαρτύρια αὐτοῦ Comp., Ald., Codd. III, 74, 106, alii (inter quos 243). ⁸ Sic Syro-hex. ⁹ Sic Codd. 19 (cum εὐοδώσει), 82 (cum ποιήσεις), 93 (cum πάντα ποιήσῃς), 108 (cum εὐοδώθῃ), 243 (in marg, cum ποιήσεις), Theodoret. (cum ποιήσεις). ¹⁰ Sic

Comp., Codd. 19 (cum πανταχοῦ et ἐπιβλέψεις), 82 (cum ἐπιβλέψεις), 93, 108, 243 (in marg.), Theodoret. ¹¹ Sic Comp., Ald., Codd. III, 19, 52, 74, alii (inter quos 243), Syro-hex., Arm. 1. ¹² Sic Comp. (cum τῇ ψ.), Ald., Codd. III, XI, 19 (ut Comp.), 52, 55, alii (inter quos 243), Syro-hex. ¹³ Sic Comp., Codd. 19, 82, 93, 108. ¹⁴ Syro-hex. in marg. ܠܐ ܢܬܦܣܩ. Cf. Hex. ad Psal. xxxvi. 38. ¹⁵ Sic Comp., Codd. 19, 82, 93, 108. Pro ἔταξε Syro-hex. liberius vertit ܣܡ, ἐλογίσατο, notante etiam Masio in Syrorum Pecul. p. 19. ¹⁶ Sic Syro-hex. Haec leguntur in Ed. Rom., sed desunt in Codd. II, XI, 55, 56, 64, 71, 158, 245. ¹⁷ Sic Comp., Codd. 19, 82, 93, 108. Cf. Hex. ad 2 Reg. xx. 22. ¹⁸ Sic Codd. 243, 244, 247 (cum σὺ ἐν αἵματι). Cf. v. 9, ubi vicissim Codd. 243, 244: καὶ οὐ κατάξεις ... ἐν εἰρήνῃ. Origen. Opp. T. II, p. 113 diserte legit et enarrat: καὶ κατάξεις αὐτοῦ τὴν π. ἐν εἰρήνῃ. ¹⁹ Sic Codd. 19, 82 (cum οὗτος), 93, 108, ²⁰ Syro-hex. ܒܡ̈ܫܪܝܬܐ. ܐ. ܣ. ܒܡܚܢܝܡ. Cf. Hex. ad 2 Reg. xvii. 24. ²¹ Sic in textu Syro-hex., et sine notis Comp., Codd. III, 74, 82, 92, alii. ²² Sic in textu Cod. 144. Syro-hex. in textu: μου; in marg. autem: σου.

17. אֶת־פָּנַי. Ο'. τὸ πρόσωπον αὐτοῦ ἀπὸ σοῦ. Alia exempl. τὸ πρόσωπόν σου.²³

18. אָנֹכִי. Ο'. ἐγώ. Ἄλλος· διὰ τοῦτο.²⁴

20. אֶת־פָּנָי. Ο'. τὸ πρόσωπόν μου (alia exempl. σου²⁵).

26. וּבַיּוֹם הַזֶּה לֹא אֲמִיתֶךָ. Ο'. ※ καὶ ◄ ἐν τῇ ἡμέρᾳ ταύτῃ, καὶ οὐ θανατώσω σε.²⁶

28. עַד־יוֹאָב. Ο'. ἕως Ἰωὰβ υἱοῦ Σαρουίας. Alia exempl. ἕως Ἰωάβ.²⁷

וְאַחֲרֵי אַבְשָׁלוֹם. Ο'. καὶ ὀπίσω Σαλωμών (alia exempl. Ἀβεσσαλώμ²⁸).

29. אֵצֶל הַמִּזְבֵּחַ. Ο'. κατέχει τῶν κεράτων τοῦ θυσιαστηρίου. Ἀ. ἐχόμενα τοῦ θυσιαστηρίου.²⁹

30. וַיָּשָׁב בְּנָיָהוּ אֶת־הַמֶּלֶךְ דָּבָר. Ο'. καὶ ἐπέστρεψε Βαναίας υἱὸς Ἰωδαέ, (÷) καὶ εἶπε³⁰ τῷ βασιλεῖ. Ἄλλος· τὸν λόγον.³¹

34. וַיַּעַל בְּנָיָהוּ בֶּן־יְהוֹיָדָע. Ο'. Vacabat. ※ Θ. καὶ ἀνέβη Βαναίας υἱὸς Ἰωδαέ ◄.³²

וַיִּפְגַּע־בּוֹ. Ο'. καὶ ἀπήντησεν αὐτῷ. Alia exempl. καὶ ἀπήντησεν ÷ Ἰωδαέ ◄ τῷ Ἰωάβ.³³

42. וַתֹּאמֶר אֵלַי טוֹב הַדָּבָר שָׁמָעְתִּי. Ο'. Vacat.

※ Θ. καὶ εἶπάς μοι· ἀγαθὸν τὸ ῥῆμα ὃ ἤκουσα (◄).³⁴

46. וַיָּמֹת. Ο'. Vacat. Alia exempl. καὶ ἀπέθανε.³⁵

Cap. II. 12. τοῦ πατρὸς αὐτοῦ, – υἱὸς ἐτῶν δώδεκα ◄.³⁶ 13. – καὶ προσεκύνησεν αὐτῇ ◄.³⁷ 14. – αὐτῷ ◄.³⁸ 15. ÷ αὐτῇ ◄.³⁹ 16. – Βηθσαβεέ (sic) ◄.⁴⁰ 17. ÷ αὐτῇ ◄.⁴¹ 20. – αὐτῷ ◄.⁴² 22. καὶ ÷ αὐτῷ ◄ Ἰωάβ.⁴³ – ἀρχιστράτηγος ἑταῖρος (◄).⁴⁴ 24. – αὐτός ◄.⁴⁵ – κύριος ◄.⁴⁶ 25. – Ἀδωνίας ἐν τῇ ἡμέρᾳ ἐκείνῃ ◄.⁴⁷ 26. ἀπότρεχε – σύ ◄.⁴⁸ ÷ τῆς διαθήκης ◄.⁴⁹ 29. ※ τῷ βασιλεῖ ÷ τῷ Σαλωμών – λέγοντες ◄.⁵⁰ ÷ καὶ ἀπέστειλε Σαλωμὼν πρὸς Ἰωάβ – καὶ ἔφυγον πρὸς κύριον ◄· καὶ ἀπέστειλε Σαλωμὼν – ὁ βασιλεὺς ◄ τὸν Βαναίαν.⁵¹ – καὶ θάψον αὐτόν ◄.⁵² 30. – πρὸς Ἰωάβ ◄.⁵³ καὶ εἶπεν – Ἰωάβ ◄, οὐκ – ἐκπορεύομαι ◄.⁵⁴ 31. ÷ πορεύου καὶ ποίησον ÷ αὐτῷ ◄ – σήμερον ◄.⁵⁶ 32. ÷ τῆς ἀδικίας ◄.⁵⁷ ÷ τὸ αἷμα αὐτῶν ◄.⁵⁸ 35. – (om. καὶ) ἡ βασιλεία κατωρθοῦτο ἐν Ἱερουσαλήμ ◄.⁵⁹ – εἰς ἱερέα πρῶτον ◄.⁶⁰ (om. καὶ Σαλωμὼν – ἐν Ἱερουσαλήμ⁶¹) ÷ καὶ ἔδωκε κύριος – ἐν αἵματι εἰς ᾅδου ◄. καὶ ἀποστείλας ὁ βασιλεὺς ἐκάλεσε τὸν Σεμεΐ.⁶² 37. – καὶ ὥρκισεν

---

²³ Sic Comp., Codd. 19, 82, 93, 108. ²⁴ Syro-hex. in marg. ٭ مطبعڪا, invitis libris Graecis. Num pro Hebraeo אָכֵן? Cf. Hex. ad Jerem. viii. 8. ²⁵ Sic Codd. II, III, 52, 64, alii, Syro-hex. (in marg.), Arm. 1 (cum σου ἀπ᾽ ἐμοῦ). ²⁶ Sic Syro-hex. (cum ٭ ܕ۪ ※). ²⁷ Sic Codd. III, 71, 74, 92, alii, Syro-hex. (cum υἱοῦ Σ. in marg.), Arm. 1. ²⁸ Sic Codd. II, III, 247, invito Syro-hex. ²⁹ Syro-hex. ٭ ܡܪܚܡ ܠܠܐ ܝܕ ܡܬ ܠ. Cf. Hex. ad 1 Reg. xx. 41. Jerem. xxxv. 4. ³⁰ Sic Syro-hex., cum metobelo tantum. ³¹ Syro-hex. in marg. (post τῷ βασιλεῖ): ٭ ܟܡܕ݁ܐ. ³² Sic in textu Syro-hex. Haec hodie leguntur in LXX, sed desunt in Cod. II. ³³ Sic Syro-hex., et sine obelo Codd. II, III (cum Ἰωαδαέ), et (om. Ἰωδαέ) Codd. 44 (om. τῷ), 52, 56, alii, Arm. 1. ³⁴ Sic in textu Syro-hex., et sine notis Comp., Ald. (cum ἤκουσας), Codd. III, XI, 19, 44, 52, alii (inter quos 243), Arm. 1. ³⁵ Sic Comp., Ald., Codd. III, XI, 19 (cum καὶ ἀπέθ. ὁ Σεμεΐ), 44, 52, 55, alii (inter quos 243), Syro-hex., Arm. 1. ³⁶ Syro-hex. Sic sine obelo Ald., Codd. III (om. υἱός), XI, 44, 52, 55 (cum δώδεκα ἐτῶν), alii (inter quos 243), Arm. 1 (ut III). ³⁷ Idem. ³⁸ Idem. Deest in Codd. 44, 119, 247, Arm. 1. ³⁹ Idem.

⁴⁰ Idem. ⁴¹ Idem. ⁴² Idem. ⁴³ Idem (qui pingit ÷ καὶ αὐτῷ ◄). Pronomen deest in Codd. 44, 247. ⁴⁴ Idem. Posterior vox deest in Cod. 44. ⁴⁵ Idem. ⁴⁶ Idem. ⁴⁷ Idem. Deest in Comp. ⁴⁸ Idem. Pronomen deest in Comp., Codd. 93, 245, Arm. 1. ⁴⁹ Idem (qui pingit: ※ τῷ β. ◄ ÷ τῷ Σ. ◄ λέγοντες ◄). Vox λέγοντες deest in Cod. 44. ⁵¹ Idem (qui pingit: καὶ ἀπέστειλε Σ. (om. ὁ βασιλεὺς) ÷ πρὸς Ἰωάβ. Haec, καὶ ἀπέστειλε—κύριον, desunt in Comp. Mox ὁ βασιλεὺς deest in Ed. Rom., sed habetur in Codd. III, 55, 74, aliis (inter quos 243). ⁵² Idem. Deest in Comp. ⁵³ Idem. Deest in Codd. II, 44. ⁵⁴ Idem. ⁵⁵ Idem. ⁵⁶ Idem. ⁵⁷ Idem. ⁵⁸ Idem. Deest in Comp., Codd. 19, 82, 93, 108. ⁵⁹ Idem. Deest in Comp. ⁶⁰ Idem. Deest in Codd. 44, 52, 74, aliis. ⁶¹ Praeter Syro-hex. haec desunt in Codd. II, III, 19, 19, 52, 56, aliis (inter quos 243), Arm. 1. ⁶² Syro-hex., cujus textus cum Ed. Rom. accurate concordat, exceptis iis quae sequuntur: υἱῶν ἀρχαίων] ἀνθρώπων (ܐܢܫܐ ܕܡܢ ܩܕܝܡ) ἀρχαίων; τὴν ἄκραν ἔπαλξιν ἐπ᾽ αὐτῆς, διέκοψε] τὴν ἄκραν καὶ τὰς ἐπάλξεις τὰς ἐπ᾽ αὐτῆς (ܕܥܠܝܗ), καὶ διέκοψε; καὶ τὰ Βαλλάθ] καὶ τὴν Βααλὼθ (ܒܥܠܘܬ); εἰς ἀπάντην μοι] εἰς ἀπάντην (s. ἀπάντησιν) μου.

αὐτὸν ὁ βασιλεὺς ἐν τῇ ἡμέρᾳ ἐκείνῃ ◄.⁶³ 41. - λέγοντες ◄.⁶⁴ - τοὺς δούλους αὐτοῦ ◄.⁶⁵ 44. τὴν κακίαν ÷ σου ◄.⁶⁶ 46. - Σαλωμών ◄.⁶⁷

CAP. III.

Cap. ii. 46, iii. 1. וְהַמַּמְלָכָה נָכוֹנָה בְּיַד שְׁלֹמֹה :
וַיִּתְחַתֵּן שְׁלֹמֹה אֶת־פַּרְעֹה מֶלֶךְ מִצְרַיִם וַיִּקַּח
אֶת־בַּת־פַּרְעֹה וַיְבִיאֶהָ אֶל־עִיר דָּוִד עַד כַּלֹּתוֹ
לִבְנוֹת אֶת־בֵּיתוֹ וְאֶת־בֵּית יְהוָה וְאֶת־חוֹמַת
יְרוּשָׁלַ͏ִם סָבִיב. Ο΄. καὶ ἦν ὁ βασιλεὺς Σαλωμὼν—ἐπὶ Ἰσραὴλ καὶ Ἰούδα ἐν Ἱερουσαλήμ.
Aliter: Ο΄. ※ Σ. τῆς δὲ βασιλείας ἑδρασθεί-
σης ἐν χειρὶ Σαλωμών, ἐπιγαμίαν ἐποιήσατο
Σαλωμὼν πρὸς Φαραὼ βασιλέα Αἰγύπτου ◄
καὶ ἔλαβεν τὴν θυγατέρα Φαραώ, καὶ εἰσήγαγεν αὐτὴν εἰς τὴν πόλιν Δαυὶδ ἕως οὗ συνετέλεσεν οἰκοδομῶν τὸν οἶκον ἑαυτοῦ, καὶ τὸν οἶκον
κυρίου, καὶ τὸ τεῖχος Ἱερουσαλὴμ κύκλῳ.¹

2. מְזַבְּחִים בַּבָּמוֹת. Ο΄. ἦσαν θυμιῶντες ἐπὶ τοῖς
ὑψηλοῖς. Alia exempl. ἦσαν θυμιῶντες καὶ
θύοντες ἐν τοῖς ὑψηλοτάτοις.²

עַד הַיָּמִים הָהֵם. Ο΄. ἕως τοῦ νῦν. Alia exempl. ἕως τῶν ἡμερῶν ἐκείνων.³

3. הוּא מְזַבֵּחַ. Ο΄. ※ Α. Θ. αὐτὸς ◄ ἔθυε.⁴

4. וַיֵּלֶךְ הַמֶּלֶךְ. Ο΄. ÷ καὶ ἀνέστη ◄ καὶ ἐπορεύθη
※ Α. Σ. ὁ βασιλεύς ◄.⁵

4, 5. עַל הַמִּזְבֵּחַ הַהוּא : בְּגִבְעוֹן נִרְאָה. Ο΄. ἐπὶ
τὸ θυσιαστήριον ※ Α. Σ. ἐκεῖνο ◄ ἐν Γαβαών.
καὶ ὤφθη.⁶

6. בֵּן יֹשֵׁב עַל־כִּסְאוֹ. Ο΄. τὸν υἱὸν αὐτοῦ ※ Α.
Σ. Θ. καθήμενον ◄ ἐπὶ τοῦ θρόνου αὐτοῦ.⁷

8. אֲשֶׁר לֹא־יִמָּנֶה וְלֹא יִסָּפֵר מֵרֹב. Ο΄. ὃς οὐκ
ἀριθμηθήσεται, ※ καὶ οὐ ψηφισθήσεται ἀπὸ
πλήθους ◄.⁸ Alia exempl. ὡς ἡ ἄμμος τῆς
θαλάσσης, ἡ οὐκ ἀριθμηθήσεται ἀπὸ τοῦ πλήθους, καὶ οὐ διηγηθήσεται.⁹

9. לֵב שֹׁמֵעַ. Ο΄. καρδίαν ἀκούειν. Alia exempl.
καρδίαν φρονίμην τοῦ ἀκούειν.¹⁰

10. וַיִּיטַב הַדָּבָר בְּעֵינֵי אֲדֹנָי. Ο΄. καὶ ἤρεσεν ※
Σ. ὁ λόγος ◄¹¹ ἐνώπιον κυρίου (Ὁ Ἑβραῖος·
ἀδωνί¹²).

11. אֱלֹהִים. Ο΄. κύριος. Ὁ Ἑβραῖος· Ἐλωείμ¹³
לְךָ עֹשֶׁר. Ο΄. ※ Α. Σ. σεαυτῷ ◄ πλοῦτον.¹⁴
הָבִין לִשְׁמֹעַ. Ο΄. τοῦ συνιεῖν (alia exempl.
σύνεσιν¹⁵) τοῦ εἰσακούειν.

12. כָּמוֹךָ. Ο΄. ὅμοιός σοι. Ὁ Ἑβραῖος· ὡς σύ.¹⁶

13. כָּל־יָמֶיךָ. Ο΄. Vacat. ※ Σ. πάσας τὰς ἡμέρας σου ◄.¹⁷

14. וְהַאֲרַכְתִּי. Ο΄. καὶ πληθυνῶ (alia exempl. μα-
κρυνῶ¹⁸).

18. אִתָּנוּ בַּבַּיִת. Ο΄. μεθ' ἡμῶν ※ Α. ἐν τῷ
οἴκῳ ◄.¹⁹

---

⁶³ Syro-hex. Deest in Comp. ⁶⁴ Idem. ⁶⁵ Idem.
Deest in Comp. ⁶⁶ Idem. ⁶⁷ Idem. Deest in
Cod. 71.
CAP. III. ¹ Sic Syro-hex., et sine notis Codd. III, 247
(cum ἐποίησε pro ἐποιήσατο, et ἕως pro ἕως οὗ). Juxta
Hieronymum Cap. iii incipit: *Confirmatum est igitur regnum in manu Salomonis, et affinitate conjunctus est Pharaoni regi Aegypti.* ² Sic Comp. (om. θυμ. καί), Codd.
19, 82, 93, 108, Theodoret. Sic Codd. III, 247,
Syro-hex. ³ Sic Syro-hex., et sine notis Codd. III, 55,
71, 158, 247 (cum αὐτὸς ὁ βασιλεὺς ἔθυε). ⁴ Sic Syro-
hex., et sine notis Codd. III, 247 (cum καὶ ἀν. ὁ β. καὶ ἐπ.),
Arm. 1 (ut 247). ⁵ Sic Syro-hex., et sine notis Codd.
III, 247. ⁶ Sic Syro-hex., et sine notis Codd. III, 247. ⁷ Sic Syro-hex., et sine notis Comp. (cum
τὸν θρόνον), Codd. III, 247. ⁸ Sic Syro-hex. (cum
ܡܟܒ), et sine aster. Codd. III, 247. Lectio Aquilam
sapit, coll. Hex. ad Psal. xlvii. 13. Jesai. xxxiii. 18. ⁹ Sic
Comp. (cum ὃς οὐκ pro ὡς - ἡ οὐκ), Codd. 19 (cum ὡς οὐκ
ἀριθμήσεται), 82 (cum διηγήσεται), 93 (cum ὡσεὶ ἄμμος τ. θ.
ὃς οὐκ), 108 (cum ὡς οὐκ), Theodoret. (cum οὐ διαριθμηθή-
σεται). ¹⁰ Sic Comp., Codd. 19, 82, 93, 108, Theodoret.
Vet. Lat.: *cor prudens.*. ¹¹ Sic Syro-hex., et sine notis
Comp., Codd. III, 82, 93, 108, 247, Arm. 1. ¹² Syro-
hex. ܐܕܘܢܝ. Cf. Hex. ad Zach. i. 9. ¹³ Idem:
ܐܠܘܗܝܡ. Cf. Hex. ad Mich. iii. 7. ¹⁴ Sic Syro-
hex., et sine notis Codd. III, 247 (cum αὐτῷ), Arm. 1.
¹⁵ Sic Comp., Ald., Codd. 44, 52, 55, alii (inter quos 243).
In Syro-hex. desideratur τοῦ εἰσακούειν, casu, ut videtur.
¹⁶ Syro-hex. ܐܝܟ ܐܢܬ. ¹⁷ Sic in textu Syro-hex.,
et sine notis Codd. III, 247 (om. σου), Arm. 1. ¹⁸ Sic
Comp., Codd. 19, 82, 93. ¹⁹ Sic Syro-hex., et sine
notis Cod. III, Origen. Opp. T. I, p. 24 (cum ἐν τῷ οἴκῳ

20. וַאֲמָתְ֛ה יְשֵׁנָֽה. Ο'. Vacat. ※ καὶ ἡ δούλη σου ὕπνου ◄.[20]

22. לֹ֣א כִּ֣י בְּנִ֤י הַחַי֙ וּבְנֵ֣ךְ הַמֵּ֔ת וְזֹ֤את אֹמֶ֙רֶת֙ לֹ֣א כִּ֚י בְּנֵ֣ךְ הַמֵּ֔ת וּבְנִ֖י הֶחָֽי. Ο'. οὐχί, ἀλλὰ ὁ υἱός μου ὁ ζῶν, ὁ δὲ υἱός σου ὁ τεθνηκώς. Aliter: Ο'. οὐχί, ◄ ἀλλὰ ὁ υἱός σου ἐστὶν ὁ νεκρός, υἱὸς δὲ ἐμὸς ὁ ζῶν. ἡ δὲ ἄλλη καὶ αὐτὴ ἔλεγεν οὐχί ◄, ἀλλὰ ὁ υἱός μου ὁ ζῶν, ὁ δὲ υἱός σου ὁ τεθνηκώς.[21]

23. כִּ֚י בְּנֵ֣ךְ הַמֵּ֔ת וּבְנִ֖י הֶחָֽי. Ο'. ἀλλὰ ὁ υἱός μου ὁ ζῶν, καὶ ὁ υἱός σου ὁ τεθνηκώς. Aliter: Ο'. ἀλλὰ ὁ υἱός σου ὁ τεθνηκώς, καὶ ὁ υἱός μου ὁ ζῶν.[22]

25. לָֽאֶחָֽת. Ο'. ταύτῃ. Alia exempl. ταύτῃ· καὶ τὸ τεθνηκὸς ὁμοίως διέλετε, καὶ δότε ἀμφοτέραις.[23]

26. אֲשֶׁר־בְּנָ֔הּ. Ο'. ἧς ἦν ὁ υἱός. Aliter: Ο'. ἧς ὁ υἱὸς ※ αὐτῆς ◄ – ἦν ◄.[24]

רַחֲמֶ֙יהָ. Ο'. ἡ μήτρα (alia exempl. τὰ σπλάγχνα[25]) αὐτῆς.

אֶת־הַיָּל֣וּד הַחַ֗י. Ο'. τὸ παιδίον ※'Α. Σ. τὸ ζῶν ◄.[26]

27. תְּנוּ־לָ֣הּ אֶת־הַיָּל֤וּד הַחַ֗י. Ο'. δότε τὸ παιδίον τῇ εἰπούσῃ· δότε αὐτῇ αὐτό. Aliter: Ο'. δότε ※'Α. Σ. αὐτῇ (◄) τὸ παιδίον τὸ ζῶν, ÷ τῇ εἰπούσῃ· δότε αὐτῇ αὐτό ◄.[27]

Cap. III. 5. – πρὸς Σαλωμών ◄.[28]　9. – ἐν δικαιοσύνῃ ◄.[29]　11. – παρ' ἐμοῦ ◄.[30]　15. – καὶ ἀνέστη ◄.[31]　κατὰ – πρόσωπον ◄ τοῦ θυσιαστηρίου τοῦ κατὰ πρόσωπον κιβωτοῦ.[32]　– ἐν Σιών ◄.[33]　21. καὶ ÷ ἰδοὺ ◄ οὐκ ἦν.[34]　25. – τὸ θηλάζον ◄ τὸ ζῶν.[35]　÷ αὐτοῦ ◄. – αὐτοῦ ◄.[36]　26. – καὶ εἶπε ◄.[37]　28. – τοῦτο ◄.[38]

CAP. IV.

1. עַל־כָּל־יִשְׂרָאֵֽל. Ο'. ἐπὶ ※ πάντα ◄ 'Ισραήλ ◄.[1]

2. בֶּן־צָד֖וֹק הַכֹּהֵֽן. Ο'. υἱὸς Σαδὼκ ※'Α. Σ. Θ. ὁ ἱερεύς ◄.[2]

3. אֱלִיחֹ֥רֶף. Ο'.'Ελιάφ. Alia exempl. 'Ελιάρεφ.[3]

בְּנֵ֥י שִׁישָׁ֖א. Ο'. υἱὸς Σηβά. Alia exempl. υἱοὶ Σισά.[4]

4. וּבְנָיָ֥הוּ בֶן־יְהוֹיָדָ֖ע עַל־הַצָּבָ֑א. Ο'. Vacabat. ※ Θ. καὶ Βαναίας υἱὸς 'Ιωδαὲ ἐπὶ τῆς δυνάμεως ◄.[5] Alia exempl. ἐπὶ τῆς στρατιᾶς.[6]

5. וַעֲזַרְיָ֥הוּ. Ο'. καὶ 'Ορνία (alia exempl. 'Αζαρίας[7]).

ἡμῶν). [20] Sic Syro-hex. (cum ܘܐܡܬܗ), et sine aster. Comp. (cum ἐκωμᾶτο pro ὕπνου), Codd. III, 247 (cum ὕπνη), Origen. (cum ὕπνουν), Arm. 1. [21] Sic Syro-hex. (qui pingit: ※ ἀλλὰ ὁ υἱός ❘ ※ σου ἐστὶν ὁ νεκρός, ❘ υἱὸς δὲ ἐμὸς ὁ ζῶν, ❘ ἡ δὲ ἄλλη καὶ ※ αὐτὴ ἔλεγεν οὐχί ❘ ἀλλὰ . . .), et sine aster. Codd. III (cum ἀλλ' ἡ pro ἀλλὰ iu priore loco), 71 (cum ἀλλ' ὁ in priore loco), 247 (cum υἱὸς ὁ ζῶν pro ὁ υἱός μου ὁ ζῶν), Origen. (cum ἀλλ' ὁ υἱός . . . ὁ υἱὸς δὲ ὁ ἐμός . . . ἀλλ' ὁ υἱός), Arm. 1 (om. ἡ δὲ ἄλλη). [22] Sic Codd. III (cum ἀλλ' ἡ), 247 (cum υἱός pro ὁ υἱὸς bis, et τεθν. pro ὁ τεθν.), Syro-hex., Arm. 1. [23] Sic Codd. 19 (cum τεθνηκὼς), 93 (idem), 108 (om. τὸ), 158. Syro-hex. in marg.: ܘܐܦ ܝܠܕܐ ܡܝܬܐ ܗܟܢܐ ܦܠܓܘ (διακόψατε) ܘܗܒܘ ܠܬܪܬܝܗܝܢ. [24] Sic Syro-hex. (cum – pro –). Codd. III, 247, Origen.: ἧς ὁ υἱὸς ἦν. [25] Sic Cod. 158, Arm. 1. In Syro-hex. index est super ἡ μήτρα, sed lectio marginalis abest. [26] Sic Syro-hex. (qui pingit: ※'Α. Σ. τὸ ◄ ζῶν), et sine notis Codd. III, 247, Arm. 1, Origen. [27] Sic Syro-hex., et sine notis Codd. III, 247, Origen. (om. τῇ εἰπούσῃ—αὐτό). In Comp., Ald., Codd. XI, 44, 52,

aliis (inter quos 243), legitur: δότε τὸ π. τὸ ζῶν τῇ γυναικὶ τῇ εἰπούσῃ κ. τ. ἑ. [28] Syro-hex. Deest in Cod. 236. [29] Idem. [30] Idem. [31] Idem. [32] Idem (per errorem, ut videtur, pro κατὰ πρ. τοῦ θ. – τοῦ κατὰ πρόσωπον κιβωτοῦ). [33] Idem. [34] Idem (qui pingit: ÷ καὶ ἰδοὺ ◄). [35] Idem. Sic sine obelo Codd. II, III, 55, 71, alii (inter quos 243), Arm. 1. Reprobant τὸ θ. Comp., Codd. 19, 93, 108, Origen. [36] Idem. [37] Idem. [38] Idem. Deest in Codd. 44, 82, Arm. 1, Origen.

Cap. IV. [1] Sic Syro-hex., invitis libris Graecis. [2] Sic Syro-hex., et sine notis Comp., Ald., Codd. III, 44, 52 (sine artic.), 74, alii (inter quos 243), Arm. 1. [3] Sic Codd. III, 44, 74, alii (inter quos 243 in marg., cum 'Ελιάφερ in textu). [4] Sic Comp. (cum Σειζὰ), Ald. (cum Σεισὰ), Codd. 106, 119 (ut Ald.), alii (inter quos 243), Syro-hex. [5] Sic in textu Syro-hex. Haec leguntur in Ed. Rom., sed desunt in Codd. II, 245. [6] Sic Codd. III (cum στρατείας), 44, 52, alii (inter quos 243, ut III). [7] Sic Comp., Ald., Codd. III, XI, 44, 55, alii, Syro-hex., Arm. 1.

5. כֹּהֵן רֵעֶה. *Sacerdos amicus.* Ο΄. ※Ἀ. Σ. ἱερεὺς (◄) ἑταῖρος.[8]

6. עַל־הַבָּיִת. Ο΄. ἦν οἰκονόμος. Ἀ. ἐπὶ τοῦ οἴκου.[9] Ο΄. ἐπὶ τῆς πατριᾶς (alia exempl. στρατιᾶς[10]).

בֶּן־עַבְדָּא. Ο΄. υἱὸς Αὐδὼν (alia exempl. Ἀβδώ[11]).

12. עַד מֵעֵבֶר. *Usque ad regionem ulteriorem.* Ο΄. ἕως Μαεβὲρ (Ἀ. ἀπὸ πέραν. Σ. ἐξ ἐναντίας[12]).

13. בְּגִלְעָד לוֹ חַוֹּת יָאִיר בֶּן־מְנַשֶּׁה אֲשֶׁר בַּגִּלְעָד. Ο΄. Γαλαάδ· ※ αὐτῷ Αὐὼθ Ἰαεὶρ υἱοῦ Μανασσῆ (ἐν) Γαλαάδ ◄.[13] Σ. . . τὴν ἐν Γαλαάδ.[14]

לוֹ חֶבֶל אַרְגֹּב. Ο΄. τούτῳ σχοίνισμα Ἐργάβ. Σ. καὶ αὐτὸς εἶχε τὸ περίμετρον τοῦ Ἀργάβ.[15]

16, 17. בְּאָשֵׁר וּבְעָלוֹת: יְהוֹשָׁפָט בֶּן־פָּרוּחַ בְּיִשָּׂשכָר. Ο΄. ἐν Ἀσὴρ καὶ ἐν Βααλὼθ, εἷς (interpositis vv. 18, 19) Ἰωσαφὰτ υἱὸς Φουασοὺδ ἐν Ἰσσάχαρ. Aliter: Ο΄. ※Ἀ. ἐν Ἀσὴρ καὶ ἐν Βααλώθ. Ἰωσαφὰτ υἱὸς Φαρουὲ ◄ ἐν Ἰσσάχαρ.[16]

19. בֶּן־אֻרִי. Ο΄. υἱὸς Ἀδαί (alia exempl. Οὐρί[17]).

הָאֱמֹרִי. Ο΄. τοῦ Ἐσεβών. Alia exempl. τοῦ Ἀμορραίου.[18]

19. וּנְצִיב אֶחָד אֲשֶׁר בָּאָרֶץ. *Et praefectus unus qui erat in terra.* Ο΄. καὶ νασὲφ εἷς ἐν γῇ ÷Ἰούδα ◄.[19] Ἀ. Σ. *et praefecti* . .[20]

20, 21 (Hebr. v. 1). יְהוּדָה—חַיָּיו. Ο΄. Vacat. ※Ἀ. Σ. καὶ Ἰούδα καὶ Ἰσραὴλ πολλοὶ ὡς ἡ ἄμμος ἡ ἐπὶ τῆς θαλάσσης (ܐܝܟ ܚܠܐ ܕܥܠ ܝܡܐ) εἰς πλῆθος, ἐσθοντες καὶ πίνοντες καὶ εὐφραινόμενοι (ܘܚܕܝܢ). καὶ Σαλωμὼν ἦν ἐξουσιάζων ἐν πᾶσιν τοῖς βασιλείοις (ܒܟܠܗܝܢ ܡܠܟܘܬܐ), ἀπὸ τοῦ ποταμοῦ γῆς ἀλλοφύλων, καὶ ἕως ὁρίου Αἰγύπτου· προσεγγίζοντες δῶρα, καὶ δουλεύοντες τῷ Σαλωμὼν πάσας ἡμέρας ζωῆς αὐτοῦ ◄.[21]

22 (v. 2). וַיְהִי לֶחֶם. Ο΄. καὶ ταῦτα τὰ δέοντα. Ἄλλος· καὶ τοῦτο τὸ ἄριστον.[22]

23 (v. 3). וַיַּחְמוּר וּבַרְבֻּרִים אֲבוּסִים. *Et bubalos, et aves saginatas.* Ο΄. (καὶ ὀρνίθων[23]) ἐκλεκτῶν σιτευτά. Alia exempl. καὶ ὀρνίθων ἐκλεκτῶν καὶ νομάδων.[24] Aliter: Ο΄. καὶ ὀρνίθων (Ἄλλος· καὶ βουβάλων.[25] S΄. καὶ βοῶν ἀγρίων[26]) ÷ ἐκλεκτὰ ἐκλεκτῶν ◄ σιτευτά.[27]

24 (v. 4). בְּכָל־עֵבֶר. Ο΄. πέραν. Alia exempl. ἐν παντὶ πέραν.[28]

---

[8] Sic Syro-hex., et sine notis Codd. III, 44, 52, 74, alii, Arm. 1. [9] Syro-hex. in textu: ܪܚܡܐ; in marg. autem: ܐܘܣܛܝܩܐ ܐ̄. ܥܠ ܒܝܬܐ. [10] Sic Codd. 19, 44, 52, alii. Syro-hex. in textu: ܥܠ ܡܫܪܝܬܐ, cum indice, cui nihil aptatur in marg. [11] Sic Codd. III, XI (cum Σαβδώ), 44, 71, alii (inter quos 243, ut XI), Arm. 1. [12] Euseb. in Onomastico, p. 284, sub voce Μεεβρὰ, quam Hieron. transtulit *Meeber.* Ad Sym. cf. Hex. ad Jerem. xxii. 20. Syro-hex. in textu: ܘܥܕܡܐ ܠܥܒܪܐ, h. e. καὶ ἕως τοῦ πέραν, invitis libris Graecis, qui omnes nomen proprium varie exaratum habent. [13] Sic sine aster. Codd. III (cum αὐτῷ ὁ Αὐὼθ Ἰαρεὶρ), 247 (cum Γαλαδὰθ τῷ Ἀβὼθ Ἰαήρ), Arm. 1 (cum Μαν. ἐν Γ.). Cf. Hex. ad Deut. iii. 14. Syro-hex. legit et pingit: ※ Γαλαάδ· αὐτοῦ σχοίνισμα (ܣܒܠܗ) Ἰαΐρ ◄· υἱὸς Μανασσῆ ἐν γῇ Γαλαάδ. Hieron.: *habebat Avoth-jair filii Manasse in Galaad.* [14] Syro-hex. ܗ̇. ܗܝ ܕܒܓܠܥܕ. [15] Idem in continuatione: ܘܗܘ ܐܝܬ ܗܘܐ ܠܗ ܟܘܚܕܢܐ ܕܐܪܓܘܒ. Cf. Hex. ad Deut. iii. 4, 14. Hieron.: *ipse praeerat in omni regione Argob.* [16] Sic Syro-hex. (cum Μααλώθ), et sine notis Comp. (cum Ἰσάχαρ), Ald. (cum Φαρουέν), Codd. 55 (cum Βαλλὼθ et Φαρρόν), 56 (cum Φαρρουὲν Ἰσάχαρ), 64 (cum Φαρρού), alii (inter quos 243, cum Φαρρού ἐν Ἰσάχαρ), Arm. 1 (cum Μαρουε). Hieron.: *in Aser, in Baloth. Josaphat, filius Pharue, in Issachar.* [17] Sic Comp., Syro-hex. [18] Sic Comp. (cum τῶν Ἀμορραίων), Codd. III (cum Ἐσ. τοῦ Ἀμ.), 44, 74, alii, Syro-hex. (ut Comp.). [19] Sic Syro-hex. (cum ܢܐܨܝܒ). [20] Syro-hex. ܗ̇. ܘܩܝܘܡܐ ܐ̄. ܘܩܝܘܡܐ. Vox ܩܝܘܡܐ (cum puncto diacritico, pro quo in codice *Ribui* male pictum esse videtur) commutatur cum Graecis ἐπιστάτης, καθεσταμένος, προεστηκώς, et similibus. [21] Sic Syro-hex., et sine notis Comp. (qui locum exhibet fere ut legitur in Ed. Rom. post Cap. ii. 46), Codd. III (cum καὶ νασὶφ ἐν γῇ Ἰούδα καὶ Ἰσρ.), 247 (cum καὶ νασηβεὶς ἐν γῇ Ἰούδα καὶ Ἰσραὴλ π. ὡσεὶ ἄ. ἡ ἐπὶ θαλάσσης . . . ἕως ὁρίου γῆς Αἰγ.). [22] Sic in textu Comp. (om. τὸ), Reg. (cum altera scriptura in marg.), Origen. Opp. T. IV, p. 406; necnon Ed. Rom., ut ante. [23] Sic Codd. II, 56. In Ed. Rom. haec casu praeterlapsa esse videntur. [24] Sic Comp., Codd. 19 (om. καὶ priore), 82, 93, 108; necnon (om. καὶ posteriore) Ed. Rom., ut ante. [25] Syro-hex. in marg.: ܘܒܘܒܠܘܢ (sic), cum scholio: ܬܘܪܐ ܕܚܘܪܐ. Cf. Hex. ad Deut. xiv. 5. [26] Idem: ܘ. ܘܬܘܪܐ ܕܒܪܐ. [27] Sic Syro-hex., et sine obelo Codd. III, 247. [28] Sic

24 (v. 4). מִתִּפְסַח וְעַד־עַזָּה בְּכָל־מַלְכֵי עֵבֶר הַנָּהָר.
O'. Vacat. ※ ἀπὸ Θαψὰ καὶ ἕως Γάζης ἐν
πᾶσιν βασιλεῦσιν πέραν τοῦ ποταμοῦ ◄.²⁹

25 (v. 5). מִדָּן. O'. — ἐσθίοντες καὶ πίνοντες ◄,
ἀπὸ Δάν.³⁰

27 (v. 7). וְאֵת כָּל־הַקָּרֵב. Et omnes qui accede-
bant. O'. καὶ (alia exempl. κατὰ³¹) πάντα τὰ
διαγγέλματα.

לֹא יְעַדְּרוּ דָּבָר. Non desiderari passi sunt
quicquam. O'. οὐ παραλλάσσουσι λόγον. Σ.
οὐκ ἐξέλιπον οὐδέν.³²

28 (v. 8). יָבִאוּ. O'. ἦρον. Ἀ. Σ. Θ. ἦγον, s.
ἔφερον.³³

30 (v. 10). וַתֵּרֶב חָכְמַת שְׁלֹמֹה. O'. καὶ ἐπληθύνθη ※ Οἱ Γ'. σοφία ◄ Σαλωμὼν — σφό-
δρα ◄.³⁴

31 (v. 11). וַיְהִי־שְׁמוֹ בְכָל־הַגּוֹיִם סָבִיב. O'. Vacat.
(※) καὶ ἦν ὀνομαστὸς ἐν πᾶσιν τοῖς ἔθνεσιν
κύκλῳ ◄.³⁵ Alia exempl. καὶ ἐγένετο τὸ ὄνομα
αὐτοῦ ἐν πᾶσι τοῖς ἔθνεσι κύκλῳ.³⁶

33 (v. 13). בַּקִּיר. O'. διὰ τοῦ τοίχου. Alia exempl. ἐκ τοῦ τοίχου.³⁷

34 (v. 14). מֵאֵת כָּל־מַלְכֵי. O'. — καὶ ἐλάμβανε
δῶρα ◄ παρὰ πάντων τῶν βασιλέων.³⁸
O'. καὶ ἔλαβε Σαλωμὼν—τὴν Γαζέρ.³⁹

Cap. IV. 3. — καὶ (◄) Ἰωσαφάτ.⁴⁰ 8. — εἷς ◄.⁴¹
22. — κεκοπανισμένου ◄.⁴² 28. — ὁ βασιλεύς ◄.⁴³
30. — ἀνθρώπων ◄.⁴⁴ 32. ÷ Σαλωμών ◄.⁴⁵

CAP. V.

1, 2 (Hebr. 15, 16). וַיִּשְׁלַח חִירָם מֶלֶךְ־צוֹר אֶת־
עֲבָדָיו אֶל־שְׁלֹמֹה כִּי שָׁמַע כִּי אֹתוֹ מָשְׁחוּ
לְמֶלֶךְ תַּחַת אָבִיהוּ כִּי אֹהֵב הָיָה חִירָם
לְדָוִד כָּל־הַיָּמִים : וַיִּשְׁלַח שְׁלֹמֹה אֶל־חִירָם
לֵאמֹר. O'. καὶ ἀπέστειλε Χιρὰμ βασιλεὺς
Τύρου τοὺς παῖδας αὐτοῦ χρῖσαι τὸν Σαλωμὼν
(alia exempl. τοὺς παῖδας αὐτοῦ πρὸς Σαλω-
μών· ἤκουσε γὰρ ὅτι αὐτὸν ἔχρισαν εἰς βασι-
λέα¹) ἀντὶ Δαυὶδ τοῦ πατρὸς αὐτοῦ, ὅτι ἀγαπῶν
ἦν Χιρὰμ τὸν Δαυὶδ πάσας τὰς ἡμέρας. καὶ
ἀπέστειλε Σαλωμὼν πρὸς Χιράμ, λέγων. Ἀ.
καὶ ἀπέστειλε Χειρὰμ βασιλεὺς Τύρου τοὺς
δούλους αὐτοῦ πρὸς Σολομῶν ὅτι ἤκουσεν ὅτι

Comp., Codd. III, 19, Syro-hex., et Ed. Rom., ut ante.
²⁹ Sie Syro-hex. (cum ܐܣܒܚܬ ※ ܡܚ), et sine aster.
Comp. (cum ἀπὸ Θαψὰ ἕως Γάζα ἐν τάσαις ταῖς βασιλείαις ταῖς
π. τ. π.), Codd. III (om. Γάζης tantum, non, ut Tischendorfius, Γάζης—πέραν), 247 (cum Θάψασα, et πέραν τοῦ Ἰορδάνου); necnon Ed. Rom., ut ante (cum Ῥαφί, et ἐν π.
τοῖς β.). ³⁰ Sie Syro-hex. (qui pingit: ܒ ܝ—ܐܣܒܚܬ).
Haec, ἐσθ. καὶ π., desunt in Comp., sed habentur in Codd.
III, 247; necnon in Ed. Rom., ut ante (cum ἐσθ. καὶ π. καὶ
ἑορτάζοντες). In Syro-hex. index est super καὶ πίνοντες, sed
nota marginalis intercidit. ³¹ Sie Comp., Codd. 82, 93,
108 (omnes cum διαγγελμένα), Syro-hex. ³² Syro-hex.
ܨ. ܠ. ܐܣܒܚܬ ܐܣܒܚ. ³³ Idem: ܣ. ܠ. ܐܣܒܚܬ ܐܚܪܢ.
♦ ܘܘܘ. Prior lectio est in Cod. III, posterior in Comp.,
Codd. 82, 93, 108. ³⁴ Sie Syro-hex., et sine notis Ald.,
Codd. III (cum ἡ σοφία), XI, 44 (ut III), 52, 56, alii
(inter quos 243), Arm. 1. Vox σφόδρα deest in Comp.
(cum ἡ σ. Σαλωμῶντος), Codd. 19 (idem), 82 (idem), 71 (cum
ἡ σ. Σαλωμῶν), 108 (ut Comp.). ³⁵ Sie Syro-hex. (cum
metobelo tantum), et sine aster. Codd. III, 247, Arm. 1.
Origen. Opp. T. I, p. 477. ³⁶ Sie Comp., Codd. 19, 82,
93, 108, 158. ³⁷ Sie Comp., Codd. 19, 82, 93 (cum
τείχου), 144 (idem), Theodoret., Arm. 1. In Syro-hex.
index est super δὰ, absente nota marginali. ³⁸ Sie
Syro-hex., et sine obelo Comp., Ald., Codd. 19 (cum ἐλα-
βαν), 44 (cum ἔλαβι), 52, 55 (ut 44), alii (inter quos 243).
Ed. Rom.: καὶ παρὰ πάντων τ. β. ³⁹ Haec desunt in
Comp., Ald., Codd. III, 52, 55, aliis, Syro-hex., Arm. 1.
Ad haec, καὶ ἔδωκεν αὐτὰς—Γαζέρ, Cod. 243 in marg. notat:
Τοῦτο ἐν τῷ ἐξαπλῷ μετὰ πᾶσαν τοῦ ναοῦ τὴν οἰκοδομὴν κεῖται,
καὶ μετὰ τὴν προσευχὴν Σολομῶντος [τοῦ Σαλωμὼν Nobil.] καὶ
τὴν τοῦ θεοῦ πρὸς αὐτὸν ἐπιφάνειαν [hucusque Nobil.] ὡς καὶ
κατ᾽ ἐκεῖνον τὸν τόπον σεσημειωμένον εὑρήσεις. Cf. Hex. ad
Cap. iii. 1. ix. 16, 17. ⁴⁰ Syro-hex. Copula deest in
Comp., Cod. 44. ⁴¹ Idem. Deest in Comp., Cod. 158.
⁴² Idem. Deest in Comp. ⁴³ Idem. ⁴⁴ Idem (cum
ܐܢܫܐ — ܕܒܢܝܢܫܐ). ⁴⁵ Idem. Deest in Comp., Codd.
44, 82, 93, 108.
CAP. V. ¹ Sic Comp. (cum Σολομῶντα), Ald. (cum τοὺς
αὐτοῦ χρῖσαι πρὸς Σολομῶντα), Codd. III, 52, 92 (om. εἰς
β.), 121 (in marg.), 123 (cum ἔχρισεν), 236, 242 (cum
ἔχρησαν), 247, Syro-hex. (cum ἤκουσαν), Arm. 1.

αὐτὸν ἤλειψαν εἰς βασιλέα ἀντὶ τοῦ πατρὸς
αὐτοῦ, ὅτι ἀγαπῶν ἦν Χειρὰμ τὸν Δαυίδ, καὶ
τὰ ἑξῆς. Σ. Θ. καὶ ἀπέστειλε Χειρὰμ βασιλεὺς Τύρου τοὺς δούλους ἑαυτοῦ πρὸς Σολομῶν·
ἤκουσε γὰρ ὅτι αὐτὸν ἔχρισαν εἰς βασιλέα ἀντὶ
τοῦ πατρὸς αὐτοῦ· φίλος γὰρ ἦν Χειρὰμ τῷ
Δαυὶδ πάσας τὰς ἡμέρας, ἀπέστειλεν οὖν Σολομῶν πρὸς Χειρὰμ, καὶ τὰ ἑξῆς.[2]

3 (17). עַד תֵּת־יְהוָה. Ο΄. ἕως τοῦ δοῦναι κύριον
αὐτούς. Aliter: Ο΄. ἕως τοῦ δοῦναι αὐτοὺς
✕ Ἀ. Σ. Θ. κύριον ◄.[3]

4 (18). פֶּגַע רָע. Ο΄. ἁμάρτημα (alia exempl. ἀπάν-
τημα[4]) πονηρόν.

6 (20). אֲרָזִים. Ο΄. ξύλα. Οἱ λοιποί· κέδρους.[5]

וַעֲבָדַי יִהְיוּ. Ο΄. καὶ — ἰδοὺ ◄ οἱ δοῦλοί μου
✕ ἔστωσαν ◄.[6]

וּשְׂכַר עֲבָדֶיךָ. Ο΄. καὶ τὸν μισθὸν δουλείας (alia
exempl. τῶν δούλων[7]) σου.

אֵין בָּנוּ אִישׁ. Ο΄. οὐκ ἔστιν ἡμῖν (alia exempl.
ἐν ἡμῖν ἀνήρ[8]).

7 (21). יְהוָה. Ο΄. ὁ θεός. Ἄλλος· ΠΙΙΠΙ.[9]

8 (22). וַיִּשְׁלַח חִירָם. Ο΄. καὶ ἀπέστειλε ✕ Σ. Θ.
Χειράμ ◄.[10]

8 (22). בְּעֲצֵי אֲרָזִים וּבְעֲצֵי בְרוֹשִׁים. Ο΄. ξύλα (alia
exempl. εἰς ξύλα[11]) κέδρινα καὶ πεύκινα.

9 (23). וַאֲנִי. Ο΄. ✕ Ἀ. καὶ ◄ ἐγώ.[12]

בַיָּם. Ο΄. Vacat. Alia exempl. ἐν τῇ θαλάσσῃ.[13]

10 (24). עֲצֵי אֲרָזִים וַעֲצֵי בְרוֹשִׁים. Ο΄. κέδρους
✕ καὶ πεύκας ◄.[14]

11 (25). וּשְׁלֹמֹה נָתַן לְחִירָם עֶשְׂרִים אֶלֶף כֹּר חִטִּים
לְבֵיתוֹ (cibum). מַכֹּלֶת. Ο΄. καὶ Σαλωμὼν
ἔδωκε τῷ Χιρὰμ εἴκοσι χιλιάδας κόρους (alia
exempl. κόρων[15]) πυροῦ καὶ μαχεὶρ (alia exempl. μαχάλ;[16] alia, διατροφὴν[17]) τῷ οἴκῳ
αὐτοῦ. Ἀ. καὶ Σαλωμὼν ἔδωκε τῷ Χειρὰμ
εἴκοσι χιλιάδας κόρων πυροῦ διατροφὴν τῷ οἴκῳ
αὐτοῦ. Σ. .. εἴκοσι χιλιάδας κόρων σίτου εἰς
τροφὰς τῆς οἰκίας αὐτοῦ.[18]

וְעֶשְׂרִים כֹּר שֶׁמֶן כָּתִית. Ο΄. καὶ εἴκοσι χιλιάδας βαὶθ (alia exempl. βάδων[19]) ἐλαίου
κεκομμένου (alia exempl. κεκοπανισμένου[20]).
Σ. καὶ εἴκοσι χιλιάδας βάτων ἐλαίου ..[21]

13 (27). הַמֶּלֶךְ שְׁלֹמֹה. Ο΄. ὁ βασιλεὺς ✕ Ἀ. Σ.
Σαλωμών ◄.[22]

16 (30). וּשְׁלֹשׁ מֵאוֹת. Ο΄. καὶ ἑξακόσιοι (alia exempl. πεντακόσιοι; alia, ἑπτακόσιοι[23]).

---

[2] Cod. 243. Ad ἀγαπῶν (ܪܚܡܗ) Syro-hex. affert: Σ.
φίλος (ܪܚܡܐ). Praeterea inter Σ. Θ. et Ἀ. (sic) Cod. 243
interponit: Ο΄. καὶ ἀπ. Χ, β. Τ. τοὺς παῖδας αὐτοῦ πρὸς Σ. ἤκουσε
γὰρ ὅτι αὐτὸν ἔχρισαν εἰς β. ἀντὶ Δ. τοῦ π. αὐτοῦ· φίλος γὰρ ἦν
Χ. τῷ Δ. πάσας τὰς ἡμέρας. ἀπέστειλεν οὖν Σ. πρὸς Χ. καὶ τὰ
ἑξῆς. Eadem habet Nobil. (praemisso ἔν τισι τῶν ἀντιγράφων κεῖται); quam lectionem pro LXXvirali hexaplari venditat Montef., repugnante quoad posteriora Syro nostro,
qui post τοῦ πατρὸς αὐτοῦ pergit: ὅτι ἀγαπῶν—λέγων, ut in
Ed. Rom.　[3] Sic Syro-hex., et sine notis Comp., Codd.
82, 108. Vox κύριον abest a Cod. II solo.　[4] Sic Comp.,
Ald., Codd. III, XI, 19, 55, 56, alii (inter quos 243, 247),
Arm. 1. Syro-hex. ܦܓܥܐ, error.　[5] In Syro-hex.
index est super ξύλα, sed deest nota marginalis, quam nos
ex ingenio supplevimus.　[6] Sic Syro-hex. (cum — καὶ
ἰδού ◄), et sine notis Codd. III, 247.　[7] Sic Comp.,
Codd. 19, 82, 93, 108. Syro-hex. in marg. ♦ ܥܒ̈ܕܐ (sic).
[8] Sic Codd. III (om. ἐν), 247, Syro-hex., Arm. 1 (ut III).
[9] Syro-hex. in marg. sine nom.　[10] Sic Syro-hex., et
sine notis Comp., Codd. III, 82, 93, 108, 243, 244, 247,
Arm. 1.　[11] Sic Comp., Codd. III, 19, 82, 93, 108, 247.

Syro-hex. εἰς ξ. κ. καὶ εἰς ξ. πεύκινα.　[12] Sic in textu Syro-
hex. (cum ♦ ܐܢܐ ܂/ ✕), et sine notis Comp., Ald., Codd. III,
55, 56, 71, alii, Arm. 1.　[13] Sic Comp., Codd. III, 247, Syro-
hex.　[14] Sic Syro-hex. Verba asterisco notata leguntur
in Ed. Rom., sed desunt in Codd. II, XI.　[15] Sic
Codd. III, 19, 82, 92, alii, Syro-hex.　[16] Sic Comp.
(om. καὶ), Ald. (cum μαχὴλ), Codd. III, 56 (cum μααχὰλ),
64 (cum μααχὶλ), 74, alii (inter quos 243, cum μαχὶρ in
marg.).　[17] Sic Cod. 71 (cum μαχὶλ διατροφῆν), Syro-hex.
(cum ܡܚܘܠܬܐ).　[18] Cod. 243.　[19] Sic Cod. 71,
Syro-hex. (cum ܠܐܒ̈ܐ).　[20] Sic Comp., Ald., Codd. 44,
52, 55, alii (inter quos 243). Syro-hex. ܟܝܣܐ (non
ܟܒܫܐ, quod κεκοπανισμένον sonat Cap. iv. 22).　[21] Cod. 243
in continuatione (cum βατῶν). Theodoret. Quaest. XXI
in 3 Reg. p. 466: τὰ δὲ βὶθ (sic) οἱ ἄλλοι βάτον ἡρμήνευσαν.
[22] Sic Syro-hex., et sine notis Comp. (cum Σαλωμών), Codd.
III, 93 (ut Comp.), 108 (idem), 158, 247.　[23] Prior
lectio est in Codd. III, 247, Syro-hex., Arm. 1; posterior
in Codd. 19, 93, 108. Solus Comp. cum Hebraeo τριακόσιοι.

16 (30). הָרֹדִים בָּעָם. Dominantes in populo. Ο'. ἐπιστάται ※ τοῦ λαοῦ ◄.²⁴

17 (31). אֲבָנִים יְקָרוֹת. Ο'. τιμίους. Alia exempl. λίθους τιμίους.²⁵

18 (32). בֹּנֵי. Exstructores. Ο'. οἱ υἱοί. Alia exempl. οἱ δοῦλοι.²⁶

וְהַגִּבְלִים. Et Gebalitae. Ο'. καὶ ἔβαλαν αὐτούς. ※ Ἀ. καὶ οἱ Βίβλιοι ◄.²⁷

הָעֵצִים וְהָאֲבָנִים לִבְנוֹת הַבָּיִת. Ο'. τοὺς λίθους καὶ τὰ ξύλα τρία ἔτη. Aliter: Ο'. τὰ ξύλα καὶ τοὺς λίθους ﹣ τρία ἔτη ◄ ※ Ἀ. τοῦ οἰκοδομῆσαι τὸν οἶκον ◄.²⁸

Cap. V. 5. – ὁ θεός(◄).²⁹ 6. δουλείας (※)σου ◄.³⁰ 8. – περὶ πάντων ◄.³¹ 9. κατάξουσιν – αὐτά ◄.³² τῷ οἴκω ※ μου ◄.³³

CAP. VI.

1. בִּשְׁמוֹנִים שָׁנָה. Ο'. ἐν τῷ τεσσαρακοστῷ (Ἀ. Σ. ὀγδοηκοστῷ¹).

בְּחֹדֶשׁ זִו הוּא הַחֹדֶשׁ הַשֵּׁנִי לִמְלֹךְ שְׁלֹמֹה. In mense Ziv, qui est mensis secundus, regni Salo-

monis. Ο'. ἐν μηνὶ τῷ δευτέρῳ ﹣ βασιλεύοντος ◄ τοῦ βασιλέως Σαλωμών.²

1. וַיִּבֶן הַבָּיִת לַיהוָה. Ο'. Vacat. Alia exempl. καὶ ᾠκοδόμει τὸν οἶκον τῷ κυρίῳ.³

2 (Gr. 6). שִׁשִּׁים־אַמָּה. Ο'. τεσσαράκοντα ἐν πήχει. Alia exempl. ἑξήκοντα πήχεις (s. πηχῶν).⁴

וּשְׁלֹשִׁים. Ο'. καὶ πέντε καὶ εἴκοσι. Alia exempl. καὶ τριάκοντα.⁵

3. וְהָאוּלָם. Ο'. καὶ τὸ αἰλάμ. Ὁ Ἑβραῖος καὶ τὸ αἰλάμ. Σ. καὶ τὸ πρόπυλον.⁶

הֵיכַל הַבָּיִת. Ο'. τοῦ ναοῦ ※ τοῦ οἴκου ◄.⁷

עַל־פְּנֵי רֹחַב הַבָּיִת עֶשֶׂר בָּאַמָּה רָחְבּוֹ. Ο'. εἰς τὸ πλάτος τοῦ οἴκου. Alia exempl. κατὰ πρόσωπον εἰς τὸ ὕψος τοῦ οἴκου δέκα πήχεις πλάτος αὐτοῦ.⁸

4. חַלּוֹנֵי שְׁקֻפִים אֲטֻמִים. Fenestras trabibus clausis (munitas). Ο'. θυρίδας παρακυπτομένας (alia exempl. διακυπτομένας; alia, δεδικτυωμένας⁹) κρυπτάς. Ο'. Θ. θυρίδας διακυπτομένας κρυπτάς. Ἀ. . ἀποβλέπουσας βεβυσμένας. Σ. θυρίδας καὶ ἐκθέτας ἐπισκέποντας.¹⁰

---

²⁴ Sic Syro-hex., et sine aster. Comp., Codd. III, 19, 93, 108, 247. ²⁵ Sic Codd. III, 19, 93, 108, 247, Syro-hex., Arm. 1 (cum καὶ λ. τ.). ²⁶ Sic Comp., Codd. 44, 52, 74, alii (inter quos 243), Syro-hex. (in marg.). ²⁷ Syro-hex. in textu: ܡܢܚܠ ̈ /※. Sic sine notis Codd. III, 247 (cum Βίβλοι), Arm. ed. Pro Βίβλοι Grabius, praeeunte Complutensi, Γέβλοι edidit, male. Scilicet urbs Phoenicum Gebal a Geographis Graecis Βίβλος vel Βύβλος appellabatur. Cf. Hex. ad Ezech. xxvii. 9. ²⁸ Sic Syro-hex. (qui pingit: ܟܡܚܠ ̣ /※), et sine notis Comp., Arm. 1. Pro τρία ἔτη Codd. 19, 93, 108, Theodoret. habent τρισὶν ἔτεσιν εἰς τὴν οἰκοδομὴν τοῦ οἴκου. ²⁹ Syro-hex. Deest in Comp., Ald., Codd. 44, 74, aliis. ³⁰ Idem (cum metobelo tantum). Pro δ. σου δώσω Cod. III habet δουλιας δουλευσω (sic). ³¹ Idem. ³² Idem. Pronomen deest in Arm. 1. ³³ Idem. Pronomen legitur in Ed. Rom. et libris omnibus.

CAP. VI. ¹ "Sic Coislin. 1, ubi haec nota legitur: Ὁμοίως κατὰ τὸ Ἑβραϊκὸν Βασιμουνὶμ ἔχει."—Montef. Sic in textu Comp., Codd. 19, 56, 93, 108 (cum ὀγδοη.), 246. In Syro-hex. locus sic habet: καὶ ἐγενήθη ἐν τῷ ἔτει τῷ τετρακοσιοστῷ καὶ τεσσαράκοντα ἔτη τῆς ἐξόδου κ.τ.ἑ. ² Obelus est in Syro-hex., qui in Graecis nil mutat. ³ Sic

Comp. (cum ᾠκοδόμησε), Codd. III, 19 (ut Comp.), 44, 52, alii (inter quos 243), Syro-hex., Arm. 1 (ut Comp, om. καί). ⁴ Sic Comp., Codd. III (cum πηχῶν), 247 (idem), Arm. 1 (idem). Syro-hex. ܐܡܟܐ ̄ ܡܟܠ ̄ (sic). Nobil. Cod. 243 in marg.: "Ἐν τισι μὲν τῶν ἀντιγράφων τεσσαράκοντα κεῖται· ἐν δὲ τῷ ἑξαπλῷ καὶ τοῖς ἀκριβεστέροις ἑξήκοντα· τοῦ δὲ ὕψους, ἵνα μὲν εἰκοσιπέντε πήχεις ἔχει· τὸ δὲ ἑξαπλοῦν (τῷ δὲ ἑξαπλῷ Cod. 243) τριάκοντα. ⁵ Sic Comp., Codd. III, 247, Syro-hex. ⁶ Syro-hex. ✶ ܟܡܚܠ ̄ ܚ ✶ ܟܚܟܡ ̄ /. ✶ ܚ. ̄ ܝܠ.̣ Montef. e Coislin. [1] affert: Σ. πρόπυλον. Cf. Hex. ad Psal. lxxii. 4. Ezech. viii. 16. xliv. 3. ⁷ Sic Syro-hex., et sine aster. Codd. III, 247 (cum τοῦ οἴκου τοῦ ν.). ⁸ Sic Ald. (om. κατὰ πρ.), Codd. III, XI, 44, 52, 55, alii (inter quos 243), Syro-hex. ⁹ Prior lectio est in Ald. (cum διαπαρακυπτ.), Codd. XI (cum διακρυπτ.), 44 (idem), 52 (idem), 56, 64 (ut Ald.), aliis (inter quos 243 in marg.); posterior in Comp., Codd. 19, 55, 71, aliis (inter quos 243). Syro-hex. in textu: παρα-(vel δια-)κυπτομένας κρυπτάς (ܡܟܬܚܝ̈ܢ ܡܟܣ̈ܝܢ); in marg. autem: ܡܨܝܬܡ ̄ ܘܡܟܣܝܢ ̄ ܚ. ̄ ܝܠܡܟܬ ̄ ܡܨܢ ܟܚܟܡ ̄, h. e. prospicientes et abscondentes, sculptas ad similitudinem retium et cancellorum; quod scholium philologicum esse videtur. ¹⁰ Cod. 243. Ad Aquilam cf. Hex. ad Ezech. xl. 16. Ad Sym-

5. וַיִּבֶן עַל־קִיר. Ο΄. καὶ ἔδωκεν (alia exempl. ἐποίησεν[11]) ἐπὶ τὸν τοῖχον. Σ. καὶ ἐποίησεν ἐπίβλημα.[12]

יָצוּעַ. *Structuram per tabulata dispositam.* Ο΄. μέλαθρα. Σ. καταστρώματα.[13]

אֶת־קִירוֹת הַבַּיִת סָבִיב. Ο΄. Vacat. ※ Θ. σὺν τοίχοις τοῦ οἴκου κυκλόθεν ◂.[14]

וְלַדְּבִיר. *Et adyto.* Ο΄. καὶ τῷ δαβίρ (Ἀ. Σ. χρηματιστηρίῳ[15]).

וַיַּעַשׂ צְלָעוֹת סָבִיב. *Et fecit conclavia lateralia per circuitum.* Ο΄. Vacat. ※ καὶ ἐποίησε πλευρὰς κυκλόθεν ◂.[16]

6. וְהַתִּיכֹנָה שֵׁשׁ בָּאַמָּה רָחְבָּהּ. Ο΄. καὶ τὸ μέσον ἕξ (alia exempl. add. πήχεων τὸ πλάτος[17]). Aliter: Ο΄. ※ καὶ τῆς μέσης ἓξ πήχεων τὸ πλάτος ◂.[18]

7. אֶבֶן שְׁלֵמָה מַסָּע. *Lapidibus integris* (non dolatis) *lapicidinae.* Ο΄. λίθοις ἀκροτόμοις ἀργοῖς. Alia exempl. λίθοις ὁλοκλήροις ἀκροτόμοις.[19]

8. הַתִּיכֹנָה. Ο΄. τῆς ὑποκάτωθεν.[20]

וּבְלוּלִּים יַעֲלוּ. *Et per scalas cochleatas ascendebant.* Ο΄. καὶ ἑλικτὴ ἀνάβασις. Ἀ. (καὶ ἐν) κοχλίαις..[21]

8. אֶל־הַשְּׁלִשִׁים. Ο΄. ἐπὶ τὰ τριόροφα ((Σ.) τρίστεγα[22]).

9. וַיִּסְפֹּן. *Et contignavit.* Ο΄. καὶ ἐκοιλοστάθμησε (Ἀ. ὠρόφωσεν[23]).

גֵּבִים וּשְׂדֵרֹת בָּאֲרָזִים. *Asseribus et tabulis cedrinis.* Ο΄. ※ φατνώμασιν (s. φατνώσεσιν) καὶ διατάξεσιν ◂ κέδροις.[24]

10. וַיִּבֶן אֶת־הַיָּצוּעַ עַל־כָּל־הַבַּיִת חָמֵשׁ אַמּוֹת קוֹמָתוֹ. Ο΄. καὶ ᾠκοδόμησε τοὺς ἐνδέσμους δι' ὅλου τοῦ οἴκου πέντε ἐν πήχει τὸ ὕψος αὐτοῦ. Ἀ. καὶ ᾠκοδόμησε τὸ στρῶμα ἐπὶ πάντα τὸν οἶκον ε̄ πηχῶν ἀνάστεμα αὐτοῦ. Σ. καὶ ᾠκοδόμησε τὸ κατάστρωμα ...[25]

אֶת־הַבַּיִת. Ο΄. τὸν σύνδεσμον (alia exempl. ἔνδεσμον[26]). Σ. τὸ ἐπίβλημα.[27]

11–14. וַיְהִי דְּבַר־יְהוָה—וַיְכַלֵּהוּ. Ο΄. Vacat. Aliter: Ο΄. καὶ ἐγένετο λόγος κυρίου πρὸς Σαλωμὼν, λέγων· (12) ὁ οἶκος οὗτος ὃν σὺ οἰκοδομεῖς, ἐὰν ὁδεύῃς τοῖς προστάγμασί μου, καὶ τὰ κρίματά μου ποιῇς, καὶ φυλάσσῃς πάσας τὰς ἐντολάς μου ἀναστρέφεσθαι ἐν αὐταῖς, στήσω τὸν λόγον μου ※ Ἀ. Σ. Θ. σὺν σοὶ ◂,[28]

---

machi ἐκθέτας, Anglice *balconies*, cf. Hex. ad Ezech. xlii. 3. [11] Sic Comp., Codd. 19, 82, 93, 108. [12] Syro-hex. .ܣ. ܘܥܒܕ ܡܪܡܐ. Vox Syriaca commutatur cum ἐπίθεμα Exod. xxv. 16; cum ἐπίβλημα Hex. ad Jos. ix. 5. In architectura autem ἐπίβλημα nescio an dici possit structura quae principali aedificio incumbit, et parietibus ejus quasi *substrata* est, quae vocis Hebraeae יָצוּעַ notio esse potest. [13] Coislin. 1. Cf. ad v. 10. [14] Sic Syro-hex. (cum ※ .ܬ. ܥܡ ܐܣܬܐ ܕܒܝܬܐ ܚܕܪܢܐܝܬ ◂), et sine notis Cod. III (cum τυχοις), Arm. 1 (cum ἐπὶ τὸν τοῖχον). [15] Montef. e Coislin. 1 affert: Ἀ. Σ. χρηματιστηρίοι (sic). Minus probabiliter Syro-hex. .ܐ. .ܬ. ܘܠܒܝܬ ܡܡܠܠܐ. Cf. Hex. ad Psal. xxvii. 2. [16] Sic Syro-hex. (qui pingit: καὶ ἐπ. ※ πλευρὰς κ. ◂), et sine aster. Comp. (cum κύκλῳ), Ald., Codd. III, 19 (cum πλευρὰν κύκλῳ), 44, 52, 55, alii (inter quos 243, cum καὶ ἐπ. πλευρὰ κυκλόθεν τῷ ναῷ καὶ τῷ δαβείρ). [17] Sic Ald., Codd. III (om. τὸ), 44, 52, 55 (ut III), alii (inter quos 243, ut III). [18] Syro-hex. in textu: ※ ܘܕܡܨܥܬܐ ܫܬ ܐܡܝܢ ܦܬܝܐ ◂. In textu τῶν Ο΄ verba καὶ τὸ μέσον ἕξ desunt in Codd. XI, 19, 82, 245. [19] Sic Comp., Codd. 121 (cum λ. ὁλ. ἀκρ. ἀργοῖς (in marg. ἀπηρτισμένοις)), 123 (cum λ. ὁλ. ἀκρ. ἀργοῖς), et fortasse Syro-hex. (cum ܒܟܐܦܐ ܕܓܕܝܡܢ ܡܫܡܠܝܬܐ, h. e. λίθοις ἀκροτόμου ὁλοκλήροις). In Codd. 44, 74, aliis (inter quos 243) mixta e pluribus lectio est, λίθοις ὁλ. ἀκρ. ἀπηρτισμένοις ἀργοῖς; ubi vox ἀπηρτισμένοις Aquilam auctorem sapit, coll. Hex. ad Deut. xxvii. 6. [20] Syro-hex. ܕܗܝ ܕܡܢ ܠܬܚܬ, cum indice super ܕܡܢ, absente nota marginali, fortasse: τῆς μέσης. Mox ad ὠμίαν Cod. 243 in marg.: Ὠμία ἐστὶν τὸ ἐν μέρος τοῦ τοίχου τὸ περὶ τὸ τέλος. [21] Syro-hex. .ܐ. ܒܩܘܩܠܝܐ. [22] Idem in marg. sine nom. ܠܬܠܬܐ ܐܓܪ̈ܐ. Cf. Hex. ad Gen. vi. 17. Ezech. xlii. 6 (ubi rectius pingitur: ܠܬܠܬܐ ܐܓܪ̈ܐ). [23] Coislin. 1 (cum ὀρόφωσεν). Cf. Hex. ad Hag. i. 4. [24] Sic Syro-hex. (qui legit et pingit: ※ ܒܦܛܢܐ ◂ ܘܒܡܛܟܣܘܬܐ ◂ ܕܐܪ̈ܙܐ (κεδρίνοις) ◂), et sine aster. Ald. (cum ἐν κέδροις), Codd. III (cum φατνώσεσιν), 64 (ut Ald.), 71 (idem), 119 (idem), 121, 158 (cum φατνώσεσιν καὶ δ. τὸν οἶκον ἐν κέδροις), 243, 244, 247 (cum φατνώσεσι καὶ δ. ἐν κ.). [25] Cod. 243 (cum ἐν pro numerali ε̄). Ad ἐνδέσμους idem in marg.: στρῶμα. [26] Sic Codd. III, XI, 71, 74, alii (inter quos 243), et, ut videtur, Syro-hex. [27] Syro-hex. ◂ ܡܪܡܐ .ܣ. Cf. ad v. 5. [28] Sic Syro-hex., et sine notis Comp. (cum μετὰ σοῦ), Codd. III, 55, 71, 243 (cum πρὸς σέ), 245.

ὃν ἐλάλησα πρὸς Δαυὶδ τὸν πατέρα σου· (13) καὶ
κατασκηνώσω ἐν μέσῳ υἱῶν Ἰσραὴλ, καὶ οὐκ
ἐγκαταλείψω τὸν λαόν μου Ἰσραήλ. (14) καὶ
ᾠκοδόμησε Σαλωμὼν τὸν οἶκον, καὶ συνετέλεσεν
αὐτόν.²⁹

15. מִבְּיָתָה. Ο΄. Vacabat. ※ Ἀ. Σ. Θ. ἔσωθεν ◄.³⁰
עַד־קִירוֹת הַסִּפֻּן. Usque ad parietes tabulati.
Ο΄. καὶ ἕως τῶν τοίχων ÷ καὶ ἕως ◄ τῶν δο-
κῶν.³¹

16. וַיִּבֶן לוֹ מִבֵּית לִדְבִיר לְקֹדֶשׁ הַקֳּדָשִׁים. Ο΄. καὶ
ἐποίησεν ἐκ (alia exempl. καὶ ἐποίησεν αὐτῷ
ἔσωθεν³²) τοῦ δαβὶρ εἰς τὸ ἅγιον τῶν ἁγίων.
Aliter: Ο΄. Θ. καὶ ἐποίησεν αὐτῷ ἔσωθεν τοῦ
δαβὶρ εἰς τὸ ἅγιον τῶν ἁγίων. Ἀ. Σ. καὶ
ᾠκοδόμησεν αὐτῷ ἔσωθεν (Σ. ἐσώτερον) τοῦ
χρηματιστηρίου, καὶ τοῦ ἡγιασμένου τῶν ἡγιασμένων (Σ. εἰς ἅγιον ἁγίων).³³

17. וְאַרְבָּעִים בָּאַמָּה הָיָה הַבָּיִת הוּא הַהֵיכָל לִפְנָי.
Ο΄. καὶ τεσσαράκοντα πήχεων ἦν ὁ ναός. Ali-
ter: Ο΄. καὶ τεσσαράκοντα πήχεων ἦν ※ Ἀ.
Σ. Θ. ὁ οἶκος, αὐτὸς ◄ ὁ ναὸς ※ ὁ ἐσώτατος.³⁴
Ἀ. Θ. καὶ τεσσαράκοντα ἐν πήχει ἦν ὁ οἶκος,

αὐτὸς ὁ ναὸς τῇ εὐσχολίᾳ.³⁵ Σ. τεσσαράκοντα
πηχῶν ἦν ὁ οἶκος, αὐτὸς ὁ ναὸς ὁ ἐσώτατος.³⁶

18. וְאֶרֶז אֶל־הַבָּיִת פְּנִימָה מִקְלַעַת פְּקָעִים וּפְטוּרֵי
צִצִּים הַכֹּל אֶרֶז אֵין אֶבֶן נִרְאָה. Et cedris
domus interioris insculpti erant cucumeres agre-
stres et gemmae ruptae florum: omnia erant
cedrina, nec lapis usquam apparebat. Ο΄.
Vacat. Aliter: Ο΄. ※ καὶ διὰ κέδρου πρὸς
τὸν οἶκον ἔσω πλοκὴν ἐπαναστάσεις, καὶ πέταλα καὶ ἀνάγλυφα πάντα κέδρινα· οὐκ ἐφαίνετο λίθος ◄ (κατὰ πρόσωπον τοῦ δαβείρ).³⁷
Ἀ. Θ. καὶ κέδρου πρὸς τὸν οἶκον ἔνδον διατε-
τορευμένα ξυστρωτὰ (striata) καὶ περίγλυφα
ἐκπίπτοντα τὰ πάντα κέδρου· οὐκ ἦν λίθος βλε-
πόμενος.³⁸ Σ. καὶ διὰ κέδρου πρὸς τὸν οἶκον ἔσω
πλοκὴν ἐπανάστασις, καὶ πέταλα καὶ ἀνάγλυφα
πάντα κέδρινα· οὐκ ἐφαίνετο λίθος.³⁹

19. וּדְבִיר בְּתוֹךְ־הַבָּיִת מִפְּנִימָה הֵכִין לְתִתֵּן שָׁם
אֶת־אֲרוֹן בְּרִית יְהוָה. Ο΄. κατὰ πρόσωπον
τοῦ δαβὶρ ἐν μέσῳ τοῦ οἶκου ἔσωθεν ※ Ἀ. Σ.
Θ. ἡτοίμασεν ◄, δοῦναι ἐκεῖ τὴν κιβωτὸν διαθήκης κυρίου.⁴⁰ Ἀ. Θ. καὶ χρηματιστήριον ἐν

---

²⁹ Sic Comp., Codd. III, XI, 44 (cum συνετέλεσαν), 52,
55, 56 (ut 44), alii (inter quos 243), Syro-hex., Arm. 1.
Cod. 243 in marg., teste Montef.: Ἰστέον ὡς πρὸς [πρὸ] τῶν
ῥητῶν τούτων φέρεται ἐν τῷ ἑξαπλῷ καὶ τοῖς ἀκριβέσι τῶν ἀντιγράφων καὶ ταῦτα· καὶ ἐγένετο λόγος κ. πρὸς τὸν Σαλωμὼν, λέγων
. . . ἐὰν ὀδεύεις . . . ποιεῖς, καὶ φυλάσσεις . . . στήσω τὸν λ. μου
σὺν σοὶ, ὃν . . . ἐγκαταλείψομαι τὸν λ. μου Ἰσραήλ. Ἔν τισι
μέντοι τῶν ἀντιγράφων ταῦτα οὐ κεῖται, οἷς οἶμαι καὶ Θεοδώρητον
ἀκολουθοῦντα ταῦτα μὴ τεθεικέναι. ³⁰ Sic Syro-hex. (qui
pingit: ◄ ܟܠ ܠ. ܡܢ ܡ. ./%, literis .ܠ. ܡ. /, ut
semper, super voculas ܟܠ et ܠ pictis). Vox legitur
in Ed. Rom., sed deest in Codd. II, XI, 19, 55, 56, 82,
93, 158, 246. ³¹ Obelus est in Syro-hex. (qui male
pingit: + καὶ ἕως τῶν δ. ◄). ³² Sic Comp. (cum αὐτῷ ἔσ.
ἐκ), Ald. (cum ἔσ. ἐκ), Codd. III, XI, 44, 52 (cum αὐτῷ),
55 (ut Ald.), alii, Syro-hex. ³³ Cod. 243, teste Parsonsii amanuensi (non, ut Montef., χρηματιστηρίου ἡγιασμένου). Syro-hex. affert tantum: Ἀ. Σ. τοῦ χρηματιστηρίου
(ܚܣܝܐ ܕ ܚܣ). ³⁴ Sic Syro-hex. (qui in fine fol. 71 v
legit: ἦν ※ Ἀ. Σ. Θ. ὁ οἶκος ◄; in initio autem fol. 72 r: ὁ
ναὸς ※ ὁ ἐσώτατος· καὶ διὰ κέδρου—οὐκ ἐφαίνετο λίθος ◄, casu,
ut videtur, omisso αὐτός), et sine notis Codd. III (cum
αὐτὸς pro αὐτός), 247 (cum αὐτὸς τοῦ ναοῦ ἐσωτάτου), 243 (in

marg. cum: Ο΄. καὶ τεσσ. ἦν πήχεων—χρυσίῳ συγκεκλεισμένῳ
(v. 20)). ³⁵ Nobil. (cum πηχῶν pro ἐν πήχει), Cod. 243.
Versionem τῇ εὐσχολίᾳ, etsi satis absurdam, defendit usus
τοῦ פָּנָה apud Rabbinos pro otiosum esse, vacare (σχολάζειν;
cf. Hex. ad Job. vi. 28. Jesai. lvii. 14. Mal. iii. 1), unde
פְּנַי, otiosus, פְּנָא, otium, etc. Cf. Drusium in Vett. Interpp. Graecorum Fragmentis, p. 261. ³⁶ Cod. 243.
³⁷ Sic sine aster. Nobil. (cum πλοκὴν ἐπαναστάσεις), Codd. III
(cum πλοκὴν ἐπαναστάσεις), 243 (in marg.), 247 (cum πλο-
κιναι ἐπ.). Ab his plurimum discedit Syro-hex., qui pro
prioribus, καὶ διὰ κέδρου—ἐπαναστάσεις, haec habet: ܘܒܣܡ ※
ܐܦܝ ܩܣܒܟܐ ◄ ܚܕܠ ܡܢ ܠܗܝ ܟܕܠ (sic) ܘܐܣܩܒܟܐ
ܐܠܬܣܟܒ ܣܝܢܬܝ ܟܕܦܐ ܐܣܐ, quae sic Graece sonare
videntur: καὶ διὰ κέδρων περιεκεκάλυπτο ὁ οἶκος ἔσω· πλοκαὶ
καὶ ἐπαναστάσεις, γλυπτὰ καὶ τορευτά. Deinde pergit: καὶ
πέταλα καὶ ἀνάγλυφα (ܚܕܠ)—λίθος ◄ κατὰ πρ. τοῦ δ.
³⁸ Nobil., Cod. 243. Pro ἐκπίπτοντα (צִצִּים) emasculandum
videtur ἐκκύπτοντα, quod pro פְּטוּרֵי posuerunt Seniores Cant.
Cant. ii. 9. Cf. ad v. 29. Aquilam, ut videtur, ante
oculos habuit Hieron., vertens: habens tornaturas suas et
juncturas fabrefactas, et caelaturas eminentes. ³⁹ Cod. 243.
⁴⁰ Sic Syro-hex., et sine notis Nobil. (cum τῆς διαθ.), Codd.
III, 243 (in marg., cum τῆς δ.), 247 (cum ἡτοιμασεθῆναι

μέσῳ τοῦ οἴκου ἔνδοθεν ἡτοίμασε, τοῦ δοθῆναι ἐκεῖ γλωσσόκομον συνθήκης κυρίου.[41] Σ. καὶ χρηματιστήριον ἐν μέσῳ τοῦ οἴκου ἔσω ἡτοίμασεν, ὥστε τεθῆναι ἐκεῖ τὴν κιβωτὸν τῆς διαθήκης κυρίου.[42]

20. וְלִפְנֵי הַדְּבִיר עֶשְׂרִים אַמָּה אֹרֶךְ וְעֶשְׂרִים אַמָּה רֹחַב וְעֶשְׂרִים אַמָּה קוֹמָתוֹ וַיְצַפֵּהוּ זָהָב סָגוּר. Ο'. ※ Θ. καὶ εἰς πρόσωπον τοῦ δαβεὶρ ◂ εἴκοσι πήχεις μῆκος, καὶ εἴκοσι πήχεις πλάτος, καὶ εἴκοσι πήχεις τὸ ὕψος αὐτοῦ· καὶ περιέσχεν αὐτὸ χρυσίῳ συγκεκλεισμένῳ.[43] Ἀ. [Θ.] καὶ εἰς πρόσωπον τοῦ χρηματιστηρίου εἴκοσι πηχῶν μῆκος, καὶ εἴκοσι πηχῶν πλάτος, καὶ εἴκοσι πηχῶν ἀνάστημα αὐτοῦ· καὶ περιεπίλησεν αὐτὸ χρυσίῳ ἀποκλείστῳ.[44] Σ. καὶ ἔμπροσθεν τοῦ χρηματιστηρίου εἴκοσι πηχῶν μῆκος, εἴκοσι δὲ πηχῶν πλάτος, καὶ εἴκοσι πηχῶν ὕψος· καὶ περιεπίλησεν αὐτὸ χρυσίῳ δοκίμῳ.[45]

וַיְצַף מִזְבֵּחַ אָרֶז. Ο'. καὶ ἐποίησε θυσιαστήριον ※ Ἀ. Σ. Θ. κέδρινον (s. κέδρου) ◂.[46]

21. וַיְצַף שְׁלֹמֹה אֶת־הַבַּיִת מִפְּנִימָה זָהָב סָגוּר וַיְעַבֵּר בְּרַתִּיקוֹת זָהָב לִפְנֵי הַדְּבִיר. Ο'. ※ καὶ περιεπίλησε Σαλωμὼν τὸν οἶκον ἔνδοθεν χρυσίῳ ἀποκλείστῳ, καὶ παρήγαγεν ἐν καθηλώμασιν χρυσίου (◂) κατὰ πρόσωπον τοῦ δαβίρ.[47]

22. וְכָל־הַמִּזְבֵּחַ אֲשֶׁר־לַדְּבִיר צִפָּה זָהָב. Ο'. Vacat. ※ καὶ ὅλον τὸ ἔσω τοῦ δαβεὶρ ἐπετάλωσεν χρυσίῳ ◂.[48]

23. עֲצֵי־שָׁמֶן. Ο'. Vacat. ※ ξύλων κυπαρισσίνων (◂).[49]

24. וְחָמֵשׁ אַמּוֹת כְּנַף הַכְּרוּב הָאֶחָת וְחָמֵשׁ אַמּוֹת. Ο'. καὶ πέντε πήχεων πτερύγιον τοῦ χερουβὶμ τοῦ ἑνὸς, καὶ πέντε πήχεων. Aliter: Ο'. καὶ πέντε πήχεων ※ πτερύγιον αὐτοῦ τὸ ἕν, καὶ πέντε πήχεων ◂.[50]

מִקְצוֹת. Ο'. ἀπὸ μέρους. Ἀ. Σ. Θ. ἀπ' ἄκρου.[51]

24, 25. וְעַד־קְצוֹת כְּנָפָיו : וְעֶשֶׂר בָּאַמָּה הַכְּרוּב. Ο'. εἰς μέρος (alia exempl. καὶ ἕως μέρους[52]) πτερυγίου αὐτοῦ. οὕτως τῷ χερουβίμ. Aliter: Ο'. ※ καὶ ἕως μέρους πτερυγίου αὐτοῦ. καὶ δέκα ἐν πήχει ◂ ÷ οὕτως ◂ τῷ χερούβ.[53]

25. לִשְׁנֵי הַכְּרֻבִים. Ο'. ἀμφοτέροις ※ τοῖς χερουβὶμ ◂.[54]

27. וַיִּתֵּן אֶת־הַכְּרוּבִים. Ο'. καὶ ἀμφότερα χερουβίμ. Aliter: Ο'. ※ Σ. καὶ ἔθηκεν ◂ ÷ ἀμφότερα ◂ τὰ χερουβίμ.[55]

אֶת־כַּנְפֵי הַכְּרֻבִים. Ο'. τὰς πτέρυγας αὐτῶν ("Αλλος· τῶν χερουβίμ[56]).

pro ἡτ. δοῦναι). [41] Nobil., Cod. 243. [42] Cod. 243. [43] Sic Syro-hex. (cum χρυσίῳ *perpurgato* (ܒܘܪܐ = ἄπυρος Jesai. xiii. 12)), et sine notis Nobil., Codd. III, 64, 243 (in marg.). [44] Nobil. (cum περιεπήλισεν), Cod. 243 (cum περιεπείλησεν). Scripturam potiorem, ut videtur, περιεπίλησεν, *circumcirca constipavit*, assumpsimus e Cod. III mox allegando. Ad ἀπόκλειστος cf. Hex. ad Job. xxviii. 15. xli. 7. [45] Cod. 243 (cum scripturis περιεπείλησεν et δοκιμίῳ). Syro-hex. affert tantum: Σ. δοκίμῳ (ܒܚܝܪܐ). [46] Sic Syro-hex. (cum ※ ܐ. ܣ. ܬ. ܕܩܕܪܘܣ ◂), et sine notis Ald., Codd. III (cum κέδρου), 55, 64, alii (inter quos 243, cum κέδρου). [47] Cod. 243 in marg.: καὶ ἐποίησε θ. κέδρου· ※ καὶ περιεπείλησε—χρυσίου κατὰ πρ. τοῦ δαβείρ. Deinde addit: Ἐν τισι τῶν ἁπλῶν ἀντιγράφων, ὡς γέγραπται ἔσω (in textu) κεῖται, καὶ ἐν τούτοις καὶ ἐν τοῖς ἄνω. Syro-hex. in textu: ※ ܘܚܦܝܗ (*obduxit*) ܫܠܝܡܘܢ ܠܒܝܬܐ ܡܢ ܠܓܘ ܒܕܗܒܐ (cf. Hex. ad Ezech. vii. 23) ܚܬܝܡܐ. ܘܐܥܒܪ ܒܗ ܒܡܣܡܪܐ ܕܕܗܒܐ. ܠܘܩܒܠ ܦܪܨܘܦܗ ܕܕܒܝܪ, absente metobelo; in marg. autem ad ܘܚܦܝܗ: ܘܚܦܝܗ. ܕܕܒܝܪ ܦܪܨܘܦܗ ܘܩܕܡ.

[48] ܟܘܠܗ. Sic sine aster. Codd. III (cum περιεπίλησεν), 247 (cum περιέπλησε). [49] Sic Syro-hex. (qui pingit: ※ ܩܕܡ ܠܓܘ ܕܕܒܝܪ ◂), et sine aster. Cod. III. [49] Sic Syro-hex., et sine aster. Comp. (cum ἐκ ξ.), Ald., Codd. III (cum κυπαρισίνων), 19 (ut Comp.), 44, 52 (ut III), alii (inter quos 243). Cf. ad v. 32. [50] Sic Syro-hex., et sine aster. Codd. III, 247. Verba ἠστερισμένα desunt in Codd. II, 93, 242. (Ad αὐτοῦ τὸ ἓν et αὐτοῦ τὸ δεύτερον Syro-hex. in marg. bis: Ὁ Ἑβραῖος· τοῦ ἑνὸς χερούβ.) [51] Syro-hex. ܐ̄ ܣ ܠܐܦܝ ܡܢ ܪܫܗܐ (sic); ubi ܠܐܦܝ ex nomine Theodotionis et praepositione male repetita coaluisse videtur. [52] Sic Comp., Codd. III, 82, 93, 108, 158. Haec, καὶ ἕως μ. πτ. αὐτοῦ, desunt in Codd. II, 64, 71, 74, 106. [53] Sic Syro-hex., et sine notis Cod. III. [54] Sic Syro-hex., et sine aster. Codd. III (cum χερουβεὶν), 247. [55] Sic Syro-hex., et sine notis Comp., Codd. III, 52 (om. τὰ), 123, 236 (ut 52), 242, 247. [56] Super αὐτῶν index est in Syro-hex., absente lectione marginali, quam de nostro supplevimus.

27. כְּנַף־הָאֶחָד. Ο΄. πτέρυξ μία. Aliter: Ο΄.
※ Ἀ. Σ. Θ. ἡ πτέρυξ ◄ τοῦ ἑνός.[67]

וּכְנַף הַכְּרוּב הַשֵּׁנִי. Ο΄. καὶ πτέρυξ ※ Ἀ. Σ.
Θ. τοῦ χεροὺβ τοῦ δευτέρου ◄.[58]

29. וְתִמֹרֹת וּפְטוּרֵי צִצִּים. Ο΄. καὶ φοίνικας ※
Ἀ. Θ. καὶ περίγλυφα ἐγκύπτοντα (fort. ἐκκύπτοντα) ◄.[59]

31. וְאֵת פֶּתַח הַדְּבִיר. Ο΄. καὶ τῷ θυρώματι τοῦ
δαβίρ. Ἄλλος· καὶ τὴν θύραν τοῦ χρηματιστηρίου.[60]

עֲצֵי־שָׁמֶן. Ο΄. ξύλων ἀρκευθίνων ('Ο Ἑβραῖος·
ἐλαίων[61]).

31–33. הָאַיִל מְזוּזוֹת חֲמִשִׁית: — מֵאֵת רְבִעִית. Ο΄.
στοαὶ τετραπλῶς. Aliter: Ο΄. καὶ φλιὰς πεν-
ταπλᾶς, (32) καὶ δύο θύρας ξύλων πευκίνων
('Α. κυπαρισσίνων[62])· καὶ ἐγκόλαπτὰ ἐπ' αὐτῶν
ἐγκεκολαμμένα χερουβὶμ, καὶ φοίνικας, καὶ πέταλα διαπεπετασμένα· καὶ περιέσχε χρυσῷ, καὶ
κατέβαινεν ἐπὶ τὰ χερουβὶμ καὶ ἐπὶ τοὺς φοίνικας τὸ χρυσίον. (33) καὶ οὕτως ἐποίησε τῷ
πυλῶνι τοῦ ναοῦ, φλιαὶ ξύλων ἀρκεύθου (('Ο
Ἑβραῖος· ἐλαίων[63]), στοαὶ τετραπλῶς.[64]

34. שְׁתֵּי צְלָעִים. Duae valvae. Ο΄. δύο πτυχαί
('Α. διπλούμενα[65]).

36. וְטוּר כְּרֻתֹת אֲרָזִים. Et ordo trabium cedri-
norum. Ο΄. καὶ στίχος κατειργασμένης κέδρου

κυκλόθεν καὶ ᾠκοδόμησε— τοῦ ναοῦ. Aliter:
Ο΄. καὶ στίχος κατειργασμένης κέδρου.[66]

37 (Gr. 4). בַּיָּרַח זִו. Ο΄. ἐν μηνὶ Ζιού, καὶ τῷ δευτέρῳ μηνί. Alia exempl. ἐν μηνὶ Ζιοὺ μηνὶ
τῷ δευτέρῳ.[67]

38 (5). בַּיָּרַח בּוּל. Ο΄. ἐν μηνὶ Βαάλ (alia exempl.
Βουάλ[68]).

וַיִּבְנֵהוּ שֶׁבַע שָׁנִים. Ο΄. Vacat. Alia exempl.
καὶ ᾠκοδόμησεν αὐτὸν ἑπτὰ ἔτεσιν.[69]

Cap. VI. 6. ἔξωθεν − τοῦ οἴκου ◄.[70] 26. − καὶ ◄
τὸ ὕψος.[71]

CAP. VII.

1 (Gr. 38). וַיֵּכַל אֶת־כָּל־בֵּיתוֹ. Ο΄. Vacat. ※ καὶ
συνετέλεσεν ὅλον τὸν οἶκον αὐτοῦ ◄.[1]

2 (39). וּשְׁלֹשִׁים אַמָּה קוֹמָתוֹ. Ο΄. Vacabat. ※ καὶ
τριάκοντα πήχεις ὕψος αὐτοῦ ◄.[2]

וּכְרֻתוֹת אֲרָזִים. Ο΄. καὶ ὠμίαι κέδριναι. Σ.
καὶ ἐπιστύλια κέδρινα.[3]

3 (40). וְסָפֻן בָּאֶרֶז. Et contabulata est cedro. Ο΄.
καὶ ἐφάτνωσε τὸν οἶκον. Σ. (καὶ) φατνώματα
κέδρινα.[4]

חֲמִשָּׁה עָשָׂר הַטּוּר. Ο΄. ὁ στίχος. Alia exempl. δέκα καὶ πέντε ὁ στίχος.[5]

---

[67] Sic Syro-hex., et sine notis Codd. III, 247.　[58] Sic
Syro-hex. In Ed. Rom. legitur καὶ πτ. χερουβὶμ τοῦ δ.;
sed verba χ. τοῦ δ. desunt in Cod. II.　[59] Sic Syro-hex.
(qui perverse pingit: ܘܙ̇ܩܦܠ ◄ ܡܚܒܠܐ ܘܡܪܟܒܝܢ . ‎Ἀ. ‎Θ. ※),
et sine notis Codd. III, 247 (cum περίγλυφα). Cf. ad
v. 18.　[60] Syro-hex. in marg. ܡܚܕܪܝܠ ܘܬܪܥ ܚܡܝܠ‎.
Cf. ad v. 5.　[61] Idem: ܘܐܝܠܢ‎.　[62] Idem: ‎.ܐ.
ܘܚܡܝܠܐ‎. Cf. ad v. 23.　[63] Syro-hex. in marg. sine
nom. ܘܐܝܠܢ‎.　[64] Sic Ald., Cod. III, Syro-hex., et (cum
varietate lectionis) Comp., Codd. 19, 44, 52, alii (inter
quos 243).　[65] Syro-hex. ܘܟܦܝܠܐ‎.　[66] Sic
Comp. (cum κέδρου κυκλόθεν), Codd. III, 158 (ut Comp.).
Syro-hex.　[67] Sic Ald. (cum 'Ιδίου), Codd. XI (cum ἐν μ.
Ζ. δευτέρῳ μηνὶ), 44 (om. τῷ), 55 (cum ἐν δ. μ.), 56, 64, alii
(inter quos 243). Syro-hex. in textu: ἐν μηνὶ 'Ιὼρ (ܐܘܪ)
τῷ δευτέρῳ; in marg. autem: ܙܝܘ ‎.ܐ.　[68] Sic Comp.
(cum Βοὺλ), Ald., Codd. III (ut Comp.), 44, 52, 64, alii
(inter quos 243). Syro-hex. in textu: ܒܘܠ‎;

in marg. autem: ܒܘܠ ‎.ܐ.　[69] Sic Comp. (cum ἐν ἑπτὰ),
Ald. (idem), Codd. III (idem), XI, 44 (cum ᾠκοδόμησαν), 52,
55, 56, alii (inter quos 243), Syro-hex.　[70] Syro-hex.
(cum ܡܚܠ − ܡܢ ܗܠ‎).　[71] Idem (cum ܘܐܪ −).
CAP. VII.　[1] Sic Syro-hex., et sine aster. Comp., Cod.
III, Arm. 1 (cum οἴκον ἑαυτοῦ).　[2] Sic Syro-hex. Clausula deest in Codd. II, XI, 19, 82, 93, 245.　[3] Syro-
hex. ܘܐܣܟܘܦܬܐ ܡܢ ܐܪܙܐ‎. Cf. Hex. ad 3 Reg. vii. 20.
Ezech. xvii. 3.　[4] Idem (cum indice in textu ad proxime
sequens τῶν στίλων male appicto): ܣܡ. ܘܦܘܬܐ ܕܐܪܙܐ‎.
Ad ἐφάτνωσε Cod. 71 in marg.: φάτνωμα, σανίδωμα (sic).
(Vox φάτνωματα Syro nostro varie sonat; e.g. ܘܦܬܐ Jerem.
xxii. 14. Ezech. xli. 20. Amos viii. 3; ܘܐܦܪ̈ Zeph.
ii. 14; ܡܦܕ ܘܐܦ Cant. Cant. i. 17. Cf. ad Cap. vi. 9.)
[5] Sic Comp. (cum ὁ στ. ὁ εἰς δ. καὶ π.), Ald. (cum δεκαπέντε),
Codd. III, XI (cum στίχος), 52 (cum καὶ δέκα), 55, 64,
alii (inter quos 243, cum ὁ στ. ὁ εἰς), Syro-hex. (cum
ܣܪܛܐ ܚܡܫܬܥܣܪ‎).

4 (41). וּשְׁקֻפִים שְׁלֹשָׁה טוּרִים. Ο΄. καὶ μέλαθρα (Α. ἀποβλέπτας. Σ. παρακύψεις[6]) τρία (Ὁ Ἑβραῖος· τρεῖς στίχοι[7]).

5 (42). וְהַמְּזוּזוֹת. *Et postes.* Ο΄. καὶ αἱ χῶραι (Ὁ Ἑβραῖος· αἱ φλιαί[8]).

6 (43). וְאֵת אוּלָם הָעַמּוּדִים עָשָׂה. Ο΄. καὶ τὸ αἰλὰμ (Α. (τὸν) πρόδομον. Σ. (τὸ) πρόθυρον[9]) τῶν στύλων ※Α. Σ. Θ. ἐποίησε ◄.[10]

וְאוּלָם. Ο΄. ※ καὶ αἰλάμ ◄.[11]

7 (44). וְאוּלָם הַכִּסֵּא אֲשֶׁר יִשְׁפָּט־שָׁם אֻלָם הַמִּשְׁפָּט. Ο΄. καὶ τὸ αἰλὰμ τῶν θρόνων οὗ κρινεῖ ἐκεῖ, αἰλὰμ τοῦ κριτηρίου. Α. καὶ πρόδομον τοῦ θρόνου οὗ κρινεῖ ἐκεῖ, πρόδομον τῆς κρίσεως. Σ. καὶ βασιλικὴν τοῦ θρόνου ὅπου δικάσει ἐκεῖ, πρόπυλον κρίσεως.[12]

עָשָׂה וְסָפֻן בָּאֶרֶז מֵהַקַּרְקַע עַד־הַקַּרְקַע. Ο΄. Vacat. ※Α. ἐποίησεν, καὶ ὠρόφωσεν ἐν κέδρῳ ἀπὸ τοῦ ἐδάφους ἕως τοῦ ἐδάφους ◄.[13]

8 (45). חָצֵר הָאַחֶרֶת מִבֵּית לָאוּלָם...הָיָה. Ο΄. αὐλὴ μία ἐξελισσομένη τούτοις. Α. αὐλὴ ἑτέρα ἔσωθεν τοῦ αἰλὰμ ... ἦν.[14]

וּבַיִת יַעֲשֶׂה. Ο΄. καὶ οἶκον. Alia exempl. καὶ ᾠκοδόμησεν οἶκον Σολομῶν.[15]

9 (46). כְּמִדּוֹת גָּזִית. *Secundum mensuras lapidum caesorum.* Ο΄. Vacat. ※ μέτρον ἀπελεκήτων ◄.[16]

9 (46). מְגֹרָרוֹת בַּמְּגֵרָה. Ο΄. κεκολαμμένα ἐκ διαστήματος. Α. πεπρισμένων ἐν πριστῆρι. Σ. πεπρισμένων πρίονι.[17]

מִבַּיִת וּמִחוּץ. Ο΄. ἔσωθεν ※Α. Σ. Θ. καὶ ἔξωθεν ◄.[18]

עַד־הַטְּפָחוֹת. *Usque ad mutulos.* Ο΄. ἕως τῶν γεισῶν (Schol. στεφανωμάτων ἢ ἄκρων[19]). Α. (ἕως) τῶν παλαιστωμάτων. Σ. (ἕως) τῶν ἀπαρτισμάτων.[20]

10 (47). אֲבָנִים גְּדֹלוֹת אַבְנֵי עֶשֶׂר אַמּוֹת. Ο΄. μεγάλοις, λίθοις δεκαπήχεσι. Aliter: Ο΄. ἐν λίθοις μεγάλοις δεκαπήχεσι.[21]

11 (48). כְּמִדּוֹת גָּזִית. Ο΄. κατὰ τὸ μέτρον ἀπελεκήτων. Ἄλλος· ἰσομέτροις λατομητοῖς (s. λελατομημένοις).[22]

12 (49). גָּזִית. Ο΄. ἀπελεκήτων. Σ. λατομητῶν (s. λελατομημένων).[23]

וְלַחֲצַר בֵּית־יְהוָה הַפְּנִימִית וּלְאֻלָם הַבָּיִת. Ο΄. καὶ συνετέλεσε Σαλωμὼν ὅλον τὸν οἶκον αὐτοῦ. Aliter: Ο΄. καὶ ÷ ᾠκοδόμησε (◄) τὴν αὐλὴν οἴκου κυρίου τὴν ἐσωτάτην τοῦ αἰλὰμ τοῦ οἴκου ÷ τοῦ κατὰ πρόσωπον τοῦ ναοῦ ◄.[24]

13. וַיִּשְׁלַח וגו׳. Ο΄. καὶ ἀπέστειλεν κ.τ.ἑ. Ἐν τῷ ἐξαπλῷ πρὸ τούτων κεῖται ἡ οἰκοδομὴ τοῦ οἴκου δρυμοῦ τοῦ Λιβάνου· ἔν τισι δὲ τῶν ἁπλῶν, ὡς τέθηκε Θεοδώρητος.[25]

---

[6] Coislin. 1. Pro ἀποβλέπτας Schleusner. tentat ἀποβλέπουσας, coll. Hex. ad Cap. vi. 4, cujus loci diversa est ratio. [7] Syro-hex. ܥܒ. ܬܠܬܐ ܣܕܪ̈ܐ. [8] Idem: ܥܒ. ܐܣܩܘܦ̈ܬܐ. [9] Cod. 243. Montef. e Coislin. 1 et 2 affert: Α. πρόδομον, Σ. τὸ πρόπυλον. Syro-hex. (ad posterius αἰλάμ): ܐ. ܩܕܡ ܒܝܬܐ. Cf. Hex. ad Ezech. viii. 16. Joel ii. 17. [10] Sic Syro-hex. (cum ܐ. ܣ. ܬ.), et sine notis Cod. III, Arm. 1. Idem pergit: πεντήκοντα πηχῶν (s. πήχεις) μῆκος, καὶ τριάκοντα πηχῶν πλάτος ἐζυγωμέναι. [11] Sic Syro-hex., fortasse pro ※ܘܐܝܠܡ. [12] Cod. 243. [13] Sic Syro-hex. (qui legit et pingit: Α. ἐποίησεν, καὶ ὠρόφωσεν αὐτὸν ※ ἐν κέδρῳ), et sine notis Codd. III, 247 (cum ὠρόφησεν). Cf. Hex. ad Hag. i. 4. Comp. ex ingenio, ut videtur: καὶ ἐφάτνωσεν κεδρίνοις ἀπὸ ἐδάφους ἕως ὑπερῴων. [14] Syro-hex. ܐ. ܕܪܬܐ ܐܚܪܬܐ ܠܓܘ ܡܢ ܐܘܠܡ. ܐܝܬܝܗ̇ ܗܘܬ. [15] Sic Comp., Codd. 19, 56 (cum Σολ. οἶκον), 82 (idem), 93 (idem), 108, 158 (ut 56), 246 (idem). [16] Sic Syro-hex. (cum ※ܡܫܘܚܬܐ ܕܠܐ ܦܣܝܠܢ), et sine aster. Codd. III, 247 (om. μέτρον). Cf. ad v. 11. [17] Cod. 243 (cum πεπρισμένον in priore loco, teste Parsonsii amanuensi). Syro-hex. affert: ܣ. ܕܢܣܝܪܝܢ ܒܡܣܘܪܐ. [18] Sic Syro-hex., et sine notis Comp., Codd. III, 123, 247. [19] Cod. 56 in marg. [20] Coislin. 1 (cum παλεστ.) cum scholio: οἱ δὲ ἐπιχώριοι τῇ οἰκείᾳ γλώσσῃ τὸ γισσὸς (sic) τριγχὸν ὀνομάζουσιν. Ad Aquilam cf. Hex. ad Thren. ii. 22. [21] Sic Syro-hex. in textu; in marg. autem (ad μεγάλοις): Ὁ Ἑβραῖος· (vel Οἱ Γ΄.) λίθοις. [22] Syro-hex. in marg. (ܐܚܪܢܐ) ܫܘܝܬ ܡܫܘܚܬܐ ܦܣܝܠܬܐ. [23] Idem: ܣ. ܕܦܣܝܠܢ (ܕܦܣܝܠܢ). Praeterea sub eodem indice subjungitur incertae significationis notula: ܣ. ܕܦܣܠܐ. [24] Sic Syro-hex. (cum ܕܐܘܠܡ), et sine obelis Codd. III (cum αὐλὴν οἴκου pro τὴν αὐλὴν οἴκου κ., et τῶν αἰλ. pro τοῦ αἰλ.), 247 (cum κατὰ τὸ αἰλ. pro τοῦ αἰλ.), Arm. 1 (cum προπυλαίων pro τοῦ αἰλ.). [25] Cod. 243 in marg. ad καὶ δύο ἐπιθέ-

14 (2). חֲרָשׁ. Ο'. τέκτων. Ἄλλος· σφυρεύς.²⁶
אֶת־הַחָכְמָה. Ο'. τῆς τέχνης. Ἄλλος· τῆς σοφίας.²⁷

15 (3). וְחוּט. Et filum. Ο'. καὶ περίμετρον (Ἄλλος· σπαρτίον²⁸).

16 (4). מֻצַק נְחֹשֶׁת. Ο'. χωνευτά. Alia exempl. χωνευτὰ χαλκᾶ.²⁹

17 (5). שְׂבָכִים–הָעַמּוּדִים. Ο'. (Versio prorsus absona.) καὶ ἐποίησε δύο δίκτυα περικαλύψαι (alia exempl. add. τὸ ἐπίθεμα τοῦ ἐπιθέματος· καὶ ἐποίησε δύο δίκτυα περικαλύψαι³⁰) τὸ ἐπίθεμα τῶν στύλων.

19 (8). וְכֹתֶרֶת אֲשֶׁר עַל־רֹאשׁ. Ο'. καὶ ἐπὶ τῶν κεφαλῶν. Alia exempl. καὶ ἐπιθέματα ἐπὶ τῶν κεφαλῶν.³¹

20 (9). וְכֹתֶרֶת עַל־שְׁנֵי הָעַמּוּדִים. Ο'. καὶ μέλαθρον ἐπ' ἀμφοτέρων τῶν στύλων. Ἀ. καὶ κεφαλίδες ἐπὶ δύο τῶν στύλων. Σ. καὶ ἐπιστύλιον πάλιν ἐπάνω τῶν στύλων. Ο'. Θ. καὶ μέλαθρα ἐπ' ἀμφοτέρων τῶν στύλων.³²

וְהָרִמֹּנִים מָאתַיִם טֻרִים סָבִיב עַל הַכֹּתֶרֶת הַשֵּׁנִית. Ο'. Vacat. Alia exempl. καὶ τῶν ῥοῶν διακόσιοι στίχοι κύκλῳ ἐπὶ τῆς κεφαλίδος τῆς δευτέρας.³³

22. וְעַל רֹאשׁ הָעַמּוּדִים מַעֲשֵׂה שׁוֹשָׁן וַתִּתֹּם מְלֶאכֶת

הָעַמּוּדִים. Ο'. Vacat. Alia exempl. καὶ ἐπὶ τῶν κεφαλῶν ἔργον κρίνου, καὶ ἐτελειώθη τὸ ἔργον τῶν στύλων.³⁴

23 (10). מוּצָק. Ο'. Vacat. Alia exempl. χυτήν.³⁵

וְקָוֶה. Et funiculus. Ο'. καὶ συνηγμένη (alia exempl. συνηγμένοι; alia, συναγωγή³⁶).

יָסֹב אֹתוֹ סָבִיב. Ο'. Vacat. Alia exempl. ἐκύκλουν αὐτὴν κύκλῳ.³⁷

24 (11). מַקִּפִים אֶת־הַיָּם. Circumdantes mare. Ο'. Vacat. Alia exempl. ἀνιστᾶν τὴν θάλασσαν.³⁸

24, 25 (11, 12). שְׁנֵי טוּרִים הַפְּקָעִים יְצֻקִים בִּיצֻקָתוֹ. עָמֵד. Ο'. καὶ τὸ χεῖλος αὐτῆς ὡς ἔργον χείλους ποτηρίου, βλαστὸς κρίνου καὶ τὸ πάχος αὐτοῦ παλαιστής. Alia exempl. δύο στίχοι τῶν ὑποστηριγμάτων κεχυμένοι ἐν τῇ χύσει αὐτῆς ἑστῶτες.³⁹

25 (12). יָמָּה. Ο'. θάλασσαν. Ἄλλος· δύσιν.⁴⁰
בַּיְתָה. Ο'. εἰς τὸν οἶκον. Alia exempl. εἰς τὸ ἔνδον.⁴¹

26. וְעָבְיוֹ טֶפַח וּשְׂפָתוֹ כְּמַעֲשֵׂה שְׂפַת־כּוֹס פֶּרַח שׁוֹשָׁן אַלְפַּיִם בַּת יָכִיל. Ο'. Vacat. Alia exempl. καὶ τὸ πάχος αὐτοῦ παλαιστής καὶ τὸ χεῖλος αὐτῆς ὡς ἔργον χείλους ποτηρίου, βλαστὸς κρίνου, δισχιλίους χοεῖς χωροῦντα.⁴²

ματα (v. 16).　　²⁶ Cod. 52 in textu: ἀνὴρ σφυρεὺς Τύριος. Vox non alibi obvia utrum interpretis an explicatoris sit incertum.　²⁷ Duplex versio τῆς σοφίας καὶ τῆς τέχνης est in Comp., Codd. 19, 82, 93, 108.　²⁸ Iidem ex duplici versione: καὶ περίμετρον(8. καὶ τὸ π.) σπαρτίον ἐκύκλου γύρωθεν.　²⁹ Sic Comp., Ald. (cum χωνεύματα), Codd. III, XI, 19, 44, 52, alii (inter quos 243), Syro-hex. (apud Bar Hebr.), Arm. 1.　³⁰ Sic Ald., Codd. XI (om. τὸ), 55, 74, alii (inter quos 243, cum scholio: Ἐπίθεμα [כֹּתֶרֶת] τὴν κεφαλίδα σημαίνει· καὶ ἐπίθεμα ἐπιθέματος, τὸ ἐπιστύλιον τὸ ἐπάνω τῶν κεφαλῶν, ἵνα εὑρεθῇ ἐπίθεμα ἐπιθέματος ἐπάνω τῆς κεφαλῆς τὸ ἐπιστύλιον).　³¹ Sic Comp., Ald., Codd. III, XI, 44, 52, 55, alii.　³² Cod. 243 (qui lectiones ad καὶ δύο ἐπιθέματα κ. τ. ἑ. (v. 16) male referens, Montefalconium quoque in errorem induxit). Theodoret. Quaest. XXIV in 3 Reg. p. 471: μέλαθρον δὲ κέκληκε τὸ νῦν παρά τινων ἐπιστύλιον προσαγορευόμενον.　³³ Sic Comp. (om. κύκλῳ), Ald., Codd. III (cum πέντε pro διακόσιοι), 44 (ut Comp.), 52 (idem), 55,

alii (inter quos 247, cum πέντε στύλοι), Arm. 1.　³⁴ Sic Comp. (cum τῶν κ. τὸν στύλων), Codd. III, 247 (ut videtur).　³⁵ Sic Comp., Ald., Codd. III (cum αὐτήν), XI, 19, 44, 52, 55, alii (inter quos 243), Arm. 1.　³⁶ Prior lectio est in Codd. II, III, 44, 52, 74, aliis (inter quos 243), Arm. 1; posterior in Codd. 19, 82, 93, 108.　³⁷ Sic Codd. III, 247, et (om. κύκλῳ) Comp., Ald., Codd. XI, 19, 44, 52, 55, alii (inter quos 243), Arm. 1.　³⁸ Sic Comp., Ald. Codd. XI (om. τήν), 19, 44, 52, 55, alii (inter quos 243).　³⁹ Sic Codd. III, 247 (cum ἑστῶτες δύο). Comp. tentat: δύο στ. ὑποστ. χυτῶν ἐν τῷ χωνευτηρίῳ αὐτῶν.　⁴⁰ Sic Cod. 247 in textu, clausula post ἀνατολήν rejecta. Cf. Hex. ad Deut. xxxiii. 23. Deinde haec, καὶ ἡ θ. ἐπ' αὐτῶν ἐπάνωθεν, ante καὶ πάντα τὰ ὀπ. juxta Hebraeum ponunt Comp., Codd. III, 247.　⁴¹ Sic Comp., Codd. 19 (om. εἰς τὸ), 82, 93, 108, 158.　⁴² Sic Codd. III (cum χωροῦντες), 247 (om. χείλους). Comp.: καὶ τὸ π. αὐτῆς π. καὶ τὸ χ. αὐτῆς ἐσεὶ ἔργον ποτηρίου βλαστὸν κρίνου· δύο χιλιάδας χοεῖς ἐχώρει.

27 (13). אֶת־הַמְּכֹנוֹת עָשָׂר. Ο΄. δέκα μεχωνώθ. Alia exempl. τὰς μεχωνώθ ('Α. (τὰ) ὑποθέματα, Σ. (τὰς) βάσεις⁴³) δέκα.⁴⁴

30 (16). הַכְּתֵפֹת וְקֻוֹת מֵעֵבֶר אִישׁ לִיוֹת. Ο΄. Vacat. Alia exempl. αἱ ὠμίαι κεχυμέναι ἀπὸ πέραν ἀνδρὸς προσκείμεναι.⁴⁵

31. וּפִיהוּ מִבֵּית לַכֹּתֶרֶת וָמַעְלָה בָּאַמָּה וּפִיהָ עָגֹל מַעֲשֵׂה־כֵן אַמָּה וַחֲצִי הָאַמָּה וְגַם־עַל־פִּיהָ מִקְלָעוֹת וּמִסְגְּרֹתֵיהֶם מְרֻבָּעוֹת לֹא־עֲגֻלּוֹת. Ο΄. Vacat. Alia exempl. καὶ στόμα αὐτοῦ ἔσωθεν τῆς κεφαλίδος καὶ ἄνωθεν ἐν πήχει· καὶ στόμα αὐτοῦ στρογγύλον, ποίημα οὕτως πήχεως καὶ ἡμίσους τοῦ πήχεως· καίγε ἐπὶ στόματος αὐτοῦ διατορεύματα καὶ διάπηγα αὐτῶν τετράγωνα, οὐ στρογγύλα.⁴⁶

32 (17, 18). וְאַרְבַּעַת הָאוֹפַנִּים לְמִתַּחַת לַמִּסְגְּרוֹת. Ο΄. Vacat. Alia exempl. καὶ τέσσαρες οἱ τροχοὶ εἰς ὑποκάτωθεν τῶν διαπήγων.⁴⁷

וַחֲצִי הָאַמָּה. Ο΄. καὶ ἡμίσους. Alia exempl. καὶ ἡμίσους τοῦ πήχεως.⁴⁸

33 (19). וְגַבֵּיהֶם. Et apsides earum. Ο΄. καὶ οἱ νῶτοι αὐτῶν. Alia exempl. καὶ οἱ αὐχένες αὐτῶν, καὶ οἱ νῶτοι αὐτῶν.⁴⁹

35 (21). יָדֹתֶיהָ וּמִסְגְּרֹתֶיהָ מִמֶּנָּה. Ο΄. καὶ ἀρχὴ χειρῶν αὐτῆς (alia exempl. αἱ χεῖρες αὐτῆς⁵⁰)

καὶ τὰ συγκλείσματα αὐτῆς (alia exempl. add. ἐξ αὐτῆς⁵¹).

36 (22). וְלֹיוֹת סָבִיב. Et corollae pensiles in circuitu. Ο΄. ἔσω καὶ τὰ κυκλόθεν. Alia exempl. ἔσωθεν κυκλόθεν; alia, ἔσωθεν κυκλόθεν αὐτὴν ἐρίνησεν.⁵²

37 (23). קָו אֶחָד. Forma una. Ο΄. Vacat. Alia exempl. τέρμα ἕν.⁵³

38 (24). וַיַּעַשׂ עֲשָׂרָה כִיוֹרוֹת נְחֹשֶׁת אַרְבָּעִים בַּת יָכִיל הַכִּיּוֹר הָאֶחָד. Ο΄. καὶ ἐποίησε δέκα χυτροκαύλους χαλκοῦς, τεσσαράκοντα χοεῖς χωροῦντα τὸν ἕνα χυτρόκαυλον. ※ ('Α.) καὶ ἐποίησε δέκα λουτῆρας χαλκοῦς, τεσσαράκοντα βάτους ὑπέφερε λουτὴρ (ὁ εἷς). Σ. καὶ ἐποίησε δέκα λουτῆρας χαλκοῦς, τεσσαράκοντα βάτους χωροῦντα τὸν λουτῆρα (τὸν ἕνα).⁵⁴

39 (25). אֶת־הַמְּכֹנוֹת חָמֵשׁ. Ο΄. τὰς πέντε μεχωνώθ. Alia exempl. τὰς μεχωνώθ, πέντε; alia, τὰς δέκα μεχωνώθ, πέντε.⁵⁵

וְאֶת־הַיָּם נָתַן. Ο΄. καὶ ἡ θάλασσα. Alia exempl. καὶ τὴν θάλασσαν ἔθετο.⁵⁶

40 (26). וְאֶת־הַיָּעִים. Et palas. Ο΄. καὶ τὰς θερμαστρεῖς. 'Α. Σ. (καὶ τὰ) ἄγκιστρα.⁵⁷

41 (27). הַכֹּתָרֹת אֲשֶׁר (in priore loco). Ο΄. τῶν στύλων. Alia exempl. τῶν γλυφῶν τὰ ὄντα.⁵⁸

---

⁴³ Cod. 243. Theodoret. ibid.: τὰς δὲ μεχωνὼθ τῶν Παραλειπομένων ἡ Βίβλος λουτῆρας ὠνόμασεν· ὁ δὲ Ἰώσηπος τὰς μεχωνὼθ βάσεις εἶπε, τὰς δὲ χυτρογαύλους (v. 38) λουτῆρας ἐπικειμένους ταῖς βάσεσιν. ⁴⁴ Sic Cod. III. ⁴⁵ Sic Comp. (cum καὶ pro αἱ), Ald. (idem), Codd. III, 121 (ut Comp.), 247 (cum ἐχυμέναι). ⁴⁶ Sic Comp. (cum καὶ τὸ στόμα...ἄνω... καὶ τὸ στόμα...ἡμίσεως πήχεως· καὶ ἐπὶ τοῦ στ.), Ald. (cum καὶ τὸ στόμα...ὀκτὼ (pro οὕτως) πήχεως· καὶ ἐπὶ στ.), Codd. III (om. καὶ ante ἄνωθεν), 121 (cum καὶ τὸ στόμα... ἄνω...οὕτως πήχεως· καὶ ἐπὶ), 247 (cum καὶ στόμα αὐτῶν... στρογγύλον..καίγε ἐπὶ τοῦ στ. αὐτοῦ διατορεύματα τετράγωνα), Arm. 1. ⁴⁷ Sic Comp. (om. εἰς), Ald., Codd. III (om. οἱ), 121 (folio post εἰς detruncato), 247 (cum οἱ pro εἰς), Arm. 1. ⁴⁸ Sic Codd. III (cum πήχεος), 247. ⁴⁹ Sic Codd. III (om. οἱ ante αὐχ.), 52, 123, 236, 242, 247 (cum αὐχ. ἐπὶ τῶν pro οἱ αὐχ. αὐτῶν), Arm. 1. Versionem οἱ αὐχένες αὐτῶν Aquilae esse crediderim, coll. Hex. ad Ezech. i. 18. ⁵⁰ Sic Comp., Codd. 19, 82, 93, 108. ⁵¹ Sic

Comp. (cum ἀπ' αὐτῆς), Codd. III, 52, 74, alii (inter quos 243, 247). ⁵² Prior lectio est in Comp., Ald., Codd. XI, 44, 55, 64, aliis (inter quos 243); posterior in Codd. 19, 82, 93, 108 (cum ἐρίνισεν). ⁵³ Sic Codd. III, 247. ⁵⁴ Cod. 243 (cum βατούς). Masius in Syrorum Pecul. p. 29: "حَدْثُنَا (حَدْوَنَا), Graece βάτος, Luc. xvi. [6]. 3 Reg. vii. [38], ubi in Hebraeo est בַּת, et Aquila Symmachusque βάτον verterunt; Compl. vero et vulgati libri habent χοεῖς. Esse autem χοεῖς scribendum, ostenditur in marg. Syri, cum notatur quod χοεῖς contineat octo ξέστας, h. e. cyathos." ⁵⁵ Prior lectio est in Codd. III, 247; posterior in Comp., Ald., Codd. XI, 19, 55, 56, aliis. ⁵⁶ Sic Codd. 19, 82, 93. ⁵⁷ Coislin. 1 affert: 'Α. Σ. ἄγκιστρα, h. e. vertente Montef., vascula. Emendata scriptura debetur Kreyssigio in Symbolis ad Bielii Thes. Philol. P. I, p. 5. Cf. Hex. ad Exod. xxxviii. 3. 4 Reg. xxv. 14. Jerem. lii. 18. ⁵⁸ Sic Comp., Codd. 19, 82, 93, 108.

45 (—). נְחֹשֶׁת מְמֹרָט. *Aeris politi.* Ο'. χαλκᾶ ἄρδην. Alia exempl. χαλκοῦ στίλβοντος.[59]

46 (33). בְּמַעֲבֵה הָאֲדָמָה. *In densitate humi.* Ο'.
ἐν τῷ πάχει τῆς γῆς. Σ. ἐν τῷ βάθει τῆς γῆς.[60]

47 (32). וַיַּנַּח (reliquit) שְׁלֹמֹה אֶת־כָּל־הַכֵּלִים מֵרֹב
מְאֹד מְאֹד לֹא נֶחְקַר (investigabatur) מִשְׁקַל
הַנְּחֹשֶׁת. Ο'. οὐκ ἦν σταθμὸς τοῦ χαλκοῦ οὗ
ἐποίησε πάντα τὰ ἔργα ταῦτα ἐκ πλήθους σφό-
δρα· οὐκ ἦν τέρμα τῶν σταθμῶν (s. τῷ σταθμῷ)
τοῦ χαλκοῦ. Alia exempl. καὶ ἔδωκεν Σαλωμὼν πάντα τὰ σκεύη ἀπὸ τοῦ πλήθους σφόδρα·
σφόδρα· οὐκ ἦν σταθμὸς τοῦ χαλκοῦ.[61]

48 (34). וַיַּעַשׂ שְׁלֹמֹה אֵת כָּל־הַכֵּלִים אֲשֶׁר בֵּית
יְהוָה. Ο'. καὶ ἔλαβεν (alia exempl. ἔδωκεν[62])
ὁ βασιλεὺς Σαλωμὼν τὰ σκεύη ἃ ἐποίησεν ἐν
οἴκῳ κυρίου. Alia exempl. καὶ ἐποίησεν Σαλωμὼν πάντα τὰ σκεύη τὰ ἐν τῷ οἴκῳ κυρίου.[63]

לֶחֶם הַפָּנִים. Ο'. οἱ ἄρτοι τῆς προσφορᾶς (alia
exempl. προθέσεως[64]).

50 (36). וְהַסִּפּוֹת. *Et pelves.* Ο'. καὶ τὰ πρόθυρα
('Α. Σ. τὰς ὑδρίας[65]).

הַבַּיִת לַהֵיכָל. Ο'. τοῦ ναοῦ. Alia exempl. τοῦ
οἴκου τοῦ ναοῦ.[66]

Cap. VII. 6. — τοῖς αἰλαμίν ◁.[67]

CAP. VIII.

1. אָז יַקְהֵל. Ο'. καὶ ἐγένετο ὡς συνετέλεσε Σαλω-

μὼν τοῦ οἰκοδομῆσαι τὸν οἶκον κυρίου καὶ τὸν
οἶκον αὐτοῦ μετὰ εἴκοσι ἔτη, τότε ἐξεκκλησίασεν.
Alia exempl. τότε ἐξεκκλησίασεν.[1]

1. אֶת־כָּל־רָאשֵׁי הַמַּטּוֹת נְשִׂיאֵי הָאָבוֹת לִבְנֵי
יִשְׂרָאֵל אֶל־הַמֶּלֶךְ שְׁלֹמֹה. Ο'. Vacat. (※
'Α.) σὺν πάσας κεφαλὰς τῶν ῥάβδων ἐπηρμένους τῶν πατέρων τῶν υἱῶν Ἰσραὴλ πρὸς τὸν
βασιλέα Σαλωμών (◁).[2]

2. וַיִּקָּהֲלוּ אֶל־הַמֶּלֶךְ שְׁלֹמֹה כָּל־אִישׁ יִשְׂרָאֵל. Ο'.
Vacat. Alia exempl. καὶ ἐξεκκλησιάσθησαν
πρὸς τὸν βασιλέα Σαλωμὼν πᾶς ἀνὴρ Ἰσραήλ.[3]

בְּיֶרַח הָאֵתָנִים. Ο'. ἐν μηνὶ Ἀθανίν. Σ. (ἐν
μηνὶ) τῷ ἀρχαίῳ (הָאֵיתָן).[4]

בֶּחָג הוּא הַחֹדֶשׁ הַשְּׁבִיעִי. Ο'. Vacat. Alia exempl. ἐν τῇ ἑορτῇ αὐτὸς ὁ μὴν ὁ ἕβδομος.[5]

3. וַיָּבֹאוּ כֹּל זִקְנֵי יִשְׂרָאֵל. Ο'. Vacat. Alia exempl. καὶ ἦλθον πάντες οἱ πρεσβύτεροι Ἰσ-
ραήλ.[6]

4. וַיַּעֲלוּ אֶת־אֲרוֹן יְהוָה. Ο'. Vacat. Alia exempl. καὶ ἀνεβίβασαν τὴν κιβωτὸν κυρίου.[7]

וַיַּעֲלוּ אֹתָם הַכֹּהֲנִים וְהַלְוִיִּם. Ο'. Vacat. Alia
exempl. καὶ ἀνεβίβασαν αὐτὰ οἱ ἱερεῖς καὶ οἱ
Λευῖται.[8]

5. וְהַמֶּלֶךְ שְׁלֹמֹה וְכָל־עֲדַת יִשְׂרָאֵל הַנּוֹעָדִים עָלָיו
אִתּוֹ. Ο'. καὶ ὁ βασιλεὺς καὶ πᾶς Ἰσραήλ.
Alia exempl. καὶ ὁ βασιλεὺς Σαλωμὼν, καὶ

---

[59] Bar Hebraeus: ܚܘܫܐ ܡܪܝܩܐ, invitis libris
Graecis. Sed in fine v. seq. post τοῦ χαλκοῦ Codd. III, 147
add. στίλβοντος, ubi in Hebraeo est הַנְּחֹשֶׁת tantum. (Auctor
recensionis quam servaverunt Codd. 19, 82, 93, 108, offen-
dens in locutione χαλκᾶ ἄρδην, hic quidem correxit χαλκᾶ ἦν,
sed in v. seq. post ἐποίησεν intrusit ἄρδην.) [60] Bar Hebraeus: ܒܥܘܡܩܐ ܕܐܪܥܐ. [61] Sic
Codd. III (cum ὁ βασιλεὺς Σαλωμὼν pro πάντα), 247 (om.
σφόδρα alterutro). [62] Sic Comp., Ald., Codd. XI, 19,
44, 52, 55, alii (inter quos 243), Arm. I (cum ἔθηκεν).
[63] Sic Codd. III, 247 (cum τὰ σκεύη ἐν οἴκῳ κ.), Arm. I
(idem). [64] Sic Comp., Ald. (cum προσθ.), Codd. 19, 55,
56, alii (inter quos 243). Cf. Hex. ad Exod. xxv. 29.
xxxix. 36. [65] Coislin. I. Cf. Hex. ad Jerem. lii. 19.
[66] Sic Comp. (cum τοῦ οἴκου ναοῦ), Ald., Codd. III, XI, 44,

52, 55, alii. [67] Syro-hex. Deest in Comp., Codd.
56, 246.

CAP. VIII. [1] Sic Comp., Codd. III (cum καὶ pro τότε),
XI, 44, 158, 245, 247, Arm. I. [2] Sic in textu Codd. III
(cum ἐπηρμένους), 158 (cum τῶν π. υἱῶν), 247 (cum σύμ-
πασας .. ἐπηρμένας τὸν π. υἱῶν Ἰσραὴλ tantum), Arm. I.
Comp. ex ingenio supplevit: καὶ πάντας ἄρχοντας φυλῶν ἡγεμόνας πατριῶν υἱῶν Ἰσρ. πρὸς τ. β. Σολομῶντα. Ad ἐπηρμένους
cf. Hex. ad Exod. xxii. 28. Ezech. xxxii. 29. [3] Sic
Codd. III, 247, Arm. ed. [4] Coislin. I. Cf. Hex. ad
Exod. xiv. 27. Psal. lxxiii. 15. [5] Sic Comp. (cum ἐν
ἑορτῇ αὐτός ἐστι μὴν ἕβδομος), Cod. III (cum ἐβδομηκοστὸς
(h. e. ō) ē88.), Arm. I. [6] Sic Comp., Cod. III, Arm. I
(cum ἐξῆλθον). [7] Sic Cod. III. [8] Sic Codd. III, 247,
Arm. I.

πᾶσα συναγωγὴ Ἰσραὴλ, οἱ συντεταγμένοι ἐπ᾽
αὐτὸν σὺν αὐτῷ.⁹

5. אֲשֶׁר לֹא־יִסָּפְרוּ וְלֹא יִמָּנוּ מֵרֹב. Ο'. ἀναρίθμητα. Alia exempl. ἃ οὐ ψηφισθήσεται, ἀναρίθμητα ἀπὸ πλήθους.¹⁰

8. וַיִּהְיוּ שָׁם עַד הַיּוֹם הַזֶּה. Ο'. Vacat. Alia exempl. καὶ ἐγένοντο ἐκεῖ ἕως τῆς ἡμέρας ταύ-
της.¹¹

12, 13. אָז אָמַר שְׁלֹמֹה יְהוָה אָמַר לִשְׁכֹּן בָּעֲרָפֶל :
בָּנֹה בָנִיתִי בֵּית זְבֻל לָךְ מָכוֹן לְשִׁבְתְּךָ
עוֹלָמִים. Ο'. Vacat. (✕ 'Α.) τότε εἶπεν
Σαλωμών· κύριος εἶπεν τοῦ σκηνῶσαι ἐν γνόφῳ.
οἰκοδομῶν ᾠκοδόμησα οἶκον κατοικητηρίου σοι,
ἔδρασμα τῇ καθέδρᾳ σου αἰῶνας (◄).¹²

16. לִהְיוֹת. Ο'. τοῦ εἶναι. Alia exempl. τοῦ εἶναι
ἡγούμενον.¹³

18. יַעַן אֲשֶׁר הָיָה. Ο'. ἀνθ᾽ ὧν ἦλθεν. Alia exempl. ὅτι ἐγένετο.¹⁴

הֱטִיבֹתָ. Ο'. καλῶς ἐποίησας. Alia exempl.
ἠγάθυνας.¹⁵

22. וַיַּעֲמֹד. Ο'. καὶ ἀνέστη (alia exempl. ἔστη¹⁶).

24. אֵת אֲשֶׁר־דִּבַּרְתָּ לוֹ וַתְּדַבֵּר בְּפִיךָ וּבְיָדְךָ מִלֵּאתָ
כַּיּוֹם הַזֶּה. Ο'. καὶ γὰρ ἐλάλησας (alia ex-
empl. ὅσα ἐλάλησας αὐτῷ· καὶ ἐλάλησας¹⁷) ἐν
τῷ στόματί σου, καὶ ἐν χερσί σου ἐπλήρωσας,
ὡς ἡ ἡμέρα αὕτη. Ἀ. ἃ ἐλάλησας ἐν τῷ στό-

ματί σου, καὶ ἐν χειρί σου ἐπλήρωσας κατὰ
τὴν ἡμέραν ταύτην. Σ. ἃ ἐλάλησας ἐν τῷ
στόματί σου, καὶ ταῖς χερσί σου ἐπετέλεσας,
ὥσπερ ἐστὶ σήμερον.¹⁸

26. אֲשֶׁר דִּבַּרְתָּ לְעַבְדְּךָ דָּוִד. Ο'. τῷ Δαυίδ. Alia
exempl. ἃ ἐλάλησας τῷ δούλῳ σου Δαυίδ.¹⁹

28. אֶל־תְּפִלַּת עַבְדְּךָ וְאֶל־תְּחִנָּתוֹ. Ο'. ἐπὶ τὴν
δέησίν μου. Alia exempl. ἐπὶ προσευχὴν δού-
λου σου, καὶ τὴν δέησίν μου.²⁰

אֶל־הָרִנָּה וְאֶל־הַתְּפִלָּה. Ο'. τῆς προσευχῆς.
Alia exempl. τῆς τέρψεως; alia, τῆς τέρψεως
καὶ τῆς προσευχῆς; alia, τῆς δεήσεως καὶ τῆς
προσευχῆς.²¹

33. אֵלֶיךָ (bis). Ο'. Vacat. Alia exempl. πρὸς σέ.²²

37. בָּאָרֶץ. Ο'. Vacat. Alia exempl. ἐν τῇ γῇ.²³

כִּי־יִהְיֶה (in 2ᵈᵒ loco). Ο'. ἐὰν γένηται ("Αλ-
λος·) ὅτι ἔσται.²⁴

יֵרָקוֹן. Flavedo. Ο'. Vacat. Alia exempl.
ἴκτερος.²⁵

38. לְכֹל עַמְּךָ יִשְׂרָאֵל. Ο'. Vacat. Alia exempl.
παντὸς λαοῦ σου Ἰσραήλ.²⁶

40. עַל־פְּנֵי הָאֲדָמָה. Ο'. ἐπὶ τῆς γῆς. Alia exempl. ἐπὶ προσώπου τῆς γῆς.²⁷

41, 42. וּבָא מֵאֶרֶץ רְחוֹקָה לְמַעַן שְׁמֶךָ : כִּי יִשְׁמְעוּן
אֶת־שִׁמְךָ הַגָּדוֹל וְאֶת־יָדְךָ הַחֲזָקָה וּזְרֹעֲךָ
הַנְּטוּיָה. Ο'. Vacat. Alia exempl. καὶ ἔλθῃ

---

⁹ Sic Codd. III, 247 (qui post Σαλωμὸν pergit: καὶ οἱ
συντ. ἐπ᾽ αὐτῶν (sic) καὶ πᾶσα ἡ σ. (om. Ἰσραήλ)). ¹⁰ Sic
Codd. III, 247 (qui habet tantum: ἀναρίθμητα ἃ οὐ ψηφισθή-
σονται). Supplementum, ἃ οὐ ψηφισθήσεται, Aquilam sapit,
coll. Hex. ad Psal. xxi. 18. xlvii. 13. Jesai. xxxiii. 18.
¹¹ Sic Comp. (cum ἦσαν pro ἐγένοντο), Codd. III, 247,
Arm. 1. ¹² Sic Codd. III (cum οἰκοδομῆσα pro οἰκ. ᾠκ.,
et τῆς καθέδρος σου αἰῶνος), 71 (cum οἰκ. οἰκοδομῆσαι...κατοικ.
σου...αἰῶνας), 158 (cum μόνος pro αἰῶνας), 247 (cum οἰκ.
οἰκοδομῆσαι...κατοικ. σου), Arm. 1. Versio proculdubio
Aquilae est, coll. imprimis Hex. ad Exod. xv. 17. Psal.
xxxii. 14. ¹³ Sic Comp., Ald., Codd. 19, 44, 52, 55,
alii (inter quos 243, cum εἰς ἡγ.). ¹⁴ Sic Comp., Codd.
19, 82, 93, 108. ¹⁵ Iidem. ¹⁶ Sic Comp., Ald.,
Codd. III, 44, 55, 56, alii. ¹⁷ Sic Codd. III, 247 (cum
ὅσα ἐλάλησας ἐν αὐτῷ tantum). ¹⁸ Cod. 243 (cum πλη-

ρώσας pro ἐπλήρωσας). ¹⁹ Sic Codd. III, 158 (om. τῷ δ.
σου), 247 (om. δ. σου), Euseb. in Dem. Evang. p. 269 (cum
τῷ παιδί σου τῷ Δ.). ²⁰ Sic Codd. III, 247 (cum τὴν προσευχὴν δ. σ.), Arm. 1. ²¹ Prior lectio est in Codd. II (cum
τρέψεως, teste Parsonsio), 71, 243, 244 (ut II), 245; altera
in Ald., Codd. III, 44, 52, 55 (cum στρέψεως), aliis, Syro-
hex. (cum ܬܪܦܣܐ, teste Masio in Syr. Pec. p. 39); posterior in Comp., Codd. 19, 82, 93, 108, 247. Ad τέρψεως
cf. Hex. ad Psal. lxiv. 9. ²² Sic Codd. III, 247, Arm. 1.
²³ Iidem. ²⁴ En duae versiones ejusdem Hebraei,
quarum prior deest in Cod. 44. ²⁵ Sic Codd. III, 247.
Cf. Hex. ad Amos iv. 9. Bar Hebraeus: ܚܡܨܐ
ܝܒܡܠ, h. e. ut videtur, ἰμαντισμὸς καὶ ἕτερος. ²⁶ Sic
Codd. III, 123, 247 (om. σου), Arm. 1 (cum καὶ παντὶ
λαῷ). ²⁷ Sic Codd. III (cum ἐπὶ πρ. πάσης τ. γ.), 247,
Arm. 1.

ἀπὸ γῆς μακρόθεν ἕνεκα ὀνόματός σου, ὅτι ἀκούσουσιν τὸ ὄνομά σου τὸ μέγα, καὶ τὴν χεῖρά σου τὴν ἰσχύουσαν, καὶ βραχιόνά σου τὸν ἐκτεταμένον.²⁸

44. תִּשְׁלָחֵם. Ο'. ἐπιστρέψεις (alia exempl. ἀποστελεῖς²⁹) αὐτούς.

45. אֶת־תְּפִלָּתָם וְאֶת־תְּחִנָּתָם. Ο'. τῆς δεήσεως αὐτῶν καὶ τῆς προσευχῆς αὐτῶν. Alia exempl. τῆς προσευχῆς αὐτῶν καὶ τῆς δεήσεως αὐτῶν.³⁰

46. אֶל־אֶרֶץ הָאוֹיֵב רְחוֹקָה. Ο'. εἰς γῆν μακράν. Alia exempl. εἰς τὴν γῆν τοῦ ἐχθροῦ μακράν.³¹

47. וְשָׁבוּ. Ο'. μετήχθησαν. Alia exempl. μετῳκίσθησαν.³²

וְהֶעֱוִינוּ רָשָׁעְנוּ. Ο'. ἠδικήσαμεν, ἠνομήσαμεν. Alia exempl. ἠνομήσαμεν, ἠδικήσαμεν.³³

48. הָעִיר. Ο'. καὶ τῆς πόλεως. Alia exempl. τῆς πόλεως.³⁴

49. אֶת־תְּפִלָּתָם וְאֶת־תְּחִנָּתָם וְעָשִׂיתָ מִשְׁפָּטָם. Ο'. Vacat. Alia exempl. τὴν προσευχὴν αὐτῶν καὶ τὴν δέησιν αὐτῶν, καὶ ποιήσεις κρίσιν αὐτῶν.³⁵

51. הֵם. Ο'. Vacat. Alia exempl. εἰσιν.³⁶

53. Ο'. τότε ἐλάλησε — τῆς ᾠδῆς. Ταῦτα ἐν τῷ ἑξαπλῷ παρὰ μόνοις φέρεται τοῖς Ο'.³⁷

Ο'. ἥλιον ἐγνώρισεν ἐν οὐρανῷ· κύριος εἶπε. Alia exempl. ἥλιον ἔστησεν ἐν οὐρανῷ κύριος, καὶ εἶπε.³⁸

54. מִכְּרֹעַ. Ο'. ὀκλακώς. Alia exempl. κεκλικώς.³⁹

58. וְחֻקָּיו וּמִשְׁפָּטָיו. Ο'. καὶ τὰ προστάγματα αὐτοῦ. Alia exempl. καὶ τὰ προστάγματα αὐτοῦ, καὶ τὰ κρίματα αὐτοῦ.⁴⁰

59. בְּיוֹמוֹ. Ο'. ἐν ἡμέρᾳ ἐνιαυτοῦ. Alia exempl. ἐν ἡμέρᾳ αὐτοῦ.⁴¹

62. וְכָל־יִשְׂרָאֵל עִמּוֹ. Ο'. καὶ πάντες ⸓ οἱ υἱοὶ ⸔ Ἰσραὴλ ※ μετ' αὐτοῦ ⸔.⁴²

63. וְצֹאן מֵאָה וְעֶשְׂרִים אָלֶף. Ο'. ※ καὶ προβάτων ἑκατὸν καὶ εἴκοσι χιλιάδας ⸔.⁴³

64. וְאֶת־הַמִּנְחָה. Ο'. καὶ τὰς θυσίας. Aliter: Ο'. ※ Ἀ. Σ. καὶ τὸ δῶρον ⸔, ⸓ καὶ τὰς θυσίας ⸔.⁴⁴

מֵהָכִיל אֶת־הָעֹלָה וְאֶת־הַמִּנְחָה וְאֵת חֶלְבֵי הַשְּׁלָמִים. Ο'. τοῦ μὴ δύνασθαι τὴν ὁλοκαύτωσιν καὶ τὰς θυσίας τῶν εἰρηνικῶν ὑπενεγκεῖν. Alia exempl. τοῦ μὴ δύνασθαι δέξασθαι τὴν ὁλοκαύτωσιν καὶ τὸ δῶρον καὶ τὰς θυσίας τῶν εἰρηνικῶν.⁴⁵

65. לִפְנֵי יְהוָה אֱלֹהֵינוּ שִׁבְעַת יָמִים וְשִׁבְעַת יָמִים אַרְבָּעָה עָשָׂר יוֹם. Ο'. ἐνώπιον κυρίου θεοῦ ἡμῶν — ἐν τῷ οἴκῳ ᾧ ᾠκοδόμησεν, ἐσθίων καὶ πίνων καὶ εὐφραινόμενος (alia exempl. add. καὶ αἰνῶν⁴⁶) ἐνώπιον κυρίου θεοῦ ἡμῶν ⸔ ἑπτὰ ἡμέρας ※ Ἀ. καὶ ἑπτὰ ἡμέρας, τεσσαρεσκαίδεκα ἡμέρας ⸔.⁴⁷

---

²⁸ Sic Codd. III, 247 (cum ἔλθῃ οὗτος ἀπὸ τῆς μ. ἕνεκεν τοῦ ὀν. σ. ὅτι ἀκούσονται τὸ ὄν. τὸ μέγα ... ἐκτεταμμένον), Arm. 1 (om. τὸ μέγα). ²⁹ Sic Comp., Codd. 19, 82 (cum ἐξαπ.), 93, 108, 246 (cum ἀποστείλῃς). ³⁰ Sic Comp., Codd. III, 19, 82, 93, 108, 247, Arm. 1. ³¹ Sic Codd. III, 247, Arm. 1. ³² Sic Comp., Codd. 19, 82, 93, 108, 246. ³³ Sic Comp., Ald. (cum ἠν. καὶ ἠδ.), Codd. III, 44, 55, 64, alii (inter quos 243, 247), Arm. 1. ³⁴ Sic Codd. II, III, 71, 247. ³⁵ Sic Comp. (cum τῆς πρ. α. καὶ τῆς δ. α. καὶ π. τὸ δικαίωμα α.), Codd. III, 247, Arm. 1. ³⁶ Sic Comp., Codd. III, 19, 93, 108, 246, Arm. 1. ³⁷ Nobil., Cod. 243. Haec desunt in Comp., Cod. 71. ³⁸ Sic Codd. 19, 82, 93, 108, 246, Theodoret. Quaest. XXVIII in 3 Reg. p. 475, qui enarrat: ἔφη τοίνυν ὁ Σολομῶν, ὅτι τὸν ἥλιον ἐν οὐρανῷ τεθεικὼς, ὥστε τοὺς ἀνθρώπους ἀπολαύειν τοῦ φωτός, αὐτὸς εἶπε τοῦ κατοικεῖν ἐν γνόφῳ. ³⁹ Sic Comp.,

Codd. 19 (cum κεκληκώς), 82, 93, 108, 158. ⁴⁰ Sic Comp. (cum δικαιώματα pro κρίματα), Cod. 247. ⁴¹ Sic Comp., Ald., Codd. III, 19, 44 (cum ἐν τῇ ἡμ.), 55, 64, alii (inter quos 243). ⁴² Sic Syro-hex., et sine notis Codd. III, 247, Arm. 1. ⁴³ Sic Syro-hex., et sine aster. Comp., Cod. III (om. καὶ ante εἴκοσι), 82, 93, 108, 243. Haec (om. καὶ priore) leguntur in Ed. Rom., sed absunt a Codd. II, 44, 106. ⁴⁴ Sic Syro-hex. (cum ⸓ ܀ ܟܘ̈ܒܚܐ), et sine notis Codd. III, 247. ⁴⁵ Sic Comp., Ald. (om. δέξασθαι), Codd. III (idem), 19, 44 (cum τὰς εἰρηνικὰς), 52, 55 (om. καὶ τὸ δ.), alii (inter quos 243, ut videtur), Syro-hex., Arm. 1 (om. καὶ τὸ δ.?). Pro מֵהָכִיל nescio an Aquila posuerit ἀπὸ τοῦ ὑπενεγκεῖν (cf. ad Cap. vii. 38), unde vox ad textum τῶν Ο', propter omissionem casualem τοῦ δέξασθαι male hiantem, sarciendum assumpta fuerit. ⁴⁶ Sic Codd. 19, 82, 93, 108, Theodoret. ⁴⁷ Sic

66. וְטוֹבֵי לֵב. Ο'. καὶ ἀγαθῇ ἡ καρδία. Alia exempl. καὶ ἀγαθῇ καρδίᾳ.[45]

עַל כָּל־הַטּוֹבָה. Ο'. ἐπὶ ✕ Θ. πᾶσιν ◂ τοῖς ἀγαθοῖς.[46]

Cap. VIII. 63. – ὁ βασιλεύς ◂.[50] 66. – ἕκαστος ◂.[51]

Cap. IX.

2. כַּאֲשֶׁר נִרְאָה אֵלָיו. Ο'. καθὼς ὤφθη ✕ Ἀ.Θ. αὐτῷ ◂.[1]

4. וְאַתָּה. Ο'. καὶ (✕) Ἀ. Σ. σύ ◂.[2]

6. אֲשֶׁר נָתַתִּי. Ο'. ἃ ἔδωκε – Μωυσῆς ◂. (Ὁ Ἑβραῖος)· ἔδωκα.[3]

7. מֵעַל פְּנֵי הָאֲדָמָה. Ο'. ἀπὸ τῆς γῆς. Ὁ Ἑβραῖος· (ἀπὸ) προσώπου (τῆς γῆς).[4]

9. מֵאֶרֶץ מִצְרַיִם. Ο'. ἐξ Αἰγύπτου ἐξ οἴκου δουλείας. Aliter: Ο'. ἐκ ✕ γῆς ◂ Αἰγύπτου – ἐξ οἴκου δουλείας ◂.[5]

אֵת כָּל־הָרָעָה. Ο'. ✕ Ἀ. πᾶσαν ◂ τὴν κακίαν.[6]

10. וַיְהִי מִקְצֵה עֶשְׂרִים שָׁנָה. Ο'. – τότε ἀνήγαγε – ὃν ᾠκοδόμησεν ἑαυτῷ (alia exempl. αὐτῷ?) ◂. ✕ Ἀ. καὶ ἐγένετο ◂ ἐν ταῖς ἡμέραις ἐκείναις εἴκοσιν ἔτη.[8] Ὁ Ἑβραῖος, Σ. (καὶ ἐγένετο) μετὰ εἴκοσι (ἔτη).[9]

11. הַמֶּלֶךְ שְׁלֹמֹה. Ο'. ὁ βασιλεὺς ✕ Ἀ. Σ. Σαλωμών ◂.[10]

13. אָחִי. Ο'. ἀδελφέ ✕ μου (◂).[11]

אֶרֶץ כָּבוּל. Ο'. ὅριον, Ἀ. Σ. γῆ Χωβάλ.[12] Schol. γῆ δουλείας κατὰ τὸ Ἑβραϊκόν.[13]

14. וַיִּשְׁלַח. Ο'. καὶ ἤνεγκε. Ἀ. Σ. Θ. καὶ ἀπέστειλε.[14]

15–25. וְזֶה דְבַר־הַמַּס – וּשָׁלֵם אֶת־הַבָּיִת. Ο'. Vacat. Aliter:[15] Ο'. αὕτη ἦν[16] ἡ πραγματεία τῆς προνομῆς, ἣν ἀνήνεγκεν ὁ βασιλεὺς Σαλωμὼν οἰκοδομῆσαι τὸν οἶκον κυρίου, καὶ τὸν οἶκον – τοῦ βασιλέως ◂,[17] καὶ σὺν τὴν Μελὼ, καὶ τὴν ἄκραν,[18] – τοῦ περιφράξαι τὸν φραγμὸν τῆς πόλεως Δαυίδ, καὶ τὴν Ἀσσοὺρ, καὶ τὴν Μαϊδὰν ◂,[19] καὶ τὸ τεῖχος Ἱερουσαλὴμ, καὶ τὴν Ἐσὲρ,[20] καὶ τὴν Μαγδὼ, καὶ τὴν Γεζὲρ,

---

Syro-hex. (qui pingit: θεοῦ ἡμῶν ◂ ✕ Ἀ. ἑπτὰ ἡμ. καὶ ἑπτὰ ἡμ.), et sine notis Comp. (om. ἐν τῷ οἴκῳ – θεοῦ ἡμῶν, quae desunt in Codd. 44, 106), Codd. III, 19 (ut ante), 52 (cum τέσσαρας καὶ δέκα), 92, 93 (om. καὶ ἑπτὰ ἡμ.), alii (inter quos 243), Arm. 1 (om. ἡμέρας in fine). ⁴⁸ Sic Comp., Codd. III, 55, 82, 92, alii (inter quos 243), Syro-hex. (cum ܠܟܕ ܛܒܬܐ). ⁴⁹ Sic Syro-hex., et sine notis Codd. III, 247, Arm. 1. ⁵⁰ Syro-hex. ⁵¹ Idem (cum ἀπῆλθαν).

Cap. IX. ¹ Sic Syro-hex., et sine notis Comp., Codd. III, 82, 93, 108, 123, 247. ² Sic Syro-hex (cum ܗܘ ◂ ܐܢܬ ܘ/. ܤܡ). Pronomen reprobant Codd. 71, 245, 246. ³ Syro-hex. in textu: ἃ ἔδωκε – Μωυσῆς ◂; in marg. autem sine nom. ✦ܝܗܒܬ (absente puncto diacritico). ⁴ Idem: ܐܦܝܢ.܀ ܤܡ. ⁵ Idem. ⁶ Idem. Sic sine notis Comp., Codd. III (cum σύμπασαν), 82, 93, 108, 247 (ut III). ⁷ Sic Codd. II, 74, 106, 134, alii, Syro-hex. ⁸ Sic Syro-hex., et sine notis Codd. III, 247, Arm. 1. ⁹ Syro-hex. ✦ܫܢܝܢ ܥܣܪܝܢ ܒܬܪ ܡܢ .ܤܡ. ܥܒ. Sic in textu Comp. ¹⁰ Sic Syro-hex., et sine notis Comp. (cum Σολωμών), Ald. (idem), Codd. III, 71 (ut Comp.), 74 (cum Σαλωμών), alii, Arm. 1. ¹¹ Syro-hex. in textu: ܕܝܠܝ/; in marg. autem: ✕. Sic sine aster. Cod. 247. ¹² Syro-hex. /.

¹³ Sic in textu ante ὅριον Cod. 82. ¹⁴ Syro-hex. ܫܕܪ .ܐ .ܤ .ܬ /. Sic in textu Comp., Codd. 19, 82, 93. ¹⁵ Quae sequuntur leguntur tantum in Codd. III, 247, et Syro-hex., quorum singulas varietates in notis memorabimus. Praeterea versio LXXviralis vv. 15–22 reperitur, sed manca, in Ed. Rom. post v. 22 Cap. x, et v. 34 Cap. iv, quam, ut e textu Syro-hex. conjicere licet, Origenes huc transtulit, lacunis ex alio interprete, Aquila videlicet, sarcitis. ¹⁶ ἦν om. Cod. III. ¹⁷ Sic Syro-hex. (pro Hebraeo וְאֶת־בֵּיתוֹ), et sine obelo Codd. III, 247. ¹⁸ En duae versiones Hebraei וְאֶת־הַמִּלֹּא, quarum posterior est τῶν Ο' 2 Reg. v. 9. 3 Reg. xi. 27; priorem vero Aquilae diserte vindicat Syrus noster, qui legit et pingit: ܡܬܚܒܠܬܐ ܡܬܚܒܠܬܐ (sic, sine aster.). ¹⁹ Haec, τοῦ περιφράξαι – Μαϊδὰν, et, καὶ τὸ τεῖχος – Μαγδὼ, dupliciter vertunt Hebraea וְאֶת־חֹמַת יְרוּשָׁלַםִ וְאֶת־חָצוֹר וְאֶת־מְגִדּוֹ. Priora igitur obelo jugulavimus, favente Syro-hex., qui pingit: τοῦ περιφράξαι – Ἀσσοὺρ, – καὶ τὴν Μαϊδὰν ◂. (Pro Μαϊδὰν Cod. III scribit Μεδὰν; Cod. 247 Μαειδάν.) ²⁰ Cod. 247: καὶ τὴν Ἀσσοὺρ; Syro-hex. ܡܟܣܪܐ.܀ ✕ in initio lineae, quae continet καὶ τὴν Ἐσὲρ, καὶ τὴν Μαγδὼ, καὶ τὴν Γεζὲρ, cum locus asteriscis notandus incipiat a sequenti linea, καὶ

(16) ※ Φαραὼ βασιλεὺς²¹ Αἰγύπτου ἀνέβη, καὶ κατελάβετο τὴν Γεζὲρ, καὶ ἐνέπρησεν αὐτὴν ἐν πυρὶ, καὶ σὺν τὸν Χαναναῖον²² τὸν καθήμενον ἐν τῇ πόλει ἀπέκτεινεν· καὶ ἔδωκεν αὐτὴν ἀποστολὰς²³ τῇ θυγατρὶ αὐτοῦ, γυναικὶ Σαλωμών. (17) καὶ ᾠκοδόμησεν Σαλωμὼν τὴν Γαζὲρ (◄), καὶ τὴν Βαιθωρὼν τὴν κατωτάτην, (18) (※) καὶ τὴν Βαλὰθ ◄,²⁴ καὶ τὴν Θερμὰθ²⁵ (※) Ἀ. Σ. τὴν ἐν τῇ γῇ τῆς ἐρήμου ◄,²⁶ (19) καὶ πάσας τὰς πόλεις ※ τῶν σκηνωμάτων, αἳ ἦσαν τῷ Σαλωμὼν, καὶ τὰς πόλεις ◄²⁷ τῶν ἁρμάτων, καὶ πάσας τὰς πόλεις τῶν ἱππέων καὶ τὴν πραγματείαν Σαλωμὼν ἣν ἐπραγματεύσατο οἰκοδομῆσαι ἐν Ἱερουσαλὴμ, ※ Ἀ. Σ. καὶ ἐν τῷ Λιβάνῳ ◄,²⁸ καὶ ἐν πάσῃ τῇ γῇ τοῦ μὴ κατάρξαι αὐτοῦ (20) πάντα τὸν λαὸν τὸν ὑπολελειμμένον ὑπὸ τοῦ Ἀμορραίου, καὶ τοῦ Χετταίου, καὶ τοῦ Φερεζαίου, — καὶ τοῦ Χαναναίου ◄,²⁹ καὶ τοῦ Εὐαίου, καὶ τοῦ Ἰεβουσαίου, — καὶ τοῦ Γεργεσαίου ◄,²⁹ τῶν μὴ ἐκ τῶν υἱῶν Ἰσραὴλ ὄντων,³⁰ (21) τὰ τέκνα αὐτῶν τὰ ὑπο-

λελειμμένα μετ' αὐτοὺς³¹ ἐν τῇ γῇ, οὓς οὐκ ἐδύναντο οἱ υἱοὶ Ἰσραὴλ ἐξολεθρεῦσαι αὐτούς· καὶ ἀνήγαγεν αὐτοὺς Σαλωμὼν εἰς φόρον ※ Ἀ. δουλείας ◄³² ἕως τῆς ἡμέρας ταύτης. (22) καὶ ἐκ τῶν υἱῶν Ἰσραὴλ οὐκ ἔδωκεν Σαλωμὼν εἰς³³ πρᾶγμα, ὅτι αὐτοὶ ἦσαν ἄνδρες πολεμισταὶ, καὶ παῖδες αὐτοῦ, ※ Ἀ. καὶ ἄρχοντες αὐτοῦ, καὶ τρισσοὶ αὐτοῦ ◄,³⁴ καὶ ἄρχοντες αὐτοῦ τῶν ἁρμάτων, καὶ ἱππεῖς αὐτοῦ. (23) ※ Ἀ. οὗτοι³⁵ οἱ ἄρχοντες οἱ ἐστηλωμένοι οἱ³⁶ ἐπὶ τοῦ ἔργου τοῦ Σαλωμὼν, πεντήκοντα καὶ πεντακόσιοι, οἱ³⁷ ἐπικρατοῦντες ἐν τῷ λαῷ, οἱ ποιοῦντες ἐν τῷ ἔργῳ. (24) πλὴν³⁸ θυγάτηρ Φαραὼ ἀνέβη ἐκ πόλεως Δαυὶδ πρὸς οἶκον αὐτῆς, ὃν ᾠκοδόμησεν αὐτῇ· τότε ᾠκοδόμησε σὺν τὴν Μελώ.³⁹ (25) καὶ ἀνεβίβαζεν⁴⁰ Σαλωμὼν τρεῖς καθόδους ἐν τῷ ἐνιαυτῷ ὁλοκαυτώματα⁴¹ καὶ εἰρηνικὰς ἐπὶ τοῦ θυσιαστηρίου ὃ⁴² ᾠκοδόμησεν τῷ κυρίῳ, καὶ ἐθυμία αὐτὸ τὸ εἰς πρόσωπον κυρίου, καὶ ἀπήρτισεν σὺν τὸν οἶκον ◄.⁴³

Φαραὼ κ. τ. ἑ. ²¹ Sic Cod. III. Cod. 247: καὶ βασιλεὺς Φ.; Syro-hex.: ※ καὶ Φ. βασιλεύς. Haec autem omnia, ※ Φαραὼ — Σαλωμὼν τὴν Γαζὲρ ◄, desunt in Ed. Rom. (post Cap. x. 22). ²² Sic Cod. III. Syro-hex. ܟܢܥܢܝܐ; Cod. 247: τὸν Χαν X. ²³ Cod. 247: ἀποστολῇ (sic); Syro-hex. ܒܓܒܝܐ (ܒܓܒܝܐ). ²⁴ Haec, καὶ τὴν Βαλὰθ, desunt in Ed. Rom. Syro-hex. pingit: ※ Σαλωμὼν τὴν Γαζὲρ, καὶ τὴν Βαιθωρὼν τὴν κατωτάτην, καὶ τὴν Βαλὰθ ◄. ²⁵ Cod. 247: καὶ τὴν Θερμάθ; Syro-hex. ܡܠܒܒܕ ܠܘܬ ܗܘܢܕ, juxta scripturam Syri vulgaris. ²⁶ Syro-hex. (cum metobelo tantum): ܗܠ ܘܐܝܟܠ ܡܒܪܐ ./. Hebraea sunt: בַּמִּדְבָּר בָּאָרֶץ וְאֵת תַּדְמֹר, pro quibus paulo aliter lectis Codd. III, 247 exhibent: (om. τὴν) ἐν τῇ ἐρήμῳ, καὶ ἐν τῇ γῇ πάσας τὰς πόλεις. Haec desunt in Ed. Rom., qui legit: καὶ τὴν Ἰεθερμὰθ (sic), καὶ πάσας τ. π. (Pro ܡܒܪܐ (sic in cod.) legendum videtur ܡܕܒܪܐ, quae versio est etiam Syri alterius, et Symmachum potius quam Aquilam refert. Hieron. vertit: in terra solitudinis.) ²⁷ Sic Syro-hex., et sine aster. Cod. III. Desunt in Ed. Rom. In Cod. 247 haec, αἳ ἦσαν — τῶν ἁρμάτων, casu exciderunt. ²⁸ Sic Syro-hex., et sine notis Codd. III, 247. Haec desunt in Ed. Rom. Mox τοῦ μὴ κατάρξαι αὐτοῦ πάντα τὸν λαὸν, nulla distinctione post αὐτοῦ, Syro-hex. et Ed. Rom. Obelus est in Syro-hex. ²⁹ Sic Cod. 247, Syro-hex., et Ed. Rom. Minus probabiliter Cod. III: τοῦ μὴ ... ὄντων.

³¹ Cod. 247: μετ' αὐτοῦ. ³² Sic Syro-hex., et sine notis Codd. III, 247. Deest in Ed. Rom. ³³ εἰς om. Cod. 247. Mox οἱ ἄνδρες πολ. idem. ³⁴ Sic Syro-hex., et sine notis Codd. III, 247. Haec desunt in Ed. Rom. Ad τρισσοὶ cf. Hex. ad Exod. xiv. 7. Psal. lxxix. 6. ³⁵ Cod. 247: καὶ οὗτοι, invitis Cod. III, Syro-hex. ³⁶ Articulum reprobant Cod. 247, Syro-hex., invito Hebraeo. Mox τοῦ ante Σαλωμὼν om. Cod. 247. Deinde πεντακόσιοι καὶ πεντήκοντα hoc ordine Cod. 247, Syro-hex., invito Hebraeo. ³⁷ Articulus excidit in Cod. III. Ad ἐπικρατοῦντες (הָרֹדִים) cf. Hex. ad Gen. i. 26, 28. Lev. xxvi. 17. ³⁸ πλὴν] ἤδη Cod. 247. Mox εἰς οἶκον αὐτῆς idem. Deinde haec, τότε ᾠκοδόμησεν, quae casu exciderant in Cod. III, e Cod. 247 et Syro nostro assumpsimus. ³⁹ Pro σὺν τὴν Μελὼ Cod. 247 pingit: τῇ Μελὼ (sic). Syro-hex. ܠܡܠܘ. ⁴⁰ Sic Cod. 247, Syro-hex. Cod. III: ἀνεβίβασε. ⁴¹ Sic (pro ὁλοκαύτωμα) Cod. 247, Syro-hex. ⁴² ὃ] ὃν Cod. III; οὗ Cod. 247. Mox εἰς τὸν πρόσωπον Cod. 247. ⁴³ Cod. 247: σὺν τῷ οἴκῳ; Syro-hex. ܠܒܝܬܐ. Vv. 23–25: ※ Ἀ. οὗτοι οἱ ἄρχοντες — σὺν τὸν οἶκον ◄. Sic Syro-hex., et sine notis Codd. III, 247. Haec desunt in Ed. Rom. Ad v. 26, καὶ ναῦν κ. τ. ἑ., Nobil. et Cod. 243 scholium habent: Πρὸ τούτων κεῖται ἐν τῷ ἑξαπλῷ σὺν ἄλλοις τισὶ καὶ τὰ κατὰ (τὰ πρὸς Cod.) τὸν Φαραὼ βασιλέα Αἰγύπτου, ὅτι κατελάβετο τὴν Γαζὲρ, καὶ ἐνέπρησεν αὐτὴν, καὶ τὸν Χαναναῖον τὸν καθήμενον ἐν

15. דְּבַר־הָעָם. *Ratio tributi* (operae servae). O'.
Vacat. Aliter: O'. ἡ πραγματεία τῆς προνομῆς. Σ. ὁ λόγος τοῦ φόρου.[44]

וְאֶת־הַמִּלּוֹא. O'. Vacat. Aliter: O'. καὶ τὴν
ἄκραν. Ἀ. καὶ σὺν τὴν Μελώ.[45] Σ. καὶ τὴν
τελείωσιν.[46]

21. לֹא־יָכְלוּ. O'. Vacat. Aliter: O'. οὐκ ἐδύναντο. Σ. οὐκ ἠδυνήθησαν.[47]

22. עֹבֵד. *Servum.* O'. Vacat. Aliter: O'. εἰς
πρᾶγμα. Ἀ. εἰς δουλεύοντα. Σ. δουλεύειν.[48]

25. וְהִקְמִיר אִתּוֹ. O'. Vacat. ※ Ἀ. καὶ ἐθυμία
αὐτό ('Ο 'Εβραῖος· ἐπ' αὐτῷ[49]).

28. וְזָהָב אַרְבַּע־מֵאוֹת וְעֶשְׂרִים כִּכָּר. O'. χρυσίου
ἑκατὸν (alia exempl. τετρακόσια[50]) καὶ εἴκοσι
τάλαντα.

Cap. IX. 3. — τῆς φωνῆς ◄.[51] — πεποίηκά σοι
κατὰ πᾶσαν τὴν προσευχήν σου ◄.[52] 7. — τοῦτον ◄.[53] 26. — ὑπὲρ οὗ ◄.[54] 27. — ἐλαύνειν (◄).[55]

CAP. X.

2. בְּשָׂמִים. O'. ἡδύσματα. Alia exempl. ἀρώματα.[1]

5. וּמַשְׁקָיו. *Et pincernas* (s. potationes) *ejus.* O'.
καὶ τοὺς οἰνοχόους (alia exempl. εὐνούχους[2])
αὐτοῦ.

5. וְלֹא־הָיָה בָהּ עוֹד רוּחַ. O'. καὶ ἐξ ἑαυτῆς ἐγένετο.[3]

7. לֹא־הָגַּד־לִי הַחֵצִי. O'. οὐκ εἰσὶ (potior scriptura ἔστι) τὸ ἥμισυ καθὼς ἀπήγγειλάν μοι.
Aliter: O'. οὐκ ÷ ἔστι καθὼς ◄ ἀπήγγειλάν
μοι τὸ ἥμισυ.[4]

7. חָכְמָה וָטוֹב. O'. ※ σοφίαν καὶ ◄ ἀγαθά.[5]

8. תָּמִיד. O'. διόλου. Alia exempl. διαπαντός.[6]

9. לַעֲשׂוֹת מִשְׁפָּט וּצְדָקָה. O'. τοῦ ποιεῖν κρίμα ἐν
δικαιοσύνῃ (alia exempl. κρίμα καὶ δικαιοσύνην[7]).

11. הֵבִיא מֵאֹפִיר. O'. ἤνεγκε. Alia exempl. ἤνεγκεν ἐκ Σουφείρ.[8]

עֲצֵי אַלְמֻגִּים. *Ligna santalina.* O'. ξύλα πε-
λεκητά (alia exempl. ἀπελέκητα[9]). Ἀ. (ξύλα)
σούχινα (*succina*). Σ. (ξύλα) θύϊνα.[10]

12. וְכִנֹּרוֹת וּנְבָלִים. O'. καὶ νάβλας καὶ κινύρας.
Alia exempl. καὶ κινύρας καὶ νάβλας.[11]

15. לְבַד מֵאַנְשֵׁי הַתָּרִים. *Praeter* (reditus) *de viris
circumeuntibus* (mercatoribus). O'. χωρὶς τῶν
φόρων ※ τῶν ἀνδρῶν ◄ τῶν ὑποτεταγμένων.[12]

וּמִסְחַר הָרֹכְלִים. *Et mercaturam institorum.*
O'. καὶ τῶν ἐμπόρων ※ Ἀ. καὶ τῶν ῥωποπω-
λῶν ◄.[13] Alia exempl. καὶ τῶν ἐμπόρων τῶν
ἐμπορευομένων.[14]

τῇ πόλει ἀπέκτεινεν, καὶ ἔδωκεν αὐτὴν ἀποστολὰς τῇ θυγατρὶ αὐτῷ,
γυναικὶ Σαλωμών. Ταῦτα δὲ παρὰ Θεοδωρήτῳ καί τισιν ἀντιγράφοις πρὸ τῆς οἰκοδομῆς τοῦ ναοῦ κεῖται, ὡς ἐκεῖ σεσημείωται.
Cf. ad Cap. iv. 34. [44] Syro-hex. in textu: ܦܚܠܡܬܐ;
in marg. autem: ܪܡܐ ܘܡܠܟܐ. ܡ. [45] Vid. not. 18.
[46] Syro-hex. ܡܚܠܡܬܐ. ܡ. Cf. Hex. ad 2 Reg. v. 9.
[47] Idem: ܚܣܝܢܐ. ܐܝ. ܡ. [48] Idem: ܚܒܕܬ ܠ.
[49] Idem: ܐ. ܚܒܪܝܐ ܚܒܪܝܐ. [50] Sic Ald., Codd. III, 64, 92, alii, Arm. 1;
necnon (cum χρυσίου in fine) Comp., Codd. 19, 82 (cum χρυσίου), 93, 108, Syro-hex. [51] Syro-hex. Deest in Comp.,
Codd. 19, 82, 93, 108. [52] Idem. Deest in Comp.
[53] Idem. [54] Idem. Deest in Cod. 158; necnon (cum
καὶ ἐποίησεν ὁ β. Σ. ναῷ) in Comp., Codd. 19, 82, 93, 108,
246, Arm. 1. [55] Idem.
CAP. X. [1] Sic Comp., Codd. 19, 82, 93, 108, 246.
[2] Sic Codd. 19, 82, 93, 108. Duplex versio καὶ τοὺς εὐν.

καὶ τοὺς εὐν. est in Codd. 243, 244. [3] Syro-hex. liberius
vertit: ܠܐܠܐ, h. e. καὶ ἐξέστη, ※ ἐξεπλάγη, cum indice in
textu, sed vacante margine. Etiam Alterus ex Arm. 1
affert: "ἐξεπλήσσετο [ἐξεπλάγη], stupefacta est." [4] Sic
Syro-hex. (qui pingit: ÷ οὐκ ἔστι καθὼς ◄), et sine obelo
Codd. III, 247, Origen. Opp. T. I, p. 476. [5] Sic Syro-
hex., et sine aster. Comp., Codd. III, 247, Origen. [6] Sic
Comp., Codd. 19, 82, 93, 108. Syro-hex. ܐܡܝܢܐ.
[7] Sic Cod. III, 247, Syro-hex. [8] Sic Ald., Codd. III (in
v. 12), 44, 52, 64, alii (inter quos 243), Syro-hex. (cum
ܐܘ). [9] Cod. 243. Hieron.: *ligna thyina.*
[10] Sic Codd. III, 247, Syro-hex. (cum ܡܣܚܒܝܢ).
[11] Syro-hex. in marg. ※ (sic) ܐܬܐ ※. Cf. 2 Paral. ix. 14.
[12] Sic Syro-hex. (cum ܪ ※), et sine notis (om. καὶ)
Codd. III (cum ῥωπ.), 52, 123, 236 (ut III), 242 (idem),
247 (cum ῥωπολῶν). Cf. Hex. ad Ezech. xxvii. 8. [13] Sic

15. הָעֶרֶב. *Turbae miscellae.* Ο΄. τοῦ πέραν. Alia exempl. τῶν πέραν; alia, τῶν ἐν τῷ πέραν.[15] Ἀ. Σ. τῆς Ἀραβίας.[16]

וּפַחוֹת. Ο΄. καὶ τῶν σατραπῶν (Σ. ἀρχόντων[17]).

16. הַמֶּלֶךְ שְׁלֹמֹה. Ο΄. ※Ἀ. Σ. ὁ βασιλεὺς (◄) Σαλωμών.[18]

17. מָגִנִּים. Ο΄. ὅπλα. Ἀ. θυρεούς. Ὁ Ἑβραῖος· ἀσπίδας.[19]

יַעֲלֶה עַל־הַמָּגֵן הָאֶחָת. Ο΄. ἐνῆσαν.. εἰς τὸ ὅπλον τὸ ἕν. Σ. ἀνεφέροντο ἐπὶ τὸν ἕνα θυρεόν.[20]

21. וְכֹל כְּלֵי מַשְׁקֵה הַמֶּלֶךְ שְׁלֹמֹה זָהָב. Ο΄. καὶ πάντα τὰ σκεύη τὰ ὑπὸ τοῦ Σαλωμὼν γεγονότα χρυσᾶ. Alia exempl. καὶ πάντα τὰ σκεύη τοῦ ποτοῦ τοῦ βασιλέως Σαλωμὼν χρυσᾶ γεγονότα.[21]

לִמְאוּמָה. Ο΄. Vacat. ※Ἀ. εἰς ὁτιοῦν ◄.[22]

22. נֹשְׂאֵת זָהָב. Ο΄. χρυσίου. Aliter: Ο΄. ※Ἀ. αἴρουσα (◄) χρυσόν.[23]

שֶׁנְהַבִּים וְקֹפִים וְתֻכִּיִּים. *Ebur, et simias, et pavones.* Ο΄. καὶ λίθων τορευτῶν καὶ πελεκητῶν. Alia exempl. καὶ ὀδόντων ἐλεφαντίνων, καὶ πιθήκων, καὶ ταώνων.[24]

Ο΄. αὕτη ἦν ἡ πραγματεία—καὶ ἱππεῖς αὐτοῦ.[25]

25. כְּלֵי־כֶסֶף וּכְלֵי זָהָב. Ο΄. ※Ἀ. Σ. Θ. σκεύη ἀργυρᾶ, καὶ (◄) σκεύη χρυσᾶ.[26]

26. וַיֶּאֱסֹף שְׁלֹמֹה רֶכֶב וּפָרָשִׁים. Ο΄. Vacat. ※καὶ συνέλεξε Σαλωμὼν ἅρματα καὶ ἱππεῖς (◄).[27]

Ο΄. ÷ καὶ ἦν ἡγούμενος—Αἰγύπτου ◄.[28]

28. וּמוֹצָא הַסּוּסִים אֲשֶׁר לִשְׁלֹמֹה. Ο΄. καὶ ἡ ἔξοδος Σαλωμὼν τῶν ἱππέων (alia exempl. τῶν ἵππων Σαλωμών[29]).

וּמִקְוֵה. *Et caterva.* Ο΄. καὶ ἐκ Θεκουέ. Ἄλλος· καὶ ἐκ Κωά.[30]

29. מֶרְכָּבָה מִמִּצְרַיִם. Ο΄. ἐξ Αἰγύπτου ἅρμα. Alia exempl. ἅρματα ἐξ Αἰγύπτου.[31]

בְּשֵׁשׁ מֵאוֹת. Ο΄. ἀντὶ ἑκατόν (Ἀ. Σ. ἑξακοσίων. Θ. ἑκατόν[32]).

בַּחֲמִשִּׁים וּמֵאָה. Ο΄. ἀντὶ πεντήκοντα ἀργυρίου. Aliter: Ο΄. ἀντὶ ※ἑκατὸν ◄ καὶ πεντήκοντα ÷ ἀργυρίου ◄.[33]

בְּיָדָם יֹצִאוּ. *Per eos educebant.* Ο΄. κατὰ θάλασσαν ἐξεπορεύοντο. Σ. δι᾽ αὐτῶν ἐξῆγον.[34]

Cap. X. 6. ÷ Σαλωμὼν ◄.[35] 7. ÷ πρὸς αὐτά ◄.[36] ÷ πᾶσαν ◄ τὴν ἀκοὴν ἣν ἤκουσα ÷ ἐν τῇ γῇ μου ◄.[37] 8. ÷ πᾶσαν ◄.[38] 9. ÷ στῆσαι ◄.[39] ÷ ἐπ᾽ αὐτούς ◄.[40] ÷ καὶ ἐν κρίμασιν αὐτῶν ◄.[41] 12. οὐδὲ ὤφθησαν

Comp., Codd. 19, 82, 93, 246. [15] Prior lectio est in Codd. III (cum πέρα), 119, 123, 244, 247; posterior in Comp., Codd. 19, 82, 93 (cum τοῦ), 108, 246. Syro-hex. ܕܥܒܪܐ. [16] Syro-hex. ܐ. ܣ. ܕܐܪܒܝܐ. Cf. 2 Paral. ix. 14. [17] Idem: ܣ. ܕܪܫܢܐ. Cf. Hex. ad Jesai. xxxvi. 9. Jerem. li. 57. [18] Sic Syro-hex., et sine notis Comp., Ald., Codd. III, 64, 74, 82, alii, Arm. 1. [19] Syro-hex. ܐ. ܬܪܥܐ. ܥܒ. ܩܘܠܣܐ. [20] Idem: ܣ. ܡܣܬܠܩܝܢ ܗܘܘ ܥܠ ܚܕ ܬܪܥܐ. Cf. 2 Paral. ix. 16. [21] Sic Codd. III, 247 (cum σκ. τοῦ β. τὰ ἐν τῷ ποτῷ Σ.), Syro-hex. (cum ܡܐܢܐ ܕܡܫܬܝܐ pro τὰ σκ. τοῦ π., et ܕܗܒܐ ܐܬܥܒܕܘ pro χρ. γεγονότα). [22] Sic Syro-hex. in textu (qui pingit: ※ܐ. ܠܡܕܡ ◄ ܕܗܘ), et sine notis Codd. III, 158 (cum εἰς ὁτιοῦν τι), 246, 247, Arm. 1. Cf. Hex. ad Deut. xxiv. 12. [23] Syro-hex. in textu: ※ܐ. ܕܫܩܠܐ ܕܗܒܐ. [24] Sic Codd. III, 247 (cum πιθικῶν καὶ τὰ ὄνων). Syro-hex. in textu: καὶ λίθων πελ. καὶ τορ., καὶ ὀδόντων ※ἐλεφαντίνων ◄, καὶ π. καὶ τ.; et sic sine aster. (cum τορ. καὶ πελ.) Cod. 121. In Ald., Codd. 55, 64, 158 haec, καὶ ὀδ. ἐλ. καὶ πιθήκων, ante καὶ λίθων leguntur; in Codd. 243, 244 priora, καὶ ὀδ. ἐλ., tantum. [25] Haec desunt in Comp., Codd. III, 247, Syro-hex., Arm. 1. Vid. ad Cap. ix. 15. [26] Sic Syro-hex., et sine notis Comp., Codd. III, 158 (cum σκ. χρυσᾶ καὶ σκ. ἀργυρᾶ), 247, Arm. 1. [27] Sic Syro-hex. (cum ܘܟܢܫ), et sine aster. Comp. (cum συνήγαγε), Codd. III, 247, Arm. 1. [28] Obelus est in Syro-hex. Haec desunt in Comp. [29] Sic Comp. (cum Σολομῶντος), Codd. III, 74 (cum Σαλομών), 82 (ut Comp.), alii (inter quos 243, ut 74), Syro-hex. [30] Euseb. in Onomastico, p. 260: Κὼδ, πλησίον Αἰγύπτου; h. e. vertente Hieron., *Coa, quae est juxta Aegyptum.* Scripturam tamen Θεκουὲ tuentur libri omnes et Syro-hex. [31] Sic Codd. III, 247, Syro-hex. (cum ἅρματος). [32] Syro-hex. ܐ. ܣ. ܫܬܡܐܐ. ܬ. ܡܐܐ. Priorem lectionem in textu habent Comp., Syro-hex. [33] Sic Syro-hex., et sine notis Comp. (III hiat), Arm. 1. [34] Syro-hex. ܣ. ܒܐܝܕܝܗܘܢ ܡܦܩܝܢ ܗܘܘ. [35] Syro-hex. Deest in Cod. 44. [36] Idem. Deest in Comp., Codd. 19, 82, 93, 108. [37] Idem. [38] Idem. Deest in Cod. 247 (cum τῆς φρ. σου). [39] Idem. [40] Idem. [41] Idem (cum ܐܦ pro καί).

÷ ἐπὶ τῆς γῆς [÷] που ◄.⁴²   13. ÷ πάντες ◄.⁴³   21. ÷ καὶ λουτῆρες χρυσοῖ ◄.⁴⁴   22. ναῦς ＿ τῷ βασιλεῖ ◄.⁴⁵   26. ＿ θήλειαι ἵπποι ◄.⁴⁶   27. τὸ ἀργύριον ＿ καὶ τὸ χρυσίον ◄.⁴⁷   29. πᾶσι ÷ τοῖς βασιλεῦσι ◄.⁴⁸

Cap. XI.

1. אֹהֵב נָשִׁים נָכְרִיּוֹת רַבּוֹת. O'. ἦν φιλογύνης (s. φιλογύναιος)... καὶ ἔλαβε γυναῖκας ἀλλοτρίας. Aliter: O'. φιλογύναιος ἦν καὶ ἔλαβε γυναῖκας ἀλλοτρίας ✕ Οἱ Γ'. πολλάς ◄.¹

אַדֹמִיֹּת צֵדְנִיֹּת. O'. Σύρας καὶ Ἰδουμαίας. Alia exempl. καὶ Ἰδουμαίας, Σύρας.² Ἀ. Σ. (Ἰδουμαίας), Σιδωνίας.³

2. אָמַר. O'. ἀπεῖπε. Ἀ. Σ. εἶπε.⁴

3. וַיַּטּוּ נָשָׁיו אֶת־לִבּוֹ. O'. Vacat. ✕ Ἀ. καὶ ἔκλιναν γυναῖκες αὐτοῦ τὴν καρδίαν αὐτοῦ (◄).⁶

4. נָשָׁיו הִטּוּ אֶת־לְבָבוֹ אַחֲרֵי אֱלֹהִים אֲחֵרִים. O'. (post clausulam καὶ οὐκ ἦν—τοῦ πατρὸς αὐτοῦ) καὶ ἐξέκλιναν (al) γυναῖκες αἱ ἀλλότριαι τὴν καρδίαν αὐτοῦ ὀπίσω θεῶν αὐτῶν (potior scriptura ἑτέρων). Alia exempl. καὶ αἱ γυναῖκες αὐτοῦ ἐξέκλιναν τὴν καρδίαν αὐτοῦ ὀπίσω θεῶν ἑτέρων.⁸

5. וַיֵּלֶךְ שְׁלֹמֹה אַחֲרֵי עַשְׁתֹּרֶת אֱלֹהֵי צִדֹנִים וְאַחֲרֵי מִלְכֹּם שִׁקֻּץ עַמֹּנִים. O'. Vacat. Alia exempl. καὶ ἐπορεύθη Σαλωμὼν ὀπίσω τῆς Ἀστάρτης βδελύγματος (Σ. θεῶς⁷) Σιδωνίων, καὶ ὀπίσω τοῦ βασιλέως αὐτῶν εἰδώλου υἱῶν Ἀμμών (Ἀ. Μελχὸμ προσοχθίσματος Ἀμμωνιτῶν⁸).⁹

7. בָּמָה. O'. ὑψηλόν. Ἄλλος· βωμόν.¹⁰

בָּהָר אֲשֶׁר עַל־פְּנֵי יְרוּשָׁלִַם. O'. Vacat. ✕ Ἀ. ἐν τῷ ὄρει ὃ ἐπὶ (s. κατὰ) πρόσωπον Ἱερουσαλήμ ◄.¹¹

וּלְמֹלֶךְ. O'. καὶ τῷ βασιλεῖ αὐτῶν. Alia exempl. καὶ τῷ Μελχόμ.¹²

בְּנֵי עַמּוֹן. O'. υἱῶν Ἀμμών, ＿ καὶ τῇ Ἀστάρτῃ βδελύγματι Σιδωνίων ◄.¹³

8. מַקְטִירוֹת וּמְזַבְּחוֹת. O'. αἱ ἐθυμίων καὶ ἔθυον. Alia exempl. ἐθυμία καὶ ἔθυε.¹⁴ Ἀ. Σ. θυμιώσαις καὶ θυσιαζούσαις.¹⁵

10. אֲחֵרִים. O'. ἑτέρων. Alia exempl. ἀλλοτρίων.¹⁶

11. בְּרִיתִי וְחֻקֹּתַי אֲשֶׁר. O'. τὰς ἐντολάς μου καὶ τὰ προστάγματά μου ἅ. Alia exempl. τὰ προστάγματά μου καὶ τὰς ἐντολάς μου ἅς.¹⁷

14. וַיָּקֶם יְהוָה שָׂטָן לִשְׁלֹמֹה אֵת הֲדַד הָאֲדֹמִי. O'. καὶ ἤγειρε κύριος σατὰν (Ἀ. Σ. ἀντικεί-

---

⁴² Syro-hex. (pro ἐπὶ τῆς γῆς, οἱ δὲ ἄφθησάν που).   ⁴³ Idem. Deest in Comp., Codd. 19, 82, 108.   ⁴⁴ Idem (qui male pingit: καὶ λ. ＿ χρυσοῖ ◄). Deest in Cod. 106.   ⁴⁵ Idem (pro τῷ β. ναῦς).   ⁴⁶ Idem.   ⁴⁷ Idem. Sic sine obelo (pro τὸ χρ. καὶ τὸ ἀργ.) Codd. III, 247.   ⁴⁸ Idem, repugnante Hebraeo.

Cap. XI.   ¹ Sic Syro-hex. (qui pingit: ✕ ἀλλοτρίας ✕ Οἱ Γ'. πολλάς ◄). Pro ἦν φιλ. Codd. III, 247 praeferunt φιλ. ἦν. Deinde post ἀλλοτρίας inferunt πολλὰς Codd. III, 55, 158, 243, 247, Arm. 1, Euseb. in Dem. Evang. p. 351.   ² Sic Codd. III (cum Συρίας), 44 (om. καὶ), 52, 55, alii, Syro-hex., Euseb.   ³ Syro-hex. ܣܘܪ̈ܝܐ ܘܐܕܘܡ. Comp.: καὶ Ἰδουμαίας, καὶ Σιδωνίας (om. mox καὶ Ἀμορραίας).   ⁴ Idem: ܐܘܡܪ. ܐ. Sic in textu Cod. 64.   ⁵ Sic in textu Syro-hex., et sine notis Comp. (cum ἔκλιναν αἱ γ.), Codd. III (cum ἐκκλιναν), 247 (cum ἐξέκλιναν αἱ γ.).   ⁶ Sic Comp. (om. καὶ), Codd. III, 247 (cum ἔκλιναν), Syro-hex. (cum ܐܦܛܝ, non, ut modo, ܐܛܝ), Arm. 1.   ⁷ Syro-hex. (cum indice ad τοῦ βασιλέως appicto): ܐܠܗܐ. ܣ. Hieron.: deam Sidoniorum. Cf. ad v. 33.   ⁸ Idem:

✱ ܡܠܟܘܡ ܡܣܠܝܐ ܕܥܡܘܢ̈ܝܐ. ܐ. Cf. v. 33 in LXX et Syro-hex.   ⁹ Sic Codd. III (cum βδελύγματι, et τῶν βασιλέων), 52, 71, alii (inter quos 243 (cum Σιδονίων), 247 (cum εἰδώλων)), Arm. 1, Euseb. Comp. edidit: καὶ ἐπορεύθη Σαλωμὼν ὀπίσω τῆς Ἀστάρτης θεοῦ Σιδωνίων, καὶ ὀπίσω Μελχὸμ βδελύγματος Ἀμμών.   ¹⁰ Syro-hex. in textu: ܒܡܐ. Cf. ad Cap. xii. 32.   ¹¹ Sic in textu Syro-hex. (cum ܐܛܘܪܐ, et sine notis Comp. (cum τῷ κατὰ πρ.), Codd. III, 247 (ut Comp.), Arm. 1.   ¹² Sic Comp. (cum Μελχόμ), Codd. III (cum Μελχὸ), 19 (ut Comp.), 82 (cum Μελχομά), 93 (cum Μελχὸλ), 108, 158, Syro-hex., Arm. 1.   ¹³ Obelus est in Syro-hex.   ¹⁴ Sic Codd. 44 (praem. καὶ), 82, 243 (in marg.), Theodoret. Quaest. XXXVI in 3 Reg. p. 480, qui addit: οἱ δὲ ἄλλοι ἑρμηνευταὶ ἐθυμιῶν εἶπον καὶ ἔθυον.   ¹⁵ Cod. 243.   ¹⁶ Sic Codd. 19, 82, 93, 108, Theodoret. Cf. Hex. ad Jerem. vi. 12. xvi. 13. Mox haec, οὐδ᾽ ἦν—τοῦ πατρὸς αὐτοῦ, desunt in Comp., Ald., Codd. III, 52, 55, 64, aliis (inter quos 243), Syro-hex., Arm. 1.   ¹⁷ Sic Codd. III, 247, Syro-hex. (cum ܘܦܘܩ̈ܕܢܝ܁ ܘܐܬ ܢܡܘܣ̈ܝ. Cf. Cap. ix. 4 in LXX et Syro-hex.).

μενον¹⁸) τῷ Σαλωμὼν τὸν Ἄδερ τὸν Ἰδουμαῖον.
Ἀ. καὶ ἀνέστησε κύριος ἀντικείμενον τῷ Σολομῶν τὸν Ἀδὰδ τὸν Ἰδουμαῖον. Σ. καὶ ἐπή-
γειρε κύριος ἀντικείμενον τῷ Σαλομῶν τὸν
Ἀδὰδ τὸν Ἰδουμαῖον.¹⁹

18. מִפָּארָן. Ο'. Vacat. ※ Σ. ἀπὸ Φαράν (◄).²⁰

וַיָּבֹאוּ מִצְרָיִם. Ο'. καὶ ἔρχονται ※ Σ. Θ. εἰς
Αἴγυπτον ◄.²¹

וְאֶרֶץ נָתַן לִי. Ο'. Vacat. ※ Ἀ. Σ. καὶ γῆν
ἔδωκεν αὐτῷ ◄.²²

20. בֵּית פַּרְעֹה בְּתוֹךְ בְּנֵי פַּרְעֹה. Ο'. ※ Ἀ. ἐν
οἴκῳ Φαραὼ ◄ ἐν μέσῳ υἱῶν Φαραώ.²³

22. כִּי מָה־אַתָּה חָסֵר עִמִּי וְהִנְּךָ מְבַקֵּשׁ. Ο'. τίνι
σὺ ἐλαττονῇ μετ' ἐμοῦ; καὶ (alia exempl. ὅτι²⁵)
ἰδοὺ σὺ ζητεῖς. Σ. τί γὰρ ὑστερεῖς παρ' ἐμοί, ὅτι
ἐζήτησας.²⁵

23-25. וַיָּקֶם אֱלֹהִים—כָּל־יְמֵי שְׁלֹמֹה. Ο'. Vacat.
Aliter: Ο'. καὶ ἤγειρεν κύριος ('Ο 'Εβραῖος·
ἰλωείμ. Ἀ. Σ. θεὸς²⁶) τῷ Σαλωμὼν σατὰν τὸν
Ῥαζὼν υἱὸν Ἐλιαδαὲ τὸν Βαραμεὲθ, Ἀδαδεζὲρ
βασιλέα Σουβὰ, κύριον αὐτοῦ (24) καὶ συνηθροίσθησαν ἐπ' αὐτὸν ἄνδρες, καὶ ἦν ἄρχων
συστρέμματος ※ ἐν τῷ ἀποκτέννειν Δαυὶδ αὐ-
τούς· καὶ ἐπορεύθησαν εἰς Δαμασκὸν, καὶ ἐκάθισαν ἐν αὐτῇ, καὶ ἐβασίλευσεν ἐν Δαμασκῷ.

(25) καὶ ἐγένετο ἀντικείμενος τῷ Ἰσραὴλ πάσας
τὰς ἡμέρας Σαλωμὼν ◄.²⁷

25. וְאֶת־הָרָעָה אֲשֶׁר הֵדָד. Et praeter malum quod
(fecerat) Hadad. Ο'. αὕτη (וֹזֹאת) ἡ κακία ἦν
ἐποίησεν Ἄδερ. Alia exempl. αὕτη ἡ κακία
Ἄδερ.²⁸

וַיָּקָץ בְּיִשְׂרָאֵל. Et abhorruit Israelem. Ο'.
καὶ ἐβαρυθύμησεν Ἰσραήλ. Alia exempl. καὶ
ἐβαρύνθη ἐπὶ Ἰσραήλ.²⁹

26. וְשֵׁם אִמּוֹ צְרוּעָה אִשָּׁה אַלְמָנָה. Ο'. υἱὸς
γυναικὸς χήρας. ※ Ἀ. καὶ ὄνομα τῆς μη-
τρὸς αὐτοῦ Σαρουά, γυνὴ χήρα ◄.³⁰

וַיָּרֶם יָד בַּמֶּלֶךְ. Ο'. Vacat. ※ καὶ ὕψωσεν
χεῖρα ἐν τῷ βασιλεῖ ◄.³¹

27. בְּמֶלֶךְ שְׁלֹמֹה. Ο'. ἐπὶ βασιλέα Σαλωμών· καὶ
ὁ βασιλεὺς Σαλωμών. Alia exempl. ἐπὶ βασιλέα Σαλωμών.³²

אֶת־הַמִּלּוֹא. Ο'. τὴν ἄκραν. Σ. τὴν τελείωσιν.³³

אֶת־פֶּרֶץ. Ο'. τὸν φραγμόν. Ἀ. Σ. τὴν δια-
κοπήν.³⁴

29. וּשְׁנֵיהֶם לְבַדָּם בַּשָּׂדֶה. Ο'. καὶ ἀμφότεροι μόνοι
ἐν τῷ πεδίῳ. Alia exempl. καὶ ἀμφότεροι ἐν
τῷ πεδίῳ.³⁵ Ἄλλος· (καὶ) ἦσαν οἱ ἀμφότεροι
μόνοι.³⁶

---

¹⁸ Syro-hex. ܠ. ܀ ܡܘܣܚܠ. Cf. Hex. ad Psal.
cviii. 6. ¹⁹ Cod. 243. ²⁰ Sic in textu Syro-hex., et
sine notis Codd. III, 247, Arm. 1. ²¹ Sic Syro-hex., et
sine notis Codd. III, 247. ²² Sic in textu Syro-hex.
(qui pingit: ※ Ἀ. Σ. καὶ γῆν ◄ ἔδωκεν αὐτῷ), et sine notis
Comp., Ald., Codd. III, 19, 64, 71, 82 (cum ἔδωκας), 93
(cum δίδωκεν), 108, 247. ²³ Sic Syro-hex., et sine notis
Comp. (cum ἐν τῷ οἴκῳ .. τὸν υἱῶν), Codd. (III hiat), 247,
Arm. 1. ²⁴ Sic Comp., Codd. 19, 82, 93, 108, Syro-hex.
²⁵ Syro-hex. ܘܚܕ ܀ ܟܠ ܣܡ ܣܡ ܚܠ. (In
fine v. haec, καὶ ἀνέστρεψεν Ἄδερ εἰς τὴν γῆν αὐτοῦ, quae in
Hebraeo deficiunt, sine obelo habet Syro-hex.) ²⁶ Idem:
◄ ܠܟ܂ ܣ ܠ. ²⁷ Sic Syro-hex. (cum ܗ
ܠܚܐ pro Βαραμεὲθ), et sine aster. Codd. III (cum σατὰν τῷ
Σαλωμών... Ἀδαδεζὲρ... ἐπορεύθησαν Δαμασκὸν... ἐβασίλευσαν),
247 (cum Ῥαζὼ υἱὸν Ἐλιαδαὶ βασιλέα Σουβὰ... ἀποκτένειν... ἐκάθισαν
ἐν Δ. καὶ ἐβασίλευσεν ἐν αὐτῇ). Cum his conferenda sunt ea
quae in Ed. Rom. leguntur post τὸν Ἄδερ τὸν Ἰδουμαῖον (v. 14),

vacante Hebraeo. (Pro Hebraeis אֲשֶׁר בָּרַח מֵאֵת הֲדַדְעֶזֶר,
hic male versis τὸν Βαραμεὲθ Ἀδαδεζέρ, et in Ed. Rom.
(v. 14) τὸν ἐν Ῥαεμὰ Ἀδαδεζέρ, Comp. ex ingenio edidit, ὃς
ἔφυγεν ἀπὸ Ἀδαρεζέρ.) ²⁸ Sic Codd. III, XI, 71, 247,
Syro-hex., Arm. 1. ²⁹ Sic Comp., Ald., Codd. XI, 19,
44, 52, 55, alii. Syro-hex. vertit: ܐܚܡܕ ܗ܂ܣ, h.e.
et contristavit (ἐλύπησε) Israelem. ³⁰ Sic in textu Syro-
hex. (cum ܣܪܘܐ pro Σαρουά), et sine notis Codd. III, 247
(cum Σαρουια), Arm. 1 (cum duplici versione). ³¹ Sic
Syro-hex., et sine aster. Codd. III, 247 (cum τὴν χεῖρα,
male, in versione quae proculdubio Aquilae est), Arm. 1.
³² Sic Cod. III, et (sine distinctione post βασιλέα) Codd.
II, XI, 247, Syro-hex. ³³ Syro-hex. ◄ ܠܚܡܚܐ ܣ.
Cf. ad Cap. ix. 15. ³⁴ Idem: ◄ ܠܟܚܕܚܐ ܣ܂ ܠ. (Pro
ܠܚܕܚܐ nescio an pingendum ܠܚܚܠ, coll. Hex. ad Psal.
cv. 23. Jesai. xxviii. 21.) ³⁵ Sic Codd. II, III, XI (cum
ἀμφότεροις), 119, 245, 247. ³⁶ Syro-hex. in marg.:
܀ܘܣܐܠ܂ ܘܣܐ ܠܗܘ܂ ܠܒܠ ܣܐ ܣ܂ ܠܗܘܣܣܐ܂

31. אֵת עֲשָׂרָה הַשְּׁבָטִים. Ο'. δέκα σκῆπτρα. Aliter: Ο'. δέκα ※ Θ. σκῆπτρα ◄.³⁷

33. וַיִּשְׁתַּחֲווּ לְעַשְׁתֹּרֶת אֱלֹהֵי צִדֹנִין. Ο'. καὶ ἐποίησε (alia exempl. ἐδούλευσε³⁸) τῇ Ἀστάρτῃ βδελύγματι Σιδωνίων. Ἀ. Σ. καὶ προσεκύνησε τῇ Ἀστάρτῃ τῇ θεᾷ τῶν Σιδωνίων.³⁹

אֱלֹהֵי מוֹאָב. Ο'. καὶ τοῖς εἰδώλοις Μωάβ. Alia exempl. εἰδώλῳ Μωάβ.⁴⁰

וּלְמִלְכֹּם. Ο'. καὶ τῷ βασιλεῖ αὐτῶν. Ἀ. Σ. καὶ τῷ Μελχόμ.⁴¹

וְחֻקֹּתַי וּמִשְׁפָּטַי. Ο'. Vacat. ※ Ἀ. καὶ διακριβείας μου καὶ κρίσεις μου (◄).⁴²

34. אֲשֶׁר שָׁמַר מִצְוֹתַי וְחֻקֹּתָי. Ο'. Vacat. Alia exempl. ὃς ἐφύλαξε τὰς ἐντολάς μου καὶ τὰ δικαιώματά μου.⁴³ ※ Ἀ. ὃς ἐφύλαξεν ἐντολάς μου καὶ ἀκριβασμόν μου ◄.⁴⁴

36. לְמַעַן הֱיוֹת נִיר לְדָוִיד עַבְדִּי כָּל הַיָּמִים לְפָנַי. Ο'. ὅπως ᾖ θέσις (alia exempl. θέλησις⁴⁵) τῷ δούλῳ μου Δαυὶδ πάσας τὰς ἡμέρας ἐνώπιον ἐμοῦ. Ἀ. ἕνεκα τοῦ εἶναι λύχνον τῷ Δαυὶδ δούλῳ μου ... Σ. ὑπὲρ τοῦ διαμένειν λύχνον Δαυὶδ τῷ δούλῳ μου (πάσας τὰς ἡμέρας) ἔμπροσθέν μου.⁴⁶

38, 39. וְנָתַתִּי לְךָ אֶת יִשְׂרָאֵל: וַאֲעַנֶּה אֶת זֶרַע דָּוִד לְמַעַן זֹאת אַךְ לֹא כָל הַיָּמִים. Ο'. Vacat. ※ ('Α.) καὶ δώσω σοι τὸν Ἰσραήλ. καὶ κακουχήσω τὸ σπέρμα Δαυὶδ διὰ ταύτην, πλὴν οὐ πάσας τὰς ἡμέρας ◄.⁴⁷

40. וַיָּקָם יָרָבְעָם. Ο'. καὶ ἀνέστη ※ Ἀ. Σ. Ἱεροβοάμ ◄.⁴⁸

42. עַל כָּל יִשְׂרָאֵל. Ο'. ※ ἐπὶ πάντα Ἰσραὴλ ◄.⁴⁹

43. Ο'. καὶ ἐγενήθη ὡς ἤκουσεν—μετὰ τῶν πατέρων αὐτοῦ.⁵⁰

Cap. XI. 10. ÷ ὁ θεός ◄.⁵¹ 16. Ἰσραὴλ ÷ ἐν τῇ Ἰδουμαίᾳ ◄.⁵² 17. ÷ Ἄδερ αὐτὸς καὶ πάντες ἄνδρες.⁵³ 18. ÷ ἄνδρες ◄⁵⁴ ἐκ ÷ τῆς πόλεως (◄)⁵⁵ Μαδιάμ. ÷ καὶ εἰσῆλθεν Ἄδερ πρὸς Φαραώ.⁵⁶ 20. ÷ τῷ Ἄδερ ◄.⁵⁷ 29. ÷ καὶ ἀπέστησεν αὐτὸν ἐκ τῆς ὁδοῦ ◄.⁵⁸

Cap. XII.

1. וַיֵּלֶךְ רְחַבְעָם. Ο'. καὶ πορεύεται βασιλεὺς Ῥοβοάμ. Aliter: Ο'. καὶ ἐπορεύθη ÷ ὁ βασιλεὺς ◄ Ῥοβοάμ.¹

2 (Gr. xi. 43). וַיְהִי כִּשְׁמֹעַ יָרָבְעָם בֶּן נְבָט וְהוּא עֹדֶנּוּ בְמִצְרַיִם אֲשֶׁר בָּרַח מִפְּנֵי שְׁלֹמֹה הַמֶּלֶךְ

---

³⁷ Sic Syro-hex. cum indice in textu, sed nulla nota marginali. In Cod. III autem pro σκῆπτρα male exaratum ῥήγματα. ³⁸ Sic Comp., Codd. 19, 82, 93, 108, 158, Theodoret. ³⁹ Syro-hex. ܠܥܣܬܪܘܬ ܐܠܗܬܐ ܀.ܣ .ܐ. ܕܨܝܕܘܢܝܐ ܘܣܓܕܘ. ⁴⁰ Sic Comp., Codd. 19, 82, 93, 108, 246, Theodoret., Lucif. Calar. ⁴¹ Syro-hex. ܣ .ܐܢ. ܘܠܡܠܟܘܡ. ⁴² Sic in textu Comp., Codd. 82 (cum Μελχομὰ), 93, 108, 246 (cum Μελχὸλ), Arm. 1. ⁴³ Syro-hex. in textu: (sic) ܕܝܠܝ ܙܕܝܩܘܬܐ ܀ ܘܥܒ̈ܕܐ ܀. Sic sine notis Cod. III. ⁴³ Sic Comp., Codd. 82, 93, 246, Arm. 1. ⁴⁴ Sic Syro-hex. in textu (cum ܦܘܩܕܢܐ ܕܝܠܝ, et sine notis Codd. III (om. μου posteriore), 247 (cum ἀκριβείας μου καὶ τὰς ἐντολάς μου). ⁴⁵ Sic Codd. 19, 82, 93, 108, 158, 246. Theodoret. Quaest. XXXVIII in 3 Reg. p. 482: Ἄνωθέν φησι προϊδὼν τὴν τοῦ Δαβὶδ ἀρετήν, ἐξελεξάμην αὐτόν, καὶ εὐδόκησα ἐν αὐτῷ· τοῦτο γὰρ λέγει θέλησιν. In contrariam partem Syro-hex. ܨܒܝܢܐ; Lucif. Calar. positio. ⁴⁶ Cod. 243. Symmachum imitatus est Hieron., vertens: Ut remaneat lucerna David servo meo cunctis diebus coram me. Cf. Hex. ad Eccles.

iii. 14. ⁴⁷ Sic Syro-hex. (qui pingit: ※ καὶ δώσω—πλὴν ※ οὐ ◄ π. τὰς ἡμέρας ◄), et sine notis Comp. (cum ταύτα pro ταύτην), Codd. III (cum Ἰσραὴλ pro Δαυὶδ), 19 (ut Comp.), 108, 246 (om. σοι, cum τὸ Δ. σπέρμα δι' αὐτήν), 247 (cum διὰ ταύτην τὴν πλάνην, πλὴν), Arm. 1. Cf. Hex. ad 2 Reg. vii. 10. ⁴⁸ Sic Syro-hex., et sine notis Codd. III, 158, 247 (cum καὶ ἀπέδρα Ἰ.), Arm. 1. ⁴⁹ Sic Syro-hex. (qui pingit: ἐπὶ ※ π. Ἰσρ. ◄). Haec leguntur in Ed. Rom., sed desunt in Codd. II, XI, 44, 71, 245. ⁵⁰ Haec, quae partim ad Cap. xii. 2 pertinent, partim redundant, desunt in Comp., Codd. III, 44, 55, 71, aliis, et Syro-hex. ⁵¹ Syro-hex. Deest in Comp., Codd. 82, 93, 108, 246. ⁵² Idem. Verba ἐν τῇ Ἰ. desunt in Comp., Codd. 82, 93. ⁵³ Idem (sine metobelo), repugnante Hebraeo. Nisi forte pingendum: Ἄδερ αὐτὸς καὶ ÷ πάντες ◄ ἄνδρες. ⁵⁴ Idem. Deest in Comp., Codd. XI, 19, 93, 108. ⁵⁵ Idem. Deest in Comp., Codd. 19, 82, 93, 108. ⁵⁶ Idem. ⁵⁷ Idem. Deest in Cod. 246. ⁵⁸ Idem.

Cap. XII. ¹ Sic Syro-hex., et sine obelo Comp., Codd. 19, 82, 93, 108.

TOM. I. 4 L

וַיֵּשֶׁב יָרָבְעָם בְּמִצְרַיִם. Ο'. καὶ ἐγενήθη ὡς ἤκουσεν Ἱεροβοὰμ υἱὸς Ναβὰτ, καὶ αὐτοῦ ἔτι ὄντος ἐν Αἰγύπτῳ ὡς ἔφυγεν ἐκ προσώπου Σαλωμὼν, καὶ ἐκάθητο ἐν Αἰγύπτῳ, κατευθύνει καὶ ἔρχεται εἰς τὴν πόλιν αὐτοῦ εἰς τὴν γῆν Σαριρὰ τὴν ἐν ὄρει Ἐφραΐμ. Aliter: Ο'. καὶ ἐγένετο ὡς ἤκουσεν Ἱεροβοὰμ υἱὸς Ναβὰτ, καὶ αὐτοῦ ἔτι ὄντος ἐν Αἰγύπτῳ ὡς ἔφυγεν ἐκ προσώπου τοῦ βασιλέως Σαλωμὼν, καὶ ἐκάθητο Ἱεροβοὰμ ἐν Αἰγύπτῳ ⸓ καὶ κατευθύνει καὶ ἔρχεται εἰς τὴν πόλιν αὐτοῦ εἰς τὴν γῆν Σαριρὰ τὴν ἐν ὄρει Ἐφραΐμ, καὶ ἐπέστρεψεν Ἱεροβοὰμ ἐξ Αἰγύπτου ◄.²

3. וַיִּשְׁלְחוּ וַיִּקְרְאוּ־לוֹ וַיָּבֹאוּ (וַיָּבֹא ק') יָרָבְעָם וְכָל־קְהַל יִשְׂרָאֵל. Ο'. Vacat. Aliter: Ο'. ※ Ἀ. καὶ ἀπέστειλαν, καὶ ἐκάλεσαν αὐτόν· καὶ ἦλθεν Ἱεροβοὰμ, καὶ πᾶσα ἡ ἐκκλησία Ἰσραὴλ ◄.³

4. הִקְשָׁה. Ο'. ἐβάρυνε. Alia exempl. ἐσκλήρυνε.⁴

6. וַיִּוָּעַץ הַמֶּלֶךְ רְחַבְעָם. Ο'. καὶ ἀπήγγειλεν (alia exempl. παρήγγειλεν⁵) ὁ βασιλεὺς ※ Ὁ Ἑβραῖος· Ῥοβοὰμ ◄.⁶

7. וַעֲנִיתָם. Et obsecundaris eis. Ο'. Vacat. (※) Ἀ. Σ. καὶ εἴξεις αὐτοῖς ◄.⁷

10. קָטָנִּי. Digitus meus minimus. Ο'. ἡ μικρότης μου. Σ. τὸ σμικρότατόν μου μέλος. Ὁ Σύρος καὶ Ἰώσηπος· ὁ βραχύτατός μου δάκτυλος.⁸

15. דְּבַר יְהֹוָה. Ο'. ἐλάλησεν. Alia exempl. ἐλάλησεν κύριος.⁹

16. וַיָּשִׁבוּ הָעָם אֶת־הַמֶּלֶךְ דָּבָר. Ο'. καὶ ἀπεκρίθη ὁ λαὸς τῷ βασιλεῖ ※ Σ. Θ. λόγον ◄.¹⁰

לְאֹהָלֶיךָ יִשְׂרָאֵל. Ο'. ἀπότρεχε, Ἰσραὴλ, εἰς τὰ σκηνώματά σου. Aliter: Ο'. ÷ ἀπότρεχε ◄ εἰς τὰ σκηνώματά σου, Ἰσραήλ.¹¹

לְאֹהָלָיו. Ο'. εἰς τὰ σκηνώματα ※ Ἀ. αὐτοῦ ◄.¹²

17. וּבְנֵי יִשְׂרָאֵל הַיֹּשְׁבִים בְּעָרֵי יְהוּדָה וַיִּמְלֹךְ עֲלֵיהֶם רְחַבְעָם. Ο'. Vacat. ※ (Ἀ.) καὶ υἱῶν Ἰσραὴλ τῶν καθημένων ἐν πόλεσιν Ἰούδα, καὶ ἐβασίλευσεν ἐπ' αὐτῶν Ῥοβοὰμ ◄.¹³

18. הַמֶּלֶךְ רְחַבְעָם. Ο'. ὁ βασιλεὺς ※ Ἀ. Σ. Θ. Ῥοβοὰμ ◄.¹⁴

---

² Sic Syro-hex. (qui legit et pingit: ὡς ἔφευγεν ... καὶ κατευθύνει—Σαριρὰ τὴν | ÷ ἐν ὄρει Ἐφρ. καὶ ὑπέστρεψεν | ÷ Ἱερ. ἐξ Αἰγύπτου ◄), et sine notis (om. καὶ ἐκάθητο—Ἐφραΐμ) Codd. III, 247 (cum ὑπέστρεψεν). Hic autem post Ἰσραὴλ (v. 3) infert: καὶ κατευθύνει καὶ ἔρχ. εἰς πόλιν (sic) αὐτοῦ —Ἐφραΐμ. Etiam in loco parallelo 2 Paral. x. 2 duplex exstat versio, καὶ κατῴκησεν Ἰ. ἐν Αἰγύπτῳ, καὶ ἀπέστρεψεν Ἰ. ἐξ Αἰγύπτου, ubi prior lectio (non, ut hic, posterior) obelo jugulanda erat. ³ Sic Syro-hex. (qui pingit: ※ Ἀ. καὶ ἀπέστειλαν ◄, καὶ ἐκάλεσαν αὐτόν ※ καὶ ἦλθεν—Ἰσραὴλ ◄), et sine notis Comp. (cum πᾶς ὁ λαὸς pro πᾶσα ἡ ἐκκ.), Codd. III, 247. Huc autem pertinet scholium in marg. Syro-hex.: "In alio exemplari Graeco invenimus aliam narrationem de Jeroboamo, quae sic habet: καὶ ἤκουσεν Ἱεροβοὰμ ἐν Αἰγύπτῳ—εἰς γῆν Σαριρὰ τὴν ἐν ὄρει Ἐφραΐμ." Quae particula sunt additamenti prolixioris quod in Ed. Rom. post v. 24 legitur. ⁴ Sic Comp., Codd. 19, 82, 93, 108, invito Syro-hex. ⁵ Sic Codd. II, III, XI, 44, 55, 64, alii, Syro-hex. (cum ܘܦܩܕ, sine nota in marg.). ⁶ Sic Syro-hex., et sine notis Comp., Ald., Codd. III, 44, 55, alii (inter quos 243). ⁷ Sic in textu Syro-hex. (cum ܘܬܫܡܥ ܐܢܘܢ ./), et sine notis Codd. III, 247

(cum ἥξεις), Arm. 1 (cum ἀκούσεις, vertente Altero). (Ad vocem Syriacam cf. Bernstein. in Lex. ad Chrestom. Syr. p. 536, cujus exemplis adde ܫܡܥ (non, ut Norberg. exscripsit, ܫܡܥ), ἐνδώσει, Prov. x. 30, et ܫܡܥ, εἴκει, apud S. Chrysost. in S. Pauli Epistolas, T. II, p. 629 ed. nostrae). Hieron.: et petitioni eorum cesseris. ⁸ Schol. apud Nobil.: Τοῦτο ὁ Σύμμαχος οὕτως ἡρμήνευσε· τὸ σμικρότατόν μου μέλος. Τῶν δὲ Παραλειπομένων ἡ βίβλος σαφέστερον τοῦτο δεδήλωκεν· ὁ βραχύτατός μου γὰρ, φησὶ, δάκτυλος παχύτερος τῆς ὀσφύος τοῦ πατρός μου ἐστίν· οὕτω δὲ καὶ ὁ Σύρος ἡρμήνευσε, καὶ Ἰώσηπος [Antiq. VIII, 8, 2] ὡσαύτως. Ad ἡ μικρότης μου in v. 24, liu. [65] ed. Tischend. Cod. 243 affert: Σ. τὸ μικρότατόν μου μέλος. ⁹ Sic Codd. III, 247, Syro-hex. ¹⁰ Sic Syro-hex., et sine notis Codd. III, 247. ¹¹ Sic Syro-hex., et sine obelo Comp. (cum τὸ σκήνωμα), Codd. III, XI, 82, 93, 108 (ut Comp.). ¹² Sic Syro-hex. Pronomen est in Ed. Rom. et libris omnibus. ¹³ Sic Syro-hex., et siue aster. Cod. III. Cod. 247: καὶ ἐβασίλευσεν Ῥ. ἐπὶ τὸν καθήμενον ἐν πόλει Ἰ. Alia lectio, καὶ οἱ υἱοὶ Ἰούδα καὶ οἱ υἱοὶ Ἰσραὴλ οἱ κατοικοῦντες ἐν ταῖς π. Ἰ. ἐβασίλευσαν ἐφ' ἑαυτοὺς τὸν Ῥοβοὰμ, est in Comp. (om. καὶ οἱ υἱοὶ Ἰούδα), Codd. 19, 44, 93, 106, 108. ¹⁴ Sic Syro-hex., et

18. וַיִּרְגְּמוּ כָל־יִשְׂרָאֵל. Ο'. καὶ ἐλιθοβόλησαν αὐτόν (alia exempl. add. πᾶς Ἰσραήλ[15]).

לַעֲלוֹת בַּמֶּרְכָּבָה. Ο'. ἀναβῆναι ※ ἐπὶ τὸ
ἅρμα ◄.[16]

20. יָרָבְעָם. Ο'. Ἱεροβοὰμ ἐξ Αἰγύπτου. Alia exempl. Ἱεροβοάμ.[17]

21. מֵאָה וּשְׁמֹנִים. Ο'. ἑκατὸν καὶ εἴκοσι (alia exempl. ὀγδοήκοντα[18]).

22. וַיְהִי דְּבַר הָאֱלֹהִים אֶל־שְׁמַעְיָה. Ο'. καὶ ἐγένετο λόγος κυρίου πρὸς Σαμαίαν. Schol. Ἰστέον
ὅτι τὰ περὶ Σαμαίου τοῦ Ἐλαμίτου ἔν τισι μὲν
τῶν ἁπλῶν ἀντιγράφων κεῖται, ἐν τῷ ἑξαπλῷ
δὲ οὐ φέρεται.[19]

24. Ο'. καὶ ὁ βασιλεὺς Σαλωμὼν κοιμᾶται—καὶ
ἀνέσχον μὴ πορευθῆναι κατὰ τὸ ῥῆμα κυρίου.[20]

27. הָעָם הַזֶּה. Ο'. τοῦ λαοῦ ※ Α. Σ. Θ. τούτου ◄.[21]

וְשָׁבוּ אֶל־רְחַבְעָם מֶלֶךְ יְהוּדָה. Ο'. Vacat.
※ Α. καὶ ἐπιστραφήσονται πρὸς Ῥοβοὰμ
βασιλέα Ἰούδα.[22]

28. וַיִּוָּעַץ הַמֶּלֶךְ. Ο'. καὶ ἐβουλεύσατο ※ Α. Σ.
Θ. ὁ βασιλεύς ◄.[23]

30. לִפְנֵי הָאֶחָד. Ο'. πρὸ προσώπου τῆς μιᾶς.
Ὁ Ἑβραῖος, Σ. ἔμπροσθεν τῆς μιᾶς.[24]

30. עַד־דָּן. Ο'. ἕως Δὰν, καὶ εἴασαν τὸν οἶκον
κυρίου. Alia exempl. ἕως Δάν; alia, ἕως Δὰν,
καὶ πρὸ προσώπου τῆς ἄλλης εἰς Βαιθήλ.[25]

32. אֶת־כֹּהֲנֵי הַבָּמוֹת. Ο'. τοὺς ἱερεῖς τῶν ὑψηλῶν
(Σ. τῶν βωμῶν[26]).

33. אֲשֶׁר־עָשָׂה בְּבֵית־אֵל. Ο'. ὃ ἐποίησεν ※ Α.
Σ. ἐν Βαιθήλ ◄.[27]

לְהַקְטִיר. Ο'. τοῦ ἐπιθῦσαι (Σ. ἐπιθυμῆσαι[28]).

Cap. XII. 3. ÷ ὁ λαὸς ◄ πρὸς ÷ τὸν βασιλέα ◄
Ῥοβοάμ.[29] 10. ÷ οἱ παρεστηκότες πρὸ προσώπου
αὐτοῦ ◄.[30] ÷ νῦν ◄.[31] 12. — αὐτοῖς ◄.[32] 13. — Ῥοβοάμ ◄.[33] 16. οὐκ ἔστιν — ἡμῖν ◄.[34] 20. — καὶ
Βενιαμὶν ◄.[35] 26. — ἰδού ◄.[36] 27. πρὸς — κύριον
καὶ ◄ κύριον αὐτῶν.[37] 32. ÷ τὴν ἐν γῇ ◄.[38]

Cap. XIII.

1. עַל־הַמִּזְבֵּחַ. Ο'. ἐπὶ τὸ θυσιαστήριον ÷ αὐτοῦ ◄.[1]

2. הַבָּמוֹת. Ο'. τῶν ὑψηλῶν. Ἄλλος· τῶν βωμῶν.[2]

3. הַמּוֹפֵת. Ο'. τὸ ῥῆμα. Alia exempl. τὸ τέρας.[3]

6. וַיַּעַן הַמֶּלֶךְ וַיֹּאמֶר. Ο'. καὶ εἶπεν ὁ βασιλεὺς
Ἱεροβοάμ. Alia exempl. καὶ ἀπεκρίθη ὁ βασιλεύς, καὶ εἶπε.[4]

---

sine notis Comp., Codd. III, 93, 247.   [15] Sic Comp.
(post ἐν λίθοις), Ald. (idem), Codd. III, XI, 19 (ut Comp.),
44, 52, 55, alii (inter quos 243), Syro-hex., Arm. 1.
[16] Sic Syro-hex., et sine aster. Comp., Ald., Codd. III, 19,
52, 64, alii. (Pro ἔφθασε (ܡܛܝ) Syro-hex. exhibet ܐܙܠ,
h. e. ἔφησε.)   [17] Sic Codd. II, III, XI, 247, Syro-hex.
(cum ἐξ Αἰγύπτου in marg.), Arm. 1.   [18] Sic Codd. III
(om. καὶ), 247 (idem), Syro-hex. (cum καὶ εἴκοσι in marg.),
Arm. 1 (ut III).   [19] Nobil. Immo narratio de Sa-
maea (vv. 22–24) legitur in libris omnibus et Syro-hex.
[20] Pericopa abest a Comp., Codd. III, 52, 74, 92, aliis,
Syro-hex., Arm. 1.   [21] Sic Syro-hex., et sine notis
Cod. 247, Arm. 1.   [22] Sic Syro-hex. (qui pingit: ※ Α.
καὶ ἐπιστρ. | πρὸς Ῥ. βασιλέα ※ Ἰούδα ◄), et sine notis Codd.
III, 247 (cum ἀποστρ.), Arm. 1.   [23] Sic Syro-hex. Deest
ὁ βασιλεὺς in Cod. XI; in Codd. III, 245 autem post
ἐπορεύθη retrahitur.   [24] Syro-hex. ܣܪ ܡܝܢ ܡܕ ... ܐ.
[25] Prior lectio est in Comp., Codd. II, III, XI, 245, Syro-
hex. (qui in marg. habet: ܘܩܕܡ ܐܦ̈ܝ ܐܚܪܬܐ);

posterior in Codd. 19 (cum ἕως Βαιθήλ), 82, 93, 108, 158.
[26] Syro-hex. ◆ ܕܕܒܚܐ ܣ. Cf. Hex. ad 4 Reg. xxiii. 20.
Jerem. xix. 3.   [27] Sic Syro-hex., et sine notis Cod. III.
Arm. 1.   [28] Syro-hex. ◆ ܕܢܣܩ ܡܩܛܪ ... ܣ.
[29] Syro-hex.   [30] Idem (qui pingit: — οἱ π. πρὸ πρ. ÷ αὐ-
τοῦ ◄). Haec desunt in Comp., Ald., Cod. 71.   [31] Idem.
Deest in Arm. 1.   [32] Idem. Deest in Comp., Codd.
93, 108.   [33] Idem. Deest in Cod. 44.   [34] Idem.
Deest in Codd. 44, 106.   [35] Idem.   [36] Idem. Deest
in Codd. 82, 93.   [37] Idem (qui legit et pingit: πρὸς
— κύριον ◄ καὶ πρὸς κ. αὐτῶν). Verba καὶ κύριον desunt in
Comp., Codd. 19, 82, 93, 108.   [38] Idem.
Cap. XIII. [1] Sic Syro-hex., et sine obelo Ald., Codd. III,
XI, 44, 55, 64, alii (inter quos 243), Arm. 1, Euseb. in
Praep. Evang. p. 284.   [1] Syro-hex. in marg. sine nom.
Cf. ad Cap. xii. 32.   [2] Sic Codd. III (om. τὸ), 247,
Syro-hex., Arm. 1, Euseb.   [4] Sic Comp., Codd. 19, 82,
93, 108.

6. וְהִתְפַּלֵּל בַּעֲדִי. Ο'. Vacat. ※ 'Α. Θ. καὶ πρόσευξαι περὶ ἐμοῦ ◄.[5]

9. בִּדְבַר יְהוָה. Ο'. κύριος ἐν λόγῳ. Alia exempl. ἐν λόγῳ κύριος.[6] Σ. διὰ λόγου . .[7]

11. וַיְסַפֵּר. Ο'. καὶ διηγήσαντο (alia exempl. διηγοῦνται[8]).
אֶת־הַדְּבָרִים. Ο'. ※ καὶ ◄ τοὺς λόγους.[9]
וַיְסַפְּרוּם לַאֲבִיהֶם. Ο'. καὶ ἐπέστρεψαν τὸ πρόσωπον τοῦ πατρὸς αὐτῶν. 'Α. Σ. καὶ διηγήσαντο αὐτοὺς τῷ πατρὶ αὐτῶν.[10]

12. הָלָךְ. Ο'. πεπόρευται. Alia exempl. ἀπελήλυθεν.[11]

14. תַּחַת הָאֵלָה. Sub terebintho. Ο'. ὑπὸ δρῦν ('Ο Ἑβραῖος· τὴν τερέβινθον[12]).
הַאַתָּה. Ο'. εἰ σὺ εἶ. 'Α. Σ. μὴ σύ.[13]

15. הַבַּיְתָה. Ο'. Vacat. ※ Σ. Θ. εἰς τὴν οἰκίαν ◄.[14]

16. וְלֹא אָבוֹא אִתָּךְ. Ο'. Vacat. ※ οὐδὲ ἐλθεῖν μετὰ σοῦ ◄.[15]

17. בִּדְבַר יְהוָה. Ο'. ἐν λόγῳ κύριος. Σ. διὰ λόγου . .[16]
לֶחֶם. Ο'. ἄρτον ἐκεῖ. Alia exempl. ἐκεῖ ἄρτον.[17]
שָׁם מַיִם. Ο'. ὕδωρ. Alia exempl. ὕδωρ ÷ ἐκεῖ ◄.[18]

18. כָּמוֹךָ. Ο'. καθὼς σύ. Alia exempl. ὡς καὶ σύ.[19]

18. אָתָּה. Ο'. πρὸς σεαυτόν. Alia exempl. μετὰ σεαυτοῦ.[20]

19. וַיָּשָׁב אִתּוֹ. Ο'. καὶ ἐπέστρεψεν αὐτὸν ※ σὺν αὐτῷ ◄.[21]

23, 24. לַנָּבִיא אֲשֶׁר הֱשִׁיבוֹ: וַיֵּלֶךְ. Ο'. ※ 'Α. Σ. τῷ προφήτῃ ◄, καὶ ἐπέστρεψε, καὶ ἀπῆλθε.[22]

26. הוּא. Ο'. οὗτός ἐστιν. Aliter: Ο'. ἔστιν ÷ οὗτος ◄.[23]
אֶת־פִּי יְהוָה. Ο'. τὸ ῥῆμα κυρίου. Ἄλλος· τὸ στόμα ΠΙΠΙ.[24]

26, 27. וַיִּתְּנֵהוּ יְהוָה לָאַרְיֵה וַיִּשְׁבְּרֵהוּ וַיְמִתֵהוּ כִּדְבַר יְהוָה אֲשֶׁר דִּבֶּר־לוֹ: וַיְדַבֵּר אֶל־בָּנָיו לֵאמֹר חִבְשׁוּ־לִי אֶת־הַחֲמוֹר וַיַּחֲבֹשׁוּ. Ο'. Vacat. ※ 'Α. Θ. καὶ ἔδωκεν αὐτὸν ὁ κύριος τῷ λέοντι, καὶ συνέτριψεν αὐτὸν, καὶ ἐθανάτωσεν αὐτὸν, κατὰ τὸ ῥῆμα κυρίου ὃ ἐλάλησεν αὐτῷ. καὶ ἐλάλησε πρὸς τοὺς υἱοὺς αὐτοῦ, τῷ λέγειν ἐπισάξατέ μοι τὸν ὄνον καὶ ἐπέσαξαν ◄.[25]

29, 30. וַיֹּשִׁיבֵהוּ וַיָּבֹא אֶל־עִיר הַנָּבִיא הַזָּקֵן לִסְפֹּד וּלְקָבְרוֹ: וַיַּנַּח אֶת־נִבְלָתוֹ בְּקִבְרוֹ. Ο'. καὶ ἐπέστρεψεν αὐτὸν εἰς τὴν πόλιν ὁ προφήτης, τοῦ θάψαι αὐτὸν (alia exempl. add. καὶ ἔθηκε τὸ σῶμα αὐτοῦ[26]) ἐν τῷ τάφῳ ἑαυτοῦ. Aliter: Ο'. καὶ ἐπέστρεψεν αὐτὸν ※ καὶ ἦλθεν ◄ εἰς τὴν πόλιν ※ τοῦ προφήτου τοῦ πρεσβυτέρου

---

[5] Syro-hex. in textu: ★ ܐܬܒ ܣܠ ܠܘܬܝ .ܐ .ܐ ܇ ★. Sic sine notis Codd. III, 247, Arm. 1.   [6] Sic Codd. II, III, XI, 19. 44, 55, alii, Syro-hex.   [7] Syro-hex. ܣ.   [8] Sic Comp., Codd. 19, 55, 71, 82, 93. 108, 246, Syro-hex. (cum ܡܕܬܒ, male pro ܡܬܕܒܝܢ.   [9] Sic Syro-hex. (cum ܠ ܐ/★). Copula deest in Codd. III, 93.   [10] Syro-hex. ܝܢ/ (sic) ܟܕܬܐ .ܣ .ܐ/. ܐܘܗܬ ܠ. Versionem τῶν Ο' enarrat Theodoret. Quaest. XLIII in 3 Reg. p. 488: πρῶτον μὲν ἐπέστρεψε τὸ πρόσωπον αὐτοῦ, ἐκπλαγεὶς τὰς θείας θαυματουργίας.   [11] Sic Comp., Codd. 19, 82, 93, 108.   [12] Syro-hex. ܡܕܬܒܐ ♦.܂ Cf. Hex. ad Ezech. vi. 13. Hos. iv. 13.   [13] Idem (cum εἰ σὺ in textu): .ܐ/. ܣ .ܠ ܐܠ ܐܘܗ.   [14] Sic in textu Syro-hex., et sine notis Codd. III, 247 (cum καὶ pro εἰς), Arm. 1.   [15] Sic Syro-hex., et sine aster. Cod. 247.   [16] Syro-hex.   [17] Sic Codd. III, 247, Syro-hex.   [18] Sic Syro-hex., et sine obelo Ald., Codd. 64, 71, 74, alii (inter quos 243, cum ἐκεῖ ὕδωρ).   [19] Sic Comp., Codd. 93, 108, Syro-hex. (cum ܐ ?ܘܙ ܠܒܡܚ.).   [20] Sic Comp., Codd. 19, 82, 93, 108, 246.   [21] Sic Syro-hex., et sine aster. Codd. III (cum σὺν ἑαυτῷ), 247. Mox ἐν τῷ οἴκῳ αὐτοῦ ante καὶ ἔπιεν ὕδωρ transp. Codd. II, III, 247, Syro-hex.   [22] Sic Syro-hex., et sine notis Comp., Ald., Codd. III, 52, 74, 92, alii (inter quos 243).   [23] Sic Syro-hex., et sine obelo Codd. 158, 247. Pronomen deest in Cod. 44.   [24] Syro-hex. in marg. ♦ ܠܝܚܣܐ ܇ܣܚܡܗ.   [25] Sic in textu Syro-hex., et sine notis Comp. (cum κύριος sine artic., λέγων pro λ., et om. τὸν ὄνον), Ald. (om. τῷ λέγειν, cum τὴν ὄνον pro τὸν ὄνον), Codd. 19 (cum αὐτῷ κύριος pro αὐτὸν ὁ κ., λέγων pro τῷ λ., et τὴν ὄνον), 44 (om. καὶ συνέτριψεν αὐτὸν, et κατὰ—αὐτῷ, cum λέγων et τὴν ὄνον), 52, 74 (cum πρὸς υἱούς), alii (inter quos 243, cum κύριος et πρὸς υἱούς), Arm. 1.   [26] Sic Comp., Ald., Codd. XI, 19, 64, 71, alii (inter quos 243).

τοῦ κόψασθαι καὶ τοῦ θάψαι αὐτόν. καὶ ἀνέπαυσεν τὸ νεκριμαῖον αὐτοῦ ◄ ÷ ὁ προφήτης
τοῦ θάψαι αὐτὸν ◄ ἐν τῷ τάφῳ αὐτοῦ.[27]

32. וְעַל כָּל־בָּתֵּי. Ο΄. καὶ ἐπὶ ✕ πάντας ◄ τοὺς
οἴκους.[28]

33. כֹּהֲנֵי בָמוֹת. Ο΄. ἱερεῖς ὑψηλῶν (Σ. τῶν βωμῶν[29]).

יְמַלֵּא. Ο΄. ἐπλήρου. Schol. ἐτέλει.[30]

Cap. XIII. 3. ÷ λέγων ◄.[31] 4. ÷ Ἱεροβοάμ ◄.[32]
καὶ ÷ ἰδοὺ (◄).[33] 12. – λέγων (◄).[34] 22. ἐν τῷ
τόπῳ ÷ τούτῳ (◄).[35] ÷ λέγων ◄.[36] 23. ÷ ὕδωρ ◄.[37]
28. ÷ τοῦ ἀνθρώπου τοῦ θεοῦ ◄.[38] 31. ÷ τούτῳ ◄.[39]
θέτε με, – ἵνα σωθῶσι τὰ ὀστᾶ μου μετὰ τῶν ὀστῶν
αὐτοῦ ◄.[40]

CAP. XIV.

1-20. בָּעֵת הַהִיא חָלָה—וַיִּמְלֹךְ נָדָב בְּנוֹ תַּחְתָּיו.
Ο΄. Vacat. Aliter:[1] Ο΄. ✕ (Ἀ.) ἐν τῷ καιρῷ
ἐκείνῳ ἠρρώστησεν Ἀβιὰ υἱὸς Ἱεροβοάμ. (2)
καὶ εἶπεν Ἱεροβοὰμ πρὸς τὴν γυναῖκα αὐτοῦ[2]

ἀνάστηθι, καὶ ἀλλοιωθήσῃ, καὶ οὐ γνώσονται
ὅτι σὺ γυνή[3] Ἱεροβοάμ, καὶ πορευθήσῃ εἰς
Σηλώ· ἰδοὺ[4] ἐκεῖ Ἀχιὰ ὁ προφήτης, αὐτὸς
ἐλάλησεν ἐπ᾽ ἐμὲ[5] τοῦ βασιλεῦσαι ἐπὶ τὸν λαὸν
τοῦτον. (3) καὶ λάβε εἰς τὴν χεῖρα[6] σου – τῷ
ἀνθρώπῳ τοῦ θεοῦ (◄)[7] ἄρτους, καὶ κολλύρια[8]
÷ τοῖς τέκνοις αὐτοῦ, καὶ σταφίδας ◄,[9] καὶ
στάμνον μέλιτος, καὶ ἐλεύσῃ πρὸς αὐτόν· αὐτὸς[10] ἀναγγελεῖ σοι τί ἔσται τῷ παιδίῳ.[11]
(4) καὶ ἐποίησεν οὕτω ἡ γυνὴ[12] Ἱεροβοάμ· καὶ
ἀνέστη, καὶ ἐπορεύθη εἰς Σηλώ, καὶ εἰσῆλθεν
εἰς τὸν οἶκον[13] Ἀχιά· καὶ ὁ ἄνθρωπος πρεσβύτερος τοῦ ἰδεῖν,[14] καὶ ἠμβλυώπουν (ܘܗ̄ܝ
ܘܣ̄) οἱ ὀφθαλμοὶ αὐτοῦ ἀπὸ τοῦ γή-
ρους[15] αὐτοῦ. (5) καὶ κύριος εἶπε[16] πρὸς Ἀχιά·
ἰδοὺ ἡ γυνὴ Ἱεροβοάμ[17] εἰσέρχεται τοῦ ἐκζητῆσαι ῥῆμα παρὰ σοῦ ὑπὲρ υἱοῦ αὐτῆς,[18] ὅτι
ἄρρωστός ἐστι· κατὰ τοῦτο καὶ κατὰ τοῦτο
(ܡܣܐ ܡܣܐ) λαλήσεις πρὸς αὐτήν· καὶ ἐγένετο ἐν τῷ εἰσέρχεσθαι αὐτὴν, καὶ αὕτη ἀπεξενοῦτο. (6) καὶ ἐγένετο ὡς ἤκουσεν Ἀχιὰ τὴν
φωνὴν ποδῶν[19] αὐτῆς, εἰσερχομένης αὐτῆς[20] ἐν

---

[27] Sic Syro-hex. (om. αὐτοῦ post νεκριμαῖον), et sine notis
(om. τοῦ θάψαι αὐτὸν in posteriore loco) Codd. III, 52
(cum κόψασθαι pro τοῦ κάψ. καὶ), 74 (om. τοῦ ante κόψασθαι), 92, 106, alii, Arm. 1.   [28] Sic Syro-hex.
[29] Syro-hex. ܡܣ ܀ ܪܘ̈ܡܝܐ.   [30] Cod. 243 in marg. (h. e.
inaugurabat). Syro-hex. in marg. ܐ̄ܝ ܘܗ (ܠܘܐ) ܗܠ̄ܐ
(συντελεῖ ?) ܡܚܡܕܗ. Post finem Cap. xiii Cod. 243 in
marg. addit: ✕ καὶ περισσὸν ῥημάτων Ἱεροβοὰμ—Ἀδὰδ ἀντ᾽
αὐτοῦ (Cap. xiv. 19, 20), cum scholio: Ὁ Ῥοβοὰμ, ὅτε ἐβασίλευσεν, ἐτῶν ἦν μα, ὥστε ιᾱ ἔτεσιν ἦν Σολομῶν, ἡνίκα ἔτεκε τὸν
Ῥοβοάμ· ὅπερ σφάλμα ἐστὶ καλλιγραφικόν· ιζ γὰρ χρόνων ἦν
Ῥοβοὰμ ἐν τῷ βασιλεύειν αὐτόν· ὥστε λζ χρόνων ἦν Σολομῶν, ὅτε
ἔτεκε τὸν Ῥοβοάμ.   [31] Syro-hex. Deest in Comp., Codd.
19, 82, 93, 108.   [32] Idem. Deest in Codd. 82, 93.
[33] Idem (qui pingit: ÷ καὶ ἰδοὺ). Vox ἰδοὺ deest in Comp.,
Codd. 19, 82, 93, 108, Arm. 1.   [34] Idem. Deest in
Codd. XI, 44.   [35] Idem (qui pingit: ÷ ἐν τῷ τ. τούτῳ).
[36] Idem.   [37] Idem.   [38] Idem. Deest in Comp., Codd.
82, 93, 108.   [39] Idem. Deest in Codd. III, 245.
[40] Idem. Hebraea autem sonant: θέτε τὸ ὀστᾶ μου.
CAP. XIV. [1] Sequentia, ✕ ἐν τῷ καιρῷ ἐκείνῳ—καὶ ἐβασίλευσεν Ναδὰβ υἱὸς αὐτοῦ ἀντ᾽ αὐτοῦ ◄, sub asteriscis habet
Syro-hex. (qui in scholio mox allegando Aquilae diserte
tribuit), et sine aster. Ed. Rom. (in notis), Comp., Codd.

III, 44, 52, 74, 92, alii (inter quos 247), Arm. 1. Ex his
autem ii quorum praecipuas varietates in notis memorabimus sunt Ed. Rom., Codd. III, 247, et Syro-hex.
Schol. apud Nobil. in fine Cap. xiii (post verba ἀπὸ προσώπου τῆς γῆς): Μετὰ τοῦτο ἐν τῷ ἐξαπλῷ κεῖται τὰ κατὰ τὴν
νόσον καὶ τὴν τελευτὴν Ἀβιὰ τοῦ υἱοῦ Ἱεροβοὰμ μετὰ ἀστερίσκων.
[3] Sic Codd. III (cum ὁ Ἱερ.), 247, Syro-hex. Ed. Rom.:
καὶ τῇ γυναικὶ αὐτοῦ εἶπεν Ἱερ.   [3] σὺ γυνή] γυνὴ σὺ Cod. 247.
[4] ἰδοὺ] καὶ ἰδοὺ Codd. III, 247.   [5] ἐπ᾽ ἐμὲ] ἐμὲ Cod. III.
[6] τὴν χεῖρα] χεῖρα Cod. 247.   [7] Sic Syro-hex. (qui pin-
git: – τῷ ἀνθρώπῳ | x̄ (sic) τοῦ θεοῦ).   [8] Cod. III:
κολλυρίδα. Syro-hex. ܟܠܝܪܐ.   [9] Syro-hex. pingit: τοῖς
τ. αὐτοῦ, ÷ καὶ σταφίδος, καὶ στάμνον (ܘܡܣܐ) ◄, invito
Hebraeo.   [10] αὐτὸς] καὶ αὐτὸς Cod. 247. Statim ἀναγγελῇ
Cod. III.   [11] παιδίῳ] παιδὶ Cod. III.   [12] οὕτω ἡ γ.] οὕτως γ. Cod. III.   [13] Cod. III: εἰς οἶκον. Cod. 247: εἰς
τῷ οἴκῳ. Syro-hex. ܒܒܝܬܐ.   [14] Syro-hex. ܘܗ̄ܝ ܘܣ̄ܐ
ܚܡܕܡܟܣ ܡܣ, h. e. πρ. ἦν ἀπὸ τοῦ ἰδεῖν, invitis ceteris.
[15] ἀπὸ τοῦ γήρους] ἀπὸ τοῦ γήρως Ed. Rom.; ἀπὸ γήρους
Cod. III.   [16] Sic Codd. III, 247, Syro-hex. Ed. Rom.:
καὶ εἶπε κύριος.   [17] ἡ γυνὴ Ἱερ.] γυνὴ τοῦ Ἱερ. Cod. III.
Statim ἔρχεται Cod. 247.   [18] ὑπὲρ υἱοῦ αὐτῆς] περὶ υἱοῦ
αὐτοῦ Ed. Rom. Praepositio excidit in Cod. III.   [19] πο-
δῶν] τῶν ποδῶν Cod. 247.   [20] αὐτῆς om. Syro-hex.,

τῷ ἀνοίγματι, καὶ εἶπεν εἴσελθε, γυνὴ Ἱερο-
βοάμ· ἱνατί σὺ τοῦτο²¹ ἀποξενοῦσαι (ܠܡܐ ܡܬܢܟܪܝܐ);
καὶ ἐγώ εἰμι ἀπόστολος πρὸς σὲ σκληρός.
(7) πορευθεῖσα εἶπον τῷ Ἱεροβοάμ· τάδε λέγει
κύριος ὁ θεὸς Ἰσραήλ· ἀνθ᾽ οὗ ὅσον (ܡܛܠ
ܕܐܢܐ ܗܘ) ὕψωσά σε ἀπὸ μέσου τοῦ²² λαοῦ,
καὶ ἔδωκά σε ἡγούμενον ἐπὶ τὸν λαόν μου
Ἰσραήλ, (8) καὶ ἔρρηξα σὺν τὸ βασίλειον²³
ἀπὸ οἴκου Δαυίδ, καὶ ἔδωκα αὐτὸ σοί, καὶ οὐκ
ἐγένου ὡς ὁ²⁴ δοῦλός μου Δαυίδ, ὃς ἐφύλαξε
τὰς ἐντολάς μου, καὶ ὃς ἐπορεύθη ὀπίσω μου
ἐν πάσῃ καρδίᾳ αὐτοῦ, τοῦ ποιῆσαι ἐκτὸς²⁵ τὸ
εὐθὲς ἐν ὀφθαλμοῖς μου, (9) καὶ ἐπονηρεύσω
τοῦ ποιῆσαι παρὰ πάντας²⁶ ὅσοι ἐγένοντο εἰς
πρόσωπόν σου, καὶ ἐπορεύθης²⁷ καὶ ἐποίησας
σεαυτῷ θεοὺς ἑτέρους καὶ²⁸ χωνευτὰ τοῦ παροργίσαι με, καὶ ἐμὲ ἔρριψας ὀπίσω σώματός σου²⁹
(10) διὰ τοῦτο ἰδοὺ³⁰ ἐγὼ ἄγω κακίαν πρὸς οἶ-
κον³¹ Ἱεροβοάμ, καὶ³² ἐξολοθρεύσω τοῦ Ἱερο-
βοάμ³³ οὐροῦντα πρὸς³⁴ τοῖχον, ἐπεχόμενον³⁵
καὶ ἐγκαταλελειμμένον ἐν Ἰσραήλ,³⁶ καὶ ἐπιλέξω ὀπίσω οἴκου³⁷ Ἱεροβοάμ, καθὼς ἐπιλέγεται ἡ κόπρος ἕως³⁸ τελειωθῆναι αὐτόν. (11) τὸν

τεθνηκότα³⁹ τοῦ Ἱεροβοάμ ἐν τῇ πόλει καταφάγονται οἱ κύνες, καὶ τὸν τεθνηκότα ἐν τῷ
ἀγρῷ καταφάγεται⁴⁰ τὰ πετεινὰ τοῦ οὐρανοῦ,
ὅτι κύριος ἐλάλησεν. (12) καὶ σὺ ἀναστᾶσα
πορεύθητι εἰς τὸν⁴¹ οἶκόν σου· ἐν τῷ⁴² εἰσέρχεσθαι πόδας⁴³ σου τὴν πόλιν ἀποθανεῖται τὸ
παιδάριον. (13) καὶ κόψονται αὐτὸν⁴⁴ πᾶς
Ἰσραήλ, καὶ θάψουσιν αὐτόν, ὅτι οὗτος μόνος
εἰσελεύσεται τῷ Ἱεροβοάμ πρὸς τάφον,⁴⁵ ὅτι
εὑρέθη ἐν αὐτῷ ῥῆμα καλὸν περὶ τοῦ κυρίου⁴⁶
θεοῦ Ἰσραὴλ ἐν οἴκῳ Ἱεροβοάμ. (14) καὶ ἀναστήσει κύριος ἑαυτῷ⁴⁷ βασιλέα ἐπὶ Ἰσραήλ, ὃς
πλήξει τὸν οἶκον Ἱεροβοάμ ταύτῃ τῇ ἡμέρᾳ,
καὶ τί καὶ νῦν;⁴⁸ (15) καὶ πλήξει κύριος⁴⁹ τὸν
Ἰσραήλ, καθὰ κινεῖται ὁ κάλαμος⁵⁰ ἐν τῷ
ὕδατι· καὶ ἐκτιλεῖ τὸν Ἰσραὴλ ἀπὸ ÷ ἄνω⁵¹
τῆς χθονὸς τῆς ἀγαθῆς ταύτης, ἧς ἔδωκε τοῖς
πατράσιν αὐτῶν· καὶ λικμήσει αὐτοὺς ἀπὸ πέραν τοῦ ποταμοῦ, ἀνθ᾽ οὗ ὅσον ἐποίησαν τὰ
ἄλση αὐτῶν παροργίζοντες τὸν κύριον. (16) καὶ
δώσει⁵² κύριος τὸν Ἰσραὴλ χάριν ἁμαρτιῶν
Ἱεροβοάμ, ὃς ἥμαρτε καὶ ὃς ἐξήμαρτε τὸν⁵³
Ἰσραήλ. (17) καὶ ἀνέστη ἡ γυνὴ Ἱεροβοάμ,

--- ⁘ ---

favente Hebraeo.　　²¹ σὺ τούτῳ] τούτῳ σὺ Ed. Rom.
Syro-hex. ܠܡܐ ܡܬܢܟܪܝܐ.　　²² Articulus deest in Cod. III.
Mox μου deest in Ed. Rom.　　²³ σὺν τὸ β.] Sic Codd.
III, 44, 74, alii, Syro-hex. (cum ܚܣܢܗ). Praepo-
sitio deest in Ed. Rom., Cod. 247. Statim ἀπὸ τοῦ οἴκου
Cod. III.　　²⁴ Articulus deest in Ed. Rom. Mox τοῦ
ante ποιῆσαι om. Cod. III.　　²⁵ ἐκτὸς] ἕκαστος Cod. III.
Vox deest in Ed. Rom., Cod. 247. Pro ἕκαστος Tischendorfius post Grabium male corrigit ἕκαστον; nos autem in
Collatione ad V. T. juxta LXX Interpp. p. 168, usus
Aquilae, qui hic interpretem agit, memores, reponendum
censuimus ἐκτὸς, quam particulam cum Hebraea רק commutavit interpres iste in Hex. ad Job. i. 16. Psal. xxxi. 6.
Jesai. xxviii. 19. Conjecturam nostram certo certiorem
facit Syrus noster, qui tamen de constructione, ut videtur,
nimis sollicitus, interpretatus est ܐܝܟ ܡܐ ܕܛܒ ܗܘ ܒܥܝܢܝ,
h. e. ἐκτὸς τοῦ εὐθοῦς.　　²⁶ πάντας] παντὸς Cod. III.
²⁷ ἐπορεύσω et mox ἑαυτῷ Cod. 247.　　²⁸ καὶ om. Cod. III.
²⁹ Sic (pro Hebraeo גַּוֶּךָ אַחֲרֵי) Codd. III, 247, Syro-hex.
In Ed. Rom. et libris ceteris σώματος deest.　　³⁰ ἰδοὺ om.
Codd. III, 247, invitis Hebraeo et Syro-hex.　　³¹ πρὸς
οἶκον] πρὸς σὲ εἰς οἶκον Cod. III.　　³² καὶ om. idem.

³³ τοῦ Ἱερ.] Sic Cod. III. τὸν οἶκον Ἱερ. Cod. 247. Syro-
hex. ܕܝܪܘܒܥܡ. In Ed. Rom. τοῦ abest.　　³⁴ πρὸς] ἐπὶ
Cod. 247.　　³⁵ ἐχόμενον Cod. III. Statim καταλελειμμένον
Ed. Rom.　　³⁶ ἐν Ἰσραήλ] ἐπὶ Ἱερουσαλὴμ Cod. 247.
³⁷ ὀπίσω οἴκου] Sic juxta Hebraeum Cod. 247, Syro-hex.
ἐπὶ οἴκου Ed. Rom. Vox ὀπίσω excidit in Cod. III.
³⁸ ἕως] ὡς Cod. III.　　³⁹ τὸν τεθνηκότα] Sic Ed. Rom.,
Syro-hex. οἱ τεθνηκότες Cod. III. τοὺς τεθνηκότας Cod. 247.
Statim τοῦ om. Cod. 247.　　⁴⁰ καταφάγονται Cod. III.
⁴¹ τὸν om. Ed. Rom.　　⁴² ἐν τῷ] καὶ ἐν τῷ Cod. 247.
Syro-hex. libere vertit: ܒܕܝܢ ܒܡܥܠܬܐ ܕܪ̈ܓܠܝܗ ܕܝܠܟܝ.
⁴³ πόδα Cod. III. Statim εἰς τὴν πόλιν Cod. 247, Syro-hex.
⁴⁴ αὐτὸ bis Cod. 247.　　⁴⁵ πρὸς τ.] εἰς τὸν τ. idem.
⁴⁶ περὶ τοῦ κ.] παρὰ κ. idem.　　⁴⁷ κ. ἑαυτῷ] ἑαυτῷ (s. αὐτῷ)
κ. Syro-hex.　　⁴⁸ Sic (pro Hebraeo גַּם־עַתָּה מֶה) Cod. III,
Syro-hex. καὶ ὅτι καίγε νῦν Ed. Rom., Cod. 247.　　⁴⁹ καὶ
πλήξει κύριος] κύριος πλήξει Cod. III. Mox καθὼς Cod. 247.
⁵⁰ κάλαμος] ἄνεμος mendose Cod. III. Mox ἐκτελεῖ idem.
⁵¹ Syro-hex. ܡܢ ܠܥܠ ܡܢ ܐܪܥܐ ܛܒܬܐ ܡܢ (om.
ταύτης cum Cod. 247).　　⁵² δώσει] παραδώσει Cod. III,
quae Symmachi est versio. Ad χάριν (בִּגְלַל) ἁμαρτιῶν cf.
Hex. ad Mich. iii. 12.　　⁵³ τὸν om. Ed. Rom.

καὶ ἐπορεύθη, καὶ εἰσῆλθεν[54] εἰς τὴν Σαριρά· καὶ ἐγένετο ὡς εἰσῆλθεν[55] ἐν τῷ προθύρῳ τοῦ οἴκου, καὶ τὸ παιδάριον ἀπέθανε. (18) καὶ ἔθαψαν αὐτὸν,[56] καὶ ἐκόψαντο αὐτὸν πᾶς Ἰσραὴλ κατὰ τὸ ῥῆμα κυρίου, ὃ ἐλάλησεν ἐν χειρὶ δούλου αὐτοῦ Ἀχιὰ τοῦ προφήτου. (19) καὶ περισσὸν ῥημάτων Ἱεροβοὰμ ὅσα ἐπολέμησε καὶ ὅσα ἐβασίλευσεν, ἰδοὺ αὐτὰ γεγραμμένα ἐπὶ βιβλίου ῥημάτων τῶν ἡμερῶν τῶν βασιλέων Ἰσραήλ. (20) καὶ αἱ ἡμέραι ἃς ἐβασίλευσεν Ἱεροβοὰμ, εἴκοσι καὶ[57] δύο ἔτη· καὶ ἐκοιμήθη μετὰ τῶν πατέρων αὐτοῦ· καὶ ἐβασίλευσεν Ναδὰβ[58] υἱὸς αὐτοῦ ἀντ' αὐτοῦ (◄). Schol. Ἡ περιοχὴ αὕτη φαίνεται καὶ τοῖς Ο' εἰρῆσθαι, ὅτι ἐν τοῖς κοινοῖς ἀντιγράφοις φέρεται, ἐξ ὧν πᾶσαν τὴν περιοχὴν ἐνθάδε τεθείκαμεν· ἀλλ' οἶμαι διὰ τὸ ἀκριβέστερον ὡς εἰπεῖν καὶ πλατύτερον καὶ σφόδρα ἐν καιρῷ παρ' Ἀκύλου δοκεῖν εἰρῆσθαι, ἀφέθη μὲν τὸ τῶν Ο', ἐτέθη δὲ ἀντ' αὐτοῦ τὸ τοῦ Ἀκύλου. ἔστι δὲ τὸ τῶν Ο' τοῦτο.[59] καὶ ἠῤῥώστησεν ὁ υἱὸς[60] αὐτοῦ ἀῤῥωστίαν κραταιὰν[61] σφόδρα· καὶ ἐπορεύθη Ἱεροβοὰμ ἐρωτῆσαι (s. ἐπερωτῆσαι) περὶ τοῦ παιδαρίου. καὶ εἶπε πρὸς Ἀνὼ τὴν γυναῖκα αὐτοῦ· ἀνάστηθι καὶ[62] πορεύου, ἐπερώτησον τὸν θεὸν περὶ τοῦ παιδαρίου, εἰ ζήσεται ἐκ τῆς ἀῤῥωστίας αὐτοῦ. καὶ ἄνθρωπος ἦν ἐν Σηλὼ, καὶ ὄνομα αὐτῷ Ἀχιά· καὶ οὗτος ἦν υἱὸς ἑξήκοντα ἐτῶν, καὶ ῥῆμα κυρίου μετ' αὐτοῦ. καὶ εἶπεν Ἱεροβοὰμ πρὸς τὴν γυναῖκα αὐτοῦ· ἀνάστηθι, καὶ λάβε εἰς τὴν χεῖρά (s. ἐν τῇ χειρί) σου τῷ ἀνθρώπῳ τοῦ θεοῦ ἄρτους, καὶ κολλύρια τοῖς τέκνοις αὐτοῦ, καὶ σταφυλὴν (ܩܠܝܬܐ), καὶ στάμνον (ܩܘܠܐ) μέλιτος. καὶ ἀνέστη ἡ γυνὴ, καὶ ἔλαβεν εἰς τὴν χεῖρα αὐτῆς ἄρτους, καὶ δύο κολλύρια, καὶ σταφυλὴν, καὶ στάμνον μέλιτος τῷ Ἀχίᾳ. καὶ ὁ ἄνθρωπος πρεσβύτερος, καὶ οἱ ὀφθαλμοὶ αὐτοῦ ἠμβλυώπουν (ܟܗܝܢ ܗܘܝ) τοῦ ἰδεῖν. καὶ ἀνέστη ἐκ Σαριρὰ, καὶ ἐπόρευθη·[63] καὶ ἐγένετο ἐλθούσης αὐτῆς εἰς τὴν πόλιν πρὸς Ἀχιὰ τὸν Σηλωνίτην, καὶ εἶπεν Ἀχιὰ τῷ παιδαρίῳ αὐτοῦ· ἔξελθε δὴ εἰς ἀπαντὴν (s. ἀπάντησιν) Ἀνὼ τῆς γυναικὸς[64] Ἱεροβοὰμ, καὶ ἐρεῖς αὐτῇ· εἴσελθε, καὶ μὴ στῇς· ὅτι τάδε λέγει κύριος· σκληρὰ ἐγὼ ἐπαποστέλλω ἐπὶ σέ. καὶ εἰσῆλθεν Ἀνὼ πρὸς τὸν ἄνθρωπον τοῦ θεοῦ, καὶ εἶπεν αὐτῇ Ἀχιά· ἱνατί ἐνήνοχάς μοι ἄρτους, καὶ σταφυλὴν, καὶ κολλύρια, καὶ στάμνον μέλιτος; τάδε λέγει κύριος· ἰδοὺ σὺ ἀπελεύσῃ ἀπ' ἐμοῦ, καὶ ἔσται εἰσελθούσης σου εἰς τὴν πύλην[65] εἰς Σαριρὰ, καὶ τὰ κοράσιά σου ἐξελεύσονται εἰς συνάντησίν σου,[66] καὶ ἐροῦσί σοι· τὸ παιδάριον τέθνηκεν (ܡܝܬ ܠܗ). ὅτι τάδε λέγει κύριος· ἰδοὺ ἐγὼ ἐξολοθρεύσω τοῦ Ἱεροβοὰμ οὐροῦντα πρὸς τοῖχον, καὶ ἔσονται τὸν τεθνηκότα[67] τοῦ Ἱεροβοὰμ ἐν τῇ πόλει καταφάγονται οἱ κύνες· καὶ τὸν τεθνηκότα αὐτοῦ[68] ἐν τῷ ἀγρῷ καταφάγεται τὰ πετεινὰ τοῦ οὐ-

---

[54] Syro-hex. ܘܥܠܬ ܠܨܪܝܕܐ. Haec, καὶ εἰσῆλθεν, desunt in Ed. Rom. et libris Graecis. Statim εἰς τὴν Σαριδὰ Codd. 44, 52, 74, alii (inter quos 247). εἰς γῆν Σαριρὰ Cod. III. εἰς Σαριρὰ Ed. Rom. In Hebraeo est וַתָּבֹא תִרְצָתָה. [55] ἦλθεν Cod. 247. [56] αὐτὸ bis Ed. Rom., Cod. 247. Mox κατὰ τὸ ῥ. κ. πᾶς Ἰσραὴλ Cod. 247. [57] καὶ om. Cod. III. [58] Syro-hex. ܢܒܛ. Cod. III: Ναβάτ. In ceteris est Ἀβιά. [59] Syro-hex. in marg. ܡܬܚܙܝܐ. ܦܣܘܩܐ ܗܢܐ ܡܬܚܙܝܐ. ܕܐܦ ܠܫܒܥܝܢ ܐܡܝܪ. ܕܒܟܠܗܘܢ ܦܘܚܡ̈ܐ ܓܘܢܝ̈ܐ ܡܬܝܬܐ (sic). ܕܡܢܗܘܢ ܟܠܗ ܦܣܘܩܐ ܗܪܟܐ ܣܡܢܢ. ܐܠܐ ܡܣܒܪ ܐܢܐ ܕܡܛܠ ܕܐܟܘܬ ܕܢܐܡܪ ܚܬܝܬܐܝܬ ܘܦܬܝܐܝܬ ܘܛܒ ܒܙܒܢܗ ܡܢ ܥܩܘܠܐ ܡܬܚܙܐ ܕܐܬܐܡܪ. ܐܫܬܒܩ ܡܢ ܗܘ ܕܫܒܥܝܢ. ܘܐܬܬܣܝܡ ܚܠܦܘܗܝ ܗܘ ܕܥܩܘܠܐ. ܐܝܬܘܗܝ ܕܝܢ ܗܘ ܕܫܒܥܝܢ ܗܢܐ. Deinde sequitur pars pericopae quae in Ed. Rom. post Cap. xii. 24 legitur, quamque in Comp., Codd. III, 52, 74, 92, aliis, Syro-hex., et Arm. 1 desiderari monuimus. Versio autem Syro-hex., quam nos presse secuti sumus, cum Ed. Rom. accurate concordat, exceptis pauculis jam memorandis. [60] Sic Syro-hex. solus. Ed. Rom. τὸ παιδάριον. [61] Sic Ald., Codd. 64, 71, 82, 93, alii. Syro-hex. ܟܘܪܗܢܐ ܥܫܝܢܐ. Ed. Rom. ἀῤῥωστίᾳ κραταιᾷ. [62] Sic Ald., Codd. 64, 71, 119, alii, Syro-hex. Copula deest in Ed. Rom. Mox τὸν θεὸν om. Syro-hex., repugnantibus Ed. Rom. et libris omnibus. [63] Sic Codd. 19, 82, 93, 108, Syro-hex. Ed. Rom. πορεύεται. [64] τῆς γυναικὸς] Sic Ald. (om. τῆς), Codd. 71 (idem), 243. Ed. Rom. τῇ γυναικί. [65] εἰς τὴν πύλην] Sic Codd. II (om. εἰς), 71, 243 (ut II), 245 (cum τῇ πύλῃ), Syro-hex. Ed. Rom. τὴν πόλιν. [66] εἰς σ. σου] Sic Ald., Codd. 71, 108, 246, Syro-hex. Ed. Rom. σοι εἰς σ. [67] τὸν τεθνηκότα] Sic Ald., Codd. XI, 55, 64, 71, alii, Syro-hex. Ed. Rom. οἱ τεθνηκότες. [68] Sic Codd. 93, 246, Syro-hex. Pronomen deest in Ed. Rom.

ρανοῦ· καὶ τὸ παιδάριον κόψεται (ܡܝܬ), οὐαὶ κύριε· ὅτι εὑρέθη ἐν αὐτῷ ῥῆμα καλὸν περὶ τοῦ κυρίου. καὶ ἀπῆλθεν ἡ γυνὴ, ὡς ἤκουσε· καὶ ἐγένετο ὡς εἰσῆλθεν εἰς τὴν Σαριρὰ, καὶ τὸ παιδάριον ἀπέθανε· καὶ ἐξῆλθεν ἡ κραυγὴ εἰς ἀπαντὴν (s. ἀπάντησιν) αὐτῆς.[69] *Explicit* ἡ περιοχή.

2. וְהִשְׁתַּנִּית. *Et commutes habitum.* ※Ἀ. καὶ ἀλλοιωθήσῃ. Θ. καὶ μετασχημάτισον σεαυτήν.[70]

3. עֲשָׂרָה לֶחֶם וְנִקֻּדִים וּבַקְבֻּק דְּבַשׁ. *Decem panes, et crustulas, et lagenam mellis.* Ἄλλος· δέκα ἄρτους, καὶ τραγήματα, καὶ στάμνον μέλιτος.[71]

6. בַּפֶּתַח. ※Ἀ. ἐν τῷ ἀνοίγματι. Σ. Θ. διὰ τῆς θύρας.[72]

מִתְנַכֵּרָה. *Alienam te geris.* ※Ἀ. ἀποξενοῦσαι. Σ. Θ. ἑτεροσχήμων εἶ (s. ἑτεροσχημονεῖς).[73]

וְאָנֹכִי שָׁלוּחַ אֵלַיִךְ. ※Ἀ. καὶ ἐγώ εἰμι ἀπόστολος πρὸς σέ. Σ. Θ. καὶ ἐγὼ δὲ ἀπεστάλην πρὸς σέ.[74]

8. רַק. ※Ἀ. ἐκτός. Σ. Θ. μόνον.[75]

9. לְפָנֶיךָ. ※Ἀ. εἰς πρόσωπόν σου. Σ. Θ. ἔμπροσθέν σου.[76]

10. וּבִעַרְתִּי. *Et removebo.* ※Ἀ. καὶ ἐπιλέξω (Σ. Θ. τρυγήσω[77]).

כַּאֲשֶׁר יְבַעֵר הַגָּלָל עַד־תֻּמּוֹ. *Sicut removent stercus donec consumatur.* ※Ἀ. καθὼς ἐπιλέγεται ἡ κόπρος ἕως τελειωθῆναι αὐτόν. Σ. Θ. καθὼς τρυγᾷ ὁ καλαμώμενος ἕως ἐκλείπει.[78]

14. אֲשֶׁר יַכְרִית. ※Ἀ. ὃς πλήξει. Σ. Θ. ὃς συγκόψει (s. διακόψει, s. κατακόψει).[79]

16. וְיִתֵּן. ※Ἀ. καὶ δώσει. Σ. καὶ παραδώσει.[80]

22. יְהוּדָה. Ο΄. Ῥοβοάμ. Aliter: Ο΄. ※Ἰούδας ◂.[81]

וַיְקַנְאוּ. Ο΄. καὶ παρεζήλωσεν (alia exempl. παρεζήλωσαν[82]).

23. וַיִּבְנוּ גַם־הֵמָּה לָהֶם. Ο΄. καὶ ᾠκοδόμησαν ※Ἀ. Θ. καὶ αὐτοὶ ◂ ἑαυτοῖς.[83]

24. קָדֵשׁ. *Cinaedus.* Ο΄. σύνδεσμος. Σ. τελετή.[84]

26. וְאֶת־הַכֹּל לָקָח. Ο΄. τὰ πάντα ἃ ἔλαβεν. Alia exempl. τὰ πάντα ἔλαβεν.[85]

וַיִּקַּח אֶת־כָּל־מָגִנֵּי הַזָּהָב אֲשֶׁר עָשָׂה שְׁלֹמֹה. Ο΄. ὅπλα τὰ χρυσᾶ ὅσα ἐποίησε Σαλωμὼν, καὶ ἀπήνεγκεν αὐτὰ εἰς Αἴγυπτον. Aliter: Ο΄. καὶ ἔλαβεν ὅπλα τὰ χρυσᾶ ※ὅσα ἐποίησε Σαλωμών ◂.[86]

27. מָגִנֵּי נְחֹשֶׁת וְהִפְקִיד עַל־יַד שָׂרֵי. *Clypeos aeneos, et mandavit eos curae principum.* Ο΄. ὅπλα χαλκᾶ.. καὶ ἐπέθεντο ἐπ' αὐτὸν οἱ ἡγούμενοι. Σ. θυρεοὺς χαλκοῦς· καὶ ἔθετο αὐτοὺς ὑπὸ χεῖρα τῶν ἀρχόντων.[87]

28. וֶהֱשִׁיבוּם. Ο΄. καὶ ἀπηρείδοντο (Ἄλλος· ἀπετίθεντο.[88] Ἄλλος· ἀπεκαθίστων[89]) αὐτά.

אֶל־תָּא הָרָצִים. *In conclave cursorum* (satellitum regis). Ο΄. εἰς τὸ θεὲ (alia exempl. θε-

---

[69] Pronomen accessit e Codd. 19, 82, 93, 108, 158, 246, Syro-hex. [70] Syro-hex. ܠ. ܫܚܠܦ ܐܣܟܡܟ ܀ [71] Idem in marg. sine nom. ܥܣܪܐ ܠܚܡܝܢ ܘܬܪܓܡܐ. ܘܩܘܠܬܐ ܕܕܒܫܐ ܀ [72] Idem: ܣ. ܠ. ܒܝܕ ܬܪܥܐ ܀ [73] Idem: ܣ. ܠ. ܡܫܚܠܦܬ ܐܣܟܡܐ ܐܢܬܝ ܐܝܟ ܐܚܪܢܝܐ ܀ Graeca nostra veremur ne paulo argutius inventa esse videantur. (Ad Aquilam cf. Hex. ad Gen. xlii. 7.) [74] Idem: ܣ. ܠ. ܘܐܢܐ ܕܝܢ ܐܫܬܕܪܬ ܠܘܬܟܝ ܀ [75] Idem: ܣ. ܠ. ܒܠܚܘܕ ܀ Cf. Hex. ad Jesai. xxviii. 19. [76] Idem: ܣ. ܠ. ܩܕܡܝܟ ܀ [77] Idem: ܣ. ܠ. ܐܩܛܘܦ ܀ Cf. ad Cap. xvi. 3. [78] Idem: ܣ. ܠ. ܐܝܟ ܕܩܛܦ ܗܘ ܕܡܚܨܕ ܒܩܢܝܐ. ܥܕܡܐ ܕܡܫܬܠܡ. [79] Idem: ܣ. ܠ. ܗܘ ܕܢܦܣܘܩ ܀ [80] Idem: ܣ. ܘܢܫܠܡ ܀ [81] Sic in textu Syro-hex., et sine aster. Comp., Codd. 52, 74, 92, alii (inter quos 247). [82] Sic Ald., Cod. III, Syro-hex. [83] Sic Syro-hex. (qui pingit: ※ܐܦ ܗܢܘܢ ܠܗܘܢ ◂), et sine notis Ald., Codd. III, 52, 74, 92, alii (inter quos 247). [84] Cod. 243. Cf. Hex. ad 3 Reg. xv. 12. 4 Reg. xxiii. 7. Theodoret. Quaest. XLV in 3 Reg. p. 491: τὸν δὲ σύνδεσμον ἀντὶ τῆς ἀποστάσεως τέθεικε, appellans ad 4 Reg. xi. 14, ubi tamen in Hebraeo est קֶשֶׁר. [85] Sic Comp. (praem. καὶ), Codd. III, XI (om. τὰ), 19, 64, 71, 82, alii, invito Syro-hex. [86] Sic Syro-hex., et sine notis Codd. III, XI, 52, 74, 106, alii. Haec, ὅσα ἐπ. Σαλωμὼν, desunt in Codd. II (manu 1ma), XI, 71. Praeterea clausulam, καὶ ἀπ. αὐτὰ εἰς Αἴγ., reprobant Comp., Codd. II (manu 1ma), 19, 82, 92, 93, alii, Arm. 1. [87] Syro-hex. ܣ. ܬܪ̈ܣܐ ܕܢܚܫܐ ܀ ܘܣܡ ܐܢܘܢ ܬܚܝܬ ܐܝܕܐ ܕܪ̈ܫܢܐ ܀ [88] Sic in textu Cod. 71. Nisi forte scholium sit. [89] Sic in textu Cod. 158 (cum vitiosa scriptura αποκαθιστον). Cf. Hex. ad 2 Paral. xii. 11.

κουὲ⁹⁰) τῶν παρατρεχόντων. Ἀ. πρὸς θάλαμον τῶν τρεχόντων. Σ. εἰς τὸν τόπον ὅπου οἱ παρατρέχοντες.⁹¹

31. וְשֵׁם אִמּוֹ נַעֲמָה הָעַמֹּנִית. Ο΄. Vacat. ※ καὶ ὄνομα τῆς μητρὸς αὐτοῦ Νααμὰ ἡ Ἀμμανῖτις ◄.⁹²

Cap. XIV. 26. — πάντας ◄.⁹³ — καὶ τὰ δόρατα τὰ χρυσᾶ ἃ ἔλαβε Δαυὶδ ἐκ χειρὸς τῶν παίδων Ἀδραζαὰρ βασιλέως Σουβὰ, καὶ εἰσήνεγκεν αὐτὰ εἰς Ἱερουσαλήμ ◄.⁹⁴

CAP. XV.

2. בִּירוּשָׁלָםִ. Ο΄. ἐπὶ Ἱερουσαλήμ. Aliter: Ο΄. ※ Ἀ. Θ. ἐν Ἱερουσαλήμ ◄.¹

4. כִּי לְמַעַן דָּוִד נָתַן יְהוָה אֱלֹהָיו לוֹ נִיר בִּירוּשָׁלָםִ לְהָקִים אֶת־בְּנוֹ אַחֲרָיו. Ο΄. ὅτι διὰ Δαυὶδ ἔδωκεν (alia exempl. ἐγκατέλιπεν²) αὐτῷ κύριος (alia exempl. add. ὁ θεὸς³) κατάλειμμα ※ Ἀ. Σ. Θ. ἐν Ἱερουσαλήμ ◄,⁴ ἵνα στήσῃ ※ Θ. τὰ ◄⁵ τέκνα αὐτοῦ μετ᾽ αὐτόν. Ο΄. Θ. ὁμοίως οἱ Γ΄. ὅτι διὰ Δαυὶδ ἔδωκεν αὐτῷ κύριος ὁ θεὸς κατάλειμμα ἐν Ἱερουσαλήμ, ἵνα στήσῃ

τὰ τέκνα αὐτοῦ μετ᾽ αὐτόν. Ἀ. ὅτι διὰ Δαυὶδ ἔδωκε κύριος ὁ θεὸς αὐτοῦ αὐτῷ λύχνον ἐν Ἱερουσαλήμ, τοῦ ἀναστῆσαι τὸν υἱὸν αὐτοῦ μετ᾽ αὐτόν. Σ. ἀλλὰ διὰ Δαυὶδ ἔδωκε κύριος ὁ θεὸς αὐτοῦ λύχνον ἐν Ἱερουσαλήμ, ὥστε στῆσαι τὸν υἱὸν αὐτοῦ μετ᾽ αὐτόν.⁶

5, 6. רַק בִּדְבַר אוּרִיָּה הַחִתִּי׃ וּמִלְחָמָה הָיְתָה בֵין־רְחַבְעָם (בְּמַס רְחַבְעָם) וּבֵין יָרָבְעָם כָּל־יְמֵי חַיָּיו. Ο΄. Vacat. ※ Ἀ. ἐκτὸς ἐν ῥήματι ("Ἀλλος· πλὴν ἐν λόγῳ⁷) Οὐρίου τοῦ Χετταίου. καὶ πόλεμος ἦν μεταξὺ Ῥοβοὰμ καὶ μεταξὺ Ἱεροβοὰμ ("Ἀλλος· ἀναμέσον Ἀβιὰ καὶ Ἱεροβοὰμ⁸) πάσας τὰς ἡμέρας τῆς ζωῆς αὐτοῦ ◄.⁹

9. וּבִשְׁנַת עֶשְׂרִים. Ο΄. ἐν τῷ ἐνιαυτῷ τετάρτῳ καὶ εἰκοστῷ. Alia exempl. καὶ ἐν ἔτει εἰκοστῷ.¹⁰

10. מַעֲכָה. Ο΄. Ἀνά. Alia exempl. Μααχά.¹¹

12. הַקְּדֵשִׁים. Cinaedos. Ο΄. τὰς τελετάς. Alia exempl. τὰς στήλας.¹² Ὁμοίως οἱ Γ΄. Τὰς τελετὰς λέγει τὰ συστήματα τῶν ἐπὶ αἰσχρότητι συνερχομένων· οὕτω γὰρ ἐνοήθη τὸ εἰρημένον ἐν ρὲ ψαλμῷ· καὶ ἐτελέσθησαν τῷ Βεελφεγώρ.¹³

---

⁹⁰ Sic Codd. 19 (cum θρεκουὲ), 82, 93, 108, alii (inter quos 243, cum θεκουὲ (sic)), Theodoret. Quaest. XLVI in 3 Reg. p. 492 (qui notat: ἐν μὲν τῇ τῶν Ἑβραϊκῶν ὀνομάτων ἑρμηνείᾳ τὸ θεκουὲ [תְּקוֹעַ] κρουσμὸς καὶ σαλπισμὸς κείμενον εὗρον). ⁹¹ Cod. 243. Ad εἰς τὸ θεὶ Cod. 119 in marg.: πρὸς θάλαμον. Praeterea ad εἰς τὸ θεὶ (ܠܐ) Syro-hex. affert: ܆ܡܟ ܩܝܪܒܡ܆, in qua voce omnino nos haerere fatemur. ⁹² Sic Syro-hex. (qui pingit: ※ καὶ ὄνομα ◄ —Ἀμμανῖτις), et sine aster. Comp., Codd. III (cum Ἀμακ.), 52, 74 (ut III, om. τῆς), alii (inter quos 247, cum καὶ ὄν. μ. αὐτοῦ Νααμμὰ ἡ Ἀμμανίτης), Arm. 1. ⁹³ Syro-hex. Vox deest in Cod. III, Arm. 1. ⁹⁴ Syro-hex. (qui pingit: καὶ τὰ ὅ. τὰ χρ. ἃ | ἔλαβε Δ. ἐκ (om. χειρὸς) τῶν π. | ✝ Ἀδρ. β. Σουβὰ, | καὶ εἰσήν. αὐτὰ εἰς Ἱερουσαλήμ ◄). Pericopam reprobat Comp. solus.

CAP. XV. ¹ Sic Syro-hex., et sine notis Comp., Codd. III, 64, 93, 108, alii (inter quos 243 in marg.). Verba ἐπὶ Ἱερ. desunt in Codd. II, 245. ² Sic Ald., Codd. XI (cum καὶ ἐγκατ.), 55, 64, 71, alii (inter quos 243.) ³ Sic Comp. (cum ὁ Θ. αὐτοῦ), Ald., Codd. III, 52, 55, 64, alii.

TOM. I.

Syro-hex., Arm. 1. ⁴ Sic Syro-hex., et sine notis Comp., Ald., Codd. III (cum ἐν Ἰσραὴλ), 52, 74, 106, alii (inter quos 247, ut III), Arm. 1. ⁵ Sic Syro-hex. (qui pingit: ܡܝܩܗܠ ◄.※). Articulus deest in Codd. XI, 64, 71, 119, 158, 243, 244, 245. ⁶ Cod. 243. Syro-hex. affert: ܐ. ܖ/. ܡ. ⁷ Sic in textu Cod. 71, 243, 244. ⁸ Sic in textu Cod. 71. ⁹ Sic Syro-hex., et sine notis Comp., Ald., Codd. III (cum ζωῆς αὐτῶν), 52, 71, 74, 92 (sub ※), alii, Arm. 1. Praeterea clausulam ἐκτὸς—Χετταίου habent Codd. 19, 82, 93 (sub ※), alii (inter quos 243, ut supra), Theodoret. ¹⁰ Sic Ald., Codd. III (cum εἰκοστοῦ), XI, 55, 64 (om. καὶ), 71, 74, alii (inter quos 243, cum ἐν εἰκοστῷ ἔτει), Syro-hex. ¹¹ Sic Comp., Codd. III, 44, 52, 92, alii (inter quos 243 in marg.), Syro-hex. (cum scholio: Πῶς ܠܐܡܟ) τοῦ Ἀβιὰ καὶ τοῦ Ἀσὰ μήτηρ ἡ αὐτή;), Arm. 1. ¹² Sic Codd. 19, 55, 71, 82 (cum στελλας), 93 (idem), 108, 243 (in marg. sinistro). ¹³ Cod. 243 in marg. dextro. Cf. ad Cap. xiv. 24. Ad τὰς τελετὰς (ܠܐܟܚܕܡ) Syro-hex. scholium habet: Τελετάς· πανηγύρεις αἰσχρὰς καὶ τελετὰς τῶν ἐθνικῶν (܀ܠܐܕܚܐ ܡܠ ܠܐܡܚܚܕܡܘ ܠܐܡܚ ܠܐܚܫ).

4 M

12. וַיַּעַר. O'. καὶ ἐξαπέστειλε (alia exempl. ἐξῆρε[14]).
אֶת־כָּל־הַגִּלֻּלִים. O'. πάντα τὰ ἐπιτηδεύματα.
Σ. τὰ εἴδωλα πάντα καὶ πάντα τὰ βδελύγματα.[15]

13. אֶת־מַעֲכָה. O'. τὴν Ἀνά. Aliter: O'. τὴν
Μααχά. Ὁμοίως οἱ Γ'.[16]

14. וְהַבָּמוֹת לֹא־סָרוּ רַק לְבַב־אָסָא הָיָה שָׁלֵם
עִם־יְהוָֹה. O'. τὰ δὲ ὑψηλὰ οὐκ ἐξῆρε· πλὴν
ἡ καρδία Ἀσὰ ἦν τελεία μετὰ κυρίου. Ἀ...
ἡ καρδία Ἀσὰ ἦν τελεία μετὰ κυρίου. Σ. τὰ
δὲ ὑψηλὰ οὐ περιῃρέθη· ἡ μέντοι καρδία Ἀσὰ
ἦν τελεία... Θ... πλὴν ἡ καρδία Ἀσὰ ἦν
τελεία μετὰ κυρίου.[17]

15. אֶת־קָדְשֵׁי. Res consecratas. O'. τοὺς κίονας.
Ἀ. τὰ ἡγιασμένα. Σ. τὰ ἅγια.[18]

18. אֶת־כָּל־הַכֶּסֶף. O'. ※ Ἀ. Θ. σύμπαν ◄ τὸ
ἀργύριον.[19]

בְּאוֹצְרוֹת בֵּית־יְהוָֹה וְ. O'. ※ Ἀ. ἐν τοῖς
θησαυροῖς οἴκου κυρίου, καὶ (◄).[20]

וַיִּשְׁלָחֵם. O'. καὶ ἐξαπέστειλεν ※ αὐτούς ◄.[21]

טַבְרִמֹּן. O'. Ταβερεμά. Alia exempl. Τὰβ
ἐν Ῥαμμάν.[22]

חֶזְיוֹן. O'. Ἀζίν. Alia exempl. Ἀζαήλ.[23]

19. בְּרִית. O'. ÷ διάθου ◄ διαθήκην. Alia exempl.
διαθήκη ἔστω.[24]

19. לֵךְ הָפֵרָה. O'. δεῦρο διασκέδασον. Σ. πορευόμενος λῦσον.[25]

20. הַחֲיָלִים אֲשֶׁר־לוֹ. O'. τῶν δυνάμεων αὐτοῦ
(alia exempl. τῶν αὐτοῦ[26]).

22. אֵין נָקִי. Nullus erat immunis. O'. εἰς Ἐνα-
κίμ. Ἀ. καὶ οὐκ ἔστιν ὑπεξῃρημένος.[27]

23. וְכָל־אֲשֶׁר עָשָׂה. O'. ἣν ἐποίησεν. Alia exempl. καὶ πάντα ἃ ἐποίησεν.[28]

וְהֶעָרִים אֲשֶׁר בָּנָה. O'. ※ Θ. καὶ τὰς πόλεις
ἃς ᾠκοδόμησεν ◄.[29]

חָלָה. O'. ἐπόνεσε. Alia exempl. ἐποίησεν
Ἀσὰ τὸ πονηρὸν, καὶ ἐπόνεσε.[30] Schol. Τὸ,
ἐποίησεν Ἀσὰ τὸ πονηρὸν, παρ' οὐδενὶ κεῖται
ἐν τῷ ἑξαπλῷ, οὐδὲ ἐν τοῖς ἀρχαίοις ἀντιγράφοις.[31]

24. וַיִּשְׁכַּב אָסָא עִם־אֲבֹתָיו. O'. καὶ ἐκοιμήθη
Ἀσὰ ※ Ἀ. Θ. μετὰ τῶν πατέρων αὐτοῦ ◄.[32]

דָּוִד אָבִיו. O'. Δαυὶδ ※ Ἀ. Θ. πατρὸς αὐτοῦ ◄.[33]

27. וַיִּקְשֹׁר עָלָיו. Et conjuravit contra eum. O'.
καὶ περιεκάθισεν αὐτόν.[34]

לְבֵית יִשָּׂשכָר. O'. ἐπὶ τὸν οἶκον Βελαὰν υἱοῦ
Ἀχιά. Alia exempl. ἐπὶ τὸν οἶκον Ἰσσάχαρ.[35]

וַיַּכֵּהוּ בְגִבְּתוֹן. O'. καὶ ἐχάραξεν (alia exempl.

---

[14] Sic Comp., Codd. 82, 93, 108, 243, 244, 246. [15] Syro-
hex. ܩܛܠ ܘܐܦܩ ܐܢܘܢ ܡܢ. Ad priorem
versionem cf. Hex. ad Ezech. xx. 7. xxiii. 30. Pro ἐπιτηδεύματα Comp. edidit βδελύγματα. [16] Cod. 243 (cum
Μαλχὰ), teste Montef. In textu Comp., Codd. III, 52,
74, 92, alii, Syro-hex., Arm. 1. [17] Cod. 243. [18] Syro-
hex. ܩܘܕ̈ܫܐ ܕܩܕܝܫܝܢ ܡܩܕ̈ܫܐ. ./ Cf. Hex.
ad Deut. xii. 26. [19] Sic Syro-hex. (cum ܘ. ./ ※
◄ܟܣܦܐ), et sine notis Ed. Rom.; sed vox σύμπαν deest
in Comp., Codd. II, XI, 19, 55, 64, 71, aliis. [20] Sic
Syro-hex. (qui pingit: ※ Ἀ. ἐν τοῖς θησαυροῖς | ※ οἴκου κυρίου,
καὶ ἐν τοῖς θ., absente cuneolo). Haec desunt in Codd. II,
XI, 82, 119, 120. [21] Sic Syro-hex. Pronomen deest
in Codd. III, 158. [22] Sic Ald. (cum Ταβὶ), Codd. III
(cum Ῥαμμὰ), 52 (cum Ῥαμᾶ), 55 (cum Ῥεμμὰν), 64 (cum
Ταβὶ ἐν Ῥεμμὰν), 74 (cum Ῥαμὰν), 92, alii (inter quos 243,
cum Ῥεμμάν). Syro-hex. ܪ̈ܡܘܢ ./ [23] Sic Ald.,
Codd. III, XI, 19, 52, 55, 64, alii (inter quos 243), Syro-
hex. (cum ܐܙܝܠ), Arm. 1. [24] Sic Comp., Codd. 19,

93, 108, 246. In textu obelus est in Syro-hex. [25] Syro-
hex. ♦ ܫܪܝ ܐܙܠ ܠܗ ܡܢ. ./ [26] Sic Codd. II (cum τῆς
δυνάμεως τῶν αὐτοῦ), III, 44, 55, 71, alii (inter quos 243,
247), et fortasse Syro-hex. in marg. [27] Syro-hex. ./.
ܡܫܬܒܩ ܘܠܐ ܐܝܬ. (Vox Syriaca ponitur pro ὑπεξῆρηται
Gen. xxxix. 9.) [28] Sic Comp., Ald., Codd. III (cum
ἐποίησαν), XI, 52, 55, 64, alii (inter quos 243), Syro-hex.,
Arm. 1. [29] Sic Syro-hex. Haec leguntur in Ed. Rom.,
sed desunt in Codd. II, III, XI. [30] Sic Codd. 19, 82,
93, 108, 158 (om. Ἀσὰ), Theodoret. Quaest. XLVIII in
3 Reg. p. 495. [31] Cod. 243 in marg. [32] Sic Syro-
hex., et sine notis Ed. Rom.; sed verba ἠστερισμένα desunt
in Codd. II, XI, 55, 64, 71, aliis (inter quos 243). [33] Iidem. Verba πατρὸς αὐτοῦ desunt in Codd. II, XI, 19, 44,
55, aliis, Arm. 1. [34] Syro-hex. in textu: ܘܟܡܢ
ܥܠܘܗܝ, cum indice super ܘܟܡܢ, sed absente nota
marginali. Cf. Hex. ad 1 Reg. xxii. 8, 13. Amos vii. 10.
[35] Sic Comp. (cum τοῦ Ἴσσ.), Codd. III (cum Ἰσάχαρ), XI,
71 (ut III), 119, 245 (ut III), Syro-hex., Arm. 1.

ἐπάταξεν; alia, ἐχαράκωσεν³⁶) αὐτὸν ※ Ἀ. Θ. Βαασά (◄).³⁷

27. צָרִים. *Obsidebant.* Ο΄. περιεκάθητο. Σ. ἐπολιόρκουν.³⁸

28. תַּחְתָּיו. Ο΄. Vacabat. ※ Ἀ. Σ. ἀντ᾽ αὐτοῦ ◄.³⁹

29. אֶת־כָּל־בֵּית. Ο΄. ὅλον τὸν οἶκον. Aliter: Ο΄. ※ Ἀ. σύμπαντα ◄ τὸν οἶκον.⁴⁰

30. אֲשֶׁר חָטָא וַאֲשֶׁר. Ο΄. ※ Ἀ. ὃς ἥμαρτεν, καὶ ◄ ὅς.⁴¹

32. וּמִלְחָמָה הָיְתָה בֵּין אָסָא וּבֵין בַּעְשָׁא מֶלֶךְ־יִשְׂרָאֵל כָּל־יְמֵיהֶם. Ο΄. Vacat. ※ Ἀ. καὶ πόλεμος ἦν μεταξὺ Ἀσὰ καὶ μεταξὺ Βαασὰ βασιλέως Ἰσραὴλ πάσας τὰς ἡμέρας αὐτῶν ◄.⁴²

Cap. XV. 1. – υἱὸς ῾Ροβοάμ ◄.⁴³ 13. – ἐν πυρί ◄.⁴⁴ 15 (in posteriore loco). ÷ εἰσήνεγκεν ◄.⁴⁵ 23. ※ πάντων (◄) τῶν λόγων.⁴⁶ γεγραμμένα ÷ εἰσίν ◄.⁴⁷ 29. – καὶ ἐπάταξεν.⁴⁸ 33. ÷ καὶ ἐν τῷ ἔτει.⁴⁹ 34. – υἱοῦ Ναβάτ ◄.⁵⁰

Cap. XVI.

1. אֶל־יֵהוּא בֶן. Ο΄. ἐν χειρὶ Ἰοὺ (alia exempl. Ἰηοὺ¹) υἱοῦ. Alia exempl. πρὸς Ἰοὺ υἱόν.²

1. לֵאמֹר. Ο΄. Vacat. Alia exempl. λέγων.³

2. בְּהַבְלֵיהֶם. Ο΄. ἐν τοῖς ματαίοις αὐτῶν. Ἀ. Σ. ἐν ταῖς ἁμαρτίαις αὐτῶν.⁴

3. מַבְעִיר אַחֲרֵי בַעְשָׁא. *Exterminabo Baasam.* Ο΄. ἐξεγείρω ὀπίσω Βαασά. Σ. τρυγήσω τὰ ὀπίσω (Βαασά).⁵

6. תַּחְתָּיו. Ο΄. ἀντ᾽ αὐτοῦ. Aliter: Ο΄. ἀντ᾽ αὐτοῦ – ἐν τῷ εἰκοστῷ ἔτει βασιλέως Ἀσά (◄).⁶

7. וְגַם. Ο΄. καὶ ※ γε ◄.⁷

7. בֶּן־חֲנָנִי הַנָּבִיא. Ο΄. υἱοῦ Ἀνανὶ ※ τοῦ προφήτου ◄.⁸

8. בִּשְׁנַת עֶשְׂרִים וָשֵׁשׁ שָׁנָה לְאָסָא מֶלֶךְ יְהוּדָה. Ο΄. Vacat. ※ Οἱ Γ΄. ἐν ἔτει εἰκοστῷ καὶ ἕκτῳ ἔτει τοῦ Ἀσὰ βασιλέως Ἰούδα ◄.⁹

8. מֶלֶךְ אֵלָה. Ο΄. καὶ Ἠλὰ.. ἐβασίλευσεν. Aliter: ÷ καὶ ἐβασίλευσεν Ἠλά..¹⁰

9. וַיִּקְשֹׁר עָלָיו עַבְדֹּו זִמְרִי. Ο΄. καὶ συνέστρεψεν ἐπ᾽ αὐτὸν (alia exempl. add. παῖς αὐτοῦ; alia, τοὺς παῖδας αὐτοῦ¹¹) Ζαμβρί. Alia exempl. καὶ συνέστρεψεν ἐφ᾽ ἑαυτὸν τοὺς παῖδας αὐτοῦ καὶ Ζαμβρί.¹²

אַרְצָא. Ο΄. Ὠσᾶ. Alia exempl. Ἀρσά.¹³

10. בִּשְׁנַת עֶשְׂרִים וָשֶׁבַע לְאָסָא מֶלֶךְ יְהוּדָה. Ο΄.

---

³⁶ Prior lectio est in Comp., Ald., Codd. III, XI, 44, 52, 55, 64, aliis (inter quos 243), Syro-hex. (cum ܘܡܚܐ), Arm. 1; posterior in Codd. 19, 82 (cum ἐκάκωσεν), 93, 108, 246 (cum ἐπεχαράκωσεν). ³⁷ Sic Syro-hex., et sine notis Cod. III. ³⁸ Syro-hex. ܣܡܚ ܀ ܀. Cf. Hex. ad Jerem. xxxii. 2. ³⁹ Sic Syro-hex. Haec hodie desunt in Cod. XI solo. ⁴⁰ Sic Syro-hex., et sine notis Codd. III (cum τὸν σύμπ. οἶκον), 92, 121, 123, 236, 242, 247. In textu vulgari ὅλον deest in Codd. II, XI, 74, 106, 119, aliis. ⁴¹ Sic Syro-hex., et sine notis Cod. III, Arm. 1. ⁴² Sic in textu Syro-hex. (om. καί), et sine notis Comp. (cum ἀναμέσον bis pro μεταξύ), Cod. III, Arm. 1 (cum Ναβὰθ pro Βαασά). ⁴³ Syro-hex. ⁴⁴ Idem. Sic sine obelo (pro πυρί) Comp., Codd. XI, 19, 93, alii. ⁴⁵ Idem. Deest in Cod. 71. ⁴⁶ Idem. Vox deest in Ed. Rom. et libris omnibus. ⁴⁷ Idem. Sic sine obelo (pro γ. ἐστὶν) Codd. 158, 245. ⁴⁸ Idem. Copula deest in Comp., Codd. 93, 108, 246. ⁴⁹ Idem (cum ◄ ◄ ÷). Copula deest in Comp. ⁵⁰ Idem. Deest in Cod. 44.

CAP. XVI. ¹ Sic Codd. III, 44, 52, 71, alii (inter quos 243), Syro-hex. (cum ܘܗܘ). ² Sic Comp., Codd. 19 (cum υἱοῦ pro Ἰοὺ), 108. ³ Sic Comp., Ald., Codd. 19, 44, 74, 82, alii (inter quos 243), Syro-hex. (in marg.). ⁴ Syro-hex. ܬ܆ܚܛ ܀ ܀ ܀. ⁵ Idem: ܀ ܀ ܡܚ ܀ ܡ ܀. Hieron.: *demetam posteriora Baasa.* Cf. ad Cap. xiv. 10. ⁶ Sic Syro-hex., et sine obelo Codd. II, III, Arm. 1. In Ald., Codd. 44 (om. καί), 52 (om. Ἀσά), 55 (om. καὶ ὀγδόῳ), 71 (idem), 74, aliis, plenius legitur: ἐν ἔτει εἰκοστῷ καὶ ὀγδόῳ τοῦ Ἀσὰ βασιλέως Ἰούδα ◄. ᵃ ◄, invitis libris Graecis. ⁸ Sic Syro-hex., et sine aster. Ald., Codd. III (cum Ἀνανὰ), XI (cum Ἀνὰν), 44, 52, 55, alii (inter quos 243), Arm. 1. ⁹ Sic Syro-hex. (cum ἔτη), et sine notis Comp. (cum ἐν τῷ ἕκτῳ καὶ εἰκοστῷ ἔτει Ἀσὰ β. Ἰ.), Codd. III (cum ἐπὶ pro ἔτει), 71 (om. καὶ et ἔτει), Arm. 1. ¹⁰ Sic Syro-hex., et sine copula Cod. III. ¹¹ Prior lectio est in Codd. III, XI, 245, Syro-hex.; posterior in Codd. 55, 64, 71, aliis (inter quos 243). ¹² Sic Codd. 44 (cum ἐπὶ ἑαυτὸν), 52, 74 (ut 44), 92, alii. ¹³ Sic Cod. III, Syro-hex., Arm. 1.

Vacat. ※ 'Α. Σ. Θ. ἐν ἔτει εἰκοστῷ καὶ ἑβδόμῳ [ἐτῶν] τοῦ 'Ασὰ βασιλέως 'Ιούδα (◄).[14]

11, 12. הִכָּה אֶת־כָּל־בֵּית בַּעְשָׁא לֹא־הִשְׁאִיר לוֹ
מַשְׁתִּין בְּקִיר וְגֹאֲלָיו וְרֵעֵהוּ: וַיַּשְׁמֵד זִמְרִי
אֵת כָּל־בֵּית בַּעְשָׁא. O'. καὶ ἐπάταξεν ὅλον
τὸν οἶκον Βαασά. Aliter: O'. ἐπάταξεν ὅλον
τὸν οἶκον Βαασὰ, ※ καὶ οὐχ ὑπέλιπεν αὐτῷ
οὐροῦντα πρὸς τοῖχον, καὶ ἀγχιστεῖς αὐτοῦ, καὶ
ἑταῖρον αὐτοῦ καὶ ἐξέτριψεν Ζαμβρὶ ὅλον τὸν
οἶκον Βαασά ◄.[15]

12. בְּיַד יֵהוּא הַנָּבִיא. O'. καὶ πρὸς 'Ιοὺ τὸν προφήτην. Alia exempl. ἐν χειρὶ 'Ιοὺ τοῦ προφήτου.[16]

13. וְחַטֹּאות אֵלָה. O'. καὶ ※ ἁμαρτιῶν ◄ 'Ηλά.[17]
אֲשֶׁר הֶחֱטִיאוּ וַאֲשֶׁר הֶחֱטִיאוּ. O'. ὡς ἐξήμαρτε.
Alia exempl. ὃς ※ ἥμαρτε καὶ ◄ ἐξήμαρτε.[18]

14. וְכָל־אֲשֶׁר עָשָׂה. O'. ἃ (alia exempl. καὶ πάντα
ἃ[19]) ἐποίησεν.

15. בִּשְׁנַת עֶשְׂרִים וָשֶׁבַע שָׁנָה לְאָסָא מֶלֶךְ יְהוּדָה.
O'. Vacat. ※ 'Α. Σ. Θ. ἐν ἔτει εἰκοστῷ καὶ
ἑβδόμῳ ἐτῶν τοῦ 'Ασὰ βασιλέως 'Ιούδα ◄.[20]
וְהָעָם חֹנִים עַל־גִּבְּתוֹן. O'. καὶ ἡ παρεμβολὴ
'Ισραὴλ ἐπὶ Γαβαθών. 'Α. Σ. καὶ ὁ λαὸς παρε-
νέβαλε ἐπὶ Γαβαθών.[21]

16. וְגַם הִכָּה. O'. καὶ ἔπαισε. Σ. καὶ ἐπάταξε.[22]

17. וַיַּצֻרוּ. O'. καὶ περιεκάθισαν. Σ. καὶ πολιορκοῦσιν.[23]

18. אֶל־אַרְמוֹן. In arcem. O'. εἰς ἄντρον. 'Α.
εἰς στοάν.[24]

19. אֲשֶׁר עָשָׂה. O'. Vacat. ※ αἷς ἐποίησεν ◄.[25]

20. וְקִשְׁרוֹ אֲשֶׁר קָשָׁר. Et conjurationem ejus quam
conjuravit. O'. καὶ τὰς συνάψεις αὐτοῦ ἃς
συνῆψεν. 'Ο 'Εβραῖος· et rebellionem ejus
quam rebellavit.[26]

21. לַחֲצִי. O'. Vacat. ※ εἰς μέρη ◄.[27]

22. וַיֶּחֱזַק הָעָם אֲשֶׁר אַחֲרֵי עָמְרִי אֶת־הָעָם אֲשֶׁר
אַחֲרֵי תִבְנִי. O'. ὁ λαὸς ὁ ὢν ὀπίσω 'Αμβρὶ
ὑπερεκράτησε τὸν λαὸν τὸν ὀπίσω Θαμνί. Alia
exempl. καὶ ὑπερίσχυσεν ὁ λαὸς ὁ ἀκολουθῶν
τῷ 'Αμβρὶ, καὶ ἡττήθη ὁ λαὸς ὁ ὢν ὀπίσω
Θαμνί.[28]

23. וְאַחַת שָׁנָה. O'. καὶ πρώτῳ ※ ἔτει ◄.[29]
לְאָסָא מֶלֶךְ יְהוּדָה. O'. τοῦ βασιλέως 'Ασά.
Alia exempl. τοῦ 'Ασὰ βασιλέως 'Ιούδα.[30]

24. שֹׁמְרוֹן. O'. τὸ Σεμερών. Ἄλλος· Σαμαρείας.
Ἄλλος· Σομορών.[31]

27. וּגְבוּרָתוֹ אֲשֶׁר עָשָׂה. O'. καὶ [πᾶσα] ἡ δυναστεία αὐτοῦ. Aliter: O'. καὶ ἡ δυναστεία
αὐτοῦ ※ 'Α. ἣν ἐποίησεν (◄).[32]

28. O'. καὶ ἐν τῷ ἐνιαυτῷ τῷ ἑνδεκάτῳ ἔτει—'Ιωρὰμ υἱὸς αὐτοῦ ἀντ' αὐτοῦ. Schol. 'Απὸ τῶν

---

[14] Sic Syro-hex. in textu (cum ܘܒܫܬܐ), et sine notis
Codd. III (om. ἐτῶν), 245 (idem), Arm. 1 (cum εἰκ. καὶ
πέμπτῳ). [15] Sic Syro-hex. (qui post prius Baασά legit et
pingit: ܘܠܐ ܐܫܬܚܪ ܠܗ ܕܬܐܢ ※ ܕܡܬܝܢ ܒܐܣܬܐ.
ܘܠܓܘܐܠܘܗܝ ܘܠܪܚܡܘܗܝ, sine cuneolo), et
sine aster. Comp. (cum οὐ κατέλιπεν.. πρὸς τὸν τοῖχον, καὶ τοὺς
συγγενεῖς καὶ ἑταίρους αὐτοῦ· καὶ ἐξωλόθρευσε..), Cod. III (cum
οἶκον αὐτοῦ τοῦ B, οὐχ ὑπέλιπεν), Arm. 1. [16] Sic Cod. 246,
Arm. 1 (cum 'Ιοὺ); necnon (cum 'Ιοὺ υἱοῦ 'Ανανίου pro 'Ιοὺ)
Comp., Codd. 19 (om. 'Ιοὺ), 93, 108. [17] Sic Syro-hex.
(qui pingit: ※ καὶ ἁμαρτιῶν ◄), invitis libris Graecis. [18] Sic
Syro-hex. (qui pingit: ὃς ἥμαρτε ※ καὶ ◄ ἐξ.), et sine aster.
Cod. III (cum οὐ ἥμαρτον καὶ ἐξήμαρτον), Arm. 1 (cum ὃς ἥμ.
καὶ ὡς ἁμαρτάνειν ἐποίησεν). [19] Sic Comp. (cum ὅσα pro ἃ),
Ald., Codd. III, XI, 19 (ut Comp.), 44 (idem), 52, 55, alii
(inter quos 243, 247), Syro-hex., Arm. 1. [20] Sic Syro-
hex. (cum ܘܒܫܬܐ), et sine notis (om. ἐτῶν) Comp. (cum ἐν

τῷ εἰκ. καὶ ἑβδ. ἔτει 'Ασὰ βασ. 'Ι.), Codd. III, 158 (cum ἐν εἰκ.
καὶ ἑβδ. ἔτει). [21] Syro-hex. ܘܥܡܐ ܫܪܐ ܗܘܐ
ܥܠ ܓܒܬܘܢ. [22] Idem: ܣ. ܘܡܚܐ. Cf. Hex. ad Gen.
iv. 15. Psal. lviii. 5. [23] Idem: ܣ. ܘܡܚܕܪܝܢ. Cf.
Middeld. ad 4 Reg. vi. 24. [24] Idem: ܐ. ܠܐܣܛܘܐ.
[25] Sic Syro-hex., et sine aster. Comp., Ald., Codd. III, 121,
247, Arm. 1. [26] Syro-hex. in textu: καὶ τὴν σύναψιν
(ܡܕܟܠ) ἣν συνῆψεν (ܐܚܕ); in marg. autem: ܘܡܪܘܕܘܬܗ
※ ܡܪܕ. [27] Syro-hex. in textu: ܠܦܠܓܐ ※, invitis
libris Graecis. [28] Sic Cod. III, Syro-hex., Arm. 1;
necnon (cum ὁ ἀκολουθήσας τῷ Ζαμβρὶ) Codd. 44, 52, 74, 92,
alii. [29] Sic Syro-hex., et sine aster. Cod. III. [30] Sic
Comp., Codd. III (cum τῷ 'Ασὰ), 19, 82 (om. 'Ιούδα), 93,
108, Syro-hex., Arm. 1. [31] Cod. 243 in marg.: σαμαρείας. σομορών. Syro-hex. ܘܪܝ, sed paulo post ܣܡܪܝܢ
ܘܪܝ. [32] Sic Syro-hex., et sine notis Codd. III, 121, 247. Vox
πᾶσα deest in Codd. II, XI, 64, 71, 82, aliis.

κατὰ τὸν Ἀμβρὶ τὰ περὶ Ἰωσαφὰτ οὐ κεῖται
ἐν τῷ ἑξαπλῷ, ἀλλ᾽ εὐθὺς τὰ περὶ Ἀχαάβ.³³

20. **וְאַחְאָב בֶּן־עָמְרִי מָלַךְ עַל־יִשְׂרָאֵל בִּשְׁנַת
שְׁלֹשִׁים וּשְׁמֹנֶה שָׁנָה לְאָסָא מֶלֶךְ יְהוּדָה
וַיִּמְלֹךְ אַחְאָב בֶּן־עָמְרִי עַל־יִשְׂרָאֵל בְּשֹׁמְרוֹן
עֶשְׂרִים וּשְׁתַּיִם שָׁנָה.** Ο΄. ἐν ἔτει δευτέρῳ τοῦ
Ἰωσαφὰτ βασιλέως Ἰούδα, Ἀχαὰβ υἱὸς Ἀμ-
βρὶ ἐβασίλευσεν ἐπὶ Ἰσραὴλ ἐν Σαμαρείᾳ
εἴκοσι καὶ δύο ἔτη. Aliter: Ο΄. ὁ δὲ Ἀχαὰβ
υἱὸς Ἀμβρὶ ἐβασίλευσεν ἐπὶ Ἰσραὴλ ※ ἐν
ἔτει τριακοστῷ καὶ ὀγδόῳ τοῦ Ἀσὰ βασιλέως
Ἰούδα· βασιλεύσας δὲ Ἀχαὰβ υἱὸς Ἀμβρὶ ἐπὶ
Ἰσραὴλ ◄ ἐν Σαμαρείᾳ εἴκοσι καὶ δύο ἔτη.³⁴

30. **בֶּן־עָמְרִי.** Ο΄. Vacat. Alia exempl. υἱὸς Ἀμβρί.³⁵

מִכֹּל. Ο΄. [καὶ] ἐπονηρεύσατο ὑπὲρ πάντας.
Alia exempl. ὑπὲρ πάντας.³⁶

33. **וַיֹּסֶף.** Ο΄. καὶ προσέθηκεν (alia exempl. ἐπλεό-
νασεν³⁷).

לַעֲשׂוֹת. Ο΄. τοῦ ποιῆσαι παροργίσματα. Alia
exempl. τοῦ ποιῆσαι.³⁸

Cap. XVI. 5. ÷ πάντα ◄.³⁹ 9. – ἦν (◄).⁴⁰ 12.
ἐπὶ ÷ τὸν οἶκον ◄ Βαασά.⁴¹ 15. – καὶ ἐβασίλευσεν Ζαμβρί.⁴² 18. ἡ πόλις ÷ αὐτοῦ ◄.⁴³ 19.
÷ υἱοῦ Ναβάτ ◄.⁴⁴ 21. ÷ τοῦ λαοῦ γίνεται ◄.⁴⁵ 22.

– καὶ Ἰωρὰμ ὁ ἀδελφὸς αὐτοῦ ἐν τῷ καιρῷ ἐκείνῳ ◄.
– μετὰ Θαμνί ◄.⁴⁶ 24. – Ἀμβρί ◄.⁴⁷ – τοῦ κυρίου τοῦ ὄρους ◄.⁴⁸ 27. ÷ καὶ πάντα ◄.⁴⁹

Cap. XVII.

1. **הַתִּשְׁבִּי.** Ο΄. ὁ προφήτης Θεσβίτης. Alia exempl. ὁ προφήτης.¹

לְפִי דְבָרִי. Ο΄. διὰ στόματος λόγου μου. Alia
exempl. διὰ λόγου στόματός μου.²

2. **אֵלָיו.** Ο΄. πρὸς Ἠλιού. Ἀ. ἐπ᾽ αὐτόν.³
לֵאמֹר. Ο΄. Vacat. Σ. λέγων.⁴

3. **וּפָנִיתָ לְּךָ.** Ο΄. Vacat. Ἄλλος· καὶ ἐπίστρεφε σύ.⁵

5. **וַיֵּלֶךְ וַיַּעַשׂ.** Ο΄. ※ Ἀ. καὶ ἐπορεύθη ◄ καὶ ἐποίησεν – Ἠλιού ◄.⁶
וַיֵּלֶךְ וַיֵּשֶׁב. Ο΄. ※ Ἀ. Σ. Θ. καὶ ἐπορεύθη ◄ καὶ
ἐκάθισεν.⁷

6. **וְהָעֹרְבִים מְבִיאִים לוֹ לֶחֶם וָבָשָׂר וְלֶחֶם
וּבָשָׂר בָּעֶרֶב.** Ο΄. καὶ οἱ κόρακες ἔφερον αὐτῷ
ἄρτους τὸ πρωΐ, καὶ κρέα τὸ δείλης. Aliter:
Ο΄. καὶ οἱ κόρακες ἔφερον αὐτῷ ※ Ἀ. Σ. Θ.
ἄρτους ◄ καὶ κρέα τὸ πρωΐ, καὶ ※ Ἀ. Σ. ἄρτους (◄) καὶ κρέα τὸ δείλης.⁸ Οἱ Γ΄. καὶ οἱ
κόρακες ἔφερον αὐτῷ ἄρτον καὶ κρέας τὸ πρωΐ,
καὶ ἄρτον καὶ κρέας τὸ δείλης.⁹

---

³³ Nobil., Cod. 243 (cum Ζαμβρὶ). Pericopam reprobant
Comp., Cod. III, Syro-hex., Arm. 1. ³⁴ Sic Syro-hex.
(om. δὲ post βασιλεύσας), et sine aster. Comp. (cum βασιλεύει pro βασιλεύσας), Cod. III (cum Ζαμβρὶ bis), et εἰκο-
σιδύο). ³⁵ Sic Syro-hex. (cum ܟܘܡܒܪܝ, Arm. ed.;
necnon (cum Ζαμβρὶ) Codd. III, 55, 64, 71, alii (inter
quos 243). ³⁶ Sic Cod. III, Syro-hex., Arm. 1. In
textu copulam reprobant Codd. II, XI, 44, 55, 74, alii.
³⁷ Sic Comp., Codd. 19, 82, 93, 108. ³⁸ Sic Codd. III,
XI, 245, Syro-hex., Arm. ed. Mox haec, καὶ τὴν ψυχὴν
αὐτοῦ τοῦ ἐξολοθρευθῆναι ἑκακοποίησεν, desunt in Comp., Codd.
III, XI, 52, 71, 74, aliis, Syro-hex. ³⁹ Syro-hex.
⁴⁰ Idem. ⁴¹ Idem (qui pingit: ἐπὶ –÷ τὸν οἶκον Β. ◄
Βαασά, ἐπὶ τὸν οἶκον B. καὶ, desunt in Cod. 44. ⁴² Idem.
Sic sine obelo Codd. III, 158. Copula deest in Comp.,
Codd. 19, 93, 108, 246. ⁴³ Idem. Sic sine obelo
Comp., Codd. 93, 108. Pronomen deest in Arm. 1.
⁴⁴ Idem. ⁴⁵ Idem. Vox γίνεται deest in Cod. 245.

⁴⁶ Idem. Desunt in Comp. solo. ⁴⁷ Idem. Deest in
Cod. 44. ⁴⁸ Idem. ⁴⁹ Idem.
Cap. XVII. ¹ Sic Ald., Codd. III, XI, 44, 55, 64, 71,
alii (inter quos 247), Syro-hex. (cum ܢܒܝܐ .ܐ in marg.),
Arm. 1. Statim ἐκ (pro ὁ ἐκ) Θεσβῶν Codd. II, 44, 55, 71,
alii (inter quos 243, 247), Syro-hex. ² Sic Comp.,
Codd. 19, 82, 93, 108, 246, Syro-hex., Arm. 1. ³ Syro-
hex. ܥܠܘܗܝ ./. ⁴ Idem: ◄ ܐܡܪ ܡ .ܣ. Sic in
textu Codd. 74, 123. ⁵ Idem in marg. sine nom.:
܀ܠ ܦܢܘ̈ܣ. ⁶ Sic Syro-hex. (cum ※ܐ̈ .ܐ .※), et
sine notis Comp., Codd. III (om. Ἠλιοὺ κατὰ τὸ ῥ. κ.), 52,
74, 92, alii, Arm. 1. ⁷ Sic Syro-hex., et sine notis
Codd. 52, 74, 92, alii, Arm. 1. ⁸ Sic Syro-hex. (cum
ܠܚܡܐ bis), et sine notis Comp. (cum κρέας bis), Cod. III
(cum ἄρτους καὶ κρέας... ἄρτον καὶ κρέας), Arm. 1 (cum ἄρτους
καὶ κρέα bis). ⁹ Cod. 243. Montef. e Regio affert: Ἀ.
Σ. Θ. ἄρτον καὶ κρέας τὸ πρωΐ, κ. τ. ἑ.

9. וַיֵּשֶׁב שָׁם. Ο΄. Vacat. ✕ Ἀ. καὶ καθίσῃ ἐκεῖ ◄.[10]

10. וַיִּקְרָא אֵלֶיהָ וַיֹּאמַר קְחִי. Ο΄. καὶ ἐβόησεν ὀπίσω αὐτῆς – Ἠλιού ◄, καὶ εἶπεν – αὐτῇ (◄)· λάβε.[11] Ἄλλος· (καὶ) ἐκάλεσεν αὐτήν, καὶ εἶπεν αὐτῇ· φέρε.[12]

12. בַּצַּפַּחַת. In ampulla. Ο΄. ἐν τῷ καψάκῃ (alia exempl. καμψάκῃ[13]). Ἀ. ἐν ληκυθίῳ.[14]

וְהִנְנִי מְקֹשֶׁשֶׁת. Ο΄. καὶ ἰδοὺ ἐγὼ συλλέξω. Alia exempl. καὶ ἰδοὺ συλλέγω.[15]

וַאֲכַלְנֻהוּ. Ο΄. καὶ φαγόμεθα (✕) Σ. αὐτό ◄.[16]

14. יְהֹוָה אֱלֹהֵי יִשְׂרָאֵל. Ο΄. κύριος ✕ ὁ θεὸς Ἰσραήλ ◄.[17]

עַל־פְּנֵי הָאֲדָמָה. Ο΄. ἐπὶ ✕ Ἀ. Σ. Θ. προσώπου ◄ τῆς γῆς.[18]

15. כִּדְבַר אֵלִיָּהוּ. Ο΄. Vacat. ✕ κατὰ τὸ ῥῆμα Ἠλιού ◄.[19]

יָמִים. Aliquot dies. Ο΄. Vacat. ✕ Σ. Θ. καὶ ἀπὸ τῆς ἡμέρας ταύτης ◄.[20]

17. אַחַר הַדְּבָרִים הָאֵלֶּה. Ο΄. μετὰ ✕ Ἀ. Θ. τὰ ῥήματα ◄ ταῦτα.[21]

18. אֶת־עֲוֹנִי. Ο΄. ἀδικίας (alia exempl. τὰς ἀδικίας[22]) μου. Ἄλλος· ἁμαρτίας μου.[23]

20. אֶל־יְהֹוָה. Ο΄. Vacat. Alia exempl. πρὸς κύριον.[24]

יְהֹוָה אֱלֹהָי הֲגַם עַל־הָאַלְמָנָה אֲשֶׁר־אֲנִי מִתְגּוֹרֵר עִמָּהּ הֲרֵעוֹתָ לְהָמִית אֶת־בְּנָהּ. Ο΄. οἴμοι, κύριε, ὁ μάρτυς (עֵד) τῆς χήρας μεθ᾿ ἧς ἐγὼ κατοικῶ μετ᾿ αὐτῆς, σὺ κεκάκωκας (alia exempl. ἐκάκωσας[25]) τοῦ θανατῶσαι τὸν υἱὸν αὐτῆς. (Σ.) ὦ κύριε ὁ θεός μου, εἰ ἔτι καὶ τὴν χήραν ᾗ παροικῶ ἐκάκωσας, ὥστε ἀνελεῖν τὸν υἱὸν αὐτῆς.[26]

21. עַל־הַיֶּלֶד. Ο΄. εἰς αὐτόν. Σ. εἰς τὰ ἔγκατα αὐτοῦ.[27]

22, 23. וַיִּשְׁמַע יְהֹוָה בְּקוֹל אֵלִיָּהוּ וַתָּשָׁב נֶפֶשׁ הַיֶּלֶד עַל־קִרְבּוֹ וַיֶּחִי׃ וַיִּקַּח אֵלִיָּהוּ אֶת־הַיֶּלֶד. Ο΄. καὶ ἐγένετο οὕτως· καὶ ἀνεβόησε τὸ παιδάριον. Aliter: Ο΄. ÷ καὶ ἐγένετο οὕτως· καὶ ἀνεβόησεν (◄) ✕ Ἀ. καὶ ἤκουσε κύριος ἐν φωνῇ Ἠλιού, καὶ ἐπεστράφη ἡ ψυχὴ τοῦ παιδαρίου πρὸς ἔγκατον αὐτοῦ, καὶ ἔζησεν. καὶ ἔλαβεν Ἠλιού τὸ παιδάριον ◄.[28] Scholium S. Severi: Κατὰ τὰς παραδόσεις τῶν Ἑβραίων οὗτος ὃς ἔζησεν λέγεται ὅτι ἐστὶν Ἰωνᾶς ὁ προφήτης.[29]

24. עַתָּה זֶה. Ο΄. ἰδοὺ ✕ Ἀ. Σ. Θ. τοῦτο ◄.[30]

Cap. XVII. 1. – τῶν δυνάμεων ὁ θεός ◄.[31]   4.

---

[10] Sic Syro-hex., et sine notis Comp. (cum κατοικήσεις), Codd. III, 52 (cum καθίσῃ), 92 (idem), 123, 236 (ut 52), 242 (idem), 246, Arm. 1. [11] Syro-hex. [12] Idem in marg. sine nom.: ܫܕܪ ܠܗ̇ ܘܐܡܪ ܠܗ̇ ܐܝܬܝ. [13] Sic Comp., Codd. 55, 71, 74, 82, alii (inter quos 243), Arm. 1. Syro-hex. ܩܡܦܩܡ. [14] Cod. 243. Praeterea Montef. e Regio exscripsit: Ἀ. ἐν τῇ ληκυθίᾳ, invita lingua. [15] Sic Codd. II, III, 247, Syro-hex., Arm. 1. [16] Sic Syro-hex. (qui pingit: καὶ φαγόμεθα αὐτὸ (sic), καὶ ἀποθανούμεθα ◄), et sine notis Cod. III, Arm. 1. [17] Sic Syro-hex. (qui pingit: ὁ θεὸς ✕ Ἰσραήλ ◄), et sine aster. Comp., Ald., Codd. III, 52, 55, 64, 71, alii, Arm. 1. [18] Sic Syro-hex. (qui pingit: ✕ Ἀ. Σ. Θ. ἐπὶ προσώπου ◄), et sine notis Cod. III, Arm. 1. [19] Sic Syro-hex., et sine aster. Comp., Ald., Codd. III, 121, 246, 247, Arm. 1. [20] Sic in textu Syro-hex., et sine notis Cod. III, Arm. 1. [21] Sic Syro-hex., et sine notis Codd. III, 246, Arm. ed. [22] Sic Comp., Ald., Codd. III, XI, 44, 55, 64, alii, Syro-hex. (cum جהמ). [23] Cod. 243 in marg. sine nom. [24] Sic Comp., Syro-hex., invitis libris Graecis. [25] Sic

Comp., Ald., Codd. XI, 44, 55, 64, alii (inter quos 243). [26] Cod. 243 in marg. sine nom. (cum εἰ ἔτι). Ad ἔτι καὶ cf. Hex. ad Jud. ii. 10. 1 Reg. x. 11. Pro ὁ μάρτυς τῆς χ. Comp. edidit καίγε τὴν χήραν. [27] Hieron., juxta versionem Symmachi, ut videtur, vertit: in viscera ejus. Cf. Hex. ad Psal. cii. 1. Ezech. xi. 19. [28] Sic Syro-hex. (qui pingit: ÷ καὶ ἐγ. οὕτως ◄ – καὶ ἀνεβόησεν ◄), et sine notis Cod. III (cum Ἠλία, καὶ ἀπεστράφη), 121 (om. καὶ ἐγένετο οὕτως, cum καὶ ἀνεβόησε τὸ π. καὶ ἔλαβεν αὐτὸν pro καὶ ἔλαβεν Ἠλιού τὸ π.), 247 (idem), Arm. 1. [29] Syro-hex. in marg.: ܐܝܟ ܡܫܠܡܢܘ̈ܬܐ ܗܠܝܢ ܕܥܒܪ̈ܝܐ ܗܢܐ ܕܚܝܐ ܐܬܐܡܪ ܕܐܝܬܘܗܝ ܝܘܢܢ ܢܒܝܐ. S. Hieron. Prolog. in Jonam (Opp. T. VI, pp. 389, 390): "Tradunt autem Hebraei hunc esse filium viduae Sareptanae, quem Elias propheta mortuum suscitavit, matre postea dicente ad eum: Nunc cognovi quia vir Dei es tu, et verbum Dei in ore tuo est veritas; et ob hanc causam etiam ipsum puerum sic vocatum: AMATHI enim in nostra lingua veritatem sonat." [30] Sic Syro-hex., et sine notis Cod. III. [31] Syro-hex. Deest in Comp.

÷ ὕδωρ ◄.³² 6. ÷ ὕδωρ ◄.³³ 8. πρὸς Ἠλιού, ※ λέγων (◄).³⁴ 11. ÷ Ἠλιού ◄.³⁵ 12. ÷ ἡ γυνή ◄.³⁶
15. ÷ ἡ γυνή ◄.³⁷ 17. ÷ καὶ ◄ ἠρρώστησεν.³⁸ 19.
÷ πρὸς τὴν γυναῖκα ◄.³⁹ 20. ÷ Ἠλιού ◄.⁴⁰

CAP. XVIII.

4. בְּהַכְרִית אִיזֶבֶל. Ο'. ἐν τῷ τύπτειν τὴν Ἰεζάβελ. Σ. παρασσούσης (τῆς Ἰεζάβελ).¹

5. אֶל־כָּל־מַעְיְנֵי. Ο'. [καὶ] ἐπὶ πηγάς. Alia exempl. ἐπὶ πάσας πηγάς.²

וְאֶל כָּל־הַנְּחָלִים. Ο'. καὶ ἐπὶ χειμάρρους. Alia
exempl. καὶ ἐπὶ πάντας χειμάρρους.³

סוּס וָפֶרֶד. Ο'. ἵππους καὶ ἡμιόνους. Σ. ἵππον
καὶ ἡμίονον.⁴

מִן־בְּהֵמָה. Ο'. ἀπὸ τῶν σκηνῶν (alia exempl.
κτηνῶν⁵).

6. לְבַדּוֹ (in priore loco). Ο'. Vacat. Alia exempl.
μόνος.⁶

7. וַיַּכִּרֵהוּ. Ο'. Vacat. ※ καὶ ἔγνω αὐτόν ◄.⁷

10. אֲשֶׁר... שָׁם. Ο'. οὗ... ※ ἐκεῖ ◄.⁸

וְהִשְׁבִּיעַ. Ο'. καὶ ἐνέπρησε ("Αλλος· ὥρκισεν⁹).

11. הִנֵּה אֵלִיָּהוּ. Ο'. ※ ἰδοῦ Ἠλιού ◄.¹⁰

12. וְלֹא יִמְצָאֲךָ. Ο'. ※'Α. Θ. καὶ οὐχ εὑρήσει
σε ◄.¹¹

13. חֲמִשִּׁים חֲמִשִּׁים אִישׁ. Ο'. ἀνὰ πεντήκοντα.
Aliter : Ο'. ἀνὰ πεντήκοντα ※'Α. Θ. πεντήκοντα ἄνδρας (◄).¹²

וָאֲכַלְכְּלֵם. Ο'. καὶ ἔθρεψα ※'Α. Σ. Θ. αὐτούς ◄.¹³

17. הַאַתָּה זֶה עֹכֵר. Ο'. εἰ σὺ εἶ αὐτὸς ὁ διαστρέ-
φων. (Σ.) ἆρα εἶ (fort. εἰ) σὺ ὁ ταράσσων.¹⁴

19. וְאֶת־נְבִיאֵי הַבַּעַל אַרְבַּע־מֵאוֹת וַחֲמִשִּׁים. Ο'.
καὶ τοὺς προφήτας τῆς αἰσχύνης (alia exempl.
τοῦ Βάαλ¹⁵) τετρακοσίους καὶ πεντήκοντα. Aliter : Ο'. καὶ τοὺς προφήτας ※'Α. τοῦ Βάαλ
τετρακοσίους καὶ πεντήκοντα, καὶ τοὺς προφήτας ◄ τῆς αἰσχύνης τετρακοσίους καὶ πεντή-
κοντα.¹⁶

21. וַיִּגַּשׁ. Ο'. καὶ προσήγαγεν (alia exempl. προσῆλ-
θεν¹⁷).

אֶל־כָּל־הָעָם. Ο'. πρὸς πάντας. Aliter : Ο'.
πρὸς πάντα ※'Α. Σ. τὸν λαόν ◄.¹⁸

עַד־מָתַי אַתֶּם פֹּסְחִים עַל־שְׁתֵּי הַסְּעִפִּים.
Quousque vos claudicatis in duas contrarias
opiniones? Ο'. ἕως πότε ὑμεῖς χωλανεῖτε ἐπ'
ἀμφοτέραις ταῖς ἰγνύαις ; Σ. ἕως πότε ὑμεῖς
χωλαίνετε ἐπὶ δυσὶν ἀμφιβόλως;¹⁹

וְאִם־הַבַּעַל. Ο'. εἰ δὲ Βάαλ. Aliter : Ο'. εἰ
δὲ ὁ Βάαλ ÷ αὐτός ◄.²⁰

---

³² Syro-hex. ³³ Idem. ³⁴ Idem. Sic sine aster.
Comp. (cum λέγων), Cod. III. ³⁵ Idem. ³⁶ Idem.
³⁷ Idem. ³⁸ Idem. Copula deest in Arm. 1. ³⁹ Idem.
⁴⁰ Idem.
CAP. XVIII. ¹ Syro-hex. . ² Sic
Syro-hex., Arm. 1, invitis libris Graecis. Copulam reprobant Comp., Codd. II, III, XI, 64, 108, 119, 247. ³ Sic
Comp. (cum τοὺς χ.), Ald., Codd. III, 19 (ut Comp.), 44,
52 (ut Comp.), alii, Syro-hex. ⁴ Syro-hex.
. ⁵ Sic Ald., Codd. III, XI, 44, 64, 71, alii
(inter quos 243), Syro-hex., Arm. 1. Cf. Hex. ad Gen.
xiii. 5. ⁶ Sic Ald., Codd. III (cum ἄλλη pro μή), XI,
44, 55, 64, 71, alii, Syro-hex., Arm. 1. ⁷ Syro-hex. in
textu : ※, invitis libris Graecis. ⁸ Idem
(cum ※). ⁹ Sic in textu Comp. (cum ὥρεισεν),
invitis Syro-hex., et Origen. Opp. T. III, p. 924. Hieron.
adjuravit. ¹⁰ Sic Syro-hex. Haec leguntur in Ed.
Rom., sed desunt in Codd. II, XI, 82, 93. ¹¹ Sic

Syro-hex., et sine notis Ed. Rom. Desunt in Codd. II,
XI, 82, 93, 245. ¹² Sic Syro-hex., et sine notis (cum
simplici πεντήκοντα) Cod. III. ¹³ Sic Syro-hex., et sine
notis Comp. (cum διέθρεψα), Codd. III, 44, 74, 82 (ut
Comp.), alii, Arm. 1. ¹⁴ Syro-hex. in marg. sine nom.;
 . Cf. Hex. ad Prov. xi. 17.
xv. 27. ¹⁵ Sic Comp., Codd. 144, 242, 243 (in marg.).
¹⁶ Sic Syro-hex., et sine notis Ald., Cod. III (cum τετρ.
πεντ. καὶ προφήτας), 52, 74 (cum numerali σῦ in priore loco),
92, 106 (cum ὑδν pro σῦ), 120, 123, 134 (ut 74), 236.
¹⁷ Sic Comp., Codd. 19, 82, 93, 108, 246. Ambigue Syro-
hex. . ¹⁸ Sic Syro-hex., et sine notis Comp.,
Codd. III, 19, 52, 82, alii, Arm. 1 (om. πάντα). ¹⁹ Cod.
243, teste Montef. Pro ἀμφιβόλως Parsonsii amanuensis
exscripsit ἀμφικάλως, quae vox nulla est. Schleusnerus
tentat ἀμφιβόλοις; est fortasse qui praetulerit ἀμφιβόλοις.
²⁰ Sic Syro-hex., et sine obelo Ald., Codd. III, 52, 64, 71,
alii.

21. וְלֹא־עָנוּ הָעָם אֹתוֹ. Ο΄. καὶ οὐκ ἀπεκρίθη (Ҳ)'Α. Σ. Θ. αὐτῷ ◄ ὁ λαός.[21]

22. Ο΄. καὶ οἱ προφῆται τοῦ ἄλσους τετρακόσιοι. Alia exempl. καὶ οἱ προφῆται τοῦ ἄλσους.[23]

23. וְנָתַתִּי עַל־הָעֵצִים. Ο΄. Vacat. Ҳ 'Α. καὶ δώσω ἐπὶ τὰ ξύλα ◄.[23]

24. אֱלֹהֵיכֶם. Ο΄. θεῶν (alia exempl. θεοῦ[24]) ὑμῶν.

25. הַבַּעַל. Ο΄. τῆς αἰσχύνης. Ἄλλος· τοῦ Βάαλ.[25]
בַּחֲרוּ לָכֶם הַפָּר הָאֶחָד. Ο΄. ἐκλέξασθε ἑαυτοῖς τὸν μόσχον (alia exempl. βοῦν[26]) τὸν ἕνα. 'Α. ἐπιλέξασθε ἑαυτοῖς τὸν δαμάλην τὸν ἕνα. Σ. ἐπιλέξασθε ἑαυτοῖς τὸν βοῦν τὸν ἕτερον.[27] Schol. Πίονα παρ' οὐδενὶ κεῖται ἐν τῷ ἑξαπλῷ.[28]

26. אֲשֶׁר־נָתַן לָהֶם. Ο΄. Vacat. Ҳ 'Α. Θ. ὃν ἔδωκεν αὐτοῖς ◄.[29]

27. כִּי־שִׂיחַ וְכִי־שִׂיג לוֹ וְכִי־דֶרֶךְ לוֹ אוּלַי יָשֵׁן הוּא. Quia confabulatio, aut quia secessio est ei, aut quia iter est ei; fortasse dormit ille. Ο΄. ὅτι ἀδολεσχία αὐτῷ ἐστιν, καὶ ἅμα μήποτε χρηματίζει αὐτός, ἢ μήποτε καθεύδει αὐτός. 'Α. ὅτι ὁμιλία αὐτῷ... Σ. ὅτι ὁμιλεῖ...[30] Aliter: Σ. ἴσως ὁμιλεῖ, ἢ ἴσως χρηματίζει, ἢ ἐν ὁδῷ ἐστιν, ἢ ἴσως ἐκάθευδεν.[31]

28. כְּמִשְׁפָּטָם. Ο΄. κατὰ τὸν ἐθισμὸν αὐτῶν. Aliter: Ο΄. 'Α. κατὰ τὸ κρίμα αὐτῶν. Σ. Θ. καθὼς ἔθος αὐτοῖς.[32]

29. וַיְהִי כַּעֲבֹר הַצָּהֳרַיִם וַיִּתְנַבְּאוּ עַד לַעֲלוֹת הַמִּנְחָה. Ο΄. καὶ προεφήτευον ἕως οὗ παρῆλθε τὸ δειλινὸν καὶ ἐγένετο ὡς ὁ καιρὸς τοῦ ἀναβῆναι τὴν θυσίαν. Alia exempl. καὶ ἐγένετο ὡς παρῆλθεν τὸ δειλινόν, καὶ ἐπροφήτευον ὡς ὁ καιρὸς τοῦ ἀναβῆναι τὴν θυσίαν.[33]

וְאֵין־קוֹל וְאֵין־עֹנֶה וְאֵין קָשֶׁב. Ο΄. Vacat. Alia exempl. καὶ οὐκ ἦν φωνή; alia, καὶ οὐκ ἦν φωνή, καὶ οὐκ ἦν ἀκρόασις.[34]

30. וַיְרַפֵּא אֶת־מִזְבַּח יְהֹוָה הֶהָרוּס. Ο΄. Vacat. Alia exempl. καὶ ἰάσατο τὸ θυσιαστήριον κυρίου τὸ κατεσκαμμένον.[35]

31. שִׁבְטֵי בְנֵי־יַעֲקֹב. Ο΄. φυλῶν τοῦ Ἰσραήλ (alia exempl. τοῦ Ἰακώβ[36]).

32. בְּשֵׁם יְהֹוָה. Ο΄. Ҳ ἐν ὀνόματι κυρίου (◄).[37]
תְּעָלָה. Canalem. Ο΄. θάλασσαν. Alia exempl. θααλά.[38]

34. וְעַל־הָעֵצִים. Ο΄. καὶ ἐπὶ τὰς σχίδακας ('Α. τὰ ξύλα[39]).

36. וַיְהִי בַּעֲלוֹת הַמִּנְחָה. Ο΄. Vacat. Ҳ 'Α. Θ. καὶ ἐγένετο κατὰ ἀνάβασιν τοῦ δώρου ◄.[40]

הַיּוֹם יִוָּדַע כִּי־אַתָּה. Ο΄. ἐπάκουσόν μου, κύριε, ἐπάκουσόν μου σήμερον ἐν πυρί, καὶ γνώτωσαν πᾶς ὁ λαὸς οὗτος ὅτι σὺ εἶ. Alia exempl. σήμερον γνώτωσαν ὅτι σὺ εἶ.[41]

---

[21] Sic Syro-hex., et sine notis Codd. III (cum ὁ λαὸς αὐτῷ), 121, 247. [22] Sic Cod. III (om. οἱ), Syro-hex. Clausula deest in Comp., Cod. 246. [23] Sic Syro-hex. (cum ܡܬܠ ܐܠܗܐ .Ҳ), et sine notis Cod. III, Arm. 1. [24] Sic Cod. III, Syro-hex. [25] Sic in textu Comp., Cod. 246. In Syro-hex. index est super τῆς αἰσχύνης, absente nota marginali. [26] Sic Comp., Codd. 19, 82, 93, 108, 246. [27] Cod. 243 (cum δάμαλιν). Ad formam δαμάλης cf. Hex. ad Psal. xxi. 13, ubi pro δάμαλοι nunc praetulerim δαμάλαι. [28] Idem. Respicitur Theodoret. Quaest. LVIII in 3 Reg. p. 503: Τίνος ἕνεκα τοῖς ἱερεῦσι τοῦ Βάαλ τὸν πίονα βοῦν ἐκλέξασθαι, καὶ πρώτοις ἐπιτελέσαι τὴν θυσίαν προσέταξεν; [29] Sic Syro-hex., et sine notis Codd. III, 246 (cum τὸν βοῦν ὃν ἥρεσεν αὐτοῖς), Arm. 1. [30] Cod. 243. [31] Syro-hex. ܘܐ ܡܟܒ ܚܒܠ ܡܟܠܡ. ܡܟ ܡܟܒܠ ܣܝܒ ܘܐ ܚܟܠܬܐ ܐܠܝܬܐ ܘܐ ܡܟ ܕܡܟ ܘܐܡܪ ◄ ܠܗܘ. [32] Cod. 243. Haec, κατὰ τὸν ἐθισμὸν αὐτῶν, desunt in Cod. II, pro quibus Syro-hex.: Ҳ 'Α. κατὰ τὸ

κρίμα αὐτῶν ◄, et sic sine notis Cod. III. [33] Sic Cod. III, Syro-hex. (cum ἕως παρῆλθεν et ἕως τοῦ καιροῦ), Arm. 1 (cum ὡς ἤγγισαν εἰς τὸ δ., et ἕως τοῦ καιροῦ). [34] Prior lectio est in Ald., Codd. III, XI, 19, 55, 64, 71, aliis, Arm. 1; posterior in Comp., Codd. 52, 120, 144, 236, 242, Syro-hex. [35] Sic Comp. (om. κυρίου), Codd. III, 52 (ut Comp.), 92 (idem), 123, 236, 242, Syro-hex. Mox (v. 32) verba, καὶ ἰάσατο τὸ θ. τὸ κατεσκ., desunt in Codd. III, 52, 92, 123, 242, Syro-hex. [36] Sic Cod. III, Syro-hex. Statim δὲ ἐλάθησε Syro-hex. solus. [37] Sic Syro-hex. Haec leguntur in Ed. Rom., sed desunt in Codd. 82, 93, Lucif. Calar. [38] Sic Comp. (cum χωροῦν pro χωροῦσαν), Codd. 44 (cum θαλαάν), 82, 93 (ut Comp.), 106 (ut 44), 108 (cum θαλαὰ χωροῦν). Joseph. Ant. VIII, 13, 5: καὶ περὶ αὐτὸ δεξαμενὴν ὤρυξε Βαθυτάτην. [39] Syro-hex. ◄ ܡܬܠ .ܐ. [40] Sic Syro-hex. (cum ܘܐܡܪ ܩܡܡܠ ܐܘܐ), et sine notis Cod. III (cum τὸ ὕδωρ pro τοῦ δώρου), Arm. 1. [41] Sic Codd. III, XI (cum ἐστὶ pro σὺ εἶ), Syro-hex., Arm. 1.

37. עֲנֵנִי (In posteriore loco). Ο΄. ἐπάκουσόν μου. Alia exempl. ἐπάκουσόν μου ἐν πυρὶ — μου ◄.[42]

אֲחֹרַנִּית. Retrorsum. Ο΄. ὀπίσω. Alia exempl. ὀπίσω σου.[43]

39. וַיַּרְא כָּל־הָעָם וַיִּפְּלוּ. Ο΄. καὶ ἔπεσε πᾶς ὁ λαός. Aliter: Ο΄. ⨯ Σ. Θ. καὶ εἶδεν ◄ πᾶς ὁ λαός, καὶ ἔπεσον.[44]

יְהוָֹה הוּא הָאֱלֹהִים יְהוָֹה הוּא הָאֱלֹהִים. Ο΄. ἀληθῶς κύριος ὁ θεός, αὐτὸς ὁ θεός. Aliter: Ο΄. — ἀληθῶς ◄ κύριος ⨯ Ἀ. Σ. αὐτὸς ◄ ἐστιν ὁ θεός, ⨯ κύριος ◄ αὐτός (⨯) ἐστιν ◄ ὁ θεός.[45]

42. אֶל־רֹאשׁ הַכַּרְמֶל. Ο΄. ἐπὶ τὴν Κάρμηλον. Alia exempl. ἐπὶ τὴν κορυφὴν τοῦ Καρμήλου.[46]

43. וַיַּעַל וַיַּבֵּט. Ο΄. καὶ ἐπέβλεψε τὸ παιδάριον. Aliter: Ο΄. ⨯ Ἀ. καὶ ἀνέβη ◄, καὶ ἐπέβλεψε — τὸ παιδάριον ◄.[47]

44. כְּכַף־אִישׁ עֹלָה מִיָּם. Instar volae hominis ascendens e mari. Ο΄. ὡς ἴχνος ἀνδρὸς ἀνάγουσα ὕδωρ (alia exempl. add. ἀπὸ θαλάσσης[48]). Ἄλλος· (ὡς) ἴχνος ἀνδρὸς ἢ (s. ὁ) ἀνέβη ἀπὸ θαλάσσης.[49]

46. הָיְתָה. Ο΄. Vacat. ⨯ Σ. ἐγένετο ◄.[50]

עַד־בֹּאֲכָה יִזְרְעֶאלָה. Ο΄. εἰς Ἰεζραέλ. Aliter: Ο΄. ⨯ ἕως τοῦ ἐλθεῖν ◄ εἰς Ἰεζραέλ.[51]

Cap. XVIII. 4. — ἄνδρας ◄ προφήτας.[52] 5. — καὶ διέλθωμεν ◄.[53] 7. — μόνος ◄. (—) καὶ Ἀβδιοὺ ἔσπευσε ◄.[54] 8. ÷ Ἠλιού (◄).[55] 9. — Ἀβδιού ◄.[56] 12. ἐὰν ÷ ἐγώ ◄.[57] — ἐστί ◄.[58] 14. ÷ μοι ◄.[59] 18. — Ἠλιού ◄.[60] θεὸν — ὑμῶν (◄).[61] 21. — αὐτοῖς Ἠλιού (◄).[62] εἰ κύριός — ἐστιν ◄.[63] 24. — τοῦ θεοῦ μου ◄.[64] — ὃ ἐλάλησας ◄.[65] 26. (—) ἐπάκουσον ἡμῶν ◄, ὁ Βάαλ.[66] 27. — ὁ Θεσβίτης ◄.[67] 29. — καὶ ἐλάλησεν Ἠλιού—καὶ ἀπῆλθον ◄.[68] 30. πρὸς ⨯ πάντα ◄ τὸν λαόν.[69] 33. — καὶ ἐστοίβασεν ἐπὶ τὸ θυσιαστήριον ◄.[70] 34. (—) μοι ◄.[71] — καὶ ἐποίησαν οὕτως ◄.[72] 36. — κύριος ◄ ὁ θεός.[73] 38. — τὸ πῦρ ◄.[74] 41. ÷ καὶ ◄ φάγε.[75] 43. — καὶ σύ (◄).[76] 44. — καὶ ἐπέστρεψε τὸ παιδάριον ἑπτάκις ◄.[77] τὸ ἅρμα ÷ σου ◄.[78]

Cap. XIX.

1. אֶת־כָּל־הַנְּבִיאִים. Ο΄. τοὺς προφήτας. Alia exempl. πάντας τοὺς προφήτας.[1]

2. מַלְאָךְ. Ο΄. Vacat. ⨯ Ἀ. Σ. ἄγγελον ◄.[2]

כֹּה־יַעֲשׂוּן אֱלֹהִים וְכֹה יוֹסִפוּן. Ο΄. τάδε ποιήσαι μοι ὁ θεὸς, καὶ τάδε προσθείη. Alia exempl. τάδε ποιήσαισάν — μοι ◄ οἱ θεοὶ, καὶ τάδε προσθείησαν.[3]

---

[42] Sic Syro-hex., et (om. μου) Ald., Codd. XI, 64, 92, alii (inter quos 243, 247), Arm. 1. [43] Sic Comp., Codd. 44, 82, 93, alii, Syro-hex. [44] Sic Syro-hex., et sine notis Comp. (cum ἔπεσεν), Codd. III (cum εἶδαν et ἔπεσαν), 121, 123 (ut Comp.), 247, Arm. 1. [45] Sic Syro-hex. (qui pingit: ⨯ κύριος ◄ αὐτός ἐστιν ◄), et sine notis (cum κ. αὐτός ἐστιν ὁ θ. semel tantum posito) Codd. III, 44, Arm. 1 (cum καὶ αὐτὸς pro αὐτός). [46] Sic Cod. III, Syro-hex., Arm. 1. [47] Sic Syro-hex., et sine notis Comp., Ald., Codd. III, XI, 52, 64, 71, alii (inter quos 243). [48] Sic Comp., Ald., Codd. 19, 55, 64, 71, alii (inter quos 243, cum ἀπὸ τῆς θ.). [49] Syro-hex. in marg.: ⸔⸕⸓⸐⸑⸒ ⸎⸍⸌⸋⸊. [50] Sic Syro-hex., et sine notis Comp., Ald., Codd. III, 44, 52, 55, alii (inter quos 243), Arm. 1. [51] Sic Syro-hex. (qui male pingit: ◄ ⸠⸡⸢⸣ ⸤⸥⸦⸧), et sine notis Codd. III (cum τοῦ ἐλθεῖν εἰς Ἰεζαβὶλ, om. ἕως), 123, 236, 242, Arm. 1. [52] Syro-hex. (qui pingit: — ἄνδρας προφήτας ◄). Vox ἄνδρας deest in Comp. [53] Idem. Deest in Arm. 1. [54] Idem (qui pingit: — μόνος· ⨯ καὶ ἔγνω

αὐτόν ◄· καὶ Ἀβ. ἔσπευσε ◄). Vocula μόνος deest in Comp., Ald., Codd. 19, 44, 55, aliis. [55] Idem. Deest in Cod. 71. [56] Idem. [57] Idem, repugnante Hebraeo. [58] Idem. Deest in Comp., Codd. 93, 108. [59] Idem. Deest in Codd. III, 93, 108, 246. [60] Idem. [61] Idem. [62] Idem. Deest in Cod. 44. [63] Idem. Sie sine obelo (pro ἔστι κύριος) Cod. III. [64] Idem. [65] Idem (cum metobelo tantum). [67] Idem. Deest in Codd. 44, 71. [68] Idem. Deest in Comp. solo. [69] Idem, invitis libris Graecis. [70] Idem. [71] Idem (cum metobelo tantum). [72] Idem. Deest in Comp., Codd. III, 19. 93, 108, Arm. 1, Lucif. Calar. [73] Idem. [74] Idem. [75] Idem. Copula deest in Codd. 44, 245, Arm. 1. [76] Idem. [77] Idem. Deest in Comp., Codd. 82, 92, 144, Lucif. Calar. Statim idem obscure pingit: — καὶ ἐγένετο ἐν τῷ ἑβδόμῳ ⨯ καὶ ἰδοὺ κ. τ. ἑ., absente metobelo. [78] Idem. Cap. XIX. [1] Sic Cod. III, Syro-hex., Arm. 1. [2] Sic Syro-hex., et sine notis Codd. III, 121, 245, 247 (post πρὸς Ἠλιού), Arm. 1. [3] Sic Syro-hex. (cum ⸎⸍⸌), et sine obelo Comp., Ald., Codd. III, 52, 55, 64, alii (inter

3. אֲשֶׁר לִיהוּדָה. O'. γῆν Ἰούδα. Alia exempl. ἥ ἐστιν τοῦ Ἰούδα.⁴

4. תַּחַת רֹתֶם אֶחָת. Sub genista quadam. O'. ὑποκάτω ῥαθμέν ('Α. ἀρκεύθου. Σ. σκέπης.⁵ Ἄλλος· κυπαρίσσου⁶). Alia exempl. ὑποκάτω ῥαθὲμ ἑνός.⁷

רַב עַתָּה יְהוָה. O'. ἱκανούσθω νῦν. Alia exempl. ἱκανούσθω νῦν, κύριε.⁸

5. תַּחַת רֹתֶם אֶחָד. O'. ὑπὸ φυτόν ('Ο Ἑβραῖος· ῥαθὲμ ἑνός⁹).

מַלְאָךְ. O'. τις. 'Α. Σ. ἄγγελος.¹⁰

8. עַד הַר הָאֱלֹהִים חֹרֵב. O'. ἕως ὄρους ✕ τοῦ θεοῦ ◄ Χωρήβ.¹¹

9. וַיֹּאמֶר לוֹ. O'. καὶ εἶπεν. Alia exempl. καὶ εἶπεν αὐτῷ.¹²

11. בָּהָר לִפְנֵי יְהוָה. O'. ἐνώπιον κυρίου ἐν τῷ ὄρει. Aliter: O'. ✕ Ὁ Ἑβραῖος· ἐν τῷ ὄρει ◄ ἐνώπιον κυρίου.¹³

12. דַּקָּה. O'. λεπτῆς. Alia exempl. λεπτῆς· κἀκεῖ κύριος.¹⁴

13. וַיָּלֶט פָּנָיו בְּאַדַּרְתּוֹ. O'. καὶ ἐπεκάλυψε τὸ πρόσωπον αὐτοῦ ἐν τῇ μηλωτῇ αὐτοῦ. Σ. καὶ ἔκρυψε τὸ πρόσωπον αὐτοῦ ἐν τῷ περιβολαίῳ αὐτοῦ.¹⁵

13. פֶּתַח הַמְּעָרָה. O'. ὑπὸ (τὸ) σπήλαιον. Σ. ἐπὶ τὴν θύραν τοῦ σπηλαίου.¹⁶

14. לַיהוָה אֱלֹהֵי צְבָאוֹת. O'. τῷ κυρίῳ παντοκράτορι. ('Ο Ἑβραῖος·) τῷ κυρίῳ θεῷ σαβαώθ.¹⁷

15. וּבָאתָ. O'. (✕) καὶ ἥξεις ◄.¹⁸

עַל־אֲרָם. O'. τῆς Συρίας. Alia exempl. ἐπὶ Συρίαν.¹⁹

16. מֵאָבֵל מְחוֹלָה. O'. Vacat. Alia exempl. ἀπὸ Ἀβελμαουλά.²⁰

18. וְהִשְׁאַרְתִּי. O'. καὶ καταλείψεις (alia exempl. καταλείψω²¹).

לֹא־כָרְעוּ. O'. οὐκ ὤκλασαν γόνυ. Alia exempl. οὐκ ὤκλασαν; alia, οὐκ ἔκαμψαν γόνυ.²² 'Α. καὶ πᾶς ὃς οὐκ ἔκαμψεν. Θ. ἃ οὐκ ἔκλιναν.²³

לֹא־נָשַׁק לוֹ. O'. ὃ οὐ προσεκύνησεν αὐτῷ. 'Α. ὃ οὐ κατεφίλησεν αὐτόν.²⁴

19. לְפָנָיו וְהוּא בִּשְׁנֵים הֶעָשָׂר. O'. ἐνώπιον αὐτοῦ, καὶ αὐτὸς ἐν τοῖς δώδεκα. Σ. ἐπορεύοντο ἔμπροσθεν αὐτοῦ, καὶ αὐτὸς ἐν τῷ δωδεκάτῳ.²⁵

וַיַּעֲבֹר אֵלָיו. O'. καὶ ἀπῆλθεν. Alia exempl. καὶ ἐπῆλθεν Ἠλίας.²⁶

20. לְאָבִי וּלְאִמִּי. O'. τὸν πατέρα μου ✕ καὶ τὴν μητέρα μου (◄).²⁷

---

quos 243), Arm. 1. ⁴ Sic Comp., Codd. 19, 82, 93, 108. ⁵ Euseb. in Onomastico, p. 312: 'Ῥεμάθ. Ἀκ. ἀρκεύθου. Σ. σκέπης· vel, interprete Hieron.: "Rathem, pro qua Aq. interpretatur ἀρκευθον, i. e. juniperum, Sym. umbraculum." Duplex lectio ἀρκεύθου ῥαθμέν est in Codd. 121 (cum ἀρκάθου), 247. Hieron. Hebraea vertit: in umbra juniperi. ⁶ Syro-hex. in marg. ✦ܟܣܪܐ. Scholium esse videtur vocis ῥαθέμ. ⁷ Syro-hex.: ܚܕ ♦. Scriptura ῥαθὲμ est in Cod. 71. ⁸ Sic Comp., Codd. III, 123, Syro-hex., Arm. 1. Ad κύριε Syro-hex. in marg.: ♦. (ܣܡ erasum, ut videtur). ⁹ Syro-hex. ♦ ܚܕ. ¹⁰ Idem: ✦ ܗ ./. ¹¹ Sic Syro-hex., et sine aster. Ald., Codd. III (cum τοῦ X.), 55, 64, 119, alii, Arm. 1. ¹² Sic Cod. 59, Syro-hex. (cum αὐτῷ in marg.). ¹³ Sic Syro-hex., et sine notis Codd. III, 121, 247. Verba ἐν τῷ ὄρει desunt in Codd. XI, 44, 52, 59. aliis. ¹⁴ Sic Comp., Ald., Codd. III, 19, 44, 52, alii (inter quos 243), Syro-hex. (cum ἐκεῖ), Arm. 1. ¹⁵ Syro-hex. ܣܡ ♦ܘ... Vox Syriaca ܡܥܛܦܐ ponitur pro περιβόλαιον Jesai. lix. 17; pro διπλοῖς 1 Reg. xv. 27,

teste Masio. Cf. Hex. ad 4 Reg. ii. 8. ¹⁶ Idem: ܣܡ. ¹⁷ Idem in marg. sine nom. ♦ܘܐ... ¹⁸ Sic Syro-hex. (cum metobelo tantum). Haec desunt in Comp., Ald., Codd. XI, 19, 44, 52, 55, aliis (inter quos 243, 247). ¹⁹ Sic Comp., Codd. 19, 93, 108 (cum Συρίας). ²⁰ Sic Comp. (cum ἐξ Ἀβελμουλά), Ald., Codd. III (cum Ἀβελμαουλά), XI (cum Ἀβαλμ.), 52 (cum Ἀβελμουλά), 55, 64, 71 (cum Ἀμελ.), alii, Syro-hex. (cum ...), Arm. 1. Post χρίσεις Cod. II infert ἐξ Ἐβαλμαουλά. ²¹ Sic (cum ἐξ pro ἐν) Comp., Codd. 19, 93, 108. In Syro-hex. index est super καταλείψεις, absente lectione marginali. ²² Prior lectio est in Codd. III, 44, Syro-hex. (cum ...); posterior in Comp., Ald., Codd. 71, 93 (cum ἔκαμψεν), 108, aliis. ²³ Syro-hex. ./. Aquilae versio cum Hebraeo vix conciliari potest. ²⁴ Idem: ... ./. Cf. Hex. ad Psal. ii. 11. Hos. xiii. 2. ²⁵ Idem: ... ²⁶ Sic Codd. 55, 82, Syro-hex. (cum ...). Scriptura ἐπῆλθεν est in Codd. II (om. καὶ), XI, 243. ²⁷ Sic Syro-

20. וַיֹּאמֶר לוֹ לֵךְ. Ο'. καὶ εἶπεν Ἠλιού. Alia exempl. καὶ εἶπεν αὐτῷ πορεύου.²⁸

כִּי מֶה־עָשִׂיתִי לָךְ. Ο'. ὅτι πεποίηκά σοι. 'A. ὅτι τί πεποίηκά σοι· Σ. τί γὰρ πεποίηκά σοι;²⁹

21. אֶת־צֶמֶד. Ο'. τὰ ζεύγη. 'A. Ὁ Ἑβραῖος· τὸ ζεῦγος.³⁰

וַיִּזְבָּחֵהוּ. Ο'. καὶ ἔθυσε. Θ. κατὰ τοὺς Ο', αὐτά.³¹

וּבִכְלִי הַבָּקָר בִּשְּׁלָם. Ο'. καὶ ἥψησεν αὐτὰ ἐν τοῖς σκεύεσι τῶν βοῶν. Alia exempl. καὶ ἐν τοῖς σκεύεσιν τῶν βοῶν ἥψησεν αὐτά.³²

Cap. XIX. 1. ÷ γυναικὶ αὐτοῦ ◄.³³ 2. ÷ εἰ σὺ εἶ Ἠλιοῦ καὶ ἐγὼ Ἰεζάβελ ◄.³⁴ 3. ÷ Ἠλιού ◄.³⁵ 4. — ἀπ' ἐμοῦ, κύριε ◄.³⁶ 5. — ἐκεῖ ◄.³⁷ 6. ÷ Ἠλιού ◄.³⁸ ÷ καὶ ἀνέστη ◄.³⁹ 11. (÷) αὔριον ◄.⁴⁰ 14. ÷ Ἠλιού ◄.⁴¹ 15 (in priore loco). ÷ καὶ ἥξεις ◄.⁴² 18. ÷ ἀνδρῶν ◄.⁴³ 19. ÷ ἐν βουσί ◄.⁴⁴ ζεύγη ÷ βοῶν (◄).⁴⁵

Cap. XX (Gr. xxi¹).

1. וּבֶן־הֲדַד מֶלֶךְ־אֲרָם קָבַץ. Ο'. καὶ συνήθροισεν υἱὸς Ἄδερ. Alia exempl. καὶ υἱὸς Ἄδερ βασιλεὺς Συρίας συνήθροισε.²

2. וַיִּשְׁלַח מַלְאָכִים. Ο'. καὶ ἀπέστειλεν ※'A. Σ. ἀγγέλους ◄.³

3. וּבָנֶיךָ הַטּוֹבִים. Ο'. καὶ τὰ τέκνα σου ※ τὰ καλά ◄.⁴

4. אֲדֹנִי. Ο'. κύριε ※'A. Σ. Θ. μου ◄.⁵

5. כִּי־שָׁלַחְתִּי אֵלֶיךָ לֵאמֹר כַּסְפְּךָ וּזְהָבְךָ. Ο'. ἐγὼ ἀπέστειλα πρὸς σέ, λέγων· τὸ ἀργύριόν σου καὶ τὸ χρυσίον σου. Alia exempl. ἐγὼ ἀπέστρεψα τὸ ἀργύριόν σου καὶ τὸ χρυσίον σου.⁶ Ὁ Ἑβραῖος, 'A.. ἀπέστειλα πρὸς σέ, τῷ λέγειν· ἀργύριόν σου.. Σ.. ὁ ἀποστείλας πρὸς σέ, λέγων..⁷

7. לְכָל־זִקְנֵי הָאָרֶץ. Ο'. πάντας τοὺς πρεσβυτέρους ※'A. Σ. τῆς γῆς ◄.⁸

9. לַאדֹנִי הַמֶּלֶךְ. Ο'. τῷ κυρίῳ ὑμῶν ※ Οἱ Γ'. τῷ βασιλεῖ ◄.⁹

הַמַּלְאָכִים. Ο'. οἱ ἄνδρες. Ὁ Ἑβραῖος· οἱ ἄγγελοι.¹⁰

10. וַיִּשְׁלַח. Ο'. καὶ ἀπέστειλε (alia exempl. ἀντα-πέστειλε¹¹).

כֹּה־יַעֲשׂוּן לִי אֱלֹהִים וְכֹה יוֹסִפוּ. Ο'. τάδε ποιήσαι μοι ὁ θεός, καὶ τάδε προσθείη. Alia exempl. τάδε ποιήσαισάν μοι οἱ θεοί, καὶ τάδε προσθείησαν.¹²

---

hex., et sine aster. Comp., Ald., Codd. XI, 19, 44, 52, 55, alii (inter quos 247), Arm. 1.   ²⁸ Sic Comp., Ald., Codd. III, XI, 44, 52, 55, alii (inter quos 247), Syro-hex., Arm. 1.   ²⁹ Syro-hex. ܐ. ܠܡܢ ܥܒܕܬ ܠܟ ◄ ܠܡܢ ܓܝܪ ܥܒܕܬ ܠܟ ܣ.   ³⁰ Idem: ܐ. ܠ. ܟܘܒܠܐ. Sic in textu Ald., Codd. III, XI, 44, 55, 64, alii (inter quos 243, 247).   ³¹ Syro-hex. in marg. (post ἔθυσε, ut videtur): ܬܢ ܡܗܕܡܝ ܠ. invitis, quoad textum LXXviralem, libris.   ³² Sic Cod. III (om. καὶ), Syro-hex.   ³³ Syro-hex. Deest in Comp., Codd. 19, 82, 93, 108.   ³⁴ Idem. Deest in Comp. solo.   ³⁵ Idem.   ³⁶ Idem. Vox κύριε deest in Comp., Codd. 19, 82, 93, 108.   ³⁷ Idem. Deest in Cod. 245, Arm. 1.   ³⁸ Idem. Deest in Comp., Codd. 93, 108.   ³⁹ Idem (qui pingit: ※ καὶ ἀνέστη ◄).   ⁴⁰ Idem (cum metobelo tantum). Deest in Comp., Cod. 59.   ⁴¹ Idem. Deest in Cod. 44.   ⁴² Idem.   ⁴³ Idem.   ⁴⁴ Idem.   ⁴⁵ Idem. Sic sine obelo Comp. (cum ζ. βοῶν ἦν), Codd. III (om. ζεύγη), 93 (ut Comp.), 108 (idem), 123, 236, 242.

Cap. XX. ¹ In Cod. 243 Cap. XXI notatur manu recentiori XX, cum hoc scholio marginali: Ἰστέον ὅτι ἐν τῷ

ἑξαπλῷ ἔμπαλιν κεῖται· πρῶτον μὲν τὰ κατὰ τὸν υἱὸν Ἄδερ τὸν [τὸν om. Nobil.] βασιλέα Συρίας, ἔπειτα δὲ τὰ κατὰ τὸν Να-βουθαί. Hexaplorum ordinem, qui et Hebraei archetypi est, exhibent Cod. III, Syro-hex.   ² Sic Ald., Codd. III, XI, 44, 52, 55, alii, Syro-hex. (cum ܕܗܕܕ pro Ἄδερ), Arm. 1 (cum Συρίων).   ³ Sic Syro-hex. (cum ܡܠܐܟܐ), et sine notis Comp., Ald., Codd. III, 19, 55, 64, alii (inter quos 243, 247 cum ἀγγέλους), Arm. 1.   ⁴ Sic Syro-hex. (cum ܛܒܐ), et sine aster. Comp. (cum τὰ κάλλιστα), Ald., Codd. III, 19 (ut Comp.), 64, 82 (ut Comp.), 93 (idem), Arm. ed.   ⁵ Sic Syro-hex. Pronomen deest in Codd. XI, 44, 55, 64, aliis (inter quos 243).   ⁶ Sic Codd. II (cum ἀπέστρ. λέγων τὸ ἀργ.), III, 71, Syro-hex. (qui legit et interpungit: ܟܣܦܟ ܘܕܗܒܟ ◄). ¹ Syro-hex. ܐ. ܫܕܪܬ ܠܘܬܟ ܠܡܐܡܪ ܟܣܦܟ. ܣ. ܗܘ ܕܫܕܪ ܠܘܬܟ ܠܡܐܡܪ. ⁷ Sic Syro-hex., et sine notis Ed. Rom. Verba τῆς γῆς desiderantur in Codd. II, XI, 55, 71, 82, 158, 245, 246.   ⁸ Sic Syro-hex., et sine notis Cod. III.   ⁹ Syro-hex. ܟܠܡܠܟܐ ◄.   ¹⁰ Sic Ald., Codd. III, XI, 44, 55, 64, alii, Syro-hex. (cum ܘܫܕܪ ܗܟܝܠ).   ¹¹ Sic Comp. (cum ποιήσαισαν), Ald., Codd. III,

10. לְשָׁעָלִים. Pugillis. Ο΄. ταῖς ἀλώπεξι. Alia exempl. ταῖς δραξί.[13]

11. וַיַּעַן. Ο΄. ※ καὶ εἶπεν ◄.[14]
אַל־יִתְהַלֵּל חֹגֵר כִּמְפַתֵּחַ. Ne glorietur accinctus sicut discinctus. Ο΄. μὴ καυχάσθω ὁ κυρτὸς ὡς ὁ ὀρθός. Ἀ. μὴ καυχάσθω ὁ ζωννύμενος ὡς ὁ λυόμενος.[15]

13. אֶת־כָּל־הֶהָמוֹן. Omnem multitudinem. Ο΄. τὸν ὄχλον. Alia exempl. πάντα τὸν ὄχλον; alia, πάντα τὸν ἦχον.[16]

14. בְּנַעֲרֵי שָׂרֵי הַמְּדִינוֹת. Ο΄. ἐν τοῖς παιδαρίοις τῶν ἀρχόντων τῶν χωρῶν (alia exempl. πόλεων[17]). Σ. διὰ παιδαρίων τῶν ἀρχόντων τῆς πόλεως.[18]

15. אֶת־נַעֲרֵי שָׂרֵי. Ο΄. τοὺς ἄρχοντας τὰ παιδάρια. Alia exempl. τοὺς παῖδας τῶν ἀρχόντων.[19]

מָאתַיִם שְׁנַיִם וּשְׁלֹשִׁים. Ο΄. διακόσια (s. διακόσιοι) τριάκοντα ※ καὶ δύο ◄.[20]

אֶת־כָּל־הָעָם. Ο΄. (※)Ἀ. σὺν πάντα (◄) τὸν λαόν.[21]

16. בְּסֻכּוֹת. Ο΄. ἐν Σοκχώθ (alia exempl. Σωχώ[22]). Schol. Σωχώ Ἑβραϊστὶ σκηναί.[23]

17. נַעֲרֵי שָׂרֵי. Ο΄. ἄρχοντες παιδάρια. Alia exempl. παιδάρια ἀρχόντων.[24]

וַיִּשְׁלַח בֶּן־הֲדַד וַיַּגִּידוּ לוֹ. Ο΄. καὶ ἀποστέλλουσι καὶ ἀπαγγέλλουσι τῷ βασιλεῖ Συρίας. Alia exempl. καὶ ἀπέστειλεν υἱὸς Ἄδερ, καὶ ἀνήγγειλαν αὐτῷ.[25]

18. תְּצֵאוּ (bis). Ο΄. συλλαβεῖν. Alia exempl. συλλάβετε.[26]

19. וְאֵלֶּה יָצְאוּ מִן־הָעִיר. Ο΄. καὶ μὴ ἐξελθάτωσαν ἐκ τῆς πόλεως. Ὁ Ἑβραῖος· καὶ οὗτοι ἐξῆλθον ἐκ τῆς πόλεως.[27]

20. וַיַּכּוּ אִישׁ אִישׁוֹ. Ο΄. ἐπάταξεν (s. καὶ ἐπάταξεν[28]) ἕκαστος τὸν παρ᾽ αὐτοῦ, καὶ ἐδευτέρωσεν ἕκαστος τὸν παρ᾽ αὐτοῦ.[29]

וּפָרָשִׁים. Ο΄. ἱππέως. Alia exempl. σὺν ἱππεῦσί τισι.[30]

21. בַאֲרָם מַכָּה גְדוֹלָה. Ο΄. πληγὴν μεγάλην ἐν Συρίᾳ. Alia exempl. ἐν Συρίᾳ πληγὴν μεγάλην.[31]

22. וַיֹּאמֶר לוֹ. Ο΄. καὶ εἶπεν ※ αὐτῷ ◄.[32]

23. בַּמִּישׁוֹר. In planitie. Ο΄. κατ᾽ εὐθύ. Σ. ἐν τοῖς λείοις. (Ἀ.) ἐν τῇ ὁμαλότητι.[33]

XI, 44. 52. 55, 64, alii, Syro-hex., Arm. 1. [13] Sic Comp., Codd. 19, 52, 55, alii (inter quos 247, cum ταῖς δραξί τὰς ἀλώπεξι), Theodoret. Quaest. LXII in 3 Reg. p. 507. Schol. in marg. Cod. 243: ἀντὶ τοῦ, τοσοῦτον τὴν Σαμάρειαν ἐρημώσω, ὥστε ποιῆσαί με γενέσθαι τὴν γῆν οἴκημα ἀλωπέκων. [14] Sic Syro-hex. Haec desunt in Codd. III, XI, 71, 245. [15] Syro-hex. ܘܐܡܪܘ ܠܐ ܠ. ܐ. ܢܫܬܒܗܪ ܐܝܟ ܗܘ ܕܡܫܬܪܐ. [16] Prior lectio est in Comp., Ald., Codd. III, 44, 74, aliis, Syro-hex.; posterior in Codd. 19, 93, 108 (om. πάντα), 121, 243 (cum ἦχον in marg.), 244 (cum π. τὸν ἦχον καὶ τὸν ὄχλον), 247 (om. πάντα), Theodoret. ibid. (qui enarrat: μάλα δὲ ἁρμοδίως ἦχον ὠνόμασε τῶν ἀπειλητικῶν ῥημάτων τὸν ψόφον), Lucif. Calar. (om. πάντα). Mox εἰς χεῖρας σὰς σήμερον pro σήμερον εἰς χ. σ. Cod. III, Syro-hex. [17] Sic Cod. III, Syro-hex. [18] Cod. 243. [19] Sic Comp., Ald., Codd. III, XI, 44, 52, 55, alii, Syro-hex. [20] Sic Syro-hex. (cum καὶ τριάκοντα), et sine aster. Comp., Codd. 82, 93, 108, 158; necnon (om. καὶ ante δύο) Ald., Codd. III, 19, 44, 52, 55, alii (inter quos 243, 247). [21] Sic Syro-hex. (cum ܟܠܗ), et sine notis Cod. III (cum σύμπαντα). [22] Sic Codd. III, 82, 93, 108, Syro-hex. (cum ܣܘܟܘ). [23] Syro-hex. in marg. ܣܘܟܘ.

[24] Sic Codd. III, 119, Syro-hex., Arm. 1. [25] Sic Comp. (cum υἱὸς Ἄβελ), Ald., Codd. III, 44, 64 (cum duplici lectione), 71, 74, alii (inter quos 247), Syro-hex. Sic Comp., Ald., Codd. III, XI, 19, 52, 71, 74, alii (inter quos 243, 247), Syro-hex., Arm. 1. Mox καὶ εἰ εἰς πόλεμον ἐξῆλθον Comp., Ald., Codd. III, XI, 44, 52, 64, alii (inter quos 243), Syro-hex., Arm. 1. [27] Syro-hex. ܘܗܢܘܢ ܢܦܩܘ ܡܢ ܡܕܝܢܬܐ. Duplex lectio, καὶ μὴ ἐξ. ἐκ τῆς π. καὶ οὗτοι ἐξῆλθον ἐκ τῆς π., est in Ald., Codd. 55, 64, 121, 158, 243, 244. Statim τὰ παιδάρια ἀρχόντων τῶν χ. Comp. (cum τῶν ἀρχ.), Ald., Codd. III, XI (cum τὰ δὲ π.), 52 (ut Comp.), 55, 64, alii, Syro-hex., Arm. 1. [28] Sic Comp., Codd. 55, 82, 93, alii (inter quos 243), Syro-hex., Arm. 1. [29] Duplicem versionem (?), καὶ ἐδευτέρωσεν—αὐτοῦ, ignorant Comp., Codd. III, XI, Syro-hex., Arm. 1, Lucif. Calar. [30] Sic Codd. III, 52, 92, 123, 236 (om. ἐφ᾽ ἵππου), 242 (idem), Syro-hex., Arm. 1. [31] Sic Cod. III. Syro-hex. [32] Sic Syro-hex., et sine aster. Cod. III, Arm. 1. [33] Syro-hex. ܫܦܝܐ. ܘ. ܡ. ܒܫܦܝܘܬܐ. Vox Syriaca ܫܦܝܐ cum λείοις et ἁπαλὸς commutatur in Hex. ad Psal. liv. 22. Ad Aquilam cf. Hex. ad Num. xxvi. 3.

24. פַּחוֹת תַּחְתֵּיהֶם‎. Ο'. ἀντ' αὐτῶν σατράπας.
Alia exempl. σατράπας ἀντ' αὐτῶν.[34]

25. בְּמִישׁוֹר‎. Ο'. κατ' εὐθύ. Σ. ἐν τοῖς λείοις. ('Α.)
ἐν τῇ ὁμαλῇ.[35]

27. וְכֻלְכְּלוּ‎. Et commeatu instructi sunt. Ο'. Vacat. ※ 'Α. Σ. καὶ διῳκήθησαν ◄.[36]

וַיַּחֲנוּ בְּנֵי־יִשְׂרָאֵל‎. Ο'. καὶ παρενέβαλεν 'Ισραήλ. Aliter: Ο'. καὶ παρενέβαλον ※ Σ. οἱ υἱοὶ (◄) 'Ισραήλ.[37]

29. וַיַּכּוּ בְנֵי־יִשְׂרָאֵל‎. Ο'. καὶ ἐπάταξεν 'Ισραήλ. Aliter: Ο'. καὶ ἐπάταξαν ※ οἱ υἱοὶ ◄ 'Ισραήλ.[38]

מֵאָה־אֶלֶף‎. Ο'. ἑκατὸν (alia exempl. ἑκατὸν καὶ εἴκοσι[39]) χιλιάδας.

30. וַתִּפֹּל‎. Ο'. καὶ ἔπεσε. 'Α. καὶ ἔβαλε (s. κατέβαλε). Σ. καὶ κατεβλήθη.[40]

31. וַיֹּאמְרוּ אֵלָיו עֲבָדָיו‎. Ο'. καὶ εἶπε τοῖς παισὶν αὐτοῦ. Alia exempl. καὶ εἶπον πρὸς αὐτὸν οἱ παῖδες αὐτοῦ.[41]

הִנֵּה־נָא שָׁמַעְנוּ‎. Ο'. οἶδα. Alia exempl. ἰδοὺ δὴ οἴδαμεν.[42]

בֵּית יִשְׂרָאֵל‎. Ο'. ※ 'Α. Σ. οἴκου ◄ 'Ισραήλ.[43]

33. וַיְמַהֲרוּ‎. Ο'. καὶ ἐσπείσαντο (alia exempl. ἔσπευσαν[44]).

33. וַיַּחְלְטוּ הֲמִמֶּנּוּ‎. Et praecise explorarunt num a se (hoc dixisset). (Alia exempl. וַיַּחְלִטֻהָ‎ . . . מִמֶּנּוּ‎. Et arripuerunt illud ab eo.) Ο'. καὶ ἀνελέξαντο (alia exempl. ἀνέλεξαν[45]) τὸν λόγον ἐκ τοῦ στόματος αὐτοῦ. Ἄλλος· καὶ διεστείλαντο παρ' αὐτοῦ.[46]

35. וְאִישׁ אֶחָד‎. Ο'. καὶ ἄνθρωπος εἷς. Schol. Λέγουσιν ὅτι οὗτος ὁ προφήτης ὁ ποιήσας οὕτως τῷ Ἀχαὰβ Μιχαίας ἦν.[47]

37. וּפְצָעַ‎. Ο'. καὶ συνέτριψε. Σ. καὶ ἐτραυμάτισεν αὐτόν.[48]

38. וַיִּתְחַפֵּשׂ בָּאֲפֵר עַל־עֵינָיו‎. Et dissimulavit se fascia super oculis ligata. Ο'. καὶ κατεδήσατο ἐν τελαμῶνι[49] τοὺς ὀφθαλμοὺς αὐτοῦ. 'Α. καὶ ἐσκαλεύσατο ἐν σποδῷ ἐπὶ τοὺς ὀφθαλμοὺς αὐτῷ. Σ. καὶ καταπασάμενος σποδῷ κατὰ τῶν ὀφθαλμῶν αὐτοῦ.[50] Ἄλλος· καὶ ἐκάλυψεν ἐν χώματι.[51]

39. וַיֹּאמֶר‎. Ο'. καὶ εἶπε πρὸς μέ. Alia exempl. καὶ εἶπε.[52]

40. כֵּן מִשְׁפָּטֶךָ אַתָּה חָרָצְתָּ‎. Sic est judicium tuum; tu decrevisti. Ο'. ἰδοὺ καὶ τὰ ἔνεδρα (alia exempl. ἰδοὺ δικαστὴς σὺ[52]) παρ' ἐμοὶ ἐφόνευσας (חָרַצְתָּ‎). Ἄλλος· τοῦτο τὸ κρίμα ὁ

[34] Sic Cod. III, Syro-hex. [35] Syro-hex. حدبمحل. ܡܝ. ◆ محل. [36] Sic Syro-hex. (cum نسجعمه ڢ(?), et siue notis Cod. III (cum διοικ.). Cf. Hex. ad Gen. l. 21. Prov. xviii. 14. [37] Sic Syro-hex., et sine notis Codd. III, 92, 158, 242 (om. οἱ). [38] Sic Syro-hex., invitis libris Graecis. [39] Sic Comp., Ald., Codd. 19, 64, 71, 82, 93, 108, 158, Theodoret. Quaest. LXIII in 3 Reg. p. 507 (cum δυοκαίδεκα μυριάδας). [40] Syro-hex. (indice in textu super ἐπάταξαν (v. 29) posito): ܐ. ܡܝ. ܡܘܐ. ܘܐܪܡܝ. [41] Sic Comp. (cum οἱ π. αὐτοῦ πρὸς αὐτὸν), Ald., Codd. III (eum εἴπαν, om. οἱ), XI, 44, 52, 55, 64, alii (inter quos 243, 247), Syro-hex. [42] Sic Comp. (cum ἠκούσαμεν) Ald., Codd. III, XI, 44 (om. δὴ), 52, 55, 64, alii (inter quos 243, 247), Syro-hex. [43] Sic Syro-hex., et sine notis Comp., Ald., Codd. III, 121, 247, Arm. 1. Mox ad σάκκους Syro-hex. in marg.: "In tribus exemplaribus Graecis ita inventum est;" nescio an in forma vocis plurali inmerito haerens. Idem ad rem notat: Λέγουσιν ὅτι οὗτος Ἰκέτευον οἱ Σύροι ἐν χρόνοις ἀρχαίοις ἐν τῷ σχήματι τούτῳ. [44] Sic Comp., Codd. 19 ("ut videtur"), 82, 93, 108, 158,

246. Syro-hex. in textu: ꞏ καὶ ἐσπείσαντο ◄; in marg. autem sine nom.: καὶ ἔσπευσεν καὶ διεστείλαντο παρ' αὐτοῦ (ܗܘܐ ܡܢܗ ܘܦܪܫܘ). [45] Sic Ald., Codd. II, III, XI, 44, 55, 64, alii. [46] Syro-hex., ut supra. Hesych.: Διεστείλατο διεσαφήσατο. [47] Syro-hex. in marg. Joseph. Ant. VIII, 14, 5: Προφήτης δέ τις, Μιχαίας τὸ ὄνομα, προσελθὼν ἑνὶ τῶν Ἰσραηλιτῶν κ.τ.ἑ. Cf. Cap. xxii. 8. [48] Syrohex. ◆ ܘܟܚܒ. ܡܝ. Procop. p. 253: καὶ συνέτριψεν τουτέστιν, ἐτραυμάτισεν. [49] Syro-hex. ܚܢܟܡܝ, cum scholio philologico: ܘܡܥܗ ܘܚܢܟܡܝ. [50] Codd. Reg. 243. Ad Aq. cf. Hex. ad Psal. lxiii. 7. lxxvi. 7. Syro-hex. affert: Σ. καὶ κατεπάσατο σποδῷ (ܣܦܝܐ ܚܡܟܥܡ). Hieron.: et mutavit aspersione pulveris os et oculos suos. [51] Cod. 246 in textu ex duplici versione: καὶ ἐκάλυψεν ἐν χώματι, καὶ κατεδήσατο τελαμῶνι κ.τ.ἑ. Versio Theodotionis esse potest, coll. Hex. ad Job. xiv. 8. Jesai. xxxiv. 7. [52] Sic Codd. III, 93, Syro-hex., Arm. 1. Mox τὸν ἄνδρα τοῦτον pro τοῦτον τὸν ἄνδρα Cod. III, Syro-hex. [53] Sic Comp., Codd. 19, 93, 108, Theodoret. Quaest. LXIV in 3 Reg. p. 508. S. Chrysost. Opp. T. I, p. 618 B: Ἰδοὺ γοῦν καὶ ὁ

σὺ ἔτεμες (s. τέτμηκας). Ἄλλος· οὕτως τὸ κρίμα σου ὃ σὺ ἔτεμες.⁵⁴

42. שִׁלַּחְתָּ. Ο΄. ἐξήνεγκας. Alia exempl. ἐξαπέστειλας.⁵⁵ Σ. ἀπέλυσας.⁵⁶

אֶת־אִישׁ־חָרְמִי. Virum internecioni a me devotum. Ο΄. ἄνδρα ὀλέθριον. Ἀ. (τὸν ἄνδρα) ἀναθέματός (μου).⁵⁷

43. עַל־בֵּיתוֹ. Ο΄. Vacat. ※ Ἀ. πρὸς οἶκον αὐτοῦ ◄.⁵⁸

סַר וְזָעֵף. Tetricus et indignabundus. Ο΄. συγκεχυμένος καὶ ἐκλελυμένος. Alia exempl. συνεχόμενος καὶ κλαίων.⁵⁹ Σ. διατεταραγμένος καὶ σκυθρωπάζων.⁶⁰ Ἄλλος· .. καὶ ἐβδελυγμένος.⁶¹

Cap. XX. 1. ÷ καὶ ἀνέβη καὶ περιεκάθισεν ἐπὶ Σαμάρειαν ◄.⁶² ÷ πᾶς ◄.⁶³ 7. ÷ καὶ περὶ τῶν θυγατέρων μου ◄.⁶⁴ 8. ※ πάντες (◄) οἱ πρεσβύτεροι.⁶⁵ 12. καὶ — πάντες ◄⁶⁶ οἱ βασιλεῖς — μετ᾽ αὐτοῦ ◄.⁶⁷ καὶ ἔθεντο ÷ χάρακα ◄.⁶⁸ 14 (in posteriore loco). — Ἀχαάβ ◄.⁶⁹ 18. — αὐτοῖς ◄.⁷⁰ 21. — πάντας ◄.⁷¹ 22. — υἱὸς Ἄδερ ◄ βασιλεύς.⁷² 23. — καὶ οὐ θεὸς κοιλάδων ◄.⁷³ 28. — ὁ θεὸς Ἰσραὴλ (◄).⁷⁴ 32. καὶ ÷ ἔθεσαν ◄.⁷⁵ 33. αὐτὸν — πρὸς αὐτόν ◄.⁷⁶ 34.

÷ σοι ◄.⁷⁷ 35. ※ ὁ ἄνθρωπος (◄).⁷⁸ 42. ÷ ἐκ τῶν χειρῶν μου ◄.⁷⁹

Cap. XXI (Gr. xx).

1. וַיְהִי אַחַר הַדְּבָרִים הָאֵלֶּה כֶּרֶם הָיָה. Ο΄. καὶ ἀμπελὼν εἷς ἦν. Aliter: Ο΄. ※ Ἀ. καὶ ἐγένετο μετὰ τὰ ῥήματα ταῦτα ◄, ἀμπελὼν — εἷς ◄ ἦν.¹

אֵצֶל הֵיכַל. Ο΄. παρὰ τῇ ἅλῳ. Alia exempl. παρὰ τῷ οἴκῳ.²

2. תַּחְתָּיו כֶּרֶם. Ο΄. ἀμπελῶνα ἄλλον. Aliter: Ο΄. ※ ἀντ᾽ αὐτοῦ (◄) ἀμπελῶνα ÷ ἄλλον ◄.³

מְחִיר זֶה. Pretium hujus. Ο΄. ἄλλαγμα (s. ἀντάλλαγμα⁴) — ἀμπελῶνός σου ※ τούτου ◄, καὶ ἔσται μοι εἰς κῆπον λαχάνων ◄.⁵

4. וַיָּבֹא אַחְאָב אֶל־בֵּיתוֹ סַר וְזָעֵף עַל־הַדָּבָר אֲשֶׁר דִּבֶּר אֵלָיו נָבוֹת הַיִּזְרְעֵאלִי וַיֹּאמֶר לֹא־אֶתֵּן לְךָ אֶת־נַחֲלַת אֲבוֹתָי. Ο΄. καὶ ἐγένετο τὸ πνεῦμα Ἀχαὰβ τεταραγμένον. Alia exempl. καὶ ἦλθεν Ἀχαὰβ πρὸς οἶκον αὐτοῦ συγκεχυμένος καὶ ἐκλελυμένος ἐπὶ τῷ λόγῳ ᾧ ἐλάλησεν

βασιλεὺς αὐτῷ φησιν· δικαστὴς σὺ παρ᾽ ἐμοί· ἐφόνευσας. Ἀνδρόφονος εἶ, φησὶν, ἐπειδὴ τὸν πολέμιον ἀφῆκας. ⁵⁴ Syro-hex. in marg. ܘܐ ܪ ܟܡܐ ܗܘܐ ܟܕ ܩܡܬ ܘܐܢܬ ܩܡܬ܀ ܘܐ ܩܡܬ܀ Prior versio Symmacho fortasse vindicanda est, concinente Hieron.: Hoc est judicium tuum, quod ipse decrevisti. (Ad ἔτεμες versionis nostrae cf. Hex. ad Dan. ix. 26, ubi pro Hebraeo נֶחְרָצָה מִלְחָמָה Hexapla Graeca dant: Ἀ. Σ. πόλεμος τέτμηται; Syriaca autem: ܩܡ ܩܪܒܐ. Praeterea in Dan. iv. 23 juxta LXX ad τὰ κεκριμένα Syrus noster in marg. notat: (ΚΕΚΡΙΜΜΕΝΑ) ܦܣܝܩܐ. Ejusdem farraginis sunt locutiones τέμνειν δίκας, decidere lites.) ⁵⁵ Sic Comp., Codd. 82, 93, 158. Vet. Lat. dimisisti. ⁵⁶ Syro-hex. ܫܪܐ ܐܢܬ. ⁵⁷ Idem: ܕܚܪܡܐ ܕܝܠܝ. ⁵⁸ Sic Syro-hex., et sine notis Codd. III, 243 (in marg.), 247. ⁵⁹ Sic Comp. (cum συγκεχυμένος), Codd. 19 (idem), 82, 93, 108 (ut Comp.), Theodoret. Quaest. LXV in 3 Reg. p. 509. ⁶⁰ Cod. 243. ⁶¹ Sic Cod. 245 in textu (cum ἐβδελλ.). ⁶² Syro-hex. Deest in Comp. solo. ⁶³ Idem. Deest in Cod. 19. ⁶⁴ Idem (qui pingit: ÷ καὶ περὶ ◄ τῶν θ. μ.). Deest in Comp., Codd. 19, 93, 108. ⁶⁵ Idem. ⁶⁶ Idem (qui pingit: ÷ καὶ πάντες ◄).

(pro οἱ μετ᾽ αὐτοῦ) Codd. II, III, 44, 245. ⁶⁸ Idem (qui pingit: ÷ καὶ ἔθ. χ. ◄). ⁶⁹ Idem. ⁷⁰ Idem. Deest iu Comp., Codd. 82, 93, 108. ⁷¹ Idem. Deest in Comp., Codd. III, 19, 82, 93, 108, Arm. 1. ⁷² Idem (qui pingit: — υἱὸς Ἀ. β. ◄). ⁷³ Idem (cum ܘܠܐ ܐܠܗܐ). ⁷⁴ Idem. ⁷⁵ Idem (qui pingit: ÷ καὶ ἔθεσαν ◄). ⁷⁶ Idem (qui pingit: — αὐτὸν πρὸς αὐτὸν ◄, invito Hebraeo). ⁷⁷ Idem. ⁷⁸ Idem (qui pingit: ὁ ※ ἄνθρωπος). Solus Cod. II pro ὁ ἄνθ. πατάξαι, πατάξαι ὁ ἄνθ. habet. ⁷⁹ Idem (qui pingit: ἐκ ÷ τῶν χ. μ. ◄). Ed. Rom.: ἐκ τῆς χειρός σου (alia exempl. μου).

Cap. XXI. ¹ Sic Syro-hex., et sine notis Cod. III (cum ἦν εἷς), Arm. 1; necnon (cum καὶ ἀμπ. pro ἀμπ.) Comp., Ald., Codd. 19, 52 (cum κατὰ pro μετὰ), 55, 71, alii (inter quos 243), Vet. Lat. (cum erat vinea). Vocula εἷς deest in Cod. 245, Vet. Lat. ² Sic Comp., Codd. 19, 82, 93, 108, Arm. 1 (cum juxta palatium), Vet. Lat. ³ Sic Syro-hex., et sine notis Comp., Codd. 82, 93, 108, Vet. Lat. ⁴ Sic Ald., Codd. III, XI, 44, 55, 64, 71, alii (inter quos 243, 247). ⁵ Sic Syro-hex., et sine notis Ed. Rom. Vox τούτου deest in Arm. 1. Haec autem, καὶ ἔσται—λαχάνων, reprobant Comp., Cod. 44.

πρὸς αὐτὸν Ναβουθαὶ ὁ ᾽Ιεζραηλίτης, καὶ εἶπεν
οὐ δώσω σοι τὴν κληρονομίαν πατέρων μου.⁶

7. תַּעֲשֶׂה מְלוּכָה. *Exerces regiam auctoritatem.*
Ο'. ποιεῖς βασιλέα (alia exempl. βασιλειαν;
alia, βασιλεύς⁷).

8. וְאֶל־הַחֹרִים אֲשֶׁר בְּעִירוֹ. Ο'. καὶ τοὺς ἐλευθέρους. Aliter: Ο'. καὶ ✕ ᾽Α. Θ. πρὸς ◀⁹ τοὺς
ἐλευθέρους ✕ οἳ ἐν τῇ πόλει αὐτοῦ (◀).⁹

10–13. לֵאמֹר בָּרַכְתָּ—לֵאמֹר. Ο'. λέγοντες· εὐλόγησε—λέγοντες. Aliter: Ο'. λέγοντες· ✕
Θ. εὐλόγηκας (s. εὐλόγησας)—λέγοντες (◀).¹⁰

10. בֵּרַכְתָּ. *Maledixisti.* Ο'. εὐλόγησε. Alia exempl. εὐλόγηκας; alia, εὐλόγησας.¹¹ ✕ Θ.
εὐλόγηκας (s. εὐλόγησας).¹²

11. הַיֹּשְׁבִים. Ο'. οἱ κατοικοῦντες. ✕ Θ. οἱ καθή-
μενοι.¹³

כַּאֲשֶׁר כָּתוּב. Ο'. καὶ καθὰ ἐγέγραπτο. ✕ Θ.
καθὰ γέγραπται.¹⁴

12. קִרְאוּ. Ο'. καὶ ἐκάλεσαν. ✕ Θ. ἐκάλεσαν.¹⁵

13. וַיָּבֹאוּ. Ο'. καὶ εἰσῆλθον. ✕ Θ. καὶ ἦλθον.¹⁶

וַיֵּעִדֻהוּ אַנְשֵׁי הַבְּלִיַּעַל אֶת־נָבוֹת נֶגֶד הָעָם.

Ο'. καὶ κατεμαρτύρησαν αὐτοῦ. ✕ Θ. καὶ
κατεμαρτύρησαν αὐτοῦ ἄνδρες τῆς ἀποστασίας
τοῦ Ναβουθαὶ κατέναντι τοῦ λαοῦ.¹⁷

13. בֵּרַךְ נָבוֹת. Ο'. εὐλόγηκας. Alia exempl. εὐλόγησεν; alia, εὐλόγησεν Ναβουθαί.¹⁸

15. כִּי־סֻקַּל נָבוֹת וַיָּמֹת. Ο'. Vacat. ✕ ὅτι λελιθοβόληται Ναβουθαὶ καὶ ἀπέθανεν ◀.¹⁹ Alia
exempl. τῶν λεγόντων· κέχωσται Ναβουθαὶ καὶ
τέθνηκεν.²⁰

וַתֹּאמֶר אִיזֶבֶל. Ο'. καὶ εἶπεν ✕ ᾽Α. Σ. Θ.
᾽Ιεζάβελ ◀.²¹

16. וַיָּקָם אַחְאָב לָרֶדֶת. Ο'. καὶ ἀνέστη καὶ κατέβη
᾽Αχαάβ. Alia exempl. καὶ ἀνέστη ᾽Αχαάβ,
καὶ κατέβη.²²

17. וַיְהִי דְּבַר־יְהוָה. Ο'. καὶ εἶπε κύριος. Ἄλλος·
καὶ ἐγένετο ῥῆμα ΠΙΠΙ.²³

18. הִנֵּה. Ο'. ὅτι οὗτος. Alia exempl. ἰδοὺ οὗτος.²⁴

19. בִּמְקוֹם. Ο'. ἐν ÷ παντὶ ◀ τόπῳ.²⁵ Alia exempl. ἐν τῷ τόπῳ.²⁶

הַכְּלָבִים. Ο'. αἱ ὗες καὶ οἱ κύνες. Aliter: Ο'.
οἱ κύνες ÷ καὶ αἱ ὗες (◀).²⁷

---

⁶ Sic (cum falsa scriptura ᾽Ισραηλίτης) Codd. III (cum
ὡς pro ᾧ, et κληρονομίαν pro τὴν κλ.), 74 (cum πρὸς τὸν οἶκον,
et οὐ δώσω τὴν κλ. π. μ. σοι), 92 (cum πρὸς τὸν οἶκον, et οὐ
δώσω σοι τὴν κλ. π. μ. σοι), 106 (ut 74, cum ὃ pro ᾧ), 119
(cum ᾽Ιεζραηλίτης), alii (inter quos 247, cum εἰς οἶκον), Syro-
hex. (cum ܐ‍ܚܒ‍ܝܠ/), Arm. 1. Duplex versio, καὶ ἦλθεν—
πατέρων μου, καὶ ἐγένετο—τεταραγμένον, est in Comp., Ald.,
Codd. 19, 55, 64, aliis. ⁷ Prior lectio est in Comp.,
Codd. III, 19, 55, 93, 108, 158, Syro-hex., Arm. 1; posterior in Ald., Codd. 44, 92, aliis (inter quos 243). ⁸ Sic
Syro-hex., et sine notis Comp., Codd. III, 93, 108, 123,
236, 242, Arm. 1. ⁹ Sic Syro-hex. (qui pingit: οἱ ✕ ἐν
τῇ π. αὐτοῦ), et sine aster. Cod. III, Arm. 1 (cum τῆς πόλεως
αὐτοῦ). ¹⁰ Sic Syro-hex. In Cod. II desiderantur
omnia post υἱοὺς παρανόμων (v. 10) usque ad υἱοὶ παρανόμων (v. 13) inclusive. ¹¹ Prior lectio est in Comp.,
Codd. XI, 55 (cum scholio: ἦτοι κεκατολόγηκας), 71, 121,
aliis (inter quos 247); posterior in Ald., Codd. 64, 119,
123 (cum ηὐλ.), Arm. 1. ¹² Syro-hex., ut supra. ¹³ Sic
Syro-hex., et sine notis Cod. III, Arm. 1. ¹⁴ Sic Syro-
hex., et sine notis Codd. III, 71, 106, alii (inter quos 243).
¹⁵ Sic Syro-hex., et sine notis Codd. III (cum ἐκάλεσεν),
XI, 92, 106, alii (inter quos 243, 247), Arm. 1. ¹⁶ Sic

Syro-hex., et sine notis Comp., Codd. III, 19, 55, 64, alii
(inter quos 243). Statim δύο ἄνδρες παράνομοι Syro-hex.,
invitis libris Graecis. ¹⁷ Sic Syro-hex., et sine notis
Comp. (cum ἀποστ. Ναβουθ pro τῆς ἀποστ. τοῦ Ναβουθαὶ),
Ald., Codd. III (om. αὐτοῦ), XI, 52, 55, 64, alii (inter
quos 243, 247), Arm. 1 (cum παντὸς τοῦ λαοῦ). ¹⁸ Prior
lectio est in Ald., Codd. XI, 52, 55, 64, aliis (inter quos
243), Theodoret.; posterior in Cod. III (cum ηὐλ.), Syro-
hex. (cum Ναβουθ, ut passim), Arm. 1. ¹⁹ Sic Syro-
hex., et sine aster. Cod. III, Arm. 1. ²⁰ Sic Comp.
(cum λελιθοβόληται Ναβουθ), Ald. (om. τῶν, cum ἀπέθαν.),
Codd. 19 (cum κεχώρισται pro τῶν λ. κέχωσται), 55 (cum
κεχῶσθαι), 64 (ut Ald.), 82 (om. τῶν), 93 (idem), 108 (idem,
cum κεχώρισται), 121 (cum λελιθοβόληται), 158, alii. ²¹ Sic
Syro-hex., et sine notis Comp. (om. καί), Codd. III, 19, 82,
93, 108, Arm. 1 (ut Comp.). ²² Sic Comp., Codd. III,
82, 108, Syro-hex., Arm. 1. ²³ Syro-hex. in marg.
ܚܒ‍ܝ‍ܠܕ‍ ܐܘܗܘ ܀ܘ‍ܗ‍ܘ. "Rasura vocis ܚܒ‍ܝ‍ potius
quam ܒ‍ܝ‍ܠ ex vestigiis."—A. C. ²⁴ Sic Comp. (cum
αὐτός), Ald., Codd. 19, 44, 71, alii (inter quos 243, 247),
invito Syro-hex. ²⁵ Syro-hex. (cum ÷). ²⁶ Sic
Comp., Ald., Codd. XI, 44, 55, 64, alii (inter quos 243,
247), Arm. 1, Lucif. Calar. ²⁷ Sic Syro-hex., et sine

21. הִנְנִי. Ο'. ἰδοὺ ἐγώ. Aliter: Ο'. ⸓ τάδε λέγει κύριος ⁕ ἰδοὺ ἐγώ.²⁸

25. רַק לֹא־הָיָה כְאַחְאָב. Ο'. πλὴν ματαίως Ἀχαάβ. Alia exempl. πλὴν οὐκ ἦν ὡς Ἀχαάβ.²⁹

הַסַתָּה. Seduxit. Ο'. μετέθηκεν. Alia exempl. μετέστησεν.³⁰

27. וַיְהִי כִשְׁמֹעַ אַחְאָב אֶת־הַדְּבָרִים הָאֵלֶּה וַיִּקְרַע. Ο'. καὶ ὑπὲρ τοῦ λόγου ὡς κατενύγη Ἀχαὰβ ἀπὸ προσώπου τοῦ κυρίου, καὶ ἐπορεύετο κλαίων, καὶ διέρρηξε. Ὁ Ἑβραῖος· ὡς δὲ ἤκουσεν Ἀχαάβ …³¹

וַיְהַלֵּךְ אַט. Et incessit leniter. Ο'. καὶ ἐπορεύθη ⁕ Ἀ. Θ. κεκλιμένος ⁂.³² Ἄλλος· κύπτων.³³

29. יַעַן כִּי־נִכְנַע מִפָּנַי. Propterea quod submisse se gerit coram me. Ο'. Vacat. ⁕ ἀνθ' ὧν ἐθορυβήθη ἀπὸ προσώπου μου ⁂.³⁴ Alia exempl. ἀνθ' οὗ ὅτι ἐκωλύθη (נִכְנַע?) ἀπὸ προσώπου μου.³⁵ Alia: ἀνθ' ὧν ὅτι ἔκλαυσεν ἀπὸ προσώπου μου.³⁶

בְּיָמָיו. Ο'. ⁕ ἀλλ' (⁂) ἐν ταῖς ἡμέραις.³⁷

עַל־בֵּיתוֹ. Ο'. Vacat. Alia exempl. ἐπὶ τὸν οἶκον αὐτοῦ.³⁸

Cap. XXI. 3. θεοῦ ⸓ μου ⁂.³⁹ 6. (⸓) ἄλλον ⁂.⁴⁰

7. οὕτω ⁂.⁴¹ 16. ⸓ ὁ Ἰεζραηλίτης ⁂.⁴² 19. ⸓ καὶ αἱ πόρναι λούσονται ἐν τῷ αἵματί σου ⁂.⁴³ 24. ÷ αὐτοῦ ⁂.⁴⁴ 27. ⸓ ἐν τῇ ἡμέρᾳ ᾗ ἐπάταξεν Ναβουθαὶ τὸν Ἰεζραηλίτην (⁂).⁴⁵ 28. ÷ περὶ Ἀχαὰβ ⁂.⁴⁶ ÷ κύριος ⁂.⁴⁷

CAP. XXII.

4. לַמִּלְחָמָה רָמֹת גִּלְעָד. Ο'. εἰς Ῥεμμὰθ Γαλαὰδ εἰς πόλεμον. Alia exempl. εἰς πόλεμον Ῥεμμὰθ Γαλαάδ.¹

אֶל־מֶלֶךְ יִשְׂרָאֵל. Ο'. Vacat. (⁕) Ἀ. Θ. πρὸς βασιλέα Ἰσραήλ ⁂.²

כָּמוֹנִי כָמוֹךָ. Ο'. καθὼς ἐγὼ καὶ σὺ ÷ οὕτως ⁂.³ Alia exempl. καθὼς ἐγὼ οὕτως καὶ σύ.⁴

6. אִם־אֶחְדָּל. Ο'. ἢ ἐπίσχω. Schol. ἐπίσχω τὴν ψυχήν μου, καὶ μὴ πορευθῶ.⁵ Ἀ.. παύσομαι. Σ.. μενῶ.⁶

וְיִתֵּן אֲדֹנָי. Ο'. καὶ ⸓ διδοὺς ⁂ δώσει κύριος ('Α. Σ. Θ. κύριος. Ὁ Ἑβραῖος· ἀδωνί?).

7. הַאֵין פֹּה נָבִיא לַיהוָה עוֹד. Ο'. οὐκ ἔστιν ὧδε προφήτης τοῦ κυρίου. Aliter: Ο'. ἆρα οὐκ ἔστιν ὧδε προφήτης τοῦ κυρίου ÷ Σ. οὐδὲ ⁂ ἔτι.⁸

8. עוֹד אִישׁ־אֶחָד. Ο'. εἷς ἐστιν ἀνήρ. Aliter: Ο'. ἔτι ἀνὴρ εἷς ÷ ἐστιν ⁂.⁹

❖ ──────────────────────────── ❖

obelo Cod. III. Comp., Cod. 44: οἱ κύνες (tantum). Mox Syro-hex.: ἐκεῖ λείξουσιν οἱ κύνες καὶ (ܘ) τὸ αἷμά σου, invitis libris Graecis. ²⁸ Sic Syro-hex. (qui pingit: τάδε λέγει ⸓ κύριος ⁂), et sine obelo Comp., Ald., Codd. XI, 19, 44, 52, 55, alii (inter quos 247), Lucif. Calar. ²⁹ Sic Comp., Codd. 19, 82, 93, 108. Statim ἐπράθη pro ὃς ἐπράθη Syro-hex. ³⁰ Iidem. Syro-hex. ܘܐܦܩ ܡܢ ܠܒܗ. Comp. edidit: καὶ ἐγένετο ὡς ἤκουσεν Ἀχαὰβ τὰ ῥήματα ταῦτα, διέρρηξεν· ex ingenio, ut videtur. ³² Sic Syro-hex. (cum ܓܗܝܢ), et sine notis Ald., Codd. III, 121, 123, 247. ³³ Syro-hex. in marg. ܟܦܝܦ ܀ ܡ. (Cf. Baruch ii. 18 in LXX et Syro-hex.) Hieron.: demisso capite. Comp. in continuatione: τὸν χιτῶνα αὐτοῦ, καὶ περιεβάλετο σάκκον, καὶ ἐνηστεύσατο, καὶ ἐκοιμήθη ἐν σάκκῳ, καὶ ἐπορεύετο κεκυφώς· invitis libris Graecis. ³⁴ Syro-hex. in textu: ܫܟܒ. ⁂, cum indice super ܐܝܟܢܐ, absente nota marginali. ³⁵ Sic Ald., Cod. 121. ³⁶ Sic Cod. 158, Chrysost. Opp. T. I, p. 8 B. ³⁷ Sic Syro-hex., et sine aster. Ed. Rom. Codd. II, III:

καὶ ἐν ταῖς ἡμέραις. ³⁸ Sic Comp., Ald., Codd. III, 121 (om. τὸν), Syro-hex., Arm. 1. ³⁹ Syro-hex. Pronomen deest in Cod. 119. ⁴⁰ Idem (cum metobelo tantum). Deest in Comp., Codd. 44, 82, 93, 108. ⁴¹ Idem. ⁴² Idem. Deest in Comp., Codd. 44, 71, 93, 108, 246. ⁴³ Idem. Haec desunt in Comp. solo. ⁴⁴ Idem (cum ÷ ܀). Idem. Deest in Comp., ut supra ad loc. ⁴⁶ Idem. ⁴⁷ Idem (cum ÷). Deest in Cod. 44.

Cap. XXII. ¹ Sic Codd. III, XI, 158, 245, Syro-hex. (cum ܠܩܪܒܐ). ² Sic Syro-hex. (cum cuneolo tantum), et sine notis Cod. III, Arm. 1, Lucif. Calar. ³ Obelus est in Syro-hex. ⁴ Sic Ald., Codd. XI, 44, 55, 64, alii (inter quos 243, 247), Arm. 1. ⁵ Syro-hex. in marg. (ad ܐܚܕܠ?): ܐܟܠܐ ܐܚܕ ܠܢܦܫܝ ܘܠܐ ܐܙܠ. ⁶ Idem: ܐܫܠܐ ܀ ܐ. ❖ ܐܩܘܐ ܀ ܣ. Vox ܐܫܠܐ tam κοπάσω (cf. Hex. ad Jud. xx. 28) quam παύσομαι sonare potest, coll. Hex. ad Job. iii. 17. Ad Sym. cf. Hex. ad Jerem. xl. 4. ⁷ Syro-hex. ❖ ܡܪܝܐ ❖ ܝܗܒ ܢܬܠ ܀ ܐ. ܣ. ܬ. ⁸ Sic Syro-hex., et (cum οὐκ pro ÷ Σ. οὐδὲ ⁂) Cod. III. ⁹ Sic

8. לֹא־יִתְנַבֵּא. O'. οὐ λαλεῖ. 'Α. Σ. οὐ προφητεύει.[10]

10. מְלֻבָּשִׁים בְּגָדִים בְּגֹרֶן פֶּתַח שַׁעַר שֹׁמְרוֹן. Induti vestibus (regiis) in area ad introitum portae Samariae. O'. ἔνοπλοι ἐν ταῖς πύλαις (alia exempl. ἐν ὁδῷ πύλης[11]) Σαμαρείας. Σ. ἠμφιεσμένοι ἱμάτια ἐν ἅλωνι παρὰ τὴν πύλην..[12]

13. יְהִי־נָא דְבָרֶיךָ כִּדְבַר אַחַד מֵהֶם. O'. γίνου δὴ καὶ σὺ εἰς τοὺς λόγους σου (alia exempl. εἰς λόγους σου εἷς[13]) κατὰ τοὺς λόγους ἑνὸς τούτων. Σ. ἔστω (s. γενηθήτω) δὴ ὁ λόγος σου ὡς ἑνὸς αὐτῶν.[14]

15. וַיֹּאמֶר אֵלָיו. O'. καὶ εἶπεν ※ Α. Θ. πρὸς αὐτόν ◄.[15]

וְהַצְלַח וְנָתַן יְהוָה. O'. καὶ εὐοδώσει ※ Α. Θ. καὶ δώσει ◄ κύριος.[16]

16. עַד־כַּמֶּה פְעָמִים אֲנִי מַשְׁבִּיעֶךָ. O'. ποσάκις ἐγὼ ὁρκίζω σε. Aliter: O'. ἔτι δὶς (עוֹד פַּעֲמַיִם) ἐγὼ ὁρκίζω σε.[17] 'Α. ἕως πόσων καθόδων ἐγὼ ὁρκίζω σε. Σ. ποσάκις ἐγὼ ὁρκίσω σε.[18]

17. לֹא־אֲדֹנִים לָאֵלֶּה. Non habent dominos illi. O'. οὐ κύριος τούτοις θεός; Alia exempl. οὐ κύριος τούτοις.[19] Alia: εἰ κυρίως αὐτοὶ πρὸς

θεόν, (ἀποστραφήτω).[20] 'Αλλος· οὐκ ἔχουσι κύριον οὗτοι.[21]

17. יָשׁוּבוּ אִישׁ־לְבֵיתוֹ בְּשָׁלוֹם. O'. ἕκαστος εἰς τὸν οἶκον αὐτοῦ ἐν εἰρήνῃ ἀναστρεφέτω. Alia exempl. ἀναστρεφέτω ἕκαστος εἰς τὸν οἶκον αὐτοῦ ἐν εἰρήνῃ.[22] Schol. Εἰ πιστεύοντες τῷ θεῷ μαθεῖν βούλεσθε παρ' αὐτοῦ τὸ πρακτέον, τὴν στρατιὰν διαλύσατε.[23]

18. עֲלַי טוֹב כִּי אִם־רָע. O'. μοι καλά, διότι ἀλλ' ἢ κακά. Σ. περὶ ἐμοῦ ἀγαθὸν ἀλλ' ἢ κακόν.[24]

19. אֶת־יְהוָה. O'. θεὸν Ἰσραήλ. Aliter: O'. τὸν κύριον – θεὸν Ἰσραήλ ◄.[25]

20. כֹּה אֹמֵר בְּכֹה. O'. καὶ οὗτος οὕτως. Alia exempl. καὶ οὗτος οὕτως· καὶ εἶπεν οὐ δυνήσῃ· καὶ εἶπεν ἐν σοί (בָּךְ).[26]

24. אֵי־זֶה עָבַר רוּחַ־יְהוָה מֵאִתִּי לְדַבֶּר אוֹתָךְ. (ubinam) O'. ποῖον πνεῦμα κυρίου τὸ λαλῆσαν ἐν σοί; Aliter: O'. ποῖον ※ Α. Θ. τοῦτο ◄ πνεῦμα κυρίου ※ Α. Θ. παρῆλθεν ◄ ※ Α. παρ' ἐμοῦ ◄ τοῦ λαλῆσαι ἐν σοί;[27]

25. חֶדֶר בְּחָדֶר. O'. ταμεῖον τοῦ ταμείου. Alia exempl. ταμεῖον ἐκ ταμείου.[28]

Syro-hex., et sine obelo (cum ἔτι εἰς ἐστιν ἀνήρ) Comp., Ald., Codd. XI, 44, 52, 55, 64, alii (inter quos 243, 247). [10] Syro-hex. ‎܁‏ ‎‏ ‎‏. ‎‏. [11] Sic Comp. (qui ὁδῷ cum ἅλω mutavit), Codd. 19, 82, 93, 108 (cum πύλη). Syro-hex. in marg. ‎‏ ‎‏ ‎‏. [12] Syro-hex. ‎‏ ‎‏. ‎‏ ‎‏ ‎‏. Cf. Hex. ad Psal. xliv. 14. [13] Sic Cod. II, Syro-hex. [14] Syro-hex. ‎‏ ‎‏ ‎‏ ‎‏. ‎‏ ‎‏. Sic in textu Arm. 1 (cum ὡς ὁ λόγος ἑνός), Arm. ed. [15] Sic Syro-hex., et sine notis Cod. III. [16] Sic Syro-hex. (cum εὐοδώσεις ‎‏, ‎‏) hic et v. 12), et sine notis Cod. III, Arm. 1 (cum εὐοδώσεις). [17] Cod. 243 in marg. Sic in textu Ald., Codd. III, 64, 121, 245 (cum δεῖς), 246, 247, Reg., Syro-hex. (cum ‎‏ ‎‏), Arm. 1. [18] Cod. 243. (Pro ὁρκίσω Montef. edidit ὁρκίζω, repugnante Parsonsii amanuensi.) [19] Sic Comp., Codd. III, XI, 245, 246, Syro-hex. Arm. 1: οὐκ εἰσὶ τούτοις κύριοι. [20] Syro-hex. in marg. ‎‏ ‎‏ ‎‏ ‎‏ (sic) ‎‏. Sic in textu Codd. 19 (cum κύριος et πρὸς τὸν θ.), 82 (cum αὐτοῖς), 93 (cum εἰ pro εἰ), 108 (ut 19), 158 (cum οὐ κύριος αὐτοῖς), 243 (in marg., cum εἰ θεοῦ pro πρὸς θεόν), Theodoret. Quaest. LXVIII in 3 Reg. p. 511. Praeterea Cod. 243 in marg. affert: 'Α ('Αλλος?). εἰ κυρίως πρὸς θεόν.

TOM. I.

[31] Cod. 243 in marg. sine nom. Hieron.: Non habent isti dominum. [22] Sic Ald., Codd. III, XI, 55, 64, 71, alii (inter quos 247), Syro-hex. [23] Cod. 243 in marg., praemisso ΑΛΛΟΣ. Verba sunt Theodoreti, enarrantis lectionem, εἰ κυρίως αὐτοί κ. τ. ἑ. [24] Syro-hex. ‎‏ ‎‏. ‎‏ ‎‏ ‎‏ ‎‏ ‎‏. (In textu διότι uncis inclusit Grabius, repugnante Syro nostro.) [25] Sic Syro-hex., et sine obelo Ald., Codd. III, XI, 44, 55, 64, alii (inter quos 247). [26] Sic Codd. 19 (cum δυνήσει), 82 (om. καὶ οὗτος οὕτως), 93, 108 (cum οὗτος οὗτος, et δυνήσει), 158 (cum καὶ οὗτος εἶπεν οὕτως), Theodoret. (om. καὶ εἶπεν ἐν σοί). Pro his, καὶ εἶπεν οὗτος οὕτως, καὶ οὗτος οὕτως, Origen. Opp. T. IV, p. 346 citat tantum: καὶ εἶπεν οὕτως ἐν σοί. Interpolatio autem, καὶ εἶπεν οὐ δυνήσῃ, e v. 22 petita, etiam in loco parallelo 2 Paral. xviii. 19 iu Codd. 19, 52, 93 irrepsit. [27] Sic Syro-hex. (cum ◄ ‎‏ ‎‏. ‎‏. ‎‏%, sed in Lectionario (Mus. Brit. Addit. MSS. 14.485) recte exaratum ‎‏), et sine notis (cum παρῆλθεν πν. κ.) Cod. III (cum τὸ λαλῆσαι), Arm. 1. Cf. 2 Paral. xviii. 23. Comp., Codd. 19 (om. ποῖον), 82, 93, 108 (ut 19): ποῖον πν. κ. ἀπέστη ἀπ' ἐμοῦ. [28] Sic Codd. 19, 82, 93, 108, 246. Eleganter Joseph. Ant. VIII, 15, 4: εἰπόντα τὸν Σεδεκίαν ταμεῖον ἐκ ταμείου κρυβησόμενον ἀμείψειν.

4 O

26. אֶל־אָמֹן שַׂר־הָעִיר. Ο'. πρὸς Σεμὴρ τὸν βασιλέα (alia exempl. πρὸς Ἀμὼν τὸν ἄρχοντα[29])
τῆς πόλεως.

27. וְאָמַרְתָּ כֹּה אָמַר הַמֶּלֶךְ שִׂימוּ. Ο'. εἶπον
θέσθαι. Alia exempl. καὶ εἶπον· τάδε λέγει ὁ
βασιλεύς· θέσθε.[30]

28. וַיֹּאמֶר שִׁמְעוּ עַמִּים כֻּלָּם. Ο'. Vacat. ※ Σ.
Θ. καὶ εἶπεν· ἀκούσατε, λαοὶ πάντες ◄.[31]

30. הִתְחַפֵּשׂ. Dissimulando (dissimulabo) me. Ο'.
συγκαλύψομαι. Alia exempl. συγκάλυψόν με.[32]

בְּגָדֶיךָ. Ο'. τὸν ἱματισμόν μου ('Ο Ἑβραῖος' σου[33]).

34. לְתֻמּוֹ. In simplicitate sua (inconsulto). Ο'.
εὐστόχως. Alia exempl. ἀφελῶς.[34]

35. וַתַּעֲמֹד בָּעֶרֶב וַיִּצֶק דַּם־הַמַּכָּה אֶל־חֵיק הָרָכֶב.
Ο'. ἀπὸ πρωὶ ἕως ἑσπέρας, καὶ ἀπέχυνε τὸ
αἷμα (כ‍מ‍) ‖‖‏ ‖‏) ἀπὸ τῆς πληγῆς εἰς τὸν
κόλπον τοῦ ἅρματος· ✕ καὶ ἀπέθανεν ἑσπέρας,
καὶ ἐξεπορεύετο τὸ αἷμα τῆς τροπῆς ἕως τοῦ
κόλπου τοῦ ἅρματος ◄.[35]

36. וַיַּעֲבֹר הָרִנָּה בַּמַּחֲנֶה. Et transiit laetus clamor
per castra. Ο'. καὶ ἔστη ὁ στρατοκῆρυξ ※ Ἀ.
Θ. ἐν τῇ παρεμβολῇ ◄.[36]

38. אֶת־הָרֶכֶב. Ο'. τὸ αἷμα. Alia exempl. τὸ
ἅρμα; alin, τὸ αἷμα ἐκ τοῦ ἅρματος.[37]

39. הֲלוֹא הֵם. Ο'. οὐκ ἰδοὺ ταῦτα. Alia exempl.
καὶ ἰδοὺ ταῦτα.[38]

44. אַךְ הַבָּמוֹת לֹא־סָרוּ. Tantum loca excelsa non
sublata sunt. Ο'. πλὴν τῶν ὑψηλῶν οὐκ ἐξῆρεν. Σ. πάντα τὰ ὑψηλὰ οὐκ ἀφεῖλεν.[39]

46. וַאֲשֶׁר נִלְחָם. Ο'. Vacat. ※ καὶ ὅσα ἐπολέ-
μησεν ◄.[40]

47. וְיֶתֶר הַקָּדֵשׁ אֲשֶׁר נִשְׁאַר בִּימֵי אָסָא אָבִיו בִּעֵר
מִן־הָאָרֶץ. Ο'. Vacat. ※ Ἀ. καὶ περισσὸν
τοῦ ἐνδιηλλαγμένου (ܘܗܢܘܢ) ὁ ὑπελείφθη ἐν ἡμέραις Ἀσὰ πατρὸς αὐτοῦ, ἐπέλεξεν (ܗܒܠ) ἀπὸ τῆς γῆς.[41] Ἄλλος· καὶ τὰ
λοιπὰ τῶν συμπλοκῶν ἃς ἐπέθεντο ἐν ταῖς
ἡμέραις Ἀσὰ τοῦ πατρὸς αὐτοῦ ἐξῆρεν ἀπὸ
τῆς γῆς.[42]

48. מֶלֶךְ. (praefectus) נִצָּב בֶּאֱדוֹם אֵין וּמֶלֶךְ. Ο'.
Vacat. ※ Ἀ. καὶ βασιλεὺς οὐκ ἦν ἐν Ἐδὼμ
ἐστηλωμένος (ܦܝܩ). καὶ ὁ βασιλεὺς (Ἰωσαφὰτ).[43] Ἄλλος· καὶ βασιλεὺς οὐκ ἦν ἐν Συρίᾳ
νασίβ. καὶ ὁ βασιλεύς.[44]

49. יְהוֹשָׁפָט עָשָׂה אֳנִיּוֹת תַּרְשִׁישׁ לָלֶכֶת אוֹפִירָה
לַזָּהָב וְלֹא הָלָךְ כִּי־נִשְׁבְּרָה אֳנִיּוֹת בְּעֶצְיוֹן גָּבֶר.
Ο'. Vacat. ※ Ἀ. Ἰωσαφὰτ ἐποίησεν νῆας
Θαρσεὶς (ܬܪܫܝܫ), τοῦ πορευθῆναι Ὠφείρδε
(ܐܘܦܝܪ) εἰς χρυσίον καὶ οὐκ ἐπορεύθησαν,
ὅτι συνετρίβησαν νῆες ἐν Ἀσεὼν Γαβέρ.[45]
Ἄλλος· Ἰωσαφὰτ ἐποίησε ναῦν εἰς Θαρσεὶς,
πορεύεσθαι εἰς Σωφὶρ ἐπὶ τὸ χρυσίον· καὶ οὐκ

---

[29] Sic Comp., Ald. (cum Ἀμμὼν), Codd. III (idem), XI,
44 (cum Ἀμμὼν ἄρχοντα), 52 (ut Comp.), 55 (idem), 64
(idem), alii (inter quos 243, 247), Syro-hex. Statim καὶ
πρὸς Ἰωὰς υἱὸν iidem. [30] Sic Cod. III (cum θέσθαι),
Syro-hex. (cum εἴπατε), Arm. 1 (idem). Mox ἐσθιέτω pro
ἐσθίειν αὐτὸν est in Comp., Codd. III, 19, 82, 93, 108,
Syro-hex., Arm. 1. [31] Sic Syro-hex., et sine notis
Cod. III, Arm. 1. Cod. 158: καὶ εἶπεν ἀκούσατέ μου, πάντες.
[32] Sic Ald., Codd. III, 44, 52, 55, 64, alii (inter quos 243),
invito Syro-hex. [33] In Syro-hex. index est super μου,
absente nota marginali, quam nos ex ingenio restituimus.
[34] Sic Comp., Codd. 19, 82 (cum ἀσφαλῶς), 93, 108. Cf.
Hex. ad 2 Reg. xv. 11. [35] Sic Syro-hex. (cum ἕως τοῦ
κόλπου bis). Versio duplex, καὶ ἀπέθανεν—ἅρματος, deest
in Codd. 71, 93, 242. Pro τῆς τροπῆς in uno libro apud
Nobil. legitur ἐκ τῆς τροπῆς, invito Parsonsii apparatu.
Syro-hex. autem ‖‖‏‏؛ hic habet, ut paulo ante ܕܡ

[36] Sic Syro-hex., et sine notis Comp., Ald.,
Codd. III, 44, 52, 55, 64, alii (inter quos 243, 247),
Arm. 1. [37] Prior lectio est in Codd. III, 92, Syro-
hex.; posterior in Comp., Codd. 19, 82, 93, 108, 158, 246.
[38] Sic Codd. II, III, Syro-hex. (cum ἰδοὺ καὶ τ.). [39] Syro-
hex. ‖‏‏‏ ܠܐ ܐܦܩ ‖. [40] Sic Syro-hex.
(cum ܘܐܝܠܝܢ), et sine aster. Cod. III. [41] Sic
Syro-hex. (qui pingit: καὶ π. τοῦ ἐνδ. ※ Ἀ. ὁ ὑπελείφθη), et
sine notis Cod. III (cum οὐχ pro ὁ), Arm. 1. Ad ἐνδιηλλαγμένου cf. Hex. ad 4 Reg. xxiii. 7. Hos. iv. 14. Ad
ἐπέλεξεν cf. Hex. ad Num. xxiv. 22. [42] Sic Ed.
Rom. in pericopa quae versui 28 Cap. xvi. postponitur.
[43] Sic Syro-hex., et sine notis Cod. III, Arm. 1. Cf. Hex.
ad 2 Reg. viii. 14. 3 Reg. ix. 23. [44] Ed. Rom., ut
ante. [45] Sic Syro-hex., et sine notis Cod. III (om.
Θαρσείς). Ad Ὠφείρδε (pro quo Grabius et imitatores ejus
perperam ediderunt Ὠφειραί) cf. Hex. ad Gen. xii. 9.

ἐπορεύθη, ὅτι συνετρίβη ἡ ναῦς ἐν Γασιὼν
Γαβέρ.⁴⁶

50. אוֹ אָמַר אֲחַזְיָהוּ בֶן־אַחְאָב אֶל־יְהוֹשָׁפָט יֵלְכוּ
עֲבָדַי עִם־עֲבָדֶיךָ בָּאֳנִיּוֹת וְלֹא אָבָה יְהוֹשָׁפָט.
Ο'. Vacat. ✕ 'Α. τότε εἶπεν 'Οχοζίας υἱὸς
'Αχαὰβ πρὸς 'Ιωσαφάτ πορευθήτωσαν δοῦλοί μου μετὰ τῶν δούλων σου ἐν ταῖς ναυσίν
καὶ οὐκ ἠθέλησεν 'Ιωσαφάτ ◄.⁴⁷ ῎Αλλος·
τότε εἶπεν ὁ βασιλεὺς 'Ισραὴλ πρὸς 'Ιωσαφάτ ἐξαποστελῶ τοὺς παῖδάς σου καὶ τὰ
παιδάριά μου ἐν τῇ νηΐ· καὶ οὐκ ἐβούλετο
'Ιωσαφάτ.⁴⁸

52. וַיִּמְלֹךְ עַל־יִשְׂרָאֵל שְׁנָתָיִם. Ο'. 'Οχοζίας υἱὸς
'Αχαὰβ ἐβασίλευσεν ἐν 'Ισραὴλ ἐν Σαμαρείᾳ

δύο ἔτη. Alia exempl. καὶ ἐβασίλευσεν ἐπὶ
'Ισραὴλ δύο ἔτη.⁴⁹

Cap. XXII. 4. — βασιλεὺς 'Ισραὴλ (◄).⁵⁰ 5.
— βασιλεὺς 'Ιούδα ◄.⁵¹ 6. ÷ πάντας ◄.⁵² καὶ — διδούς ◄.⁵³ 7. — πρὸς βασιλέα 'Ισραὴλ ◄.⁵⁴ 8. ÷ βασιλεὺς 'Ιούδα ◄.⁵⁵ 17. — οὐχ οὕτως ◄.⁵⁶ 18. — βασιλέα 'Ιούδα ◄.⁵⁷ 19. — Μιχαίας ◄.⁵⁸ — οὐκ ἐγώ ◄.⁵⁹
— οὐχ οὕτως ◄.⁶⁰ 20. — βασιλέα 'Ισραὴλ ◄.⁶¹ 29.
βασιλεὺς 'Ιούδα — μετ' αὐτοῦ ◄.⁶² 32. — βασιλέα
'Ιούδα ◄.⁶³ 38. — αἱ ὕες καὶ ◄⁶⁴ οἱ κύνες τὸ αἷμα
✕ 'Ο 'Εβραῖος (s. Οἱ Γ'.) αὐτοῦ,⁶⁵ καὶ αἱ πόρναι
ἐλούσαντο — ἐν τῷ αἵματι ◄.⁶⁶ 41, 42. ÷ ἐβασίλευσεν (◄). 'Ιωσαφάτ.⁶⁷ 53. ἐν ὁδῷ — 'Αχαὰβ ◄
τοῦ πατρὸς αὐτοῦ, καὶ ἐν ὁδῷ — 'Ιεζάβελ ◄ τῆς μητρὸς αὐτοῦ.⁶⁸ (—) οἴκου ◄.⁶⁹

xliii. 24. Psal. lxvii. 7. 4 Reg. xvi. 9 (ubi Aquilae tribuitur Κυρήνηδε). ⁴⁶ Ed. Rom., ut ante. ⁴⁷ Sic
Syro-hex. (cum καὶ ἐν ταῖς ναυσίν), et sine notis Cod. III
(cum δ. σου μετὰ τῶν δ. μου καὶ ταῖς ν.). ⁴⁸ Ed. Rom., ut
ante. ⁴⁹ Sic Codd. II (cum ἐν 'Ισρ. ἔτη δύο), III, Syro-
hex., Arm. 1 (ut II). ⁵⁰ Syro-hex. (qui pingit: — καὶ
εἶπε β. 'Ισρ., sine metobelo). Deest in Cod. 44. ⁵¹ Idem
(qui pingit: β. — 'Ιούδα ◄). Deest in Codd. 71, 144.
⁵² Idem. ⁵³ Idem (qui pingit: — καὶ διδούς ◄). ⁵⁴ Idem
(qui pingit: πρὸς — β. 'Ισρ. ◄). ⁵⁵ Idem. Deest in
Comp., Codd. 44, 71. ⁵⁶ Idem. ⁵⁷ Idem. Deest in
Codd. 44, 71. ⁵⁸ Idem. ⁵⁹ Idem. ⁶⁰ Idem.

Deest in Comp., Codd. 44, 71, 106, Theodoret. ⁶¹ Idem.
⁶² Idem (qui male pingit: β. — 'Ιούδα ◄ μετ' αὐτοῦ). Deest
in Codd. 236, 242. ⁶³ Idem (qui pingit: — β. ◄ 'Ιούδα).
⁶⁴ Idem (qui pingit: — αἱ ὕες ◄ καί). Deest in Comp.,
Codd. 19, 44, 82, 108, 245. ⁶⁵ Idem (qui pingit:
✕ τὸ αἷμα αὐτοῦ ◄, superscripto ◟ vel ◝). Sic sine notis
Cod. III. ⁶⁶ Idem. ⁶⁷ Idem (qui pingit: — ἐβασίλευσεν — 'Ιωσαφάτ. υἱός, nullo metobelo). ⁶⁸ Idem (qui
male pingit: ἐν ὁδῷ — 'Αχαὰβ ◄ |— τοῦ π. αὐτοῦ, καὶ ἐν ὁδῷ
'Ιεζ. |— τῆς μ. αὐτοῦ ◄). ⁶⁹ Idem (cum metobelo tantum).
Deest in Codd. III, 19, 82, 93, 108.

LIBER IV REGUM,

JUXTA HEBRAEOS II REGUM.

IN LIBRUM IV REGUM

MONITUM.

VERSIO hujus libri Syro-hexaplaris exstat in Codice Regio Parisiensi signato Syr. V, cujus notitia paulo altius repetenda est.

Primus quod sciamus J. G. Eichhorn in *Repertorii* sui Tom. VII, pp. 225-250 codicem memoravit, cujus apographum ope philologi cujusdam* Parisiis degentis sibi comparaverat; quo tamen in dicta commentatione ad eum tantum finem usus est, ut e subscriptione codicis nomen auctoris istius versionis prius incognitum expiscaretur, eamque ad Paulum Telae episcopum initio VII saeculi referendam esse luculenter demonstraret.

Majoris ad nostram rem momenti sunt Pauli Jacobi Brunsii *Curae hexaplares in Librum IV Regum*, quae continentur in ejusdem *Repertorii* Tom. VIII, pp. 85-112, Tom. IX, pp. 157-196, et Tom. X, pp. 58-95. Scilicet anno 1770 operis Kennicottiani in gratiam codicem nostrum descripsit Brunsius, et decem post annis apographum suum ad codicem accuratius exegit, unde enata est dissertatio de qua nunc agitur. Primum de codicis indole et forma praefationem fecit, in qua si quid forte peccaverit, id rei novitati potius quam scriptoris inscitiae vel indiligentiae imputari aequum postulat. Deinde textum codicis cum ea versionis LXXviralis recensione, quae in Codice Alexandrino a Grabio edito sive in textu sive in margine continetur, diligenter contulit, notatis praeterea, quibus textus Grabianus per totum hunc librum prorsus destitutus est, asteriscis et obelis. Lectiones porro ceterorum interpretum, Hebraei scilicet, Aquilae, Symmachi, Theodotionis, et Quintae editionis, tam in textu quam in margine repositas, descripsit, quinetiam Graece vertere conatus est; in qua operis parte, ut in re nova et intentata, saepe se in errorem incidere potuisse candide profitetur. Ut breviter dicamus, Brunsius in hac literarum provincia exploratoris, qui per terram asperam et incognitam palpando et trepidando viam aperit, partes neque inutiles neque ignobiles egisse censendus est.

Praeterito Hassio, qui specimen tantum codicis Syriace edidit Jenae 1782, venimus ad Middeldorpfium, qui operi suo, a nobis in Monito ad Jobum laudato, librum IV Regum

---

* Is fuit celeberrimus A. J. Silvestre De Sacy, ut ipse indicavit in *Journal des Savans, Juillet* 1837, pp. 424, 425, in recensione editionis Middeldorpfii.

integrum Syro-hexaplarem, e rivulis tamen, non ex ipso fonte, derivatum praemisit. Scilicet contigerat ei per favorem Eichhornii utrumque codicis apographum, alterum a Brunsio, alterum a philologo Parisiensi confectum, penes se habere, e quibus inter se collatis textum suum concinnavit, et notis paulo prolixioribus, nec tamen infructuosis, illustravit. Graecas quoque lectionum hexapliarium versiones, partim ex ingenio, partim e collectaneis Holmesio-Parsonsianis, retractavit, et pro virili emaculavit. Cum vero viro optimo, quod ipse quere-batur, aditus ad codicem primarium non pateret, opus ejus adhuc imperfectum, et ad nostros usus minus accommodatum mansisset, ni laborantibus nobis Ceriani noster adstitisset, qui novi apographi, ex ipso archetypo ea accuratione, quae nostri saeculi eruditorum votis satis-faceret, a se elaborati, compotes nos fecit; quod quum multis aliis, tum hoc inprimis iis quae Middeldorpfio suppetebant antecellit, quod puncta minutissima tam *diacritica*, quae vocant, quam ea quae ad interpunctionem pertinent, a prioribus descriptoribus aut male habita, aut prorsus omissa, singulis fere vocibus appingat. Notitia codicis, ab ipso descriptore concinnata, haec est:—

"Codex Syrus V, olim Colbertinus 4301, deinde Regius 283, membranaceus, charactere Estranghelo exaratus, continet I. Librum IV Regum versionis hexaplaris, seu potius in hoc libro heptaplaris, saeculi VIII, fol. 1–91. II. Danielem ex recensione Jacobi Edesseni, manu diversa exaratum, A.D. 719–20. Ex compactione prior liber, cum major esset altero, decur-tatus est ita in marginibus omnibus externis, ut saepe nonnulla perierint. Ut nunc sunt duo libri, codex ex mensura *metrica* altus est 26 centim., latus 17. Codex noster quinternionibus constat decem, sed non omnes eundem foliorum numerum habent; periit autem folium unum inter 87 et 88, continens Cap. xxv. 20–29. Manus est diversa ab ea reliquorum codicum hexapliarium, licet litera Graeca Ρ pingatur ut in codice Jesaiae Hon. Roberti Curzon. Quod ad accurationem attinet, medius incidit inter codices hexaplares; hic illic correctiones, seu potius rasuras expertus est. Fol. 1 v et 2 r: Parati fuerunt circuli variis coloribus picti, quibus indices Lectionum Ecclesiasticarum inscriberentur, sed non fuerunt inscriptae. Fol. 2 v–9 v: Continentur Capitula Synopseως S. Joanni Chrysostomo attributae. Fol. 10 r–88 r: Liber IV Regnorum. Fol. 88 v–91 r: Excerpta Patrum, primum Eusebii, ut putatur, afferentis tamen Origenem; alterum Origenis absolute; tertium et quartum edita fuerunt a Brunsio in *Reper-torii* Tom. XIV, pp. 39–59, et reperiuntur etiam in aliis codicibus Musei Britannici, collato Catalogo Doctoris Wright, pp. 792, 801, 905. Fol. 91 r: Subscriptio: ܩܢܦ ܚܡܚܕ ܗܠܐ ܡܚ ܡܚ. ܡܐܘ ܚܡܠ ܠܘܐ ܚܡܚܩܚܠ ܠܚܩܐ, saepius edita. Sequuntur aliae subscriptiones et notae a prima et serioribus manibus, ex quibus eruitur codicem scriptum fuisse a Gabriele quodam, et pecu-lium fuisse Conventus Mār Cyriaci Telae Haphichae, ut codices LII et LIII Catalogi Wright; demum saeculo X dono datum fuisse Conventui S. Mariae Deiparae in deserto Sketi a filiis Dumae Sciatir Tagritensibus Callinicensibus, ut LIII ejusdem Catalogi."

LIBER IV REGUM.

CAPUT I.

1. וַיִּפְשַׁע מוֹאָב בְּיִשְׂרָאֵל. O'. καὶ ἠθέτησε Μωὰβ ἐν Ἰσραήλ. Ἄλλος· καὶ ἀπέστη Μωὰβ τοῦ Ἰσραήλ.[1]

2. וַיִּפֹּל אֲחַזְיָה בְּעַד הַשְּׂבָכָה בַּעֲלִיָּתוֹ. Et cecidit Ahazias per cancellos in cubiculo suo. O'. καὶ ἔπεσεν Ὀχοζίας διὰ (alia exempl. ἀπὸ[2]) τοῦ δικτυωτοῦ τοῦ ἐν τῷ ὑπερῴῳ αὐτοῦ. Alia exempl. καὶ ἀνέβη Ὀχοζίας εἰς τὸ δικτυωτὸν ὑπερῷον αὐτοῦ.[3] Ἀ. καὶ ἔπεσεν Λαζία περὶ τὸν κιγχλιδωτὸν ἐν ὑπερῴῳ αὐτοῦ. Σ. (καὶ) ἔπεσεν Ὀχοζίας δι᾽ ἐξώστρας ἑαυτοῦ οὔσης ἐν τῷ ὑπερῴῳ αὐτοῦ.[4]

לְכוּ דִרְשׁוּ בְּבַעַל זְבוּב אֱלֹהֵי עֶקְרוֹן. O'. δεῦτε (alia exempl. πορεύθητε[5]) καὶ ἐπιζητήσατε (alia exempl. ἐπερωτήσατε[6]) ἐν τῷ Βάαλ μυῖαν θεὸν Ἀκκαρών. Ἀ. πορευθέντες ἐκζητήσατε ἐν Βααλζεβοὺβ θεῷ Ἀκκαρών. Σ. ἀπελθόντες πύθεσθε παρὰ τοῦ Βεελζεβοὺλ θεοῦ Ἐκρών. Ὁ Ἑβραῖος· βαβαλ ζεβουβ ελωη εκρων.[7]

2. אֱלֹהֵי עֶקְרוֹן. O'. θεὸν (Οἱ Γ΄. προσόχθισμα[8]) Ἀκκαρών.

3. דַּבֵּר אֶל־אֵלִיָּה. O'. ἐκάλεσεν Ἠλιού. Alia exempl. ἐλάλησε πρὸς Ἠλιού.[9]

קוּם עֲלֵה. O'. ἀναστὰς δεῦρο (Ὁ Ἑβραῖος· καὶ ἀνάβηθι[10]). Alia exempl. ἀνάστηθι καὶ πορεύθητι.[11]

אֱלֹהִים. O'. θεόν. Alia exempl. προφήτην: alia, θεὸν ἢ προφήτην.[12]

CAP. I. [1] Cod. 243 in marg. sine nom. Est Symmachi, ut videtur, coll. Hex. ad Cap. viii. 20. [2] Sic Codd. 70, 92, 236, 242, Syro-hex. [3] Sic Codd. 19, 82, 108, qui pergunt: τὸ ἐν Σαμαρείᾳ, καὶ ἔπεσε, καὶ ἠρρώστησε. Vet. Lat.: *Et ascendit Ohosias in superioribus domus suae.* [4] Cod. 243 (cum διεξώστρας, teste Parsonsii amanuensi. (In textu pro ἀπὸ τοῦ δικτυωτοῦ Syro-hex. habet ܡܢ ܣܒܟܬܐ, e xysto, 8. cancellis, apposito Graeco: (ΔΙΚΤ)ΥΩΤΟΥ (sic, membrana abscissa).) [5] Sic Comp., Ald., Codd. XI, 19, 44 (cum πορεύθητι), 52, 55, alii (inter quos 243, qui in marg. scribit: Ο. (non, ut Montef., C.) καὶ ἀπέστειλεν ἀγγέλους, καὶ εἶπε πρὸς αὐτούς· δεῦτε καὶ ἀναζητήσατε ἐν Βάαλ μυῖαν (sic) θεὸν Ἀκκαρών, εἰ ζήσομαι). [6] Sic Comp., Codd. III, 19, 82, 93, 108. Syro-hex. ܘܫܐܠܘ.
TOM. I.

[7] Cod. 243. Syro-hex. affert: ܐܠܗܐ ܕܫܡ ܐܚܝܡ (ܒܥܠ)܀ ܣܡ. ܒܥܠ ܙܒܘܒ (ܕܚܙܐ) ܐܠܗܐ ܀ (Ad ܐܠܗܐ, ἐπίθετο, cf. Dan. ii. 15 in Syro-hex., et Act. Apost. iv. 7. xxiii. 34 in Philox.) [8] Cod. 243 in textu: προσόχθισμα θεὸν, sed deleto προσόχθισμα; in marg. autem: Γ. προσόχθισμα. Duplex versio προσόχθισμα θεὸν (8. θεῶν) est in Codd. 19 (bis), 71 (cum προσόχθισμα tantum), 82 (ter), 93 (bis), 108 (ter), qui omnes διὰ τοῦ Β. pro ἐν τῷ Β. habent. [9] Sic Comp. (cum Ἠλίαν), Ald., Codd. XI, 19, 52, 55, alii (inter quos 243), Syro-hex. [10] Syro-hex. ܀ܣܒ ܘܣܩ. [11] Sic Cod. III, Syro-hex., Arm. 1. [12] Prior lectio est in Codd. 19, 82, 93, 108; posterior in Cod. 158. Syro-hex. in textu vacat; in marg. autem habet: ܐܠܗܐ ܐܘ (ܢܒܝܐ)܀

4 P

3. בְּבַעַל זְבוּב. Ο'. ἐν τῷ Βάαλ μυῖαν. Ὁ Ἑβραῖος·
Βααλζεβούβ.[13]

4. וְלָכֵן. Ο'. καὶ οὐχ οὕτως ὅτι. Σ. διὰ τοῦτο.[14]

6. אֱלֹהִים. Ο'. θεόν. Alia exempl. θεὸν ἢ προφήτην.[15]

אַתָּה שֹׁלֵחַ לִדְרֹשׁ בְּבַעַל זְבוּב אֱלֹהֵי עֶקְרוֹן.
Ο'. σὺ πορεύῃ ἐπιζητῆσαι (potior scriptura
ζητῆσαι) ἐν τῷ Βάαλ μυῖαν θεὸν Ἀκκαρών;
(Σ.) (σὺ) ἀποστέλλεις πυθέσθαι παρὰ τοῦ Βεελζεβούβ
θεοῦ Ἑκρών;[16]

לָכֵן. Ο'. οὐχ οὕτως. Alia exempl. οὐχ οὕτως·
διὰ τοῦτο τάδε λέγει κύριος.[17]

שָׁם לֹא־תֵרֵד. Ο'. ἐκεῖ, οὐ καταβήσῃ. Alia
exempl. ὅτι οὐ καταβήσῃ.[18]

7. מֶה מִּשְׁפַּט. Ο'. τίς ἡ κρίσις. Alia exempl. τί
τὸ δικαίωμα.[19]

9. שַׂר חֲמִשִּׁים. Ο'. πεντηκόνταρχον. Alia exempl.
ἡγούμενον (◄) πεντηκόνταρχον.[20]

וַיַּעַל. Ο'. καὶ ἀνέβη. Alia exempl. καὶ ἀνέβη
καὶ ἦλθεν.[21]

11. וַיַּעַן וַיְדַבֵּר. Ο'. καὶ ἐλάλησεν. Alia exempl.
καὶ ἀνέβη καὶ ἐλάλησεν.[22]

12. אֵשׁ־אֱלֹהִים. Ο'. πῦρ ※ Ὁ Ἑβραῖος (s. Οἱ
Γ'.) θεοῦ ◄.[23] Ἄλλος· (πῦρ) Ἐλωείμ.[24]

13. שַׂר־חֲמִשִּׁים שְׁלִשִׁים. Ο'. ἡγούμενον. Alia ex-

empl. πεντηκόνταρχον τρίτον; alia, ἡγούμενον
πεντηκόνταρχον τρίτον.[25]

13. וַיַּעַל וַיָּבֹא. Ο'. καὶ ἦλθεν. Aliter: Ο'. καὶ
※ Σ. ἀναβὰς ◄[26] ἦλθεν — πρὸς αὐτόν ◄.[27]

14. הָרִאשֹׁנִים וְאֶת־חֲמִשֵּׁיהֶם. Ο'. τοὺς πρώτους.
Aliter: Ο'. ※ Ἀ. Σ. Θ. τοὺς πρώτους ◄, καὶ
τοὺς πεντήκοντα αὐτῶν.[28] Ἄλλος· τοὺς πρώτους, καὶ τοὺς ἀνὰ πεντήκοντα αὐτῶν.[29] Ἄλ-
λος· τοὺς πρώτους μετὰ τῶν ὑπ᾽ αὐτῶν.[30]

16. יַעַן אֲשֶׁר. Ο'. τί ὅτι. Alia exempl. ἀνθ᾽ ὧν.[31]

לִדְרֹשׁ. Ο'. ἐκζητῆσαι (potior scriptura ζητῆσαι). Alia exempl. ἐπερωτῆσαι.[32]

הֲמִבְּלִי אֵין־אֱלֹהִים בְּיִשְׂרָאֵל לִדְרֹשׁ בִּדְבָרוֹ.
Ο'. Vacat. ※ Ἀ. παρὰ τὸ μὴ εἶναι θεὸν ἐν
Ἰσραὴλ τοῦ ἐκζητῆσαι ἐν ῥήματι αὐτοῦ ◄.[33]

לָכֵן. Ο'. οὐχ οὕτως. Ἀ. Σ. διὰ τοῦτο.[34]

17. וַיִּמְלֹךְ יְהוֹרָם תַּחְתָּיו בִּשְׁנַת שְׁתַּיִם לִיהוֹרָם
בֶּן־יְהוֹשָׁפָט מֶלֶךְ יְהוּדָה כִּי לֹא־הָיָה לוֹ בֵּן.
Ο'. Vacat. Aliter: Ο'. — καὶ Ἰωρὰμ υἱὸς
Ἀχαὰβ βασιλεύει ἐπὶ Ἰσραὴλ ἐν Σαμαρείᾳ
ἔτη δεκαδύο, ἐν ἔτει ὀκτωκαιδεκάτῳ Ἰωσαφὰτ
βασιλέως Ἰούδα. καὶ ἐποίησεν τὸ πονηρὸν ἐνώπιον κυρίου, πλὴν οὐχ ὡς οἱ ἀδελφοὶ αὐτοῦ,
οὐδὲ ὡς ἡ μήτηρ αὐτοῦ. καὶ ἀπέστησεν τὰς
στήλας τοῦ Βάαλ ἃς ἐποίησεν ὁ πατὴρ αὐτοῦ,

---

[13] Syro-hex. [14] Idem: ✦ ܡܛܠܗܢܐ. Sic in textu
Comp., et (cum οὐχ οὕτως διὰ τοῦτο) Codd. 19, 82, 93, 108.
[15] Sic Codd. 19, 82, 93, 108, Syro-hex. (cum ἢ προφήτην in
marg.). [16] Syro-hex. ܚܡܙܐ ܐܢܬ (ܚܡܐ)ܡܠܟܗ ܥܡ ܚܟܠ
(ܕ)ܐܟܐ ܠܠܗܐ (ܢ)ܚܡܙܐ. Cf. ad v. 2. [17] Sic Codd. 19,
82, 93, 108. Syro-hex. in textu: ܗܟܢܐ; in marg.
autem: ✦ ܡܛܠܗܢܐ ܗܟܢܐ ܐܚܕ ܡܪܝܐ (ܡܛܠܗܢܐ); h. e. ὅτι τάδε λέγει
κύριος. Origen. Opp. T. III, p. 876: Ideo dicit Dominus.
[18] Sic Codd. II, III, Syro-hex. (cum ܚܟܡܥ in marg.).
Praeterea vox ἐκεῖ abest ab Ald., Codd. XI, 44, 64, 70,
aliis. [19] Sic Codd. 19, 82, 93, 108, 245. [20] Sic
Syro-hex., et sine obelo Ald., Codd. III, 55, 64, alii (inter
quos 243). [21] Sic Ald., Codd. III, XI, 52, 55, 64, alii,
Syro-hex. [22] Sic Ald., Codd. III, XI, 52, 56, 64, alii,
Syro-hex., Arm. 1. [23] Sic Syro-hex., et sine aster.
Arm. 1. [24] Syro-hex. in marg. ✦ ܐܠܘܐܝܡ. Sic Theo-
dotio in Hex. ad Mich. iii. 7. Hab. iii. 3. [25] Prior

lectio est in Comp., Codd. 82, 93, 108, 246, Syro-hex.,
Arm. 1; posterior in Ald., Codd. III, XI, 44, 52, 56, aliis
(inter quos 243). [26] Sic Syro-hex. (qui pingit: ܡܥ ※
◄ ܡܩܚܡ ܐܣܡܥ), et sine notis Codd. III, 121, 247. [27] Sic
Syro-hex., et sine obelo Ald., Codd. III, XI (cum αὐτούς),
44, 55, 56, alii (inter quos 121, sed non 247). [28] Sic
Syro-hex. (cum ܚܡܪܐ), et sine notis Ald., Codd. III, XI,
52, 55, 56, alii, Arm. 1. Pro καὶ τοὺς π. αὐτῶν, in Comp.,
Codd. 19, 82 (cum τῶν pro τοὺς), 108, est καὶ ἑκάστου τοὺς π.
[29] Sic in textu Cod. 244. Nescio an Symmachi sit, coll.
Hex. ad Exod. xiv. 7. [30] Sic in textu Cod. 71. [31] Sic
Comp., Codd. III, XI, 19, 44, 52, 64 (cum τί ὅτι in marg.),
alii, Syro-hex., Arm. 1. [32] Sic Comp., Codd. 19, 82
(cum ἐρωτῆσαι), 93, 108, 123, Syro-hex. [33] Sic Syro-
hex., et sine notis Codd. III, 121, 247 (cum τὸν ἐκζ.),
Arm. 1. [34] Syro-hex. Sic in textu Comp., Codd. 19,
93, 108.

καὶ συνέτριψεν αὐτάς. πλὴν ἐν ταῖς ἁμαρτίαις οἴκου Ἱεροβοάμ, ὃς ἐξήμαρτεν τὸν Ἰσραὴλ, ἐκολλήθη· οὐκ ἀπέστη ἀπ' αὐτῶν. καὶ
ἐθυμώθη ὀργῇ κύριος εἰς τὸν οἶκον Ἀχαάβ (◄).
⁑ Θ. καὶ ἐβασίλευσεν Ἰωρὰμ ἀδελφὸς αὐτοῦ
ἀντ' αὐτοῦ ἐν ἔτει δευτέρῳ Ἰωρὰμ υἱῷ Ἰωσαφὰτ
βασιλεῖ Ἰούδα, ὅτι οὐκ ἦν αὐτῷ υἱός (◄).³⁵

18. הֲלוֹא־הֵמָּה. Ο'. οὐκ ἰδοὺ ταῦτα. Alia exempl. οὐχὶ ταῦτα.³⁶

Cap. I. 2. – καὶ ἐπορεύθησαν ἐπερωτῆσαι δι' αὐτῶν ◄.³⁷   3. – λέγων (◄).³⁸   (–) Ὀχοζίου ◄.³⁹   4.
ὅτι – ἐκεῖ – θανάτῳ.⁴⁰   – καὶ εἶπε πρὸς αὐτούς ◄.⁴¹
8. – οὗτός ἐστι (◄).⁴²   9. – Ἡλιού (◄).⁴³   πρὸς αὐτὸν – ὁ πεντηκόνταρχος, καὶ εἶπεν ◄.⁴⁴   11. – ὁ
βασιλεύς ◄.⁴⁵   – ὁ πεντηκόνταρχος ◄.⁴⁶   – καὶ εἶπεν ◄.⁴⁷   13. – ὁ βασιλεὺς ἔτι ◄.⁴⁸   – καὶ εἶπεν (◄).⁴⁹
15. – καὶ εἶπε ◄.⁵⁰   καὶ ἀνέστη – Ἡλιού ◄.⁵¹   16.
– καὶ εἶπεν (◄).⁵²

CAP. II.

1. אֶת־אֵלִיָּהוּ בַּסְעָרָה. Ο'. ἐν συσσεισμῷ τὸν

Ἡλιού. Alia exempl. τὸν Ἡλιού ἐν συσ-
σεισμῷ.¹   Ἀ. . in turbine.²

3. וַיֵּצְאוּ. Ο'. καὶ ἦλθον (alia exempl. ἐξῆλθον³).

אֵלָיו. Ο'. πρὸς αὐτόν. Alia exempl. πρὸς αὐτὸν οἱ υἱοὶ τῶν προφητῶν.⁴

הֲיָדַעְתָּ. Ο'. εἰ ἔγνως.   Σ. ἆρα οἶδας.⁵

7. מִבְּנֵי. Ο'. υἱοί. Alia exempl. ἀπὸ τῶν υἱῶν.⁶

הָלְכוּ וַיַּעַמְדוּ. ⁑ Ο' Ἑβραῖος· ἐπορεύθησαν ◄ καὶ
ἔστησαν.⁷

8. אֶת־אַדַּרְתּוֹ. Pallium suum. Ο'. τὴν μηλωτὴν
αὐτοῦ.   Σ. τὸ περιβόλαιον αὐτοῦ.⁸

בֶּחָרָבָה. Ο'. ἐν ἐρήμῳ. Alia exempl. διὰ ξηρᾶς.⁹
Ε'. ἐν τῇ ξηρᾷ.¹⁰

9. פִּי־שְׁנַיִם בְּרוּחֲךָ. Duplum spiritus tui. Ο'. διπλᾶ
ἐν πνεύματί σου. Alia exempl. τὸ πνεῦμα τὸ
ἐπὶ σοὶ δισσῶς.¹¹

10. הִקְשִׁיתָ לִשְׁאוֹל. Ο'. ἐσκλήρυνας τοῦ αἰτήσασθαι.   Ἄλλος· δύσκολον ᾔτησω.¹²

11. וַיַּפְרִדוּ. Ο'. καὶ διέστειλεν.   Ο' Ἑβραῖος, Σ.
διεχώρισεν.¹³

---

³⁵ Ο'. – καὶ Ἰωρὰμ—αὐτῷ υἱός (◄). Sic Syro-hex. (cum
τῶν Βααλεὶμ (ܒܥܠܐ; in marg. autem: ✦ ܐܚܠ)), et sine
notis Codd. III (cum δύο pro δεκαδύο, et οὐδ' ὡς pro οὐδὲ
ὡς), 245 (cum τῷ Ἰωρὰμ (sic constanter) βασιλεῖ Ἰούδα υἱῷ
Ἰωσ., ὅτι), Arm. 1 (cum αὐτ' αὐτοῦ pro ἀντ' αὐτοῦ). In Ed.
Rom. haec, καὶ Ἰωρὰμ—Ἀχαὰβ, quae pertinent ad Cap.
iii. 1–3, leguntur post v. 18. Theodotionis autem lectionem in textu sine notis habent Codd. 121 (cum τῷ Ἰωράμ), 247 (cum τοῦ Ἰωρὰμ υἱοῦ Ἰωσ. βασιλεῖ); necnon (om.
ἐν ἔτει—Ἰούδα) Codd. 19 (cum ὁ ἀδ. Ὀχοζίου), 82 (cum ὁ
ἀδ. αὐτοῦ), 93 (ut 19), 108 (idem), 158 (cum ἀδ. Ὀχοζίου).
³⁶ Sic Codd. 121, 247, Syro-hex. (cum οὐκ ἰδοὺ ταῦτα in
marg.).   ³⁷ Syro-hex. (cum δι' αὐτοῦ in marg.). Sic
sine obelo Cod. III.   ³⁸ Idem.   ³⁹ Idem (eum metobelo tantum).   ⁴⁰ Idem. Sic sine obelo Ald., Codd. III,
XI, 44 (cum ἐκεῖθεν), 52, 55, alii. In Ed. Rom. deest ἐκεῖ.
⁴¹ Idem. Prior vocula deest in Cod. 158; posterior in
posterior in Comp., Codd. 19, 93, 108. In Hebraeo est
השם.   ⁴³ Idem.   ⁴⁴ Idem (pro ὁ π. πρὸς αὐτὸν, καὶ εἶπεν).
Sic sine obelo Comp., Codd. 19, 64, 70, 93, 108.   ⁴⁵ Idem.
⁴⁶ Idem.   ⁴⁷ Idem.   ⁴⁸ Idem. Vocula ἔτι deest in
Codd. III, 158, Arm. 1.   ⁴⁹ Idem. Deest in Cod. 74.
⁵⁰ Idem. Deest in Cod. 71.   ⁵¹ Idem.   ⁵² Idem (pro

καὶ εἶπεν Ἡλιού). Sic sine obelo Comp., Ald., Codd. III,
XI, 44, 55, 64, alii. Haec, καὶ εἶπεν Ἡλιού, desunt in
Cod. 71.　　CAP. II. ¹ Sic Comp. (cum Ἡλίαν), Ald., Codd. II, III,
XI, 19 (ut Comp.), 44, 55, 56, alii, Syro-hex. Mox ὡς
deest in Codd. III, 44, 71, 93, aliis, Syro-hex. (bis),
Arm. 1 (bis).   ² Syro-hex. in marg., membrana abscissa: ✦ ܚܡܝܠ. Bar-Hebraeus autem: ܓܘ ܕܘܓܚܐ ܐܒܩ
ܚܡܝܠ. Graeca vox incerta est. Cf. Hex. ad Jerem.
xxiii. 19. xxx. 23.   ³ Sic Comp., Codd. 19, 82, 93, 108,
158, Syro-hex.   ⁴ Syro-hex.   ⁵ Syro-hex. (ܠܟ) ܝܕܥ ܐܢܬ ܀ܣ.   ⁶ Sic
Comp., Codd. 19, 108, Syro-hex., Procop. p. 274.   ⁷ Sic
Syro-hex. (cum ܘܩܡ ܀ ܀܀). Comp., Codd. 19, 82, 93,
108: ἦλθον καὶ ἔστησαν.   ⁸ Syro-hex. ✦ ܦܪܝܣܒܐ ܀ܣ.
Cf. Hex. ad 3 Reg. xix. 13. Parum probabiliter Brunsius: Σ. τὸν χιτῶνα αὐτοῦ.   ⁹ Sic Comp., Codd. 19, 56
(cum διὰ ξ. ὡς ἐν ἐρήμῳ), 71 (cum ἐν ἐρ. διὰ ξ.), 82, 93, 108,
123 (cum ἐν ἐρήμῳ ὡς διὰ ξηρᾶς), 158 (ut 56), 246 (idem).
¹⁰ Syro-hex. ܀ܣ. (ܚܡܚܠ) ܚܡܝܠ.   ¹¹ Sic Comp.,
Codd. 19, 82, 93 (cum τὸ πν. κυρίου ἐπὶ), 108.   ¹² Cod.
243 in marg. sine nom. Hieron.: *Rem difficilem postulasti.*
¹³ Syro-hex. (cum ܦܪܫܘ in textu): ✦ ܦܪܫܘ ܀܀ ܀܀.

4 P 2

11. בִּסְעָרָה.‏ Ο'. ἐν συσσεισμῷ. 'Α. in turbine.[14]
'Άλλος· διὰ λαίλαπος.[15]

12. וְהוּא מְצַעֵק.‏ Ο'. καὶ ἐβόα. Alia exempl. καὶ αὐτὸς ἐβόα.[16]

13. וַיָּרֶם אֶת־אַדֶּרֶת אֵלִיָּהוּ אֲשֶׁר נָפְלָה מֵעָלָיו וַיָּשָׁב וַיַּעֲמֹד.‏ Ο'. καὶ ὕψωσεν τὴν μηλωτὴν Ἠλιοὺ ἣ ἔπεσεν ἐπάνωθεν – Ἐλισαιὲ ◄ καὶ ἐπέστρεψεν (–) Ἐλισαιὲ ◄, καὶ ἔστη.[17] Ὁ Ἑβραῖος, Σ. καὶ ἄρας τὸ περιβόλαιον Ἠλιού, ὃ ἔπεσεν ἀπ' αὐτοῦ, ἐπέστρεψε, καὶ ἔστη.[18]

14. וַיַּכֶּה אֶת־הַמַּיִם.‏ Ο'. καὶ ἐπάταξε τὸ ὕδωρ (alia exempl. add. καὶ οὐ διέστη (s. διῃρέθη)[19]).

אַיֵּה יְהוָה אֱלֹהֵי אֵלִיָּהוּ אַף־הוּא.‏ Ο'. ποῦ ὁ θεός (alia exempl. κύριος ὁ θεὸς[20]) Ἠλιοὺ ἀφφώ; 'Α. ποῦ κύριος ὁ θεὸς Ἠλία, καίπερ αὐτός; Σ. ποῦ κύριος ὁ θεὸς Ἠλιοῦ καὶ νῦν;[21]

אַף־הוּא.‏ Etiam ille. Ο'. ἀφφώ (s. ἀπφώ). Οἱ ἄλλοι ἑρμηνευταὶ κρύφιος.[22]

וַיֵּחָצוּ.‏ Ο'. καὶ διερράγησαν (alia exempl. διῃρέθη[23]).

15. מִנֶּגֶד.‏ Ο'. ἐξεναντίας. Alia exempl. ἐξεναντίας ἀναστρέφοντα αὐτόν.[24]

18. וַיָּשֻׁבוּ אֵלָיו.‏ Ο'. Vacabat. ※ Α. Θ. καὶ ἐπέστρεψαν πρὸς αὐτόν ◄.[25]

וַיֹּאמֶר אֲלֵהֶם.‏ Ο'. καὶ εἶπεν Ἐλισαιέ. Aliter: Ο'. καὶ εἶπεν – Ἐλισαιὲ ◄ ※ Α. Θ. πρὸς αὐτούς ◄.[26]

20. וְשִׂימוּ.‏ Ο'. καὶ θέτε (alia exempl. ἐμβάλετε[27]).

וַיִּקְחוּ אֵלָיו.‏ Ο'. καὶ ἔλαβον, καὶ ἤνεγκαν πρὸς αὐτόν. Alia exempl. καὶ ἔλαβον πρὸς αὐτόν.[28]

23. עֲלֵה קֵרֵחַ.‏ (in posteriore loco). Ο'. ἀνάβαινε (※) φαλακρέ ◄.[29]

24. וַיִּפֶן.‏ Ο'. καὶ ἐξένευσεν (alia exempl. ἐπεστράφη[30]).

אַחֲרֵיהֶם.‏ Ο'. ὀπίσω αὐτῶν. Alia exempl. ὀπίσω αὐτοῦ.[31]

בְּשֵׁם יְהוָה.‏ Ο'. ἐν ὀνόματι κυρίου, ÷ Θ. καὶ εἶπεν τέκνα παραβάσεως καὶ ἀργίας ◄.[32]

Cap. II. 4. – πρὸς ◄ Ἐλισαιέ.[33] 6. – Ἐλισαιέ ◄.[34] 10. – Ἠλιού ◄.[35] – καὶ ◄ ἔσται.[36] 16. – ἐν τῷ

Sic in textu Comp. (cum –σαν), Codd. 19 (cum –ρησεν), 82, 93 (ut Comp.), 108.   [14] Syro-hex. حصرملا .ا. Cf. ad v. 1.   [15] Cod. 243 in marg. Hieron.: per turbinem.   [16] Sic Comp., Cod. 82, Lucif. Calar.   [17] Sic Syro-hex. Pro priore Ἐλισαιὲ pronomen est in Comp., Codd. 19, 82, 93.[18]   [18] Syro-hex. ܡܣܗ ܘ. ... Cf. ad v. 8.   [19] Prior lectio est in Ald., Codd. XI, 44, 52, 55, 56, aliis (inter quos 243, qui in marg. notat: Ὅ. καὶ ἐπάταξε τὸ ὕδωρ, καὶ εἶπε ποῦ κύριος ὁ θ. Ἠ. ἀφφώ); posterior in Comp., Codd. 19, 82, 93, 108, 119, 158 (cum διαιρέθη), Syro-hex. (cum بملا ‏‏‏‏‏‏||o, sine obelo), Hieron. Theodoret. Quaest. IX in 4 Reg. p. 516: Τῇ μηλωτῇ τὸ ὕδωρ ἐπάταξεν, οὐδὲν εἰρηκὼς, ἀλλ'ἀποχρὴν νομίσας εἰς θαυματουργίαν τὴν μηλωτήν. Ἐπειδὴ δὲ οὐχ ὑπήκουσε τῶν ὑδάτων ἡ φύσις, ἐκάλεσε τὸν τοῦ διδασκάλου θεόν, τὸν τοῖς ἀνθρώποις ἀόρατον καὶ ἀνέφικτον· ἀφφὼ γὰρ ὁ κρύφιος ἑρμηνεύεται κατὰ τὴν ἔκδοσιν τῶν ἄλλων ἑρμηνευτῶν.   [20] Sic Codd. III, 92, 119, 123, 242, 243 (in marg., ut supra), 247, Syro-hex.   [21] Cod. 243. Symmachum expressit Hieron., vertens: Ubi est Dominus Deus Eliae etiam nunc? Suidas: Ἀφφώ ἀπὶ τοῦ νῦν. Cf. ad Cap. x. 10. Ad حمر ‏|o Syro-hex. in marg. (ἀφ)ωφω, cum scholio: "Hebraeus pro ἀφφώ habet (A)φω (‏اف‎), quod interpretatur καὶ αὐτὸς (oo (‏ا‎)ل)."   [22] Theodoret., ut

supra, ubi ἑρμηνευταὶ de enarratoribus, non de interpretibus intelligendum videtur. Suidas: Ἀφφώ· ὃ σημαίνει τοῦ ἀποκρύφου, ἢ τοῦ ἀποκρυβέντος. Maximus in Cat. Niceph. T. II, p. 823: Ποῦ ὁ θεὸς ἀφφού; Κατὰ τρεῖς ἐπιβολὰς (notiones) ἑρμηνεύεται· ἢ ποῦ ὁ θ. τοῦ πατρός μου; ἢ ποῦ ὁ θ. τοῦ μεγάλου μου; ἢ ποῦ ὁ θ. τοῦ κρυβέντος;   [23] Sic Comp., Codd. 19, 71 (cum διῃρέθησαν), 82, 93, 108, Syro-hex.   [24] Sic (om. αὐτὸν post εἶδον) Comp., Cod. 19 (cum ἀναστρέφονται), 82, 93, 108.   [25] Syro-hex. in textu, et sic sine notis Codd. III, 123.   In Ed. Rom. hodie legitur καὶ ἀνέστρεψαν πρὸς αὐτόν; sed haec desunt in Codd. II, 245.   [26] Sic Syro-hex., et sine notis Codd. III, 121, 247.   [27] Sic Comp., Codd. 19 (cum ἐμβάλλετε), 82, 93 (ut 19), 108, 158.   [28] Sic Codd. II, III, Syro-hex.   [29] Sic Syro-hex. (cum cuneolo tantum) et sine aster. Comp., Codd. III, 19, 82, 93, 108, 121, 247, Arm. 1.   [30] Sic Codd. 19, 82, 93, 108.   [31] Sic Comp., Codd. 19, 93, Syro-hex. in marg. (cum ‏اﺣﺪ:‏ ܘ).   [32] Syro-hex. in marg. ♦ ‏ܘܚܕܟܠܐ‎ ‏حمۥ‎ ‏ܘܟܝܬܐ‎, cum scholio: "Haec apud Theodotionem solum posita sunt cum obelis sic (‏ܚܡܠ ‏|‏‏اܘ‎ ‏ܡ‎. ا ܘܣ ܚܘܡ ‏ܠ‎‏ ܘ)." Sic sine notis Cod. III, Arm. 1. Cf. ad Cap. xv. 15.   [33] Syro-hex.   [34] Idem.   [35] Idem.   [36] Idem (cum ♦‏ا‎(–). Copula deest in Comp., Codd. 19, 44, 64, 82, 93, 108, 123.

Ἰορδάνη (⁒).[37] ÷ Ἐλισαιέ ⁒.[38] 20. ÷ Ἐλισαιέ ⁒.[39] 21. ÷ Ἐλισαιέ ⁒.[40]

Cap. III.

1. בְּשֹׁמְרוֹן. Ο΄. Vacat. Alia exempl. ἐν Σαμαρείᾳ.[1]

4. נֹקֵד. *Pecuarius.* Ο΄. νωκήδ. Ἀ. ποιμνιοτρόφος. Σ. ἦν τρέφων βοσκήματα.[2] Aliter: Ἀ. ποιμνιοτρόφος. Σ. ἀρχιποιμήν.[3]

וְהֵשִׁיב. *Et reddebat* (tributa annua). Ο΄. καὶ ἐπέστρεφε (s. ἐπέστρεψε[4]). Alia exempl. καὶ ἦν φέρων φόρον καὶ ἐπιστρέφων.[5]

לְמֶלֶךְ־יִשְׂרָאֵל. Ο΄. ※ τῷ βασιλεῖ Ἰσραὴλ ⁒.[6]

6. אֶת־כָּל־יִשְׂרָאֵל. Ο΄. τὸν ※ πάντα ⁒ Ἰσραήλ.[7]

7. אֶל־יְהוֹשָׁפָט. Ο΄. πρὸς Ἰωσαφάτ (alia exempl. Ὀχοζίαν[8]).

כָּמוֹנִי. Ο΄. ὅμοιός μοι. Alia exempl. καὶ εἶπεν· ὡς ἂν σὺ καὶ ἐγώ· ὅμοιός μοι.[9]

8. נַעֲלֶה. Ο΄. ἀναβῶ. Ὁ Ἑβραῖος· ἀναβησόμεθα.[10]

8. דֶּרֶךְ מִדְבַּר. Ο΄. ὁδὸν ἔρημον (alia exempl. ἐρήμου[11]).

11. הַאֵין פֹּה. Ο΄. οὐκ (alia exempl. εἰ οὐκ[12]) ἔστιν ὧδε. Alia exempl. εἰ ἔστιν ἐνταῦθα.[13] Ἀ. Σ. ἆρα ταῦτα..[14]

12. יֵשׁ אוֹתוֹ. Ο΄. ἔστιν αὐτῷ (alia exempl. σὺν αὐτῷ[15]).

13. לֵךְ. Ο΄. δεῦρο. Σ. ἄπελθε.[16]

וְאֶל־נְבִיאֵי אִמֶּךָ. Ο΄. καὶ τοὺς προφήτας τῆς μητρός σου. ※ Ἀ. Θ. Σ. καὶ πρὸς τοὺς προφήτας τῆς μητρός σου ⁒.[17]

14. לוּלֵי פְּנֵי...נֹשֵׂא. Ο΄. εἰ μὴ πρόσωπον ... λαμβάνω. (Σ. εἰ μὴ πρόσωπον)... ἐδυσωπούμην.[18]

וְאִם־אֶרְאֶךָּ. Ο΄. καὶ εἶδόν σε. ※ Ἀ. Θ. Σ. καὶ εἰ εἶδόν σε (⁒).[19]

15. וְעַתָּה. Ο΄. καὶ νῦν. Alia exempl. καὶ νῦν ÷ ἰδέ ⁒.[20]

16. גֵּבִים גֵּבִים. *Fossas et fossas.* Ο΄. βοθύνους βοθύνους. Ἄλλος· συστέματα συστέματα.[21]

17. רוּחַ. Ο΄. πνεῦμα. Schol. πνοάς.[22]

---

[37] Idem. Deest in Comp., Codd. 19, 82, 93, 108. [38] Idem. [39] Idem. [40] Idem. Deest in Comp., Codd. 19, 82, 93, 108.

Cap. III. [1] Sic Comp., Codd. (III hiat), 121, 247, Syro-hex., Arm. 1. [2] Cod. 243. Symmachi versionem imitatus est Hieron.: *nutriebat pecora multa.* [3] Bar Hebraeus (teste Bernsteinio in *Zeitschrift der Deutschen-morgenl. Gesellschaft*, T. III, p. 413): ܐܩܘ ܡܪܒܝܢܐ ܚܝܘܬܐ ܣܘܡܟܘܣ ܪܝܫ ܪܥܘܬܐ ܗܘܐ. Consentit Syro-hex., qui ad νωκήδ (ܢܝܩܐ) in marg. affert: ܐ. ܡܪܒܝܢܐ ܚܝܘܬܐ (sic)., appicto Graeco ΠΟΙΜΝΙΟΤΡΟΦΟΣ; deinde, membrana abscissa: (ܣ) ܪܝܫ ܪܥܘܬܐ. Theodoret. Quaest. XI in 4 Reg. p. 517: Οἱ ἄλλοι ἑρμηνευταὶ τὸ νωκηδεὶ (sic) ἀρχιποιμένα ἡρμήνευσαν. Ad Aquilam cf. Hex. ad Amos i. 1. [4] Sic Codd. II, III, 55, 247, Syro-hex. [5] Sic Comp., Codd. 19, 44 (om. καὶ ἐπιστρ.), 56, 82, 93, 108 (cum ἐπιφέρων pro φέρων), 158 (cum καὶ ἐπέστρεφε), Theodoret. (ut 44). Syro-hex. in marg., silente Middeldorpfio: ܐܠܐ ܗܘܐ (ܕ) ܡܥܠܐ ܡܕܐܬܐ (ܘ) ܡܗܦܟ ܠܡܠܟܐ ܕܐܝܣܪܐܝܠ. [6] Syro-hex. Haec habentur in Ed. Rom., sed desunt in Codd. 52, 74, 92, aliis. [7] Idem (cum ※ ܠܟܠܗ ⁒). [8] Sic Codd. 19, 82, 93, 108, 158. [9] Sic Codd. 19, 82, 93, 108, 158 (om. καὶ εἶπεν), Syro-hex. (cum καὶ ἐγὼ ὡς σὺ ὅμοιός μοι). [10] Syro-hex. ܥ. ܢܣܩ. Sic in textu Comp., Codd. 19, 82, 93, 108, 123 (cum ἀναβῶμεν). [11] Sic Comp., Codd. 82, 93, 108, 245, Syro-hex. [12] Sic Codd. III, XI, 247, Syro-hex. [13] Sic Comp., Codd. 19, 82, 93, 108. [14] Syro-hex. ܐ. ܣ. ܐܪܐ ܗܠܝܢ. Lectio vix sana esse videtur. Pro ܗܠܝܢ fortasse legendum ܗܪܟܐ. [15] Sic Cod. III, Syro-hex., Arm. 1. [16] Syro-hex. ܣ. ܐܙܠ. Cf. ad Cap. viii. 1. [17] Sic in textu Syro-hex., et sine notis Comp., Codd. III, XI, 74, 93, alii, Arm. 1. Clausula deest in Codd. II, 55, 245. [18] Ad ἐγὼ λαμβάνω Cod. 243 in marg.: ἐδυσωπούμην. Cf. Hex. ad Gen. xix. 21. Mal. i. 8. ii. 9. Hieron.: *si non vultum ... erubescerem.* [19] Sic in textu Syro-hex. [20] Sic sine obelo Ald., Codd. III (om. λάβε), XI, 44, 52, 64, alii (inter quos 243). Minus probabiliter Syro-hex.: καὶ νῦν (s. νυνί) ÷ δέ (⁒). [21] Syro-hex. in marg. (ܐ) ܟܢܘܫܝܐ ܟܢܘܫܝܐ. Cod. 71 in textu post βοθύνους infert συστέματα συστέματα ὑδάτων, ex alio interprete, ut videtur, addito explicationis gratia ὑδάτων. Quin et vox Syriaca ܟܢܘܫܝܐ commutatur cum συστήματα Jerem. li. 32, ubi in Hebraeo est אֲגַמִּים, *stagna.* [22] Syro-hex. in textu: ܪܘܚܐ; in marg. autem: ܡܫܒܐ.

17. וּבְקֶנְיְכֶם. O'. καὶ αἱ κτήσεις (alia exempl. αἱ παρεμβολαί[23]) ὑμῶν.

19. וְכָל־עִיר מִבְחוֹר. O'. Vacat. ※ Σ. Θ. Ε'. καὶ πᾶσαν πόλιν ἐκλεκτήν ◄.[24]

תַּכְאִבוּ. Perdetis. O'. ἀχρειώσετε. Σ. obstruetis.[25]

20. כַּעֲלוֹת הַמִּנְחָה. O'. ἀναβαινούσης τῆς θυσίας. Σ. ἡνίκα ἀνεβιβάζετο τὸ δῶρον (s. ἡ προσφορά).[26]

21. וַיִּצָּעֲקוּ מִכֹּל חֹגֵר חֲגֹרָה וָמַעְלָה. Et convocarunt ab omni cingente se cingulo et desuper. O'. καὶ ἀνεβόησαν ἐκ παντὸς περιεζωσμένοι (alia exempl. περιεζωσμένου.[27] 'Α. Θ. Ε'. περιζωννυμένου[28]) ζώνην, καὶ εἶπον· ὤ (potior scriptura καὶ ἐπάνω[29]). Alia exempl. καὶ παρήγγειλαν παντὶ περιζωννυμένῳ παραζώνην καὶ παρατείνοντι, καὶ ἐβόησαν ἐκ παντὸς παραζωννυμένου παραζώνην, καὶ ἐπάνω.[30]

22. אֲדֻמִּים. O'. πυρρά. Σ. πεπυρρωμένα.[31]

23. הָחֳרֵב נֶחֶרְבוּ הַמְּלָכִים. Delendo deleverunt se reges. O'. τῆς ῥομφαίας [καὶ][32] ἐμαχέσαντο οἱ βασιλεῖς. Alia exempl. ἐρίσαντες γὰρ ἤρισαν οἱ τρεῖς βασιλεῖς καὶ ἐμαχέσαντο.[33]

25. אַבְנֵי. O'. τὸν λίθον ※ αὐτοῦ ◄.[34]

25. עֵץ. O'. ξύλον. Σ. δένδρον.[35]

עַד־הִשְׁאִיר אֲבָנֶיהָ בַּקִּיר חֲרָשֶׂת. Donec relicti essent tantum lapides ejus in Kir-hareseth. O'. ἕως τοῦ καταλιπεῖν τοὺς λίθους τοῦ τοίχου ※ καθῃρημένους ◄.[36] Alia exempl. ἕως τοῦ μὴ καταλιπεῖν λίθον ἐν τοίχῳ τεκτονικῆς.[37]

26. שָׁלַף חֶרֶב. O'. ἐσπασμένους (alia exempl. σπωμένους[38]) ῥομφαίαν.

27. קֶצֶף גָּדוֹל. O'. μετάμελος μέγας. 'Α. παροξυσμός (μέγας).[39] Ἄλλος· λύπη μεγάλη.[40]

Cap. III. 4. — ἐν τῇ ἐπαναστάσει (◄).[41] 12. — βασιλεὺς Ἰούδα ◄.[42] [24. ÷ καὶ εἰσῆλθον ◄.][43]

CAP. IV.

1. מִנְּשֵׁי בְנֵי. O'. ἀπὸ τῶν υἱῶν. Ἄλλος· ἀπὸ τῶν γυναικῶν τῶν υἱῶν.[1]

2. וַיֹּאמֶר אֵלֶיהָ. O'. καὶ εἶπεν ※ 'Α. Θ. Ε'. πρὸς αὐτήν ◄.[2]

אָסוּךְ שָׁמֶן. Lecythus olei. O'. ὃ ἀλείψομαι ἔλαιον. Alia exempl. ἀγγεῖον ἐλαίου .. ὃ ἀλείψομαι.[3]

3. לְכִי. O'. δεῦρο. Σ. ἄπελθε.[4]

4. עַל כָּל־הַכֵּלִים. O'. εἰς ※ πάντα (◄) τὰ σκεύη.[5]

---

[23] Sie Comp., Codd. 19, 82, 93, 108, 158. Haec desunt in Cod. 55, Syro-hex., casu, ut videtur. [24] Sie Syro-hex., et sine notis Comp., Codd. III, 121, 158 (add. ἐν τῇ Μωάβ), 247, Arm. 1. [25] Syro-hex. in marg. ♦ ܬܚܒܠܘܢ .ܣ. Cf. Hex. ad Job. xxviii. 10. [26] Idem: ܐܡܬܝ ܕ. ܣ. ܡܣܩ ܗܘܐ ܩܘܪܒܢܐ. Cf. Hex. ad Jesai. lvii. 6. Hieron.: quando sacrificium offerri solet. [27] Sic Cod. 236. Syro-hex. ܘܟܠ ܡܢ ܡܢ .ܣ. [28] Syro-hex. Praeterea ad ζώνην (ܐܣܪ) idem in marg. sine nom.: ܡܣܪܐ, quae vox nescio an Graecum παραζώνην (pugionem?) innuat. Cf. Hex. ad 2 Reg. xxi. 16. Etiam Bar Hebr. excerpsit: ܡܣܪܐ ܕܚܕ ܫܩܠ. [29] Sic Comp., Ald., Codd. III, 19, 64, 71, 93, 108, 245, Syro-hex. [30] Sic ex duplici versione Codd. 19 (cum παρεγείνοντι), 93, 108. [31] Syro-hex. ♦ ܡܣܘܡܩܝܢ (ܣ). Cf. Hex. ad Exod. xxv. 5. [32] Copulam reprobant Comp., Codd. II, III, XI, 56, 71, alii (inter quos 243), Syro-hex., Arm. 1. [33] Sic Codd. 19, 82, 93 (om. γάρ). [34] Sic Syro-hex., et sine aster. Comp., Ald., Codd. 55, 64, 71, alii (inter quos 243), Arm. 1. [35] Syro-hex. ♦ ܐܝܠܢܐ .ܣ. Apud Graecos scriptores ad rem bellicam pertinebant locutiones, δένδρα τέμνειν (s. κό-

πτειν), δενδροτομεῖν, etc. Josephus (Antiq. IX, 3, 2) de hac ipsa expeditione: καὶ τὰ κάλλιστα τῶν δένδρων ἐξέκοψαν. [36] Sie Syro-hex. (cum ܡܣܬܚܦܝܢ ※), et sine aster. Ed. Rom. [37] Sic Comp. (om. μή), Codd. 19 (idem), 93, 108 (cum καταλείπειν). Cf. Hex. ad Exod. xxxi. 5. [38] Sic Comp., Codd. 56 (cum σπωμένους), 82, 93, 108, 246 (ut 56). [39] Syro-hex. ♦ ܚܡܬܐ .ܐ. Verbum ܐܬܚܡܬ παρωξύνθη commutatur Hos. viii. 5. Zach. x. 3. Bernstein. in Zeitschrift etc. T. III, p. 414: "Im Griech. hat ὀξύθυμία gestanden, welches Wort קֶצֶף גָּדוֹל wohl nicht zu frei [Aquila interprete?] ausdrückt." Sed ὀξυθυμία est animi habitudo, non conditio, et ὀξίθυμος sonat ܡܪܝܪ ܢܦܫܐ (Prov. xiv. 17), ܚܡܬܐ (Hex. ad Prov. xxix. 22), juxta constantem Nostri usum ܪܘܓܙܐ pro ὀργή et ܚܡܬܐ pro θυμὸς ponendi. [40] Cod. 71 in textu: καὶ ἐγενήθη λ. μ. [41] Syro-hex. Deest in Comp., Codd. 19, 93, 108. [42] Idem. [43] Idem, repugnante Hebraeo.

Cap. IV. [1] Syro-hex. in marg., membrana abscissa: ܢܫܐ). [2] Sic Syro-hex., et sine notis Ald., Codd. III, 121, 123, 247. [3] Sic Comp. (cum ᾧ), Codd. 19, 82, 93, 108. [4] Syro-hex. ♦ ܐܙܠܝ .ܣ. [5] Sic Syro-

6. וַיְהִי כְּמֹלֹאת הַכֵּלִים. Ο'. ἕως ἐπλήσθησαν
(Χ'Ο'Εβραῖος· καὶ ἐγένετο ὡς ἐπλήσθησαν⁶) τὰ
σκεύη. Alia exempl. καὶ ἐγένετο ὡς ἐπληρώθη
πάντα τὰ ἀγγεῖα.⁷

7. לְכִי מִכְרִי אֶת־הַשֶּׁמֶן וְשַׁלְּמִי אֶת־נִשְׁיֵכִי. Ο'.
δεῦρο (alia exempl. πορεύου⁹) καὶ ἀπόδου τὸ
ἔλαιον, καὶ ἀποτίσεις τοὺς τόκους σου (alia exempl. τὸ δάνειον⁹). Σ. ἄπελθε, πώλησον τὸ ἔλαιον,
καὶ ἀπόδος τῷ δανειστῇ σου.¹⁰

8. לֶאֱכָל־לָחֶם. Ο'. τοῦ ἐκεῖ φαγεῖν Χ ἄρτον ◄.¹¹

10. עֲלִיַּת־קִיר. Conclave ad parietem. Ο'. ὑπερῷον
τόπον. Σ. ἐκ δοκῶν.¹²

13. הִנֵּה חָרַדְתְּ אֵלֵינוּ אֶת־כָּל־הַחֲרָדָה הַזֹּאת.
Ecce! impendisti nobis omnem trepidationem
(sedulitatem) istam. Ο'. ἰδοὺ ἐξέστησας (alia
exempl. ἐξέταξας¹³) ἡμῖν πᾶσαν τὴν ἔκστασιν
(alia exempl. ἔκταξιν¹⁴) ταύτην. Ἄλλος· ἰδοὺ
σὺ ἐξέταξας ἡμῖν πᾶσαν ταύτην τὴν ἔκταξιν.¹⁵

יֹשָׁבֶת. Ο'. οἰκῶ. Ἄλλος· ἡσυχάζουσα.¹⁶

14. אֲבָל. Ο'. καὶ μάλα. Ὁ Ἑβραῖος ὄντως.¹⁷
זָקֵן. Ο'. πρεσβύτης. Alia exempl. → οὐκ ἔστι ◄
πρεσβύτης.¹⁸

15. וַיֹּאמֶר קְרָא־לָהּ. Ο'. Vacat. Χ'Α. Ε'. καὶ
εἶπεν· κάλεσον αὐτήν ◄.¹⁹

16. לַמֹּועֵד הַזֶּה. Ο'. εἰς τὸν καιρὸν τοῦτον. Alia
exempl. εἰς τὸ μαρτύριον τοῦτο κατὰ τὸν καιρὸν
τοῦτον.²⁰

אִישׁ הָאֱלֹהִים. Ο'. Vacat. Χ 'Α. Ε'. ἄν-
θρωπε τοῦ θεοῦ ◄.²¹

אַל־תְּכַזֵּב. Ο'. μὴ διαψεύσῃ (alia exempl. ἐγγε-
λάσῃς²²).

18. וַיְהִי הַיֹּום וַיֵּצֵא. Ο'. καὶ ἐγένετο ἡνίκα ἐξῆλθε.
Alia exempl. καὶ ἐγένετο ἡμέρα θερισμοῦ, καὶ
ἐξῆλθε τὸ παιδάριον.²³

19. רֹאשִׁי רֹאשִׁי. Ο'. τὴν κεφαλήν μου, τὴν κεφαλήν μου. Alia exempl. τὴν κεφαλήν μου
ἀλγῶ.²⁴

20. וַיִּשָּׂאֵהוּ וַיְבִיאֵהוּ. Ο'. καὶ ἦρεν αὐτόν, Χ καὶ
εἰσήνεγκεν αὐτόν ◄.²⁵

25. וַתֵּלֶךְ וַתָּבֹא אֶל־אִישׁ הָאֱלֹהִים אֶל־הַר
הַכַּרְמֶל. Ο'. δεῦρο καὶ πορεύσῃ καὶ ἐλεύσῃ
πρὸς τὸν ἄνθρωπον τοῦ θεοῦ εἰς ὄρος τὸ Καρ-
μήλιον. καὶ ἐπορεύθη καὶ ἦλθεν ἕως τοῦ ἀνθρώπου τοῦ θεοῦ εἰς τὸ ὄρος. Alia exempl.
→ δεῦρο ◄ καὶ πορεύσῃ καὶ ἐλεύσῃ πρὸς τὸν
ἄνθρωπον τοῦ θεοῦ εἰς ὄρος τὸ Καρμήλιον.²⁶

כִּרְאֹות אִישׁ־הָאֱלֹהִים אֹתָהּ מִנֶּגֶד. Ο'. ὡς
εἶδεν Ἐλισαιὲ ἐρχομένην αὐτήν. Alia exempl.

---

hex. (cum Χ εἰς πάντα), et sine aster. Codd. III (om. εἰς), 247.
⁶ Syro-hex. in marg. : ܡܟܕ ܘܗܡ Jܘܘ . ܐ. Χ.   ⁷ Sic
Comp., Codd. 19, 82 (cum ἐπληρώθησαν), 93, 108.   ⁸ Iidem.   ⁹ Iidem.   ¹⁰ Syro-hex. ܘܗ . ܐ ܐܚܠ ܟܡ.
ܟܡܣܐ ܟܗܩܩܟ . Concinit Hieron., He-
braea vertens: Vade, inquit, vende oleum, et redde credi-
tori tuo. Syriaca tamen pariter sonant: Σ. πορεύου, ἀπόδου
τὸ ἔλ., καὶ ἀπότισον τῷ δ. σ. Brunsii sordes, ut solet, revocavit Parsons.: ἀπέρχου καὶ ἀπόδου τὸ ἔλ., καὶ ἀπότις τοῖς δανει-
στεσί(!) σου.   ¹¹ Syro-hex. in marg.: Χ ἄρτον. Sic in
textu sine aster. Comp., Ald., Codd. 19, 108 (om. τοῦ).
¹² Idem in marg. ◄ (ܡܟܐ) ܡܟܐ ܡܥ . ܣ. Etiam LXX
קִיר per δοκὸς (קֹורָה) interpretati sunt 3 Reg. vi. 16.   ¹³ Sic
Comp., Codd. 19, 55 (cum ἔταξας), 71, 93 (cum ἐξέταξει),
108.   ¹⁴ Sic Comp., Codd. 56, 93, 108, 246.   ¹⁵ Syro-
hex. in marg. ܐܚܡ (ܟܡ) ܟܕ ܐܝܣܟ J(ܘ).
◄ ܐܣܡܐ. Pro ἐξέταξας et ἔκταξιν Schleusnerus juxta Hebraeum tentat ἐξετάραξας et ἐκτάραξιν, repugnante Syro
nostro, cui ἐξέταξεν sonat ܟܡ Dan. i. 10. In nostro

autem loco nescio an interpres Graecus ἐκτάσσειν sensu inso-
lito usurpaverit pro extra ordinem aliquid facere.   ¹⁶ Sic
in textu Codd. 56, 246. Duplex versio, οἰκῶ ἡσυχάζουσα,
est in Codd. 64, 158, Syro-hex. (cum ἐγώ εἰμι οἰκοῦσα καὶ
ἡσυχάζουσα).   ¹⁷ Syro-hex. ܟܗܣܐܟ . ܐ. Cf. Hex. ad
2 Reg. xiv. 5.   ¹⁸ Sic Syro-hex., et sine obelo Codd. III,
56, 245, 246. (Ad πρεσβύτης (ܟܗܣ) Syro-hex. in marg.
affert: πρεσβύτερος (ܟܣܣܐ).)   ¹⁹ Sic in textu Syro-
hex., et sine notis Comp. (cum καὶ εἶπεν Ἐλισαιὲ), Ald.,
Codd. III, 19 (ut Comp.), 55, 56, alii (inter quos 243),
Arm. 1.   ²⁰ Sic ex duplici versione Codd. 19, 93, 108
(om. τοῦτον).   ²¹ Sic Syro-hex., et sine notis Comp.,
Codd. III, 19, 52, 92, alii, Arm. 1.   ²² Sic Codd. 19, 93
(cum ἐγγελάσῃ), 108, 243 (in marg., ut 93).   ²³ Sic
Comp., Codd. 19, 93 (cum θερισμὸς), 108.   ²⁴ Sic Codd.
19, 44, 82, 93, 108.   ²⁵ Sic Syro-hex., et sine aster.
Comp., Codd. (III hiat), 19 (cum ἐπήνεγκεν), 82, 93, 108.
²⁶ Sic Syro-hex., et sine obelo Codd. II (cum εἰς τὸ ὄρος),
III, Arm. 1. Vox δεῦρο deest in Comp., Codd. 19, 82, 93,

ὡς εἶδεν αὐτὴν ὁ ἄνθρωπος τοῦ θεοῦ ἐξεναν-
τίας.²⁷

26. וָאֹמַר־לָהּ. Ο'. καὶ ἐρεῖς ※ αὐτῇ (◄).²⁸

27. וַתָּבֹא אֶל־אִישׁ הָאֱלֹהִים. Ο'. καὶ ἦλθε πρὸς
Ἐλισαιέ. Alia exempl. καὶ κατεύθυνε πρὸς
τὸν ἄνθρωπον τοῦ θεοῦ.²⁹

מָרָה. Ο'. κατώδυνος. Σ. πεπίκρανται.³⁰

28. לֹא תַשְׁלֶה אֹתִי. Ο'. οὐ πλανήσεις μετ' ἐμοῦ.³¹

29. כִּי תִמְצָא. Ο'. ὅτι (alia exempl. καὶ³²) ἐὰν
εὕρῃς.

31. לִפְנֵיהֶם. Ο'. ἔμπροσθεν αὐτῆς. Ὁ Ἑβραῖος·
ἔμπροσθεν αὐτῶν.³³

34. וְכַפָּיו עַל־כַּפָּיו. Ο'. καὶ τὰς χεῖρας αὐτοῦ ἐπὶ
τὰς χεῖρας αὐτοῦ. Ἄλλος· καὶ τὰ ἴχνη αὐτοῦ
ἐπὶ τὰ ἴχνη αὐτοῦ.³⁴

וַיִּגְהַר עָלָיו. Et toto corpore incubuit super
illum. Ο'. καὶ διέκαμψεν ἐπ' αὐτόν. Ἄλ-
λος· καὶ ἐνεφύσησεν εἰς αὐτόν.³⁵ Ἄλλος· καὶ
ἰγλαὰδ ἐπ' αὐτόν.³⁶

34. וַיִּגְהַר. Ο'. διέκαμψεν. Aliter: Ο'. συνέκυ-
ψεν.³⁷ Ἀ. ἐνέπνευσεν. Σ. ἐπέπεσεν.³⁸

35. אַחַת הֵנָּה וְאַחַת הֵנָּה. Ο'. ※ μίαν ◄ ἔνθεν,
καὶ ※ μίαν (◄) ἔνθεν.³⁹

וַיִּגְהַר עָלָיו וַיְזוֹרֵר הַנַּעַר עַד־שֶׁבַע פְּעָמִים. Et
toto corpore incubuit super eum; et sternutavit
puer septies. Ο'. καὶ συνέκαμψεν (alia exempl. συνεκάλυψεν⁴⁰) ἐπὶ τὸ παιδάριον ἕως
ἑπτάκις. Alia exempl. καὶ ἐνέπνευσεν ἐπ' αὐτὸν, καὶ ἠνδρίσατο ἐπὶ τὸ παιδάριον ἑπτάκις.⁴¹
Ἄλλος· καὶ συνέκυψεν ἐπ' αὐτὸν, καὶ ἐμπέ-
φυκεν αὐτῷ.⁴² Ἑβρ. ουϊεγαρ.⁴³

36. וַיִּקְרָאֶהָ. Ο'. καὶ ἐκάλεσεν ※ Ἀ. Σ. Ε'. αὐτήν ◄.⁴⁴

39. וַיֵּצֵא אֶחָד. Ο'. καὶ ἐξῆλθεν ※ εἷς ◄.⁴⁵

אֹרֹת. Olera. Ο'. ἀριώθ. Ἀ. Σ. κολοκύνθας.⁴⁶
Οἱ ἄλλοι· ἄγρια λάχανα.⁴⁷

גֶּפֶן שָׂדֶה. Palmitem agrestem. Ο'. ἄμπελον
※ Ὁ Ἑβραῖος, Ἀ. Σ. Ε'. ἀγρίαν (◄).⁴⁸

---

108. ²⁷ Sic Comp., Codd. 19 (om. αὐτὴν), 82, 93, 108.
²⁸ Sic Syro-hex., et sine aster. Comp., Codd. 93, 108.
Statim εἰ εἰρήνη ter Syro-hex. ²⁹ Sic Comp., Codd. 19,
82, 93, 108. Mox ἐκράτησεν pro ἐπελάβετο, et προσῆλθεν
pro ἤγγισεν iidem. ³⁰ Syro-hex. ♦ ܡܡܪܗܪ ܀.
³¹ Syro-hex. in marg. notat: ܟܐܟܠ ܪܝܫܒ ܚܒܚ ܗܡ
ܠܣܐ. ܚܡܣ, h.e. "In tribus exemplaribus [constructio ab-
normis πλανήσεις] μετ' ἐμοῦ posita est in Graeco," ut recte
Syriaca interpretatus est Brunsius; quod vero dubitanter
infert V.D., in aliis fuisse με, nec Syrus affirmat, nec e
libris hodiernis probari potest. ³² Sic Comp., Codd. 19,
108, Syro-hex. ³³ Syro-hex. ♦ ܩܘܡ.. .ܠ. Sic
Comp., Arm. 1. ³⁴ Duplex versio, καὶ τὰς χεῖρας—αὐτοῦ,
καὶ τὰ ἴχνη—αὐτοῦ, est in Ald., Codd. XI, 52, 55, 56, aliis
(inter quos 243). ³⁵ Duplex versio, καὶ ἐνεφ. ἐπ' αὐτὸν,
καὶ διέκ. ἐπ' αὐτόν, est in Comp. (cum καὶ διέκ. ἐπ' αὐτὸν,
καὶ ἐνεφ. ἐπ' (sic) αὐτόν), Ald. (om. εἰς, Codd. XI, 44, 52 (cum
ἐνέφυσεν), 55 (ut Comp.), 64 (ut Ald.), 71 (ut Comp.), 74,
aliis (inter quos 243, ut Comp.). ³⁶ Sic (cum duplici
lectione, καὶ συνέκαμψεν ἐπ' αὐτόν, καὶ ἰγλαὰδ ἐπ' αὐτὸν) Codd. 19
(cum ἰγλααδ), 93 (cum ἰγαλὰδ), 108. Theodoret. Quaest.
XVIII in 4 Reg. p. 521: Τί δηλοῖ τὸ ἐλαὰδ [ἐγλαὰδ Cat.
Niceph. T. II, p. 840] ἐπ' αὐτόν; Τοῦτο οἱ ἄλλοι ἑρμηνευταὶ
ἐνεφύσησεν εἰρήκασιν. Montef. vero e Reg. affert: Ἐν τῷ
Ἑβραϊκῷ ἐστιν, ἰγλαὰδ ἐπ' αὐτόν, ἀντὶ τοῦ, ἐνεφύσησεν ἐπ' αὐτόν.

³⁷ Cod. 243 in marg. ³⁸ Codd. Reg., 243. Versio ἐνέπνευσεν ab Aquila abhorrere videtur, cui longe libentius
tribuerimus lectionem anonymam ἐνεγνωσεν (potius ἐνεγνώ-
ωσεν) a Nobilio memoratam, qui ait: "In scholio tamen
quod ex Theodoreto videtur derivatum, legitur: τὸ δὲ ἐνέ-
γνωσεν ἐπ' αὐτὸν, συνέκαμψεν οἱ ἄλλοι εἰρήκασιν." Hesych.:
Ἐγγιώσεται· ἐναγκαλισθήσεται, συμπλακήσεται. ³⁹ Sic
Syro-hex. (cum ♦ ܡܣ ※), invitis libris Graecis. ⁴⁰ Sic
Comp., Ald., Codd. III, XI, 64, 71, alii (inter quos 243).
Syro-hex. legit et pingit: καὶ συνεκάλυψεν ἐπὶ τὸ παιδάριον,
※ καὶ συνέκαμψεν ◄ ἐπὶ ※ τὸ παιδάριον ◄. ⁴¹ Sic Comp.
(om. ἐπὶ post ἠνδρίσατο), Codd. 19 (cum ἀνήν.), 82, 93, 108.
Theodoret. ibid.: τὸ δὲ ἐνέπνευσεν ἐπ' αὐτὸν συνεκάλυψεν οἱ
ἄλλοι εἰρήκασιν. Mox pro καὶ ἤνοιξε τὸ π. iidem habent καὶ
διεκινήθη τὸ (ἐπὶ τὸ 93) π. καὶ διήνοιξε. ⁴² Cod. 243 in
marg. sine nom. ⁴³ Cod. 243. ⁴⁴ Sic Syro-hex., et
sine notis Comp., Codd. III, 93 (add. ὁ ̔ιεζι̅), 108 (idem),
Arm. 1. ⁴⁵ Syro-hex. in marg. ♦ ܡܣ ※. ⁴⁶ Idem:
♦ ܡܣܐ .ܡ. .ܐ, appicto Graeco ΑΡΙΟΘ (sic). Cf. Jon. iv. 6
in LXX et Syro-hex. ⁴⁷ Theodoret. Quaest. XIX in
4 Reg. p. 522. Scripturam deteriorem ἀγριολάχανα e Procop. p. 285 ediderunt Drus. et Montef. ⁴⁸ Syro-hex. in
marg. ♦ ܙܩܕܐ ... ܐ. Bar Hebraeus: ܐܡܣ
ܠܩܕܐ. Sic sine notis Comp., Codd. 19, 93, 108.

39. פַקֻּעֹת שָׂדֶה. *Cucumeres agrestes.* Ο'. τολύπην ※ ἀγρίαν ◄.⁴⁹ Σ. βοτάνην ἀγρίαν. Ἄλ-
λος· κολοκυνθίδας.⁵⁰

וַיָּבֹא וַיְפַלַּח. Ο'. (※) Σ. καὶ ἦλθεν ◄, καὶ
ἐνέβαλεν.⁵¹

40. וַיִּצְקוּ לַאֲנָשִׁים לֶאֱכוֹל. Ο'. καὶ ἐνέχει (alia
exempl. ἐνέχεεν⁵²) τοῖς ἀνδράσι ※ Ἄ. Σ. Θ.
Ε'. φαγεῖν ◄.⁵³

וְהֵמָּה. Ο'. καὶ ἰδού. Λ. Ε'. καὶ αὐτοί.⁵⁴

42. מִבַּעַל שָׁלִשָׁה. Ο'. ἐκ Βαιθαρισά (alia exempl. Βαιθαλισά⁵⁵).

לֶחֶם בִּכּוּרִים. Ο'. ※ Ἄ. Σ. Ε'. ἄρτους (◄)
πρωτογεννημάτων.⁵⁶

עֶשְׂרִים־לֶחֶם. Ο'. ※ Ὁ Ἑβραῖος, Ε'. εἴκοσι ◄
ἄρτους.⁵⁷

בְּצִקְלֹנוֹ. *In sacculo suo.* Ο'. Vacat. ※ Θ.
βακελλέθ ◄.⁵⁸ Ἄλλος· ἐν κωρύκῳ αὐτοῦ.⁵⁹

43. מָה אֶתֵּן זֶה. Ο'. τί δῶ τοῦτο. Alia exempl.
τίνι δῶ ταῦτα.⁶⁰

43. תֵּן. Ο'. δός. Alia exempl. δότε.⁶¹ Ὁ Ἑβραῖος·
δός.⁶²

44. וַיִּתֵּן לִפְנֵיהֶם. Ο'. Vacat. ※ καὶ ἔδωκεν εἰς
πρόσωπον αὐτῶν (◄).⁶³

Cap. IV. 3. – πρὸς αὐτήν ◄.⁶⁴ 7. – Ἐλισαιέ ◄.⁶⁵
ἐν τῷ ἐπιλοίπῳ (s. ὑπολοίπῳ) – ἐλαίῳ ◄.⁶⁶ 12. –
μοι ◄.⁶⁷ 14. (–) τὸ παιδάριον αὐτοῦ ◄.⁶⁸ 16. – Ἐλισαιὲ πρὸς αὐτήν ◄.⁶⁹ 29. – Ἐλισαιέ ◄.⁷⁰ 30. –
Ἐλισαιέ ◄.⁷¹ 33. – Ἐλισαιὲ εἰς τὸν οἶκον ◄.⁷² 36.
– Ἐλισαιέ ◄.⁷³ – Ἐλισαιέ ◄.⁷⁴ 37. – ἡ γυνή ◄.⁷⁵
38. – Ἐλισαιέ ◄.⁷⁶ 41. ÷ τὸ παιδάριον ◄.⁷⁷

Cap. V.

1. מֶלֶךְ־אֲרָם. Ο'. ※ Ὁ Ἑβραῖος· βασιλέως ◄
Συρίας.¹

נָתַן. Ο'. ἔδωκε. Alia exempl. ἔθηκεν.²

2. וַאֲרָם יָצְאוּ גְדוּדִים. Ο'. καὶ Συρία ἐξῆλθον
(alia exempl. ἐξῆλθεν³) μονόζωνοι (Ἄλλος·
πειρατήριον⁴).

---

⁴⁹ Syro-hex. in textu sine cuneolo: ܒܣܡܐ ܘܟܘ ※, mendose,
ut videtur, pro ܟܘ ܒܣܡܐ ※; vox enim ἀγρίαν deest in
Codd. III, 44, 52, 74, aliis. Idem in marg. appingit:
ΑΥΠΙΝ (sic), cum scholio: ܟܣܡܐ ܘܟܘ ܚܣܡܐ (sic) ܒܣܡܐ ܘܟܘ
ܘܣܣܡ ܣܣܡܐ; h. e. "Τολύπην ἀγρίαν vocat hic palmites
cucumerum anguineorum (s. colocynthidum)." ⁵⁰ Cod.
243 in marg., teste Parsonsii amanuensi: κολοκυνθίδα. Σ.
(non Ἄ., ut Montef.) βοτάνην ἀγρίαν. Cod. 121 in marg.:
κολοκυνθίδας. Hieron. vertit: *colocynthidas agri.* ⁵¹ Sic
Syro-hex., et sine notis Codd. III (cum καὶ ἦλθον ἐνέβαλε),
247 (idem), Arm. 1; necnon (cum καὶ εἰσῆλθε) Comp.,
Codd. 19, 93, 108. ⁵² Sic Comp., Ald., Codd. III (cum
ἐνέχεεν), XI, 19, 55, 56, 64, alii, Syro-hex. ⁵³ Sic Syro-
hex. Vox φαγεῖν deest in Codd. 158, 245. ⁵⁴ Syro-hex.
ܘܗܢܘܢ ܕܝܢ ܐ. Sic in textu Comp., Codd. 19, 93, 108.
⁵⁵ Sic Codd. XI, 44, 55, 71 (cum Βεθσ.), alii, Syro-hex.
Cf. Hex. ad 1 Reg. ix. 4. ⁵⁶ Sic Syro-hex., et sine
notis Codd. III, 247. ⁵⁷ Sic Syro-hex. Vox εἴκοσι
legitur in Ed. Rom., sed deest in Codd. XI, 71, 245.
⁵⁸ Sic in textu Syro-hex. (cum ܚܣܡܠܐ ܒ ܐ ※), et sine
notis Codd. III, 247 (cum κακελλέθ). Interpres, ut ei mos
est, verbum Hebraicum Graecis literis expressit. Male
igitur Middeld. conjicit, Theodotionem scripsisse ἐν τῷ
φακελλῳ [quod Syriace sonaret ܚܣܡܠܐ] αὐτοῦ; Masius
autem (cui suffragari videtur Bernstein. in *Zeitschrift* etc.

TOM. I.

T. III, p. 414) vocem non Syriacam, ܟܕܟܠ, πήρα, commentus est. ⁵⁹ Sic in textu (post κριθίνους) Cod. XI.
Comp., praeeunte Hieron.: ἐν τῇ πήρᾳ αὐτοῦ. ⁶⁰ Sic
Ald., Codd. III, XI, 52, 55, 64, 71, alii (inter quos 243).
Syro-hex. ⁶¹ Sic Codd. III, 64, Syro-hex. ⁶² Syro-
hex. ܘ ܝܗܒ ܐ. ⁶³ Sic Syro-hex. (cum καὶ ἔφαγον, ※ καὶ
ἔδωκεν εἰς πρ. αὐτῶν, καὶ ἔφαγον), et sine aster. Codd. III,
247 (cum ἐφάγοσαν), Arm. 1. ⁶⁴ Syro-hex. ⁶⁵ Idem.
⁶⁶ Idem. Comp., Codd. 19, 93, 108: ἐν τῷ καταλοίπῳ (om.
ἐλαίῳ). ⁶⁷ Idem. Vocula deest in Comp., Codd. 93,
108. ⁶⁸ Idem. Deest in Comp., Codd. XI, 44, 74, aliis.
⁶⁹ Idem. ⁷⁰ Idem. ⁷¹ Idem. ⁷² Idem (qui pingit:
– Ἐλισαιέ ◄ εἰς τὸν οἶκον ◄). Verba εἰς τὸν οἶκον desunt in
Comp., Codd. 82, 93, 108. ⁷³ Idem. ⁷⁴ Idem.
⁷⁵ Idem. Deest in Cod. 247. ⁷⁶ Idem. ⁷⁷ Idem.
Deest in Comp., Codd. 44, 93 (ut videtur), 108.

Cap. V. ¹ Sic Syro-hex., et sine notis Comp. (cum ὁ
ἀρχιστράτηγος pro ὁ ἄρχων τ. δ.), Codd. 19 (idem), 55, 56,
71, alii. ² Sic Codd. III, 56, 243, 246 (cum τέθηκεν),
Syro-hex. ³ Sic Codd. III, XI, 44, 64, 71 (cum μονόζωνος), alii, Syro-hex. ⁴ Duplex versio μονόζωνοι πειρατήριον est in Codd. 44, 52, 55, 74, aliis (inter quos 243).
"Symmacho hanc interpretationem vindicandam esse opinor, quia hic vocabulum nostro non dissimile גֵּד Gen.
xxx. 11 reddidit πειρατήριον."—*Scharfenb.* Cf. Hex. ad

4 Q

3. **אַחֲלֵי**. *Utinam.* Ο΄. ὄφελον. Alia exempl.
ὀφθείη.[5] Ἄλλος· συμφέρον ἦν.[6]

אָז יֶאֱסֹף אֹתוֹ מִצָּרַעְתּוֹ. Ο΄. τότε ἀποσυνάξει
αὐτὸν ἀπὸ τῆς λέπρας αὐτοῦ. Alia exempl.
καὶ δεηθείη τοῦ προσώπου αὐτοῦ, καὶ ἀποσυνάξει ἀπ᾽ αὐτοῦ τὴν λέπραν αὐτοῦ.[7]

5. **וְעֶשֶׂר חֲלִיפוֹת בְּגָדִים**. Ο΄. καὶ δέκα ἀλλασσομένας στολάς. Ἄλλος· (καὶ) δέκα ζεύγη (s.
ζυγάς).[8]

6. **כְּבוֹא**. Ο΄. ὡς ἂν ἔλθῃ (alia exempl. κομισθῇ[9]).

7. **הַאֱלֹהִים אָנִי**. Ο΄. ὁ θεὸς ἐγώ. Alia exempl.
μὴ θεὸς ἐγώ.[10]

8. **אִישׁ־הָאֱלֹהִים**. Ο΄. Vacat. ※ Σ. Θ. Ε΄. ἄνθρωπος τοῦ θεοῦ ◄.[11]

9. **בְּסוּסוֹ וּבְרִכְבּוֹ**. Ο΄. ἐν ἵππῳ ※ αὐτοῦ ◄ καὶ
ἅρματι ※ αὐτοῦ ◄.[12] Σ. σὺν ἵπποις πολλοῖς καὶ
ἅρμασι.[13]

10. **וַיִּשְׁלַח אֵלָיו אֱלִישָׁע מַלְאָךְ**. Ο΄. καὶ ἀπέστειλεν Ἐλισαιὲ ἄγγελον πρὸς αὐτόν. Ali-
ter: Ο΄. καὶ ἀπέστειλε πρὸς αὐτὸν Ἐλισαιὲ
※ ἄγγελον ◄.[14]

וּטְהָר. Ο΄. καὶ καθαρισθήσῃ (alia exempl.
καθαρίσθητι[15]). Ἀ. Σ. Θ. Ε΄. καὶ καθαρισθήσῃ.[16]

11. **הִנֵּה אָמַרְתִּי**. Ο΄. ἰδοὺ εἶπον. Alia exempl.
ἰδοὺ δὴ ἔλεγον.[17]

אֵלַי יֵצֵא יָצוֹא. Ο΄. πρὸς μὲ πάντως ἐξελεύσεται. Alia exempl. ὅτι ἐξελεύσεται πρὸς
μέ.[18]

אֶל־הַמָּקוֹם. Ο΄. ※ ἐπὶ τὸν τόπον ◄.[19]

12. **אֲבָנָה (אֲמָנָה ק׳)**. Ο΄. Ἀβανά. Alia exempl.
Ἀμανά.[20] Ὁ Ἑβραῖος· Ἀβανά.[21]

מִכֹּל. Ο΄. ὑπὲρ πάντα. Alia exempl. ὑπὲρ
Ἰορδάνην καὶ πάντα.[22]

וַיִּפֶן. Ο΄. καὶ ἐξέκλινε. Σ. ἀποστρέψας τὴν ὄψιν
αὐτοῦ.[23]

13. **וַיֹּאמְרוּ אָבִי**. Ο΄. Vacat. ※ Ἀ. Σ. Θ. καὶ
εἶπον πάτερ ◄.[24]

הֲלוֹא תַעֲשֶׂה. Ο΄. οὐχὶ ποιήσεις; Alia exempl. οὐκ ἂν ἐποίησας;[25]

14, 15. **אִישׁ הָאֱלֹהִים**. Ο΄. Ἐλισαιέ. Alia exempl. τοῦ ἀνθρώπου (s. τὸν ἄνθρωπον) τοῦ
θεοῦ.[26]

15. **לְפָנָיו**. Ο΄. ἐνώπιον αὐτοῦ. ※ Ἀ. Σ. εἰς (s.
κατὰ) πρόσωπον αὐτοῦ ◄.[27]

17. **מַשָּׂא צֶמֶד־פְּרָדִים**. *Onus paris mulorum.* Ο΄.
γόμος (potior scriptura γομὸρ[28]) ζεῦγος ἡμιό-

Gen. xlix. 19. Jerem. xviii. 22. [5] Sic Comp., Codd. 19, 82 (cum ὄφελον/ὀφθείη), 93, 108. [6] Syro-hex. in marg. sine nom. [7] Sic Comp., Codd. 19, 82, 93, 108. Syro-hex. (cum ἀποσυνθήσει in textu) in marg. sine nom.: ἀπ᾽ αὐτοῦ. [8] Syro-hex. in marg. sine nom. ⲗⲁⲋⲓ. Cf. Hex. ad Gen. xlv. 22. [9] Sic Comp., Codd. 19, 82, 93, 108. [10] Sic Comp., Ald., Codd. XI (cum εἰμι pro ἐγώ), 19, 44, 52, 55 (cum ἐγώ εἰμι), alii (inter quos 243), Arm. 1 (ut 55), invito Syro-hex. [11] Sic in textu Syro-hex., et sine notis Comp., Codd. III, 82 (cum ὁ ἄνθρ.), 93 (idem), 108 (idem), 247, Arm. 1. [12] Sic Syro-hex. [13] Syro-hex. [14] Sic Syro-hex., et sine aster. Cod. III. [15] Sic Codd. III, 55, 74, 106, alii, Syro-hex. [16] Sic Syro-hex. [17] Sic Ald., Codd. (III hiat), XI, 44, 52, 55, alii (inter quos 243), Syro-hex. (cum δὲ pro δή). [18] Sic Ald., Codd. XI (cum πάντως in fine), 44, 52, 55, alii, Syro-hex. [19] Sic Syro-hex. (qui pingit: ἐπὶ ※ τὸν τόπον ◄).

Haec leguntur in Ed. Rom., sed desunt in Codd. XI, 44, 52, 71, aliis. [20] Sic Comp., Syro-hex. (cum ⲁⲙⲁⲛⲁ. Pesch.). [21] Syro-hex. ⲁⲃⲁⲛⲁ. Sic Comp. (cum τὸν Ἰ. καὶ ὑπὲρ π.), Ald., Codd. XI, 19 (ut Comp.), 44 (idem), 52, 55 (cum καὶ ὑπὲρ π.), 56, alii (inter quos 243), Syro-hex. [23] Syro-hex. ⲁⲫⲉⲛ. [24] Sic in textu Syro-hex., et sine notis Arm. 1. Vox πάτερ est in Comp., Codd. III, 19, 93, 158, 247. Statim εἶ μέγαν λόγον Codd. 44, 158, 243, Syro-hex., Arm. 1. [25] Sic Comp., Codd. 19, 93, 108, Syro-hex. (cum ⲉⲫⲥⲉⲓⲥ ⲗ. Cf. Rördam in *Dissertatione* etc. p. 39). [26] Sic Comp., Codd. 93, 108. [27] Sic Syro-hex. (cum ⲫⲣⲥ ⲉⲓⲥ ⲡⲣ.), et sine notis (cum εἰς) Cod. III. Verba ἐνώπιον αὐτοῦ desunt in Codd. 82, 245. Mox ἰδοὺ δὴ ἔγνωκα Comp., Ald., Codd. III, XI, 44, 64, alii, Syro-hex. [28] Sic Ald., Codd. II, III, XI, 55, 56, 64, alii (inter quos 243, 247), Syro-hex. (cum ⲅⲁⲙ, et in marg. ΓΩΜΟΡ).

νων. Alia exempl. γομὸρ ((᾿Λ.) ἅρμα²⁹) (ζεῦ-
γους ἡμιόνων.³⁰

17. אֲדָמָה. Ο΄. Vacat. ✕ ᾿Α. Θ. γῆ ◄.³¹ Alia
exempl. καὶ σύ μοι δώσεις ἐκ τῆς γῆς τῆς
πυρρᾶς.³² Ε΄. γῆ πυρρά.³³

וּזֶבַח. Ο΄. ✕ ᾿Α. Ε΄. καὶ θυσίασμα ◄.³⁴

18. לַדָּבָר הַזֶּה יִסְלַח. Ο΄. ✕ τῷ ῥήματι τούτῳ (◄)·
καὶ ἰλάσεται.³⁵ Alia exempl. καὶ περὶ τοῦ
λόγου τούτου ἰλάσεταί μοι.³⁶

לְהִשְׁתַּחֲוֹת שָׁמָּה וְהוּא. Ο΄. προσκυνῆσαι ἐκεῖ
(Aliter: Ο΄. αὐτόν. Σ. ἐκεῖ), καὶ ✕ αὐτός (◄).³⁷

וְהִשְׁתַּחֲוֵיתִי. Ο΄. καὶ προσκυνήσω (῎Αλλος·
καὶ οὐ προσκυνήσω³⁸).

19. לֵךְ לְשָׁלוֹם. Ο΄. δεῦρο (Σ. ἄπελθε³⁹) εἰς εἰρήνην. Alia exempl. πορεύου ἐν εἰρήνῃ.⁴⁰

כִּבְרַת אָרֶץ. Certam mensuram terrae. Ο΄.
εἰς δεβραθὰ (῾Ο ῾Εβραῖος· εἰς χαβραθὰ⁴¹)

τῆς γῆς. Aliter: Ο΄. ἀπὸ τῆς γῆς ÷ ᾿Ισ-
ραὴλ (◄).⁴²

20. אִישׁ־הָאֱלֹהִים. Ο΄. Vacat. ✕ τοῦ ἀνθρώπου
τοῦ θεοῦ ◄.⁴³

21. וַיִּפֹּל. Et desiliit. Ο΄. καὶ ἐπέστρεψεν. Σ.
καὶ κατεπήδησεν.⁴⁴

21, 22. וַיֹּאמֶר הֲשָׁלוֹם : וַיֹּאמֶר שָׁלוֹם. Ο΄. καὶ
εἶπεν εἰρήνη. Aliter: Ο΄. καὶ εἶπεν εἰ εἰρήνη; ✕ ᾿Α. Θ. Ε΄. καὶ εἶπεν· εἰρήνη ◄.⁴⁵

22. הִנֵּה עַתָּה. Ο΄. ✕ Ε΄. ἰδοὺ νῦν ◄.⁴⁶

עַתָּה זֶה. Ο΄. νῦν. Alia exempl. νῦν τοῦτο.⁴⁷

חֲלִפוֹת. Ο΄. ἀλλασσομένας. ῎Αλλος· ζεύγη.⁴⁸

23. הוֹאֵל קַח. Placeat tibi accipere. Ο΄. λάβε.
Alia exempl. ἐπιεικῶς λάβε.⁴⁹ ✕ Σ. οὐκοῦν ◄
λάβε.⁵⁰

כִּכָּרַיִם וַיִּפְרֹץ־בּוֹ וַיָּצַר כִּכְּרַיִם כָּסֶף. Ο΄. διτάλαντον ἀργυρίου καὶ ἔλαβε δύο τάλαντα ἀρ-

---

²⁹ Syro-hex. in marg. sine nom. ✦ ܐܪܡܐ, appicto Graeco
APMA, cum scholio: ܚܘܚܘ ܕܗ ܘܪܟܙ ܘܚܕ| .....
ܚܢ ܚܝܙܘܡܢ ܗܘ ܘܗ ܚܘܚܚܝܘܗܢ(ܐܢܐ)(ܡܐܢ) ܡܐ
ܚܟܚ ܚܦܪܟܗܠ| .ܗ ܘܗ ܚܕ ܐܗܘ ܠܚܕܐ. ܘܚ| ܘܚܗ
(ܘܚܕܗ܁ܚܕ| ܚܚܕܘܗܘ܁ܘ|ܘܗܕ ܚܚܚܗܠ|. ܗ ܘܚܗ
.(ܐܢܚܢ. Cf. Lagarde Proverbien, p. 86) ܠܚܕܗܘ ܐ͂ܚܕܘܗ
Scholii (S. Severi, ut videtur) Graeca e Codice Coislin. VII,
fol. 125 v., exscripsit Ceriani noster, quae sic habent: Δοθήτω μοι δύο ἡμιόνων ἐκ τῆς πυρρᾶς γῆς, ἀντὶ τοῦ, βάσταγμα καὶ
γόμορ (fort. γόμορ) ἐν δύναται ἄραι δύο ἡμίονοι, ἢ ἢ ἄλλη ἔκδοσις
ἅρμα (sic) ἐκάλεσεν, ἀντὶ τοῦ ἔπαρμα, καὶ ὁ εἶπεν ἤδη βάσταγμα,
εἰς εὐλογίαν δῆλον ὅτι καὶ εἰς ἀνάμνησιν τῆς ἁγίας γῆς, ἐν ᾗ τῆς
ἰλάσεως ἔτυχον. ³⁰ Sic Comp. (cum γόμος), Codd. III, 56,
74, alii (inter quos 158, ut Comp.), Syro-hex. ³¹ Sic
in textu Syro-hex. (cum ܚܕ܂|), et sine notis (cum γῆς)
Comp., Codd. III (cum ἀπὸ τῆς γῆς), 19, 71, 93, 108, 158.
Arm. 1: de pulverosa terra. ³² Sic Ald., Codd. XI (cum
μὴ pro μοι), 52 (cum πυρᾶς), 55, 64, alii (inter quos 243,
247). ³³ Syro-hex. ✦ ܐܪܡܐ? .ܗ. Cf. Hex. ad Exod.
xx. 24. ³⁴ Sic Syro-hex. (cum ܘܚܚܕܘ), et sine notis
Ed. Rom. Haec desunt in Codd. XI, 44, 52, 71, aliis.
³⁵ Sic Syro-hex. Verba τῷ ῥ. τούτῳ desunt in Comp., Ald.,
Codd. XI, 44, 52, 71, aliis (inter quos 243). ³⁶ Sic
Comp., Codd. 19, 55 (om. μοι), 93, 108, Theodoret. ibid.
³⁷ Syro-hex. in textu: ܂ܘ܂ܘ✕ ܚܚ ܚܝܚܝ; in marg.
autem: ✦ ܐܦ| .ܗ. Lectio προσκ. αὐτὸν est in Codd. III,
XI, 44, 52, 55 (cum duplici versione αὐτὸν ἐκεῖ), 64 (idem),
71, aliis, qui omnes pergunt: καὶ ἐπιστραφήσεται (om. αὐτός).
³⁸ Syro-hex. in marg. sine nom. Pro his, καὶ προσκυνήσω
ἐν οἴκῳ ᾿Ρ. ἐν τῷ προσκυνεῖν αὐτὸν ἐν οἴκῳ ᾿Ρ., emendata lectio,
καὶ ἐν τῷ πρ. αὐτὸν εἰς οἶκον ᾿Ρ., προσκυνήσω ἅμα αὐτῷ ἐγὼ κυρίῳ
τῷ θεῷ μου, est in Codd. 19 (om. καὶ), 93 (om. μου), 108,
Theodoret. (om. ἐγὼ et μου). ³⁹ Syro-hex. ✦ ܐܙܠ .ܣ.
Cf. ad Cap. iv. 7. viii. 1. ⁴⁰ Sic Comp., Codd. 19, 82,
93, 108, Arm. 1. ⁴¹ Syro-hex. ✦ ܚܒܪܐܬ .ܥ. Sic
in textu Comp. (cum ἐν χ.), Ald., Codd. XI, 19 (cum γῆν),
44 (ut Comp.), 52, 55, 64, alii. Cf. Hex. ad Gen.
xxxv. 16. ⁴² Sic Syro-hex., et sine obelo Cod. III,
Arm. 1 (cum εἰς γῆν ᾿Ισρ.). ⁴³ Sic Syro-hex. in marg.,
in textu autem sine aster. Comp., Codd. 82, 93, 108.
⁴⁴ Syro-hex. ✦ ܘܚܡܚ .ܣ. Sic in textu Comp., Codd. 19,
82, 93, 108. ⁴⁵ Sic Syro-hex., et sine notis (om. εἰ)
Codd. III, 158, 247. ⁴⁶ Sic Syro-hex., et sine notis
Ed. Rom. Deest ἰδοὺ in Codd. III, XI, 44, 74, aliis;
autem in Codd. 19, 82, 93, 108. ⁴⁷ Sic Codd. III, 247,
Syro-hex. (cum τοῦτο in marg.). ⁴⁸ Syro-hex. in marg.
sine nom. ✦ ܙܘܓܐ. Cf. ad v. 3. Ad ἀλλασσομένας Cod. 243
in marg.: Schol. μᾶλλον ὑλλασσομένας στολὰς λέγει ποικίλας,
ἐξαλλάσσουσιν ἔχουσαι χρώματα, οἷαἱ εἰσι τὰ ἐκ σηρικῶν σταυρακία
καλούμενα. ⁴⁹ Sic Comp. (cum ἐπιεικῶς), Codd. 82, 93
(cum ἐπιεικῶς), 108 (ut Comp.), 158. Cf. Hex. ad Jud.
xix. 6. 1 Reg. xii. 22. ⁵⁰ Sic in textu Syro-hex. (cum
ܚܕܘ), et sine notis Codd III, 247 (cum οὐκοῦν δὴ λ.).

γυρίου. Aliter: Ο΄. διτάλαντον ✕ Θ. ἀργυρίου
καὶ ἐβιάσατο αὐτὸν καὶ ἔδησεν διτάλαντον
ἀργυρίου ◄.⁵¹

23. וַיִּתֶּן. Ο΄. καὶ ἔδωκεν (alia exempl. ἐπέθη-
κεν⁵²).

24. וַיְלֵכוּ. Ο΄. Vacat. ✕ Ἀ. καὶ ἐπορεύθησαν ◄.⁵³

26. הָלַךְ. Ο΄. ἐπορεύθη μετὰ σοῦ. Alia exempl.
ἐπορεύθη.⁵⁴

מֵעַל מֶרְכַּבְתּוֹ. Ο΄. ἀπὸ τοῦ ἅρματος ✕ αὐτοῦ ◄.⁵⁵

וּזֵיתִים. Ο΄. καὶ ἐλαιῶνας. Alia exempl. καὶ
λήψῃ ἐν αὐτῷ κήπους καὶ ἐλαιῶνας.⁵⁶

Cap. V. 3. τοῦ προφήτου — τοῦ θεοῦ ◄.⁵⁷　5.
— πρὸς Ναιμάν ◄.⁵⁸　8. βασιλέα — Ἰσραὴλ ◄.⁵⁹
12. — πορευθεὶς ◄.⁶⁰　14. — Ναιμάν ◄.⁶¹　16. —
Ἐλισαιέ ◄.⁶²　19. — Ἐλισαιὲ πρὸς Ναιμάν ◄.⁶³
25. καὶ εἶπε — Γιεζί ◄.⁶⁴　26. — Ἐλισαιέ (◄).⁶⁵　καὶ
— νῦν ◄ ἔλαβες τὰ ἱμάτια.⁶⁶

CAP. VI.

2. שָׁם מָקוֹם. Ο΄. ἐκεῖ (✕) τόπον ◄.¹　Alia exempl. σκέπην.²

לְכוּ. Ο΄. δεῦτε. Σ. πορεύεσθε (s. ἀπέλθετε).³

3. הוֹאֶל נָא וְלֵךְ. Ο΄. ἐπιεικῶς δεῦρο. Alia exempl. δεῦρο ἐπιεικῶς δεῦρο.⁴

וַיֹּאמֶר. Ο΄. καὶ εἶπεν. ✕ Σ. ὁ δὲ εἶπεν ◄.⁵

5. וְאֵת־הַבַּרְזֶל נָפַל. Ο΄. καὶ τὸ σιδήριον ἐξέπεσεν.
Alia exempl. καὶ τὸ σιδήριον ἐκπεσὸν ἐκ τοῦ
στελέχους ἐξέπεσεν.⁶　Alia: καὶ ἐξέπεσε τοῦ
στελεοῦ τὸ σίδηρον.⁷

וַיֹּאמֶר. Ο΄. Vacat. ✕ Ἀ. Θ. Ε΄. καὶ εἶπεν ◄.⁸

אֲהָהּ אֲדֹנִי. Ο΄. ὦ κύριε. Ε΄. οὐαί μοι κύριε.⁹

אֲדֹנִי. Ο΄. κύριε. Schol. Τὸ κύριε τὸ ἐνταῦθα οὕτως
φέρεται ἐν τῇ σελίδι τῇ ἐβδόμῃ, καὶ παρὰ τοῖς ἄλλοις
ἑρμηνευταῖς· ἐν δὲ τῷ Ἑβραίῳ, ἀδωνί.¹⁰

וְהוּא שָׁאוּל. Et ipsum mutuo acceptum. Ο΄.
καὶ αὐτὸ κεκρυμμένον (alia exempl. κεχρη-
μένον¹¹). Ἄλλος· καὶ τοῦτο κεχρημένον. Ἀ. Σ.
Θ. κεχρημένον αὐτό.¹²

---

⁵¹ Sic Syro-hex., et sine notis Codd. III (cum ἐβιάσαντο),
247; necnon (cum ἔδωκεν αὐτῷ pro ἔδησεν) Comp., Codd. 19,
82, 93, 108. (In textu verba δύο τ. ἀργυρίου desunt in
Codd. II, 71, 106, 158, 245.)　⁵² Sic Comp., Codd. 19,
82, 93, 108 (cum ἐπέδωκεν).　⁵³ Sic Syro-hex., et sine
notis Codd. III, 247, Arm. 1. Comp., Codd. 19, 82, 93,
108; καὶ ἀπῆλθον.　⁵⁴ Sic Cod. III, Syro-hex. (cum μετὰ
σοῦ in marg.), Arm. 1.　⁵⁵ Sic Syro-hex., et sine aster.
Comp., Ald., Codd. 108, 123, 243 (cum αὐτοῦ in marg.).
⁵⁶ Sic Comp., Ald., Codd. XI, 19 (cum κόπους), 44 (om. καὶ
ante ἐλαιῶνας), 52 (cum ἐλαιῶνα), 55, 64, 71 (ut 52), 74
(idem), alii (inter quos 243, cum nota: τὸ, καὶ λήψῃ ἐν αὐτῷ
κήπους, οὐ κεῖται), Syro-hex. (cum [Syriac]
[Syriac]), Theodoret. Statim καὶ ἀμπελῶνα Codd. III
(cum καὶ ἐλαιῶνα καὶ ἀμπ.), 71, 74, alii, Syro-hex. Alia
lectio a Nobilio memorata, ἵνα κτήσῃ ἐλαιῶνας, est in Cod. 245
(cum ἐλαιῶνα) solo, et Symmachi esse videtur, quem, ut solet,
exprimens Hieron. vertit: ut emas oliveta.　⁵⁷ Syro-
hex (qui male pingit: — τοῦ πρ. ◄ τοῦ θ.). Verba τοῦ θεοῦ
desunt in Comp., Codd. 82, 93, 108.　⁵⁸ Idem. Deest
in Comp., Codd. 19, 82, 93, 108.　⁵⁹ Idem. Vox Ἰσραὴλ deest in Comp., Codd. 71, 108, 245.　⁶⁰ Idem.
⁶¹ Idem.　⁶² Idem.　⁶³ Idem. Verba πρὸς Ν.
desunt in Cod. 44.　⁶⁴ Idem. Vox Γιεζί deest in
Cod. 44.　⁶⁵ Idem.　⁶⁶ Idem (qui pingit: — καὶ

νῦν ◄). Vocula νῦν deest in Ald., Codd. 74, 92, 106, aliis.
Praeterea νῦν ἔλαβες om. Comp., Codd. 19, 44, 71, alii,
Arm. 1.

CAP. VI. ¹ Sic Syro-hex. (cum cuneolo tantum), invitis
libris Graecis.　² Sic (om. ἐκεῖ) Comp., Codd. 93 (cum
σκέπην), 246.　³ Syro-hex. [Syriac]. Prior lectio est
in Comp., Codd. 19, 93, 108, 158, Arm. 1.　⁴ Sic Ald.,
Codd. 44, 55, 56, 64, alii (inter quos 243), Syro-hex.
Ad ἐπιεικῶς (ἐπιεικίως Cod. II manu 1ᵐᵃ) cf. ad Cap. v. 23.
⁵ Sic in textu Syro-hex., et sine notis Codd. III, 247.
⁶ Sic Ald., Codd. XI, 44, 52 (cum ἐκπεσὼν), 55, 64, alii
(inter quos 243).　⁷ Sic Codd. 19 (cum στελλεοῦ), 93
(cum σιδήριον), 108.　⁸ Sic Syro-hex., et sine notis
Comp. (cum ὁ ἀνὴρ καὶ εἶπεν), Codd. III, 19 (ut Comp.),
108 (idem), Arm. 1.　⁹ Syro-hex. [Syriac].
¹⁰ Syro-hex. in marg. [Syriac]
[Syriac]
[Syriac]
[Syriac].　¹¹ Sic Comp. (cum κεχρησμ.), 19 (cum κεχρισμ.), 71, 82, 93
(ut Comp.), 158, 243, 245 (cum κεχριμένος), Theodoret.
ibid., qui enarrat: Τοσαύτη δὲ ἐχρῶντο πενίᾳ, ὡς μηδὲ ἀξίην
ἀνέχεσθαι κτήσασθαι. Αὐτίκα γοῦν μιᾶς εἰς τὸν ποταμὸν ἐμπε-
σούσης, εἴρηκεν ὁ ταύτῃ χρησάμενος, ὦ δὴ κύριε, καὶ αὐτὸ κεχρημένον. In contrariam partem pro κεκρυμμένον stant Syro-hex.,
et Procop. p. 290: τοῦτον οὖν (τὸν τοῦ θεοῦ λόγον) κεκρυμμένον
ἀφ᾽ ἡμῶν ἡ τοῦ ξύλου πεφανέρωκεν οἰκονομία.　¹² Syro-hex.

6. וַיִּקְצָב. *Et abscidit.* Ο΄. καὶ ἀπέκνισε. Ε΄. καὶ ἀπέκλασε.[13]

7. הָרֶם לָךְ. Ο΄. ὕψωσον σεαυτῷ. Alia exempl. μετεώρισον καὶ λάβε σεαυτῷ.[14]

8. אֶל־מְקוֹם פְּלֹנִי אַלְמֹנִי תַּחֲנֹתִי. *Ad locum certum quendam erunt castra mea.* Ο΄. εἰς τὸν τόπον τόνδε τινὰ ἐλμωνὶ παρεμβαλῶ. Alia exempl. εἰς τὸν τόπον τοῦ φελμουνὶ ποιήσωμεν (s. ποιήσομεν) ἔνεδρον· καὶ ἐποίησαν.[15] Ἀ. πρὸς τὸν τόπον τὸν δεῖνα τόνδε τινά.. Σ. κατὰ τόπον τινά..[16]

9. הִשָּׁמֶר מֵעֲבֹר הַמָּקוֹם הַזֶּה כִּי־שָׁם אֲרָם נְחִתִּים. Ο΄. φύλαξαι μὴ παρελθεῖν ἐν τῷ τόπῳ τούτῳ, ὅτι ἐκεῖ Συρία κέκρυπται. Alia exempl. πρόσεχε τοῦ μὴ διελθεῖν τὸν τόπον τοῦτον, ὅτι ἐκεῖ Σύροι ἐνεδρεύουσι.[17]

10. וְהִזְהִירֹה. *Et monuerat eum.* Ο΄. Vacat. ※ Ἀ. καὶ διεστείλατο αὐτῷ ◄.[18]

11. וַיִּסָּעֵר לֵב. *Et conturbatum est cor.* Ο΄. καὶ ἐξεκινήθη (alia exempl. ἐξέστη[19]) ἡ ψυχή. Σ. καὶ ἐταράχθη ἡ καρδία.[20]

12. כִּי. Ο΄. ὅτι. Alia exempl. ἀλλ' ἤ.[21] Σ. ἀλλά.[22]

13. לְכוּ. Ο΄. δεῦτε. Σ. πορεύθητε (s. ἀπέλθετε).[23]

15. וְסוּס וָרֶכֶב. Ο΄. καὶ ἵππος (alia exempl. ἵπποι[24]) ※ Ἀ. Θ. Ε΄. καὶ ἅρμα ◄.[25]

אֲהָהּ אֲדֹנִי. Ο΄. ὦ κύριε. Alia exempl. κύριε.[26] Ὁ Ἑβραῖος· δέομαι ἀδωνί.[27]

17. וְרֶכֶב אֵשׁ. Ο΄. καὶ ἅρμα πυρός. Σ. καὶ ἁρμάτων πυρίνων.[28]

19. לֹא־זֶה הַדֶּרֶךְ וְלֹא־זֹה הָעִיר. Ο΄. οὐχὶ αὕτη ἡ πόλις, καὶ αὕτη ἡ ὁδός. Alia exempl. οὐχ αὕτη ἡ ὁδὸς, καὶ οὐχ αὕτη ἡ πόλις.[29]

21. אֶל־אֱלִישָׁע. Ο΄. ※ Ε΄. πρὸς Ἐλισαιέ ◄.[30]

22. וַיֵּלְכוּ. Ο΄. καὶ ἀπελθέτωσαν (alia exempl. ἀποσταλήτωσαν[31]).

23. גְּדוּדֵי. Ο΄. μονόζωνοι. Ἀ. εὔζωνοι.[32] Σ. λόχοι.[33] Ε΄. πειραταί.[34]

24. וַיָּצַר עַל־שֹׁמְרוֹן. *Et obsidebat Samariam.* Ο΄. καὶ περιεκάθισεν ἐπὶ Σαμάρειαν ※ Ἀ. Σ. καὶ συνέκλεισαν (s. ἐπολιόρκησαν) αὐτήν ◄.[35]

25. בַּחֲמִשָּׁה כָסֶף. Ο΄. πέντε ἀργυρίου. Alia exempl. πεντήκοντα πέντε ἀργυρίου.[36] Ὁ Ἑβραῖος· πέντε ἀργυρίου.[37]

---

in marg. ܘܡܠܟܐ ܡܠܟܐ .ܠ .ܣ .ܐ ܡܠܟܐ ܗܘܐ. [13] Idem: ܘܩܨܐ .ܗ. Sic in textu Comp. (cum καὶ ἀπέκλασεν Ἐλισ.), 19 (idem), 71, 93 (ut Comp.), 108 (cum καὶ ἀπεκάλησεν Ἐλισ.), 158. [14] Sic Comp., Codd. 19, 93, 108, 246. [15] Sic Comp. (cum φελωνὶ ἐλμωνὶ pro τοῦ φελμουνί, et om. καὶ ἐποίησαν), Codd. 19, 93 (cum τὸν φ.), 108, 246 (cum τὸν φελβοῦν εἰ). Hieron.: *In loco illo et illo ponamus insidias.* Syro-hex. in textu: ܠܕܘܟܬܐ ܗܕܐ ܕܦܠܡܘܢܝ ܐܝܢܐ ܕܗܘ ܐܫܪܐ. (ΦΕΛΛΟΝΙ); h. e. ut videtur: εἰς τὸν τόπον τὸν δεῖνα φελμωνί τινα παρεμβαλῶ; in marg. autem: ܠܕܘܟܬܐ ܕܦܠܡܘܢܝ (ΦΕΛΜΟΝΙ) ܢܥܒܕ ܟܡܝܢܐ (ἔνεδρα). Reg. in marg., teste Montef.: Ἐν ἑτέροις βιβλίοις γράφεται, εἰς τὸν τόπον φελμουνί. Sic in textu Codd. 158 (cum τὸν φιλμουνή), 247 (cum φελμωνί). Theodoret. Quaest. XX in 4 Reg. p. 525: Τί ἐστιν, εἰς τὸν τόπον τὸν φελμουνί; Ὡς ἂν τις εἴποι, εἰς τόνδε τὸν τόπον· τοῦτο γὰρ δηλοῖ τὸ φελμουνί. [16] Cod. 243. Cf. Hex. ad 1 Reg. xxi. 2. [17] Sic Comp., Codd. 19, 93 (cum Σύριοι), 108. Hieron.: *quia ibi Syri in insidiis sunt.* [18] Sic Syro-hex. (qui pingit: ※ ܐ. ܘܦܩܕ ܠܗ ◄.), et sine notis Codd. III, 247. [19] Sic Comp., Codd. 19, 93, 108. [20] Syro-hex. .ܣ. ܘܐܬܕܠܚ ܠܒܐ. [21] Sic Comp., Codd. 19, 93, 108. [22] Syro-hex. .ܣ. ܐܠܐ. [23] Idem: .ܣ. ܙܠܘ. Prior lectio est in Comp., Codd. 19, 93, 108, 246. Cf. ad Cap. iv. 7. vi. 2. [24] Sic Comp., Ald., Codd. III, XI, 19, 64, 71, alii, Syro-hex., Arm. 1. [25] Sic Syro-hex., et sine notis Ed. Rom. Verba καὶ ἅρμα absunt a Codd. 71, 245. [26] Sic Codd. III, 121, Syro-hex., Arm. 1. [27] Syro-hex. .ܥ. ܒܥܐ ܐܢܐ ܐܕܘܢܝ. Cf. Jos. vii. 7 in Hebr. et LXX. [28] Idem: .ܣ. ܘܡܪܟܒܬܐ ܢܘܪܢܝܬܐ. [29] Sic Comp., Codd. III, 19, 93 (ut videtur), 108, Syro-hex., Arm. 1. [30] Sic Syro-hex. Haec desunt tantum in Codd. II, 82, 245. [31] Sic Codd. 82, 93, 108 (cum ἀποσταλείτωσαν), Theodoret. (cum ἀποστατήτωσαν), Procop. p. 290. [32] Syro-hex. .ܐ. ܡܥܒܪܝ ܐܣܝܪܝ ܚܨܐ. Cf. Hex. ad Cap. xxiv. 2. Alias vocis εὔζωνος versiones Syriacas recensuimus ad Hos. vi. 9. Cf. Hex. ad Gen. xlix. 19. [33] Idem: .ܣ. ܓܘܕܐ. Cf. Hex. ad Psal. xvii. 30. [34] Idem: .ܗ. ܦܝܪܛܐ, appicto Graeco (ΠΕ)ΙΡΑΤΑΙ. Sic in textu Codd. 19 (cum πειραταῖς) 82, 93, 108 (ut 19). Cf. Hex. ad Hos. vi. 9. [35] Sic in textu Syro-hex. (cum ※ ܐ. ܣ. ܘܚܒܫܘܗ ◄). Cf. Hex. ad Deut. xxviii. 52. Est duplex versio, ut videtur, e margine in contextum assumpta. [36] Sic Cod. III (cum π. καὶ π.), Syro-hex., Arm. 1 (ut Comp.). [37] Syro-hex. .ܥ. ܚܡܫܐ ܕܟܣܦܐ.

28. וְאֶת־בְּנִי נֹאכַל מָחָר. Ο'. καὶ τὸν υἱόν μου
φαγόμεθα αὐτὸν αὔριον. Aliter: Ο'. ✕ 'Α.
Σ. Θ. καὶ τὸν υἱόν μου φαγόμεθα αὔριον (◁).³⁸

29. בַּיּוֹם הָאַחֵר. Ο'. τῇ ἡμέρᾳ τῇ δευτέρᾳ. Alia
exempl. ἐν τῇ ἡμέρᾳ τῇ ἄλλῃ.³⁹

30. וְהִנֵּה הַשַּׂק. Ο'. τὸν σάκκον. Alia exempl. καὶ
ἰδοὺ σάκκος.⁴⁰

31. אֱלִישָׁע בֶּן־שָׁפָט. Ο'. 'Ελισαιὲ ✕ υἱοῦ Σα-
φάτ ◁.⁴¹

32. הַרְאִיתֶם. Ο'. εἰ εἴδετε. Alia exempl. μὴ οἴ-
δατε.⁴² Σ. ἆρα εἴδετε (s. ἑωράκατε⁴³).

33. מָה־אוֹחִיל לַיהוָה עוֹד. Ο'. τί ὑπομείνω (alia
exempl. ὑπομενῶ⁴⁴) τῷ κυρίῳ ἔτι; Alia exempl. τί δεηθῶ τοῦ κυρίου ἔτι;⁴⁵ Schol. ✕ εἰ
οὕτως ὠργίσθη ὁ θεός, εἰς τί ζῶ; εἰ οὕτως ἐκα-
κοποίησεν ἡμᾶς ὁ θεός, διὰ τί δουλεύσομεν
αὐτῷ;⁴⁶

Cap. VI. 12. ÷ πάντας ◁.⁴⁷ 16. καὶ εἶπεν – 'Ελισαιὲ ◁.⁴⁸ 20. κύριε, ἄνοιξον – δή ◁.⁴⁹ – ἦσαν ◁.⁵⁰
22. – εἰ μή ◁.⁵¹ 30. – 'Ισραήλ (◁).⁵²

CAP. VII.

2. אֶת־אִישׁ הָאֱלֹהִים. Ο'. τῷ 'Ελισαιέ. Alia ex-

empl. πρὸς τὸν 'Ελισαιέ; alia, τῷ ἀνθρώπῳ
τοῦ θεοῦ.¹

2. הִנֵּה יְהוָה עֹשֶׂה. Ο'. ἰδοὺ ποιήσει κύριος. Alia
exempl. καὶ ἐὰν κύριος ποιήσῃ.²

הֲיִהְיֶה. Ο'. μὴ ἔσται. Ε'. εἰ ἔσται.³

4. וְעַתָּה לְכוּ וְנִפְּלָה. Et nunc agite, transfugi-
amus. Ο'. καὶ νῦν δεῦτε, καὶ ἐμπέσωμεν. Σ.
ἀπέλθωμεν (s. πορευθῶμεν) οὖν καὶ αὐτομολήσωμεν.⁴

5, 7. בַּנֶּשֶׁף (bis). In crepusculo. Ο'. ἐν τῷ σκότει.
Alia exempl. ἐν τῷ σκότει ἤδη διαυγάζοντος
(s. διαφώσκοντος).⁵

5. וַיָּבֹאוּ. Ο'. καὶ ἦλθον (alia exempl. εἰσῆλθον⁶).
✕ 'Α. Θ. καὶ ἦλθον ◁.⁷

אֵין. Ο'. οὐκ ἔστιν. Σ. οὐκ ἦν.⁸

6. אֶת־מַחֲנֵה אֲרָם קוֹל רֶכֶב. Ο'. παρεμβολὴν τὴν
Συρίας (alia exempl. παρεμβολῇ Συρίας⁹) φωνὴν ἅρματος. Θ. ἐν τῇ παρεμβολῇ Συρίας φωνὴν
ἁρμάτων.¹⁰

הִנֵּה. Ο'. νῦν. 'Α. Θ. Ε'. ἰδού.¹¹

מֶלֶךְ יִשְׂרָאֵל. Ο'. ✕ 'Α. Σ. Θ. Ε'. ὁ βασιλεὺς ◁
'Ισραήλ.¹²

7. בַּנֶּשֶׁף. Ο'. ἐν τῷ σκότει. 'Ο 'Εβραῖος· πρὸ τοῦ
ἑωσφόρου.¹³

---

³⁸ Sic Syro-hex. In textu vulgari αὐτὸν om. Comp.,
Codd. III, 82, 93, 108, Arm. 1. Praeterea verba φαγόμεθα
αὐτὸν reprobant Ald., Codd. XI, 44, 55, 71, alii (inter
quos 243). ³⁹ Sic Comp., Codd. 19, 82, 93, 108.
⁴⁰ Sic Comp., Codd. 19 (om. καὶ ἰδού), 82, 93, 108, 246.
⁴¹ Sic Syro-hex., et sine aster. Comp., Codd. III, 82, 93,
108, 246, 247, Arm. 1. ⁴² Sic Ald. (cum εἰ μὴ οἴδατε),
Codd. III, XI, 44, 55 (cum εἴδατε), 64 (ut Ald.), alii (inter
quos 243), Syro-hex. (cum εἰ εἴδετε in marg.). ⁴³ Syro-
hex. ✦ ܗ̇ܢܘܢ ܚܙܝܬܘܢ ܀ܘ. Lectio ἑωράκατε est in Comp.
(om. εἰ), Codd. 19 (ut Comp.), 82, 93, 108 (ut Comp.),
246, Theodoret. ⁴⁴ Sic Ald., Codd. III, 64, 119, alii
(inter quos 243, 247), Syro-hex. ⁴⁵ Sic Comp., Codd.
19, 82 (om. τοῦ κ.), 93 (cum ἔτι τοῦ θεοῦ pro τοῦ κ. ἔτι), 108
(cum τοῦ θεοῦ), 246 (cum δεηθῇ). ⁴⁶ Cod. 243 in marg.
⁴⁷ Syro-hex. ⁴⁸ Idem (qui pingit: – καὶ εἶπεν 'Ελ. ◁).
⁴⁹ Idem (pro ἄνοιξον δὴ, κύριε). Particula deest in Comp.
(cum κ. διάνοιξον), Codd. 64 (cum ἄνοιξον κ.), 93 (ut Comp.),
108 (idem). ⁵⁰ Idem. Pro ἦσαν, αὐτοὶ exhibent Comp.,

Codd. 19, 93, 108. ⁵¹ Idem. Deest in Cod. 93.
⁵² Idem. Deest in Comp., Codd. II, 82, 93, 158, 247.
CAP. VII. ¹ Prior lectio est in Ald., Codd. III, XI, 44,
55, 74, aliis, Syro-hex.; posterior in Comp., Codd. 82,
93, 108. ² Sic Comp., Codd. 19 (cum ποιήσει), 82, 93,
108, 158 (om. καὶ), Syro-hex. (in marg.). ³ Syro-hex.
ܠ.ܘ ܀ ܠ. Sic in textu Comp., Codd. 19, 82, 93, 108,
246. ⁴ Idem: ܢܐܙܠ ܗܟܝܠ ܘܢܫܠܡ ܢܦܫܢ, h. e.
vertente Middeld.: Σ. πορευσόμεθα δὴ καὶ παραδώσομεν ἡμεῖς
ἡμᾶς (!). Sed cf. Hex. ad Jerem. xxxvii. 13. xxxviii. 19.
lii. 15. ⁵ Sic Codd. 19, 82 (in priore loco), 93, 108, 158.
⁶ Sic Comp., Ald., Codd. 19, 44, 52, 55, alii (inter quos
243, 247). ⁷ Sic in textu Syro-hex. ⁸ Syro-hex.
ܠܝܬ ܗܘܐ ܀ܘ. Sic in textu Comp., Codd. 19, 56, 93, 108.
⁹ Sic Ald., Codd. III, 55, 64, 74, alii (inter quos 243),
Syro-hex. ¹⁰ Syro-hex. ¹¹ Idem. Sic (cum μεμίσθωται) Comp.,
Codd. 19, 93, 108. ¹² Sic in textu Syro-hex. Verba ὁ
βασιλεὺς desunt in Ald., Codd. XI, 44, 92, aliis. ¹³ Syro-

7. וְאֶת־סוּסֵיהֶם. Ο΄. ✕'Α. Σ. Θ. Ε΄. καὶ τοὺς ἵππους αὐτῶν ◄.[14]

8. וַיֵּלְכוּ וַיִּטָּמֵנוּ. Ο΄. καὶ ἐπορεύθησαν, ✕'Α. καὶ ἔκρυψαν ◄.[15] Alia exempl. καὶ ἀπῆλθον, καὶ κατέκρυψαν.[16]

וַיִּשְׂאוּ מִשָּׁם. Ο΄. καὶ ἔλαβον ἐκεῖθεν. Alia exempl. καὶ ἔλαβον ἄρσιν αὐτῶν (מַשָּׂא).[17]

9. לֹא־כֵן. Ο΄. οὐκ ✕ Σ. ὀρθῶς ◄ οὕτως.[18]

לְכוּ. Ο΄. δεῦρο. ῎Αλλος· δεῦτε.[19]

10. וְהֶחָמוֹר אָסוּר. Ο΄. καὶ ὄνος ✕'Α. Σ. Θ. Ε΄. δεδεμένος ◄.[20]

כַּאֲשֶׁר הֵמָּה. Ο΄. ὡς εἰσί. ῎Αλλος· καθὼς ἦσαν.[21]

12. אַגִּידָה־נָּא לָכֶם אֵת אֲשֶׁר־עָשׂוּ לָנוּ. Ο΄. ἀναγγελῶ δὴ ὑμῖν ἃ ἐποίησεν ἡμῖν. Aliter: Ο΄. ἀναγγελῶ ὑμῖν ✕ ἃ ἐποίησαν ἡμῖν ◄.[22]

אֲנַחְנוּ. Ο΄. – καὶ ◄ ἡμεῖς.[23]

כִּי־יֵצְאוּ. Ο΄. ὅτι ('Ο 'Εβραῖος· ὅτι[24]) ἐξελεύσονται.

מִן־הָעִיר. Ο΄. ἐκ τῆς πόλεως. Aliter: Ο΄. ἐκ τῆς γῆς.[25] 'Α. Σ. Θ. Ε΄. ἐκ τῆς πόλεως.[26]

נָבֹא. Ο΄. εἰσελευσόμεθα – καὶ ἐξελευσόμεθα (◄).[27]

13. מִן־הַסּוּסִים. Ο΄. τῶν ἵππων. Alia exempl. ἀπὸ τῶν ἵππων.[28]

כְּכָל־הֶהָמוֹן. Ο΄. πρὸς (῎Αλλος· ὡς[29]) πᾶν τὸ πλῆθος.

14. אַחֲרֵי מַחֲנֵה. Ο΄. ὀπίσω τοῦ βασιλέως ('Α. Σ. τῆς παρεμβολῆς[30]).

לְכוּ וּרְאוּ. Ο΄. δεῦτε ('Α. Θ. πορεύθητε[31]) ✕'Α. Θ. Ε΄. καὶ ἴδετε ◄.[32]

15. בְּהֵחָפְזָם. Ο΄. ἐν τῷ θαμβεῖσθαι αὐτούς. Ε΄. ὅτε οὗτοι ἔσπευσαν.[33]

17. וַיָּמֹת. Ο΄. ✕'Α. Σ. καὶ ἀπέθανε ◄.[34]

הַמֶּלֶךְ. Ο΄. τὸν ἄγγελον. 'Α. τὸν βασιλέα.[35]

18. אִישׁ הָאֱלֹהִים. Ο΄. 'Ελισαιέ. 'Ο 'Εβραῖος· ὁ ἄνθρωπος τοῦ θεοῦ.[36]

20. וַיְהִי־לוֹ. Ο΄. καὶ ἐγένετο ✕'Α. Σ. αὐτῷ ◄.[37]

Cap. VII. 2. καὶ – 'Ελισαιέ ◄.[38] 4. – καὶ ◄ ζητήσόμεθα.[39] 18. – καὶ (◄) ἔσται,[40] ἡ ὥρα – αὕτη (◄).[41] 19. – 'Ελισαιέ ◄.[42]

CAP. VIII.

1. קוּמִי וּלְכִי אַתְּ וּבֵיתֵךְ וְגוּרִי בַּאֲשֶׁר תָּגוּרִי. Ο΄. ἀνάστηθι καὶ δεῦρο σὺ καὶ ὁ οἶκός σου, καὶ παροίκει οὗ ἐὰν παροικήσῃς. Aliter: Ο΄. καὶ πορεύου σὺ καὶ ὁ οἶκός σου, καὶ παροίκει οὗ ἐὰν παροικήσῃς. 'Α. ἀνάστηθι καὶ πορεύθητι σὺ καὶ ὁ οἶκός σου, καὶ παροίκησον οὗ παροικήσεις. Σ. ἀναστᾶσα ἄπελθε σὺ καὶ ὁ οἶκός σου, καὶ παροίκει οὗ ἐὰν εὕρῃς παροικεῖν. Θ.

---

hex. ‏ܢܥܘ̣ܝ‎(‏ܠ‎)‏ܚܘܡܚܕ‎ ‏ܡܠܡ‎ .‏ܟ‎. Cf. Job. iii. 9. xi. 17 in Syro-hex. [14] Sic in textu Syro-hex. (cuneolo post ἵππους posito). Haec leguntur in Ed. Rom., sed desunt in Codd. 158, 245. [15] Sic Syro-hex., et sine notis Codd. III, 247. [16] Sic Comp., Codd. 19, 93, 108, 158 (cum ἐπορεύθησαν). [17] Sic Codd. 19, 93, 108. Duplex lectio, καὶ ἔλαβον ἐκεῖθεν ἄρσιν, est in Cod. 158. [18] Sic in textu Syro-hex. (cum ‏ܙܪ̈ܝܡܐܝܬ‎ ‏ܡܠ‎ ✕). Hieron.: Non recte facimus. [19] Syro-hex. in marg. ‏ܘܬܐ‎. [20] Sic in textu Syro-hex., et sine notis Comp., Codd. III, 19, 93, 108, 123, 247, Arm. 1. [21] Syro-hex. in marg. ‏ܚܢܐ‎ ‏ܘܐܝܟܢܐ‎. [22] Sic Syro-hex., et sine aster. (cum ἀπαγγ.) Comp., Codd. 19, 93 (cum ἀπαγγελῶ), 108, Arm. 1. Haec, ἃ ἐκ. ἡμῖν, desunt in Cod. 71. [23] Sic Syro-hex. (qui pingit: – καὶ ἡμεῖς ◄), et sine obelo Cod. III. [24] Syro-hex. ‏ܡܕ‎ ‏ܟ‎. [25] Sic in textu Codd. III, 245, Syro-hex. [26] Syro-hex. ‏ܘܡܚܡܕ‎ ‏ܡܠ‎ .‏ܟ‎ .‏ܠ‎ .‏ܚܡ‎. [27] Sic

Syro-hex., et sine obelo Cod. III, Arm. ed. [28] Sic Codd. III, 158, 247, Syro-hex. [29] Syro-hex. in marg. ‏ܘܐܝܟ‎. [30] Idem: ‏ܡܚܡܕ‎ .‏ܡ‎ .‏ܠ‎. (Paulo ante 'Εβραῖ deest in Codd. III, 44, 71, Syro-hex., Arm. 1.) [31] Idem: ‏ܘܐܙܠܘ‎ .‏ܠ‎ .‏ܠ‎. Sic in textu Comp., Codd. 19, 93, 108, 245. [32] Sic Syro-hex. Verba καὶ ἴδετε desunt in Codd. XI, 52, 71, 74, aliis. [33] Syro-hex. ‏ܡ̈‎ .‏ܗ‎. [34] Sic in textu Syro-hex. Haec desunt in Codd. 52, 74, 92, aliis. [35] Syro-hex. ‏ܠ‎. [36] Syro-hex. ‏ܥܒܪܝܐ‎ ‏ܘܡܚܡܕ‎. Mox v. 19 ad τῷ 'Ελισαιέ idem affert: 'Εβρ. τῷ ἀνθρώπῳ τοῦ θεοῦ. [37] Sic Syro-hex., et sine notis Codd. III, 247. [38] Syro-hex. [39] Idem. Copula abest a Comp., Cod. 44, Arm. 1. [40] Idem. Copulam reprobant Comp., Codd. 19, 56, 92, alii. [41] Idem. Sic sine obelo Comp. (cum ἡμέρα pro ὥρᾳ), Ald., Codd. III, XI, 19, 44, 55, 56, alii (inter quos 247). [42] Idem.

ἀνάστηθι δεῦρο σὺ καὶ ὁ οἶκός σου, καὶ παροίκει οὗ ἐὰν παροικεῖς.[1]

1. וְגַם־בָּא. Ο΄. *καίγε ἦλθεν.* Σ. *καὶ ἔρχεται* (s. *παραγίνεται*).[2]

2. פְּלִשְׁתִּים. Ο΄. *ἀλλοφύλων.* Σ. *τῶν Φυλιστιαίων.*[3]

3. מֵאֶרֶץ פְּלִשְׁתִּים. Ο΄. *ἐκ γῆς ἀλλοφύλων* (Σ. *τῶν Φυλιστιαίων*[3]) *εἰς τὴν πόλιν.* Alia exempl. *ἐκ τῶν ἀλλοφύλων.*[4]

וַתֵּצֵא. Ο΄. *καὶ ἦλθε* (alia exempl. *ἐξῆλθε*[5]).

5. צֹעֶקֶת. Ο΄. *βοῶσα.* Σ. *ἔκραζεν.*[6]

6. אֶת־כָּל־אֲשֶׁר־לָהּ. Ο΄. *πάντα τὰ αὐτῆς.* Aliter: Ο΄. ※ Σ. Θ. Ε΄. *πάντα* ◂ *αὐτῆς τὰ γενήματα.*[7] Θ. *πάντα τὰ αὐτῆς.*[8]

וְאֵת כָּל־תְּבוּאֹת הַשָּׂדֶה. Ο΄. *καὶ πάντα τὰ γεννήματα τοῦ ἀγροῦ.* Aliter: Ο΄. ※ Θ. *καὶ πάντα τὰ γεννήματα* (◂) *τοῦ ἀγροῦ αὐτῆς.*[9]

7. וּבֶן־הֲדַד. Ο΄. *καὶ υἱὸς Ἄδερ* (Ὁ Ἑβραῖος, Ἀ. Σ. Ἀδάδ. Θ. Ε΄. Ἄδερ[10]).

חֹלֶה. Ο΄. *ἠρρώστησε.* Alia exempl. *ἠρρώστει.*[11]

8. מִנְחָה. Ο΄. *μαναά.* Σ. *δῶρα.*[12]

8. וְלֵךְ. Ο΄. *καὶ δεῦρο.* Σ. Ε΄. *καὶ ἄπελθε* (s. *πορεύου*).[13]

מֵאוֹתוֹ. Ο΄. *παρ᾽ αὐτοῦ.* Σ. *δι᾽ αὐτοῦ.*[14]

9. לִקְרָאתוֹ. Ο΄. *εἰς ἀπαντὴν* (s. *ἀπάντησιν*) ※ Ἀ. Σ. Θ. Ε΄. *αὐτοῦ* (◂).[15]

לְפָנָיו. Ο΄. *ἐνώπιον αὐτοῦ* (Ἄλλος· *αὐτῶν*[16]).

10. וַיֹּאמֶר אֵלָיו. Ο΄. *καὶ εἶπεν* ※ Θ. *πρὸς αὐτόν* (◂).[17]

אֱמָר־לֹא (לוֹ ק׳). Ο΄. *εἶπον* ※ *αὐτῷ* ◂.[18]

כִּי־מוֹת יָמוּת. Ο΄. *ὅτι θανάτῳ ἀποθανῇ.* Alia exempl. *ὅτι ἀποθνήσκων ἀποθανεῖται.*[19]

11. וַיַּעֲמֵד אֶת־פָּנָיו. *Et fixit* (Elisaeus) *obtutum suum.* Ο΄. *καὶ παρέστη τῷ προσώπῳ αὐτοῦ.* Alia exempl. *καὶ ἔστη Ἀζαὴλ κατὰ πρόσωπον αὐτοῦ.*[20]

וַיָּשֶׂם עַד־בֹּשׁ. *Et convertit* (eum in Hazaelem) *usque dum perturbaretur.* Ο΄. *καὶ ἔθηκεν ἕως αἰσχύνης.* Alia exempl. *καὶ παρέθηκεν ἐνώπιον αὐτοῦ τὰ δῶρα ἕως ᾐσχύνετο.*[21] Ἄλλος· *καὶ ἔκειτο τὰ δῶρα ἕως οὗ ἐσάπρισαν* (עַד־בְּאֹשׁ).[22]

Cap. VIII. [1] Cod. 243 (cum *ἀναστὰς* pro *ἀναστᾶσα*). Syro-hex. affert: Σ. *ἄπελθε* (ܙܠ). In Comp., Codd. 19, 82, 93, 108, et Theodoreto locus sic habet: *ἀνάστηθι καὶ πορεύου σὺ καὶ ὁ υἱός σου καὶ ὁ οἶκός σου, καὶ παροίκει οὗ ἐὰν εὕρῃς ἐκεῖ.* [2] Syro-hex. ◆ ܘܐܬܝܐ .ܣ. [3] Idem: .ܣ. ܕܦܠܣܛܝܐ. Cf. Hex. ad Exod. xxiii. 31. [4] Sic Codd. III, 44, 52, 55, alii, Syro-hex. [5] Sic Comp., Codd. 19, 82, 93, 108, 247. [6] Syro-hex. ◆ ܗܘܬ ܩܥܝܐ .ܣ. [7] Sic Syro-hex. (cum ܥܠܠܬܗ ,ܕܝܠܗ), et sine notis Codd. II (pro *πάντα τὰ αὐτῆς, καὶ πάντα τὰ γ.*), III, Arm. 1 (om. *αὐτῆς*). (Pro *ἐπίστρεψον* Syrus noster dedit *ἐπίστρεψον αὐτῇ*, consentientibus Comp., Codd. 82, 93, 108, Arm. 1.) [8] Syro-hex. in marg. ◆ ܕܝܠܗ ,ܟܠܡܐ .ܠ. [9] Idem in textu: .ܕܚܩܠܐ ,ܥܠܠܬܐ ܘܟܠܗ .ܠ ※, absente cuneolo. (Singulare ܥܠܠܬܐ cum plurali *γεννήματα* commutatur Jesai. xxix. 1.) "Syrus textus depravatus esse videtur, nec video quomodo difficultates dirimendae sint."—*Middeld.* Immo cum textu Syro-hex., si notas Origenianas expungas, accurate concordat Cod. III, necnon (om. *καὶ πάντα τὰ γ.*, quae ex Theodotione assumpsit Origenes) Cod. II. Etiam Arm. 1, vertente Altero: *πάντα τὰ γεννήματα, καὶ πάντας τοὺς καρποὺς τοῦ ἀγροῦ.* [10] Syro-hex. Cod. 243 in marg.: Ο. *καὶ ὁ υἱὸς Ἀδὰδ βασιλεὺς Συρίας.* Σ. Ἀ. Θ. *καὶ ὁ υἱὸς Ἀδὰδ β. Σ.* [11] Sic Comp. (cum *ἦν ἀρρωστῶν*), Ald., Codd. III, XI, 19 (ut Comp.), 44, 55, 64, alii (inter quos 243), Syro-hex. [12] Syro-hex. ◆ ܩܘܪܒܢܐ .ܣ. Sic in textu Comp., Codd. 19, 82, 93, 108, 158. [13] Idem: ◆ ܘܐܙܠ .ܗ .ܣ. Sic in textu (cum *πορεύου*) iidem. [14] Idem: ◆ ܒܐܝܕܗ .ܣ. Sic in textu Comp., Ald., Codd. XI, 44, 52, 55, alii, Arm. 1. [15] Idem. Pronomen est in Ed. Rom. et libris omnibus. [16] Idem in textu: ܩܕܡܝܗܘܢ; in marg. autem: ◆ ܩܕܡܝܗܘܢ (pro ܩܕܡܘܗܝ ?). [17] Sic in textu Syro-hex., et sine notis Comp., Ald., Codd. III, XI, 44, 55, 64, alii. [18] Sic sine aster. Comp. (cum *καὶ εἰπέ*), Ald., Codd. III, 19 (ut Comp.), 44, 55, 64, alii (inter quos 243). Syro-hex. pingit: ※ *εἶπον αὐτῷ· ζωῇ* (s. *ζῶν*) ◂, invitis libris Graecis. [19] Syro-hex. in marg. ܕܡܡܬ ◆ ܡܐܬ. Sic (cum *θανάτῳ ἀποθ.*) Ald., Codd. 44, 64, 71, alii (inter quos 243). [20] Sic Comp., Codd. 19 (cum *τῷ πρ. αὐτοῦ* ?), 82, 93, 108. [21] Sic Comp., Codd. 19, 82 (cum *ἐσχύνετο*), 93, 108, 158 (cum *ἔθηκεν*). Ad *αἰσχύνης* Syro-hex. in marg. ◆ ܕܒܗܬ, h. e. *ᾐσχύνθη.* [22] Duplex versio, *καὶ ἔκειτο τὰ δ. ἕως οὗ ἐσάπρισαν, καὶ ἔθηκεν ἕως αἰσχύνης*, est in Ald. (cum *ἔκειντο*), Codd. 55 (om. *ἕως*), 64 (ut Ald.), 71 (cum *ἐσάπησαν*, om. *καὶ ἔθηκεν ἕως αἰσχ.*), Reg. apud Montef. (cum *ἐσάπρησαν*), Syro-hex. (qui vertit: ܘܣܡܗ ܗܘܘ ܩܘܪܒܢܐ ܥܕܡܐ ܕܣܪܝܘ (ЄCAΠPICAN). ܘܣܡ ܥܕܡܐ ܠܒܗܬܬܐ.). Ad *ἐσάπρισαν* cf. Hex. ad Exod. v. 21,

12. כַּדִּיעַ. Ο'. τί ὅτι. Ὁ Ἑβραῖος, Σ. διὰ τί. Θ.
Ε'. τί (κύριος).[23]

מִבְצְרֵיהֶם תְּשַׁלַּח. Ο'. τὰ ὀχυρώματα αὐτῶν
ἐξαποστελεῖς. Alia exempl. τὰς πόλεις αὐτῶν
τὰς ἐστερεωμένας ἐμπρήσεις.[24]

תְּרַשֵּׁשׁ. Allides. Ο'. ἐνσείσεις. Alia exempl.
ἐδαφιεῖς.[25] Σ. προσρήξεις.[26]

13. הַכֶּלֶב. Ο'. ὁ κύων ὁ τεθνηκώς. Alia exempl.
ὁ κύων.[27]

הַדָּבָר הַגָּדוֹל הַזֶּה. Ο'. τὸ ῥῆμα τοῦτο ※ τὸ
μέγα (◄).[28]

14. וַיֹּאמֶר אָמַר לִי. Ο'. καὶ εἶπεν ※ εἰπέ μοι ◄.[29]

15. הַמַּכְבֵּר. Stragulum. Ο'. τὸ μαχβάρ (alia
exempl. μαχμά[30]). Ὁ Ἑβραῖος, Ο'. Θ. τὸ
μαχβάρ. Ἀ. Σ. τὸ στρῶμα.[31]

16. וּבִשְׁנַת. Ο'. ※ καὶ (◄) ἐν ἔτει.[32]

וִיהוֹשָׁפָט מֶלֶךְ יְהוּדָה. Ο'. καὶ Ἰωσαφὰτ βασιλεῖ Ἰούδα.[33]

16. יְהוֹרָם. Ο'. Ἰωράμ. Ὁ Ἑβραῖος· Ἰωαράμ.[34]

19. כַּאֲשֶׁר אָמַר־לוֹ לָתֵת לוֹ נִיר לְבָנָיו. Ο'. καθὼς εἶπεν ※ αὐτῷ (◄) δοῦναι αὐτῷ λύχνον
[καὶ] τοῖς υἱοῖς αὐτοῦ.[35]

20. פָּשַׁע. Ο'. ἠθέτησεν. Σ. ἀπέστη.[36]

עֲלֵיהֶם. Ο'. ἐφ᾽ ἑαυτόν. Ἀ. Θ. ἐφ᾽ ἑαυτούς.[37]

21. הוּא קָם לַיְלָה. Ο'. αὐτοῦ ἀναστάντος ※ Ἀ.
Ε'. νυκτός ◄.[38]

22. וַיִּפְשַׁע אֱדוֹם. Ο'. καὶ ἠθέτησεν ※ Ἐδώμ (◄).[39]
מִתַּחַת יַד. Ο'. ὑποκάτω τῆς χειρός (potior
scriptura ὑποκάτωθεν χειρός). Alia exempl.
τοῦ μὴ δοῦναι (מִתֵּת) χεῖρα.[40]

23. הֲלֹא־הֵם. Ο'. οὐκ ἰδοὺ ◄ Σ. ταῦτα ◄.[41]

25. מֶלֶךְ יְהוּדָה. Ο'. Vacat. ※ Ἀ. Σ. Θ. βασιλέως Ἰούδα (◄).[42]

26. אֲחַזְיָהוּ. Ο'. ※ Ἀ. Σ. Ε'. ἦν ὁ Ὀχοζίας.[43]

27. כִּי חֲתַן בֵּית־אַחְאָב הוּא. Ο'. Vacat. Alia
exempl. γαμβρὸς γὰρ οἴκου Ἀχαὰβ ἐστί.[44]

---

necnon LXX ad Eccles. x. 1, ubi tamen pro הַבְּאֵשׁ sensu
transitivo ponitur, juxta Hesychii glossam: Σαπριοῦσι· σή-
πουσι. Hinc Nicephorus in Cat. T. II, p. 863 pro ἐσάπρησαν (sic) omnino legendum esse ἐσάπησαν affirmat, quam
scripturam contra tot testium consensum admittere nolui-
mus. [23] Syro-hex. in textu: ܟܣܝܐ; in marg. autem:
ܠܡܢܐ ܕܝܢ .ܐ. ܣ. ܡ. ◄. [24] Sic
Comp. (praem. σύ), Codd. 19, 82, 93, 108. [25] Sic
Comp., Codd. 19, 71 (cum duplici scriptura ἐνσείσεις (sic)
ἐδαφιεῖς), 82, 93 (cum ἐδαφίσεις), 108, 243. Syro-hex. habet
ܬܕܩܩ, quae vox ἐδαφίζειν sonat Psal. cxxxvi. 9; hic
autem, ut videtur, ἐνσείειν. [26] Syro-hex. ܬܬܪܥ.
Cf. Hex. ad Psal. ii. 9. cxxxvi. 9. Jerem. xlviii. 12. li. 20.
[27] Sic Cod. 245, Syro-hex., Arm. 1. In Cod. III ὁ κύων,
s. ὁ κ. ὁ τεθνηκώς, plane interiit. [28] Sic Syro-hex., et
(cum τὸ ῥ. τὸ μέγα τοῦτο) Comp., Codd. 19, 82, 93, 108.
[29] Sic Syro-hex., et sine aster. Ed. Rom. In paucis libris
καὶ εἶπεν, s. εἶπεν, s. εἰπέ desideratur; in Comp., Ald. (cum
εἴρηκέ μοι Ἐλισαιέ), Codd. XI (idem), 19, 44, 64 (ut Ald.),
aliis, pro εἰπέ μοι legitur εἴρηκέ μοι. [30] Sic Codd. XI, 44,
52, 71 (cum τὸν μ.), alii, Arm. 1 (cum μαχμάν). Syro-hex.
in marg. (M)ΑΧΒΑΡ. [31] Syro-hex. in marg.: "S. Severi:
Μαχβάρ (ܡܟܒܪ) inveni in Hexaplis in editione Hebraea
et apud LXX et Theodotionem; Aquila vero et Symmachus τὸ στρῶμα (ܡܫܘܝܬܐ) verterunt." E Cod. 243
Montef. exscripsit: Ἀ. Σ. καὶ ἔλαβε. Ἀ. Θ. καὶ ἔλαβε τὸ

μαχβάρ; Parsonsii vero amanuensis: τὸ μαχβάρ] in marg.
Ο'. τὸν μαχβάρ. Ἀ. Σ. τὸ στρῶμα. Θ. τὴν μάχαιραν (sic). Pro
μαχβάρ, στρῶμα in textu venditant Comp., Codd. 19, 55, 56,
alii (inter quos 158, cum duplici scriptura τὸ μαστρωμαχμά),
Arm. 1 (in marg.), Theodoret. Quaest. XXIV in 4 Reg.
p. 528. [32] Syro-hex. in marg. ܐ.◄. [33] Haec
desunt in Comp., Ald., Codd. XI, 52, 55, 56, aliis (inter
quos 243, 247), Syro-hex., Arm. 1. Vid. Kennicott in
Dissert. Gen. § 89. [34] Syro-hex. ܐܝܘܐܪܡ .ܐ. Sic in
textu Cod. 245. [35] Sic Syro-hex. (qui legit et pingit:
※ αὐτῷ δοῦναι αὐτῷ λ. τοῖς υἱοῖς αὐτοῦ ◄). Prius αὐτῷ, quod
deest in Ed. Rom., sine aster. habent Comp., Codd. III.
82, 93, 108, 123, 246. Praeterea copulam reprobant
Codd. 56, 64, 71, 243, 245. [36] Syro-hex. ܗܦܩ .ܣ.
Cf. ad Cap. i. 1. [37] Idem: ܥܠܝܗܘܢ .ܣ. ܐ. Sic in
textu Codd. II, 19, 56 (cum ἐφ᾽ ἑαυτοῖς), 82, 93, 108, 158,
243, 246, 247 (ut 56). [38] Sic Syro-hex., et sine notis
Codd. III, 247. Comp., Codd. 19, 82, 93, 108: ὡς ἀνέστη
νυκτός. [39] Sic Syro-hex. Vox deest in Codd. XI, 44,
74, 106, aliis. [40] Sic Comp., Codd. 19, 82, 93, 108.
[41] Sic Syro-hex. Pronomen deest in Ald., Codd. XI, 71,
74, 106, aliis, Arm. 1. [42] Sic Syro-hex., et sine notis
Comp., Codd. III, 247, Arm. 1. [43] Sic Syro-hex. (qui
pingit: ܗܘܐ ܐܘܟܙܝܐ .ܐ. ܣ. ܗ. ◄ X), et sine notis Codd.
III, 247, Arm. 1; necnon (cum ἦν Ὀχ. υἱὸς Ἰωράμ) Codd.
19, 82, 93. [44] Sic Comp. (cum ὅτι γ. pro γ. γάρ), Ald.,

28. מֶלֶךְ־אֲרָם. Ο'. βασιλέως ἀλλοφύλων ('Α. Σ. Θ. Συρίας⁴⁵).

29. לְהִתְרַפֵּא. Ο'. τοῦ ἰατρευθῆναι. Alia exempl. πρὸς τὸ ἰατρευθῆναι.⁴⁶

אֲשֶׁר יַכֻּהוּ אֲרַמִּים. Ο'. ὧν ἐπάταξαν αὐτὸν ※ οἱ Σύροι (◄).⁴⁷

מֶלֶךְ יְהוּדָה. Ο'. Vacat. ※'Α. Σ. Ε'. βασιλεὺς Ἰούδα ◄.⁴⁸

בֶּן־אַחְאָב. Ο'. ※ Θ. Ε'. υἱὸν 'Αχαάβ (◄).⁴⁹

Cap. VIII. 1. – ἐπὶ τὴν γῆν ◄.⁵⁰ 4. τὸ παιδάριον – Ἐλισαιέ ◄.⁵¹ 5. – υἱὸν ◄ τεθνηκότα.⁵² τὸν υἱὸν αὐτῆς – Ἐλισαιέ ◄.⁵³ 9. – πρὸς Ἐλισαιέ ◄.⁵⁴ 24. – τοῦ πατρὸς αὐτοῦ ◄.⁵⁵

CAP. IX.

1. הַשֶּׁמֶן הַזֶּה. Ο'. τοῦ ἐλαίου τούτου (Σ. τοῦτον¹).

וְלֵךְ. Ο'. καὶ δεῦρο. Ε'. καὶ πορεύθητι.²

רָמֹת גִּלְעָד. Ο'. εἰς Ῥεμμὼθ Γαλαάδ. 'Α. Σ. Θ. εἰς Ῥεμμὼθ Γαλαάδ, ὡς οἱ Ο'.³

3. וְאָמַרְתָּ. Ο'. καὶ εἶπον. 'Α. Σ. Θ. καὶ ἐρεῖς.⁴

לְמֶלֶךְ. Ο'. εἰς βασιλέα. Aliter: Ο'. βασιλέα.⁵ 'Α. Σ. Ε'. εἰς βασιλέα. Θ. δὲ ὡς οἱ Ο'.⁶

וְלֹא תְחַכֶּה. Ο'. καὶ οὐ μενεῖς (alia exempl. οὐχ ὑπομενεῖς⁷).

4. הַנַּעַר הַנָּבִיא. Ο'. ὁ προφήτης. Ὁ Ἑβραῖος· τὸ παιδάριον τοῦ προφήτου.⁸

5. דָּבָר לִי. Ο'. λόγος μοι. Alia exempl. λόγος μοι κρύφιος.⁹

7. וְהִכֵּיתָה. Ο'. καὶ ἐξολοθρεύσεις. Σ. καὶ πατάξεις.¹⁰

וְנִקַּמְתִּי. Ο'. καὶ ἐκδικήσεις. Ὁ Ἑβραῖος· καὶ ἐκδικήσω¹¹.

8. וְהִכְרַתִּי. Ο'. καὶ ἐξολοθρεύσεις. Ὁ Ἑβραῖος· καὶ ἐξολοθρεύσω.¹²

9. וְנָתַתִּי. Ο'. καὶ δώσω. Aliter: Ο'. καὶ ἐπιδοῦναι.¹³ Λ. καὶ δώσω.¹⁴

10. וְאֵין. Ο'. καὶ οὐκ ἔστιν. Σ. καὶ οὐκ ἔσται.¹⁵

11. הֲשָׁלוֹם. Ο'. εἰρήνη; – Θ. καὶ εἶπεν εἰρήνη ◄.¹⁶

❖──❖

Codd. III, 19 (ut Comp.), 56, 64 (cum ※ γαμβρὸς), 82 (ut Comp., om. ἐστι), 93 (idem, om. Ἀχαάβ), 108 (idem), 246, 247, Syro-hex. (ubi litera ◦ voci ܡܠܟܐ superimposita utrum *Quintam* ed. indicet, an index sit scholii S. Severi, quod columnam alteram folii 34 r. occupat, incertum), Arm. 1.　⁴⁵ Syro-hex. in marg. ܐܣܘܪܝܐ ܐ. ܣ. ܐ. Sic in textu sine notis Comp. (cum ἐπὶ 'λζ. βασιλέα Συρίας), Codd. 19 (idem), 55, 93 (ut Comp.), 108 (idem), 244.　⁴⁶ Syro-hex. in textu: ܟܘܬ ܐܝܕܐ ܟܘܬ ܠܡܬ; in marg. autem: τοῦ ἰατρευθῆναι. Mendose Cod. III: πρὸ τοῦ ἰατρευθῆναι.　⁴⁷ Sic Syro-hex., et sine aster. Comp., Codd. III, 93, 108, 247.　⁴⁸ Sic Syro-hex., et sine notis Comp., Ald., Codd. III, XI (cum 6 ß.), 44, 52, 55, alii (inter quos 243, 247).　⁴⁹ Sic Syro-hex., et sub aster. simplici Cod. 64. Haec leguntur in Ed. Rom., sed desunt in Codd. 44, 245.　⁵⁰ Syro-hex.　⁵¹ Idem.　⁵² Idem.　⁵³ Idem. Vox Ἐλισαιέ deest in Comp., Codd. 44, 74, 82, 93, 108.　⁵⁴ Idem. Deest in Comp., Codd. 82, 93, 108.　⁵⁵ Deest in Comp., Codd. 19, 82, 93, 108.

CAP. IX. ¹ Ad τοῦτον (ܠܗܢ) Syro-hex. in marg. ܡܢ. ❖ ܠܗܢ, in qua notula explicanda frustra se torserunt Hassius et Middeld. Pertinet, opinor, ad τὸν φακὸν, juxta Hebraeum et Hieron. qui vertit: *lenticulam olei hanc.*

Sie in textu Cod. 56.　² Syro-hex. ❖ ܘܙܠ ܘܗܟ. Sic in textu Comp., Codd. 19, 108.　³ Syro-hex. (cum ܐܟ ܣܒ).　⁴ Idem: ܘܬܐܡܪ. ܐ. ܣ. ܐ. Sic in textu Comp., Codd. 19, 93, 123, Arm. 1.　⁵ Sie in textu Codd. III, 44, 106, alii (inter quos 247), Syro-hex., Arm. 1.　⁶ Syro-hex.　⁷ Sie Comp., Codd. 19, 93, 108, Procop. p. 297.　⁸ Syro-hex. ܡܢ ܥܒܪܝܐ. ܗ. ܟܝܐ ܕܢܒܝܐ.　⁹ Sic Codd. 19, 93, 108, 158, 246 (cum λ. κρ. μοι). Syro-hex. in marg. (post λόγος): ❖ ܟܣܝܐ ❖.　¹⁰ Syro-hex. ܘܬܡܚܐ ܣ.　¹¹ Idem.　¹² Idem. Sic in textu Cod. 71.　¹³ Sic Codd. III, XI, 44, 52, 74, alii (inter quos 243), Syro-hex. (cum ܘܠܡܬܠ).　¹⁴ Syro-hex. ❖ ܘܐܬܠ ܠ (sic). (Nota ܠ praeter hunc locum reperitur Cap. ix. 28. x. 24, 25. xi. 1. xxiii. 33, 35. Non est *litera Ee paulo major quam alias effingi solet* (quae Brunsio videbatur), nec *Gomal* (ut temere statuit, codice non inspecto, Bugatus in Monito ad Danielem, p. 166), sed evidentissime *Lomad*, quo siglo indicari videtur Luciani editio, de qua cf. Holy *De Bibliorum Textibus* etc. Lib. IV, Cap. III.)　¹⁵ Idem: ܠܐ ܢܗ.　❖ ܠܗ. Sic in textu Comp., Codd. 19, 93, 108, 123, 247.　¹⁶ Sic Syro-hex., et sine notis (cum καὶ εἶπεν αὐτοῖς εἰρ.) Comp., Codd. 19, 93, 108.

11. הַמְשֻׁגָּע. *Fanaticus.* Ο΄. ὁ ἐπίληπτος. Ἀ. ὁ παράπληκτος (s. παραπληκτευόμενος).[17]

וְאֶת־שִׂיחוֹ. Ο΄. καὶ τὴν ἀδολεσχίαν αὐτοῦ. Ἀ. Σ. καὶ τὴν ὁμιλίαν αὐτοῦ.[18]

12. שֶׁקֶר הַגֶּד־נָא לָנוּ. Ο΄. ἄδικον, ἀπάγγειλον δὴ ἡμῖν (alia exempl. εἰ οὐκ ἀπαγγελεῖς ἡμῖν[19]). Ἀ. Σ. ψεύδη, εἰ οὐκ ἀποκαλύψεις ἡμῖν.[20]

כָּזֹאת וְכָזֹאת. Ο΄. οὕτω καὶ οὕτω. Σ. τάδε καὶ τάδε.[21]

13. וַיְמַהֲרוּ וַיִּקְחוּ אִישׁ בִּגְדוֹ וַיָּשִׂימוּ תַחְתָּיו אֶל־גֶּרֶם הַמַּעֲלוֹת (*super nudos gradus*). Ο΄. καὶ ÷ ἀκούσαντες ◁[22] ἔσπευσαν (Ἄλλος· ἐτάχυναν[23]), καὶ ἔλαβεν ἕκαστος (alia exempl. ἀνὴρ[24]) τὸ ἱμάτιον αὐτοῦ, καὶ ἔθηκαν ὑποκάτω αὐτοῦ ἐπὶ τὸ γαρὲμ τῶν ἀναβαθμῶν (alia exempl. ἐπὶ γὰρ ἕνα τῶν ἀναβαθμῶν ÷ ἐκάθηντο ◁[25]). Aliter: Ο΄. Θ. . . ἐπὶ γαρεὶμ τῶν ἀναβαθμῶν. Ἀ. . . καὶ ἔλαβον ἀνὴρ ἱμάτιον αὐτοῦ, καὶ ἔθηκαν ὑποκάτω αὐτοῦ πρὸς ὀστῶδες τῶν ἀναβαθμῶν. Σ. ταχύναντες δὲ ἔλαβον ἕκαστος τὸ ἱμάτιον αὐτοῦ, καὶ ἔθηκαν ὑπ' αὐτὸν ἐφ' ἕνα τῶν ἀναβαθμῶν.[26]

13. בַּשּׁוֹפָר. Ο΄. ἐν κερατίνῃ. Σ. Ε΄. τῇ σάλπιγγι.[27]

15. יְהוֹרָם הַמֶּלֶךְ. Ο΄. Ἰωρὰμ ※ Ἀ. Σ. Θ. Ε΄. ὁ βασιλεὺς ◁.[28]

בְּהִלָּחֲמוֹ. Ο΄. ἐν τῷ πολεμεῖν αὐτόν (alia exempl. αὐτούς[29]).

פָּלִיט מִן־הָעִיר. Ο΄. ἐκ τῆς πόλεως διαπεφευγώς. Alia exempl. διαπεφευγὼς ἐκ τῆς πόλεως; alia, διασωζόμενος ἐκ τῆς πόλεως.[30]

16. וַיִּרְכַּב יֵהוּא וַיֵּלֶךְ. Ο΄. καὶ ἵππευσε (alia exempl. ἔσπευσε[31]) καὶ ἐπορεύθη Ἰού, καὶ κατέβη. Aliter: Ο΄. καὶ ※ ἵππευσεν (◁) Ἰηού, καὶ ἐπορεύθη, ÷ καὶ κατέβη ◁.[32] Alia exempl. καὶ ἐπέβη Ἰού, καὶ ἐπορεύθη.[33]

כִּי יוֹרָם שֹׁכֵב שָׁמָּה. Ο΄. ὅτι Ἰωρὰμ ÷ βασιλεὺς Ἰσραὴλ ἐθεραπεύετο ἐν τῷ Ἰεζράελ ἀπὸ τῶν τοξευμάτων ὧν κατετόξευσαν αὐτὸν οἱ Ἀραμὶν (Ἄλλος· οἱ Σύροι[34]) ἐν τῇ Ῥαμμὰθ ἐν τῷ πολέμῳ μετὰ Ἀζαὴλ βασιλέως Συρίας, ὅτι αὐτὸς δυνατὸς καὶ ἀνὴρ (alia exempl. υἱὸς[35]) δυνάμεως (◁) (alia exempl. add. ἐκοιμήθη (Σ. κατέκειτο) ἐκεῖ[36]).

---

[17] Syro-hex. in textu: ܫܢܝܐ, quae vox cum Graecis μωρός, ἄφρων, et sim. permutatur, nec nisi h. l. cum ἐπίληπτος; in marg. autem: ܐ. ܡܫܢܢܐ, h. e. ἐπίληπτος, coll. Hex. ad Jerem. xxix. 26. xlix. 3. Hos. ix. 7. Cum vero in textu τῶν Ο΄ libri omnes firmiter teneant ὁ ἐπίληπτος, satius visum est cum Middeldorpfio Aquilae tribuere ὁ παράπληκτος (מְשֻׁגָּע Deut. xxviii. 34 in LXX), s. ὁ παραπληκτευόμενος (מִשְׁתַּגֵּעַ 1 Reg. xxi. 14 in lectione Aquilae). Cf. ad v. 20. [18] Syro-hex. ܐ. ܣ. ܘܡܡܠܠܗ ܕܝܠܗ. Cf. Hex. ad Psal. liv. 3. ciii. 34. Hieron.: *et quid locutus est.* (Vox ἀδολεσχία Syro nostro varie sonat ܪܢܝܐ, ܦܘܩܕܐ, semel (Psal. liv. 2) ܬܘܢܝܐ; hic autem ܦܚܙܐ (ܦܚܙܐ), h. e. interprete Bar Bahlul, ܦܚܙܐ, *effutitio, vana loquacitas.* Cf. Hex. ad Jerem. xx. 7. Masii et Middeldorpfii circa hanc vocem errores castigavit Bernstein. in *Zeitschrift der Deutschen-morgenl. Gesellschaft*, T. III, p. 415.) [19] Sic Ald. (cum duplici versione εἰ οὐκ ἀπαγγελεῖς ἀπάγγειλον δὴ ἡμῖν), Codd. XI (cum ἀπαγγέλλεις), 44, 52, 74, alii (inter quos 243). [20] Syro-hex. ܐ. ܣ. ܕܓܠܘܬܐ. ܐܢ ܠܐ ܬܓܠܐ ܠܢ. [21] Idem: ܣ. ܗܟܢܐ ܘܗܟܢܐ. [22] Sic Syro-hex. (qui male pingit: ܘ÷ܟܕ ※ ܫܡܥܘ◁.). [23] Sic in textu Cod. 247. Est Aquilae, ut videtur, coll. Hex. ad 1 Reg. xxv. 42. Jesai. xxxi. 14 (in *Auctario*). [24] Sic Comp. (cum ἔλαβον), Codd. 19, 93 (ut Comp.), 108 (idem), Theodoret. Quaest. XXIX in 4 Reg. p. 530. [25] Sic Syro-hex. (cum ἐκάθηντο in marg.), et sine obelo Cod. III, Arm. 1; necnon (cum ἐκάθητο) Ald., Codd. XI, 52, 56, 64, 76, alii (inter quos 243). [26] Cod. 243 (qui Symmacho minus probabiliter tribuit ἐπ' αὐτόν). [27] Syro-hex. ܣ. ܗ. ܒܫܝܦܘܪܐ. [28] Sic Syro-hex., et sine notis Ed. Rom.; sed ὁ βασιλεύς deest in Codd. 44, 76, 106, 120. [29] Sic Ald., Codd. II, III, XI, 64, 74, alii (inter quos 247), Syro-hex. (cum ἐν τῷ π. αὐτόν in marg.). [30] Prior lectio est in Cod. III, Syro-hex.; posterior in Comp., Codd. 19, 93, 108. [31] Sic Ald., Codd. III, XI, 44, 52, 55, 56, alii (inter quos 243). [32] Sic Syro-hex. (qui pingit ※ καὶ ἵππευσεν Ἰ.), et sine notis Cod. III (cum ἔσπευσεν). [33] Sic Comp., Codd. 19, 93, 108. [34] Syro-hex. in textu: ܐܪܡܝܐ; in marg. autem: ܣܘܪܝܝܐ. Cf. ad Cap. viii. 29. [35] Sic Codd. XI, 121. Syro-hex. in textu: ܘܒܪ ܚܝܠܐ, litera ܘ nescio qua manu reprobata; in marg. autem (cum indice ad ἐκοιμήθη): ܘܚܝܠܐ. Haec, βασιλεὺς—Συρίας, sunt duplex versio Hebraei textus Cap. viii. 29. ix. 15; clausula autem, ὅτι αὐτὸς δ. καὶ ἀνὴρ δυνάμεως, quam ignorant Codd. 19, 93, 108, unde provenerit nescimus. Pericopa integra, ὅτι Ἰωρὰμ—δυνάμεως, deest in Cod. 44. [36] Sic Ald., Codd. III, 44 (praem. καί), 52, 74, alii, Arm. 1 (ut 44). Syro-hex. in textu: ܡܫܟܒ

17. עֹמֵד. Ο'. ἀνέβη. Alia exempl. εἱστήκει.³⁷

אֶת־שִׁפְעַת. Globum. Ο'. τὸν κονιορτόν. Alia exempl. τὸν κονιορτὸν τοῦ ὄχλου.³⁸

לִקְרַאתָם. Ο'. ἔμπροσθεν αὐτῶν. Alia exempl. εἰς ἀπάντησιν αὐτῶν.³⁹

18. אֶל־אַחֲרַי. Ο'. εἰς τὰ ὀπίσω μου. Aliter: Ο'. πρὸς τὸ ὀπίσω μου.⁴⁰ Θ. Ε'. εἰς τὸ ὀπίσω μου.⁴¹

19. אֲלֵהֶם. Ο'. πρὸς αὐτόν. Alia exempl. ἕως αὐτῶν.⁴²

20. וְהַמִּנְהָג כְּמִנְהַג יֵהוּא בֶן־נִמְשִׁי כִּי בְשִׁגָּעוֹן יִנְהָג. Ο'. καὶ ὁ ἄγων ἦγεν τὸν Ἰοὺ υἱὸν Ναμεσσὶ, ὅτι ἐν παραλλαγῇ ἐγένετο. Aliter: Ο'. καὶ ὁ ἄγων ἦγεν τὸν Ἰηοὺ υἱὸν Ναμεσσὶ, ὅτι ἐν παραλλαγῇ ἦγεν. Ἀ. καὶ ἡ ἔλασις ὡς ἔλασις Ἰηοὺ υἱοῦ Ναμεσσὶ, ὅτι ἐν παραπληξίᾳ ἐλαύνει. Σ. ἡ δὲ ἀγωγὴ ὡς ἀγωγὴ Ἰηοὺ Ναμεσσὶ, ὅτι ἀτάκτως ἄγει. Θ. καὶ ἡ ἀγωγὴ ἀγωγὴ Ἰηοὺ Ναμεσσὶ, ὅτι ἐν παραλλαγῇ ἦγεν.⁴³

22. עַד־זְנוּנֵי. Ο'. ἔτι αἱ πορνεῖαι. Σ. ἕως τῆς πορνείας.⁴⁴

25. שָׂא הַשְׁלִכֵהוּ. Ο'. ῥῖψον (alia exempl. ῥῖψαι⁴⁵) αὐτόν. Ἄλλος· ἆρον, ῥῖψον αὐτόν.⁴⁶

אֶת־הַמַּשָּׂא הַזֶּה. Ο'. τὸ λῆμμα τοῦτο (alia exempl. add. λέγων⁴⁷). Ἄλλος· τὴν ἄρσιν ταύτην, τῷ λέγειν.⁴⁸

27. דֶּרֶךְ בֵּית הַגָּן. Ο'. ὁδὸν Βαιθγάν (alia exempl. Βαιθγάν⁴⁹). Ἀ.. τοῦ οἴκου τοῦ κήπου.⁵⁰

גּוּר. Ο'. Γαί. Ἄλλος· Γαίρ.⁵¹

אֲשֶׁר אֶת־יִבְלְעָם. Ο'. ἥ ἐστιν Ἰεβλαάμ. Ἄλλος· τοῦ ἐχομένου .⁵²

28. וַיַּרְכִּבוּ אֹתוֹ. Ο'. καὶ ἐπεβίβασαν αὐτόν. Λοιποί· καὶ ἀνεβίβασαν (s. ἀνήνεγκαν) αὐτόν.⁵³

עִם־אֲבֹתָיו. Ο'. Vacat. ※ Ἀ. Σ. Ε'. μετὰ τῶν πατέρων αὐτοῦ ◄.⁵⁴

29. לְיוֹרָם בֶּן־אַחְאָב. Ο'. Ἰωρὰμ βασιλέως Ἰσραήλ. Σ. Ε'. Ἰωρὰμ υἱοῦ Ἀχαάβ.⁵⁵

30. וַתֵּיטֶב. Et compsit. Ο'. καὶ ἠγάθυνε. Ε'. καὶ ἐκόσμησε.⁵⁶

32. וַיֹּאמֶר מִי אִתִּי מִי. Et dixit: Quis mecum facit?

Joα; in marg. autem: ✻ ‎‎. .ܣ. Lectio anonyma ad ‎‎ܚܡ.ܐ pertinere videtur; quod vero ad Symmachum attinet, Bernsteinius quidem pingendum censet ‎‎ܗܐܡ, provocans ad versionem Pesch. ‎‎ ‎‎Joα ‎‎; Ceriani autem, propius ad literarum ductus, ‎‎ܐܡ. Cf. Prov. vi. 9 in LXX et Syro-hex. ³⁷ Sic Comp., Codd. 19, 93, 108. ³⁴ Iidem, qui mox ὄχλον ἐγὼ ὁρῶ pro κονιορτὸν ἐγὼ βλέπω exhibent. ³⁹ Sic Comp., Codd. 19, 93, 108, Syro-hex. (in marg.). Mox εἰ εἰρήνη pro ἡ εἰρήνη quater Comp., Codd. 19 (bis), 44, 55 (bis), 64, alii (inter quos 243), Syro-hex. ⁴⁰ Sic Cod. III, Syro-hex. ⁴¹ Syro-hex. ‎‎. ‎‎.ܠ. ⁴² Sic Comp., Codd. 19 (cum αὐτὸν), 93, 108 (ut 19), Syro-hex. ⁴² Cod. 243 (cum ἀτάκτω), teste Parsonsii amanuensi. (Montef. edidit καὶ ἡ ἀγωγὴ pro ἡ δὲ ἀγωγὴ, et Ναμεσσὶ, s. Ναμεσσὶ, pro Ναμεσσὶ (ter).) Syro-hex. affert: ‎‎ ‎‎.ܠ. ‎‎; ubi litera secunda vocis abscissae ex vestigiis potius α quam ܙ refert. De priore lectionis parte nihil definimus; posteriorem vero confirmat Bar Hebraeus a Bernsteinio excitatus: ‎‎. Huc usque Pesch.; dein subjungit: ‎‎Joα. Ad Theodotionis lectionem proxime accedunt Comp., Codd. 19, 93, 108: καὶ ἡ ἀγωγὴ ἀγωγὴ (ὡς ἀγ. Comp.) Ἰηοὺ υἱοῦ Ναμεσσὶ, διότι ἐν παραλλαγῇ ἦγεν; necnon Theodoret. Quaest. XXX in 4 Reg. p. 530:

καὶ ἡ ἀγωγὴ ἀγωγὴ Ἰηοὺ υἱοῦ Ναμεσσῇ, διότι ἡ παραλλαγὴ (sic) ἦγεν, qui praeterea notat: Ἔνια μέντοι τῶν ἀντιγράφων ἔχει καὶ ὁ ἄγων ἦγε τὸν Ἰηοὺ, τουτέστιν ὁ θεός. ⁴⁴ Syro-hex. ‎‎. ⁴⁵ Sic Codd. II, III, 56, Syro-hex. ⁴⁶ Syro-hex. in marg., absciso, ut videtur, nomine: ‎‎?.. ‎‎ܡܣܡ. Sic in textu (cum ἆρον καὶ ῥ.). Comp., Ald., Codd. 19, 55, 64, alii (inter quos 247). Hieron.: tolle, projice eum. ⁴⁷ Sic Comp., Ald., Codd. XI, 19, 52, 55, 56, alii (inter quos 243, 247). ⁴⁸ Syro-hex. in textu: ‎‎ܠܐ; in marg. autem (absciso nomine, ex vestigiis potius .α quam .ܣ): ‎‎. ⁴⁹ Sic Comp., Cod. 247, Syro-hex. ⁵⁰ Syro-hex. ‎‎.ܠ. ⁵¹ Syro-hex. in textu: ‎‎; in marg. autem: (ΓΑ)ΙΡ. ⁵² Idem in textu: ‎‎; in marg. autem: ✻‎‎. Pesch. vertit: ‎‎. Hieron.: qui est juxta Ieblaam. ⁵³ Idem: ‎‎.ܠ. (In codice lectio refertur ad verba καὶ ἦγαγον αὐτόν, quae in Hebraeo non exstant. Pro ἐπεβίβασαν Comp., Codd. 93 (cum ἀνήνεγκεν), 108, ἀνήνεγκαν exhibent, quae vox cum Syriaca recte componitur.) ⁵⁴ Sic in textu Syro-hex., et sine notis Codd. III, 247, Arm. 1. ⁵⁵ Syro-hex. (α)‎‎ ‎‎.ܣ. ‎‎. ⁵⁶ Idem: ✻‎‎.ܣ. Sic in textu Comp., Ald., Codd. 19, 64, 71, 82, 93, 108, 119 (cum ἐκόσμισεν), 247, Arm. 1.

quis? Ο΄. καὶ εἶδεν αὐτήν, καὶ εἶπε τίς εἶ σύ; κατάβηθι μετ᾽ ἐμοῦ. Aliter: Ο΄. ※ Ἀ. Θ. Ε΄. καὶ εἶπεν τίς εἶ σύ⁴; ⸔κατάβηθι μετ᾽ ἐμοῦ⁴.[57]

32. שְׁנַיִם שְׁלֹשָׁה סָרִיסִים. Ο΄. δύο ※ Ἀ. Σ. ἢ τρεῖς ⁴ εὐνοῦχοι.[58]

33. שִׁמְטוּהוּ. *Praecipitate eam.* Ο΄. κυλίσατε (alia exempl. κατασπάσατε[59]) αὐτήν. (Ἀ.) ῥίψατε αὐτὴν κάτω.[60]

וַיִּרְמְסֶנָּה. Ο΄. καὶ συνεπάτησαν αὐτῇ. Alia exempl. add. καὶ ἔρριψαν αὐτὴν ἐν τῷ οἰκοπέδῳ.[61]

36. דְּבַר־יְהוָה הוּא. Ο΄. λόγος κυρίου ※ Ἀ. Σ. ἐστίν ⁴.[62]

בְּיַד־עַבְדּוֹ. Ο΄. ἐν χειρί. Alia exempl. ἐν χειρὶ δούλου αὐτοῦ.[63]

37. בְּחֵלֶק יִזְרְעֶאל. Ο΄. ἐν τῇ μερίδι (※) Ἀ. Σ. Θ. Ἰεζράελ ⁴.[64]

זֹאת אִיזָבֶל. Ο΄. ※ αὕτη ⁴ Ἰεζάβελ.[65]

Cap. IX. 7. (⸓) ἐκ προσώπου μου ⁴.[66] 8. ⸓ τῷ οἴκῳ ⸓ Ἀχαάβ.[67] 12. καὶ εἶπεν ⸓ Ἰηοὺ πρὸς αὐτούς (⁴).[68] 15. ⸓ μετ᾽ ἐμοῦ ⁴.[69] 21. ἅρμα ※ αὐτοῦ ⁴.[70] 22. καὶ εἶπεν ⸓ Ἰού (⁴).[71] 25. τὸν τριστάτην ⸓ αὐτοῦ ⁴.[72] 28. ⸓ ἐπὶ τὸ ἅρμα, καὶ ἤγαγον αὐτόν ⁴.[73]

CAP. X.

1. אֶל־שָׂרֵי יִזְרְעֶאל. Ο΄. πρὸς τοὺς ἄρχοντας Σαμαρείας. Alia exempl. πρὸς τοὺς στρατηγοὺς τῆς πόλεως (הָעִיר אֶל?).[1]

הַזְּקֵנִים. Ο΄. καὶ πρὸς τοὺς πρεσβυτέρους. Aliter: Ο΄. ⸓ πρὸς ⁴ τοὺς πρεσβυτέρους.[2]

2. וְאַתְּכֶם (in priore loco). Ο΄. ※ καὶ ⁴ μεθ᾽ ὑμῶν.[3]

4. מְאֹד מְאֹד. Ο΄. σφόδρα ※ Ἀ. Θ. σφόδρα ⁴.[4]

5. אֲשֶׁר־עַל־הַבַּיִת. Ο΄. οἱ ἐπὶ τοῦ οἴκου. Alia exempl. οἱ ἀπὸ (Ὁ Ἑβραῖος· ἐπὶ[5]) τοῦ οἴκου.[6]

6. אֶת־רָאשֵׁי אַנְשֵׁי. Ο΄. τὴν κεφαλὴν (alia exempl. τὰς κεφαλὰς[7]) ἀνδρῶν.

אֶת־גְּדֹלֵי הָעִיר. *Apud proceres civitatis.* Ο΄. οὗτοι ἁδροὶ τῆς πόλεως. Alia exempl. οὓς οἱ ἁδροὶ τῆς πόλεως.[8]

7. וַיִּשְׁחֲטוּ. Ο΄. καὶ ἔσφαξαν αὐτούς. Alia exempl. καὶ ἔσφαξαν.[9] — Σ. αὐτούς.[10]

8. פֶּתַח הַשַּׁעַר. Ο΄. παρὰ τὴν θύραν τῆς πύλης (alia exempl. τῆς πόλεως[11]).

עַד־הַבֹּקֶר. Ο΄. εἰς (alia exempl. ἕως[12]) πρωΐ.

10. רְעוּ אֵפוֹא כִּי לֹא יִפֹּל. Ο΄. ἴδετε ἀφφὼ ὅτι

---

[57] Sic Syro-hex., et sine notis Codd. III, 245, Arm. 1 (cum κοτ. πρὸς μέ). Verba, καὶ εἶπεν τίς εἶ σύ, quae olim vacabant, nunc in omnibus leguntur. [58] Sic in textu Syro-hex. Solus Cod. III τρεῖς loco δύο habet. [59] Sic Comp., Codd. 19, 93, 108, qui statim ἔρριψαν pro ἐκύλισαν exhibent. [60] Syro-hex. in marg. ܪܡܘ ܐܢܝܢ ܠܬܚܬ (ܐ.). [61] Sic Codd. 55, 244 (in marg.), 246. Syro-hex. in marg. (post ܐܪܥܐ): ܐܪܥܐ ܒܒܝܬ ܘܫܕܘ (ܣ). [62] Sic Syro-hex., et sine notis Cod. 158 (cum ἐστὶ τοῦτο), Arm. 1. Comp., Codd. 19, 82, 93, 108 (om. ἐστί): ῥῆμα κ. ἐστὶ τοῦτο. [63] Sic Comp. (cum τοῦ δ. αὐτοῦ), Ald., Codd. XI, 19 (ut Comp.), 44, 52, 55, alii (inter quos 243, 247), invito Syro-hex. [64] Sic Syro-hex. (cum metobelo tantum), et sine notis Ed. Rom. Vox Ἰεζράελ deest in Cod. III; haec autem, ἐν τῇ μ. Ἰ., in Codd. 19, 71, 82, 93, 108. [65] Sic Syro-hex., et sine aster. Comp., Codd. 19 (cum αὐτὴ ἡ Ἰ.), 82, 108. Post Ἰεζάβελ Codd. 19, 82, 93 addunt: καὶ οὐκ ἔσται ὁ λέγων· οἴμοι. [66] Syro-hex. (cum metobelo tantum). [67] Idem. Pro τῷ οἴκῳ Ἀχ., τοῦ Ἀχ. est in Comp. (cum τῷ Ἀχ.), Codd. XI, 52, 74, aliis (inter quos 243). [68] Idem. Haec, πρὸς αὐτούς, desunt in Codd. 43,

243, 244. [69] Idem. [70] Idem. [71] Idem. [72] Idem. [73] Haec desunt in Comp., Codd. III, 19, 93, 108, 245, Arm. 1. Syro-hex. pingit: ⸓ ἐπὶ ※ τὸ ἅρμα ⁴ καὶ ἤγαγον αὐτόν.

CAP. X. [1] Sic Comp. (cum ἄρχοντας), Codd. 19, 82, 93, 108 (ut Comp.). Hieron.: *ad optimates civitatis.* [2] Sic Syro-hex., et sine obelo Ald., Codd. III, XI, 56, 71, 74, alii. Statim καὶ τοὺς τιθηνοὺς (om. πρὸς) Cod. III. Syro-hex. [3] Sic Syro-hex. Copula deest in Ald., Codd. III, 44, 55, 64, aliis, Arm. 1. [4] Sic Syro-hex., et sine notis Codd. III, 123, Arm. 1. [5] Syro-hex. [6] Sic Codd. III, XI, 74, 106, 120, 134, 144, Syro-hex., Arm. 1. [7] Sic Comp. (om. ràs), Cod. 246, Syro-hex., Arm. 1. Deinde Syro-hex. pingit: ⸓ ἀνδρῶν ⁴, et reapse vox אנשי deest in quinque codd. Hebraicis. [8] Sic Codd. 19, 82, 93, 108, 158, 246, Syro-hex. [9] Sic Codd. III, 246, 247, Syro-hex., Arm. 1. [10] Syro-hex. ✚ ܐܢܘܢ ܀ (sic). [11] Sic Ald., Codd. III, XI, 52, 55, 56, alii (inter quos 243, 247), Syro-hex. Cod. II, teste Maio: τῆς πύλης πόλεως. [12] Sic Comp., Codd. 19, 82, 93, 108, Syro-hex. (in marg.).

οὐ πεσεῖται. Aliter: Ο'. ἴδετε ἀφφὼ ※ Σ.
οὖν νῦν ◄ ὅτι οὐ πεσεῖται.¹³ 'Α. γνῶτε καίπερ
ὅτι οὐ πεσεῖται. Σ. ἴδετε οὖν νῦν ὅτι οὐ
πεσεῖται.¹⁴

10. מִדְּבַר יְהוָה. Ο'. ἀπὸ τοῦ ῥήματος ※ Α. Σ.
Θ. Ε'. κυρίου ◄.¹⁵

11. אֵת כָּל־הַנִּשְׁאָרִים. Ο'. πάντας τοὺς καταλη-
φθέντας (potior scriptura καταλειφθέντας¹⁶).
גְּדֹלָיו. Ο'. τοὺς ἀδροὺς αὐτοῦ. Alia exempl.
τοὺς ἀγχιστεύοντας αὐτοῦ (וּגְאָלָיו).¹⁷
וּמְיֻדָּעָיו. Et notos (familiares) ejus. Ο'. καὶ
τοὺς γνωστοὺς (alia exempl. γνώστας¹⁸) αὐτοῦ.

12. וַיָּקָם וַיָּבֹא. Ο'. καὶ ἀνέστη ※ Α. καὶ ἦλθεν ◄.¹⁹
בֵּית־עֵקֶד. Ο'. ἐν Βαιθακάθ. 'Α. (ἐν) οἴκῳ
κάμψεως. Σ. (ἐν) οἴκῳ ἑκάστων.²⁰

14. וַיִּתְפְּשׂוּם חַיִּים. Ο'. Vacat. ※ Α. καὶ συνέ-
λαβον αὐτοὺς ζῶντας (◄).²¹
אֶל־בּוֹר בֵּית־עֵקֶד. Ο'. εἰς Βαιθακάθ. Alia exempl. εἰς Βαιθακὰλ ἐν τῇ κρήνῃ.²² Aliter: Ο'.
※ Ο' Ἑβραῖος, Σ. ἐπὶ τοῦ λάκκου ◄ Βαιθακάθ.²³

15. לִקְרָאתוֹ וַיְבָרְכֵהוּ. Ο'. εἰς ἀπαντὴν αὐτοῦ, καὶ
εὐλόγησεν αὐτόν. Σ. ἀπαντῶντα αὐτῷ ἵνα εὐ-
λογήσῃ αὐτόν.²⁴
יָשָׁר. Ο'. εὐθεῖα. Σ. ἁπλῇ.²⁵

16. בְּקִנְאָתִי לַיהוָה. Ο'. ἐν τῷ ζηλῶσαί με τῷ
κυρίῳ (alia exempl. τῷ κυρίῳ σαβαώθ²⁶). Ἄλ-
λος· τὸν ζῆλόν μου ὑπὲρ κυρίου.²⁷

18. וַיִּקְבֹּץ. Ο'. καὶ συνήθροισεν. Aliter: Ο'. καὶ
ἐξήλωσεν.²⁸ 'Α. καὶ συνήθροισεν.²⁹

19. אַל־יִפָּקֵד. Ne desideretur. Ο'. μὴ ἐπισκεπήτω. Alia exempl. μὴ ἀπολειφθήτω ἐξ αὐ-
τῶν.³⁰ Σ. μὴ ἀποστερηθήτω.³¹

20. עֲצָרָה. Panegyrin. Ο'. ἱερείαν. Alia exempl.
θεραπείαν.³²

21. Ο'. λέγων· καὶ νῦν—οὐ ζήσεται.³³
Ο'. καὶ πάντες οἱ ἱερεῖς αὐτοῦ, καὶ πάντες οἱ
προφῆται αὐτοῦ.³⁴

22. לַאֲשֶׁר עַל־הַמֶּלְתָּחָה. Praefecto vestiarii. Ο'.
τῷ (alia exempl. τοῖς³⁵) ἐπὶ τοῦ οἴκου μεσθάαλ
('Α. Σ. τοῦ στολισμοῦ³⁶).

---

¹³ Syro-hex. in textu: [Syriac] ※ [Syriac] (scitate) [Syriac], cum (Λ)ΦΦΟ (sic) in marg. ¹⁴ Cod.
243. Cf. ad Cap. ii. 14. ¹⁵ Sic Syro-hex. (cum [Syriac]
in marg., sed abraso), et sine notis Ed. Rom. Vox κυρίου
deest in Codd. 71, 245. ¹⁶ Sic Cod. 134. Syro-hex., et
(cum τοὺς ἐν τῷ οἴκῳ Ἀχ. καταλ.) Codd. II, III, 243. 244.
¹⁷ Sic Comp., Codd. 19 (om. αὐτοῦ), 82, 93, 108, qui omnes
post ἱερεῖς αὐτοῦ add. καὶ τοὺς ἀδροὺς αὐτοῦ. ¹⁸ Sic Codd.
III, 92, 123, 236, 242, 243, 247 (cum καὶ πάντας τ. γν.),
Syro-hex. (cum [Syriac]). Theodoret. Quaest. XXXII
in 4 Reg. p. 531: Τρώστας τίνας καλεῖ· τοὺς μάντεις, τοὺς οἰο-
μένους εἰδέναι τὰ μέλλοντα. Cf. Hex. ad Dan. iii. 2. ¹⁹ Sic
Syro-hex., et sine notis Cod. III, Arm. 1. ²⁰ Euseb. in
Onomastico, p. 92. Hieron. vertit: "Bethacath... pro
quo Aquila interpretatus est domum curvantium, Symmachus domum singulorum, eo quod angustus et humilis
introitus singulos tantum, et nec ipsos stantes, ingredi
sustineret." ²¹ Sic Syro-hex., et sine notis Comp. (om.
ζῶντας), Codd. III (cum συνελάβοντο), 19 (ut Comp.), 82
(idem), 108 (idem), 123, 247 (cum συνέλαβεν), Arm. 1.
²² Sic Codd. 243, 244. Ad Βαιθακάθ Cod. II in marg.:
ἐν τῇ σκηνῇ (sic). ²³ Sic Syro-hex. (cum [Syriac]).
²⁴ Cod. 243 (cum αὐτὸν pro αὐτῷ). ²⁵ Syro-hex. [Syriac].

[Syriac]. Cf. Hex. ad Job. xxxiii. 3. Psal. xxiv. 8.
²⁶ Sic Ald., Codd. XI, 44 (om. τῷ), 52, 55, alii (inter quos
243, 247), Syro-hex. ²⁷ Cod. 243 in marg. ²⁸ Sic
Codd. II, III, 71 (cum καὶ συνήθροισεν καὶ ἐξήλωσεν), 245,
247, Syro-hex. (cum [Syriac]). ²⁹ Syro-hex. [Syriac].
³⁰ Sic Comp., Codd. 19, 82, 93, 108. Syro-hex. in marg.:
ἐξ αὐτῶν. Duplex versio, μὴ ἀπολιφθήτω (sic) μὴ ἐπισκεπήτω,
est in Cod. 158. (Pro ἐπισκεπήτω Syro-hex. perperam interpretatus est [Syriac], quasi ab ἐπισκέπω; alio autem
loco Jerem. xxiii. 4 pro ἐπισκεπῶσιν recte dedit [Syriac].)
³¹ Syro-hex. [Syriac]. Middeld. huc trahit lectionem μὴ ἀπολειφθήτω, repugnante Syri nostri usu. ³² Sic
Comp., Codd. 19, 82, 93, 108. Post τῷ Βάαλ add. καὶ θεραπείαν Ald., Codd. XI, 52, 55, 56, alii (inter quos 243, 247).
Cf. Hex. ad Joel i. 14. ³³ Haec desunt in Comp.,
Codd. III, 19, 82, 93, 108, Syro-hex., Arm. 1. Habet ea
sub ※ Cod. 64. ³⁴ Desunt in iisdem. Syro-hex. in
marg. (cum indice super [Syriac] in fine v. 19): καὶ πάντες οἱ
πρ. αὐτοῦ, καὶ πάντες οἱ ἱερεῖς αὐτοῦ. ³⁵ Sic Ald., Codd. III
(cum τοῖς ἐπὶ τοῦ μεσθάαλ), XI, 44, 52, 55, alii (inter quos
243, 247), Syro-hex. (cum [Syriac], et in marg. ΜΑΛ-
ΘΑΛΑ). ³⁶ Syro-hex. [Syriac]. Middeld. non
male: 'Α. Σ. ἐνδύματος; sed στολισμοῦ est in marg. Cod. 121,

23. פֶּן־יֶשׁ־פֹּה. Ο'. εἰ ἔστιν ※ 'Α. Θ. ὧδε ◄.[37]
כִּי אִם. Ο'. ὅτι ἀλλ' ἤ. Alia exempl. καὶ ἐξαποστείλατε αὐτούς· καὶ εἶπον· οὐκ εἰσίν, ἀλλ' ἤ.[38] Alia: καὶ ἐξαποστείλατε πάντας τοὺς δούλους κυρίου τοὺς εὑρισκομένους ἐκεῖ. καὶ ἐγένετο καθὼς ἐλάλησεν Ἰού, ὅτι οὐκ ἦν ἐκεῖ τῶν δούλων κυρίου, ὅτι ἀλλ' ἤ.[39]

24. זְבָחִים. Ο'. τὰ θύματα. Aliter: Ο'. τὰ θυμιάματα. 'Α. Σ. τὰς θυσίας. Θ. Ε'. τὰ θίματα.[40]
נַפְשׁוֹ. Ο'. ἡ ψυχὴ αὐτοῦ (alia exempl. αὐτῶν[41]). Λ. αὐτοῦ.[43]

25. כְּכַלֹּתוֹ. Ο'. ὡς συνετέλεσε (Λ. συνετέλεσαν[43]).
אִישׁ אַל־יֵצֵא. Ο'. μὴ ἐξελθάτω ἐξ αὐτῶν ἀνήρ. Aliter: Ο'. ἀνὴρ μὴ ἐξελθάτω (s. ἐξελθέτω) ÷ ἐξ αὐτῶν ◄.[44]

26. בֵּית־הַבַּעַל. Ο'. τοῦ Βάαλ. Alia exempl. οἴκου τοῦ Βάαλ.[45]

27. וַיִּתְּצוּ אֶת־בֵּית הַבַּעַל. Ο'. Vacat. ※ καὶ καθεῖλον τὸν οἶκον τοῦ Βάαλ (◄).[46]
לְמַחֲרָאוֹת. In latrinas. Ο'. εἰς λυτρῶνα.

Alia exempl. εἰς λυτρῶνας; alia, εἰς λουτρῶνας; alia, εἰς κοπρῶνας.[47] Σ. εἰς ἀφοδευτήριον.[48]

29. מֵאַחֲרֵיהֶם עֶגְלֵי הַזָּהָב אֲשֶׁר בֵּית־אֵל וַאֲשֶׁר בְּדָן. Ο'. ἀπὸ ὄπισθεν αὐτῶν αἱ δαμάλεις αἱ χρυσαῖ ἐν Βαιθὴλ καὶ ἐν Δάν. Σ. ἀπὸ ὄπισθεν αὐτῶν, τῶν μόσχων τῶν χρυσῶν τῶν ἐν Βαιθὴλ καὶ ἐν Δάν.[49]

Cap. X. 9. – εἰμι ◄.[50] 15. τὸν Ἰωναδὰβ ※ υἱὸν Ῥηχὰβ ◄.[51] πρὸς αὐτὸν ÷ Ἰού ◄.[52] – μετ' ἐμοῦ ◄.[53] – καὶ εἶπεν Ἰού ◄.[54] 16. καὶ εἶπε – πρὸς αὐτὸν ◄.[55] 22. καὶ εἶπεν ÷ Ἰού ◄.[56] 33. ÷ τοῦ χείλους ◄.[57]

Cap. XI.

1. כִּי מֵת בְּנָהּ. Ο'. ὅτι ἀπέθανεν ὁ υἱὸς αὐτῆς. Alia exempl. ὅτι ἀπέθανον οἱ υἱοὶ αὐτῆς.[1] Λ. ὅτι ἀπέθανεν ὁ υἱὸς αὐτῆς.[2]
וַתָּקָם. Ο'. Vacat. ※ καὶ ἀνέστη ◄.[3]

2. אֶת־יוֹאָשׁ בֶּן־אֲחַזְיָה. Ο'. τὸν Ἰωὰς υἱὸν ἀδελφοῦ αὐτῆς. Aliter: Ο'. ※ 'Α. τὸν Ἰωὰς υἱὸν Ἀαζία ◄.[3]

---

et mox ὁ στολιστὴς Nostro sonat ܦܘܼܚܕܟܐ ܘܐ݇ܢ. [37] Sic Syro-hex., et sine notis Codd. III, 123, 247 (cum μεθ' ὑμῶν ὧδε pro ὧδε μ. ὐ.), Arm. 1. [38] Sic Codd. 19 (cum εἶπεν), 82 (om. ἤ), 93, 108. Syro-hex. in textu: ἀλλ' ἤ (ܐ ܠܐ ܐܠܐ); in marg. autem: καὶ ἐξαποστείλατε—εἰσίν. [39] Sic Ald. (cum καὶ ὡς pro καθὼς, et om. ἐκεῖ posteriore), 55 (om. ἐκεῖ priore), 56 (sub ※, cum ὅτι ἐκεῖ οὐκ ἦν), 64 (cum καὶ ὡς pro καθὼς), 71, alii. [40] Syro-hex. in textu ܕܒܚܐ; in marg. autem (cum indice in textu ad ὁλοκαντώματα): ܘܐ ܠ. ܘܐܬ. Lectionem τὰ θυμιάματα tuentur Ald., Codd. III, XI, 71, 74, alii (inter quos 243, 247). [41] Sic Cod. 55, Syro-hex. [42] Syro-hex. ܕ. ܡܠܟ ܂ ܗ. [43] Idem: ܕ. ܡܠܟܡܕܗ. Sic in textu (cum ποιοῦντες) Comp., Codd. 19, 82, 93, 108. [44] Sic Syro-hex., et sine obelo Comp., Codd. II, III, XI, 44, 55, 56, alii (inter quos 243, 247), Arm. 1. [45] Sic Cod. III, Syro-hex., Arm. 1. [46] Sic Syro-hex. (cum ܘܐܣܚܦܘ), et sine aster. Codd. III, 247, Arm. 1. [47] Prior scriptura est in Codd. II, III, XI, 44, 55, 56, aliis (inter quos 247); altera in Ald. (cum λουτρῶνα), Codd. 92, 106, aliis (inter quos 243), Syro-hex. (cum ܟܘܦܪܘܢܐ); tertia in Comp., Codd. 19, 82 (cum κόπρων), 93, 108, 158 (cum κόπρον). Suidas s. v. ἀπόπατον: Ἀπόπατον καὶ κοπρῶνα λέγουσιν ὁ δ' ἀφεδρὼν καὶ λυτρὼν βάρ-

βαρα. [48] Syro-hex. (ܦ) ܡܣܚܐܐ ܡ. ܟܝܚ ܟܪܟܝܚ. Cod. 121 in marg.: ἀφοδευτήριον (sic). Versio est lectionis honestioris quae in margine fertur למוצאה. Cf. Hex. ad Jesai. xxxvi. 12. (In loco Tob. ii. 10 pro ἀφώδευσαν in versione Syriaca, quae hic hexaplaris est, hodie legitur ܂ܟܚܝ, vitiose, ut videtur, pro ܂ܟܚܝ. Masius in Syr. Pec. p. 19: ܐܣܚܝ, ἀφοδεύειν. Tob. ii.) [49] Syro-hex. ܡܠܘܦܐ ܡܟܕܘܦܐ. ܂ܗ. ܡܚ ܚܕܦܗܡ ܐܣܠ ܗܕܟܝ. [50] Syro-hex. Deest in Comp., Codd. 19, 82, 93, 108, 246, Arm. 1. [51] Idem. Verba ἡστερισμένα leguntur in libris omnibus. [52] Idem (qui pingit: – πρὸς αὐτὸν Ἰού ◄). [53] Idem (pro μετὰ καρδίας μου). Deest in Arm. 1. [54] Idem (om. καὶ ante εἴ ἐστι). [55] Idem (qui pingit: – καὶ εἶπε πρὸς αὐτὸν ◄). Cod. 44 om. πρὸς αὐτόν. [56] Idem. Sic sine obelo Comp., Ald. (cum Ἰηού), Codd. III (idem), XI, 19, 44 (ut Comp.), 52 (idem), 55, alii (inter quos 243, 247, uterque cum Ἰηού), Arm. 1. [57] Idem. Deest in Cod. 44 (cum τοῦ χείμαρρου).

Cap. XI. [1] Sic Ald., Codd. III, 44, 52, 64, alii (inter quos 243, 247 (cum ἀπέθανον)), Syro-hex., Arm. 1. [2] Syrohex. ܐ. ܘܒܢܗ ܚܕ ܐ. [3] Sic Syro-hex., et sine aster. Comp., Codd. 19, 82, 93, 108. [4] Sic Syro-hex. (cum ܐܙܐ(ܝ), et sine notis Cod. III (cum Ἀζία). Cf. ad Cap.

2. בַּחֶדֶר. Ο'. ἐν τῷ ταμείῳ. Σ. εἰς τὸν ταμεῖον.⁵

3. בֵּית יְהֹוָה מִתְחַבֵּא. Ο'. κρυβόμενος ἐν οἴκῳ κυρίου. Aliter: Ο'. ἐν οἴκῳ ※ Ἀ. Σ. Θ. Ε'. κυρίου ◄ κρυβόμενος.⁶

4. וּבַשָּׁנָה הַשְּׁבִיעִית שָׁלַח יְהוֹיָדָע וַיִּקַּח אֶת־שָׂרֵי הַמֵּאיוֹת לַכָּרִי וְלָרָצִים וַיָּבֵא אֹתָם אֵלָיו בֵּית יְהֹוָה. Ο'. καὶ ἐν τῷ ἔτει τῷ ἑβδόμῳ ἀπέστειλεν Ἰωδαὲ (alia exempl. add. ὁ ἱερεὺς⁷), καὶ ἔλαβε τοὺς ἑκατοντάρχους τῶν Χορρὶ καὶ τῶν Ῥασίμ (alia exempl. τὸν Χορρεὶ καὶ τὸν Ῥασεὶμ⁸), καὶ ἀπήγαγεν αὐτοὺς ※ πρὸς αὐτὸν ◄⁹ εἰς οἶκον κυρίου. Aliter: Ο'. Θ... καὶ ἔλαβεν τοὺς ἑκατοντάρχους τὸν Χορρὶ καὶ τὸν Ῥασεὶμ, καὶ εἰσήγαγεν αὐτοὺς εἰς οἶκον κυρίου. Ἀ... καὶ ἔλαβεν τοὺς ἄρχοντας τῶν ἑκατοντάδων.. καὶ τοὺς τρέχοντας, καὶ εἰσήγαγεν αὐτοὺς πρὸς οἶκον (fort. πρὸς αὐτὸν εἰς οἶκον) κυρίου. Σ. τῷ δὲ ἔτει τῷ ἑβδόμῳ ἀπέστειλεν Ἰωδαὲ, καὶ ἔλαβεν τοὺς ἑκατοντάρχους.. καὶ τοὺς παρατρέχοντας...¹⁰

יְהֹוָה וַיִּשְׁבַּע אֹתָם בְּבֵית. Ο'. καὶ ὤρκωσε. Alia exempl. καὶ ὤρκισεν αὐτοὺς ἐνώπιον κυρίου.¹¹ Aliter: Ο'. καὶ ὤρκισεν ※ Θ. Ε'. αὐ-

τοὺς ἐν τῇ διαθήκῃ κυρίου ◄.¹²

6. בַּשַּׁעַר. Ο'. τῆς πύλης. Alia exempl. ἐν τῇ πύλῃ.¹³

אֶת־מִשְׁמֶרֶת הַבַּיִת מַסָּח. Custodiam domus arcendo (accedentes). Ο'. τὴν φυλακὴν τοῦ οἴκου (alia exempl. add. μεσσαέ¹⁴). Ἄλλος· τὴν φυλακὴν τοῦ οἴκου ἀπὸ συμπτώματος.¹⁵

מַסָּח. Ο'. Vacat. Ἀ. μεσσαέ. Οἱ λοιποί· ἀπὸ διαφθορᾶς.¹⁶ Schol. Οὔτε τὸ μεσσαὲ, οὔτε τὸ ἀπὸ διαφθορᾶς κείμενον εὗρον ἐν τῷ ἑξαπλῷ, παρὰ δὲ Ἀκύλα μόνῳ, ἐν τῷ οἴκῳ μεσσαὲ, ἐν δὲ τῷ Ἑβραίῳ, ἀμμελέχ.¹⁷

7. וּשְׁתֵּי הַיָּדוֹת בָּכֶם. Ο'. καὶ δύο χεῖρες ἐν ὑμῖν. Ἄλλος· καὶ τὰ δύο μέρη ἐξ ὑμῶν.¹⁸

אֶל־הַמֶּלֶךְ. Ο'. πρὸς (Σ. Θ. ἐπὶ¹⁹) τὸν βασιλέα.

8. וְהַבָּא אֶל־הַשְּׂדֵרוֹת. Et qui perruperit ordines (militum). Ο'. καὶ ὁ εἰσπορευόμενος εἰς τὰς σαδηρώθ. Ἀ. καὶ ὁ εἰσερχόμενος (Θ.) πρὸς τοὺς περιβόλους.²⁰

וְהָיוּ. Ο'. καὶ ἔσονται (alia exempl. ἐγένετο; alia, ἐγένοντο²¹).

9. הַכֹּהֵן. Ο'. ὁ συνετός. Ἀ. Σ. ὁ ἱερεύς.²²

---

i. 2. Duplex lectio υἱὸν Ὀχοζίου τοῦ ἀδ. αὐτῆς, est in Comp., Codd. 19, 82, 93, 108. ⁵ Syro-hex. ◄ ܒܩܝܛܘܢܐ ܀ ܣܡ. ⁶ Sic Syro-hex. (cum ܡܛܫܐ in marg.), et sine notis Comp. (cum κεκρυμμένος), Codd. III, 55, 56, 82 (ut Comp.), alii; necnon (sine κυρίου) Codd. II, XI, 71, 92, alii (inter quos 247). ⁷ Sic Comp., Ald., Codd. 19, 52, 55, 56, alii (inter quos 247), Syro-hex. ⁸ Sic Codd. III, 56 (cum Ῥασεὶν), 119, 243 (cum Χορρὶ), Syro-hex. ⁹ Sic sub aster. Syro-hex. Deest in Codd. III, 71, 245. ¹⁰ Cod. 243. Apud duos interpretes versio vocis obscurae לַכָּרִי excidisse videtur. Syro-hex. in marg. affert: ܘܠܦܠܚܐ ◄ ܠܪܗܛܐ, h. e. καὶ τοὺς τρέχοντας (s. παρατρέχοντας). Cf. ad v. 19. ¹¹ Sic Comp., Ald., Codd. XI (om. καὶ), 19 (cum ὤρκησεν), 44, 52, 55, alii (inter quos 243, 247 (om. αὐτοὺς)). ¹² Sic Syro-hex., et sine notis Cod. III. ¹³ Sic Comp., Codd. 19, 82, 93, 108, Syro-hex., Arm. 1. ¹⁴ Sic Comp., Codd. 19 (cum ܡܣܝܐ), 82, 93, 108, Theodoret. Quaest. XXXVII in 4 Reg. p. 533. Hieron.: domus Messa. ¹⁵ Syro-hex. in textu: ܡܣܝܐ (cum ◄ pro ◄ ex corr. manu 1ma). Vid. Prov. xxvii. 9 in LXX et Syro-hex. Syriaca Brunsius vertit ἀπὸ ὀλισθήματος; Middeld. vero, ἀπὸ παραπτωμάτων, nullo loco vocabulum ܡܣܝܐ cum

Graeco ὀλίσθημα commutari falso affirmans. Vid. Psal. lv. 14. cxiv. 8. Jerem. xxiii. 12. Quaelibet autem versio quomodo cum Hebraeo concilianda sit nemo facile dixerit. Nec multum juvat scholium in marg. Syro-hex.: ܠܐ ܚܕ ܡܢ ܗܠܝܢ ܡܣܝܐ ܘܠܐ ܗܘ ܕܡܢ ܚܘܒܠܐ (ܕܚܒܠܐ) ܟܕܡܚܣܠ ܠܐ ܐܫܟܚܬ ܒܐܟܣܦܠܐ ܡܛܠ ܕܒܠܚܘܕ ܠܘܬ ܐܩܘܠܐ (εἰς τὸ θυσιαστήριον) ܒܒܝܬܐ ܡܣܝܐ; versum, ut videtur, e Graecis Josephi Antiq. IX, 7, 2: τὸν δὲ τολμήσαντα παρελθεῖν εἰς τὸ ἱερὸν ὁπλισμένον ἀναιρεῖσθαι παραυτίκα (μετὰ τῶν ἐκπορευομένων τὸ σάββατον). ¹⁶ Theodoret, ibid.: Τὸ μεσσαὲ οἱ λοιποὶ ἑρμήνευται ἀπὸ διαφθορᾶς εἴρηκασι, τουτέστι, μετὰ πάσης φυλακῆς, ὥστε μηδεμίαν γίνεσθαι βλάβην ἐν τῷ οἴκῳ τῷ θείῳ. Interpretes reliqui, quiqui fuerint, pro מַסָּח nescio an מִשְׁחָת verterint. ¹⁷ Cod. 243 (cum διαφορᾶς), teste Montef. Lectio autem ἀμμελέχ non huc, sed ad הַמֶּלֶךְ (v. 7) pertinere videtur. ¹⁸ Cod. 243 in marg. ¹⁹ Syro-hex. ܥܠ ◄ ܣܡ. Sic in textu Comp., Codd. 19, 82, 93, 108. ²⁰ Cod. 243. Syro-hex. in textu: ܣܕܪܘܬܐ, appicto Graeco ΣΑΔΙ; in marg. autem: ◄ ܣܝܓܐ ܗ. Praeterea Montef. e Regio affert: Θ. πρὸς τοὺς περιβόλους. ²¹ Prior lectio est in Ald., Codd. II, III, XI, 44, 71, aliis (inter quos 243); posterior in Cod. 158, Syro-hex. ²² Syro-hex. ܟܗܢܐ ܀ ܣܡ ܀ .ܐ.

9. עִם יֹצְאֵי הַשַּׁבָּת. Ο'. ※ Θ. Ε'. μετὰ τῶν ἐκπορευομένων τὸ σάββατον (◄).²³

10. אֶת־הַחֲנִית וְאֶת־הַשְּׁלָטִים. Hastas et scuta. Ο'. τοὺς σειρομάστας καὶ τοὺς τρισσούς. Alia exempl. τὰς φαρέτρας καὶ τὰ δόρατα.²⁴ Σ. τὰ δόρατα καὶ τὴν πανοπλίαν.²⁵

אֲשֶׁר בְּבֵית יְהֹוָה. Ο'. τοὺς ἐν οἴκῳ κυρίου, ※ καὶ ἦσαν ἐν ταῖς χερσὶ τῶν χορὲθ καὶ τῶν παρατρεχόντων. καὶ ἐποίησαν οἱ ἑκατόνταρχοι καὶ οἱ παρατρέχοντες κατὰ πάντα ὅσα ἐνετείλατο αὐτοῖς ὁ ἱερεύς, καὶ ἐξεκκλησίασεν ὁ ἱερεὺς κυρίου πάντα τὸν λαὸν τῆς γῆς εἰς οἶκον κυρίου (◄).²⁶

12. וַיּוֹצִא. Ο'. καὶ ἐξαπέστειλε. Ἀ. Σ. Θ. Ε'. καὶ ἐξήγαγε.²⁷

אֶת־הַנֵּזֶר וְאֶת־הָעֵדוּת. Diadema et legem. Ο'. νεζὲρ (alia exempl. τὸ ἐζέρ; alia, τὸ ἁγίασμα²⁸) καὶ τὸ μαρτύριον. Ἀ. τὸ ἀφωρισμένον καὶ τὴν μαρτυρίαν. Σ. τὸ ἅγιον καὶ τὰ μαρτύρια.²⁹ Θ. Ε'. ὡς οἱ Ο', τὸ νεζέρ.³⁰

12. וַיַּכּוּ־כָף וַיֹּאמְרוּ. Ο'. καὶ ἐκρότησαν τῇ χειρί, καὶ εἶπαν. Aliter: Ο'. καὶ ἐκρότησεν τῇ χειρί, καὶ εἶπεν.³¹ Ἀ. Θ. Ε'. (καὶ) ἐκρότησαν τῇ χειρί, καὶ εἶπαν.³²

14. קֶשֶׁר קָשֶׁר. Conjuratio, conjuratio. Ο'. σύνδεσμος, σύνδεσμος. Σ. ἄνταρσις, ἄνταρσις.³³

15. לַשְּׂדֵרֹת. Ο'. τῶν σαδηρώθ. Ἀ. Θ. τῶν περιβόλων.³⁴

הָמֵת. Ο'. θανάτῳ θανατωθῆναι. Alia exempl. θανατωθήσεται; alia, ἀποθανεῖται.³⁵

16. וַיָּשִׂמוּ לָהּ. Ο'. καὶ ἐπέθηκαν (alia exempl. ἐπέβαλον³⁶) αὐτῇ.

וַתָּבוֹא. Ο'. καὶ εἰσῆλθον. Alia exempl. καὶ εἰσῆλθε μετὰ τῶν εὐνούχων.³⁷

17. וּבֵין הַמֶּלֶךְ. Ο'. καὶ ※ ἀνάμεσον ◄ τοῦ βασιλέως.³⁴

וּבֵין הַמֶּלֶךְ וּבֵין הָעָם. Ο'. ※ καὶ ἀνάμεσον τοῦ βασιλέως καὶ ἀνάμεσον τοῦ λαοῦ (◄).³⁹

18. הֵיטֵב. Ο'. ἀγαθῶς. Σ. ἐπιμελῶς.⁴⁰

Sic in textu Comp., et (cum ὁ συνετὸς ἱερεὺς) Codd. 19, 82, 93, 108. ²³ Sic Syro-hex., et sine notis Ed. Rom. Haec desunt in Codd. II, XI, 44, 52, 56, aliis. ²⁴ Sic Comp., Codd. 19, 82, 93, 108. Joseph. Antiq. IX, 7, 2: Ἀνοίξας δὲ Ἰωδάας τὴν ἐν τῷ ἱερῷ ὁπλοθήκην, ἣν Δαυίδης κατεσκεύασε, διεμέριζε τοῖς ἑκατοντάρχοις ἅμα καὶ ἱερεῦσι καὶ Λευίταις ἅπαντα ὅσα εὗρεν ἐν αὐτῇ, δόρατά τε καὶ φαρέτρας, καὶ εἴ τι ἕτερον εἶδος ὅπλου κατέλαβεν. ²⁵ Codd. Reg., 243. Praeterea Cod. 243 in marg. sine nom.: τὰ δόρατα καὶ τὰς πανοπλίας. Hieron.: hastas et arma. Cf. Hex. ad 2 Reg. viii. 7. ²⁶ Sic Syro-hex. (cum ‹syr.› pro χορὲθ, om. κατὰ et αὐτοῖς), Cod. 56 (cum χορὲδ), et sine aster. Ald. (cum εἰς οἶκον τοῦ κ.), Codd. 64 (cum χορὲδ), 119 (cum χορρὲδ, et ἐν οἴκῳ pro εἰς οἶκον), 246 (cum χορὲδ), 247 (cum λαὸν ἐν οἴκῳ pro λ. τῆς γῆς εἰς οἶκον). Middeld. pro asteriscis obelos pinxit, contra fidem scholii in marg. Syro-hex.: "Haec super quibus hic sunt asterisci (‹syr.›) non sunt in Hebraeo." ²⁷ Syro-hex. ‹syr.›. Sic in textu Comp., Codd. 19, 82, 93, 108. ²⁸ Prior lectio est in Ald., Codd. III, XI, 44, 52, 64, 71 (cum τὸν ἐζέρ), aliis (inter quos 247, ut 71), Syro-hex. (cum τὸ νεζὲρ (‹syr.›)); posterior in Comp., Codd. 19, 82, 93, 108, Theodoret. Quaest. XXXVIII in 4 Reg. p. 534 (qui enarrat: ὡς εἶναι δῆλον ὅτι τὸ μὲν ἁγίασμα χρῖσμα ἐκάλεσε, μαρτύριον δὲ τὸν βασιλικὸν στέφανον, ὡς τῆς βασιλείας δηλωτικόν). ²⁹ Cod. 243,

teste Parsonsii amanuensi (non, ut Montef. Ἀ. τὸν ἀφορισμόν). Syro-hex. affert: Ἀ. τὸν ἀφωρισμένον (‹syr.›). Σ. τὰ ἅγια (‹syr.›). Cf. Hex. ad Psal. cxxi. 18. Zach. vii. 3. ³⁰ Syro-hex. ³¹ Sic Codd. II (cum ἐκράτησεν), III (idem), Syro-hex., Arm. 1. ³² Syro-hex. ³³ Cod. 243 in marg. sine nom. Syro-hex. ‹syr.› ‹syr.›. Cf. Hex. ad Jesai. viii. 12. Amos vii. 10. ³⁴ Syro-hex. ‹syr.›. Cod. Reg. apud Montef.: Θ. τῶν περιβόλων. Cf. ad v. 8. ³⁵ Prior lectio est in Codd. II, III, 92, 243, 244, Syro-hex., Arm. 1; posterior in Comp., Codd. 19, 82, 93, 108. ³⁶ Sic Comp., Codd. 19, 82 (cum ἐπ' αὐτῇ), 93, 108, Syro-hex. (cum ‹syr.›). ³⁷ Sic Ald., Codd. 55 (cum εἰσῆλθον), 64, 71 (cum εἰσῆλθεν), 119, 158, 243, 244 (om. καὶ), 247 (cum τὸν εὐνοῦχον). ³⁸ Sic Syro-hex. (qui pingit: ※ καὶ ἀνάμεσον ◄). Ad διαθήκην Procop. p. 306 notat: συνθήκην, ὡς οἱ λοιποὶ τῶν ἑρμηνευτῶν ἐξέδωκαν ἀλλαχοῦ. Cf. Hex. ad Gen. vi. 18. 3 Reg. vi. 19. Psal. xxiv. 14. Jesai. lix. 21. ³⁹ Sic Syro-hex. Haec desunt in Comp., Ald., Codd. XI, 19, 44, 52, 55, aliis (inter quos 243, 247), Arm. 1. ⁴⁰ Syro-hex. ‹syr.›. Sic in textu Comp., Codd. 19, 82, 93, 108. Cf. Hex. ad Deut. ix. 21. Psal. xxxii. 3. (Pro ‹syr.› Middeld. ‹syr.› edidit, invito codice; de qua confusione cf. Hex. ad Ezech. xvi. 4. xli. 5.)

18. וַיָּשֶׂם. Ο'. καὶ ἔθηκεν (alia exempl. κατέστησεν⁴¹).

19. וְאֶת־הָרָצִים. Ο'. καὶ τὸν Ῥασίμ. ※ Ἀ. τοὺς τρέχοντας.⁴²

20. הֵמִיתוּ. Ο'. ἐθανάτωσαν. Alia exempl. ἐπάταξεν.⁴³

Cap. XI. 4. διαθήκην ÷ κυρίου ◄.⁴⁴ ÷ Ἰωδαέ (◄).⁴⁵

5. (÷) ἐν τῷ πυλῶνι ◄.⁴⁶

CAP. XII.

1 (Hebr. 2). לַיהוּא. Ο'. τῷ Ἰού. Ἀ. Σ. τοῦ Ἰού (s. Ἰηού).¹

צִבְיָה. Ο'. Σαβιά. Alia exempl. Ἀβιά.²

2 (3). הוֹרָהוּ. Ο'. ἐφώτισεν (alia exempl. ἐφώτιξεν³) αὐτόν.

3 (4). לֹא־סָרוּ. Ο'. οὐ μετεστάθησαν. Alia exempl. οὐκ ἀπέστησαν.⁴

בַּבָּמוֹת. Ο'. ἐν τοῖς ὑψηλοῖς (alia exempl. μετεώροις⁵).

4 (5). כֶּסֶף עוֹבֵר אִישׁ כֶּסֶף נַפְשׁוֹת עֶרְכּוֹ. Pecuniam transeuntis (in lustratione), quisque pecuniam animarum aestimationis suae. Ο'. ἀργύριον συντιμήσεως, ἀνὴρ ἀργύριον λαβὼν συντιμήσεως (alia exempl. ἀνδρὸς ἀργύριον συντιμήσεως ψυχῶν⁶). Aliter: Ο'. ἀργύριον ※ Ἀ. Θ. Ε'. παρερχόμενον ※ ἀνὴρ ψήφῳ ψυχῶν ◄ συντιμήσεως ἀνδρός.⁷

4 (5). יַעֲלֶה. Ο'. ἀναβῇ. Alia exempl. λάβῃ.⁸ Σ. Θ. Ε'. ἀναβῇ.⁹

5 (6). יְחַזְּקוּ. Reficiant. Ο'. κρατήσουσι. Θ. Ε'. κραταιώσουσιν.¹⁰

אֶת־בֶּדֶק הַבַּיִת. Fissuras domus. Ο'. τὸ βεδὲκ ※ Ἀ. Θ. τοῦ οἴκου (◄).¹¹

וְהֵם יְחַזְּקוּ אֶת־בֶּדֶק הַבַּיִת לְכֹל אֲשֶׁר־יִמָּצֵא שָׁם בָּדֶק. Ο'. καὶ αὐτοὶ κρατήσουσι τὸ βεδὲκ τοῦ οἴκου εἰς πάντα οὗ ἐὰν εὑρεθῇ ἐκεῖ βεδέκ. Ἀ. καὶ αὐτοὶ ἐνισχύσουσι τὴν ἐπισκευὴν τοῦ οἴκου εἰς πᾶν ὃ εὑρεθήσεται ἐκεῖ ἐπισκευασθῆναι. Σ. καὶ αὐτοὶ ἐπισκευασάτωσαν τὰ δέοντα τοῦ οἴκου, ὅπου ἂν εὑρεθῇ δεόμενον ἐπισκευῆς.¹²

7 (8). מַדּוּעַ אֵינְכֶם מְחַזְּקִים. Ο'. τί ὅτι οὐκ ἐκραταιοῦτε. Aliter: Ο'. τί ὅτι ※ ὑμεῖς ◄ οὐ κραταιοῦτε.¹³

9 (10). בְּדַלְתּוֹ. In valva (operculo) ejus. Ο'. ἐπὶ τῆς σανίδος (alia exempl. ἐν τῇ σανίδι¹⁴) αὐτῆς. Σ. ἐν τῷ πώματι αὐτῆς.¹⁵

---

⁴¹ Sic Comp., Codd. 19, 82, 93, 108. ⁴² Syro-hex. in textu: ܀ ◄ ﹡ ܀. Cf. ad v. 4. ⁴³ Sic Comp., Codd. 19, 82, 93 (cum ἐπάταξεν), 108. ⁴⁴ Syro-hex. Vox deest in Comp., Codd. 82, 93. ⁴⁵ Idem. Deest in Comp., Codd. 19, 82, 93, 108. ⁴⁶ Idem (cum metobelo tantum). Deest in iisdem.

Cap. XII. ¹ Syro-hex. ܀ ◄. Sic in textu Ald. (cum Ἰηού), Codd. III (idem), 64, 71, 74 (ut Ald.), alii. ² Sic Codd. II, III, XI, 44, 52, 55, 56, alii (inter quos 243), invito Syro-hex. ³ Sic Comp., Codd. 19, 82, 93, 108, Syro-hex. (qui solus τὰς ἡμέρας αὐτοῦ habet). ⁴ Sic Comp. (cum ἀπέστησαν), Codd. 19, 82, 93, 108, Syro-hex., Theodoret. Cf. ad Cap. xv. 4. ⁵ Sic Comp., Codd. 19, 82, 93, 108, Theodoret. ⁶ Idem. ⁷ Sic Syro-hex. (cum ܀ et ܀), et sine notis (cum ἀνὴρ pro ἀνδρὸς) Codd. III (cum παρεχόμενον), 247 (cum τυχὸν pro ψυχῶν). ⁸ Sic Codd. II, 74, Syro-hex. ⁹ Syro-hex. ܀ ◄. ¹⁰ Idem: ܀. Sic in textu Comp., Codd. 19, 82 (cum κραταιοῦσι), 93, 108, 245, Theodoret. ¹¹ Sic Syro-hex. Verba asterisco notata desunt in Codd. XI, 44, 74, 106, aliis. Theodoret. Quaest. XL in 4 Reg. p. 536: Βεδὲκ δὲ καλεῖ τῶν ἐφθαρμένων ξύλων ἢ λίθων τὴν θεραπείαν. Similiter Hieron. in Libro de Nom. Hebr. (Opp. T. III, p. 66): "Bedec, instauratio." Rectius vocem Hebraeam versiones Slavon. in marg. exponunt per θλάσις et ῥῆγμα, vertente Altero. ¹² Sic Montef. (cum Σ. pro Ἀ.), ex Regio, ut videtur, notans: "Duas hic vides Symmachi interpretationes, ex duabus ejus editionibus desumptas; nisi fortasse vitio librarii litera Σ. pro Ἀ. aut Θ. substituta fuerit." Priorem lectionem Aquilae indubitanter vindicavimus, qui ad Ezech. xxvii. 27 Hebraea מַחֲזִיקֵי בִדְקֵךְ transtulit οἱ ἰσχυροποιοῦντες τὴν ἐπισκευήν σου. Symmachum aliquatenus imitatus est Hieron., vertens: Et instaurent sarta tecta domus, si quid necessarium viderint instauratione. ¹³ Sic Syro-hex. (qui pingit: ܀ ﹡ ◄). Scriptura κραταιοῦτε est in Comp., Codd. 64, 71, 93, 108, 119. ¹⁴ Sic Codd. II (cum τρώγλη pro σανίδι), III (idem), Syro-hex. ¹⁵ Syro-hex. ܀. Pro ܀ Brunsius ex Bar Hebraeo corrigit ܀ [immo ܀, quam veram esse

9 (10). אֵצֶל הַמִּזְבֵּחַ בְּיָמִין (מִיָּמִין ק׳). O′. παρὰ ἀμμαζειβί. Alia exempl. παρὰ τὸ θυσιαστήριον ἐν δεξιᾷ.[16] Ἀ. (παρὰ) τὸ θυσιαστήριον τὸ ἐκ δεξιᾶς.[17]

בְּבוֹא־אִישׁ בֵּית יְהֹוָה. O′. ἐν τῷ οἴκῳ ἀνδρὸς οἴκου κυρίου. Alia exempl. εἰσπορευομένων εἰς οἶκον κυρίου.[18] Ἄλλος· εἰσπορευομένου ἀνδρὸς εἰς οἶκον κυρίου.[19]

שָׁמָּה. O′. Vacat. Alia exempl. ἐκεῖ.[20]

הַסַּף. O′. τὸν σταθμόν. Alia exempl. τὰ πρόθυρα.[21] Ἀ. τὸ πρόθυρον.[22]

הַמּוּבָא. O′. τὸ εὑρεθέν (alia exempl. εἰσφερόμενον[23]). Θ. Ε′. τὸ εἰσελθόν.[24]

10 (11). וַיָּצֻרוּ. O′. καὶ ἔσφιγξαν. Schol. Οἶμαι ἀντὶ τοῦ ἔλαβον καὶ ἠρίθμησαν. ἔν τισι δὲ οὐδ' ὅλως κεῖται ἡ λέξις, ἀλλὰ, καὶ ἠρίθμησαν τὸ ἀργύριον.[25] Ἄλλος· καὶ ἔδεον (s. ἐνέδεον).[26]

11 (12). הַפְּקֻדִים. *Praefectorum.* O′. τῶν ἐπισκόπων. Alia exempl. τῶν ἐπισκευῶν (הַבְּדָקִים?).[27]

וַיּוֹצִיאֻהוּ. *Et impendebant id.* O′. καὶ ἐξέδοσαν. Alia exempl. καὶ ἐξωδίασαν αὐτό.[28]

12 (13). וְלַגֹּדְרִים. *Et fabris murariis.* O′. καὶ τοῖς τειχισταῖς. Aliter: O′. ÷ καὶ τοῖς τειχισταῖς ◂ καὶ τοῖς τεχνίταις.[29]

לְחַזֵּק. O′. τοῦ κατασχεῖν (alia exempl. κραταιῶσαι[30]). Σ. ὥστε συστῆσαι.[31]

13 (14). סִפּוֹת כֶּסֶף. *Pelves argenteae.* O′. θύραι ἀργυραῖ. Alia exempl. πρόθυρα ἀργυρᾶ.[32]

16 (17). וְכֶסֶף חַטָּאוֹת. O′. καὶ ἀργύριον περὶ πλημμελείας (אָשָׁם). Alia exempl. καὶ ἀργύριον αἱρετισμοῦ.[33] Ἄλλος· καὶ ἀργύριον ἀφορισμοῦ (s. ἀφαιρέματος).[34]

17 (18). וַיִּלְכְּדָהּ. O′. καὶ προκατελάβετο αὐτήν. Alia exempl. καὶ προκατελάβετο αὐτὴν Ἀζαὴλ, καὶ ἐπάταξεν αὐτήν.[35]

וַיָּשֶׂם. O′. καὶ ἔταξεν. Σ. καὶ ἔθετο.[36]

18 (19). הַזָּהָב. O′. τὸ χρυσίον. Alia exempl. τὸ ἀργύριον.[37]

20 (21). וַיִּקְשְׁרוּ־קָשֶׁר. O′. καὶ ἔδησαν ÷ πάντα ◂[38] σύνδεσμον. Σ. καὶ συνέθεντο ἐπ' αὐτὸν ἐπιβουλήν.[39]

Bar Hebraei scripturam testatur Bernstein.] vertens, ἐν τῇ στέγῃ αὐτοῦ. "ܒܡܫܟܢܐ. Sic vox, sed in ܒ est rasura, et ante ܫ vestigia dubia literae ut *Jud*; sed correctio est prima manu."—*A. C.* Ad Graeca nostra cf. Hex. ad Num. xix. 15. [16] Sic Comp., Codd. 19, 82, 93, 108, 243 (in marg., cum τὸ ἐν δ.). [17] Syro-hex. ܐ. ܡܕܒܚܐ ܕܡܢ ܝܡܝܢܐ. [18] Sic Comp. (cum εἰσπ. ἀνδρῶν εἰς), Codd. 19 (cum ἐν οἴκῳ), 82, 93, 108. [19] Syro-hex. in marg. (ad ܐܝܟ ܕܥܐܠܝܢ): ܟܕ ܥܐܠ ܓܒܪܐ ܠܒܝܬܗ ܕܡܪܝܐ. [20] Sic Syro-hex., et (cum ἐδίδουν) Comp., Codd. 19 (cum ἐκεῖ post οἱ ἱερεῖς), 82, 93, 108. [21] Sic Comp., Codd. 19, 82, 93, 108. [22] Syro-hex. ܐ. ܩܕܡ ܬܪܥܐ. Sic in marg. sine nom. Cod. 243. [23] Sic Comp., Codd. 19, 82, 93, 108. [24] Syro-hex. ܬ. ܗ. ܕܥܠ. [25] Cod. 243 in marg. Lectio deest in Codd. 19, 74, 82, 93, 108, Arm. 1. [26] Syro-hex. in marg. sine nom. (sic, non ܘܐܣܪܘ) ܘܐܣܪܘ ܗܘܘ. Pro scriptura codicis, quae aperte vitiosa est, Vir doctus in Eichhornii *Repertorio* T. XV, p. 46 probabiliter corrigit ܘܡܢܝܢ ܗܘܘ, probante etiam Bernsteinio in *Zeitschrift* etc. T. III, p. 418. [27] Sic Ald., Codd. III, XI, 44, 64, 71, alii (inter quos 243, 247), Syro-hex. (cum ܕܬܘܩܢܐ). [28] Sic Comp., Codd. 19, 82, 93, 108, repugnante Syro-hex. (cum ܘܐܦܩܘܗ). Codd. III, 121: ἐδόξασαν, per errorem, ut videtur, pro ἐξέδοσαν, et hoc pro ἐξοδίασαν. Cf. Hemsterhuis. ad Aristoph. Plut. p. 110. [29] Sic Syro-hex., et sine obelo Ald., Codd. III, 44 (om. καὶ τοῖς τειχισταῖς), 52, 74, alii (inter quos 243, 247). [30] Sic Comp., Codd. 19, 82, 93, 108. [31] Syro-hex. ܣ. ܐܝܟ ܕܢܩܝܡܘܢ(ܗ). [32] Sic Codd. 19, 82, 93, 108. Cf. Hex. ad 3 Reg. vii. 50. [33] Sic Codd. 19, 82, 93, 108. Post πλημμελείας add. καὶ τὸ ἀργ. τοῦ αἱρετισμοῦ Codd. 55 (cum ἐρετ.), 56, 71 (cum καὶ ἀργ. περὶ ἐρεθισμοῦ), 158 (cum καὶ ἀργ. τοῦ ἐρεθ.), 244 (in marg.). [34] Syro-hex. in textu: ※ καὶ ἀργ. περὶ πλημμελείας ὅ τι (s. ὃ) εἰσηνέχθη ◂; in marg. autem, abscissa membrana: ..ܟܣܦܐ ܕܦܘܪܫܢܐ. Ubi quod ad asteriscum attinet, fortasse pingendum: καὶ ※ ἀργύριον ◂, faventibus Codd. III, 44, Arm. 1, in quibus ἀργύριον desideratur. Lectio autem marginalis ܦܘܪܫܢܐ neque cum Hebraeo אָשָׁם, neque cum Graeco αἱρετισμὸς conciliari posse videtur. [35] Sic Codd. XI (cum ἐπάταξαν), 52, 55, 64, 71 (om. Ἀζαὴλ), alii (inter quos 243, 247 (cum ἔταξεν)). Syro-hex. in marg.: καὶ ἐπάταξεν αὐτήν. [36] Syro-hex. ܣ. ܘܣܡ. Sic in textu Comp., Codd. 19, 82, 93, 108, Arm. 1. [37] Sic Cod. III, Syro-hex., Arm. 1. [38] Sic Syro-hex. Vox deest in Comp., Codd. 19, 82, 93, 108. [39] Syro-hex. ܣ. ܘܣܡܘ ܥܠܘܗܝ ܢܟܠܐ. Cf. Hex. ad 1 Reg. xxii. 8. 4 Reg. xvii. 4.

20 (21). בֵּית מִלֹּא הַיֹּרֵד סִלָּא . Ο'. ἐν οἴκῳ Μαλλὼ τῷ ἐν (alia exempl. τῷ ἐν τῇ καταβάσει[40]) Σελά. Aliter: Ο'. ἐν οἴκῳ Μααλὼ ※ Ἀ. Σ. καταβαίνοντα ◄ ἐν Σελά.[41]

Cap. XII. 3. (—) καὶ ἐκεῖ ◄.[42] 13. ÷ καὶ (◄) σάλπιγγες.[43]

Cap. XIII.

1. עַל־יִשְׂרָאֵל . Ο'. Vacat. ※ Ἀ. Ε'. ἐπὶ Ἰσραήλ ◄.[1]

3. וּבְיַד בֶּן־הֲדַד . Ο'. καὶ ἐν χειρὶ (※) υἱοῦ ◄ Ἄδερ.[2]

4, 5. וַיְחַל—יַד־אֲרָם . Ο'. καὶ ἐδεήθη—χειρὸς Συρίας. Ἄλλος· καὶ μετεμελήθη κύριος, καὶ ᾤκτειρεν αὐτοὺς διὰ τὴν διαθήκην αὐτοῦ τὴν πρὸς Ἀβραὰμ καὶ Ἰσαὰκ καὶ Ἰακώβ.[3]

5. לְיִשְׂרָאֵל מוֹשִׁיעַ . Ο'. σωτηρίαν τῷ Ἰσραήλ. Aliter: Ο'. ※ Ἀ. Ε'. Θ. τῷ Ἰσραὴλ ◄ σωτῆρα.[4]

וַיֵּצְאוּ . Ο'. καὶ ἐξῆλθεν (alia exempl. ἐξῆλθον[5]).

5. וַיֵּשְׁבוּ בְנֵי־יִשְׂרָאֵל בְּאָהֳלֵיהֶם . Ο'. καὶ ἐκάθισαν οἱ υἱοὶ Ἰσραὴλ (alia exempl. καὶ ἀπεστράφη ὅριον Ἰσραὴλ αὐτοῖς, καὶ ἐκάθισαν[6]) ἐν τοῖς σκηνώμασιν αὐτῶν.

6. יָרָבְעָם . Ο'. Ἱεροβοὰμ ÷ Σ. Θ. Ε'. υἱοῦ Ναβάτ (◄).[7]

עָמְדָה . Ο'. ἐστάθη. Alia exempl. ὃ ἐστάθη.[8]

7. וַיְשִׂמֵם כֶּעָפָר לָדֻשׁ . Ο'. καὶ ἔθεντο (alia exempl. ἔθετο[9]) αὐτοὺς ὡς χοῦν εἰς καταπάτησιν. Alia exempl. καὶ κατεπάτησαν αὐτοὺς ἕως τοῦ λεπτυνθῆναι αὐτοὺς ὡς χοῦν.[10]

8. הֲלֹא . Ο'. οὐχί. Alia exempl. οὐκ ἰδού.[11]

9. וַיִּקְבְּרֻהוּ . Ο'. καὶ ἔθαψαν αὐτὸν — μετὰ τῶν πατέρων αὐτοῦ ◄.[12]

13. וַיִּקָּבֵר יוֹאָשׁ . Ο'. καὶ ἐτάφη. Aliter: Ο'. ※ καὶ ἐτάφη ◄ Ἰωάς.[13]

15. וְחִצִּים . Ο'. καὶ βέλη (alia exempl. βολίδας[14]).

16. לְמֶלֶךְ יִשְׂרָאֵל . Ο'. τῷ βασιλεῖ ※ Ἀ. Σ. Ἰσραήλ ◄.[15]

17. קֵדְמָה . Ο'. ※ κατ' ἀνατολάς ◄.[16]

---

[40] Sic Comp., Codd. 19, 82 (cum τῶν ἐν), 93, 108. [41] Sic Syro-hex. (cum مه. صه. ܐ ܡ), et sine notis Codd. III (cum καταμένοντα Γαλαὰδ), 121 (cum τὸν καταβαίνοντα Σελλὰ), 247 (idem). [42] Syro-hex. cum metobelo tantum. Deest in Codd. 19, 82, 108. [43] Idem. Copula deest in Comp., Codd. 19 (om. καὶ σάλπιγγες), 82, 93, 108.

Cap. XIII. [1] Sic Syro-hex., et sine notis Comp. (cum ἐπ' Ἰ.), Codd. III, 19, 82, 93 (cum ἐν Ἰ.), Arm. 1. [2] Sic Syro-hex. (cum euneolo tantum). Vox υἱοῦ deest in Codd. XI, 74, 106, aliis (inter quos 243). [3] Theodoret. Quaest. XLI in 4 Reg. p. 536: Πῶς νοητέον τὸ, καὶ μετεμελήθη κ.τ.λ. Haec autem Theodoretum in exemplari suo post v. 3 legisse affirmat scholiasta in marg. Cod. 243 a Montefalconio excitatus, notans: Ταῦτα οὐ κεῖται οὔτε ἐν τῷ ἑξαπλῷ παρὰ τοῖς Ο', οὔτε ἐν ἄλλῃ ἐκδόσει, ἀλλ' οὕτως φέρεται· καὶ ἐδεήθη Ἰωάχαζ τοῦ προσώπου κυρίου, καὶ ἐπήκουσεν αὐτὸν (sic) κύριος, ὅτι εἶδε τὴν θλῖψιν Ἰσραήλ, ὅτι ἔθλιψεν αὐτοὺς βασιλεὺς Συρίας. καὶ ἔδωκεν κύριος τῷ Ἰσραὴλ σωτῆρα (sic), καὶ ἐξῆλθον (sic) ὑποκάτωθεν χειρὸς Συρίας. Μετὰ μέντοι τὴν κατὰ τὸν θάνατον τοῦ Ἐλισαίου διήγησιν, ἔχει οὕτως· καὶ ἠλέησεν κύριος αὐτοὺς, καὶ ᾤκτείρησεν αὐτοὺς, καὶ ἐπέβλεψεν πρὸς (sic) αὐτοὺς διὰ τὴν διαθήκην αὐτοῦ τὴν μετὰ Ἀβραὰμ κ.τ.λ. (v. 23). Nobis vero persuasum est, haec, καὶ μετεμελήθη κ.τ.λ., non post v. 3, sed post v. 7, ubi in Codd. 19, 82, 93, 108 adhuc leguntur, a Theodoreto quoque lecta esse. Cf. ad v. 7. [4] Sic Syro-hex., et sine notis Codd. 119 (cum σωτῆρα τῷ Ἰ.), 243 (ut supra). Verba τῷ Ἰσραὴλ desunt in Cod. XI. [5] Sic Codd. XI, 74, 106, alii (inter quos 243, ut supra), Syro-hex. [6] Sic Codd. 19, 82, 93, 108, ex duplici, ut videtur, versione. [7] Sic Syro-hex., et sine notis Ald., Codd. III, 64, 121, 243, 244, 247, Arm. 1. [8] Sic Ald., Codd. III, XI, 55, 64, alii (inter quos 247), Syro-hex. [9] Sic Comp., Codd. 71, 106, 158, 244, 247, Syro-hex., Arm. 1. [10] Sic Codd. 19 (cum κατέστησεν), 82, 93, 108 (cum κατεπάτησεν). Post haec iidem inferunt: καὶ μετεμελήθη κύριος—Ἰακώβ (vid. ad v. 3), καὶ οὐκ ἠθέλησε τοῦ διαφθεῖραι αὐτοὺς, καὶ οὐκ ἀπέρριψεν αὐτοὺς ἐκ προσώπου αὐτοῦ ἕως τοῦ νῦν. Cf. ad v. 23, qui versus in his libris deest. [11] Sic Comp., Codd. III (cum οὐχ ἰδού), 56, 82, alii, Syro-hex. [12] Sic Syro-hex., et sine obelo Ald. (om. τῶν), Codd. III, XI, 52, 64, alii (inter quos 247). [13] Sic Syro-hex., et sine aster. Comp., Cod. III, Arm. 1. Verba ἠστερισμένα desunt in Codd. II (om. ἐτάφη tantum), XI, 52, 71, aliis (inter quos 243). [14] Sic Comp., Codd. 19 (cum βολίδας), 71 (cum βαλίδα), 82, 93, 108. [15] Sic Syro-hex., et sine notis Comp., Codd. III, 82, 93, 108, Arm. 1. [16] Sic Syro-hex. Haec leguntur in Ed. Rom. et libris

17. וַיֹּאמֶר אֱלִישָׁע יְרֵה וָיּוֹר. O'. καὶ εἶπεν Ἐλισαιέ τόξευσον καὶ ἐτόξευσε.¹⁷ Aliter: O'.
✕ Ἀ. καὶ εἶπεν Ἐλισαιέ ῥοίζησον καὶ ἐρροί-
ζησε ◄.¹⁸

18. הַחִצִּים. O'. τόξα. Ἀ. Σ. βέλη.¹⁹

21. וְהִנֵּה רָאוּ אֶת־הַגְּדוּד. O'. καὶ ἰδοὺ εἶδον τὸν
μονόζωνον. Alia exempl. καὶ ἤγγισε τὸ πειρατήριον αὐτοῖς.²⁰

וַיֵּלֶךְ וַיִּגַּע הָאִישׁ בְּעַצְמוֹת אֱלִישָׁע. O'. καὶ
ἐπορεύθη (alia exempl. ἐπορεύθησαν²¹) καὶ ἥψατο
✕ ὁ ἀνὴρ ◄²² τῶν ὀστέων Ἐλισαιέ. Σ. ἐν-
χθεὶς δὲ ὁ ἄνθρωπος προσεκολλήθη τοῖς ὀστέοις τοῦ
Ἐλισαιέ.²³

22. וַחֲזָאֵל מֶלֶךְ אֲרָם. O'. καὶ Ἀζαὴλ ✕ βασιλεὺς Συρίας ◄.²⁴

23. אֲלֵיהֶם. O'. ἐπ' αὐτούς. Alia exempl. πρὸς
αὐτούς.²⁵

עַד־עָתָּה. O'. Vacat. ✕ ἕως τοῦ νῦν (◄).²⁶

24. בֶּן־הֲדַד. O'. ✕ Ἀ. Θ. Σ. υἱὸς ◄ Ἄδερ.²⁷

25. בֶּן־הֲדַד. O'. ✕ Ἀ. Θ. Ε'. υἱοῦ ◄ Ἄδερ.²⁸

Cap. XIII. 16. – Ἰωὰς ◄²⁹ τὴν χεῖρα αὐτοῦ – ἐπὶ

τὸ τόξον ◄.³⁰ 18. ÷ αὐτῷ Ἐλισαιέ ◄.³¹ – ὁ βασιλεύς ◄.³² 23. οὐκ ἠθέλησε – κύριος ◄.³³

Cap. XIV.

5. אֶת־הַמֶּלֶךְ אָבִיו. O'. ✕ Θ. Ε'. τὸν βασιλέα ◄
τὸν πατέρα αὐτοῦ.¹

7. בְּגֵי־הַמֶּלַח. O'. ἐν Γεμελέδ (alia exempl. Γε-
μελά²). Σ. ἐν τῇ φάραγγι τῶν ἁλῶν.³

וַתָּפַשׂ. O'. καὶ συνέλαβε. Ἄλλος· συνεσπά-
σατο.⁴

יָקְתְאֵל. O'. Ἰεθοήλ (s. Ἰεκθοήλ). Ἄλλος·
ἐξολόθρευμα.⁵

9. הַחוֹחַ. Spina. O'. ὁ ἄκαν.⁶

10. לִבְּךָ הַכָּבֵד. O'. καρδία σου ἐνδοξάσθητι. Alia
exempl. ἡ καρδία σου ἡ βαρεῖα· ἐνδοξάσθητι,
ἐνδοξάσθητι.⁷

11. וַיַּעַל יְהוֹאָשׁ מֶלֶךְ־יִשְׂרָאֵל וַיִּתְרָאוּ פָנִים הוּא
וַאֲמַצְיָהוּ מֶלֶךְ־יְהוּדָה. O'. καὶ ἀνέβη ✕ Ἀ.
Σ. Θ. Ε'. Ἰωὰς (◄) βασιλεὺς Ἰσραὴλ, καὶ
ὤφθησαν προσώποις (✕) αὐτὸς καὶ Ἀμεσσίας
βασιλεὺς Ἰούδα ◄.⁸

---

omnibus. ¹⁷ Clausula deest in Codd. II, 52, 74, 92,
aliis. ¹⁸ Sic in textu Syro-hex. (cum ܗ̇ܘܡ̈ܣ.), et
sine notis Codd. III (cum ἐροίζησε), 245 (om. καὶ ἐρρ.). Cf.
Hex. ad Gen. xxxi. 3. Exod. xix. 3. 1 Reg. xxxi. 3. Psal.
lxiii. 8. Οἰπτῶν ῥοῖζον cecinit Hom. Il. II, 361. (Forma
ܡܚܐ non est a ܡܚܐ, demisit se, quae Middeldorpfii hallucinatio est, sed a ܢܦܚ, flavit, unde ܢܦܚ, ῥοῖζος, Sap.
Salom. v. 11 in versione Syro-hex.) ¹⁹ Syro-hex. (ad
τόξον v. 15): ܘܐ ܣ. .ܠ. Sic in textu Comp., et (cum
πέντε β.) Codd. 19, 82, 93, 108. ²⁰ Sic Codd. 19, 82, 93,
108. Cf. ad Cap. v. 2. ²¹ Sic Cod. 71, Syro-hex. ²² Sic
Syro-hex., et sine aster. (cum ὁ ἀνὴρ ὁ θαπτόμενος) Comp.,
Codd. 19, 82, 93, 108 (cum ἀνὴρ pro ὁ ἀνήρ). ²³ Syro-
hex. ܟܝ̈ܗ ܘܕܒܩ ܠܓܪ̈ܡܘܗ̈ܝ ܕܝܢ ܗܘ ܒܪ ܐܢܫܐ ܟܕ
ܐ̈ܬܬܚܕ. Rem sic narrat Joseph. Antiq. IX, 8, 6:
Συνέβη δὲ καὶ τότε, λῃστῶν τινῶν ῥιψάντων εἰς τὸν Ἐλισαίου
τάφον ὃν ἦσαν ἀνῃρηκότες, τὸν νεκρὸν τῷ σώματι αὐτοῦ προσκολ-
ληθέντα ἀναζωπυρῆσαι. ²⁴ Sic Syro-hex. (qui pingit: ß.
✕ Συρίας ◄), et sine aster. Comp., Codd. III, 82, 93, 108,
121, 244 (in marg.), 247. ²⁵ Sic Comp., Ald., Codd.
III, 44, 56, 71, alii, Syro-hex. Cf. ad v. 7. ²⁶ Sic
Syro-hex. Comp.: ἕως νῦν. Cf. ad v. 7. ²⁷ Sic Syro-

hex. (cum ܐܕܕ). Vox υἱὸς deest in Codd. XI, 44, 55, 56,
aliis (inter quos 243). ²⁸ Sic Syro-hex. (qui pingit:
✕ υἱοῦ ܐܕܕ ◄). Vox υἱοῦ deest in Ald., Codd. 44, 56, 74,
aliis (inter quos 243). ²⁹ Syro-hex. Deest in Comp.,
Ald., Codd. 64, 82, Arm. 1. ³⁰ Idem. Sic sine obelo
Ald. (cum Ἰωὰς τὴν ἐπὶ τὸ τ.), Codd. III, XI, 52, 56, 64
(cum Ἰωὰς ἐπὶ τὸ τ.), 71, alii (inter quos 243, 247).
³¹ Idem. ³² Idem. Deest in Comp., Codd. 82, 93, 106.
³³ Idem.

Cap. XIV. ¹ Sic Syro-hex., et sine notis Codd. III, 121,
123, 247, Arm. 1. ² Sic Comp., Ald., Codd. III (cum
Γαιμελὰ), XI (idem), 44, 52, 64, alii (inter quos 243), Syro-
hex. (cum ܓܡܠܐ). ³ Syro-hex. ܣ. ܡܚܠܐ ܘܚܝܠܐ.
Cf. Hex. ad 2 Reg. viii. 13. ⁴ Reg. apud Montef.
Lectio plane inepta, et vix Graeca quidem. Tentabam
συνεσπάσατο (= συνεκτήσατο), nisi haec forma in pedestri
sermone hospes esse videretur. ⁵ Idem. Sic in textu
Codd. 243, 244. ⁶ Syro-hex. in textu: ܐܟܢܐ (= ῥάμνος
Hex. ad Psal. lvii. 10); in marg. autem: ΑΚΑΝΑ. Cf.
Hex. ad Job. xxxi. 40. Jesai. xxxiv. 13. ⁷ Sic Comp.,
Codd. 19, 82, 93, 108, Theodoret. Quaest. XLIII in 4 Reg.
p. 538. ⁸ Sic Syro-hex. (qui pingit: ✕ Ἀ. Σ. Θ. Ε'. Ἰωὰς

13. כָּל־יְהוּדָה. Ο΄. Vacat. ※ βασιλέα Ἰούδα ◄.[9]

בֶּן־אֲחַזְיָהוּ. Ο΄. ※ Ἀ. υἱοῦ Ὀχοζίου (s. Ἀλαζία) ◄.[10]

הֲפָשׂ. Ο΄. συνέλαβεν. Aliter: Ο΄. ἔλαβεν.[11] Σ. συνέλαβεν.[12]

יְהוֹאָשׁ. Ο΄. Ἰωάς. Aliter: Ο΄. Ἰωὰς (÷) υἱὸς Ἰωάχας ◄.[13]

(ק וַיָּבֹא) וַיָּבֹאוּ. Ο΄. καὶ ἦλθεν (alia exempl. ἦλθον; alia, ἤγαγεν αὐτόν[14]).

וַיִּפְרֹץ. Et diruit. Ο΄. καὶ καθεῖλεν (alia exempl. διέκοψεν[15]).

14. אֶת־כָּל־הַזָּהָב. Ο΄. ※ πᾶν ◄ τὸ χρυσίον.[16]

וְאֵת בְּנֵי הַתַּעֲרֻבוֹת. Et filios sponsionum (obsides). Ο΄. καὶ τοὺς υἱοὺς τῶν συμμίξεων (Ἀ. τῶν ὁμήρων.[17] Σ. τῶν μεμιασμένων (s. μεμολυσμένων)[18]).

21. אֶת־עֲזַרְיָה. Ο΄. τὸν Ἀζαρίαν. Schol. ὅς ἐστιν Ὀζίας.[19]

23. בִּשְׁנַת חֲמֵשׁ־עֶשְׂרֵה שָׁנָה. Ο΄. ἐν ἔτει πεντεκαιδεκάτῳ (※) Ἀ. Ε΄. ἔτει ◄.[20]

מֶלֶךְ־יִשְׂרָאֵל. Ο΄. ἐπὶ Ἰσραήλ. Aliter: Ο΄.

※ βασιλέως Ἰσραὴλ ◄ ÷ ἐπὶ Ἰσραὴλ (◄).[21]

25. הֵשִׁיב. Ο΄. ἀπέστησε. Ὁ Ἑβραῖος, Σ. ἀπεκατέστησεν.[22]

עַד־יָם הָעֲרָבָה. Ο΄. ἕως τῆς θαλάσσης τῆς ἀραβά (alia exempl. τῆς πρὸς ἑσπέραν[23]).

26. וְאֶפֶס עָצוּר וְאֶפֶס עָזוּב. Et quod non superesset clausus, nec superesset relictus. Ο΄. ÷ καὶ ὀλιγοστοὺς συνεχομένους ◄, καὶ ἐσπανισμένους, καὶ ἐγκαταλελειμμένους.[24]

27. לִמְחוֹת אֶת־שֵׁם. Ο΄. ἐξαλεῖψαι τὸ σπέρμα. Alia exempl. διαφθεῖραι τὸ ὄνομα.[25]

בְּיַד. Ο΄. διὰ χειρός. Aliter: Ο΄. ἐκ χειρός.[26] Ὁ Ἑβραῖος ἐν χειρί.[27]

29. וַיִּקְבֹּר בְּנוֹ תַחְתָּיו. Ο΄. Ζαχαρίας υἱὸς αὐτοῦ ἀντ᾽ αὐτοῦ. Aliter: Ο΄. Ἀζαρίας υἱὸς Ἀμεσσίου ἀντὶ τοῦ πατρὸς αὐτοῦ.[28] Ἀ. Σ. Θ. Ε΄. υἱὸς αὐτοῦ ἀντ᾽ αὐτοῦ.[29]

CAP. XV.

1. וּשְׁבַע שָׁנָה. Ο΄. καὶ ἑβδόμῳ. Alia exempl. καὶ ἑβδόμῳ ἔτει.[1]

—Ἰούδα ◄), et sine notis Ed. Rom. Nomen Ἰωὰς deest in Codd. II, 245; haec autem, αὐτὸς—Ἰούδα, in Codd. 44, 71. Deinde verba ἐν Βαιθσαμὺς τῇ τοῦ Ἰούδα exciderunt in Codd. 245, 246, Syro-hex.   [9] Sic Syro-hex. (qui pingit: β. ※ Ἰούδα ◄), et sine aster. Cod. III, Arm. 1; necuon (post Ἰωὰς pro υἱοῦ Ὀχοζίου) Comp., Codd. 71, 82, 93, 108, 245.   [10] Sic Syro-hex. (cum ابـܠ٢). Deest in Comp., Codd. 71, 82, 93, 108, 245. Ad scripturam Ἀαζία, quae est Cod. III, cf. ad Cap. i. 2.   [11] Sic Cod. III, Syro-hex.   [12] Syro-hex. ♦ ܣܘܢܠܒܢ .ܣܐ.   [13] Sic Syro-hex. (cum metobelo tantum), et sine obelo Codd. III, 52, 74, alii (inter quos 243), Arm. 1.   [14] Prior lectio est in Syro-hex. (cum καὶ ἦλθεν in marg.); posterior in Comp., Codd. 19, 82, 93, 108, Syro-hex. (in marg.).   [15] Sic Codd. III, XI, 44, 54, 74, alii, Syro-hex. in marg. (cum ܐܣܬܪ).   [16] Sic Syro-hex., invitis libris Graecis.   [17] Syro-hex. ♦ ܕܗܘܡܝܪܐ .ܐ. Cod. 121 in marg.: τῶν ὁμήρων. Cod. 243 in marg.: καὶ τοὺς υἱοὺς τῶν ὁμήρων, cum scholio: Τοὺς ὁμήρους λέγει· οὓς εἶχε τῶν υἱῶν Ἰσραὴλ ὅμηροι γὰρ ἐνέχυρα εἰσιν εἰρήνης. Ἄλλος δέ· συμμίξεως υἱοὺς ἐκάλεσε τοὺς τῶν ψευδωνύμων θεῶν ἱερεῖς.   [18] Syro-hex. ♦ ܘܡܚܒܠܐ (ܡܬܚܒܠܐ) .ܣ. Duplex versio, τῶν συμμίξεων τῶν βδελυγμάτων (הַתּוֹעֵבֹת) est in Codd. 19, 82, 93,

108, 158.   [19] Cod. 56 in marg. Syro-hex. in marg.: τὸν Ἀζαρίαν κατὰ τοὺς Ο΄. τὸν Ὀζίαν (♦ ܘܙܝܐ).   [20] Sic Syro-hex. (cum Ἀ. Ε΄. ἔτη ♦ ܫܢܐ) ◄). Cf. Hex. ad 3 Reg. xvi. 8.   [21] Sic Syro-hex. (qui legit et pingit: ※ βασιλέως ἐπὶ ◄ ÷ Ἰσραήλ), et sine notis Cod. III. Comp., Codd. 19, 93, 108: βασιλέως Ἰσρ. ἐν Σαμαρείᾳ ἐπὶ Ἰσρ.   [22] Syro-hex. ♦ ܐܦܢܝ .ܣ ♦ ܐܦܢܝ .ܐ. Sic in textu Comp., Codd. 19, 82, 158.   [23] Sic Comp., Codd. 19, 82, 93, 108. Cf. Hex. ad 1 Reg. xxiii. 24.   [24] Sic Syro-hex. (cum καὶ συνεχομένους, nescio quo jure. Si quid jugulandum, pingere malim: ÷ καὶ ἐσπανισμένους ◄, quae verba desunt in Codd. 82, 93, 108. Cf. Hex. ad Deut. xxxii. 36.   [25] Sic Comp., Codd. 19, 82, 93, 108.   [26] Sic Codd. II, III, Syro-hex.   [27] Syro-hex. ♦ (sic) ܚܡܝܣܪܐ .ܗ. Sic in textu Comp., Codd. 19, 82, 93, 108.   [28] Sic Ald., Codd. II, III, XI, 44, 52, 55, 56, alii (inter quos 243, 247 (om. τοῦ)), Syro-hex., Arm. 1. Cod. 243 in marg. (ad Ἀζαρίας Cap. xv. 1): Οὗτος ἐν ταῖς Βασιλείαις ποτὲ μὲν Ἀζαρίας, ποτὲ δὲ παρὰ τοῖς ἄλλοις ἑρμηνευταῖς Ζαχαρίας ὀνομάζεται.   [29] Syro-hex. ♦ ܣܠܟܗܘܢ ܒܪܗ ܒܪܗ .ܐ.ܠ.ܣ.

CAP. XV.   [1] Sic Cod. III, Syro-hex. (cum ἔτη), hic et v. 8. Cf. ad Cap. xiv. 23.

3. הַיָּשָׁר. Ο'. τὸ εὐθές. Aliter: Ο'. τὸ ἀγαθόν.² 'Ο 'Εβραῖος· τὸ εὐθές.³

4. הַבָּמוֹת לֹא־סָרוּ. Excelsa non remota sunt. Ο'. τῶν ὑψηλῶν οὐκ ἐξῆρεν. Alia exempl. τῶν μετεώρων οὐκ ἀπέστησαν.⁵

5. וַיְנַגַּע. Ο'. καὶ ἥψατο. Σ. καὶ ἐπάταξε.⁵

וַיְהִי. Ο'. καὶ ἦν. — Θ. ὅτι ἠθέλεν αὐτὸς προσενεγκεῖν θυσίαν ἐπὶ τοῦ θυσιαστηρίου· καὶ προσφέροντος αὐτοῦ ἐγένετο σεισμὸς μέγας ἐπὶ τῆς γῆς, καὶ φωνὴ πρὸς αὐτόν· οὐ σοί, 'Οζία· οὐ σοί, 'Οζία, ἀλλὰ τῷ σπέρματι 'Ααρών (◄). καὶ ἦν.⁶

וַיֵּשֶׁב בְּבֵית הַחָפְשִׁית. Et habitabat in domo libertatis (s. infirmitatis). Ο'. καὶ ἐβασίλευσεν (alia exempl. ἐκάθητο⁷) ἐν οἴκῳ ἀφφουσώθ (alia exempl. ἀπφουσώθ;⁸ alia, ἀοφσίφ⁹). 'Α. καὶ ἐκάθητο ἐν οἴκῳ τῆς ἐλευθερίας. Σ. καὶ ᾤκει ἐγκεκλεισμένος.¹⁰ Aliter: Οἱ λοιποί· κρυφαίως.¹¹

אֶת־עַם הָאָרֶץ. Ο'. τὸν λαὸν ※ 'Α. Σ. Θ. Ε. τῆς γῆς ◄.¹²

6. עֲזַרְיָהוּ. Ο'. Ἀζαρίου. Ἄλλος· 'Οζίου.¹³

7. וַיִּשְׁכַּב עֲזַרְיָה. Ο'. καὶ ἐκοιμήθη ※ Ἀζαρίας (◄).¹⁴ וַיִּקְבְּרוּ אֹתוֹ עִם־אֲבֹתָיו. Ο'. καὶ ἔθαψαν αὐτὸν ※ μετὰ τῶν πατέρων αὐτοῦ (◄).¹⁵

9. מֵחַטֹּאות. Ο'. ἀπὸ πασῶν τῶν ἁμαρτιῶν. Alia exempl. ἀπὸ ἁμαρτιῶν.¹⁶

10. שַׁלּוּם בֶּן־יָבֵשׁ. Ο'. Σελλοὺμ υἱὸς Ἰαβίς. Alia exempl. add. καὶ Κεβλαάμ (s. Κεβδαάμ);¹⁷ alia, καὶ Κεβδαάμ, καὶ Σελλοὺμ ὁ πατὴρ αὐτοῦ.¹⁸

קָבָל־עָם. Coram populo. Ο'. Κεβλαάμ. Alia exempl. κατέναντι τοῦ λαοῦ.¹⁹

וַיַּמְלֵךְ. Ο'. καὶ ἐβασίλευσεν. Aliter: Ο'. καὶ — Σελλοὺμ (◄) ἐβασίλευσεν.²⁰

11. זְכַרְיָה. Ο'. Ζαχαρίου. Alia exempl. add. καὶ πάντα ὅσα ἐποίησεν.²¹

12. הוּא דְבַר־יְהוָה. Ο'. ※ οὗτος ◄ ὁ λόγος κυρίου.²²

13. לְעֻזִּיָּה. Ο'. Ἀζαρίᾳ. Alia exempl. 'Οζίου.²³

14. מִתִּרְצָה. Ο'. ἐκ Θαρσιλά. Alia exempl. ἐκ Θερσά.²⁴

---

² Sic Ald. (cum τὸ εἰθὲς ἀγ.), Codd. III, XI, 44, 71, alii (inter quos 247), Syro-hex., Arm. 1. ³ Syro-hex. ‏܀ܘ̈ܥ‏. ⁴ Sic Codd. 19 (cum ἀπέστησαν), 82, 93 (ut 19), 108. Cf. ad Cap. xii. 3. ⁵ Syro-hex. ‏܀ܘܡܚܐ ܠܗ‏. ⁶ Syro-hex. in marg. ‏.ܐ—.‏ [Syriac text] praemissa notula: "Haec apud Theodotionem solum posita sunt sic, quum sint iis obeli (‏[Syriac]‏) uti nunc est hic." Cf. ad Cap. ii. 24. ix. 11. Fundus hujus supplementi, quod in libris Graecis non repertum est, est 2 Paral. xxvi. 16–18, ubi nihil de terrae motu, quem tamen memoraverunt prophetae Amos i. 1. Zach. xiv. 5. ⁷ Sic Comp., Codd. 19, 56, 82, 93, 108, 158, 246, Arm. 1. ⁸ Sic Ald., Codd. XI, 44, 74 (ex corr.), alii (inter quos 243). ⁹ Cod. 243 in marg.: καὶ ἐβασίλευσεν ἐν οἴκῳ ἀοφσίφ. Euseb. in Onomastico, p. 46: Ἀοφσίφ ἢ ἀφουσώθ. Ἀκύλας· τῆς ἐλευθερίας. ¹⁰ Cod. 243. Utramque lectionem confirmat Syro-hex., in textu exhibens: ‏[Syriac]‏ ※ (ΛΦΟΥΣΩΘ) ‏[Syriac]‏; in marg. autem: ‏[Syriac]‏. ¹¹ Theodoret. Quaest. XLVI in 4 Reg. p. 539: τὸ δὲ, ἐκάθητο ἐν οἴκῳ ἀφφουσώθ, κρυφαίως οἱ λοιποὶ ἐκδεδώκασι, τουτέστιν, ἔνδον ἐν

θαλάμῳ ὑπ' οὐδενὸς ὁρώμενος. Cod. 158 in textu: ἀπφουσώθ κρυφαίος. ¹² Sic Syro-hex. Haec, τῆς γῆς, desunt tantum in Codd. 71, 245. ¹³ Syro-hex. in marg. ‏.ܥܘܙܝܐ‏. ¹⁴ Sic Syro-hex. Vox Ἀζαρίας est in libris omnibus. ¹⁵ Sic Syro-hex. (qui pingit: ℵ μετὰ τῶν π. ◄ αὐτοῦ). Haec, καὶ ἔθαψαν—αὐτοῦ desunt in Codd. III, 19, 108, aliis, propter homoeoteleuton, ut videtur. Praeterea μετὰ τῶν π. αὐτοῦ reprobant Codd. 52, 71. ¹⁶ Sic Comp., Codd. II, III, 56, 82, alii, Syro-hex. ¹⁷ Sic Codd. III, 121, 247, Syro-hex. (cum ‏[Syriac]‏ℵ, appicto Graeco ΚΕΒΔΑΜ); necnon (cum καὶ Κεβδαὰμ καὶ ἐπάταξαν αὐτὸν pro καὶ ἐκ. αὐτὸν Κεβλαάμ) Cod. XI (cum Καιβδαὰμ pro καὶ Κεβ.), 44, 52, 55, 56, alii. ¹⁸ Sic Ald., Cod. 55 (cum Σελήμ), 71 (cum Βελδαὰμ καὶ Σελήμ), 119 (cum Σελλήμ), 158 (idem), 243 (cum Κεβδαὰμ καὶ Σελήμ), 244 (idem), Syro-hex. (cum καὶ Σελλοὺμ ὁ πατὴρ αὐτοῦ in marg.). ¹⁹ Sic Codd. III, 121, 247, Syro-hex. Vox Κεβλαὰμ deest in Ald., Codd. 71, 119, 243, 244. ²⁰ Sic Syro-hex. (qui pingit: — καὶ Σελλοὺμ), et sine obelo Ald., Codd. III, XI, 44, 52 (cum Σελοὺμ), 55, 56, alii (inter quos 243 (ut 52), 247). ²¹ Sic Codd. 19, 82, 93, 108. Syro-hex. in marg.: — καὶ πάντα ὅσα ἐποίησεν. ²² Sic Syro-hex., et sine aster. Comp., Codd. 19, 82, 93, 108, Arm. 1. ²³ Sic Cod. III (cum 'Οχοζίου), Syro-hex. (cum ‏[Syriac]‏). ²⁴ Sic Comp., Codd. 82, 108,

14. וַיְמִלֵּ֖ךְ תַּחְתָּֽיו. Ο'. Vacat. ※ 'Α. Ε'. καὶ ἐβασίλευσεν ἀντ' αὐτοῦ ◄.²⁵

16. אֶת־תִּפְסַח. Ο'. [καὶ] τὴν Θερσά. Alia exempl. τὴν Θεφσά.²⁶

17. מָלַךְ. Ο'. ἐβασίλευσε. Aliter: Ο'. ÷ καὶ ◄ ἐβασίλευσε.²⁷

19. לְהַחֲזִיק הַמַּמְלָכָה בְּיָדֽוֹ. Ο'. Vacat. ※ 'Α. τοῦ ἐνισχῦσαι τὸ βασίλειον ἐν χειρὶ αὐτοῦ ◄.²⁸ Alia exempl. τοῦ κραταιῶσαι τὴν βασιλείαν αὐτοῦ ἐν χειρὶ αὐτοῦ.²⁹

20. שְׁקָלִים כָּסֶף. Ο'. σίκλους ※ ἀργυρίου ◄.³⁰

21. הֲלֹא. Ο'. οὐκ ἰδού. Alia exempl. οὐχί.³¹

25. מִבְּנֵי גִלְעָדִים. Ο'. ἀπὸ τῶν τετρακοσίων. Alia exempl. ἀπὸ τῶν Γαλααδιτῶν; alia, ἀπὸ τῶν υἱῶν τῶν Γαλααδιτῶν.³²

30. בֶּן־עֻזִיָּה. Ο'. υἱοῦ Ἀζαρίου (alia exempl. Ὀχοζίου; alia, Ὀζίου³³).

31. הִנָּם. Ο'. ἰδοὺ ταῦτα. Alia exempl. ἰδού ἐστι.³⁴

34. אָבִיו עָשָׂה. Ο'. ὁ πατὴρ αὐτοῦ ※ ἐποίησεν ◄.³⁵

38. וַיִּקָּבֵר עִם־אֲבֹתָיו. Ο'. (※) καὶ ἐτάφη μετὰ τῶν πατέρων αὐτοῦ ◄.³⁶

Cap. XV. 18. ÷ πασῶν ◄.³⁷　28. ÷ πασῶν ◄.³⁸ 36. καὶ ÷ πάντα (◄).³⁹

Cap. XVI.

2. יְהוָה אֱלֹהָיו. Ο'. κυρίου θεοῦ αὐτοῦ ÷ πιστῶς ◄.¹

3. מַלְכֵי יִשְׂרָאֵל. Ο'. βασιλέων Ἰσραήλ. Alia exempl. Ἱεροβοὰμ υἱοῦ Ναβὰτ βασιλέως Ἰσραήλ.²

וְגַם אֶת־בְּנוֹ הֶעֱבִיר בָּאֵשׁ. Ο'. καίγε τὸν υἱὸν αὐτοῦ διῆγεν (alia exempl. διήγαγεν³) ἐν πυρί. (Σ.) ἀλλὰ καὶ τοὺς υἱοὺς αὐτοῦ περιέκαυσε πυρί.⁴

6. וַאֲרוֹמִים (וַאֲדוֹמִים ק). Ο'. καὶ Ἰδουμαῖοι ('Ο Ἑβραῖος· Ἀρωμείμ⁵).

וַיֵּשְׁבוּ שָׁם. Ο'. καὶ κατῴκησαν ※ ἐκεῖ ◄.⁶

7. וּבְנֶךָ. Ο'. καὶ υἱός ※ σου ◄.⁷

8. לְמֶלֶךְ־אַשּׁוּר. Ο'. τῷ βασιλεῖ ※ Ἀσσυρίων (◄).⁸

9. וַיַּגְלֶהָ קִירָה. Et deportavit eam Kiram. Ο'. καὶ ἀπῴκισεν αὐτήν (alia exempl. τὴν πόλιν⁹). Aliter: Ο'. καὶ ἀπῴκισεν αὐτὴν ※ 'Α. Κυρήνηνδε ◄.¹⁰

Syro-hex. (cum لِمَاۃ, sed postea لِمَاۃ). ²⁵ Sic Syro-hex., et sine notis Comp., Codd. III, 19. 82, 93, 108, 121, 247, Arm. 1. ²⁶ Sic Comp., Syro-hex. (cum ܟܦܣܐ). ²⁷ Sic Syro-hex. (cum ܀ ܆÷), et sine obelo Ald., Codd. III, XI, 44. 55, 64, alii. ²⁸ Syro-hex. in textu: ܢ. ܬܠ܂ ܚܝܠܗ ܠܡܚܣܢܘ. Sic sine notis Codd. III (cum ἐν τῇ χ.), 121, 247 (om. ἐν χειρί), Arm. 1. Ad τὸ βασίλειον cf. Hex. ad 3 Reg. xiv. 8. ²⁹ Sic Comp., Codd. 82 (om. τοῦ), 93 (idem), 108, 158 (cum καὶ pro τοῦ). ³⁰ Sic Syro-hex., et sine aster. Codd. III, 121, 247, Arm. 1. ³¹ Sic Ald., Codd. III, XI, 44, 55, 74, alii, Syro-hex. ³² Prior lectio est in Ald. (cum Γαλααδιτῶν), Codd. XI, 44, 52, 74, aliis; posterior in Comp., Codd. 19, 82 (om. τῶν posteriore), 93, 108. Cum Ed. Rom. facit Syro-hex. ³³ Prior scriptura est in Ald., Codd. XI, 74, 92, aliis; posterior in Comp., Codd. 71, 158, 245, Syro-hex. (cum Ἀζαρίου in marg.). ³⁴ Sic Codd. II, III, 56, 246, Syro-hex. ³⁵ Sic Syro-hex. Vox ἐποίησεν deest in libris Graecis. ³⁶ Sic Syro-hex. (cum cuneolo tantum). Haec desunt in Codd. III, XI, 52, 71, 74, aliis. Posteriora μετὰ τ. π. αὐτοῦ reprobant Ald., Codd. 19, 64, 245. ³⁷ Syro-hex. Deest in Comp., Codd. 19 (cum ἀπὸ τῶν ά.), 44 (idem), 82, 93, 108. ³⁸ Idem. Deest in Cod. 44 (cum ἀπὸ τῶν ά.). ³⁹ Idem (cum ܟܘܠܗܘܢ ÷), repugnante Hebraeo.

Cap. XVI. ¹ Sic Syro-hex. (sine pronomine, quod reprobant etiam Comp., Codd. II, III, Arm. 1), cum nota: "Τὸ πιστῶς non positum erat in libro Heptaplorum (ܚܡܫܐ ܦܪ̈ܐ ܟܚܕ; ܘܠܐ ܘܬ ܣ), neque apud ceteros interpretes, neque in editione Hebraea Graece scripta, sed tantum apud LXX." Vox deest in Comp., Codd. 19, 44, 52, 82, 93, 108. ² Sic Ald. (cum βασιλέων), Codd. III, XI, 44, 52, 55, alii (inter quos 243, 247 (cum βασιλέια)), Syro-hex. (cum ÷ ܘܒ), Arm. 1. ³ Sic Cod. 93, Syro-hex. ⁴ Cod. 243 in marg. sine nom. (cum πυρὶ κατὰ τὰ ϑδ.—κύριος). Symmachum interpretem arguere videtur praeter Graecam verborum complexionem usus particularum ἀλλὰ καί, de quo cf. Hex. ad Psal. xxiv. 3. Prov. xiv. 13. Hos. iii. 3. (Ad καίγε κ.τ.ἱ. Syro-hex. scholium habet: "Hie primum positum est: Transire fecit filium suum per ignem.") ⁵ Syro-hex. ܐܪܘܡܝܡ ܀ ܝ. ⁶ Sic Syro-hex. Adverbium est in Ed. Rom. et libris omnibus. ⁷ Sic Syro-hex. Pronomen deest in Codd. XI, 236. ⁸ Sic Syro-hex., et sine aster. Comp., Codd. III, 82, 93, 108, 121, 247, Arm. 1. ⁹ Sic Comp., Codd. 82, 93, 108. ¹⁰ Sic Syro-hex. (cum ܘܗ ܕ ܩܘܪܝܢܐ), et sine notis

10. לְכָל־מַעֲשֵׂהוּ. Ο'. καὶ (potior scriptura εἰς[11]) πᾶσαν ποίησιν αὐτοῦ.

11, 12. כֵּן עָשָׂה אוּרִיָּה הַכֹּהֵן עַד־בּוֹא הַמֶּלֶךְ־אָחָז מִדַּמֶּשֶׂק ; וַיָּבֹא הַמֶּלֶךְ מִדַּמֶּשֶׂק. Ο'. Vacat. ※ Ἀ. Σ. Ε'. οὕτως ἐποίησεν Οὐρίας ὁ ἱερεὺς ἕως ἔρχεσθαι τὸν βασιλέα Ἄχαζ ἀπὸ Δαμασκοῦ. καὶ ἦλθεν ὁ βασιλεὺς ἀπὸ Δαμασκοῦ (◄).[13]

12. וַיִּקְרַב הַמֶּלֶךְ עַל־הַמִּזְבֵּחַ. Ο'. Vacat. (※ Ἀ. Σ. Ε'.) καὶ προσῆλθεν ὁ βασιλεὺς ἐπὶ τὸ θυσιαστήριον ◄.[13]

13. וַיַּסֵּךְ אֶת־נִסְכּוֹ. Ο'. καὶ τὴν σπονδὴν αὐτοῦ. Alia exempl. καὶ ἔσπεισε τὴν σπονδὴν αὐτοῦ.[14]

14. וְאֵת הַמִּזְבֵּחַ הַנְּחֹשֶׁת. Ο'. τὸ χαλκοῦν. Alia exempl. τὸ δὲ χαλκοῦν θυσιαστήριον ; alia, καὶ τὸ θυσιαστήριον τὸ χαλκοῦν.[15]

וַיַּקְרֵב מֵאֵת פְּנֵי. Ο'. καὶ προσήγαγε τὸ πρόσωπον. Alia exempl. καὶ προσήγαγεν αὐτὸ ἀπὸ προσώπου.[16] Σ. καὶ μετέθηκεν αὐτὸ ἀπὸ τοῦ προσώπου.[17]

וַיִּתֵּן אֹתוֹ. Ο'. καὶ ἔδειξεν αὐτό. Ὁ Ἑβραῖος, Σ. Ε'. καὶ ἔθηκεν αὐτό.[18]

14. עַל־יָרֵךְ. Ο'. ἐπὶ μηρόν. Alia exempl. ἐπὶ μέρος.[19]

15. אֶת־עֹלַת. Ο'. τὴν ὁλοκαύτωσιν. (Σ.) τὴν ἀναφοράν.[20]

וְאֶת־מִנְחַת. Ο'. καὶ τὴν θυσίαν (Ὁ Ἑβραῖος· μαναά[21]).

עַם הָאָרֶץ. Ο'. τοῦ λαοῦ ※ τῆς γῆς ◄.[23]

16. הַמֶּלֶךְ אָחָז. Ο'. ※ ὁ βασιλεὺς (◄) Ἄχαζ.[23]

17. אֶת־הַמִּסְגְּרוֹת. Taenias. Ο'. τὰ συγκλείσματα. Ἀ. τὰ διαπήγματα.[24]

הַמְּכֹנוֹת. Basium. Ο'. τῶν μεχωνώθ. Ἀ. τὰ ὑποθέματα. Σ. τὰς βάσεις. Θ. τὰ ὑποστηρίγματα.[25]

מֵעַל הַבָּקָר. Ο'. ἀπὸ τῶν βοῶν. Aliter : Ο'. ἀπὸ τῶν ÷ δέκα ◄ βοῶν.[26]

18. הַשַׁבָּת (הַשַּׁבָּת). Ο'. τῆς καθέδρας. Alia exempl. τῆς καθέδρας τῶν σαββάτων.[27]

אֲשֶׁר־בָּנוּ. Ο'. ᾠκοδόμησεν. Σ. Θ. ὃν ᾠκοδόμησεν.[28]

הַחִיצוֹנָה. Ο'. τὴν ἔξω. Σ. τὴν ἐξωτέραν.[29]

20. וַיִּקָּבֵר עִם־אֲבֹתָיו. Ο'. καὶ ἐτάφη (※) μετὰ τῶν πατέρων αὐτοῦ ◄.[30]

Cap. XVI. 14. τοῦ οἴκου ÷ κυρίου (◄).[31] τοῦ οἴκου ※ κυρίου ◄.[32]

Cod. III. Cf. Hex. ad 3 Reg. xxii. 49. Praeterea Syro-hex. in marg. duas lectiones affert : ✦ حمنہ .., et ✦ حمنہ..; quarum prior est Syri vulgaris ; posterior, ut videtur, τοῦ Ἑβραίου. [11] Sic Codd. II, III, XI, 44, 52, 55, alii (inter quos 243, 247), Syro-hex. [12] Sic Syro-hex. (qui pingit : ※ Ἀ. Σ. Ε'. οὕτως—ἐπὶ τὸ θυσιαστήριον ◄), et sine notis Codd. III, 121, 247. [13] Sic Syro-hex. (cum صوم حسا), et sine notis Codd. III, 121, 247. [14] Sic Codd. III, 121, Syro-hex. [15] Prior lectio est in Comp., Codd. 19, 82, 93, 108; posterior in Syro-hex., Arm. 1. [16] Sic Comp. (om. καὶ), Codd. 19, 82 (ut Comp.), 93 (idem), 108 (idem), Syro-hex. [17] Syro-hex. ܡܢ ܚܙܘ .ܣ. ܚܡܣܚܠ ܦܪܝܦܠ. Cod. 243 in marg. sine nom. : καὶ μετέθηκεν ἀπὸ τοῦ προσώπου τοῦ οἴκου κυρίου; quae cum Syriacis nostris consentire videntur. [18] Syro-hex. ܚ. ܐ. ✦ حمحمه .ܣ. Sic in textu Codd. 52, 55, alii, Arm. 1. [19] Sic Codd. 71 (cum τὸ ἐπὶ), 243, 244. Syro-hex. : ἐν μέρει (حمحا). [20] Sic in textu Codd. 121, 247. Cf. Hex. ad Gen. viii. 20. Exod. xxix. 42. [21] Syro-hex., حمحلل, appicto MANAA. [22] Sic Syro-hex., et sine

TOM. I.

aster. Codd. III, 121. [23] Sic Syro-hex. Verba ὁ βασιλεὺς desunt in Ald., Codd. 71, 74, aliis. [24] Montef. e Regio affert : Ἀ. τὰ διαπήγματα μεχωνώθ, βάσεις αἵτανι; ubi Aquilae lectio cum glossa vocis μεχωνώθ (Theodoret. Quaest. XLVIII in 4 Reg. p. 541: ὅτι δὲ καὶ μεχωνώθ βάσεις ἦσαν, τὰ ἑξῆς διδάσκει) perperam confusa est. Cf. Hex. ad 3 Reg. vii. 31, 32. [25] Syro-hex. ܗ. ܚܡܣܚܠ. ܐ. ܚܡܣܚܠ. ✦ حمحمه. Easdem lectiones affert Bar Hebraeus, qui et Theodotionis nomen suppeditat. Cf. Hex. ad 3 Reg. vii. 27. 4 Reg. xxv. 13. Jerem. xxvii. 19. lii. 17. [26] Sic Syro-hex. Post τῶν χαλκῶν add. τῶν δώδεκα Codd. III (cum δέκα), 52, 92, alii (inter quos 247). [27] Sic Comp., Codd. 19, 82, 93, 108. [28] Syro-hex. ܘܚܠ. ܐ. ܗ. ܐ .ܣ. Pronominis genus pro certo definiri nequit. [29] Idem: ܚܠ ܐܣ .ܣ. Sic in textu Comp., Codd. 19, 82, 93, 108. [30] Sic Syro-hex. (cum cuneolo tantum), et sine aster. Comp., Codd. III, 123. [31] Syro-hex. Vox κυρίου deest in Comp., Codd. 82, 93, 108. [32] Idem (cum asterisco, non obelo, sed deficiente uno et altero puncto). Vox deest in Codd. 71, 119, 245.

4 T

Cap. XVII.

3. מִנְחָה. Ο'. μαναά. Alia exempl. δῶρα.[1] 'Α. δῶρον. Σ. φόρον.[2]

4. קֶשֶׁר. Ο'. ἀδικίαν. Σ. Ε'. ἐπιβουλήν.[3]

סוֹא. Ο'. Σηγώρ. Alia exempl. Σωά.[4]

הֶעֱלָה. Ο'. ἤνεγκεν. Ἄλλος· ἀνήγαγεν.[5]

מִנְחָה. Ο'. μαναά. ※ Ε'. δῶρα.[6]

כְּשָׁנָה בְשָׁנָה. Ο'. ἐν τῷ ἐνιαυτῷ ἐκείνῳ. Alia exempl. ἐνιαυτὸν κατ' ἐνιαυτόν.[7]

וַיַּעְצְרֵהוּ. Et inclusit eum. Ο'. καὶ ἐπολιόρκησεν αὐτόν. Σ. καὶ συνέλαβεν αὐτόν.[8]

6. וַיֶּגֶל. Ο'. καὶ ἀπῴκισεν. Σ. καὶ ἠχμαλώτευσεν.[9]

נְהַר גּוֹזָן וְעָרֵי מָדָי. Ο'. ποταμοῖς Γωζὰν, καὶ ὄρη (alia exempl. ἐν ὄρεσι[10]) Μήδων. Ὁ Ἑβραῖος, Σ. παρὰ τὸν ποταμὸν Γωζὰν ἐν πόλεσι (Μήδων).[11]

7. כִּי־חָטְאוּ. Ο'. ὅτι (alia exempl. ὅτε[12]) ἥμαρτον.

8. וּמַלְכֵי יִשְׂרָאֵל. Ο'. (※) καὶ οἱ βασιλεῖς Ἰσραήλ ◄.[13]

9. וַיְחַפְּאוּ. Et texerunt (tecte egerunt). Ο'. καὶ ὅσοι ἠμφιέσαντο. 'Α. (καὶ) ἐπεκάλυψαν.[14]

דְּבָרִים אֲשֶׁר לֹא־כֵן. Ο'. λόγους οὐχ οὕτως. Alia exempl. λόγους ἀδίκους.[15] Ὁ Ἑβραῖος, Σ. (λόγους) τοὺς μὴ προσήκοντας.[16]

9. בָּמוֹת. Ο'. ὑψηλά. (Σ.) βωμούς.[17]

נֹצְרִים. Ο'. φυλασσόντων. Ἄλλος· ἐποικιῶν (?) (חֲצֵרִים).[18]

10. רַעֲנָן. Ο'. ἀλσώδους. 'Α. εὐθαλοῦς.[19]

11. וַיַּעֲשׂוּ דְבָרִים רָעִים לְהַכְעִיס אֶת־יְהוָה. Ο'. καὶ ἐποίησαν κοινωνούς, καὶ ἐχάραξαν ('Α. Σ. Ε'. λόγους πονηρούς[20]) τοῦ παροργίσαι τὸν κύριον. 'Α. καὶ ἐποίησαν ῥήματα κακὰ τοῦ παροργίσαι τὸν κύριον.[21]

12. וַיַּעַבְדוּ. Ο'. καὶ ἐλάτρευσαν. Ἄλλος· καὶ ἐδούλευσαν.[22]

13. שָׁלַחְתִּי אֲלֵיכֶם. Ο'. ἀπέστειλα αὐτοῖς. Aliter: Ο'. ἀπέστειλα – αὐτοὺς ◄ πρὸς ὑμᾶς.[23]

14,15. אֲשֶׁר לֹא הֶאֱמִינוּ בַּיהוָה אֱלֹהֵיהֶם: וַיִּמְאֲסוּ אֶת־חֻקָּיו וְאֶת־בְּרִיתוֹ אֲשֶׁר כָּרַת אֶת־אֲבוֹתָם. Ο'. Vacat. ※ ('Α.) οἳ οὐκ ἐπίστευσαν κυρίῳ θεῷ αὐτῶν καὶ ἀπέρριψαν τοὺς ἀκριβασμοὺς (Σ. Ε'. τὰς ἐντολὰς[24]) αὐτοῦ, καὶ τὴν συνθήκην αὐτοῦ ἣν ἔκοψεν (Σ. Ε'. συνετέλεσεν[25]) σὺν πατράσιν αὐτῶν ◄.[26]

15. וְאַחֲרֵי. Ο'. καὶ ὀπίσω. Aliter: Ο'. ※ 'Α. Σ. Θ. καὶ ◄ ἐπορεύθησαν ὀπίσω.[27]

Cap. XVII. [1] Sic (bis) Comp., Codd. 19, 82, 93, 108, 158, Syro-hex. (in marg., cum ♦ ܡܢܚܐ ※). [2] Cod. 243. Syro-hex. affert: Σ. φόρον (ܡܕܐ). Cf. Hex. ad 2 Reg. viii. 2. Minus accurate Theodoret. ibid.: Μαναὰ δὲ δῶρα ἡρμήνευσαν οἱ λοιποί. [3] Syro-hex. ܒܩܠܐ .ܣ .ܡ. Sic in textu Comp., Codd. 19, 82, 93, 108, 158. Cf. ad Cap. xii. 20. [4] Sic Comp. (cum Σωά), Codd. III, 64 (in marg.), 71, 121 (cum ονα), 245, 247 (ut 121), Syro-hex. (cum ܣܘܐ). [5] Syro-hex. in marg. ܐܣܩ. [6] Idem in marg. ♦ ܡܢܚܐ .ܣ ※. Cod. 158 in textu: μαναὰ δῶρα. [7] Sic Comp., Codd. 19, 82 (om. κατ' ἐν.), 93, 108. [8] Syro-hex. ♦ ... [9] Idem: ♦ ... [10] Sic Cod. 123, Syro-hex., Arm. 1. [11] Syro-hex. ܠܐܝܐ .ܣ. ♦ ܒܩܘܪܝܐ ... [12] Sic Comp., Codd. III, 64, 92, 121, alii (inter quos 247), Syro-hex., Arm. 1. [13] Syro-hex. (cum cuneolo tantum). Haec desunt in Codd. XI, 52, 74, 92, aliis. [14] Syro-hex. ♦ ܚܦܝܘ .ܐ. [15] Sic Comp., Codd. 19, 93, 108. [16] Syro-hex. ܠܐ .ܐ. ܟܕܐ .ܣ. ♦ ܘܐܙ(ܠ).

[18] Cod. 243 in marg. sine nom. Cf. Hex. ad Lev. xxv. 31. [19] Syro-hex. .ܠ. ♦ ܦܐܝܐ ... Cf. Hex. ad Deut. xii. 2. Jerem. iii. 6. [20] Idem: ܠ. ♦ ܩܠܐ ܒܝܫܐ .ܡ .ܣ. Cod. 243 in marg.: καὶ ἐποίησαν λόγους πονηρούς. [21] Cod. 243. (In textu pro ἐχάραξαν τοῦ π. Theodoret. ibid. p. 342 citat ἤρξαντο π., concinente Cod. 108 in marg.) [22] Cod. 247 in textu: καὶ ἐλάτρ. καὶ ἐδούλευσαν, ex duplici versione. [23] Sic Syro-hex., et sine obelo Codd. III, 121 (cum αὐτοῖς); necnon (om. αὐτοὺς) Cod. 247, Arm. 1. [24] Syro-hex. ... .ܣ. ♦ ܦܘܩܕܢܐ. [25] Idem: ♦ ܓܡܪ .ܣ .ܡ. Cf. Hex. ad Jesai. lxi. 8. Jerem. xxxi. 31. Ezech. xvii. 13. [26] Sic Syro-hex., et sine aster. Codd. III (cum ἀκρ. αὐτῶν), 121 (cum καὶ pro οἱ, τῷ θεῷ pro θεῷ, et διαθήκην pro συνθήκην), 247 (ut 121), Arm. 1. Alia versio, οἱ οὐκ ἐπ. κ. τῷ θ. αὐτῶν, καὶ ἀπώσαντο (cf. Hex. ad Jerem. xiv. 19) τὴν διαθήκην αὐτοῦ, καὶ τὰ δικαιώματα ἃ διέθετο τοῖς πατράσιν αὐτῶν, est in Comp., Codd. 19, 82, 93, 108, 158. [27] Sic Syro-hex. (cum ܣ܊ .ܠ .ܡ .ܐ ※). Copula deest in Ald., Codd. 44,

15. יְהוָ֣ה אִתָּ֑ם. Ο΄. κύριος αὐτοῖς. Aliter: Ο΄.
αὐτοῖς ※ Ἀ. Σ. Ε΄. Ὁ Ἑβραῖος· κύριος ◄.[28]

16. אֶת־כָּל־מִצְוֺ֗ת. Ο΄. ※ πάσας ◄ τὰς ἐντολάς.[29]
מַסֵּכָ֞ה שְׁנַ֣יִם עֲגָלִ֗ים. Ο΄. χώνευμα (alia exempl. χώνευτα[30]) δύο δαμάλεις. Σ. δύο μόσχους
χωνευτούς.[31]

וַיַּעֲשׂ֣וּ אֲשֵׁירָ֔ה. Et fecerunt Astartes simulacrum. Ο΄. καὶ ἐποίησαν ἄλση. Ἀ. καὶ ἐποίησαν ἄλσωνα. (Σ.) καὶ ἐποίησαν ἄλσος περιβώμιον.[32]

לְכָל־צְבָ֣א. Ο΄. πάσῃ τῇ δυνάμει (alia exempl.
στρατιᾷ[33]).

17. וַיִּקְסְמ֣וּ קְסָמִ֔ים. Ο΄. καὶ ἐμαντεύοντο μαντείας.
Alia exempl. καὶ ἐμαντεύοντο.[34]

וַיְנַחֵ֑שׁוּ. Ο΄. καὶ οἰωνίζοντο. Alia exempl. καὶ
οἰωνίζοντο οἰωνισμοῖς, καὶ ἐποίησαν ἐφοὺδ καὶ
θεραφείμ.[35]

20. וַיִּמְאַ֨ס יְהוָ֜ה בְּכָל־זֶ֣רַע. Ο΄. — καὶ ἀπεώσαντο
τὸν κύριον ◄. καὶ ἐθυμώθη κύριος παντὶ σπέρματι.[36] Alia exempl. καὶ ἀπεώσαντο τὸν κύριον
ἐν παντὶ σπέρματι.[37]

21. כִּֽי־קָרַ֣ע יִשְׂרָאֵ֗ל מֵעַ֛ל בֵּ֣ית דָּוִ֑ד. Nam abscidit
Israelem a domo Davidis. Ο΄. ὅτι πλὴν Ἰσ-
ραὴλ ἐπάνωθεν οἴκου Δαυίδ. Alia exempl.

πλὴν ὅτι ἐρράγη ὁ Ἰσραὴλ ἀπὸ τοῦ οἴκου
Δαυίδ.[36]

24. וּמִכּוּתָ֔ה. Ο΄. τὸν ἐκ Χουθά. Alia exempl.
καὶ ἐκ Χούθ.[39]

25. שָׁ֣בְתָּ֣ם שָׁ֔ם. Ο΄. τῆς καθέδρας αὐτῶν ※ Σ. Ε΄.
ἐκεῖ ◄.[40]

וַיְשַׁלַּ֨ח יְהוָ֤ה. Ο΄. καὶ ἀπέστειλε ※ Ὁ Ἑβραῖος,
Ἀ. Σ. Θ. Ε΄. κύριος ◄.[41]

27. הֹלִ֤יכוּ שָׁ֨מָּה֙ אֶחָ֣ד מֵֽהַכֹּהֲנִ֔ים אֲשֶׁ֥ר הִגְלִיתֶ֖ם
מִשָּׁ֑ם. Ο΄. ἀπαγάγετε (alia exempl. ἀπάρατε[42])
ἐκεῖθεν. Aliter: Ο΄. ※ Ὁ Ἑβραῖος, Σ. Θ.
Ε΄. ἀπαγάγετε ἐκεῖ ἕνα τῶν ἱερέων ὧν ᾐχμαλω-
τεύσατε ἐκεῖθεν ◄.[43]

וַיֵּלְכ֖וּ וַיֵּֽשְׁב֥וּ. Ο΄. καὶ πορευέσθωσαν, καὶ κατοικήτωσαν. Ἀ. καὶ πορεύσονται καὶ καθίσουσιν.[44]

29. גּ֥וֹי (quater). Ο΄. ἔθνη. Ὁ Ἑβραῖος· ἔθνος.[45]

אֲשֶׁ֤ר הֵ֣ם יֹשְׁבִ֣ים שָׁ֑ם. Ο΄. ἐν αἷς κατῴκουν
(alia exempl. add. ἐν αὐταῖς[46]). Aliter: Ο΄.
ἐν αἷς ※ Ἀ. αὐτοὶ (◄) κατῴκουν ἐν αὐταῖς.[47]

30. אֶת־נֵֽרְגַ֔ל. Ο΄. τὴν Ἐργέλ (alia exempl. Νηριγέλ[48]).

31. נִבְחַ֑ז. Ο΄. τὴν Ἐβλαζέρ (alia exempl. Ἀβλα-
ζέρ[49]).

55, 64, aliis (inter quos 243, 247), Arm. 1. Repetitum
ἐπορεύθησαν in nullo libro reperitur. [28] Sic Syro-hex.,
et sine notis Codd. XI, 44, 92, 106, alii. Vox κύριος deest
in Codd. II, 158, 245. [29] Sic Syro-hex., et sine notis
Arm. 1. [30] Sic Comp., Codd. 19, 82, 93, 108, 123,
Syro-hex. [31] Syro-hex. ✦ܡܨܝ̈ܕܬܐ ܐܝܟ ܬܪ̈ܝܢ. [32] Cod. 243. Cf. ad Cap. xxi. 7. xxiii. 4. (In posteriore
loco Aquilae tribuitur forma ἄλσωμα, fortasse verior; sed
inter δενδρῶνα et δένδρωμα pariter fluctuat idem interpres
ad Gen. xxi. 33. 1 Reg. xxii. 6. xxxi. 13.) [33] Sic Comp.,
Codd. XI, 19, 52, 74, alii. [34] Sic Cod. III, et Syro-
hex., describente Middeld.; sed in codice pro ܡܩܣܡܝܢ
plane legitur ܩܣܡܐ ܩܣܡܝܢ. [35] Sic Codd. 19,
82 (cum θεραφείν), 93 (idem), 108, 158 (cum οἰωνισμούς),
Theodoret. ibid. Cf. Scharfenb. in Animadv. T. II, p. 162.
[36] Sic Syro-hex., et sine obelo Ed. Rom. [37] Sic Codd.
II, III (cum ἀπεκείσαντο), Arm. 1. [38] Sic Comp., Codd.
19, 82 (om. ὁ), 93, 108. Vet. Lat.: quia dissipatus est
Israel a domo David. Syro-hex. in textu: ὅτι πλὴν ἐπάνωθεν οἴκου Δ. Ἰσραὴλ ἐβασίλευσαν ἐφ᾽ ἑαυτοὺς τὸν Ἱεροβόαμ.
[39] Sic Syro-hex. (cum ܟܘܬ), et (cum Χωθά) Comp., Codd.
19, 82, 93, 108, Arm. 1. [40] Sic Syro-hex., et sine notis
Codd. III, 121, 247. [41] Sic Syro-hex. Vox κύριος
deest in Codd. 158, 245 tantum. [42] Sic Codd. III, XI,
44, 52, 64 (cum ἀπαγάγετε in marg.), alii (inter quos 243).
[43] Sic Syro-hex. (cum ܡܠܠ ܨܝܕ ܣܡ ܚܕ ܡܢ ܟܗ̈ܢܐ
ܣܡ ܠܗܡ, ܘܐܝܬܝܘ, ܘܐܚܕܘܗܝ) ܡܢ ܠܗܡ, et sine notis (cum ὧν ᾐχμαλώτευσα
ἐκ Σαμαρείας) Comp., Codd. 19 (cum ἐν Σαμαρείᾳ), 82 (cum
ᾐχμάλωσαι), 93, 108, Arm. 1 (ut Syro-hex.). [44] Syro-hex.
✦ܢܬܒܘܢ ܘ ܢܐܙ̈ܠܘܢ. [45] Syro-hex. ✦ ܥܡܐ .ܥܒ. Sic
in textu Comp., Codd. 19, 82, 93, 108. [46] Sic Comp.,
Codd. II, XI, 44, 55, 64, alii. [47] Sic Syro-hex., et sine
notis Codd. III, 247, Arm. 1 (om. ἐν αὐταῖς). [48] Sic
Comp. (cum Νηριγέλ), Codd. (III hiat), XI, 44, 55, 71,
alii, Syro-hex. (cum ܢܪܝܓܠ). [49] Sic Ald., Codd. III
(cum duplici versione τὴν Ἀβαείζερ καὶ τὴν Ναιβάς), XI (cum
Ἀβλας(ζέρ), 44, 64, 71, alii (inter quos 243, 247), Arm. 1.
Syro-hex. ܢܒܚܙ, ut Pesch.

4 T 2

31. וְהַסְפַרְוִים שְׂרָפִים. Ο'. καὶ ὁ Σεπφαουραὶμ (alia exempl. καὶ τὴν Σεπφαρουαὶμ[50]) ἡνίκα κατέκαιον. ◄ Ὁ Ἑβραῖος, Θ. Ε'. καὶ οἱ Σεπφαρουαῖοι κατέκαιον.[51]

32. וַיַּעֲשׂוּ לָהֶם מִקְצוֹתָם כֹּהֲנֵי בָמוֹת וַיִּהְיוּ עֹשִׂים לָהֶם בְּבֵית הַבָּמוֹת. Ο'. καὶ κατῴκισαν τὰ βδελύγματα αὐτῶν ἐν τοῖς οἴκοις τῶν ὑψηλῶν – ἃ ἐποίησαν ἐν Σαμαρείᾳ, ἔθνος ἔθνος ἐν πόλει ἐν ᾗ κατῴκουν ἐν αὐτῇ· καὶ ἦσαν φοβούμενοι τὸν κύριον· καὶ ἐποίησαν ἑαυτοῖς ἱερεῖς τῶν ὑψηλῶν (◄), καὶ ἐποίησαν ἑαυτοῖς ἐν οἴκῳ τῶν ὑψηλῶν.[52] Ἀ. Σ. Θ. Ε'. καὶ ἐποίησαν ἑαυτοῖς ἀπὸ μέρους αὐτῶν ἱερεῖς τῶν ὑψηλῶν ...[53]

34. כַּמִּשְׁפָּטִים הָרִאשֹׁנִים. Ο'. κατὰ τὸ κρίμα αὐτῶν. Alia exempl. κατὰ τὸ κρίμα αὐτῶν τὸ ἀπ' ἀρχῆς.[54]

39. מִיַּד כָּל־אֹיְבֵיכֶם. Ο'. ἐκ (alia exempl. ἐκ χειρὸς[55]) πάντων τῶν ἐχθρῶν ὑμῶν.

40. וְלֹא שָׁמֵעוּ כִּי אִם־כְּמִשְׁפָּטָם הָרִאשׁוֹן הֵם עֹשִׂים. Ο'. καὶ οὐκ ἀκούσεσθε ἐπὶ τῷ κρίματι αὐτῶν, ὃ αὐτοὶ ποιοῦσι. Alia exempl. καὶ οὐκ ἤκουσαν, ἀλλ' ἢ ἐν τοῖς δικαιώμασιν αὐτῶν τοῖς πρώτοις αὐτοὶ ἐποίουν.[56]

41. הֵם עֹשִׂים. Ο'. ποιοῦσιν. Aliter: Ο'. ÷ οὕτως ◄ αὐτοὶ ποιοῦσιν.[57]

Cap. XVII. 12. ÷ τῷ κυρίῳ (◄).[58] 13. (÷) καὶ ἐν χειρί.[59] 15. ÷ οὐκ ἐφύλαξαν (◄).[60] 23. ἐλάλησε ÷ κύριος ◄.[61] 26. εἰς αὐτοὺς ÷ κύριος ◄.[62]

CAP. XVIII.

2. הָיָה. Ο'. Vacat. Alia exempl. ἦν.[1]

אֲבִי. Ο'. Ἄβου. Alia exempl. Ἀβουθά.[2]

4. וְכָרַת. Ο'. καὶ ἐξωλόθρευσε. Ἀ. Σ. καὶ ἐξέκοψε.[3]

וּכְתַת נְחַשׁ. Ο'. καὶ ※ συνέτριψε ◄ τὸν ὄφιν.[4]

נְחֻשְׁתָּן. Ο'. Νεεσθάν. Ἀ. Ναασθάμ. Σ. Νεεσθάμ. Θ. Νεεσθέν. Ὁ Ἑβραῖος· Νοοσθάμ.[5]

5. בְּכֹל מַלְכֵי. Ο'. ἐν βασιλεῦσιν. Alia exempl. ἐν πᾶσι βασιλεῦσιν.[6]

6. אֲשֶׁר־צִוָּה יְהוָה אֶת־מֹשֶׁה. Ο'. ὅσας ἐνετείλατο Μωυσῇ (alia exempl. Μωυσῆς[7]). Ὁ Ἑβραῖος· ΠΙΠΙ τῷ Μωυσῇ.[8]

9, 10. וַיָּצַר עָלֶיהָ׃ וַיִּלְכְּדָהּ מִקְצֵה שָׁלֹשׁ שָׁנִים. Ο'. καὶ ἐπολιόρκει ἐπ' αὐτὴν (alia exempl. ἐπο-

---

[50] Sic Codd. III (cum Σεφφ.), XI, 44, 56 (ut III), 74, alii, Syro-hex. (cum مصهم), Arm. 1. [51] Syro-hex. مصمم (Pesch.) ܘܗ̣ܘ ... Ο.ܣ. .ܘ .ܐ. .ܐ.
.ܘܘܝ. [52] Sic Syro-hex. (cum μετέστησαν (احدۍ) pro μετῴκισαν (ܐحدۍ), nisi scribae error sit). Idem pingit: – ἃ ἐποίησαν ἐν Σαμαρείᾳ ἔθνος – ἔθνος, ἐν πόλει | – ἐν ᾗ κατῴκουν ἐν αὐτῇ | – καὶ ἦσαν φ. | – τὸν κύριον· καὶ ἐποίησαν ἑαυτοῖς | – ἱερεῖς τῶν ὑψ. καὶ ἐποίησαν ἑαυτοῖς | ἐν οἴκῳ τῶν ὑψηλῶν, nullo metobelo. [53] Syro-hex. .ܘ .ܐ. .ܡ. .ܐ.
ܡܚܒܘܬ ܟܗܢ̈ܐ ܘܠܗܘܢ ܟܕ ܡܢ ܡܢܬܗܘܢ ... [54] Sic Comp., Codd. 19, 82, 93 (om. τὸ posteriore), 108. Iidem pergunt: οἱ πρῶτοι αὐτῶν (οἱ πρ. αὐτῶν om. Comp.) οὐκ ἦσαν (אֵינָם) φαβούμενοι τὸν κ., καὶ οὐκ ἐποίησαν κ.τ.ἑ. [55] Sic Comp., Codd. 19, 82, 93, 108, Syro-hex. [56] Sic Comp., Codd. 19, 82, 93, 108. [57] Sic Syro-hex. (cum ※ οὕτως ◄). Ald., Codd. 64, 123: οὕτως ποιοῦσιν· Comp., Codd. 19, 82, 93: αὐτοὶ ποιοῦσιν. Syro-hex. Deest in Comp., Codd. 82, 93, 108. [58] Idem (cum metobelo tantum). Copulam reprobant Comp. (cum ἐν χειρί), Codd. II, 19 (ut Comp.), 82 (idem), 93, 108 (ut Comp.), Arm. 1. [60] Idem. Deest in Comp., Codd. II, 19, 82, 93, 108.

[61] Idem. [62] Idem. Sic sine obelo (cum κύριος εἰς αὐτοὺς) Codd. III, 121, 158, 247, Arm. ed. Vox κύριος deest in Ed. Rom.
CAP. XVIII. [1] Sic Comp., Ald., Codd. III, XI, 19 (cum ἦν Ἑζεκίας), 55 (idem), 56 (idem), 64, 71, alii, Syro-hex., Arm. 1. [2] Sic Ald., Codd. XI, 44, 52, 64, 74, 82 (cum Ἀβουθ), alii (inter quos 243, ut 82), Syro-hex. (cum احمل, ΑΒΟΘ), Arm. 1 (ut 82). [3] Syro-hex. ܘܡܦܣܩ .ܣ .ܐ. Sic in textu (cum καὶ τὰ ἄλση ἐξέκοψε) Comp., Codd. 19, 82, 93, 108. Cf. Hex. ad 3 Reg. ii. 4. Psal. xxxvi. 8. [4] Syro-hex. in textu: ܣܡܣܒ ◄ ܘܡܣܒܣ ※. Comp., Codd. 19, 82, 93, 108: καὶ συνέκοψεν Ἑζεκίας τὸν ὄφιν. Theodoret. Quaest. XLIX in 4 Reg. p. 543: συνέτριψε δὲ καὶ τὸν χαλκοῦν ὄφιν, ὃν ὁ μέγας Μωυσῆς κατεσκεύασεν. [5] Cod. 243 (cum Νεσθάν in textu). Theodoret. ibid.: Νεεσθάν τοῦτο δὲ ἐν τῇ τῶν Ἑβραίων ὀνομάτων ἑρμηνείᾳ κείμενον εὗρον, χαλκὸς αὐτή [Lagarde Onomastica Sacra, p. 46: Noesthan, aes eorum· οἱ δὲ λοιποί, Νοεσθὰν Νάας (sic). [6] Sic Codd. III, 121, 247, Syro-hex., Arm. 1. [7] Sic Ald., Codd. III (cum Μωσῇ), XI, 44, 55, 56, alii (inter quos 243), Syro-hex. [8] Syro-hex. ܠܡܘܫܐ ܦܝܦܝ .ܘ. Sic in textu

λιόρκει αὐτήν⁹), καὶ κατελάβετο αὐτὴν ἀπὸ
τέλους τριῶν ἐτῶν. Σ. καὶ πολιορκήσας εἷλεν
αὐτὴν μετὰ τρία ἔτη.¹⁰

11. וְעָרֵי מָדָי. Ο'. καὶ ὄρη Μήδων. Alia exempl.
καὶ ἐν ὄρεσι Μήδων.¹¹

12. עַל אֲשֶׁר. Ο'. ἀνθ' ὧν ὅτι. Alia exempl. ὅτι.¹²

16. וְאֶת־הָאֹמְנוֹת. Et postes. Ο'. καὶ τὰ ἐστηριγμένα (Θ. τοὺς σταθμούς¹³).

17. וְאֶת־רַב־סָרִיס. Ο'. καὶ τὸν Ῥαφίς (alia exempl. Ῥαβσαρείς¹⁴).

וַיַּעֲלוּ וַיָּבֹאוּ (in posteriore loco). Ο'. Vacat.
※ καὶ ἀνέβησαν καὶ ἦλθον ◄.¹⁵

בִּתְעָלַת. In aquaeductu. Ο'. ἐν τῷ ὑδραγωγῷ.
Σ. Ε'. ἐν τῇ ἀναβάσει.¹⁶

19. הַמֶּלֶךְ הַגָּדוֹל. Ο'. ὁ βασιλεὺς ※ Α. Σ. Θ.
Ε'. ὁ μέγας ◄.¹⁷

20. אָמַרְתָּ אַךְ־דְּבַר שְׂפָתַיִם עֵצָה וּגְבוּרָה
לַמִּלְחָמָה. Ο'. εἶπας, πλὴν λόγοι χειλέων,
βουλὴ καὶ δύναμις εἰς πόλεμον. Alia exempl.
πλὴν μὴ λόγοις χειλέων καὶ βουλῇ παράταξις
γίνεται εἰς πόλεμον.¹⁸

22. אֱלֹהֵינוּ. Ο'. θεόν. Alia exempl. τὸν θεὸν ἡμῶν.¹⁹

הֲלוֹא־הוּא אֲשֶׁר. Ο'. οὐχὶ αὐτὸς οὗτος. Aliter: Ο'. οὐχὶ αὐτός ※ ἐστιν οὗτος ◄, οὗ.²⁰

22. הָסִיר. Ο'. ἀπέστησεν. Σ. ἐξῆρεν (s. ἀφεῖλεν).²¹

26. בְּאָזְנֵי. Ο'. καὶ ἱνατί λαλεῖς ἐν τοῖς ὠσί. Alia
exempl. ἐν τοῖς ὠσί.²²

27. הַעַל אֲדֹנֶיךָ וְאֵלֶיךָ. Ο'. μὴ ἐπὶ (alia exempl.
πρὸς²³) τὸν κύριόν σου καὶ πρὸς σέ. Ἄλλος·
πρὸς ὑμᾶς καὶ πρὸς τὸν κύριον ὑμῶν.²⁴

28. הַמֶּלֶךְ הַגָּדוֹל מֶלֶךְ אַשּׁוּר. Ο'. τοῦ μεγάλου
βασιλέως Ἀσσυρίων. Aliter: Ο'. ※ Α. Θ.
Ε'. τοῦ βασιλέως ◄ τοῦ μεγάλου βασιλέως
Ἀσσυρίων.²⁵

29. אַל־יַשִּׁיא לָכֶם. Ne decipiat vos. Ο'. μὴ ἐπαιρέτω ὑμᾶς . . λόγοις. Alia exempl. μὴ ἐπαιρέτω
ὑμᾶς.²⁶

30. יַצִּילֵנוּ. Ο'. ἐξελεῖται. Alia exempl. ἐξελεῖται
ἡμᾶς.²⁷

31. בְּרָכָה. Ο'. εὐλογίαν. Alia exempl. εὐδοκίαν
ἑαυτοῖς.²⁴

וְאִכְלוּ אִישׁ־גַּפְנוֹ וְאִישׁ תְּאֵנָתוֹ. Ο'. καὶ πίεται
(Ὁ Ἑβραῖος, Α. Θ. Ε'. καὶ φάγεται²⁹) ἀνὴρ
τὴν ἄμπελον αὐτοῦ, καὶ ἀνὴρ τὴν συκῆν αὐτοῦ
÷ φάγεται ◄.³⁰ Alia exempl. καὶ φάγετε ἕκαστος τὴν ἄμπελον αὐτοῦ, καὶ ἕκαστος τὴν συκῆν
αὐτοῦ.³¹

וּשְׁתוּ אִישׁ. Ο'. καὶ πίεται ※ ἀνήρ ◄.³² Alia
exempl. καὶ πίεται ἕκαστος.³³

(cum κύριος τῷ M.) Comp., Cod. 247.　　⁹ Sic Comp., Ald.,
Codd. XI, 44, 55, 71, alii (inter quos 243), Syro-hex.,
Arm. 1.　　¹⁰ Cod. 243 (cum πολιορκήσας). Syro-hex.
affert: Σ. μετά (כλ). 　　¹¹ Sic Syro-hex., et (cum ἐν
ὄροις) Comp., Codd. 82, 93, 108 (om. ἐν). Cf. ad Cap.
xvii. 6.　　¹² Sic Codd. III, XI, 44, 55, 71, alii, Syro-
hex., Arm. 1.　　¹³ Syro-hex. ✛ ܠ. ܚܡܣܚܐ. Theodoret.
Quaest. LII in 4 Reg. p. 544: καὶ τοὺς σταθμοὺς τῶν θυρῶν·
τούτους γὰρ ἐστηριγμένα οἴμαι κληθῆναι.　　¹⁴ Sic Comp. (cum
Ῥαψαρὶς), Codd. III, 71 (cum Ῥαφσαρὶς), 245, Syro-hex.,
Arm. 1.　　¹⁵ Sic Syro-hex., invitis libris Graecis.
¹⁶ Syro-hex. ✛ ܚܡܣܚܐ ܐ.ܣ. ܣ. Duplex versio, ἐν τῇ
ἀναβάσει ἐν τῷ ὕδρ., in Cod. 82, 93, 108.　　¹⁷ Sic
Syro-hex., et sine notis Ed. Rom.　　¹⁸ Sic Comp. (om.
μὴ), Codd. 19, 82, 93 (cum παρατάξεις), 108. Syro-hex. in
marg. (silentibus Brunsio et Middeldorpfio): ܚܙܡ ؛ܚܡܣܚܐ
ܚܡܣܚܐ ؛ܚܡܣܚܐ ؛ܣܚܐ ؛ܣ؛ܐ.　　¹⁹ Sic
Comp., Codd. 82, 93, 108, Syro-hex.　　²⁰ Sic Syro-hex.
Pronomen οὗτος reprobant Comp., Codd. 82, 93, 108, 121,

247. Deinde οὗ est in Codd. III, XI, 52, 56, 64, aliis
(inter quos 243, 247).　　²¹ Syro-hex. ✛ ܐ؛ܣ. ܣ. Cf.
Hex. ad 1 Reg. vii. 2. Jesai. xxxvi. 7. Brunsii errorem
κατέβαλεν (וلاءܣܐ) sine suspicione propagavit Parsonsius.
²² Sic Comp., Codd. III, XI, 52, 71, alii, Syro-hex., Arm. 1.
²³ Sic Comp., Ald., Codd. III, XI, 19, 44, 55, alii (inter
quos 243), Syro-hex.　　²⁴ Syro-hex. in marg. ܚܡܣܚܐ
✛ ܚܡܣܚܐ ؛ܣܚܐ.　　²⁵ Sic Syro-hex., et sine notis Comp.,
Codd. III, 93, 108, Arm. 1.　　²⁶ Sic Comp., Ald., Codd.
III, XI, 52, 55, 64, alii, Syro-hex.　　²⁷ Sic Codd. III,
82, 121, 123, 142, 158, Syro-hex., Arm. 1.　　²⁸ Sic
Codd. 19, 82, 93, 108.　　²⁹ Syro-hex. ܚ. ؛ ܐ. ؛ ܐ.
(✛ܠ). Sic in textu Cod. 56, cum πίεται in marg.
Praeterea ad καὶ πίεται Syro-hex. in marg.: καὶ πίετε.
³⁰ Syro-hex. in textu: καὶ ÷ φάγεται ◄ ἀνὴρ τὴν σ. αὐτοῦ·
in marg. autem: καὶ φάγετε.　　³¹ Sic Comp. (cum φάγετε),
Codd. 19, 108.　　³² Sic Syro-hex., invitis libris Graecis.
³³ Sic Comp., Codd. 19, 82, 93, 108 (cum πίετε pro καὶ
πίεται).

32. אֶרֶץ לָהֶם וּכְרָמִים. O'. καὶ ἄρτου (alia exempl. ἄρτων³⁴) καὶ ἀμπελώνων. Alia exempl.
καὶ ἀμπελώνων καὶ ἄρτων.³⁵

34. הֵנַע וְעִוָּה. O'. Ἀνὰ καὶ Ἀβά. Aliter: O'.
※ καὶ Ἀνὰ καὶ Αὐά ◄.³⁶

פִּי־הִצִּילוּ. O'. ὅτι (alia exempl. μὴ, s. μήτι³⁷)
ἐξείλαντο.

36. וְהֶחֱרִישׁוּ הָעָם. O'. καὶ ἐκώφευσαν ※ ὁ
λαός ◄.³⁸ Alia exempl. καὶ ἐσιώπησαν.³⁹

הַמֶּלֶךְ הִיא. O'. ※ Ὁ Ἑβραῖος, Σ. Ε'. αὕτη ◄
τοῦ βασιλέως.⁴⁰

Cap. XVIII. 4. ÷ πάσας ◄ τὰς στήλας.⁴¹ 14.
– ἀγγέλους ◄.⁴²

CAP. XIX.

4. וְהוֹכִיחַ. Et puniet eum. O'. καὶ βλασφημεῖν
(alia exempl. ἐλέγχειν¹).

6. מִפְּנֵי הַדְּבָרִים. O'. ἀπὸ τῶν λόγων. Alia exempl. ἀπὸ προσώπου τῶν λόγων.²

גִּדְּפוּ...אֹתִי. O'. ἐβλασφήμησαν... Alia exempl. ἐβλασφήμησεν εἰς ἐμέ...³

7. רוּחַ. O'. πνεῦμα. Schol. δειλίαν.⁴

10. כֹּה תֹאמְרוּן אֶל־חִזְקִיָּהוּ מֶלֶךְ־יְהוּדָה לֵאמֹר.
O'. Vacat. ※ Α. τάδε ἐρεῖτε πρὸς Ἐζεκίαν
βασιλέα Ἰούδα, τῷ λέγειν ◄.⁵ Alia exempl.
οὕτως ἐρεῖτε Ἐζεκίᾳ βασιλεῖ τῆς Ἰουδαίας.⁶

אַל־יַשִּׁאֲךָ. O'. μὴ ἐπαιρέτω σε. Alia exempl.
μή σε ἀπατάτω.⁷

12. בִּתְלַאשָּׂר. O'. ἐν Θαεσθέν (alia exempl. Θα-
λασσάρ; alia, Θαλασσαρίμ⁸).

13. וַמֶלֶךְ לָעִיר. O'. καὶ ποῦ ἐστιν ὁ βασιλεὺς
τῆς πόλεως. Alia exempl. καὶ ※ ὁ βασιλεὺς
τῆς πόλεως ◄.⁹

15. וַיִּתְפַּלֵּל חִזְקִיָּהוּ לִפְנֵי יְהוָה. O'. Vacat. ※ καὶ
προσηύξατο Ἐζεκίας πρὸ προσώπου κυρίου(◄).¹⁰

16. אֵת דִּבְרֵי. O'. ※ πάντας ◄ τοὺς λόγους.¹¹

17. וְאֶת־אַרְצָם. O'. Vacat. ※ καὶ τὴν γῆν αὐτῶν ◄.¹²

21. עָלָיו. O'. ἐπ' αὐτόν. Alia exempl. πρὸς αὐ-
τόν.¹³ Α. Σ. Ε'. περὶ αὐτοῦ.¹⁴

בָּזָה. O'. ἐξουδένωσε. Alia exempl. ἐφαύλισε.¹⁵

22. וְעַל־מִי. O'. ※ καὶ (◄) ἐπὶ τίνα.¹⁶

---

³⁴ Sic Ald., Codd. XI, 44, 56, 64, alii (inter quos 247).
³⁵ Sic Cod. III, Syro-hex., Arm. 1 (cum ἄρτου). ³⁶ Sic
Syro-hex. (cum ܐܘܐܘ). Scriptura Αὐά est in Ald.,
Codd. III, 55, 64, aliis (inter quos 243). Haec desunt
in Codd. II, 71, 245. Cf. Hex. ad Jesai. xxxvii. 13.
³⁷ Prior lectio est in Comp., Codd. XI (cum ἐρρύσαντο), 19,
55, 56, aliis, Syro-hex.; posterior in Ald., Codd. 44 (cum
ἐρρύσαντο), 52 (idem), 64, aliis (inter quos 243, 247).
³⁸ Sic Syro-hex., invitis libris Graecis. ³⁹ Sic Comp.,
Codd. 19, 82, 93, 108, Syro-hex. in marg. (cum ܀ܗܡܥܐ).
⁴⁰ Sic Syro-hex., et sine notis (cum τοῦ β. αὐτῇ) Comp.,
Codd. 19, 82 (cum αὐτῇ), 93, 108. ⁴¹ Syro-hex. Sic
sine obelo Ald., Codd. III, 55, 56, alii (inter quos 243,
247), Vet. Lat. ⁴² Idem (qui pingit: – βασιλεὺς Ἰούδα
ἀγγέλους ◄).

Cap. XIX. ¹ Sic Comp., Codd. 19, 82, 93, 108. ² Sic
Ald., Codd. III, XI, 44, 52, 56, alii (inter quos 243, 247),
Syro-hex. ³ Sic Comp. (cum –σαν), Codd. 19, 82 (ut
Comp.), 93 (cum εἰς σὲ μετὰ παιδάρια), 108, Syro-hex. (cum
ܟܟܣ), Arm. 1. ⁴ Cod. 243 in marg. Cf. Theodoret.
ibid. p. 545. ⁵ Sic in textu Syro-hex., et sine notis
Comp. (om. τῷ λέγειν), Codd. III, 82 (ut Comp.), 93 (idem),
108 (idem). ⁶ Sic Ald., Codd. 44, 52, 56, alii (inter
quos 243, 247). ⁷ Sic Comp., Codd. 19, 82, 93, 108.
⁸ Prior scriptura est in Comp., Codd. III, 121 (cum Θα-
λασάρ), 123, 247 (ut 121), Syro-hex. (cum ܬܠܐܣܪ); posterior in Ald. (cum Θαλασσαρίμ), Codd. XI, 52, 64, 74, aliis.
⁹ Sic Syro-hex. (qui pingit: ※ καὶ βασιλεὺς, et sine aster.
Comp., Codd. III (om. ὁ), 93, 158 (om. τῆς πόλεως), Arm. 1.
Haec, ὁ β. τῆς π. desunt in Codd. II (cum καὶ ποῦ Σεφφ.),
XI (cum καὶ ὁ Σεφφ.), 52, 56 (ut II), 64, aliis (inter quos
243). ¹⁰ Sic Syro-hex. (qui pingit: καὶ προσ. ※ Ἐζ.), et
sine aster. Codd. III (cum εἰς πρόσωπον), 121, 247, Arm. 1
(cum ἐναντίον κυρίου). ¹¹ Sic Syro-hex., invitis libris
Graecis. "Inserunt vocem codices [Hebraei] perquam
plurimi, e quibus sunt MSS. bonae notae, e. g. 2, 3, 23,
154, etc."—Bruns. Cf. Hex. ad Jesai. xxxvii. 17. ¹² Sic
Syro-hex., et sine aster. Codd. III, 121, 247. Comp.,
Codd. 19, 93, 108; καὶ πᾶσαν τ. γ. αὐτῶν. ¹³ Sic Comp.,
Codd. III, XI, 19, 44, 55, alii (inter quos 243, 247), Syro-
hex. (cum ἐπ' αὐτὸν in marg.). ¹⁴ Syro-hex. ܐ ܠ ܐ.
ܟܣܟܠ. Sic in textu Ald., Arm. 1. ¹⁵ Sic Comp.,
Codd. 19, 55, 82, 93, 108. Duplex versio, ἐφαύλισέ σε καὶ
ἐξουδένωσέ σε, est in Codd. 243, 244. ¹⁶ Sic Syro-hex.

23. אֲדֹנָי. Ο'. κύριον. Ὁ Ἐβραῖος· ἀδωνί.[17]

עָלִיתִי. Ο'. ἀναβήσομαι. Alia exempl. ἀνέβην.[18]

קוֹמַת. Ο'. τὸ μέγεθος. Ἀ. τὸ ἀνάστεμα. Σ. τὸ ὕψος.[19]

וְאָבוֹאָה. Ο'. καὶ ἦλθον (alia exempl. εἰσῆλθον[20]).

מְלוֹן קֵצֹה (קִצּוֹ ק') יַעַר כַּרְמִלּוֹ. In hospitium extremitatis (extremum) ejus, silvam hortuli ejus. Ο'. εἰς μέσον δρυμοῦ καὶ Καρμήλου. Alia exempl. εἰς μέρος τέλους ÷ αὐτοῦ ◄, δρυμοῦ Καρμήλου αὐτοῦ.[21] Alia : εἰς μέρος δρυμοῦ τοῦ Καρμήλου, καὶ ἕως ἐσχάτου αὐτοῦ.[22]

24. קַרְתִּי. Fodi. Ο'. ἔψυξα. Alia exempl. ἐφύλαξα.[23] Σ. ἐξέκοψα.[24]

כֹּל יְאֹרֵי מָצוֹר. Omnes canales Aegypti. Ο'. πάντας ποταμοὺς περιοχῆς (Σ. συνεχεῖς[25]).

הֲלֹא־שָׁמַעְתָּ לְמֵרָחוֹק אֹתָהּ עָשִׂיתִי לְמִימֵי קֶדֶם וִיצַרְתִּיהָ. Nonne audivisti? inde a longinquo tempore hanc rem feci, a diebus antiquis formavi eam. Ο'. ✕ Ἀ. μὴ οὐκ ἤκουσας εἰς ἀπὸ μακρόθεν αὐτὴν ἐποίησα, εἰς ἀπὸ ἡμερῶν ἀρχῆθεν ◄ ἔπλασα αὐτήν.[26] Alia exempl. οὐκ ἤκουσας

ὅτι μακρόθεν ἐγὼ ἐποίησα αὐτήν, ἐξ ἡμερῶν ἀρχῆς ἔπλασα αὐτήν.[27] Σ. μὴ οὐκ ἤκουσας ἃ τὸ πρότερον ἐποίησα, ἀπὸ ἡμερῶν ἀρχαίων ἃ ἔπλασα.[28]

25. עַתָּה הֲבֵיאתִיהָ וּתְהִי לַהְשׁוֹת גַּלִּים נִצִּים עָרִים בְּצֻרוֹת. Nunc adduxi eam, et erit ad vastandum in rudera disjecta urbes munitas. Ο'. συνήγαγον (alia exempl. καὶ ἤγαγον; alia, καὶ νῦν ἤγαγον[29]) αὐτὴν καὶ ἐγενήθη εἰς ἐπάρσεις ἀποικεσιῶν μαχίμων πόλεις ὀχυράς. Σ. νῦν δὲ ἤγαγον, καὶ ἐγένοντο εἰς κατασκαφὰς (s. καθαιρέσεις), βουνοὺς ἀβάτους, αἱ πόλεις αἱ ὀχυραί.[30]

26. וִירַק דֶּשֶׁא. Et viror graminis. Ο'. ἡ χλωρὰ βοτάνη. Alia exempl. ἡ χλωροβοτάνη.[31]

וּשְׁדֵפָה לִפְנֵי קָמָה. Et uredo ante culmum. Ο'. καὶ πάτημα (alia exempl. πατήματα[32]) ἀπέναντι ἑστηκότος. Ε΄. καὶ ἐμπυρισμὸς ἀπέναντι ἀναστάσεώς σου.[33]

27. אֵלָי. Ο'. ἐπ' ἐμέ. Alia exempl. vacant.[34]

28. הִתְרַגֶּזְךָ. Et insolentia tua. Ο'. καὶ τὸ στρῆνός σου. Σ. καὶ ἡ ἀλαζονεία σου.[35]

29. סָפִיחַ. Frumentum e granis effusis proveniens. Ο'. αὐτόματα. Alia exempl. τὰ συνηγμένα.[36]

Copula est in Ed. Rom. et libris omnibus. [17] Syro-hex. ‏ܐܕܘܢܝ‎. [18] Sic Comp., Cod. III, Syro-hex., Arm. 1. Statim pro μηροὺς Syro-hex. ante corr. ἐπὶ μηρῶν (‏ܥܠ ܥܛܡܐ‎), sed prima manus reprobavit ‏ܥܛܡܐ‎, et ex ‏ܥܛܡܐ ܕܐܝܕܐ‎ fecit (μηροῦ), quae Masii quoque scriptura est. Deinde ἐκόψω pro ἔκοψω Cod. 158, Syro-hex. [19] Syro-hex. ‏ܪܘܡܐ‎. ‏ܐ. ܩܘܡܬܐ‎. Ad Aquilam cf. Hex. ad 3 Reg. vi. 10. Jesai. xxxvii. 24. [20] Sic Cod. III, Syro-hex. [21] Sic Syro-hex., et sine obelo Ald. (cum τοῦ τέλους), Codd. III, XI, 44 (cum δρυμῶν), 52, 55 (om. αὐτοῦ in fine), 64 (ut Ald.), 71, alii, Arm. 1 (om. αὐτοῦ utroque). [22] Sic Comp. (om. καὶ ἕως ἐσχ. αὐτοῦ), Codd. 19, 82 (ut Comp.), 93, 108. Ad εἰς μέσον δρυμοῦ Nobil. notat: "Sic quoque est in uno alio libro. A. L. habet, εἰς μέλον, idque propius est Hebraico vocabulo, quod diversorium significat. Nonnulli libri [Comp., rel.], εἰς μέρος; unus [Cod. 245, cum τοῦ δρ.] εἰς τέλος δρυμοῦ." Scripturam μέλον (non μέλος, ut Montef. edidit) a Grabio in textum temere receptam, ne unus quidem librorum nostrorum exhibet, eamque plane commentitiam esse crediderim. [23] Sic Comp., Ald., Codd. III, XI, 44, 52, 64, alii (inter quos 243, 247), Syro-hex. [24] Syro-hex. ‏ܣܟ‎.

[25] Idem (cum ‏ܕܣܘܚܝܢ‎ in textu): ‏ܣ.‎ ‏ܕܣܘܚܝܢ‎. Sic in textu Codd. 19, 82, 93, 108. Cf. Hex. ad Psal. cxxviii. 3. Jesai. xxxvii. 25. Bernsteinius tentat πυκνούς, coll. Luc. v. 33, 1 Tim. v. 23 in versione Philox. [26] Sic Syro-hex. (qui non expressit εἰς in utroque loco), et sine notis Ald., Codd. III (om. εἰς in priore loco), 121, 247 (cum καὶ pro μὴ οὐκ). [27] Sic Comp., Codd. 19, 82 (om. ἐγώ), 93, 108. [28] Syro-hex. ‏ܣ. ܠܐ ܡܕܡ ܫܡܥܬ‎ ‏ܐܝܠܝܢ ܡܢ ܩܕܡ ܥܒܕܬ. ܡܢ ܝܘܡܬܐ ܩܕܡܝܐ: ܐܝܠܝܢ ܕܓܒܠܬ‎. [29] Prior lectio est in Codd. III, XI, 44, 56, aliis (inter quos 247), Syro-hex.; posterior in Comp., Codd. 19, 93 (cum ἤγαγο), 108. [30] Syro-hex. in continuatione: ‏ܗܫܐ ܕܝܢ ܐܝܬܝܬ. ܘܗܘܘ ܠܚܒܠܐ ܠܐ ܡܕܪܟܢܝ̈ܬܐ‎. ‏ܪ̈ܡܬܐ ܕܠܐ ܡܬܕܪ̈ܟܢ. ܡܕܝܢܬ̈ܐ ܥܫܝܢ̈ܬܐ‎. [31] Sic Cod. III, et, ut videtur, Syro-hex. (cum ‏ܘܝܘܪܩܐ‎, h. e. χλωρὸν βοτάνης). [32] Sic Ald., Codd. III, 92, 106, alii (inter quos 247). Syro-hex. [33] Syro-hex. ‏ܐ. ܘܝܩܕܢܐ ܠܘܩܒܠ ܩܝܡܟ‎. Cf. ad Cap. xxiii. 4. [34] Sic Ald., Codd. III, XI, 44, 55, alii (inter quos 243, 247), Syro-hex., Arm. 1. [35] Syro-hex. ‏ܣ. ܘܫܘܒܗܪܟ‎. Cf. Hex. ad Jesai. xxxvii. 29. Hieron.: et superbia tua. [36] Sic Comp., Codd. 19, 82, 93, 108. Syro-hex. in marg. ‏ܕܟܢܝܫܢ‎.

29. וְזִרְעוּ וְקִצְרוּ וְנִטְעוּ כְרָמִים. Ο΄. σπορὰ καὶ ἀμητὸς καὶ φυτεία ἀμπελώνων. Ὁ Ἑβραῖος, Σ. σπείρατε καὶ ἀμήσατε καὶ φυτεύσατε (ἀμπελῶνας).[37]

32. לָכֵן. Ο΄. οὐχ οὕτως. Ἀ. Σ. διὰ τοῦτο.[38]

יְקַדְּמֶנָּה. *Occurret ei.* Ο΄. προφθάσει ἐπ᾽ αὐτήν. Alia exempl. προφθάσει αὐτήν.[39]

34. לְהוֹשִׁיעָהּ. Ο΄. Vacat. ※ τοῦ σῶσαι αὐτήν ◢.[40]

35. בַּלַּיְלָה הַהוּא. Ο΄. νυκτός. Alia exempl. ἕως νυκτός.[41] Ὁ Ἑβραῖος· ἐν τῇ νυκτὶ ἐκείνῃ.[42]

37. נִסְרֹךְ. Ο΄. Μεσεράχ. Alia exempl. Νεσεράχ.[43]

אֶרֶץ אֲרָרָט. Ο΄. εἰς γῆν Ἀραράθ. Ἄλλος· εἰς Ἀρμενίαν.[44]

Cap. XIX. 11. ÷ πάντα ◢.[45] 20. ÷ ὁ θεὸς τῶν δυνάμεων ◢.[46]

CAP. XX.

1. לְבֵיתֶךָ. Ο΄. τῷ οἴκῳ σου. Σ. περὶ τοῦ οἴκου σου.[1]

2. אֶת־פָּנָיו. Ο΄. Vacat. ※ τὸ πρόσωπον αὐτοῦ.[2]

3. אָנָּה. Ο΄. Vacat. Alia exempl. ὦ; alia, ὦ δή.[3] Σ. δέομαι.[4]

3. אֵת אֲשֶׁר. Ο΄. ὅσα. Σ. ὡς. Ε΄. πῶς.[5]

וּבְלֵבָב שָׁלֵם. Ο΄. καὶ καρδίᾳ πλήρει (alia exempl. τελείᾳ[6]).

7. וַיִּקְחוּ. Ο΄. Vacat. Alia exempl. καὶ ἐλήφθη.[7]

8. בַּיּוֹם הַשְּׁלִישִׁי בֵּית יְהוָה. Ο΄. εἰς οἶκον κυρίου τῇ ἡμέρᾳ τῇ τρίτῃ. Alia exempl. τῇ ἡμέρᾳ τῇ τρίτῃ εἰς οἶκον κυρίου.[8]

9. זֶה־לְּךָ. Ο΄. τοῦτο. Alia exempl. τοῦτό σοι.[9]

10. אֲחֹרַנִּית עֶשֶׂר מַעֲלוֹת. Ο΄. [ἐν τοῖς ἀναβαθμοῖς] δέκα βαθμοὺς εἰς τὰ ὀπίσω.[10] Alia exempl. δέκα ἀναβαθμοὺς εἰς τὰ ὀπίσω; alia, εἰς τὰ ὀπίσω δέκα ἀναβαθμούς.[11]

11. בַּמַּעֲלוֹת אֲשֶׁר יָרְדָה בְּמַעֲלוֹת אָחָז. *Per gradus quos descenderat in gnomone Ahaz.* Ο΄. ἐν τοῖς ἀναβαθμοῖς. Aliter: Ο΄. ἐν τοῖς ἀναβαθμοῖς ※ ἐν τοῖς ἀναβαθμοῖς ◢ οἷς κατέβη ※ Ἀ. Ἄχαζ ◢.[12] Alia exempl. ἐν τοῖς ἀναβαθμοῖς οἷς κατέβη ἐν ἀναβαθμοῖς Ἄχαζ.[13]

12. סְפָרִים וּמִנְחָה. Ο΄. βιβλία καὶ μαναά (Ἀ. Σ. Ε΄. δῶρα[14]). Alia exempl. ἐπιστολὰς καὶ δῶρα.[15]

13. נְכֹתֹה. *Aromatum.* Ο΄. τοῦ νεχωθά. Alia exempl. τῆς ὑπάρξεως αὐτοῦ καὶ τοῦ νεχωθά.[16]

---

[37] Syro-hex. ܥ. ܣ. ܙܪܥܘ ܘܚܨܘܕܘ ܘܢܨܒܘ. [38] Idem: ܐ. ܣ. ܡܛܠ ܗܢܐ. Sic in textu Comp., Arm. 1. [39] Sic Comp., Codd. II (cum αὐτὸν), III, 82 (cum θυρεῷ), 93 (idem), alii, Syro-hex. [40] Sic Syro-hex., et sine aster. Comp., Ald., Codd. III, 121, 247. [41] Sic Ald., Codd. III, 44, 71, alii (inter quos 243, 247), Syro-hex. [42] Syro-hex. ܥ. ܒܠܠܝܐ ܗܘ. [43] Sic Comp. (cum Νεσρὰχ), Ald., Codd. III, XI, 92, 119, alii. Syro-hex. ܢܣܪܟ. [44] Cod. 243 in marg. Syro-hex. in textu: ܕܐܪܪܛ; in marg. autem: ΑΡΑΡΑΤ. ܕܐܪܡܢܝܐ. Cf. Hex. ad Gen. viii. 4. Jesai. xxxvii. 38. [45] Syro-hex. Deest in Cod. 245. [46] Idem. Deest in Comp. solo.

CAP. XX. [1] Syro-hex. ܣ. ܡܛܠܟ. Sic in textu Comp., Codd. 19, 82, 93, 108, Arm. 1. [2] Syro-hex. in marg. Sic in textu sine aster. Comp., Ald., Codd. XI, 19, 44 (om. Ἐζεκίας), 52, alii (inter quos 243, 247), Arm. 1. [3] Prior lectio est in Codd. 64, 134, Syro-hex.; posterior in Comp., Codd. II, III, XI, 19, 55 (cum ὢ δή), 56, aliis. Cf. Hex. ad Psal. cxvii. 25. Jesai. xxxviii. 3. [4] Syro-hex. ܣ. ܡܬܟܫܦ. Hieron. Opp. T. VII, p. 759: "Nai quodam quasi adverbium blandientis est... Sicut enim ANNA illud Hebraicum, pro quo frequenter LXX interpretes ὦ δὴ transtulerunt, in lingua sua significat deprecantis affectum; unde nonnunquam Symmachus pro ANNA δέομαι, hoc est, *obsecro*, transtulit." [5] Syro-hex. ܣ. ܐܝܟ. ܗ. ܐܝܟܢܐ. Symmachi lectio est in Comp., Codd. 19, 82, 93, 108, Arm. 1. [6] Sic Comp. (cum καὶ ἐν κ.), Codd. 19, 108 (ut Comp.), Syro-hex. in marg. (cum ܡܫܡܠܝܐ), Arm. 1. [7] Sic Codd. III, 121, Syro-hex., Arm. ed. [8] Sic Cod. 236, Syro-hex. [9] Sic Comp., Codd. 93, 108, Syro-hex. [10] Verba inclusa desunt in Comp., Ald., Codd. III, 19, 44, 55, aliis (inter quos 243), Syro-hex. [11] Prior lectio est in Comp., Codd. 19 (cum ἀναβαθμοῖς), 144, 245 (cum τὴν pro εἰς τά); posterior in Syro-hex. [12] Sic Syro-hex. (cum ܒܕܪܓܐ ※ ܒܕܪܓܐ ◢ ܕܢܚܬ ※ ܐ. ܕܐܚܙ ◢). [13] Sic Codd. III (om. οἷς), 52 (om. Ἄχαζ), 92, 121 (ut 52), 123, 236, 242. [14] Syro-hex. ܐ. ܣ. ܗ. ܡܘܗܒܬܐ. [15] Sic Comp., Codd. 19, 82 (cum μαναὰ !), 93, 108. [16] Sic, ex duplici versione, Codd. 19, 93, 108.

13. וְאֶת־הַבְּשָׂמִים. Ο΄. τὰ ἀρώματα. Σ. τὰ ἡδύσματα.[17]

לֹא־הָיָה דָבָר. Ο΄. οὐκ ἦν λόγος (alia exempl. τόπος[18]). Alia exempl. καὶ οὐ παρέλειπεν οὐθέν.[19]

15. וַיֹּאמֶר חִזְקִיָּהוּ. Ο΄. καὶ εἶπεν (✕) Ἐζεκίας ◄.[20]

17. וְנִשָּׂא. Ο΄. καὶ ληφθήσεται (alia exempl. ἀρθήσεται[21]).

דָּבָר. Ο΄. ῥῆμα. Σ. οὐδέν.[22]

18. וּמִבָּנֶיךָ אֲשֶׁר יֵצְאוּ מִמְּךָ אֲשֶׁר תּוֹלִיד יִקָּח. Ο΄. καὶ οἱ υἱοί σου οἳ ἐξελεύσονται ἐκ σοῦ οὓς γεννήσεις λήψεται (alia exempl. ληφθήσονται[23]). Alia exempl. καὶ ἀπὸ τῶν υἱῶν σου τῶν ἐξεληλυθότων ἐκ σοῦ ὧν ἐγέννησας λήψονται.[24]

וְהָיוּ סָרִיסִים. Ο΄. καὶ ἔσονται εὐνοῦχοι. Alia exempl. καὶ ποιήσουσι σπάδοντας.[25]

19. דִּבַּרְתָּ. Ο΄. ἐλάλησεν. Ὁ Ἑβραῖος· ἐλάλησας.[26]

וַיֹּאמֶר הֲלוֹא אִם־שָׁלוֹם וֶאֱמֶת יִהְיֶה. Ο΄. ἔστω εἰρήνη. Alia exempl. γενέσθω εἰρήνη καὶ δικαιοσύνη.[27] Aliter: Ο΄. ✕ καὶ εἶπεν (◄)· μὴ οὐκ ἐὰν εἰρήνη καὶ ἀλήθεια ἔσται.[28]

20. אֶת־הַבְּרֵכָה. Ο΄. τὴν κρήνην. Ε΄. τὸν τάφρον.[29]

21. עִם־אֲבֹתָיו. Ο΄. μετὰ τῶν πατέρων αὐτοῦ. Alia exempl. μετὰ τῶν πατέρων αὐτοῦ, καὶ ἐτάφη ἐν πόλει Δαυίδ.[30]

Cap. XX. 14. ἥκασι ÷ πρὸς μέ ◄.[31]

CAP. XXI.

3. אִבַּד. Ο΄. κατέσπασεν. Alia exempl. κατέσκαψεν.[1]

3, 5. לְכָל־צְבָא (bis). Ο΄. πάσῃ τῇ δυνάμει (alia exempl. στρατιᾷ[2]).

4. אֲשֶׁר אָמַר יְהוָה. Ο΄. ὡς εἶπεν. Alia exempl. ὡς εἶπεν (✕) κύριος ◄ (Ἀ. Σ. Θ. Ε΄. ΙΙΙΙΙΙ[3]).[4]

5. בִּשְׁתֵּי הַחֲצֵרוֹת. Ο΄. ἐν ταῖς δυσὶν αὐλαῖς. Aliter: Ο΄. ἐν πάσαις αὐλαῖς.[5] Οἱ λοιποί· ἐν ταῖς δυσὶν (αὐλαῖς).[6]

6. וְעָשָׂה אוֹב. Et instituit pythones. Ο΄. καὶ ἐποίησε τεμένη (alia exempl. θελητήν;[7] alia, στήλην;[8] alia, ἐγγαστριμύθους[9]). Ἀ. μάγον. Ὁ Ἑβραῖος· ἐγγαστριμύθους.[10]

7. וַיָּשֶׂם אֶת־פֶּסֶל הָאֲשֵׁרָה אֲשֶׁר עָשָׂה בַּבַּיִת. Ο΄. καὶ ἔθηκε τὸ γλυπτὸν (alia exempl. κρυπτὸν[11]) τοῦ ἄλσους ἐν τῷ οἴκῳ. Aliter: Ο΄. καὶ ἔθηκε τὸ κρυπτὸν (Ὁ Ἑβραῖος· τὸ γλυπτὸν[12]) ÷ τοῦ

---

[17] Syro-hex. ✦ ܒܣܡܢܐ .ܣ. ܡܒ. Cf. Hex. ad Jesai. xxxix. 2. Mox idem in textu: καὶ πάντα τὸν οἶκον, invitis libris Graecis. [18] Sic Ald., Codd. III, 44, 52, 55, alii (inter quos 243), Syro-hex., Arm. 1. [19] Sic (cum ὁ pro ὃν) Comp., Codd. 19, 93 (cum παρέλιπεν), 108. [20] Sic Syro-hex. (cum cuneolo tantum), et sine aster. Comp., Ald., Codd. III, XI, 56, 74, alii (inter quos 243), Arm. 1. [21] Sic Comp., Codd. 19, 82, 93, 108, Procop. p. 325. Ita vocem Hebraeam constanter transfert Aquila, e.g. 2 Reg. xix. 42. Ezech. xii. 6. [22] Syro-hex. ✦ ܡܕܡ .ܣ. Statim ὁ ante εἶπε om. Comp., Codd. XI, 19, 55, alii, Syro-hex. [23] Sic Ald., Codd. 55, 56, 64, alii (inter quos 243). [24] Sic Comp., Codd. 19, 82 (om. ὧν ἐγέννησας), 93, 108. [25] Sic Codd. 19 (cum σπάδοντας), 82, 93, 108 (ut 19). [26] Syrohex. ✦ ܚܠܠܬ .ܣ. Sic in textu Cod. 246. [27] Sic Comp., Codd. 19, 93, 108. [28] Sic Syro-hex. (cum ܘܐܡܪ pro μὴ οὐκ), et sine aster. Cod. III, Arm. 1. [29] Syrohex. ✦ ܐܠܦܐ .ܣ, appicto Graeco ΤΑΦΟΝ (sic). [30] Sic Comp., Ald., Codd. XI, 19 (cum καὶ ἐτάφη μετὰ τ. π. αὐτοῦ

ἐν π. Δ.), 52, 55, alii (inter quos 243, 247), Syro-hex. Lucif. Calar. [31] Syro-hex.

Cap. XXI. [1] Sic Comp., Codd. 19, 82, 93, 108, Syrohex. (cum ܚܪܒ), Theodoret. (cum κατέσκαψε καὶ κατέσπασεν). [2] Sic Comp., Codd. 19 (cum στρατιᾷ), 82, 93, 108, Theodoret. [3] Syro-hex. [4] Sic Syro-hex. (cum cuneolo tantum), et sine aster. Ald., Codd. XI, 52, 55, 56 (cum ᾧ pro ὡς), alii (inter quos 243 (ut 56), 247), Arm. 1. [5] Sic Codd. III, XI, 44, 52, 74, alii, Syro-hex., Arm. 1. Cod. 243 in marg.: Ο΄. ἐν πάσαις. [6] Syro-hex. ܒܬܪܝܢ ܕܪܝܢ. [7] Sic Ald., Codd. III, XI, 41, 52 (cum στήλην θελητήν), 55, 56, alii (inter quos 243, 247), Syrohex. (cum ܐܠܝܠܐ). Cf. Cap. xxiii. 24 in LXX et Syro-hex.). Cf. Hex. ad Lev. xix. 31. Deut. xviii. 11. 1 Reg. xxviii. 9. [8] Sic Codd. 52 (ut supra), 92, 123, 236, 242. [9] Sic Comp., Codd. 19, 82, 108. [10] Syro-hex. ܡܓܘܫܐ .ܐ. ✦ ܙܟܘܪܐ ܙܟܘܪ .ܐ. Ad Aq. cf. Hex. ad Deut. xviii. 7. 1 Reg. xxviii. 7, 8, 9. Jesai. xxix. 4. [11] Sic Codd. XI, 44, 55, 71, alii (inter quos 243). [12] Syro-hex. .ܐ.

οἴκου ◄ ἐν τῷ ἄλσει ※ 'Α. Σ. ὃ ἐποίησεν ἐν
τῷ οἴκῳ ◄.[13] Σ. καὶ ἔθηκεν γλυπτὸν τὸ περιβώμιον ὃ ἐποίησεν ἐν τῷ οἴκῳ.[14]

7. אֶת־שְׁמִי. Ο'. τὸ ὄνομά μου ÷ ἐκεῖ (◄).[15]

8. לְהָנִיד. Vagari facere. O'. τοῦ σαλεῦσαι. 'Α.
Σ. τοῦ κινῆσαι.[16]

רַק אִם־יִשְׁמְרוּ לַעֲשׂוֹת. O'. οἵτινες φυλάξουσι
※ 'Α. τοῦ ποιεῖν (s. ποιῆσαι) (◄).[17] 'Α. Σ.
πλὴν ἐὰν φυλάσσωνται..[18]

צִוִּיתִים. O'. ἐνετειλάμην ※ αὐτοῖς (◄).[19]

11. וַיַּחֲטִא גַם־אֶת־יְהוּדָה. O'. καὶ ἐξήμαρτε καίγε
τὸν Ἰούδαν (alia exempl. καίγε Ἰούδας[20]).

12. לָכֵן. O'. οὐχ οὕτως. 'Α. Σ. διὰ τοῦτο.[21]

13. אֶת־קָו. O'. τὸ μέτρον. 'Α. τὸν κανόνα.[22]

אֶת־הַצַּלַּחַת. Patinam. O'. ὁ ἀλάβαστρος.
Alia exempl. τὸ πυξίον.[23]

16. פֶּה לָפֶה. Ab uno latere ad alterum. O'. στόμα
εἰς στόμα. Σ. ὥσπερ ἀγγεῖον ἄχρι στόματος.[24]

לְבַד מֵחַטָּאתוֹ. O'. πλὴν ἀπὸ τῶν ἁμαρτιῶν
αὐτοῦ. Ε'. ἐκτὸς (τῶν ἁμαρτιῶν αὐτοῦ).[25]

23. עָלָיו. O'. πρὸς αὐτόν. Σ. κατ' αὐτοῦ.[26]

24. הַקֹּשְׁרִים. O'. τοὺς συστραφέντας (alia exempl.
ἐπιβεβουλευκότας[27]).

Cap. XXI. 9. ÷ ἐν ὀφθαλμοῖς κυρίου ◄.[28]   24.
ἐπάταξεν ÷ πᾶς (◄) ὁ λαός.[29]

CAP. XXII.

1. יֹאשִׁיָּהוּ. O'. ※ 'Ιωσίας (◄).[1]

עֲדָיָה. O'. 'Εδειά. Alia exempl. 'Οζίου.[2]

3. O'. ἐν τῷ μηνὶ τῷ ὀγδόῳ. Aliter: O'. ÷ ἐν τῷ
μηνὶ τῷ ἑβδόμῳ ◄.[3]

4. וְיַתֵּם. Et in summam colligat. O'. καὶ σφρά-
γισον (וְיַחְתֵּם). Alia exempl. καὶ χωνεύσατε.[4]

שֹׁמְרֵי הַסַּף. O'. οἱ φυλάσσοντες τὸν σταθμόν
('Α. τὸ πρόθυρον. Σ. τὰ πρόθυρα[5]).

5. וְיִתְּנוּ אֹתוֹ. O'. καὶ ἔδωκεν αὐτό. Ὁ Ἑβραῖος·
καὶ ἔδωκαν αὐτό.[6]

7. עַל־יָדָם. O'. αὐτοῖς. Aliter: O'. ἐπὶ ※ Ὁ
Ἑβραῖος· χεῖρα ◄ αὐτῶν.[7]

9. וַיָּבֹא שָׁפָן הַסֹּפֵר אֶל־הַמֶּלֶךְ. O'. καὶ εἰσῆλθεν
ἐν οἴκῳ κυρίου πρὸς τὸν βασιλέα. Alia ex-
empl. καὶ εἰσήνεγκεν πρὸς τὸν βασιλέα Ἰωσίαν.[8]

10. וַיַּגֵּד. O'. καὶ εἶπε (alia exempl. ἀπήγγειλε[9]).

13. הַסֵּפֶר הַזֶּה. O'. τοῦ βιβλίου ※ 'Α. Σ. Θ. Ε'.
τούτου ◄.[10]

כחלתא.   [13] Sic Syro-hex., et sine notis (cum ὡς
pro ὅ) Cod. III.   [14] Cod. 243 (cum vitiosa scriptura
γλυπτὸν ἐν τῷ τὸ π.). Cf. ad Cap. xvii. 16. xxiii. 4, 7.
[15] Sic Syro-hex., et sine obelo Comp., Ald., Codd. III, 44,
52, 55, alii (inter quos 243, 247).   [16] Syro-hex. ܡܙ ܙ.
ܠܡܙܥ.   [17] Sic Syro-hex., et sine notis Codd. III,
121 (cum ποιῆσαι), 247 (idem), Arm. 1.   [18] Syro-hex. ܙ.
ܠ ܩ܆.   [19] Sic Syro-hex., et sine aster.
Comp., Cod. III, Arm. 1.   [20] Sic Codd. III, 55, 56, 71,
alii (inter quos 247), Syro-hex. (cum ܩ܆ ܒ ܩ ܩ ܩ).
[21] Syro-hex. ܙ.   [22] Idem: ܙ.
ܠܟܡܕ. Cf. Hex. ad Psal. xviii. 5. Zach. i. 16.   [23] Sic
Comp., Codd. 19, 82, 93, 108, Lucif. Calar.   [24] Codd.
Reg., 243 (silente Parsonsii amanuensi). Scharfenb. in
Animadv. T. II, p. 165: "Glossema potius quam versionem Symmachi redolent, quae Montefalconius e Codd.
Reg. et Coislin. protulit.. neque Symmachus, quod equidem animadverterim, alibi versioni suae hujusmodi pannos

assuit." Sed cf. quae notavimus ad Gen. i. 27.   [25] Syro-
hex. ✦ ܠܟܚ ܐ܊. Sic in textu Comp., Codd. 19, 82, 93, 108.
[26] Idem: ܟܡܕܟܚ ܡ.   [27] Sic Comp., Codd. 82
(cum ἐπιβουλεύσαντας), 93, 108.   [28] Syro-hex. (cum metobelo eraso).   [29] Idem. Sic sine obelo Ald., Codd. III,
44, 55, 56, alii (inter quos 243, 247), Arm. 1.
CAP. XXII.   [1] Sic Syro-hex., et sine aster. Ed. Rom.
Vox deest in Codd. 158, 245.   [2] Sic Comp., Codd. 19,
82, 93, 108, Syro-hex. (cum ܐܙܟܕ).   [3] Sic Syro-hex.
(cum metobelo eraso), et sine obelo Ald., Codd. III, 52,
64, alii (inter quos 247), Arm. 1.   [4] Sic Comp., Codd.
19, 82, 93, 108. Cf. v. 9 in LXX.   [5] Sic Syro-hex. (cum
τοὺς σταθμοὺς in textu): ✦ ܐܟܕܐ ܡ. ܐ܊ܚ ܐܟܕܐ ✦. [6] Idem: ✦ ܟܡܣܟ ܡ.   [7] Sic Syro-hex. Mox
ἐποίουν pro ποιοῦσι Comp., Codd. 19, 82, 93, 108, Syro-hex.
[8] Sic Ald., Codd. XI, 44, 52, 55, alii (inter quos 243, cum
λέγων pro Ἰωσίαν), Syro-hex. (cum εἰσήνεγκεν αὐτόν).   [9] Sic
Comp., Codd. 19, 82, 93, 108.   [10] Sic Syro-hex., et sine

14. אֵשֶׁת שָׁלֹם. Ο΄. μητέρα (alia exempl. γυναῖκα[11]) Σελλήμ.

בַּמִּשְׁנֶה. In secunda urbis regione. Ο΄. ἐν τῇ μασενᾷ. Ἄλλος· ἐν τῇ δευτέρᾳ.[12]

19. מִפְּנֵי יְהוָה. Ο΄. ἀπὸ προσώπου. Alia exempl. ἀπὸ προσώπου κυρίου.[13]

20. לָכֵן הִנְנִי אֹסִפְךָ. Ο΄. οὐχ οὕτως· ἰδοὺ προστίθημί σε. Σ. διὰ τοῦτο ἰδοὺ ἐγὼ συνάγω (σε).[14]

בְּשָׁלוֹם. Ο΄. ἐν εἰρήνῃ. Aliter: Ο΄. ἐν Ἱερουσαλήμ.[15] Ὁ Ἑβραῖος, Ἀ. Σ. Θ. Ε΄. ἐν εἰρήνῃ.[16]

אֲשֶׁר־אֲנִי מֵבִיא. Ο΄. οἷς ἐγώ εἰμι ἐπάγω. Aliter: Ο΄. οἷς ἐγὼ ÷ εἰμι ◄ ἐπάγων.[17]

Cap. XXII. 13. ÷ παντὸς ◄ τοῦ λαοῦ.[18]

Cap. XXIII.

2. וְכָל־הָעָם. Ο΄. καὶ πᾶς ὁ λαός. Aliter: Ο΄. καὶ πᾶς ὁ λαὸς ÷ ὁ μετ' αὐτοῦ ◄.[1]

3. עַל־הָעַמּוּד. Super suggestum. Ο΄. πρὸς (Ἀ. Σ. ἐπὶ[2]) τὸν στῦλον.

4. הַכֹּהֵן הַגָּדוֹל. Ο΄. ※ Ἀ. Σ. Ε΄. τῷ ἱερεῖ τῷ μεγάλῳ (◄).[3]

4. לַבַּעַל וְלָאֲשֵׁרָה וּלְכֹל צְבָא הַשָּׁמָיִם. Ο΄. τῷ Βάαλ καὶ τῷ ἄλσει (alia exempl. καὶ τῇ Ἀσηρώθ[4]) καὶ πάσῃ τῇ δυνάμει (alia exempl. στρατιᾷ[5]) τοῦ οὐρανοῦ. Ἀ. τῷ Βάαλ καὶ τῷ ἀλσώματι... Σ. Θ. τῷ Βάαλ, καὶ εἰς τὸ περιβώμιον, καὶ πάσῃ τῇ διατάξει τοῦ οὐρανοῦ.[6]

בְּשַׁדְמוֹת קִדְרוֹן. In arvis Kidron. Ο΄. ἐν σαδημὼθ Κέδρων. Ἀ. ἐν ἀρούραις Κέδρων. Σ. Θ. ἐν τῇ φάραγγι Κέδρων. Ε΄. ἐν τῷ ἐμπυρισμῷ τοῦ χειμάρρου (Κέδρων).[8]

וְנָשָׂא. Ο΄. καὶ ἔβαλε. Ἀ. Σ. καὶ ἦρε.[9]

5. אֶת־הַכְּמָרִים. Sacrificulos idololatricos. Ο΄. τοὺς χωμαρίμ. Alia exempl. τοὺς ἱερεῖς.[10] Ἀ. τὰ ἱερά.[11]

אֲשֶׁר נָתְנוּ מַלְכֵי יְהוּדָה וַיְקַטֵּר בַּבָּמוֹת. Ο΄. οὓς ἔδωκαν βασιλεῖς Ἰούδα, καὶ ἐθυμίων ἐν τοῖς ὑψηλοῖς. Σ. Ε΄. οὓς κατέστησαν οἱ βασιλεῖς Ἰούδα τοῦ θυμιᾶν ἐν τοῖς ὑψηλοῖς.[12]

וְלַמַּזָּלוֹת. Et signis caelestibus. Ο΄. καὶ τοῖς μαζουρώθ (alia exempl. μαζαλώθ[13]). Schol. Μαζουρώθ τὰ συστήματα λέγει τῶν ἀστέρων, ἃ ἐν τῇ συνηθείᾳ ζώδια καλοῦνται.[14]

6. אֶת־הָאֲשֵׁרָה. Ο΄. τὸ ἄλσος. Alia exempl. τὸ ἄλσος τῆς Ἀσηρώθ.[15]

---

notis Ed. Rom. Pronomen deest in Codd. II, 56, 245. [11] Sic Comp., Ald., Codd. III, XI, 19, 44 (eum τὴν γ.), 52, alii, Syro-hex. [12] Syro-hex., abscisso nomine, Symmachi fortasse... Hieron.: in secunda. Cf. Hex. ad 2 Paral. xxxiv. 22. [13] Sic Comp. II (cum ἂν τὸ πρόσωπον pro ἀπὸ πρ.), III, XI, 44, 52, 56, alii (inter quos 243, 247), Syro-hex., Arm. 1. [14] Syro-hex. ܣܡ. ‹·› ‹·› ‹·› Cod. 243 affert: Σ. διὰ τοῦτο. [15] Sic Cod. III (cum τόπον pro τάφον), Syro-hex. [16] Sic Cod. ‹·›. Minus probabiliter Cod. 243: Σ. ἐν Ἱερουσαλήμ. οἱ Γ΄. ἐν εἰρήνῃ. [17] Sic Syro-hex., et sine obelo Codd. II, 121, 243, 244, 247. [18] Syro-hex.
CAP. XXIII. [1] Sic Syro-hex., et sine obelo Codd. III (om. ὁ posteriore), 121 (idem), 247, Arm. 1 (ut III). [2] Syro-hex. Sic in textu Comp., Codd. 19, 64, 82, 93, 108, Arm. 1. [3] Sic Syro-hex. In libris Graecis nullus est defectus. [4] Sic Codd. 19, 82, 93 (cum Ἀσηρώθ), 108. Lucif. Calar.: et Asera. [5] Sic Comp., Codd. 19, 82, 93,

108, 123, Lucif. Calar. [6] Cod. 243. Cf. ad Cap. xvii. 16. xxi. 7. Ad διάταξις cf. Hex. ad Jerem. viii. 2. xxxiii. 22. [7] Cod. 243. Cf. Hex. ad Josui. xvi. 8. Hieron.: in convalle Cedron. [8] Syro-hex. ܣܡ. ‹·›. Sic in textu Comp., Codd. 19 (cum Κέδρων), 82, 93, 108. Cf. ad Cap. xix. 26. [9] Idem: ܣܡ. ‹·›. [10] Sic Comp., Codd. 19, 56 (in marg.). 82, 93, 108, 158 (cum duplici lectione τοὺς χωτοὺς ἱερεῖς μαρίμ), 246 (cum τοὺς ἱερεῖς χωμαρίμ (sic)). Syro-hex. in marg. ‹·› (sic) ‹·›. Cf. Hex. ad Zeph. i. 4. [11] Syro-hex. ܣܡ. ‹·›. Cf. Ezech. xxviii. 18. Dan. i. 2 in LXX et Syro-hex. [12] Syro-hex. ‹·› ‹·› Sic in textu Comp., Codd. 19, 82, 93, 108, Lucif. Calar. [13] Sic Comp., Syro-hex. (cum ‹·›, appicto Graeco ΜΑΖΑΛΟΘ). Ad μαζουρώθ Cod. 56 in marg.: ἄστροις. Syro-hex. autem in marg.: ‹·› (sic) ‹·›. [14] Cod. 243 in marg. Cf. Hex. ad Job. xxxviii. 32. Hieron.: et duodecim signis. [15] Sic Codd. 82 (cum ἀσηρώθ), 93 (cum τῇ ἀ.), 108, 158

7. וַיִּתֹּץ אֶת־בָּתֵּי הַקְּדֵשִׁים אֲשֶׁר בְּבֵית יְהוָה אֲשֶׁר
הַנָּשִׁים אֹרְגוֹת שָׁם בָּתִּים לָאֲשֵׁרָה. Ο΄. καὶ
καθεῖλε τὸν οἶκον τῶν καδησίμ ('Εβρ. ἀκκοδα-
σίμ¹⁶) τῶν ἐν τῷ οἴκῳ κυρίου, οὗ αἱ γυναῖκες
ὕφαινον ἐκεῖ χεττιΐμ (Θ. βεθθιείμ¹⁷) τῷ ἄλσει.
'Α. καὶ κατέλυσε τοὺς οἴκους τῶν ἐνδιηλλαγμένων (Aliter: 'Α. τῶν πόρνων¹⁸) οἳ ἐν οἴκῳ κυρίου,
οὗ αἱ γυναῖκες ὕφαινον ἐκεῖ οἴκους (Aliter: 'Α.
ζώδια¹⁹) τοῦ ἀλσώματος.²⁰ Σ. . τὸν οἶκον τῶν
τελετῶν τῶν ἐν τῷ οἴκῳ κυρίου, ὅπου αἱ γυναῖκες
ὕφαινον (οἴκους) τῷ περιβωμίῳ.²¹

בָּתִּים לָאֲשֵׁרָה. Ο΄. χεττιΐμ τῷ ἄλσει.	Ε΄.
στολὰς τῇ Ἀσ(ηρά).²²

8. וַיָּבֵא. Ο΄. καὶ ἀνήγαγεν.	Σ. καὶ ἤγαγεν.²³

וַיְטַמֵּא. Ο΄. καὶ ἐμίανε (alia exempl. ἐμίαναν²⁴).

מִגֶּבַע. Ο΄. ἀπὸ Γαιβάλ (alia exempl. Δάν; alia,
Γαβαά²⁵).

וְנָתַץ אֶת־בָּמוֹת הַשְּׁעָרִים אֲשֶׁר־פֶּתַח שַׁעַר
יְהוֹשֻׁעַ שַׂר־הָעִיר אֲשֶׁר־עַל־שְׂמֹאול אִישׁ בְּשַׁעַר
הָעִיר. Ο΄. καὶ καθεῖλε τὸν οἶκον τῶν πυλῶν.

τὸν παρὰ τὴν θύραν τῆς πύλης 'Ιησοῦ (alia
exempl. 'Ωσηὲ²⁶) ἄρχοντος τῆς πόλεως (alia
exempl. τῆς πύλης²⁷), τῶν ἐξ ἀριστερῶν ἀνδρὸς
ἐν τῇ πύλῃ τῆς πόλεως. Ε΄. καὶ κατέσπασε τὰ
ὑψηλὰ τῶν σααρείμ, ἃ ἦν ἐν τῇ θύρα τῆς πύλης 'Ιωσηὲ
ἄρχοντος τῆς πόλεως, τῆς οὔσης ἐξ ἀριστερῶν ἀνδρὸς
ἐκπορευομένου τὴν πύλην τῶν τετρωμένων (s. τετραυμα-
τισμένων²⁸).

10. וְטִמֵּא אֶת־הַתֹּפֶת אֲשֶׁר בְּגֵי־בֶן־הִנֹּם לְבִלְתִּי
לְהַעֲבִיר אִישׁ אֶת־בְּנוֹ וְאֶת־בִּתּוֹ בָּאֵשׁ לַמֹּלֶךְ.
Ο΄. καὶ ἐμίανε (Aliter: Ο΄. ※ καὶ ἐμίανέ
τις (◄)²⁹) τὸν Ταφὲθ (alia exempl. Θεφὸθ³⁰)
τὸν ἐν φάραγγι υἱοῦ 'Εννόμ, τοῦ διαγαγεῖν
(alia exempl. τοῦ (※) μὴ ◄ διάγειν³¹) ἄνδρα
τὸν υἱὸν αὐτοῦ, καὶ ἄνδρα τὴν θυγατέρα αὐτοῦ
τῷ Μολὸχ ἐν πυρί (alia exempl. ἐν πυρὶ τῷ
Μολόχ³²). Aliter: Ο΄. καὶ ἐμίανε τὸν Θοφὸθ
τὸν ἐν φάραγγι υἱοῦ 'Εννόμ, τοῦ διάγειν ἄνδρα
τὸν υἱὸν αὐτοῦ καὶ τὴν θυγατέρα αὐτοῦ διὰ
πυρὸς τῷ Μολόχ.³³ Σ. καὶ ἐμόλυναν τὸν Τα-
φὸθ τὸν ἐν τῇ φάραγγι υἱοῦ 'Εννόμ, ὥστε μὴ

(cum τῇ ἀσιρώθ). Theodoret. Quaest. LV in 4 Reg. p. 550:
Τὸ δὲ ἄλσος, ὥς φησιν πολλάκις, οἱ ἄλλοι ἑρμηνευταὶ ἢ Ἀσηρὼθ ἢ
Ἀσταρὼθ ὀνομάζουσιν. Sed vide ad v. 7.			¹⁶ Cod. 243.
¹⁷ Idem. Sic in textu Cod. 121.			¹⁸ Syro-hex. (ad τῶν
καδησίμ): ܐܢܝܙ. ܐ. Est alterius, ni fallor, Aquilae versionis, quam innuere videtur Theodoretus in dicto obscuro:
οἱ δὲ περὶ τὸν Ἀκύλαν τὸ καδησείμ οὕτως ἡρμήνευσαν· οὗ ἐποίουν
ἐνδύματα τοῖς ἐκπορνεύουσιν ἐπὶ κυρίου. Nam Syrum nostrum,
quae Middeldorpfii est sententia, pro Graeco ἐνδιηλλαγμένων
ܐܢܝܙ posuisse prorsus incredibile est. Cf. Hex. ad 3 Reg.
xxii. 47.			¹⁹ Idem (ad ܐܠܡܘܛ): ܟܐܕܝܙܐ. ܐ. Si lectio
huc pertinet, et non ad μαζουρὼθ (v. 5), per בָּתִּים Aquila
in secundis curis tentoria sive aulaea variis imaginculis
distincta intellexisse videtur.			²⁰ Cod. 243 (cum οἱ pro
οἵ). Ad ἄλσωμα cf. ad Cap. xvii. 16. xxiii. 4.			²¹ Idem
(cum ὕφαινον τῶν περιβωμίων, ut diserte testatur Parsonsii
amanuensis). Ad τῶν καδησίμ Syro-hex. affert: Σ. τῶν τελετῶν ((sic) ܐܡܚܚܟܐܙ). Cf. Hex. ad 3 Reg. xiv. 24. xv. 12.
²² Syro-hex. . . ܐܠܡܘ ܐܘܛ .ܐ, abscissa membrana. Cf.
ad v. 6. Pro χεττιΐμ, στολὰς in textu habent Comp., Codd.
93, 108, Arm. 1, Theodoret.			²³ Idem: ܐܘܐܝ̈ܠܡ ܘ.
²⁴ Sic Codd. III, 246, Syro-hex.			²⁵ Prior lectio est in
Ald., Codd. XI, 44, 52, 55, aliis (inter quos 243, 247);
posterior in Comp., Codd. III, 82, 93, 108, 123, Syro-hex.

(cum ܐܢܝܠ), Arm. 1, Lucif. Calar.			²⁶ Sic Codd. XI,
55, 56, 246, Syro-hex. (in marg.).			²⁷ Sic Ald., Codd.
II, III, XI, 44, 52, 56, alii (inter quos 247), Syro-hex.
²⁸ Syro-hex. ܐ܆ ܐܡܟܚ ܐ̇ܡܝܚܐ ܐ ܐܩ݂ܝܙ ܐ܆ܒܝܣܡܚ .ܐ
ܠܡܕܚܚ ܕܢ ܠܩܚ ܐ̇ ܐ̇ܚܚ ܐ ܐ̇ ܠܚ ܐ ܐܝܚܐ ܐ̇ ܐ̇ܢܝܚ ܐ̇ ܐ̇ܠܝ
ܕܚܚܢܚ ܚ ܢܚܡ ܐ̇ ܐ̇ܢ݂ܝܚ ܐ̇ܢܝܚ ܐ̇ ܐܝܚ ܐ̇
ܐ̇ܚ ܚ ܐ̇ܚ ܚܚ ܚ ܐ̇. Cum his, τῆς οὔσης—τετρωμένων, conferas
lectionem Codd. 19, 82, 93, 108: τὸν ὄντα ἐξ (Cod. 19: τῶν
ἐξ) ἀριστερῶν ἀνδρὸς εἰσπορευομένου τὴν πύλην τῆς πόλεως πύλην
ἐκκεκεντημένων (πύλην ἐκκ. om. Cod. 82). In versione τῶν Ο΄
post ἀνδρὸς inferunt εἰσπορευομένου πύλην ἐκκεκεντημένων (Sy-
riace ܐ̇ܣܚܝ̈?) Codd. 243, 244 (cum –μίνον).			²⁹ Syro-
hex. in textu: ܐܝ ܐܘ̇ ܐ̇ܚܚ܆܆ܘܡܡ ܐ̈. Codd. 121, 247:
καὶ μανεῖ τις. Cod. II: καὶ μανεῖ τις (cum ἐμίαναν in marg.).
³⁰ Sic Codd. 121, 247, Syro-hex. (cum ܐܒ̈ܠܡ).			³¹ Sic
Syro-hex. (cum metobelo tantum), et sine aster. Comp.,
Codd. 19, 93 (cum διαγαγεῖν), 108, 158.			³² Sic Comp.
(cum Μολὸχ), Codd. XI, 19 (cum Μελχὸμ), 44 (cum τὸ M.),
82 (ut 19), alii (inter quos 243 cum Μελχὸλ in marg.),
Syro-hex.			³³ Nobil., Cod. 243 in marg. Ad Ταφὲθ
Cod. 243 in marg. affert: Schol. Τόπος ἦν οὗτος (sic) λεγό-
μενος· λέγει δὲ τὸν ἐλάσσονα, ἔνθα εἰδωλολάτρει ὁ Ἰσραὴλ ἐν
προαστείοις τῆς Ἱερουσαλήμ [cf. Euseb. in Onomastico, p. 352].
Ταύτης τῆς φάραγγος· καὶ ὁ Ἡσαΐας μέμνηται [Cap. xxii. 5]

παραφέρειν μηδένα υἱὸν αὐτοῦ ἢ τὴν θυγατέρα διὰ πυρὸς τῷ Μολόχ.[34] (Θ.) καὶ ἐμόλυναν τὸν Θαφὲθ τὸν ἐν τῇ φάραγγι υἱοῦ Ἐννὸμ, ὥστε μὴ παραφέρειν, καὶ τὰ ἑξῆς ὁμοίως.[35]

11. נָתְנוּ. Ο΄. ἔδωκαν. Alia exempl. ἀνέθηκαν.[36]

נְתַן־מֶלֶךְ הַסָּרִיס. *Nathan-melech camerarii.* Ο΄. Νάθαν βασιλέως τοῦ εὐνούχου. Alia exempl. Νάθαν εὐνούχου τοῦ βασιλέως.[37]

אֲשֶׁר בַּפַּרְוָרִים. *Quod erat in suburbiis.* Ο΄. ἐν (alia exempl. ὃς ἐν[38]) φαρουρίμ. Σ. τοῦ φρουρίου.[39]

12. נָתַץ. Ο΄. καθεῖλεν. Alia exempl. καὶ καθεῖλεν.[40]

13. הַמַּשְׁחִית. *Perniciei.* Ο΄. τοῦ Μοσθάθ (potior scriptura Μοσσάθ[41]). Ἄλλος· ἀφανισμοῦ.[42] Ἀ. φθορᾶς (s. διαφθορᾶς).[43]

14. וַיִּכְרֹת. Ο΄. καὶ ἐξωλόθρευσε. Σ. καὶ ἐξέκοψε.[44]

15. וְאֶת־הַבָּמָה. Ο΄. τὸ ὑψηλόν. Alia exempl. καὶ τὸ ὑψηλόν.[45]

16. בָּהָר. Ο΄. ἐν τῇ πόλει. Σ. ἐν τῷ ὄρει.[46]

17. הַצִּיּוּן. *Cippus.* Ο΄. τὸ σκόπελον. Σ. ἡ στήλη. Ε΄. τὸ σημεῖον τοῦτο.[47]

17. הַקֶּבֶר אִישׁ־הָאֱלֹהִים אֲשֶׁר־בָּא מִיהוּדָה וַיִּקְרָא. Ο΄. ὁ ἄνθρωπος τοῦ θεοῦ (alia exempl. add. ἐστιν[48]) ὁ ἐξεληλυθὼς ἐξ Ἰούδα, καὶ ἐπικαλεσάμενος. Alia exempl. οὗτος ὁ τάφος τοῦ ἀνθρώπου τοῦ θεοῦ τοῦ ἐληλυθότος ἐκ γῆς Ἰούδα, καὶ λελαληκότος.[49] Σ. ὁ τάφος ὁ τοῦ ἀνθρώπου τοῦ θεοῦ ἐστιν τοῦ ἐληλυθότος ἐξ Ἰούδα, καὶ κηρύξαντος.[50]

אֲשֶׁר עָשִׂיתָ. Ο΄. οὓς ἐπεκαλέσατο. Alia exempl. οὓς ἐποίησας νῦν.[51] Σ. οὓς ἐποίησας.[52]

בֵּית־אֵל. Ο΄. Βαιθήλ. Alia exempl. τὸ ἐν Βαιθήλ.[53]

18. וַיְמַלְּטוּ. Ο΄. καὶ ἐρύσθησαν (alia exempl. εὑρέθησαν; alia, διεσώθη[54]). Ἀ. καὶ περιεσώθησαν. Σ. καὶ ἐξέφυγον.[55]

19. יֹאשִׁיָּהוּ. Ο΄. Ἰωσίας. Alia exempl. Ἰωσίας βασιλεὺς Ἰσραήλ.[56]

וַיַּעַשׂ לָהֶם. Ο΄. καὶ ἐποίησεν (alia exempl. ἀπέστησεν[57]) ἐν αὐτοῖς. Aliter: Ο΄. ※ καὶ ἐποίησεν αὐτοῖς ◄.[58] Ἄλλος· καὶ ἀπώσατο ἐν αὐτοῖς.[59]

20. הַבָּמוֹת. Ο΄. τῶν ὑψηλῶν. (Σ.) τῶν βωμῶν.[60]

εἰπὼν· ἐν φάραγγι Σιὼν πλυνῶνται ἀπὸ μικροῦ ἕως μεγάλου. [34] Cod. 243. Syro-hex. affert: Σ. Θ. ἐμόλυνε (ܡܛܢܦ ܗܘܐ). Σ. Θ. Θαφὲθ (ܠܬܦܬ). [35] Nobil. (cum Σύμμαχος· καὶ ἐμόλυνε τὸν Ταφὲθ), Cod. 243 in marg. sine nom. Syro-hex.: Θ. ὥστε μὴ παραφέρειν (ܐܝܟܢܐ ܕܠܐ ܢܥܒܪ). [36] Sic Comp., Codd. 19, 82, 93, 108. [37] Sic Comp., Codd. 19, 82 (cum εὐνοῦχον), 93, 108, 158 (cum τοῦ εὐν.), Syro-hex. [38] Sic Codd. III (cum φαρουρείμ), 121 (cum φαρουείμ), 247 (idem), Syro-hex. Cod. 243 in marg.: Φαρουρεὶμ κεῖται παρὰ πᾶσι. [39] Theodoret. Quaest. LVI in 4 Reg. p. 551: τὸ δὲ φαρουρὶμ τοῦ φρουρίου (φρουρᾶς Nobil., Procop. p. 329) οἱ περὶ τὸν Σύμμαχον ἡρμήνευσαν. [40] Sic Codd. II, III, Syro-hex. [41] Sic Codd. II, XI (cum Μασσὰθ), 44, 56, alii (inter quos 243), Syro-hex. (cum ܕܡܘܣܐܬ), Arm. 1 (cum Μοσάθ). [42] Cod. Reg. [43] Syro-hex. ◆ ܕܚܒܠܐ .ܐ. Cf. Hex. ad Ezech. xxv. 15. [44] Idem: ◆ ܘܦܣܩ .ܣ. Sic in textu Comp., Codd. 19, 82, 93, 108. [45] Sic Ald., Codd. III, XI, 52, 56, alii (inter quos 243), Syro-hex. [46] Syro-hex. ◆ ܒܛܘܪܐ .ܣ. Sic in textu Comp., Codd. 19, 82, 93, 108, Lucif. Calar. [47] Idem: .ܗ ◆ ܩܝܡܬܐ .ܣ. ܐܬܐ ܗܢܐ. [48] Sic Ald., Codd. III, XI, 44, 56, alii (inter quos 243, 247), Syro-hex., Arm. 1. [49] Sic Comp. (cum ἐκ τοῦ Ἰούδα), Codd. 19, 82 (cum ἐκ τῆς Ἰούδα, καὶ λαλήσαντος), 93 (cum τοῦ ἐξεληλ.), 108. [50] Syro-hex. ܣ. ܩܒܪܐ ܗܘ ܕܓܒܪܐ ܕܐܠܗܐ ܗܘ. ܐܝܢܐ ܕܐܬܐ ܡܢ ܝܗܘܕܐ ܘܐܟܪܙ. [51] Sic Comp., Codd. 19 (cum ἐποίησαν), 82 (om. νῦν), 93, 108, 158 (cum ἐποίησεν). [52] Syro-hex. ܣ. ܕܥܒܕܬ. [53] Sic Comp., Codd. 19, 82, 93, 108, Syro-hex. [54] Prior lectio est in Ald., Codd. III, XI, 44, 71, aliis (inter quos 247), Syro-hex.; posterior in Comp., Codd. 19, 82, 93, 108, 158. [55] Syro-hex. ◆ ܐ. ܘܐܫܬܘܙܒܘ. ܣ. ܘܥܪܩܘ ◆. Ad Aq. cf. Hex. ad Prov. xi. 21. xix. 5. Cod. 243 in marg. sine nom.: περιέσωσαν. [56] Sic Codd. III (cum Ἱερουσαλὴμ pro Ἰσραὴλ), 121, 247, Syro-hex., Arm. 1. [57] Sic Codd. III, 44, 52, 71, alii (inter quos 247). [58] Sic Syro-hex., et sine aster. Comp., Ald., Codd. 55, 64, alii (inter quos 243). Statim κατὰ πάντα τὰ ἔργα Comp., Codd. 82, 93, 108, 158, Syro-hex. [59] Syro-hex. ܘܐܪܚܩ ܒܗܘܢ .ܘ ܡܢ..., abscissa membrana. Lectio importuna, quae Middeldorpfio quidem sonat, καὶ ἀπέστησεν ἐν αὐτοῖς, repugnante, opinor, Nostri usu. Etiam literae ܡܢ.. incertae significationis sunt, nisi forte vocis ܡܢܗܘܢ reliquiae sint. [60] Idem: ◆ ܕܒܘܡܐ ..

22. כַּפֶּסַח הַזֶּה. Ο΄. τὸ (alia exempl. κατὰ τὸ[61]) πάσχα τοῦτο.

וְכֹל יְמֵי מַלְכֵי יִשְׂרָאֵל. Ο΄. καὶ πάσας τὰς ἡμέρας βασιλέων Ἰσραήλ. Aliter: ※Λ. καὶ πασῶν ἡμερῶν βασιλέων Ἰσραὴλ ◂.[62]

23. הַפֶּסַח הַזֶּה. Ο΄. τὸ πάσχα. Alia exempl. τὸ πάσχα τοῦτο.[63]

24. אֶת־הָאֹבוֹת. Ο΄. τοὺς θελητάς. Ἀ. τοὺς μάγους. Σ. τοὺς ἐγγαστριμύθους.[64]

וְאֶת־הַיִּדְּעֹנִים. Ο΄. καὶ τοὺς γνωριστάς (alia exempl. γνώστας[65]).

וְאֶת־הַתְּרָפִים. Ο΄. καὶ τὰ θεραφίν. Ἀ. (καὶ) τὰ μορφώματα. Σ. καὶ τὰ εἴδωλα.[66]

26. עַל־כָּל־הַכְּעָסִים. Ο΄. ἐπὶ τοὺς παροργισμούς. Alia exempl. ἐπὶ πάντας τοὺς παροργισμούς.[67]

29. עַל־מֶלֶךְ אַשּׁוּר עַל־נְהַר. Ο΄. ἐπὶ βασιλέα Ἀσσυρίων ἐπὶ ποταμόν. Ὁ Σύρος· ἐπὶ Μαβοὺγ τὸν ἐπὶ ποταμόν.[68] Schol. "In tribus exemplaribus Graecis non est hic nomen Mabug."[69]

הַמֶּלֶךְ יֹאשִׁיָּהוּ. Ο΄. Ἰωσίας. ※Ἀ. Σ. Ε΄. ὁ βασιλεύς ◂.[70]

לִקְרָאתוֹ. Ο΄. εἰς ἀπαντὴν αὐτοῦ. Ὁ Σύρος· εἰς ἀπαντὴν αὐτοῦ, τοῦ μαχέσασθαι μετ' αὐτοῦ. καὶ εἶπεν αὐτῷ Φαραώ· οὐκ ἐπὶ σὲ ἥκω· ἔκκλινον ἀπ' ἐμοῦ. καὶ οὐκ ἤκουσε Φαραώ· καὶ ἐπάταξεν αὐτὸν Φαραώ.[71] Schol. "In multis exemplaribus Graecis non habetur, locutum esse aliquid Pharaonem ad Josiam, sed nil nisi occidisse eum, quemadmodum illud tantum hic positum est in omnibus editionibus praeter illam libri secundi Paralipomenων."[72]

30. מִמְּגִדּוֹ. Ο΄. ἐκ (alia exempl. ἐν[73]) Μαγεδδώ. Σ. ἐκ Μαγεδδώ.[74]

בִּקְבֻרָתוֹ. Ο΄. ἐν τῷ τάφῳ αὐτοῦ. Alia exempl. ἐν τῷ τάφῳ αὐτοῦ ἐν πόλει Δαυίδ.[75]

33. וַיִּתֶּן־עֹנֶשׁ. *Et imposuit mulctam.* Ο΄. καὶ ἔδωκεν ζημίαν. Alia exempl. καὶ ἐπέβαλε φόρον.[76]

וְכִכַּר זָהָב. Ο΄. καὶ ἑκατὸν τάλαντα (alia exempl. καὶ τάλαντα; alia, καὶ τάλαντον; alia, καὶ δέκα τάλαντα[77]) χρυσίου. Λ. καὶ δέκα τάλαντα.[78]

35. הֶעֱרִיךְ. *Aestimavit.* Ο΄. ἐτιμογράφησε. Alia exempl. ἐφορολόγησε.[79]

כְּעֶרְכּוֹ. *Secundum aestimationem ejus.* Ο΄. κατὰ τὴν συντίμησιν αὐτοῦ. Λ. κατὰ δύναμιν αὐτοῦ.[80]

36. זְבִידָה. Ο΄. Ἰελδάφ. Alia exempl. Ζαβαδία.[81]

Cap. XXIII. 19. ÷ κύριον ◂.[82] 34. (÷) ἐπ' αὐτούς ◂.[83] (÷) βασιλέως Ἰούδα ◂.[84]

Cf. Hex. ad 3 Reg. xii. 32. [61] Sic Comp., Codd. 19, 82, 93, 108, Syro-hex. [62] Sic Syro-hex. (cum ܘܡܢ ܟܠܗܘܢ), et sine notis Ald., Codd. III, 44, 52, alii (inter quos 158, cum πασῶν τῶν ἡμ.). [63] Sic Comp., Codd. III, 82, 93, alii (inter quos 247), Syro-hex. [64] Syro-hex. ܐ. ܩܣܘܡ̈ܐ. ܣ. ܠܡܫܐܠ̈ܝ ܡܢ ܟܪܣܐ. Cf. ad Cap. xxi. 6. Cum Symmacho faciunt Comp., Codd. 82, 93, 108. [65] Sic Comp., Ald., Codd. XI, 19, 44, 64, alii (inter quos 243, 247), invito Syro-hex. (cum ܘܠܡܫܘ̈ܕܥܢܐ). Cf. Hex. ad Deut. xviii. 11. [66] Syro-hex. ܐ. ܠܡܕܡܝܘ̈ܬܐ. ܣ. ܘܠܦܬܟܖ̈ܐ. Cf. Hex. ad Gen. xxxi. 19. Jud. xvii. 5. 1 Reg. xix. 16. [67] Sic Comp., Codd. 19, 82, 93, 108, Syro-hex. [68] Interpres Syrus vulgaris (quem hic τὸν Σύρον nuncupavimus): ܥܠ ܡܒܘܓ ܕܥܠ ܢܗܪܐ. [69] Syro-hex. in marg.: ܒܬܠܬܐ ܦܨ̈ܚܐ ܝܘ̈ܢܝܐ ܠܝܬ ܗܪܟܐ ܫܡܐ ܕܡܒܘܓ. [70] Sic Syro-hex., et sine notis Comp., Codd. 93, 108, 247 (cum ὁ β. Ἰωσίας), Arm. 1. [71] Sic Syrus vulgaris Graece loquens. [72] Syro-hex. in marg.: ܒܢܘ̈ܣܚܐ ܣܓܝ̈ܐܐ ܝܘ̈ܢܝܐ. ܠܐ ܗܘ ܕܐܡܪ ܦܪܥܘܢ ܠܘܬ ܝܘܫܝܐ ܡܕܡ. ܐܠܐ ܕܩܛܠܗ̇. ܐܝܟܢܐ ܕܗܕܐ ܗܘ ܬܢܢ ܣܝܡܐ ܒܟܠܗܝܢ (ܡ)ܦܩܢ̈ܘܬܐ ܣܛܪ ܡܢ ܗ̇ܝ ܕܟܬܒܐ ܕܬܪܝܢ ܕܦܘܪܠܝܦܘܡܢܐ. Cf. 2 Paral. xxxv. 21. [73] Sic Comp., Ald., Codd. 93, 108, alii (inter quos 243), Syro-hex. [74] Syro-hex. ܣ. ܡܢ ܡܓܕܘ. [75] Sic Comp., Ald., Codd. XI, 19, 52, 56, alii (inter quos 243, 247), Syro-hex. (cum ܒܩܒܘܪܬܗ ܕܕܘܝܕ(ܒ) in marg.). [76] Sic Comp., Codd. 19, 55, 56 (cum ἔβαλεν), alii. Syro-hex. ܣܘܡܟܐ, cum (Z)HMIAN in marg. Ad ζημίαν Cod. 244 in marg.: Ἐν ἄλλῳ, φόρον. [77] Prior lectio est in Codd. XI, 71, 119, Syro-hex.; altera in Codd. 55, 158, 245; posterior in Comp., Codd. 19, 56, 82, aliis, Arm. 1. [78] Syro-hex. ܠ. ܘܥܣܪܐ ܟܟܪ̈ܝܢ. [79] Sic Comp., Codd. 82 (cum εὐφ.), 93, 108. Ad ἐτιμογράφησαν (sic Codd. II, III, 243, 244, 245) Cod. 243 in marg.: τότε ἤρξατο ἡ γῆ φορολογεῖσθαι. Cf. 2 Paral. xxxvi. 4 in LXX. [80] Syro-hex. ܠ. ܐܝܟ ܚܝܠܗ. Sic in textu Comp., Codd. 19, 82, 93, 108. Hieron.: *secundum vires suas.* [81] Sic Codd. 121, 247, Syro-hex. (cum ܙܒܕܝܐ, ut Pesch.). Mox Φαδαία (pro Φαδαΐλ) Comp., Ald., Cod. 121, Syro-hex. [82] Syro-hex. [83] Idem (cum metobelo tantum). [84] Idem (absente obelo, et eraso, ut videtur, metobelo).

CAP. XXIV.

2. אֶת־גְּדוּדֵי. *Turmas.* Ο'. τοὺς μονοζώνους. Σ. τοὺς λόχους. ('Α.) (τοὺς) εἰζώνους. Ε'. *insidiatores.*[1]

וַיְשַׁלַּח בִּיהוּדָה לְהַאֲבִידוֹ. Ο'. καὶ ἐξαπέστειλεν αὐτοὺς ἐν τῇ γῇ Ἰούδα τοῦ κατισχῦσαι (alia exempl. τοῦ ἀπολλύειν αὐτόν[2]). Ἄλλος· καὶ ἐξαπέστειλεν αὐτοὺς ἐν τῷ Ἰούδα, ὥστε ἀπολέσαι αὐτόν.[3]

4. אֲשֶׁר שָׁפָךְ. Ο'. ἐξέχεε. Alia exempl. ὃ ἐξέχεε.[4]

5. יְהוֹיָקִים. Ο'. Ἰωακίμ. Schol. ('Ο Ἐβραῖος) καὶ οἱ λοιποὶ Ἰωακὶμ τὸν Ἐλιακὶμ (vocant).[5]

6. יְהוֹיָכִין. Ο'. Ἰωαχίμ. Alia exempl. Ἰωακείμ; alia, Ἰεχονίας.[6] Scholium S. Severi: Οὗτος ὁ Ἰωακείμ (sic) παρὰ Ἱερεμίου Ἰεχονίας ὀνομάζεται διώνυμος γὰρ ἦν· ὁ δὲ Ἐβραῖος καὶ ἡ τῶν πάντων ἔκδοσις Ἰωακεὶμ (sic) τοῦτον ὠνόμασεν.[7]

11. וַיָּבֹא. Ο'. καὶ εἰσῆλθεν. Ἀ. καὶ ἦλθεν.[8]

עַל־הָעִיר. Ο'. εἰς πόλιν (potior scriptura εἰς τὴν πόλιν). Alia exempl. ἐπὶ τὴν πόλιν.[9]

צָרִים עָלֶיהָ. Ο'. ἐπολιόρκουν (Σ. ἐφρούρων (s. παρετήρουν). Ε'. ἐπεκάθητο[10]) ἐπ' αὐτήν.

12. יְהוֹיָכִין. Ο'. Ἰωαχίμ. Schol. Οὗτος ὁ Ἰωακείμ (sic) καὶ Σεδεκίας ἐκαλεῖτο καὶ Ἰεχονίας·

ἀπάγεται οὖν πεδηθεὶς εἰς Βαβυλῶνα πανοικί.[11]

12. וְאִמּוֹ וַעֲבָדָיו. Ο'. καὶ οἱ παῖδες αὐτοῦ, καὶ ἡ μήτηρ αὐτοῦ. Alia exempl. καὶ ἡ μήτηρ αὐτοῦ, καὶ οἱ παῖδες αὐτοῦ.[12]

13. וְאֶת־אוֹצְרוֹת בֵּית הַמֶּלֶךְ. Ο'. ※ καὶ τοὺς θησαυροὺς οἴκου τοῦ βασιλέως.[13]

14. אֶת־כָּל־יְרוּשָׁלַםִ. Ο'. ※ Α. Ε'. πᾶσαν ◄ τὴν Ἰερουσαλήμ.[14]

וְזוּלַת דַּלַּת עַם־הָאָרֶץ. Ο'. πλὴν οἱ πτωχοὶ τῆς γῆς. Alia exempl. πλὴν τῶν πενομένων τοῦ λαοῦ τῆς γῆς.[15]

15. הוֹלִיךְ גּוֹלָה. Ο'. ἀπήγαγεν εἰς ἀποικεσίαν. Alia exempl. ἀπήγαγεν ἀποικεσίαν.[16]

16. וְהַמַּסְגֵּר. *Et claustrarium.* Ο'. καὶ τὸν συγκλείοντα (alia exempl. συγκλειστήν[17]). Schol. Συγκλείοντα τὸν τεχνίτην καλεῖ.[18]

17. דֹּדוֹ. *Patruum ejus.* Ο'. υἱὸν αὐτοῦ. Alia exempl. ἀδελφὸν τοῦ πατρὸς αὐτοῦ.[19]

18. בֶּן־עֶשְׂרִים וְאַחַת שָׁנָה. Ο'. υἱὸς εἴκοσι καὶ ἑνὸς ἐνιαυτῶν (alia exempl. ἐνιαυτοῦ[20]). Alia exempl. υἱὸς εἴκοσι ἐτῶν (s. ἐνιαυτῶν).[21] Ὁ Ἐβραῖος καὶ οἱ λοιποί, εἴκοσι καὶ ἑνὸς ἐνιαυτοῦ, φασί.[22]

מִלִּבְנָה. Ο'. Vacat. ※ ἀπὸ Λοβνά ◄.[23] Alia exempl. ἐκ Λοβεννά.[24]

CAP. XXIV. [1] Syro-hex., abscissa membrana: ... Cf. ad Cap. vi. 23. [2] Sic Comp. (cum ἀπολέειν), Codd. 19, 82 (cum τοῦ ἀπολύειν tantum), 93, 108, Arm. 1 (cum αὐτούς). [3] Syro-hex., abscisso nomine: ... [4] Sic Codd. 56, 64, 71, alii (inter quos 247), Syro-hex. [5] Syro-hex. in marg. Cf. 4 Reg. xxiii. 34. [6] Prior scriptura est in Codd. II, III, 19, 44, 56, 82, 108; posterior in Ald., Codd. 55 (cum Ἰεχων.), 64, aliis (inter quos 243, 247). Syro-hex.: Ἰωαχίν (...). [7] Syro-hex. in marg., qui ad Ἰωακίμ (v. 5) scholium perperam refert. Cf. ad v. 12. [8] Syro-hex. [9] Sic Codd. 56, 246. Syro-hex. in marg.: ἐπί. [10] Syro-hex. ... Duplex versio, ἐπολιόρκουν αὐτήν, καὶ αὐτὸς ἐπεκάθητο ἐπὶ τὴν πόλιν, est in Codd. 19, 82 (cum ἐκάθητο), 93 (idem), 108. Pro צָרִים Symmachus nescio an צָרִים legerit, coll. Hex. ad Jud. vi. 2. [11] Cod. 243 (cum Ἰωακίμ in marg.). [12] Sic Comp., Codd. 19, 93, 108 (om. αὐτοῦ post παῖδες), Syro-hex. [13] Sic (sine cuncolo) Syro-hex. Clausula praecedens, καὶ τοῖς θ. οἴκου κυρίου, deest in Codd. 52, 71, 134, aliis. [14] Sic Syro-hex., et sine notis Codd. III, 121, 247. Arm. 1. Mox καὶ πάντας τοὺς δυνατοὺς Comp., Codd. 19 (om. τοὺς), 82, 93 (ut 19), 108 (idem), Syro-hex., Arm. 1. [15] Sic Comp., Codd. 19, 82, 93, 108, Syro-hex. (cum οἱ πτωχοὶ pro τῶν σσν.). [16] Sic Ald., Codd. II, III, XI, 55, 56, alii (inter quos 243). Syro-hex. [17] Sic Comp., Codd. 93, 108. [18] Syro-hex. in marg. (ad v. 14): ... Cf. Hex. ad Jerem. xxix. z. [19] Sic Comp., Codd. 19, 55, 56, alii, Syro-hex. (cum υἱὸν αὐτοῦ in marg.). Praeterea Syro-hex. in marg. notat: υἱὸν Ἰωσίου. [20] Sic Codd. II, 56, 158, 244. [21] Sic Codd. III (cum ἐτῶν), 71 (idem), 245 (cum ἐνιαυτῶν), Syro-hex. [22] Syro-hex. ... [23] Sic Syro-hex., et sine aster. Codd. III (cum Λοβνά), 121, 247 (ut III), Arm. 1. [24] Sic Comp., Codd. 19, 82, 108.

19. בְּעֵינֵי. Ο'. ἐνώπιον. Alia exempl. ἐν ὀφθαλμοῖς.[25]

20. עַד־הִשְׁלִכוֹ. Ο'. ἕως (alia exempl. ὡς[26]) ἀπέρριψεν.

Cap. XXV.

1. בֶּעָשׂוֹר לַחֹדֶשׁ. Ο'. Vacat. ※ 'Α. ἐνδεκάτῃ τοῦ μηνὸς (◄).[1]

הוּא וְכָל. Ο'. καὶ πᾶσα. Aliter: Ο'. αὐτὸς καὶ πᾶσα.[2]

2. בְּמָצוֹר. Ο'. ἐν περιοχῇ. Alia exempl. εἰς συνοχήν (s. περιοχήν).[3]

4. אֲשֶׁר. Ο'. αὕτη ἐστί. Alia exempl. αὕτη ἥ ἐστιν.[4]

5. בְּעַרְבוֹת. Ο'. ἐν 'Αραβώθ. 'Α. ἐν τῇ πεδινῇ (s. πεδιάδι). Σ. ἐν τῇ δοικήτῳ.[5]

6. וַיַּעֲלוּ אֹתוֹ. Ο'. καὶ ἤγαγον αὐτόν. "Αλλος· καὶ ἀνήγαγον αὐτόν.[6]

רִבְלָתָה. Ad Riblah. Ο'. εἰς 'Ρεβλαθά (alia exempl. Δεβλαθά[7]). Ε'. εἰς Δεβλαθά.[8]

7. בַּנְחֻשְׁתַּיִם. Ο'. ἐν πέδαις. Σ. ἐν ἀλύσισιν.[9]

8. רַב־טַבָּחִים עֶבֶד מֶלֶךְ. Ο'. ὁ ἀρχιμάγειρος ἑστὼς

ἐνώπιον βασιλέως. 'Α. magister mactatorum servus regis.[10]

9. וְאֶת־כָּל־בֵּית גָּדוֹל. Ο'. καὶ πᾶν (alia exempl. πάντα[11]) οἶκον. Alia exempl. καὶ πάντα οἶκον μέγαν ('Α. Θ. μέγαν[12]).[13]

שָׂרַף בָּאֵשׁ. Ο'. ἐνέπρησεν ὁ ἀρχιμάγειρος. Alia exempl. ἐνέπρησεν ἐν πυρί.[14]

10. נָתְצוּ כָּל־חֵיל. Ο'. κατέσπασεν ἡ δύναμις. Alia exempl. κατέλυσαν πᾶσα ἡ εὐπορία (Σ. Ε'. ἡ δύναμις[15]).[16]

אֲשֶׁר רַב־טַבָּחִים. Ο'. Vacat. (※) οἱ μετὰ τοῦ ἀρχιμαγείρου ◄.[17]

11. וְאֶת־הַנֹּפְלִים אֲשֶׁר נָפְלוּ. Et defectores qui defecerant. Ο'. καὶ τοὺς ἐμπεπτωκότας (Schol. τοὺς οἰωσδηποτοῦν εὑρεθέντας[18]) οἳ ἐνέπεσον. Alia exempl. καὶ προσκεχωρηκότας (τῷ βασιλεῖ).[19] Σ. καὶ τοὺς προδότας οἳ παρέδωκαν ἑαυτούς.[20]

12. וּלְגֹבִים. Et in aratores. Ο'. καὶ εἰς γαβίν (alia exempl. γεωργούς[21]). 'Α. καὶ εἰς βοθυννώτας.[22]

13. וְאֶת־הַמְּכֹנוֹת. Ο'. καὶ τὰς μεχωνώθ (alia exempl. βάσεις[23]). 'Α. καὶ τὰ ὑποθέματα. Σ. καὶ τὰς βάσεις.[24]

14. וְאֶת־הַיָּעִים. Et palas. Ο'. καὶ τὰ ἰαμίν. Alia exempl. καὶ τὰ ἱμάτια; alia, καὶ τὰς κρεάγρας.[25] Aliter: Ο'. καὶ τὰ ἱμάτια ※ et

---

[25] Sic Ald., Codd. III, XI, 55, 56. alii (inter quos 243, 247), Syro-hex. [26] Sic Cod. III, Syro-hex.

Cap. XXV. [1] Sic in textu Syro-hex., et sine notis Comp., Ald. (cum ἐν δεκάτῃ), Codd. III (cum τεσσαρεσκαιδεκάτῃ), 247. [2] Sic Syro-hex. solus. [3] Sic Comp., Codd. 82 (cum συνοχήν), 93 (idem), 108, 123, Syro-hex. (cum ܠܡܚܣܢ). Cf. Jerem. lii. 5. [4] Sic Codd. II, III, Syro-hex. (cum καὶ αὕτη). [5] Syro-hex. ܗܘܐ ܕܠܐ ܡܝܬܒܐ ܗ̄. [6] Idem, abscissa membrana: ܘܐܣܩܘܗܝ. [7] Sic Comp., Ald., Codd. III, XI, 44, 55, 56, alii (inter quos 243, 247). [8] Syro-hex. ♦ ܕܒܠܬܐ ܗ̄. [9] Idem: ♦ ܒܫܫܠܬܐ ܣ̄. Cf. Hex. ad Jerem. xxxix. 7. lii. 11. [10] Idem: ܪܒ (ܕ̄ܒ̄ܚܐ) ܘܐܬ ♦ ܕܡܠܟܐ ܗ̄. Hex. ad Jerem. xxxix. 11. [11] Sic Codd. III, XI, 55, 56, 64, alii (inter quos 243, 247), Syro-hex. (ut videtur). [12] Syro-hex. ♦ ܪܒܐ ܐ̄. ܬ̄. [13] Sic Comp., Ald., Codd. 19, 82 (cum μέγα), 93, 108, 121. [14] Sic Comp., Cod. III, Syro-hex., Arm. 1. [15] Syro-hex. ♦ ܚܝܠܐ ܣ̄. ܗ̄. [16] Sic Cod. III, Syro-hex. (cum ܟܢܘܫܝܐ pro usitatiore

ܩܢܝܢܐ). Lectio Aquilam sapit, coll. Hex. ad Job. v. 5. Psal. cix. 3. Ezech. xxix. 18; necnon (ad κατέλυσαν (ܣܚܦܘ)) Hex. ad 4 Reg. xxiii. 7. Jerem. iv. 26. [17] Sic Syro-hex. (cum cuneolo tantum). Cf. Jerem. lii. 14 in LXX, ubi in Hebraeo est אֲשֶׁר אֶת־רַב. Post Χαλδαίων Cod. III infert ὁ ἀρχιμάγειρος, unde Grabius charactere minore edidit οἱ ἀρχιμαγείρῳ. [18] Cod. 243 in marg. [19] Sic (cum προκ.) Comp., Codd. 19, 82, 93, 108. Cf. Jerem. xxi. 9 in LXX. [20] Syro-hex. (ܢܗ)ܘ ܡܫܠܡܝ ܢܦܫܗܘܢ ♦ ܘܐܝܠܝܢ ܕܗܘܘ ܡܫܠܡܢܐ ܣ̄. Cf. Hex. ad Jerem. lii. 15. [21] Sic Comp. (om. εἰς), Codd. 19, 93 (ut Comp.), 108 (idem), 121 (in marg.), Arm. 1. [22] Syro-hex. ♦ ܠܦܚ̈ܬܐ ܐ̄. [23] Sic Cod. 243 in marg.: βοθυννώτας. [24] Sic Comp., Codd. 19, 93, 108, 120 (in marg.). [25] Syro-hex. ♦ ܟܪ̈ܬ̈ܐ ܘ ܡܐܢ̈ܐ ܗ̄. Cf. ad Cap. xvi. 17. [26] Prior lectio est in Codd. III, 120 (in marg.), Syro-hex. (ut infra); posterior in Comp., Codd. 19 (cum κρεάβρας), 82, 93, 108.

palas ◂.³⁶ 'A. (καὶ τὰ) ἄγκιστρα. Σ. (καὶ τὰς) ἀναληπτῆρας.²⁷

16. וְהַמְּכֹנוֹת. Ο'. καὶ τὰς μεχωνώθ. Σ. Ε'. καὶ τὰς βάσεις.²⁸

17. כֹּתֶרֶת. Capitulum. Ο'. τὸ χωθάρ (alia exempl. χωθάρθ²⁹). Alia exempl. τὸ ἐπίθεμα.³⁰ 'Α. κεφαλίς. Σ. ἀκρογωνιαῖον.³¹

וּשְׂבָכָה. Et opus reticulatum. Ο'. σαβαχά. Alia exempl. καὶ δίκτυον.³²

18. כֹּהֵן מִשְׁנֶה. Ο'. υἱὸν τῆς δευτερώσεως. 'Α. Σ. τὸν ἱερέα τὸν δεύτερον.³³

19. וַחֲמִשָּׁה אֲנָשִׁים. Ο'. καὶ πέντε ἄνδρας. Alia exempl. καὶ ἄνδρας.³⁴ Οἱ λοιποί· πέντε.³⁵

הַמֻּצָבָּא. Ο'. τὸν ἐκτάσσοντα. Schol. τὸν φορολογοῦντα.³⁶

19. וְשִׁשִּׁים. Ο'. καὶ ἑξήκοντα (alia exempl. ἕξ³⁷). Ε'. ἑξήκοντα.³⁸

20. רַב־טַבָּחִים. Ο'. ὁ ἀρχιμάγειρος. Ἄλλος· princeps lanionum.³⁹

רִבְלָתָה. Ο'. εἰς Ῥεβλαθά (alia exempl. Δεβλαθά⁴⁰). Schol. Δεβλαθὰ ἡ νῦν καλουμένη Δάφνη, προάστειον Ἀντιοχείας.⁴¹

30. וַאֲרֻחָתוֹ. Et demensum ejus. Ο'. καὶ ἡ ἑστιατορία αὐτοῦ. Schol. Ἀντὶ τοῦ, τὰ ξένια τὰ παρεχόμενα αὐτῷ καθ' ἑκάστην, ἅπερ ὁ βασιλεὺς εἰς τὴν ὑπηρεσίαν τῆς τραπέζης αὐτοῦ καὶ τῶν ἐδεσμάτων παρεῖχεν.⁴²

Cap. XXV. 4. (—) ἐξῆλθον ◂.⁴³ 14. — καὶ τὰς θυΐσκας ◂.⁴⁴

---

²⁶ Syro-hex. in textu: ❧ محمبلا ❧. Ad محمبلا cf. Hex. ad Jerem. lii. 19. Graecam vocem cognatae significationis ἄμη (quacum etiam commutatur محمبلا Geopon. IX, 16) in linguam Syriacam receptam esse, nullus dubitat Payne Smith in *Thes. Syr.* p. 230. ²⁷ Cod. 243. Syro-hex. affert: 'A. καὶ τὰ ἄγκιστρα (محمبلا). Cf. Hex. ad Jerem. lii. 18. ²⁸ Syro-hex. ❧ ❧. ❧ محمبلا ❧. ²⁹ Sic Codd. XI, 52 (cum χωθαρὼθ), 71 (cum χωθάρθ), 74, alii (inter quos 243), Syro-hex. (cum ❧, ΧΟΘΡΑΘ). ³⁰ Sic Comp., Codd. 19, 82, 93, 108. Ad σαβαχὰ Cod. 243 perperam aptat: Σ. ἐπίθεμα. Cf. Hex. ad 3 Reg. vii. 17, 19. ³¹ Cod. 243. Syro-hex. in marg. ❧ محمبلا ..., vestigia, ni fallor, lectionis: ❧ محمبلا ./. Cf. Hex. ad 3 Reg. vii. 20. Jerem. lii. 22, ubi Symmacho magis apposite tribuitur ἐπιστύλιον. ³² Sic Comp., Codd. 19, 82, 93, 108, Syro-hex. in marg. (cum ❧ محمبلا ..). Mox ad σαβαχὰ Syro-hex. in marg. ❧ محمبلا (sic). ³³ Syro-hex. ❧ محمبلا محمبلا ❧ ... Lectionem Aquilae vin-

dicat Bar Hebraeus. Sic in textu Comp., Codd. 19, 82, 93, 108. ³⁴ Sic Codd. XI, 71, 106, alii, Syro-hex. (qui pingit: ❧ محمبلا). ³⁵ Syro-hex. ❧ محمبلا محمبلا ❧. ³⁶ Syro-hex. in textu: Ἰοσ ❧ οσ; in marg. autem: محمبلا Ἰοσ (محمبلا). Cf. Job. iii. 18. xxxix. 7 in Syro-hex. ³⁷ Sic Codd. XI, 44, 52, 71, alii, Syro-hex. ³⁸ Syro-hex. ❧ محمبلا ❧. ³⁹ Syro-hex. in marg. ❧ محمبلا... ❧ محمبلا. ⁴⁰ Sic Comp., Ald., Codd. II, III, XI, 44, 55, alii (inter quos 243, 247), deficiente Syro-hex. ⁴¹ Cod. 243 in marg. Notissimus est error interpretum Hebraeorum et Hieronymi, qui per *Reblam*, s. *Reblatham*, urbem Antiochiam intelligebant, maxime propter locum Num. xxxiv. 11, ubi Hieron. interpretatus est: *in Rebla contra fontem Daphnin*. Cf. Hieron. in Comment. ad Ezech. xlvii. 18 (Opp. T. V, p. 599). ⁴² Cod. 243 in marg. ⁴³ Syro-hex. (cum metobelo tantum). Deest in Codd. 19, 93, 108. ⁴⁴ Idem, repugnante Hebraeo.

ADDENDUM.

Cap. x. 27. "Locus Tobiae non est in pervetusto Codice Ambrosiano B. 21 inf., qui scriptus saec. VI caret omni parte hexaplari. In alio cod. chartaceo saec. XVII in Palaestina descripto cura Cardinalis Frid. Borromaei est lectio communis محمبلا, quae exstat et in cod. Parisiensi VI, A, qui in Tobia est recentioris manus, saec. fere XVI. Codex Mus. Brit. Addit. MSS. 18,715. saec. XII, male habitus est in loco, sed quantum videre licuerit, legerat probabilius محمبلا. Sed Codex Bibliothecae Cantab. Oo, 1, 1 et 2, saec. X vel XI, legisse mihi videtur omnino محمبلا, non محمبلا, collatis formis literarum ❧ et ❧, quae pro ratione scripturae illius codicis facile confundi possunt. Sed vel unus Masius ex codice suo, in quo confusio literarum esse non poterat, quaestionem solvit."—*A. Ceriani.*

LIBER I PARALIPOMENΩN.

IN LIBROS PARALIPOMENΩN, ESDRAE ET NEHEMIAE

MONITUM.

IN priores libros Montefalconius, vix una et altera trium interpretum lectione, praemisso saltem nomine, allegata, notabiliores quasdam versionis LXXviralis varietates, partim e Nobilio, partim e Regio suo, afferre contentus est, quae tantum non omnes ad eam textus recensionem, quam in Monito ad Jesaiam pp. 428, 429 tetigimus, pertinent; posteriores vero, deficientibus subsidiis, silentio praeteriit. Etiam Parsonsii curae, ad Paralipomena non nisi pauculas Symmachi lectiunculas e Cod. 108 erutas, ad Esdram et Nehemiam omnino nullas exhibent. Quae cum ita sint, nostro proposito nil magis convenire videbatur, quam ut recensionis supradictae (quam cum Luciana unam eandemque esse necne, in Prolegomenis discutiemus) varietates, non ad minutissimas usque, sed eas tantum, quae majoris esse momenti, et ad rectam Sacri Codicis intelligentiam pertinere viderentur, per hos quatuor libros excerperemus. In hanc autem cujuscunque sit compositionem plurimas trium interpretum lectiones, etsi anonymas, insitas esse, vix dubium esse potest.

LIBER I PARALIPOMENΩN.

Caput I.

7. כִּתִּים וְרוֹדָנִים. Ο'. Κίτιοι καὶ 'Ρόδιοι. Alia exempl. καὶ Χεττιεὶμ καὶ Δωδανείμ.[1]

10. גִּבּוֹר. Ο'. γίγας κυνηγός. Alia exempl. γίγας.[2] Ἄλλος· δυνατός.[3]

11–23. וּמִצְרַיִם—בְּנֵי יָקְטָן. Ο'. Vacat. Aliter:[4] Ο'. ※ καὶ Μεσραὶμ ἐγέννησεν τοὺς Λουδιεὶμ, καὶ τοὺς 'Αναμὶμ, καὶ τοὺς Λααβὶμ, καὶ τοὺς Νεφθωὶμ, (12) καὶ τοὺς Φοροσιεὶμ (alia exempl. Πατροσωνιεὶμ[5]), καὶ τοὺς Χασλωεὶμ (alia exempl. Χασλωνιεὶμ[6]), ὅθεν (alia exempl. ὃς[7]) ἐξῆλθεν ἐκεῖθεν Φυλιστιεὶμ, καὶ τοὺς Χαφθοριεὶμ. (13) καὶ Χαναὰν ἐγέννησε τὸν Σιδῶνα πρωτότοκον αὐτοῦ, καὶ τὸν Χετταῖον (alia exempl. 'Εθ²[8]), (14) καὶ τὸν 'Ιεβουσαῖον, καὶ τὸν 'Αμορραῖον, καὶ τὸν Γεργεσαῖον, (15) καὶ τὸν Εὐαῖον, καὶ τὸν 'Αρουκαῖον, καὶ τὸν 'Ασενναῖον, (16) καὶ τὸν 'Αράδιον, καὶ τὸν Σαμαραῖον, καὶ τὸν 'Αμαθεί. (17) υἱοὶ Σὴμ Αἰλὰμ, καὶ 'Ασ-σοὺρ, καὶ 'Αρφαξὰδ, καὶ Λούδ, καὶ 'Αράμ. καὶ υἱοὶ 'Αράμ·[9] Ὣς, καὶ Οὖλ, καὶ Γαθὲρ, καὶ Μοσόχ. (18) καὶ 'Αρφαξὰδ ἐγέννησε τὸν Καϊνὰν, καὶ Καϊνὰν[10] ἐγέννησε τὸν Σαλὰ, καὶ Σαλὰ ἐγέννησε τὸν 'Εβέρ. (19) καὶ τῷ 'Εβὲρ ἐγεννήθησαν δύο υἱοί· ὄνομα τῷ ἑνὶ Φαλέγ· ὅτι ἐν ταῖς ἡμέραις αὐτοῦ διεμερίσθη ἡ γῆ· καὶ ὄνομα τῷ ἀδελφῷ αὐτοῦ 'Ιεκτάν. (20) καὶ 'Ιεκτὰν ἐγέννησε τὸν 'Ελμωδὰδ, καὶ τὸν Σαλὲφ, καὶ τὸν 'Ασερμὼθ, καὶ τὸν 'Ιαρὲ, (21) καὶ τὸν 'Αδωρὰμ (alia exempl. Κεδουρὰν[11]), καὶ τὸν Οὐζὰλ, καὶ τὸν Δεκλὰ, (22) καὶ τὸν Οὐβὰλ, καὶ τὸν 'Αβιμαὴλ, καὶ τὸν Σαβὰ, (23) καὶ τὸν Οὐφὶρ, καὶ τὸν Εὐιλὰ (alia exempl. Εὐὶ[12]), καὶ τὸν 'Ιωβάβ (alia exempl. Ὠράμ[13])· πάντες οὗτοι υἱοὶ 'Ιεκτάν ◀.

27. אַבְרָם הוּא אַבְרָהָם. Ο'. 'Αβραάμ. Alia exempl. 'Αβρὰμ, αὐτὸς 'Αβραάμ.[14]

Cap. I. [1] Sic Comp. (cum Χεττὶμ), Ald. (cum Δωδανὶν), Codd. 19, 93 (cum καὶ Χεθθιεὶμ καὶ Δωδανείμ (in marg. 'Ρόδιοι)), 108 (cum Κίτιοι καὶ 'Ρόδιοι in marg.), 121 (ut Ald.), 158 (cum Χετ. καὶ Δωδ. καὶ 'Ρόδιοι). Cf. Hex. ad Gen. x. 4. [2] Sic Comp., Codd. 93, 121. [3] Cod. 108 in marg. Cf. Hex. ad Prov. xxi. 22. Jesai. iii. 2. Jerem. xiv. 9. Ezech. xxxii. 12, 27. [4] Quae sequuntur cum varietate leguntur in Comp., Ald., Codd. III, XI, 19, 44, 52, 56, 60, 64 (sub ※), aliis (inter quos 243, et Reg. apud Montef.). Textus noster, pauculis exceptis, est Cod. 243. [5] Sic Codd. III, XI, 52, 56 (cum -σονιεὶμ), 60 (idem), alii. [6] Sic Codd. III, XI, 44 (cum Χασμωνίμ), 52, 56, alii (inter quos 243, ut 44). [7] Sic Codd. 44, 74, alii (inter quos 243). [8] Sic Comp., Codd. 19, 93, 108. Mox 'Ιεβουσεὶ, 'Αμορρεὶ, Γεργεσεὶ, etc. iidem. [9] Haec, καὶ υἱοὶ 'Αρὰμ, desunt in Comp., Ald., Codd. 19, 44, 52, aliis, et Hebraeo. [10] Haec, ἐγέννησε τὸν Κ. καὶ Κ., desunt in Hebraeo. [11] Sic Codd. III, XI, 52, 56, alii. [12] Sic Codd. III, XI, 52, 56 (cum Εὐεὶ), alii. [13] Sic Codd. III, XI, 52 (cum καὶ 'Ιωρὰμ), 56 (cum 'Ιωρὰμ), alii. [14] Sic Comp., Ald.,

31. **אֵלֶּה הֵם בְּנֵי.** Ο'. οὗτοι υἱοί. Alia exempl. οὗτοί εἰσιν υἱοί.[15]

32. **שְׁבָא וּדְדָן.** Ο'. Δαιδὰν καὶ Σαβαί. Alia exempl. Σαβὰ καὶ Δαιδάν. καὶ υἱοὶ Δαιδάν· 'Ραγουήλ, καὶ Ναβδεὴλ, καὶ 'Ασσουρειὶμ, καὶ Λατουσιεὶμ, καὶ Λοωμείμ.[16]

34. **עֵשָׂו וְיִשְׂרָאֵל.** Ο'. Ἰακὼβ καὶ Ἠσαῦ. Alia exempl. Ἠσαῦ καὶ Ἰακάβ; alia, Ἠσαῦ καὶ Ἰσραήλ.[17]

36. **וְתִמְנַע וַעֲמָלֵק.** Ο'. καὶ Θαμνὰ, καὶ Ἀμαλήκ. Alia exempl. Θαμνὰ δὲ ἡ παλλακὴ Ἐλιφὰς ἔτεκεν αὐτῷ τὸν Ἀμαλήκ.[18]

41. **בְּנֵי עֲנָה דִּישׁוֹן.** Ο'. υἱοὶ Σωνάν (alia exempl. Ἀνά[19]). Alia exempl. οὗτοι δὲ υἱοὶ Ἀνά· Δαισὼν, καὶ Ἐλιβαμὰ θυγάτηρ Ἀνά.[20]

43. **אֲשֶׁר מָלְכוּ בְּאֶרֶץ אֱדוֹם לִפְנֵי מְלָךְ־מֶלֶךְ לִבְנֵי יִשְׂרָאֵל.** Ο'. Vacat. Alia exempl. οἱ βασιλεύσαντες ἐν γῇ Ἐδὼμ πρὸ τοῦ βασιλεῦσαι βασιλέα τοῖς υἱοῖς Ἰσραήλ.[21]

46. **בְּשָׂדֶה.** Ο'. ἐν τῷ πεδίῳ (alia exempl. ἀγρῷ[22]). **עֲיוֹת.** Ο'. Γεθαίμ. Alia exempl. Εὐίθ.[23]

48. **הַנָּהָר.** Ο'. τῆς παρὰ ποταμόν. Alia exempl. τοῦ ποταμοῦ.[24]

50, 51. **פְּעֵי וְשֵׁם אִשְׁתּוֹ מְהֵיטַבְאֵל בַּת־מַטְרֵד בַּת.**

מֵי זָהָב: וַיָּמָת הֲדַד. Ο'. Φογώρ. Alia exempl. Φοού καὶ ὄνομα τῇ γυναικὶ αὐτοῦ Μεταβεὴλ θυγάτηρ Ματρὶδ, θυγάτηρ Μηζαάβ. καὶ ἀπέθανεν Ἀδάδ.[25]

51. **וַיִּהְיוּ.** Ο'. Vacat. Alia exempl. καὶ ἦσαν; alia, καὶ ἐγένοντο.[26]

54. **עִירָם.** Ο'. Ζαφώιν. Alia exempl. Ἡράμ.[27]

CAP. II.

7. **עוֹכֵר יִשְׂרָאֵל אֲשֶׁר מָעַל בַּחֵרֶם.** Ο'. ὁ ἐμποδοστάτης Ἰσραήλ, ὃς ἠθέτησεν εἰς τὸ ἀνάθεμα. Alia exempl. ὁ ταράξας Ἰσραήλ, ὃς ἠσυνθέτησεν ἐν τῷ ἀναθέματι.[1]

9. **וְאֶת־כְּלוּבָי.** Ο'. καὶ ὁ Χάλεβ. Alia exempl. καὶ ὁ Χαλωβί.[2]

14. **רַדַּי.** Ο'. Ζαβδαί. Alia exempl. 'Ραδδαί; alia, 'Ρηδί.[3]

18. **הוֹלִיד.** Ο'. ἔλαβε. Alia exempl. ἐγέννησε.[4]

21. **בֶּן־שִׁשִּׁים שָׁנָה.** Ο'. ἑξηκονταπέντε (alia exempl. ἑξήκοντα[5]) ἐτῶν ἦν. Alia exempl. υἱὸς ἑξήκοντα ἐτῶν.[6]

23. **אֶת־חַוֹּת.** Vicos. Ο'. τὰς κώμας. Alia exempl. καὶ τὴν Αὐώθ.[7]

Codd. III, XI, 19, 56, alii (inter quos Reg.). [15] Sic Comp., Ald., Codd. III (cum οἱ υἱοὶ), XI (idem), 19, 44, 55, alii (inter quos 243). [16] Sic Codd. III (cum Ναβδαήλ, et Ἀσωμεὶν pro Λοωμείμ), XI (cum Ναβδαὴλ et Λοωμείν), 52 (cum Ἀσουρείμ et Λοωμίν), 60, 64 (cum Ἀσσουρείμ), alii (inter quos 243, cum Σοβὰ, Δαδὰν (bis), Ἀσουρείμ et Λοωμίμ). Vulg.: Saba et Dadan. Filii autem Dadan: Assurim, et Latussim, et Laomim. Cf. Hex. ad Gen. xxv. 3. [17] Prior lectio est in Codd. III (cum καὶ Ἠσαῦ), XI, 44, 56, aliis (inter quos 243); posterior in Comp., Codd. 19, 93, 108, 121. [18] Sic Ald. (cum Ἀμαδήκ), Codd. III (cum αὐτῇ), XI, 52 (cum Ἐλιφὰν), 55 (om. ἡ), 56 (cum Ἐλιφὰκ), alii. [19] Sic Comp., Codd. 74, 106, alii (inter quos 243). [20] Sic Codd. III, XI, 52 (cum Δεισὼν), 55, 60 (cum Ἐλιβεμὰ), alii. [21] Sic Comp. (cum Ἐδὼν, et ἐν τοῖς), Ald. (om. γῇ, cum ἐν τοῖς), Codd. III (om. γῇ), XI (idem), 19 (cum ἐν τοῖς), 44, 52 (ut III), 56 (idem), alii (inter quos 243). [22] Sic Comp., Ald., Codd. 19, 108, 121. [23] Sic Comp., Ald. (cum Ἐβὶθ), Codd. 19,

108, 121. [24] Sic Comp., Codd. 19, 108, 121. [25] Sic Comp. (cum Φαού, Ματρὴϑ, et Μεζαάϑ), Codd. 19 (cum Φαούϑ, Ματρὴϑ, et Μελααύ), 74, 106, 108 (ut 19, nisi Μεζααύ pro Μελααύ), alii (inter quos 243). [26] Prior lectio est in Codd. II, III, XI, 44, 52, 55, aliis (inter quos 243); posterior in Comp., Ald., Codd. 19, 108, 121. [27] Sic Comp. (cum Ἐράμ), Codd. III, 19 (ut Comp.), 44, 52, 60, alii (inter quos 243).

CAP. II. [1] Sic Comp. (cum τὸν Ἰσρ.), Ald. (idem), Codd. 19 (cum ὁ ταράξας τὸν Ἰσρ.), 108 (cum κατάξας), 121 (cum ἀναθήματι). Cf. Hex. ad Jos. vii. 25. Jud. xi. 35. [2] Sic Comp., Ald. (cum Ἀχαλωβὶ), Codd. 19 (cum Χαλωβὶ), 108, 121 (ut Ald.). [3] Prior scriptura est in Comp. (cum 'Ρεδαὶ), Codd. III, XI, 60, 64, 119, 158; posterior in Codd. 44, 74, aliis (inter quos 243). [4] Sic Codd. 52, 56, 64, 71. [5] Sic Codd. II (cum ἐξ. ἦν ἐτῶν), III (cum ἦν ἐξ. ἐτῶν), XI (ut II), 55 (idem), 56 (idem), alii. [6] Sic Comp., Codd. 19 (cum ἐτῶν ἦν), 108, 121 (cum ἐξ. ἐτῶν υἱός). [7] Sic Comp., Codd. 19 (cum Ἀρώθ), 108, 121,

23. מֵאִתָּם. Ο'. ἐξ αὐτῶν. Alia exempl. παρ' αὐτῶν ἀπὸ Αἰθάμ.[8]

וְאֶת־בְּנֹתֶיהָ. Ο'. καὶ τὰς κώμας (alia exempl. θυγατέρας[9]) αὐτῆς.

25. וָאֹצֶם אֲחִיָּה. Ο'. καὶ Ἀσὰν ἀδελφὸς αὐτοῦ. Alia exempl. καὶ Ἀσώμ καὶ Ἀχιάμ.[10]

30, 32. לֹא בָנִים (bis). Ο'. οὐκ ἔχων τέκνα. Alia exempl. ἄτεκνος.[11]

31. יִשְׁעִי. Ο'. Ἰσεμιήλ. Alia exempl. Ἰεσεί (s. Ἰεσί).[12]

אַחְלָי. Ο'. Δαδαί. Alia exempl. Ἀαλαΐ; alia, Ουλαί.[13]

34. יַרְחָע. Ο'. Ἰωχήλ. Alia exempl. Ἰεραά.[14]

41. אֶת־אֱלִישָׁע. Ο'. τὸν Ἐλισαμὰ, καὶ Ἐλισαμὰ ἐγέννησε τὸν Ἰσμαήλ. Alia exempl. τὸν Ἐλισαμά.[15]

45. וּבֶן־שַׁמַּי. Ο'. καὶ υἱὸς αὐτοῦ (alia exempl. Σαμαί[16]).

46. וְחָרָן הֹלִיד אֶת־גָּזֵז. Ο'. Vacat. Alia exempl. καὶ Ἀρρὰν ἐγέννησε τὸν Γεζουέ.[17]

47. וָשֶׁעַף. Ο'. καὶ Σαγαέ (alia exempl. Σαγάφ; alia, Σαάφ[18]).

51. אֲבִי בֵית־לָחֶם. Ο'. πατὴρ Βαιθά· Λαμμὼν (alia exempl. Βαιθλαμμὼν[19]) πατὴρ Βαιθαλαέμ. Alia exempl. πατὴρ Βηθλεέμ.[20]

53. וְהָאֶשְׁתָּאֻלִי. Ο'. καὶ υἱοὶ Ἐσθαάμ. Alia exempl. οἱ Ἐσθαωλαῖοι; alia, ὁ Ἐσθαολί.[21]

Cap. III.

1. דָּנִיֵּאל. Ο'. Δαμνιήλ. Alia exempl. Δαλουία.[1]

9. מִלְּבַד בְּנֵי. Ο'. πλὴν (alia exempl. ἐκτὸς[2]) τῶν υἱῶν.

19. וּבְנֵי פְדָיָה. Ο'. καὶ υἱοὶ Φαδαίας (alia exempl. Σαλαθιήλ[3]).

23. אֶלְיוֹעֵינַי. Ο'. Ἐλιθενάν. Alia exempl. Ἐλιωηναί.[4]

Cap. IV.

2. וּרְאָיָה בֶן־שׁוֹבָל. Ο'. καὶ Ῥαδὰ υἱὸς αὐτοῦ καὶ Σουβάλ. Alia exempl. καὶ Ῥεὴλ υἱὸς Σοβάλ.[1]

אֵלֶּה מִשְׁפְּחוֹת. Ο'. αὗται αἱ γενέσεις. Alia exempl. οὗτοι δῆμοι.[2]

3. אֲבִי. Ο'. υἱοί. Alia exempl. πατέρες.[3]

הַצְּלֶלְפּוֹנִי. Ο'. Ἐσηλεββών. Alia exempl. Ἐσηλλελφών; alia, Ἐσηαδεσφών.[4]

5. חֶלְאָה וְנַעֲרָה. Ο'. Ἀωδὰ καὶ Θοαδά. Alia

---

243 (in marg., cum Ἀβωθ). Cf. Hex. ad Deut. iii. 14. 3 Reg. iv. 13. [8] Sic, ex duplici versione, Ald. (cum ἀπὸ αὐτῶν ἀπὸ Αἰμαθ), Codd. 19, 108, 121 (ut Ald.). [9] Sic Comp., Codd. 19, 108. [10] Sic Comp. (cum Ἀχιὰν), Codd. 108, 121 (cum Ἀσόμ). [11] Sic Comp., Codd. 19, 93 (semel), 108, 121. [12] Sic Codd. III, XI, 44, 52, 56, alii (inter quos 243). [13] Prior scriptura est in Codd. III (cum Λαδαι), 56 (cum Ἀαλλί), 64, 71 (cum Ἀλαΐ), aliis; posterior in Comp., Codd. 19, 108. [14] Sic Comp. (cum Ἱερεί), Ald., Codd. 19 (ut Comp.), 44, 74, alii (inter quos 243). [15] Sic Comp., Ald., Codd. II (cum Ἐλεισαμά), III, XI, 19, 52, 55, 56, alii. [16] Sic Comp., Ald. (cum Σαμμαί), Codd. 19, 74, 106 (ut Ald.), alii (inter quos 243). [17] Sic Codd. II, III, 55, 60, 119, 158. [18] Prior scriptura est in Ald. (cum Σεγάφ), Codd. III, XI, 44 (ut Ald.), 52, aliis (inter quos 243); posterior in Comp., Codd. 19, 93, 108, 121. "AA. LL. habent Σέφ."—Nobil. Sic infra (v. 49) Ald., Codd. 44, 74, 106, alii (inter quos 243).

[19] Sic Codd. III, XI, 158. [20] Sic Comp., Ald. (cum Βηθλεί), Codd. 44 (ut Ald.), 52 (cum Βαιθαλαέμ), 56 (cum Βεθλεέμ), 60 (idem), alii (inter quos 243, ut Ald.). [21] Prior scriptura est in Ald., Codd. III, XI, 52, 55 (cum Ἐσθωλαῖοι), 56, aliis (inter quos 243); posterior in Comp., Codd. 19, 108.

Cap. III. [1] Sic Ald., Codd. III, XI, 19, 44, 52, 55, alii (inter quos 243). Cf. Hex. ad 2 Reg. iii. 3. [2] Sic Comp., Codd. 19, 93, 108, 121. [3] Sic Codd. II, III, XI, 52, 55, 56, alii. [4] Sic Comp. (cum Ἐλιωναί), Ald. (idem), Codd. III (cum Ἐλιωνναί), XI, 52, 55 (cum Ἐλειωναί), 56, alii.

Cap. IV. [1] Sic Comp. (cum Ῥεὰ), Codd. 19, 93 (cum Ῥαὰλ υἱὸς Σωβὰλ), 108. [2] Sic Comp., Codd. 19, 93, 108, 121. [3] Sic Comp., Codd. 19, 108. [4] Prior scriptura est in Codd. III, XI, 55 (cum Ἐσηλελφών), 56 (cum Ἐσηλλεφών), 60 (ut 55), aliis; posterior in Codd. 44 (cum –δεφών), 74, 106 (ut 44), 134, 144, 243.

exempl. Ἀλαὰ καὶ Νοορά.[5] Alia: Χαλλὰ καὶ Μααρά.[6]

9. **יַעְבֵּץ.** Ο΄. Ἰγαβής. Alia exempl. Ἰαβής.[7]
בְּעֹצֶב. Cum dolore. Ο΄. ὡς γαβής. Ἄλλος· ἐν διαπτώσει.[8] Ἄλλος· ἐν διασπασμῷ.[9]

10. **וְעָשִׂיתָ מֵּרָעָה לְבִלְתִּי עָצְבִּי.** Et feceris (immunem) a malo, ut ne dolore afficiar. Ο΄. καὶ ποιήσῃς γνῶσιν τοῦ μὴ ταπεινῶσαί με. Ἄλλος· (καὶ ποιήσῃς) βόσκησίν μου τοῦ μὴ διαπεσεῖν με.[10]

11. **אֲחִי־שׁוּחָה.** Ο΄. πατὴρ Ἀσχά. Alia exempl. ὁ ἀδελφὸς Σουά.[11]

12. **וְאֶשְׁתּוֹן הוֹלִיד.** Ο΄. ἐγέννησε. Alia exempl. καὶ Ἀσσαθὼν ἐγέννησε.[12]

עִיר־נָחָשׁ. Ο΄. πόλεως Ναάς. Alia exempl. Ἡρναάς.[13]

13. **חֲתַת.** Ο΄. Ἀθάθ. Alia exempl. Ἀθὰθ καὶ Μαωραθεί.[14]

14. **גֵּיא חֲרָשִׁים.** Vallis fabrorum. Ο΄. Ἀγεαδδαίρ. Alia exempl. Γησερασείμ; alia, Φαράς.[15] Ἄλλος· γῆ (s. γὲ) τεκτόνων.[16]

כִּי חֲרָשִׁים הָיוּ. Ο΄. ὅτι τέκτονες ἦσαν. Alia exempl. ὅτι ὡς ἐν ὁράσει ἦσαν.[17]

21. **וּמִשְׁפַּחַת בֵּית־עֲבֹדַת הַבֻּץ.** Et familiae opificum byssi. Ο΄. καὶ γενέσεις οἰκείων Ἐφραθαβάκ (potior scriptura Ἐβδὰθ Ἀββοῦς[18]).

Alia exempl. καὶ δῆμοι οἴκου Ὠβὴδ Ἀββοῦς.[19]

22. **אֲשֶׁר־בָּעֲלוּ לְמוֹאָב.** Ο΄. οἳ κατῴκησαν ἐν Μωάβ. Alia exempl. οἱ ἐξουσιάσαντες ἐν τῷ λαῷ Μωάβ.[20]

וְיֹשְׁבֵי לֶחֶם וְהַדְּבָרִים עַתִּיקִים. Et Jashubilehem. Sed res antiquae sunt. Ο΄. καὶ ἀπέστρεψεν αὐτοὺς ἀβεδηρὶν, ἀθουκίμ. Alia exempl. καὶ ἐπέστρεψαν [ἑαυτοῖς] λείμ. οἱ δὲ λόγοι παλαιοί εἰσιν [καὶ δαβεὶρ καὶ ναθουκείμ.][21]

23. **בִּמְלַאכְתּוֹ.** Ο΄. ἐν τῇ βασιλείᾳ αὐτοῦ. Alia exempl. ἐν τοῖς ἔργοις αὐτοῦ.[22]

26. **וּבְנֵי מִשְׁמָע.** Ο΄. Vacat. Alia exempl. καὶ υἱοὶ Μασμά.[23]

27. **וְכֹל מִשְׁפַּחְתָּם לֹא הִרְבּוּ עַד־בְּנֵי יְהוּדָה.** Ο΄. καὶ πᾶσαι αἱ πατριαὶ αὐτῶν οὐκ ἐπλεόνασαν ὡς υἱοὶ Ἰούδα. Alia exempl. καὶ πάντες οἱ δῆμοι αὐτῶν οὐκ ἐπληθύναν ὡς υἱῶν Ἰούδα.[24]

31. **וּבַחֲצַר סוּסִים.** Ο΄. καὶ Ἡμισουσεωσίν. Alia exempl. καὶ ἐν Ἀσερσουσείμ.[25]

33. **מוֹשְׁבֹתָם.** Ο΄. (ἡ) κατάσχεσις. Alia exempl. ἡ κατοικία.[26]

וְהִתְיַחֲשָׂם לָהֶם. Ο΄. καὶ ὁ καταλοχισμὸς αὐτῶν. Alia exempl. καὶ ἡ γενεαλογία αὐτῶν αὐτοῖς.[27]

[5] Sic Codd. III, 52, 55 (cum Νοοά), 56 (cum Νααρὰ), 60, alii. [6] Sic Ald., Codd. 44, 74, 106, alii (inter quos 243). [7] Sic Comp. (cum Ἰαβὶς), Ald. (cum Ἰαβὶς), Codd. 19 (ut Comp.), 64, 106, alii (inter quos 243). [8] Sic in textu Comp., Ald., Codd. 19, 93, 108, 121. Cf. Hex. ad Neh. viii. 10. [9] Cod. 93 in marg. sine nom. [10] Sic Codd. 56 (in textu post ταπεινῶσαί με, om. μὴ), 93 (in marg.). [11] Sic Comp., Codd. 19, 93, 108, 121. [12] Sic Comp. (cum Ἐσσαθὼν), Ald. (cum Ἀσθαθὼν); Codd. III, XI, 19 (ut Comp.), 44 (cum Ἀσαθὼν), 52 (idem), 55, alii (inter quos 243. ut 44). [13] Sic Comp., Codd. 19, 93, 108, 121 (cum Εἱρνάς). [14] Sic Comp., Codd. 60 (cum Ἀθ. Μαραθεί), 93 (cum Ἀθ. Μαωραθί), 108, 121. [15] Prior lectio est in Comp. (cum Γησερασείμ), Ald. (cum Γησερασείμ), Codd. III, 52, 56, 60, aliis (inter quos 243, ut Ald.); posterior in Codd. 19, 93, 108, 121. [16] Cod. 93 in marg.:

γετεκτόνων (sic). [17] Sic Codd. 19, 93 (cum altera lectione in marg.), 108 (idem), 121. [18] Sic Ald., Codd. III, XI, 44 (cum Ἐβδὶθ), 52 (cum Ἀβδοὺς), 60, alii (inter quos 243). [19] Sic Comp. (cum Ὠβὴθ Ἀβοὺς), Codd. 93, 108 (cum Ἰωβὴθ Ἀβοὺς), 121. [20] Sic Comp., Codd. 19 (cum ἐξουσιαντες), 93, 108, 121 (cum οἱ ἐξουσιάσαν). [21] Sic, ex duplici versione, Codd. 19 (cum δαμεὶρ et μαθουκείμ), 93 (cum ἐπιστρεψεν et δεβεὶρ), 108 (cum δαβὶρ), 121 (cum δαβὶρ). Comp.: καὶ ἀπέστρεψαν εἰς Λεὶμ· οἱ δὲ λ. π. εἰσιν. [22] Sic Comp., Codd. 19, 93, 108, 121. [23] Sic Comp., Codd. 93, 108 (cum υἱὸς), 121. [24] Sic Comp., Codd. 19, 93, 108, 121. [25] Sic Comp. (cum Ἐσερσουσίμ), Codd. 19 (cum Ἀσερσουσί), 93 (cum Ἀσουρσείμ), 108 (ut 19), 121. (Pro Ἡμισουσεωσίν potior scriptura ἥμισυ (בְּצֵי) Σωσὶμ est in Codd. III (cum ιωσμ), 56 (cum σεωσίμ), 60 (idem), 119, 158 (cum σεωσίμ).) [26] Sic Comp., Codd. 93, 108, 121. [27] Sic

34. וּמְשׁוֹבָב וְיַמְלֵךְ וְיוֹשָׁה. Ο'. καὶ Μοσωβάβ, καὶ Ἰεμολὸχ, καὶ Ἰωσία. Alia exempl. καὶ ἐπιστρέφων ἐβασίλευσεν Ἰωάς.[28]

35. וִיהוּא. Ο'. καὶ Ἰηού. Alia exempl. καὶ αὐτός.[29]

38. פָּרְצוּ. *Diffuderunt se.* Ο'. ἐπληθύνθησαν. Alia exempl. καὶ ἐχύθησαν.[30]

39. עַד לִמְזְרָח. Ο'. ἕως τῶν ἀνατολῶν. Alia exempl. ἕως κατὰ ἀνατολάς.[31]

לְצֹאנָם. Ο'. τοῖς κτήνεσιν (alia exempl. ποιμνίοις[32]) αὐτῶν.

40. מִרְעֶה שָׁמֵן. Ο'. νομὰς πλείονας (alia exempl. πίονας[33]).

רַחֲבַת יָדַיִם. Ο'. πλατεῖα ἐναντίον αὐτῶν. Alia exempl. εὐρύχωρος ἐνώπιον αὐτῶν.[34]

וְשֹׁקֶטֶת וּשְׁלֵוָה. *Et quieta et tranquilla.* Ο'. καὶ εἰρήνη καὶ ἡσυχία. Alia exempl. καὶ ἐν εἰρήνῃ, καὶ ἡσυχάζουσα καὶ εὐθηνοῦσα.[35]

41. אֶת־אָהֳלֵיהֶם. Ο'. τοὺς οἴκους (alia exempl. οἰκήτορας[36]) αὐτῶν. Alia exempl. τὰς σκηνὰς αὐτῶν.[37]

וְאֶת־הַמְּעִינִים אֲשֶׁר נִמְצְאוּ שָׁמָּה. *Et habitacula quae inventa sunt illic.* Ο'. καὶ τοὺς Μιναίους οὓς εὗροσαν ἐκεῖ. Alia exempl. καὶ τοὺς Κιναίους τοὺς εὑρεθέντας ἐκεῖ.[38] Ἄλλος· καὶ τὰς πηγὰς (ἃς) εὗρον ἐκεῖ.[39]

43. אֶת־שְׁאֵרִית הַפְּלֵטָה. Ο'. τοὺς καταλοίπους

τοὺς καταλειφθέντας. Alia exempl. τὸ κατάλειμμα τὸ διασωθέν.[40]

43. וַיֵּשְׁבוּ שָׁם. Ο'. Vacat. Alia exempl. καὶ κατῴκησαν ἐκεῖ.[41]

CAP. V.

1. וּבְחַלְּלוֹ יְצוּעֵי אָבִיו נִתְּנָה בְּכֹרָתוֹ לִבְנֵי יוֹסֵף בֶּן־יִשְׂרָאֵל. Ο'. καὶ ἐν τῷ ἀναβῆναι ἐπὶ τὴν κοίτην τοῦ πατρὸς αὐτοῦ, ἔδωκε τὴν εὐλογίαν αὐτοῦ τῷ υἱῷ αὐτοῦ Ἰωσὴφ υἱῷ Ἰσραήλ. Alia exempl. ἐν δὲ τῷ βεβηλῶσαι τὴν στρωμνὴν τοῦ πατρὸς αὐτοῦ, ἐδόθη τὰ πρωτοτόκια αὐτοῦ υἱοῖς Ἰωσὴφ υἱοῦ Ἰσραήλ.[1]

5. בַּעַל. Ο'. Ἰωήλ. Alia exempl. Βάαλ.[2]

6. בְּאֵרָה. Ο'. Βεήλ. Alia exempl. Βεηρά.[3]

7. לְמִשְׁפְּחֹתָיו בְּהִתְיַחֵשׂ לְתֹלְדוֹתָם. Ο'. τῇ πατρίδι αὐτοῦ ἐν τοῖς καταλοχισμοῖς αὐτῶν κατὰ γενέσεις αὐτῶν. Alia exempl. ἐν τοῖς δήμοις αὐτῶν κατὰ γενέσεις αὐτῶν ἐν τῇ γενεαλογίᾳ αὐτῶν.[4]

9. עַד־לְבוֹא מִדְבָּרָה. Ο'. ἕως ἐρχομένων (alia exempl. ἕως εἰσόδου[5]) τῆς ἐρήμου.

רָבוּ. Ο'. πολλά. Alia exempl. ἐπληθύνθησαν.[6]

10. עַל־כָּל־פְּנֵי כּוֹרָה. Ο'. πάντες (alia exempl. ἕως πάντες[7]) κατ' ἀνατολάς. Alia exempl. ἐπὶ παντὸς προσώπου ἀνατολῶν.[8]

Comp., Codd. 19, 93, 108, 121. [28] Sic Codd. 19, 93, 108, 121. [29] Sic Codd. II (cum οὗτος, et Ἰηού manu 2ᵈᵃ), 44, 74, 106, alii (inter quos 243). [30] Sic Comp., Codd. 19, 93, 108, 121 (cum καὶ ἐποχύθησαν). Cf. Hex. ad Jesai. liv. 3 (in *Auctario*). [31] Sic Comp. (cum κατ' ἄν.), Codd. 19, 93 (cum ἕως τῆς καταανατολάς), 108, 121 (ut Comp.). [32] Iidem. [33] Sic Comp. (cum νομὴ πίονα, Codd. II (cum πείονας, et πλείονας manu 2ᵈᵃ), 19 (ut Comp.), 52, 56, alii. Cf. Hex. ad Psal. lxxvii. 31. Ezech. xxxiv. 16. [34] Sic Comp., Codd. 19, 93, 108, 121. [35] Sic Comp. (cum εὐθηνοῦσα, Codd. 19 (idem), 93 (idem), 108 (om. ἐν), 121. Hieron.: *et quietam et fertilem.* Vox εὐθηνοῦσα Theodotionem sapit, coll. Hex. ad Job. iii. 26. xxi. 23. Dan. iv. 1. [36] Sic Ald., Codd. III, 52, 55, 56, alii. [37] Sic Comp., Codd. 19, 93, 108, 121. [38] Sic Codd. 19 (cum Κεναίους),

93, 108 (cum Κιναίους), 121 (cum Κεναίους). [39] Iidem post ἕως τῆς ἡμ. ταύτης inferunt: καὶ τὰς πηγὰς (הַמַּעְיָנִים) εὗρον ἐκεῖ. [40] Sic Comp., Codd. 19, 93, 108, 121. [41] Sic Comp., Ald., Codd. III, XI, 44, 55, 56, alii.

CAP. V. [1] Sic Comp. (cum στρωμνὴν), Codd. 19 (idem), 93, 108 (ut Comp.), 121 (idem), Theodoret. Quaest. in 1 Paral. p. 555 (cum ἔδωκε). Mox (v. 2) τὰ πρωτοτόκια pro ἡ εὐλογία iidem. [2] Sic Comp., Codd. III, XI, 52, 56, alii. [3] Sic Comp. (cum Βαρά), Codd. III, XI, 44 (cum Βειρά), 52, 56, alii. [4] Sic Comp., Codd. 19, 93, 108, 121. Cf. ad Cap. iv. 33. [5] Sic Comp. (cum ἕως τῆς εἰσόδου, Codd. 19 (cum ἕως τῆς ὁδοῦ), 93, 108 (ut 19), 121. [6] Sic Comp., Codd. 19, 93 (cum ἐπληθύνθη), 108, 121 (ut 93). [7] Sic Codd. II, III, XI, 52, 56, alii. [8] Sic Comp., Codd. 19, 93, 108, 121.

12. הָרֹאשׁ. Ο΄. πρωτότοκος. Alia exempl. ὁ ἄρχων.[9]

16. וּבְכֹל־מִגְרְשֵׁי שָׁרוֹן עַל־תּוֹצְאוֹתָם. Ο΄. καὶ πάντα τὰ περίχωρα Σαὼν ἕως ἐξόδου. Alia exempl. καὶ ἐν πᾶσι τοῖς ἀφωρισμένοις Σαρὼμ ἐπὶ τῶν διεξόδων αὐτῶν.[10]

17. כֻּלָּם הִתְיַחְשׂוּ. Ο΄. πάντων ὁ καταλοχισμός. Alia exempl. πάντες ἐγενεαλογήθησαν.[11]

20. וַיַּעְזְרוּ עָלֵיהֶם. Ο΄. καὶ κατίσχυσαν ἐπ᾽ αὐτῶν. Alia exempl. καὶ ἐβόησαν ἐπ᾽ αὐτούς.[12]

וְכֹל שְׁנַעֲמָהֶם. Ο΄. καὶ πάντα τὰ σκηνώματα αὐτῶν. Alia exempl. καὶ πάντες οἱ μετ᾽ αὐτῶν.[13]

21. מִקְנֵיהֶם. Ο΄. τὴν ἀποσκευὴν (alia exempl. τὰς κτήσεις[14]) αὐτῶν.

22. עַד־הַגֹּלָה. Ο΄. ἕως τῆς μετοικεσίας (alia exempl. ἀποικίας[15]).

23. יָשְׁבוּ בָאָרֶץ. Ο΄. κατῴκησαν. Alia exempl. κατῴκησαν ἐν τῇ γῇ.[16]

24. וַעֲרִיאֵל. Ο΄. Vacat. Alia exempl. καὶ Ἐζριήλ.[17]

26. פּוּל. Ο΄. Φαλώχ. Alia exempl. Φούλ; alia, Φουά.[18] Σ. Φούχ (fort. Φούλ).[19]

לַחְלַח. Ο΄. εἰς Χαάχ. Alia exempl. εἰς Χαλά; alia, εἰς Ἀλάν.[20]

וְחָבוֹר וְהָרָא. Ο΄. καὶ Χαβώρ. Alia exempl. καὶ Ἀβώρ, καὶ Ἀρράν.[21]

CAP. VI.

6 (Hebr. v. 32). אֶת־מְרָיוֹת. Ο΄. τὸν Μαριὴλ (alia exempl. Μαριώθ[1]).

10 (v. 36). הוּא אֲשֶׁר כֻּהֵן. Ο΄. οὗτος ἱεράτευσεν. Alia exempl. αὐτός ἐστιν Ἀζαρίας ὁ ἱερατεύσας.[2]

15 (v. 41). בְּהַגְלוֹת יְהוָה אֶת־יְהוּדָה וִירוּשָׁלָ͏ִם. Ο΄. ἐν τῇ μετοικίᾳ (alia exempl. add. κυρίου[3]) μετὰ Ἰούδα καὶ Ἱερουσαλήμ. Alia exempl. ἐν τῷ ἀποικίζειν κύριον τὸν Ἰούδα καὶ τὴν Ἱερουσαλήμ . . . εἰς Βαβυλῶνα.[4]

19 (vi. 4). וְאֵלֶּה מִשְׁפְּחוֹת. Ο΄. καὶ αὗται αἱ πατριαί. Alia exempl. αὗται αἱ συγγένειαι.[5]

20 (5). לִבְנִי בְּנוֹ. Ο΄. τῷ Λοβενὶ υἱῷ αὐτοῦ. Alia exempl. Λοβεννὶ υἱὸς αὐτοῦ.[6]

26 (11). וְנַחַת. Ο΄. Καιναάθ. Alia exempl. Ναάθ; alia, καὶ Ναάθ.[7]

28 (13). הַבְּכֹר וַשְׁנִי וַאֲבִיָּה. Ο΄. ὁ πρωτότοκος Σανί, καὶ Ἀβιά. Alia exempl. ὁ πρωτότοκος αὐτοῦ Ἰωήλ, καὶ ὁ δεύτερος Ἀβιά.[8]

31 (16). עַל־יְדֵי־שִׁיר בֵּית יְהוָה מִמְּנוֹחַ הָאָרוֹן. Juxta cantum domus Jovae ex quo collocata est arca. Ο΄. ἐπὶ χεῖρας ᾀδόντων ἐν οἴκῳ κυρίου ἐν τῇ καταπαύσει τῆς κιβωτοῦ. Alia exempl. ἐχόμενα ᾠδῆς οἴκου κυρίου ἐξ οὗ κατέπαυσεν ἡ κιβωτός.[9]

32 (17). לִפְנֵי מִשְׁכַּן אֹהֶל־מוֹעֵד. Ο΄. ἐναντίον τῆς

---

[9] Sic Comp., Codd. 19, 93, 108, 121.   [10] Sic Comp. (cum Σαρὼν), Codd. 19 (idem); 93, 108, 121.   [11] Iidem.   [12] Sic Comp., Codd. 19, 93, 108, 121 (cum ἐβόησεν). Pingendum videtur ἐβοηθήθησαν, aut saltem ἐβοήθησαν.   [13] Iidem. Mox ἐπεποίθησαν pro ἤλπισαν iidem.   [14] Iidem.   [15] Iidem.   [16] Sic Comp. (cum ᾤκησαν), Ald., Codd. III (om. τῇ), XI, 19 (ut Comp.), 44, 52, 55, alii (inter quos 243).   [17] Sic Comp., Codd. II (cum Ἐσδριήλ), III (cum Ἰεζριήλ), XI (idem), 19, 56 (ut II), 60 (cum Ἐσραὴλ), alii.   [18] Prior scriptura est in Comp., Akl., Cod. 121; posterior in Codd. 19, 44, 74, aliis (inter quos 243).   [19] Cod. 108.   [20] Prior scriptura est in Codd. III, XI, 44, 52, 55, aliis (inter quos 243, cum Χαλλά); posterior in Comp. (cum Ἀλὲ), Ald. (cum Ἀλλὰν), Codd. 19, 93 (ut Ald.), 108, 121

(ut Ald.).   [21] Sic Comp. (cum Ἀρρὰ), Codd. 19 (cum Ἀμὼρ), 93, 108, 121 (cum Ἰαβὼρ).

CAP. VI.   [1] Sic Comp., Ald., Codd. III (cum Μαραιὼθ), XI, 19, 44, 52 (cum Μαρεὼθ), 56 (ut III), alii (inter quos 243).   [2] Sic Comp., Codd. 19, 93, 108 (cum Ἀζαρίας, 121 (cum οὗτος).   [3] Sic Codd. 74, 106, alii.   [4] Sic Comp., Ald. (cum Ἰούδαν), Codd. 93, 108, 121 (ut Ald.).   [5] Sic Comp., Ald., Codd. 19, 93 (cum καὶ αὗται), 108, 121.   [6] Sic Comp., Ald. (cum Λοβαννὶ), Codd. 19 (cum Λοβενὶ), 93 (cum Λοβεννὴ), 108 (cum αὕτου), 121.   [7] Prior scriptura est in Comp., Ald., Codd. 19, 44, 93, aliis; posterior in Codd. 64, 119, 134, 243.   [8] Sic Comp., Ald. (cum Ἰωβὴλ, et ὁ δ. αὕτου Ἀβιὰ), Codd. 19, 93 (cum Ἰὼλ), 108, 121. Cf. 1 Reg. viii. 2.   [9] Sic Codd. 19, 93 (cum ἐπὶ

4 Y 2

σκηνῆς τοῦ μαρτυρίου (alia exempl. οἴκου μαρτυρίου[10]). Alia exempl. ἀπέναντι τῆς σκέπης
τῆς σκηνῆς τοῦ μαρτυρίου.[11]

32 (17). בָּשִׁיר. Ο'. ἐν ὀργάνοις. Alia exempl. ἐν ᾠδῇ.[12]

46, 47 (31, 32). בֶּן־אֲמַצְיָה בֶּן־חִלְקִיָּה: בֶּן־אַמְצִי. Ο'. υἱοῦ Ἀμεσσία. Alia exempl. υἱοῦ Ἀμασία
υἱοῦ Χελκίου υἱοῦ Ἀμασεί.[13]

48 (33). לְכָל־עֲבוֹדַת. Ο'. εἰς πᾶσαν ἐργασίαν λειτουργίας. Alia exempl. εἰς πᾶσαν δουλείαν.[14]

49 (34). לְכֹל מְלֶאכֶת קֹדֶשׁ הַקֳּדָשִׁים. Ο'. εἰς
πᾶσαν ἐργασίαν ἅγια τῶν ἁγίων. Alia exempl.
εἰς πάντα τὰ ἔργα τοῦ ἁγίου τῶν ἁγίων.[15]

54 (39). לְטִירוֹתָם. Ο'. ἐν ταῖς κώμαις (alia exempl. ἐπαύλεσιν[16]) αὐτῶν.

לְמִשְׁפַּחַת הַקְּהָתִי. Ο'. τῇ πατριᾷ αὐτῶν τοῖς
Κααθί. Alia exempl. τῇ συγγενείᾳ τοῦ Κααθ.[17]

55 (40). וְאֶת־מִגְרָשֶׁיהָ. Ο'. καὶ τὰ περισπόρια (alia
exempl. περιπόλια[18]) αὐτῆς.

56 (41). וְאֶת־שְׂדֵה הָעִיר וְאֶת־חֲצֵרֶיהָ. Ο'. καὶ
τὰ πεδία τῆς πόλεως, καὶ τὰς κώμας αὐτῆς.
Alia exempl. τοὺς δὲ ἀγροὺς τῆς πόλεως, καὶ
τὰς ἐπαύλεις αὐτῆς.[19]

57 (42). וְאֶת־יַתִּר. Ο'. καὶ τὴν Σελνά, καὶ τὰ
περισπόρια αὐτῆς. Alia exempl. καὶ τὴν Ἰα-
θήρ.[20]

58 (43). וְאֶת־חִילֵז. Ο'. καὶ τὴν Ἰεθάρ. Alia exempl. καὶ τὴν Ἠλών.[21]

71 (56). וְאֶת־עַשְׁתָּרוֹת. Ο'. καὶ τὴν Ἀσηρώθ (alia
exempl. Ἀσταρώθ[22]).

73 (58). וְאֶת־מִגְרָשֶׁיהָ (in priore loco). Ο'. Vacat.
Alia exempl. καὶ τὰ περιπόλια αὐτῆς.[23]

77 (62). וְאֶת־מִגְרָשֶׁיהָ (in posteriore loco). Ο'. καὶ
τὰ περισπόρια αὐτῆς. Alia exempl. καὶ τὰ
ἀφορίσματα αὐτῆς.[24]

78 (63). לְמִזְרָח. Ο'. κατὰ δυσμάς. Alia exempl.
κατὰ ἀνατολάς.[25]

CAP. VII.

2. גִּבּוֹרֵי חַיִל. Ο'. ἰσχυροὶ δυνάμει. Alia exempl.
δυνατοὶ ἰσχύϊ.[1]

4. לְבֵית אֲבוֹתָם. Ο'. κατ᾽ οἴκους πατριῶν (alia
exempl. πατρικοὺς[2]) αὐτῶν.

גְּדוּדֵי צָבָא. Ο'. ἰσχυροὶ (alia exempl. μονόζωνοι
δυνάμει[3]) παρατάξασθαι.

5. הִתְיַחְשָׂם. Ο'. ὁ ἀριθμὸς (alia exempl. ἡ γενεαλογία[4]) αὐτῶν.

8. וֶאֱלִיוֹעֵינַי. Ο'. καὶ Ἐλιθενάν (alia exempl. Ἐλιωηναί[5]).

13. בְּנֵי בִלְהָה. Ο'. υἱοὶ αὐτοῦ, Βαλὰμ υἱὸς αὐτοῦ.
Alia exempl. υἱοὶ Βαλλά.[6]

23. וַתַּהַר. Ο'. καὶ ἔλαβεν ἐν γαστρί. Alia exempl. καὶ συνέλαβεν.[7]

24. וּבִתּוֹ שֶׁאֱרָה. Ο'. καὶ ἡ θυγάτηρ αὐτοῦ Σα-
ραά· καὶ ἐν ἐκείνοις τοῖς καταλοίποις.[8]

וְאֵת אָזֵן שֶׁאֱרָה. Ο'. καὶ υἱοὶ Ὀζάν, Σεηρά.
Alia exempl. καὶ τὴν Ἠρσααδρά.[9]

χεῖρας pro ἐχόμενα, 108, 121. [10] Sic (pro τοῦ μ.) Codd.
II, III, 52, 60, 64, 71, 158. [11] Sic Comp., Codd. 19,
93. Ad τοῦ μ. Cod. 108 in marg.: τοῦ χρόνου. [12] Sic
Comp., Ald., Codd. 19, 93, 108, 121. [13] Sic Comp.,
Ald. (cum Ἀμασία υἱοῦ Χελκία υἱοῦ Ἀμασία), Codd. XI (cum
Ἀμεσσία et Ἀμασί), 19, 52 (cum Ἀμεσία et Ἀμασί), alii.
[14] Sic Comp., Ald., Codd. 19, 93, 108, 121. [15] Sic
Comp., Codd. 19, 93 (om. τοῦ), 108, 121, Theodoret.
[16] Sic Comp., Codd. 19, 93, 108, 121. [17] Sic Comp.,
Ald., Codd. 19, 93, 108, 121. [18] Iidem. [19] Iidem.
[20] Sic Codd. 44, 74 (cum Ἰαθὲρ) 106, alii. [21] Sic Codd.
44 (cum Ἠλώ), 74, 106, alii. [22] Sic Comp., Ald., Codd.
93, 108, 121. [23] Sic Comp., Ald., Codd. 19 (cum περι-
πόλεα), 93, 121. [24] Sic Comp., Codd. 19 (cum ἀφωρ.),
93, 108, 121. Cf. Hex. ad Ezech. xlv. 2. xlviii. 17.
[25] Sic Comp., Ald., Codd. 19, 93, 108, 121.

CAP. VII. [1] Sic Comp., Codd. 19, 93, 108, 121. [2] Sic
Codd. II, III, XI, 55, 64, 108. Cf. Hex. ad Num. ii. 34.
[3] Sic Comp. (cum μ. ἰσχυροί), Ald., Codd. 19 (ut Comp.),
93, 108 (ut Comp.), 121. [4] Iidem. [5] Sic Codd. III,
XI (cum Ἐληωηναί), 55, 64, 71, alii. Cf. ad Cap. iii. 23.
[6] Sic Comp. (cum Βαλαά), Codd. II (cum Βαλάμ), III, XI,
55, 60 (cum Βαλλᾶς), alii. [7] Sic Comp., Codd. 19, 93,
108, 121. [8] Prior clausula deest in Cod. II; posterior
in Comp., Codd. 19, 93, 121. [9] Sic Comp. (cum
Ἐξενσαηρά), Ald. (cum καὶ τὴν Σαθρά), Codd. 19, 93 (cum

29. וְעַל־יְדֵי בְּנֵי־מְנַשֶּׁה. Ο΄. καὶ ἕως ὁρίων (alia exempl. καὶ ἐχόμενα[10]) υἱῶν Μανασσῆ.

40. רָאשֵׁי הַגִּבּוֹרִים הֵמָּה בַּצָּבָא בַּמִּלְחָמָה. Ο΄. ἄρχοντες ἡγούμενοι· ὁ ἀριθμὸς αὐτῶν εἰς παράταξιν τοῦ πολεμεῖν. Alia exempl. ἀρχηγοὶ τῶν ἀρχόντων τῶν γενεαλογηθέντων ἐν τῇ στάσει ἐν τῷ πολέμῳ.[11]

Cap. VIII.

7. הוּא הֶגְלָם. Ipse deportavit eos. Ο΄. οὗτος Ἰεγλαάμ. Alia exempl. αὐτὸς ἀπῴκισεν αὐτούς.[1]

8. מִן־שִׁלְחוֹ אֹתָם. Postquam dimiserat eos. Ο΄. μετὰ τὸ ἀποστεῖλαι αὐτόν. Alia exempl. μετὰ τὸ ἐξαποστεῖλαι αὐτοὺς αὐτόν.[2]

10. אֵלֶּה בָנָיו. Ο΄. οὗτοι. Alia exempl. οὗτοι υἱοὶ αὐτοῦ.[3]

32. וְאַף הֵמָּה. Ο΄. καὶ γὰρ οὗτοι. Alia exempl. καὶ οὗτοι (s. αὐτοί).[3]

Cap. IX.

1. הִתְיַחֲשׂוּ. Ο΄. ὁ συλλοχισμὸς αὐτῶν. Alia exempl. ἐγενεαλογήθησαν.[1]

וִיהוּדָה הָגְלוּ. Et Juda deportatus est. Ο΄. καὶ Ἰούδα μετὰ τῶν ἀποικισθέντων. Alia exempl. καὶ Ἰούδα, καὶ ἀπῳκίσθησαν.[2]

בְּמַעֲלָם. Ο΄. ἐν ταῖς ἀνομίαις (Σ. ἀνομίαις[3])

αὐτῶν. Alia exempl. διὰ τὴν ἀσυνθεσίαν αὐτῶν ἣν ἠδίκησαν.[4]

2. וּנְתִינִים. Et mancipia templi (ἱερόδουλοι). Ο΄. καὶ οἱ δεδομένοι. Alia exempl. καὶ οἱ Ναθιναῖοι.[5]

4. בֶּן־בִּנְיָמִד (בְּנֵי מִן ק) בְּנֵי פֶרֶץ. Ο΄. υἱοῦ Βουνί, υἱοῦ υἱῶν Φαρές. Alia exempl. υἱοῦ Βενιαμὶν ἀπὸ τῶν υἱῶν Φαρές.[6]

8. וְאֵלֶּה בֶן־עֻזִּי. Ο΄. καὶ Ἠλώ οὗτοι (potior scriptura καὶ οὗτοι) υἱοὶ Ὀζί. Alia exempl. καὶ Ἠλὰ υἱὸς Ὀζί; alia, καὶ οὗτοι υἱοὶ Ὀζί.[7]

9. כָּל־אֵלֶּה אֲנָשִׁים רָאשֵׁי אָבוֹת. Ο΄. πάντες οἱ ἄνδρες ἄρχοντες πατριῶν. Alia exempl. πάντες οὗτοι πατριάρχαι.[8]

13. מְלֶאכֶת עֲבוֹדַת. Ο΄. εἰς ἐργασίαν λειτουργίας. Alia exempl. ἐν ἔργῳ δουλείας.[9]

16. בַחֲצֵרִי. Ο΄. ἐν ταῖς κώμαις (alia exempl. αὐλαῖς[10]).

18. וְעַד־הֵנָּה. Ο΄. καὶ ἕως ταύτης. Alia exempl. καὶ ἕως ὧδε ἐδανείμ.[11]

הֵמָּה הַשְּׁעָרִים לַמַּחֲנוֹת. Ο΄. αὗται αἱ πύλαι τῶν παρεμβολῶν. Alia exempl. αὐτοὶ οἱ πυλωροὶ εἰς τὰς παρεμβολάς.[12]

19. שֹׁמְרֵי הַסִּפִּים. Ο΄. φυλάσσοντες τὰς φυλακάς (alia exempl. τὰς πύλας; alia, τὰ πρόθυρα[13]).

20. לְפָנִים יְהוָה עִמּוֹ. Olim: Jova sit cum eo. Ο΄. ἔμπροσθεν κυρίου, καὶ οὗτοι μετ' αὐτοῦ (alia exempl. καὶ μετὰ ταῦτα[14]).

Ἡρσαδρά), 108, 121 (ut Ald.).　[10] Sic Comp., Codd. 19, 93, 108. Cf. Hex. ad Cap. vi. 31.　[11] Sic Comp., Codd. 19, 93 (cum τῶν γεν. αὐτῶν), 108, 121. Ad ἐν τῇ στάσει Cod. 93 in marg.: ἐν τῇ δυνάμει. Cf. Hex. ad Neh. ix. 6.

Cap. VIII. [1] Sic Comp., Codd. 19, 93, 108, 121.　[2] Sic Comp., Codd. 93, 108, 121.　[3] Sic Comp., Ald., Codd. 93, 108, 121 (cum οἱ υἱοὶ pro υἱοί).　[3] Sic Comp. (cum αὐτοί), Ald., Codd. III, XI, 56, 60, alii.

Cap. IX. [1] Sic Comp., Ald., Codd. 19, 93, 108, 121, Theodoret. Cf. ad Cap. v. 17.　[2] Sic Comp., Codd. 19, 93, 108, 121, Theodoret.　[3] Cod. 108 in marg.　[4] Sic Comp., Codd. 19, 93, 108 (om. αὐτῶν), 121, Theodoret.　[5] Sic Comp. (cum Ναθίνεοι), Codd. 19 (cum ναοὶ νέοι), 93,

108 (ut 19), 121 (cum θανναῖοι), Theodoret. Hieron.: et Nathinaei.　[6] Sic Comp., Codd. 19, 93, 108, 121. In Ald., Codd. II, III, XI, 52, 56, aliis, haec, υἱοῦ Ἀμβραΐμ, υἱοῦ Βουνί, desiderantur.　[7] Prior lectio est in Codd. III, XI, 52, 56, 60, aliis; posterior in Comp., Cod. II (cum Ὀζεί).　[8] Sic Comp., Codd. 19, 93, 108, 121.　[9] Iidem.　[10] Sic Comp., Ald., Codd. 19, 93, 108, 121.　[11] Sic Comp. (om. ἐδανείμ), Ald. (cum ἕως ἐν Δαδανείμ), 19 (cum ἐν ἀλείμ), 93, 108 (cum ἐναλείμ), 121 (cum ἕως δεδανείμ).　[12] Sic Comp., Ald. (cum οὗτοι), Codd. 19, 93, 108, 121 (ut Ald.).　[13] Prior lectio est in Codd. 44, 74, 106, aliis (inter quos 243); posterior in Comp., Codd. 19 (cum πρόθυρα), 93, 108. Cf. Hex. ad Ezech. xl. 6.　[14] Sic

22. כָּלָם הַבְּרוּרִים לְשֹׁעֲרִים בַּסִּפִּים. Ο'. πάντες οἱ ἐκλεκτοὶ ἐπὶ τῆς πύλης ἐν ταῖς πύλαις. Alia exempl. πάντες αὐτοὶ ἐκλελεγμένοι εἰς πυλωροὺς ἐν τοῖς σταθμοῖς.¹⁵

הָרֹאֶה. Ο'. ὁ βλέπων. Alia exempl. ὁ ὁρῶν.¹⁶

23. לְמִשְׁמָרוֹת. Ο'. τοῦ φυλάσσειν. Alia exempl. εἰς ἐφημερίας.¹⁷

27. וּסְבִיבוֹת בֵּית־הָאֱלֹהִים יָלִינוּ. Ο'. παρεμβάλλουσιν. Alia exempl. καὶ περικύκλῳ τοῦ οἴκου τοῦ θεοῦ αὐλισθήσονται.¹⁸

31. עַל מַעֲשֵׂה הַחֲבִתִּים. Praefectus erat eorum quae in sartagine frigebantur. Ο'. ἐπὶ τὰ ἔργα τῆς θυσίας τοῦ τηγάνου (alia exempl. add. τῶν τηγανιστῶν¹⁹) τοῦ μεγάλου ἱερέως.

33. בַּלְּשָׁכֹת פְּטִירִים. In conclavibus dimissi (ab aliis officiis immunes). Ο'. διατεταγμέναι ἐφημερίαι. Alia exempl. ἐν τῷ παστοφορίῳ διατεταγμένοι εἰς ἐφημερίας.²⁰

38. עִם־אֲחֵיהֶם. Ο'. ἐν μέσῳ (alia exempl. μετὰ²¹) τῶν ἀδελφῶν αὐτῶν.

Cap. X.

1. וַיָּנָס אִישׁ־יִשְׂרָאֵל. Ο'. καὶ ἔφυγον. Alia exempl. καὶ ἔφυγεν ἀνὴρ Ἰσραήλ.¹

3. וַיָּחֶל. Et tremuit. Ο'. καὶ ἐπόνεσαν (potior scriptura ἐπόνεσεν). Alia exempl. καὶ ἐτροπώθη.²

---

5. וַיָּמׇת. Ο'. Vacat. Alia exempl. καὶ ἀπέθανε.³

6. יַחְדָּו. Ο'. ἐπὶ τὸ αὐτό. Alia exempl. ὁμοθυμαδόν.⁴

8. מִמׇּחֳרָת. Ο'. τῇ ἐχομένῃ. Alia exempl. τῇ ἐπαύριον.⁵

9. וַיִּשְׂאוּ. Ο'. καὶ ἔλαβον (alia exempl. ᾖραν⁶).

10. תׇּקְעוּ. Affixerunt. Ο'. ἔθηκαν. Alia exempl. ἔπηξαν.⁷

11. כֹּל יׇבֵשׁ גִּלְעׇד. Ο'. πάντες οἱ κατοικοῦντες (יׁשׁׁב) Γαλαάδ. Alia exempl. πάντες οἱ κατοικοῦντες Ἰαβὶς τῆς Γαλαάδ.⁸

13. Ο'. ÷ καὶ ἀπεκρίνατο αὐτῷ Σαμουὴλ ὁ προφήτης (◄).⁹

Cap. XI.

1. וַיִּקׇּבְצוּ. Ο'. καὶ ἦλθε (alia exempl. συνηθροίσθησαν¹).

2. וַיֹּאמֶר יְהׇוׇה אֱלֹהֶיךׇ לׇךׇ. Ο'. καὶ εἶπεν Ἰσραήλ· κύριός σοι. Alia exempl. καὶ εἶπεν κύριος ὁ θεός σου σοι.²

4. דׇּוִיד וְכׇל־יִשְׂרׇאֵל. Ο'. ὁ βασιλεὺς καὶ ἄνδρες αὐτοῦ. Alia exempl. ὁ βασιλεὺς Δαυὶδ καὶ πᾶς Ἰσραήλ.³

5. וַיֹּאמְרוּ יֹשְׁבֵי יְבוּס לְדׇוִיד. Ο'. εἶπον τῷ Δαυίδ. Alia exempl. εἶπαν δὲ οἱ κατοικοῦντες τὴν Ἰεβοὺς τῷ Δαυίδ.⁴

Comp., Ald., Codd. 19, 93, 108, 121.   ¹⁵ Sie Comp. (cum οὗτοι), Ald., Codd. 19 (ut Comp.), 93, 108 (cum οἱ pro αὐτοί), 121.   ¹⁶ Sic Comp., Ald., Codd. 19 (om. ὁ), 93, 108, 121, Theodoret. Cf. Hex. ad 1 Reg. ix. 9. ¹⁷ Sic Comp., Ald., Codd. 19 (cum εἰς τὰς ἐφημερίας), 93 (cum εἰς ἐφ' ἡμέρας), 108, 121. Hieron.: vicibus suis. ¹⁸ Sic Comp., Ald., Codd. 19 (cum καὶ παρεμβάλλουσιν κύκλῳ pro καὶ περικύκλῳ), 93 (om. τοῦ ante οἴκου), 108 (om. τοῦ θεοῦ), 121.   ¹⁹ Sic Comp., Ald., Codd. 19, 93, 108, 121. Philox. Glossae: Τηγανιστὸν, frietum. Ad rem cf. Lev. vi. 20 (13) sqq.   ²⁰ Sic Comp., Ald., Codd. 19, 93 (cum διατεταγμέναι!), 108, 121.   ²¹ Sic Comp., Ald., Codd. III, 56, 60, 93, alii.

Cap. X. ¹ Sic Comp., Ald., Codd. 19, 44, 74, alii (inter

quos 243).   ² Sic Comp., Codd. 19, 93, 108. Cf. Hex. ad Jos. xi. 6.   ³ Sic Comp., Codd. III, XI, 44, 55, 56, alii (inter quos 243).   ⁴ Sic Comp., Ald., Codd. 19, 93, 108, 121.   ⁵ Sic Comp., Codd. 19, 93, 108, 121.   ⁶ Sic Comp., Ald., Codd. 19, 93, 108, 121.   ⁷ Sic Comp., Ald., Codd. 19, 93, 108, 121.   ⁸ Sic Comp. (cum Ἰαβὴς), Ald. (cum Ἰαβεὶς), Codd. 19, 93 (ut Ald.), 108, 121.   ⁹ Sic Cod. 93 (om. αὐτῷ), et sine obelo Ed. Rom.

Cap. XI. ¹ Sic (cum πᾶς ἀνὴρ Ἰσραὴλ) Comp., Ald., Codd. 19 (cum συνηθροίσθη), 93, 108, 121.   ² Sic Comp. (cum σοι κ. ὁ θ. σον), Ald., Codd. III, XI, 19 (ut Comp.), 52, 55 (om. ὁ θεὸς), alii.   ³ Sic Comp., Ald. (cum Δαυὶδ), Codd. 19 (om. ὁ Δαυὶδ), 93, 108 (ut 19), 121.   ⁴ Sic Comp. (cum καὶ εἶπον, om. τὴν), Ald. (cum εἶπον), Codd. III (om.

5. **אֶת־מְצָרֶת.** Ο'. τὴν περιοχήν. Σ. τῷ φρουρίῳ.[3]

8. **מִסָּבִיב מִן־הַמִּלּוֹא וְעַד־הַסָּבִיב וְיוֹאָב יְחַיֶּה אֶת־שְׁאָר הָעִיר.** Ο'. κύκλῳ. Alia exempl. κύκλῳ, καὶ ἐπολέμησε καὶ ἔλαβε τὴν πόλιν.[6] Alia: κυκλόθεν ἀπὸ τῆς ἄκρας, καὶ ἕως τοῦ κύκλου καὶ Ἰωὰβ περιεποιήσατο τὸ λοιπὸν τῆς πόλεως.[7] Alia: κύκλῳ ἀπὸ τῆς Μαλὼ, καὶ ἕως τοῦ κύκλου καὶ Ἰωὰβ περιεποιήσατο τὸ λοιπὸν τῆς πόλεως, καὶ ἐπολέμησε καὶ ἔλαβε τὴν πόλιν.[8]

10. **הַמִּתְחַזְּקִים עִמּוֹ.** Ο'. οἱ κατισχύοντες (alia exempl. ἀντεχόμενοι[9]) μετ' αὐτοῦ.

11. **בְּפַעַם אֶחָת.** Ο'. ἐν καιρῷ ἑνί. Alia exempl. εἰσάπαξ.[10]

13. **מִלְאָה שְׂעוֹרִים.** Ο'. πλήρης κριθῶν (alia exempl. φακοῦ[11]).

15. **חֹנֶה.** Ο'. Vacat. Alia exempl. παρεμβεβλήκει.[12]

רְפָאִים. Ο'. τῶν γιγάντων. Ἄλλος· τῶν Ῥαφαΐμ.[13] Ἄλλος· τῶν Τιτάνων.[14]

22. **מִן־קַבְצְאֵל.** Ο'. ὑπὲρ (alia exempl. ἀπὸ[15]) Καβασαήλ.

23. **אִישׁ מִדָּה.** Ο'. ἄνδρα ὁρατόν (מַרְאֶה 2 Reg. xxiii. 21). Alia exempl. ἄνδρα εὐμήκη.[16]

25. **עַל־כִּשְׁמַעֲתוֹ.** Ο'. ἐπὶ τὴν πατριὰν (Ἄλλος· ἀκοὴν[17]) αὐτοῦ.

26. **בֶּן־דּוֹדוֹ.** Ο'. υἱὸς Δωδωέ (alia exempl. add. πατραδέλφου αὐτοῦ[18]).

30. **חֵלֶד בֶּן־בַּעֲנָה.** Ο'. Χθαὸδ υἱὸς Νοοζά. Alia exempl. Ἐλὰδ υἱὸς Βαανά.[19]

31. **מִגִּבְעַת.** Ο'. ἐκ βουνοῦ. Alia exempl. ἀπὸ Γαβαάθ.[20]

34. **בֶּן־שָׁגֵא.** Ο'. υἱὸς Σωλά (alia exempl. Σαγή[21]).

35, 36. **בֶּן־אוּר : הֵפֶר.** Ο'. υἱὸς Θυροφάρ. Alia exempl. υἱὸς Ὤρ, Ἀφέρ.[22]

38. **אֲחִי נָתָן.** Ο'. υἱὸς (alia exempl. ἀδελφὸς[23]) Ναθάν.

41. **בֶּן־אַחְלַי.** Ο'. υἱὸς Ἀχαϊά (alia exempl. Ὀολί[24]).

42. **הָראוּבֵנִי רֹאשׁ לָראוּבֵנִי.** Ο'. τοῦ Ῥουβὴν ἄρχων. Alia exempl. ὁ Ῥουβηνί, ἄρχων τῷ Ῥουβήν.[25]

Cap. XII.

2. **נֹשְׁקֵי קֶשֶׁת מַיְמִינִים וּמַשְׂמִאלִים בָּאֲבָנִים וּבַחִצִּים בַּקָּשֶׁת.** Ο'. καὶ τόξῳ ἐκ δεξιῶν καὶ ἐξ ἀριστερῶν, καὶ σφενδονῆται ἐν λίθοις καὶ τόξοις. Alia exempl. ἐντείνοντες τόξον δεξιάζοντες καὶ ἀριστερεύοντες, καὶ σφενδονῆται ἐν λίθοις καὶ ἐν βέλεσι καὶ τόξῳ.[1]

3. **(וְיוֹאֵל) (וְיוּאֵל ק).** Ο'. καὶ Ἰωήλ (alia exempl. Ἰαζιήλ[2]).

τὴν), XI, 19 (ut Comp., cum Γεβούς), 44 (cum εἶπον, om. τὴν), 52 (cum εἶπον), 55, 56 (cum καὶ εἶπον), alii. [6] Cod. 108 (nisi forte pertinent ad v. 7: ἐν τῇ περιοχῇ). Cf. Hex. ad Jud. vi. 2. [6] Sic Codd. II, III, XI, 55, 60, 158. [7] Sic Comp., Codd. 19 (cum ἕως τῆς κύκλου), 93, 108. [8] Sic Ald. (cum Μααλὼ καὶ ἕως τ. κ. Ἰωὰβ, καὶ περιεπ. λοιπὸν), Codd. 44 (om. καὶ ἐπολέμησε—τὴν πόλιν), 52 (om. Ἰωὰβ), 56 (cum Μααλὼ, om. Ἰωὰβ), 64 (idem), 74 (ut 44), 106 (idem), alii (inter quos 243, ut 44). Cf. Hex. ad 3 Reg. ix. 15. [9] Sic Comp., Codd. 19, 93, 108. Cf. Dan. x. 21 juxta Theod. [10] Iidem. [11] Sic Codd. 19, 93 (cum κριθῶν in marg.), 108 (idem), 158 (cum κρ. φακοῦ pro πλ. κριθῶν). [12] Sic Comp., Ald., Codd. III, 19, 44, 52 (cum παρεβ.), 55, alii. [13] Sic in textu Codd. 56, 121 (cum Ῥαφαῒν). [14] Sic in textu Cod. 93. Cf. Hex. ad 2 Reg. v. 18. [15] Sic Comp., Codd. 19, 93, 108. Cf. 2 Reg. xxiii. 20 in LXX. [16] Iidem. Cf. Hex. ad Num. xiii. 33.

[17] Sic in textu Cod. 158. Hieron.: ad auriculam suam. Cf. Hex. ad 1 Reg. xxii. 14. [18] Sic Codd. 19, 108 (cum Δωδεί). Cf. Hex. ad 2 Reg. xxiii. 24. [19] Sic Comp. (cum Ἀλλὰδ υἱὸς Βανὰ), Codd. III, 55, 56 (cum Ἐλιὰδ), 60, alii (inter quos 108, ut Comp.). [20] Sic Comp., Codd. 19, 74, 93, alii (inter quos 243). [21] Sic Comp. (cum Σαγαί), Ald. (cum Σαγὶ), Codd. III, XI, 52, 56 (ut Ald.), alii (inter quos 243). [22] Sic Comp. (cum Οὗρ), Codd. III (cum ωρα φαρ), XI (cum ωραφερ), 55 (idem), 56, alii. [23] Sic Comp., Ald., Codd. III, XI, 19, 52, 55, alii. [24] Sic Comp. (cum Ἀλοὶ), Ald., Codd. III (cum Ὀλὶ), XI, 52, 55, alii. [25] Sic Comp., Codd. 93 (cum τῷ Ῥουβίμ), 108.

Cap. XII. [1] Sic Comp., Codd. 19 (cum καὶ ἐντείνοντες ... καὶ βέλλεσι (sic) καὶ τόξου), 93 (cum καὶ ἐντείνοντες ... καὶ τόξου), 108. [2] Sic Comp. (cum Ἐζιήλ), Ald., Codd. III (cum Ἀζιήλ), XI, 19 (ut Comp.), 44 (idem), 52, 55 (ut III), alii (inter quos 243, ut Comp.).

5. **אֶלְעוּזַי**. Ο'. Ἀζαί. Alia exempl. Ἐλιωζί.[3]

6. **וְיִשְׁבְעָם**. Ο'. καὶ Σοβοκάμ (alia exempl. Ἰεσβαάμ[4]).

7. **וְיוֹעֵאלָה**. Ο'. καὶ Ἰελία (alia exempl. Ἰωηλά[5]).

8. **אֲנָשֵׁי צָבָא לַמִּלְחָמָה עֹרְכֵי צִנָּה וָרֹמַח**. Ο'. ἄνδρες παρατάξεως πολέμου, αἴροντες θυρεοὺς καὶ δόρατα. Alia exempl. ἄνδρες δυνάμεως εἰς πόλεμον, παρατασσόμενοι θυρεῷ καὶ δόρατι.[6]

11. **אֱלִיאֵל**. Ο'. Ἐλιάβ. Alia exempl. Ἐλιήλ.[7]

12. **אֶלְזָבָד**. Ο'. Ἐλιαζέρ. Alia exempl. Ἐλζαβάδ.[8]

15. **אֵלֶּה הֵם**. Ο'. οὗτοι. Alia exempl. οὗτοι ἦσαν.[9]
לַמִּזְרָח וְלַמַּעֲרָב. Ο'. ἀπὸ ἀνατολῶν ἕως δυσμῶν. Alia exempl. εἰς ἀνατολὰς καὶ εἰς δυσμάς.[10]

17. **וַיַּעַן**. Ο'. Vacat. Alia exempl. καὶ ἀπεκρίθη.[11]
לְעָזְרֵנִי. Ο'. Vacat. Alia exempl. βοηθῆσαί μοι.[12]
עֲלֵיכֶם.. לְיָחַד. Ο'. καθ' ἑαυτὴν ἐφ' ὑμᾶς. Alia exempl. ἐφ' ὑμᾶς εἰς ἕνωσιν.[13]

18. **לָבְשָׁה**. Ο'. ἐνέδυσε. Alia exempl. ἐνεδυνάμωσε.[14]

19. **בְּבֹאוֹ עִם־פְּלִשְׁתִּים עַל־שָׁאוּל**. Ο'. ἐν τῷ ἐλθεῖν τοὺς ἀλλοφύλους ἐπὶ Σαούλ. Alia exempl. ἐρχομένου αὐτοῦ μετὰ ἀλλοφύλων τῶν ἐλθόντων ἐπὶ Σαούλ.[15]
כִּי בְעֵצָה שִׁלְּחֻהוּ סַרְנֵי פְלִשְׁתִּים לֵאמֹר בְּרֹאשֵׁינוּ יִפּוֹל אֶל־אֲדֹנָיו שָׁאוּל. Ο'. ὅτι ἐν

βουλῇ ἐγένετο παρὰ τῶν στρατηγῶν τῶν ἀλλοφύλων λεγόντων· ἐν ταῖς κεφαλαῖς τῶν ἀνδρῶν ἐκείνων ἐπιστρέψει πρὸς τὸν κύριον αὐτοῦ Σαούλ. Alia exempl. ὅτι ἐν βουλῇ ἐγένοντο οἱ σατράπαι τῶν ἀλλοφύλων λέγοντες· ἐν ταῖς κεφαλαῖς ἡμῶν ἐπιστρέψει πρὸς τὸν κύριον αὐτοῦ Σαούλ· καὶ ἐξαπέστειλαν αὐτόν.[16]

21. **עַל־הַגְּדוּד**. Ο'. ἐπὶ τὸν γεδδούρ. Alia exempl. ἐπὶ τοῦ γεδδούρ ἐν τῇ ἐξοδίᾳ.[17]

22. **כִּי לְעֶת־יוֹם בְּיוֹם יָבֹאוּ עַל־דָּוִיד לְעָזְרוֹ עַד־לְמַחֲנֶה גָדוֹל כְּמַחֲנֵה אֱלֹהִים**. Ο'. ὅτι ἡμέραν ἐξ ἡμέρας ἤρχοντο πρὸς Δαυὶδ εἰς δύναμιν μεγάλην ὡς δύναμις τοῦ θεοῦ. Alia exempl. ὅτι κατὰ καιρὸν ἡμέρας εἰς ἡμέραν ἤρχοντο πρὸς Δαυὶδ τοῦ βοηθῆσαι αὐτῷ ὡς εἰς παρεμβολὴν μεγάλην, ὡς εἰς παρεμβολὴν θεοῦ.[18]

24. **נֹשְׂאֵי צִנָּה וָרֹמַח**. Ο'. θυρεοφόροι καὶ δορατοφόροι. Alia exempl. αἴροντες θυρεὸν καὶ δόρυ.[19]
חֲלוּצֵי צָבָא. Expediti ad bellum. Ο'. δυνατοὶ παρατάξεως. Alia exempl. καθωπλισμένοι δυνάμει.[20]

29. **וְעַד־הֵנָּה מַרְבִּיתָם שֹׁמְרִים מִשְׁמֶרֶת**. Ο'. καὶ ἔτι τὸ πλεῖστον αὐτῶν ἀπεσκόπει τὴν φυλακήν. Alia exempl. καὶ ἕως τοῦ νῦν οἱ πλεῖστοι αὐτῶν ἐφύλασσον τὴν φυλακήν.[21]

31. **לָבוֹא**. Ο'. Vacat. Alia exempl. τοῦ παραγενέσθαι.[22]

32. **רָאשֵׁיהֶם**. Ο'. Vacat. Alia exempl. εἰς τὰς ἀρχὰς αὐτῶν.[23]

---

[3] Sic Comp. (cum Ἐλωζί), Ald., Codd. III, XI, 52, 55, 56, alii.　[4] Sic Comp., Ald. (cum Ἰεζβαά), Codd. III, XI, 44, 56 (ut Ald.), 64, alii (inter quos 243).　[5] Sic Comp., Ald., Codd. III, XI, 44, 56, 60, alii (inter quos 243).　[6] Sic Comp., Codd. 19 (cum πολέμου pro εἰς π.), 93, 108.　[7] Sic Comp., Ald., Codd. III, XI, 19, 44, 55, 56, alii (inter quos 243).　[8] Sic Comp. (cum Ἐλσαβάδ), Codd. III (cum Ἐλεζαβάδ), XI, 44, 56 (cum Ἐλζαβεάδ), alii (inter quos 243).　[9] Sic Comp., Codd. 19, 44, 71, alii (inter quos 243).　[10] Sic Comp., Codd. 19, 93, 108.　[11] Sic Comp., Codd. 19, 71, 74, alii (inter quos 243).　[12] Sic Comp., Codd. 19, 93, 108.　[13] Iidem.　[14] Sic Codd. III, XI, 60. Cf. Hex. ad Jud. vi. 34.　[15] Sic

Comp., Codd. 19 (cum μετὰ τῶν ἀλλ.), 93, 108.　[16] Sic Comp., Codd. 19 (cum ἐξαπέστειλεν), 93, 108 (cum ἐγένετο ?). Hace, καὶ ἐξαπέστειλαν αὐτόν, leguntur etiam in Ald., Codd. 121, 158.　[17] Sic Codd. 19 (cum ἐπὶ τὸν γ.), 93, 108 (cum γεδούρ). Cf. Hex. ad 2 Reg. iii. 22. Theodoret. Quaest. in 1 Paral. p. 560: Γεδούρ δὲ τῶν Ἀμαληκιτῶν τὸ στίφος ὠνόμασεν· ἡ δὲ τῶν Βασιλειῶν βίβλος σύστρεμμα αὐτὸ κέκληκεν. Cf. Hex. ad 1 Reg. xxx. 8.　[18] Sic Comp. (cum ὡς παρεμβολὴν θ.), Codd. 19, 93, 108.　[19] Sic Comp., Codd. 19 (cum θυραιῶν), 93, 108.　[20] Sic Comp., Codd. 19 (cum καθωπλ.), 93 (idem), 108 (idem).　[21] Iidem.　[22] Sic Comp., Codd. 19 (cum παραγίνεσθαι), 93, 108.　[23] Sic Comp., Ald., Codd. III, XI (cum ἑαυτῶν), 19, 44, 52 (ut

33. בְּלֹא־לֵב וָלֵב.　*Non cum corde duplici.* Ο'.
οὐ χεροκένως. Alia exempl. οὐ χεροκένως, οὐδὲ
μετὰ καρδίας καὶ καρδίας.[24]

Cap. XIII.

3. וְנָסֵבָּה. Ο'. καὶ μετενέγκωμεν (alia exempl. ἐπιστρέψωμεν[1]).

6. אֶל־ (*ad Baalah*) וַיַּעַל דָּוִד וְכָל־יִשְׂרָאֵל בַּעֲלָתָה
קִרְיַת יְעָרִים. Ο'. καὶ ἀνήγαγεν αὐτὴν Δαυὶδ
καὶ πᾶς Ἰσραὴλ ἀνέβη εἰς πόλιν Δαυίδ. Alia
exempl. καὶ ἀνέβη Δαυίδ, καὶ πᾶς ἀνὴρ Ἰσραὴλ εἰς Καριαθιαρείμ.[2]

אֲשֶׁר־נִקְרָא שֵׁם. Ο'. οὗ ἐπεκλήθη ὄνομα αὐτοῦ
(alia exempl. τὸ ὄνομα αὐτοῦ ἐκεῖ[3]).

7. וַיִּנְהֲגִים. Ο'. ἦγον. Alia exempl. εἶλκον.[4]

8. וּבְשִׁירִים. Ο'. καὶ ἐν ψαλτῳδοῖς (alia exempl.
ᾠδαῖς[5]).

9. עַד־גֹּרֶן כִּידֹן. Ο'. ἕως τῆς ἅλωνος (alia exempl.
add. Χιδών[6]).

14. בְּבֵיתוֹ. Ο'. Vacat. Alia exempl. ἐν τῷ οἴκῳ
αὐτοῦ.[7]

אֶת־בֵּית עֹבֵד־אֱדֹם. Ο'. Ἀβεδδαρά. Alia
exempl. τὸν οἶκον Ἀβεδδαρά.[8]

Cap. XIV.

1. וְחָרָשֵׁי קִיר. Ο'. καὶ οἰκοδόμους (alia exempl.

add. τοίχων[1]). Alia exempl. καὶ τέκτονας τοίχου.[2]

5. וִיבְחָר. Ο'. καὶ Βαάρ (alia exempl. Ἰεβαάρ[3]).

7. וּבְעֶלְיָדָע. Ο'. καὶ Ἐλιαδέ (alia exempl. Βααλ-
ιαδά[4]).

9, 13. וַיִּפְשְׁטוּ (bis). Ο'. καὶ συνέπεσον (alia exempl. ἐξεχύθησαν[5]).

9. רְפָאִים. Ο'. τῶν γιγάντων. Ἄλλος· Ῥαφαΐμ.[6]

12. וַיִּשָּׂרְפוּ. Ο'. κατακαῦσαι. Alia exempl. καὶ
ἐνεπρήσθησαν.[7]

14. וּבָאתָ. Ο'. καὶ παρέσῃ (alia exempl. ἥξεις[9]).
מִמּוּל הַבְּכָאִים. Ο'. πλησίον τῶν ἀπίων (alia
exempl. τῶν κλαιόντων[9]).

15. בְּרָאשֵׁי הַבְּכָאִים. Ο'. αὐτῶν ἄκρων τῶν ἀπίων.
Alia exempl. τοῦ ἄκρου τῶν ἀπίων; alia, ἀπ'
ἄκρων τῶν κλαιόντων.[10]

17. וַיֵּצֵא שֵׁם־דָּוִיד בְּכָל־הָאֲרָצוֹת. Ο'. καὶ ἐγένετο ὄνομα Δαυὶδ ἐν πάσῃ τῇ γῇ. Alia ex-
empl. καὶ ἐξῆλθε τὸ ὄνομα Δαυὶδ ἐν πάσαις
ταῖς γαίαις.[11]

Cap. XV.

1. וַיַּעַשׂ. Ο'. καὶ ἐποίησεν (alia exempl. ἔπηξεν[1]).

3. וַיַּקְהֵל. Ο'. καὶ ἐξεκκλησίασε (alia exempl. συνήγαγε[2]).

12. אֶל־הֲכִינוֹתִי לוֹ. *Ad locum quem parari ei.*

XI), alii (inter quos 243).　[24] Sic Comp. (om. οὐ χ.),
Ald., Codd. 19 (cum χεροκένος), 56, 93 (cum χειροκένως),
108 (ut 19), 121.

Cap. XIII. [1] Sic Comp., Codd. 19, 93, 108.　[2] Sic
Comp., Codd. 19 (cum Ἰσρ. ἀνέβη εἰς Βαριαθιρείμ), 93 (cum
−αρίμ), 108 (idem).　[3] Sic Comp., Codd. 19, 44, 93, 106
(om. τὸ), alii.　[4] Sic Codd. 19, 93 (in marg.), 108.
[5] Sic Comp., Codd. 19, 93, 108.　[6] Sic Comp. (cum
Χαιδών), Codd. III (cum Χειδών), 19 (cum Χαιλών), 44, 71
(cum Χελών), 74, alii.　[7] Sic Comp., Codd. 19, 108 (om.
τῷ).　[8] Sic Comp., Codd. 44, 74, alii (inter quos 243).

Cap. XIV. [1] Sic Ald., Codd. III, XI, 44, 52, alii (inter
quos 243).　[2] Sic Comp. (cum τοίχων), Codd. 19, 93, 108.
[3] Sic Comp., Ald. (cum Ἰεβαάλ), Codd. III, XI, 44 (cum Ἰε-

Βάρ), 55, 56, alii.　[4] Sic Comp., Ald. (om. καὶ), Codd. II (cum
Βαλεγδαέ), III (cum Βαλλιαδά), XI (idem), 44 (cum Βαλιαδά),
52, 55, alii (inter quos 243, cum Βαλαδὶ).　[5] Sic Comp.,
Codd. 19, 93, 108. Cf. Hex. ad Jud. ix. 44.　[6] Sic in textu
Codd. 56, 121 (cum Ῥαφαὶν). Cf. ad Cap. xi. 15.　[7] Sic
Comp., Codd. 19 (om. καὶ), 93, 108 (ut 19).　[8] Sic
Comp., Codd. 19, 93.　[9] Sic Codd. 19 (cum κλεόντων),
93 (in marg.), 108 (ut 19), 158 (cum. τῶν ἀπίων κλαιόντων).
Cf. Hex. ad 2 Reg. v. 23.　[10] Prior lectio est in Comp.
(cum ἀπ' ἄκρων), Ald., Codd. III, XI, 44, 52, 55, aliis (inter
quos 243); posterior in Codd. 19 (cum κλεόντων), 108
(idem).　[11] Sic Comp., Codd. 19, 93, 108 (om. τό).

Cap. XV. [1] Sic Comp., Codd. 19, 93, 108.　[2] Sic Comp.,
Ald., Codd. III, XI, 19, 44, 52, alii (inter quos 243).

4 z

TOM. I.

Ο΄. οὗ ἡτοίμασα αὐτῇ. Alia exempl. οὗ ἡτοίμασα αὐτῇ εἰς τὴν ἑτοιμασίαν αὐτῆς.³

13. לֹא אַתֶּם. Ο΄. ὑμᾶς εἶναι (alia exempl. add.
ἑτοίμους⁴).

15. וַיִּשְׂאוּ. Ο΄. καὶ ἔλαβον (alia exempl. ἦραν⁵).

בִּכְתֵפָם בַּמֹּטוֹת עֲלֵיהֶם. Ο΄. κατὰ τὴν γραφὴν (בִּכְתָב) ἐν ἀναφορεῦσιν ἐπ' αὐτούς (alia
exempl. ἐν ὤμοις αὐτῶν⁶).

16. בִּכְלֵי־שִׁיר. Ο΄. ἐν ὀργάνοις (alia exempl. add.
ᾠδῶν⁷).

מַשְׁמִיעִים לְהָרִים־בְּקוֹל לְשִׂמְחָה. Ο΄. τοῦ φω-
νῆσαι εἰς ὕψος ἐν φωνῇ εὐφροσύνης. Alia exempl. ἀκουτίζοντες τοῦ ὑψῶσαι ἐν φωνῇ εἰς
εὐφροσύνην.⁸

18. הַמִּשְׁנִים. Ο΄. οἱ δεύτεροι. Alia exempl. οἱ
δευτερεύοντες.⁹

וְעָנִי אֱלִיאָב. Ο΄. καὶ Ἐλιωήλ (alia exempl.
Ἀνὶ¹⁰), καὶ Ἐλιάβ. Alia exempl. καὶ Ἀνιε-
λιάβ.¹¹

19. וְהַמְשֹׁרְרִים. Ο΄. καὶ οἱ ψαλτῳδοί (alia exempl.
οἱ ᾠδοὶ ἐν κινύραις¹²).

לְהַשְׁמִיעַ. Ο΄. τοῦ ἀκουσθῆναι ποιῆσαι. Alia
exempl. τοῦ ἀκουτίσαι.¹³

20. עַל־עֲלָמוֹת. Ο΄. ἐπὶ ἀλαιμώθ. Alia exempl.
περὶ τῶν κρυφίων.¹⁴ Ἄλλος· ἐπὶ τῶν ἀναβαθμῶν (עַל־מַעֲלוֹת).¹⁵ Ἄλλος· ἐπὶ τῶν αἰ-
ωνίων.¹⁶

21. עַל־הַשְּׁמִינִית לְנַצֵּחַ. In octava ita ut prae-
cinerent. Ο΄. ἀμασενὶθ τοῦ ἐνισχῦσαι. Alia
exempl. περὶ τῆς ὀγδόης εἰς νῖκος.¹⁷

22. בְּמַשָּׂא יָסֹר בַּמַּשָּׂא. In cantu (s. portatione),
erudiendo in cantu (s. portatione). Ο΄. ἄρχων
τῶν ᾠδῶν. Alia exempl. ἐν τῇ ἄρσει ἄρχων
τῶν ᾠδῶν; alia, ἐν ταῖς ἄρσεσιν ᾠδός.¹⁸

27. אֵפוֹד בָּד. Ο΄. στολὴ ('Α. ἐπένδυμα. Σ. ἐπω-
μὶς¹⁹) βυσσίνη. Alia exempl. ἐφοὺδ μόνον.²⁰

28. וּבְקוֹל שׁוֹפָר. Ο΄. καὶ ἐν φωνῇ σωφέρ ("Αλ-
λος· κερατίνης²¹).

CAP. XVI.

1. וִירוּשָׁלִָם. Ο΄. καὶ σωτηρίου ("Αλλος· εἰρηνικάς¹).

3. כִּכַּר־לֶחֶם וְאֶשְׁפָּר וַאֲשִׁישָׁה. Ο΄. ἄρτον ἕνα ἀρτο-
κοπικὸν, καὶ ἀμορίτην. Alia exempl. χέχχαρ
ἄρτου, καὶ λάγανον τηγάνου, καὶ κολλυρίτην.²

5. מַשְׁמִיעַ. Ο΄. ἀναφωνῶν. "Αλλος· ἀκουτίζων.³

15. זִכְרוּ. Ο΄. μνημονεύωμεν. Alia exempl. μνη-
μονεύων.⁴

19. כִּמְעַט וְגָרִים בָּהּ. Perpauci et peregrini in ea.
Ο΄. ὡς (s. ἕως) ἐσμικρύνθησαν, καὶ παρῴκησαν
ἐν αὐτῇ. Alia exempl. ὡς μικροὺς καὶ παροίκους ἐν αὐτῇ.⁵

21. לְעָשְׁקָם. Ο΄. τοῦ δυναστεῦσαι ("Αλλος· συκο-
φαντῆσαι⁶) αὐτούς.

---

² Duplex versio est in Ald., Codd. 19 (cum αὐτὴν pro
αὐτῇ), 56, 93, 108 (ut 19), 121. ⁴ Sic Comp., Ald.,
Codd. 19, 56, 93, 108, 121. ⁵ Sic Comp., Codd. 19, 93,
108, Theodoret. ⁶ Sic (pro ἐπ' αὐτοὺς) iidem. ⁷ Sic
Comp., Ald., Codd. III, XI, 19, 44, 52, alii (inter quos
243). ⁸ Sic Comp., Codd. 19, 93, 108. ⁹ Iidem.
¹⁰ Sic Comp., Codd. III (cum Ἀναὶ), XI, 52, 55, alii (inter
quos 93, 108 (uterque cum Ἀνανίας)). ¹¹ Sic Codd. 44
(om. καὶ), 74, alii (inter quos 243). ¹² Sic Comp. (om.
ἐν κ.), Codd. 19, 93, 108. ¹³ Iidem. ¹⁴ Iidem.
Hieron.: arcana cantabant. Cf. Psal. ix. 1 in LXX.
¹⁵ Sic in marg. sine nom. Codd. 93, 108. ¹⁶ Cod. 108
in marg. sine nom. Est Symmachi, ut videtur, coll. Hex.
ad Psal. xlv. 1. ¹⁷ Sic Comp. (cum τοῦ ἐνισχῦσαι),
Codd. 19, 93, 108. Hieron.: pro octava canebant ἐπινί-
κιον. Cf. Hex. ad Psal. vi. 1. xi. 1. ¹⁸ Prior lectio est
in Comp., Codd. 19 (om. ἐν), 93, 108; posterior in Codd.
52, 56, 64, aliis. ¹⁹ Theodoret. Quaest. I in 1 Paral.
p. 561. Cf. Hex. ad Jud. xvii. 5. ²⁰ Sic Comp. (cum
ἐφ. βύσσινον), Codd. 19, 93, 108. ²¹ Sic in marg. sine
nom. Codd. 93, 108 (cum κερατίνη).
CAP. XVI. ¹ Sic in textu Comp., et (cum duplici lectione καὶ εἰρηνικὰς καὶ σωτηρίου) Codd. 19 (om. καὶ priore),
93, 108. ² Sic Comp. (cum χέχαρ) Codd. 19 (cum χάλ-
χαρ), 93 (cum μέλχαρ αὐτοῦ καὶ ἀπὸ τηγ.), 108 (cum ἐλχαρ).
Ad χέχχαρ cf. Hex. ad Jerem. xxxvii. 21. ³ Cod. 108
in marg. sine nom. ⁴ Sic Codd. III, XI, 19, 52, 55,
alii. ⁵ Sic Comp., Codd. 19, 93, 108. Cf. Psal. civ. 12.
⁶ Cod. 93 in marg. sine nom. Cf. Hex. ad Psal. cii. 6.
Jerem. xxi. 12. l. 33. Hos. xii. 7.

23. בַּשְּׂרוּ. Ο΄. ἀναγγείλατε. Ἄλλος· εὐαγγελίσασθε.[7]

26. אֱלִילִים. Ο΄. εἴδωλα. Alia exempl. δαιμόνια.[8] Ἄλλος· θρηνήματα.[9]

27. הוֹד וְהָדָר לְפָנָיו. Ο΄. δόξα καὶ ἔπαινος κατὰ πρόσωπον αὐτοῦ. Alia exempl. αἶνος καὶ μεγαλοπρέπεια ἐνώπιον αὐτοῦ.[10]

וְחֶדְוָה. Et gaudium. Ο΄. καὶ καύχημα (alia exempl. ἐξομολόγησις[11]).

29. שְׂאוּ מִנְחָה. Ο΄. λάβετε δῶρα. Alia exempl. ἄρατε θυσίας.[12]

בְּהַדְרַת־קֹדֶשׁ. Ο΄. ἐν αὐλαῖς ἁγίαις αὐτοῦ. Alia exempl. ἐν κατοικητηρίῳ ἁγίῳ αὐτοῦ.[13]

30. אַף־תִּכּוֹן תֵּבֵל בַּל־תִּמּוֹט. Ο΄. κατορθωθήτω ἡ γῆ, καὶ μὴ σαλευθήτω. Alia exempl. καὶ γὰρ κατώρθωσε τὴν οἰκουμένην, ἥτις οὐ σαλευθήσεται.[14]

32. יִרְעַם. Fremat. Ο΄. βομβήσει. Ἄλλος· ἀλαλαξάτω.[15]

יַעֲלֹז הַשָּׂדֶה. Ο΄. καὶ ξύλον ἀγροῦ. Alia exempl. ἀγαλλιάσθω ὁ ἀγρός.[16]

33. כִּי־בָא. Ο΄. ὅτι ἦλθεν (alia exempl. ἥκει[17]).

36. אָמֵן. Ο΄. ἀμήν. Ἄλλος· γένοιτο.[18]

37. לִדְבַר־יוֹם. Ο΄. τὸ τῆς ἡμέρας. Alia exempl. εἰς λόγον τὸ τῆς ἡμέρας.[19]

41. הַבְּרוּרִים. Ο΄. ἐκλεγέντες. Alia exempl. οἱ ἐκλεγέντες; alia, οἱ ἐκλεκτοί.[20]

42. הֵימָן וִידוּתוּן חֲצֹצְרוֹת וּמְצִלְתַּיִם. Ο΄. σάλπιγγες καὶ κύμβαλα. Alia exempl. Αἰμὰν καὶ Ἰδιθοὺμ καὶ Ἀβδεδδὸμ καὶ οἱ ἀδελφοὶ αὐτοῦ ἑξήκοντα καὶ ὀκτώ.[21]

לַשָּׁעַר. Ο΄. εἰς τὴν πύλην. Alia exempl. εἰς τὸ πυλωρεῖν.[22]

Cap. XVII.

5. מֵאֹהֶל אֶל־אֹהֶל. Ο΄. ἐν σκηνῇ. Alia exempl. ἐν σκηνῇ εἰς σκέπην.[1]

וּמִמִּשְׁכָּן. Ο΄. καὶ ἐν καλύμματι (alia exempl. καταλύματι[2]).

6. הִתְהַלַּכְתִּי. Ο΄. διῆλθον. Ἄλλος· ἐμπεριεπάτησα.[3]

אֶת־אַחַד שֹׁפְטֵי יִשְׂרָאֵל. Ο΄. πρὸς μίαν φυλὴν τοῦ Ἰσραήλ. Ἄλλος· ἑνὶ τῶν κριτῶν Ἰσραήλ.[4]

לָמָּה. Ο΄. ὅτι. Alia exempl. διὰ τί.[5]

7. צְבָאוֹת. Ο΄. παντοκράτωρ. Alia exempl. τῶν δυνάμεων.[6]

9. וְלֹא יִרְגְּזוּ. Ο΄. καὶ οὐ μεριμνήσει (alia exempl. ταραχθήσεται[7]).

13. כַּאֲשֶׁר. Ο΄. ὡς. Alia exempl. ὃν τρόπον.[8]

14. וְהַעֲמַדְתִּיהוּ. Ο΄. καὶ πιστώσω (alia exempl. στήσω[9]) αὐτόν.

16. עַד־הֲלֹם. Ο΄. ἕως αἰῶνος. Ἄλλος· ἕως ἐνταῦθα.[10]

---

[7] Cod. 93 in marg. sine nom. Cf. Psal. xcv. 2. [8] Sic Codd. 74, 93 (cum δαιμώνα), 106, alii (inter quos 243). [9] Cod. 93 in marg. sine nom. [10] Sic Comp., Codd. 19, 93, 108. [11] Sic Codd. 19, 93, 108. [12] Sic Comp., Codd. 19, 93, 108. Cf. Psal. xcv. 8. [13] Iidem. [14] Iidem. Cf. Hex. ad Psal. xcv. 10. [15] Sic in marg. sine nom. Codd. 93, 119. Cod. 158 in textu: ἀλαλαξάτω (sic) βομβήσει. [16] Sic Comp., et (cum duplici versione ἀγαλλ. ὁ ἀγρὸς καὶ ξ. ἀγροῦ) Codd. 19, 56 (cum καὶ ἀγαλλ.), 93, 108, 121 (ut 56). [17] Sic Comp., Codd. 19, 93, 108. [18] Cod. 93 in marg. sine nom. [19] Sic Comp., Codd. 19, 93, 108. [20] Prior lectio est in Comp., Cod. 93; posterior in Ald., Codd. 134, 144, 236, 243.

[21] Sic Comp. (cum καὶ Αἰμὰν καὶ Ἰδιθοὺμ tantum), Codd. 19 (cum Ἀβεδιδδὸμ), 93, 108. Mox καὶ ὀργάνοις iidem. [22] Iidem.

Cap. XVII. [1] Sic Comp., Ald., Codd. 44, 71, 93, alii (inter quos 243). Cf. Hex. ad 2 Reg. vii. 6. [2] Sic Comp., Ald., Codd. III, XI, 19, 44, 55, alii (inter quos 243). [3] Cod. 93 in marg. sine nom. (cum ἐπ.). Cf. Hex. ad Ezech. xix. 6. xxviii. 14. [4] Sic in textu (cum duplici versione, πρὸς μ. φ. τοῦ Ἰσρ. ἑνὶ τῶν κρ. Ἰσρ.) Codd. III, 52, 64, 71 (om. Ἰσραήλ). [5] Sic Comp., Codd. 19, 93 (cum ἱνατί), 108. [6] Iidem. [7] Sic Comp., Codd. 19, 93 (cum μεριμνήσεται in marg.), 108. Cf. Hex. ad 2 Reg. vii. 10. [8] Iidem. [9] Iidem. [10] Cod. 93

17. כְּתוֹר הָאָדָם. *Secundum modum hominum.* Ο'. ὡς (alia exempl. ὡσεὶ[11]) ὅρασις ἀνθρώπου. Ἄλλος· ὡσεὶ κατασκέψεται ἄνθρωπος.[12]

18. לְכָבוֹד אֶת־עַבְדֶּה. Ο'. τοῦ δοξάσαι. Alia exempl τοῦ δοξάσαι σε τὸν δοῦλόν σου.[13]

19. יְהֹוָה בַּעֲבוּר עַבְדֶּה. Ο'. Vacat. Alia exempl. κύριε, διὰ τὸν δοῦλόν σου.[14]

הַזֹּאת לְהֹדִיעַ אֶת־כָּל־הַגְּדֻלּוֹת. Ο'. Vacat. Alia exempl. ταύτην, τοῦ γνωρίσαι πάντα τὰ μεγάλα.[15]

21. אֲשֶׁר הָלַךְ הָאֱלֹהִים. Ο'. ὡς ὡδήγησεν αὐτὸν ὁ θεός. Alia exempl. ὡς ἐπορεύθη θεός.[16]

24. אֱלֹהֵי יִשְׂרָאֵל אֱלֹהִים לְיִשְׂרָאֵל. Ο'. θεὸς Ἰσραήλ. Alia exempl. ὁ θεὸς τοῦ Ἰσραὴλ θεὸς τῷ Ἰσραήλ.[17]

נָכוֹן. Ο'. ἀνωρθωμένος. Alia exempl. ἡτοιμασμένος.[18]

25. גָּלִיתָ. Ο'. ἤνοιξας. Alia exempl. ἀπεκάλυψας.[19]

27. וּבֵרַכְתָּ. Ο'. καὶ εὐλόγησον (alia exempl. εὐλόγηται[20]).

Cap. XVIII.

2. וַיִּהְיוּ מוֹאָב עֲבָדִים. Ο'. καὶ ἦσαν Μωὰβ παῖδες. Alia exempl. καὶ ἐγενήθη Μωὰβ δοῦλος.[1]

3. חֲמָתָה. Ο'. Ἡμάθ. Alia exempl. ἐν Αἰμάθ.[2]

10. כִּי־אִישׁ מִלְחֲמוֹת תֹּעוּ הָיָה הֲדַרְעֶזֶר. Ο'. ὅτι ἀνὴρ πολέμιος Θωὰ ἦν τῷ Ἀδρααζάρ. Alia exempl. ὅτι ἀνὴρ πολεμιστὴς ἦν τῷ Θωλὰ ὁ Ἀδρααζάρ.[3]

13. בָּאֱדוֹם. Ο'. ἐν τῇ κοιλάδι. Alia exempl. ἐν τῇ Ἰδουμαίᾳ.[4]

15. מַזְכִּיר. Ο'. ὁ ὑπομνηματογράφος. Ἄλλος· ἀναμιμνήσκων.[5]

17. לְיַד הַמֶּלֶךְ. *Ad latus regis.* Ο'. διάδοχοι (Ἄλλος· ἐπὶ χεῖρα.[6] Ἄλλος· ἐχόμενα[7]) τοῦ βασιλέως.

Cap. XIX.

3. בְּעֵינֶיהָ. Ο'. ἐναντίον σου. Alia exempl. ἐν ὀφθαλμοῖς σου.[1]

5. הָאֲנָשִׁים (in posteriore loco). Ο'. Vacat. Alia exempl. οἱ ἄνδρες; alia, οἱ ἄνθρωποι.[2]

וְשַׁבְתֶּם. Ο'. καὶ ἀνακάμψατε (alia exempl. ἐπιστρέψατε[3]).

6. וּמִצּוֹבָה. Ο'. καὶ παρὰ Σωβάλ. Alia exempl. καὶ ἐκ (s. ἀπὸ) Σουβά.[4]

7. לִפְנֵי מֵידְבָא. Ο'. κατέναντι (alia exempl. ἔμπροσθεν[5]) Μηδαβά.

12. תֶּחֱזַק. Ο'. κρατήσῃ. Alia exempl. κραταιωθῇ; alia, κραταιώσηται.[6]

---

in marg. sine nom.   [11] Sic Comp., Codd. 93, 108. [12] Sic in marg. sine nom. Codd. 93 (cum κατασκέψετε), 108.   [13] Sic Comp., Codd. 19, 93, 108.   [14] Iidem.   [15] Iidem. Sic (cum π. τὰ μεγαλεῖα κυρίου) Cod. 71. In Ald., Codd. 74, 106, aliis, integer versus sic habet: καὶ διὰ τὸν δοῦλόν σου ἐποίησας τὴν π. μ. ταύτην κατὰ τὴν κ. σου, τοῦ γν. π. τὰ μεγαλεῖά σου.   [16] Sic Comp., et (cum duplici versione, ὡς ὡδ. αὐτὸν ὁ θ. ὡς ἐπορ. θ.) Codd. 19, 93, 108.   [17] Sic Comp., Codd. 19 (om. ὁ θ. τοῦ Ἰσρ.), 93, 108.   [18] Iidem.   [19] Iidem. Cf. Hex. ad 2 Reg. vii. 27.   [20] Sic Comp., Codd. 19, 93 (cum εὐλογεῖται), 108.

Cap. XVIII. [1] Sic Comp., Codd. 19, 93, 108.   [2] Iidem.   [3] Sic Comp. (cum Θωοὺ et Ἀδαδεζέρ), Codd. 19,

93 (cum πολέμιος ἦν τῷ Θωὰ), 108 (cum Θολά).   [4] Iidem. [5] Sic in textu Cod. 93. Cf. Hex. ad 2 Reg. viii. 16. [6] Sic in textu Cod. 93.   [7] Sic in textu Codd. 56, 121 (cum ἐχόμενοι). Cf. ad Cap. vi. 31.

Cap. XIX. [1] Sic Comp., Codd. 19, 93, 108.   [2] Prior lectio est in Comp., Codd. 19 (om. οἱ), 93, 108; posterior in Ald., Codd. 74, 106, aliis (inter quos 243).   [3] Sic Comp., Codd. 19, 93, 108.   [4] Sic Comp. (cum ἀπὸ), Ald., Codd. 19 (ut Comp.), 56, 64, alii (inter quos 243). [5] Sic Comp., Codd. 19, 93, 108.   [6] Prior lectio est in Comp., Codd. 19, 93, 108; posterior in Ald., Codd. 44, 74, aliis (inter quos 243). Mox κραταιωθῶσιν pro κρατήσωσιν omnes.

14. לִפְנֵי אֲרָם. Ο'. κατέναντι Σύρων. Alia exempl. ἐξεναντίας Συρίας.[7]

מִפָּנָיו. Ο'. ἀπ' αὐτῶν (potior scriptura αὐτοῦ). Alia exempl. ἀπὸ προσώπου αὐτοῦ οἱ Σύροι.[8]

15. מִפְּנֵי אַבְשַׁי אָחִיו. Ο'. ἀπὸ προσώπου Ἀβεσαί, καὶ ἀπὸ προσώπου Ἰωὰβ τοῦ ἀδελφοῦ αὐτοῦ. Alia exempl. ἀπὸ προσώπου Ἀβεσσὰ τοῦ ἀδελφοῦ Ἰωάβ.[9]

16. מֵעֵבֶר. Ο'. ἐκ τοῦ πέραν. Alia exempl. τὸν ἐν τῷ πέραν.[10]

18. אִישׁ רַגְלִי. Ο'. πεζῶν. Alia exempl. ἀνδρῶν πεζῶν.[11]

19. נִגְּפוּ. Ο'. ἐπταίκασιν. Alia exempl. ἐθραύσθησαν.[12]

וַיַּשְׁלִימוּ עִם־דָּוִיד. Ο'. καὶ διέθεντο μετὰ Δαυὶδ (alia exempl. add. εἰρήνην[13]).

CAP. XX.

1. וַיַּהַרְסֶהָ. Ο'. καὶ κατέσκαψεν (alia exempl. καθεῖλεν[1]) αὐτήν.

3. (potior scriptura וּבַמְּגֵרוֹת) וּבַמְּגֵרֹת. Ο'. καὶ ἐν διασχίζουσι. Aliter: Ο'. Vacat.[2] Alia exempl. καὶ ἐν τοῖς τριβόλοις.[3]

לְכֹל עָרֵי בְנֵי־עַמּוֹן. Ο'. τοῖς πᾶσιν υἱοῖς (alia exempl. πάσαις ταῖς πόλεσιν υἱῶν[4]) Ἀμμών.

4. וַיִּכָּנְעוּ. Et depressi sunt. Ο'. καὶ ἐταπείνωσεν αὐτόν. Alia exempl. καὶ ἐνετράπησαν.[5]

8. נוּלְדוּ. Ο'. ἐγένοντο. Alia exempl. ἐγεννήθησαν.[8]

CAP. XXI.

1. וַיַּעֲמֹד שָׂטָן עַל־יִשְׂרָאֵל. Ο'. καὶ ἔστη διάβολος ἐν τῷ Ἰσραήλ. Alia exempl. καὶ ἀνέστη Σατὰν ἐπὶ Ἰσραήλ.[1] Schol. Ὅτι ὁ διάβολος ὀργὴ τοῦ θεοῦ ἐστι.[2]

3. כָּהֵם. Ο'. ὡς αὐτοί. Alia exempl. ὥς εἰσιν.[3]

הֲלֹא אֲדֹנִי הַמֶּלֶךְ כֻּלָּם לַאדֹנִי לַעֲבָדִים. Ο'. πάντες τῷ κυρίῳ μου παῖδες. Alia exempl. οὐχί, κύριέ μου βασιλεῦ, πάντες τῷ κυρίῳ μου εἰς δούλους;[4]

לְאַשְׁמָה. Ο'. εἰς ἁμαρτίαν (alia exempl. πλημμέλειαν[5]).

4. חָזַק. Ο'. ἴσχυσεν. Alia exempl. ἐκραταιώθη.[6]

5. שֹׁלֵף חֶרֶב (bis). Ο'. ἐσπασμένων μάχαιραν. Alia exempl. σπωμένων ῥομφαίαν.[7]

וִיהוּדָה. Ο'. καὶ υἱοὶ Ἰούδα. Alia exempl. καὶ Ἰούδας.[8]

6. נִתְעַב אֶת־יוֹאָב. Abominationi fuit .. Joabo. Ο'. κατίσχυσε .. τὸν Ἰωάβ. Alia exempl. προσώχθισεν .. τὸν Ἰωάβ.[9] Alia: κατετάχυνεν (s. κατετάχησεν) .. τὸν Ἰωάβ.[10]

7. וַיֵּרַע. Ο'. καὶ πονηρόν. Alia exempl. καὶ πονηρὸν ἐφάνη.[11]

8. אֶת־עֲוֹן עַבְדְּךָ. Ο'. τὴν κακίαν παιδός σου. Alia exempl. τὴν ἀδικίαν τοῦ δούλου σου.[12]

---

[7] Sic Comp., Codd. 19, 93, 108.   [8] Iidem.   [9] Iidem.   [10] Sic Comp., Codd. 19 (om. τὸν), 93, 108 (ut 19).   [11] Sic Comp., Ald., Codd. 19, 44, 71, alii (inter quos 243).   [12] Sic Comp., Codd. 19, 93, 108. Cf. Hex. ad 1 Reg. iv. 3.   [13] Sic Comp., Codd. 19 (cum διέθετο), 93, 108. Cf. Hex. ad 2 Reg. x. 19.

CAP. XX.   [1] Sic Comp., Codd. 19, 93, 108.   [2] Sic Codd. II, III, 52, 55, 56, alii.   [3] Sic Comp., Codd. 19, 93, 108.   [4] Sic Comp. (cum πᾶσι τοῖς πόλεσιν υἱῶν), Codd. III (cum πᾶσιν pro πάσαις), XI, 52, 56, 64, 121.   [5] Sic (cum duplici versione καὶ ἐταπ. αὐτὸν καὶ ἐνετρ.) Codd. 19, 93, 108, 158 (cum ἐνετράπησαν). Cf. Hex. ad Jud. xi. 33.   [8] Sic Comp., Codd. 19 (cum ἐγένησαν), 93, 108.

CAP. XXI.   [1] Sic Comp., Codd. 19 (cum ἀνέστησαν ἐπὶ Ἱερουσαλήμ), 93, 108, Theodoret. Quaest. XLV in 2 Reg. p. 450.   [2] Cod. 108 in marg.   [3] Sic Comp., Codd. 19, 93, 108.   [4] Iidem.   [5] Iidem.   [6] Sic Codd. III, XI, 52, 64, 119, 158.   [7] Sic (bis) Comp., Codd. 93, 108 (cum σπωμένων).   [8] Sic Comp., Codd. III, 19, 56, 71, alii.   [9] Sic Ald., Codd. III, XI, 52, 56, 64, alii.   [10] Sic Codd. 19 (cum πρὸς Ἰωάβ), 71 (cum κατετάχυσεν), 74 (idem), 93 (cum προσώχθισεν in marg.), 106 (ut 71), 108 (cum προσωχθίσας), alii. Comp. solus: κατέσχυσεν .. πρὸς Ἰωάβ.   [11] Sic Comp. (cum ἐνώπιον τοῦ θ.), Ald., Codd. III, XI, 19 (ut Comp.), 44, 52, alii (inter quos 243).   [12] Sic Comp., Codd. 19, 93, 108. Cf. Hex. ad 2 Reg. xxiv. 10.

8. נִסְכַּלְתִּי. Ο'. ἐματαιώθην. Alia exempl. ἡφρόνησα.[13]

9. חֹזֵה דָוִיד. Ο'. τὸν ὁρῶντα. Alia exempl. τὸν ὁρῶντα τῷ Δαυίδ.[14]

10. לֵךְ. Ο'. πορεύου. Alia exempl. βάδιζε.[15]

אֲנִי נֹטֶה עָלֶיךָ. Ego extendo super te (propono tibi). Ο'. αἱρῶ (potius αἴρω) ἐγὼ (alia exempl. ἐγὼ ἐρῶ[16]) ἐπὶ σέ. Σ. προτίθημί σοι.[17]

12. לְנַשֶּׂגֶת. Ut assequatur te. Ο'. τοῦ ἐξολοθρεῦσαι. Alia exempl. καταδιώκειν σε; alia, καταλαμβάνειν σε.[18]

20. אֶת־הַמַּלְאָךְ. Ο'. τὸν βασιλέα. "Αλλος· τὸν ἄγγελον.[19]

וְאַרְבַּעַת בָּנָיו עִמּוֹ מִתְחַבְּאִים. Ο'. καὶ τέσσαρας υἱοὺς αὐτοῦ μετ' αὐτοῦ μεθ' ἀχαβίν. Alia exempl. καὶ τέσσαρες υἱοὶ αὐτοῦ μετ' αὐτοῦ κρυβόμενοι.[20]

21. וַיָּבֹא אָרְנָן וַיַּרְא אֶת־דָּוִיד וַיֵּצֵא. Ο'. καὶ Ὀρνὰ ἐξῆλθεν. Alia exempl. καὶ ἐπέβλεψεν Ὀρνὰ, καὶ εἶδε τὸν Δαυίδ, καὶ ἐξῆλθεν.[21]

23. הַבָּקָר לָעֹלוֹת. Ο'. τοὺς μόσχους εἰς ὁλοκαύτωσιν. Alia exempl. τοὺς βόας εἰς ὁλοκάρπωσιν.[22]

וְהַמּוֹרִגִּים. Et tribula. Ο'. καὶ τὸ ἄροτρον. Alia exempl. καὶ τὰς ἀμάξας.[23]

וְהַחִטִּים. Ο'. καὶ τὸν σῖτον. Alia exempl. καὶ τὸν πυρόν.[24]

24. בְּכֶסֶף מָלֵא. Ο'. ἐν ἀργυρίῳ ἀξίῳ. Alia exempl. ἀργυρίου ἀξίου.[25]

25. בְּמָקוֹם. Pro eo loco. Ο'. ἐν τῷ τόπῳ (alia exempl. περὶ τοῦ τόπου[26]) αὐτοῦ.

27. וַיָּשֶׁב. Ο'. καὶ κατέθηκε (alia exempl. καθῆκε[27]).

30. כִּי נִבְעַת. Quia perterritus est. Ο'. ὅτι οὐ κατέσπευσεν. Alia exempl. ὅτι κατέσπευσεν.[28] "Αλλος· ὅτι ἐθαμβήθη.[29]

CAP. XXII.

2. אֶת־הַגֵּרִים. Ο'. πάντας τοὺς προσηλύτους ("Αλλος· παροίκους[1]).

3. וְלַמְחַבְּרוֹת. Et ad commissuras. Ο'. καὶ τοὺς στροφεῖς. Alia exempl. καὶ εἰς τὰς συμβολὰς καὶ εἰς τοὺς στροφεῖς.[2]

5. לְהַגְדִּיל. Ο'. εἰς μεγαλωσύνην. Alia exempl. τοῦ μεγαλῦναι.[3]

לְכָל־הָאֲרָצוֹת. Ο'. εἰς πᾶσαν τὴν γῆν. Alia exempl. πάσαις ταῖς γαίαις.[4]

10. וַהֲכִינוֹתִי אֶת־כִּסֵּא מַלְכוּתוֹ. Ο'. καὶ ἀνορθώσω θρόνον βασιλείας αὐτοῦ. Alia exempl. καὶ ἑτοιμάσω τὸν θρόνον τῆς βασιλείας αὐτοῦ.[5]

11. וְהִצְלַחְתָּ. Ο'. καὶ εὐοδώσει (alia exempl. κατευθυνεῖς[6]).

13. תַּצְלִיחַ. Ο'. εὐοδώσει. Alia exempl. εὐοδωθήσῃ.[7]

וְאַל־תֵּחָת. Ο'. μηδὲ πτοηθῇς. Alia exempl. μηδὲ δειλία.[8]

14. וַעֲלֵיהֶם תּוֹסִיף. Ο'. καὶ πρὸς ταῦτα πρόσθες. Alia exempl. καὶ πρόσθες ἐπ' αὐτοῖς.[9]

---

[13] Iidem. Cf. Hex. ad 2 Reg. xv. 31.　　[14] Sic Comp., Codd. 19 (cum τὸν Δ.), 93, 108, 158.　　[15] Sic Comp., Codd. 19, 93, 108.　　[16] Sic Comp. (cum αἱρῶ), Ald., Codd. 19, 56, alii (inter quos 243).　　[17] Cod. 108.　　[18] Prior lectio est in Comp., Codd. 19, 93, 108, 158; posterior in Ald., Codd. 44, 71 (om. σε), 74, aliis (inter quos 243).　　[19] Cod. 106 in marg., alia manu.　　[20] Sic Comp. (cum κρυβ. μετ' αὐτοῦ), Ald. (cum κρυββόμενοι), Codd. III, XI, 44, 52 (cum κρυπτόμενοι), 60 (ut Ald.), alii (inter quos 243).　　[21] Sic Comp. (add. Ὀρνὰ in fine), Ald. (cum ἀπέστρεψεν pro ἐπέβλεψεν), Codd. 19 (ut Comp.), 74 (eraso Ὀρνᾶ?), 93 (ut Comp.), 106, alii (inter quos 243).　　[22] Sic Comp., Codd. 19, 93 (cum ὁλοκαύτωσιν), 108.　　[23] Iidem. Duplex lectio, καὶ τὸ ἄρ. καὶ τὰς ἀμ., est in Codd. III, XI, 52, 55, aliis.　　[24] Iidem.　　[25] Sic Comp., Ald., Codd. III, XI, 19 (om. αὐτοῦ), 52, 55, alii (inter quos 243).　　[26] Sic Ald., Codd. III, 44, 74, alii (inter quos 243).　　[27] Sic Comp., Ald., Codd. III, XI, 19, 52, 64, alii.　　[29] Cod. 93 in marg. (dubium an ἐθυμώθη). Cf. Hex. ad 1 Reg. xvi. 14; necnon Dan. viii. 17 juxta Theod.

CAP. XXII.　[1] Sic in textu Cod. 108.　　[2] Sic Comp., Codd. 19, 93 (om. εἰς posteriore), 108.　　[3] Iidem.　　[4] Iidem.　　[5] Iidem. Cf. ad Cap. xvii. 24.　　[6] Iidem.　　[7] Sic Comp., Ald., Codd. III, 52, 56, 60, alii (inter quos 93, 108).　　[8] Sic Comp., Codd. 19, 93, 108.　　[9] Iidem.

15. וְעִמְּךָ. Ο'. καὶ μετὰ σοῦ πρόσθες. Alia exempl. καὶ μετὰ σοῦ;[10] alia, καὶ μετὰ σοῦ κύ-
ριος· πρόσθες.[11]

וְחָרָשֵׁי אֶבֶן. Ο'. καὶ οἰκοδόμοι (alia exempl.
λατόμοι[12]) λίθων.

16. וְלַבַּרְזֶל אֵין מִסְפָּר. Ο'. καὶ ἐν σιδήρῳ, οὐκ
ἔστιν ἀριθμός. Alia exempl. καὶ σιδήρῳ καὶ
κασσιτέρῳ, οἷς οὐκ ἔστιν ἀριθμός.[13]

18. בְּיֶדְי. Ο'. ἐν χερσὶν ὑμῶν. Alia exempl. ἐν
χειρί μου.[14]

19. וְקוּמוּ. Ο'. καὶ ἐγέρθητε (alia exempl. ἀνάστητε[15]).

Cap. XXIII.

3. וַיִּסָּפְרוּ. Ο'. καὶ ἠρίθμησαν (alia exempl. ἠρι-
θμήθησαν[1]).

4. מֵאֵלֶּה לְנַצֵּחַ. Ex his ut praeessent. Ο'. ἀπὸ
τῶν ἐργοδιωκτῶν (potior scriptura ἀπὸ τούτων
ἐργοδιῶκται[2]). Alia exempl. ἀπὸ τούτων ἐπισπουδάζειν.[3]

7. לַעְדָּן. Ο'. Ἐδάν. Alia exempl. τῷ Λεαδάν;[4]
alia, Λοβεννί.

9. וַחֲזִיאֵל. Ο'. Ἰεήλ. Alia exempl. καὶ Ἀζιήλ.[6]

וְהָרָן. Ο'. καὶ Δάν. Alia exempl. καὶ Ἀράν.[7]

10. וּבְנֵי. Ο'. καὶ τοῖς υἱοῖς. Alia exempl. καὶ
υἱοί.[8]

13. לְהַקְדִּישׁוֹ קֹדֶשׁ קָדָשִׁים. Ο'. τοῦ ἁγιασθῆναι
ἅγια ἁγίων. Alia exempl. τοῦ ἁγιάσαι αὐτὸν
ἅγιον ἁγίων.[9]

26. וְגַם לַלְוִיִּם אֵין־לָשֵׂאת. Ο'. καὶ οἱ Λευῖται
οὐκ ἦσαν αἴροντες. Alia exempl. καίγε τοῖς
Λευίταις οὐκ ἔστιν αἴρειν.[10]

28. בְּנֵי־אַהֲרֹן. Ο'. Ἀαρών. Alia exempl. τῶν
υἱῶν Ἀαρών.[11]

29. וְלַמַּחֲבַת. Ο'. καὶ εἰς τήγανον. Alia exempl.
καὶ εἰς τὰ τηγανιστά.[12]

וּלְכָל־מְשׂוּרָה וּמִדָּה. Et ad omnem mensuram
capacitatis et extensionis. Ο'. καὶ εἰς πᾶν
μέτρον. Alia exempl. καὶ εἰς πᾶν ἀποσιρωτὸν
καὶ μέτρον.[13]

30. לְהֹדוֹת וּלְהַלֵּל. Ο'. τοῦ αἰνεῖν καὶ ἐξομολογεῖσθαι. Alia exempl. τοῦ ἐξομολογεῖσθαι καὶ
αἰνεῖν.[14]

Cap. XXIV.

1. וְלִבְנֵי אַהֲרֹן מַחְלְקוֹתָם. Ο'. καὶ τοὺς υἱοὺς Ἀαρὼν διαιρέσει. Alia exempl. καὶ τοῖς υἱοῖς
Ἀαρὼν διαιρέσεις.[1]

[10] Sic Comp., Codd. 19, 93, 108.　　[11] Sic Ald. (cum
κύριος· καὶ πρόσθες), Codd. 74, 106 (cum πρόσθε), 120, alii
(inter quos 243).　　[12] Sic Comp., Codd. 19, 93, 108.
[13] Sic Codd. 19 (cum βασιτέρῳ), 93, 108, 158 (om. οἷς).
[14] Sic Comp., Codd. 19, 93, 108.　　[15] Iidem.

Cap. XXIII. [1] Sic Comp., Cod. 60.　　[2] Sic Comp.,
Ald., Codd. III, XI, 44, 52, 55, alii (inter quos 243).
[3] Sic Codd. 19, 93, 108. Cf. Hex. ad 2 Paral. xxxiv. 12.
[4] Sic Comp. (cum Λααδάν sine artic.), Ald., Codd. III, XI,
52, 56, alii (inter quos 243, cum Ἐλεαδάν).　　[5] Sic
Codd. 19 (cum τῷ Λ.), 93, 108. Cf. Cap. vi. 2.　　[6] Sic
Comp. (cum Ὀζιήλ), Ald. (cum Ἀζαήλ), Codd. III, XI, 19,
52 (om. καὶ), 55, 56 (ut Ald.), alii (inter quos 243).
[7] Sic Comp., Ald. (cum Ἀράμ), Codd. III, 19 (ut Ald.), 52,
55, 56, alii.　　[8] Sic Comp., Codd. 19, 93, 108.　　[9] Sic
Codd. 19 (cum αὐτῶν), 93 (cum τοῦ ἀγιασθῆναι ἀγιάσαι αὐτὸν), 108 (idem, om. αὐτόν).　　[10] Sic Comp., Codd. 19,

93, 108.　　[11] Iidem.　　[12] Sic Comp., Codd. 19 (cum
-תָה), 93, 108 (cum -מֹת), 158. Cf. ad Cap. ix. 31.
[13] Sic Comp. (cum ἀποσηρ.), Codd. 19 (idem, om. καὶ posteriore), 93, 108 (cum καὶ εἰς πᾶν ἀποσηρωτὸν tantum in
textu; in marg. autem: Οὐκ ἔκειτο ἀποσηρωτὸν καὶ μέτρον).
Vox ἀποσηρωτὸν, s. ἀποσηρωτίον, nescio an Aquilae, miro
talium monstrorum artifici, tribuenda sit; ut praepositio
quidem primam vocis Hebraeae literam repraesentet (ut
מִכָּף, ἀπ-έννοια in Hex. ad Psal. cxxxviii. 20); σηρωτὸν
autem, vel potius σειρωτὸν (a σειρά, catena, funis, linea) ad
Chaldaicum שׁוּרָה, ordo, series, linea, referatur. Haec ad
vocem obscuram et Lexicographis ignotam illustrandam,
donec probabilius aliquid afferatur, sufficiant.　　[14] Sic
Comp., Codd. 19, 93, 108.

Cap. XXIV. [1] Sic Comp. (cum τῶν υἱῶν), Ald. (cum καὶ
αἱ δ.), Codd. III, XI, 19 (cum τῷ υἱῷ), 44 (cum αἱ δ.), 52,
55, 56, alii (inter quos 243, ut Ald.).

1. בְּנֵי אַהֲרֹן. Ο'. Vacat. Alia exempl. υἱοὶ Ἀα-ρών.[2]

5. וְשָׂרֵי הָאֱלֹהִים. Ο'. καὶ ἄρχοντες κυρίου (alia exempl. τοῦ θεοῦ; alia, τῷ θεῷ[3]).

6. הַכֹּהֵן..בֶּן..וְרָאשֵׁי. Ο'. ὁ ἱερεὺς .. υἱὸς .. καὶ ἄρχοντες. Alia exempl. τοῦ ἱερέως .. υἱοῦ .. καὶ τῶν ἀρχόντων.[4]

בֵּית־אָב אֶחָד אָחֻז לְאֶלְעָזָר וְאָחֻז אָחֻז לְאִיתָמָר. Una familia sumpta pro Eleasaro, et una (וְאָחֻז) sumpta pro Ithamaro. Ο'. οἴκου πα-τριᾶς, εἷς εἷς τῷ Ἐλεάζαρ, καὶ εἷς εἷς τῷ Ἰθά-μαρ. Alia exempl. οἶκος πατριᾶς εἷς εἷς τῷ Ἐλεάζαρ, καὶ οἶκος πατριᾶς εἷς εἷς τῷ Ἰθά-μαρ.[5]

10. לְהָקוֹץ. Ο'. τῷ Κώς (alia exempl. Ἀκκώς[6]).

12. לְאֶלְיָשִׁיב. Ο'. τῷ Ἐλιαβί (alia exempl. Ἐλι-ασίβ[7]).

15. לְחֵזִיר. Ο'. τῷ Χηζίν (alia exempl. Ἰεζείρ; alia, Χηζείρ[8]).

18. לִדְלָיָהוּ. Ο'. τῷ Ἀδαλλαί (alia exempl. Δα-λαία[9]).

21. יִשִּׁיָּה. Ο'. Vacat. Alia exempl. Ἰεσίας.[10]

23. וּבְנֵי יְרִיָּהוּ. Ο'. υἱοὶ Ἐκδιού. Alia exempl. καὶ υἱοὶ Ἰεδιού.[11] Alia: τοῖς υἱοῖς Χεβρὼν Ἰεδδὶ ὁ ἄρχων.[12]

31. וַיַּפִּילוּ. Ο'. καὶ ἔλαβον (alia exempl. ἔβαλον[13]).

אֲבוֹת הָרֹאשׁ לְעֻמַּת אָחִיו הַקָּטֹן. Ο'. πα-τριάρχαι Ἀραάβ (alia exempl. πατριαὶ Ἀρὼς[14]) καθὼς οἱ ἀδελφοὶ αὐτοῦ οἱ νεώτεροι. Alia ex-empl. παρεστῶτες· πατριὰ τοῦ πρώτου κατέ-ναντι τοῦ ἀδελφοῦ αὐτοῦ τοῦ νεωτέρου.[15]

CAP. XXV.

1. הַנְּבִיאִים (הַנִּבְּאִים ק') בְּכִנֹּרוֹת. Ο'. τοὺς ἀπο-φθεγγομένους (alia exempl. προφητεύοντας[1]) ἐν κινύραις. Ἀ. τῶν προφητῶν .. Σ. τῶν προ-φητευσάντων διὰ λύρας.[2]

אֲנָשֵׁי מְלָאכָה לַעֲבֹדָתָם. Ο'. κατὰ κεφαλὴν αὐ-τῶν ἐργαζομένων ἐν τοῖς ἔργοις αὐτῶν. Alia exempl. κατὰ κεφαλὴν ἀνδρῶν τῶν ἐργαζομένων ἐν τῇ δουλείᾳ αὐτῶν.[3]

2. וַאֲשַׂרְאֵלָה. Ο'. καὶ Ἐραήλ (alia exempl. Ἀσει-ρηλά[4]).

עַל יְד־אָסָף הַנִּבָּא. Ο'. Vacat. Alia exempl. ἐχόμενοι Ἀσὰφ τοῦ προφήτου.[5]

3. עַל יְדֵי אֲבִיהֶם. Ο'. μετὰ τὸν πατέρα (alia ex-empl. ἐχόμενοι τοῦ πατρὸς[6]) αὐτῶν.

בְּכִנּוֹר הַנִּבָּא. Ο'. ἐν κινύρᾳ ἀνακρουόμενοι (alia exempl. τοῦ προφητεύοντος[7]). Ἀ. κιθάρᾳ προ-φητεύων. Σ. διὰ λύρας τοῦ προφητεύοντος.[8]

5. חֹזֵה הַמֶּלֶךְ. Ο'. τῷ ἀνακρουομένῳ (alia exempl. τοῦ ὁρῶντος[9]) τῷ βασιλεῖ.

8. לְעֻמַּת. Ο'. Vacat. Alia exempl. κατέναντι.[10]

---

[2] Sic Comp., Ald. (cum υἱῶν), III, XI, 19, 52, 56, alii (inter quos 243, ut Ald.). [3] Prior lectio est in Ald., Codd. 44, 74, aliis (inter quos 243); posterior in Comp. (cum καὶ οἱ ἄρχ.), Codd. 19 (idem), 93, 108. [4] Sic Comp., Codd. 19 (om. τοῦ), 93, 108. [5] Sic Comp., Codd. 19 (om. οἶκος π. in posteriore loco), 93, 108 (cum οἴκου ?). [6] Sic Comp., Ald. (cum Ἀκκως), Codd. III, XI, 19, 52 (cum Ἀκώς), 56 (idem), alii. [7] Sic Comp. (cum -σοὺβ), Ald. (cum Ἐλισοὺβ), Codd. III (cum -σὶβ), XI, 19 (ut Comp.), 44 (ut Ald.), 52 (cum -σὴβ), 55, alii (inter quos 243, ut Ald.). [8] Prior scriptura est in Codd. III, XI, 56 (cum Ἰεζὴρ), 60, aliis; posterior in Comp., Codd. 93, 108. [9] Sic Comp., Ald., Codd. III, XI, 55, 56, alii (inter quos 243). [10] Sic Ald. (cum Ἰεσσίας), Codd. III, XI, 52, 56 (ut Ald.), alii. [11] Sic Codd. III, XI, 55,

56, 64, alii. [12] Sic Codd. 19, 93 (cum Ἰεδδία), 108. Cf. Cap. xxiii. 19. [13] Sic Comp., Codd. 19, 55, 60, alii (inter quos 108). [14] Sic Codd. III, XI, 56, 60, alii. [15] Sic Comp., Codd. 19, 93, 108.

CAP. XXV. [1] Sic Cod. 93, Theodoret. Quaest. I in 1 Paral. p. 565. [2] Cod. Reg. apud Montef. Ad Sym. cf. Hex. ad Psal. lxxx. 3. cxxxvi. 2. cl. 3. [3] Sic Comp., Codd. 19 (om. τῶν), 93, 108 (ut 19). [4] Iidem. [5] Sic Comp., Ald., Codd. 19, 74, 93, alii (inter quos 243), Theodoret. [6] Sic Comp. (cum αὐτοῦ pro αὐτῶν), Codd. 19, 93, 108, Theodoret. [7] Iidem. [8] Cod. Reg. Ad Aq. cf. Hex. ad Psal. cxxxvi. 2. cxlix. 3. [9] Iidem. [10] Sic Comp. (cum κατ. ἐφημεριῶν), Codd. 19, 93, 108. Cf. ad Cap. xxvi. 12.

8. מֵבִין עִם־תַּלְמִיד. *Docens cum discipulo.* Ο΄. τελείων καὶ μανθανόντων. Alia exempl. συνιὼν μετὰ μανθάνοντος.[11]

9. הוּא וְאֶחָיו וּבָנָיו. Ο΄. Ἠνεία (s. Ἠνία), υἱοὶ αὐτοῦ καὶ ἀδελφοὶ αὐτοῦ. Alia exempl. αὐτὸς καὶ οἱ ἀδελφοὶ αὐτοῦ καὶ υἱοὶ αὐτοῦ.[12]

CAP. XXVI.

1. לַקָּרְחִים. Ο΄. υἱοὶ Κορεία. Alia exempl. υἱοῖς Κορέ; alia, τοῖς Κορηνοῖς.[1]

בֶּן־קֹרֵא. Ο΄. Vacat. Alia exempl. υἱὸς Κορέ.[2]

3. Ο΄. Ἀβδεδὸμ ὁ ὄγδοος. Alia exempl. vacant.[3]

6. בָּנִים הַמִּמְשָׁלִים לְבֵית אֲבִיהֶם. Ο΄. υἱοὶ τοῦ πρωτοτόκου Ῥωσαὶ εἰς τὸν οἶκον τὸν πατρικὸν αὐτοῦ. Alia exempl. υἱοὶ καθεσταμένοι ἐν τῷ οἴκῳ τοῦ πατρὸς αὐτῶν.[4]

גִּבּוֹרֵי חַיִל הֵמָּה. Ο΄. δυνατοὶ ἦσαν. Alia exempl. δυνατοὶ ἦσαν ἰσχύϊ.[5]

7. אֲחֵי בְנֵי־חַיִל. Ο΄. καὶ Ἀχιοὺδ, υἱοὶ δυνατοί. Alia exempl. καὶ ἀδελφοὶ αὐτοῦ υἱοὶ δυνάμεως.[6]

8. אִישׁ־חַיִל בַּכֹּחַ. Ο΄. ποιοῦντες δυνατῶς. Alia exempl. ἰσχυροὶ δυνάμει ποιοῦντες ἐν ἰσχύϊ.[7]

10. שִׁמְרִי הָרֹאשׁ. *Simri princeps.* Ο΄. φυλάσσοντες (alia exempl. Σαμαρεὶ φυλάσσοντες[8]) τὴν ἀρχήν.

וַיְשִׂימֵהוּ אָבִיהוּ לְרֹאשׁ. Ο΄. καὶ ἐποίησεν αὐτὸν ὁ πατὴρ αὐτοῦ ἄρχοντα τῆς διαιρέσεως τῆς δευτέρας. Alia exempl. καὶ ἔθετο αὐτὸν ὁ πατὴρ αὐτοῦ εἰς ἄρχοντα.[9]

12. לְעֻמַּת אֲחֵיהֶם. Ο΄. καθὼς οἱ ἀδελφοὶ αὐτῶν. Alia exempl. κατέναντι τῶν ἀδελφῶν αὐτῶν.[10]

14. וּזְכַרְיָהוּ בְנוֹ יוֹעֵץ בְּשֶׂכֶל. *Et Zachariae filio ejus consiliario prudenti.* Ο΄. καὶ Ζαχαρίᾳ υἱοὶ Σωὰζ (alia exempl. υἱῷ Ἰωὰς[11]) τῷ Μελχίᾳ. Alia exempl. καὶ Ζαχαρίᾳ υἱῷ αὐτοῦ Ἰωὰβ βουλευτὴς ἐν συνέσει.[12]

14, 15. צָפוֹנָה:...נֶגְבָּה. Ο΄. βορρᾶ...νότον. Alia exempl. κατὰ βορρᾶν...κατὰ νότον.[13]

15. וּלְבָנָיו בֵּית. Ο΄. κατέναντι (לִפְנֵי) οἴκου. Alia exempl. καὶ τοῖς υἱοῖς αὐτοῦ κατέναντι οἴκου.[14]

16. לְשֻׁפִּים. Ο΄. εἰς δεύτερον (לִשְׁתַּיִם). Alia exempl. τῷ Σεφαείμ; alia, τοῖς προθύροις (לַשְׁפָּיִם).[15]

שַׁלֶּכֶת. Ο΄. παστοφορίου (לִשְׁכַּת). Ἄλλος· Σαλαχώθ.[16]

בַּמְסִלָּה. Ο΄. Vacat. Alia exempl. ἐν τῇ τρίβῳ.[17]

17. הַלְוִיִם שִׁשָּׁה. Ο΄. ἓξ (alia exempl. οἱ Λευῖται ἓξ[18]) τὴν ἡμέραν (לַיּוֹם).

18. Ο΄. καὶ τῷ Ὀσὰ—εἰς διαδεχομένους. Alia exempl. vacant.[19]

20. הַקֳּדָשִׁים. Ο΄. τῶν καθηγιασμένων. Alia exempl. τῶν ἁγίων.[20]

24. נָגִיד. Ο΄. Vacat. Alia exempl. ἡγούμενος.[21]

25. בְּנוֹ. (quinquies). Ο΄. (semel) υἱός. Alia exempl. (quinquies) υἱὸς αὐτοῦ.[22]

27. מִן־הַמִּלְחָמוֹת. Ο΄. ἐκ πόλεων. Alia exempl. ἐκ τῶν πολέμων.[23]

28. וְכֹל הַהַקְדִּישׁ. Ο΄. καὶ ἐπὶ πάντων τῶν ἁγίων τοῦ θεοῦ (alia exempl. add. ὅσα ἡγίασε[24]).

---

[11] Iidem. [12] Sic Comp., Codd. 19 (cum καὶ οἱ υἱοί), 93, 108.
CAP. XXVI. [1] Prior lectio est in Codd. III, XI, 52, 55, 56, aliis; posterior in Comp. (cum Κορηνοῖς), Codd. 19, 93, 108. [2] Sic Comp., Ald., Codd. II (cum Κορῆ) III (cum Κορρῆ), XI (idem), 19, 44, 52 (ut II), alii (inter quos 243). [3] Sic Comp., Codd. II, III, 19, 52, 55, alii. [4] Sic Comp., Codd. 19, 93, 108. [5] Sic Comp., Codd. 19 (cum ἐν ἰσχύϊ), 93, 108. [6] Iidem. [7] Iidem. [8] Sic Codd. 93, 108 (cum Σαμαρεὶ). [9] Sic Comp., Codd. 19, 93, 108. [10] Iidem. Cf. Hex. ad Ezech. xlv. 6. xlviii. 18.

[11] Sic Ald. (cum υἱοί), Codd. III (cum υἱῶν), XI, 44 (ut Ald.), 55 (idem), 56, alii. [12] Sic Comp. (om. Ἰωὰβ), Codd. 19, 93 (cum Ἰωὰβ), 108. [13] Iidem. [14] Iidem. [15] Prior lectio est in Codd. III, XI (cum —εὶν), 56, 60, aliis; posterior in Comp., Codd. 19, 93, 108. [16] Cod. 93 in marg. sine nom. [17] Sic Comp., Codd. 19, 93, 108. [18] Iidem. [19] Iidem. [20] Iidem. [21] Sic Comp., Ald., Codd. III, XI, 19, 52, 60, alii. [22] Sic Comp., Codd. 19, 93, 108. [23] Sic Comp. (om. τῶν), Cod. III, Theodoret. [24] Sic Comp., Codd. 19, 93, 108, 158, Theodoret.

28. הָרֹאֶה. Ο'. τοῦ προφήτου. Alia exempl. ὁ ὁρῶν.[25]

כָּל־הַמַּקְדִּישׁ. Ο'. πᾶν ὃ ἡγίασαν. Alia exempl. καὶ πᾶς ὁ ἁγιάζων.[26]

29. לַמְּלָאכָה. Ο'. τῆς ἐργασίας. Alia exempl. εἰς τὸ ἔργον τῆς ἐργασίας.[27]

לְשֹׁטְרִים וּלְשֹׁפְטִים. Ο'. τοῦ γραμματεύειν καὶ διακρίνειν. Σ. εἰς παιδευτὰς καὶ κριτάς.[28]

31. יְרִיָּה. Ο'. Οὐρίας. Alia exempl. Ἰωρίας.[29]

32. לְכָל־דְּבַר. Ο'. εἰς πᾶν πρόσταγμα. Alia exempl. εἰς πάντα λόγον.[30]

Cap. XXVII.

2. יָשָׁבְעָם. Ο'. Ἰσβοάζ. Alia exempl. Ἰεσβοάμ.[1]

4. הָאֲחוֹחִי וּמַחֲלֹקְתּוֹ. Ο'. ὁ ἐκ Χὼκ, καὶ ἐπὶ τῆς διαιρέσεως αὐτοῦ. Alia exempl. ὁ Ἀχωχεὶ, καὶ ἡ διαίρεσις αὐτοῦ.[2]

5. שַׂר הַצָּבָא הַשְּׁלִישִׁי לַחֹדֶשׁ הַשְּׁלִישִׁי. Ο'. ἄρχοντες δυνάμεως. ὁ τρίτος τὸν μῆνα τὸν τρίτον. Alia exempl. ὁ ἄρχων τῆς δυνάμεως τῆς τρίτης τῷ μηνὶ τῷ τρίτῳ.[3]

6. עַמִּיזָבָד. Ο'. Ζαβάδ. Alia exempl. Ἀμιζαβάδ.[4]

7. אַחֲרָיו. Ο'. καὶ οἱ ἀδελφοί. Alia exempl. καὶ οἱ ἀδελφοὶ αὐτοῦ ὀπίσω αὐτοῦ.[5]

8. הַשַּׂר. Ο'. ὁ ἡγούμενος. Alia exempl. ὁ ἄρχων.[6]

9. עִירָא. Ο'. Ὀδουίας. Alia exempl. Εἰρά.[7]

10. הַפְּלוֹנִי. Ο'. ὁ ἐκ Φαλλοῦς. Alia exempl. ὁ Φαλλωνί.[8]

21. וּבְרָיָהוּ. Ο'. Ζαδαίου. Alia exempl. Ζαχαρίου.[9]

22. שָׂרֵי שִׁבְטֵי. Ο'. πατριάρχαι (alia exempl. οἱ ἄρχοντες[10]) τῶν φυλῶν.

25. בֶּעָרִים. Ο'. καὶ ἐν ταῖς κώμαις. Alia exempl. καὶ ἐν ταῖς πόλεσι, καὶ ἐν ταῖς κώμαις.[11]

27. וְעַל־הַכְּרָמִים. Ο'. καὶ ἐπὶ τῶν χωρίων (alia exempl. τῶν ἀμπελώνων[12]).

הָרָמָתִי. Ο'. ὁ ἐκ Ῥαήλ. Alia exempl. ὁ Ῥαμαθαῖος.[13]

31. שָׂרֵי הָרְכוּשׁ. Ο'. προστάται (alia exempl. ἄρχοντες τῶν[14]) ὑπαρχόντων.

32. וְסוֹפֵר הוּא. Ο'. Vacat. Alia exempl. καὶ γραμματεὺς αὐτός.[15]

33. הָאַרְכִּי רֵעַ. Archita socius. Ο'. ὁ πρῶτος φίλος. Alia exempl. ὁ ἀρχιεταῖρος.[16]

Cap. XXVIII.

1. הַשֹּׁבְטִים. Ο'. τῶν κριτῶν. Alia exempl. τῶν φυλῶν.[1]

הַמְשָׁרְתִים אֶת־הַמֶּלֶךְ. Ο'. τῶν περὶ τὸ σῶμα τοῦ βασιλέως. Alia exempl. τοὺς λειτουργοῦντας τῷ βασιλεῖ.[2]

2. וְלַהֲדֹם רַגְלֵי אֱלֹהֵינוּ. Et scabello pedum Dei nostri. Ο'. καὶ στάσιν ποδῶν κυρίου ἡμῶν. Alia exempl. καὶ στάσιν τῷ ὑποποδίῳ τῶν ποδῶν τοῦ θεοῦ ἡμῶν.[3]

---

[25] Sic Comp., Codd. 19, 93, 108, Theodoret.   [26] Sic Comp., Codd. 19, 93 (om. καὶ), 108, Theodoret.   [27] Sic Comp., Codd. 19, 93, 108.   [28] Cod. Reg. Cf. Hex. ad Deut. xvi. 18.   [29] Sic Comp., Codd. III, XI (cum Ὠρίας), 19, 55, 56, alii.   [30] Sic Comp., Codd. III, XI, 19, 56, 60, alii.

Cap. XXVII. [1] Sic Comp., Codd. III (cum Ἰσβοάμ), 56, 93, 108, 119, 121.   [2] Sic Comp., Codd. 19 (cum Ἀχαχὶ), 93 (cum Ἀχωκεὶ), 108.   [3] Sic Comp. (cum ὁ τρίτος pro τῆς τρίτης), Codd. 19 (cum ἄρχοντες pro ὁ ἄρχων?), 93. 108.   [4] Sic Comp. (cum Ἀμιζαβὰλ), Codd. XI (cum Ἀμιζαβὰδ), 93.   [5] Sic Comp., Codd. 19, 93, 108.   [6] Sic Comp., Codd. 93, 108.   [7] Sic Comp. (cum Ἰρὰ), Codd.

III, XI, 52, 55 (ut Comp.), alii.   [8] Sic Comp., Codd. 93, 108.   [9] Sic Comp., Codd. 19, 93 (cum Ζεχ.), 108.   [10] Sic Codd. 19, 93, 108 (cum ἄρχ. καὶ πατρ.).   [11] Sic Comp. (om. ἐν posteriore), Codd. 19, 93, 108.   [12] Iidem.   [13] Sic Comp., Ald. (cum ὁ Ἀρμαθαῖος), Codd. III, XI, 19, 52 (cum ὁ Ῥαμαθοὶ), alii.   [14] Sic Comp., Codd. 19, 93, 108.   [15] Sic Comp., Ald., Codd. III, XI, 19, 44, 52, 55, alii.   [16] Sic Comp. (cum ἀρχιαίτερος), Codd. 19 (idem), 93, 108. Cf. Hex. ad 2 Reg. xvi. 16.

Cap. XXVIII. [1] Sic Comp., Ald. (cum τῶν κρ. καὶ φυλῶν), Codd. 19, 93, 108, 121 (ut Ald.).   [2] Sic Comp., Codd. 19, 93, 108.   [3] Iidem.

2. לִבְנוֹת. Ο΄. τὰ εἰς τὴν κατασκήνωσιν (alia exempl. οἰκοδομὴν[4]) ἐπιτήδεια.

4. בָּחַר לְנָגִיד. Ο΄. ᾑρέτικε τὸ βασίλειον. Alia exempl. ἐξελέξατο ἡγούμενον.[5]

7. וַהֲכִינוֹתִי. Ο΄. καὶ κατορθώσω (alia exempl. ἑτοιμάσω[6]).

לַעֲשׂוֹת. Ο΄. τοῦ φυλάξασθαι. Alia exempl. ποιεῖν καὶ φυλάσσεσθαι.[7]

8. לְעֵינֵי כָל־יִשְׂרָאֵל קְהַל־יְהוָה. Ο΄. κατὰ πρόσωπον πάσης ἐκκλησίας κυρίου. Alia exempl. κατ᾽ ὀφθαλμοὺς παντὸς Ἰσραὴλ, πάσης ἐκκλησίας κυρίου.[8]

9. וְכָל־יֵצֶר מַחֲשָׁבוֹת. Ο΄. καὶ πᾶν ἐνθύμημα (alia exempl. add. διανοιῶν[9]).

10. חֲזַק. Ο΄. ἴσχυε. Alia exempl. ἀνδρίζου.[10]

11. הָאוּלָם. Ο΄. τοῦ ναοῦ. Alia exempl. τοῦ αἰλάμ.[11] Ἄλλος· τοῦ οὐλάμ.[12]

וְגַנְזַכָּיו. Et gazophylaciorum ejus. Ο΄. καὶ τῶν ζακχῶν (alia exempl. ἀποθηκῶν[13]) αὐτοῦ.

וַחֲדָרָיו. Ο΄. καὶ τῶν ἀποθηκῶν. Alia exempl. καὶ τῶν ταμιείων αὐτοῦ.[14]

הַכַּפֹּרֶת. Ο΄. τοῦ ἐξιλασμοῦ. Alia exempl. τοῦ ἱλαστηρίου.[15]

12. כֹּל אֲשֶׁר הָיָה בָרוּחַ עִמּוֹ. Ο΄. ὃ εἶχεν ἐν πνεύματι αὐτοῦ. Alia exempl. πάντων ὧν ἦν ἐν πνεύματι μετ᾽ αὐτοῦ.[16]

13. וּלְמַחְלְקוֹת. Ο΄. καὶ τῶν καταλυμάτων, καὶ τῶν ἐφημεριῶν. Alia exempl. καὶ εἰς τὰς διαιρέσεις τῶν ἐφημεριῶν.[17]

14. לַזָּהָב בַּמִּשְׁקָל לַזָּהָב לְכָל־כְּלֵי עֲבוֹדָה וַעֲבוֹדָה

לְכֹל כְּלֵי הַכֶּסֶף בְּמִשְׁקָל לְכָל־כְּלֵי עֲבוֹדָה וַעֲבוֹדָה. Ο΄. καὶ τὸν σταθμὸν τῆς ὁλκῆς αὐτῶν τῶν τε χρυσῶν καὶ ἀργυρῶν. Alia exempl. εἰς τὸ χρυσίον καὶ τὸν σταθμὸν τῆς ὁλκῆς αὐτοῦ πᾶσι τοῖς σκεύεσι δουλείας καὶ δουλείας, καὶ πᾶσι τοῖς σκεύεσι τοῦ ἀργυρίου ἐν σταθμῷ παντὶ σκεύει δουλείας καὶ δουλείας.[18]

15, 16. וּמִשְׁקָל לִמְנֹרוֹת הַזָּהָב וְנֵרֹתֵיהֶם זָהָב בְּמִשְׁקָל־מְנוֹרָה וּמְנוֹרָה וְנֵרֹתֶיהָ וְלִמְנֹרוֹת הַכֶּסֶף בְּמִשְׁקָל לִמְנוֹרָה וְנֵרֹתֶיהָ כַּעֲבוֹדַת מְנוֹרָה וּמְנוֹרָה: וְאֶת־הַזָּהָב מִשְׁקָל לְשֻׁלְחֲנוֹת. Ο΄. λυχνιῶν τὴν ὁλκὴν ἔδωκεν αὐτῷ, καὶ τῶν λύχνων. ἔδωκεν αὐτῷ ὁμοίως τὸν σταθμὸν τῶν τραπεζῶν. Alia exempl. καὶ σταθμὸν ταῖς λυχνίαις ταῖς χρυσαῖς, καὶ τοῖς λύχνοις αὐτῶν, χρυσίον ἐν σταθμῷ λυχνίας καὶ λυχνίας, καὶ τοῖς λύχνοις αὐτῆς, καὶ ταῖς λυχνίαις τῶν τε χρυσῶν καὶ ἀργυρῶν λυχνιῶν τὴν ὁλκὴν ἔδωκεν αὐτῷ, καὶ τῶν λυχνιῶν ἔδωκεν αὐτῷ τὴν ὁλκήν, ὁμοίως τὸν σταθμὸν τῶν τραπεζῶν.[19]

16. וְכֶסֶף לְשֻׁלְחֲנוֹת הַכָּסֶף. Ο΄. καὶ ὡσαύτως τῶν ἀργυρῶν (alia exempl. τῶν πυρείων[20]).

17. וְהַמִּזְלָגוֹת הַזָּהָב בַּמִּשְׁקָל לַכְּפוֹר וְכֶפוֹר וְלִכְפוֹרֵי הַכֶּסֶף בְּמִשְׁקָל לִכְפוֹר וּכְפוֹר. Ο΄. καὶ τὸν σταθμὸν τῶν χρυσῶν καὶ τῶν ἀργυρῶν, καὶ θυΐσκων κεφουρέ, ἑκάστου σταθμοῦ. Alia exempl. καὶ τὰ κεφφουρὲ τὰ χρυσᾶ ἐν σταθμῷ εἰς κεφφὼρ καὶ κεφφόρ· καὶ τὸν σταθμὸν τῶν χρυσῶν καὶ τῶν ἀργυρῶν ἑκάστου σταθμοῦ.[21]

19. הִשְׂכִּיל כֹּל מַלְאֲכוֹת. Ο΄. σύνεσιν τῆς κατερ-

---

[4] Iidem. [5] Iidem. [6] Iidem. [7] Sie Comp., Codd. 19, 93, 108 (cum φυλάξασθαι). [8] Sie Comp., Codd. 19 (cum π. ἐκκλ. Ἰσραὴλ καὶ κυρίου), 93, 108. [9] Sie Comp., Codd. 19, 93 (cum διαλογισμῶν in marg.), 108, Theodoret. Vet. Lat.: et omnium cogitationem mentium. [10] Sie Comp. (cum καὶ ἀνδρ.), Codd. 19 (idem), 93, 108, Theodoret. [11] Sie Ald., Codd. 56, 121. [12] Cod. 93 in marg. sine nom. [13] Sie Comp., Codd. 19, 93 (cum ζακχὼ in marg.), Theodoret. [14] Sie Comp. (cum ταμιείων), Codd. 19, 93, 108, Theodoret. [15] Iidem. [16] Iidem.

[17] Sie Comp., Codd. 19 (cum τῶν pro καὶ), 93, 108. [18] Sie Comp., Codd. 19 (om. πᾶσι τοῖς σκ. δουλείας καὶ δουλείας, καὶ), 93 (om. καὶ πᾶσι τοῖς σκ.— καὶ δουλείας), 108. [19] Sie Comp. (om. καὶ ταῖς λυχνίαις), Codd. 19 (cum καὶ τῶν ἀργυρῶν . . αὐτῷ ἔδωκεν τὴν ὁλκήν, ὁμοίως τῶν σταθμῶν τῶν τρ.), 93, 108 (ut Comp., cum λυχνίαις pro λύχνοις in priore loco). [20] Sie Codd. 19, 71 (cum πυρίων), 74, alii (inter quos 93 (ut 71), 108, 243). [21] Sie Comp., Codd. 19 (om. καὶ κεφφώρ), 93 (idem), 108 (idem). Theodoret. Quaest I in 1 Paral. p. 567: Καφφωρέ (sic) δὲ καλεῖ σκεύη τινὰ χρυσᾶ καὶ

γασίας. Alia exempl. σύνεσιν, τοῦ συνιέναι τὴν κατεργασίαν.[22]

21. בְּכָל־מְלָאכָה לְכָל־נָדִיב. Ο'. ἐν πάσῃ πραγματείᾳ, καὶ πᾶς πρόθυμος. Alia exempl. ἐν παντὶ ἔργῳ, πᾶς πρόθυμος ἐν παντὶ ἑκουσίῳ.[23]

CAP. XXIX.

1. הַבִּירָה. Regia (templum). Ο'. Vacat. Alia exempl. ἡ οἰκοδομή; alia, ἡ οἴκησις; alia, οἰκοδομεῖ.[1]

2. הַזָּהָב לַזָּהָב וְהַכֶּסֶף לַכֶּסֶף וְגו'. Ο'. χρυσίον, ἀργύριον, κ. τ. ἑ. Alia exempl. χρυσίον εἰς χρυσίον, καὶ ἀργύριον εἰς ἀργύριον, κ. τ. ἑ.[2]

אַבְנֵי־שֹׁהַם. Gemmas onychis. Ο'. λίθους σοάμ (s. σοόμ). Alia exempl. λίθους ὄνυχος.[3]

וְאַבְנֵי־שַׁיִשׁ לָרֹב (marmoris candidi). Ο'. καὶ Πάριον πολύν. Alia exempl. καὶ λίθους Παρίους εἰς πλῆθος.[4]

4. לָשׂוּחַ. Ο'. ἐξαλειφῆναι (ἐξαλιφῆναι). Alia exempl. τοῦ καταχρῖσαι.[5]

5. מִתְנַדֵּב. Ο'. ὁ προθυμούμενος. Alia exempl. ἑκουσιάσεται.[6]

6. וְלְשָׂרֵי מְלֶאכֶת הַמֶּלֶךְ. Ο'. καὶ οἱ προστάται τῶν ἔργων, καὶ οἱ οἰκοδόμοι (alia exempl. οἰκονόμοι[7]) τοῦ βασιλέως. Alia exempl. καὶ οἱ προστάται τῶν ἔργων τοῦ βασιλέως, καὶ οἱ οἰκοδόμοι.[8]

7. וַאֲדַרְכֹנִים רִבּוֹ. Ο'. καὶ χρυσοῦς μυρίους. Alia exempl. καὶ δραχμὰς μυρίας.[9]

9. עַל־הִתְנַדְּבָם...הִתְנַדְּבוּ. Ο'. ὑπὲρ τοῦ προθυμηθῆναι... προεθυμήθησαν. Alia exempl. ἐπὶ τῷ ἑκουσιασμῷ... ἑκουσιάσαντο.[10]

שִׂמְחָה גְדוֹלָה. Ο'. μεγάλως. Alia exempl. εὐφροσύνῃ μεγάλῃ.[11]

11. וְהַתִּפְאֶרֶת..וְהַהוֹד. Ο'. καὶ τὸ καύχημα...καὶ ἡ ἰσχύς. Alia exempl. καὶ ἡ μεγαλοπρέπεια.. καὶ ἡ ἐξομολόγησις.[12]

לְךָ יְהוָה הַמַּמְלָכָה וְהַמִּתְנַשֵּׂא לְכֹל לְרֹאשׁ. Ο'. ἀπὸ προσώπου σου ταράσσεται πᾶς βασιλεὺς καὶ ἔθνος. Alia exempl. σοί, κύριε, ἡ βασιλεία, καὶ ἡ ἔπαρσις εἰς πάντα, καὶ εἰς πᾶσαν ἀρχήν.[13]

12. מִלְּפָנֶיךָ. Ο'. Vacat. Alia exempl. ἐκ προσώπου σου.[14]

13. תִּפְאַרְתֶּךָ. Ο'. τῆς καυχήσεώς (alia exempl. δόξης[15]) σου.

14. לְהִתְנַדֵּב כָּזֹאת. Ο'. προθυμηθῆναί σοι κατὰ ταῦτα. Alia exempl. τοῦ ἑκουσιάσασθαί σοι οὕτως.[16]

15. גֵּרִים. Ο'. πάροικοι. Ἄλλος· προσήλυτοι.[17]

וְאֵין מִקְוֶה. Ο'. καὶ οὐκ ἔστιν ὑπομονή (alia exempl. ἐλπίς[18]).

16. אֲשֶׁר הֲכִינוֹנוּ לִבְנוֹת־לְךָ. Ο'. ὃ ἡτοίμακα οἰκοδομηθῆναι. Alia exempl. ὃ ἡτοιμάσαμέν σοι τοῦ οἰκοδομῆσαι.[19]

17. אֲנִי. Ο'. Vacat. Alia exempl. καὶ ἐγώ.[20]

ἀργυρᾶ, ἐν οἷς ἔφυρον τὴν σεμίδαλιν τῷ ἐλαίῳ.   [22] Sic Comp., Codd. 19, 93, 108, Theodoret.   [23] Sic Comp., Codd. 19, 93, 108.

Cap. XXIX. [1] Prior lectio est in Ald., Codd. III, XI, 44, 56, aliis (inter quos 243); altera in Comp., Codd. 19, 93, 108, 158; tertia in Codd. 52, 71, Origen. Opp. T. IV, p. 201.   [2] Sic Comp. (cum τὸ χρ. εἰς χρ., καὶ τὸ ἀρ. εἰς ἀρ. κ. τ. ἑ.), Codd. 19, 74, 93 (cum τὸ χρ. εἰς τὸ χρ.), alii (inter quos 243).   [3] Sic Comp., Codd. 19, 93, 108, 121 (cum λ. σοὰμ ὄνυχος), Theodoret. Cf. Hex. ad Gen. ii. 12.   [4] Sic Comp., Codd. 19, 93, 108, Theodoret.   [5] Sic Comp., Codd. 19, 93, 108 (om. τοῦ). (Scriptura ἐξαλιφῆναι est in Cod. II.)   [6] Sic Cod. 93, Theodoret. Mox (v. 6) ἑκουσιάσαντο pro προεθυμήθησαν Cod. 93.   [7] Sic Ald.,

Codd. III, XI, 52, 55, alii.   [8] Sic Comp. (cum οἰκονόμοι), Codd. 19 (cum ἄρχοντες pro προστάται), 93, 108.   [9] Sic Comp., Codd. 19 (cum δραγμοὺς μυρίους), 93, 108 (ut 19).   [10] Iidem.   [11] Iidem.   [12] Iidem.   [13] Sic Comp., et (praemissa altera versione) Ald. (cum κύριος), Codd. 19, 93, 108, 121.   [14] Sic Comp., Codd. 19, 44, 74, alii (inter quos 243).   [15] Sic Comp., Codd. 19, 93, 108.   [16] Sic Comp., Codd. 19 (om. τοῦ, cum σε pro σοι), 93, 108, Theodoret.   [17] Cod. 93 in marg. sine nom. Cf. Hex. ad Exod. ii. 22. Job. xxxi. 32. Psal. xxxviii. 13.   [18] Sic Codd. 19 (cum οὐκ ἐστιΝΕΑΝΙC), 93, 108 (ut 19; in marg. autem: ὑπομονοι (sic) τόπος). Cf. Hex. ad Jerem. xvii. 13. l. 7.   [19] Sic Comp., Codd. 19, 93, 108.   [20] Sic Comp., Codd. 19, 93 (om. καὶ), 108. Mox ἑκουσιάσθην et ἑκουσιά-

18. לְיֵצֶר מַחְשְׁבוֹת . O'. ἐν διανοίᾳ. Alia exempl. εἰς πλάσμα διανοιῶν.[21]

19. וְלַעֲשׂוֹת הַכֹּל וְלִבְנוֹת הַבִּירָה אֲשֶׁר־הֲכִינוֹתִי . O'. καὶ τοῦ ἐπὶ τέλος ἀγαγεῖν τὴν κατασκευὴν τοῦ οἴκου σου. Alia exempl. καὶ τοῦ ἐπὶ τέλους ἀγαγεῖν πάντα, καὶ τοῦ οἰκοδομῆσαι τὴν κατασκευὴν τοῦ οἴκου σου ἣν ἡτοίμασα.[22]

22. בְּשִׂמְחָה גְדוֹלָה . O'. μετὰ χαρᾶς (alia exempl. add. μεγάλης[23]).

לְלָכֵן . O'. εἰς ἱερωσύνην. Alia exempl. εἰς ἱερέα.[24]

23. עַל־כִּסֵּא יְהֹוָה לְמֶלֶךְ תַּחַת־דָּוִיד . O'. ἐπὶ θρόνου Δαυίδ. Alia exempl. ἐπὶ θρόνου κυρίου εἰς βασιλέα ἀντὶ Δαυίδ.[25]

וַיִּצְלַח . O'. καὶ εὐδοκήθη (Ἄλλος· εὐοδώθη[26]).

25. לְמַעְלָה לְעֵינֵי כָּל־יִשְׂרָאֵל . O'. ἐπάνωθεν (alia exempl. ἐναντίον; alia, ἐπάνωθεν ἐναντίον[27]) παντὸς Ἰσραήλ. Ἀ. ὑπεράνω . . .[28]

25. עָלָיו הוֹד מַלְכוּת אֲשֶׁר . O'. αὐτῷ δόξαν βασιλέως, ὅ. Alia exempl. ἐπ' αὐτὸν δόξαν βασιλείας, ὡς.[29]

עַל־יִשְׂרָאֵל . O'. Vacat. Alia exempl. ἐπάνω τοῦ Ἰσραήλ.[30]

26, 27. עַל־כָּל־יִשְׂרָאֵל: וְהַיָּמִים אֲשֶׁר מָלַךְ עַל־יִשְׂרָאֵל אַרְבָּעִים שָׁנָה . O'. ἐπὶ Ἰσραὴλ ἔτη τεσσαράκοντα. Alia exempl. ἐπὶ πάντα Ἰσραήλ. καὶ αἱ ἡμέραι ἃς ἐβασίλευσεν ἐπὶ Ἰσραήλ.[31]

28. וַיָּמָת . O'. καὶ ἐτελεύτησεν. Alia exempl. καὶ ἀπέθανε Δαυίδ.[32]

29. הָרֹאֶה...הַחֹזֶה . O'. τοῦ βλέποντος (bis). Alia exempl. τοῦ ὁρῶντος.[33]

30. וְהָעִתִּים אֲשֶׁר עָבְרוּ . O'. καὶ οἱ καιροὶ οἱ ἐγένοντο. Alia exempl. καὶ τῶν καιρῶν τῶν διελθόντων.[34]

הָאֲרָצוֹת . O'. τῆς γῆς. Alia exempl. τῶν γαιῶν.[35]

σθέντα iidem. [21] Sic Comp. (cum τὸ pro εἰς), Codd. 19, 93, 108. Cf. Hex. ad Gen. viii. 21. Jesai. xxvi. 3. [22] Sic Comp., Codd. 19, 93 (cum ἂν pro ἣν), 108. [23] Iidem. [24] Iidem. [25] Sic Comp., Codd. 19, 56, 93, 108, Theodoret. (qui enarrat: ἀντὶ τοῦ, εἰς τὸν ὑπὸ τοῦ θεοῦ δοθέντα θρόνον ἐκάθισε). [26] Codd. 93, 108, uterque in marg. sine nom. [27] Prior lectio est in Comp., Ald., Codd. 19, 44, 52, aliis (inter quos 243); posterior in Codd. II, III, XI. 55. [28] Cod. 108. [29] Sic Comp., Codd. 19, 93, 108. [30] Sic Comp., Codd. 19, 44, 71, alii (inter quos 243). [31] Sic Comp., Codd. 19 (cum ἐπὶ πάντα Ἰσρ. pro ἐπὶ Ἰσρ.), 44 (cum ἐν Ἱερουσαλὴμ pro ἐπὶ Ἰσρ.), 74 (cum ἐν Ἰσρ.), 108 (ut 19), alii (inter quos 243, ut 74). [32] Sic Comp., Codd. 19, 93, 108. [33] Iidem. [34] Iidem. [35] Iidem. Cod. 158: τῶν γεῶν. Cf. ad Cap. xxii. 5.

LIBER II PARALIPOMENΩN.

LIBER II PARALIPOMENΩN.

3. עַמּוֹ. Ο'. Vacat. Alia exempl. μετ' αὐτοῦ.[1]

6. מוֹעֵד. Ο'. Vacat. Alia exempl. τοῦ μαρτυρίου.[2]

9. דְּבָרְךָ עִם דָּוִיד אָבִי. Ο'. τὸ ὄνομά σου ἐπὶ Δαυὶδ τὸν πατέρα μου. Alia exempl. τὸ ῥῆμά σου μετὰ Δαυὶδ τοῦ πατρός μου.[3]

11. עֹשֶׁר נְכָסִים. Ο'. πλοῦτον χρημάτων (alia exempl. ὑπαρχόντων[4]).

שֹׂנְאֶיךָ. Ο'. τῶν ὑπεναντίων. Alia exempl. τῶν μισούντων σε.[5]

12. וּנְכָסִים. Ο'. καὶ χρήματα. Alia exempl. καὶ ὕπαρξιν.[6]

15. נָתַן. Ο'. ἐν τῇ Ἰουδαίᾳ (alia exempl. add. ἔδωκεν[7]).

16. מִקְוֵא יִקְחוּ בִמְחִיר. Ο'. πορεύεσθαι (alia exempl. ἐμπορεύεσθαι[8]), καὶ ἠγόραζον. Alia exempl. τιμὴ ἣν ἐλάμβανον, καὶ ἠγόραζον ἐν ἀλλάγματι.[9]

17. יוֹצִיאוּ. Ο'. ἔφερον. Alia exempl. ἐξέφερον.[10]

3 (Hebr. 2). כַּאֲשֶׁר. Ο'. ὡς. Alia exempl. ὃν τρόπον.[1]

4 (3). קְטֹרֶת־סַמִּים וּמַעֲרֶכֶת. Ο'. θυμίαμα καὶ πρόθεσιν. Alia exempl. θυμίαμα ἀρωμάτων, καὶ ποιεῖν πρόθεσιν.[2]

וְלָעֶרֶב. Ο'. καὶ τὸ δείλης (alia exempl. τὸ ἑσπέρας[3]).

6 (5). לֹא יַכַלְכְּלֻהוּ. Ο'. οὐ φέρουσι τὴν δόξαν αὐτοῦ. Alia exempl. οὐχ ὑποίσουσιν αὐτόν.[4]

7 (6). וּתְכֵלֶת. Ο'. καὶ ἐν τῇ ὑακίνθῳ (alia exempl. add. καὶ ἐν τῇ βύσσῳ[5]).

10 (9). נָתַתִּי הַחִטִּים מַכּוֹת. Dedi triticum excussiones (excussum). Ο'. εἰς βρώματα δέδωκα σῖτον εἰς δόματα (alia exempl. ἐν δόματι[6]).

12 (11). יוֹדֵעַ שֵׂכֶל וּבִינָה. Ο'. καὶ ἐπιστάμενον

Cap. I. [1] Sic Comp., Ald., Codd. III, XI, 19, 44, 52, alii (inter quos 243). [2] Sic Comp., Ald., Codd. 19, 55, 56, alii (inter quos 243). [3] Sic Comp., Codd. 19, 93, 108. [4] Iidem. [5] Sic Comp., Codd. 19 (cum μι), 93, 108. [6] Sic Comp., Codd. 19, 93. [7] Sic Comp., Codd. 19, 93, 108. [8] Sic Ald. (cum τοῦ ἐμπ.), Codd. 52, 60, 64, alii. [9] Sic Comp., Codd. 19 (cum ἐλάμβανεν et ἠγόραζεν), 56, 93, 108. [10] Sic Comp., Codd. 19, 93, 108.

Cap. II. [1] Sic Comp., Codd. 19, 93, 108. [2] Iidem. Cf. Hex. ad Exod. xxx. 7. Lev. iv. 7. [3] Iidem. [4] Sic Comp., Codd. 19 (cum αὐτῷ οἶκον pro αὐτόν), 93, 108, Theodoret. Quaest. in 2 Paral. p. 569. [5] Sic Codd. 19, 93, 108. Cf. v. 14. [6] Iidem. Verba εἰς βρώματα et εἰς δόματα dupliciter vertant non מַכּוֹת, sed כַלְכֵּל, ut in loco parallelo 3 (1) Reg. v. 11 (25).

ἐπιστήμην καὶ σύνεσιν. Alia exempl. καὶ εἰδότα φρόνησιν καὶ ἐπιστήμην.[7]

13 (12). אָבִי. Ο'. τὸν πατέρα (alia exempl. παῖδα[8])
μου.

14 (13). בֶּן־אִשָּׁה. Ο'. ἡ μήτηρ αὐτοῦ. Alia exempl. υἱὸν γυναικός.[9]

אֲשֶׁר יִנָּתֶן־לֹו. Ο'. ὅσα ἂν δῷς αὐτῷ. Alia
exempl. ἐν πᾶσιν οἷς ἂν δῷς αὐτῷ.[10]

16 (15). וּנְבִיאֵם לָךְ. Ο'. καὶ ἄξομεν αὐτά. Alia
exempl. καὶ οἴσομέν σοι αὐτά.[11]

תַּעֲלֶה. Ο'. ἄξεις. Alia exempl. ἀνοίσεις.[12]

18 (17). בָּהָר. Ο'. Vacat. Alia exempl. ἐν τῷ
ὄρει.[13]

Cap. III.

3. בַּמִּדָּה הָרִאשׁוֹנָה. Ο'. ἡ διαμέτρησις ἡ πρώτη.
Alia exempl. τῆς διαμετρήσεως τῆς πρώτης.[1]

5. וְשַׁרְשְׁרֹת. Et catenulas. Ο'. καὶ χαλαστά (alia
exempl. ἀλύσεις[2]).

6. וְהַזָּהָב זָהָב. Ο'. καὶ ἐχρύσωσε χρυσίῳ χρυσίου.
Alia exempl. καὶ χρυσίῳ χρυσίου; alia, καὶ
ἐχρύσωσε χρυσίῳ.[3]

8. לִכְרֻבִים. Ο'. εἰς χερουβὶμ εἰς τάλαντα. Alia
exempl. τοῦ ἐκ Φαρουείμ ἐν ταλάντοις.[4]

9. וְהָעֲלִיּוֹת. Ο'. καὶ τὸ ὑπερῷον (alia exempl. τὰ
ὑπερῷα[6]).

12. וּכְנַף הַכְּרוּב הָאֶחָד אַמּוֹת חָמֵשׁ מַגִּיעַ לַקִּיר

הַבָּיִת וַחֲצָנַף הָאַחֶרֶת אַמּוֹת חָמֵשׁ דְּבֵקָה
לִכְנַף הַכְּרוּב הָאַחֵר. Ο'. Vacat. Alia exempl. καὶ ἡ πτέρυξ τοῦ χερούβ τοῦ ἑνὸς πήχεων
πέντε ἀπτομένη τοῦ τοίχου τοῦ οἴκου, καὶ ἡ
πτέρυξ ἡ ἑτέρα πήχεων πέντε ἀπτομένη τῆς
πτέρυγος τοῦ χερούβ τοῦ ἑτέρου.[6]

16. שַׁרְשְׁרוֹת. Ο'. σερσερώθ. Alia exempl. ἀλυ-
σιδωτά.[7]

בַּדְּבִיר. Ο'. ἐν τῷ δαυίρ (s. δαβείρ). Ἄλλος·
ἐν τῷ χρηματιστηρίῳ.[8]

בַּשַּׁרְשְׁרוֹת. Ο'. ἐπὶ τῶν χαλαστῶν (alia exempl. ἀλύσεων[9]).

17. יָכִין...בֹּעַז. Ο'. κατόρθωσις...ἰσχύς. Ἄλ-
λος· Ἰαχίν...Βοόζ.[10]

Cap. IV.

2. מִשְּׂפָתוֹ אֶל־שְׂפָתוֹ. Ο'. τὴν διαμέτρησιν. Alia
exempl. τὴν διαμέτρησιν ἀπὸ τοῦ χείλους αὐτῆς εἰς τὸ χεῖλος αὐτῆς.[1]

וְקָו שְׁלֹשִׁים בָּאַמָּה יָסֹב אֹתוֹ סָבִיב. Ο'. καὶ τὸ
κύκλωμα (alia exempl. add. σπαρτίον[2]) τριάκοντα πήχεων (alia exempl. add. ἐκύκλου αὐτὴν
κύκλῳ[3]).

3. מַקִּיפִים אֹתוֹ־הַיָּם. Ο'. περιέχουσι (s. περιέχου-
σαι) τὸν λουτῆρα. Alia exempl. κυκλοῦντες
τὴν θάλασσαν.[4]

שְׁנַיִם טוּרִים הַבָּקָר יְצוּקִים. Ο'. δύο γένη ἐχώ-

---

[7] Sic Comp., Codd. 19, 93, 108, Theodoret.   [8] Sic
Comp., Ald., Codd. II (ex corr.), III, XI, 19, 52, 56, alii
(inter quos 93, 108, 243).   [9] Sic Comp., Codd. 19, 93,
108.   [10] Iidem.   [11] Sic Comp., Codd. 19 (om. σοι),
93, 108.   [12] Iidem.   [13] Sic Comp., Ald., Codd. 19,
44, 56, alii.
Cap. III.   [1] Sic Comp., Codd. 19, 93, 108.   [2] Iidem.
Cf. Hex. ad Exod. xxviii. 14.   [3] Prior lectio est in
Comp. (cum χρυσοῦ), Codd. II, III (ut Comp.), XI (cum
χρυσίου χρυσοῦ), 19 (ut Comp.), 52, 55, aliis (inter quos
243); posterior in Ald., Codd. 44, 56, 71, aliis. Ad τοῦ
ἐκ Φαρουείμ Cod. 108 in marg.: χρυσίον δόκιμον.   [4] Sic
Codd. 19, 93 (cum τῷ ἐκ), 108.   [5] Sic Comp., Codd. 19,

93, 108.   [6] Sic Codd. III, XI, 44 (cum τοίχου pro τοῦ τ.),
60 (cum χερούμ (bis) et πηχῶν (bis)), 74 (cum ἀριστερά pro
ἑτέρα), alii.   [7] Sic Comp., Codd. 19, 93 (cum σερσερὼθ
in marg.), 108.   [8] Cod. 108 in marg. sine nom. Cf.
Hex. ad 3 Reg. vi. 5.   [9] Sic Comp., Codd. 19, 93, 108.
Cf. ad v. 5.   [10] Sic in textu Codd. 56, 93 (cum Ἰαχείν),
121. Cf. 3 Reg. vii. 21 in LXX.
Cap. IV.   [1] Sic Comp., Codd. 19, 56, 93, 108, 121, 158.
[2] Sic Codd. 19, 93, 108. Cf. Hex. ad Zach. i. 16.   [3] Sic
Comp., Ald. (cum ἐκύκλου), Codd. 19 (cum κύκλον), 56 (ut
Ald.), 71, alii (inter quos 93 (cum αὐτῆς), 108). Cf. Hex.
ad 3 Reg. vii. 23.   [4] Sic Comp., Codd. 19, 93, 108.

νευσαν τοὺς μόσχους. Alia exempl. δύο στίχοι βόες χωνευτοί.⁵

4. עֹמֵד עַל־שְׁנֵים עָשָׂר בָּקָר. Ο΄. ᾗ ἐποίησαν αὐτοὺς δώδεκα μόσχους. Alia exempl. ἐποίησαν αὐτούς· ἑστῶσα ἐπὶ δώδεκα μόσχους ἡ θάλασσα.⁶

5. בַּתִּים. Ο΄. μετρητάς. Ἄλλος· κεράμια.⁷

10. קָדְמָה מִמּוּל נֶגְבָּה. Ο΄. ὡς πρὸς ἀνατολὰς κατέναντι. Alia exempl. πρὸς ἀνατολὰς τοῦ μέρους τοῦ πρὸς νότον.⁹

11. אֶת־הַסִּירוֹת וְאֶת־הַיָּעִים. Ο΄. τὰς κρεάγρας. Alia exempl. τοὺς λέβητας, καὶ τὰς κρεάγρας.⁹

12. וְהַגֻּלּוֹת. Et globulos. Ο΄. καὶ ἐπ᾽ αὐτῶν γωλάθ (alia exempl. τὰς βάσεις¹⁰).

וְהַשְּׂבָכוֹת. Ο΄. καὶ δίκτυα (Ἄλλος· σαβαχώθ¹¹).

אֶת־שְׁתֵּי גֻלוֹת. Ο΄. τὰς κεφαλάς. Alia exempl. τὰς δύο βάσεις.¹²

13. וְאֶת־הָרִמּוֹנִים. Ο΄. καὶ κώδωνας χρυσοῦς. Alia exempl. καὶ ῥόας χρυσᾶς.¹³

שׁוּרִים. Ο΄. γένη. Alia exempl. στίχοι.¹⁴

16. וְאֶת־הַסִּירוֹת וְאֶת־הַיָּעִים. Ο΄. καὶ τοὺς ποδιστῆρας, καὶ τοὺς ἀναλημπτῆρας, καὶ τοὺς λέβητας, καὶ τὰς κρεάγρας. Aliter: Ο΄. καὶ τοὺς λέβητας, καὶ τὰς κρεάγρας. (Θ.) καὶ τοὺς ποδιστῆρας, καὶ τοὺς ἀναλημπτῆρας (s. ἀναληπτῆρας).¹⁵

17. בֵּין סֻכּוֹת. Ο΄. ἐν οἴκῳ (alia exempl. ἀναμέσον¹⁶) Σοκχώθ.

18. לֹא נֶחְקַר. Non investigabile erat. Ο΄. οὐκ ἐξέλιπεν. Alia exempl. οὐκ ἠκριβάσθη.¹⁷

21. וְהַנֵּרוֹת וְהַמֶּלְקַחַיִם. Ο΄. καὶ λαβίδες αὐτῶν, καὶ οἱ λύχνοι αὐτῶν. Alia exempl. καὶ οἱ λύχνοι αὐτῶν, καὶ αἱ λαβίδες αὐτῶν.¹⁸

CAP. V.

5. וַיַּעֲלוּ אֶת־הָאָרוֹן. Ο΄. Vacat. Alia exempl. καὶ ἀνήνεγκαν τὴν κιβωτόν.¹

6. הַנּוֹעָדִים עָלָיו. Ο΄. (÷) καὶ οἱ φοβούμενοι (◄), καὶ οἱ ἐπισυνηγμένοι αὐτῶν (alia exempl. ἐπ᾽ αὐτόν²).

7. אֶל־דְּבִיר. Ο΄. εἰς τὸ δαβίρ (Ἄλλος· χρηματιστήριον³).

8. וַיִּכְסוּ הַכְּרוּבִים עַל־הָאָרוֹן. Ο΄. καὶ συνεκάλυπτε τὰ χερουβὶμ ἐπὶ τὴν κιβωτόν (alia exempl. τὰ χερουβὶμ τὴν κιβωτόν⁴). Alia exempl. add. καὶ προσήγγιζε τὰ χερουβὶμ ἐπὶ τὴν κιβωτόν.⁵

9. מִן־הָאָרוֹן. Ο΄. ἐκ τῶν ἁγίων. Alia exempl. ἀπὸ τῆς κιβωτοῦ ἐκ τῶν ἁγίων.⁶

12. מִזְרָח לַמִּזְבֵּחַ. Ο΄. κατέναντι (aliud exempl. κατὰ ἀνατολὰς⁷) τοῦ θυσιαστηρίου.

13. לְהַשְׁמִיעַ. Ο΄. καὶ ἐν τῷ ἀναφωνεῖν (alia exempl. add. ὁμοθυμαδὸν⁸).

לְהַלֵּל וּלְהֹדוֹת. Ο΄. τοῦ ἐξομολογεῖσθαι καὶ αἰνεῖν. Alia exempl. τοῦ αἰνεῖν τοῦ ἐξομολογεῖσθαι.⁹

---

⁵ Sic Comp., Codd. 19 (cum στίχοι), 93, 108. ⁶ Sic Comp., Codd. 19, 93 (cum ἡ θ. ἐπὶ δ. μ.), 108. ⁷ Cod. 93 in marg. sine nom. Cf. Hex. ad Jesai. v. 10. ⁸ Sic Comp., Codd. 19, 93 (cum ἐκ τοῦ μ. pro τοῦ μ.), 108 (cum ὡς πρὸς ἀν.). ⁹ Iidem. ¹⁰ Iidem. ¹¹ Sic in textu Codd. 56, 121. ¹² Sic Comp., Codd. 19, 93, 108. ¹³ Sic Comp. (cum χρυσοῦς), Cod. 93. ¹⁴ Sic Cod. 93. Cf. ad v. 3. Mox βάσεις pro γωλάθ Comp., Cod. 19, 93. ¹⁵ In textu Ed. Rom., a quo libri scripti non discedunt, duae versiones coaluerunt, quarum priorem Theodotioni vindicandam esse testantur Hex. ad Exod. xxxviii. 3. Jerem. lii. 18. Deinde pro וְאֶת־הַמִּזְלָגוֹת, et fuscinas (κρεάγρας), quod in LXX vacat, Comp. e versione Hieronymi,

et lebetas, et creagras, et phialas (מִזְרָקוֹת), assumpsit καὶ φιάλας. ¹⁶ Sic Comp., Codd. 19, 93, 108. ¹⁷ Sic Comp., Codd. 19, 93, 108. ¹⁸ Sic Comp., Codd. 19, 93, 108. Cetera Hebraea v. 21 et primam vocem (וְהַמְּזַמְּרוֹת) v. 22 non verterunt LXX.

CAP. V. ¹ Sic Comp., Codd. III, XI, 19, 52, alii (inter quos 243). ² Sic Comp., Codd. 19, 93, 108 (cum ἐπ᾽ αὐτῶν). ³ Sic in textu Codd. 158, 243, Reg. Cf. ad Cap. iii. 16. ⁴ Sic Comp., Codd. II, 19, 55, 71, 93. ⁵ Sic Comp., Codd. 19, 93, 108. ⁶ Iidem. Cf. 3 Reg. viii. 8. ⁷ Sic Cod. III. ⁸ Sic Codd. 19, 93 (cum -δων), 108 (idem). ⁹ Sic Comp., Codd. 19, 93 (cum καὶ τοῦ ἐξ.), 108. Cf. Hex. ad 1 Paral. xxiii. 30.

13. וּבְהַלֵּל׃ . Ο'. καὶ ἔλεγον ἐξομολογεῖσθε. Alia exempl. καὶ ἐν ὕμνοις, καὶ ἔλεγον ἐξομολογεῖσθε[10]

Cap. VI.

2. לְשִׁבְתְּךָ׃ . Ο'. τοῦ κατασκηνῶσαι. Alia exempl. καὶ τῇ καθέδρᾳ σου, τοῦ κατασκηνῶσαί σε ἐν αὐτῷ.[1]

8. יַעַן אֲשֶׁר. Ο'. διότι. Alia exempl. ἀνθ' ὧν ὅτι.[2]

9. כִּי. Ο'. ὅτι. Alia exempl. ἀλλ' ἤ.[3]

13. וַיִּבְרַךְ עַל־בִּרְכָּיו. Ο'. καὶ ἔπεσεν ἐπὶ τὰ γόνατα. Alia exempl. καὶ ἔκαμψεν ἐπὶ τὰ γόνατα αὐτοῦ.[4]

15. דִּבַּרְתָּ לוֹ. Ο'. ἐλάλησας αὐτῷ, λέγων. Alia exempl. ἐλάλησας αὐτῷ.[5]

23. לָתֶת דַּרְכּוֹ. Ο'. καὶ ἀποδοῦναι (alia exempl. ἐπιστρέψαι[6]) ὁδοὺς αὐτοῦ.

26. וְהוֹדוּ אֶת־שְׁמֶךָ. Ο'. καὶ αἰνέσουσι τὸ ὄνομά σου. Alia exempl. καὶ ἐξομολογήσονται τῷ ὀνόματί σου.[7]

28. בְּאֶרֶץ שְׁעָרָיו. Ο'. κατέναντι (alia exempl. ἐν τῇ γῇ κατέναντι[8]) τῶν πόλεων αὐτῶν.

29. אֲשֶׁר יֵדְעוּ. Ο'. ἐὰν γνῷ. Alia exempl. οἵτινες ἐὰν γνῶσιν.[9]

וּמַכְאֹבוֹ. Ο'. καὶ τὴν μαλακίαν ("Αλλος· βάσανον[10]) αὐτοῦ.

30. וְסָלַחְתָּ. Ο'. καὶ ἱλάσῃ (alia exempl. ἱάσῃ[11]).

כִּי־אַתָּה לְבַדְּךָ. Ο'. ὅτι μόνος. Alia exempl. ὅτι σὺ μονώτατος.[12]

31. לְמַעַן יִירָאוּךָ לָלֶכֶת בִּדְרָכֶיךָ. Ο'. ὅπως φοβῶνται πάσας ὁδούς σου. Alia exempl. ὅπως φοβῶνταί σε τοῦ πορεύεσθαι ἐν πάσαις ταῖς ὁδοῖς σου.[13]

36. וְאָנַפְתָּ בָם. Ο'. καὶ πατάξεις αὐτούς. Alia exempl. καὶ ἐὰν θυμωθῇς ἐπ' αὐτούς.[14]

37. וְהֵשִׁיבוּ אֶל־לְבָבָם. Et reducant rem ad cor suum. Ο'. καὶ ἐπιστρέψωσι καρδίαν αὐτῶν. Alia exempl. καὶ ἐπιστρέψωσι πρὸς σὲ ἐν τῇ καρδίᾳ αὐτῶν.[15]

נִשְׁבּוּ. Ο'. μετήχθησαν. Alia exempl. ἠχμαλωτεύθησαν.[16]

וְהִרְשַׁעְנוּ. Ο'. ἠδικήσαμεν. Alia exempl. καὶ ἠσεβήσαμεν.[17]

38. אֲשֶׁר־שָׁבוּ אֹתָם. Ο'. ὅπου ἠχμαλώτευσαν αὐτούς. Alia exempl. οὗ ἠχμαλώτευσαν αὐτοὺς ἐκεῖ.[18]

39. מִשְׁפָּטָם. Ο'. κρίματα. Alia exempl. τὸ κρίμα αὐτῶν.[19]

41. וַחֲסִידֶיךָ. Ο'. καὶ οἱ υἱοί (alia exempl. οἱ ὅσιοι[20]) σου.

42. לְחַסְדֵי דָּוִיד עַבְדֶּךָ. Pia facta Davidis servi tui. Ο'. τὰ ἐλέη Δαυὶδ τοῦ δούλου σου. Alia exempl. τὰ ἐλέη σου τῷ Δαυὶδ τῷ δούλῳ σου.[21]

Cap. VII.

5. וְצֹאן. Ο'. βοσκημάτων. Alia exempl. καὶ προβάτων.[1]

---

[10] Sic Comp., Codd. 19 (cum καὶ ἐν ὑ. ἔλεγον), 93, 108. Cf. Cap. vii. 6 in LXX.

Cap. VI. [1] Sic Codd. 19 (cum τὴν κ. pro τῇ κ., et om. σε), 93 (cum τῆς κ. pro καὶ τῇ κ., et κατοικῆσαι pro κατασκ.), 108. Cf. Hex. ad 3 Reg. viii. 13. [2] Sic Comp., Codd. 19, 93, 108. [3] Iidem. Mox αὐτὸς pro οὗτος iidem. [4] Sic Comp., Codd. 19 (cum ἔκαμψεν), 93, 108. [5] Sic Comp., Codd. 19, 44, 93, 108, Vet. Lat. [6] Sic Codd. 19, 93, 108. [7] Sic Comp., Codd. 19, 93, 108. [8] Iidem. Cf. Hex. ad 3 Reg. viii. 37. [9] Sic Comp. (cum γνῷ), Codd. 19, 93, 108. [10] Sic in textu Cod. 93. Cf. Hex. ad Eccles. i. 18. ii. 23. [11] Sic Ald., Codd. II, III, XI, 19, 52, 55 (cum ἱάσῃς), alii (inter quos 243). Cf. Hex. ad Jesai. lv. 7. [12] Sic Comp., Codd. 19 (cum μόνος), 108; necnon (om. σὺ) Codd. III, XI, 52, 64, 119, 158, 243. [13] Sic Comp., Codd. 19, 93, 108. [14] Iidem (cum παραδῷς pro παραδώσεις). [15] Iidem. [16] Sic Comp., et (cum αἰχμ.) Codd. 19, 93, 108. [17] Sic Comp., Codd. 19 (om. καὶ), 93, 108 (ut 19). [18] Sic Comp., Codd. 93 (cum αἰχμ.), 108 (cum ὅπου). Clausulam reprobant Codd. II, III, XI, 44, 52, alii (inter quos 243). [19] Sic Comp., Codd. 19 (om. τὸ), 93 (cum αὐτοῖς), 108. [20] Sic Comp., Ald., Codd. 19, 44, 56, alii. [21] Sic Comp., Codd. 19, 93, 108 (om. σου).

Cap. VII. [1] Sic Comp., Codd. 19 (om. καὶ), 93, 108.

6. ‏אֲשֶׁר עָשָׂה דָוִיד הַמֶּלֶךְ‎. Ο΄. τοῦ Δαυὶδ τοῦ βασιλέως. Alia exempl. ὧν ἐποίησε Δαυὶδ ὁ βασιλεύς.[2]

7. ‏וְאֶת־הַמִּנְחָה וְאֶת־הַחֲלָבִים‎. Ο΄. καὶ τὰ μαναὰ καὶ τὰ στέατα. Alia exempl. καὶ τὰς θυσίας, καὶ τὰ στέατα τῶν εἰρηνικῶν.[3]

9. ‏וַיַּחַג שִׁבְעַת יָמִים‎. Ο΄. ἑορτήν. Alia exempl. καὶ τὴν ἑορτὴν ἑπτὰ ἡμέρας.[4]

10. ‏וּבְיוֹם עֶשְׂרִים וּשְׁלֹשָׁה‎. Ο΄. καὶ ἐν τῇ τρίτῃ καὶ εἰκοστῇ. Alia exempl. καὶ ἐν τῇ ἡμέρᾳ τῇ εἰκοστῇ καὶ τρίτῃ.[5]

‏וְטוֹבֵי לֵב‎. Ο΄. καὶ ἀγαθῇ καρδίᾳ. Alia exempl. καὶ ἀγαθοὺς τῇ καρδίᾳ.[6]

13. ‏לֶאֱכוֹל הָאָרֶץ‎. Ο΄. καταφαγεῖν τὸ ξύλον (alia exempl. τὴν γῆν[7]).

17. ‏כַּאֲשֶׁר הָלַךְ דָּוִיד‎. Ο΄. ὡς Δαυίδ. Alia exempl. ὃν τρόπον ἐπορεύθη Δαυίδ.[8]

20. ‏אַשְׁלִיךְ מֵעַל פָּנָי‎. Ο΄. ἀποστρέψω ἐκ προσώπου μου. Alia exempl. ἀπορρίψω αὐτὸν ἀπὸ προσώπου μου.[9]

21. ‏וְהַבַּיִת הַזֶּה אֲשֶׁר הָיָה עֶלְיוֹן‎. Ο΄. καὶ ὁ οἶκος οὗτος ὁ ὑψηλός. Alia exempl. καὶ ὁ οἶκος οὗτος ὃς ἦν ὑψηλὸς ἐρημωθήσεται.[10]

‏יַעֲבֹר‎. Ο΄. ὁ διαπορευόμενος. Alia exempl. ὁ παραπορευόμενος.[11]

‏בַּמֶּה‎. Ο΄. χάριν (alia exempl. ἕνεκεν[12]) τίνος.

‏כָּכָה‎. Ο΄. Vacat. Alia exempl. οὕτω.[13]

22. ‏עַל אֲשֶׁר‎. Ο΄. διότι. Alia exempl. ἀνθ᾽ ὧν.[14]

Cap. VIII.

3. ‏חֲמַת צוֹבָה‎. Ο΄. εἰς Βαισωβά. Alia exempl. εἰς Αἰμὰθ Σωβά.[1]

4. ‏עָרֵי הַמִּסְכְּנוֹת‎. Oppida promptuaria. Ο΄. τὰς πόλεις τὰς ὀχυράς (alia exempl. add. τὰς τῶν φόρων[2]).

6. ‏אֲשֶׁר חָשַׁק‎. Ο΄. κατὰ τὴν ἐπιθυμίαν (alia exempl. add. αὐτοῦ ἦν ἐπεθύμησε[3]).

‏וּבְכֹל אֶרֶץ מֶמְשַׁלְתּוֹ‎. Ο΄. καὶ ἐν πάσῃ τῇ βασιλείᾳ αὐτοῦ (alia exempl. add. ἐν τῇ γῇ πάσης τῆς ἐξουσίας αὐτοῦ εὐωδώθη[4]).

9. ‏לַעֲבָדִים לִמְלָאכְתּוֹ‎. Ο΄. εἰς παῖδας τῇ βασιλείᾳ αὐτοῦ. Alia exempl. εἰς δούλους (s. δουλείαν) εἰς πάντα τὰ ἔργα αὐτοῦ ἐν τῇ βασιλείᾳ αὐτοῦ.[5]

‏וְשָׂרֵי שָׁלִישָׁיו וְשָׂרֵי רִכְבּוֹ וּפָרָשָׁיו‎. Ο΄. καὶ ἄρχοντες, καὶ οἱ δυνατοὶ καὶ ἄρχοντες ἁρμάτων καὶ ἱππέων. Alia exempl. καὶ ἄρχοντες τριστατῶν αὐτοῦ, δυνατοὶ καὶ ἄρχοντες ἁρμάτων αὐτοῦ καὶ ἱππέων αὐτοῦ.[6]

10. ‏הָרֹדִים‎. Qui praeficiebant. Ο΄. ἐργοδιωκτοῦντες. Ἄλλος· παιδεύοντες.[7]

11. ‏בְּבֵית דָּוִיד‎. Ο΄. ἐν πόλει (alia exempl. οἴκῳ[8]) Δαυίδ.

12. ‏הָאוּלָם‎. Ο΄. τοῦ ναοῦ (Ἄλλος· οὐλάμ[9]).

16. ‏כָּל־מְלֶאכֶת שְׁלֹמֹה‎. Ο΄. πᾶσα ἡ ἐργασία. Alia exempl. πάντα τὰ ἔργα Σαλωμών.[10]

‏מוּסָד בֵּית־יְהוָה וְעַד־כְּלֹתוֹ שָׁלֵם בֵּית יְהוָה‎.

---

[2] Sic Comp., Codd. 19 (om. ὁ βασιλεύς), 93, 108. [3] Iidem. [4] Sic Comp., Codd. 93, 108, 158. [5] Sic Comp., Codd. 19 (cum καὶ τῇ τρίτῃ), 93, 108. [6] Sic Comp., Codd. 19 (om. τῇ), 93, 108. [7] Iidem. [8] Iidem. [9] Sic Comp., Codd. 19 (om. αὐτόν), 93, 108. [10] Sic Comp., Ald. (om. ἐρημωθήσεται), Codd. 19, 44 (ut Ald.), 56, 93, 106 (ut Ald.), 108, alii. [11] Sic Comp., Codd. 19, 93, 108. [12] Iidem. [13] Sic Ald., Codd. 44, 56, 71 (cum οὕτως), alii. [14] Sic Comp., Codd. 19, 93, 108.

Cap. VIII. [1] Sic Comp. (cum Σουβά), Ald. (cum Σουβαά), Codd. III, XI (cum Ἐμάθ), 19 (ut Comp.), 52 (cum Σοβά), 56, alii (inter quos 243 (ut XI)). [2] Sic Codd. 19, 93.

Mox (v. 6) καὶ πάσας τὰς πόλεις τῶν φόρων τὰς ὀχυρὰς Codd. 19, 93 (cum τῶν φων), 108. [3] Sic Codd. 19, 93, 108. [4] Sic Codd. 19, 93 (cum πάσῃ et εἰσδ.), 108. [5] Sic Comp. (cum παῖδας pro δούλους), Codd. 19 (cum δουλείαν), 93, 108 (ut 19). [6] Sic Comp., Codd. 19 (cum πρωτοστατῶν pro τριστατῶν, et om. αὐτοῦ post ἁρμάτων et ἱππέων), 93 (cum πρωτοστατῶν), 108. [7] Sic in textu Cod. 93. Cf. Hex. ad Lev. xxv. 43. Psal. cix. 2. [8] Sic Cod. 93, Theodoret. Quaest. in 2 Paral. p. 571. [9] Cod. 93 in marg. sine nom. (cum οὐλτ). [10] Sic Comp. (cum Σαλωμῶντος), 19 (om. Σαλωμών), 93, 108.

Ο'. ἐθεμελιώθη ἕως οὗ ἐτελείωσε Σαλωμὼν τὸν οἶκον κυρίου. Alia exempl. ἐθεμελιώθη ὁ οἶκος κυρίου, καὶ ἕως οὗ ἐτελειώθη· ἕως οὗ ἐτελείωσε Σαλωμὼν τὸν οἶκον κυρίου.[11]

17. לְעֶצְיוֹן־גָּבֶר. Ο'. εἰς Γασιὼν Γαβέρ. Schol. Ἡ Γασιὼν Γαβὲρ ἡ νῦν καλουμένη Βερονίκη· ἔστι δὲ παραλία πόλις Αἰθιόπων τῶν πρὸς Αἴγυπτον.[12]

בְּאֶרֶץ אֱדוֹם. Ο'. ἐν γῇ Ἰδουμαίᾳ (alia exempl. Ἐδώμ[13]).

18. אוֹפִירָה. Ο'. εἰς Σωφιρά. Schol. Χώραν τῆς Ἰνδικῆς, ἣν γεωγράφοι Χρυσὴν ὀνομάζουσιν.[14]

וַיָּבִיאוּ. Ο'. καὶ ἦλθον (alia exempl. ἤνεγκαν[15]).

CAP. IX.

4. וּמַלְבּוּשֵׁיהֶם. Ο'. καὶ ἱματισμὸν αὐτῶν. Alia exempl. καὶ τὰ ἐνδύματα αὐτοῦ.[1]

וְלֹא־הָיָה עוֹד בָּהּ רוּחַ. Ο'. καὶ ἐξ ἑαυτῆς ἐγένετο. Alia exempl. καὶ οὐκ ἦν ἐν αὐτῇ ἔτι πνεῦμα.[2]

8. אֲשֶׁר חָפֵץ בְּ. Ο'. ὃς ἠθέλησεν (alia exempl. εὐδόκησεν[3]) ἐν σοί.

לַיהוָה אֱלֹהֶיךָ. Ο'. κυρίῳ θεῷ σου. Alia exempl. τῷ λαῷ σου (s. αὐτοῦ).[4]

9. לָרֹב מְאֹד. Ο'. εἰς πλῆθος πολύ (alia exempl. σφόδρα[5]).

10. הֵבִיאוּ עֲצֵי אַלְגּוּמִּים. Ο'. καὶ ξύλα πεύκινα (Ἄλλος· ἀγωγείμ[6]). Alia exempl. καὶ ξύλα πεύκινα ἀπελέκητα ἤνεγκαν.[7]

14. וְכָל־מַלְכֵי... וּפַחוֹת. Ο'. καὶ πάντων τῶν βασιλέων.. καὶ σατραπῶν. Alia exempl. καὶ πάντες οἱ βασιλεῖς.. καὶ σατράπαι.[8]

16. וּשְׁלֹשׁ־מֵאוֹת מָגִנִּים זָהָב שָׁחוּט שְׁלֹשׁ מֵאוֹת... זָהָב יַעֲלֶה עַל־הַמָּגֵן הָאֶחָת. Ο'. καὶ τριακοσίας ἀσπίδας ἐλατὰς χρυσᾶς, τριακοσίων χρυσῶν ἀνεφέρετο ἐπὶ τὴν ἀσπίδα ἑκάστην. Alia exempl. δόρατα χρυσᾶ ἐλατὰ τριακόσια, τριακόσιοι χρυσοῖ ἀναφέροντες ἐπὶ δόρυ ἕκαστον.[9]

18. וְכֶבֶשׁ בַּזָּהָב לַכִּסֵּא מָאֳחָזִים. Et scabellum aureum, throno coagmentabantur. Ο'. ἐνδεδεμένοι χρυσίῳ. Alia exempl. ἐνδεδεμένοι χρυσίῳ, καὶ ὑποπόδιον ὑπέθηκεν ἐν χρυσῷ τῷ θρόνῳ.[10]

20. וְכֹל כְּלֵי מַשְׁקֵה. Ο'. καὶ πάντα τὰ σκεύη (alia exempl. add. τοῦ οἴκου[11]).

21. וְתֻכִּיִּים. Et pavones. Ο'. Vacat. Alia exempl. καὶ τεκχείμ.[12] Schol. σφίγγων.[13]

22. מַלְכֵי הָאָרֶץ. Ο'. τοὺς βασιλεῖς (alia exempl. add. τῆς γῆς[14]).

24. וּשְׂלָמוֹת. Ο'. καὶ ἱματισμόν. Alia exempl. ὅπλα καὶ ἱματισμόν.[15]

בְּשָׁנָה. Ο'. ἐνιαυτόν. Alia exempl. εἰς ἐνιαυτόν.[16]

---

[11] Iidem.　[12] Cod. 108 in marg. Cf. Joseph. Antiq. VIII, 6, 4.　[13] Sic Comp., Codd. 19 (cum Ἐδὼν), 93 (cum Ἀιδὼμ), 108 (cum Ἐδάμ).　[14] Cod. 108 in marg. Ex Josepho ibid.　[15] Sic Comp., Codd. 19 (cum ἠνείνεγκαν), 93 (cum ἤνεγκε), 108.

CAP. IX.　[1] Sic Comp., Codd. 19, 93, 108.　[2] Sic Comp., et (praem. καὶ ἐξ ἑαυτῆς ἐγ.) Codd. 19 (cum τι pro ἔτι), 93, 108.　[3] Sic Codd. 19, 93, 108.　[4] Sic Comp. (cum αὐτοῦ), Ald., Codd. III, XI, 19 (ut Comp.), 44 (idem), 52, alii.　[5] Sic Comp., Ald., Codd. 19, 44, 56, alii.　[6] Sic in textu Codd. 56 (cum γουγείμ), 93 (ut infra), 121 (ut 56).　[7] Sic Codd. 19, 93 (cum ξ. ἀγουγείμ ἀπελ.), 108. Mox (v. 11) ἀπελέκητα pro πεύκινα iidem. Cf. Hex. ad 3 Reg. x. 11.　[8] Sic Comp., Codd. 19 (cum σατραπῶν ἵ), 93 (cum στρατηγοὶ pro σατράπαι), 108.　[9] Sic Comp.

(cum ἀσπίδας χρ. ἐλατὰς τριακ.), Codd. 19, 93 (cum ἀνεφέροντο), 108.　[10] Sic Comp. (cum ἐνδεδυμένοι), Codd. 19, 93, 108.　[11] Sic Comp., Codd. 93, 108. Cf. Hex. ad 3 Reg. x. 21.　[12] Sic Comp. (cum θεχείμ), Codd. 19 (cum τεχείμ), 93, 108 (ut 19), 158 (cum καὶ σφίγγων καὶ τεκχήμ).　[13] Sic in marg. Codd. 93 (cum σφυγίων, ut videtur), 108, 158 (in textu, ut supra). (Obiter noto, formam CΦΙΝΓΙΑ inscriptam legi in lithostroto Praenestino, ubi haec animalia sub simiarum specie depicta sunt. Cf. T. Harmer Observations on Various Passages of Scripture, Vol. IV, p. 81, ed. Lond. 1808, cum tabula in fine vol.)　[14] Sic Comp., Codd. 19, 52, 93, 108.　[15] Sic Comp., Codd. 19, 93, 108. Vox ὅπλα pertinet, ni fallor, ad Hebr. נֶשֶׁק, arma, cujus loco Seniores στακτὴν exhibent. Cf. Hex. ad Job. xxxix. 21.　[16] Sic Comp., Codd. 93, 108.

27. נָתַן. O'. Vacat. Alia exempl. ἔδωκεν.[17]

28. וּמִכָּל־הָאֲרָצוֹת. O'. καὶ ἐκ πάσης τῆς γῆς. Alia exempl. καὶ ἐκ πασῶν τῶν γαιῶν.[18]

29. הֲלֹא־הֵם. O'. ἰδοὺ οὗτοι. Alia exempl. οὐκ ἰδοὺ αὐτοί.[19]

עַל יָרָבְעָם. O'. περὶ (alia exempl. κατὰ[20]) Ἱεροβοάμ.

30. בִּירוּשָׁלַ͏ִם. O'. Vacat. Alia exempl. ἐν Ἱερουσαλήμ.[21]

31. עִם־אֲבֹתָיו. O'. Vacat. Alia exempl. μετὰ τῶν πατέρων αὐτοῦ.[22]

Cap. X.

2. אֲשֶׁר בָּרַח. O'. ὡς ἔφυγεν. Alia exempl. ὡς ὅτε ἀπέδρα.[1]

3. וְכָל־יִשְׂרָאֵל וַיְדַבְּרוּ. O'. καὶ πᾶσα ἡ ἐκκλησία. Alia exempl. καὶ πᾶσα ἡ ἐκκλησία Ἰσραήλ, καὶ ἐλάλησαν.[2]

4. הָקֵל. O'. ἄφες. Alia exempl. κούφισον σύ.[3]

5. וְשׁוּבוּ. O'. καὶ ἔρχεσθε (alia exempl. ἐπιστρέψατε[4]).

6. בִּהְיוֹתוֹ חַי לֵאמֹר. O'. ἐν τῷ ζῆν αὐτὸν, λέγων. Alia exempl. ζῶντος αὐτοῦ, καὶ συνεβουλεύσατο μετ' αὐτῶν, λέγων.[5]

7. וּרְצִיתָם. O'. καὶ εὐδοκήσῃς. Alia exempl. καὶ ἀρέσεις αὐτοῖς.[6]

9. וְנָשִׁיב דָּבָר. O'. καὶ ἀποκριθήσομαι λόγον. Alia exempl. καὶ τίνα λόγον ἀποκριθῶ.[7]

10. מֵעָלֵינוּ. O'. ἀφ' ἡμῶν. Alia exempl. ἀπὸ τοῦ ζυγοῦ ἡμῶν (מֵעֻלֵּנוּ).[8]

10. אֲלֵהֶם. O'. Vacat. Alia exempl. πρὸς αὐτούς.[9]

קָטָנִּי. O'. ὁ μικρὸς δάκτυλός μου. Alia exempl. ὁ βραχύτατός μου δάκτυλος.[10]

11. הֶעְמִיס עֲלֵיכֶם עֹל כָּבֵד. Imposuit vobis jugum grave. O'. ἐπαίδευσεν ὑμᾶς ζυγῷ βαρεῖ. Alia exempl. ἐνέθηκεν ὑμῖν ζυγὸν βαρύν.[11]

15. לְמַעַן הָקִים. O'. λέγων ἀνέστησε. Alia exempl. ἵνα ἀναστήσῃ.[12]

16. אִישׁ לְאֹהָלֶיךָ. O'. εἰς (alia exempl. ἀπότρεχε εἰς; alia, ἀπότρεχε ἀνὴρ εἰς[13]) τὰ σκηνώματά σου.

17. הַיֹּשְׁבִים. O'. καὶ οἱ κατοικοῦντες. Alia exempl. οἱ κατοικοῦντες.[14]

Cap. XI.

1. לְהִלָּחֵם עִם־יִשְׂרָאֵל לְהָשִׁיב. O'. καὶ ἐπολέμει πρὸς Ἰσραὴλ τοῦ ἐπιστρέψαι. Alia exempl. τοῦ πολεμῆσαι μετὰ Ἰσραήλ, καὶ ἐπιστρέψαι.[1]

3. וְאֶל כָּל־יִשְׂרָאֵל בִּיהוּדָה. O'. καὶ πάντα Ἰούδαν. Alia exempl. καὶ πρὸς πάντα Ἰσραὴλ τὸν μετὰ Ἰούδα.[2]

10. אֲשֶׁר בִּיהוּדָה. O'. ἥ ἐστι τοῦ Ἰούδα. Alia exempl. τὰς ἐν τῇ Ἰουδαίᾳ.[3]

14. אֶת־מִגְרְשֵׁיהֶם וַאֲחֻזָּתָם. O'. τὰ σκηνώματα τῆς κατασχέσεως αὐτῶν. Alia exempl. τὰ σκηνώματα αὐτῶν τὰ τῆς κατασχέσεως αὐτῶν.[4]

15. וְלָעֲגָלִים אֲשֶׁר עָשָׂה. O'. καὶ τοῖς μόσχοις, ἃ (alia exempl. ταῖς δαμάλεσιν αἷς[5]) ἐποίησεν Ἱεροβοάμ.

---

[17] Iidem. [18] Sic Comp., Codd. 19 (cum γτῶν), 93, 108. [19] Sic Comp., Codd. 93, 108. [20] Iidem. [21] Sic Comp., Codd. 19, 93, 108. [22] Iidem.

Cap. X. [1] Sic Comp. (om. ὡς), Codd. 19, 93, 108. [2] Sic Comp., Codd. 19 (cum μετ' αὐτοῦ Ἰσρ. pro Ἰσρ.), 71, 93, 108. [3] Sic Comp., Codd. 19 (cum κούφησον), 93, 108 (ut 19). Cf. 3 Reg. xii. 4. [4] Iidem. [5] Iidem. [6] Sic Comp. (cum ἀρέσῃ), Codd. 19 (cum ἀρέσει), 93 (cum αὐτούς), 108 (ut 19). Mox δοῦλοι pro παῖδες (ut passim) iidem. [7] Iidem. [8] Sic Comp., Codd. 19, 93. [9] Sic

Comp., Codd. 93, 108. [10] Cf. Hex. ad 3 Reg. xii. 10. [11] Sic Comp., Codd. 19, 93 (cum ἐπέθηκεν), 108. [12] Iidem. [13] Prior lectio est in Ald., Codd. III, 52, 56, aliis; posterior in Comp., Codd. 19, 93 (om. ἀπότρεχε), 108. [14] Sic Comp., Codd. III, 44, 60, 93, 108, 119.

Cap. XI. [1] Sic Comp., Codd. 19, 93, 108. [2] Sic Comp., Codd. 19 (om. καὶ Βενιαμὶν), 93, 108 (em. τόν). [3] Sic Comp. (cum τὴν pro τὰς), Codd. 19, 93, 108. [4] Sic Comp., Codd. 19, 93. [5] Sic Comp. (cum ἃς), Codd. 19, 93, 108, Theodoret. Quaest. I in 2 Paral. p. 572.

16. וְאַחֲרֵיהֶם מִכֹּל שִׁבְטֵי יִשְׂרָאֵל. Ο'. καὶ ἐξέβαλεν αὐτοὺς (alia exempl. τοὺς Λευίτας[6]) ἀπὸ φυλῶν Ἰσραήλ. Ἄλλος· καὶ ὀπίσω αὐτῶν ἀπὸ πασῶν φυλῶν Ἰσραήλ.[7]

17. בֶּן־שְׁלֹמֹה. Ο'. τὸν τοῦ Σαλωμών. Alia exempl. ὁ τοῦ Σαλωμών; alia, υἱὸς Σαλωμών.[8]

18. אֲבִיחַיִל בַּת־אֱלִיאָב. Ο'. καὶ Ἀβιγαίαν θυγατέρα Ἐλιάβ. Alia exempl. τῷ οἴκῳ Ἐλιάβ.[9]

21. וּפִילַגְשִׁים שִׁשִּׁים. Ο'. καὶ παλλακὰς ἑξήκοντα (alia exempl. τριάκοντα[10]).

22, 23. כִּי לְהַמְלִיכוֹ : וַיָּבֶן. Nam regem constituere eum (destinaverat). Et prudenter egit. Ο'. ὅτι βασιλεῦσαι διενοεῖτο αὐτόν. Alia exempl. ὅτι διενοεῖτο τοῦ βασιλεῦσαι αὐτόν.[11]

23. וַיִּפְרֹץ. Ο'. καὶ ηὐξήθη. Alia exempl. καὶ ηὐξήθη Ἀβιὰ καὶ διέκοψε.[12] Ἄλλος· ἐχύθη.[13]

Cap. XII.

1. וּכְחֶזְקָתוֹ. Ο'. καὶ ὡς κατεκρατήθη (alia exempl. ἐκραταιώθη[1]).

אֶת־תּוֹרַת. Ο'. τὰς ἐντολάς. Alia exempl. τὸν νόμον.[2]

3. פָּרָשִׁים. Ο'. ἵππων. Alia exempl. ἱππέων.[3]

סֻכִּיִּים וְכוּשִׁים. Ο'. Τρωγοδύται (potior scriptura Τρωγλοδύται[4]) καὶ Αἰθίοπες. Alia ex-

empl. Σουχιεὶμ καὶ Χουσιείμ.[5] Schol. Τρωγλοδύται· Αἰθίοπες ἢ Λίβυες.[6]

6. וַיִּכָּנְעוּ. Ο'. καὶ ᾐσχύνθησαν (alia exempl. ἐνετράπησαν[7]).

7. נִכְנָעוּ. Ο'. ἐνετράπησαν. Σ. ἐγνωσιμάχησαν.[8]

בְּיַד־שִׁישַׁק. Ο'. Vacat. Alia exempl. ἐν χειρὶ Σουσακίμ.[9]

8. לוֹ לַעֲבָדִים. Ο'. εἰς παῖδας. Alia exempl. αὐτῷ εἰς δούλους.[10]

10. וַיַּפְקֵד עַל־יַד שָׂרֵי הָרָצִים פֶּתַח בֵּית הַמֶּלֶךְ. Ο'. καὶ κατέστησεν ἐπ' αὐτὸν Σουσακὶμ ἄρχοντας παρατρεχόντων, τοὺς φυλάσσοντας τὸν πυλῶνα τοῦ βασιλέως. Alia exempl. καὶ κατέστησεν ἐπὶ χεῖρας ἀρχόντων τῶν παρατρεχόντων τῶν φυλασσόντων τὰς θύρας οἴκου τοῦ βασιλέως.[11]

11. כְּדֵי־בוֹא. Ο'. ἐν τῷ εἰσελθεῖν. Alia exempl. ἀπὸ ἱκανοῦ ἐν τῷ εἰσπορεύεσθαι.[12]

וֶהֱשִׁיבוּם אֶל־תָּא הָרָצִים. Ο'. καὶ οἱ ἐπιστρέφοντες εἰς ἀπάντησιν τῶν παρατρεχόντων. Alia exempl. καὶ ἐλάμβανον τοὺς θυρεούς, καὶ ἀποκαθίστων εἰς τὴν τάξιν τῶν παρατρεχόντων.[13]

12. לְהַשְׁחִית לְכָלָה. Ο'. εἰς καταφθορὰν εἰς τέλος. Alia exempl. εἰς διαφθορὰν εἰς τέλος τοῖς πᾶσι.[14]

---

[6] Sic Comp., Codd. 19, 93, 108.   [7] Cod. 93 in textu, ex duplici versione: καὶ ἐξέβαλεν—Ἰσραήλ· καὶ ὀπίσω—Ἰσραήλ. Theodoret. ibid.: Ἠκολούθησαν δὲ τοῖς ἱερεῦσι καὶ τοῖς Λευίταις καὶ ἐκ τῶν ἄλλων φυλῶν εὐσεβεῖς· ἀπῆλθον γὰρ, φησὶν, ὀπίσω αὐτῶν ἀπὸ πασῶν φυλῶν Ἰσραήλ, οἱ ἔδωκαν κ. τ. ἑ.   [8] Prior lectio est in Ald., Codd. III, XI, 44, 55, aliis (inter quos 243); posterior in Comp., Codd. 93, 108.   [9] Sic Codd. 19, 93, 108. Comp. edidit: καὶ Ἀβιχαὶλ θ. τῷ οἴκῳ Ἐλιάβ.   [10] Sic Codd. II, 55. Joseph. Antiq. VIII, 10, 1: Εἶχε δὲ τὰς μὲν νόμῳ συνοικούσας αὐτῷ γυναῖκας ὀκτωκαίδεκα, παλλακὰς δὲ τριάκοντα.   [11] Sic Comp., Codd. 19, 93, 108.   [12] Sic, ex duplici versione, Comp., Codd. 19 (om. Ἀβιὰ), 93, 108.   [13] Sic (ad διέκοψε) Cod. 93 in marg. sine nom. Cf. Hex. ad 1 Paral. iv. 38.

Cap. XII. [1] Sic Comp., Codd. 93, 158.   [2] Sic Comp., Codd. 19, 93 (in marg.), 108.   [3] Sic Comp., Codd. XI, 55, 74, 93, 108, 158.   [4] Sic Ald. (cum Τρογλ.), Codd.

III, 44, 52, 55 (cum Τρωγλωδ.), alii.   [5] Sic Comp., Codd. 19, 93, 108.   [6] Cod. 108 in marg.   [7] Sic Codd. 19, 93, 108. Cf. Hex. ad 1 Paral. xx. 4.   [8] Cod. Reg., cum scholio: Διὸ καὶ ὁ θεὸς μετέβαλε τὴν ὀργὴν τοῦ μὴ πανωλεθρίαν αὐτοῖς ἐπενεγκεῖν. Phrynichus apud Bekkeri Anecd. Gr. T. I, p. 33: Γνωσιμαχῆσαι· τὸ μεταγινώσκειν καὶ συνιέναι τοῦ ἁμαρτήματος, οἷον τῇ προτέρᾳ γνώμῃ ἣν ἔσχε μάχεσθαι.   [9] Sic Comp. (cum Σουσάκ), Codd. 19, 71, 93, 108, Theodoret.   [10] Sic Comp., Codd. 19, 93, 108, Theodoret.   [11] Sic Comp., Codd. 19, 93 (om. οἴκου), 108, Theodoret. (cum τοῦ οἴκου). Cf. Hex. ad 3 Reg. xiv. 26.   [12] Iidem. Cf. Hex. ad 1 Reg. vii. 16. xviii. 30.   [13] Sic Comp., et (cum duplici versione) Codd. 19 (cum παράταξιν), 56 (cum ἐκαθίστων), 93 (cum λαμβάνοντες), 108, 121, Theodoret. (cum ἀπεκαθ.). Cf. Hex. ad 3 Reg. xiv. 28.   [14] Sic Comp., Codd. 19 (om. εἰς τ. τοῖς π.), 93 (om. εἰς τέλος), 108.

13. כִּי־בֶן־אַרְבָּעִים. Ο'. καὶ τεσσαράκοντα. Alia exempl. υἱὸς τεσσαράκοντα.[13]

15. לְהִתְיַחֵשׂ. More stemmatum. Ο'. καὶ πράξεις αὐτοῦ. Alia exempl. τοῦ γενεαλογῆσαι, καὶ αἱ πράξεις αὐτοῦ.[16]

16. וַיִּשְׁכַּב. Ο'. καὶ ἀπέθανε (alia exempl. ἐκοιμήθη[17]).

Cap. XIII.

2. מִיכָיָהוּ בַת־אוּרִיאֵל מִן־גִּבְעָה. Ο'. Μααχὰ (alia exempl. Μιχαία[1]) θυγάτηρ Οὐριὴλ ἀπὸ Γαβαών. Alia exempl. Μααχὰ θυγάτηρ Ἀβεσσαλώμ.[2]

3. בְּחַיִל גִּבּוֹרֵי מִלְחָמָה. Ο'. ἐν δυνάμει πολεμισταῖς δυνάμεως. Alia exempl. ἐν δυνάμει δυνατῶν πολεμιστῶν.[3]

   אִישׁ בָּחוּר. Ο'. ἀνδρῶν δυνατῶν (alia exempl. ἐκλεκτῶν[4]).

   אִישׁ בָּחוּר גִּבּוֹר חַיִל. Ο'. δυνατοὶ πολεμισταὶ δυνάμεως. Alia exempl. ἀνδρῶν ἐκλεκτῶν δυνατῶν ἰσχύϊ [ἀνδρῶν πολεμιστῶν].[5]

5. נָתַן מַמְלָכָה לְדָוִיד. Ο'. ἔδωκε βασιλέα. Alia exempl. ἔδωκε βασιλείαν τῷ Δαυίδ.[6]

   בְּרִית מֶלַח. Ο'. διαθήκη ἁλός. Alia exempl. εἰς διαθήκην αἰώνιον; alia, διαθήκην ἁλὸς αἰωνίαν.[7]

7. וַיִּתְאַמְּצוּ עַל־רְחַבְעָם. Ο'. καὶ ἀνέστη (alia exempl. ἀντέστη[8]) πρὸς Ῥοβοάμ. Alia exempl. καὶ ἐνίσχυσεν ἐπὶ Ῥοβοάμ.[9]

7. וְלֹא הִתְחַזַּק. Ο'. καὶ οὐκ ἀντέστη (alia exempl. ἐκραταιώθη[10]).

9. הֲלֹא הִדַּחְתֶּם. Ο'. ἢ οὐκ ἐξεβάλετε. Alia exempl. ἢ οὐχὶ ἀπώσασθε.[11]

   כְּעַמֵּי הָאֲרָצוֹת כָּל־הַבָּא. Ο'. ἐκ τοῦ λαοῦ τῆς γῆς πάσης; ὁ προσπορευόμενος. Alia exempl. ἐκ τοῦ λαοῦ τῆς γῆς, καθὼς οἱ λαοὶ τῶν γαιῶν· πᾶς ὁ παραπορευόμενος.[12]

   בֶּן־בָּקָר. Ο'. ἐκ βοῶν. Alia exempl. υἱῷ βουκολίου.[13]

11. עֹלוֹת בַּבֹּקֶר־בַּבֹּקֶר וּבָעֶרֶב בָּעֶרֶב. Ο'. ὁλοκαύτωμα πρωΐ καὶ δείλης. Alia exempl. ὁλοκαυτώσεις τὸ πρωΐ πρωΐ καὶ τὸ ἑσπέρας ἑσπέρας.[14]

   וּקְטֹרֶת־סַמִּים. Ο'. καὶ θυμίαμα συνθέσεως (Ἄλλος· ἀρωμάτων[15]).

   וְהַעֲרַכְתִּיהָ לְבַעֵר בָּעֶרֶב בָּעֶרֶב. Ο'. καὶ οἱ λύχνοι τῆς καύσεως ἀνάψαι δείλης. Alia exempl. καὶ οἱ λύχνοι αὐτῆς τοῦ ἀνάπτειν τὸ ἑσπέρας ἑσπέρας.[16]

12. לֹא תַצְלִיחוּ. Ο'. οὐκ εὐοδώσεται (potior scriptura εὐοδωθήσεται) ὑμῖν. Alia exempl. οὐκ εὐοδωθήσεσθε.[17]

13. הֵסֵב. Ο'. ἀπέστρεψε. Alia exempl. περιεκύκλωσεν.[18]

   מֵאַחֲרֵיהֶם וַיִּהְיוּ. Ο'. αὐτῷ ἐκ τῶν ὄπισθεν, καὶ ἐγένετο. Alia exempl. κατόπισθεν αὐτῶν, καὶ ἦσαν.[19]

14. וַיִּפְנוּ. Ο'. καὶ ἀπέστρεψεν (alia exempl. ἐπέβλεψεν[20]).

---

[14] Iidem. [15] Iidem. [17] Sic Comp., Codd. 19, 93.

Cap. XIII. [1] Sic Codd. 71, 93 (in marg.). [2] Sic Comp., Codd. 19, 93, 108. Cf. 3 Reg. xv. 3. [3] Iidem. [4] Iidem. [5] Iidem. Verba ἀνδρῶν πολεμιστῶν male assumpta sunt e lectione Ald., Codd. 56, 74, aliorum: ἀνδρῶν πολεμιστῶν δυνάμεως (s. δυνάμεως) ἰσχύϊ. [6] Sic Comp., Codd. 19, 93, 108, Theodoret. [7] Prior lectio est in Ald., Codd. 44, 74, 106, aliis; posterior in Codd. 19 (cum αἰωνίου), 56 (cum εἰς ὅ.), 93, 108 (cum αἰώνιον), aliis. Theodoret.: Διαθήκην δὲ ἁλὸς αἰωνίαν τὸ βέβαιον τῆς βασιλείας ἐκάλεσεν ἐπειδὴ καὶ βάρβαροι πολλάκις συνεσθίοντες πολεμίοις

βεβαίαν εἰρήνην φυλάττουσι, τῶν ἁλῶν μεμνημένοι. [8] Sic Ald., Codd. III, XI, 44. 55. 56, alii (inter quos 243). [9] Sic Comp. (cum –σαν), Codd. 19, 93, 108. [10] Iidem. [11] Iidem. [12] Sic Comp., Codd. 19 (cum ἀπὸ τῆς γῆς pro ἐκ τοῦ λ. τῆς γῆς), 93, 108. [13] Iidem. Cf. Hex. ad Lev. i. 5. Ezech. xlvi. 6. [14] Iidem. [15] Cod. 93 in marg. sine nom. Cf. ad Cap. ii. 4. [16] Sic Comp., Codd. 19, 93, 108. [17] Sic Comp., Ald., Codd. 19, 44, 56 (cum –σθαι), alii. [18] Sic Comp., Codd. 19, 93, 108. Joseph. Antiq. VIII, 11, 3: Ἔτι δὲ αὐτοῦ λέγοντος, λάθρα τινὰς τῶν στρατιωτῶν ὁ Ἱεροβόαμος ἔπεμψε περικυκλωσομένους Ἀβίαν. [19] Sic Comp., Codd. 19, 93, 108 (om. αὐτῶν). [20] Iidem.

15. אִישׁ וַיָּרִיעוּ. Ο'. καὶ ἐβόησαν ἄνδρες. Alia exempl. καὶ ἠλάλαξεν ἀνήρ.[21]

נָגַף. Ο'. ἐπάταξε. Alia exempl. ἔθραυσε.[22]

19. אֶת־בֵּית־אֵל וְאֶת־בְּנוֹתֶיהָ. Ο'. τὴν Βαιθὴλ καὶ τὰς κώμας αὐτῆς. Ἄλλος· τήν τε Βαιθὴλ καὶ τοπαρχίαν αὐτῆς.[23]

20. וַיָּמֹת. Ο'. καὶ ἐτελεύτησε (alia exempl. ἀπέθανε[24]).

22. בְּמִדְרַשׁ הַנָּבִיא עִדּוֹ. In commentario prophetae Iddo. Ο'. ἐπὶ βιβλίῳ τοῦ προφήτου Ἀδδώ. Alia exempl. ἐν τῇ ἐκζητήσει Ἀδδὼκ τοῦ προφήτου.[25]

CAP. XIV.

1 (Hebr. xiii. 23). וַיִּשְׁכַּב. Ο'. καὶ ἀπέθανεν (alia exempl. ἐκοιμήθη[1]).

2 (xiv. 1). וַיַּעַשׂ אָסָא הַטּוֹב. Ο'. καὶ ἐποίησε τὸ καλόν. Alia exempl. καὶ ἐποίησεν Ἀσὰ τὸ ἀγαθόν.[2]

5 (4). וַתִּשְׁקֹט הַמַּמְלָכָה לְפָנָיו. Ο'. καὶ εἰρήνευσε. Alia exempl. καὶ εἰρήνευσεν ἡ βασιλεία ἐνώπιον αὐτοῦ.[3]

6 (5). וַיִּבֶן. Ο'. Vacat. Alia exempl. καὶ ᾠκοδόμησε.[4]

7 (6). עוֹדֶנּוּ הָאָרֶץ לְפָנֵינוּ. Donec adhuc terra coram

nos (nostrae potestatis est). Ο'. ἐνώπιον τῆς γῆς κυριεύσομεν. Alia exempl. ἐν ᾧ τῆς γῆς κυριεύομεν.[5]

7 (6). וַיִּבְנוּ וַיַּצְלִיחוּ. Ο'. καὶ εὐώδωσεν ἡμῖν. Alia exempl. καὶ ᾠκοδόμησαν καὶ κατεύθυναν.[6]

8 (7). גִּבּוֹרֵי חַיִל. Ο'. πολεμισταὶ δυνάμεως. Alia exempl. υἱοὶ δυνάμεως.[7]

11 (10). אֵין־עִמְּךָ. Ο'. οὐκ ἀδυνατεῖ (Ἄλλος· οὐκ ἔστιν[8]) παρὰ σοί.

לְאֵין כֹּחַ. Ο'. καὶ ἐν ὀλίγοις. Alia exempl. ἢ ἐν ὀλίγοις οἷς οὐκ ἔστιν ἰσχύς.[9]

עָזְרֵנוּ. Ο'. κατίσχυσον ἡμᾶς. Alia exempl. βοήθησον ἡμῖν.[10]

אַתָּה. Ο'. Vacat. Alia exempl. σὺ εἶ; alia, σὺ εἶ ὁ θεός.[11]

עִמְּךָ. Ο'. πρὸς σέ. Alia exempl. μετὰ σοῦ.[12]

12 (11). וַיִּנָּסוּ. Ο'. καὶ ἔφυγον (Ἄλλος· ἔπταισαν[13]).

13 (12). עַד־לִגְרָר. Ο'. ἕως Γεδάρ (alia exempl. Γέραρα[14]).

14 (13). וַיָּבֹזּוּ. Ο'. καὶ ἐσκύλευσαν (alia exempl. διήρπασαν[15]).

15 (14). וְגַם־אָהֳלֵי מִקְנֶה. Sed et tentoria pecorum. Ο'. καίγε σκηνὰς κτήσεως (alia exempl. κτηνῶν[16]), καὶ τοὺς Ἀλιμαζονεῖς (alia exempl. Ἀμαζονεῖς[17]).

---

[21] Sic Comp., Codd. 19 (cum ἠλλαξεν), 93, 108. Statim καὶ ἐγίνετο, ὅτε ἠλάλαξεν ἄνδρες iidem.　[22] Iidem. Hieron. perterruit. Cf. Hex. ad 1 Paral. xix. 19. Joseph. ibid.: ἀλαλάξαντες ἐχώρησαν ἐπὶ τοὺς πολεμίους· καὶ τῶν μὲν ἔθραυσε τὰ φρονήματα, κ. τ. ἐ.　[23] Cod. 108 in marg. sine nom. Joseph. ibid.: τήν τε Βεθήλην καὶ τὴν τοπαρχίαν αὐτῆς.　[24] Sic Comp., Codd. 19, 93, 108. Cf. Hex. ad 1 Paral. xxix. 28.　[25] Sic Comp. (cum Ἀδδώ), Codd. 19 (cum Ἀδδοὺκ), 93 (cum Ἰαδδὼκ), 108.

Cap. XIV. [1] Sic Comp., Codd. 19, 93, 108.　[2] Sic Comp., Codd. 19 (om. τὸ ἀγαθὸν καὶ), 93, 108, Theodoret. (ut 19).　[3] Sic Comp., Codd. 19, 93 (cum καὶ ἡσύχασεν ἡ γῆ), 108, 121 (cum καὶ ἡσύχασεν). "Locus mancus in omnibus libris qui collati sunt."—Nobil.　[4] Sic Comp., Codd. 19, 60, 93, 108, 121.　[5] Sic Comp. (cum κυριεύομεν τῆς γ.), Ald., Codd. III, 19 (cum κυριεύσομεν ἡμεῖς τῆς γ.), 44 (cum κυριεύσωμεν), 55 (cum κυριεύσομεν), 60, alii (inter quos 93 (cum κυριεύσομεν τῆς γ.) 108 (ut Comp.)). Hieron. παραφράζει: donec a bellis quieta sunt omnia.　[6] Sic Comp. (cum κατηύθυναν), Codd. 19 (cum κατηύθυνον), 93, 108 (cum κατηύθυνον).　[7] Iidem.　[8] Sic in textu Cod. 93.　[9] Sic Comp., Codd. 19 (cum καὶ ἐν), 93, 108.　[10] Iidem.　[11] Prior lectio est in Ald., Codd. 74, 106, aliis; posterior in Comp., Codd. 19 (cum ὁ θεὸς ἡμῶν), 93, 108, 121 (om. ὁ).　[12] Sic Comp., Codd. 19, 93, 108.　[13] Sic in textu Cod. 93.　[14] Sic Comp., Codd. 19 (cum Γέραρα), 93, 108. Joseph. Antiq. VIII, 12, 2: ἄχρι τῆς Γεραρίτιδος χώρας.　[15] Sic Comp., Codd. 19, 93, 108, Theodoret.　[16] Iidem.　[17] Sic Ald., Codd. II, III (om. καὶ), XI (idem), 19 (cum Ἀμαζονεῖς, om. καὶ), 44 (cum τὰς pro τοὺς), 52 (cum Ἀμαζονεῖς), 55, alii (inter quos 93 (cum Ἀμαζονεῖς), 108 (uterque sine καὶ)), Theodoret. (cum Ἀμαζονεία). Cf. ad Cap. xxii. 1.

Cap. XV.

1. עוֹדֵד. Ο'. Ὠδήδ. Alia exempl. 'Αδάδ.[1]

3. לְלֹא אֱלֹהֵי אֱמֶת וּלְלֹא כֹהֵן מוֹרֶה. Ο'. ἐν οὐ θεῷ ἀληθινῷ, καὶ οὐχ ἱερέως ὑποδεικνύντος. Σ. ἄνευ θεοῦ ἀληθείας καὶ ἱερέως ὑποδεικνύοντος.[2]

4. וַיָּשָׁב בַּצַּר־לוֹ. Sed cum converterint se in angustia sua. Ο'. καὶ ἐπιστρέψει αὐτούς. Alia exempl. καὶ ἐκάθισεν ἐν στενότητι, καὶ ἐπιστρέψει αὐτοὺς ἐν θλίψει.[3]

וַיְבַקְשֻׁהוּ. Ο'. Vacat. Alia exempl. καὶ ζητήσουσιν αὐτόν.[4]

5. וּבָעִתִּים הָהֵם. Ο'. καὶ ἐν ἐκείνῳ τῷ καιρῷ. Alia exempl. καὶ ἐν τοῖς καιροῖς ἐκείνοις.[5]

כִּהוּמוֹת רַבּוֹת. Ο'. ἔκστασις κυρίου. Alia exempl. ἔκστασις κυρίου πολλή.[6]

8. וְכִשְׁמֹעַ אָסָא. Ο'. καὶ ἐν τῷ ἀκοῦσαι (alia exempl. add. τὸν 'Ασά[7]).

עֹדֵד. Ο'. 'Αδάδ. Alia exempl. Ὠδήδ; alia, 'Αζαρίου; alia, 'Αδδώ.[8]

הַשִּׁקּוּצִים. Ο'. τὰ βδελύγματα (alia exempl. προσοχθίσματα[9]).

כֵּהַר אֶפְרָיִם. Ο'. ['Ιεροβοὰμ] ἐν ὄρει 'Εφραίμ. Alia exempl. ἀπὸ 'Ιεροβοὰμ ἐξ ὄρους 'Εφραίμ.[10]

13. יוּמָת. Ο'. ἀποθανεῖται. Alia exempl. θανάτῳ θανατωθήσεται.[11]

14. וּבִתְרוּעָה. Ο'. Vacat. Alia exempl. καὶ ἐν ἀλαλαγμῷ.[12]

---

16. אַם אָסָא הַמֶּלֶךְ. Ο'. τὴν μητέρα αὐτοῦ. Alia exempl. τὴν μητέρα 'Ασὰ τοῦ βασιλέως.[13]

17. לֹא־סָרוּ. Ο'. οὐκ ἀπέστησαν. Alia exempl. οὐκ ἐξῆραν; alia, οὐκ ἐξῆρεν.[14]

רַק לְבַב־אָסָא הָיָה שָׁלֵם. Ο'. ἀλλ' ἡ καρδία 'Ασὰ ἐγένετο πλήρης. Alia exempl. πλὴν καρδία 'Ασὰ τελεία οὐκ ἦν.[15]

18. וְקָדָשָׁיו בֵּית הָאֱלֹהִים. Ο'. καὶ τὰ ἅγια οἴκου τοῦ θεοῦ. Alia exempl. καὶ τὰ ἅγια αὐτοῦ εἰς τὸν οἴκον τοῦ θεοῦ.[16]

Cap. XVI.

1. בִּשְׁנַת שְׁלֹשִׁים וָשֵׁשׁ. Ο'. καὶ ἐν τῷ ὀγδόῳ καὶ τριακοστῷ ἔτει. Alia exempl. καὶ ἐν τῷ ἔτει τῷ τριακοστῷ καὶ ἕκτῳ.[1]

3. הָפֵר בְּרִיתְךָ אֶת־בַּעְשָׁא מֶלֶךְ יִשְׂרָאֵל וְיַעֲלֶה. Ο'. διασκέδασον ἀπ' ἐμοῦ τὸν Βαασὰ βασιλέα 'Ισραήλ, καὶ ἀπελθέτω. Alia exempl. διασκέδασον τὴν διαθήκην σου τὴν μετὰ Βαασὰ βασιλέως 'Ισραήλ, καὶ ἀπελεύσεται.[2]

6. לָקַח. Ο'. ἔλαβε. Alia exempl. ἤγαγεν.[3]

7. חֵיל מֶלֶךְ־אֲרָם. Ο'. ἡ δύναμις Συρίας. Alia exempl. δύναμις βασιλέως 'Ισραήλ.[4]

8. לְחַיִל לָרֹב לְרֶכֶב וּלְפָרָשִׁים. Ο'. εἰς δύναμιν πολλήν, εἰς θάρσος εἰς ἱππεῖς. Alia exempl. εἰς δύναμιν πολλὴν καὶ θάρσος, εἰς ἅρματα καὶ ἱππεῖς.[5]

Cap. XV. [1] Sic Ald., Codd. III, XI, 44, 55, alii (inter quos 243). Cf. ad v. 8. [2] Sic in textu sine nom. Cod. 71. Cod. 108 in marg.: Σ. ἄνευ θεοῦ ἀληθείας. [3] Duplex versio est in Codd. 19, 93 (om. αὐτούς), 108, Theodoret. (cum ἐκάθισαν et ἐπιστρέψουσιν ἐν θλ.). [4] Sic Comp., Codd. 19, 93, 108, Theodoret. [5] Iidem. [6] Sic Comp., Codd. 93, 108, Theodoret. (cum γαίας pro χώρας). [7] Sic Comp., Codd. 19 (cum τοῦ 'A.), 93. [8] Prior lectio est in Comp., Codd. 19, 93; altera in Ald., Codd. III, XI, 52, 55, aliis (inter quos 243): tertia in Codd. 44, 74 (cum 'Αδδ), 106, aliis. [9] Sic Comp., Codd. 19, 93, 108. [10] Iidem. Vox 'Ιεροβοὰμ deest in Codd. II, III, XI, 52, 55, aliis (inter quos 243). [11] Sic Codd. 19, 93, 108.

[12] Sic Comp., Codd. 19, 93, 108. [13] Sic Comp., Codd. 19 (cum θυγατέρα), 93, 108. [14] Prior lectio est in Codd. III, XI, 60, 93, 108, 119, 243; posterior in Comp., Ald., Codd. 19, 44, 52, aliis. [15] Sic Comp. (om. οὐκ), Codd. 19, 93, 108. [16] Iidem.

Cap. XVI. [1] Sic Comp. (om. καὶ posteriore), Codd. 19 (om. καὶ ἕκτῳ), 71 (cum καὶ ἐν ἔτει τρ. ἕκτῳ), 93, 108 (ut 19). [2] Sic Comp., Codd. 19, 93, 108. [3] Sic Ald., Codd. III, XI, 44, 52, 55, alii (inter quos 243). [4] Sic Comp. (cum Συρίας pro 'Ισραήλ), Codd. 19, 93, 108, Theodoret. (cum ἡ δύναμις). [5] Sic Comp., Codd. 19 (om. καὶ ante θάρσος), 93, 108. Vet. Lat.: in virtute magna, et in currus et equites.

9. עִם־לְבָבָם שָׁלֵם אֵלָיו . Ο'. ἐν πάσῃ καρδίᾳ πλήρει πρὸς αὐτόν. Alia exempl. μετὰ πάσης καρδίας τελείας πρὸς αὐτόν.[6]

10. בֵּית הַמַּהְפֶּכֶת . In domum nervi (στρεβλωτη-
ρίου). Ο'. εἰς φυλακήν. Alia exempl. εἰς οἶκον
φυλακῆς.[7]

12. וַיֶּחֱלָא . Ο'. καὶ ἐμαλακίσθη (Ἄλλος· ἠρρώστησεν[8]).

בְּרַגְלָיו . Ο'. τοὺς πόδας. Alia exempl. ἐν τοῖς
ποσὶν αὐτοῦ.[9]

עַד־לְמַעְלָה חָלְיוֹ . Ο'. ἕως σφόδρα ἐμαλακίσθη.
Alia exempl. ἕως ἄνω ἡ ἀρρωστία αὐτοῦ.[10]

13. בִּשְׁנַת אַרְבָּעִים וְאַחַת . Ο'. ἐν τῷ τεσσαρακοστῷ (alia exempl. add. καὶ πρώτῳ[11]) ἔτει.

14. בְּמִשְׁכָּב . Ο'. ἐπὶ τῆς κλίνης (alia exempl. κοί-
της[12]).

זְקָחִים בְּמִרְקַחַת . Ο'. μύρων μυρεψῶν (alia
exempl. μυρεψικῶν[13]).

וַיִּשְׂרְפוּ־לוֹ שְׂרֵפָה גְדוֹלָה . Ο'. καὶ ἐποίησαν
αὐτῷ ἐκφορὰν μεγάλην. Ἄλλος· καὶ ἔκαυσαν
αὐτῷ καῦσιν μεγάλην.[14]

Cap. XVII.

1. וַיִּתְחַזֵּק . Ο'. καὶ κατίσχυσεν (alia exempl. ἐνίσχυσεν[1]).

2. נְצִיבִים . Ο'. ἡγουμένους. Ἄλλος· φρουράς.[2]

4. וּבְמִצְוֹתָיו . Ο'. καὶ ἐν ταῖς ἐντολαῖς τοῦ πατρὸς
αὐτοῦ (alia exempl. ἐντολαῖς αὐτοῦ[3]).

וְלֹא כְּמַעֲשֵׂה יִשְׂרָאֵל . Ο'. καὶ οὐχ ὡς τὰ ἔργα
τοῦ Ἰσραήλ (potior scriptura ὡς τοῦ Ἰσραὴλ
τὰ ἔργα[4]). Alia exempl. καὶ οὐ κατὰ τὰ ἔργα
Ἰσραήλ.[5]

6. בְּדַרְכֵי יְהֹוָה . Ο'. ἐν ὁδῷ (alia exempl. ὁδοῖς[6])
κυρίου.

וְעוֹד הֵסִיר . Ο'. καὶ ἐξῆρε. Alia exempl. καὶ
ἔτι ἐξῆρε.[7]

אֶת־הַבָּמוֹת וְאֶת־הָאֲשֵׁרִים . Ο'. τὰ ὑψηλὰ καὶ
τὰ ἄλση. Alia exempl. τὰ ἄλση καὶ τὰ εἴδωλα.[8]

7. לְבֶן־חַיִל . Ben-hail. Ο'. καὶ τοὺς υἱοὺς τῶν
δυνατῶν. Alia exempl. add. τὸν υἱὸν Ἀϊά.[9]

8. וְעִמָּהֶם . Ο'. καὶ οἱ μετ' αὐτῶν. Alia exempl.
καὶ μετ' αὐτῶν.[10]

11. גַּם הָעַרְבִיאִים . Ο'. καὶ (alia exempl. καίγε
καὶ[11]) οἱ Ἄραβες.

צֹאן אֵילִים . Pecora, arietum. Ο'. κριοὺς προβάτων. Alia exempl. προβάτων κριούς.[12]

וּתְיָשִׁים שִׁבְעַת אֲלָפִים וּשְׁבַע מֵאוֹת (et hircorum)
. Ο'. Vacat. Alia exempl. καὶ τρά-
γους ἑπτακισχιλίους ἑπτακοσίους.[13]

12. וַיִּגְדַּל . Ο'. μείζων. Alia exempl. καὶ μεγαλυνόμενος.[14]

---

[6] Iidem. Vet. Lat.: *illum qui est perfecto corde ad
eum.* [7] Iidem. Ad vocem Hebraeam cf. Hex. ad
Jerem. xx. 2. xxix. 26. [8] Sic in textu Cod. 93. Cf.
Hex. ad Gen. xlviii. 1. Jerem. xiv. 18. [9] Sic Comp.,
Codd. 19, 93, 108. [10] Sic Comp., Codd. 19, 93, 108 (cum
ἕως ἀνὰ). Mox ἐν τῇ ἀρρωστίᾳ αὐτοῦ Cod. 93. [11] Iidem.
Solus Cod. III: καὶ ἑνί. [12] Iidem. [13] Sic Comp.,
Codd. 93 (cum μύρον μυρεψικὸν), 108. [14] Duplex versio,
καὶ ἐποίησαν—μεγάλην, καὶ ἔκαυσαν—μεγάλην, est in Comp.,
et (cum vitiosa scriptura ἔκλαυσαν..κλαύειν) Codd. 19, 93
(cum αὐτό), 108. Cod. 121: καὶ ἐπ' αὐτῷ ἐκφορὰν, καὶ ἔκλαυσαν αὐτὸν κλ. μ.
Cap. XVII. [1] Sic Comp., Codd. 19, 93, 108. Cf. Hex.
ad 1 Reg. xxx. 6. 2 Reg. iii. 6. [2] Joseph. Antiq.
VIII, 15, 1: οὐδὲν ἧττον (ταῖς ὑπὸ Ἀβία τοῦ πάππου καταλη-
φθείσαις τῆς ἐν Ἐφραὶμ κληρουχίας... φρουρὰς ἐγκαθίδρυσεν.

Cf. Hex. ad 2 Reg. viii. 6, 14. [3] Sic Comp., Codd. 60,
93, 108, Theodoret. Quaest. I in 2 Paral. p. 578. [4] Sic
Codd. II, III, XI, 55, 60, 64, 158. [5] Sic Comp., Codd.
19 (cum τοῦ Ἰσρ.), 93, 108, Theodoret. [6] Iidem. Lucif.
Calar.: *in viis Domini.* [7] Sic Comp., Ald., Codd. III,
XI (cum καὶ ἐπέξηρε), 19 (cum ὅτι pro ἔτι), 52, 55, alii
(inter quos 93, 108 (ut 19), 243 (cum ἔτη)). Lucif. Calar.:
Et adhuc amputavit lucos de Juda. [8] Sic Codd. 19,
93, 108, Theodoret. (om. καὶ τὰ εἴδωλα), Lucif. Calar. (idem).
[9] Sic Codd. 19, 93, 108. [10] Sic Comp., Codd. 55, 93,
108, 243, Lucif. Calar. [11] Sic Comp. (om. καὶ), Codd. 19,
93, 108, 121 (ut Comp.). [12] Sic Comp., Ald., Codd. 19,
44, 71, alii (inter quos 93, 108). [13] Sic Comp., Ald.
(om. καὶ), Codd. III (idem), XI, 44, 52, 55 (ut Ald.), alii
(inter quos 93, cum καὶ ἑπτακοσίους). [14] Sic Comp.,
Codd. 19, 93, 108.

12. בִּרְנְיוֹת׃. *Arces.* Ο΄. οἰκήσεις. Alia exempl. βάρεις.[15]

14. גִּבּוֹרֵי חַיִל. Ο΄. υἱοὶ δυνατοὶ δυνάμεως. Alia exempl. υἱοὶ δυνάμεως ἄνδρες δυνατοί.[16]

15, 16, 18. וְעַל־יָדוֹ (ter). Ο΄. καὶ μετ' αὐτόν. Alia exempl. καὶ ἐχόμενοι αὐτῶν.[17]

16. הַמִּתְנַדֵּב לַיהוָה. Ο΄. ὁ προθυμούμενος (alia exempl. ἑκουσιαζόμενος[18]) τῷ κυρίῳ.

גִּבּוֹר חַיִל. Ο΄. δυνατοὶ δυνάμεως (alia exempl. ἰσχύϊ[19]).

17. וּמָגֵן. Ο΄. καὶ πελτασταί (alia exempl. ὁπλῖται[20]).

Cap. XVIII.

2. לְקֵץ שָׁנִים. Ο΄. διὰ τέλους (alia exempl. εἰς τέλος[1]) ἐτῶν.

וַיְסִיתֵהוּ. *Et pellexit eum.* Ο΄. καὶ ἠγάπα (Ἄλλος· ἠπάτα[2]) αὐτόν. Alia exempl. καὶ Ἀχαὰβ ἔπεισε τὸν Ἰωσαφάτ.[3]

3. כָּמוֹנִי כָמוֹךָ. Ο΄. ὡς ἐγὼ οὕτω καὶ σύ. Alia exempl. ὡς σὺ οὕτω καὶ ἐγώ.[4]

וְעַמְּךָ. Ο΄. μετὰ σοῦ. Alia exempl. καὶ μετὰ σοῦ.[5]

4. אֶת־דְּבַר יְהוָה. Ο΄. τὸν κύριον. Alia exempl. τὸν λόγον κυρίου.[6]

8. מַהֵר. Ο΄. τάχος. Alia exempl. ταχέως κάλεσον.[7]

10. עַד־כַּלּוֹתָם. Ο΄. ἕως ἂν συντελεσθῇ. Ἄλλος· ἕως ἂν συντελέσῃς αὐτούς.[8]

12. וִיהִי. Ο΄. ἔστωσαν. Alia exempl. γενέσθωσαν.[9]

14. וְנִתְּנוּ בְיֶדְכֶם. Ο΄. καὶ δοθήσονται εἰς χεῖρας ὑμῶν. Alia exempl. καὶ παραδοθήσεται ἐν χειρὶ ὑμῶν.[10]

15. אֲנִי מַשְׁבִּיעֶךָ. Ο΄. ὁρκίζω σε. Alia exempl. ἐγὼ ὥρκισά σε.[11]

רַק אֱמֶת. Ο΄. πλὴν τὴν ἀλήθειαν. Alia exempl. πλὴν ἀλλ' ἢ ἀλήθειαν.[12]

19. וְזֶה אֹמֵר כָּכָה. Ο΄. καὶ οὗτος εἶπεν οὕτως. Alia exempl. καὶ εἶπεν· οὐ δυνήσῃ.[13]

23. אֵי זֶה הַדֶּרֶךְ. Ο΄. ποίᾳ (alia exempl. ποίᾳ ταύτῃ[14]) τῇ ὁδῷ.

26. וּמַיִם. Ο΄. καὶ ὕδωρ. Alia exempl. καὶ πινέτω ὕδωρ.[15]

29. הִתְחַפֵּשׂ. Ο΄. κατακάλυψόν με. Alia exempl. κατακαλύψομαι.[16]

וַיִּתְחַפֵּשׂ. Ο΄. καὶ συνεκαλύψατο (alia exempl. ἠλλοιώθη[17]).

30. לְבַדּוֹ. Ο΄. μόνον. Alia exempl. μονώτατον.[18]

33. כִּי הָחֳלֵיתִי. Ο΄. ὅτι ἐπόνεσα (alia exempl. τετραυμάτισμαι[19]).

Cap. XIX.

1. בְּשָׁלוֹם. Ο΄. Vacat. Alia exempl. ἐν εἰρήνῃ.[1]

2. וַיֹּאמֶר אֶל־הַמֶּלֶךְ. Ο΄. καὶ εἶπεν αὐτῷ βασιλεύς (alia exempl. βασιλεῦ[2]).

8. מִן־הַלְוִיִּם וְהַכֹּהֲנִים. Ο΄. τῶν ἱερέων καὶ τῶν Λευιτῶν. Alia exempl. ἐκ τῶν Λευιτῶν καὶ τῶν ἱερέων.[3]

[15] Iidem. Cf. ad Cap. xxvii. 4. [16] Iidem. [17] Iidem. Cf. Hex. ad Jerem. v. 31. [18] Sic Codd. 19 (cum ἔξουσ.), 93, 108 (ut 19). Cf. Hex. ad 1 Paral. xxix. 9. [19] Sic Comp., Codd. 19, 93, 108. [20] Sic Codd. 19, 93.

Cap. XVIII. [1] Sic Comp., Codd. 19, 93, 108. [2] Sic in textu Cod. 243. Cf. Hex. ad Job. xxxvi. 16. Jesai. xxxvi. 18. Jerem. xxxviii. 22. [3] Sic Comp., Codd. 19, 93, 108. Hieron.: *persuasitque illi.* Cf. Hex. ad Jos. xv. 18. Jud. i. 14. [4] Iidem. [5] Sic Comp., Codd. 108. Hieron.: *tecumque erimus.* [6] Sic Comp., Codd. 19, 93, 108. [7] Sic Comp., Codd. 19, 93 (om. κάλεσον), 108. [8] Cod. 93 in marg. sine nom. [9] Sic Comp.,

Codd. 19, 93, 108. [10] Iidem. [11] Sic Comp., Codd. 93, 108. [12] Sic Comp., Codd. 19, 93 (cum λαλήσει ἀν pro ἀλήθειαν), 108. [13] Sic Codd. 19 (cum duplici versione, καὶ οὗτος εἶπεν οὕτως· καὶ εἶπεν οὕτως· οὐ δυνήσῃ), 52 (cum δύνῃ), 93. Cf. Hex. ad 3 Reg. xxii. 20. [14] Sic Comp., Codd. 19, 93, 108, 158 (om. τῇ). [15] Sic Codd. 19, 93, 108, 158. [16] Sic Comp., Codd. 19, 93, 108, 243. [17] Sic Comp., Codd. 19, 93, 108. Cf. Hex. ad 1 Reg. xxviii. 8. [18] Iidem.

Cap. XIX. [1] Sic Comp., Codd. III, XI, 19, 52, 55, alii (inter quos 93, 108, 243). [2] Sic Codd. III, 44, 64, 93, alii, Theodoret. Quaest. I in 2 Paral. p. 579. [3] Sic

8. וְלָרִיב. Ο'. καὶ κρίνειν. Alia exempl. καὶ εἰς δικαίωσιν τοῦ κρίνειν.[4]

9. וַיְצַו עֲלֵיהֶם. Ο'. καὶ ἐνετείλατο πρὸς αὐτούς (alia exempl. αὐτοῖς[5]).

10. אֲשֶׁר־יָבוֹא. Ο'. τὴν ἐλθοῦσαν (alia exempl. ἐρχομένην[6]).

וּלְמִשְׁפָּטִים. Ο'. καὶ δικαιώματα. Alia exempl. καὶ εἰς τὰ δικαιώματα.[7]

11. וְשֹׁטְרִים. Ο'. καὶ οἱ γραμματεῖς ((Σ.) παιδευταί[8]).

חִזְקוּ וַעֲשׂוּ. Ο'. ἰσχύσατε καὶ ποιήσατε. Alia exempl. ἀνδρίζεσθε καὶ ποιεῖτε.[9]

CAP. XX.

1. מֵהָעַמּוֹנִים עַל־יְהוֹשָׁפָט. Ο'. ἐκ τῶν Μιναίων πρὸς Ἰωσαφάτ. Alia exempl. ἐκ τῶν υἱῶν Ἀμμανιεὶμ τῶν υἱῶν Σηεὶρ ἐπὶ Ἰωσαφάτ.[1]

2. וַיַּגִּידוּ. Ο'. καὶ ὑπέδειξαν (alia exempl. ἀπήγγειλαν[2]).

6. בַּשָּׁמַיִם. Ο'. ἐν οὐρανῷ ἄνω. Alia exempl. ἐν οὐρανῷ; alia, ἐν οὐρανῷ ἄνω, καὶ ἐπὶ γῆς κάτω.[3]

וְאַתָּה מוֹשֵׁל. Ο'. καὶ σὺ κυριεύεις. Alia exempl. καὶ ἐξουσιάζεις.[4]

כֹּחַ וּגְבוּרָה. Ο'. ἰσχὺς δυναστείας. Alia exempl. ἰσχὺς καὶ δυναστεία.[5]

עִמְּךָ לְהִתְיַצֵּב. Ο'. πρὸς σὲ ἀντιστῆναι. Alia exempl. παρὰ σοὶ τοῦ ἀντιστῆναί σοι.[6]

7. אֱלֹהֵינוּ. Ο'. ὁ κύριος. Alia exempl. ὁ θεὸς ἡμῶν.[7]

אֹהַבְךָ. Ο'. τῷ ἠγαπημένῳ (alia exempl. τῷ φίλῳ; alia, τοῦ φίλου[8]) σου.

8. לְךָ בָּהּ. Ο'. ἐν αὐτῇ. Alia exempl. σοὶ ἐν αὐτῇ.[9]

9. שְׁפוֹט. Judicium. Ο'. κρίσις. Alia exempl. ἀκρίς.[10]

בַּבַּיִת הַזֶּה. Ο'. ἐπὶ τῷ οἴκῳ τούτῳ. Alia exempl. ἐπικέκληται ἐπὶ τῷ τόπῳ τούτῳ.[11]

10. בְּבֹאָם. Ο'. ἐξελθόντων αὐτῶν. Alia exempl. ἐν τῷ ἐκπορεύεσθαι αὐτούς.[12]

13. גַּם־טַפָּם נְשֵׁיהֶם וּבְנֵיהֶם. Ο'. καὶ τὰ παιδία αὐτῶν, καὶ αἱ γυναῖκες αὐτῶν. Alia exempl. καὶ πᾶς ὁ ὄχλος αὐτῶν, καὶ αἱ γυναῖκες αὐτῶν, καὶ υἱοὶ αὐτῶν.[13]

14. וִיחֲזִיאֵל בֶּן־זְכַרְיָהוּ בֶּן־בְּנָיָה בֶּן־יְעִיאֵל בֶּן־מַתַּנְיָה הַלֵּוִי. Ο'. καὶ τῷ Ὀζιὴλ τῷ τοῦ Ζαχαρίου, τῶν υἱῶν Βαναίου, τῶν υἱῶν Ἐλειήλ, τοῦ Ματθανίου τοῦ Λευίτου. Alia exempl. καὶ Ἰεζιὴλ ὁ τοῦ Ζαχαρίου, υἱοῦ Βαναίου, υἱοῦ Ἰειήλ, υἱοῦ Ματθανίου, ὁ Λευίτης.[14]

15. לָכֶם אַתֶּם אַל־תִּירְאוּ. Ο'. ὑμῖν αὐτοῖς μὴ φοβεῖσθε. Alia exempl. ὑμῖν μὴ φοβηθῆτε ὑμεῖς.[15]

16. בְּמַעֲלֵה הַצִּיץ. In clivo Ziz (floris). Ο'. κατὰ τὴν ἀνάβασιν (alia exempl. add. τῆς ἐξοχῆς[16]) Ἀσσεῖς.

---

[4] Sic Comp., Codd. 19, 93, 108 (cum δικαιωσύνην). Cf. Hex. ad Psal. xxxiv. 23. [5] Sic (pro πρὸς αὐτούς) Comp., Codd. 19, 44, 71, 93, 108. [6] Sic Comp., Codd. 19, 93, 108. [7] Iidem. [8] Cod. 93 in marg. sine nom. (cum παιδευτ'). Cf. Hex. ad 1 Paral. xxvi. 29. [9] Sic Comp., Codd. 19 (cum ποιῆτε), 93, 108 (ut 19), Theodoret.

CAP. XX. [1] Sic Codd. 19 (cum ὑμῶν pro υἱῶν in priore loco), 93, 108. Cf. v. 10. [2] Sic Comp., Codd. 19, 93, 108. [3] Prior lectio est in Comp., Codd. III, XI, 55, 60, 158, 243; posterior in Codd. 19, 93 (cum ἐπὶ τῆς γῆς), 108. [4] Sic Comp., Codd. 19, 93, 108. [5] Sic Comp., Codd. 19, 93 (cum ὅρια pro δυναστεία), 108, 158.

[6] Sic Comp., Codd. 19 (om. τοῦ), 93, 108. [7] Iidem. [8] Prior scriptura est in Comp., Codd. 19, 108; posterior in Cod. 93, Theodoret. Cf. Hex. ad Jesai. xli. 8. [9] Sic Comp., Cod. 93. [10] Sic Codd. 19 (cum ἀκρία), 93 (cum κρίσει in marg.), 108 (ut 19), 121. [11] Sic Comp., Codd. 19 (cum κεκλήμεβα), 93, 108 (cum ἐπικεκλήμεβα). [12] Iidem. [13] Sic Codd. 19 (cum ὁ ὄχλος αὐτοῦ), 93 (cum καίγε pro καὶ πᾶς), 108 (cum καὶ γυν. αὐτῶν, καὶ οἱ υἱοὶ αὐτῶν). Ad ὄχλος cf. Hex. ad Gen. xlvii. 12. Num. xxxi. 17. Deut. i. 39. Jerem. xli. 17. [14] Sic Comp., Codd. 19 (cum υἱὸς Βαναίου, et Μαρθανίου), 93 (om. Ματθανίου ?), 108 (cum Ἰεζιὴλ et Μαθθαναίου). [15] Sic Comp., Codd. 19, 93, 108, Theodoret. [16] Sic Codd. 19, 71 (om. τῆς), 93, 108. Joseph.

16. בְּסוֹף הַנַּחַל פְּנֵי מִדְבָּר. Ο'. ἐπ' ἄκρου ποταμοῦ τῆς ἐρήμου. Alia exempl. ἐπ' ἄκρου τοῦ χειμάρρου κατὰ πρόσωπον τῆς ἐρήμου.[17]

17. בְּזֹאת הִתְיַצְּבוּ עִמְדוּ. Ο'. ταῦτα σύνετε. Alia exempl. ἐν ταύτῃ στῆτε, καὶ σύνετε.[18]

אַל־תִּירְאוּ וְאַל־תֵּחַתּוּ. Ο'. μὴ φοβηθῆτε, μηδὲ πτοηθῆτε. Alia exempl. μὴ φοβεῖσθε, μηδὲ δειλιᾶτε.[19]

18. אַפַּיִם אַרְצָה. Ο'. ἐπὶ πρόσωπον αὐτοῦ. Alia exempl. ἐπὶ πρόσωπον ἐπὶ τὴν γῆν.[20]

נָפְלוּ. Ο'. ἔπεσον. Alia exempl. ἔπεσον ἐπὶ πρόσωπον.[21]

19. הַקֹּרְחִים. Ο'. Κορέ. Alia exempl. τῶν Κορηνῶν.[22]

20. בִּנְבִיאָיו. Ο'. ἐν προφήτῃ (alia exempl. προφήταις[23]) αὐτοῦ.

21. מְשֹׁרְרִים לַיהוָה. Ο'. ψαλτῳδοὺς καὶ αἰνοῦντας (alia exempl. add. τὸν κύριον[24]).

לְהַדְרַת־קֹדֶשׁ בְּצֵאת. Ο'. τὰ ἅγια ἐν τῷ ἐξελθεῖν. Alia exempl. κυρίῳ τῷ ἁγίῳ ἐν τῷ ἐκπορεύεσθαι.[25]

22. נָתַן יְהוָה מְאָרְבִים עַל־בְּנֵי עַמּוֹן מוֹאָב וְהַר־שֵׂעִיר. Ο'. ἔδωκε κύριος πολεμεῖν τοὺς υἱοὺς Ἀμμὼν ἐπὶ Μωὰβ καὶ ὄρος Σηείρ. Alia exempl. ἔδωκε κύριος ἔνεδρον τοῦ πολεμεῖν τοὺς υἱοὺς Ἀμμὼν καὶ Μωὰβ ἐπ' ὄρος Σηείρ.[26]

23. עָזְרוּ אִישׁ בְּרֵעֵהוּ לְמַשְׁחִית. Ο'. ἀνέστησαν εἰς ἀλλήλους τοῦ ἐξολοθρευθῆναι. Alia exempl. ἀνέστησαν ἐπ' ἀλλήλους τοῦ ἐξολοθρευ-

θῆναι, καὶ ἐλάβετο ἀνὴρ τοῦ πλησίον αὐτοῦ εἰς διαφθοράν.[27]

24. פְּלֵיטָה. Ο'. σωζόμενος. Alia exempl. ἀνασωζόμενος.[28]

25. בֹּזְזִים. Ο'. σκυλευόντων (alia exempl. προνομευόντων[29]) αὐτῶν.

26. לְעֵמֶק. Ο'. εἰς τὸν αὐλῶνα (alia exempl. τὴν κοιλάδα[30]).

27. לָשׁוּב אֶל־יְרוּשָׁלַ͏ִם. Ο'. Vacat. Alia exempl. ὑπέστρεψεν εἰς Ἰερουσαλήμ; alia, καὶ ἐπέστρεψαν εἰς Ἰερουσαλήμ.[31]

31. בֶּן־שְׁלֹשִׁים וְחָמֵשׁ שָׁנָה. Ο'. ὢν ἐτῶν τριακονταπέντε. Alia exempl. υἱὸς τριάκοντα καὶ πέντε ἐτῶν.[32]

32. מִמֶּנָּה. Ο'. Vacat. Alia exempl. ἀπ' αὐτῶν.[33]

33. אַךְ הַבָּמוֹת לֹא־סָרוּ. Ο'. ἀλλὰ καὶ τὰ ὑψηλὰ ἔτι ὑπῆρχε. Alia exempl. πλὴν τὰ ὑψηλὰ οὐκ ἐξήρθη.[34]

34. אֲשֶׁר הֹעֱלָה עַל־סֵפֶר. Qui delati sunt in librum. Ο'. ὃς κατέγραψε βιβλίον. Alia exempl. οὓς κατέγραψεν ἐπὶ βιβλίου.[35]

35, 36. הוּא הִרְשִׁיעַ לַעֲשׂוֹת: וַיְחַבְּרֵהוּ עִמּוֹ. Ο'. καὶ οὗτος ἠνόμησεν ἐν τῷ ποιῆσαι καὶ πορευθῆναι πρὸς αὐτόν. Alia exempl. καὶ αὐτὸς ἠνόμησε τοῦ ποιῆσαι καὶ πορευθῆναι πρὸς αὐτόν, καὶ ἐκοινώνησε μετ' αὐτοῦ.[36]

37. בְּהִתְחַבֶּרְךָ עִם־אֲחַזְיָהוּ. Ο'. ὡς ἐφιλίασας τῷ Ὀχοζίᾳ (alia exempl. add. καὶ ἐκοινώνησας μετ' αὐτοῦ[37]).

פָּרַץ. Ο'. ἔθραυσε. Alia exempl. διέκοψε.[38]

Antiq. IX, 1, 2: Προσέταξε δὲ τῇ ἐπιούσῃ τὴν στρατιὰν ἐξελάσαντα τοῖς πολεμίοις ὑπαντᾶν· εὑρήσειν γὰρ αὐτοὺς ἐπὶ τῆς μεταξὺ Ἱεροσολύμων καὶ Ἐγγάδδης ἀναβάσεως, λεγομένης δ' Ἐξοχῆς. [17] Sic Comp., Codd. 19, 93, 108 (cum ἀπ' ἄκρου). [18] Sic Comp., Codd. 19, 93, 108, Theodoret. (cum σύνετε). [19] Iidem. [20] Sic Comp., Codd. 93, 108. [21] Sic Comp., Codd. 19 (cum καὶ αὐτοὶ ἐπὶ pro ἐπὶ), 93, 108. [22] Iidem. [23] Iidem. [24] Iidem. [25] Sic Comp., Codd. 19 (cum θεῷ pro ἁγίῳ), 93, 108. [26] Sic Comp. (cum καὶ ὄρος pro ἐπ' ὄρος), Codd. 19, 93, 108. [27] Sic Comp., Codd. 19 (cum ὁ ἀνήρ), 93, 108. [28] Iidem. Joseph. Antiq. IX, 1, 3: ὡς ἐκ τῆς τοσαύτης στρατιᾶς ἀνασωθῆναι μηδένα. [29] Iidem. [30] Iidem. [31] Prior lectio est in Comp., Codd. 19, 71 (om. εἰς Ἱερ.), 93, 108 (ut 71); posterior in Codd. 74, 106, aliis. [32] Sic Comp., Codd. 19, 93, 108. [33] Iidem. [34] Iidem. [35] Sic Comp., Codd. 19 (cum βιβλίον), 93, 108, Theodoret. [36] Sic Comp. (om. καὶ πορ. πρὸς αὐτὸν), Codd. 19 (cum αὗτος), 93, 108 (ut 19). Lucif. Calar.: ipse inique coepit facere, et communicavit secum. [37] Sic Codd. 19, 93 (cum ἐκοιν. σοι pro ἐκοιν.), 108, Theodoret. Comp. edidit: καὶ ἐκοινώνησας τῷ Ὀχ. [38] Sic Comp., Codd. 19, 93, 108, Theodoret. Iidem pergunt: κύριος τὰ ἔργα σου, καὶ συνετρίβησαν αἱ νῆές σου (σου om. Comp.), καὶ οὐκ ἠδυνήθησαν τοῦ πορ.

Cap. XXI.

1. עִם־אֲבֹתָיו . Ο'. Vacat. Alia exempl. παρὰ τοῖς πατράσιν αὐτοῦ; alia, μετὰ τῶν πατέρων αὐτοῦ.[1]

4. עַל־מַמְלֶכֶת אָבִיו . Ο'. ἐπὶ τὴν βασιλείαν (alia exempl. add. τοῦ πατρὸς[2]) αὐτοῦ.

5. בֶּן... יְהוֹרָם בְּמָלְכוֹ . Ο'. ὄντος αὐτοῦ... κατέστη Ἰωρὰμ ἐπὶ τὴν βασιλείαν αὐτοῦ. Alia exempl. υἱὸς ὢν... Ἰωρὰμ ἐν τῷ βασιλεύειν αὐτόν.[3]

7. וְכַאֲשֶׁר . Ο'. καὶ ὡς. Alia exempl. καὶ ὃν τρόπον.[4]

8. מִתַּחַת יַד־יְהוּדָה . Ο'. ἀπὸ τοῦ Ἰούδα. Alia exempl. ἀπὸ ὑποκάτωθεν χειρὸς Ἰούδα.[5]

9. וְכָל־הָרֶכֶב . Ο'. καὶ πᾶσα ἡ ἵππος. Alia exempl. καὶ πάντα τὰ ἅρματα αὐτοῦ, καὶ πᾶσα ἡ ἵππος.[6]

קָם . Ο'. καὶ ἠγέρθη. Alia exempl. καὶ ἀνέστη Ἰωράμ.[7]

10. וַיִּפְשַׁע אֱדוֹם מִתַּחַת יַד־יְהוּדָה . Ο'. καὶ ἀπέστη ἀπὸ Ἰούδα Ἐδώμ. Alia exempl. καὶ ἠθέτησεν Ἐδὼμ ὑποκάτωθεν χειρὸς Ἰούδα.[8]

15. בָּחֳלָיִים רַבִּים בְּמַחֲלֵה מֵעֶיךָ . Ο'. ἐν μαλακίᾳ πονηρᾷ, ἐν νόσῳ κοιλίας. Alia exempl. ἐν ἀρρωστίαις πονηραῖς, ἐν ἀρρωστίᾳ κοιλίας σου.[9]

מֵעֶיךָ מִן־הַחֹלִי . Ο'. ἡ κοιλία σου μετὰ τῆς μαλακίας. Alia exempl. τὰ ἔντερά σου ἀπὸ τῆς ἀρρωστίας.[10]

17. וַיִּשְׁבּוּ אֵת כָּל־הָרְכוּשׁ . Ο'. καὶ ἀπέστρεψαν

πᾶσαν τὴν ἀποσκευήν. Alia exempl. καὶ ἠχμαλώτευσαν τὴν πᾶσαν ὕπαρξιν.[11]

17. יְהוֹאָחָז . Ο'. Ὀχοζίας. Alia exempl. Ἰωάχας.[12]

קָטֹן . Ο'. ὁ μικρότατος. Alia exempl. ὁ νεώτερος.[13]

18. לָחֳלִי לְאֵין מַרְפֵּא . Ο'. μαλακίαν ᾗ οὐκ ἔστιν ἰατρεία. Alia exempl. ἐν ἀρρωστίᾳ ἐν ᾗ οὐκ ἔστιν ἴασις.[14]

19. יָצְאוּ מֵעָיו עִם־חָלְיוֹ... בְּתַחֲלֻאִים רָעִים . Ο'. ἐξῆλθεν ἡ κοιλία αὐτοῦ μετὰ τῆς νόσου... ἐν μαλακίᾳ πονηρᾷ. Alia exempl. ἐξῆλθεν τὰ ἔντερα αὐτοῦ μετὰ τῆς κοιλίας αὐτοῦ ἐν ἀρρωστίᾳ αὐτοῦ... ἐν ἀρρωστίαις πονηραῖς.[15]

לוֹ . Ο'. Vacat. Alia exempl. αὐτῷ.[16]

שְׂרֵפָה כִּשְׂרֵפַת . Ο'. ἐκφορὰν καθὼς ἐκφοράν. Alia exempl. ἐκφορὰν καὶ καῦσιν κατὰ τὴν καῦσιν.[17]

20. וַיֵּלֶךְ . Ο'. καὶ ἐπορεύθη (alia exempl. ἀπέθανεν[18]).

Cap. XXII.

1. בַּעֲרָבִים לַמַּחֲנֶה . Cum Arabibus ad castra. Ο'. οἱ Ἄραβες καὶ οἱ Ἀλιμαζονεῖς (alia exempl. Ἀμαζονεῖς[1]). Alia exempl. ἀπὸ τῶν Ἀράβων καὶ τῶν Ἀμαζονιεὶμ ἐν τῇ παρεμβολῇ.[2]

2. בֶּן־אַרְבָּעִים וּשְׁתַּיִם שָׁנָה אֲחַזְיָהוּ בְמָלְכוֹ . Ο'. ὢν ἐτῶν εἴκοσι Ὀχοζίας ἐβασίλευσεν. Alia

---

Cap. XXI. [1] Prior lectio est in Ald., Codd. XI, 52, 55, aliis (inter quos 243); posterior in Comp., Cod. 93. [2] Sie Comp., Codd. 19, 93, 108. [3] Sie Comp., Codd. 19, 93 (cum ἦν pro ὢν), 108. [4] Sie Comp., Codd. 19, 93, 108, Theodoret. [5] Sie Comp., Codd. 19, 93, 108. [6] Iidem. [7] Sie Comp. (om. νυντὸς), Codd. 19 (idem), 93, 108 (ut Comp.). [8] Iidem. [9] Sie Comp. (cum ἀρρωστίαις pro ἀρρωστίᾳ), Codd. 19 (ut Comp., om. σου), 93, 108 (ut Comp.), Theodoret. [10] Iidem. [11] Iidem. [12] Sie Comp. (cum Ἰωάχας), Ald., Codd. XI (ut Comp.), 52 (cum Ἰωάχας), 60, alii (inter quos 243). Scripturam Ὀχοζίας testantur Codd. 19, 93, 108, Reg. (qui notat: Οἶμαι

Ὀχοζίαν, ὡς ἐν τοῖς ἑξῆς εὑρίσκεται), Theodoret. [13] Sie Comp., Codd. 19, 93, 108. [14] Iidem. [15] Sie Comp., Codd. 19, 93 (cum ἐν τῇ ἀρρ. pro αὐτοῦ ἐν ἀρρ.), 108. [16] Sie Comp., Codd. 93, 108, Theodoret. [17] Sie Comp., Codd. 19, 93 (cum κατὰ τὴν κλαῦσιν), 108, Theodoret. [18] Sie Comp., Codd. 19, 93 (cum ἐπορεύθη in marg.), 108.

Cap. XXII. [1] Sie Codd. XI (corr. ex Ἀλιμ.), 71, 74 (cum Ἀμάζονες), 106 (idem), 119, alii. Cf. ad Cap. xiv. 15. [2] Sie Comp. (om. καὶ τῶν Ἀμ.), Codd. 19, 93 (cum βαρβάρων in textu, et Ἀράβων in marg.), 108, Theodoret. (cum βαρβάρων καὶ ἀπὸ τῶν Ἀμ.)

exempl. υἱὸς ὢν εἴκοσι καὶ δύο ἐτῶν Ὀχοζίας ἐν τῷ βασιλεύειν αὐτόν.[3]

3. נַם־הוּא. Ο'. καὶ οὗτος. Alia exempl. καίγε καὶ αὐτός.[4]

7. אֲשֶׁר מְשָׁחוֹ יְהוָה לְהַכְרִית אֶת־בֵּית אַחְאָב. Ο'. χριστὸν κυρίου εἰς τὸν οἶκον Ἀχαάβ. Alia exempl. χριστὸν κυρίου, ὃν ἔχρισεν αὐτὸν κύριος τοῦ ἐξολοθρεῦσαι τὸν οἶκον Ἀχαάβ.[5]

12. וַיְהִי אַתָּם ... מִתְחַבֵּא. Ο'. καὶ ἦν μετ' αὐτοῦ ... κατακεκρυμμένος. Alia exempl. καὶ ἦν Ἰωὰς κεκρυμμένος μετὰ Ἰωδαέ ...[6]

Cap. XXIII.

1. הַשְּׁבִיעִית. Ο'. τῷ ὀγδόῳ (alia exempl. ἑβδόμῳ[1]).

הִתְחַזַּק. Ο'. ἐκραταίωσεν. Alia exempl. ἐνίσχυσεν.[2]

אֲמֵי בַּבְרִית. Ο'. μεθ' ἑαυτοῦ εἰς οἶκον κυρίου. Alia exempl. καὶ ἔλαβεν αὐτοὺς μετ' αὐτοῦ ἐν διαθήκῃ.[3]

3. Ο'. καὶ ἔδειξεν αὐτοῖς (alia exempl. καὶ ἔχρισαν[4]) τὸν υἱὸν τοῦ βασιλέως.

4. לַשְּׁעָרִי. Ο'. καὶ εἰς τὰς πύλας. Alia exempl. καὶ τῶν πυλωρῶν ἐν ταῖς πύλαις.[5]

6. וְהַמְשָׁרְתִים לֲלֵוִים. Ο'. καὶ οἱ λειτουργοῦντες τῶν Λευιτῶν (alia exempl. τοῖς Λευίταις[6]).

7. אִישׁ וְכֵלָיו. Ο'. ἀνδρὸς σκεῦος σκεῦος. Alia exempl. ἀνὴρ καὶ τὸ σκεῦος αὐτοῦ.[7]

8. בָּאֵי הַשַּׁבָּת. Ineuntes (ministerium) die sabbati.

O'. ἀπ' ἀρχῆς τοῦ σαββάτου. Alia exempl. εἰσπορευομένου τοῦ σαββάτου.[8]

9. לְשָׂרֵי הַמֵּאוֹת. Ο'. Vacat. Alia exempl. τοὺς ἑκατοντάρχους τεταγμένους.[9]

אֶת־הַחֲנִיתִים וְאֶת־הַמְּגִנּוֹת וְאֶת־הַשְּׁלָטִים. Hastas et clypeos et scuta. Ο'. τὰς μαχαίρας καὶ τοὺς θυρεοὺς καὶ τὰ ὅπλα. Alia exempl. καὶ τὰς μαχαίρας καὶ τὰ δόρατα καὶ τὰς ἀσπίδας καὶ τὰ ὅπλα ... ἔδωκεν αὐτοῖς.[10]

10. לַמִּזְבֵּחַ. Ο'. τοῦ θυσιαστηρίου. Alia exempl. ἐπὶ τοῦ θυσιαστηρίου.[11]

11. וְאֶת־הָעֵדוּת. Ο'. καὶ τὰ μαρτύρια (alia exempl. τὸ μαρτύριον[12]).

12. אֶת־הַמֶּלֶךְ. Ο'. τὸν βασιλέα. Alia exempl. μετὰ τοῦ βασιλέως.[13]

13. עוֹמֵד. Ο'. Vacat. Alia exempl. ἑστώς; alia, εἱστήκει.[14]

שָׂמֵחַ וְתוֹקֵעַ. Ο'. ηὐφράνθη, καὶ ἐσάλπισαν. Alia exempl. εὐφραινόμενοι καὶ σαλπίζοντες.[15]

בִּכְלֵי הַשִּׁיר. Ο'. ἐν τοῖς ὀργάνοις ᾠδοί. Alia exempl. ἐν τοῖς ὀργάνοις τῆς ᾠδῆς οἱ ᾠδοί.[16]

קֶשֶׁר קָשֶׁר. Ο'. Σ. ἐπιτιθέμενοι ἐπιτίθεσθε. Alia exempl. σύνδεσμος, σύνδεσμος.[17]

14. פְּקֻדֵי הַחַיִל. Ο'. καὶ τοῖς ἀρχηγοῖς (alia exempl. ἐπισκόποις[18]) τῆς δυνάμεως.

הוֹצִיאֻהָ. Ο'. ἐκβάλετε (alia exempl. ἐξαγάγετε[19]) αὐτήν.

לֹא תְבִיאוּהָ. Ο'. μὴ ἀποθανέτω (alia exempl. θανατωθήτω[20]).

[3] Sic Comp. (cum τεσσαράκοντα pro εἴκοσι), Codd. 19, 93, 108. Cf. 4 Reg. viii. 26. [4] Sic Comp. (om. καί), Codd. 19, 93, 108. [5] Sic Comp. (cum εἰς τὸν pro τόν), Codd. 19, 93, 108 (om. χριστὸν κυρίου), 121 (om. αὐτόν). [6] Sic Comp. (cum μετ' αὐτῆς pro μετὰ Ἰ.), Codd. 19, 93, 108.

CAP. XXIII. [1] Sic Comp., Ald., Codd. III, XI, 19, 52, 55, alii (inter quos 243). [2] Sic Comp., Codd. 19, 93, 108. [3] Iidem. [4] Sic Codd. 19, 93 (cum ἔχρισαν), 108 (cum καὶ ἔχρισαν αὐτοῖς). Clausulam reprobat Comp. [5] Sic Comp., Codd. 19, 93 (om. καί), 108. [6] Iidem. [7] Iidem. Cf. 4 Reg. xi. 8. [8] Iidem. Cf. 4 Reg. xi. 9. [9] Sic Comp., Ald., Codd. 19 (cum τοὺς τεταγμ.), 44, 71, alii

(inter quos 93 (cum τεταμένους), 108, 243). [10] Sic Comp., Codd. 19, 93 (om. καὶ τὰς μαχαίρας), 108 (cum τοὺς ἀσπίδας). Cf. Hex. ad 4 Reg. xi. 10. [11] Iidem. [12] Sic Comp., Codd. 19, 93, 108, 158. Cf. Hex. ad 4 Reg. xi. 12. [13] Sic Comp., Codd. 19, 93, 108. [14] Prior lectio est in Ald., Codd. 44, 71, aliis; posterior in Comp., Codd. 19, 93, 108. [15] Sic Comp., Codd. 19, 93, 108 (cum εὐφρενόμενοι). [16] Iidem. [17] Sic Comp., Codd. 19, 93, 108 (cum Σ. ἐπιτιθέμενοι ἐπιτίθεσθε in marg.). Cf. Hex. ad 4 Reg. xi. 14. [18] Iidem. Cf. 4 Reg. xi. 15 in LXX. [19] Sic Comp. (cum ἐξάγετε), Codd. 19, 93, 108. [20] Sic Comp., Codd. 19 (cum -θήσεται), 93, 108.

TOM. I. 5 D

15. וַיָּשִׂימוּ לָהּ יָדַיִם. Ο'. καὶ ἔδωκαν αὐτῇ ἄνεσιν. Alia exempl. καὶ ἐπέθηκαν αὐτῇ χεῖρας.[21]

16. וּבֵין כָּל־הָעָם. Ο'. καὶ τοῦ λαοῦ. Alia exempl. καὶ ἀναμέσον παντὸς τοῦ λαοῦ.[22]

17. וְאֶת־צַלְמָיו. Ο'. καὶ τὰ εἴδωλα (alia exempl. τὰς εἰκόνας[23]) αὐτοῦ.

18. פְּקֻדֹּת. Ο'. τὰ ἔργα. Alia exempl. τὴν ἐπισκοπήν.[24]

אֲשֶׁר חָלַק. Ο'. ἃς (alia exempl. καθὼς[25]) διέστειλε.

לְהַעֲלוֹת. Ο'. καὶ ἀνενέγκαι. Alia exempl. καὶ αὐτὸς ἀνήνεγκεν; alia, τοῦ ἀναφέρειν.[26]

19. לְכָל־דָּבָר. Ο'. εἰς πᾶν πρᾶγμα. Alia exempl. εἰς πάντα λόγον.[27]

20. אֶת־שָׂרֵי הַמֵּאוֹת. Ο'. τοὺς πατριάρχας (alia exempl. ἑκατοντάρχους[28]).

21. בֶּחָרֶב. Ο'. Vacat. Alia exempl. μαχαίρᾳ.[29]

Cap. XXIV.

3. וַיִּשָּׂא־לוֹ. Ο'. καὶ ἔλαβεν . . . ἑαυτῷ. Alia exempl. καὶ ἔλαβεν αὐτῷ.[1]

5. לְחַזֵּק. Ο'. κατισχῦσαι. Alia exempl. τοῦ κραταιῶσαι.[2]

מִדֵּי. Ο'. Vacat. Alia exempl. ἀπὸ ἱκανοῦ.[3]

וְאַתֶּם תְּמַהֲרוּ לַדָּבָר וְלֹא מִהֲרוּ. Ο'. καὶ σπεύσατε λαλῆσαι καὶ οὐκ ἔσπευσαν. Alia exempl. ὑμεῖς ταχύνατε τοῦ λαλῆσαι· καὶ οὐκ ἐτάχυναν.[4]

6. דָּרַשְׁתָּ. Ο'. ἐπεσκέψω. Alia exempl. ἐξεζήτησας.[5]

אֶת־מַשְׂאַת. Tributum. Ο'. τὸ κεκριμένον. Alia exempl. τὸ κεκριμένον λῆμμα.[6]

8. אָרוֹן. Ο'. γλωσσόκομον. Ἄλλος· κίβωτος.[7]

10. וַיִּשְׂמְחוּ. Ο'. καὶ ἔδωκαν (alia exempl. εὐφράνθησαν[8]).

11. בְּעֵת יָבִיא. Ο'. ὡς εἰσέφερον. Alia exempl. ἐν τῷ καιρῷ τοῦ ἐνεγκεῖν.[9]

וְכִרְאוֹתָם. Ο'. καὶ ὡς (alia exempl. ἡνίκα[10]) εἶδον.

וַיִּשָּׂאֻהוּ וַיְשִׁיבֻהוּ. Ο'. καὶ κατέστησαν. Alia exempl. καὶ ἦραν καὶ κατέστησαν αὐτόν.[11]

12. וְגַם לְחָרָשֵׁי. Ο'. καὶ χαλκεῖς. Alia exempl. καὶ πρὸς τοῖς τέκτοσι χαλκεῖς.[12]

לְחַזֵּק. Ο'. ἐπισκευάσαι. Alia exempl. τοῦ κραταιῶσαι.[13]

13. וַיְאַמְּצֻהוּ. Ο'. καὶ ἐνίσχυσαν. Alia exempl. καὶ ἠσφαλίσαντο αὐτόν.[14]

14. וּכְכַלּוֹתָם. Ο'. καὶ ὡς συνετέλεσαν. Alia exempl. καὶ ἡνίκα συνετέλεσαν τὸν οἶκον.[15]

וּכְלֵי זָהָב וָכָסֶף. Ο'. χρυσᾶς καὶ ἀργυρᾶς. Alia exempl. καὶ σκεύη χρυσᾶ καὶ ἀργυρᾶ.[16]

15. וַיִּשְׂבַּע. Ο'. πλήρης. Alia exempl. καὶ ἦν πλήρης.[17]

17. וַיִּשְׁתַּחֲווּ לַמֶּלֶךְ. Ο'. καὶ προσεκύνησαν τὸν βασιλέα (alia exempl. τῷ βασιλεῖ, καὶ διέφθειρον τὸν Ἰωὰς τὸν βασιλέα[18]).

---

[21] Sic Comp. et (cum duplici versione) Codd. 19 (cum αὐτὴν bis), 93, 108, 121. Cf. 4 Reg. xi. 16. [22] Sic Comp., Codd. 19 (om. καὶ), 93, 108, qui pergunt: καὶ ἀναμέσον τοῦ βασ. τοῦ εἶναι εἰς λαὸν τῷ κ. [23] Iidem. Cf. 4 Reg. xi. 18. [24] Sic Comp., Codd. 19, 93 (cum ἔθηκεν pro ἐνεχείρισεν), 108. [25] Iidem. [26] Prior lectio est in Ald., Codd. 44, 52 (om. αὐτὸς), 55 (idem), aliis (inter quos 243, ut 52); posterior in Comp., Codd. 19, 93 (cum καὶ αὐτὸς ἀνῆκε in marg.), 108. [27] Sic Comp., Codd. 19, 93, 108. [28] Sic Cod. 93. [29] Sic Comp., Ald., Codd. III, XI, 19, 52, 60, alii (inter quos 243).

Cap. XXIV. [1] Sic Comp., Codd. 71, 93, 108. [2] Sic Comp., Codd. 19, 93, 108. Cf. Hex. ad 4 Reg. xii. 5, 12. [3] Iidem. Cf. ad Cap. xii. 11. [4] Sic Comp., Codd. 19, 93, 108 (cum ταχύνετε). [5] Iidem. [6] Sic Comp., Codd. 19 (cum κεκριμμένον), 93, 108 (cum κεκριμένον). Cf. Hex. ad Jerem. xl. 5. Ezech. xx. 40. [7] Cod. 93 in marg. sine nom. [8] Sic Comp., Codd. 19, 93, 108. [9] Sic Comp., Codd. 19 (om. ἐν), 93 (cum εἰσενεγκεῖν), 108 (ut 19). [10] Iidem. Cf. Hex. ad Jud. xi. 35. [11] Sic Comp., Codd. 19, 93 (cum αὐτὸ), 108. [12] Sic Comp. (om. χαλκεῖς), Codd. 19 (cum χαλκοῖς), 93, 108. [13] Iidem. [14] Sic Comp., Codd. 19 (om. αὐτὸν), 93, 108. [15] Iidem. [16] Iidem. [17] Iidem. [18] Sic Codd. 93, 108.

18. וַיַּעַבְדוּ אֶת־הָאֲשֵׁרִים. Ο΄. καὶ ἐδούλευον ταῖς Ἀστάρταις. Alia exempl. καὶ ἐλάτρευσαν τῇ Ἀστάρτῃ.[19]

בְּאַשְׁמָתָם זֹאת. Ο΄. ἐν τῇ ἡμέρᾳ ταύτῃ. Alia exempl. ἐν τῇ ἡμέρᾳ ταύτῃ ἐν τῇ πλημμελείᾳ αὐτῶν.[20]

20. אֶת־זְכַרְיָה. Ο΄. τὸν Ἀζαρίαν (alia exempl. Ζαχαρίαν[21]).

הַפֹּהֵן. Ο΄. τὸν ἱερέα. Alia exempl. τοῦ ἱερέως.[22]

לָמָּה אַתֶּם עֹבְרִים. Ο΄. τί (alia exempl. ἱνατί[23]) ὑμεῖς παραπορεύεσθε.

21. אֶבֶן. Ο΄. Vacat. Alia exempl. λίθοις.[24]

27. וּבָנָיו וְרֹב הַמַּשָּׂא עָלָיו וִיסוֹד בֵּית הָאֱלֹהִים. Et quod attinet ad filios ejus, et multitudinem vaticiniorum contra eum (s. onerum ei impositorum), et restaurationem domus Dei. Ο΄. καὶ οἱ υἱοὶ αὐτοῦ πάντες, καὶ προσῆλθον αὐτῷ οἱ πέντε (חֲמִשָּׁה), καὶ τὰ λοιπά. Alia exempl. καὶ υἱοὶ αὐτοῦ πέντε, καὶ προσῆλθον αὐτῷ οἱ πέντε, καὶ πλεῖστα λήμματα κατ᾽ αὐτοῦ, καὶ ἡ θεμελίωσις οἴκου τοῦ θεοῦ, καὶ τὰ λοιπά.[25]

עַל־מִדְרַשׁ סֵפֶר. Ο΄. ἐπὶ τὴν γραφήν (alia exempl. γραφὴν βιβλίου[26]).

Cap. XXV.

5. וַיַּעֲמִידֵם...וַיִּפְקְדֵם. Ο΄. καὶ ἀνέστησεν αὐτούς ...καὶ ἠρίθμησεν αὐτούς. Alia exempl. καὶ ἔστησεν αὐτούς...καὶ ἐπεσκέψατο αὐτούς.[1]

5. וּבִנְיָמִן. Ο΄. καὶ Ἰερουσαλήμ (alia exempl. Βενιαμίν[2]).

בָּחוּר יוֹצֵא צָבָא אֹחֵז. Ο΄. ἐξελθεῖν εἰς πόλεμον δυνατούς, κρατοῦντας. Alia exempl. δυνατῶν ἐξερχομένων εἰς πόλεμον, κρατούντων.[3]

8. לַמִּלְחָמָה. Ο΄. ἐν τούτοις. Alia exempl. ἐν τούτοις ἐν τῷ πολέμῳ.[4]

כִּי יֶשׁ־כֹּחַ בֵּאלֹהִים לַעְזוֹר. Ο΄. ὅτι ἐστὶ παρὰ κυρίου καὶ ἰσχῦσαι. Alia exempl. ὅτι ἔστιν ἰσχὺς τῷ κυρίῳ τοῦ βοηθῆσαι.[5]

10. וַיִּחַר אַפָּם. Ο΄. καὶ ἐθυμώθησαν (alia exempl. add. τῇ ὀργῇ αὐτῶν[6]).

16. הֲלִלְךָ לָמָּה יַכּוּ. Ο΄. πρόσεχε ἵνα μὴ μαστιγωθῇς. Alia exempl. πρόσεχε σεαυτῷ, ἵνα μὴ πατάξωσί σε.[7]

יָדַעְתִּי כִּי־יָעַץ אֱלֹהִים לְהַשְׁחִיתֶךָ. Ο΄. ὅτι γινώσκω, ὅτι ἐβούλετο ἐπὶ σοὶ τοῦ καταφθεῖραί σε. Alia exempl. ἔγνων ὅτι ἐβουλεύσατο κύριος τοῦ διαφθεῖραί σε.[8]

18. הַחוֹחַ. Ο΄. ὁ ἀκχούχ. Alia exempl. ὁ ἀκχάν.[9]

23. תָּפַשׂ...וַיִּפְרֹץ. Ο΄. κατέλαβεν...καὶ κατέσπασεν. Alia exempl. συνέλαβεν...καὶ καθεῖλεν.[10]

24. וַיָּשָׁב. Ο΄. καὶ ἐπέστρεψεν. Alia exempl. ἔλαβεν, καὶ ἐπέστρεψεν.[11]

27. וַיִּקְשְׁרוּ עָלָיו קֶשֶׁר בִּירוּשָׁלַ͏ִם וַיָּנָס. Ο΄. καὶ ἐπέθετο αὐτῷ ἐπίθεσιν, καὶ ἔφυγεν ἀπὸ Ἰερουσαλήμ. Alia exempl. καὶ συνεστράφη ἐπ᾽ αὐτὸν σύνδεσμος ἐν Ἰερουσαλήμ, καὶ ἔφυγεν.[12]

---

[19] Sie Comp., Codd. 19, 93, 108. [20] Sie Comp. (om. ἐν τῇ ἡμ. τ.), 19, 93, 108, 121. [21] Sie Comp., Codd. 60, 71, 93, 243, Theodoret. [22] Sie Comp., Codd. 19, 93, 108, Theodoret. [23] Iidem. [24] Iidem. [25] Sie Comp. (om. πέντε—οἱ πέντε), Codd. 19 (om. καὶ προσῆλθον—οἱ πέντε), 93 (cum πάντες pro priore πέντε, et λείμματα pro λήμματα), 108. [26] Iidem.

Cap. XXV. [1] Sie Comp., Codd. 19, 93, 108. [2] Sie Comp., Codd. 19, 93, 108, 121. [3] Sie Comp., Codd. 19 (cum κρατοῦντο), 93 (cum ἐξελθόντων), 108. [4] Iidem. [5] Sie Comp., Codd. 19 (cum ἰσχύι), 93, 108, Theodoret.

[6] Sie Comp., Codd. 19, 93, 108. [7] Sie Comp. (cum αὐτῷ), Codd. 19, 93, 108 (cum κατάξωσι), Theodoret. (cum πατάξω). [8] Sie Comp., Codd. 19 (cum ἔγνων σε ὅτι et καταφθ.), 93, 108 (cum ἔγνων σε ὅτι), Theodoret. [9] Sie Comp. Codd. 19 (cum ἀχάμ), 93, 108 (cum ἀχάμ, sed in 2do loco ἀχάν). Cf. Hex. ad 4 Reg. xiv. 9. [10] Sie Comp., Codd. 19, 93, 108. Cf. Hex. ad 4 Reg. xiv. 13. Infra (Cap. xxvi. 6) καθεῖλε pro κατέσπασε iidem. [11] Sie Comp., Codd. 19, 93, 108, 121. [12] Sie Comp. Codd. 19 (cum συνεγράφη), 93, 108.

Cap. XXVI.

1. אֶת־עֻזִּיָּהוּ. Ο΄. τὸν Ὀζίαν. Alia exempl. τὸν Ὀζίαν υἱὸν αὐτοῦ.[1] Schol. Βασιλεὺς ἐνδέκατος Ἰούδα, ὃν καὶ Ἀζαρίαν ὀνομάζει εἰς τὴν τετάρτην τῶν Βασιλειῶν περὶ τῶν πύργων ὧν ᾠκοδόμησεν Ὀζίας.[2]

5. הַמֵּבִין בִּרְאֹת הָאֱלֹהִים. Qui peritus erat in visione Dei. Ο΄. τοῦ συνιόντος (alia exempl. συνιέντος[3]) ἐν φόβῳ (בִּרְאַת) κυρίου (Σ. ἐν ὁράσει θεοῦ[4]).

     הִצְלִיחוֹ. Ο΄. καὶ εὐώδωσεν αὐτῷ. Alia exempl. κατεύθυνεν αὐτόν.[5]

6. בְּאַשְׁדּוֹד. Ο΄. Ἀζώτου. Alia exempl. ἐν Ἀζώτῳ.[6]

9. וְעַל־שַׁעַר הַגַּיְא. Ο΄. καὶ ἐπὶ τὴν πύλην τῆς φάραγγος (alia exempl. πύλην ἀγγαί[7]).

10. וּבַשְּׁפֵלָה וּבַמִּישׁוֹר. Ο΄. ἐν σεφηλὰ καὶ ἐν τῇ πεδινῇ. Ἄλλος· ἐν (τῇ) πεδινῇ καὶ ἐν μεισώρ.[8]

     אִכָּרִים. Ο΄. Vacat. Alia exempl. γεωργοί.[9]

     בֶּהָרִים. Ο΄. ἐν τῇ ὀρεινῇ. Alia exempl. ἐν τοῖς ὄρεσι.[10]

     אֹהֵב אֲדָמָה. Ο΄. γεωργός. Alia exempl. φιλογέωργος.[11]

11. בְּמִסְפַּר פְּקֻדָּתָם. Ο΄. εἰς ἀριθμόν· καὶ ἦν ὁ ἀριθμὸς αὐτῶν. Alia exempl. καὶ ὁ ἀριθμὸς τῆς ἐπισκέψεως αὐτῶν.[12]

11. מִשְׂרֵי. Ο΄. τοῦ διαδόχου. Ἄλλος· τοῦ ἄρχοντος.[13]

12. רָאשֵׁי הָאָבוֹת. Ο΄. τῶν πατριαρχῶν. Alia exempl. τῶν ἀρχόντων τῶν πατριῶν.[14]

15. מַחֲשֶׁבֶת חוֹשֵׁב. Opus ingeniosum artificis. Ο΄. μεμηχανευμένας λογιστοῦ (alia exempl. λογισμοῖς[15]).

17. בְּנֵי־חַיִל. Ο΄. υἱοὶ δυνατοί (alia exempl. δυνάμεως[16]).

18. לְהַקְטִיר. Ο΄. θῦσαι. Alia exempl. θυμιᾶσαι.[17]

21. וַיֵּשֶׁב בֵּית הַחָפְשׁוּת. Ο΄. καὶ ἐν οἴκῳ ἀπφουσὼθ ἐκάθητο. Alia exempl. καὶ ἐκάθισεν ἐν οἴκῳ ἀφφουσώθ.[18] Οἱ λοιποί· κρυφαίως. Ἄλλος· κρυφίως ἐγκεκλεισμένος.[19]

     נִגְזַר. Ο΄. ἀπεσχίσθη. Alia exempl. ἐξώσθη.[20]

22. יְשַׁעְיָהוּ בֶן־אָמוֹץ. Ο΄. ὑπὸ Ἰεσσίου. Alia exempl. ὑπὸ Ἡσαΐου υἱοῦ Ἀμώς.[21]

23. בִּשְׂדֵה. Ο΄. ἐν τῷ πεδίῳ. Alia exempl. ἐν ἀγρῷ.[22]

Cap. XXVII.

3. וּבְחוֹמַת הָעֹפֶל בָּנָה לָרֹב. Ο΄. καὶ ἐν τείχει Ὀπὲλ (alia exempl. τοῦ Ὀφλὰ[1]) ᾠκοδόμησε

Cap. XXVI. [1] Sic Codd. 19, 93, 108.   [2] Cod. 108 in marg. Distinguendum videtur: τῶν Βασιλειῶν. Περὶ τῶν πύργων κ. τ. ἑ., ut posteriora ad ea quae in vv. 9, 10 narrantur pertineant.   [3] Sic Comp., Ald., Codd. 19, 52, 64, 71, 108, 158.   [4] Sic in textu sine nom. Comp., Codd. 19, 93, 108 (cum litera Σ. super ὁράσει colore rubro picta), Theodoret.; qui omnes, excepto Comp., post ἐκζητῶν τὸν κύριον interpolant ἐν φόβῳ κυρίου.   [5] Sic Comp. (cum αἰε ἐξεζήτησε pro ἐζήτησε), Codd. 19 (idem), 93 (cum αἷς ἐζήτησε), 108, Theodoret. (cum ἐξεζήτησε .. καὶ κατηύθ. αὐτόν). Cf. Hex. ad 1 Paral. xxii. 11.   [6] Sic Comp., Codd. 93, 108.   [7] Sic Codd. 19 (cum καὶ ἐπὶ τὸν γωνίων τῆς φάραγγος pro καὶ ἐπὶ τῶν γ.), 93 (cum τῆς φ. καὶ ἐπὶ τῶν γ. pro καὶ ἐπὶ τῶν γ.), 108 (ut 19).   [8] Cod. 93 in marg sine nom. (cum μησώρ).   [9] Sic Comp., Codd. 19, 93, 108.   [10] Iidem.   [11] Sic Comp. (cum ἀνὴρ φ.), Ald. (idem), Codd. III, XI, 19 (ut Comp.), 44, 52, 56, alii (inter quos 93 (ut Comp.), 108

(idem), 121 (idem), 243).   [12] Sic Comp., Codd. 19, 93, 108.   [13] Cod. 93 in marg. sine nom.   [14] Sic Comp., Codd. 19, 93, 108 (cum πατριαρχῶν pro πατριῶν).   [15] Iidem.   [16] Sic Comp. (cum οἱ υἱοί), Codd. 19, 93 (add. ἱερεῖς), 108 (ut Comp.), Theodoret., Lucif. Calar.   [17] Sic Comp. (cum τὸ θ.), Ald., Codd. III, XI, 19 (cum τοῦ θ.), 44, 55, alii (inter quos 93 (ut 19), 108 (idem), 243). Theodoret. (ut 19).   [18] Sic Comp. (cum ἀχχεισθ), Codd. 19, 93, 108.   [19] " Regius codex has lectiones exhibet."— Montef. Lectio τῶν λοιπῶν Theodoreto debetur; anonyma est Symmachi, ut videtur, coll. Hex. ad 4 Reg. xv. 5.   [20] Sic Comp., Codd. 19, 93, 108.   [21] Sic Comp. (cum ἀπό), Ald., Codd. 19 (cum Ἀμμὼς), 44 (idem), 71 (om. υἱοί), 74, 93, alii (inter quos 243 in marg.).   [22] Sic Comp., Codd. 19, 93, 108.

Cap. XXVII. [1] Sic Codd. II (cum αὐτοῦ ὑπλα), III, XI, 52, 55, alii (inter quos 243).

πολλά (alia exempl. εἰς πλῆθος[2]). Alia exempl. καὶ ἐν τῷ τείχει αὐτῆς ἀπέθετο ὅπλα.[3]

3. הָעֹפֶל. Ο'. Ὀφέλ. Ἄλλος· (τοῦ) ἀποκρύφου.[4]

4. וְעָרִים בָּנָה. Ο'. Vacat. Alia exempl. καὶ πόλεις ᾠκοδόμησεν.[5]

וּבֶחֳרָשִׁים בָּנָה בִּירָנִיוֹת וּמִגְדָּלִים. Ο'. καὶ ἐν τοῖς δρυμοῖς, καὶ οἰκήσεις καὶ πύργους. Alia exempl. καὶ ἐν τοῖς δρυμοῖς οἰκήσεις, καὶ ᾠκοδόμησεν ἐν Ἱερουσαλὴμ βάρεις καὶ πύργους.[6]

5. נִלְחַם עִם־מֶלֶךְ. Ο'. ἐμαχέσατο πρὸς βασιλέα. Alia exempl. ἐπολέμησε μετὰ τοῦ βασιλέως.[7]

וּבַשָּׁנָה הַשֵּׁנִית וְהַשְּׁלִשִׁית. Ο'. κατ' ἐνιαυτὸν ἐν τῷ πρώτῳ ἔτει καὶ ἐν τῷ δευτέρῳ καὶ τῷ τρίτῳ. Alia exempl. κατ' ἐνιαυτὸν καὶ ἐν τῷ ἔτει τῷ δευτέρῳ καὶ τῷ τρίτῳ.[8]

8. בֶּן־עֶשְׂרִים וְחָמֵשׁ שָׁנָה הָיָה בְמָלְכוֹ וְשֵׁשׁ־עֶשְׂרֵה שָׁנָה מָלַךְ בִּירוּשָׁלָ‍ם. Ο'. Vacat. Alia exempl. υἱὸς εἴκοσι καὶ πέντε ἐτῶν ἦν βασιλεύσας, καὶ ἓξ καὶ δέκα ἔτη ἐβασίλευσεν ἐν Ἱερουσαλήμ.[9] Alia· υἱὸς εἴκοσι καὶ πέντε ἐτῶν ἦν Ἰωαθὰμ ἐν τῷ βασιλεύειν αὐτὸν, καὶ ἑκκαίδεκα ἔτη ἐβασίλευσεν ἐν Ἱερουσαλήμ.[10]

CAP. XXVIII.

1. בֶּן־עֶשְׂרִים שָׁנָה. Ο'. υἱὸς εἴκοσι καὶ πέντε ἐτῶν. Alia exempl. υἱὸς εἴκοσι ἐτῶν.[1]

2, 3. לַבְּעָלִים׃ וְהוּא הִקְטִיר. Ο'. καὶ τοῖς εἰδώλοις αὐτῶν (alia exempl. add. ἔθυεν[2]). Alia exempl. τοῖς Βααλείμ. καὶ ἔθυεν.[3]

3. בְּנֵי בֶן־הִנֹּם. Ο'. ἐν γὲ Βενεννόμ. Alia exempl. ἐν φάραγγι Βενεννόμ.[4]

הוֹרִישׁ. Ο'. ἐξωλόθρευσε. Alia exempl. ἐξῆρε.[5]

7. מִשְׁנֵה הַמֶּלֶךְ. Ο'. τὸν διάδοχον (alia exempl. τὸν δεύτερον[6]) τοῦ βασιλέως.

8. מָאתַיִם. Ο'. τριακοσίας. Alia exempl. διακοσίας.[7]

10. הֲלֹא רַק־אַתֶּם עִמָּכֶם אֲשָׁמוֹת לַיהוָה אֱלֹהֵיכֶם. Nonne, tantummodo quod ad vos attinet, apud vos sunt delicta contra Jovam Deum vestrum? Ο'. οὐκ ἰδοὺ εἰμὶ μεθ' ὑμῶν μαρτυρῆσαι κυρίῳ θεῷ ὑμῶν; Alia exempl. οὐκ ἰδοὺ οὐκ εἰμὶ μεθ' ὑμῶν, μαρτύρεται κύριος ὁ θεὸς ὑμῶν πλημμέλεια μεθ' ὑμῶν κυρίῳ τῷ θεῷ ὑμῶν.[8]

12. עֲזַרְיָהוּ בֶן־יְהוֹחָנָן. Ο'. Οὐδείας ὁ τοῦ Ἰωανοῦ. Alia exempl. Ἀζαρίας ὁ τοῦ Ἰωανάν.[9]

13. לְאַשְׁמַת. Ο'. εἰς τὸ ἁμαρτάνειν (alia exempl. πλημμελῆσαι[10]).

15. בְּשֵׁמוֹת. Ο'. ἐν ὀνόματι. Alia exempl. ἐν ὀνομασίᾳ.[11]

וַיַּאֲכִילוּם וַיַּשְׁקוּם. Ο'. καὶ ἔδωκαν φαγεῖν (alia exempl. add. καὶ πιεῖν[12]).

17. וְעוֹד אֲדוֹמִים. Ο'. καὶ ἐν τούτῳ, ὅτι οἱ Ἰδουμαῖοι. Alia exempl. καὶ ἐν τούτῳ ἔτι καὶ οἱ Ἰδουμαῖοι.[13]

---

[2] Sic Comp., Codd. 19, 93, 108.　[3] Sic Ald., Codd. 44 (cum ἔθετο), 74, 106, alii (inter quos 243 in marg.). Cf. ad Cap. xxxiii. 14.　[4] Cod. 108 in marg. sine nom. Cf. Hex. ad Mich. iv. 8.　[5] Sic Comp. (cum ἐν τοῖς ὄρεσιν pro ἐν ὄρει), Ald. (cum καὶ ᾠκ. π.), Codd. II, III, XI, 19 (ut Comp.), 52, 60, alii (inter quos 243).　[6] Sic Comp. (cum καὶ ἐν τοῖς δρυμοῖς ᾠκοδόμησε β. καὶ π.), Codd. 19, 93, 108 (om. ἐν). Cf. ad Cap. xvii. 12.　[7] Sic Comp., Codd. 19 (om. τοῦ), 93, 108.　[8] Sic Comp., Codd. 19, 93 (cum ἐν ἔτει), 108.　[9] Sic Ald., Codd. III (cum καὶ pro υἱός), 74, 106, alii.　[10] Sic Comp., Codd. 19 (cum δέκα pro ἑκαίδεκα), 93, 108 (ut 19).

CAP. XXVIII.　[1] Sic Comp., Codd. II (om. υἱός), III, 19, 52, 60, alii (inter quos 93, 108, 243).　[2] Sic Ald. (cum ἔθυσεν), Codd. II (cum ἐν pro καὶ), III, XI, 44 (ut Ald.), 52, alii (inter quos 243).　[3] Sic Comp., Codd. 19, 93, 108 (cum καὶ τοῖς pro τοῖς).　[4] Sic Comp., Codd. 19 (cum ἐν ἐννόμ), 93, 108 (cum ἐννενόμ).　[5] Iidem.　[6] Iidem.　[7] Sic Comp., Codd. 19, 71, 93, 108.　[8] Sic Comp. (cum οὐκ ἰδοὺ εἰμὶ μεθ' ἱμῶν μαρτυρῆσαι κυρίῳ τῷ θ. ἱμῶν, πλημμέλειαν κ. τ. ί.), Codd. 19, 93, 108 (om. οὐκ ante εἰμί), Theodoret. (cum ἰδοὺ οὐκ εἰμὶ — ὁ θεὸς ἱμῶν, ceteris omissis).　[9] Sic Comp. (cum Ἰωνάν), Ald. (cum Ἰωνά), Codd. 19 (ut Comp.), 44 (om. ὁ τοῦ Ἰ.), 55, 60, alii (inter quos 243, ut Comp.).　[10] Sic Comp., Codd. 19, 93, 108.　[11] Sic Comp. (cum ὀνόμασι), 19, 93 (ut Comp.), 108. Cf. Hex. ad Psal. xlviii. 12. lxvii. 5.　[12] Sic Comp., Codd. 19, 93, 108, 121.　[13] Sic Comp. (cum καὶ ἐν τούτῳ τῷ

19. כִּֽי־הִפְרִיעַ בִּֽיהוּדָה וּמָעוֹל מַעַל בַּֽיהוָֽה. *Quia dissolutum fecerat Judam, et praevaricatus est praevaricationem in Jovam.* Ο'. ὅτι ἀπέστη ἀποστάσει ἀπὸ κυρίου. Alia exempl. ἀνθ' ὧν ἀπεκάλυψεν ἐν τῷ Ἰούδα, καὶ ἀπέστη ἀποστασίᾳ ἀπὸ κυρίου.[14]

20. וַיָּצַר לוֹ. Ο'. καὶ ἔθλιψεν (alia exempl. ἐπάταξεν[15]) αὐτόν.

Cap. XXIX.

1. יְחִזְקִיָּהוּ מָלַךְ בֶּן. Ο'. καὶ Ἐζεκίας ἐβασίλευσεν ὢν. Alia exempl. υἱὸς ὢν...Ἐζεκίας ἐν τῷ βασιλεύειν αὐτόν.[1]

אֲבִיָּה. Ο'. Ἀβιά. Alia exempl. Ἀββαούθ.[2]

3. הוּא בַשָּׁנָה הָרִאשׁוֹנָה לְמָלְכוֹ. Ο'. καὶ ἐγένετο ὡς (alia exempl. ἡνίκα[3]) ἔστη ἐπὶ τῆς βασιλείας αὐτοῦ.

5. הִתְקַדְּשׁוּ וְקַדְּשׁוּ. Ο'. ἁγνίσθητε, καὶ ἁγνίσατε. Alia exempl. ἁγιάσθητε καὶ ἁγιάσατε.[4]

6. וַיִּתְּנוּ־עֹרֶף. Ο'. καὶ ἔδωκαν αὐχένα (alia exempl. add. ἀπέναντι[5]).

8. וַיְהִי קֶצֶף יְהוָֽה. Ο'. καὶ ὠργίσθη ὀργῇ κύριος. Alia exempl. καὶ ἐγένετο ὀργὴ κυρίου.[6]

9. נָפְלוּ. Ο'. πεπλήγασιν. Alia exempl. ἔπεσον.[7]

9, 10. בָּשֶּׁבִי עַל־זֹאת: עַתָּה עִם־לְבָבִי לִכְרוֹת בְּרִית לַיהוָֽה אֱלֹהֵי יִשְׂרָאֵל. Ο'. ἐν αἰχμαλωσίᾳ ἐν γῇ οὐκ αὐτῶν, ὃ καὶ νῦν ἐστιν. ἐπὶ τούτοις νῦν ἐστιν ἐπὶ καρδίας διαθέσθαι διαθήκην μου, διαθήκην κυρίου θεοῦ Ἰσραήλ. Alia exempl. ἐν αἰχμαλωσίᾳ ἐν γῇ οὐκ αὐτῶν, καὶ νῦν εἰσιν ἐπὶ τούτοις. νῦν οὖν θέσθε ἐπὶ καρδίας ὑμῶν τοῦ διαθέσθαι διαθήκην μετὰ κυρίου θεοῦ Ἰσραήλ.[8] Alia : ἐν αἰχμαλωσίᾳ ἐν γῇ οὐχ ἑαυτῶν. ἕνεκεν τούτου ἐγένετο ἐπὶ καρδίας μου τοῦ διαθέσθαι διαθήκην τῷ κυρίῳ θεῷ Ἰσραήλ.[9]

11. אַל־תִּשָּׁלוּ. *Nolite remittere.* Ο'. μὴ διαλίπητε (alia exempl. add. ποιεῖν[10]).

12. בֶּן־יוֹאָח. Ο'. οὗτοι υἱοὶ Ἰωαχά. Alia exempl. ὁ τοῦ Ἰωαχά.[11]

16. לְהוֹצִיא. Ο'. ἐκβαλεῖν. Alia exempl. τοῦ ἐξενεγκεῖν.[12]

17. וַיָּחֵלּוּ. Ο'. καὶ ἤρξατο (potior scriptura ἤρξαντο[13]).

בְּאֶחָד לַחֹדֶשׁ הָרִאשׁוֹן. Ο'. τῇ ἡμέρᾳ τῇ πρώτῃ νουμηνίᾳ τοῦ πρώτου μηνός. Alia exempl. ἐν μιᾷ τοῦ μηνὸς τοῦ πρώτου.[14]

שִׁשָּׁה עָשָׂר. Ο'. τῇ τρισκαιδεκάτῃ (alia exempl. ἑκκαιδεκάτῃ[15]).

19. בְּמַעֲלוֹ. Ο'. ἐν τῇ ἀποστασίᾳ αὐτοῦ. Alia exempl. ἐν τῷ ἀποστῆναι αὐτόν.[16]

21. וַיָּבִיאוּ. Ο'. καὶ ἀνήνεγκε (alia exempl. ἀνήγαγεν[17]).

לְהַעֲלוֹת. Ο'. ἀναβαίνειν. Alia exempl. τοῦ ἀνενεγκεῖν.[18]

ἔτι καὶ οἱ (Ἰ.), 19, 71 (ut Comp., om. οἱ), 93 (om. οἱ), 108. [14] Sic Comp., Codd. 19, 93 (cum ἀποστάσει), 108, Theodoret. (cum ἐν τῷ Ἰούδᾳ ἀσέβειαν, καὶ ἀπέστη ἀποστάσει). Ad ἀπεκάλυψεν cf. Hex. ad Lev. xxi. 10. [15] Sic Comp., Ald., Codd. II (in marg.), III, XI, 19, 44, 52, alii (inter quos 243).

Cap. XXIX. [1] Sic Comp., Codd. 19, 93, 108. [2] Sic Codd. III (cum Ἀββαθίθ), XI (cum Ἀββαΐθ), 52, 55, 60 (cum Ἀβαοίθ), alii (inter quos 243, cum Ἀμβαοίθ). Cf. Hex. ad 4 Reg. xviii. 1. [3] Sic Comp., Codd. 19, 93, 108. Cf. ad Cap. xxiv. 11. [4] Sic Comp., Codd. XI, 19, 60 (cum ἁγνίσθητε), 93, 108 (ut 60), 243 (cum ἁγνίσατε). [5] Sic Codd. 19, 93. [6] Sic Comp., Codd. 19, 93, 108. [7] Iidem (cum ἐν ῥομφαίᾳ). [8] Sic Ald. (cum μετὰ τοῦ κ.),

Codd. 44 (cum διάθεσθε pro θέσθε—διαθέσθαι), 74, 106, alii. [9] Sic Comp., Codd. 19, 93, 108 (cum τὸ διαθέσθαι). [10] Sic Comp., Codd. 19, 93, 108, 121. [11] Sic Comp. (cum Ἰωάχ), Codd. III, XI, 19 (cum Ἀχαὰν), 60, 64, alii (inter quos 93, 108 (cum Ἰωαχαὰ), 243). [12] Sic Comp., Codd. 19, 93, 108, Theodoret. (om. τοῦ). [13] Sic Comp., Ald., Ed. Rom. (calamo correcta), Codd. II, III, 19, 60, 64, alii. [14] Sic Comp., Codd. 19, 93, 108. Mox τοῦ ἁγιάσαι ἡγίασαν, etiam ἡγιάσαμεν (v. 18, ubi in Hebraeo est קִדְּשׁוּ) iidem. [15] Sic Comp., Ald. (cum ἓξ καὶ δ.), Codd. III, XI (ut Ald.), 19, 55, 60 (ut Ald.), alii (inter quos 243). [16] Sic Comp., Codd. 19, 93, 108. [17] Sic Comp., Ald., Codd. 19, 44, 74, alii. [18] Sic Comp., Codd. 19 (om. τοῦ), 93, 108.

22. וַיִּשְׁחֲטוּ. Ο'. καὶ ἔθυσαν. Ἄλλος· καὶ ἔσφαξαν.[19]

24. וַיִּזְרְקוּ אֶת־דָּמָם. Et asperserunt sanguinem eorum (pro piaculo). Ο'. καὶ ἐξιλάσαντο (alia exempl. περιερράντισαν[20]) τὸ αἷμα αὐτῶν.

כִּי לְכָל־יִשְׂרָאֵל אָמַר הַמֶּלֶךְ הָעוֹלָה. Ο'. ὅτι εἶπεν ὁ βασιλεύς· περὶ παντὸς Ἰσραὴλ ἡ ὁλοκαύτωσις. Alia exempl. ὅτι περὶ παντὸς Ἰσραὴλ εἶπεν ὁ βασιλεὺς προσενεχθῆναι τὰ ὁλοκαυτώματα.[21]

29. כָּרְעוּ. Ο'. ἔκαμψεν. Alia exempl. ἔκυψεν.[22]

אִתּוֹ. Ο'. Vacat. Alia exempl. σὺν αὐτῷ.[23]

31. זְבָחִים וְתוֹדוֹת (bis). Ο'. θυσίας αἰνέσεως ... θυσίας καὶ αἰνέσεις. Potior scriptura θυσίας καὶ αἰνέσεως (bis).[24]

34. לְהִתְקַדֵּשׁ. Ο'. ἥγνισαν. Alia exempl. ἡγνίσθησαν; alia, ἡγιάσθησαν.[25]

35. וַתִּכּוֹן. Ο'. καὶ κατωρθώθη (alia exempl. ἡτοιμάσθη[26]).

Cap. XXX.

3. בָּעֵת הַהִיא. Ο'. ἐν τῷ καιρῷ ἐκείνῳ. Alia exempl. ἐν τῷ μηνὶ τῷ πρώτῳ ἐν τῷ καιρῷ ἐκείνῳ.[1]

5. כִּי לֹא לָרֹב עָשׂוּ. Ο'. ὅτι πλῆθος (Σ. πολλοὶ[2]) οὐκ ἐποίησε.

8. עָרְפְּכֶם. Ο'. τὰς καρδίας (alia exempl. τοὺς τραχήλους[3]) ὑμῶν.

10. וּמַלְעִגִים בָּם. Ο'. καὶ καταμωκώμενοι. Alia exempl. καὶ μυκτηρίζοντες αὐτούς.[4]

11, 12. לִירוּשָׁלָ͏ִם: גַּם בִּיהוּדָה הָיְתָה. Ο'. εἰς Ἰερουσαλὴμ καὶ εἰς (alia exempl. ἐν[5]) Ἰούδα. καὶ ἐγένετο. Alia exempl. εἰς Ἰερουσαλήμ. καὶ ἐν Ἰούδᾳ ἐγένετο.[6]

15. וַיִּתְקַדְּשׁוּ. Ο'. καὶ ἥγνισαν. Alia exempl. ἡγνίσθησαν; alia, ἡγιάσθησαν.[7]

21. בִּכְלֵי עֹז. Ο'. ἐν ὀργάνοις. Alia exempl. ἐν ὀργάνοις ἰσχύος.[8]

22. עַל־לֵב כָּל־הַלְוִיִּם. Ο'. ἐπὶ πᾶσαν καρδίαν τῶν Λευιτῶν. Alia exempl. ἐπὶ καρδίαν πάντων τῶν Λευιτῶν.[9]

23. כָּל־הַקָּהָל. Ο'. ἡ ἐκκλησία ἅμα. Alia exempl. πᾶσα ἡ ἐκκλησία.[10]

24. מֶלֶךְ־יְהוּדָה הֵרִים לַקָּהָל. Ο'. ἀπήρξατο τῷ Ἰούδα τῇ ἐκκλησίᾳ. Alia exempl. ὁ βασιλεὺς Ἰούδα ἀπήρξατο πάσῃ τῇ ἐκκλησίᾳ.[11]

וַיִּתְקַדְּשׁוּ. Ο'. καὶ τὰ ἅγια. Alia exempl. καὶ ἡγιάσθησαν.[12]

25. הַבָּאִים. Ο'. καὶ οἱ εὑρεθέντες. Alia exempl. οἱ ἐλθόντες.[13]

מִיִּשְׂרָאֵל. Ο'. ἐξ Ἰερουσαλήμ. Alia exempl. ἐξ Ἰσραήλ.[14]

❖ ──────────── ❖

[19] Cod. 93 in marg. sine nom. [20] Sic Comp., Codd. 19 (cum περιερράντησαν), 93 (cum περιρράντησαν), 108 (ut 19). Cf. Hex. ad Ezech. xliii. 20. [21] Sic Comp., Codd. 19, 93, 108, Theodoret. [22] Sic Codd. 19, 93. [23] Sic Comp., Codd. 93, 108. [24] Sic Ald. (in posteriore loco), Codd. II (idem), III (in priore loco, cum lacuna in posteriore), XI, 55 (ut Ald.), 64 (idem), 93, 119, 243. Cf. Sirac. xxxv. 2, 4: θυσιάζων σωτηρίου ... θυσιάζων αἰνέσεως, ubi Syro-hex. in marg.: θυσιάζων αἰνέσεως, τουτέστι, θυσίαν αἰνέσεως. [25] Prior scriptura est in Ald., Codd. II, III (cum ἥγν. προθύμως), XI (idem), 52, 55, aliis; posterior in Comp., Codd. 19, 93, 108, 243 (cum ἥγ. προθύμως), Theodoret. [26] Sic Comp., Codd. 19, 93, 108.

Cap. XXX. [1] Sic Codd. 19, 93, 108. [2] Cod. 108.

Hieron.: multi enim non fecerant. [3] Sic Comp., Ald., Codd. III, 19, 52, 55, alii (inter quos 243). [4] Sic Comp., et (cum duplici versione) Codd. 19, 93 (cum αἰτοῖς), 108. [5] Sic Codd. II, 74, 106, 120, 134. [6] Sic Comp., Codd. 19, 93, 108. [7] Prior scriptura est in Ald., Codd. II (manu 2da), III, 44, 52, 60, aliis (inter quos 243); posterior in Comp., Codd. 19, 93, 108. Cf. ad Cap. xxix. 34. Eadem varietas est ad οὐχ ἥγνισαν (לֹא הִטֶּהֳרוּ) in v. 18. [8] Sic Comp., Codd. 19, 93, 108. [9] Iidem. [10] Iidem. [11] Sic Comp., Codd. 19 (om. τῇ), 93 (cum ὁ β. Ἰούδα Ἐξ. pro Ἐξ. ὁ β. Ἰούδα), 108. [12] Iidem. [13] Sic Comp., Codd. 19 (cum ἐξελθ.), 93, 108. [14] Sic Comp., Codd. II, III, XI, 19, 55, 93, 108 (cum ἐκ γῆς Ἰσρ.), 119, 158.

Cap. XXXI.

1. וְאֶת־הַמִּזְבְּחוֹת. Ο΄. καὶ τοὺς βωμούς. Alia exempl. καὶ καθεῖλον τὰ θυσιαστήρια.[1]

עַד־לְכַלֵּה. Ο΄. ἕως εἰς τέλος. Alia exempl. ἕως εἰς συντέλειαν.[2]

6. וּמַעְשַׂר קָדָשִׁים. Ο΄. καὶ ἐπιδέκατα αἰγῶν ('Άλλος· ἁγίων[3]).

11. לְהָכִין לְשָׁכוֹת. Ο΄. [ἔτι] ἑτοιμάσαι παστοφόρια. Σ. σχολάσαι ἐξέδρας.[4]

15. בְּעָרֵי הַכֹּהֲנִים. Ο΄. διὰ χειρὸς (alia exempl. ἐν ταῖς πόλεσι διὰ χειρὸς[5]) τῶν ἱερέων.

18. וּלְהִתְיַחֵשׂ. Et genealogiae. Ο΄. ἐγκαταλοχίσαι. Alia exempl. ἐν καταλοχίαις; alia, ἐν τοῖς καταλοχισμοῖς.[6]

19. בִּשְׂדֵי מִגְרַשׁ עָרֵיהֶם. Ο΄. καὶ οἱ ἀπὸ τῶν πόλεων αὐτῶν. Alia exempl. ἐν τοῖς ἀγροῖς καὶ ἐν ταῖς πόλεσιν αὐτῶν.[7]

20. וְהָאֱמֶת. Ο΄. Vacat. Alia exempl. καὶ τὸ ἀληθές.[8]

Cap. XXXII.

4. וְאֶת־הַנַּחַל. Ο΄. καὶ τὸν ποταμόν (alia exempl. χειμάρρουν[1]).

5. הַפְּרוּצָה. Ο΄. τὸ κατεσκαμμένον (alia exempl. κατεσπασμένον[2]).

וַיְחַזֵּק. Ο΄. καὶ κατίσχυσε (alia exempl. ᾠκοδόμησε[3]).

אֶת־הַמִּלּוֹא. Ο΄. τὸ ἀνάλημμα (Σ. προσπλήρωμα[4]).

6. הָעִיר. Ο΄. τῆς φάραγγος. Alia exempl. τῆς πόλεως.[5]

12. אֶת־בָּמוֹתָיו וְאֶת־מִזְבְּחֹתָיו. Ο΄. τὰ θυσιαστήρια αὐτοῦ, καὶ τὰ ὑψηλὰ αὐτοῦ. Alia exempl. τὰ ὑψηλὰ αὐτοῦ, καὶ τὰ θυσιαστήρια αὐτοῦ.[6]

14. מִי... אֲשֶׁר יָכוֹל. Ο΄. τίς... μὴ ἐδύναντο. Alia exempl. τίς ἐστιν... ὃς ἐδυνήθη.[7]

15. וְאַל־יַסִּית אֶתְכֶם כָּזֹאת. Nec incitet vos sicut hoc. Ο΄. καὶ μὴ πεποιθέναι ὑμᾶς ποιείτω κατὰ ταῦτα. Alia exempl. καὶ μὴ ποιείτω πεποιθέναι μηδὲ ἐπισειέτω ὑμᾶς ἐπὶ τούτῳ.[8]

אַף כִּי אֱלֹהֵיכֶם לֹא־יַצִּיל אֶתְכֶם. Ο΄. ὅτι ὁ θεὸς ὑμῶν οὐ μὴ σώσει ὑμᾶς. Alia exempl. καὶ πῶς ὅτι ὁ θεὸς ὑμῶν οὐ μὴ ῥύσεται ὑμᾶς.[9]

18. לְיָרְאָם. Ο΄. τοῦ βοηθῆσαι αὐτοῖς. Alia exempl. τοῦ φοβῆσαι αὐτούς.[10]

24. חָלָה. Ο΄. ἠρρώστησεν. Alia exempl. ἐμαλακίσθη.[11]

27. וּלְמָגִנִּים וּלְכֹל כְּלֵי חֶמְדָּה. Ο΄. καὶ ὁπλοθή-

Cap. XXXI. [1] Sic Comp., Codd. 19, 93, 108.   [2] Sic Comp., Codd. 19, 93 (om. εἰς), 108.   [3] Sic in textu Cod. 93. Hieron. sanctorum. Cf. Wesseling. in Observ. p. 150.   [4] Cod. 108 (cum χολάσαι). Ad ἐξέδρας cf. Hex. ad 1 Reg. ix. 22. Jerem. xxxv. 2. Ezech. xl. 17. Pro mendosa scriptura χολάσαι indubitanter correximus σχολάσαι, vacuas reddere, praeparare. Cf. Hex. ad Mal. iii. 1, ubi hodie quidem Aquilae ἀποσκευάσει, Symmacho autem σχολάσει tribuerimus, coll. Hex. ad Jesai. lvii. 14.   [5] Sic Comp., Codd. 19, 93, 108.   [6] Prior lectio est in Ald., Codd. III, XI, 52, 55, aliis (inter quos 243); posterior in Comp., Codd. 19, 93, 108.   [7] Sic Comp., Codd. 19, 93, 108.   [8] Iidem.

Cap. XXXII. [1] Sic Comp., Codd. 19, 93, 108.   [2] Sic Ald., Codd. III, 52, 60, 119, 158. Cf. Cap. xxiv. 7. xxv. 23. xxvi. 6 in Hebr. et LXX.   [2] Sic Comp., Codd. 19, 71, 74, 93, alii.   [4] Cod. 108. Huc autem

pertinere videtur Hieronymi locus a nobis in Hex. ad 2 Reg. v. 9 allegatus: "Mello, civitas quam aedificavit Salomon [hucusque Euseb. in Onomastico, p. 284]. Porro Sym. et Theod. adimpletionem transtulerunt." Praeterea in Hex. ad 3 Reg. ix. 15. xi. 27 pro מְסֻכֶּכֶת (= ἀνάλημψις 1 Esdr. i. 54) fortasse non τελείωσις, sed derivativum nescio quod a πληροῦν Symmacho tribuendum erat. (Ad ἀνάλημμα cf. Sirac. l. 2, ubi in Syro-hex. est ܡܡܠܐ.)   [5] Sic Comp., Codd. 19, 93, 108, 236.   [6] Sic Comp., Codd. 19 (om. αὐτοῦ priore), 93, 108. Mox ἐνώπιον pro κατέναντι iidem.   [7] Sic Comp., Codd. 19 (cum ὡς ἐδυνήθη), 93, 108 (cum ὡς ἐδυνήθη).   [8] Sic Comp., Codd. 19, 93 (cum ἐν τούτῳ), 108. Cf. Hex. ad Jerem. xliii. 3.   [9] Sic Comp., Codd. 19, 93 (om. οὐ μή), 108 (cum σώσει).   [10] Sic Comp., Codd. 19 (cum αὐτὸν), 93, 108 (cum αὐτοῖς).   [11] Iidem. Cf. Hex. ad Jesai. xxxviii. 9.

κας, καὶ εἰς σκεύη ἐπιθυμητά. Alia exempl. καὶ ὁπλοθήκας ἐποίησεν, καὶ πᾶσι τοῖς σκεύεσι τῆς ἐπιθυμίας ἀποθήκας.¹²

28. וְאֻרָוֹת. Et stabulas. Ο΄. καὶ κώμας καὶ φάτνας. Alia exempl. καὶ φάτνας.¹³

29. עָשָׂה לּוֹ וּמִקְנֶה. Ο΄. ᾠκοδόμησεν αὐτῷ, καὶ ἀποσκευήν. Alia exempl. ἐποίησεν ἑαυτῷ, καὶ κτήσεις.¹⁴

30. הָעֶלְיוֹן. Ο΄. τὸ ἄνω. Alia exempl. τὴν ἄνω.¹⁵

CAP. XXXIII.

2. כְּתוֹעֲבוֹת הַגּוֹיִם אֲשֶׁר הוֹרִישׁ. Ο΄. ἀπὸ πάντων τῶν βδελυγμάτων τῶν ἐθνῶν, οὓς ἐξωλόθρευσε. Alia exempl. κατὰ πάντα τὰ βδελύγματα τῶν ἐθνῶν, ὧν ἐξῆρε.¹

3. מִזְבְּחֹת. Ο΄. στήλας. Σ. θυσιαστήρια.²

6. וְיִדְּעֹנִי. Ο΄. καὶ ἐπαοιδούς. Alia exempl. καὶ ἐπλήθυνεν ἐπαοιδούς.³

12. חִלָּה אֶת־פְּנֵי. Ο΄. ἐζήτησε τὸ πρόσωπον. Alia exempl. ἐδεήθη τοῦ προσώπου.⁴

14. מַעְרָבָה לְגִיחוֹן. Ab occidente Gihon. Ο΄. ἀπὸ λιβὸς κατὰ νότον (alia exempl. κατὰ νότον τοῦ Γειών⁵).

וְלָבוֹא בְשַׁעַר הַדָּגִים וְסָבַב לָעֹפֶל. Ο΄. καὶ

κατὰ τὴν εἴσοδον τὴν διὰ τῆς πύλης τῆς ἰχθυϊκῆς ἐκπορευομένων τὴν πύλην τὴν κυκλόθεν, καὶ εἰς Ὀπέλ. Alia exempl. ἐκπορευομένων τὴν πύλην τὴν ἰχθικὴν κύκλῳ εἰς τὸ Ὀφλά.⁶

14. וְסָבַב לָעֹפֶל. Ο΄. κυκλόθεν, καὶ εἰς Ὀπέλ. Ἄλλος· καὶ περιεκύκλωσε τὸ ἄδυτον.⁷

לָעֹפֶל. Ο΄. καὶ εἰς Ὀπέλ. Alia exempl. καὶ εἰς αὐτὸ Ὀφλά; alia, καὶ ἔθετο εἰς αὐτὴν ὅπλα.⁸

15. וַיַּשְׁלֵךְ חוּצָה. Ο΄. καὶ ἔξωθεν (s. ἔξω). Alia exempl. καὶ ἐξέβαλεν ἔξω.⁹

17. רַק לַיהוָה אֱלֹהֵיהֶם. Ο΄. πλὴν κυρίῳ θεῷ (alia exempl. κύριος ὁ θεὸς¹⁰) αὐτῶν. Alia exempl. πλὴν εἰς κενὸν (רִיק) κυρίῳ τῷ θεῷ αὐτῶν.¹¹

CAP. XXXIV.

3. מִן־הַבָּמוֹת וְהָאֲשֵׁרִים וְהַפְּסִלִים. Ο΄. ἀπὸ τῶν ὑψηλῶν, καὶ τῶν ἀλσεων, [καὶ ἀπὸ τῶν περιβωμίων].¹ Alia exempl. ἀπὸ τῶν ὑψηλῶν, καὶ τῶν ἀλσεων, καὶ ἀπὸ τῶν βωμῶν, καὶ τῶν γλυπτῶν.²

4. וַיְנַתְּצוּ. Ο΄. καὶ κατέσπασε (alia exempl. κατέσκαψε³).

8. לְטַהֵר. Ο΄. τοῦ καθαρίσαι. Alia exempl. ὅτε συνετέλεσε τοῦ καθαρίσαι; alia, ἐκέλευσε τοῦ καθαρίσαι.⁴

---

¹² Sic Comp., Codd. 19, 108.   ¹³ Sic Comp., Codd. II (cum καὶ κώμας in marg.), 19, 71, 74, alii (inter quos 108).   ¹⁴ Sic Comp., Codd. 19 (cum αὐτῷ), 108.   ¹⁵ Sic Comp., Codd. 19, 108, 158. Mox δυσμὰς pro λίβα Comp., Codd. 19, 108.
CAP. XXXIII. ¹ Sic Comp., Codd. 19, 108.   ² Cod. 108. Sic in textu Comp.   ³ Sic Comp., Codd. 19, 108.   ⁴ Sic Comp., Codd. 19, 108 (cum καὶ ἰδ.), Theodoret. Cf. Hex. ad 1 Reg. xiii. 12.   ⁵ Sic Comp. (om. κατὰ νότον), Codd. 19, 108, 121 (cum Γηών).   ⁶ Sic Comp. (cum Ὀφὲλ), Codd. 19 (cum Ὀφλὰ), 108 (idem). Praeterea haec, καὶ κατὰ—ἰχθυϊκῆς, desunt in Codd. II (qui habet in marg.), XI, 52, 55, aliis.   ⁷ Sic (post ἰχθυϊκῆς) ex duplici versione Ald., Codd. II (in marg.), III, 71, 74, 106, alii (inter quos 243). Cf. ad Cap. xxvii. 3, not. 4.   ⁸ Prior versio est in Codd. II (cum αὐτὸν ὅπλα), III, XI, 55, 60, 71 (cum ὅπλα), 158, 243; posterior in Ald., Codd. 44, 74.
TOM. I.

106, aliis (inter quos 243 in marg.). Cf. ad Cap. xxvii. 3, not. 3.   ⁹ Sic Comp., Codd. 19, 108 (cum ἔξωθεν). Theodoret.   ¹⁰ Sic Codd. II, III, XI, 55 (om. ὁ), 60, 64, 119, 158, 243.   ¹¹ Sic Comp., Ald. (om. τῷ), 19, 108, 121 (ut Ald.), Theodoret.
CAP. XXXIV. ¹ Clausulam καὶ ἀπὸ τῶν περιβωμίων reprobant Codd. II, III, XI, 52, 55, 60, 64, 119, 158, recte; nam non exprimit Hebraeum וְהַפְּסִלִים, sed duplex versio est vocis praecedentis וְהָאֲשֵׁרִים, et Symmachum interpretem aperte prodit. Cf. Hex. ad 4 Reg. xvii. 16, xxi. 7, xxiii. 4, 7.   ² Sic Comp. (om. altera posteriore), Codd. 19, 108 (ut Comp.). Etiam in hac lectione Symmacho, ni fallor, debetur clausula καὶ ἀπὸ τῶν βωμῶν, quae duplex versio est Hebraei מִזְבְּחוֹת. Cf. Hex. ad 3 Reg. xii. 32.   ³ Sic Comp., Ald. (cum -ψαν), Codd. 19, 44, 55, alii (inter quos 108, 243 (ut Ald.)).   ⁴ Prior lectio est in Codd. III, XI, 52, 55, 64, aliis (inter quos 243); posterior in Comp.,

5 E

9. וּמִכָּל־יְהוּדָה. Ο'. καὶ υἱῶν Ἰούδα. Alia exempl. καὶ ἐκ παντὸς Ἰούδα.[5]

12. עֹשִׂים. Ο'. Vacat. Alia exempl. ἐποίουν.[6]

מִפְקָדִים. Ο'. ἐπίσκοποι. Alia exempl. ἐπίσκοποι καθεσταμένοι.[7]

לְנַצֵּחַ. Ut praeessent. Ο'. ἐπισκοπεῖν. Alia exempl. ἐπισπουδάζειν.[8]

13. וּמְנַצְּחִים לְכֹל עֹשֵׂה. Ο'. καὶ ἐπὶ πάντων τῶν ποιούντων. Alia exempl. καὶ ἐπιστάται ἐπὶ τῶν ποιούντων.[9]

17. עַל־יַד הַמִּפְקָדִים. Ο'. ἐπὶ χεῖρα τῶν ἐπισκόπων. Ἄλλος· διὰ τῶν ἐπιτεταγμένων.[10]

22. שֹׁמֵר הַבְּגָדִים. Ο'. φυλάσσουσαν τὰς ἐντολάς. Alia exempl. τοῦ ἱματιοφύλακος, τὴν φυλάσσουσαν τὰς ἐντολάς.[11]

בַּמִּשְׁנֶה. Ο'. ἐν μασαναί. Σ. ἐν τῇ δευτερώσει.[12]

26. וְאֶל־מֶלֶךְ. Ο'. καὶ ἐπὶ βασιλέα. Alia exempl. καὶ πρὸς τὸν βασιλέα.[13]

28. אֶל־קִבְרוֹתֶיךָ. Ο'. πρὸς τὰ μνήματά σου. Alia exempl. πρὸς τάφους σου.[14]

32. כְּבֵרִית. Ο'. διαθήκην. Alia exempl. κατὰ τὴν διαθήκην.[15]

CAP. XXXV.

3. תְּנוּ אֶת־אֲרוֹן־הַקֹּדֶשׁ בַּבַּיִת. Ο'. καὶ ἔθηκαν τὴν

κιβωτὸν τὴν ἁγίαν εἰς τὸν οἶκον. Alia exempl. καὶ τοῦ δοῦναι τὴν κιβωτὸν τὴν ἁγίαν ἐν οἴκῳ κυρίου καὶ ἔθηκε κ. τ. ἑ.[1]

4. וּבְמִכְתָּב. Ο'. καὶ διὰ χειρός. Alia exempl. καὶ κατὰ τὴν ἀπογραφήν.[2]

6. וְהִתְקַדְּשׁוּ וְהָכִינוּ. Ο'. καὶ ἑτοιμάσατε. Alia exempl. καὶ τὰ ἅγια ἑτοιμάσατε.[3]

7. לְכָל־הַנִּמְצָא. Ο'. καὶ πάντας τοὺς εὑρεθέντας. Alia exempl. παντὶ τῷ εὑρισκομένῳ.[4]

14. וְאַחַר הֵכִינוּ לָהֶם. Ο'. καὶ μετὰ τὸ ἑτοιμάσαι αὑτοῖς. Alia exempl. καὶ μετὰ τοῦτο ἡτοίμασαν ἑαυτοῖς.[5]

בְּנֵי אַהֲרֹן. Ο'. Vacat. Alia exempl. υἱοὶ Ἀαρών.[6]

15. חוֹזֵה הַמֶּלֶךְ. Ο'. οἱ προφῆται (alia exempl. τῶν προφητῶν[7]) τοῦ βασιλέως.

מֵעַל עֲבֹדָתָם. Ο'. ἀπὸ τῆς λειτουργίας τῶν ἁγίων. Alia exempl. ἀπὸ τῆς λειτουργίας αὑτῶν.[8]

18. כַּפֶּסַח. Ο'. τὸ φασέκ. Alia exempl. ὡς τὸ φασέκ.[9]

20. אַחֲרֵי כָל־זֹאת אֲשֶׁר הֵכִין יֹאשִׁיָּהוּ אֶת־הַבַּיִת. Ο'. μετὰ ταῦτα πάντα ἃ ἔδρασεν (alia exempl. ἤδρασεν[10]) Ἰωσίας ἐν τῷ οἴκῳ (alia exempl. τὸν οἶκον[11]). Alia exempl. μετὰ ταῦτα πάντα ἡτοίμασεν Ἰωσίας τὸν οἶκον.[12]

Ald. (cum ὅτι ἐκέλευσε), Codd. 19, 44 (om. τοῦ), 74 (idem), 106 (idem), 108.   [5] Sic Comp., Codd. 19, 108.   [6] Iidem.   [7] Sic Comp., Cod. 108.   [8] Sic Comp., Codd. 19, 108. Cf. Hex. ad 1 Paral. xxiii. 4.   [9] Iidem. Cf. Cap. ii. 2 in LXX.   [10] Cod. 108 in marg. sine nom.   [11] Sic Comp. (om. τὴν φ. τ. ἐντολὰς), Ald. (om. τοῦ et τὴν), Codd. 19, 108, 121 (ut Ald.).   [12] Procop. p. 389. Cf. Hex. ad 4 Reg. xxii. 14. Vocem δευτέρωσιν nescio an recte ceperit Geiger (Symmachus etc. p. 53) de schola ubi Judaeorum doctores traditiones (δευτερώσεις) suas discentibus exponerent. Certe in loco parallelo pro בַּמִּשְׁנֶה paraphrastes Chaldaeus exhibet בְּבֵית אוּלְפָּנָא.   [13] Sic Comp., Codd. 19, 108.   [14] Iidem.   [15] Iidem.

CAP. XXXV.   [1] Sic Comp., Ald. (cum ἔθηκαν), Codd. 19, 108 (om. καὶ priore), 121 (idem, cum ἔθηκαν).   [2] Sic

Comp., Codd. 19, 108.   [3] Sic Comp., Ald., Codd. III, XI, 44 (cum καὶ τὰ ἅ. καὶ ἑτ.), 52, 60, 71 (ut 44), alii (inter quos 243).   [4] Sic Comp., Codd. 19 (cum εὑρισκωμένῳ), 108.   [5] Sic Comp., Codd. 19 (cum αὐτοῖς), 108.   [6] Iidem, qui pergunt: ἐν τῇ ἀναφορᾷ τῶν ὁλοκαυτωμάτων (–τώσεων 108) καὶ τῶν στεάτων.   [7] Iidem.   [8] Iidem. In textu τῶν reprobant Codd. II, III, XI, 60.   [9] Sic Codd. III, 19, 55, 60, 108, 119, 158, 243.   [10] Sic Ald., Codd. 64 (om. δ), 71 (idem), 106, 119 (ut 64), 243.   [11] Sic Codd. 52, 64, 119, 158. In Codd. II, III, XI, 55, 60, haec, ἐποίησε τὸ φ. τοῦτο. μετὰ ταῦτα—τὸν οἶκον, non leguntur. Supplementum est, ut videtur, Aquilae aut Symmachi, qui pro הֵכִין vel כוּן non ἔδρασεν, a δράω, quae forma in Bibliis Graecis vix occurrit, sed ἤδρασεν ab ἑδράζω ponere solent.   [12] Sic Comp. (cum ἃ ἡτοίμασεν), Codd. 19, 108.

20. Ο′. (—) καὶ τοὺς ἐγγαστριμύθους—τὸ ὄνομά μου ἐκεῖ (◄).[13]

Ο′. καρησίμ.   Alia exempl. καραισείμ.[14]

Ο′. καὶ ἀπωσάμην (alia exempl. ἀπώσομαι[15]).

לְהִלָּחֵם בְּכַרְכְּמִישׁ עַל־פְּרָת.   Ο′. ἐπὶ τὸν βασιλέα Ἀσσυρίων ἐπὶ τὸν ποταμὸν Εὐφράτην (alia exempl. ἐπὶ ποταμῷ Εὐφράτῃ τοῦ πολεμῆσαι αὐτὸν ἐν Χαρχαμείς[16]).

21. כִּי אֶל־בֵּית מִלְחַמְתִּי.   Sed contra familiam quacum bellum gero.   Ο′. πόλεμον πολεμῆσαι (alia exempl. ποιῆσαι[17]).   Alia exempl. ποιῆσαι πόλεμον, ἀλλ᾿ ἢ ἐπὶ τὸν τόπον τοῦ πολέμου μου.[18]

חֲדַל־לְךָ.   Ο′. πρόσεχε.   Alia exempl. πρόσεχε σύ (fort. σοι)[19].

25. כָּל־הַשָּׂרִים.   Ο′. πάντες οἱ ἄρχοντες (alia exempl. ᾠδοί[20]).

26. וַחֲסָדָיו כַּכָּתוּב.   Ο′. καὶ ἡ ἐλπὶς αὐτοῦ γεγραμμένα.   Alia exempl. καὶ ἡ ἐλπὶς αὐτοῦ, καὶ τὰ ἐλέη αὐτοῦ, καθὼς γέγραπται.[21]

CAP. XXXVI.

8. Ο′. ἐν γανοζαή (alia exempl. γανοζάν; alia, γανοζά[1]).

9. בֶּן־שְׁמוֹנֶה שָׁנִים.   Ο′. ὀκτὼ ἐτῶν.   Alia exempl. υἱὸς ὀκτὼ καὶ δέκα ἐτῶν.[2]

14. לִמְעָל־מַעַל כְּכֹל תֹּעֲבוֹת.   Ο′. τοῦ ἀθετῆσαι ἀθετήματα βδελυγμάτων ἐθνῶν (alia exempl. ἀθέτημα κατὰ τὰ βδελύγματα τῶν ἐθνῶν[3]).

22. לִכְלוֹת דְּבַר־יְהֹוָה בְּפִי.   Ο′. μετὰ τὸ πληρωθῆναι ῥῆμα κυρίου διὰ στόματος.   Ἄλλος· εἰς συντέλειαν ῥήματος κυρίου ἐν στόματι.[4]

וַיַּעֲבֶר־קוֹל בְּמִכְתָּב.   Ο′. ἐν γραπτῷ.   Alia exempl. ἐν λόγοις γραφῇ.[5]   Ἄλλος· ἐγγράφως.[6]

23. כָּל־מַמְלְכוֹת הָאָרֶץ נָתַן לִי.   Ο′. πάσαις ταῖς βασιλείαις τῆς γῆς· ἔδωκέ μοι.   Alia exempl. πάσας τὰς βασιλείας τῆς γῆς ἔδωκέ μοι.[7]   Ἄλλος· ἐμὲ ἀνέδειξε κύριος βασιλέα τῆς οἰκουμένης ὁ θεὸς τοῦ Ἰσραήλ.[8]

יְהֹוָה אֱלֹהָיו.   Ο′. ἔσται θεὸς αὐτοῦ.   Alia exempl. κύριος ὁ θεὸς αὐτοῦ ἔσται.[9]

---

[13] Haec, e loco 4 Reg. xxiii. 24–27 assumpta, desunt in Comp. solo.   [14] Sic Codd. II (cum καρασείμ), III, XI, 55, 64, 119, 158. Theodoret. Quaest. in 2 Paral. p. 600: τὸ δὲ κερεσείμ (sic) εἶδος εἶναι μαντείας ὑπολαμβάνω. In loco 4 Regum in Hebraeo est הַשְּׂרָצִים, in Graeco autem τὰ προσοχθίσματα. Scriptura καθησείμ, quam exhibet Cod. 121, pertinet ad aliam historiam quae narratur 4 Reg. xxiii. 7. Mox ἐνεπύρισεν est versio deterior vocis בָּעַר, quae in loco 4 Regum ἐξῆρε sonat.   [15] Sic Codd. 19 (om. καὶ), 108. In loco parallelo inter ἀπεώσομαι et ἀπώσομαι fluctuant codices.   [16] Sic Comp., Codd. 19 (cum ἐπὶ τῷ π.), 108. Versio τῶν Ο′ ad Hebraea loci 4 Reg. xxiii. 29 accommodata est.   [17] Sic Codd. III, XI, 55, 60, alii (inter quos 243).   [18] Sic Comp., Ald. (cum πόλ. ποιῆσαι ἀλλ᾿ ἐπὶ τὸν τ. τοῦ π.), Codd. 19 (cum τοῦ ποιῆσαι), 108, 121 (ut Ald., nisi πολέμου μου), Theodoret. in Cat. Niceph. T. II, p. 943 (om. μου).   [19] Sic Comp., Codd. 19, 108, Theo-

doret. ibid.   [20] Sic Codd. 19, 108.   [21] Sic Comp., Codd. 19, 108.

CAP. XXXVI.   [1] Prior scriptura est in Ald. (cum γανοζαΐ), Codd. III, 55, 60, 64, 119, 243; posterior in Codd. 71, 108, 134, 236. Est vox Hebraea עֻזָּא, locus sepulturae regum Manassis et filii ejus Amonis (4 Reg. xxi. 19, 26), non Joiacimi, cujus corpus insepultum extra portas Hierosolymorum projectum esse historia narrat.   [2] Sic Ald., Codd. III, 19, 44, 52 (om. υἱὸς), 64, alii. Cf. 4 Reg. xxiv. 8.   [3] Sic Comp. (cum ἀθετήματα, om. τῶν), Ald. (om. τὰ), Codd. 44, 74, 106 (cum ἀθετήματα), alii.   [4] Sic in textu Cod. 71. Cf. 1 Esdr. ii. 1.   [5] Sic Comp., Codd. 19 (cum γραφει), 108.   [6] Sic in textu Cod. 71.   [7] Sic Ald., Codd. III, XI, 52, 55, 60, alii (inter quos 243).   [8] Sic in textu Cod. 71. Cf. 1 Esdr. ii. 3.   [9] Sic Comp., Codd. 19, 108.

ESDRAS.

ESDRAS.

CAPUT I.

1. ‫לְכַלּוֹת‬. Ο΄. τοῦ τελεσθῆναι. Alia exempl. τοῦ πληρωθῆναι.[1]

4. ‫הַנִּשְׁאָר‬. Ο΄. ὁ καταλιπόμενος (potior scriptura καταλειπόμενος). Alia exempl. ὁ ὑπολειφθείς.[2]

‫וְנִשְּׂאֻהוּ‬. Ο΄. καὶ λήψονται αὐτόν. Alia exempl. ἀντιλαμβανέσθωσαν αὐτοῦ.[3]

‫וּבִרְכוּשׁ‬. Ο΄. καὶ ἀποσκευῇ. Alia exempl. καὶ ἐν ὑπάρξει.[4]

‫עִם־הַנְּדָבָה‬. Ο΄. μετὰ τοῦ ἑκουσίου. Alia exempl. μετὰ δώρων.[5]

6. ‫חִזְּקוּ בִידֵיהֶם‬. Ο΄. ἐνίσχυσαν ἐν χερσὶν αὐτῶν. Alia exempl. ἀντελαμβάνοντο καὶ τῶν χειρῶν αὐτῶν.[6]

‫וּבַמִּגְדָּנוֹת‬. Et rebus pretiosis. Ο΄. καὶ ἐν ξενίοις (alia exempl. δώροις[7]).

‫לְבַד עַל־כָּל־הִתְנַדֵּב‬. Ο΄. πάρεξ τῶν ἑκουσίων. Alia exempl. πλὴν πάντων τῶν ἑκουσιασθέντων.[8]

11. ‫הַכֹּל הֶעֱלָה שֵׁשְׁבַּצַּר עִם הֵעָלוֹת הַגּוֹלָה‬. Ο΄. τὰ πάντα ἀναβαίνοντα μετὰ Σασαβασὰρ ἀπὸ τῆς ἀποικίας. Alia exempl. τὰ πάντα ταῦτα ἀνήγαγε Σαβασάρης μετὰ τῆς ἀναβάσεως τῆς ἀποικίας.[9]

CAP. II.

6. ‫בְּנֵי־פַחַת מוֹאָב‬. Ο΄. υἱοὶ Φαὰθ (alia exempl. Φαὰθ ἡγουμίνου[1]) Μωάβ.

28. ‫וְהָעָי‬. Ο΄. καὶ Ἀϊά. Alia exempl. καὶ τῆς Γαί.[2]

31. ‫עֵילָם אַחֵר‬. Ο΄. Ἠλαμάρ. Alia exempl. Αἰλὰμ ἑτέρου.[3]

55. ‫עַבְדֵי שְׁלֹמֹה‬. Ο΄. δούλων Σαλωμών. Alia exempl. Ἀβδησελμά.[4]

62. ‫הַמִּתְיַחְשִׂים‬. Qui nomina in tabulas genealogicas inscribenda dabant. Ο΄. οἱ μεθωεσίμ. Alia exempl. οἱ γενεαλογοῦντες.[5]

‫וַיְגֹאֲלוּ‬. Et quasi impuri remoti sunt. Ο΄. καὶ ἠγχιστεύθησαν (alia exempl. ἐξώσθησαν[6]).

CAP. I. [1] Sic Codd. 19, 93, 108. [2] Iidem. [3] Iidem. [4] Sic Comp., Codd. 19, 93, 108. [5] Sic Codd. 19, 93, 108. [6] Sic Codd. 19, 93, 108 (cum ἀντελάβοντο), 108 (cum altera lectione in marg.). [7] Iidem. Cf. Gen. xxiv. 53 in Hebr. et LXX. [8] Iidem. [9] Sic Comp. (om. ταῦτα, cum Σασαβασὰρ), Codd. 19 (cum τὰ π. σκεύη ταῦτα), 93, 108.

CAP. II. [1] Sic, ex duplici versione, Codd. 19, 93, 108, 121. Ad ἡγούμενος (פֶּחָה) cf. Hex. ad Hag. i. 1. [2] Sic Codd. 19 (cum τῆς γῆς Γαΐ), 93, 108 (om. τῆς). Cf. Hex. ad Jos. vii. 2. Jerem. xlix. 3. [3] Sic Comp. (cum Ἠλὰμ), Codd. 19, 93, 108. [4] Sic Codd. II (cum Ἀβδησολὰ), 55 (cum Ἀβδησολ), 74, 106, alii. Cf. v. 58. [5] Sic Comp., Codd. 19, 93, 108. [6] Sic Comp., Ald., Codd. 19, 93, 108.

63. וְלְתֻמִּים. Ο'. καὶ τοῖς τελείοις (alia exempl.
ταῖς τελειώσεσι[7]).

64. כְּאֶחָד. Ο'. ὁμοῦ. Alia exempl. ὁμοθυμαδόν.[8]

65. וְלָהֶם. Ο'. καὶ οὗτοι. Alia exempl. καὶ αὐτοῖς.[9]

69. דַּרְכְּמוֹנִים. Daricos. Ο'. μναῖ. Alia exempl.
δραχμάς.[10]

וְכָתְנֹת כֹּהֲנִים. Ο'. καὶ κόθωνοι (alia exempl.
χιτῶνας[11]) τῶν ἱερέων. Alia exempl. καὶ στολὰς ἱερατικάς.[12]

70. וַיֵּשְׁבוּ. Ο'. καὶ ἐκάθισαν (alia exempl. κατώ-
κησαν[13]).

CAP. III.

3. וַיַּעַל עָלָיו עֹלוֹת. Ο'. καὶ ἀνέβη ἐπ' αὐτὸ
ὁλοκαύτωσις. Alia exempl. καὶ ἀνεβίβασαν
ἐπ' αὐτῷ ὁλοκαυτώματα (וַיַּעֲלוּ ק').[1]

7. לַצִּדֹנִים וְלַצֹּרִים. Ο'. τοῖς Σιδωνίοις καὶ τοῖς
Τυρίοις. Alia exempl. τοῖς Σιδανείμ καὶ τοῖς
Σωρείμ.[2]

כְּרִשְׁיוֹן. Pro facultate. Ο'. κατ' ἐπιχώρησιν.
Alia exempl. διὰ γνώμης.[3]

8. לְנַצֵּחַ. Ut praeessent. Ο'. Vacat. Alia exempl.
τοῦ ἐπινικᾶν; alia, τοῦ νικοποιεῖν.[4]

9. כְּאֶחָד לְנַצֵּחַ. Ο'. Vacat. Alia exempl. ὁμοθυμαδὸν τοῦ ἐπινικᾶν.[5]

10. הַבֹּנִים. Ο'. τοῦ οἰκοδομῆσαι. Alia exempl. οἱ
οἰκοδομοῦντες τοῦ οἰκοδομῆσαι.[6]

11. וַיַּעֲנוּ בְּהַלֵּל וּבְהוֹדֹת. Ο'. καὶ ἀπεκρίθησαν ἐν

αἴνῳ καὶ ἀνθομολογήσει. Alia exempl. καὶ ἀνε-
κρούσαντο τοῦ αἰνεῖν καὶ ἐξομολογεῖσθαι.[7]

11. הֵרִיעוּ. Ο'. ἐσήμαινε. Alia exempl. ἠλάλαξαν.[8]

12. בְּיָסְדוֹ זֶה הַבַּיִת בְּעֵינֵיהֶם. Ο'. ἐν θεμελιώσει
αὐτοῦ, καὶ τοῦτον τὸν οἶκον ἐν ὀφθαλμοῖς αὐ-
τῶν. Alia exempl. ἐν τῷ θεμελιοῦσθαι τοῦτον
τὸν οἶκον κατ' ὀφθαλμοὺς αὐτῶν.[9]

וְרַבִּים בִּתְרוּעָה..לְהָרִים קוֹל. Ο'. καὶ ὁ
ὄχλος ἐν σημασίᾳ..τοῦ ὑψῶσαι ᾠδήν. Alia
exempl. καὶ πολλοὶ ἐν ἀλαλαγμῷ..τοῦ ὑψοῦν
τὴν φωνήν.[10]

13. מְרִיעִים. Ο'. ἐκραύγασε. Alia exempl. ἠλάλαξε.[11]

CAP. IV.

2. הַמַּעֲלֶה אֹתָנוּ פֹּה. Ο'. τοῦ ἐνέγκαντος ἡμᾶς
ὧδε. Alia exempl. τοῦ ἀναγαγόντος ἡμᾶς ἐνταῦθα.[1]

5. יוֹעֲצִים. Suasores. Ο'. βουλευόμενοι. Alia exempl. συμβούλους.[2]

6. שִׂטְנָה. Libellum accusatorium. Ο'. ἐπιστολήν.
Alia exempl. ἐπιστολὴν καὶ ἐναντίωσιν.[3]

7. וּכְתָב הַנִּשְׁתְּוָן כָּתוּב. Et scriptura epistolae
scripta est. Ο'. ἔγραψεν ὁ φορολόγος γραφήν.
Alia exempl. καὶ ἔγραψεν ὁ φορολόγος τὴν
γραφὴν τῆς διατάξεως.[4]

9. דִּינָיֵא. Ο'. Δειναῖοι. Alia exempl. οἱ κριταί.[5]

דֶּהָוֵא עֶלְמָיֵא. Dehavitae, Elamitae. Ο'. Δαυ-

---

[1] Sic Codd. 19, 93, 108. Cf. Hex. ad Lev. viii. 8.
Nehem. vii. 65.　[8] Iidem.　[9] Sic Comp., Codd.
19, 93, 108.　[10] Sic Comp. (cum δραχμῶν), Ald.
(idem), Codd. III, 19 (cum δραχμάς), 44, 52 (ut Comp.),
alii (inter quos 243, ut Comp.). Cf. Hex. ad 1 Paral.
xxix. 7.　[11] Sic Comp., Ald., Codd. III, 44, 52, alii
(inter quos 243).　[12] Sic Codd. 93, 108. Cf. Hex. ad
Nehem. vii. 70.　[13] Sic Codd. 19, 93, 108.

CAP. III.　[1] Sic Comp. (cum ἐπ' αὐτὸ ὁλοκαυτώσεις), Codd.
19, 93 (cum αὐτὸ pro ἐπ' αὐτῷ), 108.　[2] Sic Codd. II
(cum Σηδαμείν et Σωρείν), 121 (cum Σωρίμ).　[3] Sic Comp.,
Codd. 19, 93, 108.　[4] Prior lectio est in Codd. 19, 93,

108 (om. τοῦ); posterior in Comp., Ald., Codd. 52, 64,
aliis (inter quos 243).　[5] Sic Comp., Codd. 19, 93, 108
(om. τοῦ).　[6] Sic Comp., Codd. 19 (om. οἱ), 93, 108
(ut 19).　[7] Sic Comp., Codd. 19, 93, 108.　[8] Iidem.
[9] Sic Codd. 19 (cum τὸν οἶκον τοῦτον), 93, 108 (om. τῷ).
[10] Sic Comp. (cum τοῦ ὑψῶσαι φωνήν), Codd. 19, 93, 108.
[11] Sic Codd. 19 (cum ἠλάλαξε), 93, 108.

CAP. IV.　[1] Sic Comp., Codd. 19, 93, 108.　[2] Iidem.
[3] Sic, ex duplici lectione, Codd. 93, 108. Cf. Hex. ad
Gen. xxvi. 21.　[4] Sic Codd. 93, 108 (om. τήν). Cf. ad
Cap. v. 5.　[5] Sic Codd. 93 (cum βικριταί), 108.

αἶοι. Alia exempl. οἱ εἰσιν Ἡλαμαῖοι; alia, Δαύλιοι, Ἀλαμῖται.[6]

11. דְּנָה פַּרְשֶׁגֶן. *Hoc est exemplar.* Ο'. αὕτη ἡ διαταγή. Alia exempl. καὶ τοῦτο τὸ ἀντίγραφον.[7]

13. מִנְדָּה בְלוֹ וַהֲלָךְ לָא יִנְתְּנוּן וְאַפְּתֹם מַלְכִים תְּהַנְזִק. *Tributum, vectigal, et portoria non solvent, et tandem reges damno afficiet.* Ο'. φόροι οὐκ ἔσονταί σοι, οὐδὲ δώσουσι καὶ τοῦτο βασιλεῖς κακοποιεῖ. Alia exempl. φόρων πρᾶξιν καὶ συντέλεσμα οὐ δώσουσί σοι, καὶ οὐκ ἔσονταί σοι καὶ πρὸς τούτοις βασιλεῦσιν ὀχλήσουσι.[8]

14. כְּעַן כָּל־קֳבֵל דִּי־מְלַח הֵיכְלָא מְלַחְנָא. Ο'. Vacat. Alia exempl. νῦν οὖν καθὼς ἅλας τοῦ ναοῦ ἡλισάμεθα.[9]

15. בִּסְפַר דָּכְרָנַיָּא (in posteriore loco). Ο'. Vacat. Alia exempl. ἐν ταῖς βίβλοις τῶν μνημοσύνων.[10]

וְאִשְׁתַּדּוּר עָבְדִין בְּגַוַּהּ מִן־יוֹמָת עָלְמָא. *Et rebellionem moverunt in ea a tempore remotissimo.* Ο'. καὶ φυγαδεῖαι δούλων γίνονται ἐν μέσῳ αὐτῆς ἀπὸ ἡμερῶν (alia exempl. χρόνων[11]) αἰῶνος. Alia exempl. καὶ μάχας καὶ ἀγῶνας ποιοῦσιν ἐν αὐτῇ ἐξ ἡμερῶν αἰῶνος, καὶ φυγαδεῖαι δούλων ἐν αὐτῇ.[12]

16. לְקָבֵל דְּנָה חֲלָק בַּעֲבַר נַהֲרָא לָא אִיתַי לָךְ. Ο'. οὐκ ἔστι σοι εἰρήνη. Alia exempl. πρὸς ταῦτα μέρος ἐν τῷ πέραν τοῦ ποταμοῦ οὐκ ἔσται σοι.[13]

17. פִּתְגָמָא שְׁלַח. Ο'. καὶ ἀπέστειλεν. Alia exempl. τὸν λόγον ὃν ἀπέστειλεν.[14]

17, 18. וּכְעֶת נִשְׁתְּוָנָא. Ο'. καὶ φησιν ὁ φορολόγος. Alia exempl. καὶ νῦν τὸ γραμματεῖον.[15]

18. מְפָרַשׁ קֱרִי קֳדָמָי. *Distincte recitata est coram me.* Ο'. ἐκλήθη ἔμπροσθεν ἐμοῦ. Alia exempl. σαφῶς ἀνεγνώσθη ἐνώπιόν μου.[16]

19. וְאִשְׁתַּדּוּר. Ο'. καὶ φυγαδεῖαι (alia exempl. ἀγῶνες[17]).

20. בְּכֹל עֵבֶר. Ο'. ὅλης τῆς πέραν. Alia exempl. ὅλης τῆς ἑσπέρας; alia, παντὸς τοῦ πέραν.[18]

וּמִנְדָּה בְלוֹ וַהֲלָךְ מִתְיְהֵב לְהוֹן. Ο'. καὶ φόροι πλήρεις καὶ μέρος δίδονται (potior scriptura δίδοται) αὐτοῖς. Alia exempl. καὶ φόροι, πράξεις τε, καὶ συντέλεσμα ἐδίδοτο αὐτοῖς.[19]

21, 22. עַד־מִנִּי טַעְמָא יִתְּשָׂם וּזְהִירִין הֱווֹ לְמֶעְבַּד עַל־דְּנָה (errorem) שָׁלוּ. Ο'. ἔτι ὅπως ἀπὸ τῆς γνώμης πεφυλαγμένοι ἦτε ἄνεσιν ποιῆσαι περὶ τούτου. Alia exempl. ἔτι δι' ἐμοῦ ἐξετέθη τὸ δόγμα· καὶ προσέχετε τοῦ μὴ ποιῆσαι παράλογον περὶ τούτου.[21]

22. לְהַנְזָקַת מַלְכִין. Ο'. εἰς κακοποίησιν βασιλεῦσι. Alia exempl. τοῦ ὀχλεῖσθαι βασιλεῖς.[21]

23. אֱדַיִן מִן־דִּי פַּרְשֶׁגֶן נִשְׁתְּוָנָא דִּי אַרְתַּחְשַׁשְׂתְּא כָלְכָּא קֱרִי. Ο'. τότε ὁ φορολόγος τοῦ Ἀρθασασθὰ βασιλέως ἀνέγνω. Alia exempl. τότε τὸ ἀντίγραφον τοῦ δόγματος Ἀρταξέρξου ἀνεγνώσθη.[22]

עַל־יְהוּדָיֵא. Ο'. καὶ ἐν Ἰούδᾳ. Alia exempl. ἐπὶ τοὺς Ἰουδαίους.[23]

---

[6] Prior lectio est in Codd. II, 55 (cum Ἡλαμοι); posterior in Comp. (cum Δαναῖοι, Ἐλαμῖται), Codd. 93, 108 (cum καὶ Λαμῖται). [7] Sic Codd. 93, 108. [8] Sic Comp. (cum καὶ τοῦτο βασιλεῖς κακοποιεῖ pro καὶ οὐκ ἔσονται — ὀχλήσουσι), Codd. 93 (cum φόρων πράξει), 108, 121. Cf. ad Cap. iv. 20. vii. 24. [9] Sic Comp. (cum καὶ νῦν οὖν), Codd. 93, 108, 121. [10] Sic Comp. (cum ἐν τῷ βίβλῳ), Codd. 93, 108. [11] Sic Comp., Ald., Codd. III, 52, 58, alii (inter quos 243). [12] Sic, ex duplici versione, Codd. 93 (cum φυγαδεῖα) 108. [13] Sic Comp., Codd. 93, 108 (cum οὐκ ἔστι σοι εἰρήνη in marg.), 121 (cum οὐκ ἔστι σοι εἰρήνη pro οὐκ ἔσται σοι).

[14] Sic Comp., Codd. 93, 108. [15] Sic Codd. 93, 108 (cum γραμματίον). [15] Iidem. [16] Iidem. [17] Prior lectio est in Ald., Codd. II, III, 44, 55, 58 (cum τῆς εἰς πέραν), aliis (inter quos 243); posterior in Comp., Codd. 93, 108. [19] Sic Comp. (cum συντέλεσματα δίδονται), Ald. (cum δίδοται), Codd. 93, 108. [20] Sic Comp., Codd. 93, 108, 121. Ad παράλογον cf. Hex. ad 2 Reg. iii. 27. [21] Sic Codd. 93, 108, 121 (cum βασιλεῖσι). [22] Sic Comp., Codd. 93, 108, 121 (cum τοῦ βασιλέως pro Ἀρταξέρξου). [23] Sic Comp., Codd. 93, 108.

CAP. V.

3. פֶּחָה. Ο'. ἔπαρχος. Alia exempl. ὁ στρατηγός.[1]

5. הֲוָת. Ο'. Vacat. Alia exempl. ἐγένοντο.[2]

יְתִיבִן נִשְׁתְּוָנָא עַל־דְּנָה. Ο'. ἀπεστάλη τῷ φορολόγῳ ὑπὲρ τούτου. Alia exempl. δίδωσι διάταγμα περὶ τούτου.[3]

6. פַּרְשֶׁגֶן. Ο'. διασάφησις. Alia exempl. ἀντίγραφον.[4]

7. פִּתְגָמָא שְׁלַחוּ. Ο'. ῥήμασιν (potior scriptura ῥῆσιν[5]) ἀπέστειλαν. Alia exempl. τὸ ῥῆμα ὃ ἀπέστειλαν.[6]

8. אָסְפַּרְנָא. Diligenter. Ο'. ἐπιδέξιον. Ἄλλος· ἀσφαλῶς.[7]

וּמִצְלַח. Ο'. καὶ εὐοδοῦται (alia exempl. κατευθύνει[8]).

10. דִּי בְרָאשֵׁהֹם. Ο'. τῶν ἀρχόντων (alia exempl. τῶν προηγουμένων[9]) αὐτῶν.

11. וְשַׁכְלְלֵה. Ο'. καὶ κατηρτίσατο (alia exempl. ἡτοίμασεν[10]) αὐτόν.

12. מִן־דִּי. Ο'. ἀφότε (alia exempl. ἐπειδὴ[11]) δέ.

13. מַלְכָּא דִּי בָבֶל. Ο'. τοῦ βασιλέως. Alia exempl. τοῦ βασιλεύσαντος καὶ τῶν Βαβυλωνίων.[12]

14. דִּי בָבֶל (in priore loco). Ο'. τοῦ βασιλέως. Alia exempl. τοῦ βασιλέως τὸν ἐν Βαβυλῶνι.[13]

15. וּבַיְתָא אֱלָהָא יִתְבְּנֵא עַל־אַתְרֵהּ. Ο'. εἰς τὸν τόπον αὐτῶν. Alia exempl. καὶ ὁ οἶκος τοῦ θεοῦ οἰκοδομηθήτω εἰς τὸν ἑαυτοῦ τόπον.[14]

17. בְּבֵית גִּנְזַיָּא דִּי־מַלְכָּא תַּמָּה דִּי בְבָבֶל. Ο'. ἐν τῷ οἴκῳ τῆς γάζης τοῦ βασιλέως Βαβυλῶνος. Alia exempl. ἐν τοῖς γαζοφυλακίοις τοῦ βασιλέως ἐκεῖ ἐν Βαβυλῶνι.[15]

17. וּרְעוּת מַלְכָּא עַל־דְּנָה יִשְׁלַח. Ο'. καὶ γνοὺς ὁ βασιλεὺς περὶ τούτου πεμψάτω (alia exempl. τὸ θέλημα αὐτοῦ ἀποστειλάτω[16]).

CAP. VI.

1. דִּי גִנְזַיָּא מְהַחֲתִין תַּמָּה. Ο'. ὅπου ἡ γάζα κεῖται. Alia exempl. οὗ αἱ γάζαι ἔκειντο ἐκεῖ.[1]

2. בְּאַחְמְתָא. Ο'. ἐν πόλει. Alia exempl. ἐν Ἀμαθὰ πόλει; alia, ἐν Ἐκβατάνοις τῇ πόλει.[2]

דִּי בְּמָדַי מְדִינְתָּא. Ο'. Vacat. Alia exempl. τῆς Μήδων πόλεως (s. χώρας).[3]

3. וְאֻשּׁוֹהִי מְסוֹבְלִין. Et fundamenta ejus erigantur. Ο'. καὶ ἔθηκεν ἔπαρμα. Alia exempl. καὶ τὰ θεμέλια τεθήτω, θεμέλια παχέα.[4]

4. וּנְדְבָּךְ דִּי־אָע חֲדַת. Et strues ligni novi. Ο'. καὶ δόμος ξύλινος εἷς. Alia exempl. καὶ δόμον ξύλων καινῶν ἕνα.[5]

5. וְיָהֵךְ. Et eant. Ο'. καὶ ἀπελθέτω (alia exempl. ἀπενεχθήτω[6]).

לְאַתְרֵהּ וְתַחֵת. Ο'. ἐπὶ τόπου οὗ ἐτέθη. Alia exempl. εἰς τὸν τόπον αὐτῶν, καὶ τεθήτω.[7]

6. כְּעַן תַּתְּנַי פַּחַת עֲבַר. Ο'. νῦν δώσετε ἔπαρχοι πέραν. Alia exempl. νῦν οὖν Τανθαναῖε, στρατηγὲ τοῦ πέραν.[8]

רַחִיקִין הֲווֹ. Ο'. μακρὰν ὄντες. Alia exempl. μακρὰν ἀπέχετε.[9]

CAP. V. [1] Sic Codd. 19, 93, 108. [2] Sic Comp., Codd. 19, 93, 108. [3] Sic Comp. (cum φορολόγῳ pro διάταγμα), Codd. 19, 93, 108. [4] Sic Codd. 19, 93, 108. Cf. ad Cap. iv. 23. [5] Sic Codd. II, III, 44, 52, 55, alii. [6] Sic Codd. 19 (om. ὅ), 93, 108. [7] Sic in textu Cod. 93. [8] Sic Codd. 19 (cum -νη), 93, 108 (ut 19). [9] Sic Codd. 19 (cum αὐτοῖς), 93, 108. [10] Iidem. [11] Iidem. [12] Sic Codd. 93, 108. [13] Sic Comp., Codd. 19, 93, 108. Mox ναοῦ τοῦ ἐν Βαβυλῶνι iidem. [14] Sic Comp. (cum αὐτοῦ), Codd. 19, 93, 108, 121 (cum τὸν τόπον ἑαυτοῦ). [15] Sic Comp. (cum ἐν τῷ οἴκῳ τῆς γ.), Codd. 19, 108. [16] Sic (pro πεμψάτω) Codd. 19, 108.

CAP. VI. [1] Sic Comp., Codd. 19, 93 (cum γάνζαι), 108. [2] Prior lectio est in Comp., Ald., Codd. III (cum ἐν Ἀμ. ἐν π.), 52, 64, 119 (ut III), 243, 248; posterior in Codd. 19, 93 (cum Ἐκβετ.), 108 (cum ἐν Ἐκβ. ἐν τῇ π.), 121. [3] Sic Comp., Ald., Codd. 19 (cum χώρας), 44, 52, 64, alii (inter quos 93, 108, uterque ut 19). [4] Sic Comp., Codd. 19, 93 (cum τεθείτω), 108, 121 (add. ἔπαρμα in fine). [5] Sic Comp., Codd. 19, 93 (cum καινὸν), 108 (cum ξύλινον καινόν). [6] Sic Codd. 19, 93, 108. [7] Sic Comp. (cum ἐπὶ τόπου αὐτῶν), Codd. 19, 93, 108. [8] Sic Comp. (cum Θαβαναῖε), Codd. 19, 93 (cum Τανθαναια), 108. [9] Sic Codd. 19, 93, 108, 121.

8, 11. וּמִנִּי שִׂים טְעֵם (bis). Ο΄. καὶ ἀπ᾽ ἐμοῦ γνώμη ἐτέθη. Alia exempl. καὶ δι᾽ ἐμοῦ ἐτέθη δόγμα.[10]

דִּי־לָא לְבַטָּלָא. Ο΄. τὸ μὴ καταργηθῆναι. Alia exempl. πρὸς τὸ μὴ καταργηθῆναι τὸ ἔργον.[11]

9. וּמָה חַשְׁחָן. Ο΄. καὶ ὃ ἂν ὑστέρημα. Alia exempl. καὶ εἴ τι δέον.[12]

דִּי־לָא שָׁלוּ. Sine errore. Ο΄. ὃ ἐὰν αἰτήσωσιν. Alia exempl. ἀπαραλλάκτως ὃ ἂν αἰτήσωσιν.[13]

10. לְחַיֵּי. Ο΄. εἰς ζωήν. Alia exempl. περὶ τῆς σωτηρίας.[14]

11. וּקְרִיף יִתְמְחֵא. Ο΄. καὶ ὡρθωμένος πληγήσεται (alia exempl. παγήσεται[15]).

נְוָלוּ יִתְעֲבֵד עַל־דְּנָה. Sterquilinium fiet propter hoc. Ο΄. τὸ κατ᾽ ἐμὲ ποιηθήσεται. Alia exempl. ἔσται εἰς διαρπαγήν.[16]

12. דִּי־שַׁכֵּן. Ο΄. οὗ κατασκηνοῖ. Alia exempl. ὁ κατασκηνώσας.[17]

יְמַגַּר. Dejiciat. Ο΄. καταστρέψαι. Alia exempl. ῥάξαι.[18]

לְהַשְׁנָיָא לְהַבָּלָה. Ο΄. ἀλλάξαι ἢ ἀφανίσαι. Alia exempl. ἀλλοιῶσαι ὥστε διαφθεῖραι.[19]

יִתְעֲבֵד. Ο΄. ἔσται. Alia exempl. γινέσθω.[20]

13. לָקֳבֵל דִּי. Ο΄. πρὸς ὅ. Alia exempl. καθότι.[21]

14. וּכַהֲנַיָּא. Ο΄. καὶ οἱ Λευῖται. Alia exempl. καὶ κατεύθυνον.[22]

20. הִטַּהֲרוּ. Ο΄. ἐκαθαρίσθησαν. Alia exempl. ἡγνίσαντο.[23]

20. כְּאֶחָד כֻּלָּם. Ο΄. ἕως εἰς πάντες. Alia exempl. ὁμοθυμαδὸν πάντες ὡς εἷς.[24]

21. הַשָּׁבִים מֵהַגּוֹלָה. Ο΄. οἱ (alia exempl. οἱ ἐξελθόντες[25]) ἀπὸ τῆς ἀποικεσίας.

Cap. VII.

6. סֹפֵר מָהִיר. Ο΄. γραμματεὺς ταχύς (alia exempl. ὀξύς[1]).

10. הֵכִין לְבָבוֹ. Ο΄. ἔδωκεν ἐν καρδίᾳ αὐτοῦ. Alia exempl. ἡτοίμασε τὴν καρδίαν αὐτοῦ.[2]

חֹק וּמִשְׁפָּט. Ο΄. προστάγματα καὶ κρίματα. Alia exempl. δικαιώματα καὶ κρίσεις.[3]

11. וְזֶה פַּרְשֶׁגֶן. Ο΄. καὶ αὕτη ἡ διασάφησις. Alia exempl. καὶ τοῦτο τὸ ἀντίγραφον.[4]

12. גְּמִיר. (Scribae) consummato. Ο΄. τετελέσθω (potior scriptura τετέλεσται) λόγος. Alia exempl. τετελειαμένῳ τετέλεσται ὁ λόγος.[5]

13. יְהָךְ. Ο΄. πορευθῆναι. Alia exempl. πορεύεσθω.[6]

14. כָּל־קֳבֵל דִּי. Ο΄. Vacat. Alia exempl. καθότι.[7]

15. וּלְהֵיבָלָה. Ο΄. καὶ εἰς οἶκον κυρίου (וּלְהֵיכְלָא). Alia exempl. καὶ ἀπενεγκεῖν εἰς οἶκον κυρίου.[8]

דִּי בִירוּשְׁלֶם מִשְׁכְּנֵהּ. Ο΄. τῷ ἐν Ἱερουσαλὴμ κατασκηνοῦντι. Alia exempl. οὗ τὸ σκήνωμα ἐν Ἱερουσαλήμ.[9]

---

[10] Sic Comp. (in priore loco), Codd. 19, 93, 108. [11] Sic Codd. 19, 93, 108, 121 (cum εἰς τὸ μή). [12] Sic Codd. 19, 93 (cum ἔτι pro εἴτι), 108. [13] Sic Comp., Codd. 19, 93, 108. Cf. ad Cap. iv. 22. [14] Sic Codd. 19, 93, 108. [15] Sic Comp., Ald., Codd. III, XI, 19 (cum ὀρθωθήσεται καὶ pro ὡρθωμένος), 44, 64, alii (inter quos 243). [16] Sic Comp., Codd. 19, 93, 108, 121 (cum εἰς δ. τὸ κατ᾽ ἐμὲ π.). Cf. Dan. ii. 5. iii. 29 juxta Theod. (Locutio paulo insolentior, τὸ κατ᾽ ἐμὲ ποιηθήσεται, non aliud innuere videtur quam δημευθήσεται (Dan. iii. 29 juxta LXX), vel ἀναληφθήσεται εἰς τὸ βασιλικόν (Dan. ii. 5 juxta eosdem). Cf. 1 Esdr. vi. 31. Mire Schleusner. in Nov. Thes. s. v. κατά: "Τὸ κατ᾽ ἐμέ, latrina, ex Graecismo[?] quo utebantur honestatis in loquendo studiosi, i. q. ἀφεδρών.") [17] Sic Codd. 19, 93, 108. [18] Sic Codd. 19 (cum ῥήξαι), 93, 108 (ut 19). [19] Iidem. [20] Sic Comp., Codd. 19, 93, 108. [21] Iidem. [22] Sic Comp., Codd. 19, 93 (cum κατεύθυνον), 108 (cum κατεύθηνον). [23] Sic Codd. 19 (cum ἠγνίσθη pro ἡγνοίσ.), 93, 108. [24] Sic Codd. 19 (cum καὶ πάντες pro πάντες), 93, 108. [25] Sic Comp., Codd. 19, 93, 108.

Cap. VII. [1] Sic Codd. 19, 93, 108. Cf. Hex. ad Psal. xliv. 2. [2] Sic Comp., Codd. 19 (cum ἡτοίμαζε), 93, 108 (ut 19). [3] Sic Codd. 19, 93, 108. [4] Sic Comp., Codd. 19, 93, 108. Cf. ad Cap. v. 6. [5] Sic Codd. 19, 93, 108. [6] Sic Comp. (cum πορεύεσθε), Codd. 19, 93, 108. [7] Sic Comp., Codd. 19, 44, 74, alii (inter quos 93, 108). [8] Sic Comp. (cum καὶ εἰς pro εἰς), Codd. 19 (cum εἰς τὸν οἶκον), 44, 71, alii (inter quos 93, 108, uterque ut 19). [9] Sic Codd. 93, 108.

17. כָּל־קֳבֵל דְּנָה אָסְפַּרְנָא תִקְנֵא בְּכַסְפָּא דְנָה.
Propterea diligenter emes pecunia hac. Ο΄. καὶ πάντα προσπορευόμενον ταῦτον ἑτοίμως ἔνταξον ἐν βιβλίῳ τούτῳ. Alia exempl. πρὸς ταῦτα ἐπιμελῶς ἀγόρασον ἐκ τοῦ ἀργυρίου τούτου.[10]

20. וּשְׁאָר חַשְׁחוּת. Ο΄. καὶ κατάλοιπον (alia exempl. καὶ πᾶν τὸ ἀνῆκον[11]) χρείας.

21. סָפַר דָּתָא. Ο΄. καὶ γραμματεύς (alia exempl. add. τοῦ νόμου[12]).

22. דִּי־לָא כְתָב. Ο΄. οὗ οὐκ ἔστι γραφή. Alia exempl. ἄνευ γραφῆς.[13]

24. וּלְכֹם מְהוֹדְעִין. Ο΄. καὶ ὑμῖν ἐγνώρισται. Alia exempl. ἡμεῖς οὖν γνωρίζομεν ὑμῖν.[14]

מִנְדָּה בְלוֹ וַהֲלָךְ לָא שַׁלִּיט לְמִרְמֵא עֲלֵיהֹם. Ο΄. φόρος μὴ ἔστω σοι, οὐκ ἐξουσιάσεις καταδουλοῦσθαι αὐτούς. Alia exempl. τοῦ φόρου καὶ πρᾶξιν καὶ ἀποφορὰν οὐκ ἔχειν ὑμᾶς ἐξουσίαν ἐπιβαλεῖν ἐπ᾽ αὐτούς.[15]

26. אָסְפַּרְנָא. Ο΄. ἑτοίμως. Alia exempl. ἐπιμελῶς.[16]

הֵן לְמוֹת הֵן לִשְׁרֹשׁוּ הֵן־לַעֲנָשׁ נִכְסִין וְלֶאֱסוּרִין. Ο΄. ἐάν τε εἰς θάνατον, ἐάν τε εἰς παιδείαν, ἐάν τε εἰς ζημίαν τοῦ βίου, ἐάν τε εἰς παράδοσιν (alia exempl. εἰς δεσμά[17]). Alia exempl. ἤτοι εἰς θάνατον, ἢ ἐκριζῶσαι αὐτόν, ἢ παιδεῦσαι, ἢ ζημιῶσαι τὰ ὑπάρχοντα, ἢ εἰς φυλακὴν ἐγκλεῖσαι.[18]

28. הַגִּבֹּרִים. Ο΄. τῶν ἐπηρμένων. Alia exempl. τῶν δυνατῶν.[19]

וָאֶקְבְּצָה. Ο΄. καὶ συνῆξα (alia exempl. ἤθροισα[20]).

CAP. VIII.

1. וְהִתְיַחֵשׂ הָעֹלִים עִמִּי בְּמַלְכוּת אַרְתַּחְשַׁסְתְּא הַמֶּלֶךְ מִבָּבֶל. Ο΄. οἱ ὁδηγοὶ ἀναβαίνοντες μετ᾽ ἐμοῦ ἐν βασιλείᾳ Ἀρθασασθὰ τοῦ βασιλέως Βαβυλῶνος. Alia exempl. καὶ ἡ γενεαλογία τῶν ἀναβάντων μετ᾽ ἐμοῦ ἐν τῇ βασιλείᾳ Ἀρταξέρξου τοῦ βασιλέως ἐκ Βαβυλῶνος.[1]

3. הִתְיַחֵשׂ לִזְכָרִים. Ο΄. τὸ σύστρεμμα. Alia exempl. ἐγενεαλογήθησαν οἱ ἄρσενες.[2]

4. פַּחַת. Ο΄. Φαάθ. Alia exempl. Φαὰθ ἡγουμένου.[3]

14. זַבּוּר (וְזָבוּד ק). Ο΄. καὶ Ζαβούθ (alia exempl. Ζακχούρ[4]).

15. וָאֶקְבְּצֵם. Ο΄. καὶ συνῆξα (alia exempl. ἤθροισα[5]) αὐτούς.

וָאֲבִינָה. Ο΄. καὶ συνῆκα (alia exempl. κατενόησα[6]).

16. וּלְאֶלְנָתָן. Ο΄. τῷ Ἀλωνάμ. Alia exempl. (πρὸς) τὸν Ἐλινάθαν.[7]

רָאשִׁים. Ο΄. Vacat. Alia exempl. ἄνδρας; alia, ἄρχοντας.[8]

מְבִינִים. Ο΄. συνιέντας. Alia exempl. ἄρχοντας συνετούς.[9]

17. וָאוֹצִאָה (וָאֲצַוֶּה ק) אוֹתָם עַל־אִדּוֹ הָרֹאשׁ בְּכָסִפְיָא הַמָּקוֹם. Ο΄. καὶ ἐξήνεγκα αὐτοὺς ἐπὶ ἄρχοντας (alia exempl. ἄρχοντος[10]) ἐν ἀργυρίῳ τοῦ τόπου. Alia exempl. καὶ ἐνετειλάμην αὐτοῖς πρὸς Ἀδδαῒ τὸν ἄρχοντα ἐκ Μασφὲν τοῦ τόπου ἐνεγκεῖν ἡμῖν λειτουργούς.[11]

---

[10] Haec in textu τῶν Ο΄ post ἐν τῷ β. τούτῳ ex duplici versione inferunt Codd. 19, 93 (om. ἐπιμελῶς), 108. [11] Sic Codd. 19, 93, 108. Mox ἐκ τῶν γαζοφυλακίων pro ἀπὸ οἴκων γάζης iidem. [12] Sic Comp., Ald., Codd. II (om. καὶ), III, XI, 19, 44 (om. τοῦ), 52, 55, alii (inter quos 243). [13] Sic (cum ἄλλα pro ἅλας) Codd. 19, 93; 108. [14] Sic Codd. 19 (cum ὑμεῖς οὖν), 93, 108. [15] Sic Comp. (cum τὸν φόρον), Codd. 19, 93, 108 (cum οὐ ἔχειν). Cf. ad Cap. iv. 13. [16] Iidem. [17] Sic Ald., Codd. III, 44, 52, alii (inter quos 243). [18] Sic Comp. (cum ἐάν τε εἰς θ., ἐάν τε ἢ ἐκριζῶσαι), Codd. 19 (om. αὐτόν), 93 (om. ἢ ante ἐκριζῶσαι, et τὰ ante ὑπάρχοντα), 108 (om. τά). [19] Sic

Comp., Codd. 19, 93, 108. [20] Sic Codd. 19 (cum ἤθρυσα), 93, 108 (ut 19).

CAP. VIII. [1] Sic Comp. (cum Ἀρθασασθὰ), Codd. 19 (cum τοῦ Ἀρτ. pro Ἀρτ. τοῦ), 93, 108. [2] Iidem. [3] Sic Codd. 19 (cum ἡγούμενος), 93, 108. Cf. ad Cap. v. 3. [4] Sic Comp., Codd. 19 (cum Ζαχούρ), 93, 108. Hieron. Zachur. [5] Sic Codd. 19, 93, 108. [6] Sic Codd. 19 (cum –σαν), 93, 108. [7] Sic Comp. (cum καὶ τῷ Ἐ.), Codd. 19, 93, 108. [8] Prior lectio est in Codd. II, XI; posterior in Comp., et (ut infra) Codd. 19, 93, 108. [9] Sic Codd. 19, 93, 108. [10] Sic Codd. II, XI, 44, 134, 243. [11] Sic Comp. (cum Ἀδαῒ et Κασφεὶ, et om. ἐνεγκεῖν

17. הַנְּתִנִים אֲחִיו אֶל־אַדּוֹ. Ο'. πρὸς τοὺς ἀδελφοὺς αὐτῶν τῶν Ἀθενείμ. Alia exempl. πρὸς Ἀδδαῖ καὶ πρὸς τοὺς ἀδελφοὺς αὐτῶν τοὺς Ναθιναίους.[12]

הַמָּקוֹם בְּכַסְפְיָא. Ο'. ἐν ἀργυρίῳ τοῦ τόπου. Alia exempl. τοὺς ἐν Μασφὲν τοῦ τόπου.[13]

מְשָׁרְתִים. Ο'. ᾄδοντας. Alia exempl. λειτουργοὺς καὶ ᾄδοντας.[14]

18. שֵׂכֶל אִישׁ. Ο'. ἀνὴρ σαχών (alia exempl. συνετός[15]).

וְשֵׁרֵבְיָה. Ο'. καὶ ἀρχὴν ἦλθον. Alia exempl. ἐν ἀρχῇ Σαρουία.[16]

20. נִקְּבוּ. Ο'. συνήχθησαν. Alia exempl. ὠνομάσθησαν.[17]

21. וָאֶקְרָא. Ο'. καὶ ἐκάλεσα (alia exempl. ἐκήρυξα[18]).

וּלְכָל־רְכוּשֵׁנוּ. Ο'. καὶ πάσῃ τῇ κτήσει (alia exempl. ὑπάρξει[19]) ἡμῶν.

22. וָעִזּוּ. Ο'. καὶ κράτος (alia exempl. ἡ δὲ ἰσχὺς[20]) αὐτοῦ.

25. הֵרִימוּ. Ο'. ἃ ὕψωσεν (alia exempl. ἀφώρισεν[21]).

26. וָאֶשְׁקוֹלָה. Ο'. καὶ ἔστησα. Alia exempl. καὶ παρέστησα αὐτοῖς.[22]

27. אֶלֶף לַאֲדַרְכֹנִים. Daricorum mille. Ο'. εἰς τὴν ὁδὸν χίλιοι. Alia exempl. εἰς τὴν ὁδὸν δραχμῶν χιλίων.[23]

זָהָב. Ο'. ἐν χρυσίῳ. Alia exempl. ὡς χρυσίον.[24]

29. הַלְּשָׁכוֹת. Ο'. εἰς σκηνάς. Alia exempl. εἰς τὰ παστοφόρια.[25]

31. וְאוֹרֵב. Ο'. καὶ πολεμίου. Alia exempl. καὶ πολεμίου ἐνεδρεύοντος.[26]

35. בְּנֵי־הַגּוֹלָה. Ο'. υἱοὶ τῆς παροικίας (alia exempl. ἀποικίας[27]).

36. אֶת־דָּתֵי. Edicta. Ο'. τὸ νόμισμα. Alia exempl. τὰ ὁλοκαυτώματα.[28]

לַאֲחַשְׁדַּרְפְּנֵי הַמֶּלֶךְ וּפַחֲווֹת. Satrapis regis et praefectis. Ο'. τοῖς διοικηταῖς τοῦ βασιλέως καὶ ἐπάρχοις. Alia exempl. οἱ διοικηταὶ τοῦ βασιλέως καὶ οἱ στρατηγοί.[29]

וְנִשְׂאוּ. Ο'. καὶ ἐδόξασαν (alia exempl. ἐπῆραν[30]).

CAP. IX.

1. וּכְכַלּוֹת. Ο'. καὶ ὡς ("Αλλος· ἡνίκα δὲ[1]) ἐτελέσθη.

לֹא־נִבְדְּלוּ. Ο'. οὐκ ἐχωρίσθη. "Αλλος· οὐ διεστάλησαν.[2]

כְּתוֹעֲבֹתֵיהֶם. Ο'. ἐν μακρύμμασιν (alia exempl. ἐν τοῖς βδελύγμασιν[3]) αὐτῶν.

2. וְהִתְעָרְבוּ (וְהִתְעַבְּרוּ). Ο'. καὶ παρήχθη. Alia exempl. καὶ συνεμίγη.[4]

וְהַסְּגָנִים. Ο'. καὶ τῶν στρατηγῶν. Ο'. Vacat. Alia exempl. καὶ τῶν στρατηγῶν.[5]

הָיְתָה בַּמַּעַל הַזֶּה רִאשׁוֹנָה. Ο'. ἐν τῇ ἀσυνθεσίᾳ ταύτῃ ἐν ἀρχῇ. Alia exempl. ἦν ἐν τῷ ἀδικήματι τῆς ἀσυνθεσίας ταύτης ἐν πρώτοις.[6]

ἡμῖν λ.), Codd. 19 (cum Ἀδδαεὶ), 93, 108. [12] Sic Comp., Codd. 19 (cum Ἀναθιναίους), 93 (cum Ναθιναίους), 108. [13] Sic Comp. (eum τοὺς ἐν ἀργ. τοῦ τ. Κασφιέ), Codd. 19, 93, 98. [14] Iidem. [15] Iidem. [16] Sic Comp. (cum καὶ Σαρουία tantum), Codd. 19, 93, 108. [17] Iidem. [18] Sic Codd. 19 (cum —ξαν), 93, 108. [19] Iidem. [20] Sic Codd. 19, 93, 108. [21] Sic Comp., Codd. 19, 93, 108. [22] Sic Codd. 19, 93, 108 (cum αὐτοῖς). Cf. Hex. ad 2 Reg. xviii. 12. [23] Sic Comp. (om. εἰς τὴν ὁδὸν), Ald., Codd. II (cum χαμανείμ χίλιοι pro δρ. χ.), III (cum δραχμωνεὶν χείλιοι), XI (cum χαμανὶν χίλια), 44, 52, 71, alii (inter quos 93 (cum δραχμᾶς χιλίας), 108 (idem), 243). Cf. Hex. ad

[1] Paral. xxix. 7. [24] Sic Comp., Codd. 93, 108. [25] Sic Comp. (om. τὰ), 93, 108. Cf. Hex. ad Jerem. xxxv. 4. xxxvi. 10. [26] Sic Codd. 19, 93, 108. [27] Iidem. [28] Sic Codd. 19 (om. τὰ), 93, 108 (ut 19). [29] Iidem. Mox καὶ ἐδόξασαν τὸν οἶκον iidem. Cap. IX. [1] Sic in textu Cod. 93. [2] Idem. [3] Sic Comp., Codd. 19, 93, 108. Deinde Codd. 19, 93, 108; τοῦ Χαναναίου, καὶ τοῦ Χετταίου, καὶ τοῦ Φερεζαίου, καὶ τοῦ Ἰεβουσαίου, καὶ τοῦ Ἀμορραίου, καὶ τοῦ Αἰγυπτίου, καὶ τοῦ Ἀμωνίτου, καὶ τοῦ Μωαβίτου. [4] Sic Comp., Codd. 19, 93, 108. Cf. Hex. ad Prov. xiv. 10. [5] Iidem. [6] Sic Codd. 19 (cum ἢ pro ἦν), 93, 108 (ut 19).

3, 5. וּמֵעִלִי (bis). Ο'. καὶ ἐπαλλόμην. Alia exempl. καὶ τὸν ὑποδύτην μου.[7]

מְשׁוֹמֵם. Ο'. ἠρεμάζων. Alia exempl. ἠρεμῶν καὶ θαυμάζων.[8]

4. כָּל חָרֵד בְּדִבְרֵי. Ο'. πᾶς ὁ διώκων λόγον. Alia exempl. πᾶς ἔντρομος καὶ ἐπιδιώκων ἐν τῷ λόγῳ.[9]

6. לְהָרִים. Ο'. τοῦ ὑψῶσαι. Alia exempl. τοῦ ἐπᾶραι.[10]

7. כֹּהֲנֵינוּ. Ο'. καὶ οἱ υἱοὶ ἡμῶν. Alia exempl. καὶ οἱ ἱερεῖς ἡμῶν, καὶ οἱ πατέρες ἡμῶν.[11]

וּבְבִזָּה. Ο'. καὶ ἐν διαρπαγῇ (alia exempl. προνομῇ[12]).

8. כְּמְעַט־רֶגַע. Ο'. Vacat. Alia exempl. ὡς βραχύ.[13]

פְּלֵיטָה. Ο'. εἰς σωτηρίαν. Alia exempl. ἀνασωζόμενον.[14]

אֱלֹהֵינוּ (in posteriore loco). Ο'. Vacat. Alia exempl. θεὲ ἡμῶν.[15]

8, 9. מִחְיָה (bis). Ο'. ζωοποίησιν. Alia exempl. περιποίησιν.[16]

בְּעַבְדֻתֵנוּ ׃ כִּי־עֲבָדִים אֲנַחְנוּ. Ο'. ἐν τῇ δουλείᾳ ἡμῶν, ὅτι δοῦλοί ἐσμεν. Alia exempl. ἐν τῇ παραβάσει ἡμῶν, ἐν ᾗ παρέβημεν ἡμεῖς.[17]

9. גָּדֵר. Ο'. φραγμόν. Alia exempl. τεῖχος.[18]

10. וְעַתָּה. Ο'. Vacat. Alia exempl. καὶ νῦν; alia, νῦν οὖν.[19]

11. הָאֲרָצוֹת בְּתוֹעֲבֹתֵיהֶם. Ο'. τῶν ἐθνῶν ἐν μακρύμμασιν αὐτῶν. Alia exempl. τῶν γαιῶν ἐν βδελύγμασιν αὐτῶν.[20]

12. וְטוֹבָתָם. Ο'. καὶ ἀγαθὸν (alia exempl. συμφέροντα[21]) αὐτῶν.

13. בְּמַעֲשֵׂינוּ. Ο'. ἐν ποιήμασιν (alia exempl. ἐν τοῖς ἔργοις[22]) ἡμῶν.

כִּי אַתָּה אֱלֹהֵינוּ חָשַׂכְתָּ לְמַטָּה מֵעֲוֹנֵנוּ. Nam tu, Deus noster, pepercisti (puniens nos) infra delictum nostrum. Ο'. ὅτι οὐκ ἔστιν ὡς ὁ θεὸς ἡμῶν, ὅτι ἐκούφισας ἡμῶν τὰς ἀνομίας. Alia exempl. ὅτι σὺ ὁ θεὸς ἡμῶν κατέπαυσας τὸ σκῆπτρον ἡμῶν διὰ τὰς ἁμαρτίας ἡμῶν καὶ οὐκ ἔστιν ὡς σὺ, ὅτι ἐκούφισας τὰς ἀνομίας ἡμῶν.[23]

פְּלֵיטָה. Ο'. σωτηρίαν. Alia exempl. ὑπόλειμμα.[24]

14. הֲלוֹא תֶאֱנַף־בָּנוּ. Ο'. μὴ παροξυνθῇς ἐν ἡμῖν. Alia exempl. καὶ οὐκ ὠργίσθης ἡμῖν.[25]

לְאֵין שְׁאֵרִית וּפְלֵיטָה. Ο'. τοῦ μὴ εἶναι ἐγκατάλειμμα καὶ διασωζόμενον. Alia exempl. ὥστε μὴ εἶναι ὑπόλειμμα καὶ ἀνασωζόμενον.[26]

15. כִּי אֵין. Ο'. ὅτι οὐκ ἔστι. Alia exempl. καὶ οὐ δυνάμεθα.[27]

CAP. X.

1. וּכְהִתְפַּלֵּל. Ο'. καὶ ὡς (alia exempl. ἡνίκα δὲ[1]) προσηύξατο.

וּמִתְנַפֵּל. Ο'. καὶ προσευχόμενος (alia exempl. προσπίπτων[2]).

וִילָדִים. Ο'. καὶ νεανίσκοι. Alia exempl. νεανίσκοι καὶ παιδάρια.[3]

---

[7] Sic Comp., Codd. 19, 93 (semel), 108. Cf. Hex. ad Exod. xxxix. 22. [8] Sic Codd. 19, 93, 108, 121. Mox (v. 4) θαυμάζων pro ἠρεμάζων iidem. Cf. Hex. ad Ezech. iii. 15. xxvii. 35. xxviii. 19. [9] Sic Comp. (cum πᾶς ὁ ἔντρομος λόγον), Codd. 19, 93, 108. [10] Sic Codd. 19, 93, 108. [11] Sic Comp. (om. καὶ οἱ π. ἡμῶν), Codd. 19 (cum καὶ οἱ πάντες (om. ἡμῶν)), 93, 108 (cum πάντες pro πατέρες), 121. [12] Sic Codd. 19, 93, 108. [13] Sic Comp., Codd. 19, 93, 108 (cum ἐν pro ὡς). [14] Sic Codd. 19, 93 (cum -νος), 108. Cf. Hex. ad 2 Paral. xx. 24. [15] Sic Codd. 74, 106, 134. [16] Sic Codd. 19, 93, 108.

[17] Sic Codd. 19, 93 (cum παραβαίνομεν), 108. [18] Iidem. Cf. Hex. ad Hos. ii. 6. [19] Prior lectio est in Comp., Codd. 19, 93, 108; posterior in Codd. 44, 71, 74, aliis. [20] Sic Comp., Codd. 19, 93 (cum μακρύμμασιν), 108. [21] Sic Codd. 19, 93, 108. Cf. Deut. xxiii. 6 in LXX. [22] Iidem. [23] Sic, ex duplici versione, Codd. 19, 93, 108 (cum ἡμῶν τὰς ἀνομίας), 121 (idem). [24] Sic Codd. 19 (cum -λιμμα), 93 (cum -λιμμα), 108. [25] Iidem. [26] Iidem. [27] Iidem.

CAP. X. [1] Sic Codd. 19, 93, 108. Cf. ad Cap. ix. 1. [2] Sic Comp., Codd. 19, 93, 108. Cf. Hex. ad Deut. ix. 18. [3] Sic Codd. 19 (om. νεανίσκοι), 93, 108.

1. בְּכָה הַרְבֵּה הָעָם וַיִּבְכּוּ. Ο'. ὅτι ἔκλαυσαν ὁ λαός, καὶ ὕψωσε κλαίων. Alia exempl. ὅτι κλαυθμῷ μεγάλῳ ἔκλαυσεν ὁ λαός.⁴

2. וַנֵּשֶׁב. Et durimus (uxores). Ο'. καὶ ἐκαθίσαμεν (alia exempl. ἐλάβομεν⁵).

יֵשׁ־מִקְוֶה. Ο'. ἐστιν ὑπομονή. Alia exempl. ἐλπίς ἐστιν.⁶

3. לְהוֹצִיא. Ο'. ἐκβαλεῖν. Alia exempl. τοῦ ἐξαγαγεῖν.⁷

וְהַנּוֹלָד. Ο'. καὶ τὰ γενόμενα (alia exempl. γεννηθέντα⁸).

בַּעֲצַת אֲדֹנִי וְהַחֲרֵדִים בְּמִצְוַת אֱלֹהֵינוּ. Ο'. ὡς ἂν βούλῃ ἀνάστηθι, καὶ φοβέρισον αὐτοὺς ἐν ἐντολαῖς θεοῦ ἡμῶν. Alia exempl. ἐν βουλῇ κυρίου καὶ τῶν τρεμόντων ἐν ταῖς ἐντολαῖς αὐτοῦ.⁹

וְכַתּוֹרָה יֵעָשֶׂה. Ο'. καὶ ὡς ὁ νόμος, γενηθήτω. Alia exempl. καὶ ποιηθήσεται κατὰ τὸν νόμον τοῦ θεοῦ ἡμῶν.¹⁰

4. הַדָּבָר. Ο'. τὸ ῥῆμα. Alia exempl. ὁ λόγος.¹¹

חֲזַק וַעֲשֵׂה. Ο'. κραταιοῦ καὶ ποίησον. Alia exempl. ἀνδρίζου καὶ ποίει.¹²

6. וַיֵּלֶךְ שָׁם. Ο'. καὶ ἐπορεύθη ἐκεῖ. Alia exempl. καὶ ηὐλίσθη (וַיָּלֶן) ἐκεῖ.¹³

9. מַרְעִידִים עַל־הַדָּבָר. Ο'. ἀπὸ θορύβου αὐτῶν περὶ τοῦ ῥήματος. Alia exempl. ἐν τρόμῳ ἀπὸ τοῦ ῥήματος.¹⁴

11. תוֹדָה. Ο'. αἴνεσιν. Alia exempl. αἴνεσιν καὶ ἐξομολόγησιν.¹⁵

11. וְהִבָּדְלוּ. Ο'. καὶ διαστάλητε (alia exempl. διαχωρίσθητε¹⁶).

12. קוֹל גָּדוֹל כֵּן כִּדְבָרֶיךָ עָלֵינוּ לַעֲשׂוֹת. Ο'. μέγα τοῦτο τὸ ῥῆμά σου ἐφ' ἡμᾶς ποιῆσαι. Alia exempl. φωνῇ μεγάλῃ, καὶ εἶπον μέγα τοῦτο τὸ ῥῆμα, καὶ κατὰ τοὺς λόγους σου οὓς ἔφης οὕτως ποιήσομεν.¹⁷

13. לֶפֶשַׁע בַּדָּבָר. Ο'. τοῦ ἀδικῆσαι ἐν τῷ ῥήματι. Alia exempl. τοῦ ἀσεβῆσαι ἐν τῷ λόγῳ.¹⁸

14. לְכָל־הַקָּהָל. Ο'. Vacat. Alia exempl. τῇ πάσῃ ἐκκλησίᾳ.¹⁹

וְכֹל אֲשֶׁר בְּעָרֵינוּ הַהֹשִׁיב. . . יָבֹא לְעִתִּים מְזֻמָּנִים. Ο'. καὶ πᾶσι τοῖς ἐν πόλεσιν ἡμῶν ὃς ἐκάθισε..ἐλθέτωσαν εἰς καιροὺς ἀπὸ συνταγῶν. Alia exempl. καὶ πάντες οἱ ἐν ταῖς πόλεσιν ἡμῶν οἱ λαβόντες..ἠκέτωσαν εἰς καιροὺς ἀπὸ καιρῶν.²⁰

15. עֲזָרָם. Ο'. βοηθῶν αὐτοῖς. Alia exempl. ἀντελαμβάνοντο αὐτῶν.²¹

16. וַיִּבָּדְלוּ עֶזְרָא הַכֹּהֵן אֲנָשִׁים רָאשֵׁי הָאָבוֹת לְבֵית אֲבֹתָם. Ο'. καὶ διεστάλησαν Ἔσδρας ὁ ἱερεύς, καὶ ἄνδρες ἄρχοντες πατριῶν τῷ οἴκῳ. Alia exempl. καὶ διέστειλεν Ἔσδρας ὁ ἱερεὺς ἄρχοντας τῶν οἴκων τῶν πατριῶν αὐτῶν.²²

וְכֻלָּם בְּשֵׁמוֹת וַיֵּשְׁבוּ. Ο'. καὶ πάντες ἐν ὀνόμασιν, ὅτι ἐπίστρεψαν. Alia exempl. καὶ ἐκάθισαν πάντες οἱ κληθέντες ἐν ὀνόμασιν.²³

21. וּמַעֲשֵׂיָה. Ο'. Μασαήλ. Alia exempl. Μαασίας.²⁴

23. וּשְׁבַעְיָ. Ο'. καὶ Σαμού (alia exempl. Σεμεεί²⁵).

---

⁴ Sic Comp., Codd. 19, 93, 108. ⁵ Sic Codd. 19, 93, 108. Mox (v. 10) ἐλάβετε pro ἐκαθίσατε iidem. ⁶ Sic Comp. (cum ἐστιν ἐλπίς), Codd. 19, 93, 108. Cf. Hex. ad 1 Paral. xxix. 15. ⁷ Sic Comp. (om. τοῦ), Codd. 19, 93, 108 (ut Comp.). ⁸ Sic Codd. 19 (cum γενηθέντα), 93, 108. ⁹ Sic Comp. (cum ἐν ἐντολαῖς θ. ἡμῶν), Codd. 19, 93, 108. ¹⁰ Sic Codd. 19, 93, 108. ¹¹ Iidem. ¹² Iidem. ¹³ Sic Comp., Ald., Codd. 52, 64, 243. Cf. 1 Esdr. ix. 2. Clausulam reprobant Codd. 19, 44, 93, 108. ¹⁴ Sic Comp. (cum περὶ τ. ῥ.), Codd. 19, 93, 108. Pro ἐν τρόμῳ fortasse pingendum ἔντρομοι, coll. Dan. x. 11 juxta Theod. Statim post ἀπὸ τοῦ χειμῶνος Cod. 44 infert: εἶχον βίαν ἀπειραν· ψῖχος γὰρ ἦν πίνυ; quae glossatoris esse videntur. ¹⁵ Sic Codd. 93, 108. ¹⁶ Sic Codd. 19, 93, 108. ¹⁷ Sic Comp. (om. μέγα τ. τ. ῥ. καὶ), Codd. 19 (om. εἶπον), 93, 108. ¹⁸ Sic Codd. 19, 93, 108. ¹⁹ Sic Comp., Ald., Codd. III, XI, 19 (cum ἐν π. τῇ ἐκ.), 44 (cum π. τῇ ἐκ.), 52, 55 (om. τῇ), alii (inter quos 243). ²⁰ Sic Codd. 19, 93, 108. ²¹ Sic Comp. (cum αὐτοῖς), Codd. 19, 93 (cum ἀντελάβοντο), 108. Cf. Hex. ad 3 Reg. i. 7. ²² Sic Codd. 19 (om. ὁ ἱερεύς), 93 (cum ἄρχοντες), 108. Cf. 1 Esdr. ix. 16. ²³ Iidem. ²⁴ Iidem. ²⁵ Sic Comp.,

24. וּמִן־הַמְשֹׁרְרִים. Ο′. καὶ ἀπὸ τῶν ᾀδόντων (alia exempl. ᾠδῶν²⁶).

שַׁלֻּם וָטֶלֶם וְאוּרִי. Ο′. Σολμὴν, καὶ Τελμὴν, καὶ Ὠδούθ. Alia exempl. Σελλὴμ, καὶ Τελλὴμ, καὶ Οὐρίας.²⁷

25. וּמַלְכִּיָּה. Ο′. καὶ Ἀσαβία (alia exempl. Μελχίας²⁸).

30. פַּחַת. Ο′. Φαάθ. Alia exempl. Φαὰθ ἡγουμένου.²⁹

44. נָשְׂאוּ ק (נָשְׂאִי). Ο′. ἐλάβοσαν. Alia exempl. οἱ λαβόντες.³⁰

וְיֵשׁ מֵהֶם נָשִׁים וַיָּשִׂימוּ בָנִים. Ο′. καὶ ἐγέννησαν ἐξ αὐτῶν υἱούς. Alia exempl. εἰσὶ δὲ ἐξ αὐτῶν τῶν γυναικῶν αἳ ἐγέννησαν υἱούς.³¹

Codd. 93, 108. ²⁶ Sic Codd. 19, 108. ²⁷ Sic Codd. 19, 93 (cum Τελλὴμ), 108. ²⁸ Sic Comp., Codd. 19, 93, 108. ²⁹ Sic Codd. 19, 93, 108. Cf. ad Cap. ii. 6. ³⁰ Iidem. ³¹ Sic Comp. (cum καὶ εἰσὶ δὲ ἐξ αὐτῶν τ. γ. αἳ ἐγ. ἐξ αὐτῶν υἱοὺς), Codd. 19, 93, 108.

NEHEMIAS.

NEHEMIAS.

1. בֶּן־חֲכַלְיָה. Ο΄. υἱοῦ Χελκία (alia exempl. Ἀχαλία[1]).

בְּשׁוּשַׁן הַבִּירָה. Ο΄. ἐν Σουσὰν ἀβιρά. Alia exempl. ἐν Σούσοις τῇ βάρει.[2]

2. מִיהוּדָה. Ο΄. Ἰούδα. Alia exempl. ἐξ Ἰούδα.[3]

עַל־הַיְהוּדִים הַפְּלֵיטָה. Ο΄. περὶ τῶν σωθέντων. Alia exempl. περὶ τῶν Ἰουδαίων τῶν διασωθέντων.[4]

3. בְּרָעָה גְדֹלָה. Ο΄. ἐν πονηρίᾳ μεγάλῃ. Alia exempl. ἐν κακοῖς πολλοῖς.[5]

4. יָמִים. Ο΄. ἡμέρας. Alia exempl. ἐφ᾽ ἡμέραις πολλαῖς.[6]

5. אָנָּא. Ο΄. μὴ δή. Alia exempl. ὦ δή.[7]

7. חֲבֹל חָבַלְנוּ לָךְ. Perdite nos gessimus in te. Ο΄. διαλύσει διελύσαμεν πρὸς σέ. Alia exempl. καὶ ματαιώσει ἐματαιώθημεν ἐν (הֶבֶל הָבַלְנוּ) σοί.[8]

7. וְאֶת־הַחֻקִּים. Ο΄. καὶ τὰ προστάγματα (alia exempl. δικαιώματα[9]).

8. תִּמְעָלוּ. Ο΄. ἐὰν ἀσυνθετήσητε (alia exempl. ἀμάρτητέ μοι[10]).

אֲנִי אָפִיץ. Ο΄. ἐγὼ διασκορπίσω. Alia exempl. καὶ ἐγὼ διασπερῶ.[11]

11. אָנָּא אֲדֹנָי. Ο΄. μὴ δή, κύριε. Alia exempl. add. μὴ ἀποστρέψῃς τὸ πρόσωπόν σου.[12]

CAP. II.

1. וְלֹא־הָיִיתִי רַע לְפָנָיו. Et non displicebam ei. Ο΄. καὶ οὐκ ἦν ἕτερος ἐνώπιον αὐτοῦ (alia exempl. add. καὶ ἤμην σκυθρωπός[1]).

2. מַדּוּעַ פָּנֶיךָ רָעִים. Ο΄. διὰ τί τὸ πρόσωπόν σου πονηρόν; Alia exempl. ἱνατί τὸ πρόσωπόν σου σκυθρωπόν;[2]

וְאַתָּה אֵינְךָ חוֹלֶה. Ο΄. καὶ οὐκ εἶ μετριάζων. Alia exempl. σὺ δὲ οὐκ εἶ ἀρρωστῶν.[3]

CAP. I. [1] Sic Ald., Codd. III, 44, 64, 71 (cum Ἀχαλίου), alii (inter quos 243). [2] Sic Codd. 19, 93 (cum βάρῃ), 108, 121. [3] Sic Codd. 93, 108. [4] Sic Comp., Codd. 93, 108, 121. [5] Sic Codd. 93, 108. [6] Iidem. [7] Sic (cum ὦ) Comp., Codd. 93, 108, 121. Cf. Hex. ad Psal. cxvii. 25. Jesai. xxxviii. 3. [8] Sic Codd. 93, 108. [9] Iidem. [10] Iidem. [11] Iidem. [12] Sic Codd. 93 (cum -ψεις), 108, 121.

CAP. II. [1] Sic Codd. 93 (cum σκυθρωπὸς), 108, 121, Versio est alius interpretis, fortasse Symmachi. Hieron.: et eram quasi languidus ante faciem ejus. [2] Sic Codd. 93, 108, 121 (cum διὰ τί). Cf. Gen. xl. 7 in Hebr. et LXX. [3] Sic Comp., Codd. 93 (cum ἀρρωστον pro εἶ ἀρρ.), 108 (cum ἀρρωστῶν), 121 (cum ἀρωστῶν). (Ad μετριάζων cf. nos ad S. Chrysost. in S. Pauli Epistolas, T. II, p. 587.)

2. רֹעַ לֵב. Ο'. πονηρία (alia exempl. λύπη[4]) καρδίας.

3. לֹא־יֵרְעוּ פָנַי. Ο'. οὐ μὴ γένηται πονηρὸν (alia exempl. οὐ στυγνάσει[5]) τὸ πρόσωπόν μου.

בֵּית־קִבְרוֹת. Ο'. οἶκος μνημείων (alia exempl. τῶν τάφων[6]).

אֻכָּלוּ. Ο'. κατεβρώθησαν. Alia exempl. ἀνηλωμέναι.[7]

5. אִם־עַל־הַמֶּלֶךְ טוֹב וְאִם־יִיטַב. Ο'. εἰ ἐπὶ τὸν βασιλέα ἀγαθὸν, καὶ εἰ ἀγαθυνθήσεται. Alia exempl. ἐπίσταμαι τὸν βασιλέα ἀγαθὸν, καὶ εἰ ἀγαθὸν ἐπὶ τὸν βασιλέα, καὶ ἀρέσει.[8]

6. וְהַשֵּׁגַל יוֹשֶׁבֶת אֶצְלוֹ. Ο'. καὶ ἡ παλλακὴ ἡ καθημένη ἐχόμενα αὐτοῦ (alia exempl. add. ἱνατί κάθησαι παρ' ἐμοί[9]).

7, 9. פַּחֲווֹת (bis). Ο'. τοὺς ἐπάρχους (alia exempl. στρατηγούς[10]).

8. שֹׁמֵר הַפַּרְדֵּס אֲשֶׁר לַמֶּלֶךְ. Ο'. φύλακα τοῦ παραδείσου (alia exempl. τὸν φυλάσσοντα τὰς ἡμιόνους (הַפְּרָדִים) τοῦ βασιλέως, καὶ τὸν παράδεισον[11]) ὅς ἐστι τῷ βασιλεῖ.

אֶת־שַׁעֲרֵי הַבִּירָה אֲשֶׁר לַבַּיִת. Ο'. τὰς πύλας. Alia exempl. τὰς πύλας τῆς βάρεως τοῦ οἴκου.[12]

כְּיַד־אֱלֹהַי הַטּוֹבָה עָלַי. Ο'. ὡς χεὶρ θεοῦ ἡ ἀγαθή. Alia exempl. κατὰ τὴν χεῖρα τοῦ θεοῦ μου τὴν ἀγαθὴν ἐπ' ἐμέ.[13]

10. וַיֵּרַע לָהֶם רָעָה גְדֹלָה. Ο'. καὶ πονηρὸν αὐτοῖς ἐγένετο (alia exempl. add. καὶ ἐλυπήθησαν[14]).

12. לִירוּשָׁלָ͏ִם. Ο'. μετὰ τοῦ Ἰσραήλ. Alia exempl. τῇ Ἱερουσαλὴμ καὶ μετὰ τοῦ Ἰσραήλ.[15]

13. בְּשַׁעַר־הַגַּיְא לַיְלָה. Ο'. ἐν πύλῃ τοῦ γωληλά (alia exempl. add. νυκτός[16]).

וְאֶל־פְּנֵי עֵין הַתַּנִּין. Ο'. καὶ πρὸς στόμα πηγῆς τῶν συκῶν. Alia exempl. καὶ κατὰ πρόσωπον τῆς πηγῆς τοῦ δράκοντος.[17]

שֹׁבֵר בְּחוֹמֹת. Inspiciebam muros. Ο'. συντρίβων ἐν τῷ τείχει. Alia exempl. κατανοῶν τοῖς τείχεσιν.[18]

אֲשֶׁר־הֵם פְּרוּצִים וּשְׁעָרֶיהָ אֻכְּלוּ בָאֵשׁ. Ο'. δ αὐτοὶ καθαιροῦσι, καὶ πύλαι αὐτῆς κατεβρώθησαν πυρί. Alia exempl. τοῖς κατεσπασμένοις, καὶ ταῖς πύλαις ταῖς ἀνηλωμέναις πυρί.[19]

14. הָעַיִן. Ο'. τοῦ Ἀΐν. Alia exempl. τῆς πηγῆς.[20]

15. בַּנַּחַל. Ο'. ἐν τῷ τείχει χειμάρρου. Alia exempl. διὰ τοῦ χειμάρρου.[21]

וָאֱהִי שֹׁבֵר בְּחוֹמָה. Ο'. καὶ ἤμην συντρίβων ἐν τῷ τείχει. Alia exempl. καὶ κατενόουν τῷ τείχει.[22]

וָאָשׁוּב וָאָבוֹא בְּשַׁעַר הַגַּיְא וָאָשׁוּב. Ο'. καὶ ἤμην ἐν πύλῃ τῆς φάραγγος, καὶ ἐπέστρεψα. Alia exempl. καὶ ἤμην ἐν τῇ πύλῃ τῆς φάραγγος, καὶ ἀνέστρεψα, καὶ διῆλθον διὰ τῆς πύλης γαί.[23]

16. וְלַחֹרִים וְלַסְּגָנִים. Ο'. καὶ τοῖς ἐντίμοις, καὶ τοῖς στρατηγοῖς. Alia exempl. καὶ τοῖς Λευίταις, καὶ τοῖς ἄρχουσιν.[24]

17. הָרָעָה אֲשֶׁר אֲנַחְנוּ בָהּ. Ο'. τὴν πονηρίαν [ταύτην] ἐν ᾗ ἐσμεν ἐν αὐτῇ. Alia exempl. τὰ κακὰ ἐν οἷς ἡμεῖς ἐσμεν ἐν αὐτοῖς.[25]

נִצְּתוּ בָאֵשׁ. Ο'. ἐδόθησαν πυρί. Alia exempl. πυρίκαυστοι.[26]

---

[4] Sic Codd. 93, 108, 121.   [5] Sic Codd. 93, 108 (cum εἰν pro οὐ).   [6] Iidem.   [7] Iidem.   [8] Iidem.   [9] Sic Codd. 93 (cum κάθεισαι), 108 (cum κάθισαι), 121.   [10] Sic Codd. 93, 108. Mox ἕως ἂν παρεγένωμαι εἰς τὴν Ἰουδαίαν iidem.   [11] Sic Codd. 93, 108, 121 (cum φύλακα τῶν ἡμιόνων τ. β. καὶ τοῦ π.).   [12] Sic Comp., Codd. 93, 108.   [13] Sic Codd. 93, 108.   [14] Sic Comp., Codd. 93, 108.   [15] Sic Codd. 93, 108 (cum τὴν Ἱερ.).   [16] Sic Comp. (cum γαί pro τοῦ γ.), Codd. 93 (cum γωλλὰ sine artic.), 108 (cum τῆς γωληλά).   [17] Sic Comp. (cum πρὸς στ. πηγῆς τοῦ δρ.), Codd. 93 (cum γῆς pro πηγῆς), 108. Hieron.: et ante fontem draconis.   [18] Iidem. Hieron.: considerabam murum. Ad alteram lectionem שֹׁבֵר cf. De Dieu Crit. Sacr. p. 89.   [19] Iidem. Hieron.: (murum Jerusalem) dissipatum, et portas ejus consumptas igni.   [20] Sic Comp., Codd. 93, 108 (cum πυγῆς), 121.   [21] Sic Comp., Codd. 93, 108.   [22] Sic Comp. (cum καὶ ἤμην κατανοῶν), Codd. 93, 108.   [23] Sic Codd. 93, 108, 121 (om. τῇ).   [24] Sic Codd. 93, 108.   [25] Iidem.   [26] Iidem.

18. ‏וַיֹּאמְרוּ‎. Ο΄. καὶ εἶπα. Alia exempl. καὶ αὐτοὶ εἶπόν μοι.[27]

19. ‏וַיַּלְעִגוּ לָנוּ וַיִּבְזוּ עָלֵינוּ‎. Ο΄. καὶ ἐξεγέλασαν ἡμᾶς, καὶ ἦλθον ἐφ᾽ ἡμᾶς. Alia exempl. καὶ ἐξεμυκτήρισαν ἡμᾶς, καὶ κατεφρόνουν ἡμῶν, καὶ ἦλθον ἐφ᾽ ἡμᾶς.[28]

‏הַעַל הַמֶּלֶךְ‎. Ο΄. ἡ ἐπὶ τὸν βασιλέα. Alia exempl. μὴ κατὰ τοῦ βασιλέως.[29]

20. ‏יַצְלִיחַ‎. Ο΄. εὐοδώσει. Alia exempl. κατευθύνει.[30]

‏נָקוּם‎. Ο΄. καθαροί (‏נָקִים‎). Alia exempl. καθαροὶ ἀναστησόμεθα.[31]

Cap. III.

2. ‏וְעַל־יָדוֹ בָנוּ אַנְשֵׁי‎. Ο΄. καὶ ἐπὶ χεῖρας ἀνδρῶν υἱῶν. Alia exempl. καὶ ἐχόμενα αὐτοῦ (ᾠκοδόμησαν) οἱ ἄνδρες.[1]

3. ‏וַיְקָרוּם‎. Ο΄. καὶ ἐστέγασαν (alia exempl. ἔστησαν[2]).

4, 5. ‏הֶחֱזִיק‎ (saepius). Ο΄. κατέσχεν. Alia exempl. ἐκραταίωσεν.[3]

4. ‏מְרֵמוֹת‎. Ο΄. ἐπὶ (alia exempl. ἀπὸ) Ῥαμώθ. Alia exempl. Μαριμώθ.[4]

5. ‏וְאַדִּירֵיהֶם‎. Ο΄. καὶ ἀδωρίμ. Alia exempl. καὶ οἱ ἰσχυροὶ αὐτῶν.[5]

‏בַּעֲבֹדַת אֲדֹנֵיהֶם‎. Ο΄. εἰς δουλείαν αὐτῶν. Alia exempl. ἐν τῇ δουλείᾳ τοῦ κυρίου.[6]

6. ‏הַיְשָׁנָה‎. Ο΄. ἰασαναΐ. Alia exempl. τοῦ ἰασανά.[7] Ἄλλος· τῆς παλαιᾶς.[8]

8. ‏הֶחֱזִיק‎ (bis). Ο΄. παρησφαλίσατο ... ἐκράτησεν. Alia exempl. ἐκραταίωσεν (bis).[9]

‏הָרֹקְחִים‎. Ο΄. τοῦ ῥωκείμ. Alia exempl. τῶν μυρεψῶν.[10]

‏וַיַּעַזְבוּ‎. Ο΄. καὶ κατέλιπον (alia exempl. ἔθηκαν[11]).

11. ‏מִדָּה שֵׁנִית‎. Portionem secundam. Ο΄. καὶ δεύτερος. Alia exempl. καὶ μέτρον δεύτερον.[12]

‏פַּחַת‎. Ο΄. Φαάτ. Alia exempl. Φαὰθ ἡγουμένου.[13]

‏וְאֵת מִגְדַּל‎. Ο΄. καὶ ἕως πύργου. Alia exempl. καὶ τὸν πύργον.[14]

13, 16. ‏הֶחֱזִיק‎ (bis). ἐκράτησαν. Alia exempl. ἴσχυσαν (s. ἐνίσχυσαν).[15]

15. ‏וְאֵת חוֹמַת בְּרֵכַת הַשֶּׁלַח לְגַן־הַמֶּלֶךְ‎. Ο΄. καὶ τὸ τεῖχος κολυμβήθρας τῶν κωδίων τῇ κουρᾷ (‏לְגַן‎) τοῦ βασιλέως. Alia exempl. καὶ τὸ τεῖχος τῆς κρήνης τῆς Σιλωὰ εἰς τὸν κῆπον τοῦ βασιλέως.[16]

‏הַמַּעֲלוֹת‎. Ο΄. τῶν κλιμάκων. Alia exempl. τῶν βαθμῶν.[17]

16. ‏וְעַד בֵּית הַגִּבֹּרִים‎. Ο΄. καὶ ἕως Βηθαγγαρίμ (potior scriptura Βηθαγγαβαρίμ). Alia exempl. καὶ ἕως οἴκου τῶν δυνατῶν.[18]

19. ‏מִנֶּגֶד עֲלֹת הַנֶּשֶׁק הַמִּקְצֹעַ‎. E regione ascensus armamentarii anguli. Ο΄. πύργου ἀναβάσεως τῆς συναπτούσης τῆς γωνίας. Alia exempl. ἐξεναντίας πύργου τῶν ὅπλων τῆς συναπτούσης εἰς τὴν γωνίαν.[19]

20. ‏אַחֲרָיו הֶחֱרָה הֶחֱזִיק‎. Post eum studiose in-

---

[27] Iidem. [28] Sic Codd. 93 (cum κατευφρόνουν), 108 (cum ἡμᾶς pro ἡμῶν). In textu LXXvirali pro καὶ ἦλθον ἐφ᾽ ἡμᾶς Comp. edidit καὶ κατεφρόνουν ἡμῶν. [29] Sic Codd. 93, 108. [30] Iidem. [31] Sic Comp. (cum καθ. καὶ ἀναστησώμεθα), Codd. 93, 108, 121.

Cap. III. [1] Sic Codd. 93, 108. Mox καὶ ἐχόμενα αὐτοῦ (sic constanter) ᾠκοδόμησεν Z. υἱὸς Ἀμαρὶ iidem. Cf. Hex. ad 1 Paral. vi. 31. [2] Sic Codd. III, 58, 93, 108. [3] Sic Codd. 93, 108. [4] Sic Comp., Codd. 93 (cum Μαριὲθ), 108. [5] Sic Comp. (om. οἱ), Codd. 93, 108. [6] Sic Comp. (cum εἰς δ. τοῦ κ. αὐτῶν), Codd. 93, 108.

[7] Sic Comp., Ald. (cum ἰασαναΐ), Codd. III (cum οἰσανά), 44, 64, alii. [8] Cod. 108 in marg. sine nom. [9] Sic Comp., Codd. 93, 108. [10] Iidem. [11] Iidem. Cf. Gataker Advers. Misc. p. 182. [12] Iidem. [13] Sic Codd. 93 (cum ἡγούμενος), 108. Cf. Hex. ad Esdr. x. 30. [14] Iidem. [15] Sic Codd. 93, 108 (cum ἐνίσχ.). [16] Sic Comp. (cum κολυμβήθραν pro κρήνης), Codd. 93 (cum prava scriptura καὶ τὴν πέλην τῆς πηγῆς ἐκραταίωσεν εἰς τὸν κ. τοῦ β.), 108. [17] Sic (cum καταβαινόντων) Comp., Codd. 93, 108. [18] Iidem. Hieron.: et usque ad domum fortium. [19] Sic Comp. (om. πύργον), Codd. 93, 108. Cf. Hex. ad 2 Paral.

stauravit. Ο'. μετ' αὐτὸν ἐκράτησε. Alia exempl. ὀπίσω εἰς τὸ ὄρος αὐτοῦ μετ' αὐτὸν ἐκραταίωσε.[20]

21. וְעַד־תַּכְלִית. Ο'. ἕως ἐκλείψεως (alia exempl. συντελείας[21]).

22. אַנְשֵׁי הַכִּכָּר. Ο'. ἄνδρες Ἐκχεχάρ (alia exempl. τοῦ πρωτοτόκου[22]).

24. מִבֵּית עֲזַרְיָה. Ο'. ἀπὸ Βηθαζαρία. Alia exempl. ἀπὸ τοῦ οἴκου Ἀζαρίου.[23]

25. וְהַמִּגְדָּל הַיּוֹצֵא..הָעֶלְיוֹן אֲשֶׁר לַחָצֵר. Ο'. καὶ ὁ πύργος ὁ ἐξέχων..ὁ ἀνώτερος ὁ τῆς αὐλῆς. Alia exempl. τοῦ πύργου τοῦ ἐξέχοντος..ἐπάνω τῆς αὐλῆς.[24]

26. עַד נֶגֶד שַׁעַר. Ο'. ἕως κήπου πύλης. Alia exempl. ἕως ἀπέναντι κήπου τῆς πύλης.[25]

31. עַד־בֵּית הַנְּתִינִים וְהָרֹכְלִים. Ο'. ἕως Βηθαναθινίμ, καὶ οἱ ῥοποπῶλαι (potior scriptura ῥωποπῶλαι. Cf. Hex. ad 3 Reg. x. 15. Ezech. xxvii. 8). Alia exempl. ἕως οἴκου τῶν Ναθιναίων καὶ τῶν μεταβόλων.[26]

הַמִּפְקָד. Ο'. τοῦ Μαφεκάδ. Alia exempl. τῆς ἐπισκέψεως.[27]

32. וּבֵין עֲלִיַּת הַפִּנָּה לְשַׁעַר. Ο'. καὶ ἀναμέσον (alia exempl. add. ἀναβάσεως[28]) τῆς πύλης. Alia exempl. καὶ ἕως ἀναμέσον τῆς ἀναβάσεως τῆς πύλης.[29]

הַצֹּרְפִים וְהָרֹכְלִים. Ο'. οἱ χαλκεῖς καὶ οἱ ῥοποπῶλαι. Alia exempl. οἱ χαλκουργοὶ καὶ οἱ μετάβολοι.[30]

Cap. IV.

1 (Hebr. iii. 33). וַיִּחַר לוֹ. Ο'. καὶ πονηρὸν αὐτῷ ἐφάνη (alia exempl. ἦν αὐτῷ; alia, ἐφάνη αὐτῷ, καὶ ἐλυπήθη[1]).

הַרְבֵּה. Ο'. ἐπὶ πολύ. Alia exempl. σφόδρα.[2]

וַיַּלְעֵג עַל־הַיְּהוּדִים. Ο'. καὶ ἐξεγέλα ἐπὶ τοῖς Ἰουδαίοις. Alia exempl. καὶ ἐμυκτήριζε τοὺς Ἰουδαίους.[3]

2 (34). וְחֵיל שֹׁמְרוֹן. Ο'. αὕτη ἡ δύναμις Σομόρων. Alia exempl. καὶ τῆς δυνάμεως Σαμαρείας.[4]

וַיֹּאמֶר מָה הַיְּהוּדִים הָאֲמֵלָלִים עֹשִׂים. Ο'. ὅτι οἱ Ἰουδαῖοι οὗτοι οἰκοδομοῦσι τὴν ἑαυτῶν πόλιν. Alia exempl. καὶ εἶπεν τί οἱ Ἰουδαῖοι οὐδαμινοὶ οὗτοι ποιοῦσιν, ὅτι οἰκοδομοῦσι τὴν ἑαυτῶν πόλιν;[5]

הֲיַעַזְבוּ לָהֶם. Ο'. Vacat. Alia exempl. μὴ καταλείψομεν αὐτούς;[6]

וְהֵמָּה שְׂרוּפוֹת. Ο'. καυθέντας. Alia exempl. καυθέντας, καὶ τὸ τεῖχος (וְהַחוֹמָה) ἐμπεπρησμένον.[7]

3 (35). אֲנִילוֹ. Ο'. ἐχόμενα αὐτοῦ ἦλθε. Alia exempl. ἦν ἐχόμενα αὐτοῦ.[8]

גַּם אֲשֶׁר־הֵם בּוֹנִים. Ο'. μὴ θυσιάζουσιν (potior scriptura θυσιάσουσιν) ἢ φάγονται ἐπὶ τοῦ τόπου αὐτῶν; Alia exempl. καίγε αὐτοὶ οἰκοδομοῦσιν· μὴ θυσιάζουσιν — αὐτῶν;[9]

אִם־יַעֲלֶה..וּפָרַץ. Ο'. οὐχὶ ἀναβήσεται..καὶ καθελεῖ. Alia exempl. ἐὰν ἀναβῇ..καθελεῖ.[10]

5 (37). עַל־עֲוֺנָם וְחַטָּאתָם מִלְּפָנֶיךָ אַל־תִּמָּחֶה כִּי

---

ix. 24.　　[20] Sie Comp. (cum ἐκράτησε pro μετ' αὐτὸν ἐκραταίωσε), Codd. 93, 108.　　[21] Iidem.　　[22] Sic Codd. 93, 108.　　[23] Sic Comp., Codd. 93, 108.　　[24] Sic Comp. (cum καὶ τοῦ πύργου), Codd. 93, 108.　　[25] Sic Comp. (om. τῆς), Codd. 93 (cum φυλῆς), 108.　　[26] Sic Comp., Codd. 93 (cum ἀθηναίων), 108. Cf. Hex. ad Ezech. xvii. 4.　　[27] Iidem. Hieron.: *contra portam judicialem.*　　[28] Sic Comp. (om. ἕως), Codd. 93, 108. Codd. II, 55.　　[29] Sic Comp. (om. ἕως), Codd. 93, 108.　　[30] Sic Comp. (cum χαλκεῖς), Codd. 93, 108.

Cap. IV. [1] Prior lectio est in Comp., Ald., Codd. III, 44, 52, 58, aliis; posterior in Codd. 93 (om. ἐφάνη), 108.

[2] Sic Codd. 93, 108.　　[3] Sic Codd. 93, 108 (cum -ρισε).　　[4] Sic Comp., Codd. 93 (om. δυνάμεως), 108.　　[5] Sic Comp. (cum οἱ οὐδ. οὗτοι π. οἱ Ἰουδαῖοι tantum), Codd. 93 (cum οἱ δυνάμενοι pro οὐδαμινοί), 108. Hesych.: Οὐδαμινός· οὐδενὸς λόγου ἄξιός ἐστι, βραχὺς, εὐτελής. S. Chrysost. Opp. T. XI, p. 88 F (de injuriis sibi illatis): Εἰ τοῦτο γέγονεν, οὐδὲν ἂν ἦν, οὐδαμινὸν ἀνθρώπων καὶ οὐδενὸς ἄξιον λόγου τοιαῦτα πάσχειν.　　[6] Sic Comp., Codd. 93 (cum ἑαυτούς), 108.　　[7] Sic Codd. 93, 108.　　[8] Iidem.　　[9] Sic Comp. (om. μὴ θυσιάζουσιν—αὐτῶν), Codd. 93, 108.　　[10] Sic Codd. 93, 108.

הַקְשִׁיבוּ לְנֶגֶד הַבּוֹנִים . Ο'. ἐπὶ ἀνομίαν. Alia exempl. ἐπὶ τὴν ἀνομίαν αὐτῶν, καὶ ἡ ἁμαρτία αὐτῶν ἐκ προσώπου σου μὴ ἐξαλειφθείη, ὅτι παρώργισαν ἐναντίον τῶν οἰκοδομούντων.[11]

6 (38). וַנִּבְנֶה אֶת־הַחוֹמָה וַתִּקָּשֵׁר כָּל־הַחוֹמָה עַד־ חֶצְיָהּ וַיְהִי לֵב לָעָם לַעֲשׂוֹת . Ο'. Vacat. Alia exempl. καὶ ᾠκοδομήσαμεν τὸ τεῖχος, καὶ συνήφθη πᾶν τὸ τεῖχος ἕως τοῦ ἡμίσους αὐτοῦ, καὶ ἐγένετο ἡ καρδία τοῦ λαοῦ ὥστε οἰκοδομῆσαι.[12]

7 (iv. 1). וְהָאַשְׁדּוֹדִים . Ο'. Vacat. Alia exempl. καὶ οἱ Ἀζώτιοι.[13]

הַפְּרָצִים . Ο'. αἱ διασφαγαί. Alia exempl. αἱ διακοπαί.[14]

וַיִּחַר לָהֶם . Ο'. καὶ πονηρὸν αὐτοῖς ἐφάνη (alia exempl. add. καὶ ἐλυπήθησαν[15]).

8 (2). לְהִלָּחֵם . Ο'. παρατάξασθαι. Alia exempl. καὶ πολεμῆσαι.[16]

וְלַעֲשׂוֹת לוֹ תּוֹעָה . Ο'. καὶ ποιῆσαι αὐτὴν ἀφανῆ (alia exempl. add. καὶ ποιῆσαί μοι πλάνησιν[17]).

11 (5). צָרֵינוּ . Ο'. οἱ θλίβοντες ἡμᾶς. Alia exempl. οἱ ἐκθλίβοντες ἡμᾶς, καὶ οἱ ἐπίβουλοι ἡμῶν.[18]

וַהֲרַגְנוּם . Ο'. καὶ φονεύσωμεν αὐτούς (alia exempl. praemitt. καὶ καταρράξωμεν αὐτούς[19]).

12 (6). אֲשֶׁר־תָּשׁוּבוּ . Ο'. Vacat. Alia exempl. ὧν (s. ὅτι) ἐπεστρέψατε.[20]

13 (7). וָאַעֲמִיד מִתַּחְתִּיּוֹת לַמָּקוֹם מֵאַחֲרֵי לַחוֹמָה (in locis glabris) בַּצְּחִיחִים . Ο'. καὶ ἔστησα εἰς τὰ κατώτατα τοῦ τόπου κατόπισθεν τοῦ τείχους ἐν τοῖς σκεπεινοῖς. Alia exempl. add. καὶ ἔστησα ὑποκάτωθεν τοῦ τόπου ἐξόπισθεν τοῦ τείχους ἐν τοῖς ἀναπεπταμένοις.[21]

13 (7). לְכְשַׁפְחוֹת . Ο'. κατὰ δήμους. Alia exempl. κατὰ συγγενείας αὐτῶν.[22]

14 (8). אֶת־אֲדֹנָי..זְכֹרוּ . Ο'. μνήσθητε τοῦ θεοῦ ἡμῶν.. Alia exempl. καὶ ὥρκισα αὐτοὺς κύριον λέγων· τοῦ θεοῦ ἡμῶν.. μνήσθητε.[23]

16 (10). נְעָרַי . Puerorum meorum. Ο'. τῶν ἐκτετιναγμένων (alia exempl. ἐκτεταγμένων; alia, παρατεταγμένων[24]).

17 (11). עֹמְשִׂים . Imponebant (onus). Ο'. ἐν ὅπλοις. Alia exempl. ἔνοπλοι.[25]

הַשֶּׁלַח . Ο'. τὴν βολίδα. Alia exempl. τὸ ὅπλον.[26]

22 (16). אִישׁ וְנַעֲרוֹ . Ο'. ἕκαστος μετὰ τοῦ νεανίσκου αὐτοῦ. Alia exempl. ἀνὴρ καὶ τὸ παιδάριον αὐτοῦ.[27]

23 (17). וְאֵין אֲנִי וְאַחַי וּנְעָרַי . Ο'. καὶ ἤμην ἐγώ. Alia exempl. καὶ ἤμην ἐγὼ καὶ οἱ ἀδελφοί μου καὶ τὰ παιδάρια.[28]

אִישׁ שִׁלְחוֹ הַמָּיִם . Ο'. Vacat. Alia exempl. καὶ ἄνδρα ὃν ἀπέστελλον (שְׁלָחוֹ) ἐπὶ τὸ ὕδωρ· ἀνὴρ καὶ ὅπλον αὐτοῦ εἰς τὸ ὕδωρ.[29]

CAP. V.

2. וְנִקְחָה . Ο'. καὶ ληψόμεθα. Alia exempl. δότε οὖν ἡμῖν.[1]

---

[11] Sic Comp. (om. τήν), Codd. 93, 108. Lucif. Calar.: (Et ne operias) iniquitatem ipsorum, et peccata eorum a facie tua non deleantur ... [12] Iidem. [13] Sic Comp., Codd. 71, 93, 106, 108 (cum Ἀζάτοι), alii. [14] Sic Cod. 93. [15] Sic Codd. 93, 108. Cf. ad v. 1. [16] Iidem. [17] Sic Codd. 93, 108 (cum ποιήσομαι pro ποιήσοί μοι). Lectio textualis deest in Ald., Codd. II, III, XI, 52, 55, aliis (inter quos 243), et fortasse Symmachi est. [18] Sic Codd. 93, 108 (cum ἐπίλοι). [19] Sic Codd. 93, 108 (cum παρατάξωμεν). [20] Sic Comp. (cum ὅτι), Codd. 93, 108 (ut Comp.). [21] Sic Codd. 93 (cum ἔστησαν), 108. Suidas: Ἀναπεπταμένα χωρία· πεδία, κάμποι. [22] Iidem.

Statim μετὰ τῶν μαχαιρῶν αὐτῶν, καὶ τῶν δοράτων αὐτῶν, καὶ τῶν τόξων αὐτῶν iidem. [23] Sic Codd. 93 (cum ὥρηψα), 108 (cum ὥρησα). [24] Prior lectio est in Comp., Ald., Codd. III, XI, 44, 52, 58, aliis (inter quos 243); posterior in Codd. 93, 108. Ad ἐκτεταγμένων (Hieron. excussorum) cf. Hex. ad Psal. cxxvi. 4. Neh. v. 15. [25] Sic Comp., Ald., Codd. 93, 108, 119, 248. [26] Sic Codd. 93, 108. [27] Iidem. Clausula deest in Codd. II, III, XI, 55, 58. [28] Sic Comp., Codd. 93, 108. [29] Duplex versio est in Codd. 93, 108 (cum καὶ τὸ ὅπλον); posterior tantum in Comp.

CAP. V. [1] Sic Codd. 93, 108. Mox (v. 3) τοὺς ἀγρούς

4. שְׂדֹתֵינוּ וגו׳. Ο'. ἀγροὶ ἡμῶν κ. τ. ἑ. Alia exempl. ἐπὶ τοῖς ἀγροῖς ἡμῶν κ. τ. ἑ.[2]

5. וְיֵשׁ מִבְּנֹתֵינוּ נִכְבָּשׁוֹת. Ο'. καὶ εἰσὶν ἀπὸ θυγατέρων ἡμῶν καταδυναστευόμεναι. Alia exempl. καί τινες τῶν θυγατέρων ἡμῶν βίᾳ ἀφαιροῦνται.[3]

וְאֵין לְאֵל יָדֵנוּ. Ο'. καὶ οὐκ ἔστι δύναμις χειρῶν ἡμῶν. Alia exempl. καὶ οὐκ ἰσχύει ἡ χεὶρ ἡμῶν.[4]

7. וַיִּמָּלֵךְ לִבִּי עָלַי. Ο'. καὶ ἐβουλεύσατο καρδία μου ἐπ' ἐμέ. Alia exempl. καὶ ἐβουλευσάμην ἐν τῇ καρδίᾳ μου.[5]

וָאָרִיבָה. Ο'. καὶ ἐμαχεσάμην (alia exempl. ἐκρίθην[6]).

וָאֶתְּנָה. Ο'. καὶ ἔδωκα (alia exempl. συνήγαγον[7]).

8. כְּדֵי בָנוּ. Quantum in nobis erat. Ο'. ἐν ἑκουσίῳ ἡμῶν. Alia exempl. ἱκανῶς τέκνα ἐποιήσατε.[8]

וְנִמְכְּרוּ־לָנוּ. Ο'. καὶ παραδοθήσονται (alia exempl. πραθήσονται[9]) ἡμῖν.

10. הַזֶּה (usuram) נַעַזְבָה־נָּא אֶת־הַמַּשָּׁא. Ο'. ἐγκαταλίπωμεν δὴ τὴν ἀπαίτησιν ταύτην. Alia exempl. ἀποθέσθαι ἀφ' ἡμῶν τὸ βάρος (הַמַּשָּׁא) τοῦτο.[10]

11. הָשִׁיבוּ נָא. Ο'. ἐπιστρέψατε δή. Alia exempl. καὶ ἀπόδοτε αὐτοῖς.[11]

14. גַּם מִיּוֹם. Ο'. ἀπὸ ἡμέρας. Alia exempl. καίγε ἀπὸ τῆς ἡμέρας.[12]

לֶחֶם הַפֶּחָה לֹא אָכַלְתִּי. Ο'. βίαν αὐτῶν οὐκ ἔφαγον. Alia exempl. ἄρτον τῆς ἡγεμονίας μου οὐκ ἐφάγομεν.[13]

15. וְהַפַּחוֹת הָרִאשֹׁנִים אֲשֶׁר־לְפָנַי הִכְבִּידוּ עַל־

הָעָם. Ο'. καὶ τὰς βίας τὰς πρώτας ἃς πρὸ ἐμοῦ ἐβάρυναν ἐπ' αὐτούς. Alia exempl. οἱ δὲ ἄρχοντες οἱ ἔμπροσθέν μου ἐβάρυναν κλοιὸν ἐπὶ τὸν λαόν.[14]

15. שְׁקָלִים. Ο'. δίδραγμα. Alia exempl. σίκλους.[15]

גַּם נַעֲרֵיהֶם שָׁלְטוּ. Ο'. καὶ οἱ ἐκτετιναγμένοι αὐτῶν ἐξουσιάζονται. Alia exempl. καίγε τὰ παιδάρια αὐτῶν ἐκυρίευσαν.[16]

16. הֶחֱזַקְתִּי הַחוֹמָה הַזֹּאת. Ο'. τοῦ τείχους τούτων οὐκ ἐκράτησα. Alia exempl. τοῦ τείχους τούτου κατίσχυσα.[17]

וְכָל־נְעָרַי. Ο'. καὶ πάντες. Alia exempl. καὶ τὰ παιδάριά μου καὶ πάντες.[18]

17. וְהַסְּגָנִים. Ο'. Vacat. Alia exempl. καὶ οἱ ἄρχοντες.[19]

עַל־שֻׁלְחָנִי. Ο'. ἐπὶ τράπεζάν μου. Alia exempl. ἐπὶ τὴν τράπεζάν μου ἐξενίζοντο.[20]

18. וּבֵין עֲשֶׂרֶת יָמִים. Ο'. καὶ ἀναμέσον (alia exempl. διὰ[21]) δέκα ἡμερῶν.

הַפֶּחָה. Ο'. τῆς βίας. Alia exempl. τῆς ἡγεμονίας μου.[22]

כָבְדָה הָעֲבֹדָה. Ο'. βαρεῖα ἡ δουλεία. Alia exempl. ἐβαρύνθη τὸ ἔργον.[23]

CAP. VI.

1. וְלֹא־נוֹתַר בָּהּ פֶּרֶץ. Ο'. καὶ οὐ κατελείφθη ἐν αὐτοῖς πνοή. Alia exempl. καὶ οὐχ ὑπελείφθη ἐν αὐτῷ διακοπή.[1]

4. אַרְבַּע פְּעָמִים. Ο'. Vacat. Alia exempl. τέταρτον καθόδους; alia, τέσσαρσιν καθόδοις.[2]

ἡμῶν καὶ τοὺς ἀμπελῶνας ἡμῶν καὶ τὰς οἰκίας ἡμῶν ἡμεῖς διενεγγυήσαμεν, καὶ ἐλάβομεν σῖτον, καὶ ἐφάγομεν iidem. [2] Iidem. [3] Iidem. [4] Iidem. [5] Iidem. [6] Iidem (cum μετὰ τῶν ἐντίμων κ. τ. ἑ.). Cf. ad Cap. xiii. 11. [7] Sic Codd. 93 (cum συνῆγον), 108. Hieron.: et congregavi. [8] Sic Codd. 93, 108, 121. Vide Parsons. in Var. Lect. [9] Sic Comp., Codd. 93, 108 (cum παραθήσονται), 119, 121. [10] Sic Codd. 93, 108 (cum ἡμῶν), 121 (idem). [11] Sic Codd. 93, 108. [12] Sic Comp., Codd. 93, 108. [13] Sic Comp., Codd. 93, 108, 121. [14] Sic Comp. (om. κλοιὸν), Codd. 93, 108, 121. [15] Iidem. [16] Sic Comp., Codd. 93, 108.

[17] Sic Codd. 93, 108. [18] Sic Comp., Codd. 93, 108. [19] Iidem. [20] Sic Codd. 93 (om. τὴν), 108, 121 (ut 93). [21] Sic Codd. 93, 108. Locutio optime Graeca, διὰ δέκα ἡμερῶν, decimo quoque die, nescio an Symmachum interpretem arguant. [22] Sic Comp., Codd. 93, 108. [23] Sic Codd. 93, 108.

CAP. VI. [1] Sic Comp. (cum οὐ κατ.), et cum duplici versione Codd. 93 (cum οὐ ὑπελήφθη ἐν αὐτοῖς), 108. [2] Prior lectio est in Codd. 44, 74, 106, aliis; posterior in Comp., Codd. 93, 108.

5. כַּדָּבָר הַזֶּה. Ο΄. Vacat. Alia exempl. κατὰ τὸν λόγον τοῦτον.[3]

פַּעַם חֲמִישִׁית. Ο΄. Vacat. Alia exempl. τὸν πέμπτον.[4]

6. וַיַּשָּׁבוּ אֹמֵר. Ο΄. Vacat. Alia exempl. καὶ Γησὰμ εἶπεν.[5]

7. הַעֲמַדְתָּ. Ο΄. ἔστησας. Alia exempl. ἐξήγειρας.[6]

לִקְרֹא עָלֶיךָ..לֵאמֹר מֶלֶךְ בִּיהוּדָה. Ο΄. ἵνα καθίσῃς.. εἰς βασιλέα ἐπὶ Ἰούδα. Alia exempl. κηρύσσειν περὶ σοῦ.. λέγοντας ὅτι ἐβασίλευσας ἐν τῇ Ἰουδαίᾳ.[7]

9. חַזֵּק אֶת־יָדַי. Ο΄. ἐκραταίωσα τὰς χεῖράς μου. Alia exempl. ἐκραταιώθησαν αἱ χεῖρές μου.[8]

10. וְנִסְגְּרָה דַּלְתוֹת הַהֵיכָל. Ο΄. καὶ κλείσωμεν τὰς θύρας αὐτοῦ. Alia exempl. καὶ ἀποκλείσωμεν τὰς θύρας τοῦ ναοῦ.[9]

כִּי בָאִים לְהָרְגֶךָ וְלַיְלָה בָּאִים לְהָרְגֶךָ. Ο΄. ὅτι ἔρχονται νυκτὸς φονεῦσαί σε. Alia exempl. ὅτι ἔρχονται φονεῦσαί σε νυκτός, ἔρχονται ἀποκτεῖναί σε.[10]

11. הָאִישׁ כָּמוֹנִי יִבְרָח וּמִי כָמוֹנִי אֲשֶׁר־יָבוֹא. Ο΄. τίς ἐστιν ὁ ἀνὴρ ὃς εἰσελεύσεται. Alia exempl. τίς ἐστιν ὁ ἀνὴρ οἷος ἐγὼ φεύξεται; ἢ τίς οἷος ἀνὴρ ὃς εἰσελεύσεται.[11] Alia: μὴ ἀνὴρ ἐγὼ οἷος ἀποδιδράσκειν; ἢ τίς οἷος ἐγὼ ὅστις εἰσελεύσεται.[12]

לֹא אָבוֹא. Ο΄. Vacat. Alia exempl. οὐκ εἰσελεύσομαι.[13]

12. כִּי הַנְּבוּאָה דִבֶּר עָלַי. Ο΄. ὅτι ἡ προφητεία

λόγος κατ' ἐμοῦ. Alia exempl. ὅτι ἡ προφῆτις ἐλάλησε πρός μέ.[14]

12, 13. שְׂכָרוֹ: לְמַעַן שָׂכוּר הוּא. Ο΄. ἐμισθώσαντο ἐπ' ἐμὲ ὄχλον. Alia exempl. ἐμισθώσαντο αὐτόν.[15]

14. וְגַם לְנוֹעַדְיָה הַנְּבִיאָה. Ο΄. καὶ τῷ Νωαδίᾳ τῷ προφήτῃ. Alia exempl. καίγε τῇ Ὤδῃ τῇ προφήτιδι.[16]

הָיוּ מְיָרְאִים. Ο΄. ἦσαν φοβερίζοντες. Alia exempl. ἐνουθέτουν.[17]

17. מַרְבִּים חֹרֵי יְהוּדָה אִגְּרֹתֵיהֶם. Ο΄. ἀπὸ πολλῶν ἐντίμων Ἰούδα ἐπιστολαί. Alia exempl. πολλοὶ ἦσαν τῶν ἐντίμων τῶν Ἰουδαίων, ὧν αἱ ἐπιστολαὶ αὐτῶν.[18]

19. גַם טוֹבֹתָיו הָיוּ אֹמְרִים לְפָנַי. Ο΄. καὶ τοὺς λόγους αὐτοῦ ἦσαν λέγοντες πρός μέ. Alia exempl. καίγε τὰ συμφέροντα αὐτῷ ἔλεγον ἐνώπιόν μου.[19]

CAP. VII.

2. שַׂר הַבִּירָה. Ο΄. ἄρχοντι τῆς βιρά (alia exempl. τῆς βάρεως[1]).

מֵרַבִּים. Ο΄. παρὰ (alia exempl. ὑπὲρ[2]) πολλούς.

3. עַד־חֹם הַשֶּׁמֶשׁ. Ο΄. ἕως ἅμα τῷ ἡλίῳ. Alia exempl. ἕως ἂν ἀνατείλῃ ὁ ἥλιος.[3]

וְאָחֹזוּ. Ο΄. καὶ σφηνούσθωσαν (alia exempl. ἀσφαλιζέσθωσαν[4]).

4. רַחֲבַת יָדַיִם. Ο΄. πλατεῖα. Alia exempl. πλατεῖα χερσίν.[5]

❖　　　　　　　　　　　　　　　　❖

---

[3] Sic Comp., Codd. 93, 108.　[4] Sic Comp., Ald., Codd. 52, 64, 93, 108, 243, 248. Alii post τὸν παῖδα αὐτοῦ inferunt τὸ πέμπτον.　[5] Sic Comp., Ald., Codd. 52, 64, 93, 108, alii.　[6] Sic Codd. 93, 108.　[7] Sic Comp., Codd. 93 (om. ἐν), 108.　[8] Sic Codd. 93, 108.　[9] Iidem.　[10] Iidem. Comp.: ὅτι ἔρχ. φ. σε, ἔρχ. νυκτὸς φ. σε.　[11] Sic Comp. (cum τίς ἐστιν ἀνὴρ ... ἢ τίς οἷος ἐγὼ εἰσ.), Ald. (ut Comp., nisi ἐγὼ ὃς εἰσ.), Codd. III, 52 (om. ἀνήρ), 64 (idem), 71, alii.　[12] Sic Codd. 93 (eum –κειν), 108 (cum εἴτις pro ἢ τίς). Symmachum sapit constructio elegantior, οἷος ἀποδιδράσκειν, Anglice, likely to run away. Statim ναὸν pro οἶκον iidem.　[13] Sic Comp., Codd. 93, 108.

[14] Sic Codd. 93 (cum προφήτης), 108.　[15] Sic Comp., Codd. 93 (cum αὐτὸν ἐμισθώσαντο), 108 (cum ἐμισθώσατο).　[16] Sic Codd. 93, 108 (cum Ὤδῃ).　[17] Iidem.　[18] Sic Codd. 93 (cum πολλοὶ ὧν ἦσαν), 108.　[19] Sic Comp. (cum ἔλεγον), Codd. 93, 108 (ut Comp.).

CAP. VII. [1] Sic Codd. 93, 108. Cf. ad Cap. ii. 8.　[2] Sic Comp., Codd. 58, 93, 108; minus exquisite. Cf. Psal. cxxxiv. 5. Luc. xiii. 2.　[3] Sic Codd. 93, 108 (om. ἂν). Hebraeo convenientius foret, ἕως ἂν διαθερμανθῇ ὁ ἥλιος, ut Seniores Exod. xvi. 21. 1 Reg. xi. 9.　[4] Sic Comp., Codd. 93, 108.　[5] Iidem. Cf. Hex. ad Gen. xxxiv. 21. Psal. ciii. 25.

4. בְּתוֹכָהּ. Ο'. ἐν αὐτῇ. Alia exempl. ἐν μέσῳ αὐτῆς.⁶

5. וָאֶקְבְּצָה. Ο'. καὶ συνῆξα (alia exempl. συνήθροισα⁷).

לְהִתְיַחֵשׂ. Ο'. εἰς συνοδίας. Alia exempl. εἰς γενεαλογίαν.⁸

הָעוֹלִים בָּרִאשׁוֹנָה. Ο'. οἱ ἀνέβησαν ἐν πρώτοις. Alia exempl. τῶν ἀναβάντων ἐν ἀρχῇ.⁹

7. הַבָּאִים. Ο'. Vacat. Alia exempl. οἱ ἐλθόντες.¹⁰

רַעַמְיָה. Ο'. Ῥεελμά. Alia exempl. Δαμίας.¹¹
Ο'. Ἔσδρα. Alia exempl. vacant.¹²

נְחוּם. Ο'. Ἰναούμ. Alia exempl. Ναούμ.¹³

11. בְּנֵי־פַחַת מוֹאָב. Ο'. υἱοὶ Φαὰθ (alia exempl. Φαὰθ ἡγουμένου¹⁴) Μωάβ.

33. נְבוֹ אַחֵר. Ο'. Ναβία, ἑκατόν (potior scriptura Ναβιαάρ¹⁵). Alia exempl. Ναβαῦ.¹⁶

63. אֲשֶׁר לָקַח...אִשָּׁה וַיִּקָּרֵא. Ο'. ὅτι ἔλαβον... γυναῖκας, καὶ ἐκλήθησαν. Alia exempl. ὃς ἔλαβεν... γυναῖκα, καὶ ἐκλήθη.¹⁷

64. הַמִּתְיַחְשִׂים. Ο'. τῆς συνοδίας. Alia exempl. οἱ γενεαλογοῦντες.¹⁸

וַיִּגֹאֲלוּ מִן־הַכְּהֻנָּה. Ο'. καὶ ἠγχιστεύθησαν ἀπὸ τῆς ἱερατείας. Alia exempl. καὶ ἀπώσθησαν ἐκ τῆς ἱεροσύνης.¹⁹

65. לָאוּרִים וְתֻמִּים. Ο'. φωτίσων. Alia exempl.

τοῖς φωτισμοῖς καὶ ταῖς τελειώσεσιν.²⁰ Ἄλλος· τῶν δήλων .²¹

66. כְּאֶחָד. Ο'. Vacat. Alia exempl. ὁμοθυμαδόν.²²

67. וְלָהֶם מְשֹׁרְרִים. Ο'. καὶ (alia exempl. καὶ ἐν αὐτοῖς²³) ᾄδοντες.

68, 69. סוּסֵיהֶם—וְעֶשְׂרִים. Ο'. ὄνοι δισχίλιοι ἑπτακόσιοι. Alia exempl. ἵπποι ἑπτακόσιοι τριακονταέξ· ἡμίονοι διακόσιοι τεσσαρακονταπέντε· κάμηλοι τετρακόσιοι τριακονταπέντε· ὄνοι ἑξακισχίλιοι ἑπτακόσιοι εἴκοσι.²⁴ Alia· κάμηλοι αὐτῶν τετρακόσιοι τριακονταπέντε· ὄνοι αὐτῶν ἑξακισχίλιοι ἑπτακόσιοι καὶ εἴκοσι· ἡμίονοι αὐτῶν διακόσιοι τεσσαρακονταπέντε· ἵπποι αὐτῶν ἑπτακόσιοι τριακονταέξ.²⁵

70. הַתִּרְשָׁתָא. Ο'. τῷ Νεεμίᾳ. Alia exempl. τῷ ἀρθασασθά; alia, ἀρθασασθά.²⁶

נָתַן לָאוֹצָר. Ο'. εἰς (alia exempl. ἔδωκαν εἰς²⁷) θησαυρόν. Alia exempl. ἔδωκεν εἰς τὸν θησαυρόν.²⁸

זָהָב דַּרְכְּמֹנִים אֶלֶף. Ο'. χρυσοῦς χιλίους. Alia exempl. χρυσίου δραχμὰς χιλίους.²⁹

70, 72. כָּתְנוֹת כֹּהֲנִים (bis). Ο'. καὶ χωθωνὼθ τῶν ἱερέων. Alia exempl. στολὰς ἱερατικάς.³⁰

71. וְזָהָב דַּרְכְּמֹנִים. Ο'. χρυσοῦ νομίσματος. Alia exempl. χρυσίου δραχμάς.³¹

72. וַאֲשֶׁר נָתְנוּ—אֲלָפִים. Ο'. ※ καὶ ἔδωκαν (alia exempl. καὶ ἃ δεδώκασιν³²)—διακοσίας (◄).³³

---

⁶ Sic Codd. 93 (cum αὐτῶν), 108, 121. ⁷ Sic Codd. 93, 108. ⁸ Iidem. Mox βιβλίον τῆς γενεαλογίας (הַיַּחַשׂ) iidem. * ⁹ Iidem. ¹⁰ Sic Comp., Codd. 93, 108. ¹¹ Sic Codd. 93 (cum Δαίμίας), 108. ¹² Sic Comp., Codd. 93, 108. ¹³ Sic Comp., Codd. II, III, 93, 108. ¹⁴ Sic Codd. 93, 108, 121. Cf. Hex. ad Esdr. ii. 6. ¹⁵ Sic Cod. II, teste Maio: Ναβιαᾶ ρ̄. Comp.: Ναβάβ ἑτέρου. Cf. Hex. ad Esdr. ii. 31. ¹⁶ Sic Comp. (cum Ναβάβ), Codd. 93, 108 (ut Comp.). ¹⁷ Sic Comp., Codd. III (cum ὅτι ἔλαβον), Codd. 93, 108. ¹⁸ Sic Codd. 93, 108. ¹⁹ Sic Comp. (cum ἀπὸ τῆς ἱερατείας), Codd. 93, 108. Cf. Hex. ad Esdr. ii. 62. ²⁰ Iidem. Cf. Hex. ad Lev. viii. 8. Cod. 64 in marg. sine nom. (cum ἀδήλων). Cf. Hex. ad Num. xxvii. 21. 1 Reg. xxviii. 6. ²¹ Sic Comp., Codd. 93, 108. Cf. Hex. ad Esdr. ii. 64. ²² Sic Codd. 93, 108. Hieron.: et inter eos cantores.

²⁴ Sic Comp., Ald. (om. (τεσσαρακονταπέντε) ἵπποι ἑξακόσιοι, et τετρακόσιοι), Codd. III, 44 (praem. ὄνοι δισχ. ἑπτακόσιοι), 52 (cum τριακόσιοι pro τετρακόσιοι), 58, 64 (ut 52), alii (inter quos 243, om. τετρακόσιοι). ²⁵ Sic Codd. 93, 108 (cum εἴκοσι pro καὶ εἴκοσι, et οἱ ἵπποι pro ἵπποι). ²⁶ Prior lectio est in Comp., Codd. III (cum ἀθιρσαθὰ), 58 (cum ἀρθασθά), 71 (cum ἀρθασθαὶ), 74, aliis (inter quos 243); posterior in Ald., Codd. 44 (cum ἀρθασθά), 52, 64, 93 (cum ἀθαρασθὰς), 108 (idem). ²⁷ Sic Ald., Codd. III, 52, 58, 64, 119, 243. ²⁸ Sic Codd. 93, 108. ²⁹ Sic Comp., Codd. 93, 108. ³⁰ Sic Comp. (cum στ. τῶν ἱερέων), Codd. 93, 108. Cf. Hex. ad Esdr. ii. 69. ³¹ Sic Codd. 93, 108. ³² Iidem. ³³ Haec desunt in Codd. II, III, 71; asterisco autem notantur in Codd. Frid. Aug. (manu tertia), 64 (cum toto commate, teste Parsons.).

Cap. VIII.

1. אֶל־הָרְחוֹב‎. Ο'. εἰς τὸ πλάτος. Alia exempl. εἰς τὴν πλατεῖαν.[1]

2. וְכֹל מֵבִין לִשְׁמֹעַ‎. Ο'. καὶ πᾶς ὁ συνιῶν ἀκούειν. Alia exempl. καὶ παντὸς ἀκούοντος συνιέναι.[2]

3. לִפְנֵי הָרְחוֹב אֲשֶׁר לִפְנֵי שַׁעַר־הַמַּיִם‎. Ο'. Vacat. Alia exempl. ἀπέναντι τῆς πλατείας τῆς ἔμπροσθεν τῆς πύλης τῶν ὑδάτων.[3]

4. אֲשֶׁר עָשׂוּ לַדָּבָר‎. Ο'. Vacat. Alia exempl. ὃ ἐποίησεν εἰς τὸ δημηγορῆσαι ἐν τῷ λαῷ.[4]

7. וְיֵשׁוּעַ וּבָנִי שֵׁרֵבְיָה יָמִין עַקּוּב שַׁבְּתַי הוֹדִיָּה מַעֲשֵׂיָה קְלִיטָא עֲזַרְיָה יוֹזָבָד חָנָן פְּלָאיָה וְהַלְוִיִּם מְבִינִים אֶת־הָעָם‎. Ο'. ἦσαν συνετίζοντες τὸν λαόν. Alia exempl. ἦσαν συνετίζοντες· Ἀκαῦ, Σαββαθαῖος, Κάμπτας, Ἀζαρίας, Ἰωζαβαδὰν, Ἀνιφανὲς, καὶ οἱ Λευῖται ὑπεδίδασκον τὸν λαόν.[5] Alia: καὶ Ἰαμεὶν ἦσαν συνετίζοντες· καὶ Ἀκοὺβ, καὶ Σαββαθαῖος, καὶ Ὠδουίας, καὶ Μαασίας, καὶ Καλλίτας, καὶ Ἀζαρίας, καὶ Ἰωζαβὲλ, καὶ Ἄναν, καὶ Φαλαίας, καὶ οἱ Λευῖται ἦσαν συνετίζοντες τὸν λαόν.[6]

9. הוּא הַתִּרְשָׁתָא‎. Ο'. Vacat. Alia exempl. ὅς ἐστιν ἀθαρασθάς.[7]

10. וְאַל־תֵּעָצֵבוּ‎. Ο'. καὶ μὴ διαπέσητε (alia exempl. λυπεῖσθε[*]). כִּי־חֶדְוַת יְהוָה הִיא‎. Ο'. ὅτι ἐστὶ κύριος. Alia exempl. ὅτι ἡ χαρὰ κυρίου αὕτη ἐστίν; alia, ὅτι ἡ εὐφροσύνη κυρίου αὕτη ἐστίν.[9]

11. חָסוּ‎. Ο'. σιωπᾶτε. Alia exempl. ἡσυχάζετε.[10]

13. לְכָל־הָעָם‎. Ο'. σὺν τῷ παντὶ λαῷ. Alia exempl. παντὸς τοῦ λαοῦ.[11] וּלְהַשְׂכִּיל‎. Ο'. ἐπιστῆσαι (πρὸς πάντας). Alia exempl. τοῦ συνιέναι (πάντας).[12]

15. תְּמָרִים‎. Ο'. φοινίκων. Alia exempl. φοινίκων καὶ ἄγνου.[13]

16. וּבִרְחוֹב שַׁעַר הַמַּיִם‎. Ο'. καὶ ἐν πλατείαις τῆς πόλεως (alia exempl. add. καὶ ἐν ταῖς πλατείαις τῆς πύλης τῶν ὑδάτων[14]). וּבִרְחוֹב שַׁעַר‎. Ο'. καὶ ἕως πύλης. Alia exempl. καὶ ἐν ταῖς πλατείαις τῆς πύλης.[15]

17. מְאֹד‎. Ο'. Vacat. Alia exempl. σφόδρα.[16]

Cap. IX.

1. וַאֲדָמָה‎. Ο'. καὶ σποδῷ. Alia exempl. καὶ κόνις.[1]

3. רְבִיעִית הַיּוֹם וּרְבִיעִית מִתְוַדִּים‎. Ο'. καὶ ἦσαν ἐξαγορεύοντες τῷ κυρίῳ. Alia exempl. τὸ τέταρτον τῆς ἡμέρας, καὶ ἦσαν ἐξαγορεύοντες τῷ κυρίῳ τὸ τέταρτον τῆς ἡμέρας.[2]

4. בְּנֵי שֵׁרֵבְיָה‎. Ο'. υἱὸς Σαραβία. Alia exempl. Βοννείας, Σαραίας.[3]

5. בְּנֵי חֲשַׁבְנְיָה שֵׁרֵבְיָה הוֹדִיָּה שְׁבַנְיָה פְתַחְיָה‎. Ο'. Vacat. Alia exempl. Βοννείας, Σαραβίας, Σαβανίας, Ὠδουίας, Σεχενίας, Φεσσίας.[4] וִיבָרְכוּ שֵׁם כְּבֹדֶךָ וּמְרוֹמַם עַל־כָּל־בְּרָכָה וּתְהִלָּה‎. Ο'. καὶ εὐλογήσουσιν ὄνομα δόξης σου, καὶ ὑψώ-

---

CAP. VIII. [1] Sic Codd. 93, 108 (qui pergunt: τὴν κατὰ πρόσωπον τῆς πύλης τῶν ὑδάτων). [2] Iidem. [3] Sic Comp., Codd. 93, 108. [4] Sic Comp. (om. ἐν τῷ λαῷ), Codd. 93, 108. Hieron.: quem fecerat ad loquendum. [5] Sic Ald. (cum Ἀκὰν, Σαβαθαῖος), Codd. 52 (cum Σαββαθαίας, Κάμπας), 64 (cum Σαββαθαῖος), 74 (cum Σαββαραῖος), alii. [6] Sic Comp. (om. ἦσαν συνετίζοντες in priore loco, cum Σαββαθαῖος et Ἰωσαβὶθ), Codd. 93 (cum Ἀκκοὺβ καὶ Σαμβαθαῖος, et Ζαχαρίας pro Ἀζαρίας), 108 (cum Σαββοθαῖος) 121 (cum Ἀκκοὺβ καὶ Σαββαθαῖος .. Ἰωζαβαδὰν καὶ Ἄνναν καὶ Φαλίας). [7] Sic Comp. (cum ἀταρασθά), Codd. 93, 108 (cum ἐφθαρασθάς). [8] Sic Codd. 93 (cum λυπηθῆ), 108. [9] Prior lectio est in Comp., Ald., Codd. 52 (om. αὕτη), 64 (idem), 119, 243, 248; posterior in Codd. 93 (om. ἡ), 108 (utroque cum ἡ ἰσχὺς ἡμῶν). [10] Sic Codd. 93, 108. Mox λυπεῖσθε pro καταπίπτετε iidem. [11] Iidem. [12] Iidem. [13] Iidem. Cf. Lev. xxiii. 40 in LXX. [14] Sic Comp. (cum ἐν πλατείαις τ. π. τῶν ὑδάτων tantum), Codd. 108, 121 (cum ἐν τῇ πλατείᾳ). [15] Sic Comp., Cod. 108. [16] Sic Comp., Codd. 93, 108, 121.

CAP. IX. [1] Sic Comp. (cum κόνις), Codd. 93, 108 (ut Comp.). Lectio Symmachum refert, coll. Hex. ad 2 Reg. i. 2. [2] Sic Comp., Codd. 93 (om. καὶ), 108. [3] Sic Codd. 93 (cum Βοννίας), 108. [4] Sic Comp. (cum Σαβανίας), Codd. 93 (cum Βοννίας et Φεσσέλας), 108.

σουσιν ἐπὶ πάσῃ εὐλογίᾳ καὶ αἰνέσει. Alia exempl. καὶ εὐλογεῖτε τὸ ὄνομα τῆς δόξης τοῦ ὑπερυψουμένου ἐπὶ παντὸς ἐν ἀγαλλιάσει καὶ ἐν αἰνέσει.[5]

6. וְכָל־צְבָאָם. Ο'. καὶ πᾶσαν τὴν στάσιν (alia. exempl. πάσας τὰς δυνάμεις[6]) αὐτῶν.

8. וְהַגִּרְגָּשִׁי. Ο'. καὶ Γεργεσαίων (alia exempl. add. καὶ Εὐαίων[7]).

לָתֵת לְזַרְעוֹ. Ο'. καὶ (alia exempl. add. δοῦναι αὐτὴν[8]) τῷ σπέρματι αὐτοῦ.

9. אֶת־עֳנִי. Ο'. τὴν ταπείνωσιν (alia exempl. κάκωσιν[9]).

10. וּמֹפְתִים. Ο'. καὶ τέρατα ἐν Αἰγύπτῳ. Alia exempl. ἐν Αἰγύπτῳ; alia, ἐν Αἰγύπτῳ καὶ τέρατα.[10]

כִּי יָדַעְתָּ כִּי הֵזִידוּ. Ο'. ὅτι ἔγνως ὅτι ὑπερηφάνησαν. Alia exempl. ἔγνως γὰρ σὺ, κύριε, ὅτι ὑπερηφανεύσαντο.[11]

13. חֻקִּים. Ο'. προστάγματα. Alia exempl. δικαιώματα.[12]

15. לִרְעָבָם. Ο'. εἰς σιτοδοτίαν (alia exempl. σιτοδοσίαν; alia, σιτοδείαν[13]) αὐτῶν.

17. וַיִּמְאֲנוּ. Ο'. καὶ ἀνένευσαν (alia exempl. ἠπείθησαν[14]).

אֶת־עָרְפָּם. Ο'. τὸν τράχηλον (alia exempl. νῶτον[15]) αὐτῶν.

17. רֹאשׁ. Ο'. ἀρχήν. Alia exempl. ἀρχηγόν.[16]

סְלִיחוֹת. Ο'. Vacat. Alia exempl. ἀφίων ἁμαρτίας.[17] Ἄλλος· ἱλασμῶν. Ἄλλος· ἀφιείς.[18]

21. לֹא חָסֵרוּ. Ο'. οὐχ ὑστέρησας (alia exempl. ὑστέρησεν[19]) αὐτοῖς οὐδέν. Alia exempl. καὶ οὐκ ἐπεδεήθησαν ῥήματος.[20]

בָּלוּ. Ο'. ἐπαλαιώθησαν. Alia exempl. κατετρίβη.[21]

וְרַגְלֵיהֶם לֹא בָצֵקוּ. Ο'. καὶ πόδες (alia exempl. ὑποδήματα[22]) αὐτῶν οὐ διερράγησαν (alia exempl. οὐκ ἐτυλώθησαν[23]).

•22. וַתַּחְלְקֵם לְפֵאָה. Et distribuisti eos in varias regiones. Ο'. ἐμέρισας (s. διεμέρισας) αὐτοῖς. Alia exempl. καὶ διεμέρισας αὐτοῖς εἰς πρόσωπον.[24]

23. לָבוֹא לָרֶשֶׁת. Ο'. Vacat. Alia exempl. τοῦ εἰσελθεῖν καὶ κληρονομῆσαι.[25]

24. וַיָּבֹאוּ הַבָּנִים וַיִּירְשׁוּ אֶת־הָאָרֶץ. Ο'. καὶ ἐκληρονόμησαν αὐτήν. Alia exempl. καὶ εἰσῆλθον οἱ υἱοὶ αὐτῶν, καὶ ἐκληρονόμησαν τὴν γῆν.[26]

25. עָרִים בְּצֻרוֹת וַאֲדָמָה שְׁמֵנָה. Ο'. πόλεις ὑψηλάς. Alia exempl. πόλεις ὀχυρὰς καὶ γῆν πίονα.[27]

בְּטוּבְךָ הַגָּדוֹל. Ο'. ἐν ἀγαθωσύνῃ σου τῇ μεγάλῃ. Alia exempl. ἐν τοῖς ἀγαθοῖς σου τοῖς μεγάλοις.[28]

---

[5] Sic Codd. 93 (cum εὐλογεῖται et ἐπὶ πάντας), 108. [6] Sic Comp. (cum πάντας), Codd. 93, 108 (ut Comp.). [7] Sic Codd. 93,108,121. [8] Sic Comp., Codd. 93 (cum αὐτὸν), 108. [9] Sic Cod. 93. Cf. Hex. ad Psal. xxx. 8. lxxxvii. 10. Thren. iii. 1. [10] Prior lectio est in Ald.; Codd. III, 44, 55, 58, aliis (inter quos 243); posterior in Codd. 93, 108. [11] Sic Codd. 93, 108. Cf. Hex. ad Exod. xviii, 11. Deut. xvii. 13. xviii. 20. Jerem. l. 29. Ad formam ὑπερηφανεῖν cf. Hex. ad Deut. i. 43. [12] Prior scriptura est in Comp., Ald., Codd. 74, 93 (cum ἐν τῇ σιτοδοσίᾳ... ἐν τῇ δίψῃ), 108 (idem, nisi σιτοδοσίᾳ), 243; posterior (ad quam cf. Hex. ad Psal. xxxvi. 19) in Codd. III (cum σιτοδίαν), 71 (idem), 119, aliis. [14] Sic Codd. 93 (cum εἰπήθησαν), 108. Cf. Hex. ad Exod. iv. 23. ix. 2. Jerem. xv. 18. l. 33. [15] Ii-

dem. [16] Iidem. Cf. Num. xiv. 4 in LXX. [17] Sic Comp., Ald., Codd. 52, 64, alii (inter quos 121 (cum ἀφιεὶς), 243). [18] Cod. 93 in textu: ἀφιείς (sic). Cod. 108 in textu: ἱλασμῷ (sic) ἀφιείς, ex duplici, ni fallor, versione. Ad ἱλασμοὶ cf. Dan. ix. 9 juxta Theod. [19] Sic Comp. (cum ὑστέρισεν), Ald., Codd. 64, 74, alii. [20] Sic Codd. 93 (cum ἐδεήθησαν), 108. Cf. Deut. ii. 7 in LXX. [21] Iidem. [22] Sic Comp., Ald., Codd. III, 44, 52, 58, alii (inter quos 243). [23] Sic Codd. 93, 108 (cum τὰ ὑπὸ. αὐτῶν οὐ διερρ. καὶ οἱ π. αὐτῶν οὐκ ἐτυλ.). Cf. Deut. viii. 4 in LXX. [24] Iidem. [25] Sic Comp., Codd. 93,108. [26] Sic Comp. (om. οἱ), 93, 108 (om. καὶ εἰσῆλθον οἱ υἱοὶ αὐτῶν). [27] Sic Comp. (cum ὑψηλὰς), Codd. 93, 108. [28] Sic Codd. 93, 108.

26. וַיַּמְרוּ. *Et contumaces fuerunt.* Ο'. καὶ ἤλ-
λαξαν (alia exempl. παρεπίκραναν²⁹).

28. וַיֵּרְדוּ בָהֶם. Ο'. καὶ κατῆρξαν (alia exempl.
ἐπαιδεύοντο³⁰) ἐν αὐτοῖς.

וַיָּשׁוּבוּ וַיִּזְעָקוּ. Ο'. καὶ πάλιν ἀνεβόησαν πρὸς
σέ. Alia exempl. καὶ ἐπέστρεφον καὶ ἐπεκα-
λοῦντό σε πάλιν.³¹

28, 29. עִתִּים: וַתָּעַד. Ο'. καὶ ἐπεμαρτύρω. Alia
exempl. καὶ ἐν καιροῖς ἐπεμαρτύρω.³²

29. וְהֵמָּה הֵזִידוּ. Ο'. Vacat. Alia exempl. αὐτοὶ
δὲ ὑπερηφανεύσαντο.³³

וְלֹא־שָׁמֵעוּ לְמִצְוֹתֶיךָ וּבְמִשְׁפָּטֶיךָ חָטְאוּ־בָם.
Ο'. καὶ οὐκ ἤκουσαν, ἀλλ' ἐν ταῖς ἐντολαῖς σου
καὶ κρίμασί σου ἥμαρτοσαν. Alia exempl. καὶ
οὐκ ἤκουσαν τῶν ἐντολῶν σου, καὶ ἐν τοῖς κρίμασί σου ἥμαρτον ἐν αὐτοῖς.³⁴

כָּתֵף סוֹרֶרֶת. Ο'. νῶτον ἀπειθοῦντα. Alia exempl. ὦμον αὐτῶν ἀπειθοῦντα καὶ ἐκκλίνοντα.³⁵

30. וַתִּמְשֹׁךְ. Ο'. καὶ εἵλκυσας (alia exempl. ἐμα-
κροθύμησας³⁶).

וְלֹא הֶאֱזִינוּ. Ο'. καὶ οὐκ ἐνωτίσαντο. Alia
exempl. καὶ οὐ προσέσχον καὶ οὐκ ἐνωτίσαντο.³⁷

35. הָרְחָבָה וְהַשְּׁמֵנָה. Ο'. τῇ πλατείᾳ καὶ λιπαρᾷ.
Alia exempl. τῇ πίονι.³⁸

37. וּתְבוּאָתָהּ מַרְבָּה. *Et proventus ejus multos*
edit. Ο'. καὶ οἱ καρποὶ αὐτῆς πολλοί (alia
exempl. οἱ πολλοὶ ἐγένοντο³⁹).

CAP. X.

14 (Hebr. 15). פַּחַת. Ο'. Φαάθ. Alia exempl.
Φαὰθ ἡγουμένου.¹

---

28 (29). וְכָל־הַנִּבְדָּל. Ο'. καὶ πᾶς ὁ προσπορευόμενος. Alia exempl. καὶ πάντες οἱ διαχωρι-
σθέντες.²

יוֹדֵעַ. Ο'. ὁ εἰδός. Alia exempl. ὁ γινώσκων.³

2ɵ (30). יְהוָה אֲדֹנֵינוּ. Ο'. κυρίου. Alia exempl.
κυρίου τοῦ θεοῦ ἡμῶν.⁴

31 (32). וּמַשָּׁא. *Et debitum.* Ο'. καὶ ἀπαίτησιν.
Alia exempl. καὶ χρέος καὶ ἀπαίτησιν.⁵

32 (33). וְהֶעֱמַדְנוּ עָלֵינוּ. Ο'. καὶ στήσομεν ἐφ'
ἡμᾶς. Alia exempl. καὶ ἐστήσαμεν καθ' ἑαυ-
τῶν.⁶

33 (34). וּלְעוֹלַת הַתָּמִיד. Ο'. καὶ εἰς ὁλοκαύτωμα
τοῦ ἐνδελεχισμοῦ. Alia exempl. καὶ εἰς ὁλοκαυτώματα διαπαντός.⁷

34 (35). עַל־קָרְבָּן. Ο'. περὶ κλήρου. Alia exempl.
περὶ τῶν δώρων.⁸

לְעִתִּים מְזֻמָּנִים. *Temporibus statutis.* Ο'. εἰς
καιροὺς ἀπὸ χρόνων. Alia exempl. κατὰ καιροὺς ἀπὸ ἡμερῶν εἰς ἡμέρας.⁹

37 (38). וְאֶת־רֵאשִׁית עֲרִיסֹתֵינוּ וּתְרוּמֹתֵינוּ. Ο'.
καὶ τὴν ἀπαρχὴν σίτων ἡμῶν. Alia exempl.
καὶ τὴν ἀπαρχὴν τοῦ σίτου ἡμῶν, καὶ τὰς
ἀπαρχὰς ἡμῶν.¹⁰

38 (39). בַּעְשֵׂר הַלֵּוִים. Ο'. ἐν τῇ δεκάτῃ τοῦ
Λευίτου. Alia exempl. ἐν τῷ δεκατοῦν τοὺς
Λευίτας.¹¹

אֶל־הַלְּשָׁכוֹת. Ο'. εἰς τὰ γαζοφυλάκια (alia
exempl. παστοφόρια¹²).

לְבֵית הָאוֹצָר. Ο'. εἰς οἶκον τοῦ θεοῦ. Alia
exempl. εἰς τὸν οἶκον τοῦ θησαυροῦ.¹³

---

²⁹ Iidem. ³⁰ Sic Codd. 93 (cum ἐπεδενώτων, "cum
ϝ[ἱ] supra lineam"), 108; h. e. *castigabantur* (Israelitae).
Nisi forte legendum ἐπαίδενον, coll. Hex. ad Lev. xxv. 43.
2 Paral. viii. 10. ³¹ Sic Codd. 93 (cum ἐπεκαλούντων,
"cum ϝ[ἱ] supra lineam"), 108. ³² Sic Comp., Codd. 93,
108. ³³ Sic Comp., Codd. 93, 108, 121. Cf. ad v. 10.
³⁴ Sic Comp. (om. ἐν αὐτοῖς), Codd. 93 (idem), 108. ³⁵ Sic
Codd. 93, 108. Cf. Hex. ad Psal. lxv. 7. lxvii. 7. ³⁶ Sic
Comp. (cum duplici versione), Codd. 93 (cum -σαν), 108.
³⁷ Sic Codd. 93, 108. Cf. Hex. ad Psal. lxxvii. 1. lxxix. 1.
³⁸ Iidem (om. τῇ πλατείᾳ καί). ³⁹ Iidem.

CAP. X. ¹ Sic Codd. 93, 108. Cf. Hex. ad Esdr. x. 30.
² Sic Comp. (om. οἱ), Codd. 93, 108. ³ Sic Codd. 93, 108.
⁴ Sic Comp., Codd. 93, 108. ⁵ Sic Codd. 93 (cum ἀπαίτησιν (sic)), 108. ⁶ Iidem (qui continuant: ἐντολὰς τοῦ
διδόναι ἡμᾶς τὸ τρ. τοῦ θ. εἰς λατρείαν οἴκου τ. θ. ἡ.). ⁷ Sic
Comp., Codd. 93, 108. ⁸ Sic Comp., necnon (cum περὶ
τῶν δώρων καὶ τῶν ἱερέων καὶ τῶν Λ. καὶ τοῦ λαοῦ περὶ κλήρου
ξυλοφορίας) Codd. 93, 108. ⁹ Sic Codd. 93 (cum ἐλή-
ρους), 108. ¹⁰ Sic Comp. (cum σίτων), Codd. 93, 108.
Cf. Hex. ad Ezech. xliv. 30. ¹¹ Sic Codd. 93, 108.
¹² Iidem. Cf. Hex. ad Esdr. viii. 29. ¹³ Sic Comp.

39 (40). אֶל־הַלְּשָׁכוֹת. O'. εἰς τοὺς θησαυρούς. Alia exempl. εἰς τὰ παστοφόρια.[14]

CAP. XI.

1. אֶחָד מִן־הָעֲשָׂרָה לָשֶׁבֶת. O'. ἕνα ἀπὸ τῶν δέκα καθίσαι. Alia exempl. ἐξ αὐτῶν τὸ δέκατον ὥστε οἰκεῖν.[1]

2. לָשֶׁבֶת. O'. καθίσαι. Alia exempl. κατοικῆσαι.[2]

8. וְאַחֲרָיו. O'. καὶ ὀπίσω αὐτοῦ (alia exempl. add. οἱ ἀδελφοὶ αὐτοῦ[3]).

9. עַל־הָעִיר. O'. ἀπὸ (alia exempl. ἐπὶ[4]) τῆς πόλεως.

11. נְגִד בֵּית. O'. ἀπέναντι (alia exempl. ἡγούμενος[5]) οἴκου.

13. בֶּן־אֲחָי. O'. Vacat. Alia exempl. υἱοῦ Ζακχίου.[6]

14. וְזַבְדִּיאֵל. O'. Βαδιήλ. Alia exempl. Ζεχριήλ (וְזִבְרִיאֵל).[7]

15. בֶּן־חַשּׁוּב. O'. Vacat. Alia exempl. υἱὸς Ἀσούβ.[8]

בֶּן־חֲשַׁבְיָה בֶּן־בּוּנִּי. O'. Vacat. Alia exempl. υἱοῦ Ἀσαβίου, υἱοῦ Βοννά.[9]

16. וְשַׁבְּתַי וְיוֹזָבָד עַל־הַמְּלָאכָה הַחִיצֹנָה לְבֵית הָאֱלֹהִים מֵרָאשֵׁי הַלְוִיִּם. O'. Vacat. Alia exempl. καὶ Σαβαθαῖος, καὶ Ἰωζαβὰδ ἐπὶ τὰ ἔργα τοῦ οἴκου τοῦ θεοῦ τοῦ ἐξωτάτου, καὶ ἀπὸ τῶν ἀρχόντων τῶν Λευιτῶν.[10]

17. בֶּן־זַבְדִּי בֶּן־אָסָף רֹאשׁ הַתְּחִלָּה יְהוֹדֶה לַתְּפִלָּה וּבַקְבֻּקְיָה מִשְׁנֶה. (gratias agebat)

מַאֲחָיו וַעֲבְדָא בֶּן־שַׁמּוּעַ בֶּן־גָּלָל בֶּן־יְדִיתוּן. O'. καὶ Ἰωβὴβ υἱὸς Σαμουί. Alia exempl. υἱὸς Ζεχρεὶ, υἱοῦ Ἀσάφ, ἄρχων τοῦ αἴνου (הַתְּהִלָּה), καὶ Ἰούδας τῆς προσευχῆς, καὶ Βοκχείας δεύτερος ἐκ τῶν ἀδελφῶν αὐτοῦ, καὶ Ἀβδίας υἱὸς Σαμαίου, υἱοῦ Γαλὲλ, υἱοὶ Ἰδιθούν.[11]

18. כָּל־הַלְוִיִּם בְּעִיר הַקֹּדֶשׁ. O'. Vacat. Alia exempl. πάντες οἱ Λευῖται ἐν τῇ πόλει τῇ ἁγίᾳ.[12]

19. הַשּׁוֹעֲרִים בַּשְּׁעָרִים. O'. Vacat. Alia exempl. οἱ φυλάσσοντες ἐν ταῖς πύλαις.[13]

20. וּשְׁאָר יִשְׂרָאֵל הַכֹּהֲנִים הַלְוִיִּם בְּכָל־עָרֵי יְהוּדָה אִישׁ בְּנַחֲלָתוֹ. O'. Vacat. Alia exempl. τὸ δὲ λοιπὸν τοῦ Ἰσραὴλ, καὶ οἱ ἱερεῖς καὶ οἱ Λευῖται ἐν πάσαις ταῖς πόλεσι τῆς Ἰουδαίας, ἀνὴρ ἐν τῇ κληρονομίᾳ αὐτοῦ.[14]

21. וְהַנְּתִינִים יֹשְׁבִים בָּעֹפֶל וְצִיחָא וְגִשְׁפָּא עַל־הַנְּתִינִים. O'. Vacat. Alia exempl. καὶ οἱ Ναθιναῖοι οἱ κατῴκησαν ἐν Ὀφλά· καὶ Σεαὺ καὶ Γεσφὰς ἐπὶ τῶν Ναθιναίων.[15]

22. בִּירוּשָׁלִַם עֻזִּי בֶן־בָּנִי. O'. υἱὸς Βανὶ, υἱὸς Ὀζί. Alia exempl. ἐν Ἰερουσαλὴμ Ὀζὶ υἱὸς Βοννεί.[16]

בֶּן־מַתַּנְיָה בֶּן־מִיכָא. O'. υἱὸς Μιχά. Alia exempl. υἱοῦ Ματθανίου, υἱοῦ Μιχά.[17]

23. עֲלֵיהֶם וַאֲמָנָה עַל־הַמְשֹׁרְרִים דְּבַר־יוֹם בְּיוֹמוֹ. O'. εἰς αὐτούς. Alia exempl. ἐπ᾽ αὐτούς· καὶ ἡ τάξις ἐν τοῖς ᾄδουσι καθ᾽ ἑκάστην ἡμέραν.[18] Alia : ἐπ᾽ αὐτούς· καὶ διέμενεν ἐν πίστει ἐπὶ τοῖς ᾠδοῖς λόγος ἑκάστης ἡμέρας ἐν τῇ ἡμέρᾳ αὐτοῦ.[19]

(cum οἴκου pro εἰς τὸν οἴκου), Codd. 93, 108. [14] Sic Codd. 93, 108.
CAP. XI. [1] Sic Codd. 93 (cum ἐξ αὐτὸν), 108. Mox τὰ δὲ λοιπὰ ἐννέα μέρη iidem. [2] Iidem (passim). [3] Iidem. [4] Sic Comp., Codd. II, 55, 93, 108. [5] Sic Comp., Codd. 93, 108. [6] Sic Comp. (cum Ζακχίου), Codd. 93 (cum Ἀζαχίου), 108, 119 (cum Ἀχίου). [7] Sic Comp., Ald. (cum Σοχριήλ), Codd. III (cum Ζοχρ.), 44, 52 (cum Ζακρ.), 64 (ut III), alii (inter quos 243, ut III). Cf. ad v. 17. [8] Sic Comp., Ald., Codd. II, III, 52, 64, alii (inter quos 93 (cum Ἀσσοὺβ), 108 (cum Ἀσούβ, 243). [9] Sic Comp. (cum Ἀσαβία et Βοννώ), Codd. 93 (cum Ἀσαβὶ et Βαννὰ), 108. [10] Sic Comp. (cum Σαββαθαῖος et Ἰωσαβὰδ), Codd. 93 (om. τοῦ οἴκου), 108 (cum Σαθθαῖος). [11] Sic Comp. (cum Ἀσὰβ), Codd. 93 (cum Αἰδείας pro Ἀβδίας υἱὸς), 108 (cum Γαλέε). [12] Iidem. [13] Iidem. [14] Iidem. [15] Sic Comp. (cum Σιαὺ .. ἀπὸ τῶν Ν.), Codd. 93 (cum Ναθιν. (bis) et Ὀφαλὰ), 108 (om. οἱ, cum Ὀφαλὰ καὶ οἱ υἱοὶ Ἀαύ). [16] Sic Comp. (cum Βανὶ), Codd. 93 (cum Βανὶ), 108. [17] Sic Comp., Codd. 93 (cum Ματθ. et Μειχὰ), 108. [18] Sic Codd. 44, 71, 106. Hieron.: super eos erat; et ordo in cantoribus per dies singulos. [19] Sic Comp., Codd. 93 (cum διέμεινεν et ὀδοῖς), 108.

24. בֶּן־מְשֵׁיזַבְאֵל מִבְּנֵי־זֶרַח בֶּן־יְהוּדָה. Ο΄. υἱὸς Βασηζά. Alia exempl. υἱὸς Μασσιζαβὴλ ἀπὸ τῶν υἱῶν Ζαρὰ υἱοῦ Ἰούδα.[30]

לְיַד הַמֶּלֶךְ. Ο΄. πρὸς χεῖρα τοῦ βασιλέως. Alia exempl. ἐχόμενα τοῦ βασιλέως.[21]

לְכָל־דָּבָר. Ο΄. εἰς πᾶν χρῆμα. Alia exempl. εἰς πάντα λόγον.[22]

25-27. בְּקִרְיַת הָאַרְבַּע וּבְנֹתֶיהָ וּבְדִיבֹן וּבְקַבְצְאֵל וַחֲצֵרֶיהָ: וּבְיֵשׁוּעַ וּבְמֹלָדָה וּבְבֵית־פֶּלֶט: וּבַחֲצַר שׁוּעָל. Ο΄. ἐν Καριαθαρβὸκ, καὶ ἐν Ἰησοῦ. Alia exempl. ἐν Καριαθαρβὸκ καὶ ἐν ταῖς θυγατράσιν αὐτῆς, καὶ ἐν Δαιβὼν καὶ ἐν ταῖς θυγατράσιν αὐτῆς, καὶ ἐν Καβσεὴλ καὶ ἐν ταῖς θυγατράσιν αὐτῆς, (26) καὶ ἐν Σουὰ, καὶ ἐν Μωλαδὰ, καὶ ἐν Βηθφαλὰτ, (27) καὶ ἐν Ἀσερσωάλ.[23]

27. וּבְנֹתֶיהָ. Ο΄. καὶ ἐπαύλεις αὐτῶν. Alia exempl. καὶ ταῖς θυγατράσιν αὐτῆς.[24]

28-30. וּבִמְכֹלָדָה וּבְנֹתֶיהָ: וּבְצִקְלַג רִמּוֹן וּבְצָרְעָה וּבְיַרְמוּת: זָנֹחַ עֲדֻלָּם וְחַצֵרֵיהֶם. Ο΄. Vacat. Alia exempl. καὶ ἐν Σεκελὰγ, καὶ ἐν Μαχηναὶ καὶ ἐν ταῖς θυγατράσιν αὐτῆς, (29) καὶ ἐν Ῥεμμὼν, καὶ ἐν Σαρὰ, καὶ ἐν Ἱεριμούθ, (30) καὶ ἐν Ζανὼ, καὶ Ὀδολλὰμ, καὶ ταῖς ἐπαύλεσιν αὐτῶν.[25]

30. לָכִישׁ וּשְׂדֹתֶיהָ עֲזֵקָה וּבְנֹתֶיהָ וַיַּחֲנוּ מִבְּאֵר־שֶׁבַע עַד־גֵּיא הִנֹּם. Ο΄. Λαχὶς καὶ ἀγροὶ αὐτῆς· καὶ παρενέβαλοσαν ἐν Βηρσαβεέ. Alia exempl. καὶ ἐν Λαχεὶς καὶ τοῖς ἀγροῖς αὐτῆς, καὶ ἐν Ἀζηκὰ καὶ ἐν ταῖς θυγατράσιν αὐτῆς·

καὶ παρενέβαλον ἐν Βηρσαβεὲ ἕως φάραγγος Ἐννόμ.[26]

31-35. מִכְמָשׂ וְעַיָּא וּבֵית־אֵל וּבְנֹתֶיהָ: עֲנָתוֹת נֹב עֲנָנְיָה: חָצוֹר רָמָה גִּתָּיִם: חָדִיד צְבֹעִים נְבַלָּט: לֹד וְאוֹנוֹ גֵּי הַחֲרָשִׁים. Ο΄. Μαχμάς. Alia exempl. καὶ Μαχμὰς, καὶ Γαὶ, καὶ Βαιθὴλ καὶ τῶν θυγατέρων αὐτῆς, (32) καὶ ἐν Ἀναθὼθ, Νὸβ, Ἀνιὰ, (33) Ἀσὼρ, Ῥαμὰ, Γεθθαὶμ, (34) Ἀδὼθ, Σεβωείμ, Ναβαλὰτ, (35) Λύδδα, καὶ Ὀνὼ Γηαρασείμ.[27]

CAP. XII.

2. הַטּוּשׁ. Ο΄. Vacat. Alia exempl. Ἀττούς.[1]

3 7. רְחֻם מְרֵמֹת: עִדּוֹא גִנְּתוֹי אֲבִיָּה: מִיָּמִין מַעַדְיָה בִּלְגָּה: שְׁמַעְיָה וְיוֹיָרִיב יְדַעְיָה: סַלּוּ עָמוֹק חִלְקִיָּה יְדַעְיָה. Ο΄. Vacat. Alia exempl. Ῥεοὺμ, Μαρειμὼθ, (4) Ἀδαίας, Γενναθὼθ, Ἀβίας, (5) Μιαμείν, Μαασίας, Βεσελγὰς, (6) Σεμείας, Ἰωιαρείβ, Ἰδείας, (7) Σαλουία, Ἀμούκ, Χελκείας, Ἰιδουίας.[2]

8. עַל־הֻיְּדוֹת. Super laudationes. Ο΄. ἐπὶ τῶν χειρῶν. Alia exempl. ἐπὶ τῶν ἐξομολογήσεων.[3]

9. וּבַקְבֻּקְיָה (וְעֻנִּי ק׳) וְעֻנּוֹ אֲחֵיהֶם לְנֶגְדָּם. Ο΄. Vacat. Alia exempl. καὶ Βακβακίας, καὶ Ἰαναί, οἱ ἀδελφοὶ αὐτῶν ἀνεκρούοντο ἀπέναντι αὐτῶν.[4]

10. הוֹלִיד (in 3tio loco). Ο΄. Vacat. Alia exempl. ἐγέννησε.[5]

12. הָיוּ כֹהֲנִים רָאשֵׁי הָאָבוֹת. Ο΄. ἀδελφοὶ αὐτοῦ οἱ ἱερεῖς καὶ οἱ ἄρχοντες τῶν πατριῶν. Alia

---

[20] Sic Comp. (cum Μασσιζαβὴλ), Codd. 93 (cum Μασσεὶ Ζαβὴλ, et Ἀζαρά), 108. [21] Sic Codd. 93, 108. [22] Sic Comp., Codd. 93, 108. [23] Sic Comp. (cum αὐλαῖς pro θυγατράσιν in 3tio loco, et Ἰησοῦ pro Σουά), Codd. 93 (om. καὶ ἐν Δαιβὼν—αὐτῆς, cum scripturis Σουί, Μωλὰδ, Βηθαλὰτ, et Ἀρσεσσαλ), 108. [24] Iidem. [25] Sic Comp. (cum Μαβηρῆ (pro Μαχηναὶ), Ῥεμμῶν, et Ζανωὰ), Codd. 93 (cum Σαρὰ, Ἱερειμούθ, et Ὀδολλὰμ), 108 (cum Μαμὴ pro Μαχηναὶ). [26] Sic Comp. (cum Βηρσαβεαί), Codd. 93 (cum Ζηκὰ), 108. [27] Sic Comp. (cum Μαχμὰς καὶ γε), Codd. 93 (cum Νοβανασὼρ et Σεβωείν), 108 (cum Μαχμὰς καὶ γε, Γεθθὰμ, Σεβωείν, et

Ὠνώ). Ad Γηαρασείμ cf. Hex. ad 1 Paral. iv. 14. Hieron.: et Ono valle artificum.

Cap. XII. [1] Sic Comp., Codd. 93 (cum αὐτοὺς), 108. [2] Sic Comp. (cum Γεναθὼν, Μααδίας, Βελγὰς, et Σαλού), Codd. 93 (cum Γεναθὼθ, Μαασείας, Βελσεγαί, Ἰεδείας, et Σαλουαί), 108 (cum Ἰωαρείμ). [3] Iidem. [4] Sic Comp. (cum Ἀναί, om. ἀνεκρούοντο), Codd. 93, 108. Vox ἀνεκρούοντο nescio an duplex versio sit Hebraei עֻנִּי (sic), coll. Hex. ad Esdr. iii.11. [5] Sic Comp., Codd. 93 (cum Ἰωιαδὰ), 108 (idem), Euseb. in Dem. Evang. p. 393.

exempl. ἦσαν οἱ ἀδελφοὶ αὐτοῦ οἱ ἱερεῖς ἄρχοντες τῶν πατριῶν.[6]

15. עַדְנָא. Ο'. Μαννάς. Alia exempl. Ἐδνάς.[7]

24. לְהַלֵּל לְהוֹדוֹת. Ο'. εἰς ὕμνον αἰνεῖν. Alia exempl. αἰνεῖν καὶ ἐξομολογεῖσθαι.[8]

25. מַתַּנְיָה וּבַקְבֻּקְיָה עֹבַדְיָה מְשֻׁלָּם טַלְמוֹן עַקּוּב שֹׁמְרִים שׁוֹעֲרִים מִשְׁמָר. Ο'. Vacat. Alia exempl. Μαθθανίας, καὶ Βακβακίας, Ἀβδείας, Μοσολλάμ, Τελμὼν, Ἀκκούβ, φυλάσσοντες πυλωροὶ φυλακῆς.[9]

26. אֵלֶּה. Ο'. Vacat. Alia exempl. οὗτοι.[10]

הַפֶּחָה. Ο'. Vacat. Alia exempl. τοῦ ἄρχοντος.[11]

27. בִּקְשׁוּ אֶת־הַלְוִיִּם מִכָּל־מְקוֹמֹתָם לַהֲבִיאָם. Ο'. ἐζήτησαν τοὺς Λευίτας ἐν τοῖς τόποις αὐτῶν τοῦ ἐνέγκαι αὐτούς. Alia exempl. ᾔτησαν τοὺς Λευίτας ἐκ πάντων τῶν τόπων αὐτῶν τοῦ ἀγαγεῖν αὐτούς.[12]

וְשִׂמְחָה וּבְתוֹדוֹת. Ο'. καὶ εὐφροσύνην ἐν θωδαθά. Alia exempl. ἐν εὐφροσύνῃ καὶ ἐν αἰνέσει.[13]

מְצִלְתַּיִם. Ο'. κυμβαλίζοντες. Alia exempl. καὶ ἐν κυμβάλοις.[14]

28, 29. וּמִן־הַחֲצֵרִים נְטֹפָתִי׃ וּמִבֵּית הַגִּלְגָּל וּמִשְּׂדוֹת גֶּבַע וְעַזְמָוֶת. Ο'. καὶ ἀπὸ ἐπαύλεων, καὶ ἀπὸ ἀγρῶν. Alia exempl. καὶ ἀπὸ τῶν ἐπαύλεων τοῦ Νετωφατεί, καὶ ἐν Βαιθαγαλγὰλ, καὶ ἐκ τῶν ἀγρῶν Γαβεὲ καὶ Ἀσμώθ.[15]

סְבִיבוֹת יְרוּשָׁלָ͏ִם. Ο'. ἐν (alia exempl. περικύκλῳ[16]) Ἰερουσαλήμ.

30. וַיִּטַּהֲרוּ..וַיְטַהֲרוּ. Ο'. καὶ ἐκαθαρίσθησαν.. καὶ ἐκαθάρισαν. Alia exempl. καὶ ἡγνίσαντο ..καὶ ἥγνισαν.[17]

וְאֶת־הַשְּׁעָרִים. Ο'. καὶ τοὺς πυλωρούς. Alia exempl. καὶ τὰς πύλας.[18]

31. לַשָּׁעַר. Ο'. Vacat. Alia exempl. τῆς πύλης.[19]

36. גִּלֲלַי מָעַי. Ο'. Γελὼλ, Ἰαμὰ, Ἀΐα. Alia exempl. Γελωλαί, Μαΐα.[20]

בִּכְלֵי־שִׁיר. Ο'. τοῦ αἰνεῖν ἐν ᾠδαῖς (alia exempl. ἐν σκεύεσι καὶ ᾠδαῖς[21]).

37. וְעַל שַׁעַר הָעַיִן. Ο'. ἐπὶ πύλης τοῦ αἰνεῖν. Alia exempl. καὶ ἐπὶ τῆς πύλης τῆς πηγῆς.[22]

עַל־מַעֲלוֹת. Ο'. ἐπὶ κλίμακας. Alia exempl. ἐπὶ τοῖς βαθμοῖς.[23]

37–39. וְעַד שַׁעַר הַמַּיִם מִזְרָח׃ וְהַתּוֹדָה הַשֵּׁנִית הַהוֹלֶכֶת לְמוֹאל וַאֲנִי אַחֲרֶיהָ וַחֲצִי הָעָם מֵעַל לְהַחוֹמָה מֵעַל לְמִגְדַּל הַתַּנּוּרִים וְעַד הַחוֹמָה הָרְחָבָה׃ וּמֵעַל לְשַׁעַר־אֶפְרַיִם. Ο'. καὶ ἕως τῆς πύλης τοῦ ὕδατος Ἐφραίμ. Alia exempl. καὶ ἕως τῆς πύλης τῶν ὑδάτων κατ᾽ ἀνατολάς. (38) καὶ περὶ αἰνέσεως ἡ δευτέρα ἐπορεύετο συναντῶσα αὐτοῖς, καὶ ἐγὼ ὀπίσω αὐτῆς, καὶ τὸ ἥμισυ τοῦ λαοῦ ἐπάνω τοῦ τείχους ὑπεράνω τοῦ πύργου τοῦ θαννουρείμ, καὶ ἕως τοῦ τείχους τοῦ πλατέος, (39) καὶ ἕως ἐπάνω τῆς πύλης Ἐφραίμ.[24]

39. וְעַל־שַׁעַר הַיְשָׁנָה וְעַל־שַׁעַר הַדָּגִים (veterem). Ο'. καὶ ἐπὶ τὴν πύλην ἰχθυράν (potior scriptura τὴν ἰχθυηράν). Alia exempl. καὶ ἐπὶ τὴν

---

[6] Sic Codd. 93, 108. [7] Sic Comp., Codd. 93, 108 (cum Μεδνάς). [8] Sic Comp. (praem. εἰς τὸ), Codd. 93, 108. Hieron.: *ut laudarent et confiterentur.* [9] Sic Comp. (cum Μοσολλάμ), Codd. 93 (cum Ματθ.), 108 (cum Γελμὼν, Ἀκκούμ). [10] Iidem. [11] Iidem. [12] Iidem. [13] Sic Comp. (cum καὶ εὐφροσύνην), Codd. 93 (om. καὶ), 108. [14] Sic Codd. 93, 108 (qui pergunt: καὶ ψαλτηρίοις καὶ κινύραις). [15] Sic Comp. (cum καὶ ἀπὸ ἐπαύλεων..καὶ ἀπὸ τῶν ἀγρῶν Γαβεὰ..), Codd. 93 (cum καὶ Βαιθυ.. Γαβελὴ καὶ Ἀζαμώθ), 108 (cum Γαβεαί). [16] Iidem. [17] Sic Codd. 93 (cum ἡγνάσαντο et ἥγνιασαν), 108. [18] Sic Comp., Codd. 93, 108. [19] Iidem.

[20] Sic Comp., Codd. 93 (cum Μαλαι), 108 (cum Γελὼλ αιμ αια). In Codd. II, III, et Frid. Aug. lacuna est; sed in hoc corrector supplevit γελωλαὶ μααΐ. [21] Sic Comp. (cum ἐν σκεύεσιν ᾠδῆς), Codd. 93, 108. [22] Sic Comp. (cum ἐπὶ π. pro καὶ ἐπὶ τῆς π.), Codd. 93, 108. [23] Iidem. [24] Sic Codd. 93 (cum τοῦ ἥμισυ.. τῆς πύργου.. πλατέος), 108 (om. λαοῦ, cum θαννουρείμ); necnon (cum τοῦ ὕδατος.. ἐξεπορεύετο..ὑπεράνω (pro ἕως ἐπάνω)) Comp. (cum θαννουρείμ), Ald. (cum θενουρὶμ.. πλατέος.. τοῦ τείχους (pro τῆς πύλης) Ἐφρ.), 44 (cum ἕως πύλης.. θενουρία), 52 (cum ἕως πύλης.. θενουρία.. Ἐφραὶμ κατ᾽ ἀνατολὰς), 64 (ut 52), alii (inter quos 243, cum θενουρὶμ, et τοῦ τείχους (pro τῆς πύλης) Ἐφρ.).

πύλην τὴν εἰσιανά, καὶ ἐπὶ τὴν πύλην τὴν
ἰχθυηράν.²⁵

39. הַמֵּאָה וּמִגְדַּל. Ο΄. Vacat. Alia exempl. καὶ
ἀπὸ τοῦ πύργου τοῦ Μεά.²⁶

39–42. שְׁתֵּי הָעַמִּדְנָה וַתַּעֲמֹדְנָה בְשַׁעַר וַיַּעַמְדוּ
עַמִּי הַסְּכֵנִים וַחֲצִי הָאֱלֹהִים בְּבֵית הַתּוֹדֹת
מִנְיָמִין מַעֲשֵׂיָה אֱלְיָקִים וְהַכֹּהֲנִים
בַּחֲצֹצְרוֹת חֲנַנְיָה וּזְכַרְיָה אֶלְיוֹעֵינַי מִיכָיָה
וִיהוֹחָנָן וַעֲדִי וְעֵזֶר וְאֶלְעָזָר וּשְׁמַעְיָה
וָעֵזֶר וְעֵילָם וּמַלְכִּיָּה. Ο΄. Vacat. Alia exempl. καὶ ἔστησαν ἐν πύλῃ τῆς φυλακῆς.
(40) καὶ ἔστησαν αἱ δύο τῆς αἰνέσεως ἐν οἴκῳ
τοῦ θεοῦ, καὶ ἐγὼ, καὶ τὸ ἥμισυ τῶν στρατηγῶν
μετ᾽ ἐμοῦ (41) καὶ οἱ ἱερεῖς Ἐλιακεὶμ, Μαασίας, Μιαμεὶν, Μιχαίας, Ἐλιωναὶ, Ζαχαρίας,
Ἀνανίας, ἐν σάλπιγξιν᾽ (42) καὶ Μαασίας, καὶ
Σεμείας, καὶ Ἐλεάζαρ, καὶ Ὀζεὶ, καὶ Ἰωανὰν,
καὶ Μελχίας, καὶ Αἰλὰμ, καὶ Ἰεζούρ.²⁷

42. הַפָּקִיד וְיֶזְרַחְיָה הַמְשֹׁרְרִים וַיַּשְׁמִיעוּ. Ο΄. καὶ
ἠκούσθησαν ("Ἄλλος᾽ ἐπευφήμησαν²⁸) οἱ ᾄδον-
τες, καὶ ἐπεσκέπησαν. Alia exempl. οἱ ᾠδοὶ
ἠκούτισαν, καὶ Ἰεζρίας ἐπίσκοπος.²⁹

43. גְדוֹלָה שִׂמְחָה. Ο΄. μεγάλως. Alia exempl.
εὐφροσύνη μεγάλη.³⁰

מֵרָחוֹק יָד. Ο΄. ἀπὸ μακρόθεν. Alia exempl.
ἕως εἰς μακράν.³¹

44. הַתּוֹרָה מְנָאוֹת לָשָׂרִים בָהֶם לִכְנוֹס.

Ο΄. καὶ τοῖς συνηγμένοις ἐν αὐτοῖς ἄρχουσι τῶν
πόλεων, μερίδας. Alia exempl. τοῦ συναγαγεῖν
ἐν αὐτοῖς ἀπὸ τῶν ἀγρῶν καὶ τῶν πόλεων τοῖς
ἄρχουσι τῶν πόλεων μερίδας τοῦ νόμου.³²

45. כְמִצְוַת וְהַשֹּׁעֲרִים וְהַמְשֹׁרְרִים הַטָּהֳרָה. Ο΄.
τοῦ καθαρισμοῦ, καὶ τοὺς ᾄδοντας, καὶ τοὺς πυλωροὺς, ὡς ἐντολαί. Alia exempl. τῆς ἁγνείας,
καὶ οἱ πυλωροὶ καὶ οἱ ᾠδοὶ κατ᾽ ἐντολήν.³³

46. וְהוֹדוֹת תְּהִלָּה וְשִׁיר. Ο΄. καὶ ὕμνον καὶ αἴνεσιν. Alia exempl. καὶ ὕμνος καὶ ἐξομολογήσεις
καὶ αἴνεσις.³⁴

CAP. XIII.

2. לְקַלְלוֹ. Ο΄. καταράσασθαι (alia exempl. add.
αὐτόν¹).

3. כָל־עֵרֶב וַיַּבְדִּילוּ. Ο΄. καὶ ἐχωρίσθησαν πᾶς ἐπί-
μικτος. Alia exempl. διέστειλαν τὸν λαὸν τὸν
ἀναμεμιγμένον.²

5. אֶת־הַמִּנְחָה. Ο΄. τὴν μαναά. Alia exempl. τὴν
θυσίαν.³

מִצְוַת. Ο΄. ἐντολήν. Alia exempl. καὶ τὰ
ἄζυμα (וּמַצָּוֹת).⁴

6. וְשָׁאַלְתִּי יָמִים וּלְקֵץ. Ο΄. καὶ μετὰ τὸ τέλος τῶν
ἡμερῶν ᾐτησάμην. Alia exempl. εἰς τὸν καιρὸν
τῶν ἡμερῶν ὧν ᾐτησάμην.⁵

8. לִי וַיֵּרַע. Ο΄. καὶ πονηρόν μοι ἐφάνη (alia
exempl. add. καὶ ἐλυπήθην⁶).

---

²⁵ Sic Comp., Ald. (cum καὶ ἐπὶ τ. π. εἰς τὴν ἰανά, καὶ ἐπὶ π.
τὴν ἰχθηρὰν), Codd. 44 (om. ἐπὶ τὴν π. in posteriore loco),
52, 64, 71 (om. τὴν in 3ᵗⁱᵒ loco), 73 (idem), 93 (cum ἡσαιὰ
et ἰχθυικήν), 108 (cum ἐπὶ τ. π. ἰχθικήν). ²⁵ Sic Comp.,
Ald., Codd. 52, 93 (cum Ἀμμὴλ pro τοῦ Μ.), 108 (cum τοῦ
Ἀμμηά). ²⁷ Sic Comp. (cum ἐπὶ πύλην.. Μιαμὶν.. Σεμείας,
Ἐλ., Ὀζὶ, Ἰω., Μ., Αἰλ. καὶ Ἰ.), Ald. (cum ἐπὶ πύλης.. Μασίας, Βενιαμὶν.. Ἐλιωνὰ.. Ἐλαάζαρ, καὶ Ὀζὰ, καὶ Ἰωανὰ, καὶ
Ἐμελχίας, καὶ Ἐλαμίας, καὶ Ἐζούρ), Codd. 52 (cum ἐπὶ πύλης,. Μασίας, Βενιαμὶν.. Ἐλιωνὰ.. (om. ἐν σάλπιγξιν᾽ καὶ Μαασίας).. καὶ Ὀζὰ, καὶ Ἰωανὰ.. καὶ Ἐλὰμ, καὶ Ἐζούρ), 64 (ut
52, nisi Ἐλιακεὶμ.. Βενιαμὶμ.. Ἰωαννὰ.. Ἰεζούρ), alii (inter
quos 93, cum ἐν τῇ σάλπιγξι), 108 (om. Μιαμεὶν, cum Μαασίας
(in posteriore loco).. Ἰωνὰν.. Ἐλὰμ). ²⁸ Sic in textu
Cod. 119. Praeterea pro καὶ ἐπεσκέπησαν in Ald., Codd. 52,
64, 243, legitur: καὶ ἐπεσκέφθησαν, καὶ ἐπευφήμησαν. (Voces
εὐφημεῖν, εὐφημία, εὔφημοι, pro Hebraeis רָם et רֹצֶה, Symmacho in deliciis sunt.) ²⁹ Sic Comp. (cum καὶ ἠκούσθ.
οἱ ᾠδ.), Codd. 93 (cum ἠκούτησαν), 108. ³⁰ Sic Comp.,
Codd. 93, 108. Cf. Hex. ad 1 Paral. xxix. 9. ³¹ Sic
Codd. 93, 108. ³² Sic Comp. (om. τοῖς ἄρχ. τ. π. et τοῦ
νόμου), Codd. 93, 108 (cum καὶ τοῖς συναγ. pro τοῦ συναγ.(!)).
³³ Sic Codd. 93, 108 (cum ἀγνίας). ³⁴ Sic Codd. 93 (cum
αἰνέσεις), 108 (cum ἐξομολόγησι).

CAP. XIII. ¹ Sic Codd. 93, 108. ² Iidem. ³ Sic
(et v. 9) Comp., Codd. 93, 108. ⁴ Sic Codd. 93, 108.
⁵ Iidem (cum duplici versione εἰς τὸν καιρὸν—παρὰ τοῦ β,
καὶ μετὰ τὸ τέλος τ. ἡ. ὧν ᾐτ. παρὰ τοῦ β.). ⁶ Sic Codd.
93, 108 (cum ἐλυπήθη). Cf. ad Cap. iv. 1 (pro alio Hebraeo).

11. וָאָרִיבָה אֶת־הַסְּגָנִים. Ο'. καὶ ἐμαχεσάμην τοῖς στρατηγοῖς. Alia exempl. καὶ ἐκρίθην μετὰ τῶν στρατηγῶν.[7]

13. וָאוֹצְרָה עַל־אוֹצָרוֹת. Et praefeci thesauris. Ο'. ἐπὶ χεῖρα. Alia exempl. καὶ ἐνετειλάμην ἐπὶ χεῖρα.[8]

14. וּבְמִשְׁמָרָיו. Ο'. Vacat. Alia exempl. καὶ ἐν ταῖς φυλακαῖς αὐτοῦ.[9]

15. בְּיוֹם מִכְרָם צַיִד. Ο'. ἐν ἡμέρᾳ πράσεως αὐτῶν (alia exempl. add. ὅτε ἐπώλουν ἐπισιτισμόν[10]).

16. וְהַצֹּרִים יָשְׁבוּ. Ο'. καὶ ἐκάθισαν. Alia exempl. καὶ οἱ Τύριοι καὶ ἐκάθισαν; alia, καὶ οἱ Τύριοι ἐκάθηντο.[11]

17. וָאָרִיבָה אֵת חֹרֵי יְהוּדָה. Ο'. καὶ ἐμαχεσάμην τοῖς υἱοῖς Ἰούδα τοῖς ἐλευθέροις. Alia exempl. καὶ ἐκρίθην μετὰ τῶν ἐλευθέρων Ἰούδα.[12]

19. כַּאֲשֶׁר צָלְלוּ שַׁעֲרֵי. Cum primum obumbrarentur portae. Ο'. ἡνίκα κατέστησαν πύλαι. Alia exempl. ἡνίκα ἡσύχασα, κατέστησαν αἱ πύλαι.[13]

לֹא־יָבוֹא. Ο'. ὥστε μὴ αἴρειν. Alia exempl. τοῦ μὴ εἰσφέρειν.[14]

20. הָרֹכְלִים וּמֹכְרֵי כָל־מִמְכָּר. Ο'. πάντες, καὶ ἐποίησαν πρᾶσιν. Alia exempl. πάντες οἱ μετάβολοι, καὶ οἱ ποιοῦντες πᾶσαν πρᾶσιν.[15]

פַּעַם. Ο'. ἅπαξ. Alia exempl. καὶ ἐκωλύθησαν ἅπαξ.[16]

21. יָד אֶשְׁלַח בָּכֶם. Ο'. ἐκτενῶ χεῖρά μου ἐν ὑμῖν. Alia exempl. τὴν χεῖρά μου ἐπιβαλῶ ἐφ' ὑμᾶς.[17]

22. אֲשֶׁר יִהְיוּ מִטַּהֲרִים וּבָאִים שֹׁמְרִים. Ο'. οἱ ἦσαν καθαριζόμενοι, καὶ ἐρχόμενοι φυλάσσοντες. Alia exempl. ἵνα ἐρχόμενοι ἁγνίζωνται, καὶ φυλάσσωσι.[18]

גַּם־זֹאת. Ο'. πρὸς ταῦτα. Alia exempl. καίγε τούτου.[19]

24. וְכִלְשׁוֹן עַם וָעָם. Ο'. Vacat. Alia exempl. ἀλλὰ κατὰ γλῶσσαν λαοῦ καὶ λαοῦ.[20]

25. וְלָכֶם. Ο'. Vacat. Alia exempl. καὶ ἑαυτοῖς.[21]

26. הֲלוֹא עַל־אֵלֶּה. Ο'. οὐχ οὕτως. Alia exempl. οὐ περὶ τούτου.[22]

כָּמֹהוּ. Ο'. ὅμοιος αὐτῷ (alia exempl. add. μέγας[23]).

27. הָרָעָה הַגְּדוֹלָה הַזֹּאת. Ο'. πονηρίαν ταύτην. Alia exempl. τὴν κακίαν τὴν μεγάλην ταύτην.[24]

לְהָשִׁיב. Ο'. καθίσαι. Alia exempl. ὥστε ἐπιστρέψαι.[25]

28. חָתָן. Ο'. νυμφίου. Alia exempl. γαμβρός.[26]

29. עַל גָּאֳלֵי (inquinationes) הַכְּהֻנָּה וּבְרִית הַכְּהֻנָּה וְהַלְוִיִּם. Ο'. ἐπὶ ἀγχιστείᾳ τῆς ἱερατείας καὶ διαθήκῃ (alia exempl. διαθήκης[27]) τῆς ἱερατείας, καὶ τοὺς Λευίτας. Alia exempl. ἐπὶ τοὺς ἀλισγῶντας τὴν ἱερωσύνην καὶ τὴν διαθήκην τῶν ἱερέων καὶ τῶν Λευιτῶν.[28]

30. מִכָּל־נֵכָר. Ο'. ἀπὸ πάσης ἀλλοτριώσεως. Alia exempl. ἀπὸ παντὸς ἀλλοτρίου.[29]

31. וּלְקֻרְבַּן הָעֵצִים. Ο'. καὶ τὸ δῶρον τῶν ξυλοφόρων. Alia exempl. καὶ εἰς τὰ δῶρα τῶν ξύλων.[30]

וְלַבִּכּוּרִים. Ο'. καὶ ἐν τοῖς βακχουρίοις (alia exempl. πρωτογεννήμασι[31]).

---

[7] Iidem. Cf. ad Cap. v. 7. Verba τοῖς στρατηγοῖς desunt in Codd. II, III, FA (ante corr.), 55, 58. [8] Sic Comp., Codd. 93, 108. [9] Sic Comp., Cod. 108 (om. καί). [10] Sic Cod. 108, et (cum ὅτι pro ὅτε) Comp., Ald., Codd. 52 (cum ἐπώλων), 64, 93, 248. [11] Prior lectio est in Comp., Ald., Codd. 52, 64, 248; posterior in Codd. 93, 108. [12] Sic Comp., Cod. 108. [13] Sic Codd. 93, 108. Hieron.: cum quievissent portae. [14] Iidem. [15] Sic Comp. (cum καὶ ἐποίησαν πρ.), Codd. 93, 108 (cum πρᾶξιν). Ad μετάβολοι cf. ad Cap. iii. 31. [16] Sic Codd. 93 (cum ἐκωλ.), 108. [17] Sic Codd. 93 (om. τὴν), 108. [18] Sic Codd. 93 (cum φυλάσσουσι), 108. [19] Iidem. [20] Sic Comp., Codd. 93, 108. [21] Iidem. [22] Sic Codd. 93, 108. [23] Iidem. [24] Sic Codd. 93 (cum μεγ. pro τὴν μεγ.), 108. [25] Iidem. Cf. Hex. ad Esdr. x. 2. [26] Sic Comp., Codd. 93, 108 (cum γαμβροῦ). [27] Sic Codd. II, III, FA. [28] Sic Comp. (cum ἐπὶ ἀγχ. τῆς ἱερ.), Codd. 93, 108 (cum ἀλίσγοντας). (Lexica dant formas ἀλισγέω et ἀλίσγω (Hesych.: Ἀλίσγοντες μολύνοντες, μιαίνοντες); sed derivativa ἠλίσγησα, ἀλισγηθῇ, ἀλίσγημα etc. ad ἀλισγάω pariter referri possunt.) [29] Sic Codd. 93, 108. [30] Sic Comp. (cum εἰς τὸ δῶρον), Codd. 93, 108. [31] Iidem.

ESTHER.

IN LIBRUM ESTHER

MONITUM.

DE editionibus hujus libelli haec habet Jacobus Usserius Armachanus in *Syntagmate De Graeca LXX Interpretum Versione*, Lond. 1655, pp. 105, 106: "Et Estherae quidem duas in Arundellianae bibliothecae codice MS. editiones nacti sumus; contractiorem unam [Parsonsio Cod. 93 a], auctiorem et Origenicis asteriscis signatam aliam [eidem Cod. 93 b]: in quarum tamen utraque reperta ea sunt omnia, quae textui Hebraico a LXX addita fuisse Origenes in Epistola ad Julium Africanum [Opp. Tom. I, p. 14] his verbis significaverat: Ἐκ τῆς Ἐσθὴρ, οὔτε ἡ τοῦ Μαρδοχαίου εὐχὴ, οὔτε ἡ τῆς Ἐσθὴρ, οἰκοδομῆσαι δυνάμεναι τὸν ἐντυγχάνοντα, παρ' Ἑβραίοις φέρονται· ἀλλ' οὐδὲ αἱ ἐπιστολαὶ, οὐδὲ ἡ τοῦ Ἀμὰν ἐπὶ καθαιρέσει τοῦ τῶν Ἰουδαίων ἔθνους γεγραμμένη, οὐδὲ ἡ τοῦ Μαρδοχαίου ἐξ ὀνόματος Ἀρταξέρξου ἀπολύουσα τοῦ θανάτου τὸ ἔθνος... Quae *nec in Hebraeo, nec apud ullum ferri interpretum* Hieronymus [Opp. Tom. IX, p. 1145 ed. Migne] quoque confirmat. Ut et ipse Theodotion, qui non modo in Jobo et aliis libris, sed etiam prolixa illa in Daniele vulgatae editionis additamenta retinenda censuerat, hasce lacinias consulto neglexisse videatur, quasi nihil aliud continentes, quam *ea quae ex tempore dici poterant et audiri* (quemadmodum in Estherae Praefatione idem loquitur Hieronymus); *sicut solitum est scholaribus disciplinis sumpto themate excogitare, quibus verbis uti potuit qui injuriam passus est, vel qui injuriam fecit.* Ambas autem hasce editiones conjunctim ad finem hujus Tractatus subjicere visum fuit: in breviore quidem illa lacunarum spatiis quae in MS. cernebantur, ex Codice Alexandrino suppletis, et, quo a ceteris distinguerentur, intra uncos inclusis; in Origenica vero altera ad asteriscos (✕) in libro repertos, ea quae in Hebraeo reperta a LXX omissa fuerant designantes, additis et obelis (÷), ea quae Hebraicae veritati sunt adjecta declarantibus; et utrobique notula (✔), ut in Syriaco Masii codice, apposita, loca obelorum et asteriscorum significationem terminantia indicante."

Hactenus reverendissimus Praesul, qui proinde (pp. 111–147) duplicem editionem, *Origenicam* scilicet quam vocat, et *veterem alteram*, binis columnis parallelis ornavit. Textum autem Usserianum cum ipso codice (qui nunc est Musei Britannici Bibl. Reg. I, D, II) contulit

Holmesius, et hic illic correxit; "quinetiam monuit" (verba sunt Parsonsii in Praefatione ad Esther) "quod asterisci in codice rarissime inveniantur per ipsam scriptoris manum appositi; obeli vero una cum metobelo ubique sunt additamenta Usserii." Cum vero in varietate lectionis e Cod. 93b excerpenda Parsonsius notas Origenianas universas quasi a prima manu appictas enotaverit, nos quod de hac re certioris aliquid afferre possumus, benevolentiae Professoris Gulielmi Wright, in dicto Museo tunc temporis satagentis, debemus.

Codex igitur est saeculi XIII membranaceus, nitide exaratus, sed a correctoribus male habitus. Estherae prior editio (93a) incipit fol. 131r., cujus in margine manus recentior, non tamen, ut videtur, ipsius Usserii, scripsit: "Vide infra post libros Maccabaeorum textum alium hujus libri plane diversum ab hoc, qui in multis etiam a Romano discrepat." Hic est noster 93b, et incipit fol. 180r. Omissa priore editione, vel potius epitoma, quasi ad nostrum inceptum minus pertinente, de posteriore breviter agamus. Hujus fundamentum est textus vulgaris, qui in hoc libello quantum ab Hebraeo archetypo tum addendo tum recidendo discrepet, nemo ignorat. In codice, ut nunc est, additamenta tam breviora quam longiora (quae apocryphis vulgo annumerantur) obelis jugulantur, quos omnes, cum a manu recentiore, eadem, ut videtur, quam supra memoravimus, una cum metobelis suis appicti sint, consulto tacuimus. Quae autem lectiones, a Senioribus praetermissae, e Theodotione vel alio interprete assumptae sunt, maximam partem ab eadem manu recenti asteriscis et metobelis formae Masianae (* et ⸓) supra lineam positis, a nobis autem pariter neglectis, designantur; pauculae tantum (vid. ad Cap. ii. 6, 7. viii. 3, 11. ix. 1, 2, 5) a prima manu asteriscos majoris formae (※) praelucentes habent. Hujus autem editionis singulares lectiones, exceptis meris verborum inversionibus, tantum non omnes in nostro opere recondidimus. His accedunt lectiones Codicis Friderico-Augustani a Tischendorfio siglo FA*⸦* notatae, quae correctori saeculo VII non recentiori tribuendae esse videntur, quaeque ad eandem cum nostro codice recensionem manifesto pertinent.

ESTHER.

Caput I.

1. הַמֹּלֵךְ מֵהֹדּוּ וְעַד־כּוּשׁ. Ο΄. ἀπὸ τῆς Ἰνδικῆς... ἐκράτησεν. Alia exempl. ὁ βασιλεύων ἀπὸ τῆς Ἰνδικῆς ἕως Αἰθιοπίας... ἐκράτησεν.[1]

2. עַל כִּסֵּא מַלְכוּתוֹ אֲשֶׁר בְּשׁוּשָׁן. Ο΄. ἐν Σούσοις. Alia exempl. ἐπὶ θρόνου βασιλείας αὐτοῦ ὃς ἦν ἐν Σούσοις.[2]

4. אֶת־עֹשֶׁר כְּבוֹד. Ο΄. τὸν πλοῦτον (alia exempl. add. τῆς δόξης[3]).

ימִים רַבִּים שְׁמוֹנִים וּמְאַת יוֹם. Ο΄. ἐν ἡμέραις ἑκατὸν ὀγδοήκοντα. Alia exempl. ἐπὶ ἡμέρας πολλὰς, ὀγδοήκοντα καὶ ἑκατὸν ἡμέρας.[4]

5. הַיָּמִים הָאֵלֶּה. Ο΄. αἱ ἡμέραι τοῦ γάμου (alia exempl. τοῦ πότου αὐτοῦ[5]).

לְמִגָּדוֹל וְעַד־קָטָן מִשְׁתֶּה שִׁבְעַת יָמִים. Ο΄. πότον... ἐπὶ ἡμέρας ἕξ. Alia exempl. πότον... ἀπὸ μεγάλου καὶ ἕως μικροῦ, πότον ἑπτὰ ἡμέραις.[6]

בַּחֲצַר גִּנַּת בִּיתַן הַמֶּלֶךְ. Ο΄. ἐν αὐλῇ οἴκου (alia exempl. add. συμφύτου[7]) τοῦ βασιλέως.

6. חוּר כַּרְפַּס וּתְכֵלֶת. Ο΄. κεκοσμημένη βυσσίνοις καὶ καρπασίνοις (alia exempl. add. καὶ ὑακιν-θίνοις[8]).

6. שֵׁשׁ וְדַר. Ο΄. καὶ πιννίνου καὶ παρίνου λίθου. Alia exempl. καὶ παρίνου καὶ πιννίνου λίθου.[9]

8. וְהַשְׁתִיָּה. Ο΄. ὁ δὲ πότος οὗτος. Alia exempl. ὁ δὲ πότος.[10]

9. וַשְׁתִּי. Ο΄. Ἀστίν. Alia exempl. Οὐαστείν, s. Οὐασθείν.[11]

בֵּית הַמַּלְכוּת אֲשֶׁר לַמֶּלֶךְ אֲחַשְׁוֵרוֹשׁ. Ο΄. ἐν τοῖς βασιλείοις, ὅπου ὁ βασιλεὺς Ἀρταξέρξης. Alia exempl. ἐν τοῖς βασιλείοις αὐτῆς.[12]

10. בַּיַּין. Ο΄. Vacat. Alia exempl. ἐν τῷ οἴνῳ.[13]

לִמְהוּמָן—וְכַרְכַּס. Ο΄. τῷ Ἀμὰν, καὶ Βαζὰν, καὶ Θάρρα, καὶ Βαραζὶ, καὶ Ζαθολθὰ, καὶ Ἀβα-ταζὰ, καὶ Θαραβά. Alia exempl. τῷ Μαουμὰν, καὶ Ζαβαθὰ, καὶ Ἀρβωνὰ, καὶ Βαγαθὰ, καὶ Ἀβαγαθὰ, καὶ Ζαρὰθ, καὶ Ἀχαρβάς.[14]

הַמְשָׁרְתִים אֶת־פְּנֵי הַמֶּלֶךְ. Ο΄. τοῖς διακόνοις τοῦ βασιλέως. Alia exempl. τοῖς διακόνοις πρὸ προσώπου τοῦ βασιλέως.[15]

❖ ————————————————————————————— ❖

CAP. I. [1] Sic Codd. FA (ex corr., om. ὁ βασιλεύων), 93b. [2] Sic Cod. 93b. [3] Idem. [4] Idem. [5] Sic Codd. III (om. αὐτοῦ), FA (ex corr., om. αὐτοῦ), 93b. [6] Sic Codd. FA (ex corr., cum ἐπὶ ἡμέρας ἕξ), 93b. [7] Sic Cod. 93b (cum σὺν φοίτου). Cf. ad Cap. vii. 7, 8. Hieron.: in vestibulo horti, et nemoris quod regio cultu et manu consitum est. [8] Idem (cum καὶ κοσμημένη et οἰδικινθίνοις). [9] Sic Codd. III, 93b. Cf. Hex. ad Cant. Cant. v. 15. Ad scripturam πινίνου, quam tuentur Comp., Ald., Codd. III, FA, 64, 71 (cum πινίνου), 74, 243, cf. Hex. ad Prov. xxv. 12. [10] Sic Codd. III, FA (ex corr.), 93b. [11] Prior scriptura est in Codd. 19 (cum —τὶν), 93a, 108b (ut 19); posterior in Cod. 93b. [12] Sic Cod. 93b. [13] Idem. [14] Idem. [15] Idem. In textu verba τοῖς διακόνοις absunt a Comp.,

11. אֶת־וַשְׁתִּי. Ο'. Vacat. Alia exempl. τὴν Οὐαστείν.[16]

בְּכֶתֶר מַלְכוּת. Ο'. βασιλεύειν αὐτήν, καὶ περιθεῖναι αὐτῇ τὸ διάδημα. Alia exempl. τοῦ περιθεῖναι αὐτῇ τὸ διάδημα, καὶ βασιλεύειν αὐτήν.[17]

הָעַמִּים וְהַשָּׂרִים. Ο'. τοῖς (potior scriptura πᾶσι τοῖς) ἄρχουσι καὶ τοῖς ἔθνεσι. Alia exempl. πᾶσι τοῖς ἔθνεσι.[18]

טוֹבַת מַרְאֶה. Ο'. καλὴ (alia exempl. add. τῇ ὄψει[19]).

12. בִּדְבַר הַמֶּלֶךְ אֲשֶׁר בְּיַד הַסָּרִיסִים. Ο'. μετὰ τῶν εὐνούχων. Alia exempl. κατὰ τὸ ῥῆμα τοῦ βασιλέως τὸ μετὰ τῶν εὐνούχων.[20]

וַיִּקְצֹף הַמֶּלֶךְ מְאֹד וַחֲמָתוֹ בָּעֲרָה בוֹ. Ο'. καὶ ἐλυπήθη ὁ βασιλεύς, καὶ ὠργίσθη. Alia exempl. καὶ ἐλυπήθη ὁ βασιλεὺς σφόδρα, καὶ ὠργίσθη, καὶ ὀργὴ ἐξεκαύθη ἐν αὐτῷ.[21]

13. וַיֹּאמֶר הַמֶּלֶךְ לַחֲכָמִים יֹדְעֵי הָעִתִּים. Ο'. καὶ εἶπε τοῖς φίλοις αὐτοῦ. Alia exempl. καὶ εἶπεν ὁ βασιλεὺς τοῖς φίλοις αὐτοῦ εἰδόσι τοὺς καιρούς.[22]

יֹדְעֵי דָּת. Ο'. νόμον. Alia exempl. γινώσκοντες νόμον.[23]

14. פַּרְשְׁנָא—כְּמוּכָן. Ο'. Ἀρχεσαῖος, καὶ Σαρσαβαῖος, καὶ Μαλισεάρ. Alia exempl. Χαρσανά, Σαθάρ, Ἀμαθά, (Θαρσὶς), Μαρὸς, Μαρσανά, Μαμουχάν.[24]

שִׁבְעַת שָׂרֵי. Ο'. οἱ ἄρχοντες. Alia exempl. οἱ ἑπτὰ ἄρχοντες.[25]

15. אֶת־מַאֲמַר הַמֶּלֶךְ אֲחַשְׁוֵרוֹשׁ. Ο'. τὰ ὑπὸ τοῦ βασιλέως προσταχθέντα. Alia exempl.

τὰ προσταχθέντα ὑπὸ τοῦ βασιλέως Ἀσουήρου.[26]

16. אֲשֶׁר בְּכָל־מְדִינוֹת הַמֶּלֶךְ אֲחַשְׁוֵרוֹשׁ. Ο'. τοῦ βασιλέως. Alia exempl. ὅσοι ἐν πάσαις χώραις τοῦ βασιλέως Ἀρταξέρξου.[27]

17. כִּי־יֵצֵא. Ο'. καὶ γὰρ διηγήσατο αὐτοῖς. Alia exempl. καὶ ἐπιδιηγήσατο αὐτοῖς.[28]

בְּעֵינֵיהֶם בְּאָמְרָם הַמֶּלֶךְ אֲחַשְׁוֵרוֹשׁ אָמַר לְהָבִיא אֶת־וַשְׁתִּי הַמַּלְכָּה לְפָנָיו וְלֹא־בָאָה. Ο'. ὡς οὖν ἀντεῖπε τῷ βασιλεῖ Ἀρταξέρξῃ. Alia exempl. ὡς οὖν ἀντεῖπεν ἐν ὀφθαλμοῖς αὐτῶν ἐν τῷ λέγειν αὐτὰς τῷ βασιλεῖ Ἀρταξέρξῃ, εἶπεν ἀγαγεῖν τὴν Οὐαστεὶν τὴν βασίλισσαν εἰς πρόσωπον αὐτοῦ, καὶ οὐκ ἦλθεν.[29]

19. יֵצֵא דְבַר־מַלְכוּת מִלְּפָנָיו. Ο'. προσταξάτω βασιλικόν. Alia exempl. προσταξάτω ῥῆμα βασιλικὸν ἐκ προσώπου αὐτοῦ.[30]

לִפְנֵי הַמֶּלֶךְ אֲחַשְׁוֵרוֹשׁ. Ο'. πρὸς αὐτόν. Alia exempl. πρὸς τὸν βασιλέα Ἀσουηρόν.[31]

20. פִּתְגָם. Ο'. ὁ νόμος. Alia exempl. ὁ λόγος.[32]

כִּי רַבָּה. Ο'. Vacat. Alia exempl. ὅτι πολλή.[33]

22. וַיִּשְׁלַח. Ο'. καὶ ἀπέστειλεν (alia exempl. add. ὁ βασιλεύς[34]).

אֶל־כָּל־מְדִינוֹת הַמֶּלֶךְ אֶל־מְדִינָה וּמְדִינָה כִּכְתָבָהּ וְאֶל־עַם וָעָם כִּלְשׁוֹנוֹ. Ο'. εἰς πᾶσαν τὴν βασιλείαν κατὰ χώραν, κατὰ τὴν λέξιν αὐτῶν. Alia exempl. ἐν πάσῃ τῇ βασιλείᾳ κατὰ χώραν, κατὰ τὴν λέξιν αὐτῶν, κατὰ τὸ γράμμα αὐτῆς, καὶ πρὸς λαὸν καὶ λαὸν κατὰ τὴν γλῶσσαν αὐτοῦ.[35]

וּמְדַבֵּר כִּלְשׁוֹן עַמּוֹ. Ο'. Vacat. Alia exempl. καὶ λαλεῖν κατὰ τὴν γλῶσσαν τοῦ λαοῦ αὐτοῦ.[36]

---

[16] Ald., Codd. 52, 64, 243, 248. [16] Idem. [17] Sic Codd. FA (ex corr.), 93b. [18] Sic Cod. 93b. [19] Idem. [20] Sic Codd. FA (ex corr.), 93b. [21] Sic Cod. 93b. [22] Idem. [23] Idem. [24] Idem (cum Χαρσὰν, Ἀσαθὰ, Ῥαμαθὰ, Μαρὸς..). [25] Idem. [26] Idem. Mox (vv. 16, 21) Μαμουχαῖος pro Μουχαῖος (ממכן) idem. [27] Idem. [28] Sic Comp. (cum καὶ γὰρ ἐπιδ.), Ald. (idem), Codd. III (cum καὶ διηγήσατο), FA (ex corr.), XI, 44, 71, alii (inter quos 93b). [29] Sic Cod. 93b. Mox (v. 18) Μήδων αἵτινες ἀκούσασαι τὰ ὑπ' αὐτῆς λεχθέντα τῷ βασιλεῖ τολμήσωσιν idem. [30] Idem. Mox Περσῶν καὶ Μήδων Codd. FA (ex corr.), 93b. Deinde καὶ μὴ pro μηδὲ (εἰσελθέτω) Cod. 93b. [31] Sic Codd. III (cum Ἀρταξέρξην), 93b. [32] Sic Codd. III, FA (ex corr.), 93b. [33] Sic Cod. 93b. [34] Sic Codd. III, FA (ex corr.), 93a, 93b. [35] Sic Cod. 93b. [36] Idem.

CAP. II.

1. כְּשֹׁךְ חֲמַת הַמֶּלֶךְ אֲחַשְׁוֵרוֹשׁ. Ο΄. ἐκόπασεν ὁ βασιλεὺς τοῦ θυμοῦ. Alia exempl. ἐκόπασε τοῦ θυμοῦ ὁ βασιλεὺς Ἀρταξέρξης.[1]

זָכַר אֶת־וַשְׁתִּי וְאֵת אֲשֶׁר־עָשָׂתָה וְאֵת אֲשֶׁר־נִגְזַר עָלֶיהָ. Ο΄. καὶ οὐκέτι ἐμνήσθη τῆς Ἀστίν, μνημονεύων οἷα ἐλάλησε, καὶ ὡς κατέκρινεν αὐτήν. Ἄλλος· ἐμνήσθη γὰρ τῆς Ἀστίν, καθὰ ἐποίησεν, καὶ ὅσα αὐτῇ κατεκρίθη.[2]

2. נַעֲרֵי־הַמֶּלֶךְ מְשָׁרְתָיו. Ο΄. οἱ διάκονοι τοῦ βασιλέως (alia exempl. add. οἱ λειτουργοὶ αὐτοῦ[3]).

3. אֶת־כָּל־נַעֲרָה. Ο΄. κοράσια. Alia exempl. πάντα κοράσια.[4]

6. עִם־הַגֹּלָה אֲשֶׁר הָגְלְתָה עִם יְכָנְיָה מֶלֶךְ־יְהוּדָה אֲשֶׁר הֶגְלָה. Ο΄. ἣν ᾐχμαλώτευσε. Aliter: Ο΄. ※ μετὰ τῆς αἰχμαλωσίας τῆς αἰχμαλωτευθείσης μετὰ Ἰεχονίου τοῦ βασιλέως Ἰούδα (◄), ὃν ᾐχμαλώτευσε.[5]

7. הִיא אֶסְתֵּר. Ο΄. Vacat. Alia exempl. αὕτη Ἐσθήρ.[6]

כִּי אֵין לָהּ אָב. Ο΄. Vacat. Aliter: Ο΄. ※ ὅτι οὐκ εἶχε πατέρα (◄).[7]

וְטוֹבַת מַרְאֶה. Ο΄. Vacat. Alia exempl. καὶ ὡραῖον τῇ ὄψει σφόδρα.[8]

לְקָחָהּ מָרְדֳּכַי לוֹ לְבַת. Ο΄. ἐπαίδευσεν αὐτὴν ἑαυτῷ εἰς γυναῖκα. Alia exempl. ἐπαίδευσεν αὐτὴν Μαρδοχαῖος ἑαυτῷ εἰς θυγατέρα.[9]

8. דְּבַר־הַמֶּלֶךְ וְדָתוֹ. Ο΄. τὸ τοῦ βασιλέως πρόσταγμα. Alia exempl. τὸ πρόσταγμα τοῦ βασιλέως καὶ δόγμα αὐτοῦ.[10]

8. הֵגֶי. Ο΄. Γαί. Alia exempl. Γωγαίου.[11]

אֶל־בֵּית הַמֶּלֶךְ אֶל־יַד הֵגַי. Ο΄. πρὸς Γαί. Alia exempl. πρὸς οἶκον τοῦ βασιλέως ἐπὶ τὸν Γωγαῖον.[12]

9. הָרְאֻיוֹת לָתֶת־לָהּ. Ο΄. τὰ ὑποδεδειγμένα αὐτῇ. Alia exempl. τὰ προδεδειγμένα δοῦναι αὐτῇ.[13]

לְטוֹב. Ο΄. Vacat. Alia exempl. εἰς ἀγαθόν.[14]

11. אֶת־שְׁלוֹם אֶסְתֵּר וּמַה־יֵּעָשֶׂה בָּהּ. Ο΄. τί Ἐσθὴρ συμβήσεται. Alia exempl. τί συμβήσεται τῇ Ἐσθήρ, καὶ τί ποιηθήσεται αὐτῇ.[15]

12. מִקֵּץ הֱיוֹת לָהּ כְּדָת הַנָּשִׁים שְׁנֵים עָשָׂר חֹדֶשׁ. Ο΄. ὅταν ἀναπληρώσῃ μῆνας δεκαδύο. Alia exempl. ὅταν ἀνεπλήρωσεν αὐτῇ κατὰ τὸ δόγμα τῶν γυναικῶν δώδεκα μῆνας.[16]

13. הַנַּעֲרָה. Ο΄. Vacat. Alia exempl. ἡ νεᾶνις.[17]

14. אֶל־יַד שַׁעֲשְׁגַז. Ο΄. οὐ Γαί. Alia exempl. οὐ Σασαγάς.[18]

כִּי אִם־חָפֵץ בָּהּ הַמֶּלֶךְ וְנִקְרְאָה. Ο΄. ἐὰν μὴ κληθῇ. Alia exempl. ἐὰν μὴ θελήσει αὐτὴν ὁ βασιλεύς, καὶ κληθῇ.[19]

15. אֲשֶׁר לָקַח־לוֹ לְבַת לָבוֹא. Ο΄. εἰσελθεῖν. Alia exempl. ἣν ἔλαβεν αὐτῷ εἰς θυγάτερα, τοῦ εἰσελθεῖν.[20]

דָּבָר כִּי אִם אֶת־אֲשֶׁר יֹאמַר הֵגַי סְרִיס־הַמֶּלֶךְ. Ο΄. ὧν ἐνετείλατο ὁ εὐνοῦχος. Alia exempl. ῥῆμα ὧν αὐτῇ ἔλεγε Γωγαῖος ὁ εὐνοῦχος τοῦ βασιλέως.[21]

16. אֶל־בֵּית מַלְכוּתוֹ. Ο΄. Vacat. Alia exempl. εἰς τὸν οἶκον τῆς βασιλείας αὐτοῦ.[22]

בַּחֹדֶשׁ הָעֲשִׂירִי. Ο΄. τῷ δωδεκάτῳ μηνί. Alia exempl. τῷ μηνὶ τῷ δεκάτῳ.[23]

טֵבֵת. Ο΄. Ἀδάρ. Alia exempl. Τηβήθ.[24]

Cap. II. [1] Sic Codd. FA (ex corr.), 93b. [2] Sic in textu Cod. III. [3] Sic Cod. 93b. [4] Idem. Mox haec, καὶ παραδοθήτωσαν—γυναικῶν, desunt in eodem. Deinde σμήγματα pro σμῆγμα idem. [5] Idem (qui pingit: ※ μετὰ τῆς αἰχ\|μαλωσίας τῆς αἰχμαλωτευθῇ\|※σεις (sic) μετὰ Ἰεχονίου τοῦ βασιλέως \|※ Ἰούδα ὃν ᾐχμ.). [6] Idem (post θρεπτή). [7] Idem. [8] Sic (post τῷ εἴδει) Codd. FA (ex corr.), 93b. [9] Sic Codd. FA (ex corr., cum εἰς γυναῖκα), 93b. [10] Sic Cod. 93b. [11] Idem. [12] Idem. [13] Idem. [14] Idem (post ἀθραις αὐτῆς). [15] Idem. [16] Idem (cum ἂν ἐπλήρωσεν). [17] Idem (post τότε). [18] Idem. [19] Idem. [20] Idem. [21] Idem. Cod. III: ὧν αὐτῇ ἔλεγεν ὁ εὐνοῦχος. [22] Idem (post πρὸς τὸν βασ. Ἀρτ. (sic)). [23] Sic Comp. (cum τῷ δ. μηνί), Codd. FA (ex corr., ut Comp.), 93b. [24] Sic Comp., Codd. FA (ex corr.), 93b (cum βήθ). Hesych.: Τήβηθ (sic)· Περίτιος μήν.

17. מִכָּל־הַנָּשִׁים. O'. Vacat. Alia exempl. παρὰ πάσας τὰς γυναῖκας.²⁵

חֵן וָחֶסֶד לְפָנָיו. O'. χάριν. Alia exempl. χάριν καὶ ἔλεον ἐνώπιον αὐτοῦ.²⁶

וַיַּמְלִיכֶהָ תַּחַת וַשְׁתִּי. O'. Vacat. Alia exempl. καὶ ἐβασίλευσεν αὐτὴν ἀντὶ Οὐασθεί.²⁷

18. מִשְׁתֶּה גָדוֹל. O'. πότον. Alia exempl. πότον μέγαν.²⁸

19. וּבְהִקָּבֵץ בְּתוּלוֹת שֵׁנִית וּמָרְדֳּכַי. O'. ὁ δὲ Μαρδοχαῖος. Alia exempl. ἐν δὲ τῷ ἀθροίζεσθαι τὰς παρθένους τὸ δεύτερον, καὶ ὁ Μαρδοχαῖος.²⁹

בְּשַׁעַר־הַמֶּלֶךְ. O'. ἐν τῇ αὐλῇ (alia exempl. add. τοῦ βασιλέως³⁰).

20. וְאֶת־עַמָּהּ. O'. Vacat. Alia exempl. καὶ τὸν λαὸν αὐτοῦ.³¹

כַּאֲשֶׁר הָיְתָה בְאָמְנָה אִתּוֹ. O'. καθὼς ἦν μετ᾽ αὐτοῦ. Alia exempl. καθὼς ἦν ἐν τῷ τιθηνεῖσθαι αὐτὴν παρ᾽ αὐτῷ.³²

21. בִּגְתָן וָתֶרֶשׁ. O'. Vacat. Alia exempl. Βαγαθὰν καὶ Θαράς.³³

22. לְאֶסְתֵּר הַמַּלְכָּה. O'. Ἐσθήρ (alia exempl. add. τῇ βασιλίσσῃ³⁴).

Cap. III.

1. אַחַר הַדְּבָרִים הָאֵלֶּה. O'. μετὰ δὲ (alia exempl. add. τὰ ῥήματα¹) ταῦτα.

בֶּן־הַמְּדָתָא הָאֲגָגִי. O'. Ἀμαδάθου Βουγαῖον. Alia exempl. υἱὸν Ἀμαδάθου Γωγαῖον.²

מֵעַל כָּל. O'. πάντων. Alia exempl. ἐπάνω πάντων.³

2. וְכָל־עַבְדֵי הַמֶּלֶךְ אֲשֶׁר־בְּשַׁעַר הַמֶּלֶךְ. O'. καὶ πάντες οἱ ἐν τῇ αὐλῇ. Alia exempl. καὶ πάντες οἱ δοῦλοι τοῦ βασιλέως, καὶ πάντες οἱ ἐν τῇ αὐλῇ τοῦ βασιλέως.⁴

כֹּרְעִים וּמִשְׁתַּחֲוִים. O'. προσεκύνουν. Alia exempl. κάμπτοντες προσεκύνουν.⁵

לֹא יִכְרַע וְלֹא יִשְׁתַּחֲוֶה. O'. οὐ προσεκύνει αὐτῷ. Alia exempl. οὐκ ἔκαμπτεν οὐδὲ προσεκύνει αὐτῷ.⁶

3. עַבְדֵי הַמֶּלֶךְ. O'. Vacat. Alia exempl. οἱ παῖδες τοῦ βασιλέως.⁷

4. וַיְהִי בְּאָמְרָם אֵלָיו יוֹם וָיוֹם. O'. καθ᾽ ἑκάστην ἡμέραν ἐλάλουν αὐτῷ. Alia exempl. ἔλεγον δὲ αὐτῷ καθ᾽ ἑκάστην ἡμέραν.⁸

5. כִּי־אֵין מָרְדֳּכַי כֹּרֵעַ וּמִשְׁתַּחֲוֶה לוֹ. O'. ὅτι οὐ προσκυνεῖ αὐτῷ Μαρδοχαῖος. Alia exempl. ὅτι Μαρδοχαῖος οὐ κάμπτει καὶ οὐ προσκυνεῖ αὐτῷ.⁹

וַיִּמָּלֵא הָמָן חֵמָה. O'. ἐθυμώθη (alia exempl. add. Ἀμὰν¹⁰) σφόδρα.

6. וַיִּבֶז בְּעֵינָיו לִשְׁלֹחַ יָד בְּמָרְדֳּכַי לְבַדּוֹ כִּי־הִגִּידוּ לוֹ אֶת־עַם מָרְדֳּכָי וַיְבַקֵּשׁ הָמָן. O'. καὶ ἐβουλεύσατο. Alia exempl. καὶ ἐξουδένωσεν ἐν ὀφθαλμοῖς αὐτοῦ ἐπιβαλεῖν χεῖρα αὐτοῦ ἐπὶ Μαρδοχαῖον μονώτατον, ὅτι ἀνήγγειλαν αὐτῷ τὸν λαὸν Μαρδοχαίου· καὶ ἐβουλεύσατο Ἀμάν.¹¹

7. בַּחֹדֶשׁ הָרִאשׁוֹן הוּא־חֹדֶשׁ נִיסָן. O'. Vacat. Alia exempl. ἐν τῷ μηνὶ τῷ πρώτῳ, αὐτός ὁ μὴν Νισάν.¹²

פּוּר הוּא הַגּוֹרָל לִפְנֵי הָמָן. O'. κλήρους. Alia exempl. φούρ, τουτέστιν κλήρους, εἰς πρόσωπον Ἀμάν.¹³

---

²⁵ Sic Cod. 93 b (post τῇ (sic) Ἐσθήρ, cum πάντας pro πάσας). ²⁶ Idem. ²⁷ Idem (post τὸ διάδημα τὸ γ. αὐτῇ (sic)). ²⁸ Idem. ²⁹ Idem. ³⁰ Idem. ³¹ Idem (post τὴν πατρίδα αὐτῆς). ³² Idem (cum τιθηνῆσθαι). ³³ Sic Codd. FA (ex corr.), 93 b (cum Γαβ-βαθὰν), 249 (cum Βαραθὰν καὶ Θαρρὰν). Cf. ad Cap. vi. 2. ³⁴ Sic Cod. 93 b.

Cap. III. ¹ Sic Cod. 93 b. ² Idem. ³ Idem. ⁴ Idem. ⁵ Idem. ⁶ Idem. ⁷ Idem (post καὶ

εἶδον (sic)). ⁸ Sic Codd. III (cum καθ᾽ ἱ. ἡ. ἔλεγον αὐτῷ), FA (ex corr., ut III), 93 b. Mox ὑπήκουσεν pro ὑπήκουεν Comp., Codd. III, FA (ex corr.), 93 b. ⁹ Sic Cod. 93 b. ¹⁰ Sic Codd. III, 93 b. ¹¹ Sic Cod. 93 b (cum ἐπὶ Μαρδοχαίῳ). Mox πάντας τοὺς Ἰ. τοὺς ὑπὸ τὴν βασ. Ἀρτ. idem. ¹² Sic Codd. FA (ex corr.), 93 b. ¹³ Sic Cod. 93 b. Mox haec, ὥστε ἀπολέσαι—κλῆρος, desunt in eodem, sed appinxit ea in marg. sub obelo manus recens.

8. וַיֹּאמֶר הָמָן‎. Ο'. καὶ ἐλάλησεν (alia exempl. add. Ἀμάν[14]).

מִצֻּוָּה וּמְפֹרָד‎. Ο'. διεσπαρμένον (alia exempl. add. καὶ διῃρημένον[15]).

9. וַעֲשֶׂרֶת אֲלָפִים כִּכַּר־כֶּסֶף אֶשְׁקוֹל עַל־יְדֵי עֹשֵׂי הַמְּלָאכָה לְהָבִיא אֶל־גִּנְזֵי הַמֶּלֶךְ‎. Ο'. κἀγὼ διαγράψω εἰς τὸ γαζοφυλάκιον τοῦ βασιλέως ἀργυρίου τάλαντα μύρια. Alia exempl. κἀγὼ μύρια τάλαντα ἀργυρίου παραστήσω ἐπὶ χεῖρας τῶν ποιούντων τὰ ἔργα εἰσαγαγεῖν εἰς τὸ γαζοφυλάκιον τοῦ βασιλέως.[16]

12. בַּחֹדֶשׁ הָרִאשׁוֹן בִּשְׁלוֹשָׁה עָשָׂר יוֹם בּוֹ‎. Ο'. μηνὶ πρώτῳ τῇ τρισκαιδεκάτῃ. Alia exempl. μηνὶ τῷ πρώτῳ, αὐτὸς ὁ μὴν Νισὰν, τῇ τρισκαιδεκάτῃ ἡμέρᾳ αὐτοῦ.[17]

כְּכָל־אֲשֶׁר‎. Ο'. ὡς. Alia exempl. κατὰ πάντα ὡς.[18]

אֶל־אֲחַשְׁדַּרְפְּנֵי־הַמֶּלֶךְ‎. Ο'. τοῖς στρατηγοῖς (alia exempl. add. τοῦ βασιλέως[19]).

וְנִכְתָּב וְנֶחְתָּם בְּטַבַּעַת הַמֶּלֶךְ‎. Ο'. Vacat. Alia exempl. καὶ ἐγράφη, καὶ ἐσφραγίσθη ἐν τῷ δακτυλίῳ τοῦ βασιλέως.[20]

13. לְהַשְׁמִיד לַהֲרֹג וּלְאַבֵּד‎. Ο'. ἀφανίσαι (alia exempl. add. καὶ φονεῦσαι καὶ ἀπολέσαι[21]).

מִנַּעַר וְעַד־זָקֵן טַף וְנָשִׁים‎. Ο'. Vacat. Alia exempl. ἀπὸ νεανίσκου καὶ ἕως πρεσβύτου, νήπια καὶ γυναῖκας.[22]

בִּשְׁלוֹשָׁה עָשָׂר‎. Ο'. Vacat. Alia exempl. τῇ τρισκαιδεκάτῃ.[23]

הוּא־חֹדֶשׁ אֲדָר‎. Ο'. ὅς ἐστιν (alia exempl. add. ὁ μὴν[24]) Ἀδάρ.

---

14. לְהִנָּתֵן דָּת בְּכָל־מְדִינָה וּמְדִינָה‎. Ο'. ἐξετίθετο κατὰ χώραν. Alia exempl. ἐξετίθετο δόγμα κατὰ χώραν καὶ χώραν.[25]

15. הָרָצִים יָצְאוּ‎. Ο'. Vacat. Alia exempl. οἱ τρέχοντες ἐξῆλθον.[26]

וּדְבַר הַמֶּלֶךְ וְהָדָת נִתְּנָה בְּשׁוּשַׁן הַבִּירָה‎. Ο'. τὸ πρᾶγμα, καὶ εἰς Σοῦσαν. Alia exempl. τὸ πρᾶγμα τοῦ βασιλέως, καὶ τὸ δόγμα ἐξετέθη εἰς Σοῦσαν τὴν βᾶριν.[27]

יָשְׁבוּ לִשְׁתּוֹת‎. Ο'. ἐκωθωνίζοντο (alia exempl. add. πιεῖν[28]).

וְהָעִיר שׁוּשָׁן נָבוֹכָה‎. Ο'. ἐταράσσετο δὲ ἡ πόλις. Alia exempl. ἡ δὲ πόλις Σοῦσα ἐταράσσετο.[29]

CAP. IV.

1. אֵת־כָּל־אֲשֶׁר נַעֲשָׂה‎. Ο'. τὸ (alia exempl. πᾶν τὸ[1]) συντελούμενον.

וַיִּזְעַק זְעָקָה גְדוֹלָה וּמָרָה‎. Ο'. φωνῇ μεγάλῃ αἴρεται ἔθνος μηδὲν ἠδικηκός. Alia exempl. φωνῇ μεγάλῃ ἔθνος μηδὲν ἠδικηκὸς αἴρεται πικρῶς.[2]

2. עַד לִפְנֵי שַׁעַר־הַמֶּלֶךְ‎. Ο'. ἕως τῆς πύλης τοῦ βασιλέως. Alia exempl. ἕως ἀπέναντι τῆς πόλεως.[3]

3. וּבְכָל־מְדִינָה וּמְדִינָה מְקוֹם‎. Ο'. καὶ ἐν πάσῃ χώρᾳ (alia exempl. add. καὶ τόπῳ[4]).

דְּבַר־הַמֶּלֶךְ‎. Ο'. τὰ γράμματα (alia exempl. add. τοῦ βασιλέως[5]).

צוֹם וּבְכִי וּמִסְפֵּד‎. Ο'. Vacat. Alia exempl. νηστεία καὶ κλαυθμὸς καὶ κοπετός.[6]

4. וַתִּשְׁלַח בְּגָדִים‎. Ο'. καὶ ἀπέστειλεν (alia exempl. add. ἱμάτια[7]).

---

[14] Sic Cod. 93b. Mox λέγων om. idem. [15] Idem. Mox καὶ τῷ βασιλεῖ οὐ συμφέρει juxta ordinem Hebraei Codd. III (cum εἰ δοκεῖ οὖν τῷ β. (v. 9)), 93b (cum εἰ οὖν τῷ β. δοκεῖ). [16] Sic Codd. FA (ex corr., cum κἀγὼ παραστήσω—τοῦ βασ. ἀργ. τ. μ.), 93b. Ad παραστήσω cf. Hex. ad 2 Reg. xviii. 12. Eadr. viii. 26. [17] Sic Codd. FA (ex corr., cum μηνὶ πρώτῳ... καὶ τῇ), 93b. [18] Sic Cod. 93b. [19] Idem. [20] Idem. [21] Idem. [22] Idem. [23] Idem (post ἐν ἡμέρᾳ μιᾷ). [24] Idem.

[25] Sic Codd. FA (ex corr., om. δόγμα), 93b. [26] Sic Cod. 93b. [27] Idem. [28] Idem. [29] Idem.

Cap. IV. [1] Cod. 93b. [2] Sic Codd. FA (ex corr., cum αἴρ. ἔθ. μ. ἠδικηκὸς πικρὰ), 93b. [3] Sic Codd. 93b. Mox pro εἰς τὴν αὐλὴν idem habet εἰς τὴν πύλην τῆς πόλεως (potius τοῦ βασιλέως). [4] Sic Codd. FA (ex corr.), 93b. [5] Sic Codd. FA (ex corr., cum τὸ πρόσταγμα τοῦ β.), 93b. [6] Cod. 93b (post τοῖς Ἰουδαίοις). [7] Idem.

4. שַׂקּוֹ מֵעָלָיו‎. Ο΄. αὐτοῦ τὸν σάκκον. Alia exempl. τὸν σάκκον αὐτοῦ ἀπ᾽ αὐτοῦ.[8]

5. לַהֲתַךְ‎. Ο΄. Ἀκραθαῖον. Alia exempl. Ἀθάχ.[9]
וַתְּצַוֵּהוּ עַל־מָרְדֳּכָי לָדַעַת מַה־זֶּה וְעַל־מַה־זֶּה‎. Ο΄. καὶ ἀπέστειλε μαθεῖν αὐτῇ παρὰ τοῦ Μαρδοχαίου τὸ ἀκριβές. Alia exempl. καὶ ἀπέστειλεν αὐτὸν παρὰ τοῦ Μαρδοχαίου μαθεῖν αὐτῇ τὸ ἀκριβές, τί τοῦτο, καὶ περὶ τίνος τοῦτο.[10]

6. וַיֵּצֵא הֲתָךְ אֶל־מָרְדֳּכָי אֶל־רְחוֹב הָעִיר אֲשֶׁר לִפְנֵי שַׁעַר־הַמֶּלֶךְ‎. Ο΄. Vacat. Alia exempl. ἐξῆλθε δὲ Ἀθὰχ πρὸς τὸν Μαρδοχαῖον εἰς τὴν πλατεῖαν τῆς πόλεως (ἥ ἐστιν κατὰ πρόσωπον τῆς πύλης τῆς πόλεως).[11]

7. וַיַּגֶּד־לוֹ מָרְדֳּכַי אֵת כָּל־אֲשֶׁר קָרָהוּ‎. Ο΄. ὁ δὲ Μαρδοχαῖος ὑπέδειξεν αὐτῷ τὸ γεγονός. Alia exempl. ὑπέδειξε δὲ αὐτῷ ὁ Μαρδοχαῖος σύμπαν τὸ γεγονός.[12]

הַכֶּסֶף‎. Ο΄. Vacat. Alia exempl. τοῦ ἀργυρίου.[13]
לִשְׁקוֹל עַל־גִּנְזֵי הַמֶּלֶךְ‎. Ο΄. τῷ βασιλεῖ εἰς τὴν γάζαν. Alia exempl. παραστῆσαι εἰς τὴν γάζαν τῷ βασιλεῖ.[14]

8. וְאֶת־פַּתְשֶׁגֶן כְּתָב־הַדָּת‎. Ο΄. καὶ τὸ ἀντίγραφον (alia exempl. add. γράμμα τοῦ δόγματος[15]).

עַל־עֲמָהּ‎. Ο΄. περὶ τοῦ λαοῦ. Alia exempl. ὑπὲρ τοῦ λαοῦ καὶ τῆς πατρίδος.[16]

11. וְעַם מְדִינוֹת הַמֶּלֶךְ‎. Ο΄. Vacat. Alia exempl. καὶ λαὸς ἐπαρχιῶν τοῦ βασιλέως.[17]

14. אִם־הַחֲרֵשׁ תַּחֲרִישִׁי‎. Ο΄. ἐὰν (alia exempl. add. παρακούσασα[18]) παρακούσῃς.

16. אֶת־כָּל־הַיְּהוּדִים‎. Ο΄. τοὺς (alia exempl. πάντας τοὺς[19]) Ἰουδαίους.
וְצוּמוּ כֵן‎. Ο΄. ἀσιτήσομεν (alia exempl. add. οὕτως[20]).

17. בְּכֹל אֲשֶׁר‎. Ο΄. ὅσα. Alia exempl. κατὰ πάντα ὅσα.[21]

CAP. V.

3. אֶסְתֵּר הַמַּלְכָּה‎. Ο΄. Ἐσθήρ (alia exempl. add. ἡ βασίλισσα[1]).

4. הַמֶּלֶךְ וְהָמָן‎. Ο΄. καὶ αὐτὸς (alia exempl. ὁ βασιλεὺς[2]) καὶ Ἀμάν.

5. אֶסְתֵּר‎ (in fine). Ο΄. Ἐσθήρ. Alia exempl. Ἐσθήρ, δεῖπνον πολυτελές.[3]

6. בְּמִשְׁתֵּה הַיַּיִן‎. Ο΄. ἐν . . τῷ πότῳ (alia exempl. add. τοῦ οἴνου[4]).
מַה־שְּׁאֵלָתֵךְ וְיִנָּתֵן לָךְ וּמַה־בַּקָּשָׁתֵךְ עַד־חֲצִי הַמַּלְכוּת‎. Ο΄. τί ἐστι, βασίλισσα Ἐσθήρ; (alia exempl. add. τί τὸ αἴτημά σου, καὶ δοθήσεταί σοι; καὶ τί τὸ ἀξίωμά σου, ἕως τοῦ ἡμίσους βασιλείας μου ◄;[5])

8. וְאִם־עַל־הַמֶּלֶךְ טוֹב לָתֵת אֶת־שְׁאֵלָתִי וְלַעֲשׂוֹת אֶת־בַּקָּשָׁתִי‎. Ο΄. Vacat. Alia exempl. καὶ εἰ ἐπὶ τὸν βασιλέα ἀγαθὸν δοῦναι τὸ αἴτημά μου, καὶ ποιῆσαι τὸ ἀξίωμά μου.[6]
אֶל־הַמִּשְׁתֶּה אֲשֶׁר אֶעֱשֶׂה לָהֶם וּמָחָר‎. Ο΄. ἔτι τὴν αὔριον εἰς τὴν δοχὴν ἣν ποιήσω αὐτοῖς· καὶ αὔριον. Alia exempl. εἰς τὴν δοχὴν ἣν ποιήσω αὐτοῖς τὴν αὔριον· καὶ αὔριον γάρ.[7]

---

[8] Sic Codd. FA (ex corr., cum αὐτοῦ τὸν σ.), 93 b. Statim καὶ οὐκ ἀπετίθετο (pro ἐπείσθη) Cod. 93 b.　[9] Sic Comp., Cod. 93 b (cum Ἀθάκ); et sic postea.　[10] Sic Cod. 93 b.　[11] Idem (cum Ἀθάκ). Verba inclusa, quae in codice exciderunt, e Cod. FA assumpsimus, ubi post τὸ ἀκριβὲς corrector add. εἰς τὴν πλατεῖαν—πόλεως.　[12] Sic Codd. FA (ex corr., cum ὁ δὲ—αὐτῷ), 93 b.　[13] Iidem (post τὴν ἐπαγγελίαν).　[14] Iidem. Cf. ad Cap. iii. 9.　[15] Iidem.　[16] Sic Cod. 93 b, et (cum περὶ) Codd. III, FA (ex corr.), 44, 71, 74, alii.　[17] Sic Codd. FA (ex corr., post τῆς βασιλείας), 93 b (post τὰ ἔθνη τῆς γῆς πάντα (sic)). Mox ἀκλήτως pro ἄκλητος Cod. 93 b. Deinde ᾧ ἐὰν ἐκτείνῃ αὐτῷ

(לֹ) ὁ β. τὴν χρυσῆν, οὕτως (pro οὗτος) σωθήσεται (וְחָיָה) idem.　[18] Sic Codd. FA (ex corr., cum παρακούουσα), 93 b. Cf. Hex. ad Psal. xxxviii. 13.　[19] Iidem (cum ἐκκλησιασόν μοι).　[20] Iidem.　[21] Iidem.

CAP. V. [1] Sic Codd. FA (ex corr.), 93 b.　[2] Sic Comp. (cum καὶ ὁ β.), Ald. (idem), Codd. III, FA (ex corr.), 52 (ut Comp.), 64, 93 b, 243 (ut Comp.). Mox ἦν ποιήσω αὐτοῖς (om. σήμερον) Cod. 93 b.　[3] Sic Codd. 19, 93a, 93 b.　[4] Sic Codd. FA (ex corr.), 93 b.　[5] Sic Codd. FA (ex corr.), 93 b (om. καὶ δοθήσεταί σοι).　[6] Sic Codd. FA (ex corr., cum ο pro εἰ), 19 (cum εἰ εἴπῃ pro εἰ ἐπί), 93 a, 93 b (om. εἰ).　[7] Sic Codd. FA (ex corr.), 93 b.

8. אֶעֱשֶׂה כִּדְבַר הַמֶּלֶךְ. Ο'. ποιήσω τὰ αὐτά. Alia
exempl. ποιήσω τὰ αὐτά. καὶ εἶπεν ὁ βασιλεύς·
ποίησον κατὰ τὸ θέλημά σου.⁸

9. וַיֵּצֵא. Ο'. καὶ ἐξῆλθεν. Alia exempl. καὶ ἀπηγγέλη τῷ Ἀμὰν κατὰ ταῦτα, καὶ ἐθαύμασε· καὶ
ὁ βασιλεὺς ἀναλύσας ἡσύχαζε· καὶ ἐξῆλθεν.⁹

בַּיּוֹם הַהוּא. Ο'. ἀπὸ τοῦ βασιλέως. Alia exempl. ἐν τῇ ἡμέρᾳ ἐκείνῃ.¹⁰

וְטוֹב לֵב. Ο'. εὐφραινόμενος. Alia exempl. καὶ
εὐφραινόμενος τῇ καρδίᾳ.¹¹

בְּשַׁעַר הַמֶּלֶךְ וְלֹא־קָם וְלֹא־זָע מִמֶּנּוּ וַיִּמָּלֵא
הָמָן עַל־מָרְדֳּכַי חֵמָה. Ο'. ἐν τῇ αὐλῇ, ἐθυμώθη
σφόδρα. Alia exempl. ἐν τῇ αὐλῇ τοῦ βασιλέως, καὶ οὐκ ἐξανέστη οὐδὲ ἐτρόμησεν ἀπ' αὐτοῦ, ἐθυμώθη Ἀμὰν ἐπὶ Μαρδοχαῖον σφόδρα.¹²

10. וַיִּתְאַפַּק הָמָן וַיָּבוֹא אֶל־בֵּיתוֹ וַיִּשְׁלַח וַיָּבֵא.
Ο'. καὶ εἰσελθὼν εἰς τὰ ἴδια, ἐκάλεσε. Alia
exempl. καὶ ἐνεκρατεύσατο Ἀμάν, καὶ εἰσῆλθεν
εἰς τὰ ἴδια, καὶ ἀποστείλας Ἀμὰν ἐκάλεσε.¹³

11. אֶת־כְּבוֹד עָשְׁרוֹ וְרֹב בָּנָיו וְאֵת כָּל־אֲשֶׁר גִּדְּלוֹ
הַמֶּלֶךְ. Ο'. τὸν πλοῦτον αὐτοῦ, καὶ τὴν δόξαν
ἣν ὁ βασιλεὺς αὐτῷ περιέθηκε. Alia exempl.
τὴν δόξαν καὶ τὸν πλοῦτον αὐτοῦ, καὶ τὸ πλῆθος τῶν υἱῶν αὐτοῦ, καὶ πάντα ἃ περιέθηκεν
αὐτῷ ὁ βασιλεύς.¹⁴

12. אֲנִי קְרוּא־לָהּ עִם־הַמֶּלֶךְ. Ο'. κέκλημαι. Alia
exempl. ἐμὲ κέκληκε μετὰ τοῦ βασιλέως.¹⁵

13. בְּכָל־עֵת אֲשֶׁר. Ο'. ὅταν. Alia exempl. ἐν
παντὶ τῷ χρόνῳ ὅταν.¹⁶

---

13. יוֹשֵׁב בְּשַׁעַר הַמֶּלֶךְ. Ο'. ἐν τῇ αὐλῇ. Alia
exempl. καθήμενον ἐν τῇ αὐλῇ τοῦ βασιλέως,
καὶ μὴ προσκυνοῦντά με.¹⁷

14. וְכָל־אֹהֲבָיו. Ο'. καὶ οἱ φίλοι. Alia exempl.
καὶ πάντες οἱ φίλοι αὐτοῦ.¹⁸

יַעֲשׂוּ־עֵץ גָּבֹהַּ. Ο'. κοπήτω σοι ξύλον. Alia
exempl. ἐκ γένους Ἰουδαίων ἐστὶν ἐπεὶ συγκε-
χώρηκέ σοι ὁ βασιλεὺς ἀφανίσαι τὸ ἔθνος τῶν
Ἰουδαίων, καὶ ἔδωκάν σοι οἱ θεοὶ εἰς ἐκδίκησιν
αὐτῶν ἡμέραν ὀλέθριον, κοπήτω σοι ξύλον
ὑψηλόν.¹⁹

Cap. VI.

1. Ο'. τῷ διακόνῳ (alia exempl. διδασκάλῳ¹) αὐτοῦ.

דִּבְרֵי הַיָּמִים. Ο'. τῶν ἡμερῶν. Alia exempl.
λόγων τῶν ἡμερῶν.²

וַיִּהְיוּ נִקְרָאִים לִפְנֵי הַמֶּלֶךְ. Ο'. ἀναγινώσκειν
αὐτῷ. Alia exempl. ἀναγινώσκειν αὐτὰ ἐνώ-
πιον τοῦ βασιλέως.³

2. אֲשֶׁר הִגִּיד מָרְדֳּכַי עַל־בִּגְתָנָא וָתֶרֶשׁ שְׁנֵי סָרִיסֵי.
Ο'. περὶ Μαρδοχαίου, ὡς ἀπήγγειλε τῷ βασι-
λεῖ περὶ τῶν δύο εὐνούχων. Alia exempl. ὡς
ἀπήγγειλε Μαρδοχαῖος τῷ βασιλεῖ περὶ Βαγαθὰν καὶ Θαρὰς τῶν δύο εὐνούχων.⁴

3. לְמָרְדֳּכַי עַל־זֶה. Ο'. τῷ Μαρδοχαίῳ (alia exempl. add. περὶ τούτου⁵).

נַעֲרֵי הַמֶּלֶךְ מְשָׁרְתָיו. Ο'. οἱ διάκονοι τοῦ βασιλέως. Alia exempl. τὰ παιδάρια τῷ βασιλεῖ
οἱ ἐκ τῆς διακονίας.⁶

---

⁸ Sic Codd. 93 a (cum κατὰ ταὐτὰ pro τὰ αὐτὰ), 93 b.
⁹ Sic Codd. 93 a (usque ad ἡσύχαζε), 93 b, 108 b (usque ad
ἡσύχασεν (sic)). ¹⁰ Sic Codd. FA (ex corr.), 93 b.
¹¹ Sic Codd. FA (ex corr., om. καὶ), 93 b (cum εὐφραινος).
¹² Sic Codd. FA (ex corr., cum ἀνέστη), 93 b. ¹³ Sic
Codd. FA (ex corr., cum εἰσελθὼν, et sine Ἀμὰν), 93 b.
¹⁴ Sic Cod. 93 b. Cod. FA (ex corr.): αὐτοῖς Ἀμὰν τὸν πλ.
αὐτοῦ, καὶ τὸ πλ. τῶν υἱῶν αὐτοῦ, καὶ τὴν δ. ἣν ὁ Β. αὐτῷ περιέθηκε. Mox πρῶτον ἡγεῖσθαι pro προτύνειν καὶ ἡγεῖσθαι Codd.
III, 93 b. ¹⁵ Sic Codd. FA (ex corr., cum ἐγὼ κέκλημαι), 93 b. ¹⁶ Sic Codd. FA (ex corr., om. τῷ), 93 b.
¹⁷ Sic Codd. FA (ex corr., om. καὶ μὴ πρ. με), 93 b. ¹⁸ Ii-

dem. ¹⁹ Sic Cod. 93 b (cum καὶ (pro ἐπεὶ) συγκ. σε);
necnon (om. ὑψηλὸν) Codd. 19 (cum ἐπεὶ συγκ. σε ὁ Β. ἀφ.
τοὺς Ἰουδαίους . . καὶ κοπήτω . .), 93 a (cum ἐστὶν· ἐπισυγκ. σε
ὁ Β. ἀφ. αὐτοῖς . . .), 108 b (ut 93 a, nisi ἀφ. τοὺς Ἰουδαίους).
Ad ξύλον Cod. FA (ex corr.): ὑψηλόν.

Cap. VI. ¹ Sic Codd. II, III, FA, XI, 55, 93 b, 108 a
(cum αὐτοῦ), 249. ² Sic Codd. FA (ex corr.), 93 b
(uterque cum τὰ γράμματα). ³ Iidem. ⁴ Sic Codd. FA
(ex corr., om. Μαρδοχαῖος, cum Θαρρὰς), 93 b (cum Γαβ-
βαθὰν). Cf. ad Cap. iii. 21. ⁵ Iidem. ⁶ Sic Codd.
III (om. τὰ π. τοῦ Β.), 93 b.

4. וְהָמָן בָּא לַחֲצַר בֵּית־הַמֶּלֶךְ הַחִיצוֹנָה. Ο'. περὶ τῆς εὐνοίας Μαρδοχαίου, ἰδοὺ Ἀμὰν ἐν τῇ αὐλῇ· εἶπε δὲ ὁ βασιλεύς· τίς ἐν τῇ αὐλῇ; ὁ δὲ Ἀμὰν εἰσῆλθεν. Alia exempl. καὶ ἰδοὺ Ἀμὰν εἰσῆλθεν εἰς τὴν αὐλὴν οἴκου τοῦ βασιλέως τὴν ἐξωτέραν.[7]

וְלֵהָכִין לוֹ. Ο'. ἡτοίμασε. Alia exempl. ἡτοίμασεν αὐτῷ.[8]

5. הַמֶּלֶךְ אֵלָיו. Ο'. τοῦ βασιλέως (alia exempl. add. πρὸς αὐτόν[9]).

6. וַיָּבוֹא הָמָן. Ο'. Vacat. Alia exempl. καὶ εἰσῆλθεν Ἀμάν.[10]

בָּאִישׁ. Ο'. τῷ ἀνθρώπῳ (alia exempl. add. τῷ τιμῶντι τὸν βασιλέα[11]).

7. וַיֹּאמֶר הָמָן. Ο'. εἶπε δέ. Alia exempl. καὶ εἶπεν Ἀμάν.[12]

8. לְבֻשׁ־בּוֹ. Ο'. περιβάλλεται (alia exempl. add. ἐν αὐτῇ[13]).

רָכַב עָלָיו. Ο'. ἐπιβαίνει (alia exempl. add. ἐπ' αὐτόν[14]).

8, 9. וַאֲשֶׁר נִתַּן כֶּתֶר מַלְכוּת בְּרֹאשׁוֹ : וְנָתוֹן הַלְּבוּשׁ וְהַסּוּס עַל־יַד־אִישׁ מִשָּׂרֵי הַמֶּלֶךְ. Ο'. καὶ δότω ἑνὶ τῶν φίλων τοῦ βασιλέως. Alia exempl. καὶ δοθήτω διάδημα βασιλείας ἐπὶ τὴν κεφαλὴν αὐτοῦ καὶ δοθήτω τὸ ἔνδυμα καὶ ὁ ἵππος ἐν χειρὶ τῶν φίλων τοῦ βασιλέως.[15]

10. מַהֵר קַח אֶת־הַלְּבוּשׁ וְאֶת־הַסּוּס כַּאֲשֶׁר דִּבַּרְתָּ. Ο'. καλῶς ἐλάλησας. Alia exempl. ταχέως λάβε σὺν τὸ ἔνδυμα καὶ τὸν ἵππον, καθὼς ἐλάλησας.[16]

מִכֹּל אֲשֶׁר דִּבַּרְתָּ. Ο'. ὧν (alia exempl. ἐκ πάντων ὧν[17]) ἐλάλησας.

11. וַיִּקַּח. Ο'. ἔλαβε δέ. Alia exempl. ὡς δὲ ἔγνω Ἀμὰν ὅτι οὐκ ἦν αὐτὸς ὁ δοξασθησόμενος, ἀλλ' ὅτι Μαρδοχαῖός ἐστιν, συνετρίβη ἡ καρδία αὐτοῦ σφόδρα, καὶ μετέβαλε τὸ χρῶμα αὐτοῦ εἰς οἰκτρόν· ἔλαβε δέ.[18]

וַיַּלְבֵּשׁ. Ο'. καὶ ἐστόλισε. Alia exempl. ἐντρεπόμενος τὸν Μαρδοχαῖον, καθότι ἐκείνῃ τῇ ἡμέρᾳ κεκρίκει ἀνασκολοπίσαι αὐτόν. καὶ εἶπε τῷ Μαρδοχαίῳ· περιελοῦ τὸν σάκκον, καὶ ἔνδυσαι τὴν βασιλικὴν στολήν, καὶ ἐπίβηθι ἐπὶ τὸν τοῦ βασιλέως ἵππον. καὶ ἐταράχθη ὡς ἀποθνήσκων ὁ Μαρδοχαῖος, καὶ ἀπεδύσατο μετ' ὀδύνης τὸν σάκκον, καὶ ἐνεδύσατο ἱμάτια δόξης. καὶ ἐδόκει Μαρδοχαῖος τέρας θεωρεῖν, καὶ ἐξίστατο ἐν ἀφασίᾳ, καὶ ἡ καρδία αὐτοῦ πρὸς τὸν κύριον. καὶ ἐστόλισεν Ἀμάν.[19]

לָאִישׁ. Ο'. παντὶ ἀνθρώπῳ (alia exempl. add. τῷ τιμῶντι τὸν βασιλέα[20]).

12. אֶל־שַׁעַר הַמֶּלֶךְ. Ο'. εἰς τὴν αὐλήν (alia exempl. add. τοῦ βασιλέως[21]).

וְאָבֵל וַחֲפוּי רֹאשׁ. Ο'. λυπούμενος κατὰ κεφαλῆς. Alia exempl. λυπούμενος καὶ κατακεκαλυμμένος τὴν κεφαλήν.[22]

13. לְזֶרֶשׁ אִשְׁתּוֹ וּלְכָל־אֹהֲבָיו אֵת כָּל־אֲשֶׁר קָרָהוּ. Ο'. τὰ συμβεβηκότα αὐτῷ Ζωσάρᾳ τῇ γυναικὶ αὐτοῦ, καὶ τοῖς φίλοις. Alia exempl. τῇ Ζώρᾳ τῇ γυναικὶ αὐτοῦ, καὶ τοῖς φίλοις αὐτοῦ σύμπαντα τὰ συμβεβηκότα αὐτῷ.[23]

חֲכָמָיו וְזֶרֶשׁ אִשְׁתּוֹ. Ο'. οἱ φίλοι καὶ ἡ γυνή. Alia exempl. οἱ φίλοι αὐτοῦ, καὶ Ζώρα ἡ γυνὴ αὐτοῦ.[24]

---

[7] Sic Codd. FA (ex corr., cum ἰδού pro καὶ ἰδού, et ἐν τῇ αὐλῇ pro εἰς τὴν αὐλήν, retento τὴν ἐξωτέραν), 93b. [8] Iidem. [9] Iidem. [10] Iidem. [11] Sic Cod. 93b. [12] Sic Codd. FA (ex corr., cum εἶπε δέ), 93b. [13] Sic Codd. FA (ex corr., post ἦν), 93b. [14] Sic Codd. FA (ex corr., post ἐφ' ὄν), 93b. [15] Sic Codd. FA (ex corr.), 93b (om. δοθήτω posteriore). [16] Sic Codd. FA (ex corr.), 93b (cum σύ pro σύν). Statim καὶ ποίησον οὕτως τῷ Μ. Cod. 93b. [17] Sic Codd. FA (ex corr.), 93b. [18] Sic Cod. 93b (cum δυνατὸν pro αὐτός); necnon (cum ὁ δοξαζό-μενος, ἀλλ' ὅτι Μ. συνετρίβη .. μετέβαλλε τὸ πνεῦμα αὐτοῦ ἐν ἐλύσει· καὶ ἔλαθεν) Codd. 93a (cum ἔστιν pro ἦν), 108b. [19] Sic Cod. 93b (cum καὶ ἐδόκει (Codd. 93a, 108b: ἐδόκειεν) Μ. τέρας θεωρεῖν). Scripturam emaculavimus ope loci simil-limi Act. Apost. xii. 9: ἐδόκει δὲ ὅραμα βλέπειν. [20] Idem. Cf. ad v. 6. [21] Sic Codd. FA (ex corr.), 93b. [22] Sic Codd. FA (ex corr., om. καὶ et τήν), 93b, 249 (om. καὶ). [23] Sic Cod. 93b. [24] Sic Codd. FA (ex corr., cum καὶ ἡ γ. αὐτοῦ Ζωσάρα), 93b.

13. אֲשֶׁר הַחִלּוֹתָ לִנְפֹּל לְפָנָיו לֹא־תוּכַל לוֹ כִּי־נָפוֹל תִּפּוֹל . Ο'. ἤρξαι ταπεινοῦσθαι ἐνώπιον αὐτοῦ, πεσὼν πεσῇ, καὶ οὐ μὴ δύνῃ αὐτὸν ἀμύνασθαι. Alia exempl. οὗ ἤρξω ταπεινοῦσθαι ἐνώπιον αὐτοῦ, οὐ μὴ δύνῃ ἀμύνασθαι αὐτὸν, ὅτι πεσὼν πεσῇ.[35]

14. עִמּוֹ . Ο'. Vacat. Alia exempl. μετ' αὐτοῦ.[36]

וְסָרִיסֵי הַמֶּלֶךְ הִגִּיעוּ וַיַּבְהִלוּ לְהָבִיא . Ο'. παραγίνονται οἱ εὐνοῦχοι, ἐπισπεύδοντες. Alia exempl. οἱ εὐνοῦχοι τοῦ βασιλέως παραγίνονται ἐπισπουδάζοντες σπεύδοντες ἀναγαγεῖν.[37]

CAP. VII.

1. עִם־אֶסְתֵּר הַמַּלְכָּה . Ο'. τῇ βασιλίσσῃ. Alia exempl. τῇ Ἐσθὴρ τῇ βασιλίσσῃ.[1]

2. גַּם בַּיּוֹם הַשֵּׁנִי בְּמִשְׁתֵּה הַיַּיִן . Ο'. τῇ δευτέρᾳ ἡμέρᾳ ἐν τῷ πότῳ. Alia exempl. καίγε τῇ ἡμέρᾳ τῇ δευτέρᾳ ἐν τῷ πότῳ τοῦ οἴνου.[2]

מַה־שְּׁאֵלָתֵךְ אֶסְתֵּר הַמַּלְכָּה וְתִנָּתֵן לָךְ . Ο'. τί ἐστιν, Ἐσθὴρ βασίλισσα; καὶ τί τὸ αἴτημά σου; Alia exempl. τί τὸ αἴτημά σου, Ἐσθὴρ ἡ βασίλισσα; καὶ δοθήσεταί σοι.[3]

וְתֵעָשׂ . Ο'. Vacat. Alia exempl. καὶ ποιηθήσεταί σοι.[4]

3. אֶסְתֵּר הַמַּלְכָּה . Ο'. Vacat. Alia exempl. Ἐσθὴρ ἡ βασίλισσα.[5]

וְאִם־עַל־הַמֶּלֶךְ טוֹב . Ο'. Vacat. Alia exempl. καὶ εἰ ἐπὶ τὸν βασιλέα ἀγαθόν.[6]

הִנָּתֶן לִי נַפְשִׁי . Ο'. δοθήτω ἡ ψυχή. Alia exempl. δοθήτω μοι ἡ ψυχή μου.[7]

4. לְהַשְׁמִיד לַהֲרוֹג וּלְאַבֵּד . Ο'. εἰς ἀπώλειαν καὶ διαρπαγὴν καὶ δουλείαν. Alia exempl. εἰς ἀπώλειαν καὶ εἰς διαρπαγήν.[8]

וְלִשְׁפָחוֹת נִמְכַּרְנוּ . Ο'. καὶ παιδίσκας (alia exempl. add. ἐπράθημεν[9]).

5. וַיֹּאמֶר הַמֶּלֶךְ אֲחַשְׁוֵרוֹשׁ וַיֹּאמֶר לְאֶסְתֵּר הַמַּלְכָּה . Ο'. εἶπε δὲ ὁ βασιλεύς. Alia exempl. καὶ ἀποκριθεὶς ὁ βασιλεὺς Ἀρταξέρξης εἶπε τῇ Ἐσθὴρ τῇ βασιλίσσῃ.[10]

מִי הוּא זֶה וְאֵי־זֶה הוּא אֲשֶׁר . Ο'. τίς οὗτος; Alia exempl. τίς ἐστιν οὗτος, καὶ ποῖός ἐστιν οὗτος, ὅς.[11]

6. צַר וְאוֹיֵב . Ο'. ἐχθρός. Alia exempl. ἐπίβουλος καὶ ἐχθρός.[12]

מִלִּפְנֵי הַמֶּלֶךְ . Ο'. ἀπὸ τοῦ βασιλέως. Alia exempl. ἀπὸ προσώπου τοῦ βασιλέως.[13]

7. בַּחֲמָתוֹ . Ο'. Vacat. Alia exempl. ἐν ὀργῇ αὐτοῦ.[14]

אֶל־גִּנַּת הַבִּיתָן . Ο'. εἰς τὸν κῆπον. Alia exempl. εἰς τὸν κῆπον τὸν σύμφυτον.[15]

וְהָמָן עָמַד לְבַקֵּשׁ עַל־נַפְשׁוֹ מֵאֶסְתֵּר הַמַּלְכָּה . Ο'. ὁ δὲ Ἀμὰν παρῃτεῖτο τὴν βασίλισσαν. Alia exempl. καὶ Ἀμὰν ἐξανέστη, καὶ παρῃτεῖτο περὶ τῆς ψυχῆς αὐτοῦ Ἐσθὴρ τὴν βασίλισσαν.[16]

מֵאֵת הַמֶּלֶךְ . Ο'. Vacat. Alia exempl. παρὰ τοῦ βασιλέως.[17]

8. וְהַמֶּלֶךְ שָׁב מִגִּנַּת הַבִּיתָן אֶל־בֵּית מִשְׁתֵּה הַיַּיִן . Ο'. ἐπέστρεψεν δὲ ὁ βασιλεὺς ἐκ τοῦ κήπου. Alia exempl. ὁ δὲ βασιλεὺς ὑπέστρεψεν ἐκ τοῦ κήπου τοῦ συμφύτου εἰς τὸν οἶκον τοῦ πότου τοῦ οἴνου.[18]

---

[35] Sic Cod. 93b. [36] Sic (post λαλούντων) Codd. FA (ex corr.), 93b. [37] Sic Cod. 93b. Emendatius, ut videtur, Cod. FA (ex corr.): παραγ. οἱ εὐν. τοῦ β. ἐπισπεύδοντες ἀναγαγεῖν.

CAP. VII. [1] Sic Codd. FA (ex corr., cum τῇ βασ. Ἐσθ.), 93b. [2] Iidem. [3] Sic Codd. FA (ex corr., cum Ἐσθ. βασ. τί τὸ αἴ. σου, καὶ δ. σοι), 93b. [4] Sic Cod. 93b (post τῆς βασ. μου (sic)). [5] Sic Codd. FA (ex corr., post ἀποκριθεῖσα), 93b (post εἶπεν). [6] Iidem. [7] Iidem. [8] Sic Cod. 93b. [9] Sic Codd. FA (ex corr.), 93b.

[10] Sic Cod. 93b. [11] Sic Codd. FA (cum τίς οὗτός ἐστιν a 1ᵐᵃ manu, et καὶ ποῖος—ὅς ex corr.), 93b. [12] Iidem. Cf. Hex. ad Nehem. iv. 11. Mox post οὗτος add. ᾗ Cod. 93b. [13] Sic Cod. 93b. [14] Sic (post ἐξανέστη) Codd. FA (ex corr.), 93b. [15] Sic Codd. FA (ex corr.), 93b (cum σύμφοιτον). Hieron.: in hortum arboribus consitum. Cf. ad Cap. i. 5. [16] Sic Codd. FA (ex corr., cum ὁ δὲ Ἀ. et τὴν β. Ἐσθ.), 93b. [17] Sic Codd. FA (ex corr., super ὄντα), 93b (om. ὄντα). [18] Sic Codd. FA (ex corr.), 93b (cum συμφοίτου, om. τοῦ π. τοῦ οἴνου).

8. הֲגַם לִכְבּוֹשׁ אֶת־הַמַּלְכָּה עִמִּי בַּבָּיִת. Ο΄. ὥστε καὶ τὴν γυναῖκα βιάζῃ ἐν τῇ οἰκίᾳ μου; Alia exempl. ὥστε καὶ βιάζῃ τὴν γυναῖκα μετ᾿ ἐμοῦ ἐν τῇ οἰκίᾳ;[19]

הַדָּבָר יָצָא מִפִּי הַמֶּלֶךְ. Ο΄. Vacat. Alia exempl. ὁ λόγος ἐξῆλθεν ἐκ τοῦ στόματος τοῦ βασιλέως.[20]

9. חַרְבוֹנָה אֶחָד מִן־הַסָּרִיסִים לִפְנֵי הַמֶּלֶךְ. Ο΄. Βουγαθὰν εἷς τῶν εὐνούχων πρὸς τὸν βασιλέα. Alia exempl. Ἀρβωνὰ εἷς ἀπὸ τῶν εὐνούχων ἐνώπιον τοῦ βασιλέως.[21]

גַּם הִנֵּה־הָעֵץ אֲשֶׁר־עָשָׂה. Ο΄. ἰδοὺ καὶ ξύλον ἡτοίμασεν. Alia exempl. καίγε ἰδοὺ τὸ ξύλον ὃ ἡτοίμασεν.[22]

דִּבֶּר־טוֹב. Ο΄. τῷ λαλήσαντι (alia exempl. add. ἀγαθά[23]).

גָּבֹהַּ חֲמִשִּׁים אַמָּה. Ο΄. ξύλον πηχῶν πεντήκοντα. Alia exempl. ὑψηλὸν πεντήκοντα πηχῶν.[24]

10. אֲשֶׁר־הֵכִין. Ο΄. ὃ ἡτοιμάσθη. Alia exempl. οὗ ἡτοίμασεν.[25]

Cap. VIII.

1. בַּיּוֹם הַהוּא. Ο΄. καὶ ἐν αὐτῇ τῇ ἡμέρᾳ. Alia exempl. καὶ ἐν τῇ ἡμέρᾳ ἐκείνῃ.[1]

לְאֶסְתֵּר הַמַּלְכָּה. Ο΄. Ἐσθήρ. Alia exempl. Ἐσθὴρ τῇ βασιλίσσῃ.[2]

צֹרֵר הַיְּהוּדִיִּים. Ο΄. τῷ διαβόλῳ. Alia exempl. τῷ διαβόλῳ τῶν Ἰουδαίων.[3]

2. מֵהָמָן. Ο΄. Ἀμάν. Alia exempl. τοῦ Ἀμάν.[4]

3. אֶסְתֵּר. Ο΄. Vacat. Alia exempl. Ἐσθήρ.[5]

וַתֵּבְךְּ וַתִּתְחַנֶּן־לוֹ. Ο΄. καὶ ἠξίου. Alia exempl. καὶ ἠξίου, καὶ ἐδεήθη αὐτοῦ.[6]

אֶת־רָעַת הָמָן הָאֲגָגִי וְאֵת מַחֲשַׁבְתּוֹ אֲשֶׁר חָשַׁב עַל־הַיְּהוּדִים. Ο΄. τὴν Ἀμὰν κακίαν, καὶ ὅσα ἐποίησε τοῖς Ἰουδαίοις. Aliter: Ο΄. τὴν κακίαν Ἀμὰν ※ τοῦ Γωγαίου, καὶ τὸν λογισμὸν αὐτοῦ (◄), καὶ ὅσα ἐποίησε τοῖς σύμπασι τοῖς Ἰουδαίοις.[7]

4. הַזָּהָב. Ο΄. τὴν χρυσῆν. Alia exempl. τὴν χρυσῆν ἣ ἦν ἐν χειρὶ αὐτοῦ.[8]

5. וְאִם־מָצָאתִי חֵן לְפָנָיו וְכָשֵׁר הַדָּבָר לִפְנֵי הַמֶּלֶךְ וְטוֹבָה אֲנִי בְּעֵינָיו. Ο΄. καὶ εὗρον χάριν. Alia exempl. καὶ εἰ εὗρον χάριν ἐνώπιόν σου, καὶ εὐθὴς ὁ λόγος ἐνώπιον τοῦ βασιλέως, καὶ ἀγαθή εἰμι ἐν ὀφθαλμοῖς αὐτοῦ.[9]

לְהָשִׁיב. Ο΄. ἀποστραφῆναι. Alia exempl. ἀποστρέψαι.[10]

בֶּן־הַמְּדָתָא הָאֲגָגִי. Ο΄. Vacat. Alia exempl. υἱοῦ Ἀμαδαθοῦ τοῦ Γωγαίου.[11]

6. אֲשֶׁר־יִמְצָא אֶת־עַמִּי. Ο΄. τοῦ λαοῦ μου. Alia exempl. τὴν εὑροῦσαν τὸν λαόν μου.[12]

7. הַמֶּלֶךְ אֲחַשְׁוֵרֹשׁ לְאֶסְתֵּר הַמַּלְכָּה וּלְמָרְדֳּכַי הַיְּהוּדִי. Ο΄. ὁ βασιλεὺς πρὸς Ἐσθήρ. Alia exempl. ὁ βασιλεὺς Ἀρταξέρξης Ἐσθὴρ τῇ βασιλίσσῃ καὶ Μαρδοχαίῳ τῷ Ἰουδαίῳ.[13]

נָתַתִּי. Ο΄. ἔδωκα καὶ ἐχαρισάμην. Alia exempl. ἐχαρισάμην.[14]

8. בְּשֵׁם הַמֶּלֶךְ. Ο΄. Vacat. Alia exempl. ἐν ὀνόματι τοῦ βασιλέως.[15]

---

[19] Sic Codd. FA (ex corr.), 93b (cum βιάζειν, soloece). [20] Sic Codd. FA (ex corr.), 93b (qui pergit: καὶ ἀκούσας Ἀμάν). [21] Sic Cod. 93b. [22] Sic Cod. 93b (cum ᾧ pro ὅ). Codd. III, FA (ex corr.): ἰδοὺ καὶ τὸ ξ. ὃ ἦτ. [23] Sic Codd. FA (ex corr.), 93b (post περὶ τοῦ β.), 249. [24] Sic Codd. FA (ex corr., cum ὑψηλὸν ξύλον), 93b. [25] Sic Codd. III, FA (ex corr.), 93b. Cap. VIII. [1] Sic Cod. 93b. [2] Idem. [3] Sic Codd. FA (ex corr.), 93b, 249. [4] Sic Codd. III, FA (ex corr.), 93b. [5] Sic (post προσθεῖσα) Codd. FA (ex corr.),

71, 74, 76, 93b, alii. [6] Sic Codd. FA (ex corr.), 93b. [7] Sic Cod. 93b (qui legit et pingit: τὴν κ. Ἀμὰν ※ Ἀμὰν τοῦ Γ. κ. τ. ί.). [8] Idem. [9] Sic Codd. FA (ex corr., om. εἰ), 93b (cum ἦ pro εἰ, εὐθὺς pro εὐθής, et ἐνώπιον τοῦ β. pro ἐν ὀφθ. αὐτοῦ), 249 (om. εἰ, cum εὐθύς). [10] Sic Codd. III, FA, 93b. [11] Sic (post Ἀμάν) Codd. FA (ex corr., cum Βουγαίου pro τοῦ Γ.), 93b. [12] Sic Cod. 93b. [13] Idem. [14] Sic Codd. III, 93b. [15] Sic (post ὑμῖν) Cod. 93b (et paulo ante ἐπὶ τῷ ὀνόματί μου pro ἐκ τοῦ ὀνόματός μου).

8. כִּי־כָתַב אֲשֶׁר־נִכְתָּב .Ο΄. ὅσα γὰρ γράφεται (alia exempl. add. ἐν γραφῇ[16]).

9. סֹפְרֵי־הַמֶּלֶךְ בָּעֵת־הַהִיא .Ο΄. οἱ γραμματεῖς. Alia exempl. οἱ γραμματεῖς τοῦ βασιλέως ἐν τῷ καιρῷ ἐκείνῳ.[17]

בַּחֹדֶשׁ הַשְּׁלִישִׁי הוּא־חֹדֶשׁ סִיוָן .Ο΄. ἐν τῷ πρώτῳ μηνὶ ὅς ἐστι Νισάν. Alia exempl. ἐν τῷ μηνὶ τῷ τρίτῳ ὅς ἐστι Σιουάν.[18]

אֶל־הַיְּהוּדִים .Ο΄. τοῖς Ἰουδαίοις ὅσα ἐνετείλατο. Alia exempl. τοῖς Ἰουδαίοις.[19]

אֲשֶׁר מֵהֹדּוּ .Ο΄. ἀπὸ τῆς Ἰνδικῆς. Alia exempl. οἱ ἦσαν ἀπὸ τῆς Ἰνδικῆς.[20]

וְעַם וָעָם כִּלְשֹׁנוֹ וְאֶל־הַיְּהוּדִים כִּכְתָבָם .Ο΄. Vacat. Alia exempl. καὶ λαῷ κατὰ τὴν γλῶσσαν αὐτοῦ, καὶ πρὸς τοὺς Ἰουδαίους κατὰ τὴν γραφὴν αὐτῶν.[21]

10. וַיִּכְתֹּב בְּשֵׁם הַמֶּלֶךְ אֲחַשְׁוֵרֹשׁ .Ο΄. ἐγράφη δὲ διὰ τοῦ βασιλέως. Alia exempl. διὰ τοῦ βασιλέως Ἀρταξέρξου ἐγράφη.[22]

בַּסּוּסִים רֹכְבֵי הָרֶכֶשׁ הָאֲחַשְׁתְּרָנִים בְּנֵי הָרַמָּכִים Ο΄. Vacat. Alia exempl. ἐν ἵπποις τοῖς ἐπιβάταις τῶν ἁρμάτων οἱ μεγιστᾶνες υἱοὶ τῶν Ῥαμαχείμ.[23]

11. לְהַשְׁמִיד לַהֲרֹג וּלְאַבֵּד אֶת־כָּל־חֵיל עַם וּמְדִינָה הַצָּרִים אֹתָם טַף וְנָשִׁים וּשְׁלָלָם לָבוֹז .Ο΄. Vacat. Alia exempl. ※ ἀφανίζειν καὶ φονεύειν [ὡς βούλονται] καὶ ἀπολλύειν σύμπασαν δύναμιν λαοῦ καὶ χώρας τοὺς θλίβοντας αὐτούς, νήπια καὶ γυναῖκας, καὶ τὰ σκῦλα αὐτῶν εἰς προνομήν (◄).[24]

12. לְחֹדֶשׁ שְׁנֵים־עָשָׂר .Ο΄. τοῦ δωδεκάτου μηνός. Alia exempl. τοῦ μηνός.[25]

13. פַּתְשֶׁגֶן הַכְּתָב לְהִנָּתֵן דָּת בְּכָל־מְדִינָה וּמְדִינָה .Ο΄. τὰ δὲ ἀντίγραφα ἐκτιθέσθωσαν. Alia exempl. τὰ δὲ ἀντίγραφα τῆς γραφῆς ἐκτιθέσθω δόγμα ἐν πάσῃ χώρᾳ καὶ χώρᾳ.[26]

14. רֹכְבֵי הָרֶכֶשׁ הָאֲחַשְׁתְּרָנִים .Ο΄. Vacat. Alia exempl. καὶ ἐπιβάται τῶν πορίων οἱ μεγιστᾶνες.[27]

וּרְחוּפִים .Ο΄. Vacat. Alia exempl. καὶ διωκόμενοι.[28]

וְהַדָּת נִתְּנָה בְּשׁוּשַׁן הַבִּירָה .Ο΄. ἐξετέθη δὲ τὸ πρόσταγμα καὶ ἐν Σούσοις. Alia exempl. τὸ δὲ ἔκθεμα ἐξετέθη καὶ ἐν Σούσοις τῇ βάρει.[29]

15. מִלִּפְנֵי הַמֶּלֶךְ .Ο΄. Vacat. Alia exempl. ἐκ προσώπου τοῦ βασιλέως.[30]

תְּכֵלֶת וָחוּר .Ο΄. Vacat. Alia exempl. ὑακινθίνην ἀερίνην.[31]

16. שָׂשׂוֹן וִיקָר .Ο΄. Vacat. Alia exempl. καὶ ἀγαλλίαμα καὶ τιμή.[32]

17. וּבְכָל־מְדִינָה וּמְדִינָה וּבְכָל־עִיר וָעִיר .Ο΄. κατὰ πόλιν καὶ χώραν. Alia exempl. κατὰ χώραν καὶ χώραν, καὶ κατὰ πόλιν καὶ πόλιν.[33]

מְקוֹם אֲשֶׁר דְּבַר־הַמֶּלֶךְ וְדָתוֹ מַגִּיעַ .Ο΄. οὗ ἂν ἐξετέθη τὸ πρόσταγμα· οὗ ἂν ἐξετέθη τὸ ἔκθεμα. Alia exempl. οὗ ἂν ὁ λόγος τοῦ βασιλέως καὶ τὸ ἔκθεμα ἐξετέθη.[34]

כִּי־נָפַל פַּחַד־הַיְּהוּדִים עֲלֵיהֶם .Ο΄. διὰ τὸν φόβον τῶν Ἰουδαίων (alia exempl. add. τὸν ἐπ' αὐτούς[35]).

CAP. IX.

1. הוּא־חֹדֶשׁ אֲדָר .Ο΄. Vacat. Alia exempl. αὐτὸς ὁ μὴν Ἀδάρ.[1]

---

[16] Idem. [17] Sic Codd. FA (ex corr.), 93 b. [18] Sic Codd. FA (ex corr., cum ἐν τῷ τρ. μ. ὅ (corr. ὅς) ἐστι Σ.), 93 b (cum ὅ). [19] Sic Cod. 93 b. [20] Sic Codd. FA (ex corr.), 93 b. [21] Sic Cod. 93 b (post κατὰ ἑαυτῶν (sic) λέγω). [22] Idem. [23] Idem. [24] Idem (qui scribit et pingit: ὡς βούλον|χται. ※ ἀφανίζειν καὶ φονεύειν | ※ ὡς βούλονται καὶ ἀπολλύειν (sic) | σύμπασαν—πρόσημὴν (sic), ceteris lineolis post duas priores asterisco carentibus). In textu Ed. Rom. post βούλονται Cod. FA (ex corr.) add. πᾶσαν δύναμιν λαοῦ—εἰς προνομήν. Codd. III, FA (sed add. τοῦ β ex corr.), 93 b. [26] Sic Cod. 93 b (qui post βασιλέως pergit: εἶναι δὲ τοὺς Ἰουδ. ἑτοίμους εἰς τὴν ἡμ. ταύτην, τοῦ πολ. τοὺς ὑπ. αὐτῶν). [27] Sic Codd. FA (ex corr.), 93 b. Ad πόρια cf. Hex. ad Gen. xlv. 17. [28] Iidem. [29] Sic Cod. 93 b. [30] Sic Codd. FA (ex corr.), 93 b. [31] Iidem. [32] Iidem. [33] Sic Cod. 93 b. [34] Sic Codd. FA (ex corr.), 93 b. [35] Sic Cod. 93 b. CAP. IX. [1] Cod. 93 b (post μηνί). Mox ὅ (pro ὅς) ἐστιν

TOM. I.   5 L

1. וְדָתוֹ לְהֵעָשׂוֹת. Ο'. Vacat. Alia exempl. καὶ τὸ δόγμα αὐτοῦ ποιῆσαι.[2]

בַּיּוֹם אֲשֶׁר. Ο'. ἐν αὐτῇ τῇ ἡμέρᾳ (alia exempl. add. ᵑ[3]).

1, 2. לִשְׁלוֹט בָּהֶם וְנַהֲפוֹךְ הוּא אֲשֶׁר יִשְׁלְטוּ הַיְּהוּדִים הֵמָּה בְּשֹׂנְאֵיהֶם: נִקְהֲלוּ הַיְּהוּדִים בְּעָרֵיהֶם בְּכָל־מְדִינוֹת הַמֶּלֶךְ אֲחַשְׁוֵרוֹשׁ לִשְׁלֹחַ יָד בִּמְבַקְשֵׁי רָעָתָם. Ο'. Vacat. Alia exempl. ※ εἰς τὸ κυριεῦσαι αὐτῶν, καὶ ἐξε- στράφη αὕτη ἐστὶν ἐν ᾗ κυριεύουσιν οἱ Ἰου- δαῖοι αὐτοὶ ἐν τοῖς μισοῦσιν αὐτούς. καὶ ἐξε- κλησιάσθησαν οἱ Ἰουδαῖοι ἐν ταῖς πόλεσιν αὐτῶν, ἐν πάσαις χώραις τοῦ βασιλέως Ἀρ- ταξέρξου, ἐκτεῖναι χεῖρα ἐν τοῖς ζητοῦσιν ἀνε- λεῖν αὐτούς ◄.[4]

2. בִּפְנֵיהֶם כִּי־נָפַל פַּחְדָּם עַל־כָּל־הָעַמִּים. Ο'. φοβούμενος αὐτούς. Alia exempl. κατὰ πρόσω- πον αὐτῶν, ὅτι ἔπεσεν ὁ φόβος αὐτῶν ἐπὶ πάν- τας τοὺς λαούς.[5]

4. כִּי־גָדוֹל מָרְדֳּכַי בְּבֵית הַמֶּלֶךְ וְשָׁמְעוֹ הוֹלֵךְ בְּכָל־ הַמְּדִינוֹת כִּי־הָאִישׁ מָרְדֳּכַי הוֹלֵךְ וְגָדוֹל. Ο'. προσέπεσε γὰρ τὸ πρόσταγμα τοῦ βασιλέως ὀνομασθῆναι ἐν πάσῃ τῇ βασιλείᾳ. Alia ex- empl. ἐμεγαλύνετο γὰρ ὁ Μαρδοχαῖος πορευό- μενος· προσέπεσε γὰρ τὸ πρόσταγμα τοῦ βασι- λέως ὀνομασθῆναι ἐν πάσῃ τῇ βασιλείᾳ, καὶ ἐμεγαλύνετο.[8]

5. וַיַּכּוּ הַיְּהוּדִים בְּכָל־אֹיְבֵיהֶם מַכַּת־חֶרֶב וְהָרֶג. וְאַבְדָן וַיַּעֲשׂוּ בְשֹׂנְאֵיהֶם כִּרְצוֹנָם. Ο'. Vacat. Alia exempl. ※ καὶ ἐπάταξαν οἱ Ἰουδαῖοι πληγὴν ἐν πᾶσι τοῖς ἐχθροῖς αὐτῶν, πληγὴν μαχαίρας καὶ ἀναιρέσεως αὐτῶν καὶ ἀπωλείας

καὶ ἐποίησαν ἐν τοῖς μισοῦσιν αὐτοὺς κατὰ τὸ θέλημα αὐτῶν ◄.[7]

6. וְאַבֵּד. Ο'. Vacat. Alia exempl. καὶ ἀπώλεσαν.[8]

7–9. וְאֵת פַּרְשַׁנְדָּתָא—וְאֵת וַיְזָתָא. Ο'. τόν τε Φαρσαννὲς—καὶ Ζαβουθαῖον. Alia exempl. καὶ τὸν Φαρσενδαθὰ, καὶ τὸν Δελφὼν, καὶ τὸν Ἀριφαθὰ (אַסְפָּתָא), (8) καὶ τὸν Φουραθὰ, καὶ (τὸν) Ἀδαλία, καὶ τὸν Ἀριδαθὰ, (9) καὶ τὸν Φαρμοσθὰ, καὶ τὸν Ἀρισαὶ, καὶ τὸν Ἀριδαὶ, καὶ τὸν Οὐαιζαθά.[9]

10. בֶּן־הַמְּדָתָא. Ο'. Ἀμαδάθου Βουγαίου. Alia exempl. υἱοῦ Ἀμαδάθου τοῦ Γωγαίου.[10]

הָרָגוּ וּבַבִּזָּה לֹא שָׁלְחוּ אֶת־יָדָם. Ο'. καὶ διήρπασαν. Alia exempl. ἀπέκτειναν, καὶ ἐν τοῖς σκύλοις οὐκ ἀπέστειλαν τὰς χεῖρας αὐτῶν.[11]

11. בָּא. Ο'. ἐπεδόθη τε. Alia exempl. ἐπεδόθη.[12]

הַבִּירָה. Ο'. Vacat. Alia exempl. τῇ πόλει.[13]

12. הַמַּלְכָּה. Ο'. Vacat. Alia exempl. τῇ βασι- λίσσῃ.[14]

בְּשׁוּשַׁן הַבִּירָה הָרְגוּ הַיְּהוּדִים וְאַבֵּד חֲמֵשׁ מֵאוֹת אִישׁ וְאֵת עֲשֶׂרֶת בְּנֵי־הָמָן. Ο'. ἀπώ- λεσαν οἱ Ἰουδαῖοι ἐν Σούσοις τῇ πόλει ἄνδρας πεντακοσίους. Alia exempl. ἐν Σούσοις τῇ πόλει ἐφόνευσαν οἱ Ἰουδαῖοι καὶ ἀπώλεσαν πεν- τακοσίους ἄνδρας, καὶ τοὺς δέκα υἱοὺς Ἀμάν.[15]

הַמֶּלֶךְ. Ο'. Vacat. Alia exempl. τοῦ βασι- λέως.[16]

וּמַה־שְּׁאֵלָתֵךְ וְיִנָּתֵן לָךְ וּמַה. Ο'. τί οὖν. Alia exempl. καὶ τί τὸ αἴτημά σου, καὶ δοθήσεταί σοι; καὶ τί.[17]

13. אִם־עַל־הַמֶּלֶךְ טוֹב. Ο'. τῷ βασιλεῖ. Alia exempl. ἐὰν τῷ βασιλεῖ φανῇ.[18]

Ἀδὰρ Codd. FA (manu 1ᵐᵃ), 93b.   ² Sic Codd. FA (ex corr.), 93b.   ³ Idem.   ⁴ Sic Cod. 93b (qui pingit: ※εἰς τὸ κυριεῦσαι αὐτῶν, καὶ ἐξεστρά※φη — ※τοῖς ζητοῦσιν ἀνελεῖν αὐτούς:).   ⁵ Sic Codd. FA (ex corr., cum αὐτὰ πρ. αὐτῶν tantum), 93b.   ⁶ Sic Codd. FA (ex corr., om. καὶ ἐμεγαλύνετο), 93b.   ⁷ Sic Cod. 93b (qui pingit: καὶ ἐ※πάταξαν οἱ Ἰουδαῖοι πληγὴν ἐν ※πᾶσι— ※τὸ θέλημα αὐ- τῶν:).   ⁸ Sic (post Ἰουδαῖοι) Codd. FA (ex corr.), 93b.   ⁹ Sic Cod. 93b.   ¹⁰ Idem.   ¹¹ Idem (cum ἀπέκτειναν bis). Cf. ad v. 16.   ¹² Sic Codd. III, FA (ex corr.), 93b.   ¹³ Sic Codd. FA (ex corr.), 93b (cum τῶν ἀπολ. ἐν Σ. τῇ π. τῇ βασιλ.).   ¹⁴ Iidem.   ¹⁵ Sic Cod. 93b. Cod. FA (ex corr.): ἀπ. οἱ Ἰ. καὶ ἐφόνευσαν .. ἄνδρας πεντακ. καὶ τοὺς δ' υἱοὺς Ἀμάν.   ¹⁶ Cod. 93b (post περιχώρῳ). Mox κέχρηται pro ἐχρήσαντο Codd. III, FA (ex corr.), 93b.   ¹⁷ Cod. 93b.   ¹⁸ Idem.

13. ‏גַּם־מָחָר לַיְּהוּדִים אֲשֶׁר בְּשׁוּשָׁן לַעֲשׂוֹת כְּדָת‎ ‏הַיּוֹם‎. Ο΄. τοῖς Ἰουδαίοις χρῆσθαι ὡσαύτως τὴν αὔριον. Alia exempl. τῇ αὔριον τοῖς Ἰουδαίοις τοῖς ἐν Σούσοις χρήσασθαι ὡσαύτως.[19]

‏יִתְלוּ עַל־הָעֵץ‎. Ο΄. κρεμάσαι. Alia exempl. κρεμασθῆναι ἐπὶ ξύλου.[20]

14. ‏וַיֹּאמֶר הַמֶּלֶךְ לְהֵעָשׂוֹת כֵּן‎. Ο΄. καὶ ἐπέτρεψεν οὕτως γενέσθαι. Alia exempl. καὶ ἐπέταξεν ὁ βασιλεὺς γενηθῆναι οὕτως.[21]

15. ‏בְּיוֹם אַרְבָּעָה עָשָׂר לְחֹדֶשׁ אֲדָר‎. Ο΄. τῇ τεσσαρεσκαιδεκάτῃ τοῦ Ἀδάρ. Alia exempl. τῇ ἡμέρᾳ τῇ τεσσαρεσκαιδεκάτῃ τοῦ μηνὸς Ἀδάρ.[22]

‏וַיַּהַרְגוּ בְשׁוּשָׁן שְׁלֹשׁ מֵאוֹת אִישׁ‎. Ο΄. καὶ ἀπέκτειναν ἄνδρας τριακοσίους. Alia exempl. καὶ ἀπέκτειναν οἱ ἐν Σούσοις Ἰουδαῖοι τριακοσίους ἄνδρας.[23]

‏וּבַבִּזָּה לֹא שָׁלְחוּ אֶת־יָדָם‎. Ο΄. καὶ οὐδὲν διήρπασαν. Alia exempl. καὶ οὐθὲν διήρπασαν, καὶ οὐκ ἐξέτειναν τὰς χεῖρας αὐτῶν εἰς διαρπαγήν.[24]

16. ‏נִקְהֲלוּ וְעָמֹד עַל־נַפְשָׁם‎. Ο΄. συνήχθησαν, καὶ ἑαυτοῖς ἐβοήθουν. Alia exempl. συναχθέντες ἐβοήθουν ἑαυτοῖς περὶ τῆς ψυχῆς ἑαυτῶν.[25]

16, 17. ‏וּבַבִּזָּה לֹא שָׁלְחוּ אֶת־יָדָם: בְּיוֹם־שְׁלוֹשָׁה‎. Ο΄. τῇ τρισκαιδεκάτῃ τοῦ Ἀδάρ, καὶ οὐδὲν διήρπασαν. καὶ ἀνεπαύσαντο. Alia exempl. καὶ εἰς διαρπαγὴν οὐκ ἀπέστειλαν τὰς χεῖρας αὐτῶν, τῇ τρισκαιδεκάτῃ τοῦ μηνὸς Ἀδάρ. καὶ ἀνεπαύσαντο.[26]

18. ‏בִּשְׁלֹשָׁה עָשָׂר בּוֹ וּבְאַרְבָּעָה עָשָׂר בּוֹ וְנוֹחַ בֶּן‎

‏הַיּוֹם‎. Ο΄. καὶ τῇ τεσσαρεσκαιδεκάτῃ, καὶ ἀνεπαύσαντο. Alia exempl. τῇ τρισκαιδεκάτῃ τοῦ αὐτοῦ μηνὸς Ἀδάρ, καὶ τῇ τεσσαρεσκαιδεκάτῃ τοῦ αὐτοῦ ἀνεπαύσαντο.[27]

19. ‏הַפְּרוֹזִים הַיֹּשְׁבִים‎. Ο΄. οἱ διεσπαρμένοι. Alia exempl. οἱ διεσπαρμένοι οἱ οἰκοῦντες.[28]

‏בְּעָרֵי הַפְּרָזוֹת‎. Ο΄. ἐν πάσῃ χώρᾳ τῇ ἔξω. Alia exempl. ἐν πάσῃ χώρᾳ.[29]

‏שִׂמְחָה וּמִשְׁתֶּה וְיוֹם טוֹב‎. Ο΄. ἡμέραν ἀγαθὴν μετ' εὐφροσύνης. Alia exempl. μετ' εὐφροσύνης καὶ πότου ἡμέραν ἀγαθήν.[30]

‏לְרֵעֵהוּ‎. Ο΄. τῷ πλησίον. Alia exempl. τῷ πλησίον. οἱ δὲ κατοικοῦντες ἐν ταῖς μητροπόλεσιν καὶ τὴν πεντεκαιδεκάτην τοῦ Ἀδὰρ ἡμέραν εὐφροσύνης ἀγαθὴν ἄγουσιν, ἐξαποστέλλοντες μερίδας τοῖς πλησίον.[31]

22. ‏נָחוּ בָהֶם‎. Ο΄. ἀνεπαύσαντο (alia exempl. add. ἐν αὐταῖς[32]).

‏נֶהְפַּךְ‎. Ο΄. ἐστράφη. Alia exempl. ἐγράφη.[33]

‏לַעֲשׂוֹת אוֹתָם יְמֵי מִשְׁתֶּה‎. Ο΄. ἄγειν ὅλον ἀγαθὰς ἡμέρας γάμων. Alia exempl. ἄγειν ὅλον ἀγαθὸν, ποιῆσαι αὐτὰς ἡμέρας γάμων.[34]

‏וּמַתָּנוֹת לָאֶבְיוֹנִים‎. Ο΄. καὶ τοῖς πτωχοῖς. Alia exempl. καὶ δόματα τοῖς πτωχοῖς.[35]

23. ‏אֵת אֲשֶׁר־הֵחֵלּוּ לַעֲשׂוֹת‎. Ο΄. Vacat. Alia exempl. ὅσοι (fort. ὅσα) ἤρξαντο ποιεῖν.[36]

24. ‏כִּי‎. Ο΄. πῶς. Alia exempl. ὅπως.[37]

‏וְהִפִּל פּוּר הוּא הַגּוֹרָל‎. Ο΄. καὶ κλῆρον. Alia exempl. καὶ ἔβαλε φοὺρ, ὅ ἐστι κλῆρος.[38]

---

[19] Cod. 93 b. [20] Idem. Sic (sine ἐπὶ ξ.) Codd. III, FA (ex corr.). [21] Idem. Mox τοῦ κρεμάσαι idem. [22] Idem. [23] Idem. [24] Idem (cum διήρπασεν ?). [25] Idem (cum ἀχθέντες). Cod. III: συναχθέντες ἑαυτοῖς ἐβοήθουν. Cod. FA (ex corr.): (ἐβοήθουν) περὶ τῆς ψ. αὐτῶν. [26] Idem. [27] Idem. [28] Sic Codd. FA (ex corr., om. οἱ ante οἰκ.), 93 b. Ad lectionem marginalem הַפְּרָזִים cf. Hex. ad Deut. iii. 5. 1 Reg. vi. 18. [29] Sic Codd. FA (manu 1ma), 93 b. Ad פְּרָזוֹת cf. Hex. ad Zach. ii. 4 (8). Statim ἄγουσι τὴν ἡμέραν τὴν τεσσ. τοῦ μηνὸς Ἀδὰρ Cod. 93 b. [30] Sic Codd. FA (ex corr.), 93 b. [31] Sic Comp. (cum ἡμέραν τοῦ Ἀδὰρ εὐφροσύνη ἄγουσιν),

Ald. (idem), Codd. II (ex corr. manu antiqua, cum τοῦ Ἀδὰρ εὐφροσύνη ἀγαθὴν ἄγουσιν ... καὶ τοῖς πλ.), III (om. ἄγουσιν), FA (cum τῇ πεντεκαιδεκάτῃ), XI (cum εὐφροσύνην), 52 (ut Comp.), 55 (ut XI), 64 (ut Comp.), alii, invito Cod. 93 b. Mox (v. 21) Cod. 93 b legit: ἄγειν τε τὴν ἡμέραν τὴν τεσσαρεσκαιδεκάτην τοῦ μηνὸς Ἀδὰρ, καὶ τὴν ἡμέραν τὴν πεντεκαιδεκάτην τοῦ Ἀδάρ. [32] Sic Codd. FA (ex corr., post οἱ Ἰουδαῖοι), 93 b (cum αὐταῖς). [33] Sic Codd. III, FA, 93 b. Deinde haec, ἀπὸ πένθους—ἡμέραν, desiderantur in Codd. FA, 93 b. [34] Sic Cod. 93 b. [35] Idem. [36] Idem. [37] Sic Codd. III, FA, 93 b. Statim Ἀμὰν υἱὸν Ἀμαδάθου Γωγαῖος ἐπολέμει τοὺς Ἰουδαίους, καὶ ὡς ἔθετο Cod. 93 b. [38] Sic

24. לְהֻמָּם וּלְאַבְּדָם . Ο'. ἀφανίσαι (alia exempl. ἀπολέσαι[39]) αὐτούς.

25. עַל־הָעֵץ . Ο'. Vacat. Alia exempl. ἐπὶ τῶν ξύλων.[40]

26, 28, 29. פוּרִים . Ο'. Φρουραί. Alia exempl. Φουρουρείμ.[41]

Ο'. ὅτι τῇ διαλέκτῳ αὐτῶν καλοῦνται Φρουραί. Alia exempl. ὅτι φοὺρ καλοῦνται τῇ διαλέκτῳ αὐτῶν οἱ κλῆροι.[42]

27. קִיְּמוּ . Ο'. καὶ ἔστησε (alia exempl. ἔστησαν[43]).

וְקִבֵּל . Ο'. καὶ (alia exempl. καὶ ὡς[44]) προσεδέχοντο.

וְעַל־כָּל־הַנִּלְוִים . Ο'. καὶ ἐπὶ (alia exempl. add. πᾶσι[45]) τοῖς προστεθειμένοις.

לִהְיוֹת עֹשִׂים אֵת־שְׁנֵי הַיָּמִים הָאֵלֶּה כִּכְתָבָם וְכִזְמַנָּם בְּכָל־שָׁנָה וְשָׁנָה . Ο'. Vacat. Alia exempl. ποιεῖν τὰς δύο ἡμέρας ταύτας κατὰ τὴν γραφὴν αὐτῶν καὶ κατὰ τὸν χρόνον αὐτῶν ἐν παντὶ ἐνιαυτῷ.[46]

28. נִזְכָּרִים וְנַעֲשִׂים . Ο'. μνημόσυνον ἐπιτελούμενον (alia exempl. ἐπιτελούμεναι[47]).

מִשְׁפָּחָה וּמִשְׁפָּחָה מְדִינָה וּמְדִינָה וְעִיר וָעִיר . Ο'. καὶ πόλιν, καὶ πατριὰν, καὶ χώραν. Alia exempl. πατριὰν καὶ πατριὰν, χώραν καὶ χώραν, πόλιν καὶ πόλιν.[48]

30, 31. וָאֱמֶת : לְקַיֵּם אֶת־יְמֵי הַפֻּרִים הָאֵלֶּה בִּזְמַנֵּיהֶם כַּאֲשֶׁר קִיַּם עֲלֵיהֶם מָרְדֳּכַי הַיְּהוּדִי וְאֶסְתֵּר הַמַּלְכָּה וְכַאֲשֶׁר קִיְּמוּ עַל־נַפְשָׁם וְעַל־זַרְעָם דִּבְרֵי הַצֹּמוֹת וְזַעֲקָתָם . Ο'. καὶ Μαρ-

δοχαῖος καὶ Ἐσθὴρ ἡ βασίλισσα ἔστησαν ἑαυτοῖς καθ' ἑαυτῶν (cetera prorsus absona). Alia exempl. καὶ ἀληθείας. τοῦ κυρῶσαι τὰς ἡμέρας τῶν Φουρουρεὶμ τούτων κατὰ τὸν χρόνον αὐτῶν, καθὼς ἐκύρωσεν ἐπ' αὐτοῦ (fort. αὐτῶν) Μαρδοχαῖος ὁ Ἰουδαῖος καὶ Ἐσθὴρ ἡ βασίλισσα, καὶ καθὼς ἀνέστησαν περὶ τῆς ψυχῆς αὐτῶν, καὶ περὶ τοῦ σπέρματος αὐτῶν, τὰ ῥήματα τῶν νηστειῶν καὶ τῶν κραυγῶν αὐτῶν.[49]

32. וּמַאֲמַר אֶסְתֵּר קִיַּם דִּבְרֵי הַפֻּרִים הָאֵלֶּה וְנִכְתָּב בַּסֵּפֶר . Ο'. καὶ Ἐσθὴρ λόγῳ ἔστησεν εἰς τὸν αἰῶνα, καὶ ἐγράφη εἰς μνημόσυνον. Alia exempl. καὶ ἡ ῥῆσις Ἐσθὴρ ἔστησε τὰ ῥήματα τῶν Φουρουρεὶμ τούτων, καὶ ἐγράφη ἐν βιβλίῳ.[50]

CAP. X.

1. הַמֶּלֶךְ אֲחַשְׁוֵרוֹשׁ . Ο'. ὁ βασιλεὺς (alia exempl. add. Ἀρταξέρξης[1]).

מַס . Ο'. Vacat. Alia exempl. τέλη.[2]

2. גְּדֻלַּת מָרְדֳּכַי אֲשֶׁר גִּדְּלוֹ הַמֶּלֶךְ . Ο'. καὶ δόξαν τῆς βασιλείας αὐτοῦ. Alia exempl. καὶ δόξαν Μαρδοχαίῳ (fort. Μαρδοχαίου) ὅσα ἐμεγάλυνεν αὐτὸν ἐπὶ τῆς βασιλείας αὐτοῦ.[3]

הֲלוֹא־הֵם . Ο'. ἰδού. Alia exempl. ἰδοὺ ταῦτα.[4]

עַל־סֵפֶר דִּבְרֵי הַיָּמִים לְמַלְכֵי . Ο'. ἐν βιβλίῳ βασιλέων. Alia exempl. ἐπὶ βιβλίου λόγων τῶν ἡμερῶν βασιλέων.[5]

3. הַיְּהוּדִי . Ο'. Vacat. Alia exempl. ὁ Ἰουδαῖος.[6]

וְדִבֵּר . Ο'. διηγεῖτο. Alia exempl. ἡγεῖτο.[7]

Codd. FA (ex corr.), 93b.   [39] Sic Codd. III, FA (ex corr.), 93b.   [40] Sic Codd. III, 93b.   [41] Sic Codd. FA (ex corr., cum Φρουρεὶμ), 93b.   [42] Sic Cod. 93b.   [43] Idem.   [44] Sic Codd. III, FA, 93b.   [45] Sic Codd. FA (ex corr.), 93b.   [46] Sic Cod. 93b.   [47] Sic Codd. III (cum μνημοσύναι), 93b.   [48] Sic Cod. 93b.   [49] Idem (cum duplici versione: καὶ Μαρδοχαῖος—ὑγιείας αὐτῶν (sic, om. καὶ τὴν βουλὴν αὐτῶν). καὶ Ἐσθὴρ—εἰς μνημόσυνον (lacuna)

καὶ ἀληθείας—καὶ ἐγράφη ἐν βιβλίῳ (v. 32).)   [50] Idem in continuatione (ut supra).

CAP. X. [1] Sic Codd. FA (ex corr.), 93b.   [2] Sic Codd. III, FA, 19 (cum τὰ τέλη), 93a (idem), 93b.   [3] Sic Cod. 93b.   [4] Sic Codd. FA (ex corr.), 93b.   [5] Sic Cod. 93b.   [6] Sic Codd. FA (ex corr.), 93b.   [7] Sic Codd. III, FA, 93b.

Also from Benediction Books ...
Wandering Between Two Worlds: Essays on Faith and Art
Anita Mathias
Benediction Books, 2007
152 pages
ISBN: 0955373700

Available from www.amazon.com, www.amazon.co.uk

In these wide-ranging lyrical essays, Anita Mathias writes, in lush, lovely prose, of her naughty Catholic childhood in Jamshedpur, India; her large, eccentric family in Mangalore, a sea-coast town converted by the Portuguese in the sixteenth century; her rebellion and atheism as a teenager in her Himalayan boarding school, run by German missionary nuns, St. Mary's Convent, Nainital; and her abrupt religious conversion after which she entered Mother Teresa's convent in Calcutta as a novice. Later rich, elegant essays explore the dualities of her life as a writer, mother, and Christian in the United States-- Domesticity and Art, Writing and Prayer, and the experience of being "an alien and stranger" as an immigrant in America, sensing the need for roots.

About the Author

Anita Mathias was born in India, has a B.A. and M.A. in English from Somerville College, Oxford University and an M.A. in Creative Writing from the Ohio State University. Her essays have been published in The Washington Post, The London Magazine, The Virginia Quarterly Review, Commonweal, Notre Dame Magazine, America, The Christian Century, Religion Online, The Southwest Review, Contemporary Literary Criticism, New Letters, The Journal, and two of HarperSanFrancisco's The Best Spiritual Writing anthologies. Her non-fiction has won fellowships from The National Endowment for the Arts; The Minnesota State Arts Board; The Jerome Foundation, The Vermont Studio Center; The Virginia Centre for the Creative Arts, and the First Prize for the Best General Interest Article from the Catholic Press Association of the United States and Canada. Anita has taught Creative Writing at the College of William and Mary, and now lives and writes in Oxford, England.

www.anitamathias.com,
christiancogitations.blogspot.com
wanderingbetweentwoworlds.blogspot.com